汉魏六朝诗鉴赏辞典

赵朴初题

新一版

吴小如　王运熙　章培恒　曹道衡
袁行霈　周勋初　赵昌平　骆玉明

等撰写

上海辞书出版社

《汉魏六朝诗鉴赏辞典》

撰稿人（以姓氏笔画为序）：

丁福林　于翠玲　马茂元　马祖熙　王　琳　王小盾　王运熙
王步高　王星琦　王思宇　王锡九　王镇远　元　青　韦凤娟
邓小军　卢苇菁　归　青　叶　华　史双元　朱大刚　朱道初
任家瑜　邬国平　刘仁清　刘文忠　刘明今　刘学锴　齐天举
汤华泉　汤贵仁　汤漳平　许　总　许志刚　许逸民　孙　明
孙绿怡　李文初　李泽平　杨　明　杨海明　吴　锦　吴小平
吴小如　吴伟斌　吴汝煜　吴言生　吴调公　何丹尼　何庆善
何林辉　沈玉成　沈伟民　沈维藩　宋谋玚　宋绪连　张　巍
张伯伟　张忠纲　张采民　张宗原　张铁明　张锡厚　陆国斌
陈书录　陈邦炎　陈伟军　陈庆元　陈如江　陈志明　陈伯海
陈尚君　陈昌渠　陈祥耀　范　炯　范民声　林　庚　林从龙
林东海　林家英　郁贤皓　欧阳楠　易　平　罗忠族　金性尧
周　同　周　锋　周建忠　周勋初　周啸天　赵山林　赵其钧
赵昌平　钟元凯　施议对　祝振玉　姚益心　贺圣逮　骆玉明
秦寰明　袁行霈　顾复生　柴剑虹　钱　钢　徐　枫　徐克谦
徐定祥　徐培均　殷海国　高　原　高海夫　陶文鹏　黄　珅
黄宝华　萧华荣　曹　旭　曹光甫　曹明纲　曹道衡　曹融南
龚　斌　章沧授　章尚正　章培恒　葛晓音　蒋　方　蒋　寅
韩传达　韩兆琦　喻学才　傅　刚　傅如一　鲁同群　童明伦
谢　庆　谢楚发　蔡中民　臧维熙　管遗瑞　熊　笃　樊维纲
颜应伯　潘　慎　潘啸龙　霍松林　穆克宏　魏同贤　魏明安
魏耕原　魏崇新

原书审订者：骆玉明

原书责任编辑：汤高才

责任编辑：刘小明　吕荣莉

目　录

出版说明

本书是本社中国文学鉴赏辞典(新一版)系列丛书之一。

汉魏晋南北朝时期,是中国诗歌从自为走向自觉的时期。期间名家辈出、流派纷呈:缘事而发的汉乐府,一字千金的古诗十九首,慨当以慷的三曹诗歌,梗概多气的建安风骨,大小谢(谢灵运、谢朓)寄心玄远的山水名篇,商略音节辨析唇吻的永明新裁,绮艳世俗的齐梁宫体,生动多彩的南北朝乐府民歌,皆成为后来文学作品的不绝之源。而东晋的田园诗人陶渊明,更是辉映千古的诗坛大家。其时文人五七言诗的发展成熟,促进了后世格律诗的形成,为唐诗铸就中国文学的高峰,奠定了坚实的基础。为了使古代名篇和今人心灵得到充分的沟通,一百多位专家学者通过鉴赏辞典的形式,对诗歌的精粹进行了深入浅出、卓有成效的阐释和解读,使汉魏六朝诗歌得到了空前的推广普及。

原书自1992年出版以来,已经长销二十余年。随着社会的发展,学术研究的进步,文学观念的变化,原书的内容亟须在现有基础上进行适当的修订。特别是古今地名变化、文人生卒年考订、研究资料增补、出版信息更新等方面,已经远远落后于社会文化发展的现状。鉴于此,我们乘这次改版之际,特请有关专家对上述几方面内容和资料信息进行了适当的修订更新,同时,扩大开本,改进版式,提升装帧,调整字体,也是本书二十多年后重新出版的题中之义。希望通过我们的不懈努力,更好地服务读者,使传统文化的精华更加深入人心。不当之处,尚祈批评指正。

上海辞书出版社

2015.10

凡　例

一、本书选收汉、魏、晋、南北朝及隋代 180 余位诗人的诗作和乐府民歌共 900 余首。

二、本书所选作品，依据逯钦立编《先秦汉魏晋南北朝诗》，并参酌梁萧统《文选》、宋郭茂倩《乐府诗集》等。

三、本书正文中作家作品的排列，一般参照逯钦立编《先秦汉魏晋南北朝诗》的次序。为方便读者阅读，南北朝乐府民歌集中编排在最后。

四、每位作家作品前，均有其生平事迹介绍。

五、本书原则上采用一首诗一篇赏析文章，也有少数作品几首合在一起赏析。

六、本书使用简化字。在可能产生歧义时，酌用繁体字或异体字。

七、诗中疑难字句与有关典故的注释，有的在赏析文章中串讲，有的则置于原作篇末。

八、本书涉及古代史部分的历史纪年，一般用旧纪年，夹注公元纪年。括注内的公元纪年，一般省略“年”字。

九、本书涉及古代地名，一般括注今地名。

十、本书附有汉魏晋六朝诗书目、文学术语、名句索引、篇目笔画索引等，供读者参考。

序

王运熙

汉、三国、两晋、南北朝、隋，前后经历共八百多年。这时期的诗歌，比起先秦时期来有许多变化发展，对唐代诗歌产生重大影响，是中国诗歌发展史上的一个重要时期。

学习和研究这段时期文学的人们，往往把汉、三国、两晋、南北朝简称为汉魏六朝。三国时曹魏文学昌盛，吴、蜀则颇冷落，因此以魏代称三国。六朝是指东吴（三国之一）、东晋、宋、齐、梁、陈六个建立于南方、以建康（今南京）为京城的朝代。从东晋到梁、陈，中国长期南北分裂，南朝的学术文化一直处于领先地位，文学也是这样，北朝很少杰出的作家。因此，人们往往以六朝即文化发达的南方来代表南北朝。隋代时间短促，文风基本上沿袭南朝，被人们作为这时期的尾声看待。

这时期的诗歌，在体裁样式上较之先秦时代有明显的更新。《诗经》的四言体，楚辞的骚体，这时不但写的人不多，佳作也少见。而五言诗则从产生走向繁荣，风靡社会。南朝梁代钟嵘撰《诗品》，品评一百多位诗人，其对象均为五言诗。七言诗也在这时产生并取得初步发展。南朝后期，由于作家们进一步重视声韵，注意区别四声，使五七言古体诗向新的方向发展，产生了新体诗，为唐代近体诗的完成准备了条件。从汉迄清，五七言古体诗、近体诗是诗歌史上历时最长、作家作品最多、成就最突出的诗体。五七言古体诗的形成发展和近体诗的萌芽，足以见出这时期诗歌在诗史中的重要地位。

这时期的诗歌，大致上又可以分为三个阶段：一、两汉时代；二、曹魏、西晋时代；三、东晋、南北朝时代。下面分别对各阶段诗歌的发展、特色和主要作家作品作一点简略的介绍。

一

第一阶段是两汉时代，约四百余年，其主要标志是五言诗的产生和初步发展。

两汉诗歌，现存数量不多，可以分为乐府诗和文人诗两个部分。乐府诗是乐府机关配制音乐演唱的诗歌（后人也简称为乐府）。汉魏六朝时，历代乐府机关都采集诗歌演唱，数量相当多。还有不少文人，仿照乐府诗的题目、体制写诗，并不配乐，也叫乐府诗。汉代设立乐府，除令文人写诗外，还广泛采集各地歌谣，在乐府诗史上有首创意义，因此特别受到后人的重视和效法。汉代的乐府诗有郊庙歌辞、鼓吹曲辞、相和歌辞、杂曲歌辞等。其中郊庙歌辞用以祭祀天地；鼓吹曲辞用于朝廷集会和帝王贵族的仪仗队，其内容大抵反映封建帝王的意愿和宫廷情状，价值不大。（鼓吹曲辞中采用了少数生动的民歌。）相和歌辞、杂曲歌辞中则保存了不少民歌和文人学习模仿民歌的作品，最值得重视。

西汉时武帝设立乐府机关，负责采集全国各地歌谣配乐演唱。据《汉书·艺文志》记载，西汉末年保存在中央的各地歌诗，计有一百三十八篇，可惜它们绝大部分已经亡佚了。现存汉乐府民歌约五六十首，根据现代学者的研究，从诗歌涉及的名物和五言诗艺术的成熟程度等情况判断，大多数当产生于东汉后期。这几十首诗歌，有的来自民间，所谓"汉世街陌谣讴"（《宋书·乐志》）；有的则是文人（不能确知其名姓）模仿民歌之作，实际是民歌体的文人诗。后代把这几十首汉代无名氏作品，统称为"古辞"，现代一般称为汉乐府民歌。

汉乐府古辞在思想内容和艺术形式两方面都富有民歌特色。在思想内容方面，它们反映的社会生活面相当广阔，尤多反映下层人民生活和情绪的作品。它们有的写人民的贫困，如《东门行》、《妇病行》；有的写战争和兵役带给人民的苦难，如《战城南》、《十五从军征》；有的写封建家长对家庭中弱小者的迫害，如《焦仲卿妻》、《孤儿行》；有的写妇女被遗弃的痛苦，如《白头吟》、《上山采蘼芜》。这些篇章从各个角度展示了封建社会中被压迫、被损害的中下层人民的辛酸血泪的图景。某些篇章歌咏男女间诚挚坚贞的爱情，如《有所思》、《上邪》、《公无渡河》和《焦仲卿妻》；有的则着重赞美妇女的机智和能干，如《陌上桑》、《陇西行》（《陌上桑》还讽刺了荒淫无耻的官僚）。还有一部分作品，以动植物为描写对象，如《江南》、《乌生》、《豫章行》、《艳歌何尝行》、《枯鱼过河泣》等等，常常采用拟人手法，有的实是借动植物写人事，比喻人的灾祸苦难和好景不长，间接表现了被损害、被蹂躏者的思想情绪。反映人民的各种苦难，同情被迫害的弱小者，鞭挞那些迫害弱小者的当权人物，歌颂人民的美好品德，构成了汉乐府民歌的主要方面，使它们上承《诗经·国风》放出耀眼的光芒。《汉书·艺文志》说汉乐府所采集的各地歌谣，"皆感于哀乐，缘事而发"，指出了汉乐府民歌从群众生活中来、有真情实感的特色。

汉乐府民歌语言朴素自然，活泼生动，有的地方显得真率稚气，有如天真的孩子一样逗人喜爱。不少篇章具有丰富的想象，运用生动的比喻、夸张的手法。它们的语言和表现手法处处显示出浓厚的民歌风味。它们的句式是多样化的，有五言的，有杂言的，也有少数四言的。其中五言诗占有相当比重，艺术造诣也高，特别值得注意。五言诗起源于西汉民间，开始不受文人重视。五言乐府诗的流行，对文人产生了广泛的影响，推动了文人创作五言诗。这是中国诗歌史上民歌影响文人创作的一件彰明显著的大事。汉乐府古辞在描写方式上，有叙事的，有抒情的，也有说理的；叙事的分量较多，也最有特色和成就。与《诗经·国风》相比，汉乐府民歌同样反映了广阔的社会生活和人民的思想情绪，但它们在艺术上有较大的创新和发展。它们多数是五言体、杂言体，句式和节奏加长，容量较大，比起《诗经》的四言体来增强了表现力。《国风》大抵是抒情诗，汉乐府民歌则多叙事诗，它们描写具体生动，善于通过人物的话语行动来开展情节，不但富有故事性、戏剧性，而且塑造出鲜明的人物形象。汉乐府民歌的出现，标志着我国叙事诗趋向成熟，而长诗《焦仲卿妻》更是达到了高峰。以后历代文人在汉乐府民歌影响下，往往采用五言或杂言歌行的乐府体，反映各种社会生活和下层人民的痛苦，从汉末建安到明清时代，作者络绎不绝，形成了一个源远流长的传统。这在中国诗史上是很突出的现象。

汉诗的另一部分是不入乐府的文人诗。汉代文人致力于写辞赋，写诗的相对要少。在体式上，西汉时人们还喜欢写句式与楚辞相仿的楚歌，如汉高帝刘邦的《大风歌》、乌孙公主刘细君的《悲愁歌》都是其例。也有写四言诗的。到东汉时代，一部分文人在五言乐府诗影响下写作五言诗，著名文人班固、张衡、蔡邕、赵壹等都写了五言诗，逐步形成了文人写作五言新体的风尚。这其中，《古诗十九首》是艺术造诣很高的杰作。

汉代无名氏的古诗，原来数量颇多，南朝时代尚存约六十首。萧统编《文选》，选录了十九首，遂有《古诗十九首》之称。古诗不出自一人之手，也不出于一时一地，据现代学者研究，按照它们的思想倾向、表现内容、艺术造诣来看，其中大部分当出于东汉后期。《古诗十九首》在内容上较多地表现了夫妇、友朋间离别相思之情，士人失意飘零之感，感情深沉曲折，带有较浓厚的感伤色彩，有的篇章甚至表现了人生短促，应当及时行乐的消极情绪。凡此种种，在不同程度上反映出东汉后期政治混浊、社会不安定环境中知识分子的心理状态。《古诗十九首》不论抒情状物，都显得真切生动，语言洗练明白，表现出深入浅出的艺术水平。南朝文人对古诗给予很高评价，刘勰誉为“五言之冠冕”(《文心雕龙·明诗》)，钟嵘誉为“惊心动魄，可谓几乎一字千金”(《诗品》)。以后历代文人，经常把《古诗十九首》奉为五言抒情诗的典范。除《十九首》外，古诗尚存少数篇章，风格与《十九首》近似。还有相传为西汉苏武、李陵所作的五言诗七首，表现朋友、夫妇间离别之情，风格也与《十九首》接近。多数学者认为，这七首诗不可能是苏武、李陵的作品，而是出自后人的假托；其产生年代当与《十九首》相近。

二

第二阶段是曹魏、西晋时代，约一百年，其主要标志是文人五言诗趋于昌盛，确立了在诗坛的统治地位。

汉末建安(东汉献帝年号)年间，曹操柄政，许多文人都归附曹氏门下，因此文学史研究者习惯上把建安文学归入曹魏文学来论述。建安文学和曹魏后期的正始文学，是曹魏文学的两个重点。

建安时代，文人五言诗繁兴。曹操及其子曹丕、曹植都爱好写诗，此外，建安七子中的王粲、刘桢、徐幹、陈琳、阮瑀等人，都擅长写诗，样式多数是五言诗。钟嵘《诗品》说当时曹氏门下能写诗的文士有百来人，带来了文人五言诗的繁荣。

东汉末年，战乱频繁，社会各方面遭到严重破坏，人民大量死亡。建安文人通过亲身体验，能学习乐府民歌体来反映国家的丧乱和人民的苦难，具有强烈的现实性。他们的不少诗篇，还表现了企求乘时建功立业、有所作为的奋发精神。建安文人聚集在曹氏门下时，写了许多互相酬答的诗，这类诗篇的内容，除掉欢庆宴会、恭维曹氏以外，也往往流露出互相勖勉的积极情绪。他们的诗，大多情怀慷慨，意气风发，才调纵横，反映出动乱时代知识分子昂扬奋发的情绪。他们的诗，深受民歌影响，语言疏朗明白，不尚雕琢，具有清新刚健的特色。建安诗歌这种建筑在情怀慷慨基础上的爽朗刚健的风貌，深受后人重视，称为建安风骨，或者扩大一些称为汉魏风骨。唐代诗人曾经把追求建安风骨当作革新诗风的一个有力口号。

曹植在建安文人中年龄较小，成就却最为突出。曹操死后，他备受曹丕、曹叡的防范、迫害，不但政治上的雄心无法实现，而且屡徙封地生活不安定，还经常担心遭杀身之祸，陷入苦闷与惶恐。他的诗除表现了建功立业的慷慨情怀外，更多地表现他后期那种苦闷矛盾的心情。他才华横溢，写诗颇多(现存八十多首)，通过各种题材，采用直写、比喻、象征等各种手法，多方面来抒发其内心世界的彷徨悒郁。他的五言诗歌，在内容的深邃和个性化方面，在艺术手法的丰富多彩方面，在五言诗领域内都是前无古人的。他的诗，一方面吸取了乐府民歌明朗刚健的特色；同时又很注意文采，重视对偶，重视字句的华美和警辟。另一方面的特色，在其一部分诗篇中表现得更为明显，开了后代诗人雕琢词句的风气。曹植在两晋南北朝时代评价极高，被钟嵘《诗品》誉为诗中之圣，这固然由于他五言诗的杰出成就，同时也由于当时骈体文学盛行，重视对偶、辞藻等骈体文学语言之美，成为人们衡量作品的主要标准。

建安时代还产生了著名的女诗人蔡琰。蔡琰在战乱中为胡兵所掳掠，在南匈奴滞留了十余年，嫁于胡人，生了两个孩子，后被曹操赎回。相传她写有五言和骚体的《悲愤诗》各一首，其中五言的一首比较可信，也写得好。五言《悲愤诗》是一首叙事长诗，它虽不及产生于同时代的乐府民歌《焦仲卿妻》来得细腻活泼，但艺术描写也相当具体动人。其中写胡兵虐待俘虏、蔡琰归汉时与孩子泣别两个片段，尤为深刻。

曹魏后期文学，以阮籍、嵇康为代表作家，人们往往把这时代的文学称为正始文学（正始为魏齐王芳的年号）。嵇康更擅长写散文，诗歌成就不及阮籍。

曹魏后期，司马懿父子当权，图谋篡魏自立，大力诛锄异己，统治阶级内部斗争激烈残酷，嵇康也因反对司马氏被杀。阮籍在政治上有雄心壮志，但他不满司马氏的所作所为，不愿依附司马氏；又怕遇祸而不敢公然反对。他崇尚老庄的自然无为，蔑弃礼法；对司马氏提倡儒家礼教的一套虚伪行径，深为反感。他有才能、有志向，但无法施展，所看见的是恐怖的屠杀和虚伪的礼法。哀伤、苦闷、恐惧、绝望包围了他。他写下了五言《咏怀诗》八十二首，充分表现了他那孤独苦闷的心情，同时隐隐约约地对时政和上流社会的丑恶现象进行了讽刺，忧生和愤世构成了他诗作的主题。他的诗语言比较质朴，不假雕饰；但因对许多丑恶现象不敢明言，隐约其辞，因此不少篇章的内容显得深晦难晓。他的诗在展示内心世界的丰富复杂性方面，在深入表现诗人的个性方面，堪与曹植的诗比美；虽然在语言风格方面颇不相同。曹魏历时不长，但产生了曹植、阮籍两位大诗人，先后辉映，这是很难得的。

三国时代，文学在北方的曹魏发达，南方的吴蜀两国，没有产生比较像样的诗人。

司马氏统一中国，结束了三国鼎峙的局面，建立了西晋王朝。西晋前期太康（晋武帝年号）年间，文人辈出，文学昌盛，文学史上称为太康文学。当时著名诗人有陆机、潘岳、张协、张华、左思等。陆机的诗长于铺叙和拟古，他发展了曹植诗辞藻富丽、对偶工整的一面，使诗歌进一步骈体化，因此深得南朝文人的赞赏。

但其诗显得繁冗板滞，不及曹植清新明朗，真挚动人。潘岳与陆机齐名，其诗富有文采，但较为清新。他长于表现哀怨之情，《悼亡诗》尤为著名。张协、张华诗都长于抒情状物，张协诗在描摹景物上尤为逼真细腻。左思诗风格与上述诸家异趣。其《咏史诗》八首，批判门阀制度的不合理，倾吐有才能的寒士的愤懑不平，富有社会意义，辞情慷慨，风格遒劲，在当时显示出独立不群的姿态。除左思外，太康时代的大多数诗人，大抵追求诗歌文采之美，使诗歌朝绮丽方向发展，缺少建安诗歌那种爽朗刚健的风骨。但其时诗歌在表现日常生活的情、景方面，题材有所开拓，语言和手法更趋细致，为此后的抒情写景诗积累了有益的经验。

钟嵘《诗品》分三品品第五言诗人，列入上品的共十二家，其中曹魏四家，为曹植、刘桢、王粲、阮籍，西晋也是四家，为陆机、潘岳、张协、左思。这说明文人五言诗在曹魏、西晋时代，已经达到了繁荣昌盛、大家辈出的阶段。

三

第三阶段是东晋、南北朝、隋时代，约三百年，其主要标志是五言诗进一步发展，有不少更新变化，七言诗也有了初步发展。

西晋因少数民族的骚扰而覆灭。司马氏在南方重建了东晋王朝，北方则是所谓“五胡十六国”，政权纷立，并从此开始了长期南北分裂的局面。在南方，东晋之后有宋、齐(南齐)、梁、陈四个朝代。在北方，十六国后由北魏统一北方，之后又分裂为北齐、北周两个政权。最后由隋朝统一南北，建立新的大帝国。在这段时间内，文化学术的重点在南方。

先说一下乐府诗。西晋时文人写作乐府诗，大抵模仿汉魏，较少新意。这阶段由于乐府吸收了不少民间歌谣，面貌又焕然一新。南方乐府民歌保存在清商曲辞中，主要有《吴声歌曲》、《西曲歌》两大类。《吴声歌曲》大多产生于今江苏南部、浙江北部一带，以南朝京城建康(今南京)为中心，主要产生于东晋、刘宋两代。《西曲歌》产生于长江中游和汉水流域，以今湖北襄樊市、宜昌市、江陵市为中心地带，主要产生于刘宋、南齐两代。《吴声》、《西曲》的一部分原是民歌，后被采入乐府，谱为乐曲；另一部分则是贵族、文人仿效民歌之作。歌词现存数量颇多，约近五百首，但篇幅短小，绝大部分是五言四句体，是后代五言绝句的前驱。其内容绝大多数歌唱男女情爱，表现热烈大胆，有冲决封建礼教的气概，但夹杂了市民和文人的庸俗情趣。南方乐府民歌内容显得狭隘，其原因除产生于城市的市民歌谣本身多情歌外，也由于南朝的统治阶级生活荒淫，竭力追求声色享受，因而专门采集表现男女之情的歌谣，并仿制这种内容的作品。南方民歌语言天真活泼，风格婉转缠绵，多以女子口吻叙写，充分表现出南方少女的柔情。南朝民歌强烈的抒情成分和明朗自然的语言，对南朝和唐代文人的不少抒情小诗产生了明显影响。

这时北方也产生了一批优秀的乐府民歌。它们大致产生于十六国和北魏时代，后来传到南方，被梁朝采入军乐，保存在梁鼓角横吹曲中。现存歌辞虽不多，有六十余首，但反映了广阔的社会生活。它们有的写紧张的战争，有的写征人行役的辛苦，有的写下层人民的贫寒，有的表现北方人民豪迈爽朗的性格和尚武精神。也有部分诗篇描写爱情、婚姻生活，也流露出直率粗犷的气息，不似南方民歌的婉转缠绵。它们篇幅大抵短小，多数为每首四句(短小的每首只有两句)，因此不能像汉乐府民歌那样作出具体的描绘，而出之以概括性的抒写。其语言坦率自然，质朴刚健，充分表现出北方人民的性格特征。《木兰诗》是其中唯一的长篇，它塑造了一个光辉的女性形象，艺术性也很强，长期来获得广大读者的喜爱，与《焦仲卿妻》同为乐府民歌中的长篇叙事杰作。北方乐府民歌多出鲜卑族人之手，有一部分原用鲜卑语写成，后经汉译，它们是中国文学史上值得珍视的少数民族作品。

下面再说南朝文人诗。东晋约一百年的时间中，玄言诗长期在诗坛占据着统治地位。当时玄学流行，士人们喜欢高谈老庄的本体论和人生哲学，这种风气影响到诗坛，便是经常以诗歌形式来表现老庄哲理，形成许多人写作玄言诗的风尚。其代表作家是孙绰、许询。玄言诗成了老庄思想的传声筒，徒具诗歌形式，却缺乏诗的意趣；语言也枯燥平板，缺少文采。玄言诗在南朝即已受到不少文人的批评。由于大家不爱读，其作品流传下来的极少。在东晋时代，能超越玄言诗牢笼的杰出诗人，在初期有刘琨、郭璞两人。刘琨身历西晋末年丧乱，关心国家命运，诗作辞情慷慨，颇有建安诗的豪迈气概，可惜作品仅有三首。郭璞有《游仙诗》十四首，通过歌咏神仙题材来表现他不满现实、追求隐逸的情怀，富于文采，对后世颇有影响。到东晋末年，又产生了大诗人陶渊明。

陶渊明从事创作的年代，玄言诗仍然弥漫诗坛。陶渊明在思想上深受儒道两家影响，其诗篇中往往流露出委运乘化、知足保和等道家的人生观；其诗语言朴素平淡，也与玄言诗风接近。但陶诗不像玄言诗那样赤裸裸地宣扬老庄哲学，而是着重表现诗人长期隐居农村的各种生活体验。陶诗中经常出现的题材是：农村、田园的风光，诗人饮酒、读书、友朋来往、参加农业劳动等日常生活和他在这种生活中产生的情绪，主要是悠闲自得，有时也有愤激和忧虑。陶渊明年轻时也有政治雄心，但未能实现，他对政治也颇关心。他的一部分诗篇表现出政治热情，对晋宋易代之际的时局表示不满，说明他并不因隐居而超脱政治。陶诗的最大特色是善于运用朴素平淡的语言，表现日常生活及其感受，不但描写外界景物十分真切，而且把他那真率的性格、他内心世界的种种活动，和盘托出，非常真实坦白，毫无矫揉做作之态，从而打动了千千万万的读者。他的诗朴素自然，没有浓郁的文采，但经得起咀嚼和回味。陶诗因为缺少骈体文采，在骈体文学昌盛的南朝，评价不高，钟嵘《诗品》列入中品。唐宋时古文运动开展，到北宋古文代替骈文占据文坛统治地位，古文家重视朴素自然之美，反对华辞丽采，从此陶诗声价陡增，被认为是汉魏六朝时期最杰出的大诗人。他的田园诗在唐宋元明清各代产生了深远的影响。

南朝宋代前期，出现了谢灵运、颜延之、鲍照等著名诗人。他们主要活动在宋文帝元嘉年间，所以被称为元嘉文学。谢灵运出身大贵族，生平爱好游山玩水，写了许多山水诗。它们刻划山水景色十分细致逼真，词句精工富丽，发展了曹植、陆机诗的传统。陶渊明诗在南朝影响不大，谢灵运山水诗的出现，满足了南朝许多贵族、文人赏玩自然风景、爱好雕琢辞采的需要，很快风靡于上流社会，从而取代了玄言诗在诗坛的统治地位，在诗歌发展史上起了进步作用。但其诗着重写景，夹杂一些说理，缺少真实生动的感情，形式上也存在过于讲求对偶、辞藻而流于堆砌、晦涩的弊病。颜延之在当时和谢灵运齐名，也注意雕章琢句，但好诗不多，成就不及谢灵运。他写诗特别喜用典故，南朝文人仿效者很多，产生不少流弊。

鲍照出身比较低微，在仕途上也不得意。他的诗重视向通俗的民间歌曲吸取营养，不像谢灵运、颜延之那样崇尚典雅。他深受乐府民歌影响，写了不少乐府诗。他的诗题材较为广泛，除结合自身体验，着重表现坎坷失意和对门阀制度的不满外，还涉及边塞战争、将士生涯和妇女的悲惨命运等等。他的诗往往意气豪迈，笔力劲健，但也富有文采。其《拟行路难》十八首，学习民间《行路难》歌曲（已失传），运用七言和杂言样式，写得尤为流转奔放。他的七言诗隔句用韵，改变了过去七言诗每句用韵的形式，而且常常换韵，加强了七言诗的节奏和变化，增进了表现力，因而对南朝后期和唐代的七言诗产生很大影响。

南朝齐代诗人，谢朓最为杰出。谢朓深受谢灵运影响，喜欢写山水风景诗。其诗在刻划景物、遣词造句上也颇为精细，但写得清新流丽，不像谢灵运诗那样繁冗板重，抒情成分也有所增强。他的若干五言小诗，语言精炼而又自然，情味隽永，成为唐代五绝的前驱。

南齐永明（齐武帝年号）年间，文士周颙、沈约、王融等提倡四声八病（后称永明声病说)，主张作诗应区别平、上、去、入四声，避免平头、上尾等八种弊病。沈约、谢朓、王融等以这种理论写作一部分篇章，近世研究者称为新体诗。新体诗除保持西晋、刘宋诗对仗工整、辞藻美丽的特点外，进一步注意平仄协调、音韵和谐，追求诗的音律美。新体诗是中国格律诗的萌芽，它为以后梁、陈诗人所继承，到唐代进一步发展变化，便形成了近体诗(律诗和绝句)。

梁、陈两代，诗人众多，但缺少很杰出的高手。当时，抒情写景诗有进一步的发展，佳作颇多。江淹、沈约、吴均、何逊、阴铿等作者在这方面都留下好作品。谢朓以后，南朝的抒情写景诗进一步向清新流丽方向发展，不少篇章更用永明新体来写作，风格婉丽，声调和谐，何逊、阴铿的篇章表现尤为突出，成为唐代抒情写景近体诗的有力的前驱者。

梁、陈时代，宫体诗流行。所谓宫体诗，是梁代萧纲(简文帝)在东宫做太子时和他周围的一群文人所提倡写作的新变诗体，风格轻浅绮艳，内容常常写男女之情，着重描绘妇女的体态、容貌、装饰和日常生活。它接受了南朝民歌表现男女情爱、语言明朗自然的影响，但重点转移到刻划女性的外貌，语言也趋向秾艳。宫体诗在表现女性体态外貌之美方面颇为细腻，但少数篇章流露出不健康的色情成分。宫体诗流行时间颇长，一直到隋和初唐。梁代后期遭侯景之乱，萧纲被杀。陈后主、隋炀帝也都写宫体诗，后以荒淫亡国。后人往往把这三个朝代的覆灭和宫体诗联系起来，对宫体诗进行了过多的指责。

梁、陈时代，七言诗有了明显的发展。七言诗产生的时间颇早。汉代民间的七言谣谚相当多，文人们也写七言诗，但流传下来的很少。现存文人七言诗，以张衡《四愁诗》、曹丕《燕歌行》为最早。汉、魏、两晋时代，文人们大量写作五言诗，认为七言诗体通俗不雅，写得较少。直到鲍照写《拟行路难》后，文人们才打破这种偏见，较多地写作七言诗。梁代沈约、吴均、萧衍、萧纲、萧绎，陈代徐陵、陈叔宝(陈后主)、江总等都写七言诗，蔚成风气。他们不但运用《燕歌行》、《白纻歌》、《行路难》等旧题写七言或杂言诗，还创制了不少新题，像《乌栖曲》、《春别》、《玉树后庭花》等。在体式上则大抵继承了鲍照的传统，多隔句用韵。可以说，在这时候由于不少诗人的努力，七言诗、杂言诗在诗坛开始占据重要的地位，为唐代五言诗、七言诗并驾齐驱的局面奠定了基础。

在长期南北分裂时期，北方在经济、文化各方面一直落后于南方，文学也是如此。北朝后期，文化有所发展，出现了一些著名文人，如温子昇、邢邵、魏收等，但他们的作品大抵模仿南方文人，无甚特色。北朝文人中最有建树的是庾信。庾信原是梁代著名文人，遭侯景之乱，出使北朝不返，出仕北周。他早期的诗篇，多属宫体一类，后期由于生活环境的剧烈变化，诗风也大变。其诗以《拟咏怀》二十七首为代表作，着重表现自己羁留北方、怀念故国的哀怨，悔恨自身的失节，追悼梁朝的覆亡，情绪深沉曲折，风格苍凉沉郁，语言又锻炼得很精致，显示出把南方的工细技巧和北方的慷慨悲歌结合起来的倾向。但他喜欢大量用典，因此不免堆砌晦涩之病。他的一些短诗，写得更为清新自然，同时又讲究格律，成为唐代近体诗的先驱。同时由南入北的作家还有王褒，也写过若干好诗，但成就不及庾信。北朝乐府民歌虽然存诗不多，但颇有特色和成就，已见上述。

隋代统一南北，国祚短促（只有三十多年），较著名的诗人有卢思道、薛道衡、杨素等。隋代文学基本上沿袭南朝传统，宫体诗风也依然弥漫诗坛。但也有少数作品（特别是有关边塞题材的）写得较为刚健，与庾信的诗共同透露出诗风转变的端倪。

东晋南北朝诗歌，以南方诗歌为中心，在内容题材、体制风格上经历了玄言诗、田园诗、山水诗、永明新体诗、宫体诗等多种变化，除田园诗在当时影响不大外，其他各种诗体都一度在诗坛占有重要地位，产生不少诗人和诗作。这段时期，的确可说是五言古体诗由成熟趋向变化多姿的时代；同时，七言古体诗也由完成而获得初步发展，由于新体诗的产生，宣告了五七言格律诗的萌芽。它是五七言诗发展过程中的一个重要阶段。

汉魏六朝诗的主要样式特征是五七言古体诗的产生和发展，五七言近体诗的萌芽。它为此后一千多年五七言诗的昌盛和流行奠定了坚实的基础。

除样式外，汉魏六朝诗在内容题材、语言风格、描写技巧等方面都卓有建树，对后代产生深远影响。这里不可能进行全面的论述，仅举一二显著的例子。如乐府诗中的部分曲调，像《从军行》、《燕歌行》、《行路难》、《长相思》、《子夜歌》、《读曲歌》等等，后代有许多诗人用这些题目写诗，在题材内容、语言风格等方面从此时期同题作品吸取营养。在不入乐的文人诗中，诸如咏怀、咏史、游仙、游览、赠答、宴集、送别、哀悼等等，提供了从多方面反映生活和情绪的好作品，积累了丰富的创作经验，为后代作者作出了榜样，使后人在学习、借鉴的基础上得以进一步深入发展。在中国诗歌史上，先秦时代的《诗经》、楚辞是两位老祖宗，对后代产生深远的影响。但《诗经》、楚辞的题材内容，毕竟不及汉魏六朝诗来得广泛，表现技巧也不及汉魏六朝诗更为丰富多彩；而且《诗经》为四言体，楚辞为骚体，都不是五七言体。因此，对于唐宋以来长期流行的五七言诗来说，不论在内容题材和样式技巧方面，汉魏六朝诗的影响，都是更为广泛和直接。可以毫不夸张地说,没有汉魏六朝诗的长期积累,就不会带来唐诗的繁荣。唐代殷璠编了一部《河岳英灵集》,专选盛唐诗人的篇章,他指出盛唐诗的艺术特色是风骨、声律兼备,即既有爽朗刚健的风骨,又有和谐流美的声律。他又分析了盛唐诗歌所以能具有这种艺术特色,除继承《诗经》、楚辞的传统外,特别得力于建安诗歌的风骨和六朝诗歌的语言美,因而能够做到"言气骨(即风骨)则建安为俦,论宫商则太康不逮"。殷璠的意见颇为中肯,由此也可以看出汉魏六朝诗对于唐诗的重大影响。

汉魏六朝诗在思想内容、艺术形式上都是丰富多彩,有多方面的创造和成就,同时又长期哺育、滋润了后代的数量庞大的诗人,因此,它是中国诗歌发展史上的一个重要时期。

篇目表

魏　诗

晋　诗

齐　诗

梁　诗

北　朝　诗
(北魏诗、北齐诗、北周诗)

陈诗

隋　诗

南朝乐府民歌

北朝乐府民歌

汉　诗

【作者小传】

刘　邦

(前256或前247—前195)　即汉高祖。字季,沛(今江苏沛县)人。秦末率众起义,称沛公,攻占咸阳,推翻秦朝。西楚霸王项羽封之为汉王,不久,又出兵与项羽争天下。经五年楚汉战争,终击败项羽称帝,建立汉朝,在位凡十二年。事迹具《史记》卷八及《汉书》卷一本纪。《先秦汉魏晋南北朝诗》辑得其诗二首。

大风歌　　刘　邦

大风起兮云飞扬,威加海内兮归故乡。
安得猛士兮守四方?

刘邦在战胜项羽后,成了汉朝的开国皇帝。这当然使他兴奋、欢乐、踌躇满志,但在内心深处却隐藏着深刻的恐惧和悲哀。这首《大风歌》就生动地显示出他的矛盾的心情。

他得以战胜项羽的原因,是依靠许多支部队的协同作战。这些部队,有的是他的盟军,本无统属关系;有的虽然原是他的部属,但由于在战争中实力迅速增强,已成尾大不掉之势。项羽失败后,如果这些部队联合起来反对他,他是无法应付的。因此,在登上帝位的同时,他不得不把几支主要部队的首领封为王,让他们各自统治一片相当大的地区;然后再以各个击破的策略把他们陆续消灭。在这过程中,自然不免遇到顽强的抵抗。公元前196年,淮南王英布起兵反汉;由于他英勇善战,军势甚盛,刘邦不得不亲自出征。他很快击败了英布,最后并由其部将把英布杀死。在得胜还军途中,刘邦顺路回了一次自己的故乡——沛县(今属江苏省),把昔日的朋友、尊长、晚辈都召来,共同欢饮十数日。一天酒酣,刘邦一面击筑,一面唱着这一首自己即兴创作的《大风歌》;而且还慷慨起舞,伤怀泣下(见《汉书·高帝纪》)。

假如说项羽的《垓下歌》表现了失败者的悲哀,那么《大风歌》就显示了胜利者的悲哀。而作为这两种悲哀的纽带的，则是对于人的渺小的感伤。

对第一句“大风起兮云飞扬”，唐代的李善曾解释说：“风起云飞，以喻群雄竞逐，而天下乱也。”（见汲古阁本李善注《文选》卷二十八）这是对的。“群雄竞逐而天下乱”，显然是指秦末群雄纷起、争夺天下的情状。“群雄竞逐”的“雄”，《文选》的有些本子作“凶”。倘原文如此，则当指汉初英布等人的反乱。但一则这些反乱乃是陆续发动的，并非同时并起，不应说“群凶竞逐”；再则那都是局部地区的反乱，并未蔓延到全国，不应说“天下乱”。故当以作“雄”为是。下句的“威加海内兮归故乡”，则是说自己在这样的形势下夺得了帝位，因而能够衣锦荣归。所以，在这两句中，刘邦无异坦率承认：他之得以“威加海内”，首先有赖于“大风起兮云飞扬”的局面。但是，正如风云并非人力所能支配，这种局面也不是刘邦所造成的，他只不过运道好，碰上了这种局面而已。从这一点来说，他之得以登上帝位，实属偶然。尽管他的同时代人在这方面都具有跟他同样的幸运，而他终于获得成功乃是靠了他的努力与才智；但对于刘邦这样出身于底层的人来说，若不是碰上如此的时代，他的努力与才智又有多少用处呢？所以，无论怎么说，他之得以当皇帝，首先是靠机运，其次才是自己的努力与才智。他以当时的人对之根本无能为力的自然界的风云变化，来比喻把他推上皇帝宝座的客观条件，至少是不自觉地显示了他的某种心理活动的吧！

姑不论刘邦把他的这种机运看作是上天的安排抑或是一种纯粹的偶然性，但那都不是他自己所能决定的。换言之，他的前途是由自己所无法预测的机运来操纵的。自然，他应该努力，最大限度地发挥自己的才智；但这一切到底有多大效果，还得看机运。作为皇帝，要保住天下，必须有猛士为他守卫四方，但世上有没有这样的猛士？如果有，他能否找到他们并使之为自己服务？这就并非完全取决于他自己了。所以，第三句的“安得猛士兮守四方”，既是希冀，又是疑问。他是希望做到这一点的；但真的做得到吗？他自己却无从回答。可以说，他对于是否找得到捍卫四方的猛士，也即自己的天下是否守得住，不但毫无把握，而且深感忧虑和不安。

也正因此，这首歌的前二句虽显得踌躇满志，第三句却突然透露出前途未卜的焦灼和恐惧。假如说，作为失败者的项羽曾经悲慨于人定无法胜天，那么，在胜利者刘邦的这首歌中也响彻着类似的悲音。这就难怪他在配合着歌唱而舞蹈时，要“慷慨伤怀，泣数行下”（《汉书·高帝纪》）了。　（章培恒）

【作者小传】

项 羽

（前232—前202） 名籍，一字子羽，下相（今江苏宿迁西南）人。秦末随叔父项梁起兵反秦，秦亡，自立为西楚霸王，并分封诸侯王。后在楚汉战争中被刘邦击败，自杀于乌江。事迹具《史记》卷七《项羽本纪》及《汉书》卷三一本传。《史记》存其诗一首。

垓 下 歌 项 羽

力拔山兮气盖世，时不利兮骓不逝。
骓不逝兮可奈何，虞兮虞兮奈若何！

这是楚霸王项羽在进行必死战斗的前夕所作的绝命词。在这首诗中，既洋溢着无与伦比的豪气，又蕴含着满腔深情；既显示出罕见的自信，却又为人的渺小而沉重地叹息。以短短的四句，表现出如此丰富的内容和复杂的感情，真可说是个奇迹。

项羽是在秦末与叔父项梁一起举兵反秦的。由于其辉煌的战功、无双的勇力、杰出的才能，实际上成为反秦群雄的领袖，在推翻暴秦的统治中起了主要的作用。但在秦亡以后，曾经是项羽盟军的另一支反秦部队的首领刘邦为了统治全国，与项羽之间又展开了残酷的战争。它以项羽的失败而告终。作这首诗时，项羽被包围在垓下（在今安徽灵璧县南沱河北岸），粮尽援绝，他自知败局已定；作诗之后，他率部突围，虽曾杀伤敌军多人，终因兵力单薄，前途无望，自刎于乌江（今安徽和县东北）。

诗歌的第一句，就使读者看到了一个举世无匹的英雄形象。在我国古代，“气”既源于人的先天禀赋，又有赖于后天的培养；人的品德、能力、风度等等均取决于“气”。所谓“气盖世”，是说他在这些方面超过了任何一个人。尽管这是一种极其概括的叙述，但“力拔山”三字却给读者一种具体、生动的感受，所以在这一句中，通过虚实结合的手法，他把自己叱咤风云的气概生动地显现了出来。

然而，在第二、三句里，这位盖世英雄却突然变得极其苍白无力。这两句是说：由于天时不利，他所骑的那匹名马——骓——不能向前行进了，这使他陷入了失败的绝境而无法自拔，只好徒唤“奈何”。在这里值得注意的是：骓的“不逝”为什么会引起那样严重的后果？对此恐怕只能这样回答：他之得以建立如此伟大的功绩，最主要的依靠就是这匹名马；有了它的配合，他就可以所向无敌。换言之，他几乎是单人独骑地打天下的，因此他的最主要的战友就是骓，至于别人，对他的事业所起的作用实在微乎其微，他们的向背对他的成败起不了多少作用，从而他只要注意骓就够了。这也就意味着：他的强大使得任何人对他的帮助都没有多大意义，没有一个人配作他的主要战友，这是何等的傲岸，真可谓天地间唯我独尊！不过，无论他如何英勇无敌，举世无双，一旦天时不利，除了灭亡以外，他就没有别的选择。在神秘的“天”的面前，人是多么渺小；即使是人中间的最了不起的英雄，也经不起“天”的轻微的一击。

项羽知道自己的灭亡已经无可避免，他的事业就要烟消云散，但他没有留恋，没有悔恨，甚至也没有叹息。他所唯一忧虑的，是他所挚爱的、经常陪伴他东征西讨的一位美人——虞——的前途；毫无疑问，在他死后，虞的命运将会十分悲惨。于是，尖锐的、难以忍受的痛苦深深地啮噬着他的心，他无限哀伤地唱出了这首歌的最后一句：“虞兮虞兮奈若何！”译成白话，就是：“虞啊，虞啊，我把你怎么办呢？”在这简短的语句里包含着何等深沉的、刻骨铭心的爱！

是的，相对于永恒的自然界来说，个体的人确实极其脆弱，即使是英雄豪杰，在奔腾不息的历史长河里也不过像一朵大的浪花，转瞬即逝，令人感喟不已。但爱却是长存的，它一直是人类使自己奋发和纯净的有力精神支柱之一，纵或是杀人不眨眼的魔头，在爱的面前也不免有匍伏拜倒的一日，使人欢喜赞叹。《垓下歌》虽然篇幅短小，但却深刻地表现了人生的这两个方面。千百年来，它曾经打动过无数读者的心；其魅力大概就在于此吧！

（章培恒）

【作者小传】

虞 姬

一云名虞，一云姓虞氏，秦末人。西楚霸王项羽的宠姬。《史记正义》存其诗一首。

和项王歌

虞 姬

汉兵已略地，四方楚歌声。
大王意气尽，贱妾何聊生！

此诗《史记》、《汉书》都未见收载。唐张守节《史记正义》从《楚汉春秋》中加以引录,始流传至今。《楚汉春秋》为汉初陆贾所撰,至唐犹存。刘知幾、司马贞、张守节都曾亲见,篇数与《汉书·艺文志》所载无异。本诗既从此书辑出,从材料来源上说,并无问题。有人认为汉初不可能有如此成熟的五言诗,颇疑其伪,但从见载于《汉书·外戚传》的《戚夫人歌》及郦道元《水经注·河水注》的《长城歌》来看,可知秦汉时期的民间歌谣,不乏五言,且已比较成熟。宋王应麟《困学纪闻》卷十二《考史》认为此诗是我国最早的一首五言诗,可见其在中国诗歌史上地位之重要。

据《史记·项羽本纪》记载,项羽被刘邦、韩信的大军包围在垓下,兵少粮尽,心情极为沉重。一天夜里,他听到四面都是楚歌之声,不觉失声问道:"汉皆已得楚乎?是何楚人之多也!"于是披衣而起,独饮帐中,唱出了那首千古传诵的《垓下歌》。在无限悲凉慷慨的气氛中,虞姬自编自唱了这首和诗。

关于《垓下歌》,时下尽管有着种种不同的分析理解,日人吉川幸次郎甚至认为此诗唱出了"把人类看作是无常的天意支配下的不安定的存在""这样一种感情",从而赋予了普遍性的永恒的意义(参看《中国诗史》第40页,章培恒等译,安徽文艺出版社),但若与《虞姬歌》对读,便不难发现,项羽的这首诗原本是唱给虞姬听的爱情诗。"虞兮虞兮奈若何!"不是明明在向虞姬倾诉衷肠吗?项羽十分眷恋虞姬,所以在戎马倥偬之际,让她"常幸从";虞姬也深深地爱着项羽,因此战事再激烈,她也不肯稍稍离开项羽一步。项羽在历次战役中所向披靡的光荣经历,深深赢得了虞姬的爱慕,项羽成了她心目中最了不起的理想英雄;而项羽的这些胜利的取得,又焉知没有虞姬的一分爱情力量在起鼓舞作用?从爱情心理而言,像项羽这样的刚强汉子,是不会在自己心上人面前承认自己有什么弱点的,因此,他即使心里十分清楚自己为什么会落到如此不堪的地步,而在口头上却不能不推向客观,一会儿说是"时不利",一会儿又说是"骓不逝",而自己呢?依然是"力拔山兮气盖世",一点折扣也没有打。项羽毕竟年轻,那会儿才三十出头,对爱情充满着浪漫的理想。他爱虞姬,就一意想在她的心目中保持一个完美的形象。对于虞姬来说,她也正需要这样。极度的爱慕和深情的倾倒,使她绝不相信自己心目中最理想的英雄会有什么失误。尽管现实无情,"汉兵已略地,四方楚歌声",步步进逼的汉兵与声声凄凉的楚歌已经使楚军到了瓦解的边缘,但她仍对眼下发生的一切变化感到困惑不解。在这种心态下,项羽的这支歌便成了她最好的安慰,最乐意接受的解释。坚贞的爱情,不仅驱逐了死亡的恐惧,且将人生的千种烦恼、万重愁绪都净化了,从而使她唱出了最为震撼人心的诗句:"大王意气尽,贱妾何聊生!"

拔山盖世的气概与失败的结局是不和谐的，但英雄美人誓不相负的坚贞爱情是和谐的。在生死存亡的总崩溃的关键时刻，虞姬的这支歌，对项羽来说，不是死的哀鸣，而是生的激励。项羽处此一筹莫展之际，虽然痛感失败已不可避免，一生霸业转瞬将尽，但这犹可置而不论；而祸及自己心爱之人，则于心何忍！虞姬深悉项羽此种用心，故以誓同生死为言，直以一片晶莹无瑕的情意奉献，其意盖欲激励项羽绝弃顾累，专其心志，一奋神威而作求生之最后努力。若此说尚能探得古人心意，则不妨代项羽试为重和虞姬歌，以为此文之结束：汉兵何足惧？百战无当前。挥戈跃马去，胜败付诸天！　（吴汝煜）

【作者小传】

戚夫人

（？—前194）　西汉定陶（今山东定陶）人。汉高祖刘邦妃。高祖卒，为吕后所害。《汉书》存其诗一首。

春　歌

戚夫人

子为王，　母为虏。
终日舂薄暮，常与死为伍。
相离三千里，当谁使告女？

当刘邦在沛宫击筑高歌“安得猛士兮守四方”之时，就已隐隐透露对汉家天下前途的担忧。但他毕竟没能料到：这隐忧在他驾崩不过数月就出现了，而且是以骇人听闻的囚戮戚夫人、毒杀赵王如意的后宫相残拉开序幕的。戚夫人的《舂歌》，正产生于这一非常时期。

“子为王，母为虏。”《舂歌》这两句平平的开头，实包含了吕后与戚夫人之间一场惊心动魄的明争暗斗。作为刘邦的宠姬，戚夫人也曾有过一段昙花一现式的体面和风光：她在刘邦称王汉中以后，常侍左右，深得“爱幸”，竟使“为人刚毅，佐高帝定天下”的原配吕后，也因此被日见冷落和疏远；她的儿子赵王如意，因为颇有乃父“无赖”之性，不像吕后之子刘盈（后为惠帝）那般“仁弱”，更被刘邦赞为“类我”，几乎取代刘盈立为太子。因为有这样一段关涉帝位的争斗，吕后早就恨透了戚夫人。一当刘邦驾崩，吕后立即下令，将戚夫人囚禁“永巷”（别宫），“髡钳（剃去头发、颈戴铁圈），衣赭衣（罪犯所穿赤褐色衣服）”，罚她操杵舂作。

戚夫人贵为高祖之妃、赵王之母，旦暮之间便成了吕后的阶下之囚，反映了汉廷后宫突起的风波何其险恶！《舂歌》开头两句，正以戚夫人母子地位的鲜明对比，唱出了这位贵夫人身陷“永巷”的怨愤和不平。

“终日舂薄暮，常与死为伍”则紧承起句，进一步抒写戚夫人自朝至暮舂作不息的痛苦境遇。戚夫人当然明白：刘邦一死，刘盈继立为帝，身为“皇太后”的吕雉，是再也不会放过她的了。囚于“永巷”，罚以舂作，不过是为了羞辱她罢了；羞辱过后，还会不会被置之死地？她实在就是一位迟早待戮的死囚而已！“常与死为伍”一句，酸楚恻怛，使悲愤的唱叹，一下化作绝望的呼号，令人不堪卒听。

司马迁说：“人穷则反本，故劳苦倦极，未尝不呼天也；疾痛惨怛，未尝不呼父母也。”（《史记·屈原贾生列传》）但对于绝望中的戚夫人来说，此刻她最放心不下的，还是儿子赵王。赵王远在邯郸，距长安不啻数千里。而今，他知道自己的母亲已身陷囹圄吗？他可有办法挽救苦难中的生身之母？残毒的吕雉又将怎样处置他？戚夫人身在“永巷”，又能托谁向远方的爱儿报讯，让他预为防备而远身避祸？这正是《舂歌》结句“相离三千里，当谁使告女（汝）”所蕴含的复杂情思。它将戚夫人绝望中对爱儿的牵念和希冀、焦虑和担忧，表述得多么深切！

俗话说：“鸟之将死，其鸣也哀。”《舂歌》是戚夫人操杵舂作之时脱口而作的歌，运用的是三、五言句式的“俚歌俗曲”。歌辞朴实，明白如话，却哀怨感愤、摄人心魄。它的动人之处，正在于这是发自后宫之争中孤弱无依、惨遭祸殃的妇人心底的真情，不假掩饰地唱出了她操杵舂作、思远念子的酸辛、悲苦、绝望和幽怨。因为是弱者遭祸，故最能赢得人们的同情；因为不假掩饰，语浅而情长，故最能牵动读者的心弦。

不过，对于戚夫人来说，《舂歌》所带给她的，与其说是幽怨的宣泄，不如说是更加惨酷的横祸：吕后听说她歌中提及了儿子赵王，竟勃然大怒曰：“乃欲倚女（汝）子邪！”当即施诡计召赵王进京，利用惠帝晨猎外出之机，以鸩药毒杀如意。接着又“断戚夫人手足，去眼，煇耳（以药熏耳令聋）、饮瘖药（使哑），使居厕中，命曰‘人彘’”。戚夫人从此身无四肢、既聋又哑，再也不能咏唱那悲怆的《舂歌》了。见到如此骇人的景象，连汉惠帝刘盈也禁不住“大哭”，直斥吕后说：“此非人所为！臣为太后子，终不能治天下。”最后郁郁而死，终于让吕后夺了汉家天下。这样看来，戚夫人的《舂歌》，就不是一首寻常的歌了，它简直与刘邦“慷慨伤怀”的《大风歌》相承，成了汉宫惊变、吕后篡政的第一声不祥悲鸣。　（潘啸龙）

【作者小传】

刘 章

（？—前176）　西汉沛（今江苏沛县）人。汉高祖刘邦庶长男刘肥之子，初封朱虚侯，因参与平定吕氏之乱有功，汉文帝时立为汉阳王，卒谥曰景。《史记》存其诗一首。

耕 田 歌　　刘 章

深耕穊种，立苗欲疏；
非其种者，锄而去之！

倘若全不考虑此歌的产生背景，仅从“本文”着眼，《耕田歌》便纯是篇讲述耕种之道的“田家语”而已。“穊”，稠也，读若“计”。“深耕穊种”，说的是耕地要深，撒种须密；“立苗欲疏”，则指栽植禾苗却不能像撒种那样，而要讲究植株的疏朗，方可使禾苗茁壮高茂；“非其种者，锄而去之”，意义更加明白：对于夹生在禾苗间的野种（草），就要毫不留情地锄掉它。

这样一首农谚式的短诗，一无惊人之笔，却在西汉初期，轰动了整个社会，被人们到处传诵，究竟是什么缘故？

原来，这不是一首普通的“农谚”诗，而是首寓意巧妙的政治诗；它的作者，也不是寻常的田家父老，而是在平定“诸吕之乱”中，勇斩梁王吕产，为政归汉家建立了卓著功勋的城阳王刘章。

不过，刘章咏唱此歌时，却还是吕氏擅权、气焰方炽之际。当时，吕太后称制，她的兄子吕台、吕产、吕禄已相继策封为王；吕禄任上将军，吕产则贵为相国；诸吕封侯者，更遍布朝野。刘章当时封朱虚侯，在宫中任宿卫。他身为刘邦之后，对吕氏擅权早就心忿难平，终于在吕太后的一次酒宴上，泄为剑歌慷慨的惊人之举——

> 高后令朱虚侯刘章为酒吏。章自请曰：“臣，将种也，请得以军法行酒。”高后曰：“可。”酒酣，章进饮歌舞。已而曰：“请为太后言耕田歌。”高后儿子畜之，笑曰：“顾而父知田耳。若生而为王子，安知田乎？”章曰：“臣知之。”太后曰：“试为我言田。”章曰：“深耕穊种，立苗欲疏；非其种者，锄而去之。”吕后默然。顷之，诸吕有一人醉，亡酒。章追，拔剑斩之而还，报曰：“有亡酒一人，臣谨行法斩之。”太后左右皆大惊。业已许其军法，无以罪也。（《史记·齐悼惠王世家》）

这就是《耕田歌》的产生背景。别看刘章只是一介武夫，做起事来却并不粗莽。明眼人一下即可看穿，刘章在吕太后的酒宴上吟唱《耕田歌》，显然是别有用心。所谓“深耕概种”云云，不过是借个由头，此歌的主意，全在歌末两句：“非其种者，锄而去之。”刘章乃高祖刘邦庶子齐悼惠王刘肥之子，他在酒宴开始之际，不就曾以“臣，将种也”慨然自许的吗？在他看来，只有刘氏，才是执掌汉家天下的“种”姓，吕氏则不过是杂种而已。而在此歌末两句中，刘章正是巧妙地用一“种”字，语带双关，以禾苗之“种”，谐喻帝王将相之“种”，向专擅朝政的诸吕，射出了一枝锐啸而鸣的讨伐之箭。它无异是说：汉家乃刘氏种姓之天下，岂容杂种吕氏蔓延滋长？对付这样的杂种，唯有一个办法，就是坚决将它们锄去！一首寻常的《耕田歌》，在这特定的背景中，便成了语惊四座的奇诗。

如果刘章在酒宴上，赤裸裸地说出上述意思，疑忌残忍的吕太后，不把他当场砍头才怪哩。刘章的聪明之处在于，他要唱《耕田歌》，先就征得了吕太后的同意；而且此歌字面上，无一语不谈耕作之事，与刘章所请毫不相违。至于斥责吕氏专权之意，妙在不露痕迹，而座中之人皆可意会。所以连吕太后听了，虽心中明白，却苦于抓不到把柄，只能“默然”以对。所谓“言在此而意在彼”，剑拔弩张之意，却以田家淡语发之，这就是《耕田歌》艺术表现上的微妙所在。至于刘章的敢于斥骂吕氏于笑歌之间，追杀诸吕亡酒者于“军法”之中，后来又独闯未央宫，斩杀吕产于郎中府吏厕中，更显示了其胆气、谋略的过人之处。《耕田歌》之所以轰动社会、传诵众口，与它的产生背景和作者的传奇式经历，大约也不无关系吧。

（潘啸龙）

【作者小传】

司马相如

（前179—前118） 字长卿，西汉蜀郡成都（今四川成都市）人。初为汉景帝武骑常侍，因病免，游于梁国，与邹阳、枚乘等游。后因善辞赋为汉武帝赏识，用为郎。又拜中郎将，宣谕西南。后转孝文园令，卒。事迹具《史记》卷一一七及《汉书》卷五七本传。有集一卷，已佚，明人辑有《司马文园集》。《先秦汉魏晋南北朝诗》辑得其诗三首。

琴歌二首

司马相如

凤兮凤兮归故乡，遨游四海求其皇。

时未遇兮无所将，何悟今兮升斯堂！
有艳淑女在闺房，室迩人遐毒我肠。
何缘交颈为鸳鸯，胡颉颃兮共翱翔！

皇兮皇兮从我栖，得托孳尾永为妃。
交情通体心和谐，中夜相从知者谁？
双翼俱起翻高飞，无感我思使余悲。

司马相如，蜀郡成都人，字长卿，是西汉大辞赋家。他与卓文君私奔的故事，长期以来脍炙人口，传为佳话。据《史记·司马相如列传》记载：他从京师、梁国宦游归蜀，应好友临邛(今四川邛崃)令王吉之邀，前往作客。当地头号富翁卓王孙之女卓文君才貌双全，精通音乐，青年寡居。一次，卓王孙举行数百人的盛大宴会，王吉与相如均以贵宾身份应邀参加。席间，王吉介绍相如精通琴艺，请他弹奏，相如就当众弹了两首琴曲，意欲以此挑动文君。“文君窃从户窥之，心悦而好之，恐不得当也。既罢，相如乃使人重赐文君侍者(婢女)通殷勤。文君夜亡奔相如，相如乃与驰归成都。”这两首诗，据说就是相如弹琴歌唱的《凤求皇》歌辞。因《史记》未载此辞，到陈朝徐陵编《玉台新咏》始见收录，并加序说明，唐《艺文类聚》、宋《乐府诗集》等书亦收载，故近人或疑乃两汉琴工假托司马相如所作。琴歌一类作品，假托的现象确实很多，但又难以找到确切根据来证明。这方面的问题，只好存疑。

第一首表达相如对文君的无限倾慕和热烈追求。相如自喻为凤，比文君为皇(通凰)，在本诗的特定背景中有多重含义。其一，凤凰是传说中的神鸟，雄曰凤，雌曰凰。古人称麟、凤、龟、龙为天地间“四灵”(《礼记·礼运》)，凤凰则为鸟中之王。《大戴礼·易本命》云：“有羽之虫三百六十，而凤凰为之长。”长卿自幼慕蔺相如之为人，改名“相如”，又在当时文坛上已负盛名；文君亦才貌超绝，非等闲女流。故此处比为凤凰，正有浩气凌云、自命非凡之意。“遨游四海”更加强了这一层寓意，既紧扣凤凰“出于东方君子之国，翱翔四海之外，过昆仑，饮砥柱，濯羽弱水，莫(暮)宿风穴”(郭璞注《尔雅》引天老云)的神话传说，又隐喻相如的宦游经历：此前他曾游京师，被景帝任为武骑常侍，因景帝不好辞赋，相如志不获展，因借病辞官客游于梁。梁孝王广纳文士，相如在其门下“与诸生游士居数岁”。后因梁王卒，这才返“归故乡”。足见其“良禽择木而栖”。其二，古人常以“凤凰于飞”、“鸾凤和鸣”喻夫妻和谐美好。如《左传·庄公廿二年》：“初，懿氏卜妻敬仲。其妻占之曰：吉，是谓凤皇于飞，和鸣锵锵。”此处则以凤求凰喻相如向

文君当垆卖酒(版画)

文君求爱，而“遨游四海”，则意味着佳偶之难得。其三，凤凰又与音乐相关。如《尚书·益稷》：“箫韶九成，凤凰来仪。”又《列仙传》载：秦穆公女弄玉与其夫萧史吹箫，凤凰皆来止其屋，穆公为作凤台，后弄玉夫妇皆乘凤而去。故李贺尝以“昆山玉碎凤凰叫”（《李凭箜篌引》）比音乐之美。文君雅好音乐，相如以琴声“求其皇”，正喻以琴心求知音之意，使人想起俞伯牙与钟子期“高山流水”的音乐交流，从而发出茫茫人海、知音难觅之叹。故“时未遇”句，深感自己虽“遨游四海”之广，却未遇时机缘分，竟未遇到一个真正知音、知心的人儿互相扶助，“无所将”即尚无相将扶助之人，暗示尚无理想配偶；“何悟”句一转，意谓不料今日得升卓氏家堂，躬逢盛会，获得了“窈窕淑女，琴瑟友之”（《诗经·周南·关雎》）的机会。“何悟”，隐含“踏破铁鞋无觅处”，不料“柳暗花明又一村”之意，时机缘分终于到来了。

以上四句虽表面言己，然以文君之聪明颖慧，必早已“心有灵犀一点通”了！也许求爱者唯恐对方不解己意，愿将自己一颗炽热的心赤裸裸地奉献给对方罢，故下文径直地点明自己所求知音之所在：有一位容貌美丽、品质善良的女子就在闺房，闺房离我虽近（迩），但伊人却似隔我很远（遐），咫尺天涯竟不能彼此相见，这真使我相思肠断，不胜痛苦（毒）。大有《西厢记》中“隔花荫人远天涯近”之叹。“何缘”，即何由；“颉颃”，形容鸟儿上下自由飞翔的样子，用《诗经·邶风·燕燕》：“燕燕于飞，颉之颃之”之意。他问自己也是问文君：我们怎样才能效鸳鸯交颈、上下飞翔呢？如此直言不讳，岂不怕卓王孙和众宾见怪？盖芳草美人，本可喻君子理想，楚骚早有先例，故卓王孙纵有会意，其奈我何！况相如乃县令王吉之贵宾，是再三邀请才肯赏光来的，卓王孙在这种场合，怕也只能佯装不知，随众附庸风雅更体面些罢。

第二首写得更为大胆炽烈，暗约文君半夜幽会，并一起私奔。“孳尾”，指鸟兽雌雄交媾。《尚书·尧典》：“厥民析，鸟兽孳尾。”《傅》云：“乳化曰孳，交接曰尾。”“妃”，配偶。《说文》：“妃，匹也。”“交情通体”，交流沟通情意，即情投意合。“中夜”，即半夜。前两句呼唤文君前来幽媾结合，三、四句暗示彼此情投意合连夜私奔，不会有人知道；五、六句表明远走高飞，叮咛对方不要使我失望，徒然为你感念相思而悲伤。盖相如既已事前买通文君婢女暗通殷勤，对文君寡居心理状态和爱情理想亦早有了解，而今复以琴心挑之，故敢大胆无忌如此。

这两首琴歌之所以赢得后人津津乐道，首先在于“凤求凰”表现了强烈的反封建思想。相如、文君大胆冲破了封建礼教的罗网和封建家长制的樊篱，什么“不待父母之命，媒妁之言，钻穴隙相窥，逾墙相从，则父母国人皆贱之”（《孟子·滕文公下》），什么“妇人有三从之义，无专用之道”（《仪礼·丧服》），什么“夫有再娶之义，妇无二适之文”（班昭《女诫》），什么“男女无媒不交，无币不相见”（《礼记·坊记》），“门当户对”等等神圣礼法，统统被相如、文君大胆的私奔行动踩在脚下，成为后代男女青年争取婚姻自主、恋爱自由的一面旗帜。试看榜样的力量在后代文学中的影响吧：《西厢记》中张生亦隔墙弹唱《凤求凰》，说“昔日司马相如得此曲成事，我虽不及相如，愿小姐有文君之意”；《墙头马上》中李千金，在公公面前更以文君私奔相如为自己私奔辩护；《玉簪记》中潘必正亦以琴心挑动陈妙常私下结合；《琴心记》更是直接把相如文君的故事搬上舞台……足见《凤求凰》反封建之影响深远。

其次，在艺术上，这两首琴歌，以“凤求凰”为通体比兴，不仅包含了热烈的求偶，而且也象征着男女主人公理想的非凡、旨趣的高尚、知音的默契等丰富的意蕴。全诗言浅意深，音节流亮，感情热烈奔放而又深挚缠绵，熔楚辞骚体的旖旎绵邈和汉代民歌的清新明快于一炉。即使是后人伪托之作，亦并不因此而减弱其艺术价值。

（熊　笃）

【作者小传】

刘　彻

（前156—前87）　即汉武帝。沛（今江苏沛县）人。汉景帝刘启子，前140年嗣位，在位五十四年。事迹具《史记》卷十二及《汉书》卷六本纪。《先秦汉魏晋南北朝诗》辑得其诗七首。

秋　风　辞

刘　彻

秋风起兮白云飞，草木黄落兮雁南归。
兰有秀兮菊有芳，怀佳人兮不能忘。
泛楼船兮济汾河，横中流兮扬素波。
箫鼓鸣兮发棹歌，欢乐极兮哀情多。
少壮几时兮奈老何！

大多人只知道汉武帝刘彻雄才大略、开拓疆域的武功。其实，他还是位雅好辞赋的作手。武帝的赋作，今传《悼李夫人赋》，明人王世贞以为，其成就在“长卿（司马相如）下、子云（扬雄）上”（《艺苑卮言》）。他的诗作，有《瓠子歌》、《天马歌》、《李夫人歌》等，也“壮丽宏奇”（徐祯卿《谈艺录》），为诗论家所推重。

《秋风辞》的制作年代不详。《汉武帝故事》只说：“上（武帝）行幸河东，祠后土，顾视帝京，欣然中流，与群臣饮宴，上欢甚，乃自作《秋风辞》。”近人逯钦立推测，它可能作于元鼎四年(前113)秋。诗之开篇是两句写景：“秋风起兮白云飞，草木黄落兮雁南归。”此刻，武帝正船行在黄河第二支流汾河(今山西中部)的清波之上。船头，阵阵秋风拂面而来；仰望一碧万里的蓝天，朵朵白云正如白帆悬空、御风而飞。两岸的树木，虽已不复蓊郁苍翠，但那纷纷飘坠的金黄落叶，无异为画面抹上了一重斑斓的秋色。雁鸣阵阵，缓缓掠过樯桅高处，将一个大写的“人”字排在云空……这就是武帝笔下的河上秋景。短短两句，写得流丽清远、胜似画图！

明人谢榛以为，《秋风辞》之起句，出于高祖刘邦的“大风起兮云飞扬”(《四溟诗话》)。仅从字面看，固然不错；但两者的境界和情韵，却颇为异趣：“大风起兮云飞扬”，苍莽辽阔，表现的是风云际会中崛起的雄主壮怀；“秋风起兮白云飞”，则清新明丽，荡漾着中流泛舟、俯仰赏观的欢情，联系后句，其韵味似乎更接近于《九歌·湘夫人》的“嫋嫋兮秋风，洞庭波兮木叶下”。而武帝，大约也正从这相似的情境，联想到了《湘夫人》“沅有茝兮澧有兰，思公子兮未敢言”，不禁脱口吟出了“兰有秀兮菊有芳，怀佳人兮不能忘”两句。秋天是怀思的季节。虽然也有秋兰含芳、金菊斗奇，但凋落的草木、飞雁的归鸣，所勾起的毕竟更多是撩人的思情。武帝于把酒临风之际，正生出了对心中“佳人”的悠悠怀思。这“佳人”究竟是谁？她应该就是那位“一顾倾人城，再顾倾人国”的北方“佳人”李夫人吧？李夫人死于元狩年间，武帝思念不已，竟至于信少翁之说，夜致其形貌于宫，在隔帷伫望之中，唱出了“是邪？非邪？立而望之，翩何姗姗其来迟”的迷茫之歌。而今七八年过去了，武帝还是不能忘怀于她，终于在秋日白云之下，又牵念起这位隔世伊人了。这两句化用《九歌》人神相殊之境，写武帝对“佳人”的生死相望之思，确有鲁迅先生所说那种“缠绵流丽”的韵致。

“泛楼船兮济汾河”三句，诗情复又一振，极写武帝泛舟中流、君臣饮宴的欢乐景象。高大的楼船在汾河上鼓枻而进，当其在中流疾驶时，潺湲的绿水，顿时激起一派白波，沸扬四溅，飞洒而下。楼船上的君臣，大概已酒酣耳热，不禁随着欸乃的櫂声，放怀高歌起来。但既有万乘之主武帝在场，群臣岂敢得意忘形？那么，这放怀高歌、旁若无人者，当然是武帝自己了。“箫鼓鸣兮发櫂歌”一句，正是武帝“欢甚，乃自作《秋风辞》”而发为歌咏景象的生动写照。此时站立在读者眼前的，不再是怀想“佳人”的情种，而是逸兴遄飞的雄主了。其蹒跚的步履、朦胧的醉态和叩舷而歌的自得之情，俱可于句中想见。

但接着却出现了“变徵之音”：“欢乐极兮哀情多。”武帝莅临天下、跨有四海，当此睥睨一世、俯仰天地之时，应该为汉帝国的空前鼎盛高兴才是，为何却发出了这样的幽幽哀音？原来，武帝虽贵为天子，但在生老病死这一点上，却与庶民百姓并无不同。对疾病的恐惧和寿老生死的忧虑，正如卢克莱修所说，实在是"和人类并存，既不怕闪光的武器和戈矛，也一样光临王公们的心"；"只要疯湿症的痉挛一起，无论他大公或陛下都是枉然。"武帝当时已年近五十。在此之前，就曾为长生不死而访仙事神，屡受方术之士的欺骗。而今，想到眼前的尊荣欢乐终竟有尽，与死亡为邻的老年将很快降临，心中怎能不被时时袭来的哀情所充塞？此诗于饮宴放歌的欢乐高潮，突而折为"欢乐极兮哀情多"的慨叹，正表现了武帝心境的这一微妙变化。所以，它的收束也与前文两两相承的偶句不同，只有孤零零的独行单句："少壮几时兮奈老何！"武帝那俯仰天地的气概、饮宴高歌的欢情，至此终于为无可奈何的忧老之叹所淹没。唯有不解人意的满船箫鼓之音，却还久久在清波白云间回荡……

这就是武帝的名作《秋风辞》。它虽然是泛舟饮宴中的即兴之作，思致偏一波三折、毫无直泻无余之感：在清丽如画的写景中，轻轻拨动怀想"佳人"的思弦；于泛舟中流的欢乐饮宴，发为逸兴遄飞的放怀"櫂歌"；然后又急转直下，化作年华不再的幽幽叹息。将这位一代雄主的复杂情思，抒写得曲折而又缠绵。《秋风辞》之所以能以清新流丽之辞，与苍莽雄放的《大风歌》相敌并同垂百世，原因正在于此。

（潘啸龙）

【作者小传】

李延年

（？—前87？）　西汉中山（今河北定州一带）人。本为乐工，以善音律，武帝时为协律都尉。《汉书》存其诗一首。

北方有佳人

李延年

北方有佳人，绝世而独立。
一顾倾人城，再顾倾人国。
宁不知倾城与倾国？佳人难再得！

在武帝宠爱的众多后妃中，最令他生死难忘的，要数妙丽善舞的李夫人；而李夫人的得幸，则是靠了她哥哥李延年这首名动京师的佳人歌：

初，（李）夫人兄延年性知音，善歌舞，武帝爱之。每为新声变曲，闻者莫不感动。延年侍上起舞,歌曰:“北方有佳人,绝世而独立。一顾倾人城,再顾倾人国。宁不知倾城与倾国,佳人难再得!”上叹息曰:“善!世岂有此人乎?”平阳主因言延年有女弟,上乃召见之,实妙丽善舞。由是得幸。(《汉书·外戚传》)

一阕短短的歌,居然能使雄才大略的武帝闻之而动心,立时生出一见伊人的向往之情。这在我国古代诗歌史上,恐怕是绝无仅有之例。它何以具有如此动人的魅力呢?

初看起来,这首歌的起句平平,对“佳人”的夸赞开门见山,一无渲染铺垫。但其意蕴,却非同凡俗。南国秀丽,其佳人多杏目柳腰、清艳妩媚;北国苍莽,其仕女多雪肤冰姿、妆淡情深。此歌以“北方”二字领起,开笔就给所歌佳人,带来了一种与南方迥异的晶莹素洁的风神。北方的佳人何止千万,而此歌所瞩意的,则是万千佳人中“绝世独立”的一人而已。“绝世”夸其姿容出落之美,简直是举世无双;“独立”状其幽处娴雅之性,更见得超俗而出众。不仅如此,“绝世而独立”还隐隐透露出,这位佳人不屑与众女为伍,无人知己而独立栏杆的淡淡哀愁——那就不仅是超世脱俗,而且更楚楚可怜了。这就是平中孕奇,只开篇两句,恐怕就令武帝企足引颈,生出对佳人的心向神往之情了。

北方佳人既如此脱俗可爱,当其顾盼之间,又该有怎样美好的风姿呢?要表现这一点,就不太容易了。何况在李延年之前,许多诗赋中就已有过精妙的描摹。《诗经·卫风·硕人》表现后宫丽人,有“手如柔荑,肤如凝脂,领如蝤蛴,齿如瓠犀,螓首蛾眉。巧笑倩兮,美目盼兮”之句,曾被清人姚际恒叹为“千古颂美人者无出其右,是为绝唱”(《诗经通论》)。风流儒雅的宋玉吟咏东邻女子,亦有“增之一分则太长,减之一分则太短”、“嫣然一笑,惑阳城、迷下蔡”之赋,更见其绰约之姿、流盼之美(《登徒子好色赋》)。在这种情况下,李延年欲赞北方佳人,倘若没有非常之辞,恐怕就只能罢舞辍歌了。然而,这位富于才情的音乐家,却出人意外地唱出了“一顾倾人城,再顾倾人国”的奇句——她只要对守卫城垣的士卒瞧上一眼,便可令士卒弃械、墙垣失守;倘若再对驾临天下的人君“秋波那么一转”,亡国灭宗的灾祸,可就要降临其身了!表现佳人的顾盼之美,竟然发为令人生畏的“倾城”、“倾国”之语,真是匪夷所思!但如果不是这样夸张,又何以显出这位佳人惊世骇俗的美好风姿?而正因为这风姿美得令人生畏,才更让人心驰神往、倍加牵怀。如果美好的事物都那么可近而易得,恐怕就没有这样摄人心魄的吸引力了。这就是“不可畏也?伊可怀也”(《诗经·豳风·东山》)的人生哲理。

此歌的结尾也耐人咀嚼。上文对佳人的美好做了极度的夸张,结尾则突然一转，化为深切的惋惜之语："宁不知倾城与倾国，佳人难再得！"美好的佳人，常常给人君带来"倾城"、"倾国"的灾难，这样的例子在历史上见得还少吗？这似乎是要告诫人君，记取倾城、倾国的古鉴，不可为"佳人"所误。但接着一句则又紧摄一层：纵然是倾城、倾国，也别失去获得佳人的良机——美好的佳人，毕竟是世所难逢、不可再得的呵！这二句故作取舍两难之语，实有"欲擒故纵"之妙：愈是强调佳人之不可近，便愈见其美；而愈是惋惜佳人之难得，就愈能促人赶快去获取。作者的用意，正是要以深切的惋惜之辞，牵动武帝那难获绝世佳人的失落之感，从而迅速作出抉择。这样收束，可谓一唱三叹、余音袅袅，令人闻之而怅然不已。难怪武帝听完此歌，不禁发出"世岂有此人乎"的喟然叹息了——李夫人在这样的时刻被荐举、召见，正适合于李延年这首非同凡响之歌所造成的情感氛围。

由此可见，这首歌表现佳人之美，不像《诗经·卫风·硕人》那样，以形象的比喻、生动的肖像描绘见长，而以惊人的夸张和反衬，显示了自己的特色。在表现方法上，倒是更接近于宋玉的《登徒子好色赋》。如果两者有什么不同的话，那就是此歌在运用夸张、反衬时，又紧紧抓住了人们常有的那种"畏"而可"怀"、"难"而愈"求"的微妙心理，终于产生出不同寻常的效果，打动了一代雄主的心弦。这就是它的艺术魅力之所在。这首歌还有一点值得注意，就是采用了大体整齐的五言体式(第五句"宁不知"三字实际上可以删除)。这种体式，当时还只在民间的"俚歌俗曲"中流行。李延年将其引入上层宫廷，配以美妙动人的"新声变曲"。这对于汉代文人五言诗的萌芽和生长，无疑起了某种催化作用。 (潘啸龙)

【作者小传】

李 陵

(？—前74) 字少卿，西汉陇西成纪(今甘肃秦安)人。名将李广孙。汉武帝时，初为建章监，后以骑都尉统兵击匈奴，兵败降于匈奴。事迹附见《史记》卷一〇九及《汉书》卷五四《李广传》后。《汉书》存其诗一首。

别 歌 李 陵

径万里兮度沙漠，为君将兮奋匈奴。
路穷绝兮矢刃摧，士众灭兮名已隤。
老母已死、虽欲报恩将安归！

汉昭帝始元五年(前82)冬,在冰天雪地的漠北穹庐(蒙古包),两位年近六十的老人正酌酒对饮:一位面容憔悴、"须发尽白",他就是曾啮雪吞旃、牧羊北海,居匈奴十九年而不改其节的汉使苏武;另一位则是曾以五千之卒,"横挑强胡",终于"矢尽道穷"而屈降匈奴的武将李陵。

此刻,名扬匈奴而功显汉室的苏武,即将还归汉廷;而置酒相贺的李陵,却只能长留"异域",在耻辱中度其残生。诀别之际,李陵哀慨难抑,席间"起舞",唱出了这首"壹绝长别"的悲歌。

并不是所有的降将都贪生怕死。作为汉之名将李广之孙,李陵当年也曾有过奋击匈奴的壮怀。此歌开头两句,正是抚今追昔,回顾了当年的一段难忘经历:"径万里兮度沙漠,为君将兮奋匈奴。"这件事发生在天汉二年(前99),当时官居骑都尉的李陵,豪迈地向武帝请战:"愿以少击众,步兵五千人涉单于庭!"当年九月,李陵出塞数千里,与匈奴单于所率主力八万余骑,展开了一场生死激战。司马迁《报任安书》,曾以雄放的笔调,描述了这场惊心动魄的搏斗:

> 李陵提步卒不满五千,深践戎马之地,足历王庭,垂饵虎口,横挑强胡。卬(仰)亿万之师,与单于连战十余日,所杀过当。虏救死扶伤不给。旃裘之君长咸震怖,乃悉征左右贤王,举引弓之民,一国共攻而围之。

这一段描述,正可作李陵此歌首二句注脚。事过十八年后,当李陵忆及这段往事时,依然充满了绝漠万里、奋击强虏的溯浡之气。不过,当年击敌的壮士,而今已是屈事敌虏的降将,故吐语之间,又不免带有一种凄楚苍凉之慨。这开篇两句,突兀而起,以苍凉之慨,叙当年壮心,表现的正是这种往事不堪回首的凄怆。

这种凄怆之感,在后两句中,表现得尤其强烈:"路穷绝兮矢刃摧,士众灭兮名已隤。"一场浴血之战,最后终于以路穷矢绝、被迫降敌而结束。不过,李陵在败降之前,毕竟还尽了最大的努力以挽回颓势。对此,司马迁亦有描述:"(李陵)转斗千里,矢尽道穷,救兵不至,士卒死伤如积。然李陵一呼劳军,士无不起躬流涕,沫血饮泣,张空弮(弓),冒白刃,北首争死敌。"这就是"路穷绝兮矢刃摧"句中表现的悲壮情景。最后,据班固《汉书》记,李陵只剩"壮士从者十余人,虏骑数千追之"。李陵部属韩延年战死,陵大声长叹:"无面目报陛下!"终于弃械投降。按照李陵后来对苏武的说法,他当时并非真心降敌,而是想寻找机会,劫持单于,以报汉廷。但不管怎样,他终究做了屈身事敌的降将,其操守较之于部属的赴敌捐躯、视死如归,岂非有天壤之别!对此,李陵当然明白。先祖李广奋击匈奴的赫赫声名,就这样旦暮之间毁于李陵之手。而面对苏武那身陷匈奴十九年而不改其节的峻洁操守,他又怎能不感到更加自惭形秽?"士众灭兮名已隤"一句,正

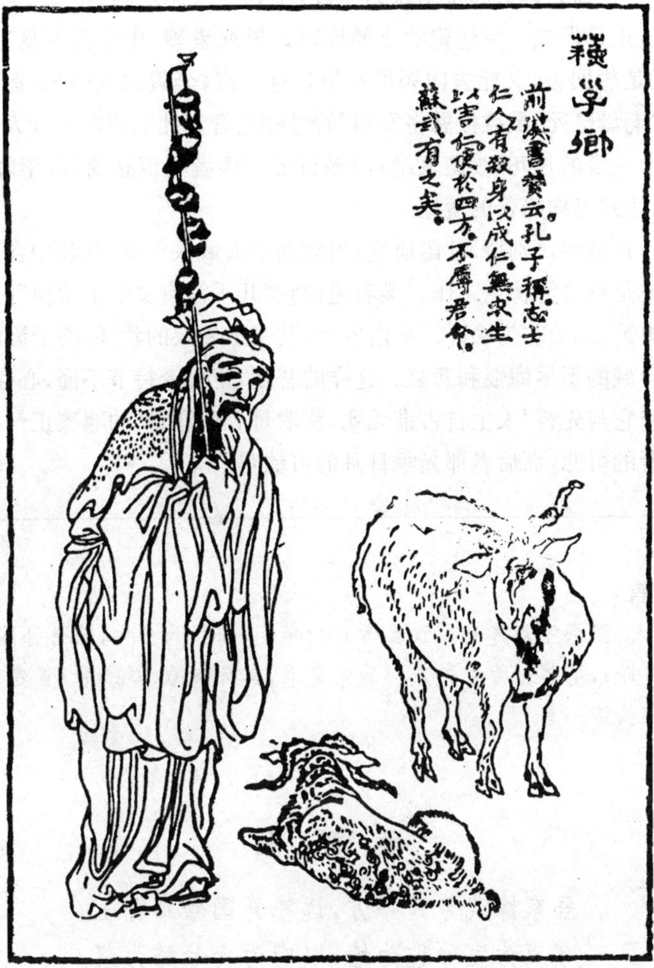

蘇子卿
前漢書贊云。孔子稱志士
仁人有殺身以成仁。無求生
以害仁。使於四方。不辱君命。
蘇武有之矣。

苏武

于诀别苏武之际，唱出了这位失节者自毁声名的无限悔恨和悲哀。

而今，李陵在“异域”唯一可敬的友人苏武，即将从此远别；作为降敌的汉将，李陵又何尝愿意埋骨漠北！然而，当李陵并未真心降敌之时，生性疑忌的武帝却轻信传言，将为匈奴训兵的李绪误为李陵，于勃然大怒之际，杀戮了李陵的老母和妻儿。这正是促成李陵绝望的重要原因。母死妻戮，中原已不复有他的归止之家，他就是想回去，又能去向哪里？想到这一点，李陵悲从中来，在此歌结句，终于发为“老母已死、虽欲报恩将安归”的号嗟之音。此歌前四句皆为七言，结句却一变为十一言的长句，凄楚哀绝，声遏行云。读者可以感受到，李陵胸中的绝望之情，已达到怎样痛苦的境地。

作为一首歌诗，《别诗》吐语质直，粗放而不失武人气概，且壮中含悲，情韵凄绝。不能说是首毫无特色之作。梁启超说它“几乎没有文学上价值”(《中国之美文及其历史》)，恐怕非为确评。从内容看，其奋击匈奴的壮怀，终于因晚节不终，化为歌断异域的不尽悔恨和悲哀。这样的悲剧，正可令持节不谨、心存侥幸者引以为鉴。将它与先哲“人生自古谁无死，留取丹心照汗青”的凛凛正气相对照，不更见得前者的可悲，而后者那光争日月的可钦吗？　(潘啸龙)

【作者小传】

刘细君

西汉人，江都王刘建女。汉武帝元封年间，册封为公主，嫁乌孙国王昆莫(猎骄靡)，昆莫以为右夫人。后昆莫老，其孙岑陬(军须靡)复妻之。《汉书》存其诗一首。

悲　愁　歌　　刘细君

吾家嫁我兮天一方，远托异国兮乌孙王。
穹庐为室兮毡为墙，以肉为食兮酪为浆。
居常土思兮心内伤，愿为黄鹄兮归故乡。

西汉王朝至武帝刘彻时，经过四五十年的休养生息，经济繁荣，国力强盛，武帝即着手用武力解决长期以来令汉人深为头痛的匈奴问题。匈奴是北方游牧民族，强健剽悍，尤善马上作战。汉希望能联合西域各国，共同抗击匈奴，于是派张骞出使西域。张骞归来，向武帝建议：西域旁大国乌孙，与匈奴有仇怨，可用和亲政策联络之。这样,武帝先后两次以宗室女为公主,嫁与乌孙王。这首《悲愁歌》的作者刘细君,是江都王刘建的女儿。她是第一位嫁往乌孙的汉室公主,也称“乌孙公主”。

乌孙,中国古族之一,以游牧为生,汉时生活在今伊犁河和伊塞克湖一带(今新疆温宿以北伊宁以南,西至苏联境内),与汉距离遥远。当时的乌孙王昆莫猎骄靡年纪已老,细君仅与其孙年龄相当。两人语言不通,习俗不同,夫妻之间一年会面仅一、二次,全无温情可言。再则,与汉相比,乌孙是个相当落后的民族。细君生长在文明程度较高的中原,又是汉宗室之女,自幼就受到良好的教育和文化熏陶。她远别家人,来到乌孙,除了其他各种困难和痛苦,还必须要以坚强的意志和毅力去接受乌孙民族的习俗。这对于一个来自“礼仪之邦”的女子来说,是件十分不容易的事情。她经历了难以忍受的感情折磨,心中孤苦悲伤,分外思念亲人和故乡,却无所告诉,故寄情于声,写下了这首楚歌形式的《悲愁歌》。汉帝刘氏家族本是楚人,多善楚歌。楚歌本长于表现忧愁幽思的情感,而且,这种形式本身也寄托了她对故国、故乡的深情思念。

诗的首两句“吾家嫁我兮天一方,远托异国兮乌孙王”,点出了细君悲愁思乡的原因。这里的“吾家”,并不是指细君的父亲江都王刘建,而是以汉武帝刘彻为代表的汉帝国。细君是为了刘氏宗族的利益而远嫁乌孙的。“天一方”不仅指乌孙与汉相距之遥远,而且流露出了细君从汉来到乌孙,就仿佛是来到了另一个世界的陌生、恐惧的感觉。“异国”实质上强调了两地文明与文化的差异。“穹庐为室”两句,描写了乌孙与汉在居住、饮食等方面的截然不同。其实,这就是文化的区别。据《汉书·西域传》记载,昆莫猎骄靡后曾使其孙岑陬娶细君为妻,细君不肯从命,上书汉朝天子,希冀能得到亲人的支持。汉天子的回答是:“从其国俗,吾欲与乌孙共灭胡。”细君无奈,为了汉帝征服匈奴的大业,她只得再次成为岑陬的妻子。乌孙这种祖孙共妻的习俗,是人类早期群婚现象的遗留。汉人尤重伦理。细君要违背伦理去接受野蛮,其心情可以想知,尤其是她又是一位女性。这些,在刘细君,既不可讲,也羞于启齿,故只能用物质文化的不同来代表意识文化的差异,用生活习惯的难以适应来表现她在习俗礼仪上所忍受的难堪。如果说,远嫁而长久不能与父母家人相见,固然使细君日夜思念故乡,而上述的习俗礼仪的难堪则使细君的乡土之思达到无以复加的地步而有心肺摧折之痛。她多么羡慕那天上秋去春来的黄鹄(天鹅)。尽管它们要飞行千里,越过沙漠瀚海,经历艰难险阻,可它们是自由的。它们能一年一度地飞到细君的故乡,避开北方的严寒,度过温暖的冬天。“愿为黄鹄兮归故乡”,毕竟只是细君的一个美好而无法实现的愿望。仰望高空南飞的黄鹄,细君心中无限悲哀凄凉。据史书记载,细君后老死乌孙,终生不曾归汉。

一提到“和亲”,人们很容易便想起汉代的王昭君,唐朝的文成公主。在中华民族发展史上,和亲作为一种民族政策,确曾促进了汉与其他民族之间的经济、文化与感情的交流,起过进步的作用。但是,对于这些被当作政治联姻工具的少女本人,和亲往往是一种十分残忍的命运安排。我们从细君的《悲愁歌》中可以深深体会到这些少女心中的巨大悲愁。 (蒋 方)

【作者小传】

息夫躬

(?—前2?) 西汉河内河阳(今河南孟州西)人。汉哀帝初年,因告发东平王刘云谋反事,擢光禄大夫、左曹给事中,封宜陵侯。因得罪权贵,罢官之国,后下狱死。事迹具《汉书》卷四五本传。有集一卷,已佚,《汉书》存其诗一首。

绝 命 辞

息夫躬

玄云泱郁将安归兮,鹰隼横厉鸾徘徊兮。矰若浮猋动则机兮,丛棘棧棧曷可栖兮。①发忠忘身自绕罔兮,冤颈折翼庸得往兮。涕泣兮萑兰,心结愲兮伤肝。虹蜺曜兮日微,孽杳冥兮未开。痛入天兮鸣謼,冤际绝兮谁语?仰天光兮自列,招上帝兮我察。秋风为我唫,浮云为我阴。嗟若是兮欲何留,抚神龙兮揽其须。游旷迥兮反亡期,雄失据兮世我思。

〔注〕 ① 棧棧:当作“栈(chén)栈”。

息夫躬,复姓息夫,名躬,字子微,河内河阳(今河南孟州)人。西汉哀帝时,因告发东平王刘云等人,受到哀帝赏识,由待诏擢为光禄大夫,封宜陵侯。他曾多次在哀帝前指斥公卿大臣,得罪了许多人,终于受到各方的指责而被免官。不久,又因受人诬告而被逮,暴死。《绝命辞》见于《汉书·息夫躬传》。关于此诗的创作,本传中说:“初,躬待诏,数危言高论,自恐遭害,著《绝命辞》云云(引原诗。此略)。数年后乃死,如其文。”但本传中又说他屡发危言高论,是在受到哀帝信任、升为光禄大夫之后。从诗中写到的处境的危殆以及忠而见嫉的幽愤看来，此诗的写作时间似应断为在诗人与政敌斗争尖锐的任职光禄大夫之后。

古代有“诗谶”一说。所谓诗谶，是指所赋诗无意中预示后事的征兆。如梁简文帝萧纲《寒夕》诗说：“雪花无有蒂，冰镜不安台。”后人以为诗谶，谓“无蒂”即“无帝”，“不安台”为台城不安。但那是偶合。息夫躬此诗则是基于现实情况的预感、预见，是在备受周围攻击时发出的痛苦呼号，表现了他对黑暗现实的激烈抗争，对于汉王朝的至死不渝的忠诚，以及不被理解的深沉痛苦。

此诗主要采用比体抒情写志，以强烈的主观抒情色彩显示出作品的特色。开头四句先写自己的恶劣处境：“泱郁”，形容乌云（玄云）的浓重；“厉”，疾飞；“矰”，音“增”，系生丝以射鸟兽的箭；“猋”，即“飙”，“浮猋”指吹动的疾风；“机”，弩机，弓上发箭的装置，诗中作动词用，指扣动扳机；“棧棧”，字书无“棧”字，当作“栈栈”，又多又茂盛的样子。诗人自比鸾鸟——传说中凤凰一类的神鸟，一开始即写出天空布满乌云，鹞鹰正无所顾忌地在空中疾飞，鸾鸟则无可奈何地在一旁徘徊，无处可去。诗人以鹰隼与鸾不同处境的对比，暗示凶残小人的得势与自己受到的倾轧排挤。他还进一步指出，政敌随时都可能置自己于死地：快如疾风的箭已安好在弩机上，只要自己稍有不慎，对方便会扳动机关。进既不能，又无法后退：到处长满荆棘，没有自己的栖身之地。

在写足环境之后，接着的四句转写自己的不幸遭遇与悲痛心情。“发忠忘身”，是诗人表白自己所作所为的思想基础；“自绕罔（网）”，指陷于谗佞小人之网。从“发忠忘身”到“自绕罔”是一个过程，二者之间是一因一果的关系。“冤颈折翼庸得往”，具体写出“绕罔”的惨状，扭歪了脖子，折断了翅膀，再也不能自由地飞翔。“涕泣兮萑兰，心结愲兮伤肝”，是自诉悲痛之辞，是不幸遭遇引起的心灵震颤。“萑兰”，即“汍澜”，流泪的样子；“结愲”，形容心情烦乱。诗人忠而得谤，故泪水滂沱，内心烦乱。在以上四句中，“自绕罔”的“自”字，看似对自己不计后果的行为的委婉自责，实际上表现的是诗人对“发忠忘身”、独力奋斗的自信与自豪。“发忠忘身”四字，尤其是一个“忠”字，是这几句的重点，也是一篇《绝命辞》的主旨所在。诗人写作《绝命辞》的良苦用心，无非是为了表明心迹，即使冤死，也希望求得当世与后代人的理解。

诗人虽忠而见诬，但并不就此罢休。以下“虹蜺”等四句，从环境与自身二者的结合上写出自己的抗争与进一步的失望。“虹蜺”，指空中水气受阳光照射出现的彩晕。传统上认为颜色鲜艳的为雄，称虹；暗淡的为雌，称蜺。写环境的前两句说，天空虹彩夺目，太阳的光辉反而晦暗不明；邪气（孽）弥漫，天色幽暗，看不到远方。这两句赋中有比，写景之中兼有象征："虹蜺"与"孽"象征得势的邪佞小人，"日微"与"(天色)未开"，象征君王受到小人的蒙蔽。接着的"痛入天"二句说自身。"谑"，"呼"的古字。从"鸣谑"二字中可以看出，诗人仍是以鸾鸟自比。鸾鸟在"冤颈折翼"之后，忍痛冲出罗网，直入高空呼叫，但他天大的冤屈又能向谁诉说呢？"冤际绝"之"际"，意为接近；"绝"，有极限之意。诗人以"冤际绝"说自己的冤屈，可见他蒙冤忍辱的深重。"谁语"，即"语谁"，也就是无人可以告语。在封建社会中，昏君重用小人，常被委婉地说成小人蒙蔽昏君。诗人求告无门，说明汉哀帝早已与群小沆瀣一气。后来李白在诗中说"为有浮云能蔽日，长安不见使人愁"(《登金陵凤凰台》)，诗意正与此相近。

诗人在现实世界中既得不到理解，便转而求助于自然界冥冥之中的最高统治者"上帝"。"仰天光兮自列"，"列"是说"陈列其心"(《汉书》颜师古注)，也就是袒露自己的内心世界；"招上帝兮我察"，"招"是呼唤的意思，光是"自列"还不够，又请上帝来察看。这两句，相当于常说的"昭昭此心，天日可表"的意思。以下两句写上帝的反应："秋风为我唫，浮云为我阴。""唫"是"吟"的古字。"风"、"云"似都受到诗人的忠诚与不幸的感染，发出了吟叹之声，天色变得阴暗起来。诗人这样写，一方面在于表明自己的至诚足以感天动地，同时也从对面映衬出自己在人间不被人理解的寂寞以及忠贞反遭不幸的悲愤。正是顺着这一感情的脉络，篇末的四句表明了自己对恶浊世道的决绝的态度。

末四句以"嗟"字领起，长声唱叹，感慨不尽。"嗟若是兮欲何留"，以"若是"总括上述的种种情况，包括环境的险恶，小人的迫害，帝王的昏聩，等等；以"欲何留"表明自己已无意于久留于人世。"抚神龙兮揽其须，游旷迥兮反亡期"，形象地写出将离人世而去的情状。龙是传说中腾云驾雾的神物，诗人想抓住神龙的胡须直上九霄，遨游于无边无际的太空，永远不再返回。政治黑暗，处境危殆，前途无望，使诗人对人世毫无眷恋之意，故他将死写得十分超脱，这就愈见其内心的凄苦了。末句中的"雄"指皇帝，"失据"指失去帝位，"世我思"是说日后在天下大乱之时，世人痛定思痛，才会重新想起有过"发忠忘身"但在当时受到误解的我这个人。从末句中不难看出诗人对时局的严重忧虑，也表现了他对自己切中时弊的"危言高论"的正确性抱有坚定不移的信念。

此诗在形式上采用句中夹入"兮"字的楚辞体，这是一眼就看得出来的。此诗对楚辞的继承，则不局限于个别用字。强烈的主观抒情色彩，打通天上人间的丰富想象，广为采用的比喻、象征、夸张的表现手法，以及在精神实质上的大义凛然与孤高自伤，都使此诗十分贴近屈原的作品。具体说来，与屈原《九章》中的

《惜诵》尤为接近。整篇《绝命辞》所要表达的，即是《惜诵》开头四句所陈述的精神："惜诵（痛惜陈述）以致愍（表达忧痛）兮，发愤以抒情。所非忠而言之兮，指苍天以为正（证）。"《绝命辞》与《惜诵》相关的字句更多，如"矰若浮猋动则机兮"与"矰弋机而在上兮，罻罗张而在下"，"发忠忘身自绕罔兮"与"吾谊先君而后身兮，羌众人之所仇"，"仰天光兮自列，招上帝兮我察"与"令五帝以折中兮，戒六神以向服（令五帝公平判断，请六神检验是否有罪）"，等等，都可以清楚看出《惜诵》的影响。但这样说，并不是要否定《绝命辞》自身的价值。诗人对《惜诵》的学习，是建基于个人独特的生活体验之上的"凭情以会通"（《文心雕龙·通变》），是在自己生活实感的基础上水到渠成的自然化入，而非生搬硬套的拙劣仿效。《绝命辞》基本上通篇以鸟自喻的写法，也是明显有别于《惜诵》的。这一写法后来又直接影响到东汉末年著名辞赋家赵壹《穷鸟赋》的创作。从文学史的角度说，《绝命辞》本身的思想艺术成就固然值得肯定，而其继往开来的历史功绩也是不可埋没的。

（陈志明）

【作者小传】

班婕妤

一作班倢伃。西汉楼烦（今山西宁武）人。汉成帝时选入宫，初为少使，有宠，立为婕妤。后为赵飞燕所谮，退居东宫。成帝卒，班氏奉其园陵以终。事迹具《汉书》卷九七下本传。有集一卷，已佚。《文选》存其诗一首，后人或疑是伪作。

怨歌行

班婕妤

新裂齐纨素，鲜洁如霜雪，
裁为合欢扇，团团似明月。
出入君怀袖，动摇微风发。
常恐秋节至，凉飙夺炎热，
弃捐箧笥中，恩情中道绝。

本篇《文选》、《玉台新咏》、《乐府诗集》均收录，并题班婕妤作。但因《汉书》本传未载其曾作怨诗，而《文选》李善注又引《歌录》云："《怨歌行》，古辞。"故近人多据此疑非班作，然亦乏确证。而魏晋六朝人，如陆机、钟嵘、萧统、徐陵等皆以为班作，且诗的内容又与《汉书》本传所载班婕妤的身世、怨情无一不合，故属之班作，当是信而有据。

班婕妤是著名史学家班固的祖姑，左曹越校尉班况之女。汉成帝时选入宫，始为少使，未几大得宠幸，封为婕妤（嫔妃称号）。后为宫人赵飞燕夺宠，居长信宫，作有《自悼赋》、《捣素赋》等，皆抒发其失宠后幽居深宫的郁闷和哀怨，此诗当亦是她失宠后所作。

本诗又题为《团扇》（钟嵘《诗品》），是一首咏物言情之作。通首比体，借秋扇见捐喻嫔妃受帝王玩弄终遭遗弃的不幸命运。前六句是第一层意思。起首二句写纨扇素质之美；从织机上新裁（裂）下来的一块齐国出产的精美丝绢，像霜雪一般鲜明皎洁。纨和素，皆精美柔细的丝绢，本来就皎洁无瑕，更加是“新”织成，又是以盛产丝绢著称的齐国的名产，当然就更加精美绝伦，“鲜洁如霜雪”了。二句喻中套喻，暗示了少女出身名门，品质纯美，志节高尚。三、四句写纨扇制作之工：把这块名贵精美的丝绢裁制成绘有合欢图案的双面团扇，那团团的形状和皎洁的色泽，仿佛天上一轮团圞的月亮。清人吴淇评道：“裁成句，既有此内美，又重之以修能也。”（《六朝选诗定论》）意谓首二句写其内在本质之美，此二句则写其经过精工制作，更具有外表的容态之美。“合欢”，是一种对称的图案花纹，象征男女和合欢乐之意，如《古诗》中“文彩双鸳鸯，裁为合欢被。”《羽林郎》中“广袖合欢襦”皆属此类。故这里的“合欢”，不仅突出了团扇的精致美观，以喻女子的外貌出众，而且也寄托了少女对于美好爱情的向往；“明月”不仅比喻女子的光彩照人，同时也象征着她对永远团圆的热望。“出入”二句，因古人衣服宽大，故扇子可置于怀袖之中；天气炎热时则取出摇动，顿生微风，使人爽快。李善注云：“此谓蒙恩幸之时也。”但这话只说对了一半，其实，这二句更深的含义是：嫔妃即使受宠，亦不过是侍候君侧，供其欢娱惬意的玩物而已。

后四句为第二层意思：团扇在夏季虽受主人宠爱，然而却为自己恩宠难以持久而常常担心恐惧，因为转瞬间秋季将临，凉风吹走了炎热，也就夺去了主人对自己的爱宠；那时，团扇将被弃置在竹箱里，从前与主人的恩情也就半途断绝了。“秋节”隐含韶华已衰，“凉飙”，象征另有新欢；“炎热”，比爱恋炽热；“箧笥”，喻冷宫幽闭，也都是语义双关。封建帝王充陈后宫的佳丽常是成千上万，皇帝对她们只是以貌取人，满足淫乐，对谁都不可能有专一持久的爱情；所以，即使最受宠幸的嫔妃，最终也难逃色衰爱弛的悲剧命运。嫔妃制度又使后宫必然争宠相妒，互相倾轧，阴谋谗陷，班婕妤不就为赵飞燕所谗而失宠了吗？“常恐”，正说明乐中伏悲，居安思危；这种战战兢兢，如履薄冰，乃是封建嫔妃的普遍心理状态。

此诗本是女诗人失宠后之作，而这里说“常恐”、用失宠前语气，更显得她早知此事已属必然之势，正不待夺宠之后，方始恍然醒悟。诗人用语之隐微、怨怒之幽深，千载之下，犹不得不令人惊叹其才情而感慨其不幸！

前人谈咏物之妙，贵在“幽怨缠绵，直是言情，非复赋物”（沈谦《填词杂说》）；强调要“不即不离”（刘熙载《艺概》），既不停留在物上，但又要切合咏物。此诗完全符合这两条美学要求：借扇拟人，巧言宫怨之情；设喻取象，无不物我双关，贴切生动，似人似物，浑然难分。而以秋扇见捐以喻女子似玩物遭弃，尤为新奇而警策，是前无古人的创造。正因为如此，其形象就大于思想，超越了宫怨范围而具有更典型更普遍的意义，即反映了封建社会中妇女被玩弄被遗弃的普遍悲剧命运。这正是本诗最突出的艺术成就所在。在后代诗词中，团扇几乎成为红颜薄命、佳人失时的象征，就是明证。

其次，诗中欲抑先扬的反衬手法和绮丽清简的语言也是值得欣赏的。前六句写纨扇之盛，何等光彩旖旎！后四句写恐扇之衰，何等哀感顽艳！在两相照映之下，女主人公美好的人生价值和这价值的毁灭，又对比等何等鲜明！短短十句，却写出盛衰变化的一生，而怨情又写得如此抑扬顿挫，跌宕多姿，蔚为大观。故钟嵘评曰：“《团扇》短章，辞旨清捷，怨深文绮，得匹妇之致。”这决不是过甚其辞。

（熊　笃）

【作者小传】

梁　鸿

字伯鸾，东汉扶风平陵（今陕西咸阳西北）人。王莽时，随父寓居北地（今甘肃庆阳一带）。东汉初，受业于太学，学毕，牧猪于上林苑。后娶同县女子孟光，隐居于霸陵山中。因作《五噫歌》为汉章帝所求，易姓运期，名燿，字侯光，与妻子迁居吴地，闭门著书以卒。事迹具《后汉书》，存其诗三首。

五噫歌　　梁鸿

陟彼北芒兮，噫！顾览帝京兮，噫！

宫室崔嵬兮，噫！人之劬劳兮，噫！①

辽辽未央兮，噫！

〔注〕 ① 劬(qú)劳:劳苦。

孟光敬其丈夫,每为具食,总要"举案齐眉"。这个历史佳话,大多的读者都知道。至于她的丈夫,就是这首《五噫歌》的作者梁鸿,知道的人恐怕就不太多了。

梁鸿堪称东汉前期的一位怪人。他受业于太学,"博览无不通"。学成以后,偏偏不求功名,"牧豕于上林苑",当起了人们所瞧不起的小猪倌,此"怪"之一也。孟光是他同邑之女,长相却教人不敢恭维。史家称她"肥丑而黑",而且身材粗壮,能"力举石臼",年至三十还嫁不出去。梁鸿听说了,偏偏就娶了她,此"怪"之二也。旁人都喜欢"衣绮缟,傅粉墨",孟光也这样做,梁鸿就七天不睬她。一当孟光"更为椎髻,著布衣,操作于前",梁鸿便喜出望外,大叫"这才真是我梁鸿的婆娘!"后来竟与她一起,隐居到了霸陵山中,此"怪"之三也。

就是这样一位怪人,当其经过京都洛阳时,作了这首带有五个"噫"字的怪诗。诗的内容很简单:第一句说他登上洛阳城东北的北芒山;第二句说他回过头来俯瞰当时的京城洛阳;第三句说是看到了那么崔嵬(巍峨)的宫室;第四句便慨叹说,修建它们的百姓多"劬劳"呵;最后一句再次长叹,这种劳苦简直没完没了、无有尽时呵。梁鸿就这么唱了五句,又哼了五个"噫",走了。谁料到汉章帝一听说这首歌,就恨得接不上气,急忙下令访拿梁鸿。害得梁鸿夫妇只好变姓更名,在齐鲁一带躲藏起来。汉章帝为什么这样怕它?

原来,东汉自光武帝刘秀起,就拍着胸脯向天下百姓保证,他们的治国要以"节俭"为先,反对奢侈,反对"轻用民力"。他们多次煞有介事地派出使者,"按行风俗"、"广求民瘼"、"存问孤鳏",作出"视民如父母"、"平徭简赋"的姿态(见《后汉书》"光武帝纪"、"明帝纪"、"章帝纪")。但与此同时,他们却"起南宫",修北殿,营造"明堂"、"灵台",修建"永安离宫",以至于"桑宫茧馆"、"复庙重屋"(张衡《东京赋》)、"宫室光明,阙庭神丽"(班固《东都赋》)。正与秦皇、汉武一样,"竞相高于奢丽"。对于这样的骗局,宫廷文人如班固之辈,早就看得很分明了,只是不敢拆穿它。所以,班固的《两都赋》只以夸赞东都崇尚节俭的曲笔,拐弯抹角地讽劝了几句,无关章帝之痛痒。梁鸿这首歌,却令人头痛得很,竟明明白白直揭"帝京""宫室"之崔嵬、百姓修建之劬劳。这岂不等于说,光武帝、明帝、章帝口诵的"节俭"、"恤民",都是鬼话?这个在当时政治生活中最敏感的"禁区",章帝们身上最不愿给人发现的"心病",竟被这首短短的《五噫歌》揭开了。章帝岂能不感到寒心?

"单纯"是《五噫歌》的主要特点,也是它的力量之所在。《五噫歌》所涉及的,是东汉前期政治生活中人人所感觉到了，但又难以说清的课题。而它所抨击的对手，又是一些言行不一、老谋深算的两面性人物。对付这样的社会现象和两面性人物，绕圈子是不行的；“言在此而意在彼”的暗示，也不起作用。最好的办法，恐怕还是单刀直入，用事实说话。《五噫歌》正是如此：全诗未用一句比兴，直叙诗人登上北芒山见到的宫室崔嵬的事实，揭出统治者追求“奢丽”给人民带来“辽辽未央”的“劬劳”。这样单纯的写法，正如鲁迅《秋夜》中所描写的“落尽叶子，单剩干子”的枣树枝，“默默的铁似的直刺着奇怪而高的天空，使天空闪闪地鬼眏眼；直刺着天空中圆满的月亮，使月亮窘得发白”，有一种教人无法躲避的力量。梁鸿不爱“衣绮缟，傅粉墨”的靡丽，而爱“椎髻”“布衣”的简朴。他的《五噫歌》，也正和他的怪脾气一样，单纯而简朴。

但单纯不等于单调。《五噫歌》简朴、单纯，内涵却很丰实。前三句一句一顿，又紧密相承，是简略的叙述。对所见“帝京”的景物，只用“宫室崔嵬兮”一句勾勒，其余皆为空白。这样的空白，不正可引发读者的丰富联想，在无画处看到那“五步一楼，十步一阁。廊腰缦回，檐牙高啄……盘盘焉，囷囷焉，蜂房水涡，矗不知其几千万落”的有形之景？后二句结以深沉的慨叹，一无对“民之劬劳”情景的描摹。但读者从那“辽辽未央”的有字之处，不正听到了“使负栋之柱，多于南亩之农夫；架梁之椽，多于机上之工女；钉头磷磷，多于在庾之粟粒；瓦缝参差，多于周身之帛缕”这样一种更为深沉的无声之叹？特别令人惊异的，此歌每句句尾，本已有了感叹词“兮”，诗人偏偏还要加一“噫”字。这在骚体诗中，可谓见所未见之创格。而恰恰是这五个“噫”字，如峰峦之拔起于群山、涛浪之涌腾于众水，将平平的叙唱，化作怫郁直上的啸叹，具有了更加强烈的情感撞击力。令人感到，这短短五句，简直可敌杜牧那洋洋数百余言的《阿房》名赋。

（潘啸龙）

【作者小传】

班 固

(32—92) 字孟坚，东汉扶风安陵（今陕西咸阳）人。少善属文，因续作其父班彪《史记后传》，为人告发私改国史，下狱。经弟班超上书力辩，得释。后任兰台令史，转为郎，典校秘书，成《汉书》。后从大将军窦宪伐匈奴，为中护军。宪得罪，固亦受牵连，下狱死。事迹附见《后汉书》卷七〇《班彪传》后。有集十七卷，已佚，明人辑有《班兰台集》。所著《汉书》为二十四史之一。《先秦汉魏晋南北朝诗》辑得其诗及断句十一首。

咏 史 班 固

三王德弥薄，惟后用肉刑。太仓令有罪，就递长安城。自恨身无子，困急独茕茕。小女痛父言，死者不可生。上书诣阙下，思古歌鸡鸣。忧心摧折裂，晨风扬激声。圣汉孝文帝，恻然感至情。百男何愦愦，不如一缇萦。

班固乃史家之巨擘，作诗则非其所长。但在诗歌发展史上，人们总要提到他，因为他在两方面都开了风气之先：一是文人写作五言诗，班固乃东汉少数先驱者之一；二是诗有"咏史"之作，班固又堪称千古之第一人。在这两方面奠定他诗歌史上地位的，正是这首五言体《咏史诗》。

这首诗歌咏了西汉初期的一位奇女子——淳于缇萦。正是由于她伏阙上书，不仅救了触刑的父亲，还感动文帝下达了废除肉刑的著名诏令。所以班固于开笔之际，先以悠邈之思，追述了任用肉刑的历史："三王德弥（终也）薄，惟后用肉刑。"三王指夏禹、商汤和周之文王、武王，据说他们均以"文德"治天下，"至于刑错（弃置不用）而兵寝（收藏）"，被誉为"帝王之极功"（《汉书·刑法志》）。但到了三代之衰世，就不免王德日薄、刑罚滥施了。史称"夏有乱政而作《禹刑》，商有乱政而作《汤刑》，周有乱政而作《九刑》"，施用"五刑"的条款竟多达三千余项。这两句思接千载，于历史追述中表达对任用"肉刑"的深沉感叹。

自"太仓令有罪"以下，诗人笔凌百世，直叙汉初淳于缇萦上书救父的事迹。"太仓令"即汉初名医淳于意，他曾担任齐之太仓（官仓）的小吏。文帝四年（前176），有人上书告发他触犯刑律，遂被逮捕押往长安。五个女儿急得直哭，他大骂说："生女真不如生男，危急之时谁能帮我办事！"这就是诗中所说的"自恨身无子，困急独茕茕（孤独之状）"之意。小女儿缇萦听了父亲的话异常悲伤，痛感于"死者不可复生而刑者不可复赎"，毅然随父进京，上书汉文帝，"愿入身为官婢，以赎父刑罪，使得改行自新"。"上书诣阙下"四句，描述的就是缇萦到宫廷上书的情景。"鸡鸣"、"晨风"，均为《诗经》十五国风中的名篇。前者抒写后宫催促君王上朝之情，后者歌咏女子"未见君子"之忧。据《文选》注引刘向《列女传》，缇萦伏阙上书时，曾"歌《鸡鸣》、《晨风》之诗"。班固以"忧心摧折裂，晨风扬激声"，抒写缇萦忧急断肠、歌号阙下的景象，读来令人怆然泣下。正是缇萦舍身赎父的一片真情，深深地打动了文帝。"圣汉孝文帝，恻然感至情"，终于赦免了她的父亲，并在诏书中感叹说："夫刑者，至断支（肢）体、刻肌肤，终身不息，何其痛而不德也！

岂称为民之父母哉?”并作出了“其除(废除)肉刑”的重大决策(见《列女传》)。促成文帝作出如此重要决策的,竟不是众多的须眉,而是这位临淄的民间少女。诗人有感于此,在结句中不禁长声吁叹:“百男何愦愦(愚笨),不如一缇萦”!

初看起来,班固的这首《咏史》,纯是对缇萦救父事迹的歌咏,似无更多的题外之旨。但历史上可歌可泣之人甚多,班固何以不咏他人,偏偏想到了这位女子?这就得联系诗人自身的遭际来考察了。在班固的一生中,曾有两次被捕入狱:一次是在早年,被人告发私撰国史(《汉书》)而入狱。幸亏他兄弟班超诣阙上书申辩,才被释放;一次是在晚年,由于班固“不教学诸子,诸子多不遵法度”,得罪了洛阳令种竞。种竞利用大将军窦宪事败之机,捕系班固。最后因无人救援,死于狱中。《咏史》一诗,大约正作于晚年系狱之际。也许他有感于其子不肖,累及自己下狱而不救,才触发思古之幽情,写下了这首歌咏缇萦救父的诗?如果这一推测不错,那么,班固就不是为咏史而咏史,而是在诗中寄寓了自身的现实感慨了。他之称颂“三王”以及文帝的不用肉刑,岂不隐晦地表达了对当时朝廷任用肉刑、诛戮大臣的贬责?他之感叹于“百男何愦愦,不如一缇萦”,不更包含了对诸子不肖、累及其父的凄怆?从这一点看,这首诗正是开了“借咏史事以抒己怀”的“咏史体”之先河。

历来评论班固此诗者,总要用钟嵘“质木无文”一语,以贬斥其艺术成就。其实,作为一首早期的文人五言诗,此诗虽然“质木无文”,但能在短短十数行间,如此凝练地抒写缇萦救父事件的始末,其概括力并不下于曹操的《薤露行》、《蒿里行》等诗。而且在叙事之中,也时有“忧心摧折裂,晨风扬激声”的声情、“百男何愦愦,不如一缇萦”的寄慨,不乏唱叹之致。钟嵘《诗品》称其“有感叹之词”,将其视为“东京二百载中”所不多见的五言代表作,正是承认了它艺术上的成功,而不是失败。所以,从发展的眼光看,《咏史诗》不失为五言创制时期的杰作。　(潘啸龙)

【作者小传】

张　衡

(78—139)　字平子,东汉南阳西鄂(今河南南阳市)人。汉安帝时,拜郎中,迁太史令。掌天象观测造浑天仪、地动仪。顺帝时,再转复为太史令,后迁侍中,出任河间相,有政声。征还,拜尚书,卒。事迹具《后汉书》卷八九本传。衡精于天文历算之学,文学作品有《二京赋》、《归田赋》等,其《四愁诗》对后世七言诗的形成有一定影响。有集十四卷,已佚,明人辑有《张河间集》,《先秦汉魏晋南北朝诗》辑得其诗及断句九首。

四 愁 诗　　张 衡

我所思兮在太山，欲往从之梁父艰，① 侧身东望涕霑翰。② 美人赠我金错刀，何以报之英琼瑶。路远莫致倚逍遥，③ 何为怀忧心烦劳。

我所思兮在桂林，欲往从之湘水深，侧身南望涕沾襟。美人赠我金琅玕，何以报之双玉盘。路远莫致倚惆怅，何为怀忧心烦伤。

我所思兮在汉阳，④ 欲往从之陇阪长，⑤ 侧身西望涕沾裳。美人赠我貂襜褕，⑥ 何以报之明月珠。路远莫致倚踟蹰，何为怀忧心烦纡。

我所思兮在雁门，欲往从之雪纷纷，侧身北望涕沾巾。美人赠我锦绣段，何以报之青玉案。路远莫致倚增叹，何为怀忧心烦惋。

〔注〕 ① 梁父：泰山下的小山名。 ② 翰：衣襟。 ③ 逍遥：这里是徘徊之意。 ④ 汉阳：汉天水郡，东汉明帝时改名汉阳，在今甘肃省东部。 ⑤ 陇阪：地名，在汉阳郡。阪，山坡。 ⑥ 襜褕：短衣。

据《文选》上说，张衡目睹东汉朝政日坏，天下凋敝，而自己虽有济世之志，希望能以其才能报效君主，却又忧惧群小用谗，因而郁郁，遂作《四愁诗》以泻情怀，诗中以美人比君子，以珍宝比仁义，以"水深"等比小人（后人又补充说："泰山"等乃喻明君，"梁父"等乃喻小人），皆准于屈原之遗义。古人的说法，若无明确的证据，是不宜随意否定的，因此，虽然也有以《四愁诗》为情诗的说法，但今天我们还是应当审慎从事，以视本诗作寓有寄托者为妥。

但是，《四愁诗》的情调实在太风流婉转了，以至于若把那恼人的、"载道"味儿甚浓的寄托说撇开，单把它看成一首情意执着真挚的情诗，确实也全无不可。且张平子若胸中没有一段旖旎情思，只是个徒哓哓于忠君爱民的人，又安得出此锦绣词章？是以下文笔法全如鉴赏情诗，虽属笔者冒昧，但想亦不致辱没平子。钟情美人之意既明，则爱君之深亦自可推知，笔者这么写，窃谓得平子遗意矣，当否则读者自有目。《文选》将诗分成"四思"，且看这"一思"。那无日不引人思慕的美人，身居东方泰山云雾之中，邈焉难求，而"我"之渴望，却唯在能追从她的身边、呼吸于她的芳馨之中，则"我"情的执着痴迷，不已隐然可体味了吗？及至那小小梁父顽丘，阻“我”不得亲近美人，而“我”竟引领侧望、至于泪下涟涟，衣襟为湿，则“我”情之真之切，不已豁然无所隐藏了吗？诗至此三句，自成一段落，诗人有情之痴的面目，已宛然可见。以下四句，更成一段落，诗人言之益深，亦令人读而感慨益深。“我”是单恋于美人么？否，否，那美人却也与“我”有过一段风流时光。就像屈原与怀王有过“曰黄昏以为期”的约定一样，也像汉顺帝曾拜平子为侍中、向他垂询过“天下所疾恶者”一样，那美人也曾情意绵绵，将环把上黄金错络的佩刀，赠与“我”作定情之物。“投我以木桃，报之以琼瑶”（《诗经·卫风·木瓜》），古人既如是说，“我”怀中有琼英美玉，又如何能不思报赠？如今，虽然明知梁父为阻、道路悠远，这份礼物决无可能送达，此生只能长作徘徊瞻望、怅惘以终；然而，“我”却为何总是不能绝念、总是心意烦乱、劳思无尽？——诗人仿佛自己也不明白自己为何情重一至于此，然而读者却该早已明白、抑且早已为诗人的深心而感慨良深了吧？

“一思”既已，“二思”“三思”“四思”源源不断，连翩而至，“我”首次“求女”虽然告挫，但“我”却绝不停止努力。当那赠他琅玕美石的美人徜徉于桂林山水之间时，他便怀着成双的白玉盘奔往南方；当那赠他貂裘短服的美人飘遥于汉阳丘陵之上时，他便揣着明月宝珠趋向西方；当那赠他锦绣彩缎的美人出没于雁门关塞之外时，他又赶紧携着青玉制就的几案，驰走北方。虽然湘水深不可测，限我莫及桂林；虽然陇阪悠长无已，阻我难至汉阳；虽然塞上雨雪纷纷，碍我不达雁门；虽然每次都是受阻而止，每次都落得涕泗滂沱，沾染裳襟，每次都徒增惆怅，每次都忧思益加难释——然而，“我”却始终不倦，矢志不移！可以想见，倘若天地之间不止东、南、西、北四个方位，此诗又将何止“四思”？诗人的奔走将至于千、至于万，诗人的愁思且巍过五岳、广过江河！读者诸君，切莫以“四愁”之间仅有并列而无递进，而嫌其章法单调少变化；若《诗》之《蒹葭》止于“宛在水中央”，君不将谓其殊少文气乎？若《陈风·月出》止于“劳心悄兮”，君不将觉其“心”之“劳”犹不甚乎？惟有一之不足，至于再，至于三、四，始能见诗人之深情缠绵、寄意幽远。即如本诗，“愁”虽止于“四”，但其愁绪究竟延伸于胡底，又有何人能量之测之？“一唱而三叹，慷慨有余哀”，读者若要领会此种境界，不从《四愁诗》之类重章、叠句上索解，又将于何处求之？

《四愁诗》非但内容足以使人动容，其句式也极引人注目，它是中国古诗中产生年代较早的一首七言诗。七言诗由来尚矣，但全诗句子均为七言，而每句都采用上四字一节、下三字更为一节的形式，句中又几乎不用“兮”字作语助的诗，在现存的创作年代确切可信的古诗（而非载于后世著作中、真伪莫辨的《皇娥歌》、

《柏梁诗》之类)范围里,本诗是最早的一首,这就是《四愁诗》在中国诗史上的地位。在此以前,七言诗或是杂以八言、九言者,如汉武帝《瓠子歌》;或是每句前三字、后三字各为一节、而中间夹一“兮”字,如项羽《垓下歌》、李陵《别歌》:这些,都不能算作典范的七言诗。至于汉乌孙公主的《悲愁歌》,虽然已达到全篇上四下三,但每句两节之间还存有“兮”字,成了一首八言诗,句式上虽接近于典范的七言诗,却终不能归入七言诗的范畴。唯本诗除了每章首句以外,其余句子与后世七言诗已全无二致,显得整饬一新、灿然可观。曹丕的《燕歌行》,自是一首成熟的七言。而《四愁诗》作为七言诗,虽然尚有不少《诗经》的痕迹,如重章叠句、每章句子为奇数,以及《楚辞》的痕迹如“兮”的使用;但是,它的上四下三的句式,却早在大半个世纪以前已达到了《燕歌行》的水准,同时这种句式在抒情上的优势——即节奏上的前长后短(异于四言诗及《垓下歌》之类七言的并列,和五言的前短后长),使听觉上有先长声曼吟而复悄然低语的感受,而节奏短的三字节落在句后,听来又有渐趋深沉之感,如此一句句循环往复,全诗遂有思绪纷错起伏、情致缠绵跌宕之趣——《燕歌行》有之,《四愁诗》亦已有之。因此,今天我们认定《四愁诗》是典范化的七言诗的首块里程碑,怕也不算过甚其辞吧? (沈维藩)

【作者小传】

朱 穆

(100—163) 字公叔,东汉南阳宛(今河南南阳市)人。少有令誉,举孝廉,为大将军梁冀所辟,使典兵事,数有规谏,著《崇厚论》以敦世俗。后任冀州刺史,因得罪宦官免官,输作左校。太学生数千人上书讼其罪,得免。数年后征拜尚书,为宦官诋毁,愤而得疾卒。事迹附见《后汉书》卷七三《朱晖传》后。《后汉书》存其诗一首。

与刘伯宗绝交诗 朱 穆

北山有鸱,不洁其翼。飞不正向,寝不定息。饥则木揽,饱则泥伏。饕餮贪污,臭腐是食。

填肠满嗉,嗜欲无极。长鸣呼凤,谓凤无德。凤之所趣,与子异域。永从此诀,各自努力。

将这首诗的题目隐去,就纯是一篇形象生动的咏物诗。

诗中歌咏了“北山”的一头翅翼邋遢的鸱(chī)鸟，俗称鹞鹰。诗人既对它一无好感，笔端便不免沾满鄙夷之气：“飞不正向，寝不定息。饥则木揽(撮取)，饱则泥伏”——它竟是这样卑琐，飞行时歪歪斜斜，没个正向；安寝也忽东忽西，定不下心神，肚子饿了，就偷偷摸摸攫取树间幼鸟；一吃饱，就蜷伏在污泥之中，也不管是肮脏、烂臭。这四句对鸱鸟做总的勾勒，寥寥数语，便使它行止食宿的丑态纤毫毕现，令人陡生厌恶之感。接着是一个近镜头特写：这鸱鸟正如传说中贪婪成性的“饕餮”(tāo tiè)，正津津有味地啄食着散发臭味的腐鼠。只填得肠塞嗉满，还是不能停喙。诗中描摹鸱鸟嗜欲无底的贪婪相，只用“臭腐是食”、“填肠满嗉”八字，便栩栩如在目前。读者看了恐怕要呕吐了，这鸱鸟却还得意得很哩。你看它一面吃着臭腐之食，一边又抬起头来，向空中飞过的凤鸟大喊大叫：“你这缺德的凤凰，竟想分享我的佳肴?”“长鸣呼凤，谓凤无德”两句，堪称神来之笔！它们化用《庄子·秋水》“鸱吓鹓雏”的寓言，表现鸱鸟以卑劣之心度凤鸟之腹的可笑情态，令读者忍俊不禁。所以连诗人也忍不住在结句中为凤代言，正告这可笑的鸱鸟：“我凤鸟的所去之处，与你可有天壤之别。我们就此永诀，你还是努力自爱吧!”凤鸟去了，蓝天中还可望见它奋翼长空的夭矫身影。唯有鸱鸟，还紧攫着腐鼠嚼个不停……

单从咏物这一点看，此诗歌咏鸱鸟的贪婪丑恶之形，情态逼真。有描述，有刻划，还有简练而具个性的鸟间对话。堪称屈原《橘颂》之后不可多见的咏物佳作，与刘桢的《咏凤凰》一诗(见《赠从弟》之三)，恰可相映成趣。

不过，倘若把此诗隐去的诗题揭出，人们就会发现，这首富于情趣的咏物诗，却原来是朱穆写给刘伯宗的“绝交诗”！据《后汉书·朱穆传》注，刘伯宗为朱穆旧友，早先困顿之际，屡受朱穆的照顾。后来刘官至二千石，位列朱穆之上，便避凉趋炎，不再敬重自己的患难有恩之友。朱穆激于义愤，作书于刘伯宗，嗟叹：“咄！刘伯宗于仁义何其薄哉!”因附此诗，宣布绝交。

这样一来，此诗的面貌就全改观了——它名为咏鸟，实为赋人。诗人以鸱鸟的贪食腐臭，直至“填肠满嗉”犹不厌足，还大喊大叫，“谓凤无德”，来表现旧友刘伯宗的趋炎附势，让利禄之欲，淹没了廉耻之心。刻划既妙不可言，揭露得也入木三分。朱穆为官清刚，“独亢然不顾身害”。其任翼州刺史时，州部污吏，“闻穆济河，解印绶去者四十余人”，可见对朱穆的畏忌。后为按验宦官赵忠之罪，竟冒天下之大不韪，“开墓剖棺”、搜索罪证。终于触怒桓帝，被罚去左校“输作”(一种刑役)。只是由于太学刘陶等数千人诣阙上书申辩，方获赦免。他痛恨宦官擅权，在给桓帝的书奏中，直斥宦官为媚以求官、渔食百姓的“凶狡无行之徒”、“恃势怙宠之辈”,主张一律“罢省”。意见之激切,震惊朝野。这样一位刚性烈肠之人,当然不肯与趋炎附势之辈为友。但这首在政治上与旧友的“绝交诗”,偏偏运用比兴之法,通过对鸱鸟丑恶之形的勾勒,以凤鸟之趣与鸱“异域”,写自己与旧友的绝交之意;一无声色俱厉的挞伐之辞,而道不相谋之志自现。这在艺术表现上,应该说是巧妙而成功的。明人胡应麟称朱穆《绝交诗》“词旨躁露,汉四言诗最下者”(《诗薮》),评价未免不公。此诗“词旨”固然“躁露”,实为“绝交”诗所必需。倘若隐晦含蓄,反而有失题意。东汉的四言诗作不多,班固《两都赋》所系颂诗、东平王刘苍《武德舞歌》、傅毅《迪志诗》,大多典雅雍容,很少生机,不过是《诗》之“雅、颂”的苟延残喘。相比之下,朱穆《绝交诗》既富情趣,更兼刚肠热血,在“汉四言诗”中,倒是颇具盎然生气的好诗了!　　(潘啸龙)

【作者小传】

秦 嘉

字士会,东汉陇西郡(今属甘肃)人。汉桓帝时,为郡吏,上计洛阳,任黄门郎。《先秦汉魏晋南北朝诗》辑得其诗及断句九首。

赠妇诗三首(其一)　　秦 嘉

人生譬朝露,居世多屯蹇。忧艰常早至,欢会常苦晚。念当奉时役,去尔日遥远。遣车迎子还,空往复空返。省书情凄怆,临食不能饭。独坐空房中,谁与相劝勉?长夜不能眠,伏枕独展转。忧来如循环,匪席不可卷。

关于秦嘉的身世,今天我们所知甚少,只知道他是东汉桓帝时陇西郡的郡吏,后为郡上计簿到京都洛阳,授黄门郎,后病故他乡。秦嘉与妻徐淑都能诗文,这首诗就是他将往洛阳而徐淑得病回娘家、夫妇不能面别,因而写来赠给妻子的。《赠妇诗》共三首,此录第一首。

本诗语言极为平易,却也并非一望可知。“人生譬朝露,居世多屯蹇。”诗以感喟生命短暂、处世多艰开首,正是东汉后期诗作的典型口吻。屯、蹇原是《易经》中两个卦名,此指险难。“忧艰常早至,欢会常苦晚。”忧多欢少,这不是居世多艰么?欢乐晚至,不更令人苦恨人生太短么?这二句将前二句意思伸足,至此可算一段落。诗人为何要生此感叹呢?原来,“念当奉时役,去尔日遥远”。他将要奉命行役、上计京师、离开心爱的妻子了,为了临别时再见上一面、叮嘱几句,他特意派了车辆去接她,不料妻子染病,“遣车迎子还,空往复空返”。人生世上,连与妻子“欢会”少刻也这么难,他如何能不怨世道、不怨人生?非特如此,“省书情凄怆,临食不能饭”。省,视也。妻子还附来了一封情致凄婉的书信,令他读后倍觉怆然,乃至于馔食当前,也不能下咽。至此又可为一层,写诗人迎妻不至时情状,出语极平朴,“空”字两出,“食”、“饭”义近,都不避不嫌。诗人只管述说心曲、无意斟酌字眼;然正因其无心择词,反见其至情流露。此种不须雕琢而自然感人的句子,读者若能深味之,则品评诗作将不致流于浅薄。末六句细说不得会妻后心情,是第三层。“独坐空房中,谁与相劝勉?长夜不能眠,伏枕独展转。”往日处世虽艰,但夫妇相互勉励、自多欢趣,却不难度日。如今爱妻不复相伴,房栊空空、长夜悠悠,孤身一人,真不知如何捱日。念及于此,诗人伏在枕上翻来覆去,彻夜不能入眠。“忧来如循环,匪席不可卷。”那忧愁层层袭来,循环不尽,难以脱卸。无奈,他只能默念起《诗经》中“我心匪席,不可卷也”(《邶风·柏舟》。谓我心不会改变,不如席子可以随意卷放)的句子,将上古那位“耿耿不寐,如有隐忧”的无名诗人拉来作伴,同病相慰,共销长夜。《赠妇诗》的第一首,就在这种无穷无尽的忧思中结束,犹如一首平静、深沉、哀愁的弦曲,带着无限余哀,终于缓缓地奏到了尾音。

把人间平凡的夫妇之情,用平易和缓的笔调叙出,就现存诗作看,本诗是第一首。这不仅是开拓题材的功绩,而且还是开拓写作手法的功绩。有此一诗,读者始知不靠《诗经》的比兴、不靠《楚辞》的夸张想象,也不用景物作衬、不用对仗工整,单用平平地直说胸臆一法,也足以感人至深。诗贵真情,秦嘉此诗,把这一点强调到了极点。

另外,本诗的前四句,也颇可重视。为了夫妇间的短暂离别,居然把整个人生都抱怨了进去,倒似人生之乐只是夫妇欢会而已:这样写,似乎是用笔太重,小题大做,其实不然。人生,自应是“我”之人生,不是附庸给礼教、附庸给世俗的人生;人生之乐,也自应是“我”所寻得、“我”所断定的,又何必受圣人教诲的限定、受旁人议论的认可——这样大胆的叛逆念头,在秦嘉脑中固然还不会转得那么明白;然而,他以自己哀愁的多少(而不是以对朝廷、对圣教的裨益多少)去衡量人生的价值,这不已经是“其心可诛”的叛逆心思么?唯因这种心思早已形成,故发而为诗,便情不自禁地把“人生”缩小为“我”的人生。在《古诗十九首》里,日饮美酒、被服纨素、良朋宴会、弹筝识曲,便是人生之价值,如今秦嘉又益之以夫妇欢会,其形则二,其神则一。看来东汉末期,“人”确实在自我觉醒、在寻求自我

的价值。《古诗十九首》写作年代到底还欠确切，本诗却明明白白是桓帝时作，其社会认识价值如何，还不显而易见吗？　（沈维藩）

【作者小传】

徐淑

东汉人。秦嘉妻。《玉台新咏》存其诗一首。

答秦嘉诗　　徐淑

妾身兮不令，婴疾兮来归。沉滞兮家门，历时兮不差。旷废兮侍觐，情敬兮有违。君今兮奉命，远适兮京师。悠悠兮离别，无因兮叙怀。瞻望兮踊跃，伫立兮徘徊。思君兮感结，梦想兮容辉。君发兮引迈，去我兮日乖。恨无兮羽翼，高飞兮相追。长吟兮永叹，泪下兮沾衣。

这是一首骚体诗，最早见于徐陵编的《玉台新咏》。作者徐淑与其夫秦嘉俱为陇西（今甘肃东南部）人。东汉桓帝时，秦嘉"为郡上计"（汉郡国每年年终遣吏送簿记到京师，曰上计；所遣之吏，曰上计吏）入洛阳，当时徐淑正卧病母家，夫妇没能面别，秦嘉作《留郡赠妇诗》三首与妻话别。徐淑以此诗作答。

诗的前十句写自己患病母家，不得与夫话别。"不令"，不善；"婴疾"犹抱病；"差"，病愈。作者首先交代不能送别的原因，虽是叙事，而又化情于事，于事见情。"不令"、"婴疾"、"沉滞"、"不差"，带有多少无奈！"旷废"、"情敬"，又含有多少歉意！"悠悠兮离别，无因兮叙怀"，又留下了多少遗憾！秦嘉十分重视他们的夫妇叙别："念当远离别，思念叙款曲"，于是派车去接徐淑。可是徐淑病滞难行："遣车迎子还，空往返空返"，秦嘉以至于"临食不能饭""长夜不能眠"，临行之际，又赠送宝钗、明镜聊表深情（见秦嘉《赠妇诗》三首）。徐淑的前十句诗似乎感情不那么强烈，但我们若联想到此，则自能感受女诗人内心蕴藏的复杂情愫。平静的水流是最深的水流，强忍不露的感情更为诚挚动人，这几句看似平平叙事的诗，亦复如此。

如果说前十句是化情于事，那么后十句是直抒其情。别离之际的神伤魂泣，东汉无名氏的《古诗》中已多有咏叹。而女诗人身染沉疴，竟连"消魂"的叙别亦不能得。如果说“行行重行行，与君生离别”是人生的痛苦，那毕竟还给人留下了回味的东西；而想叙别又“无因”，则只会生出无止境的揣想、遗憾，无休止的焦躁不安。“瞻望兮踊跃，伫立兮徘徊。思君兮感结，梦想兮容辉。”不得叙别而瞻望，瞻望不及而踊跃，可见女诗人情之急；不能送别而伫立，伫立难耐而徘徊，可见女诗人情之躁；“思君”至于“感结”，怀人至于入梦，可见女诗人情之深。丈夫远出，相去日远，诗人不禁幻想自己能插翅高飞，长追不弃。然而幻想终归还是幻想。“长吟兮永叹，泪下兮沾衣”，这是从焦躁中冷静下来和从幻想中清醒过来之后的感伤。“长”字“永”字，同义重复，更见得此情的厚重压抑，深沉含蓄，至此一个羸弱、多情的少妇形象跃然纸上了。

沈德潜说徐淑的诗“词气和易，感人自深”，这是不错的。诗中既没有大起大落的感情起伏，也不见细针密线的剪裁加工，平平叙事，有一种自然的感染力，其奥妙之处即在于“真事真情”。

（王　琳）

【作者小传】

赵　壹

字元叔，东汉汉阳西县（今甘肃天水）人。汉灵帝光和元年（170），为郡吏，上计洛阳，司徒袁逢、河南尹羊陟为其延誉，名动京师。作《刺世疾邪赋》等。后归郡，十辞公府辟命，卒于家。事迹具《后汉书》卷一一〇下本传。有集二卷，已佚，《后汉书》存其诗二首。

刺世疾邪赋秦客诗、鲁生歌　　赵　壹

河清不可俟，人命不可延。
顺风激靡草，富贵者称贤。
文籍虽满腹，不如一囊钱。
伊优北堂上，肮脏倚门边。

势家多所宜，咳唾自成珠。
被褐怀金玉，兰蕙化为刍。
贤者虽独悟，所困在群愚。
且各守尔分，勿复空驰驱。

哀哉复哀哉,此是命矣夫!

这两首诗歌,原系赵壹《刺世疾邪赋》结尾部分。赋末假托秦客"为诗",鲁生"作歌",用诗歌总括全赋要旨。因可独立成篇,而又以讽喻见长,很多诗歌选本均曾予以选录。

《刺世疾邪赋》反映了东汉政治黑暗的种种方面,富于真实性、广泛性、深刻性和尖锐性。其内容涉及门阀威权,戚宦当政,谄媚成风,贿赂公行,卖官鬻爵,用人惟亲,正人受害,学者遭压,等等。赋中发掘弊政的历史和现实根源,揭露其实质,推断其后果,措辞极其强烈鲜明,态度极其大胆公开。诗歌精神与全赋是一致的,故应结合鉴赏。

赵壹,《后汉书》卷八十有传。他秉性鲠直,累遭迫害。司徒袁逢等曾称荐其才品,一时名动京师,但最终未得显仕。读其《穷鸟赋》,可想见其平生常处险恶境遇。

"河清不可俟,人命不可延。"这起首二句隐括《左传·襄公八年》。"俟河之清,人寿几何"的意思,作为全诗总冒,以感叹时局的不可收拾。黄河富挟泥沙,是著名的浊流。相传其千年一清,河清须待圣人出现,乃吉祥太平盛世征兆。但是"尘世难逢百岁人",日月逾迈,冉冉催老,岂能久待?恐怕纵使人命可延,仍难候到政治清明。作者对东汉皇朝已经完全绝望,先下此一结论,并遥与末尾哀叹互应。接着依次概括当时形形色色腐败现象。

"顺风激靡草,富贵者称贤。"这是愤慨人贤不如富贵。《论语》:"君子之德风,小人之德草,草上之风,必偃。"原是宣扬上层人物以德化民,此处反用其意来揭示社会风气败坏,人竞趋俗。当时谣谚如"举秀才,不知书"、"孝廉不廉,富贵者贤",都可印证这一流行邪风。一般庸人操守不坚,尽皆为此风所靡,以争利攘权为能事。临财苟得的为富不仁之辈、干谒禄位的寡廉鲜耻之徒,反为时所重,被命之曰"贤"人。

"文籍虽满腹,不如一囊钱。"这是揭露知识不如金钱的时弊。因为金钱可以买到高官,才学却难保证温饱。东汉末年有"西园卖官",官爵竟亦可以公开用金钱议价出卖。于是文章扫地,知识无用,名士受害,"党人"禁锢,国家不亡又将何待?

"伊优北堂上,肮脏倚门边。"嗟伤刚直者不如谄媚者。"伊优",《后汉书》李贤注云:"屈曲佞媚之貌。""北堂"本居室内宅,登门趋庭,升堂入室,然后才能到达北堂,这里借喻朝堂北阙。句意谓阿谀逢迎者尽据显位要职。肮脏指高傲亢直之人，因不肯“同乎流俗，合乎污秽”，自然被拒接纳，只好靠门边站了。这种怪诞现象，赋中更用“佞谄日炽，刚克消亡。舐痔结驷，正色徒行”作了淋漓尽致的刻画。

第二首是“鲁生歌”。“势家多所宜，咳唾自成珠。”谁掌握了权势，他的言行就是永远正确。《庄子·秋水》：“子不见夫唾者乎？喷则大者如珠，小者如雾。”此处变用其意，谓当权者的痰涎唾沫都成了最宝贵的指示。权势即是真理，豪门主宰一切，正人君子，只能落得个进身无门。所以下面又写道：

“被褐怀金玉，兰蕙化为刍。”值此末世，真正的人才只能倒运。《老子》“圣人被褐怀玉”，本谓凡人只观外貌，并不了解圣人。此处则化用其意，感叹有才德者不善谄媚，虽“怀金玉”，恰配“被褐”，受穷遭厄自是活该。屈原《离骚》：“兰蕙化而为茅”，原指人才变质。此处又化用为香草放进牛棚充当饲料，士为国家之宝，却被随意糟蹋，作者为此深感痛心疾首。

“贤者虽独悟，所困在群愚。”这是慨叹有识之士的孤立无援。尽管贤者对现实有清醒的认识，但独力难支，无能为力，并被豪强、势族、女谒、近习之类的“群愚”所“困”。这帮人“秉其威权”，人多势强，贤者又有什么办法？

“且各守尔分，勿复空驰驱。”这里切戒贤者勿作徒劳，是激愤下的反语。贤者姑且各自安分守己，放弃忧国救时之念，莫为济世安民而奔走。因为“于兹迄今，情伪万方”。“九重既不可启，又群吠之啀啀。”“虽欲竭诚而尽忠，路绝险而靡缘。”“驰驱”是注定会落空的。

最后二句回应时局，以哀叹结：“哀哉复哀哉，此是命矣夫！”人穷则呼天，无可奈何则呼命。孔子一生栖遑而志不行，最终也只好发出“天之将丧斯文也”、“道之将废也欤，命也”的浩叹。归之于命，亦系反语。“原斯瘼之攸兴，实执政之非贤。”糜烂的时局是当道者一手造成。“时也！非命也！”生在这个“荼毒”、“怨酷”、旦夕危亡的时代，只能为生不逢辰而自怨自艾罢了。

两诗用典较多，然而均生动灵活。如人寿河清是隐括，顺风靡草是反用，富贵称贤是引谚，咳唾成珠是变意，被褐、兰蕙是化用，“命矣夫”是反语。诗中将贤者与愚者、富贵者，刚直与谄佞者，知识与金钱，权势与真理等，分别作了鲜明对照，以感叹兴，以感叹结，其憎俗愤世、疾恶如仇之情不可遏抑，溢于辞表，贯于通篇。

辞赋末章原有以“乱曰”、“讯曰”的形式总括全篇者。赵壹代之以两首五言短诗，这种以诗结赋的写法，大为六朝人所摹拟。如鲍照《芜城赋》、江淹《恨赋》、萧绎《荡子秋思赋》《采莲赋》等作品皆是。而如庾信《春赋》，则在赋中时或间杂

五七言诗句，使赋体更趋诗化。由此可见，赵壹《刺世疾邪赋》在艺术形式上的突破和创新，对后世也多启导作用。（童明伦）

【作者小传】

蔡 邕

(132—192) 字伯喈，东汉陈留圉（今河南杞县）人。蔡琰父。初为议郎，熹平四年(175)写定六经，立太学门外，世称“熹平石经”。创“飞白”书。因得罪宦官，流放朔方。遇赦，不敢回乡，亡命江南十余年。献帝时，董卓专权，迫其出仕，为侍御史、左中郎将。董卓被诛，邕亦受牵连下狱死。事迹具《后汉书》卷九〇本传。有集二十卷，已佚，明人辑有《蔡中郎集》。《先秦汉魏晋南北朝诗》辑得其诗七首。

翠 鸟　　蔡 邕

庭陬有若榴，绿叶含丹荣。
翠鸟时来集，振翼修形容。
回顾生碧色，动摇扬缥青。
幸脱虞人机，得亲君子庭。
驯心托君素，雌雄保百龄。

依人的小鸟总是美好的。燕子穿堂，带给你春日的温煦；黄莺啁啾，增添你晨昏的安谧。只要不是乌啼或枭鸣，那仓庚、玄鸟、白鹭、黄鹂，不都在诗人们笔下，得到过由衷的赞美？这首精致的小诗，赞美的则是可爱的翠鸟。

蔡邕多才多艺。他作过《琴操》，自然妙解音律；写过《石经》，向称书法大家。只不知可擅丹青？从这首诗观察，他似乎亦精于此道。你看他开笔两句，欲画翠鸟，先以彩笔勾勒庭中的石榴，入手就深得景物映衬之妙：“庭陬有若榴，绿叶含丹荣（花）。”以新绿之叶衬红丽之花，复以一个“含”字稍加点染，石榴树便似绿衣飘拂的少女，婷婷立于庭角；那朵朵“丹荣”，不正如灿烂的笑容，嫣然绽放，真是明丽照人！在如此美好的石榴树映衬下，再画对翠鸟，停栖在绿树枝头，正用那细巧的长嘴，修啄翠绿的翅羽，显得何其闲暇。最令人惊叹的，是“回顾生碧色，动摇扬缥青”两句，描摹翠鸟在树枝上顾盼之间，满树榴叶顿时增生出一片绿意；稍稍在枝头跳跃几下，枝叶晃动间便有那翠亮羽翼的闪耀。有人认为这两句是为画面着色，固然不错。但诗人的着色，全在“动态”之中。“碧”和“缥青”(青白色)，均为静冷之色。诗人下一“生”字、“扬”字，它们便仿佛有了生命，伴随着翠鸟的顾盼和跳动，一齐来到了世间。而读者呢，透过这色彩，同时又领略了翠鸟顾盼生姿的风韵，连同那振翼轻跳、树枝微晃、绿叶翩翩的情景，俱遇于眉睫之间。这何止是画，简直是轻灵流动的电影近镜！莱辛在比较诗与绘画的得失时，曾这样说：“诗还可用另外一种方法，在描绘物体美时赶上艺术，那就是化美为媚。”他认为，“媚是在动态中的美。正因为是在动态中，媚由诗人写比由画家写就更适宜。画家只能暗示动态”，但在诗里，动态的美“是一纵即逝而却令人百看不厌的美”。它“飘来忽去”，比起“一种单纯的形状或颜色”，要“生动得多”，“能产生更强烈的效果”(《拉奥孔·论绘画和诗的界限》)。蔡邕这两句，正是在动态中为翠鸟着色，用色彩表现翠鸟的动态，便产生了绘画所无法比拟的妩媚动人的美的效果。

面对着这样可爱的翠鸟，诗人心中怎能不浴满喜悦？翠鸟不会说话，但当它向着诗人啾啾鸣啭时，诗人觉得，它仿佛是要告诉自己些什么。故接着四句，诗人摒弃了在结尾续以赞美之情的一般写法，忽生奇思，让翠鸟喁喁地向诗人诉说起来：“幸脱虞人机，得亲(至)君子庭。驯(顺)心托君素，雌雄保百龄。”翠鸟欣喜地告诉诗人，它刚从掌管苑囿的虞人机弩下脱身，有幸来到蔼蔼君子的庭院(说到这里，人们仿佛能听到它舒快的笑声)。它接着说，它本是生性驯顺的鸟儿，现在遇到心地纯洁的诗人，从此可以远祸避害，雌雄相偕、白首到老了！寥寥数语，口角传情。令人觉得，这对翠鸟是那样柔顺可怜又妙解人意，顿时生出一种保护它们、怜惜它们的深切情愫来。诗写到这里，便戛然结束了。而那美丽翠鸟的啾啾之音，似还久久地在你耳边流啭，引发你种种推测和遐想。它们果真如诗人想象的那样，在诉说脱身虞机的庆幸、托庇诗人庭榴的喜悦？抑或刚从遥远的山林中来，远离鸟群，羡慕着雌雄结俪的安定生活？噫！人禽相隔，鸟语难明。又何必定要探究它说些什么！只要能晨昏相对、春秋为友，以慰藉喧嚣人世的寂寞，不就是莫大的乐趣了？

这首诗采用的，是汉代新起的五言体。诗中描摹翠鸟栖止、跳跃、鸣啭之形，刻画细腻、神态逼真，不乏新颖动人的艺术想象力。诗人似乎特别注意炼字炼句，讲究诗境的映衬和声色。“绿叶含丹荣”、“动摇扬缥青”等句，不仅“含”字、“扬”字下得精当，而且辉映照耀、色彩缤纷。达到了诗中有画、动静生姿的绝妙境界。它不但标志着五言诗的渐趋圆熟，还明显地表现了文人诗“语多饰致”的特色。人们常说汉诗古拙，至建安诗人曹植，才进入炼字炼句、“语多饰致”的境

界。从《翠鸟》可以看到,这种倾向在蔡邕的创作中,已见其端倪。 (潘啸龙)

【作者小传】

郦 炎

(150—177) 字文胜,东汉范阳(今河北定兴)人。有文才,汉灵帝时,数辞州郡辟命。后发风病,致其妻产后惊死。妻家讼之,下狱死。事迹具《后汉书》卷一一〇下本传。《后汉书》存其诗二首。

见志诗(二首) 郦 炎

大道夷且长,窘路狭且促。修翼无卑栖,远趾不步局。舒吾陵霄羽,奋此千里足。超迈绝尘驱,倏忽谁能逐。贤愚岂常类,禀性在清浊。富贵有人籍,贫贱无天录。通塞苟由己,志士不相卜。陈平敖里社,韩信钓河曲。终居天下宰,食此万钟禄。德音流千载,功名重山岳。

灵芝生河洲,动摇因洪波。兰荣一何晚,严霜瘁其柯。哀哉二芳草,不值泰山阿。文质道所贵,遭时用有嘉。绛灌临衡宰,谓谊崇浮华。贤才抑不用,远投荆南沙。抱玉乘龙骥,不逢乐与和。安得孔仲尼,为世陈四科。

郦炎(150—177),字文胜,范阳人,《后汉书》有传,今存诗仅此两首。此诗约写于他二十岁左右时,当时州郡举荐他为孝廉,又征召他为右北平从事祭酒,他都一一辞去,并写下了这两首诗以见其志。

第一首的前八句可为一段,作者将“大道”与“窘路”对举,表明自己要走的是宽广的人生道路,不愿走狭窄的小道,因为他志向远大,如同大鹏之鸟,其翼如垂天之云,不愿栖止于卑小之地,以免让狭窄局促的小路局限着自己举足千里的步武。他要在大自然中舒展自己凌霄薄天的翅膀,放开千里之足,超世绝尘,一鸣惊人,一飞冲天,倏忽之间,令人难以追踪。“贤愚岂常类”以下六句,说明他根本不相信“生死有命,富贵在天”那一套,他认为尽管人的贤愚有别,但并非贤者自贤,愚者自愚,关键看自己的秉性如何。秉性清则志向高洁,秉性浊则品格卑污,人的命运并非掌握在上天手里。只不过人富贵了就名登史册，贫贱者则名不见经传罢了。郦炎生活的东汉时代，统治者极力鼓吹“君权神授”，宣传“天人感应”和谶纬迷信。郦炎反对“生死有命，富贵在天”，是与官方哲学针锋相对的。“通塞苟由己，志士不相卜”两句，顶上两句而来，作者要主宰自己的命运，故说贫与富、穷与通若由自己主宰，那么有志之士也就用不着相面占卜了。此处暗用了战国时蔡泽的典故，蔡泽在干谒诸侯未被进用时，曾找唐举相面。唐举见他一副丑陋不堪的怪相，嘲戏他说：“吾闻圣人不相，殆先生乎？”蔡泽说：“富贵我所自有，吾所不知者寿也，愿闻之。”后来蔡泽西入秦，取范雎而代之，夺取了相位。(见《史记·范雎蔡泽列传》)由此看来，人的“通塞”最终还是“由己”的。

末尾六句，以西汉初的历史人物陈平、韩信为例，说明有大志者终能成就一番大事业。陈平在里社(家乡)，因家贫，富人都不肯把女儿嫁给他。(敖，通“傲”，这里是被动用法，即“见傲”之意)后依刘邦，为其六出奇计，屡建大功，封侯拜相。韩信始为布衣时，家贫无行，曾钓于淮阴城后，依刘邦后，军功卓著，被封为齐王。故诗中说他们“终为天下宰，食此万钟禄。德音流千载，功名重山岳”。看来郦炎的辞官，并非想高蹈遗世，做一名隐士，而是在宦官贵戚把持政权、朝政日非的桓、灵时代，他对黑暗的现实有所觉察，不愿为五斗米折腰，其“志气”在此。

第二首开头以芝兰为比兴，寄寓着自己生不逢时的感慨。灵芝生在河流的洲渚之中，往往因遭到洪波的冲击而动摇其根本；兰花所以开放得晚，是因为严霜摧残了它的枝条，它们都是生非其地、生非其时。如果“二芳”生在泰山之阿，那又是另一种光景了。“文质”两句一转，由物及人。意谓一个文质兼备的人虽为世道所贵重，但只有为时所用才能发挥其长。下文以贾谊为例来说明这个问题，贾谊乃洛阳才子，才华出众，入仕后一年三迁，屡为朝廷更定法令，颇得汉文帝的器重，文帝准备委以重任，授予公卿之位。绛侯周勃、颍阴侯灌婴等元老却反对贾谊，诋毁他“年少初学，专欲擅权，纷乱诸事”(《汉书·贾谊传》)。于是贾谊被贬为长沙王太傅，远适荆南。“绛灌临衡宰”以下四句，所概括的就是这段史实，可见“贤才抑不用”的现象是不乏其例的。“抱玉乘龙骥”两句，进一步抒发贤才不被知遇的感慨。璞玉不遇卞和，则不知其宝；千里马不遇伯乐，连驽马也不如；英才不遇明主，也难以施展其抱负。这是郦炎辞辟的另一原因。结尾两句是收煞，作者希望在这混浊的时代能有像孔子那样的圣人出来，列出德行、政事、文学、言语四科，以四科优劣取士，这是作者选拔人才的主张。

郦炎的《见志诗》，在诗歌史上应占有一席地位，它不仅在思想上闪耀着要求主宰自己命运和反对官方哲学的光辉,而且在艺术上成就也较高。西汉时代的五言诗,所托名的作者大多未有实据,所以刘勰说"辞人遗翰,莫见五言,故李陵、班婕妤见疑于后代也"(《文心雕龙·明诗》)。东汉的文人五言诗,在郦炎之前,艺术上较成功的很少,所以钟嵘《诗品序》云:"东京二百载中,惟班固《咏史》,质木无文。"班固的《咏史》诗写缇萦救父的故事,概据本传,不加藻饰,诗歌形象较差,故有"质木无文"之讥。郦炎的《见志诗》,在抒写自己的志气与怀抱时,多用形象化的比拟,"大道"、"窘路"、"修翼"、"远趾"、"陵霄羽"、"千里足"等等,都带有象喻性。灵芝、兰花,亦含兴寄,钟嵘《诗品》说:"文胜托咏灵芝,寄怀不浅。"有了兴寄,就大大增强了诗歌的形象性和艺术表现力,克服了"质木无文"的现象。又加此诗志气豪迈高远,"舒吾陵霄羽,奋此千里足"等句,大有睥睨千古、逸气干云之概,故显得"梗概多气"。在这方面,它影响到建安诗歌。许学夷《诗源辨体》卷三云:"赵壹、郦炎、孔融、秦嘉五言,俱渐见作用之迹,盖其时已与建安相接矣。"这话说得不错。所谓"作用之迹",是思致的安排,实指诗歌的藻饰以及字面、韵脚的讲求。《见志诗》词采朴茂,读之朗朗上口,这与诗歌形式的讲究有关。

郦炎的《见志诗》,甚至对左思的《咏史》也有一定影响,《见志诗》涉及历史人物七八人,但他并非意在咏史,而是以咏史见志。开左思"名为咏史,实为咏怀"的先河。他们的咏史都是以史事证已意,篇中的历史人物不过是咏怀述志的媒介。郦炎"舒吾陵霄羽,奋此千里足"之句,与左思"振衣千仞冈,濯足万里流"何其相似乃尔。"灵芝生河洲"以下六句,与左思《咏史》诗的"郁郁涧底松,离离山上苗。以彼径寸茎,荫此百尺条。世胄蹑高位,英俊沉下僚"数句,兴寄全然相同,此点应值得注意。

(刘文忠)

【作者小传】

孔　融

(153—208)　字文举,东汉鲁国(今山东曲阜)人。孔子二十世孙,"建安七子"之一。少有盛名,汉灵帝时,辟于司徒杨赐、大将军何进府,后官侍御史,托病去。又辟司空掾,拜中军侯(一云北军中侯),迁虎贲中郎将。因忤董卓,出任北海相、青州刺史,故世称"孔北海"。汉献帝建安元年(196),青州被袁谭攻陷,融出奔。曹操奉献帝都于许昌,征融为将作大匠,迁少府,降太中大夫。后为曹操所忌,被诬死。事迹具《后汉书》卷一〇〇本传。有集十卷,已佚,明人辑有《孔北海集》,《先秦汉魏晋南北朝诗》辑得其诗及断句六首。

离合郡姓名字诗　　孔　融

渔父屈节，水潜匿方。与时进止，出行施张。吕公饥钓，阖口渭旁。九域有圣，无土不王。好是正直，女回予匡。海外有截，隼逝鹰扬。六翮不奋，羽仪未彰。龙蛇之蛰，俾也可忘。玟璇隐曜，美玉韬光。无名无誉，放言深藏。按辔安行，谁谓路长？

离合诗是杂诗的一种。它本身又有好几种类型。普通的一种是在诗句内拆开某一合体字的结构，取其一半，再和另一合体字的一半凑成它字。先离析，后合成。《沧浪诗话》论杂体，列举了它，说它们"虽不关诗之重轻，其体制亦古"，并以孔融这诗为例。可见这诗是离合体的代表作。

全诗二十二句，离合成"鲁国孔融文举"六字。表示孔融字文举，鲁国（国相当于郡）人。每四句为一单位，离合成一新字，六字本应二十四句，但因"文"是独体字，只离不合，故只二十二句。

具体离合情况，以前四句为例。第一句渔父屈节，看不出要离哪一个字。第二句水潜匿方，才暗示"渔"字的偏旁"水"潜藏了，离得"鱼"字。第三句与时进止，第四句出行施张，暗示"时"（汉碑作"旹"）字的偏旁"出"（近似）远行了，离得"日"字。"鱼"与"日"合成"鲁"。以下五字，照此类推。值得注意的是古今字体不同，今又繁体简化，加上诗人又持灵活态度，故我们今天离合，不免有些困难。跟上面"时"字类似的情况还有一些。如"海外有截，隼逝鹰扬"两句如何离"L"字，前人无注。近人逯钦立认为截字汉碑每作"⿰隹乚"，有此一字，足证此诗为汉人作。所解自是可信。"⿰隹乚"偏旁为"佳"，诗句以"隼"代"佳"，足使声情并茂。

这种离合诗，类似于春秋时代的廋辞，战国时代的隐语，魏晋至今的谜语、灯谜，在文化娱乐活动中，颇能引人入胜。

"诗言志"（《尚书·尧典》），"发乎情"（《毛诗序》）。严羽《沧浪诗话》据以重申："诗者，吟咏情性也。"本篇离合体既是篇幅不短的四言诗，其中又有"我"，自然表达了诗人的情志。《文心雕龙·谐隐》云："古之为隐，理周要务"，意思是它的用意同国家大事结合得很紧。细绎这诗，确是如此。诗人虽"遁辞以隐意"，但由于"志在靖难"，仍然情见乎辞。

从《后汉书》本传看，诗人初入仕途，即检举中官亲族，陈对罪恶，言无阿挠。后居九列，则对曹操书疏倨傲。时人脂习与融相善，每戒融刚直，责令改节，也没听从。此诗“与时进止”,“隐曜”、“韬光”,似乎不是出自诗人之手。但事物往往是复杂多变的。郗虑承望曹操风旨,以微法奏免融官。诗人要矢志不渝,就只能改变斗争策略和方法,以退为进,这即本诗的主旨。可以推测,此诗的创作时间,应在建安十二年即其免官三年以后。

开头四句,提纲挈领,宣示了今后的斗争策略。屈节即折节,他觉得应该折节易行,像渔父一样在水乡潜藏,隐匿方直个性。是否长往而不反呢?不,“与时进止”,时机一至,还得“出行施张”,大展“靖难”素志。《易·乾·文言》:“与时偕行。”又《艮·彖辞》“时止则止,时行则行,动静不失其时,其道光明”。两句秉承《周易》哲理,作为指导今后行动的纲领。“吕公”四句,用吕尚隐钓渭滨的典故来比况自己今后的潜隐不言。一“饥”一“钓”,写出了吕尚卖食棘荆、屠于朝歌、钓于渭滨、初时仅为劳动谋生的纯朴形象,及其闭口不言政治的原因。当然还有更大原因:“九域有圣,无土不王”,殷王朝君临天下,普天之下,莫非王土,吕尚开初是不敢也不暇谋人之国的。以上八句是第一段。

“好是正直,女回予匡”,转而追溯自己斗争历程。“好是正直”是《诗·小雅·小明》成句。好,爱。“女”,通“汝”。“回”,奸邪不正,包括了董卓、刘表、袁绍、袁术、曹操等军阀。《后汉书》本传云:“会董卓废立,融每因对答,辄有匡正之言”,“及献帝都许,每朝会访对,融辄引正定议,公卿大夫皆隶名而已”,“既见操雄诈渐著,数不能堪……论建渐广”。正是这种正色立朝的高志直情,博得了史家范晔对他所做的“山有猛兽者,藜藿为之不采”的赞叹。他不只是让奸雄害怕而已,他还有远大的政治抱负和措施。以下两句就此展开描述。“海外有截”见《诗·商颂·长发》,其上句为“相土烈烈”,原是歌颂契的孙子相土的。相土在夏后之世,承契之业,入为王官之伯,威武烈烈,四海之外,截尔整齐,皆守其所职,不敢内侵外畔。诗人引此,亦以自励,表达了一匡天下的远大抱负。但空有抱负还不能济事,“隼逝鹰扬”,表现了诗人为实现抱负而要采取的行动和姿态。逝、扬同义,即鹰隼飞扬。《诗·大雅·大明》“时维鹰扬”,描写将帅勇武,如苍鹰搏击,勇猛迅速。《左传》引臧文仲教子事君的话说:“见无礼于其君者,诛之,如鹰鹯之逐鸟雀也。”诗人在《荐祢衡表》中说:“鸷鸟累百,不如一鹗。使衡立朝,必有可观。”这些都是本诗句的注脚。

以上四句写的是诗人的黄金时代。感情炽烈,令人神往。以下写反曹斗争的失败、原因及退却。“六翮不奋”,当是暗喻祢衡被逐、董承等被诛以及诗人自己被黜等一系列曹操排斥、屠戮反对派的事件。班固《拟连珠》:“臣闻鸾凤养六翮以凌云,帝王乘英雄以济民。《易》曰:‘鸿渐于陆,其羽可用为仪。’”“六翮”、

“羽仪”均喻辅佐王朝的英雄、表率。六翮不能奋飞，正是诸人被逐、被诛、被黜的形象描写。祢衡《鹦鹉赋》：“顾六翮之残毁，虽奋迅其焉如？”清人何焯评这赋说：“全是寄托，分明为才人写照。正平（祢衡）豪气不免有樊笼之感，读之为之慨然。”然则这诗句还暗喻献帝和自己均由此而有樊笼之感和俯仰由人之痛。班固所引《易》，是《渐》上九爻辞。意思是鸿鸟渐进，至于高顶，进处高洁，其羽乃可用为物之仪表，可贵可法。这句诗说“羽仪未彰”，则说明渐进还没至高位，羽毛还不可用为仪表，暗喻时机还不成熟，力量还不雄厚。董承等人轻举妄动，结果招致失败，引来杀身之祸。血的现实既然如此，诗人便转入退却。

以下几句，详说“退却”，回应到开头。“龙蛇之蛰”见《易·乾·文言》：“尺蠖之屈，以求伸也；龙蛇之蛰，以存身也。”求伸、存身，互文见义。诗人引此成句，意在不是消极存身，而应积极求伸，待时而动。“俾也可忘”见《诗·邶风·日月》。也，之，代词。要麻痹对手，使我成为可忘之人，不加戒备。“玟璇隐曜”以下五句都承上蛰伏铺开描写。“放言”有二解。《论语·微子》“隐居放言”，包咸注曰：“放，置也，不复言世务也。”《易·坤·文言》：“天地闭，贤人隐。《易》曰：‘括囊，无咎无誉。’盖言谨也。”括囊，闭束袋口，后因以比喻闭口不言。可见这两句不求名利，不言世务，亦非消极存身，而在谨慎进取。

“按辔安行”，压住缰绳，使车马安闲徐进。这一句似乎是承上“放言深藏”，表现诗人悠然自得的隐士生活。然而下面“谁谓路长”，一句兜转，锋芒毕露。它与《论语·泰伯》“任重而道远”、《离骚》“路漫漫其修远兮，吾将上下而求索”相反，是一种真理在手，胸有成竹，稳操胜算的乐观信念，这也再现了诗人在青州被围，“流矢雨集，戈矛内接”的危急情况下，“隐几读书，谈笑自若”，从容镇定的形象。这首诗的确是诗人免官后的行事准则。孔融在免官后年余，又拜太中大夫，退居闲职，宾客日盈其门，融常叹曰：“坐上客常满，尊中酒不空，吾无忧矣。”他确实做到了没有失言。后来路粹枉状杀他，只好算老账，抓他二十年前在北海说的和十年前与祢衡说的所谓“大逆不道”的话，而这些话尽是路粹和曹操的夫子自道，曾教鲁迅发笑过的。人为刀俎，己为鱼肉，欲加之罪，何患无辞！曹操们太卑鄙了。所以苏轼作《孔北海赞》曰：“文举在天，虽亡不死。我宗若人，尚友千祀。视公如龙，视操如鬼。”（《东坡集》卷二十）

这首诗的艺术特征，也有值得一谈的地方。首先，本篇是政治抒情诗，却用离合体来表达，一身二任，难度很大；若无高超笔力，难免顾此失彼，无异作茧自缚，旱海行舟。但在言出祸随的黑暗时代，不是回互其辞使人昏迷的离合体，又难以表达言外之意，弦外之音。诗人匠心独运，因难见巧，居然写得珠联璧合，两全其美，凑泊无迹，浑然天成。正如《文心雕龙·风骨》引刘桢语说的："孔氏卓卓，信含异气，笔墨之性，殆不可胜。"

其次，使事用典，是我国古代诗歌创作中经常运用的艺术表现手法之一。但堆垛故实，翻腾旧句，则又如眼着金屑，不能卒读。而这首别有寄托的离合体则不然，它借重经史成句以售其巧，典故越习见，越多，表达效果反而越好。诗人因利乘便，正好"借彼之意，写我之情"。若有意，若无意；若连贯，若不连贯。久经咀嚼，义蕴深远。加上"四言文约意广"（钟嵘《诗品序》），一字又可虚涵数意，故能广包众理，耐人寻味。仁者见仁，智者见智，正好调动欣赏者的再创造。

（欧阳楠）

临终诗　　孔 融

言多令事败，器漏苦不密。河溃蚁孔端，山坏由猿穴。涓涓江汉流，天窗通冥室。谗邪害公正，浮云翳白日。靡辞无忠诚，花繁竟不实。人有两三心，安能合为一。三人成市虎，浸渍解胶漆。生存多所虑，长寝万事毕。

孔融列名建安七子，实则他的年龄长于曹操，特别是他属拥汉派人物，在曹操尚未封魏公前即遇害，故时代早于其他六子，政治态度尤判然迥异诸人。《后汉书·孔融传》称其："既见操雄诈渐著，数不能堪。""融知绍（袁绍）、操终图汉室，不欲与同。"由于他"无所协附"、"志在靖难"，然又"才疏意广，迄无成功"，他与曹操之间的矛盾是不可调和的。曹操杀杨修主要因为忌才，故无株连；而杀孔融则颇有"虑鲠大业"的隐衷，故不肯放过他的弱子稚女。孔融结局相当悲惨。

这首《临终诗》总结了作者的政治教训，表明了作者的政治态度。尽管他不能不韬晦其事，闪烁其词；但我们仍能感受到诗中所含护汉贬曹的微言深旨，斥谗指佞的激情愤心。

诗歌开宗明义，沉痛地惋惜"事败"，即挽救汉王朝的事业到底失败了。孔融平素"喜诱益后进"，引为奥援。身遭罢黜后仍招纳羽翼，"宾客日盈其门"。自称"昂昂累世士，结根在所固"（《杂诗》），公开植党与操抗衡。他又生性疾恶如仇，难守缄默，时复对操冷嘲热讽，"发辞偏宕，多致乖忤"；而且还经常公开炫耀自己"坐上客常满，尊中酒不空，吾无忧矣"。自己嘴巴活像一个漏器，频频漏泄自己的活动信息，隐情溢乎辞表，曹操对此岂能不提高警惕和采取对策。器不密则致漏，机不密则害成，事安得而不败！

“河溃”二句，巧喻双关。承“器漏”，仍含深自悔尤，引咎切责。蚁孔导致河堤溃决，猿穴引来大山崩坏。多言多失，不慎小节，造成孔穴，留下空子，足以败乱大事，与此正相类似。更深一层，作者用“山”、“河”二字暗隐汉家山河。蝼蚁卑微善钻，附膻趋利。猿猴能言不离走兽，沐猴而冠，望之不似人君。作者所选取的动物形象，暗比篡汉的野心家，语含谴责，憎恶情烈。

“涓涓不塞，终成江河”（《周金人铭》）。屋顶天窗可以直通青冥幽深。“涓涓”两句似在警诫自己应当守口防意，谨小慎微；又似在暗示窃国篡位，其来浸渐，迹象可征。两解均堪耐人寻绎，似故弄玄虚，有意让人捉摸不定。

下边“谗邪”两句颇为显露。汉成帝时《黄雀谣》有“邪径败良田，谗口乱善人”句，系喻王莽败坏汉政，饰伪乱真。“谗邪害公正”可能暗引其意。“浮云翳白日”昭示奸臣蔽君迹象，揭发曹操当权、挟持天子实况。

“靡辞”二句表明自己进尽忠言，吐露词华；然而听者逆耳，全无效果。恰如繁花空开，并不结果。又《黄雀谣》中有“桂树花不实，黄雀巢其颠”之句，据《汉书・五行志》引注谓：“桂赤色，汉家象。花不实，无继嗣也。王莽自谓黄，像黄雀巢其颠也。”这里自不排斥作者对操、莽之间的篡逆阴谋，产生联想和比附。

“人有”两句哀叹满朝官员，大多二三其德，不能忠于汉室。“道不同，不相为谋。”自己与这帮人并列朝班，无非貌合神离，终必分道扬镳。此句颇有孤立无援、独木难支之感。

“三人”两句，说明流言可畏。城市本无猛虎，但经三人转述，便可惑乱视听，何况进谗者如郗虑、路粹之流，又决不止三人；而曹操原本疑忌自己，身遭横祸注定难免。此句重在说明造谣传播者多。胶漆一类物质难溶于水，但长期浸渍，同样也会稀释离解。此句重在说明中伤由来已久。

于是作者最终以极其沉痛的语调，作无可奈何的结笔。“生存多所虑”，活着倒是千忧百虑，无时或已，不如“长寝万事毕”，让身死来解脱苦恼，家事、国事、天下事，一齐都听任它了结去罢。

全诗叙喻错综。或单叙，或先叙后喻，或连续用喻，造成笔法参差多变。引事运典灵活，或隐括，或变用。而以双关、假托、暗示、含蓄等讽刺艺术手法，揭示曹操篡汉野心。作者持身贞正，志意高迈，秉性刚直，不畏邪恶，幼龄即曾冒死私藏党人，并与其兄争承官府罪责。又曾因面斥权贵，几遭暗杀。诗如其人，读时如感字里行间透出一种凛然生气，故远非南朝大诗人谢灵运摹拟的《临终诗》所能企及者。

（童明伦）

【作者小传】

辛延年

东汉人。《玉台新咏》存其诗一首。

羽　林　郎　　辛延年

昔有霍家奴，姓冯名子都。依倚将军势，调笑酒家胡。胡姬年十五，春日独当垆。长裾连理带，广袖合欢襦。头上蓝田玉，耳后大秦珠。两鬟何窈窕，一世良所无。一鬟五百万，两鬟千万馀。不意金吾子，娉婷过我庐。银鞍何煜爚，翠盖空踟蹰。就我求清酒，丝绳提玉壶。就我求珍肴，金盘脍鲤鱼。贻我青铜镜，结我红罗裾。不惜红罗裂，何论轻贱躯！男儿爱后妇，女子重前夫。人生有新故，贵贱不相逾。多谢金吾子，私爱徒区区。

羽林郎，汉代所置官名，是皇家禁卫军军官。诗中描写的却是一位卖酒的胡姬，义正词严而又委婉得体地拒绝了一位权贵家豪奴的调戏，在《陌上桑》之后，又谱写了一曲反抗强暴凌辱的赞歌。题为《羽林郎》，可能是以乐府旧题咏新事。

首四句是全诗的故事提要，不仅交代了两个正反面人物及其矛盾冲突的性质，而且一语戳穿了所谓“羽林郎”不过是狗仗人势的豪门恶奴这一实质，从而揭示出题目的讽刺意味。“霍家”，指西汉大将军霍光之家。《汉书·霍光传》：“初，光爱幸监奴冯子都，常与计事，及显寡居，与子都乱。”则冯子都既是霍光的家奴头，又是霍光的男宠，自非寻常家奴可比。但《羽林郎》分明是东汉辛延年讽东汉时事，故云“霍家奴”——冯子都，实乃陈古讽今，犹如唐人白居易《长恨歌》不便直写唐明皇，而曰“汉皇重色”一样，在古诗中乃常见手法。清人朱乾《乐府正义》已云“此诗疑为窦景而作，盖托往事以讽今也”。后人多从其说。窦景是东汉大将军窦融之弟，《后汉书·窦融传》：“景为执金吾，瑰光禄勋，权贵显赫，倾动京都，虽俱骄纵，而景为尤甚。奴客缇骑依倚形势，侵陵小人，强夺财货，篡取罪人，妻略妇女。商贾闭塞，如避寇仇。有司畏懦，莫敢举奏。”与诗所写的恶奴“依倚将军势”，又混称“金吾子”，极为相似，当是影射窦景手下的“奴客缇骑”。（执金吾手下有二百缇骑，相当于后代的皇家特务）“酒家胡”，指卖酒的少数民族女子，因两汉通西域以来，西域人有居内地经商者。

“胡姬年十五”以下十句，极写胡姬的美貌俏丽。紧承上文“酒家胡”而言“胡姬”，修辞上用顶真格，自然而又连贯；情节上则是欲张先弛，撇开恶奴，倒叙胡姬，既为下文恶奴见之垂涎张本，亦为下文反抗调戏的紧张情节缓势。所谓急处先缓，方能形成有弛有张、曲折有致的情节波澜。年轻的胡姬独自守垆卖酒，在明媚春光的映衬下益显艳丽动人：你看她，内穿一件长襟衣衫，腰系两条对称的连理罗带，外罩一件袖子宽大、绣着象征男女合欢图案（例如鸳鸯交颈之类）的短袄，显出她那婀娜多姿的曲线和对美好爱情的追求。再看她头上，戴着著名的蓝田（长安东南三十里）所产美玉做的首饰，发簪两端挂着两串西域大秦国产的宝珠，一直下垂到耳后，流光溢彩而又具有民族特色。她那高高地挽着的两个环形发髻更是美不胜言，简直连整个世间都很罕见，甭说她整个人品的美好价值无法估量，单就这两个窈窕的发髻，恐怕也要价值千万。这是高度夸张其美貌价值，但因“论价近俗，故就鬟言，不欲轻言胡姬也”（闻人倓《古诗笺》），也是一种以局部概括全体的借代手法，故沈德潜《古诗源》评此二句云：“须知不是论鬟。”以上从胡姬的年龄、环境、服装、首饰、发髻诸方面着力铺陈、烘托胡姬的美貌艳丽，而又紧扣其“胡人”的民族风格，因而描写不流于一般。运用了白描、夸张、骈丽、借代等多种手法，与《陌上桑》有异曲同工之妙。

经过这段风光旖旎的描写之后，诗人笔锋一转，改用第一人称手法，让女主人公直接控诉豪奴调戏妇女的无耻行径。“不意”承上启下，意味着情节的突转，不测风云的降临。“金吾子”即执金吾，是汉代掌管京师治安的禁卫军长官。西汉冯子都不曾作过执金吾，东汉窦景是执金吾，但不属于“家奴”，故此处称豪奴为“金吾子”，显然是语含讽意的“敬称”。“娉婷”，形容姿态美好；此句指豪奴为调戏胡姬而作出婉容和色的样子前来酒店拜访。你看他派头十足，驾着车马而来，银色的马鞍光彩闪耀，车盖上饰有翠羽的马车停留在酒店门前，徘徊地等着他。（“空”，此作等待、停留解）他一进酒店，便径直走近胡姬，向她要上等美酒，胡姬便提着丝绳系的玉壶来给他斟酒；一会儿他又走近胡姬向她要上品菜肴，胡姬便用讲究的金盘盛了鲤鱼肉片送给他。恶奴要酒要菜，显然是为大摆排场阔气；而两次走近（“就”即近意），则分明已露动机不纯的端倪。果然，在他酒酣菜饱之后，再也按捺不住内心的欲火，渐渐轻薄起来，公然对胡姬调戏：他赠胡姬一面青铜镜，又送上一件红罗衣要与胡姬结欢好。今人对“结”字有多解：或解为“系”，把青铜镜系在胡姬的红罗衣上；或解作“拉拉扯扯”；俞平伯先生解为“要结之结，结绸缪、结同心之结”。揆之句法及上下文情理，应以俞说为妥。以上十句是第三层：写豪奴对胡姬的垂涎和调戏。

最后八句写胡姬柔中有刚、义不容辱的严词拒绝。胡姬面对倚权仗势的豪奴调戏，既不怯懦，也不急躁，而是有理有节，以柔克刚。她首先从容地说道："君不惜裂下红罗前来结好，妾何能计较这轻微低贱之躯呢！"(裂：《广雅·释诂》："裁也。"古人从织机上把满一匹的布帛裁剪下来叫"裂")仿佛将一口答应，实则是欲抑先扬，欲擒故纵。下文随即转折："但是，你们男人总是喜新厌旧，爱娶新妇；而我们女子却是看重旧情，忠于前夫的。"这与《陌上桑》中"使君自有妇，罗敷自有夫"如出一辙，只是语气稍委婉而已。其实，十五岁的胡姬未必真有丈夫，她所以暗示自己"重前夫"，亦如罗敷一样，一则表明自己忠于爱情的信念，更主要的则是权借礼法规范作为抗暴的武器。"人生有新故，贵贱不相逾。"语气较上婉而弥厉："既然女子在人生中坚持从一而终，决不以新易故，又岂能弃贱攀贵而超越门第等级呢！"真是绵里藏针，有理有节！言外之意，恰如左思《咏史》中"贵者虽自贵，视之若埃尘；贱者虽自贱，重之若千钧"。表现了胡姬朴素的阶级意识和风稜厉节，何等义正词严！唯其不亢不卑，才使骄横倚势者亦终感理屈心虚，又不便发作。结尾二句，"多谢"，一语双关，表面是感谢，骨子却含"谢绝"。"私爱"，即单相思。"区区"，意谓拳拳之心，恳挚之意。这结束语更耐人寻味："我非常感谢官人您这番好意，让您白白地为我付出这般殷勤厚爱的单相思，真是对不起！"态度坚决而辞气和婉，语含嘲讽而不失礼貌。弄得这位不可一世的"金吾子"，除了哭笑不得的尴尬窘态，狼狈而逃的可耻下场，还能会怎么样呢？读者在报以喜剧性的笑声中，大可作"言尽意不尽"的种种遐想。

本诗在立意、结构和描写手法上，均与《陌上桑》堪称颉颃。写女子之美，同样采用了铺陈夸张手法；写反抗强暴，同样采取了巧妙的斗争艺术；结尾同样是喜剧性的戛然而止。但《陌上桑》更多的是用侧面烘托，虚处着笔；本篇则侧重于正面描绘，实处铺排。前者勾勒使君垂涎，主要是通过人物语言，用第三者的叙述；本篇刻画豪奴的调戏，则是一连串人物动作，即"过我"、"就我"、"贻我"、"结我"，妙在全从胡姬眼中写出。太守用语言调戏，豪奴用动作调戏，各自符合具体身份。前者反污辱是以盛夸己夫来压倒对方，所谓"道高一尺，魔高一丈"；本篇反调戏则是强调新故不易，贵贱不踰，辞婉意严，所谓"绵里藏针"、"以柔克刚"。罗敷在使君眼中已是"专城居"的贵妇人；而胡姬在"金吾子"眼中始终都是"当垆"的"酒家胡"。因而本篇更具有鲜明的颇具讽刺意味的对比："家奴"本不过是条看家狗，却混充高贵的"金吾子"招摇撞骗，这本身就够卑鄙之极了；而"酒家胡"虽地位低贱，然究竟不必仰人鼻息过活，在"高贵者"面前又凛然坚持"贵贱不相踰”,这本身就够高贵的了。于是,尊者之卑,卑者之尊,“高贵”与“卑贱”在冲突中各自向相反的方向完成了戏剧性的转化,给读者以回味无穷的深思和启迪。

（熊　笃）

【作者小传】

宋子侯

东汉人。《玉台新咏》存其诗一首。

董　娇　饶　　宋子侯

洛阳城东路,桃李生路旁。花花自相对,叶叶自相当。春风东北起,花叶正低昂。不知谁家子,提笼行采桑。纤手折其枝,花落何飘扬。“请谢彼姝子,何为见损伤?”“高秋八九月,白露变为霜。终年会飘堕,安得久馨香?”“秋时自零落,春月复芬芳。何如盛年去,欢爱永相忘?”吾欲竟此曲,此曲愁人肠。归来酌美酒,挟瑟上高堂。

五言诗产生于民间,起源很早。然而文人向民歌学习,写作五言诗,却是一个很曲折的过程。

《董娇饶》便是文人向乐府民歌学习当中产生的一篇较为成功的作品。这篇诗最早见于南朝萧梁时徐陵编的《玉台新咏》。作者宋子侯是东汉人,身世不详。董娇饶,女子名。唐诗中常见用“娇饶”为典,如“细马时鸣金腰袅,佳人屡出董娇饶”(杜甫《春日戏题恼郝使君》),“香随静婉歌尘起,影伴娇饶舞袖垂”(温庭筠《题柳》)。据《梁书》和《南史》的记载,张静婉为羊侃伎,能作掌上舞。温庭筠在《张静婉采莲曲》一诗的序中说她“其容绝世”。温氏将董、张并提,或者,董娇饶原是歌伎,以声容舞态见称于时。本诗以“董娇饶”为题而不咏其事,余冠英先生疑此诗用乐府旧题(说见《汉魏六朝诗选》)。

诗以桃李比方女子红颜,说花虽然零落,尚有重开的时候,而一旦红颜老去,便会欢爱永绝。

本来,花落花开是大自然的永恒的法则,正如四时的周而复始,前后相续。通常人们总是习惯于将花开花落比女子年华的盛衰有时,却很少从两种自然现象的差异之处着眼作比。诗人从这一角度处理题材，自然出人意表。诗人的这一思想从属于他对整个人生的思考。他由落花感悟到青春易逝，盛颜难驻，于是借采桑女子而发。这类人生短促的感叹，是一种时代思潮，在当时的诗文中时有抒发。因此，采桑女的忧伤也就是诗人自己的“愁肠”，采桑女的感叹与诗人的人生感慨是相通的。

《董娇饶》在汉诗中别具一格，和汉乐府中的民歌很有些不同之处，这从开头的六句即可以明显地看出来。

汉乐府民歌的叙事篇章多数是一开始便直咏其事，也有少数篇章用大段铺叙介绍人物以引起故事，如《陌上桑》。这篇诗开篇介绍主人公罗敷的美貌：先细写她的穿着打扮，又从“行者”、“少年”、“耕者”、“锄者”看到罗敷以后的种种行为加以反衬。正是罗敷的美貌引起“使君”的垂涎与无礼——故事由此发生。《董娇饶》的开头则把这类人物介绍换成景物描写，作为人物活动的环境。这样，既做到了人物和环境的统一，又使开篇和全诗紧密关联。《董娇饶》的开头一段与全诗的关系极大；诗意即此生发，层层展开：由采桑女攀折花枝引起“花”的诘责，继写采桑女的回答，再写“花”的反复辩驳。

开头这一段景物描写其中包含抒情成分，因而也写出了某种意境。颇合于闻一多在论述汉末诗歌的发展时说的“事化为境”的意思。如《古诗十九首》中的《明月皎夜光》写诗人的悲愁，从描绘秋夜的景色入手，写皎皎明月、历历寒星、促织的悲吟、寒蝉的凄切，显然，这秋夜的景色即是诗人情感的外化，景亦情，情亦景，则已臻于情景交融的境界。就《董娇饶》的全诗看，虽说并不以抒情为主，但其情感的抒发和景物的描绘也还是一致的。

《董娇饶》艺术上最为突出的一点，是成功地运用了心理映衬的手法。

表现人物心理这一部分(从第七句至第二十句)构成全诗的主要内容。其中“纤手折其枝”一句作为全篇关节。采桑女为什么要拗折路边的花枝呢？对此，诗人没有作交代。接下去从对立的一方“花”写起，借“花”的诘责引出矛盾：“何为见损伤?”“花”的责问有理：我开我的花，你采你的桑，彼此互不相干，你为什么要来损害我？采桑女却是答非所问：“高秋八九月，白露变为霜。终年会飘堕，安得久馨香?”言外之意是：请不要顾惜现在这一点小小的损伤吧，反正你早晚是要殒落的。这个回答并未说出折花的心理动机。采桑女为什么不作正面回答呢？无非是不愿剖白内心某种隐秘的东西，这种隐秘的东西或许她自己也说不清楚。然而，她的回避反倒容易使她的心理活动被人窥测到。正由于她无意中表露自己对盛衰的看法，招来了“花”的驳难。“花”的盛衰观和采桑女有着根本的分歧,生活的真谛告诉它:“秋时自零落,春日复芬芳。”如果说采桑女回答“花”的诘责时尚能平静处之,那么,当她听到“何如盛年去,欢爱永相忘”的讥嘲,便难以自持了。这话正触到她的隐忧,令她闻之心惊。她不觉恍然若失:是啊,花虽然凋落,可还有再荣之期;作为一个女人,青春却是一去不返。

等待着她的未来究竟怎样,她将碰到一个什么样的命运呢?她不敢想,却又是不能不时刻想到的。她回答“花”的话,说的是“花”的荣枯,实则成了自伤。这隐在的自伤的情怀造成她折花的复杂、微妙的心理。试想:在万物得其时的明媚春光中,采桑女手提桑笼走在幽僻的小路上,繁花不时地拂过她的头顶,她能够没有感触吗?大约她看到那炫耀似的开着的烂漫的桃李花,即勾起心头的烦恼,并带一点本能的忌意,心里想:你先不要得意,到了露结为霜的季节,还不是照样枯萎,凋谢。这样想着的时候,不知不觉的,纤手已经攀住了花枝。

这一段文字可以说是一波三折,层见叠出。又由于诗人运用了以花写人、借物传神的笔法,全诗显得含蓄蕴藉,婉转动人,而有别于乐府民歌的质直和单纯。清人沈德潜评此诗说“婀娜其姿,无穷摇曳”(《古诗源》),恐怕也主要是指这一段。

《董娇饶》一诗在艺术上所取得的成就是不能抹煞的,在中国古代诗歌发展史上应有其地位。但是也必须看到,它在艺术表现上的创新是基于对乐府民歌的借鉴。比如诗中设为问答的形式就是直接来自乐府民歌。在叙事中穿插对话,是乐府民歌经常采用的形式,《东门行》、《艳歌何尝行》和《陌上桑》是其中比较典型的例子。采用这种写法可以增强作品的真实感,避免叙事的单调和平淡,且有助于人物性格和心理的刻划。《董娇饶》中的对话在表现心理方面有着特殊的意义。同时,由于这一方式的采用,也造成诗意的层层递进,因而在组织篇章结构上有着不容忽视的作用。

此外,以花拟人的写法也是受了汉乐府民歌中寓言诗的影响。汉乐府民歌中有为数不少的寓言诗,如《乌生》、《艳歌行》(其二)、《蜨蝶行》、《枯鱼过河泣》等。寓言诗的基本特点是取义双关,意在言外。《董娇饶》不同,它的主题是通过正面形象的描绘直接表现的。虽亦拟物为人,但那是为了表现人,表现人与“花”的某种特定关系,而非全篇用寄托,所以这里的花并没有独立的意义。

本诗在语言的运用上则更多地保留了民歌的朴素、自然的本色。比如开头的两句“洛阳城东路,桃李生路旁”,就如同脱口而出。“高秋八九月”以下四句也是如此。把本诗同建安诗人的某些作品一比较,二者之间的差异立即就可以看出来。曹植的《美女篇》给人的突出的印象,就是词采的华丽和对偶的讲究。《董娇饶》的句子并不怎样修饰和锻炼，其中也有一组对偶句，即："花花自相对，叶叶自相当。"这虽然已是在有意追求，但仍不免有些笨拙，不像魏晋诗人用起来那样得心应手。（齐天举）

【作者小传】

蔡 琰

字文姬，一作昭姬，汉魏之际陈留圉(今河南杞县)人。蔡邕女。自幼博学，妙于音律。嫁河东卫仲道，夫死无子，归宁母家。在汉末大乱中被董卓兵迁入长安，又被掠入南匈奴十二年，生有二子。汉献帝建安十二年(207)，被曹操遣使赎回中原，嫁屯田都尉董祀。事迹具《后汉书》卷一一四本传。《先秦汉魏晋南北朝诗》辑得其诗及断句三首。又有《胡笳十八拍》一首，后人多疑是伪作。

悲 愤 诗

蔡 琰

汉季失权柄，董卓乱天常。志欲图篡弑，先害诸贤良。逼迫迁旧邦，拥主以自强。海内兴义师，欲共讨不祥。卓众来东下，金甲耀日光。平土人脆弱，来兵皆胡羌。猎野围城邑，所向悉破亡。斩截无孑遗，尸骸相撑拒。马边悬男头，马后载妇女。长驱西入关，迥路险且阻。还顾邈冥冥，肝胆为烂腐。所略有万计，不得令屯聚。或有骨肉俱，欲言不敢语。失意几微间，辄言"毙降虏！要当以亭刃，我曹不活汝！"岂敢惜性命，不堪其詈骂。或便加棰杖，毒痛参并下。旦则号泣行，夜则悲吟坐，欲死不能得，欲生无一可。彼苍者何辜？乃遭此厄祸。

边荒与华异，人俗少义理。处所多霜雪，胡风春夏起。翩翩吹我心，肃肃入我耳。感时念父母，哀叹无穷已。有客从外来，闻之常欢喜。迎问其消息，辄复非乡里。邂逅徼时愿，骨肉来迎己。己得自解免，当复弃儿子。天属缀人心，念别无会期。存亡永乖隔，不忍与之辞。儿前抱我颈，问"母欲何之？人言母当去，岂复有还时？阿母常仁恻，今何更不慈？我尚未成人，奈何不顾思！”见此崩五内，恍惚生狂痴。号泣手抚摩，当发复回疑。兼有同时辈，相送告离别，慕我独得归，哀叫声摧裂。马为立踟蹰，车为不转辙。观者皆歔欷，行路亦呜咽。

去去割情恋，遄征日遐迈。悠悠三千里，何时复交会？念我出腹子，胸臆为摧败。既至家人尽，又复无中外。城郭为山林，庭宇生荆艾。白骨不知谁，从横莫覆盖。出门无人声，豺狼号且吠。茕茕对孤景，怛咤糜肝肺。登高远眺望，神魂忽飞逝。奄若寿命尽，旁人相宽大。为复强视息，虽生何聊赖！托命于新人，竭心自勖厉。流离成鄙贱，常恐复捐废。人生几何时，怀忧终年岁。

蔡琰字文姬，又字昭姬，是汉末著名文学家蔡邕的女儿。《后汉书·董祀妻传》说她“博学有才辩，又妙于音律。适河东卫仲道，夫亡无子，归宁于家。兴平中（笔者案，兴平当作初平。王先谦《后汉书集解》引用沈钦韩的说法，已指出此点，当可从。）天下丧乱，文姬为胡骑所获，没于南匈奴左贤王，在胡中十二年，生二子。曹操素与邕善，痛其无嗣，乃遣使者以金璧赎之，而重嫁于（董）祀……后感伤乱离，追怀悲愤，作诗二章。”其一为五言，其二为骚体。自从苏东坡指出它们的真伪问题之后，主真主伪派各有人在。《悲愤诗》二章见载于《后汉书》蔡琰本传中，主伪派（包括一真一伪派）没有确凿的证据，我们相信这两首诗是蔡琰所作，其中五言的一首艺术成就远远超过骚体的一首，历代选家多选其五言而遗其骚体，是不为无见的。

《悲愤诗》（其一）是我国诗史上文人创作的第一首自传体的五言长篇叙事诗。全诗一百零八句，计五百四十字，它真实而生动地描绘了诗人在汉末大动乱中的悲惨遭遇，也写出了被掠人民的血和泪，是汉末社会动乱和人民苦难生活的实录，具有史诗的规模和悲剧的色彩。诗人的悲愤，具有一定的典型意义，它是受难者对悲剧制造者的血泪控诉。字字是血，句句是泪。

全诗可分三大段，前四十句为第一大段，其中分三个层次。前十四句，先从董卓之乱写起。这是诗人蒙难的历史背景，它概括了中平六年（189）至初平三年（192）这三四年的动乱情况，诗中所写，均有史可证。“斩截无孑遗”以下八句，写出了以董卓为首的一群穷凶极恶的豺狼所进行的野蛮屠杀与疯狂掠夺。据《三国志·董卓传》记载：“（董卓）尝遣军到阳城，时适二月社，民各在其社下，悉就断其男子头，驾其车牛，载其妇女财物，以所断头系车辕轴，连轸而还洛，云攻城大获，称万岁。入开阳城门，焚烧其头，以妇女与甲兵为婢妾。”诗中所写的卓众东下，杀人如麻，以至积尸盈野、白骨相撑以及“马边悬男头，马后载妇女”的惨象，是这场浩劫的实录。“载妇女”三字，把诗人自己的遭遇暗暗引入。初平三年春，董卓部将李傕、郭汜大掠陈留、颍川诸县，他们的部队中又杂有羌胡兵，蔡琰就是此时被掳的。“所略有万计”以下十六句，细述诗人在俘虏营中的生活。这些成千上万的俘虏，贼兵不让他们在一起屯聚，即使骨肉之间碰在一起，也不敢说一句话。稍不留意，就会遭到一顿臭骂和毒打。他们日夜号泣悲吟，欲死不得，欲生不能，于是诗人含着满腔的悲愤，只好呼天而问。“彼苍者”两句，将途中之苦总括收住。这一大段最精彩的艺术描写，是贼兵辱骂俘虏的几句话，口吻毕肖，活画出贼兵一副狰狞的嘴脸。

“边荒与华异”以下四十句为第二大段，主要描写在边地思念骨肉之亲的痛苦及迎归别子时不忍弃子、去留两难的悲愤。“边荒与华异，人俗少义理”两句，高度概括了诗人被掳失身的屈辱生活，在不忍言、不便言之处，仅用“少义理”三字概括，“以少总多”，暗含着她被侮辱被蹂躏的无数伤心事。“处所多霜雪”以下六句，用“霜雪”、“胡风”，略言边地之苦，以引出念父母的哀叹。诗人通过居处环境的描写，以景衬情，以无穷无尽的“霜雪”和四季不停的“胡风”，来烘托出无穷已的哀叹，增强了酸楚的悲剧气氛。有的注家认为蔡琰被掠后所居之地在河东平阳(今山西临汾附近)，这是不确切的。暂居在河东平阳的，是南匈奴右贤王去卑的一支，非左贤王所居之地。谭其骧先生考证出蔡琰所居之地在西河美稷(今内蒙古自治区伊克昭盟一带)，较为可信，不然，地近中原的河东平阳焉能称作“边荒”？又何言“悠悠三千里”呢？“有客从外来”以下六句，叙述引领望归和急盼家人消息的心情，忽喜忽悲，波澜起伏。客从外来，闻之高兴；迎问消息，方知不是同乡，也不是为迎己而来，希望转为失望。“邂逅徼时愿，骨肉来迎己”两句，诗的意脉忽又转折，平时所企望的事情意外的实现了，真是喜出望外。“己得自解免”以下六句，忽又由喜而悲。返回故乡必须丢弃两个儿子，可能一别永无再见之日，念及母子的骨肉之情，怎能忍心抛弃自己的儿子呢？诗人于是陷入痛苦与矛盾之中。“别子”的一段艺术描写，感情真挚，而且挖掘得深而婉，最为动人。儿子劝母亲留下的几句话，句句刺痛了母亲的心。清人张玉縠评“天属缀人心”以下十六句诗说：“夫琰既失身，不忍别者岂止于子。子则其可明言而尤情至者，故特反复详言之。己之不忍别子说不尽，妙介入子之不忍别己，对面写得沉痛，而己之不忍别愈显矣，最为文章妙诀。”(《古诗赏析》卷六)此言颇为精到。儿子的几句质问，使诗人五内俱焚，恍惚若痴，号泣抚摩其子，欲行不前。在去住两难中，突现了主人公的复杂矛盾心情。“兼有同时辈”以下八句，插叙同辈送别的哀痛，“同时辈”应指与蔡琰一起被掳，同时流落在南匈奴的人，其中应多为妇人女子。她们羡慕蔡琰能返回故乡，哀叹自己的命运，故号啕痛哭。作者描绘出马不肯行、车不转辙、连观者和路人目睹此情此景无不歔欷流涕的场面。不言而喻，当事者的痛苦，要甚于旁观者十倍、百倍。此种衬托手法，更加突出了诗人悲痛欲绝的心境。

“去去割情恋”以下二十八句为第三大段，叙述归途及归后的遭遇。首六句写归途：割断情恋，别子而去，上路疾行，日行日远，但情恋又何尝能割去？“念我出腹子，胸臆为摧败”两句，以念子作收，随作一顿。“既至家人尽”以下十二句，先叙述归后方知亲人凋丧，连中表近亲也没有，以此状写诗人的孤苦无依。接叙乱后荒凉：城郭变成山林，庭院长满荆棘漫草，白骨纵横，尸骸相撑。特别是“出门无人声，豺狼号且吠”两句，把战后的荒凉，通过阴森恐怖气氛的渲染，表现得十分透足。“茕茕对孤景”句，遥接“既至家人尽，又复无中外”两句。“登高远眺望”两句，又以念子暗收，遥应“念我出腹子”两句，把念子之情表现得回环往复。以下四句，叙述诗人在百忧煎熬之下，自己感到已快到生命的尽头，虽勉强生活下去，也失去了生活的乐趣。“托命于新人”以下四句，叙述重嫁董祀之后，虽用尽心力，勉励自己活下去，但自己经过一番流离之后，已经成为被人轻视的女人，常常担心被新人抛弃，这反映了加在妇人身上的精神枷锁。最后以“人生几何时，怀忧终年岁”作结，“虽顶末段，却是总束通章，是悲愤大结穴处”（《古诗赏析》）。说明自己的悲剧生涯已无法解脱，悲愤无时无往不在，没有终极。

通观全诗，《悲愤诗》在艺术上有几点突出的成就。

诗人善于挖掘自己的感情，将叙事与抒情紧密地结合在一起。虽为叙事诗，但情系乎辞，情事相称，叙事不板不枯，不碎不乱。它长于细节的描绘，当详之处极力铺写，如俘虏营中的生活和别子的场面，描写细腻，如同电影中的特写镜头；当略之处，一笔带过，如“边荒与华异，人俗少义理”两句，就是高度地艺术概括。叙事抒情，局阵恢张，波澜层叠。它的叙事，以时间先后为序，以自己遭遇为主线，言情以悲愤为旨归。在表现悲愤的感情上，纵横交错，多层次，多侧面。她的伤心事太多了：被掠、杖骂、受侮辱、念父母、别子、悲叹亲人丧尽、重嫁后的怀忧，诗中可数者大约有七八种之多，但是最使她痛心的是别子。作者为突出这一重点，用回环往复的手法，前后有三四次念子的艺术描写。别子之前，从略述边地之苦，引出“感时念父母，已为念子作影”（《古诗赏析》）。正面描写别子的场面，写得声泪俱下。同辈送别的哀痛，又为别子的哀痛作了衬托。赎归上路后，又翻出“念我出腹子，胸臆为摧败”一层，见得难以割舍的情恋，是因别子而发。至“登高远眺望，神魂忽飞逝”，又暗收念子。从这里可以看出别子是诗人最强烈、最集中、最突出的悲痛，从中我们可以看到一颗伟大的母亲的心在跳动。诗人的情感在这方面挖掘得最深，因此也最为动人，这是令人叹为观止的艺术匠心之所在。

《悲愤诗》的真实感极强，诗中关于俘虏生活的具体描写和别子时进退两难的复杂矛盾心情，非亲身经历是难以道出的。诚如近代学者吴闿生所说：“吾以谓(《悲愤诗》)决非伪者，因其为文姬肺腑中言，非他人所能代也。”(《古今诗范》)沈德潜说《悲愤诗》的成功“由情真，亦由情深也”(《古诗源》卷三)，足见它的真实感是有目共睹的。

《悲愤诗》语言浑朴，“真情穷切，自然成文”，它具有明白晓畅的特点，无雕琢斧凿之迹。某些人物的语言，逼真传神，具有个性化的特点。如贼兵骂俘虏的几句恶言恶语，与人物身份吻合，如闻其声，如见其人，形象鲜明生动。文姬别子时，儿子说的几句话，酷似儿童的语气，似乎可以看到儿童抱着母亲的颈项说话的神态，看出小儿嘟哝着小嘴的样子，孩子的天真、幼稚和对母亲的依恋，跃然纸上，这在前此的诗歌中是罕见的。

《悲愤诗》激昂酸楚，在建安诗歌中别构一体，它深受汉乐府叙事诗的影响，如《十五从军征》、《孤儿行》等，都是自叙身世的民间叙事诗，《悲愤诗》一方面取法于它们，另方面又糅进了文人抒情诗的写法。前人指出它对杜甫的《北征》、《奉先咏怀》均有影响，不为无据。它与《古诗为焦仲卿妻作》，堪称建安时期叙事诗的双璧。　　(刘文忠)

胡笳十八拍　　蔡 琰

我生之初尚无为，我生之后汉祚衰。天不仁兮降乱离，地不仁兮使我逢此时。干戈日寻兮道路危，民卒流亡兮共哀悲。烟尘蔽野兮胡虏盛，志意乖兮节义亏。对殊俗兮非我宜，遭恶辱兮当告谁？笳一会兮琴一拍，心愤怨兮无人知。

戎羯逼我兮为室家，将我行兮向天涯。云山万重兮归路遐，疾风千里兮扬尘沙。人多暴猛兮如虺蛇，控弦被甲兮为骄奢。两拍张弦兮弦欲绝，志摧心折兮自悲嗟。

越汉国兮入胡城，亡家失身兮不如无生。毡裘为裳兮骨肉震惊，羯膻为味兮枉遏我情。鞞鼓喧兮从夜达明，胡风浩浩兮暗塞营。伤今感昔兮三拍成，衔悲畜恨兮何时平。

无日无夜兮不思我乡土，禀气含生兮莫过我最苦。天灾国乱兮人无主，唯我薄命兮没戎虏。殊俗心异兮身难处，嗜欲不同兮谁可与语！寻思涉历兮多艰阻，四拍成兮益凄楚。

雁南征兮欲寄边声，雁北归兮为得汉音。雁飞高兮邈难寻，空断肠兮思愔愔。攒眉向月兮抚雅琴，五拍泠泠兮意弥深。

冰霜凛凛兮身苦寒，饥对肉酪兮不能餐。夜闻陇水兮声呜咽，朝见长城兮路杳漫。追思往日兮行李难，六拍悲来兮欲罢弹。

日暮风悲兮边声四起，不知愁心兮说向谁是！原野萧条兮烽戍万里，俗贱老弱兮少壮为美。逐有水草兮安家葺垒，牛羊满野兮聚如蜂蚁。草尽水竭兮羊马皆徙，七拍流恨兮恶居于此。

为天有眼兮何不见我独漂流？为神有灵兮何事处我天南海北头？我不负天兮天何配我殊匹？我不负神兮神何殛我越荒州？制兹八拍兮拟排忧，何知曲成兮心转愁。

天无涯兮地无边，我心愁兮亦复然。人生倏忽兮如白驹之过隙，然不得欢乐兮当我之盛年。怨兮欲问天，天苍苍兮上无缘。举头仰望兮空云烟，九拍怀情兮谁与传？

城头烽火不曾灭，疆场征战何时歇？杀气朝朝冲塞门，胡风夜夜吹边月。故乡隔兮音尘绝，哭无声兮气将咽。一生辛苦兮缘别离，十拍悲深兮泪成血。

我非贪生而恶死，不能捐身兮心有以。生仍冀得兮归桑梓，死当埋骨兮长已矣。日居月诸兮在戎垒，胡人宠我兮有二子。鞠之育之兮不羞耻，愍之念之兮生长边鄙。十有一拍兮因兹起，哀响缠绵兮彻心髓。

东风应律兮暖气多，知是汉家天子兮布阳和。羌胡蹈舞兮共讴歌，两国交欢兮罢兵戈。忽遇汉使兮称近诏，遣千金兮赎妾身。喜得生还兮逢圣君，嗟别稚子兮会无因。十有二拍兮哀乐均，去住两情兮难具陈。

不谓残生兮却得旋归，抚抱胡儿兮泣下沾衣。汉使迎我兮四牡骓骓，胡儿号兮谁得知？与我生死兮逢此时，愁为子兮日无光辉，焉得羽翼兮将汝归。一步一远兮足难移，魂消影绝兮恩爱遗。十有三拍兮弦急调悲，肝肠搅刺兮人莫我知。

身归国兮儿莫之随，心悬悬兮长如饥。四时万物兮有盛衰，唯我愁苦兮不暂移。山高地阔兮见汝无期，更深夜阑兮梦汝来斯。梦中执手兮一喜一悲，觉后痛吾心兮无休歇时。十有四拍兮涕泪交垂，河水东流兮心是思。

十五拍兮节调促，气填胸兮谁识曲？处穹庐兮偶殊俗。愿得归来兮天从欲，再还汉国兮欢心足。心有怀兮愁转深，日月无私兮曾不照临。子母分离兮意难任，同天隔越兮如商参，生死不相知兮何处寻！

十六拍兮思茫茫，我与儿兮各一方。日东月西兮徒相望，不得相随兮空断肠。对萱草兮忧不忘，弹鸣琴兮情何伤！今别子兮归故乡，旧怨平兮新怨长！泣血仰头兮诉苍苍，胡为生兮独罹此殃！

十七拍兮心鼻酸，关山阻修兮行路难。去时怀土兮心无绪，来时别儿兮思漫漫。塞上黄蒿兮枝枯叶干，沙场白骨兮刀痕箭瘢。风霜凛凛兮春夏寒，人马饥尪兮筋力单。岂知重得兮入长安，叹息欲绝兮泪阑干。

胡笳本自出胡中，缘琴翻出音律同。十八拍兮曲虽终，响有余兮思无穷。是知丝竹微妙兮均造化之功，哀乐各随人心兮有变则通。胡与汉兮异域殊风，天与地隔兮子西母东。苦我怨气兮浩于长空，六合虽广兮受之应不容！

此诗最早见于朱熹《楚辞集注·后语》，相传为蔡琰作。蔡琰，字文姬，陈留圉（今河南杞县）人，为汉末著名学者蔡邕之女。博学有才辩，又妙于音律。战乱中，为胡骑所获，南匈奴左贤王纳为妃子，生二子。十二年后为曹操赎回。她将这一段经历写成《悲愤诗》五言与骚体各一篇，见于《后汉书·董祀妻传》。《胡笳十八拍》的内容与两篇《悲愤诗》大体相同。关于此诗的真伪问题，向有争论，欲知其详，可参看中华书局出版的《胡笳十八拍讨论集》。从诗歌体制来看，与东汉末年的作品有相当距离，且诗歌内容与蔡琰生平亦有若干抵触之处，托名蔡琰的可能性较大。这里姑从其旧，仍署蔡琰。《胡笳十八拍》是古乐府琴曲歌辞。胡笳是汉代流行于塞北和西域的一种管乐器，其音悲凉，后代形制为木管三孔。为什么“胡笳”又是“琴曲”呢？唐代诗人刘商在《胡笳曲序》中说：“胡人思慕文姬，乃卷芦叶为吹笳，奏哀怨之音。后董生以琴写胡笳声为十八拍。”此诗最后一拍也说：“胡笳本自出胡中，缘琴翻出音律同。”可知原为笳曲，后经董生之手翻成了琴曲。“十八拍”，在乐曲即十八乐章，在歌辞也就是十八段辞。第一拍中所谓“笳一会兮琴一拍”，当是指胡笳吹到一个段落响起合奏声时，正好是琴曲的一个乐章。此诗的形式，兼有骚体（句中用“兮”字）与柏梁体（用七字句且每句押韵）的特征，但并不纯粹，或可称之为准骚体与准柏梁体。全篇的结构可大别为开头、中腹、结尾三部分。第一拍为开头，总说时代动乱与个人所受的屈辱；中腹起自被掳西去的第二拍，止于放还东归的第十七拍，历时十二年，分为思乡与念儿前后两个时期；最后一拍为结尾，呼应篇首，结出怨情。欣赏此诗，不要作为一般的书面文学来阅读，而应想到是蔡琰这位不幸的女子在自弹自唱，琴声正随着她的意象在流走。随着琴声、歌声，我们似见她正行走在一条由屈辱与痛苦铺成的十二年的长路上……

她在时代大动乱的背景前开始露面。第一拍即点出“乱离”的背景：胡虏强盛，烽火遍野，民卒流亡（见“干戈日寻兮道路危”等三句）。汉末天下大乱，宦官、外戚、军阀相继把持朝政，农民起义、军阀混战、外族入侵，陆续不断。汉末诗歌中所写的“铠甲生虮虱，万姓以死亡。白骨露于野，千里无鸡鸣”（曹操《蒿里行》），“出门无所见，白骨蔽平原”（王粲《七哀诗》），等等，都是当时动乱现实的真实写照。诗中的女主人公蔡琰，即是在兵荒马乱之中被胡骑掳掠西去的。被掳，是她痛苦生涯的开端，也是她痛苦生涯的根源，因而诗中专用一拍（第二拍）写她被掳途中的情况，又在第十拍中用“一生辛苦兮缘别离”指明一生的不幸（“辛苦”）源于被掳（即所谓“别离”）。

她在被强留在南匈奴的十二年间，在生活上与精神上承受着巨大的痛苦。胡地的大自然是严酷的：“胡风浩浩”（第三拍），“冰霜凛凛”（第六拍），“原野萧条”（第七拍），流水呜咽（第六拍“夜闻陇水兮声呜咽”）。异方殊俗的生活是与她格格不入的：毛皮做的衣服，穿在身上心惊肉跳（第三拍“毡裘为裳兮骨肉震惊”);以肉奶为食,腥羶难闻,无法下咽(第三拍“羯羶为味兮枉遏我情”,第六拍“饥对肉酪兮不能餐”);居无定处,逐水草而迁徙,住在临时用草筏、干牛羊粪垒成的窝棚里(第六拍“逐有水草兮安家葺垒……草尽水竭兮羊马皆徙”);兴奋激动时,击鼓狂欢,又唱又跳,喧声聒耳,通宵达旦(第三拍“鞞鼓喧兮从夜达明”)。总之,她既无法适应胡地恶劣的自然环境,也不能忍受与汉族迥异的胡人的生活习惯,因而她唱出了“殊俗心异兮身难处,嗜欲不同兮谁可与语”的痛苦的心声。而令她最为不堪的,还是在精神方面。

在精神上,她经受着双重的屈辱:作为汉人,她成了胡人的俘虏;作为女人,被迫嫁给了胡人。第一拍所谓“志意乖兮节义亏”,其内涵应该正是指这双重屈辱而言的。在身心两面都受到煎熬的情况下,思念故国、思返故乡,就成了支持她坚强地活下去的最重要的精神力量。从第二拍至第十一拍的主要内容便是写她的思乡之情的。第四拍的“无日无夜兮不思我乡土”,第十拍的“故乡隔兮音尘绝,哭无声兮气将咽”,第十一拍的“生仍冀得兮归桑梓”,都是直接诉说乡情的动人字句。而诉说乡情表现得最为感人的,要数第五拍。在这一拍中,诗人以她执著的深情开凿出了一个淡远深邃的诗境:春日,她翘首蓝天,期待南飞的大雁捎去她边地的心声;秋天,她仰望云空,企盼北归的大雁带来故土的音讯。但大雁高高地飞走了,杳邈难寻,她不由得心痛肠断,黯然销魂。在第十一拍中,她道出自己忍辱偷生的内心活动:“我非贪生而恶死,不能捐身兮心有以。生仍冀得兮归桑梓,死当埋骨兮长已矣。”原来她“不能捐身”是出于期待“归桑梓”,即回归故国。终于,她熬过了漫长的十二年,还乡的夙愿得偿:“忽遇汉使兮称近诏,遗千金兮赎妾身。”(第十二拍)此即《后汉书》蔡琰传所说的:“曹操素与邕善,痛其无嗣,乃遣使者以金璧赎之。”但这喜悦是转瞬即逝的,在喜上心头的同时,飘来了一片新的愁云:她想到自己生还之日,也是与两个亲生儿子诀别之时。第十二拍中说的“喜得生还兮逢圣君,嗟别稚子兮会无因。十有二拍兮哀乐均,去住两情兮难具陈”,正是这种矛盾心理的坦率剖白。这一拍承上启下,是行文上的转折处。从第十三拍起,便转入不忍与儿子分离的描写,出语哽咽,沉哀入骨。第十三拍写别子,第十四拍写思儿成梦,都是十分精彩的段落。如第十三拍的“抚抱胡儿兮泣下沾衣……一步一远兮足难移,魂销影绝兮恩爱遗”,第十四拍的“山高地阔兮见汝无期,更深夜阑兮梦汝来斯。梦中执手兮一喜一悲,觉后痛吾心兮无休歇时”,都写得极尽缠绵,感人肺腑。宋人范晞文在《对床夜话》卷一中称赞第十三拍说:“此将归别子也。时身历其苦,词宣乎心,怨而怒,哀而思,千载如新;使经圣笔,亦必不忍删之也。”诗中女主人公的别离之痛,一直陪伴着她离开胡地，重入长安（第十七拍“岂知重得兮入长安，叹息欲绝兮泪阑干”）。屈辱的生活结束了，而新的不幸——思念亲子的痛苦，才刚刚开始。“胡与汉兮异域殊风，天与地隔兮子西母东。苦我怨气兮浩于长空，六合虽广兮受之应不容”，全诗即在此感情如狂潮般涌动处曲终罢弹，完成了蔡琰这一怨苦向天的悲剧性的艺术形象的创造。

抒情主人公的经历是独特的，诚如诗中一再写到的“禀气含生兮莫过我最苦”，“唯我薄命兮没戎虏”（均见四拍）。然而通过其特殊遭遇所表现出来的乡关之思与亲子之情，又是富于时代的共同性并体现了民族精神的优良传统的。在“干戈日寻兮道路危，民卒流亡兮共哀悲”（第一拍）的大动乱的时代里，乡情与亲情是背井离乡、抛妻别子的广大百姓与士卒共有的感情。从历史的继承性来说，作为一个弱女子，处身异国，在被纳为妃子、生有二子、备受荣宠（第十一拍“胡人宠我兮有二子”）的情况下，矢志归国，这与西汉时苏武被匈奴流放到北海牧羊长达十九年而不改民族气节的行为，表现虽异，心迹实同。王粲《登楼赋》说：“钟仪幽而楚奏兮，庄舄显而越吟。人情同于怀土兮，岂穷达而异心。”正是对这种处境不同而执著如一的“怀土”之情的较为全面的概括。诗中的蔡琰，不仅眷恋着生养她的那片热土，富于民族的感情，而且从她离开胡地时对两个胡儿的难舍难分，痛失骨肉后的积想成梦、哀怨无穷看来，她又是一个具有丰富慈母爱的传统美德的女性。但这一艺术形象之感人，却不只在于其具有美好的品德与丰富的感情，更在于其遭遇的不幸，即人物命运的悲剧性。她在被掳掠以后，身居胡地，心系故土，一直受到身心矛盾的折磨；而当她的归国夙愿一旦成为现实时，失去亲生骨肉的痛苦便接踵而来。“回归故土”与“母子团聚”，都是美好的，人人应该享有的，在她却不能两全。人总是同情弱小、哀怜不幸的，更何况是一个弱小的女子，又是迭遭不幸且又具有美好品德与丰富感情的弱女子呢，这就不由得不令人一掬同情之泪了。

此诗在抒情主人公艺术形象创造上的最大特色，是强烈的主观抒情色彩。这一特色，首先体现在抒情与叙事关系的处理上。诗人全然摒弃纯客观的叙述，叙事时总是饱含着感情。诗中叙事性较强的段落，如写被掳西去的第二拍，在胡地生育二子的第十一拍，别儿归国的第十三拍，重入长安的第十七拍，无不是以深情唱叹出之。同样是写被掳西去，在五言《悲愤诗》中写到的“斩截无孑遗，尸骸相撑拒。马边悬男头，马后载妇女”，以叙事详尽、细节逼真见长；而在《胡笳十八拍》的第二拍中，则说“云山万重兮归路遐，疾风千里兮扬尘沙。人多暴猛兮如虺蛇，控弦被甲兮为骄奢”，处处表露出诗人爱憎鲜明的感情——“云山”句连着故土之思,“疾风”句关乎道路之苦,“人多”句“虺蛇”的比喻、“控弦”句“骄奢”的评价,莫不是真情实感的自然流露。诗中侧重叙事的段落并不多,更多的情况是在抒情时顺便带出,也就是说,是为了抒情才有所叙述。例如,为了抒写“伤今感昔”与“衔悲畜恨”之情才写到胡地的习俗(第三拍),为了说明自己度日如年、难以适应胡地的日常生活才写到胡人的衣食起居(第六七两拍),等等。强烈的主观抒情色彩的特色,更主要的则是体现在感情抒发的突发性上。诗人的感情,往往是突然而来,忽然而去,跳荡变化,匪夷所思。有时意到笔到,不避重复,如责问上天,前后出现四次之多,分别见于第一、八、九、十六各拍;有时又天马行空,来去无迹——如第四拍(“无日无夜”)正从个人经历的角度慷慨不平地抒写怨愤,第五拍(“雁南征兮”)忽然转出对雁抒怀的清冷意境;写战争氛围的第十拍与写衣食起居的第六七两拍都是为了抒写乡情,本该相连,却于其间插入责问上天的第八九两拍。“正所谓‘思无定位’,甫临沧海,复造瑶池。”(谢榛《四溟诗话》卷四)这种感情表达的非理性化本身,乃是主观感情色彩强烈的一个重要标志。强烈的主观抒情色彩的特色,在抒情方式与语言运用上也留下了鲜明的标记。诗人常常是“我”字当头,言无回避;还喜欢夸张其词,极言以尽意。诗作一开篇即连用两“我”字以起势,紧接着以“天不仁兮降乱离,地不仁兮使我逢此时”二句指天斥地,直是“天地不仁,以万物为刍狗”(《老子》)的变奏,这是何等样的胆识魄力!第八拍的“为天有眼兮何不见我独漂流?为神有灵兮何事处我天南海北头?我不负天兮天何配我殊匹?我不负神兮神何殛我越荒州”,这一迭连声的责问更是把“天”、“神”作为被告送到了审判席前。篇中夸张的说法与夸张的词语在在皆是,如“无日无夜兮不思我乡土,禀气含生兮莫过我最苦。天灾国乱兮人无主,唯我薄命兮没戎虏”(第四拍),“天无涯兮地无边,我心愁兮亦复然”(第九拍),“四时万物兮有盛衰,唯我愁苦兮不暂移”(第十四拍),“苦我怨气兮浩于长空,六合虽广兮受之应不容”(第十八拍),等等。以上种种的总汇,形成了全诗强烈的主观抒情色彩的总体特色,使抒情主人公的形象得以凸显出来。

抒情主人公艺术形象的成功创造,还得力于深入细腻的心理描写。女主人公在“志意乖兮节义亏”的情况下,为什么不以一死以全节气呢?第十一拍披露了隐衷(见前引的“我非贪生而恶死”等四句),说明她是出于深厚的乡土之思才偷生苟活下来的。由于这一剖白,人物活动的思想感情基础被揭示了出来,这就不仅消除了对这一人物形象可能引起的误解,而且使她变得可亲可敬起来。第十三拍抒别儿之痛,第十四拍诉思儿之苦,尽管具体写法并不一样——第十三拍借助想象与通过行动来表现,第十四拍则寄情于梦幻,但在展示特定情况下的人物的心理变化这一点上,却无不生动传神,惟妙惟肖。诗中最引人注意的心理描写,则要推对归国与别儿一喜一悲的感情纠葛的描写。诗人深深体会到"去住两情兮难再陈",因而不惮其烦,三复斯言,如"喜得生还兮逢圣君,嗟别稚子兮会无因"(第十二拍),"愿得归来兮天从欲,再还汉国兮欢心足。心有怀兮愁转深,日月无私兮曾不照临,子母分离兮意难任"(第十五拍),"今别子兮归故乡,旧怨平兮新怨长"(第十六拍)。通过不断地重复,对于矛盾心理的表现,起到了强调与深化的作用,从而更加突出了人物进退维谷、痛苦难禁的情状。

明人陆时雍在《诗镜总论》中说:"东京风格颓下,蔡文姬才气英英。读《胡笳吟》(按,即指《胡笳十八拍》),可令惊蓬坐振,沙砾自飞,直是激烈人怀抱。"所谓"激烈人怀抱",是说在读者心中激起强烈共鸣,顿生悲凉之感。为什么《胡笳十八拍》会具有如此巨大的艺术力量呢?总结上文所论,一言以蔽之曰:是由于此诗通过富于特色的艺术表现,成功地创造出了抒情主人公蔡琰这一悲剧性的艺术形象。

(陈志明)

【作者小传】

仲长统

(180—220)　字公理,东汉山阳(今山东金乡)人。少游学四方,敢言无忌,被目为"狂生"。献帝时为尚书郎,曾入丞相曹操幕府。事迹具《后汉书》卷七九本传。著有《昌言》三十四篇,已佚,后人有辑本。《先秦汉魏晋南北朝诗》辑得其诗三首。

见　志　诗(二首)　　仲长统

飞鸟遗迹,蝉蜕亡壳。腾蛇弃鳞,神龙丧角。至人能变,达士拔俗。乘云无辔,骋风无足。垂露成帷,张霄成幄。沆瀣当餐,九阳代烛。恒星艳珠,朝霞润玉。六合之内,恣心所欲。人事可遗,何为局促?

大道虽夷,见幾者寡。任意无非,适物无可。古来绕绕,委曲如琐。百虑何为,至要在我。寄愁天上,埋忧地下。叛散五经,灭弃风雅。百家杂碎,请用从火。抗志山西,游心海左。

元气为舟，微风为柂。敖翔太清，纵意容冶。

治世多事业中人，乱世多旷达之士。在汉王朝鼎盛之际，不要说像霍去病这样的武夫，曾满怀“匈奴未灭，何以家为”的豪情；就是司马迁这样的文人，也充满了继孔子作《春秋》、“小子何敢让也”的壮心。而汉末动乱时代，却是草莽好汉、“乱世枭雄”驰骋的世界。像仲长统这样的文士，既无统率士众逐鹿中原之力，又不愿依附于邪恶强权之辈。当其找不到政治出路时，功名事业之心便自然冷淡了。但因为他生性“俶傥”，“不矜小节”，故对世事的愤慨之情，往往发为睥睨一世的旷达狂言。这两首《见志诗》，正是他在被时人“谓之狂生”期间所作的“奇诗”。

先看第一首。这一首着重描述诗人所企慕的理想生活境界。诗人放眼自然：空中的飞鸟，自由往还而不留其迹；树上的鸣蝉，蜕去蝉衣而不为外壳所拘；传说中的腾蛇能去鳞(皮)而飞，深渊的神龙可解角升天。这该是多么自由的境界，作为万灵之长的人类，可有达到这种化境的呢？当然有，那就是老、庄所称述的“至人”、“达士”。按照庄子《逍遥游》的说法，这类“至人”可以“乘天地之正，而御六气之辩(变)，以游无穷”。比较起来，飞鸟、腾蛇之类又何足道哉！此诗开篇六句，未叙“至人”，先渲染飞鸟、蜕蝉、腾蛇、神龙自由无拘的景象，飘忽而来，奇境纷陈。然后以“至人能变，达士拔俗”两句喝断，正如奇峰突起，更显得“至人”、“达士”的高逸脱俗。

接着十句，便笔饱墨酣地铺写“至人”、“达士”的神奇境界：“乘云无辔，骋风无足”，是说他们凭借云风来去，根本不需要车辔、马足；“垂露成帏，张霄成幄”，是说他们以天露、清霄为帐幔，居处于天地之间，哪要什么殿堂楼阁！他们餐饮的是夜半的露气(即沆瀣)，九天的太阳正可充当照明的灯烛。人们大多贪求于珍珠、宝玉；但至人、达士则把夜空的恒星、东方的朝霞视为装饰天地的珠玉；那闪烁的星光、绚烂的霞彩，又岂是凡珠之辉、俗玉之泽所可比拟其万一的？“垂露成帏，张霄成幄”六句，以神奇的想象、高度的艺术夸张，展示了至人、达士的自由境界。其壮伟清奇，就是与屈原《离骚》那缤纷多姿的想象相比，也毫不逊色。明人葛立方《韵语阳秋》称它“盖取无情之物作有情用也”，认为后世张志和“太虚为室，明月为烛”、刘伶“日月为扃牖，八荒为庭衢”等奇句，均从此化出。可见其影响之大。从这样辽阔、自由的境界，看世间所汲汲奔走的“人事”，自然太渺小、太局促了。故诗人在结尾突然一顿、拄笔而问：“人事可遗，何为局促？”——这些人世间的琐事都可以抛弃，为什么偏要让自己受其牵累而困厄终身呢?

如果说这一首是从正面描述至人达士的境界,以表现诗人追慕的“大道”,那么,第二首则笔锋一转,对世俗所尊崇的一切,表明诗人的严正批判态度。诗人开笔深深感叹,至人达士的境界,本是人所可履的平易大道;可惜识得此中奥妙的,又有几人?诗人以为,“大道”的微妙处全在“任意”和“适物”而已:只要率性而行,就不会有是、非的牵挂;只要顺应外物变化,就无所谓可与不可。但“古来绕绕,委曲如琐”,人们总是为声名、利禄所牵缠,就像雕镂的琐纹一样弯曲不展。他们思千虑百,偏偏不知道人生的至理,只在于保存自身。仲长统在《旷志论》中曾说:“凡游帝王者,欲以立身扬名耳。而名不常存,人生易灭。优游偃仰,可以自娱。”“逍遥一世之上,睥睨天地之间,不受当时之责,永保性命之期。如是则可以陵霄汉、出宇宙之外矣。岂羡于入帝王之门哉!”这正一语道出了“至人”境界的奥秘:他们并非真能“乘云”、“骋风”,不过是不慕势利、淡泊逍遥,故能超脱于世俗之上。由此反观前诗,诗人所夸赞的“垂露成帏、张霄成幄”种种奇妙境界,无非是隐身山野、优游自娱生活的一种艺术夸张罢了。

既然人生之道“至要在我”,那种种牵缠世人的忧愁,岂不可任其烟消云散?那钓取功名的“五经”之类,何不四散碎弃、付之一炬?诗人思绪澎湃,笔底顿吐狂言:“寄愁天上,埋忧地下。叛(分)散五经,灭弃风雅。百家杂碎,请用从火!”这六句以对仗、排比,一气奔赴,正如有滚滚惊雷,震荡于诗行之间。表现出诗人对世人奉为圣典的一切,怀有多么激烈的鄙夷和反叛之情。难怪元人吴师道读此数句,不禁喟然叹曰:“仲长统《述志诗》,允谓奇作。其曰‘叛散五经,灭弃风雅’者,得罪于名教甚矣”(《吴礼部诗话》)!但正当诗情达到石破天惊之际,紧接着“抗志山西,游心海左(山东一带)”二句,诗人又将笔一顿,化为纡徐从容之语,以表现优游自娱之志。诗之结尾,则承以淡笔点染之景:“元气为舟,微风为柁(舵)。敖翔太清(指天),纵意容冶(优游之态)。”以形象的比喻,展现诗人在天地间纵情遨游的自得之态,令人读之心旷而意远。一场批判“五经”、“风雅”的急雨惊雷过去,出现在结尾的,又是悦目赏心的和风丽日。这第二首之格调,正与第一首相应,最终显现的,依然是“穆如清风”的幽幽之韵。

从这两首诗看,仲长统的志向,似乎只在于效老、庄虚无之说,超脱世事,放浪形骸于天地之间?实际上并非如此。仲长统之鄙弃帝王之门,不过是身处动乱之世,激于一时之愤而发的“旷达”之论。在其内心深处,其实是颇想有所作为、建功立业的。所以,后来尚书令荀彧推举他任尚书郎,他就当仁不让;曹操请他参与军事,他便攘臂相从。还“发愤叹息”,著论十余万言,论说治理天下之得失。可见要遗弃"人事"、超然世外,他自己就做不到。对其所述志向,我们大可不必当真。值得刮目相看的,倒是这两首诗的艺术表现。它们在体式上,虽还用的是四言。但思绪连翩,想象缤纷,放言无惮,不拘典雅之则。在汉代多作无病呻吟的四言诗中,卓然独立,表现出一种清奇刚拔的风神。这才是难能可贵的。

(潘啸龙)

日　出　入　　汉乐府·郊祀歌

日出入安穷?时世不与人同!故春非我春,夏非我夏,秋非我秋,冬非我冬。泊如四海之池,遍观是耶谓何?吾知所乐,独乐六龙。六龙之调,使我心若。訾,黄其何不徕下!

汉武帝惑神仙不死之说,敬天地鬼神之祀。元狩年间,曾令司马相如等作辞、李延年"弦歌",制作了一组祠祀天地诸神的乐歌——《郊祀歌》。因为歌辞有十九章,故又称《十九章之歌》。这首《日出入》,即为其中之一章,祭的是日神。

提到日神,读者自然会想起屈原的《九歌·东君》。《东君》所歌咏的,正是这位驭龙乘雷、衣袂飘飘,勇射"天狼"而斗酌桂浆的豪侠日神。其辞采之缤纷、想象之神奇,足以令后世文豪搁笔兴叹。司马相如等辈虽学富五车、赋称"凌云",大约也自知对日神的描摹,再不能与屈原媲美。故此歌入笔即别开蹊径,对日神不作丝毫描绘,径述人们祭祀日神时的悠邈情思:"日出入安穷?时世不与人同!"滚滚红日,出入天地之间,何有穷止之期!它的时空,年寿短暂的世人,又何可窥觎?前句从日之运行,凭虚而起,突然发问,问得空阔而邈远;后句则又一折,于日运无穷而人世有尽的慨叹中,抒写人们的惆怅之情,意蕴极为深长。接着"故春非我春"四句,思致奇崛,极富哲理意味。春夏秋冬的更替,从来与人间的作息稼穑密切相关,它们似乎都是为人间的生存需求而存在的。现在,人们突然发觉:人之一生,不过是电光石火般的一瞬而已;天地四时,则横绝万古而长存。这种"非我"境界的发现,固然令人难堪,却是人的破天荒觉醒。陈本礼《汉诗统笺》解释这四句说:"世长寿短,石火电光,岂可谩谓为我之岁月耶?不若还之太空,听其自春自夏自秋自冬而已耳!"正透过其奇崛之语,把握了那种参透宇宙消息的旷达之思。

"泊如四海之池"二句,则承上而下,进一步抒写人寿短促之感。泊,犹泊然,漂泊而无所附着之貌。《史记·日者列传》称:"地不足东南,以海为池。"这两句慨叹人之年寿,总在不停地耗逝,正如四海之水,永无固滞之时。如果谁要不信,就请遍观四方众生,何处不是这种景况！前句将慨叹之情寓于形象的比喻,便使年寿短促之形,愈加逼真地显现于眼前;后句故作两可之问,又使潜台的答词,愈加确信无疑。如此说来,人们岂不注定要在戚戚悲愁中了结一生了？不——"吾知所乐,独乐六龙。六龙之调,使我心若"。那驾驭六龙的日神,不正是与天地同生而年寿无穷的么？当人们虔诚祭祀日神之际,谁不怀着美好的希冀：倘若有幸得到日神的福佑,能够像他一样调御六龙以巡天,该有何等欢乐！不要以为这想法太过离奇,当年汉武帝就有过这种狂想。汉人应劭说："武帝愿乘六龙,仙而升天,曰：'吾所乐,独乘六龙。然御六龙得其调,使我心若。"闻一多以为,细审应劭之意,诗中之"若"当作"苦",言"六龙既调,将往而不返,思念故旧,行当永诀,又不觉为之心苦也"(《乐府诗笺》)。那么,这四句表现的,就是一种乐中带苦、去留难舍的情思了。但总的来看,自以快乐为主。这四句一变前两句的长句句式,以轻快的四言句式,辅以回环相联的"辘轳格"("独乐六龙。六龙之调"),抒写对"仙"去为神的向往之情,顿使诗中蓄积的烦愁之绪为之一扫。然而,当人们翘首云天,盼望那曾带着黄帝仙去的"乘黄"降临的时候,"龙翼马身"的乘黄,却总是渺无踪影、不见下来。此歌结句"訾,黄(乘黄)其何不徕下",正绝妙地抒写了人们盼而不遇的一片失望之情。岂止是失望而已,从那"訾"的一声嗟叹之中,读者简直可以听到怨其"不徕下"的懊恼詈责之音了。

前人评价《汉郊祀歌》"锻字刻酷,炼字神奇"(陈绎曾《诗谱》),似乎是赞语。拆穿来说,不过是"古奥艰深"的换一种说法而已。《郊祀歌》出自炫艰耀奇的司马相如等辈之手,文字极为艰奥。当年司马迁就有"通一经之士不能独知其辞,皆集会五经家,相与共讲习读之,乃能通知其意"之叹(《史记·乐书》)。相比而言,《日出入》一首,却能脱尽诘屈之习,以接近口语的朴实文辞,表现人们的悠邈之思;而且思致奇崛(如"春非我春"数句),异想天开(如"独乐六龙"数句),诗情往复盘旋。将人寿有尽之慨,寓于宇宙无穷的深沉思考之中,使这首抒情诗,带有了耐人咀嚼的哲理意味。萧涤非先生称它为"十九章中""一绝好之抒情诗"(《汉魏六朝乐府文学史》),实在是不错的。　　(潘啸龙)

战　城　南　　汉乐府·铙歌

战城南,死郭北,野死不葬乌可食。为我谓乌,且为客豪。野死谅不葬,腐肉安能去子逃？水深激激,蒲苇冥冥。枭骑战斗死,驽马徘徊鸣。梁筑室,何以南？何以北？禾黍不获君何食？愿为忠臣安可得？思子良臣,良臣诚可思：朝行出攻,暮不夜归！

倘要用最简明的语言概括此歌的特点，大约只需一个字——“奇”。

《战城南》属《汉乐府·鼓吹曲辞》，为汉《铙歌》十八曲之一。“铙歌”本为“军乐”，其叙军旅生涯，按说该有挑灯看剑、飞骑击敌的壮声才是。这首歌，却只有出攻不归、抚尸荒野的悲泣——以此哀音，作赳赳“军乐”，堪称开军歌之奇格。

“战城南，死郭北。”古以内城为城、外城为郭，“城”之南，亦正“郭”之北。抒写一场惨烈的战事，起句刚叙及“战”，便径接以“死”，而对士卒杀敌的悲壮场景，不作一语描述：开笔之奇，即已令读者惊讶。诗人来到这块战场，展现于眼际的，竟是无人掩埋的遍野尸身、“哑哑”啄食的一天乌鸦，该怎样毛骨悚然？按照通常的写法，诗人接着该声泪俱下地悲悼死者了。此歌却不然：诗人未及吟叹，死者却先开了口：“为我谓乌，且为客豪（即“嚎”，哀号）。野死谅不葬，腐肉安能去子逃？”设想横陈之尸，竟会告语诗人，请求飞禽为他们哀悼，已属奇想；而告求的飞禽，恰恰又是最为贪婪而面目可憎的乌鸦，希冀这样的恶禽为战死者号哭，就更匪夷所思了。不过，乌鸦在啄食尸身以前，确实总要在空中盘旋一下，“哑哑”地嚎叫几声，使人联想到它仿佛在为死者哀号。相比之下，那些驱使士卒战死沙场又不闻不问，任其尸身暴露腐烂的贪功之将，则是连禽兽心肠都不如了！用如此“壮”语，写士卒无可告愬的哀愤，真可令读者慨然而叹：奇思！

悲怆的诗人，在惨不忍睹的荒野久久踯躅。此刻，荒野的河水，又怎知士卒的遗恨，依然泛着清亮的波光；昏沉的暮色中，唯有苍苍的蒲苇，还在微风中摇曳，仿佛在为死者叹息。枭雄的战骑，当初曾载着勇士们奔驰杀敌，而今却倒毙满野，再不见那“所向无空阔，真堪托死生”的雄风；远处，却又时时传来凄长的嘶鸣，那是幸存的驽马在荒野上孤寂徘徊……诗中以河水“激激”（清澈貌）之明，衬蒲苇“冥冥”之暗，以“驽马”嘶鸣之音，衬“枭骑”战死之寂。对仗自然工整，描摹情景如画，展现了一幅何其凄凉、荒寂的战场暮景！这些描述，与上文尸陈遍地、乌鸦群至的景象交织一片，不构成了表现诗人悲怆之情的奇境？

执殳前驱、杀敌报国，本是好男儿的壮心。也正在这首铙歌产生的同时代，人们曾发出过“匈奴未灭，无以家为”的豪语，表现了一种定国安邦、以战弭战的时代壮志。不过战争这东西非同寻常：与剑与火的壮丽进军所伴随的，往往是田园荒废、城池倾颓的破坏；在斩将搴旗、功封万户的背后，则是成千成万热血男儿的捐躯。壮丽和惨酷、豪迈和悲怆，就这样相辅相成、相倚相伏，构成了战争中不可分离的两个方面。此刻诗人所面对的，正是这一切。所以，当诗人对死者长声悼叹时，他的心情颇为矛盾。“梁筑室”以下五句，就运用似断似续的问句，排比而下，表达对战争创伤的咨嗟、战士饥馁的伤悯，写得如怨如诉，诗行间正有几多愤懑在盘旋、奔突；“思子良臣”二句，则以蝉联句式，抒写对“良臣”的思念，愤懑一变为哀婉，回环往复，读来如闻呜咽吞泣之音；最后的“朝行出攻，暮不夜归”，将“良臣”战死疆场的悲壮一幕，如快镜头一样，又重新在读者眼前拉过，留下的是人亡景存、既壮又悲的不尽缅怀……这就是《战城南》在发为告语乌鸦的奇思、驽马哀鸣的奇境后，所抒发的奇情：它无疑是在告诉人们，战争是惨酷的。但是，那些在战争中视死如归、勇敢献身的“良臣”，又是值得人们崇敬和永久缅怀的呵！

（潘啸龙）

巫　山　高　　汉乐府·铙歌

巫山高，高以大；① 淮水深，难以逝。② 我欲东归，害梁不为？③ 我集无高曳，④ 水何〔梁〕汤汤回回。临水远望，泣下沾衣。远道之人心思归，谓之何！

〔注〕 ① 以：且(依闻一多说)。 ② 逝：过。 ③ 害：通何。梁：桥。为：施，设。 ④ 集：渡过，通作济。高曳：即篙栧，篙楫。栧通枻，楫。

《巫山高》是汉鼓吹铙歌十八曲歌辞之一。这是游子怀乡的诗。怀乡而欲归不得，阻山隔水，于是感极下涕。《乐府解题》说：“古词言，江淮水深，无梁可渡，临水远望，思归而已。”大致概括了本篇的诗意。

诗中有一个矛盾，就是将“巫山”和“淮水”同地并称。闻一多《乐府诗笺》说：“《南部新书》庚：‘濠州西有高唐(原误塘，从《封氏闻见记》、《诗话总龟》改)馆，附近淮水。’案此与夔蜀之高唐馆同名，以地名迁徙之例推之，疑濠西淮水附近之高唐馆，其所在之山亦名巫山。此诗巫山淮水并称，即濠西之巫山也。”也可以不必拘泥字面，泛指山高水长。

诗的前四句写山高水深。山是巫山，水是淮水，写水深山高的同时，交代了诗人所在的地域，与下文“欲东归”相照应。山不独高，而且广大，着力写道路险阻。写水，强调其深，因为深，难以渡过。“山高”与“水深”相对应，山高是虚写，用作水深的陪衬，对水深有加重和渲染的作用，给人造成难以逾越的意念。这四句为全篇作铺垫，或者叫“造势”。

以下六句从“难以逝”一句发挥，集中写水。从“我欲东归”一句，知道诗人的家乡在淮水下游，他要归家，必得走水路。在他产生“欲东归”的想法的同时，残酷的现实便像特写镜头一般推到他眼前，他不禁惊叫："害梁不为？"原来这淮水没有桥梁！他被当头浇下一盆冷水。然而，诗人心中尚存一星希望之火，就又想：我何不乘船归去？可是，船呢？"我集无高曳，水何汤汤回回"二句含着悲和怨。上一句是悲伤的自语；下一句则衔怨于淮水：你为什么老是那样"汤汤回回"地奔流不息，莫不是有意跟我作对！这是一种绝望的心情。过河没有桥，渡水没有船，满心希望全化作泡影。无奈，诗人唯有"临水远望"：水天的尽头，有他的父母兄弟，妻子儿女。此时可望而不可即。他内心激动极了，像涨起很高的潮水，无法平静下去；终于两行热泪涌出眼眶，潮水冲出了闸门。

最后两句："远道之人心思归，谓之何！"扣住怀乡思归的主题。但其作用不仅止于此。上面六句都是具体写思归，这两句则在于提高感情的强度，犹如一支乐曲用高八度的复唱作煞尾；正因为如此，"谓之何"三字是那样铿锵有力。

这是一篇杂言诗，其中有三言、四言、五言、六言、七言各类句式。开头四个三字句，两两对仗，一气连作，表现山高水深，气势逼人。再用两个四字句将节奏放缓，跟着一个五字句，一个六字句，这同诗的感情变化起伏相一致。下面又是两个四字句，语势再度趋于平缓。接下一个七字句，陡起波澜，紧逼出一个顿挫有力的三字句，全诗戛然而止。感情的抒发如直接从诗人胸中流出，略无掩饰，显得朴实深厚。字句上绝无半点斧凿痕迹；不见用力，却字字有斤两。所有这些，形成这篇诗古朴真挚的风格。

在汉乐府中，游子怀乡、欲归无因已成为一类歌辞的母题。如《悲歌》中有四句作："欲归家无人，欲渡河无船。心思不能言，肠中车轮转。"又有一篇《古歌》说："离家日以远，衣带日以缓。心思不能言，肠中车轮转。"这些诗句，与本篇似乎有某种联系。

（齐天举）

有 所 思　　汉乐府·铙歌

有所思，乃在大海南。何用问遗君？双珠瑇瑁簪，用玉绍缭之。闻君有他心，拉杂摧烧之。摧烧之，当风扬其灰。从今以往，勿复相思！相思与君绝！鸡鸣狗吠，兄嫂当知之。妃呼豨！秋风肃肃晨风飔，东方须臾高知之。

这是《汉铙歌十八曲》之一。铙歌本为"建威扬德，劝士讽敌"的军乐，然今传十八曲中内容庞杂，叙战阵、纪祥瑞、表武功、写爱情者皆有。清人庄述祖云："短箫铙歌之为军乐，特其声耳；其辞不必皆序战阵之事。"(《汉铙歌句解》)本篇就是用第一人称，表现一位女子在遭到爱情波折前后的复杂情绪的。

开头五句写其对远方的情郎心怀真挚热烈的相思爱恋：她所思念的情郎，远在大海的南边。相去万里，用什么信物赠与情郎，方能坚其心而表己意呢？问遗(wèi)，犹言赠与。她经过一番精心考究，终于选择了“双珠玳瑁簪”。“玳瑁簪”，即用玳瑁(一种似龟的动物)那花纹美观的甲片精制而成的发簪。“双珠”，谓在发簪两端各悬一颗珍珠。这在当时可谓精美绝伦的佩饰品了。然而女主人公意犹未足，再用美玉把簪子装饰起来，更见美观(绍缭，缠绕之意)。单从她对礼品非同寻常的、不厌其烦的层层装饰上，就可测出她那内心积淀的爱慕、相思的浓度和分量了。这几句写物寄情，以少总多，表达已言简意丰，情调复缠绵悱恻。试看汉末繁钦《定情诗》中“何以致拳拳？绾臂双金环。”“何以致区区？耳中双明珠。”“何以结恩情？佩玉缀罗缨。”“何以慰别离？耳后玳瑁钗”等句，分明是受本篇启发而化出，此亦正可发明本诗“何用”三句意蕴之妙处。

可惜天有不测风云，晴光滟敛的爱河上顿生惊涛骇浪，爱情的指针突然发生偏转，“闻君有他心”以下六句，写出了这场风波及其严重后果：她听说情郎已倾心他人，真如晴天霹雳！骤然间，爱的柔情化作了恨的力量，悲痛的心窝燃起了愤怒的烈火。她将那凝聚着一腔痴情的精美信物，愤然地始而折断(拉杂)，再而砸碎(摧)，三而烧毁，摧毁烧掉仍不能泄其愤，消其怒，复又迎风扬掉其灰烬。“拉、摧、烧、扬”，一连串动作，如快刀斩乱麻，干脆利落，何等愤激！“从今以后，勿复相思！”一刀两断，又何等决绝！非如此，不足以状其“望之深，怨之切”(陈祚明《采菽堂古诗选》评语)。

“相思与君绝”以下六句，写其由激怒渐趋冷静之后，欲断不能的种种矛盾、彷徨的复杂心态。“相思”句较上文“勿复相思”之果断决绝，口气已似强弩之末。盖“相思”乃长期的感情积淀，而“与君绝”，只一时愤激之念，二者本属对立而难统一，故此句实乃出于矛盾心情的叹惋，大有“剪不断，理还乱”之意蕴。循此绪端，自然生出“鸡鸣狗吠，兄嫂当知之”的回忆和忧虑。“鸡鸣狗吠”“喻风声布闻。”(《诗比兴笺》)《易林·随之既济》：“当年早寡，孤与(宇)独居；鸡鸣狗吠，无敢问者。”即指鳏夫与寡妇夜间来往，惊鸡动狗，已露风声。此处亦谓女子忆昔与郎幽会往来，不免风吹草动，使兄嫂备悉隐情，而今若断绝，居家将何以见人？对兄嫂又如何解释？所谓“不待父母之命，媒妁之言，钻隙穴相窥，逾墙相从，则父母国人皆贱之。”(《孟子·滕文公下》)加上始乱终弃的严重后果，自然使她不无顾虑和动摇。何况那“鸡鸣狗吠”中幽会的柔情蜜意时刻，仍然顽固地在牵动着她那旧日的缕缕情思，使她依依难舍呢！“妃呼豨”，正是她在瞻前顾后、心乱如麻的处境中情不自禁地发出的一声欷歔长叹。清人陈本礼《汉诗统笺》云:“妃呼豨,人皆作声词读,细观上下语气,有此一转,便通身灵豁,岂可漫然作声词读耶?”闻一多《乐府诗笺》亦云:“妃读为悲,呼豨读为歔欷。”训释至为允当。三字悲叹,在感情、语气上承上启下,直贯结尾二句意脉。“肃肃”同飕飕,形容风声凄紧;“晨风”,即晨风鸟。《诗·秦风·晨风》:“鴥彼晨风,郁彼北林。未见君子,忧心钦钦。”晨风鸟即雉,朝鸣以求偶。“飔”,闻一多训为乃“思”字之讹,言晨风鸟慕类而悲鸣。“高”,音、义皆同“皓”,指东方发白,天将欲晓。二句写女子在悲叹中但闻秋风阵阵凄紧,野雉求偶不得的悲鸣不时传来,使她更加感物共鸣,相思弥甚,犹豫不决。然而她又自信:只待须臾东方皓白,定会知道该如何解决这一难题的。陈本礼云:“言我不忍与君绝决之心,固有如皦日也。谓予不信,少待须臾,俟东方高则知之矣。”(《汉诗统笺》)如此,则“高”尚有喻其心地光明皎洁,感情热烈持恒之义。不过,这层隐喻之底奥,在字面上却是含而不露、引而不发的,读者似乎亦拭目以待其下文。故庄述祖、闻一多皆以为《上邪》即本篇下文,应合为一篇。余冠英亦认为“合之则双美,离之则两伤”,此说确实发人深省。

此诗的结构,以“双珠瑇瑁簪”这一爱情信物为线索,通过“赠”与“毁”及毁后三个阶段,来表现主人公的爱与恨,决绝与不忍的感情波折,由大起大落到余波不竭。中间又以“摧烧之”、“相思与君绝”两个顶真句,作为爱憎感情递增与递减的关纽;再以“妃呼豨”的长叹,来联缀贯通昔与今、疑与断的意脉,从而构成了描写女子热恋、失恋、眷恋的心理三部曲。层次清晰而又错综,感情跌宕而有韵致。其次,这首诗通过典型的行动细节描写(选赠礼物的精心装饰,摧毁礼物的连贯动作)和景物的比兴烘托(“鸡鸣狗吠”及末尾二句)来刻画人物的细微心曲,也是相当成功的。

(熊　笃)

上　邪　　汉乐府·铙歌

上邪!① 我欲与君相知,长命无绝衰。山无陵,江水为竭,
冬雷震震,夏雨雪,天地合,乃敢与君绝!

〔注〕 ① 邪(yé):同耶。感叹词。

与文人诗词喜欢描写少女初恋时的羞涩情态相反,在民歌中最常见的是以少女自述的口吻来表现她们对于幸福爱情的无所顾忌的追求。这首诗属于汉代乐府民歌中的《鼓吹曲辞》,是一位心直口快的北方姑娘向其倾心相爱的男子表述爱情。由于这位姑娘表爱的方式特别出奇,表爱的誓词特别热烈,致使千载之

下，这位姑娘的神情声口仍能活脱脱地从纸上传达出来。

首句“上邪”是指天为誓，犹言“天啊”！古人敬天畏命，非不得已，不会轻动天的威权。现在这位姑娘开口便言天，可想见她神情庄重，有异常重要的话要说。果然，姑娘终于把珍藏在自己内心，几次想说而又苦于没有机会说的秘密吐出来了：“我欲与君相知，长命无绝衰。”“相知”就是相爱，相好。姑娘经过自己的精心选择，认为这位男子确实值得相爱。“长命无绝衰”是说两人的命运永生永世连结在一起，两人的爱情永生永世不会衰退。前一句是表白爱情的态度，后一句是进一层表白爱情的坚贞。爱情，只有与坚贞联系在一起的时候，才是无比纯洁美好的。姑娘当然懂得这一点，因此她要进一步表明心迹。不过，她不愿再从正面直说，而是通过出人意料的逆向想象，从反面设誓。她先举出了五件非常之事作为设誓的前提：“山无陵，江水为竭”，是说世上最永久的存在物发生了巨变；“冬雷震震，夏雨雪”，是说自然界最永恒的规律发生了怪变；“天地合”是说整个宇宙发生了毁灭性的灾变，然后吐出了“乃敢与君绝”五个字。由于这五个字有五件非常之事作为支撑点，因此字字千钧，不同凡响；又由于设誓的前提没有一个会出现，因此“乃敢与君绝”的结果也就无从说起了。清张玉穀《古诗赏析》卷五评此诗说：“首三，正说，意言已尽，后五，反面竭力申说。如此，然后敢绝，是终不可绝也。迭用五事，两就地维说，两就天时说，直说到天地混合，一气赶落，不见堆垛，局奇笔横。”可谓句句在理。

另外，从反面设誓，正话反说，不仅大大加强了誓词的分量，而且人物的内心世界也揭示得更为深刻了。姑娘设誓，原本是为了强化“长命无绝衰”之意，而设誓的结果，却使人们看到，原来姑娘对五件非常之事的选择是经过了深思熟虑的。在正常情况下，山陵是坚定不移的，江水是源远流长的，冬雪夏雷是合情合理的，高天厚地是永存不变的。这一切，都可以用来象征爱情的品格，都可以代表她对爱情的看法。姑娘的精神世界之丰富及爱情观之美好，不难窥见。由相反相成所造成的强烈的艺术效果，使姑娘的形象显得极为可爱。另外，全诗多以短语出之，一句一顿，若伴喘息，亦与少女吐露爱情时感情动荡、心潮起伏的声口相吻合。

这首古诗对后世的影响很大。敦煌曲子词中的《菩萨蛮》在思想内容和艺术表现手法上明显地受到它的启发：“枕前发尽千般愿，要休且待青山烂。水面上秤锤浮，直待黄河彻底枯。白日参辰现，北斗回南面，休即未能休，且待三更见日头。”不仅对坚贞专一的爱情幸福的追求是如出一辙的，并且连续用多种不可能来说明一种不可能的艺术构思也是完全相同的。 （吴汝煜）

上陵 汉乐府·铙歌

上陵何美美，下津风以寒。问客从何来？言从水中央。桂树为君船，青丝为君笮。① 木兰为君櫂，黄金错其间。沧海之雀赤翅鸿，白雁随。山林乍开乍合，曾不知日月明。醴泉之水，光泽何蔚蔚。芝为车，龙为马。览遨游，四海外。甘露初二年，芝生铜池中。仙人下来饮，延寿千万岁。

〔注〕 ① 笮(zuó)：引船的竹索。

《铙歌十八曲》与《郊祀歌》、《安世房中乐》，并为“汉初三大贵族乐章”。而艺术成就，则以《铙歌十八曲》最引人注目，有“句格峥嵘、兴象标拔”之誉(胡应麟《诗薮》)。《上陵》与后文的《战城南》、《有所思》，均为汉曲古辞。日人青木正儿《中国文学概论》，称它们“不失为千古绝唱”。

“上陵”即“上林”，为汉代天子的著名游猎之苑。司马相如《上林赋》，曾以“终始灞浐，出入泾渭”、“荡荡乎八川分流”，铺陈过它周围三百里的苍莽壮阔；以“奔星更于闺闼，宛虹拖于楯轩”，夸饰过它离宫七十余所的峻高富丽。但《上陵》歌的主意，却不在夸陈上林苑的“巨丽”，而是唱叹仙人降赐祥瑞的奇迹。开篇两句是赞美式的写景：“上陵何美美”，叹上林树木的蓊郁繁美；“下津风以寒”，叙苑中水津的凉风澹荡——正是“仙”客出现前的清奇之境。林木幽幽，风声飒然，衣袂飘飘的仙客突然现身，怎不令人惊异？“问客从何来，言从水中央。”前句问得惊讶，表现仙客之现莫知其来的飘忽无踪；后句答得微妙，他竟来自烟水迷离的水中，简直难以置信！但在仙客口中，却只发为淡淡一语，似乎根本不值得一提。其遥指水天、莞尔微笑的悠闲之态，愈加令人意外而惊喜。

仙客不仅来得神奇，其乘舟也格外芳洁富丽：“桂树为君船，青丝为君笮。木兰为君櫂，黄金错其间。”桂舟兰櫂，芬芳雅洁，映衬仙人的清风广袖，正给人以“似不从人间来”的缥缈之感。它不禁令人想起，屈原笔下的湘水之神，驾驭桂木龙舟，在洞庭湖上凌波飞驶的景象。但青丝为笮、黄金饰櫂，似又与仙人的身份不甚相应，倒是显出了一种错金绣银的世俗富贵气。但汉人企慕的神仙生活，本就是世俗生活的延续和保存，反射出一种积极的对世间生活的全面关注和肯定。这与后世描述的洞中枯坐、鄙弃富贵的仙人，颇有异趣。此歌歌咏的上林仙客，显露的正是汉人企羡的特点。不过，他毕竟是“仙”，故其随从也世不多见：“沧海之雀赤翅鸿，白雁随。山林乍开乍合，曾不知日月明。”赤鸿、白雁，世所稀闻。它们的出现,往往被古人视为上天降赐的祥瑞,预兆着天下的太平。当年汉武帝“行幸东海,获赤雁”,就欣喜异常,还特为作了首《朱雁》之歌。汉宣帝元康、神爵年间,这类五采神鸟,曾成千上万降集于京师宫殿及上林苑。人们以为这都是神仙降赐的好兆,喜得宣帝屡次下诏“大赦天下”、赏赐臣下爵禄或牛酒。这四句运用长短错综的杂言,描述鸿雁群随,翅翼忽张忽合,翔舞山林之间,以至遮蔽日月的景象,奇异动人,令人有身临其境、眼目缭乱之感。神奇的还不止于此:“醴泉之水,光泽何蔚蔚”——正当鸿雁翔集之际,山林间突又涌出一股股泉水,清亮闪光、汩汩不绝,而且甜美可口,又岂是人间凡水所可比拟?随着上林之“仙”降临而出现的,正是如此应接不暇的奇迹。全诗歌咏至此,仿佛有天花乱坠于字行之间!

“芝为车,龙为马”以下,歌咏仙人的离去。人们还沉浸在对种种仙瑞的欣喜若狂之中,仙人却冉冉升天、飘忽而去了。他来的时候,乘的是兰櫂桂舟,浮现在烟水迷茫之间;离去时则又身登金芝、驾驭龙马,消失在青天白云之上。此刻海天青青,仙人已渺无影踪。他究竟去向了哪里?大概是到四海之外去览观遨游了吧?这四句全为三言短句,抒写仙人离去景象轻疾飘忽,留下了一种情系云天、绵绵无尽的意韵。歌中叙仙人以“金芝”为车,堪称奇思。不过这想象也有现实依据:据说宣帝元康四年(前62),曾有“金芝九茎产于函德殿铜池(檐下承水之槽)中”,被视为仙人降临的瑞兆。甘露二年(前52),又有“凤皇、甘露降集京师”。金芝本产于“名山之阴、金石之间”,附近的水饮之可“寿千年”(葛洪《抱朴子》),而今却生于檐下铜池,岂非奇迹?人们由此发生仙人以芝为车降临宫殿的联想,也正在情理之中。至于“甘露”,乃“神露之精”,其味甘甜,饮之亦可长寿登仙。武帝当年为了获得它,曾“以铜作承露盘,高二十七丈”,“上有仙人掌承露,和玉屑,欲以求仙”(《三辅故事》)。而今亦降集京师,岂不可喜?此歌最后“甘露初、二年,芝生铜池中”四句,说的就是这类奇事。字里行间,荡漾着人们对仙人降临,赐饮金芝、甘露,以延年益寿的多少希冀和喜悦之情!

这样看来,《上陵》所歌咏的本事,无非是宣帝时代一再出现的所谓“祥瑞”而已。汉人将其视为奇迹,以为乃上天仙人所赐,可以兆应太平、延寿登仙,实属愚妄之思,不足为训。但宫廷乐人仅凭这些琐事,发其奇思,构成情致缥缈之境,表现上林仙人的来、去之形。其想象之缤纷多姿、情景之奇异动人,确实可赞之为“兴象标拔”。而此歌的句式错综,三、四、五、六以至七、九言(有人断“白雁随山林乍开乍合”为一句)长短不拘,正如峰峦之参差插天,也确有“句格峥嵘”的气象。从艺术上看,不失为一首咏仙歌诗中的佳制。此歌前八句、后四句均为五言，其声韵节奏，甚得五言体式的妙处。由此可见，上层宫廷自戚夫人《春歌》、李延年《佳人歌》以后，在运用五言句式作诗上，已有相当进展。它预示着，文人五言诗的登上诗坛，已为期不远了。（潘啸龙）

江　南　　汉乐府

江南可采莲，莲叶何田田。鱼戏莲叶间。鱼戏莲叶东，鱼戏莲叶西，鱼戏莲叶南，鱼戏莲叶北。

读《江南》这首汉乐府民歌，我们很容易想起《庄子·秋水》篇中一个有名的故事，不禁感叹它们所表现的美感经验是如此相似。那故事说，庄子和惠子这一对好抬杠的朋友某日在濠水边游玩，庄子说："鯈鱼在水中游来游去，真是快乐啊！"惠子诘问道："你又不是鱼，怎么知道鱼的快乐？"庄子反驳说："你又不是我，怎么知道我不知鱼的快乐？"过后他又申明："我知之濠之上也。"这一场争论，从逻辑上说，庄子分明是诡辩。因为同样作为人，惠子能够懂得人类的情绪和鱼类是无法相通的；但他的错误，却在于拿理性的逻辑来衡量感性的活动。关键的话庄子已经说了：他是从濠水之上、即自我的感觉中体会到鱼的快乐的。

这里面牵涉到一些美学同时也是心理学的问题。人们在观察外部事物的运动时，往往在其内心产生相应的模仿活动，或进而把自身的情志投射到这事物上，经过回环往复的交流，达到物我化一的境界。比如我们注视着苍鹰在空中滑翔，内心中就会产生一种流利、畅快、均衡的运动感，于是觉得这鹰成了自我的化身，好像我们自己如此逍遥自由地盘旋于高空。这种现象美学家称之为"内模仿"和"移情"。此外，有些心理学家还指出：某些运动形态、节律能够直接引发相应的情绪。比如一个人未必总是快乐时才去跳舞，但在舞蹈的节律中却可以滋生快乐的情绪。这样，我们就可以明白庄子所说"鱼乐"是怎么一回事。鱼是否真的快乐实际是无法知道的，但它在水中轻快而自由地游动，却可以在观鱼者的心中引起类似的运动感，这种运动的形态、节律令人感到愉快。在人、鱼化一的感觉世界中，似乎鱼也是快乐的了。

于是再说《江南》。这诗在乐府分类中属《相和歌辞》。"相和歌"原是一人唱多人和的，所以有的学者认为"鱼戏莲叶东"以下四句是和声。从诗的结构来看，这种可能性很大。不管怎么说，前三句是诗的主体，后四句只是敷演第三句"鱼戏莲叶间"，起到渲染、烘托的作用。

主体部分的三句，描绘江南采莲风光，实际着重于表现采莲人的快乐。开头

"江南可采莲,莲叶何田田",首先把读者引入一个碧叶鲜丽、小舟穿行的画面。"何田田"流露出感叹、赞美的语气,本身是带有情绪的。虽然没有写人,人已在其中。它令我们想到：如此良辰美景,旖旎风光,采莲的人们自然免不了一场嬉闹。何况,采莲的活儿,习惯上总是由年轻的女孩子干的,她们平日拘束得紧,如今似鸟出笼,更兼结伴成群,欣喜活泼,自是如水荡漾。然而诗在这里逗了一逗,却不再写下去,转笔落到"鱼戏莲叶间"。"戏"是嬉戏取乐。开头两句之后,本该有人的"戏",作者却将它转嫁为鱼的"戏"。这就是移情的表现。但虽是写鱼,"戏"的情绪却是从上二句流贯而来的。所以,你不必想清楚这里暗蕴着什么,凭直感就能体味到采莲人的情趣正在其中。不过,这里也并不是比喻、象征的手法,"鱼戏"也是实景,是一个完整画面中的一部分。采莲人本是快乐的,看到成群的鱼儿倏忽往来,潜沉浮跃,似乎自己也同鱼一样,轻松活泼,自由自在,无挂无碍。

至此,诗意本已完足。后四句只是将"鱼戏莲叶间"逐一铺展为鱼戏莲叶之东、西、南、北。然而缺此四句,全诗即索然无味。因为诗的功效,主要在于给读者以美的感动。而"鱼戏莲叶间"一句,叙述的意味重于描写,又是孤零零一句,实在无法造成足以感动读者的浓郁气氛,必待于后四句的铺排渲染。这四句真是稚拙而又神奇。第一,它就这么简简单单地东、西、南、北一路写下来,却让你好像眼见到一群鱼儿倏忽往来、轻灵活泼的样子。第二,这种简单的重复,造成了明快的节奏感。因此诗的形象、情绪,不仅通过语言的意义作用呈现出来,而且在语言的节奏中流泻出来。如果你想起这本就是一支歌曲,后四句又是合唱的和声,这种感受更是强烈。第三,一个简单而完整的旋律,经过歌唱、诵咏,会在人的感觉中形成自我重复,长久地萦回不息。所以,有了这四句,鱼群,也是采莲人的活泼轻快,才表现得淋漓尽致。更重要的是在读者这一面,感受语言所体现的画面形象和音乐节奏,好像在自己的内心里也有一群生机盎然的鱼儿自由自在地嬉戏游玩着,他不免要像庄子在濠上一般,感叹说："这鱼儿真是快乐啊!"于是他也成了鱼,成了采莲人。感情就这么沟通起来,融为一体。

还有一点很重要的：当诗人把采莲人的快乐转化为"鱼乐"的时候,这种快乐就脱离了具体的背景和原因,成为一种单纯的、空灵的情绪,达到浑然忘我的境界。就拿前面用过的例子来说,我们凝视着在高空滑翔的苍鹰,我们的情志也如苍鹰一般畅流于蓝天白云之间,我们感到至大的快乐;但这快乐在这个时刻是没有具体内容的,是纯粹的美感。其实,对于《江南》一诗的实在背景,也有不同的说法。有人说"鱼戏莲叶"有暗喻男女欢爱的意思,也有人说这仅仅是劳动生活的快乐，都有道理，也都无法最后证实。但我想这对读者未必有什么重要的意义，我们只需要诗中那一份天真的、纯粹的美感，我们借助它唤起了生命的快乐。

这诗实在是极简单极稚拙的，尽管可以指出它的许多好处，也不能说它具有特别高的艺术造诣。那么，为什么它令后人赞叹不已呢？就在于这样的诗完全是天机触发的结果，是人的美感本能的自然流露。而且，它的单纯、稚拙，是不容摹仿的。于是这诗便能永远保持其独特与新鲜意味。后代《采莲曲》、《江南弄》等乐府诗，都是它的流变，但要说表现手法，都只能另辟蹊径了。 （骆玉明）

薤 露

汉乐府

薤上露，何易晞！露晞明朝更复落，人死一去何时归！

崔豹《古今注》说："《薤露》、《蒿里》，并哀歌也。……至孝武时李延年乃分二章为二曲，《薤露》送王公、贵人，《蒿里》送士大夫、庶人，使挽柩者歌之，世亦呼为'挽歌'。"作为丧葬礼俗的挽歌，原起于民间。《晋书·礼志》说："……挽歌出于汉武帝役人之劳歌，声哀切，遂以为送终之礼。"《薤露》和《蒿里》都是汉相和歌古辞。

这篇歌辞是感叹人生命的短暂。歌从朝露感兴成篇。

薤上的一颗颗露珠，迎着初升的朝阳，闪闪烁烁，晶莹璀璨，显得那样的美丽动人。没有太阳，朝露无从获得光彩，但又因为太阳的照射，它转瞬即逝。诗人则从薤上朝露领悟到人生命的极其短暂，于是感叹："薤上露，何易晞！"这其实是人们从长期的体验中得出的对于人生的认识，偶借朝露而发。另一篇相和歌古辞《长歌行》与本篇颇有相近之处，其中有类似的句子："青青园中葵，朝露待日晞。……百川东到海，何时复西归。少壮不努力，老大徒伤悲。"秦嘉《赠妇诗》说："人生譬朝露。"曹操《短歌行》诗也说人生"譬如朝露"。可见，人生如朝露是一种普遍意识，而非个别人的一时想法。因为此歌以朝露比人的生命，所以歌的首二句感叹朝露，也就是感叹人生。将这两句放在开篇，可以发人深省。

将人的生命和朝露作对比，这已够令人闻之心惊了。可是歌的第三句进一步说，人的生命尚且不能同朝露相比：朝露虽然"易晞"，明朝却可以"复落"。诗人把人生说得那样可悲。说朝露"晞"而"复落"，令人自然联想到死而复生的意念，这意念由咏叹的主题决定，具有否定的内涵，最后一句"人死一去何时归"即是从这否定意念中引发出来，与第三句相反成义，并且作为否定意念的承担者。"人死一去何时归"的疑问，表现出对人生的迷惘。生与死的矛盾长期苦恼着人们，及时行乐或努力有所建树，便是两种截然不同的人生态度。

本篇前三句造势，而把笔力贯注于第四句，这结尾一句如一声巨响，揭出全篇主旨。

（齐天举）

蒿　里　　汉乐府

蒿里谁家地？聚敛魂魄无贤愚。鬼伯一何相催促？人命不得少踟蹰。

蒿里在泰山下。迷信传说，人死之后魂魄归于蒿里。歌的开头提出疑问："蒿里谁家地？"疑问的所以提出，在于下一句："聚敛魂魄无贤愚。"人间从来等级森严，凡事分别流品，绝无混淆，似乎天经地义。所以诗人不解：这"蒿里"究竟是怎样一个地方，那里为什么不分贤愚贵贱？人间由皇帝老子、王公大臣及其鹰犬爪牙统治，那么，这另一个世界，是"谁家"的天下，归谁掌管呢？人活着的时候绝无平等可言，死后就彼此彼此了。这到底是怎么一回事呢？

后二句说，"鬼伯"对任何人都一视同仁：一旦他叫你去，你想稍稍踟蹰一下也不可能。"催促"得那样急，到底为的什么？求情祷告不行，威胁利诱也不行。人间的万能之物，权势，金钱，这时候完全失去效用，不能贷死。这其中的道理又是什么呢？看来，"鬼伯"是最公正廉洁的。然而，他可敬却不可亲，没有人不怕他。不管你凤子龙孙，也不管你皇亲国戚，他都是一副铁面孔，决不法外开恩，也不承认特权。无论什么人，对他都无计可施。

这篇歌辞反映人们对生死问题的种种思索。但由于时代和科学水平的局限，其认识还不能离开唯心论的前提。

艺术表现上，则以自然见其本色。全篇四句，两两设为问答，如随口吟唱，联类成篇。

（齐天举）

平　陵　东　　汉乐府

平陵东，松柏桐，不知何人劫义公。劫义公，在高堂下，交钱百万两走马。两走马，亦诚难，顾见追吏心中恻。心中恻，血出漉，归告我家卖黄犊。

这首乐府古辞，属《相和歌辞·相和曲》。全诗通过官吏敲榨良民，使无辜百姓倾家荡产的描写，控诉了贪官暴吏的恶行，反映了汉代社会残酷的阶级压迫现实。

诗的开头三句点明劫人之事和被劫地点，既是写景，也是叙事，成功地渲染了“义公”被劫的环境和氛围。“平陵”，是汉昭帝之墓，在长安西北七十里。“松柏桐”，指墓地，古代坟地上常种松、柏、梧桐，故称。“义公”，即“好人”之意。帝墓庄严肃穆，一何威严，松柏梧桐参天，阴气逼人。在这样的地方，却发生了令人震惊的绑架丑闻：“不知何人劫义公”。一个“劫”字，意味深长：行劫于松楸郊野偏僻之地，历来是强盗行径，不意森森皇陵之下，竟亦有此举动！个中暗示，不言自明。至于“不知何人劫义公”，实为知而不言，明知故问罢了。设此反语，实是作者借以抒愤懑，以示嘲笑、轻蔑与讽刺的手段，同时又为下文起了催产作用。

“劫义公，在高堂下，交钱百万两走马”三句，笔锋凌厉，情绪激愤，直陈劫之目的，揭示劫者“何人”，与前句勾连呼应。“高堂”，指官府衙门。“走马”，善跑的好马。这里，诗人并未直言劫者为谁，却巧借“高堂”二字，点明劫往地点，毫不含糊地揭露了劫持“义公”的罪魁祸首就是官府。这些高冠华盖的官吏，在偏僻无人处干着见不得人的绑架勾当，已令人憎恶，现在又大模大样地把“猎物”带到堂堂官府，公开勒索“交钱百万两走马”，其无法无天之状，连强盗也难为之，更令人发指！然则当时社会政治的腐败、现实的黑暗，皆在此客观描述中，得到了深刻的揭露。

“两走马，亦诚难，顾见追吏心中恻”三句，从“义公”方面落笔，写他无力赎身之悲。“恻”，痛心。一般百姓哪里负担得起“钱百万两走马”的苛刻敲榨呢？“亦诚难”，是“义公”之难，更是千百万劳动人民生活的真实写照了。因而，看见追逼正急的差吏时，心中怎能不万分悲切呢？“恻”字悲沁骨髓，“追”字也下得贴切，官吏逼迫之凶、勒索之急，于中尽可体味。

末三句承上而来，写出了事件的结局：“心中恻，血出漉，归告我家卖黄犊”。“漉”，血渗出而流尽之意。泪尽而继之以血，足见“义公”之悲怆难抑。然而，如狼似虎的官府哪管百姓死活！结果只能忍痛叫家人卖了小黄牛凑足赎身的费用。这里，作者并未大肆书写“义公”一家为凑钱赎身而卖田卖地，倾家荡产，仅以一小小黄犊高度概括之，却收到了以一当十的艺术效果：试想，连尚未成年的小牛犊都作了赎身之物，则一家人走投无路、困顿惨淡之状，不是显而易见了么？

这首诗和两汉其他乐府民歌一样，继承了《诗经》“饥者歌其食，劳者歌其事”的现实主义精神，通过“义公”被劫持、被勒索、被逼卖黄犊几个细节，从社会生活的一个侧面反映了当时劳动人民的悲惨遭遇，揭露了一个社会问题：即广大人民的穷困是由于统治阶级的压迫使然，“义公”一家的遭遇即是一证。窥此一斑，可见全豹，这首诗的典型意义，亦在于此。全诗语言朴素自然，参差错落，灵活生动。结构上，三句一节，各叙一事，而又互相勾连。修辞上，采用了民歌中常用的顶针格手法，每节的第一句，都重复上句的最后三个字，反复吟咏，读来不仅音调流畅，且增强了全诗的抒情气氛。（徐 枫）

陌 上 桑　汉乐府

日出东南隅，照我秦氏楼。秦氏有好女，自名为罗敷。罗敷喜蚕桑，采桑城南隅。青丝为笼系，桂枝为笼钩。头上倭堕髻，耳中明月珠。湘绮为下裙，紫绮为上襦。行者见罗敷，下担捋髭鬚。少年见罗敷，脱帽著帩头。耕者忘其犁，锄者忘其锄。来归相怨怒，但坐观罗敷。

使君从南来，五马立踟蹰。使君遣吏往，问是谁家姝？"秦氏有好女，自名为罗敷。""罗敷年几何？""二十尚不足，十五颇有馀。"使君谢罗敷："宁可共载不？"罗敷前置辞："使君一何愚！使君自有妇，罗敷自有夫。"

"东方千馀骑，夫婿居上头。何用识夫婿？白马从骊驹；青丝系马尾，黄金络马头；腰中鹿卢剑，可值千万馀。十五府小史，二十朝大夫，三十侍中郎，四十专城居。为人洁白晰，鬑鬑颇有鬚。盈盈公府步，冉冉府中趋。坐中数千人，皆言夫婿殊。"

这诗是汉乐府中的名篇，属《相和歌辞》，写采桑女秦罗敷拒绝—"使君"即太守之类官员调戏的故事，歌颂她的美貌与坚贞的情操。最早著录于《宋书·乐志》，题名《艳歌罗敷行》，在《玉台新咏》中，题为《日出东南隅行》。不过更早在晋人崔豹的《古今注》中，已经提到这首诗，称之为《陌上桑》。宋人郭茂倩《乐府诗集》沿用了《古今注》的题名，以后便成为习惯。"陌上桑"，意即大路边的桑林，这是故事发生的场所。因为女主人公是在路边采桑，才引起一连串的戏剧性情节。

《陌上桑》故事很简单，语言也相当浅近，但有个关键的问题却不容易解释：诗中的秦罗敷到底是什么身份？按照诗歌开场的交代，她是一个采桑女，然而其衣着打扮，却是华贵无比；按照最后一段罗敷的自述，她是一位太守夫人，但这位夫人怎会跑到路边来采桑？萧涤非先生《汉魏六朝乐府文学史》是这样看的："末段为罗敷答词，当作海市蜃楼观，不可泥定看杀！以二十尚不足之罗敷，而自云其夫已四十，知必无是事也。作者之意，只在令罗敷说得高兴，则使君自然听得扫兴，更不必严词拒绝。”以后有人作了进一步的申发，认为罗敷是一位劳动妇女，诗中关于她的衣饰的描写，纯出于夸张；最后一段，则是罗敷的计谋，以此来吓退对方。这已经成为通行的观点。但这些其实都是一厢情愿的推测之辞，诗歌本身并没有提供这样的根据。以二十不足之女子嫁年已四十之丈夫，即在今日亦不足为奇，何以“必无是事”？况且文学本是虚构的产物，又何必“泥定看杀”其断然不可？至于后一种引申之说，看来似乎天衣无缝，其实仍是矛盾重重：既然作者可以夸张地描写罗敷的衣饰，而不认为这破坏了她的身份，为什么就不可以给她安排一个做官的丈夫？这是用不同的标准衡量同样的情况，而曲成己说。

其实《陌上桑》并不是一篇孤立的作品，以上的问题，要从产生这一作品的深远的文化背景来解释。

我们先从诗题《陌上桑》所设定的故事场所说起。中国古代，以男耕女织为分工。“女织”从广义上说，也包括采桑养蚕。桑林在野外，活动比较自由，桑叶茂盛，又容易隐蔽，所以在男女之大防还不很严厉的时代，桑林实是极好的幽会场所。在这里，谁知道发生过多少浪漫的故事？自然而然，桑林便不断出现于爱情诗篇中。这在《诗经》中已经很普遍。《汾沮洳》是写一个女子在采桑时爱上了一个男子：“彼汾一方，言采其桑。彼其之子，美如英。美如英，殊异乎公行！”《桑中》是写男女的幽会：“云谁之思，美孟姜矣！期我乎桑中，要我乎上宫，送我乎淇之上矣！”《十亩之间》是写幽会之后的愉悦：“十亩之间兮，桑者闲闲兮，行与子还兮！”可以说，在《诗经》的时代，桑林已经有了特殊的象征意味。或者说，已经有了一个文学的“桑林”。

随着时代的变化，这种自由自在的男女情爱遭到了否定。上述诗篇，也被儒家的经师解释为讥刺“淫奔”的作品。于是，在文学的“桑林”中，开始产生完全不同的故事。最有名的，便是秋胡戏妻故事。西汉刘向《列女传》记载：鲁国人秋胡，娶妻五日，离家游宦，身致高位，五年乃归。将至家，见一美妇人采桑于路旁，便下车调戏，说是“力桑不如逢国卿”（采桑养蚕不如遇上个做大官的），遭到采桑女的断然拒绝。回家后，与妻相见，发现原来就是那采桑女。其妻鄙夷丈夫的为人，竟投河而死。乐府中有《秋胡行》一题，就是后人有感于这一传说而作。古辞已佚，今存有西晋傅玄之拟作，内容与《列女传》所载大体相同。可以看到，“桑林”中的故事，原来大多是男女相诱相亲，而现在变成了女子拒绝男子的引诱。当然，人们也可以说，秋胡是一个“坏人”，这种故事与《诗经》所歌唱的纯真爱情根本不是一回事。但不要忘记：在民间传说、文学故事中，虚设一个反面角色是很容易的。关键在于，通过虚设的人物活动，作者究竟要表现什么样的生活态度、审美理想。这样我们便能得出结论：汉代的“桑林”，已经不同于《诗经》时代的“桑林”，文学中的道德主题，开始压倒了爱情主题。

我们大概可以相信已经失传的《秋胡行》古辞与《列女传》所载故事并无大异。而《陌上桑》显然是从这一故事或直接从《秋胡行》演化而来的。试看两个故事的基本结构：场所：大路边的桑林；主人公：一位采桑的美妇人；主要情节：路过的大官调戏采桑女，遭到拒绝。所不同的是，在秋胡故事中，调戏者是采桑女之夫，故事最终以悲剧结束；在《陌上桑》中，采桑女另有一位做官的好丈夫，她拒绝了“使君”的调戏，并以自己的丈夫压倒对方，故事以喜剧结束。实际上，《陌上桑》是把《秋胡行》中的秋胡一劈为二：一个是过路的恶太守，一个是值得夸耀的好丈夫。

但尽管《陌上桑》在很大程度上沿袭了《秋胡行》的故事，却也作了重要改变，从而使诗的重心发生转移。秋胡戏妻的故事，主旨是宣扬儒家道德，采桑女即秋胡妻的形象，也完全是一个道德形象。她即使是令人感动的，恐怕也很难说怎么可爱。故事中也提到她长得很美，但作为一个结构成分，这只是导致秋胡产生不良企图的原因。而《陌上桑》中的秦罗敷，除了拒绝太守的调戏这一表现德性的情节外，作者还花了大量篇幅，描摹她的美貌，以及周围人对她的爱慕。这一部分，实际是全诗中最精彩的。这尽管同《诗经》所写男女相诱相亲之情不同，但两者具有共同的基点：即人类普遍的爱美之心，和对理想的异性的向往。所以说，罗敷的形象，是美和情感的因素，同时代所要求的德性的因素的结合；换言之，是《诗经》的“桑林”精神与《秋胡行》的“桑林”精神的结合。也正是因为罗敷不仅是甚至主要不是一个道德形象，所以作者也就没有必要为她安排一个强烈的悲剧下场，而让她在轻松的喜剧气氛中变得更为可爱。

由此可见，《陌上桑》的故事，并不是一个生活中具体事件的记载或改写，而是漫长的文化变迁的产物；罗敷这个人物，也是综合了各种因素才形成的。她年轻、美丽、高贵、富有、幸福、坚贞、纯洁，寄托着那些民间无名作者的人生理想。也正因为她是理想化的，所以她并不严格遵循现实生活的逻辑。她既是一个贵妇人，又是一个采桑女。其实这并不是什么难以理解的事情，民间故事中的人物，常常有这样的情况。那些公主、王子，实际是代表着普通民众的心愿。一定要拿后世僵化得莫名其妙的政治观念去穿凿附会，反而是荒谬混乱的。

然后回到诗歌本身。这诗原来按音乐分为三解，其文字内容，也相应地分为三段。第一段着重写罗敷的美貌和人们对她的喜爱。起首四句，从大处说到小处，从虚处说到实处，是典型的民间故事式的开场白。同时，这四句也奠定了全诗的气氛：明朗的阳光照耀着绮丽的楼阁，楼阁中住了一位漂亮的女子，色泽鲜明，光彩流溢，好像中国年画的味道。“照我秦氏楼”，既是亲切的口气，也表明诗人是站在罗敷的立场上说话，并由此把读者引入到这种关系中去。而后罗敷就正式登场了：她提着一只精美的桑篮，络绳是用青丝编成，提把是用桂树枝做就。这里器物的精致华美，是为了衬托人物的高贵和美好。再看她的打扮，头上梳的是斜倚一侧、似堕非堕的“倭堕髻”（东汉时一种流行发式），耳朵上挂着晶莹闪亮、价值连城的明月珠，上身穿一件紫红绫子短袄，下身围一条杏黄色绮罗裙。一切都是鲜艳的、明丽的、珍贵的、动人的。这好像是一个采桑的农妇，其实是一个理想中的美女。

照说，接下来应该写罗敷的身体与面目之美。但这很困难。因为诗人所要表现的，是绝对的、最高的美，而这种美无法加以具体的描绘。谁能说出什么样的身材、体态、眉目、唇齿算是达到了完美无缺的程度？作者也不可能满足所有读者的各具标准的审美要求。于是笔势一宕，作者不直接写罗敷本身，而去写周围的人为罗敷所吸引的神态：过路人放下了担子，伫立凝视。他好像年岁较大，性格也沉稳些，所以只是手捋着胡须，流露出赞叹的神气。那一帮小伙子便沉不住气，有的脱下了帽子，整理着头巾，像是在卖弄，又像是在逗引；至少赚得美人流波一转，便可得意多时。种田的农人看得失了神，活也不干了；回家还故意找碴，摔盆砸碗——因为看了罗敷，嫌老婆长得丑。这些都是诙谐的夸张之笔，令人读来不禁失笑，好像拿不准自己在那场合中会是个什么模样。其效果，一是增添了诗歌的戏剧性，使得场面、气氛都活跃起来；更重要的是，通过从虚处落笔，无中生有，表达了不可描摹的完美。反正，你爱怎么想象就怎么想象，罗敷总是天下最美的。这实在是绝妙之笔。

观罗敷的一节，也最近于“桑林”文学的本来面目。它所表现的，是异性间的吸引，是人类爱美的天性。但它又不同于《诗经》中的作品，而是有分寸有限制的。那些观者，都只是远远地伸长了头颈看罗敷，却不敢走近搭话，更不敢有越轨之举；而罗敷好像同他们并不发生关系，旁若无人。这就在男女双方之间，设下了一道无形的墙。这便是“发乎情而止乎礼义”。同时也有另一种分寸：尽管有那么多人在围观，那些小伙子几乎就要冲破防线，作者也没有让罗敷给他们来一通义正词严的斥责。要不然，就太教人扫兴，太没有味道了。因为这诗原有双重的主题，作者都要照顾到。当然，整个第一段，是为了完成美和情感的主题，只是限制它，不让它破坏道德的主题。下面第二段，就开始转向了。

“使君从南来，五马立踟蹰。”好大气派！“使君”是太守、刺史一类官员的尊称，他们执掌一个地区的全权，汉人比之于古代的诸侯。官做得大，气派自然大，胆子跟着大。别人见了罗敷，只是远远地看着，这位使君就不甘心于此了。于是派了手下人去问：这是谁家的漂亮女子？多少年纪了？罗敷不动声色，一一作答。这都是为了充分地展开情节，使矛盾冲突有一个酝酿的过程。若是一上来就剑拔弩张，文学趣味就少了。顺带，又写出罗敷的年纪：十五至二十之间。中国古人认为这是女子一生中最美妙的时光。而后进入矛盾冲突的高潮。使君问道：你可愿意坐上我的车，跟我回去？罗敷的回答犹如当头一棒：“使君一何愚！”有了“一何”二字，语气十分强烈。理由是很简单的：你有你的妻，我有我的夫。各安其家室，乃是礼教之大义，岂可逾越？这一节是从秋胡戏妻故事中继承来的，表现了诗歌的道德主题。而道德主题，总是在善与恶的冲突中才能表现得鲜明强烈。

第三段紧接上一段的末句“罗敷自有夫”，由主人公全面铺展地夸耀丈夫。罗敷到底有没有那么一个丈夫？这问题本来很简单：诗中说有，我们只好承认有。尽管在一般读者的心理中，都不喜欢文学作品里的漂亮女子早早嫁人，那也无奈何。这问题还可从两方面来证明：其一，《陌上桑》的故事来源于秋胡戏妻故事，秋胡妻本是出嫁了的美妇人；其二，作者在这里是要彰扬忠贞的道德，总得先有丈夫才能忠贞。

但第三段也并不完全是从道德主题着眼的。不然，完全可以让罗敷来一通说教。但如果真是那样，就糟糕了，这个美女马上就变得干巴巴的，教人喜欢不起来。所以作者也是适可而止，道德大义在第二段用结末二句话点明之后，到第三段就转向一层富有喜剧色彩的、诙谐的情节，使读者依然能够享受到文学的趣味。罗敷夸婿，完全是有针对性的。使君出巡，自然很有威势，于是她先夸丈夫的威势：丈夫骑马出门，后面跟着上千人的僚属、差役；他骑一匹大白马，随从都骑黑色小马，更显得出众超群；他的剑，他的马匹，全都装饰得华贵无比。使君官做得大，她就再夸丈夫的权位：丈夫官运亨通，十五岁做小吏，二十岁就入朝作大夫，三十岁成了天子的亲随侍中郎，如今四十岁，已经做到专权一方的太守。言下之意，目前他和你使君虽然是同等官职，将来的前程，恐怕是难以相提并论了！最后是夸丈夫的相貌风采：丈夫皮肤洁白，长着稀稀的美髯，走起路来气度非凡，用这些来反衬使君的委琐丑陋。这么一层层下来，罗敷越说越神气，越说越得意，使君却是越听越晦气，终了必然是灰溜溜逃之夭夭。读者自然也跟着高兴，直到故事结束。

需要说明的是，罗敷的这位丈夫，也是童话中白马王子式的人物，不可拿生活的逻辑去查考。萧涤非先生说，对这一节不可泥定看杀，不可求其句句实在，原是说得很对。但这个人物在故事里却是合理的存在，这是要注意到的。

前面说了，《陌上桑》其实有双重主题，但作者处理得很好，并没有彼此分离。从道德主题来说，至少在本诗的范围内，作者所要求的道德是合理的。在这里，坚贞并不是一个抽象的、违背人性的教条，而是同确实可爱的丈夫及幸福的家庭生活联系在一起的。从美和情感的主题来说，也没有因为道德约束的存在而受到过分的削弱。罗敷的美貌，在作者神妙的笔下表现得动人心魄，取得了以前文学作品所未有的效果。对于常人出于爱美之心而略有失态的行为，作者只是稍作揶揄，始终不失人情味。爱慕美色，其实是人的天性。但这种天性在生活中不能不受到约制，所以文学作品常常在这方面提供安全无害的补偿。《陌上桑》在这方面的意义恐怕比它的道德意味更重要一些，或至少说更受人喜欢。所以在《陌上桑》出现以后，魏晋南北朝产生了大量的模拟之作，以及在此基础上发展变化的诗篇。至于它的独特的表现手法，直到元明清的戏曲小说中，还不断有人效仿。如《西厢记》写莺莺出场时，便先写周围人看得失魂落魄的神态，正是从此中来。

（孙　明）

长　歌　行　　汉乐府

青青园中葵，朝露待日晞。
阳春布德泽，万物生光辉。
常恐秋节至，焜黄华叶衰。
百川东到海，何时复西归。
少壮不努力，老大徒伤悲。

汉代《长歌行》古辞共三首，在宋人郭茂倩的《乐府诗集》中列入“相和歌辞”平调曲，并把后二首合成一篇（其实它们是完全不相干的两首诗，严羽《沧浪诗话》已指出后者应是两首）。这里要讲的是三首中的第一首，它最早见于萧统的《文选》。这首诗的主题思想很明确，就是篇末两句：“少壮不努力，老大徒伤悲。”由于唐吴兢《乐府古题要解》释此诗说：“言荣华不久，当努力为乐，无至老大乃伤悲也。”后世便把这样一首劝人珍惜青春，应当及时努力的具有积极意义的诗，说成了劝人及时行乐的作品。这显然是谬说曲解。因为诗中只说到应当及时“努力”，并没有像《古诗十九首》（其十五）中所说的“为乐当及时，何能待来兹”那样带有明显的消沉颓废的思想。我们完全应该恢复它积极健康的本来面目。

关于《长歌行》诗题命义，也是其说不一。我以为郭茂倩根据《文选》李善注所采用的说法还是比较确切平实的。他说：崔豹《古今注》曰："长歌、短歌，言人寿命长短，各有定分，不可妄求。"按《古诗》云："长歌弥激烈。"魏武帝（当作"魏文帝"）《燕歌行》云："短歌微吟不能长。"晋傅玄《艳歌行》云："咄来长歌续短歌。"然则歌声有长短，非言寿命也。唐李贺有《长歌续短歌》，盖出于此。看来所谓"长"和"短"都是指歌声和曲调，与内容是无关的。"寿命长短"云云，更属臆说不可信。

这首诗有两个词儿需要特别讲解一下，即首句的"青青"和第六句的"焜黄"。其他词句大抵浅显易知，无烦在此逐一诠释了。

首先，"青青"一词，当然指颜色。如《诗经·郑风·子衿》所谓的"青青子衿"，即指青色衣服。但从《诗经》、《楚辞》直到汉代的乐府民歌和古诗，"青青"这个词儿经常出现，在指颜色的同时，更主要的是形容植物少壮时茂盛的样子。这在东汉郑玄的《毛诗笺》、唐陆德明的《经典释文》、清人段玉裁的《诗经小学》和陈奂的《诗毛氏传疏》里都有具体的解释，而段、陈两家更进一步说明"青青"和《诗经》里的"菁菁"就是同一个词，都是形容植物枝叶茂盛，所谓"茂盛即美盛也"（见陈奂《诗毛氏传疏》）。现在我们常说的"青年"、"青春"，就是从"青青"这个词最早的含义引申发展而来的。这就同篇末的"少壮"二字相呼应，而不仅是指"园中葵"的颜色了。

其次，对"焜黄"这个词应当怎样理解。《文选》李善注："焜黄，色衰貌也。"五臣注："焜黄，华（花）色坏。"后来余冠英先生注《乐府诗选》，更进一步认为"焜"是"熉"的假借字，释"焜黄"为"色衰枯黄貌"。三十年前我注释《两汉文学史参考资料》，也是这样理解的。后来遍检汉晋古书，却发现除此诗外再没有见到用"焜黄"一词的。常见的则为"焜煌"一词（如汉人杂书《急就篇》、扬雄《甘泉赋》、曹操诗《气出倡》以及唐释慧琳《一切经音义》引《方言》郭璞注等），称得起屡见不鲜。按"焜"之本义为形容火光灿烂，与"焞"（即"辉"）原系一字孳乳而成，并无枯黄之意。只因此诗与"黄"字连用，才把它说成"熉"的假借字。但"黄"字在秦汉古书中却与"皇"字通用，最明显的是东汉应劭的《风俗通义·声音篇》中把"黄帝"就写成"皇帝"。而"皇"字的本义即指太阳煌煌发光。后来由于"皇"已变为对帝王的专称，才出现了从"火"的"煌"这个后起字。因此我认为，此诗的"焜黄"实即当时通用的词"焜煌"，不过把"煌"字写成"黄"字罢了。况且这句诗最末一字是"衰"字，已具枯萎凋谢之义，如把上面的"焜黄"讲成"色衰枯黄貌"，于诗意也不免重复。如果讲成植物的"华(花)叶"在春夏之时原是缤纷灿烂的，一到秋季便开始衰谢凋残，似更为顺理成章。这个讲法为前人所未及，能否成立，还请读者斟酌。

下面简单分析一下这首诗的艺术特色。我以为，这首诗有一个严肃而健康的主题，却无冬烘的说教气和空洞的概念化的毛病。它的思想内容是对不知珍惜青春韶光的人进行一次严厉的当头棒喝，其发人深省的程度是惊心动魄的。但就全诗而论，读起来却给人以循循善诱、浑朴天成的感受，丝毫不觉得生硬牵强。这正由于原诗作者是以形象思维为比喻来打动人，而不是用抽象概念当教条来教训人的缘故。全诗共十句，前八句完全让形象和比喻来说话，只有最后点明主题所在的两句，才是通过形象思维提高到逻辑思维自然而然得出的结论。这正是初期乐府民歌异于文人的以说教为主的作品之处。

首二句写一年之计在于春，在植物群生的园圃里充满了生机。第一句用"青青"形容"园中葵"，显得色彩鲜明，活力旺盛。尤其在春天，植物的花叶上映带着黎明时鲜洁的露珠，该是一幅多么清新蓬勃的画面！这就是第二句所给予读者的具体形象。但这一句的着重点虽在"朝露待日"四字(注意这个"待"字，意味着清晨日未出时园中充满一派新鲜爽洁的朝气)，但末尾却用了个"晞"字("晞"是被太阳晒干的意思)，这就说明只要日光高射，露水就会很快地被晒干，因而于精神饱满之中已隐寓着时光一去不返、人生寿命有限等向消极方面逐渐转化的因素。不过这种地方读者倘不细心，是容易忽略的。三、四两句专就首句形象加以发挥，写温煦的春曦传播着光和热，宛如施与万物以德惠恩泽。所谓"光辉"，不仅指阳光照耀在万物上所反射出的光芒，也同时反映出在春日照临下万物本身所具有的生命力。因为光辉本属阳光所有，现在却已施给万物，连万物也各自欣欣向荣，发出了光彩。五、六两句则就第二句进一步往相反一面发挥，写出大自然的另一面，即由盛而衰，由生长而消亡，由少壮而老大。秋天一到，植物的华叶生长得再茂盛秀美，也终于逃不脱衰谢凋残的命运。然而正如早于此诗的一首民间挽歌所说："薤上露，何易晞！露晞明朝更复落，人死一去何时归！"植物虽由盛而衰，却仍周而复始，第二年春天一到，它们又会蓬勃地生长。人却不能这样，年光不能倒流，青春是一去不复返的。但诗人在这里并未直说，却插入七、八两句，用百川东流入海再不西归为喻，把要从正面讲的道理，委婉曲折地从侧面表达给读者了。这既把要讲的道理加深，也把要说服人的力量加强，从手法上讲是"蓄势"，从构思上讲是以"浅出"来体现"深入"。最后归结到九、十两句，有水到渠成之妙，不仅通过形象的感染力使道理憬然醒豁，而且诗人的态度更显得诚恳肫挚，给人以诲人不倦的谆谆之感。

清人吴淇于其所著的《选诗定论》中评此诗说："全于时光短处写长。"其实这首诗的特点恰好相反，作者正是通过以自然现象为比喻，于久处见暂，于长处见短，于永恒处见事物变化之迫促和急剧。关键在于诗中所用的形象都是又大又长，带有永恒性的大自然，如写植物的春生秋谢，阳光的普照大地，光阴之长河，百川之归海等等，无一不是如此。比起《庄子·逍遥游》中所谓的"朝菌不知晦朔，蟪蛄不知春秋"来，立即感到两者比兴手法的异样。而人生积时为日，积日为月，积月为年，看似长久，其实一瞥即逝。如任其蹉跎，则日复一日，年复一年，自甘暴弃，终于要后悔无及的。如果把最末两句直截了当地和盘托出，则三言两语可毕，然而那却是标语口号，而非一首感人深挚的好诗了。（吴小如）

相逢行　　汉乐府

相逢狭路间，道隘不容车。不知何年少？夹毂问君家。①君家诚易知，易知复难忘；黄金为君门，白玉为君堂。堂上置樽酒，作使邯郸倡。②中庭生桂树，华灯何煌煌。兄弟两三人，中子为侍郎；③五日一来归，④道上自生光；黄金络马头，观者盈道傍。入门时左顾，但见双鸳鸯；鸳鸯七十二，罗列自成行。音声何噰噰，鹤鸣东西厢。大妇织绮罗，中妇织流黄；⑤小妇无所为，挟瑟上高堂："丈人且安坐，⑥调丝方未央。"

〔注〕① 夹毂：车轴相摩接、碰撞。② 作使：役使、驱遣。③ 侍郎：官名，为宫廷中的近侍。汉代以后其职责又有变化。④ 五日一来归：汉制，官员每五日回家休息一次，称为"休沐日"。⑤ 流黄：一种紫黄两色相间的丝织品。⑥ 丈人：对长者的尊称，这里指小妇的公公。但后世的拟作《三妇艳》中，当用"丈人"处亦用"丈夫"、"夫君"、"良人"，另外汉乐府中"丈人"也有"丈夫"之意（如《妇病行》："妇病连年累岁，传呼丈人前一言。"）所以具体如何解释，当视演唱时所指对象而定。

此诗为乐府古辞，属《相和歌·清调曲》。对此诗内容和思想倾向，历来有两种不同的理解，有说是讽刺富贵之家享乐的，句句似恭维而实奚落；有说是极写富贵人家之种种享受，乃酒宴上娱乐豪富之辞。结合后人所写同题之作及当时历史情况看，以后说为当。

全诗可分为三个部分，前面六句是第一部分。两位驾车的少年（由歌者所扮），在长安的狭窄小路上迎面而遇。路实在太窄了，谁也过不去，于是他俩就干脆停下车，攀起话来了。素不相识，有什么共同话题好谈呢？于是就面对酒宴上的主人夸起他家的声势显赫和无比豪富来。“君家”即你的主人家，你的主人家是那么容易让人知道，知道后又是那么难以忘却——这两句巧妙的恭维话，自然让坐在那里听歌的主人满心欢喜。这一部分可以算是引子，往下十八句，是第二部分。两位少年一唱一和，争着夸说主人家的种种富贵之状。您家外部是黄金为门，内里是白玉为堂。一金一玉，其建筑之富丽堂皇可知。您家中是樽中酒常满，座上客常有，待客时，还有来自邯郸的美丽歌伎供驱遣献歌献舞。此时庭中桂树正在飘香，堂内华灯煌煌，照得通室明亮。有酒有客，有美女有华灯，其权势地位、荣乐享受可知。以家僮身份出现的少年则说我家乃官宦之家，家中兄弟三人，别人不提，就说老二吧，他在朝中做侍郎，每当休沐日回家，一路上好不气派，马笼头全是黄金为饰，道路生光；路旁观者如云，啧啧赞叹，挤满路旁。有正面写，有侧面写，其显赫之势可知。再说到家情况，进得家门，左顾右盼，只见庭前池中一大群鸳鸯，双双对对排列成行；又闻家中所养白鹤，于东西厢发出噰噰鸣声。它们都在欢迎主人的归来。有禽则有池，其庭院之广大可知。这一段，分四层对这一豪富之家的富贵、气派、享受极意铺排渲染，以见其不同寻常，从而与上文“君家诚易知，易知复难忘”的话相照应，以见言之不虚。至此，这位豪富在长安城中的权势、地位是如何，便不言而喻了。“大妇织绮罗”六句是第三部分，写家中三妇所为。我主人家中三子各有一妇，大妇、中妇长于织作，能织绫罗绸缎。小妇另有所长，一到全家团聚之日，便以鼓瑟来为全家助兴。“丈人且安坐，调丝方未央。”二句有双重含义，一是承小妇挟瑟说，是转述小妇语，请公公高堂安坐(当然也包括家中其他成员)，听我奏一曲。这层意思显得亲切风趣，气氛活跃。二是借此语兼而表白歌者自己奏曲献歌的心愿。丈人，从前一层意思说，是称公公，从后一层意思说，是尊称主人。调丝，调弦定音以奏乐曲。未央，即未尽，这里是尚未调好音。这一段写三妇之所为，以见这一豪富之家的家礼家风和家庭之乐，同时也暗示媳妇们能有如此才能，把家事操持得井井有条，则家中其他人员的才干，也就可想而知了。这六句，后代诗人多敷衍其诗意，形成了《三妇艳》等一系列新的乐府诗。

这首诗的重点在于对那位主人家的富贵享乐作铺排渲染，写得气氛热烈、生动夸张，笔法犹如汉代大赋，尽管没有佳句妙语，但其气势也足以打动和感染读者。这种玉堂金马的重叠堆积，正是汉代国力强盛的折光反映；而这种层层铺排、极力渲染的笔法，使诗歌充满着力度和厚度，这也正是汉代民族力量浑厚、民族精神旺健的反映，从中我们可以形象地感受到汉代被称为封建社会之“盛世”是信然不诬的。这，就是本诗所具有的社会认识价值。它和《东门行》、《妇病行》

等反映贫苦人民生活的乐府诗一样，都是我们了解汉代社会真貌不可缺少的媒介。

（樊维纲）

东　门　行　　汉乐府

出东门，不顾归。来入门，怅欲悲。盎中无斗米储，还视架上无悬衣。拔剑东门去，舍中儿母牵衣啼："他家但愿富贵，贱妾与君共铺糜。上用仓浪天故，下当用此黄口儿。今非！""咄！行！吾去为迟！白发时下难久居。"

《东门行》属相和歌瑟调曲。

本篇写一个为贫穷所迫，铤而走险的人。诗的前半写主人公要去"为非"的原因，用六句。前二句写他下了决心走出东门，诗中却说"出东门，不顾归"。"不顾归"，是说原本下了决心，不打算来归，但又不得不归，因为心中毕竟有所顾念。所顾念的自然是妻子儿女。可以想象：主人公在东门外踟蹰、扼腕，过了好一会，终于又脚步沉重地走回家来。然而，家中的景况，对于他来说，不啻当头棒喝，打消他的任何幻想。所以接下的两句说，"来入门，怅欲悲"。现在他清醒地意识到：除了那一条路，别无他路可寻。心中悲酸，都系于一个"怅"字，这并非平常的怅然之叹，而是一种绝望之感。摆在他面前的，是残酷的现实："盎中无斗米储，还视架上无悬衣。"无衣无食，这比出去干那桩事更可怕。要么冻馁待毙，要么拚作一腔热血，同命运作最后的决斗。如取后者，尚存万一生的希望，顶多牺牲个人（这早不在虑中），却可能救活可怜的一家老小，若取前者，全家人只有死路一条。这是明摆着的事。这一段，通过主人公复杂心理活动的描叙，把主人公推向矛盾的顶点。诗中入情入理地写出此君之所以走上这样一条可怕的道路，乃是为贫穷所逼。诗的主题建立在这样一个现实基础之上，就不致使人产生伦理上的厌恶之感。这便是此诗的不可动摇的美学价值。

这六句在炼意上颇有独到之处。一个本来安分的人怎样走上那条危险之路，这是一个很复杂的过程。而诗人则紧紧抓住主人公几度徘徊，归而复出这一心理和行为的激烈矛盾，就写出其中的必然性。又如"盎中"以下两句。盎中无米，架上无衣，都是主人公眼见的事，可是，诗人却将"视"字属下句。这样，在表现效果上就大不同。盎中无米，架上无衣，是悲感之所由发，也就是主人公之所以不得不去冒险的根本原因。这是全诗的关键所在。如说"视盎中无斗米储"，就将本句与上句隔断，从而使语势陡然转折，上句的"悲"字就失却那种震撼心灵的力量。像诗中这样将“视”下属且加“还”字，就更加重了上句的意义：吃没吃，穿没穿，还有什么活路呢？因而具有征服读者的不可辩驳的力量。

后半，“拔剑东门去”承上句而来，是主人公由犹豫、反复到下定最后的决心。主人公要出去做事，不一定非要作出一副剑拔弩张的架势。但诗中这样处理，却异常真实地表现出主人公决绝而无反顾。以下妻子牵衣哭劝一段文字，是对主人公这不顾一切的行动的戏剧性烘托。妻子说，别人富贵我不羡慕，我甘愿和你喝稀饭。这是自欺欺人的话。家中灶下连一粒米都没有了。大约她也觉出自己的话没有说服力，就又说，你看在老天爷的分上吧。这话当然也不会生出什么效果。主人公早就不信老天爷了。她又让他为儿女着想，岂知他正是为了儿女才这样做的啊。妻子想到的是另一层：一旦事败，触犯“王法”，不但救不了一家老小，而且还会将他们投入更深的深渊。这句话对前面主人公的极度矛盾的心理作了注脚；同时前后照应，加深了本篇悲剧的内涵。主人公的行为不免饮鸩止渴，又势在不得不饮。最后妻子无可奈何地说，“今非！”(余冠英说：“但参看音乐所奏，似两句中间有脱文。”证以《乐府古题要解》的引文，此句似应作“今时清，不可为非”。《两汉文学史参考资料》)主人公这样回答他的妻子：“咄！行！我去为迟！”两个单字句，一个四字句，短促有力，声情毕肖地表现了主人公的决难回转，他是就要去拼命了。“咄”在这里是急叱之声，吆喝他的妻子走开，不要拦阻他。他说现在去已经为时太晚，并非指这次行动，而是说先前对自己的可悲处境尚不觉悟，对这世道尚缺少清醒的认识。“白发”一句，可能是汉代的俗语，意思大概如今天说的“谁知还能活几天”。表明主人公把这困苦的人生看穿了，而不是说人的年龄。

这篇诗虽然采取了杂言形式，但是由于用字简练，句子长短相济，读来有顿挫流离之感。

乐府中有两篇《东门行》歌辞，这里用的是本辞。另一篇为晋乐所奏，共四节，较本辞有所增衍。其中最显眼的是，“今时清廉，难犯教言”之类的句子。这是站在封建统治者的立场，对黑暗的社会现实加以粉饰。尽管作了这样的改动，基本思想内容还是不能改变，最后只好予以排斥。这篇民歌的遭遇，见诸《古今乐录》所引王僧虔《技录》的记载：“《东门行》歌古‘东门’一篇，今不歌。”

（齐天举）

饮马长城窟行　　汉乐府

青青河畔草，绵绵思远道。远道不可思，宿昔梦见之。梦见在我傍，忽觉在他乡。他乡各异县，展转不相见。枯桑知天风，海水知天寒。入门各自媚，谁肯相为言！客从远方来，遗我双鲤鱼。呼儿烹鲤鱼，中有尺素书。长跪读素书，书中竟何如？上言加餐食，下言长相忆。

《饮马长城窟行》属乐府相和歌瑟调曲，又称《饮马行》。本辞不存。《古今乐录》说："王僧虔《技录》云：'《饮马行》，今不歌。'""青青河畔草，绵绵思远道"，乃是一篇思妇之辞，与长城饮马无涉，用作《饮马长城窟行》的乐辞。也有人认为它是汉末蔡邕的作品。

从风神意蕴看，本篇很像是刚从民歌脱胎的，酷肖《古诗十九首》中的某些篇章。所以前人或认为是拟古诗。

东汉末年，游学、游宦之风甚盛。一批游子思妇之词，就在这样的社会背景下产生出来。《古诗十九首》中有不少是这一类题材。

本篇可分作三节。开头八句为第一节。"青青河畔草"一句，是借用古诗《青青河畔草》的现成句子，作为开篇起兴。大约是一个明媚的春天吧，这位闺中少妇偶然抬眼望见河边的青青草色，随着河流去的方向，绵延不断，一直连接到很远的地方，不由地想到她在外的丈夫。"绵绵"，既说道路之遥远，更说情思之悠长。她这样想了一会，马上又觉得，每天老是这样胡思乱想，总也想不出个头绪，他现在究竟在什么地方呢？这工夫心里不免有些惆怅之感，叹一口气，自语道："远道不可思。"于是眼前又恍惚现出昨夜那恼人的梦境：刚刚看见他就在自己身边，忽尔又似在他乡。梦中追随丈夫的踪迹，辗转到过好多地方，却老是各在一处，怎么也见不着面。自然，这梦境是思妇对丈夫日夜思念的结果，所谓"结想成梦"。梦里说好不容易见到了，却又飘忽不定，这是思妇渴望见到丈夫，既患得之，又患失之心理的幻化。这一段文字写得回环曲折，活脱轻灵。

思妇梦醒后，现实更残酷，更教人难堪。中间一节极为深刻地展示了思妇的内心世界。常言说，人非草木，孰能无情，诗中却说，枯桑、海水也不是完全麻木无知的。枯桑虽说叶尽枝残，对于风也不会毫无知觉；海水尽管不结冰，对于寒暖也应该感觉得到。每到傍晚，人们都回到自己家里，男欢女爱，可是我，孤凄凄的，连说句话的人也没有。这很像李清照"向帘儿底下，听人笑语"的那种心情。整个意思就是说：我是一个人，我怎能耽得这样的孤寂啊！她自然也要想到：他是不是有了新欢呢？不然，也会捎个信回家呀？这四句，热切中带着凄怆，希望中含着失望。

从写法上说,两节之间,极尽转折跌宕之致;从转折跌宕中,见出感情的深沉和复杂。

诗意到此,已经结束。后面的八句是截取它篇拼合而成。

从形式上看,"谁肯相为言"和"客从远方来"这一节之间,似乎也紧相承接,实则诗脉并不相衔。更重要的是,最后这一节与原诗的构思不合。原诗以形诸梦寐极写思妇的相思之苦,诗的结尾则是相思梦的继续,言有尽而意无穷。如现在这样,再接下去写思妇果然接到远方捎来的书札之类,便成"续貂",也是对原来诗意的破坏。拼合者只是满足于两者之间形式上的联系,以为做到天衣无缝了,不知这正是露马脚处。

这一点,已有人指出。清人朱乾说:"惟《孟冬寒气至》一篇下接'客从远方来',与《饮马长城窟》章法同。"(《乐府正义》)余冠英先生更进一步说:"事实上,'青青河畔草'八句和'客从远方来'八句各为一首诗。"(《汉魏六朝诗论丛》)

《孟冬寒气至》的几句作:"客从远方来,遗我一书札。上言长相思,下言久别离。置书怀袖中,三岁字不灭。一心抱区区,惧君不识察。"较之这一篇,《饮马长城窟行》将"一书札"换作"双鲤鱼",将"上言长相思,下言久别离"换作"上言加餐食,下言长相忆",句法和意思也差不多。只是中间插进四句:"呼儿烹鲤鱼,中有尺素书。长跪读素书,书中竟何如?"这四句是"双鲤鱼"的敷衍,内容并没有增加,而将原诗结尾四句截去,字数也刚好相称。

这种拼合两篇以上歌辞为一篇歌辞的现象,在汉魏乐府相和三调歌辞中是比较普遍的。如瑟调《步出夏门行》,就是拼合曹操《短歌行》("对酒")、曹丕《丹霞蔽日行》而成。又如相和古辞《鸡鸣》,中间一大段和清调《相逢行》、《长安有狭邪行》相仿佛。文士乐府中也有不少类似情况。如曹丕《艳歌何尝行》("何尝快")中就有拼合《西门行》、《长安有狭邪行》古辞的痕迹。另一篇《临高台》也是来源于汉铙歌《临高台》、《前缓声歌》、《艳歌何尝行》。有的是直袭原句,有的是略加改窜。乐府歌辞的截取和拼合,是演唱的需要。　　(齐天举)

妇　病　行　　汉乐府

妇病连年累岁,传呼丈人前一言,当言未及得言,不知泪下一何翩翩。"属累君两三孤子,莫我儿饥且寒,有过慎莫笪笞,行当折摇,思复念之!"

乱曰:抱时无衣,襦复无里。闭门塞牖,舍孤儿到市。道逢亲交，泣坐不能起。从乞求与孤儿买饵。对交啼泣，泪不可止："我欲不伤悲，不能已。"探怀中钱，持授交。入门见孤儿，啼索其母抱。徘徊空舍中，"行复尔耳！弃置勿复道。"

这首乐府古诗，属《相和歌辞·瑟调曲》。诗中通过一个病妇的家庭悲剧，描绘了汉代劳动人民在残酷的剥削压迫下，挣扎于死亡边缘的生活惨象。

诗的前九句写病妇临终时对丈夫的嘱咐。首二句"妇病连年累岁，传呼丈人前一言"，从病妇方面落墨，单刀直入，直叙其事。病妇久病不愈，自知将不久于人世，所以她要把丈夫叫到床前，留下临终遗言了。"当言未及得言，不知泪下一何翩翩。"病妇还没有来得及开口，已是潸然泪下，泣不成声了。临终托言，已不堪悲，未语先泣，更见酸楚。这几句酿足气氛，先声夺人，读者已然可从那"翩翩"长泪中，想见病妇内心之深痛了。但她悄焉动容、魂牵梦萦的又是什么呢？写到这里，诗人笔锋从诀别之凄惨场面，转入诀别之悲切言辞："属累君两三孤子，莫我儿饥且寒，有过慎莫笪笞，行当折摇，思复念之！""属累"，拖累也。"笪笞"，捶打也。"行当"，将要。"折摇"，即夭折。寥寥五句，而慈母爱子之情，尽在其中。其中"累"字，并含有将入幽冥之自伤、拖累夫君之自歉，平平写来，凄然欲绝。"饥"字、"寒"字，虽指来日，而往日的饥寒，亦可以想见。而"行当"二字，更见得长期贫苦的生活，孤儿已是极为虚弱，倘再使其饥而且寒，他们也很快就会夭折的啊！这一切，自然在病妇心中留下了深刻的创伤，永诀之时，便交织成忧虑与惊恐，发而为嘱托之辞了。两个"莫"字的紧承，语气之强烈、专注，直如命令；而在这迫切请求之下，又可看到那款款深情的脉脉流动。即将经受幽显隔绝、无缘重见之苦，也就愈加系念留在人间的幼男娇女，"思复念之"，唠叨再三，更将殷殷嘱望之情，溢于言表。一个人临终之时，什么都可放下，唯独自己的孩子，却委实难割难舍。这既是母爱深沉的表现，也是劳动妇女善良品质的自然流露，情真语真，字字皆泪，令人欷歔感叹不已。

病妇死后，家境如何？"乱曰"以下，从病妇丈夫方面落笔，先在读者面前展现出一幅饥寒交迫的悲惨画图：寒风凛冽，孤儿啼泣。父亲欲抱孩子上市觅食，却找不到长衣，唯有的短衣又是单的，岂能御寒？只得关门堵窗，留儿在家，独自上市。"乱"，古时乐曲的尾声。"襦"，短袄。"抱时无衣，襦复无里"句，就寒而言，直笔写穷，映衬前文。母亲生前无使饥寒的愿望，已经落空一半，而另一半呢？也未必见妙。"闭门塞牖，舍孤儿到市"。关门堵窗，或可挡风避寒，防止禽兽伤害孩子吧？母爱由言语泄出，诀别之辞何等切切；父爱则由行动导出，关切之情何等拳拳！着一“舍”字，父亲那欲离不忍，欲携不得，忧郁徘徊、悲伤绝望的动态心态，跃然纸上！“舍”也，实为不舍，实出无奈，下文因而逗出：“道逢亲交，泣坐不能起。从乞求与孤儿买饵。”父求人为儿买饵（糕饼之类），正是为了抽身回家伴儿，这又从侧面暗示了不“舍”。一般说来，男儿有泪不轻弹，而父亲路遇亲友，竟呜咽不止，久坐不起，若非伤心至甚，安能如此！“对交涕泣，泪不可止”二句，同意反复，一唱三叹，将悲伤之情，更进一层。怜念子女、自伤孤孑、悼怀亡妻，诸多情结，尽在这一把辛酸泪中。“我欲不伤悲不能已”，主妇一死，留下孱弱儿女一堆、债务一摊，对一个家庭来说，不啻是梁崩柱摧，怎能不涕泪俱下，肝肠寸断呢？悲伤已极，却以“欲不伤悲”逼出“不能已”之本旨，一抑一扬，诗意翻跌，令人为之愁肠百结、纡曲难伸。“探怀中钱持授交”，为此段结束之句，由哭诉悲伤转为乞友买饵，一句之中连续三个动作，宛然可感父亲“怀中钱”那温热的气息，以及“持”的凝重、“授”的郑重。父亲道逢亲交，涕泪未尽，匆匆赶回家中，所见又是什么呢？“入门见孤儿，啼索其母抱”。父泣子啼，雪上加霜，读之触目惊心。此中之“啼”，缘于饥，缘于寒，更缘于思母。一个“索”字，将孤儿号啕四顾、牵衣顿足，急要母亲的神态宛然画出。“徘徊空舍中”句，既写出了父亲疾首蹙额、徒呼苍天的凄惶之态，也反映了室内饥寒交迫，家徒四壁之状。“空”者，空在无食无物，也空在无母无妻。儿啼屋空，由听觉而视觉，将悲剧气氛烘托得浓而又浓。末句突然一转，向苍天发出“行复尔耳，弃置勿复道”的绝望呼叫，戛然结束全文。“行”，将也，“复”，又也。“尔”，那样。此句意为孩子的命运将同妈妈相似，还是抛开这一切，别再提了！语极凄切。其实，“行复尔耳”之结局，父亲未喊出，读者已然可从诗中描写的场面中得出了。而“弃置勿复道”句，更是抚今思昔，百感丛集，“勿复道”，正是道而无用，言而愈悲之故。从“对交啼泣”，向亲友哭诉，到欲说还休，气结难言，令人产生更有深悲一万重之感受，真是“此时无声胜有声”！读诗至此，有情人能不掩卷一哭！全诗至此，大幕急落，黯然收束。结局如何？前已有病妇托孤、父求买饵、孤儿索母这一幕幕经过充分酝酿的情节，后已有“行复尔耳”之悲号，答案尽在其中，无须作者再拉开帷布了。

这首诗通过托孤、买饵和索母几个细节，描写了一个穷苦人家的悲惨遭遇。他们的语言行为、动态心态，皆如一出情节生动的短剧。作者不着一字说明，而人物个性毕现，悲剧主题自生，写来沉痛凄婉，真切动人，这正是汉乐府“感于哀乐，缘事而发”的现实主义特色的突出表现。

（徐　枫）

孤 儿 行 汉乐府

孤儿生，孤子遇生，命独当苦。父母在时，乘坚车，驾驷马。父母已去，兄嫂令我行贾。南到九江，东到齐与鲁。腊月来归，不敢自言苦。头多虮虱，面目多尘。大兄言办饭，大嫂言视马。上高堂，行取殿下堂，孤儿泪下如雨。使我朝行汲，暮得水来归；手为错，足下无菲。怆怆履霜，中多蒺藜；拔断蒺藜肠肉中，怆欲悲。泪下渫渫，清涕累累。冬无复襦，夏无单衣。居生不乐，不如早去，下从地下黄泉。春气动，草萌芽，三月蚕桑，六月收瓜。将是瓜车，来到还家。瓜车反覆，助我者少，啖瓜者多。“愿还我蒂，兄与嫂严，独且急归，当兴校计。”乱曰：里中一何譊譊！愿欲寄尺书，将与地下父母，兄嫂难与久居。

本篇通过孤儿对自己悲苦命运和内心哀痛的诉述，真实有力地暴露了封建社会家庭中兄嫂虐待孤儿的严重社会问题，并愤怒谴责了这种不道德行为，是一首具有强烈的人道主义感染力的优秀诗作。

全诗分为三部分：（一）首三句孤儿慨叹自己偶然生在世上，偏偏数他命苦。“遇”是“偶”的假借，“遇生”意思谓偶然而生。以慨叹之语带起全篇，一开始就引人进入充满悲剧气氛的情境之中。（二）“父母在时”至“当兴校计”，历叙孤儿年年月月、无休无止地遭受兄嫂种种虐待，是诗的主体部分。（三）“乱”词以孤儿不堪兄嫂折磨的绝望心绪作结，既贯连第二部分的叙事，又与第一部分慨叹之词遥为呼应。

其中第二部分又可分为这样三段：

第一段从“父母在时”至“孤儿泪下如雨”。孤儿的生活以父母去世为界线分成截然不同的两个时期。“乘坚车，驾驷马”，未必完全是实际情形的写照，更可能是孤儿在留恋昔日安乐生活时产生的一种心理映象，但也说明了他当年在家中娇子的地位。父母死后，他即刻沦为兄嫂不花钱雇用的奴婢仆役。“南到九江，东到齐与鲁”，是诉说他行贾路途遥远。“头多虮虱，面目多尘”，正写出他一路上餐风宿露的艰辛。可是寒冬腊月回到家中，他却“不敢自言苦”，兄嫂的冷酷和孤儿的畏惧，由此可见。前人指出：“苦极在不敢自言。”（谭元春评语，《古诗归》卷五）深中其微。回家后，孤儿得不到片刻休息，兄嫂又将一大堆繁重的家务推到他身上，刚在“高堂”置办好饭菜，又赶紧奔向“殿下堂”去照管马匹。“行”意思是复，“取”通趋，意谓急走。用“行取”二字将“办饭”和“视马”两件活连在一起，于不间断中更显出促迫和匆忙，如见孤儿气喘吁吁不堪劳累之状。孤儿生活从“乘坚车，驾驷马”沦为“行贾”、“视马”，今昔对照异常鲜明，这比单单状说诸般苦事，更能激起心灵的震荡。

第二段从“使我朝行汲”至“下从地下黄泉”。孤儿冒寒到远处取水，朝出暮归。他双手为之皴裂，脚上连双草鞋都未穿，踩着寒霜，心中哀切。更有甚者，覆盖在寒霜下的荆棘无情地扎进他的腿，拔去后，其刺却折断在胫肉中，剧痛难忍，这使孤儿更加悲哀，泪涕涟涟（“渫渫”，水流貌；“累累”，不断）。兄嫂只把他当作供使唤的工具，从未关心过他的寒暖，他冬天没有短夹袄御寒，夏天没有单衣遮体。诗中“足下无菲”、“冬无复襦，夏无单衣”，三个“无”字概括了孤儿一年四季衣着褴褛不完的苦状。他的生活毫无乐趣，因此产生了轻生的念头。如果说第一段“泪下如雨”尚表现为一种哀感，第二段“下从地下黄泉”则已经转为厌生，这表明孤儿的心绪朝着更消沉的方向作了发展。

第三段从“春气动”至“当兴校计”。阳和流布，绿草萌芽，从寒冻中苏醒过来的大自然出现一派欣欣向荣的景象。然而孤儿的生活却依然是那样困苦，三月里他要采桑养蚕，六月里又要收菜摘瓜，这是言其大端。诗歌接着叙述收瓜一事，笔笔生哀。孤儿受兄嫂驱迫去收瓜是一悲；年幼体弱，不堪其劳，致使瓜车翻倒，此又一悲；路人不予相助，反而趁机白吃其瓜，此也一悲；孤儿本当斥责路人不义之行，然身单力薄，不足与之抗衡，只好转而苦苦哀乞于人，此更是一悲。如此周详委折，描写入微，极状孤儿悲苦，是汉乐府成功运用细节叙述故事、刻画人物突出的一例。

这一段与最后的“乱”词叙事连贯，并反映出孤儿心理的进一步变化。孤儿哀乞路人还他瓜蒂，好让他带回家去点数，冀望因此而减轻兄嫂对自己的责罚。“独且急归”，是说孤儿要赶快回家去，以便在兄嫂风闻覆瓜之事前向他们说明事由。然而当他走近居地，已听见兄嫂“哓哓”怒骂声——他们已经得知此事，不会再听孤儿的解释，等待他的凶毒的后果可想而知。孤儿在投诉无门的境况下，再一次想到已故的父母，想到轻生，这与前面“父母已去”和“下从地下黄泉”相互回应，同时也表现出孤儿覆瓜之后，其心理由侥幸到绝望的急剧转变。

全诗采用第一人称讲述的方式，较完整地反映出孤儿命运的线型流程。作品艺术上的这种构思与主人公孤儿的身份正相适宜，因为孤儿的痛苦不仅表现在他平时干活的繁重劳累，还反映在他无人可与诉说，无人愿与交谈的孤独处境；他的痛苦也不单是来自一时一地突发的事端，在长年累月供人驱使和遇到的大量琐碎细事中都无不伴有他哀痛的泪水。故作者选择自述方式，通过许多生活琐事来反映孤儿痛苦的一生，显然更具有真实感。

本诗还有一个特点，讲述者话题中心比较分散。一会儿写不堪兄嫂使唤，一会儿写他自己体貌瘦羸龌龊，衣饰不完，一会儿写郁结心头的悲怆怨怒，这三部分内容依次出现构成一个周期，整首诗主要就由它们回复迭现的变化而组成。孤儿话题中心的分散，一方面反映了他因痛苦而变得烦乱无绪的心境，另一方面，这种讲述方式正是智力尚弱的未成年人谈话的特点，与他的年龄恰好相合。

作品语言浅俗质朴，句式长短不整，押韵较为自由，具有明显的口语型诗歌的特征。

（郤国平）

艳 歌 行　　汉乐府

翩翩堂前燕，冬藏夏来见。兄弟两三人，流宕在他县。故衣谁当补？新衣谁当绽？赖得贤主人，览取为我组。夫婿从门来，斜柯西北眄。①“语卿且勿眄，水清石自见。”②石见何累累，远行不如归！

〔注〕 ① 斜柯(hē)：敧侧，歪斜之意，此指侧身而立。西北：指其妻所坐处。眄(miàn)：斜眼而视。 ② 语(yù)：告。见(xiàn)：显现，显露。

此诗为乐府古辞，属《相和歌·瑟调曲》，一作《古艳歌》，亦可直云《艳歌》。此诗写了“兄弟两三人”流浪他乡时所经历的一个尴尬场面，写得真切生动，活泼而富有谐趣，但谐中寓庄，于中更能反衬出游子之凄苦。

“翩翩堂前燕，冬藏夏来见。”二句用比兼兴的手法。堂前之燕，冬去夏来，有一定之时，而我“兄弟两三人，流宕在他县”，却久出不归，长为他乡人。这两句概括了流浪汉有家归不得的凄苦生涯。流宕，漂流游荡。宕同荡。他县，即他乡。这是第一层凄苦。因流浪他乡，天长日久，衣衫破烂，但是“故衣谁当补？新衣谁当绽？”旧衣要补无人补，新衣当缝无人缝。绽，裂也，此指解裂布帛，缝制新衣。当，语助无义。这是第二层凄苦。由无人补缝衣服之事，遂引出下文所写一段情节。“赖得贤主人，览取为我组。”此处说的“主人”，究竟是游子所临时寄居的人家，还是他们为之劳作的东家，不得而知，但后一种可能性较大。这家的女主人，很是贤惠，见流浪汉衣衫破烂，乃主动为之缝补。这当然是求之不得之事，流浪汉内心之欣喜可想而知。此承上文两层之凄苦，文思来了一个转折。览，同

"揽",撮持。组,同"绽",缝补。但正在流浪汉内心欣喜之际,情况陡然发生变化——"夫婿从门来",女主人的丈夫回家来了。从门来,即从门外来。夫婿见此情景,作出了一个异常的、但也是可以理解的反映——"斜柯西北眄",他不是与妻子欢叙,也不是与客人打招呼,而是侧身倚门,瞟眼斜视。他外出归来,看到这一情景,不免心有所疑,但又不明底里,不好发作,故才在瞬间表现为如此情态。而乐府作者亦即能如同一个高明的摄影师,立即按动相机快门,将这一精彩镜头摄下。在这一特写镜头中,容纳了三对矛盾、三个方面人物的内心世界,即:夫妻之间,夫与流浪汉之间,流浪汉与女主人之间,此时各生想法,各具心态,各有难言之隐。在这矛盾聚焦的节骨眼,还是流浪汉先说话了:"语卿且勿眄,水清石自见。"请您不必斜眼看,我们和你家女主人之间的关系,清水白石,不必多心。后来的"水清石见"成语即本此。流浪汉口中说着这番自表心境的话,尖锐的矛盾冲突似乎缓和了,但其内心之凄苦却可想而知。"石见何累累,远行不如归。"这是写流浪汉的心理活动。水清石见了,一切清白,尽管如此,远行在外,还是不如回家的好。累累,联缀而众多的样子。又一次点出凄苦,收束全诗。

此诗围绕一个戏剧性的场面写流浪汉的凄苦,情节紧张,矛盾集中,以小见大,这对表现主题有十分显著的艺术效果,同时也显示了乐府作者观察生活、把握生活、再现生活的卓越才能。诗拟流浪汉口气写,声口肖似,语句活泼,描绘场面,解决矛盾,能以谐驭庄,既表现了严肃的主题,又颇富谐趣之美。诗以比兴起,巧妙地引发诗兴,过渡到诗的本体,结尾又用比收,轻松自然。"远行不如归"一句又巧妙绾合开头,全篇浑然天成。

(樊维纲)

白头吟

汉乐府

皑如山上雪,皎如云间月。闻君有两意,故来相决绝。今日斗酒会,明旦沟水头;躞蹀御沟上,沟水东西流。凄凄复凄凄,嫁娶不须啼;愿得一心人,白头不相离。竹竿何嫋嫋,鱼尾何簁簁。男儿重义气,何用钱刀为!

晋人葛洪《西京杂记》载:"司马相如将聘茂陵人女为妾,卓文君作《白头吟》以自绝,相如乃止。"但《宋书·乐志》言《白头吟》等"并汉世街陌谣讴",即民歌。《玉台新咏》载此诗,题作《皑如山上雪》,则连题目亦与卓氏无关了。《西京杂记》乃小说家言,且相如、文君关系亦未尝至此,故云文君作,显系附会。此诗当属民歌,以女子口吻写其因见弃于用情不专的丈夫而表示出的决绝之辞。

首二句是一篇起兴，言男女爱情应该是纯洁无瑕的，犹如高山的白雪那样一尘不染；应该是光明永恒的，好似云间的月亮皎皎长在。这不仅是一般人情物理的美好象征，也当是女主人公与其丈夫当初信誓旦旦的见证吧。诚如清人王尧衢云："如雪之洁，如月之明，喻昔日信誓之明也。"(《古诗合解》)但也有解为"以'山上雪'，'云间月'之易消易蔽，比起有两意人。"(张玉榖《古诗赏析》)意亦可通。细玩诗意，解为反面起兴，欲抑先扬，似更觉有味。故"闻君"二句突转：既然你对我的爱情已掺上杂质，既然你已心怀二心而不专一持恒，所以我特来同你告别分手，永远断绝我们的关系。"有两意"，既与首二句"雪""月"相乖，构成转折，又与下文"一心人"相反，形成对比，前后照应自然，而谴责之意亦彰，揭示出全诗的决绝之旨。"今日"四句，承上正面写决绝之辞：今天喝杯诀别酒，是我们最后一次聚会，明晨就将在御沟(环绕宫墙的水渠)旁边徘徊(躞蹀)分手，就像御沟中的流水一样分道扬镳了。"东西流"以渠水分岔而流喻各奔东西；或解作偏义复词，形容爱情如沟水东流，一去不复返了，义亦可通。

"凄凄"四句忽一笔宕开，言一般女子出嫁，总是悲伤而又悲伤地啼哭，其实这是大可不必的；只要嫁得一个情意专一的男子，白头偕老，永不分离，就算很幸福了。言外之意，自己今日遭到遗弃才最堪凄惨悲伤，这是初嫁女子无法体会到的滋味。作者泛言他人而暗含自己，辞意婉约而又见顿挫；已临决绝而犹望男方转变，感情沉痛而不失温厚。诚如清人张玉榖所评："凄凄四句，脱节暗转，盖终冀其变两意为一心而白头相守也。妙在从人家嫁娶时凄凄啼哭，凭空指点一妇人同有之愿，不着己身说，而己身在里许。用笔能于占身分中，留得勾留之意，最为灵警。"(《古诗赏析》)堪称深得诗旨。

结尾四句，复用两喻，说明爱情应以双方意气相投为基础，若靠金钱关系，则终难持久，点破前文忽有"两意"的原故。"竹竿"，指钓鱼竿；"嫋嫋"，形容柔长而轻轻摆动的样子；"簁簁"(shī)即"漇漇"的假借字，形容鱼尾像沾湿的羽毛。"钱刀"，即古代刀形钱币，此处泛指金钱。以鱼竿的柔长轻盈摆动和鱼尾的滋润鲜活，比喻男女求偶，两情欢洽。《诗经》这类比兴较多，如《卫风·竹竿》："籊籊竹竿，以钓于淇；岂不尔思，远莫致之。"《毛传》："钓以得鱼，如妇人待礼以成为室家。"但此处联下文之意，似又隐含爱情若不以意气(义)相知，仅以香饵诱鱼上钩，恰似只靠金钱引诱，那爱情是靠不住的。故清人朱嘉徵评曰："何以得鱼？须芳其饵。若一心人意气自合，何须芳饵为！"(《乐府广序》)结句点破男子"有两意"是因为金钱关系。但究竟是他利用金钱为诱饵去另图新欢呢？还是那位"新欢"家资颇富，致使这位男子贪图富贵而厌弃糟糠呢？这只有留给读者去猜想了。

这首诗塑造了一位个性鲜明的弃妇形象，不仅反映了封建社会妇女的婚姻悲剧，而且着力歌颂了女主人公对于爱情的高尚态度和她的美好情操。她重视情义，鄙夷金钱；要求专一，反对“两意”。当她了解到丈夫感情不专之后，既没有丝毫的委曲求全，也没有疯狂的诅咒和软弱的悲哀，表现出了妇女自身的人格尊严。她是把痛苦埋在心底，冷静而温和地和负心丈夫置酒告别，气度何等闲静，胸襟何等开阔！虽然她对旧情不无留念和幻想，但更多的却是深沉的人生反思。因此，她较之古诗中一般的弃妇形象又迥然不同，显示出“这一个”的个性。

全诗多用比兴和对偶，雪、月、沟水、竹竿、鱼尾等喻象鲜明生动而又耐人寻味。一、二、五、六、十三、十四等句皆工对而又自然。此外四句一解，每解换韵，而诗意亦随之顿挫，声情与辞情达到完美的统一。（熊 笃）

梁 甫 吟[①] 汉乐府

步出齐城门，遥望荡阴里。里中有三坟，累累正相似。问是谁家墓？田疆古冶子。力能排南山，又能绝地纪。[②]一朝被谗言，二桃杀三士。谁能为此谋？国相齐晏子。[③]

〔注〕 ① 关于此诗作者，《艺文类聚》、《乐府诗集》皆题三国蜀诸葛亮作。按谓此诗是诸葛亮作，所据只是《蜀志·诸葛亮传》“躬耕陇亩，好为《梁父吟》”一语，实不足为凭。《乐府诗集》引《古今乐录》论本诗“不起于亮”，甚辩，今从之。 ② 又，原作“文”，义难通。《西溪丛话》引《艺文类聚》作“又”，今从之。按“又”、“文”二字行草书极相似，疑抄书人不明，误书“又”为“文”。 ③ 齐晏子：即晏婴，齐国大夫，为国相，以多谋著称，事灵公、庄公、景公三朝。

此诗为乐府古辞，属《相和歌·楚调曲》。一作《泰山梁甫吟》。“甫”亦作“父”。郭茂倩《乐府诗集》解题云：“按梁甫，山名，在泰山下。《梁甫吟》盖言人死葬此山，亦葬歌也。”这首古辞从写坟开始，保留了葬歌痕迹，但从内容看，与葬歌毫不相干，而是一首咏史诗，所咏为齐景公用国相晏婴之谋，以二桃杀三士的故事。故朱乾《乐府正义》解释说：“（此诗）哀时也，无罪而杀士，君子伤之，如闻《黄鸟》之哀吟。后以为葬歌。”指出它首先是“哀时”之作，成为“葬歌”是后来的事。据《晏子春秋·谏下篇》记载：春秋时齐国勇士田开疆、古冶子、公孙接同事齐景公，各有殊功。一次国相晏婴“过而趋之，三子者不起”，这使晏婴甚为难堪，便在景公面前进谗，说三人“上无君臣之义，下无长率之伦”，乃“危国之器”，应该除掉。景公以为然，便由晏婴设计，以二桃赐三人，让他们自己表功争桃。公孙接、田开疆先自报功劳，各取一桃，最后古冶子说：“我的功劳比你们都大，桃子该给我吃。”说罢抽剑而起。公孙接、田开疆听了都感到羞愧，认为自己功小争桃，是贪，争得不对又不死，是无勇。于是二人退还桃子，自杀而死。古冶子见自己动武争桃而使二人羞愧以死，也自责不仁不义接着自杀。

历史上臣子因功高震主而被杀的事例极多，而此诗之所以以《梁甫吟》为题，特别选定二桃杀三士之事进行歌咏，是因为这件事太具有戏剧性了，太使人震惊了，能够引起人们更多的警觉和深思。

诗的前四句，先从位于齐城（今山东淄博）东南荡阴里（一名阴阳里）之三壮士冢写起。“步出齐城门，遥望荡阴里。”“步出”与“遥望”相呼应，人未到而两眼视野先到，表明了对三坟之专注。“里中有三坟，累累正相似。”这是已经来到冢前，看清了三坟相连，形状相似。累累，起伏相连的样子。这三坟相似，也象征着三位勇士之相似，皆勇力超人，皆有功于君，皆使气好胜，皆被谗不悟。接下去六句转而写坟中三人的遭遇。“问是谁家墓”，明知故问，是为了突出所咏对象。答曰：“田疆古冶子”，这是以两人之名代三人之名，其中包括公孙接。“力能排南山，又能绝地纪。”紧承上句，盛赞三人勇力绝伦。排南山，推倒南山（齐城南之牛山）。绝地纪，语出《庄子・说剑篇》：“此剑上决浮云，下绝地纪。”这里指折断地脉。这样的勇士，结局却又如何呢？“一朝被谗言，二桃杀三士。”一朝，既言时间之速，也表明此阴谋之轻易得行。“谗言”二字，倾向性极明，既是对三士的同情、惋惜，也是对主谋者的有力谴责。二句写得斩截有力，使人感到毛骨悚然。二桃，比起三个力能推倒南山、折断地纪的勇士来，那真是太渺小了，太微不足道了，然而竟能实现杀掉三士的目的。诗句所构成的这一巨大反差，足以使人惊心动魄！诗至此，似可结又实未结，因为还留下一个疑问，这就是“谁能为此谋”？答曰“国相齐晏子”。结尾再一次用问答句式，波澜突起，把做国相的晏子指名道姓地点出来。二句看似客观叙述，不着议论，不含感情，实则皮里阳秋，有深意在。一问，意在提醒读者注意设此不寻常之谋的人，一答，指名道姓交代出为谋之人。“国相”，字面上是点明其身份，实际上是谴责这个居于一人之下万人之上，肩负沟通上下、协调文武之责的“国相”，何以不容人至此？这样的行为与“国相”的地位、气度、职责该是多么的不相称！“齐晏子”，是直点其名，意在立此存照，永远展出示众，使人们知道，这个善机变、巧谋划的“名相”，竟干出了这样的事。

关于此诗作意，一般皆取前引朱乾的说法，但也有人持相反的看法，认为朝有悍臣武夫，宰相不能制，就应该有晏婴这样的能臣。其实读一读《晏子春秋》原文就十分清楚了，晏婴进谗纯出私怨，谗言中加给三士的罪名皆属无据。晏婴是历史上多谋的"名相",但人无完人。《晏子春秋》尚如实记载,后人也就不必曲为之说了。

从诗的主题和语言看,这首古辞当是出于文人之手。在汉乐府诗作中,此诗显得朴拙了一些,但结构还是比较严谨的,诗从望荡阴里、见三坟写起,转到写坟中人被谗言遭杀害的悲惨事件,再转到揭出设此毒计之人。层层推进,语语相衔。诗中两用问答句式,都处在诗的关键处,既起醒目作用,又使文气免于平实。语言虽质朴而少文彩,但句句简洁,文雅而不艰涩,明白而不浅俗,可见是经过一番锤炼之功的。 (樊维纲)

蜨 蝶 行① 汉乐府

蜨蝶之遨游东园,奈何卒逢三月养子燕,接我苜蓿间。持之我入紫深宫中,行缠之傅欂栌间,② 雀来燕。燕子见衔哺来,摇头鼓翼何轩奴轩!

〔注〕 蜨(dié):蝶之本字。 ② 欂(bó)栌(lú):承接大梁的方木,又叫斗拱。

这是汉乐府中一首形象动人的寓言歌谣,它与《乌生八九子》、《枯鱼过河泣》等一样,充满了奇思、奇情。

俄国维戈茨基指出:"寓言蕴含着抒情诗、叙事诗和戏剧的种子"(《艺术心理学》)。它有情节,有冲突,而且主人公往往采用动物或其他无生命的东西。《蜨蝶行》的主人公,就是昆虫界的一只美丽蝴蝶。歌中描述它的出场,只用了一句话:"蜨蝶之遨游东园。"简洁而无赘语,正如戏剧的脚本,只告诉你"人物"、"地点"。至于环境景物,全可让置景者自己去想象。从后文知道,"时令"正是暮春"三月"。那么,你只要在"东园"(汉成帝时陵园)的墙垣间,添上几株青翠欲滴的松柏,走道边铺满茵茵如毯的"苜蓿"草,点缀一些野草杂花,背景就全有了。如果再添上几分宁静、几声鸟鸣,气氛也就造足了。此刻,主人公(蝴蝶)正尽情遨游其间,忽而凝立花间,忽而翩翩飞起。那色彩缤纷的翅翼,正迎着春日的阳光,熠熠闪耀。简直是无忧无虑,欢快极了——这就是开头一句所包含的情景。

刹那间,情节发生突变:"奈何卒逢三月养子燕,接我苜蓿间。"三月天是哺养雏燕的好时光。燕妈妈看到孩子们嗷嗷待哺,便将剪翼一展,来到东园觅食。燕子原非凶恶之鸟,但在蝴蝶眼中,却是可怕的天敌。句中一个"奈何"、一个"卒逢",正表现出蝴蝶发现燕子飞来时的吃惊,和无所遁逃的悲哀。蝴蝶不会鸣叫,但在诗行之中,我们似乎听到了它哀哀无助的惊恐呼声。接着便是一个悲剧性的场面：它还来不及从苜蓿花上飞起，便被飞掠而下的燕子刁持了去。诗中用一“接”字，形容燕子飞捕蝴蝶时的迅捷，极为传神。“持之我入紫（此）深宫中，行缠之傅（附）欂栌间，雀来燕。”现在，主人公已束手受缚。它被燕妈妈刁持着飞入深宫的楼檐下。那草垒的燕窝，正缠附在大梁斗拱之上；来往的鸟雀，就只有可怕的燕子。“深宫”本非蝴蝶可到之处，而今猛然被带到此处，自令蝴蝶陡生阴森恐怖之感。看来，它离死期已不远了。

最妙的是结尾两句。雏燕大约已饿了多时，此刻突见燕妈妈归来，嘴里还衔着美味的佳肴，其惊喜之态如何？诗人对此作了极为形象的描摹：“摇头鼓翼何轩奴轩！”前四字是摹形，刻划雏燕各各搧动着毛羽未满的翅膀，摇晃着张开大嘴的脑袋争食的景象，神态逼真。后四字是摹声，那是雏燕们迫不及待的惊喜叫声。不过，这一切又都从“主人公”蝴蝶耳目中写出，便不仅形象，还带上了强烈的主观感受，写出了蝴蝶被张口吞食前的惊恐万状的绝望。所以雏燕的叫声，听起来简直令蝴蝶魂飞魄散！接下去是什么情况，就不知道了。因为蝴蝶已被吞食，那景象它是不及再见了。全诗就在主人公被吞食的刹那间结束，结得也恰是时候。

这首诗的寓意是什么？读者可以自己去思索。不过，从诗中出现的主人公，是一只柔弱而无辜的蝴蝶看，它似乎借喻着某类女子。蝴蝶被“劫”的去处，又是在“深宫”，那无疑告诉读者，酿成这场悲剧的地方，是在宫深似海的侯王之家。那么，诗中的黑色燕子，显然就是侯王之门的走卒和爪牙了。透过这首童话般的寓言，人们看到的，正是这样一幕惨不忍睹的社会悲剧。

表现人间的悲剧，却让翩翩蜨蝶来倾诉，这真是异想天开的奇思。像这样充满奇思的寓言歌谣，在汉代一度成批出现，究竟是什么原因？清人冯班《钝吟杂录》说：“汉代歌谣承《离骚》之后，故多奇思。”这恐怕解释得不全。鲁迅在解释幽默讽刺生成的原因时指出，“社会讽刺家是危险的”，特别在“王之爪牙”盛行的时代。但人们“倘不死绝，肚子里总还有半口闷气，要借着笑的幌子，哈哈的吐出来。”鲁迅的分析，对于解释汉代寓言奇诗的流行，也一样适用。汉自武帝时代就酷吏横行，甚至有所谓“腹诽”之法。人们有满腔的悲愤，苦于无法直吐，就往往发为奇思，借用“幽默”的方式宣泄。而寓言采用动物作为主人公，按维戈茨基的分析以为，“能立刻造成审美印象所完全必需的同现实的分隔。”也就是说，能避免被视为直刺世事的嫌疑。同时又能使“虚构被诗歌打扮得富丽堂皇”，达到在人们头脑里刻下深刻印记，“取悦想象、打动情感”的强烈效果。因此，用寓言诗来抨击世事、讽刺时政，正是一种极有效而少危险的形式。它在汉代成批出现，并成为“感于哀乐,缘事而发”的乐府民歌体式上的重要特点之一,也就不奇怪了。这种寓言诗的功能,与战国策士们为了生动地阐述某种道理、易于为君主采纳而运用寓言,已有了很大差异,它更多地表现为对社会现实的一种变形的揭露或讽刺。《蛱蝶行》正是既富于奇趣、又生动形象的寓言体社会讽刺诗。

(潘啸龙)

乌生八九子 汉乐府

乌生八九子,端坐秦氏桂树间。唶我!秦氏家有遨游荡子,工用睢阳强,苏合弹。左手持强弹两丸,出入乌东西。唶我!一丸即发中乌身,乌死魂魄飞扬上天。阿母生乌子时,乃在南山岩石间。唶我!人民安知乌子处?蹊径窈窕安从通?白鹿乃在上林西苑中,射工尚复得白鹿脯。唶我!黄鹄摩天极高飞,后宫尚复得烹煮之。鲤鱼乃在洛水深渊中,钓竿尚得鲤鱼口。唶我!人民生,各各有寿命,死生何须复道前后!

从哀慨的深切和思致的奇特看,《乌生八九子》完全可与前文介绍的《蛱蝶行》比肩、颉颃。

不过,此诗的主人公,已不是翩翩翻飞的蝴蝶,而是只生养了八九个雏鸦的老乌。当初,它的窠巢筑在“南山”,日子过得大约颇艰辛;而今,“乌子”们长大了,便放心地迁居到了这“秦氏”家的大桂树上。悲剧开场的时候,几乎一无征兆——你看它们“端坐秦氏桂树间”,正“喳啦”、“喳啦”地欢快聊天呢!

随即是可怕敌人的上场:“秦氏家有遨游荡子,工用睢阳强、苏合弹”——这位浪荡公子,正经事不干,弹雀射鸟却颇在行。只要瞧一眼他手中所执的,竟是睢阳(今河南商丘)所产的强弩、苏合(西域香)配制的带香弹丸,便知有多凶悍和豪奢了。

倘若乌鸦母子警觉些,这场悲剧便不会发生。但也许这浪荡子过于诡诈,掩近树下简直悄无声息;也许老乌才来秦家不久,全不知晓此刻处境之凶险。诗中由此出现了最富戏剧性的一幕:当树下的浪荡子凝神屏息、“左手持强弹两丸”之际,恰正是乌鸦母子“端坐”树间,聊得兴高采烈之时——前后文描述的强烈反衬,使这幕悲剧的发生,带有了多么牵人心魄的效果。

诗中传出的一声惊嗟之叹(“唶我”),刹那间改变了一切:“一丸即发中乌身,乌死魂魄飞扬上天”——猝然中弹的是那老乌,它刚才还沉浸在母子情深之中,此刻却已扑棱棱惨呼而坠。伴随这一景象出现的，恐怕还有那八九只“乌子”的四散惊飞和哀哀悲啼：读者的心被震颤了，这幕突发的悲剧，也已演到了尾声。——这一切情景，《与蜨蝶行》均极相似。按照后者的格局，这幕悲剧既已结束，诗也便该收住了。

但此诗非但没有收笔，却出人意外地续上了一节垂死老乌的自伤自叹。“阿母生乌子时，乃在南山岩石间”——首先涌上老乌脑际的，是它当年生养乌子的难忘景象：那是在高高的南山上，峰岩丛立，有谁能知道我乌鸦母子的居住之所？就是知道，那溪径幽曲的悬崖高处，又有谁能光临、窥伺？刹那间的忆念，把老乌带回了多美好的往事；在“蹊径窈窕（幽深）安从通”的长声嗟叹中，诉说着老乌搬居秦氏桂树，而惨遭祸殃的多少伤痛和悔恨！此刻，这悔恨却是再也无可追补、无可挽回的了！——在“目睹”了这幕悲剧之后，读此四句，真可令人欷歔泣下。

奇特的是，老乌的嗟叹却陡然倒转，由自伤转入了自慰：“白鹿乃在上林西苑中，射工尚复得白鹿脯……”在“魂魄飞扬上天”的时候，它忽然想起了自己的同类——上林苑的“白鹿”、摩天高飞的“黄鹄”和深居洛水的“鲤鱼”：它们不都曾小心翼翼，躲避着“射工”、“钓竿”的伤害么？结果又怎么样？白鹿成了射工口中的脯肉，黄鹄烹作后宫品尝的佳肴，连洛水深渊的鲤鱼，不也照样被钩钓而出、难逃一死！这样一想，伤痛的老乌终于得到了一些安慰：“人民生，各各有寿命，死生何须复道前后”？这便是老乌死去的刹那间，所闪现脑际的最后一缕思绪。

初读起来，这结尾之旷达自慰，似乎大大消解了这一悲剧所带给读者的沉重感。然而，你仔细涵咏，便能体味到，在这旷达自慰中，实包含着人生最深切的沉痛。如果说，乌鸦母子的惨遭灾祸，还多少带有某种偶然性的话；那么，有了结尾这一节“白鹿”、“黄鹄”、“鲤鱼”悲剧的连翩而现，你该瞥见了一个何其广大的、充满凶险的悲剧世界！在这个世界中，无辜的受害者不管躲得多远、藏得多深，也都无法逃脱被掩捕、被射杀、被宰割的命运。则乌鸦母子即使不迁来秦氏桂树，又岂能有更好的遭遇？清人沈德潜曾指出，在诗歌表现中有一种“透过一层法”，即“明说不堪，其味便浅”，“转作旷达，弥见沉痛矣”（《说诗晬语》）。此诗之抒写老乌遭祸的伤痛，终于在四顾无诉中转作自慰自解之语，正以“旷达”之思，表现了这种不便“明说”而又恨、痛无尽的人间悲哀。个别的悲剧，由此得到了广大背景的映照；偶然的灾殃，由此升华为无可避逃和幸免的必然——这样的灾殃，在西汉武帝之世酷吏横行时，曾屡见不鲜；在元、成之际亦源源不绝。

由此看来，《乌生八九子》正与《蜨蝶行》一样，借自然界鸟禽、昆虫的遭际，抒写了社会中受迫害、受蹂躏者的凄惨命运。从表现方式看,均思致奇崛、意出尘外;而从反映现实的深广看,《乌生八九子》无疑更多耐人寻味的意蕴。

(潘啸龙)

伤歌行 汉乐府

昭昭素明月,辉光烛我床。忧人不能寐,耿耿夜何长。微风吹闺闼,罗帷自飘扬。揽衣曳长带,屣履下高堂。东西安所之?徘徊以彷徨。春鸟翻南飞,翩翩独翱翔。悲声命俦匹,哀鸣伤我肠。感物怀所思,泣涕忽沾裳。伫立吐高吟,舒愤诉穹苍。

这首诗,郭茂倩收在《杂曲歌辞》中,作古辞,《文选》同。但《玉台新咏》署名为魏明帝。郭氏的题解说:"伤日月代谢,年命遒尽,绝离知友,伤而作歌也。"说得不甚透彻。其实这是一首闺情诗,写婚姻不能自主的痛苦。因为是叙事诗,诗意较为含蓄,作者是采用情景相间的艺术手法来展开铺叙,层层揭示主题的。

"昭昭素明月,辉光烛我床。忧人不能寐,耿耿夜何长。"写忧人夜不能寐。忧人是男是女,不得而知,但他(她?)在明月之夜,忧心忡忡。以至月已偏斜(辉光烛我床),尚在辗转反侧。真所谓"转朱阁,低绮户,照无眠"啊!真所谓"迟迟钟鼓初长夜,耿耿星河欲曙天"啊!

"微风吹闺闼,罗帷自飘扬。"原来这位忧人是一位女子。微风吹,罗帷飘,她心绪更加不宁,躺不住了。"揽衣曳长带,屣履下高堂。"干脆起床,到堂屋里去走走。但她无心收装,是"衣冠不整下堂来"的。揽衣,是披衣。曳,是拖着。屣履,是拖着鞋走路。《后汉书》李贤注:"屣履,谓纳履曳之而行。"她到底要干什么呢?"东西安所之,徘徊以彷徨。"什么也不干,只是走来走去,无所归依。以上是第一段,极写女主人公的苦闷。那么,她为什么会是这种心态?

"春鸟翻南飞,翩翩独翱翔。悲声命俦匹,哀鸣伤我肠。"正当女主人公在堂屋徘徊之际,夜空中传来一只孤鸟的哀鸣。女主人公很理解这哀鸣的含意是在呼唤自己的伴侣。伴侣不在,其鸣悲哀,女主人公也伤感了。"感物怀所思,泣涕忽沾裳。"孤鸟的哀鸣触动了她的心事,她伤心地哭了。刚开始,由于夜深人静,有所顾忌,她只是吞声饮泣,有泪无声。泣到伤心处,什么也不顾了:"伫立吐高吟,舒愤诉穹苍。"竟然失声"高吟",喊起天起来了,把满腔的幽愤向苍天诉说。这是为什么?为什么要喊天?司马迁在《史记·屈原列传》中说:"夫天者,人之始也；父母者，人之本也。人穷则反本，故劳苦倦极，未尝不呼天也；疾痛惨怛，未尝不呼父母也。”奇怪的是这位女主人公只是呼天，就是不呼父母。这又是为什么？关键的句子就是“感物怀所思”。怀所思，就是有意中人，但不能与之结合为“俦匹”，没有父母之命是不行的。而父母之命可能正是要她嫁给别人，她身不由己，十分苦恼，无法摆脱命运的安排，只好喊天了，至于父母，还有什么可喊的呢？

这首诗在艺术上还有一个显著特色：它是以女主人公的感情冲动为线索层层展开、步步升华的。“昭昭素明月”，起句平平，看不出什么。“辉光烛我床”，原来她醒着。醒而卧，卧而起，起而徘徊。先是悲，由悲到泣，由泣到吟，由吟而愤，由愤而诉。感情越来越强烈，行动越来越大胆。一首短诗，居然写出了一个人物性格的发展变化，这是作者匠心独运的惊人之笔。《伤歌行》的重点不是写感伤，而是写怨愤，是高度赞扬闺中女子敢于冲击封建礼教的那一声惊破夜空的愤怒的呼喊！

（傅如一）

枯鱼过河泣　　汉乐府

枯鱼过河泣，何时悔复及！
作书与鲂鱮：相教慎出入！

此诗属汉乐府杂曲歌辞，是一首寓言诗。“枯鱼”就是干鱼。诗中写一个遭到灾祸的人以枯鱼自比，警告人们行动小心，以免招来祸患。

开头两句突兀而起，奇峭警拔。诗中说：一条枯鱼过河时，不禁伤心痛哭，悲叹现在后悔已来不及了。既是枯鱼，何以又会过河？又何以哭泣？何以悔恨？这一切，诗中先不说明。“何时悔复及”，什么时候失悔还来得及啊！这是用反诘语表示否定，以加强悲叹的语气，加重表现沉痛的心情。先说结果，后叙原因，可以突出结果。诗中这样处理，不仅可以突出悔恨，还可避免平铺直叙，使内容富有曲折。

三四两句仍然不直接回答何以过河，何以泣，何以悔，而写枯鱼作书（写信）给鲂、鱮，但枯鱼何以过河，何以泣，何以悔，却在书的内容中自然透露出来，构想非常巧妙。鲂即鳊鱼，鱮即鲢鱼，诗中用它们代指鱼类，它们就是枯鱼的伙伴。书仅“相教慎出入”五字，内容却极丰富。“相教”即相互告诫。“慎出入”是说无论外出还是归来，都要谨慎小心，千万不可粗心大意。首先是尽量少外出；即使不得已外出，也要处处留心。这里不但表现了枯鱼对伙伴们的关切，还透露出枯鱼之所以泣、悔，就是由于当初麻痹大意，以致被人捕去，此刻被人携过河去，看到过去在里面游嬉过的河水，以后却再也不可能回到那里面去，不禁伤心痛哭，悔恨万分。它用自己的惨痛教训告诫伙伴，希望它们不要再蹈自己的覆辙。这既是对伙伴的警告，也是枯鱼对自己的悲悼。

从内容看，此诗可能作于东汉末年。这时军阀混战，连年不绝，是我国历史上最动乱的时期之一。曹操在《蒿里行》中曾描写过当时社会的惨象："铠甲生虮虱，万姓以死亡。白骨露于野，千里无鸡鸣。生民百遗一，念之断人肠！"《枯鱼过河泣》以鱼拟人，正反映了在东汉末年的动乱社会中，随时都可能有灾祸降临到人们头上的残酷现实。

此诗通篇全用比喻，想象新奇，结构精巧。清人沈德潜评论此诗说："汉人每有此种奇想"（《古诗源》），确实显示了汉乐府的高度艺术表现力。　（王思宇）

悲　歌　　　汉乐府

悲歌可以当泣，远望可以当归。
思念故乡，　郁郁累累。
欲归家无人，　欲渡河无船。
心思不能言，　肠中车轮转。

这首古辞收在《乐府诗集·杂曲歌辞》中，写游子思乡不得归的悲哀。"悲歌可以当泣"，诗一开头，劈头劈脑拦腰斩断许多内容，不难理解，这位悲歌者在此之前不知哭泣过多少回了，由于太伤心，以至最后以放声悲歌代替哭泣，他为何这样悲哀？

"远望可以当归。"原来是一位游子，他远离故乡，无法还乡，只好以望乡来代替还乡了。真的"远望可以当归"吗？只是聊以解忧，无可奈何罢了。这两句把许许多多人的生活体验作了典型的艺术概括，是最能引起读者共鸣的，所以成为千古名句。

"思念故乡，郁郁累累。"这是承接"远望"写远望所见，见到了故乡吗？没有。郁郁，是写草木郁郁葱葱。累累是写山岗累累。"岭树重遮千里目"，茫茫的草木，重重的山岗遮住了望眼，故乡何在？亲人何在？

"欲归家无人，欲渡河无船。"这两句是写思乡而未还乡的原因。家里已经没有亲人了，哪里还有家？无家可归。即便是有家可归，也回不去，因为"欲渡河无船"。所谓"欲渡河无船"，不仅仅是指眼前无船可渡，而是说自己处处受阻，前途坎坷，走投无路的意思。张衡在《四愁诗》中说："我所思兮在太山，欲往从之梁父艰”,“我所思兮在桂林,欲往从之湘水深”,“我所思兮在汉阳,欲往从之陇坂长”,“我所思兮在雁门,欲往从之雪纷纷”。连结用东西南北四个比喻来象征自己有志难伸,忧伤失意。李白在《行路难》中说“欲渡黄河冰塞川,将登太行雪满山。”以行路难象征人生道路的艰难。“欲渡河无船”也应作如是观,是这位游子悲惨命运的形象写照。这正是他思乡、望乡的根本原因。这样写,就比《艳歌行》要沉痛得多了。

“心思不能言,肠中车轮转。”他的思乡之情,他的痛苦遭遇,很想向人诉说,但有许多难言之隐,不敢乱说,只好闷在心中,万分痛苦,就像车轮在肠子里转动一般,阵阵绞痛。

这首诗和《古歌·秋风萧萧愁杀人》在思想内容上相似。最后两句均是“心思不能言,肠中车轮转”。但《古歌》是触景生情,而这首诗,既不写景,也不叙事,它以肺腑之言,真挚的感情痛苦的体验而动人心弦。可以说,抒情诗的意境,并不在于写景和叙事,只要感情真挚感人能引起共鸣,那么诗的意境就在不同的读者的脑海中幻化为丰富多彩的艺术形象了。（傅如一）

箜　篌　谣

汉乐府

结交在相知,骨肉何必亲。
甘言无忠实,世薄多苏秦。
从风暂靡草,富贵上升天。
不见山巅树,摧杌下为薪。①
岂甘井中泥？上出作埃尘。

〔注〕 ① 摧杌(wù):摧折倒下。

此诗《太平御览》引作“古歌辞”,属《杂歌谣辞》。箜篌,古代的一种弹拨乐器,此以为题,与歌辞内容无关。此歌似为拼合之作,前四句讲交友识人之道,后六句讲处世保身之诀。合而言之,都是生活经验的总结,这与汉乐府中一些警世喻理之作属同一类型。

“结交在相知,骨肉何必亲。”这二句是说知心朋友比骨肉之亲还要亲。第一句说交朋友要交到心上,彼此心相知,这才是真正的朋友,可亲可信的朋友。第二句是说何必骨肉之亲才算亲。这是用骨肉之亲来与知心朋友之亲相比衬。骨肉之亲,如不知心,亦可变成路人或仇人;相反知心朋友之亲,却可作到真正的亲。古往今来,这两方面的事例多矣。这两句就是这一情况的总结和概括。“甘言无忠实，世薄多苏秦。”这二句是说如何才能交到知心朋友？甘言，即甜美之言。苏秦，战国时人，善说辞，游说各国君主，皆投其所好，各有一套说辞，历史上被视为耍嘴片子的能手。交朋友，不能只听对方甜美的言辞。古云：“华言虚也，至言实也，甘言疾也，苦言药也。”可见华丽之言，甘美之言，往往是虚假的，因而是“无忠实”的，对人有害的。无忠实，即心不诚，情不真。世薄，是说世情淡薄，即风气不好。多苏秦，即花言巧语的人太多。正因为世风如此，故交友特须留意，这两句是交友经验教训的总结和概括。以上是此诗的第一层内容，即陈说交友识人之道。

“从风暂靡草，富贵上升天。”这两句以草为喻，草遭风吹，有的随风暂时倒下，可是风过后仍可挺起来，照样生长；有的则随风吹上天，成了暴发户，但风一停便会掉下来，成为无可依靠的弃物。两句意思是与其追求一时的富贵，飘浮虚华，不如安于贫贱，不离本根。二句互文见义，上句“从风”直贯下句，下句“富贵”以反义（贫贱）反绾上句，“草”则关合两句。靡，披靡，倒下。“不见山巅树，摧杌下为薪。”这两句以树为喻，君不见山头之树，所处势位高则高矣，似可傲视它树，可是一旦摧折倒下，照样被砍伐当作柴烧。两句意思是别看有权有势者居高自傲，不可一世，一旦垮台了，也不过同薪柴一样不值几文。“岂甘井中泥？上出作埃尘。”这两句以井泥为喻，井中之泥岂能甘心永远沉于井底，不思出井一见天日，可是一旦到了井上，日晒泥干，风一吹便成了埃尘四处飞扬矣。两句意思是如果不甘心沉于下层，一心想出头露面，结果也只能是如浮尘之一场空。综合这三个比喻，意在说明：还是甘居下层，安于贫贱，不汲汲于富贵，不追慕势力地位，不求出头露面的好。这是身处政治动乱时代的人们所总结出来的一番处世保身的经验之谈。作者对攀龙附凤爬上天的暴发户，对爬上高位而不可一世的势利眼，对一心想抛头露面的功名迷，以及对他们的下场，是看得太多了，因而才得出了上述的结论，从而选定了自己要走的道路：君子固穷，全节保身。这也就是后来陶渊明所走的道路。以上是诗的第二层内容，即陈说处世保身之诀。

此诗第一层四句直言说理，讲交友知心，以骨肉亲相比衬；讲听言识人，以苏秦作例证，于质直中见文采。第二层连用三个比喻，物象具体，对比分明，但出之以口语俚语，于文采中见质直。诗的语言较少锤炼，有的保存口语的自然状态，虽通俗却欠顺畅，因而影响了内容的表达，也不利于读者理解。 （樊维纲）

古八变歌　　汉乐府

北风初秋至，吹我章华台。

浮云多暮色，似从崦嵫来。
枯桑鸣中林，络纬响空阶。
翩翩飞蓬征，怆怆游子怀。
故乡不可见，长望始此回。

这是一首用乐府古题写的五言诗。题名“八变”，其义不详。以《八变歌》为题的乐府歌诗，独此孤篇存世，余概莫传。此诗作者及写作年代均已难考详。旧时选家如明王世贞的《古诗选》、清沈德潜的《古诗源》等列为汉诗，今人逯钦立《先秦汉魏晋南北朝诗》亦归入“汉诗·乐府古辞”类。因历来乐府诸书未收该诗，故逯氏又云“此诗可疑”。今观其诗，情调风格接近《古诗十九首》，可能也是汉末一位佚名的文人之作，归之为汉诗似无大误。

本诗抒写游子怀乡之情。头两句分别点出时令、地点。起首以“北风初秋至”一句提领全篇，并观下文，知诗人于黄昏时登台望乡，从向晚的北风中领略到一些轻寒，秋临人间。次句提到的地点“章华台”，这原是春秋年间楚君灵王建造的一座著名离宫(事详《左传·昭公七年》)。该宫构筑极其宏丽壮观。郦道元《水经·沔水注》称“台高十丈，基广十五丈。”章华台故址在古华容县(今湖北潜江)。这句表明诗人其时正滞留楚地。

夏末秋初，日常气温仍很闷热，季节变化不甚分明。只有到白昼将尽，暑气稍退，晚风中才透出秋意。大凡他乡游子，对于节候的变易十分敏感，尤其冬春与夏秋之交，其间风物变异虽微，却格外令人关情，如唐人诗云：“独有宦游人，偏惊物候新。”(杜审言《和晋陵陆丞早春游望》)。诗人以高台秋风起兴，发为咏唱，言外隐然有“归欤”之叹音。这两句渲染出一片游子悲秋之意绪，涵盖全篇。

以下四句写高台览物之情：“浮云多暮色，似从崦嵫来”。“崦嵫”，是古时传说中太阳西落所没入之山。诗人以色调浓重的笔墨描绘高天暮云流走，言其似从西极崦嵫山吹来，以显示楚天千里、暝色苍茫的阔大境界，衬托出高台之人的孤独寥落形象。“枯桑鸣中林，络纬响空阶”，“络纬”，虫名，即莎鸡(俗称纺织娘)。这两笔则较细致地描写秋声：地上林木摇落，枯桑因风作响；台前空阶寂寂，莎鸡声声悲鸣。这里以秋物之有声来反衬周围环境的寂寥萧瑟。诗人面对此情此景，触绪纷来，黯然伤神。这节叙景承首句“北风初秋至”而来，从高空浮云写到地上林木，从远山暮色写到空阶络纬，以见风之动物，物之感人。画面上笼罩着一派清秋的凄凉与衰飒气氛。

末一节由叙景转为抒怀，以“翩翩飞蓬征”一句引出。“飞蓬”，在古诗中常喻为行踪漂泊无定的游子，此句写蓬草随风飘浮，既遥承头一句“北风初秋至”而言风之动物，又与下句“怆怆游子怀”关合，文句自然成偶。出此一笔，亦赋亦比，章法转落无痕。最后以“故乡不可见，长望始此回”作结语。“长望”，即“怅望”(用徐仁甫《古诗别解》说)。此言诗人眺望故乡，盼自此而归。然天长地阔，故乡望而不见，不禁悲怆萦怀。结尾两句回映前文的登台远眺，提明篇旨。通篇笔意融贯，浑然一体。

这首诗写景有其独创之处，主要不在描写技巧的高明，而在写景本身所显示的一种新的变化。大抵在建安以前，诗歌中的写景，主要是作为比兴，所占的比例也较小。照清吴乔《答万季埜问诗》所说：“《十九首》言情者十之八，叙景者十之二；建安之诗，叙景已多，日甚一日。”而这首诗年代虽不能确考，至少与《十九首》相当，是可以说的。从一方面看，诗人于自然风物并非纯作客观地描摹形态、状写声色，其中确带有某种喻示性。例如浮云、暮色，既是摄取眼前景物入诗，然而一经描绘，便成为具有特定意象的事物。清秋暮色之于离愁，无根浮云之于游子，都是古代诗歌中经常联系在一起的形象。由此而言，此诗叙景仍可见出《诗经》以来传统的以景物为比兴的痕迹(这种情形在魏晋以后诗歌中依然常见)。但更值得注意的另一方面是：此诗的写景已不再是用一两笔作穿插点染，它在诗中占有显著的篇幅和地位，这一事实意味着自然景物的描写已有脱离只作抒情叙事的陪衬和纯属比兴的媒介物，而以具有独立审美意义的描写对象出现的趋向。尽管它仍带有从传统诗歌叙景方式中脱胎而来的痕迹，却有不同于《诗经》乃至《古诗十九首》的新的特质。换句话说，建安以后才较为普遍化的注重写景的倾向，在这里已经有所表现，这可以说是一种带有创造性的尝试。

(易 平)

艳 歌

汉乐府

今日乐上乐，① 相从步云衢。天公出美酒，河伯出鲤鱼。② 青龙前铺席，白虎持榼壶。南斗工鼓瑟，北斗吹笙竽。姮娥垂明珰，织女奉瑛琚。苍霞扬东讴，③ 清风流西歈。④ 垂露成帏幄，奔星扶轮舆。

〔注〕 ① 今日乐上乐：“上”一作“相”。此句为汉乐府常见的套语。 ② 河伯：黄河河神，名冯夷。 ③ 东讴：齐地的歌。 ④ 西歈(yú)：吴地的歌。

此诗为乐府古辞，属《杂曲歌辞》，一作《古艳诗》。艳，乐府大曲的组成部分，一般在正曲之前，如同引子或过门。但也有独立成篇者。此诗为游仙之作。秦汉以来，神仙之道盛行，但一般人（包括皇帝和大臣）相信神仙，都是为了求长生或希望自己也成为神仙，一些游仙诗也以此为主题。而此诗中的天上宴会之乐，却是天上神灵都围着诗中主人公转，都为诗中主人公服务，故其境界比一般游仙诗高出一筹。

诗从“今日乐上乐”写起，先点出今日之乐不同寻常，乃乐上之乐。第二句“相从步云衢”写求乐的地点。相从，谓互相伴随，见得不是一人。步云衢，即踏上登天大路。以下即展开对天上宴会场面的描写，把“乐上乐”的情景具体化。先写酒席：美酒是天公出的，鲤鱼是河伯出的，东方青龙七星来铺排筵席，西方白虎七星来把壶斟酒。天公是天上的主宰者，他也对宴席有奉献，可见宴上的“我们”地位之高。次写歌舞：工于鼓瑟的南斗星，长于吹笙竽的北斗星，都前来表演他们的拿手好戏；耳垂明月珰的嫦娥前来献舞，身穿彩衣的织女奉上了美石与佩玉；这时苍霞和清风也放开美妙的歌喉，唱起齐地、吴地的歌曲助兴。这情景，真令人眼花缭乱，耳不暇听。在这里，既没有对神仙神物的神秘感和恐惧感，也没有羡慕和乞求，相反，倒是一切皆服务于“我们”，“我们”是宴会的主人。最后两句是宴会结束，当“我们”登车而去时，流星前来驾车，正在下滴的露珠便成了车盖的帷幕。可以想见，“我们”是多么快意，“我们”是多么自豪，只有“我们”，才是顶天立地的一群，俨然如天地间的主宰。

这首诗写的是天上宴乐，但仔细一玩味，诗中所涉及的一切，不管是酒、鱼、席、壶，还是明珰瑛琚、东讴西歈，无一不是人间的、不是人间的人们特别是富有者们所享受的。所以这场盛宴，不过是人间盛宴的折射。汉乐府中某些作品的首尾往往有“今日乐相乐，延年万岁期”这样的套语，不一定与内容相关，因为这类诗都是用来在宴会上娱人的，为了取悦宴会的主人们，便加上这样祝颂性的诗句。这首诗亦是如此。所以，它实际上体现了人间享乐者们的欲求，他们并不满足于人间的口耳之福，还要上天堂享乐，并让天上的神仙也为自己服务；主宰天上的世界，无所局限地扩大自己的作用和影响。这首诗歌颂了这些享乐者，所以其思想性并不足取。但从另一角度看，由于诗写得恢宏恣肆，显得很有气势，意态不凡，因而在客观上也从一个侧面反映了汉代社会国力强盛时期人们的一种昂扬而又自信的心态和气度，具有一定的社会认识价值。

此诗写法上的主要特点是以赋的笔法，借助天文学的知识，发挥想象，尽情铺张，同时又层次井然，纷繁而不乱。其次，诗歌运用拟人手法，把神话中人物和天上星宿都“驱遣”到酒席宴会上来，让它们各司其职，并都切合其特点，“个性”

鲜明,"面目"可见。这些都非富于想象、善于想象者不能为之。诗中除开头二句外,其他皆为对偶句,共六组十二句,连连排比,使赋法的优势得到了充分的体现。在这些对偶句中,又善用互文,上下句各举一边,合则互相补充,既语言简练,又文意丰厚。

（樊维纲）

古艳歌　　汉乐府

兰草自生香,生于大道傍。
十月钩帘起,并在束薪中。

此诗为乐府古辞,属《杂曲歌辞》。诗中借物寓意,寄寓了人才弃路旁,遭遇与凡众相等的慨叹,从而讽刺了在上位者的昏庸阘劣、糟蹋人才。

"兰草自生香,生于大道傍。"兰草,有两种,一种为菊科植物之兰草,全体有香气,秋季开花;一种为兰科植物之兰草,春季开花,花有香气,即现在常见的盆栽者。两种本皆生于山野。自生香,是说其香是天然生成的,本自与众草不同。傍,通"旁"。生于路旁,又见兰草本与众草同生同长,表面上并无区别。两句一正一反,一句说兰草在香气上与众草有别,一句说兰草与众草所生之地无别。"十月钩帘起,并在束薪中。"十月,秋末冬初,草木长成,正是砍柴季节。钩帘,当作"钩镰","帘"的繁体作"簾",与"镰"音同形近。钩镰,镰刀也。此名称汉时已有,桓谭《新论》云:"剑用之获稻,曾不如钩镰之功。"钩镰起,即农谚说的"动刀镰",挥镰收割之谓也。打柴人开始砍柴了,他们的目的在柴而不在香,结果兰草也好,众草也好,一起砍倒在地,打成捆,留待冬天作柴烧。这两句是诗人为兰草鸣不平,亦是以此为喻,为人才的不被人所识、不能尽其才鸣不平。人才何以不为人所识呢?孟郊《湘弦怨》诗云:"昧者理芳草,兰蒿同一锄。"其意实本此诗,其中明确点出糟蹋兰草的是"昧者",这对理解此诗是很有启发意义的。很明显,兰草之被埋没,是由于居上位者之昏庸阘劣,他们以自己之昏昏,怎么能识人才之昭昭呢!联系乐府古辞产生的社会背景看(多数产生于东汉后期),那种"举秀才,不知书;察孝廉,父别居;寒素清白浊如泥,高第良将怯如鸡"(见《抱朴子》)的现实,不正是这首诗不平之鸣之所指吗?人才不被识,不得用,人才被当作凡花众草来践踏,这是封建社会常有的事,但又绝不只存于封建社会,因此,此诗所写兰草遭遇的寓意,到今天仍能引人感叹,发人深思。而其物象与意象之巧妙融合,又大大丰富了诗的内涵外延,使这短短的二十个字,更具有耐人咀嚼的艺术魅力。

此诗明杨慎《升庵诗话》"兰草"条曾引录，但文字小有差异，如第一句之"生"作"然"，第三句作"腰镰八九月"，第四句"并"作"俱"。今附记于此，以备参考。

（樊维纲）

艳歌何尝行·白鹄　　无名氏

飞来双白鹄，乃从西北来。
十十五五，罗列成行。（一解）

妻卒被病，行不能相随。
五里一反顾，六里一徘徊。（二解）

吾欲衔汝去，口噤不能开。
吾欲负汝去，毛羽何摧颓。（三解）

乐哉新相知，忧来生别离。
躇踌顾群侣，泪下不自知。（四解）

念与君离别，气结不能言。
各各重自爱，道远归还难。
妾当守空房，闭门下重关。
若生当相见，亡者会黄泉。
今日乐相乐，延年万岁期。（趋）

以上五首，最早见于《宋书·乐志》所载的十五种大曲辞中。它以双飞的白鹄作譬，表现了一对患难夫妻被迫分离时的情态。前四首以雄鹄的口吻描写男子洒泪告别爱侣的情景，后一首改用女子的口吻，描写对重新聚首的期待。诗中拟人化的描写和代言式的描写相互映衬，把一种离别哀情表达得如泣如诉，低回曲折，非常感人。此外，它在形式上还有四个特点：第一，前四首和第五首之间，内容和风格有一个很大的转变，表现出拼合的痕迹。后一首的末二句同前八句意思也不连贯，其间也表现出拼合的痕迹。第二，诗歌以五言为基本辞式，但在第一首中有两个四言句，第二首中有一个四言句。这种辞式叫作"杂言"，同当时流行的五言诗体和楚辞诗体都有区别。第三，它有两个诗题：一题作《白鹄》，代表它的文学内容；一题作《艳歌何尝行》，代表它的音乐形式。其间关系是歌辞名同曲调名的关系。这表明它具有不同于徒诗的特殊身份。第四，关于它的创作时代有两种说法：《宋书》把它称作"古词四解"，意思是说它产生于汉代；《乐府诗集》卷三九引王僧虔《大明三年宴乐技录》则说："《艳歌何尝行》歌文帝《何尝》、《古白鹄》二篇。"这意味着它在曹魏文帝时接受了一次改作。我们可以把它理解为一组经过两次创作的作品：它的文辞的主要部分产生于汉代，但联合本辞与趋辞为一篇，奏入大曲，则是魏晋时代的事情。从以上种种可见：《艳歌何尝行·白鹄》的产生过程是很复杂的。为着认识这一作品的艺术特色及其形成原因，我们应当了解一下中国音乐史上的"相和歌"和"魏晋大曲"这两个重要的音乐品种。

"相和歌"指的是一种唱、和间用的歌唱方式。它主要包括两种情况：一是以歌和歌，例如楚歌《阳春》、《白雪》、《下里》、《巴人》所用的"一唱众和"；二是以器乐和歌，例如古代演奏琴瑟时所用的"弦歌"，亦即《古诗十九首》所说的"一弹再三叹"式的歌唱。这种相和歌唱形式在汉代很流行，很多民间歌谣在采入宫廷后，都用相和歌的方式给予了加工，所以人们常用"相和歌"来作为汉代歌曲的代称。（参看王小盾《论〈宋书·乐志〉所载十五大曲》，载《中国文化》第三辑。）《艳歌何尝行》中的《白鹄》辞，起初便是相和歌辞。《宋书》称它为"古词"，主要涵义也是说它是汉代相和歌中的歌辞。

但就《艳歌何尝行》整体而言，它却不是相和歌，而是一组大曲了。"大曲"指的是一种具有特殊结构的音乐作品，即以器乐曲、歌曲、舞曲的顺序组合为特征的大型音乐作品。现存最早的大曲作品，就是《宋书·乐志》所载的十五大曲。到唐代，西域乐舞输入后，人们常把汉族风格的器乐曲、歌曲同西域风格的舞曲联缀起来，作为大曲演出，其中的结构原则同魏晋大曲是一样的。由于大曲是由一些较小的音乐单位组成的，故大曲的某些部分具有两重身份，例如作为"大曲"和作为"曲子"的两重身份、作为"大曲"和作为"相和歌"的两重身份。由于这种联缀必须造成新的艺术整体性，亦即通过节奏的规则性变化造成音乐的合乎逻辑的发展，故唐大曲的曲辞常标以"第一"、"第二"等顺序号，魏晋大曲的曲辞则标为"一解"、"二解"等。（参看王小盾《唐大曲及其基本结构类型》，载《中国音乐学》1988 年第 2 期。）《艳歌何尝行·白鹄》的若干形式特点，例如具有双重标题的特点、由相和歌而上升为大曲的特点、多首诗歌相拼合的特点、具有两种创作时代的标记的特点，都是由它作为大曲曲辞的身份决定的。

我们把《艳歌何尝行》这支大曲的产生时代断在曹魏,除前述王僧虔《技录》的记载外,还有五条理由:(1)尽管《宋书·乐志》所载十五大曲的曲辞多用汉代的相和歌辞,但它的组织形式却不是汉代的。汉相和歌的歌辞在进入大曲后,多作了改动,此即是重新创作的明证。(2)尽管十五大曲被记载在《宋书》中,但它真正流行的时代却早在刘宋以前,故刘宋王僧虔说这些大曲"今不歌"。(3)《乐府诗集》明确指明这些大曲为"魏晋乐所奏"或"晋乐所奏"。(4)大曲是乐工的艺术,而非民间歌手的艺术,它只能在乐府机关中产生。据记载,专掌俗乐的"清商署"是在曹魏时建立的。(《资治通鉴》卷一三四胡注:"魏太祖起铜爵台于邺,自作乐府,被于管弦。后遂置清商令以掌之,属光禄勋。")(5)十五大曲中的很多乐曲以曹操、曹丕、曹叡、曹植诗为本辞,史籍也常说曹魏是"宰割辞调"、"造歌以被之"的时代。因此,过去人使用的"汉大曲"、"刘宋大曲"、"相和大曲"等等提法都是不准确的,这一批大曲应称为"魏晋大曲"。这是《艳歌何尝行·白鹄》辞的时代背景。

魏晋大曲的结构形式是一个四段式,即"艳—曲—趋—乱"的组合式。"艳"指的是楚歌。当时人有"荆艳楚舞"之说;"曲"指的是清商三调曲,它的音乐素材来自流行于中原的汉代相和歌;"趋"指的是吴歌,当时吴地歌曲便称为"吴趋";"乱"也是楚歌,《楚辞》中已常用"乱"来作为卒章之节。在这个四段式中,曲辞是主体部分。或者说,魏晋大曲是以流传于中原的相和歌为核心,以之结合来自南方的艳、趋、乱而形成的。《宋书·乐志》把《艳歌何尝行·白鹄》记为"古词四解",表明歌辞的主体部分是曲辞四首。《宋书》又说:"'念与'下为趋,曲前有艳。"意即这支大曲包括艳、曲、趋三部分。"艳"是一支楚地风格的器乐曲,"曲"是四首相和歌,"趋"辞则配合吴声歌曲。在十五大曲中,以"艳歌"为曲名的乐曲有三种:《艳歌罗敷行》、《艳歌何尝行·白鹄》、《艳歌何尝行·何尝》,它们的共同特点是有"艳"而无艳词,这说明它们都是因为采用了楚地艳曲为曲头而获得"艳歌"一名的。至于"行"字,则表明这支艳曲是器乐曲,因为"行"的意思就是器乐演奏。(《尔雅·释乐》:"徒鼓瑟谓之步。"《文选》乐府诗注引《歌录》:"《齐瑟行》,行即步之意也。"又引《音义》:"行,曲也。")

有趣的是,关于《艳歌何尝行·白鹄》的来历,我们还可以通过作品比较的方法来认识。例如:(1)《宋书·乐志》所载大曲辞中,另有《艳歌何尝行·何尝》一篇。它同样标为"古词",同样由曲辞四解和趋辞十句组成,同样是杂言辞。我们由此可以知道:《艳歌何尝行》是一支体制比较稳定的曲调,《白鹄》辞的辞式结构和杂言形式,同《何尝》辞一样,都是由这一曲调决定的。(2)《玉台新咏》卷一载录了一首《双白鹄》，文字和《艳歌何尝行·白鹄》大抵相同，仅第一解末二句作“十十将五五，罗列行不齐”，第二解首二句作“忽然卒被病，不能飞相随”，另外没有趋辞的前八句。根据《双白鹄》叶韵及辞式都比较整齐的特点，我们可以把它看作《白鹄》的祖本。比较这两者可知：《艳歌何尝行·白鹄》在再创作时，文学性曾受到一些损害，但音乐整体性却得到了加强。(3) 汉代有一首十句体的“古诗”，前四句说：“悲与亲友别，气结不能言。赠子以自爱，道远会见难。”《艳歌何尝行·白鹄》辞的趋词前四句，显然脱自此诗。这表明《艳歌何尝行·白鹄》的本辞及趋辞，都是通过杂采旧辞的方式创作出来的。(4) 汉代《古歌》篇末说：“今日乐相乐，延年寿千霜。”魏武帝时的乐府辞《塘上行》篇末说：“今日乐相乐，延年寿千秋。”《白鹄》辞的末二句出于此。这种诗歌结束方式在汉魏时的乐府歌辞中多见，反映了一种音乐表演的程式。在《双白鹄》篇末和《白鹄》趋词结句中的诗句拼合，可知是由乐工按此种程式进行的。

根据以上情况，我们可以把表演性、音乐性、民间性归纳为《艳歌何尝行·白鹄》的主要特征。这篇作品的艺术风格，其实就是这些特征的体现。例如：这篇诗歌的前四首用一种比兴手法，很生动地刻画了一个被迫弃妻的男子的形象；后一首则用展示内心感情的方式，细腻地描写了一位女子思念亲人、渴望团聚的悲哀。两种表现手法与两种不同的语言风格相配合，收到了相互映衬、相互对比的良好效果。这同诗歌的组合方式——前四首来自中原相和歌，后一首来自吴地歌曲——是分不开的。又如：诗歌中用“十十五五，罗列成行”的形象描写，暗示了并翼齐飞的美好生活，由此反衬出雌雄离散时的凄凉；又用“五里一反顾，六里一徘徊”、“吾欲衔汝去……吾欲负汝去……”的排比手法，很有力地渲染了雌雄离别时的依依不舍。这些表现方法，则是由于歌辞同民歌的亲缘关系而产生的。总之，尽管全诗杂采了多种民歌作品，里面有拼凑的痕迹，但由于它服从于一个完整的音乐主题，并由于它按表演需要造成了由聚而分、由男而女这样的情节变换，我们仍然可以从诗篇中得到一个整体的审美感受。这种感受，在一些非音乐的作品中反而是得不到的。

（王小盾）

古　歌

无名氏

秋风萧萧愁杀人。出亦愁，入亦愁。
座中何人谁不怀忧？令我白头。
胡地多飚风，树木何修修！
离家日趋远，衣带日趋缓。

心思不能言，肠中车轮转。

读这首诗，容不得你情感上有所酝酿，劈头便为一派浓重的忧愁所笼盖——一个苍莽悲凉的秋日，一场郁郁寡欢的怅饮，本已令你愁闷难耐。何况还有那吹不尽的秋风，老是在帐外"萧萧"地响，岂不更教人愁杀？"秋风萧萧愁杀人"，这一句突发的啸叹，正将主人公心头的万缕愁绪，化作烈烈秋风，"苍茫而来"，立时令人生出一种"不可遏抑"的困扰之感。"出亦愁，入亦愁"，则以细节刻画，抒写愁苦中人的坐立不安。不禁使你感到，那困扰着主人公的忧愁，竟怎样难以趋避、无可摆脱。受这困扰的，又何止主人公一人："座中何人谁不怀忧？"既称"何人"，又加"谁不"，这双重反问告诉人们：那忧愁正如病魔一样，已侵袭到所有在座者的心腑。使主人公所对无非忧者、所闻无非愁叹——这样的日子，真能耗蚀人的青春，加速衰老之期的到来。难怪主人公要发出"令我白头"的幽幽哀叹了。

以上一节，一味写"愁"。使你来不及细想，先就浸染上了那摆脱不开的忧愁。现在你不免要问：诗中主人公是谁？他究竟为什么如此忧愁？第二节诗，正为你解开了疑团："胡地多飚风，树木何修修！""胡地"，即塞外胡人居处之地。主人公既呼之为"胡"，可见他自己不是胡人。联系下文"离家日趋远"一句，可知主人公应是远离家乡、出塞戍守的汉卒。对于初到塞外的旅人来说，那"大漠孤烟直，长河落日圆"（王维《使至塞上》）的异域风光，实在是新鲜而奇妙的。但作为戍卒而久居胡地，看惯了浩瀚的黄沙，见不到几多绿意。秋冬之际，唯有呼啸的飚风，时时摇撼着稀疏的高树。那滋味可就大不好受了。它们所能勾起的，只能是千重忧虑、万里思情。读到这里，你便可恍然大悟：主人公之所以"出亦愁，入亦愁"，座中之人之所以"谁不怀忧"，那都是心揣着有家难归的万里离思的缘故。在这样的断肠人眼中，无论是"飚风"，无论是"修树"，触目间不全都化成了一片愁雾？故此二句看似写景，实亦写愁，正与上文"秋风萧萧愁杀人"相应，将满腹的忧愁"外化"了。

如果说，忧愁可以催人衰老，它首先带给人们的，则是憔悴和消瘦。"离家日趋远，衣带日趋缓。"诗中的主人公，正因为漂泊异乡、离家日远，被愁思消磨得茕茕骨立了。但诗人却不肯明言，而是巧妙地运用"衣带"之"日缓（松）"，以反衬主人公身躯的日见消瘦，写得含蕴不露而哀情深长。一位形销骨立的戍卒，就这样独伫于塞外荒漠，默默无语地遥望着万里乡关："心思不能言，肠中车轮转。"——他不是无语可说，而是心中塞满了愁思，纵然有千言万语，也难以表达呵！要描述这样一种痛苦之状，笔墨是难以胜任的。但人们在极度痛苦之中，想象力就往往特别活跃，笔底口中便常常跳出奇语。《诗经·卫风·河广》的主人公，在眺望黄河彼岸的故国时，思归心切，就唱出了“谁谓河广，一苇杭（渡）之”的奇句。而这首歌的主人公，为抒写胸中难以排遣的痛苦，竟想出了“肠中车轮转”这一奇喻！用滚滚车轮在肠中的转动，写主人公无可言传的曲曲愁思，真是形象得教人吃惊！也正因为如此，戍卒那离家万里的痛苦怀思，才以更强的力度震荡了读者的心弦，使你不能不为之悚然动容。

有人认为，《古歌》所抒写的，是“游子天涯之感”，恐怕不确。从上文的分析可知，它应该就是“胡地”戍卒的思乡怀归之作。东汉曾多次对羌人用兵，战争均延续十数年之久。朝廷之将贪功而无能，至使离乡征戍之卒“进不得力战，退不得温饱”，大批丧生于“胡地”、边境。这正是《古歌》之类思乡之作产生的背景。这首歌熔抒情、写景于一炉，在“秋风萧萧”中抒写困扰戍卒的愁思；又将它融于异乡的修树、荒漠的飚风之中，变得更加蓬勃、纷扬；最后忽设奇喻，将其化为辘辘车轮，在肠中滚转不已。如此形象的情感抒写，显示出汉乐府民歌在抒情艺术上已有怎样长足的进步。能够与它比美的，在汉代，恐怕只有“长于抒情”的《古诗十九首》了。

（潘啸龙）

刺巴郡守诗　　无名氏

狗吠何喧喧，有吏来在门。披衣出门应，府记欲得钱。语穷乞请期，吏怒反见尤。旋步顾家中，家中无可为。思往从邻贷，邻人已言匮。钱钱何难得，令我独憔悴！

这首诗见于常璩《华阳国志·巴志》。原书记道，东汉桓帝时，巴郡（辖今天重庆和四川部分区域，治江州，在今重庆市江北）太守李盛，“贪财重赋”，人民十分痛恨，作了这首诗予以讽刺。

这首诗是从一件征赋索钱的事入手进行讽刺。可分两段，前六句是写索钱的情状：狗吠喧喧，表现郡吏下乡带来的骚扰，中间加一个“何”，更显示了乡民的惊恐及反感。狗一吠，吏即到，“有吏来在门”，“在”一作“到”，但这里作“在”字较好，表现这班家伙行动的快速。“披衣出门应”，“披衣”，可见是夜晚，主人已睡下了，这时来要钱，益见骚扰之甚。“府记欲得钱”，“府记”是官府的公文，原来吏是为他们的官长来勒索的，由此联结到题中的“巴郡守”。这句话也可理解为吏的告白，隐然见出其狐假虎威的丑态。“语穷乞请期，吏怒反见尤。”这里说“语穷”，可见主人是想尽各种理由陈述，话都说尽了，但是，吏毫不让步，还在催逼，主人只得“乞请期”——请求另定日期,交还得交,只是缓一下。但就这样也还是不行,吏更是暴怒而又斥责。这两句包含的内容甚多,语言很是简练,就像杜甫的《石壕吏》所写的“吏呼一何怒,妇啼一何苦”,“怒”、“苦”情状若何,要凭读者去想象了。上面六句写索钱,分为三个层次:吏来、应对、催逼,可谓步步逼近,迫得主人走投无路了。下面六句写其困境。“旋步顾家中,家中无可为。”回转身看看家中,而不是去家中细细寻觅,可见其家徒有四壁,空空如也。“无可为”一作“无可与”,作“无可为”含义更丰富,见得其家不仅无可给的钱、物,而且可以变卖、抵押的东西也没有,无法可想了。于是想到邻家去借,“邻人已言匮”,他们已经说过无钱了,还去借什么呢。这里写“思往”,只是他的思想活动,他并未去借;“已言”,表示他过去曾向邻人告贷,邻人的境况他是知道的。可见在官府的压榨下,乡民们都已困苦不堪了。家中没有,邻人没有,到哪里弄钱呢?“钱钱何难得,令我独憔悴!”钱呀钱呀,多么难弄到呀,叫我多么难受呀!重复言钱,见出难堪,这两句表现了他走投无路时的痛愤交加。它紧接在前面的充分抒写之后、由主人公直接发出,带有“卒章显志”的性质,来得十分有力。

这是一首现实性很强的讽刺诗。东汉桓、灵之世,吏治十分腐败,朝廷公开卖官鬻爵,地方官拼命搜刮,以作晋升之资,这首诗讽刺的虽是名为李盛的巴郡守,实际上也包括当时形形色色的贪官污吏,所以它又是具有普遍性的。本诗属于民谣,未入乐府,但它在精神上与“缘事而发”的汉乐府是一致的,像这种题材、形式的作品对后代的讽喻诗创作影响很大,我们从杜甫的“即事名篇”的乐府诗、中唐的新乐府中,是不难找到相似的作品的。 (汤华泉)

桓帝初天下童谣 无名氏

小麦青青大麦枯,谁当获者妇与姑。
丈人何在西击胡。吏买马,君具车,
请为诸君鼓咙胡。

这是东汉桓帝时的童谣。著录它的《后汉书·五行志》交代其产生背景云:“元嘉(桓帝年号,151—152)中,凉州诸羌一时俱反,南入蜀汉,东抄三辅(今陕西关中地区),延及并、冀,大为民害。命将出师,每战常负。中国益发甲卒,麦多委弃,但有妇女获刈之也。”

羌族是居住在我国西部的古老的游牧民族,汉朝时仍然处于生产力低下的落后状态中,部落众多,不相统一。东汉时他们与中央王朝的战争颇为频繁,尤其是安帝以来,兵连不解,对于汉王朝造成巨大的威胁。战争主要在西部地区相当今青海东北部、甘肃、宁夏一带进行,有时他们还深入今四川、陕西、山西甚至河北等地。他们“来如风雨,去如绝弦”(《后汉书·西羌传》),掠夺人民,杀伤官吏。东汉王朝命将出师,但屡遭失败,甚至曾被迫放弃陇西、安定、北地、上郡四郡(约当今甘肃东部至陕西北部、山西西北一带)的大片土地。因此《后汉书·西羌传》感叹道:“自西戎作逆,未有陵斥上国,若斯其炽也!”东汉王朝消耗的军费开支达数百亿之巨,又抽发大量壮丁投入战场,不但边境居民,就是内地人民也被征发。这首民谣就反映了农村男丁被征调一空、生产遭受破坏的情景:

这正是麦子成熟的时节,是骄阳似火的夏日。小麦青青,大麦已晒得焦枯。农谚说收麦如救火,但是男子都打仗去了,田地里只看见老的少的妇女们在从事收割。妇,指媳妇。姑,古代称丈夫的母亲为姑。“丈人何在”的“丈人”,犹言长老,这是以媳妇的口气而言,指她的公公。公公既被征发,则其子即媳妇的丈夫,不言而喻也在征行之列了。(“丈人”一作“丈夫”,“丈夫”一词古代泛指成年男子。)

“吏买马,君具车”,据《后汉书·五行志》说,乃“言调发重及有秩者也”。战争吞噬了无数壮丁,兵员严重短缺,于是不但一般百姓,连下级官吏也被征发了。汉代制度,当兵的须自己置办装备,所以要买马备车。“请为诸君鼓咙胡”,《后汉书·五行志》云:“不敢公言,私咽语。”咙胡,即喉咙,喉、胡古音相近。鼓,凸出,鼓起。“鼓咙胡”是形容话哽在喉咙里的样子。不敢公然地大声叫苦,只能压住嗓子,这么低低地唱几句罢了。我们由此感到了当时气氛的压抑。

对人民言论的压抑必然与政治腐败相联系。东汉后期,外戚、宦官集团当权,早已闹得乌烟瘴气。即以对羌战争而言,也处处暴露了东汉王朝的腐朽。首先,羌人之所以连续不断、此起彼伏地反叛,固然与其豪酋的掠夺欲望有关,但更往往是由于汉族地方官吏和豪强的压迫欺凌。甚至汉明帝也曾在诏书中承认,羌人的动乱,乃“咎由太守、官吏妄加残戮”(《后汉书·西羌传》)。桓帝时皇甫规上言,说他生长边郡,经过长期观察,知羌人反叛之由,与内地“盗贼”一样,乃官逼民反。因此他说与其寻求猛将进行镇压,不如严令地方官清平奉法。事实上,当少数地方将吏尽心抚循、惩治不法时,羌人便相率来归,边境晏然无警。其次,在对付羌族的军事行动中,弊端丛生。向人民搜刮来的大量军费,却“出于平民,回入奸吏”(《后汉书·西羌传》),落进了贪官污吏的腰包。诸将多克扣军粮以自肥,士兵却饿死沟渠,“白骨相望于野”(同上)。边将、猾吏大发其战争财,因此倒巴不得烽火不息呢。最后,地方将吏的为非作歹,根源乃在于中央王朝的腐败。

他们将克扣掊聚的钱财，分出一部分贿赂宦官、权贵，甚至“旋车完封，写之权门”（《后汉书·皇甫规传》），供军用的钱币，尚未启封，便送入权贵之家了。将帅如此腆颜谄事宦官，便可得到封赏，反之便被陷害。皇甫规是当时难得的良将，便因拒绝行贿，不但有功不赏，而且被诬陷，受审服役。总之，在东汉后期的对羌战争中，封建王朝的种种丑恶现象充分暴露了出来。“小麦青青”这首童谣的作者，想来对此是有所了解的。他不敢公言，又骨鲠在喉，不能沉默，因此只能作诗“鼓咙胡”了。

我国古代认为从民间谣谚中可以见出政治得失，这首童谣就是被作为历史资料而记载、流传下来的。今天，我们结合其背景材料，仍可从中窥见当时政治黑暗、社会残破、人民痛苦的一个侧面。唐代伟大诗人杜甫曾有《大麦行》云：“大麦干枯小麦黄，妇女行泣夫走藏。东至集壁西梁洋，问谁腰镰胡与羌。”写的是吐蕃侵扰陇蜀、掠取麦子的情况，显然受“小麦青青”的影响。这首简质的童谣之所以受到诗圣的注意，正因其密切联系现实，与杜甫的创作精神是相通的。

（杨　明）

孔雀东南飞　　无名氏

孔雀东南飞，五里一徘徊。“十三能织素，十四学裁衣，十五弹箜篌，十六诵诗书。十七为君妇，心中常苦悲。君既为府吏，守节情不移。鸡鸣入机织，夜夜不得息。三日断五匹，大人故嫌迟。非为织作迟，君家妇难为。妾不堪驱使，徒留无所施。便可白公姥，及时相遣归。”府吏得闻之，堂上启阿母：“儿已薄禄相，幸复得此妇。结发同枕席，黄泉共为友。共事二三年，始尔未为久。女行无偏斜，何意致不厚？”阿母谓府吏：“何乃太区区！此妇无礼节，举动自专由。吾意久怀忿，汝岂得自由！东家有贤女，自名秦罗敷。可怜体无比，阿母为汝求。便可速遣之，遣去慎莫留！”府吏长跪告，伏惟启阿母：“今若遣此妇，终老不复取！”阿母得闻之，槌床便大怒：“小子无所畏，何敢助妇语！吾已失恩义，会不从相许！”

府吏默无声，再拜还入户。举言谓新妇，哽咽不能语：“我自不驱卿，逼迫有阿母。卿但暂还家，吾今且报府。不久当归还，还必相迎取。以此下心意，慎勿违吾语。”新妇谓府吏：“勿复重纷纭！往昔初阳岁，谢家来贵门。奉事循公姥，进止敢自专？昼夜勤作息，伶俜萦苦辛。谓言无罪过，供养卒大恩。仍更被驱遣，何言复来还？妾有绣腰襦，葳蕤自生光。红罗复斗帐，四角垂香囊。箱帘六七十，绿碧青丝绳。物物各自异，种种在其中。人贱物也鄙，不足迎后人。留待作遗施，于今无会因。时时为安慰，久久莫相忘。”鸡鸣外欲曙，新妇起严妆。著我绣袂裙，事事四五通：足下蹑丝履，头上玳瑁光，腰若流纨素，耳著明月珰。指如削葱根，口如含朱丹。纤纤作细步，精妙世无双。上堂谢阿母，母听去不止：“昔作女儿时，生小出野里。本自无教训，兼愧贵家子。受母钱帛多，不堪母驱使。今日还家去，念母劳家里。”却与小姑别，泪落连珠子：“新妇初来时，小姑始扶床，今日被驱遣，小姑如我长。勤心养公姥，好自相扶将；初七及下九，嬉戏莫相忘。”出门登车去，涕落百余行。

府吏马在前，新妇车在后，隐隐何甸甸，俱会大道口。下马入车中，低头共耳语：“誓不相隔卿！且暂还家去，吾今且赴府。不久当还归，誓天不相负。”新妇谓府吏：“感君区区怀。君既若见录，不久望君来。君当作磐石，妾当作蒲苇。蒲苇纫如丝，磐石无转移。我有亲父兄，性行暴如雷，恐不任我意，逆以煎我怀。”举手长劳劳，二情同依依。

入门上家堂，进退无颜仪。阿母大拊掌：“不图子自归！十三教汝织，十四能裁衣，十五弹箜篌，十六知礼仪，十七遣汝嫁，谓言无誓违。汝今无罪过，不迎而自归？”兰芝惭阿母：“儿实无罪过。”阿母大悲摧。还家十余日，县令遣媒来。云“有第三郎，窈窕世无双，年始十八九，便言多令才。”阿母谓阿女：“汝可去应之。”阿女衔泪答：“兰芝初还时，府吏见丁宁，结誓不别离。今日违情义，恐此事非奇。自可断来信，徐徐更谓之。”阿母白媒人：“贫贱有此女，始适还家门；不堪吏人妇，岂合令郎君？幸可广问讯，不得便相许。”媒人去数日，寻遣丞请还，说“有兰家女，承籍有宦官。”云“有第五郎，娇逸未有婚。

遣丞为媒人，主簿通语言。"直说太守家，有此令郎君，既欲结大义，故遣来贵门。阿母谢媒人："女子先有誓，老姥岂敢言？"阿兄得闻之，怅然心中烦，举言谓阿妹："作计何不量！先嫁得府吏，后嫁得郎君，否泰如天地，足以荣汝身。不嫁义郎体，其往欲何云？"兰芝仰头答："理实如兄言。谢家事夫婿，中道还兄门，处分适兄意，那得任自专？虽与府吏要，渠会永无缘！登即相许和，便可作婚姻。"媒人下床去，诺诺复尔尔。还部白府君："下官奉使命，言谈大有缘。"府君得闻之，言谈大欢喜。视历复开书，便利此月内，六合正相应。"良吉三十日，今已二十七，卿可去成婚。"交语速装束，络驿如浮云。青雀白鹄舫，四角龙子幡，婀娜随风转。金车玉作轮，踯躅青骢马，流苏金镂鞍。赍钱三百万，皆用青丝穿。杂彩三百匹，交广市鲑珍。从人四五百，郁郁登郡门。阿母谓阿女："适得府君书，明日来迎汝。何不作衣裳？莫令事不举！"阿女默无声，手巾掩口啼，泪落更如泻。移我琉璃榻，出置前窗下。左手持刀尺，右手执绫罗，朝成绣袷裙，晚成单罗衫。晻晻日欲暝，愁思出门啼。

府吏闻此变，因求假暂归。未至二三里，摧藏马悲哀。新妇识马声，蹑履相逢迎，怅然遥相望，知是故人来。举手拍马鞍，嗟叹使心伤："自君别我后，人事不可量。果不如先愿，又非君所详。我有亲父母，逼迫兼阿兄；以我应他人，君还何所望！"府吏谓新妇："贺卿得高迁！磐石方且厚，可以卒千年；蒲苇一时纫，便作旦夕间。卿当日胜贵，吾独向黄泉。"新妇谓府吏："何意出此言！同是被逼迫，君尔妾亦然。黄泉下相见，勿违今日言。"执手分道去，各各还家门。生人作死别，恨恨那可论！念与世间辞，千万不复全。

府吏还家去，上堂拜阿母："今日大风寒，寒风摧树木，严霜结庭兰。儿今日冥冥，令母在后单。故作不良计，勿复怨鬼神！命如南山石，四体康且直。"阿母得闻之，零泪应声落："汝是大家子，仕宦于台阁。慎勿为妇死，贵贱情何薄！东家有贤女，窈窕艳城郭。阿母为汝求，便复在旦夕。”府吏再拜还，长叹空房中，作计乃尔立。转头向户里，渐见愁煎迫。其日牛马嘶，新妇入青庐。奄奄黄昏后，寂寂人定初。“我命绝今日，魂去尸长留。”揽裙脱丝履，举身赴清池。府吏闻此事，心知长别离。徘徊庭树下，自挂东南枝。

两家求合葬，合葬华山傍。东西值松柏，左右种梧桐。枝枝相覆盖，叶叶相交通。中有双飞鸟，自名为鸳鸯；仰头相向鸣，夜夜达五更。行人驻足听，寡妇起彷徨。多谢后世人，戒之慎勿忘！

《孔雀东南飞》最早见于《玉台新咏》，题为《古诗为焦仲卿妻作》。诗前有序文：“汉末建安中，庐江府小吏焦仲卿妻刘氏，为仲卿母所遣，自誓不嫁。其家逼之，乃没水而死。仲卿闻之，亦自缢于庭树。时人伤之，为诗云尔。”这是一曲基于事实而形于吟咏的悲歌。其中，主人公刘兰芝、焦仲卿之死，表面上看来，是由于凶悍的焦母和势利的刘兄逼迫的结果。事实上，焦母、刘兄同样是封建礼教的受害者。因为焦母、刘兄的本意，并不想害死自己的儿子、自己的妹妹。这从刘、焦死后，“两家求合葬”这样后悔不及的举动可以看出——尽管这是他们对刘兰芝、焦仲卿生死不渝爱情的晚到的认可与祝福。他们主观上的出发点虽有利己的打算，但也有把维护自己亲人的终身幸福与自己的利益统一起来的愿望。焦母刘兄是要在自己与焦仲卿、刘兰芝的利益之间找到一块平衡的绿地而共处。然而，他们没有成功。这里，问题的深刻性在于：刘兰芝、焦仲卿毕竟是直接通过他们的手被害死了。焦母、刘兄同时又成了封建礼教的帮凶。这种不以个别人意志为转移的社会力量，正是当时封建制度罪恶本质的必然反映。

刘焦之死在当时有必然性。因为他们面临的抉择只有两种可能：或者向焦母刘兄屈服，违背自己的爱情誓约；或者以一死来维护两人的爱情誓约。刘、焦不可能随心所欲地选择第三个可能。因为他们所处的社会条件并不是他们自己选定的，而是既定的、从过去承继下来的。刘、焦之死，固然有外来的压力，但也有其内在的原因。这原因就是他们自身的思想也不能摆脱当时占统治地位的封建意识形态。《礼记·本命》中载：“妇有七去：不顺父母去，无子去，淫去，妒去，有恶疾去，多言去，窃盗去。”焦母迫害刘兰芝用的是第一条。《礼记》中还规定：“子甚宜其妻，父母不悦，出。”焦母压制焦仲卿用的就是孝顺这一条。刘兰芝回娘家后，也遭到家长制的威压。那么刘兰芝、焦仲卿是不是从根本上反对这些封建教条呢？没有。刘、焦两人所反复辩解的是他们并没有违反这些封建规范。他们的认识不能不受时代的局限。刘兰芝、焦仲卿与焦母刘兄不同的是：刘焦的爱情理想与这些封建教条冲突，而焦母刘兄则以为坚守这些封建教条才能真正维护自己和亲人的幸福。显然，在当时社会条件下，焦母、刘兄是强者，而刘兰芝、焦仲卿注定是被吞食的弱者。刘兰芝、焦仲卿的抗争只是一种自身合理的人性要求同违背这些要求的封建礼教之间的一种不自觉而且没有出路的冲突。因此，他们的死，是历史的必然要求与这个要求实际上不能实现的产物。他们的死，是对封建礼教罪恶本质的控诉。思想上的局限，并不能转移或否定实践意义上的客观作用。刘兰芝、焦仲卿不愧是封建礼教的早期叛逆者，因为他们没有逆来顺受地屈从。死与屈从，都是封建礼教对他俩的毁灭。但这是两种不同性质的毁灭。如果他们屈从了，那么虽然他俩的肉体还活着，但他们的灵魂、他们的爱情理想却不复存在了。而死，却表现了他俩为坚持爱情理想而作的抗争，符合历史发展的必然性，赢得后世人民对他俩的同情与尊敬，成为后代粉碎封建枷锁的精神鼓舞。

所以，刘、焦之死，已冲破个别人、个别家庭的狭小范围而具有了重大的典型意义，揭出了极其普遍的社会问题。《孔雀东南飞》的重大思想价值在于：它在中国封建社会的早期，就形象地用刘兰芝、焦仲卿两人殉情而死的家庭悲剧，深刻揭露了封建礼教的吃人本质，热情歌颂了刘兰芝、焦仲卿夫妇忠于爱情、反抗压迫的叛逆精神，直接寄托了人民群众对爱情婚姻自由的热烈向往。

通过有个性的人物对话塑造了鲜明的人物形象，是《孔雀东南飞》最大的艺术成就。全诗"共一千七百八十五字，古今第一首长诗也。淋淋漓漓，反反复复，杂述十数人口中语，而各肖其声音面目，岂非化工之笔"(《古诗源》卷四，沈德潜按语)。在贯穿全篇的对话中，可以看到，刘兰芝对仲卿、对焦母、对小姑、对自己的哥哥和母亲讲话时的态度与语气各不相同，正是在这种不同中可以感受到她那勤劳、善良、备受压迫而又富于反抗精神的外柔内刚的个性。同样的，在焦仲卿各种不同场合的话语中，也可以感受到他那忠于爱情、明辨是非但又迫于母亲威逼的诚正而软弱、但又有发展的性格。诗中写到兰芝与仲卿死前，兰芝假意同意再嫁，仲卿见兰芝后回家与母亲诀别，他俩这时的话语，非常切合各自的身份与处境。陈祚明《采菽堂古诗选》曾作过这样细致的分析："兰芝不白母而府吏白母者，女之于母，子之于母，情固不同。女从夫者也，又恐母防之，且母有兄在，可死也。子之与妻，孰与母重？且子死母何依，能无白乎？同死者，情也。彼此不负，女以死偿，安得不以死？彼此时，母即悔而迎女，犹可两俱无死也。然度母终不肯迎女，死终不可以已，故白母之言亦有异者，儿今冥冥四语明言之矣，今日风寒命如山石，又不甚了了，亦恐母觉而防我也。府吏白母而母不防者，女之去久矣。他日不死而今日何为独死？不过谓此怨怼之言，未必实耳。故漫以东家女答之，且用相慰。然府吏白母，不言女将改适，不言女亦欲死，盖度母之性，必不肯改而迎女，而徒露真情，则防我不得死故也。”试想，兰芝如果直说要死，这个弱女子势必会遭到暴力的约束，被强迫成婚。而仲卿的情况自然与兰芝不同，诚如上述引文的分析。又如：“吾意久怀忿，汝岂得自由”、“小子无所畏，何敢助妇语”，于此可立见焦母的蛮横：“作计何不量！先嫁得府吏，后嫁得郎君。否泰如天地，足以荣汝身。不嫁义郎体，其往欲何云？”由此可见刘兄的势利。即使次要人物如媒人、府君的简短对话，也各各符合其人的身份、特点。

诗中，简洁的人物行动刻画，有助于形象的鲜明；精炼的抒情性穿插，增强了行文的情韵。“鸡鸣外欲曙，新妇起严妆。著我绣裌裙，事事四五通”，写出了刘兰芝离开焦家时的矛盾心情。欲曙即起，表示她不愿在焦家生活的决心，严妆辞婆是她对焦母的抗议与示威。打扮时的事事四五通，表示了她对焦仲卿的爱，欲去又不忍遽去的微妙心理。“却与小姑别，泪落连珠子”，姑嫂关系不易相处，兰芝与小姑关系融洽，正表现了她的懂礼仪、易相处。这同焦母的不容恰成对照。另外，辞焦母不落泪，而辞小姑落泪，也可见兰芝的倔强。焦仲卿的形象刻画也是如此，他送兰芝到大道口，“下马入车中，低头共耳语”，表现了一片真情。闻知兰芝要成婚，“未至二三里，摧藏马悲哀”，诗篇用马悲渲染衬托他内心的强烈痛苦。临死前“长叹空房中”、“转头向户里”，对母亲还有所顾念，这里愈见他的诚正与善良。在整篇诗中，类似上述的动作刻画还有一些，笔墨虽不多，却极精粹。兰芝死时，义无反顾，“揽裙脱丝履，举身赴清池”；仲卿死时，顾念老母，“徘徊庭树下，自挂东南枝”，这些不同的动作细节，都切合各自的性格与处境。同样是母亲，焦母“搥床便大怒”的泼辣，刘母见兰芝回家时惊异而“大拊掌”的温和，对性格的描绘来说寥寥几笔已极传神。抒情性穿插较之动作刻画更少，但也是成功之笔。“举手长劳劳，二情同依依”，兰芝和仲卿第一次分手时，作者情不自禁的感叹，增添了悲剧气氛。“生人作死别，恨恨那可论”，这画龙点睛的穿插，更激起了人们对焦、刘遭遇的同情。即使那教训式的全诗结尾，也带有浓重的抒情意味，充满了作者的同情与期望。这些水到渠成、不着痕迹的抒情性穿插，对人物形象的塑造具有锦上添花的妙用，增加了全诗的感情色彩。

特别值得注意的是，此诗比兴手法和浪漫色彩的运用，对形象的塑造起了非常重要的作用。作者的感情与思想的倾向性通过这种艺术方法鲜明地表现了出来。诗篇开头,“孔雀东南飞,五里一徘徊”是“兴”的手法,用以兴起刘兰芝、焦仲卿彼此顾恋之情,布置了全篇的气氛。最后一段,在刘、焦合葬的墓地,松柏、梧桐枝枝叶叶覆盖相交,鸳鸯在其中双双日夕和鸣,通宵达旦。这既象征了刘焦夫妇爱情的不朽,又象征了他们永恒的悲愤与控告。由现实的双双合葬的形象,到象征永恒的爱情与幸福的松柏、鸳鸯的形象,表现了人民群众对未来自由幸福必然到来的信念,这是刘焦形象的浪漫主义发展,闪现出无比灿烂的理想光辉,使全诗起了质的飞跃。

《孔雀东南飞》结构完整、紧凑、细密。其情节的组织,采取双线交替推进的方式。其中,一条线索由刘兰芝、焦仲卿夫妇两人之间的关系构成;另一条线索由刘焦夫妇同焦母刘兄之间的关系构成,在全诗中占主导地位。

诗中的矛盾冲突在刘、焦夫妇同焦母刘兄之间展开。这是一场迫害与反迫害的斗争。仲卿求母一段,是第一次冲突,刻画了焦母的专横和仲卿的软弱。兰芝辞婆一段,是第二次冲突,反映了焦母的无情和兰芝的斗争。兰芝拒婚,是第三次冲突,在兰芝与其兄之间展开,突出了兰芝富贵不能淫的坚贞品格及其兄的卑鄙。仲卿别母一段,写出了阿母的顽固与仲卿的守约。这四次冲突,一次比一次激烈,直至双双殉情。特别是主角兰芝,她的坚决抗争,影响与决定了仲卿的态度与斗争。

兰芝与仲卿的感情纠葛是在上述矛盾冲突的基础上展开的。第一段兰芝的诉苦,表现了她对仲卿的信赖,也交代了矛盾冲突的背景。仲卿求母失败,刘、焦之间的话别,反映了仲卿的不舍、兰芝的温情。第二次冲突兰芝辞婆后,仲卿的送别,充分抒写了他们夫妇之间的真挚感情。第三次冲突兰芝拒婚一段,仲卿的怨怼,兰芝的表白,他们之间的诀别,淋漓尽致地刻画了生死不渝的爱情。由此可见,上述两条线索,有主有从,互为因果,交替发展,完整紧凑地完成了故事的叙述、人物命运的交代。

此诗在结构上的细密还表现在呼应映衬上。《采菽堂古诗选》曾指出:“凡长篇不可不频频照应,不则散漫。篇中如十三织素云云、吾今且赴府云云、磐石蒲苇云云及鸡鸣之于牛马嘶,前后两默无声,皆是照应法。然用之浑然,初无形迹故佳。乃神化于法度者。”诗中在不同场合中两次出现的蒲苇磐石的比喻,的确加深了读者对刘焦夫妇爱情坚贞的认识,也加强了阅读这篇作品时浑然一体的感觉。此外,兰芝别仲卿时对其兄“性行暴如雷”的担忧,焦母“东家美女”的引诱,也在诗中有暗伏、有照应,显示了结构上的精细和诗思的缜密。

《孔雀东南飞》细针密线的结构特色,得力于繁简得当的剪裁。刘兰芝、焦仲卿的故事，头绪纷繁，若不加剪裁，使之集中，就会散漫无所归统。清代诗评家沈德潜在《古诗源》中评道："作诗贵剪裁。入手若叙两家家势，末段若叙两家如何悲恸，岂不冗漫拖沓？故竟以一二语了之。极长诗中具有剪裁也。"《采菽堂古诗选》看法更深入："两家闻二人之死，仓皇悲恸、各怀悔恨，必有一番情事。然再写则沓拖，故直言求合葬，文势紧峭，乃知通篇之缕缕无一闲语也。前此不写两家家势，不重其家势也。后此不写两家仓皇、不重其仓皇也。最无谓语而可以写神者，谓之不闲；若不可少，而不关篇中意者，谓之闲。于此可悟裁剪法也。"裁剪中最易引人误入迷途的就是这些所谓若不可少却不关篇意的材料。其实，一些表面看来必不可少的材料，并不一定是最重要的材料和最需花费笔墨的材料。有些只需略作交代就行了，如诗中两家家势、死后家人悲恸后悔等等。这里，关键是抓住"篇中意"对诗材加以选择，组织，突出主要线索、主要人物、主要情意。

诗中对详写部分的处理是极为出色的。仲卿求母失败，刘焦之间话别，兰芝辞婆和太守迎亲等，都是浓墨重彩的段落。这些段落在整个长诗中都是直接关系到刘焦爱情悲剧的关键内容，对人物形象的塑造、人物感情的宣泄，对题意的显示都起着极重要的作用。更妙的是，这样的浓墨重彩，在全诗自然、朴实、流畅的基本风格中，起到了丰富色彩的作用，使整个描述的节奏疏密有致，快慢有度。沈德潜的这段评语具有真知灼见："长篇诗若平平叙去，恐无色泽。中间须点染华缛，五色陆离，使读者心目俱炫。如篇中新妇出门时，'妾有绣罗襦'一段，太守择日后，'青雀白鹄舫'一段是也。"（《古诗源》）　　（朱大刚）

古诗十九首·行行重行行　　无名氏

行行重行行，与君生别离。
相去万余里，各在天一涯。
道路阻且长，会面安可知！
胡马依北风，越鸟巢南枝。
相去日已远，衣带日已缓；
浮云蔽白日，游子不顾返。
思君令人老，岁月忽已晚。
弃捐勿复道，努力加餐饭。

这是一首在东汉末年动荡岁月中的相思乱离之歌。尽管在流传过程中失去了作者的名字，但"情真、景真、事真、意真"（陈绎《诗谱》），读之使人悲感无端，反复低徊,为女主人公真挚痛苦的爱情呼唤所感动。

首句五字,连叠四个“行”字,仅以一“重”字缩结。“行行”言其远,“重行行”极言其远,兼有久远之意,翻进一层,不仅指空间,也指时间。于是,复沓的声调,迟缓的节奏,疲惫的步伐,给人沉重的压抑感,痛苦伤感的氛围,立即笼罩全诗。“与君生别离”,这是思妇“送君南浦,伤如之何”的回忆,更是相思之情再也压抑不住发出的直白的呼喊。诗中的“君”,当指女主人公的丈夫,即远行未归的游子。

与君一别,音讯茫然:“相去万余里”。相隔万里,思妇以君行处为天涯;游子离家万里,以故乡与思妇为天涯,所谓“各在天一涯”也。“道路阻且长”承上句而来,“阻”承“天一涯”,指路途坎坷曲折;“长”承“万余里”,指路途遥远,关山迢递。因此,“会面安可知”!当时战争频仍,社会动乱,加上交通不便,生离犹如死别,当然也就相见无期。

然而,别离愈久,会面愈难,相思愈烈。诗人在极度思念中展开了丰富的联想:凡物都有眷恋乡土的本性:“胡马依北风,越鸟巢南枝。”飞禽走兽尚且如此,何况人呢?这两句用比兴手法,突如其来,效果远比直说更强烈感人。表面上喻远行君子,说明物尚有情,人岂无思的道理,同时兼暗喻思妇对远行君子深婉的恋情和热烈的相思——胡马在北风中嘶鸣了,越鸟在朝南的枝头筑巢了,游子啊,你还不归来啊!“相去日已远,衣带日已缓”,自别后,我容颜憔悴,首如飞蓬,自别后,我日渐消瘦,衣带宽松,游子啊,你还不归来啊!正是这种心灵上无声的呼唤,才越过千百年,赢得了人们的旷世同情和深深的惋叹。

如果稍稍留意,至此,诗中已出现了两次“相去”。第一次与“万余里”组合,指两地相距之远;第二次与“日已远”组合,指夫妻别离时间之长。相隔万里,日复一日,是忘记了当初旦旦誓约?还是为他乡女子所迷惑?正如浮云遮住了白日,使明净的心灵蒙上了一片云翳?“浮云蔽白日,游子不顾反”,这使女主人公忽然陷入深深的苦痛和彷徨之中。诗人通过由思念引起的猜测疑虑心理“反言之”,思妇的相思之情才愈显刻骨,愈显深婉、含蓄,意味不尽。

猜测、怀疑,当然毫无结果;极度相思,只能使形容枯槁。这就是“思君令人老,岁月忽已晚。”“老”,并非实指年龄,而指消瘦的体貌和忧伤的心情,是说心身憔悴,有似衰老而已。“晚”,指行人未归,岁月已晚,表明春秋忽代谢,相思又一年,暗喻女主人公青春易逝,坐愁红颜老的迟暮之感。

坐愁相思了无益。与其憔悴自弃,不如努力加餐,保重身体,留得青春容光,以待来日相会。故诗最后说:“弃捐勿复道,努力加餐饭。”至此,诗人以期待和聊以自慰的口吻，结束了她相思离乱的歌唱。

诗中，淳朴清新的民歌风格，内在节奏上重叠反复的形式，同一相思别离用或显、或寓、或直、或曲、或托物比兴的方法层层深入，“若秀才对朋友说家常话”式单纯优美的语言，正是这首诗具有永恒艺术魅力的所在。而首叙初别之情——次叙路远会难——再叙相思之苦——末以宽慰期待作结。离合奇正，现转换变化之妙。不迫不露、句平意远的艺术风格，表现出东方女性热恋相思的心理特点。

（曹　旭）

古诗十九首·青青河畔草　　无名氏

青青河畔草，郁郁园中柳。
盈盈楼上女，皎皎当窗牖。
娥娥红粉妆，纤纤出素手。
昔为倡家女，今为荡子妇。
荡子行不归，空床难独守。

她，独立楼头，体态盈盈，如临风凭虚；她，倚窗当轩，容光照人，皎皎有如轻云中的明月；为什么，她红妆艳服，打扮得如此用心；为什么，她牙雕般的纤纤双手，扶着窗棂，在久久地引颈远望：她望见了什么呢？望见了园外河畔，草色青青，绵绵延延，伸向远方，“青青河畔草，绵绵思远道；远道欲何之，宿昔梦见之”（《古诗》），原来她的目光，正随着草色，追踪着远行人往日的足迹；她望见了园中那株郁郁葱葱的垂柳，她曾经从这株树上折枝相赠，希望柳丝儿，能“留”住远行人的心儿。原来一年一度的春色，又一次燃起了她重逢的希望，也撩拨着她那青春的情思。希望，在盼望中又一次归于失望，情思，在等待中化成了悲怨。她不禁回想起生活的波弄，她，一个倡家女，好不容易挣脱了欢场泪歌的羁绊，找到了惬心的郎君，希望过上正常的人的生活；然而何以造化如此弄人，她不禁在心中呐喊：“远行的荡子，为何还不归来，这冰凉的空床，叫我如何独守！”

本诗写的就是这样一个重演过无数次的平凡的生活片断，用的也只是即景抒情的平凡的章法、“秀才说家常话”（谢榛语）式的平凡语言；然而韵味却不平凡。能于平凡中见出不平凡的境界来，就是本诗，也是《古诗十九首》那后人刻意雕镌所不能到的精妙。

诗的结构看似平直，却直中有婉，极自然中得虚实相映、正反相照之妙。诗境的中心当然是那位楼头美人，草色柳烟，是她望中所见，但诗人——他可能是偶然望见美人的局外人，也可能就是那位远行的荡子——代她设想，则自然由远而近，从园外草色，收束到园内柳烟，更汇聚到一点，园中心那高高楼头。自然界的青春，为少妇的青春作陪衬；青草碧柳为艳艳红妆陪衬，美到了极致。而唯其太美，所以篇末那突发的悲声才分外感人，也只是读诗至此，方能进一步悟到，开首那充满生命活力的草树，早已抹上了少妇那梦思般的哀愁。这也就是前人常说的《十九首》之味外味。如以后代诗家的诗法分析，可以认为"昔为倡家女，今为荡子妇"二句是全诗的中心句，以之为中峰，形成前后对照，首尾相应的结构。然而诗中那朴茂的情韵，使人不能不感到，诗人并不一定作如此巧妙的营构，他，只是为她设想，以她情思的开展起伏为线索，一一写成，感情的自然曲折，形成了诗歌结构的自然曲折。

诗的语言并不惊奇，只是用了民歌中常用的叠词，而且一连用了六个，但是贴切而又生动。青青与郁郁，同是形容植物的生机畅茂，但青青重在色调，郁郁兼重意态，且二者互易不得。柳丝堆烟，方有郁郁之感，河边草色，伸展而去，是难成郁郁之态的，而如仅以青青状柳，亦不足尽其意态。盈盈、皎皎，都是写美人的风姿，而盈盈重在体态，皎皎重在风采，由盈盈而皎皎，才有如同明月从云层中步出那般由隐绰到光鲜的感觉，试先后互易一下，必会感到轻重失当。娥娥与纤纤同是写其容色，而娥娥是大体的赞美，纤纤是细部的刻画，如互易，又必扞格不顺。六个叠字无一不切，由外围而中心，由总体而局部，由朦胧而清晰，烘托刻画了楼上女尽善尽美的形象，这里当然有一定的提炼选择，然而又全是依诗人远望或者悬想的过程逐次映现的。也许正是因为顺想象的层次自然展开，才更帮助了当时尚属草创的五言诗人词汇用得如此贴切，不见雕琢之痕，如凭空营构来位置词藻，效果未必会如此好。这就是所谓"秀才说家常话"。

六个叠字的音调也富于自然美，变化美。青青是平声，郁郁是仄声，盈盈又是平声，浊音，皎皎则又为仄声，清音；娥娥，纤纤同为平声，而一浊一清，平仄与清浊之映衬错综，形成一片宫商，谐和动听。当时声律说尚未发现，诗人只是依直觉发出了天籁之音，无怪乎钟嵘《诗品》要说"蜂腰鹤膝，闾里已具"了。这种出于自然的调声，使全诗音节在流利起伏中仍有一种古朴的韵味，细辨之，自可见与后来律调的区别。

六个叠词声、形两方面的结合，在叠词的单调中赋予了一种丰富的错落变化。这单调中的变化，正入神地传达出了女主人公孤独而耀目的形象，寂寞而烦扰的心声。

无须说，这位诗人不会懂得个性化、典型化之类的美学原理，但深情的远望或悬想，情之所钟，使他恰恰写出了女主人公的个性与典型意义。这是一位倡女，长年的歌笑生涯，对音乐的敏感，使她特别易于受到阳春美景中色彩与音响的撩拨、激动。她不是王昌龄《闺怨》诗中那位不知愁的天真的贵族少女。她凝妆上楼，一开始就是因为怕迟来的幸福重又失去，而去痴痴地盼望行人，她娥娥红妆也不是为与春色争美，而只是为了伊人，痴想着他一回来，就能见到她最美的容姿。因此她一出场就笼罩在一片草色凄凄，垂柳郁郁的哀怨气氛中。她受苦太深，希望太切，失望也因而太沉重，心灵的重压，使她迸发出“空床难独守”这一无声却又是赤裸裸的情热的呐喊。这不是“悔教夫婿觅封侯”式的精致的委婉，而只是，也只能是倡家女的袒露。也唯因其几近无告的孤苦呐喊，才与其明艳的丽质形成极强烈的对比，具有震撼人心的力量。诗人在自然真率的描摹中，显示了从良倡家女的个性，也通过她使读者看到在游宦成风而希望渺茫的汉末，一代中下层妇女的悲剧命运——虽然这种个性化的典型性，在诗人握笔之际，根本不会想到。（马茂元 赵昌平）

古诗十九首·青青陵上柏　无名氏

青青陵上柏，磊磊涧中石。
人生天地间，忽如远行客。
斗酒相娱乐，聊厚不为薄。
驱车策驽马，游戏宛与洛。
洛中何郁郁，冠带自相索。
长衢罗夹巷，王侯多第宅。
两宫遥相望，双阙百馀尺。
极宴娱心意，戚戚何所迫？

这首诗与《古诗》中的另一首《驱车上东门》（见后）在感慨生命短促这一点上有共同性，但艺术构思和形象蕴含却很不相同。《驱车上东门》的主人公望北邙而生哀，想到的只是死和未死之前的生活享受；这首诗的主人公游京城而兴叹，想到的不只是死和未死之时的吃好穿好。

开头四句，接连运用有形、有色、有声、有动作的事物作反衬、作比喻，把生命短促这样一个相当抽象的意思讲得很有实感，很带激情。主人公独立苍茫，俯仰兴怀：向上看，山上古柏青青，四季不凋；向下看，涧中众石磊磊，千秋不灭。头顶的天，脚底的地，当然更其永恒；而生于天地之间的人呢，却像出远门的旅人那样，匆匆忙忙，跑回家去。《文选》李善注引《尸子》、《列子》释“远行客”：“人生于天地之间，寄也。寄者固归。”“死人为‘归人’，则生人为‘行人’。”《古诗》中如“人生寄一世”，“人生忽如寄”等，都是不久即“归”（死）的意思。

第五句以下，写主人公因感于生命短促而及时行乐。“斗酒”虽“薄”（兼指量少、味淡），也可娱乐，就不必嫌薄，姑且认为厚吧！驽马虽劣，也可驾车出游，就不必嫌它不如骏马。借酒销忧，由来已久；“驾言出游，以写我忧”（《诗经·邶风·泉水》），也是老办法。这位主人公，看来是两者兼用的。“宛”（今河南南阳）是东汉的“南都”，“洛”（今河南洛阳）是东汉的京城。这两地，都很繁华，何妨携“斗酒”，赶“驽马”，到那儿去玩玩。接下去，用“何郁郁”赞叹洛阳的繁华景象，然后将笔触移向人物与建筑。“冠带”，顶冠束带者，指京城里的达官显贵。“索”，求访。“冠带自相索”，达官显贵互相探访，无非是趋势利，逐酒食，后面的“极宴娱心意”，就明白地点穿了。“长衢”（大街），“夹巷”（排列大街两侧的胡同），“王侯第宅”，“两宫”，“双阙”，都不过是“冠带自相索”，“极宴娱心意”的场所。主人公“游戏”京城，所见如此，会有什么感想呢？结尾两句，就是抒发感想的，可是歧解纷纭，各有会心，颇难作出大家都感到满意的阐释。有代表性的歧解是这样的：

一云结尾两句，都指主人公。“极宴”句承“斗酒”四句而来，写主人公享乐。

一云结尾两句，都指“冠带”者。“是说那些住在第宅、宫阙的人本可以极宴娱心，为什么反倒戚戚忧惧，有什么迫不得已的原因呢？”“那些权贵豪门原来是戚戚如有所迫的，弦外之音是富贵而可忧，不如贫贱之可乐”（余冠英《汉魏六朝诗选》）。

一云结尾两句，分指双方。“豪门权贵的只知‘极宴娱心’而不知忧国爱民，正与诗中主人公戚戚忧迫的情形成鲜明对照”（《两汉文学史参考资料》）。

从全诗章法看，分指双方较合理，但又绝非忧乐对照。“极宴”句承写“洛中”各句而来，自然应指豪门权贵。主人公本来是因生命短促而自寻“娱乐”、又因自寻“娱乐”而“游戏”洛中的，结句自然应与“娱乐”拍合。当然，主人公的内心深处未尝不“戚戚”，但口上说的毕竟是“娱乐”，是“游戏”。从“斗酒”、“驽马”诸句看，特别是从写“洛中”所见诸句看，这首诗的主人公，其行乐有很大的勉强性，与其说是行乐，不如说是借行乐以销忧。而忧的原因，也不仅是生命短促。生当乱世，他不能不厌乱忧时，然而到京城去看看，从“王侯第宅”直到“两宫”，都一味寻欢作乐，醉生梦死，全无忧国忧民之意。自己无权无势，又能有什么作为，还是“斗酒娱乐”，“游戏”人间吧！“戚戚何所迫”，即何所迫而戚戚。用现代汉语说，便是:有什么迫使我戚戚不乐呢(改成肯定语气,即“没有什么使我戚戚不乐”)?全诗内涵,本来相当深广;用这样一个反诘句作结,更其余味无穷。 (霍松林)

古诗十九首·今日良宴会 无名氏

今日良宴会,欢乐难具陈。
弹筝奋逸响,新声妙入神。
令德唱高言,识曲听其真。
齐心同所愿,含意俱未伸。
人生寄一世,奄忽若飙尘。
何不策高足,先踞要路津?
无为守贫贱,轗轲常苦辛。

这首诗写得很别致。全诗十四句,是主人公一口气说完的,这当然很质直。所说的内容,不过是在宴会上听曲以及他对曲意的理解,这当然很浅近。然而细读全诗,便发现质直中见婉曲,浅近中寓深远。且看他是怎么说的,说了些什么:

今天的宴会啊,真是太棒了!那个欢乐劲,简直说不完。光说弹筝吧,弹出的声调多飘逸!那是最时髦的乐曲,妙极了!有美德的人通过乐曲发表了高论,懂得音乐,便能听出真意。那真意,其实是当前一般人的共同心愿,只是谁也不肯明白地说出;那就让我说出来吧:“人生一世,有如旅客住店。又像尘土,一忽儿便被疾风吹散。为什么不捷足先登,高踞要位,安享富贵荣华呢?别再忧愁失意,辛辛苦苦,常守贫贱!”

这段话,是兴致勃勃地说的,是满心欢喜地说的,是直截了当地说的。中间用了不少褒义词、赞美词。讲“宴会”,用“良”,用“欢乐”,而且“难具陈”。讲“弹筝”,用“逸响”,用“新声”,用“妙入神”,用“令(美)德”,用“高言”。讲抢占高位要职,也用了很美的比喻:快马加鞭,先踞要津。那么,主人公是真心宣扬那些时人共有的心愿呢?还是“似劝(鼓励)实讽”,“谬悠其词”呢?

主人公是在听“弹筝”,而不是在听唱歌。钟子期以“知音”著称,当伯牙弹琴“志在流水”的时候,也不过能听出那琴声“洋洋乎若江河”,并不曾译出一首《流水歌》。这位主人公,究竟是真的从筝声中听出了那么多“高言”、“真意”呢?还是由于“齐心同所愿,含意俱未伸”,因而假托听筝,把那些谁也不便明说的心里话和盘托出呢?

人生短促,这是事实。力求摆脱“穷贱”、“轗轲”和“苦辛”,这也不能不说是人所共有的心愿。既然如此,又何必"讽"!"讽",又有什么用!然而为了摆脱它们而求得它们的对立面,每个人都争先恐后,抢夺要位,那将出现什么情景!既然如此,便需要"讽",不管有用还是没有用。由此可见,这首诗的确很婉曲、很深远。它含有哲理,涉及一系列人生问题、社会问题,引人深思。　（霍松林）

古诗十九首·西北有高楼　　无名氏

西北有高楼,上与浮云齐。
交疏结绮窗,阿阁三重阶。
上有弦歌声,音响一何悲!
谁能为此曲?无乃杞梁妻。
清商随风发,中曲正徘徊。
一弹再三叹,慷慨有余哀。
不惜歌者苦,但伤知音稀。
愿为双鸿鹄,奋翅起高飞。

慨叹着"何不策高足,先据要路津"的汉末文人,面对的却是一个君门深远、宦官挡道的苦闷时代。是骐骥,总得有识马的伯乐才行;善琴奏,怎少得了钟子期这样的知音?壮志万丈而报国无门——在茫茫人生中,还有什么比这更教人嗟伤的呢?

此诗的作者,就是这样一位彷徨中路的失意人。这失意当然是政治上的,但在幽幽倾诉之时,却幻化成了"高楼"听曲的凄切一幕。

从那西北方向,隐隐传来铮铮的弦歌之音。诗人寻声而去,蓦然抬头,便已见有一座"高楼"矗立眼前。这高楼是那样堂皇,而且在恍惚之间又很眼熟:"交疏结绮窗,阿阁三重阶"——刻镂着花纹的木条,交错成绮文的窗格;四周是高翘的阁檐,阶梯有层叠三重,正是诗人所见过的帝宫气象。但帝宫又不似这般孤清,而且也比不上它的高峻:那巍峨的楼影,分明耸入了飘忽的"浮云"之中。

人们常把这四句所叙视为实境,甚至还有指实其为"高阳王雍之楼"的(杨衒之《洛阳伽蓝记》)。其实是误解。明人陆时雍指出,《古诗十九首》在艺术表现上的一大特点,就是"托":"情动于中,郁勃莫已,而势又不能自达,故托为一意、托为一物、托为一境以出之"(《古诗镜》)。此诗即为诗人假托之"境","高楼"云云,全从虚念中托生,故突兀而起、孤清不群,而且"浮云"缥缈,呈现出一种奇幻的景象。

那“弦歌”之声就从此楼高处飘下。诗中没有点明时间，从情理说大约正值夜晚。在万籁俱寂中，听那“音响一何悲”的琴曲，恐怕更多一重哀情笼盖而下的感觉吧？这感觉在诗人心中造成一片迷茫：“谁能为此曲？无乃杞梁妻！”“杞梁”即杞梁殖。传说他为齐君战死，妻子悲恸于“上则无父，中则无夫，下则无子，人生之苦至矣”，乃“抗声长哭”竟使杞之都城为之倾颓（崔豹《古今注》）。而今，诗人所听到的高楼琴曲，似乎正有杞梁妻那哭颓杞都之悲，故以之为喻。全诗至此，方着一“悲”字，顿使高楼听曲的虚境，蒙上了一片凄凉的氛围。

那哀哀弦歌于高处的“歌者”是谁？诗人既在楼下，当然无从得见；对于读者来说，便始终是一个未揭之谜。不过有一点是清楚的：诗中将其比为“杞梁妻”，自必是一位女子。这女子大约全不知晓，此刻楼下正有一位寻声而来、伫听已久的诗人在。她只是铮铮地弹着，让不尽的悲哀在琴声中倾泻：“清商随风发，中曲正徘徊。”“商”声清切而“多伤”，当其随风飘发之际，听去该有多么凄凉！这悲弦奏到“中曲”，便渐渐舒徐迟回，大约正如白居易《琵琶行》所描述的，已到了“幽咽泉流水下滩”、“冰泉冷涩弦凝绝”之境。接着是铿然“一弹”，琴歌顿歇，只听到声声叹息，从高高的楼窗传出。“一弹再三叹，慷慨有余哀”——在这阵阵的叹息声中，正有几多压抑难伸的慷慨之情，追着消散而逝的琴韵回旋！

这四句着力描摹琴声，全从听者耳中写出。但“摹写声音，正摹写其人也”（张庚《古诗十九首解》）。读者从那琴韵和“叹”息声中，不正隐隐约约，“看见”了一位蹙眉不语、抚琴堕泪的“绝代佳人”的身影？但妙在诗人“说得缥缈，令人可想而不可即”罢了（吴淇《选诗定论》）。当高楼弦歌静歇的时候，楼下的诗人早被激得泪水涔涔：“不惜歌者苦，但伤知音稀。”人生谁无痛苦？但这歌者的痛苦似乎更深切、广大，而且是那样难以言传。当她借铮铮琴声倾诉的时候，难道不希望得到“知音”者的理解和共鸣？但她找到了“知音”吗？没有。这人世间的“知音”，原本就是那样稀少而难觅的呵！如此说来，这高楼佳人的痛苦，即使借琴曲吐露，岂不也是枉然——这大约正是使她最为伤心感怀、再三叹息的原故罢？

但是，我们的诗人，却从那寂寂静夜的凄切琴声中，理解了佳人不遇“知音”的伤情。这伤情是那样强烈地震撼了他——因为他自己也正是一位不遇“知音”的苦苦寻觅者呵！共同的命运，把诗人和“歌者”的心连结在了一起；他禁不住要脱口而出，深情地安慰这可怜的“歌者”：再莫要长吁短叹！在这茫茫的人世间，自有和你一样寻觅“知音”的人儿，能理解你长夜不歇的琴声。“愿为双鸿鹄，奋翅起高飞”，愿我们化作心心相印的鸿鹄，从此结伴高飞，去遨游那无限广阔的蓝天长云！这就是发自诗人心底的热切呼唤，它从诗之结句传出，直向着“上与浮云齐”的高楼绮窗飘送而去。伤心的佳人呵，你可听到了这旷世"知音"的深情呼唤？

正如"西北有高楼"的景象，全是诗人托化的虚境一样；人们自然明白：就是这"弦歌"高楼的佳人，也还是出于诗人的虚拟。细心的读者一眼即可猜透：那佳人实在正是诗人自己——他无非是在借佳人不遇"知音"之悲，抒写自身政治上的失意之情罢了。不过，悲愤的诗人在"抚衷徘徊"之中，竟然会生此奇思：不仅把自身托化为高楼的"歌者"，而且又从自身化出另一位"听者"，作为高楼佳人的"知音"而欷歔感怀、聊相慰藉——透过诗面上的终于得遇"知音"、奋翅"高飞"，人们感受到的，恰恰是一种"四顾无侣"、自歌自听的无边寂寞和伤情！诗人的内心痛苦，正借助于这痛苦中的奇幻之思，表现得分外悱恻和震颤人心。吴淇称《古诗十九首》中，"惟此首最为悲酸。"不知读者可有同感？　（潘啸龙）

古诗十九首·涉江采芙蓉　　无名氏

涉江采芙蓉，兰泽多芳草。
采之欲遗谁？所思在远道。①
还顾望旧乡，长路漫浩浩。
同心而离居，忧伤以终老。

〔注〕 ① 遗（wèi）：赠。

有许多动人的抒情诗，初读时总感到它异常单纯。待到再三涵咏，才发现这"单纯"，其实寓于颇微妙的婉曲表现之中。

《涉江采芙蓉》就属于这一类。初看起来，似乎无须多加解说，即可明白它的旨意，乃在表现远方游子的思乡之情。诗中的"还顾望旧乡，长路漫浩浩"，不正把游子对"旧乡"的望而难归之思，抒写得极为凄婉么？那么，开篇之"涉江采芙蓉"者，也当是离乡游子无疑了。不过，游子之求宦京师，是在洛阳一带，又怎么可能去"涉"南方之"江"采摘芙蓉？而且按江南民歌所常用的谐音双关手法，"芙蓉"（荷花）往往又暗关着"夫容"，明是女子思夫口吻，岂可径指其为"游子"？连主人公的身份都在两可之间，可见此诗并不单纯。我们不妨先从女子口吻，体味一下它的妙处。

夏秋之交，正是荷花盛开的美好季节。在风和日丽中，荡一叶小舟，穿行在"莲叶何田田"、"莲花过人头"的湖泽之上，开始一年一度的采莲活动，可是江南农家女子的乐事！采莲之际，摘几技红莹可爱的莲花，归去送给各自的心上人，难说就不是妻子、姑娘们真挚情意的表露。何况在湖岸泽畔，还有着数不清的兰、蕙芳草，一并摘置袖中、插上发际、幽香袭人，岂不更教人醉心？——这就是“涉江采芙蓉，兰泽多芳草”两句吟叹，所展示的如画之境。倘若倾耳细听，你想必还能听到湖面上、“兰泽”间传来的阵阵戏谑、欢笑之声哩！

但这欢乐美好的情景，刹那间被充斥于诗行间的叹息之声改变了。镜头迅速摇近，你才发现，这叹息来自一位怅立船头的女子。与众多姑娘的嬉笑打诨不同，她却注视着手中的芙蓉默然无语。此刻，“芙蓉”在她眼中幻出了一张亲切微笑的面容——他就是这位女子苦苦思念的丈夫。“采之欲遗谁？所思在远道。”长长的吁叹，点明了这女子全部忧思之所由来：当姑娘们竞相采摘着荷花，声言要把最好的一朵送给心上人时，女主人公思念的丈夫，却正远在天涯！她徒然采摘了美好的“芙蓉”，此刻又能赠送给谁？人们总以为，倘要表现人物的寂寞、凄凉，最好是将他（她）放在孤身独处的清秋，因为那最能烘托人物的凄清心境。但你是否想到，有时将人物置于美好、欢乐的人群之中，往往更令人感到自身孤独、寂寞之可怕？此诗从美好、欢乐的采莲背景上，抒写女主人公独自思夫的忧伤，正具有以“乐”衬“哀”的强烈效果。

接着两句空间突然转换，出现在画面上的，似乎已不是拈花沉思的女主人公，而是那身在“远道”的丈夫了：“还顾望旧乡，长路漫浩浩。”仿佛是心灵感应似的，正当女主人公苦苦思念丈夫的时候，她远方的丈夫，此刻也正带着无限忧愁，回望着妻子所在的故乡。他望见了故乡的山水、望见了那在江对岸湖泽中采莲的妻子了么？显然没有。此刻展现在他眼间的，无非是漫漫无尽的“长路”，和那阻山隔水的浩浩烟云！许多读者以为，这两句写的是还望“旧乡”的实境，从而产生了诗之主人公乃离乡游子的错觉。实际上，这两句的“视点”仍在江南，表现的依然是那位采莲女子的痛苦思情。不过在写法上，采用了“从对面曲揣彼意，言亦必望乡而叹长途”（张玉穀《古诗赏析》）的“悬想”方式，从而造出了“诗从对面飞来”的绝妙虚境。

这种“从对面曲揣彼意”的表现方式，与《诗经》“卷耳”、“陟岵”的主人公，在悬想中显现丈夫骑马登山望乡、父母在云际呼唤儿子的幻境，正有着异曲同工之妙——所以，诗中的境界应该不是空间的转换和女主人公的隐去，而是画面的分隔和同时显现：一边是痛苦的妻子，正手拈芙蓉、仰望远天，身后的密密荷叶、红丽荷花，衬着她飘拂的衣裙，显得那样孤独而凄清；一边则是云烟缥缈的远空，隐隐约约摇晃着返身回望的丈夫的身影，那一闪而隐的面容，竟那般愁苦！两者之间，则是层叠的山峦和浩荡的江河。双方都茫然相望，当然谁也看不见对方。正是在这样的静寂中，天地间幽幽响起了一声凄伤的浩叹：“同心而离居，忧伤以终老。”这浩叹无疑发自女主人公心胸，但因为是在“对面”悬想的境界中发出，你所感受到的，就不是一个声音：它仿佛来自万里相隔的天南地北，是一对同心离居的夫妇那痛苦叹息的交鸣！这就是诗之结句所传达的意韵。当你读到这结句时，你是否感觉到：此诗抒写的思夫之情虽然那样“单纯”，但由于采取了如此婉曲的表现方式，便如山泉之曲折奔流，最后终于汇成了飞凌山岩的急瀑，震荡起撼人心魄的巨声？

上文已经说到，此诗的主人公应该是位女子，全诗所抒写的，乃是故乡妻子思念丈夫的深切忧伤。但倘若把此诗的作者，也认定是这位女子，那就错了。马茂元先生说得好：“文人诗与民歌不同，其中思妇词也出于游子的虚拟。”因此，《涉江采芙蓉》最终仍是游子思乡之作，只是在表现游子的苦闷、忧伤时，采用了“思妇词”的“虚拟”方式：“在穷愁潦倒的客愁中，通过自身感受，设想到家室的离思，因而把同一性质的苦闷，从两种不同角度表现出来”（马茂元《论〈古诗十九首〉》）。从这一点看，《涉江采芙蓉》为表现游子思乡的苦闷，不仅虚拟了全篇的“思妇”之词，而且在虚拟中又借思妇口吻，“悬想”出游子“还顾望旧乡”的情景。这样的诗情抒写，就不只是“婉曲”，简直是奇思了！

（潘啸龙）

古诗十九首·明月皎夜光　　无名氏

明月皎夜光，促织鸣东壁。
玉衡指孟冬，众星何历历。
白露沾野草，时节忽复易。
秋蝉鸣树间，玄鸟逝安适？
昔我同门友，高举振六翮。
不念携手好，弃我如遗迹。
南箕北有斗，牵牛不负轭。
良无盘石固，虚名复何益？

我们的诗人此刻正浸染着一派月光，这是谁都可以从诗之开篇感觉到的——“明月皎夜光，促织鸣东壁。”皎洁的月色，蟋蟀的低吟，交织成一曲多么清切的夜之旋律。再看夜空，北斗横转，那由“玉衡”（北斗第五星）、“开阳”、“摇光”三星组成的斗柄（杓），正指向天象十二方位中的“孟冬”；闪烁的星辰，更如镶嵌天幕的明珠，把夜空辉映得一片璀璨！

一切似乎都很美好，包括那披着一身月光漫步的诗人。但是且慢，让我们看一看"此刻"究竟是什么时辰？"玉衡指孟冬"，据金克木先生解说，"孟冬"在这里指的不是初冬节令（因为下文明说还有"秋蝉"），而是指仲秋后半夜的某个时刻。仲秋的后半夜！——如此深沉的夜半，诗人却还在月下踽踽独步，显然有些反常。倘若不是胸中有着缠绕不去的忧愁，搅得人心神不宁，谁还会在这样的时刻久久不眠？明白了这一层，人们便知道，诗人此刻的心境非但并不"美好"，简直有些凄凉。由此体味上述四句，境界就立为改观——不仅那皎洁的月色，似乎变得幽冷了几分，就是那从"东壁"下传来的蟋蟀之鸣，听去不也格外哀切？从美好夜景中，抒写客中独步的忧伤，那"美好"也会变得"凄凉"的，这就是艺术上的反衬效果。

诗人默默无语，只是在月光下徘徊。当他踏过草径的时候，忽然发现了什么："白露沾野草"。朦胧的草叶上，竟已沾满晶莹的露珠，那是秋气已深的征兆——诗人似乎直到此刻才感觉到，深秋已在不知不觉中到来。时光之流驶有多疾速呵！而从那枝叶婆娑的树影间，又有时断时续的寒蝉之流鸣。怪不得往日的燕子（玄鸟）都不见了，原来已是秋雁南归的时节。这些燕子又将飞往哪里去呢？——"秋蝉鸣树间，玄鸟逝安适"？这就是诗人在月下所发出的怅然问叹。这问叹似乎只对"玄鸟"而发，实际上，它岂不又是诗人那充满失意的怅然自问？从下文可知，诗人之游宦京华已几经寒暑。而今草露蝉鸣、又经一秋，它们在诗人心上所勾起的，该是流离客中的几多惆怅和凄怆！

以上八句从描述秋夜之景入笔，抒写诗人月下徘徊的哀伤之情。适应着秋夜的清寂和诗人怅惘、失意之感，笔触运得轻轻的，色彩也一片惨白；没有大的音响，只有蟋蟀、秋蝉交鸣中偶发的、诗人那悠悠的叹息之声。

当诗人一触及自身的伤痛时，情感便不免愤愤起来。诗人为什么久滞客中？为何在如此夜半焦灼难眠？那是因为他曾经希望过、期待过，而今这希望和期待全破灭了！"昔我同门友，高举振六翮"，在诗人求宦京华的蹉跎岁月中，和他携手而游的同门好友，先就举翅高飞、腾达青云了。这在当初，无疑如一道灿烂的阳光，把诗人的前路照耀得五彩缤纷。他相信，"同门"好友将会从青云间垂下手来，提携自己一把；总有一天，他将能与友人一起比翼齐飞、遨游碧空！但事实却大大出乎诗人预料，昔日的同门之友，而今却成了相见不相认的陌路之人。他竟然在平步青云之际，把自己当作走路时的脚印一样，留置身后而不屑一顾了！"不念携手好，弃我如遗迹"，这毫不经意中运用的妙喻，不仅入木三分地刻画了同门好友"一阔脸就变"的卑劣之态，同时又表露了诗人那不谙世态炎凉的多少惊讶、悲愤和不平！

全诗的主旨至此方才揭开，那在月光下徘徊的诗人，原来就是这样一位被同门好友所欺骗、所抛弃的落魄者。在他的背后，月光印出了静静的身影；而在头顶上空，依然是明珠般闪烁的“历历”众星。当诗人带着被抛弃的余愤仰望星空时，偏偏又瞥见了那名为“箕星”、“斗星”和“牵牛”的星座。正如《诗经·小雅·大东》所说的：“维南有箕，不可以颠扬；维北有斗，不可以挹酒浆”、“睆彼牵牛，不以服箱（车）”。它们既不能颠扬、斟酌和拉车，为什么还要取这样的名称？真是莫大的笑语！诗人顿时生出一股无名的怨气，指点着这些徒有虚名的星座大声责问起来：“南箕北有斗，牵牛不负轭！”

突然指责起渺渺苍穹中的星星，不太奇怪了吗？一点也不奇怪。诗人心中实在有太多的苦闷，这苦闷无处发泄，不拿这些徒其虚名的星星是问，又问谁去？然而星星不语，只是狡黠地眨着眼，它们仿佛是在嘲笑：你自己又怎么样呢？不也担着‘同门友’的虚名，终于被同门之友抛弃了吗？——“良无盘石固，虚名复何益”，想到当年友人怎样信誓旦旦，声称着同门之谊的“坚如盘石”；而今“同门”虚名犹存，“盘石”友情安在？诗人终于仰天长叹，以悲愤的感慨收束了全诗。这叹息和感慨，包含了诗人那被炎凉世态所欺骗、所愚弄的多少伤痛和悲哀呵！

抒写这样的伤痛和悲哀，本来只用数语即可说尽。此诗却偏从秋夜之景写起，初看似与词旨全无关涉，其实均与后文的情感抒发脉络相连：月光笼盖悲情，为全诗敷上了凄清的底色；促织鸣于东壁，给幽寂增添了几多哀音；“玉衡指孟冬”点明夜半不眠之时辰，“众星何历历”暗伏箕、斗、牵牛之奇思；然后从草露、蝉鸣中，引出时光流逝之感，触动同门相弃之痛；眼看到了愤极“直落”、难以控驭的地步，“妙在忽蒙上文‘众星历历’，借箕、斗、牵牛有名无实，凭空作比，然后拍合，便顿觉波澜跌宕”（张玉穀《古诗赏析》）。这就是《明月皎夜光》写景抒愤上的妙处，那感叹、愤激、伤痛和悲哀，始终交织在一片星光、月色、蟋蟀、蝉鸣之中……

（潘啸龙）

古诗十九首·冉冉孤生竹　　无名氏

冉冉孤生竹，结根泰山阿。
与君为新婚，兔丝附女萝。
兔丝生有时，夫妇会有宜。
千里远结婚，悠悠隔山陂。
思君令人老，轩车来何迟。
伤彼蕙兰花，含英扬光辉；

过时而不采，将随秋草萎。

君亮执高节，贱妾亦何为？

此诗或云是婚后夫有远行，妻子怨别之作。然细玩诗意，恐不然。或许是写一对男女已有成约而尚未结婚，男方迟迟不来迎娶，女方遂有种种疑虑哀伤，作出这首感情细腻曲折之诗。

“冉冉孤生竹，结根泰山阿。”竹而曰“孤生”以喻其孑孑孤立而无依靠。“冉冉”是柔弱下垂的样子。这显然是女子的自喻。“泰山”即“太山”，“大山”。“阿”是山坳。山是大山，又在山阿之处，可以避风，这是以山比喻男方。《文选》李善注曰：“竹结根于山阿，喻妇人托身于君子也。”诚是。

“与君为新婚，兔丝附女萝。”兔丝和女萝是两种蔓生植物，其茎蔓互相牵缠，比喻两个生命的结合。《文选》五臣注：“兔丝、女萝并草，有蔓而密，言结婚情如此。”从下文看来，兔丝是女子的自喻，女萝是比喻男方。“为新婚”不一定是已经结了婚，正如清方廷珪《文选集成》所说，此是“媒妁成言之始”而“非嫁时”。“为新婚”是指已经订了婚，但还没迎娶。

“兔丝生有时，夫妇会有宜。”这还是以“兔丝”自喻，既然兔丝之生有一定的时间，则夫妇之会亦当及时。言外之意是说不要错过了自己的青春时光。

“千里远结婚，悠悠隔山陂。”从这两句看来，男方所在甚远，他们的结婚或非易事。这女子曾企盼着，不知何时他的车子才能到来，所以接下来说：“思君令人老，轩车来何迟！”这首诗开头的六句都是比，这四句改用赋，意近旨远，比以上六句更见性情。

“伤彼蕙兰花，含英扬光辉。过时而不采，将随秋草萎。”这四句又用比。蕙和兰是两种香草，用以自比。“含英”是说花朵初开而未尽发。“扬光辉”形容其容光之焕发。如要采花当趁此时，过时不采，蕙兰亦将随秋草而凋萎了。这是希望男方趁早来迎娶，不要错过了时光。唐杜秋娘《金缕衣》：“花开堪折直须折，莫待无花空折枝。”与此两句意思相近。

最后二句“君亮执高节，贱妾亦何为？”张玉穀说：“代揣彼心，自安己分。”（《古诗赏析》）诚然。这女子的疑虑已抒写毕尽，最后遂改为自我安慰。她相信男方谅必坚持高尚的节操，一定会来的，那么自己又何必怨伤呢？ （袁行霈）

古诗十九首·庭中有奇树　　无名氏

庭中有奇树，绿叶发华滋。

攀条折其荣，将以遗所思。
馨香盈怀袖，路远莫致之。
此物何足贡，但感别经时。

这诗写一个妇女对远行的丈夫的深切怀念之情。全诗八句，可分作两个层次。前四句诗描绘了这样一幅图景：在春天的庭院里，有一株嘉美的树，在满树绿叶的衬托下，开出了茂密的花朵，显得格外生气勃勃，春意盎然。女主人攀着枝条，折下了最好看的一枝花，要把它赠送给日夜思念的亲人。

古诗中写女子的相思之情，常常从季节的转换来发端。因为古代妇女受到封建礼教的严重束缚，生活的圈子很狭小，不像许多男子那样，环境的变迁，旅途的艰辛，都可能引起感情的波澜；这些妇女被锁在闺门之内，周围的一切永远是那样沉闷而缺少变化，使人感到麻木。唯有气候的变化，季节的转换，是她们最敏感的，因为这标志着她们宝贵的青春正在不断地逝去，而怀念远方亲人的绵绵思绪，却仍然没有尽头。"庭中有奇树，绿叶发华滋。攀条折其荣，将以遗所思。"这两句诗写得很朴素，其中展现的正是人们在日常生活中常常可以见到的一种场面。但是把这种场面和思妇怀远的特定主题相结合，却形成了一种深沉含蕴的意境，引起读者许多联想：这位妇女在孤独之中思念丈夫，已经有了很久的日子吧？也许，在整个寒冬，她每天都在等待春天的来临，因为那充满生机的春光，总会给人们带来欢乐和希望。那时候，日夜思念的人儿或许就会回来，春日融融，他们将重新团聚在花树之下，执手相望，倾诉衷肠。可是，如今眼前已经枝叶扶疏，繁花满树了，而站在树下的她仍然只是孤零零的一个，怎不教人感到无限惆怅呢？再说，如果她只是偶尔地见了这棵树，或许会顿然引起一番惊讶和感慨：时光过得真快，转眼又是一年了！然而这树就长在她的庭院里，她是眼看着叶儿一片片地长，从鹅黄到翠绿，渐渐地铺满了树冠；她是眼见着花儿一朵朵地开，星星点点渐渐地就变成了绚烂的一片。她心里的烦恼也跟着一分一分地堆积起来，这种与日俱增的痛苦，不是更令人难以忍受吗？此时此刻，她自然会情不自禁地折下一枝花来，想把它赠送给远方的亲人。因为这花凝聚着她的哀怨和希望，寄托着她深深的爱情。也许，她指待这花儿能够带走一部分相思的苦楚，使那思潮起伏的心能够得到暂时的平静；也许，她希望这故园亲人手中的花枝，能够打动远方游子的心，催促他早日归来。总之，我们在这简短的四句诗中，不是可以体会到许多诗人没有写明的内容吗？

自第五句发生转折，进入第二个层次。"馨香盈怀袖"，是说花的香气染满了妇人的衣襟和衣袖。这句紧承上面"攀条折其荣，将以遗所思"两句，同时描绘出花的珍贵和人物的神情。这花是"奇树"的花，它的香气显得特别浓郁芬芳，不同于一般的杂花野卉，可见用它来表达纯洁的爱情，寄托深切的思念，是再合适不过了。至于人物的神情，诗人虽没有明写，但一个"盈"字，却暗示我们：主人公手执花枝，站立了很久很久。本来，她"攀条折其荣"，是因为思绪久积，情不自禁；可待到折下花来，才猛然想到：天遥地远，这花无论如何也不可能送到亲人的手中。古时交通不便，通信都很困难，何况这是一枝容易凋零的鲜花呢？此时的她，只是痴痴地手执着花儿，久久地站在树下，听任香气充满怀袖而无可奈何。她似乎忘记了时间，也忘记了周围的一切，对着花深深地沉入冥想之中。"馨香盈怀袖，路远莫致之"，这简简单单的十个字，给我们描绘了一幅多么清晰生动的画面啊。我们还可以进一步想象：这位妇女正在想些什么呢？她是否在回忆往日的幸福？因为这奇树生在他们的庭院之中，往日夫妻双双或许曾在花树下，消磨过许许多多欢乐的时光。在那叶茂花盛的时候，她所爱的人儿，是不是曾经把那美丽的花朵插在她鬓发之间呢？而如今，她时时思念的丈夫正在哪儿？可曾遭遇到什么？她自己所感受的痛苦，远方的人儿也同样感受到了吗？……不管她想到了什么，有一点她总是不能摆脱的，那就是对青春年华在寂寞孤苦之中流逝的无比惋惜。古代妇女的生活，本来就那么狭窄单调，唯有真诚的爱情，能够给她们带来一点人生的乐趣。当这一点乐趣也不能保有的时候，生活是多么暗淡无光啊！花开花落，宝贵的青春又能经得住几番风雨呢？现在，我们再回顾这首诗对于庭中奇树的描写，就可以明明白白地看到，诗人始终暗用比兴的手法，以花来衬托人物，写出人物的内心世界。一方面，花事的兴盛，显示了人物的孤独和痛苦；另一方面，还隐藏着更深的一层意思，那就是：花事虽盛，可是风吹雨打，很快就会败落，那不正是主人公一生遭遇的象征吗？在《古诗十九首》的另一篇《冉冉孤生竹》里面，有这样一段话："伤彼蕙兰花，含英扬光辉；过时而不采，将随秋草萎。"用蕙花兰花一到秋天便凋谢了，比喻女主人公的青春不长，红颜易老。这是我国古诗中常用的一种比喻。但是在《庭中有奇树》这一篇中，这一层意思却并不明白说出，而留给读者去细细地体会了。

诗的最后两句："此物何足贡，但感别经时"，大意是说："这花有什么稀罕呢？只是因为别离太久，想借着花儿表达怀念之情罢了。"这是主人公无可奈何、自我宽慰的话，同时也点明了全诗的主题。从前面六句来看，诗人对于花的珍奇美丽，本来是极力赞扬的。可是写到这里，突然又说"此物何足贡"，未免使人有点惊疑。其实，对花落下先抑的一笔，正是为了后扬"但感别经时"这一相思怀念的主题。无论说花的可贵还是不足稀奇，都是为了表达同样的思想感情。但这一抑一扬，诗的感情增强了，最后结句也显得格外突出。诗写到这里，算结束了。然而题外之意，仍然耐人寻味：主人公折花，原是为了解脱相思的痛苦，从中得到一点慰藉；而偏偏所思在天涯，花儿无法寄达，平白又添了一层苦恼；相思怀念更加无法解脱。

（孙 明）

古诗十九首·迢迢牵牛星

无名氏

迢迢牵牛星，皎皎河汉女。
纤纤擢素手，札札弄机杼。
终日不成章，泣涕零如雨。
河汉清且浅，相去复几许？
盈盈一水间，脉脉不得语。

牵牛和织女本是两个星宿的名称。牵牛星即“河鼓二”，在银河东。织女星又称“天孙”，在银河西，与牵牛相对。在中国关于牵牛和织女的民间故事起源很早。《诗·小雅·大东》已经写到了牵牛和织女，但还只是作为两颗星来写的。《春秋元命苞》和《淮南子·俶真》开始说织女是神女。而在曹丕的《燕歌行》，曹植的《洛神赋》和《九咏》里，牵牛和织女已成为夫妇了。曹植《九咏》曰：“牵牛为夫，织女为妇。织女牵牛之星各处河鼓之旁，七月七日乃得一会。”这是当时最明确的记载。《古诗十九首》中的这首《迢迢牵牛星》写牵牛织女夫妇的离隔，它的时代在东汉后期，略早于曹丕和曹植。将这首诗和曹氏兄弟的作品加以对照，可以看出，在东汉末年到魏这段时间里，牵牛织女的故事大概已经定型了。

此诗写天上的一对夫妇牵牛和织女，视点却在地上，是以第三者的眼睛观察他们夫妇的离别之苦。开头两句分别从两处落笔，言牵牛曰“迢迢”，状织女曰“皎皎”。迢迢、皎皎，互文见义，不可执着。牵牛何尝不皎皎，织女又何尝不迢迢呢？他们都是那样的遥远，又是那样的明亮。但以迢迢属之牵牛，则很容易让人联想到远在他乡的游子，而以皎皎属之织女，则很容易让人联想到女性的美。如此说来，似乎又不能互换了。如果因为是互文，而改为“皎皎牵牛星，迢迢河汉女”，其意趣就减去了一半。诗歌语言的微妙于此可见一斑。称织女为“河汉女”是为了凑成三个音节，而又避免用“织女星”三字。上句已用了“牵牛星”，下句再说“织女星”，既不押韵，又显得单调。“河汉女”就活脱多了。“河汉女”的意思是银河边上的那个女子，这说法更容易让人联想到一个真实的女人，而忽略了她本是一颗星。不知作者写诗时是否有这番苦心，反正写法不同，艺术效果亦迥异。总之，“迢迢牵牛星，皎皎河汉女”这十个字的安排，可以说是最巧妙的安排而又具有最浑成的效果。

以下四句专就织女这一方面来写，说她虽然整天在织，却织不成匹，因为她心系牵牛悲伤不已。“纤纤擢素手”意谓擢纤纤之素手，为了和下句“札札弄机杼”对仗，而改变了句子的结构。“擢”者，引也，抽也，接近伸出的意思。“札札”是机织之声。“杼”是织布机上的梭子。诗人在这里用了一个“弄”字。《诗经·小雅·斯干》：“乃生女子，载弄之瓦（纺塼）。”这弄字是玩、戏的意思。织女虽然伸出素手，但无心于机织，只是抚弄着机杼，泣涕如雨水一样滴下来。“终日不成章”化用《诗经·小雅·大东》语意：“跂彼织女，终日七襄。虽则七襄，不成报章。”

最后四句是诗人的慨叹：“河汉清且浅，相去复几许？盈盈一水间，脉脉不得语。”那阻隔了牵牛和织女的银河既清且浅，牵牛与织女相去也并不远，虽只一水之隔却相视而不得语也。“盈盈”或解释为形容水之清浅，恐不确。“盈盈”不是形容水，它和下句的“脉脉”都是形容织女。《文选》六臣注：“盈盈，端丽貌。”是确切的。人多以为“盈盈”既置于“一水”之前，必是形容水的。但盈的本意是满溢，如果是形容水，那么也应该是形容水的充盈，而不是形容水的清浅。把盈盈解释为清浅是受了上文“河水清且浅”的影响，并不是盈盈的本意。《文选》中出现“盈盈”除了这首诗外，还有“盈盈楼上女，皎皎当窗牖”。亦见于《古诗十九首》。李善注：“《广雅》曰：‘赢，容也。’盈与赢同，古字通。”这是形容女子仪态之美好，所以五臣注引申为“端丽”。又汉乐府《陌上桑》：“盈盈公府步，冉冉府中趋。”也是形容人的仪态。织女既被称为河汉女，则其仪容之美好亦映现于河汉之间，这就是“盈盈一水间”的意思。“脉脉”，李善注：“《尔雅》曰‘脉，相视也。’郭璞曰：‘脉脉，谓相视貌也。’”“脉脉不得语”是说河汉虽然清浅，但织女与牵牛只能脉脉相视而不得语。

这首诗一共十句，其中六句都用了叠音词，即“迢迢”、“皎皎”、“纤纤”、“盈盈”、“脉脉”。这些叠音词使这首诗质朴、清丽，情趣盎然。特别是后两句，一个饱含离愁的少妇形象若现于纸上，意蕴深沉风格浑成，是极难得的佳句。

（袁行霈）

古诗十九首·回车驾言迈　　无名氏

回车驾言迈，悠悠涉长道。

四顾何茫茫，东风摇百草。
所遇无故物，焉得不速老？
盛衰各有时，立身苦不早。
人生非金石，岂能长寿考？
奄忽随物化，荣名以为宝。

此诗含义为何，佳处为何，要理解正确，关键在于对篇末“荣名”二字的解诂。古今注本于荣名有二解。一说荣名即美名，又一说则谓荣名为荣禄和声名。由前说，结二句之意为人生易尽，还是珍惜声名为要；由后说，则其意变为：人生苦短，不如早取荣禄声名，及时行乐显身。二说之境界高下，颇有不同。今按荣名一词，古籍屡见。如《战国策·齐策》：“且吾闻效小节者不能行大威，恶小耻者不能立荣名。”《淮南子·修务训》：“死有遗业，生有荣名。”其均为令誉美名之义甚明。

疑义既释，则诗意及结构自明。诗以景物起兴，抒人生感喟。回车远行，长路漫漫，回望但见旷野茫茫，阵阵东风吹动百草。这情景，使行旅无已，不知税驾何处的诗人思绪万千，故以下八句，二句一层，反复剀陈而转转入深。“所遇”二句由景入情，是一篇枢纽。因见百草萋萋，遂感冬去春来，往岁的“故物”已触目尽非，那么新年的自我，又怎能不匆匆向老呢？这是第一层感触。人生固已如同草木，那么一生又应如何渡过呢？“盛衰各有时，立身苦不早。”“立身”，应上句“盛衰”观之，其义甚广，当指生计、名位、道德、事业，一切卓然自立的凭借而言。诗人说，在短促的人生途中，应不失时机地立身显荣。这是诗人的进一层思考。但是转而又想：“人生非金石，岂能长寿考”，即使及早立身，也不能如金石之永固，立身云云，不也属虚妄？这是诗人的第三层想头。那么什么才是真实的呢？只有荣名——令誉美名，当人的身躯归化于自然之时，如果能留下一点美名为人们所怀念，那么也许就不虚此生了吧。终于，诗人从反复的思考中，得出了这一条参悟。当汉末社会的风风雨雨，将下层的士子们恣意播弄时，他们都不约而同地对生命的真谛进行思索。有的高唱“何不策高足，先据要路津？无为守贫贱，轗轲常苦辛”（《古诗十九首·今日良宴会》），表现出争竞人世的奋亢；有的则低吟“服食求神仙，多为药所误。不如饮美酒，被服纨与素”（同上《驱车上东门》），显示为及时行乐的颓唐。而这位愿以荣名为宝的诗人，则发而为洁身自好的操修。虽然他同样摆脱不了为生命之谜而苦恼的世纪性的烦愁，然而相比之下，其思致要深刻一些，格调也似乎更高一点。

显然，这是一首哲理性的杂诗，但读来却非但不觉枯索，反感到富于情韵。这一方面固然因为他的思索切近生活，自然可亲，与后来玄言诗之过度抽象异趣，由四个层次的思索中，能感到诗人由抑而扬，由扬又抑，再抑而再扬的感情节奏变化。另一方面，也许更重要的是，这位诗人已开始自觉不自觉地接触到了诗歌之境主于美的道理，在景物的营构，情景的交融上，达到了前人所未有的新境地。诗的前四句，历来为人们称道，不妨以之与《诗经》中相近的写法作一比较：

彼黍离离，彼稷之苗。行迈靡靡，中心摇摇。知我者谓我心忧，不知我者谓我何求。悠悠苍天，此何人哉！

以上这首《黍离》是《诗经》的名篇。如果不囿于先儒附会的周大夫宗国之思的教化说，不难看出亦为行旅人所作。以本诗与之相比，虽然由景物起兴而抒内心忧苦的机杼略近，但构景状情的笔法则有异。《黍离》三用叠词“离离”、“靡靡”、“摇摇”，以自然的音声来传达情思，加强气氛，是《诗经》作为上古诗歌的典型的朴素而有效的手法。而本诗则显得较多匠心的营造。“回车驾言迈，悠悠涉长道。四顾何茫茫，东风摇百草。”“迈”、“悠悠”、“茫茫”、“摇”，叠词与单字交叠使用，同样渲染了苍茫凄清的气氛，然而不但音声历落，且由一点——“车”，衍为一线——“长道”，更衍为整个的面——“四顾”旷野。然后再由苍茫旷远之景中落到一物“草”上，一个“摇”字，不仅生动地状现了风动百草之形，且传达了风中春草之神，而细味之，更蕴含了诗人那思神摇曳的心态。比起《黍离》之“中心摇摇”来，本诗之“摇”字已颇具锻炼之功，无怪乎前人评论这个摇字为“初见峥嵘”。这种构景与炼字的进展与前析“所遇”二句的布局上的枢纽作用，已微逗文人诗的特征。唐皎然《诗式·十九首》云：“《十九首》辞精义炳，婉而成章，始见作用之功。”(作用即艺术构思)，可称慧眼别具；而本诗，对于我们理解皎然这一诗史论析，正是一个好例。

皎然所说“初见作用之功”很有意思，这又指出了《古诗十九首》之艺术构思尚属于草创阶段。本诗前四句的景象营构与锻炼，其实仍与《黍离》较近，而与后来六朝唐代诗人比较起来，显然是要简单得多，也自然得多。如陆云《答张士然》：“行迈越长川，飘摇冒风尘。通波激枉渚，悲风薄丘榛。”机杼亦近，但刻炼更甚，而流畅不若。如果说《十首诗》是“秀才说家常话”(谢榛《四溟诗话》)，那么陆云则显为秀才本色了。由《黍离》到本诗，再到陆云上诗，可以明显看出中国古典诗歌的演进足迹，而本诗适为中介。所以陆士雍《古诗镜·总论》说“《十九首》谓之《风》馀，谓之诗母”。

对于人生目的意义之初步的朦胧的哲理思考，对于诗歌之文学本质的初步的朦胧的觉醒。这两个“初步”，也许就是本诗乃至《古诗十九首》整组诗歌，那永久的艺术魅力之所在。

（赵昌平）

古诗十九首·东城高且长　　无名氏

东城高且长，逶迤自相属。
回风动地起，秋草萋已绿。
四时更变化，岁暮一何速。
晨风怀苦心，蟋蟀伤局促。
荡涤放情志，何为自结束？
燕赵多佳人，美者颜如玉。
被服罗裳衣，当户理清曲。
音响一何悲！弦急知柱促。
驰情整中带，沈吟聊踯躅。
思为双飞燕，衔泥巢君屋。

处在苦闷的时代，而又悟到了“人生非金石，岂能长寿考”的生命哲理，其苦闷就尤其深切。苦闷而无法摆脱，便往往转向它的对立一极——荡情行乐。本诗所抒写的，就正是这种由苦闷所触发的滔荡之思。

诗人大约是独自一人，徘徊在洛阳的东城门外。高高的城墙，从眼前“逶迤”（绵长貌）而去，在鳞次栉比的楼宇、房舍外绕过一圈，又回到原处自相连接——这景象不正如周而复始的苦闷生活一样，单调而又乏味么？四野茫茫，转眼又有“初淅沥以萧飒，忽奔腾而砰湃”的秋风，在大地上激扬而起，使往昔葱绿的草野，霎时变得凄凄苍苍。这开篇四句，显然不仅描述着诗人目击的景象，其中还隐隐透露着诗人内心的痛苦骚动。生活竟如此重复、单调，变化的只有匆匆逝去的无情时光。想到人的生命，就如这风中的绿草一般，繁茂的春夏一过，便又步入凄凄的衰秋，诗人能不惊心而呼：“四时更变化，岁暮一何速。”眼前的凄清秋景，正这样引发出诗人对时光速逝的震竦之感。在怅然失意的心境中，就是听那天地间的鸟啼虫鸣，似乎也多了一重苦闷难伸的韵调：“晨风怀苦心，蟋蟀伤局促。”“晨风”即鹯鸟，“局促”有紧迫、窘困之意。鹯鸟在风中苦涩地啼叫，蟋蟀也因寒秋降临、生命窘急而伤心哀鸣。不但是人生，自然界的一切生命，不都感受到了时光流逝的迟暮之悲？这一切似乎都从相反方面，加强着诗人对人生的一种思索和意念：与其处处自我约束，等到迟暮之际再悲鸣哀叹，何不早些涤除烦忧、放开情怀，去寻求生活的乐趣呢——这就是突发于诗中的浩然问叹："荡涤放情志，何为自结束？"

以上为全诗之第一节。读者可以看到，在此节中盘旋往复的，其实只有一个意念，即"荡涤放情"之思。这种思绪，原本来自诗人自身生活中的苦闷，与所见景象并无关涉。但诗人却将它移之于外物，从衰飒悲凉的秋景中写来。便令人感到，从"高且长"的东城，到凄凄变衰的秋草，以至于鹯鸟、蟋蟀，似乎都成了苦闷人生的某种象征，似乎都在用同一个声调吟叹："何为自结束"、"何为自结束"！这就是审美心理上的"移情"效果。这种贯注于外物、又为外物所烘托而强化的情感抒写，较之于直抒其怀，无疑具有更蓬勃葱茏的感染力。

自"燕赵多佳人"以下，即上承"荡情"之意，抒写诗人的行乐之境。当"何为自结束"的疑虑一经解除，诗人那久抑心底的声色之欲便勃然而兴。此刻，身在"东城"外的诗人，竟做了一个极美妙的"燕赵佳人"梦：他恍惚间在众多粉黛丛中，得遇了一位"颜如玉"的佳人；而且奇特的是，一转眼，这佳人便"罗裳"飘拂、仪态雍容地端坐在诗人家中，分明正铮铮地习练着清商之曲。大约是因为琴瑟之柱调得太紧促，那琴音竟似骤雨急风，听来分外悲惋动人——读者自然明白，这情景虽然描述得煞有介事，实际上不过是诗人那"荡情"之思所幻化的虚境而已。所以画面飘忽、转换也快，呈现出一种梦寐般的恍惚感。

最妙的是接着的两句："驰情整中带，沈吟聊踯躅(且前且退貌)。""中带"，一本作"巾带"。这两句写的是谁？照张庚的说法："凡人心慕其人，而欲动其人之亲爱于我，必先自正其仪容……以希感动佳人也"(《古诗十九首解》)。那么，"驰情"而"整中带"者，显然就是诗人了。那当然也有道理(只与结句不太连贯)。不过，若将其视为佳人的神态表现，恐怕还更有韵致些。因为佳人之"当户"理琴，本来并非孤身一人。此刻在她对面，正目光灼灼注视着她，并为她的容颜、琴音所打动，而为之目凝神移的，还有一位梦想着"荡涤放情志"的诗人。正如吴淇所说："曰'美者'，分明有个人选他(按，即"她")；曰'知柱促'，分明有个人听他；曰'整中带'，分明有个人看他；曰'踯躅'，分明有个人促他"(《选诗定论》)。"驰情整巾带"两句，正是写佳人在这"选"、"听"、"看"、"促"之下的反应——多情的佳人面对着诗人的忘形之态，也不觉心旌摇荡了。但她不免又有些羞涩，有些踌躇，故又是"沉吟"、又是"踯躅"(显然已舍琴而起)，表现出一种"理欲交战情形"；但内心则"早已倾心于君矣"——这就是前人称叹的"'驰情'二句描写入神"处。在这种图画也"画不出的捉衣弄影光景"中，佳人终于羞羞答答地吐露了心意："思为双飞燕，衔泥巢君屋"。借飞燕双双衔泥巢屋之语，传达与诗人永结伉俪之谐的深情，真是“结得又超脱、又缥缈，把一万世才子佳人勾当，俱被他说尽”（朱筠《古诗十九首说》）。

这就是诗人在“东城高且长”的风物触发下，所抒写的“荡涤放情志”的一幕；或者说，是诗人苦闷之际所做的一个“白日梦”。这“梦”在表面上很“驰情”、很美妙。但若将它放在上文的衰秋、“岁暮”、鸟苦虫悲的苍凉之境中观察，就可知道：那不过是苦闷时代人性备受压抑的一种“失却的快乐与美感的补偿”（尼采），一种现实中无法“达成”的虚幻的“愿望”而已。当诗人从这样的“白日梦”中醒来的时候，岂不会因苦闷时代所无法摆脱的“局促”和“结束”，而倍觉凄怆和痛苦么？

（潘啸龙）

古诗十九首·驱车上东门　　无名氏

驱车上东门，遥望郭北墓。
白杨何萧萧，松柏夹广路。
下有陈死人，杳杳即长暮。
潜寐黄泉下，千载永不寤。
浩浩阴阳移，年命如朝露。
人生忽如寄，寿无金石固。
万岁更相迭，圣贤莫能度。
服食求神仙，多为药所误。
不如饮美酒，被服纨与素。

这首诗，是用抒情主人公直抒胸臆的形式写出的，表现了东汉末年大动乱时期一部分生活充裕、但在政治上找不到出路的知识分子的颓废思想和悲凉心态。

东汉京城洛阳，共有十二个城门。东面三门，靠北的叫“上东门”。郭，外城。汉代沿袭旧俗，死人多葬于郭北。洛阳城北的邙山，便是丛葬之地；诗中的“郭北墓”，正指邙山墓群。主人公驱车出了上东门，遥望城北，看见邙山墓地的树木，不禁悲从中来，便用“白杨何萧萧，松柏夹广路”两句写所见、抒所感。萧萧，树叶声。主人公停车于上东门外，距北邙墓地还有一段路程，怎能听见墓上白杨的萧萧声？然而杨叶之所以萧萧作响，乃是长风摇荡的结果；而风撼杨枝、万叶翻动的情状，却是可以远远望见的。望其形，想其声，形成通感，便将视觉形象与听觉形象合二而一了。还有一层：这位主人公，本来是住在洛阳城里的，并没有事，却偏偏要出城，又偏偏出上东门，一出城门便“遥望郭北墓”，可见得他早就从消极方面思考生命的归宿问题，心绪很悲凉。因而当他望见白杨与松柏，首先是移情入景，接着又触景生情。“萧萧”前用“何”（多么）作状语，其感情色彩何等强烈！写“松柏”的一句似较平淡，然而只有富贵人墓前才有广阔的墓道，如今“夹广路”者只有松柏，其萧瑟景象也依稀可想。于是由墓上的树木想到墓下的死人，用整整十句诗反复诉说：

人死去就像堕入漫漫长夜，沉睡于黄泉之下，千年万年，再也无法醒来。

春夏秋冬，流转无穷；而人的一生，却像早晨的露水，太阳一晒就消失了。

人生好像旅客寄宿，匆匆一夜，就走出店门，一去不返。

人的寿命，并不像金子石头那样坚牢，经不起多少跌撞。

岁去年来，更相替代，千年万岁，往复不已；即便是圣人贤人，也无法超越，长生不老。

主人公对于生命的短促如此怨怅，对于死亡的降临如此恐惧，那将得出什么结论呢？结论很简单，也很现实：神仙是不死的，然而服药求神仙，又常常被药毒死；还不如喝点好酒，穿些好衣服，只图眼前快活吧！

生命短促，人所共感，问题在于如何肯定生命的价值。即以我国古人而论，因生命短促而不甘虚度光阴，立德、立功、立言以求不朽的人史不绝书。不妨看看屈原：他有感于“日月忽其不淹兮，春与秋其代序”而“乘骐骥以驰骋兮，来吾导夫先路”，力求奔驰于时代的前列；有感于“老冉冉其将至兮”而“恐修名之不立”，砥砺节操，热爱家国，用全部生命追求崇高理想的实现，将人性美发扬到震撼人心的高度。回头再看这首诗的主人公，他对人生如寄的悲叹，当然也隐含着对于生命的热爱，然而对生命的热爱最终以只图眼前快活的形式表现出来，却是消极的，颓废的。生命的价值，也就化为乌有了。　（霍松林）

古诗十九首·去者日以疏　　无名氏

去者日以疏，来者日以亲。
出郭门直视，但见丘与坟。
古墓犁为田，松柏摧为薪。
白杨多悲风，萧萧愁杀人。
思归故里闾，欲归道无因。

这是《古诗十九首》的第十四首。从题材范围、艺术境界以至语言风格看来，有些近似第十三首《驱车上东门》，显然是出于游子所作。由于路出城郊，看到墟墓，有感于世路艰难、人生如寄，在死生大限的问题上，愤激地抒发了世乱怀归而不可得的怆痛之感。

《古诗十九首》虽说不是出于一个作者之手，但这些诗篇却都植根于东汉末年大动乱的历史土壤，而具有共同的忧患意识。因为人生理想的幻灭而跌入颓废感伤的深谷的作者们，为了排遣苦闷，需要讽刺和抨击黑暗，这一个惨雾迷漫的外宇宙；而更重要的是，他们还需要对自己的内宇宙进行反思：既然人生如寄，那么人生的价值观该是如何？既然是荣枯变幻、世态无常、危机重重、祸福旦夕，那么人生的最后归宿又将是如何？

虽说《十九首》作者未必是富于思辨的哲学家，然而极尽人间的忧患，促使他们耽于沉思，而道家的辽阔的想象空间和先秦以来"名理"观念的长期孕育，多方引导他们考虑生死存亡问题，终于把对人生奥区的探索和对世路艰难的悲歌二者相拌和。这是《去者日以疏》一诗的思想特点，也是当时中下层知识分子精神状态的写照。

当然，同是探索，同是悲歌，手法也还有不同。由于《十九首》作者的每一篇作品的思维定势不同，因而表现这一种自我反思的核心观念的建构也各有不同：有的是着意含情，以绵邈取胜；有的是一气贯注，而不以曲折见长；有的运用一层深似一层的布局而环环套紧；有的是发为挥洒的笔势，历落颠倒，表面看来，好像各自游离，而却又分明是在深层次中蕴藏着内在脉络。而《去者日以疏》这一首，就思维定势说来，则更有其异军崛起之势。请看，开头的"去者日以疏，来者日以亲"，起笔之人生高度概括，就已经笼罩全诗，和另外十八首迥然不同。另外十八首，大都是用比兴手法，由自然景物形象之表层的揭示，逐步转为景物的社会内涵的纵深掘发。这种审美心态与其艺术处理，蔚为中国诗歌的优秀传统，因而古人说，诗有了"兴"，则"诗之神理全具"（李重华《贞一斋诗话》）。确有至理。但话又说回来了，诗的得力处并不能局限于比兴。哪怕开门见山，只要处理得好，也未尝不可成为佳作。开门见山，可以用叙事手法，如"回车驾言迈，悠悠涉长道"，由"涉长道"而转入四顾茫茫，展开人生如寄的怅触；也还可以用足以笼罩全文、富于形象的哲理性警句作为序幕，那就是我们要谈的《去者日以疏》的开头两句了。

"去者日以疏，来者日以亲。"互为错综的这两句，既是由因而果，也是相辅相成。天地，犹如万物的逆旅；人生，犹如百代的过客，本来就短促万分，更何况又是处于那一个“白骨露于野，千里无鸡鸣”（曹操《蒿里行》）的灾难重重的时代呢！死去的人岁月长了，印象不免由模糊而转为空虚、幻灭。新生下来的一辈，原来自己不熟悉他们，可经过一次次接触，就会印象加深。去的去了，来的来了。今日之“去”，曾有过往昔之“来”；而今日之“来”，难道不会有来日之“去”？这不仅和王羲之《兰亭集序》中所说的“昔之视今，亦犹今之视昔”相似，此外也更说明一点：东汉末年以至魏晋文人，他们的心理空间的确宽广。他们喜爱对人生进行探索，对命运进行思考。按照这首诗的时间的逻辑顺序看来，作者应该是先写走出郭门，看到遍野古墓，油然怆恻，萌起了生死存亡之痛、人天寥廓之想，然后再推开一笔，发挥世事代谢、岁月无常的哲理。可是作者偏不这样写，而是猛挥其雷霆万钧之笔，乍一开头，就写下了这样苍苍莽莽、跨越古今、隐含着人世间无限悲欢离合之情的两句。从技巧上说是以虚带实，以虚涵实；从作者的思维定势说，则是在诗篇开头，已经凭宏观纵目，指向了人事代谢的流动性，从而针对这一“来”一“去”进行洞察性的观照和内窥性的反思。足见开头意象的如此崛起，绝非偶然。说明作者在目击累累丘坟时被激起的对人生的悟发有其焦灼性。作者确是为眼前图景而触目惊心。也正因为这种悟发和焦灼来自眼前的严峻生活图景以及由此而联想到的、长期埋藏在诗人记忆仓库中的意象，所以这开头的涵盖性就异常广阔，气势异常充沛，思维触角轩翥不群。这正是唐代诗僧皎然说的：“诗人之思初发，取境偏高，则一首举体便高”。（《诗式》）你看，作者出了郭门以后，其所见所想，几乎无一而不与一“去”一“来”、一生一死有关。埋葬死人的“古墓”显然是人生的最后归宿了，然而死人也还是难保。他们的墓被平成耕地了，墓边的松柏也被摧毁而化为禾薪。人生，连同他们的坟墓，与时日而俱逝，而新的田野，却又随岁月而俱增。面对着这样的凄凉现象，面对着那一个“时”，却又偏偏是“世积乱离”（《文心雕龙·明诗》）、大地兵戈、生民涂炭之时，诗人对眼前一“去”一“来”的鱼龙变幻，不由引起更深的体会，而愁惨也就愈甚了。既然“来者”的大难一步逼近一步，他如何能不为古今代谢而沉思？既然看到和听到白杨为劲风所吹，他又如何能不深感白杨之“悲”从而自伤身世？历来形容悲风，不是都突出其“萧萧”声么？为此，诗人不由沉浸到一种悲剧美的审美心态积淀之中而深有感发，终于百感苍茫地发出惊呼：白杨多悲风，萧萧愁杀人！墓前墓后的东西很多，而只归结到“白杨”；但写白杨，也只是突出了“萧萧”。荆轲有“风萧萧兮易水寒”之句。现在，借用到这里来，却既成为悲风之声，又成为象征“地下陈死人”的像白杨树的哭泣之声。死人离开世界，是“亲者日以疏”了，然而他们的悲吟分明在耳，这难道不又是“来者日以亲”么？一“疏”一“亲”，表现在古墓代谢这一典型景象对比之中，更集中地化作为白杨的萧萧声。这结果，给予诗人的感召如何，这就不用说了。清人朱筠有云："说至此，已可搁笔"；但他却又紧接着说："末二句一掉，生出无限曲折来。"（《古诗十九首说》）确有至理。

所谓末二句，是这样的平平淡淡，但它却饱含着无限酸辛：思归故里闾，欲归道无因。表面看来，这两句好像游离开前文，确乎是朱筠说的"一掉"；但这一个大大的转折，却显示了诗歌的跳跃性，并非游离之笔，它和上文有着深刻的内在联系。既然人生如寄，代谢不居，一"去"一"来"中岁月消逝得如此迅速，那么长期作客的游子，又如何能不为之触目惊心？唯一的希望只有是及早返回故乡，以期享受乱离中的骨肉团圆之乐。这时，老人该尚未因尽死而疏，而过去未曾见过的新生后辈，又复得以亲近，这该是多么好！不过，引人怆痛的是欲归不得，故障重重。这些故障尽管没有细说，而只是一笔带过，化为饱含着无限酸辛的二字："无因"！但，这位凝神地谛视着满眼丘坟，冥索人生和反思自我的诗人，他的前途茫茫是可以想见的。

他只有让归乡的幻想委于空虚，把归心抛却在缥缈难凭的宇宙大荒之中。而与此同时，他也只有让长期游子生活无限延续下去，让还乡梦日日向枕边萦绕，让客中新岁月，一天天向自己逼来。

在古今代谢这一个莽莽苍苍和流动不居的世界中，诗人的遭际是渺小的，然而诗人的心理时空却又多么辽阔！他把长期的游子生涯放在一"去"一"来"的时间顺流中，把异乡的"郭门"和故乡的"里闾"放在两个空间的对流中；而更重要的，则是宇宙的代谢引起他主观的悟解，而诗人的焦灼又加深了景物的愁惨气氛。在愁惨气氛中，耸立着一位耽于沉思的、净化了和升华了的悲剧性格的佚名诗人。就这一点说，又可以看做心灵与现实的交流。

顺流，对流，交流，一切都表明这首古诗作者，他有着炯炯双眸。他何止是"直视"丘坟？他面向的是茫茫宇宙中的奥区。他怀着愤激和焦灼的心情，进行观照和冥索。

（吴调公）

古诗十九首·生年不满百　　无名氏

生年不满百，常怀千岁忧。
昼短苦夜长，何不秉烛游。
为乐当及时，何能待来兹？
愚者爱惜费，但为后世嗤。

仙人王子乔，难可与等期。

人生价值的怀疑，似乎常是因了生活的苦闷。在苦闷中看人生，许多传统的观念，都会在怀疑的目光中轰然倒塌。这首诗即以松快的旷达之语，给世间的两类追求者，兜头浇了一桶冷水。

首先是对吝啬聚财的“惜费”者的嘲讽，它几乎占了全诗的主要篇幅。这类人正如《诗经·唐风》“山有枢”一诗所讥刺的：“子有衣裳，弗曳弗娄（穿裹着）；子有车马，弗驰弗驱。宛其死矣，他人是愉”——只管苦苦地聚敛财货，就不知道及时享受。他们所忧虑的，无非是子孙后代的生计。这在诗人看来，简直愚蠢可笑：“生年不满百，常怀千岁忧”——纵然你能活上百年，也只能为子孙怀忧百岁，这是连小孩都明白的常识；何况你还未必活得了百年，偏偏想忧及“千岁”，岂非愚不可及！开篇落笔，以“百年”、“千岁”的荒谬对接，揭示那些活得吝啬的“惜费”者的可笑情态，真是妙不可言。接着两句更奇：“昼短苦夜长，何不秉烛游”！“游”者，放情游乐也。把生命的白昼，尽数沉浸在放情游乐之中，已够耸人听闻的了；诗人却还“苦”于白昼太“短”，竟异想天开，劝人把夜晚的卧息时间，也都用来行乐，真亏他想得出来！夜晚黑灯瞎火，就不怕败了游兴？诗人却早备良策：那就干脆手持烛火而游！——把放情行乐之思，表述得如此赤裸而大言不惭，这不仅在汉代诗坛上，就是在整个古代诗歌史上，恐怕都算得上惊世骇俗之音了。至于那些孜孜追索于藏金窖银的守财奴，听了不更要瞠目咋舌？这就是被后世诗论家叹为“奇情奇想，笔势峥嵘”的开篇四句（方东树《昭昧詹言》）。它们一反一正，把终生忧虑与放情游乐的人生态度，鲜明地对立了起来。

诗人似乎早就料到，鼓吹这样的放荡之思，必会遭到世俗的非议。故接着又将笔锋一转，以打通世人的疑虑：“为乐当及时，何能待来兹（年）”？世俗之人也并非不想享受，只是他们常抱着“苦尽甘来”的哲学，把人生有限的享乐，推延到遥远的未来。诗人则断然否定这种哲学：想要行乐就得“及时”，哪能总等待来年？为何不能等待来年？诗中没有说。其弦外之音，却让《古诗十九首》的另一首点着了：“人生忽如寄，寿无金石固”——安知你“来兹”不会有个三长两短，突然成了“潜寐黄泉下，千载永不寤”的“陈死人”（《驱车上东门》）？那时再思享乐，岂非晚矣！这就是在诗人“及时”行乐的旷达之语后面，所包含着的许多人生的痛苦体验。从这一点看，“惜费”者的终日汲汲无欢，只想着为子孙多攒点财物，便显得格外愚蠢了。因为他们生时的“惜费”，无非养育了一批游手好闲的子孙。当这些不肖子孙挥霍无度之际，难道会感激祖上的积德？也许他们倒会在背底里，嗤笑祖先的不会享福哩！“愚者爱惜费，但为后世嗤”二句，正如方廷珪所说：“直以一杯冷水，浇财奴之背”（《文选集成》）。其嘲讽辞气之尖刻，确有对愚者的“唤醒醉梦”之力。

全诗抒写至此，笔锋始终还都针对着“惜费”者。只是到了结尾，才突然“倒卷反掉”，指向了人世的另一类追求：仰慕成仙者。对于神仙的企羡，从秦始皇到汉武帝，都干过许多蠢事。就是汉代的平民，又何尝不津津乐道于王子乔被神秘道士接上嵩山、终于乘鹤成仙的传说？在汉乐府中，因此留下了“王子乔，参驾白鹿云中遨。下游来，王子乔”的热切呼唤。但这种得遇神仙的期待，到了苦闷的汉末，也终于被发现只是一场空梦（见《驱车上东门》：“服食求神仙，多为药所误。不如饮美酒，被服纨与素”）。所以，对于那些还在做着这类“成仙”梦的人，诗人便无须多费笔墨，只是借着嘲讽“惜费”者的余势，顺手一击，便就收束：“仙人王子乔，难可与等期”！这结语在全诗似乎逸出了主旨，一下岔到了“仙人”身上。但诗人之本意，其实还在“唤醒”那些“惜费”者，即朱筠《古诗十九首说》指出的：“仙不可学，愈知愚费之不可惜矣。”只轻轻一击，既使慕仙者为之颈凉，又照应了前文“为乐当及时”之意：收结也依然是旷达而巧妙的。

这样一首以放浪之语抒写“及时行乐”的奇思奇情之作，似乎确可将许多人们的人生迷梦“唤醒”；有些研究者因此将这类诗作，视为汉代“人性觉醒”的标志。但仔细想来，“常怀千岁忧”的“惜费”者固然愚蠢；但要说人生的价值就在于及时满足一己的纵情享乐，恐怕也未必是一种清醒的人生态度。实际上，这种态度，大抵是对于汉末社会动荡不安、人命危浅的苦闷生活的无力抗议。从毫无出路的下层文人来说，又不过是从许多迷梦（诸如“功业”、“名利”之类）中醒来后，所做的又一个迷梦而已——他们何尝真能过上“被服纨与素”、“何不秉烛游”的享乐生活？所以，与其说这类诗表现了“人性之觉醒”，不如说是以旷达狂放之思，表现了人生毫无出路的痛苦。只要看一看文人稍有出路的建安时代，这种及时行乐的吟叹，很快又为悯伤民生疾苦、及时建功立业的慷慨之音所取代，就可以明白这一点。

（潘啸龙）

古诗十九首·凛凛岁云暮　　无名氏

凛凛岁云暮，蝼蛄夕鸣悲。
凉风率已厉，游子寒无衣。
锦衾遗洛浦，同袍与我违。
独宿累长夜，梦想见容辉。

良人惟古欢，枉驾惠前绥。
愿得长巧笑，携手同车归。
既来不须臾，又不处重闱。
亮无晨风翼，焉能凌风飞？
眄睐以适意，引领遥相睎。
徙倚怀感伤，垂涕沾双扉。

此诗凡二十句，支、微韵通押，一韵到底。诗分五节，每节四句，层次分明。诗中最大问题在于：一、“游子”与“良人”是一是二？二、诗中抒情主人公即“同袍与我违”的“我”，究竟是男是女？三、这是否一首怨诗？答曰：一、上文的“游子”即下文之“良人”，古今论者殆无异辞，自是一而非二。二、从全诗口吻看，抒情主人公显为闺中思妇，是女性无疑。但第三个问题却有待斟酌。盖从“游子寒无衣”句看，主人公对“游子”是同情的；然而下文对良人又似怨其久久不归之意，则难以解释。于是吴淇在《选诗定论》中说：“前四句俱叙时，‘凛凛’句直叙，‘蝼蛄’句物，‘凉风’句景，‘游子’句事，总以叙时。勿认‘游子’句作实赋也。”其意盖认定良人不归为负心，主人公之思极而梦是怨情，所以只能把“游子”句看成虚笔。其实这是说不通的。盖前四句实际上完全是写实，一无虚笔；即以下文对“良人”的态度而论，与其说是“怨”，毋宁说因“思”极而成“梦”，更多的是“感伤”之情。当然，怨与伤相去不过一间，伤极亦即成怨。但鄙意汉代文人诗已接受“诗教”熏陶，此诗尤得温柔敦厚之旨，故以为诗意虽忧伤之至而终不及于怨。这在《古诗十九首》中确是出类拔萃之作。

开篇第一层的四句确从时序写起。岁既云暮，百虫非死即藏，故蝼蛄夜鸣而悲。“厉”，猛也。凉风已厉，以己度人，则游子无御寒之衣，彼将如何度岁！夫凉风之厉，蝼蛄之鸣，皆眼前所闻见之景，而言“率”者，率，皆也，到处皆然也。这儿天冷了，远在他乡的游子也该感到要过冬了，这是由此及彼。然后第二节乃从游子联想到初婚之时，则由今及昔也。“锦衾”二句，前人多从男子负心方面去理解。说得最明白的还是那个吴淇。他说：“言洛浦二女与交甫，素昧平生者也，尚有锦衾之遗；何与我同袍者，反遗我而去也？”我则以为“锦衾”句只是活用洛水宓妃典故，指男女定情结婚；“同袍”出于《诗·秦风·无衣》，原指同僚，旧说亦指夫妇。窃谓此二句不过说结婚定情后不久，良人便离家远去。这是“思”的起因。至于良人何以远行，诗中虽未明言，但从“游子寒无衣”一句已可略窥端倪。在东汉末叶，不是求仕便是经商，乃一般游子之所以离乡背井之主因。可见良人之弃家远游亦自有其苦衷。朱筠《古诗十九首说》云："至于同袍违我，累夜独宿，谁之过欤？"意谓这并非良人本意，他也不愿离家远行，所云极是。惟游子之远行并非诗人所要表白的内容，我们亦无须多伤脑筋去主观臆测。

自"独宿"以下乃入相思本题。张庚《古诗十九首解》云："'独宿'已难堪矣，况'累长夜'乎？于是情念极而凭诸'梦想'以'见'其'容辉'。'梦'字下粘一'想'字，极致其深情也，又含下恍惚无聊一段光景。"正惟自己"独宿"而累经长夜，以见相别之久而相爱之深也（她一心惦记着他在外"寒无衣"，难道还不是爱之深切的表现么？），故寄希望于"梦想见容辉"矣。这一句只是写主人公的主观愿望，到下一节才正式写梦境。后来范仲淹写《苏幕遮》词有云："夜夜除非好梦留人睡。"虽从游子一边着笔，实从此诗生发演绎而出。

第三节专写梦境。"惟"，思也；"古"，故也。故欢，旧日欢好。梦中的丈夫也还是殷殷眷恋着往日的欢爱，她在梦中见到他依稀仍是初来迎娶的样子。《礼记·婚义》："降，出御妇车，而婿授绥，御轮三周。"又《郊特牲》："婿亲御授绥，亲之也。""绥"是挽以登车的索子，"惠前绥"，指男子迎娶时把车绥亲自递到女子手里。"愿得"两句有点倒装的意思，"长巧笑"者，女为悦己者容的另一说法，意谓被丈夫迎娶携手同车而归，但愿此后长远过着快乐的日子，而这种快乐的日子乃是以女方取悦于良人赢得的。这是梦中景，却有现实生活为基础，盖新婚的经历对青年男女来说，长存于记忆中者总是十分美好的。可惜时至今日，已成为使人流连的梦境了。

第四节语气接得突兀，有急转直下味道，而所写却是主人公乍从梦境中醒来那种恍恍惚惚的感受，半嗔半诧，似寤还迷。意思说好梦不长，良人归来既没有停留多久（"不须臾"者，犹现代汉语之"没有多久"、"不一会儿"），更未在深闺中（所谓"重闱"）中同自己亲昵一番，一刹那便失其所在。这时才憬然惊察，原是一梦，于是以无可奈何的语气慨叹道："只恨自己没有晨风一样的双翼，因此不能凌风飞去，追寻良人的踪迹。""晨风"，鸟名，鹯属，飞得最为迅疾，最初见于《毛诗》，而《十九首》亦屡见。这是百无聊赖之辞，殆从《诗·邶风·柏舟》"静言思之，不能奋飞"语意化出，妙在近于说梦话，实为神来之笔，而不得以通常之比兴语视之也。

前人对最末一节的前两句略有争议。据胡克家《文选考异》云："六臣本校云：'善（指李善注本）无此二句。'此或尤本校添。但依文义，恐不当有。"我则以为这两句不惟应当有，而且有承上启下之妙用，正自缺少不得。"适意"亦有二解，一种是适己之意。如陈祚明《采菽堂古诗选》云："眄睐以适意，犹言远望可以当归,无聊之极思也。"另一种是指适良人之意,如五臣吕延济及吴淇《选诗定论》之说大抵皆谓后者。我以为应解作适良人之意较好。此承上文"长巧笑"意,指梦中初见良人时的顾盼眼神,亦属总结上文之语。盖梦中既见良人,当然从眼波中流露了无限情思,希望使良人欢悦适意;不料稍留即逝,梦醒人杳,在自己神智渐渐恢复之后,只好"引领遥相睎",大有"落月满屋梁,犹疑照颜色"(杜甫《梦李白》)的意思,写女子之由思极而梦,由暂梦而骤醒,不惟神情可掬,抑且层次分明。最终乃点出结局,只有"徙倚怀感伤,垂涕沾双扉"了,而全诗至此亦摇曳而止,情韵不匮。这后四句实际是从眼神作文章,始而"眄睐",继而"遥睎",终于"垂涕",短短几句,主人公感情的变化便跃然纸上,却又写得那么质朴自然,毫无矫饰。《十九首》之神理全在此等处,真令读者掩卷后犹存遐思也。

从来写情之作总离不开做梦。《诗》、《骚》无论矣,自汉魏晋唐以迄宋元明清,自诗词而小说戏曲,不知出现多少佳作。甚至连程砚秋的个人本戏《春闺梦》中的关目与表演,窃以为都可能受此诗的影响与启发。江河万里,源可滥觞,信然!

（吴小如）

古诗十九首·孟冬寒气至　　无名氏

孟冬寒气至,北风何惨慄。
愁多知夜长,仰观众星列。
三五明月满,四五蟾兔缺。
客从远方来,遗我一书札。
上言长相思,下言久离别。
置书怀袖中,三岁字不灭。
一心抱区区,惧君不识察。

这是妻子思念丈夫的诗。丈夫久别,凄然独处,对于季节的迁移和气候的变化异常敏感;因而先从季节、气候写起。

孟冬,旧历冬季的第一月,即十月。就一年说,主人公已在思念丈夫的愁苦中熬过了春、夏、秋三季。冬天一来,她首先感到的是"寒"。"孟冬寒气至",一个"至"字,把"寒气"拟人化,它在不受欢迎的情况下来"至"主人公的院中、屋里乃至内心深处。主人公日思夜盼的是丈夫"至"、不是"寒气至"。"寒气"又"至"而夫犹不"至",怎能不加倍地感到"寒"!第二句以"北风"补充"寒气";"何惨慄"三字,如闻主人公寒彻心髓的惊叹之声。

时入孟冬,主人公与“寒气”同时感到的是“夜长”。对于无忧无虑的人来说,一觉睡到大天亮,根本不会觉察到夜已变长。“愁多知夜长”一句、看似平淡,实非身试者说不出;最先说出,便觉新警。主人公经年累月思念丈夫,夜不成寐;一到冬季,“寒”与“愁”并,更感到长夜难眠。

从“愁多知夜长”跳到“仰观众星列”,中间略去不少东西。“仰观”可见“众星”,暗示主人公由辗转反侧而揽衣起床,此时已徘徊室外。一个“列”字,押韵工稳,含意丰富。主人公大概先看牵牛星和织女星怎样排“列”,然后才扩大范围,直至天边,反复观看其他星星怎样排列。其观星之久,已见言外。读诗至此,必须联系前两句。主人公出户看星,直至深夜,对“寒气”之“至”自然感受更深,能不发出“北风何惨慄”的惊叹?但她仍然不肯回屋而“仰观众星列”,是否在看哪些星是成双成对的,哪些星是分散的、孤孤零零的?是否在想她的丈夫如今究在哪颗星下?

“三五”两句并非写月,而是展现主人公的内心活动。观星之时自然会看见月,因而又激起愁思:夜夜看星星、看月亮,盼到“三五”(十五)月圆,丈夫没有回来;又挨到“四五”(二十)月缺、丈夫还是没有回来!如此循环往复,月复一月,年复一年,丈夫始终没有回来啊!

“客从”四句,不是叙述眼前发生的喜事,而是主人公在追想遥远的往事。读后面的“三岁”句,便知她在三年前曾收到丈夫托人从远方捎来的一封信,此后再无消息。而那封信的内容,也不过是“上言长相思,下言久离别”。不难设想:主人公在丈夫远别多年之后才接到他的信,急于从信中知道的,当然是他现在何处、情况如何、何时回家。然而这一切,信中都没有说。就是这么一封简单之至的信,她却珍而重之。“置书怀袖中”,一是让它紧贴身心,二是便于随时取出观看。“三岁字不灭”,是说她像爱护眼睛一样爱护它。这一切,都表明了她是多么的温柔敦厚!

结尾两句,明白地说出她的心事:我“一心抱区区(忠爱)”,全心全意地忠于你、爱着你;所担心的是,我们已经分别了这么久,你是否还知道我一如既往地忠于你、爱着你呢?有此一结,前面所写的一切都得到解释,从而升华到新的境界;又余音袅袅,余意无穷。

“遗我一书札”的“我”,乃诗中主人公自称,全诗都是以“我”自诉衷曲的形式写出的。诗中处处有“我”,“我”之所在,即情之所在、景之所在、事之所在。景与事,皆化入“我”的心态,融入“我”的情绪。前六句,“我”感到“寒气”已“至”、“北风惨慄”;“我”因“愁多”而“知夜长”;“我”徘徊室外,“仰观众星”之罗列,感叹从“月满”变月缺。而“我”是谁?“愁”什么?观星望月,用意何在?读者都还不明底蕴，唯觉诗中有人，深宵独立，寒气彻骨，寒星伤目，愁思满怀，无可告语。及至读完全篇，随着“我”的心灵世界的逐渐坦露，才对前六句所写的一切恍然大悟，才越来越理解她的可悲遭遇和美好情操，对她产生无限同情。　（霍松林）

古诗十九首·客从远方来　　无名氏

客从远方来，遗我一端绮。
相去万余里，故人心尚尔。
文彩双鸳鸯，裁为合欢被。
著以长相思，缘以结不解。
以胶投漆中，谁能别离此？

此诗似乎是《孟冬寒气至》的姊妹篇。它以奇妙的思致，抒写了一位思妇的意外喜悦和痴情的浮想。

这喜悦是与远方客人的突然造访同时降临的：客人风尘仆仆，送来了“一端”（二丈）织有文彩的素缎（“绮”），并且郑重其事地告诉女主人公，这是她夫君特意从远方托他捎来的。女主人公不禁又惊又喜，喃喃而语曰：“相去万余里，故人心尚尔。”一端文彩之绮，本来也算不得怎样珍贵；但它从“万里”之外的夫君处捎来，便带有了非同寻常的意义：那丝丝缕缕，该包含着夫君对她的多少关切和惦念之情！女主人公能不睹物而惊、随即喜色浮漾？如果将此四句，与前一首诗的“客从远方来，遗我一书札”对照着读，人们将会感受到，其中似还含有更深一层意蕴：前诗不是诉说着“置书怀袖中，三岁字不灭”的凄苦吗？一封“书札”而竟怀袖“三岁”，可知这“万里”相隔不仅日久天长，而且绝少有音讯往还。这对家中的妻子来说，该是怎样痛苦难挨的事！在近乎绝望的等待中，难道不会有被遗弃的疑惧，时时袭上女主人公心头？而今竟意外地得到夫君的赠绮，那“千思万想而不得一音”的疑惧便烟消云散。那么，伴随女主人公的惊喜而来的，不还有那压抑长久的凄苦和哀伤的翻涌么？张庚称“故人心尚尔”一句“直是声泪俱下”、“不觉兜底感切”，正体味到了诗行之间所传达的这种悲喜交集之感（见《古诗十九首解》）。适应着这一情感表现特点，此诗开篇也一改《古诗十九首》常从写景入手的惯例，而采用了突兀而起、直叙其事的方式。恐怕正是为了造成一种绝望中的“意外”之境，便于更强烈地展示女主人公那交织着凄苦、哀伤、惊喜，慰藉的“感切”之情——这就是开篇的妙处。

自“文彩双鸳鸯”以下，诗情又有奇妙的变化：当女主人公把绮缎展开一瞧，又意外地发现,上面还织有文彩的鸳鸯双栖之形！鸳鸯双栖,历来是伉俪相偕的美好象征(如《孔雀东南飞》之结尾就是一例)。夫君之特意选择彩织鸳鸯之绮送她,不正倾诉着愿与妻子百年相守的热烈情意么？女主人公睹绮思夫,不禁触发起联翩的浮想：倘若将它裁作被面,不是可以做条温暖的“合欢被”吗？再“著以长相思,缘以结不解”,又该多么惬人心意！“著”有“充实”之意,“缘”指被之边饰。床被内须充实以丝绵,被缘边要以丝缕缀结,这是制被的常识。但在痴情的女主人公心中,这些平凡的事物,都获得了特殊的含义：“丝绵”使她联想到男女相思的绵长无尽;“缘结”暗示他们夫妻之情的永结难解。这两句正以谐音双关之语,把女主人公浮想中的痴情,传达得既巧妙又动人！制成了“合欢被”,夫君回来就可以和她同享夫妇之乐了。那永不分离的情景,激得女主人公喜气洋洋,不禁又脱口咏出了“以胶投漆中,谁能别离此”的奇句。“丝绵”再长,终究有穷尽之时;“缘结”不解,终究有松散之日。这世上惟有“胶”之与“漆”,黏合固结,再难分离。那么,就让我与夫君像胶、漆一样投合、固结吧,看谁还能将我们分隔！这就是诗之结句所表现的奇思、奇情。前人称赞此结句“语益浅而情益深”。女主人公的痴情,正有如此深沉和美好呵！

初读起来,《客从远方来》所表现的,就是上述的喜悦和一片痴情。全诗的色彩很明朗;特别是“文彩双鸳鸯”以下,更以奇思、奇语,把诗情推向了如火似锦的境界。但读者是否注意到：当女主人公欢喜地念叨着“以胶投漆中,谁能别离此”的时候,她恰恰正陷于与夫君“万里”相隔的“别离”之中？以此反观全诗,则它所描述的一切,其实都不过是女主人公的幻想或虚境罢了！又何曾有远客之“来”,又何尝有彩“绮”之赠？倘若真能与夫君“合欢”,她又何必要在被中“著”以长相之思、缘以不解之结？所以还是朱筠对此诗体会得真切：——“于不合欢时作‘合欢’想,口里是喜,心里是悲。更‘著以长相思,缘以结不解’,无中生有,奇绝幻绝！说至此,一似方成鸾交、未曾离者。结曰‘谁能’,形神俱忘矣。又谁知不能‘别离’者现已别离,‘一端绮’是悬想,‘合欢被’乃乌有也？”(《古诗十九首说》)如此看来,此诗所描述的意外喜悦,实蕴含着夫妇别离的不尽凄楚;痴情的奇思,正伴随着苦苦相思的无声咽泣！钟嵘《诗品》称《古诗十九首》“文温而丽,意悲而远,惊心动魄”。这首诗正以温丽的“遗绮”之喜,抒写了悲远的“别离”之哀,“正笔反用”,就愈加“惊心动魄”。

(潘啸龙)

古诗十九首·明月何皎皎　无名氏

明月何皎皎,照我罗床帏。

忧愁不能寐，揽衣起徘徊。
客行虽云乐，不如早旋归。
出户独彷徨，愁思当告谁？
引领还入房，泪下沾裳衣。

如何描写人物心理，往往是小说家们醉心探讨的问题。其实，这对诗人也至关重要。我国古代抒情诗中，就有很细致很精彩的心理描写，《古诗十九首》中《明月何皎皎》一篇，就突出地表现出这种艺术特点。

这首诗是写游子离愁的，诗中刻画了一个久客异乡、愁思辗转、夜不能寐的游子形象。他的乡愁是由皎皎明月引起的。更深夜静，那千里与共的明月，最易勾引起羁旅人的思绪。谢庄《月赋》曰："隔千里兮共明月。"李白《静夜思》曰："床前明月光，疑是地上霜。举头望明月，低头思故乡。"对于这首无名氏古诗中的主人公来说，同样是这种情绪。"明月何皎皎，照我罗床帏。"当他开始看到明月如此皎洁时，也许是兴奋的赞赏的。银色的清辉透过轻薄透光的罗帐，照着这位拥衾而卧的人。可是，夜已深沉，他辗转反侧，尚未入眠。是过于耀眼的月光打扰他的睡眠吗？不，是"忧愁不能寐"。他怎么也睡不着，便索性"揽衣"而"起"，在室内"徘徊"起来。清代朱筠评曰："神情在'徘徊'二字。"(《古诗十九首说》)的确，游子"看月"、"失眠"、"揽衣"、"起床"、"徘徊"这一连串的动作，说明他醒着的时间长，实在无法入睡；同时说明他心中忧愁很深。尤其是那"起徘徊"的情态，深刻地揭示了他内心痛苦的剧烈。

诗写到这里，写出了"忧愁不能寐"的种种情状，但究竟为什么"忧愁"呢？"客行虽云乐，不如早旋归。"这是全诗的关键语，画龙点睛，点明主题。这两句虽是直说缘由，但语有余意，耐人寻味。"客行"既有"乐"，为何又说"不如早旋归"呢？实际上他乡作客，何乐可言。正如《相和歌·饮马长城窟行》所说："枯桑知天风，海水知天寒。入门各自媚，谁与相为言。"然而异乡游子为什么欲归不归呢？这和他们所处的客观现实是密切联系着的。即如本诗的作者，大概是东汉时一个无名文人吧，在他那个时代，往往为营求功名而旅食京师，却又仕途阻滞，进退两难。这两句诗正刻划出他想归而不得的无可奈何的心情，是十分真切的。清代陈祚明说得好："客行有何乐？故言乐者，言虽乐亦不如归，况不乐乎！"(《采菽堂古诗选》)朱筠也说："把客中苦乐，思想殆遍，把苦且不提，'虽云乐'亦是'客'，'不如早旋归'之为乐也"(《古诗十九首说》)。他们是道出了此中凄凉味的。

作者点出这种欲归不得的处境后，下面四句又像开头四句那样，通过主人公的动作进一步表现他心灵最深层的痛苦。前面写到“揽衣起徘徊”，尚是在室内走走，但感到还是无法排遣心中的烦闷，于是他走出户外了。然而，“出户独彷徨”，半夜三更，他像梦游似的，独自在月下彷徨，更有一阵孤独感袭上心头。“愁思当告谁?”正是这种“独”、这种“彷徨”的具体感受了。古乐府《悲歌》云：“悲歌可以当泣，远望可以当归。”于是诗人情不自禁地向千里之外的故乡云树引领而望，可是又怎能获得“可以当归”的效果呢？反而引起了更大的失望。他实在受不了这种感情上的折磨了，他又回到室内去。从“出户”到“入房”，这一出一入，把游子心中翻腾的愁情推向顶点，以至再也禁不住“泪下沾裳衣”了！

全诗共十句，除了“客行”二句外，所描写的都是极其具体的行动，而这些行动是一个紧接着一个，是一层深似一层，细致地刻画了游子欲归不得的心理状态，手法是很高明的。清代张庚分析诗中主人公的心理发展层次说：“因‘忧愁’而‘不寐’，因‘不寐’而‘起’，因‘起’而‘徘徊’，因‘徘徊’而‘出户’，既‘出户’而‘彷徨’，因彷徨无告而仍‘入房’，十句中层次井井，而一节紧一节，直有千回百折之势，百读不厌。”(《古诗解》)

一首短小的抒情诗，能够细致地表现如此丰富复杂的心理活动，这在我国古诗中是不多见的。俄国有一位大作家屠格涅夫，是擅长于心理描写的，但是他的心理描写，大都是对人物心理的一些说明，有时不免使人感到沉闷和厌烦。而我们读的这首古诗，却没有这个毛病，它是通过人物的自我意识活动来表现的，通过由意识而诱发的行动来表现的，具有文学的形象性。而且更把人物的心理和感情糅合在一起，富有抒情诗的特质，这种艺术经验是值得注意的。（张铁明）

旧题《李少卿与苏武诗》三首　　无名氏

其　一

良时不再至，离别在须臾。
屏营衢路侧，执手野踟蹰。
仰视浮云驰，奄忽互相逾。
风波一失所，各在天一隅。
长当从此别，且复立斯须。
欲因晨风发，送子以贱躯。

其　二

嘉会难再遇，三载为千秋。

临河濯长缨，念子怅悠悠。
远望悲风至，对酒不能酬。
行人怀往路，何以慰我愁？
独有盈觞酒，与子结绸缪。

其 三

携手上河梁，游子暮何之？
徘徊蹊路侧，悢悢不得辞。
行人难久留，各言长相思。
安知非日月，弦望自有时？
努力崇明德，皓首以为期。

人生的奔波总这样聚散匆匆，伤心的离别总这样依依难舍：长长短短的身影，历尽数百千载，似还叠印在“路侧”、“河梁”；凄凄凉凉的叮咛，消歇在多少个落暮，似还欷歔可闻——这就是本诗所描摹的几幕别离景象。不过，时光须得倒转，背景应是在苦闷、无奈的汉末。

第一幕大抵发生在清晨：从“良时不再至，离别在须臾”的幽幽叹息中出现的，是一对不久前还沉浸在新婚喜悦中的年轻夫妇？——一条四达的大路，即将载着夫君离去，四野则春草萋萋。悲伤的妻子还牵着夫君的手，在路侧的草野间徬徨。透过“屏营（徬徨）衢路侧，执手野踟蹰”的全景展示，读者所看到的，不正是这一对相倚在绿绿旷野，“执手相看泪眼，竟无语凝噎”（柳永《雨霖铃》）的伤心背影？

别离中最难把持的自然是妻子。你看她抬眼“仰望”天上的“浮云”，便就黯然伤神：担心着与夫君一别，从此将如这“风波”中的云儿一样，刚才还相遇在头顶，转眼间便又各驰西东，“相失”在万里天涯！正因为如此，她才那样固执地恳求着夫君：“且复立斯须”。要知道，在片刻的相依之后，便就是遥遥无期的“长别”呵！读者请涵咏一下罢：女主人公这含泪的恳求，吐露着多少近乎绝望的哀情！

夫君去了，在大路上渐远渐隐；妻子哭了，晨风中还传来她凄凄惶惶的呜咽：“我要乘着这晨风追去呀，我要在坎坷的路上，永远伴送夫君同行呀”！——这充满奇思的结句，掬示的是一颗多么深挚、温婉的心。绵绵此情，似乎只有曹子建“愿为西南风，长逝入君怀”（《杂诗》）之句，差可比拟。

第二幕揭起在风起波涌的河畔，相别的大约是两位伤情的友人："三载"的相聚，曾有多少个清昼良宵、携游共读？那醇厚、浓烈的友情，也似乎已经历了"千秋"之久的贮酿——深情的开篇，从对往日的美好缅怀中蓦然回头，才发现这人生的"嘉会"，从此将再难一逢！这是怎样一种惊心动魄的遗憾？难怪在为友人洗濯马缨时，主人公满怀的惆怅，竟如长流的河水，"悠悠"不尽了！

于是这别时的饯饮，便化作了郁郁寡欢的静默；于是那吹拂亭柳的清风，望去也一片悲愁。"远望悲风至，对酒不能酬"——主人公原本是为了宽慰友人，才摆下这满桌的别宴的呵；而今他先就怆然含戚，竟然无力举杯相"酬"了！这一"风"、一"酒"，其间所融入的，一丝丝、一滴滴，都是送行者的离思、别泪呀。

一场慰友的别宴，在"行人"上路的时刻，就这样引发了主人公难以按抑的离愁。友人从离去的路上频频回首、挥手，但主人公的愁思，又岂是这挥手所可驱除？他呆呆地伫立亭前，手中还握着那杯不忍劝酬的酒。只是到了此刻，他仿佛才醒悟过来，不禁高举起酒觞，大声呼唤着远去的友人："呵，呵！请再满饮这一杯叙别的酒吧，这是我与你永结缠绵不解的友情之酒呵"！

这结句之充满深情，正与王维"劝君更尽一杯酒，西出阳关无故人"（《渭城曲》）相似。但较之于王诗的明爽亲切，它所传达的无疑更多袅袅难尽的黯然怅意了——这正是汉末苦闷时代所特有的意绪呵！

作为上二幕的回应，第三首似乎出自即将离去的"游子"之口，地点则已转换在山蹊、河梁（桥）之间。当主人公与送别者（妻子？友人？）携手走上河梁的时候，正是日落时分。夕阳西沉，山山都沐浴在苍茫的暮霭之中。面对曲曲弯弯的前路，谁能不发出"游子暮何之"的苍凉喟叹？而当着妻子"且复立斯须"的含泪恳请，或友人"念子怅悠悠"的仰天长叹，这分手也变得格外艰难——在"蹊路侧"走走停停，带着满怀的悲恨，谁又忍心说出"就此告辞"的酸楚话语？"徘徊蹊路侧，悢悢（liàng，悲恨貌）不得辞"二句所展示的，便正是这一幕欲辞还止的无声之境。

但"行人"终竟不能"久留"，分手的时刻再难也得挨过。情意浓浓的叮咛，在这样的时刻，往往反显得异常平淡。"各言长相思"，便成了挥手之间宽慰对方的最深情的话语。结局似乎总是这样——明明是游子孤身远走天涯，伤心落泪的却总是送行的亲友。种种安慰的话语，反倒要游子来诉说："月儿都有'弦'、'望'之夜，人间的相聚难道就一定遥遥难期？请莫要为我的前程忧心！努力崇扬美好的德行，纵然到了鬓发如雪，也是要千里回返与你相聚的呵"！游子离去时留下的话语，带有多少宽慰和自信。然而，这相聚之期竟只能许以"皓首"，可知连游子自己,也无法确知命运的结局。那么,这一幕游子辞亲的"生离",很可能便是肠断天涯的"死别"了。读者从那"皓首以为期"的结句中,难道还感受不到,这充溢游子心间的绝望凄伤?

这就是东汉无名氏文人,假托"李陵"所作的三首抒情诗。它们与假托"苏武"所作的另四首诗(均收于《昭明文选》),被人们合称为"苏李诗"。诗虽属假托,情却抒写得极为真挚。特别是这三首,融离别之情于"衢路"、"浮云"、"河梁"、落日之景;在"且复立斯须"、"对酒不能酬"、"恨恨不得辞"的情景描摹中,传达妻友送别之伤、游子辞乡之哀,情意缠绵,思致凄婉,具有强烈的感染力。明人谢榛称它"句平意远,不尚难字,而自然过人"(《四溟诗话》)。其得力处,大约恰在于字字发自真情,而又能"转意象于虚圆之中,故觉其味之长而言之美"(陆时雍《诗镜总论》)吧?

(潘啸龙)

旧题苏武诗四首(其一) 无名氏

骨肉缘枝叶,结交亦相因。四海皆兄弟,谁为行路人。况我连枝树,与子同一身。昔为鸳与鸯,今为参与辰。昔者常相近,邈若胡与秦。惟念当离别,恩情日以新。鹿鸣思野草,可以喻嘉宾。我有一罇酒,欲以赠远人。愿子留斟酌,叙此平生亲。

今人谈古诗,常常会有不同的角度。研究者注意较多的是作品的真伪及本事出处;而一般读者欣赏的则是诗的本身所能带来的审美情趣。例如这里选录的几首旧题为汉代苏武和李陵的五言诗,就存在这个问题。宋代文豪苏轼因不满《文选》的编选,首先在相传为苏、李的长安送别诗中读出了"江汉"二字,便据以怀疑是后人的伪作。而以博学著称的洪迈,也在《文选》所载李陵《与苏武三首》诗中发现了"盈觞"之"盈"犯了汉惠帝的讳,于是愈坚苏轼之说。后来明清及近代学者顾炎武、钱大昕和梁启超等人也展转相承,于是苏、李诗之伪几成定谳。而今人汪辟疆先生却力排众议,以为《文选》中苏武《诗四首》为别李陵之说起于唐代,"江汉"、"盈觞"也难定二人诗之伪,他主张"与过而疑之,宁过而存之"(《汉魏诗选按语》)。至逯钦立先生辑校《先秦汉魏晋南北朝诗》,即基本采取了"存之"的态度。不过他采取了一种比较审慎的方式,这就是既不认为是苏、李之作,同时也不认为是"六朝拟作",而是把这些作品均归入东汉卷,并系之于"李陵录别诗二十一首"。以上是历代学者从考证角度来谈苏、李诗的一些概况,与我们今天从欣赏角度来读这些作品显然有所不同。不过,至少有二点是不应忽视的,即《文选》和《古文苑》所传苏武、李陵诗是汉代作品(苏轼亦谓这些诗“非曹、刘以下诸人所能办”),但所写内容又与历史上西汉时苏武与李陵之别无关。这是考据为我们今天鉴赏这些诗作提供的基本点,在此先提请读者注意。

“骨肉缘枝叶”是《文选》所录苏武《诗四首》中的第一首。这首五言诗抒写兄弟骨肉的离别之情,用笔浑重朴厚,风格淡中见醇,近而犹远。

诗一开始,作者就用“骨肉”二字直接说出诗中“我”与“远人”之间的特殊关系,然后再以“枝叶”作比喻,进一步暗示和强调这种关系的亲密。按理次句应顺着这层意思往下写,可是诗人却把笔触转向了与“骨肉”不同的另一种关系,这就是人世间亲朋好友间的交往。“四海皆兄弟,谁为行路人”二句继续由此生发,写天下朋友之交都能亲如兄弟,不忍相别。这里诗人巧妙地借知己挚友托出“兄弟”二字与前“骨肉”二字相应,同时又借朋友相别预为后文骨肉之离作陪衬。“况我连枝树,与子同一身”二句紧接进层递进,不仅回映首句,离而复即,而且退而后进,领起下文,其用笔直中有曲,折转顿挫。前人曾谓“‘况我连枝树’承上四海兄弟,言此密友亲交,尚为兄弟,况真兄弟乎?”(方东树《昭昧詹言》)诗人用意在写兄弟之亲,而先借密友为喻,从而使兄弟之亲更为突出。“昔为”以下四句想象与兄弟相处时和离别后两种截然相反的情况,前者“常相近”,一如“鸳与鸯”,何其相得;后者别如“参与辰”、“胡与秦”,几多哀愁!在此相处时的亲密无间、形影不离与离别后的相距千里、后会无期,形成了强烈而鲜明的对比。这四句一前一后两两相对,看似重复拙钝,却也反映出诗人处于人生变故中那种不堪回首、无法预期的复杂心态。

“惟念当离别,恩情日以新”二句既承上而言,说出了兄弟平时相处弥觉珍贵、离别后尤感痛苦的原因,又为下文对临别饯行、樽酒留人的描写预作交代。汉诗转折、联结高妙,浑然一体而不见针迹线痕,于此可悟。然而这二句的好处还不仅见之于它在全诗结构中所起的作用,更重要的是它以浅显的语言,说出了一种人生中的宝贵体验,这就是当你要失去某件东西时,你会超乎异常地体会到它的珍贵。人与物的关系是这样,人与人的关系更是这样。诗人正是在离别在即时,充分感受到了这一点。因此他在为将要远行的亲人饯别时,一再要以酒相赠,以酒留饮,以酒叙情。酒是消愁物,诗人当时的心情和行人当时的心情,都在这种赠别和留饮中表露无遗。“鹿鸣”二句系化用《诗·小雅·鹿鸣》“呦呦鹿鸣,食野之苹。我有嘉宾,鼓瑟吹笙”之意,有兴起和借喻设筵饯别之妙;末四句状写赠别留饮情状,言近意远,词浅味浓。人至临别而以杯酒相赠,愿以此挽留片刻而畅叙平生之亲，此景此情能不令人唏嘘？后代不少传诵千古的名句，如梁代江淹《别赋》中的“可班荆兮赠恨，唯尊酒兮叙悲”、唐代诗人王维《阳关曲》中的“劝君更尽一杯酒，西出阳关无故人”等，所写也正是这种景和这种情。

(曹明纲)

旧题苏武诗四首(其二)　　无名氏

黄鹄一远别，千里顾徘徊。胡马失其群，思心常依依。何况双飞龙，羽翼临当乖。幸有弦歌曲，可以喻中怀。请为游子吟，泠泠一何悲。丝竹厉清声，慷慨有余哀。长歌正激烈，中心怆以摧。欲展清商曲，念子不能归。俯仰内伤心，泪下不可挥。愿为双黄鹄，送子俱远飞。

此诗《文选》置“苏子卿诗四首”之二，清代沈德潜《古诗源》却置于第三，并谓“首章别兄弟，次章别妻，三、四章别友，皆非别李陵也”，其于旧说虽有辨正，却仍系苏武名下，且按所别对象亲疏主次列之，这也许正是后代有关选本多变《文选》所录苏武诗次序的一个原因吧。

我们今天读这首诗，觉得沈德潜关于苏武别友说也不可通。因为如果真是苏武出使时告别朋友，则诗末“愿为双黄鹄，送子俱远飞”二句显然不像行者留别居人之语；而如果是朋友送别苏武，则诗中“何况双飞龙，羽翼临当乖”又难以理解，而且作者也不应是苏武本人了。但是我们撇开苏武出使别友这一旧说，把它作为汉代后期的一首文人诗来读，这些问题就不存在了。在这方面，清代方东树的看法很值得参考。他认为此诗“似为客中送客，非行者留别，乃居者送行者之辞，与《步出城东门》篇同，观明远(鲍照)《赠傅都曹别》可见”(《昭昧詹言》)。从诗的全文来看，他的见解是可取的。

诗的首四句写作者与友人都远离故乡，客居它方，恋乡思家之情时刻萦绕胸际。“黄鹄”喻友人；“胡马”为自况。前二句化用“黄鹄一举千里”(《韩诗外传》)成语，既含称誉之意，又写怀故之状；后二句化用“代马依北风”(同上)成语，在悲离亲别友的同时，也剖呈了难忘其本的心思。其中“顾徘徊”、“常依依”生动形象地刻画了人物内心那种欲罢不能的缠绵情态，又切合“黄鹄”与“胡马”的比喻，用词十分贴切。

本来乡愁已催人年老，而今客中送客，离恨又随之相逼。“何况双飞龙，羽翼临当乖”，二个远离故乡的友人面临远别，其心绪之烦乱、感情之痛苦，自然难以言述。"幸有弦歌曲,可以喻中怀",他们只得用琴弦歌吟,来倾诉各自的种种复杂的感受,安抚一下饱受离乱创伤的内心。一个"幸"字,集中表露出离别双方于百般无奈中尚存的一丝慰藉。"游子吟"指琴曲《楚引》,旧注引《琴操》:"《楚引》者,楚游子龙丘高出游三年,思归故乡,望楚而长叹,故曰《楚引》。"作者为了表达情怀,弹起了思乡曲,一发声,便传出一阵阵清凉凄切的哀怨。随着丝竹声的高低徐疾变化,作者与友人的内心充满了深沉的悲愁。"慷慨有余哀"又见"古诗十九首"中的《西北有高楼》,这里形容乐声高亢激昂而深藏哀愁。旧注引《说文》,谓"慷慨,壮士不得志于心也",正因如此,后面"长歌正激烈"除了离愁之外,里面还包含着离别双方的失意不平。随着琴声的由低怨而高亢,人物的感情也由悲哀而激烈,最后以致达到了不可遏制的地步。作者这段描写以声传情,乡思、离恨和失意不平交错重叠,蜂拥而至,不仅当事人的悲怆足以摧残身心,即令后人读之,也往往难以卒篇。

"清商曲"原是民间音乐,此借言欢快一些的曲子。当琴音歌声达到极度悲怆、难以忍受的时候,作者想换一个曲子,舒缓调节一下气氛。可是手不从心,还没等他弹奏,不禁又想起友人此别再不能归,于是再也控制不住内心的伤感,泪水涟涟,泣下如注,连挥都来不及了。在此作者本想安慰一下即将上路的友人,结果却适得其反,不但没能改善对方的心境,连自己也无法不失声痛哭了。全诗所写离别双方的伤感别情至此达到了高潮。"愿为双黄鹄,送子俱远飞",作者在稍稍安定一下自己的情绪后,又向友人表示了恨不能与其同往的愿望,虽不现实,但那种对朋友的真诚和对分别的怨恨却由此得到了进一步升华,读来情深意长,令人难忘。

值得注意的是,这首诗的用词造句在不少地方与"古诗十九首"中的一些作品十分相似。如十九首《行行重行行》中有"胡马依北风"句,此诗则有"胡马失其群,思心常依依";《西北有高楼》中有"音响一何悲",此诗则有"泠泠一何悲",另二诗都有"慷慨有余哀"句,前者以"愿为双鸣鹤,奋翅起高飞"作结,后者则以"愿为双黄鹄,送子俱远飞"收尾。所有这些都说明旧传苏、李诗的写作年代与"古诗十九首"相去不远,苏轼在辨其伪的同时又指出"非曹、刘以下人所能办",实在是很有见地的。　　(曹明纲)

旧题苏武诗四首(其三)　　无名氏

结发为夫妻,恩爱两不疑。欢娱在今夕,嬿婉及良时。征夫怀往路,起视夜何其。参辰皆已没,去去从此辞。行役在战场,相见未有期。握手一长叹,泪为生别滋。努力爱春华,莫忘欢乐时。生当复来归,死当长相思。

这首诗在徐陵的《玉台新咏》中题作《留别妻》,旧传为苏武初出使时留别妻子之作。然而今读诗中"征夫怀往路"、"行役在战场"诸语,诗中的主人公显然是一个即将应征出战的青年男子,作品所表现的也是汉代末期常见的征夫别妻的主题。

诗的前四句写一对青年男女正沉浸在新婚的欢愉之中。"结发"是古代男子二十束发加冠、女子十五束发为笄表示成年的一种仪式,诗中的青年男女到了这个人生的美好时刻便结为夫妻,"恩爱两不疑",婚后生活过得十分美满、幸福。"嬿婉"语出《诗·邶风·新台》:"嬿婉求之",和顺的样子。这里用来形容两人的爱情生活非常融洽,亲密无间。这一段用墨不多,却通过展现在人们面前的新婚夫妇那种恩爱、琴瑟和谐的欢乐情景,把一种人生和青春的愉悦传递给了读者。

"征夫怀往路,起视夜何其"。然而严酷的现实很快搅散了这对恩爱夫妻"嬿婉及良时"的美梦,一度出现于两人之间的一小块晴空被即将出征、离别在即的阴影覆盖了。作者在此笔锋陡转,在点出主人公"征夫"身份的同时,随即将开头轻松、欢快的气氛一下子抛入生离死别的无限悲哀。诗中的男子惦念着不久将要上路,时不时地起身探望窗外的天色,因为他心里清楚地知道,只要天一亮,他就要启程应征,那漫无期限的离别将要取代新婚的片刻欢愉。所以当他看到参辰星已在天边隐去,天将破晓时,心中顿时涌起一股股难以言传的酸楚。"去去"两字相迭,生动地表现了主人公道别时那种痛苦不堪、语噎词塞的情态。人世间的一般离别,已使人为之黯然销魂,何况新婚嬿尔正是人生"花好月圆"之时,又何况这对年轻的恩爱夫妻所面临的不是一般的离别,而是奔赴战场、相见无期的生死离别;这怎么能不叫人五内俱裂,泪如泉涌!"握手一长叹,泪为生别滋",读着这样的诗句,这对青年男女无限悲怆、难以自持的情景如在眼前,此景此情催人泪下,历千年而不灭其震撼人心的强大力量。以后宋代词家柳永写恋人之别,有"执手相看泪眼,竟无语凝噎"(《雨霖铃·寒蝉凄切》)之语,元代戏剧家王实甫《西厢记》写张生、莺莺长亭之别,又有"听得一声'去也',松了金钏"的描写,虽然都有一定的感染力,并与此诗有某种相似之处,但与此诗对封建兵役制给青年男女带来的心灵创伤的表现相比,毕竟显得纤弱多了。

末四句写新婚夫妇临别时的相互郑重叮咛。其中"努力"二句是妻子对丈夫的嘱托,她要丈夫在行役中爱惜自己的青春年华,注意保重身体,同时牢记夫妻间的恩爱与欢乐,体现了一个妻子的关心和担心;“生当”二句是丈夫对妻子的回答:若能生还,一定与你白头偕老,若死在战场,也将一直把你怀念,表现了丈夫对爱情的忠贞不渝。这段对话,不仅展示了人物朴实、美好的内心,而且更充实了诗首二句中“两不疑”的内容,使全诗增添了一种悲剧气氛。前贤曾谓悲剧就是将美好的东西毁灭给人看,此诗正符合这样一种说法。男女相爱结为夫妻,原是人生中最美好的事,可是在残酷的兵役制逼迫下,它只能像一朵刚绽放即被摧残的花,转瞬即逝,无法追回。

历史上有许多写离状别的佳作,此诗当能在其中占一席之地。它的选材、表达、风格等,都对后代有广泛的影响。唐代大诗人杜甫的名作《新婚别》可以说是这方面的代表。

(曹明纲)

旧题苏武诗四首(其四)　　无名氏

烛烛晨明月,馥馥秋兰芳。[1]芬馨良夜发,随风闻我堂。征夫怀远路,游子恋故乡。寒冬十二月,晨起践严霜。俯观江汉流,仰视浮云翔。良友远别离,各在天一方。山海隔中州,相去悠且长。嘉会难再遇,欢乐殊未央。愿君崇令德,随时爱景光。

〔注〕 ① 秋:《文选》作我,依刘履《选诗补注》校改。

这诗是《文选》收录的苏武诗四首之四。据前人研究,这四首诗皆系汉末无名氏的依托之作,“烛烛晨明月”这首,是身在中州者为友人南归写的送别诗。

开篇即写将别时的光景。节令是秋季,时间是清晨,明明的月亮还未坠落,秋兰散发着浓浓的香气。这是一个美好的时辰,“烛烛”、“馥馥”,形容词的叠用,也传出了诗人特别的感触。这里又特别突出了秋兰,“芬馨良夜发,随风闻我堂。”似乎在这个“良夜”,秋兰香气显得格外浓郁,随风传来像是撩逗诗人。就是在这样的气氛下,“征夫怀远路,游子恋故乡。”这里“征夫”、“游子”都是指行人,这点出了以上所写是送别光景。这些描写甚有兴寄,《文选》注曰:“秋月既明,秋兰又馥,游子感时,弥增恋本也。”这是从“游子恋故乡”的角度来体味,是有道理的。但还可从送者、行者与送者的关系方面来体会:秋月这样明净,秋兰这样的可意、动人,自然就酝酿了一种依依惜别的意绪,就像“渭城朝雨浥轻尘,客舍青青柳色新”(王维《送元二使安西》)那样,让人动情,让人流连低徊。这里的秋兰似还含有象征友情的意味,古语曰:“同心之言,其臭(xiù)如兰。”“兰友”、“兰交”即为知心朋友,这里的“芬馨良夜发,随风闻我堂”,是很容易叫人想到友情的温馨。

“寒冬十二月,晨起践严霜。俯观江汉流,仰视浮云翔。”这四句是设想友人于寒冬时到达江汉间情景。这见出途中的辛苦和孤单。节令和时景是那般恶劣,“江汉流”、“浮云翔”于单调中又显出离合无端、迁徙不居的刺激。“俯观”、“仰视”的动作,也显出心情的不安。这里设想行程那么具体,见出作者对友人的关切、体贴,行人的一切已在他的计虑之中了。这里又偏向“不堪”方面设想,以与眼前美好情景对照,又见出多少的温情、多少的留恋、多少的挂虑啊。后来不少送别诗皆有如此写法,前引王维诗后二句即为:“劝君更尽一杯酒,西出阳关无故人。”贾至《送李侍郎赴常州》:“今日送君须尽醉,明朝相忆路漫漫。”其表情效果是相似的。

后八句是送别目前的话语。前四句说,你此行远归,我们就地北天南了,又有山川阻隔,显得距离更远了。这四句,句句都强调一个“远”字,又暗用了《穆天子传》王母赠别歌中“道里悠远,山川间之”句,惜别之情显得就更浓盛了。“中州”,今河南省,此当指汉末政治中心洛阳、许昌一带,此居中州当是居朝之意,友人可能是游宦无成而归,故后面四句于惜别中寓安慰、劝勉之意。“嘉会”是指往昔以至目前的欢会,他说,这样的欢会很难再遇了,让我们临别时尽情欢乐吧(“未央”,未尽,“欢乐”云云不外别宴上的酣饮欢歌),希望别后还不断地增进您的德业,珍惜光阴,珍重自己。最后两句可谓临别赠言,除珍摄之勉外,还含有功名有望、后会有期之意,《文选》载李陵诗其三末两句是:“努力崇明德,皓首以为期”,与这两句可以互相发明。

这首诗叙别情显得很是深挚。临歧之际先是渲染环境气氛,显出丰富的意绪;插入对行程的想象,翻进一层,见出深度;结末依依惜别,但不作悲酸语,最是难得。昔人云,苏李赠言“温而戚”,“味之长而言之美也”(陆时雍《诗镜总论》),斯为得之。

还要指出一点,这首诗一些句子在“李陵诗”中曾以相似的形态出现过,除前面引述的两句外,还有:“征夫怀远路”,李诗其二作“行人怀往路”;“仰视浮云翔”,李诗其一作“仰视浮云驰”;“良友远别离,各在天一方”,李诗其一作“风波一失所,各在天一隅”;“嘉会难再遇”,李诗其二首句全同。这就提出了一个问题,两组诗之间似有因依转拟的关系。那么,谁先谁后呢?梁启超在《中国之美文及其历史》中说他“颇疑拟李陵的几首,是早已流行……拟苏武的那几首,或者是较晚的时代续拟,……最迟的也不过魏晋间作品罢了。”梁氏的推测不无道理。除上面指出的因依迹象外,通观两组诗,李诗三首都较短,结构较简单,情思也较单纯,而苏诗四首篇幅都较长,结构、艺术手法也显得多变些,“踵事增华”是符合诗歌创作尤其是杂拟诗的创作规律的。 (汤华泉)

旧题李陵赠苏武诗 无名氏

有鸟西南飞，熠熠似苍鹰。朝发天北隅，暮闻日南陵。欲寄一言去，托之笺彩缯。因风附轻翼，以遗心蕴蒸。鸟辞路悠长，羽翼不能胜。意欲从鸟逝，驽马不可乘。

李陵诗《文选》所录《与苏武三首》前人已疑其伪，至《古文苑》所载李陵诸诗，更是总杂不类，显为后人假托无疑。以下所选三首作品均出自《古文苑》，因此我们只需将它们作为汉末文士的偶然遗作来读就可以了。

我国古代很早就有青鸟传信的传说。据《汉武故事》记载，一年七月七日汉武帝在承华殿做斋，忽然从西方飞来一只青鸟，停在殿前。武帝问身旁的东方朔这是怎么回事，东方朔回答说西王母就要来了。过了不一会儿，王母果然到了，她的旁边有两只青鸟护侍。这以后，青鸟送信、鱼雁传书等，便成了历代文人笔下的佳话。这首诗即非常巧妙地利用了这一传说，生动而含蓄地抒写了对远方亲朋好友的相思之情。

全诗的构思，即围绕“传书”展开。诗的头四句，写诗人眼中所见鸟的形象。“熠熠”，光彩闪烁，这里描写鸟在飞行时光亮的羽毛上下闪动。“朝发”二句形容鸟飞行距离极远，速度奇快。其中“闻”字《太平御览》作“宿”，字义稳妥；“天北隅”与“日南陵”相对，极言相距遥远；“朝发”、“暮宿”明显具有民歌中常见的夸张成分。诗一开始即从“鸟”入笔，而人自在其中，读者也可借此想见人在盼鸟传书的情景。

接下去四句直接转而写人，写人见到鸟时所萌生的心愿。诗人见有鸟往西南飞去，即产生了托鸟传言的想法，他把精心结撰的彩绢书信拿出来，托付飞鸟替他带给远方他所思念的人。一个“托”字，画出了主人公的郑重神情；而“笺彩缯”三字，也把他的认真态度一笔带出；“蕴蒸”，原意为积藏、众多，此代指诗人胸中郁积的百般情思。诗人原想凭着风力和鸟的轻盈的翅膀，为他捎去久藏于心的种种烦恼。这几句表面平静，实际上蕴含了许多感情波澜。

“鸟辞路悠长，羽翼不能胜”二句又转而写鸟。对于诗人的恳切托付，这只鸟却借故谢辞，它的理由是“路悠长”和“羽翼不能胜”，一方面暗示诗人与所思念的人远隔千山万水，以至于使往来极速的飞鸟也嫌路途遥远；另一方面则又暗示诗人要它带去的情思太多，分量太重，从而使它觉得力不从心，即有“似苍鹰”般有力的羽翼也难以承受。诗人这种比喻和暗示十分巧妙，又非常生动含蓄，令人回味。

末二句复由鸟而人。在恳求遭到婉言拒绝之后，主人公并不就此罢休、就此甘心。他幻想自己能与鸟一起远飞而去，却恨身无双翼而转求于坐骑，可身边的马匹又低劣无法乘坐。全诗至此即戛然而止，对于由前文而留下的诸如鸟既不可托，马又不能骑，那么主人公的情思又将如何传递等问题不置一语，让读者自己去思考，去补充，去想象。不过有一点是清楚的，那就是诗人积压已久的情思将因无法传递、疏解而继续年长日久地堆积起来，持续下去。

这首诗构思新巧，由鸟──→人──→鸟──→人次第重复展开，具有一定情节，人物的感情全由客观的描写和叙述来加以呈现和表露。清代沈德潜曾说“苏、李诗一唱三叹，感寤具存。无急言竭论，而意自长、言自远也”(《古诗源》)，此诗即是一个很好的例子。别的不说，单是诗人欲“遗心蕴蒸”而鸟辞力“不能胜”一点，就化无形的思念为有形之物，从而开了后代诸如“遍人间烦恼填胸臆，量这些大小车儿如何载得起”(王实甫《西厢记》)一类描写的法门。 (曹明纲)

旧题李陵赠苏武诗　　无名氏

烁烁三星列，拳拳月初生。寒凉应节至，蟋蟀夜悲鸣。晨风动乔木，枝叶日夜零。游子暮思归，塞耳不能听。远望正萧条，百里无人声。豺狼鸣后园，虎豹步前庭。远处天一隅，苦困独零丁。亲人随风散，历历如流星。三萍离不结，思心独屏营。愿得萱草枝，以解饥渴情。

《文选》卷三七李密《陈情事表》李善注引此诗“远处”二句，谓出李陵《赠苏武诗》，与《古文苑》以“李陵录别诗”收录此篇一样，是唐人根据流传于晋、齐时李陵众作得出的看法。这种看法之不可信已见前述，在此我们仅把它作为汉末一般的游子思归之作来对待。

在我国众多的古代抒情作品中，有相当数量出自游子行人之手。这些人或者为了寻求功名，或者为了服徭役，或者为公务所羁，或者为游历天下，长期远离家乡，客居他方。每当季节变换或佳节来临，他们往往因时伤感，睹物思乡，写下一些令人愁肠百结的文字。这首诗的作者就是他们中的一个，时当深秋之夜，独处天一隅、远离家乡亲人的他入目皆愁，闻声俱哀，叹孤嗟悲，情不能已。

“烁烁三星列，拳拳月初生”，诗一开始就将一幅静谧而有生气的初夜图展现在人们面前：参宿三星在刚入夜的空中闪烁着光亮，一轮初月冉冉升起，将它的清辉洒向大地。然而深秋的寒意却应时而至，树上的枝叶在凋落，野外的蟋蟀在悲鸣。处在这种环境中的他乡游子，不禁勾起了深深的思归之情，他眼不忍睹眼前荒芜凄清的秋色，耳不忍闻耳边悲凉哀戚的秋声。“塞耳不能听”，真实而形象地道出了游子身处其境时那种不堪忍受的感觉，从中人们可以体味出远离故乡在精神上给人带来的创伤。

使人心惊的秋声虽然因塞耳而听不到了，可是跟前的景象更加阴森恐怖，令人毛骨悚然。诗人放目远望，见到的是一片萧条，百里之内杳无人声；近处则豺狼虎豹出没于庭园。这段描写将远僻、荒凉、阴森、可怕等种种感受集合在一起，使人读后恍若身临其境，心惊肉颤。这种悲凉凄切的时节，这种险恶可怖的环境，更增添了游子心中“远处天一隅，苦困独零丁”的孤独感。他在深秋明月之夜想到了如风散去、如星流逝的亲人，想起了久别难归的故乡，心乱如麻，思不可遏。孑然一身徘徊于住所，忘了时间，也忘了休息。“三萍”，逯钦立《先秦汉魏晋南北朝诗》谓“苹当为‘荆’之讹字”，果如此，则“三荆”当为游子的故乡所在之地。但三荆又因与“山荆”同音，也可看作是游子自称自己的妻子。“离不结”指分别后再无音信，断了联系。“屏营”，彷徨，来回走动。“愿得萱草枝，以解饥渴情”，是诗人为了排除心中的悲苦而进行的一种祈告。“萱草”即谖草，相传能令人忘掉忧愁。“饥渴”语见《诗·小雅·采薇》：“忧心烈烈，载饥载渴”，此诗正用其意。又《采薇》末云：“行道迟迟，载饥载渴。我心伤悲，莫知我哀”，诗人所要抒写的，也正是这种如饥似渴的思归之情，不过他采取了一种自我安慰的诉愿方式，幻想以传说中的忘忧草来解脱自己的悲哀。可是连诗人自己也清楚，这种草是不存在的；即使存在，它也决不可能减轻游子内心无法言传和排遣的痛苦。明知不可为而为之，愈见人物感情的执着和深沉。

此诗景物描写、气氛渲染、人情抒发三者历转而下，于自然流转中见朴直蕴藉，具有汉诗的典型风格。

（曹明纲）

旧题李陵赠苏武诗　　无名氏

晨风鸣北林，熠燿东南飞。愿言所相思，日暮不垂帷。明月照高楼，想见余光辉。玄鸟夜过庭，仿佛能复飞。褰裳路踟蹰，彷徨不能归。浮云日千里，安知我心悲。思得琼树枝，以解长渴饥。

此诗末二句为《文选》卷二四陆机《为顾彦先赠妇二首》之二李善注所引，谓出李陵《赠苏武诗》，情况与前诗相同。但这篇作品写两地相思，无法看出双方的身份和所处环境，又与前诗稍有区别。

“晨风鸣北林，熠燿东南飞”，诗就眼前景物入手。“熠燿”《广文选》作“熠熠”，原指光亮闪烁，这里联系《有鸟西南飞》诗中“熠熠似苍鹰”及本诗中的“玄鸟”来看，显然代指飞鸟。诗人黎明即起，眼见晨风吹过北面的林木，一只鸟儿扇动着双翼向东南飞去。他痴痴地望着渐渐远去的鸟儿，托它为自己给远方的友人捎句话，请他所思念的人到了晚上不要把窗帷垂下。“明月照高楼，想见余光辉”，这样就可以让月光照进高楼，二人同时沐浴在明月的清辉中，互慰相思之情了。诗人的这一嘱托和想象十分新颖奇特，它以普照两地的月光作为互通相思的媒介，意境优美，感情深挚动人。后来唐代诗人李峤诗中的“他乡有明月，千里照相思”(《送崔主簿赴沧州》)、宋代文豪苏轼词中的“但愿人长久，千里共婵娟”(《水调歌头·明月几时有》)等，都与此有同工异曲之妙。

不难想象，诗人既托鸟儿传言所思之人夜不垂帷，那么他在入夜之后自然要早早尽情地领略明月的清辉了。正当他独步中庭、似有所盼时，一只玄鸟在夜空中飞过，仿佛专程从远方飞来告诉诗人话已带到。见了这种情景，诗人再也抑制不住内心的感情波澜，“褰裳路踟蹰，彷徨不能归”，他急忙提起衣衫，在月光下来回走动，忘情得连步履也有些蹒跚了。他走着，想着；想着，走着，眼前好像出现了所思之人也对月叹息的情景，这使他流连忘返，难以自制。在这里，诗人充分驰骋了他的想象，不仅将鸟的晨飞与夜过巧妙地绾合照应起来，而且通过这种绾合和照应，以我为主地映现出两地相思之苦，使人读来浮想联翩，感叹不已。

诗的末四句直抒胸臆。前二句即景生情，诗人仰望夜空，浮云飘行，一日千里，而自己只能滞留一方，长期不能与所思念的人相会，心中悲苦无人可知。后二句表露心愿，陈述希望：“思得琼树枝，以解长渴饥。”“琼树”相传生于昆仑流沙边，花食之可长生。“渴饥”形容相思情切，如饥似渴。《诗·周南·汝坟》：“未见君子，怒如调饥。”这二句诗既可理解为诗人盼望得到“所相思”赠送的琼树枝，以排解积久于心的相思之苦；同时也可理解为诗人自己得到琼树枝以赠“所相思”，了却长期思念的心愿。然而不管哪种理解，由于琼树枝与长生有关，这里都含有以双方健康长寿为安慰或祝愿的意思。

这首诗构思奇巧，言情含蓄。与《有鸟西南飞》主要写鸟不同，它涉及鸟的地方只有二处，安排在一前一后，一晨一暮，笔墨经济，却在全诗中起了穿针引线的重要作用。诗人的描写、想象和抒情均借此次第展开，结构章法寓于天然浑成之中，风格本色而朴直。 （曹明纲）

古诗·上山采蘼芜　　无名氏

上山采蘼芜，下山逢故夫。长跪问故夫：“新人复何如？”

"新人虽言好,未若故人姝。颜色类相似,手爪不相如。""新人从门入,故人从阁去。""新人工织缣,故人工织素。织缣日一匹,织素五丈余。将缣来比素,新人不如故。"

从《诗经》到汉乐府,都有一些反映弃妇生活和思想感情的名篇,说明妇女婚后被无端遗弃,是古代社会中的一个带有普遍性的问题。

这首诗在艺术构思上颇有独到之处。作者不是像《诗经·邶风·谷风》那样采用如泣如诉的怨愤之语出之,也不是像《卫风·氓》那样采用回忆倒叙的方式出之,而是截取了生活中的一个巧遇场面,采用对话的方式来揭示一对离异之后的夫妇的心理状态和各自的感受,从而鞭挞了喜新厌旧者的灵魂,批判了不合理的封建夫权。诗用叙事之笔开头:"上山采蘼芜,下山逢故夫。"从"故夫"一词,可以知道"采蘼芜"的主语是弃妇。"蘼芜"是一种香草,叶子风干后可以做香料。古人认为佩之可以多子。弃妇于此物本无所用,而现在上山采摘,暗示她已经再婚。在她满载而归的时候,碰巧遇到了"故夫"。巧遇时的情状如何?诗中没有直说。但从"长跪问故夫"一语,不难想见"故夫"的脸上颇有几分惭悔之色。若是怒目相向,则弃妇就决不会"长跪"相问了。弃妇被无端遗弃,缘"故夫"的喜新厌旧,所以这次巧遇,她倒要故意问问新妇的情况了。"复何如",犹言又怎样,话中不无谴责之意。"故夫"于惭悔之余,不得不以实情相告。"新人虽言好",尚属自我解嘲语,忸怩之态可掬;"未若故人姝",才是真切语,懊悔之情如见。"颜色类相似"句,活画出喜新厌旧者的心理。当初弃妇被逐,自是"颜色"不如"新人"之故。而"新人"入门既久,渐成旧人;弃妇转嫁他人,已成他家"新人"。"故夫"以喜新厌旧之目光视之,转觉己之"新人",与已成他家"新人"之弃妇,颜色无复区别,岂止无复区别,从"手爪不相如"一句,知"新人"亦已招厌。"新人从门入"两句,余冠英先生有精辟的分析:"两句必须作为弃妇的话才有味,因为故夫说新不如故,是含有念旧的感情的,使她听了立刻觉得要诉诉当初的委屈,同时她不能即刻相信故夫的话是真话,她还要试探试探。这两句话等于说:既然故人比新人好,你还记得当初怎样对待故人吗?也等于说:你说新人不如故人,我还不信呢,要真是这样,你就不会那样对待我了。这么一来就逼出男人说出一番具体比较。"(《乐府诗选》)这段分析,从语言环境和人物心理两方面揭示了文字之外的丰富的潜台词,因而是耐人寻味的。

"新人工织缣"以下六句的具体比较,是全诗的画龙点睛之笔。一般来说,女子被休弃,总是要蒙受恶名的。古时有所谓"不顺父母去、无子去、淫去、妒去、有恶疾去、多言去、窃盗去”的“七出”之条(参《大戴礼记·本命篇》)。这位妇女的被休弃,看来与七条都不沾边,因此最合理的解释是男子的喜新厌旧。喜新厌旧者要抛弃妻子,可以随便找个什么理由,如手脚笨拙,劳动偷懒之类。现在通过“故夫”自己的口来与“新人”作比较,说明弃妇手脚不笨,劳动并不偷懒,这就使弃妇蒙受的恶名完全被洗刷了。她已作为一个勤劳善良的劳动妇女的形象站到了读者的面前。再说,喜新厌旧心理在封建社会中是具有普遍性的。这种心理所以能在男子身上发展到无所顾忌地赶走妻子、另寻新欢的地步,不能不说是封建制度赋予男性以夫权的结果。本诗特意让男子自述其行为的乖张无理,实际上是对封建夫权的不合理作了揭露和批判。从这个意义上说,这最后六句的男子比较之词,不仅使弃妇的形象变得丰满起来,而且全诗的主题思想也深化了。另外,截取巧遇场面虽适宜于描写眼前事,却不易展示诗中人物与事件的过去和未来;而篇末让男子作一比较,不仅弃妇过去的生活情况、劳动态度与所遭不幸,一切了然,而且连“新人”今后将遭受何种命运,亦可大致预见。故此种匠心安排,使时空领域大为开拓,而作品的容量亦有逾常品了。 (吴汝煜)

古诗·穆穆清风至　　无名氏

穆穆清风至,吹我罗衣裾。
青袍似春草,长条随风舒。
朝登津梁上,褰裳望所思。①
安得抱柱信,皎日以为期?

〔注〕 ① 上:一作山,此从吴兆宜《玉台新咏笺注》。褰(qiān):把衣服提起来。

这是一首闺情诗,写的是:一个女子在风和草长的春天,痴情地怀念着远行在外的心上人。春色触发人们的怀远之情,这在闺情诗中有无数的表现,例如李白的《春思》:“燕草如碧丝,秦桑低绿枝。当君怀归日,是妾断肠时。春风不相识,何事入罗帏?”其情绪的发动与此相似,虽然后两句出以怨责口吻,实在还是表示她的春心是由春风撩拨的。所以把女子的怀人之情称为“春思”、“春心”,真是合适不过了。这首古诗一开始就写出了人们的共感,叫人觉着清新可喜。如果将它放在闺情诗的序列里,它又是较早这样表现的,我们读着李白等人的作品,自然就想起了它。这里写这个女子的联想又是十分具体、细腻。春风吹动了她的罗衣裾,使她想起了对方的青袍,这是由此及彼的联想;青袍的颜色是青的,眼前的春草也是青的,眼前的春草在春风中舒展着,心上人的青袍也一定是在春风中飘拂着，这是由抽象到具体的联想。通过这些联想，对方的形貌就宛然在目，她得到了一种幻想的满足了。当然，这些联想的逻辑顺序在诗句间并未清楚展示，由“罗衣裾”到“青袍”、由“长条”再到“青袍”，其间的联结，是由我们读者补缀起来的。这就是诗的可味之处。这里以“春草”象喻“青袍”，也是很新鲜的，五代牛希济有一首小词《生查子》，其结尾两句“记得绿罗裙，处处怜芳草”，大概是由此脱化而来的。

上面四句都是写这个女子的感情活动，可以叫“想”，下面四句写她的行动，也就是“望”。“朝登津梁上，褰裳望所思。”津梁，就是桥梁，也许当初她所怀念的人就是由此出发的，今日一早她就登上此地，提起衣裳久久瞩望，对远人她是多么思念啊，其心情又是多么焦灼啊。自然，她是望不到“所思”的。《诗经·卫风·氓》写女主人公望“所思”方位：“乘彼垝垣，以望复关，不见复关，泣涕涟涟。”这里没有写她的“泣涕涟涟”，而是写她的继续期待和追求，显得含蓄而温厚。这里用了一个典故：古代有一个男子叫尾生，和一个女子相约在桥下相会，到时女子未来，河水暴涨，尾生不肯离开，抱着桥柱淹死了。这是宁死不负信约的典型。“皎日以为期”是句成语，古人往往指日为誓，以示信守。这两句是说：怎能像尾生那样坚守信约、如期而归呢！这两句有的解释为：“这是深怨‘所思’不可靠的意思。”恐怕未必。与其说是怨，不如说是热烈的期待，她是以尾生这样的钟情人期待她的爱人的。另外，“抱柱信”故事的引入也很自然，此地即为津梁，与故事的情境是一致的。

此诗可能为文人加工的民间作品。它即景起兴，即事发想，自然浅切，情态宛然，大概原本是“男女相从而歌”那种环境中的产物吧？

（汤华泉）

古诗·步出城东门 无名氏

步出城东门，遥望江南路。
前日风雪中，故人从此去。
我欲渡河水，河水深无梁。
愿为双黄鹄，高飞还故乡。

这是一首早期的五言古诗，具有一种近于民歌的素朴风格，很耐人寻味。话不在多，意不在巧；平平淡淡地说来，却如一曲纯净的旋律，一往情深。

这首诗前后分为两段。前四句似乎是一直凝住在一点上；后四句却忽然开展，高飞于千里之外；仿佛晴空丽日，山河原野，都在怀抱之中，一步紧似一步。

所谓一泻千里，略无沾滞。这凭空而来的力量，到底是从什么地方产生的呢？李白《望天门山》诗："天门中断楚江开，碧水东流直北回。两岸青山相对出，孤帆一片日边来。"这后二句自然是名句，然而得力之处又正在第二句上。江水浩浩东流，又生生的北折过来，这力量全在一个"直"字，全诗到此使人为之凝神沉默；而下两句的风流才得翩然无碍。一收一纵，原是文章的自然规律，但却难在我们如何才能有一个如此凝神沉默的时刻呢？"万木无声待雨来"！正是因为凝神到了极点，沉浸在毫无声息之中，所以"雨来"才有了极大的声势。一切结果都蕴藏在原因之中，而我们却往往只见到结果；一切发展都包含在一个飞跃的起点上，这便是我们为之凝神的时候。说到这里，这前面四句就反而成为全诗力量的源泉了。再看这四句，始终没有离开眼前这条路上，而只在这条路上产生了一段沉默的凝想。这是一段事实，却又是已经过去了；过去的事本来也算不了什么，可是晏幾道《临江仙》词说："当时明月在，曾照彩云归。"当时明月的皎洁岂不同于前日的风雪，而"故人从此去"自是从此归去也。一个如彩云般归去，一个在风雪中消逝；所不同的是明月彩云给你以清丽的陶醉，故人风雪常给你以深入的沉思；前者把美完全显示给你，后者则把它藏在古旧的大衣里。于是你更不能不深思沉默，这便是令人异常凝神的缘故。前日的路上已完成了一个故人的归去，这条路在完成了这人的归去后，便也随着那行人足迹的消失而消逝。至于今日的路呢，则还在未可知之数。所以"前日风雪中"正是连路全都埋在飘飘的积雪之中了。那么今日所见之路又岂是前日所见之路？我们对于这过去的留恋，正由于我们对于这完成的赞美；"流水今日，明月前身"，水还是这条水，月还是这个月，而司空图却才是真正解人。在一切变动发展中，诗人往往正是捕捉住那最凝神的一点。"玉颜不及寒鸦色，犹带昭阳日影来"。寒鸦匆匆地飞过，那日影又何尝能留得住？过去的总是过去了，却留下了这一点美妙的因缘；那么今日之路，还空在那里，怎能不令"我欲渡河水"呢？箭在弦上，不得不发；既然发了，又岂能不直飞而去？所以一渡河水，其实就已到了故乡；未说"高飞"，早已飞向远处。"河水深无梁"一句等于是把那弓弦再扣紧一下，这支箭便夭夭的直上晴空了。

前四句本是一段事实，却反而成为幻想；后四句原是幻想，却反而如此真实！艺术的真实性，在这里正依据着美的辩证法则，把平凡的语言，化为无尽的言说。

（林　庚）

古诗·橘柚垂华实　　无名氏

橘柚垂华实，乃在深山侧。

闻君好我甘，窃独自雕饰。
委身玉盘中，历年冀见食。
芳菲不相投，青黄忽改色。
人倘欲我知，因君为羽翼。

这是一首比兴体的作品，诗人借橘柚为比，来写自己的遭际和心愿。咏橘见志，屈原早年就写有《橘颂》，其开头几句写道："后皇嘉树，橘徕服兮。受命不迁，生南国兮。深固难徙，更壹志兮。"意思是说，天地孕育的美好的橘树，它只适应南方的水土，它把根深深扎入南国的土地，再也不愿意迁徙。这显然是借以表现自己的独立不阿、洁身自好的品格。这首"古诗"的写法当受到屈原的启发，但用意却不同了。

开头它就写道："橘柚垂华实，乃在深山侧。"橘柚挂满了美好的果实，但却生长在深山旁。前着一"垂"字，见出佳果累累，后以一"乃"字转折，见出所生非地、难为人知的遗憾。看来此橘并不"壹志"于"不迁"，而是觉得自己具备这样的美质，就要见食、见用。"闻君好我甘，窃独自雕饰。"这里用第一人称了：听说您喜好我的甘美，我就暗暗自个修饰起来。"君"，指某位享用者。这表现了橘为人知时的欣喜、投其所好的心计。一旦听说就如此这般，也见出它的急不可待。由不为人知到为人知，这是橘的命运的一大转折。"委身玉盘中，历年冀见食。"果然得以进献于某公了，托身于珍美光洁的玉盘中，更觉得殊荣莫比，这句顺承前句，有一种如愿以偿的快意。下句略作顿挫，说经历年月期待主人品尝，这既见它心情的迫切、专注，又微露主人的倦怠、冷淡，似有不祥的预兆。"芳菲不相投，青黄忽改色。"到底愿望还是落空了，主人不赏识它的美质。"芳菲"，是香气，"青黄"，是美色，也就是《橘颂》所云"纷缊宜修"、"青黄杂糅"。一个"忽"字见出打击的沉重。似为人知、终究还不见用，这又是一大转折，也是它命运挣扎中的失败。"人倘欲我知，因君为羽翼。"这两句说，人们倘若要了解我，还得凭借您作介绍啊。这是在"青黄忽改色"时还希望主人见食，主人见食它才能广为人知，若否，那就没有指望了。这是它忍着满腔的痛愤向主人恳求，见出心中的委屈、痛苦。此时它还没有完全绝望，用语也显得较委婉，可谓哀切。

通篇将橘人格化，除头两句外，都用第一人称，让橘自我表白，它的希冀，它的用心，它的欣喜，它的怨望，表现得很是真切。《橘颂》的橘还是居于客体位置，此处已为主体，就便于曲曲传出它的内心了。此诗仅十句，组织得法，两个波折，显示了命运的挣扎情状，也易动人观感。这诗当是出身寒微的士人所作：他好不容易结识了一位显贵，委身于这位显贵的门下，期待引荐，但久不见动静，因而不免焦灼、怨望，作此诗投献，以期动其恻隐之心。这种志趣与屈原相较，自有高尚鄙俗之分，却也是那个时代士人的常情常态。吏治的腐败，察举的荒谬，士人为求进身，只得投靠当权者。攀附请托，因人成事，是汉末吏治一大特征，所以有这种诗的出现，有"何不策高足，先据要路津"的呼喊。

此诗在后代的诗坛上有一定的影响。鲍照《绍古辞七首》其一即模拟此诗，江淹《杂体诗·刘文学感遇》大半是化用此诗的语意，至唐张九龄的《感遇十二首》其七的"江南有丹橘"，也分明是这首古诗的遗响。这也见得此诗所揭橥的主题是带有较大的普遍性，易于感发人意从而为人所仿效了。（汤华泉）

十五从军征　　汉乐府

十五从军征，八十始得归。道逢乡里人："家中有阿谁？""遥望是君家，松柏冢累累。"兔从狗窦入，雉从梁上飞。中庭生旅谷，井上生旅葵。舂谷持作饭，采葵持作羹。羹饭一时熟，不知贻阿谁。出门东向望，泪下沾我衣。

就现存的资料来看，中国古代诗歌在其开端时期就出现了一种特异的现象——抒情诗较为发展而叙事诗相对显得贫弱。《诗经》三百零五篇中，具有完整故事情节的作品为数很少。其他民族的文学，一般都可以追溯到长篇的英雄史诗，而这在中国早期，至少是不见于文字记载。标志着中国诗史上第一次叙事诗创作高潮的，是汉乐府民歌。正因为以前缺乏长篇叙事诗的传统，汉乐府中的叙事之作，通常都相当短小。

叙事诗而篇幅短小，必然遇到一个困难：怎样才能充分地展开情节、描绘人物？汉代的那些无名作者，不知是有意还是无意，大多采用了一种相当巧妙的方法：省略对整个故事过程的交代，把矛盾集中在一个焦点上，犹如摄影作品，提供的只是一个瞬间，却包容了丰富的内涵。这就是剪裁之妙。如《东门行》、《艳歌行》等等，都可以看出这一特点。而我们所要说的《十五从军征》，在这方面尤其杰出。稍作说明：本篇有时被作为"古诗"看待。但汉代的"古诗"和乐府诗，很难严格区分。许多曾入乐演唱的作品，后人因不知其原来的音乐分类，就笼统地称为"古诗"。《古诗十九首》中的好几篇，在有些记载中又被称为"乐府"，也属于同样的情况。

开头"十五从军征，八十始得归"，起得很平，好像只是简单的事实交代。这里大概连夸张的成分都没有。因为古时士兵服役，常常是没有年限，或虽有年限，却并不严格执行的。许多人未成年就被征发，老得血也干了，骨也枯了，才被放回。《宋书》记载，沈亮曾对宋文帝说："伏见西府兵士，或年几八十，而犹伏隶，或年始七岁，而已从役。"可见这并不是很特别的事情。但正因为这两句起得很平，才格外具有惊心动魄的力量。从十五到八十，整整六十五年，那就是一个人知事以后完整的一生啊！诗人似乎没有批评什么，但"八十始得归"一个"始"字，却已强有力地揭示了当时兵役制度的惨无人道。

在许多边塞诗中，我们可以读到立功塞上、博取功名，甚而垂誉青史的雄心。这当然不应该加以指责，但也需要懂得：这种雄心，大抵是所谓"良家"子弟、贵族少年才有的。对于出身贫寒、处于最底层的普通士兵来说，功名跟他们没有什么缘分，他们也很少存这份妄想。一天天地活下去，挨过天寒地荒、刀光剑影的岁月，活到能够还乡的一天，便是他们最大的愿望了。这位老兵好歹得归故里，一路上总是不断地梦想着亲人团聚的欢乐、晚年生活的安宁吧？可是，毕竟已经过去了六十五年，谁知道家中是个什么模样？父母或许已经不在人间，兄弟姐妹们大概也难以相识？所谓"近乡情更怯"，当他在途中遇到"乡里人"时，情不自禁地打听道："家中有阿谁"——家里还有谁还活着？"乡里人"的回答，是那样一个无情的事实：远远望去，松柏之下，坟茔相连的地方，便是你的家！原来，家中的亲人早已尽入黄泉！

现在我们回到开头所说的问题：作者怎样对材料进行剪裁。六十五年的间隔，一面是从军的艰辛，以及艰辛中对归乡的盼望；一面是家庭的苦难，以及苦难中对游子的期待。这一切都不说，只说游子老去，白发如霜；亲故凋零，荒墓相累！这一幕，包含了多少凄凉！一个内涵无穷而感人至深的瞬间画面，便出现在我们面前。

因为剪裁巧妙，所以作者在这短短的小诗中，也能作颇为充分的渲染，以增强故事的抒情效果。下面就写到老兵来到已经不成其为"家"的家中，只见野兔从往日留给看门狗进出的墙洞里窜入，野鸡在屋梁上扑翅飞起，庭院中长满野谷（"旅"是野生无主的意思），井台旁长满野生的葵草（一种可食用的植物）。可见这家院荒芜已久，很早就不再有人居住。老人采来野谷、野葵煮成饭菜，可是有谁陪着他一起吃？"羹饭一时熟，不知贻阿谁"二句，正是写出生活对他的又一次沉重打击。他从军归来，此生无多，唯一的希望，不过是过得几天平常人的生活，享受一点人所应有的天伦之乐，如今只剩孑然一身，以后的日子，将怎么过下去？饱经风霜、历尽艰危的老人，本不是那么容易动感情的，此时不觉悲从中来，难以下咽，出门东望，一片荒凉，使他不能不老泪纵横，湿透衣衫。如果说泪具有不同的感情分量，那么，这位老人的泪，大概是人世间最沉重的了。

这首五言诗，总共十六句八十字，不但有完整的故事情节、具体的人物活动，丰富的思想内涵，而且文笔充裕，写得相当舒展，绝无局促气急之感，其实是不容易做到的。关键就在于作者能够集中全力描绘最富有联想性、集中了各种矛盾的具体情景。而且，诗的语言朴实无华，纯用白描，不作惊人之笔，感情上具有内在的深沉。所以，这首诗虽然习惯上称之为民歌，但语言的技巧已经相当纯熟了。

（骆玉明）

古绝句　　无名氏

藁砧今何在？山上复有山。
何当大刀头？破镜飞上天。

此诗始见于徐陵《玉台新咏》卷十。据吴兆宜注，属汉代杂曲歌辞。因以四句为一首，形式颇似南朝文人习见的"绝句"诗体，因此徐陵将其选入集子时即题作《古绝句》，共四首，此为第一首。诗中写一位闺中思妇对行役在外的丈夫的思念盼归之情，而又运用猜谜语的游戏手法，显得扑朔迷离、饶有趣味。

"藁砧今何在?"思妇首先通过提问引出遐想。藁砧是农村常用的铡草工具。藁指稻草，砧指垫在下面的砧板，有藁有砧，却没有提及铡草刀——𫓧。𫓧与夫字谐音，隐寓丈夫不在之义。少妇偶而见到丈夫在家时的劳动用具，兴起感触(民间以𫓧联系夫，釜联系妇，皆与男女日常生活用具相关)。"今何在?"含有丈夫"昔曾在"的对照意义。过去丈夫即在此伴随自己，现在却物是人非。人何在呢？思妇目光本能地转向门外。

"山上复有山。"接写门外所能见到的只是"夜长路远山复山，"一片云山阻隔。妙在用两个山字重叠，既表述了实际所见，又天然合成一个"出"字，从而回答了上句所提的问题：丈夫已经远出。离愁难遣，语中透情，当然迫切望他归来，因此思妇立刻焦急地提出归期问题。

"何当大刀头?"又用隐语作了暗示：丈夫此行乃是佩刀出征。更由刀头的"环"，引出期待丈夫还归的联想。《汉书・李陵传》中记汉使任立政曾以手抚刀环示意李陵还归，可见汉代早有这一隐喻。

"破镜飞上天。"少妇以揣拟作答。"破镜"暗含夫妻分别之意，在托名东方朔所著《神异经》中即有此喻。此外，破镜是圆镜破而为二，象征圆月之半，故又有

"月半"的含义。这时少妇仍是触物生情。她看到妆台的明镜,联系到夜间月亮,顿发奇想,希望当月半到来、一轮皓月飞升天空的时候,能够人月同圆。日期坐实在月半,似乎相当具体,但究竟是何月月半呢?却又并未确定。所以这个答案多半还只是思妇的一厢情愿,只是她独自在那里"忆归期,数归期","逆想行人至,迎前含笑来。"至于她切切盼夫归家的心声,究竟能否传达到,这只能在语意惓惓未尽之处,留与读者想象。

诗歌虽短,却通过思妇想念征夫,揭示了当时兵役给千家万户带来的家室离散之苦,具有一定的社会意义。在结构上,诗歌通过设问方式,四句中两问两答,既显得简明轻快,又造成起落转折。这种方式,后代颇多摹拟者。此外,诗歌运用谐音(一、三句)、离合(二句)会意(四句)等民间惯用的艺术手法,也增添了诗歌的含蓄和风趣。这首诗对后世诗人的影响也很大,王昌龄《送裴图南》:"漫道闺中飞破镜。"李白《代美人愁镜》:"藁砧一别若箭弦。"《渡荆门送别》:"月下飞天镜。"这些句子,都是援用或活用了本诗的词语。至于张若虚《春江花月夜》中写闺妇因月照"妆镜台"、"玉户帘"、"捣衣砧"而引起思夫之情,更是从本诗中得到启示,化用并扩展了其意境。

(童明伦)

魏　诗

【作者小传】

曹　操

(155—220)　字孟德,小字阿瞒,东汉沛国谯县(今安徽亳州)人。汉末,举孝廉,任洛阳北部尉、顿丘令。后拜骑都尉,参与对黄巾军的攻击。汉献帝初平元年(190),参与讨伐董卓之战,以后逐渐在军阀混战中扩大实力。建安元年(196),奉迎汉献帝定都许昌,拜司空,封武平侯,次第击败袁绍等割据势力,统一北中国。十三年,拜丞相,南征,在赤壁之战中被孙权、刘备联军击败,三国鼎立的局面由此开始形成。后进封魏公、魏王。卒后子曹丕代汉称帝,追尊之为魏武帝。事迹具《三国志》卷一本纪。其诗格调慷慨悲凉,为建安文学之典型,又全用乐府诗体,开以乐府写时事之传统,影响深远。有集三十卷、《魏武帝集新撰》十卷、《武皇帝逸集》十卷、《兵书》十三卷等,多已佚,明人辑有《魏武帝集》,今又有《曹操集》。

薤露行[1] 曹操

惟汉二十世，所任诚不良。沐猴而冠带，知小而谋彊。犹豫不敢断，因狩执君王。白虹为贯日，己亦先受殃。贼臣持国柄，杀主灭宇京。荡覆帝基业，宗庙以燔丧。播越西迁移，号泣而且行。瞻彼洛城郭，微子为哀伤。

〔注〕 ① 薤(xiè)：多年生草本植物。

“诗史”这顶桂冠人们往往奉献给唐代的伟大诗人杜甫，其实这种以诗歌记录现实，展现历史的创作倾向，并不始于杜甫，曹操在这方面就很突出。其《薤露行》与《蒿里行》就被明代钟惺的《古诗归》称为“汉末实录，真诗史也”。

这首《薤露行》写了汉末董卓之乱的前因后果，读来如浏览一幅汉末的历史画卷。中平六年(189)，汉灵帝死，太子刘辩即位，灵帝之后何太后临朝，宦官张让、段珪等把持朝政，何太后之兄、大将军何进谋诛宦官，密召凉州军阀董卓进京，以期铲除宦官势力，收回政柄，谋泄，何进被宦官张让等所杀，张让又劫持少帝和陈留王奔小平津，后被率兵进京的董卓劫还。董卓在这次进军京城中窃取国家大权，旋废少帝为弘农王，不久又将其杀死，立陈留王刘协为帝，即为汉献帝。于是关东各州郡的兵马起而讨伐董卓，社会陷入了军阀混战的局面，董卓放火烧毁了京城洛阳，挟持献帝西迁长安。

曹操的诗就写了这个历史过程。汉代自高祖刘邦建国到灵帝刘弘是二十二世，诗中举其成数，故云“二十世”，一说应作“廿二世”。曹操对何进的讥刺甚烈，以为他本是个徒有其表的人就像猕猴戴帽穿衣，硬充人样，然终不成其为人。何进智小而图谋大事，自然就落得身败名裂的下场，他做事犹豫不决，致令少帝被劫。“狩”是指古代帝王出外巡视，而古代史书上遵守“为尊者讳”的原则往往以天子出逃或被掳为“狩”，这里就是指少帝奔小平津事。“白日贯虹”是一种天象，指太阳中有一道白气穿过，古人以为这是上天预示给人间的凶兆，往往应验在君王身上，这里是指弘农王少帝于初平元年(190)正月被董卓杀戮之事，何进也遭到杀身之祸。诗的前八句以何进为主线而回顾了汉末的历史，曹操以为何进胸无谋略，优柔寡断，虽欲铲除宦官，反而误国殃民，身罹其害，造成了君王被持，汉祚覆坠的局面。这八句中不仅是对历史的记录，而且有曹操个人对此的鲜明观点，直抵一篇史论。

“贼臣持国柄”以下便转到董卓之乱。董卓乘着混乱之际操持国家大权，自封为太尉，续进为相国，随之逼宫杀帝，焚烧洛阳，汉朝四百年的帝业由此倾覆，帝王的宗庙也在烈火中焚毁。献帝被迫西迁长安，长途跋涉，被裹胁一同迁徙的百姓哭声不止，一片凄惨景象。这六句将董卓给国家与人民带来的灾害揭露无遗，因而曹操在结句中说：我瞻望着洛阳城内的惨状，就像当年微子面对着殷墟而悲伤不已。据《尚书·大传》中说，商纣王受的庶兄微子在商朝灭亡后，经过殷墟，见到宫室败坏，杂草丛生，便写下了一首名为《麦秀》的诗以表示自己的感慨与对前朝的叹惋，这里曹操以此来比况自己对汉室倾覆的悲伤与感叹。

《薤露行》属于乐府《相和歌·相和曲》歌辞，原先它与《蒿里行》都是古人出丧时唱的歌，相传齐国的田横不肯降汉，自杀身亡，其门人作了这两首歌来表示悲丧。“薤露”两字意谓人的生命就像薤上的露水，太阳一晒，极易干掉。曹操用此古调来写时事，开创了以古乐府写新内容的风气。清代沈德潜说：“借古乐府写时事，始于曹公。”(《古诗源》)是颇有见地的意见。曹操之所以能以旧瓶装新酒，是因为乐府本身就有“缘事而发”的特点，宜于用来记录史实，抒发情感，同时《薤露行》本身也有悲悼王公贵人之死的意思，曹操用此哀叹国家丧乱，君王遭难，百姓受殃，正有悲悼之意。

曹操的诗，前人都以为具有悲凉慷慨的格调，敖器之说：“魏武帝如幽燕老将，气韵沈雄。”(《敖陶孙诗评》)就以此诗而言，其风格古质朴茂，无详尽的细节描写，而能从大处落墨，以高度概括的语言将数年以来的社会变革纳入这数十字之中。如他写何进，并未详说其如何谋划失算，如何所托非人，如何犹豫不决，如何处事不慎，而仅以“沐猴而冠带，知小而谋彊。犹豫不敢断，因狩执君王”四句来刻画他的无能，其中强烈的感情色彩不仅表达了自己对汉末形势的认识，而且使得诗句不同于史书式的客观叙述，令其有感人的力量。又如写董卓之乱，“荡覆帝基业，宗庙以燔丧。播越西迁移，号泣而且行”四句中就将汉祚倾覆、洛阳焚毁、挟帝西迁及百姓受难等悲惨的场面和盘托出，我们不得不佩服诗人笔墨的简练及运驾语言的能力，其气魄的沉雄阔大更是显而易见的。至如“瞻彼洛城郭，微子为哀伤”，将自己的百感交集凝聚在这十字之中，具有深沉的悲愤之情，陈明祚说曹操之诗：“本无泛语，根在性情，故其跌宕悲凉，独臻超越。细揣格调，孟德全是汉音，丕、植便多魏响。”(《采菽堂古诗选》)也说明了曹操诗歌的跌宕悲怆情调基于其感情的深厚诚挚与出语的率真朴素。这正是汉诗与后来诗歌的不同之处，如果以声音作比，则汉诗如天籁，纯出自然，而魏、晋以后即杂以人籁，不无刻意求工之处，自然浑成的格调已逊汉诗一筹。 (王镇远)

蒿 里 行　　　曹 操

关东有义士，兴兵讨群凶。初期会孟津，乃心在咸阳。军合力不齐，踌躇而雁行。势利使人争，嗣还自相戕。淮南弟称号，刻玺于北方。铠甲生虮虱，万姓以死亡。白骨露于野，千里无鸡鸣。生民百遗一，念之断人肠。

这首《蒿里行》可以说是《薤露行》的姐妹篇，清人方东树的《昭昧詹言》中说："此用乐府题，叙汉末时事。所以然者，以所咏丧亡之哀，足当哀歌也。《薤露》哀君，《蒿里》哀臣，亦有次第。"就说明了此诗与《薤露行》既有联系，又各有侧重不同。《蒿里》也属乐府《相和歌·相和曲》，崔豹《古今注》中就说过："《薤露》送王公贵人，《蒿里》送士大夫庶人，使挽柩者歌之，世呼为挽歌。"因此，如果说《薤露行》主要是写汉朝王室的倾覆，那么，《蒿里行》则主要是写诸军阀之间的争权夺利，酿成丧乱的历史事实。

初平元年(190)春，函谷关以东地区各州郡的军阀起兵讨伐董卓，各路将领推渤海太守袁绍为盟主，在孟津会师，打出讨伐元凶，匡扶汉室的旗号，然而这支联军中的众将各怀私心，都想借机扩充自己的力量，故不能齐心合力，一致对付董卓。当董卓本人领兵留守洛阳以拒关东之师时，各路人马都逡巡不前，唯恐损失了自己的军事力量。据史载，当时无人敢于率先与董卓交锋，曹操对联军的驻兵不动十分不满，于是独自引领三千人马在荥阳迎战了董卓部将徐荣，虽然战事失利，但体现了曹操的胆识与在这历史动荡中的正义立场。不久，讨伐董卓的联军由于各自的争势夺利，四分五裂，互相残杀起来，其中主要的就有袁绍、韩馥、公孙瓒等部，从此开始了汉末的军阀混战。诗中的"淮南弟"就是指袁绍之弟袁术，袁术于建安二年(197)在安徽寿县称帝，寿县地属淮南，故云。"刻玺"句是指初平二年(191)袁绍谋废献帝，立幽州牧刘虞之事，说明他们本来就心怀叵测，颇有政治野心。

这就是曹操在此诗前十句中所勾勒的历史画卷，他用极凝练的语言将关东之师从聚合到离散的过程原原本本地说出来，成为历史的真实记录。然而，曹操此诗的成功与价值还不仅在此，自"铠甲生虮虱"以下，诗人将笔墨从记录军阀纷争的事实转向描写战争带给人民的灾难，在揭露军阀祸国殃民的同时，表现出对人民的无限同情和对国事的关注和担忧，这就令诗意超越了一般的记事，而反映了诗人的忧国忧民之心。请看他的描述和呼唤：

连年的征战，使得将士长期不得解甲，身上长满了虮子、虱子，而无辜的百姓却受兵燹之害而大批死亡，满山遍野堆满了白骨，千里之地寂无人烟，连鸡咽之声也听不到了，正是满目疮痍，一片荒凉凄惨的景象，令人目不忍睹。最后诗人感叹道：在战乱中幸存的人百不余一，自己想到这些惨痛的事实，简直肝肠欲裂，悲痛万分。诗人的感情达到高潮，全诗便在悲怆愤懑的情调中戛然而止。

此诗比《薤露行》更深刻地揭露了造成社会灾难的原因，更坦率地表现了自己对现实的不满和对人民的同情。曹操本人真正在政治舞台上崭露头角还是从他随袁绍讨伐董卓始，故本诗中所写的事实都是他本人的亲身经历，较之《薤露行》中所述诸事，诗人更多直接感性的认识，故诗中反映的现实更为真切，感情更为强烈。如最后两句完全是诗人目睹兵连祸结之下民不聊生，哀鸿遍野的真实情境而产生的感时悯世之叹。刘勰评曹氏父子的诗曾说："志不出于滔荡，辞不离于哀思。"(《文心雕龙·乐府》)钟嵘评曹操的诗也说："曹公古直，甚有悲凉之句。"(《诗品·下》)都指出了曹操的诗歌感情沉郁悲怆的特点。惟其有情，故曹操的诗读来有感人的力量；惟其悲怆，故造成了其诗沉郁顿挫、格高调响的悲壮气势。这首《蒿里行》即是极为典型的例子。故陈祚明说："孟德所传诸篇，虽并属拟古，然皆以写己怀来，始而忧贫，继而悯乱，慨地势之须择，思解脱而未能，亹亹之词，数者而已。"(《采菽堂古诗选》)可见曹操诗歌抒忧写愤的特征已为前人所注重。

正因为此诗实录当时事实并由诗人直抒胸臆，故全诗用了简洁明了的白描手法，无意于词句的雕琢粉饰，而以明快有力的语言出之，如"关东有义士，兴兵讨群凶。初期会孟津，乃心在咸阳"四句，明白如话，一气直下，将关东之师初起时的声势与正义刻画殆尽，自己的爱憎也于此鲜明地表现出来。又如"军合力不齐，踌躇而雁行"等语描写联军将领的各怀私心，逡巡不前，可谓入木三分。对于袁绍等军阀的讥刺与抨击是随着事态的发展而逐步表现的，起先称之为"义士"，并指出"乃心在咸阳"，意在恢复汉祚，然自"踌躇而雁行"已指出其军心不齐和怯懦畏战的弊端。然后写其各为势利而争、发展到自相残杀，最后点明其称帝野心，可谓如层层剥笋，步步深入。但都以直接明白的语言写来，令人感到诗人抑捺不住的真实感情，而军阀懦弱而丑恶的嘴脸已跃然纸上。至于诗人感情的强烈，也完全由明畅的语言冲口而出，如写白骨蔽野，千里无人，都以直陈其事的方式说出，最后说"生民百遗一，念之断人肠"，直出胸臆，无一丝造作之意，可视为诗人心声的自然表露。

（王镇远）

短 歌 行　　曹 操

对酒当歌，人生几何？譬如朝露，去日苦多。慨当以慷，忧思难忘。何以解忧，唯有杜康。青青子衿，悠悠我心。但为君故，沉吟至今。呦呦鹿鸣，食野之苹。我有嘉宾，鼓瑟吹笙。明明如月，何时可掇。忧从中来，不可断绝。越陌度阡，枉用相存。契阔谈宴，心念旧恩。月明星稀，乌鹊南飞。绕树三匝，何枝可依。山不厌高，海不厌深。周公吐哺，天下归心。

《三国演义》第四十八回有一段曹操横槊赋诗的描写。曹操平定北方后，率百万雄师，饮马长江，与孙权决战。是夜明月皎洁，他在大江之上置酒设乐，欢宴诸将。酒酣，操取槊立于船头，慷慨而歌。歌辞就是上面这首《短歌行》。

这是一首很有名的诗，苏东坡在《前赤壁赋》中就提到它，后来经过小说家渲染，更是家喻户晓了。但此诗究竟写什么？唐代吴兢说它“言当及时为乐”（《乐府古题要解》）。罗贯中则又给此诗蒙上“诗谶”的迷信色彩，说曹操“乌鹊南飞”诸句是不祥之兆，预示他赤壁之战的失败。这些说法都没有说到点子上，我认为还是清代张玉穀说得对：“此叹流光易逝，欲得贤才以早建王业之诗。”（《古诗赏析》卷八）陈沆也指出：“此诗即汉高《大风歌》思猛士之旨也。”

“对酒当歌，人生几何……何以解忧，唯有杜康。”这是劝人及时行乐吗？诚然这是曹操对人生短促的感叹，但他不是因流年易逝而生贪生畏死之想，联系全篇来看，他感叹的是战争频仍，大业未成，因而产生一种时间的紧迫感，正如他自己所说：“不戚年往，忧世不治”（曹操《秋胡行》），所以他这“人生几何”的慨叹，并不软弱消沉，而是为了执著于有限之生命，珍惜有生之年，思及时努力，干一番轰轰烈烈的事业。魏源说得好：“对酒当歌，有风云之气。”

历来创业雄主深知一条成功之路，要治国平天下，首先要有经天纬地之能人。马上得天下的汉高祖唱《大风歌》曰：“安得猛士兮守四方！”这是他发乎其中的心声。此时曹操，“方其破荆州，下江陵，顺流而东也”，他更迫切需要辅佐自己打天下的人才。所以，当此月明星稀之夜，“酾酒临江，横槊赋诗”之时，不禁一吐其求贤若渴之情了。

“青青子衿，悠悠我心”，他仿佛是随口吟咏《诗经》中的名句。自续二句曰：“但为君故，沉吟至今。”便把本是女子对情人的深情相思，变成自己对贤才的渴望了。“呦呦鹿鸣”四句，是《诗经》中诚恳热情欢宴宾客的诗篇，曹操又信手拈来，表示自己期待贤者的热诚。“明明如月，何时可掇?”又把贤者比为高空的明月，光照宇内；可望而不可即，不由使人“忧从中来，不可断绝”。感谢“越陌度阡”远道而来的贤士们，屈尊相从，在今日的宴会上促膝谈心，真感到莫大的快慰！可是我知道还有大批贤士尚在歧路徘徊。他们像南飞乌鹊，择木而栖，绕树三匝，还没有最后选定归宿呢！于是，曹操对天下贤才发出由衷的呼唤：“山不厌高，海不厌深。周公吐哺，天下归心。”表示自己有宽广的政治胸怀，求贤之心永无止境，犹如大海不辞涓流，高山不弃土石一样。并且，他以礼贤下士的周公自励，号召天下贤才来归，开创一个“天下归心”的大好局面。这四句诗气魄宏伟，感情充沛，表现出统一天下的雄心和进取精神。在千古诗人中，只有曹操这样一位雄才大略、睥睨一世的人物才写得出来，也只有他能与之相称。至今读之，犹觉豪气逼人。

读者也许要问：曹操，世之奸雄也，果能有如此爱才、礼贤的胸襟？应该公正地说，历史上的曹操是一位思想解放的改革家。汉武帝罢黜百家，独尊儒术，造成了两汉文化思想上的僵化，董仲舒更倡导儒术与神学相结合的谶纬学说。曹操则对神学迷信，封建礼教等传统观念大胆怀疑，公开否定。从用人来说，两汉以通经、仁孝取士，曹操则提出“唯才是举”，重用“不仁不孝，而有治国用兵之术”的人。他抗声雄辩道：“夫有行之士未必能进取，进取之士未必能有行也。陈平岂笃行，苏秦岂守信耶？而陈平定汉业，苏秦济弱燕。由此言之，士有偏短，庸可废乎?”《三国志·武帝纪》注引魏书，说他“知人善察，难眩以伪，拔于禁、乐进于行阵之间，取张辽、徐晃于亡虏之内，皆佐命立功，列为名将。”他“外定武功，内兴文学”，“昼携壮士破坚阵，夜接词人赋华屋”。有一位擅草书檄的陈琳，早年曾为袁绍作檄文，辱骂曹操为“赘阉遗丑”(曹操出身宦官家庭)，后袁败归曹，操谓曰：“卿昔为本初移书，但可罪状孤而已，恶恶止其身，何乃上及父祖耶?”左右劝杀之，操怜其才，不咎既往，加以重用。由此可见，上述曹操横槊赋诗抒发其一片爱才心意，感情是真实的，是符合他的为人的。陈子展先生《谈曹操》一文中评论曹操的诗“慷慨悲凉，千古绝调……其诗之风格恰与其人之人格相称。修辞立其诚，迥非后世之独夫民贼盗国擅权，妄为豪言壮语、自欺欺人，终受历史裁判者所可比拟。此亦其在文学上别有造诣之一秘也。”

回过头来再说《三国演义》“横槊赋诗”的描写，说扬州刺史刘馥因说：“乌鹊南飞”诸句为不祥语而被杀，当然曹操是不信“诗谶”之类的鬼话的，但也不至于以区区小事杀人。查正史无刘馥死于非命的记载，或出于小说家的想象吧！

(张铁明)

秋胡行 曹操

晨上散关山,此道当何难。晨上散关山,此道当何难。牛顿不起,车堕谷间。坐盘石之上,弹五弦之琴,作清角韵,心中迷烦。歌以言志,晨上散关山。(一解)

有何三老公,卒来在我傍。有何三老公,卒来在我傍。负揜被裘,似非恒人。谓卿云何,困苦以自怨？徨徨(何)所欲,来到此间？歌以言志,有何三老公。(二解)

我居昆仑山,所谓者真人。我居昆仑山,所谓者真人。道深有可得,名山历观行,遨游八极,枕石漱流饮泉。沉吟不决,遂上升天。歌以言志,我居昆仑山。(三解)

去去不可追,长恨相牵攀。去去不可追,长恨相牵攀。夜夜安得寐,惆怅以自怜。正而不谲,乃赋依因,经传所过,西来所传。歌以言志,去去不可追。(四解)

《秋胡行》是乐府题,按题意,是写鲁国男子秋胡戏妻的故事,夸奖秋胡妻坚贞的情操。但曹操只是利用《秋胡行》的乐调,内容却是写游仙。要说游仙,也是汉乐府中常见的题材。但曹操这诗,却又不是真正的游仙诗,而是借了游仙的虚构,表达一种人生失落的情绪。所以说,这是一篇比较特别的作品。全诗分为四解。"解"是音乐的段落,诗意也依此划分。

众所周知,建安文人诗是在汉乐府民歌的基础上发展起来的。曹操现存的作品,都是用乐府题,而且都是当日供给倡优演唱的。但是,乐府中的民歌,原本是社会性、群众性的创作,表达的是社会中许多人的共同情绪和观念,而作为文人,他们的创作具有更多的个性因素。曹操是文学史上第一个大量写作乐府歌辞的诗人,他的创作,标示出乐府诗从社会性作品转变为个人性作品的轨迹。像《短歌行》、《步出夏门行》等直抒英雄怀抱的诗篇,当然与传统的乐府诗已经相距甚远;而类似《秋胡行》这样貌似而神非的诗篇,读来更觉得微妙。且这首诗语言虽粗略,境界却是相当优美,显示了曹操个性中不常展露的一面。因原诗较长,且有逐渐开展的故事情节,为便于阅读理解,下面再逐节引录,加以分析。

晨上散关山,此道当何难。晨上散关山,此道当何难。牛顿不起,车堕谷间。坐盘石之上,弹五弦之琴,作清角韵,心中迷烦。歌以言志,

晨上散关山。(一解)

散关山,当是指大散岭,在今陕西宝鸡市西南。岭上有关,称“散关”或“大散关”(陆游诗“铁马秋风大散关”,即此),当秦岭咽喉,扼川陕交通孔道,为古代军事必争要地。曹操曾于建安二十年(215)四月自陈仓出散关,时年六十一岁,一生功业,大体成就,但距他的死,也只有五年之期了。写此诗,当更在经历散关以后,为曹操晚年的作品。

开头二句重复咏唱,大约是为了适应曲调的需要而有意拉长的。(顺带说明:每一“解”的末二句,是演唱时的和声,无实义。)但从实际效果来说,这一重复,使得感叹的情绪显得格外沉重。那么,诗人真是感叹道路之艰难吗?无论以曹操的英雄性格,还是以他的丞相地位所享有的条件,都不会把道路的艰难当作一回事。这一唱三叹的调子,只是借道路的艰难,表达人生艰难的感慨罢了。下面写牛困车堕,独坐盘石之上,弹琴奏清角之韵(悲凉的乐调),更是从经历散关的见闻中,激发起来的想象和虚构。曹操为什么给自己虚构这样一种艰难跋涉、困顿山谷、独坐无侣、心中烦苦的遭遇呢?从曹操的身份来说,这是很有趣的事情。

在常人的目光中,曹操要么是一个奸诈险恶的野心家,要么是一个叱咤风云、不可一世的英雄。但从曹操自己来说,事情远不是那么简单。当他从汉末的动乱中突拔而起时,并没有预料到后来的成功。只是在与各支政治和军事力量的激烈冲突中,有进无退,不击溃敌手便无以自存,才渐渐成为北方的实际统治者。在这个过程中,是充满了艰辛、充满了危险的。关于他与内外敌人反复苦斗、多次仅因侥幸才得脱离危险的经历,大家都很熟悉,不必多说了。就在曹操写这诗前不久,还发生过汉献帝伏皇后与父亲伏完谋杀他的事件,皇帝本人,恐怕也牵涉在内。这种危机四伏、如履薄冰的环境,难免令他产生一旦失足的忧虑吧。再说,理想永远高于现实,任何已经得到的东西都不能满足人的心理需要。甚至,愈是功业辉煌的人物,愈是容易感觉到个人不过是历史实现其自身目的的工具,感觉到个人本质上的渺小。一个人拿他的生命做成了伟大的事业,而这事业归根结底是与生命本身相分离的。在这个境地上,英雄更深刻地体会到生命的孤独。曹操临死之际,并无功成名就的满足,却安排了许多琐琐碎碎的日常小事,似乎与他的英雄气质不符;其实,这正反映了曹操对生命本身的留恋和迷惘。从以上的心理来理解《秋胡行》首节所表现的境界,就不觉得奇怪了。

有何三老公,卒来在我傍。有何三老公,卒来在我傍。负揜被裘,似非恒人。谓卿云何,困苦以自怨?徨徨(何)所欲,来到此间?歌以言

志,有何三老公。(二解)

这一节写遇仙。正当虚构的主人公弹琴抒发内心烦苦之际,忽然有三位老人来到他的身旁。“负揜”不易解,“被裘”即披着裘衣。这句同下句,大概是说三位老人遮掩在宽大的裘衣之下,看上去不像是平常人。他们问主人公:你为何如此困苦,自怨自艾?你惶惶然(“徨”通“惶”)来到这里,是想寻求什么?这个情节,使故事向神异的方向发展,形成幻想性的趣味,并便于作象征的抒情表现。“三老公”的发问,一方面从旁观者的眼光,进一步强化前一节所说“心中迷烦”的困苦气氛,一方面,又在不知不觉之中,把事不得已的失足(牛顿车堕)情节,转变为似有所求而来到此间的情节。就字面来说,因是不知情者的发问,所以与前文并无牴牾;但从抒情的需要来说,作者正是要表达一种试图摆脱现实矛盾、探求某种新的人生出路的欲望。这一节文字虽不很讲究,却相当巧妙地完成了一种过渡。

我居昆仑山,所谓者真人。我居昆仑山,所谓者真人。道深有可得,名山历观行,遨游八极,枕石漱流饮泉。沉吟不决,遂上升天。歌以言志,我居昆仑山。(三解)

这一节从开头到“枕石”一句止,是仙人自述。他们本来似乎也是常人,修道既深,乃能得道,于是摆脱了凡人所遭受的束缚,自由自在地游历名山,飘飘然行于天地之间。他们的生活是简朴而无所求的,倦了便睡在石头上,饥渴时只需喝一点泉水,因此绝没有常人因贪欲而造成的无数困苦。

有各种资料可以证明,曹操实际是不相信神仙的。那么,这一节虚构意味着什么呢?从大处说,即使一个不相信神仙的人,也并不能摆脱人生短暂所带来的烦忧,和对永恒存在的向往,而神仙的形象,正是永恒的象征。从小处说,神仙也可以比喻从世俗矛盾中解脱的境界。权势名位,物欲色欲,是导致人类相互竞争、引发无数冲突与烦恼的根本原因。倘能舍弃这一切,也就超越了现实生活的痛苦。“枕石漱流饮泉”,与世无争,还有什么麻烦呢?至于整个这一节,到底是从哪一方面说,还是兼而有之,无法加以确定。文学形象的意义,总是很宽泛的,我们只需将它理解为一种超越和自由的象征就行了。

如果主人公听了“真人”即仙人的话,便跟着走了,这诗就变成了真正的游仙诗,也就没有多少味道了。在曹操的笔下,主人公对“真人”的陈述,反应却是“沉吟不决”;而正在他犹豫之间,“真人”已弃他而去,“遂上升天”。这也许意味着,所谓永恒自由是一个抓不住的幻影,它只是扰人心烦而已;也许还意味着:所谓从现实中解脱,也只是一种幻想,事实上不可能作出这样的抉择。确实,如果说从曹操临死时对种种琐碎后事的安排中，可以看出他懂得一切辉煌的事业都是生命以外的东西，却也必须知道相反的一面：像他这样一个豪杰之士，若无不凡的成就，生命的欲望更不能得到满足。人本质上是一个矛盾的存在：他必须在某个对象上建立自我，但这对象到头来仍旧不是自我；然而反过来说，没有对象，却又根本没有自我。

> 去去不可追，长恨相牵攀。去去不可追，长恨相牵攀。夜夜安得寐，惆怅以自怜。正而不谲，乃赋依因，经传所过，西来所传。歌以言志，去去不可追。（四解）

这一节自“正而不谲”以下，文字已无法理解，也许是流传中产生了讹误。但从开头到“惆怅以自怜”，意思是清楚的。主人公正“沉吟不决”，“真人”已“遂上升天”，他忽然惊觉，想要追上前去，却又哪里追赶得上？失去这样一个机缘，从此抱恨不已，夜夜难寐，惆怅自怜。这一节在视觉形象的描绘上，显得十分优美动人。似乎可以看到：三位仙人冉冉升空，驾着风云悠悠而去，渐渐消逝在天边，而山谷间那个凡夫俗子，一面仰首呼喊，一面踉跄奔逐，不时被葛藤、岩石绊倒，直到什么也看不到的时候，终于落下痛悔的眼泪。

这里写了什么样的人生情绪？我想，这应该就是人对完美的人生理想的追逐。这种理想是我们自己创造出来的，却永远高于我们的生活现实；我们想要追上它，却永远也追不上。就是在永无止境的追逐中，我们走完了自己的人生之途。对于安于现状、容易满足的人说来，大概未必会感觉到人生有这一种痛苦；但任何一个具有强烈的人生欲望的人，最终都将明白：无论他走过多长的路，有过多少成功，他也终究要绊倒在追逐的路途上。

这就是曹操的一首游仙诗。它以一个戏剧性结构，一个虚无缥缈的故事，一种优美而伤感的气氛，抒发了带有许多哲理意味的复杂的人生情绪。但这首诗过去几乎没有人提及。我原本也未曾注意，几年前翻译日本学者吉川幸次郎先生的《中国诗史》，见他将这诗称誉为曹操写得最美的诗之一，才引起兴趣。特注明一笔，以免掠美。但吉川先生对此诗仅作了简单的评价，并未加以阐释。本文的具体解说，都是我个人的想法，也一并说明在此。（骆玉明）

苦寒行　　曹操

> 北上太行山，艰哉何巍巍！羊肠坂诘屈，车轮为之摧。树木何萧瑟，北风声正悲。熊罴对我蹲，虎豹夹路啼。溪谷少人民，雪落何霏霏！延颈长叹息，远行多所怀。我心何怫郁，思

欲一东归。水深桥梁绝，中路正徘徊。迷惑失故路，薄暮无宿栖。行行日已远，人马同时饥。担囊行取薪，斧冰持作糜。悲彼《东山》诗，悠悠令我哀。

曹操“雄才崛起”，又“雅爱诗章”。在他“奉国威灵、仗钺征伐”之际，常常“横槊赋诗”。建安十年(205)，袁绍降将、并州刺史高幹叛乱，“执上党太守，举兵守壶关口”(今山西长治东南)。曹操即于次年春正月，从邺城(今河北临漳县西)出兵，北征高幹。当大军翻越太行山时，诗人便以慷慨悲凉之气，写下了这首传诵千古的名作。

“北上太行山，艰哉何巍巍！”太行山横亘于晋、冀、豫三省边境，“凌虚抗势，天岭交气”，形势极为险峻。古人因此有“太行，牛之难也”之叹(《尸子》)。此诗开篇，在描摹太行山“巍巍”高耸的苍莽之景中慨然而叹，语气奇壮，正可与太行山拔地而起的雄峻相颉颃。诗面上写的是雄峻的太行山，诗行中站立的，则是那位气凌万仞、志在统一北中国的一代“枭雄”的巨大身影。在他脚下，此刻正有一队队荷戈执戟的壮士，翻越在盘曲入云的山坂；那嶙峋的山石，简直要把辚辚滚转的车轮颠摧——这就是从沁阳通往晋城的那段令人闻之色变的“羊肠坂”！为了烘托这场艰苦卓绝的行军，诗人接着用粗放的笔触，勾勒了太行山凛冽、萧条的冬景：“树木何萧瑟，北风声正悲，”写劲烈的寒风，摇撼着山间的高树，笔底正有一片呼啸之声卷过；“熊罴对我蹲，虎豹夹路啼”，写山中猛兽，竟敢夹路蹲伺行军的勇士，可知已被饥饿逼成怎样的疯狂！再加上“溪谷少人民，雪落何霏霏”，绵延千里的太行山，已全为纷纷扬扬的大雪所笼盖，更于荒寂的风啸、虎吼之中，增添了无限寒意。

以上为诗之第一层，在展现军行太行时的艰险、荒寂中，抒写诗人登临险坂的啸叹之情。“取境阔远”(方东树《昭昧詹言》)，苍凉中自有一种拂郁直上的雄奇之气。自“延颈长叹息”以下，诗情忽作顿跌，抒写诗人由此生出的怀归之思。“远行多所怀”，此刻他所怀想的，难道不是远征高幹的艰辛？说来也怪：曹操虽常被史家斥为“奸雄”，但在他自已，早年并无争锋天下的野心。那时的愿望，不过是“欲为一郡守，好作政教建立名誉”而已。当天下纷乱、群雄逐鹿之际，他也时有回归乡里，“秋夏读书，冬春狩猎”的念头(见《让县自明本志令》)。而今，羁身于艰险的军旅生涯，面对着荒寂的太行山野，这种怀思不知不觉又涌上心头，竟变得那样强烈，终于在诗中化为“我心何怫郁，思欲一东归”的深长叹息。这四句发自内心，披露了这位“枭雄”也与常人一样，有着深切的思乡之情，读来倍觉亲切。从中可以感受到，诗人的东归之思，此刻正如眼前的曲曲山坂、霏霏白雪，已变得怎样绵绵无尽、纷扬难息了呵!

但诗人终竟按抑了深切的怀思,又踏上了征路。自“水深桥梁绝”以下,节奏逐渐加快,正如一组不断转换的镜头,历历如画地展示了行军生活的各个侧面:“水深桥梁绝”二句,叙行军途中的意外受阻;“迷惑失故路”二句,叙迷路后的栖宿无所;“行行日已远”四句,则叙长途跋涉中的饥渴和取薪举炊的艰难。读这一节,须得与前二节描述的太行山险峻、荒寂、寒冷的景象融为一体,便可懂得士卒翻越太行时的生活,竟有何等艰辛和悲苦。这生活均为诗人所身历,故字里行间渗透着一股对于士卒的深切悯伤之情。无情未必真豪杰,作为三军之统帅,诗人倘若没有对部属、士卒的这种同情和关切之情,又怎能推动千军万马为之奋战?只是像曹操这样的政治家,这种感情常常为统一天下的事业追求所掩盖,不轻易显露罢了。现在,它却蓄积、运突、不能自已了。诗之结尾,相对平静的叙事由此被冲断,而跳出了直抒胸臆的悠悠思叹:“悲彼《东山》诗,悠悠令我哀。”《诗经·豳风·东山》,相传为周公东征归来的慰劳士卒之作。诗中描述东征战士“蜎蜎者蠋,烝在桑野。敦彼独宿,亦在车下”的艰苦行役生活,正与曹操此诗所叙相仿佛。周公东征平定叛乱,终于使士卒“勿士(事)行枚”,乐返故园;曹操北度太行山,亦正要征讨叛乱的高幹军,以实现北中国的安定、统一。诗人在结句中忽生思古之幽情,正隐隐以周公自命,从而将诗中表现的怀归、伤悯之情,一下升华为安定天下的悠悠壮思。这壮思与开篇对太行山雄峻、艰险的慨叹遥相呼应,苍凉壮阔,带有一种多么高古和沉雄的气韵!

值得注意的是,《苦寒行》原为乐府旧题,其古辞失传,推测其内容,当以抒写民间的寒冬疾苦为主。曹操却借用此旧题,来表现他统一北中国、远征高幹的重大斗争,抒写艰苦军旅生涯中的悲壮情怀。这在向民歌学习、拓展乐府诗的表现领域方面,无疑开了良好的风气。诗中没有政治家的说教,描述的全都是自身亲历的军旅生活的景象和体验。其登攀险坂的慨叹、瞻念故乡的怀思、担薪作炊的悯伤,无不出于诗人的真情实感。而作为三军之统帅,诗人又没有沉浸在艰辛生活的哀叹之中,而能将这种情感与安定天下的壮怀统一起来,使之得到升华。这就使本诗不仅有苍凉之境、动人之情,还呈现了一种非同凡响的雄调壮格。它之能被千古读者所传诵,实非出于偶然。

(潘啸龙)

步出夏门行(观沧海)　　曹　操

东临碣石,以观沧海。水何澹澹,山岛竦峙。树木丛生,百草丰茂。秋风萧瑟,洪波涌起。日月之行,若出其中;星汉灿烂,若出其里。幸甚至哉,歌以咏志。

《步出夏门行》,又名《陇西行》,属古乐府《相和歌·瑟调曲》。"夏门"原是洛阳北面西头的城门,汉代称夏门,魏晋称大夏门。古辞仅存"市朝人易,千岁墓平"二句(见《文选》李善注)。《乐府诗集》另录古辞"邪径过空庐"一篇,写升仙得道之事。曹操此篇,《宋书·乐志》归入《大曲》,题作《碣石步出夏门行》。从诗的内容看,与题意了无关系,可见,只是借古题写时事罢了。诗开头有"艳"辞(序曲),下分《观沧海》、《冬十月》、《土不同》、《龟虽寿》四解(章)。当作于建安十二年(207)北征乌桓得胜回师途中。

东汉末年,正当军阀逐鹿中原之时,居住在辽西一带的乌桓强盛起来,他们南下攻城略地,成为河北一带的严重边患。建安十年(205),曹操摧毁了袁绍在河北的统治根基,袁绍呕血而死,其子袁谭、袁尚逃到乌桓,勾结乌桓贵族多次入塞为害。当时,曹操处于南北夹逼的不利境地:南有盘踞荆襄的刘表、刘备,北有袁氏兄弟和乌桓。为了摆脱被动局面,曹操采用谋士郭嘉的意见,于建安十二年夏率师北征,五月至无终,秋七月遇大水,傍海大道不通,后接受田畴建议,断然改道,经徐无山,出庐龙塞,直指柳城,一战告捷。九月,胜利回师,途经碣石等地,借乐府《步出夏门行》旧题,写了这一有名的组诗。诗中描写河朔一带的风土景物,抒发个人的雄心壮志,反映了诗人踌躇满志、叱咤风云的英雄气概。

关于曹操东临碣石,过去多以为是北征乌桓去时的事,其实,这种看法与史实不符,不可置信。我们用《三国志》《武帝纪》和《田畴传》的记载来核对,曹操当是在北征乌桓的归途中登临碣石的,因为去时逢大水,傍海大道不通,他只好改道走徐无山那条小路前往辽西。"九月,公引自柳城还……十一月至易水",他应在这年(207)九月或十月初"临碣石"、"观沧海"。至于碣石山位于现今何处,目前学术界尚有争议,或以为此山已沉入现今河北省乐亭县境的大海中,或以为就是现今河北省昌黎县北的碣石山。不管怎样,在曹操登临时,它应是傍海一带较高的石山。

"东临碣石,以观沧海。水何澹澹,山岛竦峙",头二句点明"观沧海"的位置:诗人登上碣石山顶,居高临海,视野寥廓,大海的壮阔景象尽收眼底,以下十句描写,概由此拓展而来。"水何澹澹,山岛竦峙"是望海初得的大致印象,有点像绘画的粗线条。"澹澹",形容大海水面浩淼的样子;"何",何其,今言"多么",是叹美之词。"澹澹"而加叹美,那沧海的辽阔苍茫气象便可想而知了。在这水波"澹澹"的海上,最先映入眼帘的是那突兀耸立的山岛,它们点缀在平阔的海面上,使大海显得神奇、壮观。这两笔写出了大海远景的一般轮廓,下面再层层深入描写。

“树木丛生，百草丰茂。秋风萧瑟，洪波涌起。”前二句具体写竦峙的山岛：虽然已到秋风萧瑟、草木摇落的季节，但岛上树木繁茂、百草丰美，给人生意盎然之感。后二句则是对“水何澹澹”一句的进一层描写：定神细看，在秋风萧瑟中的海面竟是洪波巨澜，汹涌起伏。这儿，虽是秋天的典型环境，却无半点萧瑟凄凉的悲秋意绪。在我国文学史上，由于作家的世界观和处境等种种原因，自宋玉《九辩》开悲秋文学的先声之后，多少骚人墨客因秋风而临风洒泪，见落叶而触景伤情！然而，曹操却能面对萧瑟秋风，极写大海的辽阔壮美：在秋风萧瑟中，大海汹涌澎湃，浩淼接天；山岛高耸挺拔，草木繁茂，没有丝毫凋衰感伤的情调。这种新的境界，新的格调，正反映了他“老骥伏枥，志在千里”的“烈士”胸襟。

“日月之行，若出其中；星汉灿烂，若出其里。”前面的描写，是从海的平面去观察的，这四句则联系廓落无垠的宇宙，纵意宕开大笔，将大海的气势和威力托现在读者面前：茫茫大海与天相接，空濛浑融；在这雄奇壮丽的大海面前，日、月、星、汉(银河)都显得渺小了，它们的运行，似乎都由大海自由吐纳。诗人在这里描写的大海，既是眼前实景，又融进了自己的想象和夸张，展现出一派吞吐宇宙的宏伟气象，大有“五岳起方寸”的势态。这种“笼盖吞吐气象”是诗人“眼中”景和“胸中”情交融而成的艺术境界。(参见《古诗归》卷七钟惺评语)言为心声，如果诗人没有宏伟的政治抱负，没有建功立业的雄心壮志，没有对前途充满信心的乐观气度，那是无论如何也写不出这样壮丽的诗境来的。过去有人说曹操诗歌“时露霸气”(沈德潜语)，指的就是《观沧海》这类作品。“霸气”当然是讥评，但如果将“霸气”理解为统一中国的雄心，那么，这种艺术鉴赏的眼光还是可取的。

“幸甚至哉，歌以咏志。”这是合乐时的套语，与诗的内容无关，就不必细说了。

《观沧海》这首诗，从字面看，海水、山岛、草木、秋风，乃至日月星汉，全是眼前景物，这样纯写自然景物的诗歌，在我国文学史上，曹操以前似还不曾有过。它不但通篇写景，而且独具一格，堪称中国山水诗的最早佳作，特别受到文学史家的厚爱。值得指出的是：客观自然景物反映到诗人头脑中，必然经过诗人主观的过滤——理解、融会、取舍、强调，然后形成艺术的产品。这种产品，既是客观世界的反映，也是诗人主观精神的凝结。这首诗写秋天的大海，能够一洗悲秋的感伤情调，写得沉雄健爽，气象壮阔，这与曹操的气度、品格乃至美学情趣都是紧密相关的。因此，即使是纯属写景之作，也不可能是纯客观的照相式制作。

另外，曹操现存二十余首诗，虽然用的都是乐府旧题，但内容却是全新的。沈德潜指出：“借古乐府写时事，始于曹公。”(《古诗源》卷五)这在我国文学史上，也是一个大胆的突破。这种重视反映现实生活,不受旧曲古辞束缚的新作风,大大推进了我国文学现实主义精神的发扬。曹操这个功绩,也是值得肯定和赞扬的。 (李文初)

步出夏门行(龟虽寿) 曹 操

神龟虽寿,犹有竟时;腾蛇乘雾,终为土灰。老骥伏枥,志在千里;烈士暮年,壮心不已。盈缩之期,不但在天;养怡之福,可得永年。幸甚至哉,歌以咏志。

南朝钟嵘写了一部《诗品》,品评诗人,区分第等,把曹操的诗置于下品。可是,曹操的诗却有一种震撼人心的巨大力量,使后代无数英雄志士为之倾倒若狂。据《世说新语》记载:东晋时代重兵在握的大将军王敦,每酒后辄咏曹操"老骥伏枥,志在千里。烈士暮年,壮心不已"。以如意击打唾壶为节,壶口尽缺。为什么理论家的眼光同读者的赏爱如此大不相同呢?这是一个颇为发人深思的问题。

王大将军击节赞赏的诗,是曹操乐府诗《步出夏门行》的第四章——《龟虽寿》。曹操当时击败袁绍父子,平定北方乌桓,踌躇满志,乐观自信,便写下这一组诗,抒写胸怀建功立业的豪情壮志。此时曹操已经五十三岁了,不由想起人生的路程,所以诗一开头便无限感慨地吟道:

神龟虽寿,犹有竟时;腾蛇乘雾,终为土灰。

《庄子·秋水篇》说:"吾闻楚有神龟,死已三千岁矣。"曹操反其意而用之,说神龟纵活三千年,可还是难免一死呀!《韩非子·难势篇》记载:"飞龙乘云,腾蛇游雾,云罢雾霁,而龙蛇与蚓蚁同矣!""腾蛇"和龙一样能够乘云驾雾,本领可谓大矣!然而,一旦云消雾散,就和苍蝇蚂蚁一样,灰飞烟灭了!古来雄才大略之主如秦皇汉武,服食求仙,亦不免于神仙长生之术的蛊惑,而独曹操对生命的自然规律有清醒的认识,这在谶纬迷信猖炽的时代是难能可贵的。更可贵的是如何对待这有限的人生?曹操一扫汉末文人感叹浮生若梦、劝人及时行乐的悲调,慷慨高歌曰:

老骥伏枥,志在千里;烈士暮年,壮心不已。

曹操自比一匹上了年纪的千里马,虽然形老体衰,屈居枥下,但胸中仍然激荡着驰骋千里的豪情。他说,有志干一番事业的人,虽然到了晚年,但一颗勃勃雄心永不会消沉,一种对宏伟理想的追求永不会停息啊!

这首诗始于人生哲理的慨叹,继发壮怀激烈的高唱,复而回到哲理的思辨:

盈缩之期,不但在天;养怡之福,可得永年。

曹操对人生的看法颇有一点辩证的思维，他首先讲尊重自然规律，人总是要死的。接着讲人在有限的生命里，要充分发挥主观能动性，去积极进取，建功立业。最后再谈到人在自然规律面前也不是完全无能为力的，一个人寿命的长短虽然不能违背客观规律，但也不是完全听凭上天安排。如能善自保养身心，使之健康愉快，不是也可以延年益寿吗？曹操所云“养怡之福”，不是指无所事事，坐而静养，而是说一个人精神状态是最重要的，不应因年暮而消沉，而要“壮心不已”——要有永不停止的理想追求和积极进取精神，永远乐观奋发，自强不息，保持思想上的青春。曹操以切身体验揭示了人的精神因素对健康的重要意义，从这方面来说，它不又是一篇绝妙的养生论吗！

《龟虽寿》更可贵的价值在于这是一首真正的诗歌，它开辟了一个诗歌的新时代，汉武帝罢黜百家，独尊儒术，把汉代人的思想禁锢了三四百年，弄得汉代文人不会写诗，只会写那些歌颂帝王功德的大赋和没完没了地注释儒家经书，真正有感情，有个性的文学得不到发展。直到东汉末年天下分崩，风云扰攘，政治思想文化发生重大变化，作为一世之雄而雅爱诗章的曹操，带头离经叛道，给文坛带来了自由活跃的空气。他“外定武功，内兴文学”，身边聚集了“建安七子”等一大批文人，他们都是天下才志之士，生活在久经战乱的时代，思想感情常常表现得慷慨激昂。正如《文心雕龙·时序》说：“观其时文，雅好慷慨，良由世积乱离，风衰俗怨，并志深而笔长，故梗慨而多气也。”尤其是曹操，鞍马为文，横槊赋诗，其诗悲壮慷慨，震铄古今，前无古人，后无来者。这种充满激情的诗歌所表现出来的爽朗刚健的风格，后人称之为“建安风骨”，曹操是最突出的代表。千百年来，曹操的诗就是以这种“梗慨多气”风骨及其内在的积极进取精神，震荡着天下英雄的心灵。也正是这种可贵特质，使建安文学在中国文学史上闪烁着夺目的光彩。钟嵘将曹操置于下品，主要是嫌其“古直”而少文采，殊不知曹操这样一位豪气盖世的英雄，是不屑于雕章琢句的。钟嵘六朝时人，当时文学之士很讲究文采华美，所谓“俪采百字之偶，争价一句之奇”，钟嵘对曹操的评价过低，显然是时代风气使然。我们知道，任何文学——包括诗歌在内，文采较之内容，毕竟是第二位的。关于曹操的文学地位，过去常为其政治业绩所掩，而不为人重视，其实，他在中国文学发展史上，是有卓越贡献的人物，特别对建安文学有开创之功，实在是应当大书一笔的。　（张铁明）

却东西门行　　曹　操

鸿雁出塞北，乃在无人乡。举翅万里余，行止自成行。冬节食南稻，春日复北翔。田中有转蓬，随风远飘扬。长与故根绝，万岁不相当。奈何此征夫，安得去四方。戎马不解鞍，铠甲不离傍。冉冉老将至，何时反故乡。神龙藏深泉，猛兽步高冈。狐死归首丘，故乡安可忘。

曹操的乐府诗，往往慷慨而多气，甚有风骨。他是历史上有作为的人物，故其诗作也大开大阖、舒缓从容，表现出非凡的气度和胸襟。这首诗以沉郁悲凉之笔写征夫思乡之情，也显示了曹诗的这一特色。

诗的首六句采用比兴手法。一开头，诗人略一勾勒，便写出了鸿雁的境遇及其春来冬去的候鸟特征。“塞北”、“无人乡”强调其孤寂寥落，“万里余”则突出路途之遥。鸿雁万里远征，与同类结伴而行，相濡以沫，处于寂寞凄凉的环境中；它们只能服从节令的安排，严冬则南飞而食稻，阳春则北翔而重回，其辛劳困苦不言而喻。“田中有转蓬”四句为第二层次，诗人没有像通常诗歌那样在比兴后立刻引入正题，而是再用一比兴手法，写蓬草随风飘荡，无所归止，当然也永远无法回归故土。“相当”意为与故根相遇。“鸿雁”与“转蓬”这两个艺术形象极不相同，鸿雁有信，依节候岁岁而回；转蓬无节，随轻风飘荡不止。但是，它们本质上是一样的，都不得不转徙千万里之外。诗歌写鸿雁举翅“万里”之外，其空间距离感鲜明突出；转蓬“万岁”不能归于故土，其时间漫长感异常强烈。而两者实是互文见义，路途遥、时间长，都是诗人所特别强调的。

在完成了连续的铺垫以后，诗歌第三层切入正题，仅以寥寥六句写征夫之状，却括尽他们艰险苦难生活的内容：一为出征之遥，远赴万里，镇守四方；二为出征之苦，马不解鞍，甲不离身；三为年岁飞逝，老之将至；四为故乡之思，返还无期，徒作渴念。这几方面有紧密关系，而思乡不得归是其关键。唯其愿望不能实现，其思乡之情也就日益加深。这一层将征夫的深愁苦恨，都在其对现实状况的叙述中宣泄出来。由于前两层中，诗人已经用比兴手法渲染了情绪气氛，故这一层所表现的乡关之思显得极为真切和强烈，虽然没有一个愁、苦之类的主观色彩的词语，但本色之语，却更能收到动人心魄的效果。

“神龙藏深泉”四句为诗歌最后一层，诗人于描写正题后又将笔墨宕开，连用神龙、猛兽、狐狸等数个比喻。神龙藏于深泉，猛兽步于高冈，各有定所，各遂其愿，真令有家归不得的征夫羡慕不已！“狐死归首丘”典出《礼记·檀弓》：“古之人有言曰：‘狐死正首丘，仁也’。”屈原《哀郢》曰：“鸟飞反故乡兮，狐死必首丘。”动物至死尚且不忘故土，又何况远离家乡的征夫们呢。“故乡安可忘”这极平直的一句话，在全诗的层层衬映，铺垫之下，也具有了震撼人心的力量。

这首诗结构甚有特色，开头连用两组比兴，最后又以比兴作结，首尾相互照应。鸿雁、转蓬、神龙、猛兽、狐狸，其表象各不相同，诗人却善于抓取它们有助于表现主题的本质特征来描写，故全诗显得和谐统一、浑然一体。尽管诗歌大部分篇幅是写比兴内容，描写本题的仅寥寥数句，但因其比兴起到了延伸、拓展、发挥、强调主题的作用，所以整首诗仍然给人以含蓄深沉、内蕴丰富之感。比兴手法的反复使用，给诗歌带来了从容舒卷、开阖自如的艺术美感。诗歌写思乡情绪，虽充满悲凉凄切情调，但结处以神龙、猛兽等作比，悲凉中不觉过于柔绵，反而回荡着刚健爽朗之气，这正是曹操诗的特点之一，也是建安文学慷慨悲凉之特色的体现。全诗丝毫不见华丽词句，唯见其朴实之语。钟嵘《诗品》评曹操诗说："曹公古直，甚有悲凉之句。"从这首诗来看，"古直"二字，确是的评。（李泽平）

【作者小传】

王　粲

(177—217)　字仲宣，东汉山阳(今山东金乡)人。"建安七子"之一。汉末，因避乱往依荆州刺史刘表，未被重视。后归曹操，辟丞相掾，迁军师祭酒。魏国立，拜侍中。后随曹操南征孙权，病卒于途中。事迹具《三国志》卷二一本传。粲才思横溢，其诗赋被称为"七子之冠冕"(刘勰《文心雕龙》)。有集十一卷，已佚，明人辑有《王侍中集》，今又有《王粲集》。

赠蔡子笃　　王　粲

翼翼飞鸾，载飞载东。我友云徂，言戾旧邦。舫舟翩翩，以溯大江。蔚矣荒涂，时行靡通。慨我怀慕，君子所同。悠悠世路，乱离多阻。济岱江衡，邈焉异处。风流云散，一别如雨。人生实难，愿其弗与。瞻望遐路，允企伊伫。烈烈冬日，肃肃凄风。潜鳞在渊，归雁载轩。苟非鸿雕，孰能飞翻。虽则追慕，予思罔宣。瞻望东路，惨怆增叹。率彼江流，爰逝靡期。君子信誓，不迁于时。及子同寮，生死固之。何以赠行，言授斯诗。中心孔悼，涕泪涟洏。嗟尔君子，如何勿思。

这首诗是王粲避难荆州时所作。汉献帝初平三年(192)，王粲从长安避乱到荆州，与同时来此避难的蔡睦（字子笃，后为魏尚书）为友。不久，蔡睦还故里，王粲作此诗赠之。这首诗在惜别的伤感中注入了深厚的情意，寄寓了诚挚的友谊，写得古朴典雅，深得《雅》诗之致。

“翼翼飞鸾，载飞载东。”这是《诗经》中“兴”的手法的再现：以展翅东飞的鸾鸟为起兴，引出下文友人东归故里。鸾是凤凰一类的神鸟，作者用它来比附蔡睦，也足见他对朋友品德的推崇。“我友云徂，言戾旧邦。舫舟翩翩，以溯大江。”我的朋友将要离去，回归故乡。那两船相并而成的舫舟，将载着他轻快地顺流东去。溯，这里是顺流而下之意，蔡睦是从荆州回归故里会稽。这四句，转入正题。“蔚矣荒涂，时行靡通。”但旅途并不平坦，不仅要颠簸于风浪之间，而且还要经过荒凉险僻、交通断绝之地。这里看上去是写自然环境，其实也暗示了动乱的社会现实。军阀混战，连年不息，路上自然不得安宁。虽是平平常常的四句，但是关切之情却自然流出。“慨我怀慕，君子所同。”好友的还乡，也牵动了诗人自己梦魂萦绕的思乡之情。恋乡思亲是人之常情，并不因环境的改变、时间的流逝而淡忘，这正如诗人在《登楼赋》中所说的“人情同于怀土兮，岂穷达而异心。”这一段是道别的序曲，文字虽然看似平常，但诗人心情的变幻：企羡、关心、慨叹、自伤，却已经表现得一波三折、曲折委婉。下面，是惜别的高潮。“悠悠世路，乱离多阻。”在漫长的人生旅途上，有谁没经历过乱离与险阻？“济岱江衡，邈焉异处。”北方的济水和南方的大江、北方的岱宗和南方的衡岳，它们永远是相去邈远，难以相会的。这两句，已经形象地说明了人生离别的悲哀。但诗人似乎觉得意犹未尽，于是又连用两个比喻，进一步揭示出这次分别的真正悲哀：“风流云散，一别如雨”，这次离别犹如风吹浮云，顷刻离散；又如天上落下的雨水，再难返回。这就是古诗中常说的“悲莫悲兮生别离”（屈原《九歌·少司命》）。而这两个新颖、精巧的比喻，又使屈原那内涵丰富的名句，获得了形象生动的注解。无怪乎陈祚明说“‘风流云散’八字，飘渺悲凄”（《采菽堂古诗选》），吴淇说“炼得精峭”（《六朝选诗定论》）。“人生实难，愿其弗与。”这样的离别，自然要引起诗人的无限感慨：人生实在艰难，美好的愿望总是难以实现。“瞻望遐路，允企伊伫”。诗人想象，当舫舟远去之际，自己只能伫立翘望，直至它企足难见。多少怀恋，无限凄凉，只能尽归于无言！

下面，诗人从惜别转入自己内心悲伤的诉说。“烈烈”四句是说时值寒冬，凄风苦雨，甚至鱼、雁都归渊还巢，潜隐不出。在这严酷的气候之下，“苟非鸿雕，孰能翻飞？”如果不是那大雕，谁又能展翅凌空？在这里，诗人用鱼、雁和大雕的对比，树立了一个搏击风霜的敢作敢为的强者形象；然而，这个敢作敢为的形象，也就是蔡子笃的形象,又反衬出下文中自己的无能为力。两层对比,一层翻出一层,笔法极为新奇。“虽则追慕,予思罔宣。”诗人纵然向慕好友的勇气,想追步他的后尘;但当时江南尚算安宁。子笃还能回故乡会稽,而诗人的北方故土,却是“白骨露于野,千里无鸡鸣”,归道难觅。这充填胸臆的刻骨乡思,又有何处可以宣泄?于是,“瞻望东路,惨怆增叹”。诗人远望着东去的路途,凄楚悲伤的感情涌上心头,长吁短叹,无法抑制。是怀恋,还是企羡?是担忧,还是感伤?个中滋味,实万难分辨。“率彼江流,爰逝靡期”。你沿着江流而去,一去就不知道后会何时。“君子信誓,不迁于时。及子同寮,生死固之。”但我们是君子之交,那往日的友谊信誓,决不会因日月的消逝而淡忘。更何况我和你是自幼同窗,友情非同他人,自然要终身相忆,至死不渝。这四句,是激切而热烈的肺腑之词,至情之言。在上文的衬托下,更显得情深意挚,催人泪下。这一段,可以当作双方的誓约来看,既是诗人自己的信念,也是对于好友的期望。

最后是赠别。“何以赠行,言授斯诗。”古人有临别赠言的习俗,诗人在与好友分手之际,赋诗赠行,一表情谊。“中心孔悼,涕泪涟洏。”诗人的内心非常悲伤,不禁涕泪横流。最后,他又深沉地向好友作了保证:“嗟尔君子,如何勿思?”对你的一切,我将永远不忘!全诗到此结束,而余音回荡,久久不息。这个结尾平实沉稳,情理兼备,足见作者功力。

何焯说:“仲宣四言,可谓雅人深致,但于《三百篇》太近,似少警策。”(《义门读书记》)此论颇中肯綮。但这首诗虽然有些模拟痕迹,而风格古雅有则,语言也富有表现力,仍不失为四言诗的佳作。　　(郁贤皓　张采民)

从军诗五首(其三)　　王　粲

从军征遐路,讨彼东南夷。方舟顺广川,薄暮未安坻。白日半西山,桑梓有余晖。蟋蟀夹岸鸣,孤鸟翩翩飞。征夫心多怀,恻怆令吾悲。下船登高防,草露沾我衣。回身赴床寝,此愁当告谁?身服干戈事,岂得念所私。即戎有授命,兹理不可违。

王粲的《从军诗》(《乐府诗集》作《从军行》。《从军行》乃乐府古题,属《相和歌·平调曲》。)共有五首,这是其中的第三首。建安二十一年(216),王粲从曹操南征孙权,此诗即征吴途中所作。诗人运用反衬的手法,抒写了渴望建功立业的豪迈情怀。

首二句点明了自己的身份及这次军事行动的目的。“从军征遐路,讨彼东南夷。”“东南夷”,指曹操实现统一大业的主要对手之一孙权。王粲是个胸怀大志的人,这次重大的军事行动,无疑为他提供了一个建功立业的极好机会。因此,他对这次从军出征抱有很大的希望。一个“遐”字、一个“讨”字,写出了这次出征的浩浩荡荡、堂堂正正,显现了诗人内心的艰巨感和自豪感,从而为作品奠定了一个慷慨激昂的基调,并成为全诗的主旋律。

然而诗人并没有立即从正面抒写自己的豪情壮志及令人神往的战斗生活,而是笔锋一转,以细腻的笔触描绘了沿途的景物。“方舟顺广川,薄暮未安坻。”战船沿着宽阔的大河顺流而下,到傍晚还没有靠岸宿营。这二句既写出了从军生活的紧张气氛,又写出了因离家愈来愈远而产生的一种惆怅感。古人常在宅旁栽种桑树和梓树,后人便以“桑梓”喻故里。这里的“白日半西山,桑梓有余晖”,既是眼前的实景,又是诗人思乡之情的自然流露。不仅如此,秋风中蟋蟀的哀鸣,暮霭下孤鸟的乱窜,更增加了内心的凄凉与悲伤。诗人把暮色中的行军、夕阳下的桑梓及蟋蟀、孤鸟等富有特征性的景物,有机地编织在一起,构成一幅典型的“悲秋图”。这样的景物描写,融情于景,以景写情,情与景妙合无间,浑融一体,有很强的艺术感染力。

面对如此凄凉景象,诗人有什么感受呢?“征夫心多怀,恻怆令吾悲。”离情别绪,人皆有之,而出征的将士则尤为强烈。这是因为他们随时都有可能横尸疆场,即便能侥幸生还,也很难保证在战乱频繁的年代不家破人亡,妻离子散。因此生离死别的痛苦又怎能不咬噬他的心灵呢?为了排遣悲伤的情绪,诗人“下船登高防”,登上高高的河堤,久久地凝望着远方的故乡,以至被秋露打湿了衣裳。登高不仅没能销忧,反而感到一股寒意阵阵袭来,感情的浪涛不停地在胸中翻腾,无法遏制。“回身赴床寝,此愁当告谁?”柔肠寸断,难以成眠,甚至连个说心里话的人也没有。诗人好像被孤独、寂寞的气氛所包围,跌进了痛苦的深渊。这可以说是思妇游子的一种共同的心境,如《古诗十九首》:“出户独彷徨,愁思当告谁?引领还入房,泪下沾裳衣。”(《明月何皎皎》)作品以简洁、朴实的语言,形象地勾画出抒情主人公悲怆难抑的情态。

但是诗人毕竟是一位有远大抱负的志士,决不会长久地沉溺在儿女之悲中。因此,诗人笔锋又转,唱出了时代的音响:“身服干戈事,岂得念所私。即戎有授命,兹理不可违。”这犹如平地一声惊雷,将诗人从沉溺中惊醒,也如狂飙突起,喷泻出慷慨激昂的情怀,悲伤、低沉的情绪荡然无存。在国事与家事,事业与私情的天平上,诗人做了理智的抉择,一个高大的志士的形象也随之凸现在读者面前。

慷慨悲凉,是建安诗人的共同特色,王粲此诗就体现了这一鲜明的时代特色。王粲是一位才华横溢的诗人,他很善于运用感情起伏的反差,来突出内心的激情,这首诗就具有这样的特点。作品先通过景物描写,创造出一个典型的艺术氛围,有力地烘托了诗人孤寂、凄凉、悲愁的心境,使诗歌的情绪跌入低谷。接着急转直上,又把情绪推向高潮:为了事业的成功,不惜抛弃个人的一切。可以说,这种落差越大,就越能突出诗人慷慨豪迈的情怀,也就越能增强作品的艺术感染力。

(郁贤皓　张采民)

从军诗五首(其五)　　王　粲

悠悠涉荒路,靡靡我心愁。四望无烟火,但见林与丘。城郭生榛棘,蹊径无所由。萑蒲竟广泽,葭苇夹长流。日夕凉风发,翩翩漂吾舟。寒蝉在树鸣,鹳鹄摩天游。客子多悲伤,泪下不可收。朝入谯郡界,旷然消人忧。鸡鸣达四境,黍稷盈原畴。馆宅充廛里,女士满庄馗。自非圣贤国,谁能享斯休?诗人美乐土,虽客犹愿留。

这是王粲《从军诗》组诗的第五首,也是建安二十一年(216)随曹操征吴途中所作。诗中反映了当时动乱的社会现实,勾画了理想社会的蓝图,表达了人们向往和平安定生活的美好愿望。

全诗可分为前后两部分。前半部分写征吴途中所见山河破碎的荒凉景象。开头二句先点出自己的感受:“悠悠涉荒路,靡靡我心愁。”“悠悠”,指路程的遥远。“靡靡”,是因心情沉重而步履迟缓的样子。行走在这样一望无际、哀鸿遍野、疮痍满目的荒野上,怎能不让人倍感伤心呢?接着,诗人以沉痛的笔调具体地描绘了饱受战火蹂躏的残破河山:“四望无烟火,但见林与丘。”人烟断绝,空旷阒寂的荒野,这是大背景。“城郭生榛棘,蹊径无所由。”昔日人口稠密、富庶繁华的城镇,如今成了一片废墟。人烟稀少,杂草丛生,残垣断壁,国破家亡,这不正是动乱的社会现实的真实写照吗?“萑蒲”六句,诗人把镜头从远处拉回到身边,对周围的环境作进一步的渲染。蒲苇满泽的荒野,黄昏时分的凉风,随波漂浮的扁舟,凄厉哀鸣的寒蝉,凌空飞翔的鹳鹄,组成了一幅萧瑟凄凉的画面。身处此境的“客子”,当然要“泪下不可收”了。这里的景物并不是随意拾掇的,而是为渲染气氛、烘托人物心情的需要精心选择的。当然,这也是为反对军阀混战这个主题服务的,虽然没有一句直接抨击的言辞,但诗人把强烈的感情渗透在景物的描写之中,因而句句都隐含着批判的锋芒。

然而,重重黑暗的尽头,忽然透出了一道曙光。在弥望的荒芜焦土之中,一片充满生气的乐土,出现在读者面前。这就是诗人笔下的谯郡——曹操的故乡。“朝入谯郡界,旷然消人忧。”这是诗人的总体感受,一踏上谯郡(今安徽亳州市谯城区)的地界,所有的忧愁便烟消云散,心情豁然开朗。这与前半部分的“靡靡我心愁”截然相反,形成了鲜明的对比。这时,诗人笔下的环境,也是另一番光景:先写质朴的田园风光:“鸡鸣达四境,黍稷盈原畴。”宁静、富庶、和睦,这使我们想起了陶渊明的《桃花源记》:“土地平旷,屋舍俨然,有良田、美池、桑竹之属。阡陌交通,鸡犬相闻。”两者所表现的画面和所寄寓的对太平社会的向往之情,有着惊人的相似之处,只不过一个是理想,一个是稍带夸张的现实,接着,诗人又写到繁华的都市风貌:“馆宅充廛里,女士满庄馗。”廛里,古代城市中里巷住宅的通称。女士,一作士女,指男子和女子。庄馗,四通八达的大道。店铺屋舍鳞次栉比,充满里巷之中;男男女女熙熙攘攘,大道上车水马龙。真是一派热闹景象。“自非圣贤国,谁能享斯休?”如果不是圣贤治理的地方,谁能享受这种美好的生活!谯郡是曹操的故乡,诗人把谯郡的生活写得那么美好,自然是对曹操的热烈歌颂,这虽然是一种历史的局限,但在当时却是一种普遍的心理状态,在战乱频仍的年代,人们总是热切盼望出现一位好皇帝,治理好天下,使人民过着幸福安定的生活。所以这种写法,也并不是不自然的。最后,诗人对这理想乐土发出了由衷赞美:“诗人美乐土,虽客犹愿留。”上句出自《诗经·魏风·硕鼠》:“逝将去女,适彼乐土。乐土乐土,爰得我所。”“诗人”,这里是指《硕鼠》的作者;“乐土”,是诗人所向往的幸福之地。留恋故乡,是人之常情;客居异地总是不愿久留的。诗人自己在流寓荆州时也曾说:“虽信美而非吾土兮,曾何足以少留?”(《登楼赋》)可是此诗结尾却说:这里虽然不是自己的故乡,也愿意长久地生活在这里。这就更强烈地表现了诗人对曹操的赞美,反映了人民向往安定生活的愿望。

此诗的创作意图主要是通过荒土和乐土的对照,表达自己反对军阀混战、向往幸福安定生活的愿望。作品前后两个部分基本上是一一对应,这是作者的精心安排,体现了作者的这一创作意图。这两幅截然相反的画面并列在一起,造成了鲜明的对比,从而深化了主题,增强了作品的艺术魅力。 (郁贤皓 张采民)

杂诗 王粲

日暮游西园,冀写忧思情。曲池扬素波,列树敷丹荣。上有特栖鸟,怀春向我鸣。褰衽欲从之,路险不得征。徘徊不能去，伫立望尔形。风飙扬尘起，白日忽已冥。回身入空房，托梦通精诚。人欲天不违，何惧不合并？

王粲的这首《杂诗》是写对友人的思念之情，全诗写得深情绵邈，哀婉动人。

开头二句，直截了当地交代“游西园”的缘由：“冀写忧思情”。“西园”，指邺城（今河北临漳西南）的铜爵园。写，通假作“泻”。诗人正是想借游园来舒散内心的忧思。

接着写园中所见景物。“曲池扬素波，列树敷丹荣”，弯曲的小池，微波荡漾；成行的花木，红艳如绘，真是一片赏心悦目的美景。这里所描绘的景物似乎与诗人的心境极不和谐，其实这正是诗人匠心独运之处。王夫之云：“以乐境写哀，以哀景写乐”，可以“倍增其哀乐”（《薑斋诗话》）。而诗人这里运用的手法，正符合这个艺术规律。满园春色，并未改变诗人的心境。透过重重春景，诗人忧郁的目光，却凝视在触发他忧思的景物上：“上有特栖鸟，怀春向我鸣。”“特”是“独”的意思。看到树上孤栖的鸟儿，诗人顿时觉得它就像自己的友人，正在呼唤着自己。这里，诗人用“特栖鸟”求偶象征好友的相思，构思新颖。“褰衽欲从之，路险不得征。”诗人想提起衣襟，快步追随着它，然而道路险阻，难以举步。征，即“行”。“路险”自然不是指园内，而是暗喻社会动乱，亲朋离散。这两句看似无理，却使痴情的幻想与残酷的现实发生了无法调和的矛盾，也使作品的主题得以深化。“徘徊不能去，伫立望尔形。”欲从无路，欲罢不能，只能徘徊树下，长久地注视着那孤独的身影。至此，诗人以独特的构思，新奇的想象，把刻骨的相思、现实与幻想的矛盾、内心的苦闷交织在一起，造成感情上的强烈震荡，使读者的心灵也受到这种感情浪涛的摇撼。

如果说上面是从虚处着笔，那么下面则是实写了。先从环境的变化写起：“风飙扬尘起，白日忽已冥。”诗人游园的本意是想排解心中的“忧思情”，可是触景生情，反而增添了几分忧愁。现在又风云突变，狂飙骤起，尘土飞扬，天昏地暗。这对于诗人黯然的心情来说，无异是雪上加霜。于是，只能“回身入空房，托梦通精诚”。空房，本来就给人一种空旷、冷清、寂寞之感，更何况它还象征着更深的含义——亲朋离居。这种孤寂、凄凉的情绪愈积愈浓，忧思的感情也就越发不可遏制，以至幻想终于冲破了现实的限制，通过梦境暗送去自己的一片深情。这又可以说是实写中的虚写，既符合情理，自然浑成，又不同凡响，从而深化了作品的意境。正如宋长白所说：“‘托’字虚，有‘搔首踟蹰’之态。”（《柳亭诗话》）结尾二句笔势陡缓，犹如湍急的溪流穿过狭窄的山涧而进入宽阔的大川，但尽管如此,滚滚洪流中所包藏的推动力却有增无减。看似自我宽慰的豁达之言,其实却蕴含着更深的悲苦之情。明明是天不从人愿,却偏说"人欲天不违",明明担心难以重逢,却偏说"何惧不合并",真可谓长歌之哀,甚于恸哭。这种"正言若反"(《老子》)的结尾,使作品更显得深沉含蓄,韵味无穷。 (郁贤皓 张采民)

七哀诗三首(其一) 王 粲

西京乱无象,豺虎方遘患。复弃中国去,委身适荆蛮。亲戚对我悲,朋友相追攀。出门无所见,白骨蔽平原。路有饥妇人,抱子弃草间。顾闻号泣声,挥涕独不还。"未知身死处,何能两相完?"驱马弃之去,不忍听此言。南登霸陵岸,回首望长安。悟彼下泉人,喟然伤心肝。

"七哀",《文选》六臣注吕向注云:"七哀,谓痛而哀,义而哀,感而哀,怨而哀,耳目闻见而哀,口叹而哀,鼻酸而哀。"显然是望文生义。元人李冶《敬斋古今黈》云:"人之七情有喜、怒、哀、乐、爱、恶、欲之殊,今而哀戚太甚,喜、怒、乐、爱、恶、欲皆无有,情之所系惟有一哀而已,故谓之七哀也。"亦颇牵强。《七哀》是乐府歌辞,今人余冠英说:"所以名为'七'哀,也许有音乐上的关系,晋乐于《怨诗行》用这篇诗(指曹植《七哀》)为歌辞,就分为七解。"(《三曹诗选》)较有道理,可以参考。

王粲的《七哀诗》共有三首,这是第一首,写于初平三年(192)。其年六月,董卓部将李傕、郭汜在长安作乱,大肆烧杀劫掠,这时王粲逃往荆州,依靠刘表以避难。此诗是王粲初离长安往荆州时所作。当时他是十六岁。《三国志·魏书·王粲传》谓王粲"年十七,……以西京扰乱……乃之荆州依刘表。"核之史实,似误。

这首诗描写诗人在李傕、郭汜的变乱中离开长安所见的悲惨景象。

"西京乱无象,豺虎方遘患。"西京,指长安。东汉都城洛阳。洛阳在东,长安在西,故称长安为西京。豺虎,指董卓部将李傕、郭汜等人。长安乱得不成样子,是因为李傕、郭汜等人正在作乱,他们大肆烧杀劫掠,百姓遭殃。这两句写社会的动乱。诗人正是在这种动乱之中离开长安的,这里交代了诗人离开长安的原因。

"复弃中国去,委身适荆蛮。"这里点出诗人离开长安以后的去向。"复",值得注意。这说明诗人的迁徙不是第一次。初平元年(190),董卓胁迫汉献帝迁都长安,驱使吏民八百万人入关,诗人被迫迁移到长安,现在为了避难,又要离开长安。这个“复”字不仅表现了眼前凄楚的情况,而且勾起了悲惨的往事,蕴涵着无限的感慨和哀伤。“中国”,中原地区。我国古代建都黄河两岸,因此称北方中原地区为中国。“荆蛮”,指荆州。荆州是古代楚国的地方,楚国本称为荆,周人称南方的民族为蛮,楚在南方,故称荆蛮。这两句是说,离开中原地区,到荆州去。这是因为当时荆州没有战乱,所以很多人到那里去避乱。王粲因为荆州刺史刘表,与自己是同乡,而且刘表曾就学于王粲的祖父王畅,两家有世交,所以去投靠他。

“亲戚对我悲,朋友相追攀。”写离别时的情景。这两句是互文,“悲”的不仅有“亲戚”,还有“朋友”;“相追攀”的也不仅有“朋友”,还有“亲戚”。诗人描写送别时的表情和动作,固然是为了表现诗人和亲戚朋友的深厚感情,更重要的是制造一种悲惨的气氛,使人感到这是一场生离死别。

诗人离开了长安,离开了亲戚朋友,一路上见到的是什么呢?“出门无所见,白骨蔽平原。”见到的是累累的白骨,遮蔽了无垠的平原。这是“豺虎”作乱给人民带来的深重灾难。这场战乱造成的悲惨景象,曹操《蒿里行》写道:“白骨露于野,千里无鸡鸣。生民百遗一,念之断人肠。”所咏是同样的情景,可以参阅。以上是“鸟瞰”,下面六句写的才是典型事例:“路有饥妇人,抱子弃草间。顾闻号泣声,挥泪独不还。‘未知身死处,何能两相完?’”这六句同样紧承“出门无所见”。诗人见到的不仅是“白骨蔽平原”,还有“饥妇人”弃子的事。妇人爱子,这是正常现象;妇人弃子,这是反常现象。这种反常现象的产生,是由于战乱。因此,诗人以惨绝人寰的事例深刻地揭露了战乱给人民带来的沉重灾难。鲜明而生动,催人泪下。吴淇说:“‘出门’以下,正云‘乱无象’。兵乱之后,其可哀之事,写不胜写,但用‘无所见’三字括之,则城郭人民之萧条,却已写尽。复于中单举妇人弃子而言之者,盖人当乱离之际,一切皆轻,最难割者骨肉,而慈母于幼子尤甚,写其重者,他可知矣。”(《六朝选诗定论》卷六)张玉穀说:“‘出门’十句,叙在途饥荒之景,然胪陈不尽,独就妇人弃子一事,备极形容,而其他之各不相顾,塞路死亡,不言自显。作诗解此举重该轻之法,庶几用笔玲珑。”(《古诗赏析》卷九)都道出了这种写法的艺术特点。这种写法对杜甫是有影响的,所以何焯说:“‘路有饥妇人’六句,杜诗宗祖。”(《义门读书记》卷四十六)

妇人弃子的惨景,使诗人耳不忍闻,目不忍睹。所以他“驱马弃之去,不忍听此言”。这表现了诗人的哀伤和悲痛。诗人乘马继续向前行进。“南登霸陵岸,回首望长安。”霸陵,是汉文帝刘恒的陵墓所在地,在今陕西长安县东。汉文帝是汉代的明君,史书上赞他“以德化民,是以海内殷富”(《汉书·文帝纪》),有所谓“文景之治”。诗人南登霸陵高处,回首眺望长安,自然会想起汉文帝及“文景之治”。如果有汉文帝这样的贤明君主在世,长安怎么会如此混乱、残破?百姓何至颠沛流离?自己又何至流亡他乡?登霸陵,眺长安,诗人感慨万端。

“悟彼下泉人,喟然伤心肝。”连同上面两句,同为全篇的结尾。下泉,是《诗经·曹风》的篇名。《毛诗》序云:“下泉,思治也。曹人……思明王贤伯也。”“下泉人”,指《下泉》诗的作者。面对着汉文帝的陵墓,面对着动乱的社会现实,诗人才懂得《下泉》诗作者思念明王贤君的急切心情,因而从内心发出深深的哀叹。张玉穀说:“末曰‘南登’‘回首’,兜应首段。‘伤心’‘下泉’,缴醒中段,收束完密,全篇振动。”(《古诗赏析》卷九)方东树也说:“‘南登霸陵岸’二句,思治,以下转换振起,沉痛悲凉,寄哀终古。”(《昭昧詹言》卷二)都指出了此诗结尾的艺术效果。

这首诗写得悲凉沉痛,真切动人,是建安诗歌中的名作。方东树评为“冠古独步”,不是没有道理的。

(穆克宏)

七哀诗三首(其二)

王 粲

荆蛮非我乡,何为久滞淫?方舟泝大江,日暮愁我心。山冈有馀映,岩阿增重阴。狐狸驰赴穴,飞鸟翔故林。流波激清响,猴猿临岸吟。迅风拂裳袂,白露沾衣襟。独夜不能寐,摄衣起抚琴。丝桐感人情,为我发悲音。羁旅无终极,忧思壮难任。

这是《七哀诗》的第二首。诗人抒写自己久客荆州思乡怀归的感情。内容和诗人著名的《登楼赋》相似。大约同是公元208年在荆州时的作品。

“荆蛮非我乡,何为久滞淫?”荆州不是我的故乡,我为什么老留在这里呢?诗歌一开始,就表达了诗人浓郁的思乡之情。与《登楼赋》中所说的“虽信美而非吾土兮,曾何足以少留”,意思相同。王粲为什么思乡呢?这是因为他没有受到刘表的重视。刘表才能庸劣,不能识别和重用人才,王粲有才能而不能得到施展的机会,思想上感到十分苦闷。怀才不遇使他更加思念故乡,而思乡之情却充满了怀才不遇的忧愁。

“方舟泝大江,日暮愁我心。”方舟,把两只船并起来叫“方舟”。傍晚,诗人乘船沿长江逆流而上。江上日暮,烟霭苍茫,水波浩渺,最容易引起人们的思乡之愁,何况王粲久患怀乡之痼疾。唐代诗人崔颢《黄鹤楼》诗云:“日暮乡关何处是?

烟波江上使人愁。”此种诗境颇为相似。

“山冈有馀映”八句，写眼前景色。诗人放眼看去，只见太阳将要落山，山冈上犹有余光，群山的曲隩之处，本来背阴，现在又增加了一层日暮的阴影。狐狸奔赴自己的洞穴，飞鸟盘旋在栖息的旧林上。流逝的水波激起清脆的响声，猴猿靠近江岸发出阵阵悲吟。疾风吹拂着诗人的裳袖，夜间的露水沾湿了诗人的衣襟。“狐狸驰赴穴，飞鸟翔故林。”化用《楚辞·哀郢》中“鸟飞还故乡兮，狐死必首丘”二句的意思，比喻漂泊在外的人对故乡的怀念之情，是显而易见的。至于诗中所描写的“山冈”“岩阿”“流波”“猴猿”“迅风”“白露”，似乎只是眼前即景，虽然描写生动，但别无其他含义。陈祚明说：“‘山冈’数句，极写非我乡。”(《采菽堂古诗选》卷七)这是提醒读者：诗人所极力铺写的自然景色，原来是他乡之景。面对他乡之景，触景生情，对一个羁旅在外的人来说，自然会忆及故乡，容易勾起乡愁。因此，这种写景实际上仍是抒发乡愁。元人刘履认为这首诗用的是“赋而比”的手法，他说：“其言‘日暮馀映’以喻汉祚之微延。‘岩阿增阴’以比僭乱之益盛。当此之时，或奔趋以附势，或恋阙而徘徊，亦犹狐狸各驰赴穴，而飞鸟尚翔故林也。又况波响猿吟，风凄露冷，其气象萧索如此，因念久客羁栖，何有终极，则忧思至此，愈不可禁矣。”(《选诗补注》卷二)清人何焯也说：“‘山区有馀映’，馀映之在山，比天子之微弱，流离播迁，光曜不能及远也。”(《义门读书记》卷四十六)这是以自然景色比附当时的政治形势，似乎有些牵强附会，但亦可备一说。

“独夜不能寐，摄衣起抚琴。丝桐感人情，为我发悲音。”诗人夜不能寐，起而弹琴，借琴声排泄心中的愁闷。这里，我们很容易想起阮籍。阮籍五言《咏怀诗》八十二首的第一首开头就写道：“夜中不能寐，起坐弹鸣琴。”同样是夜不能寐，起而弹琴，借琴声排泄心中的愁闷，而他们表达的感情是不同的。阮籍借琴声抒发他政治上的苦闷造成的“忧思独伤心”的感情，而王粲则借琴声表达他的乡愁。当然这种乡愁中含蕴着怀才不遇的感情。古人喜爱以琴声表心声，这是因为琴可以“抒心志之郁滞”(傅毅《琴赋》)，可以“发泄幽情”(嵇康《琴赋》)。

“羁旅无终极，忧思壮难任。”客居他乡的日子，没有尽头。何日方能返回故乡呢？怀乡的忧愁实在令人难以承受。《登楼赋》云：“情眷眷而怀归兮，孰忧思之可任!”与此意思相同。从表面看来，这里所写的只是难以忍受的乡愁。其实不然。吴淇说：“凡古人作诗，诗中景事虽多，只主一意。此首章全注‘复弃中国去’一句，二章全注‘羁旅无终极’一句，总哀己之不辰也。”(《六朝选诗定论》卷六)“哀己之不辰”，可谓一语破的。

方伯海说：“按前篇是来荆州，见人骨肉相弃而哀。此篇是去荆州，因日暮景物萧条而哀，皆是乱离景象。”（于光华《重订文选集评》卷五引）道出王粲这两首《七哀诗》的不同内容和共同特点。

建安诗歌具有鲜明的时代特色。刘勰说：“观其时文，雅好慷慨，良由世积乱离，风衰俗怨，并志深而笔长，故梗概而多气也。”（《文心雕龙·时序》）这里指出建安诗歌的特色是“梗概而多气”，即慷慨激昂，富于气势。他又说，曹植、王粲等人“慷慨以任气，磊落以使才”（《文心雕龙·明诗》），意思是说他们慷慨激昂地尽情抒发意气，洒脱不拘地施展才能。刘勰所说的“梗概”或“慷慨”，包含对动乱社会中人民疾苦的同情和自己希望建功立业的雄心壮志，这是建安诗歌的共同特色。王粲的《七哀》诗正是表现了这种特色。由于王粲诗歌的高度成就，他被刘勰评为“七子之冠冕”（《文心雕龙·才略》）对此，我想王粲是当之无愧的。

（穆克宏）

【作者小传】

陈 琳

（？—217） 字孔璋，东汉广陵射阳（今江苏淮安南）人。“建安七子”之一。汉灵帝时，任大将军何进主簿。后投袁绍，为掌文书，曾作檄诋毁曹操父祖。袁氏败，曹操爱其才而不咎，任为司空军师祭酒、管记室，迁门下督。后染疫病，卒。事迹附见《三国志》卷二一《王粲传》后。有集十卷，已佚，明人辑有《陈记室集》，《先秦汉魏晋南北朝诗》辑得其诗五首。

饮马长城窟行 陈 琳

饮马长城窟，水寒伤马骨。往谓长城吏，“慎莫稽留太原卒”。“官作自有程，举筑谐汝声！”“男儿宁当格斗死，何能怫郁筑长城？”长城何连连，连连三千里。边城多健少，内舍多寡妇。作书与内舍：“便嫁莫留住。善事新姑嫜，时时念我故夫子。”报书往边地：“君今出言一何鄙！”“身在祸难中，何为稽留他家子？生男慎莫举，生女哺用脯。君独不见长城下，死人骸骨相撑拄！”“结发行事君，慊慊心意关。明知边地苦，贱妾何能久自全？”

秦王朝驱使千万名役卒修筑万里长城，残酷而无节制，使无数民众被折磨至死。这段历史，曾激起后代许多诗人的愤慨和感伤。而直接摹写长城造成民间痛苦的诗篇，陈琳这一首，就现存的作品来说，要算是最早的。

郦道元《水经注》说："余至长城，其下有泉窟，可饮马，古诗《饮马长城窟行》，信不虚也。"诗的首句着题，也可以说点出环境特征，第二句以"水寒伤马骨"，渲染边地苦寒，则难以久留的思归之心已在言外。这个开头既简捷又含蓄。下文便是蕴含之意的坦露，一位役卒终于忍无可忍地对监管修筑长城的官吏说：到了服役期满，请千万不要延误我们太原役卒的归期。从这个请求中，可以看出其归心之切，也透露了"稽留"乃往日常有之事，甚至眼前已经看到又将"稽留"的迹象，若不如此，岂敢凭空道来。所以钟惺以"怨甚"(《古诗归》)二字评这句话，是很能发掘这话中之话的。官吏回答说：官府的事自有期限，举起手中的夯和着号子快干吧！一派官腔，也是话中有话。只此两句，气焰、嘴脸，如在眼前。那役卒看此情景，听此言语，也愤愤地回敬了两句：男子汉宁可刀来剑去战死疆场，怎能这样窝窝囊囊，遥遥无期地做苦役呢！以上"三层往复之辞，第一层用明点，下二层皆用暗递，为久筑难归立案，文势一顿"(张玉穀《古诗赏析》)。

"长城何连连，连连三千里。"如此"官作"，何时竣工？再加上如此官吏，更是归期无望。也正因这样，才造成"边城多健少，内舍多寡妇"。古时凡妇人独居者，皆可称"寡妇"。两个"多"字，强调地概括了广大人民的苦难境遇。这四句诗，不脱不粘，似是剧中的"旁白"，巧妙地将希望转至绝望，由个别推向一般，由"健少"而连及"内舍"，从而大大地开拓了作品反映的生活面。这对于了解人物的思想活动，及其所产生的现实基础，对于勾连上下内容，都是很重要的。

"作书与内舍"，便是上述思想的延伸。"便嫁"三句，是那位役卒的寄书之辞。首先劝其"嫁"，而后交代她好好侍奉新的公婆，这无疑是希望她能得到新的融洽的家庭生活，最后还恳求她能常常念起往日丈夫(即役卒自己)。第一句，明确果断；二三两句，又从另一个侧面显示出其善良的心地，与难忘的情爱。这矛盾的语言藏着归期无日、必死边地的绝望。藏而不露，亦是为了体贴对方。"书"中三句，第一句为主，后二句则是以此为前提而生发出来的。所以妻子"报书往边地"，便抓住主旨，直指丈夫出言粗俗无理，"今"字暗示往日不曾如此。语嗔情坚，其心自见，一语道尽，余皆无须赘言。"身在"六句，是役卒再次寄书，就自己的"出语"，与妻子的指责，作进一步解释。头两句说自己身在祸难中，为什么还要留住别人家的子女(指其妻)受苦呢？接着四句是化用秦时民歌——"生男慎勿举(养育)，生女哺(喂食)用脯(干肉)。不见长城下，尸骸相支拄。"其用意是以群体的命运，暗示自己的"祸难"，自己的结局。因此，前言虽"鄙"，亦出无奈，其情之苦，其心之善，孰不可察，何况其妻呢！妻子也确实理解了，感动了，这从再次报书中可以看出。她说：我自从与你成婚，随后你就服役边地，这种日子当然令人失望怨恨，但是，情意相连，两地一心，这是始终不变的。如今明知你在边地受苦，我又岂能久于人间！虽已以死相许，但对丈夫的结局终不忍直言，只以“苦”字代之，既回肠九曲，又言辞得体。

本诗采取了点面结合、以点为主的手法，诗中既有广阔的图景，更有具体细腻的描绘，两者相互引发，概括而深刻地反映了“筑怨兴徭九千里”，所酿成的社会的和家庭的悲剧，显示了作者驾驭题材的能力。诗中人物的思想活动，均以对话的手法逐步展开，而对话的形式又巧于变化，这一点是深得前人称赞的。谭元春说：“问答时藏时露，渡关不觉为妙”(《古诗归》)。沈德潜说：“无问答之痕，而神理井然。”(《古诗源》)不仅如此，语言也很有特色，役卒对差吏的刚毅、愤慨之词，和对妻子那种恩爱难断、又不得不断的寄语，都表现了感情的复杂性，和性格的丰富性；妻子那一番委婉缠绵而又斩钉截铁的话语，则写出了她纯洁坚贞的深情；就是那差吏不多的两句话，也活画出其可憎的面目。如此“奇作”的出现，除了作者的才华与技巧之外，似乎还应该指出，它与诗人对当时连年战乱、“人民死丧略尽”的现实的了解，对人民命运的同情与关注是密不可分的。如果可以这样说的话，那么本诗的现实意义，也是不可忽略的。

(赵其钧)

【作者小传】

刘 桢

(？—217) 字公幹，东汉东平国(今山东东平)人。“建安七子”之一。汉献帝建安中，为曹操丞相掾属，后因在曹丕宴席上平视丕妻甄氏，以不敬罪被刑，减死输作。刑竟，署为吏，以染疫疾卒。事迹附见《三国志》卷二一《王粲传》后。有集四卷，已佚，明人辑有《刘公幹集》，《先秦汉魏晋南北朝诗》辑得其诗及断句二十六首。

赠徐幹

刘 桢

谁谓相去远，隔此西掖垣。拘限清切禁，中情无由宣。思子沉心曲，长叹不能言。起坐失次第，一日三四迁。步出北寺门，遥望西苑园。细柳夹道生，方塘含清源。轻叶随风转，飞鸟何翩翩。乖人易感动，涕下与衿连。仰视白日光，皦皦高且悬。兼烛八纮内，物类无颇偏。我独抱深感，不得与比焉。

据《三国志·魏志·王粲传》记载：刘桢曾因为有不恭敬的举动而服刑，刑满后为小吏。裴松之注对这件事有更详细的记载："太子尝请诸文学，酒酣坐欢，命夫人甄氏出拜，坐中众人咸伏，而桢独平视。太祖闻之，乃收桢，减死输作。"说明刘桢性格耿介戆直，是因为平视太子之妻而被拘禁的。这首诗就是他在服刑中写给徐幹的。诗中倾诉了自己身陷囹圄的苦闷和不平，以及对好友的思念之情。

前八句写对好友的思念之情。"谁谓相去远，隔此西掖垣。"西掖，是中书的别称，徐幹当时在此供职，与刘桢被关押之地北寺狱仅一墙之隔。这开头二句突兀而来，给人造成一种心理上的不平衡，实际的距离与意念上的距离形成强烈反差，有力地突出了诗人身心的不自由感。因为自己被拘禁，失去了人身自由，所以心中的感情无从表达。徐幹生性澹泊寡欲，与刘桢最为亲近。在刘桢的心目中，徐幹是最可以和他说心里话的人。然而在他最渴望倾吐衷情、以获得安慰时，却不能与好友见面，这在他内心所造成的痛苦是可想而知的。"思子沉心曲，长叹不能言。起坐失次第，一日三四迁。"心曲，内心。诗人很巧妙地通过一系列典型的外部动作的描绘，将诗人坐立不安、举止失次的情态生动地表现出来。"长叹不能言"，本于屈原《九歌·湘夫人》中的"思公子兮不敢言"。"惟其不言，所以为思之至"（都穆《南濠诗话》），在这长长的叹息声中，包含着多少难言的苦衷。"起坐失次第"，就是王粲所说的"我思弗及，载坐载起"（《赠士孙文始》），非常准确而传神地刻画出诗人焦虑不安的神态和内心的痛苦。徐幹接到这首赠诗后，曾写了一首《答刘桢》诗，中云："与子别无几，所经未一旬。我思一何笃，其愁如三春。虽路在咫尺，难涉如九关。"词虽异，而意实同，可互相参读。

中间八句写西苑园的景物。诗人被苦闷的情绪所驱使，慢慢走出北寺门（北寺，东汉监狱，在宫省北面，故名），遥望徐幹所在的西苑园。虽近在咫尺，但却可望而不可即。于是诗人以浓墨重彩，描绘了一幅清新秀美、生机勃勃的画面：道路两边的柳树自在地生长，池塘的水流微微地荡漾，树叶轻轻地随风飘转，鸟儿在空中自由地翱翔。一切都是那么自然，那么富于生气，这与被拘限的诗人形成多么鲜明的对照！"乖人易感动，涕下与衿连。""乖人"，离群之人，这里是诗人自指。离群之人本来容易感受外物而激动，如今看到自然界的万物都能自由自在，自己却因违忤曹氏而受辱，生性高傲、脾气倔强的诗人想到这里，当然更要悄然动容,泪下满衿。

后六句写自己愤激不平的感情。“仰视白日光,皦皦高且悬。兼烛八纮内,物类无颇偏。”八纮,犹八极,八方极远的地方,这里指天下。高悬在天空的太阳,它的光辉普照天下八极,无偏无颇地赐予万物以光和热,拥有宽广的胸怀。而自己只不过犯了点微小的过失,却被定为死罪,只是后来作为特别开恩,才“减死”而改为“输作”。与太阳相比,曹氏的胸怀是多么狭窄。诗人不由得深深地感叹:自己竟不能与万物一样!诗人虽然并没有明确诉说心中的委屈,也没有直接指责曹氏的褊狭,但通过两组对比,即曹氏与太阳相比,自己与宇宙万物相比,已将郁积在心间的不平倾泻无遗。语言委婉含蓄,而又富于艺术感染力。

钟嵘对刘桢的诗评价很高,曾说:“陈思以下,桢称独步。”(《诗品》)刚正气盛是刘桢诗的鲜明特色,这首诗就很有代表性。虽然被刑受辱,受到不公正的待遇,但是诗人既不忍气吞声,逆来顺受,也不阿谀奉承,取悦权贵,而是将愤慨不平的感情渗透到作品的字里行间,从而使作品充盈着一股清正之气,具有一种阳刚之美。刘熙载说:“公幹气胜。”(《艺概·诗概》)说得的确很有见地。

(郁贤皓 张采民)

赠从弟三首　　刘 桢

其 一

泛泛东流水,磷磷水中石。
蘋藻生其涯,华叶纷扰溺。
采之荐宗庙,可以羞嘉客。
岂无园中葵?懿此出深泽。

其 二

亭亭山上松,瑟瑟谷中风。
风声一何盛,松枝一何劲!
冰霜正惨悽,终岁常端正。
岂不罹凝寒?松柏有本性。

其 三

凤皇集南岳,徘徊孤竹根。
于心有不厌,奋翅凌紫氛。
岂不常勤苦?羞与黄雀群。

何时当来仪？将须圣明君。

读刘桢的诗，须先了解他的为人。在建安时代，刘桢是一位很有骨气的文士。据《典略》记载，一次曹丕宴请诸文学，席间命夫人甄氏出拜，“坐中众人咸伏”，唯独刘桢“平视”，不肯折节。曹操恨他“不敬”，差点砍了他的脑袋。以这样的气骨作诗，其诗自能“挺挺自持”、“高风跨俗”。

《赠从弟三首》，就带有这样的气骨。诗中运用比兴之法，分咏蘋藻、松柏、凤凰三物，以其高洁、坚贞的品性、远大的怀抱，激励堂弟，亦以自勉。在古人赠答之作中，堪称创格。

先看第一首，咏的是“蘋藻”。蘋藻生于幽涧，“托身于清波”，历来被视为洁物，用于祭、享。本诗咏蘋藻，开笔先叙其托身之处的非同凡俗：“泛泛东流水，磷磷水中石。”“泛泛”叙涧水畅流之状，“磷磷”写水中见石之貌。读者眼前，顿时出现了一派幽凉、清澈的涧流。然后才是蘋藻的“出场”：“蘋藻生其涯，华叶纷扰溺”——在幽涧清流之上，蘋藻出落得花叶缤纷，随着微波轻轻荡漾，显得何其清逸、美好！“采之荐宗庙，可以羞（进）嘉客。”这就是人们用作祭享、进献贵宾的佳品呵！这两句写蘋藻的美好风姿，用的是映衬笔法。读者可以感觉到，其间正有一股喜悦、赞美之情在汩汩流淌。接着，诗人忽然拄笔而问：“岂无园中葵？”难道园中的冬葵就不能用吗？回答是深切的赞叹：“懿（美）此出深泽！”但蘋藻来自深远的水泽，是更可贵、更能令人赞美的呀！这两句，用的又是先抑后扬的笔法：前句举“百菜之主”园葵之珍以压蘋藻，是为抑；后句赞蘋藻之洁更胜园葵，是为扬。于问答、抑扬之中，愈加显得蘋藻生于幽泽而高洁脱俗的可贵。以此收束全诗，读来余韵袅袅。

再看第二首咏“松柏”。松柏自古以来为人们所称颂，成为秉性坚贞，不向恶势力屈服的象征。孔子当年就曾满怀敬意地赞美它：“岁寒然后知松柏之后凋也。”这一首写法，与咏蘋藻又稍有不同，不是先写背景，后写主体，而是开笔便让山上亭亭之松拔耸而起，展现出一种“突兀撑青穹”的雄伟气象。然后再用“瑟瑟”谷风加以烘托，写得极有声势。后面两句为表现松柏的苍劲，进一步渲染谷风之凛冽：“风声一何盛，松枝一何劲！”前“一何”慨叹谷风之盛，简直就要横扫万木；后“一何”叙写松枝之劲，更显出松柏那“其奈我何”的刚挺难摧。诗人也许觉得，与谷风相抗，还不足以表现松柏的志节，所以接着又加以“冰霜”的进袭：“冰霜正惨凄，终岁常端正。”前一个“正”字告诉人们，此刻正是滴水成冰、万木凋零的凄寒严冬。后一个“正”字又告诉人们，再看松柏，它却依旧端然挺立、正气凛然，不减春日青苍之色。《礼记》说：“其在人也，如松柏之有心也，故贯四时不改柯易叶。”正可拿来作“端正”的注脚。这两句描摹冰霜，辞色峻冷；展示松柏，意态从容。松柏的坚贞志节，正显现于这一鲜明的对照之中。此诗结尾也是冷然一问：“岂不罹凝寒？”难道它不怕遭受酷寒的侵逼？然后归结到诗人主意之所在：“松柏有本性。”吐语沉着，戛然收笔。读者于涵咏之际，恍可见到，那雄伟苍劲的松柏，还久久矗立在眼前……

第三首咏的是“凤皇(凰)”。凤凰是传说中的“神鸟”(《说文》)，生长在南方“丹穴山”中。《大戴礼记》说它是“羽虫”之“长”，所以栖、食也与凡鸟不同：“非梧桐不栖，非竹实不食”(《诗经·大雅·卷阿》郑玄笺)。这就是本诗开头所说的“凤皇集南岳，徘徊孤竹根”之意。诗人之歌咏凤凰，不仅因为它有此神奇的习性，更属意于它那绝世高蹈的怀抱：“于心有不厌，奋翅凌紫氛。”——它根本鄙弃“鸟为食亡”之俗，不满足于“竹实”之食，而要奋展巨翼，掠过九霄的紫霞，高远地飞翔！后一句以凤凰凌空“奋翅”的动态形象，表现它绝世超俗的高远之志，运笔劲健，富于阳刚之美。读过庄子《逍遥游》和宋玉《对楚王问》的人都记得，当鹍鹏、凤凰“抟扶摇而上者九万里”之际，学鸠、鷃鸟之辈曾以其井蛙之见，对它们加以无知的嘲问。宋玉因此有“凤皇上击九千里，绝云霓、负苍天，翱翔乎杳冥之上。夫蕃篱之鷃，岂能与之料天地之高哉”之语，将这类斗筲之辈一笔骂倒。诗人大约正有感于此，所以接着两句便借凤凰之口，对无知之辈的嘲问，作出了声震云天的回答：“岂不常勤苦？羞与黄雀群。”正是为了不与世俗之辈同流合污，我才不避勤苦、投入搏击风云的斗争生涯的呵！诗人仰望云空、激动不已，不禁又悠然神往地追问一句：“那么，你究竟什么时候才能归来？”凤凰的回答干脆利落：“将须圣明君”——到了明君临世的时候，我就将万里来归！这四句抒写凤凰之志，诗人将其置于“奋翅凌紫氛”之后，便造出了一种高天传音的雄奇境界。绝世高蹈的凤鸟，正凌空远去，万里云天却还隆隆地回荡着它那高傲的鸣叫，这壮怀是书写在高天白云之上的呵！

陈祚明评论刘桢的诗，用了“翠峰插空，高云曳壁”的精妙比喻(《采菽堂古诗选》)。《赠从弟三首》确实当得起这样的赞美。作为咏物诗，这三首对蘋藻、松柏、凤凰虽然着笔不多，却都是画龙点睛，使它们个个风骨棱然。这正是诗人自身高洁之性、坚贞之节、远大怀抱的写照。倘若他自身没有这种“挺挺自持”的气骨，又何能将这类无情之物铸造得如此“高风跨俗”、富有生气！诗人运笔也摇曳多姿、富于变化：咏蘋藻，则映衬抑扬、着色清淡，正适宜表现它的淡泊高洁之性；赞松柏，则辞气壮盛、笔力遒劲，正可与它的抗风傲霜之节并驱；歌凤凰，则笔势宕跌，飘逸多姿，正显现了凤凰奋翅高举的远大志向和潇洒身影。仅从咏物这一点看，它们显然继承了屈原《橘颂》的创作经验，又表现了张戒所说“咏物之工，卓然天成”(《岁寒堂诗话》)的妙处。

但从诗人之本意来说，作此三诗，“本不期于咏物”，而在于“赠”人。赠人之作，自汉末蔚然成风，但大多抒写朋友往还之事、夫妇离聚之情。刘桢之赠从弟，其勖勉、赞美之思，全借“咏物”发之，实在是破了常格。一诗一咏，诗面上看似处处咏物，其精光射处，却在在都与从弟相关：从弟出身寒门，诗人即以蘋藻之出于幽涧为喻，赞其不坠高洁之性；从弟身罹乱世，诗人即以松柏之抗凝寒为喻，勉其常怀坚贞之节；从弟无意于仕进，诗人又以凤鸟之高翥为喻，赞美他不与世俗同流之志。三首咏物诗，正是这样，在“赠从弟”这总题目下融汇成一片，寄托了诗人对从弟的深情勉励和殷殷期望。“其情真，其味长，其气胜”，在建安诗人众多赠人之作中，真可卓然独立、难与并能了！（潘啸龙）

斗鸡诗　　刘桢

丹鸡被华采，双距如锋芒。
愿一扬炎威，会战此中唐。
利爪探玉除，瞋目含火光。
长翘惊风起，劲翮正敷张。
轻举奋勾喙，电击复还翔。

在古代诗歌中，有一类表现娱乐的诗。刘桢的《斗鸡诗》就属此类。

斗鸡不知起于何时。如果《列子》的记载不误，则早在西周宣王时代，就已有“养斗鸡”的事了。春秋时代，鲁国季氏、郈氏之鸡斗，“季氏介其鸡，郈氏为之金距，平子怒”——还为斗鸡造成了不和。汉代斗鸡就更盛行了，据《汉书》记载，汉宣帝登基前，就常常“斗鸡于杜鄠之间”。人们喜欢斗鸡，在于这种娱乐既令人兴奋、给人以刺激之感，又无危险。轻歌曼舞固然美妙，但比起斗鸡来，总缺少点什么味道。对于这一点，曹植的《斗鸡诗》说得最为明白“游目极妙伎，清听厌宫商。主人寂无为，众宾进乐方”——这“乐方”就是斗鸡。据应玚《斗鸡诗》可知，这种斗鸡之戏，常常“连战何缤纷，从朝至日夕”，斗个昏天暗地、达旦通宵。汉魏六朝之间，许多文豪都喜欢看斗鸡写斗鸡，如曹植、刘桢、梁简文帝、刘孝威、庾信、徐陵、王褒等，都有“斗鸡诗”传世。

刘桢在建安时代，既是作诗之妙手，且又“仗气爱奇”。因此，他的《斗鸡诗》，也写得“高风跨俗”、非同凡响。“丹鸡被华采，双距如锋芒”，描述斗鸡的登场，便已神气不凡：毛羽绚烂，如披采衣；两只脚爪，利如刀锋箭芒。一看便知是员猛将。接着两句，忽然代鸡"抒情"："愿一扬炎威，会战此中唐。"中唐即庭中道路，正是闲人免进、公子哥儿戏乐之处。但在斗鸡眼中，却是争夺天下的鏖战之场。当其出战时，心中早已立下宏愿，定要在逐鹿"中唐"中一抖威风。此二句刻画鸡之"心理"，令人启颜。接着两句是交锋前的紧张窥伺："利爪探玉除，瞋目含火光。"玉除，即石阶。既然此战关乎谁擅胜场，斗鸡自得研究敌手。这两句写得极其传神：一个"探"字，写出斗鸡窥伺战机的诡秘，又显得"好整以暇"、从容不迫。"瞋目"写其全神贯注，"火光"状其蓄怒待发。中间一个"含"字，又显出一种含蕴不露、静以观变的气度——真是员老辣的斗将。一场决斗已在瞬息之间，双方都凝神以待。突然，"长翘惊风起，劲翮正敷张"——会战在最出乎意料的刹那间展开，人们还来不及惊呼，斗鸡已一跃而起。诗人用"惊风"写斗鸡腾跃而起之疾，再以"敷张"写其健羽奋张之雄，动态中的形象何其逼真！进攻既已开始，读者便期待着一场持久拼搏的展开。但刘桢笔下的斗鸡却毫不拖泥带水："轻举奋勾喙，电击复还翔。"斗鸡之战，脚爪是锐利武器，但尖喙则更要紧——它可以啄得敌手冠血淋漓、毛羽四散，眼下此鸡使的正是这一手。"奋勾喙"、"电击"，表现斗鸡进击之凌厉；而"轻举"二字，又写出此鸡进击时的灵巧和从容。泼皮相斗，往往纠缠不休。此鸡则料敌如神，一击致命，胜负立判。观众还未看清是怎么回事，它早已"还翔"收翅，安立"中唐"！

这就是刘桢的《斗鸡诗》。全诗纯为描述，别无寓意，正适合于斗鸡娱乐的场合。一场紧张的"会战"，仅以十句传写，而动静倏忽，神态毕现；既层次井然，又富于气势。结尾更干净利落，大有"来如雷霆收震怒，罢如江海凝清光"之妙。这首诗只是刘桢的游戏之笔，但"语与兴驱，势逐情起"（皎然《诗式》），同样显示了他那"笔气隽逸"、"颇饶顾盼之姿"的诗风（陈祚明《采菽堂古诗选》）。（潘啸龙）

和风从东来　　　　刘　桢

和风从东来，玄云起西山。
夜中发此气，明旦飞甘泉。

我国古诗独标"抒情言志"之说，因此，即使是写景之作，也要带上"情志"的色彩。刘勰所谓"神与物游"、"情以物迁"，"物色相召，人谁获安？"（《文心雕龙》）说的就是这种情况。

纯粹的写景诗，则出现得较晚。大约到了汉魏之际，湖、海、山、林才逐渐从传统的“比德”说中解脱出来，得到了诗人较为客观的审美观照，从而形成了相对独立的写景诗。刘桢的这首独具风神的清新小诗，就是这种写景诗的滥觞之一。

诗人大约是在一派“和风”中，呼吸到了诗之气韵。不过，还得画上一片夏夜暗青色的天穹，添上几重闷热的炎气，还有树间凝然不动的叶影，和诗人室外踱步时的几分烦躁。然后，“和风从东来”，便格外令人感到一种惬意的清爽！它从平远的田野上来，衣衫窸窣地穿过树丛，正像一位企盼已久的故人，不知不觉间已来到你身边。这正是诗之首句所蕴含的美好的意境。转身再看西天，夜色朦胧的西山那边，却正悠悠地升起淡墨色的云峰——仿佛与“和风”约好似的，那边一“来”，这边亦随之启程。此刻，四野是一片宁静，空中想必还有繁星的闪烁。本来是晴好的炎暑，忽然有此“风”、“云”之气的交会，便造成了夏夜难逢的喜兆——看来，明朝是定要下雨的了。但倘若就这样表述，未免少了一些韵味。诗人的描述则要精妙得多：“夜中发此气，明旦飞甘泉。”他透过夜间的“和风”和“玄云”，仿佛早已置身于“明旦”的一派清凉世界之中：“荷荷”的雨声，在耳边；空濛的山影，在窗外；瓦檐下、树丛间，正挂下一条条、一缕缕清亮的水流，正如一股股清泉，从高崖上飞洒而下。这景象自然是诗人的“悬想”，但它又那样逼真、清新，宛如是一幅画刚刚作成，水墨都还淋漓着哩！

这首诗的特色，在用语自然，气息清新，又不着一点色彩，那浑成之态几乎就与“和风”、“甘泉”一样。倘若隐去作者之名，人们一定不会猜到，它竟出自诗风刚劲挺拔、注重气势的刘桢之手笔。或许，它倒更接近写过“微雨从东来，好风与之俱”的陶渊明的风格？两者在清淡、平远上，显然十分相似。可见，建安诗人的创作成就是多方面的，即以写景诗来说，也为后世开了多少境界！　（潘啸龙）

【作者小传】

阮　瑀

（165？—212）　字元瑜，东汉陈留尉氏（今河南尉氏）人。“建安七子”之一。汉献帝建安中，为曹操司空军师祭酒、管记室，后迁丞相仓曹掾属。事迹附见《三国志》卷二一《王粲传》后。有集五卷，已佚，明人辑有《阮元瑜集》，《先秦汉魏晋南北朝诗》辑得其诗及断句十四首。

驾出北郭门行　　阮　瑀

驾出北郭门，马樊不肯驰。下车步踟蹰，仰折枯杨枝。顾闻丘林中，噭噭有悲啼。借问啼者出："何为乃如斯？""亲母舍我殁，后母憎孤儿。饥寒无衣食，举动鞭捶施。骨消肌肉尽，体若枯树皮。藏我空室中，父还不能知。上冢察故处，存亡永别离。亲母何可见！泪下声正嘶。弃我于此间，穷厄岂有赀？"传告后代人，以此为明规。

《驾出北郭门行》属乐府诗题，郭茂倩《乐府诗集》卷六一列入《杂曲歌辞》。按古诗有《驱车上东门行》，首二句云："驱车上东门，遥望北郭墓。"阮瑀此题当是由此化来。古时坟地多在城郭北郊，故言"北郭墓"。阮瑀此诗是写孤儿受后母虐待而哭诉于生母墓前之事，故选此题以叙事，题目与内容是一致的。

这是一首叙事诗。开头四句，诗人用第一人称作为旁观者的身份出现，这也是乐府诗的常用手法，以示事件的真实性。诗人驾车出了城郭北门，马突然沉滞而不肯快跑。樊，沉滞不行之意。马的反常，已暗示出环境的异样。但诗人还未察觉，他下车犹豫了一阵，等候了一阵，见马总是不动，就仰头折下一根枯杨的树枝，想鞭马前进。这四句是个引子，交代了事情发生的地点，同时也提起了一个悬念。

"顾闻"四句，引出事件。顾，但，只；噭噭，象声词，哭声。出，一作"云"，或作"谁"，是。四句意谓只听得小丘林子里，传来一阵阵悲哭之声，诗人问啼者：为什么哭得如此伤心？这是事件的开端，写得很有层次，先闻哭声，再见其人，未知原因，故发疑问。完全按照客观现实情景写出。正是由于诗人的关切问讯，才引出下面孤儿诉说原委，也是诗的主要部分。

从"亲母舍我殁"到"穷厄岂有赀"十四句，都是孤儿所说的话。这可分为两层意思。前八句是孤儿诉说后母虐待的情景：生身的母亲丢下自己去世了，后娘憎厌孤儿，肚子饿了不给饭吃，天气寒冷不给衣穿，动不动就鞭子、木棍打到身上，孤儿被折磨得满身伤痕，肌肉消尽，骨瘦如柴。后母还将孤儿关在空屋中，父亲回家却不知道儿子在何处。这几句话，真是字字血、声声泪。后六句写孤儿哭坟情状。孤儿上坟去探看生母的冢墓，目的当然是为了倾诉心中的悲愤和痛苦，孤儿在活的人中无处哀告，只能求告于死去的母亲，这本身就是无限伤心的事。这是一层。而活着的孤儿毕竟和死去的母亲永远分离了，生身的母亲，既然见不到，满腹委屈也就无法申诉，所以孤儿热泪纷纷，只能大声哭喊，嘶哑了嗓子。这是第二层。生母将孤儿丢弃在人世间忍受穷困煎熬，没有留下财产可供孤儿度日，孤儿不能独立生活，又怎能摆脱后母的欺凌和虐待?！这是第三层。这六句诗，一层深一层地展示了孤儿的悲惨遭遇和凄苦欲绝的心态。我们似乎从中可以看到，孤儿已在生与死的十字路口徘徊，如果不能继续忍受虐待，就只有追随生身母亲于地下。其他道路是没有的。这一大段是全诗的主要内容，写得如泣如诉，真情毕露，舒缓而有致，质直而可信。千载之下，犹使人读之而不能不为之怆凄泪下。

最后两句是尾声。诗人又以第一人称出来说话，规劝后代人以此为教训，不要虐待孤儿。这在今天看来似乎近于画蛇添足，但在汉魏乐府中却是一种习惯写法，以此点明诗人写作宗旨。这种形式，对后来的乐府诗特别是中唐时代的新乐府有明显的影响。如白居易的《新乐府》、《秦中吟》组诗，往往在一首诗的最后点明写作意图，称为“卒章显其志”，这也可以看作是汉乐府的遗风。

全诗结构完整，层次井然。文字质朴，风格沉郁，是阮瑀著名的代表作。

（郁贤皓）

【作者小传】

徐 幹

（170—217） 字伟长，东汉北海郡（今山东昌乐一带）人。“建安七子”之一。汉献帝建安中，为曹操司空军师祭酒、掾属，转五官将文学。因居官不爱世荣，曾受曹操表彰。后因病去职。事迹附见《三国志》卷二一《王粲传》后。有集五卷，已佚，明人辑有《徐伟长集》，《先秦汉魏晋南北朝诗》辑得其诗及断句五首。

情 诗　　徐 幹

高殿郁崇崇，广厦凄泠泠。微风起闺闼，落日照阶庭。踟蹰云屋下，啸歌倚华楹。君行殊不返，我饰为谁容。炉薰阖不用，镜匣上尘生。绮罗失常色，金翠暗无精。嘉肴既忘御，旨酒亦常停。顾瞻空寂寂，唯闻燕雀声。忧思连相属，中心如宿酲。

此诗描写一位相思女子的情思动态。诗一开篇，“高殿郁崇崇，广厦凄泠泠。微风起闺闼，落日照阶庭。”描写出主人公所置身的典型环境。宋玉《高唐赋》曰：“宜高殿以广意兮。”“高殿”、“广厦”即由此化出；古乐府《伤歌行》有“微风吹闺闼”句，这是“微风起闺闼”的来历。房舍高郁，环境凄清，微风吹拂，落日残照，在这番描写中，浸透了主人公强烈而独特的心理感受，“郁崇崇”、“凄泠泠”与其说是写景,不如说是表现主人公心灵的感受。四句描写,活生生地显示出其寂寞凄凉、了无意趣的心境。

接着,诗歌转而描写女主人公,展示她由特有心态所引发的一系列形体动态。行为是心灵的一面镜子,复杂细腻的内心活动必然化为一连串相应的形体动作。诗歌从各个不同角度描写其行为状态,先写在云屋下"踟躇"不定,是心中若有所失的表现;又于华楹中长声啸歌,是借此宣泄心中的郁积。"云屋"、"华楹"指高大华美的房舍。接着又铺写其懒于妆饰的慵怠,古语曰:"士为知己者死,女为悦己者容。"(《战国策·赵策》)所爱之人远出不返,修饰妆扮就显得毫无意义,所以,主人公的"炉薰"固然无心使用,平日照颜妆扮的镜匣上也尘土厚积。而"绮罗失常色,金翠暗无精"的描写尤显精妙。绮罗、金翠等其实并未改变其原有的色泽,只是由于心理的改变,故过去曾熠熠生辉的东西在主人公眼中,现在全都黯然失色。继而又描写主人公因相思而不思饮食,嘉肴无心尝,美酒无心饮。诗歌从诸种角度描写主人公惆怅若失的思恋之情,又以其行为的变异来反照其心理的异变;由于人物心理发生了变异,又导致她观察事物的眼光也发生了相应的变化。人物动态、观察力的一系列反常,都是由起主导作用的心理反常所引起。诗歌借此充分展现了女主人公万种情思、百无聊赖的心境。

"顾瞻空寂寂,唯闻燕雀声"两句,将笔墨从专写主人公之"思"及其动态神情上略作伸展,主人公似从沉思中醒来,从对自己的情态追述回到现实场景中,看到"空寂寂"的院落,听到燕雀的啁啾叫声,更倍增空虚寂寞感,更感到"忧思连相属",无法了断;"中心如宿酲",难以清醒。"中心"意为心中,这是《诗经》中常有的倒装用法。"宿酲"即宿醉,毛苌《诗传》曰:"酒病曰酲。"诗以酒醉为喻,表现主人公心中因相思而感到一片痴迷朦胧。主人公先"瞻"后"闻",所见所闻都是无可使人宽怀的东西,反而更加重了她的忧念和相思。

这首诗以主人公的内心感觉贯穿始终,开头的典型环境描写实也浸透着其主观感受。诗歌从起相思之念写起,渐加深入,从表层一直深入到主人公的内心深层,最后以"忧思连相属,中心如宿酲"的总括性描写作结。诗中描写了诸般景物、器具,诗人不仅仅是做到使主客观世界交融合一,而且始终将客观环境、客观事物作为表现人物心理的工具,使之始终处于从属的地位,这种描写人物心理的手法是值得称道的。

(李泽平)

室 思 六 首(其三、其六)

徐 幹

浮云何洋洋,愿因通我辞。飘飖不可寄,徙倚徒相思。人离皆复会，君独无返期。自君之出矣，明镜暗不治。思君如流水，何有穷已时。

人靡不有初，想君能终之。别来历年岁，旧恩何可期。重新而忘故，君子所尤讥。寄身虽在远，岂忘君须臾。既厚不为薄，想君时见思。

《室思》是一组代言体的诗，写的是妻子对离家丈夫的思念。全诗分六章，就日常所见、所感、所思，从各个侧面反复细致地抒发了思妇的盼望、失望和期待之情，但各章之间并无贯串的故事情节。我们这里选录了第三章与第六章。一则因为以这两章为主，连及其余，也就大致反映了全诗的面貌；二则因为这两章比较精彩，也流传较广，在六章之中是具有代表性的。

先讲诗的第三章，前面两章已经写过："念与君相别，各在天一方。""君去日已远，郁结令人老。"深沉的思念早已使她陷入难解难销的境地，此刻，这位思妇望着那悠然自得的浮云，便想托它给远方的丈夫捎去几句心中的话儿，可是那浮云瞬息万变、缥缈幻化，又怎能叫人放心寄语呢！她徘徊彷徨，坐立不安，只有徒然相思而已。这无法摆脱的悲哀，激起了她对生活不公的感慨——"人离皆复会，君独无返期"。后一句是写实，前一句不无夸张，现实中当然未必是"人离皆复会"。但是这么一纵一擒，就更能反衬出感情上的痛苦。人们在极度悲痛时往往难免有这种过激的感情和语言，比如"民莫不谷，我独不卒"(《诗经·小雅·蓼莪》)；又如《论语》中："司马牛忧曰：'人皆有兄弟，我独亡。'"这一章十句，"人离"两句是承上启下的过渡。因为"无返期"，才想到托云寄辞；因为"无返期"，所以思无尽时。妙在"思君如流水，何有穷已时"之前，又插入一个回顾的细节：自你离家之后，我从不梳妆，那明亮的镜子虽然满是灰尘，也无心思去擦它。这个倒叙，造成回环往复的效果，也是她纷繁杂乱心绪的写照。如果单就"自君之出矣"四句而言，则前一句为因，后三句为果，简洁明快，而又包孕丰富。"明镜暗不治"，虽是写事、写物，却可见其貌；"思君"二句，又可察其情。此情，此貌，正传神地刻画出思妇的生活和心态。所以从南北朝到隋唐，仿作者甚多，且皆以"自君之出矣"为题作五言四句的小诗。它之所以有如此深远的影响，除了上面我们讲的晓畅隽永之外，大概更主要的是因为它有清新自然之趣。正如钟嵘所说："吟咏性情，亦何贵于用事？'思君如流水'，既是即目；'高台多悲风'，亦惟所见……观古今胜语，多非补假，皆由直寻"(《诗品》)。朱弁也说过："诗人胜语，感得于自然,非资博古。若'思君如流水'……之类,皆一时所见,发于言词,不必出于经史……拘挛补缀而露斧凿痕迹者,不可与论自然之妙也"(《风月堂诗话》)。这些都是在称赞它的不假雕饰的自然之美。

下面我们再讲诗的第六章。诗的第四章写夜不能寐,触景生情,泪如泉涌;第五章写睹物怀人,更增思念之苦;意在将"思君如流水,何有穷已时",得以具体充分地发挥。但是,思念无穷,诗终有结,第六章便是全诗的结尾。君无返期,音信不通,思亦无用,盼也是空,最后只剩下一个心愿:愿君莫忘旧情。这就很像"不恨归来迟,莫向临邛去"(孟郊《古别离》)的意思,只是这位温柔细心的女子说得更为曲折委婉。《诗·大雅·荡》中有句诗叫做"靡不有初,鲜克有终"。这里稍加改变,意思是说,人们做事情往往是有头无尾,不过我想你是能始终如一的。可是,想想分别多年,情况不明,世事难料,旧日的恩情还有保持的希望吗?但那种喜新厌旧,重新忘故的行为,毕竟是仁人君子所谴责、所讥刺的。"重新而忘故,君子所尤讥",不着己,不着彼,语意盘空,笔势突兀,它的分量在于提出了一个理想的、正直的生活准则和为人之道,下面四句正是就此生发,所以前人曾评曰:"以名义厚道束缚人,而语气特低婉。"(《古诗归》)其"低婉"之处,首先表现在她先说自己,再说对方。你虽然寄身远方,我可没有片刻忘了你;既然过去那么恩爱情深,现在该不会变得情淡意薄,想你也是时时思念我的;先自处于厚,次则言君不薄,以己之情动彼之情,婉曲动人。其次,表现在虽不无怨艾之情,不安之意,却绝不露圭角,一再地说:"想君能终之","想君时见思",总以忠厚诚挚之心,构想"君"之所为、所思,其良苦之用心,全在盼美好之未来。这,便是千思万念之归宿,也是通篇之结穴。这一章时而写己,时而写彼;时而泛言,时而切指;时而忧惧,时而自慰;局势变换,一步一折,终落在凭空设想之处,似尽不尽,真是一片真心,无限深情,这就是钟惺说它"宛笃有十九首风骨"(《古诗归》)的原因吧。

(赵其钧)

【作者小传】

应 玚

(?—217) 字德琏,东汉汝南郡(今河南汝南一带)人。"建安七子"之一。汉献帝建安中,为曹操丞相掾属,转平原侯庶子、五官中郎将文学,后染疫病卒。事迹附见《三国志》卷二一《王粲传》后。有集五卷,已佚,明人辑有《应德琏集》,《先秦汉魏晋南北朝诗》辑得其诗六首。

侍五官中郎将建章台集诗　　应　玚

朝雁鸣云中，音响一何哀。问子游何乡，戢翼正徘徊。言我塞门来，将就衡阳栖。往春翔北土，今冬客南淮。远行蒙霜雪，毛羽日摧颓。常恐伤肌骨，身陨沉黄泥。简珠堕沙石，何能中自谐。欲因云雨会，濯羽陵高梯。良遇不可值，伸眉路何阶。公子敬爱客，乐饮不知疲。和颜既已畅，乃肯顾细微。赠诗见存慰，小子非所宜。为且极欢情，不醉其无归。凡百敬尔位，以副饥渴怀。

这是应玚在建章台公宴时给曹丕的献诗。建章台，当指邺城(今河北临漳西南)宫殿。曹丕于建安十六年(211)拜五官中郎将，故此诗应作于建安十六年或稍后，时应玚为五官中郎将文学，是曹丕的僚属。

此诗上半篇以鸣雁自喻，暗示自己过去穷困忧愁的生活。开头两句，以清晨哀鸣于云中的飞雁比喻自己过去飘零无依的形象和悲凉痛苦的心情。《诗·小雅·鸿雁》："鸿雁于飞，哀鸣嗷嗷。"此处用其意，但写成五言诗，更显得音节抑扬顿挫，使人回肠荡气。接着二句设问：鸿雁打算飞向何方？为何双翼不展，在空中踌躇？形象地表现了诗人当时徬徨无依的神情。戢翼，收敛羽翼。这里，诗人借用了《诗·小雅·鸳鸯》的"鸳鸯在梁，戢其羽翼"之句。但鸳鸯戢翼，只是为了休息；而此处鸿雁戢翼，却充满了迷茫之感。即此一端，亦可以见出诗人的善于翻旧出新。

下面是雁儿的回答。"言我塞门来，就将衡阳栖。往春翔北土，今冬客南淮。"塞门，一作"寒门"，都可通，指边塞寒冷之地。每年秋天，鸿雁都要从寒冷的北方飞到南方温暖之地过冬，衡阳据说是大雁南飞的终点。为了躲避北方的寒冬，雁儿经历了漫长的旅程。这四句借鸿雁迁徙的规律，比喻自己往昔漂泊的生涯。汉末中原大乱，士人为逃避战祸，四处流窜，大多是寄身于战乱较少的南方。如王粲、繁钦等，都曾逃往荆州。应玚看来也有过这样的经历。

但这种生活也并不安全。"远行蒙霜雪，毛羽日摧颓"，写鸿雁在长期远行中蒙受霜雪，羽毛日渐摧折脱落，比喻自己在漂泊生涯中久历磨难，已无力高翔。不仅如此，而且这样下去，找不到安全的归宿，只怕要面临更大的危险。所以接着两句说："常恐伤肌骨，身陨沉黄泥。"即丧失生命。这四句正是雁儿"戢翼徘徊"的原因，也就是自己茫然不知何从的原因。以上都是表述诗人往日的遭遇，反映了当时文人在连年战祸中忧惧恐慌的心理。而全用比喻写出，更显得委曲深婉，凄切感人。

作者自然不能甘心于这样的遭遇。故自“简珠”以下，诗意转折，自述不甘沉沦、企望改变命运的心愿。“简珠随沙石”是喻中之喻。表面说鸿雁落于泥地，犹如大珠落于沙石，怎能处于其中而自安？实际上，诗人在这里是自比大珠，以沙石喻环境，以说明诗人往昔的境遇，是令人难以忍受的。因此，“欲因云雨会，濯羽陵高梯。”他希望能趁云雨会合的良机，濯洗羽毛而凌越高阶。可是，这种良机是不容易得到的，使自己扬眉吐气的道路又不知在哪里。这几句，不特用笔奇幻，而且诗人显示了自己的身份和抱负，并蕴含着祈求鉴察之意。可见，此六句虽然仍以鸿雁为喻，但蕴含的意义更为丰富和深曲。何焯《义门读书记》称之为“叙致款曲”，陈祚明《采菽堂古诗选》言其“含蕴有余”，都是说得很准确的。

“公子”以下，始转入眼前公宴之事，从正面写来。“公子”，指曹丕。“敬爱客”三字，包括了以下一连串内容：一是“乐饮不知疲”，公子频频劝酒，好客而不倦；二是“乃肯顾细微”，自谦说像自己这样地位鄙微的人也受到主人顾怜；三是“赠诗见存慰”，主人在劝酒之余，还向自己赠诗表示安慰存问，使诗人感到愧不敢当。可见，“敬爱客”三字是本诗下半篇的诗眼，包含着一层深似一层的含义。

正因为主人“敬爱客”，使诗人大为感动，所以诗人表示要报答主人。报答的内容有二：一是“不醉其无归”，要极欢尽醉以助主人雅兴。此句出自《诗·小雅》中据说是“天子燕诸侯”的《湛露》：“厌厌夜饮，不醉无归。”其涵意不只是尽情作乐，还有宾主情好、和谐无间的意思。二是“凡百敬尔位，以副饥渴怀，”要求所有在座受到曹丕款待的君子，都应该珍惜自己的职位，尽心尽力，报答主人求贤若饥渴的心怀。《诗·小雅·雨无正》：“凡百君子，各敬尔身。”郑玄笺：“凡百君子，谓众在位者；各敬慎女(汝，你)之身，正君臣之礼。”这里用其意，但还更深地包含着不负主人求贤之意。诗写到这里收住。建安末曹氏门下客写有不少《公宴诗》，多庸俗的颂扬语，开后来应酬诗之陋习。即如王粲，亦有“愿我贤主人，与天享巍巍”之句。而应玚此诗，虽也不免有讨好主人之语，但较有分寸，所以张玉穀说此诗“未坠古音”，窃以为良是。

此诗主题显然是希冀得到曹丕的恩遇，但这点只在前半篇借雁“濯羽陵高梯”中暗透出来，而后半篇正面叙述时却不著一字。这固然是因为应玚此时与曹丕初交，不便明言；但更是因为他为人自重身份，不卑不亢，所以立言得体，艺术上也显

得含蓄蕴藉。全诗音节响亮，风格清丽，不愧为建安诗中之佳作。　（郁贤皓）

【作者小传】

繁　钦

(? —218)　字休伯，东汉颍川郡（今河南禹州一带）人。汉献帝建安中，累官至曹操丞相主簿。有集十卷，已佚，《先秦汉魏晋南北朝诗》辑得其诗及断句八首。

定情诗　　　　繁　钦

我出东门游，邂逅承清尘。思君即幽房，侍寝执衣巾。时无桑中契，迫此路侧人。我既媚君姿，君亦悦我颜。何以致拳拳？绾臂双金环。何以致殷勤？约指一双银。何以致区区？耳中双明珠。何以致叩叩？香囊系肘后。何以致契阔？绕腕双跳脱。何以结恩情？美玉缀罗缨。何以结中心？素缕连双针。何以结相于？金簿画搔头。何以慰别离？耳后玳瑁钗。何以答欢欣？纨素三条裾。何以结愁悲？白绢双中衣。与我期何所？乃期东山隅。日旰兮不来，谷风吹我襦。远望无所见，涕泣起踟蹰。与我期何所？乃期山南阳。日中兮不来，飘风吹我裳。逍遥莫谁睹，望君愁我肠。与我期何所？乃期西山侧。日夕兮不来，踯躅长太息。远望凉风至，俯仰正衣服。与我期何所？乃期山北岑。日暮兮不来，凄风吹我襟。望君不能坐，悲苦愁我心。爱身以何为，惜我华色时。中情既款款，然后克密期。褰衣蹑茂草，谓君不我欺。厕此丑陋质，徙倚无所之。自伤失所欲，泪下如连丝。

“赠到中衣双绢后，可能重读《定情诗》！”这是清代诗人黄仲则著名的《绮怀》诗中的两句，诗写他少年时代的一段恋爱史，叙述了他所爱慕的女子如何娇媚异常，而后来却嫁人远去。这里，黄仲则用了繁钦《定情诗》中的句子来表现自己和恋人曾经有过的百般恩爱以及别后的相思之苦，可见这首《定情诗》在后世文人心目中的影响。

《定情诗》的主旨据郭茂倩的《乐府解题》说:“言妇人不能以礼从人,而自相悦媚。乃解衣服玩好致之,以结绸缪之志,若臂环致拳拳,指环致殷勤,耳珠致区区,香囊致扣扣,跳脱致契阔,佩玉结恩情,自以为得志,而期于山隅、山阳、山西、山北,终而不答,乃自悔伤焉。”这种说法显然是戴着封建时代男尊女卑的有色眼镜对繁诗所作的曲解,与诗人的本意相去甚远。细味诗意,分明是以女子口吻回忆了一场恋爱经历,女子是真诚的,他们最初的欢爱也是美好的,但是由于男子后来的负心,令她最后独自咀嚼了这失恋的苦果。诗中对真诚的恋爱寄寓了深切的同情。所谓“定情”,有人以为是“安定其情”的意思,实与全诗的内容不符。诗中女子的一腔深厚的恋情溢于言表,因而本诗所谓的“定情”,犹指男女间的两情相契,与繁钦同时的曹植就有“与君初定情,结发恩义深”(《种葛篇》)的句子,显以“定情”指男女相悦而结为夫妇之意。就从此诗中大量篇幅所写的内容来看,也主要是表现男女的互相爱慕,特别是女主人公的一片真情,因而“定情”,也就是指她感情的诚笃,欲与心上之人永结百年之好。

全诗可分四段。第一段为起首六句,回忆起当时他们俩初次见面的情景。在一次郊游中他们邂逅相遇。“出东门”暗用《诗经・郑风・出其东门》中的“出其东门,有女如云”句意,谓青年女子外出漫游,而心中蕴含着无限春光。“承清尘”是说她有幸见着了他,这里“清尘”即用来指代男子,表明女子对他的尊重和企慕。“思君”二句还是以女子口吻立言,因为思念男子,便去赴了幽会,并服侍他解衣入寝。“桑中”也袭用《诗经・鄘风・桑中》中的说法,指男女幽会之地。这两句说彼此本没有事先的约定,只是不期而遇遂堕入情网的。这第一段的六句重复强调了他们之间的邂逅相遇,一见钟情。虽然在封建社会里这种爱情的形式是不合礼义规范的,然女子抑捺不住的真情于此可见。

自“我既媚君姿”至“白绢双中衣”二十四句是第二段,是“定情”的内容。首先写他们俩都互相爱慕对方的容貌,接着写他们互赠信物,表示了坚贞不渝的恋情。容貌俊美固然是他们一见倾心的原因,然而当读到一连十一个问答句时,我们自然会感觉到诗中男女感情的诚挚和炽烈。他们互赠的东西中有成双的金环,银的戒指,耳后带的明珠,肘后系的香囊,绕在腕上的镯子(跳脱),美玉点缀的佩带(罗缨),用白线穿着的双针,用金箔彩花装饰的簪子(搔头),玳瑁的钗子,装饰着三道花边的裙子,以及洁白的内衣,等等,这些东西本身是男女用来装饰穿戴的贴身之物,赠送给对方以表情谊之深,而且它们或是两两相对,具有成双作对的寓意;或取其谐音,如“双针”之“针”,就暗合“坚贞”之“贞”的意思;或以洁白的颜色,象征着纯洁的爱情。总之,他们用各种信物表现自己的忠贞与倾慕。

“拳拳”、“殷勤”、“区区”、“叩叩”，都是指自己一片始终不渝的情谊，因而他们互相的馈赠已不是普通的礼品，而是自己纯洁忠贞之情的化身。然而，他们之间也有悲欢离合，因而其赠品有的表示两情相洽（“契阔”），有的表示恩爱永结，有的表示心心相印，有的表示相爱之厚（“相于”），有的表示离别的安慰，还有的表示对心上人给予自己欢乐的纪念，更有的表示自己绵绵不绝的相思之愁苦。这十一个问答虽然都是从平常的饰物落笔，然已包含了他们在热恋中的种种心态。又据《文选·洛神赋》李善注中曾引此诗的逸文“何以消滞忧？足下双远游”。“远游”就是指绣花的鞋子，曹植《洛神赋》中也曾说过“远游之文履”的话，此句从句法上看宜补入这一段中。

“与我期何所”至“悲苦愁我心”为第三段。这段写女子屡屡与男子约会，期待他能来赴密约，但他终于没有出现。显然他们之间的感情起了变化，由此体现了女子的痴情与男子的负心。他们曾约会在“东山隅”、“山南阳”、“西山侧”、“北山岑”等地，但结果都是女子空等了一场。诗中写她无论是在白天还是晚上，在日中还是在黄昏，都痴情地等待着心上人的到来，但最终令她一次一次的失望。其中刻画她失望中的动态神情十分传神，先说她“远望无所见，涕泣起踟蹰”，显然袭用了《诗经·邶风·静女》中“静女其姝，俟我于城隅。爱而不见，搔首踟蹰”的话，从她眺望泣涕而踟蹰不前的动作中可见其心神不宁、悲丧欲绝的心情。“逍遥莫谁睹，望君悲我肠”，形容她徘徊寻求，但终于不见男子的人影，徒令其愁肠寸断。“远望凉风至，俯仰正衣服”，描写她独自枯坐，等待着意中之人，但只有凉风时至，撩动着她的衣衿，于是她百无聊赖地整理着衣服，低头沉吟，一种相思之苦溢于言表。“望君不能坐，悲苦愁我心”，在坐立不安的形态中，表现了女子受着由失恋而引起的痛苦的煎熬。

“爱身以何为”至最后是女子的自悲自悼之词，由于屡屡约会不见男子，于是她推想他所以爽约的原因。她想他何以曾对自己表示爱慕，无非是爱怜她年轻美貌的姿色。只有心中有了真正的爱恋，才会如期前来赴约。然如今她还是撩起长长的衣襟，踏过浓密的草地，心中尽管想着他不会欺骗自己，但也自知只是自欺欺人，男子终于不再出现。她侧身远望，徘徊逡巡，似乎期待着奇迹的出现，但只落得茕独一人，茫然地无所适从。她心中明白再也见不到那负心的男子，于是泪如雨下，泣不成声了。“丑陋质”三字既是女子心灰意懒中的愤激之辞，也透露出其色衰姿减，暗示了男子所以抛弃她的原因。

此诗通篇通过女子自白的口吻写出了一个哀感顽艳的恋爱悲剧。诗中的女子是痴情的，对所爱男子的一见钟情，以身相委，又送了种种信物以表示自己的爱慕与坚贞，尤其是她明知男子的负心之后，还是一往情深地期待着他的出现，都表现了深沉真挚的感情，最后在悲伤与悔恨中吞食着自己酿成的苦果，读来恻恻感人。这种手法显然是继承了《诗经》以来情诗的写作方法，如《诗经·周南·汝坟》中说："遵彼汝坟，伐其条枚。未见君子，惄如调饥。"就是写等候约会的女子未见所爱之人时焦急得如同饥者求食一般，与此诗中第三段所写的感情颇为相似。繁钦这首《定情诗》之所以更为脍炙人口，就在于它所表现的女主人公的感情更为真实而强烈，以至扣动了千百年来读者的心扉，她对男子的感情是忠贞如一而又深沉无比的，甚至达到了自我牺牲，如痴如狂的地步，对于辜负自己一片纯洁之情的男子她也未加丝毫的抱怨和谴责，直至最后还自惭形秽地称自己为"丑陋质"，似乎欲将被遗弃的责任怪罪于自己的容颜。当然，诗中女子在前半首中表现出来的对于爱情追求的大胆执着似与在后半首中所表现的忍耐与克制在个性上不很一致，其原因便是由于诗人从以男子为主的立场上来写妇女的悲剧，所以更多地将悲剧的原因归结于女方，表现了相当浓重的封建色彩。然而，作者对于纯洁的爱情还是加以了歌颂与称赞，对于女子被弃的命运表示了同情，故令全诗读来感人至深，不禁令读者为之一掬同情之泪。

这首诗在创作形式上采取了民歌式的重复句法，以此表现感情的强烈。如第二段中一连用了十一个"何以"起首的句子，令人感到一种冲口而出、难以抑制的激情，读起来不仅没有单调板滞之感，反而增加了层层递进，一气直下的气势。又如第三段中连着用了四个同样的"与我期何所"，同时"乃期东山隅"与"日旰兮不来"这样的句子在每一个问句下也反复出现，只是略更改了一两个字，这种循环复叠的段落也显然取自民歌的表现手法，与《诗经》中的某些篇章相似，但正是这种复叠的句子却加强了感情的浓度，令诗意具有纵横跳荡、循环往复之妙，古人所谓"特犯不犯"，大概就是指这种不忌重复的表现手法。

全诗的语言明畅通俗，不加矫揉造作，不仅体现了汉魏诗的特点，也增加了诗歌的感情色彩，所谓"至情无文"，于此诗中可见。　　（王镇远）

【作者小传】

缪　袭

（186—245）　字熙伯，三国魏东海兰陵（今山东苍山）人。历事曹操及魏文帝、明帝、废帝齐王曹芳四世，官至尚书、光禄勋。事迹附见《三国志》卷二一《刘劭传》后。有集五卷，已佚，《先秦汉魏晋南北朝诗》辑得其诗十二首。

挽 歌 诗　　缪 袭

生时游国都，死没弃中野。朝发高堂上，暮宿黄泉下。白日入虞渊，悬车息驷马。造化虽神明，安能复存我？形容稍歇灭，齿发行当堕。自古皆有然，谁能离此者。

“挽歌”是古人送葬时，执绋挽丧车前行的人所唱哀悼死者的诗歌。产生于春秋战国时期的《薤露》、《蒿里》可称是挽歌之祖。（参晋崔豹《古今注·音乐》）其内容无非是“鬼伯一何相催促，人命不得少踟蹰”（同上）之类，多鄙俗不文，然这首《挽歌诗》，却被主张“事出于沉思，义归乎翰藻”（《文选序》）的萧统选入《昭明文选》中，仅此即可见其文学价值与可读性。

挽歌大率从人的生命短促写起，这首亦不例外。“生时游国都，死没弃中野。朝发高堂上，暮宿黄泉下。”开首四句概言其生死倏忽，然同时又包含着荣枯无常之意。这里传达出当时社会人生的烙印，不是一般的泛泛之语。从歌辞看，作者所挽之人，大概是个想有所作为的有志之士，活着的时候曾到都城游学求仕，结果如何没有说，但死的境况却令人哀痛心寒。一个“弃”字概括了死者的结局。《周易》云：“古之葬者，厚衣，以薪葬之中野。”中野即荒野。但这里不用“葬”而用“弃”，荣枯之候已可想见，一生的努力落得个死后被人遗忘抛弃的下场，人命之短促，世道之炎凉，功名之虚伪，由此得到证明。“朝发”二句本自王充《论衡》：“亲之生也，生之高堂之上；其死也，葬之黄泉之下。”高堂为住宅正厅；黄泉，古人以为天玄地黄，泉在地中，故称为黄泉。这里借用，更冠之以“朝发”“暮宿”极言人生之短。这反映出当时人们普遍的心理感受，诗人事魏四世，世乱易代朝不保夕之慨良深。所以开首四句所歌，不仅有悼亡而且还有伤时之意。

生死荣枯之变迁倏忽，使诗人不禁要探究天地神明之德，人生造化之道。所以引出后四句。“白日入虞渊，悬车息驷马”，是小结上面意思，比喻人生旅次终结。虞渊是古代神话所说日入之处。《淮南子·天文》：“日入于虞渊之汜，曙于蒙谷之浦。”悬车即挂车、停车。古代传说，太阳是载在车上由羲和驾驶着由东至西运行，到了黄昏，乃“悬车息马”。“造化虽神明，安能复存我”此二句是全篇的主眼。天地自然化生万物，能“见人所不见”、“知人之所不知”，此“神明”之谓也。（见《淮南子》高诱注）然终究不能使人命死而复生。这里的我，泛指人之个体存在。天地造化虽具神明好生之德，但对于自诩为秉“五行之秀气”、“实天地之心”（《礼记·礼运篇》）的人类并没有偏私的眷顾。生命属于人只有一次，这是造化神明都无法改变的人生之道。

最后四句是具体申发“安能复存我”的主旨。人不仅不能再生，还将速朽，“形容稍歇灭，齿发行当堕”，指人的遗体在泥土中坏烂朽腐，陆机《挽歌诗》有“丰肌飨蝼蚁，妍姿永夷灭”句，可资参证。“自古皆有然，谁人离此者”是总括全篇，既哀悼死者，又悲伤自己。今日他扶柩送人归葬，明日人送他长眠黄土，生生不已，没有例外，他确实唱出了人生共同的挽歌。

全诗的主题在今天看来并不觉得新鲜，但在当时却反映着人们思想文化的觉醒与成熟。原始人不懂死的可怕，两汉神学认为灵魂不灭，魏晋人因为当时社会的动荡及各自本身的遭际，引起对生死问题的关注，他们不再相信神学迷信，而痛感生命之短促，人世之无常，这是他们自我意识觉醒的一个重要方面。他们不再认为死是“决疣溃癰”(《庄子》)的快活事，而是看作无可奈何的痛苦归宿。由此明白死是不可避免的命运，是生的彻底结束，死后身名皆空，形神俱灭，每个人都无法逃脱这一结局。因此，宣泄抒发这种人生共同的痛苦，表示对生命的无限留恋，是当时诗歌经常的主题。这首挽歌就是当时这种大气候的产物，表现了人们普遍的伤逝心理。当然，它的流传及被选入《昭明文选》，并不仅仅是因为它主题的概括性与时代性，还应该取决于诗歌本身的艺术魅力。这首诗质朴无华，首尾完整。且长歌当哭，摇撼人心。后人评此首“亦淡亦悲”，词“极峭促”(何焯《义门读书记》)，即指出了此篇在艺术上的感人之处。　(祝振玉)

【作者小传】

曹 丕

(187—226)　即魏文帝。字子桓，谯(今安徽亳州)人。曹操次子。汉献帝建安中，任五官中郎将、副丞相，后立为魏王太子。曹操卒，嗣位为丞相、魏王。不久代汉称帝，国号魏，在位七年。事迹具《三国志》卷二本纪。丕为建安文学代表人物之一，其诗以深婉细致见长。又作有《典论》，开综评作家作品之风气，所言“文章经国之大业，不朽之盛举”，提高了文学的社会地位。有集二十三卷、《典论》五卷、《列异传》三卷，已佚，明人辑有《魏文帝集》，今又有《魏武帝魏文帝诗注》。

燕歌行二首(其一)　　曹 丕

秋风萧瑟天气凉，草木摇落露为霜。群燕辞归鹄南翔，念君客游思断肠。慊慊思归恋故乡,君何淹留寄他方?贱妾茕茕守空房,忧来思君不敢忘,不觉泪下沾衣裳。援琴鸣弦发清商,短歌微吟不能长。明月皎皎照我床,星汉西流夜未央。牵牛织女遥相望,尔独何辜限河梁。

这是一首乐府诗,属《相和歌辞·平调曲》。《乐府广题》说:"燕,地名。言良人从役于燕而为此曲。"朱乾《乐府正义》说:"《燕歌行》与《齐讴行》、《吴趋行》、《会吟行》俱以各地声音为主。后世声音失传,于是但赋风土。而燕自汉末魏初辽东西为慕容所居,地远势偏,征戍不绝,故为此者往往作离别之辞,与《齐讴行》又自不同,庾信所谓'燕歌远别,悲不自胜'者也。"可见这一乐府诗题多半写离别。

曹丕的《燕歌行》共二首。这是第一首,也是最有名的一首。这首诗写一个女子在秋夜里怀念远方作客的丈夫。

"秋风萧瑟天气凉,草木摇落露为霜。群燕辞归鹄南翔,念君客游思断肠。"开头两句描绘深秋的景象。宋玉《九辩》的开头写道:"悲哉秋之为气也!萧瑟兮草木摇落而变衰。"这里显然是化用宋玉的名句。秋风萧瑟,天气转凉,草木摇落,白露为霜。这种萧索悲凉的景色,造成一种寂寞凄清的气氛。正是在这种气氛中,"群燕辞归鹄南翔,念君客游思断肠。"燕儿归去了,天鹅也南飞了。鸟儿都知道归去,而独处深闺的少妇的丈夫却远游在外,久留不归,这怎不叫人思念呢?思念起来令人肝肠寸断。这里出现了诗歌的女主人公。诗人将燕儿、天鹅南归的现象与少妇所思念的丈夫远游不归对照起来写,鲜明地表现了少妇思夫的浓烈和深切的感情。

"慊慊思归恋故乡,君何淹留寄他方?"少妇思念丈夫,难道丈夫就不思念妻子,思念家乡?在少妇想来,她的丈夫在异乡是思念自己,思念家乡的,也因此而感到悲苦。但是,他为什么滞留他乡迟迟不归呢?诗中隐约地透露了妻子对丈夫的担心。

"贱妾茕茕守空房,忧来思君不敢忘,不觉泪下沾衣裳。"丈夫远游不归,少妇茕茕孑立,独守空房,思念不已,泪下沾裳。可见其忧愁之深,相思之切。这里写少妇对丈夫的思念,情切切、意绵绵,可谓淋漓尽致。

"援琴鸣弦发清商,短歌微吟不能长。"少妇满怀的离愁别恨,如何排遣呢?取出琴,弹起凄清悲惋的清商曲,不能放声长歌,也可低吟短唱,以抒发内心的烦闷和忧愁。吴淇说:"(清商)其节极短促。长讴曼咏,不能逐焉。故云("不能长")。"(《六朝选诗定论》)弹琴原是用来消忧,而哀怨的曲调,使人愁上加愁。刘履说："忧来而不敢忘，微吟而不能长，则可见其情义之正，词气之柔。"(《选诗补注》)的确，"不敢忘""不能长"，委婉地表达了少妇思念丈夫的细腻感情。

"明月皎皎照我床，星汉西流夜未央，牵牛织女遥相望，尔独何辜限河梁。"《古诗十九首》云："明月何皎皎，照我罗床帏。""明月皎皎照我床"一句即由此变化而来。皎洁的明月，照在少妇的床上，此时天上的银河已转向西方。夜已深，但还不到天明的时候，银河边的牵牛织女，一在银河之南，一在银河之北，遥遥相望。传说牵牛织女是夫妇，每年农历七月七日夜，喜鹊为他们搭桥，方得相会一次。"尔独何辜限河梁"，你们有何罪过竟被这样隔开呢？少妇慨叹牵牛织女不能相会，借以表达自己夫妇不能团聚的哀伤。此诗以疑问句结尾，含蓄蕴藉，意味深长。

游子思妇是古诗中常见的内容。这首诗在表现这一内容时，把写景和抒情有机地结合在一起，情景交融，在艺术上有浑然天成之妙。明代胡应麟说："子桓《燕歌》二首，开千古妙境。"(《诗薮》内编卷三)并不是溢美之辞。

这首诗的语言清丽，情致委婉，音节和谐，表现得缠绵悱恻，凄婉动人。所以清代王夫之说："倾情，倾度，倾色，倾声，古今无两。"(《船山古诗评选》卷一)

《燕歌行》是中国文学史上第一首完整的七言诗，虽然它句句用韵，还存在用韵单调的缺点，但是它在我国诗歌发展史上是占有十分重要的地位的。

（穆克宏）

秋胡行　　曹丕

朝与佳人期，日夕殊不来。嘉肴不尝，旨酒停杯。寄言飞鸟，告余不能。俯折兰英，仰结桂枝。佳人不在，结之何为？从尔何所之？乃在大海隅。灵若道言，贻尔明珠。企予望之，步立踟蹰。佳人不来，何得斯须。

《秋胡行》属乐府《相和歌·清调曲》。古辞原意是歌颂秋胡妻的贞烈。诗人以古题写新事，表现怀人之思。朱乾《乐府正义》以为是"魏文思贤之诗"，笔势舒缓、缠绵而婉约。

首二句十字直入主旨，点明了整个事件的原委和结果：早晨即与佳人相期，但直至日夕，佳人却终于没有来。其痛苦的语调，浓重的失落感顿时笼罩全篇。

至此，读者也许会产生两点疑问：其一，诗中的"佳人"是谁？真是容冶貌美，为魏文帝曹丕所倾心期慕的女性？还是他成就大事业所渴思的贤人？其二，佳人为何失约未来？是关山迢递，路远会难？还是另有曲折，中途变卦？有趣的是：这些为读者关心的问题，不知是作者以为不重要，还是另有隐衷，提不得也，故一起略在诗外只字未提。诗人只是在后十六句中，反反复复，絮絮叨叨，极其主观而咏叹调般地倾诉着一个主题，这就是因佳人失约未来而引起的浓重的失落感。光从字面看，这种失落感和待人不至的焦灼感，似乎是指从早晨与佳人相约开始，到日夕佳人未至这段时间。其实，朝夕仅仅是一种光阴的比喻，时间的象征，即以一天象征一生。由朝至夕，乃指从青少年至垂暮之年的整个人生。在自己的整个一生中，始终有一种不能实现的追求，和由不能实现而带来的巨大而又无法弥补的缺憾感。明白了这一点，"佳人"是男是女，为何失约未至这些问题，也许确实就无关紧要，可以略去。重要的倒是，诗人是如何组织和表达这一焦急渴慕心情的，且让我们欣赏一下：

首先是"嘉肴不尝，旨酒停杯"。为思佳人，茶饭无心。连美酒、连嘉肴都懒得动箸碰一碰，箸在半空，酒碰到唇边，忽然像电影来了一个停格。心中涌起的，是追求永远不能实现的深层的失落感。二是"俯折兰英，仰结桂枝"，尽管追求不能实现，但自己并不停止这种追求，故其行也高，其志也洁。此化用屈原《离骚》和《九歌》中"结幽兰而延伫"，"结桂枝兮延伫"句式，以示自己贮芬芳而待远人。三则是表示愿意跟佳人到天涯海角，并让海神把最宝贵的"明珠"送给她。四是跂足眺远，踌躇徘徊，渴念之情，几乎急不可耐。为此，诗人什么办法都想尽了，为诉说自己的情怀，"飞鸟"也托了，"兰英"也折了，"桂枝"也结了，誓言也发了，尽管"步立踟蹰"、"何得斯须"，渴慕焦急之情片刻都难忍耐，但"佳人"始终没有来。此与首句照应，以种种努力，表明这是一个永恒的绝望。整首诗，如面对亲朋故友，娓娓不倦，反复倾诉自己彻夜难眠的衷肠；又如中心藏之，何日忘之？郁结无告，故作一热烈、主观而又偏执的个人内心独白。具有移人情魄的魅力。陈祚明《采菽堂古诗选》说：曹丕诗歌的好处在于"能转能藏。""转"者，即"变宕不恒"，如《善哉行》(上山采薇)之类，以多重比兴写自己"变宕不恒"的感情流程。"藏"者，即"含蓄无尽"，意味隽永，以舒缓的笔致，缠绵婉约的风格，咏叹调般的形式特点，抒发自己失落的惆怅与郁结不解的"情结"。这种发抒形式，比起他父亲曹操《短歌行》中求贤的"山不厌高，海不厌深；周公吐哺，天下归心"来：一缠绵，一苍凉；一婉约，一慷慨。其不同如此。　（曹　旭）

黎阳作三首(其二)　　曹　丕

殷殷其雷，濛濛其雨。我徒我车，涉此艰阻。遵彼洹湄，言刈其楚。班之中路，涂潦是御。辚辚大车，载低载昂。嗷嗷仆夫,载仆载僵。蒙涂冒雨,沾衣濡裳。

根据曹丕《黎阳作三首》所写的“朝发邺城,夕宿韩陵”,“行行到黎阳”等内容看,此诗乃由邺城(今河北临漳西南)出征途经黎阳(今河南浚县)时作。诗之一云:“在昔周武,爰暨公旦,载主而征,救民涂炭。彼此一时,唯天所赞。”俨然以周公自比,可见此诗应是曹操死后、曹丕继立为魏王而尚未受禅时所作,时为汉延康元年(魏黄初元年,220)。

本诗写行军途中的艰难状况。首二句以“殷殷”像雷之声,“濛濛”状雨之貌。《诗经·召南》有《殷其雷》篇,司马相如《长门赋》亦有“雷殷殷而响起兮”句;《诗经·豳风·东山》有“零雨其濛”句,《说文》:“微雨曰濛濛。”这里袭用之以点明雷声隆隆、细雨绵绵的久雨不断的恶劣天气环境。开门见山,笔墨经济。二句是全诗的基础,下文的一切描写皆由此而产生。“我徒我车,涉此艰阻”,点明时在行军途中。上句连用二“我”字,其对士卒的感情可知;下句着一“此”字,也可从中得知诗人正在军列之中,是目睹这场艰难跋涉的。这二句写法貌似直拙,其中却大有可细味之处。

接下来,诗从各个方面对“涉此艰阻”作具体描绘,给读者展示了一幅雨中行军图。先是写路途之难行。洹水,在今河南北境,《水经注》:“洹水东北流,经邺城南。”从邺城出发,应经由洹水,“遵彼洹湄”,是说大军沿着洹河的河岸前进。“言刈其楚”,则写军队前进时的行动,句袭用《诗经·周南·汉广》“翘翘错薪,言刈其楚”的成句,“楚”,荆属灌木,又名牡荆。行军为何要割楚?下文说明原来士卒们是用荆条铺在路上,垫平雨水积聚的泥泞道路,以便使人车顺利通过。班,铺开;潦,雨后的积水。行军时的艰难,由这个细节,得到了生动的体现。再往下是写行军中的人流车队。先以二句写车,“辚辚”,为车行时发出的声音,写听觉;“载低载昂”,又转写视觉,描绘在高低不平而又泥泞难行的路途上大车忽上忽下颠簸前进的情形。“嗷嗷”,哀鸣声,《诗经·小雅·鸿雁》有“鸿雁于飞,哀鸣嗷嗷”句,此用以形容赶车人(仆夫)的叫苦连天声,写的又是听觉;“载仆载僵”,笔锋仍回到视觉上,描写道路上跌倒和僵卧的士卒遍地都是,一派惨象。此四句通过视觉和听觉的反复转换,淋漓尽致地表现了行军环境的艰苦和征人的苦难,富有感染力。结尾二句补足上文,以衣裳尽湿、雨水淋漓的战士的冒雨行军结束全诗,表现了对士兵的同情。王夫之《古诗评选》说此诗:“伤悲之心,慰劳之旨,皆寄文句之外。”可谓中的。

本诗在叠词的运用上相当成功,特别是“殷殷”、“辚辚”、“嗷嗷”等象声叠词的运用，既生动形象又富有音乐美。王夫之说此诗“一以音响写之，此公子者，岂不允为诗圣”，对此种手法给予了极高的评价。（丁福林）

黎阳作三首(其三)　　曹　丕

千骑随风靡，万骑正龙骧。金鼓震上下，干戚纷纵横。白旄若素霓，丹旗发朱光。追思太王德，胥宇识足臧。经历万岁林，行行到黎阳。

本诗是组诗的最后一首，写行军时的壮盛军威和由此而产生的感想，表现了到达黎阳时轻松愉悦的心情。

一提起古代的行军作战，人们自然而然地就会想象起那身穿鲜明盔甲，跨着雄壮战马的骑兵队伍如暴风骤雨般疾驰的动人场面。本诗首二句正着眼于此，“风靡”，描绘骑兵队伍从风急驰，席地而去的情景；“龙骧”，形容骑兵战士雄壮威武的超人气势。二句绘声绘色地渲染了行军途中骑兵大军万马奔腾的热烈场面，一开始就给人以强烈的印象。以下转为渲染金鼓、干戚和军旗，以表现军队的士气。“金鼓”，金属的乐器和战鼓，行军时用之助军威，壮声势；“干戚”，即斧与盾，此泛指兵器；“白旄”，竿顶上用旄牛尾装饰的旗帜。“金鼓震上下，干戚纷纵横。白旄若素霓，丹旗发朱光”四句，抓住了象征军威的要素：有纵横交错的多种武器，有迎风招展的各式军旗，也有震动天地的金鼓声；既有目之所见，色彩绚丽，炫人眼目，又有耳之所闻，喧闹热烈，催人振奋。既突出王者之师大军出征的堂堂正正，又出色地衬托了行军队伍的磅礴气势。与首二句的正面描绘相配合，形象生动地表现了他所率领的这支大军的强盛军容和壮大军威。

曹丕在《典论·论文》中曾强调“诗赋欲丽”，所以他的诗作往往注意声色的相互渲染衬托。清人王夫之也注意到了这一特点，在《古诗评选》中论本诗时说：“一以音响写之。”

“追思太王德，胥宇识足臧”二句，笔势忽转，写其由此而引起的感想。“太王”，周文王祖父古公亶父自邠(今陕西郊县)迁岐(今陕西岐山)，奠定周朝基业。后追赠太王。此则指其祖曹嵩，据《三国志·文帝纪》，延康元年(220)五月，追赠曹嵩为太王，夫人丁氏为太王后，黄初元年(220)十月，追赠曹嵩为太皇帝。此乃以其祖嵩比周文王祖，赞美祖先遗下之基业确为美好。《诗经·大雅·绵》有“聿来胥宇”句，此用之，“胥宇”，犹相宅，即考察地势，选择建筑宫室的地基。用在这里有追本溯源的意思，又暗以文王自比，表示建立新王朝的愿望。此亦可证诗为延康元年(220)南征时作,而不在建安八年(203)也。末二句交代行军,结尾也显得较为自然。

本诗和诗人大部分诗作婉约细腻的风格不同,前半部分气势雄壮,感情强烈,后半部分则承以缓语,一张一弛,各臻其妙,是诗人创作中别具一格的作品。

(丁福林)

芙蓉池作 曹 丕

乘辇夜行游,逍遥步西园。双渠相溉灌,嘉木绕通川。卑枝拂羽盖,修条摩苍天。惊风扶轮毂,飞鸟翔我前。丹霞夹明月,华星出云间。上天垂光采,五色一何鲜。寿命非松乔,谁能得神仙。遨游快心意,保己终百年。

魏文帝曹丕的青年时代的大部分时间在曹氏集团的统治中心邺城(今河北临漳西南)留守,在他的周围聚集了一批著名文士,形成了以他为核心的邺下文人集团。闲常之日,他们宴饮游乐,斗鸡走狗,弹棋击剑,弋射田猎,过着奢华的贵族生活。本诗和曹丕的《于谯作》、《于玄武陂作》,以及曹植、刘桢、王粲等人的《公宴》、《斗鸡》诗等,即是他们南皮之游的真实留影,也是后人研究邺下文人集团生活状况的重要资料。

首二句点明行游及游池的时间和地点,一"夜"字,突出了诗人的浓厚游兴,也是后文写景的基点。"逍遥步西园",又表现了诗人当时轻松愉快的心情,也正因为作此逍遥之游,所以下文所描绘的景物才是那样赏心悦目,令人陶醉。"西园",是芙蓉池的所在,诗人们经常聚会之处,曹植《公宴》诗:"公子敬爱客,终夜不知疲,清夜游西园,飞盖相追随。"即写他们在这里夜以继日的欢游情景。

中间十句承接上文,写行游所见,扣紧"夜行"与"逍遥",着力描绘芙蓉池优美动人的夜景。"双渠相溉灌,嘉木绕通川",总写这里的形势和环境的优雅。接着以"卑枝"二句具体写嘉木:茂密葱茏的树木环渠而生,相互掩映衬托,下者枝叶横生,遮途塞路,上者遮天蔽日,直达云表。其后又以"惊风扶轮毂,飞鸟翔我前"来继续写行游所见和其时愉悦的感觉,一切有生命和无生命的物体似乎都在为诗人的到来而争献殷勤,惊风吹拂,似乎在为诗人扶辇,飞鸟翔跃,又似乎在为诗人引路。优闲自得的心情,跃然纸上。因为是夜游,所以这里没有具体细致地描绘芙蓉池的优美景物,而是通过粗线条的勾勒,运用动静结合的手法,表现了一种优美的意境,显示了芙蓉池无限勃发的生机。后四句则转而写夜空之美,万紫千红的晚霞之中，镶嵌着一轮皎洁的明月，满天晶莹的繁星在云层间时隐时现，闪烁发光，组成了一幅色彩绚丽的画面。在这优雅如画般的景色之中，诗人简直已置于仙境而忘却了自身的存在，不自觉地发出了"上天垂光彩，五色一何鲜"的感慨。此数句运用鲜明的色彩，把芙蓉池的夜景描绘得光怪陆离，五彩缤纷，显示了他创作上华丽壮大的一大特色。何焯《义门读书记》以为这里写景"有云霞之色"，也说明了这一点，这和他在《典论·论文》中所强调的"诗赋欲丽"，则正相一致。刘桢《公宴》诗："辇车飞素盖，从者盈路傍。月出照园中，珍木郁苍苍。清川过石渠，流波为鱼防。"所写景物与此诗相近，但在辞采的运用上显然要较此逊色得多。

末四句，笔锋一转，写行游的感受。"松"，赤松子，传说中炎帝神农时雨师，后与炎帝少女同成仙。"乔"，王子乔，即周灵王太子晋，传说他好吹笙作凤凰鸣，后道士浮丘公接以上嵩山成仙。曹丕向来不相信神仙方士之事，他的《折杨柳行》中就有"王乔假虚辞，赤松垂空言"的句子，在《典论·论方术》中更通过具体事实，指出神仙方士之不可信。所以在他这里联想起现实世界中并没有人能真正地成为神仙的事实，表示了要在这如画的景色之中，适性游乐，使身心愉悦，以求长寿。"遨游快心意，保己终百年"，是一种平实而又乐观的态度。这一联想又进一步反衬了使诗人沉醉以至流连忘返的芙蓉池景色的优美和游园的无穷乐趣。

在建安时期的游宴诗中，这一首可以说是写得最为出色的。它的一系列特点，如写景成分的增多，对仗句的使用，辞藻的华丽，景象的壮观，都反映了当时诗风的某些重要变化。因而在诗史上，它有特别值得注意之处。（丁福林）

广陵观兵　　曹　丕

观兵临江水，水流何汤汤。戈矛成山林，玄甲耀日光。猛将怀暴怒，胆气正纵横。谁云江水广？一苇可以航。不战屈敌虏，戢兵称贤良。古公宅岐邑，实始剪殷商。孟献营虎牢，郑人惧稽颡。充国务耕殖，先零自破亡。兴农淮泗间，筑室都徐方。量宜运权略，六军咸悦康。岂如《东山》诗，悠悠多忧伤！

这是一首雄壮而充满自信的阅兵诗。

黄初六年(225)八月，魏文帝曹丕"为舟师东征。"冬十月，行幸广陵（今扬州）

故城，在长江边举行了一次规模宏大的阅兵式。曹丕逸兴遄飞，即于马上吟成此诗，故又题为《至广陵于马上作诗》。

阅兵，原本就为了炫耀武力。而此次阅兵，又在与东吴一江之隔的长江边，当然更是要给孙权点颜色看看。此诗前八句所着力渲染的，正是曹魏“六军”的非凡声势和同仇敌忾之气。“观兵临江水，水流何汤汤”，开篇未叙军马，先写阅兵的环境，乃在“水涌山叠”、浩荡千里的大江之畔。人们自然不会忘记：在这江水之上，当年曾演出过“火烧赤壁”的悲壮话剧。而今十多年过去，“破曹的樯橹一时绝，鏖战的江水犹然热”（关汉卿《单刀会》），曹魏将士正要在此一振军威、洗雪其耻。那“汤汤”江声，该激起诗人多少壮思。所以，诗之起句看似平平，却局面阔大、情怀悠悠，为全诗奠定了雄壮的基调。接着便展现将士操演的景象：“戈矛成山林，玄甲耀日光。猛将怀暴怒，胆气正纵横。”据《魏志》记载，此次阅兵“戎卒十余万，旌旗百余里”，声势非同小可。诗中以“山林”形容戎卒戈矛齐举的壮观，正见出操演部队军容之盛；然后又以万丈“日光”照耀，那连绵数百里的“玄甲”（黑色战甲）连同戈矛，便全都金光闪耀，使这盛大的阅兵，更添壮色。这两句展现全景，后两句笔势一转，化成了“特写”镜头，在一员员叱咤风云的战将身上、脸上全都蓄满“暴怒”之色；他们的“胆气”即英勇气概，充溢于沙场，显示出无可抵挡的力量。诗人为此景象所感染，不禁诗思激荡，脱口吟出：“谁云江水广，一苇可以航！”“诗三百篇”有“谁谓河广，一苇杭（航）之”之句（《卫风·河广》），以滔滔黄河之广，竟可借助束苇之筏飞越而过的夸张之辞，表现旅人思亲念归心情的急切。曹丕将它移之于壮阔的大江，抒发横渡“天堑”、东征孙权的豪情，于藐视之中显示了高度的自信，辞气直有干云之势！

自“不战屈敌虏，戢兵称贤良”以下，诗情出现了顿跌。曹丕毕竟是一位政治家，炫耀军威只是一种姿态，内心其实并不急于与孙权决战。《孙子兵法》有“久暴师则国用不足”、“不战而屈人之兵，善之善者也”之教。曹操申说此意，也曾指出：“兵犹火也，不戢（收藏）将自焚也”（《孙子注》）。此刻，诗人于观兵之际，大约正记起了乃父的教诲，沉入了对于昔贤“不战屈敌”古事的缅怀之中。“古公宅岐邑”，说的是古公亶父迁于岐下（今陕西岐山县东北）修建宫室、发展耕作的故事。周之文、武剪伐殷商，虽在数十年之后，但其基业，实在是由古公迁岐所开创，故曰“实始剪殷商”。“孟献营虎牢”的事，则发生于春秋时代的鲁襄公二年（前571）。当时，中原霸主晋国率诸侯之师讨伐郑国，采用鲁卿孟献子（即仲孙蔑）的建议，在形势险要的虎牢修筑城防，终于迫使郑国不战而俯首（稽颡）称服。“充国务耕殖”，说的是西汉宣帝时镇守边境的名将赵充国，坚主“罢骑兵”、“合万人留屯田”,使先零(羌人之一部)失去盘踞之所,不战自乱,四万余众降附汉庭。诗人以此六句,盛推昔贤创建之奇勋,借以披露“不战屈敌虏”的怀抱。思绪悠悠,甚有一种吞吐恢宏的气象。

最后六句,诗情复又一振。诗人从缅怀古人的悠悠思绪中回笔,续写眼前的“观兵”。此次临江阅兵,军容壮盛、士气高亢,使诗人分外兴奋。因为这一切,与他作为政治家的“量宜运权略”,有着密切的关系。为了东征孙权,曹丕曾作了三年多的准备,其重点正放在存问孤鳏、赈贷贫民、发展耕作方面。对于孙吴政权的用兵,曹丕亦极其谨慎。在给群臣的诏书中,他作过如下规划:“吾欲去江数里筑宫室,往来其中,见贼可击之形,便出奇兵击之。若或未可,则当舒六军,以游猎飨赐军士”。八月间到徐州,还特意修筑了“东巡台”。“兴农淮泗间,筑室都徐方”二句,说的正是这些重大决策。正因为如此,魏之将卒无久役之苦,六军为之喜悦、康乐。诗人大约以为,他的运略之方,正合于昔贤“不战屈敌虏”之训。故“兴农淮泗间”四句,吐语从容,踌躇自得之情,溢于辞表。想到当年周公东征,虽然取得了胜利。但士卒归乡之际所唱的《东山》歌(《诗经·豳风》),毕竟吐露了久役不返的深切忧伤。相比之下,他曹丕的东征,却出现了“六军咸悦康”的局面。诗人因此在结句放声高吟:“岂如《东山》诗,悠悠多忧伤!”表现了一种凌越周公的一代帝王气派。

曹丕的诗,素以“清绮”、“轻俊”得到诗论家们的推重。这大概与他较爱写游子、思妇、男女之情的题材有关。但当他将目光转向戎马、军旅生活时,往往亦有雄壮之辞,显示出乃父之风。这首《广陵观兵》,就是其中一例:写景抒情,局面开阔,气象宏壮;运笔之间,纵、擒、抑、扬,跌宕有致。与此类似的,还有《饮马长城窟行》、《黎阳作》(其三)等篇。由此观之,陈祚明称曹丕“乐府雄壮之调,非其本长”(《采菽堂古诗选》),未免局限于一隅;他的同时代人刘桢说他“君侯多壮思,文雅纵横飞”(《赠五官中郎将》),倒是窥见了全豹。　(潘啸龙)

杂诗二首(其一)　　曹丕

漫漫秋夜长,烈烈北风凉。展转不能寐,披衣起彷徨。彷徨忽已久,白露沾我裳。俯视清水波,仰看明月光。天汉回西流,三五正纵横。草虫鸣何悲,孤雁独南翔。郁郁多悲思,绵绵思故乡。愿飞安得翼,欲济河无梁。向风长叹息,断绝我中肠。

萧统《文选》有“杂诗”一类,李善注说:“杂者,不拘流例,遇物即言,故云杂也。”“杂诗”大多是一些富有兴寄的游子思妇诗,今所存者以建安诗人之作为最早。此篇是一首游子思妇诗,写长期漂泊异乡的游子浓厚抑郁的思乡情绪。从风格、情调和措词都和《古诗十九首》相近,带有模拟性质。

自宋玉《九辩》“悲哉秋之为气也,萧瑟兮草木摇落而变衰”,以悲秋而引起愁苦郁闷心情的抒发以后,对后世诗人的创作产生了较大的影响。本诗写游子,一开始即将主人公置于凄凉寂寞的漫漫秋夜:“漫漫秋夜长,烈烈北风凉。”这种凄凉的深秋长夜,最容易引起漂泊异乡的游子的满腹忧愁和对家乡和亲人的深切思念。次二句即将笔锋转向了游子,写主人公由于强烈的怀乡思绪的折磨,展转反侧而夜不能寐,在无聊的愁思之中披衣起床,徘徊于户外。这“展转不能寐,披衣起徘徊”二句,明显化用《古诗十九首》“明月何皎皎”篇“忧愁不能寐”一节。

“彷徨”以下八句,承接上文,写出户徘徊所见的景物。“忽已久”,交代彷徨时间之长,也显示了主人公当时思乡的意痴情迷。“白露沾我裳”,暗示夜深和气候的寒凉,由于寒露的侵袭,惊断了客子的思绪,从而引起下文的“俯视”和“仰看”。曹丕写诗,善于通过视觉上下角度的变化,多方位地表现景物,并从而引起联想。这一俯一仰,极其自然和谐,毫无斧凿痕迹。“天汉回西流,三五正纵横”二句,承上继续写“仰看”。“天汉”,指银河,“回西流”,写银河的方向,秋天傍晚时银河是西南指向,随着夜深而向西转移,现已转向正西,可见夜已很深。“三五”,指天空稀疏的星斗,《诗经·召南·小星》有“嘒彼小星,三五在东”之句,朱熹《诗集传》说:“‘三五’,言其稀,盖初昏或夜将旦时也。”二句既是眼前景物,又暗示了主人公的彷徨之久,反衬出他长夜不寐的痛苦。“草虫”二句转写动物,“草虫鸣何悲”,写听觉,照应上文的“俯视”,“孤雁独南翔”句又一转,写视觉,照应上文的“仰看”,俯仰之间,所见所闻,无非都是令人心伤的景象。使主人公仿佛感到自身如一只失群的孤雁般无所归依,并从而引出下文浓厚愁苦的思乡之情的直接抒发。这种以自然界的动物衬托主人公的心情,引起联想,也是诗人惯用的手法。

“郁郁多悲思,绵绵思故乡”,正面点明主人公强烈而愁苦的思乡之情,诗中的一切感受视听和意念皆由此而生发。全诗的筋骨,至此方始揭出。末四句更具体写欲归不能的痛苦,暗用汉乐府《悲歌》中的“思念故乡,郁郁累累。欲归家无人,欲渡河无船。心思不能言,肠中车轮转”之意,表现不得回归时肝肠寸断的痛苦。至此,主人公苦痛悲切的思乡之情达到了高潮,全诗也就在这断肠声中戛然而止。

本诗写得清丽自然而又缠绵悱恻，历来被认为是曹丕的代表作品。陈祚明《采菽堂古诗选》说:“魏文帝诗如西子捧心，俯首不答，而回眸动盼，无非可怜之绪。倾国倾城，在绝世佳人，本无意动人，人自不能定情耳。”正是指此类诗所达到的高度艺术效果而说。

(丁福林)

杂诗二首(其二)　　曹 丕

西北有浮云，亭亭如车盖。惜哉时不遇，适与飘风会。吹我东南行，行行至吴会。吴会非我乡，安得久留滞？弃置勿复陈，客子常畏人。

《文选》李善注此诗说:“于黎阳作。”并以为作于伐吴之时。从曹丕执政以后的情况看，他曾率大军二次南征孙权，经过黎阳(今河南浚县)，魏在西北，吴在东南，从诗中“吹我东南行，行行至吴会”等句看来，此诗似乎是南征时借浮云的随风飘荡以比喻征夫的被迫出征，表现对战乱的厌倦情绪。但此说证据不足，吴景旭《历代诗话》曾驳之，以为曹丕雄才且有智略，必无可能作此诗以示弱于孙权，取笑于刘备。此外，魏伐吴至广陵(今江苏扬州)，在长江北，而吴会指当时的吴郡(治所在今江苏苏州)和会稽郡(治所在今浙江绍兴)，在长江南，曹丕临江观兵而还，并无至江南事，故此说难以成立。又，吴淇《选诗定论》、张玉穀《古诗赏析》等则以为诗乃作者早年时疑惧其父曹操欲立曹植为世子而作，亦似牵强。今人余冠英等则以为是游子诗，写漂泊不定、客居异乡的抑郁痛苦和强烈的思乡之情，从诗的内容看，此说较为可信。

作者所处的时代，战乱频仍，人民饱经动乱之苦。很多人或因战乱饥荒而流浪在外，或为兵役徭役所迫而离乡背井。作者即有《于清河见挽船士新婚与妻别》等诗，以反映此类现象。可见游子的怀乡，思妇的怨别，乃是当时普遍而突出的社会现象。因此，此诗亦不是一般的怀乡之作，而是从一个侧面反映战乱给人民带来的痛苦。

诗以浮云比游子，前六句写浮云的遭遇，“西北有浮云，亭亭如车盖”，发端即落到所咏的浮云。一“浮”字充分显示了身不由己的处境，“亭亭”二字描绘浮云的耸立而无所依靠，暗示游子的孤独无依，为下文的“东南行”埋下伏笔。次四句是首二句的继续，仍就浮云落笔，写其漂泊流宕的遭遇。“惜哉时不遇，适遇飘风会”，写其生不逢辰，遭遇乱世，并自然地引起“吹我东南行，行行至吴会”的漂泊流落的遭遇。需要指出的是，这里乃泛指游子从西北漂泊到东南，有些古代论者根据“吴会”二字而去坐实地名以寻求更深的含义,则是不可取的。

“吴会非我乡,安能久留滞”二句,点明思乡的主题,是本诗关键性的转折,开始由上文的叙事转入抒情。句从王粲《七哀诗》其二:“荆蛮非我乡,何为久留滞”变化而来,并暗含王粲《登楼赋》:“虽信美而非吾土兮,曾何足以少留”之意,以浮云的口吻,抒发客居的厌倦和对故乡的深切思念。结尾二句“弃置勿复陈,客子常畏人”又一次转折,点明客子的身份,感情更深一层,从反面抒发了不得回归的抑郁痛苦。句学《古诗十九首》“行行重行行”之“弃捐勿复道,努力加餐饭”而稍有变化。前一句既是客子的自我安慰,说既然身不由己,流落异乡而无法回归,那么这种思乡之情还是不说的好。同时又是客子的反语解嘲,暗含欲弃不能之意。后一句则说已既不愿复陈,所以不愿人问其乡贯等情,而人若问之则势必作答,将更增其痛苦耳。然而愈是抑而不说,毫无疑问地将会更增加主人公强烈的思乡之痛。以压抑的情调作结,表现了无可奈何的悲哀,耐人寻味,有余音袅袅不绝之效果,真切传神地表达了客子当时凌乱复杂的内心世界。

在艺术上,此诗有两个显著的特点。一是结句的换韵,戛然而止,音调促迫,和客子当时达到高潮的痛苦压抑的心情正相吻合,对整诗的气氛起到了较好的渲染烘托作用。本诗和曹植《杂诗》之二的结句换韵方式,在当时乃是首创,显示了建安诗人们大胆的创新精神和多变的创作手法。

另外,本诗采用比物象征的手法,写游子而以浮云作比,赋浮云以人的感情,通过浮云的遭遇,揭示客子的心情。构思新颖别致,抒情婉转细腻,有相当强的感染力。沈德潜《古诗源》说:“子桓诗有文士气,一变乃父悲壮之习矣,要其便娟婉约,能移人情。”正是指作者的此类诗作而言。 (丁福林)

【作者小传】

左延年

三国魏时人。魏文帝、明帝时,曾改制旧乐,以善新声受宠。黄初中官协律都尉。太和中为协律中郎将。《先秦汉魏晋南北朝诗》辑得其诗三首。

秦女休行 左延年

始出上西门,遥望秦氏庐。秦氏有好女,自名为女休。休年十四五,为宗行报仇。左执白杨刃,右据宛鲁矛。仇家便东南，仆僵秦女休。女休西上山，上山四五里。关吏呵问女休，女休前置辞："生为燕王妇，今为诏狱囚。平生衣参差，当今无领襦。明知杀人当死，兄言怏怏，弟言无道忧。女休坚词为宗报仇，死不疑。"杀人都市中，徼我都巷西。丞卿罗列东向坐，女休凄凄曳梏前。两徒夹我持刀，刀五尺余。刀未下，朣胧击鼓赦书下。

这是一首歌行体乐府诗，形式比较自由，以五、七、杂言相兼而成。关于此诗主旨，郭茂倩《乐府诗集》卷六十一于诗前题辞云："大略言女休为燕王妇，为宗报仇，杀人都市，虽被囚系，终以赦宥，得宽刑戮也。"因此，从内容上来看，这是一首描述一位女子豪雄事迹的叙事诗。

全诗根据故事情节的发展，可以分为四个段落。"始出上西门"至"仆僵秦女休"为第一段，先明事件的开始，从女休居所方位、姓名年龄、容貌品行到为宗报仇的过程均作了详尽的介绍。其中，"秦氏有好女"之"好女"，含有两义，一为容貌之美，李白拟秦女休行云"西门秦氏女，秀色如琼花"，即由此延伸；一为品行之美，构成对下文报仇时的刚坚行为和不屈精神的铺垫。"为宗行报仇"之"宗"字，作祖先解，意谓为自己的家族(娘家)报仇，根据后人拟诗意，女休为宗报仇即为父报仇。"宛鲁"，古矛名。"仇家便东南"之"便"字，可解作"就"、"即"意，亦可解作"安适"意，《墨子·天志中》"百姓皆得暖衣饱食，便宁无忧"，此诗正用此意，即仇人安居在东南，从方位上看，恰与居西门的"秦氏庐"相对。"仆僵秦女休"句是秦女休仆僵仇家的倒装省略，是女休"左执白杨刃，右据宛鲁矛"的英姿、行为的结果，也就是从女休出场到报仇胜利的全过程的高潮与终结。傅玄拟秦女休行云"白日入都市，怨家如平常。匿剑藏白刃，一奋寻身僵。身首为之异处，伏尸列肆旁"，可作此句的注脚和衍析。

"女休西上山"至"死不疑"为第二段，主要描述女休报仇后被关吏所拘以及女休为自己行为的申辩。"女休西上山"，再次交代方位，明确展示了女休由西(居处)往东南(仇家)报仇后又西归(返家)的路线，而这一往返路线全由女休一人足迹画出，突出了其行为的主动性。关吏呵问，女休置辞，是全诗的一个转折，女休的善良勇敢、不畏邪恶的形象通过其自白得以进一步完善。"生为燕王妇，今为诏狱囚"，两句对比鲜明，蕴意刻挚，"燕王妇"，是昔时之尊，"诏狱囚"，是今日之卑，一尊一卑，别若霄壤，而女休一变常人求尊弃卑之恒态，反弃尊就卑，这便将报仇之决心再次深层剖露。"平生衣参差，当今无领襦"，又起一层，以昔日之富足与今日之惨戚比照，补足前意。“参差”，不齐貌，此处应作衣饰繁盛、琳琅满目而显出参差复叠之美解；“襦”，短衣。这种由尊到卑、由富到贫的骤变，皆在女休意料之中，故其精神尤为可贵。“明知杀人当死，兄言怏怏，弟言无道忧”，是女休回叙报仇前的情景，面对兄长之郁闷愁容，小弟之浑噩无知，报仇的重任已无可旁卸地落到女休自己的肩上，“明知”二字为诗中之眼，这使女休杀仇的自觉行为得到精神的升华。“女休坚词为宗报仇”，实为“明知”而决意为之复仇的宣言；“死不疑”三字顿住，深沉有力，唤起了读者对诗中主人公英伟精神的向往和崇仰。

“杀人都市中”至“女休凄凄曳梏前”四句为第三段，再述女休报仇后被关吏所拘以及上堂受审的情形。“徼”，截获；“丞卿”，指审理此案的众官员；“曳”，拖；“梏”，古代木制的枷铐。“杀人”的是女休，“徼我”的是关吏；“罗列东向坐”，状审讯女休的众官员的威严阵势，被“曳梏前”的是女休“凄凄”形容。一正一反，一明一暗，寄寓了诗人对不幸者的深切同情，对昏惑助恶者的有力鞭笞。

“两徒夹我持刀”至结尾四句为第四段，以戏剧性的变化收束全诗。试看，在五尺余长的屠刀即将砍下的千钧一发之际，伴随着“鼍咙”击鼓之声而下的“赦书”何等及时！这在绝望中顿生希望，于昏暗时突现光明，既含蓄灵动，又点明了崇善避恶的主题。

后世模拟左诗的有晋代的傅玄与唐代的李白。三诗比较，左延年原作叙事简洁，真情动人；傅诗虽笔致精细，却略欠风神；李诗描绘轻艳，兼抒哲理，固为佳制，然其时迁情隔，亦已难能唤起读者的真切感受。　（许　总）

【作者小传】

应　璩

(190—252)　字休琏，三国魏汝南南顿(今河南项城西)人。应玚弟。魏明帝时，历官散骑常侍。魏废帝齐王曹芳即位，迁侍中、大将军长史，典著作。事迹附见《三国志》卷二一《王粲传》后。有集十卷，已佚，明人辑有《应休琏集》，《先秦汉魏晋南北朝诗》辑得其诗及断句五首。

百一诗·下流不可处

应　璩

下流不可处，君子慎厥初。名高不宿著，易用受侵诬。前者隳官去，①有人适我闾。田家无所有，酌醴焚枯鱼。问我何功德，三入承明庐。所占于此土，是谓仁智居。文章不经国，筐箧无尺书。②用等称才学，往往见叹誉。避席跪自陈，贱子实空虚。宋人遇周客，③惭愧靡所如。

〔注〕① 隳(huī)：毁坏。 ② 尺书：语出《汉书》："奉咫尺之书以使燕。"这里指出使他国。古代多选高才博学、能言善辩者充任使者。 ③ 宋人遇周客：据《阙子》(《文选》李善注作《阚子》)："宋有愚人得燕石，以为大宝而珍藏之。后为周客所见，始知是寻常燕石，与瓦块无异。"

应璩是三国时魏国的诗人，他的诗在当时流传的有一百三十篇之多，统称为《百一诗》(又称《新诗》)。从唐代开始，他的诗渐渐亡佚，传到现在的仅寥寥数篇。上面这首诗因为收在《文选》中，故得以完整地保留至今。

"百一"的含义，自晋、宋以来便聚讼不已。李善注《文选》，根据《百一诗序》中"时谓曹爽曰：'公今闻周公巍巍之称，安知百虑有一失乎"数语而判断曰："'百一'之名，盖兴于此也。"这是指当事者或有百虑一失。五臣注《文选》引《文章录》则从另一角度补充说明："曹爽多违法度，璩为诗以讽焉。"吕向云："意者以为百分有一补于时政。"合而观之，则可得"百一"之实。

这首《百一诗》应作于应璩的晚年。诗中有"三入承明庐"之句，而他最后一次任侍中是在魏齐王嘉平元年(249)，可知此诗是他辞官后返归田里所作。诗中以设问解嘲的笔法，巧妙地表白了自己的人品和度量。

起首四句，诗人直率地指出，人生在世，必须谨慎地避免不利的处境，所以有道德的君子对于其最初的行为是非常慎重的，唯恐一失足而成千古恨。"下流"一词出于《论语·子张》。子贡曰："是以君子恶居下流，天下之恶皆归焉。"意谓人一旦有了恶名，便如身处于水之下游，所有的恶名都加在他身上，本来不算最恶的也成了恶贯满盈。应诗的词、意均取于此。"名高"本来也是一种人生不易达到的境界，但它既不持久，又易于招毁，所以在这个意义上，反而成为"下流"。这是一种解嘲性的反语，其正面意义颇类似于韩愈《原毁》中的几句话："是故事修而谤兴，德高而毁来。呜呼，士之处此世，而望名誉之光，道德之行，难已！"

接下去四句则写其辞官归里，而有客来访，引出下文责问之辞。应璩辞官返里在嘉平二年以后，史载其返里的原因，是因为一个占卜者曾预言他六十一岁当独见一条白狗，将有危厄，后来预言果然应验，遂弃官去。(见《三国志·魏志·朱建平传》)。但从此诗来看，恐怕还是他自己受到了诋毁，而预感到前途的险恶，从而弃官返里的。"隳"即毁坏的意思，可见其弃官是主动的。"酌醴焚枯鱼"

句，词、意取于蔡邕《与袁公书》："酌麦醴，燔干鱼，欣然乐在其中矣。"暗示了自己隐退后生活的自得其乐。

从"问我何功德"至"往往见叹誉"均为问者之词。承明庐，魏明帝时官员入宫值日的地方，在承明门边。庐，宫殿中的小屋。应璩初为侍郎，又为常侍，又为侍中，三次入朝当官，故云"三入承明庐"。当时对散骑常侍及侍中的人选要求很高。《三国志·魏志·杜恕传》裴注引《魏略》云："黄初中，……散骑皆以高才英儒充其选。"魏明帝太和二年六月诏曰："其高选博士，才任侍中、常侍者，申敕郡国，贡士以经学为先。"(《三国志·魏志·明帝纪》)所以问者才有"问我何功德"的质疑。在问者看来，应璩并无什么功德，可以副此重望、为皇帝近臣，既然他不是什么了不起的人，所以现在隐居的地方，又岂能称之为仁者、智者的住处？占，隐。再下二句，问者又更直截地说道，你应璩既无可以经邦济世的文章，又不曾有持"尺书"出使外国的功劳，这又从何反映出其高才博学、足以为人赞叹称道呢？"等"字是个俗语，意为"何"，见颜师古《匡谬正俗》卷六。应璩的诗，措词往往是亦雅亦俗，既有典奥的古语，又有俚俗的口语，这是其诗在语言上的一大特色。

最后四句是应璩的答辞。他并没有对问者的质疑加以反驳，而是承认自己的空虚无能。"宋人遇周客"典出《阙子》。诗人用这个典故，从表面上看，是说过去自己所认为有价值、有意义的东西，在聪明人(问者)看来原是微不足道的，所以感到惭愧万分，不知所从。诗至此打住了，其用意是自谦，还是真认为自己不学，抑或是其他？诗人没有说，但透过开首四句，细心的读者不难领会，这个假设的"问者"，正是"侵诬"之人的化身，诗人正因为名高一时，所以招致毁谤，流言蜚语将他说得一无是处。而诗人如此谦冲、如此绝不反击，则是因为他悟到了"名高易损"的道理，所以对这些无端质难也淡然处之，视为情理中事，不屑一辩。古代的"解嘲"之作，对于假设问者的嘲讽，总是先唯唯而后否否，应璩却是一味地唯唯，连否否也省去了，只在篇首数句里暗透消息，其修养工夫可谓深到家了。然而这样的辱之不惊，却正体现了他的学问之深，若换了浅学浮躁之徒，见人如此一笔抹杀自己，早该暴跳起来了。诗人虽然承认自己全无功德文章，并非仁智之人，但读者从他的宽大气度中，却正好能得出相反的结论。

在应璩以前，"解嘲"之类的题材，多见于文章，如东方朔的《答客难》，扬雄的《解嘲》及班固的《答宾戏》等，在诗中很少见到，因此，应璩的这首《百一诗》可以说是别开生面。但这类题材，旨在设论说理，与诗的抒情性特征颇为远缘，即以应璩的这首诗而言，也是"理语"远远盖过"景语"、"情语"。因此，应璩之后，绝少继响。清代何焯《义门读书记》卷四十六评此诗曰"备体"，即说明这是诗中聊备

一格之体,不怎么值得提倡、仿效。（张伯伟）

百一诗·昔有行道人　　应　璩

昔有行道人,陌上见三叟。年各百余岁,相与锄禾莠。住车问三叟:"何以得此寿?"上叟前致辞:"室内妪貌丑。"中叟前置辞:"量腹节所受。"下叟前致辞:"夜卧不覆首。"要哉三叟言,所以得长久。

杜甫诗云:"酒债寻常行处有,人生七十古来稀。"(《曲江二首》)慨叹从古而今长寿者少。然这首诗中所写三位老人,不仅岁寿逾百,且俱能耕耘劳作,这在我国古代,确是令人惊讶的稀罕事。而究其长寿养生之道,也各有其理。上叟答:"室中妪貌丑。"说明男子择妇重德不重容,情欲有节,较少枕席之累,以致能够守气保元,精力长盛不衰;另一方面,"妪貌丑"又能使妇人不致恃其娇美,傲慢其夫,反而能像汉代梁鸿孟光,夫妻相敬如宾,有夫唱妇随家室和睦之乐。中叟答:"量腹节所受。"则告诉人们,口体之奉亦须适可而止,如能量腹所受而加以节制,则饮食有度,不致因贪口福而多食暴饮而伤身损寿。下叟答:"夜卧不覆首。"更指出保持人体的气息畅通对长寿的重要性。我国传统医学讲究人的经脉气血,将之看作是个周流循环的系统。而夜卧覆首,恰有悖于这个准则。休息睡眠是维持人体新陈代谢的重要环节,但如果不注意睡卧姿势,亦有害健康。因为蒙头而卧,被中空气污浊引起呼吸不畅,此不仅易生梦魇,且会罹心肺方面的疾病。此三叟所答,从不同方面指出了养生之道,实际上概括了保持人体长寿的基本方面。食与色为人之大欲,天经地义,但如果不加以节制,则易为健康之累,另外,休息睡眠亦是保养身体的一个重要方面,此中亦须遵循古代医训,保持气息畅通周流,养成好的姿势习惯。三叟的长寿经验谈,可以归结为节欲有度顺气导和两个方面,而重点在于节欲。这确是养生之要诀,度世之金针。正因为如此,作者在诗的结尾赞叹地说:"要哉三叟言,所以得长久。"

当然,这三位寿星的养生秘诀,在医学发达的今天看来,已不算是什么大的发明,但在当时,这三位老人的生活经验谈,却是代表着一种新的平民庶族的人生态度。

我们知道,在汉魏晋时期,对人生短促的悲哀,是文学中反复出现的主题。"人生天地间,忽如远行客","人生寄一世,奄忽若飙尘","四时更变化,岁暮一何速","人生忽如寄,寿无金石固"(以上均选自《古诗十九首》),在这种情况下,人们纷纷以各种不同方式表现对命运的抗争。有的是纵情享乐,以增加生活的密度来弥补人生之短促。有的服食药散,以图延年益寿。有的追求栖逸,从精神上超脱生死。然而这些都需要金钱物质作为基础,因而是富人贵族专利特权,与广大平民庶族无涉。

而这首诗中所写的三位在田间耕作的老寿星,无疑是靠双手养活自己的劳动人民。他们通过自己的现身说法,实际上批判了当时流行的纵欲、服药、隐逸等贵族门阀的人生态度,告诉人们:健康长寿不靠神道仙方,更不能纵情肆志自我麻醉,只要有良好的生活习惯,勤劳节制,百岁高寿也不是可望而不可即的。这无疑反映出当时平民百姓朴实而光明的人生态度。这对于弥漫于魏晋时代的颓废士风,有一定的针砭意义。

这是一首寓言体的通俗诗,全篇启示人们节欲顺气,勤劳长寿的养生之道。可谓要言不烦。且形式活泼,用问答体;语言通俗,平白如话,与其平民化的人生主题正成表里,相得益彰。另外,从文学形式的传承看,这首《百一诗》,实开唐代王梵志、寒山等世训格言诗的先河,说明为广大平民百姓所喜闻乐见的劝世警俗的通俗诗也是源远流长的。

（祝振玉）

【作者小传】

曹　植

(192—232)　字子建,三国魏谯(今安徽亳州)人。曹操子。汉献帝建安中,封平原侯,徙封临菑侯,以才学为曹操所异,几欲立为太子。魏立,离京就国,备受曹丕猜忌打击,居地迁徙无定。初贬为安乡侯,后改封鄄城侯,进鄄城王,改雍丘王。魏明帝初年,徙封浚仪,又复还雍丘。其后又徙封东阿,终封陈王。植于明帝时曾多次求获任用,为国效力,但仍被猜忌,不允所求,因而郁郁而卒,谥曰思,世称"陈思王"。事迹具《三国志》卷一九本传。植为建安文学中成就最高者,其诗在古代诗史中具很高地位,被称为"陈思之于文章也,犹人伦之有周、孔,鳞羽之有龙凤"(钟嵘《诗品》)。其诗以笔力雄健和辞采华美见长,对后代诗人影响深远。有集三十卷,已佚,宋人辑有《曹子建集》,今又有《曹植集校注》。

鰕䱇篇　　　曹　植

鰕䱇游潢潦,不知江海流。燕雀戏藩柴,安识鸿鹄游!世士此诚明，大德固无俦。驾言登五岳，然后小陵丘。俯观上路人，势利惟是谋。雠高念皇家，远怀柔九州。抚剑而雷音，猛气纵横浮。泛泊徒嗷嗷，谁知壮士忧？

曹植才高八斗，钟嵘称他之于文章，“譬人伦之有周、孔，鳞羽之有龙凤”（《诗品》），评价是极高的了。不过他自己，却鄙薄“以翰墨为勋绩，辞赋为君子”，而志在“戮力上国，流惠下民”的建功立业方面（《与杨德祖书》）。《鰕䱇篇》正是诗人抒发烈烈壮怀的明志之作，大约写于魏明帝太和二、三年间。

太和二年（228），诗人曾上书明帝，慷慨陈辞，不愿做“禽息鸟视，终于白首”的“圈牢之养物（家畜）”，而愿“乘危蹑险，骋舟奋骊”，参与讨伐东吴之大业（《求自试表》）。但这一宏愿，既不为明帝所理解，更遭到“朝士”所嗤笑。诗人满怀悲愤之情，故此诗开篇，即勃发一股怫郁不平之气：“鰕䱇游潢潦，不知江海流。燕雀戏藩柴，安识鸿鹄游！”鰕为小鱼，䱇为黄鳝，都是在小水坑（潢）、淤水中（潦）苟延残喘之辈。正如宋玉《对楚王问》所说，它们又岂能与“朝发昆仑之墟，暴鬐（鳍）于碣石，暮宿于孟诸（大泽）”的大鲲，“比量”翻转江海的气概呢？至于“燕雀”，常嬉戏于篱笆之间，穿掠于房檐之下。亦如当年揭竿而起的陈胜所说，又“安知鸿鹄之志”哉（《史记·陈涉世家》）！这四句以比兴化用典故，铺排而下，揭出世俗之徒眼界之渺小；并以鲲鱼、鸿鹄自况，抒写翻转江海、遨游天地的壮志。对照鲜明，具有极大的气势。后六句即承此而下，进一步说明：世之有识之士，正应该明白这个道理，效鲲鱼、鸿鹄之志，以成就无与匹比的大德、大业。正如驾车升登于五岳之巅，再俯瞰天下之山，简直就如小丘小陵一样。然而，世上之人，大多图谋于势位利禄，汲汲奔波于仕宦之途。使诗人于高岳“俯观”之际，生出无限慨叹。“驾言登五岳”二句，化用孔子“登泰山而小天下”之意，表现其志凌绝顶以远瞻世界的胸怀，给人以壮阔雄伟的气象。

以上两层多用典故和比兴，表现诗人与势利之辈眼界、胸怀之不同。自“雠高念皇家”以下，便转入对诗人志向内涵的直接披露。“雠高念皇家”句，宋刊本《曹子建文集》作“高念翼皇家”，正与下句“远怀柔九州”相俪成文。诗人大声宣布：我的崇高意愿，就是要辅翼“皇家”之社稷；深远的思虑，更在于安定天下九州。在《求自试表》中，诗人曾深切感慨于“顾西尚有违命之蜀，东有不臣之吴”，而为之“寝不安席，食不遑味”。急切希望明帝“下不世之诏，效臣锥刀之用”，即使“身分蜀境，悬首吴阙”，亦在所不顾。正可与此二句相互发明。诗人“捐躯济难”之情切，已到了难以阻遏的地步。他仰天抚剑，剑身便发出雷霆之声；纵横挥刺,剑光中便浮腾勇猛之气。《庄子·说剑篇》曰:“诸侯之剑,以知勇士为锋,以清廉士为锷,以贤良士为脊……此剑一用,如雷霆之震也,四封之内无不宾服而听从君命者矣。”诗中运用此典,将诗人杀敌报国之雄心,化为“抚剑而(如)雷音,猛气纵横浮”的豪迈动作。一位烈烈多气的壮士形象,便以英挺之姿从诗中腾跃而出!可叹的是,诗人纵然心比天高,却身世飘零,无所展其怀抱。这些年只能在浚仪(今河南开封北)、雍丘(今河南杞县)间往返流徙。而那些混迹朝廷的凡庸之辈,却还在为势利“嗷嗷”相争。想到这一切,诗人胸中便塞满了忧愤。终于在诗之结尾,发出一声慨然长啸:“泛泊徒嗷嗷,谁知壮士忧?”这是慷慨高歌中突发的变徵之音,与诗之开篇的勃郁之气遥相呼应,表达了诗人不遇知音、壮志难酬的多少愤懑和悲怆。

《鰕䱇篇》本为诗人拟乐府《长歌行》之作。从古诗“长歌正激烈”可知,它的曲调该是激烈悲壮、动人心魄的。本诗的风格,正与此调相合。这首诗在艺术表现上的一个鲜明特点,就是较多运用比兴,而这类比兴,又是化用历史典故。这便产生了既蕴藉深沉、又生动形象的双重效果。诸如鰕䱇、燕雀之喻,登岳、抚剑之说,本出于宋玉《对楚王问》、《史记·陈涉世家》、孔子登泰山之语和《庄子·说剑篇》。这些典故,在先贤那里,原就是作为比方出现的;其间,已融注了他们的许多壮怀和豪情。诗人运用这些典故,借昔贤之酒杯,浇胸中之块垒,便使历史的积淀和现实的感奋交融起来,造出了一种千古同慨的悲壮之境。读者于其中听到的,就不仅仅是曹植一个人的声音,而是数百年乃至数千年来无数“壮士”的共同呼喊了。这就是本诗抒情艺术之奥秘所在。 (潘啸龙)

吁 嗟 篇 曹 植

吁嗟此转蓬,居世何独然!长去本根逝,宿夜无休闲。东西经七陌,南北越九阡。卒遇回风起,吹我入云间。自谓终天路,忽然下沉泉。惊飙接我出,故归彼中田。当南而更北,谓东而反西。宕宕当何依,忽亡而复存。飘飖周八泽,连翩历五山。流转无恒处,谁知吾苦艰?愿为中林草,秋随野火燔。糜灭岂不痛,愿与株荄连。

《吁嗟篇》乃曹植拟乐府旧题《苦寒行》之作,取句首“吁嗟”二字命篇,实际上是一首歌咏“转蓬”的咏物诗。“转蓬”属菊科植物,秋日花朵干枯,“遇风辄拔而旋(转)”(《埤雅》),与人们离乡漂泊的景况很相像,因此常被诗人所歌咏。曹操

《却东西门行》,就曾以它的"随风远飘扬",抒写过"何时返故乡"的感情。但曹植之瞩目于转蓬,却与他政治上的坎坷遭际有关。

曹植在文帝、明帝二朝,备受猜忌。他不仅累遭贬逐,而且还不断地被迁移封地:先是从鄄城"徙封雍丘(今河南杞县)",接着从雍丘"徙封浚仪(今河南开封市西北)",后来又"复还雍丘"、"徙封东阿"。史家因之有"十一年中而三迁都"之叹。曹丕唯恐他交结诸王、威胁朝廷,还明令禁止他与诸侯兄弟来往,甚至不准到京师朝觐。诗人由此陷入了"永无朝觐之望"、"婚媾不通,兄弟永绝"的痛苦境地。这样一种"禽息鸟视"、如同"圈牢之养物(牲口)"的生活,岂是志欲"戮力上国、流惠下民"的诗人所能忍受!《吁嗟篇》作于明帝太和三年(229),他对转蓬的歌咏,正是这种痛苦政治生涯的悲愤写照。

也许因为痛苦太深,诗人吟咏转蓬,开口便作长声嗟叹之音:"吁嗟此转蓬,居世何独然!"蓬之生于世上,当然也有叶绿花开的美好时光。诗人却独取其花朵干枯、随风飘转之时入咏,正是为了引出它那与众不同的遭际——"长与本根逝,宿夜无休闲"。草木虽说无知,毕竟还能"叶落归根"。转蓬却不然,秋风一起,便被卷入无休止的漂泊之中。这两句写得极为沉痛,字间如有幽幽咽泣之声。自"东西经七陌"以下十二句,诗人即着力描述转蓬流徙、浮沉的飘荡生涯:它开初还在田野上飘浮,忽而"东西"、忽而"南北",越过许多阡陌(田间小径)。这是一种无所适从的彷徨,它所带给转蓬的,只能是难以排遣的苦闷。突然,"卒遇回风起,吹我入云间",拔地而起的旋风,一下将它吹向了高高的天空。苦闷的彷徨为突遇的惊恐所代替,它似乎从此将在"天路"上颤颤飘行了。然而,旋风静息,它又从高处跌落,坠入深泉。这又是一场意料不到的劫难,眼看是绵绵无尽头的黑暗了。但是,狂飙忽然掀起水浪,又把它"接"出深泉,吹回了荒原旷野:惊恐、战栗过去,苦闷的彷徨又周而复始:"当南而更北,谓东而反西"——它的命运完全操于他人之手,处处与自身的愿望背驰!诗中因此发出凄怆的叹息:"宕宕当何依,忽亡而复存。"飘飘荡荡,何处才是归依之所?倘若突然死去,倒也罢了,命运却偏偏让我死而复生!这一节抒写,运笔忽徐忽疾,思致跌宕起伏,正与转蓬的流转、沉浮之势相应。将其"宕宕"无依的景况,描述得历历如画、惊心动魄。"飘飖周八泽"以下四句,则是对这一景况的收束和概括:转蓬就这样飘过"八泽"、飞历"五山",就这样流徙无常,历尽苦艰。因为它是紧承上文的描述而来,读者自可想象:这期间更有多少次"吹入云间"的战栗,多少次堕入沉泉的痛苦,多少次突遇"惊飙"的恐惧!这样的痛苦,又有谁能知晓呢?值得注意的是,此诗开头咏转蓬,用的还是旁叙者的口吻;待到"卒遇回风起"以下,突然转为第一人称“我”，转蓬与诗人由此合二为一。读者所听到的，简直就是诗人在为转蓬，向着人们泣诉它漂泊中的孤苦、惊恐和忧伤了。而反过来说，转蓬的这种漂泊和浮沉，不又正是诗人“婚媾不通，兄弟永绝”、“十一年中而三迁都”的坎坷生涯的形象表现吗？那么，对于这个“我”，又何尝不可以认作，是转蓬在为诗人痛诉他骨肉分离、“宕宕”无依的悲愤和不平呢？诗人的构思正有如此巧妙，物我之情因此如水乳之交融，变得更其凄楚动人了。

诗之结尾，痛苦的转蓬忽然发一奇愿：“愿为中林草，秋随野火燔。”这真是不可思议。转蓬尽管随风飘荡，毕竟“忽亡而复存”，它怎么羡慕起林中之草，甚至甘愿在秋天被野火燃为灰烬呢？转蓬似乎猜到了人们的疑丛，接着便回答：“糜灭岂不痛，愿与株荄（根）连。”林中之草遭受野火烧灼，当然是痛苦的，但它毕竟还能与根株相连呵！这无疑是说，像转蓬这样离根飘荡，就是活着，也要比受野火的烧灼痛苦万倍。与根株相连，也就是与亲生的骨肉同胞相连，一起过那人道的生活！这愿望实在是微薄的，因为其他草木、一般常人都可轻易获得。但它又如此珍贵，以至须诗人为之竭力尽瘁去追求呼号！这两句结语，反射全诗，使诗中的每一行字句，全都发出悲怆的回应。

这首《吁嗟篇》，运用比拟手法，将对转蓬漂泊生涯的描述，化成了诗人自身痛苦遭际的再现；又通过转蓬之口，发出了对于一手制造诗人孤独漂泊悲剧的执政者的愤切控诉。转蓬与诗人两者之间，交融、映照得如此精妙，在前代与同代众多诗人的咏物之作中，恐怕只有屈原的《橘颂》、刘桢的《赠从弟》，才能与之媲美。

（潘啸龙）

箜篌引　　曹植

置酒高殿上，亲友从我游。中厨办丰膳，烹羊宰肥牛。秦筝何慷慨，齐瑟和且柔。阳阿奏奇舞，京洛出名讴。乐饮过三爵，缓带倾庶羞。主称千金寿，宾奉万年酬。久要不可忘，薄终义所尤。谦谦君子德，磬折欲何求。惊风飘白日，光景驰西流。盛时不可再，百年忽我遒。生存华屋处，零落旧山丘。先民谁不死？知命复何忧！

本诗从其情绪看，应是曹植早年在邺下时所作。其时曹操的嗣位未定，曹植颇有立为世子的指望，故多招宾客，意气正盛。若是曹丕即位以后，则植已失去行动自由，既不可能有这么多亲友相从，其胸中也不会有如此豪气了。《箜篌引》

为乐府古题,属相和歌辞,其本事与本诗不同。按古乐府另有《箜篌谣》,其主旨为交友当有始终,正与本诗相类,故前人亦有谓本诗当题作《箜篌谣》者。

诗的前十六句具言游宴之盛。首句"高殿",点明了诗中的主人——诗人自己是位王侯,次句"从我游",又暗示了他领袖群伦的气派。二句看似措词平平,其实已经气象不凡,非有子建之身份者不能道此。殿上既有美酒盈樽,厨下又操办了丰盛的膳食,烹羊宰牛,这宴席已极诱人。更奂然称盛的,是席前的音乐歌舞。秦地的筝、齐国的瑟,其音或高亢慷慨,或平和温柔,叫人听来或神情激昂,或怡然微笑。那舞女个个如赵飞燕转世,非但舞姿妙态令人称奇不置,且其樱口所发清歌,亦无非往日洛城帝里的殿堂名曲,令人遥想昔盛,感叹良久。阳阿,西汉赵飞燕原在阳阿公主府里学歌舞,此处既代指舞女,又与"京洛"构成巧对,虽是寻常地名,用来亦见诗人的匠心。这般美酒佳肴、轻歌曼舞,如何不使席上至亲好友欣然色动,胃脾大开?高高兴兴地把了三巡酒,将酒宴的常礼了结,他们便一个个宽松了腰带,也不去计较是否有失体面,放开肚子尽情地吃喝起来——反正主人爱客,吃得越多,他越高兴,我们如不多用些,又如何显现他的盛情美意?吃罢!于是,在歌舞伴催之下,在酒酣耳热之余,盛宴达到了它的高潮顶点——"倾庶羞",亦即席面上的美味佳肴倾数一扫而光!好大的胃口,可以想见,客人们吃得是多么惬意,主人看得是多么欢悦。庶羞,谓种种佳肴,"羞"通"馐"。至此,盛宴结束了吗?不,还有更令宾客们惊喜万状的余兴节目呢!主人捧出黄金千两,说是为众位祝寿的一点小小礼物。宾客们却之不恭,只有拜受了之后奉献上他们的衷心答辞:愿君侯万寿无疆。终于要分手了,众宾临行前再三致意主人:决不忘记往日的友谊誓约,那种对朋友始厚终薄的事,是要受道义谴责的,我们可决不会干!客人是知恩不报非君子,主人却认定施恩图报非君子,他连连谦让:区区薄礼,何足挂齿?我只知保持君子的谦谦之德,舍此别无所求。久要,即旧约,"要"通"邀"。磬折,恭敬貌,谓身体弯折如磬。宴会以宾主间的推心置腹的对答结束,足见主是贤主,宾是嘉宾,他们都是至诚以待人,可不是什么酒肉朋友!唯其如此,这才是一场真正的盛宴,是精神极度轻松、心灵极度愉快的欢宴!

到此为止,也可算一首既有豪阔场面又有深厚情意的完整的游宴诗了。然而,若仅此而已,便不是建安文学了。"惊风飘白日,光景驰西流"二句,于篇中突起奇峰。欢会之时,谁曾想到时光消逝?只是到了席罢人散,悄然独处,这才惊觉绚丽朝阳变成了惨淡白日、煦煦温风变成了逼人寒气。"惊风",非谓风惊,人自惊于风也。这一惊,非但惊醒了诗人,也惊起了全诗,惊动了读者。"惊"之下又继以“飘”、继以“驰”、继以“流”，这些奔涌的字词，令人但觉日色微薄、日影西斜，岁月飞驰如轮、飞逝如水，休说沉酣歌舞，迟暮已在眼前。这一切，委实是惊心动魄！写到这里，悲凉之气掩住了氤氲酒气，瑟瑟风声吹散了歌声乐声，生命短暂的至愁至哀压倒了万寿无疆的善祷善颂，全诗格调，顿然大变，变得面目皆非！这一转折，极突兀、极生硬、极不合理；然而，业已在寻求人生价值、探究生命意义的建安人，在穷欢极乐之下，猛然痛感美好时光实在短促、空前盛况无法重复，就算有百年之寿，很快也就到了尽头（遒，尽也），刚才还是高殿华屋竞豪斗奢，转瞬已与草木一起零落，在荒山野墓里化作尘埃——这，又是极正常、极自然、极合于情理的感情，不作如是想，又如何算得建安诗人？是以“盛时”以下四句，愈转愈悲，悲凉之气，直要窒息人了！

然而，建安风骨除“悲凉”之外，还有“慷慨”二字，“先民谁不死？知命复何忧？”便是这种慷慨意气的体现。先民都不免一死，我的命运也将如此，忧也罢，不忧也罢，这个归宿总是注定了的。既是如此，那就乐观起来吧，让生命充实起来吧！这二句是卒章显志，虽然短，也可自成一段落。由此读者才能领悟，中六句的悲凉，并不是诗人的消沉，而是他在开朗地说清楚痛苦，以便把痛苦埋葬；读者更能领悟，前十六句的欢宴，也并非是充当中六句的反衬，而正是“复何忧”的具体写照，唯其无忧无戚，故能纵情作乐、纵笔描绘。有此二句，全诗遂成为有机的整体，而不是意义相反的两部分的黏合。诗人的人生思考、诗人的乐观精神、诗人的坦荡胸襟，都在这二句里得到了充分的展露。

这首诗是曹植的早期作品，其前后两部分，分别已初步体现了曹植诗风的词采华茂和风骨遒劲，颇可重视。至于全诗的慷慨悲凉精神，也自具特色，它已不如曹操乐府那么沉郁，而是以积极向上为主，似乎要迎接生命短暂的挑战，换句话说，那就是“慷慨”的成分多，而“悲凉”的成分少。这或许正是少年曹植的面貌吧。另外，本诗有不可不一辩之处。“久要”二句，即使不是宾客之语（如本文所说），至少也是宾主间的共同心声。后世拘儒，不明乎此，乃谓这是曹植要求众宾与他同危难、共功名。然则盛宴千金，倒成了别有用心的利诱：子建是这样的人品么？且如此解释，也与下文意义不连属。章句之儒，断章取义多此类，真可发一笑。

（沈维藩）

野田黄雀行 曹 植

高树多悲风，海水扬其波。利剑不在掌，结交何须多？不见篱间雀，见鹞自投罗？罗家见雀喜，少年见雀悲。拔剑捎罗网，黄雀得飞飞。飞飞摩苍天，来下谢少年。

建安二十五年正月，曹操病故，曹丕继位魏王，改元延康。他掌权后，立即把曹植的“至交”丁仪、丁廙杀了。好友被杀，曹植却因争立失败而无力相救。《野田黄雀行》所抒写的，就是这样一种悲愤情绪。

全诗可分两段。前四句为一段。“高树多悲风，海水扬其波”两句以比兴发端，出语惊人。《易》曰：“挠万物者莫疾乎风。”（《说卦》）谚曰：“树大招风。”则高树之风，其摧折破坏之力可想而知。“风”前又着一“悲”字，更加强了这自然景观所具的主观感情色彩。大海无边，波涛山立，风吹浪涌，楫摧樯倾，它和首句所描绘的恶劣的自然环境，实际是现实政治气候的象征，曲折地反映了宦海的险恶风涛和政治上的挫折所引起的作者内心的悲愤与忧惧。正是在这样一种政治环境里，在这样一种心情支配下，作者痛定思痛，在百转千回之后，满怀悲愤喊出了“利剑不在掌，结交何须多”这一自身痛苦经历所得出的结论。没有权势便不必交友，这真是石破天惊之论！无论从传统的观念，无论从一般人的生活实际，都不能得出这样的结论来。儒家不是一向强调“有朋自远方来，不亦乐乎！”（《论语·学而》）强调“四海之内皆兄弟”（《论语·颜渊》）吗？从《诗经·小雅·伐木》的“嘤其鸣矣，求其友声”到今天民间流传的“在家靠父母，出门靠朋友”，不都是强调朋友越多越好吗？然而，正是由于它的不合常情常理，反而有了更加强烈的震撼力量，更加深刻地反映了作者内心的悲愤。从曹集中《赠徐幹》“亲交义在敦”、《赠丁仪》“亲交义不薄”、《送应氏》“念我平生亲”、《箜篌引》“亲友从我游”等诗句来看，作者是一个喜交游、重友情的人。这样一个风流倜傥的翩翩佳公子，如今却大声呼喊出与自己本性完全格格不入的话来，不但用以自警，而且用以告诫世人，则其内心的悲苦激烈、创巨痛深，正是不言可知！

“不见篱间雀”以下为全诗第二段。无权无势就不必交友，这当然不是作者内心的真实思想，而是在特殊情况下所发出的悲愤至极的牢骚。这个观点既无法被读者接受，作者也无法引经据典加以论证。因此他采用寓言手法，用“不见”二字引出了持剑少年救雀的故事。这个故事从表面看，是从反面来论证“利剑不在掌，结友何须多”这一不易为人接受的观点，而实际上却是紧承上段，进一步抒写自己内心的悲愤情绪。

黄雀是温驯的小鸟，加上“篱间”二字，更可见其并无冲天之志，不过在篱间嬉戏度日而已。然而就是这样一只于人于物都无所害的小鸟，竟也不能见容于世人，设下罗网，放出鹞鹰，必欲驱捕逐得而后快。为罗驱雀的鹞鹰何其凶恶，见鹞投罗的黄雀何其可怜，见雀而喜的罗家何其卑劣！作者虽无一字褒贬，而感情已深融于叙事之中。作者对掌权者的痛恨，对无辜被害的弱小者的同情，均不难于词句外得之。

作者又进而想象有一手仗利剑的少年，抉开罗网，放走黄雀。黄雀死里逃生，直飞云霄，却又从天空俯冲而下，绕少年盘旋飞鸣，感谢其救命之恩。显然，“拔剑捎罗网”的英俊少年实际是作者想象之中自我形象的化身；黄雀“飞飞摩苍天”所表现的轻快、愉悦，实际是作者在想象中解救了朋友急难之后所感到的轻快和愉悦。诚然，这只是作者的幻想而已。在现实中无能为力，只好在幻想的虚境中求得心灵的解脱，其情亦可悲矣。然而，在这虚幻的想象中，不也潜藏着作者对布罗网者的愤怒和反抗吗？

曹植诗歌的特点，钟嵘《诗品》的“骨气奇高，辞采华茂”八个字最为确评，也最常为人引用。但就这首《野田黄雀行》而言，“骨气”(思想内容)确实是高的，而辞采却说不上“华茂”。从总体上看，这首诗更具有汉乐府民歌的质朴风味。首先，拔剑捎网、黄雀谢恩这一情节，就明显受汉乐府民歌中许多带寓言色彩的作品的影响。西汉《铙歌》十八曲中《艾如张》一曲有“山出黄雀亦有罗，雀已高飞奈雀何”之句，对本篇构思的启发，更是显然。其次，本诗的词句也多质朴无华。“罗家得雀喜，少年见雀悲”这种句式完全是纯粹的口语，“黄雀得飞飞，飞飞摩苍天”二句中的叠字及顶真修辞手法也都是乐府民歌中常见的。这些朴实的词句和诗歌所要表现的内容正相适应，如果有意雕琢，其感人的力量也许倒反而会减退了。于此，我们可以看到曹植这个才高八斗的作家向民歌学习所取得的成就。

（鲁同群）

名都篇　　曹植

名都多妖女，京洛出少年。宝剑直千金，被服丽且鲜。斗鸡东郊道，走马长楸间。驰骋未能半，双兔过我前。揽弓捷鸣镝，长驱上南山。左挽因右发，一纵两禽连。余巧未及展，仰手接飞鸢。观者咸称善，众工归我妍。归来宴平乐，美酒斗十千。脍鲤臇胎鰕，寒鳖炙熊蹯。鸣俦啸匹侣，列坐竟长筵。连翩击鞠壤，巧捷惟万端。白日西南驰，光景不可攀。云散还城邑，清晨复来还。

《名都篇》属于乐府《杂曲歌·齐瑟行》歌辞，无古辞。诗写京洛少年斗鸡走马、射猎游戏、饮宴无度的生活。关于此诗的写作年代有两种不同的说法：一以为这是曹植早期的作品，是建安年间他看到洛阳贵游子弟耽于逸乐的生活而作，其中甚至有他本人生活的影子。一以为从本诗所写的洛阳少年奢靡豪华的生活来看，不宜出现于建安或黄初年间，因洛阳在汉末经董卓之乱后，破败零落，贵族子弟不可能有如此骄奢淫逸的生活，故此诗宜系于太和年间曹植入京时所作，即在他生命的最后几年中。考曹植于建安十六年(211)所作的《送应氏》中说："洛阳何寂寞，宫室尽烧焚，垣墙皆顿擗，荆棘上参天。"可见其时的洛阳确实破落不堪，故我们同意后一种说法。

至于此诗的主旨，历来也有两种不同的解释：一说以为"刺时人骑射之妙，游骋之乐，而无爱国之心"(《文选》六臣注引张铣语)，即以讽谕为主，意在指责京洛少年的生活奢靡而不思报效国家。一说以为"子建自负其才，思树勋业，而为文帝所忌，抑郁不得伸，故感愤赋此"(《古诗赏析》引唐汝谔语)，即以少年自况，由此表示心迹。然笔者以为此诗若定于后期所作，则其时曹植已不是裘马轻狂的少年，而其心境也抑郁不欢，故绝无可能以翩翩少年自况；而且从此诗的字里行间来看，诗人对这些贵游子弟实不无微辞，故我们在介绍此诗时还是取张铣的说法。当然，有人在此诗中看到了曹植本人早年生活的影子，正说明诗人对这种游乐宴饮的熟悉，而且其描绘的手法也是逼真而传神的。如果借一句前人评论汉赋的话来说，便是"劝百而讽一"，虽然诗人的意图在于讥刺和暴露，而给人的印象却似乎在赞美和颂扬。

全诗主要的篇幅都在写京洛少年的游戏与饮宴。开头二句以邯郸、临淄等著名都市的艳丽女乐来陪衬京都洛阳骄奢的游侠少年，以"妖女"引出"少年"，起调即着色浓艳。随后转入对少年形貌的描写，他佩带的宝剑价值千金，所穿的衣服华丽鲜艳，在装束上已可见少年的富有而放达。接下去便写他的活动：在城东郊外斗鸡，在长长的楸树夹道上跑马。斗鸡是汉、魏时富家子弟普遍爱好的习俗，曹植本人就有《斗鸡》诗极言以斗鸡取乐，据说魏明帝太和年间曾在洛阳筑斗鸡台，这里所写大约也基于当时事实。"驰骋未能半"以下写少年的驰猎，先说他一箭射中两只奔兔，次说他仰天随手一箭又将迎面飞来的鸱鹰射落，再说观者的啧啧称赞，从而将其箭法的高超刻画殆尽。"归来宴平乐"以下则转入对他举行饮宴的描述。平乐观在洛阳西门外，少年在此大摆宴席，开怀畅饮，不惜酒价的昂贵，欲一醉方休。席上有切细的鲤鱼、虾子肉羹，还有酱渍的甲鱼和烧熊掌，呼唤高朋入座，摆开了长长的筵席，可见其穷奢极欲。"连翩"二句复写其宴会后的蹴鞠与击壤之戏，表现出少年的动作敏捷奇巧，变化万端。游乐一直持续到了太阳西沉，而时光已不可再挽留，大家这才如浮云一般散去，各自回到了城中的居处。诗写到这里本应结束了，欢乐已尽，人去筵散，然而诗人忽然笔锋一转，说到了明天，人们再重新回来寻欢作乐。

这首诗可以说是一首叙事诗，诗中主要写了主人公京洛少年的行为。他是一位风度翩翩，身手矫健的英俊少年，骑射的本领十分高超，但只是用来打猎消遣，于国无补；他慷慨好施，穷极奢华，然未知节俭，日复一日，年复一年，光阴虚掷，而无忧国忧民之心。然而，曹植对京洛少年的批评只是以很隐约含蓄的方法来表现的，通过尽态极妍的描绘透露出来，如写他善射曰："左挽因右发，一纵两禽连。余巧未及展，仰手接飞莺。"又如写他宴会的丰盛："脍鲤臇胎鰕，寒鳖炙熊蹯。"其描写未免过分夸张，而诗人正是在这种夸张中暴露了其中不合理的成分，过分的逞才与奢豪，自然会激起人的不满。虽然曹植在这里未著一字批评，然其中的褒贬曲曲可见。又如最后说一天的欢乐已尽，"白日西南驰，光景不可攀"显然已隐喻时光虚度，青春一去不返的惋惜之意，然结句忽又说"清晨复来还"，言外的讽喻之意就更加清楚了。故陈祚明《采菽堂古诗选》中说："'白日'二句下，定当言寿命不常，少年俄为老丑，或欢乐难久，忧戚继之，方于作诗之意有合，今只曰'云散还城邑，清晨复来还'而已，万端感慨皆在言外。"说明了曹植此诗中的讽喻纯以含蓄的笔墨出之，不露痕迹而宛然可见。

本诗虽然是一首叙事诗，然诗人的描写与叙事是经过极缜密的剪裁取舍的，诗并没有原原本本地记录京洛少年的家庭、社会地位与生活的每个侧面，而只是选了他一天之中的活动，这样便有利于将笔墨集中到具有典型意义的事例的描写上去，能够简略分明、繁简适度地来展开描写。因而于这一天的活动中诗人抓住了少年的射猎与饮宴两件事，其他如斗鸡、跑马、蹴鞠、击壤只是一句带过，表现了诗人剪裁上的匠心。他用了"驰骋未能半"至"众工归我妍"十句来刻画铺叙少年射猎的娴熟本领，写来绘声绘色，如耳闻目见，"余巧未及展，仰手接飞鸢"两句不仅描绘出他射艺的出神入化，而且一个傲然自得的少年形象已跃然纸上，"观者咸称善，众工归我妍"又从侧面将其箭法的出群淋漓尽致地刻画出来，正如古乐府《陌上桑》中写少女罗敷的美貌，通过旁观者的赞美与反应来写，而这里所不同的只是妙龄女郎换成了翩翩少年，其手法则同出一辙。总之本诗在谋篇布局、剪裁详略上颇有成功之处，故吴淇曾说："寻常人作名都诗，必搜求名都一切事物，杂错以炫博。而子建只推出一少年，以例其余。于少年中，只出得两事，一曰驰骋，一曰饮宴。"可见前人已注意到了此诗写作上追求典型、详略分明的特点。

（王镇远）

美女篇　　曹植

美女妖且闲，采桑歧路间。柔条纷冉冉，落叶何翩翩。攘袖见素手，皓腕约金环。头上金爵钗，腰佩翠琅玕。明珠交玉体，珊瑚间木难。罗衣何飘飖，轻裾随风还。顾盼遗光彩，长啸气若兰。行徒用息驾，休者以忘餐。借问女安居，乃在城南端。青楼临大路，高门结重关。容华耀朝日，谁不希令颜？媒氏何所营？玉帛不时安。佳人慕高义，求贤良独难。众人徒嗷嗷，安知彼所观？盛年处房室，中夜起长叹。

《美女篇》是乐府歌辞，属《杂曲歌·齐瑟行》，以开头二字为题。这首诗以美女盛年不嫁，比喻志士怀才不遇。

曹植是建安时期的杰出诗人，他的诗“骨气奇高，词采华茂”（钟嵘《诗品》上），对五言诗的发展起了很大的推动作用。同时，他还具有政治才能，曹操曾认为他在兄弟之间“最可定大事”（《三国志·魏书·陈思王传》注引《魏武故事》），打算立他为魏太子。后在与其兄曹丕的竞争中失败。建安二十五年（220），曹丕篡汉自立，从此，对曹植进行一系列的迫害。直到曹丕之子曹叡即位（即魏明帝），情况也没有改变。曹植是一个有政治理想的人，他渴望在政治上有所作为，但是，在曹丕父子的迫害下，他过着如同“圈牢之养物”的生活，有才能，得不到施展的机会。终于在魏明帝（曹叡）太和六年（232），“汲汲无欢”地离开了人间，卒年仅四十一岁。刘履评论《美女篇》说：“子建志在辅君匡济，策功垂名，乃不克遂，虽授爵封，而其心犹为不仕，故托处女以寓怨慕之情焉。”（《选诗补注》卷二）结合曹植的遭遇看，刘履的理解是有道理的。

“美女妖且闲，采桑歧路间。”这是交代人物、地点。人物是一个美丽姑娘，她的容貌艳丽，性格娴静。地点是“歧路间”，即岔路口，她在采桑。“歧路间”是来往行人较多的地方，这就为下文“行徒”、“休者”的倾倒预作铺垫。“柔条纷冉冉，落叶何翩翩。”紧接“采桑”，写柔嫩的桑枝轻轻摇动，采下的桑叶翩翩飘落。这里明是写桑树，暗是写美女采桑的优美动作。景物的描写对表现人物起了烘托作用。

“攘袖见素手，皓腕约金环。头上金爵钗，腰佩翠琅玕。明珠交玉体，珊瑚间木难。罗衣何飘飖，轻裾随风还。顾盼遗光彩，长啸气若兰。”主要写美人的服饰，也写到神情。“攘袖”二句，上承“柔条”二句，美女采桑必然挽袖。挽袖方能见到洁白的手。为了采桑，素手必须高举，这样又可见到带着金手镯的洁白而光泽的手腕。用词精当，次第井然。因为是采桑，所以先写美女的手和腕，然后写到头和腰，头上插着雀形的金钗，腰上挂着翠绿色的玉石。身上佩着明珠，还点缀着碧色宝珠和红色的珊瑚。以上几句写美女身上的装饰品，多为静态的描写。"罗衣"二句，写美女轻薄的丝罗上衣，衣襟随风飘动，是动态的描写。动静结合描写美女的服饰，写出美女婀娜的身姿和轻盈的步态。形象十分鲜明。"顾盼"二句，以精妙的字句，勾勒美女的神情。美女的一顾一盼都给人留下迷人的光彩，长啸时呼出的气息，芬芳如幽兰。使人感到如见其人，如闻其声，能不为之倾倒吗？所以，"行徒用息驾，休者以忘餐"。行路的人见到美女停车不走了，休息的人见到美女忘了吃饭，从侧面描写美女的美貌。应该指出，曹植的这段描写，显然受了汉乐府《陌上桑》的影响。《陌上桑》描写罗敷的美貌是这样写的：

罗敷喜蚕桑，采桑城南隅。青丝为笼系，桂枝为笼钩。头上倭堕髻，耳中明月珠。缃绮为下裙，紫绮为上襦。行者见罗敷，下担捋髭须。少年见罗敷，脱帽著帩头。耕者忘其犁，锄者忘其锄。来归相怨怒，但坐观罗敷。

这是描写罗敷的美丽，并不直接描写她的容貌，而是描写她用的器物（"笼系""笼钩"）和穿戴的服饰（"倭堕髻""明月珠""下裙""上襦"）之美及"行者""少年""耕者""锄者"四种人见到罗敷以后的反应，从正面和侧面来烘托罗敷的美丽。这些描写与《美女篇》的描写对比起来，二者在内容上虽然基本相同，但是写法却不尽相同，表现了曹植诗的一些变化和发展。

"借问女安居？乃在城南端。青楼临大路，高门结重关。"交代美女的住处，点明她的高贵门第。美女住在城南大路附近的高楼里。"青楼""高门""重关"，说明她不是普通人家的女儿，而是大家闺秀。"容华耀朝日，谁不希令颜？"美女的容光如同早晨的阳光，谁不爱慕她的美貌呢？上句写美女容貌之美，可与前半首合观；下句说无人不为之倾倒，引起下文。这里写美女高贵的门第和美丽的容颜，是隐喻诗人自己的身份和才能。有才能而没有施展的机会，所以他不能不慨叹英雄无用武之地。

"媒氏何所营？玉帛不时安。佳人慕高义，求贤良独难。众人徒嗷嗷，安知彼所观。"媒人都干什么去了呢？为什么不及时送来聘礼，订下婚约呢？诗人对媒人的责怪，反映了自己内心的不平。媒人不来行聘，这是客观上的原因。而美女爱慕的是品德高尚的人，要想寻求一个贤德的丈夫实在很困难。这是美女主观上的原因。这是比喻志士有理想，但难以实现。美女的理想不是一般人所能理解的，因而吵吵嚷嚷，议论纷纷，他们哪里知道她看得上的是怎样的人。这是比喻一般人不了解志士的理想。“盛年处房室，中夜起长叹。”美女正当青春盛年，而独居闺中，忧愁怨恨，深夜不眠，发出长长的叹息。这是比喻志士怀才不遇的苦闷。

这首诗通篇用比，比是我国古代诗歌的传统手法，《诗经》、《楚辞》多用之。《美女篇》以绝代美女比喻有理想有抱负的志士，以美女不嫁，比喻志士的怀才不遇。含蓄委婉，意味深长。其实美女所喻之志士就是曹植自己。所以，清人王尧衢说：“子建求自试而不见用，如美女之不见售，故以为比。”（《古唐诗合解》卷三）

这首诗语言华丽、精炼，描写细致、生动，塑造了一个美丽而又娴静的姑娘，写得栩栩如生，跃然纸上。清代叶燮推为“汉魏压卷”，并且说：“《美女篇》意致幽眇，含蓄隽永，音节韵度皆有天然姿态，层层摇曳而出，使人不可髣髴端倪，固是空千古绝作。”绝不是偶然的。　（穆克宏）

白　马　篇　　　　曹　植

白马饰金羁，连翩西北驰。借问谁家子，幽并游侠儿。少小去乡邑，扬名沙漠垂。宿昔秉良弓，楛矢何参差。控弦破左的，右发摧月支。仰手接飞猱，俯身散马蹄。狡捷过猴猿，勇剽若豹螭。边城多警急，胡虏数迁移。羽檄从北来，厉马登高堤。长驱蹈匈奴，左顾凌鲜卑。弃身锋刃端，性命安可怀？父母且不顾，何言子与妻？名编壮士籍，不得中顾私。捐躯赴国难，视死忽如归。

《白马篇》是乐府歌辞，属《杂曲歌·齐瑟行》，以开头二字名篇。诗题又作《游侠篇》，大概是因为这首诗的内容是写边塞游侠的缘故。诗中塑造了一个武艺精熟的爱国壮士的形象，歌颂了他为国献身、视死如归的高尚精神，寄托了诗人为国建功立业的雄心壮志。清代朱乾说：“此寓意于幽并游侠，实自况也。子建《自试表》云：昔从武皇帝，南极赤岸，东临沧海，西望玉门，北出玄塞，伏见所以用兵之势，可谓神妙。而志在擒权馘亮，虽身份蜀境，首悬吴阙，犹生之年。篇中所云‘捐躯赴难，视死如归’，亦子建素志，非泛述矣。”（《乐府正义》卷十二）这个分析十分有理。

“白马饰金羁，连翩西北驰。”诗一开头就使人感到气势不凡。白色的骏马套上金色的笼头，飞一般地向西北方驰去。“白马”、“金羁”，色彩鲜明，“连翩”，原指鸟飞的样子。这里用来形容骏马飞驰。从表面看，只见马，不见人。其实这里写马，正是为了写人，用的是烘云托月的手法。这不仅写出了壮士骑术娴熟，而且也表现了边情的紧急。这好像是一个电影特写镜头，表现出壮士豪迈的气概。清代沈德潜说，曹植诗“极工起调”，这两句就是一例。这样的开头是喷薄而出，笼罩全篇。

“借问谁家子？幽并游侠儿。少小去乡邑，扬声沙漠垂。”诗人故设问答，补叙来历。那个骑着白马，驰向西北的壮士是谁呢？他是幽州、并州的游侠健儿。他从小就离开了家乡，名声在边塞传扬。什么是游侠？司马迁《史记》有《游侠列传》。他说：游侠“救人于厄，振人不赡。仁者有乎？不既(失)信不倍(背)言，义者有取焉。”(《太史公自序》)可见那些救人于患难，助人于穷困，不失信，不背言的人，才能具备“游侠”的条件。而曹植笔下的游侠与此不同，成了为国家效力的爱国壮士。“借问”四句紧承前二句，诗人没有继续写骑白马的壮士在边塞如何冲锋陷阵，为国立功，而是一笔宕开，补叙壮士的来历，使诗歌气势变化，富于波澜。

“宿昔秉良弓，楛矢何参差。控弦破左的，右发摧月支。仰手接飞猱，俯身散马蹄。狡捷过猴猿，勇剽若豹螭。”刻意铺陈“游侠儿”超群的武艺。他整天良弓不离手，楛木制的利箭何其多。他拉弓射穿了左边的箭靶，向右又射裂了箭靶“月支”，迎面仰射，巧中轻捷的飞猱，低身俯射，射碎箭靶“马蹄”。他灵巧敏捷赛过猿猴，勇猛轻疾如同豹螭。这是补叙的继续。诗人使用了一连串的对偶句使诗歌语言显得铿锵有力，富于气势。“控弦”四句，选用“破”、“摧”、“接”、“散”四个动词，从左、右、上、下不同方位表现游侠儿的高超武艺。“狡捷”二句，以形象的比喻描写游侠儿的敏捷灵巧，勇猛轻疾，都很生动。这些描写使我们懂得游侠儿“扬声沙漠垂”的重要原因，也为后面所写的游侠儿为国效力的英勇行为做好了铺垫。

“边城多警急，胡虏数迁移。羽檄从北来，厉马登高堤。长驱蹈匈奴，左顾凌鲜卑。”这是说，边塞频频传来紧急的情况，匈奴、鲜卑的骑兵常常入侵。告急的文书从北面传来，游侠儿立即策马登上高堤，长驱直捣匈奴的军营，掉转头来，又制服了鲜卑的骑兵。这里是写游侠儿驰骋沙场，英勇杀敌的情景。因为游侠儿的武艺高超，前面已详写，这里只用“长驱蹈匈奴，左顾凌鲜卑”二句，就十分精练地把游侠儿的英雄业绩表现出来了。这种有详有略的写法，不仅节省了笔墨，而且突出了重点。可见其剪裁的恰当。

“弃身锋刃端，性命安可怀？父母且不顾，何言子与妻？名编壮士籍，不得中顾私。捐躯赴国难，视死忽如归。”这最后八句揭示游侠儿的内心世界。游侠儿之所以能够克敌制胜，不仅是由于他武艺高超，更重要的，还由于他具有崇高思想品德。为了国家，他投身在锋利的刀刃中，根本不把自己的性命放在心上。父母尚且顾不上，哪里谈得上妻子与儿女？名字既已编入壮士的名册，就不能顾及私事了。他献身国家奔赴国难，把死亡看作如同回家一样。这种思想品德和他的高超武艺结合起来，我们感到这个英雄形象有血有肉，栩栩如生，给人以深刻的印象。

《白马篇》是曹植前期诗歌中的名作，它在写法上显然受到汉乐府的影响。但是，诚如明代胡应麟所说："子建《名都》、《白马》、《美女》诸篇，辞极赡丽，然句颇尚工，语多致饰。视东西京乐府，天然古质，殊自不同。"（《诗薮·内编》卷二）其实，这个不同，不只是因为曹植诗的"赡丽"、"尚工"、"致饰"，主要的还在曹植的"雅好慷慨"（《前录自序》）和他诗歌的"骨气奇高"（钟嵘《诗品》上），即曹植常常表现出一种慷慨激昂的热情，其诗歌的思想感情高迈不凡。从《白马篇》来看，确实如此。

（穆克宏）

朔风诗五章　　曹　植

仰彼朔风，用怀魏都。愿骋代马，倏忽北徂。凯风永至，思彼蛮方。愿随越鸟，翻飞南翔。

四气代谢，悬景运周。别如俯仰，脱若三秋。昔我初迁，朱华未晞。今我旋止，素雪云飞。

俯降千仞，仰登天阻。风飘蓬飞，载离寒暑。千仞易陟，天阻可越。昔我同袍，今永乖别。

子好芳草，岂忘尔贻。繁华将茂，秋霜悴之。君不垂眷，岂云其诚！秋兰可喻，桂树冬荣。

弦歌荡思，谁与销忧？临川慕思，何为泛舟？岂无和乐，游非我邻。谁忘泛舟，愧无榜人。

魏明帝太和二年(228)的一个冬日，北风挟裹着飞雪，越过豫东平原，霎时间便把小小的雍丘(今河南杞县),化为茫茫白地。一位神色憔悴的诗人,却还在庭中徘徊——他就是屡遭朝廷贬谪疑忌的雍丘王曹植。一年前,他才被明帝“徙封浚仪(今河南开封北)”;而今,又被责令“复还雍丘”。诗人壮志难酬、身如飘蓬,再也按抑不住心头的悲怆,终于用那“骨气奇高”之笔,在风声雪影之下,写下了这首名作《朔风诗》。

这首诗共分五章。大约诗人落笔之际,正是朔风怒号之时,所以开章即以朔风起兴,抒写“用(以)怀魏都”之情。魏都洛阳,远在雍丘西北。诗人在那里,曾经度过美好的青春时光,留下过少年的宏大梦想。从黄初四年(223)七月离开那儿以来,至今又已五年了。朔风北来,听上去似乎全都是往日亲朋的呼唤之声。古诗有“代马依北风”之句,说的是北方代郡的良马南来,一闻北风之声,便依恋地嘶鸣不已。马犹如此,人何以堪!诗人因此凄楚地吟道:“愿骋代马,倏忽北徂(往)。”他是多么希望驱策代马,迎风扬蹄,飞快地驰往洛阳呵!不过,诗人此时的怀念国都,已不是为了寻回少年之梦,而是志在“捐躯济难”、列身朝廷、报效国家。每当凯风(南风)吹拂,他总要记起“蛮方”(指江南)还有“不臣之吴”。他在此年上明帝的《求自试表》中,就以“辍食忘餐,奋袂攘衽,抚剑东顾,而心已驰于吴会矣”之语,表达了愿为征吴大业效力的急不可待之情。此章结句“愿随越鸟,翻飞南翔”,亦正化用了古诗“越鸟巢南枝”之典,抒写了诗人南征孙吴的壮志和渴望。其辞促情迫,正与上引《求自试表》之语异曲同工。

然而,诗人的这一壮志,总是化为碎坠的泡影。他的政治生涯,大多是在不断流徙的“汲汲无欢”中度过的。诗之二、三章,由此转入对自己身世漂泊的感伤抒写。“四气(节气)代谢,悬景(日、月)运周”,时光荏苒。诗人于太和元年徙封浚仪,至此复还雍丘,这一别正如一俯一仰,相隔并不太久。但在痛惜于光阴流逝的诗人眼中,却是“脱(忽然)若三秋(年)”,未免生出年华不再的失落之感。回想当时“初迁”,雍丘还是百花盛开的春日;而今重返故地,却已是“素雪云飞”的冬季。这四句,化用了《诗经·小雅·采薇》的名句“昔我往矣,杨柳依依;今我来思,雨雪霏霏”,将自身流徙往返的凄怆之感,与千年前西周戍卒重返家园的物换星移之伤,融为一体,显得愈加深沉、酸楚。从黄初二年(221)以来,诗人东封鄄城、北徙浚仪、二徙雍丘。八年之中,正如翻越于高山峻谷,忽而“俯降千仞”,忽而“仰登天阻(险)”,尝尽了颠沛流徙之苦。诗人因此慨叹于身如“风飘蓬飞”,不知何时才有安定之所。这两句,与次年所作《吁嗟篇》中“宕宕当何依”、“谁知吾苦艰”之语一样,饱含着诗人多少酸辛和泪水!如果仅仅是飘徙,倒还罢了。最使诗人痛苦的是,当局还明令禁止他与同胞兄弟相往来,这简直令诗人绝望。诗中接着四句，便是诗人绝望之中的凄厉呼号："千仞易陟（登），天阻可越。昔我同袍，今永乖别！"极言险阻之可翻越，更反衬出当局者之禁令正如无情的"雷池"，难以跨越半步。兄弟的分离，恰似生死永别，怎不令诗人怆然泣下！

这悲剧是谁造成的？诗人当然明白。诗之四章，即中断对自身漂泊痛苦的泣诉，透过朔风素雪，向始终疑忌他的远方君王，发出了责询。前四句运用屈原《离骚》的比兴方式，以"芳草"喻忠贞之臣、"秋霜"比小人，愤懑地大声责问：你（君王）说过喜爱芳草，我就牢牢记着要把它们进献给你；谁料到它们荣华繁茂之际，你却驱使秋天的严霜，使它们归于憔悴凋零！"君不垂眷"以下，诗人又以凛然之气，表明自己的心迹：即使君王毫不顾念，我的忠贞之心，也决无改易。请看看寒霜中的秋兰，朔风前的桂木吧：它们何曾畏惧过凝寒，改变过芬芳之性、"冬荣"之节！"秋兰可喻"二句，于悲愤中振起，显示了诗人那难以摧折的"骨气"之"奇高"。

第五章为全诗结尾，抒写诗人对未来生活的瞻念。君王既不眷顾，诗人的流徙生涯定是绵长无尽的了。想到这一点，诗人不禁忧从中来。弹琴放歌，虽可借以倾吐心曲，但无知音，又有谁能和他同销忧愁？雍丘之地，自然亦有川泽可供"泛舟"，但无同志，又有谁能了解他临川思济的政治怀抱？在《求通亲亲表》中，诗人曾这样描述他的孤寂生涯："近且婚媾不通，兄弟永绝。""每四节之会，块然独处。左右惟仆隶，所对惟妻子。高谈无所与陈，发义无所与展。未尝不闻乐而拊心，临觞而叹息也！"这正是诗人最感痛苦的，难怪他在结句中发出"岂无和乐，游（交游）非我邻（同志）；谁忘泛舟，愧无榜人（撑船者）"的啸叹了。

前人称曹植的诗"肝肠气骨，时有块磊处"（钟惺《古诗归》）。《朔风诗》正是一首颇有"块磊"的抒愤之作。诗人抒写胸中愤懑，吸收了《诗经》、《楚辞》运用比兴的成功经验，借助于"朔风"、"素雪"、"芳草"、"秋霜"、"飘蓬"、"天阻"种种意象，情由景生，物随意驱，辉映烘托，将心中的思情和壮志、哀伤和怨愤，表现得九曲回肠、悲惋感人。诗中时而借用典故，如"代马"、"越鸟"之喻；时而化用《诗经》名句，如"昔迁"、"今旋"之比；时而运用对仗和比喻，如"别如俯仰，脱若三秋"等，均思致灵巧、意蕴深长，显示了诗人对诗句的锤炼之工。诗人运笔的徐疾变化、辞气的抑扬宕跌，更表现了一种"兔起鹘落"的气象。就一章来说，诗情时有起伏。如首章前四句叙怀思，哀婉低回；后四句抒壮志，辞促情迫。就全篇来说，章与章之间，亦往复回环、顿跌奋扬，呈一波三折之形。首章徐徐振起，二章平缓悠长，三章啸叹直上，四章于结尾忽作金石掷地之声，五章复以悠悠之叹收束。这些，都可见出曹植之诗"始为宏肆，多生情态"的特色（王世懋《艺圃撷余》）。

（潘啸龙）

公 宴 曹 植

公子敬爱客，终宴不知疲。清夜游西园，飞盖相追随。明月澄清景，列宿正参差。秋兰被长坂，朱华冒绿池。潜鱼跃清波，好鸟鸣高枝。神飙接丹毂，轻辇随风移。飘飖放志意，千秋长若斯。

《文心雕龙·明诗》中说："暨建安初，五言腾踊。文帝、陈思，纵辔以骋节，王、徐、应、刘，望路而争驱。并怜风月，狎池苑，述恩荣，叙酣宴，慷慨以任气，磊落以使才。造怀指事，不求纤密之巧；驱辞逐貌，唯取昭晰之能，此其所同也。"刘勰的这段话向来被视为对建安诗风的概括，其中说明了"建安风骨"的主要特征，也述及了建安诗人歌咏的主要内容，指出了"怜风月，狎池苑，述恩荣，叙酣宴"等特点，这与近人以反映诗人的政治抱负与现实的社会矛盾为建安诗歌主流的认识不尽一致。当然，这是一个学术问题，我们在这里无法展开论述，但至少从上面的引文中可知，在刘勰的时代人们较注重建安诗人那些歌咏风月、叙述酣宴的诗章。故《昭明文选》中特别标立"公宴"一类，就专录此类诗篇，曹植的这首《公宴》即可视为其中之冠，此外如建安七子中的王粲、刘桢、阮瑀、应玚等人也都有以"公宴"为题的诗，可见当时风气之盛。

曹植的这首诗很可能与曹丕《芙蓉池作》一诗作于同时，当时虽然没有明确的唱和观念，然而从两诗的内容来看，曹植的诗很可能是继曹丕之诗而作的，如《芙蓉池作》中有"乘辇夜行游，逍遥步西园"的话，就和此诗中"清夜游西园，飞盖相追随"相应；又曹丕诗中的"惊风扶轮毂，飞鸟翔我前"与此诗中的"神飙接丹毂，轻辇随风移"相一致，两诗的写景抒情中也还有不少相通之处，都说明可能作于一时一地。

从此诗中看，曹丕、曹植兄弟还处于相当融洽的关系中，建安诗人在他们的招邀下，流连诗酒，游逸苑囿，欢极一时，由此可以推断，本诗作于建安中期(210年前后)。所谓公宴就是群臣受公家之邀而侍宴，本篇就记录了由曹丕召集的某次宴会，可见当时邺下诗人集团流连光景、聚会咏诗的面貌。

"公子"，这里是指曹丕。曹丕与曹植可以说是当时邺下文人集团的中心人物，钟嵘《诗品序》中就说过："曹公父子，笃好斯文，平原兄弟，郁为文栋，刘桢、王粲，为其羽翼。次有攀龙托凤，自致于属车者，盖将百计，彬彬之盛，大备于时矣！"所以本诗的一开头就说曹丕敬爱宾客，设宴款待，客人们也都兴致勃勃，直到宴会终了还不知疲倦。这领起的两句可以说是总写，以下便是详述了：清幽的夜晚去游览西园，轻捷如飞的车辆络绎不绝，一辆随着一辆。“西园”就是指在文昌殿以西的铜雀园，曹丕的《芙蓉池作》中说“逍遥步西园”，王粲《杂诗》中也曾说“日暮游西园”，可见“西园”是邺下文人常去聚会的去处。此夜明月皎洁，在清澈如水的月光下一切景物都显得朗然无滓，天上繁星密布，似乎由于诗人们的聚会而更添光彩。秋日的兰花覆盖着长而隆起的坡地，红色的荷花星星点点地在碧绿的池水上探出头来，池中的游鱼时而跃出清波，高高的树枝上也不时传来悦耳的鸟声，自然界的一切事物都似乎进入了一种美妙完善的境界。迅捷的风与诗人们乘坐的华美车辆一同前进，轻快的车轮就像随风而动，令人有飘飘欲仙，凌空而起的感觉，因而结句说：让我们逍遥自在地纵情游玩，敞开胸怀，但愿千秋万岁，永远如此。

此诗的情调高昂而欢畅，分明是曹植少年得志，生活欢乐的真实写照，这在曹植的诗集中，尤其在他后期的创作中是十分罕见的。其中充满着积极向上，高亢振奋的精神，刘勰所说的“慷慨以任气，磊落以使才”大概就是指的此类作品。在这首诗中，人与自然的结合，情感与景物的交融，都组合成一种爽朗欢快的基调，“明月”、“列宿”、“秋兰”、“朱华”、“潜鱼”、“好鸟”都呈现出欣欣向荣，明快活泼的气象，丝毫没有半点秋气萧索的意绪。显然，自然景观也都染上了诗人内心的欢欣。刘勰说文人创作时“登山则情满于山，观海则意溢于海”（《文心雕龙·神思》），可见诗人能使外物都染上自己主观情感的色彩，这就是古人所谓的“移情”。曹植在此诗中的叙事写景也无不带有主观的欢畅情绪，正是“移情”作用的体现。

此诗还有一个特点，就是“秋兰”等四句出现了严密而工整的对仗，不仅词性的虚实两两相偶，而且语意也自然工俪，这种形式对后代格律诗的出现自然起了先导作用，在诗歌史上是一个值得重视的现象。同时，这四句由于其写景状物的明快而具有典型意义，故成为后人广为传诵的名句。（王镇远）

赠徐幹　曹植

惊风飘白日，忽然归西山。圆景光未满，众星灿以繁。志士营世业，小人亦不闲。聊且夜行游，游彼双阙间。文昌郁云兴，迎风高中天。春鸠鸣飞栋，流猋激棂轩。顾念蓬室士，贫贱诚可怜。薇藿弗充虚，皮褐犹不全。慷慨有悲心，兴文自成篇。宝弃怨何人？和氏有其愆。弹冠俟知己，知己谁不然？良田无晚岁，膏泽多丰年。亮怀玙璠美，积久德愈宣。亲交义在敦，申章复何言！

赠人之作，是曹植诗歌的一个重要内容。以“赠”字为题的就有《赠王粲》、《赠丁仪》、《赠丁廙》、《赠丁仪、王粲》、《赠白马王彪》等。此赠友人徐幹。徐幹(170—217)，字伟长，北海郡(今山东昌乐附近)人。善诗赋，好文词，曾作《中论》二十篇，是著名的“建安七子”之一。但一生坎坷不遇，独住陋巷，贫贱可怜。曹植此诗，即悯其不遇，勉其待时的劝慰之作。

诗是在银白色的月光下写成的。先由黄昏导入。首句“惊风飘白日”，著一“惊”字，“飘”字，势如高山坠石，劈空而来，以飞动的警句，振起全篇。风惊而日飘，倏忽而昼晦，景象为何如此奇异？李善说：“夫日丽于天，风生乎地，而言飘者，夫浮景骏奔，倏焉而过，余光杳杳，似若飘然。”事实上，风惊而倏起，日飘而归山，这样的景象，不会和由诗题点明的诗人对徐幹的思念没有关系。因此，风之惊，日之飘，都是诗人眼中的主观镜头，因为思念，遂神情袂忽，光景西驰。而此时此刻，不觉已“圆景光未满，众星灿以繁”。只身独立于星月银白色的清辉之下了。

月下怀人的诗，早在《诗经·陈风·月出》中已被人歌唱过，本身并不新鲜。但把怀人的内容与月下景色的描写结合起来，而怀人又包涵思念、劝慰、开导、期待等复杂的内容，却是《诗经》里那位无名诗人歌唱“月出皎兮，佼人僚兮”所无法比拟的。“志士营世业，小人亦不闲”。在这月明星灿的夜晚，徐幹也许忙着建立垂之久远的功业，而我也无片刻闲暇呀。“小人”与“志士”对举，此为戏称，也反映了年龄上的差异。曹植比徐幹小二十多岁，故“小人”或许与“小子”意思接近，是曹植作为晚辈的谦称。“亦不闲”即引发“夜行游”，导入下文。以下六句，均描写月下邺城皇宫夜景：廊柱浮动夜云的文昌殿，檐牙刺破夜空的迎风观；望楼剪影般嵯峨的双阙，飞栋下惊宿鸣叫的春鸠，回廊上激于棂轩的流飙。

琼楼——蓬室。诗人的笔陡然一转，像大幅度的电影剪辑镜头，把琼楼玉宇与陋巷蓬室组合在一起，并由“蓬室”及于独处蓬室的友人徐幹。“顾念蓬室士”以下六句，写徐幹的贫贱可怜，虽薇藿食之不饱，粗褐衣之不全，仍怀文抱质，安然处贫，发愤著书。“宝弃怨何人”以下四句，前两句用和氏献璧典。以和氏璧喻徐幹，表示自己援引无力的歉意；后二句解释，自己无力是因为无权。因无权无力援引友人，故“知己谁不然”微露愤激。这种愤激，与《野田黄雀行》中“利剑不在掌,结交何须多"相类似。既已无可奈何,故"良田无晚岁"以下均为宽慰语,前两句以"良田嘉禾"为喻,后两句以"玙璠美玉"相匹。这与《赠王粲》中"重阴润万物,何惧泽不周",与《赠丁廙》中"积善有余庆,荣枯立可须"是一致的。劝慰的方式相同,正表明蕴藏在深处的无可奈何也相同。末以作诗相赠为结。至此,体既被于文质,情既兼于雅怨,而诗意又曲折盘旋。尤以"惊风飘白日"发起诗端,工于起调,则为曹植当行。后唐人王维、岑参、杜甫的"风劲角弓鸣","送客飞鸟外"、"带甲满天地",均用此句法。 (曹 旭)

赠丁仪 曹植

初秋凉气发,庭树微销落。凝霜依玉除,清风飘飞阁。朝云不归山,霖雨成川泽。黍稷委畴陇,农夫安所获。在贵多忘贱,为恩谁能博?狐白足御冬,焉念无衣客。思慕延陵子,宝剑非所惜。子其宁尔心,亲交义不薄。

丁仪,字正礼,沛郡(今安徽濉溪北)人,他曾为曹操的属官,颇有才学,深得曹操的器重,有一度还想将自己的女儿嫁给他,然受到太子曹丕的阻挠而未能付诸实际,于是丁仪对曹丕心怀芥蒂。丁仪与其弟丁廙都很爱慕曹植的才情,曹操也很宠爱曹植,曾想立曹植为太子,丁氏兄弟也曾力赞其事,故遭到曹丕的忌恨。曹操去世后,曹丕即位,不久就借故将丁氏兄弟杀害,他们成了曹氏兄弟争夺帝位的殉葬品。曹植的这首诗作于曹丕初即位时,丁仪自知形势严峻,常常郁郁寡欢,因而曹植作此诗以示安慰。

诗以写景起调,是曹植诗常用的手法,然这种写景已不同于《诗经》中起句写景的比兴象征意义,而曹植诗起调的写景往往既有刻画真实景物的作用,同时又渲染出一种悲壮的气氛,令诗意高昂慷慨,前人说曹植的诗"工于起调",就是指这种句子。如"惊风飘白日,忽然归西山"(《赠徐幹》),"高台多悲风,朝日照北林"(《杂诗六首·其一》),"高树多悲风,海水扬其波"(《野田黄雀行》),"明月照高楼,流光正徘徊"(《七哀》),就都是这样的名句。本诗的前四句也正是如此,写初秋天气转凉,木叶渐落,寒霜凝阶,清风吹阁,一片秋气肃杀的景象。虽然从"玉除"、"飞阁"等字眼中可以看出诗人身居豪华的宫室,然这四句中一种冷峻肃穆的气势咄咄逼人,给全诗定下了一种沉郁感慨的基调。"依"与"飘"两字令一幅静态的画面中有了动感,"凝霜"与"清风"也就似乎变得可耳闻目见了。

"朝云"四句写久雨成灾,农夫一年之辛苦都化为乌有,古人以为云是从山里生出来的，所以后来陶渊明说"云无心以出岫"（《归去来兮辞》），曹植这里说早上从山间出来的阴云密布在空中，凝然不动，似乎不愿再回到山中去了。而连日的大雨将田垅变成了一片汪洋，《左传》注中称连续下了三天的雨为霖雨，这里就指连绵不断的秋雨。因大雨淹没了农田，庄稼只能在地里委弃腐烂，那么农夫还有什么可指望的呢？这四句顺着描绘秋景而来，也许是当时真实景象的记录，也许是诗人以自然灾害来比喻政治空气的阴沉，然无论其真实的用意何在，这里曹植表现了他关心民瘼，以黎民百姓之忧为忧的情怀。在汉末至三国的战乱频仍、天灾人祸叠起的年代，作为统治者集团中的一员，曹植有这点同情人民之心实在是难能可贵的。

"在贵多忘贱"以下转入正题，既是顺上文对农夫的怜悯而来，以为当权者高高在上不能体恤下民，因其自身安乐已足，故不再顾及挣扎于饥寒与死亡中的人们。同时也借此安慰丁仪，言下之意是说，身处尊位的人向来不知贫贱者之苦，施恩之人也往往不能广博周遍。正如身穿狐皮袍子的贵人难以想象衣不蔽体者的寒冷。这里曹植用了《晏子春秋》中的一则故事：有一年冬天，一连下了三天大雪，齐景公披着白狐裘坐在堂上对晏子说："奇怪得很，怎么下了三天雪还不冷啊？"晏子说："臣闻古之贤君，饱而知人之饥，温而知人之寒，逸而知人之劳，今君不如也。"齐景公实在可算是"饱汉不知饿汉饥"的典型了。曹植以此说明乐而忘忧，贵而忘贱乃是人之常情，宽慰丁仪不必多计较当政者对他的轻慢。

最后四句是表明自己对丁仪的情谊，以延陵季子的事来喻自己不忘故人，劝勉对方不必担心和抱怨。据《新序》上说，吴国的延陵季子（季札）将出访晋国，他佩戴着一把宝剑途经徐国，徐国的国君看到那宝剑，口中不说，脸上却露出十分羡慕的神色，延陵季子既为国家使节，所以不便将宝剑赠人，然心中却暗暗地许下了一个诺言，及至由晋返国，再次经过徐国时，徐君已去世，于是季子将自己的佩剑挂在徐君墓边的树上，扬长而去。这个故事后来传为千古佳话，延陵季子成了不忘前诺而重义轻物的典型。曹植以此来表明自己的心迹，说自己倾慕延陵季子的为人，重在朋友之间的交谊，而宝剑在所不惜。最后劝丁仪放宽胸怀，安定心意，自己不是那种薄情绝义之人。

此诗的格调悲怆慷慨，感情诚挚，甚合钟嵘评曹植诗所说的"情兼雅怨，体被质文"的话，全诗的上八句与下八句似分为两层意思：一写自然景观，一为抒情议论。然仔细寻绎，可见其中脉络，形似散而神实一，由写景而及天灾，由天灾而引出贵而忘贱的世情，最后安慰朋友，点明题义，这种章法上的自然流衍也是汉魏诗歌特有的风格，其中似无明确的布局与绾合，却于散逸中见章法，于天然中不失匠心。

此诗前半的写景，颇能抓住初秋的景物特征，没有过于纤细的描摹，而从大处落墨。一句一景，不像后来写景的诗歌数句才构成一幅画面，而曹植的写景确是难以用图画来表现的，它充分体现了语言艺术的优势与诗歌的高度浓缩能力，如写雨说："朝云不归山，霖雨成川泽"，即通过诗人的想象力和文字的概括力来展现千里苦雨，农田受灾的景象，这也是汉魏诗中写景气象阔大、自然流美，而不同于后代的特征之体现。

此诗表达了曹植对朋友的一片真情，其实，在曹丕执政以后，他自己也时时感到政治形势的严峻，而这里他强作旷达以宽慰挚友。及至丁氏兄弟被杀，他悲痛之余而作《野田黄雀行》，用以悲悼二丁的遇害，同时愤恨自己无力解救，可以说是本篇所表现的思想之继续。

（王镇远）

赠王粲　　曹植

端坐苦愁思，揽衣起西游。树木发春华，清池激长流。中有孤鸳鸯，哀鸣求匹俦。我愿执此鸟，惜哉无轻舟。欲归忘故道，顾望但怀愁。悲风鸣我侧，羲和逝不留。重阴润万物，何惧泽不周？谁令君多念，自使怀百忧。

此诗作年不详。清人吴淇说："旧注谓粲在荆州，子建以此诗寄之。今复细玩，乃粲已至邺下。当时魏武欲易储，故子建有罗致群彦，以为羽翼之意。若是在荆州寄赠，定作山川阻修之语，乃云孤鸳在池，则近求非远求矣。"（《六朝选诗定论》）此说近是。大约王粲初归曹操，未任显职，悒郁不满，曹植便写此诗劝慰之。这首诗抒写对王粲的思念之情及劝慰之意，写得委婉深厚，十分感人。

前十句写对挚友的思念。"端坐苦愁思，揽衣起西游。"西游，指游邺城（河北临漳西南）城西的铜雀园，亦叫西园。首二句点出了游西园的缘由：饱尝思愁折磨的诗人再也坐不住了，于是披衣游西园，借以排遣内心的痛苦。这与王粲在《杂诗》中所说的"日暮游西园，冀写忧思情"是一个意思。接着写在西园见到的景物：繁茂的花木绽出艳丽的春葩，澄清的池水激起雪白的浪花。春葩与浪花交相辉映，充满生机活力，这不正是春心萌动的季节吗？"中有孤鸳鸯，哀鸣求匹俦。"鸳鸯，喻王粲。用雌雄鸳鸯形影不离象征男女之间忠贞不渝的爱情，是古代诗人常用的手法。而这里另翻新意，用"孤鸳鸯"求偶来比喻好友之间的刻骨相思。"我愿执此鸟，惜哉无轻舟。"执，假借为"接"，是接近的意思。好友就在眼前,却可望而不可即,表达了诗人强烈的愿望和苦闷的心情。据《三国志·魏志·曹植传》裴松之注,曹植与其兄丕争为太子,各罗致党羽,明争暗斗,十分激烈。"惜哉"句可能指此,出于政治原因,不便直接表明心迹。"欲归忘故道,顾望但怀愁。"真是一步一回首,一步一伤神。游园不仅没有舒散自己内心的忧思情,反而徒增感伤,别添幽恨。

后六句写对挚友的劝慰。"悲风鸣我侧,羲和逝不留"二句写天色的变化,渲染环境气氛。"羲和",太阳的代称。凄厉的晚风呼啸着吹过身边,温暖的太阳也迅速地落山了,诗人仿佛置身于一种凄凉、悲伤的氛围之中。"悲风",在建安诗歌中屡见不鲜,如"临川多悲风,秋日苦清凉"(阮瑀《杂诗》其一)、"高台多悲风,朝日照北林"(曹植《杂诗六首》其一)等,它是当时社会及文人心态的反映。社会的动乱,自身处境的艰难,造成了诗人的一种独特的感受。"重阴润万物,何惧泽不周?"重阴,喻曹操。意思是说曹操圣明贤能,思贤若渴,泽被万物,你何必要担心恩泽不降到自己身上呢?曹植不便在别人面前称颂自己的父亲,因而用比喻的方式,委婉含蓄而又恰到好处地表达了自己的看法。"谁令君多念,自使怀百忧。"这里的"君"指王粲。如果说上二句是晓之以理,那么这二句则是动之以情。一种关切、宽慰之情豁然轩露。

曹植的诗,从总体上说,"词采华茂"是主要特色,但这首诗却写得感情真挚,朴素自然,这正体现了曹植诗的仍保持着自然本色的另一面。

(郁贤皓　张采民)

赠白马王彪　　曹 植

黄初四年五月,白马王、任城王与余俱朝京师,会节气。到洛阳,任城王薨。至七月,与白马王还国。后有司以二王归藩,道路宜异宿止,意每恨之。盖以大别在数日,是用自剖,与王辞焉,愤而成篇。

谒帝承明庐,逝将返旧疆。清晨发皇邑,日夕过首阳。伊洛广且深,欲济川无梁。泛舟越洪涛,怨彼东路长。顾瞻恋城阙,引领情内伤。

太谷何寥廓,山树郁苍苍。霖雨泥我途,流潦浩纵横。中逵绝无轨,改辙登高冈。修坂造云日,我马玄以黄。

玄黄犹能进,我思郁以纡。郁纡将何念?亲爱在离居。本图相与偕,中更不克俱。鸱枭鸣衡轭,豺狼当路衢。苍蝇间白黑，谗巧令亲疏。欲还绝无蹊，揽辔止踟蹰。

踟蹰亦何留？相思无终极。秋风发微凉，寒蝉鸣我侧。原野何萧条，白日忽西匿。归鸟赴乔林，翩翩厉羽翼。孤兽走索群，衔草不遑食。感物伤我怀，抚心长太息。

太息将何为？天命与我违。奈何念同生，一往形不归。孤魂翔故域，灵柩寄京师。存者忽复过，亡没身自衰。人生处一世，去若朝露晞。年在桑榆间，影响不能追。自顾非金石，咄唶令心悲。

心悲动我神，弃置莫复陈。丈夫志四海，万里犹比邻。恩爱苟不亏，在远分日亲。何必同衾帱，然后展殷勤。忧思成疾疢，无乃儿女仁。仓卒骨肉情，能不怀苦辛？

苦辛何虑思？天命信可疑。虚无求列仙，松子久吾欺。变故在斯须，百年谁能持？离别永无会，执手将何时？王其爱玉体，俱享黄发期。收泪即长路，援笔从此辞。

这是曹植后期创作的代表作，写于黄初四年(223)七月。

曹植后期的诗，主要是抒发他政治上受曹丕、曹叡摧抑的愤懑以及渴望自由解脱的强烈愿望，颇多慷慨之音、悲凉之辞。曹植虽说“生于乱，长乎军”(《陈审举疏》)，但当他成人时，北中国基本平定了，他生活在优越的环境中。当时文才荟萃邺下，思想十分活跃，充满文学的气氛，真可谓人人“握灵蛇之珠”，家家“抱荆山之玉”。这种空前盛况，是颇有一些“百花齐放”的气象的。曹植十余岁时，受命赋铜雀台，援笔立就，显示了他惊人的文学才华，受到曹操的宠爱，认为他“最可定大事”，曾数次考虑立他为太子，曹氏集团中亦有人拥戴他。但是，终因“任性而行，饮酒不节”，遂失去了曹操对他的信任；加以曹丕玩弄权术，矫情自饰，百般笼络曹操“左右”为之疏通，使得曹植在政治上惨遭失败，这便决定了他后半生的悲剧命运。公元220年曹丕即位，各种打击接踵而来，先是借故杀掉他的羽翼丁仪、丁廙，暗中严密监视他的行动，不久又借故贬爵，使他时刻感到“身轻于鸿毛，谤重于泰山”。后来曹丕又命令诸侯王各回封国，不许留在京城，对待诸侯的法律十分峻刻，并派“监国使者”监督。黄初四年五月，曹植同诸王一起进京，参加“迎气”例会。在此期间，任城王曹彰突然不明不白地死去，据《世说新语》说，是曹丕忌惮曹彰骁勇，暗中将毒放在枣里，让他吃了丧命的。七月，曹植同白马王曹彪(同父异母弟)结伴返回封地,本想借偕行之机叙叙胸臆,不料曹丕的爪牙灌均竟强令他们分道而行。在这种处境危殆、心情极度悲愤的情况下,写下了这篇沉痛的诗作。本诗原题《于圈城作》,可能是萧统选入《文选》时根据序文改成《赠白马王彪》的。全诗分七章,采用民歌常用的前后勾接的蝉联形式,将心中的沉痛和幽愤逐层抒泻出来。

第一、二章,一方面表白他对京城的依恋,一方面极写旅途跋涉登降、人困马乏的情景。我们仿佛看到了诗人那顾瞻引领、一步三叹的神态。这种对京城洛阳的眷眷之情,除了包含对京邑亲人的恋念,实际上还隐含着对现实政治的忧惧,这在后面就有明显的流露。诗中写到伊、洛泛滥,霖雨泥泞,都是当时即目所见的实景,与《三国志·魏书·文帝纪》所载相符:"是月(六月)大雨,伊、洛溢流,杀人民,坏庐宅。"其实,写旅途的困顿,也是反映诗人对京城的依恋;如果对前途充满希望,即使途中如何艰辛劳顿,也不致产生那样感伤抑郁的情绪。

第三章由旅途困顿的描写转入内心悲愤的表白,说如果单纯是路途艰涩,是决不会阻止我前进的;我之所以揽辔踟蹰,实因为"亲爱离居"即骨肉分离而引起的内心郁结。接着用形象的比喻,道出了政治上恶人当道,小人离间的种种罪恶。《后汉书·舆服志》曰:"乘舆,龙首衔轭,鸾雀立衡。"说明天子乘坐的车,车前衡轭以"龙首"、"鸾雀"为饰,象征吉祥;而鸱枭在当时人们心目中是一种不祥之物,故"鸱枭鸣衡轭"隐喻君侧多恶人,是政治上的不祥之兆。"豺狼当路衢",则是隐喻恶人窃据要津的政治现实。郑玄注《诗经·小雅·青蝇》曰:"蝇之为虫,污白使黑,污黑使白。"我们今天说"混淆黑白",即由此而来;这里是说,小人变乱善恶是非,犹如苍蝇混淆黑白一样。"谗巧"指善于谗言巧语的小人,也就是"鸱枭"、"豺狼"、"苍蝇"所影射的曹丕手下的佞臣;而"衡轭"既指"乘舆",是皇权的象征,则这里明指曹丕无疑。从诗的表面看,似乎只谴责谗佞小人;其实,他们得以自"鸣"得意,身"当路衢",挑拨离间,正是曹丕指使、纵容他们的结果。这话虽未直说,读者还是能够意会的。同时,诗人在使用这些丑恶形象进行影射时,自然流露出一股掩抑不住的悲愤。后二句"欲还绝无蹊,揽辔止踟蹰",是再次照应首章"顾瞻"二句,说明诗人对京城的顾恋,原来还包含着对曹魏政权前途的忧惧啊!

第四章是感物伤怀,由眼前景物,引发内心的离情。微凉的秋风,悲鸣的寒蝉,萧条的原野,落山的白日,一派萧瑟凄清景象,这是诗人眼前的客观环境,但也明显地抹上了诗人的感情色彩。"归鸟"、"孤兽"这些形象,更渗进了诗人的离情。然而,归鸟尚且能"赴乔林",而我却是有家不得归,连"归鸟"还不如呢!"孤兽"二句极写"孤"兽索"群"的急切,以映衬诗人骨肉分离的凄苦心境、渴望骨肉团聚的热切心情。然而，此时的诗人，前程茫茫，唯有感物伤怀，抚心长叹而已。这一章写景、抒情相得益彰，真正达到了情景交融的妙境，诗中落寞凄清的环境气氛，加重了诗人内心愁绪的分量，读来真实而动人。

第五章由感物伤怀自然转到对曹彰暴死京城的伤悼，从而引出人生短促、世事危艰的无穷感慨，其中流露出多少人生酸辛啊！“同生”指同胞兄弟曹彰，曹彰与曹植都是卞皇后所生。“奈何”四句是回忆曹彰在京师惨死之事。悼念死者，感伤生者，也很自然。“人生若朝露，居世多屯蹇”（秦嘉《留郡赠妇诗》）；“人生非金石，岂能长寿考”（《古诗十九首》），反映了当时人们对生死问题的客观而清醒的认识。每当英雄志士面对黑暗现实，深慨才智不得施展，功名不能实现，觉得人生既可贵又可悲的时候，常常发出慷慨悲凉的“忧生之嗟”。谢灵运在《拟魏太子邺中集诗·平原侯植序》中曾正确地指出，曹植诗中也“颇有忧生之嗟”。这种人生的感触虽然调子低沉，但确实反映了现实对英雄志士的摧抑，在本诗中，无疑是对曹丕及其爪牙的无比愤慨的曲折流露。

第六章，在对人生、命运无可奈何的极度悲愤中故作豪言壮语，是对即将分手的曹彪的勉励，也是悲愤之极而作的自我安慰。说大丈夫应以四海为家，要有一种“万里犹比邻”的胸怀；如果一味为骨肉之情而“忧思”，那就同女子一般见识了。话虽这么说，眼前却是骨肉生离于“仓卒”，心里生起的难忍之痛难道是空泛的旷达之言所能掩抑的吗？这种复杂的感情，在这里表露得十分压抑、曲折，读者自可细细体味。

最后一章写从极度悲愤中清醒过来，似乎悟出了某种人生道理：自已贵为王侯，却无法保有普通人家的兄弟骨肉情谊；祸福无常，天有不测风云，谁都难以掌握自己的命运。这些近在眼前的人生问题都如此不可捉摸，更何况服食求仙一类虚幻悠远的事了。诗人怀疑天命，否定神仙，是他在逆境中反复体验而悟出的人生真谛，也是感愤之极不能不发出的对现实的抗议。然而，诗人在恶势力面前终究是软弱无力的，无可奈何，只好“收泪即长路”，听从命运的摆布了。这儿，既有感人的深情，又饱含着人生世事无限心酸的悲愤。读完全诗，掩卷遐思，久久不能平静。

这首诗所抒写的，是一种既悲痛又愤激的复杂感情，这种感情的旋律在诗中时而激扬流转，时而悲咽徘徊。或比兴寓托，或情景交融，或直抒胸臆，或掩抑低回，种种情状，无非“悲”、“愤”二字的不同表现方式罢了。写得富于变化，具有感人肺腑的艺术力量。另外，该诗由七章组成，章与章之间用民歌常用的接字法相勾连（第一、二章之间例外），形成一种既层次分明又蝉联一体的画卷式结构，能

收到沉郁顿挫、如泣如诉的抒情效果。 (李文初)

送应氏二首(其一) 曹 植

步登北邙阪,遥望洛阳山。洛阳何寂寞,宫室尽烧焚。垣墙皆顿擗,荆棘上参天。不见旧耆老,但睹新少年。侧足无行径,荒畴不复田。游子久不归,不识陌与阡。中野何萧条,千里无人烟。念我平常居,气结不能言。

建安十六年(211)曹植随曹操西征马超,路经洛阳,在洛阳他见到了当时颇负诗名的应玚、应璩兄弟,而应氏兄弟旋将有北方之行,亲交故旧为他们设宴饯行,曹植便写下了《送应氏》二首,以示惜别,选在这里的是第一首。

这首诗将笔墨集中在描写洛阳城的荒芜颓败上,而于送人的主题未加铺叙,第二首则着重抒写了自己的惜别之情,故两首诗宜作一篇读,然而历来选家之所以更注重这第一首,原因就在于此诗以哀伤沉痛之情真实地记录了当时洛阳经董卓焚掠后满目疮痍的景象,深刻地反映了现实状况,从而寄托了诗人对连年战争、民不聊生的同情与愤懑。

中平六年(189)汉灵帝死,大将军何进和袁绍、袁术等人密召董卓带兵来京城洛阳,以剪除宦官,卓兵未至,何进因谋泄被诛,董卓闻讯赶至,驻兵洛阳,控制了中央政权,立陈留王为献帝。初平元年(190)春,关东州郡结成联盟,起兵讨伐董卓,董卓遂焚掠洛阳,迁都长安。当曹植在二十年后来到洛阳时,洛阳城还处在一片废墟之中,因而曹植的诗中不仅指责董卓之乱给人们带来的灾难,而且对二十年来的兵连祸结也寄予了无限感慨。

诗人登上洛阳城北的邙山,邙山本是汉代公卿贵族死后的埋骨之地,常常引起人们的感伤情绪,何况遥望故都洛阳,四周群山一片沉寂,满目是凄凉的景象,昔日繁华似锦的都城,如今已化为灰烬。宫室的垣墙倒塌崩裂,荆棘丛生,无人居住。物换人移,经过连年的兵燹,城中已看不到昔日的老人,只有新一代的少年,诗人强烈的今昔之感于此中可见。回望田野荒芜,屋庐为墟,连仅可容人侧足而行的小径也没有,荒芜了的土地也无人耕种。游子久客未归,一旦回来,连田野间的阡陌小道也无处可寻,极言城郭的面目全非。这里的游子就指应氏兄弟,他们的父亲曾做过司空掾,是朝官的属下,因而应氏兄弟很可能在洛阳住过,故称他们为“游子”。以上极言城郭荒凉,田野萧条,故诗人触景生情,感叹道:辽阔的原野多么凄凉,千里的土地上不见人烟。想起我平日的住宅,心中郁塞得说不出话来。这里的"我"字是从"游子"而来的,所以是代应氏立言,并不是曹植自称,应氏可能在洛阳有故居,因而说想到此悲从中来。

此诗除了结句以外都以白描的手法勾勒了洛阳城的荒芜悲凉景象,从宫室、垣墙,写到所见之人,由人而写到了路径与耕田,最后从游子的眼中写出今昔之异,说明繁华消熄,一去不返,令萧条不堪的现实画面如历历在目。全诗的语言质朴,无过分的铺采摛文,然其真实的感受溢于言表,读来真抵得上一篇鲍明远的《芜城赋》。

当然,曹植不是为了怀旧或描绘历史的陈迹而写下这篇诗章的,他在北邙山上遥望洛阳城所发的悲悯,决不同于吉本坐在朱庇特神庙的废墟旁而缅怀罗马帝国的兴衰所产生的感慨。曹植的悲叹是现实的,而不是历史的。诗人对由董卓之乱以来的战争频仍,良田荒芜,人民流徙,赤地千里,表示了无限的悲愤,说明诗人是一个关心国事、不忘民生疾苦的有识之士。钟嵘评曹植诗"骨气奇高",此诗中所表现的少年诗人的忧国忧民之心,正说明了其诗歌气骨不同凡响的原因。对现实的关心与感情的沉郁,正是曹植诗歌成功的关键。

至于此诗在结构上的特点也是十分明显的,全诗的重点放在描写遥望洛阳而目睹的荒凉景象上,只是于最后的几句中带出"游子",收回到送客远行的主题上来,为下一首的描写离情别愁开了一点端绪。在整体上,它没有后代诗歌那种紧扣题目与起承转合的谨严章法,然自然流走,一气直下,于不经意中表现出真实的感受,这也正是汉魏诗不同于后代作品而自然高妙的地方。　(王镇远)

杂诗七首(其一)　　曹植

高台多悲风,朝日照北林。之子在万里,江湖迥且深。方舟安可极,离思故难任!孤雁飞南游,过庭长哀吟。翘思慕远人,愿欲托遗音。形影忽不见,翩翩伤我心。

旧说大都以此诗为作者怀念其弟曹彪之作,较可信。近人古直《曹子建诗笺定本》系于魏文帝黄初四年(223)。这一年曹植自鄄城王徙封雍丘王,曾入朝。古直以为此诗即入朝时所作。而黄节《曹子建诗注》则谓当作于徙封雍丘之前,两家之说先后相去不及一年。当时曹彪封吴王,都广陵(今江苏扬州),古直注云:"魏地东尽广陵。吴当为广陵。广陵,(西汉)吴王濞都也。"广陵是魏王朝当时东南边界,隔江与东吴相对,距魏都最远,故诗中有"之子在万里"之句。

这首诗开头两句实属景语,并无影射比喻之意。自李善《文选注》引《新语》:

“高台喻京师,悲风言教令。朝日喻君之明,照北林言狭,比喻小人。”下文又云:“江湖喻小人隔蔽。”后人乃多从其说。这就把两句摹绘秋日景色的名句给牵强比附得全无诗意。窃谓此诗下文既有“孤雁飞南游”之句,自当作于秋天,则首句“高台多悲风”亦属秋景无疑。登高所以望远,所以思远人也;而时值秋令,台愈高则风自然愈凄厉,登台之人乃因风急而愈感心情之沉重悲哀。说风悲正写人之忧伤无尽。这一句简括凝练,开后人无数法门。如大谢句云:“明月照积雪,朔风劲且哀。”是化一句为两句;又如老杜之《登高》七律(“风急天高猿啸哀”一首),直是把此一句衍化为五十六字的长诗。故我以为曹植此五字之所以为名句,正以其虽作景语,实寓深情也。次句“朝日照北林”,固亦属景语,却化用《诗·秦风·晨风》之首章。《诗》云:“鴥彼晨风,郁彼北林。未见君子,忧心钦钦。”“北林”者,乃女子思其夫之地。故作者《种葛篇》写思妇有“徘徊步北林”之句,而此篇亦以“朝日照北林”起兴。古人以夫妇与兄弟关系相互为喻,盖始于《诗三百篇》,即曹植诗集中也屡见不鲜。此处点出北林,正隐含《诗》中下文“未见君子,忧心钦钦”之意,所以作者紧接着写到“之子在万里”了。夫自己所思之人既远在万里之外,而下面“江湖迥且深”一句更是寓意深远,情韵不匮。盖江湖阻隔彼此之消息是一层;而“之子”却经过这样遥远而艰难的路程走向万里之外,其身心所受之摧伤折磨可想而知,又是一层;况其身既远,他日归来更非易事,为对方设身处地着想,自然更深了一层。只写道路隔阔,已诉不尽离愁别恨,又何必节外生枝,再添上一个局外的“小人”呢!故李善注文为我所不取。“方舟”二句又紧承“江湖”句而言。“方舟”,二舟相并,古时为大夫所乘用;“极”,至。江湖深迥,舟不能及,故“离思难任”,“任”者,负荷也。把“离思”写得十分沉重压抑,可见其中有多少愁苦忧怨之情。这虽只就自己一面说,实际上也体现出所思之人同样是不胜其愁苦忧怨了。

以上六句为第一段;自“孤雁”句以下六句为第二段。“孤雁飞南游”,表面上是写实,即作者在登高望远之际看到孤雁南飞。实则蕴涵着好几层意思。盖古人以“雁行”喻兄弟,曹彪封吴,无异流放,已似孤雁南游;今自己亦如孤雁,故“过庭”而“长哀吟”。“过庭”虽用《论语·季氏篇》“鲤趋而过庭”的字面,实借喻自己的入朝。但诗句仍作实写,故见孤雁哀鸣而自己“翘思慕远人”。李善注:“翘,悬也。”“翘思”,等于说“悬念”;“慕”,有念念不忘之意。不但见孤雁而思远人,并且把希望寄托于雁,问它是否愿为自己捎个信儿去。但雁飞甚速,形影倏忽间便不见了,这就更使作者黯然神伤了。“翩翩”,形容鸟疾飞之貌。连孤雁都翩然而逝,说明自己怨怀无托,结语似意犹未尽而已令人不忍卒读,是真正写情的高手。

此诗用笔似浅直而意实深曲，前六句以赋体为主，却似比兴(也难怪前人用比附之意去勉强解释)；后六句以比兴为主，反近于赋体。这说明作者深得《诗三百篇》之三昧，而出以五言新体，故为建安以来诗人中之绝唱。　(吴小如)

杂诗七首(其三)　　曹　植

西北有织妇，绮缟何缤纷！明晨秉机杼，日昃不成文。太息终长夜，悲啸入青云。妾身守空闺，良人行从军。自期三年归，今已历九春。飞鸟绕树翔，嗷嗷鸣索群。愿为南流景，驰光见我君。

这是曹植《杂诗七首》的第三首，写作年代不详。诗中写了一位独处空闺的织妇对良人的思念之情，前人或认为其中有寄托，但也无甚确证。因此，我们也不必穿凿附会，还是来享受一下诗中的美感吧。

这首诗可以分成三节，开头四句为第一节。“西北有织妇”，这是古诗中多见的起兴手法，如《古诗十九首》的“西北有高楼，上与浮云齐”即是。绮缟，华丽的白色生绢。前两句写一位深闺的少妇，她每天都在织着美丽的丝帛，然而，今天她的织品，却繁多而又错乱。接着两句，写织妇从清晨开始就拿起梭子，但到太阳西斜，还尚未织成纹理。明晨，清晨。日昃，太阳过午西斜。《诗·小雅·大东》云：“跂彼织女，终日七襄(移动位置)。虽则七襄，不成报章。”《古诗十九首》云：“札札弄机杼……终日不成章。”以上四句化用其意，都是用具体的动作来反映织妇神思恍惚的心理状态，但却没有交代原因，可以说是一种“悬念”。

中间六句是直接描写织妇的心情，也是对她为何心如乱丝的解释。“太息终长夜，悲啸入青云。”凡有心事而睡不着觉的人总是感到夜长，而在这漫漫长夜中织妇却一直在深深地悲叹，而且这叹息之声，竟而化作了长啸，一直上达青天，可见其心事何等沉重，何等浩茫！这沉重的心事究竟是什么？下面四句是正面交代：织妇守着空闺，丈夫远行从军去了。本来约定三年就能归来，可如今却已过了九个年头。这就是思妇悲苦的原因。丈夫出外，思妇独自一人在家，这已经是一层凄凉了；本来说好三年回来，思妇天天盼着，好不容易挨过了三年，满以为可以相聚，结果却没有回来，这凄凉悲苦又增一层。三年过去，再三年过去，又三年过去了，却仍然不见丈夫归来，试想这凄凉悲苦，又要增加多少层?！难怪思妇要终夜长叹，悲冲青云，也难怪思妇要神思恍惚，终日坐机却织不成绢了！

第三节是最后四句，诗人笔锋一转，写思妇看到失群的飞鸟绕着树林飞翔，嗷嗷(象声词,鸣叫声)悲鸣。寻找自己的伴侣,这自然联想到自己的处境,与飞鸟何等相似。最后两句,诗人用生花之笔,让思妇忽发奇想:希望自己化为阳光,向南方飞驰而去,照见自己的丈夫。这个浪漫主义的幻想显得非常突兀,但又非常合乎情理。织妇思念等待丈夫已整整九年,至今还不能相见,那又有什么办法能解除相思之苦呢?而天上的阳光,却能普照大地,既能照到自己,也能照到丈夫,阳光是不会漏掉任何一个角落的。这个高超的艺术构思,把思妇刻骨铭心的相思,写到了无以复加的极端。这可以说是曹植的独创,它对后代诗人也有很大的启发作用。被誉为"以孤篇盖全唐"的唐代张若虚的《春江花月夜》,在描写思妇月夜思夫时,也曾突发奇想道:"此时相望不相闻,愿逐月华流照君。"这不能不说是化用了曹植诗句的意境。

全诗三节,从动作到太息,从太息到幻思,写织妇的相思,步步深入,层次分明,脉络清晰,不愧为曹植的佳作之一。 (郁贤皓)

杂诗七首(其四) 曹 植

南国有佳人,容华若桃李。朝游江北岸,夕宿潇湘沚。①
时俗薄朱颜,谁为发皓齿?俯仰岁将暮,荣耀难久恃。

〔注〕 ① 此句一作"日夕宿湘沚"。

萧统《文选》选录曹植《杂诗》六首,获得历代诗评家的赞赏和肯定,是曹植诗歌中的著名篇章。此诗是其中的第四首。

这首诗是曹植后期所作,采用比喻手法,表现了他怀才不遇的苦闷。曹植不但文才很高,而且具有政治抱负,希求建功立业,垂名青史。曹操一度想立曹植为太子,结果没有实现。曹操死后,他因此备受其兄曹丕(魏文帝)、侄子曹叡(魏明帝)的猜忌和压抑,屡徙封地,连生活都很不安定,根本谈不上实现政治抱负。这首诗以佳人自比:佳人的容貌艳若桃李之花,比喻自己才能的杰出;"时俗"二句,说佳人的美貌和歌唱才能都不为时人所赏识,比喻自己怀才不遇;"俯仰"二句,说时光流逝,佳人的容华难以久恃,寄寓了自己盛年时无法施展抱负的深沉慨叹。

在我国古典文学作品中,从屈原的辞赋开始,就形成了以美人香草比喻贤能之士的传统。曹植这首诗,在构思和写法上明显地学习屈赋。屈原《九歌》中的湘君、湘夫人二神,其游踪大致在沅、湘、长江一带,《湘夫人》篇中有"闻佳人兮召予"句,以佳人指湘夫人。曹植这首诗中的前四句,其构思用语,大约即从《湘君》、《湘夫人》篇生发而来。《离骚》云:“汩余若将不及兮,恐年岁之不吾与。”“惟草木之零落兮,恐美人之迟暮。”曹诗末二句又是从它们脱胎而出。这种继承发展关系,可以帮助说明这首诗的主题是抒发怀才不遇的苦闷。元代刘履《文选诗补注》(卷二)释此篇题旨说:“此亦自言才美足以有用,今但游息闲散之地,不见顾重于当世,将恐时移岁改,功业未建,遂湮没而无闻焉。故借佳人为喻以自伤也。”清代张玉穀《古诗赏析》(卷九)也说:“此诗伤己之徒抱奇才,仆仆移藩,无人调护君侧,而年将老也。通体以佳人作比,首二自矜,中四自惜,末二自慨。音促韵长。”刘、张两人的解释都是颇为中肯的。曹植在《求自试表》一文中,强烈地表现了他要求在政治上建功立业的愿望,文中后面部分有云:“臣窃感先帝早崩,威王弃世,臣独何人,以堪长久!常恐先朝露填沟壑,坟土未干,而身名并灭。”这段话的意思与本篇“俯仰岁将暮,荣耀难久恃”二句的内容也是息息相通的。

有一种说法,认为这首诗的主题不是作者自伤,而是为曹彪鸣不平。“佳人盖指彪,时为吴王也。《魏志》:彪于黄初三年,徙封吴王,五年改封寿春县,七年徙封白马。朝游夕宿,喻迁徙无定也。”(见黄节《曹子建诗注》卷一)曹彪是曹植的异母弟,曹植与曹彪同受朝廷猜忌压抑,有同病相怜之感,黄节的看法可备一说,但证据毕竟不足。徐公持同志说:“按曹彪虽膺过吴王的封爵,其封城却并不真在吴地。当时自江以南,全在孙氏控制之下,曹彪无由得至江南。他这个吴王封在寿春附近,此点曹植不会不知。所以诗写‘南国’‘佳人’,‘朝游江北岸,夕宿潇湘沚’,等等,不可能是指曹彪,而是借用楚辞的意境和成语,来抒发自己对‘时俗薄朱颜’的感慨,其主旨是怀才不遇。”(见《曹植诗歌的写作年代问题》,载《文史》第六辑。)这样讲比较合乎情理。

这首诗与曹植的另一首名作《美女篇》主题相当,在艺术描写上却有丰腴与简约的区别,我们不妨进行一下比较。《美女篇》全诗较长,节录如下:

> 美女妖且闲,采桑歧路间。柔条纷冉冉,落叶何翩翩。攘袖见素手,皓腕约金环……借问女安居,乃在城南端。青楼临大路,高门结重关。容华耀朝日,谁不希令颜?媒氏何所营?玉帛不时安。佳人慕高义,求贤良独难。众人徒嗷嗷,安知彼所观?盛年处房室,中夜起长叹。

《美女篇》的主题,过去不少评论者都指出它是曹植以美女自比,比喻他怀抱才能而不得施展。如清王尧衢《古唐诗合解》(卷三)说:“子建求自试而不见用,如美女之不见售,故以为比。”《美女篇》与《杂诗》“南国篇”的主题相同,又同用比喻手法,城南美女与南国佳人,都是曹植自比。《美女篇》“佳人慕高义”以下四句,说城南美女不为众人所理解,意思与“南国篇”的“时俗”二句相通,点明了“怀才不遇”的主旨。“盛年处房室”二句,也与“南国篇”的“俯仰”二句一样,在结尾表现了深沉的慨叹。上面《美女篇》的引文,在“攘袖”二句下省略了十句,这十句连同“攘袖”二句都是写城南女的姿态和装束,从各个方面来刻画她的美丽,而“南国篇”写佳人之美,仅用了“容华若桃李”一句,非常简括。《美女篇》在其他方面的描写也较“南国篇”丰腴,但写美女姿态装束的一段尤为突出。这两首诗同用比喻法写同一个主题,但使用了详略不同的写法,“南国篇”简练爽朗,《美女篇》华赡生动,在艺术上各擅胜场,用词造句毫无雷同之感,这里表现了曹植高超的写作才能。

钟嵘《诗品》评曹植诗云:“骨气奇高,词采华茂,情兼雅怨,体被文质。”这是对曹植诗歌很深刻的评语。“情兼雅怨”是论思想内容,指出曹植诗具有“小雅怨诽而不乱”的特色,曹植后期的不少诗作,倾吐牢愁,的确多近似小雅的怨诽之词,《杂诗》“南国篇”、《美女篇》都是其例。骨气即气骨,也就是风骨。骨气奇高,是赞美曹植诗富有风骨,即富有爽朗刚健的风貌。(参考拙作《从〈文心雕龙·风骨〉谈到建安风骨》,收入拙著《文心雕龙探索》。)词采华茂,是赞美曹植诗语言华美丰富。钟嵘主张诗歌应当“干之以风力(即风骨),润之以丹采”(《诗品序》),即以爽朗刚健的风骨为骨干,再用华美的辞采加以润饰,二者结合起来,达到优美的艺术境界。曹植的诗“骨气奇高,词采华茂”,符合于他的艺术标准,所以获得极高评价。明胡应麟在评曹植《五游》、《升天行》诸诗时云:“词藻宏富,而气骨苍然。”(《诗薮》内编卷一)也是承袭了钟嵘的批评标准。

曹植的诗,总的说来是风骨、词采二者兼备,但仔细分析,不同的诗篇在某一方面往往有所侧重,有的风骨更遒劲一些,有的词采更宏富一些。他的部分诗篇,像《箜篌引》、《美女篇》、《白马篇》、《名都篇》等,大抵篇幅稍长,对偶句与铺陈语较多,其词采华茂的特色就显得更为突出,但也仍然具有风骨。另外有一部分诗,像《野田黄雀行》、《泰山梁甫行》、《杂诗》六首等,大抵篇幅稍短,描写较简练,对偶句与铺陈语少,这类诗篇更鲜明地显示出骨气奇高的特色,但也仍然具有词采。王世贞评曹植诗说:“子建天才流丽,虽誉冠千古,而实逊父兄。何以故?材太高,辞太华。”(《艺苑卮言》卷三)王世贞认为曹植诗成就低于曹操、曹丕,意见未必公允,但曹植诗在词采华茂这方面的确大大超过其父兄,特别如《箜篌引》、《美女篇》一类诗表现尤为突出。王世贞又说:“子桓之《杂诗》二首,子建之《杂诗》六首,可入《十九首》,不能辨也。”(同上)又从风格的质朴刚健方面对曹植的《杂诗》六首给予很高评价,认为可与汉代无名氏的《古诗十九首》并驾齐驱。王世贞不喜华丽文风,所以对曹植作出这样的评价,但我们由此也可以看出,曹植的不同诗篇,在风骨和词采二者的某一方面的确有所侧重。

《杂诗》"南国篇"这首诗,其中"时俗薄朱颜"二句,也是文采斐然;但大体说来,其艺术上的主要特色是简练峭直,语短情长,含蕴丰富,意境深邃,它虽然不像《美女篇》铺陈细致,词藻华美,但也自具一种爽朗自然之美,经得起吟咏咀嚼。

(王运熙)

杂诗七首(其六)　　曹　植

飞观百余尺,临牖御棂轩。远望周千里,朝夕见平原。烈士多悲心,小人偷自闲。国仇亮不塞,甘心思丧元。抚剑西南望,思欲赴太山。弦急悲声发,聆我慷慨言。

这是曹植《杂诗》七首中的第六首。黄节注引曹植《东征赋·序》云:"建安十九年,王师东征吴寇,余典禁兵,卫宫省。"并云:"《魏志》建安十九年秋七月,操征孙权,使植留守邺都。植有是赋。此诗盖同时作也。"建安十九年为公元214年,植年二十三。近人注本多从此说。而古直《笺》引近人曾运乾说,以此诗系于魏明帝太和二年(228)。这一年冬天,诸葛亮统蜀军伐魏,出兵散关,围陈仓。魏遣张郃拒亮,明帝亲至河南城(在今洛阳市西)为郃送行。曹植为此而赋诗明志,时植年三十七。细绎诗意,古、曾说近是,今从之。

综观曹植一生传世诗作,其有代表性的大约可分两大类。一类哀惋悱恻,另一类则激昂慷慨。《杂诗》七首中第一、四两首属前者,此诗自然属于后者。

此诗共十二句,一韵到底,每四句为一小节。第一小节写登高远眺,统摄全诗;第二小节以"烈士"与"小人"对比,借以明志;第三小节比第二小节更深入一层,直言自己以身许国的打算。但第三小节的前两句乃承第一小节的登高远眺而言,后两句则承第二小节的"国仇"二句而言,带有总结全诗的意思。篇幅虽短,却波澜迭起,气象万千。在曹植诗中,诚为异军突起的佳作。

第一小节,首句写楼观极高,不高则不足以远眺;次句写当窗凭槛,视野自然开拓。"飞观",形容楼阁耸立,结构宏伟,如飞鸟之在高空;"临牖",等于说"当窗";"御棂轩",等于说"凭槛"。第三句"周千里"的"周"字用得确切而有气势。"周"者,遍也,匝也,意思说向东南西北四面周遍地远眺,都能望到千里之外。"朝夕见平原",通常讲成早晚都能看见平原,实有辞费之嫌;难道眼中的平原还有不成其为平原的时候吗?故古直《笺》云:"'朝夕见平原',犹云日出处见平原,日入处亦见平原。"则以"朝"指东方日出处,"夕"指西方日入处(义本《尔雅·释山》)。可见“朝夕”本是表空间的名词,后乃引申为表时间的名词。但鄙意上句既言“周千里”,则此句的“朝”、“夕”并不仅指东、西两面,而是概括指四面八方。正如以“朝”、“夕”为早晚,虽指早晨和傍晚,实概括一昼夜之二十四小时而言之。这两句正写出河南地处中原,登高望远,有控驭四方之势。所以表面上看似领起下文,实已体现作者胸罗万象、气盖当世的雄才大略。

第二小节的四句,“烈士”,指有正义感而不怕牺牲的人,在古代不一定专指死者。“偷自闲”,偷安而自甘闲散。“亮”,诚然,实在。“塞”,防止,杜绝。“国仇”句,是说国家的仇敌诚然是一时还消灭不了的。“丧元”,《孟子·滕文公下》:“勇士不忘丧其元。”“丧”,丧失。“元”,指头颅。原意是说勇士要时时不忘自己应当有不怕牺牲的精神。“烈士”二句看似泛指,含义实深。意谓自己本是“多悲心”的“烈士”,但每当遇到报国歼敌的机会,却不允许自己参加,尽自己一份力量。这无异把自己看成苟且偷安的“小人”。这两句诗表面上是客观的、平列的,事实上却洋溢出作者报国无门的一腔义愤。因此接下来坚决表态:在国仇未灭之时,自己是甘心抛头颅、洒热血的。然后转入第三小节,承上第一小节登高远眺的描写更明确地表示,自己是关心魏蜀双方的战斗的,很想亲身奔赴前线。蜀在魏之西南,故作者“抚剑”而瞩目“西南”。“太山”,这里不是指山东的泰山,而是指陕西的太乙山(王维诗:“太乙近天都。”即指此山。详见古直《笺》引曾运乾说)。此山与终南山相接,在今陕西郿县南,正当蜀军入魏的冲要之地。当时诸葛亮既围陈仓,扬言要从斜谷取道郿县,太乙山正是必经之路,故作者打算奔赴那里迎战敌人。古直《笺》云:“考魏蜀相持,皆在太乙、褒斜之间。蜀越(越过)陈仓及郿,而后能与魏争。子建闻蜀围陈仓,而遽欲‘赴太山’,可谓知兵要矣。”其说甚是。

最后两句,依黄节注,“弦急”句是比喻作者为什么要让人们听他慷慨陈辞。“弦急”,指把琴弦绷紧,使调门儿增高,《古诗十九首》中所谓“弦急知柱促”的“弦急”,与此同义。盖弹琴时如果要使音调高亢激越,便把琴弦拧紧。音调既高,“悲声”乃作。这两句意思说琴弦一“急”,琴声自“悲”;而大敌当前,国家多事,自己却被投闲置散,使英雄无用武之地,因此才悲愤交加,慷慨陈辞的。这两句既是“国仇”二句的补充,又是全诗的结语。通篇造语悲壮雄浑,结构严整紧凑,句无闲字,篇无闲笔,它体现了曹植后期诗歌艺术的高度成就。　(吴小如)

七　哀　　曹植

明月照高楼,流光正徘徊。上有愁思妇,悲叹有余哀。借问叹者谁？自云宕子妻。君行逾十年，孤妾常独栖。君若清路尘，妾若浊水泥。浮沉各异势，会合何时谐？愿为西南风，长逝入君怀。君怀良不开，贱妾当何依？

“七哀”之义，旧注说法不一。其中以清人俞樾《文体通释》之说最为切近：“古人之词，少则曰一，多则曰九，半则曰五，小半曰三，大半曰七。是以枚乘《七发》至七而止；屈原《九歌》，至九而终……若欲举其实，则《管子》有《七臣七主》篇，可以释七。”因此，“七”不过表示哀之多，实非定数。

此诗前六句用第三人称口吻叙述，引出主人公思妇登场：那是一个万籁俱寂、月白风清的夜晚，明澈如流水的月华照耀着那座高楼的幽闺，在那里流连徘徊；闺楼中有一个忧愁的思妇怀有无尽的哀伤而彻夜不眠，正在悲苦地叹息。诗人怀着好奇的同情心前往询问那叹息之人是谁，她自称是“宕子”的妻子。“宕子”即荡子，谓离乡远游、久出不归之人。首二句写景起兴，犹如银幕的布景，起调极工。明月向来象征团圆，然月圆人不圆，自然引发下文的离恨哀伤。流光徘徊，不仅用拟人将明月写得似通人意，它好像也为同情思妇而踌躇不安；而且那流连不返、欲进不进的“徘徊”之状，不正是思妇内心愁绪纷乱、骚动不安的象征么？“上有”四句，则似银幕中的画外音，它介绍了主人公的情绪和身份。

往下即换作第一人称口气写思妇的自述，恰如一段动人的台词：夫君出外远游已超过十年，撇下我自己常常孤零零地独宿空闺。夫君好似那路上轻扬的尘埃，可以随风浮扬高飞；而我却宛若那水中沉积的浊泥，永沉水底无出头之日。夫妻本如尘泥同为一体，而今地位、趋势竟如此迥异，则何时方能聚首和谐呢？这段写得情辞委婉恳挚，哀怨悱恻动人，而取喻尤为新奇巧妙、生动贴切，意蕴丰厚，发人深思。

最后四句表达她的愿望和忧虑：我愿化作凉意惬人的西南风，越过漫长的空间吹往夫君的胸怀；要是夫君的襟怀真的不能为我敞开，那我将去依靠谁呢？“愿为”两句想象飞动，奇语警策，感情亦从前面低回哀伤中略略升抬，犹如暗谷中微现几绺曦光。结尾二句却又作翻转跌宕，仿佛长风受阻，回旋往复，进退维谷，不仅造成文势的高低起伏，令人回肠荡气，而且与首句“徘徊”之状，情景呼应，愁思绵绵凄婉，余音缭绕不绝。

曹植生逢乱离之际，目睹了战乱给人民造成的大量妻离子散的悲剧，因而描写闺怨，自然是那个时代突出的社会主题。然而，此诗又不仅仅是写闺怨，它还寄托着诗人特殊政治处境的深沉忧伤。此诗一般认为作于黄初年间。其时文帝曹丕对曹植进行了一连串的打击迫害：先诛其羽翼丁仪、丁廙，继逼其与诸王兄弟就国，不准互通存问，并派监国谒者灌均严密监视，接着以各种借口贬爵、改封、迁徙，十一年中六次削爵，三次徙国。致使他壮志难伸，“汲汲无欢”。故元人刘履云：“子建与文帝同母骨肉，今乃沉浮异势，不相亲与，故以孤妾自喻。”“此篇亦知在雍丘所作，故有‘愿为西南风’之语，按雍丘即今汴梁之陈留县，当魏都西南方。”（《选诗补注》）

此诗通体比兴，将闺怨与讽喻巧妙地融合无间。钟嵘认为曹植的诗“源出于《国风》”（《诗品》上），实则曹植也继承了屈原芳草美人的比兴手法。正如刘熙载《艺概》所说：“曹子建、王仲宣之诗出于骚。”本篇以男女喻君臣即是一例。其次，此诗语言朴素自然，绝无华饰，全以真情至性取胜，与诗人其他多数“词采华茂”（《诗品》）、“语多绮靡”（《诗比兴笺》）的诗作，风格独异。其音节和谐铿锵，平仄抑扬错综，不工而工；彼时虽未发明四声，然其中不少句子已与后代律句无异。可谓“抑扬态度，温润清和，金声而玉振之”（张戒《岁寒堂诗话》）。至其起调之警策高唱，口吻之穷态极变，文势之腾挪跌宕，结尾之凄惋不尽，皆无不表现出诗人的凌厉之才和深厚功力，而为后代诗人所激赏。试看张若虚名作《春江花月夜》中“可怜楼上月徘徊，应照离人妆镜台”二句，李白《金乡送韦八之西京》中“狂风吹我心，西挂咸阳树”二句，皆从曹植此诗化出。于此可见其深远影响之一斑了。

（熊 笃）

情 诗　　曹植

微阴翳阳景，清风飘我衣。游鱼潜渌水，翔鸟薄天飞。眇眇客行士，徭役不得归。始出严霜结，今来白露晞。游者叹黍离，处者歌式微。慷慨对嘉宾，凄怆内伤悲。

本篇在《玉台新咏》中题为《杂诗》，今从《文选》。诗人因景感怀，发为浩叹。在微阴蔽日，一年容易又秋风的季节转换中，自然界万物各得其所，鱼鸟安然游翔之景，引发出役夫久戍他乡，有家难归的联想。曹植生活在战乱频繁的时代，对民生疾苦有一定的了解和体察。诗中“游者”、“处者”两句，运用典故，映照出时代的动荡，男女之怨旷。游者，指役夫。《黍离》，指《诗经·王风·黍离》篇，是一首哀伤宗周覆灭的诗。这里取其感伤乱离、行役不已的意思。处者，指役夫家中的亲人。《式微》，指《诗经·邶风·式微》篇。旧说是黎国诸侯被狄人所逐，寄居卫国，臣子劝归之作。这里取其劝归之意。通过典故的运用，将历史与现实交织在一起，深化了人民在封建徭役制度重压下痛苦不堪的悲剧意蕴，正如唐人王昌龄《从军行》叹当时边关征戍不断时所咏："秦时明月汉时关，万里长征人未还。"由秦汉联想到唐代征戍之事，一种深沉的历史感油然而生。诗人悲天悯人式的同情心，不言而喻。

这首诗造语自然精妙，音节流美铿锵，意象生动传神，触目所感，情与景会。诗中"游鱼潜渌水，翔鸟薄天飞"两句，色彩鲜明，境界开阔，用词精警，意象飞动，是历代读者激赏的名句。鱼、鸟形象的捕捉，渌水蓝天的空间幅度，鱼"潜"鸟"薄"的静动映衬，在诗意的提炼上都达到了自然凑泊、了无痕迹的境界。鱼儿安然地潜游于渌水之中，鸟儿自由地翱翔于九霄之外，安然无惊、自由畅朗的图景，不但反衬出身不由己的役夫的可悲命运，同时也是作者处在动辄得咎的政治逆境，身心备受压抑中对自由、解放的热切憧憬。"潜"、"薄"二字，最见作者炼字、炼意的用心。"潜"字属平声闭口韵，声音轻细，切合表现游鱼安然不惊的神态；"薄"字属入声，声音短促而有力，状翔鸟高飞蓝天的快意，神采顿见，其"飞飞摩苍天"的气势，如在眼前。这两个动词的妙用，充分显示出诗人敏锐的观察力及其精湛准确的艺术表现力，堪称"诗眼"。尤为值得注意的是，这两句与尔后"始出严霜结，今来白露晞"两句，平仄声律和谐妥帖，文字对仗工整自然，暗合了律诗黏对、对仗的规则，不但见出这位才思敏锐，才华富赡的诗人在斟音酌句上的努力，和他对提高诗歌艺术表现力的贡献，同时也透露出中国古典诗歌由古体向新体、近体诗演进的讯息。 （林家英）

七 步 诗　　　　曹 植

煮豆持作羹，漉豉以为汁。
萁向釜下然，豆在釜中泣。
本是同根生，相煎何太急。

谢灵运曾说："天下才有一石，曹子建独占八斗，我得一斗，天下共分一斗。"(《释常谈》)刘勰的《文心雕龙·才略》中也说："子建思捷而才俊，诗丽而表逸。"明代王世贞的《艺苑卮言》也说："子建天才流丽，虽誉冠千古，而实避父兄，何以故？才太高，辞太华。"可见前人都指出了曹植才华出众，禀赋异常的特点，而最能表现其才华的例子就是这首《七步诗》。

据《世说新语·文学》中说，曹丕做了皇帝以后，对才华横溢的胞弟曹植一直心怀忌恨,有一次,他命曹植在七步之内作诗一首,如做不到就将行以大法(处死),而曹植不等其话音落下,便应声而说出六句诗来,就是上面的这首脍炙人口的诗。因为限止在七步之中作成,故后人称之为《七步诗》。据说曹丕听了以后“深有惭色”,不仅因为曹植在咏诗中体现了非凡的才华,具有出口成章的本领,使得文帝自觉不如,而且由于诗中以浅显生动的比喻说明兄弟本为手足,不应互相猜忌与怨恨,晓之以大义,自然令文帝羞愧万分,无地自容。

此诗纯以比兴的手法出之,语言浅显,寓意明畅,毋庸多加阐释,只需于个别词句略加疏通,其意自明。第二句中的“漉豉”是指过滤煮熟后发酵过的豆子,用以制成调味的汁液。“萁”是指豆茎,晒干后用来作为柴火烧,其燃烧而煮熟的正是与自己同根而生的豆子,比喻兄弟逼迫太紧,自相残害,实有违天理,为常情所不容。诗人取譬之妙,用语之巧,而且在刹那间脱口而出,实在令人叹为观止。“本是同根生,相煎何太急”二语,千百年来已成为人们劝诫避免兄弟阋墙、自相残杀的普遍用语,说明此诗在人民中流传极广。

此诗最早就被记录在《世说新语》之中,后来流传的仅有四句,即:“煮豆燃豆萁,豆在釜中泣。本是同根生,相煎何太急!”大概是因为在传播过程中人们对原诗作了简化和浓缩。因为此诗未见于曹植的本集中,所以有人以为它是否真出于曹植之手尚难肯定。然《世说新语》的作者去曹魏之世未远,所述自然有一定的依据,而且据《世说新语注》中引《魏志》中也说曹植“出言为论,下笔成章”,曹操曾试之以《登铜雀台赋》,植援笔立成,而且斐然可观,所以曹植在七步之内作出这样一首好诗也完全是可能的。因此,我们还是把它作为曹植的作品来介绍给读者诸君。

当然,此诗的风格与曹植集中的其他诗作不尽一致,因是急就而成,所以谈不上语言的锤炼和意象的精巧,只是以其贴切而生动的比喻,明白而深刻的寓意赢得了千百年来读者的称赏。

(王镇远)

【作者小传】

曹 叡

(205—239) 即三国魏明帝,字元仲,谯(今安徽亳州)人。魏文帝曹丕太子,母甄氏。黄初七年(226)曹丕去世,嗣位,在位十三年。事迹具《三国志》卷三本纪。有集七卷,已佚。《先秦汉魏晋南北朝诗》辑得其诗十八首。

种瓜篇　　曹叡

种瓜东井上，冉冉自逾垣。与君新为婚，瓜葛相结连。寄托不肖躯，有如倚太山。兔丝无根株，蔓延自登缘。萍藻托清流，常恐身不全。被蒙丘山惠，贱妾执拳拳。天日照知之，想君亦俱然。

魏明帝曹叡擅长乐府，与曹操、曹丕合称为“魏之三祖”。他这首乐府诗，写一位新婚女子向丈夫表明心意，她耽心遭到遗弃，希望得到丈夫的垂爱，拳拳之心，恳切感人。

“种瓜东井上，冉冉自逾垣。”诗以瓜藤从井上蔓延、冉冉地爬过了土墙起兴，喻示着“男大当婚、女大当嫁”乃是自然之理。“与君新为婚，瓜葛相结连。”从此以后，咱们俩就如同瓜葛相连，生活在一起了。“寄托不肖躯，有如倚太山。”新妇自谦不肖，即不贤惠，而将丈夫比作泰山，这不是故意作践自己而抬高丈夫，在封建社会里，女子只是男人的附属，故而这位新妇有这种卑怯心理，也是时代的烙印。“兔丝无根株，蔓延自登缘。”这二句说明自己无以自立，得依靠丈夫方可生存，一样是“蔓延”，却与首句用意不同。兔丝是一种柔弱的藤类植物，匍伏而生。用来比喻旧时代的弱女子，极为贴切。“萍藻托清流，常恐身不全。”还是“与君新为婚”的象征和比喻。从兔丝到萍藻，从泰山到清流，前者自喻，后者喻夫，反复咏叹自己对丈夫的敬仰与感激、依属和期望，这是采用民歌所惯用的“博喻”这种修辞手法，用以达到缠绵宛转、循环往复的艺术效果。“被蒙丘山惠，贱妾执拳拳。”被蒙是受到的意思，丘山惠，即大如山丘般的恩惠。拳拳是牢握不舍之意，意谓您的恩惠，我牢记在心，永远也不会忘记。“天日照知之，想君亦俱然。”我这颗心，照在光天化日之下，和盘托出，毫无隐私。我想，您也一定是这样的啊！

这是多么善良的愿望，多么可怜的近似乎哀求的声音！其实，在这些话语的背后，还有一句最难以启齿的话始终没有说出，这就是“希望您不要抛弃我”！她的全部比喻都是围绕这一心愿而发。刚结婚，就想到休弃，新婚之乐何在？“常恐身不全”，新婚之夜，新婚的心是一颗悬着的心。

这首诗通篇都是心理描写，甚至可以说是新婚之夜新妇的心理描写，它深刻地反映了封建社会里妇女随时随地可能被遗弃的悲惨命运，是很典型的心理写照。

（傅如一）

【作者小传】

何晏

（？—249） 字平叔，三国魏南阳宛（今河南南阳）人。母尹氏被曹操所纳，晏因而随母被曹操收养，娶金乡公主。魏废帝齐王曹芳时，附大将军曹爽，任散骑侍郎，迁侍中、尚书，掌选举。后司马懿杀曹爽，晏亦下狱死。事迹附见《三国志》卷九《曹真传》后。晏好玄学，又著有《论语集解》。有集十一卷，已佚，《先秦汉魏晋南北朝诗》辑得其诗一篇。

言志 何晏

鸿鹄比翼游，群飞戏太清。常恐夭网罗，忧祸一旦并。岂若集五湖，顺流唼浮萍。逍遥放志意，何为怵惕惊？

转蓬去其根，流飘从风移。芒芒四海涂，悠悠焉可弥？愿为浮萍草，托身寄清池。且以乐今日，其后非所知。

魏晋之际，是一个玄学日渐兴盛的时期，同时也是诗歌明显地转向哲理化的时期。何晏作为玄学的创始人之一，他的仅存的两首《言志》诗，也标志着魏晋诗歌哲理化的开端。其后，阮籍作为一个重要的玄学家，他的《咏怀》诗把诗歌的哲理化推上了高峰。但是，他们的纯粹的哲学论述，同他们在诗歌中对人生处境所作的哲理性描摹，虽存在共同的出发点，却又表现出明显的差异，这是一种值得注意的现象。

何晏与曹魏政权有特殊关系：其母再嫁曹操，何晏遂随母入宫，受到宠爱，又娶公主为妻。齐王芳正始年间，曹魏宗室、大将军曹爽与太尉司马懿共同辅政，各蓄势力，暗中争权。何晏因其与曹氏的特殊关系，自然地依附曹爽，被任为尚书，一时权势煊赫。但在他内心中，却深藏着危机感。这二首诗运用比兴手法，抒发忧生之嗟，既是他的心理状态的反映，又是由此出发，对人生处境、人的命运这些根本性的问题，作哲理性的概括。

第一首谈怎样才能"逍遥"即获得自由的问题，这自然令人想起《庄子》的《逍遥游》。《逍遥游》的开头是一个寓言：海中的大鱼"鲲"化为大鸟"鹏"，将从北海迁徙到南海。它拍击水面，激起三千里高的大浪，而后乘御飙风，直上九万里高空，向遥远的南方飞去。而蜩（蝉）与莺鸠（一种小雀）嘲笑说：我们鼓翅奋飞，碰到榆树、枋树就停息下来；即使飞不到，也就是掉在地上罢了，干嘛要飞到那么高那么远呢？按《庄子》的本意，大鹏是"逍遥"即绝对自由境界的象征，蜩与鸴鸠，则象征着被狭小的环境所拘囿、满足于卑琐生活的境界。

那么，何晏是怎样看待所谓"逍遥"的问题呢？诗中的鸿鹄即黄鹄（参《说文解字》鸟部及段玉裁注），是一种大鸟，古人认为它能一举千里。《楚辞·惜誓》云："黄鹄之一举兮，知山川之纡曲；再举兮，睹天地之圆方。"可见其飞翔之高远。这个形象同《逍遥游》中的大鹏显然是相似的。但何晏的思路却同庄子不一样。他认为，鸿鹄并非不会遇到危险，也并非没有忧患之心。相反，正因为飞得高，更容易遭遇罗网，因此失去自由，乃至夭折而死。所以，与其高飞远游而惊惧不安，倒不如同其他凡庸的水鸟一样，游息于五湖（泛指大湖泊），随波逐流，啄食萍草，反可以逍遥自在。这就是说，虽有鸿鹄或大鹏之志，却只能选择蜩与鸴鸠之类的生活。这同《逍遥游》的本意恰好相反。稍晚于何晏的郭象注《庄子》，对上述寓言作出如下的解释：物类有大小之分，各任其性，各当其分，便是逍遥，故大鹏之高飞远举，同小虫小雀之拘于一隅，并无高下优劣之分。这一歪曲原意的解说，恐怕就是从何晏那里演化出来的。只不过他把何晏的那一层忧患感也给抹杀了，以便为身在官场的士人作理论上的辩护。

第二首以蓬草与浮萍为喻。先说蓬草离根，便身不由己，随风飘转。四海茫茫，道途遥远，蓬草的飘移也永无终极之时。这是感叹人生于尘寰之中，毫无把握自己命运的能力，被外在的力量所支配，所牵制推移，永无休止。然后说但愿如浮萍一般，在小小的清池中获得安宁。可即使得到安宁，也只是暂时的，姑且及时行乐吧，往后的命运，谁又能预料？这里流露出来的忧患感、危机感，比前一首更为强烈。

对这两首诗，如从表层上说，也可理解为诗人对险恶的权力斗争的忧虑，以及对可能发生的危机的某种预感。甚至，我们可以指责何晏：既然意识到危险的存在，又为何贪慕荣华，不能及早抽身，以致最终招致夷灭三族的惨祸？但仅仅这样来看，很容易疏忽了更深一层的问题。

通常，人们卷入政治斗争的漩涡，很容易为自己找到精神上的支撑，即相信自己的行为具有道义上的合理性。表面上的"正义"是很容易得到的，而站在这个立场上，即使面临危险，也不会有过多的忧虑，特别是《言志》二首中那一种无所依附的悲哀。

然而，从玄学的角度来思考，就无法拿社会的道义观作为人生价值的保证。何晏有一个著名的哲学命题，是"以无为本"，它包含了这样的意味：一切纷繁的现象，包括功名事业、德行修养，都只是短暂的、可变的东西，因而不具有真实的价值。只有摆脱各种现象关系的束缚,归复到“无”这个精神本体,才能够实现生命的最高意义。换句话说,“以无为本”就是强调人的无限可能性,要求打破社会规范对人的制约和限定。何晏当然无法以被他否定的价值作为自我安慰。

但是,当人们把自由也就是内在可能性的实现作为人生的最高目标看待时,必然面对这样一个事实:在现实关系中,自由是困难的,甚至是不可能的。后世的人很容易指责何晏,说他本应该早早退出权力斗争的漩涡。然而,以他的身份,以他的社会关系,这一种退出是可能的吗?或者,即使他愿意退出,就能够避免危险吗?尽管人的内在可能性是无限的,然而现实关系对人的制约却又是强有力的。何晏的二首诗,实际是把他的实际境遇,引申到一个哲学问题:自由的不可能性。我们可以看到阮籍的诗中也常有类似的表述:“宁与燕雀翔,不随黄鹄飞;黄鹄游四海,中路将安归?”

如果说,要求从传统的社会规范中解脱,追求个人自由,是魏晋时代具有深刻意义的新思潮,认识到自由的不可能性(即自由意志永远受到现实关系的限制)同样是一种深刻的思想。看起来,这两个命题似乎相互牴牾,其实却是一个问题的两面。只是,在何晏、阮籍等人的笔下,前者多作为抽象的哲学问题来论述,后者则多和具体的生活感受联系在一起,在诗歌中用艺术形象来表现。

(孙 明)

【作者小传】

阮 籍

(210—263) 字嗣宗,三国魏陈留尉氏(今河南尉氏)人。阮瑀子,竹林七贤之一。初为吏,又为尚书郎,均因病免官。司马懿引为从事中郎,懿卒,又任司马师、司马昭兄弟从事中郎,封关内侯、官终步兵校尉。籍本具济世之志,因不愿与司马氏集团合污,又恐遭遇谤祸,故崇奉老庄之学,口不言人过,明哲保身,得终天年。事迹具《晋书》卷四九本传,又附见《三国志》卷二一《王粲传》后。籍为正始文学代表人物之一,其《咏怀》之作,旨意渊放、风格浑朴,对后世有很大影响。有集十三卷,已佚,明人辑有《阮步兵集》,今又有《阮籍集》。

咏怀八十二首(其一) 阮 籍

夜中不能寐,起坐弹鸣琴。薄帷鉴明月,清风吹我襟。孤鸿号外野,翔鸟鸣北林。徘徊将何见?忧思独伤心。

阮籍五言《咏怀》诗八十二首,这是第一首。阮籍《咏怀》诗(包括四言《咏怀》诗十三首),是他一生诗歌创作的总汇。《晋书·阮籍传》说:"作《咏怀》诗八十余篇,为世所重。"这是指他的五言《咏怀》诗,可见他的五言《咏怀》诗并无散失。这八十二首诗是诗人随感随写,最后加以辑录的,皆有感而作,而非一时之作。虽然如此,第一首仍有序诗的作用,所以清人方东树说:"此是八十一首发端,不过总言所以咏怀不能已于言之故。"(《昭昧詹言》卷三)这是有道理的。

阮籍生活在魏、晋之际,他有雄心壮志。《晋书·阮籍传》说:"籍本有济世志,属魏、晋之际,天下多故,名士少有全者,籍由是不与世事,遂酣饮为常。"由于当时政治黑暗,壮志难酬,所以陶醉酒中。其实酒并不能浇愁,他的忧愁和苦闷,终于发而为《咏怀》诗。

"夜中不能寐,起坐弹鸣琴。"这两句出自王粲《七哀三首》(其二):"独夜不能寐,摄衣起抚琴。"王粲夜不能寐,起而弹琴,是为了抒发自己的忧思。阮籍也是夜不能寐,起而弹琴,也是为了抒发忧思,而他的忧思比王粲深刻得多。王粲的忧思不过是怀乡引起的,阮籍的忧思却是在险恶的政治环境中产生的。南朝宋颜延之说:"阮籍在晋文代,常虑祸患,故发此咏耳。"(《文选》李善注引)李善说:"嗣宗身仕乱朝,常恐罹谤遇祸,因兹发咏。"这是说,阮籍生活在魏晋之际这样一个黑暗时代,忧谗畏祸,所以发出这种"忧生之嗟"。清人何焯认为:"籍之忧思所谓有甚于生者,注家何足以知之。"(《义门读书记》卷四十六)何氏以为阮籍的"忧思"比"忧生之嗟"更为深刻,注家并不了解这一点。究竟是何种"忧思"?我们当然更是无法弄清,不过,《晋书·阮籍传》说:"(阮籍)时率意独驾,不由径路,车迹所穷,辄恸哭而反。尝登广武、观楚、汉战处,叹曰:'时无英雄,使竖子成名!'登武牢山,望京邑而叹。"由此或可得其仿佛。史载诗人"善弹琴",他正是以琴声来排泄心中的苦闷。这里以"不能寐"、"起坐"、"弹鸣琴"着意写诗人的苦闷和忧思。

诗人没有直接点明诗中所抒发的"忧思",却写道:"薄帷鉴明月,清风吹我襟。"写清澈如水的月光照在薄薄的帐幔上,写带有几分凉意的清风吹拂在诗人的衣襟上,造成一种凄清的气氛。这似乎是在写自然景色。但是,景中有人。因为在月光下徘徊的是诗人,清风吹拂的是诗人的衣襟。所以,可以说写景正是为了写人。这样写,比直接写人,更富有艺术效果,使人感到含蓄不尽,意味无穷。

"孤鸿号外野,翔鸟鸣北林。"显然是继续写景。是写孤鸿在野外哀号,而盘旋的飞鸟在北林上悲鸣。如果说,上两句是写诗人的所见,这两句就是写诗人的所闻。所见者清风、明月,所闻者鸿号、鸟鸣,皆以动写静,写出寂静凄清的环境,以映衬诗人孤独苦闷的心情。景中有情,情景交融。但是,《文选六臣注》中,吕延济说:"夜中,喻昏乱。"吕向说:"孤鸿,喻贤臣孤独在外。翔鸟,鸷鸟,以比权臣在近,谓晋文王。"好像诗中景物皆有所指,如此刻意深求,不免有些牵强附会。

"徘徊将何见？忧思独伤心。"在月光下,清风徐来,诗人在徘徊,孤鸿、翔鸟也在空中徘徊,月光朦胧,夜色苍茫,他(它)们见到什么？一片茫茫的黑夜。所以"忧思独伤心"。这表现了诗人的孤独、失望、愁闷和痛苦的心情,也为五言《咏怀八十二首》定下了基调。

阮籍五言《咏怀八十二首》,是千古杰作,对中国古代五言诗的发展做出了贡献。但是刘勰说:"阮旨遥深。"(《文心雕龙·明诗》)钟嵘说:"厥旨渊放,归趣难求。"(《诗品》上)李善说:"文多隐避,百代之下,难以情测。"(《文选》卷二十三)都说明阮籍诗隐晦难解。阮诗隐晦难解的原因,主要是由于多用比兴手法。而这是特定的时代和险恶的政治环境及诗人独特的遭遇造成的。　　(穆克宏)

咏怀八十二首(其二)　　阮　籍

二妃游江滨,逍遥顺风翔。交甫怀环佩,婉娈有芬芳。猗靡情欢爱,千载不相忘。倾城迷下蔡,容好结中肠。感激生忧思,萱草树兰房。膏沐为谁施,其雨怨朝阳。如何金石交,一旦更离伤！

这首诗的前四句是叙述刘向《列仙传》中的一个神话故事:"江妃二女者,不知何所人也,出游于江、汉之湄(水边),逢郑交甫。"交甫见而悦之,下请其珮,二女解珮与交甫。交甫悦受而怀揣之,"趋去数十步,视珮,空怀无珮;顾二女,忽然不见。"这里借用此故事来发端起兴:叙江妃二女游于江汉之滨,自由逍遥地顺风飘舞,郑交甫遇到了她们便一见钟情,请她们解环珮相赠以为信物,二女答应了他的请求。交甫把环珮藏在怀里。那两位神女都年轻美貌(婉娈),浑身飘散着香气。

以下八句则与《列仙传》记载不合,乃是诗人借题发挥的想象,写双方别后的缠绵相思,赞扬他们对爱情的忠贞不渝。"猗靡",婉曲缠绵之意。"倾城"和"迷下蔡",皆形容女子的绝世美貌。《汉书·外戚传》载李延年歌曰:"绝代有佳人,遗世而独立。一顾倾人城,再顾倾人国。"宋玉《登徒子好色赋》有"臣东家之子,嫣然一笑,惑阳城,迷下蔡(地名)。”这四句写郑交甫别后对二妃情致缠绵,衷心相爱,永世不忘;二妃那倾城倾国的美好容貌,已深深地印在交甫心中。“感激”四句则写二妃对交甫因相思而产生的离愁别恨。“萱草”即谖草,据说见之可以忘记忧伤,故又名忘忧草。“兰房”,犹言香闺,即妇女居室。“膏沐”,古代妇女用的发油。这四句是从《诗·卫风·伯兮》“焉得谖草,言树之背(北堂阶下)”,“岂无膏沐,谁适为容”,“其雨其雨,杲杲出日”几句蜕化而来,描写的是二妃因感动于交甫的衷心爱慕而产生思念忧伤,不能自已,欲得萱草栽种到兰房,随时凭窗望见,借以忘忧。“女为悦己者容”,可现在对郑交甫徒有相思而不得见,因而头发散乱也懒施脂粉,倦于梳理;心中切盼交甫到来,可他偏偏不再来临,就像亟盼下雨而天空却偏偏出现太阳一样,使人怨恨不尽。

诗人在这个神话爱情故事的踵事增华的描述中,自然寄寓了无限深长的感慨,所以结尾二句突转发问:怎么当初像金石一般坚固的情谊,会在旦夕之间,便离异断绝而令人悲伤呢?

阮籍发言玄远,文多隐避。这首诗的主旨亦复如此,以至千古之下,众说纷纭,或言是讽刺爱情不专(如沈约),或言是比喻君臣遭际(如何焯)。而元人刘履解说最详:“初,司马昭以魏氏托任之重,亦自谓能尽忠于国;至是专权僭窃,欲行篡逆,故嗣宗婉其词以讽之。言交甫能念二妃解珮于一遇之顷,犹且情爱猗靡,久而不忘。佳人以容好结欢,犹能感激思望,专心靡他,甚而至于忧且怨。如何股肱大臣视同腹心者,一旦更变而有乖背之伤也。君臣朋友皆以义合,故借金石之交为喻。”(《选诗补注》)此说认为“金石交”是比喻曹魏皇帝和世为曹魏重臣的司马氏,大致是正确的。所以,这首诗应该说是讽刺司马氏之作。

全诗通篇皆用比兴寄托和反衬对比手法,诗意曲折隐微。本为讽刺现实君臣关系,却借用遥远神话爱情故事,而又加以想象渲染,这已够“玄远”了;而结尾二句本是读者寻绎其寄托的关键,但诗人又只通过用典发问微露端倪,并不明言;且诗中多用典故,使意旨愈益隐微迷离。此即所谓“言在耳目之内,情寄八荒之表”(《诗品》)。以男女情爱喻君臣离合,屈原《离骚》、曹植《七哀》等诗早已有之,但那是正比,而本诗却是反喻。前十二句全是为反衬结尾二句的,以形成强烈的反差。至于其所以如此隐微曲折,自然是由于时代和处境使然。　(熊　笃)

咏怀八十二首(其三)　阮　籍

嘉树下成蹊,东园桃与李;秋风吹飞藿,零落从此始。繁华有憔悴,堂上生荆杞。驱马舍之去,去上西山趾。一身不自保,何况恋妻子? 凝霜被野草,岁暮亦云已。

在阮籍那个时代里,有相当一部分士大夫对在思想界长期占统治地位的儒家学说由怀疑而不满,阮籍也是其中的一个。他认为,儒家所提倡的“礼法”是“束缚下民”的可怕又可恶的东西,他们所鼓吹的那些神圣的原则不过是“竭天地万物之至,以奉声色无穷之欲”(见其所著《达庄论》)。因此,他不愿为这些原则奉献自己,但又不知道生命的价值和意义究竟何在。这使他的诗歌经常显示出一种焦灼的情绪和悲观的色彩。本诗也是如此。

古代有“桃李不言,下自成蹊”的成语,意思是: 桃李虽然不会说话,无法为自己宣扬,但总有许多人前去观赏它们的花朵,采摘甘美的果实,其树下自然而然地会被人们踏出一条路(“蹊”)来。此诗的前四句说: 在东园的桃李这样的嘉树下,曾经聚集过很多的人,热闹非凡;但当秋风吹得豆叶(“藿”)在空中飘荡时,桃李就开始凋零,最终便只能剩下光秃的树枝了。

由此,诗人领悟到了一个真理: 有盛必有衰,有繁华必有憔悴;今日的高堂大厦,不久就会倒塌,而成为长满荆棘、枸杞等植物的荒凉之地——这就是第五、六句的诗意。

既然如此,眼前的功名富贵有什么值得留恋的呢? 没有当前的显赫,也就不会有未来的没落的痛苦吧! 所以诗人在其后的四句中又说: 我不如赶快离开这个名利场,骑马到西山去隐居;这样做虽然要抛妻撇子,但在这个世界上我连自身都保不住,又何必对妻子恋恋不舍?

然而,这难道是一条可以使人生获得安慰的道路吗? 从名利场逃避到山野,也不过是使自己从园苑中的桃李变为荒郊的野草罢了。桃李开始凋零时,野草虽然仍很茂密,但到了年底,严霜覆盖在野草之上,野草不也就完结(“已”)了么? 在此诗的最后两句中,诗人就又轻易地否定了他自己找出来的解脱之路。

所以,从此诗中只能得出如下的结论: 人生实在太悲哀了。目下的繁华固然预示着他日的灭亡,但舍弃了繁华又何尝能逃脱灭亡的命运。那么,解脱之路到底何在? 人生又有什么意义呢? 就这样,诗人从桃李初盛终衰这一日常现象开始,一步紧一步地揭示出了人生的脆弱和空虚;他考虑到了可能的退路,然后把它堵死,于是使读者真切地感到了绝望的恐怖。在这样的揭示过程中,读者可以体会到诗人自己的情绪也越来越焦灼和悲观。

其实,个人的生命本是极其有限的,如果只着眼于自己,就永远不能获得生命的寄托，把握人生的意义。换句话说，就个人而言，生命的寄托本在身外。然则阮籍又何以如此苦闷呢？唯一可能的解释是：在他那个时代被认为值得为之献身的神圣的事物(包括在当时被传统的价值观念所肯定的一切神圣的事物)，对阮籍来说都已失去了神圣性，他并不以为把自己的生命与它们结合起来就可使生命获得价值；在他看来，个人的生命远比这些东西贵重，但生命又是如此短促，转瞬即逝，所以他不得不陷入了无法摆脱的深重悲哀之中。就这点来说，阮籍诗歌中的悲观其实包含着对封建意识扼杀个人的某种朦胧的不满。

当然，阮籍的那个时代是个恐怖的时代，由于统治阶级内部矛盾的尖锐，不少士大夫遭到残酷的杀害。阮籍自己的处境也并不好。他对这样的政治现实是憎恶的。所以，他的诗歌不能不含有对政治现实的反拨。以本诗来说，"去上西山趾"的西山，乃是殷末周初的伯夷、叔齐隐居之所，他们因反对周武王伐纣，就在西山采薇而食，以表示自己不与周政权妥协，不吃周朝的粮食。阮籍说要到西山去隐居，可以被解释为不愿与当权派合作而要步伯夷、叔齐的后尘。但根据一般的封建观念，伯夷、叔齐所做的乃是使自己万世流芳的事，"人生自古谁无死，留取丹心照汗青"，这也正是人生的价值和意义的所在。但阮籍却仍然不能从这种行为里得到任何安慰，却发出了"凝霜被野草，岁暮亦云已"的深沉感喟。所以，他的诗歌绝不只限于对政治现实的反拨，更体现出对于人生价值的新的求索；这后一个内容乃是在那以前的我国诗歌中所从未出现过的新东西。在研究他的诗歌时，如果只看到前者而看不到后者，那就未免成为买椟还珠了。

(章培恒)

咏怀八十二首(其六)　　阮　籍

昔闻东陵瓜，近在青门外。连畛距阡陌，子母相钩带。五色曜朝日，嘉宾四面会。膏火自煎熬，多财为患害。布衣可终身，宠禄岂足赖！

这是一首咏史诗，向来索解纷纭，其中沈约的解释最具代表性，后来者亦多不脱其窠臼。沈约说："当东陵侯侯服之时，多财爵贵；及种瓜青门，匹夫耳！实由善于其事，故以味美见称，连畛距陌，五色相照，非唯周身赡己，乃亦坐致嘉宾。夫得固易失，荣难久恃。膏以明自煎，人以财兴累。布衣可以终身，岂宠禄之足赖哉！"照沈约的说法，这首诗是咏东陵侯召平一人之事。但召平种瓜，意在归隐,何至于要“坐致嘉宾”?究其实,本诗当是咏召平和萧何二人之事。《史记·萧相国世家》记载:汉高祖十一年(前196),陈豨、韩信反,吕后用萧何计杀韩信。高祖“闻淮阴侯诛,使使拜丞相何为相国,益封五千户,令卒五百人一都尉为相国卫。诸君皆贺,召平独吊。召平者,故秦东陵侯。秦破,为布衣,贫,种瓜于长安城东,瓜美,故世俗谓之‘东陵瓜’,从召平以为名也。召平谓相国曰:‘祸自此始矣。上暴露于外而君守于中,非被矢石之事而益君封置卫者,以今者淮阴侯新反于中,疑君心矣。夫置卫卫君,非以宠君也。愿君让封勿受,悉以家私财佐军,则上心说。’相国从其计,高帝乃大喜。”

诗以“昔闻”二字领起直贯以下八句。“昔闻”者正是咏史句法,闻事于史书,故谓“昔闻”。前四句咏召平事,点明召平所种之瓜名及种瓜之地点,复形容其瓜田之大,种瓜数量之多。“五色”以下四句咏萧何事。但“五色曜朝日,嘉宾四面会”仍就“东陵瓜”言之,谓召平所种“东陵五色之瓜,登于相国之盘,在朝日中晖曜,而相国之座上,嘉宾四面来会”(陈伯君先生校注《阮籍集》语)。这二句虽出于陈先生的想象,但也是合理的。相国之堂“嘉宾四面会”自是常情,而召平与萧何素有交往,故其瓜“登于相国之盘”也自属可能。“膏火”句是“多财”句的比喻,犹言多财的患害犹如膏火的自煎。这里仍是咏萧何。萧何被迫“悉以家私财佐军”,以及后来被刘邦以“多受贾人财物”的罪名“下廷尉,械系之”,虽说是由于刘邦对臣下的猜忌,但也未始不是多财的患害。

“布衣”二句收束全篇,上句言召平隐居种瓜,以布衣平民之身得以安享天年;下句言萧何虽宠禄有加,却犹如膏火自煎,故宠禄岂足赖哉!

咏史诗贵在不就事论事,而要从其中翻出新意,或是论证人生哲理,或是以古讽今,或是抒作者难言之怀抱。本诗则正是以召平、萧何的对比论证人生的大道理——“布衣可终身,宠禄岂足赖!”其实,这道理本是简单而明确的,但古往今来,又有几人真能明了并实践之?诗人言及于此,不由得感慨系之。《咏怀诗》许多诗篇往往在抒情咏事中以极精炼的诗句抽象出深刻的人生哲理,使诗篇既富有情趣又不乏理趣,这也是阮诗的一个特点。

全诗以八句咏史,以最后二句收束全篇,点出主题。而区区十句之内,有史有论,构思新颖,结构完备。其语言本身明白晓畅,但言近旨远,体现了阮诗“言在耳目之内,情寄八荒之表”(钟嵘《诗品》语)的特点。关于本诗的寄托,古人多有猜测,唯方东树“此言(曹)爽溺富贵将亡,不能如召平之犹能退保布衣”(《昭昧詹言》卷三)之论庶几得之。因为曹爽曾为相国,宠禄正与萧何相埒,故阮籍作诗讽其事,亦未必不可能。

(韩传达)

咏怀八十二首(其九)　　阮　籍

步出上东门，北望首阳岑。下有采薇士，上有嘉树林。良辰在何许？凝霜沾衣襟。寒风振山冈，玄云起重阴。鸣雁飞南征，鶗鴂发哀音。素质游商声，①凄怆伤我心。

〔注〕①“素质游商声”句较为费解。“素质”，沈约释为“凋素之质”，即由于凋零而失去华饰与色泽的形体。我以为这是正确的。“游”为行游之意，故意译为飘动荡；有人以为“游”是“由”的误字，但无确据。

这首诗可说是《咏怀诗》(其三)的发展；也只有跟那首诗联系起来，才能确切理解其意义。

上东门在阮籍当时所居住的洛阳，是洛阳东城的北门。首阳即上一首诗中言及的西山，为伯夷、叔齐采薇而食之处。其地本在今山西省，但河南也有一座首阳山，后人常误认为伯夷、叔齐即隐居于此，并在那里建立了夷、齐庙。阮籍也有这样的误解。所以，诗的开头四句说，当他走出上东门、北望首阳山的时候，他首先想到的是在这山中曾有两位“采薇士”，而直接映入眼帘的，则是一片郁郁葱葱的树林。

伯夷、叔齐是被封建社会普遍推崇的高洁之士，“嘉树林”也令人赏心悦目，但阮籍对这一切似乎并不向往。望着首阳山，他提出了这样的问题：“良辰”——使人欢愉的时日——究竟在哪里呢？这也就意味着首阳山并不是他的理想所在。如果我们还记得《咏怀诗》(其三)，就会感到这其实是很自然的事。首阳山上虽有“嘉树”之林，但“嘉树”的“繁华”不就是“憔悴”的先声么？至于“去上西山趾”追随伯夷、叔齐，也根本摆脱不了“岁暮亦云已”的悲惨命运。那么，首阳山有什么可以使人神往的呢？

他还没能解决“良辰在何许”的问题，肃杀的季节却悄悄地来到了，凝霜落到了他的衣襟上。——《咏怀诗》(其三)已经指出，“凝霜被野草”意味着生命的结束；衣襟沾上凝霜当然也是一个可怕的信号。而更其可怕的是：如同“寒风”两句所表明的，在这样的季节里，狂风把首阳山的山冈也撼动了，天空堆满了乌云，黑暗笼罩一切，首阳山当然也失去了光明。这就进一步证实了首阳山确实不是安身立命之处，在那里并没有诗人所渴望的“良辰”。

不仅如此，这个季节使一切有生命的东西都充满了恐惧和痛苦：鸿雁一边长鸣，一边向南飞去，鶗鴂由于无处可逃，只能悲哀地啼叫。到处是凋零的、失掉了色泽和生气的形体，使人愁苦的秋声在空际飘动。诗人的心为这种凄惨的景象而深感悲伤。通过这些诗句,读者看到了一幅生命面临尽头的、触目惊心的画图。

在这里值得进一步研究的是:诗中所写的这一切象征着什么?有人以为,"寒风"、"玄云"、"重阴"等都隐喻政治上的邪恶势力。但从诗中的"素质游商声"句来看,这明明写的是秋天的景色;"商声"之为秋声,见于《礼记·月令》。而"寒风"等也正是秋天之物。所以,就诗而论,这些都是正常的自然现象。《咏怀诗》(其五十三)说:"自然有成理,生死道无常。……不见日夕华,翩翩飞路旁?"作为自然规律,美好的东西最终必将消灭,这思想在他是根深蒂固的。在《咏怀诗》(其三)中他还写过"秋风吹飞藿,零落从此始";把肃杀的秋天视为自然界的破坏力量,这在他也是一贯的。如果没有过硬的证据,很难把上述描写与时政挂起钩来。

统观全诗,我们实在不妨把它视为《咏怀诗》(其三)的续篇。在那一首中,诗人着重揭示"繁华有憔悴"的真理以否定"东园桃李"式的生活态度,虽然同时指出了"去上西山趾"的方式并未能使人摆脱"岁暮亦云已"的厄运,但对后一点并未充分展开;这一首却以"北望首阳岑"发端,强调人生无"良辰"可言,山冈也要受寒风震撼,连鸟类都不得不为死亡的恐怖而悲哀,这就进一步使读者真切地感受到:即使上了"西山"——首阳,人的最终命运也是很悲惨的。正是基于对人生的这种理解,所以诗人最后以"凄怆伤我心"作为全篇的结束。

这首诗的基调,当然十分消极;但就人生态度来说,却是很严肃的。只要把它跟《古诗十九首》中的"驱车上东门"一首略加比较,就不难理解。那首诗说:"驱车上东门,遥望郭北墓……下有陈死人,杳杳即长暮……人生忽如寄,寿无金石固。万岁更相迭,贤圣莫能度……不如饮美酒,被服纨与素。"作者显然也体会到了生命短促的悲哀,因而把享乐作为人生的寄托。阮籍诗的头两句,无疑从此诗脱化而出;足见它对阮籍起过相当的影响。但阮籍却否定了它的结论。因为,他如果也愿意把个人的享乐作为人生的寄托,那就不会对人生感到这样尖锐的痛苦。也许可以说:他是因为对于人生还有严肃的追求,希望生命获得它所应有的价值,但又意识到这种追求终归于虚幻,生命的价值永不能获得,那才对人生如此地悲观的吧!

(章培恒)

咏怀八十二首(其十六) 阮 籍

徘徊蓬池上,还顾望大梁。绿水扬洪波,旷野莽茫茫。走兽交横驰,飞鸟相随翔。是时鹑火中,日月正相望。朔风厉严寒,阴气下微霜。羁旅无俦匹,俯仰怀哀伤。小人计其功,君子道其常。岂惜终憔悴,咏言著斯章。

这首诗运用象征手法,极力渲染一种险恶疯狂、怵目惊心的自然景象氛围,含蓄隐微地表达了诗人对时政混乱、士人无节的幽愤和哀伤。清人何焯据诗中"是时鹑火中"二句时间线索,运用历法推算出此诗是嘉平六年(254)针对司马师废魏帝曹芳为齐王而立高贵乡公曹髦一事而发,当属可信。

诗的前十句描写自然景象,象征一场大乱来临的政治气氛。"蓬池"是战国时魏都大梁(今河南开封)东北的沼泽地。"大梁"则是以战国魏都隐指曹魏首都洛阳。诗人在蓬池旁边徘徊不安,频频回首眺望魏都。他看到了碧绿的江河之水忽然扬起洪波巨浪;空旷的郊野衰草连天,茫茫无垠;草地上,野兽疯狂追逐,纵横奔驰;天空中,禽鸟追随同伙,成群飞翔。"鹑火星",是二十八宿中的柳、星、张三宿,它的位置已移到南方正中,说明时当九十月之交。"日月相望"指十五日,说明这时正是九月十五。深秋肃杀,北风猛烈呼啸,天气凛冽严寒,大地上已开始结霜。诗人渲染这种惊恐、混乱的景象,其实正是政局大变乱的一种象征。"鹑火中"用《左传·僖公五年》晋灭虢国时"日在尾,月在策,鹑火中,必是时也"的亡国典故,"日月相望"则具体透露了日期。故何焯以夏历推算,恰与司马师废曹芳的日月相符。可见,诗中写洪波、旷野,象征大乱降临,魏室式微;写鸟兽驰翔,象征群小趋附奉迎,奔竞驰骛;写朔风微霜,象征司马师勒兵逼宫的肆暴冷酷。

"羁旅"以下六句,抒发了诗人对这场变乱的感情态度。诗人寄迹在外,没有志同道合的友朋伴侣,面对此种混乱局面深感孤掌难鸣,无力挽狂澜于既倒,只能独自俯仰忧虑,心怀哀伤。但他却从这次事变中看清了小人君子的不同态度:小人因计较利害得失,只能对奸佞权臣降心相从,趋炎附势;而君子则能守正不阿,遵循常道行事。这里的"小人",当指支持司马师联名上表太后请废曹芳的一伙,如司徒高柔、司空郑冲、大鸿胪郭芝、尚书傅嘏、河南尹王肃以及钟会、贾充之流。而"君子",或系指本年反对司马师的李丰、夏侯玄和翌年正月兴义师的毌丘俭、文钦等人。结尾二句表明,君子可能因为不苟于乱世而始终不得志,但他们并不因此而为自己感到惋惜;有感于此,就写下此诗,使"后之诵者考岁月于我之世,则可见矣。"(陈沆《诗比兴笺》)显然,"君子"也应包括诗人自己。

此诗的含蓄隐微,不仅表现在善于以自然气候的氛围来象征隐喻政局的变乱,而且表现在其他种种方面。例如故意将时空转移到遥远的战国大梁,给人以发思古之幽情的假象;“鹑火”二句虽暗点时间线索,但却巧妙地借用《左传》典故加以掩护;“君子”“小人”的褒贬似乎太露,但又不过是引用《荀子·天论》中“君子道其常,小人计其功”的成句。诗人如此苦心孤诣、惨淡经营,虽不一定如王夫之断言“使千秋以还了无觅脚根处”(《古诗评选》卷四),但至少在当时实行恐怖高压政策的司马氏集团眼中,是不易引起怀疑和抓住把柄的。但尽管如此,全诗却仍然感情奔放激越,语调苍凉悲怆,给人以强烈的感染,可谓继承了“建安风骨”的余烈。含蓄和慷慨并存于一诗之中,足见诗人高超的笔力。 (熊 笃)

咏怀八十二首(其十七) 阮 籍

独坐空堂上,谁可与欢者?出门临永路,不见行车马。登高望九州,悠悠分旷野。孤鸟西北飞,离兽东南下。日暮思亲友,晤言用自写。

这是一首孤独者的歌。为孤独而骄傲,也为孤独而痛苦;但终于不愿也不忍放弃孤独。

它给读者的一个最强烈的印象,就是:这世界上似乎只有作者一个人。当他在家里时,是“独坐空堂上”;当他出门瞭望时,在漫长的道路上竟然看不到车马;登上高处,远瞻全国,也只有无边无际的土地和出没的鸟兽。那么,人都到哪里去了呢?

也许作者所住的地方特别荒僻,因而看不到人来往?也许他出门瞻望时正是傍晚,人们都回去休息了?然而,为什么他所看到的鸟兽也都是孤零零的“孤鸟”和“离兽”呢?可见他在这里所写的并不是实际的情况,而只是他自己的心境。换言之,经过他视线所及之处的鸟兽,原也有两只或两只以上的,但他所注意的却只是“孤鸟”、“离兽”罢了。因此,诗中反映的到处都只有他一个人的景象,其实也只是他的一种感觉——由他内心深沉的孤独感所派生的感觉。

这样,我们也就可以进而理解“谁可与欢者”一句的真实含义。如将此句以白话直译,就成为:谁是可以跟我谈笑而使我欢乐的人呢?很清楚,他之所以“独坐空堂上”,乃是因为没有志趣相投的人;也可以说,是由于他不愿委屈自己、跟那些他所不喜欢的人交往。所以,诗的开头两句,就呈现了一个傲岸的孤独者的形象。如果结合《咏怀诗》(其四十八)来看,我们对此将会有进一步的体会:

鸣鸠嬉庭树,焦明游浮云。焉见孤翔鸟,翩翩无匹群?

他嘲笑那些只会合群嬉游的凡鸟不能理解——甚至根本没有看到过翱翔的孤鸟;渗透在这些诗句里的,也正是一种以孤独而自豪的情绪。这只"无匹群"的"孤翔鸟",其实就是他自己的写照。

这样,我们还可以理解,他之所以感到路上没有载人的车马,九州只有旷野,同样是基于他的傲岸。他在世界上找不到一个合意的人,因而他觉得世上就跟没有人一样。唯一可以跟他相比并的,就是"孤鸟"与"离兽"。

然而,无论怎么样,人总是社会的生物。尽管是如此高傲的孤独者,到了某个特定的时刻——例如诗中所写的黄昏到来的时候——他还是希望与同伴交流自己的思想与感情,所以阮籍也写出了"日暮思亲友"的诗句。但在亲友中难道有理解他的人吗?难道他愿贬低自己跟那些不合意的人交往吗?决不。"晤言用自写"的"写"是描摹之意。他只不过在心里描摹与人对话的情状,却并不真的去与人晤谈。是的,寂寞是痛苦的;但与志趣不同的人来往却更为痛苦。

在这首诗里,我们看到了一个高傲而痛苦的孤独者的灵魂!　(章培恒)

咏怀八十二首(其十九)　阮　籍

西方有佳人,皎若白日光。被服纤罗衣,左右珮双璜。修容耀姿美,顺风振微芳。登高眺所思,举袂当朝阳。寄颜云霄间,挥袖凌虚翔。飘飖恍惚中,流盼顾我傍。悦怿未交接,晤言用感伤。

这首《咏怀》,在写法上是颇为别具一格的。诗人阮籍运用那灵动秀逸之笔,描绘了一位飘飖云端的美人形象:在梦幻般恍惚的云腾雾蒸之中,诗人仿佛看到了那位西方美人,她简直像太阳一样光明灿烂。她身上穿着精美纤细的丝绸罗衣,佩戴着叮当作响的双璜璧玉;修饰过的仪容弥见神采焕发,姿态十分优美;随着清风,她身上散发出阵阵幽微的芳香。她忽然登向高处,似乎是在眺望所思念的情人;看她举起袖子,是为遮挡那刺眼的朝阳。她的身影寄托在云霄之间,挥舞着衣袖凌空飞翔;她虽然恍惚迷离地飘飖在空中,但分明又像在诗人身旁流连徘徊,目光还频频地顾盼。然而如此多情令人爱悦的佳人,可惜只是在迷离惝恍的幻境中看见,未能真正与她交往接触。因此,当美梦惊醒之际,面对现实的黑暗,追味梦境的甜美,无限感伤,便悄然上了诗人的眉尖心头……

全诗通过视觉、听觉、嗅觉写美人的光彩、服饰、姿容、幽香等静态;又以登高、举袂、挥袖、飘飖、流盼等一系列动态描写,展现出美人凌空飘舞的轻盈美姿和远眺近盼的相思多情。诗人借助于幻觉，故写得缥缈恍惚，如幻似真，充满着朦胧之美。这显示了诗人高超的艺术腕力。

阮籍的《咏怀》，大抵是以比兴手法来表现他的难言隐衷。这里的美人形象，自然也不是无所寄托的。那么，她究竟象征着什么呢？元人刘履说："此嗣宗思见贤圣之君而不可得，中心切至，若有其人于云霄间，恍惚顾盼，而未获际遇，故特为之感伤焉。"(《选诗补注》)"贤圣之君"，是封建士人理想政治的人格化，而中国古诗又素有以美人芳草来比类贤君的传统，因此，刘履的说法也不无道理。另外，"西方有佳人"之句，显然源出于描写西周舞师的《诗经·邶风·简兮》"云谁之思，西方美人"之语。这首诗，据前人注解是以美人比贤者，而伤贤者处于非位。这种注解是否正确可以不论，但阮籍用此典自比贤人失位，以发抒自己济世之志不得施展的郁闷，——这也未必可知。

"贤君"也罢，"贤者"也罢，因为阮籍的诗"厥旨渊放，归趣难求"(《诗品》)，千载之下，我们也难以深究了。如果我们将这个诗人神奇想象中的美妙幻象，理解为诗人心目中的朦胧的美好理想，这大致上总不会是错的吧。而这个美丽的女性形象，被描写得如此熠熠生辉、如此令人仰慕不止，我们又可从中看到：处在漆黑长夜中的诗人，对于理想的向往之情，又是何等的炽烈！　　(熊　笃)

咏怀八十二首(其二十)　　阮　籍

杨朱泣歧路，墨子悲染丝。揖让长离别，飘飖难与期。岂徒燕婉情，存亡诚有之。萧索人所悲，祸衅不可辞。赵女媚中山，谦柔愈见欺。嗟嗟涂上士，何用自保持？

理解这首诗的关键，在于认清诗中几个典故的背景和用意。下面先从第三、四句说起。

"飘飖"一词，出于《诗经·豳风·鸱鸮》。《诗序》曰："《鸱鸮》，周公救乱也。成王未知周公之志，公乃为诗以遗王，名之曰《鸱鸮》焉。"这一说法则又出于《尚书·金縢》，司马迁在《史记·鲁周公世家》中也曾承用，后人于此都无异说，阮籍的意思也不可能有什么两样。但阮籍在形容周公忧惧之心的"飘飖"二字底下接上"难与期"三字，则非直咏原来的史实可知，这里只是反其意而用之，对此表示存疑之意。显然，他是另有一番用意才使用这个典故的。

周公影射何人？不难想到，此人指的是曹操。曹操一直把自己比作周公。他也有招纳贤士的作风，所以《短歌行》中有句曰："周公吐哺，天下归心。"他也有东征的历史,所以《苦寒行》中有句曰:“悲哉《东山》诗,悠悠使我哀。”但也由于功高震主,旁人疑其有不臣之心,因而建安十五年《让县自明本志令》中又说:“所以勤勤恳恳叙心腹者,见周公有《金縢》之书以自明,恐人不信之故。”说明他像当年“周公救乱”一样,怕“成王未知周公之志”,所以有《鸱鸮》中的“风雨所漂摇”之感。然而不管他怎样信誓旦旦,援《金縢》以自明,阮籍却是认为“难与期”而仍然表示不信。

问题何在?因为曹操决非存心归政于成王的周公。他实际上只是充当了周文王的角色。

建安十七年,曹操入朝不趋,剑履上殿,赞拜不名,如萧何故事。十八年,策为魏公,加九锡。二十一年,进爵为魏王。二十二年,设天子旌旗,出入称警跸,冕十有二旒,乘金根车,驾六马,设五时副车,以五官中郎将曹丕为魏太子。这时曹操的臣下都已按捺不住了,觉得这出周公辅成王的滑稽戏不必再演下去了,于是纷纷有人前来劝进。曹操却说,“‘施于有政,是亦为政。’若天命在吾,吾为周文王矣。”(见《三国志·魏书·武帝纪》裴松之注)这就表明曹操本人不想再去改演其他角色,他已把未来的武王——曹丕安排在接班人的位子上了。

果然,建安二十五年正月曹操去世,同年十月曹丕代汉称帝。一切都在曹操的计划之中。历史的发展表明,“曹公”自明心迹的《金縢》之言,又怎能信以为真?

但当代的这位周武王却并非使用武力夺取天下,因为汉室太衰弱了,于是这一次的改朝换代采取了武戏文唱的方式,曹丕迫使汉献帝用禅让的名义交出了刘氏天下。

曹氏父子苦心筹划的目的实现了。《三国志·魏书·文帝纪》黄初元年裴松之注引《魏氏春秋》曰:“帝升坛礼毕,顾谓群臣曰:‘舜、禹之事,吾知之矣。’”说明他是多么踌躇满志。因为曹氏上下两代取得政权时没有采取什么粗野的手段,他们都是以圣人的姿态临朝亲政的。

但这样的禅让与原来意义上的禅让毕竟相去太远了。按“禅让”一词,古代亦作“揖让”,《韩非子·八说》曰:“古者人寡而相亲,物多而轻利易让,故有揖让而传天下者。”先秦诸子于此有类似的陈述,认为尧之禅舜,舜之禅禹,都发生在远古时代,那时风俗淳朴,原来的君主确是真心实意地在让贤。只是此风一开,后代那些觊觎权位的人却常是利用“禅让”的名义窃取政权,逼迫主子让出君位了。就在春秋、战国之时,也就多次出现过“禅让”的事件,例如燕国的子之曾用权术诱使王哙让出君位,真的实现了异姓之间的“揖让”。

显然,后代那些充满着奸诈手腕的"禅让",已经把古代那种充满着光明正大的优美感情的"禅让"糟蹋得不成样子了;尧、舜、禹之间那种出之于公心的美好政治理想,已经一去不复返了;所以阮籍慨叹地说"揖让长离别"矣!

曹操为了牢固地控制汉献帝,不让宫廷中再次出现伏后事件,建安十八年时还把三个女儿许配给刘姓天子。夫妇好合,"燕婉之求",这本来是人生的美事,然而这种出于政治需要的结合,首先考虑的是有关政权得失的利害关系,所以阮诗在"揖让""飘飖"之后又接上了"岂徒燕婉情,存亡诚有之"二句,把婚姻问题和国家存亡之事联系了起来。按"燕婉"一词,出于《诗经·邶风·新台》,用来指称婚姻之事,那是没有什么疑义的。这次曹、刘之间的联姻事件随后又有了新的发展,所以阮籍引用了历史上的另一个典故,指出它漂亮的帷幕下掩盖着的悲剧性质。

所谓"赵女媚中山",本事出于《吕氏春秋·孝行览·长攻》篇,说的是春秋时期通过婚姻而进行的一项阴谋勾当。赵襄子承他父亲赵简子的遗教,谋取代王的国土。他利用"代君好色"的弱点,"以其弟姊妻之",然后"谒于代君而请觞之",席间杀了代君及其从者,"因以代君之车迎其妻。其妻遥闻之状,磨笄以自刺。"这一事件还记载在《史记·赵世家》中。阮诗误以"代"为"中山",则是由于魏晋南北朝时的诗人使用典故时比较随便,还不注意考订的缘故。(参看黄节《读阮嗣宗诗札记》,萧涤非笔记,载《读诗三札记》。)

赵女发现自己受了欺骗。她的出嫁与人,只是出于父兄政治上的需要,对于她个人的幸福,没有加以一丝考虑,她的悲愤,是可想而知的。女子出嫁从夫,她的利害得失,已与丈夫的地位结合起来,这时她自然会站在夫家的立场来反对兄弟的逼迫。阮籍的这个典故用得何等贴切!现实生活中的那位"赵女",已经立为汉帝皇后的曹节,对于曹丕的逼迫也是悲愤异常,站在刘家的立场予以严厉的谴责。《后汉书·(献穆曹)皇后纪》曰:"魏受禅,遣使求玺绶,后怒不与。如此数辈,后乃呼使者入,亲数让之,以玺抵轩下,因涕泣横流曰:'天不祚尔!'左右皆莫能仰视。"大约要数这位被充作"媚"物的曹女,对乃兄"禅让"时玩弄的手腕,那种凶恶而又出之以伪善的表演,知之最深,因而厌恶特甚的了。

什么周公的《金縢》之志,什么舜禹的揖让之轨,在后代历史中就没有出现过。"揖让长离别,飘飖难与期",这是诗人的感受,也是活生生的现实。

曹女充当父兄的政治工具,从出嫁那天起就并非单纯为了燕婉之情。她与汉献帝的结合,关系到国家的或存或亡,然而"祸衅"终究"不可辞",原因在于"谦柔愈见欺"。这时的汉室帝后已经完全丧失了自卫的能力,只能为号称"周公"、

"舜"、"禹"的野心家所摆布,叫他们演出什么戏就照本宣科。"萧索人所悲",何况那些身临其境的人,曹女只能"涕泣横流",而敏感的诗人也就"怵惕常若惊"了。

《文心雕龙·事类》篇中说:"事类者,盖文章之外,据事以类义,援古以证今者也。"阮籍在《咏怀》诗其二十中援用上述几件"古"事,它所证明的"今"事,只能指曹氏父子与汉献帝之间的关系,除此之外别无他事可作解释。因为司马氏父子没有把女儿许配过曹氏的三位幼主。

但阮籍写作这诗可也不能理解为只是针对曹氏一家而言。他所抒发的郁愤,如此深沉,如此真切,因为他在现实生活中也有亲身的感受,他对此有切肤之痛。

"揖让""飘飖"等事,不光发生在汉末魏初,而且在他眼前又一次地重现了。司马氏父子俨然是当代的"周公",而且正在紧锣密鼓地准备重演"舜禹之事"。不幸的是,阮籍本人也给卷入了这一历史事件之中。

权臣的谋取政权,完成"禅让"的典礼,事先总要经过一道封王、加九锡的手续,表示他功烈辉煌,可以继承前朝基业而无愧。魏元帝曹奂景元四年,司马昭进位相国,封晋公,加九锡,完成了"禅让"前的准备。而这篇劝说司马昭接受殊礼的大作,却是出于阮籍的手笔。这也就是保存在《文选》中的《为郑冲劝晋王笺》一文。

"司马昭之心,路人皆知",他们父子三人的阴险毒辣,又远远地超过了曹氏父子。阮籍对于这一些政治活动的用意,自然洞若观火。他是多么不愿意干这违心的勾当!但由于他文名太大,而谄媚逢迎如司空郑冲之流却偏要借重他的文章来劝进,阮籍虽想托醉推辞,无奈那些人偏不肯放过,还要派人前来催逼,阮籍深知此中利害,也就不再采取消极抵制的办法,一气呵成草成此文呈上。就在这一年阮籍也就去世了,因而未能看到后年演出的"禅让"大典,但这一切都在他的意料之中。"揖让长离别,飘飖难与期",他对眼前发生、亲身经历的事有着极为深刻的体会。

这就可以回到诗的开端来了。"杨朱泣歧路,墨子悲染丝",阮籍引用《淮南子·说林篇》中的这两个故事,列于全诗之首,抒写他的心情,定下了一个悲慨的基调。人在纷乱的政局中徬徨。面前的歧路,可以往南,可以往北,稍一不慎就会误入歧途;本色的素丝,可以染黄,可以染黑,浮华的外形常是掩盖着本质。世事翻覆,无所定准。自命忠诚的人,却包藏着祸心;进行龌龊勾当时,却穿戴起神圣的黻冕。冷眼旁观的人,既不能退出舞台,有时还不得不前去充当不愉快的角色。阮籍有感于此,自然要既悲且泣了。

阮籍本是局外的人,与"禅让"双方都没有什么深的关系,也不像那些趋炎附势的人那样想要从中得利,然而世事如此,不由自主,污秽的政治漩涡,硬是把他卷入其中,于是他在诗的结束时沉痛地提出了问号:"嗟嗟涂上士,何用自保持?"这是发自内心的悲叹:生逢乱世,何以保此洁白之躯?

沈德潜《说诗晬语》曰:"阮公《咏怀》,反覆零乱,兴寄无端,和愉哀怨,俶诡不羁,读者莫求归趣。"但若掌握住作者思绪的脉络,联系其时代背景,则还是有可能推究其用意之所在。即如《咏怀》其二十这一首诗,似乎迷离恍惚,不可捉摸,然而试作探究,则又觉得章法甚明,每一句话都可以找到着落。只是诗中的寓意大家为什么视而不见?原来过去的研究工作者总是有一种成见,以为阮籍乃阮瑀之子,而阮瑀是曹操的僚佐,因此大家都把他看作忠于曹魏政权、反对司马氏父子的坚定分子。这种看法有其合理的地方,阮籍确是不满于司马氏父子的弄权,同情于曹氏子孙的萧索,但他既未受知于曹氏,也不愿为司马氏出力,用诗中的话来说,他只是一名"嗟嗟涂上士"罢了。阮籍是受老庄思想影响很深的人,齐物等量,并不忠于一家一姓,因此他既不是司马氏的佞臣,也不去做曹氏的忠臣,后人硬要把他归入曹魏阵营之中,有些篇章也就难于作出解释了。

阮籍"本有济世志",对自魏明帝起的腐败风气甚为不满,这在《咏怀》诗中有所发抒,前人也已指出,但他对曹操、曹丕加以抨击,却是从未有人想到过。其实阮籍持有这种观点也是容易理解的。《晋书》本传上说他"尝登广武,观楚、汉战处,叹曰:'时无英雄,使竖子成名。'"可以想见,他对当代那些逐鹿之徒难道会看得比"竖子"还高明些么?"竖子"之中,难道不可以包括曹操父子和司马懿父子么?

阮籍眼界开阔,好作哲理上的探索。他在《咏怀》诗中的见解,统观古今世变,洞察当前人情,因而悲愤郁塞,歌哭无端。钟嵘《诗品》评其诗曰:"言在耳目之内,情寄八荒之表",也就点明了《咏怀》诗的特点:言虽浅近易晓,然而寄托的理想,抒发的感情,却是俯仰今古,感喟莫名。

古往今来,在君权的争夺上演出了一幕幕的丑剧,使他感到由衷的厌恶,于是他设想有那么一个社会,没有君臣之别,没有强弱之分,大家都能顺其自然,尽其天年。《大人先生传》中形容这种无君的社会是:"明者不以智胜,暗者不以愚败;弱者不以迫畏,强者不以力尽。盖无君而庶物定,无臣而万事理。保身修性,不违其纪,惟兹若然,故能长久。"这种政治理想,正是他在多次经历了"周公见志"、"舜禹揖让"之后才提出来的。

(周勋初)

咏怀八十二首(其三十二)　　阮　籍

朝阳不再盛,白日忽西幽。去此若俯仰,如何似九秋。人生若尘露,天道邈悠悠。齐景升丘山,涕泗纷交流。孔圣临长川,惜逝忽若浮。去者余不及,来者吾不留。愿登太华山,上与松子游。渔父知世患,乘流泛轻舟。

阮籍《咏怀诗》八十二首,这是第三十二首。借对时光流逝的挽歌,表现对个人命运和曹氏国运的嗟叹。

"朝阳不再盛,白日忽西幽",首二句从象征时光流逝的白日写起。句式与曹植《赠徐幹》中"惊风飘白日,忽然归西山"相同,表现出光景西驰、白驹过隙、盛年流水、一去不再的忧生感情。只不过阮诗未写"白日"匿于何处。曹诗落实是"西山"。一偏于形象,一偏于说理;一重在写景起兴,一重在寓意象征故也。"去此若俯仰,如何似九秋",闻人倓说"去此"指"去魏盛时",谓曹魏之盛在俯仰之间转瞬即逝。由此可知,首句"朝阳"、"白日"之谓,不仅象征时光倏忽,且有喻指曹魏政权由显赫繁盛趋于衰亡,一去不返,终归寂灭的深层寓意。在这里,诗人把人生短促的挽歌与曹魏国运式微的感叹交融在一起,双重寓意互相交叉、互相生发,置于诗端而笼罩全篇,下十二句,均受其统摄。

先是"人生若尘露"二句,以"人生——天道"的强烈对比,写人生与国运的短促。在"悠悠"天道和永恒的宇宙中,曹魏政权都去若俯仰,何况区区一介寒士?不过如尘似露,顷刻消亡罢了。

下"齐景升丘山"四句,再用齐景公惜命,孔子伤逝的典故,极写人生与国运的短促。《韩诗外传》曾记载齐景公游牛山北望齐时说:"美哉国乎? 郁郁泰山!使古而无死者,则寡人将去此而何之?"言毕涕泪沾襟。《论语·子罕》则记载孔子对一去不返的流水说:"逝者如斯夫! 不舍昼夜。"在齐景公登牛山,见山川之美,感叹自身不永痛哭和孔子对流水的惜逝中,诗人对个人命运和对国运的双重忧虑,比先前的比喻和对比更深了一层。

如此变幻无定的人世,诗人将如何自保? 值此深重的忧患,诗人又如何解脱?"去者余不及,来者吾不留"十字,乃大彻大悟语。末六句,诗人断《楚辞·远游》、《庄子·渔父》两章而取其文意。前四句,取《远游》"往者余弗及兮,来者吾不闻","闻赤松之清尘兮,愿承风乎遗则"句意,谓三皇五帝既往,我不可及也;后世虽有圣者出,我不可待也。不如登太华山而与赤松子游。赤松子是古代传说中的仙人,与仙人同游而有出世之想,语出《史记·留侯世家》:“愿弃人间事,从赤松子游。”末二句隐括《渔父》句意,表明要摆脱“怀汤火”、“履薄冰”(《咏怀诗》第三十三首)的险恶处境,籍以自保和解脱,只有跟从赤松子,追随渔父,即或仙或隐,远离尘世之纷扰,庶几可以避患远祸,得逍遥之乐。——然而这不过是一时的幻想。仙则无据,隐亦不容,所以终究还是要跌回前面所描写的阴暗世界。

阮籍生当魏晋易代之际,统治集团内部的矛盾斗争日趋残酷激烈。司马氏为篡魏自代,大肆杀戮异己,朝野人人侧目,亦人人自危,诗人也屡遭迫害。既要避祸全身,又要发泄内心的忧患与愤懑,因此,只能以曲折隐晦的方式,以冷淡的语言表达炽热的感情;以荒诞的口吻表现严肃的主题。这首诗即运用神话、典故、比兴和双重寓意的写法,致使其诗意晦涩遥深,难以索解。钟嵘《诗品》说阮籍《咏怀诗》“厥志渊放,归趣难求”。可谓诗界知己。 (曹 旭)

咏怀八十二首(其三十四) 阮 籍

一日复一朝,一昏复一晨,容色改平常,精神自飘沦。临觞多哀楚,思我故时人。对酒不能言,凄怆怀酸辛。愿耕东皋阳,谁与守其真?愁苦在一时,高行伤微身。曲直何所为?龙蛇为我邻。

阮籍在这首诗里,表现了一种很复杂的感情:既为自己的衰老而悲哀,又为友人的逝去而痛苦,最后以鄙弃现实作为解脱的道路。

诗的前四句说:由于时间的推移,他已失去了以前的容颜和肤色,精神也衰退了。这四句起得似乎很平淡,但下面接着的两句——“临觞多哀楚,思我故时人”——却把感情突然强化了。这里一方面显示出诗人不但已经衰老,而且还很寂寞,朋友都逝世了;另一方面更意味着从朋友的纷纷去世,诗人意识到自己也已在向死亡迫近。在读过这两句以后,读者也就会感觉到在开头的四句中其实隐伏着深刻的恐惧感——为生命的即将消失而恐惧。由此,在读下面的“对酒不能言,凄怆怀酸辛”时,读者自然会懂得:诗人的这种强烈的痛苦,并不只是为了朋友,同时也为了自己。

再接下去的“愿耕东皋阳,谁与守其真”两句,虽似接得十分自然,其实经过惨淡经营。它一面承续上文怀念朋友的思路:朋友已经没有了,谁与我一起去实现我的愿望——到田野(“东皋”)上去耕种以“守其真”——呢?另一面也就把自己所寻求的解脱途径显示了出来。他在《大人先生传》中说:“陵天地而与浮明遨游无始终，自然之至真也。”所谓“守其真”，就是保持这样的生活态度。能做到这一点，也就不会再受衰老与死亡的威胁。

最后的四句，则是对这种生活态度的进一步申述。“愁苦在一时”，是说人的愁苦都不过为一种短暂的东西而发，实在是不值得的。《大人先生传》说：“岂希情乎世，系累于一时？”“愁苦在一时”与“系累于一时”，含意相近。“高行伤微身”是说高洁的行为会伤害自己。那么，他为什么要否定这一切？因为“曲”与“直”本来就没有一定的界限（“曲直何所为”即“何所为曲直”），今天是曲的，明天就成了直，一切都不是永恒的，那你又何必为了这种一时的事情而愁苦甚至伤害自己呢？所以，最后的结论是：“龙蛇为我邻”。这是用的《左传》“深山大泽，实生龙蛇”的典故。“龙蛇”，喻非常之人。有人以为，这里是用《汉书·扬雄传》“君子得时则大行，不得时则龙蛇”的典故，并说“龙蛇者，一曲一直，一伸一屈”。但是，如把“曲直”理解为龙蛇的动作，那么，“何所为曲直”又是什么意思呢？因而这里的“曲直”只能作“是非曲直”的“曲直”解；从而与“不得时则龙蛇”之意也就不能贯联。

还需要指出的是：此诗的上一首为：“一日复一夕，一夕复一朝，颜色改平常，精神自损消。胸中怀汤火，变化故相招。万事无穷极，知谋苦不饶，但恐须臾间，魂气随风飘。终身履薄冰，谁知我心焦。”（《咏怀诗》其三十三）“胸中”句指热中。前六句是说，由于热中，招致颜色、精神的变化，以致日渐衰老。下面四句说，那些人应付无穷的万事，生恐知谋不足，但我却怕他们很快就会死掉。结尾说，这些人终日战战兢兢，他们哪里知道我所焦心的是什么呢？所以，在阮籍看来，热中于世事本来就是可悲可笑的，他跟这些人是道不同不相为谋；因此，“君子得时则大行”之类的思想，与他本若水火之不相容；何况在《达庄论》里，他还把“君子”骂得狗血喷头。因此，此诗的末一句显喻自己将如大泽龙蛇之自由自在。

总之，在这首诗里，阮籍是在追求一种解脱的途径。而这种解脱的途径是跟哲学的思考联系在一起的：一切都是短暂的，是非曲直也都没有差别。这是一种虚无的哲学，这种哲学既是对人生的悲哀的解脱，但在其根柢里却又渗透着人生的悲哀。

（章培恒）

咏怀八十二首(其三十八)　　阮　籍

炎光延万里，洪川荡湍濑。弯弓挂扶桑，长剑倚天外。泰山成砥砺，黄河为裳带。视彼庄周子，荣枯何足赖？捐身弃中野，乌鸢作患害。岂若雄杰士，功名从此大！

魏晋之际,天下多故,政治严酷,名士多有生命之忧。自古以来困扰着人们的生命倏忽如逝水的忧虑更迫切地摆在人们的面前。面对人生短暂之忧,吃药求仙者有之,以扩展生命时间之长度;疯狂享乐者有之,以增加有限生命的密度。这几乎已成了当时士大夫企图摆脱生命之忧的两种基本生活态度。但是,在诗人阮籍看来,这两种消极的人生态度并不能从本质上超越人生的短暂,所以,《咏怀诗》中虽有大量忧生之嗟的作品,也有表现如何超越人生短暂的积极态度,提出不同于以上两种生活态度的积极主张的作品,这就是《咏怀诗》其三十八、三十九两首诗。它们抒发了诗人欲建功立名、兼济天下的豪情壮志,以为只有功名和事业才能摆脱人生的荣枯,只有忠义和气节才能流令名于千古,从根本上超越生命之短暂。

其三十八诗前六句以象征的手法,描绘了诗人心目中"雄杰士"的形象。开篇"炎光"二句出语恢弘,渲染出了一个极为雄阔的环境,为下四句直接描绘"雄杰士"的活动提供了一个无比壮阔的空间。这一联作为起句,横空而来,奠定了全诗并吞宇内,包举八荒的气势。"弯弓"二句写"雄杰士"的活动。"扶桑"是传说中东海日出处之神树。全句是说"雄杰士"把弯弯的弓弦挂在扶桑树上。"长剑"句是说"雄杰士"把长剑倚靠在天外。字面上看这句出典于宋玉《大言赋》,实则与前一句一样,是以极度夸张之语刻画了"雄杰士"无比高大的形象。这种夸张明显带有象征意味,所以大胆奇特而又不失之险怪,它与前二句壮阔的空间描写在气氛上十分谐和,更增强了本诗涵浑六合的壮浪气象。接下"泰山"二句是写"雄杰士"眼中所见。因为"雄杰士"形象无比高大,所以在他眼中,高高的泰山好像只是一块磨刀石(砥砺),长长的黄河也似乎只是一条衣带。这二句出典于《史记·高祖功臣年表序》中的"封爵之誓":"使河为带,泰山若厉(砺)。国以永宁,爰及苗裔。"但誓词乃是表示黄河不能成为带,泰山也不能成为砺,故功臣后裔将永远享国的意思。阮籍借用这二句却赋予了新的意义,仍是为了烘托"雄杰士"的高大形象。

以上六句总的说来是刻画"雄杰士"的形象,诗人是借以表现自己超越生命短暂的积极人生主张,即下文的"功名从此大"的意思。"视彼庄周子"以下四句是用了《庄子·列御寇》篇中的故事:庄子将死,他的学生要厚葬他,庄子却主张不要棺椁的天葬,学生们说,天葬会被乌鸢食尸,庄子却说:"在上为乌鸢食,在下为蝼蚁食,夺彼与此,何其偏也!"庄子的回答本是很旷达的了,但诗用此典却是表达诗人自己的人生态度,即人生无论是生("荣")还是死("枯")都不足倚凭,到头来谁还不是为乌鸢蝼蚁所食呢!仅从此四句看,似乎诗人与庄周子对人生的态度没有什么区别。庄子之荣枯不足赖就是齐生死,即视生死是同一的,没有什么区别;阮籍虽从庄子的故事中也看出"荣枯何足赖",却并不如庄子那样以生死为同一的虚无,他实际上要超越生死之界线,建立永恒的"功名"。

所以,最后诗人用"岂若雄杰士,功名从此大"二句点明主题,收束全篇。他承认庄子的命题:"荣枯何足赖",但又指出:生命并不仅仅是一从生到死的过程;雄杰之士便是以其"功名",延续了自己的存在。回顾开头的描写,便可以看出这一形象,实际是超越肉身生死的象征。

关于这首诗古今多以为诗人是鄙薄"功名之辈",黄节先生的看法具有代表性。他说:"'雄杰士'——即指上挂弓、倚剑、砺山、带河——功名之辈。'岂若'二字,有不与为伍意。亦犹传所云:'不与尧舜齐德,不与汤武并功'也。"以为诗人用"岂若"二字否定了"雄杰士",而实际上诗人是说"庄周子"的人生主张不如"雄杰士"的人生态度那样真正超越了生死之限,建立了永恒的功名。当然,阮籍在《咏怀诗》也说过否定功名的话,但这大都是在他感觉到功名无法实现的时候。

(韩传达)

咏怀八十二首(其三十九)　　阮　籍

壮士何慷慨,志欲威八荒。驱车远行役,受命念自忘。良弓挟乌号,明甲有精光。临难不顾生,身死魂飞扬。岂为全躯士?效命争战场。忠为百世荣,义使令名彰。垂声谢后世,气节故有常。

这首诗与第三十八首不同于《咏怀诗》中多数诗篇之发言玄远、旨意遥深,而是词近意切、旨归分明,且语言雄浑、气势壮阔,是《咏怀诗》中最具独特风格的佳作,反映的是同一主题,即诗人之欲兼济天下、报效国家的雄心壮志。

"壮士"二句赞扬壮士"欲威八荒"之志,雄杰壮阔。"慷慨"一词,据《说文》"慷慨,壮士不得志于心"的解释,可以看出,诗人虽以壮士自许,但"威八荒"之志实并不能实现,所以前二句虽出语壮阔,但暗中已含壮志难酬的悲慨了。

"驱车"以下八句是具体描写壮士的"威八荒"之志。因为"八荒"是指八方荒远之地,所以"驱车"二句有承上启下的作用。"驱车"句照应上文之"威八荒","受命"句启领下文之临难不顾,效命战场。使全诗章法严谨,结体浑然。

"良弓"二句是写壮士武器装备之精良。他手挟乌号之良弓,身着精光闪烁的明光之甲。此二句并非泛泛之笔,而是突出表现了壮士的英武风采和慷慨赴国难的神情。形象鲜明,描写生动。

如果说上二句主要是从客观上描写壮士的英武形象的话,“临难”二句则是从主观上歌颂壮士的慷慨激烈的情怀。壮士既然为赴国难而远行役,那么面临国家之难,也就决不会顾一己之生命,而宁愿身死魂飞,为国捐躯。这二句出语壮烈,令人读之动容,油然而起崇敬之感!

壮士为国捐躯也在所不惜,当然与孜孜以求保一己之躯的“全躯士”截然不同。诗人以“岂为全躯士”的反诘句纵起文势,又以“效命争战场”肯定句使文势一抑,二句中如此纵起抑收,跌起波澜,避免了平铺直叙之弊,以收跌宕起伏之效,加强了诗的气势和感染力。

读以上八句,我们不能不为壮士的英武的精神,壮烈的情怀所感动,而且使我们想起了屈原《国殇》和曹植《白马篇》。前者说:“出不入兮往不反,平原忽兮路超远。带长剑兮挟秦弓,首身离兮心不惩。诚既勇兮又以武,终刚强兮不可凌。身既死兮神以灵,子魂魄兮为鬼雄!”后者说:“弃身锋刃端,性命安可怀?父母且不顾,何言子与妻?名编壮士籍,不得中顾私。捐躯赴国难,视死忽如归。”本诗“驱车远行役”八句正与此一脉相承。所以方东树说:本篇“原本《九歌·国殇》,词旨雄杰壮阔,……可合子建《白马篇》同诵。”(《昭昧詹言》卷三)

“忠为”以下四句是总收全诗,前二句点明壮士之志的礼教本质是忠义,后二句是点醒壮士之志的个人目的是标榜气节,流名后世,使全诗如百川归海,总归忠义气节的主题,不仅使全篇贯穿一气,而且辞义壮逸,慷慨多气,体现了阮诗风格具有建安风力的特点。

“建安七子”和“三曹”诗中本多描写诗人自己欲建功立业的雄心和壮志难酬的悲慨,表现为刚健有力、悲凉慷慨的诗歌风格,形成了激越人心的艺术感染力。建安之后,诗人们既已丧失了建功立业的客观环境,又消磨了锐意进取的主观意志,故在正始诗人阮籍、嵇康的多数诗篇中多表现为忧生之嗟和对仙隐生活的向往。但是,阮籍的这首诗(还有其三十八)却一反常态,正面描写了功名和气节,其内容和风格都直承建安。这是因为阮籍本有济世之志,且自视甚高。他登广武山遥望刘邦、项羽争天下的旧战场,叹道:“时无英雄,使竖子成名!”可谓英锐之气逼人。所以,尽管环境已经决定他没有建立不朽功业的可能,这种内心的向往,仍然会时一流露。

这首诗以及第三十八首,是否与当时的政治现实有某种联系呢?清人方东树说:“《壮士何慷慨》(按,即本诗),此即《炎光》(按,即其三十八)篇而申之,……词旨雄杰壮阔,……皆有为言之。”他认为阮籍是有为而发的。又《晋书·阮籍传》记阮籍曾“登武牢山，望京邑而叹，于是赋《豪杰诗》”，此二篇或即是《豪杰诗》，诗中之“雄杰士”、“壮士”亦或即是所谓“豪杰”？这些问题，都已难以得到确切的回答了。

(韩传达)

咏怀八十二首(其四十一)　　阮　籍

天网弥四野，六翮掩不舒。随波纷纶客，泛泛若浮凫。生命无期度，朝夕有不虞。列仙停修龄，养志在冲虚。飘飖云日间，邈与世路殊。荣名非己宝，声色焉足娱。采药无旋返，神仙志不符。逼此良可惑，令我久踌躇。

追求自由是人类的天性，古来哲人，为此不知作了多少探寻，故庄子欲逍遥之游，佛教有蝉蜕之说。阮籍的这一首诗，也正是对自由道路的探寻，同时也是求而不得后的怅惘。

“天网弥四野，六翮掩不舒”二句，是比喻当时政治形势犹如“天网”，而人对自由天性的追求犹如能奋飞万里的“六翮”(翮，羽毛)。一个“弥”字，足见出当时司马氏杀戮政策的广泛和严酷，而一个“掩”字，又见得这种政策对诗人理想追求的滞碍与打击。这二句，用高度概括的语言，极其形象地描绘了严酷的社会现实，寄托了诗人对人生不自由的感慨，为全诗奠定了悲凉慷慨的基调。

在此不自由的社会里，到底应该怎样自处于世呢？诗人提出了两种处世之方，其一就是“随波纷纶客，泛泛若浮凫”。这二句是说，在这不自由的社会里，诗人若要求得安稳，只能做随波逐流、庸庸碌碌之人(纷纶，忙碌)，就像那浮凫一样一任风波浮沉上下。这二句用的是《楚辞·卜居》“将泛泛若水中之凫乎，与波上下，偷以全吾躯乎”的典故。但《卜居》是以反诘口气，表示出对这种人生态度的否定；而本诗却不是直接否定，这是用典上不拘原意的一例。当然，诗人并非肯定这种人生态度，这只是面对社会不自由而采取的不得已的消极办法。“生命无期度，朝夕有不虞”二句，意思又一转：即使如此，也未必能逆料生命之长短，说不定性命之忧会降临在哪朝哪夕！这二句在结构上暗中兜应了“天网”二句，生命之忧虑，不正是因为“天网弥四野”吗？在文意上这二句又既承且转，使下文陡起了一层波澜曲折。

既然第一条道路不通，“列仙停修龄”以下八句，诗人的探寻转入了对神仙的企望。服食求仙是当时的时尚，从《咏怀诗》中看，诗人在对现实绝望之后，对神仙也曾抱有幻想。何况仙人享有充分、悠长的寿龄，能够在虚静中养其志，能够飘飖云日之间,远隔人世,置荣名与声色于度外。这种摆脱了现实的网罗和尘世的庸俗的生活,对于追求人生自由、力图摆脱司马氏政治桎梏的诗人来说,也未必不是一条可行之路。诗至此,似乎诗人可在仙乡中解脱尘世的烦恼了,但接下"采药无旋返,神仙志不符"二句,语意又自一转。诗人从企仙的幻想中清醒过来:入山采长生之药者并无成功而返的,而真正成仙者也是自古以来史无证验的。这就又否定了前面的神仙之想,文意又起了第二层波澜。最终,诗人还是不得不直面这冷峻严酷的人生现实,他的第二次对人生道路的探索又失败了。

诗人反复探寻着、追求着奋振"六翮"的人生自由境界,但是一切的道路都蹇碍不通,这是诗人的悲剧,也是正直的知识分子在封建社会里的共同悲剧,所以诗的最后说:"逼此良可惑,令我久踌躇。""逼"字黄节注引《广韵》说:"逼,迫也。""此"字则既是指"天网"句描绘的严酷现实,又是指诗人的反复探寻和道路的一再蹇碍不通。而"惑"字则是表明诗人对究竟如何处世的迷惑惆怅,同时似也暗示了诗人将继续着自己的探索。这首诗所反映的正是《晋书·阮籍传》"穷途而哭"的心境。从结构上说,这二句是呼应前文,总收全诗,有言尽而意不尽之妙。

这首诗从字句意思上粗粗看去,似有零落散乱之感,似乎是诗人"心烦意乱"(方东树语)之作。但仔细分析,虽然多波澜,多曲折,却是层次分明,结构完密,是《咏怀诗》中有滋味之佳作。(韩传达)

咏怀八十二首(其五十三)　　阮　籍

自然有成理,生死道无常。智巧万端出,大要不易方。如何夸毗子,作色怀骄肠?乘轩驱良马,凭几向膏粱。被服纤罗衣,深榭设闲房。不见日夕华,翩翩飞路旁。

这是一首社会讽刺诗,讽刺的对象是诗里的所谓"夸毗子",即以言恭行顺取媚于人者。当时司马氏势在篡位,一方面大杀政敌,一方面又拉拢名士,其中便有"礼法之士"像钟会、何曾等这样一些"夸毗子"。诗人疾之若仇,故作诗以讽刺之。

诗的前四句从自然之理谈起,说大自然自有其成理,而人之生死无常亦是自然之道,谁也不能自知其生死之期。看人世间智巧万端,充满着欺骗、狡诈,但总逃脱不了自然之"大要"。所谓"大要不易方",是说人世的"大要"(黄节注引《汉书·陈咸传》颜师古注曰:"大要,大归也。"所以"大要"即指人生的总的归势)总是不能改变的。其实也就是回应前面的"自然有成理,生死道无常"二句。因为人生"大要"的不易之"方"就是生死无常的自然之道呀。这首诗从某种角度看是一首说理诗,它的论点就是诗的前四句。

但是它的论证却不是纯理论的阐述,而是形象的说明。下面六句描写了一个富有象征色彩的人物——"夸毗子"。"如何"二句从诗的立论一转,说明"夸毗子"不遵人生"大要"的不易之道,而企图以自己的"智巧"违反自然之"成理"。"如何"这一联应断作问号,是对"夸毗子"的反问。"如何"二字感情色彩极浓,表明了诗人对"夸毗子"的鄙视厌恶之情。"夸毗子"的所作所为,概括起来就是"作色怀骄肠"一句。下面"乘轩"四句都是这一句的铺展,具体地揭露了他们骄奢淫逸的腐化生活:行则乘车马,食则餍膏粱,衣则服纤罗,住则设闲房。这四句排比而出,看上去似乎声势赫然,不可一世。然而,若看了下文再回头品味这几句,就会感觉到其中的讽刺意义了。

最后两句是用"日夕华"作比,贴切而又意味深长地指出了"夸毗子"的必然命运。"日夕华"是指木槿花,因为其花"朝生夕陨",故称。既然木槿花朝生而夕已翩翩飞陨路旁,则此对"夸毗子"不是深刻的警诫吗?言外之意,是说那些"作色怀骄肠"者虽自视得意,最终也不过和日夕花一样,不能逃脱"朝生夕陨"的自然之理。这最后一联神应着开头一联,由此可显现出诗人章法的完密。

本诗体现了阮籍诗玄远冷隽的色彩。"乘轩"四句,看上去富贵气象扑面而来,直有欲罢不能之势。然而诗人忽又运用其巨大的腕力,使文势顿然产生跌宕——"不见"二句,使上面的富贵气象立见萧条,只留下对"夸毗子"的可怜和嘲弄。

(韩传达)

咏怀八十二首(其五十四)　　阮　籍

夸谈快愤懑,惰慵发烦心。西北登不周,东南望邓林。旷野弥九州,崇山抗高岑。一餐度万世,千岁再浮沉。谁云玉石同?泪下不可禁。

阮籍一生为了躲避政治的迫害,一逃于酒,再逃于玄,史称其"虽不拘礼教,然发言玄远,口不臧否人物"(《晋书》本传)。他的这种态度当然不为一些正直的知识分子所理解,连他的朋友、竹林七贤之一的嵇康也说:"阮嗣宗口不论人过,吾每师之,而未能及。……吾不如嗣宗之贤,而有慢弛之阙。"似语含讥讽,对他的处世态度表示不满。后世甚至有人认为他"以能遗落世事为美谈,不知此正其诡谲,佯欲远(司马)昭而阴实附之"(张燧《千百年眼》),也是不能明了阮籍与司马氏虚与周旋时内心的矛盾与苦闷。这首诗正是抒发诗人的这种不被理解的痛苦心情。

"夸谈快愤懑，惰慵发烦心"二句是说自己的夸谈只是为了快愤懑之心，而自己的惰慵也只是起于心烦意乱。阮籍一生放言傲物，史称其"尤好庄、老"，"发言玄远"，这都是所谓"夸谈"，但之所以如此，亦正如史书所称乃是因为"天下多故，名士少有全者，籍由是不与世事"(《晋书》本传)的表现。既然"不与世事"，当然也就只能"夸谈快愤懑"了。至于"惰慵"者，当是指其常借酒浇愁或借酒避祸，本传称其为逃司马昭求婚"醉六十日"，为躲避给司马氏写"劝进文"而"沉醉忘作"。但是这"惰慵"其实倒并非是真的懒惰，而是因为心绪的烦乱所致。他本不愿在政治上巴结司马氏，可是司马昭却要与他结为儿女亲家；他本不想对时事的可否表态，可司马氏却强他写"劝进文"，这一切当然使他心烦意乱。对这一切令他"烦心"之事，他都企图以"惰慵"逃避之。这大概就是所谓"惰慵发烦心"吧。

但是"夸谈"何尝真能"快愤懑"呢？"惰慵"又何尝真能逃避"烦心"呢？因此诗人又想远游长生来释愤懑、解烦心。以下六句就是写远游遗世、企求长生之想。极端的苦恼容易使人生幻想，这六句正是诗人的幻想。他仿佛觉得自己真成了遗世独立的神仙。"西北"一联是写其遨游于不周之山而回望邓林；"旷野"一联是写其登高后环视所见：九州展现在望中，但见苍茫旷野；崇山攒聚在目前，时见高岑拔起，一派宠炏。如果说这一联是写诗人感到空间的渺小的话，那么"一餐"一联更是写他感到时间的短暂："一餐"之间而度过万世，而千岁之间也不过一浮一沉之顷罢了。

把想象当成真实来描写是一种虚幻、迷茫的变态心理状态，是作家的"白日梦"，但好在作家能进入梦境，也能从梦境中清醒。诗人阮籍虽然幻想自己成了遗世独立的神仙，在幻境中得到一时间的满足；但这毕竟是虚幻的，清醒后的诗人仍然摆脱不了孤寂苦闷的心境。他感到尽管自己有与一般"随波纷纶客"(其四十一)决不相同的本性，但尘世中能有谁是知己？谁能知道自己与世俗人有玉石不同之分呢？诗人想至此，所以泪下而不可禁了。这就是最后一联"谁云玉石同？泪下不可禁"的意思之所在！

这首诗初读时确实不知所云，但仔细分析起来，可以看出诗人的深切用心，在于抒发自己不为世人理解的痛苦孤独的心境。本诗语言宏迈，旨意遥深，想象丰富，构思恢宏，是《咏怀诗》中一佳作。 (韩传达)

咏怀八十二首(其六十七) 阮 籍

洪生资制度，被服正有常。尊卑设次序，事物齐纪纲。容饰整颜色，磬折执圭璋。堂上置玄酒，室中盛稻粱。外厉贞素谈,户内灭芬芳。放口从衷出,复说道义方。委曲周旋仪,姿态愁我肠。

阮籍的《咏怀诗》,解者常叹其旨意遥深、难以情测,但这首诗却无论是语言还是旨归,都言近意明。它通过生动的描绘,揭露了"洪生"虚伪的嘴脸,表明了自己对礼法之士厌恶和憎恨的情感。

司马氏在夺取曹魏皇位的过程中,为掩饰其犯上篡权的丑行,虚伪地提倡以礼法治天下;于是,善于钻营的小人,无不把自己打扮成礼法之士。如何曾,就以维护礼法者自居,借"居丧无礼"为名,欲使司马昭放逐阮籍,"无令污染华夏"(《晋书·何曾传》);如钟会,也曾以嵇康"言论放荡,非毁典谟"为口实,鼓动司马昭杀之"以淳风俗"(《晋书·嵇康传》)。这些都是典型的"礼法之士"的伪善嘴脸。但正是这样一些人,却也干出过非毁礼法之事,乃至无君无父。阮籍这首诗,正是对这些"洪生"的形象的揭露。

"洪生资制度"一句是总起全诗。"洪生"本是鸿儒之意,这里是指那些假礼法之士。他们总是标榜自己的行动都是遵礼守法的。"资制度"是凭借、按照礼法制度之意。以下七句就是把他们"资制度"的行为具体化。"被服"句写其穿戴上也遵循礼法规定。"尊卑"二句是说他们平时遵守着尊卑高下的等级次序,处事接物也遵照着礼法纲常。"容饰"二句写他们朝见时也容饰整洁,神色庄重,手执圭璋,行礼有仪。"堂上"二句是写他们在祭祀时的表现。"玄酒",是古代祭祀时用的水。《荀子·礼论》曰:"飨,尚玄尊(盛清水的酒杯)而用酒醴,先黍稷而饭稻粱。"所以这二句诗是说洪生在祭祀时也按照礼法以玄酒、稻粱作祭品。从以上的八句看,"洪生"似乎是无可指责的,他们的一切行动无不遵礼合制,他们的形象也无不道貌岸然。但这只是诗人的欲抑先扬,欲擒故纵,接下来,诗人笔势一转,以锋利的笔触揭示其内心的丑陋。

"外厉"二句说他们在外高谈礼法,言论纯正,但在家中却不见高尚的言行。"灭"字用在此颇有分量,揭示其在"户内"无一点"芬芳"可言,出语辛辣有力。如果说"外厉"二句是说他们的言行不一,则"放口"二句就进一步揭露了他们即使在语言上也真假不一:当他们随口而言时说的倒是真心话,但随即又假正经起来,口发道德仁义的虚伪高论了。这四句,形象地刻画了"洪生"变幻诡谲的伪善面孔。

最后,"委曲周旋仪"一句总收全文:原来以上所写的"洪生"的一切言行,无不是在矫饰作伪,只是一种"委曲周旋"的假象!"姿态"句是诗人抒发的感慨。

不过"愁"字在这里倒并不是为"洪生"发愁,其寄托的感慨是十分深刻的。当时的所谓"礼法"实在是"坐制礼法,束缚下民",而"礼法之士"也无不"欺愚诳拙,藏智自神。……假廉而成贪,内险而外仁"(《大人先生传》),由此而弑主篡权,国家丧乱,诗人之愁当是为此!

这首诗在艺术上除上文分析时已说到的外,尚有以下几点:首先,人物描写的多面化。全诗从外貌到内心,从语言到行动,多方面地塑造了"洪生"的形象。其次,运用了对比的手法。前八句从正面描写"洪生"之岸然道貌,接下四句从反面刻画他的虚伪嘴脸,一反一正,形成强烈的反差和对比,极有力地烘托出人物全貌。而且后四句中每两句中又相互对比,具体而微地描绘了人物语言和心理活动,使"洪生"的滑稽模样可笑而又可卑,给人以深刻的印象。

(韩传达)

咏怀八十二首(其七十一)　阮　籍

木槿荣丘墓,煌煌有光色。白日颓林中,翩翩零路侧。蟋蟀吟户牖,蟪蛄鸣荆棘。蜉蝣玩三朝,采采修羽翼。衣裳为谁施?俯仰自收拭。生命几何时?慷慨各努力!

曾国藩说:"此首有冉冉将老,修名不立之感。"这正是这首诗的主旨。人生短暂,古今同忧。但怎样对待这短暂的人生,却各有不同的态度,有人抓紧这短暂时光,穷奢极欲,以增加生命的浓度;有人服食养性,企仙求道,以扩展生命的长度。但真正的达人君子却知道,要让生命过得有意义,唯一的办法是利用这短暂的时光做出一番慷慨的事业,以求荣名之永在。这首诗正是表达了这种情绪。也许有人认为阮籍好老、庄,处世态度多是消极,因而怀疑这种解释。但是我们不要忘记,一个人的情趣并非是固定的,阮籍固然有不少表现消极情绪的诗,但他本来却也是颇有血气的青年,史载其"有济世志",又"尝登广武,观楚汉战处,叹曰:'时无英雄,使竖子成名!'登武牢山望京邑而叹,于是赋《豪杰诗》。"(《晋书》本传)可见其志本不在小,以后的消极乃是时势使然,非其本志。况且《咏怀诗》中也有其三十八("炎光延万里")、其三十九("壮士何慷慨")这样壮怀激烈的诗篇呢!

诗的开头四句是咏木槿花,也就是《咏怀诗》其五十三中提到的"日夕华",其花朝而生,见阳而盛,日夕而陨,故称日夕花,意谓其生之短。"木槿"二句是说木槿花开在丘墓之上,煌煌夺目,光色耀人,不知老之将至。"白日"二句写其日夕而落,但意态翩翩,并不因零落路侧而衰。

"蟋蟀"一联分咏蟋蟀和蟪蛄,这都是两种生命短促的昆虫,蟋蟀"初秋生,得寒则鸣"(闻人倓《古诗笺》引《古今注》);而蟪蛄更是"春生者夏死,夏生者秋死"(黄节注引《逍遥游》郭注)。蟋蟀之吟、蟪蛄之鸣都是在其生命穷蹙或行将终结之时,因此,当也可看作是对生命短暂的抗争吧!

"蜉蝣"四句所咏之蜉蝣更是一种生命极为短促的生物。闻人倓《古诗笺》注引《淮南子》说:"蜉蝣不过三日。"但是蜉蝣倒并不以其生为短,反而生活得有姿有彩。看它"采采修羽翼",穿着华美的衣裳,正自得其乐呢。这一句典出《诗·曹风·蜉蝣》的"蜉蝣之羽,衣裳楚楚","蜉蝣之翼,采采衣服",是说蜉蝣的羽翼好似美丽的服饰。也许有人会对蜉蝣发出"衣裳为谁施"的疑问,但是我们且看它"俯仰自收拭"的怡然自乐的样子,还有什么疑问呢?"俯仰"句应是指蜉蝣自我修饰羽翼的样子:拭揩羽翼是不少昆虫和鸟类都有的动作。

通过以上的分析,最后一联"生命几何时?慷慨各努力"就不难理解了。这二句总收全诗,有百川归海之势。"生命几何时"是就以上的木槿、蟋蟀、蟪蛄、蜉蝣的生命短促而言,"慷慨各努力"则是对它们的行为的概括和总结,它们不都是在与生命抗争而慷慨努力吗?同时这两句也是诗人从对生物界的观察中得出的哲理,也许是对自己"冉冉将老,修名不立"的鞭策和勉励,慷慨中自有激动人心的悲凉。黄节注说:"末二句指上木槿、蜉蝣等不知生命之短。慷慨努力,谓木槿之荣、蟋蟀之吟、蟪蛄之鸣、蜉蝣之修也,非美之之词。"他是把此二句看作反话。认为阮籍的原意只是在感叹:虽然短暂的生命也在努力完成其一生,但这种努力终究还是无效的,无法逃脱其短暂的可悲结局。如此,此诗就应有一种完全相反的解释,全诗立意也就没有积极的光彩了。这虽可为一说,但似为诗人所不取!

全诗语言慷慨,意绪悲凉,有一种激昂向上的生命的力量,真叫人读之不得不枕戈待旦了!

(韩传达)

咏怀八十二首(其七十二)　　阮　籍

修途驰轩车,长川载轻舟。性命岂自然?势路有所由。高名令志惑,重利使心忧。亲昵怀反侧,骨肉还相仇。更希毁珠玉,可用登遨游!

魏晋之际,社会道德沦丧,人们汲汲追求的是名利,为此,亲昵反侧,骨肉相仇。这首诗就是揭露世风之薄,表达了诗人欲远游以洁身自好的情怀。

“修途驰轩车,长川载轻舟”二句是说世人不顾辛劳,或驾“轩车”驰骋于“修途”,或乘“轻舟”浮流于“长川”。这里,提到“轩车”、“轻舟”,但不宜呆看,只不过是以极具特色的典型事例为代表象征地写出人们奔波于世途的忙忙碌碌之状,形象鲜明,画面清晰。

“性命”二句紧接第一联,把这种现象从哲学的理性角度进行了分析,认为人们这样汲汲奔波,违反了人的自然本性,其原因,乃是“势路”所由。清人蒋师爚解释这句诗说:“‘势路’有二,曰名曰利,趋之则性命不顾,安知骨肉?”(黄节注引)下二句便分言名和利:“高名令志惑,重利使心忧。”这一联从结构上又回应第一联,回答了人们仆仆舟车、汲汲奔波的原因,无非是为追“高名”逐“重利”。追高名而使人心志迷惑,逐重利而令人心有惴惴惶惶之忧。按照老庄哲学的自然无为观,处世之道也应该无为,无为就不应该奔驰于世途以追名逐利,只有这样才合于自然之道。所以,从构思上看,这二句也仍然紧紧围绕“性命自然”的立论,行文有度,不蔓不枝,不越规矩。

“亲昵”二句是对“高名”二句作进一步的推衍,人们既然不顾自然本性,追名逐利,焉顾得上亲昵与骨肉!这二句是本诗中极富批判现实精神的警策之语,高度概括了封建社会里人心难测,尔虞我诈,亲昵反目,骨肉相残的普遍的社会现实,撕毁了封建礼教所极力宣扬的社会和家庭伦理规范教条的温情脉脉的面纱。对我们了解封建社会的道德本质有重要的认识意义和批判作用。就当时社会现实来看,这二句也必有所指。我们虽不能知道究竟何指,但当时确有亲昵反侧,骨肉相仇的事实。据史载司马懿两受曹氏托孤之命,魏明帝甚至“忍死以待”,以幼帝曹芳相托,他本人也信誓旦旦,表示效忠曹氏,与曹氏亦堪称“亲昵”,但他父子三人却屡次废弑曹氏孤主,诛杀皇室大臣,这不是“亲昵怀反侧”吗?名士吕巽与吕安是亲兄弟,与嵇康也是朋友,但吕巽却谮吕安、嵇康“不孝”于司马昭,致使吕安、嵇康被杀,这也是“骨肉还相仇”的例子。诗人正是用诗的语言,概括并揭露、批判了这血淋淋的现实,堪称是《咏怀诗》中批判现实的名句!

面对世路如此的残酷和污浊,诗人自己的态度则是“更希毁珠玉,可用登遨游”。黄节《阮步兵咏怀诗注》引陈祚明说:“珠玉之毁,盖言勿顾令名。”则“珠玉”是比喻“令名”(美名)。黄节又说:“‘可用登遨游’,如《毛诗·邶风》毛传所谓‘可以遨游忘忧也’。”那么,这二句是诗人表示自己不愿追求世俗之名,而要超越世表之外,以求身心之无累无忧。

阮籍诗中常有一些批判现实的愤激之语，但又常在诗末尾表示了一种逃避现实的态度。这一方面有作者标榜老庄哲学的思想原因，另一方面也因为政治严酷，作者不敢明白表现自己对现实问题的轩轾。史称礼法之士常欲因其对时事的可否而致之罪，但总因诗人"酣醉"或"至慎"获免。诗中的消极表态当也是诗人的一种"至慎"吧。

这首诗语言慷慨，音节激昂，一气呵成，富于气势，虽然带有消极避世的倾向，但仍然具有刚健有力、悲凉慷慨的"建安风力"。　（韩传达）

【作者小传】

嵇　康

(224—263)　字叔夜，三国魏谯郡铚县(今安徽濉溪)人。康早孤家贫，博学有奇才，志向超远。与魏宗室通婚，拜中散大夫。好老庄。因公然非毁礼法，拒绝与司马氏集团合作，被司马昭及钟会诬陷杀害。事迹具《晋书》卷四九本传，又附见《三国志》卷二一《王粲传》后。康为正始文学代表人物之一，有集十五卷，已佚，明人辑有《嵇中散集》，今又有《嵇康集校注》。

幽　愤　诗　　　嵇　康

嗟余薄祜，①少遭不造。②哀茕靡识，越在襁褓。母兄鞠育，③有慈无威。恃爱肆姐，④不训不师。爰及冠带，冯宠自放。⑤抗心希古，任其所尚。托好老庄，贱物贵身。志在守朴，养素全真。曰余不敏，好善闇入。子玉之败，屡增惟尘。大人含弘，藏垢怀耻。民之多僻，⑥政不由己。惟此褊心，显明臧否。感悟思愆，怛若创痏。⑦欲寡其过，谤议沸腾。性不伤物，频致怨憎。昔惭柳惠，⑧今愧孙登。内负宿心，外恧良朋。仰慕严郑，乐道闲居。与世无营，神气晏如。咨余不淑，婴累多虞。匪降自天，实由顽疏。理弊患结，卒致囹圄。对答鄙讯，絷此幽阻。实耻讼免，时不我与。虽曰义直，神辱志沮。澡身沧浪，岂云能补。嗈嗈鸣雁，奋翼北游。顺时而动，得意忘忧。嗟我愤叹，曾莫能俦。⑨事与愿违，遘兹淹留。穷达有命，亦又何求。古人有言，善莫近名。奉时恭默，咎悔不生。万石周慎，⑩安亲保荣。世务纷纭，祗搅余情。⑪安乐必诫，乃终利贞。煌煌灵芝，一年三秀。余独何为，有志不就。惩难思复，心焉内疚。庶勖将来，⑫无馨无臭。采薇山阿，散发岩岫。永啸长吟，颐性养寿。

〔注〕 ① 祜：福。 ② 不造：不成。言家道未成。 ⑨ 鞠育：养育。 ④ 姐(jù)：娇，骄纵。 ⑤ 冯：同凴。 ⑥ 僻：邪。 ⑦ 创痏：创伤。 ⑧ 柳惠：即柳下惠，春秋时人。 ⑨ 俦：比。 ⑩ 万石：指汉代石奋 ⑪ 祇：适。 ⑫ 勖(xù)：勉励。

《幽愤诗》是魏末代表作家嵇康的重要作品，是研究嵇康个性与思想的至为重要的文献。读这首诗，首先应该了解它的写作背景。干宝《晋书》载："康有潜遁之志，不能被褐怀宝，矜才而上人。(吕)安，巽庶弟，俊才，妻美。巽使妇人醉而幸之，丑恶发露，巽病之，告安谤己。巽于钟会有宠，太祖遂徙安边郡。遗书与康：'昔李叟入秦，及关而叹'云云。太祖恶之，追收下狱，康理之，俱死。"孙盛《晋阳秋》说："初康与东平吕安亲善，安嫡兄逊淫安妻徐氏。安欲告逊遣妻，以咨于康。康喻而抑之。逊内不自安，阴告安挝母，表求徙边。安当徙，诉自理，辞引康。"从以上记载可知，嵇康好友吕安被其兄吕巽诬陷入狱，于是引康证明吕巽之丑恶及己无不孝之罪。正直的嵇康义不负心，保明其事，遂牵连入狱。钟会乘机谮之，一代奇士嵇康竟至被杀。这首诗即为嵇康因吕安事被收狱中所作。然而，这首诗的产生有着更为深刻的时代原因，并且与诗人的独特个性有极为密切的关系。众所周知，魏晋之际政治黑暗、危机四伏，正直的知识分子朝不保夕，随时有生命之虞。嵇康是竹林七贤中思想最为激烈的斗士，主张"越名教而任自然"，非薄汤武周公，毫不留情地攻击司马氏提倡的虚伪名教。此外，他的性格极为矛盾：一方面"俯仰自得，游心太玄"，以庄子为师，追求遗世放达。另一方面却又刚肠疾恶、轻肆直言，为当时社会所不容。嵇康被牵连入狱以致被杀，就是他的激烈思想和刚直个性导致的结果。以下我们结合这首诗的分析，将随时揭示以上所说的这些原因。

《幽愤诗》大致可以分为四段。

第一段："嗟余薄祜"至"养素全真"。作者自述青年时代就已形成的桀骜性格和放逸隐居的志向。"嗟余"四句感叹自己从小丧父。"母兄"四句说自己由母亲和哥哥抚养，蒙受他们的慈爱、恃爱肆娇，得不到师长的训导。从中可见，嵇康因从小丧父，为母兄溺爱，没有受过严格的儒学熏陶。这对于形成他日后喜爱

嵇康

庄老的思想和任情肆志的性格不无关系。接下“爰及”八句就讲到自己的爱好和志向。这八句诗,既是嵇康思想和性格的写照,也集中概括了魏晋名士追求的普遍品格。这一段为全诗奠定了反省生平行事的基调。

第二段:“曰余不敏”至“岂云能补”。这一段主要是自责在吕安事上的粗疏。“曰余”二句即指自己因“不敏”而与“阘人”相善。“不敏”指自己阘于人情机宜的弱点。这一点嵇康在《与山涛书》中就已认识到,所谓“不识人情,阘于机宜”。而在吕安事上,他又一次暴露了自己的弱点,导致冤陷囹圄。关于“好善阘人”一句,历来注家说法不一。或指吕安、或指钟会,或指吕巽,还有的认为别有所指。我认为阘人指吕巽。根据嵇康《与吕长悌绝交书》,嵇康与吕巽的交好比与吕安的交结要早。对这么一个阘人,自己却受其蒙骗,相信了他不再与吕安吵下去的虚假承诺。岂知后来吕巽倒打一耙,反而诬告吕安,以至自己被牵连入狱。这种尴尬结局,使作者怅然失图,沉痛自责。“子玉”二句,用《左传》僖公二十七年子文荐子玉,终于造成楚国日后失败的史实,比喻自己因为相信吕巽,反而遭到灾祸。词意只承前二句。“大人”二句,分别用《周易》和《左传》的典故,原意是说,大人物胸怀宏大,能藏纳垢耻。这里反用其意,是说自己生性容不得邪恶。所以后面说,“惟此褊心,显明臧否”。这二句诗是作者对自己性格的深刻剖析。他不能像“大人物”那样“胸怀宏大”,藏纳垢耻,而要显明事物的是非善恶。嵇康是以庄周为师的,而庄周主张“此亦一是非,彼亦一是非”,认为客观世界不存在什么是非之分。据说阮籍至慎,“口不臧否人物”,真正实践了庄子的理论。嵇康却不然,他在理智上清醒认识到善恶、是非等是人生的外累,养生的隐患,但实际言行却往往暴露鲜明的是非好恶之形。这就是他自责“褊心”的原因。其实,所谓“褊心”,恰恰是嵇康正直和“任侠”性格的表现。“感悟”二句承上,意思是说自己意识到立身行止的粗疏,因而痛心如创伤。“欲寡”八句自责耿介个性所造成的种种失误。作者的“宿心”是“欲寡其过”、“性不伤物”,遵循老庄的教诲,“志在守朴,养素全真”,但“不敏”和“显明臧否”的“褊心”,却常常招来谤议和怨憎。从前曾自愧缺乏柳下惠那样坚持直道的精神,现在却悔恨为什么不听隐士孙登的告诫。据《魏氏春秋》:“初,康采药于中北山,见隐者孙登。康欲与之言,登默然不对。逾年将去,康曰:‘先生竟无言乎?’登乃曰:‘子才多识寡,难乎免于今之世也。’”嵇康才多识寡的毛病,果然为孙登言中!在吕安事上,他又一次落入世网。“内负宿心,外恧良朋”二句,写出了作者何等沉痛的心情!“仰慕”四句写作者对西汉隐者严君平和郑子真的向往。《汉书·王贡两龚鲍传》记郑子真、严君平乐道闲居,与世无争,虽处贫穷却神气安然。当此身陷囹圄之际,嵇康自然愈加向往那些安贫乐道、终其天年的高士。“咨余”四句是作者再次自责不淑和顽疏，与前面“曰余不敏、好善闇人”二句相呼应。作者把这次得祸之由归结为自己性格中的弱点。以下“理弊”八句写作者在狱中的遭遇及心情。其中关于“对答鄙讯”的内中情事，很不容易揣度。根据《晋书·嵇康传》中钟会诋毁嵇康以及《文士传》中钟会庭论嵇康的记载，我认为当日狱吏罗致嵇康的罪状大致不出于以下三点：一是轻时傲世，不为物用；二是欲助毋丘俭造反；三是言论放荡，非毁典谟。总之，嵇康拒不与司马氏合作的政治态度和激烈的思想言论，成为他“絷此幽阻”及不久被害的根本原因。这位刚直之士知道自辨也不会有什么效果，所以“实耻讼免”，不屑与狱吏争辩是非曲直，而把身受的谤冤归结为不遇明时。然而，虽然自己“义直”，身陷囹圄却终究会叫人“神辱志沮”。末后“澡身”二句，表达了作者悔之莫及的大痛。

第三段：“嗈嗈鸣雁”至“心焉内疚”。这一段集中抒写作者对于自身悲剧的愤叹。“嗈嗈”四句描写振翼高飞、顺时而动的鸣雁。在嵇康诗歌中经常出现飞鸟形象。如“焦鹏振六翮，罗者安所羁”（《述志诗》二首）；“双鸾匿景曜，戢翼太山崖。”（《五言赠秀才诗》）；“鸾凤避罻罗，远托昆仑墟。”（《答二郭诗》三首）飞鸟翱翔在广阔的天空，顺时而动，得意忘忧，它们是自由的象征，是诗人的向往与追求。自由自在的飞鸟，正与身处困境的作者形成鲜明的对照，这自然使作者异常愤叹。“穷达有命，亦又何求。”作者又一次把自己的不幸归之为命运的摆布。以下“古人有言”十句，引用先哲的教诲和汉代石奋及其四子周慎谨密的典故，自责生性顽疏。“煌煌”四句，慨叹自己的有志不就。这一段从奋翼北游的鸣雁，安亲保荣的石奋，一年三秀的灵芝等形象，联系到自己有志不就的一生悲剧，反复抒发愤叹之情，感情十分沉痛。

第四段：“庶勖将来”至最末“颐性养寿”。作者再次申明他的“志在守朴，养素全真”的本志。这几句表现的仍是拒不与司马氏合作的倔强态度。

从以上分析可以看出，《幽愤诗》的写作虽以吕安冤狱为直接导因，但更深刻的原因是作者处于被囚的特定环境中，抒写生平忧郁和对时世的愤慨。从这首诗里，嵇康再次鲜明地表现出他的清醒理智与耿介个性之间的深刻矛盾，显示他反对司马氏集团的政治态度。由于《幽愤诗》确实呈现出强烈的自责、自伤的感情色彩，因此有人评价此诗是士族文人嵇康软弱性的表现。其实，这种观点由于没有深刻把握嵇康的思想和矛盾性格，因而并不符合真实的嵇康。

《幽愤诗》的写作特点之一是以内心独白方式反复抒情。作者陷于囹圄之中，无人可与晤谈，而满腔的忧郁和幽愤，又迫切需要排遣，这样就自然而然形成反复抒情的特点。诗中的自责和愤叹，初看似乎很零乱，其实还是有脉络可寻。

作者先回顾青少年时期旷达个性的形成，紧接便自责吕安事上的不敏，再检讨一生素志和立身行事之间的诸多矛盾，愤叹自己的有志不就，最后申明隐逸避世的宿愿。整首诗情辞悲慨，淋漓尽致地抒写了诗人的幽愤。

《幽愤诗》的写作特点之二是引用典故较多。如“子玉之败”用《左传》；“民之多僻”、“惟此褊心”、“匪降自天”、“嗈嗈鸣雁”等借用《诗经》成句；“仰慕严郑”、“万石周慎”等用《汉书》；“善莫近名”出于《庄子》……这些典故用在诗里大多显得较为贴切。

钟嵘《诗品》评嵇康诗曰：“过为峻切，讦直露才，伤渊雅之致。”意思是说嵇诗过分峻拔直露，表现出横议是非的特色，缺少含蓄高远之致。刘熙载《艺概》说：“叔夜之诗峻烈，嗣宗之诗旷逸”，比较了嵇、阮两家诗的不同风格，并以“峻烈”二字概括嵇诗风格。上面说过，嵇康思想激烈、个性耿介。这种独特的人格形诸诗文，便呈现为钟嵘指出的“峻切”的艺术风格。《幽愤诗》不像阮籍诗那样常用众多比兴，隐蔽曲折地抒发感情，而是旨意显豁、一览无遗。这正如陆时雍《诗镜》所说：“嵇诗一举殆尽。”陈祚明《采菽堂古诗选》说得更明析：“叔夜衷怀既然，文章亦尔，径遂直陈，有言必尽，无复含吐之致。故知诗诚关乎性情，婞直之人，必不能为婉转之调审矣。”又说：“嵇中散诗如独流之泉，临高赴下，其势一往必达，不作曲折潆回，然固澂澈可鉴。”《幽愤诗》即是嵇诗“有言必尽”、“一往必达”风格的代表作。

(龚　斌)

赠兄秀才从军十八首(其九、其十四)　　嵇　康

良马既闲，丽服有晖。左揽繁弱，右接忘归。风驰电逝，蹑景追飞。凌厉中原，顾盼生姿。

息徒兰圃，秣马华山。流磻平皋，垂纶长川。目送归鸿，手挥五弦。俯仰自得，游心太玄。嘉彼钓叟，得鱼忘筌。郢人逝矣，谁与尽言。

“秀才”是汉魏时荐举科目之一，地位比较高，人数也不多，与明清时将州县学府中生员称为秀才，情况不同。嵇康之兄嵇喜曾举秀才。他去从军，嵇康写了一组(十八首)诗赠他，便以“秀才”为代称。此处所选二首，是其中最著名的。

嵇喜的为人，据史书所载，颇有些俗气。所以他去看阮籍，遭到一顿白眼。后来嵇康挟琴携酒而往，阮籍才高兴，以“青眼”相待。但在嵇康的赠诗中，却写

得嵇喜十分脱俗潇洒,有人因此对嵇康加以讥刺。这是呆板的读诗方法。诗是写给嵇喜的,当然有称颂他的意思,但诗终究又是一种艺术创造,这二首诗中的人物形象,其实是理想化了的,更多地带有作者自身的痕迹,表现着作者对某种人生境界的向往。就是说,这诗有双重意义,而后一种意义更为重要。

要理解这二首诗,需要对魏晋时期的社会风气,尤其是所谓"魏晋风度"有所了解。魏晋的士族文人,普遍信奉老庄哲学,他们认为,现实社会中的一切现象,都是短暂的、变幻不定的,人若陷落在这些现象(如功名荣利、道德礼义等等)中,便失去真性,变得卑琐可笑。只有追求宇宙的大道,才能达到崇高的人生境界。从这一哲学基点出发,他们重视人的个性的自由发展,反对社会伦理规范的约束。他们评价人物,注重于内在的智慧、高尚的气质,以及由此表现出来的脱俗的言谈举止,乃至漂亮的外貌。总之,魏晋风度,是自由精神、人格美、漂亮的仪态的结合。嵇康本是魏晋风度的代表人物,是当代人推崇和效仿的对象。他的诗歌中的理想化人物,当然打上了时代的印记。所以,这二首诗,实际是魏晋风度的写照,仅作为普通应酬之作来看,是太可惜了。

前一首(其九)从表层上说,是想象嵇喜从军以后戎马骑射的生活。但借此,写出了一种纵横驰骋、自由无羁的人生境界。诗中描绘的场面和人物,具有象征意味。

通常嵇康的诗不太讲究技巧,这首同样结构平稳,无甚特异处。前四句是静态的描写,从几个侧面勾出主人公的特征:他骑一匹训练有素的骏马,穿一身鲜丽生晖的衣服,左手持弓("繁弱",古之良弓),右手搭箭("忘归",古之良箭)。四句构成一个画面。虽不是直接写人,乘骑、服饰、器物,已经衬托出人物身份的高贵和气度的不凡。

马在这首诗中具有重要意义,是完成人物形象塑造的凭借。作者写这马"良"而"闲"(本义是熟练),表明这匹骏马并不是难以羁勒、可能失去控制的烈马,这样写是有意暗示主人的一切意志都能得到充分的实现。

后四句转入动态的描写:主人公纵马奔驰,如迅风,如闪电,紧随掠过的影子追逐天上的飞鸟("景"同"影","飞"指飞鸟),奋行在广大的平原上。这里使用一连串表示动作迅急的词汇、一连串的比喻、形容,强烈地特出主人公纵马如飞的形象,要达到什么样的效果呢?我们知道,诗是作用于读者的感性活动的。人们读着这样的诗,脑海里浮现出诗所描绘的场面,不自觉地似乎同诗中人物一齐凌厉奔驰,自然而然产生一种快感——超越限制、获得充分自由的快感。其实,现代人驾驶摩托、赛车,常常也是追求这样的快感。所以在西方影片中,经常出现汽车狂驰的场面。但是,如风如电的奔驰,因为唯恐失控,很容易带来紧张感,这样人就是被动的,仍旧是不自由的了。所以作者又加上稳定感。首句"良马既闲"的"闲"字,已经埋下伏笔,末句"顾盼生姿",加以展开:主人公一路急驰,却是轻松闲逸,左顾右盼,风姿佳美。人生至此,真是如意舒展、毫无压迫,毫无滞塞,这不是很美的境界吗?

迅急所产生的快感和闲逸所产生的稳定感,本来是对立的东西,嵇康却借着马把两者统一起来了。只有高明的骑士坐在骏马上,才可能是既迅急而又闲逸的。这一形象最能表现人的充分自由和充分主动。延伸开来说,魏晋名士都喜欢临大事而从容不惊的态度。谢安身为宰相,当国家命运系于一举的淝水大战正在激烈进行之际,却在家里跟客人下围棋。不是他不关心国事(谢安是这场战事的决策人),而是一旦紧张失态,就不够潇洒,不够风度了!这跟嵇康所写的骑射场面,从人生境界上说,是相通的。所以我说这诗不仅是写嵇喜。何况,嵇喜是个文士,能不能骑快马还是个问题。

后一首(其十四)的表层意义,是想象嵇喜在行军休息时领略山水之趣的情景,同时借此写出自己所向往的游乐于天地自然之道而忘怀人世的境界。开头两句,说军队(徒,原指步卒)在长着兰草的野地上休息,把马放到开着野花(华,通"花")的山坡上进食。兰圃、华山,都是为了衬托人物的漂亮,同"丽服有晖"的意义差不多。魏晋士人是爱漂亮的。而后写主人公的各种活动:他时而在空旷的草泽上射鸟(皋,草泽;磻,在箭尾系小绳和击石以射鸟),时而在长河边垂钓,时而又弹起五弦琴,而目光却追随着大雁流向天边。"目送归鸿,手挥五弦"二句最为后人称道。它通过两个同时进行的不同动作,巧妙地描绘出虚静澄明、物我两忘的精神状态,这本来是很难表现的。诗中人弹琴,却并不专注于琴,只是随意拨弄(所以叫"挥"),让音乐自然地流出;他注目于归鸿,却又不是关切这鸿鸟,从它们身上联想到什么,只是随意地放眼远望。两个动作是彼此否定的,因而显得意无所属;又是相互关联的,都是心境恬淡自然的表现。魏晋人常用的"神情萧散"这个评语,在这里最为切合。

无论弋射、垂钓、弹琴、望鸿,目的都不在其本身,而在领略山水中的妙趣,从中体悟天地之道。老庄的"道"又叫"太玄",确是个玄虚的玩艺。一定要说,只好勉强地说:那是呈现于万物兴衰流转之中的永恒的宇宙生命,它是我们能够体味而不能表述的。诗接下来就这一点加以申发、议论:一抬头一低首,随意四望,都有所领会,心思游乐于"太玄"。但这种领悟既难以、也无须用语言表达。《庄子》中不是说吗,筌是用来捕鱼的,得了鱼也就忘了筌;言是用来表意的,得了意也就忘了言。结末二句还是用《庄子》的典故：有个叫匠石的人，能挥斧如风，把别人鼻尖上一点点白粉削得干干净净，但只有郢地的一个人敢于让他削，郢人死，匠石之技便再无演试的机会。二句的意思是：主人公（作为赠诗来看，是指嵇喜）对道的领悟已经到了神妙境地，即使想说些什么，也没有够格的对手。看起来，这好像是表述无人对谈的遗憾，其实这二句同上二句一样，都是表现一种独得于心而超然世外的化境。游乐于大道的人，是自由的，也是彻底寂寞的。唯其如此，他们才潇洒脱俗，风度不凡。

嵇康是一位思想深邃的哲学家，写诗则非其所长，往往议论太多，陷于枯涩。但这二首却没有上述的毛病（至少不严重），诗中的形象称得上鲜明生动。前一首中的人物凌厉奔飞而闲逸自由，后一首中的人物恬然自得而情思旷远，具有诗歌特有的感染力。所谓"魏晋风度"，颇有些微妙，不易讲清楚，在这二首诗里，至少是写出了一些特征，值得仔细一读。（骆玉明）

酒会诗　　嵇　康

乐哉苑中游，周览无穷已。百卉吐芳华，崇台邈高跱。林木纷交错，玄池戏鲂鲤。轻丸毙翔禽，纤纶出鳣鲔。坐中发美赞，异气同音轨。临川献清酤，微歌发皓齿。素琴挥雅操，清声随风起。斯会岂不乐，恨无东野子。酒中念幽人，守故弥终始。但当体七弦，寄心在知己。

竹林七贤生当魏晋易代之际，世途艰险，故常以隐逸放达之举逃避不测之祸。他们或赋诗弹琴，或垂纶长川，在大自然的芳华与清流中，获得心理上的平静和愉悦。嵇康《酒会诗》即反映诗人和竹林诸贤游览隐逸的生活。

这首诗前半部分描写纵情山水的乐趣。诗篇以"乐哉"二字领起，一开始就直露出诗人置身于大自然中的莫大欢乐。远离了世俗的喧嚣，面对美妙的自然景色，目移神驰。诗人陶醉了！"百卉"四句描写诗人所见美景：各种花卉芳香馥郁，远方高台峙立，林木枝叶交横，深池中鲂鲤嬉戏。以上四句写游览之乐。接下"轻丸"四句写弋钓之乐。"轻丸"二字喻弹丸出手的迅疾。纤纶指钓鱼用的丝绳，鳣鲔泛指鱼类。"毙"和"出"二个动词，写出了弋钓者出手不凡，技艺高超。于是，弋钓者博得了众人的同声赞美。美赞，即赞美弋钓之善。"异气"，指众人。人所禀之气不同，故曰"异气"。"同音轨"即同声之意。刘桢《射鸢诗》描写射术之精曰："庶士同声赞，君射一何妍。"嵇康诗中这二句与刘桢诗句意思相同。"临川”以下四句写琴酒之乐。在清流绿水之间,他们饮酒歌唱,弹琴作乐,清雅的琴声随风荡漾。竹林七贤都喜酒,其中阮籍、刘伶、阮咸更嗜酒如命。对音乐,竹林七贤中的阮籍、嵇康、阮咸,不仅理论造诣甚高,而且是高超的演奏家。嵇康所弹琴曲《广陵散》,可谓独步当时。“临川”四句,真实地写出了竹林七贤放浪山水、流连琴酒的生活情景。此诗的前半部分,以“乐”字为基本的感情色彩。

“斯会岂不乐”以下六句,诗意有明显转折。内容上由前面的记叙、写景转为抒情,感情色彩由兴高采烈转为幽远深沉。当此游览、酣饮之际,东野子却无法预此欢会,这足以令人憾恨。东野子指阮侃。侃字德如,仕至河内太守,乃嵇康好友。阮侃有次与嵇康别离,嵇作《与阮德如二首》,说“郢人忽已逝,匠石寝不言。”用《庄子·徐无鬼》中匠石运斤的典故,把阮德如看作难遇的知己。阮作《答嵇康诗》二首,中有“东野多所患,暂往不久停”二句。于此可知,阮曾往东野。至于他暂往东野的原因,则无法考知。或许是去作官,或许因事须在那边作短期停留。总之,那是个潜伏危机,阮侃不愿长住的地方。“斯会”二句表现的情绪从前面的欢乐转为哀伤。酒中,指饮酒时至中半。幽人即高士,指阮侃。诗人既与阮为神交,所以饮酒之时,思友之情便自然袭上心头。“守故”同守常,意谓坚持隐逸之志。这二句补充前二句,说明了诗人为什么“恨无东野子”的内中原因。原来,东野子是幽人高士,与诗人一样以栖隐为高。两人“谈慰臭如兰,畴昔恨不早”,而现在别易会难,契若金兰的好友天各一方,这当然使诗人遗憾异常了。诗的最后二句是说借琴声寄托思念知己之心。“知己”二字,点明了憾恨东野子不在和对他思念之深的全部原因。此诗后半部分,实际上是通过抒写思友之情,表现诗人隐遁避世的高远情趣。这点,也可以说是全诗的意旨所在。从感情色彩来说,以“憾恨”为基调,和前半部分形成鲜明对比,全诗因而显得层次分明。

从写景而言,此诗和建安时期的游览公宴之作相近。但由于时代不同,本篇的精神风貌已与建安游宴诗大异其趣。诗人虽描写大自然的清丽景物,表现置身于山水之中的乐趣,但更深层的却是抒写诗人的玄虚之趣。先是诗人因自然山水之美的激发,欢愉之情腾涌;尔后,却流露出一阵无可名状的哀伤,从而给整首诗蒙上一层暗淡的思辨色彩。这就是嵇康某些诗歌的一大特色。它清楚地反映出由于魏末的时代环境而引起的诗风转变。

日人遍照金刚《文镜秘府论》说:“嵇兴高邈,阮旨闲旷。”指出了嵇康和阮籍诗歌特色的不同。由于嵇康崇尚道家的以自然为宗,志气高远,形之于诗,境界清虚脱俗,情趣高邈超拔。这种风格特征,在《酒会诗》一类抒写高蹈遗世、栖隐山林之趣的诗歌中表现尤为明显。

(龚 斌)

晋　诗

傅　玄

【作者小传】

(217—278)　字休奕，西晋北地泥阳（今陕西耀州西南）人。魏时，历任郎中、安东将军参军、温令、弘农太守、典农校尉等官，封鹑觚男。司马炎为晋王时，任散骑常侍。晋立，进封子爵，加驸马都尉，迁侍中，坐事免官。又起任御史中丞、太仆、司隶校尉等官，复免，不久卒。玄性刚直，在官多进谏。事迹具《晋书》卷四七本传。有集五十卷，已佚，明人辑有《傅鹑觚集》。又著有《傅子》，后人有辑本。《先秦汉魏晋南北朝诗》辑得其诗及断句七十一首。

豫章行苦相篇　　傅　玄

苦相身为女，卑陋难再陈。男儿当门户，堕地自生神。雄心志四海，万里望风尘。女育无欣爱，不为家所珍。长大逃深室，藏头羞见人。垂泪适他乡，忽如雨绝云。低头和颜色，素齿结朱唇。跪拜无复数，婢妾如严宾。情合同云汉，葵藿仰阳春。心乖甚水火，百恶集其身。玉颜随年变，丈夫多好新。昔为形与影，今为胡与秦。胡秦时相见，一绝逾参辰。

《豫章行》是古乐府曲调名，《苦相》是具体诗题。作为一个关心政事，以直谏著称的文人，傅玄在这首诗中通过对女子"苦相"的陈述，揭露了当时社会男尊女卑的不平等现象，对遭到遗弃的女子寄予了深切的同情。这样，这篇作品也就具有了较广泛的社会意义。

诗的开头就点明了题意："苦相身为女，卑陋难再陈。""苦相"，本是一种以貌相算命的迷信，认为貌相苦则命苦。诗人却首先点破"身为女"即是"苦相"，而男儿却"堕地自生神"，用对比的写法提出了一个令人深思的问题：人的命运，难道真的是取决于人的貌相、性别，而不是取决于社会地位和社会的伦理、风尚吗？诗人并没有直接来回答这个问题，而是通过对女主人公一系列不幸遭遇的陈述，来揭示正确的答案。

在具体地描述女子的“卑陋”之前，诗人首先采用扬彼以抑此的对比手法来概写男子的命运：“男儿当门户，堕地自生神。雄心志四海，万里望风尘。”当门户即当家，亦即处于家庭经济的支配地位。男子当家，这是由封建宗法制度所决定的。因此，诗歌刚开头，就已经暗示了“命运”与经济地位、与社会意识的关系。接着，诗人通过女子降生成长、出嫁、被遗弃三个阶段来具体叙写她们的不幸。“女育无欣爱”四句，是写女子从一出生便不受欢迎，成长中也备受歧视与约束。“垂泪适他乡”八句，写出了女子出嫁后在婆家的地位。诗歌运用了一连串的比喻来表现主题：“忽如雨绝云”，比喻女子出嫁似泼水难收，意味着与家人生离死别；“婢妾如严宾”是说明妇女在婆家地位的卑贱，毫无温暖可言；“情合同云汉，葵藿仰阳春”，是用牛郎织女相会比喻欢爱的难得与短暂，又用葵藿向阳比喻女子对丈夫的仰赖，这就说明夫妻的恩爱既不久长，又不牢靠。最后八句写女子被丈夫厌弃。这一部分又连用了四个比喻：水与火比喻感情背乖，绝不相容；形与影比喻亲密；胡与秦比喻疏远；参与辰比喻永久的隔绝。“形影”与“胡秦”是对比反衬，“胡秦”与“参辰”又是对比递进。这一连串比喻的运用，用简洁凝炼的语言准确而生动地写出了主人公的悲惨命运，增强了诗歌的形象性与感染力。

这首诗歌对女子神态、动作的刻画并不着意雕琢或渲染夸张，却能生动传神。如“藏头羞见人”一句，既写出了少女害羞的神情，也写出了管束之严。“低头和颜色，素齿结朱唇”二句，表现了女子忍气吞声的表情与逆来顺受的温顺性格。而“跪拜无复数”这五个字，则更能激起读者对女主人公的无限同情。像这样品貌端正、温顺善良的女子，却“百恶集其身”，最后惨遭遗弃，这究竟是为什么？诗人用“玉颜随年变，丈夫多好新”二语，进一步揭示了悲剧之所以产生，并不是女子本身品行不端，更不是什么“苦相”，而是由于男女不平等的社会地位与男子可以随意抛弃女子的封建道德观。这也就更进一步点出了“女子苦相”的实质。

这首《苦相篇》主要是用客观的陈述来表达主题思想的。作者的思想倾向、感情色彩蕴含在哀怨动人的叙述与描写之中，而不直接抒发或评议。对傅玄诗歌风格的评论，历来并不完全一致。如钟嵘《诗品》说傅玄诗“繁富可嘉”，沈德潜《古诗源》则讲他“大约长于乐府，而短于古诗”。而陈沆《诗比兴笺》却又说傅玄“尤长拟古，借他酒樽，浇我块垒。”这些评论，恐怕都只着眼于傅玄诗的某一个方面的特点。而从这首《苦相篇》和其他一些代表作（如《杂诗》、《历九秋篇》）来看，傅玄的诗歌还是以委婉哀怨、温雅富丽为主要风格的。他长于拟古，又能融古诗入乐府。傅玄的著名《杂诗》起首两句道："志士惜日短，愁人知夜长。"在政治生活中，傅玄是刚正疾恶的志士；而在诗歌创作上，他却是一唱三叹的愁人。这真是我国文学史上一个有趣的现象。 （柴剑虹）

秋胡行 傅 玄

秋胡纳令室，三日宦他乡。皎皎洁妇姿，泠泠守空房。①燕婉不终夕，别如参与商。忧来犹四海，易感难可防。人言生日短，愁者苦夜长。百草扬春华，攘腕采柔桑。素手寻繁枝，落叶不盈筐。罗衣翳玉体，回目流采章。君子倦仕归，车马如龙骧。精诚驰万里，既至两相忘。行人悦令颜，借息此树旁。诱以逢卿喻，遂下黄金装。烈烈贞女忿，言辞厉秋霜。长驱及居室，奉金升北堂。母立呼妇来，欢乐情未央。秋胡见此妇，惕然怀探汤。负心岂不惭，永誓非所望。清浊自异源，②凫凤不并翔。引身赴长流，果哉洁妇肠！彼夫既不淑，此妇亦太刚。

〔注〕 ① 泠泠：原作冷冷，从《玉台新咏》。 ② 自：原作必，吴兆宜《玉台新咏笺注》云："一作自。"从之。

《秋胡行》歌咏的是秋胡戏妻的故事。故事最早见于刘向《列女传》，大略是：鲁国秋胡娶妻才五天，就到陈国去做官，一去五年才回来。未到家之前，见路旁有一美妇人在采桑，他就停下车子，挑逗说："力田不如逢丰年，力桑不如见国卿。我这里有金子，愿给您。"妇人说："我采桑力作，衣食自给，奉养二老，不需要您的金子！"秋胡归家，拜见了母亲，母亲叫人把媳妇唤来，一看，正是刚才采桑的女子。秋胡很尴尬，妻子也非常气愤，觉得他品行太污秽了，于是投河而死。《乐府解题》曰："后人哀而赋之，为《秋胡行》。"目前从《乐府诗集》见到最早的咏本事的《秋胡行》，就是傅玄的作品。傅玄此诗题一作《和班氏诗》，或许在傅玄之前有题为班婕妤或班昭的乐府古辞在流传。

这是一首叙事诗，按情节的发展可分为三段，首段为恨别，中段为路遇，末段为死节。最后两句是作者的议论。

诗开篇即写道："秋胡纳令室，三日宦他乡。""令室"即可意的夫人。"三日"本事谓五日，而《西京杂记》又作三月，乃流传中的异辞，比较起来在此诗中作三日为顺妥。"皎皎洁妇姿，泠泠守空房。""泠泠"一作冷冷，还是作泠泠好，它既包含了“泠泠”即清冷的意思,又有清白的意思,与上句“皎皎”相应。这两句既写出了秋胡妻的贞洁自守——突出了她性格中主要方面,为故事发展提供了根据,又写出了“守空房”的孤独,显出她命运的悲剧。下面就写别后的痛苦。“燕婉不终夕,别如参与商。”“燕婉”指新婚恩爱,“不终夕”即未终期。古礼,女子嫁三日,告庙上坟,谓之成婚,才算完成了婚礼,故有“三日新妇(新娘)”的成语。而秋胡三日就宦他乡,所以说“燕婉不终夕”,一去多年不归,所以说“别如参与商”。参与商是两颗此出彼没、不同时出现在天空的星,古人常用来比喻分离。“忧来犹四海,易感难可防。”是说忧愁就像四海水,容易被激动起来而难于防遏,这是比喻她忧愁的深广、不可抑制。“人言生日短,愁者苦夜长。”这是她不堪愁苦煎熬而发出的怨声,人们都说人生太短,可她却生怕夜太长了。这句话看起来似乎浅易,若设身处地思考一下,就觉得很是深切了。

中间一段是全诗的主干部分。先写秋胡妻采桑。通过采桑情形的描写见出秋胡妻的美丽:“百草扬春华(即花)”是景物的衬托,“攘腕(捋袖伸出手腕)采柔桑”显出姿态美,“素手”、“玉体”显出形体美,“回目流采章(章即采,此句即回目流彩)”显出表情美。这些描写正是对篇首“令室”、“皎皎”的一个补充。在描写她的美貌的同时,也写出她的勤劳、她的忧伤:“素手寻繁枝,落叶不盈筐”,“落叶”即摘下来的叶子,枝上有那么多繁茂的叶子,竟摘不满箩筐,表示她在思念丈夫、有些心不在焉,这两句是化用《诗经·周南·卷耳》“采采卷耳,不盈顷筐。嗟我怀人,置彼周行”的意思。而后再写秋胡的到来。“君子”指丈夫,他虽说是“倦仕归”,实在官也做得不小、派头也挺大,“车马如龙骧”,像龙一样腾跃,是衣锦还乡了。“精诚驰万里”是说他想念妻子不远万里归来,“既至两相忘”,来到之后两人竟都不认识了。“行人悦令颜,借息此树旁。”“行人”指秋胡,因他们夫妻互不相识,在这一刻就成了陌路人。“悦令颜”见妇人长得好看喜欢上了,“借息”,借故歇息,见出他的狡狯。下面就是引诱,“逢卿喻”就是“力桑不如见国卿(辛辛苦苦采桑不如嫁个大官)”那样的话,这似乎是当时不少高官调戏农家女的伎俩,比如《陌上桑》中的使君也是;并且又迫不及待地卸下黄金,似乎妇人顷刻可以到手了。这些描写见出他的虚荣、虚伪和那种好色的丑态。路遇这一幕是怎样结束的呢?“烈烈贞女忿,言辞厉秋霜。”秋胡遭到其妻的痛斥严拒,诗只用了两句,比本事少得多,见出她的刚决,对这种人不值得多费口舌,拦头一击可矣。

后段,“长驱及居室,奉金升北堂。”这种人真是恬不知耻,遭没趣后,居然还是“长驱”;又真虚伪至极,将刚刚想买妇人欢心的金拿来孝敬母亲(北堂为其母住室),欲讨老人喜欢。其母真是喜出望外,“立呼妇来”,以共享团聚之乐,其妇知丈夫归来,那也一定欣喜无比,可是等待她们的竟是晴天霹雳:"秋胡见此妇,惕然怀探汤。负心岂不惭,永誓非所望。"上两句写秋胡,在真相败露、四目睽睽时惊惧得像被开水烫着一样;下两句写其妻逼视秋胡:这样的负心汉岂不羞惭,当初的信誓旦旦竟是这样的结果。妇人只是为着三日恩情,守了多年空房,朝思暮想,不意其夫竟是这样的人,可以想见其恼怒、失望、悲苦。诗句从"欢乐情未央"一下子跳到"秋胡见此妇",把尖锐的戏剧冲突猛然间推出来,极是跌宕。愤怒之后她又清醒了:"清浊自异源,凫凤不并翔。"清流、浊流不是一个源头,野鸭与凤凰飞不到一处,这是由于本性的不同。这是比喻她和其夫不可共处,将其夫比作"浊流"、"凫",见出对其厌恶、轻蔑,"自"、"不"两个断语见出她的清醒、冷静。于是她与其夫毅然决裂,投河自尽,维护了自身的清白。

秋胡妻是忠实于爱情的,但她追求的爱情是真挚的、纯洁的,容不得欺骗和虚假,而发觉受骗蒙辱,就以死相抗,这是"洁妇"的典型,诗篇的开头与结尾两次称她为"洁妇",就是对她的行为与品质的概括。应当说,作者写这首诗就是为了赞扬她,在故事的展开中也处处在赞扬她。可是结尾的两句议论:"彼夫既不淑,此妇亦太刚",又有批评之意,认为她太刚烈了。这批评中有对其死的惋惜,同时也含有传统伦理观对妇女的偏见,按照三从四德标准,她做得太过分了。这样,作者的评价与作品的表现产生了一定的矛盾,但还并不严重;唐刘知幾竟然斥责秋胡妻为"凶险之顽人,强梁之悍妇",明杨慎干脆骂是"妒妇",那就是站在封建礼教的立场上对这位女性的恶意攻击了。由此也可见出,秋胡妻这个典型具有某种程度的反传统色彩。

明陆时雍在《诗镜总论》里曾赞扬傅玄善于叙事,本篇确实也见出他这种特长。这篇长诗写得层次清楚,脉络分明,情节组织得相当得当。与本事比较起来,诗的文字要简洁得多,但描写——人物外貌和心理的描写却增多了,这可以看出作者很注意也比较善于塑造人物形象。写好故事、写好人物,这是叙事诗成功的关键,在当时文人叙事诗作品很少、水平很低的情况下,傅玄写了几首较好的作品,其成绩是值得重视的。

（汤华泉）

青青河边草篇　　　　傅　玄

青青河边草,悠悠万里道。草生在春时,远道还有期。春至草不生,期尽叹无声。感物怀思心,梦想发中情。梦君如鸳鸯,比翼云间翔。既觉寂无见,旷如参与商。①梦君结同心,比翼游北林。既觉寂无见,旷如商与参。河洛自有涸,②不如中岳安。回流不及返，浮云往自还。悲风动思心，悠悠谁知者？悬景无停居，忽如驰驷马。倾耳怀音响，转目泪双堕。生存无会期，要君黄泉下！

〔注〕 ① 参(shēn)、商：皆星名。二星在天体上相距约一百八十度，当这个星升到地面时，那个星便沉入地平面下，永不相见。这里是比喻自己和丈夫无法会面。 ② 有涸：原作“用固”，从逯钦立考校。

汉乐府有《饮马长城窟行》，写思妇怀远之情。本篇即其拟作，题亦作《饮马长城窟行》。汉乐府原作开头二句是“青青河边草，绵绵思远道”，本篇开头大体相同，也是从绵绵春草起兴，触发对身在远方的丈夫的怀念。“悠悠万里道”的“悠悠”，既是描状道路遥远，也是形容其思绪的绵绵。草春生秋衰，最易引起人的节序之感；草又往往生长在道旁、河边，与人的行踪常发生联系。所以草就很自然地引起人们的怀远、恨别之情，比如《楚辞》“王孙游兮不归，春草生兮萋萋”，即是同感。下面就写道：“草生在春时，远道还有期。”这里是以草生有时推想丈夫还乡有日：草在春天萌发了，征人还能不回来吗？可是，“春至草不生，期尽叹无声。”春天来了草未生出，征人归期过了也不见回来，真叫她欲叹无声，痛苦至极了。这里“春至草不生”似有悖常理，但我们不妨将它看作是主人公迷惘的精神状态的表现：因为行人未归，就怪罪于“草不生”，草并非不生，或许这个春天生得迟些，或者不像她所想望的那么茂盛罢了。这种无理而怨正说明失望之深、心绪之乱，在这种情况下，对征人的思念更加抑制不住了，以至形诸梦寐，这就是“感物怀思心，梦想发中情”二句的意思。以上是第一段。

接下来写梦。梦境是美好的，梦中她与丈夫像鸳鸯那样形影不离，“比翼云间翔”，是多么欢乐啊。梦中还重现了初婚时“结同心”的细节，那又是多么幸福、令人回味无穷的情景啊。可是梦醒后什么也没有，只是难耐的孤寂、长久的悬隔。这里运用了反复的笔法，一再闪现梦境、梦醒情形，表现主人公不断的精神挣扎，以及这种挣扎所带来的痛苦，梦境越美好，越叫人感到现实的冷酷。下面四句是写梦醒后的怨情。“河洛自有涸，不如中岳安。”说黄河、洛水也有干涸的时候，比不上高大的嵩山(中岳)永久不变。下面“回流不及返”，承“河洛自有涸”而来，意思说河床干涸了，流出去的水就不会再流回来；“浮云往自还”承“不如中岳安”而来，意思说中岳永在，飘荡出去的浮云总会回来。这四句设比，是写女子不安地猜想：丈夫的爱心，到底是干涸了的河床呢，还是永恒不变的高山？如果是前者，相思也是徒然，因为他已经一去不返；如果是后者，那么眼前虽然不见，他总有一天要回来。真叫人不好揣测啊！四句比喻，细致地体现了女子复杂的心情。虽有怨意，但隐而不露，委婉而有温情。以上是第二段。

第三段又是即景抒情。“悲风动思心”，经过上面那些精神折磨，她眼里的景色不像一开始还有点生气和悦目的色彩，而是显得衰飒和黯淡了。“悠悠谁知者”，“悠悠”指她那无尽的心思，她觉得没有人能理解，首先丈夫就不理解嘛，要不，他怎么老是流荡不归呢！这一反问很是深沉。作为一个女子最感痛苦的莫过青春虚度，所以下面她又道：“悬景无停居，忽如驰驷马。”“悬景”指太阳。时光的运行一刻不停，就像奔马一样，一生很快就会过去。丈夫再不回来，转眼就是白头，令人多么心焦！“倾耳怀音响，转目泪双堕。”这就是望归的情况了。“怀音响”，惦念、聆听丈夫归来的响动，如车声、脚步声、语声，“倾耳”可见其注意力的集中。作者有《杂言诗》道：“雷隐隐，感妾心，倾耳清听非车音”，正写这种情形。这是一个十分富含心理内容的细节。“转目泪双堕”，没有听到什么音响，她十分伤心，由“倾耳”到“转目”这一细微动态，见出她的失望和无可奈何。“生存无会期，要君黄泉下！”这是她绝望中的追求，生无会期，期待死后相会。要，即约。这表现了女主人公对爱情的无比执着。这是可敬的，同时又是可悯的，在封建社会里，女子是依附于男人的，即使男人“二三其德”、用情不专，女子往往还是痴心相守、甚至牺牲自己。这个女子对丈夫未能如约归来，是有怨意的，也有种种揣测，但她仍是一如既往地爱着他，等着他，最后还有那样的情誓，这是带有悲剧色彩的。

前面说了这是一首拟乐府，不少地方有模仿《饮马长城窟行》那篇作品的痕迹，如开头的起兴、中间梦的穿插、随情境转换不断换韵等（本篇七次转韵）。但本篇在艺术上也有明显的提高：在结构上显得比原作紧凑、整一，原作显得较散，全篇并非由统一的意境构成，似乎是由朴素的“接字”维系起来；在抒情、描写上也比原作细致，如原作写梦很是概括，主人公心理也不如本篇写得深曲。当然，那是民间作品，显得一片天籁，纯乎自然，这篇就易于见出匠心和工力了。

（汤华泉）

吴楚歌　　傅玄

燕人美兮赵女佳，其室则迩兮限层崖。
云为车兮风为马，玉在山兮兰在野。
云无期兮风有止，思多端兮谁能理？

本诗《玉台新咏》题作《燕人美篇》，又作《燕人美兮歌》，《乐府诗集》则题为《吴楚歌》。这是一首表现思慕情感的诗。全诗篇幅简短，然而辞简意永，意境优美，有很强的艺术魅力。

全诗仅六句。首两句着重写所思女子的美和诗人与她之间的阻隔，后四句写诗人的追求以及求之不遇的怅惘心绪。“燕人美兮赵女佳”，诗歌开头，诗人先借助古来“燕赵多美女”(《古诗》)之说道出所思女子的美丽，显得既巧妙又富有表现力。“其室则迩兮限层崖”一句，蕴意颇富。它一方面是从侧面描述那位美人的居所环境：山高云绕，层峦叠嶂，居住在如此幽渺境界中的女子，其绰约风姿自可推想，这就在前句“燕赵佳人”的普通取喻之外，为读者进一步提供了其人之高洁绝俗的丰富联想。另一方面，也就是本句的重点是在表现诗人的企慕和那种可望难即的感叹。“其室则迩”语本《诗经·郑风·东门之墠》：“其室则迩，其人甚远。”迩，近。这一节是“可望”，“限层崖”是“难即”，可望而不可即，这就为诗人幻想驾云车驭风马去和恋人相会的情节作了必要的铺垫。以上两句，诗人并未正面诉说自己的恋情，但浓郁的情思与热烈的企求已隐涵于言外。

“云为车兮风为马”以下，诗人全力写自己的热烈追求。“云车”、“风马”既是诗人的浪漫想象，也是对前句“限层崖”的呼应，因为既然美人所居在“层崖”的那一边，普通车马怎能逾越这高山深壑呢？自然唯有行云飘风才能帮助诗人飞越层崖去与恋人相聚。“玉在山兮兰在野”一句，语涉双关。美玉香兰，古人常用来象征美丽和高洁，在这里，自然是诗人对所思美人的比喻：玉在深山，见其出尘拔俗之质；兰在僻野，标其孤高幽雅之姿。然而山中片玉和僻野茎兰，毕竟不易访求，诗人似乎隐隐预感到与恋人相聚已不可能。云车风马，原是幻想去寻访美人的唯一凭藉，但“云无期兮风有止”，云飘忽不定，无法预期它的到来，风也是时起时息，难指望它有始有终，然则诗人的追求，也终究是力不从心的。云车风马不可恃，美人到底不得见，诗人不由得发出深长的叹息：一番苦心尽付东流，我的思慕是多么深长，可又有谁能明白、能理会呢？“思多端兮谁能理”一句，结束全篇，自我设问，微婉曲折，给读者留下了回味和遐想的余地。

本诗写思慕情感，主要是通过对一种可望而不可即、求之而不可得的境界的描写来实现的。这类境界常见于古诗，如《诗经》中的《蒹葭》和《汉广》两篇。陈启源《毛诗稽古篇》云：“夫说之必求之，然惟可见而不可求，则慕悦益至”，本诗的创作，显然曾受到这样的构思的影响。诗人并未正面直接地表白内心感情，描绘也不事藻饰，然而无限情思，尽在其中。

这首诗采用的是楚歌体形式，每句嵌用“兮”字，自然形成一种略有参差，而大体整齐、和谐的节奏。同时它又是押韵的，“佳”、“崖”为平声韵，“马”、“野”、“止”、“理”为仄声韵。诗人似乎注意到了声韵与整首诗情调和意境的配合，这里，平声韵舒畅昂扬，仄声韵略显短促低沉，形成一种委婉、悠扬而又沉郁的旋律，不仅与赞美、思慕佳人而最终追求不到，无以慰解情怀的内容相吻合，而且与主人公内心的情感律动相合拍。实践总是走在理论之前的。虽说"四声"的提出，是在南朝齐梁时代，但齐梁之前的有些魏晋诗人，做诗用韵已经注意到分辨和安排平仄(本诗就是一个例子)，只是未自觉地构成声律格式而已。本诗艺术上还有一大特色，即注意到了转意。六句诗，基本上是一句一转意：美人佳而不可见，玉兰美而无人识，风云疾而不可靠，思情深而无人理。曲折跌宕的结构，配合着诗人起伏不平的情怀，思慕、追求、失落依次进行，有效地避免了短诗易平铺直叙，单调呆板的通病。这样，整首诗在谋篇布局、意象组合、用韵转意、节奏旋律上，都达到了和谐的统一。

最后还要附带说一下，古人写香草美人，常常是有所象征的。或说傅玄写作《吴楚歌》也为寄托其怀才不遇的感慨。傅玄另有《拟〈四愁诗〉》诗，与本诗格调大体一致。按张衡《四愁诗序》云："郁郁不得志，为《四愁诗》，效屈原以美人为君子，以珍宝为仁义。"由此推之，认为《吴楚歌》别有兴寄，不无可能。然而不管选择哪个角度来欣赏这首诗，《吴楚歌》均不失为古代抒写思慕情感的一篇佳作。

(卢苇菁　何林辉)

秦女休行　　　　傅　玄

庞氏有烈妇，义声驰雍凉。①父母家有重怨，仇人暴且强。虽有男兄弟，志弱不能当。烈女念此痛，丹心为寸伤。外若无意者，内潜思无方。白日入都市，怨家如平常。匿剑藏白刃，一奋寻身僵。身首为之异处，伏尸列肆旁。肉与土合成泥，洒血溅飞梁。猛气上干云霓，仇党失守为披攘。②一市称烈义，观者收泪并慨慷："百男何当益，不如一女良！"烈女直造县门，云"父不幸遭祸殃。今仇身以分裂，虽死情益扬。杀人当伏法，义不苟活隳旧章。"县令解印绶："令我伤心不忍听！"刑部垂头塞耳："令我吏举不能成！"③烈著希代之绩，义立无穷之名。夫家同受其祚，子子孙孙咸享其荣。今我作歌咏高风，激扬壮发悲且清。

〔注〕 ① 雍凉：指雍州(治所在今陕西西安西北)、凉州(治所在今甘肃张家川)一带。② 披攘：震伏的样子。　③ 吏举：官务。

本诗是我国古代文学作品中歌颂妇女复仇的名篇。

这是一首纪实性作品，诗中所述庞烈女为父报仇一事，有晋一代广为传扬，皇甫谧《列女传》、《三国志》、《后汉书》均见载录。《后汉书·列女传》记道："酒泉庞淯田者，赵氏之女也，字娥。父为同县人所杀，而娥兄弟三人，时俱病物故，雠乃喜而自贺，以为莫己报也。娥阴怀感愤，乃潜备刀兵，常帷车以候雠家，十余年不能得。后遇于都亭，刺杀之。因诣县自首。曰：'父仇已报，请就刑戮。'禄福长尹嘉义之，解印绶欲与俱亡。娥不肯去，曰：'怨塞自死，妾之明分；结罪理狱，君之常理。何敢苟生，以枉公法！'后遇赦得免。州郡表其闾。"傅玄的这首诗，基本上依照故事原型加工而成。作为反映古代社会宗亲复仇的名作，本诗在文学史上无疑具有特殊的认识价值。

宗亲复仇是一种相当古老的文化现象，溯其渊源，大约与原始氏族部落间为争生存而经常发生的摩擦争斗行为有直接联系，社会进步以后，复仇作为文化的积淀，在各社会发展阶段仍时有表现，而在宗法制十分发达的古代中国，它尤其突出地表现在宗族之间的矛盾冲突中。对于宗亲复仇，社会通常是采取回护赞扬的态度的，并把它与"孝悌"等观念缠结在一起，表彰之为"义烈"行为。《周礼·秋官》说："凡报仇雠者，书于士，杀之无罪。"一直到汉魏，法律仍然将复仇视为"古义"，确认其正义性。事实上，即使后世的若干朝代在法律上禁止复仇，复仇也从未失去社会舆论对它的同情或支持。从本首《秦女休行》，我们显然可以强烈地体味到这样一种社会情绪。作者对庞烈女的高度赞扬，无疑是建筑在对她不惜牺牲生命为宗亲复仇的充分肯定基础上的。

但是，本诗叙述的故事，在某种程度上已超出了为宗亲复仇的狭隘范围，而具有着反抗强暴的普遍意义。魏晋之际，社会秩序动荡不宁，贵游无赖，眦睚杀人，草菅人命之事，本不少见。从诗中所交代的"父母家有重怨、仇人暴且强"的话，可知庞烈女所仇杀的正是一个强暴之徒，这就使庞烈女的复仇行为，兼有了伸张正义和自我保护的性质，这应当是庞烈女能得到社会的普遍赞扬，"义声驰雍凉"的缘由之一。

本诗值得注意的另外一点是，它成功地塑造了一位胆识过人的巾帼豪杰形象。按常理说，报仇雪耻，乃男儿所为，而在妇女地位十分卑下的封建社会，一弱女子"不让须眉"，承当复仇大业，就更显得不可思议了，这使整个事件带上了一层传奇色彩。正如当时有人评论说："父母之雠，不与共天地，盖男子之所为也。而娥亲以女弱之微，念父辱之酷痛，感雠党之凶言，奋剑仇颈，……近古以来，未之有也。"傅玄在全诗的描写咏叹中，对庞烈女显然倾注了他由衷的赞美和钦敬之情。他反复以男弱女强的对比和反衬,来突出庞烈女的英烈。譬如“虽有男兄弟,志弱不能当”,“百男何当益,不如一女良”等。傅玄是一位关心妇女问题的文学家,诗中所表现的对妇女的赞叹,在封建社会是难能可贵的。

《秦女休行》是乐府古题。曹魏时的左延年,首创此题,叙说了一个烈妇秦女休为父复仇的事。傅玄依此乐府古题创作本诗,在写法上受到了左延年原诗的影响,但艺术水平超过左诗甚远,人物形象更生动鲜明。本诗叙事详明,内容充实,剪裁得当,“写之不失尺寸”,很好地再现了这则悲壮动人的故事。诗的头两句是一篇的总纲。从“父母家有重怨”到“内潜思无方”,交代事件的因由和庞烈女的暗中筹划,简明扼要。从“白日入都市”至“‘不如一女良’”,写庞氏仇杀的壮烈场面。作者先从正面落笔,绘写“肉与土合成泥,洒血溅飞梁”的复仇壮举,继以“猛气上干云霓,仇党失守为披攘”,“一市称烈义”,从侧面烘托那种气贯长虹之势,极富感染力。从“烈女直造县门”到“令我吏举不能成”,叙述庞烈女敢作敢当,去衙门自首情景。烈女辞意磊落,竟使“县令”“刑部”不忍加罪。这一节描写不光是构成故事完整性所不可缺少的,而且对于进一步刻画庞烈妇的性格,使这一形象更臻鲜明完美,也有积极作用。末段是作者的赞辞,它是以上述事的自然发展,是作者由衷的赞美,它进一步加强了全诗的抒情效果。从诗歌的语言看,全诗不事藻饰,自然古朴而简劲有力,辞格高古。句法参差错落,以五言为主,间杂六、七、八言句,且含有一些散文化句子,读起来极富汉代诗歌风味,《采菽堂古诗选》评之为“音节激扬,古质健劲”。这一语言特色与全诗所要表现的刚直壮烈的气氛,吻合无间,因之更增添了本诗的艺术魅力。　　(卢苇菁)

车遥遥篇　　傅　玄

车遥遥兮马洋洋,追思君兮不可忘。
君安游兮西入秦,愿为影兮随君身。
君在阴兮影不见,君依光兮妾所愿!

“黯然销魂者,唯别而已矣”!人虽已经离去,情却常难断绝。因此就有了“杨柳岸、晓风残月”的凄伤,有了“才下眉头、却上心头”的无奈。本文即借一位妻子真切的内心独白,抒写了这种难以言传的离情别意。

“车遥遥兮马洋洋”——诗之开篇,无疑是女主人公追忆夫君离去的梦幻般的虚景。不过,在此刻追忆之际,这虚景也可能为眼前所见的实景所引发。似乎是一个春日的早晨,阳光明媚、草色青青。画面近处,则是一位倚栏而立的女子,正痴痴地注视着穿过新绿树影的车马,东来西往。倘若能从近处观察,你便可发现:她其实并不"看着"车马,而是沉入了迷茫的幻境之中——眼前的车马,勾起了她多么珍贵的忆念!她仿佛觉得,此刻还正是亲爱的夫君离去的时候:那车身也一样颠簸、轻摇,那马儿也一样舒缓、潇洒。就这样在遥遥无尽的大道上去了,什么时候再见到它载着夫君归来?……当消歇的马蹄声,终于将她从幻境中惊觉,车马和夫君便全都云雾般消散。美好的春景,在女主人公眼中只变得一片黯然。这无情之景,不过让她忆及往事,徒然增添一段缠绕不去的思愁罢了。

这就是"车遥遥兮马洋洋"所化出的诗境。这诗境妙在没有"时间"。它既可能是女主人公独伫楼头所见的实景,又为一个早已逝去的美好虚景所叠印,便在女主人公心中造出一片幻觉,引出一种惆怅失意的无限追念。

"追思君兮不可忘",即承上文之境,抒发了女主人公追忆中的凄婉情思。那情景怎么能够忘怀呢——当夫君登车离去时,自己是怎样以依恋的目光追随着车影,几乎是情不自禁地倾身于栏杆。倘若不是空间之隔,她真想伸出手去,再攀住车马话别一番呢!夫君究竟要去往哪里?"君安游兮西入秦"正以自问自答方式,指明了这远游的令人忧愁的去向。夫君之入秦,既然是为了求宦进取,我自然不能将你阻留;只是这一去颠沛万里,可教我怎能不牵挂你?句中的"安游"从字面上看,只是一种幽幽的自问之语。不过在体会女主人公心境时,读者不妨把它理解为对旅途平安的一片祈祝之情。她当时就这样噙着泪水,送别了夫君。全没有想到,夫君的"入秦"竟如此久长,使自己至今形单影只、空伫楼头!

对往事的温馨追忆,由此把女主人公推入了深深的痛苦之中。而人在痛苦的时候,想象力往往异常活跃。在女主人公倚栏独立、顾影自伤之际,一个重要的发现吸引了她:世界上什么事物最难分离?这静静跟随着她的地上的身影就是!影之于身,朝暮相随、无时不在,谁能将它们分离须臾?那就让我作夫君的身影吧!那时候不管登山还是临水,我都能时时陪伴着他。倘若是举杯邀月,他便可和我月下共舞;倘若他夜深难寐,我便跟随他漫步中庭——我再不会感到孤单,夫君也不会再有寂寞,那该有多好呵!"愿为影兮随君身"一句,正是女主人公顾影自伤中触发的奇妙诗思。这诗思妙在来自日常生活,而且特别适合于常常陷入顾影自伤痛苦的女子心理。这诗思又异常动人,表现的是虽在痛苦之中,而关切夫君犹胜过自身的妻子的深情。

想到这里,女主人公似乎颇有些喜意了,因为她"解决"了一个日日萦绕她的痛苦难题。但她忽然又想到,身影之存在是需要"光"的。若是身在背阴之处,那影子也会"不见"的,这样岂不又要分离?她简直有些焦急了,终于在诗之结尾,向夫君发出了凄凄的呼唤："君在阴兮影不见，君依光兮妾所愿"——夫君哪，你可不要到那背阴处去呀，一去我就会不见了。你站在阳光下好吗？那可是我的一片心愿呢！

这位深情的妻子，分明是被别离的痛苦折磨够了。在她的心中，再挨不得与夫君的片刻分离。痛苦的"追思"引出她化身为影的奇想，在这奇想的字字句句中，读者所听到的显然只是一个声音："不离"！"不离"！"不离"！而诗中那六个连续使用的"兮"字，恰如女主人公痛苦沉吟中的叹息，又如钢琴曲中反复出现的音符，追随着思念的旋律，一个高似一个，一个强似一个，声声敲击在读者的心上，具有极大的感染力。

这首诗完全是女主人公的内心独白，或者说是她一片痴心的"自说自话"。迷茫中把眼前的车马，认作为载着夫君离去的车马；为了不分离，就想化为夫君的身影；而且还不准夫君站到阴处：似乎都可笑之至、无理得很。然而，这种"无理得很"的思致，倒恰恰是多情之至微妙心理的绝好表露。　（张　巍）

昔思君　　傅玄

昔君与我兮形影潜结，今君与我兮云飞雨绝！
昔君与我兮音响相和，今君与我兮落叶去柯！
昔君与我兮金石无亏，今君与我兮星灭光离！

这是一首"决绝词"，女主人公愤怒地谴责了男子的负心行为。诗只六句，由三组排比构成，每组排比又都是昔今对比。

第一组："昔君与我兮形影潜结，今君与我兮云飞雨绝！""形影潜结"是说恩爱无比，像形与影不可分离。着一"潜"字，似乎是说，他们当初结合是经过"目成"定情阶段，那时心灵已暗自沟通了。如今却是"云飞雨绝"。雨本来就是云中的水汽，一旦落下，就从此离开了云，这是比喻他们恩情的断绝。第二组，昔"音响相和"，今"落叶去柯"。音指声音，响指回声，两者不可分割，比喻往日二人心心相印：落叶常指弃妇，落叶去柯是说她被抛弃。第三组，昔"金石无亏"，今"星灭光离"。前者是说情意如金石般坚固，不会损伤，这话常用为情誓，表示永不变心；星灭光离是说像流星一样飞过了、光辉倏忽消失。这两句很形象：当初立下的誓言，说是要终生相爱，天久地长，结果这爱情却像流星般转眼成空。

这首"决绝词"在表现上很有特色。它不像类似的作品如汉乐府《有所思》、《白头吟》那样直泻自己的怨情，而是用对比的手法，反复陈述今昔对方态度的变异，通过这些反差极大的变异来表现自己的愤慨。它在结构上可以说是无首无尾，不像别的作品前有来由，后有结束，它只截取主人公这么几句控诉语，使人体会到这突然爆发的情感该有多长时间的酝酿，又会产生怎样的后果。这六个句子句句呼"君"，如同当面直斥那薄幸负情之人，尤其能显出主人公的刚决态度。这六个句子又都是比喻句，这些比喻形象、贴切、精警，重叠使用，使读者留下了深刻的印象。值得注意的是，这些比喻在作者的其他作品也曾使用过，如《豫章行苦相篇》："垂泪适他乡，忽如雨绝云。""昔为形与影，今为胡与秦。"《杂诗》："落叶随风摧，一绝如流光。"《短歌行》："昔君与我，如影如形；何意一去，心如流星！"看来作者是将这些妙语警句集中到一起，而成就这首别出心裁的作品。元陈绎曾说傅玄诗"思切清苦，失之太工"（《诗谱》）。所谓"失之太工"，大概是指像《昔思君》这类作品在结构和语言形式上太用力的缘故吧？　　（汤华泉）

【作者小传】

贾 充

(217—282)　字公闾，西晋平阳襄陵（今山西襄汾）人。曹魏时，袭爵阳里亭侯，任尚书郎。为司马师兄弟所亲用，多建谋略，累官至廷尉。晋立，封鲁郡公，历官尚书仆射、尚书令、司空、侍中，官至太尉、录尚书事。事迹具《晋书》卷四〇本传。《古诗类苑》存其诗一首。

与妻李夫人联句　　贾 充

室中是阿谁？叹息声正悲。（贾）
叹息亦何为？但恐大义亏。（李）
大义同胶漆，匪石心不移。（贾）
人谁不虑终，日月有合离。（李）
我心子所达，子心我所知。（贾）
若能不食言，与君同所宜。（李）

联句相传始于汉武帝的《柏梁诗》，由两人或多人共作，联合成篇。这首诗是一人两句，首尾一韵。

贾充初娶尚书仆射李丰女，淑美有才行，生二女荃、濬。后来李丰被司马师所杀，李氏坐流徙乐浪，充乃另娶郭氏。晋武帝即位，李氏以大赦得还，并特诏许贾充置左右夫人。郭氏大怒，不许并列，充惧郭之妒，只得为李氏筑室于永年里而不相往来，一直不敢去探望李氏，李氏的两个女儿每号泣请充前往，充也未去。贾充之母柳氏临终时，充问她有什么话要对他说，柳氏说："我教汝迎李新妇（媳妇）尚不肯，安问他事！"事见《晋书》。李氏名婉，郭氏名槐。

此诗一作《定情联句》，似非新婚时作，当是李氏因流徙而分离时作，这时贾充尚未娶郭氏，观诗中内容，也只写李氏恐贾充日后变心，未涉"新欢"事。陆侃如《中古文学系年》系此联句于魏齐王曹芳六年（254），这时贾充三十余岁。

全诗由贾充领起，"室"便是两人婚后所居之室。贾充明知叹息出于李氏，却故作疑问，就因祸起仓卒，始料不及，说明他们平日相处原很安逸亲密，室中从来不曾听到悲声。李氏感到夫妻情缘将从此而断绝，自然难免悲叹，可是悲叹又有什么用处。贾充即用深情宽慰，夫妇大义本同胶漆，我心尤非石头那样可以转移，这是用《诗经·邶风·柏舟》的"我心匪石，不可转也"语意。李氏听了，虽感丈夫的温存，但此去塞外，再见无期，那一个人不为自己的终身考虑呢？何况妇女。以日月的合离，比喻人事的难测。言下之意，便是怕贾充变心。贾充再以"我心子所达，子心我所知"二语答之。诗无法详细叙述两人在分别前所说的种种话，但事实上必有说不尽的缠绵凄恻之言，这两句诗就是两人当时谈话的概括，最重要的还是前一句"我心子所达"。李氏听了，才始安心，"宜"便是"宜室宜家"之宜。

从这首联句看，贾充对李氏的情义也还真挚的，未必虚伪敷衍，后来的另娶郭氏，固然可以说是食言，但也有可以宽谅之处：他怎么会想到改朝换代之后，李氏会获赦回来？只是李氏回来后，始终不去见她，却是太薄情了，也不能完全推到郭氏头上。这首联句，还告诉我们这样一个事实：父亲被杀，还得牵连女儿去充军，因而除夫妻生离之悲外，又包含父女的死别生累之痛。

贾充是贵戚，本非文人，史称其有刀笔才，并对其品节颇多贬责，留下来的只有这一首夫妇合作的联句，语言质朴，富于口语化，可以看作古代的对话诗。

（金性尧）

【作者小传】

成公绥

（231—273）　字子安，西晋东郡白马（今河南滑县）人。因张华之荐，历任太常博士、秘书郎、秘书丞、中书郎等官。为人博学多才，不求闻达。事迹具《晋书》卷九二本传。有集十卷，已佚，明人辑有《成公子安集》，《先秦汉魏晋南北朝诗》辑得其诗及断句五首。

行　诗　　成公绥

洋洋熊耳流，巍巍伊阙山。
高冈碣崔嵬，双阜夹长川。
素石何磷磷，水禽浮翩翩。
远涉许颍路，顾思邈绵绵。
郁陶怀所亲，引领情缅然。

这首诗亦题为《途中作》，作于诗人由河南伊阙东行途中。

在古老的中州西部，有一条发源于伏牛山的伊水，经熊耳山、嵩县而至伊川县，便是两岸对峙的伊阙山，诗人从这里开始他的行程，也从这里开始诗的描述。开头两句："洋洋熊耳流，巍巍伊阙山"，写伊水之阔、伊阙之高，只用"洋洋"、"巍巍"四字，着墨无多，造语古直，简洁而生动地勾勒出山高水阔的雄伟景象。以"熊耳流"三字指代伊水，既因为它发源于伏牛山，经熊耳山汇入众多支流，水势始大，河面始广；也在于以两峰相竞如熊耳的险峻山势，烘托出伊水的山水胜概。"高冈碣崔嵬，双阜夹长川"两句，一写高冈之上，山峰耸峙，一写两山夹峙，长川奔流，进一步写出伊阙山水的形势险壮，景色奇美。"素石何磷磷，水禽浮翩翩"两句，拉回镜头，转向细小景物描写。洁白的山石从河里冒出来，在清澈的水流映衬下，是那样地明净；河面上的水鸟，随波浮游，悠然自得，体态是那样地轻盈。这两句构成一幅一静一动、相映成趣的风景画面，使雄奇的山水又带上了几分清秀的神韵。

诗至此，一个庄严巍峨而又带有清新气息的伊阙山水形象，就在这短短六句中出现了，它气象浑成，令人肃然起敬。我们不能不佩服诗人笔力的强健。下面四句，诗人由景入情，抒写了对伊阙山水的怀恋。许颍，指颍川郡和它的治所许昌。诗人将前往许颍一带，回头瞻望伊阙，思恋之情，绵绵不绝。邈，远的意思。"远涉"二句连用"远"、"邈"二字，同义重复，暗含着思念之久犹如许颍路途之长的意思，笔法似拙实巧。"郁陶"，忧思积郁之貌。"引领"，伸长脖颈。诗人想到他所亲所爱的山水即将和他分别，不由得忧思如积，一边向前赶路，一边还不由地伸长了脖颈回头看上一眼。全诗就在这引领回望的定格中结束，读者由诗人的深情缅然中，又进一步体味到了伊阙山水的动人魅力。

这首诗语言质朴，全用粗线条的大笔勾勒，既显得元气充沛、意境雄浑，又使诗有辞尽而意不尽之妙。另外，它虽是一首行旅之作，但已经注意到对山水本身的描写，山水诗到晋末宋初才盛行起来，这首诗似乎可以视为山水诗的滥觞之一。

（臧维熙）

【作者小传】

张　华

(232—300)　字茂先，西晋范阳方城（今河北固安）人。少为阮籍所赏识。魏时，官太常博士、佐著作郎、长史兼中书郎。晋立，为中书令，因参与灭吴的决策有功，封广武侯，出任幽州都督。因名重一世，为晋武帝所忌，召为太常，免官。晋惠帝立，任太子少傅，诛楚王司马玮，以侍中、中书监执朝政，尽忠匡辅，海内晏然。进封壮武郡公，并进位司空，领著作。后为赵王司马伦所害。事迹具《晋书》卷三六本传。有集十卷，已佚，明人辑有《张司空集》。又著有《博物志》传世。《先秦汉魏晋南北朝诗》辑得其诗及断句四十五首。

轻薄篇　　张　华

末世多轻薄，骄代好浮华。志意既放逸，赀财亦丰奢。被服极纤丽，肴膳尽柔嘉。僮仆馀粱肉，婢妾蹈绫罗。文轩树羽盖，① 乘马鸣玉珂。② 横簪刻玳瑁，长鞭错象牙。足下金鑮履，③ 手中双莫邪。④ 宾从焕络绎，侍御何芬葩。⑤ 朝与金张期，暮宿许史家。甲第面长街，朱门赫嵯峨。苍梧竹叶青，宜城九酝醝。浮醪随觞转，素蚁自跳波。⑥ 美女兴齐赵，妍唱出西巴。一顾倾城国，千金不足多。北里献奇舞，大陵奏名歌。⑦ 新声逾激楚，妙妓绝阳阿。玄鹤降浮云，鱏鱼跃中河。墨翟且停车，展季犹咨嗟。淳于前行酒，雍门坐相和。孟公结重关，宾客不得蹉。三雅来何迟？耳热眼中花。盘案互交错，坐席咸喧哗。簪珥或堕落，⑧ 冠冕皆倾斜。酣饮终日夜，明灯继朝霞。绝缨尚不尤，安能复顾他？留连弥信宿，⑨ 此欢难可过。人生若浮寄，年时忽蹉跎。促促朝露期，荣乐遽几何？念此肠中悲，涕下自滂沱。但畏执法吏，礼防且切蹉。

〔注〕 ① 文轩：有彩饰的车。 ② 珂：马勒上的装饰。 ③ 金鑮履：贴金箔的鞋子。 ④ 莫邪：春秋时吴国的宝剑。 ⑤ 芬葩：盛多的样子。 ⑥ 素蚁：酒名上的浮沫。 ⑦ 以

上两句为“献北里奇舞、奏大陵名歌”的倒置。 ⑧ 珥：女子耳上饰物。 ⑨ 信宿：再宿。

魏晋是中国历史上最混乱的时代之一。封建贵族穷奢极欲，以一种病态的狂热度过醉生梦死的岁月，当时“奢侈之费，甚于天灾”(《晋书·傅玄传》)。张华的这首《轻薄篇》，以铺叙的笔法酣畅淋漓地描写了骄代王公、末世贵族的淫逸生活。虽然，作品仍不免有“劝百讽一”之嫌，作者也流露出津津咀嚼之意，但对于我们认识那一时代的生活仍是有一定价值的。

诗的开头四句总提时代特征，这是一个病入膏肓的“末世”，这是一个挥金如土的“骄代”，这是一个患有结核病的社会，越是荒淫越是色红如花，越是负罪越是志意沉溺。这四句诗还点明了以下要展开描写的两个特征：一是“浮华”，二是“放逸”。

从“被服极纤丽”到“手中双莫邪”共十六句；写饮食服饰之奢华：绫罗丽服，珍馐嘉肴，文轩羽盖，宝车骏马，还有玳瑁簪、象牙鞭、金鏤履、莫邪剑，连僮仆也食不厌精，连婢妾也衣必锦绣，一片珠光宝气，一派纸醉金迷。以上突出“赀财”之“丰奢”。接下来六句，从“宾从焕络绎”到“朱门赫嵯峨”，写气势之不凡：宾客络绎，鱼贯而入；侍御盈门，喧呼而出，何等规模，何等排场。主人结交的都是头面人物：“金张”指金日磾和张安世，都是汉宣帝时的大官；“许史”指许伯与史高，都是汉宣帝时的外戚，诗中用以代指世家大族，皇亲国戚。再看房屋建筑：朱门沉沉，庭院深深，高楼巍峨，飞阁流丹，第宅坐落在中心地带、贵族区内，面对着繁华大街、来往行人，更显出主人之地位。

以上写“财”、“气”。接下来十六句，从“苍梧竹叶青”到“展季犹咨嗟”写“酒”、“色”。“九酝”指久经酝酿，即陈年老窖。“宜城醪”、“竹叶青”都是古代美酒。醇醪在金钟中旋转，带着蛊惑感官的色泽与芳香，浮沫如蚁，溢出杯盘。觥筹交错，可以想见其鲸吞牛饮之态矣。以上写“对酒”“行觞”还只是略略点染，下文述“当歌”“征色”则不惜浓墨重彩。献歌献舞的都是天下绝色，人间尤物；“齐赵”指齐都临淄，赵都邯郸，都是以女乐出名的地方。“西巴”指巴郡，其地之民亦以善舞著称，《后汉书·西南夷传》即有“夷歌巴舞”之说。“北里”之舞出荒淫好色之商纣，《史记·殷本纪》云：“纣使师涓作新淫声，北里之舞，靡靡之乐。”“大陵”也是女色歌舞、云雨恍惚之代名词，《史记·赵世家》云：“王游大陵，梦见楚女鼓琴而歌。”歌儿舞女，倾城倾国，歌声比古代名曲“激楚”还动听，舞姿比名倡阳阿还轻妙。五陵年少，膏粱子弟，眼花缭乱，一掷千金。这一部分写征歌逐舞的场景，作者洒开笔墨，汪洋恣肆地着意描绘，画面飞动，行文节奏疾速，一幕幕豪华场景旋转而过，令人有目不暇接之感。铺排用典又起到了加重笔触、在高潮处延宕往覆、令人回味再三的作用。但写到此，作者意犹未足，最后四句又以夸张的手法，从侧面来烘托歌舞“移人性情”的力量：墨子是主张“非乐”的；展季即柳下惠，是坐怀不乱、不为色动的真君子，但在如此“刺激”的歌舞面前，这两位老夫子也忍不住要停车欣赏，感叹咨嗟了。即此可见其“感人”之深。不仅是君子和苦行主义者受到诱惑，连没有情感的游鱼玄鹤也闻声而动了，或敛翅下降，或鼓鳍出水，可见，新声巧调不仅能“感”人，还能“动”物。

写罢“浮华”之状，再写“放逸”之态。《宋书·五行志》载：“晋惠帝元康中，贵游子弟相与为散发裸身之饮，对弄婢妾。逆之者伤好，非之者负讥。”从“淳于前行酒”到“此欢难可过”十六句就是戏剧化、集中化地再现了这一种“放逸”的时代风气。“淳于”即淳于髡，滑稽而善饮；“雍门”指雍门周，善鼓琴而助人饮。有这样的清客与宴，三分酒量者也会十分豪饮。而主人又是十二分热情，好比西汉之陈遵(字孟公)，每设宴必将客人之车辖投入井中，客人欲行不得，便只好拼得醉颜作长夜之饮。如此气氛，如此主客，举座便由微醺而沉醉，终于猖狂失态。其始也，酒色上脸，耳热眼花；继而举杯命酒、讨酒、催酒(“三雅”指伯雅、仲雅、季雅，皆酒爵名)；其间，喧哗争吵，杯盘狼籍，提耳强灌，出乖露丑，不一而足；最终，男女混杂，放荡不羁，官帽歪戴，首饰堕落，猥亵淫乱之事自不待言。“绝缨”用楚庄王宴群臣事：楚庄王与群臣狎客滥饮，适殿上烛灭，有人乘机拉扯王后衣裳，欲行无礼。王后在黑暗中将那人冠缨扯断，以便追查问罪。谁知楚王为笼络人心，反而下令让所有的人都将冠缨拉掉再点灯，以此遮掩那荒唐酒客，染指而不膻。作者在此用典而出以己意，痛作针砭，既然“忝上”“犯主”尚不见怪(尤，责怪也)，其他荒唐行为就更是“合理”“合法”的了。作者举此一端，其余荒淫之事就尽在不言中了。

从“人生若浮寄”到“礼防且切磋”，这结尾八句是从“理论”上探讨“浮华”“放逸”这一时代贵族病的成因，揭示了贵族子弟的颓废心理。生命有限，这不能激发起他们抓住时机、建功立业的志向，却成了他们醉生梦死、及时享乐的理由。在露水短促的存在中，他们看不到那曾有过的光彩夺目的片刻，他们唯一的启悟却是人生苦短，他们唯一的感慨是享受得还不够，因而要拼命加大享乐的强度。当然，这种享乐，并不能带来长久的欢乐，每当他们想到人生又少了一天，这时内心就更加空虚。空虚袭上心头，又再次以享乐来掩盖，如此恶性循环，终至不可救药。看来，腐败的不仅在于贵族的生活方式，更在于不可疗救的病态心理。假如没有任何限制，他们有可能从废人变为只知享乐的生物意义上的人，只是对“执法吏”还有所畏惧，他们才偶尔“切磋”起“礼防”问题。这结尾是一种劝诫，是一种警告,也是一种讽刺。

张华这首诗在内容上尚保留了汉乐府关心现实,敢于揭露现实的精神。诗篇洋洋洒洒,铺排始终,也算得上一篇大文章。铺排处,多用排偶典故,富于藻饰。但有些地方堆砌词藻,不免繁缛乏味之感。 (史双元)

壮士篇 张华

天地相震荡,回薄不知穷。人物禀常格,有始必有终。年时俯仰过,功名宜速崇。壮士怀愤激,安能守虚冲?乘我大宛马,抚我繁弱弓。长剑横九野,高冠拂玄穹。慷慨成素霓,啸吒起清风。震响骇八荒,奋威曜四戎。濯鳞沧海畔,驰骋大漠中。独步圣明世,四海称英雄。

这是一首抒发豪情壮志的诗,二十句,可分五节。

第一节言天地宇宙时刻不停地在运动,人和万物都受自然规律支配,有生就有灭,有始就有终。首二句化用贾谊《鹏鸟赋》:"万物回薄兮,振荡相转。"震荡即激荡,回薄意为回旋运转。"禀常格",禀受常规。天地的运动是"不知穷",人、物的生长"必有终",这就显出了无限与有限的矛盾,作为一个人来说,应如何对待这个矛盾呢?第二节道:"年时俯仰过,功名宜速崇。壮士怀愤激,安能守虚冲?"岁月俯仰之间就过去了,功名要赶快建立,使之崇高,壮士心怀愤激之情,怎能恬淡无为呢?这是一种积极进取的人生态度,壮士觉着时不我待,所以及时努力,这与当时泛滥的老庄那"守虚冲"的人生哲学正相反对。第三节写到壮士的立功行动了:"乘我大宛马,抚我繁弱弓。"大宛马,西域产的良马。繁弱弓,古代的一种大弓。"乘我"、"抚我",着两"我"字,其豪迈自得情态宛然可见。"长剑横九野,高冠拂玄穹。"宋玉《大言赋》云"长剑耿耿倚天外",此言"长剑横九野"也是极言长剑之长。屈原《离骚》有"高余冠之岌岌",此言"高冠拂玄穹",帽子都摩着天了,也是极言高冠之高。这些夸张,突出壮士的英武。以上这些描写表示壮士要驰逐疆场杀敌立功了。第四节写壮士参加战斗的英雄气概。"慷慨成素霓,啸吒起清风",二句是暗用荆轲的故事。据说荆轲刺秦王,有白虹贯日。他赴秦廷前慷慨高歌:"风萧萧兮易水寒,壮士一去兮不复还!"(《史记·刺客列传》)素霓即白虹,啸吒即呼啸。这表现了壮士赴敌时高亢的斗志。"震响骇八荒,奋威曜四戎",八荒、四戎,指周围的敌国,这是说壮士耀(通曜)武扬威,使敌国为之震慑。真是刀兵未加已声威远被,其立功是指日可待了。末节即写功成名就。"濯鳞沧海畔，驰骋大漠中。”“濯鳞”意谓像鱼那样遨游，阮瑀《为曹公与孙权书》有“濯鳞清流，飞翼天衢”的话，是以远大相期许，这里的“濯鳞沧海”、“驰骋大漠”是说壮士由东而西横行天下。所以下句说：“独步圣明世，四海称英雄。”“独步”，谓其天下无敌手。这样四海都称赞他这位大英雄了。古人说，立德、立功、立言，谓之不朽。这个壮士在有限的“年时”里建立了不世之功，这样他就可以不朽了。

这是一首乐府诗，题旨大概是由阮籍《咏怀》之三十九来的，那首诗道：“壮士何慷慨，志欲威八荒。驱车远行役，受命念自忘。良弓挟乌号，明甲有精光。临难不顾生，身死魂飞扬。……”阮籍这首诗在他的《咏怀》中可谓别调，写得也很慷慨激昂，但它表现的功业心主要是从“效命”、“气节”着眼的，而张华此篇虽然也有这方面的意思，但主要是从人生意义、生命价值这些认识出发，显得比较深切，更能予人们以激励。这是思想上的不同。阮籍的作品是古诗，显得简约朴素，而张华此篇则较铺张，也比较重修辞，“乘我大宛马”下十句全是对偶，这不仅显出乐府体与古诗的差别，也显出西晋之后的诗歌比“正始之音”更注重形式美了。

这首诗表现壮士的英风豪气，自然也表现了自己的胸襟、抱负，可说是一首“风云”之作。这样的作品在诗风日趋轻靡的当时并非多见，而张华集中还有一些，如《博陵王宫侠曲二首》、《励志诗》等，都是很可值得注意的作品。钟嵘《诗品》谓张华诗“儿女情多，风云气少”，从现有的作品看，至少是不完全正确的。

（汤华泉）

情诗五首(其三)　　张　华

清风动帷帘，晨月照幽房；
佳人处遐远，兰室无容光。
襟怀拥虚景，轻衾覆空床；
居欢惜夜促，在戚怨宵长。
拊枕独啸叹，感慨内心伤。

这是张华《情诗》五首之三，诗以情景交融的手法，抒发了闺中思妇的情感，深情绵邈，哀艳动人。

首二句“清风动帷帘，晨月照幽房”，措语天然而耐人寻味。诗人精心选择了“清风”、“晨月”这一特定的意象，临风怀想，对月兴思，从而巧妙地暗示了闺中少妇的怀人之情：清风入窗，罗帐飘动，然而帘动而人不至，惟有晨月淡淡，天欲明，梦难续，这对思妇是一种何等的撩拨！这月朗风清、帘动室静的氛围，见境不见人,而人物俨在,情思自浓。“晨”字犹佳,少妇彻夜遐思之态,梦魂娈婉之情,借此一词,统统被推至夜幕后面,留人自去意会,显得含蕴丰富。

三、四句“佳人处遐远,兰室无容光”,始正面叙事,道出上文“幽房”二字的含义:原来少妇的夫君此刻正在远方,闺阁中已失去了他的音容笑貌。“佳人”,此指丈夫。“兰室”,指芳气充溢的闺房。“容光”,即容颜。(曹植《离别诗》:“人远精魂近,寤寐梦容光。”)这二句语虽平实,却是诗中一个不可少的过渡,既将上二句的景中之情落到实处,又逗引出了下二句。

“襟怀拥虚景,轻衾覆空床”。“虚景(影)”,指月影。天上朗月,流光溢影,无处不泄,举头望而起离思,俯首视而泻入怀,那满身满襟满床满室的光和影,抹又抹不得,甩又甩不去,真个是剪不断,理还乱,别是一番滋味在心头!月惹离愁,已不堪忧,而明月依旧,床空无人,怎不倍添惆怅!这里,诗人巧以“虚景”代替月影,而不直以月光出之,颇见心机。月影本为虚物,已喻得准;虚影与空床相对,又设得巧;而往日良辰绸缪,亦是此月为证,今朝物是人非,惟有此月空照;这又是“虚”字下得妙的所在。故一“虚”字,见得少妇所“拥”者,不独是月影,更有往昔欢爱的幻影。由此,少妇对夫君的执着痴情,以及她那只有通过回忆来聊以自慰的痛苦,均在不言之中了。这里,诗人准确地把握了思妇复杂的感情活动,将痴情的幻想和冷酷的现实加以对照,据实构虚,从而把诗意从正面归结到怀人思远,造成了妙境。

然而,虚影终非现实,空床难慰真情。少妇从幻觉中醒来,强烈的心理落差,不能不令她脱口长叹:“居欢惜夜促,在蹙怨宵长。”这两句是今昔相互对映,而重在后句。往日处在欢乐之中,则常爱惜夜分,惟嫌其短;今日兰闺寂寞,令人局促不安,则但怨夜长,惟盼其速速逝去。这本是人之常情,但现在有了“襟怀拥虚景,轻衾覆空床”的情景作铺垫,则此“惜”此“怨”,就不一般了。相聚既不可得,悬想亦弥足珍贵,“惜”情何苦!长夜无已,人归无期,纵然勉强熬得一夜,但一想到明夜又得苦熬,这“怨”意又何深!此夜此景,真是怨长也难,惜短也难,教人如何消受!这里的一番慨叹,包含无限,感情回环往复,百结千缠,并顺此逼出了尾联。

末二句“拊枕独啸叹,感慨内心伤。”“啸”,撮口呼出清亮激越之音,是魏晋人常用的一种表达情志的方法。内心感慨,无限哀伤,轻叹恨不足,又如何不啸?“拊枕”一语,尤为传神。“拊”,意为“轻击”、“轻拍”。《汉书·吴王濞传》颜师古注“拊”为“轻击”,段玉裁《说文解字注》引《尚书·尧典》为据,亦以为“拊轻击重”。此处着一拊字,人之动态情态、内心矛盾顿出,堪称妙笔。天欲明,梦欲断,情难捱,此时此刻之心境唯“拊”字可见:重之于击,则失夫妻如水柔情,也搅了月朗风清之凄迷诗境;轻而至抚,(“拊”一本作“抚”)则失哀怨娇嗔之态,也难呈“惜夜”、“怨宵”之矛盾心理。唯此一“拊”,轻也不得,重也不得,将流连之情、怅惘之感、冥想之态,销魂动容,恰如其分地传出,也使“内心伤”有着落,“感慨”有内容,着实令人既为少妇欷歔不已,又为诗人的措词精当赞叹不止。

这首诗共十句,而意义二句一转,或以景写人,或于事见情;情与景融,事与人合。诗中有人、有事、有情、有景,确是结构精巧、生动传神的佳作。(徐　枫)

情诗五首(其五)　　张 华

游目四野外,逍遥独延伫。①
兰蕙缘清渠,繁华荫绿渚。
佳人不在兹,取此欲谁与?
巢居知风寒,穴处识阴雨。
不曾远别离,安知慕俦侣?②

〔注〕 ① 延伫:久久伫立。 ② 俦(chóu)侣:伴侣。

张华写有五首《情诗》,这是第五首,是表现游子对妻子的思念之情。

诗一开始就写游子在野外观览。他的“游目”“逍遥”,显得似乎很悠闲、自在,但从“独延伫”的情状看,又是那么心事重重、有着解不开的愁闷。下面写他目接之景:“兰蕙缘清渠,繁华荫绿渚。”芬芳的兰蕙沿着清清的水渠,美丽的花朵覆盖着碧绿的沙洲,这景色多美啊。从对景物的观赏引起情致的发动,他随即产生下面的联想:“佳人不在兹,取此欲谁与?”原来他的心事始终在“佳人”身上,佳人不在这里,叫他怎么也愉快不起来。这里,“取此欲谁与”的“此”是指兰蕙,说采取兰蕙送给谁。他怎会产生这种联想呢?一是大凡离群索居的人面对良辰美景,常常会引起对亲人、亲爱者的怀想,这可说是人之常情;二是在古代以香花美草相赠,常是亲爱者表达情谊的一种极富象征意味的方式,这是面对特定的景物引起的特定的情绪反应。这一种情况在诗歌作品也有大量表现,比如《古诗》:“新树兰蕙葩,杂用杜蘅草。……采之欲遗谁,所思在远道。”以上所写是即事、即景抒发情绪,下面四句则写内心体验。“巢居知风寒,穴处识阴雨。”这是说,巢居的鸟最易感受风寒,住在洞穴中的虫子也最易预识阴雨。这两句话当为汉魏时的熟语,《汉书·翼奉传》有云:“犹巢居知风,穴处知雨,亦不足多,适所习耳。”是比喻生活在某种特定的处境中,人们对某些事物特别敏感。所以下两句道:“不曾远别离,安知慕俦侣?”不曾经历远别离的人,怎能知道这思念爱人的滋味呢?这句话说出了他渴念妻子的心情,是含有深切的体验之言,因而也道出了许多“离人”的共感。晏幾道有一首小词叫《生查子》,写道:

关山梦魂长,鱼雁音尘少。两鬓可怜青,只为相思老! 归梦碧纱窗,说与人人道:真箇别离难,不似相逢好!

也是写游子思念佳人(“人人”为亲爱者的昵称),积思成梦,梦中对她说:别离真难受啊,哪有在一起好呢!这与“不曾远别离,安知慕俦侣”意思是差不多的。像这样的句子和上面“佳人不在兹,取此欲谁与”写情都是十分真切,很能打动人,所以沈德潜说它“油然入人”(《古诗源》)。

钟嵘《诗品》谓张华作品有“巧用文字,务为妍冶”的倾向,在他的一些乐府诗里表现是较突出的,但一些小诗写得还颇为清畅,这首《情诗》可谓其集中的上乘之作了。

(汤华泉)

【作者小传】

夏侯湛

(243? —291?) 字孝若,西晋谯(今安徽亳州)人。幼有盛才,与潘岳合称“连壁”。初辟太尉掾,后历任郎中、太子舍人、尚书郎、野王令、中书侍郎、南阳相等官。晋惠帝即位,任散骑常侍。事迹具《晋书》卷五五本传。有集十卷,已佚,明人辑有《夏侯常侍集》,《先秦汉魏晋南北朝诗》辑得其诗十首。

秋 夕 哀

夏侯湛

秋夕兮遥长,哀心兮永伤。结帷兮中宇,屣履兮闲房。听蟋蟀之潜鸣,睹游雁之云翔。寻修庑之飞檐,览明月之流光。木萧萧以被风,阶缟缟以受霜。玉机兮环转,四运兮骤迁。衔恤兮迄今,忽将兮涉年。日往兮哀深,岁暮兮思繁。

这首诗写秋夕的凄景与哀情。发端二句紧切诗题,并为全诗定下沉重的感情基调:“秋夕兮遥长,哀心兮永伤。”写“秋夕”曰“遥长”,写“哀心”曰“永伤”,情境契合;吟来既觉声韵协畅之美,且有启人遐想之致。

“结帷”八句,诗人调动视觉、听觉,由内及外,多角度地描绘秋夕的凄清景象。“结帷兮中宇，屣履兮闲房。”一个“闲”字显示屋宇的空阔冷落，“屣履”二字则点画出诗人夜不能寐、踯躅空房的孤独寂寞形象。“听蟋蟀之潜鸣，睹游雁之云翔。”蟋蟀、雁，都是对自然节物之变迁极为敏感的生物，前人有云：“七月在野，八月在宇，九月在户，十月蟋蟀入我床下。”（《诗经·豳风·七月》）“秋风起兮白云飞，草木黄落兮雁南归。”（刘彻《秋风辞》）诗人这里以一“听”一“睹”两个动词，将二物并列，“潜鸣”、“云翔”，不仅写出蟋蟀与雁各自不同的习性特征，也揭示了夜之静与月之明。两句合观，既有清晰的空间立体之感，又起到以动写静的艺术效果。“睹游雁”句承“屣履”句，起着空间转移的作用，暗示诗人踱步屋宇之外，这就自然地引出以下四句。“修庑”，长廊。秋夕遥长，诗人中夜难眠，不堪其忧，遂揽衣出户，沿着筑有飞檐的长廊，徘徊于月光之下。月明皎皎，周围之物色尽可目睹。“木萧萧”两句承“听蟋蟀”两句，诗人仍是紧紧捕捉深秋之特征而落笔。秋风紧，木叶摇落；秋霜敷，台阶尽白。诗人用“被”“受”两个被动词，突出了秋气侵袭万物之凌厉，而“萧萧”“缟缟”两个叠音词，状声绘色，形象亦颇鲜明生动。

“玉机”六句，诗人由秋夕之凄景而转写秋夕之哀情。“玉机”，指北斗星；“四运”，四季运行。这两句诗，诗人透过秋夕凄清之景象，又深入一步，揭示节物变易乃自然界之必然。他由此而联想到人生。“衔恤”，含忧，诗人从自然节物春荣秋索的变迁中，真切地感受到万灵万类逝者如斯，因而对生命的短暂、人生的无常怀着沉重的感伤。两晋时期，玄风盛行，玄学自然观在文人心理上留下深深的印记。他们明确地把人生看做自然的一部分，为包括人生在内的自然界的一切都要走向衰亡而感伤不已；他们的悲秋，也往往是由于他们从萧飒凄寒的秋色中，发现了人生之必然归宿，所谓“岂微物之足怀，伤颓龄之告渐”（伏系之《秋怀》）是也。夏侯湛这首诗，也在两晋时代这个群体之音的范畴中，所以他在写了玉机环转、四运骤迁以后，马上转向人生之忧。诗人以“涉年”、“日往”、“岁暮”三个词语连贯直下，正是充分流露了他的敏感的时间意识，而“衔恤”、“哀深”、“思繁”正是抒写由此引起的深沉的感伤，在诗意上，与发端的“永伤”达到有机的配合呼应，更加鲜明地深化了题旨。这种对生命短暂的感伤，貌似消极，实则是人生的觉醒和对生活依恋的一种曲折表现。

这首诗主要吸取建安以来抒情小赋表现手法上的一些长处，前后十句采用骚体形式，中间六句夹用骈体形式，句法灵活多样，语言清新，声韵流畅，在一定程度上显示了诗赋合流的倾向（《艺文类聚》的编纂者置此篇于抒情小赋之列，便是明证），于当时可谓别具一格，并对东晋南朝文坛的诗赋合流现象产生了一些积极的影响，譬如沈约著名的《八咏诗》，一些篇章的面目就酷似此作。（王　琳）

【作者小传】

郭泰机

西晋河南郡(今河南洛阳一带)人。出身寒门,有才而不得仕进。《文选》存其诗一首。

答傅咸 郭泰机

皎皎白素丝,织为寒女衣。寒女虽妙巧,不得秉杼机。天寒知运速,况复雁南飞。衣工秉刀尺,弃我忽如遗。人不取诸身,世士焉所希?况复已朝餐,曷由知我饥!

这是西晋诗人郭泰机唯一流传下来的一首五言古诗。泰机生卒年不详,为出身寒门的贫贱之士,有文才而未遇。在这篇诗中,他以织机下的寒女自喻,表明贫寒之士虽有才能,却难有施展的机会,有待贵显者的推荐;而贵显者却借口推诿,全不关心贫士的苦辛。诗题中的傅咸,字长虞,傅玄之子,亦是西晋名诗人之一,出身世族,先后任冀州大中正、尚书右丞、御史中丞等官职。傅咸和作者素称相知,曾有诗赠之,其诗小序云:"河南郭泰机,寒素后门之士,不知余无能为益,以诗见激切可施用之才,而况沉沦不能自拔于世。余虽心知之而未如之何。此屈非复文辞所了,故直戏以答其诗云。"傅诗现仅存"素丝岂不洁,寒女难为容"及"贫寒手犹拙,机杼安能工"的残句,其中似含有讽刺的意思。郭泰机本来希望通过投诗得到傅的推引,得到的回答却是"爱莫能助"的遁词,在满腔孤愤之下,他作了这首答诗。

"皎皎白素丝,织为寒女衣。"光洁夺目的丝料所织成的衣衫,衬托得缟衣素娥格外美妙动人;而人们要是进一步了解到它是出自寒门少女纤手的织品,谁又不为她灵巧的技艺赞叹不绝呢?诗的开头,便展现了寒女的出众才华,很自然就引起了读者对她的爱怜。"愿同衾于寒女"(曹植《闲居赋》),在门第低微的诗人心目里,寒女一向就是个令人赞美和同情的形象。

"寒女虽妙巧,不得秉杼机。"寒女尽管美妙灵巧,而且她才华的结晶——她手制的绸衣也已经有目共睹,但她却不能拥有操持织布机的资格。这里,诗人笔锋一转,通过透露寒女受到的不公正待遇以及由此而产生苦闷的消息,让读者深深地为寒女的命运而愤惋。在古诗中,同情并感叹寒女在织布机下终年劳累的作品不少,但本篇的立意不同,诗中的寒女没有忧虑自己的辛劳,哀叹自己的寒伧,使她终日煎熬于痛苦之中的,只是不得跻身于织女行列一事。亲操机杼,发挥才能，为他人制作寒衣，这才是她的急切盼望。可见，寒女的形象，是一个不愿独善、志在兼济的积极用世者的化身。这个形象，本身也是对傅咸赠诗中“素丝岂不洁，寒女难为容”、“寒女手犹拙，机杼安能工”云云的反驳。

“天寒知运速，况复雁南飞。”“运”，指天地运转。“雁南飞”，应“天寒”，天气转冷的物候现象。寒女在阵阵凉意中，感知到岁时转晚，韶光易逝，无情的日月推移，使她并不过奢的希望也渐成泡影。“况复”一词推进一层，更见她忧心如焚。“愁人恨夜长，志士苦日短。”透过寒女这种哀怨幽愁，读者所看到的不正是为世所遗的志士扼腕浩叹于荏苒光阴的心境吗？

“衣工秉刀尺，弃我忽如遗。”这两句是寒女的心理独白。“衣工”，制衣的工匠。“弃我忽如遗”，语出《诗·小雅·谷风》：“将安将乐，弃我如遗”。这两句是说，我寒女所以不能操持织机，就是因为把持刀尺的衣工不能知人用人、唯才是举。这里化用《诗》句，而间一“忽”字（忽，轻忽，不经意的样子），活画出衣工轻慢的嘴脸。我寒女本就妙巧如此，你衣工却这般对待，岂非傲慢而颟顸之至！士族高门秉持权势者取士用人标准的违情悖理，于此得到形象的揭露。

以上由才艺、遭遇到内心活动，寒女的形象塑造已经全部完成。描写寒女有出众的才华却又抑郁不得志，为直抒诗人的襟怀作了充分的铺垫。诗人本人是个终身不得入仕的寒士，他采用托物取喻的手法，巧妙地表达自己的思想感情。写寒女美妙，喻寒士品行高尚；写寒女灵巧，喻寒士才华过人；写寒女无缘操持杼机，喻寒士不能进身仕途；写寒女对衣工的怨恨，喻寒士对选举制度及其执行者的不满。铺叙寒女皆为喻写寒士。

“人不取诸身，世士焉所希？”“取诸身”，语出《周易》：“近取诸身，远取诸物。”取诸身，意谓应根据视听口问来了解和体验事物。这两句诗是直言掌选举者拘守门阀观念，不肯直接考察和了解士人，唯以门第出身高低来臧否人物，一仍“上品无寒门，下品无世族”的旧俗，那么像我们这样的寒门之士，即使品德如何高尚，才能如何卓越，又还有什么希望可言？诗人针对当时统治阶级上层社会好谈玄说《易》的风气，引《易》入诗，是对腐朽的门阀制度的辛辣讽刺。

“况复已朝餐，曷由知我饥！”何况掌选举者已经吃喝得饱饱的，哪里体会得到我们这些处在饥馁中的寒士的痛苦呢？在冷酷森严的门阀等级制度下，长期坐享特权的顽固士族已经不可能对号“寒”啼“饥”的下层士人援之以手，即使比较开明的如傅咸，也是“虽心知之”，却又推诿以“未可如之何”而已。

这窒息般的黑暗，使作者满腔的怨怅，进而化为绝望，发而为强烈的反诘语气。全诗以一句不见回答的问句结束，直令人感到处在这个时代的寒门庶族，真是走投无路、前途渺茫！

这是一首怨诗，但又突破了怨而不怒的传统诗教。诗人先是娴熟地运用比兴手法，以孤寂多恨、幽怨绝望的寒女作喻，然后直接地振以议论，表达出诗人既怨恨交织又深感绝望的心态。全诗揭露了晋代士庶对立的矛盾，洋溢着一股勃郁不平之气，表明它与一般干谒诗和叹卑嗟贫的作品有很大的不同。因此，这首诗不但引起了寒族士人的强烈共鸣，而且也赢得了某些世族人士程度不同的理解和同情。钟嵘《诗品》之所以称"泰机寒女之制，孤寂宜怨"、梁代昭明太子萧统之所以把它收入自己的选本，其主要原因就在于此。 (朱道初 马祖熙)

【作者小传】

潘 岳

(247—300) 字安仁，西晋荥阳中牟(今属河南)人。幼号奇童，为司空、太尉掾，因被忌，十年不迁官。出任河阳令、怀令，有政绩。还朝任尚书度支郎、廷尉评，因公事免官。晋惠帝立，太傅杨骏执政，岳为其主簿，骏被杀，岳复除名。未几，又任长安令，迁著作郎、转给事黄门侍郎，依附外戚贾谧，为文人集团"二十四友"之首。赵王司马伦杀谧，岳与石崇、欧阳建等谋诛伦，事泄被杀。事迹具《晋书》卷五五本传。岳为太康文学代表人物之一，其诗辞藻华丽、句式工整，有"潘才如江"(钟嵘《诗品》)之誉。有集十卷，已佚，明人辑有《潘黄门集》，《先秦汉魏晋南北朝诗》辑得其诗及断句二十三首。

悼亡诗三首(其一) 潘 岳

荏苒冬春谢，寒暑忽流易。之子归穷泉，重壤永幽隔。私怀谁克从，淹留亦何益。僶俛恭朝命，回心反初役。望庐思其人，入室想所历。帏屏无髣髴，翰墨有馀迹。流芳未及歇，遗挂犹在壁。怅怳如或存，回惶忡惊惕。如彼翰林鸟，双栖一朝只。如彼游川鱼，比目中路析。春风缘隙来，晨霤承檐滴。寝息何时忘，沈忧日盈积。庶几有时衰，庄缶犹可击。

潘岳《悼亡诗》是诗人悼念亡妻杨氏的诗作，共有三首。这是第一首。杨氏是西晋书法家戴侯杨肇的女儿。潘岳十二岁时与她订婚，结婚之后，大约共同生活了二十四个年头。杨氏卒于晋惠帝元康八年(298)。潘岳夫妇感情很好,杨氏亡后,潘岳写了一些悼亡诗赋,除《悼亡诗》三首之外,还有《哀永逝文》《悼亡赋》等,表现了诗人与妻子的深厚感情。在这些悼亡诗赋中,《悼亡诗》三首都堪称杰作,而在三首《悼亡诗》中,第一首传诵千古,尤为有名。

这一首《悼亡诗》作于何时?大约是杨氏死后一周年,即晋惠帝永康九年(299)所作。何焯《义门读书记》说:"安仁《悼亡》,盖在终制之后,荏苒冬春,寒暑忽易,是一期已周也。古人未有丧而赋诗者。"结合诗的内容考察,是可以相信的。这首诗,从内容看,可以分为三个部分:

"荏苒冬春谢"至"回心反初役"是第一部分,写诗人为妻子守丧一年之后,即将离家返回任所时的心情。开头四句点明妻子去世已经一年。诗人说,时光流逝,爱妻离开人世已整整一年,层层地土壤将我们永远隔绝了。"私怀"四句,写诗人即将离家返回任所的心理活动。就个人对亡妻的思念之情来说,诗人十分愿意留在家中,可是有公务在身,朝廷不会依从,这个愿望是难以实现的。再说,人已死了,就是再继续留在家中,又有什么用呢?这里提出留与不留的矛盾。矛盾如何解决呢?勉强遵从朝廷之命,转变念头,返回原来任职的地方。

"望庐思其人"至"回惶忡惊惕"是第二部分,写诗人就要离家返回任所,临行之前,触景生情,心中有说不出的悲哀和痛苦。看到住宅,自然想起亡妻,她的音容笑貌宛在眼前;进入房间,自然忆起与爱妻共同生活的美好经历,她的一举一动,使诗人永远铭记在心间。可是,在罗帐、屏风之间再也见不到爱妻的形影。见到的是墙上挂的亡妻的笔墨遗迹,婉媚依旧,余香未歇。眼前的情景,使诗人的神志恍恍惚惚,好像爱妻还活着,忽然想起她离开人世,心中不免有几分惊惧。这一段心理描写,十分细腻的表现了诗人思念亡妻的感情,真挚动人。这是全诗的最精彩的部分。

应该指出,"流芳""遗挂"二语,注家尚有不同看法。有人认为"流芳"是指杨氏的化妆用品,有人认为"遗挂"是杨氏的遗像,都是猜测,缺乏根据。余冠英说:"'流芳''遗挂'都承翰墨而言,言亡妻笔墨遗迹,挂在墙上,还有余芳。"(《汉魏六朝诗选》)比较可信。又,"回惶忡惊惕",意思是由惶惑不安转而感到惊惧。"回",一作"周"。前人如陈祚明、沈德潜等人多谓此句不通,清人吴淇说:"此诗'周惶忡惊惕'五字似複而实一字有一字之情,'怅恍'者,见其所历而犹为未亡。'周惶忡惊惕',想其所历而已知其亡,故以'周惶忡惊惕'五字,合之'怅恍',共七字,总以描写室中人新亡,单剩孤孤一身在室内,其心中忐忐忑忑光景如画。"(《六朝选诗定论》)剖析入微,亦颇有理。

"如彼翰林鸟"至"庄缶犹可击"是第三部分,写诗人丧偶的孤独和悲哀。"翰林鸟”,指双飞于林中的鸟。比目鱼,水中一种成对的鱼。《尔雅·释地》说:“东方有比目鱼,不比不行。”传说比目鱼身体很扁,头上只一侧有眼睛,必须与眼睛生在另一侧的比目鱼并游。不论“翰林鸟”,还是“比目鱼”,都是古人常用来比喻夫妻合好。“一朝隻”、“中路析”,写出诗人丧偶以后的孤独与凄凉。冬去春来,寒暑流易,爱妻去世,忽已逾周年。又是春风袭人之时,檐下晨霤点点滴滴,逗人哀思,难以入眠。深沉的忧愁,何时方能消却?如同三春细雨,绵绵无休,盈积心头。要想使哀思衰减,只有效法庄周敲击瓦盆(一种古代乐器)了。《庄子·至乐》说,战国时代宋国人庄周妻死了,惠施去吊丧,见庄周两腿伸直岔开坐在那里敲着瓦盆唱歌。惠施说,妻子死了,不哭也罢,竟然唱起歌来,未免太过分了。庄周说,我妻刚死时,我很悲伤。后来想想,人本无生、无形,由无到有,又由有到无,正如四季循环,又何必要悲伤呢?潘岳想效法庄周,以达观的态度消愁,殊不知“此情无计可消除,才下眉头,却上心头”。

潘岳的悼亡诗赋有一个明显的特点,即富于感情。此诗也不例外。陈祚明说:“安仁情深之子,每一涉笔,淋漓倾注,宛转侧折,旁写曲诉,剌剌不能自休。夫诗以道情,未有情深而语不佳者;所嫌笔端繁冗,不能裁节,有逊乐府古诗含蕴不尽之妙耳。”(《采菽堂古诗选》卷十一)这里肯定潘岳悼亡诗的感情“淋漓倾注”,又批评了他的诗繁冗和缺乏“含蕴不尽之妙”,十分中肯。沈德潜对潘岳诗的评价不高,但是对悼亡诗,也指出“其情自深”(《古诗源》卷七)的特点。的确,潘岳悼亡诗感情深沉,颇为感人。

由于潘岳有《悼亡诗》三首是悼念亡妻的,从此以后,“悼亡诗”一般成为悼念亡妻的专门诗篇。于此可见,潘岳《悼亡诗》深远的影响。　　　（穆克宏）

杨氏七哀诗　　　　　　潘　岳

漼如叶落树,邈若雨绝天。雨绝有归云,叶落何时连?山气冒冈岭,长风鼓松柏。堂虚闻鸟声,室暗如日夕。昼愁奄逮昏,夜思忽终昔。展转独悲穷,泣下沾枕席。人居天地间,飘若远行客。先后讵能几?谁能弊金石!

在中国文学史上,潘岳追悼亡妻的诗以情真、语真、意真,油然善人,千百年来叩动人们的心弦。后影响唐代元稹等人,使悼亡成为专指悼念亡妻的诗歌门类。其悼亡之作,除为人们熟知的《悼亡诗》三首外,还有这首《杨氏七哀诗》。“七哀诗”原是乐府古题,起于汉末而多写乱离景象,此以其“哀”而写与亡妻杨氏死别的悲痛感情。

首四句，诗人以眼前之景写心中之情。把妻子的逝世，比作“叶落树”和“雨绝天”。“叶落树”和“雨绝天”是两个非常“淡”的比喻。淡淡的树，淡淡的秋，淡淡的景以淡淡的语道出，淡淡的笔墨之间，自有深情流注。三、四句仍就比喻落笔：“雨绝有归云”承“邈若雨绝天”来；“叶落何时连”由“灌如叶落树”生。然雨虽绝于天，尚有“归云”在；叶既落于树，何时复故枝？前用逆笔，后用顺笔。用顺笔：则人死如飘坠之落叶，再也不会回复到原来的枝头，以叶不能回故枝进一步引发妻亡的悲哀；用逆笔：则人死尚不如雨绝天，否定前一个比喻，悲思则翻进一层。这一顺一逆，句法上轻轻变化，遂翻出新意，使淡语不淡。在感情上，则写出了一个睹物而哀思不断深化的心理流程。遂使思念扩展一步，沉痛加深一层，彻底的绝望，相思成灰。

“山气冒冈岭”四句，一写听觉，一写视觉。前二句写舍外眺望所见所闻，后二句是室内所闻所见；前者写亡妻的茔茔孤坟，冈岭松柏，但见山气，但闻长风，以实景写虚境；后者说人去楼空，自己独处房栊，但闻鸟声，但处暗室，以室静写神伤。其中，不仅“堂虚闻鸟声”可与“室虚来悲风”（《悼亡诗》其二）、“山气冒冈岭，长风鼓松柏”可与“驾言陟东阜，望坟思纡轸”（《悼亡诗》其三）相参读，而且，假如我们深入到诗人的感情里仔细体味，我们就会发现，这里的“山气”、“长风”、“堂虚”、“室暗”，都是诗人极度悲伤产生的主观镜头，是诗人极度思念而形成半虚脱状态的反映，是愁里看花不当春的错觉。

下“昼愁”四句，则是上述极度思念，极度悲伤的注脚。四句中，有四个字值得注意，这就是“昼愁奄逮昏”的“愁”字，“夜思忽终昔”的“思”字，“展转独悲穷”的“悲”字，“泣下沾枕席”的“泣”字。愁：昼──→昏；思：夜──→晨。即“愁思悲泣”由白昼──→黄昏──→黑夜──→早晨，整日整夜，均在辗转不眠里煎熬；每时每刻，都在悲泣中度过。前二句写时间，后二句写空间。旧房栊也，旧床箪也，自己只身独处，故辗转而不能成眠；室虚堂静，黯然神伤，悲从中来，故泣既下而沾襟。此兼与前二句互相发明。

“人居”至诗末四句，故作宽慰语，却进一步把“愁思悲泣”等看起来已经写尽的感情，再推进一层。“人居天地间，飘若远行客”从《古诗十九首》“人生天地间，忽如远行客”来，谓与杨氏夫妻一场，不过如行客，到此世间一游，不必过于悲伤，但更大的悲伤却隐藏在背后。末二句“先后讵能几？谁能弊金石！”从《古诗十九首》“人生非金石，岂得长寿考”来，表明：自己三尺之躯亦决无金石之固，不会隔多长时间，自己便会与亡妻“先后”同归于黄泉冥府，以自弃的口吻，表达了痛不欲生的感情。

潘岳诗以言情见长，言情中，尤善写哀情。诗风清新绮丽。陈祚明《采菽堂古诗选》说他是“情深之子”，故每涉笔则“淋漓倾注，宛转侧折，旁写曲诉”，此诗即其例也。而以淡语道至情，却别具一种感人的魔力。 （曹 旭）

【作者小传】

石 崇

(249—300) 字季伦，小名齐奴，西晋渤海南皮（今河北南皮）人。初任修武令，有能名。入朝任散骑郎，迁城阳太守。因伐吴有功，封安阳乡侯，累迁至侍中。晋惠帝时，出任荆州刺史，因劫掠官商致获巨富。又任太仆、徐州监军、卫尉等官，为文人集团“二十四友”之一。后因与潘岳、欧阳建谋诛赵王司马伦，事泄被杀。事迹附见《晋书》卷三三《石苞传》后。有集六卷，已佚，《先秦汉魏晋南北朝诗》辑得其诗及断句十首。

王明君辞 石 崇

王明君者，本是王昭君，以触文帝讳，故改之。匈奴盛，请婚于汉，元帝以后宫良家子明君配焉。昔公主嫁乌孙，①令琵琶马上作乐，以慰其道路之思，其送明君，亦必尔也。其造新曲，多哀怨之声，故叙之于纸云尔。

我本汉家子，将适单于庭。②辞诀未及终，前驱已抗旌。仆御涕流离，辕马为悲鸣。哀郁伤五内，泣泪沾朱缨。行行日已远，遂造匈奴城。延我于穹庐，③加我阏氏名。④殊类非所安，虽贵非所荣。父子见凌辱，对之惭且惊。杀身良不易，默默以苟生。苟生亦何聊，积思常愤盈。愿假飞鸿翼，弃之以遐征。飞鸿不我顾，伫立以屏营。昔为匣中玉，今为粪上英。朝华不足欢，甘与秋草并。传语后世人，远嫁难为情。

〔注〕 ① 乌孙：汉时西域国名，在今新疆伊犁河流域。汉武帝曾以江都王刘建女为江都公主，以楚王刘戊孙女为解忧公主，先后嫁乌孙昆弥王。至后魏为柔然所破，徙至葱岭。详《汉书》九六下《西域传》。昆弥，乌孙王的名号，也译作昆莫。 ② 单于：汉时匈奴称其君主曰“单于”。《汉书音义》：“单于者，广大之貌，言其象天单于然。” ③ 穹庐：毡帐，即蒙古包。 ④ 阏(yān)氏(zhī)：汉时匈奴王妻妾的称号，相当于汉人所称的皇后。《史记》一一〇《匈奴传》：“单于有太子名冒顿，后有所爱阏氏，生少子，而单于欲废冒顿而立少子。匈奴太子称母为母阏氏。”

自汉以降，以王昭君故事为题材的文学作品，历代不乏。由于时代的不同，作家思想倾向的各异，这类作品也就呈现出不同的姿态和各异的美感，所谓“词客各摅胸臆懑”（董必武《题昭君墓》句），在描写王昭君故事的文学作品中，往往是作家借得此题材的酒杯，以浇自己心头之垒块。石崇此诗，因时代较早，与汉代去时未远，但悲昭君之远嫁，尚未及有像后世同题材作品那样的种种寄托。全篇以代言体形式，叙议之中，唏嘘感叹，颇有动人之处。郑振铎先生认为，“崇在当时，以富豪雄长于侪辈，俨然为一时文士的中心，其家金谷园每为诗人集合之所，崇自己也善于诗，其《王明君辞》尤有声于世”（《插图本中国文学史》）。可知作为诗人的石崇，正是以此诗名于世声的。而作为豪富不赀，为人侧目的一面，兹可不论。

诗的小序，平白如话，无甚难索解处。但有一点须注意，即此诗的被之声歌问题。既是乐府旧曲，又属“相和歌辞”，总归是要唱的，即是所谓“丝竹更相和，执节者歌”（《宋书·乐志》）。序中言“其造新曲，多哀怨之声”，是说汉曲乃是在旧嫁公主往域外的琵琶乐调基础上新制的，其基调是“哀怨”的。石崇此诗，当是在汉曲基础上进一步改制而成。《唐书·乐志》谓：“晋石崇妓绿珠善舞，以此曲教之，而自制新歌。”这里的“此曲”，当指汉曲，而“自制新歌”应是指石崇的《王明君辞》。同时我们由此知道作此歌诗，是要教习“善歌舞”的绿珠女按唱甚至载歌载舞的。“自制”，分明是说石崇此曲唱法已不同于汉人。想汉曲本辞及曲谱晋时流传已不广，石曲一出，汉曲渐渐失传了。《玉台新咏》称本辞为“秋木萋萋篇”（即《琴操》中的《怨旷思惟歌》），恐不可靠。《乐府诗集》卷五十九《琴曲歌辞》三作《昭君怨》，署王嫱，大约也是托名。故石曲是第一首有主名的咏昭君诗。

诗的前两句，交代昭君的身份，点出其将远嫁匈奴，假以第一人称叙述，迤逦写来，含悲衔怨，出语便奠定凄楚基调，有如泣如诉之妙。“辞诀”以下六句，写昭君行前悲痛之状。诀，死别也；未及终，言匆匆催行，未能告别一一。前驱，指汉室送亲仪仗的先导。曹植《应诏》诗曰：“前驱举燧，后乘抗旌。”可知抗旌即谓持旗也。仆御，即仆从和御车者。前导已举旗待发，声声传呼，昭君只得忍痛登车了。这时连仆从和驾车者都忍不住泪流满面，仿佛辕马也在为昭君长行而发出悲哀的嘶鸣。流离，即流漓。司马相如《长门赋》：“涕流离而纵横。”这里写法上颇可玩味，不正面写昭君，却抽笔去写仆从、御者以及驾辕的马，此乃“借客行主”法也。作者笔势之灵动，文心之缜密，于此可见。“哀郁”二句又转笔写昭君之悲痛，“主”“客”同悲，遂造成了浓厚的悲剧气氛。五内，即五脏、内心。朱缨，彩线织成的冠带。《淮南子》：“雍门子以哭见孟尝君，流涕霑缨。”至此可断为一个段落，主要写昭君远嫁之前的无限伤痛。此段起句便见章法，颇得古乐府精神。语言朴茂传神，叙述简洁而有条理，“借客行主”的写法与汉乐府《陌上桑》中描写罗敷之美手段庶几近之。

从“行行日以远”至“积思常愤盈”，是第二段。“行行”二句，简略交代了行程，写昭君来到了匈奴。这两句用笔精炼，剪裁得心应手，将途中苦辛劳顿，塞上风沙袭人等等尽皆省略了去，一下子跳到昭君到匈奴以后的描写，这就使全诗结构紧凑严密，于平朴流宕中见出机巧。魏文帝《苦哉行》中有“行行日已远，人马同时饥”的句子，石诗由此化来。“延我”以下四句，写昭君千里迢迢来到匈奴后，内心伤痛不曾稍减，更加思念汉室家邦。将昭君请进毡帐，封为“阏氏”，都不能使昭君解开愁怀，因匈奴毕竟是异邦，即使大富大贵，在昭君看来也不是什么荣耀的事。“父子”二句，显然是指少数民族与汉民族风习之不同，昭君曾嫁两代单于之事。《汉书》有记载说：“呼韩邪死，子雕陶莫皋立，为复系若鞮单于，复妻王昭君，生二女也。”昭君初为呼韩邪单于的阏氏，曾生有一男伊图智牙师(见《汉书·匈奴传》)。这就是“父子见凌辱”的含义。在石季伦看来，昭君先后嫁父子两人是很难堪的事，即“惭且惊”。我们不能以今天的思想方法去苛责作者，因为在当时以汉人的眼光去看匈奴的风习，自然是无法理解的。石崇此诗产生的时代较早，有此看法是在常理之中的。以下四句说昭君想寻短见，却终不能下决心(她毕竟在匈奴生有一男二女)，只能默默地苟且偷生。在苦闷、寂寥的生活中，她忍耐着种种精神上的煎熬，内心积满了愤恨。这一段写法上繁简得宜，颇费一番经营。作者娓娓道来，声吻酷肖，很富于艺术感染力。这里的代言之情很贴切，并不像过去有人认为的那样，是“不得代言之情”，或“自相矛盾”。乐府诗叙事，每有跳跃，往往是细微处竭力发挥，简略处则一笔带过，这一段正是这样一种写法。刘熙载说得好：“乐府调有疾徐，韵有疏数。大抵徐疏在前，疾数在后者，常也；若变者，又当心知其意也。”(《艺概·诗概》)乐府诗的叙事繁简，又与音乐有关，同时更要得领古人之意，自寓怀抱。我们前文曾提到此诗的被之声歌问题，欣赏乐府诗不能忽略了它是要唱的这一点。因此刘熙载才说乐府诗“声律居要，意境次之，尤须意境与声律相称”(同上)。这是读乐府诗要加以注意的。石崇此诗，堪称当行，其妙处正在繁简、疾徐之间，须得认真揣摸、仔细体会。这诗的名声之大，亦与它在音乐上的成就有关，传唱的过程比阅读的过程影响自然要广泛得多。《唐书·乐志》的记载就很能说明问题。

“愿假飞鸿翼”以下是第三段。前四句，是一种想象的寄托，进一步抒发了昭君思念故国家邦的眷眷深情。“弃”，当为“乘”之误，昭君恨不能借飞雁的翅膀，飞回汉家。飞雁似并不理解，只顾高飞，使得昭君久久伫立，不胜彷徨。屏营，惶恐的样子。《文选》李陵《与苏武诗》:“屏营衢路侧,执手野踟蹰。”这里是惶惑、紧张企盼之意。“昔为”以下四句,是昭君对自己身世的感叹。匣中,指汉宫。粪上,《玉台新咏》作“粪土”,指匈奴。朝华与秋草相对,与前二句用义仿佛,即朝华指昔日汉宫生活,故有“不足欢”说;秋草指眼前匈奴。昭君留恋旧日汉宫生活,抱怨在汉宫生活的时间短暂。她对在匈奴的苟且偷生怨愤、不满,亦流露出轻蔑。对于这样的描写,我们不必苛求,也无法苛求。最后两句意在警喝世人,强调了“远嫁难为情”的主题。难为情,在这里犹言不堪其苦,隐衷难言。这使我们联想到《红楼梦》中关于探春远嫁的描写,曹雪芹不是也将那场面写得凄凄楚楚吗?这一段重在对人物心理活动进行细致刻画,“愿假飞鸿翼”的奇想颇有匠心,既展示了大漠荒凉辽阔的背景,又揭示了昭君的心理情态,画面是凄凉的,意象也是贴切的,而昭君的牢骚怨怅亦由此而显得自然。结句之警拔因了前面的铺陈,十分显豁,并与开篇语遥相呼应,形成了平朴中见奇警的格调。

如此三段,一气呵成,一层较一层悲戚,一段较一段紧促。作者发挥了乐府诗长于叙事和唱叹徐纡的特点,塑造了一个“远嫁难为情”的昭君形象,这不仅与王安石“汉恩自浅胡自深,人生乐在相知心”(《明妃曲》之二)大异其趣,便是与杜甫、白居易等人的咏昭君诗亦自有别。石崇突出了昭君对故国家邦的怀念之情,虽是早期咏昭君诗,却较“唧唧抚心叹,蛾眉误杀人”(施荣泰《王昭君》)以及“那知粉绘能相负,却使容华翻误身”(刘长卿《王昭君歌》)等等浩叹要深一层。至于其语言的古朴醇厚,节奏的紧凑、跳荡,乃自斗榫相接转处的灵透、自然,都大有汉人风致,值得引起我们的特殊重视。　　(王星琦)

【作者小传】

欧阳建

(?—300)　字坚石,西晋渤海郡(今河北南皮一带)人。石崇外甥。历任山阳令、尚书郎、冯翊太守,为文人集团“二十四友”之一。建任冯翊太守时,赵王司马伦扰害关中,建上书言其罪恶,因而结怨。后因与潘岳、石崇谋诛伦,事泄被杀。事迹具《晋书》卷三三本传。有集二卷,已佚,《先秦汉魏晋南北朝诗》辑得其诗二首。

临　终　诗

欧阳建

伯阳适西戎,孔子欲居蛮。苟怀四方志,所在可游盘。况乃遭屯蹇，颠沛遇灾患。古人达机兆，策马游近关。咨余冲且暗，抱责守微官。潜图密已构，成此祸福端。恢恢六合间，四海一何宽。天网布纮纲，投足不获安。松柏隆冬悴，然后知岁寒。不涉太行险，谁知斯路难。真伪因事显，人情难豫观。穷达有定分，慷慨复何叹。上负慈母恩，痛酷摧心肝。下顾所怜女，恻恻心中酸。二子弃若遗，念皆遘凶残。不惜一身死，惟此如循环。执纸五情塞，挥笔涕汍澜。

魏晋时期，统治集团内部的倾轧异常激烈，西晋惠帝永康元年(300)，在后党贾氏与赵王司马伦的争权斗争中，张华、裴頠、潘岳、石崇、欧阳建等一批名士被司马伦诛杀。这首诗是欧阳建临刑时所作。

诗的前十二句，诗人叹悔自己身处乱世，不能明哲保身而招致祸难。首先，诗人叹悔自己不该离家游宦。“伯阳适西戎”。“伯阳”，老子的字。“适西戎”，据传说，老子去过流沙(我国西北沙漠地带)之西。“孔子欲居蛮。”“蛮”指古代南方少数民族，亦称夷；《论语·子罕》说：“子欲居九夷，或曰：‘陋，如之何！’子曰：‘君子居之，何陋之有？’”欧阳建是渤海(郡名，在今河北南皮县一带)人，其地近海，远离中原，比较荒僻，他以老子、孔子的故实发端，是为了说明自己的家乡也不“陋”。“苟怀四方志，所在可游盘。”四方志，经营四方之志。一个人若有这样的志向，什么地方不能有所作为呢？言下之意，自己也应该留在乡梓，不该到京师去游宦。通观四句诗，虽无悔字而悔意豁然，用典贴切深婉，起到以少总多的效果。“屯”“蹇”，《易》二卦名，都是艰难困苦之意，后因称挫折不顺利为“屯蹇”。古人，指春秋卫国的大夫蘧伯玉。据《左传》记载，卫献公无道，于鲁襄公十四年被大夫孙林父所逐，至二十六年又由大夫宁喜迎回复位。孙林父流亡国外，宁喜后也因专权为卫献公所杀。孙、宁二人在谋变时，都曾同蘧伯玉商议，伯玉两次都预见到祸乱将起(即“达机兆”，明达事物变化的先兆)，“从近关出”。近关，距离国都最近的边关，取道近关，可见他急于出国避乱。这两句，是赞赏伯玉的识时务、明哲保身，以对比出自己的无见识。“抱责”以下四句，自悔没有激流勇退，反而因谋诛赵王伦不成而终遭杀身之祸。“抱责守微官”，语本《孟子·公孙丑下》：“有官守者，不得其责则去”(有固定职务的，如果无法尽其职责，就可以不干)。诗人这里化用其意，说自己处在这种乱世，按孟老夫子的教导，早该弃职隐退了，却执迷不悟，死抱着官职不放。与古人的“达机兆”相比，诗人不由得深沉地自叹自责了。咨，叹。“冲且暗”，年幼而不明事理。“潜图”，密谋，指谋诛赵王伦。关于欧阳建遇害事,王隐《晋书》说:“欧阳建为冯翊(治所在今陕西大荔)太守,赵王伦之为征西(征西将军),挠乱关中,建每匡正,不从私欲,由是有隙。及于伦篡立(指司马伦废惠帝自称帝事),(建)劝淮南王允诛伦,未行,事觉,伦收建及母妻无少长皆行斩刑。”是为“咨余”四句诗很好的注释。也可以知道欧阳建的“守微官”,并非贪图爵禄,而是为了对时局有所匡正。一个正直之士为自己的正直叹悔,益发令人痛感这个黑暗时代的是非颠倒。

中间十二句,诗人慨叹仕途险恶,人心难测,并抒发豁达的人生观。“恢恢”四句,空间的宽阔广大与“投足不获安”的局促形成鲜明强烈的对比,揭示了世道极端阴森恐怖。“投足不获安”五字,语虽平实,却是全诗最为精策之处,因为它表现的不仅是欧阳建一人的喟叹,也凝聚着魏晋文人普遍的忧患情绪。通览魏晋诗歌,至迟从何晏、阮籍起,这种情绪就在文人诗中广泛传染,直到“平典似道德论”的玄言诗风大畅时,才趋于式微。紧接着,诗人通过两个比喻,揭示仕途之艰险。第一个比喻,化用孔子语“岁寒,然后知松柏之后雕”,极言时势之严峻恐怖,笔法灵活有深致;第二个比喻,用涉太行道说明、映衬仕途之险,语简理明。“真伪”二句隐含对屠杀者、抑或告密者的愤慨之情。自然,作为在统治集团各派系激烈倾轧中的牺牲品,欧阳建是不可能真正认识到罹难根源的,因而对于自己的悲剧命运,他尽可能作出豁达的解释,并以豁达的态度处之:“穷达有定分,慷慨复何叹。”在统治集团的内讧中丧身,现在看来并无什么价值可言,但在生命的最后时刻,吐此达观之辞,欧阳建还算不失名士风度。

诗的最后十句,写诗人对亲族牵连被刑的至哀至痛。欧阳建尽管对自己的悲剧命运还能处之豁达,但在另一方面,他毕竟是一个活生生的充满感情的普通人,因而当他念及与自己同赴刑场的老母及儿女时,满腔悲痛喷涌而出,一连用“摧心肝”“心中酸”“如循环”“五情塞”“涕汍澜”五个词组,淋漓尽致地抒吐了他的深沉悲痛。尤其是“不惜一身死,惟此如循环”两句,古直悲凉,意绪绵远,令人千载之下,犹生凄然之情。

欧阳建写成这首诗,便死在刽子手的斧钺之下。如何评价魏晋时期统治集团内部各个派系及其参与者的是是非非,那是史学界的工作,兹不置论。作为文学作品,这首临终抒情诗,真实完整地表现了诗人临刑时复杂的思想感情,从而反映了魏晋时期“天下多故,名士少有全者”(《晋书·阮籍传》)的险恶现实,无疑是一首好诗。

(王　琳)

【作者小传】

左 思

(250? —305?) 字太冲,西晋齐国临淄(今山东淄博市)人。因妹左芬入宫,移家洛阳,官秘书郎,为文人集团“二十四友”之一。作《三都赋》,有“洛阳纸贵”之誉。曾为秘书监贾谧讲《汉书》,晋惠帝永康元年(300),谧被诛,遂不复仕。太安二年(302),因洛阳兵乱,迁居冀州,数年后卒。事迹具《晋书》卷九二本传。思诗感情激烈,用语朴质,在太康文学中别具一格,被称为“左思风力”(钟嵘《诗品》)。有集五卷,已佚,近人辑有《左太冲集》,《先秦汉魏晋南北朝诗》辑得其诗十五首。

咏史八首(其一) 左 思

弱冠弄柔翰,卓荦观群书。著论准《过秦》,作赋拟《子虚》。边城苦鸣镝,羽檄飞京都。虽非甲胄士,畴昔览《穰苴》。长啸激清风,志若无东吴。铅刀贵一割,梦想骋良图。左眄澄江湘,右盼定羌胡。功成不受爵,长揖归田庐。

左思是西晋太康时期的杰出作家。他的诗赋成就很高。《三都赋》使“洛阳纸贵”,他的诗,谢灵运认为“古今难比”,钟嵘《诗品》也列为“上品”。《咏史》八首是左思诗歌的代表作,所以刘勰说:“拔萃于《咏史》”(《文心雕龙·才略》)。

《咏史》诗,并不始于左思。东汉初年,班固已有《咏史》诗,但是,这首诗的写法只是“概括本传,不加藻饰”,而左思的《咏史》诗,并不是概括某些历史事件和人物,而是借以咏怀。所以何焯说:“题云《咏史》,其实乃咏怀也。”又说:“咏史者,不过美其事而咏叹之,概括本传,不加藻饰,此正体也。太冲多摅胸臆,此又其变。”(《义门读书记》卷四十六)何氏认为左思《咏史》是“咏史”类诗歌的变体,其实这是“咏史”诗的新发展。

左思《咏史》诗,抒写诗人自己的雄心壮志。但是,由于门阀制度的限制,当时出身寒门的有才能的人,壮志难酬,不得已,只好退而独善其身,做一个安贫知足的“达士”。这组诗表现了诗人从积极入世到消极避世的变化过程。这是封建社会中一个郁郁不得志的有理想有才能的知识分子的不平之鸣。

第一首写自己的才能和愿望,可以看做是这组诗的序诗。开头四句,写自己的博学能文。“弱冠弄柔翰”,是说自己二十岁时就舞文弄墨,善于写作文章了。“卓荦观群书”,写自己博览群书,才学出众。这两句实为互体,意思是说,我二十岁时已才学出众了，不仅善于写作，而且博览群书。杜甫诗云："读书破万卷，下笔如有神"(《奉赠韦左丞丈二十二韵》)，正是由于左思博览群书，才能善于写作，才能"著论准《过秦》，作赋拟《子虚》"。即写论文以《过秦论》为典范，作赋以《子虚赋》为楷模。《过秦论》，西汉贾谊所作，是其政论中的名篇：《子虚赋》，西汉司马相如所作，为赋中名篇。左思著论作赋以他们的作品为榜样，说明他的见识与才能，颇有自负的意味。

"边城苦鸣镝"四句，写自己兼通军事。"鸣镝"乃是战斗的信号。边疆发生战争，告急的文书飞快地传到京城。这里，可能是指公元279年，对鲜卑树能机部和对孙皓的战争。《晋书·武帝纪》："(咸宁)五年春正月，虏帅树能机攻陷凉州。乙丑，使讨虏护军武威太守马隆击之。……十一月，大举伐吴……十二月，马隆击叛虏树能机，大破，斩之，凉州平。"烽火燃起，诗人虽非将士，可是也曾读过《司马穰苴兵法》一类兵书。他认为自己不仅有文才，而且也有武略，在战争爆发的时候，应该为国效劳。

"长啸激清风"四句，写自己的志气和愿望。诗人放声长啸，啸声在清风中激荡，志气豪迈，东吴哪里放在眼中。他想，一把很钝的铅刀，都希望能有一割之用，自己即使才能低劣，做梦也想施展自己的才能，实现"良图"(良好的愿望)。什么是诗人的"良图"？"左眄澄江湘"四句，作了具体的回答：消灭东南的东吴，平定西北的羌胡。功成之后，不受封赏，归隐田园。前两句表达的是晋武帝《伐吴诏》中"南夷句吴，北威戎狄"的意思。后两句正是他歌颂的鲁仲连精神："功成耻受赏，高节卓不群。"就感情言，前者雄壮，后者恬淡，这种错综复杂的感情是统一的，表现了诗人既渴望建功立业，又不贪恋富贵的精神。

还需要提及的是，我们可以根据"长啸激清风，志若无东吴"，"左眄澄江湘，右盼定羌胡"诸句确定《咏史》八首的写作年代。晋武帝于咸宁五年(279)十一月，大举伐吴，太康元年(280)三月，孙皓投降。于咸宁五年正月，讨伐鲜卑树能机部，十二月，大破之。所以，何焯认为"诗作于武帝时，故但曰'东吴'。凉州屡扰，故下文又云：'定羌胡'"。(《义门读书记》卷四十六)可见《咏史》八首写于晋武帝咸宁五年之前。

清人刘熙载《艺概·诗概》说："左太冲《咏史》似论体。"但是，诗人的议论是以形象表现出来的，并不使人感到枯燥乏味。恰恰相反，诗中生动的形象和丰富的感情具有强烈的感染力量。

此诗意气豪迈，情感昂扬，很容易使人想起曹植。曹植诗云："捐躯赴国难，誓死忽如归"(《白马篇》)，"闲居非吾志，甘心赴国忧"(《杂诗》其五)。曹植为国赴难，建功立业的志愿，都被曹丕父子扼杀了，他郁郁不得志地度过自己不幸的一生。左思"左眄澄江湘，右盼定羌胡"的壮志雄心，被当时的门阀制度断送了，所以，诗人愤怒地向门阀制度提出了控诉。（穆克宏）

咏史八首(其二)　　左 思

郁郁涧底松，离离山上苗，以彼径寸茎，荫此百尺条。世胄蹑高位，英俊沉下僚。地势使之然，由来非一朝。金张藉旧业，七叶珥汉貂。冯公岂不伟，白首不见招。

这首诗写在门阀制度下，有才能的人，因为出身寒微而受到压抑，不管有无才能的世家大族子弟占据要位，造成"上品无寒门，下品无势族"(《晋书·刘毅传》)的不平现象。"郁郁涧底松"四句，以比兴手法表现了当时人间的不平。以"涧底松"比喻出身寒微的士人，以"山上苗"比喻世家大族子弟。仅有一寸粗的山上树苗竟然遮盖了涧底百尺长的大树，从表面看来，写的是自然景象，实际上诗人借此隐喻人间的不平，包含了特定的社会内容。形象鲜明，表现含蓄。中国古典诗歌常以松喻人，在此诗之前，如刘桢的《赠从弟》；在此诗之后，如吴均的《赠王桂阳》，皆以松喻人的高尚品格，其内涵是十分丰富的。

"世胄蹑高位"四句，写当时的世家大族子弟占据高官之位，而出身寒微的士人却沉没在低下的官职上。这种现象就好像"涧底松"和"山上苗"一样，是地势使他们如此，由来已久，不是一朝一夕的事。至此，诗歌由隐至显，比较明朗。这里，以形象的语言，有力地揭露了门阀制度所造成的不合理现象。从历史上看，门阀制度在东汉末年已经有所发展，至曹魏推行"九品中正制"，对门阀统治起了巩固作用。西晋时期，由于"九品中正制"的继续实行，门阀统治有了进一步的加强，其弊病也日益明显。段灼说："今台阁选举，涂塞耳目；九品访人，唯问中正，故据上品者，非公侯之子孙，即当涂之昆弟也，二者苟然，则荜门蓬户之俊，安得不有陆沉者哉！"(《晋书·段灼传》)当时朝廷用人，只据中正品第，结果，上品皆显贵之子弟，寒门贫士仕途堵塞。刘毅的有名的《八损疏》则严厉地谴责中正不公："今之中正不精才实，务依党利；不均称尺，务随爱憎。所欲与者，获虚以成誉，所欲下者，吹毛以求疵，高下逐强弱，是非由爱憎。随世兴衰，不顾才实，衰则削下，兴则扶上，一人之身，旬日异状，或以货赂自通，或以计协登进，附托者必达，守道者困悴，无报于身，必见割夺；有私于己，必得其欲。是以上品无寒门，下品无势族。暨时有之，皆曲有故，慢主罔时，实为乱源，损政之道一也。"(《晋书·

刘毅传》)这些言论都反映了当时用人方面的腐败现象。左思此诗从自身的遭遇出发,对时弊进行了猛烈的抨击,具有重要的政治意义。

“金张藉旧业”四句,紧承“由来非一朝”。内容由一般而至个别、更为具体。金,指金日磾家族。据《汉书·金日磾传》载,汉武帝、昭帝、宣帝、元帝、成帝、哀帝、平帝七代,金家都有内侍。张,指张汤家族。据《汉书·张汤传》载,自汉宣帝、元帝以来,张家为侍中、中常侍、诸曹散骑、列校尉者凡十余人。“功臣之世,唯有金氏、张氏,亲近宠贵,比于外戚”。这是一方面。另一方面是冯公,即冯唐。他是汉文帝时人,很有才能,可是年老而只做到中郎署长这样的小官。这里以对比的方法,表现“世胄蹑高位,英俊沉下僚”的具体内容。并且,紧扣《咏史》这一诗题。何焯早就点破,左思《咏史》,实际上是咏怀。诗人只是借历史以抒发自己的怀抱,对不合理的社会现象进行无情地揭露和抨击而已。

这首诗哪里只是“金张藉旧业”四句用对比手法,通首皆用对比,所以表现得十分鲜明生动。加上内容由隐至显,一层比一层具体,具有良好的艺术效果。

(穆克宏)

咏史八首(其三)　　左　思

吾希段干木,偃息藩魏君。吾慕鲁仲连,谈笑却秦军。当世贵不羁,遭难能解纷。功成耻受赏,高节卓不群。临组不肯绁,对珪宁肯分?连玺耀前庭,比之犹浮云。

这首诗歌颂段干木和鲁仲连为国立功,不要爵禄的高尚情操。诗人表示了对他们的仰慕和向往。《咏史八首》(其一)云:“功成不受爵,长揖归田庐”,何焯认为,此诗“申前‘功成不受爵’意”(《义门读书记》卷四十六)。也就是说,这首诗表达了诗人功成身退,不受封赏的思想。

诗的开头四句就点明诗人所仰慕的两个历史人物和他们的事迹。这两个历史人物就是段干木和鲁仲连。段干木,战国时魏国人。隐居不仕,魏文帝尊他为师。当时秦国要攻魏,司马唐谏秦王说:“段干木贤者也,而魏礼之,天下莫不闻,无乃不可加兵乎!”秦王为之罢兵。事见《吕氏春秋·期贤》篇。鲁仲连,战国时齐国人。一次秦兵围赵国的邯郸城,这时鲁仲连正好在赵国。鲁仲连说服了魏国派往赵国劝赵尊秦为帝的辛垣衍,秦将闻知此事,退兵五十里。事见《战国策·赵策三》。诗人渴望像段干木、鲁仲连一样,为国家效力。“吾希”、“吾慕”,表达了诗人的仰慕之情和自己的愿望。“偃息藩魏君”和“谈笑却秦军”,概括了段干木和鲁仲连的事迹。言简意赅,又紧扣《咏史》这一诗题。“偃息”,写段干木之退隐高卧,“谈笑”,写鲁仲连之从容善辩,皆极传神。

双起单承,“当世贵不羁”四句,单写鲁仲连。《战国策·赵策三》记载,鲁仲连在退秦军之后,赵国国相平原君欲赏赐千金,鲁仲连说:“所贵于天下之士者,为人排患、释难、解纷乱而无所取也。”意思是说,作为“天下之士”可贵的地方,就在于他们为人排难解纷,而不取任何报酬。于是他就辞别了平原君,离开赵国,再也没有露面了。于此可见,这四句中,前二句是化用鲁仲连语意。后二句则对鲁仲连做出崇高的评价。“高节卓不群”,实此诗之诗眼,承上启下。

“临组不肯绁”四句,比较具体地写鲁仲连“功成耻受赏”,表现他的高尚节操。“组”,丝织的绶带,古代做官的人用来系印章于腰间。“珪”,一种上圆下方的瑞玉。古代诸侯,爵位不同,颁给珪也不同。“玺”,官印。不论是“组”、“珪”,还是“玺”,都代表官职爵位。对于这些,鲁仲连不仅不接受,而且视若浮云。这里写的是鲁仲连高尚的思想品质,同时也表现了诗人的思想和愿望。应该指出,一个人的思想是极其复杂的。左思之妹左芬是晋武帝的贵嫔,据《左思别传》记载,她“颇以椒房自矜”,又据《晋书·贾谧传》,左思是贾谧的“二十四友”之一。贾谧因为贾后的关系,权过人主,作威作福,自负骄宠,奢侈逾度。而“二十四友”皆“贵游豪戚及浮竞之徒”,这些人“或著文章称美谧,以方贾谊”。这说明左思并不是不看重荣华富贵,没有功名利禄之心,只是在仕途迍邅时,才发此高论。

李白也有一首歌颂鲁仲连的诗,诗云:“齐有倜傥生,鲁连特高妙。明月出海底,一朝开光曜。却秦振英声,后世仰末照。意轻千金赠,顾向平原笑。吾亦澹荡人,拂衣可同调。”寄寓了自己功成身退的思想,显然受了左思《咏史》的影响。

(穆克宏)

咏 史 八 首(其四) 左 思

济济京城内,赫赫王侯居。冠盖荫四术,朱轮竟长衢。朝集金张馆,暮宿许史庐。南邻击钟磬,北里吹笙竽。寂寂杨子宅,门无卿相舆。寥寥空宇中,所讲在玄虚。言论准宣尼,辞赋拟相如。悠悠百世后,英名擅八区。

这首诗前半首写汉代繁荣的长安城中权贵们的豪华生活;后半首写扬雄寂寞的著书生活。二者对照,诗人鄙弃前者,肯定后者,热情地歌颂了扬雄关门著书、甘于寂寞的精神。含有以他为楷模,退而著书立说,传名后世的意思。所以何焯说:"'济济'首,谓王恺、羊琇之属,言地势既非,立功难觊,则柔翰故在,潜于篇籍,以章厥身者,乃吾师也。"(《义门读书记》卷四十六)

"济济京城内"二句,写京城内王侯住宅富丽堂皇。这个京城是指长安城,因为诗人歌咏的是汉代的事。"济济"是美盛的样子,"赫赫"是显盛的样子。诗歌一开始即用叠字渲染气氛,使人感到仿佛身处闹市之中。在这个闹市之中,"冠盖荫四术,朱轮竟长衢",贵人的冠冕和车盖,充满了道路,贵族高官所乘赤色车轮的专车在长长的街道上来来往往,络绎不绝。这是进一步描写繁华热闹的景象。前两句写王侯住宅,这两句写他们的舆服,表现了王侯生活的优裕和特殊。"朝集金张馆"四句,写他们朝夕相聚、寻欢作乐的情况。朝朝暮暮,不是在金、张家,就是在许、史家。金,指金日磾家,张,指张汤家,他们都是汉代炙手可热的高官之家,已见《咏史八首》(其二)。许,指汉宣帝许皇后的娘家,史,指汉宣帝祖母史良娣的娘家,都是声名显赫的侯门。这些贵族高官之家,不是这家"击钟磬",就是那家"吹笙竽",朝朝寻欢,暮暮作乐,过着豪华腐朽尽情享乐的生活。诗人描绘这种生活,目的并不是为了表现贵族高官,而是以王侯高官的豪华生活和扬雄独自闭门著书的生活相对照,表现扬雄。

扬雄是西汉著名的学者、文学家和哲学家。在辞赋创作方面,他模仿司马相如的《子虚》《上林》等赋,写出《长杨》《甘泉》《羽猎》等赋,获得了较高的成就。在哲学方面,他模仿《论语》作《法言》,模仿《周易》作《太玄》,具有唯物的倾向,在语言研究方面,他著有《方言》,为后世研究古代语言提供了重要的资料。又著有《训纂篇》,对文字的研究也有自己的贡献。"寂寂杨子宅"四句,是说在寂静的扬雄家,门前没有一辆卿相的车。扬雄在幽深、空廓的屋子里,写作《太玄经》,阐述玄远虚无的道理。写出扬雄甘于寂寞、潜心著述的精神。"言论准宣尼,辞赋拟相如",比较具体地说明了扬雄的才学。他模仿孔子的《论语》写作哲学著作《法言》,摹拟司马相如的赋,写作《长杨》《甘泉》等著名赋篇,都取得卓越的成就,足以使他不朽。这两句在句法上与《咏史八首》(其一)"著论准《过秦》,作赋拟《子虚》"重复,何焯指出:"正自窃比子云耳"。颇有道理。"悠悠百世后"二句是诗人赞颂扬雄,说扬雄的美名将永远流传天下。这里洋溢着诗人对扬雄的敬仰之情,同时也寄托自己的理想。

这首诗在写法上,以鲜明的对比来表现扬雄的顽强治学的精神。一边是醉生梦死,荒淫无耻;一边是安于贫贱,闭门著书。那些过着豪华生活的权贵,与草木同腐,而扬雄的美名流传后世,远扬四方。这样,诗中的褒贬,诗人的理想和愿望都生动地表现出来了。当然,诗人是有雄心壮志的,他渴望"左眄澄江湘,右盼定美胡”,但是,在门阀制度统治之下,没有施展才能的机会,因此,他向往扬雄所走的道路。

(穆克宏)

咏史八首(其五) 左 思

皓天舒白日,灵景耀神州。列宅紫宫里,飞宇若云浮。峨峨高门内,蔼蔼皆王侯。自非攀龙客,何为歘来游?被褐出阊阖,高步追许由。振衣千仞冈,濯足万里流。

这首诗的前半首写京城洛阳皇宫中的高大建筑和高门大院内的“蔼蔼王侯”。后半首写诗人要摒弃人间的荣华富贵,走向广阔的大自然,隐居高蹈,涤除世俗的尘污。

诗歌的前半首“皓天舒白日”六句,是描绘京城洛阳的风光。诗人登高远眺,呈现在眼前的是:晴朗的天空,耀眼的阳光普照着神州大地。洛阳城皇宫中一排排高矗的建筑,飞檐如同浮云。在高门大院里,居住着许多王侯。显然,这不是单纯的风光描写,它反映了西晋王侯的豪华生活。上一首诗的前半首,表面上是写汉代京城长安的王侯,实际上表现的也是西晋王侯的豪华生活。所以,何焯认为“‘济济’首,谓王恺、羊琇之属。”王恺、羊琇都是西晋王朝的外戚,他们生前都过着奢侈的生活。当然,这两首诗的内容不同,上一首侧重写王侯的来来往往、寻欢作乐的情景,这一首却是描写王侯的高大住宅。应该指出,这都不是一般的风光景物和人物活动的描写,也不只是表现当时王侯贵族的豪华生活,而是当时门阀统治的象征。正是这些王公贵族掌握了政治、经济、军事大权,形成了门阀统治,主宰了像左思这些士人穷通的命运。“列宅”二句以鸟瞰笔法写王侯所居,不仅场面宏大,更显得诗人的自居之高。此中含蕴的感情与诗歌结尾相互贯通,表现了诗人追求隐居高蹈,和那些攀龙附凤者不同的志趣。

同时,从这些关于洛阳的描写,我们还可以从侧面看出,左思《咏史八首》当写于洛阳。据《晋书·左芬传》记载,左思的妹妹左芬于泰始八年(272)“拜修仪”,而左思是“会妹芬入宫,移家京师”(《晋书·左思传》)的。结合《咏史》其一来看,我们可以断言,这组诗是泰始八年(272)以后,咸宁五年(279)之前写于京城洛阳的。

在门阀社会中,“上品无寒门,下品无势族”(《晋书·刘毅传》)。像左思这样出身寒微的士人,往往壮志难酬,备受压抑。正是仕途的迍邅,使他渐渐醒悟:“自非攀龙客,何为歘来游?”自己不是攀龙附凤之人,为什么到洛阳这种地方来呢？其实，左思曾是“攀龙客”，他希望能跟随王侯将相，追求功名利禄，只有在此路不通的情况下，才感到无限的悔恨。于是，他下定决心，与门阀社会作最后的决裂：“被褐出阊阖，高步追许由。”他决心穿着粗布衣服，追随高士许由过隐居高蹈的生活。许由何许人也？他是传说中的隐士。据《高士传》记载，唐尧要将天下让给他，他拒不接受，逃到颍水之滨，箕山之下隐居。左思要像许由那样隐居高蹈，虽然只是一时的排忧解闷之辞，但也是对门阀统治的强烈反抗。“振衣千仞冈，濯足万里流。”写的是左思所想象的隐居生活。在高山上抖衣，在长河中洗脚，表示他要涤除世俗的尘污。写得豪迈高亢，雄健劲挺。所以沈德潜评曰：“俯视千古。”(《古诗源》卷七)

这是左思《咏史》诗中最有代表性的一首，它不仅表现了诗人愤懑的感情，同时也表现了诗人高尚的情操，是西晋五言诗的扛鼎之作。（穆克宏）

咏史八首(其六) 左 思

荆轲饮燕市，酒酣气益震。哀歌和渐离，谓若傍无人。虽无壮士节，与世亦殊伦。高眄邈四海，豪右何足陈！贵者虽自贵，视之若埃尘。贱者虽自贱，重之若千钧。

这首诗赞颂荆轲睥睨四海，蔑视豪门势族的英雄气概。据《史记·荆轲传》记载，荆轲，战国时齐国人。喜欢读书击剑，他游于燕国，与燕国的狗屠和善击筑的高渐离友善。“荆轲嗜酒，日与狗屠及高渐离饮于燕市，酒酣以往，高渐离击筑，荆轲和而歌于市中，相乐也，已而相泣，旁若无人者。”后为燕太子丹刺秦王，临别前，作《渡易水歌》曰：“风萧萧兮易水寒，壮士一去兮不复还。”最后，失败被杀。荆轲刺秦王是为了除暴安民，但是刺客的行为是并不足取的，只是他的事迹确有感人之处。左思赞颂荆轲，固然是佩服荆轲的为人，而更主要的是借以咏怀，表示对豪门势族的藐视。

开头四句，概括了《史记·荆轲传》的一些内容。这是说，荆轲在燕国的都市里饮酒，酒兴正浓，气概则更为不凡。高渐离击筑，荆轲高歌相和，甚至激动得流下眼泪，好像身边没有别的人似的。这里写的只是荆轲生活的一个片断。但是已足以表现他的思想性格和为人，已使人感到不同凡响。“虽无壮士节，与世亦殊伦。”是对荆轲的评价。前句是贬，后句是褒。一贬一褒，贬中有褒。褒是主要的，而贬只是指出其不足。这个不足是与壮士鲁仲连比较而言。鲁仲连退秦兵成功了，荆轲刺秦王却失败了，所以说“无壮士节”。但是，在句首冠以连词“虽”

字,是表示退一步说,其正面意思在“与世亦殊伦”。因此,我们认为左思对荆轲的为人还是肯定的。这个意思在下面句子中就更明显了。“高眄邈四海,豪右何足陈!”是写荆轲的英雄气概。他高视不凡,四海尚且以为小,那豪门势族岂值得一提。左思满怀壮志,希望能施展自己的才能,为国家出力。但是,在门阀统治的压抑下,英雄无用武之地,仕途蹭蹬,壮志难酬,他对自己的不公平遭遇充满了愤懑不平的感情。所以,假借荆轲,表现了他对豪门势族的蔑视。应该指出,作为贾谧“二十四友”之一的左思,曾因贾谧的推举而任秘书郎。他对现实生活的态度,不可能完全是这样的。但是,这是他激于义愤而发出的声音,是他的一种心声。

“贵者虽自贵”四句,是诗人直接陈述自己对“贵者”和“贱者”的看法。他一反世俗之见,将“贵者”视若尘埃,“贱者”看得重若千钧,进一步抒发了自己愤激的感情。左思的贵贱观确实和世俗不同,如在《咏史》第四首中赞美扬雄,说扬雄“悠悠百世后,英名擅八区”,以反衬豪门势族的生命短暂,如过眼烟云,迅速从世界上消失。其意思和这里是一致的,字里行间,都洋溢着诗人的英风豪气。

战国以后,荆轲的事迹,长期流传。三国阮瑀《咏史》第二首、东晋陶渊明《咏荆轲》、唐代骆宾王《易水送别》等都是歌咏荆轲之作。陶诗云:“其人虽已没,千载有余情。”大体上表达了这类诗歌的共同感情,左思的这首诗也不例外。

(穆克宏)

咏史八首(其七)　　左 思

主父宦不达,骨肉还相薄。买臣困采樵,伉俪不安宅。陈平无产业,归来翳负郭。长卿还成都,壁立何寥廓。四贤岂不伟,遗烈光篇籍。当其未遇时,忧在填沟壑。英雄有屯邅,由来自古昔。何世无奇才,遗之在草泽。

这首诗慨叹主父偃、朱买臣、陈平和司马相如四人的坎坷遭遇,说明古往今来有多少奇才被埋没。从字面看来,都是咏史,其实是左思借以抒发自己心中的愤慨和不平。

“主父宦不达”二句,是说主父偃仕途坎坷,他的父母兄弟都看不起他。据《史记·主父偃传》记载,主父偃曾游学四十余年,没有做官的机会,过着穷困的生活。因为主父偃没有做官,他父母不认他为儿子,兄弟不收留他,朋友也鄙弃他。“买臣困采樵”二句,是说朱买臣以打柴为生时,连妻子都离开了他。据《汉书·朱买臣传》记载,朱买臣未做官时,家里很穷,以打柴维持生计。但好读书,一边挑柴,一边诵书,他的妻子引以为耻,就改嫁别人了。“陈平无产业”二句,是说陈平家无产业,住的是背靠城墙的破房子。据《史记·陈丞相世家》记载,陈平少年时,家里很穷,喜好读书,住在偏僻小巷那背靠城墙的破房子里,用破席当门。“长卿还成都”二句,是说司马相如(字长卿)返回成都,家徒四壁。据《汉书·司马相如传》记载,司马相如游临邛(今四川邛崃),在富人卓王孙家饮酒,卓女文君见了,心里很喜爱他,就在夜里私奔相如处,与相如返回成都,相如家一无所有。从以上八句看,左思确实是咏史,所咏事迹,核之史籍,皆有根据。以排比句出之,表现得鲜明突出。

应该指出,诗人所歌咏的只是主父偃等四人没有做官时的穷困生活。似乎有意避开他们做官以后的经历。其实,这四位古人,后来都官运亨通。主父偃,后为中大夫。朱买臣,后任会稽太守。陈平,后为汉惠帝、吕后、汉文帝丞相,封曲逆侯。司马相如,在汉景帝时为武骑常侍,汉武帝时为郎,后为孝文园令。他们都成了著名的历史人物。“四贤岂不伟,遗烈光篇籍。”这四位历史名人,功业光照史册,声名传于后世,难道不伟大吗?可是在他们未做官时,皆穷困而不得志。这里,应该注意的是,左思并不想表现他们做官以后“春风得意”的生活,所以只是轻轻一笔带过,而着重表现他们“当其未遇时,忧在填沟壑”的困阨,即他们未做官时,穷困潦倒,葬身沟壑的忧虑,借以抒发自己被遗弃的愤慨。同时,我们还可以看出,左思隐以英雄自任,他举出主父偃等人先穷困后得志,似乎也隐寓着他总有一天会青云直上,如愿以偿的想法。但是,现实给他的回答是失望,所以,他发出深沉的感慨:“英雄有屯邅,由来自古昔。何世无奇才,遗之在草泽。”这是说,英雄的处境多艰,自古以来就是如此。但如主父偃等人苦尽甘来,都有得志之时,令人遗憾的是,哪一个时代没有奇才被遗弃在草野之中?这里道出了自古以来的事实,也寄寓了诗人怀才不遇的不平。刘良说左思“自伤沉沦,于此见志”(六臣注《文选》卷二十一),确实如此。

(穆克宏)

咏史八首(其八)　　左　思

习习笼中鸟,举翮触四隅。落落穷巷士,抱影守空庐。出门无通路,枳棘塞中涂。计策弃不收,块若枯池鱼。外望无寸禄,内顾无斗储。亲戚还相蔑,朋友日夜疏。苏秦北游说,李斯西上书。俯仰生荣华,咄嗟复凋枯。饮河期满腹,贵足不愿馀。巢林栖一枝,可为达士模。

在门阀制度森严的社会中,左思到处碰壁,在愤慨和不平之中,他实在感到无路可走,目睹社会的黑暗和官场的无常,他终于退却了,只想过着安贫知足的生活,做一个“达士”。

“习习笼中鸟”二句,是说笼中小鸟要展翅高飞就碰到笼子的四角,飞不起来。这里以“笼中鸟”比喻“穷巷士”,这是中国古代诗歌常用的比兴手法,作用是以引起下文。下文写贫士深居僻巷,落落寡合,独守穷庐,形影相吊。他的仕进之路充满枳棘,无路可通。他向当权者献上计策不被采用。他决然独处,境遇困窘,像是水已干枯的池中鱼。家外,没有丝毫俸禄;家内,竟无一斗粮食储备,生活实在贫苦。所以,亲戚看不起,朋友也疏远了。这个贫士是谁呢?就是诗人自己。左思移居洛阳之后,仕途受阻,有志难申,过着官场失意的生活。贫士生活正是左思初去洛阳生活的写照。左思是有强烈功名欲的人,他希望能够得意官场,一展宏图。但是,事与愿违,终身失意。“苏秦北游说”四句,是说左思即使如此,他也不愿像苏秦那样北上游说,也不愿像李斯那样西行说秦。他们在俯仰之间,尊荣无比,然后随之而至的却是杀身之祸。据《史记·苏秦列传》记载,苏秦,战国时洛阳人,他先游说秦惠王未被用,后又游说燕、赵等六国,联合抗秦,佩六国相印。后在齐国遇刺身亡。据《史记·李斯列传》记载,李斯,战国时楚上蔡人。他西入秦说秦王,得为客卿。后来秦国大臣建议秦王逐一切客卿,李斯上书申辩,秦王遂罢逐客的命令。秦统一之后,以李斯为丞相。秦二世时被杀。左思认为,像苏秦、李斯那样乍荣乍枯的遭遇,实在是不值得羡慕的。《庄子·逍遥游》说:“鹪鹩巢林,不过一枝;偃鼠饮河,不过满腹。”“饮河期满腹”四句是化用《庄子》中的话,诗人表示要向偃鼠、鹪鹩学习,安贫知足,了此一生。然而,我们从左思一生的立身行事考察,并不如他所说的那样,左思晚年混迹官场,成为贾谧的“二十四友”之一。可见诗中所说的,只是他一时的想法,并不能说明他已无功名利禄之心了。左思的消极避世的思想,表现了他对当时社会现实黑暗的不满。

这首诗开头写诗人悲叹贫困和不遇,实际上其中包含了诗人对荣华富贵的向往。想到苏秦、李斯等人的遭遇,意识到追逐名位的危险,又对荣华富贵作了否定。最后归于老庄思想,愿意安于贫贱,做一个“达士”。诗的内容层层变化,表现得曲折而微妙。

左思《咏史》八首,借古人古事以咏怀,抒发了自己愤懑和不平的感情。在性质上,与阮籍《咏怀》诗、陶渊明《饮酒》诗颇为相类。钟嵘评其诗曰:“文典以怨,颇为精切,得讽谕之致。”(《诗品》上)“典”,指借用史事。“怨”,指诗中所表现的不平之鸣。张玉穀说:“太冲《咏史》,初非呆衍史事,特借史事以咏己之怀抱也。

或先抒己意，而以史事证之；或先述史事，而以己意断之；或止述己意，而史事暗合；或止述史事，而己意默寓。”(《古诗赏析》卷十一)亦足见其表现之“精切”。《咏史》诗借古以讽今，所以说有“讽谕”的旨趣，所评十分恰当。但是，又说：“虽野于陆机，而深于潘岳。”说左思诗比潘岳诗深沉，可以成立。而认为左思诗“野”，即质朴而少文采，值得商榷。陈祚明说：“太冲一代伟人，胸次浩落，洒然流咏，似孟德而加以流丽，仿子建而独能简贵，创成一体，垂式千秋。其雄在才，而其高在志，有其才而无其志，语必虚骄；有其志而无其才，音难顿挫，钟嵘以为‘野于陆机’；悲哉，彼安知太冲之陶乎汉、魏，化乎矩度哉！”(《采菽堂古诗选》卷十一)分析深刻，很有道理。

(穆克宏)

招隐二首(其一)　　左　思

杖策招隐士，荒涂横古今。岩穴无结构，丘中有鸣琴。白云停阴冈，丹葩曜阳林。石泉漱琼瑶，纤鳞或浮沉。非必丝与竹，山水有清音。何事待啸歌？灌木自悲吟。秋菊兼餱粮，幽兰间重襟。踌躇足力烦，聊欲投吾簪。

楚辞中有淮南小山的《招隐士》，《文选》中有左思的《招隐》诗，题目相似，而意趣不同。《招隐士》是召唤隐士离开山林回到人群中来，到宫廷里去；而左思的《招隐》却是去招寻隐士，欲与之同隐。

首句“杖策招隐士”，开门见山，点清题目。“策”，据扬雄《方言》，是树木细枝。中国人向来强调“见微知著”：纣设象箸，比干以为奢侈之渐；五月披裘，即可知其人之不贪。折树枝为杖，则持杖者旧袍蔽履的形象及厌弃豪华的性格已可见一斑。“荒涂横古今”和“岩穴无结构”两句写隐士居室及其周围的道路。既是隐士，当然就应当绝交息游，摒弃繁华。室开三径、蛙作鼓吹这些传为佳话的典故，“草堂”、“蓬户”这些常见的作为隐士(或寒士)居室代称的文字，便足以说明这一点。然而，作者笔下的隐士岂只是“草莱不翦”、“茅屋数椽”而已，他根本就没有房屋，而是像巢父一般的岩居穴处；他的住处周围也根本就没有道路，好像从古到今无人从这里走过(横，塞)。然则其人避世之深，可以想见。唯有山丘中传出的隐隐琴声，才能显示出他的存在。这几句写的是眼前近景。其中“荒涂横古今”也隐寓着与紫陌红尘的对比，“岩穴无结构”则隐与高堂华屋作比，这一点读到下文自可领悟。接下来“白云”二句写仰观，“石泉”二句写俯视。白云飘忽，去来无迹，正是隐士们最爱欣赏、最感会心的景物；树木葱茏、丹花掩映，清泉潺潺，游鱼嬉戏，这又是多么宁静、自由、充满生机和自然之美的世界！庄子不是非常羡慕濠水中的鲦鱼之乐么？曹孟德不是把“枕石漱流饮泉”(《秋胡行·晨上散关山》)看作是神仙生活么？这些与喧嚣嘈杂、勾心斗角、扼杀人性的现实社会是多么鲜明的对比！作者对隐士生活环境的描写，处处在在，都流露出他对现实的强烈憎恶。

以上六句多写所见，是隐士的生活环境；“丘中有鸣琴”则是写所闻，写隐士的活动。弹琴在古人诗文中向来是高雅之士、尤其是隐逸之士的爱好，这种例证太多，无烦列举，只须看不会弹琴的陶渊明也要取一张无弦琴在手上摆弄摆弄，就可知它在隐士生活中的地位了。而在这样一个幽静空寂的所在独坐拂弦，更可见其人情逸云上，非寻常隐士可比。

“非必丝与竹”四句续写所闻。这四句的写法与上文相比稍有变化。上面都是直陈所见所闻而暗寓对比之意，这里却是首先提出了用作比较的对象。丝竹犹言管弦，指官僚贵族饮酒作乐时所欣赏的音乐。(需要说明，一般讲“丝竹”时，是指由女伎演奏的音乐，所以高士独自弹弄以遣怀的琴，是不包括在内的。所以刘禹锡的《陋室铭》既说“可以调素琴”，又说“无丝竹之乱耳”，把琴排除在丝竹之外了。)聒耳的笙歌与山水之音相比，前者代表的是富贵和庸俗，后者代表的却是高情雅趣。史载梁昭明太子萧统“(尝)泛舟后池，番禺侯轨盛称此中宜奏女乐。太子不答，咏左思《招隐诗》云：‘何必丝与竹，山水有清音。’轨惭而止”。就很可以说明这一点。啸歌则是魏晋以来名士包括隐士常常喜欢用来抒发感情的一种方式。《三国志·诸葛亮传》注引《魏略》说诸葛亮“每晨夜从容，常抱膝长啸”；西晋的阮籍也是善啸的；《晋书·阮籍传》说他遇到过一个苏门山真人名叫孙登的，啸起来“声若鸾凤之音，响乎岩谷”。如此看来，啸歌和弹琴一样，也是高人雅士的举动。然而作者对此却不以为然。在作者看来，再动听的人为之音也无法与泉水漱石，泠然清越，风吹阳林，呜呜悲吟的“天籁”相比。在这四句中，前两句用的是对比手法，后两句则是衬托，更突出地强调了作者对隐居生活的热爱。

在着力描写了隐士的居处环境之后，作者又将视线投向他的衣着食物。古来写隐士衣食，多以“黄精白术”、“石髓茯苓”以见其食之稀少而精洁；“鹑衣百结”、“短褐不完”以见其衣之破旧单寒。然而作者写食只用了一句“秋菊兼餱粮”，写衣也只用了一句“幽兰间重襟”。秋菊幽兰之为物，具芳香之性，秉贞洁之姿，正是隐士人格与形象的象征。只此一点，足盖其余。纡青拖紫、怀金佩玉，食不厌精、脍不厌细的贵族与以秋菊为食、以幽兰为佩的隐士比起来，其蠢俗不堪愈见明显了。诗至此，已写足了隐士的居行服食，不着一主观评价，已足以使人悠然神往。于是乎诗人不由得感慨系之:“踌躇足力烦,聊欲投吾簪。”他也要抽去帽子上的簪子,意欲挂冠弃仕,追步隐者遗迹去了。这两句是诗中唯一的直抒,但置于对隐士所居的精心描绘之后,写来犹如水到渠成,略无突兀之感。而此二句亦是画龙点睛之笔,以此收势,亦使全诗显得神完气足,发人深思。

此诗写景简淡素朴,语言亦高古峻洁,非有如诗人者之胸襟,不得出此。“诗如其人”,信夫!

（鲁同群）

娇女诗　　左　思

吾家有娇女,皎皎颇白皙。小字为纨素,口齿自清历。鬓发复广额,双耳似连璧。明朝弄梳台,黛眉类扫迹。浓朱衍丹唇,黄吻澜漫赤。娇语若连琐,忿速乃明憘。握笔利彤管,篆刻未期益。执书爱绨素,诵习矜所获。

其姊字蕙芳,面目粲如画。轻妆喜楼边,临镜忘纺绩。举觯拟京兆,立的成复易。玩弄眉颊间,剧兼机杼役。从容好赵舞,延袖像飞翮。上下弦柱际,文史辄卷襞。顾眄屏风画,如见已指摘。丹青日尘暗,明义为隐赜。

驰骛翔园林,果下皆生摘。红葩缀紫蒂,萍实骤抵掷。贪华风雨中,眒忽数百适。务蹑霜雪戏,重綦常累积。并心注肴馔,端坐理盘槅。翰墨戢闲案,相与数离逖。动为垆钲屈,屣履任之适。止为荼荈据,吹嘘对鼎䥶。脂腻漫白袖,烟熏染阿锡。衣被皆重地,难与沉水碧。任其孺子意,羞受长者责。瞥闻当与杖,掩泪俱向壁。

《娇女诗》与左思其他作品比较,无论是内容还是风格,都比较特殊。在这首诗中,左思以一种半嗔半喜的口吻,叙述了女孩子们的种种情感,准确形象地勾画出她们娇憨活泼的性格,字里行间闪烁着慈父忍俊不禁的笑意,笔墨间流露着家庭生活特有的情味。

全诗可分为三大段。

第一段十六句集中写小女儿纨素的“娇”。先写她的“娇”模样:皮肤“白皙”,口齿“清历”,宽阔的额头上披盖着柔软的黑发,轮廓精巧的耳朵像一对美玉——一个眉目清秀的“娇女”宛然在目。接着,诗人写纨素的“娇”态:“明朝弄梳台,黛眉类扫迹。浓朱衍丹唇，黄吻澜漫赤”。大清晨，纨素学着大人的样子画眉，把眉毛画得又粗又黑，像是扫帚扫地留下的痕迹；又学着用胭脂点抹口唇，弄得满嘴通红，连两边的口角也红得一塌糊涂。清清秀秀的脸蛋完全变了模样，上面是两道粗黑的眉毛，下面是一张鲜红的小嘴，她还冲着你挺神气地笑哩，好像说："你瞧我多美！"

接下去，作者分别从说话和写字读书的情形来写纨素的娇憨性情。"娇语若连琐，忿速乃明㦨"，"连琐"犹连环，指纨素说话语如贯珠，清脆悦耳；"明㦨"疑是当时口语，和后世说的"泼辣"差不多，这句话说纨素发脾气时说话又急又快。试想一下，小女依偎于膝下，时而兴致勃勃地说着得意之事，时而气恼地诉说心中的委屈，娇语宛转，怎不令人解颐！"握笔利彤管，篆刻未期益"，写纨素对写字的态度。"彤管"，即红漆竹管，指上品好笔；"篆刻"，指小孩子学写字。这会儿纨素煞有介事地坐在案前握笔写字，多认真，多文静啊！深知小女性情的父亲却说：她不过是喜爱那只漆得红亮亮的好笔，觉得拿着好玩，并不是对写字有多大兴趣。"执书爱绨素，诵习矜所获"，写纨素对读书的态度。"绨素"，指帛书，当时造纸术虽已发明，但还有不少书是写在素帛上的。你看，小小年纪的纨素居然爱书，把玩不止。做父亲的却在一旁揭穿原委：她不过是喜爱"绨素"的洁白漂亮。更有意思的是"诵习矜所获"一句。意思是说：纨素背得几句书，认得几个字，便洋洋得意起来，自以为无所不通了。这一句极其传神地写出了"初生牛犊"可笑可爱的"虎气"。记得鲁迅先生在一封信中曾谈到他的儿子刚认得二百字，就很神气地对父亲说："你如果字写不出来了，只要问我就是！"这话也是"虎气"逼人，可视为"矜所获"的注脚。

第二大段十六句集中写大女儿蕙芳的"娇"。同样是"娇"，但蕙芳年龄稍长，因此"娇"的表现形式有所不同。作者紧紧抓住渐知人事的女孩儿特有的爱美心理来描写。蕙芳已开始懂得如何把自己打扮得漂亮一些了，因此她不像妹妹那样"黛眉如扫迹"，而是淡扫轻描；她也不像妹妹那样"弄梳台"，纯粹把画眉当成一件好玩的事，而是非常注意如何把黛眉画得更称心如意，所以她喜欢手执铜镜，斜倚楼边，借着明亮的光线把镜中人照得更清晰……。她对着镜子左顾右看，简直入了神，全然忘记了母亲要她学纺绩的事——"轻妆喜楼边，临镜忘纺绩"，生动地描写了蕙芳顾影自爱的娇媚情态。

接下去的四句继续写蕙芳"临镜"梳妆的情形。"举觯拟京兆"，"举觯"在这里是操笔的意思；"京兆"指汉京兆尹张敞为妻子画眉的故事。这句说，蕙芳拿起眉笔给自己画眉时，那股认真劲儿简直可以和张敞给他夫人画眉相比拟。这是做父亲的打趣女儿的话。"立的成复易"，"的"，是指女子用朱丹点面的一种装饰，其修饰效用与“美人痣”类似。这种“的”要求点得圆，大小适宜，这对小女孩来说是不容易的。所以蕙芳只好点成又抹掉，抹了又再点，直至满意为止。“玩弄眉颊间，剧兼机杼役”二句，是父亲对蕙芳如此热心于画眉点的发表议论。意思是说：蕙芳对镜学妆忙个不停，比学织布还要紧张。“玩弄”一词用得很妙，令人想见蕙芳描了又抹，抹了又描的忙乱情形。

接下去四句写蕙芳学舞蹈和学调弦弹琴的情形。“从容好赵舞，延袖像飞翮”，古代赵国以舞蹈著名，这二句说：蕙芳学舞蹈，姿态从容，展开的袖子上下飘动，就像飞鸟的翅膀。“上下弦柱际，文史辄卷襞”，“上下弦”，就是调弦。这两句说：蕙芳置琴于书案上调弦，琴身太长，只得把桌上的书籍挤叠在一边。

最后四句写蕙芳观画：“顾眄屏风画，如见已指摘。丹青日尘暗，明义为隐赜”。屏风画日久尘暗，已辨认不清了，人物形象也模模糊糊。但蕙芳粗粗一看，就煞有介事地指指点点批评起来了。“顾眄”，“如见”二词，很准确地写出了小孩子自以为是的心理。这几句与“矜所获”一样，写小儿的“无知妄说”，但纨素的“矜”主要是表现在神气上，而蕙芳俨然已有个人见解，竟敢于大发议论了。

第三段二十四句合写大小娇女。她们一年四季都在尽情地玩耍。春夏之际，她们“驰骛翔园林”，像小鸟一样在花园里活泼地奔走，任意攀折花木，半生不熟的果实也被摘下来，抛来抛去地掷着玩。风雨也破坏不了她们玩耍的兴致，反倒给她们增添了一个新节目：“贪华风雨中，眒忽数百适”，为了贪折花枝，不管泥里水里，一眨眼工夫就来回几百趟。到了冬天呢，她们便在雪地里游戏，因为担心鞋陷到深雪里，还特意用一根带子把鞋绑得结结实实。

不过她们也有安静的时候，你看这会儿她们对料理食品又发生兴趣了，“并心注肴馔，端坐理盘槅”，正全神贯注地帮忙哩！可是，你叫她们去读书写字吧，却一刻功夫也坐不住，“翰墨戢闲案，相与数离逖”，把笔墨收起来往桌上一扔，相约着跑得远远的。干什么去了？“动为垆钲屈，屣履任之适。”据余冠英先生的说法，“垆钲”，指卖小食者为招徕顾客而敲击的乐器，“屈”疑是出字之误。原来，她们听见门外传来钲、缶之声，哪里还坐得住呢！连鞋都顾不上穿好，拖着就往外跑。这一细节写活了小孩子好动好奇的性情。

看完热闹回家，她们又“帮”着大人干活了：“止为茶荈据，吹嘘对鼎䥶。”她们双手按地，半趴在地上对着正在烹茶的鼎䥶吹火，干得还挺卖劲。可是活没干多少，这身衣服全糟蹋了：“脂腻漫白袖，烟熏染阿锡；衣被皆重地，难与沉水碧。”油污烟熏，衣服变得五颜六色，连底色都看不出来了，浸在清水里也难以洗净。怎不让大人气恼呢？

“任其孺子意,羞受长者责”,总结性地写出二女撒娇的原因。她们总是任性而行,想干什么就干什么,大人连个“不”字都不能说。这回却听说要用棍子狠狠打,不禁大感委屈,还没有挨打,便先自抹开了眼泪;自尊心还很强,还怕别人看见,因此用手捂着,背过脸儿对着墙壁站着,就是不肯向父母讨饶。“瞥闻当与杖,掩泪俱向壁”,这个结尾很风趣,既写出了姐妹俩十足的娇气,又让人看到那位一贯“任其孺子意”的慈父板起面孔,故作严厉的神态。人们读到这里,不禁要对娇女此刻的“悲”、慈父此刻的“狠”,报以会意的微笑。全诗就在这种诙谐、幽默的气氛中结束。

从艺术上看,《娇女诗》最显著的特色在于它通过日常生活细节的叙述,生动地塑造了两个“娇女”的形象。作者并没有直接说她们如何“娇”,而是集中描写她们种种精致的淘气,通过她们的一举一动、一颦一笑、一动一静,来表现她们的娇憨性格,“字字是女,字字是娇女,尽情尽理尽态”(谭元春《古诗归》)。诗中所写的学妆、握笔、执书、纺绩、丹青、理盘槅、吹茶鼎等事;都是大人的正经事,可是女孩儿们偏偏样样要学着干。而这些正经事务一到她们手里,就成了大有玩头的游戏。作者正是巧妙地把这些正经事务穿插在她们的日常活动中,借此写出她们的天真稚气、任性胡闹。

从结构上看,这首诗先分写,后合写,如此构篇,不仅章法井然,而且造成诗势的自然流动。分写之时,娓娓说来,语调舒缓,宛如两条清澈的小溪,不时泛起欢快的涟漪……。第三段的合写,“驰骛翔”、“骤抵掷”、“眒忽数百适”、“务蹑霜雪戏”……她们活泼的身影飞来飞去,叙述的语调也随之变得紧促起来,节奏加快了,犹如那两条小溪汇合在一起,推波助澜,掀起了一朵又一朵调皮的浪花……作者先分写她们各自的“小”淘气,然后写她们一起攀折花枝,生摘果实,门外观景……淘气诸事一件比一件惹大人气恼,最后才是“脂腻漫白袖,烟熏染阿锡”,终于到了“当与杖”的地步。“吹嘘对鼎钘”这一事件就像溪流中跳出的最大一朵浪花,而全诗就在这戏剧性的高潮中戛然结束。通篇诗势由低转高,在最高点“定格”,自然流畅,毫无牵强之处。

《娇女诗》语言质朴,诗人有时还故意用些俚语来增强诗歌的诙谐气氛。不过,左思在注意语言的通俗性的同时,更注意语言的准确性、形象性。例如,“明朝弄梳台”的“弄”字,令人想见出小女孩把玩胭粉的形态;又如,诗人不说“点的”,却说“立的”,使人想到用尖尖的笔端在脸上点的时,动作之轻之快。还有,“驰骛翔园林”的“翔”字,“并心注肴馔”的“注”字,前者写活泼轻快之态,后者写聚精会神之态,都十分传神。

左思是一位深爱儿女的慈父，因此在这首诗中他用一种又喜又恼的语调数落娇女的种种“劣迹”：“这两个孩子多娇横，多淘气，多让人心烦啊！”明里是责备她们不醒事，骨子里是夸耀她们的伶俐活泼。孩子们种种淘气的举动，在慈父的眼里都是一幅可爱的画，一支动听的歌。即使在她们娇到“登峰造极”而“当与杖”时，左思也禁不住流出一段矜惜之情。而寓褒于贬，是疼爱儿女的父母们常用的形式，古今皆然啊！因此，尽管千百年的时光流逝了，但我们仍然会被诗中那一幅幅慈父娇女融然相依的情景所感动。

左思的《娇女诗》第一个集中笔力描写儿女骨肉之情，在题材和表现手法上作了有益的探索。此后，写小儿女的诗篇逐渐多起来了。像陶渊明《责子》诗语言之朴素、幽默，李商隐《骄儿诗》对儿童绘声绘色的刻画等，都不同程度受到《娇女诗》的影响。再如杜甫名篇《北征》中那段令人破涕为笑的穿插：“瘦妻面复光，痴女头自栉。学母无不为，晓妆随手抹。移时施朱铅，狼籍画眉阔。……”这在杜甫虽是写实，但显然也受了《娇女诗》“明朝弄梳台，黛眉类扫迹”的启发。

（韦凤娟）

【作者小传】

左　芬

（？—300）　字兰芝，芬一作棻，西晋齐国临淄（今山东淄博市）人。左思妹。少好学能文，为晋武帝纳入后宫，封修仪，后晋封贵嫔。姿陋无宠，而以才德为武帝所重，宫中每有方物异宝，必使芬作赋、颂。事迹附见《晋书》卷三一《武悼杨皇后传》后。有集四卷，已佚，《艺文类聚》存其诗一首。又有《啄木诗》一首，或疑是他人之作。

感离思　　左芬

自我去膝下，倏忽逾再期。邈邈浸弥远，拜奉将何时。披省所赐告，寻玩悼离词。仿佛想容仪，欷歔不自持。何时当奉面，娱目于书诗。何以诉辛苦，告情于文辞。

这一首宫怨诗，最初见载于《艺文类聚》。作者是西晋著名诗人左思之妹。西晋泰始八年(272)，左芬因文才出众，被晋武帝召充后宫；左思也同时移居洛阳。他们兄妹虽同居京城，但宫禁清切，难以相见，只能通过赠答诗章，来寄托这咫尺天涯的思念之情。左芬入宫二年时，左思作四言诗《悼离赠妹》，以表示一片深情。左芬这首诗亦作于同年。

开端四句，交代兄妹分离的时间，并抒发不得相见的惆怅。“自我”两句，是从时间上说。“膝下”，人幼年时，常依于父母膝下，后用作对父母的代称。左氏兄妹，“早丧先妣”，同命相依，“恩百常情”（左思《悼离赠妹》），故这里的“膝下”，非指父母，而是诗人对兄长的尊敬称谓，其中流露了深婉的依恋之情。以今视昔，确乎是会产生“逝者如斯夫”的感受，故以“倏忽”一词概之。“再期”，两周年。时间一晃就是两年，而兄妹间竟一次也没得相见，诗人的惆怅之情油然而生：“邈邈浸弥远，拜奉将何时。”相见的希望一天比一天邈远，真不知何时才能拜见兄长。“邈”即是“远”，“浸”与“弥”同义，都是“更加”之意。这里重复使用，更见得女诗人企望之深、凄切之甚。这二句犹如我们今天给久别的亲友写信，开头常说时间过得真快，一别就是几年，不知何日才得以见面云云。这样平平的诗意渐进，却清晰地展示了女诗人特有的细致心曲。诗至此，我们仿佛已经感受到了一个想见至亲而不得、处于无休止的企盼中的女性形象。

以上四句偏于交代，是纵向，下面“披省”四句则移于横向。相见之日遥遥无期，诗人的企盼之情又难以消歇，个中苦楚是不言而喻的。无奈之下，诗人取出她珍藏的兄长书信诗章，一遍遍地观览，以作为感情的藉慰，精神的支柱。“披省”即翻阅，“寻玩”，追寻诗意而玩味。“悼离词”，指左思的《悼离赠妹》诗。诗人重温兄长的诗书，其中的一往深情，更使她心灵为之颤动。“仿佛”两句，思情达到高潮。读着、看着，兄长的音容笑貌，在她的脑际依稀出现，她不由得感叹欷歔，泪水滂沱而出……诗人在《离思赋》也曾经抒发这种骨肉乖隔的至悲至痛：“岂相去之云远兮，曾不盈乎数寻。何宫禁之清切兮，欲瞻睹而无因。仰行云以歔欷兮，涕流射而沾巾。”二作参看，我们更可以理解诗人此时心灵世界的悲恻。

结尾四句，诗人从情感的涡流返回现实。“何时当奉面”，诗人对能否见到兄长，怀有既渺茫又没完全绝望的复杂心理。“何时”又重复了一次，“奉面”与“拜奉”也是同义。二语于一篇中再致意，足见女诗人对重逢的渴望何其深切。但诗人欷歔伤悲，难道仅仅是为了一次“奉面”而已？非也！“娱目于书诗”给我们解答了这个问题。左思兄妹都富有才情，在往昔，他们一起读书、一起吟诗，其中自有许多“娱目”——赏心悦目之事。这往日的欢乐，才是静锁深宫的女诗人魂牵梦萦的所在、无日或忘的向往！所以，左芬对兄长的思念，其实是对自由生活的憧憬和怀思的一种体现。厌弃貌似华贵的宫廷而怀恋诗书自娱的生活，又正体现了女诗人清峻高朗的志尚和胸次。然而，这向往最终只有归之于梦想。与梦想相对立的现实，只是“辛苦”——在宫廷枷锁的重负下，又安得而不辛苦？“何以诉辛苦，告情于文辞”，这二句包揽了女诗人入宫后的一切不幸、一切思念，言简而意丰，看似无可奈何之语，但一个“诉”字、一个“告”字，又何尝不隐含着点点斑斑的血泪？这二句结住全诗，既点醒题目，又有低回不尽之效应。

钱锺书先生曾给左芬《离思赋》以较高的评价：“宫怨诗赋多写待临望幸之怀，如司马相如《长门赋》、唐玄宗江妃《楼东赋》等，其尤著者。左芬不以侍至尊为荣，而以隔‘至亲’为恨，可谓有志。《红楼梦》第一八回贾妃省亲，到家见骨肉而‘垂泪呜咽’，自言：‘当日既送我到那不得见人的去处，……今虽富贵，骨肉分离，终无意趣’；……词章中宣达此段情境，莫早于左《赋》者。”（《管锥篇》第1103页）这段话从宫怨题材的发展上，指明《离思赋》在主题上的创造性。而左芬的这首诗也可作如是观，因为我们从“何时当奉面”二句中，亦可以强烈地感受到作者追求独立人格、企求自由生活的呼唤之声。另外，若联系西晋史料，我们还可发现左芬诗赋包蕴着很现实的社会内容，《资治通鉴·晋纪》载，公元273年至274年，“诏选公卿以下女备六宫，……采择未毕，权禁天下婚娶”“诏又取良家及小将吏女五千人入宫选之，母子号哭于宫中，声闻于外。”所以，在更普遍的意义上，左芬的离思之苦，在一定程度上也反映着成千上万宫廷女子的悲剧命运。

西晋诗风，趋于绮靡繁缛，呈现过分雕琢之病。这首诗毫无雕饰之痕迹，质朴自然，将情愫平平叙出而自有震撼人心的效力，在晋代为数不多的妇女文学作品中，当属上乘之作。

（王　琳）

【作者小传】

张　翰

字季鹰，西晋吴郡吴（今江苏苏州市）人。为人有清才，而纵放不拘，时人比之为阮籍，号“江东步兵”。晋惠帝时入洛阳，任齐王司马冏大司马东曹掾。时朝廷争斗方烈，翰托言见秋风起而思吴中莼菜、鲈鱼之美，弃官回乡。后因居母丧过于哀痛而卒，年五十七。事迹具《晋书》卷九二本传。有集二卷，已佚，《先秦汉魏晋南北朝诗》辑得其诗六首。

思吴江歌①　　张　翰

秋风起兮木叶飞，吴江水兮鲈正肥。

三千里兮家未归，恨难禁兮仰天悲。

〔注〕 ① 此诗各本文字有异，此从最早著录本《岁华纪丽》。

读唐宋诗词，常常会遇到"秋风鲈脍"、"莼羹鲈脍"（莼羹即莼菜汤，鲈脍即鲈鱼片）的典故，这典故就是出自张翰。张翰，字季鹰，西晋吴郡吴人，家住吴江（即吴淞江）、太湖间。其为人纵任不拘，时人比为阮籍，称之为"江东步兵"。他本无意于功名，竟也鬼使神差到洛阳做了几年官，自然觉着很不适应。其时"八王之乱"初起，齐王对他有笼络之意，他就更感到不可久留了，"见秋风起，乃思吴中菰菜、莼羹、鲈鱼脍，曰：'人生贵得适志，何能羁宦数千里以要名爵乎！'遂命驾而归。"（《晋书》本传）这首诗当是思归时即兴吟成。

"秋风起兮木叶飞"，出句即见其思情的发动。悲凉的秋风最易触动人们的节序之感和念远之情。从时间上说，秋往往意味着岁暮的到来，使人觉着时光的流逝、流年的虚度。从空间看，秋高气清，万木萧萧，视野一下空阔起来，不自觉中自有人在何方、家在何方之叹。《楚辞·湘夫人》有"袅袅兮秋风，洞庭波兮木叶下"的句子，自是此句之本；不过，作为张翰来说，也不一定是有意地仿效，实在是一种语言定势、心理定势。秋风一吹，使作者感到在洛阳羁留时间太久了；秋风一吹，又使作者想起往昔的乡居生活、家乡风物，第二句就自然接上了："吴江水兮鲈正肥"。鲈鱼，又称松江鲈鱼，四鳃鲈鱼是作者家乡的特产，味极鲜美，秋天又正是鱼肥的季节。"鲈正肥"着一"正"字，便与"秋风起"连上了，同时还流露了一种"正"当其时、迫不及待的心情。下两句就直抒其情了。"三千里兮家未归，恨难禁兮仰天悲。"本传谓"数千里"，此言"三千里"，自是文句与诗句修辞的不同。"三"比"数"来得明确、爽口，同时它既可表确数，又可表虚数，而且往往指向多的方面，这"三千里"比"数千里"更能给人以距离遥远之感。下句的"恨"是思归不得之恨，这种恨想压也压不住，于是仰天悲叹。这里把他的思归之情表现得异常强烈。

由前述背景可知，张翰的归乡既有放达情性的一面，又有惧祸避乱的一面，他"恨难禁兮仰天悲"，恐怕更多的还是出于后一方面考虑，时人谓其"知幾"，到宋初王赀过吴江还写诗道："吴江秋水灌平湖，水阔烟深恨有余。因想季鹰当日事，归来未必为莼鲈。"（《中吴纪闻》）但是，唐代以后更多的人还是从敝屣功名的角度来理解、赞扬张翰的行为，"秋风鲈脍"成了厌弃仕途、向往家园、向往自由自在生活的代名词，正如近人王文濡所言："季鹰吴江鲈莼与渊明故园松菊，同斯意致。"（《古诗评注读本》）宋代在张翰家乡吴江垂虹桥旁还建有"三高祠"（纪念范蠡、张翰、陆龟蒙这三位“高人”)、鲈乡亭,往来题咏甚多,张翰的《思吴江歌》也广为人们传诵。古代知识分子中不得意者总是居多,其中不乏洁身自好、不愿蝇营狗苟之士,张翰其事、其诗正好表达了他们的心声。

附带提一下,这首短歌似是最早的七言四句押同部平声韵的作品,虽然句句用韵,句句有“兮”,未脱楚歌格调,但毕竟是向后来的七绝体式前进了一步。

(汤华泉)

【作者小传】

张　载

字孟阳,西晋安平(今属河北)人。性闲雅,文章为傅玄所称赏。与弟协、亢并称“三张”。历官佐著作郎、肥乡令、著作郎、太子中舍人、乐安相、弘农太守。长沙王司马乂请为记室督,拜中书侍郎,领著作。因世乱,称病回乡卒。事迹具《晋书》卷五五本传。有集七卷,已佚,明人辑有《张孟阳集》,《先秦汉魏晋南北朝诗》辑得其诗及断句二十一首。

七哀诗二首(其一)　　张　载

北芒何垒垒,高陵有四五。借问谁家坟,皆云汉世主。恭文遥相望,原陵郁膴膴。季世丧乱起,贼盗如豺虎。毁壤过一抔,便房启幽户。珠柙离玉体,珍宝见剽虏。园寝化为墟,周墉无遗堵。蒙茏荆棘生,蹊径登童竖。狐兔窟其中,芜秽不复扫。颓陇并垦发,萌隶营农圃。昔为万乘君,今为丘中土。感彼雍门言,悽怆哀今古。

汉末时期巨大的社会动乱,给普通人民带来深重的灾难。对此,建安诗人曹操、王粲在诗中都有真实动人的描写。这场大动乱,也给最高统治者带来灭顶之灾,刘汉王朝不仅皇祚断绝,就连他们的陵寝也遭受空前的破坏,曹丕云:“丧乱以来,汉氏诸陵,无不发掘。”(《典论》)张载这首《七哀诗》,通过对汉陵被掘及其荒败景象的描写,抒发了对人事迁化、盛衰无常的深沉感慨。

诗的前六句,诗人从远观角度写汉陵的荒败。发端二句突兀而起,勾勒一幅苍凉的丘山坟冢图:“北芒何垒垒,高陵有四五。”诗人纵目远望,只见北芒山上坟冢垒垒,有四五座高坟格外显眼。“北芒”,即芒山,在洛阳北边,汉魏以来,帝王公侯的陵寝多建于此。可是历史经历了汉末的大动乱,建于北芒的王公贵族的陵墓,早已衰败不堪,诗人这里用“垒垒”二字总括之,荒凉意隐含其中。一个“何”字则真切道出诗人目击此景象后的惊叹情态。“借问谁家坟,皆云汉世主。”那散落在垒垒荒坟间的四、五座高陵,也是杂草丛生,除了比其他坟冢高大以外,再无他别。是民间坟,形状又何其高?是帝王陵,景象又何其惨?诗人难以置信,这就是煊赫数百年的汉室陵墓,不禁一问再问,可是问到的人们都说这就是“汉世主”的坟墓。这里的“皆”字寓意丰富,它很好地揭示了诗人在又惊又疑、似信非信情绪驱使下,广为询问的过程。“恭文遥相望,原陵郁膴膴。”“恭”,指恭陵,汉安帝刘祜陵墓;“文”指文陵,汉灵帝刘宏陵墓;“原陵”,汉光武帝刘秀陵墓;“膴膴”,肥美,“郁膴膴”指草木繁茂。这两句诗互文见义,是说恭陵,文陵,原陵遥遥相望,因无人修治,上面草木丛生。

以上六句写景言情,是诗的第一层。写景曰“垒垒”“郁膴膴”;言情,诗人惊而曰“何”,疑而“借问”。此景此情是一篇关目所在,其景必然要引起历史的回顾,其情也势必导出一番对人生的感慨议论。

中间十四句,诗人回顾汉陵被掘的历史事件、并从近观角度具体地描写汉陵荒败之现状。这是诗的第二层。“季世”两句,交代汉陵荒败的历史背景,在语气上,像有一动乱年代幸存下来的故旧耆老在作深沉的往事回忆。“季世丧乱”指汉末动乱,“贼盗”指汉末军阀董卓及其部众,“豺虎”形容董卓部众野蛮疯狂之破坏性,语出王粲之“豺虎方遘患”(《七哀诗》)。《后汉书》卷七十二《董卓列传》:“何后(汉灵帝妃)葬,开文陵,卓(董卓)悉取藏中珍物。……卓自屯留毕圭苑中,悉烧宫庙官府居家,二百里内无复孑遗。又使吕布发诸帝陵,及公卿已下冢墓,收其珍宝。”接下来“毁壤”四句所描写的就是这一历史事件。“一抔”,一捧土;《史记·张释之传》载张释之对汉文帝云:“假令愚民取长陵一抔土,陛下何以加其法乎?”长陵是汉高祖刘邦的陵墓,“取一抔土”是盗墓的婉转说法。董卓军队大肆开掘汉陵,非一般盗墓可比,故言“过一抔”。“便房”,古代帝王和贵族陵墓中供祭吊者休息用的屋子,“启幽户”,指便房终年幽闭的门户被贼盗打开。“珠柙”两句写陵内珍宝被掠。“珠柙”,盛放珠宝的匣子,《西京杂记》云:“汉帝及王侯送死,皆珠襦玉匣。玉匣形如铠甲,连以金镂。”这些帝王生前不可一世,死后还要随葬无数金银珠玉,权势欲、占有欲可谓甚矣!哪想到,在季世的大动乱中,陵墓遭掘,“至乃烧取玉匣,金镂,体骨并尽”(曹丕《典论》),往日的一切都成为过眼云烟。这种昔盛今衰的强烈反差,怎能不使人动魄惊心。“园寝”八句,诗人将笔触进一步铺开,由陵墓之残移向陵园之衰。昔日神圣肃穆的汉家陵园,经贼盗洗劫,如今面目全改。园寝(建在帝王基地的庙)夷为丘墟,周墉(围墙)倾颓无遗,守陵之吏,祭扫之臣,不复存在。这杂草繁茂,荆棘丛生的丘墟,已成为狐兔栖息之地,樵童牧竖牧薪之场,萌隶(农夫)垦植之所。好一派衰飒的图景!多么剧烈的人事迁化!

最后四句是诗的第三层,诗人抒发盛衰无常的感伤之情。"昔为万乘君,今为丘中土。"昔之极盛与今之极衰,形成一组鲜明的对比,对前面的描写作了内容上的总结,为全诗的画龙点睛之笔。也正是通过这一典型事例,诗人对人生的思索上升到哲学的高度:盛衰无常,富贵难永。诗人抚今追昔,不禁联想到战国时齐人雍门周与贵公子孟尝君的一次谈话。桓谭《新论》云:"雍门周以琴见孟尝君曰:'臣窃悲千秋万岁后,坟墓生荆棘,狐兔穴其中,樵儿牧竖踯躅而歌其上,行人见之悽怆,孟尝君之尊贵,如何成此乎!'孟尝君喟然叹息,泪下承睫。"(转引自《文选》李善注)雍门周于孟尝君尊贵之时,预言其死后葬身之所必衰,揭示盛衰无常、富贵难永之理,可谓具有哲人的眼光。张载目睹之荒败汉陵,与雍门周所预言的境界,完全吻合。他们虽古今相隔,但精神却是遥遥相接的,雍门周所谓"行人见之悽怆",也正是张载此时之情绪的写照,故他以"悽怆哀今古"收束全诗。一个"哀"字点应了诗题;"今古"二字则把现实之哀与历史之哀融合一体,也就是把己之哀与雍门周之哀融合一体,使本诗的主题思想突破一时一事之限,从而更加深沉开阔。对于人生的探索,可以说是一个古老的哲学命题,从雍门周生活的战国时代到张载生活的西晋,每当个人意识觉醒时,这一命题便成了人们无限伤怀和思索的问题,如果说对生死存亡的重视、哀伤,对人生短促的感慨、喟叹,从建安直到晋宋,从中下层直到皇家贵族,在相当一段时间中和空间内弥漫开来,成为整个时代的典型音调,那么,张载这首《七哀诗》正是这一音调中令人凄寒彻骨的一个音符。

(王　琳)

【作者小传】

张　协

(?—307?)　字景阳,西晋安平(今属河北)人。与兄载、弟亢并称"三张"。少有隽才,辟公府掾,历官秘书郎、华阴令、征北大将军从事中郎、中书侍郎、河间内史,因世乱弃官归。晋怀帝永嘉初年,征为黄门侍郎,托病不就,卒于家。事迹附见《晋书》卷五五《张载传》后。有集二卷,已佚,明人辑有《张景阳集》,《先秦汉魏晋南北朝诗》辑得其诗及断句十五首。

杂诗十首(其一)　　张 协

秋夜凉风起，清气荡暄浊。蜻蛚吟阶下，飞蛾拂明烛。君子从远役，佳人守茕独。离居几何时，钻燧忽改木。房栊无行迹，庭草萋以绿。青苔依空墙，蜘蛛网四屋。感物多所怀，沉忧结心曲。

张协的《杂诗》共有十首，其内容比较广泛，这是第一首，诗写思妇怀远之情。通过仔细的景物描写和内心刻画，表现了女子的深切思念。

秋天的夜，凉风习习，清新凉爽的空气涤荡了地面上残暑留下的闷热混浊。蟋蟀在阶下鸣叫，发出凄清哀惋的声音，飞蛾在明晃晃的烛光前拂过，似欲将自己的身体化为灰烬。开头的四句渲染出秋天清冷而岑寂的气氛。虽然秋高气爽，然凉意拂人，已令人感到几分索莫之感。蟋蟀的鸣叫说明四周的阒无人声，飞蛾的扑火也暗喻女子的落寞情怀。这两句一写室外，一写室内，一为耳之所闻，一为目之所见，表面看来只是泛泛的写景，然正是通过这些琐细的描写，可以想见女子秋夜独坐，目光凝视着烛光，静听着庭中蟋蟀单调的鸣声，于是她心中升起了无边的愁思。

她愁思的原因便在下面两句中点明了，"君子从远役，佳人守茕独"，原来她的丈夫远出未归，令她只能空闺独守。"君子"是指她出门在外的丈夫，"佳人"即是思妇自称。这两句用了直陈的手法，点明了本诗的主旨。"离居几何时，钻燧忽改木"两句更补充说明了丈夫出门已久，节候暗换，令人心惊。古人钻木取火，据说在不同的季节取火用的木质也不同，"春取榆柳之火，夏取枣杏之火，季夏取桑柘之火，秋取柞楢之火，冬取槐檀之火。"(李善注引《邹子》)这里以取火所用之木的改变来说明时光易逝，节候屡经变换，从而透露出女子的相思之久，以及其青春虚掷，空房难守的慨叹。"君子"四句可以说是抒情，表现了女子对游子的相思。

"房栊无行迹"以下复由情入景。房室空空，再没有他的身影，没有他的步履，庭院中的秋草长得茂盛而碧绿，勾起人伤心的往事。青青的苔藓爬满了空墙，蜘蛛的游丝在四周的屋角随风飘动。这四句勾勒出一片寥落而凄迷的景象，一方面说明自丈夫离家外出后，庭院荒芜，屋庐颓败，尘封网结的情景，另一方面也以景色的萧条冷落衬托出女子百无聊赖的心绪。至于这四句中写景的细腻及表现心态的逼真，吴淇在《六朝选诗定论》中说得极为透彻："凡人所思，未有不低头,低头则目之所触,正在昔日所行之地上。房栊既无行迹,意者其在室之外乎,于是又稍稍抬头一看,前庭又无行迹,唯草之萋绿而已。于是又稍稍抬头看,惟见空墙而已。于是不觉回首向内仰屋而叹,惟见蛛网而已。如此写来,真抉情之三昧。”吴氏的分析很细致,毋须我们再费口舌,所可赘述一句的是,诗人这里用了“萋以绿”、“青苔”等字,显然是以绿色来作为画面基调,在中国古诗中绿色往往有令人伤感的意蕴,如李白的“寒山一带伤心碧”(《菩萨蛮》)就是。

诗的最后两句又从景回到情,“物”就是上文所写到的诸般景物。由于眼前的所见,令女主人公生出许多怀念,《文心雕龙·物色》中说:“物色相召,人谁获安?”那秋色的凄清,故物的萧条,都怅触起女子的相思之念,于是令她愁肠百结,无法排遣。

古来写思妇怀人的诗很多,如在张协之前的《诗经》中的《伯兮》,《古诗十九首》中的“行行重行行”、“庭中有奇树”、“明月何皎皎”等都是,然张协诗中的写景更趋细腻,景与情的结合更加水乳交融,体现了文人诗歌创作的日趋成熟,具体表现在语言锻炼、结构精巧等特点。前人评张协之诗“词彩葱蒨,音韵铿锵”,多“巧构形似之言”(钟嵘《诗品》),可知他有意识地追求诗歌艺术表现的完美。如本诗中“清气荡暄浊”、“钻燧忽改木”、“沉忧结心曲”等句都可见其于遣词造语上的锤炼之工。诗中“蜻蛚吟阶下”四句与“房栊无行迹”四句都以两两相对的句式出之,虽然对仗未十分工整,然已可见作者有意追求对偶之美的祈尚。全诗在声调上一韵到底,体现了诗人对声韵的讲究。写景和抒情的交叠出现,则表现了布局上的匠心。凡此种种,说明晋代诗歌在继承汉、魏古诗的基础上,更加注重了五言诗形式上的完美,着力于艺术表现手法的探索,张协的这首诗就体现了这种诗歌发展的趋势。

(王镇远)

杂诗十首(其四)　　张　协

朝霞迎白日,丹气临汤谷。翳翳结繁云,森森散雨足。轻风摧劲草,凝霜竦高木。密叶日夜疏,丛林森如束。畴昔叹时迟,晚节悲年促。岁暮怀百忧,将从季主卜。

魏晋时期正处在山水田园诗正式问世的前夕。这时期诗歌创作中的一个显著特色是写景因素正迅速滋长。以“三张”、“二陆”、“两潘”、“一左”为代表的西晋太康诗坛,从总体看成就并不高,但诗人们的创作在不同程度上都体现了这一特色。其中张协尤值得注意。钟嵘《诗品》评其诗云:“其源出于王粲。文体华净,少病累。又巧构形似之言。雄于潘岳,靡于太冲。风流调达,实旷代之高手。词采葱蒨,音韵铿锵,使人味之亹亹不倦。”这段话对张协诗歌作了中肯的评价。现在,我们就以这首《杂诗》为窗口,来窥探一下张协的创作。

张协,字景阳,安平(今河北安平)人。与兄张载、弟张亢并称“三张”,《杂诗》十首是其代表作。这组诗或伤怀才不遇,或叹世路多艰,或叙思妇怀远之情,或言及时自勉之意。内容较广泛,非作于一时。这一篇原列第四,是其中有代表性的一首。

首二句以简练的笔触勾勒出曙色初露、旭日东升的壮伟景象。作者从绚丽的朝霞着笔,巧妙地运用“迎”、“临”二字,便把人们习见的日出之景写得别具一格:那玫瑰色的云霞照临太阳的家乡汤谷,把太阳从沉睡中唤醒,给它披上光彩夺目的衣裳,然后袅袅婷婷,把它送到人间。诗人突出了朝霞的动态美,使人想见那万道霞光的全部光华与风采。在张协笔下,朝霞成了光明的使者。这不仅增加了诗的情趣,而且使诗歌词采赡丽,神貌飞动。左思的“皓天舒白日,灵景耀神州”也写日出景象,但比之张诗就显得质木平实,也缺乏气韵了。钟氏所说“词采葱蒨”、“靡于太冲”,于此可见一斑。

次二句写气候突变,诗歌顿起波澜。“翳翳结繁云,森森散雨足。”先写阴云集结,后写急雨滂沱,虽大起大落,却层次井然。翳翳,是多云而阴的样子。语出《论衡》:“初出为云,繁云为翳。”森森,是繁密的样子。蔡雍《霖赋》:“瞻玄云之晻晻,悬长雨之森森。”诗人以翳翳写云之多而厚,以森森状雨丝之长而密,无不曲尽其妙。张协《杂诗》其三有云:“腾云似涌烟,密雨如散丝。”其十有云:“云根临八极,雨足洒四溟。”皆描摹逼真,穷形尽相。张协不愧是状写繁云苦雨的高手。“雨足”二字尤可玩味。雨急而密,一根根雨丝接连不断地落在地上,其状可见,其声可闻,正如人的步履,有声可闻,有迹可寻。诗人锤炼出“雨足”一词,何等鲜明形象,又何等新鲜活脱。它平易而奇警,既见出诗人琢炼之功,而又显得自然本色,启人联想。故王船山评曰:“‘森森散雨足’得之象外。”(《八代诗选》引)后人激赏张协的创造,屡屡爱用,如“雨足飞春殿”(庾肩吾《侍宴饯湘州刺史张续诗》)、“夕阳连雨足,空翠落庭阴”(孟浩然《题大禹寺义公禅房》)、“雨脚如麻未断绝”(杜甫《茅屋为秋风所破歌》)等等。至于“云脚”、“日脚”之类,恐也是由此而触类旁通的吧。

以下四句扣住草木写秋冬萧瑟之景。西风凛冽,干枯的小草为之摧折,寒凝霜华,高树上的枝叶为之凋零。这本是常见的景色,诗人却通过一个“竦”字来刻意形容。竦者,惊惧也。竦,又通“耸”。树木因叶子凋落而显得更高,似乎惊慑于秋霜的威力而森然竦立，读者也似乎看见那枝干以及残留的叶子都失去了往昔的光泽滋润而显得枯槁暗淡了。一派萧森气象全由此一字传出。这一“竦”字又传出诗人的心声：草木摇落，岁华易逝，诗人感物兴怀，怎不触目惊心！这就暗暗逗出最后四句来。至此已把秋意写足，但作者感到意犹未尽，于是再以一个比喻来极貌状物：“丛林森如束”。林空叶尽，枝条根根上聚，远望去像是被捆成一札札似的。此境此景，真非一个“束”字不足以形容。李周翰说：“木叶密则枝重，叶既疏落，条轻上指，森森然如束也。”(六臣注《文选》)对张协的工笔细摹之妙，理解得最为中肯。张载《七哀》诗有云：“木落柯条森”，已自形象鲜明，而张协此句更是“巧言切状”，“状难写之景如在目前”。无怪乎钟嵘说“孟阳(张载字)诗乃远惭厥弟”了。这句就“凝霜竦高木”加重渲染，强化了高旷萧森的气氛，造境警拔，使人联想起“天高万物肃”(张协《杂诗》之二)的境界。前人说张诗“諔诡”(《诗品》卷中鲍照条)，当可于此等所在体味一二。

诗的最后四句写由秋景而引起的感触。“畴昔叹时迟，晚节悲年促。”少年时不谙世事，“秋月春风等闲度”，有时甚至恨时间过得太慢；到了老年，却悲叹年岁流逝得太快了。一生体验凝集在十个字中，语言极精警，内容极丰富。它概括了具有普遍意义的人生经验，富于哲理意味，足以发人深思。张协少有俊才，素有抱负，也曾在晋朝做了几任官，但他为人“清简寡欲”，见“天下已乱”，“遂弃绝人事，屏居草泽，守道不竞，以属咏自娱。”(《晋书・张协传》)其《杂诗》之五曾说：“《阳春》无和者，《巴人》皆下节。流俗多昏迷，此理谁能察。”可见他不满现实，反抗世俗的品格。因此，这里的“悲年促”，就不仅仅是一般的叹老嗟卑，而实隐含着壮志未遂的深深感叹。既然生不逢时，不如栖隐山林。“岁暮怀百忧，将从季主卜。”季主，即司马季主，他是汉初长安著名的卖卜者。宋忠和贾谊曾问他：“何居之卑？何行之污?”他答道：“贤者不与不肖者同列，故君子处卑隐以辟众，自匿以辟伦。”(见《史记・日者列传》)诗人以表达高尚的情志结束全诗，给人以高标拔俗之感。史载其：“永嘉初，复召为黄门侍郎，托疾不就，终于家。”这种高洁的襟抱形之歌咏，就使其诗作每每于形象鲜明之外流宕着一种高情远韵，这就是他之所以“风流调达”“雄于潘岳”之所在！刘勰强调张协“词采葱蒨”一面，说：“景阳振其丽”(《文心雕龙・明诗》)，而刘熙载说：“丽何足以尽景阳哉！”(《艺概》)相比之下，刘熙载所言称得上是知人之论。

全诗前八句写全景，后四句才抒情，山水景物描写的比重大大增加了；而写景又逼真如画，可谓句句工笔勾镂，处处穷态极妍，显示出早期山水景物描写贵重“形似”的特色。《文心雕龙・物色》篇说：“自近代以来，文贵形似，窥情风景之上，钻貌草木之中。吟咏所发，志惟深远；体物为妙，功在密附。故巧言切状，如印之印泥，不加雕削，而曲写毫芥。”但张诗并不因追求形似而显得繁芜平弱。这是因为作者善于捕捉最具特征的朝霞、繁云、密雨、劲草、高木等自然景物，又善于以最凝炼形象的词语来状写，故而语少意多，“文体华净”。诸如“迎”、“临”、“结”、“散”、“摧”、“竦”一系列动词皆精当传神，又如“森森”、“翳翳”、“繁(云)”、“劲(草)”、“高(木)”等形容词无不切合情境，使人有“虽复思经千载，将何易夺”之感。作者还巧用譬喻，善用叠字，注意对偶工整、音韵铿锵，追求艺术的完美。魏晋以降，文学创作成为人们“自觉”的活动，诗人们开始炼字琢句，讲究声色，不仅“情必极貌以写物”，而且“辞必穷力而追新”。张协的精于锤炼，表现出当时诗人共同的好尚，而其功力较之同时代作家又高出一筹，故而何焯《义门读书记》曰：“诗家琢字炼句，始于景阳。”当然，这首诗也有美中不足之处：诗人的情感虽因景物而触发，情因景生，生得自然，但情景分写，毕竟还没能把主观感情融注到客观物景之中。所有这些，成就和不足，都恰恰是孕育中的山水诗的独特风貌。

张协之后，谢灵运第一个倾力写山水诗。他模山范水，情貌无遗，景物刻画极为细致精工，“杂有景阳之体，故尚巧似。”(《诗品》卷上)但往往在景物描写之后拖着一条玄言说理的尾巴。同时笔力也逊于张协，写景“颇以繁富为累”。东晋大诗人陶渊明，在田园景物的描绘中融入了强烈的主观感受和情思，由语不及情而情景交融，达到了物我同一的浑化境界。其情志之高尚和“文体省净，殆长无语”，显然和张协一脉相承。故何焯曰：“胸次之高，言语之妙，景阳与元亮之在两晋，盖犹长庚、启明之丽天矣。”(《义门读书记》)其后，经过南北朝许多诗人的努力，山水诗日益成熟。唐代的山水田园诗正是在前代人的基础上，才达到景中情、情中景融为一体、风神绰约、韵味无穷的化境。张协诗中的景物描写实开陶谢之先河。从他的《杂诗》中，我们不难看出山水诗这朵古典文学艺苑中一株独具色彩的奇葩的最初形态。尽管它还很不完善，但却显示出独具的异彩和顽强的生命力，为后世诗人提供了丰富的养料。从这个意义上说，钟嵘“旷代高手”之美誉是不为过的。

(徐定祥)

杂诗十首(其五) 张 协

昔我资章甫，聊以适诸越。行行入幽荒，①瓯骆从祝发。②穷年非所用，③此货将安设？瓴甋夸玙璠，鱼目笑明月。不见郢中歌，能否居然别。《阳春》无和者，《巴人》皆下节。流俗多昏迷，此理谁能察？

〔注〕 ① 幽荒：指远方荒凉之地。 ② 瓯骆：诸越部落之一，在汉朝的交趾、九真两郡。祝发：断发。 ③ 穷年：整年、一年到头。

这篇杂诗，用三层设喻说明在庸俗昏暗的社会中，有才有德的志士，往往遭到歧视，不易得到施展才能的机会。

《庄子·逍遥游》说："宋人资章甫而适诸越，越人断发文身，无所用之。"诗的第一层"昔我资章甫"等六句，即化用此典，用自白的口气，说明我在往日，曾经携带着章甫(章甫是商朝人戴的一种冠帽，周时的宋国是商朝的后代，也戴这种帽子)，到南方诸越的部族去出售，当我走到边远的瓯骆部族地带时，那里的人都不蓄发，整年不戴帽子，因而我的货物就不被人家重视，只好搁置在那里了。这一层表明尽管你有才有德，但是人家不看重你那种才德，你就没有什么用处。正如冠帽不被越族人所需要一样，你的货色再好也是白搭。

第二层两句："瓴甋夸玙璠，鱼目笑明月。"瓴甋是普通的砖头，玙璠是宝玉。明月，指珍贵的明月珠。砖头在宝玉面前夸耀自己，鱼目嘲笑名贵的珍珠，可见真假混淆、好坏颠倒了。这一层表明既然好坏颠倒、真假混淆了，即使有才有德也是枉然，在那种社会里显不出有什么可贵之处，甚至还被人家嘲笑，成为被歧视的对象。

第三层"不见郢中歌"等四句，用宋玉《答楚王问》文中引用的一个故事，表明"曲高和寡"的道理。《答楚王问》文中说：有人在楚国都城郢中唱歌，当他唱《下里巴人》的时候，国中能跟着唱的有几千人；而在他唱《阳春白雪》的时候，国中能跟着唱的只有几十人了；后来"引商刻羽，杂以流徵"，国中能跟着唱的，仅有数人而已。可见曲调愈高，能跟唱的人就愈少；越是乐曲高妙，越是不为众人所欣赏。这一层用"曲高和寡"、知音难得，比喻流俗不识贤才，"识才"和"不识才"之间有明显的区别，才高德劭的人，不一定受到应得的尊重。

作者在进行三层比喻之后，在诗的末尾作出结论说："流俗多昏迷，此理谁能察？"这两句总束前文，点明作诗主旨。表明上面所述三种情况，道理本极明显，可惜流俗昏迷，多不能省察，令人浩叹。

全诗取譬明确，议论深刻，用笔错落有致。先说时不重才，故高才美服，不为世用。次说时不识才，故真伪颠倒，黑白不分，真才反被讥刺。再说高见卓识，不为时俗理解，所以"曲高和寡"，高才之士往往不被赏识。左思《咏史》云："何世无奇才，遗之在草泽。"作者亦有此感。不过左思是从上层不爱惜人才着笔，作者是从庸俗社会不识真才落笔，所示的道理，都具有社会意义，可谓异曲同工。

(马祖熙)

杂诗十首(其六)　　张　协

朝登鲁阳关,狭路峭且深。流涧万馀丈,围木数千寻。咆虎响穷山,鸣鹤聒空林。凄风为我啸,百籁坐自吟。①感物多思情,在险易常心。朅来戒不虞,②挺辔越飞岑。王阳驱九折,③周文走岑崟。④经阻贵勿迟,此理著来今。

〔注〕 ① 坐:《文选》卷二九李善注引《庄子》:"无故自吟曰坐。" ② 朅(qiè)来:即去来,此偏义使用,指来(越过)。 ③"王阳"句:"王阳",西汉人名;"九折",九折阪,地名,在四川邛崃。《汉书·王尊传》:"琅琊王阳为益州刺史,行部至邛崃九折阪,叹曰:'奉先人遗体,奈何数乘此险!'以病去。" ④"周文"句:《春秋公羊传》:"百里奚与蹇叔子送其子而戒之曰:'尔即死,必殽之嵚岩,是文王之所避风雨者也。'"何休注曰:"其处阻险,故文王过之驱驰,常若避风雨也。"

这是一首行旅诗。前八句描写鲁阳关一带险峻恐怖的形势。

首句包融时地、人事。"鲁阳关",古关名,在今河南鲁山县西南,为洛阳至南阳间最近捷的通道。"登"字下得贴切,若用"过"字,亦可,但就衬托不出关山的高峻。次句以"狭""峭""深"三个形容词总括鲁阳关山路的险要;"狭"指山路宽度,"峭"指山路险度,"深"指山路长度。全句不假雕饰,脱口而出,却能给人以较完整的空间印象。第三、四句"流涧万馀丈,围木数千寻"。"万馀丈",紧承次句:明标山间流水之长,暗示关山的高度。"围木数千寻"极言树木的粗壮和高大;"围木",两手合抱的树木,"寻",古代以八尺为寻。两句合观,涧流成渊,古树参天,高耸低落,奇崛险怪。第五、六句"咆虎响穷山,鸣鹤聒空林"。一句写走兽,一句写飞禽。猛虎咆啸,有震荡山林之势;群鹤悲鸣,声音嘈杂凄厉;都为这古老荒僻的关隘增添了恐怖气氛。诗人用"响""聒"刻画咆虎鸣鹤在深山老林间造成的音响效果,真是恰到好处。第七、八句"凄风为我啸,百籁坐自吟"紧承前面两句,仍从声响落笔。凄冷的山风,摇木振壑,犹如一头发威的怪兽对人咆啸,山林草木不堪承受其势而发出低低的呻吟。本来,山风骤起、席卷林壑、百草披靡的景观,并不能给人以多么恐怖的印象;然而,诗人把它放在猛虎出没的背景中,用一"啸"一"吟"点化之,却能产生令人毛骨怵然的效果。此外,"为我啸"一语,亦将"我"之恐怖状暗含其中了。

以上八句主要从空间的高峻险绝与声响的凄厉恐怖两个方面,造成过鲁阳关时的一种令人生畏的氛围,为下文"挺辔越岑"的行动与"经阻勿迟"的议论作了很好的铺垫。

“感物多思情,在险易常心。”“感物”句承上启下,是联结本诗前后两部分的纽带。由“感物”而引发“思情”,是张协创作的一个重要心理活动趋向。除此处的表白外,又如“感物多所怀,沈忧结心曲。”(《杂诗·秋夜凉风起》)本诗前一部分描绘的,都属于诗人的“感物”内容,以下表现的则是诗人通过“感物”所触发并展开的情感活动。“在险”句径直扣住前部分的内容而发。“在险”指处在危险境地。一个“险”字豁然点明诗人对前面景物形势的总印象。濒于险境,诗人自然不能若无其事,保持常态,故曰“易常心”。此其一。诗人“易常心”,但并未失去理智,他即刻想到应尽快摆脱险境,以防不测:“朅来戒不虞。”此其二。三十六计,走为上计,不但要走,而且要快走;于是,诗人勒紧缰绳,策马向前:“挺辔越飞岑。”此其三。四句合观,诗人的情态、行动历历可见。

“王阳驱九折,周文走岑崟。”针对自己“挺辔越岑”的果断行动,诗人思接千载,视通万里,展开了丰富的联想。他首先联想到西汉王阳经益州天险九折阪,畏道而驱马离去的故事;接下来又联想起时代更遥远的周文王,据载,文王经殽山,惧其险阻,便策马驱驰而过,犹躲避风雨。诗人通过这些同类事件的联想,不仅说明“在险易常心”本是人之常情,而非我之怯懦,而且证明“挺辔越飞岑”属明智的举动。这就自然而然引发最后两句的哲理议论:“经阻贵勿迟,此理著来今”——经历险境贵在杜绝迟疑,这个道理自今以后要铭记在心。

值得指出的是,“经阻贵勿迟”虽是诗人行旅中的经验,但若联系作者身世,我们可以发现这并非偶然的感发,其实也可以视为他处世哲学的具体写照。西晋时期,统治集团内部矛盾异常激烈、倾轧屠杀司空见惯,张华、潘岳、陆机等著名文人也都因踟躅官场而死于非命。而张协却采取“经阻勿迟”的明哲保身态度,及时隐退,幸免于难。《晋书·张协传》:“于时天下已乱,所在寇盗,协遂弃绝人世,屏居草泽。”所以,我们把这首诗的主旨归结为作者人生态度的表白,也不过分。

这首行旅诗,叙事、写景、情理浑融一片,读来毫无割裂之感,比之同期许多动辄添加玄理尾巴的诗作来,无疑应算是一首好诗。　(王　琳)

杂诗十首(其九)　　张　协

结宇穷冈曲,耦耕幽薮阴。荒庭寂已闲,幽岫峭且深。凄风起东谷,有渰兴南岑。虽无箕毕期,肤寸自成霖。泽雉登垅雊,寒猿拥条吟。溪壑无人迹,荒楚郁萧森。投耒循岸垂,时闻樵采音。重基可拟志,回渊可比心。养真尚无为,道胜贵陆沉。①游思竹素园,寄辞翰墨林。②

〔注〕 ①"养真",犹养性,此指隐居。曹植《辩问》:"君子隐居以养真也。""道胜",《文选》李周翰注曰:"道胜者,道之胜者,所贵隐身也。""陆沉",无水而沉,喻隐居。《庄子·则阳》郭象注曰:"人中隐者,譬无水而沉也。" ②"竹素",竹简、白绢,古代初无纸,用以书写文字。后指书册、史乘。"翰墨林",谓笔墨之林,比喻文章汇集之处。

这是一首招隐诗。诗的前十四句刻画山中自然景物。

开篇两句总括归隐环境:"结宇穷冈曲,耦耕幽薮阴。""结宇",构筑屋舍;"耦耕",本谓二人并耕,此泛指耕种。诗人脱离官场,回归荒僻山野,居与食当属首要解决的问题,故以"结宇""耦耕"概写开始归隐生活。"穷冈曲"为居住之所,"幽薮(草泽之地)阴"为耕作之所;"穷"与"幽"两个近义词,突出强调归隐环境的荒僻深幽,跟喧嚣的城邑官场形成鲜明的对比。在空间调度上,一"冈"一"薮",高低有致,笔法井然。三、四两句承首句,诗人进一步渲染隐居环境的幽寂冷落。"荒庭"句侧重写荒寂,"幽岫(山穴)"句侧重写险阻,分则各得其妙,合则相辅相成。两句十字,形容词就使用六个,刻画细致,充分体现了作者"巧构形似之言"(钟嵘《诗品》)的艺术功力。

"凄风"四句,笔触稍移,描写山中由风而雨的气候变化。"湷",云起貌,这里指云。山中天气变化多端,但久居山中之人,自有其判断气候变化的方法,那就是注意风向与云的变化。"凄风起东谷,有湷兴南岑",正反映出诗人的这种敏锐的观察力。"箕""毕",二星名。《尚书大传》:"箕星好风,毕星好雨。"古以为月经于箕星之度则多风,经于毕星之度则多雨;"箕毕期"为降大雨的征兆。"肤寸",本是古长度单位(古以一指宽为寸,四指为肤),古人多用以形容初出山之微小云朵,如晋杨乂《云赋》:"始于触石而出,肤寸而征,终于沾濡六合。""肤寸自成霖"承"有湷"句,指南岑微云初起,点点朵朵,后渐扩散布合,以致密云蔽空,久雨不晴。四句合观,云为轴心,以云带雨,真切地勾勒一幅山野气候变化图景。

"泽雉"六句,描写山野雉、猿生息,人烟稀少,草木繁茂的荒僻景象。前两句用分承法,"泽雉"句承第二句的"幽薮","寒猿"句承首句的"穷冈"。猿居冈丘,地势高寒,故曰"寒猿";条,树枝;"泽雉",草泽里的野鸡,"雊",雉鸣。二句属对工整,高低错落,造成强烈的空间效果。"登""拥""雊""吟"四字,融视觉形象、听觉形象于一炉,下字平易,而形象逼真,雉、猿自由自在生息的样态跃然纸上。这里,诗人似乎还包蕴一层深意,即用山泽动物的自然生息之乐衬托自己摆脱官场回归自然之乐。《韩诗外传》:"君不见大泽之雉乎?五步一啄,终日乃饱;羽毛泽悦,光照于日月,奋翼争鸣,声响于陵泽者何?彼乐志也。援置之囷仓中,常啄梁粟,不旦时而饱,然独羽毛憔悴,志气益下,低头不鸣,夫食岂不善哉?彼不得其志故也。”动物在自由和非自由两种环境中,尚有“乐志”和“不乐其志”的不同表现,作为万物之灵的人,当更是如此。“溪壑无人迹,荒楚郁萧森。”楚,灌木丛。诗人用白描的笔法,勾勒一幅平实而淡远的荒野图。紧接着,在这大画面上,出现诗人悠然自得的生活镜头:“投耒循岸垂,时闻樵采音。”“投耒”句承前面的“耦耕”句;“投耒”指放下农具休息,“岸”指泽岸(畔),全句展示归隐者自然悠闲的农事生活情态。“循岸垂”的归耕人与“登垅雉”“拥条吟”的雉、猿互为映衬,自然和谐。“时闻”句承“溪壑无人迹,荒楚郁萧森”两句。“樵采音”,斫柴的声音。“无人迹”乃视觉得之,“樵采音”则为听觉得之,二句合观,可见“无人迹”仅指凭视觉功能,看不到人迹,而非山野绝对无人;诗人听觉所得之声,便是樵夫所为,只是这种活动可闻而不可睹罢了。再者,“樵采”二字还与“荒楚”句有直接的勾连关系;“樵”得之于“荒楚”,“郁萧森”的“荒楚”掩没了樵夫的身影,因而他的存在只能通过听觉形象来传示了。四句合观,在表现上十分严密,无隙可击,可谓天衣无缝。

诗的后六句,表现诗人崇尚隐逸的情思。“重基可拟志,回渊可比心。”诗人通过一“拟”一“比”,把自然景物与人格理想加以沟通。“重基”,指高山;“回渊”,指深流。“志”“心”,超脱高洁之情志,概指诗人自我的人生理想、人格追求。魏晋时期,以老、庄之学为骨架的玄学思潮盛行,在人与自然的关系上,魏晋人继承道家亲近自然的人生态度,标榜人与自然合一的思想,在自然景观中广泛领悟人生,拓展情怀。“重基”两句,表现的便是通过自然领悟人生的情思趋向,正所谓“登高使人意遐,临深使人志清。”(《文选》李善注引顾恺之语)这种清峻超脱的人格追求,既然得之于对自然的观察和品味,那就要回归于自然。“养真”两句,诗人满口道家语,明确表示对归隐的崇尚。但是,魏晋人崇尚老、庄之学,并不完全排斥儒学。这首诗结尾两句就透露如此信息:“游思竹素园,寄辞翰墨林。”也许是诗人认为老、庄“同与禽兽居,族与万类并”(《庄子·马蹄》)的主张有些过分,所以才抬出为儒学君子津津乐道的书章盛事补充之吧!《晋书·张协传》云:“协遂弃绝人事,屏居草泽,守道不兢,以属咏自娱。”这很便于我们了解张协其人其诗,故录之。

这首诗的主要价值表现在写景上,它是晋宋之际山水诗出现之前,描写自然山水最工细、生动的诗作之一。从诗史角度看,汉诗,包括乐府民歌和文人诗,很少写景。建安诗歌,景物描写有所增加,但所写只是邑郊苑囿,而非深山穷泽,与后世狭义的山水诗很不相同。西晋隐逸之风大盛,在一些招隐诗中往往涉及山中景物,但多数显得抽象笼统;这种情况,与那些作者虽崇尚隐逸而并未真正归隐岩穴有关,也与其描写技巧的低拙有关。而张协的情况就不同了,他有归隐的实践经历,对山中景物自然比其他人熟悉,所以笔下的山水形象,显得生动、自然亲切,此其一。比之同期作家,张协具有"巧构形似之言"的艺术特长,因而能在写景的细致精美上超越他人,此其二。总之,张协对后世山水诗艺术技巧的逐渐成熟,影响是较深的。谢灵运是山水诗鼻祖,钟嵘评谢诗说:"杂有景阳(张协)之体,故尚巧似。"于此亦可见其影响之一斑。 (王 琳)

【作者小传】

王 讚

(?—311) 字正长,西晋义阳(今河南新野)人。历官太子舍人、侍中、陈留内史。西晋末为石勒所俘,未几被杀。有集五卷,已佚。《先秦汉魏晋南北朝诗》辑得其诗五首。

杂诗

王 讚

朔风动秋草,边马有归心。胡宁久分析,靡靡忽至今?王事离我志,殊隔过商参。昔往仓庚鸣,今来蟋蟀吟。人情怀旧乡,客鸟思故林。师涓久不奏,谁能宣我心!

这是一首行役者自抒其忧思的歌。

萧萧的北风起了,吹动着原野上的秋草。马儿原来自北方边地,此时也起了归心。诗人触景生情,惹动了乡愁。古诗云:"胡马依北风。""朔风"二句与之同意。但"胡马依北风"只是一个比喻,这两句却是形象的描写,有绵邈的情致。诗人深深地叹息:我这游子啊为何久出不归,离亲别故,日复一日,一下子已经到了岁暮!胡、宁,都是"何"的意思。析,与"分"同义。他又自己回答:是公家事务使我心思散乱,使我和亲故远隔天涯!商、参,均为二十八宿之一,此起彼落,永不同时出现于天空,故用以比喻远离不得相见。

诗人又回忆起往日离家的情景,那正是黄莺儿啼啭、春风骀荡之时(可是美好的景物反而使远行人的心更为哀怨酸楚!);此刻已届岁暮,还不能回家,蟋蟀的哀吟使游子更觉孤寂凄凉。"昔往"二句这种情景交融的写法,是受到《诗经·小雅·采薇》中"昔我往矣,杨柳依依;今我来思,雨雪霏霏"的影响。接着他又说，人情总是怀念家乡，正如鸟儿无不思念故林一样。这比喻也是从古人诗句中化出：《韩诗外传》有"飞鸟栖故巢"之语（见《文选·古诗》李善注引），汉代古诗也说"越鸟巢南枝"，都以鸟为喻。诗人反反复复地诉说，正表现出怀土之情的深切、心思的烦乱。

最后两句"师涓久不奏，谁能宣我心"中的师涓，是先秦时代的著名乐师。诗人说：高明的乐师早已不在，谁能弹奏出我这满怀的愁绪？意思是自己客愁太深了，无论如何也诉说不尽。其实他不仅是感叹无人能为他宣泄，而且是觉得自己怎么也说不尽、说不清。南唐后主李煜的《相见欢》说："剪不断，理还乱，是离愁。别是一番滋味在心头。"正与此有相通之处。当然在艺术表现上，王讚这两句是不能与李煜相比的。

此诗开头两句"朔风动秋草，边马有归心"在南朝时是为人所传诵的名句，一些著名诗人、评论家都提到过它们。沈约《宋书·谢灵运传论》说它们"正以音律调韵，取高前式"，称赞其音律和谐。沈约是永明声律论的倡导者，所以从音韵角度着眼加以评论。刘勰《文心雕龙·隐秀》则说："'朔风动秋草，边马有归心。'气寒而事伤，此羁旅之怨曲也。"称赞它们是篇中"秀句"。刘勰说，所谓秀句，好比草树上美丽的花朵，蕴含着自然灵妙之气，而不是人工染制的丝绸，虽艳丽而缺乏生气；它们乃妙手偶得，而非雕琢、润色所能致。确实，王讚这两句诗自然、质朴，而包蕴着深沉的情感，体现了诗人真切的审美感受。南朝盛行摘句嗟赏的风气，批评家还提出了"自然英旨"、"直寻"（钟嵘《诗品序》）的审美要求，他们所欣赏标举的，就是此类"秀句"。从王讚这两句诗的盛传，可以窥见南朝诗歌审美观念的进步。

（杨　明）

【作者小传】

潘　尼

(250—311?)　字正叔，西晋荥阳中牟（今属河南）人。潘岳侄。少与潘岳俱以文章为世所知。晋武帝太康年间，举秀才，历任太常博士、高陆令、镇东参军。惠帝时，历官太子舍人、宛令、著作郎。赵王司马伦篡位时，避祸离京师，投齐王司马冏为参军兼管书记，助其谋时务。司马伦平，尼封安昌公，历官黄门侍郎、散骑常侍、侍中、秘书监、中书令。怀帝时，为太常卿，匈奴刘曜攻破洛阳之前，尼携家欲回乡，卒于途中。时年六十余。事迹附见《晋书》卷五五《潘岳传》后。有集十卷，已佚，明人辑有《潘太常集》，《先秦汉魏晋南北朝诗》辑得其诗及断句三十首。

迎　大　驾　　　　潘　尼

南山郁岑崟，洛川迅且急。青松荫修岭，绿蘩被广隰。朝日顺长涂，夕暮无所集。归云乘幰浮，凄风寻帷入。道逢深识士，举手对吾揖。世故尚未夷，崤函方崄涩。狐狸夹两辕，豺狼当路立。翔凤婴笼槛，骐骥见维絷。俎豆昔尝闻，军旅素未习。① 且少停君驾，徐待干戈戢。

〔注〕 ① 俎豆昔尝闻，军旅素未习：语本《论语·卫灵公》："卫灵公问陈(通"阵"，指战阵之事)于孔子，孔子对曰：'俎豆之事，则尝闻之矣；军旅之事，未之学也'。"俎、豆都是祭器，这里指礼仪上的事。

西晋永安元年至光熙元年(304—306)，"八王之乱"中的最后三王之间，又发生了一场争权夺利的大混战。先是东海王司马越从洛阳讨伐成都王司马颖大败，连掌握中的傀儡晋惠帝也丢给了对手。不久，司马颖被匈奴刘渊击败，惠帝给割据关中的河间王司马颙抢去。最后，司马越于光熙元年聚天下甲士三万人，在"奉迎大驾"的名义下西向消灭了司马颙的势力，"迎"回惠帝。此时潘尼正居于中书令的要职，从本诗的内容看，他也参加了这次西征，诗即作于军行途中。

诗以记叙途中景物开首。"南山郁岑崟，洛川迅且急。"这是洛阳西道的真情实景：往南看，是高耸险峻的龙门山，郁乎苍苍；往北看，是奔流咆哮的洛河，水流迅急。山呈静貌，静中却自有慑人威严；水是动态，动来更是骇人瞩目。岑崟，山峻险貌。这两句分写山水，互呈动静，两相对照之下，便造就了古都洛阳的形胜之势，笔法甚是浑厚有力。"青松荫修岭，绿蘩被广隰。"蜿蜒漫长的山岭上，青松处处都荫庇了；低洼广坦的河岸边，绿蘩密密地覆盖着。蘩即白蒿，一种生于泽地的可食植物。隰，低下湿地。这两句分承上两句，写来却是左青右绿，相映成趣，其构想与上两句的对举之法又自不同。至于其着色之鲜明悦目，"荫"、"被"二字之生动启人遐思，又足证这两句笔法又变，阔大而不失工细，浑朴而不忘锤炼。以上四句，措词、布局、景象均已十分可观，再加上"修岭"、"广隰"暗示了诗人已历长途，故即使将其独立起来看，亦不失为一首精彩的纪行诗。

不过，因为这不是一次愉快的出游，而是一场胜负难卜、却又事关每个参与者荣辱生死的大决战，所以接下四句，诗情迅速转入惨淡。"朝日顺长涂，夕暮无所集"，这两句是诗的气氛上的承上启下。"朝日"之鲜丽，犹与青松、绿蘩是同一气氛中物，然而早晨还在阳光下赶长途（“塗”通“途”），到黄昏却落得个无处可宿，这气氛不已悄然而变、与苍凉暮色合为一体了么？集，原意是鸟止于树，这里指诗人的宿止。“归云乘幰浮，凄风寻帷入”，二句令惨淡气氛更深一层。幰是车辆前方的帷幔，黄昏中的归云就在那上面飘浮不定，似是嘲笑车中人的无所归依；至于那薄暮时的凄风，就更不客气了，它紧贴在四周车帷上，一见缝隙便只顾钻入。乘，覆压；寻，依贴。这二字下得都极是传神，而前者又象征了诗人心头的沉重负担，后者又暗示了诗人全身心都被凄凉意绪紧紧缠绕，细细品味，愈觉寓义深长。

经过了如此悲凉气氛的铺垫，诗人终于假设了一个路遇的见识高深之人，借其口道出了自己的心思。“世故”以下十句，便是那“深识士”对诗人说的话：世上灾难尚未平息，那司马颙割据关中，有崤山、函谷之险，道途可艰涩呢！他的部下多而且残忍狡诈，犹如狐狸在车辆左右出没、豺狼在路正中挡道，实在可畏哪！皇帝在他们控制中，便似翔凤关进了笼中，骐骥系上了槽头，要迎回又谈何容易！你呢，过去只知些朝廷礼仪，素来不熟习军旅之事，又何必置身于刀剑丛中？还不如暂且停车不前，慢慢等待干戈收戢、天下太平那一天吧！崄，高险。婴，绕，这里是说翔凤被笼槛所绕。“停君驾”一语，似乎不仅是表示不愿参与这不义之战，而且更有结束这日与干戈相伴的仕宦生涯之意。当然，潘尼此时已是身不由己，这么说说只是自我排遣而已。至于“干戈戢”的未来，更是不可指望，说来也更有气无力。全诗就以“深识士”的一方之辞结束了，没有诗人的回答。其实，诗人那份没有说出、也无法说出的答辞，却是诗的真正结尾。这茫然的大问号留给读者，令人痛感这混乱的时代是何等的不可把握！

潘尼虽与潘岳合称“二潘”，但就其现存二十余首诗看，其诗多肃穆庄重者，有情致的佳作实不多见，成就似不及乃叔。即如本诗而言，前四句的写景游离于诗的主题之外，全诗风格的不统一也是显而易见的。不过，这四句却是全诗的精彩之处，自堪玩味，未可以其游离而弃之。钟嵘《诗品》言“正叔（潘尼字）‘绿蘩’之章，虽不具美，而文采高丽”，是“得虬龙片甲、凤凰一毛”，这正是极有眼光的评价。

（沈维藩）

【作者小传】

苏伯玉妻

生卒年不详。西晋时女子，佚其姓氏。《玉台新咏》存其诗一首。

盘 中 诗 苏伯玉妻

山树高，鸟鸣悲。泉水深，鲤鱼肥。空仓雀，常苦饥。吏人妇，会夫稀。出门望，见白衣。谓当是，而更非。还入门，中心悲。北上堂，西入阶。急机绞，杼声催。长叹息，当语谁。君有行，妾念之。出有日，还无期。结中带，长相思。君忘妾，天知之。妾忘君，罪当治。妾有行，宜知之。黄者金，白者玉。高者山，下者谷。姓为苏，字伯玉，作人才多智谋足。家居长安身在蜀，何惜马蹄归不数。羊肉千斤酒百斛，令君马肥麦与粟。今时人，智不足；与其书，不能读。当从中央周四角。

此诗首见于《玉台新咏》第九卷。从其列于傅玄诗与张载诗之间推测，作者苏伯玉妻当为晋人。或以为是傅玄的作品，那是后来的《玉台新咏》版本漏刻了此诗作者所造成的误会。苏伯玉不见记载，其妻自然更不可考。只从诗中得知，她家住长安，丈夫在四川服吏役，久而不归。她思夫心切，便写下此诗，抄录于盘中，以诗代书，以盘代函，寄给丈夫。此诗的奇特不仅仅在写于盘中，更在于文字的排列不同一般。它从中央到四周作盘旋回转，如珠走盘，屈曲成文。由于原图早已失传，究竟是个什么样子，现在还很难确定，古今都有人为它做复原工作，但谁也没有十足的把握。从其形状说，有从一般的盘形考虑，认为原图应该是圆的（如图一）；有从诗中的"当从中央周四角"考虑，认为图可能是方的（如图二、图三）。从文字的排列说，有人认为是从里层到外层均依顺时针方向旋转（如图二、图三）；有人则认为应该是每一层变换一个方向（如图一）。从每一个字的朝向说，有人认为是随盘回转，一律朝中心（如图一、图二）；有人认为可能是一律朝上，与一般写法无异，如此方能显示其难读（如图三）。不管哪一种设想，都证明作者是一个很有心窍的女性。她想通过不同于一般的书写与传递工具，不同于一般的文字排列方式，打动丈夫的心，以获得一种综合效应。

就诗本身说，也是一首非常纯朴、坦诚而热烈的爱情诗。开头连用三个比兴，引出思夫题旨。山上的树高高的，栖息其上的鸟备受山风与寒冷袭扰，其鸣声必然是悲哀的，其中隐喻自己正被相思困扰。鱼赖水生存，泉水深深的，其中的鲤鱼必然长得肥。此从反面映衬自身得不到爱情的滋溉而消瘦。空无所有的谷仓里的麻雀，常常要忍受饥饿之苦，其寓托自身渴念丈夫之苦不言自明。然后点明旨意："吏人妇，会夫稀。"意即我这个役吏的妻子与丈夫见面的机会是多么

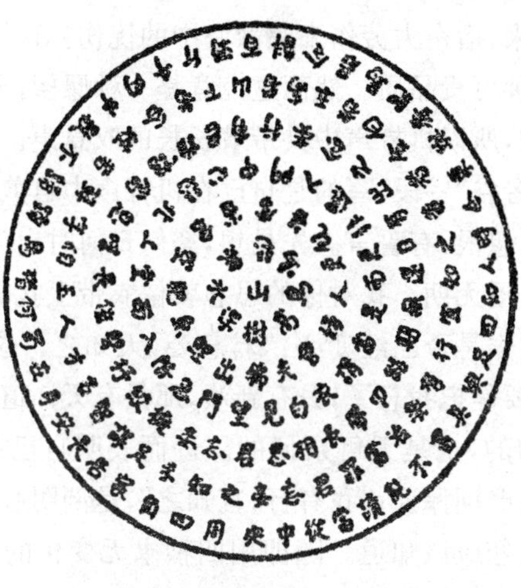

图一

图二

图三

稀少啊。由于有了上面三个比兴的引发，这毫不掩饰的表白，不仅非常自然，而且更显得是久积于胸，是一种刻骨的相思。以下便转入由于“会夫稀”而产生的热烈的思恋。

“出门望……当语谁”一段主要从一些反常的举动上写出自己的思夫之情。天天出门望着丈夫归来，已说明她盼夫心切；竟然把一个穿白衣的男子认作自己的丈夫，更见其到了心神恍惚的地步。这失望自然使她十分悲伤，可她进得门来，并没有扑到床上大哭一场，而是匆匆地“北上堂，西入阶”，来到织布房，坐上织机，默默地织起布来，借奋力劳作来驱散心中的忧伤。这无疑是一种高尚的胸怀，是劳动妇女的一种可贵品质。然而这究竟是一种愿望，再紧张的劳动也是减轻不了心中的痛苦的，所以机杼声中夹带着长长的叹息声。

"君有行……下者谷"一段，写的是自己在机杼声中自煎愁肠的内心活动，其中有怀念，有疑虑，有怨恨，有誓言。先是想，您何日何时出门，我记得清清楚楚，可什么时候归来却遥遥无期。我对你的思念就像衣带上扎的结，纠结交连，难解难分。接着便虑及丈夫是否已经变心："君忘妾，天知之。"这是久望不归必然要产生的怀疑，意为你要是把我忘了，另有新欢，那只有天知道了，我这个远居家中的弱女子是无从得知的，也是无可奈何的。进而表明自己的忠贞不二的态度："我忘君，罪当治"，是严词保证；"我有行，宜知之"，是剖明心迹。"行"指品行，意思是我有端正的品行您应该知道。随即用四种永无变化的事物作比："黄者金，白者玉，高者山，低者谷。"就是说我对您的爱情就像金是黄的，玉是白的，山是高的，谷是低的一样，万古不变，始终如一。这些都是"吏人妇"的极度思虑，有深度，也有力度，在表现对丈夫的爱情的渴望与追求中，包含着对男女不平等的社会制度的抗争。

"姓为苏……令君马肥麦与粟"一段，转为对丈夫的直接呼唤。意思是说，苏伯玉呀苏伯玉，您人才出众，足智多谋，家在长安，只身在蜀，为什么要爱惜您的马，不驱马回来呢？快一点回来吧，我将准备千斤羊肉百斛酒举行盛大的家宴欢迎您，慰劳您，也将准备充足的麦与粟，把您的马喂得肥肥的。此中有赞颂，有责备，有许诺，感情复杂而炽热，思夫之情达于高潮，诗也就到此结束。

"今时人"以下，只是就其文字的特殊排列方式，指明读此诗的方法，与内容无涉。从这几句话的口气看来，不像是女诗人指点丈夫如何读此诗，倒像是局外人附加上去的读诗说明。"今时人，智不足，与其书，不能读"，很像是附加者对其同时代的普通读者说的话，如果看作是女诗人对丈夫说的，则与前述内容大相径庭，因为它带着明显的轻蔑意味，一个对丈夫如此倾慕与渴念的妻子，对丈夫决不会如此出言不逊的。

一般的征妇诗多诉说独守空闺之苦，而此诗却重在表现对丈夫的热切思念，一往情深。在写法上也不是一般的直抒衷肠，而写了某些行动与细节，带点叙述成分，这就比较完整地表现出自身的性格：温顺、多情而坚强。如此一个颇富个性的形象，在古代的征妇诗中实不多见。

此诗大多数是三字句。三字句语气急促，一般不容易表现委婉缠绵的情思，此诗虽也写的是爱情，却是重在表现出门望夫夫不归所产生的躁动不安的心绪和激烈的思怨，所以倒也协调，并不因为这三字句而有什么妨碍。加上它不用典，不雕饰，接近口语，颇有几分歌谣风味，这又与劳动妇女的身份非常贴近，情辞相切，别具一格。

它的独特的文字排列方式，决不能视为与丈夫逗趣，实是包含着深曲良苦的用心。它的屈曲成文是否象征着她的九曲回肠，我们且不去猜测；作者企图用这种方式使她的丈夫感到惊讶，受到刺激，以触动他的思妻归家之念，从而获得文字以外的效果，则是一目了然的。这爱情与智慧的产物给了后人深刻的启示。它的屈曲成文，引发了回文诗的产生，所以有人把它看作回文诗的萌芽。当然它还不能称为回文诗，因为它还不具备回文诗的基本特征，即顺读倒读皆能成诗。另外，它写于盘中，使诗与日常用品结合起来，成为一种精美别致的工艺品，这又启发了更为宏伟巧丽的《璇玑图》的产生。 （谢楚发）

【作者小传】

陆 机

(261—303) 字士衡，西晋吴郡吴(今江苏苏州市)人。三国吴丞相陆逊之孙、大司马陆抗之子。与弟云并称“二陆”。吴时任牙门将，吴亡，回乡闭门读书。晋武帝太康末，与弟陆云入洛阳，得张华赏识，任国子祭酒，累官殿中郎，为文人集团“二十四友”之一。赵王司马伦擅政，引机为相国参军。及伦篡位，任中书郎。伦败，下狱几死，成都王司马颖救之，引为大将军参军，表为平原内史。后为颖统大军伐长沙王司马乂，兵败，被仇家所诬死。事迹具《晋书》卷五四本传。机为太康文学代表人物之一，其诗形式华美，技巧纯熟，有“陆才如海”(钟嵘《诗品》)之誉，唯微伤于刻凿板滞。有集四十七卷，已佚，明人辑有《陆平原集》，今又有《陆机集》。

日出东南隅行　　陆 机

扶桑升朝晖，照此高台端。高台多妖丽，濬房出清颜。淑貌耀皎日，惠心清且闲。美目扬玉泽，蛾眉象翠翰。鲜肤一何润，秀色若可餐。窈窕多容仪，婉媚巧笑言。暮春春服成，粲粲绮与纨。金雀垂藻翘，琼珮结瑶璠。方驾扬清尘，濯足洛水澜。蔼蔼风云会，佳人一何繁。南崖充罗幕，北渚盈軿轩。清川含藻景，高岸被华丹。馥馥芳袖挥，泠泠纤指弹。悲歌吐清响，雅舞播《幽兰》。丹唇含《九秋》，妍迹陵《七盘》。赴曲迅惊鸿，蹈节如集鸾。绮态随颜变，沈姿无定源。俯仰纷阿那，顾步咸可欢。遗芳结飞飙，浮景映清湍。冶容不足咏，春游良可叹。

这一首《日出东南隅行》，是模拟汉乐府民歌《陌上桑》的作品，诗题便是用《陌上桑》的首句。但说是模拟，也不尽然，其间的差别仍是很大。《陌上桑》有一个故事结构，这诗只是借上巳节（古代的一个重要节日，每逢三月上旬的巳日，后又固定为三月三日，在水边洗濯，以消除不祥。晋时尤盛，实际是一种民间的春游活动）的背景，描摹一群女子的容貌身姿；《陌上桑》通过秦罗敷拒绝太守调戏的虚构情节，表现了女子的美丽与德行的双重主题（参见本书《陌上桑》篇析文），这诗则专写女子的美丽可爱；《陌上桑》是用朴素的口语，这诗却运用辞赋的手段，大量铺陈华美的语言，作精细的描摹，差不多可以说是一篇美人赋。在诗史上，这首诗具有某种代表意义。它显著地反映了魏晋诗歌从民间风格进一步转向文人风格的变化，反映了辞赋的修辞手段与诗歌传统表现手法的结合，反映了魏晋时代将美貌作为评价女子的首要标准的社会意识，从诗中细致描摹女子体貌的特点来看，这诗实际正是后来宫体诗的滥觞。所以，不管人们基于什么样的立足点，对这诗作出什么样的评价，它无疑都是值得注意的。

全诗由四个部分组成。从开头到“婉媚巧笑言”十二句为第一部分，是静态的描写。起笔“扶桑升朝晖，照此高台端”，套用《陌上桑》的开头“日出东南隅，照我秦氏楼。”扶桑是传说中日出处的神木。这样的开头，就像民间故事开头说“从前”如何如何，把主人公虚化了。下接“高台多妖丽，濬房（深闺）出清颜”，转写在洛阳城中的楼台内，住着许多美丽的女子。然后专门描摹其中的一个，以一人兼带众女。那女子面目皎洁，光彩夺目，犹如刚刚升起的太阳；她心思巧惠，却又清和优雅。她那美妙的眼睛闪动时，放出玉一般柔和的光泽；她的眉毛如同深青色的细细的鸟羽。她的肌肤鲜丽而柔嫩，那一种“秀色”难以描摹，直是令人油然升起想要亲近的渴望。——“秀色可餐”的成语便是出于此诗，它生动地写出了美色对于人的诱惑力。诗人最后又写道：这位美女身姿窈窕，仪态万方，神情婉媚，言笑之际分外迷人。

《陌上桑》也有一节表现罗敷之美貌的文字，但那不是正面的描摹，而是通过不同的人见到罗敷以后的情态变化来反衬罗敷，写来也是有声有色，颇为精彩。

这一种笔法,除了本身的优点以外,其实还隐含着另一种考虑:避免用过于切近的眼光来观察、刻画女主人公,从而避免描绘美色所带来的诱惑性,避免对诗中的道德主题造成破坏。在本诗中,作者则是用正面的、细致的笔法描摹女主人公,甚至切近到“秀色若可餐”的程度。我们不必简单地在这两种写法之间作出孰优孰劣的评判,而应该承认两者各有长处。并且,我们应该注意到,本诗的这种写法,表明作者不再有《陌上桑》中那种潜在的忌讳,不认为爱慕美色是邪恶的表现。

从“暮春春服成”到“高崖被华丹”十二句为第二部分,写洛阳女子的出游。据记载,晋时社会风气颇为开放,尤其在上巳这样的节日,洛阳城中的士女们更是倾城出动,纷纷来到洛水边游赏春光。这种场面,大概就是引起作者写作此诗的契机。

首句化用《论语》中孔子门生曾点关于暮春出游的一段话。“春服成”是天气暖和,春装已经穿得住的意思。“粲粲绮与纨”,便是那一群女子所穿的春装。绮、纨都是质地轻而软的丝织品,“粲粲”是光泽明艳的样子。那已经够漂亮,何况她们的头上,还插着打制成鸟雀形状的金钗,金钗上还点缀着鲜艳的羽毛(翘,鸟羽);她们的衣衫上、手腕上,又佩带了种种美玉制成的装饰品。这一群女子走在三月的阳光里,显得何等娇艳华贵!于是,她们坐上了马车,并排驱驰(方驾,车并驰),车后飞扬起一路灰尘,来到洛水之滨。而在洛水边上,早已聚集了众多的人群。毕竟,女性在平日较少有外出游玩的机会,在上巳这个名正言顺的节日里,她们无不争先恐后,以至诗人要用“蔼蔼风云会”来形容,发出“佳人一何繁”的感叹!在南岸的山坡上,在北岸的沙滩上,到处是临时支起的帐篷,到处停放着车辆。山川这一刻也显得分外美好:你看那清清洛水上,波光游漾,变幻不定(藻景,如花纹般的光影),高高山崖上,交错地覆盖着一层丹红色,在阳光下格外耀眼。按照诗中这一节描绘,可以画出一幅西晋上巳洛水春游长卷,那景象实在是非常热闹而美丽的。

自“馥馥芳袖挥”以下十二句为第三部分,写游春女子的歌舞。她们挥起长袖,传出浓郁的香气,纤指轻弹,奏起悦耳的琴声。她们清切的歌唱,是一支悲哀动人的曲子,她们高雅的舞蹈,名称叫作《幽兰》。一会儿,又有人朱唇轻启,唱《九秋》之歌,妍姿闪动,跳《七盘》之舞。——前六句是总写,主要突出歌舞的清雅,但文辞略嫌浮而不切,这是受了辞赋罗列铺陈的影响。以下六句专写舞姿,却是精细而生动,后世咏舞女的宫体诗,从中受到很大的影响。“赴曲迅惊鸿”,好像是曲调突然改变,舞者的身姿也迅急地随曲而变,如受惊的鸿鸟,倏忽掠飞。

“蹈节如集鸾”，则如见一群女子踏着节拍舞动，好像一群美丽的鸾鸟（传说中凤凰之类的鸟），从四方有节奏地聚集到核心。“绮态随颜变”，是指音乐有喜乐哀伤之变化，舞女们沉浸在音乐中，其容颜随之改变，而娇美的舞姿也与容颜相应，或轻捷或迟缓，变化不定。“沈姿无定源”，意思与上句差不多。“沈”通“沉”。“沉姿”即忘怀身外之物的情态，“无定源”乃以水为喻，说舞姿变化无端。“俯仰纷阿那，顾步咸可欢”，写舞者一会儿低头，一会儿仰首，一会儿回视，一会儿前行，姿态优美，无不婀娜可爱，令人喜欢。这一节描摹，确有令人沉醉而流连忘返之感。

最后四句为第四部分，是全诗的总结。诗人似乎被眼前景象深深地迷住了，直到黄昏来临，游春的女子们都已散去，他仍在洛水边凝思默想。“遗芳结飞飙”，一阵疾风吹来，好像还带着那些女子身上留下的芳香，然而眼前，却只见“浮景映清湍”——夕阳的余光，映照在清澈而湍急的河流上。那一切，难道就这么过去了吆？“冶容不足咏”是有意抑低，然后反托起结末一句：“春游良可叹”。“冶容”即“艳容”，指那些美丽女子的容貌身姿。全诗大部分是在歌咏“冶容”，为什么终了却说“不足咏”？“春游良可叹”又是叹什么？其中意味，不易把握。

不妨从远一点的地方说起。陆机作为江南高级士族的后裔，作为东吴名将陆逊、陆抗的子孙，在东吴被西晋灭亡后应召来到洛阳做官，虽然受到洛京贵人的欢迎，其内心仍然非常压抑。亡国之悲、故乡之思，常萦绕在心。但他对一切都无可奈何，而且他的性格也不适宜从事充满危险的政治活动。在这样的境况中，常常只能在生活的四周寻找某些安慰。陆机的诗比起前人更注意描绘优美的形象，包括自然与女性，其实这种优美形象也就是人生的安慰。从这首《日出东南隅行》来看，虽然不能说完全是写实，但至少可以相信他有过在洛水边观赏女子春游景象的经历。然而这种安慰终究是很有限的，甚至会勾引起内心的伤感。一切繁华都会过去，一切美景都会消失，没有什么东西是可以留住的。最后四句，大概就包含了这样的意思吧？所以，说“冶容不足咏”并非是自我否定，而是为了突出“春游良可叹”。

汉代诗歌在描摹女子的美貌时，通常伴随一个道德主题来造成平衡或者说约制，而陆机这诗却没有后一种成分，只是描写女性的美。这情况，同魏晋士人忽略德行事功，而重视个人的风度气质乃至外貌，属于同样性质的现象。“女子以色为主”也是西晋通行的论调。这当然是站在男性的立场来说话。但抛开这一点不谈，重视女子的美貌和重视男子的风度，都是强调人本身要比社会规范来得重要。

抛开德行的因素来描摹女子的美丽，女性美的主题才能在文学中充分地成立。所以，不管这种现象是否带来新的问题，它应该被看作是文学的进步。有人批评这一类诗没有思想性，其实美就是价值，未必需要那么多思想性。比如现在不少人都喜爱看模特儿的表演，那里面又有多少思想意义？ （骆玉明）

苦 寒 行　　陆 机

北游幽朔城，凉野多险难。俯入穹谷底，仰陟高山盘。凝冰结重磵，积雪被长峦。阴云兴岩侧，悲风鸣树端。不睹白日景，但闻寒鸟喧。猛虎凭林啸，玄猿临岸叹。夕宿乔木下，惨怆恒鲜欢。渴饮坚冰浆，饥待零露餐。离思固已久，寤寐莫与言。剧哉行役人，慊慊恒苦寒。

《苦寒行》在《乐府诗集》中属《相和歌·清调曲》。《乐府解题》说："晋乐奏魏武帝《北上篇》，备言冰雪溪谷之苦。其后或谓之《北上行》，盖因武帝辞而拟之也。"原辞为曹操所作，是建安十一年(206)春正月北征高干时写，表现了行军时的艰苦情况。陆机的这首诗即是对曹操原辞的模拟。全诗的主题是刻划"行役人"，也即北征战士在寒冷季节忍饥受冻、餐风露宿的凄苦景况，因此诗人的用笔着色都围绕这一点而展开。

开篇两句，是全诗的交代，有地点（幽朔）、时间（凉冬）以及所要描写的重心（多险难），以下十四句就针对"险"和"难"二字进行铺陈排比。北征战士穿行于北方的山谷中，一会儿深入谷底，一会儿仰攀高峰，道路崎岖不平，又凝结了厚厚的坚冰，积雪笼罩着起伏的山峦。山岩缠绕浓重的阴云，阵阵寒风在树林中穿越，发出凄厉的悲鸣。天色阴沉，不见日光，偶有几声寒鸟的哀叫以及野兽的吼声。天色晚了，战士们凭树支帐而宿，渴饮坚冰，饥餐风露。更兼长年征战在外，对故乡亲人的思念，绵绵无尽，却又难通消息，对方是死是活都不得知，于是诗人充满了同情地长叹一声："剧哉行役人，慊慊恒苦寒。"结尾与开头紧密地照应在一起。

这首诗比较鲜明地体现了陆机诗歌创作的特色。首先是对偶的使用。清代叶矫然说："六朝排偶，始于士衡"。排偶不一定始于陆机，但陆机确于此最见特色。这首诗除了开首二句和结尾四句，中间部分几全用对偶，显示了陆机过人的才思。不过，陆机虽有意写对偶，却不十分板整，往往在轮廓上整对，而字与字之间并不讲究。如"不睹白日景"两句。明代何景明说："陆诗体俳语不俳"，很得其实。所以虽全篇为对，读去并不觉很呆板，古朴之气穿插其间，使诗歌具有一种感人的气势。其次，是赋法的采用。赋法就是铺叙，铺陈排比、罗列事物，这本是汉大赋的主要手法，陆机却吸收来运用在诗歌里，这样就使诗歌获得繁褥厚重和光采辉煌的效果。当时人说读他的诗好像"玄圃积压，莫非夜光"就是夸赞这一点。这首诗在开头交代出"险"和"难"之后，即从俯、仰、闻、睹以及战士们的饥渴、住宿等多方面进行铺陈，欲说尽说透，不仅加深了读者的印象，也增加了诗歌的容量。沈约《宋书·谢灵运传论》说他的诗"缛旨星稠，繁文绮合"，萧绎《金楼子·立言篇》说他"辞致侧密，事语坚明。意匠有序，遗言无失。"刘勰《文心雕龙》说他"才欲窥深，辞务索广。故思能入巧而不制繁。"可见这一种特色为前人所公认并多有奖饰。第三，本诗还表现了陆机语言上的特色。陆机诗歌基本不用常语、口语、俗语，而大量使用书面辞汇、成辞等。将此诗与曹操的那首相比即可见出二者的区别。曹诗用了许多口语、散句、如"溪谷少人民，雪落何霏霏！延颈长叹息，远行多所怀。我心何怫郁，思欲一东归"。陆机此诗则用许多对偶代替，并且字词也工于锻炼，如"凝冰"、"积雪"、"恒鲜欢"等等。曹诗有大量的虚字，陆诗则几舍弃不用，而以实词代之，文人化特色很鲜明。另外，陆机还善于锻炼动词，以加强警动的效果。如"结"、"被"、"兴"、"鸣"、"凭"、"临"等。清人厉志说他"字字有力，语语欲飞"，虽略有夸张，也还是反映了陆诗的总体面貌的。

不过陆机有时过于侧重技巧，而忽略了对诗情的疏通，尤其是他的一些拟古诗，本来的目的就是通过模拟以锻炼自己某一方面的技巧，因此对其余就不顾及。如这首诗，"离思"应该是最易出诗情，也最应为诗人全力把握的重点，但陆机却仅以淡淡的两句带过，是很可惜的。

陆机对于诗歌的创作提供了丰富的经验和法规，他加强了诗歌的文人化倾向，促进了诗歌向格律体的进展，他是由古诗向近体诗发展过程中的开启者之一，因此，他应在中国文学史上占有一席重要的地位。 （傅 刚）

长安有狭邪行 陆 机

伊洛有歧路，歧路交朱轮。轻盖承华景，腾步蹑飞尘。鸣玉岂朴儒，凭轼皆俊民。烈心厉劲秋，丽服鲜芳春。余本倦游客，豪彦多旧亲。倾盖承芳讯，欲鸣当及晨。守一不足矜，歧路良可遵。规行无旷迹，矩步岂逮人。投足绪已尔，四时不必循。将遂殊途轨，要子同归津。

这一首诗鲜明地标志着陆机思想的转变，是研究陆机的重要材料。元康六年(296)，陆机参加了当时权贵贾谧所罗列的二十四友。贾谧是贾后的侄子，借助贾后的淫威，怀有异心，他的组织二十四友，是有政治目的的。由于贾后专恣，贾谧权过人主，普遍引起了朝野的反感，因此二十四友自然受到正直人士的谴责，如阎缵上疏说："世俗险薄，士无廉节，贾谧小儿，恃宠恣睢，而浅中弱植之徒，更相翕习，故世号鲁公二十四友。……潘岳、缪徵等皆谧父党，共相浮沉，人士羞之，闻其晏然，莫不为怪。今诏书暴扬其罪，并皆遣出，百姓咸云清当。臣独谓非但岳、徵，二十四友宜皆齐黜，以肃风教。"后来《晋书》为陆机列传也以此为他的弱点，说他"好游权门，与贾谧亲善，以进趣获讥"。其实二十四友的情况不可一概而论，他们各有自己的特殊情况，彼此之间并不一定有共同的政治利益，陆机最终死于二十四友中的牵秀、王粹之谗，足以说明问题。

陆机出生于吴国高级士族家庭，其祖陆逊，父亲陆抗都是吴国的扶持之将，其生死存亡即关系着一个国家的生死存亡。陆机生长于这样的家庭中，从小饱受正统儒学教育，本传说他"服膺儒学，非礼勿动"。但是公元二八〇年吴晋之间最后一场战争中，他所依赖的一切(国家、家族)都毁于一旦，从此个人的建功立业和重振家声的重任便是他一切活动的中心内容。明白了他的思想背景，也就明白他为什么会加入为士人不齿的二十四友。

带着这样的重负，陆机于太康末年(289)应诏北上洛阳，但他并没有很快就能进入上流社会，从而一展建功立业的雄图。赴洛伊始，他就感受到了晋人对吴人的歧视。晋武帝曾公开说："蜀人服化，无携贰之心；而吴人趑睢，屡作妖寇。"武帝的观点，足以构成吴人仕宦的障碍了。到惠帝时，吴人仕宦的仍然很少。据陆机说："至于荆、扬二州，户各数十万，今扬州无郎，而荆州江南乃无一人为京城职者。"陆机的情况也如此。栖迟洛阳数年，不过为祭酒、太子洗马及吴王郎中令而已，与他建功立业，振兴家声抱负的实现，相差太远，此时已经三十六岁的他，不禁产生了"日归功未建"(《猛虎行》)的焦躁。正是在这样的背景下，陆机接到贾谧的邀请，成为其门下"二十四友"之一，他那"服膺儒学"的思想也开始了转变，这首诗就是他转变的心声。

诗歌的前八句是一幅浮华交游图，写出当日洛阳士人为功名富贵热心交营的情状。开首的"伊洛有歧路"，是实写，也是寓写。实写浮华交游的熙熙攘攘，寓写则指人生的歧路上也拥挤不堪，这里既有朴儒，也有俊民。他们驾着华丽的车子，穿着漂亮的衣服，车盖映照日光，丽服鲜耀芳春，一个个激励着竞进之心，这种奔竞不已的士风，颇令陆机困惑。"余本倦游客"的"倦"字，既指身体的疲惫,也指屡屡碰壁后内心的失望、倦累。想自己出身高贵,又怀盖世才华,为什么竟一直不能得意而施展抱负呢?作者没有回答这个问题,却借旧亲之豪彦对自己的教导,来说明自己道路选择的错误。从"倾盖承芳讯"以下是"豪彦"的劝导,这劝导的前提是"欲鸣当及晨",以鸡及晨而鸣比喻人及时而仕。如何才能及时而仕呢?这就是"守一不足矜,歧路良可遵"。守一指谨守正统的儒家教育,也就是下面所说的"规行"、"矩步"。时代已变,规行矩步者当然不会超越别人。如若及晨而鸣,只有奔竞于歧路之上,寻找捷径,《周易》说:"天下同归而殊途",不必一定走一条路,像四时季节的递遭一样,顺序而来,实际上殊路亦可同归,歧路又有何妨?君不见那些朴儒、俊民都交驰在伊洛的歧路上吗?"要子同归津"是豪彦旧亲对他的召唤。

值得注意的是,这里虽托为豪彦的劝告,实际是陆机个人的思想变化,他的投身二十四友正是思想转变后的行动,他也知道贾谧之门是歧路,不为正直人士所齿,但他又认为正义之路并不能达到"及晨"的目的,因此不足为矜。陆机把"歧路良可遵"与《周易》殊途同归的思想联在一起,从而在儒家经典中找到自己立身的依据,这种思想在其他诗文中一再出现,如《豪士赋序》:"夫立德之基有常,而建功之路不一",《秋胡行》:"道虽一致,途有万端"等,表明这已成为他后期行为的指导思想。这一切又都是他建功立业的抱负和重振家声的重任所激励。《乐府解题》说陆机这首诗"言世路险狭邪僻,正直之士所无措手足矣。"这种理解是错误的。

(傅　刚)

君子行　　陆　机

天道夷且简,人道险而难。休咎相乘蹑,翻覆若波澜。去疾苦不远,疑似实生患。近火固宜热,履冰岂恶寒。掇蜂灭天道,拾尘惑孔颜。逐臣尚何有,弃友焉足叹。福钟恒有兆,祸集非无端。天损未易辞,人益犹可欢。朗鉴岂远假,取之在倾冠。近情苦自信,君子防未然。

晋惠帝太安二年(303),陆机为成都王司马颖前军都督,率军二十万,南向洛阳讨伐长沙王司马乂。陆机为建功立业,振兴家声,付出了大半生的追求,历史终于赋予他一个机会。然不料鹿苑一战,大败而归,二十万人马同日丧尽。司马颖大怒,使牵秀密收陆机,遂遇害,时年四十三岁。对于陆机之死,有人便归结于他的"邀竞无已",不该投身于八王之乱,而应及早抽身返乡。其实这是对陆机的不了解。陆机出身于东吴世家,这个家族曾经在相当长的时间内,以它显赫的声誉,为其成员提供过政治、经济的保护,使他们的成长得到强有力的保证,同时这个家族培育出来的优秀人物,即如陆机父(陆抗)、祖(陆逊),又都以自己杰出的成就反馈于这个家族,愈增加它的分量。而一旦东吴灭亡,这个家族随之衰败后,它遗留给子孙的却是沉重的心理压力。作为嫡系继承人的陆机,勤勉而又诚恳地接受了这份遗产。综观陆机全部诗文,其表露出来的主导思想,始终围绕建功立业、振兴家声这一严峻主题。尽管在众多的篇幅中,陆机流露了对洛阳生活的厌倦,及刻骨的相思,其实不过是他复杂的心理结构中灰色的情绪而已,不会上升为主题。这是陆机滞洛的主要原因。同时,作为支持这种原因的基础,是他主观上对自己才能的过高估计。这首《君子行》就是他的表白。

开头两句用"天道"与"人道"对比,说明天道平而简易,人道却险而且难。人道之所以险、难,就在于"休咎相承蹑"。这本于《老子》的"福兮祸所倚,祸兮福所伏",何者为福?何者为祸?祸福之间,立身颇需慎重。"去疾苦不远,疑似实生患",是对"休咎相承蹑"的发挥,都在说明人道的艰险困难。面对充满了矛盾与斗争的现实,陆机并没有表现出畏惧和退却。他正视自己所处的环境,冷静地分析自己应该怎样应付这个环境。既处人道之中,就不能害怕,"近火固宜热,履冰岂恶寒"是他表示的态度。"掇蜂灭天道"四句用历史上的故事进一步说明人道的险而难,同时也表示了陆机对他们没有从"似"中看出祸患的批评。"掇蜂"说的是周宣王时的大臣尹吉甫有子二人,异母所生,前母子伯奇,后母子伯封。后母想让自己的儿子立为太子,便向尹吉甫进谗言说伯奇调戏她,并让尹吉甫登台观看。后母取蜂放在衣领中,让伯奇替她取蜂除毒。尹吉甫看到这一情景大怒,责骂伯奇,伯奇害怕,投河而死。"拾尘"是孔子典故。孔子困于陈、蔡之间,七天没有吃过粮食。一日,孔子昼寝,学生颜回讨米回来做饭,将熟时,孔子见颜回从甑中攫饭吃,很不高兴。后来才知道是饭中沾有煤灰,颜回觉得扔掉可惜,就攫而食之。孔子很有感慨地说:"所信者目矣,目犹不可信;所恃者心矣,而心犹不足恃。弟子记之,知人固不易!"(见《吕氏春秋》)以下的"逐臣"似指屈原,"弃友"是泛指。由这两个故事可见处世的艰难。亲眼目睹的事实也会有不实之处,何况更复杂的社会现实呢?但陆机并不在意于处世艰难感慨的抒发,而是要借此表现自己有处理这种现实的能力和信心。"尚何有"、"焉足叹"看出他对以上人物的不满意。那么他自信的根据是什么呢?这就是以下八句的意思。他认为不管福与祸,当它出现的时候,总有征兆,而这种征兆却是可以预测从而可以预防的。这里的"天损未易辞,人益犹可欢"本于《庄子·山木篇》的:"无受天损易,无受人益难”，原意是说不受自然的损伤还容易，因为只要安心达命，顺应自然，就会不以损为损，但是人为的东西却很难推掉。陆机这里却反用其意，他认为来自人力以外的伤害是无法推拒的，如果碰上了也只能是天数，但如果是人道中所遇到的伤害，则不应害怕。为什么呢？因为一切事物的发生都有先兆，那么便可以预防，从而免受灾祸。这一种思想显然来自《周易》。《易大传·系辞下》说：“几者，动之微，吉凶之先见者也。君子见机而作，不俟终日。”《易》学是陆氏家族的学业传统，陆机受它的影响是有渊源的。由此，陆机接下去说：“朗鉴岂远假，取之在倾冠”，“朗鉴”，即明鉴，君子只要见机而作，何必要远取古人？“倾冠”指近处，靠自己的识别能力就行了，这都表现了诗人强烈的自信心。因此诗人最后总结道：“近情苦自信，君子防未然。”这是此诗的主要思想，也是他后期生活（包括留滞洛阳）的指导思想。明白了这些，也就明白了陆机为什么不激流勇退而滞洛不归了。应该说陆机这种面对现实的积极态度，是值得肯定的，历史上对他“邀竞不已”的指责则是出于“明哲保身”的消极态度，倒应该是我们深刻批判的。至于陆机没有能够见几趋吉，终于遭到亡身之祸，欲闻华亭鹤唳，不可复得，那也许是天数吧！

这是一首说理诗，但也写得起伏有波澜，在说理之间，插入史实，顿生曲折。清陈祚明《采菽堂古诗选》说：“‘掇蜂’四句，以使事生一曲折。后人痴肥处，乃其动宕处。”即使是说理，如对《庄子》的引用，却一反其意而用之，就使本来平率的说理也有跌宕之妙。其次，诗歌以天道与人道对写，重在人道的铺陈，又间以天道接应（如“天损未易辞”照应“天道”），道家与儒家思想互补，而以积极的儒家思想为主，使诗歌产生出回旋飞动的力量。清人毛先舒说他的诗“气干华整”，于此可见。

（傅　刚）

门有车马客行　　陆　机

门有车马客，驾言发故乡。念君久不归，濡迹涉江湘。投袂赴门涂，揽衣不及裳。拊膺携客泣，掩泪叙温凉。借问邦族间，恻怆论存亡。亲友多零落，旧齿皆凋丧。市朝互迁易，城阙或丘荒。坟垄日月多，松柏郁芒芒。天道信崇替，人生安得长。慷慨惟平生，俯仰独悲伤。

《门有车马客行》，乐府旧题。唐代吴兢《乐府古题要解》说：“皆言问讯其客，或得故旧乡里，或驾自京师，备叙市朝迁谢，亲戚雕丧之意也。”西晋武帝末年，陆机和弟弟陆云离开江南家乡，北上洛阳以求取功名。不久，晋武帝去世，围绕权力的再分配，统治集团内部各派系展开了激烈的争夺。陆机沉浮于这种复杂的环境中，备感仕途艰险、人命危浅，由此也常常生发出怀念故乡亲友之情。这首诗虽沿用乐府古题，但反映的却是陆机自己的感情。

诗的开端六句，交代有客自故乡来，诗人急忙出门迎接。首句点应诗题。“念君”二句，以故乡客口吻点明作者离乡时间之长，以故乡客远涉而来暗示他们之间的关系并非一般，为下文的问讯作了铺垫。“江湘”，偏指长江，因从江东至中原无须经湘江，诗人此为协韵而已。“濡迹”，涉江时沾湿的足印，二字概写故乡客行旅的艰辛，起到以少胜多的效果。“投袂”两句，刻画诗人迎接故乡客的急切状态，神情毕肖，透过这毫无斯文气的动作描写，我们可以联想到诗人平素对乡音的殷切企盼。

接下来“拊膺”二句，写诗人见到故乡客的激动情态。诗人连用“拊膺”“携”“掩泪”几个带有强烈感情色彩的词语，创造出一种极端伤痛的氛围，淋漓尽致地表现了他那积抑已久的悲情。重情是魏晋思潮的一大特征，由于个人意识加强，魏晋文人对自己的喜怒哀乐有了更敏锐更强烈的感受；在情感的表达上，也冲破了汉儒“温柔敦厚”、“哀而不伤”诗教说的抑制，敢于尽力宣泄。陆机不仅在理论上首标“诗缘情”之说，而且在创作上大力实践之，他“观尺景以伤悲，俯寸心而凄恻”（《述思赋》），往往尽最大的努力来强化自己的感情。“拊膺携客泣，掩泪叙温凉”，不正是这种创作倾向的流露吗？

“借问”八句，写亲友零落，桑梓倾覆的惨淡现实。重逢乡亲，自然就要问讯故乡亲友的情况。而世间最牵动人心的，莫过于亲友的存亡问题，譬如汉乐府《十五从军征》中的八十岁老兵，他“道逢乡里人”，最挂念的也是“家中有阿谁。”“恻怆论存亡”，同样真切地表现了陆机的这种心情。然而，答案却令人黯然神伤。“亲友多零落”六句，展示了一幅极其惨淡的图景：亲友大部分零落了，有德望的老人则全死光了；昔日豪华壮丽的官府殿堂倾颓殆尽，或沦为杂草丛生的荒丘，或沦为商贩出入的集市；放眼望去，郊原坟冢垒垒，松柏郁苍。六句诗，“亲友”两句和“坟垄”两句形成相反相成的强烈比照，“市”与“朝”，“城阙”与“丘荒”，也对比鲜明。这都体现着作者巧妙的艺术匠心，只有通过这种对比组合，才能创造出沧桑陵谷的气氛和惊心动魄的感染力。

结尾四句，诗人把亲友零落、生命短促的现实痛苦升华为对整个人生意义和价值的悲叹感伤。“道”，此指自然规律。信，确实。“崇替”，衰亡，灭亡。“天道信崇替，人生安得长”——宇宙间万灵万类终归要走向衰亡，人又岂能获免！着一“信”字，更见沉痛。既然人的衰亡是宇宙之必然，那每个人都在劫难逃了，零落者的今天，便是“我”的明天，于是诗人便在一曲欲解不能的伤叹中收束全诗：“慷慨惟平生，俯仰独悲伤。”惟，思。“俯仰”二字突现诗人敏感的时间意识，与悲伤萦怀、感慨淋漓的气氛相吻合，更易产生“每读一过，令人辄唤奈何”的效果。

这首《门有车马客行》，格调悲郁深沉，从主旨上看，应是西晋时期杀伐频仍的严酷政治环境下，知识分子以阴晦的人生观解释痛苦命运的幻灭之歌。

（王 琳）

班婕妤 陆机

婕妤去辞宠，淹留终不见。
寄情在玉阶，托意惟团扇。
春苔暗阶除，秋草芜高殿。
黄昏履綦绝，愁来空雨面。

这是一首拟乐府诗，又题作《婕妤怨》。婕妤，女官名。班婕妤是西汉成帝刘骜的妃嫔，本名已不可知。据《汉书·后戚传》记载，班婕妤才貌双全，一度颇受汉成帝的宠爱。后赵飞燕姊妹进宫，独擅帝宠，班婕妤自请退居长信宫，服侍太后。因作赋与诗以自伤悼。后人同情她的遭遇，为之作《婕妤怨》。《班婕妤》在《乐府诗集》中属《相和歌辞·楚调》，古辞不存。陆机这首拟乐府是现在所见到的、最早的以此为题的作品。

诗歌描写了班婕妤在退居长信宫后的忧伤悲痛的心情。诗中借以抒情的景物，多取之相传为班婕妤本人所作诗赋，因此有必要先作一介绍。诗即汉乐府《怨歌行》，又称作《纨扇诗》，以团扇的夏用秋藏为喻，诉说了少女唯恐被爱人抛弃的忧伤。《婕妤赋》见《汉书·后戚传》。赋中自述被弃后的孤苦哀伤，对成帝旧日恩情的怀念，有曰：“华殿尘兮玉阶苔，中庭萋兮绿草生。广室阴兮帷幄暗，房栊虚兮风泠泠。……俯视兮丹墀，思君兮履綦。仰视兮云屋，双涕兮横流。”情调缠绵悱恻，凄婉动人。

诗的起首二句概述了班婕妤始受宠爱、终被遗弃的不幸遭遇。对于一个封建社会的女子，辚选入宫，永别亲人，就是被剥夺了一个人通常所应有的生活幸福；如果进宫之后，又为帝王所疏远冷落，她就完全丧失了作为一个女人的生活意义，其悲苦绝望的情绪、寂寞枯索的心境可以想见。班婕妤不仅对这两层痛苦都有亲身的感受，而且，由于她的地位的变化，对这痛苦的体会比他人更深刻。故《婕妤赋》云：“君不御兮谁为荣？”诗以“淹留终不见”描写了她那种孤独、愁苦、绝望的处境。

"寄情在玉阶，托意惟团扇"二句，以"玉阶"与"团扇"代指《婕妤赋》和《纨扇诗》的写作，并以手持团扇、徘徊玉阶的形象表现班婕妤孤苦寂寞、悲愁难诉的心情。相传汉武帝皇后陈阿娇被遗弃后，曾以千金为酬，请司马相如作《长门赋》以诉思念和哀伤，希望能感动武帝回心转意。班婕妤则亲笔写出《纨扇诗》，从道义上谏劝成帝，夫妻之爱当始终如一；其《婕妤赋》则倾诉着深情绵邈的思念，以望打动成帝的心。封建帝王的婚姻形态决定了他们在情爱上难以专一。陈阿娇的乞求不能感动武帝，班婕妤的申之以理、动之以情也同样不能改变她被遗弃的命运。整日里陪着这空落的门庭，虚静的房廊，看着这苔痕斑斑，阶草荒芜，身居富丽堂皇的宫殿之中，却只令人感到阴冷寂寞、凄凉孤独。

"黄昏履綦绝，愁来空雨面。""履綦"，履迹。班婕妤虽然明知自己已被弃绝，仍不免心怀一线希望：或许皇帝念及旧日恩情，会来一顾？她从清晨盼至黄昏，依然是这空寂的大殿，冷清的门廊，非但不见成帝，而且也没有他人肯来看望。日复一日，年复一年，春去秋来，苔生草长。只有无边的忧愁、无尽的泪水是她忠实的伴侣，徒然令人痛彻肺肠。

在这首诗中，"玉阶"、"团扇"、"春苔"、"秋草"、"履綦"、"雨面"等等，或直接取之于班婕妤诗赋中的词语，或由之变化而出。从修辞方法上说，这是用典。但作者在诗中的运用保留了这些词语本身的形象，把写景抒情与用典寓意结合起来，既扩大了诗歌的情感内涵，又给人以亲切之感。读这首诗，我们仿佛听到班婕妤那凄切哀婉的低声吟诵，看到她那孤独的身影，手持团扇，徘徊在玉阶高殿之上，痛苦于黄昏望绝之时。诗中的"春苔"、"秋草"，既映衬出宫殿中的空寂幽冷，又暗示出时光、年华的消逝，渲染出一种凄凉伤感的气氛。陆机之诗，尤重词语的修饰。这首《班婕妤》不仅语词清丽，对仗工整，而且用典灵活，意蕴深永，确实显示了作者在诗歌的语言艺术方面的工力。　（蒋　方）

猛虎行　　陆机

渴不饮盗泉水，热不息恶木阴。恶木岂无枝，志士多苦心。整驾肃时命，① 杖策将远寻。② 饥食猛虎窟，寒栖野雀林。日归功未建，时往岁载阴。③ 崇云临岸骇，④ 鸣条随风吟。静言幽谷底，长啸高山岑。急弦无懦响，亮节难为音。⑤ 人生诚未易，曷云开此衿。⑥ 眷我耿介怀，俯仰愧古今。

〔注〕 ① 肃时命："肃"，恭敬。"时命"，时君的命令。 ② 杖策：拄杖。"杖"，作动词用，意为拄。"策"，杖。 ③ 岁载阴：指岁暮。"载"，乃。 ④ 崇云：高云。 ⑤ 亮节：贞信的志节，即高节。 ⑥ 曷(hé)：怎么。衿：同襟。

诗题"猛虎行"，本乐府杂曲歌辞，古辞有"饥不从猛虎食，暮不从野雀栖"句，因而得名。曹丕、曹叡皆有此作。作者这篇作于西晋政治大变乱时期，沿用古乐府旧题，表明一般志士，虽然胸怀正直，慎于出处，但为时势驱遣，难以保持其高节。而在出仕以后，岁月流逝，仍然功业无成，心情郁抑，不免进退两难，俯仰身世，深感内疚。作者出身于东吴世族，祖父陆逊为吴丞相，父亲陆抗为吴大司马，父祖两代为东吴名将，以功业著称。自己则是"少有异才，文章冠世"，史称其"身长七尺，其声如雷"，"伏膺儒术，非礼勿动。"可见也是有为的志士。不意年仅二十而吴亡于晋，两个哥哥陆晏和陆景战死。他在晋武帝太康(280—289)末年，和弟弟陆云一同被召赴洛阳，受到重臣张华的激赏，名振一时，由张华推荐，曾官祭酒及著作郎等官。后来不幸陷入统治阶级内部纷争的圈子，在晋惠帝太安(302—303)初，一面被成都王司马颖信任，得为后将军，河北大都督；一面又遭受王粹、牵秀、卢志、孟玖等谗人中伤妒忌，名为主将，实则调度不灵，进退两难，不能自拔。这篇《猛虎行》，当即作于是时。诗中所抒吐的彷徨酸苦的心情，正是他在当时政治生活中的实感。全诗是通过自身的遭境来着笔的，词藻华美，气势较为高峻。

诗的开篇四句，表明志士处世，往往用心慎重，爱惜身名，因而渴了也不喝盗泉的水，热得难受也不竭于恶木阴下。难道说盗泉水就不能止渴，恶木就没有可供歇凉的树阴？因为"盗泉"、"恶木"名字都很刺耳，所以操守清峻的人不愿随便其沾染牵涉，宁可忍渴忍热。(盗泉：水名，在今山东省境内。相传孔子经过盗泉，虽然很渴，但恶其名，不饮此水。)显然，诗中是以恶木、盗泉，比喻恶劣的政治环境。作者在吴亡之初，曾"退居旧里，闭门勤学，积有十年"(《晋书》本传)。他本不想涉足仕途，所以这四句，旨在表白自己当初的心境，运用譬喻以见志士用心之苦。

次四句写世势催迫，志士只得应从时君的命令，恭敬地整驾出山任事：而扶杖远行，道途辛苦，造成"饥食于猛虎之窟，寒栖于野雀之林"的情况，由不得自己去选择，更在内心中受到冲击。"饥食"两句，反用乐府古辞《猛虎行》"饥不从猛虎食，暮不从野雀栖"句意，说明"饥不择食，寒不择栖"，是情非得已才违背了初衷。作者曾在《赴洛》诗中，有"南望泣玄渚，北迈涉长林"之句，又说："仰瞻凌霄鸟，羡尔归飞翼。"抒写的正是这种旅途情境，可见他虽已登程，而留恋故乡之情，在心灵上激荡得难以抑止，这里再现的正是当年的景况。

接着作者以"日归功未建"等六句，诉说在出仕以后，时间是流逝了，功业并无成就，此刻更有天寒岁暮之感，惹起了新的忧思。崇云临岸而兴起，枝条随风而悲鸣。在在使人触景伤情，虽是徘徊于山谷之间，有时低吟，有时长啸，还是幽怀难抒、自感进退维谷。作者把内心复杂的苦闷和矛盾，展示得非常形象具体，政治处境的困顿，志士遭逢变乱的悲辛，也于此不难想见。

诗的结尾一小节，先以“急弦无懦响”等两句进一步表白自己的心志，感叹乐器上绷紧了的弦子，发不出怯弱的音响。具有贞亮高节的人，所抒发的也一定是慷慨刚正之辞，不同于流俗，而一般的时君，却不爱听直言忠告，所以“亮节”反而“难以为音”，谗口反而易于得逞。作者感念至此，乃以最后四句对自己频年的遭际，自己生平的抱负、作出反思，作出痛苦的小结。“人生诚未易，曷云开此衿。”人生既多苦难，遭逢乱世的志士，更是难以敞开胸襟，倾吐积郁。自己虽然操守正直，隐处山野既不可能；出山也难行其志，难成功业，行动上受到外力的牵涉，所以俯仰古今，眷顾身世，难免有愧负之情。

总观全诗，可见作者虽为倾诉抑郁而作，但在内容上则是依据自己的政治处境现身说法，深刻表明一个有志的文士，其行藏出处，必须始终慎重，执着坚持，稍一不慎，就会陷于进退两难的困境，作者的经历，就是志士对于处世的一面镜子。

《猛虎行》可说是陆机的代表作。在思想内容和艺术手法方面，都有它的特色。从思想内容来看，这篇诗的特色，是表现了魏晋以来诗人的忧生之情。作者生当魏晋(吴晋)易代之际，这一时期，是一个变乱迭起的动乱年代，社会上各种矛盾尖锐复杂。尽管西晋灭吴之后，曾出现过短暂的统一局面，但在统治阶级内部，冲突更为剧烈，骨肉相残，祸不旋踵。士大夫在此期间也最易遭殃。他们或以直道见忌，或受池鱼之灾。尽管陆机在写作《猛虎行》的时候，尚未受祸，但在诗中已有朝不保夕的遑遑不安之感，因以他反复嗟叹，表现了徬徨酸苦的忧生之情。“亮节难为音”、“人生诚不易”、“俯仰愧古今”，都是发自内心深处的隐微忧伤的呼唤。诗人的隐痛不便言明，只能委曲地折射在作品之中，如同星夜帷灯，隐约地透露了当时的政治内幕。陆机在青年时期，本来是个政治上很自负、很注重志节的人，但在吴亡后的逆境中，由于功名之心未敛，并未能坚持志节，后来对严酷的现实，虽有觉察，而不能毅然自拔，终于徘徊于失望和痛苦之中，这就是他在《猛虎行》中，感到忧生的根源。

从诗歌的艺术手法来看，陆机的《猛虎行》，虽为摹拟乐府歌辞而作，但它既保有古乐府直朴真挚的一面，又注入了新的不同于乐府古辞的委婉曲折的抒情内容，在形式上也由古辞只有杂曲四句的参差句型，改变成整齐冶炼注意修辞手法以五言为主的长诗。在内容上除含有寄寓、比喻等表露感情的因素以外，又把作者自身的坎坷遭际和委屈情怀,作为咏叹的主体,这就在很大程度上丰富了原来乐府体制所能包含的内容,而使之成为咏怀式的诗篇。《猛虎行》的乐府古辞,只有"饥不从猛虎食,暮不从野雀栖。野雀安无巢?游子为谁骄"等四句。比陆机时代稍早的魏文帝曹丕、魏明帝曹叡皆作有《猛虎行》,曹丕所作为五言三韵六句,曹叡所作为五言五韵十句,在结构上都只有一次转折,而陆机这篇则是一波三折,起结辉映,在章法上已见设计的匠心。比之曹丕父子所作,变化殊为显著,除开头四语之外,已有不受乐府古辞拘束的创新成分,这是本篇的艺术特色之一。

本诗对偶整饬,诗歌中间十二句,全行对仗,有流水对、有比喻对、有平列对,其妥帖工稳,有些已达到珠圆玉润的程度,为后来齐梁作家开了先例。清代沈德潜《古诗源》虽然对陆机诗颇有微词,认为他"意欲逞博而胸少慧珠",但也承认"士衡诗亦推大家",为齐梁专攻对仗的滥觞之始,可见他对后世的影响。陆机也十分注意用词造语的精凿,如"崇云临岸"之下,著一"骇"字,其本义为"起",但比"起"字生动。"鸣条随风"下著一"吟"字,其本义为"响",但较"响"字显得雅致。"急弦无懦响"句中之"懦",本意为"下",而兼有弱意。"亮节难为音"句中之"亮节",本指高节,而"亮"字实有贞信之义。用词都极为准确而能特出情境。

刘勰《文心雕龙·体性》篇说:"士衡矜重,故情繁而词隐。""情繁",指忧生念世之情多;"词隐","指隐",指激昂悲愤之词较少,以《猛虎行》为例,刘说甚是。

(马祖熙)

赴洛道中作二首(其一) 陆 机

总辔登长路,呜咽辞密亲。借问子何之,世网婴我身。永叹遵北渚,遗思结南津。行行遂已远,野途旷无人。山泽纷纡馀,林薄杳阡眠。虎啸深谷底,鸡鸣高树巅。哀风中夜流,孤兽更我前。悲情触物感,沉思郁缠绵。伫立望故乡,顾影凄自怜。

陆机的祖父陆逊是三国时吴国的丞相、父亲陆抗是大司马。在吴国灭亡后,他于太康十年(289),即二十九岁时,与弟弟陆云离开家乡吴郡吴县华亭(今上海市松江区)赴洛阳。《赴洛道中作二首》作于他赴洛阳途中,写他在旅途中的所见的景物和自己的心情。这是第一首。

"总辔登长路,呜咽辞密亲。借问子何之,世网婴我身。"写诗人悲伤地辞别亲人,离开故乡,骑马上路了。他去哪里呢?诗人没有正面回答,只是说世间的事缠绕着我,使我无法脱身。前两句写辞别上路,显然是紧扣"赴洛"题意。辞别而至于低声哭泣,这固然是由于古人往往把离别看做一件大事,正如齐梁诗人江淹所说的“黯然销魂者,唯别而已矣。”(《别赋》)也是由于诗人前途莫测而感到悲哀。后两句一问一答,而答非所问,似有难言之痛。据《晋书·武帝纪》载,太康九年,晋武帝“令内外群官举清能,拔寒素。”而《晋书·陆机传》说:“机身长七尺,其声如钟,少有异才,文章冠世,伏膺儒术,非礼不动。”这样的人才,又出身名门,当然不乏官员推荐。迫于官府之命,赴洛阳似非他心中所愿意的,故以“世网”缠身喻之。

“永叹遵北渚,遗思结南津。行行遂已远,野途旷无人。”写旅途中的忧思。诗人沿着向北的小洲往前走,思念纠结在故乡——南边的渡口。走啊走啊,越走越远,荒野的小道空旷不见人的踪影。一路上,他充满叹息和忧愁。这里记述的主要是行程,沿着“北渚”向前走,路越走越远,路上的行人越来越少,终于到了荒无人烟的地方。他的心上满载着忧愁。“野途”句引起下文,诗人开始着力描写沿途的自然山川景物:“山泽纷纡馀,林薄杳阡眠。虎啸深谷底,鸡鸣高树巅。哀风中夜流,孤兽更我前。”在这荒无人烟的地方,山林川泽逶迤曲折向前延伸,草木丛生,茂盛稠密。深深的山谷不时传来虎啸声,高高的树巅有金鸡啼叫。半夜里悲风袭人,孤零零的野兽从我眼前走过。这里所描写的景物,除了山川、草木之外,还有“虎啸”、“鸡鸣”、“哀风”、“孤兽”。处在这样险恶的环境中,怎么不使人感到胆战心惊呢?这样的自然景色的描写,令人想起王粲的《登楼赋》。这篇抒情小赋写道:“风萧瑟而并兴兮,天惨惨而无色,兽狂顾以求群兮,鸟相鸣而举翼。原野阒其无人兮,征夫行而未息。”这里写寒风四起,天空暗淡无光,野兽慌慌张张寻找它们的同伴,鸟儿相对悲鸣,展翅高飞。原野上一片寂静,只有征夫在赶路。王粲描写的凄凉景象,对环境起了渲染作用,对诗人内心的悲愤苦闷起了烘托作用。如此说来,陆机笔下所描写的令人感到恐怖的景物,不仅渲染了环境的险恶,而且从侧面衬托出诗人在赴洛阳途中心境之不宁。这是因为诗人在赴洛阳之后的前途如何?实在是吉凶难卜。

“悲情触物感,沉思郁缠绵。伫立望故乡,顾影凄自怜。”自然景色触动了诗人,从而产生了悲哀的感情。深沉的忧思纠缠郁结,绵绵无尽。诗人伫立山上,眺望故乡,回过头来,再看看自己的身影,只有自己怜悯自己了。诗人怀着国破家亡的痛苦和生离死别的悲哀步上赴洛阳的道路,面对沿途险恶的自然环境,激起他无限的愁思。孤独、失意、怀乡、自怜的感情油然而生。前途茫茫,他感到惆怅迷惘。

刘勰《文心雕龙·明诗》篇评论太康诗歌说:“采缛于正始,力柔于建安。”意思是说太康时期诗歌的文采比正始繁缛,力量比建安柔弱。陆机是这种诗风的典型代表。他的诗注意词句的华美,讲究排偶。这种特点在这首诗中也可以看得出来,例如:"永叹遵北渚,遗思结南津"、"山泽纷纡馀,林薄杳阡眠"、"虎啸深谷底,鸡鸣高树巅"等都是华美的排偶句子。对诗歌形式美的追求,是诗歌发展过程中的必然现象。陆机在这方面受到前人的非议,但是,毫无疑义,他在诗歌发展史上的贡献是应该肯定的。　　(穆克宏)

赴洛道中作二首(其二)　　陆　机

远游越山川,山川修且广。振策陟崇丘,安辔遵平莽。夕息抱影寐,朝徂衔思往。顿辔倚嵩岩,侧听悲风响。清露坠素辉,明月一何朗。抚枕不能寐,振衣独长想。

这首诗仍然是写陆机赴洛阳途中所见的景物和自己的心情。但是写法略有不同。

"远游越山川,山川修且广。振策陟崇丘,安辔遵平莽。"首句仍然紧扣诗题来写的。陆机从家乡吴郡吴县华亭(今上海市松江区)赴洛阳,当然是"远游"。一路上越过万水千山,而山山水水是那样的修长和宽广。诗人有时挥鞭驱马登上高山,有时手握缰绳,在有草的平地上缓慢地向前走。从这一重重山,一条条水,忽而高山,忽而平地,我们已可以想象到诗人长途跋涉的艰辛。因此,这里不只是描写沿途的山水景色,也透露了诗人风尘仆仆的苦情。但是,这首诗中的写景与前首显然不同,前首"永叹"十句写沿途山水景色讲究辞藻,大肆铺陈;这首诗只是寥寥数句,轻轻带过。这种有详有略的写法,使人感到各有特点。

"夕息抱影寐,朝徂衔思往。"晚上休息是孤零零地抱影而寐,早晨起来怀着悲伤又上路了。写出诗人的孤独、寂寞和忧伤。这些复杂感情的产生,固然是由诗人思念亲人,留恋故乡,大概也参杂了对前途的忧虑。我们还记得前首诗说:"总辔登长路,鸣咽辞密亲。借问子何之,世网婴我身。"鸣咽辞亲,"世网"缠身,应该就是这种复杂感情的具体内容。清代刘熙载《艺概·文概》说:"六代之文丽才多而炼才少。有炼才焉,如陆士衡是也。"陆机文如此,其诗亦复如此。"夕息"二句可见其语言提炼功夫。这两句诗不仅对仗工整,而且动词"抱""衔"的使用皆备极精巧,是陆诗中的佳句。

"顿辔倚嵩岩,侧听悲风响。"走了一段路程,停下马来,倚着高峻的山崖休息一会儿,侧耳倾听悲风的声响。这里,进一步写诗人旅途的孤独和艰辛。倚岩休息,竟无人与语,只能侧身倾听悲风,可见其孤独。称秋风为"悲风",使秋风涂上诗人感情之色彩,又可见其心情之忧郁。诗人旅途生活中的这一细节,又使我们联想到前首诗所描写的沿途景色:“行行遂已远,野途旷无人。山泽纷纡馀,林薄杳阡眠。虎啸深谷底,鸡鸣高树巅。哀风中夜流,孤兽更我前。”这里对途中空旷无人和恐怖气氛的描写,有助于我们了解诗人的孤独和艰辛。

“清露坠素辉,明月一何朗。抚枕不能寐,振衣独长想。”夜露下滴,闪烁着洁白的光辉,啊,月光是多么的明朗！对月抚枕,不能入睡,穿上衣服独自遐想。这是写途中夜宿的情景。“清露”二句,写得幽雅净爽,清丽简远,受到前人的赞赏。结尾“抚枕”二句,表现诗人不平静的心情,饶有余味。我们知道,陆机是吴国将相名门之后,素有雄心壮志。他的《百年歌》中说:“三十时,行成名立有令闻,力可扛鼎志干云。”《晋书·陆机传》说他“负其才望,而志匡世难”。可是在他二十岁时,吴国灭亡。太康十年(289),他和弟弟陆云被迫入洛。其前途是吉是凶,难以逆料,所以他的内心忐忑不安,很不平静。

陆机说:“诗缘情而绮靡。”(《文赋》)这是认为诗歌具有注重抒情的性质和文词精妙的特点。这种诗缘情说和儒家的诗言志说不同,清代沈德潜认为“殊非诗人之旨”(《古诗源》卷七),其实这正是魏晋以来诗歌的新变化。作为“太康之英”(钟嵘《诗品序》)的陆机,他的诗就具有这样的特点,如本诗中“振策陟崇丘,安辔遵平莽”,“夕息抱影寐,朝徂衔思往”,文词华美,对偶工稳,“清露坠素辉,明月一何朗”,用词造句,刻练求工,都是例子。陆机诗精于语言的提炼,善于写景,即景抒情,具有情景交融的艺术效果。

这首诗是陆机诗中传诵较广的佳作。 (穆克宏)

拟明月何皎皎 陆 机

安寝北堂上,明月入我牖。
照之有馀辉,揽之不盈手。
凉风绕曲房,寒蝉鸣高柳。
踟蹰感节物,我行永已久。
游宦会无成,离思难常守。

这首诗拟古诗十九首之《明月何皎皎》,其词虽异,其意略同,是久客思归之作。

诗之首,词平意曲,寄情遥深。“安寝北堂上,明月入我牖”,点出“安寝”之地,兼抒游子思妇之意。如果说,前句是静态的描写,意在突出“安寝”二字,那么,后句则是动态的描写,且以“明月”射入窗户的皎洁光辉打破“安寝”的静态氛围,引发出久客烦扰之情,这较《明月何皎皎》首二句"明月何皎皎,照我罗床帏"又多一层意蕴。对月思乡怀人,是我国古典诗歌中的恒见主题。如谢庄的"隔千里兮共明月"(《月赋》),张九龄的"海上生明月,天涯共此时。情人怨遥夜,竟夕起相思"(《望月怀远》),李白的"床前明月光,疑是地上霜。举头望明月,低头思故乡"(《静夜思》),杜甫的"今夜鄜州月,闺中只独看"(《月夜》),苏轼的"但愿人长久,千里共婵娟"(《水调歌头》),皆景色迷离,情韵悠长。而陆机此诗仅以"照之有馀辉,揽之不盈手"二句状摹对月怀想之态,表面上看缺乏情韵,然实际上却是"情繁而词隐"(刘勰《文心雕龙·体性》评陆机语)。《淮南子》载:"天地之间,巧历不能举其数,手微惚恍,不能揽其光也。"高诱注云:"天道广大,手虽能微,其惚恍无形者,不能揽得日月之光也。"陆诗正借用此典,尤著深意,因其"馀辉",以状绵延不尽之情思;因其"不盈手",又见摸捉情思之微茫。而这种宇宙与人生、自然(月光)与心态(情思)的模糊交感,又正是陆机处于魏晋时代诗学思潮"沦心浑无,游精大朴"(陆机《赠颜令文为宜春令》)的审美趣味在抒情诗中的反映。

"凉风绕曲房,寒蝉鸣高柳"二句,似诗中闲语,然其所制造的凄清冷寂的气氛,却成为诗中由自然、心态的描摹向客子忧伤形象的塑造的转化契机。以"凉风"点出季节已届寒冷,而"绕曲房"三字,又极写寒气萦绕、渗刺之力;"寒蝉"句则用曹植"秋风发微凉,寒蝉鸣我侧"诗意,而增以"高柳"意象,再次烘托出久客思归之情。

由于"明月"的窥照,"凉风"的侵袭,"寒蝉"的鸣唤,游子自已心神恍惚,而紧接以"踟蹰感节物,我行永已久。游宦会无成,离思难常守"四句收束全诗,进一步塑造出一个"踟蹰"忧伤的形象,更留下绵绵不绝的离愁别绪。这里,诗人涵蕴了古诗中"揽衣起徘徊"的踟蹰姿容,"不如早旋归"的热切企盼,以及"出户独彷徨,愁思当告谁"的孤寂情境,深刻地展示了复杂的心理状态。假如说"踟蹰感节物,我行永已久"只是久客的直接写照,其间包含了缘于行久而踟蹰感物的因果关系,那么"游宦会无成,离思难常守"则兼有两重意义:既体现了缘于游宦无成而离思难守或缘于离思难守而游宦无成的互为因果关系,又包涵了游宦无成还得"游宦"、离思难守还得"常守"的深层意蕴。由此反观全诗,其中情景意兴,共时交织,令人体悟尤深。

陆机拟古篇什甚多,对其评价亦向有轩轾。钟嵘《诗品》云:"士衡拟古……五言之警策者也。"王夫之《古诗评选》云:"平原拟古,步趋若一。"李重华《贞一斋诗说》云:"陆士衡拟古诗,名重当时,余每病其呆板。"今观《拟明月何皎皎》诗之情趣与价值,并将其置于当时诗坛加以比较,我们认为还是钟嵘

的评语较为切实。（许 总）

招隐 陆机

明发心不夷，振衣聊踯躅。踯躅欲安之，幽人在浚谷。朝采南涧藻，夕息西山足。轻条象云构，密叶成翠幄。结风伫兰林，回芳薄秀木。山溜何泠泠，飞泉漱鸣玉。哀音附灵波，颓响赴曾曲。至乐非有假，安事浇淳朴？富贵苟难图，税驾从所欲。

《楚辞》中有淮南小山（西汉时淮南王刘安的宾客）所作《招隐士》一篇，描述空山幽僻之状，招唤山中隐士归来。晋代张华、左思、陆机、张协、闾丘冲、王康琚等都作有《招隐》诗（见《艺文类聚》三十六），有的与《招隐士》立意相同，有的却变为赞美隐士，抒写对隐逸生活的向往。陆机此首便是这样。

诗的开头四句，诗人写其心情之郁闷。明发，天亮时。夷，安定愉悦。振衣，整理衣服。幽人，指隐士。浚谷，深谷。诗人郁郁不乐，因此想要前往深深的山谷，寻找那幽独清高、不问世事的隐士。这就已隐隐透露出他与现实的矛盾。

接下来十句描绘隐士生活的环境。“朝采南涧藻，夕息西山足”，概括地写隐士生活。藻是一种水草，古人与米面杂和着蒸食，饥荒时还可用以代粮。隐士自己动手采集食物，见出其生活的清苦。南涧、采藻、西山，是泛指，又是用典，借典故来增加诗的意蕴。南涧、采藻，见《诗经·召南·采蘋》。藻、澡谐音，澡有洗濯意，故旧说认为藻象征着清洁，采来的藻甚至可用作祭品。（见《采蘋》郑玄《笺》）西山，《史记·伯夷列传》载高士伯夷、叔齐作歌云：“登彼西山兮，采其薇矣。”不了解这些典故，并不妨碍对诗意的理解，但知道它们，则又在诗的字面意义以外产生进一步的联想，更深地体会到诗中清高与幽独的情趣。“轻条象云构”四句写山中林木之美。乔木高大，其枝条尽力向上生长，给人轻扬之感，故云“轻条”。云构，高耸入云的屋宇。幄，帐幕。结风，旋风。伫，停留。薄，迫近。秀木，美好的树木。山中虽无大厦锦帐，而高大茂密的林木便赛似广厦翠幕；更有遍地兰草，风儿夹杂着那幽香在林中回荡。“山溜何泠泠”四句写山中涧泉之美。溜，指高处流下的涧水。泠泠，象声词，状声之清。鸣玉，言泉水冲激，声如佩玉相戛击，也是形容声音清脆，还使人联想到泉水清彻如玉之晶莹。哀音，古人爱好摇荡性情的哀苦之声，遂将动听的声音称为“哀音”。灵，有善、好意，“灵波”是对水波的美称。颓，崩坠。颓响指水流自上而下，其声亦渐远渐悄。曾，通“层”，重叠。曲，指曲折的山谷。水声本是波浪冲激而发，而“哀音附灵波”将其声写成虽附于水波却又独立于水波之外；"颓响赴曾曲"更离开水而单写其声，由响声的动态变化写出水流之远去。这四句写涧泉着重从声响方面加以形容，似乎一曲大自然的美妙而动人心魄的交响音乐在山谷间鸣奏。诗人将隐士生活的环境写得这样美好，表现了对隐逸生活的企羡。

最后四句，诗人直抒胸臆，与开头四句呼应。至乐，最大的快乐。《庄子》有《至乐》篇，认为最大的快乐便是"无为"。这里指身心均不受拘羁、无忧无虑的隐居之乐。假，凭借。诗人认为追求富贵名利，就得劳神苦虑，与浊世浮沉，那是违反自然无为原则的。而隐居山林，则无求于人，淳朴而自然。故云"至乐非有假，安事浇淳朴"。浇，薄，作动词用。"富贵苟难图，税驾从所欲"，税驾，解开车驾。税、脱古通。是说如果富贵难求，那就不再风尘仆仆地奔走于仕途了，就要从心所欲，去过隐逸生活了。这是假设之辞。诗人还不打算就此隐居、放弃对富贵的追求，但已对仕宦生涯感到厌憎了。

富贵名利与身心自由不能兼得，这种苦闷在封建时代知识分子中是很普遍的。陆机出身于吴国世族，吴亡后入晋为官，深感思乡之苦。又不由自主地卷入西晋统治集团残酷的倾轧争斗之中，甚至身陷囹圄。这一切当然使他发出"富贵难图"的喟叹而生归隐之想。但他始终未能抽身远行，最后在司马氏的自相残杀中惨遭杀害。被害时仍想着归隐，慨叹："华亭（在今上海松江西，吴亡后陆机与弟陆云于此隐居读书）鹤唳，岂可复闻乎！"（《晋书》本传）然而已经太晚了。

《招隐》诗在艺术上，总体构思较为平实，但从其中的山水描写，可看出刻意形容物象和用词造语力求新鲜的创作倾向。陆机认为创作应"谢朝花于已披，启夕秀于未振"（《文赋》），此诗正体现了这种主张。"情必极貌以写物，辞必穷力而追新"（《文心雕龙·明诗》），刘勰评宋齐诗风的这两句话，用来品评陆机诗作，也是恰当的。　　（杨　明）

【作者小传】

刘　琨

（271—318）　字越石，西晋中山魏昌（今河北无极东北）人。初任司隶从事，为文人集团"二十四友"之一。曾参与西晋末年诸王之争，累官司徒左长史，封广武侯。晋怀帝立，出任并州刺史，与匈奴刘渊、羯人石勒等抗争数年。晋愍帝立，进拜大将军。后为石勒所败，投奔鲜卑人段匹磾，为其所害。事迹具《晋书》卷六二本传。有集十卷、别集十三卷，已佚，明人辑有《刘越石集》，《先秦汉魏晋南北朝诗》辑得其诗四首。

扶风歌　　刘　琨

朝发广莫门，暮宿丹水山。左手弯繁弱，右手挥龙渊。顾瞻望宫阙，俯仰御飞轩。据鞍长叹息，泪下如流泉。系马长松下，发鞍高岳头。烈烈悲风起，泠泠涧水流。挥手长相谢，哽咽不能言。浮云为我结，归鸟为我旋。去家日已远，安知存与亡？慷慨穷林中，抱膝独摧藏。麋鹿游我前，猿猴戏我侧。资粮既乏尽，薇蕨安可食？揽辔命徒侣，吟啸绝岩中。君子道微矣，夫子固有穷。惟昔李骞期，寄在匈奴庭。忠信反获罪，汉武不见明。我欲竟此曲，此曲悲且长。弃置勿重陈，重陈令心伤！

本篇是作者在晋怀帝永嘉元年(307)受任并州刺史，九月末自京城洛阳前往并州治所晋阳(今山西太原西南)途中所作。当时黄河迤北，已成为匈奴、羯等少数民族争战角逐之场。据《晋书》本传载："并土饥荒……余户不满二万，寇贼纵横，道路断塞。"作者显然是怀着匡扶晋室的壮志冒险犯难而去的。他采用乐府旧题写作此篇，充分反映途中的艰辛情状和胸间的忠愤，慷慨悲凉，是我国中世纪诗歌创作中一篇罕见的杰作。

《文选》李善注说："《集》云：'《扶风歌》九首。'然(则)以两韵为一首，今此合之，盖误。"郭茂倩《乐府诗集》收录此篇，也题作"《扶风歌》九首"。实则古乐府分章之体是以四句为一解。本诗是合九解成一篇。《文选》是不错的。

首解四句写登程。下笔就写"朝发"、"暮宿"，是记实，也见出受命北去时行程的迅急：早晨刚出都城北门——广莫门，日暮已到了大河之北、丹水的发源地——丹水山，进入并州境内。这里，诗人用夸张笔法渲染出行色的匆忙，也透露了他急于赴国难的心情。接着写出自己两手所持的是像古代繁弱、龙渊那样的名弓宝剑；而"弯"(开弓)、"挥"两个富动态性的词，既说明他是行进在"胡寇塞路"的险境之中，随时都需要用武，也足以显现出作者一往无前的英武气概。

次解写恋阙心情。作者年轻时(作诗时也只三十六岁)正处西晋初期的安定阶段，在繁华的洛阳城里，他也曾有过诗酒从容、文友会聚的一段优游生活。洛阳城里巍峨的宫阙，是过去国家安定隆盛的标志，也是他前阶段优游生活的见证。自经变乱，现在已到了"国已不国"的地步。往事成尘，归来何日？这使他心情上不能不有所留恋，在行动上也就表现为"顾瞻"长"望"。望中最瞩目的是宫阙，是“俯仰御飞轩”。唐吕向解释说：“俯仰，犹高下也。御，犹驾也。飞轩，廊宇也。”（五臣注《文选》）飞轩，又有奔驰如飞的车辆之义。这句意思应是说，宫中廊宇高低，远望宛如急行中车辆的起伏。作者心目中，这时已经把静态中的宫中廊宇和身边行进中车辆的动态混而为一了！抚今思昔，怎还能自禁“据鞍长叹息，泪下如流泉”呢?!

三解写途中小憩。京都已落在遥远的后方，现在系马、解鞍的所在是荒寂的高山头、长松下，入耳的只有秋末的烈烈悲风和泠泠涧流的声响。这四句用了音韵谐协的偶句，着力烘染出一幅秋山穷旅图。

四解写小憩中的心情。与熟悉的京都和那里的人挥手长辞了，黯然无言，惟余哽咽。甚至空中的浮云也凝定不流，飞鸟也回旋不去。耳目所接，竟如天地万物都在助我兴悲。后两句写境，却更增强情的抒发。

五解继写一时心中所想。这时心头萦绕不去的是离家日远，前路茫茫，境地险恶，存亡未卜。在这穷荒山林中，慷慨激昂，也是徒然，只有抱膝独坐，思绪紊乱，五内如焚。这是作者胸怀、心情的真实表白。

六解写当前困境。身处穷林，惟与麋鹿、猿猴为伍。资粮乏绝，无以充饥。看看麋鹿、猿猴还有野草、山果果腹，可以游戏自得，实在令人自叹不如。经此映衬，愈见出人的困窘不堪。这解和四解一样，都叠用两个“我”字，既产生了和读者对面倾诉的亲切感，另外也诚如何焯所说：“真有孤臣独立之叹。”（《文选》批语）

七解写困境中的自慰、自奋。作者深知重任在身，不容徬徨，终于重提辔缰，号召部下继续前行；同时，也在绝岩中，聊自吟咏舒啸，稍畅胸怀。他的重行振作，是由于在所承受的传统思想中找到了若干支撑力量：自己当前的处境，正是古人也曾慨叹的“世衰道微”的时世；孔子在陈绝粮，就曾对弟子子路说过“君子固穷”的话，何况是我辈！他精神上终于获得了宽解。

八解是在自慰、自奋之余，又作转折，写出内心的隐忧：历史上曾有过李陵对匈奴以少击众，最后势穷力屈，过期不得归来，被迫降敌的事。李陵在降敌前也是尽忠竭力了，降敌后亦常怀归志，但汉武帝却不予谅解，反而杀了他的母弟妻子。现在朝廷多事，不暇外顾，自己孤悬一方，后援难继，困窘之情亦与李陵相去不远，怎能不对未来抱忧兴叹？

九解是全篇的结尾，也是乐府常见的结束形式。但在本篇，却不是单纯的套用。从上文所写，可见作者前途艰危正多，路也正长，有如他所要歌唱的曲子一样悲而且长。哀怨深沉，实在不忍、也无心重陈了。重陈，只是使自己、也使听者心伤而已！

全篇九解，一气贯注；逐解换韵，声情激越。既多侧面地表现了辞家赴难、身处穷窘、忠愤填膺的作者的完整形象，也真实地反映他所处的时乱世危、朝廷不振、凶荒满目的现实环境，有着史的价值。全诗辞旨愀怆悲壮，千载之下，感人犹深。杨慎说："东晋之诗，刘越石为称首。此诗朱子亟称"(《升庵诗话》)，是有其原因的。

（曹融南）

重赠卢谌 刘 琨

握中有悬璧，本自荆山璆。惟彼太公望，昔在渭滨叟。邓生何感激，千里来相求。白登幸曲逆，鸿门赖留侯。重耳任五贤，小白相射钩。苟能隆二伯，安问党与雠？中夜抚枕叹，想与数子游。吾衰久矣夫！何其不梦周？谁云圣达节，知命故不忧？宣尼悲获麟，西狩涕孔丘。功业未及建，夕阳忽西流。时哉不我与，去乎若云浮。朱实陨劲风，繁英落素秋。狭路倾华盖，骇驷摧双辀。何意百炼刚，化为绕指柔！

这首诗是晋元帝大兴元年(318)夏作者在拘囚中所作。卢谌是作者的姨甥，并曾任他的僚佐，段匹磾曾求其任别驾(刺史的佐吏)。因先前已有过赠诗，所以题为"重赠"。

作者受任并州刺史进驻晋阳后，在复杂的民族斗争中，苦心撑持，先后和匈奴族的刘渊、刘聪斗，和羯族的石勒斗，处境艰难，时遭挫败。愍帝建兴四年(316)冬，终于又败于石勒，晋阳也告沦失。作者不得不东走蓟城(今北京城西南)，投奔幽州刺史鲜卑人段匹磾。后因事受段疑忌，遭致拘禁。他自知必死，神色怡然。(见《晋书》本传)囚居经月，竟被杀害。此诗作于拘系中，意在勖勉、激励卢谌运用才智，有所作为，以解救自己的困厄，有利于国家；同时也抒发了年命易逝，而功业未建的痛苦心情。

诗的头两句，是兴而兼比——以悬黎名璧起兴，并借以喻指卢谌具有美玉般的才质。说"握中"，是表示对他的珍爱。一开头，对卢谌的希望已隐隐透露，且成为一篇主脉。

"惟彼太公望"以下十二句是第二节。前面十句，列举了几个著名的历史人物。其中有姜尚和邓禹，前者原是渭水边的钓叟，后来遇上周文王，终能灭商兴周；后者是东汉的开国功臣，曾从故乡南阳(今河南南阳)徒步千里，到邺城(今河北临漳县西南)追上汉光武帝,要求自效才力。这几位君臣相与之间,都情意契合,同心共事。这几句,是暗示自己和卢谌之间,也有此种关系。又有在鸿门宴中使刘邦避开暗算的留侯张良和后来在白登使刘邦脱出匈奴重围的曲逆侯陈平,他们都能在危难之际施行智计,保主脱险。作者用此二典,自然是暗示卢谌要效法前贤,救助自己。《晋书》本传说:"琨诗托意非常,摅畅幽愤,远想张、陈,感鸿门、白登之事,用以激谌。"正是指此。再有春秋时的齐桓公在兄弟争位中,曾被其兄公子纠手下的管仲射中带钩。后来得位,竟任管仲为相,完成霸业。晋文公重耳出亡在外,有狐偃、赵衰等五贤追随,后文公入主晋国,得五人襄助,遂称霸诸侯。管仲是雠,五贤是党(相亲的人),只要有才智,均可委以心腹。这几句是暗示卢谌把这意思透露给段匹磾,以图释嫌报国。总之,这里列数诸人,用意都是深婉的。这一段所用句法,也富有变化。先是两句写一人;其次一句写一人;进而在四句中以两句分写党、雠,又以两句总写二伯(通"霸")。这样就避免了重复、呆板,收到了良好的表达效果。末二句感念这几位贤君良臣,以至于中夜兴叹,想起之于地下,与之共游。——这自然也是对卢谌的暗示与期望。

"吾衰久矣夫"以下十句是第三节。先以两句说明自感衰损已久,往日有所希冀,现在都告落空,真有如孔子所慨叹的"甚矣吾衰也,久矣吾不复梦见周公"(《论语·述而》)一样。以下四句以两句成一意作问,继用两句作答。意思说:谁说圣者达节知份、乐天知命而不忧呢?孔子不也曾因为鲁哀公西狩时捕获麒麟而悲痛流泪吗?(见《公羊传》哀公十四年)自问自答,表明自己处在当前境地中,自不能免于怆然自伤。自伤的是:功业未建,而时不我待,流逝如浮云。这是抒发自己内心的实感,也是隐隐勖勉卢谌应引以为鉴,能及时有为,早建功业。

结尾六句,四句用比喻说明自己遭逢挫败和艰险,有如繁花、朱实遭受秋气、劲风的摧残,也像张着华丽篷盖的马车在狭路倾倒,车辕给惊马摧折。后二句诗人追念既往,少有"俊朗"之目,且"以雄豪著名",也曾几历兵戎(见《晋书》本传),自信具有百炼之金那样坚刚(应劭《汉官仪》:"金取坚刚,百炼不耗。");自己也没料到,而今竟变得柔可绕指了!两句今昔相形,戛然而止,真可令人感到他的穷窘之痛,失路之悲,已到了"气结不能言"的地步了!

本诗通篇隐约、含蓄,多用典故来比喻、暗示,这是心怀幽愤、身在拘囚中仅可采取的手法,然而诗意却如暗峡流水,委婉曲折,显示出作者的苦心,也可见他的文学修养(他年轻时"文咏颇为当时所许")。

篇中多用帝王、圣人的事,似有不伦;用孔子泣麟的典故时,又一事两用,刘勰曾评为"重出",是"对句之骈枝"(《文心雕龙·丽辞》)。但这都是由于处于困

境，愤慨满胸，因气使词，不暇推敲所致，并无损于本诗之为名篇。（曹融南）

【作者小传】

杨　方

字公回，东晋会稽（今浙江绍兴市）人。初为郡功曹，后被荐入京师，为司徒王导幕官，历官东安太守、司徒参军、高粱太守，以年老弃官，卒于乡。事迹附见《晋书》卷六八《贺循传》后。有集二卷，又有《吴越春秋》，均已佚。《玉台新咏》存其诗五首。

合欢诗五首(其一)　　杨　方

虎啸谷风起，龙跃景云浮。同声好相应，同气自相求。我情与子亲，譬如影追躯。食共并根穗，饮共连理杯。衣用双丝绢，寝共无缝绸。居愿接膝坐，行愿携手趋。子静我不动，子游我无留。齐彼同心鸟，譬此比目鱼。情至断金石，胶漆未为牢。但愿长无别，合形作一躯。生为并身物，死为同棺灰。秦氏自言至，我情不可俦！

比起“两情若是久长时，又岂在朝朝暮暮”的浪漫，大多的人们似乎更欣赏“在天愿做比翼鸟，在地愿为连理枝”的那一种圆满。尤其是新婚之妇，谁不希望与夫君长相厮守，效鸳鸯、蝴蝶的双宿双飞，博得个地久天长呢？晋代诗人杨方的《合欢诗》（此为其一），正借一位新妇口吻，抒写了对这种“合欢”生活热烈美好的憧憬。

诗之开笔以“虎啸”风起、“龙跃”云从起兴，一下将人们带入了夫唱妇随、同声相应的美好境界。读者完全可以想象：此刻步履款款从诗中走来的，该是一位对幸福生活怀有多少热望的女子。那思情的缠绵热烈，似乎是独自倚栏的痴痴自语；羞涩凝情，又恰似与夫君正脉脉相对。在诉说满腹的心愿时，女主人公开初似还有一种欲言还止的腼腆之态，话语也因此半蕴半露：“我情与子亲，譬如影追躯”。以影之随身，诉说与夫君永不分离之情，思致新颖而吐语婉转。随着情感之逐渐激荡，女主人公的思绪便连翩而飞，措语也更为奇妙、大胆：别人与夫君相伴，无非是求得影之随躯的不离而已。我却远不止此——我不仅要和你同饮、同食，而且要和你共餐那同根的穗谷，共斟那连理木制的双杯！所有的衣服,我都要用双丝织成的绢料去做;所有的被面,我都要用绸缎制得一无缝迹!只有这样,我们的心才像并根穗一样紧紧相聚,才像连理木一样枝干相依,而且能情同"双丝"、天衣"无缝"。

饭食之以"并根"穗谷煮成,衣料之以"双丝"绢帛裁出,纵然不易,也多少还能办到。至于同干共枝的连理木,则已是世间难觅的奇树;制被而要求"无缝",再高明的女工恐怕也难以措手。我们的女主人公,偏偏以此为愿,可见她与夫君的"合欢"之愿,一旦激荡起来,竟多么深挚和执着!

但诗人的奇思,更远远飞翔在这些妙喻之上。他给这位痴情的女子,简直带来了不可穷尽的热切心愿:"居愿接膝坐,行愿携手趋。子静我不动,子游我无留"——坐、行、居、游,全都要与夫君在一起,那就什么事也别想干成:这心愿似乎有些无理;"齐彼同心鸟,譬此比目鱼。情至断金石,胶漆未为牢"——这才是"无理"之愿中,所含蕴着的真实情意。物之坚牢,还有什么能胜过金石、胶漆的么?但在女主人公心中,那与夫君的恋情之坚贞,却可利断金石、固逾胶漆!层层铺排的比喻,正这样向读者掬示了,一颗何其真挚、厚重的热烈爱心。

当全诗渐趋收尾之际,诗人笔下的女主人公,再也按抑不住内心的激动,终于化作了指日为誓式的呼喊:"但愿长无别,合形作一躯。生为并身物,死为同棺灰。"读过《诗经·王风·大车》的人们,都不会忘记它"穀(生)则异室,死则同穴。谓予不信,有如皦日"的结句——那蓬勃如火的坚贞之爱,已够震撼读者身心的了,但她毕竟还承认了生而"异室"、死不同"棺"的事实。我们的女主人公,却连这一点也不能容忍,而立誓要在生前便与夫君合躯"并身",死去更要化为"同棺"之灰!世间可有比这种魂牵梦萦、生死相依的爱更炽烈的吗?读罢全诗,人们怎能不为女主人公这"合欢"之愿无可比拟的深切所打动!

不过细细想来,此诗既题为"合欢诗",自然有"合"才会有"欢"。但综观全诗,女主人公的种种奇思,又有几个是可以实现的呢?诗中的"但愿长无别"之语,其实正隐隐透露:这种种"合欢"之意,不过是女主人公所怀抱的心"愿"而已,她何尝真的处在与夫君的"合欢"之中!而况诗之结尾,又有"秦氏自言至,我情不可俦":这"秦氏",即因新妇不在、自身又要远役,而作了《留郡赠妇诗》的秦嘉。女主人公以此自比,是否可以猜测,她也正处于离别的痛苦之中呢?正因为如此,她才整日里怀着痴情的渴望,描摹着、憧憬着种种"合欢"的景象——它们正如一朵朵彩云,在她梦幻般的天空浮泛。

但这一切终究是不真实的:当她从梦幻中醒来,无情的现实便如凄风苦雨,又重重地浸裹了她——桌上的"连理"杯纵然还留存着夫君的气息,人儿却早已相隔天涯！自己又岂能如影常随？夜深难眠，床上纵然还有“无缝”的绸被，夫君此刻又在哪里？又怎知他是“静”、是“动”？只有窗外的冷雨，还时时敲击着窗纸，带给她不尽的凄凉……这些都是诗面上所没有吐露的，但全都隐隐包容在那怀念和憧憬所交织成的美好“但愿”之中。

一位诗人说过：“那仿佛填满人生的爱，它带来多少爱慕和深情。它使小别那么剧烈地痛苦，短晤那么深切地甜蜜。它似乎是无边无际的，永恒的，生生世世永远不会停息的”——杨方的《合欢诗》，正以奇喻妙思，展示了一颗爱慕和深情的心，在剧烈痛苦时所幻想的“合欢”、甜蜜之境：这大概正是它的动人之处吧？

（张　巍）

【作者小传】

郭　璞

(276—324)　字景纯，东晋河东闻喜(今属山西)人。博学多才，妙于阴阳算历。游仙诗十四首为其代表作。西晋末年，避乱江南，任宣城太守殷祐参军，随祐至石头城，为丞相王导所重，引为参军。又任著作佐郎、尚书郎，言论多匡益时政。因母丧去职，大将军王敦起之为记室参军，因谏敦谋反事，被害。敦败，追赠弘农太守。事迹具《晋书》卷七二本传。有集十七卷，已佚，明人辑有《郭弘农集》，《先秦汉魏晋南北朝诗》辑得其诗及断句三十首。

游仙诗十四首(其一)　　郭　璞

京华游侠窟，山林隐遁栖。朱门何足荣？未若托蓬莱。临源挹清波，陵冈掇丹荑。灵溪可潜盘，安事登云梯。漆园有傲吏，莱氏有逸妻。进则保龙见，退为触藩羝。高蹈风尘外，长揖谢夷齐。

从西晋后期到东晋前期，正是文学史上玄言诗风形成和开始盛行的时期。这一时期文学界的情状，如《文心雕龙·时序》中说：“自中朝贵玄，江左称盛，因谈余气，流成文体。是以世极迍邅，而辞意夷泰，诗必柱下之旨归，赋乃漆园之义疏。”郭璞是两晋之交的人物，他在这一时期文学中的地位又是如何呢？《世说新语》引檀道鸾《续晋阳秋》说：“郭璞五言，始会合道家之言而韵之。”这等于说郭是玄言诗的倡导者。然而钟嵘《诗品》却说:“(郭璞)始变永嘉平淡之体。”意见截然相反。这两种相互矛盾的评价,是从不同角度来看郭璞诗的特点而得到的不同结论。郭璞的代表作《游仙诗》十四首,既有表述老庄旨趣的玄言成分,却慷慨多气而非“辞意夷泰”,文采华茂而非平淡寡味。也就是说,它顺应了时代风尚而又超拔于时代风尚。

这里介绍的《游仙诗》十四首的第一首,具有总括全部组诗的纲领性意义。可以看出,诗虽以“游仙”为题,却并不沉迷于完全与人世相脱离的虚幻的仙境。作者把隐逸和游仙合为一体来写,两者常常密不可分。抒发的情绪,是生活于动乱时代的痛苦,和高蹈遗世的向往,但内中又深藏着不能真正忘怀人世的矛盾。这就是所谓慷慨之气的由来。

开头两句双起,以“京华游侠窟”与“山林隐遁栖”两种不同生活方式相互对照。“游侠”的现象,古人常从不同角度去看它。在这里,主要是指贵族子弟呼啸酒市、奢华放浪的行径,就像曹植《名都篇》所写的“宝剑直千金,被服丽且鲜。斗鸡东郊道,走马长楸间”那种景象。相比于这一种热烈浪漫、尽情享乐的人生,山林中的隐者,却是孤独而清冷,远隔于尘世之外。两者之间,作者如何取舍?“朱门何足荣”是对前者的否定,“未若托蓬莱”是对后者的肯定。双起之后,一扬一抑,转入主题。“蓬莱”为传说中的海上仙山。它与“朱门”的对照,隐含着这样的意味:朱门虽荣,贵游虽乐,却是倏忽迁变,过眼烟云,不具有仙界超世的永恒。那么,“山林”与“蓬莱”又是何种关系呢?既可以说,隐逸是求仙的前提,又可以说,隐逸和求仙,在超越尘世的浮华喧嚣,探寻生存之本质的意义上,原是一回事。并不一定真的要成为不食人间烟火的仙人。

“临源”以下四句,具体描写隐士的生活。他们在澄澈的水源上掬饮清波,又攀上高高的山岗采食初生的灵芝——据说食灵芝可以延年益寿。“灵溪”,《文选》李善注引庾仲雍《荆州记》云:“大城西九里有灵溪水。”“云梯”,李善注谓:“言仙人升天,因云而上。”这二条注有些问题。“灵溪”未必是专名,应只是泛指幽深山谷中的溪流。山水钟天地之灵气,可以养性,故谓“灵溪”。“云梯”更不能指成仙之路,否则“安事登云梯”作为否定的句子,与诗题直接冲突。其实,乘云而上作为政治上飞黄腾达的比喻,由来已久。《史记·范雎传》中,“不意君能自致于青云之上”,便是此意。这两句的意思,是说山巅水涯,深可流连,无需费心求禄,自致于青云之上。

然则,仕宦的道路,究竟为何是必须抛弃的呢?接着,诗人引用古代贤哲的事例,加以说明。“漆园有傲吏”指庄子,他做过漆园地方的小吏。注意“傲吏”为了与“逸妻”相对,重在“傲”不重在“吏”。因为庄子做漆园吏,根本还够不上“仕宦”,且他也是根本反对仕宦的。据《史记》,楚威王听说庄子贤能,派使者带了重金聘庄子到楚国去任国相。他回答说:卿相固然很尊荣,但就像祭祀所用的牺牛,养得肥肥壮壮,到了宰杀的时候,想要做一头野猪,再也不能够了!“莱氏”指老莱子。据《列女传》,他避世隐居,躬耕蒙山,后应楚王之请,准备出仕。他的妻子劝告说:你今日食人酒肉,受人官禄,明日就被人制约,难免于祸患了。老莱子就听了妻子的话,仍旧过着隐遁生活。这两个故事,都强调了在仕宦道路上,丧失自由,并隐伏巨大危险。因之,所谓富贵尊荣,只是使人失去自由天性的诱饵罢了。联系魏晋以来政治生活中风波险恶的情状,不难想象诗人心中深深的忧惧。

在诗歌的字面上,这些意思都没有明白说出,只是表彰漆园“傲吏”、莱氏“逸妻”,作为自己的楷模。而后用《周易》中典故,点出其中道理。《周易·乾》之“九二”云:“见龙在田,利见大人。”《周易·大壮》之“上六”云:“羝羊触藩,不能退,不能遂。”“进则保龙见,退为触藩羝”两句,意思是说:隐居的贤士,如果进而求仕,固然可能如潜龙之出现,风光一时,为天下所重,然一旦陷入困境,就再也由不得自己,犹如壮羊的角卡在了篱笆上,进不得,退不得。所以在人生的选择上,不能只看到进而“龙见”的辉煌,更要预想退而“触藩”的窘境。这里都包含着动乱时代的“忧生”之感。

经过以上的思考,作者得出明确的结论:“高蹈风尘外,长揖谢夷齐。”伯夷、叔齐,是古人称颂的贤者,曾互让王位而逃到西伯昌(周文王)那里;后来武王伐纣,他们又为了忠于商朝而不食周粟,饿死在首阳山。但在魏晋人看来,这种大忠大贤,仍然是牵绊于世网,伤残人生的本性,正是羝羊触藩的可怜相。远不如高蹈于人世风尘之外,摆脱一切世俗的羁绊。

令人感叹的是:郭璞虽有高蹈的志向,却并不能摆脱仕宦,入隐山林。后更因反对王敦谋叛,遭致杀身之祸,“游仙”的豪情,化作刀下的哀吟。只是在他的诗歌里,留下那一代文人感时伤世的情怀,追求解脱的期望,和进退失据的叹息。在写作手法上,这首诗引用庄子的事迹和思想,引用《周易》的成言,借以表述自己的人生观念,体现了玄言诗兴起时代的文学风气。　　(元　青)

游仙诗十四首(其二)　　郭　璞

青溪千馀仞,中有一道士。云生梁栋闻,风出窗户里。借问此何谁,云是鬼谷子。翘迹企颍阳,临河思洗耳。阊阖西南来,潜波涣鳞起。灵妃顾我笑,粲然启玉齿。蹇修时不存,要之将谁使?

郭璞的十四首《游仙诗》大致上可分为两类:一类歌咏隐逸,一类企求登仙。而像这一首兼有两类内容的,并不多见。这首诗是作者游历青溪山时所作,诗中先后歌咏了鬼谷子、许由、灵妃这三位历史上著名的隐士、贤人和女神,抒发了自己隐遁高蹈、企慕神仙的情怀以及求仙无缘的苦恼。

"青溪",山名。庾仲雍《荆州记》载:"临沮县有青溪山。山东有泉。泉侧有道士精舍。郭景纯尝作临沮县,故《游仙诗》嗟青溪之美。"郭璞为临沮县(今湖北当阳市西北)县令事,不见《晋书》本传,大约在王敦起之为记室参军时。"仞",古代七尺或八尺为一仞。"千馀仞",极言青溪山之高。"道士",有道行之士,诗中指鬼谷子。壁立千仞的青溪山气势非凡,隐居其中的有道之士自然也非同一般。开头两句以烘云托月之势,借隐者居所之高,以言隐者身份、德行之高,直抒赞美之情。如果说,一二两句是对隐者的大环境作大勾勒,突出其险峻的话,那么,三四两句则是小环境的细描绘,强调的是奇丽。风云变幻,飘飘忽忽,出入屋内,游戏身外。隐者之居,俨然仙境神窟,为"千馀仞"作了形象生动的注释。在介绍了隐者神奇的居所,勾起读者的好奇心之后,诗人始亮出了隐者的大名。"鬼谷子",战国时人,姓王名诩,隐于鬼谷,故号之。他是纵横家苏秦、张仪的老师,人称为"真仙"(《拾遗记》)。诗中泛指隐士,并有隐以自比之意。以上六句为本诗的第一层,从赞美鬼谷子居地之奇,来写隐居之乐,初露慕隐求仙之心。

接着,诗人又表露了对唐尧时代隐士许由的仰慕之心。"翘迹企颍阳,临河思洗耳。""翘迹",即举足。"企",企慕,向往。"颍阳",颍水的北面。皇甫谧《高士传》云,许由拒绝唐尧的让位,逃到颍水之阳,箕山之下隐居。又因听说尧要召他任九州长,他认为其言不善,特意"洗耳于颍水"。诗中"洗耳"一词用的就是这个典故。"阊阖西南来,潜波涣鳞起。灵妃顾我笑,粲然启玉齿。""阊阖",阊阖风的简称,即西风。《史记·律书》云:"阊阖风居西方"。"灵妃",即宓妃,传说中洛水女神。在古代神话中,江河溪泉多由男女水神掌管,诗中"灵妃",似泛指女神水仙。"粲然",笑的样子。这四句是说西风吹来,青溪泉水波荡漾,鳞纹泛起;翩翩而来的水中仙子,顾盼巧笑,明眸玉齿,含情脉脉,令人难以忘怀。以上六句为第二层,作者以浪漫主义的艺术手法,赞美了许由高洁的德行,灵妃飘逸的神采。再露崇尚高士,钟情仙子之心。

诗人在尽情抒写了隐遁避世、企慕列仙的情怀后,笔锋回转,借求爱无缘,来表现现实中求仙不成，寻道无路的苦恼。“蹇修时不存，要之将谁使?”“蹇修”，古贤人名，相传伏羲氏之臣，掌媒事。“时”，当今时世，诗中实指世俗。“要”，邀，请求。屈原《离骚》:“吾令丰隆乘云兮，求宓妃之所在。解佩纕以结言兮，吾令蹇修以为理。”这两句盖从中化出，言世俗容不得蹇修这样的贤士，我在现实生活中找不到蹇修这样合适的媒人，不知该派谁去请求女神，以剖露我爱慕之心？这两句为第三层，从有意求仙而无缘的感叹中，隐隐透露出一股忧生疾俗，孤高傲世的慷慨不平之气。南宋词人辛弃疾的“倩何人，唤取红巾翠袖，揾英雄泪”(《水龙吟·登建康赏心亭》)，与之意脉相同，英雄所叹相近。

郭璞这首游仙诗所表现出的高蹈出世思想，与老庄思想一脉相承，他借游仙言志趣，发苦闷，则又与阮籍的咏怀诗有很多相通之处。歌咏神仙，向往隐逸，这在世道坎坷，风云变幻的西晋末年，不仅代表了珍视生命价值的一种思想倾向，而且还反映了否定仕途，鄙弃世俗，鄙视富贵的一种心态。尽管他对道士、高士隐居行动的赞美和歌咏是真心的，对贤人、仙子的仰慕和追求是真诚的，所写的游仙诗也大多是以歌颂隐逸来对抗现实的，但诗人自己一生的行事，最终并未能超脱现实，离开仕途，跳出名利场。这种企图超脱而又不可能超脱的矛盾，除了时代的局限性外，还反映了诗人人格的多重性，也体现了诗人作品主题的深刻性。这是我们在欣赏时不可不加以注意的。另外，这首诗在艺术上也较有特色，它除了体现出郭璞游仙诗的总体风格清俊超逸之外，还在谋篇布局上自具个性。诗的三个层次，不仅内容上各有侧重，而且手法上也均有变化。如第一层侧重写环境，先白描，后工笔。第二层侧重写人物，对许由仅指点精神，而对灵妃则绘形摹状突出音容笑貌。第三层侧重抒情怀，以问句结之，感叹求仙之无缘，余意不尽。这三层既各自独立，又相互统一，给人一种完整和谐的清美之感。(何林辉)

游仙诗十四首(其三)　　郭　璞

翡翠戏兰苕，容色更相鲜。绿萝结高林，蒙笼盖一山。中有冥寂士，静啸抚清弦。放情陵霄外，嚼蕊挹飞泉。赤松临上游，驾鸿乘紫烟。左挹浮丘袖，右拍洪崖肩。借问蜉蝣辈，宁知龟鹤年。

郭璞的游仙诗共有十四首，这是其中之三，这首诗通过描写隐士的栖息山林，与仙为伍，表达了对追名逐利之徒的蔑弃和对清静自在生活的企慕。

此诗的前四句为写景，竭力勾勒出一幅明快鲜丽的画面。小小的翡翠鸟在兰花的茎上嬉戏,其颜色与姿态明艳绚丽,惹人喜爱。后来杜甫的《戏为六绝句》中以“翡翠兰苕”为诗歌中色彩鲜妍、明丽可爱的典型,也说明此二句的用语洒脱,意象明快。然如果说这两句表现的境界过于小巧玲珑的话,那么下面“绿萝”二句则气势较阔大。诗人说,绿色的蔓藤爬满了林中松柏,郁郁葱葱,像是将整座山冈蒙上了一层青翠,一幅苍翠欲滴、生机勃勃的画面展现在读者的面前。这四句不仅是山林景物的真实写照,而且通过珍禽芳草的交相辉映,绿萝青松的互相攀附,象征着高士栖山林与天地同存,与自然冥契的意蕴。

“中有冥寂士”便由景而写到景中之人,“冥寂士”即指遁迹山林离群索居的人们,他们的心境淡泊,超脱于尘世的名利之争,所以称之为“冥寂”,他们在寂静幽深的山中或放声长啸,声振林樾,或抚琴操曲,志在高山流水,手挥五弦,目送飞鸿,或放情山水,游心天外,冥契造化,或饥而采食花蕊,或渴而斟饮飞泉,如此逍遥自在,岂不同神仙无异了。故“赤松临上游”以下四句直写游仙之事,据《神仙传》说,赤松子是神农时的雨师,服食水玉,能入火不烧,常出入昆仑山西王母的石室,驾着飞鸿乘着瑞云来往上下。浮丘公也是传说中的仙人,他曾接王子乔上嵩高山学仙。洪崖先生姓张,据说在上古尧的时代他已有三千岁。诗人以为那些抗志尘表、隐逸冥寂的人就能与赤松子、浮丘公及洪崖先生等人为伍,出入仙乡,神游四海。这里写与众仙一起乘云驾鹤,挹袖拍肩,紧扣了“游仙”的题目。“借问”二句又从漫游仙界回到人间,那些如蜉蝣一般朝生暮死之辈,岂能明白龟鹤之寿吗?这里郭璞以蜉蝣比作目光短浅的朝臣与趋名逐利的小人,而以能活千年的龟鹤比喻那些遁迹山林,忘情人世的高士,其中诗人的爱恶也已显然可见。

晋人的希企隐逸之风,一方面是有感于汉末以来政治黑暗,战乱频仍,士人朝不虑夕的处境,于是知识分子为远身避祸而栖息山林,高蹈出世;另一方面,由于玄学的兴盛,玄学家标举老庄哲学,提倡宅心玄远,崇尚自然,而不以物务营心,于是他们找到了归隐山林的人生之路,以为如此便能归真返璞,求得长生,甚至得道成仙。这两方面的影响在郭璞的《游仙诗》中都可以找到痕迹。郭璞提倡隐居之乐,正是基于他对现实的不满,他之所以借游仙之题而写下这些颇具感慨的诗章,就在于他未必真正弃世,正因为他看到了人世的纷争与危机,才有了逃避的意图,这逃避的本身,也就表现了他对世情的关切,如果对现实持漠视的态度,也就无所谓隐遁与否了。郭璞此诗中对于蜉蝣辈的讥嘲,也正是他未能彻底摆脱时事的明证。故刘熙载在《艺概》中说:“嵇叔夜、郭景纯皆亮节之士,虽《秋胡行》贵玄默之致,《游仙诗》假栖遁之言,而激烈悲愤,自在言外,乃知识曲宜听其真也。”刘氏看出了《游仙诗》的背后隐藏着愤世嫉俗之情,其见解是切中肯繁的。

至于隐逸思想受到玄学风气的影响在《游仙诗》中也有鲜明的表现。道家以出世登仙,追求绝对的精神自由为最高境界,因而玄学家以隐遁山林为求得心神超然无累之方法,甚至以为是得道升仙的途径。如阮籍的《咏怀》诗中说:“愿登太华山,上与松子游。渔父知世患,乘流泛轻舟。”嵇康的《答二郭》亦云:“岂若翔区外,餐琼漱朝霞。遗物弃鄙累,逍遥游太和。结友集灵岳,弹琴登清歌。有能从此者,古人何足多!”也都以隐遁山林与遨游登仙相联系,可见魏晋之人普遍以为隐遁可通求仙,以此将隐居生活说成极为高尚并有无限的乐趣。在本诗中郭璞极言栖心山林者可与众仙同游,就是这种思想的体现。

陈绎曾说:“郭璞构思险怪而造语精圆,三谢皆出于此,杜、李精奇处皆取此,本自淮南小山。”(《诗谱》)以构思的诡异奇巧和遣词的精到圆熟为郭诗的特点是十分切当的,如此诗中的运思就很奇巧。开头四句写景,竭力形容出一片幽寂而又明丽的景象,契合全诗的浪漫基调。中间写隐遁之士的种种活动,将其自在放情的生活刻画殆尽。续而又说他们上天入地,与仙人漫游。最后感叹尘世间的凡夫俗子不知隐者之乐。全诗一气流走,驰骋想象,故后人以为“景纯之《游仙》,即屈子之《远游》也”(何焯《义门读书记》),指出了郭璞的《游仙诗》与屈原的《远游》相类,这不仅说明他们都怀着对现实的深刻感受,而且其表现方式上想象的奇诡,构思的精巧也不无共通之处,故陈绎曾说《游仙诗》“本自淮南小山”。至于本诗写景状物中语言的锤炼精密,色泽鲜秾也显然可见,如“翡翠”四句对山中景物的描绘极为典型而工巧。又如描写隐士的生活与遨游也都造语奇杰,如“嚼蘂挹飞泉”一句本脱胎于曹丕《典论》中“饥飡琼蘂,渴饮飞泉”二句,并同他在《游仙诗》第一首中“临源挹清波,陵冈掇丹荑”二句的意境相似,然此处合两句为一句,重铸新词,袭其意而变其词,表现了诗人驾驭语言的能力。又如“左挹浮丘袖,右拍洪崖肩”,也以偌大的气魄,表现了隐者与仙同游的豪情,“挹袖”、“拍肩”本为常语,然与仙人相联则有无限趣味,可谓能化腐朽为神奇。这种构思造语的作风对后世的诗歌影响很大,如稍后的谢灵运、谢朓及唐代的一些大诗人都曾从《游仙诗》的表现方法上吸取过养料,从而培养和丰富了他们自己的艺术风格。

(王镇远)

游仙诗十四首(其四)　　郭　璞

六龙安可顿,运流有代谢。时变感人思,已秋复愿夏。淮海变微禽,吾生独不化。虽欲腾丹溪,云螭非我驾。愧无鲁阳德,回日向三舍。临川哀年迈,抚心独悲吒。

郭璞以《游仙诗》十四首著名,本篇为其中第四首。这些游仙诗,钟嵘已认为是“坎壈咏怀,非列仙之趣”,与传统的“滓秽尘网,锱铢缨绂,飡霞倒景,饵玉玄都”的所谓正格游仙诗不合。它其实不过是以“游仙”为题的一组抒情诗罢了。“六龙安可顿”一首所抒发的,就是一种时光易逝的悲哀。

这首诗的内容并不复杂,但却写得一波三折,曲尽吞吐之致。全诗可分三层。首二句为第一层,讲日月运行,无有已时;四时更迭,各有其序,表现出对客观现实、对自然规律的清醒的承认。六龙,古代神话云日神驾六龙,以羲和为御者。见《淮南子·天文训》。然而,理智的承认并不等于感情的接受。一个“安可顿”的“安”字,已流露出无限的遗憾,“时变感人思”以下八句则进一步叙述作者内心由于时序变化而引起的长生之想,是为第二层。秋风萧索,黄叶飘零,其所引起的敏感诗人的心灵感触,与枝叶扶疏、百草丰茂的夏日景况自是大不相同。作者希望时光能够倒流,从生气索然的秋天回复到充满了旺盛生命力的夏季;希望自已能够像鲁阳一样,举戈一挥,可使即将落山的太阳倒退三舍,重新照耀大地;他希望自已能够像传说中入海为蛤的雀或入淮为蜃的雉一样可以变化,使生命在形体的变化中得以延续;他又希望自已能够乘云升天,到神话中的不死之国丹溪,在那里浮游逍遥。然而,美好的想象终敌不过冷峻的现实。作者清醒地知道这些其实都是做不到的。每当一个新的念头产生,他都随即就否定了它。“独”、“虽”、“愧”等词深深地表露了作者在冷峻现实面前所感到的无可奈何的悲哀情绪。最后两句为第三层。作者在种种幻想破灭之后,仍旧回到现实中。面对滔滔东去的河水,想起孔夫子“逝者如斯夫,不舍昼夜”的名言,想到日月流逝,青春不再,作者不禁以手击心,浩然长叹了。全诗由对客观世界的冷静观照转为在幻想世界中的驰骋升降,到最后在现实面前承认失败的沉重叹息,生动地把诗人内心交织着的理智与感情、希望与绝望的矛盾斗争呈现于读者之前。

浓厚的神话色彩是本诗的另一特点。六龙驾日、巡行苍穹的宏伟气势,浮游列缺、翱翔倒景的仙国图景,挥戈退日的英雄气概,雉雀蜃蛤的神奇变化,这些神话传说的运用使诗歌色彩缤纷,引人遐想。陈祚明谓郭璞的游仙诗“超越恒情,乃在造语奇杰,非关命意”,斯言得之。而神话传说中所表现的行动的自由、生命的永久及人改造自然的伟力,恰与作者现实中所感受到的身体的束缚、生命的短暂以及在命运前的无能为力形成强烈的对照,增加了诗人内心的痛苦,也增加了诗歌的艺术感染力量。

郭璞是一个关心国事、胸有大志的人物。他的《答贾九州愁诗》说："顾瞻中宇，一朝分崩。天纲既紊，浮鲵横腾。运首北眷，邈哉华恒。虽欲凌翥，矫翮靡登……庶希河清，混焉未澄。"对西晋灭亡、中原沦于异族，表示了深沉的感慨，同时也表示了恢复中原和澄清时局的愿望。他的《登百尺楼赋》有"瘖苕华而增怪，叹飞驷之过户"之句，也是抒发岁月如流、时艰难救的慨叹。所以说，本诗中的年命之悲不只是常人的长生久视之想，更是一种日月易逝、功业难成的壮士之悲。何焯《义门读书记》说："景纯《游仙》……盖自伤坎壈，不成匡济，寓旨怀生，用以写郁。"真可谓知言。

（鲁同群）

游仙诗十四首(其五)　　郭　璞

逸翮思拂霄，迅足羡远游。
清源无增澜，安得运吞舟？
圭璋虽特达，明月难暗投。
潜颖怨青阳，陵苕哀素秋。
悲来恻丹心，零泪缘缨流。

这首诗一共十句，前八句均以比喻手法写的。因此，欣赏本诗的关键所在，是理解其喻体和本体的含义。喻意能清楚明白，诗意也就一目了然了。

"逸翮思拂霄，迅足羡远游。"开头两句起兴，言有才能的人都希望施展其才。"逸翮"，指善飞者。"迅足"，指善行者。善飞者展翅万里，一心想背负青天，直上霄汉；善行者疾步如飞，向往避开浊世，远游天涯海角。但仅凭一身本领，满腔热情能否实现愿望呢？诗人的笔触自然地转到了这个问题上："清源无增澜，安得运吞舟？""增"通"层"，"增澜"，即重叠的大波。"吞舟"指能吞舟的大鱼。《韩诗外传》："吞舟之鱼，不居潜泽。度量之士，不居污世。"这两句是说，清澈见底的水中，没有重重波浪，怎么能游动吞舟大鱼呢？意在比喻有才能的人，如果没有与之相应的客观条件，合适的环境，同样不能施展才能。接着，诗人继续就人才成长的主观与客观因素的辩证关系，就制约、扼杀人才的诸种因素而发议论。"圭璋虽特达，明月难暗投。""圭璋"，一种名贵的玉制礼器。古代朝聘之礼规定，璧玉须加上束帛，玉帛同行，才成礼品。而圭璋例外，它无须加帛，可以独行成礼。故有"特达"之说。同时，圭璋又常比喻美好高贵的人品。《后汉书·刘儒传》云："郭林宗常谓(刘)儒口讷心辨，有圭璋之质。"故诗中"圭璋特达"，又有比喻才德之人不借外助之意。"明月"，一种贵重的宝珠。诗中比喻有才能之人。这句用

《汉书·邹阳传》典:“明月之珠,夜光之璧,以暗投人于道,众莫不按剑相眄者。”这两句阐述的是才与识才,人与环境的关系,结合起来理解就是:有才能的人,即使像圭璋明月一样,秉性高洁,独善其身,但是如果其才能不为人所理解、赏识,那最终还是像明珠在暗中投掷与人,势必为人所拒绝一样,而不得施展其才能。“潜颖怨青阳,陵苕哀素秋。”“潜颖”,指在幽潜之处结穗的植物。“青阳”,春日。“陵苕”,指在高处的植物。这两句是说植物因所处境地不同,有的怨春光姗姗来迟,有的恨风霜匆匆早到。以比喻时机不遇,天施之偏,卑微者恨不能显达,显达者又怨位高易摧,荣华不能长保。讨论的是人才的出身与机遇的关系。贤者不为浊世所容,才能不能在时俗下施展,真是可悲、可愤。“悲来恻丹心,零泪缘缨流。”“缘”,沿。“缨”,系在颔下的冠带。诗人想到这里,不禁为人才的遭遇而悲叹,故恻心落泪,泪沾冠带。诗的最后两句抒发了才智之士生不逢时,才不能用的感慨。

从全诗所体现的主旨,流露的情绪看,这首名为“游仙”之诗,实际上直可作为讨论人才的政论诗来读,它对研究中国古代知识分子的地位,心态颇有启迪。“穷则独善其身,达则兼济天下。”这本是古代中国正统士子学人接受的教诲,修身的规范,行动的准则,但在现实生活中,这些却屡屡碰壁,大多行不通。贤者知遇难以预期,能者未必能施展才干,穷也好,达也罢,都各有其可悲。这是郭璞在经受人生的坎坷和磨难之后写在诗中的结论。“潜颖怨青阳,陵苕哀素秋。”作为一个颇有作为的学者和诗人,这声音可以说是惊时骇俗、警世醒人的。郭璞之后一千多年,曹雪芹又借王熙凤之口说出了同样意思的至理名言:大有大的难处,小有小的难处。更可贵的是诗人对人才的命运,人才的主观因素与客观因素(环境、时机等)的关系,作了多方位,多角度,多层次,生动形象的比喻。当然,无须讳言,诗人在悲叹人才不遇之时,流露出不如隐遁,高蹈风尘之外的意思。这一点,他在另一首题为《答贾九州愁诗》中说得更为明白:“虽云暗投,圭璋特达。绵驹之变,何有胡越。子固乔楚,我伊罗葛。无贵香明,终自濊渴。未若遗荣,闳情丘壑。消游永年,抽簪收发。”不过,就这首游仙诗而言,诗人愤世嫉俗的情绪,忧世之心,匡国之志还是有明显流露的,它的主旨乃是“假栖遁之言,而激烈悲愤,自在言外”(刘熙载《艺概·诗概》)。何焯说:“景纯《游仙》,当与屈子《远游》同旨。盖自伤坎壈,不成匡济,寓旨怀生,用以写郁”(《义门读书记》)。这段话是很有见地的。因此,欣赏时,除了理解诗人隐遁的心态外,更要看到其“上念国政,下悲小己”(章太炎《国故论衡·辨诗》),“坎壈咏怀,非列仙之趣”(钟嵘《诗品》)的一面。

(何林辉)

【作者小传】

庾　阐

字仲初，东晋颍川鄢陵(今属河南)人。少时避乱江南。初任太宰掾。累迁尚书郎。晋成帝咸和二年(327)，因参与讨伐叛将苏峻有功，封吉阳县男，拜彭城内史。历官散骑侍郎领大著作、零陵太守、给事中、吴国内史。卒年五十四。事迹具《晋书》卷九二本传。有集十卷，已佚，《先秦汉魏晋南北朝诗》辑得其诗及断句二十首。

三月三日　　庾　阐

心结湘川渚，目散冲霄外。

清泉吐翠流，渌醽漂素濑。①

悠想盼长川，轻澜渺如带。

〔注〕 ① 渌醽(líng)：亦作醁醽、绿醽，酒名。

《庄子·知北游》篇中说："山林与，皋壤与，使我欣欣然而乐焉。"《老子》第二十五章说"地法天，天法道，道法自然。"可见，在老庄的道家思想中，山水风景有崇高的地位。魏晋时期是个老庄盛行玄风大炽的年代，不少文人出入其间，研味玄理，寄意山水，留下了不少歌咏自然风光的诗篇，此是其中之一。

三月三日是中国古代的上巳节(以在三月上旬的巳日而得名，魏以后改定为农历三月初三)。这是个"阳气清明，祁祁甘雨，膏泽流盈，习习祥风，启滞导生，禽鸟逸豫，桑麻滋荣，纤条被绿，翠华含英"(张华《三月三日后园会诗》)的良辰吉日，人们往往要去水边嬉游，以祓除不祥。而文人雅士更要集会于环曲的水渠旁，流觞取饮，吟诗作文，相与为乐。通过悦山娱水流连光景，言志抒怀。庾阐的这篇《三月三日》，当是文人雅集的兴会之作，不过，诗中所表现的，并不是曲水流觞的嬉乐场面，而是心与物游，澄怀观道的玄学思味。

开首二句"心结湘川渚，目散冲霄外"，起笔即已不凡。"湘川渚"指文人们流觞取饮之地。当在今湖南一带。诗人盘桓川渚，心萦流水，既而寄意无极，游心太玄，一个"散"字，颇点出了其中的神韵。作者不是寓目于景物之一点，而是放眼于云天深处，及至整个宇宙寥廓，这决非一般的流连光景的情怀，而是表现作者俯仰天地、逍遥物外的神思。次二句绾写三月三日的修禊之事。此令人想起书圣王羲之在《三日兰亭诗序》中的句子："此地有崇山峻岭，茂林修竹，又有清流激湍，映带左右。引以为流，流觞曲水，列坐其次。虽无丝竹管弦之盛，一觞一咏，亦足以畅叙幽情。”这里虽写会稽(今浙江绍兴)兰亭的雅集胜景，然与湘川之渚的文人兴会场面当大致不差。但作者在此略去了一觞一咏的嬉乐景象，而是着意描绘三月三日的清泉流觞：“清泉吐翠流，渌醽漂素濑。”泉水涌地而出，汩汩不绝，故曰“吐”，绿树芳草映水成碧，则云“翠”，二句极雅洁隽逸，修禊之趣已概见其中。然而，作者之意，并不止于曲水流觞的兴会之乐，而是通过娱目骋怀，表达他对人生宇宙的哲理思味。“悠想眄长川，轻澜渺如带。”流觞带着诗人的思绪漂向了远方，作者眺望长河，波光如鳞，一水如带。使自己置身于一个更为广阔的山河空间里，诗人的情感也由此得到了升华。“悠想”二字传出了个中的消息，正如此诗开头所写，作者抒发的乃是俯仰天地，逍遥物外的神思。所以，这里的“悠想”，也不会是通常的吟赏风光的赞叹，而是“寄言上德，托意玄珠”的玄学思味。

作者在当时也是个玄言诗人。他在一首《游仙诗》中写道：“乘彼六气渺茫，辎驾赤水昆阳。遥望至人玄堂，心与罔象俱忘。”诗人追求的是一种物我两忘的逍遥之境，此很可用来说明当时诗人置身美景登临遐想的旨归。

不过这首诗同当时其他“平典似道德论”的玄言诗比较，可谓是不涉理路，不落言筌了，全篇纯以景胜，描写雅洁，语言清新，特别是最后“轻澜渺如带”，隽逸传神，似为后来谢朓名句“澄江静如练”(《晚登三山还望京邑》)所本。(祝振玉)

【作者小传】

张　骏

(307—346)　即前凉文公，安定乌氏(今甘肃平凉西北)人。前凉昭公张寔子。晋愍帝建兴四年(316)，封霸城侯。晋明帝太宁二年(324)，叔前凉成公张茂卒，骏继位，称使持节大都督、大将军、凉州牧、领护羌校尉、西平公。在位二十二年，境内安宁，号“积贤君”。卒，私谥文公，晋穆帝追谥曰忠成公。事迹附见《晋书》卷八六《张轨传》后。有集八卷，已佚，《乐府诗集》存其诗二首。

薤　露　行　　　　张　骏

在晋之二世，皇道昧不明。主暗无良臣，艰乱起朝廷。七柄失其所，权纲丧典刑。愚猾窥神器，牝鸡又晨鸣。哲妇逞幽虐，宗祀一朝倾。储君缢新昌，帝执金墉城。祸衅萌宫掖，胡马动北埛。三方风尘起，猃狁窃上京。义士扼素腕，感慨怀愤盈。誓心荡众狄，积诚彻昊灵。

“五胡十六国”前期，在北中国还保存着一股汉族军事势力，那就是割据凉州(今甘肃河西地区及兰州一带)的张氏家族。张骏是这个家族的第三代首领，据《晋书》记载，他曾多次上表东晋皇帝，请求克复中原。他的这首《薤露行》，是一首当时罕有的反映西晋灭亡、义士怀愤等重大历史事件的史诗。

诗可分两部分。前十六句是对西晋王朝覆灭的历史过程的回顾。诗人首先从西晋最高统治者皇帝落笔写起。“晋二世”，即晋惠帝司马衷；“皇道昧不明”，指晋惠帝的统治术不当。惠帝本是个十足的白痴，据史载，他在华林园听到虾蟆叫声，便问左右：“此鸣者为官乎？私乎？”听到大臣说天下荒乱，百姓饿死，他却问：“何不食肉糜？”“主暗”二字总括了惠帝的愚蠢无能。“主暗”自然无法掌权，当然也不可能起用“良臣”，必然会酿成“艰乱起朝廷。七柄失其所，权纲丧典刑”的危险局面。“七柄”两句承“主暗”句，谓朝廷的重要职务所托非人，失其常则。“七柄”，《周礼》载，管理国家有祭祀、朝觐、军旅等七方面的事务，分由百官执掌。惠帝即位之初，便由昏庸无能的太后父外戚杨骏辅政，杨骏滥用亲信，专擅朝政，揭开了西晋末大乱的序幕。

接下来六句，诗人进一步抨击制造祸乱的野心家贾后、赵王司马伦之流。“牝鸡晨鸣”，母鸡报晓，旧喻称女性掌权，此指惠帝皇后贾氏干预政事。据史载，贾后为夺取朝廷实权，与楚王司马玮合谋，于元康元年(291)发动宫廷政变，诛灭杨骏及其党羽。不久，贾后唆使司马玮诛杀了与杨骏共同辅政的汝南王司马亮和元老功臣卫瓘。事后，贾后又诬司马玮矫诏擅杀功臣而诛之，从此她独揽朝政大权。“哲妇”，多谋虑的女人，此谓贾后；“储君”，指惠帝太子司马遹；“新昌”，指许昌，司马遹被害于此地。贾后宫廷政变成功，为了长执权柄，便设计谋害了非她所生的太子司马遹，手段极端阴险残忍，故曰“逞幽虐”；司马遹是惠帝唯一的儿子，他被贾后害死，将来君位无人继承，所以说“宗祀一朝倾”。贾后作恶多端，引起朝臣愤怨不满，野心勃勃的赵王司马伦乘机利用这种愤怨之情，于永康元年(300)起兵杀了贾后；次年，司马伦又逼惠帝让位，并迁之于金墉城(洛阳城西北角上一小城，三国魏明帝时筑，魏晋时被废的帝、后，都安置于此)，自立为帝。是为“愚猾窥神器”，“帝执金墉城”。“神器”指帝位。

“祸衅”四句，写外镇皇族起兵争权，自相火并，少数民族军阀乘势入侵，灭亡西晋。赵王司马伦篡夺帝位的同年，督镇许昌的齐王司马冏、督镇邺城的成都王司马颖、督镇关中的河间王司马颙以勤王为名，联合起兵讨伐司马伦。从此演成西晋末的"八王之乱",从局限于洛阳宫廷的政变,发展为皇族争夺政权的大混战。是为"祸衅萌宫掖"、"三方风尘起"。"祸衅",祸端;"三方",指齐王、成都王、河间王等三镇藩王。早就觊觎中原的北方少数民族军阀,乘西晋内部自相残杀之机,纷然起兵。匈奴铁骑攻势凌厉,永嘉五年(311)攻克洛阳,俘晋怀帝;建兴四年(316),攻破长安,俘晋愍帝,西晋灭亡。是为"胡马动北垧""猃狁窃上京"。"垧",郊野;"猃狁",指匈奴族;"上京",首都。这四句,诗人用分承法,精当地揭示了西晋王朝灭亡的前因后果,可谓全诗的警策所在。

通观以上十六句,简短的八十个字,就扼要地勾勒了西晋时期宫廷之变、藩王之乱、胡族入侵等重大历史事件的基本面貌,显示了作者的概括力与驾驭诗歌语言的能力,从而使诗歌在表现容量上的优越性得到了充分的体现。在客观的叙述中,又融入一些带有主观感情色彩的词句,鲜明地表现了作者对制造祸乱者的抨击和愤慨之情。

诗的后四句,抒发对誓心克复中原的爱国志士的赞许之情。中原沦丧,晋室南迁,但当时也不乏志在恢复的爱国志士。如知难而进、转战并州的刘琨,"中流击楫,誓清中原"的祖逖,当然,也包括张骏本人。《晋书》卷八十六载其上晋成帝书云:"宗庙有《黍离》之哀,园陵有殄废之痛,普天咨嗟,含气悲伤……是以臣前章恳切,欲齐力时讨。而陛下雍容江表,坐观祸败,怀目前之安……臣所以宵吟荒漠,痛心长路者也。"克复中原的激情溢于言表。这四句诗中的"扼素腕""怀愤盈""誓心""积诚",正是他们这些爱国志士浩气奋迈之情态的真实写照。

《薤露行》是乐府古题,本为送葬哀挽之辞,用以送王公贵人。曹操"借古乐府写时事",其《薤露行》写汉末重大历史变故,被誉为"汉末实录,真诗史。"张骏以此题赋晋室覆亡、义士怀愤等重大历史事件,这是对建安诗歌精神的直接继承;这首诗在风格与情调上,明朗刚健,充满志在靖难的壮怀之音,与建安诗歌也是一脉相承的。同时期的东晋诗坛,"平典似道德论"的玄言诗盛行,相比之下,更能显出此诗的难能可贵。

（王　琳）

【作者小传】

曹　毗

生卒年不详。字辅佐,东晋谯(今安徽亳州)人。初任郎中,历官佐著作郎、句章令、太学博士、尚书郎、领军大将军从事中郎、下邳太守,终光禄勋。事迹具《晋书》卷九二本传。有集十五卷,已佚,《先秦汉魏晋南北朝诗》辑得其诗及断句九首。

夜听捣衣　　曹　毗

寒兴御纨素，佳人理衣衾。冬夜清且永，皎月照堂阴。纤手叠轻素，朗杵叩鸣砧。清风流繁节，回飙洒微吟。嗟此往运速，悼彼幽滞心。二物感余怀，岂但声与音。

古代妇女将准备缝制衣服的布帛或已缝制好的衣物，平铺在砧石上捶平，这就叫捣衣。诗文作品中写捣衣，一般都是写闺中人思念远方的丈夫、为他们准备御寒衣服。

“寒兴御纨素，佳人理衣衾。”这里的“御”和“理”意思都是治理。“纨素”，精细的白绢。这两句是说，天气寒冷起来了，“佳人”在捶治纨素、缝制衣被。“冬夜清且永，皎月照堂阴。”“清且永”，清寒而漫长。“堂阴”，堂屋的阴影处。这地方大概上半夜月亮照不到，此时照到了，可见夜已很深了。这两句说，佳人缝制衣服直到深夜。“纤手叠轻素，朗杵叩鸣砧。”“纤手”，指女子柔弱的手。“杵”，木棒。杵前着一“朗”字、砧前着一“鸣”字，是表示杵砧相击时发出清亮的响声。这两句是写捣衣的动作。“清风流繁节，回飙洒微吟。”“繁节”，繁密的节奏。“回飙”，回转的风。“微吟”，低声的叹息。上面由“寒兴”、“冬夜”一步步写到捣衣，这里落实到“夜听”、听捣衣的声响了。从“流繁节”可推想佳人捣衣动作的快速，想早点制好寒衣；从“洒微吟”可推想出佳人的心思，她在想念远方的亲人。下面是写听后的感想了。“嗟此往运速，悼彼幽滞心。”“往运”，时光的流逝。“幽滞”，幽郁而不能振作。这两句意思是，看着时光过得这样快，我非常同情她那无偶的悲痛。所谓青春易逝、红颜易老，作为一个女子的痛苦莫过于此了。“二物感余怀，岂但声与音。”“二物”就是上面说的时之速、心之滞。这两句说，就是这两种情况使我深为感动，哪里仅仅是捣衣的声音呢。这一方面说明了他对佳人的处境非常同情，由捣衣联想到她的命运，可谓体贴至深。同时从这反复强调的话语里，分明可以看出捣衣声也引动了作者关于自己处境的反思，“往运速”、“幽滞心”也就是寄予了他的蹉跎之感。真是“不惜歌者苦，但伤知音稀”（《古诗》），听者、叹者由于人生遭际的某种相似而产生共鸣了。

写捣衣情景的作品，前有班婕妤的《捣素赋》，诗以这篇为较早。这首诗侧重从听觉上写捣衣，感想中又掺入“士不遇”的意思，捣衣者本身的表现还不突出。后来谢惠连的《捣衣》描写妇人心情就较细致真切了，而作品的主题也纯是表现妇人了。

（汤华泉）

【作者小传】

孙 绰

(314—371) 字兴公,东晋太原中都(今山西平遥)人。少居会稽十余年,有高尚之志。出任著作佐郎,袭爵长乐侯。历官征西将军参军、章安令、太学博士、尚书郎、建威长史、右军长史、永嘉太守、散骑常侍,终廷尉卿。事迹附见《晋书》卷五六《孙楚传》后。绰诗风恬淡,为东晋玄言诗的代表作家。有集二十五卷,已佚,明人辑有《孙廷尉集》,《先秦汉魏晋南北朝诗》辑得其诗十三首。

秋日诗 孙 绰

萧瑟仲秋月,飂戾风云高。山居感时变,远客兴长谣。疏林积凉风,虚岫结凝霄。湛露洒庭林,密叶辞荣条。抚菌悲先落,攀松羡后凋。垂纶在林野,交情远市朝。淡然古怀心,濠上岂伊遥。

在东晋的诗坛上,曾经盛行过一种玄言诗。所谓玄言诗就是大谈老庄的玄之又玄、深微莫测的哲理诗。它们脱离了社会生活和人的感情,“理过其辞,淡乎寡味”。孙绰就是写这种诗的代表作家,像“仰观大造,俯览时物。机过患生,吉凶相拂。智以利昏,识由情屈”(《答许询诗》)之类,就很有点像歌诀和偈语。但是,他的这首《秋日诗》却又别是一番面貌,虽然旨归仍不离老庄,却并不高谈道家的玄虚哲理,而只是表明道家的人生态度,且这种态度也是在对秋日景象的感应上生发的,因而有着一定的人生实感和较为鲜明的形象。在玄言诗充塞诗坛的当时,这等作品自然可算是佳胜之作了。

全诗清晰地显现出三个层次。

首四句总写秋日的节候特点及其在人们心理上的反映。前二句首先写出秋天的一派肃杀之气。“仲秋月”就是农历八月,是典型的秋日,此时天气转凉,霜露渐起,百物凋零,所以冠以“萧瑟”二字。“飂戾风云高”是说此时节云淡天高,秋风阵阵。“飂戾”就是风声。如此萧瑟的节候自然会在人们的心理上产生感应:“山居感时变,远客兴长谣。”住在山中的人会首先感到这时序的变化;远行在外的人很容易产生凄凉之感、思家之念,以至于要放声唱歌来舒散心中的愁闷。这一层写出了对秋日的总体印象,为后面的具体描写秋景张本。

接下六句为第二层意思，写自身所感到的节候变化。“疏林积凉风，虚岫结凝霄”，是说稀疏的树林中不断地刮起冷风，空荡荡的山峦上聚集着浓云，这是山林中的变化。“湛露洒庭林，密叶辞荣条”是说浓重的露水洒落在庭院中的树上，繁密的叶子就从茂盛的枝条上落下，这是庭院中的变化。这种无情的肃杀之气虽说无可抗拒，但在受其摧残的时间和程度上，各种景物是不相同的，那是它们各自的品质和抗御能力不一样，所以紧接着补了两句：“抚菌悲先落，攀松羡后凋。”菌是一种寿命极短的植物，《庄子》上曾说过“朝菌不知晦朔”，所以作者抚之而生悲。苍松不怕寒冷，秋气无损于它，所以作者不禁要攀其枝叶，投以羡慕的眼光。这一层写的虽是眼前常见景物，刻画却是精细而鲜明的，而且诗人还为之动了悲、羡之情，足见他并没有用哲人的冰冷目光去静观这种“时变”，而是饱含着诗人的感情去体察的，也就是说诗人是以热乎乎的心肠描绘出这秋日的凄清画面的，所以其间充溢着浓郁的诗意。

松柏是高洁品质的象征，上句诗人既有羡于松，虽是写景，但个人志趣已经流露，后四句遂顺调转入抒写自己的情志。“垂纶在林野，交情远市朝”，是说在这秋天的日子里，大自然尽管如此萧瑟，我还是愿意投身于它的怀抱，远远地来到林边野外钓鱼，与朝廷、市场这些争名争利的场所断绝联系。为什么要如此呢？因为“淡然古怀心，濠上岂伊遥”，意思是说只要把纷繁的世界看得淡漠，无求于人，无苛于己，保持着远古人的心胸，那我们离无为自适的境界也就不远了。“濠上”一典出于《庄子》的《秋水》篇，其中写庄子与惠施在濠上（在今安徽凤阳）闲游，看到鲦鱼从容出游，因而引起了鱼究竟知不知道快乐的一番辩论，后世就把濠上指代逍遥闲游的地方，把崇尚老庄就说成是濠上之风。此二句是谈玄论虚之词，也是全篇的旨归。道家认为一切礼乐道德等社会规范，以及人们有组织的行动与交往都是对人的自然本性的扼杀，所以他们要摆脱一切制度与文明的束缚，把任情适性、归真返璞当作终身追求的目标。这里颂扬的也就是这种精神。

孙绰此诗虽也涉及玄理，却并不淡然寡味。首先，作者是在对秋日景象的描绘和由此而产生的悲、羡之情上引出对濠上之风的颂扬的，这是诗歌艺术上常用的讽咏比兴法，因此自然也具有艺术感染力。其次，此诗所涉及的玄理，并非阐释道家的具体教义，仅仅是表明一种归依道风的感情，而表现感情乃是诗歌的天职，诗情诗味即由此出，这也是此诗不乏诗味的原因。

当然，此诗虽也较多地写了山水风景，林野秋色，但因为它既未以游览作为描写景物的过程和手段，也没有把自然景物作为美感观照的主位对象，所以它仍属于玄言诗，还不是一首山水诗。但是，孙绰本人是爱好山水的，描摹山水的本领也是高超的（例如其《天台山赋》就写得掷地有声），而且他“借山水以化其郁结”（《三月三日兰亭诗序》），所以他诗中的自然景物（包括山水），也就应当另眼相看了。此诗借秋日景物来表明其向往濠上之风，也就是为了化解其胸中郁结，这与“老庄告退”后兴起的山水诗有着共同之处。更明确地说，被称为空洞虚泛的玄学，却也有其注重自然之道、注重人与自然相和谐的一面。作为玄学的诗歌形式的玄言诗，因而也有其注重从自然——山水之中体悟玄理，亦即企图让自然景物与人的思想取得和谐的倾向。正是这个倾向的不断发展延伸，才终于有了以山水为重头而玄理退居为“尾巴”的山水诗。孙绰此诗中，阐明玄理虽然还是诗的主要目的，但谈玄在篇幅上已是“尾巴”了。因此，如果说此诗包含着山水诗的某些因素或萌芽，应该是符合实际的。（谢楚发）

【作者小传】

孙 放

东晋人，官至国子博士。有集十卷，已佚。《先秦汉魏晋南北朝诗》辑得其诗及断句二首。

咏 庄 子

孙 放

巨细同一马，物化无常归。
修鲲解长鳞，鹏起片云飞。
抚翼搏积风，仰凌垂天翚。

《宋书·谢灵运传论》云：“在晋中兴，玄风独扇，为学穷于柱下（代指老子学说），博物止乎七篇（代指庄子学说）。驰骋文辞，义殚乎此。”东晋的名士清流嗜好老庄之学，并以此作为诗歌创作的旨归，形成一时风气。孙放的这首诗，无疑是这种流行时髦的产物。

题云“咏庄子”，已揭櫫漆园义疏之旨。据说作者自幼服膺庄子，年七八岁时，与父孙盛从庾亮猎，因其字曰“齐庄”，庾亮曾问：“欲齐何庄邪？”放曰：“欲齐庄周。”亮曰：“不慕仲尼（孔子）邪？”放曰：“仲尼生而知之，非希企所及。”（见《晋书》卷八十二）又其祖孙楚亦写过“天地为我罏，万物一何小”《征西官属送于陟阳侯作诗》等玄言诗句，可见孙放作此诗是渊源有自，夙缘所成了。

全诗开首二句即提纲挈领，道出一篇命意。起句本自《庄子·齐物论》，其云："天地一指也，万物一马也。"大意谓"天地虽大，一指可以蔽之，万物虽多，一马可以理之"（唐成玄英疏），连同下句，说明天地万物虽有小大之分，然变化无常，各当其分，共趋一揆，同于自得。于是物无巨细，事绝等差，以致"彼亦一是非，此亦一是非"，这正是庄子"齐物"论的要点，起二句开宗明义，颇道出庄周用心之处，可见作者之玄学功底了。

如果说此诗前二句是直言明理，那么后四句则是妙喻言道了。其语出自《庄子·逍遥游》："北冥有鱼，其名为鲲，鲲之大，不知其几千里也，鲲化而为鸟，其名曰鹏，鹏之背，不知其几千里也，怒而飞，其翼若垂天之云。……鹏之徙于南冥也，水击三千里，抟扶摇而上者九万里。"作者据此稍加变化，易为诗歌语言，直咏庄子凭虚凌空，函盖天地，吞吐八方的逍遥之境。鲲、鹏皆为庄子杜撰之物，取其广大无比，奋飞云天指喻超乎物外，任天而游之道。此与开首所论齐物之义，正成表里。庄子之学，其核心在于内篇中《逍遥游》、《齐物论》两篇。此二文说明"逍遥物外，任天而游无穷"。（王先谦《逍遥游》题解）"天下之物之言，皆可齐一视之，不必致辩守道。"（王先谦《齐物论》题解）的玄学要义。然逍遥物外，忘情世事，必建立在不辩彼此，混淆是非之上，亦唯有此无差别境界，才能升华为物任其性，逍遥无碍之道。孙放咏庄子，独独拈出此二篇，并非偶然，实出会心。

庄子生丁于礼崩乐坏的春秋战国时期，有憾于世上是非蜂起，争斗日繁，又不能挽狂澜于既倒，遂知其不可而安之若命，立言传道，希冀通过不辩是非，逃避现实来求得精神上的解脱。孙放企慕庄子，高谈玄理，以致作诗咏歌，其动机与其祖师有相同之处。东晋门阀士族间为争权夺利，竞相残杀，出于畏患惧祸的动机，名士们很容易接受老庄不辩彼此是非的齐物观点，以此作为自己立身行事的理论基础，逃避各种政治上的是非之争，以求超乎物外全身保命。所以，孙放的歌咏老庄，托意逍遥，不仅仅是当时尚好玄学的风气使然，更重要的还有其社会现实的原因。

同其他的"理过其辞"的玄言诗相比，孙放的这首诗，对庄子之义理文章，尚不能说是"买椟还珠"。作者吸取了庄子的义理，更继承了他的文风。《庄子》全书，不仅玄义精微，且形象生动。其文笔汪洋恣肆，妙喻迭出不穷，对后世文学影响极大。此诗后四句，虽曰檃括《逍遥游》句意，然能自铸新辞，作者描写鲲鹏展翅逍遥凌空，比之庄子原文，更有诗歌语言之洗练特色。因这首诗是借庄子之妙喻明道，故又不失形象之鲜明，虽在用典，却无隔雾观花之嫌。全篇义理辞采，精

要恣健,与《庄子》风格,庶几仿佛,和当时那些侈谈名理,淡乎寡味的玄言诗相比,这首诗应该算是上乘之作了。(祝振玉)

【作者小传】

王羲之

(321—379,一作303—361) 字逸少,东晋会稽(今浙江绍兴市)人,祖籍琅邪临沂(今山东临沂)。世称"王右军"。少有美誉,为公卿所推重,尤善书。永和九年(353),作《兰亭序》。世称"书圣"。初任秘书郎、征西将军参军、长史。迁江州刺史,又任右军将军、会稽内史。后辞官,优游山水而卒。事迹具《晋书》卷八〇本传。有集十卷,已佚,明人辑有《王右军集》,《先秦汉魏晋南北朝诗》辑得其诗及断句二首。

兰亭诗六首(其三) 王羲之

三春启群品,寄畅在所因。
仰望碧天际,俯磐绿水滨。
寥朗无厓观,寓目理自陈。
大矣造化功,万殊莫不均。
群籁虽参差,适我无非新。

东晋穆帝永和九年(353)三月三日,王羲之、孙绰、谢安与孙统等四十一人,在会稽(今浙江绍兴)境内的兰亭举行了一次集会,按古人上巳修禊的习俗,要在三月第一个巳日临水洗濯,去除不祥,诗人们在曲水旁,将盛着酒的杯子从曲水上游放出,让它顺着流水漂下,流到谁的面前,谁就畅饮此杯,临流赋诗。今存王羲之的《兰亭诗》共有六首,这是其中之一。时人将这些诗汇集起来,成为《兰亭集诗》,王羲之为此写了一篇序文,那就是千古留名的《兰亭序》,因为羲之的书法出神入化,《兰亭序》被称为"天下第一行书",其文也不胫而走,脍炙人口,但羲之的《兰亭诗》则较少为人注意,其实诗、文表现的思想与描绘的景象有不少相同之处,可互相发明。

三月三日,正是暮春天气,万物都欣欣向荣,生机勃勃。"群品"即指万象。这天气候宜人,天朗气清,惠风和畅,诗人们自然可以寄情山水,畅叙幽情。"寄畅在所因"一句写出了人与自然的冥契,说明人与外物的联系,富于哲理。同时逗出下文,“仰望”以下就是“所因”的对象与“寄畅”的内容。仰望是朗然无滓的万里晴空,俯首则低徊于清澈见底的曲水之滨。诗人的俯仰所见包蕴天地万象,一切都生机盎然,令人想到造化的伟大,这两句与序文中所说的“仰观宇宙之大,俯察品类之盛,所以游目骋怀,足以极视听之娱,信可乐也”一段所描绘的意境相似,只是更加凝练而形象,这正是诗与散文的不同之处。面对着如此寥廓朗畅、一望无际的景观,于是诗人由此悟出了自然与人生的真谛。这里王羲之由眼前景物所激起的,并不是个人的喜怒哀乐,而是对宇宙与生命的思索,因而接下来的不是抒情,而是陈理。

伟大啊!造化的功绩,它对天地间的万事万物都是不偏不倚的,它赐给万象的生命,在这春光融泄之中,诗人感到了自然的力量。而对于三才之一的人来说,自然界的各种事物虽千差万别,但无一不是新鲜而充满生机的。

王羲之世奉道教中的一支天师道,因而他的思想与盛行于当时的玄学家之言不甚一致,他虽任性率真,放浪形骸,然于人生、于现实并未失去希望,也未忘情于人世。《世说新语·言语》中载:“王右军(羲之)与谢太傅(安)共登冶城。谢悠然远想,有高世之志。王诣谢曰:‘夏禹勤王,手足胼胝;文王旰食,日不暇给。今四郊多垒,宜人人自效,而虚谈废务,浮文妨要,恐非当今所宜”,可见羲之反对玄言家的清谈误国,而主张切实地为国家做点事。因而他在《兰亭集序》中也批评老庄哲学曰:“一死生为虚诞,齐彭殇为妄作。”不满老庄齐死生、等寿夭的消极思想。因而在此诗中他既肯定了造化的伟大,也强调了自然对人的影响,强调了人在自然中的地位。

《兰亭诗》可以说是现存的玄言诗的代表,《文心雕龙·明诗》中说到东晋的诗风时说:“江左篇制,溺乎玄风,嗤笑徇务之志,崇盛亡机之谈。”钟嵘《诗品序》中也说:“永嘉(307—313年)时,贵黄、老,稍尚虚谈。于时篇什,理过其辞,淡乎寡味。爰及江表,微波尚传,孙绰、许询、桓、庾诸公诗,皆平典似《道德论》,建安风力尽矣。”正由于玄言诗这种平淡无味的特征,使得它在诗歌史上成为短暂的一瞬,不久就销声匿迹了。而从今存的孙绰、王羲之、王献之、谢万、孙统、孙嗣、庾友、庾蕴、曹茂之等人的《兰亭诗》来看,可知当时玄言诗的风气,王羲之的这首诗即体现了这种风气。诗人由写景而抒发自己对人生乃至宇宙的看法,所谓“寓目理自陈”,这也是一般玄言诗的格式。然羲之的这首诗造语清新,虽然不脱道家崇尚自然的根本观念,却也歌颂了人的感物寄怀,其中体现的精神是积极向上的,不同于玄言家的超脱与淡泊。这正是他本身的人格与思想的真实反映。此诗虽旨在说理,然畅达明白,不故作玄虚,在玄言诗中是比较成功的一首。（王镇远）

【作者小传】

王献之

(344—386) 字子敬,东晋会稽(今浙江绍兴)人,祖籍琅邪临沂(今山东临沂)。王羲之子。少有盛名,善草隶。初为州主簿,又任秘书郎、丞,谢安请之为长史。历官建威将军、吴兴太守、中书令,卒于官。事迹附见《晋书》卷八〇《王羲之传》后。《先秦汉魏晋南北朝诗》辑得其诗四首。

桃 叶 歌 王献之

桃叶映红花,无风自婀娜。
春花映何限,感郎独采我。

《桃叶歌》是东晋乐府"清商曲辞·吴声歌曲"中的一个曲调。据《乐府诗集》引《古今乐录》,该曲调系东晋中期王献之所作,有歌词三首,本篇是其中之一。王献之是大书法家王羲之的儿子,也擅长书法,后世并称"二王"。从《桃叶歌》看,王献之的文才也不差。桃叶是王献之的妾,献之非常爱她,因此写作此歌。

本篇以桃叶的口吻来抒写桃叶对王献之热爱她的感激之情,篇中的郎即指献之。本篇上两句说:桃树绿叶红花互相映带,它那轻盈娇艳的体态,虽然没有春风的吹拂,也仿佛在微微晃动,显得婀娜多姿。这两句表面上写桃树,实际是以桃花比喻桃叶妾的美丽。下两句说:春天百花盛开,在明媚的阳光下,焕发光彩的花木品种,真是数也数不清;可是郎君唯独喜爱、采撷我(桃花),其情谊是多么令人感动啊!这两句以桃叶的口吻,写她受到王献之热爱的感激心情。全篇以桃花比桃叶妾,显示出她的娇艳美丽;以王献之于春日百花中独采桃花,表现出他对桃叶的深情和桃叶对他的感激。短短四句,通过生动的比喻,把桃叶的美丽、献之和桃叶两人间的情爱都表现出来了,语短情长,堪称古代爱情诗中的一篇佳作。诗的语言朴素明朗,比喻生动,可以看出深受当时吴地民歌的影响。

《桃叶歌》抒写对婢妾的情爱,除掉受民歌大胆表现爱情的影响外,还显示出魏晋时代文人思想比较解放的特色。在汉代,儒家思想的统治相当强大。儒家提倡诗教,要求诗歌"发乎情,止乎礼义",表现男女情爱而无关政治教化的作品,往往受到轻视,甚至被目为淫辞,限制很多。因此在汉诗中,我们只能看到像秦嘉、徐淑夫妻赠答的诗篇(即使这样的诗为数也很少),而不能看到像《桃叶歌》那样的作品。到魏晋时期，儒家思想的统治大为削弱，道家的老庄思想抬头。当时不少文人要求摆脱森严的礼法束缚，崇尚自然，主张顺着人的自然感情行动。在处理男女关系上也是如此。《桃叶歌》敢于表现对社会地位低下的妾的情爱，可说正是这种时代新风气下面的产物。与《桃叶歌》同时，乐府吴声歌曲中的《碧玉歌》、《团扇歌》与之声气相通。《碧玉歌》写晋汝南王司马义的爱妾碧玉对汝南王的感激之情，《团扇歌》写晋中书令王珉和嫂婢谢芳姿间的情爱，题材内容与《桃叶歌》非常接近，反映了一个时代贵族、文人在生活、创作方面的共同风尚。它们在表现魏晋人的任诞放荡、纵情享受方面，有其消极一面；但在反抗儒家礼法、大胆表现真情实意方面，又具有一定的进步意义。

（王运熙）

【作者小传】

谢道韫

生卒年不详。东晋陈郡阳夏（今河南太康）人。会稽内史王凝之之妻。凝之被杀后，乃寡居会稽（今浙江绍兴市）以终。事迹具《晋书》卷九六本传。有集二卷，已佚。《先秦汉魏晋南北朝诗》辑得其诗三首。

咏雪联句　　谢安　谢朗　谢道韫

白雪纷纷何所似？（谢安）
撒盐空中差可拟。（谢朗）
未若柳絮因风起。（谢道韫）

这是一则千古佳话，表现了女才子谢道韫杰出的诗歌才华。

据《晋书·王凝之妻谢氏传》及《世说新语·言语》篇载，谢安寒雪日尝内集，与儿女讲论文义，俄而雪骤，安欣然唱韵，兄子朗及兄女道韫赓歌（诗即如上），安大笑乐。

谢安所乐，在于裙钗不让须眉，侄女之诗才，更在侄子之上。按谢朗少有文名，《世说新语·言语》篇引《续晋阳秋》称他“文义艳发”，《文学》篇引《中兴书》说他“博涉有逸才”。所以叔父出韵起题，侄子即为唱和，正见其才思敏捷也。平心而论，“撒盐空中”亦不失为一种比方，雪，以其粉白晶莹飘散而下，谢朗就近取譬，用撒盐空中拟之，虽不高明，也差可形容了。

然而，聪颖的妹妹并不迷信兄长的才名。她觉得，以盐拟雪固然不错，但没有形容出雪花六瓣,随风飘舞,纷纷扬扬,无边无际的根本特征。于是,针对兄长的原句,她作了大胆的修正:“未若柳絮因风起。”

柳絮,作为春时景物,有似花非花,因风而起,飘忽无根,满天飞舞的特征。晋伍辑之《柳花赋》曾形容:“扬零花而雪飞,或风回而游薄,或雾乱而飙零,野净秽而同降,物均色而齐明。”谢道韫将此来比拟北风吹起漫天飞雪,堪称契合无间。取柳絮可比其形言其大,点明当时的“雪骤”之景,而“因风起”更指出它随风飘舞,漫无边际的自然特点。(宋代的贺铸《青玉案》词有“满城风絮”句。)由此较之,雪花柳絮,可谓是异迹而同趣了。如此再看“撒盐空中”的比方,则未免有局促见肘之诮了。

清人沈德潜说:“事难显陈,理难言罄,每托物连类以形之。”(《说诗晬语》卷下)比喻是诗歌的基本修辞手法。其要在于贴切传神,新颖入妙。这正是谢道韫此句高于他兄长的地方。

但是,真正的佳句名句之所以千古流传,播传人口,更重要还在于它能通过形象传达出作者内心的思想感情。谢道韫的这句诗,其佳处不仅在工于设譬,还在于透露出女才子热爱生活、热爱自然的情怀。她将北风飞雪的严寒冬景,比作东风吹绵的和煦春色,不正表现出女作者开朗乐观的胸襟以及对美好春光的由衷向往么?

据《晋书》本传,谢道韫的联句不仅得到她叔父的称赏,而且还受到在场嘉宾的一致赞许。这次联句,遂传为一时佳话,谢道韫从此也赢得了“咏絮才”的美名。后来南朝梁刘孝绰写过一首《对雪诗》,其中有“桂华殊皎皎,柳絮亦霏霏。讵比咸池曲,飘飖千里飞”,也许是受到谢道韫的启发。

须要说明的是,谢道韫的出色联句。并不是一时之功、刹那灵感,而是有她平时深厚的文学修养作基础的。《世说新语·言语》篇引《妇人集》称她“有文才,所著诗、赋、诔,颂传于世”。可惜绝大部分没有保存到今天。 (祝振玉)

泰　山　吟

谢道韫

峨峨东岳高,秀极冲青天。
岩中间虚宇,寂寞幽以玄。
非工非复匠,云构发自然。
器象尔何物,遂令我屡迁。
逝将宅斯宇,可以尽天年。

曹雪芹《红楼梦》第五回有"金陵十二钗正册判词"云:"可叹停机德,堪怜咏絮才。玉带林中挂,金簪雪里埋。"其中"咏絮才"用的是东晋才女谢道韫的故事。据《晋书·王凝之妻谢氏传》:"王凝之妻谢道韫,聪明有才辩,尝内集,雪骤下,叔谢安曰:'何所拟也?'安兄子朗曰:'撒盐空中差可拟。'道韫曰:'未若柳絮因风起。'安大悦,众承许之。"后世常称赞能诗善文的女子为"咏絮才"。可惜谢道韫的咏雪佳作有句无篇。这首《泰山吟》虽不及她的咏雪句著名,亦差可见其文才气度。

诗咏泰山,一开始就大气磅礴。巍峨泰山屹立神州之东,与西岳华山,南岳衡山,北岳恒山,中岳嵩山遥相对峙,故有东岳之称。作者描写它雄伟蓄秀,高耸入云,第二句中的"冲"字,极写泰山逶迤而上,直刺云天的气势,既传神且有动感。接着四句描绘山中景观,"岩中间虚宇"的"间"作分隔解,表现天际空明,云横崖间的景色。"云构"指山中岩洞,"非工非复匠"句,作者赞美了造化之功。这四句描写泰山胜景,作者未事藻绘,只赞以"寂寞幽以玄","云构发自然"。似偏于质朴无文。孰不知,此正是东晋士族文人审美品评的最高标准。据刘义庆《世说新语》,魏晋时期人物品藻就是强调"冲静"、"玄远"、"旷淡"、"自然英发"。当时的诗风,亦崇尚质木玄胜。这种质朴审美观的思想基础是老庄之学,如《庄子·天道篇》云:"夫虚静恬淡寂寞无为者,万物之本也,……朴素而天下莫能与之争美。"在《刻意篇》中又说:"夫虚静恬淡寂寞无为者,此天地之本而道德之质也。淡然无极而众美从之。"东晋时期老庄之学在士族中广为流行,这不仅成为人物品藻的尺度,亦成了诗歌美学的准则。所以谢道韫赞泰山以寂寞无言幽玄自然,看似质木不文,而实质表达了作者对峨峨泰山的最高赞美,包含着作者面对巍巍东岳的无比景仰之情。

女才子在高山仰止之际,也触发了自己的身世之感。"器象尔何物,遂令我屡迁。"因景动情,作者质问时运造化,何以使她屡遭迁谪流离。谢道韫生平行事已难详考,此二句应有所指不是泛泛之笔。查《晋书》本传,道韫夫王凝之及诸子均丧于乱臣孙恩之手,此后失亲流离之苦,不难推想。但是,作者并没有由此归结为自伤身世的哀叹。"逝将宅斯宇,可以尽天年。"面对雄峻壮伟的泰山,诗人表达的是置身山川天宇,乐享天年,将有限之生命融化于无限之美景的希望胸怀。

我国古代名媛诗作,多以阴柔见长,以宛转细腻见胜,而谢道韫的这首《泰山吟》,却充满阳刚之气。女才子大笔挥洒,气度非凡,不让须眉。《晋书》本传记她"风韵高迈"、"神情散朗,有林下风气",这首诗正可见其一斑。 (祝振玉)

【作者小传】

庾 蕴

(？—371)　东晋颍川鄢陵(今属河南)人。车骑将军庾冰子。官至广州刺史,在任上被权臣桓温所逼,饮鸩死。《戏鸿堂帖》存其诗一首。

兰 亭 诗　　　　庾 蕴

仰想虚舟说,俯叹世上宾。

朝荣虽云乐,夕弊理自因。

《庄子·山木》篇说了这样一个比喻:有一条船渡河,如果被另一条无人船相撞,那么,即使那船夫是个性急的人,碰到这种情况也不会发怒,但假使那只空船上有个人的话,船老大必会吆喝起来,唤他三次如不理会,就要恶言相加。为什么同被一条船相撞,却有不怒与怒的两种截然不同的反应呢?这是因为那条船"向也虚(无人),而今也实(有人)",庄子借此说明"人能虚己而游世,其孰能害之"的道理。此诗首句的"虚舟说",盖取意于此。作者深味老庄之旨,对芸芸众生不谙斯言斯理,感叹万分。"人生天地间,忽如远行客。"(《古诗十九首》)其匆匆聚散,恰如座中之宾。然"天下熙熙,皆为利来,天下攘攘,皆为利往"(《史记》),各怀私念,俱不能虚己而游。及至利益相触,争斗日滋,岂有不被祸罹害之理。诗的前二句言简而意深,可谓理论联系实际,表达了作者对人生哲理的思索感喟。

诗人在俯仰之际完成了对人生世相的大彻大悟,总结出这样一个道理:"朝荣虽云乐,夕弊理自因。"此中朝夕二字,盖言荣枯相生,俯仰成变之速。老庄之道与佛教哲学包含着辩证思想。当时的文人多取意于此,演化为一种历史循环论。如孙绰曾写道:"仰观大造,俯览时物。机过患生,吉凶相拂。"(《答许询》)魏晋时期政治斗争残酷,文人迫于社会黑暗,多怀忧生之嗟,他们高谈人世无常,祸福相随之理,但实际更偏向于一种悲剧的人生观。因此这二句虽将"朝荣"与"夕弊"对举,然实际意义如借语法概念讲,并不是并列的,而是偏正的。"荣"只不过是短暂的幻象,而"弊"才是永恒的归宿。

庄子在《逍遥游》讲过"至人无己"。连同他的"虚舟"之喻,正为后人开出了避祸全身,逍遥物外的处世良方。这首诗作者旨在借老庄之言以规箴世人,然自己却未践斯言,做到虚己而游,全身于世。庾蕴为庾冰之子,其姊(或谓妹)为海西公妃，故其兄弟七人俱显贵，蕴官至广州刺史并假节。不久海西公废，桓温陷其弟倩、柔以武陵王（司马晞）党，累及全家，除其兄庾友幸免外，余均被害，庾蕴自己在广州饮鸩而死。（事见《晋书》卷七十三）朝荣夕弊（有的版本作“毙”），俱验斯言，受祸之速，过于旋踵。故此诗亦可看作是作者一生之谶语了。

（祝振玉）

【作者小传】

袁　宏

（328—376）　字彦伯，小字虎，东晋陈郡阳夏（今河南太康）人。初为安西将军谢尚参军，累迁大司马桓温记室，曾随温北伐。后为吏部郎、东阳太守，卒于官。事迹具《晋书》卷九二本传。有集二十卷，已佚。有《后汉纪》三十卷存世。《先秦汉魏晋南北朝诗》辑得其诗六首。

咏　史　　　袁　宏

无名困蝼蚁，有名世所疑。中庸难为体，狂狷不及时。杨恽非忌贵，知及有余辞。躬耕南山下，芜秽不遑治。赵瑟奏哀音，秦声歌新诗。吐音非凡唱，负此欲何之！

袁宏，字彦伯。父袁勖，曾官临汝令。少年时父亲死后，家道破落，以水上运输租米为生。当时历阳太守谢尚镇牛渚，秋夜乘月，微服泛江。袁宏正在舟中吟咏，声清辞拔，谢尚驻听许久，遣人访问，回人答道：“是袁临汝郎诵诗。”谢尚大为叹赏，迎之舟中，相与谈论，袁宏的声誉自此日盛。

以上据《晋书》。《世说新语·文学》记此事有云：“谢镇西经船行。”按，谢尚之进镇西将军是在他后期，尚与宏相晤在早期，这时袁宏还年轻，未显达，所以叫他“袁临汝郎”。牛渚在今安徽当涂，历阳治所在今和县，两地为一水之隔。《世说》之称“谢镇西”是追称，并非说是在他后来任镇西将军时。

此诗所咏之史为西汉杨恽被腰斩事。

杨恽是司马迁外孙，汉宣帝时人，曾封平通侯，后因故被人告发，免为庶人，家居大治产业，接待宾客。友人西河太守孙会宗以书劝诫，恽在答书中有这些话：“家本秦也，能为秦声。妇赵女也，雅善鼓瑟。仰天拊缶，而呼乌乌。其诗曰：田彼南山，芜秽不治，种一顷豆，落而为萁。”诗中的话，隐讽朝政荒败，贤人被废，因而被腰斩,也是中国历史上第一起文字狱。

袁宏诗中之“名”,指人的成就,他的原意着重于对有成就而遭疑忌者的哀惜。这里的“中庸”含贬义,意思是难以为国之主体,但狂狷又不合时宜。《论语·子路》:“不得中行而与之,必也狂狷乎?狂者进取,狷者有所不为也。”狂是激进,狷是拘谨,本为两义,后来常偏于一面,泛指偏激。袁诗实是同情狂狷者,杨恽也确是偏激的。

诗的本题虽从第五句“杨恽非忌贵”开始,但前四句有如比兴式的引子,为杨恽的性格与遭遇穿针引线,第六句“知及有余辞”的“及”,即上文“及时”的“及”,意为杨恽家居饮酒,读书作诗,原已很识时宜,写信给孙会宗不过是闲居余辞,略如今语所谓饶舌。下面四句,即用杨恽原信中的话,也是遭祸的把柄,杨信中的最精彩部分也在这一段,所以袁宏非常赏识,却又慨叹有此才华而惨遭杀害,不但知音难得,亦见狂狷之士不易自存。

咏史之作,多是借此抒怀。史称袁宏“性强正亮直”,从这首诗来看,他的这种性格,在年轻时就已形成,他的结局,却比杨恽幸运多了。 (金性尧)

【作者小传】

顾恺之

(约345—406) 字长康,东晋晋陵无锡(今属江苏)人。曾为桓温及殷仲堪参军,义熙初任通直散骑常侍。年六十二卒于官。多才艺,工诗赋书画,有“才绝、画绝、痴绝”之称。事迹具《晋书》卷九二。有《启蒙记》三卷、集二十卷。《先秦汉魏晋南北朝诗》辑得其诗及断句三首。

神情诗 顾恺之

春水满四泽,夏云多奇峰。
秋月扬明辉,冬岭秀寒松。

旧时的绘画中有以春夏秋冬四时景物绘成四幅屏条而悬挂于一室者,令人一览之下,便可觉察到四时的风物,同时可以体现出画家描摹自然的手段及其洞达幽微的观察力。顾恺之本是晋代的大画家,他沉潜于艺术,甚至到了如痴如狂的地步,因而时人称之为“顾痴”,这首《神情诗》就是他以诗当画,用了形象鲜明的文字,勾勒出一组典型的四时风光画来,表现了他画家的本色。让我们首先来看他画中之物象。

“春来江水绿如蓝”，当春风吹开了隆冬的冰雪，一泓春水给人带来了大地回春的讯息，所以古人有“春江水暖鸭先知”（苏轼）和“一陂春水绕花月”（王安石）的名句，特别是江南水乡，春雨如酥的时候，四野的沟渠都涨满了水，田野和水泽显得滋润辽阔，而诗人画家的彩笔自然注意到了这充满生机和象征智慧的水在南国春景中的地位了。夏天是酷热的，夏日之日，令人感到威严而生厌惧，夏天景物的色彩秾重单调，然而诗人却将目光投向了天上变幻莫测的云气。夏日的云时而颓然凝聚，时而奔走飘散，如奇峰骤起，千姿万态，那光与影、色与线、形与态，无时不在变化，令你眼花缭乱、目醉神迷。据说唐代大书法家怀素曾说过：“吾观夏日多奇峰，辄常师之。”并由此而悟通了书法的奥秘，可见夏云的魅力。秋天自然是个令人难忘的季节，然而最令人销魂的是那秋月朗照的夜晚，凉风自远而至，在月色笼罩下，一切景物都蒙上了一层迷离惝恍的色彩，画家的笔难以描摹，而诗人却以“秋月扬明辉”五字将此情此景和盘托出。冬天是严冷肃杀的，然而高岭上的一枝青松，不仅给银装素裹的天地间增添了些许生机，而且令人想起先哲“岁寒然后知松柏之后凋”的名言，给人以无限遐想的余地。诗人就像是善于摄取典型物象的摄影家，只要轻轻按动一下快门，便将四时景物容入尺幅之中，这里只用了寥寥二十个字，便勾勒出了四幅生动的画面。

顾恺之论画最重神韵，然也不脱离形态的逼真和形象。他曾提出过“以形写神”的著名论断（《历代名画记》卷五），以为传神离不开写形的基础。《世说新语·巧艺》中曾说他善画人物，然数年不点睛，有人问其缘故，他回答说：“四体妍蚩，本无关于妙处，传神写照，正在阿堵中。”可见他以为绘画的极诣在乎“传神写照”，即要求形神俱备。我们看这首小诗，正是“以形写神”的典型。四句所写，无一不是形象的、真实的景物，然而，正是通过这些富有典型意义的景物，令读者体味到了春夏秋冬四季的精神。诗人笔下的景物都充满着生机并给人以积极的启示，如夏和冬，就节候来说往往并不能引起人的快感，然“夏云多奇峰”一句给了我们一个无限广阔的想象余地，且不说那瞬息万变的夏云给人以变幻莫测的美感，就是由此而产生的人生如苍狗白云的联想，便令人顿生忘机息心的意绪。又如冬日山岭上的青松，傲霜斗雪，耸然挺立，显然象征着积极进取、不畏艰险的精神。至如“秋月扬明辉”的“扬”字，“冬岭秀寒松”的“秀”字，也都能十分传神地化静为动，给自然景物赋予了生命和韵味。总之，我们通过这四幅风景画，见到了自然的精神和作者的精神，所以诗虽然纯为写景之作，却冠以“神情”二字作为题目，其中的美学含意便大可回味了。 （王镇远）

【作者小传】

苻 朗

(? —389?) 字元达，东晋略阳临渭(今甘肃秦安)人。十六国前秦主苻坚从兄子。初为前秦青州刺史，后降于晋，加员外散骑侍郎，因恃才傲物被谗死。事迹附见《晋书》卷一一四《苻坚载记》后。《先秦汉魏晋南北朝诗》辑得其诗二首。

临 终 诗　　苻 朗

四大起何因，聚散无穷已。既适一生中，又入一死理。冥心乘和畅，未觉有终始。如何箕山夫，奄焉起东市。旷此百年期，远同嵇叔子。命也归自天，委化任冥纪。

佛教自东汉末年传入我国后，渐与我国固有之传统思想(如儒、道之学)结合，影响到社会文化的各个领域，尤其对文人思想，作用更大。东晋时期，文人士族不仅尚好老庄之学，且乐谈佛教义理，并以此融会入诗。正如《世说新语·文学》篇注引《续晋阳秋》云："正始中，王弼、何晏好老庄玄胜之谈，而世遂贵焉。至过江佛理犹甚，故郭璞五言，始会合道家之言而韵之。(许)询及太原孙绰转相祖尚，又加之以三世(按：佛教称过去、现在、将来为三世)之辞，诗骚之体尽矣。"外来思想冲决了传统诗学的堤岸，产生了不少有悖诗骚之体的作品。可惜这类搬演佛学的诗篇，大都是义类经论，形同偈颂，因为枯燥乏味而被后人删汰了，流传到现在的，大概是情理兼胜且不十分玄奥费解的。这一首《临终诗》，虽有三世之辞，但还不是侈谈佛理。由于是作者的绝笔，所谓"鸟之将死，其鸣也哀，人之将死，其言也善"，流露出作者寄心无极又自悲身灭的复杂心情，所以值得一读。

全诗一开首就高谈生死之理，作者托意玄远并无临终之哀。佛教认为，世上万物与人之身体，均由"四大"构成，"四大"指地、水、火、风四种构成色法(相当物质现象的基本元素)。"四大"聚散引起世上生命万物的生灭。故《圆觉经》云："我今此身，四大和合……四大各离，今者妄身当在何处。"这样一种聚散生灭的过程，无始无终。生命万物都处在这样一个无常变化的链中，则人之生死，亦复何哀之有，这是佛教对人生的基本看法。苻朗的前四句，申说的就是这个道理。正由于佛学的人生观，使作者暂时摆脱了临死的悲哀，而高唱"冥心乘和畅，未觉有终始"，寄心于一个超脱生死，逍遥物外的无差别精神境界。

但是，作者毕竟是肉胎凡身，佛教的生死契阔之理并没有使他达到涅槃的境地。这是因为他的死不是沙门高僧功成圆寂，而是贵家子弟遭谗被杀。《世说新语·排调》引裴景仁《秦书》云：‘朗字元达，苻坚从兄子，性宏放，神气爽悟，坚常曰：‘吾家千里驹也。’……著《苻子》数十篇，盖老庄之流也。朗矜高忤物，不容于世，后众谗而杀之。”所以，全诗的后六句，又流露出作者临难时对人生无常，旦夕祸福的悲哀。“如何箕山夫，奄焉起东市”两句写出了这种心情。“如何”是没奈何之辞。《诗经·秦风·晨风》有：“如何，如何，忘我实多。”用在句首正见其悲痛难遣之貌。作者平生不恤朝政，以隐士贤达自居，自以为得全身之计，然祸不旋踵，终至被罪遭杀，生活在这样一个仇杀倾轧的社会里，人生之无常，不仅是生住持灭的生死轮回，更包括吉凶祸福瞬息之变。作者的高蹈，唯心主义的佛学，可以使他达观地看待生命的终始，但是，不能使他理解祸福嬗变的原因，所以“如何”之辞，又包含着作者百思不解的哀伤之意。“箕山夫”此用为隐士的代称。传说尧时巢父、许由避箕山（故址在今山西和顺）不愿出来做官。后人遂以箕山为隐居之典。“奄焉”写其祸至之快，出人意料。“东市”原为汉代长安行刑之所，后人因以泛指刑场。作者平生自比巢父、许由，却未遂栖隐之志，反忽然落得个生首异处的下场。不禁潸然感喟：“旷此百年期，远同嵇叔子。”自称荒废一生，其遭遇有同才高见杀的嵇康了。嵇康字叔夜，因得罪司马氏遭杀。《世说新语·雅量》记他“临刑东市，神气不变，索琴弹之，奏《广陵散》”。作者妄图追踪传说中的先贤，但却重蹈前朝名士的覆辙，在政治黑暗的社会里，没有生活的真空，对自矜才高不周于世的文人，嵇康的遭遇就是他们的合理归宿，因此“如何”四句虽只写作者个人的哀痛，但却昭示了高蹈名士的共同悲剧。

俱往矣，作者不能逍遥于人间，而将周流于冥世。“命也归自天，委化任冥纪。”最后二句作者发出无可奈何的感叹。《魏书·阳尼传》附阳固《演颐赋》：“既听天而委化兮，无形志之两疲。”顺天而行再无形神之劳，命归西天极乐世界超脱生死之苦。这种自欺欺人的精神麻醉，难掩他对人世的深深眷恋。

全诗充满着作者寄心无极而又自悲身灭的复杂心情。作者服膺佛学的精微高蹈，然又无法摆脱生命的眷恋。诗人可以在理论上对人之生死终始抱着达观的态度，但面对现实生活的不幸遭遇又使他难以自遣而陷入深深的哀痛中。全诗真实地展示了作者临终时的内心世界。反映出当时高蹈矫情的名士清流理与情的思想矛盾。通过叙写自己无罪罹难，也从客观上揭露了当时社会政治的残酷和黑暗。

比起前代伤逝悼亡之作，这首诗的特点是比较超脱与高蹈了，尽管作者没能彻底摆脱对生命的眷恋。但这首绝命诗，已没有那种呼天抢地的局促悲哀与丧失神智的惊慌心态。由于佛教的传入，给予文士清流以新的思想支柱，使当时人对生死无常有一种新的认识，于是，作者临难时的悲哀，由于佛教谛义的麻醉，亦由淡化而变成超脱了。佛教改变了当时人们对生死的看法，亦开拓了新的诗歌意境，这无疑是文学史上一个很重要的现象。

须要说明的是，新的诗歌意境，亦不能违背吟咏情性的创作准则。侈谈佛理，情性俱泯的经论语录是不能叫作诗的。由于宗教的麻醉没有能够彻底解除作者临死前的心灵阵痛，从而使作者既言于理又不忘于情，全诗才得以避免形同偈颂而能以情感人，被人流传至今。

(祝振玉)

【作者小传】

殷仲文

(？—407)　东晋陈郡(今河南淮阳一带)人。初任会稽王司马道子骠骑参军，因其妻为桓玄姊，被朝廷所疑，左迁新安太守。后投桓玄，为其谘议参军，进侍中，领左卫将军，宠遇甚隆。桓玄败，复归晋，任镇军长史，转尚书，出任东阳太守，后以谋反被杀。事迹具《晋书》卷九九本传。有集七卷，已佚。《先秦汉魏晋南北朝诗》辑得其诗及断句三首。

南州桓公九井作　　殷仲文

四运虽鳞次，理化各有准。独有清秋日，能使高兴尽。景气多明远，风物自凄紧。爽籁警幽律，哀壑叩虚牝。岁寒无早秀，浮荣甘夙殒。何以标贞脆，薄言寄松菌。哲匠感萧晨，肃此尘外轸。广筵散泛爱，逸爵纡胜引。伊余乐好仁，惑袪吝亦泯。猥首阿衡朝，将贻匈奴哂。

这是殷仲文向其妻弟、东晋的窃国大盗桓玄(即题中的“桓公”)表述忠诚的一首诗。晋安帝元兴元年(402)，桓玄举兵攻占建康，控制朝廷大权，不久以太尉出镇姑孰(今安徽当涂)，遥执朝柄，直到次年冬天才返回建康篡夺帝位。殷仲文在桓玄攻克建康后投奔了他，以后又追随他在姑孰度过了两个秋天，极受重用。从诗的末二句看，本诗当作于仲文在姑孰的第二个秋天，即元兴二年。南州，即姑孰。九井，山名，在姑孰，因为山上有九口井而得名。这首诗共二十句，大约可以分成五节，每节四句。第一节是对清秋的赞美，谓四时的运行像鱼鳞一样秩序井然，自然界万物的生长变化各有各的准则，而秋天在四季中更具特色，它能使人兴高采烈尽情欢愉。此时仲文正出入桓玄帏幄、掌握机密，在得意人的眼中，秋天自然是登山则金风送爽、优游则天高云净的好时光了。

第二节写山中秋景，谓秋天的九井山景色事物，虽有明朗清远的一面，却也有凄寒紧迫的一面。那疾风在山中吹出高低不平的怪声，激起幽深山谷的种种哀曲。爽籁是指参差不一的风激物之声，幽律指幽谷里的合于音律之声，哀壑指山壑中的哀声，虚牝则指凹陷的溪谷。这四句都归结到了“凄紧”，从而引出下文的“岁寒”。

第三节由物及人，以自然景物比喻社会人事。“岁寒无早秀，浮荣甘夙殒”，意谓在这深秋岁寒之时非但看不见早结果实的草木，而且那些枝头的轻浮花朵也受不了了，自愿及早凋落。“何以标贞脆，薄言寄松菌。”“薄言”，助辞，无义。“菌”，指朝菌，是一种朝生暮死的植物。在这严寒里，什么是贞节的象征？自然是那不凋的青松；什么是脆弱的标志？当然也只能是那短命的朝菌。这四句，句句不离秋天，但在政治的秋天中，东晋皇室不已经是浮荣一般即将殒落、寿命与朝菌相去无几了吗？至于仲文笔下那劲松挺立，除了势力正值日到中天、行将登上帝位的桓玄，又有谁能当得起这个形象？有了这层含义，下面一节转入对桓玄的歌功颂德，也就不显得突兀了。所以说，这一节是承上启下，仲文终于要自己撩开“写景”的面纱，露出腆颜吹捧的真面目了。

第四节，进入歌功颂德的正文。“哲匠”，明智而又才艺出众的人，指桓玄。“萧晨”，秋天的早晨。“肃”，对待事物谨慎恭敬的态度。“轸”，车辆。“尘外轸”，意谓超尘脱俗的行为。殷仲文把桓玄移师姑孰的举动，美化为不与世俗争权夺利的清高行为，这是对事实的歪曲。“广筵”，指盛宴。“逸爵”，即举杯敬酒。“纡”，屈驾。“胜引”，嘉宾。这两句进一步铺写桓玄大摆筵宴，欢迎屈驾光临的贤士，广泛散播仁爱。不言而喻，仲文也在这宴席之间，他终于说到自己了。

在最后一节里，仲文表示了对桓玄的钦慕之情，以及貌似自谦的自鸣得意。“伊”，发语辞。他说自己对那位爱好仁义之人是非常敬重的，和他在一起，什么疑惑都能祛除，见到了他，一切鄙吝之情都泯灭不复存了。东汉周举曾说自己如果一个月不见当时的贤士黄宪，“则鄙吝之心已复生矣”。在仲文笔下，窃国大盗居然也有先贤的德性了！“猥”，自谦之词。猥首，意谓辱没他人而自己排列在班首。“阿衡”，本是商代贤臣伊尹的官名，后引申为主持国政者的美称，这里指桓玄。元兴二年(403)九月，晋帝册命桓玄为相国，总理国政，封为楚王，故云。当时殷仲文任桓玄的侍中，无丞相之名而有丞相之实，因此他以忝列楚王小朝廷班首自谦。末句用《汉书·车千秋传》典，车千秋并无才能术学，只是因为替汉武帝之子卫太子辨冤而得到赏识，在旬月内取宰相之位，匈奴单于听到后，笑话"汉置丞相，非用贤也。"殷仲文用这一典故，表示自己才能浅薄而受到桓玄重用，恐为他人取笑。哂，嘲笑。此时殷仲文对桓玄，的确尽心尽力。他劝桓玄早日逼晋帝禅位，私下为桓玄写了九锡文与册命，确是桓玄篡晋的得力助手。所以末二句在谦退的表面意思下，实还有自得之情隐藏着。

此诗是无耻拍马之作，内容上并无可取。但它在东晋末年诗风演变的过程中，却是一首得风气之先的作品，因此在文学史上自有其不可忽视的地位。孤立地看本诗，或许会感到它除了第二节辞藻尚称华丽（但也有些晦涩）之外，其余各节语言质朴平淡，中间又有理语，谈不上高妙。但若联系当时的文风对它考察，便不难发现它异于时尚的特点。

东晋是玄言诗充斥的时代，而钟嵘说殷仲文的诗在当时"为华绮之冠"（《诗品》），显然把他与玄言诗人区别了开来。仲文今存诗仅二首，我们自不能窥其"华绮"的全豹。然与当时玄言诗人"嗤笑徇务之志，崇盛忘机之谈"（《文心雕龙·明诗》）大相异趣，的确显现了一种与玄言诗不同的精神面貌。刘勰说："殷仲文之孤兴，谢叔源（谢混）之闲情，并解散辞体，缥缈浮音，虽滔滔风流而大浇文意。"（《文心雕龙·才略》）所谓"孤兴"，即指本诗，因诗中有"独有清秋日，能使高兴尽"之句，故称。刘勰认为殷仲文、谢混的作品对清谈玄理的文体起了瓦解作用，这是对殷仲文作品的积极作用作了充分的肯定。沈约也指出："仲文始革孙（绰）、许（询）之风，叔源大变太元之气。"（《宋书·谢灵运传论》）他从时间上强调了殷仲文改革玄言诗的开拓作用，从而更突出了他的先驱地位。当然，沈约、刘勰、钟嵘都忽略了陶渊明，陶渊明在元兴二年之前已写出了好几首迥异于玄言诗的田园佳作。但是殷仲文在当时地位高，作品易受注意，因而对时人的影响也当较陶公为大。因此，这几位评论家对殷仲文诗作的地位的评价，基本上还是客观可信的。

（颜应伯）

【作者小传】

谢　混

（？—412）　字叔源，小字益寿，东晋陈郡阳夏（今河南太康）人。名臣谢安之孙、谢琰之子。袭爵望蔡公，历官中书令、中领军、尚书左仆射。东晋末，因党附荆州刺史刘毅，反对刘裕（即宋武帝），为裕所杀。事迹附见《晋书》卷七九《谢安传》后。有集五卷，已佚，《先秦汉魏晋南北朝诗》辑得其诗及断句五首。

游西池　　谢混

悟彼蟋蟀唱，信此劳者歌。有来岂不疾，良游常蹉跎。逍遥越城肆，愿言屡经过。回阡被陵阙，高台眺飞霞。惠风荡繁囿，白云屯曾阿。景昃鸣禽集，水木湛清华。褰裳顺兰沚，徙倚引芳柯。美人愆岁月，迟暮独如何！无为牵所思，南荣戒其多。

《文选》李善注说本篇为谢混游丹阳（今江苏江宁）西池，与友朋相与为乐之作。

开头两句，借《诗经》的两首诗言志抒怀，无端而来，突兀而起，出手不凡。“悟彼蟋蟀唱”，指《唐风·蟋蟀》所写的人生道理，既要及时行乐，又要自警不要太过分，以免自取灭亡。“信此劳者歌”，指《小雅·伐木》所写的交友道理，劳者相与“伐木丁丁”，鸟儿相与“嘤嘤求友”，鸟儿尚知求友，人不可无友。诗人撷取两诗大意，抒写结交良友，畅游山水的情志。可是，岁月倏忽，美景良游常因不得其时而错过，故而紧接出：“有来岂不疾，良游常蹉跎。”它又包含着逝者不可及，来者犹可追的意思，表达出此次得与友朋游览西池的满足。于是五六两句直扣本题，转入出游西池的叙述：“逍遥越城肆，愿言屡经过。”一写结伴出游，穿过街市，逍遥容与；一写殷望此路常经，良游永得，显露出出游西池的欢欣心情。

在迂回的西池路上，有高陵城阙在望，高台之上则可远眺飞霞丽景，所以说：“回阡被陵阙，高台眺飞霞。”一路前行，风光满目，美不胜收。在大自然的感召下，诗人情动于中而辞见于外，将西池清美景色一一收揽笔底，连续写出四句：“惠风荡繁囿，白云屯曾阿。景昃鸣禽集，水木湛清华。”和风吹拂，轻摇着苑囿中繁茂的草木，白云如絮，屯聚在层峦深处。一片清新，一片幽丽。游览中，不觉天色渐晚，在夕阳斜照之下，飞鸟归巢，鸣叫着欢聚枝头。此刻，落日的余晖流洒在池面树梢，水含清光，树现秀色，水木清华，西池的傍晚更加迷人。这四句写高低远近之景，动静相间，视听并用，清丽骚雅，格高调逸，充满良游乐趣。西池的美景使诗人流连忘返，虽已暮色黄昏，犹然赏爱不尽，滞而不去，故而说：“褰裳顺兰沚，徙倚引芳柯。”上句写沿着生满香草的小洲，提起衣襟涉水游览的情趣，下句写手攀芳林枝条，细细把玩，留恋徘徊的情景。芳柯与兰沚，和上句“水木湛清华”相照应，但在视听之外又用了嗅觉，芳馨幽香，沁人肺腑，进一层丰富了西池的动人之处。

西池的景色，使人陶醉，而日暮昏黄之景又触发了诗人迟暮之感，因而取用屈原的象征手法，倾吐时不我待的情怀："美人愆岁月，迟暮独如何。"日月不居，青春难驻，不知错过了多少良游机缘，而今垂垂老矣，面对暮年暮景，该当如何呢？在深刻的人生自我反思中，诗人终于从《庄子》寻到了答案，这就是："无为牵所思，南荣戒其多。"世俗之人，汲汲于功名利禄，撄于世网，自受其害，能从中醒悟，迷途知返者实在不多。可是，远在上古之世，老子的门徒庚桑楚已经教导他的学生南荣趎说："全汝形，抱汝生，勿使汝思虑营营。"后来，南荣趎又就教于老子，进一步领悟到守道抱一，忘我忘世，无欲无心的至道，因而自戒俗念之多，深得全年养生之术。所以这收尾两句，实际上是诗人自我诫勉之辞，目的仍在于澄心悟道，摒弃俗念，不为功名所累，而投入大自然的怀抱，尽情享受山水之乐。

谢混在山水文学史上是一个颇受重视的作家，这首诗又是他的代表作。《宋书・谢灵运传论》说："仲文始革孙、许之风，叔源大变太元之气。"檀道鸾《续晋阳秋》也说玄言诗"至义熙中谢混始改"。可见在改变玄言诗风，创作山水新诗的文学发展过程中，谢混无可怀疑地有筚路蓝缕之功，是他的族侄谢灵运的先驱者。从这首诗也可见出他在玄风弥漫诗坛的情况下，为开拓新路，变革诗风所作出的努力，颇能令人耳目一新。　（臧维熙）

【作者小传】

吴隐之

（？—413）　字处默，东晋濮阳鄄城（今属山东）人。初为辅国功曹，累迁晋陵太守，入为中书侍郎、守廷尉、秘书监、御史中丞，出任广州刺史，以廉俭著称。后被卢循所俘，久之还朝，拜度支尚书、太常，官至中领军，以病免。事迹具《晋书》卷九〇本传。《晋书》存其诗一首。

酌　贪　泉　　吴隐之

古人云此水，一歃怀千金。
试使夷齐饮，终当不易心。

广州在晋代时还很偏僻，加之当时南方多瘴气，古人视为畏途。但又因为广州靠山临海，自古盛产奇珍异宝，到这里来"捞一票"的人也大有人在。据《晋书・良吏传》记载，当时派到广州去当刺史的皆多贪赃黩货，广州官府衙门贿赂公行，贪污成风。晋安帝时，朝廷欲革除岭南弊政，便派吴隐之出任广州刺史。吴隐之走马上任，来到离广州三十里地的石门（在今广东省佛山市南海区西北），这里有一泓清澄明澈的泉水，行人远道而来，正可在此饮水小憩。可是，这泉水竟名之曰“贪泉”。当地还有一个古老的传说，即使清廉之士，一饮此水，就会变成贪得无厌之人。吴隐之来到清泉边，深有感触地对身边亲人说：“不见可欲，使心不乱。越岭丧清，吾知之矣！”于是酌泉饮之，并即兴赋诗云云。

吴隐之这首诗前两句先陈述由来已久的传说：古人说这贪泉水，谁饮了它，心里就要产生牟取千金的贪欲（歃 shà，即“饮”的意思）。这传说在他心里引起了疑问，事情真会这样吗？他想起了历史上两位视富贵如浮云的高士——商朝末年孤竹君的两个儿子伯夷和叔齐。人世间的大富大贵莫过于帝王的宝座了。可是，这兄弟俩怎样对待的呢？孤竹君死后，按照遗嘱要叔齐继承王位，可是叔齐却坚决要让位于兄长伯夷。伯夷避而不受，出奔于外。叔齐仍不肯登位，也出走了，结果兄弟俩为了互相推让王位，都逃离了孤竹国。天底下最大的富贵他们竟然弃之如敝屣！想到这里，吴隐之在诗的后二句深深感叹道：这贪泉水啊，试教伯夷叔齐来饮，我相信他们终不会改变自己的高尚思想和情操的。

吴隐之终不相信这古老传说，不相信贪泉有如此巨大的魔力，他勇敢地酌贪泉而饮了，准备迎接即将来临的考验。显然，诗的后二句，他是借伯夷叔齐自比，表示自己清廉为政的决心。

吴隐之这首述志诗，不事雕琢，直抒胸臆，言简意赅，古朴动人。更可贵的是作者言行一致，他在广州任上数年，果然没有因饮了贪泉而变成贪官。《晋书》上说他“及在州，清操逾厉，常食不过菜及干鱼而已，帷帐器服皆付外库，时人颇谓其矫，然亦终始不易。”由于他整饬纲纪，以身作则，广州风气大为改观。皇帝诏书嘉奖他“处可欲之地，而能不改其操，飨惟错之富，而家人不易其服”，是一位难能可贵的清官。后来他离开广州北归，行囊萧萧，船舱空空。回到家中，数亩小宅，茅屋简陋。当时著名将领刘裕赐赠车牛，并要为他建造住宅，都被他谢绝了。一生清廉，始终不渝，一代良吏，名垂青史。他贪泉赋诗言志，也成为我国诗歌史上一段动人的佳话。

（张铁明）

【作者小传】

湛方生

东晋时人。约生活于东晋后期，曾任卫军谘议。有集十卷，已佚，《先秦汉魏晋南北朝诗》辑得其诗及断句十二首。

帆 入 南 湖　　湛方生

彭蠡纪三江，庐岳主众阜。
白沙净川路，青松蔚岩首。
此水何时流？此山何时有？
人运互推迁，兹器独长久。
悠悠宇宙中，古今迭先后。

作者一生的游踪已难确考，不过，从他现存为数不多的诗篇中，有好几首是歌咏彭蠡庐山的，可见他对此地的山水胜景有着特殊的感情。

南湖即鄱阳湖，也就是诗中的“彭蠡”，由题目看，此诗是写他在鄱阳湖泛舟所见所感。开首二句是歌咏彭蠡庐山的地理形胜。古人将鄱阳湖以下的长江，分为分江、中江、北江，“纪”是端绪之意。此地景色壮观，如他在《天晴诗》中描写：“青天莹如镜，凝津平如研。落帆修江渚，悠悠极长眄。”“庐岳”指庐山主峰，阜指周围群山。这句说庐岳独秀群峰，统领众山，透露出作者“高山仰止”的崇敬心情。他在《庐山神仙诗序》中曾写道：“寻阳有庐山者，盘基彭蠡之西，其崇标峻极，辰光隔辉，幽涧澄深，积清百仞，若乃绝阻重险，非人迹之所游，窈窕冲深，常含霞而贮气，真可谓神明之区域，列真之苑囿矣。”这两句概写湖山，突出其渟滀发端，高标独秀之壮美气概。“白沙”二句是承前句对山水作进一步的细致描写，“净”字形容水边“长湖千里清，白沙穷年洁”(《还都帆诗》)的景色，“蔚”字极写山间青松“鲜霞褰林，倾辉映岫”(《庐山神仙诗序》)的特征，以上四句总揽湖山胜景，大笔冲粹，写景如画，流露出作者乐山乐水的愉悦心情。然而，作者意兴并不止于此，他将泛舟览胜的游兴升华为一种探本溯源的人生玄思：“此水何时流？此山何时有？”两句语辞重叠如同口出，表示作者执着的感想。浩涵如斯而崇峻如彼，此山此水起自何时来自何方？这种失之茫昧的问题自然是得不到满意的解答的。但有一点却是肯定的，即山水自然不会因人事代谢而变迁，它们不为尧存，不为桀亡，旷绝终古来世。方之迁流速化的人生社会，诗人发出了深深的感慨：“人运互推迁，兹器独长久。”器，这里指有形质的物体，此代山水。人世之兴衰荣枯迁灭无常，而江山胜景却能长住永固，人生是如此短暂渺小，驾一叶之扁舟，凌万顷之茫然的诗人于此是应该感到悲哀了，但他没有，因为他从以上的玄想感慨中悟出了天人之道：“悠悠宇宙中，古今迭先后。”宇宙绵延无际，人世古今相迭，无数生命的迁流降生与死灭，造就了宇宙人生的历史。放眼乎此，则何哀之有！

作者在诗中所表现的胸襟是廓大的，他没有溺于一己小我之情，而发为悲戚伤逝之吟。在他之前有个叫羊祜的曾登上附近的岘首山，并对同游者叹曰："自有宇宙，便有此山，由来贤达胜士登此远望如我与卿者多矣，皆湮没无闻，使人悲伤。"（见《晋书·羊祜传》）无独有偶，在诗人身后又数百年，唐代诗人孟浩然也表达过类似的感情写道："人事有代谢，往来成古今。江山留胜迹，我辈复登临。水落鱼梁浅，天寒梦泽深。羊公碑尚在，读罢泪沾襟。"（《与诸子登岘首》）此可谓异代神交，惺惺相惜，然而相比之下，湛方生的这首，格调似更高更豁达一些。这多少应归功于他出入老庄的玄学功砥，他曾写过《后斋诗》、《诸人共讲〈老子〉诗》（今存），其中的玄学机趣，与这首诗的意致，当有相通之处。

（祝振玉）

天 晴

湛方生

屏翳寝神辔，飞廉收灵扇。
青天莹如镜，凝津平如研。
落帆修江湄，悠悠极长眄。
清气朗山壑，千里遥相见。

这首诗写雨后天晴的情景。前两句写云敛风息。"屏翳"，传说中的云神，它以云为马，骑着马兴云作雾。"寝"，止息。"神辔"，这里是指云马。"寝神辔"，是说云不见了。"飞廉"，传说中的风神，风就是它用扇子扇起的。"收灵扇"，是说风止息了。这两句运用了神话，显得很神奇。天气变化往往在倏忽之间，风云说没有就没有了，这不是神灵的魔力吗？下两句写放晴："青天莹如镜，凝津平如研。""青天"与"凝津"相对，"青"和"凝"都是修饰词，即青青的天、静静的水，此时天空晶莹得像镜子似的，水面平得像砚（研）面一样。这都是天晴给作者一种强烈而新鲜的印象，殊不知刚刚还是阴云弥漫、飞涛大作呢！"落帆修江湄，悠悠极长眄。清气朗山壑，千里遥相见。"风雨骤止，恰值行舟落帆之时，这正为作者的纵情观览提供了极好的条件。水天一色，悠悠无际，山川都在清气的朗罩下；天地开阔了，视野开阔了，刚刚被风雨紧锁的心胸也一下子开阔起来了。这真是难得的际遇。这里用"清气朗山壑"描写天晴时晴光岚气，体物细致而逼真。

天气的晦明变化，给我们的生活环境增添了丰富的色彩。古代的诗歌里也留下不少描写天气的佳句，比如《诗经》里的“春日迟迟”、“风雨如晦”、“其雨其雨，杲杲出日”等，但直到湛方生之前，还未见到描写天气的完篇，更不用说集中描写一种天气情况了。这首诗集中写天晴，前四句侧重于对天晴的描写，后四句侧重于对晴光的观览，景是清新的，情是畅适的，可谓是“辞兴婉惬”之作。这首诗也不像作者《帆入南湖诗》那样带有“玄言”的尾巴，而纯为审美观赏，实在是一首不太多见的写景佳篇，读着叫人高兴。（汤华泉）

【作者小传】

苏若兰

(357？—？) 名蕙，字若兰。十六国前秦武功(今属陕西)人。前秦主苻坚时秦州刺史窦滔妻。滔得罪徙流沙，蕙曾作回文诗以寄之。一云，滔为苻坚镇襄阳，未携蕙同往，宠其姬赵阳台，蕙因寄回文诗与之，滔乃迎蕙而遣走阳台。事迹具《晋书》卷九六本传。其回文诗一篇，今存。

璇玑图诗　　苏若兰

前秦苻坚时，秦州刺史扶风窦滔妻苏氏，陈留令武功苏道贤第三女也。名蕙，字若兰。智识精明，仪容妙丽。谦默自守，不求显扬。年十六，归于窦氏，滔甚敬之。然苏氏性近于急，颇伤嫉妒。滔字连波，右将军于爽之孙，朗之第二子也。神风伟秀，该通经史，允文允武，时论高之。苻坚委以心膂之任，备历显职，皆有政闻，迁秦州刺史，以忤旨谪戍燉煌。会坚克晋襄阳，虑有危偪，藉滔才略，诏拜安南将军，留镇襄阳。初滔有宠姬赵阳台，歌舞之妙无出其右。滔置之别所，苏氏知之，求而获焉，苦加捶辱，滔深以为憾。阳台又专伺苏氏之短，谗毁交至，滔益忿苏氏。苏氏时年二十一。及滔将镇襄阳，邀苏氏同往。苏氏忿之，不与偕行。乃携阳台之任，绝苏氏音问。苏氏悔恨自伤，因织锦为回文，五彩相宣，莹心辉目。纵广八寸，题诗二百余首，计八百余言。纵横反复，皆为文章。其文点画无缺，才情之妙，超今迈古，名曰璇玑图，然读者不能悉通。苏氏笑曰：“裦徊宛转，自为语言。非我家人，莫能解之。”遂发苍头赍至襄阳。滔览之，感其妙绝。因送阳台之关中，而具车从礼迎苏氏。归于汉南，恩好愈重。苏氏所著文词五千余言，属隋季丧乱，文字散落，追求勿获，而锦字回文盛传于世。朕听政之暇，留心坟典，散帙之次，偶见斯图。因述若兰之多才，复美连波之悔过，遂制此文，聊示将来。如意元年五月一日。大周天册金轮皇帝(注：即武则天)制。

仁智怀德圣虞唐真妙显华重荣章臣贤惟圣配英皇伦匹离飘浮江湘津伤嗟情家明葩荣①志庭闱乱作人谗佞奸凶害我忠贞桑凶慈雍思恭基河惨叹中无镜纷为笃明难受消②原祸因所恃滋极骄盈榆顽孝和淑自为隔怀怀伤君朗光谁终荣苟不义姬班女婕妤辞辇汉成薄浸休家贞记孝塞慕所路房容珠感誓城倾在戒后孽嬖赵氏飞燕寔生景谗退远敦贞敬殊增离旷帏饰曜思穷荧犹炎盛兴渐至大伐用昭丹③青昭愚谦危节所是山忧经遐清华英多苍形未在慎④深虑微察远祸在防萌西滋蒙疑容持从梁心荒淫忘想感所钦岑幽岩峻嵯峨深渊重涯经网罗林光流电逝推生民堂妃闱飞衣谁追何思⑤情时形寒岁识凋松愆居叹如阳移陂施为祇差士⑥空后中奋衮为相如感伤在劳贞物知终始咎独怀何潜西不何谁神无感惟自节能我容声将自⑦孜君想颜衰改华容是与女贱曜日日激与通者旷思兴厉不歌冶同情宁孜侧梦仁贤别行士念谁贱鄙翳白无愦将上采悲咏风樊叹发观羽缠龙旂容衣诗情明显怨衰情时倾英殊衰殊身节菲路和周楚长双华宫忧虎雕饰绣始璇玑图义年劳叹寄华年有志饬忘葑长音南郑歌商流徵殷繁华观曜终始心诗兴感远殊浮沈时盛意丽哀遗身藏召卫咏齐曜情多文曜壮颜无平苏氏理往忧岁异浮惟必心华惟下微摧伯女志兴荣伤患藻荣丽充端此作丽辞日思慕世异逝倾⑧违荣感体悯悲窈河遐硕翠感生婴漫丁冤诗风兴鹿鸣怀悲哀谁游倏无一俯忧作已声窕广路人粲我艰是漫是何桑翳感孟宣伤感情者颓然盈体仰情者处发淑思逶其威情惟忧何艰生时盛昭业倾思永戚我流若不中容何成幽曲姿归迤颀蕤悲苦怀思苦我章徽恨微玄悼叹戚知沙驰亏离仪赀辞房秦王怀土眷旧乡身加兼愁悴少精神遐幽旷远离凤麟龙昭德怀圣皇人商游桑鸠扬仇伤荣身我乎集殃愆辜何因备尝苦辛当神飞文遗分归贱弦西翳双激好摧君深日润浸愆思罪积怨其根难寻所明经殊孤乖雁为激阶阴巢水悲容仁均物品育生施天地德贵平⑨均匀专通身粲妾殊翔女楚步林燕清思发离滨汉之步飘飘离微隔乔

木谁阴一感寄饰散声应有流东桃飞泉君叹殊心改者惑暱亲闻
远离殊我同衾志精浮光离哀伤柔清厢休翔流长愁方禽伯在诚
故遗旧废故君子惟新贞微云辉群悲春刚琴芳兰凋茂熙阳春墙
面殊意惑故新霜冰⑩斋洁志精⑪纯望谁思想怀所亲

〔注〕 ① 万历本“荣”作“云”。② 万历本“消”作“肤”。③ 万历本“丹”作“青”。④ 万历本“慎”作“谨”。⑤ 万历本“思”作“恩”。⑥ 万历本“士”作“生”。⑦ 万历本“自”作“颜”。⑧ 万历本“倾”作“衰”。⑨ 原本“平”作“乎”。⑩ 原本“冰”作“水”。⑪ 万历本“精”作“清”。

读图内诗括例

依五色所分章次读之

仁智至惨伤　伦匹至榆桑　人贱至圣皇　春阳至殊方　钦岑至如何(已上七言,四十句。每句为一首,每首反读之计八十首)

诗风至表玄　人贤至凋松　光颜至虎龙　日往至寄倾(已上五言,十六句,以每句反读之成三十二首)

周南至相追　年时至无差　谗佞至未形　牵辜至伯禽(已上四言,二十四首,作两句分读,就成一篇)

宁颜至劳形　怀忧至何冤　念是至如何　悼思至者谁　诗情至终始(已上四言,前四首以每句反读,后一首每句反读,成十首)

嗟叹至为荣　凶顽至为基　游西至摧伤　神明至雁归(已上三言十二首,反读成二十四首)

佞因至旧新　南郑至遗身　旧间至佞臣　遗哀至南音(已上七言,凡起头退一字反读之成四首)

厢挑至基津　嗟中至春亲　春哀至嗟仁　基自至厢琴(已上七言,自角退一字斜读之成四首)

再　叙

回文诗图,古无悉通者。予因究璇玑之义,如日月之左右行天,故布为经纬。由中旋外,以旁循四旁,于其交会,皆契韵句。巡还反复,窈窕纵横,各能妙畅。又原五采相宣之说,傅色以开其篇章。其在经纬者,始于玑苏诗始四字。其在节会者,右旋而出,随其所至,各成章什。外经则始于仁真,至于音深;中经自钦深至于身殷,内经自诗情至于终始,皆循方回文者也。四角之方,如仁、真钦、心四韵,成章而回文者也。至其经纬之图者,随色自分,则外之四角,窈窕成文,而文皆六言也。四旁者相对成文,而文皆六言也。及交手成文,而文皆四言也。在中之四角者,一例横读而四言。在中之四旁者,随向横读而五言。惟璇图平氏四字不入章句。观其宛转反复,皆才思精深融彻,如契自然。盖骚人才子所难,岂必女工之尤哉!诗编载驰,史美班扇,才女专静,用志不分,虽皆擅名,此为精赡者也。聊随分篇掇其一隅,以为三隅之反。代久传讹,颇有误字,亦辄证改一二。其他阙谬,不欲以意足之。虽未能尽达玄思,抑庶几不为滞塞云。

经　　纬(始于玑苏诗始四字)

玑明别改知识深,峩嵯峻岩幽岑钦。所感想忘荒淫心,堂空惟思咏和音。诗兴感远殊浮沈,华英翳曜潜阳林。罗网经涯重渊深,峩嵯峻岩幽岑钦。

苏作兴感昭恨神,辜罪天离间旧新。霜冰斋洁志清纯,望谁思想怀所亲。(凡三色读不可回文)

外　　经

仁智怀德圣虞唐,真妙显华重云章。臣贤惟圣配英皇,伦匹离飘浮江湘。(回读)

伤惨怀慕增忧心,堂空惟思咏和音。藏摧悲声发曲秦,商弦激楚流清琴。

中　　经

钦岑幽岩峻嵯峩,深渊重涯经网罗。林阳潜曜翳英华,沈浮异游颓流沙。(回读)

何如将情缠忧殷,多患生艰惟苦身。加兼愁悴少精神,遐幽旷远离凤麟。

内　　经

诗情明显,怨义兴理。辞丽作此,端无终始。(回读)

始终无端,此作丽辞。理兴义怨,显明情诗。

四角之方

仁智怀德圣虞唐,真志笃终誓穹苍。钦所感想忘淫荒,心忧增慕怀惨伤。(回读)

四角之间窈窕成文

嗟叹怀所离经,遐旷路伤中情。家无君房帏清,华饰容朗镜明。(回读)

四角在中者一例横读

念是咎愆,谁与独居。贱女怀叹,鄙贱何如?(反读窈窕成文)

愆咎是念，谁与独居。叹怀女贱，鄙贱何如？

四旁相对成文文皆六言

谗人作乱闱庭，奸凶害我忠贞。祸原肤受难明，所恃滋极骄盈。

四旁相向横读而成五言

寒岁识凋松，真物知终始。颜衰改华容，仁贤别行士。（反读窈窕成文）

士行别贤仁，容华改衰颜。始终知物真，松凋识岁寒。

交手成文文皆四言

谗佞奸凶，害我忠贞。祸因所恃，滋极骄盈。（反读）

用　色　分　章（止举一隅，余皆仿此）

横　用　色

嗟叹怀所离经，遐旷路伤中情。（十二字用粉红）

家无君房帏清，华饰容朗镜明。（用绿）

葩纷光珠耀英，多思感谁为荣？（用白）

周风兴自后妃，楚樊厉节中闱。（周、楚二字用黄，外十字用绿）

长叹不能奋飞，双发歌我衮衣。（长、双二字用黄，外十字用粉红）

华观冶容为谁？宫羽同声相追。（华、宫二字用黄，外十字用青）

已上依此顺读成章

直　用　色

庭闱乱作人，明难受肤原。（用绿）

荣苟不义姬，城倾在戒后。（用粉红）

荧犹炎盛兴，形未在谨深。（用青）

已上作两句各添下字倒读成章

恩感颜宁，孜孜伤情。时在君侧，梦想劳形。（用粉红顺读）龙旂容衣，虎雕饰绣。（八字用绿）

横 用 黄 色

奸佞谗人，作乱闱庭。所因祸原，肤受难明。

右举此为例，余可悉通。元祐三年九月，工部何公过鞠院，见仆书几有此，惊曰："昨日于屯田陈侯所，观书唐真本图，宜皆可求一见。果得出示，凡六幅。右三为若兰所居重楼复屋，户牖间各作著思、练丝、织锦、遣使处。左三幅为窦滔归第。外为车马相迎，次女妓坐大氍毹，合乐其间。楼阁对饮处，图中近上作远水红桥，窦临高列骑拥旌旄以望。桥之西，毡车从数骑排引，见滔盛礼迎苏。图中近下左书武后序，右写诗图。徐视果有淡色，分其篇章，正与此同。乃知人心不甚相远。而尤可怪矣，青、红、绿、旋所之方，皆不之差。盖理之所在，阴阳五行色味，莫不相假，况情识之运，宜自冥合也。”元丰四年四月，赵郡李公麟伯时再题。

不仅在中国，就是在世界诗歌的宝库中，《璇玑图诗》恐怕都可以列为最奇妙的诗。

诗之作者是一位才思绝伦的东晋列国女子苏若兰（名蕙），它的发现者则是三百年后统治中国大地的杰出女皇武则天。正是由于她的“偶见斯图”并为之作序，人们才约略知道了，隐藏在这诗作背后一个真实动人的悲喜剧——

苏若兰乃前秦安南将军窦滔之妻，不仅“仪容妙绝”，而且“智识精明”。倘若两口子和和睦睦、厮守终身，便不会有《璇玑图诗》的诞生，苏若兰也许就与许许多多无名才女一样，在历史上湮灭了。偏偏窦滔另有一位“歌舞之妙无出其右”的宠姬赵阳台，这美满的家庭便陡然生出了风波：苏若兰“性急”而妒，容不得赵氏分享与窦滔的爱情，把她从“别所”搜出来痛打一顿，惹得丈夫大不高兴。赵阳台呢，则“专伺苏氏之短”，日夜在窦滔耳边编派她的坏话。所以当窦滔出镇襄阳的时候，正好利用苏蕙一时的气忿，将她遗弃在了家中，甚至连“音问”也从此断绝。苏若兰伤心痛苦，咽泣空房，噙泪题诗，在“纵广”仅只八寸的彩锦上，织成了这篇“才情之妙，超今迈古”的《璇玑图诗》。当“苍头”（家奴）千里迢迢，将这蕴含着无数心血、泪水的回文锦书送到襄阳，窦滔一读到那些“裴徊宛转，自为语言”的无声倾诉时，全身心都被震撼了！于是在这悲剧的结尾处，又演出了一幕“具车从礼”、千里迎归妻子苏蕙的意外喜剧——这些都写在一千六百年前武则天所作的“序”中，至今读来，仍觉情景宛然、凄丽感人。

《璇玑图诗》之所以惊动了千百年来的读者，首先在于它那精妙而又宏奇的组织形式。初看起来，这只是一幅纵广八寸、“五彩相宣，莹心辉目”的织锦。仔细辨识，便发现上面竟织有绵密绢秀的八百四十一个五色锦字。全图中央为“苏氏璇玑图诗”，而后“如日月之左右行天”，构成全图之“经纬”，由中央经“内经”、“中经”、“外经”旋转而行，以至“四旁”、“四角”，遍布全锦。按一定方法辨读，这八百四十一个五色锦字，便似乎突然获得了生命，互相交联融汇，化成了一首首回旋往复、纵横成文的三言、四言、五言，以至六言、七言的众多诗作。据武则天“序”记载，全图竟题有诗作二百余首！

作为一位闺中女子，痛苦中竟作成各种体式诗作二百余首，这在汉魏六朝女

苏蕙

诗人中已属罕见。倘若各诗分列、独自成篇，虽说不易，毕竟还能办到。困难的在于这二百余首诗作，只能用八百四十一字组成，而且要将它们按一定的方式，组织在八寸见方的锦面上，使之横读、竖读、倒读、纵横错综着读，都能“妙畅”成诗，委婉曲折地表达心中的情思：这构制将何其艰难，并需要苏蕙花费多么巨量的精力和心血！这样一种纵横回文的诗作群体，其气象已远非二百首独立诗作所可比拟——那八百四十一个锦字，简直已如灿烂的众星，交相辉映，构成了如许宏奇、璀璨的“诗”空奇观！

正如一部文学作品，在被创造出来以后，便获得了某种独立的生命力，常能表现出远远超过作者原意的丰富意蕴一样，《璇玑图诗》的奇妙还在于：随着人们的反复探索，其可构成的诗歌，也远远超出了武则天时传说的二百余首诗作（可能正是苏若兰原作的数量）的规模。宋、元间和尚起宗以意推求，将原图分为七图，竟可得诗三千七百五十二首；明人康万民增立一图，增读其诗至四千二百零六首，合起宗所读，共七千九百五十八首！——这是多么精微而又宏伟的诗歌群体建构！这是多么惊人的五彩回文世界（可惜由于篇幅和印制上的原因，本文既不能展示《璇玑图诗》的五色排列原貌，也不能具体介绍原图的各种读法。作为对《璇玑图诗》的鉴赏，不能不是一个极大的遗憾）！在这种情况下，鉴赏《璇玑图诗》，便不能不打破世俗的狭隘眼光和传统方法，而先须将着眼点投向它那精妙而宏奇的组织形式方面。这样的组织形式，本身就是一个奇迹！它所带给读者的审美感受，难道不是一种形式观赏上的顿悟式的惊奇和震撼？

对《璇玑图诗》的鉴赏，当然也不能避开它所表现的情感内容。须知此图决不是文人雅士炫耀才华的文字游戏，而是一位被遗弃的妇女痛彻心扉的含泪倾诉。当你一旦掌握阅读的方法，而进入那一首首“裵徊宛转，自成语言”的诗作时，形式观赏的惊奇，便立即为诗中所跳动着的那颗凄婉哀伤之心深深震荡了——

苏作兴感昭恨神，辜罪天离间旧新。
霜冰斋洁志清纯，望谁思想怀所亲！

这是回响在“经纬”中的凄切呼唤。一位被“新人”取代的“旧”妇，在这里唱出了多少幽怨和不平！但对于远方的夫君，她依然怀着“霜冰”般纯洁的一片真情。你从“望谁思想怀所亲”的结句中，不恍然见到了这位弃妇独坐机旁、痴痴怀想着夫君的噙泪面影？

伤惨怀慕增忧心，堂空惟思咏和音。

藏摧悲声发曲秦，商弦激楚流清琴。

从“经纬”转入“外经”，企望怀想中的痛苦弃妇，已独自坐在空寂的堂上抚琴。满怀的“伤惨”无法排遣，只能借铮铮琴曲为之倾泻。于是，在纵广八寸的锦面上，刹那间弥漫了凄切动人的琴韵：它时而呜咽如泉，时而“激楚”如风。随着琴声的回荡，原诗也随之倒转，变成了——

琴清流楚激弦商，秦曲发声悲摧藏。

音和咏思惟空堂，心忧增慕怀惨伤！

这正是回文诗所独具的奇妙效果：从诗句的往复回旋中，你便同时感受到了，那充溢弃妇心间的忧伤之情的翻卷涨落，一阵又一阵，撞击着你的心弦——那是听来多么摧藏裂腑的“伤惨”之音呵！

哀弦须得有悲歌相和。当琴声幽幽飘出锦面的时候，你在“用色分章”的锦面上，同时听到了女主人公的忧伤歌唱：

嗟叹怀所离经，遐旷路伤中情。

家无君房帏清，华饰容朗镜明。

葩纷光珠耀英，多思感谁为荣？

周风兴自后妃，楚樊厉节中闱。

长叹不能奋飞，双发歌我衮衣。

华观冶容为谁？宫羽同声相追。

凄怆的六言歌，唱出了女主人公在空寂“房帏”中对镜饰容的几多哀慨！她纵然长有“葩纷”、“耀英”的容颜，但韶光易逝、夫君难回，这如花的青春，又“冶容为谁”？—诗之境界颇近于《诗经·卫风·伯兮》的“自伯之东，首如飞蓬。岂无膏沐，谁适为容”。但《伯兮》所歌毕竟是离别之苦，此诗所伤则是遗弃之悲，故辞情更觉哀切。

藏腑摧了，悲弦断了，那充溢锦面的五色之歌，也刹时歇响。女主人公痛定思痛，不觉怨恨顿生。于是，你在“交手成文”的锦字中，又听到了如下的斥责之声：

谗佞奸凶，害我忠贞。祸因所恃，滋极骄盈！

这“谗佞”所指，自然就是那位“歌舞之妙无出其右”的赵阳台了。作为宠姬，她之能取代苏蕙，其罪实在窦滔，本不该受到如此指斥的。但阳台毕竟“专伺苏氏之短”，在夫君耳边进了不少谗言，并直接导致了苏氏的被弃。女主人公不斥她“谗佞”，又何能平抑胸际之“忿”？不过，对夫君的痛切怀思，毕竟压倒了对宠姬的忿悁。所以，在《璇玑图诗》中听到的，更多是企望夫君回心的哀哀倾诉——

寒岁识凋松，真物知终始。颜衰改华容，仁贤别行士。（回文）

在容华易衰的忧伤中，以松柏“岁寒后凋”起兴，吐露对夫君誓志不移的贞情。这贞情因了五言四句的倒转回文，而表现得愈加奋扬蓬勃。其效果正如反复闪回和重现的青松，耸立于雪凝风寒之中，给人以难于忘怀的情感印象。而伴随这一片松影飞传的，则又有永无止息的怀想之歌：

恩感颜宁，孜孜伤情。时在君侧，梦想劳形……

由于《璇玑图诗》宏奇多变，笔者在这里只能选此数首，以见其诗情之一斑。即便如此，你也已可感受到，它们是怎样凄婉动人了。

但《璇玑图诗》之诗情，其实是不能只靠这种单篇诗作分析的方式来体会的——你只有从全图的宏伟总体上，从二百多首（且不算后人探索的七千多首）诗作的交融、回旋中，才能体会那种翻涌不歇、飞卷无止的诗情规模和力度。面对着《璇玑图诗》，你甚至无须选择，任意移动你的目光，便有无数“裴徊宛转”的诗作涌入你眼中，无数含感噙泪的女主人公身影走过你面前——那遍布锦面的八百四十一个五色之字，就这样流转不已，前文刚去，后文已来，化作了滚滚无涯的诗情之涛。前后左右，推涌着你，挟裹着你！这是一个怎样生生不息的凄婉诗情之海洋呵！除了顽石，谁能不为它所震荡、所感动？

从这个意义上说，苏若兰的《璇玑图诗》，不仅创造了一个宏奇精妙的回文世界，而且为自身那翻卷不歇的痛苦哀情，找到了一个波涛无涯的泄泻之所。《璇玑图诗》的创造，无疑是一大奇迹。而推动这一创造奇迹实现的，恰正是这位被遗弃女子，所无法用通常诗作表现的，无比痛苦的思情！（潘啸龙）

【作者小传】

陶渊明

(365—427)　一名潜，字元亮，晋宋之际浔阳柴桑（今江西九江市西南）人。东晋名臣陶侃曾孙。少贫病，有高尚之志，博学善属文。晋孝武帝太元末，曾任江州祭酒，因不堪吏职，自免归。晋安帝隆安中，任荆州刺史桓玄属吏，以母丧归。及桓玄篡位，入刘裕（即宋武帝）幕府，任镇军参军，转江州刺史刘敬宣参军。又任彭泽令，在官八十余日，弃官回乡，退居田园，无复仕进之意。宋文帝时卒，友人私谥曰靖节先生。事迹具《晋书》卷九四及《宋书》卷九三、《南史》卷七五本传。渊明诗风质朴、平淡，语言精练而出之以自然，具有极高的艺术成就，对后世影响极大。有集八卷，历代多有刊刻，今又有《陶渊明集》。

时　运　　陶渊明

时运，游暮春也。春服既成，景物斯和，偶影独游，欣慨交心。

迈迈时运，穆穆良朝。
袭我春服，薄言东郊。
山涤余霭，宇暖微霄。
有风自南，翼彼新苗。

洋洋平泽，乃漱乃濯。
邈邈遐景，载欣载瞩。
人亦有言，称心易足。
挥兹一觞，陶然自乐。

延目中流，悠想清沂。
童冠齐业，闲咏以归。
我爱其静，寤寐交挥。
但恨殊世，邈不可追。

斯晨斯夕，言息其庐。
花药分列，林竹翳如。
清琴横床，浊酒半壶。
黄唐莫逮，慨独在余。

这首诗模仿《诗经》的格式，用四言体，诗题取首句中二字，诗前有小序，点明全篇的宗旨。本来，汉魏以后，四言诗已渐趋消歇。因为较之新兴的五言诗来，其节奏显得单调，而且为了凑足音节，常需添加无实义的语词，也就不够简练。但陶渊明为了追求平和闲静、古朴淡远的情调，常有意选用节奏简单而平稳的四言诗体。因为是有意的选择，其效果比《诗经》本身更为明显。

全诗牵涉到这样一个典故：据《论语》记载，一次孔子和一群门徒围坐在一起，他让各人说出自己的志向。最后一个是曾点，他说："暮春者，春服既成，冠者五六人，童子六七人，浴乎沂，风乎舞雩，咏而归。"意思是：在暮春时节，天气暖和得已经穿得住春装了，和五六个成年朋友一起，带上六七个少年人，到曲阜南面的沂水里入浴，再登上求雨的土坛，迎着春风的吹拂，然后一路唱着歌回家。这想象中和平安宁的景象，悠闲潇洒的仪态，把向来严毅深沉的老夫子也感动得喟然长叹，说："吾与点也。"（我的心与曾点一样）后代修禊（三月三日在水边洗濯以消除不祥）的风俗渐盛，因为时间也是暮春，又同是在水边嬉游，所以关于修禊的诗文，常引用到《论语》中这个典故。东晋元兴三年（404），陶渊明四十岁，正闲居在家乡寻阳柴桑（今江西九江）。他在禊日出游东郊，想起曾点说过的那一番话，写下了这首纪游的《时运》诗。诗前小序的大意是：暮春时节，景物融和，独自出游，唯有身影相伴，欣喜感慨，交杂于心。全诗四章，恰是前二章说欣喜之情，后二章叙感伤之意。

先说一、二两章。第一章前四句中，"时运"谓四时运转；"袭"谓取用、穿上；"薄言"是仿《诗经》中常用的语词，无实义。这四句意思很简单，用五言诗写两句也够了：时运值良朝，春服出东郊。但诗歌语言并非唯有简练才好，而必须服从特定的抒情要求。下笔缓缓四句，正写出诗人悠然自得、随心适意的情怀。开头"迈迈"、"穆穆"两个叠词，声调悠长，也有助于造成平缓的节奏。而且"迈迈"形容时间一步一步地推进，"穆穆"形容春色温和宁静，都排除了激荡、强烈的因素，似乎整个时空和诗人的意绪有着同样的韵律。后四句写郊外所见景色：山峰涤除了最后一点云雾，露出清朗秀丽的面貌；天宇轻笼着一层若有若无的淡淡云气，显得格外高远缥缈；南风吹来，把踪迹留在一大片正在抽发的绿苗上，那些禾苗欢欣鼓舞，像鸟儿掀动着翅膀。这些写景的句子从简朴中显出精巧，似漫不在意，却恰到好处。同时这开远的画面，又是诗人精神世界的象征。它广大、明朗、平和、欢欣。

第二章转笔来写自己在水边的游赏，这情趣和《论语》中说的"浴乎沂，风乎舞雩"相似。"洋洋平泽"，是说水势浩大而湖面平坦，诗人就在这湖边洗濯着（这里"漱"也是洗涤之意）；"邈邈远景"，是说远处的景色辽阔而迷濛，它引人瞩目，令人欣喜。这四句中写动作的两句很简单，其实就是四个动词。"乃"和"载"都没有实义，主要起凑足音节、调和声调的作用。写景的两句也很虚，不能使读者切实地把握它。但实际的效果如何呢？那洋洋的水面和邈邈的远景融为一气，展示着大自然浩渺无涯、包容一切的宽广。诗人在湖中洗濯，在水边远望，精神随着目光延展、弥漫，他似乎和自然化成了一个整体。这四句原是要传布一种完整而不可言状的感受、气氛，倘若某一处出现鲜明的线条和色块，就把一切都破坏了。后四句是由此而生的感想：人们不是这样说吗：凡事只求符合自己的本愿，不为世间的荣利所驱使，人生原是容易满足的。举起酒杯一饮而尽，在朦胧醉意之中，我就自得其乐。

以上是说暮春之游在自然中得到的欣喜。陶渊明热爱自然，这是人所皆知的。他病重时写给几个儿子的遗书中，还言及自己“见树木交荫，时鸟变声，亦复欢然有喜”。不过，陶渊明之热爱自然，内中还深含着一层人生哲理。在他看来，多数人由于违背了人的自然本性，追逐无止境的欲望，于是虚伪矫饰，倾轧竞争，得则喜，失则忧，人生就在这里产生了缺损和痛苦。而大自然却是无意识地循着自身的规律运转变化，没有欲望，没有目的，因而自然是充实自由的，无缺损的。人倘能使自己化同于自然，就能克服痛苦，使人生得到最高的实现。这样再来看前二章，也许可以体会得更深一些。

那么，陶渊明为什么又“欣慨交心”，还有一种感伤呢？说到底，人终究不能完全脱离社会，只是面对着自然生活——哪怕是做了隐士。就在陶渊明写作《时运》诗的前一年（元兴二年）冬，军阀桓玄篡晋自立，国号楚，并把晋安帝贬为平固王，迁往自己的根据地江州，安置在寻阳。不久另一名军阀刘裕（后来的宋武帝）以复晋为旗帜，起兵讨伐桓玄。元兴三年自春至夏，两军在寻阳一带反复拉锯，战争异常激烈。这动荡不宁、恶浊昏暗的社会现实，与陶渊明笔下温和平静的自然，恰成为反面的对照。它不能不在诗人的心中投下浓重的阴影。三四两章伤今怀古的感叹，正是以此为背景的。

第三章前四句，写自己目光投注在湖中的水波上，遥想起《论语》中曾点所描述的那一幅图景：少长相杂的一群人，习完了各自的课业，无所忧虑、兴味十足地游于沂水之滨，然后悠闲地唱着歌回家。需补充说明的是，这里面包含着双重意义：一方面是个人的平静悠闲，一方面是社会的和平安宁。这本是曾点（包括孔子）所向往的理想境界，但陶渊明把它当作实有之事，以寄托自己的感慨。他的周围，是一个喧嚣激荡的流血世界；他自己，进不能实现济世之志，退又不能真所谓超然物外。而且他是孤独的，小序中说“偶影独游”，正与曾点所说“冠者五六人，童子六七人”相对照。他不能不感伤。下面说：“我爱其静，寤寐交挥。”用一个“静”字总括曾点所叙，并表示对此时刻向往，不能自已（“交挥”犹言“迭起”），因为那种社会的安宁与人心的平和，是他所处的世界中最为缺乏的；那种朋友们相融无间、淡然神会的交往，又是他最为渴望的。最后两句说：遗憾的是那个时代与自己遥相悬隔，无法追及。这实际是说，他所向往的一切不可能在现实中出现。

第四章所叙，是游春后回到居所的情景。开头两句，写经过自晨至夕的流连，又回到家中。接着四句描摹庭园景色和室内陈设。这里表面上没有写主人的活动，但我们的目光跟着诗篇取景的镜头，看到分列小径两旁的花卉药草，交相掩蔽的绿树青竹，床头一张古琴、半壶浊酒，不是清楚地感受到一种清静的气氛和主人清高孤傲的情怀了吗？第二章出现过的、使诗人“陶然自乐”的酒，在这里重又出现了，不过它现在似乎更带有忧伤的色彩。酒中的陶渊明到底是快乐的还是忧伤的呢？恐怕他自己也说不清。后面“黄唐”指传说中的黄帝、唐尧，据说他们统治的远古时代，社会太平、人心淳朴。但是“黄唐莫逮”，这个时代自己已经无法追赶了，“慨独在余”，我只能一个人独自感叹伤怀。最后这两句的意思和第三章结尾两句差不多，不过是换了一个寄托感慨的对象，把伤今怀古的情绪回复加强了一番。但怀古并非陶渊明真正的目的。他只是借对古人的追慕表达对现实的厌恶，对一种空想的完美境界的向往，这和《桃花源记》实质上是共通的。

这首诗表现的情绪、蕴含的内容是复杂而深厚的。诗人从寄情自然中获得欣慰，但仍不能忘怀世情，摆脱现实的压迫；他幻想一个太平社会，一个灵魂没有负荷的世界，却又明知道不可能得到。所以说到底他还是痛苦的。但无论是欢欣还是痛苦，诗中表现得都很平淡，语言也毫无着意雕饰之处。陶渊明追求的人格，是真诚冲和，不喜不惧；所追求的社会，是各得其所，怡然自乐，因而在他的诗歌中，就形成了一种冲淡自然、平和闲远的独特风格。任何过于夸张，过于强烈的表现，都会破坏这种纯和的美，这是陶渊明所不取的。（孙　明）

游　斜　川并序　　陶渊明

辛酉正月五日，天气澄和，风物闲美，与二三邻曲，同游斜川。临长流，望曾城，鲂鲤跃鳞于将夕，水鸥乘和以翻飞。彼南阜者，名实旧矣，不复乃为嗟叹；若夫曾城，傍无依接，独秀中皋，遥想灵山，有爱嘉名。欣对不足，率共赋诗。悲日月之遂往，悼吾年之不留。各疏年纪乡里，以记其时日。

开岁倏五十，吾生行归休。念之动中怀，及辰为兹游。气和天惟澄，班坐依远流。弱湍驰文鲂，闲谷矫鸣鸥。迥泽散游目，缅然睇曾丘。虽微九重秀，顾瞻无匹俦。提壶接宾侣，引满更献酬。未知从今去，当复如此否？中觞纵遥情，忘彼千载忧。且极今朝乐，明日非所求。

晋安帝义熙十年(414)，岁次甲寅(诗序的“辛酉”，据逯钦立考证，应是“正月五日”的干支)，作者年五十岁。正月五日，“天气澄和，风物闲美”，他和二三邻里，偕游斜川。作者一面感年时易往，一面喜景物宜人，不禁欣慨交心，悲喜集怀。这诗真实记录了作者刚入半百之年的一时心态。斜川，古地名。在今江西星子、都昌二县县境。濒鄱阳湖，风景秀丽。骆庭芝《斜川辨》以为其地在今江西都昌附近湖泊中。

诗开头四句写出游的缘由。张衡《思玄赋》说："开岁发春。"开岁，指岁首。随着新岁来临，诗人已进入五十之年（有的刻本"五十"作"五日"，未可从）。古人说："人上寿百岁。"（《庄子·盗跖》）由此常引出人们"生年不满百"的慨叹。进入五十，正如日已过午，岁已入秋，是极足警动人心的。孔融就曾说过："五十之年，忽焉已至。"（《论盛孝章书》）首句用"倏"，意也正同，都表现出不期其至而已至、亦惊亦慨的心情。五十一到，离开回归空无、生命休止的时候也不很远，（《淮南子·精神训》："死，归也。"《说文》："休，止息也。"）要"念之动中怀"了。于是，在初五那天景气和美的良辰，他作了这次出游。

次节"气和天惟澄"以下八句，充分就"游"字着笔。在一碧如洗的天幕下，游侣们分布而坐。山水景物，一一呈献在眼前：近处是微流中的彩色鱼儿在嬉游，空谷中鸣叫着的鸥鸟在高飞。作者用较华采的笔墨着意写出游的、飞的都那样自得，空中、水底无处不洋溢着生机，这其中自然也含着他的欣喜和向往。再放眼远远望去，湖水深广，曾（通"层"）丘高耸，也构成佳境，令人神驰意远。特别是这曾丘（指庐山边上的鄣山），不仅使人联想到昆仑灵山的峻洁（《后汉书·张衡传》注引《淮南子》说："昆仑有曾城，九重，高万一千里，上有不死之树在其西"）；而且它"旁无依接，独秀中皋"（尽管它不如昆仑山曾城的真有九重），顾瞩四方，无可与比拟者，也足以对人们的人格修养有所启示。序中说："欣对不足，率共赋诗。"我们正应感谢这曾丘，因为它的诱发，才给人间留下这好诗！

三节"提壶接宾侣"四句，写出好景诱人，邻里欢饮，使诗人不禁兴起"未知从今去，当复如此否"的感念。这是对人生、对美好事物——诗中所写的风物之美、人情之美、生活之美无限热爱、执着的人自然会产生的想法，作者把人们心中所有的感念，以朴素自然的语言真率地吐露了出来。

结尾四句，写出酒至半酣，意适情遥的境界。古人说："生年不满百，常怀千岁忧。"（《古诗十九首》）而作者却以高昂的意气唱出"忘彼千载忧"。他的人生观是超脱的。他又说："且极今朝乐，明日非所求。"这是本有旷达胸怀、又加以"中觞纵遥情"的作者所发出的对良辰、美景、佳侣、胜游的热情赞叹，和"今朝有酒今朝醉，明日愁来明日愁"的颓废之歌是迥然异趣的。

鲁迅的遗墨中，有书赠"广平吾友"的这首诗的手迹（见《鲁迅诗稿》"附录"），虽没署写时日，但应和他发表有关评陶的若干名论的时间相去不远，是二十世纪三十年代初所写的。从鲁迅对此诗的喜爱、肯定态度这一端，亦足以窥见本诗对

后世人们的影响。（曹融南）

怨诗楚调示庞主簿邓治中　　陶渊明

天道幽且远，鬼神茫昧然。结发念善事，僶俛六九年。弱冠逢世阻，始室丧其偏。炎火屡焚如，螟蜮恣中田。风雨纵横至，收敛不盈廛。夏日长抱饥，寒夜无被眠。造夕思鸡鸣，及晨愿乌迁。在己何怨天，离忧悽目前。吁嗟身后名，于我若浮烟。慷慨独悲歌，钟期信为贤。

汉代乐府《相和歌》中有《楚调曲》，《楚调曲》中有《怨诗》一题。这是陶渊明仿照那种样式写给自己朋友的一首诗。主簿、治中都是官名，是当时州刺史的秘书、助理。庞主簿指庞遵，邓治中其人不详。因为诗中有"僶俛六九年"字，故知此诗是作于诗人五十四岁，当时为晋安帝义熙十四年(418)。

作品分前后两段，前段十四句，诗人从自己半生的艰难遭遇出发，对自古以来众口所说的天道鬼神的存在提出了怀疑。开头两句是结论，是贯穿全段的。下面的十二句是这个结论所由得出的事实根据。他说，从刚刚成人(结发)那个时候起，我就一个心眼地想着做好事，苦力巴结(僶俛)，到现在已经五十四岁了。自己的遭遇又是如何呢？二十岁(弱冠)，世道乱离，苻坚南侵；三十岁(始室)，家门不幸，死了妻子。再以后就是天灾屡降，气候反常，先是荒旱不已，螟蜮丛生；接着又是狂风暴雨，铺天盖地，闹得庄稼收不了一把，从而挨冻受饿，自己的经济生活现在已经完全陷入绝境了。看看这种现实，这能说明有什么"福善祸淫"的天道鬼神吗？后段共六句，写他面对目前这种艰难处境的思想活动。他愤慨地说，我今天陷入到这个如此穷困悲凉的境地，这都怪我自己，怨不得什么别的天命或人为；历代圣贤不总是教导人们要立德、立功、立言，要名垂青史，像画麒麟么，但是在我看来，这些就如同过眼的烟云一样无足轻重，我自己在这里慷慨悲歌，我别无他求，我以有你们这两位像钟子期一样的知音人而感到欣慰与自豪。

这是表现陶渊明晚年的生活景况及其思想情绪的一篇极其重要的作品。陶渊明以"田园诗人"著称，他的作品流传最广而又最脍炙人口的是《五柳先生传》、《归去来兮辞》、《桃花源记》这种文，和《归园田居》、《和郭主簿》、《饮酒》这种诗。后来经过鲁迅先生的批评提醒，人们又开始注意了《咏荆轲》、《读山海经》等少数所谓带有点"金刚怒目"式的作品，而真正了解陶渊明晚年的生活与思想的读者仍是不多。因此,我们觉得有必要向读者推荐《怨诗楚调示庞主簿邓治中》这首诗。

这首诗告诉了我们什么呢?首先,它描绘了诗人晚年悲惨的生活情景,他已经到了挨饿受冻,无法维持的境地。他"夏日长抱饥,寒夜无被眠",以至冻得"造夕思鸡鸣",夜间盼着快点天亮;饿得"及晨愿乌迁",白天又盼着快点天黑。这是多么难熬,多么难以忍受的岁月啊!反映陶渊明晚年的这种悲惨困苦生活,可以用来和《怨诗楚调示庞主簿邓治中》相参证的,还有《杂诗十二首》(其八),其中说:"代耕本非望,所业在田桑。躬亲未曾替,寒馁常糟糠。岂期过满腹?但愿饱粳粮。御冬足大布,粗絺以应阳,正尔不能得,哀哉亦可伤!"还有《饮酒二十首》(其十六),其中说:"竟抱固穷节,饥寒饱所更。敝庐交悲风,荒草没前庭。披褐守长夜,晨鸡不肯鸣。"词语都几乎一样。回想陶渊明归田的初期,那时他的家庭尽管不很富,但至少还保持着一个小康局面。他的居住情况是"方宅十余亩,草屋八九间。榆柳荫后园,桃李罗堂前"。他的饮食情况是"园蔬有余滋,旧谷犹储今","春秫作美酒,酒熟吾自斟"。在这样的生活条件下当隐士,自然是比较容易的。但是好景不长,四十四岁那年他家中失了大火,"一宅无遗宇",什么都给烧得精光了。从此他的生活日益贫困,他的参加劳动也不得不由原来的观赏性、点缀性而逐渐地变成了维持生活的基本手段。也正因此,自然灾害对于陶渊明也就成为一个关系极其紧密的问题了。例如眼下陶渊明的困境就是由于"炎火屡焚如,螟蜮滋中田。风雨纵横至,收敛不盈廛"这种原因造成的。这样的生活,在我国古代文学家们的经历中极为少见,对此我们应该充分注意。

其次,它表现了诗人晚年对社会现实的极大愤慨与不平,他满腹牢骚,甚至连天道、鬼神都恨起来了。他说:"天道幽且远,鬼神茫昧然",从自己的切身遭遇可以证明这些都是骗人的东西。与此相近,他在《饮酒》诗中还说:"积善云有报,夷叔在西山。善恶苟不应,何事立空言!"情绪都是非常激烈的。在这里,他表面上是指着天道鬼神,实际上他的批判矛头乃是指向当时的黑暗社会,指向那个掌握着人类命运的腐朽的统治集团。陶渊明这时的思想情绪和他归田初期的那种面貌大不相同了,归田初期他总爱唱那种"乐天知命"、"安贫乐道"的高调,在《癸卯岁始春怀古田舍》中他说:"先师有遗训,忧道不忧贫";在《归去来兮辞》中他说:"聊乘化以归尽,乐夫天命复奚疑!"那时的陶渊明是以和平恬淡,与世无争著称。现在则不同了,牢骚越来越多,情绪越来越大。是他的修养水平降低了么?不是。鲁迅先生说:"'雅'要想到适可而止。'雅'要地位,也要钱。"(《病后杂谈》)不论谁要说"安贫",那他首先得保持一种至少是不太贫的经济条件。否则要想使人“安”得住，而且还要“乐”起来，那是很难的。陶渊明先前总爱说“息交游闲业，卧起弄书琴”；“悦亲戚之情话，乐琴书以消忧”，颇有点像是读书弹琴成癖的样子。可是到了晚年写作《咏贫士》，当他已经“倾壶绝余沥，窥灶不见烟”的时候，他也就“诗书塞座下，日昃不遑研”了。越穷越苦，思想矛盾也就越多，情绪也就越激烈，这是人之常情，是真实的。陶渊明的诗歌以真实著称，但若以后期这种艰难地写痛苦写愤怒的作品，和前期那种轻易地写快乐写恬淡的作品比起来，则显然是后期作品表现的思想更真切、更实在。对此我们也应该充分注意。

第三，作品表现了陶渊明在这种极其痛苦难熬的生活中的意志坚定，宁死不移。他已经横下一条心来，无论怎样穷困，他再也不出去做官，再也不去和那个黑暗的上层社会同流合污了。他说：“在己何怨天，离忧悽目前。吁嗟身后名，于我若浮烟。”这是什么意思？比陶渊明早百余年的放诞派张翰曾说：“使我有身后名，不如即时一杯酒。”难道陶渊明也像张翰那样肆无忌惮地蔑视前代圣贤的古训？不是，他所蔑视的正是当时官场中像苍蝇追逐血腥一样所追逐的那种东西。他说他之所以陷入今天这样的困境，这都怪他自己，怪不得天道鬼神或其他人事。这是真话么？不，这是牢骚，这是他在交相地表现他对当时政治的不平，同时其中也包含着一种坚守了节操，在精神道德上获得了胜利的骄傲与自豪。在我国两千多年的封建社会中，与黑暗官场不合作，蔑视功名利禄而隐居田园去当清闲地主的，历代不乏其人。但是能够忍冻受饿，竟至于“饥来驱我去，不知竟何之。行行至斯里，叩门拙言辞”地宁可去向人家乞食，也绝不回头，而一直挺下去，直至老死田园的，却除了陶渊明再也找不出第二个。陶渊明的气节是感人的，陶渊明的骨头的确比别人硬。这一点尤其应该引起我们的注意。

陶渊明诗歌的艺术风格是以淳朴实在著称，所以梁启超曾经说，“唐以前的诗人，真能把他的个性整个端出来和我们相接触的，只有阮步兵和陶渊明，而陶尤为甘脆鲜明”(《陶渊明之文艺及其品格》)。今天我们来读他晚年写的这首《怨诗楚调示庞主簿邓治中》，不就如同当面听我们的一位老朋友用连珠一般的语言在向我们诉说他一系列的不幸，在那里发牢骚，在那里怨天恨地，在抒发他对现实社会的愤愤不平吗？这首诗和他归田初期作品中的那种宁静恬淡、情景交融比起来，显然是变得更为愤激、更为质直了，但是陶渊明作品中那种突出的真情实感的流露，却是始终一贯的。他有乐说乐，有苦说苦，有牢骚不平也决不故意掩饰。他的语言是那样浅近、凝练、生动、准确，例如“夏日长抱饥，寒夜无被眠。造夕思鸡鸣，及晨愿乌迁”，这种对于受冻者在冬天的长夜里盼望天亮，盼着快点日出；挨饿者在夏天的长昼里盼着天黑，以为上床不动，肚子也可能会好受一些的心情的描写，没有一点实际感受的人莫说是写不出，就是想也恐怕难以想到。

其次，这首诗表现作者极端困苦时的心理矛盾，表现他向老朋友倾诉满腔不平时的声音口气，也是异常逼真的。他时而正说，时而反说；时而高昂，时而压抑；时而逼紧，又时而荡开，周回反复，激楚动人。明代学者黄文焕说："'丧室'至'乌迁'，叠写苦况，无所不怨；忽截一语曰'在己何怨天'，又无一可怨；'何怨'后复说'离忧悽目前'，又无一不怨矣。"（《陶诗析义》）说得相当好。

诗的最后两句是"慷慨独悲歌，钟期信为贤"，这一方面是为了表现他与庞主簿邓治中之间的亲密友谊，使整首诗和"示庞主簿邓治中"这个题目呼应起来，同时它还有更积极的意义在。诗人说，今天我是遇到了你们这两位像钟子期一样的知音人，所以我才向你们说了这些话；倘若换了别人，我才不向他们讲呢！这里表现了诗人对世俗社会的极端蔑视，表现了他"举世皆浊我独清，众人皆醉我独醒"的无比超脱，而他那种坚守节操、永不回头的态度也就不言而喻了。果断、决绝、辞严、义正，气势如横截奔马一笔收束，给人留着无限思忖吟味的余地。

（韩兆琦）

答庞参军　　陶渊明

三复来贶，[①]欲罢不能。自尔邻曲，冬春再交；款然良对，[②]忽成旧游。俗谚云："数面成亲旧"，况情过此者乎？人事好乖，便当语离；杨公所叹，[③]岂惟常悲。吾抱疾多年，不复为文，本既不丰，复老病继之；辄依《周礼》往复之义，且为别后相思之资。

相知何必旧，倾盖定前言。有客赏我趣，每每顾林园。谈谐无俗调，所说圣人篇。或有数斗酒，闲饮自欢然。我实幽居士，无复东西缘；物新人惟旧，弱毫多所宣。情通万里外，形迹滞江山；君其爱体素，来会在何年！

〔注〕 ① 来贶：送来的赠品，这里指庞参军所赠的诗。 ② 款然：诚挚貌。 ③ 杨公所叹：杨公，杨朱。《淮南子·说林篇》记杨朱见歧路而哭之的故事。朱自清先生认为，这里的歧路，只是各自东西的歧路，而不是可南可北的歧路。因此，"杨公所叹"在诗中可指离别。

《陶渊明集》中有五言、四言《答庞参军》各一首，据四言《答庞参军》序，庞为卫军参军。按江州刺史王宏镇寻阳，于宋永初三年（422）进号卫将军，则庞当是王宏的参军。庞在寻阳为官，与陶渊明遂成"邻曲"，后庞参军奉命出使江陵，告别友人，陶渊明以此诗作答，表达了自己与庞参军的真挚友情。

这首诗的序文较长，作者以诗化的语言，交代了两层意思：一是因有"来贶"，所以写作是诗，扣紧诗题"答"字；二是追叙与庞参军的友情，因此在离别之际感到悲伤，也因此在老病无力、不复为文的情况下，还要勉力作答，为全诗的感情抒发作了铺垫。

全诗十六句，可以分两个层次。第一层是前八句，追忆与庞参军真挚深厚的友情。"相知何必旧，倾盖定前言"两句，说明两人不是旧交，而是新知。这从序文的"自尔邻曲，冬春再交"中可以看出。《史记》卷八十三《鲁仲连邹阳列传》引谚云："有白头如新，倾盖如故。"意思是说，如果人不相知，从初交至白头，还会像刚认识一样，没有友情。如果人各相知，即使是偶然乘车在道上相遇，也会像老朋友那样并车而谈，以至两车的车盖相切、倾斜，久久不忍分手。以下六句，追忆旧游。"有客赏我趣，每每顾林园"，是总述。"赏我趣"当然是谦虚的说法，反过来说，也是陶渊明所处的林园环境的情趣，陶渊明独立的人格力量、高雅的生活方式，吸引、感染了包括庞参军在内的客人，因此使他们经常造访，时时登门，终于成为"相知"。下面四句，从两个方面来谈"趣"，实际是从两个方面来说明两人交游的内容和感情的基础。一是谈圣之趣，"谈谐无俗调，所说圣人篇"，说明谈话内容的格调、境界之高，不是一般碌碌之辈汲汲于名利的庸俗之谈所能企及的。二是饮酒之趣，"或有数斗酒，闲饮自欢然"，若能以酒助谈，则兴致更高，说明了交遇方式的高雅、闲适，感情交流的自然、融洽。当然，这也是"陶渊明式"的生活情趣和交友方式。

"我实幽居士"以下八句是第二层，抒发依依惜别的情怀。正因为相交深、知遇厚，所以一旦分离，就无法扯断联络感情的纽带。诗人自己是立志归隐之人，没有俗务缠身，不会因公事鞅掌，东西奔走；而朋友却要远离自己而去，从此天各一方，因此希望别后能常通音问，以释遥念。"物新人惟旧"，语见《尚书》："人惟求旧，器非求旧惟新。"意思是器物求新，而朋友间当以旧谊为重。但即使感情相通，不惧相隔万里，也终究无法改变天各一方、江山阻隔的现实，不复能时时谈笑宴饮。只能希望你在远方自己保重身体，以后相会，还不知在何年何夕呢？这一层诗人抒发的感情十分细腻丰富：分手在即，不免感伤、怅惘；感伤之余，又要嘱咐常通音信，叮咛保重身体，对分手后的"情通万里"，来年的重新相会寄托了希望。显得十分朴实、深沉。

这是一首送别诗，又是一首表达真挚友情的抒情诗，反映了陶渊明田园生活的一个侧面。同陶诗的其他篇什一样，这首诗也以它的真情真意深深地感动着每一个读者。按理说，送别诗完全可以写得愁肠百结，缠绵悱恻，令人不忍卒读，但这首诗却以明白如话的诗句，举重若轻，朴实无华地表达了自己的感情，真是“一语天然万古新，豪华落尽见真淳”（元好问《论诗绝句》），它的强大的艺术感染力，正是这种“天然”、“真淳”造成的。（沈伟民）

和刘柴桑　陶渊明

山泽久见招，胡事乃踌躇？直为亲旧故，未忍言索居。良辰入奇怀，挈杖还西庐。荒途无归人，时时见废墟。茅茨已就治，新畴复应畬。①谷风转凄薄，春醪解饥劬。②弱女虽非男，慰情良胜无。栖栖世中事，岁月共相疏。耕织称其用，过此奚所须。去去百年外，身名同翳如。③

〔注〕①畬：整治新田。②饥劬：饥渴劳苦。③翳如：泯灭。

刘柴桑即刘程之，当时与陶渊明、周续之被合称为“寻阳三逸”。刘程之不但人品、志趣与陶相同，生活经历也有相似之处，刘曾作柴桑令，后辞归故园，陶渊明曾作彭泽令，后隐于乡间。这是一首和诗，赞美了刘回归自然，耕织自足的生活态度，也流露了陶潜自己安于隐遁，不慕名利的情趣。

诗可分为三层。

“山泽久见招，胡事乃踌躇？直为亲旧故，未忍言索居。”此为第一层，以问答的句式代刘程之剖白心迹，追述往日企盼山泽而徘徊官场的苦衷。“见招”即招我，此为拟人法，移情法，不写友人之神往，而说是山林泽国在召唤，物我无间，往来绸缪，心存亲切之见。“久”字突出时间之长。但既然早已心慕自然，为什么又一直踌躇回顾、未能遽然挂印而去呢？人生于社会中，总有些义务、人情需要照顾。“直”，但，只。“索居”，离群独居。原来是迫于生计、碍于亲旧，故未能及早隐遁山林。这个解释通达自然，饱含人情，显出诗人体切之深。

从“良辰入奇怀”以下十句为第二层。人生于社会中自然要顾及义务责任，但人生于天地间，还有自己的心灵与个性。当心灵受不了过重的负载时就会挣开束缚、摆脱樊笼，归于自然。“良辰入奇怀”仍为拟人写法，“入”字尤为高妙，不写归隐者企盼良辰之状，而说良辰扑入人之怀抱，犹如“悠然见南山”之“见”字，一个字就道出了景与目谋，心与景会，天外飞来，悠然神会之状，如印印泥，丝丝入扣。如此直捷的感悟，定当触发深藏的宿愿，想来刘程之即此“归去来兮”。“荒途无归人，时时见废墟”两句写归途所见，点出了时代之黑暗、民生之凋敝，田园之荒芜，也正是这种“乾坤含疮痍”的痛苦现实加快了隐者远离官场的步伐。

“茅茨已就治，新畴复应畬。谷风转凄薄，春醪解饥劬。弱女虽非男，慰情良胜无。”这六句正面赞颂刘程之清苦而不失自我的劳动生活、乡隐乐趣，其中也融铸了陶潜自己的隐居经验和生活感受。茅屋修好了，夏日纳凉于北窗下，当得羲皇上人。新开垦的田地需要整治了，把希望与汗水一道洒下，劳动所得，虽苦犹甘。初春的风尚有些寒意，也撩拨起一丝早已沉于心底的失望和凄清，但回家喝上三两杯家酿春酒，松松筋骨解解乏，似醉非醉中望着朦胧的山雾，心中又涌上了莫名的欢喜。没有男孩，想来你是有些寂寞，但是，老朋友，你听我说，世间没有毫无缺憾的生活，况且女儿辈虽体质柔弱，常依膝下，善解人意，也别有一种天伦之乐。这一段文字以己度人，摹写刘程之归隐生活，质朴自然，措语简淡，淡至看不见诗，犹如老朋友对床夜语，这真是陶潜的好诗。因为冲淡的语言内包含着真挚的感情，没有虚饰，没有造作，使人感到“语淡而味终不薄”。

“栖栖世中事，岁月共相疏。耕织称其用，过此奚所须。去去百年外，身名同翳如。”最后一层即事议论，感慨世情，更多地表达了诗人自己的见解，既是安慰友人，也是自我排解。人生在世犹如白驹过隙，况且这又是一个栖栖不安的社会，能保全生命、自耕自织以求暖衣足食也就够了，超过了人本体之要求就是非分之想了。“功名富贵若常在，汉水也应西北流。”百年之后，同归于灭，身尚不在，利禄名望又有什么长久价值呢？这种人生苦短的思想自然有消极的成分，但作品中表现出来的浮云富贵，敝屣功名的观点又何尝不是一副清凉剂呢？对那些热衷于刀口上舔血的如蝇小人不也是一篇极好的醒世之文吗？

这首和诗以己度人，由人及己，同声相应，同气相求，既可看作刘程之速写，也可看作陶潜自我写照。作者以清淡之心写清淡之人，摹清淡之品，修饰愈少而愈见其“真美”。

（史双元）

和郭主簿二首(其一)　陶渊明

蔼蔼堂前林，① 中夏贮清阴。凯风因时来，回飙开我襟。② 息交游闲业，③ 卧起弄书琴。园蔬有余滋，旧谷犹储今。营己良有极，过足非所钦。舂秫作美酒，酒熟吾自斟。弱子戏我侧，学语未成音。此事真复乐，聊用忘华簪。④ 遥遥望白云，怀古一何深。

〔注〕 ① 蔼蔼：茂盛貌。 ② 回飚：回风。 ③ 闲业：不急之务，即弹琴、读书之类。 ④ 华簪：华贵的发簪，此代指富贵。

诗题《和郭主簿》然郭氏姓名事迹均不详,“主簿”是州县主管簿书的属官。此诗作年众说纷纭,逯钦立校注《陶渊明集》根据其《命子》、《责子》二诗推算,系于义熙四年(408)渊明44岁时作,较为可信。在此之前,陶渊明从二十九岁起,因“亲老家贫”,“耕织不足以自给,幼稚盈室,缾无储粟”(《归去来辞序》),曾几度出仕,最后一次是四十一岁(405)时出任彭泽令,在官八十余日,因不愿“为五斗米折腰向乡里小儿,即日解绶去职”(萧统《陶渊明传》)。在这十三年间,东晋内乱迭起,到处腥风血雨,官场腐败,人心险恶,世风伪诈,哀鸿遍野。处在这样动乱、黑暗的时代,庶族出身、家道中衰的陶渊明,虽然有过“猛志逸四海”,“大济于苍生”的宏图壮志,结果也必然是“有志不获骋”(《杂诗》之二)。于是,他便归隐寻阳,开始了躬耕田园的生活。《和郭主簿》就是他归家二年后所作。这一首描写了夏日乡居的淳朴、悠闲生活,表现出摆脱官场牢笼之后那种轻松自得、怀安知足的乐趣。

此诗最大的特点是平淡冲和,意境浑成,令人感到淳真亲切、富有浓郁的生活气息。通篇展现的都是人们习见熟知的日常生活,“情真景真,事真意真”(陈绎曾《诗谱》)。虽如叙家常,然皆一一从胸中流出,毫无矫揉造作的痕迹,因而使人倍感亲切。无论写景、叙事、抒情,都无不紧扣一个“乐”字。你看,堂前夏木荫荫,南风(凯风)清凉习习,这是乡村景物之乐;既无公衙之役,又无车马之喧,杜门谢客,读书弹琴,起卧自由,这是精神生活之乐;园地蔬菜有余,往年存粮犹储,维持生活之需其实有限,够吃即可,过分的富足并非诗人所钦羡,这是物质满足之乐;有粘稻舂捣酿酒,诗人尽可自斟自酌,比起官场玉液琼浆的虚伪应酬,更见淳朴实惠,这是嗜好满足之乐;与妻室儿女团聚,尤其有小儿子不时偎倚嬉戏身边,那牙牙学语的神态,真是天真可爱,这是天伦之乐。有此数乐,即可忘却那些仕宦富贵及其乌烟瘴气,这又是隐逸恬淡之乐。总之,景是乐景,事皆乐事,则情趣之乐不言而喻;这就构成了情景交融,物我浑成的意境。诗人襟怀坦率,无隐避,无虚浮,无夸张,纯以淳朴的真情动人。我们仿佛随着诗人的笔端走进那宁静、清幽的村庄,领略那繁木林荫之下凉风吹襟的惬意,聆听那琅琅的书声和悠然的琴韵,看到小康和谐的农家、自斟自酌的酒翁和那父子嬉戏的乐趣,并体会到诗人那返璞归真、陶然自得的心态……

这首诗用的是白描手法和本色无华的语言。全诗未用典故,不施藻绘,既无比兴对偶,亦未渲染铺张,只用疏淡自然的笔调精炼地勾勒,形象却十分生动鲜明。正如唐顺之所评:“陶彭泽未尝较音律,雕文句,但信手写出,便是宇宙间第一等好诗。何则?其本色高也。”(《答茅鹿门知县》)当然,这种“本色高”,并非率尔脱口而成,乃是千锤百炼之后,落尽芬华,方可归于本色自然。所谓“一语天然万古新，豪华落尽见真淳”(元好问《论诗绝句》)，只有“大匠运斤”，才能无斧凿痕迹。本色无华，并非质木浅陋。试看首二句写景，未用丽词奇语，但着一平常“贮”字，就仿佛仲夏清幽凉爽的林荫下贮存了一瓮清泉，伸手可掬一般，则平淡中有醇味，朴素中见奇趣。又如“卧起弄书琴”，“弄”字本亦寻常，但用在此处，却微妙地写出了那种悠然自得、逍遥无拘的乐趣，而又与上句“闲业”相应。再有，全诗虽未用比兴，几乎都是写实，但从意象上看，那蔼蔼的林荫，清凉的凯风，悠悠的白云，再联系结尾的“怀古”(怀念古人不慕名利的高尚行迹，亦自申己志)，难道与诗人那纯真的品格，坦荡的襟怀，高洁的节操，全无相关、全无象征之类的联系么？这正是不工而工的艺术化境之奥妙所在。所以东坡评陶诗“质而实绮，癯而实腴”(《与苏辙书》)。刘克庄说它“外枯而中膏，似淡而实美”，的系灼见。

(熊　笃)

和郭主簿二首(其二)　　陶渊明

和泽周三春，清凉素秋节。露凝无游氛，天高肃景澈。陵岑耸逸峰，遥瞻皆奇绝。芳菊开林耀，青松冠岩列。怀此贞秀姿，卓为霜下杰。衔觞念幽人，千载抚尔诀。检素不获展，厌厌竟良月。

《和郭主簿》二首皆同一年所作，前首写夏景，此首写秋色。写秋色而能独辟蹊径，一反前人肃杀凄凉的悲秋传统，却赞赏它的清澈秀雅、灿烂奇绝，乃是此诗具有开创性的一大特征。古诗赋中，写秋景肃杀悲凉，以宋玉《九辩》首肇其端：“悲哉，秋之为气也！萧瑟兮草木摇落而变衰。”往后秋景与悲愁就结下了不解之缘，如汉武帝的《秋风辞》、汉代《古歌》(秋风萧萧愁杀人)、曹丕的《燕歌行》、祢衡的《鹦鹉赋》、曹植的《赠丁仪》、《赠白马彪》、《幽思赋》、王粲的《登楼赋》、阮籍《咏怀》(开秋兆凉气)、潘岳的《秋兴赋》、张协的《杂诗》(秋夜凉风起)等等，或触秋色而生悲感，或借秋景以抒愁怀，大抵皆未跳出宋玉悲秋的窠臼。而陶渊明此诗的秋景却与众迥异，别开生面。首句不写秋景，却写春雨之多，说今春调合的雨水(和泽)不断，遍及了整个春季三月。这一方面是《诗经》中“兴”的手法的继承，另一方面又把多雨的春和肃爽的秋作一对比，令人觉得下文描绘的清秀奇绝的秋色，大有胜过春光之意。往下即具体写秋景的清凉素雅：露水凝结为一片洁白的霜华，天空中没有一丝阴霾的雾气(游氛)，因而益觉天高气爽，格外清新澄澈。远望起伏的山陵高岗，群峰飞逸高耸，无不挺秀奇绝；近看林中满地盛开的菊花，灿烂耀眼,幽香四溢;山岩之上苍翠的青松,排列成行,巍然挺立。凛冽的秋气使百卉纷谢凋零,然而菊花却迎霜怒放,独呈异彩;肃杀的秋风使万木摇落变衰,唯有苍松却经寒弥茂,青翠长在。难怪诗人要情不自禁地怀想这松菊坚贞秀美的英姿,赞叹其卓尔不群的风貌,誉之为霜下之杰了!

善于在景物的写实中兼用比兴象征手法,寄寓强烈的主体情感,是此诗的又一显著特征。诗人对菊举杯饮酒(衔觞),由逸峰的奇绝,松菊的贞秀,自然联想、怀念起那些与逸峰、松菊颇相类似的孤高傲世、守节自厉的古代高人隐士(幽人),他们千百年来一直坚持着(抚)松菊(尔)那种傲然特立的秘诀要道,其高风亮节真是可钦可敬。这里,赞美企慕"幽人"的节操,也寓有诗人内在品格的自喻和自厉。然而这只是诗人内心世界的一方面;另一方面却是"少时壮且厉,抚剑独行游"(《拟古》之八);"猛志逸四海,骞翮思远翥"(《杂诗》之五);"或大济于苍生"(《感士不遇赋》)的宏图壮志。《杂诗》之二已作于五十岁左右,但仍感叹:"日月掷人去,有志不获骋。"晚年所作《读山海经》中,还义愤填膺地大呼"明明上天鉴,为恶不可履",赞扬"刑天舞干戚,猛志固常在",《咏荆轲》中又歌颂:"其人虽已没,千载有馀情。"这一切都说明诗人终其一生,也未忘情现实;在向往"幽人"隐逸的同时,内心始终潜藏着一股壮志未酬而悲愤不平的激流。这种出处行藏的矛盾心情,反映在此诗中,便逼出结尾二句:诗人检查平素有志而不获施展,在清秋明月之下,也不由得老是厌厌无绪了。赞慕"幽人",正是兼济之志"不获展"之后,必然要"独善"的一种自厉;但"兼济"之志毕竟是诗人的初衷,因而独善之中,仍时露不平之气:这又与"幽人"有别。

由此可见,写秋景的清凉澄澈,象征着幽人和诗人清廉纯洁的品质;写陵岑逸峰的奇绝,象征着诗人和幽人傲岸不屈的精神;写芳菊、青松的贞秀,象征着幽人和诗人卓异于流俗的节操。从外在联系看,以秋景起兴怀念幽人,又从幽人而反省自身,完全顺理成章;从内在联系看,露凝、景澈、陵岑、逸峰、芳菊、青松等意象,又无不象征着"幽人"的种种品质节操,无不寄寓着诗人审美的主体意识,真是物我融一,妙合无痕。而在幽人的精神品质中,又体现了诗人的精神品质;但"有怀莫展"之叹,又与那种浑身静穆的"幽人"不同。

以松菊为喻写人或以松菊为象状景,前人早已有之。《论语·子罕》:"岁寒然后知松柏之后凋也。"但这只是单纯取喻说理。屈原《离骚》有"夕餐秋菊之落英",虽有象征,但只是抒情中的想象借喻,并非景物写实。曹植《洛神赋》中"荣耀秋菊,华茂春松"是用菊松喻洛神的容光焕发,所比仅在外貌而非内在品质,且仍非写实景。左思《招隐》有"秋菊兼糇粮,幽兰间重襟。"是化用《离骚》"夕餐秋菊之落英"和"纫秋兰以为佩"二句,性质亦同。其《咏史》中"郁郁涧底松"喻寒门才士受抑,亦非写实。至于钟会、孙楚的《菊花赋》虽是写景,却并无深刻的象征意义。真正把景物写实与比兴象征自然巧妙地融为一体的,当自渊明始。苏轼评陶云:"大率才高意远,则所寓得其妙,选语精到之至,遂能如此。如大匠运斤,不见斧凿之痕。"(《冷斋诗话》引)读这首诗,深知苏评确非溢美。

(熊　笃)

赠羊长史并序　　陶渊明

左军羊长史,衔使秦川,作此与之。

愚生三季后,慨然念黄虞。得知千载上,正赖古人书。圣贤留余迹,事事在中都。岂忘游心目?关河不可逾。九域甫已一,逝将理舟舆。闻君当先迈,负疴不获俱。路若经商山,为我少踌躇。多谢绮与甪,精爽今何如?紫芝谁复采?深谷久应芜。驷马无贳患,贫贱有交娱。清谣结心曲,人乖运见疏。拥怀累代下,言尽意不舒。

这诗是陶集赠答诗中的名篇。诗中念古伤今,流露着作者对时局的观感和政治态度,也体现了"君子赠人以言"的古训,对友人进行讽示、忠告,大有别于一般伤离惜别、应酬敷衍之作。羊长史,名松龄,是和作者周旋日久的友人,当时任江州刺史、左将军檀韶的长史。这次是奉使去关中,向新近北伐取胜的刘裕称贺。秦川,今陕西一带。

刘裕在消灭桓玄、卢循等异己势力之后,执掌朝政,功高位尊,已怀有夺取司马氏政权的野心。晋安帝义熙十二年(416)刘裕率师北伐,消灭了羌族建立的后秦国,收复了古都长安、洛阳。自永嘉之乱以来,南北分裂,晋师不出,已逾百年。这次北伐胜利,本是一件大好事。无奈刘裕出兵的动机,只是为了提高自已的威望;所以才得胜利,便匆匆南归,去张罗篡位的事了。他一心只是"欲速成篡事,并非真有意于中原"。南北统一的希望,终成泡影。三年之后,他便代晋成了依然偏安江左的刘宋王朝的开国之君。

对刘的意图,作者是看得很明白的。所以对北伐胜利和羊长史入关称贺,他都表现得十分冷漠,只在序里淡淡地说了一句"衔使秦川"而在诗中又委婉地讽示友人,不要趋附权势,追求驷马高官。这一切,都显现出这位"隐逸诗人"对现实和政治还是相当敏感、有所干预的。

因为诗所涉及的是很敏感的时政问题，所以其表现也十分隐约、含蓄。全诗分四节。首节八句，悠徐地从“千载外”说起，说是自己生在三季（夏、商、周三代之末）之后，只有从古人书里，得知些黄帝、虞舜之世的事，不禁慨然长念——那时真风尚存，风俗淳朴平和。言下之意，三季之后，就只剩下欺诈虚伪，争攘篡夺了。这自然是对刘裕的隐隐嘲讽。既提到“古人书”，就以它为纽带，自然地转入下文：也正是从书里，知道了贤圣余迹，多留存在中都（指洛阳、长安）一带。点到“贤”字，目光便已遥注到下文的“绮（里季）与角（里先生）”；而“圣”，则上应“黄虞”。自己是一直向往“贤圣”们所作所为的，所以始终盼望着去那里游骋心目；只是限于关山阻隔（实际是南北分裂的代用语），没能如愿而已。这样缓缓说来，既说出自己对“贤圣”的崇仰心情，也以宾带主，渐渐引入羊长史的北去。思路文理，十分绵密。

次节四句，转入赠诗。现在九域（九州，指天下）已经初步统一起来了，诗人下了决心，要整治船只车辆，北上一行。听说羊长史要先走一步，自己因身有疾病，难以联袂同行，只有赠诗相送。作者早衰多病，五十以后即“渐就衰损”（《与子俨等疏》），“负疴”当然是实情；但“不获俱”的真正原因，还应在于羊长史是奉使向刘裕称贺，而自己却是要“游心目”于贤圣遗迹，目的既不同，当然也不必同行了。

“路若经商山”以下八句，是赠诗主旨所在。到关中去，说不定要经过商山，那正是汉代初年不趋附刘邦的绮、角等“四皓”（四个白首老人）的隐栖之地。作者很自然地借此向友人嘱咐，要他经过时稍稍在那里徘徊瞻仰，并多多向四皓的英灵致意：他们的精神魂魄又怎样了呢？相传他们在辞却刘邦迎聘时曾作《紫芝歌》：“漠漠高山，深谷逶迤。晔晔紫芝，可以疗饥。唐虞世远，吾将何归？驷马高盖，其忧甚大。富贵而畏人兮，不若贫贱之肆志。”（见《古今乐录》）现在，紫芝有谁再采呢？深谷里也大概久乏人迹、芜秽不堪了吧？——多少人已奔竞权势、趋附求荣去了。作者在这里说“为我”，流露出自己是有心上追绮、角精魂的人，同时也示意友人要远慕前贤，勿误入奔竞趋附者的行列。接着，他又化用《紫芝歌》后段的意思警醒友人：“驷马无贳患，贫贱有交娱。”——高车驷马，常会遭罹祸患；贫贱相处，却可互享心神上的欢愉。是讽示，也是忠告，朱光潜在《诗论》中曾举到这首诗说：“最足见出他于朋友的厚道。”正指此处。

《紫芝》一歌，可看作这首赠诗的灵魂。篇首的“慨然念黄虞”，已化用了“唐虞世远”之意；直到结尾，作者还郑重写出“清谣（指《紫芝歌》）结心曲”，深慨绮、角长往，人既乖违，时代亦疏隔久远，自己只有在累代之下，长怀远慕，慨叹无穷了。“言尽意不舒”,见出作者对时世慨叹的多而且深,也示意友人要理解此心于言语文字之外。

本诗对刘裕不屑涉笔,意存否定,却对不趋附权势的绮、角崇仰追慕,这些都显示出他崇高的人格修养。在写作上,虽从远处落笔,却紧扣正意,徐徐引入,最后才突出赠诗主旨,手法都很高妙。无怪方东树《昭昧詹言》云:“《羊长史》篇文法可以冠卷。”

沈德潜论赠答诗,谓“必所赠之人何人,所往之地何地,一一按切,而复以己之情性流露于中,自然可咏可读。”(《说诗晬语》)本诗应是此论的一个好例。

(曹融南)

和胡西曹示顾贼曹　　陶渊明

蕤宾五月中,清朝起南飔。不驶亦不驰,飘飘吹我衣。重云蔽白日,闲雨纷微微。流目视西园,晔晔荣紫葵,于今甚可爱,奈何当复衰!感物愿及时,每恨靡所挥。悠悠待秋稼,寥落将赊迟。逸想不可淹,猖狂独长悲!

这一首诗作年无考,研究陶诗的人,有把它系于晋安帝元兴二年癸卯(403)的。如按其说,则诗作于《癸卯岁始春怀古田舍二首》之后,《癸卯岁十二月中作与从弟敬远》之前。去年,荆州刺史桓玄举兵入京,窃取文武最高官职,总揽朝政;这年春天正月,又加大将军封号,篡晋的迹象已经显著,这意味着政治上一场大变故即将来临。这时渊明丁母忧家居,面对朝廷变局,既无能为力;自身生活,也得赖躬耕自给。题目所示,是胡西曹写诗给顾贼曹,而渊明又作诗和之。胡、顾名字都不详。西曹、贼曹是州县属官名,前者主管人事、选举,后者主管治安。诗是平常酬和之作,并不经意写,但若联系这时期的政治背景和渊明自己的处境来看,则思想感情自然也并不简单。

起四句直写当前气候,说在阴历五月的一天早晨,吹起南风,不快不慢,飘动着诗人的衣服。古代以十二律配合十二个月,“蕤宾”是配合五月之律,见《礼记·月令》,诗中用以标志五月。风是夏天“清朝”中的“南飔”,飘衣送凉,气象是清爽的。接着两句,不交代转变过程,便紧接着写“重云蔽白日,闲雨纷微微。”由晴到雨,似颇突然。以上六句是面的总写,一般叙述,不多描绘。

“流目”四句,由面移到一个点。先写诗人在清风微雨中,转眼观看西园,见园中紫葵生长得“晔晔”繁荣,虽作集中,亦只叙述。上文的叙事写景,直贯到此;

而对着紫葵,忽产生一种感慨:"于今甚可爱,奈何当复衰!"感慨也来得突然,但内容还属一般,属于人们对事物常有的盛衰之感。这里转为抒情。下面两句:"感物愿及时,每恨靡所挥。"承前两句,抒情又由点到面,同时由对客观事物的反映转到对自身的表白,扩大一步,提高一步,句法同样有点突然,而内容却不一般了。渊明本是有志于济世的人,被迫过隐居生活,从紫葵的荣晔易衰而联想自己不能及时发挥壮志,建立功业,这种触动内心痛处的感受,本来也是自然的,不妨明白直说,可诗中偏不说出"愿及时"愿的是什么,"靡所挥"挥的是什么,让读者自作领会。"靡所挥"的"挥"字当是"发挥壮志"之意;有作"挥杯"解释的,即是省去"杯"字。这样理解,比较不合诗语组织的习惯,又把渊明看成真是处处想到喝酒的人,也不切合。

上文各以六句成片,结尾以四句成片。这四句由思想上的"恨"转到写生活上的困难,以及在困难中不可抑制的更强烈的思想活动。"悠悠待秋稼,寥落将赊迟。"等到秋天庄稼收成,有粮食不继的迫切问题。处境如此,还有上文的为外物而感慨,为壮志而感伤的闲情,在常人眼中,已未免迂疏可笑;而况下文所写,还有"不可淹(抑遏)"的"逸想"和什么"猖狂"的情感或行动,冷静一想,也未免自觉"可悲"了。有了"悠悠"两句,则上下文的思想感情,都变成出于常情之外,那么作者之非常人也就不言可喻了。把"不常"写得似乎可笑可悲,实际上是无意中反映了他的可钦可敬。

这首诗在陶诗中是写得较平凡的,朴质无华,它的转接突然的地方,也表现它的"放"和"直",即放手抒写,直截不费结撰。但也有它的含蓄,有它的似拙而实高,它的奇特过人,即不露痕迹地表现作者襟怀的开阔和高远。

联系当时的时代背景和作者的处境,"猖狂"的来龙去脉,也就有迹可寻,即是对于黑暗、险恶的政局和自身抱负莫展的愤激。邱嘉穗《东山草堂陶诗笺》说:"此诗赋而比也。盖晋既亡于宋,如重云蔽日而阴雨纷纷,独公一片赤心如紫葵向日,甚为可爱,而又老至,不能及时收获,渐当复衰,此公之所以感物而独长悲也。"话未免有点穿凿,把"重云"、"紫葵"等句都作隐喻之辞看,真有点读陶诗如解释阮籍《咏怀》诗的味道了。如按前文系年,则这时晋并未亡于宋;把渊明对于东晋皇帝的态度当作葵花向日,也未免小看他的心迹。我们把这些诗句都作赋体看,并不妨碍从中可以看出诗人的政治热肠和人生态度,看出他的高出常人的地方,即在艰难的生活中不忘济世。诗写得很随便,却有深远的意境。王夫之《古诗评选》说此诗:"广大深邃,学陶者何尝见其涯涘。"看来是别有会心,而非故作高论。

（陈祥耀）

癸卯岁十二月中作与从弟敬远　　陶渊明

寝迹衡门下,邈与世相绝。顾盼莫谁知,荆扉昼常闭。凄凄岁暮风,翳翳经日雪。倾耳无希声,在目皓已洁。劲气侵襟袖,箪瓢谢屡设。萧索空宇中,了无一可悦!历览千载书,时时见遗烈。高操非所攀,谬得固穷节。平津苟不由,栖迟讵为拙!寄意一言外,兹契谁能别?

题中的癸卯岁,是晋安帝元兴二年(403),渊明三十九岁。先二年,安帝隆安五年(401),渊明似曾出仕于江陵,旋丁母忧归家。这首诗即丁忧家居时之作。敬远是渊明的同祖弟,其母与渊明的母亲又为姐妹;先渊明卒,渊明有文祭他。文中可见两人饥寒相共、志趣相投的密切感情。渊明这首诗借赠敬远以自抒情怀。作诗当月,桓玄篡晋称楚,把晋安帝迁禁在渊明的故乡寻阳。这是一场政治上的大变局,诗是在这种背景下写的。渊明不是对于世事无所动心的人,但处在当时东晋统治阶级自相争夺严重的险恶环境中,他只能强作忘情,自求解脱。解脱之道,是守儒家的固穷之节,融道家的居高观世之情,但又不取儒家的迂腐,道家的泯没是非。

"寝迹"四句,写自己隐居家中,销声匿迹,与世隔绝,四顾没有知己,只好白天把"荆扉"(柴门)长闭。"寝迹衡门(指陋室)",并不是渊明本怀消极,是被黑暗世局迫成的。"邈与世绝",实际是"绝"不了的;"邈"更难说,安帝就被禁近在咫尺的寻阳。复杂的情怀,坚苦的节操,"莫谁知"倒是真的,就诗篇来说,只把敬远除外。这四句转折颇多,故陈祚明《采菽堂古诗选》评为:"一意一转,曲折尽致。"起四句叙事,接下去四句写景。景有"凄凄"之风,"翳翳"之雪。"凄凄"来自"岁暮","翳翳"由于"经日",轻淡中字字贴实。四句中由风引起雪,写雪是重点,故风只一句,雪有三句。"倾耳"二句,千古传诵,罗大经《鹤林玉露》说:"只十字,而雪之轻白虚洁尽在是矣。"查慎行《初白庵诗评》说:"真觉《雪赋》一篇,徒为辞费。"《采菽堂古诗选》说:"写风雪得神。"其妙处在轻淡之至,不但全无雕刻之迹,并且也无雕刻之意,落笔自然而兴象精微,声色俱到而痕迹全消,不见"工"之"工",较后人一意铺张和雕刻,能以少许胜多许。"劲气"四句,紧承风雪叙事:写寒气侵衣,饮食不足,屋宇空洞萧条,没有什么可愉悦的。一"劲"字备见凛冽之状;"谢屡设"三字,以婉曲诙谐之笔写穷困,尤饶达观情趣;"了无"撇扫之词,束上启下。"历览"八句,议论作结:屋内外一片严寒(暗包政治气候),事无"可悦”，唯一的排遣和安慰，只有借读“千载书”，学习古代高人志士的“遗烈”；“遗烈”两字，偶露激情。“高操”两句，又出以诙谐，掩抑激情。有人说这是讽刺当时受桓玄下诏褒扬的假“高士”皇甫希之之流，实际上还包含作者不愿为司马氏与桓氏的争夺而去殉“臣节”的意思；假高、愚忠，俱不屑为。“固穷”自守，本无以此鸣高之意，故自嘲此节为“谬得”。诙谐中表现了坚贞与超脱的结合，正是前面说的对于儒道精神很好的取舍与结合：是非不昧，节行不辱，而又不出于迂拘。仕进的“平津”（坦途）既不愿再走，那么困守“衡门”，就不自嫌其“拙”了；不说“高”，又说“拙”，正是高一等，超一等。“寄意”二句，才写到赠诗敬远的事，说“寄意”于“言外”，只有敬远能辨别此心“契合”之道，归结本题，又露感慨。黄文焕《陶诗析义》说这八句，转折变化，如“层波迭浪”，庶几近之；但更应该说这“层波迭浪”表面上竟能呈现为一片宁静的涟漪。

此诗前半叙事、写景，后半议论，俱以情渗透其中。尽管事写得很简洁，景写得传神入化，议论很多；但终以情为主，而情偏没有直接表露。把悲愤沉痛和坚强，变成闲淡乐观和诙谐，把层波迭浪变为定流清水，陶诗的意境，哪能不达到极顶的深厚和醇美呢？

（陈祥耀）

始作镇军参军经曲阿作　　陶渊明

弱龄寄事外，委怀在琴书。被褐欣自得，屡空常晏如。时来苟冥会，宛辔憩通衢。投策命晨装，暂与园田疏。眇眇孤舟逝，绵绵归思纡。我行岂不遥，登降千里馀。目倦川途异，心念山泽居。望云惭高鸟，临水愧游鱼。真想初在襟，谁谓形迹拘。聊且凭化迁，终返班生庐。

晋安帝元兴三年（404），陶渊明已四十岁了，为生活所迫，出任镇军将军刘裕的参军，赴京口（今江苏镇江）上任。往昔的生活经历使他对官场的黑暗已经有了十分深切的了解，口腹自役，这与作者的本性又格格不入，行经曲阿（今江苏丹阳）时，他写下了这首诗，诉说内心的矛盾和苦闷。

陶诗总的特点是亲切、平易。其述志诸作多如朋友相聚，一杯在手，话语便从肺腑间自然流出。初看似略不经意，细读却深有文理。这首诗便正是如此。

全诗可分四段。首四句为第一段，自叙年轻时淡泊自持之志。作者谈到自己从小就对世俗事务毫无兴趣，只在弹琴读书中消磨时间。虽然生活穷苦，却也怡然自得。此话果真？真！作者不止一次地说过自己“少无适俗韵，性本爱丘山”，颜延之的《陶徵士诔》也说他“弱不好弄，长实素心”。然而，又不完全如此。因为作者在《杂诗》之五中说过“忆我少壮时，无乐自欣豫。猛志逸四海，骞翮思远翥”这样的话，可见他本来曾经有过大济天下苍生的宏伟抱负。作者之隐居躬耕，除了个性的原因外，更主要的是由于受“闾阎懈廉退之节，市朝驱易进之心”、“密网裁而鱼骇，宏罗制而鸟惊”的污浊而黑暗的现实之所迫。那么，作者这里开宗明义，先讲自己年轻时的生活志趣是什么意思呢？应该说，一个人对往日美好事物的追忆，常常就是对现实处境不满的一种曲折反映。作者强调自己年轻时寄身事外、委怀琴书的生活，实际就表达了他对今天迫不得已出仕的自我谴责，对即将到来的周旋磬折、案牍劳形的仕宦生涯的厌恶。

虽然作者厌恶仕宦生活，然而他又以道家随运顺化的态度来对待自己迫不得已的出仕，把它看作是一种命运的安排。既然如此，那就无须与命运抗争，尽可以安心从政，把它当作人生长途上的一次休息好了。第二段“时来苟冥会，宛辔憩通衢”等四句对自己的出仕之由就作了这样的解释。但是，通衢大道毕竟不能久停车马，因此这休息就只能是小憩而已，与园田的分别也就只能是暂时的。作者正是抱着这样的态度和打算，坦然应征出仕了。

从“眇眇孤舟逝”至“临水愧游鱼”八句为第三段，叙作者旅途所感。抱着随顺自然，不与时忤的宗旨和暂仕即归的打算登上小舟，从悠闲、宁静、和平的山村驶向充满了险恶风波的仕途，刚出发心情也许还比较平静，但随着行程渐远，归思也就渐浓。行至曲阿，计程已千里有余，这时诗人的思归之情达到了极点。初出发时的豁达态度已为浓重的后悔情绪所替代。他甚至看见飞鸟、游鱼亦心存愧怍，觉得它们能各任其意，自由自在地在天空翱翔、在长河中游泳，自己却有违本性，踏上仕途，使自己的心灵和行动都受到了无形的束缚。“目倦川途异”四句深刻地表达了诗人内心对此行的厌倦和自责情绪。

最后四句为第四段，叙作者今后立身行事的打算：随运顺化，终返田园。这一段可看作全诗的总结。“真想初在襟”之“真想”，就是第一段中寄怀琴书，不与世事之想；“谁谓形迹拘”之“形迹”，就是如今为宦之形，出仕之迹。作者从旅途的愧悔心情中悟出仕宦实非自己本性所愿，也悟出自己愿过隐居淡泊生活的本性并未丧失，既然如此，按道家“养志者忘形”（《庄子·让王》）的理论，那么形迹就可以不拘。在宦在田，都无所谓。这与作者在《乙巳岁三月为建威参军使都经钱溪诗》中所说“一形似有制，素襟不可易”，意思大体相近。但是，作者的后悔和自责，不是明明说明他已经觉得自己“心为形役”了么？为什么还要说“谁谓形迹拘”呢？显然，作者这里是安慰自己：我没有为形迹所拘；是鼓励自己：我不会为形迹所拘！从表面上看来理直气壮的反诘，其实是作者为了求得心理平衡、为了从后悔情绪中挣脱出来而对自我的重新肯定。“聊且凭化迁，终返班生庐”二句，前一句是对目前处境的对策，后一句是今后出处的打算：姑且顺着自然的变化，随遇而安吧，但是，我最终肯定要返回田园的。（“班生庐”典出班固《幽通赋》“里上仁之所庐”，指仁者、隐者所居之处。）后一句出于本性，是作者的真实思想和决心，也是全诗的中心意旨所在；前一句则出于理智，是作者根据道家思想所制定的处世原则，在表面豁达的自我安慰中隐约流露出无可奈何的悲哀。这短短四句话所表现的作者的思想感情，实是十分丰富，耐人寻味的。

由以上粗浅的分析，我们不难看出这首诗层次非常清晰，吐露自己赴任途中的内心感受和心理变化，既坦率，又细腻含蓄，确是作者精心结撰的佳作。这可算是本诗的一个重要特点。

陶诗的遣词造句，常于平淡中见精彩。粗读一过，不见新奇；细细品味，则颇有深意。如“时来苟冥会”一句，写作者在应征入仕这样一种“时运”到来之际，既不趋前迎接，亦不有意回避，而是任其自然交会。一个“会”字，十分传神地表现了作者委运乘化，不喜不惧的道家人生态度。又如“目倦川途异”一句，一本“异”作“永”，依笔者拙见，“异”字远胜于“永”字。从寻阳至曲阿，沿途既有长江大川，亦有清溪小流，既有飞峙江边的匡庐，亦有蜿蜒盘曲的钟山，可谓美不胜收。一个“异”字便涵盖了江南的山水之胜。然而面对如此美景，酷爱大自然的诗人却感到“目倦”，岂不使人奇怪？对景物之“目倦”，实际正反映了作者对出仕之“心倦”。“倦”、“异”二字，含义何等丰富。其他如“宛辔憩通衢”之“憩”字，“暂与园田疏”之“暂”字等，也都是传神阿堵，上文已述，不再重复了。　（鲁同群）

辛丑岁七月赴假还江陵夜行涂口　　陶渊明

闲居三十载，遂与尘事冥。诗书敦宿好，林园无世情。如何舍此去，遥遥至西荆！叩枻新秋月，临流别友生。凉风起将夕，夜景湛虚明。昭昭天宇阔，皛皛川上平。怀役不遑寐，中宵尚孤征。商歌非吾事，①依依在耦耕。②投冠旋旧墟，不为好爵萦。养真衡茅下，庶以善自名。

〔注〕 ① 商歌，指求仕干禄。《淮南子·道应训》：“宁戚商歌车下，而（齐）桓公慨然而悟。” ② 耦耕，并肩耕地。《论语·微子》：“长沮、桀溺耦而耕。”

这是陶集中为数不多的行旅诗之一。辛丑，指晋安帝隆安五年（401）。赴假，即销假。涂口，地名，据《文选》李善注引《江图》说："自沙阳县（在今湖北嘉鱼北）下流一百一十里，至赤圻；赤圻二十里至涂口。"

江陵（今属湖北），是当时荆州刺史桓玄的驻所。题云"赴假还江陵"，可见诗人正在桓玄处任僚佐。至于他担任何职，因何请假，这些都不得而知了。桓玄是一个雄踞上游、时时觊觎着晋室政权的跋扈军阀。在作者写这诗的次年，他便举兵东下建康，翌年废晋安帝自立，国号为楚。本诗从表面上看，似乎只是在表现一种"小雅"、"国风"中常见的行役告劳、厌弃仕途之感，但如果联想到渊明所处的环境，则诗中投冠还乡的意愿表现得如此明确而又坚决，自然应该视之为他已经对桓玄有了较清醒的认识，而急欲摆脱这个是非之所。因此，到了这年冬天，他就因母丧去职，从此和桓玄、江陵再也不相干了。

诗的起六句，是从题前着墨，借追念平生，写出自己的生活、情性，再转到当前。他这年三十七岁，说"闲居三十载"，是就大体（他二十九岁时曾短期任州祭酒）举成数而言。（一说"三十"应作"三二"，三二得六，即闲居了六年。）过去精神寄托所在是诗书和园林，官场应酬这些尘事、虚伪欺诈这些俗情是远隔而无沾染的。四句盛写过去生活的值得追恋，也正是蓄势；接着便迸发出"如何舍此去，遥遥至西荆"的自诘，强烈表现出自悔、自责。这里用十字成一句作反诘，足见出表现的力度；说"遥遥至西荆（荆州在京都之西）"，自然不仅是指地理上的"遥遥"，而且也包括与荆人在情性、心理上的相隔"遥遥"。

"叩枻"以下八句是第二节。前六句正面写"夜行"，也写内心所感。诗人挥手告别岸边的友人，举棹西行。这时，新秋月上，凉风乍起，夜景虚明一片，天宇空阔无垠，平静的江波上闪映着月影，望过去分外皎洁。这是无限美好的境界，但是，作者如此着力描写这秋江夜景，不是因为"情乐则景乐"（吴乔《围炉诗话》），而正是为了反跌出自己役事在身、中宵孤行之苦。一切美景，对此时的诗人说来，都成虚设；反足以引发其深思，既追抚已往，也思考未来。这样，"怀役"两句，便成了绾结上下的关捩语句。

结尾六句，抒写夜行所感。在上节所写境和情的强烈矛盾下，诗人不自禁地像在自语，也像在对大江、秋月倾诉："商歌非吾事，依依在耦耕"——像宁戚那样唱着哀伤的歌来感动齐桓公以干禄求仕的世不乏人，而自己却恋恋于像长沮、桀溺那样的并肩而耕。"商歌"、"耦耕"，代表着两条截然不同的生活道路，作者在此已作了明确的抉择。"耦耕"是"归隐"的代称，所以下文就是对未来生活的具体考虑：首先是"投冠"（不是一般的"挂冠"）、掷弃仕进之心，不为高官厚俸牵肠挂肚；其次是返归故里，在衡门茅舍之下、在田园和大自然的怀抱中，养其浩然真气。诗人深沉地想：要是这样，大概可以达到“止于至善”的境界了吧？庶，即庶几，有“差不多”之意，在古语中常含希望、企求的成分。由此一字，我们也可能领会出诗人对崇高的人生境界的不息追求。

本诗中作者用白描手法写江上夜行的所见、所遇，无一不真切、生动，发人兴会。其抒述感慨，都是发自肺腑的真情实语。方东树说：“读陶公诗，专取其真。事真、景真、情真、理真，不烦绳削而自合”；又说：“读陶公诗，须知其直书即目，直书胸臆，逼真而道腴”（《昭昧詹言》），本篇就是一个典型例子。（曹融南）

乙巳岁三月为建威参军使都经钱溪　　陶渊明

我不践斯境，岁月好已积。晨夕看山川，事事悉如昔。微雨洗高林，清飙矫云翮。眷彼品物存，义风都未隔。伊余何为者，勉励从兹役？一形似有制，素襟不可易。园田日梦想，安得久离析？终怀在归舟，谅哉宜霜柏。

乙巳岁，即晋安帝义熙元年（405）。这年初陶渊明担任江州刺史刘敬宣（官号建威将军）的参军，三月奉差使去京都建康，这诗是途中泊舟于钱溪所作。钱溪，即梅根冶（今安徽贵池梅埂），这是当时沿江的一个有名的港口。这里风光秀丽，南边不远就是九华山（当时叫九子山），江上看九华，向为诗人歌咏的佳境。此诗的前半写在此“看山川”，后半是感怀。

“我不践斯境，岁月好已积。”“已积”，这里指时日已多，“好”，甚也。开头他就说不到此地已是很久了，这告诉我们，他曾来过这里，而且说这话时，往日的印象一定在记忆中复现了。“岁月好已积”又是个感叹句，表达出了既有久违的遗憾、又有重游的喜悦那么一种心情。下面两句就自然出来了：“晨夕看山川，事事悉如昔。”这见出他多么喜爱这个地方，似乎看不够；当他将眼前所见与往日的印象进行对照时，又会感到多么亲切。人们往往有这样的体验：初游某地从陌生中会产生新鲜感，再游时又会从熟稔中产生亲切感。苏轼初游庐山曾写有这样一首小诗：“青山若无素，偃蹇不相亲。要识庐山面，他年是故人。”（《初入庐山三首》其一）陶渊明于此“晨夕看山川”，大概像是如对故人吧。“微雨洗高林，清飙矫云翮。”这是他看山川时的一个突出印象，写得清新、细致。“微雨”、“清飙”（此即清风之意），透出春天美好的气息，高林经微雨一洗润，会越发青绿可爱，空中鸟的翅膀在清风的举托下，会盘旋得更加自如。这里的环境多么优美、宁静，又不禁叫他感叹起来：“眷彼品物存，义风都未隔。”这些物类看来都还是这般美好，淳朴的乡风一点都没有改变啊。这都是旧地重游所得到的美好印象。

“伊余何为者,勉励从兹役?”这里他自我责备起来了:我是干什么的,这样风尘仆仆奔走在道路上?这种自责是由钱溪这里江山之美、居人之乐引起的,转得虽陡,其实自然。“一形似有制,素襟不可易。”“一形”,指个人的形体,“有制”,受到牵制、约束。这里是说自己奔走道路是由于职任的制约。中间又用个“似”字,这不定之词表示出自己并不十分看重这官职,扔掉它并不困难。“素襟”,平素的怀抱,即归隐田园,他认为这是不可改变的。下面就说“园田日梦想,安得久离析?”“离析”,离开。陶渊明此次出仕时间很短,这里说“久”,日日梦想,见出他确实“质性自然,非矫励所得”(《归去来兮辞》)。“终怀在归舟,谅哉宜霜柏。”这两句是说,我一定要回到田园中去,这决心就像不怕冰霜的柏树那样坚定不移。这里暗用了孔子“岁寒然后知松柏之后凋”的话,这个誓愿是发得很重的。《饮酒》十九有“遂尽介然分,终死归田里”,与这两句意思相似。下半这八句,头两句自责,后六句两句一层,反复表明自己的归耕之志,一层深似一层,而且用“似有”、“不可”、“安得”、“终怀”、“谅哉”这些词语进行呼应,把他的心情表现得十分强烈。

陶渊明写有四题五首行役诗,首首都表达了对田园的怀恋,而各首写作时间和背景并不相同,这说明了他厌恶仕途、向往自然的思想是一贯的。就在这首诗写后的几个月,他写出《归去来兮辞》,永久地离开了使他感到“违已交病”的仕途。与另几首行役诗相比,这首诗的结构显得整齐些,两半匀称,界限分明。在情景关系上,另几首差不多是山水的纡曲、险阻引起行役之叹,而这首则是写山川之美,由异地之美引起对故园之美的相关联想,读来似乎让人觉得亲切些。引起这种相关联想也许是钱溪此地的山川风光与柴桑的山川风光相似的缘故,此诗谓“晨夕看山川”,两年前作者于乡居中写“悠然见南山”、“山气日夕佳”(《饮酒》其五。按古直、逯钦立谓此组诗作于元兴二年即 403 年)情形是很相似的。今天我们如果有兴趣对两地风光实地考察一下,或许能证明这个推测并非虚妄。

（汤华泉）

咏　荆　轲

陶渊明

燕丹善养士,志在报强嬴。招集百夫良,岁暮得荆卿。君子死知己,提剑出燕京。素骥鸣广陌,慷慨送我行。雄发指危冠,猛气冲长缨。饮饯易水上,四座列群英。渐离击悲筑,宋意唱高声。萧萧哀风逝,淡淡寒波生。商音更流涕,羽奏壮士惊。心知去不归，且有后世名。登车何时顾，飞盖入秦庭。凌厉越万里，逶迤过千城。图穷事自至，豪主正怔营。惜哉剑术疏，奇功遂不成。其人虽已没，千载有馀情！

关于荆轲之事，《战国策·燕策》与《史记·刺客列传》都有记载，其基本情节是相似的。陶渊明的这首诗显然是取材于上述史料，但并不是简单地用诗的形式复述这一历史故事。

诗的头四句，从燕太子丹养士报秦(报，报复、报仇之意)，引出荆轲。不仅概括了荆轲入燕，燕丹谋于太傅鞠武，鞠武荐田光，田光荐荆轲，燕丹得识荆轲，奉为"上卿"等等经过，而且，一开始便将人物(荆轲)置于秦、燕矛盾之中，又因为这个人物是最出众、最雄俊的勇士(百夫良，超越百人的勇士)，于是乎他自然成了矛盾一方(燕)的希望之所托。那么，故事的背景，人物的位置，及其肩负之重任，大体都已亮出，所以说这四句是"已将后事全摄"。正因为如此，矛盾的发展，人物的命运等等悬念，也就同时紧紧地系在读者的心上。下面接着就写荆轲出燕，在临行前，史书中有荆轲等待与其同行的助手，而"太子迟之，疑其改悔"，引起荆轲怒叱太子，且在一怒之下，带着并不中用的秦舞阳同行的记载。诗人略去这一重要情节，而代之以"君子死知己，提剑出燕京"。这后一句逗出下文，而前一句显然是回护了燕丹的过失，但这样写却与首句的"善养士"相呼应。既使得内容和谐统一，一气贯注，也使得笔墨集中，结构浑成。易水饯行，《战国策》与《史记》是这么写的："遂发，太子及宾客知其事者，皆白衣冠以送之……"，由平缓而渐趋激昂。诗人则不然，他首先插入"素骥鸣广陌，慷慨送我行"。素骥，白马。马犹如此，人就自不待言了，诗的情绪一下子就激发起来了。因而"雄发"二句的刻画——头发直竖，指向高高的帽子；雄猛之气，冲动了系冠的丝绳——虽不无夸张，但却由于情真意足而显得极其自然。易水饯别，也正是在这种气氛中酝酿和展开的激昂悲壮的一幕。高渐离、宋意……一时燕国的豪杰，都列坐在饯席之上。寒水哀风，击筑高歌，声色俱现，情景相生，送者、行者，无不热血沸腾，慷慨流涕。"心知去不归，且有后世名。"又一笔折到行者，道出了行者的决心，写出了行者的气概，而这也就是这幕戏的意图与效果之所在。"登车"六句写荆轲义无反顾，飞车入秦。使上述的决死之心与一往无前的气概，从行动上再加以具体的表现。其中"凌厉"二句亦属诗人的想象，它好似一连串快速闪过的镜头，使人物迅逼秦廷，把情节推向高潮，扣人心弦。诗中以大量笔墨写出燕入秦，铺叙得排荡淋漓，而写到行刺失败的正面，却是惜墨如金，只用了两句话——"图穷事自至,豪主正怔营"。前一句洗练地交代了荆轲与燕丹在地图中藏着利刃以要劫、刺杀秦王的计谋,同时也宣布了高潮的到来,后一句只写秦王慌张惊恐,从对面突出荆轲的果敢与威慑,而对荆轲被秦王左右击杀等等,则只字不提,其倾向之鲜明,爱憎之强烈,自在不言之中。作者以有限的篇幅,再现了雄姿勃勃的荆轲形象,也表现了作者剪裁的功夫与创造的才能。诗的最后四句,便是直截的抒情和评述,诗人一面惋惜其"奇功"不成,一面肯定其精神犹在,在惋惜和赞叹之中,使这个勇于牺牲、不畏强暴的形象,获得了不灭的光辉、不朽的生命。可以看得出诗人是以饱蘸感情的笔触,写下了这个精彩而又有分量的结尾。正如张玉穀说的"既惜之,复慕之,结得拷摬有力,遂使通首皆振得起"(《古诗赏析》)。

发思古之幽情,是为了现实。不过这"现实"亦不宜说得过窄过死(如一些论者所言,这首诗是诗人出于"忠晋报宋"而作),为什么呢? 首先,因为陶渊明反复地说过:"少时壮且厉,抚剑独行游。谁言行游近,张掖至幽州"(《拟古》之八);"忆我少壮时,无乐自欣豫。猛志逸四海,骞翮思远翥"(《杂诗》之五)。这使我们看到在作者的生活、志趣和性格中,也早已具有着豪放、侠义的色彩。其次,诗人也曾出仕于晋,不过他说这是"误落尘网中,一去十三年"(《归田园居五首》),悔恨之情溢于言表,足见"晋"也并不是他的理想王国,当然"宋"亦如此。这些都是我们不必将《咏荆轲》的作意胶柱于"忠晋报宋"的理由。诗人一生"猛志"不衰,疾恶除暴、舍身济世之心常在,诗中的荆轲也正是这种精神和理想的艺术折光。说得简单一点,便是借历史之旧事,抒自己之爱憎,这样看是比较接近诗人心迹的吧。是的,这首诗的影响也正在此,此亦有诗为证:"陶潜诗喜说荆轲,想见《停云》发浩歌。吟到恩仇心事涌,江湖侠骨恐无多。"(龚自珍《己亥杂诗》)

(赵其钧)

桃花源诗并记　　陶渊明

晋太元中,[①]武陵人捕鱼为业。[②]缘溪行,忘路之远近。忽逢桃花林,夹岸数百步,中无杂树,芳草鲜美,落英缤纷。渔人甚异之。复前行,欲穷其林。林尽水源,便得一山。山有小口,仿佛若有光。便舍船,从口入。初极狭,才通人,复行数十步,豁然开朗。土地平旷,屋舍俨然,有良田美池桑竹之属。阡陌交通,鸡犬相闻。其中往来种作,男女衣著,悉如外人。黄发垂髫,[③]并怡然自乐。见渔人,乃大惊,问所从来,具答之。便要还家,[④]设酒杀鸡作食。村中闻有此人,咸来问讯。自云先世避秦时乱,率妻子邑人来此绝境,不复出焉,遂与外人间隔。问今是何世,乃不知有汉,无论魏晋。此人一一为具言所闻,皆叹惋。馀人各复延至其家,皆出酒食。停数日,辞去。此中人语云:"不足为外人道也。"既出,得其船。便扶向路,⑤处处志之。及郡下,诣太守说如此。太守即遣人随其往,寻向所志,遂迷,不复得路。南阳刘子骥,⑥高尚士也,闻之,欣然规往,⑦未果,寻病终。后遂无问津者。

嬴氏乱天纪,贤者避其世。黄绮之商山,伊人亦云逝。往迹浸复湮,来径遂芜废。相命肆农耕,日入从所憩。桑竹垂馀荫,菽稷随时艺。春蚕收长丝,秋熟靡王税。荒路暧交通,鸡犬互鸣吠。俎豆犹古法,衣裳无新制。童孺纵行歌,斑白欢游诣。草荣识节和,木衰知风厉。虽无纪历志,四时自成岁。怡然有馀乐,于何劳智慧。奇踪隐五百,一朝敞神界。淳薄既异源,旋复还幽蔽。借问游方士,焉测尘嚣外。愿言蹑轻风,高举寻吾契。

〔注〕 ① 太元:晋孝武帝年号(376—396)。 ② 武陵:今湖南常德。③ 黄发:指老人。垂髫(tiáo):垂发,指小儿。 ④ 要:邀。 ⑤ 扶:沿。向:旧。 ⑥ 南阳:今河南南阳。刘子骥:名驎之,好游山泽,见《晋书·隐逸传》。 ⑦ 规:谋。

《桃花源诗并记》,表现高尚美好的人类社会理想,是陶渊明晚年的代表作品。了解传统文化,这是必读之作。

先读《记》文。从"晋太元中"到"豁然开朗",可谓引子,叙述桃花源之被发现。此节文字已带出传奇色彩。"忘路之远近","忽逢桃花林","仿佛若有光","豁然开朗"等语,尤能状出奇异之感。间或写景亦很优美,"夹岸数百步,中无杂树,芳草鲜美,落英缤纷",颇能引人入胜。从"土地平旷"到"不足为外人道也",是中心段落,描写渔人与桃源人之接触,通过渔人之眼呈示桃源世界。"屋舍俨然,有良田美池桑竹之属",启示着桃源世界的人间性。"便要还家,设酒杀鸡作食","馀人各复延至其家,皆出酒食",则意味着桃源人之富于人情味。"自云先世避秦时乱,率妻子邑人来此绝境,不复出焉,遂与外人间隔","此中人语云:'不足为外人道也'",更表明桃源人对自由之酷爱,对传统之忠诚。这些意义,自然不是世间渔人所能理解的。"问今是何世,乃不知有汉,无论魏晋",桃源人与世间人的这一番对话,实无异为桃源与世间的一种文化比较。但其深刻意蕴,则有待《诗》中阐发。从"既出"到"后遂无问津者",可谓尾声,交代渔人之背约,桃源之不可再寻,愈增扑朔迷离之传奇色彩。这便令人更加向往,渴望更多了解桃源。《诗》，于是顺着读者此种心理推出。

“嬴氏乱天纪，贤者避其世。”起唱六句，揭示桃源产生的历史。自从秦始皇悖逆人道，贤者便纷纷避世隐居。人道出于天道，故曰“天纪”。这是先秦儒道两家的共同思想。“贤者避世”是孔子的话(《论语·宪问》)，这也是儒道相通之点。“黄绮之商山，伊人亦云逝。”为避秦乱，夏黄公、绮里季等四人到商山隐居，称“商山四皓”。那时候，桃源的先民们也离开了这个世界。《记》是从屋舍良田写入桃源，《诗》则从历史根源写入，但是都说明着桃源世界的人间性。“往迹浸复湮，来径遂芜废。”初来桃源的足迹渐渐湮没了，那道路渐渐荒芜消失。比较《记》语“不复出焉，遂与外人间隔”，此二句诗尤具岁月绵邈、桃源渺茫之感。以下便正面展开桃源世界，揭示其文化特质。“相命肆农耕，日入从所憩。”桃源人相勉努力耕种，他们日出而作，日落各归所居休息。此二句，暗用《击壤歌》“日出而作，日入而息，凿井而饮，耕田而食，帝力于我何有哉”，用得到家。“桑竹垂馀荫，菽稷随时艺。”桑竹采用犹有余荫，五谷能够及时种植。这暗示着没有横征暴敛、徭役、战乱的干扰。“五亩之宅，树之以桑，五十者可以衣帛矣”，“不违农时，谷不可胜食也”，古人的理想，在这里是实现了。“春蚕收长丝，秋熟靡王税。”此二句诗互文。春收蚕丝，秋收粮食，没有官家征税，这里压根儿就没有什么君王！桃花源，是没有压迫、没有剥削的社会。“荒路暧交通，鸡犬互鸣吠。”虽说荒草掩路，可是阻隔的实在只是与外界的交通，桃源人之间，却是常来常往，交情至为淳厚。上文“相命肆农耕”，下文“斑白欢游诣”可证。鸡鸣狗吠，其声互答，是暗示着人与人之间的和睦友好。“俎豆犹古法，衣裳无新制。”俎豆是古代祭祀用的礼器，衣裳即上下装。上文“秋熟靡王税”二句是揭示桃源政治经济之特质，此二句则是揭示桃源民俗文化之特质。礼法、服制犹保持古风，这意味着古老的美德之保持。所以：“童孺纵行歌，斑白欢游诣。”孩儿们在天真活泼地唱着歌，头发斑白的老人们哪，在欢欢喜喜地往来游玩。这岂止是“斑白者不负载于道路矣”！不言而喻，古人所理想的“幼有所长”，比较容易做到，而“老有所终(善终)”恐怕就不那么容易办到。这里是全都实现了。从敬老爱幼的全幅落实，最能透视桃源道德文化之特质。不过，桃源人对科学知识则不感兴趣。“草荣识节和，木衰知风厉。虽无纪历志，四时自成岁。”桃源人从草木的发荣与凋落，便知道春秋之变化。虽说没有岁历的推算记载，一年四季那是清楚的。下文点出此中真意：“怡然有馀乐，于何劳智慧。”简朴的生活快乐有余，哪里用得上什么智巧呢！智巧尚且不存在，欺诈权谋就更谈不上。桃源文化之特质，乃是道德与自然兼尚，二者并行不悖。“俎豆犹古法”与“于何劳智慧”二句，可证。“奇踪隐五百，一朝敞神界。”从秦到晋，六百多年，此举大概。桃源的奇迹一直隐没了数百年，今日却向世人显露了它似乎是神仙般的境界。然而，“淳薄既异源，旋复还幽蔽”。桃源风俗自淳厚，世间风俗自浇薄，道不同又何能相谋？所以桃源只能显露一下便又深深隐蔽起来。“异源”二字极可注意，深刻揭示出桃源与世间在文化根源之地的异质。“薄”之一字，是对现实社会的根本批判。“借问游方士，焉测尘嚣外。”游方士，即游于方内之士，指世间俗人。试问世人，你们又怎能了解尘世之外的人间呢？不能的。你们与他们属于两个世界。“愿言蹑轻风，高举寻吾契。”我多么愿意乘着轻风高飞远举，寻找那些与我志趣投合的人们啊。诗人自我的最后出现，是诗人全幅真性情的自然呈露。

桃花源的理想社会，以没有压迫、没有剥削、人人平等、热爱劳动、富于人性、酷爱自由、忠于传统为特质。这一理想，是对当时现实社会的根本否定。当时的社会，充满阴谋、篡夺、屠杀、战争，广大农村，民不聊生。渊明躬耕便难得温饱，一般农民状况可想而知。没有对时代的感愤，对社会的反省，对人民的同情，绝不可能有这一理想的产生。桃源理想社会的人间性(非仙非佛、非彼岸世界)，实是对当时盛行的佛教思想的根本否定。渊明所居附近的庐山，是当时佛教一大中心。元兴元年(402)，名士刘遗民等百余人与庐山僧人慧远，在佛像前建斋立誓，共期西方，影响极大。(《高僧传·慧远传》)西方，彼岸世界也。桃源则是人间世界。渊明所创造的社会理想，真正体现了中国文化的人间品格，亦是对当时中西文化冲突的有力回应。

桃源社会理想有一定的现实依据。从汉末至东晋，战祸频仍，各地人民往往逃入深山险境聚居避难，有的形成堡坞社会。但其中仍是等级制度森严。桃源则与之根本异趣。桃源理想，作为一种文化理想，更重要的成因是对于传统文化思想的继承与发展。它吸取了《礼记·礼运》大同社会“天下为公”，“人不独亲其亲，不独子其子，使老有所终，壮有所用，幼有所长”等思想，而扬弃了其“选贤与能”之成分；它吸取了《老子》“小国寡民，虽有什伯之器而不用”，“甘其食，美其服，安其居，乐其俗”等思想，而扬弃了其“民至老死不相往来”及“绝仁弃义”之成分(桃源尚有古礼)。它可能还吸收了魏晋以来从阮籍、嵇康到鲍敬言的无君论思想。终于是自成一新天新地、新境界。《桃花源诗并记》，堪称《礼记·礼运》以降，中国文化之一大瑰宝。

《桃花源记》与《桃花源诗》珠联璧合，又相对独立，读来并无重复之感。《记》以渔人之眼示现桃源。渔人背约，足见其为一俗人，故不可能对桃源有同情之了解。《记》中故事，可视为桃源文化与世间文化之一次碰撞。《诗》则以诗人之眼观照桃源，对桃源作深入揭示，并表达出对桃源之认同与追求。《记》富于传奇色彩，小说情调，《诗》则直凑单微，意蕴深远。《记》与《诗》为一整体，《记》是缘起，《诗》才是本体。《记》见“史才”，《诗》则见“诗笔”、“议论”。作品的结构，是“文备众体”，显示了艺术上的独创。《桃花源诗并记》，对后世同类体裁之文学创作，如元白叙事诗，实已导乎先路。

（邓小军）

形影神三首 陶渊明

贵贱贤愚，莫不营营以惜生，斯甚惑焉；故极陈形影之苦言，神辨自然以释之。好事君子，共取其心焉。

形赠影

天地长不没，山川无改时。草木得常理，霜露荣悴之。谓人最灵智，独复不如兹。适见在世中，奄去靡归期。奚觉无一人，亲识岂相思。但余平生物，举目情凄洏。我无腾化术，必尔不复疑。愿君取吾言，得酒莫苟辞。

影答形

存生不可言，卫生每苦拙。诚愿游昆华，邈然兹道绝。与子相遇来，未尝异悲悦。憩荫若暂乖，止日终不别。此同既难常，黯尔俱时灭。身没名亦尽，念之五情热。立善有遗爱，胡为不自竭？酒云能消忧，方此讵不劣！

神释

大钧无私力，万理自森著。人为三才中，岂不以我故。与君虽异物，生而相依附。结托既喜同，安得不相语。三皇大圣人，今复在何处？彭祖爱永年，欲留不得住。老少同一死，贤愚无复数。日醉或能忘，将非促龄具。立善常所欣，谁当为汝誉？甚念伤吾生，正宜委运去。纵浪大化中，不喜亦不惧。应尽便须尽，无复独多虑。

形神问题是中国哲学中的一个重要命题，特别是老庄哲学中涉及形神关系的论述很多，如《文子·下德》中引老子语曰：“太上养神，其次养形。”《淮南子·原道训》中说：“以神为主者，形从而利；以形为制者，神从而害。”都表示了以神为主,以形为辅,神贵于形的观念。同时也指出了形神一致,不可分割的联系,如《淮南子·原道训》中说:“夫形者,生之舍也;气者,生之充也;神者,生之制也;一失位,则三者伤矣。”即指出了形、气、神三者对于生命虽各有各的功用,然三者互相联系,不可缺一。又如汉初推崇黄老思想的司马谈在《论六家要指》中说:“凡人之所生者,神也;所托者,形也;神太用则竭,形大劳则敝,形神离则死。”更直接地指出了形神合一,这便是老庄哲学中朴素唯物主义思想的体现。然而,在佛教兴起之后,佛教徒鼓吹形灭神不灭,灵魂永恒的唯心思想,如与陶渊明同时的沙门慧远曾作《形尽神不灭论》、《佛影铭》以发挥此种理论,《佛影铭》中就说:“廓矣大象,理玄无名,体神入化,落影离形。”意在宣扬神形分离,各自独立的主张,这种对形、影、神三者关系的见解代表了佛教徒对形骸与精神的认识,在当时的知识界曾有过广泛影响。慧远就曾命其弟子道秉远至江东,请深受佛教影响的著名的文学家谢灵运制铭文,以充刻石。陶渊明的这组诗就是在这样的背景下写成的。慧远本人与渊明也有交谊,如慧远曾于义熙十年(414)在庐山东林寺召集一百二十三人结白莲社,讲习佛教,他曾邀渊明参加,而渊明却“攒眉而去”,可见他们在论学旨趣上并不一致,如对形影神的看法就有很明显的分歧。渊明对此的认识可以说基本上本于道家的自然思想,这在他自己的小序中已加说明,陶渊明以为世间的凡夫俗子,不管贫富智愚,都在拼命地维持生命,其实是十分糊涂的事,因而他极力陈述形影的苦恼,而以神来辨明自然的道理,解除人们的疑惑。他揭出“自然”两字,以明其立论之根本。《老子》上说:“人法地,地法天,天法道,道法自然。”可见道家学说也以取法自然为核心,由此可知陶渊明的思想渊薮。此组诗中他让形影神三者的对话来表明自己的看法。

首先是形体对影子说道:天地永恒地存在,山川万古如斯,草木循着自然的规律,受到风霜的侵袭而枯萎,得到雨露的滋润而复荣,然而身为万物之灵的人类却不能如此。人活在世上,就像匆匆的过客,刚才还在,倏忽已去,再也不能回来,而人们从此便忘了他,似乎世上从未有过这样一个人。亲戚朋友也不再思念他,只留下了些生前遗物,令人见了感伤不已。我作为形体又没有飞天成仙的本领,你影子也用不着怀疑我这最终的归宿,但愿听取我的劝告,开怀畅饮,不必推辞,还是在醉乡去寻求暂时的欢乐吧。

接下去是影子回答形体的话:想求长生不老来维持生命是不可靠的,欲保养生命也往往落得苦恼又拙劣的下场。一心一意要去昆仑山修仙学道,却会发现此路的渺茫与不通。自从我影子与你形体相遇以来,一直同甘共苦,忧喜合一。我如憩息在树荫下,你就同我暂时分手;我若停在阳光下,你就和我不分离。

这种形影相随的状况也难以永久持续，当我一旦离世，你便也不复存在。人死名也随之而尽，想起此事便令人心忧如焚，五情俱热。因而影劝形道：唯有立善可以立下美名，为何不去努力留名后世呢？虽说酒能消忧，但同立善相比较，岂不等而下之了！

最后是神作的阐释：造化没有偏爱，万物都按着自己的规律成长繁衍，人所以能跻身于“三才”（天、地、人）之中，岂不就是因为有了我精神的缘故。我与你们形和影虽然不相同，但生来就互相依附，既然我们结合托体于一身，怎么能不坦诚地说说我的看法：上古时的三皇被称作大圣人，而今他们却在何处？活到了八百多岁的彭祖虽力求长生，但也留不住他人间的生命，老的、少的、聪明的、愚笨的都将同样走向坟茔，没有什么回生的运数可以挽救他们。每日沉湎于酒中或能忘忧，然如此岂不是反而促使生命尽快结束吗？立善常常是人们喜欢做的事，可是当你身后，谁会加以称赞呢？极力去思索这些事情难免伤害了自身，还是听其自然，随命运的安排去吧。在宇宙中纵情放浪，人生没有什么可喜，也没有什么可怕，当生命的尽头来临，那么就让生命之火熄灭吧，不必再有什么顾虑了。

在这三首诗中陶渊明表达了他的人生哲学，后人甚至说：“渊明一生之心寓于《形影神》三诗之内，而迄莫有知之者，可叹也。”（马墣《陶诗本义》卷二）故此三诗对理解陶渊明一生的思想极为重要。据陈寅恪先生《陶渊明之思想与清谈之关系》所述，渊明笃守先世崇奉之天师道信仰，故以道家自然观为立论之本，既不同于魏晋时期的自然崇仰者，以放情山水，服食求仙为尚，如嵇康、阮籍等人，又不同于魏晋时期的尊奉孔孟、标举名教者，如何曾之流，而渊明既接受了老庄的思想，又有感于晋宋之际的社会现实，于是创为一种新的自然说。《形影神》这组诗中就典型地体现了这种思想。故此诗不仅体现了渊明个人之哲学观，而且对理解自曹魏末至东晋时士大夫政治思想、人生观念的演变历程有极重要之意义。按此说法，《形赠影》一首就是拟托旧自然说的观点，并加以批评。其中主旨在于说明人生之短暂，不如自然之永恒，这正是嵇康、阮籍等人对自然所抱的看法。持旧自然说的人又大多求长生，学神仙，而渊明诗中说：“我无腾化术，必尔不复疑”，其抨击长生求仙之术的立场显然可见。同时魏晋之间崇尚自然的人又往往于酒中求得解脱，以求在乱世中苟全性命，如阮籍与刘伶等人，故陶诗中也拟其说而有“得酒莫苟辞”的说法。

《影答形》一首，则是依托主名教者的口吻而对旧自然说进行的非难，并提出了对人生的看法。此诗首先指出长生不可期，神仙不可求，即意在指责主自然说者的虚无荒诞，同时，以为死生无常，形影相随，一旦离世，则形影俱灭，名同身亡。因而,他们主张由立善而留名,始可不朽,希望通过精神上的长生来达到永恒,这种主张显然得力于儒家立德、立功、立言为三不朽的思想,以为人有美名则可流芳百世,万古长存,因而不满于以酒消愁的处世态度,提倡追求身后之名。

《神释》一首即体现了渊明新自然说的主张,借神的话批评了代表旧自然说的形和代表名教说的影。"三皇大圣人,今复在何处"及"立善常所欣,谁当为汝誉"等语意在诋諆主名教者鼓吹的立善可以不朽之说;"彭祖爱永年"以下六句则破除主旧自然说者的长生求仙与沉湎醉乡之论。最后提出纵浪大化,随顺自然,使个人成为自然的一部分,而无须别求腾化升仙之术,如此便可全神,死犹不亡,与天地共存。

陶渊明主张冥契自然,浑同造化的思想显然是取于老庄哲学,如《庄子·天地》中就说:"执道者德全,德全者形全,形全者神全,神全者圣人之道也。"即充分肯定了神的重要,同时它是建立在德全与形全的基础之上的,即强调了神与形与德(此诗中称之为"影")的一致。陶诗中对贤愚寿夭的等量齐观也一本于《庄子》思想,故方东树说:"《形影神》三诗,用《庄子》之理,见人生贤愚、贵贱、穷通、寿夭、莫非天定,人当委运任化,无为欣戚喜惧于其中,以作庸人无益之扰,即有意于醉酒立善,皆非达道之然。"(《昭昧詹言》)也说明了陶诗的主旨出于《庄子》。陶渊明在形神的认识上有一个很不同于佛教徒的主张,即他认为形神的相互依赖与一致,《神释》中说"生而相依附","结托既喜同"都表达了这种观点,这与稍后的唯物主义思想家范缜的意见相近,范氏说:"形者神之质,神者形之用;是则形称其质,神言其用;形之与神,不得相异。"(《神灭论》)又说:"神即形也,形即神也;是以形存则神存,形谢则神灭也。"(同上)陶渊明可以说是范缜的先驱者,他对形神问题的看法显然具有朴素唯物主义的因素。

此诗在艺术上也是颇有特色的,全诗用了寓言的形式,以形、影、神三者之间的相互问答来展开论述,可谓奇思异想,令这一哲学上的讨论富有生动活泼的意趣,即使在说理之中也时时注意到附合寓言中形象的个性。如形对影的赠言中说:"愿君取吾言,得酒莫苟辞。"正如一位主人请一位朋友来对酌而惟恐其推辞,后来李白《月下独酌》中说的"举杯邀明月,对影成三人。月既不解饮,影徒随我身"等等,显然也取陶诗之意。又如写影对形的说话云:"诚愿游昆华,邈然兹道绝。"因影子本身没有行动的能力,所以用一"愿"字说明其欲求成仙,可只是一种不可实现的愿望而已。又如"与子相遇来,未尝异悲悦"数语状写形影不离的情景,可谓惟妙惟肖。

此诗的遣词造句一气流走,自然矫健,无过多的修饰成分,如《神释》中说:

“人为三才中，岂不以我故？”说明神为形体之主的道理，十分简明有力。至如“纵浪大化中”四句，气势开阔，直出胸臆，而音调高朗，掷地可作金石之声，故陈祚明评此曰：“如此理语，矫健不同宋人，公固从汉调中脱化而出，作理语必琢令健，乃不卑。”(《采菽堂古诗选》)就对此诗能作理语而不落熟套，能寓辩论于刚健明快的诗句之中作了充分的肯定。（王镇远）

九日闲居并序　　陶渊明

余闲居，爱重九之名。秋菊盈园，而持醪靡由，空服九华，寄怀于言。

世短意常多，斯人乐久生。日月依辰至，举俗爱其名。露凄暄风息，气澈天象明。往燕无遗影，来雁有馀声。酒能祛百虑，菊解制颓龄。如何蓬庐士，空视时运倾！尘爵耻虚罍，寒华徒自荣。敛襟独闲谣，缅焉起深情。栖迟固多娱，淹留岂无成。

据《宋书·陶潜传》载，陶渊明归隐后闲居家中，某年九月九日重阳节，宅边的菊花正开，然因家贫无酒，遂在菊花丛中坐了很久，正在惆怅感伤之际，忽然做江州刺史的王宏派人送来了酒，渊明也不推辞，开怀畅饮，饮则醉，醉则归，不拘礼仪，颓然自放，表现了他不受拘束，纯任自然的天性。这首诗根据其小序中所说的情形来看，与本诗中所叙之事略同，考王宏为江州刺史始于义熙十四年(418)，时渊明已过五十五岁，可见此诗是他的晚年所作。

重阳节自古有饮菊花酒的习俗，据说如此可以延年益寿，《西京杂记》云：“九月九日佩茱萸，食蓬饵，饮菊花酒，令人长寿。”然而这一年的重九，在渊明的宅边，虽然有一丛丛颜色各异的菊花，然苦于无钱沽酒，只能空食菊花。古人视菊为一种高雅而有气节的花卉，因它开在众芳凋落的秋天，故屈原就有“夕餐秋菊之落英”的话，这里所说的“九华”也就是指菊花，诗人有菊无酒，遂产生出无限感慨。

“世短意常多”四句，以议论领起，解释了重九之名，并提出感叹人生的主题。意谓人生在世，不过如白驹过隙，正由于其为极短暂的一瞬，故人们产生了各种各样的烦忧顾虑，也导致了人们企慕长寿永生的祈求。一年一度的重阳佳节按着时序的推移又来到了，人们之所以喜爱这个以“九”命名的节日，因为“九”与“久”谐音，所以对它的喜爱正体现了对长生的渴求。这里“举俗爱其名”与小序中的“爱重九之名”一致。“世短意常多”一句炼意极精，前人以为是古诗“人生不满百，常怀千岁忧”两句的浓缩，体现了渊明驾驭语言的本领（宋李公焕《笺注陶渊明集》卷二）。

“露凄暄风息”至“寒华徒自荣”十句写景抒情，感叹自己有菊无酒，空负良辰美景。露水凄清，暖风已止，秋高气爽，天象清明，飞去的燕子没有留下踪影，北来的大雁还有声声余响。据说酒能祛除心中的种种烦恼，菊花能令人制止衰老，而为何我这隐居的贫士只能让重阳佳节白白地过去！酒器中空空如也，积满灰尘，而秋菊却在篱边空自开放。这里描写了一幅天朗气清的深秋景象，与诗人自己贫寒潦倒的处境正成鲜明对照，自然景象的美好反衬出诗人心绪的寥落，大好的时光在白白消逝，盛开的菊花也徒自争艳，诗人于是感慨系之。

“敛襟独闲谣”即写诗人的感叹，他整敛衣襟，独自闲吟，而思绪辽远，感慨遥深。想自己游息于山林固然有不少欢乐，但留滞人世难道就为了一无所成？诗人在这里不仅感叹人生的短暂，而且对人生的价值重新作了审视，诗中关于“深情”的内容并没有加以明确说明，只是隐隐约约地点出了作者悲从中来的原因不仅仅是为了无酒可饮，而更大的悲痛隐藏在心中，这就是诗人对人生的思考与对自身价值的探求。故清代延君寿《老生常谈》中说：“《九日闲居》一首，上面平平叙下，至末幅‘敛襟独闲谣，缅焉起深情’，忽作一折笔以顿挫之，以下二句‘栖迟固多娱，淹留岂无成’，以一意作两层收束，开后人无数法门。”就指出了此诗结尾的意蕴。全诗一气直下，其主旨似在表明人生短促而自己又不能及时行乐，空负秋光的悲叹，然忽又说“淹留岂无成”，更翻出一层意思，所以延氏说是“一意两层收束”。

因为此诗结语的含蓄，似有不尽之意在于言外，因而历来解此诗者就以为渊明在此中暗寓了他对晋宋易代的悲愤，借此表示了对前朝的留恋，并有志于恢复王室之事。“空视时运倾”一句中也显然系有感于时事的倾覆，“尘爵”二句则表达了愿安于时命，自保贞心的愿望，最后所谓的“淹留岂无成”，即暗指自己所以羁留人间是由于还抱着复国的希望，等待一展宏图的机会。这种说法自然也不无道理，自来论陶诗的人也曾指出过渊明并非浑身是静穆，而是一个颇有感时伤世之情的人，龚自珍就说他：“莫信诗人竟平淡，二分《梁甫》一分《骚》。”（《己亥杂诗》）就指出了这种特征。考此诗序中所谓“寄怀”，诗中所谓“深情”，都似乎确有所寄托，以此推断，可能此诗确有寓意。鲁迅评陶潜说：“于朝政还是留心，也不能忘掉‘死’，这是他诗文中时时提起的。”（《魏晋风度及文章与药及酒之关系》）本诗即体现了他对政治和生命两方面的认识。

此诗以说理与写景与抒情融合在一起，体现了陶诗自然流走的特点，其中某些句子凝练而新异，可见渊明铸词造句的手段，如“世短意常多”、“日月依辰至”

及"酒能祛百虑,菊解制颓龄"等虽为叙述语,然遒劲新巧,词简意丰,同时无雕饰斧凿之痕,这正是陶诗的难以企及处。　　（王镇远）

归园田居五首(其一)　　陶渊明

少无适俗韵,性本爱丘山。
误入尘网中,一去三十年。
羁鸟恋旧林,池鱼思故渊。
开荒南野际,守拙归园田。
方宅十馀亩,草屋八九间。
榆柳荫后檐,桃李罗堂前。
暧暧远人村,依依墟里烟。
狗吠深巷中,鸡鸣桑树颠。
户庭无尘杂,虚室有馀闲。
久在樊笼里,复得返自然。

公元405年(东晋安帝义熙元年),陶渊明在江西彭泽做县令,不过八十多天,便声称不愿"为五斗米向乡里小儿折腰",挂印回家。从此结束了时隐时仕、身不由己的生活,终老田园。归来后,作《归园田居》诗一组,共五首,描绘田园风光的美好与农村生活的淳朴可爱,抒发归隐后愉悦的心情。这是第一首。

陶诗通常呈现素淡平易的面貌,不见组织雕镂之工。然而苏东坡说:"其诗质而实绮,癯而实腴。"(《与苏辙书》)又说:"渊明诗初看若散缓,熟看有奇句。"(《冷斋诗话》引)东坡偏爱陶公之为人,尤推崇其诗,以为自古无人能及,反复吟咏,烂熟在胸,并一一唱和,著有《和陶集》,体验实较常人为深。我们便以这一首为例,主要谈其质朴中的深味,散缓中的精巧,其他问题,便不多作议论。

起首四句,先说个性与既往人生道路的冲突。韵、性,都是指为人品格与精神气质。所谓"适俗韵"又是什么呢?无非是逢迎世俗、周旋应酬、钻营取巧的那种情态、那种本领吧,这是诗人从来就未曾学会的东西。作为一个真诚率直的人,其本性与淳朴的乡村、宁静的自然,似乎有一种内在的共通之处,所以"爱丘山"。前二句表露了作者清高孤傲、与世不合的性格,为全诗定下一个基调,同时又是一个伏笔,它是诗人进入官场却终于辞官归田的根本原因。但是,人生常不得已。作为一个官宦人家的子弟,步入仕途乃是通常的选择;作为一个熟读儒家经书、欲在社会中寻求成功的知识分子,也必须进入社会的权力组织;便是为了供养家小、维持较舒适的日常生活,也需要做官。所以不能不违逆自己的"韵"和"性",奔波于官场。回头想起来,那是误入歧途,误入了束缚人性而又肮脏无聊的世俗之网。"一去三十年",当是"十三年"之误。从陶渊明开始做官到最终归隐,正好是十三年。这一句看来不过是平实的记述,但仔细体味,却有深意。诗人对田园,就像对一位情谊深厚的老朋友似地叹息道:"呵,这一别就是十三年了!"内中多少感慨,多少眷恋!但写来仍是隐藏不露。

下面四句是两种生活之间的过渡。虽是"误入尘网",却是情性未移。"羁鸟恋旧林,池鱼思故渊",两句集中描写做官时的心情,从上文转接下来,语气顺畅,毫无阻隔。因为连用两个相似的比喻,又是对仗句式,便强化了厌倦旧生活、向往新生活的情绪;再从这里转接下文:"开荒南野际,守拙归园田",就显得自然妥帖,丝毫不着痕迹了。"守拙"回应"少无适俗韵"——因为不懂得钻营取巧,不如抱守自己的愚拙,无须勉强混迹于俗世;"归园田"回应"性本爱丘山"——既有此天性,便循此天性,使这人生自然舒展,得其所好。开始所写的冲突,在这里得到了解决。

从冲突中摆脱出来,心中欢喜,情绪开张,以下八句,便以欣欣之笔,咏唱居所一带的风光。这里描写的一切,是极为平常的。你看:土地,草房;榆柳,桃李;村庄,炊烟;狗吠,鸡鸣。但正是这些平平常常的事物,在诗人笔下,构成了一幅十分恬静幽美、清新喜人的图画。在这画面上,田园风光以其清淡平素的、毫无矫揉造作的天然之美,呈现在我们面前,使人悠然神往。这不是有点儿像世外桃源的光景吗?"土地平旷,屋舍俨然,有良田美池桑竹之属。阡陌交通,鸡犬相闻。其中往来种作,男女衣著,悉如外人;黄发垂髫,并怡然自乐……"(《桃花源记》)其实,幻想的桃源也好,现实的乡村也好,都是表现着陶渊明的一种理想:合理的社会,应当是没有竞争、没有虚伪、没有外加的礼仪束缚,人人自耕自食的社会。这种社会当然不可能实现;陶渊明笔下的乡村,也有意忽略了生活艰难和残酷的一面。但作为诗的构造,却给人以美的安慰。——文学常常起着这样的作用。

这一段初读起来,只觉得自然平淡,其实构思安排,颇有精妙。"方(同"旁")宅十馀亩,草屋八九间",是简笔的勾勒,以此显出主人生活的简朴。但虽无雕梁画栋之堂皇宏丽,却有榆树柳树的绿荫笼罩于屋后,桃花李花竞艳于堂前,素淡与绚丽交掩成趣。前四句构成一个近景。但陶渊明要描写出和平安宁的意境,单这近景还不足显示。所以接着把笔移向远处的景象:"暧暧远人村,依依墟里烟。"暧暧,是模糊不清的样子,村落相隔很远,所以显得模糊,就像国画家画远景时，往往也是淡淡勾上几笔水墨一样。依依，形容炊烟轻柔而缓慢地向上飘升。这两句所描写的景致，给人以平静安详的感觉，好像这世界不受任何力量的干扰。从四句近景转到两句远景，犹如电影镜头慢慢拉开，将一座充满农家风味的茅舍融化到深远的背景之中。画面是很淡很淡，味道却是很浓很浓，令人胸襟开阔、心旷神怡。读到这里，人们或许会觉得还缺少点什么。是的，这景象太过清静，似乎少一点生气。但诗人并没有忘记这一点，请听，“狗吠深巷中，鸡鸣桑树颠”，一下子，这幅美好的田园画不是活起来了吗？这二句套用汉乐府《鸡鸣》“鸡鸣高树颠，狗吠深宫中”而稍加变化。但诗人绝无用典炫博的意思，不过是信手拈来。他不写虫吟鸟唱，却写了极为平常的鸡鸣狗吠，因为这鸡犬之声相闻，才最富有农村环境的特征，和整个画面也最为和谐统一。隐隐之中，是否也渗透了《老子》所谓“小国寡民”、“鸡犬之声相闻，民老死不相往来”的理想社会观念？那也难说。单从诗境本身来看，这二笔是不可缺少的。它恰当地表现出农村的生活气息，又丝毫不破坏那一片和平的意境，不会让你感到喧嚣和烦躁。以此比较王籍的名句“蝉噪林逾静，鸟鸣山更幽”，那种为人传诵的所谓“以动写静”的笔法，未免太强调、太吃力。

从写景转下来，是这样两句：“户庭无尘杂，虚室有馀闲。”尘杂是指尘俗杂事，虚室就是静室。既是做官，总不免有许多自己不愿干的蠢事，许多无聊应酬吧？如今可是全都摆脱了，在虚静的居所里生活得很悠闲。不过，最令人愉快的，倒不在这悠闲，而在于从此可以按照自己的意愿生活。全诗便以这样两句收结：“久在樊笼里，复得返自然。”自然，既是指自然的环境，又是指顺适本性、无所扭曲的生活。这两句再次同开头“少无适俗韵，性本爱丘山”相呼应，同时又是点题之笔，揭示出《归园田居》的主旨。但这一呼应与点题，丝毫不觉勉强。全诗从对官场生活的强烈厌倦，写到田园风光的美好动人，新生活的愉快，一种如释重负的心情自然而然地流露了出来。这样的结尾，既是用笔精细，又是顺理成章。

自来评陶诗者，多强调其自然简淡的风格，至有“陶渊明直是倾倒所有，借书于手，初不自知为语言文字”，“渊明所谓不烦绳削而自合”之类的说法。其实，诗总是诗，“自然”的艺术仍然是艺术，甚至是一种不易求得的艺术。真正随意倾吐、毫不修磨，也许称得上“自然”，但绝非“自然”的艺术。从这诗来看，在谋篇布局、逐层推进，乃至每个细节的刻画方面，都非草率从事，实是精心构思、斟字酌句、反复锤炼的结晶。只是有一种真实的情感始终贯穿在诗歌中，并呈现为一个完整的意境，诗的语言完全为呈现这意境服务，不求表面的好看，于是诗便显得自然。总之，这是经过艺术追求、艺术努力而达到的自然。　（骆玉明）

归园田居五首(其二) 陶渊明

野外罕人事，穷巷寡轮鞅。
白日掩荆扉，虚室绝尘想。
时复墟曲中，披草共来往。
相见无杂言，但道桑麻长。
桑麻日已长，我土日已广。
常恐霜霰至，零落同草莽。

陶渊明“性本爱丘山”，这不仅是因为他长期生活在田园之中，炊烟缭绕的村落，幽深的小巷中传来的鸡鸣狗吠……都会唤起他无限亲切的感情；更重要的是，在他的心目中，恬美宁静的乡村是与趋膻逐臭的官场相对立的一个理想天地，这里没有暴力、虚假，有的只是淳朴天真、和谐自然。因此，他总是借田园之景寄托胸中之“意”，挖掘田园生活内在的本质的美。《归园田居》组诗是诗人在归隐初期的作品，第一首着重表现他“久在樊笼里，复得返自然”的欣喜心情，这一首则着意写出乡居生活的宁静。

开头四句从正面写“静”。诗人摆脱了“怀役不遑寐，中宵尚孤征”的仕官生活之后，回到了偏僻的乡村，极少有世俗的交际应酬，也极少有车马贵客——官场中人造访，所以他非常轻松地说：“野外罕人事，穷巷寡轮鞅”，他总算又获得了属于自己的宁静。正因为没有俗事俗人的打扰，所以“白日掩荆扉，虚室绝尘想”。那道虚掩的柴门，那间幽静的居室，已经把尘世的一切喧嚣，一切俗念都远远地摒弃了。——诗人的身心俱静。在这四句中，诗人反复用“野外”、“穷巷”、“荆扉”、“虚室”来反复强调乡居的清贫，暗示出自己抱贫守志的高洁之心。

不过，虚掩的柴门也有敞开之时，诗人“时复墟曲中，披草共来往”，他时常沿着野草丛生的田间小路，和乡邻们来来往往；诗人也并非总是独坐“虚室”之中，他时常和乡邻们共话桑麻。然而，在诗人看来，与纯朴的农人披草来往，绝不同于官场应酬，不是他所厌恶的“人事”；一起谈论桑麻生长的情况，绝对不同于计较官场浮沉，不是他所厌恶的“杂言”。所以，不管是“披草共来往”，还是“但话桑麻长”，诗人与乡邻的关系显得那么友好淳厚。与充满了权诈虚伪的官场相比，这里人与人的关系是清澄明净的。——这是以外在的“动”来写出乡居生活内在的“静”。

当然，乡村生活也有它的喜惧。“桑麻日已长，我土日已广”，庄稼一天天生长,开辟的荒土越来越多,令人喜悦;同时又“常恐霜霰至,零落同草莽”,生怕自己的辛勤劳动,毁于一旦,心怀恐惧。然而,这里的一喜一惧,并非“尘想”杂念;相反,这单纯的喜惧,正反映着经历过乡居劳作的洗涤,诗人的心灵变得明澈了,感情变得淳朴了。——这是以心之“动”来进一步展示心之“静”。

诗人用质朴无华的语言、悠然自在的语调,叙述乡居生活的日常片断,让读者在其中去领略乡村的幽静及自己心境的恬静。而在这一片“静”的境界中,流荡着一种古朴淳厚的情味。元好问曾说:“此翁岂作诗,直写胸中天。”诗人在这里描绘的正是一个宁静谐美的理想天地。　（韦凤娟）

归园田居五首(其三)　　陶渊明

种豆南山下,草盛豆苗稀。
晨兴理荒秽,①带月荷锄归。②
道狭草木长,夕露沾我衣。
衣沾不足惜,但使愿无违。

〔注〕 ① 兴:起身。荒秽:指野草之类。　② 带:一作“戴”,披。

《归园田居》第一首的结尾二句,是“久在樊笼里,复得返自然”。所谓“自然”,不仅指乡村的自然环境,亦是指自然的生活方式。在陶渊明看来,为口腹所役,以社会的价值标准作为自己的行动准则,追逐富贵,追逐虚名,都是扭曲人性、失去自我的行为。而自耕自食,满足于俭朴的生活,舍弃人与人之间的竞逐与斗争,这才是自然的生活方式。不管这种认识在社会学中应作如何评价,终究是古今中外反复被提出的一种思想。当然,陶渊明作为一个贵族的后代,一个很少经历真正的苦难生活的磨砺的士大夫,要完全凭借自己的体力养活一家人,实际是难以做到的;而且事实上,他的家中仍然有僮仆和带有人身依附性质的“门生”为他种田。但他确实也在努力实践自己对人生、对社会的特殊认识,经常参加一些农业劳动,并在诗歌中歌颂这种劳动的愉悦和美感。我们应当注意到:不能把陶渊明的“躬耕”与普通农民的种地等量齐观,因为这并不是他维持家庭生活的主要经济手段;也不能把陶渊明对劳动的感受与普通农民的感受等同看待,因为这种感受中包含了相当深沉的对于人生与社会的思考,在古代,它只能出现在一小部分优秀的知识分子身上。如果要找相类的表述,我们可以在托尔斯泰的著名小说《安娜·卡列尼娜》中看到。小说中的列文,在某种程度上是作者的化身,也曾亲身参加农业劳动,而从中求取人生的真理,以此来批判贵族社会的虚伪、空洞、无聊。

所以,这首诗看起来极为平易浅显,好像只是一个日常生活的片断,其实却有不少需要深入体会的内涵。

首先,这诗中不易察觉地涵化了前人的作品,那就是汉代杨恽(司马迁外孙)的一首歌辞:

田彼南山,芜秽不治。种一顷豆,落而为萁。人生行乐耳,须富贵何时!

此诗原是杨恽得罪免官后发泄牢骚之作。据《汉书》颜师古注引张晏说,南山为"人君之象",芜秽不治"言朝廷之荒乱",豆实零落在野,"喻己见放弃"。此说大体不错。

将陶诗与杨诗比照,相似之处是显而易见的。"种豆南山下",便是"田彼南山";"草盛豆苗稀",便是"芜秽不治";"晨起理荒秽",也是针对"芜秽不治"这一句而写的。考虑到陶渊明对古代典籍的熟悉,这种明显的相似,可以断定不是偶然巧合。

那么,陶渊明暗用杨诗,用意又何在?首先,这种化用,已经把杨诗的一部分意涵移植到自己诗里了。对于熟悉《汉书》的人来说,马上会联想到"朝廷之荒乱"、贤者无所用这样的喻意。

但是,这诗又并不是单纯地脱化前人之作,诗中所写种豆锄草,都是作者实际生活中的事情。陶渊明既移植了杨诗的某种意涵,表达他对现实政治的看法,又用自己亲身种豆南山的举动,针对杨诗"田彼南山,芜秽不治"的喻意,表明自己的人生态度:在污浊混乱的社会中,洁身自好,躬耕田园,才是一种可取的选择。杨诗结尾说:"人生行乐耳,须富贵何时。"在一定前提下,这也是陶渊明所赞成的。但他通过自己的诗又表明:劳作生活中包含着丰富的人生乐趣。忙时种植收获,闲来杯酒自娱,纵身大化,忘情世外,这就是真正的"人生行乐"。

解析了此诗运用典故的内涵,便可以对诗本身作进一步的分析。

种豆南山,草盛苗稀,有人说这是因为陶渊明初归田园,不熟悉农务。其实他的田主要不是自己耕种的,他只是参与部分劳动,这话说得没有意思。《归园田居》第一首有"开荒南野际"之句,可以证明南山下的土地是新开垦的。所以不适合种其他庄稼,只好种上容易生长的豆类。这道理种过田的人都懂得。如果不考虑运用典故的因素,这两句就像一个老农的闲谈,起得平淡,给人以亲切感。

草盛就得锄,所以一早就下地了。这是纪实。但"理荒秽"三字,用得比较重,似乎别有用心。杨恽诗中"芜秽不治",是比喻朝廷之荒乱。那么,在陶渊明看来,社会的混乱,是由什么引起的呢?那是因为许多人脱离了自然的生活方式,玩弄智巧,争夺利益,不能自拔。于是天下战乱纷起,流血无尽。“人生归有道,衣食固其端。孰是都不营,而以求自安!”(《庚戌岁九月中于西田获早稻》)这诗表明陶渊明把自耕自食看作是每个人都应遵循的根本道理。所以,“理荒秽”,亦包含了以自耕自食的生活方式纠治整个社会的“芜秽”之深意。

“带(戴)月荷锄归”,说明整整干了一天。陶渊明毕竟不是真正的农民,既有僮仆和他一起下地,即使他干起活不那么紧张劳累,这一天也够受的。但他的心情却很愉快。何以见得?因为没有好心情,写不出这样美的诗句。月光洒遍田野,扛着锄头,沿着田间小路往家走,这是多么漂亮的画面!另一首诗中,陶渊明对田间劳动说过这样的话:“四体诚乃疲,庶无异患干。”身体虽然疲劳,却避免了许多患害。这不但包括兵凶战厄,也包括人群间的尔诈我虞。在劳作中生命显得切实、有力,所以是愉快的,美的。

因为是新开垦的土地,道路狭隘,草木却长得高。天时已晚,草叶上凝结了点点露珠,沾湿了衣裳。“衣沾不足惜”,把这么一件小事提出来,强调一句,好像没有什么必要。衣服湿了,确确实实是没有什么可惜的,陶渊明这么一个豁达的人,说它干什么?但“衣沾”并不只是说衣服被打湿而已,而是一个象征。从前做官,虽然不舒服,总有一份俸禄,可以养家活口,沽酒买醉。辞官隐居,生活自然艰难得多,田间劳动,又不是他这么一个读书人所能轻易胜任的,而且这种境况还将持续下去。高蹈避世,说起来容易,多少人能做到?陶渊明自己,不也是内心中“贫富长交战”吗?只是诗人不愿说得太远、太露,以致破坏整首诗的气氛,只就眼前小事,轻轻点上一笔。

“但使愿无违”是全诗的归结和主旨。“愿”,就是保持人格的完整,坚持人生的理想,以真诚的态度、自然的方式,完成这一短暂的生命。这不是太重要了吗?所以一切艰难,与此相比,都变得微不足道。而自己确做到了“愿无违”,也是颇值得自我欣赏的。

用浅易的文字,平缓的语调,表现深刻的思想,是陶渊明的特长。即使我们并不知道诗中运用了什么典故,单是诗中的情调、气氛,也能把作者所要表达的东西传送到我们的内心深处。

(孙　明)

归园田居五首(其四)　　陶渊明

久去山泽游,浪莽林野娱。
试携子侄辈,披榛步荒墟。

徘徊丘垄间,依依昔人居。
井灶有遗处,桑竹残朽株。
借问采薪者,此人皆焉如?
薪者向我言,死没无复馀。
一世异朝市,此语真不虚。
人生似幻化,终当归空无。

上面这首诗是陶渊明所写《归园田居五首》的第四首。作者之所以毅然弃官归田,并在这组诗的第三首中表达了只求不违所愿而不惜劳苦耕作、夕露沾衣的决心,为的是复返自然,以求得人性的回归。这第四首诗的前四句写归田园后偕同子侄、信步所之的一次漫游。首句“久去山泽游”,是对这组诗首篇所写“误落尘网中”、“久在樊笼里”的回顾。次句“浪莽林野娱”,是“羁鸟恋旧林,池鱼思故渊”的作者在脱离“尘网”、重回“故渊”,飞出“樊笼”、复返“旧林”后,投身自然、得遂本性的喜悦。这句中的“浪莽”二字,义同放浪,写作者此时无拘无束、自由自在的身心状态;逯钦立校注的《陶渊明集》释此二字为“形容林野的广大”,似误。句中的一个“娱”字,则表达了“性本爱丘山”的作者对自然的契合和爱赏。从第三句诗,则可见作者归田园后不仅有林野之娱,而且有“携子侄辈”同游的家人之乐。从第四句“披榛步荒墟”的描写,更可见其游兴之浓,而句末的“荒墟”二字承上启下,引出了后面的所见、所问、所感。

陶诗大多即景就事,平铺直叙,在平淡中见深意、奇趣。这首诗也是一首平铺直叙之作。诗的第五到第八句“徘徊丘垄间,依依昔人居,井灶有遗处,桑竹残朽株”,紧承首段的末句,写“步荒墟”所见,是全诗的第二段。这四句诗与首篇中所写“暧暧远人村,依依墟里烟。狗吠深巷中,鸡鸣桑树颠”那样一幅生机盎然的田园画适成对照。这是生与死、今与昔的对照。既淡泊而又多情、既了悟人生而又热爱人生的作者,面对这世间的生与死、时间的今与昔问题,自有深刻的感受和无穷的悲慨。其在“丘垄间”如此流连徘徊、见“昔人居”如此依依眷念、对遗存的“井灶”和残朽的“桑竹”也如此深情地观察和描述的心情,是可以想象、耐人寻绎的。

诗的第九到第十二句是全诗的第三段。前两句写作者问;后两句写薪者答。问话“此人皆焉如”与答话“死没无复余”,用语都极其简朴。而简朴的问话中蕴含作者对当前荒寂之景的无限怅惘、对原居此地之人的无限关切;简朴的答话则如实地道出了一个残酷的事实,而在它的背后是一个引发古往今来无数哲人为之迷惘、思考并从各个角度寻求答案的人生问题。

诗的第十三到第十六句“一世异朝市，此语真不虚，人生似幻化，终当归空无”，是最后一段，写作者听薪者回答后的所感。这四句诗参破、说尽了盛则有衰、生则有死这样一个无可逃避的事物规律和自然法则。诗句看似平平淡淡，而所包含的感情容量极大，所蕴藏的哲理意义极深；这正是所谓厚积而薄发，也是陶诗的难以企及之处。正如朱光潜在《诗论》第十三章《陶渊明·他的情感生活》中所说，一些哲理，“儒、佛两家费许多言语来阐明它，而渊明灵心迸发，一语道破。我们在这里所领悟的不是一种学说，而是一种情趣、一种胸襟、一种具体的人格”。读陶诗，正应从中看到他内心的境界、智慧的灵光，及其对世事、人生的了悟。

有些赏析文章认为作者此行是访故友，是听到故友“死没无复余”而感到悲哀。但从整首诗看，诗中并无追叙友情、忆念旧游的语句，似不必如此推测。而且，那样解释还缩小了这首诗的内涵。王国维曾说，诗人之观物是“通古今而观之”，不“域于一人一事”(《人间词话删稿》)，其“所写者，非个人之性质”，而是“人类全体之性质”(《红楼梦评论·馀论》)。这首诗所写及其意义正如王国维所说。作者从“昔人居”、耕者言所兴发的悲慨、所领悟的哲理，固已超越了一人一事，不是个人的、偶然的，而是带有普遍性、必然性的人间悲剧。　(陈邦炎)

归园田居五首(其五)　陶渊明

怅恨独策还，崎岖历榛曲。
山涧清且浅，可以濯吾足。
漉我新熟酒，只鸡招近局。
日入室中暗，荆薪代明烛。
欢来苦夕短，已复至天旭。

这首诗是陶渊明《归园田居五首》的最后一首。诗的前四句写作者独自策杖还家途中的情景；后六句写还家后邀请附近邻人欢饮达旦的田园乐趣。

对诗的首句“怅恨独策还”，有两种解说：一说认为这首诗是紧承第四首而作，例如方东树说，“‘怅恨’二字，承上昔人死无余意来”(《昭昧詹言》卷四)，黄文焕也说，“昔人多不存，独策所以生恨也”(《陶诗析义》卷二)；另一说认为这一句所写的“还”，是“耕种而还”(邱嘉穗《东山草堂陶诗笺》中语)。这两说都嫌依据不足。如果作者所写是还自“荒墟”的心情，则上首之“披榛步荒墟”为“携子侄辈”同往,何以“独策还”？如果作者是耕种归来,则所携应为农具,应如这组诗的第三首所写,“荷锄”而归,似不应策杖而还。联系下三句看,此句所写,似不如视作“性本爱丘山”的作者在一次独游的归途中生发的“怅恨”。其“怅恨”,可以与本句中的“还”字有关,是因游兴未尽而日色将暮,不得不还;也可以与本句中的“独”字有关,是因独游而产生的孤寂之感。这种孤寂感,既是这次游而无伴的孤寂感,也是作者隐藏于内心的“举世皆浊我独清”(《楚辞·渔父》)的时代孤寂感。次句“崎岖历榛曲”,写的应是真景实事,但倘若驰骋联想,从象喻意义去理解,则当时的世途确是布满荆榛,而作者的生活道路也是崎岖不平的。联系其在《感士不遇赋序》中所说的“夷皓有安归之叹,三闾发已矣之哀”,不妨设想：其在独游之际,所感原非一事,怅恨决非一端。

诗的三、四两句“山涧清且浅,可以濯吾足”,则化用《孟子·离娄》“沧浪之水清兮,可以濯我缨;沧浪之水浊兮,可以濯我足”句意,显示了作者的生活情趣和委身自然、与自然相得相洽的质性。人多称渊明冲淡静穆,但他的心中并非一潭止水,更非思想单纯、无忧无虑。生活、世事的忧虑固经常往来于其胸中,只是他能随时从对人生的领悟、与自然的契合中使烦恼得到解脱、苦乐得到平衡,从而使心灵归于和谐。合一、二两句来看这首诗的前四句,正是作者的内心由怅恨而归于和谐的如实表述。

这首诗写的是两段时间、两个空间。前四句,时间是日暮之前,空间是山路之上;后六句,则在时间上从日暮写到“天旭”,在空间上从“近局”写到“室中”。如果就作者的心情而言,则前四句以“怅恨”发端,而后六句以“欢来”收结。作者尝自称“质性自然,非矫厉所得”(《归去来兮辞序》),其“归田园居”的主要原因,如这组诗的首篇所说,为的是“复得返自然”,以求得本性的回归,保全心灵的真淳。这首诗所写的始则“怅恨”,终则“欢来”,当忧则忧,可乐则乐,正是其脱离尘网后一任自然的真情流露。

后六句的“漉我新熟酒,只鸡招近局。日入室中暗,荆薪代明烛”四句,写作者还家后的实事实景,如其《杂诗十二首》之一所说,“得欢当作乐,斗酒聚比邻”。从这四句诗可以想见：酒为新熟,菜仅只鸡,草屋昏暗,以薪代烛,宛然一幅田家作乐图。这样的饮酒场面,其实很寒酸,但作者写来丝毫不觉其寒酸,读者看来也不会嫌其寒酸,而只会欣赏其景真情真,趣味盎然。篇末“欢来苦夕短,已复至天旭”二句,即张华《情诗》“居欢惜夜促”意,也寓有《古辞·西门行》“人生不满百,常怀千岁忧,昼短而夜长,何不秉烛游”几句中所抒发的人生短促、光阴易逝的感慨。而为了进一步理解、领会这两句诗的内涵,还可以参读作者的另一些诗句，如《游斜川》诗所说的“中觞纵遥情，忘彼千载忧。且极今朝乐，明日非所求”，又如《己酉岁九月九日》诗所说的“从古皆有没，念之中心焦。何以称我情？浊酒且自陶。千载非所知，聊以永今朝”。从这些诗来看作者的这次欢饮，显然有聊以忘忧的成分，在“欢”的背后其实闪现着“忧”的影子。同时，作者之饮酒也是他的逃世的手段，是为了坚定其归田的决心，如其《饮酒二十首》诗所说，“泛此忘忧物，远我遗世情”(二十首之七)，“纡辔诚可学，违己讵非迷。且共欢此饮，吾驾不可回”(二十首之九)。当然，他的饮酒更是与其旷达的心性相表里的；这就是他在《饮酒二十首》诗的首章所说的“寒暑有代谢，人道每如兹。达人解其会，逝将不复疑。忽与一觞酒，日夕欢相持”。

朱光潜在《论诗》第十三章《陶渊明》中谈到渊明的情感生活时指出，他“并不是一个很简单的人。他和我们一般人一样，有许多矛盾和冲突；和一切伟大诗人一样，他终于达到调和静穆。”对于这首诗所写的“怅恨”、“欢来”以及“苦”时间之短促，是应从多方面去理解、领会的。

(陈邦炎)

乞 食

陶渊明

饥来驱我去，不知竟何之。行行至斯里，叩门拙言辞。主人解余意，遗赠岂虚来。① 谈谐终日夕，觞至辄倾杯。情欣新知欢，言咏遂赋诗。感子漂母惠，愧我非韩才。衔戢知何谢，② 冥报以相贻。

〔注〕 ① 遗(wèi)：赠送。 ② 衔：衔于口。戢(jí)：藏，藏于心。衔戢即感戴不忘。

《乞食》一诗，是渊明躬耕生涯之一侧面写照，至为真实，亦至为感人。

“饥来驱我去，不知竟何之。”渊明归耕之后，备尝农民之艰辛，尤其是饥饿。《有会而作》云：“弱年逢家乏，老至更长饥。”《饮酒》第十六首云：“竟抱固穷节，饥寒饱所更。”皆可印证。起二句直写出为饥饿所逼迫，不得不去乞食的痛苦情形和惶遽心态，诗人自己也不知该往何处去才是。“竟”之一字，透露出反复的思忖，既见得当时农村之凋敝，有粮之家太少，告贷几乎无门；亦见得诗人对于所求之人，终究有所选择。渊明乃固穷之士。萧统《陶渊明传》载江州刺史檀道济“馈以粱肉，(渊明)麾之而去”，就是一好例。“行行至斯里，叩门拙言辞。”走啊走啊，不期然地走到了那一处墟里。由此可见，虽然“不知竟何之”，但下意识中，终究还是有其人的。此人当然应是一可求之人。尽管如此，敲开门后，自己还是口讷辞拙，不知所云。乞食，对于一个有自尊心的人，毕竟是难于启齿的呵。“主人解余意，遗赠岂虚来。”主人见渊明此时的饥色和窘样，他全明白了，立刻拿出粮食相赠，诗人果然不虚此行。多么好的人呵！诗情至此，由痛苦惶遽转变、提升为欣慰感激。“谈谐终日夕，觞至辄倾杯。”主人不仅急人之难，而且善体人情。他殷勤挽留诗人坐下相谈，两人谈得投机，不觉到了黄昏，饭已经做好了，便摆出了酒菜。诗人已经无拘无束了，端起酒杯便开怀畅饮。渊明爱酒。“倾”之一字，下得痛快，这才是渊明“质性自然”之本色呵。“情欣新知欢，言咏遂赋诗。”诗人为有这位新交而真心欢喜，谈得高兴，于是赋诗相赠。从“新知”二字，可见主人与诗人尚是新交，但诗人心知其人亦是一雅士，所以才“行行至斯里”。下面四句，正面表达感激之情，是全诗的主要意旨。“感子漂母惠，愧我非韩才。”《史记·淮阴侯列传》载韩信“始为布衣时，贫”，“钓于城下，诸母漂（絮），有一母见信饥，饭信，竟漂数十日。信喜，谓漂母曰：‘吾必有以重报母。’”后来韩信在刘邦部下立大功，封楚王，“召所从食漂母，赐千金。”诗人借用此一典故，对主人说，感激您深似漂母的恩惠，惭愧的是我无韩信之才能，难以报答于您。“衔戢知何谢，冥报以相贻。”您的恩惠我永远珍藏在心里，今生不知如何能够答谢，只有死后我在冥冥之中，再来报答于您。中国古代有“冥报”的说法，如“结草衔环”的故事便是。“冥报”之语，表达的是至深至高的感激之忱。“冥报”之是否可能，虽可不论，但此种感激之忱，则至为珍贵。

此诗的启示意义，超越了乞食一事。全幅诗篇语言平淡无华，却蕴发着人性美丽的光辉。主人急人之难，诗人感恩图报，皆至性真情，自然呈露，光彩照人。这是两种高尚人格的对面与相照。急人之难，施恩不图报；受恩必报，饮水不忘挖井人——这是中国民族精神中的传统美德。诗中映现的两种人格，深受传统美德的煦育，亦是传统美德的体现。

（邓小军）

诸人共游周家墓柏下　　陶渊明

今日天气佳，清吹与鸣弹。
感彼柏下人，安得不为欢？
清歌散新声，绿酒开芳颜。
未知明日事，余襟良已殚。

这首诗就内容看，当是渊明归田以后的作品。题目中的“诸人”，有的注本据《晋书·陶潜传》载渊明归田后：“既绝州郡觐谒，其乡亲张野，及周旋人羊松龄、庞遵等，或有酒邀之”，认为可能即是指张、羊、庞等一些人。“周家墓”，据《晋书·周访传》,周访居住寻阳,与渊明的曾祖陶侃友好,把女儿嫁给陶侃的儿子。传文说:"陶侃微时,丁艰,将葬,家中忽失牛而不知所在。遇一老父,谓曰:'前冈见一牛,眠山汙中,其地若葬,位极人臣矣。'又指一山云:'此亦其次,当世出二千石。'言讫不见。侃寻牛得之,因葬其处,以所指别山与访。访父死,葬焉,果为刺史,著称宁、益。自访以下,三世为益州四十一年,如其所言云。"陶澍注本,据此而说:"周、陶世姻,此所游,或即家墓也。"这些虽无确指之证,但可供参考。

这首诗,篇幅简短,内容平凡,但却博得很多人的赞赏,当有其不平凡的所在。说平凡,如"今日天气佳,清吹与鸣弹。""清歌散新声,绿酒开芳颜。"写在某一天气候很好的日子里,和一些朋友结伴出游,就地开颜欢饮,或唱"清歌",或吹管乐和弹奏弦乐以助兴。这都是很普通的活动,诗所用的语言也很普通。说不平凡,因为所游是在人家墓地的柏树下,要"为欢"偏又选择这种容易引人伤感的地方。在引人伤感的地方能够"为欢"的人,不是极端麻木不仁的庸夫俗子,应该就是胸怀极端了悟超脱,能勘破俗谛,消除对于死亡的畏惧的高人。渊明并不麻木,他明显地"感彼柏下人"死后长埋地下所显示的人生短促与空虚;并且又从当日时事的变化,从自身的生活或生命的维持看,都有"未知明日事"之感。在这种情况下,还能"为欢";还能做到"余襟良已殚",即能做到胸中郁积尽消,欢情畅竭,当然有其高出于人的不平凡的了悟与超脱。以论对于生死问题的了悟与超脱,在渊明的诗文中,随处可见,如《连雨独饮》:"运生会归尽,终古谓之然。"《五月中和戴主簿》:"既来孰不去,人理固有终。"《神释》:"老少同一死,贤愚无复数。""纵浪大化中,不喜亦不惧。应尽便须尽,无复独多虑。"《挽歌诗》:"死去何所道,托体同山阿。"《归去来兮辞》:"聊乘化以归尽,乐夫天命复奚疑。"这是一种自然运化观、朴素生死观,比起当时"服食求神仙"、追求"神不灭"的士大夫,不知高出多少倍。

这首诗,就其思想内容言,黄文焕《陶诗析义》评:"'未知明日事,余襟良已殚。'结得渊然。必欲知而后殚,世缘安得了时?未知已殚,以不了了之,直截爽快。"蒋薰《陶渊明诗集》评:"通首言游乐,只第三句一点周墓,何等活动简便。若俗手,则下许多感慨语,自谓洒脱,翻成粘滞。"王夫之《古诗评选》评:"'余襟良已殚'五字为风雅砥柱。"邱嘉穗《东山草堂陶诗笺》评:"此诗尽翻丘墓生悲旧案,末二句益见素位之乐,虽曾点胸襟,不过尔尔。"都颇中肯。就语言形式言,则它的简短,它的平凡而又不平凡,又正如钟嵘《诗品》所说的:"文体省净,殆无长语;笃意真古,辞兴婉惬。"温汝能《陶诗汇评》所说的:"陶集中此种最高脱,后人未易学步。"

（陈祥耀）

连雨独饮　陶渊明

运生会归尽，终古谓之然。世间有松乔，于今定何间？故老赠余酒，乃言饮得仙；试酌百情远，重觞忽忘天。天岂去此哉？任真无所先。云鹤有奇翼，八表须臾还。自我抱兹独，僶俛四十年。形骸久已化，心在复何言？

这是一首饮酒诗，也是一首哲理诗。根据诗中"自我抱兹独，僶俛四十年"两句，一般年谱定此诗为晋安帝元兴三年(404)，陶渊明四十岁作。但是，陶渊明又有《戊申岁六月中遇火》诗亦云："总发抱孤介，奄出四十年。"戊申岁为晋安帝义熙四年(408)，陶渊明四十四岁，辞去彭泽县令归田以后。因而，我们也可以推测《连雨独饮》作于诗人归田以后。

诗题为《连雨独饮》，点出了诗人饮酒的环境，连日阴雨的天气，诗人独自闲居饮酒，不无孤寂之感、沉思之想。开篇便提出了一个严肃的论题："运生会归尽，终古谓之然。"人生于运行不息的天地之间，终究会有一死，自古以来都是如此。这句话虽然劈空而至，却是诗人四十岁以来经常缠扰心头、流露笔端的话题。自汉末古诗十九首以来，文人诗歌中不断重复着"生年不满百"的哀叹。陶渊明则将人的自然运数，融入天地万物的运化之中，置于自古如此的广阔视野里，从而以理智、达观的笔调来谈论人生必有死的自然现象了。

在"运生会归尽"的前提下，诗人进一步思索了应该采取的人生态度。道教宣扬服食成仙说，企图人为地延长人生的年限。这在魏晋以来，曾经引起一些名士"吃药"养生的兴趣。但是动荡的社会、黑暗的政治，也使一些身处险境、朝不保夕的文人看透了神仙之说的虚妄。曹植就感叹过："虚无求列仙，松子久吾欺。变故在斯须，百年谁能持？"(《赠白马王彪》)陶渊明在《归去来兮辞》中也有过"帝乡不可期"的省悟文辞。所以接下两句诗就是针对着道教神仙之说提出了反诘："世间有松乔，于今定何间？"如果世间真的有神仙存在，那么传说中的仙人赤松子、王子乔今天究竟在什么地方呢？

开篇四句诗不过是谈人生必有一死，神仙不可相信，由此转向了饮酒："故老赠余酒，乃言饮得仙；试酌百情远，重觞忽忘天。"《古诗十九首》中有这样的诗句："服食求神仙，多为药所误，不如饮美酒，被服纨与素。"这是一种不求长生，但求及时行乐的人生态度。陶渊明也从否定神仙存在转向饮酒，却自有新意。"乃言饮得仙"中的"乃"字，顺承前面"松乔"两句，又形成语意的转折。那位见多识广的老者，竟然说饮酒能够成仙。于是诗人先"试酌"一杯，果然觉得各种各样牵累人生的情欲，纷纷远离自己而去了；再乘兴连饮几杯，忽然觉得天地万物都不存在了。这就是"故老"所谓"饮得仙"的美妙境界吧！

然而，"天岂去此哉？任真无所先。"一个"天"字锁接前句，又以问句作转折。难道天地万物真的远远离去了吗？继而以"任真无所先"作答。任真，可以说是一种心境，就是诗人借助饮酒的刺激体验到的"百情远"的境界。这句诗的潜在意思是，人与万物都是受气于天地而生的，只是人有"百情"。如果人能忘情忘我，也就达到了与物为一、与自然运化为一体的境界，而不会感到与天地远隔，或幻想着超越自然运化的规律去求神仙了。这就是任真，也就是任天。当然这种心境只是短暂的，"忽忘天"的"忽"字，便点出了这是一时间的感受。任真，也是一种人生态度，指顺应人自身运化的规律。陶渊明并不主张终日饮酒以忘忧，他认为"日醉或能忘，将非促龄具？"(《形影神·神释》)他只希望"居常待其尽，曲肱岂伤冲"(《五月旦作和戴主簿》)，过一种简朴自然的生活。

"云鹤有奇翼，八表须臾还。"这两句仍用仙人王子乔的典故。据《列仙传》，王子乔就是"乘白鹤"升天而去的。云鹤有神奇的羽翼，可以高飞远去，又能很快飞回来。但是陶渊明并不相信有神仙，也不作乘鹤远游的诗意幻想，而自有独异的地方："自我抱兹独，僶俛四十年。"我独自抱定了任真的信念，勉力而为，已经四十年了。这表达了诗人独任自然的人生态度，也表现了诗人孤高耿介的个性人格。

结尾两句总挽全篇："形骸久已化，心在复何言？"所谓"化"，指自然物质的变化，出自于《庄子·至乐篇》所言："吾与子观化而化及我。"全诗正是从观察"运生会归尽"而推演到了观察自我形骸的变化。"心在"，指诗人四十多年来始终抱守的任真之心。这两句诗与《戊申岁六月中遇火》所言"形迹凭化迁，灵府长独闲"，意思相同。任凭形体依照自然规律而逐渐变化，直至化尽，我已经抱定了任真的信念，还有什么忧虑可言呢？这两句诗也可以看作《形影神·神释》中结语的缩写："纵浪大化中，不喜亦不惧，应尽便须尽，无复独多虑。"依此而看，陶渊明的自然迁化说，并不同于《庄子》以生为累，以死为解脱的虚无厌世说。

总观全诗，以"运生会归尽"开端，感慨极深，继而谈饮酒的体验，又将"百情"抛远，结尾点出"形骸久已化"，似乎有所触发，却以"心在复何言"一语收住了。全诗对触发诗人感慨生死的具体情由，始终含而不露，却发人深省、余味无穷。全诗重在议论哲理、自我解脱，几次使用问句，造成语意转折，语气变化，又能前后映衬，扣紧开端的论题。这都显示了陶渊明哲理诗的特色。联系陶渊明的生平事迹看，诗人在四十岁以后渐觉衰老，更为自觉地反省人生。他曾为功业无成而焦虑,又为误落官场而追忆“真想”;四十一岁辞官归田后,也有孤寂、贫困、衰老等烦恼。为了摆脱这种种困惑,诗人试图在人生必有一死的前提下,以“自然”之说来解释“形影之苦”。这首《连雨独饮》和《形影神》等诗,就是在这种背景下相继写出的。因而诗人谈论生死以及乘化归尽的人生态度,实在是蕴积了深沉的人生感慨,也表现了诗人在厌倦了伪巧黑暗的社会现实后,在简朴清贫的田园生活中,始终独守任真之心,不拘世俗之累的孤傲人格。 (于翠玲)

移居二首(其一) 陶渊明

昔欲居南村,非为卜其宅。闻多素心人,乐与数晨夕。怀此颇有年,今日从兹役。弊庐何必广,取足蔽床席。邻曲时时来,抗言谈在昔。奇文共欣赏,疑义相与析。

晋安帝义熙四年(408)六月,陶渊明隐居上京的旧宅失火,暂时以船为家。两年后移居寻阳南村(今江西九江城外)。《移居》二首当是移居后所作。第一首写移居求友的初衷,邻里过往的快乐。

吟味全诗,每四句是一个层次。前四句:“昔欲居南村,非为卜其宅。闻多素心人,乐与数晨夕。”追溯往事,以“昔”字领起,将移居和求友联系起来,因事见意,重在“乐”字。古人迷信,移居选宅先卜算,问凶吉,宅地吉利才移居,凶险则不移居。但也有如古谚所云:“非宅是卜,惟邻是卜。”(《左传·昭公三年》)移居者不在乎宅地之吉凶,而在乎邻里之善恶。诗人用其意,表明自己早就向往南村,卜宅不为风水吉利,而为求友共乐。三、四两句,补足卜居的心情。“素心人”,指心性纯洁善良的人。旧说指殷景仁、颜延之等人。数,计算。诗人听说南村多有本心质素的人,很愿意和他们一同度日,共处晨夕。陶渊明生活在“真风告逝,大伪斯兴,闾阎懈廉退之节,市朝驱易进之心”(《感士不遇赋》)的时代,对充满虚伪、机诈、钻营、倾轧的社会风气痛心疾首,却又无力拨乱反正,只能洁身自好,归隐田园,躬耕自给。卜居求友,不趋炎附势,不祈福求显,唯择善者为邻,正是诗人清高情志和内在人格的表现。中间四句:“怀此颇有年,今日从兹役。弊庐何必广,取足蔽床席。”由卜居初衷写到如愿移居,是诗意的转折和深化。兹役,指移居搬家这件事。“弊庐”,破旧的房屋,这里指简陋的新居。诗人再次表明,说移居南村的愿望早就有了,现在终于实现。其欣欣之情。溢于言表。接着又说,只要有好邻居,好朋友,房子小一点不要紧,只要能遮蔽一张床一条席子就可以了,何必一定求其宽敞?不求华堂广厦,唯求邻里共度晨夕,弊庐虽小,乐在其中,诗人旷达不群的胸襟,物外之乐的情趣不言而喻。在对住房的追求上,古往今来,不少有识之士都表现出高远的精神境界。孔子打算到东方少数民族地区居住,有人对他说:那地方太简陋,孔子答曰:“君子居之,何陋之有?”(《论语·子罕》)杜甫流寓成都,茅屋为秋风所破,愁苦中仍然热切呼唤:“安得广厦千万间,大庇天下寒士俱欢颜。呜呼!何时眼前突兀见此屋,吾庐独破受冻死亦足!”(《茅屋为秋风所破歌》)推己及人,表现出忧国忧民的崇高情怀。刘禹锡为陋室作铭:“山不在高,有仙则名;水不在深,有龙则灵。斯是陋室,惟吾德馨。”(《陋室铭》)其鄙视官场的卑污与腐败,追求高洁的品德与志趣,在审美气质上,和陶渊明这首诗有相通的一面。最后四句:“邻曲时时来,抗言谈在昔。奇文共欣赏,疑义相与析。”具体描写得友之乐。邻曲,即邻居。在义熙七年(411)所作《与殷晋安别》诗中,诗人说:“去年家南里,薄作少时邻。”可知殷晋安(即前所说殷景仁)当时曾与诗人为邻。抗言,热烈地对谈。在昔,指往事。诗中所说的友人,多是读书人。交谈的内容自然不同于和农民“相见无杂言,但道桑麻长”限于农事(见《归园田居》),而带着读书人的特点和爱好。他们一起回忆往事,无拘无束,毫无保留地交心,他们一起欣赏奇文,共同分析疑难的文义,畅游学海,追求精神上的交流。诗人创作《移居》二首时,正值四十六、七岁的中年时代。这是人生在各方面均臻成熟的时期。中年的妙趣和魅力,在于相当地认识人生,认识自己,从而做自己所能做而且也愿意做的事,享受自己所能享受的生活。和读陶渊明归田以后其他作品一样,《移居》二首给人的感受是鲜明而强烈的:诗人厌恶黑暗污浊的社会,鄙视丑恶虚伪的官场,但他并不厌弃人生。在对农村田园、亲人朋友的真挚爱恋中,他找到了生活的快乐,生命的归宿,心灵的慰安和休息。高蹈、洒脱而又热爱人生,恋念人生,独特而亲切的情调,情趣与理趣共辉,陶渊明其人其诗的魅力,首先来自对人生与自然的诗意般的热爱和把握。

陶渊明田园诗的风格向来以朴素平淡、自然真率见称。这种独特的风格,正是诗人质性自然的个性的外化。从这首诗来看,所写移居情事,原是十分平常的一件事,但在诗人笔下款款写来,读者却感到亲切有味。所用的语言,平常如口语,温和高妙,看似浅显,然嚼之味醇,思之情真,悟之意远。如写移居如愿以偿:“弊庐何必广,取足蔽床席。”纯然日常口语,直抒人生见解。“何必”二字,率直中见深曲,映出时人普遍追名逐利的心态,矫矫脱俗,高风亮节,如松间白鹤,天际鸿鹄。又如诗人写和谐坦诚的邻里友谊,仅以“时时来”出之,可谓笔墨省净,引人遐想。欣赏奇文,状以“共”字,分析疑义,状以“相与”,均是传神笔墨。如果奇文自赏,疑义自析,也无不可,却于情味锐减,更无法深化移居之乐的主题。而

“共”与“相与”前后相续则热烈抗言之情态呼之欲出，使“奇文共欣赏，疑义相与析”，成为绝妙的诗句，赢得千古读者的激赏。胡仔《苕溪渔隐丛话后集》评陶渊明《止酒》诗云：“‘坐止高荫下，步止荜门里。好味止园葵，大欢止稚子。’余反复味之，然后知渊明用意……故坐止于树荫之下，则广厦华堂吾何羡焉。步止于荜门之里，则朝市深利吾何趋焉。好味止于啜园葵，则五鼎方丈吾何欲焉。大欢止于戏稚子，则燕歌赵舞吾何乐焉。”要达到这种心境和生活，是要经过长期的思想斗争和痛苦的人生体验，才能对人生有睿智的领悟的，正如包孕万汇的江海，汪洋恣肆，波涛澎湃之后而臻于平静。陶诗看似寻常，却又令人在低吟回味之中感到一种特殊的魅力——“问君何能尔，心远地自偏”；“弊庐何必广，取足蔽床席”……读着这样的诗句，你往昔对生活中一些困惑不解的矛盾，也许会在感悟诗意的同时豁然开朗，得到解释，以坦然旷达的胸怀面对万花筒般的人生。陶诗淡而有味，外质内秀，似俗实雅的韵致，在《移居》一诗中也得到生动地体现。（林家英）

移居二首(其二) 陶渊明

春秋多佳日，登高赋新诗。过门更相呼，有酒斟酌之。农务各自归，闲暇辄相思。相思则披衣，言笑无厌时。此理将不胜？无为忽去兹。衣食当须纪，力耕不吾欺。

前人评陶，统归于平淡，又谓“凡作清淡古诗，须有沉至之语，朴实之理，以为文骨，乃可不朽”（施补华《岘佣说诗》）。陶渊明生于玄言诗盛行百年之久的东晋时代，“理过其辞，淡乎寡味”乃诗坛风尚，故以理为骨，臻于平淡皆不为难，其可贵处倒在淡而不枯，质而实绮，能在真率旷达的情意中化入渊深朴茂的哲理，从田园耕凿的忧勤里讨出人生天然的乐趣。试读陶诗《移居》其二，即可知此意。

陶渊明于义熙元年弃彭泽令返回柴桑里，四年后旧宅遇火。义熙七年迁至南里之南村，是年四十七岁。《移居》作于搬家后不久，诗共二首，均写与南村邻人交往过从之乐，又各有侧重。其一谓新居虽然破旧低矮，但南村多有心地淡泊之人，因此颇以能和他们共度晨夕、谈古论今为乐。其二写移居之后，与邻人融洽相处，忙时各纪衣食，勤力耕作，闲时随意来往、言笑无厌的兴味。全诗以自在之笔写自得之乐，将日常生活中邻里过从的琐碎情事串成一片行云流水。首二句“春秋多佳日，登高赋新诗”，暗承第一首结尾“奇文共欣赏，疑义相与析”而来，篇断意连，接得巧妙自然。此处以“春秋”二字发端，概括全篇，说明诗中所叙并非“发真趣于偶而”（谢榛《四溟诗话》），而是一年四季生活中常有的乐趣。每遇风和日丽的春天或天高云淡的秋日，登高赋诗，一快胸襟，历来为文人引为风雅胜事。对陶渊明来说，在柴桑火灾之后，新迁南村，有此登临胜地，更觉欣慰自得。登高不仅是在春秋佳日，还必须是在农务暇日，春种秋获，正是大忙季节，忙里偷闲，登高赋诗，个中趣味决非整天优哉游哉的士大夫所能领略，何况还有同村的“素心人”可与共赏新诗呢？所以士大夫常有的雅兴，在此诗中便有不同寻常的意义。这两句用意颇深却如不经意道出，虽无一字刻画景物，而风光之清靡高爽，足堪玩赏，诗人之神情超旷，也如在目前。

移居南村除有登高赋诗之乐以外，更有与邻人过从招饮之乐：“过门更相呼，有酒斟酌之。”这两句与前事并不连属，但若作斟酒品诗理解，四句之间又似可承接。过门辄呼，无须士大夫之间拜会邀请的虚礼，态度村野，更觉来往的随便。大呼小叫，毫不顾忌言谈举止的风度，语气粗朴，反见情意的真率。“相呼”之意可能是指邻人有酒，特意过门招饮诗人；也可能是诗人有酒招饮邻人，或邻人时来串门，恰遇诗人有酒便一起斟酌，共赏新诗。杜甫说：“肯与邻翁相对饮，隔篱呼取尽余杯。”（《客至》）“叫妇开大瓶，盆中为吾取。……指挥过无礼，未觉村野丑。”（《遭田父泥饮》）诸般境界，在陶诗这两句中皆可体味，所以愈觉含蓄不尽。

当然，人们也不是终日饮酒游乐，平时各自忙于农务，有闲时聚在一起才觉得兴味无穷：“农务各自归，闲暇辄相思。相思辄披衣，言笑无厌时。”有酒便互相招饮，有事则各自归去，在这个小小的南村，人与人的关系何等实在，何等真诚！“各自归”本来指农忙时各自在家耕作，但又与上句饮酒之事字面相连，句意相属，给人以酒后散去、自忙农务的印象。这就像前四句一样，利用句子之间若有若无的连贯，从时间的先后承续以及诗意的内在联系两方面，轻巧自如地将日常生活中常见的琐事融成了整体。这句既顶住上句招饮之事，又引出下句相思之情。忙时归去，闲时相思，相思复又聚首，似与过门相呼意义重复，造成一个回环，“相思则披衣”又有意用民歌常见的顶针格，强调了这一重复，使笔意由于音节的复沓而更加流畅自如。这种往复不已的章法在汉诗中较常见，如“苏武诗”、古诗“西北有高楼”、“行行重行行”等，多因重叠回环、曲尽其情而具有一唱三叹的韵味。陶渊明不用章法的复叠，而仅凭意思的回环形成往复不已的情韵，正是其取法汉人而又富有独创之处。何况此处还不是简单的重复，而是诗意的深化。过门招饮，仅见其情意的真率，闲时相思，才见其友情的深挚。披衣而起，可见即使已经睡下，也无碍于随时相招，相见之后，谈笑起来没完没了，又使诗意更进一层。如果说过门辄呼是从地邻关系表明诗人与村人的来往无须受虚礼的限制，那么披衣而起、言笑无厌则表明他们的相聚在时间上也不受俗态的拘束。所以，将诗人与邻人之间纯朴的情谊写到极致,也就将摒绝虚伪和矫饰的自然之乐倾泻无余。此际诗情已达高潮,再引出"此理将不胜,无为忽去兹"的感叹,便极其自然了:这种乐趣岂不比什么都美吗?不要匆匆离开此地吧!这两句扣住移居的题目,写出在此久居的愿望,也是对上文所述过从之乐的总结。不言"此乐",而说"此理",是因为乐中有理,由任情适意的乐趣中悟出了任自然的生活哲理比一切都高。从表面上看,这种快然自足的乐趣所体现的自然之理与东晋一般贵族士大夫的玄学自然观没有什么两样。王羲之在《兰亭集序》中说:"夫人之相与,俯仰一世,或取诸怀抱,晤言一室之内;或因寄所托,放浪形骸之外。虽趣舍万殊,静躁不同,当其欣于所遇,暂得于己,快然自足,曾不知老之将至,"似乎也可以用来解释陶渊明《移居》其二中的真趣所在。但同是"人之相与"、"欣于所遇"之乐,其实质内容和表现方式大不相同。东晋士族自恃阀阅高贵,社会地位优越,每日服食养生,清谈玄理,宴集聚会所相与之人,都是贵族世家,一时名流;游山玩水所暂得之乐,亦不过是无所事事,自命风雅;他们所寄托的玄理,虽似高深莫测,其实只是空虚放浪的寄生哲学而已。陶渊明的自然观虽然仍以玄学为外壳,但他的自然之趣是脱离虚伪污浊的尘网,将田园当作返朴归真的乐土;他所相与之人是淳朴勤劳的农夫和志趣相投的邻里;他所寄托的玄理,朴实明快,是他在亲自参加农业劳动之后悟出的人生真谛。所以,此诗末二句"忽跟农务,以衣食当勤力耕收住,盖第耽相乐,本易务荒,乐何能久,以此自警,意始周匝无弊,而用笔则矫变异常"(张玉穀《古诗赏析》)。结尾点明自然之乐的根源在于勤力躬耕,这是陶渊明自然观的核心。"人生归有道,衣食固其端。孰是都不营,而以求自安?"(《庚戌岁九月中于西田获早稻》)诗人认为人生只有以生产劳动、自营衣食为根本,才能欣赏恬静的自然风光,享受纯真的人间情谊,并从中领悟最高的玄理——自然之道。显然,这种主张力耕的"自然有为论"与东晋士族好逸恶劳的"自然无为论"是针锋相对的,它是陶渊明用小生产者朴素唯物的世界观批判改造士族玄学的产物。此诗以乐发端,以勤收尾,中间又穿插以农务,虽是以写乐为主,而终以勤为根本,章法与诗意相得益彰,但见笔力矫变而不见运斧之迹。全篇罗列日常交往的散漫情事,以任情适意的自然之乐贯穿一气,言情切事,若离若合,起落无迹,断续无端,文气畅达自如而用意宛转深厚,所以看似平淡散缓而实极天然浑成。

由此可见,作诗以理为骨固佳,其尤贵者当善于在情中化理。晋宋之交,玄风大炽,一般诗人都能谈理。山水诗中的谈玄说理成分多为后人所訾议,而产生于同时的陶渊明田园诗中亦有不少谈理之作,却博得了盛誉。原因就在刚刚脱离玄言诗的山水诗多以自然证理，理赘于辞；而陶诗则能以情化理，理入于情，不言理亦自有理趣在笔墨之外，明言理而又有真情融于意象之中。这种从容自然的境界，为后人树立了很高的艺术标准。（葛晓音）

癸卯岁始春怀古田舍二首　　陶渊明

在昔闻南亩，当年竟未践。屡空既有人，春兴岂自免。夙晨装吾驾，启涂情已缅。鸟弄欢新节，泠风送馀善。寒竹被荒蹊，地为罕人远；是以植杖翁，悠然不复返。即理愧通识，所保讵乃浅。

先师有遗训，忧道不忧贫。瞻望邈难逮，转欲志长勤。秉耒欢时务，解颜劝农人。平畴交远风，良苗亦怀新。虽未量岁功，既事多所欣。耕种有时息，行者无问津。日入相与归，壶浆劳近邻。长吟掩柴门，聊为陇亩民。

二十世纪三十年代，在关于陶渊明的评价问题上，鲁迅先生和朱光潜先生之间曾发生过一场著名的论战。那场论战涉及的问题很广，中心分歧是：朱先生认为"陶潜浑身静穆，所以他伟大"，鲁迅先生反驳："陶渊明正因为并非'浑身静穆，所以他伟大'，现在之所以往往被尊为静穆，是因为他被选文家和摘句家所缩小了，凌迟了。"并进一步指出陶诗中也还有"金刚怒目"式的作品，证明诗人并不是整天飘飘然。但是，朱先生之所以会得出陶渊明浑身静穆的结论，应该说并不完全是凭空臆造，其依据恰好是陶渊明确实写过大量寄情田园的作品；而且，这意见也并非为朱先生所首创，早在隋朝的王通就在《文中子》中讲过："或问陶元亮，子曰：'放人也。《归去来》有避地之心焉，《五柳先生传》则几于闭关矣'。"宋代的汪藻在其《浮溪集》中则说："山林之乐，士大夫知其可乐者多矣……至陶渊明……穷探极讨，尽山水之趣，纳万境于胸中，凡林霏穹翠之过乎目，泉声鸟哢之属乎耳，风云雾雨，纵横合散于冲融杳霭之间，而有感于吾心者，皆取之以为诗酒之用。盖方其自得于言意之表也，虽宇宙之大，终古之远，其间治乱兴废，是非得失，变幻万方，曰陈于前者，不足以累吾之真。"而明代的何湛之在《陶韦合集序》中则说得更为简明："晋处士植节于板荡之秋，游心于名利之外，其诗冲夷清旷，不染尘俗，无为而为，故语皆实际。"

这种评价自然有失于片面。实际上，陶渊明在我国诗歌发展史上，实在是堪称第一位田园诗人。他以冲淡洒脱的笔触,为我们绘制了一幅幅优美静谧的田园风光图画,东篱南山、青松奇园、秋菊佳色、日夕飞鸟、犬吠深巷、鸡鸣树颠,再伴以主人公那隔绝尘世、耽于诗酒的情愫,它所构筑成的艺术境界是那么高远幽邃、空灵安谧!不过,细心的读者不也会从中时时体察到陶渊明在诗中所流露的那种不得已才退居田园、饮酒赋诗,而实际却正未忘怀现实、满腹忧愤的心情嘛!

我们不妨读读他的《怀古田舍》。这是诗人用田园风光和怀古遐想所编织成的一幅图画。诗分两首,表现则是同一题材和思想旨趣。第一首以"在昔闻南亩"起句,叙述了劳动经过。描绘了自然界的美景,缅怀古圣先贤,赞颂他们躬耕田亩、洁身自守的高风亮节。但是,作者却意犹未尽,紧接着便以第二首的先师遗训"忧道不忧贫"之不易实践,夹叙了田间劳动的欢娱,联想到古代隐士长沮、桀溺的操行,而深感忧道之人的难得,最后以掩门长吟"聊作陇亩民"作结。这两首诗犹如一阕长调词的上下片,内容既紧相联系,表现上又反复吟咏,回环跌宕,言深意远。可整首诗又和谐一致,平淡自然,不假雕饰,真所谓浑然天成。仿佛诗人站在读者的面前,敞开自己的心扉,既不假思虑,又不择言词,只是娓娓地将其所作、所感、所想,毫无保留地加以倾吐。这诗,不是作出来的,也不是吟出来的,而是从诗人肺腑中流泻出来的。明人许学夷在《诗源辩体》中,一则说:"靖节诗句法天成而语意透彻,有似《孟子》一书。谓孟子全无意为文,不可;谓孟子为文,琢之使无痕迹,又岂足以知圣贤哉!以此论靖节,尤易晓也。"再则说:"靖节诗直写己怀,自然成文。"三则说:"靖节诗不可及者,有一等直写己怀,不事雕饰,故其语圆而气足;有一等见得道理精明,世事透彻,故其语简而意尽。"这些,都道出了陶诗的独特的风格和高度的艺术成就。

冲淡自然是一种文学风格,这是一种特殊的文学艺术境界。在这里,我融于物,全忘我乃至无我;在这里,神与景接,神游于物而又神随景迁。它的极致是悠远宁谧、一派天籁。就这样,陶渊明的"鸟哢欢新节,泠风送馀善","平畴交远风,良苗亦怀新",就成了千古不衰的绝唱。是的,不加雕饰却又胜于雕饰,这是一种艺术的辩证法。不过,这中间确也有诗人的艰苦的艺术劳动在,那是一个弃绝雕饰,返朴归真的艺术追求过程,没有一番扎实的苦功是难以达到这种艺术创作境界的。

这首诗写田野的美景和亲身耕耘的喜悦,也还由此抒发作者的缅怀。其遥想和赞美的是贫而好学、不事稼穑的颜回和安贫乐道的孔子,尤其是钦羡古代"耦而耕"的隐士荷莜翁和长沮、桀溺。虽然,作者也表明颜回和孔子不可效法,偏重于向荷莜翁和长沮、桀溺学习,似乎是乐于隐居田园的。不过,字里行间仍透露着对世道的关心和对清平盛世的向往。如果再注意一下本诗的写作时代，这一层思想的矛盾也就看得更清晰了。据《栗里谱》记载：“有《始春怀古田舍》诗，当时自江陵归柴桑，复适京都宅，忧居家，思溢城，故有《怀古田舍》也。”清人方东树在《昭昧詹言》卷四中指出：“是年公卅九岁，犹为镇军参军，故曰怀也。每首中间，正写田舍数语，末交代出古之两人，而以己怀纬其事，惟未得归，故作羡慕咏叹，所谓怀也。”在写这首诗后的两年，作者还去做过八十多天的彭泽令，正是在这时，他才终于对那个黑暗污浊的社会彻底丧失了信心，并表示了最后的决绝，满怀愤懑地“自免去职”、归隐田园了。这是陶渊明式的抗争！如果不深入体会这一点，而过多地苛责于他的逸隐，那就不但是轻易地否定了陶渊明的大半，而且去真实情况也不啻万里了。

（魏同贤）

戊申岁六月中遇火　　陶渊明

草庐寄穷巷，甘以辞华轩。正夏长风急，林室顿烧燔。①一宅无遗宇，舫舟荫门前。迢迢新秋夕，亭亭月将圆。果菜始复生，惊鸟尚未还。中宵伫遥念，一盼周九天。总发抱孤介，②奄出四十年。形迹凭化往，灵府长独闲。贞刚自有质，玉石乃非坚。仰想东户时，馀粮宿中田。鼓腹无所思，朝起暮归眠。既已不遇兹，且遂灌我园。

〔注〕①林室：林，丛集的样子。林室，成排的房屋。燔(fán)：焚烧。②总发：亦称总角，指童年。

戊申岁即晋安帝义熙四年(公元408)，也就是陶渊明归田的第四年。这年六月一场大火烧毁了他家的房子，使他陷入了困窘的境地。这诗就是在这样的背景下写的。

“草庐寄穷巷，甘以辞华轩。”起头这两句是写他这几年的平静生活。“草庐”即他归田后营建的“草屋八九间”。“穷巷”，偏僻的村巷。“华轩”，达官乘坐的漂亮的车子，这里代指仕宦生活。居陋巷而绝功名之念，这样的意思在归田后许多诗中屡见陈述。这里用一个“甘”字，见出他这种态度出于自觉自愿，也显见他心情的平静自然。可是，“正夏长风急，林室顿烧燔。”天炎风急，丛集在一起的房子顿时烧掉了。着一“顿”字，见出打击的沉重。“一宅无遗宇，舫舟荫门前。”他的住宅没有剩下一间房子，只好将船翻盖在门前，以遮蔽风雨。“舫舟荫门前”一般解释为寄居在船上，似非确。《归园田居》“榆柳荫后檐”与这句结构相同，“荫”也为覆盖的意思。在陆地上以舟作棚,现时还常见着。以上可谓第一段,写“遇火”情况。

“迢迢新秋夕,亭亭月将圆。”曰“新秋”,曰“月将圆”,见出是七月将半的时令,离遇火已近一个月了。“迢迢”,意同遥遥,显出秋夜给人漫长的感觉。“亭亭”,高远的样子,这是作者凝视秋月的印象。这两句既写出了节令的变化,又传出了作者耿耿不寐的心情。这是火灾予他心理的刺激。“果菜始复生,惊鸟尚未还。”遭火熏烤的周围园圃中的果菜又活过来了,但受惊的鸟雀还没有飞回。从“果菜始复生”见出他生计还有指望,而后一种情况又表示创巨的痛深。在这样的秋夜里,他的心情是很不平静的:“中宵伫遥念,一盼周九天。”半夜里他伫立遥想,顾盼之间真是“心事浩茫连广宇”了。以上是第二段,写“遇火”后心情的不平静。

下面第三段,所写是“中宵伫遥念”的内容。作者先是自述平生操行:“总发抱孤介,奄出四十年。”他说,我从小就有正直耿介的性格,一下子就是四十年了(作者此时四十四岁)。“形迹凭化往,灵府长独闲。”形体、行事随着时间的过去而衰老、而变化,可心灵一直是安闲的,没有染上尘俗杂念。“孤介”、“独闲”,都表示他不同于流俗。“贞刚自有质,玉石乃非坚。”这两句意思说,我具备的贞刚的禀性,玉石也比不上它坚固。这六句是对自己平生的检点,自慰的口吻里又显出自信。他是在遭遇灾变之时作如此回想的,这也表示了他还将这样做,不因眼下困难而动摇。接着他又想起一种理想的生活:“仰想东户时,馀粮宿中田。”“东户”,指传说中的古代帝王东户季子,据说那时民风淳朴,道不拾遗,余粮储放在田中也无人偷盗。“中田”即田中。“鼓腹无所思,朝起暮归眠。”这是说,那时候人们生活无忧无虑,人人都安居乐业。这些“仰想”,表现了作者的向往之情,他当时处于那种艰难境地作这种联想,实在也是很自然的。但是,这毕竟是空想。“既已不遇兹,且遂灌我园。”既然已经遇不上这样的时代了,还是灌我的园、耕我的田吧。这表现了作者面对现实的态度。想起“东户时”,他的情绪不免又波动起来,但他又立即回到眼前的现实,心情又平静下来了。后两句似乎还有这样的意思:丰衣足食不能凭空想,要靠自己的劳动。这就与两年后写的《庚戌岁九月中于西田获早稻》所表达的思想相一致了。

这首诗写作者“遇火”前后的生活情景和心情,很是真切,也很自然。比如遇火前后作者心情由平静到不平静,是几经波折,多种变化,但都显得入情入理,毫不给人以故作姿态之感。火灾的打击是沉重的,不能不带来情绪的反应,此诗若一味旷达,恐非合乎实际了。诗人的可贵,就是以平素的生活信念来化解灾变的

影响，以面对现实的态度坚定躬耕的决心，他终于经受住这次考验了。（汤华泉）

己酉岁九月九日　　陶渊明

靡靡秋已夕，凄凄风露交。蔓草不复荣，园木空自凋。清气澄余滓，杳然天界高。哀蝉无留响，丛雁鸣云霄。万化相寻绎，人生岂不劳？从古皆有没，念之中心焦。何以称我情？浊酒且自陶。千载非所知，聊以永今朝。

这首诗是义熙五年(409)重阳节作，前八句描写时景："靡靡秋已夕，凄凄风露交。"九月已是暮秋，凄凉的风露交相来到。"靡靡"，渐渐的意思。用这"靡靡"与下"凄凄"两个细声叠词，似乎也传出了深秋特殊的气息。这两句是概括描写，下两句写园林："蔓草不复荣，园木空自凋。"有顽强生命力的蔓草也不再生长了，园中树木也纷纷凋零，这见出秋气摧败零落的厉害，"空自"，含有无可如何之意。再两句写天空："清气澄余滓，杳然天界高。"清爽的秋气澄清了尘埃，秋空显得特别高远。所谓秋高气爽，是包含了天色和心理感受两个方面，这"杳然天界高"中就显出了目接秋空时那种新鲜感、那种精神的超旷感。最后两句写"群动"："哀蝉无留响，丛雁鸣云霄。"秋蝉的哀咽停止了，只有群雁在高空鸣叫。这一息一鸣，把节序的变迁表现得更强烈了，那嘹唳的雁声又最能引发人的悲凉意绪。这三个层次的描写，空间的变化、感觉的变化，历历分明。

后面八句是感想。"万化相寻绎，人生岂不劳？""万化"，万物的变化。"寻绎"，连续不断。这是指上面所写的那些变化。于是自然联想到人生，人生岂不忧劳呢？正如后来欧阳修所说，"百忧感其心，万事劳其形，有动于中，必摇其精"，自然易于衰老了。(《秋声赋》)万事万物都在生生灭灭，人也如此，人的生命总有终结的一天，死生的大哀曾纠缠过每一个有理智的人，陶渊明也不例外；何况今天是重阳节，这是个吉利的日子，九月九象征长久，这就更能激起他的忧生之嗟了。所以下面他说"念之中心焦"，这个"焦"字把那无可名状的痛苦表达出来了。写到这里可以说他的心情是极不平静，但他又是个通达的人，他不会像阮籍那样作穷途之哭的，他是有控制自己情绪的精神支柱：委运任化，顺乎自然。下面他写道："何以称我情？浊酒且自陶。千载非所知，聊以永今朝。"他说，什么才叫我称心如意呢？还是喝酒吧。千年的变化不是我所能了解的，还是来歌咏(通永)今朝吧。执着于"今朝"，把握这可以把握的实在的人生，这样他就可以做到"纵浪大化中，不喜亦不惧"(《形影神》)了。这里他似乎是在"借酒浇愁"，但并不怎么勉强，重阳节的习俗就是喝酒，这个应节的举动正好作了他消解万古愁的冲剂。

陶渊明写有两首重九诗，意思差不多，写法不太一样。这首写景占有较多篇幅，写景也较细致，这是后半抒怀的出发点；另一首以感慨为主，中间只有四句写景的穿插。比较起来，这首诗要显得自然平和些。 （汤华泉）

庚戌岁九月中于西田获早稻　　陶渊明

人生归有道，衣食固其端。孰是都不营，而以求自安？开春理常业，岁功聊可观。晨出肆微勤，日入负耒还。山中饶霜露，风气亦先寒。田家岂不苦？弗获辞此难。四体诚乃疲，庶无异患干。盥濯息檐下，斗酒散襟颜。遥遥沮溺心，千载乃相关。但愿长如此，躬耕非所叹。

《庚戌岁九月中于西田获早稻》，是体现陶渊明躬耕思想的重要诗篇。“庚戌”即晋安帝义熙六年(410)，这年陶渊明四十六岁，是他弃官彭泽令归田躬耕的第六年。“西田”就是《归去来兮辞》中所说的“西畴”，大约在渊明“园田居”的西边。旧历九月中收稻，应是晚稻。题中“早稻”二字，近人丁福保《陶渊明诗笺注》说：“一本‘早’是‘旱’字。”按《礼记·内则》已载有“陆稻”，唐孔颖达疏：“陆稻者，陆地之稻也。”宋末戴侗《六书故》植物部：“稻性宜水，亦有同类而陆种者，谓之陆稻。今谓旱稻。南方自六月至九月获。北方地寒，十月乃获。”故“早稻”应作“旱稻”，“早”字当为“旱”之形误。

“人生归有道，衣食固其端。”人生的终极归依是道，衣食则是人生之前提。起笔两句，把传统文化之大义——道，与衣食并举，意义极不寻常。衣食的来源，本是农业生产。“孰是都不营，而以求自安？”怎么能够不经营耕织，而追求自己的安逸呢？在渊明，若为了获得衣食所资之俸禄，而失去独立自由之人格，他就宁肯弃官归田躬耕自资。全诗首四句之深刻意蕴，在于此。下边，便转说自己耕种收获之事。“开春理常业，岁功聊可观。”从开春就下田从事耕种，到秋天，终于有了一番还算可观的收成。言语似乎很平淡，但体味起来，其中蕴涵着的欣慰之情，是多么真实，多么淳厚。“晨出肆微勤，日入负耒还。”回顾春天耕种时节，从大清早就下田辛勤劳作，到日落后才扛着农具回家。“微勤”是谦辞，其实是十分勤苦。“日入”，看来是拈用了《击壤歌》“吾日出而作，日入而息”之语意，这便加深了诗意蕴藏的深度。因为那两句之下是：“凿井而饮，耕田而食，帝力于我何有哉！”(见《群书治要》引《帝王世纪》,汉王充《论衡·艺增篇》已引,文字略有不同。)“山中饶霜露,风气亦先寒。”写出眼前收稻之时节,便曲曲道出稼穑之艰难。山中气候冷得早些,霜露已多。九月中,正是霜降时节呵。四十六岁的渊明,显然已感到了岁月的不饶人。以上四句,下笔若不经意,其实是写出了春种秋收、一年的辛苦。“田家岂不苦？弗获辞此难。”田家难道不苦？够苦的了。可是,我不能够推卸这稼穑之艰难。稼穑愈是艰难辛苦,愈见渊明躬耕意志之深沉坚定。渊明对于稼穑,感到义不容辞。这不仅是因为深感:“人生归有道,衣食固其端”,而且也是由于深知:“四体诚乃疲,庶无异患干。”四肢腰身诚然疲惫,但是归田自食其力,庶几可以免遭异患。“异患”,指人生本不应有的忧患,甚至祸患。魏晋以降,时代黑暗,士人生命没有保障。曹操杀孔融,司马懿杀何晏,司马昭杀嵇康,以及陆机、陆云之惨遭杀害,皆是著例。当时柄政者刘裕,比起曹操、司马,更加残忍。所谓异患,首先即指这种旦夕莫测的横祸。再退一步说,为了五斗米而折腰,在“质性自然”的渊明看来,当然也是一种异患。在那政治黑暗、充满屠杀的时代,唯有弃官躬耕,才能免于异患。渊明不能不意识到自己是选择了一条正确的人生道路。“盥濯息檐下,斗酒散襟颜。”收稻归来,洗手浴面之后,在自家屋檐下休息,饮酒,很开心。这幅情景,在农村劳动生活过来的人,都是亲切、熟悉的。渊明是在为自由的生活,为劳动的成果而开心。“遥遥沮溺心,千载乃相关。”不过,渊明毕竟不仅是一位农民,他仍然是一位为传统文化所造就的士人。他像一位农民那样站在自家屋檐下把酒开怀,可是他的心灵却飞越千载,尚友古人。沮、溺,是春秋时代的两位隐士。《论语·微子》载:“长沮、桀溺耦而耕,孔子过之,使子路问津焉。……(桀溺)曰:‘滔滔者天下皆是也,而谁以易之？且而与其从避人之士也,岂若从避世之士哉？’耰而不辍。子路行以告,夫子怃然曰:‘鸟兽不可与同群,吾非斯人之徒与而谁与？天下有道,丘不与易也。’”从这一记载看,沮、溺之心意,乃有三点:一、滔滔者天下皆是,言时代黑暗;二、谁以易之,言无可改变;三、岂若从避世之士,言应当归隐。渊明自言与沮、溺之心遥遥会合,意即在此。所以结笔说:“但愿长如此,躬耕非所叹。”但愿长久地过这种生活,自食其力,自由自在,纵然躬耕辛苦,我也无所怨尤。渊明的意志,真可谓坚如金石。渊明的心灵,经过深沉的省思,终归于圆融宁静。

渊明此诗夹叙夹议,透过收稻之叙说,发舒躬耕之情怀。语言平淡是一如其故,意蕴则无限深远。渊明自幼爱好六经,敬仰孔子。孔子教导士人以天下有道为己任,积极入世。渊明选择了长沮、桀溺式的人生道路,这意味着与孔子发生一定的疏离。这在渊明,有一个矛盾痛苦的心态变化过程。事实上,为了最终抉择弃官归田,他曾经历了十三年的曲折反复。而此诗,则说明在归田五六年之后,他的心灵里也并不总是那么平静单纯。不过,此诗更重要的意义在于,渊明经过劳动的体验和深沉的省思,所产生的新思想。这就是:农业生产乃是衣食之源,士人尽管应以道为终极关怀,但是对于农业生产仍然义不容辞。尤其处在一个自已所无法改变的乱世,只有弃官归田躬耕自资,才能保全人格独立自由,由此,沮溺之心有其真实意义。而且,躬耕纵然辛苦,可是,乐亦自在其中。这份喜乐,是体验到自由与劳动之价值的双重喜乐。渊明的这些思想见识,在晚周之后的文化史和诗歌史上,乃是稀有的和新异的。诗中所耀动的思想光彩,对人生意义的坚实体认,正是此诗极可宝贵的价值之所在。　(邓小军)

饮酒二十首并序(其一)　陶渊明

余闲居寡欢,兼比夜已长,偶有名酒,无夕不饮。顾影独尽,忽焉复醉。既醉之后,辄题数句自娱。纸墨遂多,辞无诠次。聊命故人书之,以为欢笑尔。

衰荣无定在,彼此更共之。
邵生瓜田中,宁似东陵时!
寒暑有代谢,人道每如兹。
达人解其会,逝将不复疑。
忽与一觞酒,日夕欢相持。

《饮酒诗二十首》是陶渊明的重要代表作。旧说多认为作于晋安帝义熙十二(416)、三年间,王瑶定为义熙十三年(见所编注《陶渊明集》),可从。按据原诗第十九首说:“是时向立年,志意多所耻。遂尽介然分,终死归田里。冉冉星气流,亭亭复一纪。”“终死归田”指渊明义熙元年(405)辞彭泽令归隐,再经一纪(即十二年),正好是义熙十三年,时作者五十三岁。或据第十六首“行行向不惑(四十岁称为不惑之年),淹留遂无成”,并将第十九首的“终死归田”解为渊明二十九岁辞去州祭酒职归家,当时他行将而立之年(三十岁),再加一纪为作诗之年,因而认为此诗当是义熙元年或二年作者四十一二岁时作。实则“行行”句系回忆过去情事,并非写作此诗之年,而渊明辞去州祭酒职以后,又曾几次出仕,也与“终死归田”不合,也就是说,“是时向立年”同“终死归田里”讲的不是一回事。此诗写作时,正是晋宋易代之际,故前人称这一组诗为“感遇诗”(见明钟惺、谭元春评选《古诗归》载谭元春语),充满了对时势和作者身世的感慨。

序文说明作诗缘起，旷达中透出悲凉，文笔绝佳。“比”，近来。“比夜”一作“秋夜”。“顾影”，望着自己的身影。“顾影独尽”即作者《杂诗》“挥杯对孤影”之意。“辞无诠次”是说言辞没有选择、次序，意谓率意成篇，是不经意之作。据诗序“比夜已长”，“既醉之后，辄题数句自娱”，这一组诗当是同一年秋夜陆续所作。各首在写作的当时，虽然只是根据彼时的感触，直抒胸臆，并无预先的规划，但在最后编排时，却照顾到了前后的联系，全组的结构，相当谨严。组诗虽然只有九篇直接写到酒，但所有各篇都是酒醉后的感想，故总题为《饮酒》。饮酒是为了排遣胸中的郁闷，酒后作诗是在书慨。梁昭明太子萧纲说：“有疑陶渊明之诗，篇篇有酒，吾观其意不在酒，亦寄酒为迹也。”(《陶渊明集序》)清人方东树也说它“亦是杂诗，……借饮酒为题耳，非咏饮酒也。阮公(阮籍)《咏怀》，杜公(杜甫)《秦川杂诗》，退之(韩愈)《秋怀》，皆同此例，即所谓遣兴也”(《昭昧詹言》)，所论极确。

“衰荣无定在”为原诗第一首，写衰荣无定，世事不常，应当达观处之，饮酒自娱。这是整个组诗的总纲。

开头两句就提出一个富有哲理的问题。“衰荣”犹言盛衰。“荣”本意为草木的花，引申为繁盛之意。“彼此”即指上句的衰、荣。宇宙万物，社会人事，莫不有衰有荣，衰荣二者，紧密相连：有荣必有衰，有衰必有荣；没有永远的、一成不变的衰，也没有永远的、一成不变的荣。诗中衰荣并提，重点则在由荣变衰。下文紧接着即引人事申论之。

据《史记・萧相国世家》记载：秦东陵侯召(邵)平，秦亡后沦为平民，家贫，在西汉京城长安(今陕西西安)城东种瓜，瓜美，时人称为“东陵瓜”。诗中的邵生，即指召平(召、邵古代本为一姓)。当邵平在瓜田辛勤种瓜时，同他在秦代为侯的朱门甲第，高车驷马，钟鸣鼎食，奴婢如云的富贵荣华、声势显赫比较起来，何止天壤之别！“宁”，岂、难道。用反诘表示否定，可以使语气更加强烈，更能加强感叹的意味。邵生之不能长久富贵，犹草木之不能长荣不枯。邵生如此，类似邵生的公侯将相，不知有多少；进而言之，王朝的兴衰，不知搬演了几多回。作者写此诗时，东晋王朝经过司马道子乱政、孙恩之乱、桓玄篡逆，已经摇摇欲坠，此诗写作后不久，刘裕即代晋自立。就作者本人而言，他的曾祖父陶侃曾做过晋的大司马，祖父、父亲也做过太守、县令一样的官，但到他这一代，家世已经衰落。所以这两句虽然写的是史事，实际蕴含着对时势和自身身世的感叹。不过，作者既不是在惋惜晋室的衰败，更不是在眷恋先世的富贵，因为前此不久他便主动辞去了彭泽令，当义熙末年朝廷征召他为著作佐郎，也被他辞掉。如果说有愤懑的话,那就是愤懑在当时政治极端黑暗、门阀制度极度森严的情况下,自己早年立下的"大济于苍生"(《感士不遇赋》)、希望建立一个"春蚕收长丝,秋熟靡王税"(《桃花源诗》)的美好社会的愿望,再也不可能实现了。

然而,"寒暑有代谢,人道每如兹",社会人事的盛衰变化,就像寒暑相互更替一样,是不可改变的客观规律。通达事理的人知道这个道理,就能不为这种变化而惊恐,也不为自己的得失穷达而系心,日夕欢饮,怡然自适。这同作者《归去来兮辞》"聊乘化以归尽,乐夫天命复奚疑"的意思差不多。"寒暑"两句既是总结上文,是由上面四句得出的结论,而这个结论本身,又是一个寓有哲理的比喻。这个比喻同开头"衰荣"两句意思相近,作用一样(都讲社会人事变迁),但前者为直述,后者为比喻,表达方式并不相同,它们分别放在邵生这个历史人物的例证前后,通过这样反复咏叹,加重加深表达了主题,增强了诗的感染力。"解其会"的"会"本义为会集,即指上文所讲的道理。"逝"通"誓",是表示决心之词。"忽"与序中的"忽然"义近,含有随意的意思,是说随意地携着一壶酒,想喝就随便喝几杯。"欢相持"写饮酒时的欢愉,但从上文的感慨和此题其他各首多感事伤时的内容看来,实际是借酒排遣,并非真的整日飘飘然。

用精当的比喻,揭示出深刻的哲理,又引典型的历史人物论证之,不仅增强了作品的感人力量,还避免了内容的平板枯燥。所以虽然此诗几乎全是议论,读来却耐人咀嚼寻味。

(王思宇)

饮酒二十首(其四)　　陶渊明

栖栖失群鸟,日暮犹独飞。
徘徊无定止,夜夜声转悲。
厉响思清远,去来何依依。
因值孤生松,敛翮遥来归。
劲风无荣木,此荫独不衰。
托身已得所,千载不相违。

本诗通篇用了比喻的手法,以鸟的失群离所至托身孤松来暗喻自己从误落尘网到归隐田居的过程,由此表明了自己对现实的不满与对远离尘嚣的田园生活的歌颂。

诗的前六句极言失群之鸟的茕独与徬徨。黄昏时分,一只离群的鸟还在独自飞翔,它形单影只,栖栖惶惶,疑惧不安地在天际徘徊,始终找不到可以栖止休息的地方,日复一日,夜复一夜,它的啼声也越来越悲凉感伤。在它那凄厉的叫声中可以听到思慕清深高远之地的理想,它飞来飞去却无处可依。这里的飞鸟显然象征着诗人自己前半生的栖栖惶惶。渊明自二十九岁开始,断断续续地做过江州祭酒、镇军参军、建威参军这类小官,四十一岁时又做了八十五天的彭泽令,由于他“不能为五斗米折腰向乡里小人”而解绶弃职。诗人的这些生活经历便是本诗前半所暗示的事实。

此诗的后半写鸟之得栖身之所,矢志不再离去。它遇到一株孤生的松树,于是收起翅膀,从辽远的地方来此栖息,言外之意便是说自己找到了一个理想的归隐之处。“劲风”二句却宕开一笔,由写鸟而带出写松。在强劲的暴风下本不会有茂盛的树林,唯独孤松的浓荫却永不衰败,这两句分明指乱世之中本没有可安居乐业的地方,只有隐居田园才可栖身,并对田园生活表示了强烈的兴趣。于是最后两句诗人借栖鸟之口感叹道:我有了如此理想的托身之所,我将永远固守,不再离去了。这里诗人以孤松比喻自己的归隐之所是不无道理的,渊明对于松树有一种特殊的感情,就像他对待菊花一样,如《饮酒》的第八首就歌颂了孤松,其中有这样的句子:“青松在东园,众草没其姿。凝霜殄异类,卓然见高枝。”可见他对于松树卓然傲霜的品格给予了极高的赞赏。而且可知他居处的东园大概确有一株挺拔的松树,因而他的《归去来兮辞》中也说:“三径就荒,松菊犹存。”又说:“景翳翳以将入,抚孤松而盘桓。”可见这里的“孤生松”既是象征,也有写实的意义。当然,松树的高洁坚贞与渊明人格的孤傲正直本身就有着某种共通之处。这六句中诗人表示了对田园生活的依恋和热爱,如在同一组诗的后一首“结庐在人境”中,就充分表现了他的这种感情,以为这是远离尘嚣的最佳途径,故愿千载长守,永不分离。

此诗全用比体,继承了我国自《诗经》以来的比兴创作手法,如《诗经》中的《魏风·硕鼠》和《豳风·鸱鸮》就是全用比体的作品,楚辞中的《橘颂》也是如此。陶渊明就是接受了《诗经》、《楚辞》的传统,他以孤鸟自喻,形象地描绘了自己从尘世的羁绊中解脱出来,较之直接的陈述更加耐人寻味,意蕴深长。他另有《归鸟》四言诗一组,也抒发了相类似的感情,如其中之一说:“翼翼归鸟,晨去于林,远之八表,近憩云岑。和风不洽,翻翮求心,顾俦相鸣,景庇清阴。”也寄寓了诗人倦而知返的经历。这种借鸟的归栖来象征诗人自己由出仕到归隐的说法在渊明的其他作品中也不少,如《归园田居五首》中的“羁鸟恋旧林,池鱼思故渊”。《归去来兮辞》中说“云无心以出岫,鸟倦飞而知还”,都以归鸟喻自己的回归田园。此诗以通首比喻的方法,启导了后代以鸟喻人的无数诗作,如鲍照的《赠傅都曹别》、韩愈的《鸣雁》、杜牧的《早雁》等都是全篇以雁为比,与渊明此诗的创作手法一脉相承。

这首诗在写作上的另一个特点就是采用了强烈的对照手法,诗的前六句极言孤鸟的失意,鸟既失群,自然栖惶不安,加之在暮色苍茫中独自飞翔,令人倍感凄凉。再说它徘徊无定,是目之所见;续说它鸣声转悲,是耳之所闻,最后又从其鸣声而推测其心之所思,层叠写来,将孤鸟无地可容的窘迫处境写得淋漓尽致。然"因值孤生松"以下陡然折回,敛归息荫,自然有无限乐趣,更何况在举世无繁荣之木的情况下,得一挺拔劲直、浓荫铺地之青松作为栖息之地,自为理想的乐土,故欲托身于此,千载不离。下六句写鸟的得其所哉也极尽其能事。然唯有在前半极言失意的基础上,才更深刻地感到后半所写境遇的可贵,前后构成了强烈的对照,令诗意更加鲜明,这便是诗歌创作中比照的妙用,相反相成,达到更为感人的效果。

至于前人解释此诗的寓意时往往以为渊明在此不仅表示了甘愿隐退,绝意出仕刘宋的高尚气节,而且也有意地讽刺了殷景仁、颜延之等出仕新朝的士人,其根据主要在"劲风无荣木"诸句。然细味全诗,其旨趣在于以鸟自况,"劲风"云云固然隐喻时世乱离,然未必确有所指。读以比体所写之诗最忌过分穿凿附会,这又是我们在诗歌鉴赏中宜加注意的。 (王镇远)

饮酒二十首(其五) 陶渊明

结庐在人境,而无车马喧。
问君何能尔,心远地自偏。
采菊东篱下,悠然见南山。
山气日夕佳,飞鸟相与还。
此中有真意,欲辨已忘言。

大致在魏晋以前,以儒家学说为核心,中国人一直相信人类和自然界都处于有意志的"天"的支配下。这一种外于而又高于人的个体生命的权威,在东汉末开始遭到强烈的怀疑。于是就迎来了个性觉醒的时代;在文学创作中,相应地有了所谓"人的主题"的兴起。但个性觉醒,既是旧的困境与背谬的结束,又是新的困境与背谬的发现与开始。首先,也是最基本的,就是有限的个体生命与永恒的宇宙的对立。诗人们不断发出哀伤的感叹:"人生天地间,忽如远行客"(《古诗十九首》);"自顾非金石,咄唶令人悲"(曹植《赠白马王彪》);"人生若尘露,天道邈悠悠”(阮籍《咏怀诗》)。人们在自然中感受到的,是无限存在对有限人生的压迫。

但是,即使说困境与背谬注定要伴随人类的全部进程(这是一个存在主义的观念),在不同的阶段上,人还是要寻找不同的解脱方式。哪怕是理念上的或者是诗意上的,人也要发现一种完美的生命形态。所以到东晋末,在玄学的背景中,陶渊明的诗开始表现一种新的人生观与自然观。这就是反对用对立的态度看待人与自然的关系,而是相反地强调人与自然的一体性,追求人与自然的和谐。这在他的《饮酒》之五中,表现得最为充分而优美。凭着它那浅显的语言、精微的结构、高远的意境、深蕴的哲理,这首诗几乎成了中国诗史上最为人们熟知的一篇。

全诗的宗旨是归复自然。而归复自然的第一步,是对世俗价值观的否定。自古及今,权力、地位、财富、荣誉,大抵是人们所追求的基本对象,也便是社会所公认的价值尺度。尽管庄子早就说过,这一切都是“宾”,即精神主体的对立面(用现代语汇说,就是“异化”),但对绝大多数人来说,终究无法摆脱。而陶渊明似乎不同些。他当时刚刚从官场中退隐,深知为了得到这一切,人们必须如何钻营取巧、装腔作势,恬不知耻地丢去一切尊严。他发誓要扔下这些“宾”位的东西,回到人的“真”性上来。

于是有了这首诗的前四句。开头说,自己的住所虽然建造在人来人往的环境中,却听不到车马的喧闹。“车马喧”,意味着上层人士之间的交往,所谓“冠带自相索”。因为陶渊明喜欢诉穷而人们又常常忘记贵胄之家的“穷”与平民的“穷”全不是一回事,这两句诗的意味就被忽视了。实在,陶家是东晋开国元勋陶侃的后代,是寻阳最有势力的一族。所以,尽管陶渊明这一支已呈衰落,冷寂到门无车马终究是不寻常的。所以紧接着有一问:你如何能做到这样?而后有答,自然地归结到前四句的核心——“心远地自偏”。“远”是玄学中最常用的概念,指超脱于世俗利害的、淡然而全足的精神状态。此处的“心远”便是对那争名夺利的世界取隔离与冷漠的态度,自然也就疏远了奔逐于俗世的车马客,所居之处由此而变得僻静了。进一步说,“车马喧”不仅是实在的事物,也是象征。它代表着整个为权位、名利翻腾不休的官僚社会。

这四句平易得如同口语,其实结构非常严密。第一句平平道出,第二句转折,第三句承上发问,第四句回答作结。高明在这种结构毫无生硬的人为痕迹,读者的思路不知不觉被作者引导到第四句上去了。难怪连造语峻峭的王安石也大发感慨:自有诗人以来,无此四句!

排斥了社会公认的价值尺度,作者在什么地方建立人生的基点呢?这就牵涉到陶渊明的哲学思想。这种哲学可以称为“自然哲学”,它既包含自耕自食、俭朴寡欲的生活方式,又深化为人的生命与自然的统一和谐。在陶渊明看来,人不仅是在社会、在人与人的关系中存在的,而且,甚至更重要的,每一个个体生命作为独立的精神主体,都直接面对整个自然和宇宙而存在。从本源上说,人的生命原来是自然的一部分,是“大化”迁变的表现,只是人们把自己从自然中分离出来,投入到毫无真实价值的权位和名利的竞逐中,以至丧失了真性,使得生命充满焦虑和矛盾。所以,完美的生命形态,只有归复自然,才能求得。

这些道理,如果直接写出来,诗就变成论文了。所以作者只是把哲理寄寓在形象之中。诗人(题名叫《饮酒》,自然是一位微醺的、飘飘然忘乎形骸的诗人)在自己的庭园中随意地采摘菊花,偶然间抬起头来,目光恰与南山(即陶之居所南面的庐山)相会。“悠然见南山”,按古汉语法则,既可解为“悠然地见到南山”,亦可解为“见到悠然的南山”。所以,这“悠然”不仅属于人,也属于山。人闲逸而自在,山静穆而高远。在那一刻,似乎有共同的旋律从人心和山峰中一起奏出,融为一支轻盈的乐曲。

另一种版本,“见南山”的“见”字作“望”。最崇拜陶渊明的苏东坡批评说:如果是“望”字,这诗就变得兴味索然了。东坡先生非常聪明,也很懂得喝酒的妙处,他的话说得不错。为什么不能作“望”?因为“望”是有意识的注视,缺乏“悠然”的情味。还可以深一步说:在陶渊明的哲学观中,自然是自在自足无外求的存在,所以才能具足而自由;人生之所以有缺损,全在于人有着外在的追求。外在的追求,必然带来得之惊、失之忧,根本上破坏了生命的和谐。所以,在这表现人与自然一体性的形象中,只能用意无所属的“见”,而不能用目有定视的“望”。

见南山何物?日暮的岚气,若有若无,浮绕于峰际;成群的鸟儿,结伴而飞,归向山林。这一切当然是很美的。但这也不是单纯的景物描写。在陶渊明的诗文中,我们常可以看到类似的句子:“云无心以出岫,鸟倦飞而知还”(《归去来兮辞》);“卉木繁荣,和风清穆”(《劝农》)等等,不胜枚举。这都是表现自然的运动,因其无意志目的、无外求,所以平静、充实、完美。人既然是自然的一部分,也应该具有自然的本性,在整个自然运动中完成其个体生命。这就是人与自然的和谐统一。

最后二句,是全诗的总结:在这里可以领悟到生命的真谛,可是刚要把它说出来,却已经找不到合适的语言。实际的意思,是说这一种真谛,乃是生命的活泼泼的感受,逻辑的语言不足以体现它的微妙与整体性。后世禅家的味道,在这里已经显露端倪了。

在诗的结构上，这二句非常重要。它提示了全诗的形象所要表达的深层意义，同时把读者的思路引回到形象，去体悟，去咀嚼。

这首诗，尤其是诗中“采菊东篱下，悠然见南山”二句，历来被评为“静穆”、“淡远”，得到很高的称誉。然而简单地以这种美学境界来概括陶渊明的全部创作，又是偏颇的。因为事实上，陶渊明诗文中，表现焦虑乃至愤激的情绪，还是很多，其浓烈几乎超过同时代所有的诗人。但也正因为焦虑，他才寻求静穆。正像我在开头就说的，这是在新的困境与背谬中所寻得的理念和诗意上的完美的生命形态。也许，我们能够在某个时刻，实际体验它所传达的美感，进入一个纯然平和的、忘却人生所有困扰的状态，但这绝不可能成为任何人(包括陶渊明)的全部人生。

(骆玉明)

饮酒二十首(其七)　　陶渊明

秋菊有佳色，裛露掇其英。①
泛此忘忧物，远我遗世情。
一觞虽独尽，杯尽壶自倾。
日入群动息，归鸟趋林鸣。
啸傲东轩下，聊复得此生。

〔注〕 ① 裛(yì)：通浥。

此诗写对菊饮酒的悠然自得，实际蕴藏着深沉的感伤。

秋天是菊花的季节。在百花早已凋谢的秋日，唯独菊花不畏严霜，粲然独放，表现出坚贞高洁的品格。唯其如此，作者非常爱菊，诗中屡次写到，而且常常把它同松联系在一起，如《和郭主簿》：“芳菊开林耀，青松冠岩列。怀此贞秀姿，卓为霜下杰。”《归去来兮辞》：“三径就荒，松菊犹存。”此诗首句“秋菊有佳色”，亦是对菊的倾心赞美。“有佳色”三字极朴素，“佳”字还暗点出众芳凋零，唯菊有傲霜之色，如果换成其他秾丽字眼，比如“丽”、“粲”、“绚”之类，反倒恶俗不堪。前人称此句“洗尽古今尘俗气”(宋李公焕《笺注陶渊明集》引艮斋语)，并非虚誉。“裛”，沾湿。“掇”，拾取。“英”即花。“裛露掇其英”，带露摘花，色香俱佳。采菊是为了服食，菊可延年益寿。作者《九日闲居》就有“酒能祛百虑，菊解制颓龄”之句。曹丕《与钟繇九日送菊书》云：“辅体延年，莫斯(指菊)之贵。谨奉一束，以助彭祖之术。”可见服食菊花，是六朝的风气。屈原《离骚》说：“朝饮木兰之坠露兮，夕餐秋菊之落英。”故服食菊花不仅在强身，还有志趣高洁的喻意，而通篇之高远寓意,亦皆由菊引发。

秋菊佳色,助人酒兴,作者不觉一杯接着一杯,独自饮起酒来。“泛”这里是纵情饮酒的意思。“忘忧物”指酒。《诗经·邶风·柏舟》“微我无酒,以遨以游”,毛《传》:“非我无酒可以遨游忘忧也。”又曹操《短歌行》:“何以解忧,惟有杜康。”(相传杜康是开始造酒的人,这里用作酒的代称。)如果心中无忧,就不会想到“忘忧”,这里透出了作者胸中的郁愤之情。“遗世”,遗弃、超脱俗世,主要是指不去做官。明黄文焕《陶诗析义》说:“遗世之情,我原自远,对酒对菊,又加远一倍矣。”分析甚确。不过,结合“忘忧”看,这里的“遗世”,也含有愤激的成分。因为渊明本来很想做一番“大济于苍生”(《感士不遇赋》)的事业,只是后来在官场中亲眼看到当时政治黑暗,这才决计归隐的。

后面六句具体叙写饮酒的乐趣和感想,描绘出一个宁静美好的境界,是对“遗世情”的形象写照。这里写的是独醉。他既没有孔融“坐上客常满,尊中酒不空”(《后汉书·郑孔荀列传》载孔融语)那样的豪华气派,也不像竹林名士那样“纵酒昏酣”,而是一个人对菊自酌。独饮本来容易使人感到寂寞,但五、六两句各着一“虽”字、“自”字,就洗去孤寂冷落之感,“自”字显得那壶儿似也颇解人意,为诗人手中的酒杯殷勤地添注不已。“倾”字不仅指向杯中斟酒,还有酒壶倾尽之意,见出他自酌的时间之长,兴致之高,饮酒之多。所以从这两句到“日入”两句,不仅描写的方面不同,还包含着时间的推移。随着饮酒增多,作者的感触也多了起来。

再下二句,“群动”泛指各种动物,“息”是止息。“日入群动息”是总论,“归鸟趋林鸣”是于群动中特取一物以证之;也可以说,因见归鸟趋林,所以悟出日入之时正是群动止息之际。“趋”是动态,“鸣”是声音,但唯有在特别空旷静寂的环境中,才能更加显出飞鸟趋林,更加清晰地听到鸟儿的声音,这是以动写静、以声写寂的表现手法。而环境的宁静优美,又衬托出作者的闲适心情。这二句是写景,同时也是渊明此时志趣的寄托。渊明诗中写到鸟的很多,尤其归隐以后,常常借归鸟寓意。除此诗外,他如“翼翼归鸟,相林徘徊。岂思天路,欣及归栖”(《归鸟》其三),“翼翼归鸟,戢羽寒条。……矰缴奚施,已卷(倦)安劳”(《归鸟》其四),“羁鸟恋旧林,池鱼思故渊”(《归园田居》),还有“云无心而出岫,鸟倦飞而知还”(《归去来辞》),“山气日夕佳,飞鸟相与还”(《饮酒》其五),“众鸟欣有托,吾亦爱吾庐”(《读山海经》),等等。这些诗中的归鸟,都是作者的艺术化身。趋林之鸟本来是无意中所见,但它却唤起了作者的感慨深思:“群动”皆有止息之时,飞鸟日落犹知还巢,人生何独不然?鸟儿始飞终归的过程,正好像是作者由出仕到归隐的生活历程。这里既是兴,也是比,又是即目写景,三者浑然一体,使人不觉,表现手法非常高妙。

末尾写所以归隐之故,表达了隐居终身的决心。“啸”是撮口发出长而清越的声音,是古人抒发感情的一种方式。“啸傲”谓歌咏自得,无拘无束。《饮酒》第五首有“采菊东篱下,悠然见南山”,知东轩即在此东篱内,东篱之下种有菊花。对菊饮酒,啸歌采菊,自是人生之至乐。“得此生”是说不为外物所役使,按着自己的心意自由地生活,也就是东坡所说的“靖节以无事自适为得此生,则凡役于物者,非失此生耶?”(《东坡题跋·题渊明诗》)“得此生”和“失此生”实指归隐和做官。啸傲东轩,是隐居悠闲之乐的形象描绘,它是赞美,是庆幸,也是意愿。然而,“聊复”(姑且算是)一词,又给这一切罩上了一层无可奈何的色彩,它上承“忘忧”、“遗世”,仍然表现出壮志难酬的憾恨,并非一味悠然陶然。

清人吴淇曾将此诗同这组诗的第五首(“结庐在人境”)加以比较,认为“上章(即“结庐”一首)写自得中带不得有为之意,此章写不得有为带自得之意”(《六朝选诗定论》),所论极精辟。正是“不得有为”同“自得”的矛盾,使得此诗旷达和感伤这两种感情水乳交融,并存于同一诗句中。这个特点不仅大大扩展了诗的内涵,使之更加含蓄蕴藉,还使作品带上浓厚的抒情气氛,而这正是陶诗“质而实绮,癯而实腴”(苏轼《与苏辙书》)的具体表现。　(王思宇)

饮酒二十首(其八)　　陶渊明

青松在东园,众草没其姿。
凝霜殄异类,卓然见高枝。
连林人不觉,独树众乃奇。
提壶挂寒柯,远望时复为。
吾生梦幻间,何事绁尘羁。

“岁寒,然后知松柏之后凋也。”(《论语·子罕》)经过孔子的这一指点,松柏之美,便象征着一种高尚的人格,而成为中国文化之一集体意识。中国诗歌亦多赞叹松柏之名篇佳作。尽管如此,陶渊明所写《饮酒》第八首“青松在东园”,仍然是极有特色。

“青松在东园,众草没其姿。”青松之姿,挺秀而美。生在东园,却为众草所掩没。可见众草之深,其势莽莽。青松之孤独,也不言而喻。“凝霜殄异类,卓然见高枝。”殄者,灭绝也。异类,指众草,相对于青松而言。枝者,谓枝干。岁寒,严霜降临,众草凋零。于是,青松挺拔之英姿,常青之秀色,乃卓然出现于世。当春夏和暖之时节,那众草何尝不也是青青之色?而况草势甚深,所以能一时掩没青松。可惜,众草究竟经受不起严霜之摧残,终于是凋零了。"连林人不觉,独树众乃奇。"倘若青松多了,蔚然连成松林,那么,它的与众不同,便难以给人以强烈印象。只是由于一株青松卓然独立于天地之间,人们这才为之诧异了。以上六句,构成全诗之大半幅,纯然出之以比兴。正如吴瞻泰《陶诗汇注》所说,是"借孤松为己写照"。青松象征自己坚贞不渝之人格,众草喻指一班无品无节之士流,凝霜则是譬比当时严峻恶劣之政治气候,皆容易领会。唯"连林人不觉,独树众乃奇"两句,意蕴深刻,最是吃紧,应细心体会。一株卓然挺秀之青松,诚然令人惊诧。而其之所以特异,乃在于众草不能有青松之品质。倘园中皆是青松,此一株自不足为奇了。一位人格高尚之士人,自亦与众不同。其实,这也是由于一班士人自己未能挺立人格。若士流能如高士,或者说人格高尚蔚然而为一代士风,则高士亦并非与众不同。依中国文化传统,"我欲仁,斯仁至矣"(《论语·述而》)——人人都具备着挺立人格的内在因素。"人皆可以为尧舜"(《孟子·告子下》)——人人都可以挺立起自己的主体人格。可惜士人往往陷溺于私欲,又如何能"卓然见高枝"呢?正如朱熹所说:"晋宋人物,虽曰尚清高,然个个要官职,这边一面清谈,那边一面招权纳货。陶渊明真个能不要,此所以高于晋宋人物。"(陶澍集注《靖节先生集》附录引)渊明少无适俗韵,晚抱固穷节,自比青松,当之无愧。最后四句,直接写出自己。"提壶挂寒柯,远望时复为。"寒柯,承上文"凝霜"而来。下句,陶澍注:"此倒句,言时复为远望也。"说得是。渊明心里爱这东园青松,便将酒壶挂在松枝之上,饮酒、流连于松树之下(本题是《饮酒》)。即使不到园中,亦时常从远处来瞻望青松之姿。挂壶寒柯,这是何等亲切。远望松姿,正是一往深情。渊明之心灵,分明是常常从青松之卓然高节,汲取着一种精神上的滋养。庄子讲的"与物有宜","与物为春","独与天地精神往来"(分别见《庄子》的《大宗师》、《德充符》、《天下》篇),正是此意。"吾生梦幻间,何事绁尘羁。"结笔两句,来得有点突兀,似与上文无甚关系,实则深有关系。梦幻,喻人生之短暂,翻见得生命之可珍惜。绁者,捆缚也。尘羁即尘网,谓尘世犹如罗网,指的是仕途。生命如此有限,弥可珍惜,又何必把自己束缚在尘网中,失掉独立自由之人格呢?这种坚贞高洁的人格,正有如青松。这才是真正的主体品格。

渊明此诗之精神境界与艺术造诣,可以喻之为一完璧。上半幅纯用比兴,赞美青松之高姿。下半幅纵笔用赋,发舒对于青松之知赏,以及珍惜自己人格之情怀。全幅诗篇浑然一体,实为渊明整幅人格之写照。全诗句句可圈可点,可谓韵外之致味之而无极。尤其“连林人不觉,独树众乃奇”二句,启示着人人挺立起高尚的人格,则高尚的人格并非与众不同,意味深远,极可珍视。《诗·小雅·裳裳者华》云:“唯其有之,是以似之。”只因渊明坚贞高洁之人格,与青松岁寒不凋之品格,特征相似,所以此诗借青松为自己写照,境界之高,乃是出自天然。(邓小军)

饮酒二十首(其九) 陶渊明

清晨闻叩门,倒裳往自开。问子为谁欤,田父有好怀。壶浆远见候,疑我与时乖:“褴缕茅檐下,未足为高栖。一世皆尚同,愿君汩其泥。”“深感父老言,禀气寡所谐。纡辔诚可学,违己讵非迷!且共欢此饮,吾驾不可回。”

《饮酒》组诗第九首“清晨闻叩门”,是一篇假设问答以表示诗人坚持隐居避世、拒绝仕宦决心的诗作。这首诗历来受到人们的重视,它使人们能更清楚地了解陶渊明归隐后的生活,以及他对“仕”与“隐”的认识和思索。

诗以清晨的叩门声发端,全篇皆在自然而融洽的气氛中。清早,诗人就听见有人敲门,他急忙起身,连衣服也顾不得穿好,便赶去开门。“倒裳”,用《诗经·齐风》“东方未明,颠倒衣裳”之意,风趣地写出诗人一早急起迎客的匆忙情形。“问子为谁欤?田父有好怀”,问一声来者是谁?原来是一位老农前来问候。“壶浆远见候,疑我与时乖”,此两句是诗人以转述的口气说出田父的来意:他提着酒壶远道来探望,为的是怀疑我与时世相违背。紧接四句便记下田父的劝说之辞。这位田父的意思也并非是赞同当时的社会风气,只觉得诗人如此衣衫破敝、居住在低矮的茅屋中,未免太委屈,实在不是高士隐居之地。“褴缕”,同“襤褸”。“尚同”,主张同流合污的意思。“汩其泥”,语出《楚辞·渔父》:“圣人不凝滞于物,而能与世推移;世人皆浊,何不淈其泥而扬其波?”意谓姑且与世人同浮沉,不要独清。再下六句,则是诗人对田父的回答,亦可视作作者的自勉之辞:我深深地感谢老人家的善意劝告,但是自己的禀性、气质不能与世俗相谐洽;揽辔回车、再入仕途,诚然可以跟着人家学,可违背了自己的意愿和初衷,岂不是太糊涂了吗?咱们暂且快乐地喝酒吧,我的车是不能回转的!语气虽然谦恭而委婉,但是所表示的不愿与世俗同流合污、决心走隐逸之路的态度,又是何等坚决!“吾驾不可回”,这正是诗人最后的誓言!

从诗的艺术构思来看,全篇设为问答,与《楚辞·渔父》篇有着相近之处。而且非特形似,神亦似之。从诗的内容来看,屈子“举世皆浊我独清”的刚正之气,亦正为诗人所继承和发扬。陶渊明虽未像屈子那样“颜色憔悴,形容枯槁”,但从田父所言的“褴褛茅檐”看,他的生活也是极其简陋的。所以他的宁守贫贱、绝意仕进,也和屈子一样是难能可贵的。此外,诗人将日常生活中的琐细之事,如开门迎客,对酒谈天,都写入诗中,而且又写得亲切自然,丰腴有味,纯朴动人,这也是作品的高妙之处。全篇看似舒缓,却于表面散漫的行文中,处处蕴含着不流于世俗的高尚精神。

(孙绿怡)

饮酒二十首(其十三) 陶渊明

有客常同止,取舍邈异境。
一士长独醉,一夫终年醒;
醒醉还相笑,发言各不领。
规规一何愚,兀傲差若颖。
寄言酣中客,日没烛当秉。

此诗设为一夫一士,而以士自况,表达了对时事的看法和自己的生活态度。

开头六句是叙事。首句的“客”即下句的一夫和一士。“止”是止息、居住。“取舍”,趋向和舍弃,指志趣、怀抱。“邈”是远的意思。“邈异境”谓二人处于相距极远的两个不同境界。这二句是说,有两个常住在一起的人(这“人”其实是两种人的象征),他们的志趣迥然不同:一个人长年独自饮酒沉醉,一个人却不饮酒,终年都很清醒;两人你嘲笑我醉,我讥讽你醒,讲的话都不为对方所理解。这几句尽量突出这两个人志趣的根本不同——他们没有共同语言,生活方式也绝然相反,同时只作客观叙述,不带一点褒贬。这样写,是为了更好地为下文作铺垫,为下面的议论蓄势。

“长独醉”和“终年醒”都不是常人所有的情形,这不免使人产生疑问:他们何以会有这种表现?这也是题中应有之义。对此,“规规”二句用亦叙亦议的笔法,表明了作者对二者的态度,而何以醒、醉的原因以及醒和醉的真正含义,亦自然蕴含其中。“规规”是浅陋、拘泥的样子。《庄子·秋水》:“子乃规规然求之以察,索之以辩,是直用管窥天,用锥指地也,不亦小乎?”这句讲的是醒者。此人谨小慎微,随波逐流,人云亦云,亦步亦趋,没有思想,没有主见,自以为是清醒的,别人也以为他是清醒的,而在作者看来,这是十足的愚昧。“一何”义同“何其”,是强烈的否定语气,足见作者的鄙薄之甚。“兀傲”是酒后傲放自得之貌,同“规规”正好形成鲜明的对比。“差若颖”意谓较为聪明。“差”是略微之意。这句讲的是醉者。在作者看来,醉者可以超脱世俗,不问时事,所以他是聪明的、可取的。这本身就是对现存的秩序、舆论、政治等等的否定。而这正是醉者的用心,所谓醉者,其实是真正的醒者。正因为醒者愚而醉者颖,只有醉时才是醒时,所以作者传语醉者,希望他不但白日饮酒,夜里还应点上蜡烛,继续酣饮;要他时时刻刻都在醉中,因为只有这样才能时时刻刻都保持清醒。清人邱嘉穗云:“陶公自以人醉我醒,正其热心厌观世事而然耳。要之,醒非真醒而实愚,醉非真醉而实颖。”(《东山草堂陶诗笺》)马墣云:渊明“以醉者为得,诚见世事之不足问,不足校论,惟当以昏昏处之耳。”(《陶诗本义》)这些分析都是极为中肯的。

醒者实际就是世俗庸人的代表,醉者则是作者的自我写照。作者写作此诗时,正当晋宋易代的前夜,是我国历史上最黑暗、最动乱的时期之一。这个时期,政治腐败到了无以复加的地步;大小军阀为了争夺权力,互相攻杀,兵祸连年不绝。作者既无力改变现实,又不愿同流合污,早年的壮志已经根本没有实现的可能了。作者在《杂诗》中说:“日月掷人去,有志不获骋。感此怀悲凄,终晓不能静。”这同后来杜甫的“穷年忧黎元,叹息肠内热”(《自京赴奉先县咏怀五百字》),实质上并没什么不同,作者的心情是非常痛苦的。醉酒不过是对现实已经绝望的一种表现,同时也是借以排遣苦闷和洁身避祸的一种手段,包含着伤时感事的深刻内容。这使我们想起了当魏晋之际,钟会屡以时事问阮籍,欲因其可否而加之罪,阮籍均以酣醉得免的故事。(见《晋书·阮籍列传》)《饮酒》第二十首末尾的“但恨多谬误,君当恕罪人”与阮籍的“口不臧否人物”,用意正复相同。这里固然有逃避现实的消极的一面,但保持自己高洁的节操,不同丑恶的统治阶级合作,却是具有进步意义的。

这是一首构思别致的感怀诗。笔调旷放,感情却极沉痛,冷峻之中包裹着一颗火热的心。清人施补华说:“陶公(指渊明)诗,一往真气,自胸中流出,字字淡雅,字字沉痛,盖系心君国,不异《离骚》,特变其面目耳。”(《岘傭说诗》)渊明无意于做某一姓的忠臣,“君国”云云,是不确的;但看到陶诗同《离骚》有相通之处,同样是处处渗透着沉痛的感情,确实是极有见地的。屈原借香草美人以抒忠愤,渊明借饮酒以寄悲慨,都是为理想不能实现而悲哀。渊明在《自祭文》中直言“人生实难,死如之何?”足见“长独醉”的渊明同行吟泽畔的屈子一样,也是一个伤心人。而这首诗,则是这种“伤心”在另一手法上的体现。 (王思宇)

饮 酒 二 十 首(其十四)

陶渊明

故人赏我趣,挈壶相与至。

班荆坐松下,数斟已复醉。
父老杂乱言,觞酌失行次。
不觉知有我,安知物为贵。
悠悠迷所留,酒中有深味!

东晋以来,玄风大炽,一般文士都喜欢在诗文中说理。然而,他们的作品大多"平典似道德论",颇遭后人訾议。唯有陶渊明却因其诗理趣盎然,情味深隽,大得后人推崇。同样是以诗说理,何以后世褒贬如此不同?其根本原因在于陶渊明与东晋士大夫们所追求的"理"各自不同,表达"理"的方式也各异。东晋士族文人言空蹈虚,侈谈玄理,以此为精神寄托,撷取老庄陈言为篇,理赘于辞,自然不免"淡乎寡味"之讥。而陶渊明在经历了几仕几隐的痛苦摸索之后,终于毅然归隐田园,他在躬耕实践中找到了人生的归宿,在自然淳朴的田园生活中领悟了人生的真谛,得到精神上的满足。尽管他也接受了老庄崇尚自然的思想影响,然而他所理解的"自然之理"是与俭朴而充实的田园生活紧密联系的,他所追求的"自然之理",包蕴在淳朴笃实的田园生活中。情,旷而不虚;理,高而不玄——这正是上面所录《饮酒》诗第十四首的一个显著特点。

先说诗中的情。陶渊明在宁静的乡居生活中,或与邻人"披草共来往"、"但道桑麻长";或"漉我新熟酒,只鸡招近局";或"邻曲时时来,抗言谈在昔"……这一回,他邀请友人松下坐饮,而"故人赏我趣,挈壶相与至"。这两句开门见山点出"饮酒"的情由。这个"赏"字用得精当。诗人招饮,其情自然不俗;故人"赏"此趣,其情亦雅。这个"赏"字精炼地写出了宾主相得之情。而各自"挈壶"赴会,既见出乡间独有的古朴风情,又使人意会到来者都是一些淳厚质朴的人。陶渊明在《五柳先生传》中自称"性嗜酒,家贫不能常得,亲旧知其如此,或置酒而招之"。故人"挈壶相与至",正是深知渊明的境况和性情啊!这两句虽不言情,而情意自出。

"班荆坐松下,数斟已复醉。父老杂乱言,觞酌失行次。"这四句写松下饮酒的情景。没有几案可凭,那有什么关系?铺荆于地,宾主围坐,格外亲切。没有丝竹相伴,这也无甚要紧。听那风吹松叶,不是更有清趣?围坐的是"故人",面对的是清景,此情此景怎不令人陶醉!酒不醉人,人自醉啊!所以"数斟已复醉"。既醉之后,更是随意言笑,举觞相酬,欢然自得。如同诗人笔下所写的"清晨闻叩门,倒裳往自开","相思则披衣,言笑无厌时"一样,在这幅松下坐饮的画面中也洋溢着一股浓郁的情意。此情与世俗的利害无涉,故言其"旷";此情又来自诗人淳朴的生活感受,故言其"不虚"。

再说诗中的理。陶渊明把宁静的乡村当作返朴归真的乐土，把“衣食当须纪，力耕不吾欺”当作自然之理来信奉，在“既耕亦已种，时还读我书”的生活中领略着任真自然的乐趣。在他的心目中，乡间幽静的景物、淳厚的民情和古朴的乡俗，无一不含蕴着与虚伪奸诈相对立的哲理。就像他曾在“山气日夕佳，飞鸟相与还”的景致中体会到“此中有真意”一样，他也在松下坐饮、言笑自适的情景中悟出自然之理。这六句诗虽不明言理，但理趣融于“挈壶相与至”，“班荆坐松下”、“父老杂乱言”等意象之中，且流于笔墨之外。

在诗的后半部中，诗人以警隽之言将他的感受进一步哲理化：“不觉知有我，安知物为贵。悠悠迷所留，酒中有深味。”“不觉”二字承接“数斟已复醉”而来。在醉意朦胧之中，自我意识消失了，外物更不萦于胸中，诗人进入了物我两忘的境界。这里虽然表达的是一种玄理，然而它与“饮酒”、“复醉”的主观感受相结合，所以并不显得突兀或生硬，反而使人在咀嚼哲理的同时，仿佛看到醉态可掬的诗人形象。“悠悠”者，指一般趋名逐利之徒。这两句诗，一句指他人，一句言自身，笔法简练灵活。诗人说：那些人迷恋于虚荣名利，而我则知“酒中有深味”！这个结尾可谓意味深长。魏晋以来，名士崇尚自然，而且大多嗜酒如命。在他们看来，“酒正自引人著胜地”，“三日不饮酒，觉形神不复相亲”(《世说新语·任诞》)。所谓“胜地”、“形神相亲”，便是他们所追求的与自然之道相冥合的境界。饮酒，则是达到这一境界的一种手段。酒之“深味”，便在于此。因此，陶渊明在这里实际上是说自己在诗酒相伴的生活中、在与“故人”共醉的乐事中悟得了自然之理，而此中的“深味”是奔趋于名利之场的人难以体会的。

从松下坐饮这一悠然自适的情景中引出物我两忘的境界，进而点出最高的玄理——酒中之“深味”，通篇理趣盎然，警策动人，余味隽永。此理超然物外，故言其“高”；此理又包蕴着真实的体验，质朴明快，故言其“不玄”。——情旷而不虚，理高而不玄，以情化理，理入于情，非大手笔不能如此。后世学步者虽多，终不能达到陶诗从容自然的至境。

这首诗以饮酒发端，以酒之“深味”收尾，中间贯穿着饮酒乐趣，叙事言情说理，都围绕着“饮酒”二字，章法与诗意相得益彰，思健功圆，浑然成篇。(韦凤娟)

饮酒二十首(其十六)　　陶渊明

少年罕人事，游好在六经。
行行向不惑，淹留遂无成。
竟抱固穷节，饥寒饱所更。

敝庐交悲风，荒草没前庭。
披褐守长夜，晨鸡不肯鸣。
孟公不在兹，终以翳吾情。

隐逸，是中国历史文化之一项特殊传统。真正的隐士，是对抗黑暗社会与异己现实之志士。从伯夷起，隐士代不乏人。而用诗歌对隐逸心态及生活作出深刻、完整写照的第一人，乃是陶渊明。此诗即为一好例。

起笔两句，渊明自述平生安身立命之根本。“少年罕人事，游好在六经。”人事，指交际应酬之俗事。《后汉书·黄琬传》云：“时权富子弟，多以人事得举。”人事语义同此。游好，意兼爱好与涵泳体会。游好实为一种极高明的读书态度与方法(与死读书相对)。《礼记·学记》云：“故君子之于学也，藏焉、息焉、游焉。”晋杜预《春秋序》云：“优而柔之，使自求之；餍而饫之，使自趋之。”游好之谓也。或以为游好谓泛泛读书，那是误解。六经，指儒家群经。渊明《归园田居》起云：“少无适俗韵，性本爱丘山。”正可与此诗起笔相互发明。“少无适俗韵”是因，“少年罕人事”是果。渊明天性与世俗不合，故极疏于人事交际。而“性本爱丘山”与“游好在六经”，正谓渊明之天性，既爱好大自然，又爱好传统文化。在晋代，“学者以老、庄为师，而黜六经”(晋干宝《晋纪总论》)。渊明则好六经，足见其为人之特立独行，其平生得力之所在。渊明既深受儒家思想之教养，遂树立起以天下为己任之志向。可是，“行行向不惑，淹留遂无成。”时光荏苒流逝，渐近四十之年，仕途蹭蹬不进，遂至一事无成。不惑，语出《论语·为政》：“子曰：‘吾十有五而有志于学，三十而立，四十而不惑。’”下句，盖用《楚辞·九辩》“蹇淹留而无成。”此二句语甚含婉，实则暗示着渊明平生之重大转折——弃官归隐。其时渊明四十一岁，刚过不惑之年。渊明弃官归隐之真正原因，本非仕途之达与不达，而是感愤于政治社会黑暗。所以接着说，“竟抱固穷节，饥寒饱所更。”固穷，语本《论语·卫灵公》：“子曰：‘君子固穷，小人穷斯滥矣。”意谓君子固然有困穷之时，但不像小人穷则失掉品格。固穷，亦可解为君子固守其穷。大意都一样。渊明自谓始终抱定固穷之志节，纵然饱经饥寒交迫之困苦，亦决不向黑暗势力屈服。此二句，实为全诗的精神之所凝聚，足见渊明平生得力于儒家思想之深。以上，从少年之志趣说到中年之归隐，以下便发舒归隐以后之情怀。“敝庐交悲风，荒草没前庭。”秋风吹过破旧的房屋，荒草生满门前的庭院。隐士的生活，不仅是饥寒的，也是寂寞的呵。“披褐守长夜，晨鸡不肯鸣。”披衣坐守长夜，长夜漫漫，晨鸡不肯报晓。渊明是因为夜寒而无眠，还是由于心情而不寐，或二者兼之，不必拘说。唯此二句诗，实富于象征意味，可以说正象征着时代的黑暗与志士的操守。时代愈黑暗，志士愈孤独。此一层意味，亦可以体会。“孟公不在兹，终以翳吾情。”孟公是东汉刘龚的字。晋皇甫谧《高士传》卷中载：张仲蔚，平陵人，隐身不仕，善属文，好诗赋，常居贫素，所处蓬蒿没人。时人莫识，唯刘龚知之。渊明借用此典，乃以仲蔚自比，悲慨时无知己如刘龚者，则自己之真情亦只有隐没于世矣。诗篇的后半幅，呈示为一种大孤独大寂寞之境界。但是，在这大孤独大寂寞中，乃有一种竟抱固穷节的精神，顶天立地；亦有一种尚友古先贤的志向，贯通古今。所以，这又是一种极高的境界，向上的境界。

如本诗之所示，从少年时代的“游好在六经”，到归隐之后的“竟抱固穷节”，渊明归隐前后之人生，乃是一幅完整的人生。传统思想是其一生之精神命脉。亦如本诗之所示，渊明在黑暗时代之中的莫大孤独寂寞，并非一种消极低沉的状态，而自具一种超越向上之精神。读渊明诗，可以知其人。

此诗语言简练自然，而包蕴深刻广大。全诗包蕴着渊明一生的心路历程与心灵境界。此诗辞气和婉，而精神凛然。“竟抱固穷节”之节字，“披褐守长夜”之守字，皆如镕锤而成，凝聚着深沉坚实的力量。又简练、又丰富，又温润、又刚强，此正是渊明诗歌的甚深造诣。

（邓小军）

饮酒二十首(其十九)　　陶渊明

畴昔苦长饥，投耒去学仕。
将养不得节，冻馁固缠己。
是时向立年，志意多所耻。
遂尽介然分，终死归田里。
冉冉星气流，亭亭复一纪。
世路廓悠悠，杨朱所以止。
虽无挥金事，浊酒聊可恃。

陶渊明自述其《饮酒》二十首均是“既醉之后”所作，而诗中却以清醒的人生态度，一一展示了对衰荣、显默、生死、善恶、是非、物我等重大问题的思考，诚如苏轼所说，此公“言醉时是醒时”(《王直方诗话》)。因诗人明知为世俗的偏见所不容，乃自托为醉人谬误之言，此所以诗借“饮酒”为题而咏怀也。从这里固可见诗人当年在寂寞中探求人生之道的艰难不易，亦体现了其独立不迁卓然自立的人格。本诗即在回首往事中披露了自己的衷怀。

诗的首八句以从容安详的态度回顾了自己的人生道路，尤其是生平所经历的两次重大抉择。诗人自二十九岁(393)解褐入仕为州祭酒，至义熙元年(405)辞官归田，在其间及以后的漫长岁月里，诗人的内心是颇不平静的，充满了种种矛盾和冲突，有时甚至到了令人痛苦的地步。但在这首诗里，一切却都仿佛被过滤净化，表现为极朴素极单纯的情思。诗中说，自己当初入仕就是为稻粱谋，而为官后依然未能解决衣食问题，由此引起反思，遂认定了人生的归宿。这里说的“长饥”、“将养”、“冻馁”，当然是诗人清贫家境的自况，诗人曾在《归去来兮辞·序》中自述云：“余家贫，耕植不足以自给，幼稚盈室，缾无储粟。”其友人颜延之也在《陶徵士诔》中说他“母老子幼，就养勤匮。”即从他入仕期间所作的某些诗篇来看，也仍未见有大的改善，如“劲气侵襟袖，箪瓢谢屡设”(《癸卯岁十二月中作与从弟敬远》)等。但诗人之所以作出上述的选择，实际上却远非只是出于物质条件方面的考虑。即以退隐归耕而言，其中既有诗人“少无适俗韵，性本爱丘山”的禀性气质的原因，也有对“真风告逝，大伪斯兴”世风的义无反顾的决绝意味，有“鸟尽废良弓”对世事反复无常动辄罹祸的恐惧，也有对“返朴归本”的“贵真”追求。对于如此曲折深微的心理历程，本诗中却以“志意多所耻”、“遂尽介然分”两句一掠而过。前一句也即《归去来兮辞·序》中所说的：“饥冻虽切，违己交病，尝从人事，皆口腹自役，于是怅然慷慨，深愧平生之志。”后一句则语出《荀子·修身》：“善在身，介然必以自好也。”以及方望《辞隗嚣书》：“虽怀介然之节，欲洁去就之分。”指专一不移。诗人在这里避虚就实，化繁为简，一则是出于他对人生之道的朴素理解：“人生贵有道，衣食固其端。孰是都不营，而以求自安”(《庚戌岁九月中于西田获早稻》)，因而不讳言被一般士人认为是粗鄙的衣食问题；二则也有意以“不汲汲于自表”(顾炎武《日知录》语)的态度，来与充满矫饰的世俗风气相对抗。这种对人生“复归于朴”的认识和态度，正是陶渊明“冲淡”诗风所赖以形成的思想原因。朱熹说陶诗“语健而意闲”，也正道中了此老站在人生哲学的高度剖析自我的特点，因棋高一着故而能气度雍容，虽不求露已而自富启示性也。

诗的后六句，从回顾反思中总结了自己的生活态度。“星气流”即星宿节气的运行，指时光流逝；“复一纪”指归田以来又已过去了十二年。“冉冉”，渐进意；“亭亭”，久远意，这两个叠词加强了感喟的语气，暗示了岁月的艰难不易，诗人将这一期间“饥寒饱所更”的物质困苦，以及“贫富常交战”的精神苦闷，都凝聚在这感慨之中，言近而意远。“世路”两句则从世既弃我、我亦弃世的关系中洞悉了人生的悲剧。面对广阔辽远而又布满歧路的世道，常使人难以进取，而愈是清醒者，则困惑与痛苦也愈多，此杨朱所以哭泣而返也。杨朱事见《淮南子·说林训》:“杨子见逵路而哭之,为其可以南可以北。”古来失意的士人每借以抒写茫然不知所从的沉痛巨哀,如阮籍《咏怀》(二十)亦云:“杨朱泣歧路,墨子悲染丝。”那么,又如何解得这个人生难题呢?诗人在诗末将自己的答案托出。“虽无挥金事”一句,用汉代疏广、疏受事,二疏名位显达而能急流勇退,归老后日设酒食宴请族人故旧宾客,用金甚多,其意乃在视富贵为祸咎之源,故不欲将产业留给子孙遭致后患,表现了对“知足不辱,知止不殆”的至理的清醒认识。诗人极为欣赏二疏的人生态度,曾在另一首《咏二疏》的诗中说:“谁云其人亡?久而道弥著。”百年之下迹不同而心相通,诗人的“饮酒”因此乃和“知足”“知止”的哲思相关联。古话云:“狂者进取,狷者有所不为。”诗人放弃了对外在功名事业的进取,而转向内心返归自然、“法天贵真”的精神追求。从这一点而言,陶渊明之嗜酒,实在可以说是以有所不为的狷者之饮而垂范后世的。　(钟元凯)

饮酒二十首(其二十)　陶渊明

羲农去我久,举世少复真。汲汲鲁中叟,弥缝使其淳。凤鸟虽不至,礼乐暂得新。洙泗辍微响,漂流逮狂秦。《诗》《书》复何罪?一朝成灰尘。区区诸老翁,为事诚殷勤。如何绝世下,六籍无一亲。终日驰车走,不见所问津。若复不快饮,空负头上巾。但恨多谬误,君当恕醉人。

读陶渊明诗,想见其为人,其性情之真而且正,比较容易体认,其思想境界之深沉,则须细心了解。《饮酒》第二十首“羲农去我久”,即是了解渊明思想之一重要作品。此诗可以当作渊明的一部中国学术文化史读,但是其终极关怀,则在于现实社会。

“羲农去我久,举世少复真。”羲谓伏羲,农谓神农,皆传说中的上古帝王。古人以上古社会作为一种政治理想。起笔感叹羲农时代离开自己已经很久远,整个社会很少再有淳真之风尚。起笔从上古一笔写至现在,其重点,是“我”所处之“世”。读者当着眼于此。“汲汲鲁中叟,弥缝使其淳。”汲汲,勤劬貌。鲁中叟,指孔子。孔子是春秋鲁国人。弥缝,谓补救、挽救。孔子勤劬一生,为的是挽救世道人心,返之淳正。淳字与上文真字同义,皆指道德风尚。或以为渊明诗喜用真字,故渊明为一道家。其实并不那么简单。此诗即用真字,而全幅赞叹儒家。可见儒道二家学说,在渊明心中乃是会归一致的。“凤鸟虽不至,礼乐暂得新。”凤鸟,语出《论语·子罕》“子曰:‘凤鸟不至,河不出图,吾已矣乎!’”传说以凤鸟到来为“圣人受命”、天下太平之象征。《史记·孔子世家》载，孔子之时，周室微而礼乐废，《诗》《书》缺。孔子知道之不行，遂归鲁，删《诗》《书》，定礼乐，修《春秋》，序《易传》，以教弟子。诗言孔子虽然未能使天下太平，但是整理弘扬《诗》《书》礼乐，却使传统文化焕然一新。以上四句，赞叹孔子平生精神与文化业绩，景仰之情，溢于言表。“洙泗辍微响，漂流逮狂秦。”洙泗，即洙、泗二水，流经鲁国，洙泗之间，是孔子设教之地。微响犹微言，精微要眇之言，指孔子的学说。《汉书·艺文志》云：“昔仲尼没而微言绝，七十子丧而大义乖。”此二句诗言，孔子师弟子相继去世，世间已不闻微言大义，岁月流逝如水，遂至于暴秦时代。漂流二字下得好，可以玩味。就字面言，是承洙泗二水而来，就意蕴言，则暗寓“滔滔者天下皆是”(《论语·微子》)之意。从孔子所处之春秋至于秦代，中间经历的是战国时代。漂流二字，正指战国。狂之一字，论定秦朝。渊明下笔若不经意，实则极有分寸。“《诗》《书》复何罪？一朝成灰尘。”此言秦代之文化浩劫。《史记·秦始皇本纪》载秦始皇实行李斯之建议：“天下敢有藏《诗》、《书》、百家语者，悉诣守、尉杂烧之。有敢偶语《诗》《书》者弃市。以古非今者族。吏见知不举者与同罪。令下三十日不烧，黥为城旦。”《诗》《书》何罪，文化何罪？竟一旦焚之为灰。此二句诗可谓一针见血，揭穿秦始皇专制主义反文化之本质。在渊明之心目中，以《诗》《书》为代表的学术文化，实与暴政格格不入。“区区诸老翁，为事诚殷勤。”此二句，写到秦汉之际的儒家学者。区区犹拳拳，忠诚勤恳貌。《史记·儒林列传》载，秦末，儒家学者曾冒着生命危险保存《诗》《书》典籍，并且参加了推翻暴秦统治的陈涉起义军。汉兴，幸存的儒家学者皆垂垂老矣，又努力传授儒家典籍。譬如济南伏生研治《尚书》，秦时焚书，伏生壁藏之，汉兴，以教于齐鲁间，汉文帝命晁错往受之。时伏生已九十余岁。此二句诗，是对秦汉之际儒家学者护惜、传授文化典籍的热情唱叹。“如何绝世下，六籍无一亲。”绝世下，指的是汉世以后的三国、两晋，一笔遂写回东晋现实。六籍即六经，儒家群经。晋人干宝《晋纪总论》云：“学者以老庄为师，而黜六经。”此二句诗慨叹当世学风，无人亲近六经。干宝所记，正可印证。“终日驰车走，不见所问津。”问津，典出《论语·微子》“长沮、桀溺耦而耕，孔子过之，使子路问津焉。”长沮、桀溺是春秋时代的隐士。津指渡口。此二句诗，勾画出当世士人终日驰车奔走、竞相争逐名利之丑态，悲慨时无如孔子师弟子那种有志于世道人心者。《晋书·王雅传》载：“以雅为太子太傅，时王恂儿婚，宾客车骑甚众，会闻雅拜少傅，回诣雅者过半。时风俗颓弊，无复廉耻。”渊明所指斥的，正是当时这种无耻之世风。以上四句，感愤当世之学风、世风，遂回应起笔“举世少复真”。世风浇漓如此，“若复不快饮，空负头上巾。”《宋书·陶潜传》载，渊明曾“取头上葛巾漉酒，毕，还复著之。”诗盖自用其事。如果再不痛饮，真是白白辜负了头上这葛巾。此是故作醉语。结笔顺此云：“但恨多谬误，君当恕醉人。”我亦自恨谬误甚多，不过，世人亦当恕我醉人。上文感愤现实，皆庄语，结笔醉语自解，出之以谐语。这里透露出当时政治社会之黑暗。清李光地《榕村诗选》说得不错：“曲蘖之托，而昏冥之逃，非得已也。谢灵运、鲍明远之徒，稍见才华，无一免者，可以观矣。”

渊明此诗对历史文化心诵默念，作全幅体认，其终极关怀则是现实社会。如诗所示，渊明观察历史、现实，乃将学术文化与世道人心密切连系。“终日驰车走，不见所问津”的晋代世风，与“六籍无一亲”的学风相连系。“区区诸老翁，为事诚殷勤”，此言汉代学风。而汉代之盛，则不言而喻。秦代呢，“《诗》《书》复何罪？一朝成灰尘。”而秦之短命，亦不言而喻。渊明深于传统思想文化，故其观察历史现实，作如是观。对于渊明此诗，可以见仁见智。但是，了解渊明思想情感，此诗为一重要作品，则毋庸置疑。渊明关心社会现实之情怀，亦应当肯定。

此诗可以说是以议论为诗。唯诗人渊明情感深挚，感愤深沉，故虽议论，而不失诗之体性。诗中赞仰唱叹，低徊流连之致，发抒悲慨，而又亦庄亦谐，亦足可回翔玩味。中国诗歌重比兴，但亦兼重赋笔，甚至议论。此中国诗歌之所以成就其大，读渊明诗，以至杜甫诗、宋人诗，当知乎此。（邓小军）

责　子　　陶渊明

白发被两鬓，肌肤不复实。虽有五男儿，总不好纸笔。阿舒已二八，懒惰故无匹。阿宣行志学，而不爱文术。雍端年十三，不识六与七。通子垂九龄，但觅梨与栗。天运苟如此，且进杯中物。

这首诗大约是陶渊明五十岁左右时作。责子，就是对儿子的责备、批评。

诗先说自己老了：“白发被两鬓，肌肤不复实。”“被”，覆盖。说：白发已布满了两鬓了，肌肤松弛也不再丰满了。这两句写老相写得好，特别是后一句少见有人道出。后面是写儿子不中用：“虽有五男儿，总不好纸笔。”总写一笔五个儿子不喜读书，不求上进。下面分写：“阿舒已二八，懒惰故无匹。”阿舒是老大，十六岁了，而懒惰无比。“故”，本来，一向。按，“匹”字的字形近于“二”、“八”之合，这里用了析字的修辞法。“阿宣行志学，而不爱文术。”阿宣是老二，行将十五岁了，就是不爱学写文章。“文术”，指文章技艺。按，用“志学”指代年龄，是出自孔子

“吾十有五而志于学”的话。这里语意双关，到了“志学”的年龄而不志于学。“雍端年十三，不识六与七。”雍、端是两个孩子的名字，他们都十三岁(可能为孪生兄弟或异母所出)了，但不识数，六与七都数不过来。按，六加七等于十三，这里用了数字的离合。“通子垂九龄，但觅梨与栗。”通子是老五，快九岁了，只知贪吃，不知其他。“垂”与前“行”义同，都是将近的意思。按，这里用了“孔融让梨”的典故。《后汉书·孔融传》注引孔融家传，谓孔融四岁时就知让梨。而阿通九岁了却是如此，可见蠢笨。作者将儿子一一数落了一番后，感到很失望，说“天运苟如此，且进杯中物。”“杯中物”，指酒。这两句意思是：假若天意真给了他这些不肖子，那也没有办法，还是喝酒吧。

这首诗写得很有趣。关于它的用意，后代的两个大诗人有很不相同的理解。一个是杜甫。他在《遣兴》中写道：“陶潜避俗翁，未必能达道。……有子贤与愚，何其挂怀抱。”这是说，陶渊明虽是避世隐居，但也并未进入忘怀得失的境界，他对儿子品学的好坏，还是那么关心的。一个是黄庭坚。他在《书陶渊明〈责子〉诗后》说：“观渊明之诗，想见其人岂弟(同恺悌，和乐安闲的意思)慈祥、戏谑可观也。俗人便谓渊明诸子皆不肖，而渊明愁叹见于诗，可谓痴人前不得说梦也。”杜甫的意见是认为《责子》此诗是在批评儿子不求上进，而黄庭坚予以否认，细味此诗并联系其他作品，似乎杜甫的意见还不能完全否定。诗题为《责子》，诗中确实有对诸子责备的意思，作者另有《命子》诗及《与子俨等疏》，对诸子为学、为人是有着严格的要求的。陶渊明虽弃绝仕途，但并不意味着脱离社会、脱离文明、放弃对子女教育的责任，他还有种种常人之情，对子女成器与否的挂虑，就是常情之一。杜甫是从这个意义上理解此诗的。但是，杜甫的理解又未免太认真、太着实了些。批评是有的，但诗的语句是诙谐的，作者不是板着面孔在教训，而是出以戏谑之笔，又显出一种慈祥、爱怜的神情。可以说，儿子的缺点都是被夸大了的，漫画化了的，在叙说中又采用了一些有趣的修辞手法，读者读着时忍俊不禁，可以想见作者下笔时的那种又好气、又好笑的心情。不妨说，这是带着笑意的批评，是老人的舐犊情深。这样看来，黄庭坚的体会又是颇为精妙的。

用诗来描写儿女情态，首见左思《娇女诗》，唐代不少诗人都写有这方面作品，陶渊明起了推波助澜作用。这对诗歌题材的扩大及日常化是有不可低估的意义的。

(汤华泉)

有会而作

陶渊明

旧谷既没，新谷未登，颇为老农，而值年灾，日月尚悠，为患未已。登岁之功,既不可希,朝夕所资,烟火裁通。旬日已来,始念饥乏,岁云夕矣,慨然永怀,今我不述,后生何闻哉!

弱年逢家乏,老至更长饥。菽麦实所羡,孰敢慕甘肥。惄如亚九饭,当暑厌寒衣。岁月将欲暮,如何辛苦悲。常善粥者心,深念蒙袂非。嗟来何足吝,徒没空自遗。斯滥岂攸志,固穷夙所归。馁也已矣夫,在昔余多师。

陶渊明的诗是智者之诗。他以充满睿智的内省态度观照日常的生活,在极为有限的生存条件下,不倦地探寻着保持精神自由的途径。洞察人生的底蕴,不是被鄙陋平庸的现实所压倒、所吞噬,而是以遗世独立的精神超越它、战胜它,对忧患泰然处之,从而体悟生命的价值和意义。这正是陶诗主要魅力的所在,也是我们读其诗所不可不知的。

此诗题为《有会而作》,"会"即会意之会,指有所感悟和领会。诗通篇直抒胸臆,写其所感和所思,而把具体的事由放在序中作为背景交代。究其缘起,乃是值岁暮之际,新谷未收,又适逢灾年,粮食匮乏到了难以充饥的地步。这种困厄艰苦的境遇似毫无诗意可言,而诗人却从中激扬起对生命的执着之情。诗的首二句,概括了自己贫寒的一生,"弱年"指青年时期,"家乏"是不甚宽裕的意思,"更长饥"就每况愈下,连起码的生存条件也难乎为继了。下面四句以自己的生活实感和体验把这种境遇具体化:"菽麦"两句说只要有粗食充饥就已心满意足,欲吃粱肉更简直是非分之想了。"惄如"两句极言饥寒之切,"惄如",饥饿状;"亚九饭",或是"无恶饭"的讹误,意谓饥饿时进食无不觉得可口;"当暑厌寒衣"则指缺衣少穿,故冬不足以御寒而夏又以为累赘。这几句写得恻恻动人,非亲身经历备尝滋味者不能道。"岁月"两句又一笔兜回,将辛酸凄苦而又无可奈何的悲凉心情和盘托出。这里说的"岁月暮",既指临近年末,又指老之将至。人生本来短暂,而在如此恶劣的条件下了此一生,怎不教人悲从中来!以上八句概括了物质上极度匮乏的忧患人生,其中"孰敢慕甘肥"、"如何辛苦悲"两句更是感慨系之,从而以为下文的张本。

诗人并"不戚戚于贫贱",面对人生的苦难,他反而更加珍视生命。诗人是从身、心两个方面来把握生命的存在的。由"常善粥者心"至"徒没空自遗"四句,是先从"身"方面说。诗人借着对一个故事的评说,弘扬了富有哲学意味的"贵生"精神。这个故事见于《礼记·檀弓》,大意谓齐国饥荒之年,黔敖施粥于路,有饥者蒙袂(以衣袖遮面)而来,黔敖曰:"嗟,来食!"饥者因不食嗟来之食而死。诗人从重生的立场,肯定了施粥者的用心,而对蒙袂者的行为则持批评态度。这种贵生思想的渊源主要来自庄子。庄子主张“保身全生”,反对“危身弃生以殉物”,《庄子·骈拇》说:“自三代以下者,天下莫不以物易其性矣。小人则以身殉利,士则以身殉名,大夫则以身殉家,圣人则以身殉天下。……其于伤性,以身为殉,一也。”人的生命、天性既不应为名利等外物所役使,那么为了区区一事的荣辱而轻易地舍生就死,就是不足取的。当外界的险恶环境使人沦于极其卑微可怜的地步时,这种强调个体生命存在的贵生思想,未始不是弱者的一种精神支柱和自卫武器。诗人为了与苦难抗衡而从中汲取了生存的勇气,因此也是不无积极意义的。“斯滥岂攸志”以下四句,又是从“心”的方面说。诗人不仅重视生命的存活,而且更重视对生命意义的自觉把握。“斯滥”、“固穷”两句,语出《论语·卫灵公》:“君子固穷,小人穷斯滥矣。”诗人意谓在贫贱中有无操守,正泾渭分明地把生命的价值判然为二:君子高尚其志,安贫乐道,从而身处忧患之中,却获得了精神上的自由;小人心为物役,自甘沉沦,终于在随波逐流中汩没了自己的天性。诗人选择了前者而否定了后者,并且以前贤作为师法的榜样而自勉。最末的“馁也已矣夫,在昔余多师”两句,表现了主人公以固穷之志直面患难的坚强决心。诗人从“贵生”、“守志”也即身心两个方面领悟了生命的真谛,这就是本诗“有会”的主旨所在。陶渊明把庄子对生命的哲思和儒家的自强不息精神结合起来,从而表现了人的生命力的激扬,表现出历劫不灭、睥睨忧患的内在力量。现实的色调愈是灰暗和沉闷,其主体精神反而愈见活跃和高昂。陶渊明其人其诗之所以感召了无数后人的奥秘,其实就正在于此。 (钟元凯)

拟古九首(其三) 陶渊明

仲春遘时雨,始雷发东隅。
众蛰各潜骇,草木纵横舒。
翩翩新来燕,双双入我庐。
先巢故尚在,相将还旧居。
自从分别来,门庭日荒芜。
我心固匪石,君情定何如?

晋安帝义熙元年(405),陶渊明弃官归隐,从此开始躬耕自资的生涯。义熙十四年,刘裕杀安帝,立恭帝。元熙二年(420),刘裕篡晋称宋,废恭帝,并于次年杀之。已经归隐十六七年的陶渊明,写下了一系列诗篇,寄托对晋朝的怀念,和对刘裕的愤慨。《拟古》九首,联章而为一组,正如明黄文焕《陶诗析义》所指出:“此九章专感革运。”这里是其中的第三首。

“仲春遘时雨,始雷发东隅。”遘,遇。仲春二月,逢上了及时雨。第一声春雷,亦从东方响起——春天又从东方回来了。“众蛰各潜骇,草木纵横舒。”众类冬眠之蛰虫,暗中皆被春雷惊醒,沾了春雨的草木,枝枝叶叶纵横舒展。以上四句,“众蛰”句承“始雷”句来,“草木”句则承“遘时雨”句来。此四句写出春回大地,大自然一片勃勃生机,“草木纵横舒”之“舒”,尤其传神。杜甫《续得观书》“时危草木舒”之句,颇可参玩。“翩翩新来燕,双双入我庐。”一双刚刚到来的燕子,翩翩飞进我的屋里。“翩翩”、“双双”,两组叠字分别举于句首,活泼泼地,直是状出燕子之神态。如在目前,毫不费力。“先巢故尚在,相将还旧居。”“先巢”、“旧居”,皆指旧有之燕巢。“相将”即相偕。梁上旧巢依然还在,这双燕子一下子便寻到了旧巢,飞了进去,住了下来。原来,这双燕子是诗人家的老朋友呢。曰“相将”,曰“旧居”,看诗人说得多么亲切,这已经是拟人口吻,我亦具物之情矣。燕子之能认取旧巢,这件寻常小事,深深触动了诗人之别样情怀。他情不自禁地问那燕子:“自从分别来,门庭日荒芜。我心固匪石,君情定何如?”自从去年分别以来,我家门庭是一天天荒芜了,我的心仍然是坚定不移,但不知您的心情究竟如何?“我心固匪石”之句,用《诗经·邶风·柏舟》成语:“我心匪石,不可转也。”此句下笔极有力度,有如壁立千仞;亦极具深度,实托喻了诗人坚贞不渝之品节。“君情定何如”之结句,则极富风趣,余味不尽。倘若燕子有知,定作如此答语:纵然君家门庭荒芜,可是我心亦依然不改,只认取旧家故巢而已,不然,又怎会飞回君家呢?清邱嘉穗《东山草堂陶诗笺》谓:“末四句亦作燕语方有味。”此说实不通。“门庭日荒芜”,“日”者,一天天也,门庭一天天荒芜,此是主人所见,故非燕语。

诚如元吴师道《吴礼部诗话》所评:“此篇托言不背弃之义。”那么,陶渊明的弃官归隐,与不背弃晋朝之间,是不是有矛盾呢?其实并不矛盾。当义熙元年陶渊明弃官归隐之际,东晋政权实已掌握在刘裕手中。《宋书·陶潜传》云:“(潜)自以曾祖晋世宰辅,耻复屈身异代,自(宋)高祖王业渐隆,不复出仕。”至晋亡以后,渊明之诗文,亦绝不书宋之年号,即不奉其正朔。如实地说,归隐之志与故国之思在渊明原是一致的,用传统文化的语言说,这就是节义。品节道义,是陶渊明一生之立身根本。

渊明此诗之艺术特色,令人称道者实多。首先是极为风趣又极具风骨。诗人与燕子之对话,十分风趣、幽默。在这份风趣、幽默之中,却蕴藏着一种极严肃的人生态度,极坚卓的品节。这是诗歌史上一篇别开生面的优秀作品。其次,是以众蛰惊雷、草木怒生的大好春天,与“无人可语,但以语燕”(《陶诗析义》)的孤独寂寞相对照,从而默示出诗人悲怀之深沉。大好春光愈热闹,则诗人之孤独寂寞便愈凸出,其悲怀之深亦愈突出。再次,是语言平淡自然而有奇趣精彩。全诗语言,读来平淡自然,可是细心体会,诗人用“时”、“始”、“舒”、“新”等语,表达春天一到大自然就发生的那种种最新变化,是多么锐敏、精当。用“我心匪石”之成语,中间施以一“固”字,表达故国之思,其从容不迫之中,又是何等坚卓挺拔。东坡曾说:“渊明诗初读若散缓,熟视之有奇趣。”(《冷斋夜话》引)确是会心之言。人们常说渊明诗是绚烂归于平淡,其实,要从平淡自然之中,见出其奇趣精彩,尤其是一段绚烂之精神,读渊明诗方是不枉。 (邓小军)

拟古九首(其四) 陶渊明

迢迢百尺楼,分明望四荒。
暮作归云宅,朝为飞鸟堂。
山河满目中,平原独茫茫。
古时功名士,慷慨争此场。
一旦百岁后,相与还北邙。
松柏为人伐,高坟互低昂。
颓基无遗主,游魂在何方?
荣华诚足贵,亦复可怜伤!

“拟古”意思是摹拟古诗,此诗张玉縠说是“拟登废楼远望而伤荣华不久之诗”(《古诗赏析》)。登高望远而有所思,乃是古诗中最常见的意境。此诗明言“拟古”,则登楼之事,未必实有,而只是虚构形象,借以抒发情怀。

“迢迢百尺楼,分明望四荒。”“迢迢”、“百尺”都是形容楼高,李商隐诗句“迢递高城百尺楼”(《安定城楼》)大概由此而来。“四荒”,四外极远之地。由于楼高,极远的地方都看得很“分明”,这又可看作是从对面来写楼高。“暮作归云宅,朝为飞鸟堂。”这两句是说,这座楼傍晚有云彩飘入,早晨有飞鸟鸣聚。这一方面还是形容楼高,王勃形容“滕王高阁”“画栋朝飞南浦云,珠帘暮卷西山雨”,笔法相似。另一方面,是写此楼之废,只有云鸟栖息,而不见人踪。这几句写楼高、楼废,乃诗人兴感之由。“山河满目中,平原独茫茫。”所见远,所思广。“茫茫”,既见地域的广阔、思绪的浩茫,还表示平原上一无所有。这两句极具苍凉的情致,为登眺名句，李峤的“山川满目泪沾衣”(《汾阴行》)、晏殊的“满目山河空念远”(《浣溪沙》)当皆由此脱化。

“古时功名士，慷慨争此场。”以下就是慨叹了。“此场”即指所望中的山河、平野，古来有多少人在这里角逐啊，角逐之时又是那么激昂慷慨，似乎人生的一切追求莫大于斯。而“一旦百岁后，相与还北邙”。“北邙”，山名，在洛阳城北，东汉以来君臣多葬于此。这是说，这些“功名士”到头来一个接一个寿终正寝。从前面的“慷慨”到这里的“一旦”“相与”，见出命运的无情、功名近乎儿戏。身后情形又是怎样呢？“松柏为人伐，高坟互低昂。”坟上表示万古不凋的松柏也被人砍伐了，露出了高高低低的坟头。“颓基无遗主，游魂在何方？”“遗主”，死者的后代。这两句说：倒塌的坟基也无人修理了，死者的游魂在哪里呢？也就是说，连魂也找不到一处安身的地方了。这些“功名士”身后未免太凄凉了，他们功在哪里、名又在哪里呢？作者最后说：“荣华诚足贵，亦复可怜伤！”“诚足贵”是揣摩生前、“慷慨”时的心理，但看看死后的冷落，真正是“可怜伤”了。“怜”、“伤”，同义反复，是加重感叹。

陶渊明在不少诗中都表达了“荣华难久居”的思想。否定功名富贵，就是对自己归田躬耕生活道路的肯定。这是陶诗的基本主题之一。其他诗多是运用自述的写法，从自己的素怀、从当前的生活，絮絮道来，心情显得比较平静；这首诗则是登楼怀古，境界高远，感慨遥深。这与平素的“散缓”风格自是不同。前面写楼，已暗寓了废替之叹；后面怀古，生前、死后的对照，死后的悲哀，着墨甚多；而慨叹的“功名士”又为争疆夺土之人。这些都表示了：此诗不单是一般的“伤荣华不久”，而还有着特定的政治内涵。论者谓为寄怆于“国运更革”、晋宋易代，这是很有可能的。

(汤华泉)

拟古九首(其七)　　陶渊明

日暮天无云，春风扇微和。
佳人美清夜，达曙酣且歌。
歌竟长叹息，持此感人多。
皎皎云间月，灼灼叶中华。
岂无一时好，不久当如何？

这首诗拟的是古代那些表现“美人迟暮”的作品。这样的作品“古诗”中有，不过，对照起来，拟的更像曹植的《杂诗》“南国有佳人”之类。

诗写的是佳人在春天的一个“日暮”和“清夜”的感触。日暮的景色很美,天空万里无云,显得何等澄澈;春风把微微的暖意一阵一阵地送来,叫人感到多么舒适。面对如此景色,自然使人为之心旷神怡,而春风又似乎对人特别有情,殷勤地传布着“微和”,显得人情物态的极为融洽。“日暮天无云”,即目生情,出语清新自然,“春风扇微和”,“扇”的拟人,“微”字的体贴,都富于情意。这是“日暮”。“清夜”的景色又将如何呢?天色、暖意当亦如之,而后面又补写了“皎皎云间月,灼灼叶中华”,显出更是花好月明,景色就更加迷人了。“佳人美清夜,达曙酣且歌。”佳人喜爱这清夜,彻夜酣饮,唱歌直到天明。“佳人”,美人,富于青春活力的女子,面对如此的良辰美景,自然激发了她的生活热情,激发了她对美好人生的热爱、对未来的憧憬,她的“酣且歌”,是对春景的陶醉,也是对人生的陶醉,如同后来李白《春夜宴从弟桃李园序》所写:“阳春召我以烟景,大块假我以文章。会桃李之芳园,序天伦之乐事。……开琼筵以坐花,飞羽觞而醉月。”虽则活动内容不尽相同,而心情则是一样的。上面的写景抒情,写日暮景包含清夜,而“美清夜”又暗含日暮,清夜景又见于后幅,用笔错落互见,不同于靖节惯常的平叙,赏者当有会于心。

后幅是乐极悲来了。“歌竟长叹息,持此感人多。”“竟”者歌终也,“持此”犹得此、对此之意。大凡人们面对美好的事物,常常是爱之又唯恐失之,如此春夜,真叫人喜不自胜,但转念一想,它又能存在几时?佳人还会想到:自己的芳华又能保持多久?芳颜清歌又能否得到世人的赏识?这就是“持此感人多”的种种复杂意绪,“此”即良辰美景之谓也。下面四句或谓即佳人歌唱之辞,而理解为歌竟时的自言自语(即叹息之词)似更贴切。状“月”前用“皎皎”,又以云来烘托;状“华(花)”用“灼灼”形容,又衬以绿叶。这是多么美好,真是花月交辉啊。春夜越美,春夜在她的印象中越好,就越能反跌出她的惶恐、她的失意、她的焦虑。“岂无一时好,不久当如何?”话语似不甚峻切,内在的情感分量是不轻的。曹植“南国有佳人”后幅是:“时俗薄朱颜,谁为发皓齿?俯仰岁将暮,荣耀难久恃。”作者代佳人说出心中的苦悲,这里是以佳人之口自传心曲,益显意深情婉。

与上述曹植《杂诗》一样,这首诗也是一篇寓言体作品,“佳人”显现了作者对人生的执着,诗中“美人迟暮”之感,正见出他某种用世之情。组诗《拟古》作于靖节晚岁,这可见作者身处易代之时,也并未忘怀世事,失去生活的热力。钟嵘在《诗品》中举此诗以为别调,评云:“世叹其质直。至如‘欢言酌春酒’、‘日暮天无云’,风华清靡,岂直为田家语耶!”认为此诗不是一般的“田家语”,也就是说它似乎别有寄托;认为此诗并非“质直”,而是辞采华美,这在靖节诗中确不多见。

写“佳人”云云,全部陶诗一百二十多首,也只有这一篇。至于方东树说此诗“情景交融,盛唐人所自出”(《昭昧詹言》),正可作“风华清靡”一语的注脚。

(汤华泉)

拟古九首(其九)　　陶渊明

种桑长江边,三年望当采。
枝条始欲茂,忽值山河改。
柯叶自摧折,根株浮沧海。
春蚕既无食,寒衣欲谁待。
本不植高原,今日复何悔。

陶渊明发舒归隐之志的诗歌,往往是畅所欲言,而寄托故国之思的诗歌,则往往是微婉其辞。其中如《述酒》一篇,便隐晦曲折之至。所以,只论陶诗明白如话,其实并不全面。《拟古》九首之第九首,亦是一篇用比兴手法寄托故国之思的作品。

“种桑长江边,三年望当采。”种桑于长江边,为期已是三年,似可望有所收获了。乍一看来,起笔二句所写不过是种桑之一小事,可是此一事象,实托喻着重大政治事件。桑树乃晋朝之象征也。西晋傅咸《桑树赋序》云:“世祖(晋武帝)昔为中垒将军,于直庐种桑一株,迄今三十余年,其茂盛不衰。皇太子(即晋惠帝)入朝,以此庐为便坐。”《赋》文并谓:“惟皇晋之基命,爰于斯而发祥。”可见以桑树象征晋朝,是有来历的。江边本非种桑之地,“种桑长江边”,此暗喻晋恭帝为刘裕所立。恭帝于义熙十四年(418)十二月即位,至元熙二年(420)六月被刘裕逼迫禅位,前后正是三年,故诗云“三年望当采”。本来,桑树种植三年,则可望采其叶矣——此言其已当茂盛;君主在位三年,则可望有成绩矣——此言其已当自强。此在恭帝,虽说是无望之望,然而同情晋朝的人,毕竟望其能够固本自立。结果如何呢?“枝条始欲茂,忽值山河改。”枝条刚开始生长起来,却突然遭到山河变迁。曰“始欲茂”,实是未茂。曰“山河改”,则呼应“长江边”,不言而喻,洪水滔滔,江岸崩溃矣。长江边岂种桑之地?昔日种桑是于斯,今日毁桑亦于斯,此正喻说恭帝是为刘裕所立,亦为刘裕所废也。“忽值山河改”一句,触目惊心,虽是比兴,亦是明言矣。元熙二年六月,刘裕逼恭帝禅位,篡晋称宋,改元永初,山河变色矣。“柯叶自摧折,根株浮沧海。”洪水滔滔,高岸为谷,冲断了树枝,卷走了根株。那洪水滔滔,正如沧海横流。三年之桑,毁于一旦。刘裕逼恭帝禅位,即废之为零陵王。“根株浮沧海”句,喻指此事。次年宋永初二年(421),刘裕便派人杀害了废帝。从“三年望当采”及“根株浮沧海”之句,可知此诗当作于恭帝被废之后,次年被害之前。恭帝被害之后,陶渊明是以《述酒》一诗,作出反应的。程穆衡《陶诗程传》云:“‘柯叶’、‘枝条’,盖指司马休之之事。休之拒守荆州,而道赐发宣城,楚之据长社。迨刘裕克江陵,奔亡相继,而晋祚始斩。”所言甚是。从“枝条始欲茂”及“柯叶自摧折”看,晋室本来并非未作努力自强,“三年望当采”亦并非毫无来由之望,可是晋室终非刘裕之敌手,同情者之希望,也终于落空。“春蚕既无食,寒衣欲谁待。”此二句,从比兴之表面事象说,是写桑树既毁,春蚕遂无叶可食;蚕丝不成,寒衣亦无资源可制。从所寄托之深层情意言,则是表达天下同情晋朝之人包括诗人自己,当晋亡之后深深的失落悲感,其对于晋朝的依恋之情,亦见于言外。此二句所写晋亡及于人们之影响,托喻春蚕、寒衣之事象,但仍与桑树这一基本象征有密切联系,全诗构思,缜密而自然如此。“本不植高原,今日复何悔。”本者,根也。结笔两句,回向桑树,仍是双管齐下。表面意谓当时种桑既在江边,而未植根高原,则今日桑树根株全毁,又如何可以追悔!深层意蕴,则是当时晋室既依赖于刘裕,今日晋之亡于刘裕,亦无可追悔也。诚如黄文焕《陶诗析义》之所言:“事至于不堪悔,而其痛愈深矣!”

渊明此诗当作于晋亡之后不久。如诗所示,在渊明心灵深处,实痛愤刘裕,同情晋朝,对于晋亡,沉痛至深。这就说明,在归隐十六年之后,陶渊明亦决非一忘世之人,他对于世道政治,仍然抱有坚确的是非之判断,鲜明的爱憎之情。就是将他说为一道家,实亦未妥。同时,亦如此诗所示,渊明以一同时之人,能够对晋亡之一段当代历史,表达明晰之认识,提出清醒之教训。尤其“本不植高原,今日复何悔”二句,可以见出其清醒、理智之态度。这,显然又是与他早已弃官归隐,与现实政治之间保持了相当距离所分不开的。可以说,渊明此诗是一幅晋亡之诗史。

渊明此诗艺术造诣很高。诗中采用桑树这一晋朝之象征,喻说晋亡一段历史,比兴已可谓高明、得体。特别值得提出的是,此诗以比兴结体,桑树作为基本象征,全幅诗篇一以贯之,始终都未脱离这一基本象征。意象毫无支离之感。中国诗歌艺术,以比兴为根本大法。《诗经》之比兴,多局于开篇之起兴,简单之比喻。比兴至于《楚辞》,发展而为自觉之象征,寄托以深意,但亦多为片段,诗幅主体犹是直抒。渊明此诗,以同一象征性意象贯串全幅诗篇,极为完整圆满,而寄托遥深,不着痕迹。可以说,渊明此诗之创造,丰富了中国诗歌比兴寄托之艺术传统。

(邓小军)

杂诗十二首(其一)

陶渊明

人生无根蒂，飘如陌上尘。分散逐风转，此已非常身。落地为兄弟，何必骨肉亲！得欢当作乐，斗酒聚比邻。盛年不重来，一日难再晨。及时当勉励，岁月不待人。

陶渊明《杂诗》共有十二首，此为第一首。王瑶先生认为前八首“辞气一贯”，当作于同一年内。据其六“奈何五十年，忽已亲此事”句意，证知作于晋安帝义熙十年(414)，时陶渊明五十岁，距其辞官归田已有八年。

这组《杂诗》，实即“不拘流例，遇物即言”(《文选》李善注)的杂感诗。正如明黄文焕《陶诗析义》卷四所云：“十二首中愁叹万端，第八首专叹贫困，余则慨叹老大，屡复不休，悲愤等于《楚辞》。”可以说，慨叹人生之无常，感喟生命之短暂，是这组《杂诗》的基调。

这种关于“人生无常”“生命短暂”的叹喟，是在《诗经》《楚辞》中即已能听到的，但只是到了汉末魏晋时代，这种悲伤才在更深更广的程度上扩展开来，从《古诗十九首》到三曹，从竹林七贤到二陆，从刘琨到陶渊明，这种叹喟变得越发凄凉悲怆，越发深厚沉重，以至成为整个时代的典型音调。这种音调，在我们今天看来不无消极悲观的意味，但在当时特定的社会条件下，却反映了人的觉醒，是时代的进步。

“人生无根蒂”四句意本《古诗十九首》之“人生寄一世，奄忽若飘尘”，感叹人生之无常。蒂，即花果与枝茎相连接的部分。人生在世即如无根之木、无蒂之花，没有着落，没有根柢，又好比是大路上随风飘转的尘土。由于命运变幻莫测，人生漂泊不定，种种遭遇和变故不断地改变着人，每一个人都已不再是最初的自我了。这四句诗，语虽寻常，却寓奇崛，将人生比作无根之木、无蒂之花，是为一喻，再比作陌上尘，又是一喻，比中之比，象外之象，直把诗人深刻的人生体验写了出来，透露出至为沉痛的悲怆。陶渊明虽然“少无适俗韵”，怀有“猛志逸四海，骞翮思远翥”的宏大抱负，但他生值晋宋易代前后，政治黑暗，战乱频仍，国无宁日，民不聊生。迫于生计，他几度出仕，几度退隐，生活在矛盾痛苦之中，终于在四十一岁时辞职归田，不再出仕。如此世态，如此经历，使他对人生感到渺茫，不可把握。虽然在他的隐逸诗文中，我们可以感受到他的旷达超然之志，平和冲淡之情，但在他的内心深处，蕴藏着的是一种理想破灭的失落，一种人生如幻的绝望。

“落地为兄弟，何必骨肉亲。”承前而来，既然每个人都已不是最初的自我，那又何必在乎骨肉之亲、血缘之情呢。来到这个世界上的都应该成为兄弟。这一层意思出自《论语》：“子夏曰：‘君子敬而无失，与人恭而有礼。四海之内，皆兄弟也。君子何患乎无兄弟也?”这也是陶渊明在战乱年代对和平、泛爱的一种理想渴求。“得欢当作乐，斗酒聚比邻。”阅历的丰富往往使人对人生的悲剧性有更深刻的认识，年龄的增长常常使人更难以寻得生活中的欢乐和激动，处于政治黑暗时期的陶渊明更是如此，这在他的诗中表露得非常明确：“荏苒岁月颓，此心稍已去。值欢无复娱，每每多忧虑。”(《杂诗》其五)但他毕竟没有完全放弃美好的人生理想，他转向官场宦海之外的自然去寻求美，转向仕途荣利之外的村居生活去寻求精神上的欢乐，这种欢乐平淡冲和、明净淳朴。“斗酒聚比邻”正是这种陶渊明式的欢乐的写照，在陶渊明的诗中时有这种场景的描述，如：“过门更相呼，有酒斟酌之。”(《移居》)“日入相与归。壶浆劳近邻。”(《癸卯岁始春怀古田舍》)这是陶渊明式的及时行乐，与“昼短苦夜长，何不秉烛游”；“不如饮美酒，被服纨与素”；“何不策高足，先据要路津”(《古诗十九首》)有着明显的差异，体现了更高的精神境界。

“盛年不重来”四句常被人们引用来勉励年轻人要抓紧时机，珍惜光阴，努力学习，奋发上进。在今天，一般读者若对此四句诗作此理解，也未尝不可。但陶渊明的本意却与此大相径庭，是鼓励人们要及时行乐。既然生命是这么短促，人生是这么不可把握，社会是这么黑暗，欢乐是这么不易寻得，那么，对生活中偶尔还能寻得的一点点欢乐，不要错过，要及时抓住它，尽情享受。这种及时行乐的思想，我们必须放在当时特定的历史条件下加以考察，它实质上标志着一种人的觉醒，即在怀疑和否定旧有传统标准和信仰价值的条件下，人对自己生命、意义、命运的重新发现、思索、把握和追求。陶渊明在自然中发现了纯净的美，在村居生活中找到了质朴的人际关系，在田园劳动中得到了自我价值的实现。

这首诗起笔即命运之不可把握发出慨叹，读来使人感到迷惘、沉痛。继而稍稍振起，诗人执著地在生活中寻找着友爱，寻找着欢乐，给人一线希望。终篇慷慨激越，使人为之感奋。全诗用语朴实无华，取譬平常，质如璞玉，然而内蕴却极丰富，波澜跌宕，发人深省。

(陆国斌)

杂诗十二首(其二)

陶渊明

白日沦西阿，素月出东岭。遥遥万里辉，荡荡空中景。风来入房户，中夜枕席冷。气变悟时易，不眠知夕永。欲言无予和，挥杯劝孤影。日月掷人去，有志不获骋。念此怀悲凄，终晓不能静。

陶渊明的诗歌，往往能揭示出一种深刻的人生体验。这种体验，是对生命本身之深刻省察。对于人类生活来说，其意义乃是长青的。《杂诗》第二首与第五首，所写光阴流逝、自己对生命已感到有限，而志业无成、生命之价值尚未能实现之忧患意识，就具有此种意义。

“白日沦西阿，素月出东岭。遥遥万里辉，荡荡空中景。”阿者，山丘。素者，白也。荡荡者，广大貌。景通影，辉与景，皆指月光。起笔四句，展现开一幅无限廓大光明之境界。日落月出，昼去夜来，正是光阴流逝。西阿东岭，万里空中，极写四方上下。往古来今谓之宙，四方上下谓之宇。此一幅境界，即为一宇宙。而荡荡辉景，光明澄澈，此幅廓大光明之境界，实为渊明襟怀之体现。由此四句诗，亦可见渊明笔力之巨。日落月出，并为下文“日月掷人去”之悲慨，设下一伏笔。西阿不曰西山，素月不曰明月，取其古朴素淡。不妨比较李白的《关山月》：“明月出天山，苍茫云海间。长风几万里，吹度玉门关。”虽然境界相似，风格则是唐音。那“明月”二字，便换不得“素月”。“风来入房户，中夜枕席冷。气变悟时易，不眠知夕永。”上四句，乃是从昼去夜来之一特定时分，来暗示“日月掷人去”之意，此四句，则是从夏去秋来之一特定时节，暗示此意，深化此意。夜半凉风吹进窗户，枕席已是寒意可感。因气候之变易，遂领悟到季节之改移。以不能够成眠，才体认到黑夜之漫长。种种敏锐感觉，皆暗示着诗人之一种深深悲怀。“欲言无予和，挥杯劝孤影。”和念去声，此指交谈。挥杯，摇动酒杯。孤影，即月光下自己之身影。欲将悲怀倾诉出来，可是无人与我交谈。只有挥杯劝影，自劝进酒而已。借酒浇愁，孤独寂寞，皆意在言外。李白《月下独酌》：“花间一壶酒，独酌无相亲。举杯邀明月，对影成三人。”大约即是从陶诗化出。不过，陶诗澹荡而深沉，李诗飘逸而豪放(诗长不具引)，风味不同。“日月掷人去，有志不获骋。”此二句，直抒悲怀，为全诗之核心。光阴流逝不舍昼夜，并不为人停息片刻，生命渐渐感到有限，有志却得不到施展。本题第五首云：“忆我少壮时，无乐自欣豫。猛志逸四海，骞翮思远翥。”《饮酒》第十六首云：“少年罕人事，游好在六经。”可见渊明平生志事，在于兼济天下，其根源乃是传统文化。志，乃是志士仁人之生命。生命之价值不能够实现，此实为古往今来志士仁人所共喻之悲慨。诗中掷之一字，骋之一字，皆极具力度感。唯骋字，能见出志向之远大；唯掷字，能写出日月之飞逝。日月掷人去愈迅速，则有志不获骋之悲慨，愈加沉痛迫切。“念此怀悲凄,终晓不能静。”终晓,谓从夜间直到天亮。念及有志而不获骋,不禁满怀苍凉悲慨,心情彻夜不能平静。上言中夜枕席冷,又言不眠知夜永,此言终晓不能静,志士悲怀,深沉激烈,一篇之中,三致意焉。一结苍凉无尽。

渊明此诗,将素月辉景荡荡万里之奇境,与日月掷人有志未骋之悲慨,打成一片。素月万里之境界,实为渊明襟怀之呈露。有志未骋之悲慨,亦是心灵中之一境界。所以诗的全幅境界,自然融为一境。诗中光风霁月般的志士襟怀,光阴流逝志业未成、生命价值未能实现之忧患意识,其陶冶人类心灵,感召、激励人类心灵之意义,乃是长青的,不会过时的。渊明此诗深受古往今来众多读者之喜爱,根源即在于此。

(邓小军)

杂诗十二首(其四)　　陶渊明

丈夫志四海,我愿不知老。亲戚共一处,子孙还相保。觞弦肆朝日,尊中酒不燥。缓带尽欢娱,起晚眠常早。孰若当世士,冰炭满怀抱。百年归丘垄,用此空名道!

淳真之性情与自然之语言,是陶诗之体和用。其性情之淳真,乃包涵着深刻丰富的思想;其语言之自然,亦出自炉火纯青的功夫。钟嵘《诗品》称最高造诣的诗歌,当“使味之者无极”,唯陶诗最是如此。渊明《杂诗》第四首,发舒自由生活之欢欣情趣,语甚旷达,其意蕴,则深具一种执著、严肃的人生态度。

“丈夫志四海,我愿不知老。”起笔两句即是一人生态度之对比,为全诗举纲。“丈夫”即下文“当世士”,“志四海”言其进取心。渊明自己,则异乎“丈夫”之志,而但愿“乐以忘忧,不知老之将至云尔”(此借用《论语·述而》语)。以下六句,便展开抒写其乐事种种。“亲戚共一处,子孙还相保。”亲人相聚,子孙相保,首先意味着的是弃官还家,可见渊明对于做官看得轻,对于骨肉之情、天伦之乐看得重。“亲戚共一处”之“一处”,与《归去来兮辞》“悦亲戚之情话”之“悦”,皆情见乎辞。“子孙还相保”之“相保”,尤须体会。当晋宋之际,杀戮、战争,年年岁岁,无休无止,能够子孙相保,便非寻常事情,而是至为真实的幸事、乐事呵。“觞弦肆朝日,尊中酒不燥。”清陶澍注云:“燥,干也。与孔文举‘尊中酒不空’意同。”杯酒弦歌,以消时日,杯中之酒,尤喜不空。这在诗人,又是一份乐事。若是在官拘束,又哪得如此畅快。透露个中消息,尤其在于下面两句。“缓带尽欢娱,起晚眠常早。”“缓带”二字便不可轻易放过。我们记得萧统《陶渊明传》所记那著名的故事:渊明为彭泽令,“会郡遣督邮至县,吏请曰:‘应束带见之。’渊明叹曰:‘我岂能为五斗米折腰向乡里小儿！'即日解绶去职，赋《归去来》。"至于"尽欢娱"三字，则概言此六句所写一切乐事。下句"起晚眠常早"，若理解为懒散，却是不妥。《归园田居》云："晨兴理荒秽，带月荷锄归。"渊明之勤劳如此。此二句言不修边幅，无拘无束，早睡晚起，乐在其中，实意味着永远摆脱宦游场中"应束带见之"、"违己交病"之种种烦恼。以上六句所写，皆至寻常事，却又是至真实之事，皆喻说着弃官归隐之后，不再丧失自我，喻说着自由。一个依自不依他，从心所欲的人，是真正快活的人。"孰若当世士，冰炭满怀抱。"哪像当世士人们，内心充满了矛盾冲突，有如冰炭相加那样！"晋宋人物，虽曰尚清高，然个个要官职。这边一面清谈，那边一面招权纳货。"(陶澍注《靖节先生集》附录引朱熹语)其中那些能诗之士，作起诗来，也是"志深轩冕，而泛咏皋壤；心缠机务，而虚述人外"(《文心雕龙·情采》)。当时士风虚妄不实如此。"冰炭满怀抱"一语，实一针见血。"百年归丘垄，用此空名道。"明何孟春注云："谢灵运《吊庐陵王》诗'一随往化灭，安用空名扬'，意同。"解得甚是。人生一世，终归坟墓，又何须称扬空名呢！空名，正是当世士们所追逐的标的。追逐空名的人生，终是丧失自我的人生。独立自由的人生，才是真实不虚的人生。两种人生之价值，谁正谁负，诗中已揭示得明白。

回顾首句"丈夫志四海"，原来是微婉之语。"冰炭满怀抱"的"当世士"，实在算不上真丈夫。其所谓"四海志"，不过是"志深轩冕"、"招权纳货"之私。其名实之不合，又何啻冰炭。渊明本是"猛志逸四海"之人，可是在晋宋之际那一乱世，一位正直的士人往往连自己生命也无法保全，又遑论实现天下之志呢？退出黑暗政治，不与同流合污，保全独立自由之生命、人格，此便是一种至为真实可贵之志。透过全诗的旷达之语，可以体会到渊明严肃的人生态度。　（邓小军）

杂诗十二首(其五)　　陶渊明

忆我少壮时，无乐自欣豫。猛志逸四海，骞翮思远翥。荏苒岁月颓，此心稍已去。值欢无复娱，每每多忧虑。气力渐衰损，转觉日不如。壑舟无须臾，引我不得住。前途当几许，未知止泊处。古人惜寸阴，念此使人惧。

对于人类来说，珍惜生命价值、珍惜寸阴之精神乃是长青的。读陶渊明的《杂诗》第五首，常受到一种极亲切的感动，寻思其原因，实在于此。

"忆我少壮时，无乐自欣豫。"渊明善于把人所共知、反习而不察的人生体验指点出来，而且用的是极自然极简练的语言。这往往使人感到又惊讶又亲切。

此二句即一好例。诗人回忆自己少壮时代，即便没有遇上快乐的事情，心里也自然地充满了欣悦。“无乐自欣豫”的“自”字，下得准确而微妙，直道出年青生命自身无穷的活力与快乐。不言而喻，这是一种向上的生命情调。“猛志逸四海，骞翮思远翥。”向上的精神生命受了文化的教养，便升华出“猛志”。按照传统文化，志，主要是指政治上的志向。“猛志”之猛，突出此志向之奋发、凌厉。“逸”，突出此志向之远大、超越。“骞翮”即展翅，“翥”者、飞也。猛志所向，超越四海，有如大鹏展翅，志在高飞远举。以上四句回忆少壮时代生命情调，诗情从容之中，而有飞扬之势。“荏苒岁月颓，此心稍已去。”年光苒苒流逝，当年那种雄心，渐渐离开了自己。诗情由此亦转为沉抑。“值欢无复娱，每每多忧虑。”即便遇上了欢乐的事情，也不再能欢乐起来，相反，常常怀有深深的忧虑。此二句写出人到中年、晚年之体验，与起笔二句形成深刻对照。诗人对自己的遭遇、时代，一概略而不言，唯反求诸己。所以写出的实为一种人生体验之提炼，一种生命自身的忧患意识。“气力渐衰损，转觉日不如。”气力渐渐衰退，转而感到一天不如一天了。深感形体生命的逐渐衰老，这还仅仅是其忧患意识之第一层次。“壑舟无须臾，引我不得住。”“壑舟”语出《庄子·大宗师》：“夫藏舟于壑，藏山于泽，谓之固矣，然而夜半有力者负之而走。”此处是借用“壑舟”喻指生命。观下二句中“止泊”二字，即承“壑舟”而来，可证。此四句，语气连贯为一意群。生命耗逝，片刻不停，使自己不得停留地走向衰老。“前途当几许，未知止泊处。”未来的人生道路，不知还有多少途程，也不知生命之归宿将在何处。联系上文之“猛志”及下文之结笔，则此二句之意蕴，实为志业未成之隐忧。生命日渐有限，而生命之价值尚未实现，这是其忧患意识之第二层次。结笔乃更进一层：“古人惜寸阴，念此使人惧。”生命之价值是在每一寸光阴之中实现的，寸阴可惜。古人珍惜寸阴，顾念及此，不能不使人警惧怵惕！珍惜寸阴，念此警惧，足见犹思奋发有为，此是其忧患意识之第三层次，亦是其忧患意识之一提升。结笔二句，深沉、有力。其启示意义，乃是常新的。

渊明此诗之主题意义，为一种生命之忧患意识。此种忧患意识之特质，是形体生命逐渐衰老，而生命之价值尚未能实现，终于产生再奋发再努力之自我觉悟。按照中国文化传统，主体价值之实现，有三种模式。“大(太)上有立德，其次有立功，其次有立言，虽久不废，此之谓三不朽。”(《左传·襄公二十四年》)其中，立德是为第一义。陶渊明之一生，于立功的一面，虽然未能达成，可是，在立德、立言两方面，却已经不朽。读其诗，想见其为人，可以说，若没有“古人惜寸阴，念此使人惧”之精神，陶渊明之成其为陶渊明，将是不可想象的。

全幅诗篇，呈为一种苍凉深沉之风格。诗中，包蕴了少壮时之欣悦，中晚年之忧虑，及珍惜寸阴之警惧。诗情之波澜，亦由飞扬而沉抑，终至于向上提升。全诗体现着陶诗文体省净而包蕴深远的基本特色。这种特色，实为中国诗歌艺术造诣之一极致。

（邓小军）

咏贫士七首(其一)　　陶渊明

万族各有托，孤云独无依；暧暧空中灭，何时见馀辉。朝霞开宿雾，众鸟相与飞；迟迟出林翮，未夕复来归？量力守故辙，岂不寒与饥？知音苟不存，已矣何所悲。

《咏贫士》是组诗，凡七首，各诗相对独立，而又有分有合成一整体。一、二首为七首之纲，第一首写自己高洁孤独，抱穷归隐；第二首叙自己贫困萧索之状和不平怀抱，而以“何以慰我怀，赖古多此贤”启以下五首分咏历代贫士操行妙理，第七首末云“谁云固穷难，邈哉此前修”，呼应二首之末，表达自己远鉴前修，将固穷守节以绍高风的志向。

这一组诗的作年，王瑶先生编注《陶渊明集》据诗中“朝霞开宿雾，众鸟相与飞”等句意象，判为新、旧朝叠代之际，即宋武帝永初二年(420)作。逯钦立先生校注《陶渊明集》则因诗中多述贫困及“好爵吾不萦，厚馈吾不酬”句，推为元嘉三年(426)拒受江州刺史檀道济所馈粱肉前后作，也就是渊明去世前一年。二说都有一定理由，但似都尚缺乏确凿不移的证据，不妨并存备参。不过从七诗中所述贫老之状及明显可感的凄哀之音看，与其归隐其始恬淡心情绝不相同，可以见出其心境的老化，所以要历咏前代贫士，其意亦在心中“贫富常交战”，不复初时之平静，而以前修自励。因此其作于晚年老贫之时当可无疑。这从所选三诗中将会进一步看到。

本诗十二句，四句一层分三层，二景一情，诗旨当然是在最后四句的抒情，而可堪玩味的是前二层的景语。

第一幅景象当是黄昏所见，万物均有所依托，唯有空中那一抹孤云，无依无傍，在昏昏暝色中渐渐飘向不可知的远方，诗人不禁感慨：何时才能见到它的残光余晖呢？恐怕是不复再见了吧。

第二幅是晨景，旭日染霞，驱散了隔宿的重雾，百鸟在霞光云天中翻飞，而独独有一禽迟举，它出林不久，未等天晚，又归还于故林。

看了这两幅景象，首先会产生一个问题：二者之间是何关系，是并列以见一意呢？还是相续以尽幽思。要解决这个问题，还应从云、鸟，这两个诗歌意象的理解着手。

云、鸟在渊明诗中都是常见的形象，而且经常连用。在其前期、中期作品中，多显现为广远闲舒的形象，如四十岁所作《始作镇军参军过曲河》曰："望云惭高鸟"即是。更有"云翮"、"云鹤"等。著名的《归去来兮辞》更说："云无心而出岫，鸟倦飞而知还"。这些虽都与归隐有关，但是无不表现出一种恬淡之趣，所谓"浮云野鹤"，正其人也。然而本诗却有很大的变化，虽然孤云、独鸟仍是隐者的象喻，但是孤云高洁，"暧暧空中灭，何时见馀辉"，在昏昧的色调中，已见出一种来日无多的哀音。虽然仍是归鸟，但在与朝霞丽羽的对照下，"迟迟"二字也显示出一种倦乏迟暮之态。这种倦与《归去来兮辞》中的倦也不同，《辞》中之"倦飞"有一种解脱的快感，但此处迟迟之倦，已颇有不堪重荷的真正的疲倦。正是在这两个诗歌意象的变化中，我们可以见出诗人已不复初隐时的欢快，此时，其心境沉重悲慨，也因此可以确定诗为垂老贫病时，以仰前修为自纾所作。于是诗歌的意脉就显现出来了。

诗末的感慨，是诗人经过一夜的感情酝蘖而来的。黄昏时，诗人因孤云远逝于昏冥之中而兴感，"何时见馀辉"，以反问出之，正见老人迟暮，预感生命无多的心境。于是很自然地会对人生的历程作反思，经过一夜不眠的回顾思索，诗人对自己的归隐而穷终于无悔，于是又借晨景一幅以引出感想，当初因不满于如众鸟向日般趋炎附势的世态，而久不从仕；后为生活所迫，不得不出山，却因不愿为五斗米折腰而旋即归去来，正如那迟出早归的独鸟一般。于是他感慨道：自己坚守平素的生活道路，本是经过反复，量力而行的。也自知，这种生活免不了饥寒交煎的困苦；但是旧友零落，世无知音，既然如此，在贫困中终此一生，也没有什么可悲伤的了。"何所悲"是解脱之词，更可见作诗其初诗人实是悲慨盈怀。

陶诗素以自然称，但自然并非率易，若不经意之中，其实有匠心在，苏东坡谓其"似大匠运斤，不见斧凿之痕"(《冷斋夜话》引)，甚是。

诗的结构天成而巧，从景象而观之，由昏至晨，是顺写，从思绪而观之，由垂老而反思中年，是回顾。二者相向而行，却因情景相生而丝毫不见针脚，遂在顺和中见出宛转情思。萧统说陶潜"辞兴婉惬"，甚有见地。

疏中有密是结构上匠心天然的又一表现，由昏景到晨景，中间有一夜时间，诗人并不节节铺叙，只是从前后两景中的意蕴可悟出诗人有一夜之间的思潮起伏，而唯其留有空隙，才更有想象的余地，唯觉无字之处，一片笔意墨韵。疏，又非割裂，诗人鬼斧神工地以形象中的意绪把中空一夜的两景连接起来，由黄昏孤云独去时的余光残辉，到清晨宿雾初开时的朝霞，云意光韵，正是空间运思最好的媒介，也因此虽然疏朗，却仍圆融浑成。

此诗词句质素而表现力极强，如“暧暧”之中见孤云远逝，余晖将去而问以“何时”，“迟迟”出林而“未夕复来归”，均以极寻常之句描出深邃的景象，而寄寓有深恨远志。陶诗特多叠词，此诗即二用之，也足见其与《古诗十九首》一脉相承的联系。

只要仔细涵咏，可以感到陶诗意思甚深，深，其实是晋宋之交田园、山水诗二大鼻祖陶潜与谢灵运的共同特点，而与任气慷慨，意旨较显豁的建安诗不同，表现出二人的时代特点，然而陶诗语淡，思顺，格局疏朗，是深入浅出，谢诗语炼，思屈，格局密致，是深入深出；故陶诗舒徐不费力，而谢诗峻刻稍滞重，则为二人不同之个性特征。虽然二人分开后世无数法门，然而陶之较胜于谢，道理也在于此。如果说谢为诗中能品，陶则又为神品。（赵昌平）

咏贫士七首(其二)　　陶渊明

凄厉岁云暮，拥褐曝前轩。南圃无遗秀，枯条盈北园。倾壶绝馀沥，窥灶不见烟。诗书塞座外，日昃不遑研。闲居非陈厄，窃有愠言见。何以慰我怀，赖古多此贤。

此诗承“其一”“岂不寒与饥”，先叙贫困饥寒之状。朔风凄厉，已近岁末。无以取暖的老诗人，只能拥着粗布衣服，在前轩下晒太阳。抬眼望去，昔时四院中盛开的花卉已荡然无存，青葱的树木，也成了光秃秃的枯条。诗的前四句在严冬萧索景色的衬托中，描出了一位贫士索漠的形象。严寒袭人，饥更来煎。诗人一生相依为命的酒，现在即使将空壶倾得再斜，也再已倒不出一滴来；民以食为天，但饭时已到，看着灶下，却烟火全消。逸兴已消，诗书虽堆案盈几，却疗不得饥寒，任它胡乱塞在座外，直至白日西倾，也无兴再去研读它。五至八句由寒及饥，由景及情，伸足“岂不寒与饥”之意。至于日昃以后，将是又一个黄昏冬夜，如何驱遣，诗人未言，但读者不难想象。晚岁的陶潜确实困苦之甚，世乱加上荒年，使他早时只是作为一种理想精神的“甘贫”，成了严酷的现实，其《有会而作》序云：“旧谷既没，新谷未登，颇为老农，而值年灾，日月尚悠，为患未已。登岁之功，既不可希；朝夕所资，烟火才通。旬日以来，始念饥乏。岁云夕矣，慨然永怀。今我不述，后生何闻哉。”所述境况正可与本诗相互发明。“饥来驱我去，不知竟何之；行行至斯里，叩门拙言辞，主人解余意，遗赠岂虚来。”《乞食》诗，更描下了“不为五斗米折腰”的诗人，已不得不为生存而告乞求贷了。贫，毕竟并不那么容易

“甘”之,又怎能再一味恬淡?当初孔子困于陈,资粮断绝,“从者病,莫能兴。子路愠见曰:‘君子亦有穷乎!’子曰:‘君子固穷,小人穷斯滥矣。’”孔子可以这样穷而安,而己非圣人之比,又怎能不像子路那样愠恼之心见于言色呢?不过虽然饥寒,虽有不平,诗人仍不愿弃“故辙”而改素志;那么什么是诗人的精神慰安呢?末句答道:正依靠古来那许多高风亮节,守穷不阿的“穷士”啊。

对比一下陶潜初隐时的诗句,可以更清楚地了解诗人的心态。《饮酒》诗中“采菊东篱下,悠然见南山”,“一觞虽独进,杯尽壶自倾,……啸傲东轩下,聊复得此生”的逸趣已为“倾壶绝馀沥,窥灶不见烟”的窘俭所替代;而“泛览周王传,流观山海图”(《读山海经》)的雅兴,亦已成了“诗书塞座外,日昃不遑研”的阑珊。于是望中景物也都改观。风寒,在诗人并非初历,但当初“青松在东园,众草没其姿;凝霜殄异类,卓然见高枝”的卓拔景象已换成“南圃无遗秀,枯条盈北园”的索漠萧条。他再也无复当年“五六月中,北窗下卧,遇凉风暂至,自谓是羲皇上人”(《与子俨等疏》)的感受;“拥褐曝前轩”这一诗歌形象,足见其当时不但是肉体上,也是精神上的疲老。贫困把天真的诗人从云际雾里的逍遥游中,拉回到地面上来,这也许是不幸,然而却也使诗人的高洁品格获得了更充实的内涵;使他成了中国诗史上少数几位真正无愧于固穷守节之称的隐逸诗人。虽然饥寒使他沦落到行乞的地步,但他所低首下心的不是那些督邮之流的官场宵小,而是他日夕相处的“素心人”;心境虽然疲老了,但骨子里的傲气却并不减少壮。诗的结末四句用孔子厄于陈蔡之典,含义尤深长。“闲居非陈厄,窃有愠言见”,字面意思是,自己未达到孔圣人的精神境界,所以才有愠色;然而联系其“宁固穷以济意,不委曲以累己”(《感士不遇赋》)这种一贯思想来看,这两句诗实以自责为自傲。孔子一生为推行其仁义之道而奔波风尘,这从渊明最为服膺的道家来看是以外物累己的行为。从好的方面来看,世乱不可为,正不必知其不可为而为之,所以《庄子》说“世浊不可与庄语”,甚至以为当国者形同兕柙之中的神龟。而从不好的角度来看,《庄子》中更借盗跖之口斥孔子为名利荣禄之人。从渊明对儒学的一贯态度看,二句虽不必有盗跖所责备于孔子那种含义,但以“闲居”与“陈厄”相对言,并虽有不平,仍将坚持素操来看,不难味出有以孔子之举为不智之意。所以,结末他不是顺不如孔子之意,说要以孔子穷而安作榜样,而要以此下所说的各种高士为典范,以表示虽穷也必不重入世网,乱我“真意”。穷困固然使陶潜从天上降到地上,却又使其精神进一步净化,“严霜殄异类,卓然见高枝”,渊明之高,其实不尽在他衣食无虑,吟唱着这两句诗的时候,而正是在这贫困的低吟中,才更见出其卓然高标。也正因此,本诗虽极写饥寒穷困,给人的印象却决无后来孟郊、贾岛那样的寒俭相,而显出一种清癯孤洁的姿态,一种情怀深长的韵味。苏轼说陶诗"癯而实腴",读本诗可有所解会。

本诗的这种姿态韵味,也甚得力于结构语言的自然浑成。试设想,如果开首二句写寒后,紧接着就写饥,就必会造成促迫穷俭之感。比如孟郊诗就常常列举饥寒之态,穷形极相,反使人酸胃。现在于写寒之后,垫二句写景,接写饥后,再续以二句诗书之事,这就使本诗虽写饥寒而有舒徐之态、书卷之气,加以"倾壶""窥灶"之轻描淡写,"日昃"之后的言外之言,非孔以自见的婉而不露,读来就感到仍有陶诗一贯的风行水上之致。而更可贵的是上述结构虽巧,却非刻意经营所得。坐于前轩下,自然会有望景之举,酒食无着后也自然会想到唯有书本为伴,但欲读之际,又忽兴意阑珊,更深一层表达了诗人的心境。从不经意处见出天机深杳,这是陶诗与其内容上的玄趣互为表里的艺术上的妙理,二妙并具,是后人所难以企及处。

(赵昌平)

咏贫士七首(其五)　　陶渊明

袁安困积雪,邈然不可干;阮公见钱入,即日弃其官。刍藁有常温,采莒足朝餐;岂不实辛苦,所惧非饥寒。贫富常交战,道胜无戚颜。至德冠邦闾,清节映西关。

东汉汝阳(今河南上蔡)有一位高士袁安。冬季某日,大雪积地丈余,洛阳县令出来巡视,见各户人家都出来清扫积雪,还有人在要饭。县令到袁安门前,见积雪堆门,以为袁安已冻饿而死,命人除雪进门,却见他僵卧在内,又问他为什么不出门乞要,袁安回答:"天下大雪,一般人都饿着,我不能再去求人家。"县令认为他是位贤士,就荐举他为孝廉。又传说古时有阮公其人,"见钱入"而当日就弃官归隐。本诗前四句并举二位先贤的故事,正上应"其二"末"何以慰我怀,赖古多此贤"二句,可惜的是阮公的故事,久已佚失,只在陶潜本诗中留下了一点踪迹,后人已难知其详。"见钱入",有两种可能,一是有人无端送钱给阮公,他洁身自好,当即挂冠,二是阮公为生活所迫而勉强从仕以为给养,一旦生资稍有依傍(钱入),即弃官而去。从陶潜生平与诗的脉络来看,以后一种可能为大。

"刍藁"以下,即袁、阮二公事发论抒怀,刍藁是马草。莒,通稆,野禾。旧注均谓贫士藉马草以卧,采野禾而食,而知足常乐。而细探诗意,"刍藁有常温",显然是上应"袁安困积雪"句而来,则"采莒足朝餐",当应阮公事,谓弃官而去后常采野禾以为食。"常"、"足"则互文见义谓二贤虽饥寒交煎而知"足"常"乐"。唯以阮公事难详,则理解为合袁、阮二事以咏之亦未始不可,唯不当似旧注所说为泛说贫士。“岂不”二句打转,上句设问,二公生活难道不艰辛吗?下句作答,并非不苦,只是因为他们所忧惧的不在于饥寒。那么所忧为何呢?“贫富”二句伸足其意。原来人心中并不能无有物欲,安贫与求富二心常交战于胸,二公安贫乐道,以道义战胜了物欲,所以虽然枕刍食稆而常乐知足,没有一点戚戚不欢之色。于是诗人不禁叹美,二人的至高无上的道德,他们的清风亮节,冠于同类而衣被一方,当然更为万世崇尚。“冠邦闾”上应一、二句袁安僵卧陋巷,则“映西关”当应三、四句“阮公”去官,于是可知阮公为西关阮公。“至德”、“清节”互文见义,融二典为一,关合全篇。

全诗虽咏的是贫士,但读来骨气端翔,风力轩扬,这固然由于诗的立意从道胜着眼而非叹老嗟贫;也因为诗歌作法上的健劲。

自曹植等建安诗人起,就十分重视诗的起句,有“工于发端”之称。本诗继承了这一技法,试想,二典如果互易位置,以阮公弃官居前,气即不扬。今以袁安典居前,积雪映高士,又继以“邈然不可干”,一种穷且益坚,睥睨世俗的傲兀意态,即轩昂纸上,使起笔即有高扬之势。

开合自如,顿挫简捷的结构,也增强了本诗的力度。首尾双起双结,遥相呼应是显而易见的,结末的“至德”、“清节”更将起首二典四句傲兀意象的内含剔抉,升华,达到了超远的精神境界;而这一升华的关捩在中间四句。“刍藁”、“采莒”分承双起两典,而“常”、“足”二字互文,由叙启论,由分向合;再以“岂不”二句问答合二为一,并转折诗意,引出道胜之义,结末再散为二事,以“至德”、“清节”互文相照,更上一层楼。这一结构在陶诗一贯的顺畅之中见出开合擒纵之力。使盘礴意气,在分合中得到充分的抒发,在顿挫中显出夭矫之力。意气夭矫盘礴也是同时代谢灵运诗的主要特色,但陶诗完全不落痕迹,一任自然,是较胜于谢诗处。

用典自然贴切也增强了本诗的浑厚之感。袁、阮二典分启寒饥二端,本已甚精,更妙在切合诗人本身行事。陶潜晚年饥卧数日,江州刺史檀道济使人以酒肉馈之,诗人麾而去之,此事虽与作诗之时间先后难以确定,但可以看出陶潜晚年虽病而不轻易求人,特别是请名利场中人援手的品格。

由此亦可推见阮公一典之深意。《归去来兮辞》序曾自述仕隐经过:因家贫,耕植不足自给,而屈己从仕小邑,在官八十余日,即去仕归隐。按东汉高士毛义,以家贫亲老,不择仕而官,一旦母去即不仕,张奉赞之,谓其为亲而屈己。阮公之事当与之相类,陶潜用之,正切自己当初出仕之心曲。所以二曲虽饥寒并举，却是由今及昔，尤见感情的深沉。诗的后半部分，字面意思甚明，而其实亦用二典，“所惧非饥寒”用《庄子》中事：原宪居蓬蒿中，二日一炊，子贡结驷连骑以访之，曰“甚矣，子之病也！”原宪答曰“予贫也，非病也。”原宪不以贫为病，后人称之为“忧道不忧贫”。“所惧非饥寒”正其意。“贫富”二句用《韩非子》事：子夏曰“吾人见先王之义，出见富贵，二者交战于胸，故臞（瘦）；今见先王之义战胜，故肥”。“道胜无戚颜”，正是战胜而肥，心广体舒之状。二典由不忧病到道胜，层层推进，含义极浑厚，却以浅语出之，有绎之无穷之感。

这些就是本诗所以风骨凛凛的作法上的因素。

《咏贫士》七首在诗史上的意义极可注意，从诗体来看，它合阮籍《咏怀》与左思《咏史》于一体，钟嵘谓陶诗“其源出于应璩，又协左思风力”，合《咏贫士》观之，正可见建安正始之风由晋而宋之传承。再以反观陶潜他作，可见洵如朱熹所云，陶诗之平淡之下实有豪放，“但豪放得不觉来耳。”(《朱子语类》卷一百四十）。因此这一类诗，正是解开陶诗与建安风骨关系的钥匙。

从诗章组织看，组诗虽不起于陶，但如阮籍《咏怀》、左史《咏史》等，均各诗并列，是相近题材之组合。而《咏贫士》七首，有总有分，首尾呼应，脉络贯通，将组诗形式推进到新的高度，启后来杜甫《秋兴八首》等先声。　（赵昌平）

读山海经十三首(其一)　　陶渊明

孟夏草木长，绕屋树扶疏。众鸟欣有托，吾亦爱吾庐。既耕亦已种，时还读我书。穷巷隔深辙，颇回故人车。欢然酌春酒，摘我园中蔬。微雨从东来，好风与之俱。泛览周王传，流观山海图。俯仰终宇宙，不乐复何如！

《山海经》十八卷，多述古代海内外山川异物和神话传说。王充《论衡》和《吴越春秋》都说这书是大禹治水时命伯益记录而成，不可信，鲁迅认为是古代的巫书（见《中国小说史略》），晋郭璞曾为该书作注并题图赞，陶潜读的“山海图”，就是这种有图赞的《山海经》。《读山海经》“凡十三首，皆记二书（《山海经》及《穆天子传》）所载事物之异。而此发端一篇，特以写幽居自得之趣耳。”（元刘履《选诗补注》）其实，这首诗不但可见陶潜的生活乐趣，还反映了其读书态度及其诗歌创作之艺术极诣。陈仲醇就说：“予谓陶渊明诗此篇最佳。咏歌再三，可想陶然之趣。‘欲辨忘言’（指《饮酒》）之句，稍涉巧，不必愈此。”（《陶诗汇评》引）。诗共十六句一韵到底，然大体四句可为一解。

一起先从良辰好景叙开，结穴到“得其所哉”的快乐。“孟夏”四月，是紧接暮春的时序。“暮春三月，江南草长，杂花生树，群莺乱飞”(丘迟《与陈伯之书》)，到四月，树上的杂花虽然没有了，但草木却更加茂密，蔚为绿荫。“孟夏草木长，绕屋树扶疏”，“扶疏”便是树木枝叶纷披的样子，陶氏山居笼在一片树荫之中，这是何等幽绝的环境。鸟群自然乐于到这林子中来营窠。“众鸟欣有托”一句，是赋象。然而联下“吾亦爱吾庐”之句，又是兴象——俨有兴发引起的妙用。“欣托”二字，正是“吾亦爱吾庐”的深刻原因。不是欣“吾庐”之堂华而宅高，而是如同张季鹰所谓：“人生贵得适意尔”。渊明此时已弃“名爵”而归来，于此“衡宇”(陋室)中，自可“引壶觞以自酌，眄庭柯以怡颜。倚南窗以寄傲，审容膝之易安。”(《归去来兮辞》)他已感到今是昨非，得其所哉。“吾亦爱吾庐”，平平常常五个字，饱含有欣喜之情和无穷妙理。诗人推己及物，才觉得“众鸟”“有托”之“欣”。故“众鸟”一句，又可视为喻象。比较诗人自己的“万族各有托，孤云独无依”(《咏贫士》)二句，“众鸟欣有托，吾亦爱吾庐”更能反映陶渊明得到心理平衡的精神状态，“观物观我，纯乎元气”(沈德潜《古诗源》)，颇有泛神论的哲学趣味，大是名言。

紧接诗人就写“吾”在“吾庐”的耕读之乐及人事关系。“既耕亦已种，时还读我书”二句值得玩味的，首先是由“既已”、“时还”等勾勒字反映的陶潜如何摆放耕种与读书之关系。显然，耕种在前，读书其次。这表现了诗人淳真朴质而富于人民性的人生观：“人生归有道，衣食固其端。孰是都不营，而以求自安，开春理常业，岁功聊可观。晨出肆微勤，日入负耒还。”“但愿长如此，躬耕非所叹。”(《庚戌岁九月中于西田获早稻》)热爱生产劳动，正是陶渊明最可贵的品质之一。到孟夏，耕种既毕，收获尚早，正值农闲，他可以愉快地读书了。当然他还不是把所有的时间用来读书，这从“时还”二字可以体味。然而正是这样的偷闲读书，最有读书的兴味。关于陶潜是否接待客人，回答应是肯定的。他生性是乐群的人，“昔欲居南村，非为卜其宅。闻多素心人，乐与数晨夕”，“邻曲时时来，抗言谈在昔”(《移居》)便是他的自白。《宋书·隐逸传》则云：“贵贱造之者，有酒辄设。”但如果对方有碍难而不来，他也不会感到遗憾。这种怡然自得之乐，比清人吴伟业《梅村》诗句“不好诣人贪客过”还要淡永。读者正该从这种意义上来理解“穷巷隔深辙，颇回故人车。”这里，诗人信笔拈来好句，无意留下难题，使后世注家有两种完全对立的解会。一种认为这两句都为一意：“居于僻巷，常使故人回车而去，意谓和世人很少往来”(《魏晋南北朝文学史参考资料》注)；另一种认为两句各为一意：“车大辙深，此穷巷不来贵人。然颇回(召致)故人之驾，欢然酌酒而摘蔬以侑之。”(王士祯《古学千金谱》)无论哪一说，都无害渊明诗意。但比较而言,后说有颜延之"林间时宴开,颇回(召致)故人车"参证,也比较符合陶潜生活的实际情况。盖"独乐乐,不如与人乐"也,虽然"门虽设而常关"的情况也有。

如从"次写好友"(吴菘《论陶》)一说,则以下就是写田园以时鲜待客,共乐清景了。"欢言酌春酒,摘我园中蔬"二句极有田园情趣。农村仲冬时酿酒,经春始成,称为"春酒"(《诗经·豳风·七月》"为此春酒,以介眉寿"),初夏时节,正好开瓮取酌。举酒属客,不可无肴。诗人却只写"摘我园中蔬",盖当时实情有此。四月正是蔬菜旺季,从地中旋摘菜蔬,是何等新鲜惬意的事。而主人的一片殷勤欣喜之情,亦洋溢笔端。"欢言"犹"欢然"。"微雨从东来,好风与之俱"乃即景佳句,"微雨""好风"的"好""微" 二字互文,即所谓和风细雨。风好,雨也好,吹面不寒,润衣不湿,且俱能助友人对酌之兴致。在很容易作成偶句的地方,渊明偏以散行写之,雨"从东来"、风"与之俱",适见神情萧散,兴会绝佳,"不但兴会绝佳,安顿尤好。如系之'吾亦爱吾庐'之下,正作两分两搭,局量狭小,虽佳亦不足存"(王夫之《古诗评选》),盖中幅垫以写人事的六句,便见"尺幅平远,故托体大"。

诗人就这样次第将欣托惬意、良辰好景、遇友乐事写足味后,复落到"时还读我书"即题面的"读山海经"上来,可谓曲终奏雅。"泛览周王传,流览山海图",虽点到为止,却大有可以发挥之奥义。盖读书,有两种完全不同的方式。一是出于现实功利目的,拼命地读,由于压力很大,有时得"头悬梁,锥刺股",可名之为"苏秦式苦读"。一是出于求知怡情目的,轻松地读,愉悦感甚强,"乐琴书以销忧"(《归去来兮辞》)、"好读书,不求甚解,每有会意,辄欣然忘食"(《五柳先生传》),可名之为"陶潜式乐读"。陶渊明"少年罕人事,游好在六经"(《饮酒》),虽读经书,已有"乐读"倾向。而在归园田居后,又大有发展。这里读的就不是圣经贤传,而是《山海经》、《穆天子传》("周王传")。《山海经》固然是古代神话之渊薮,而《穆天子传》也属神话传说(《晋书·束皙传》载"太康二年(221),汲郡人不准盗发魏襄王墓,或言安厘王冢,得竹书数十车。"中有《穆天子传》五篇,叙周穆王驾八骏游行四海之事)。它们的文艺性、可读性很强。毛姆说:"没有人必须尽义务去读诗、小说或其他可以归入纯文学之类的各种文学作品。他只能为乐趣而读。"(《书与你》)可以说陶潜早就深得个中三昧。你看他完全不是刻苦用功地读,也不把书当敲门砖;他是"泛览"、"流观",读得那样开心而愉快,读得"欣然忘食"——即"连饭也不想吃"(贾宝玉谓读《西厢记》语),从而感到很强的审美愉悦。同时,他有那样一个自己经营的美妙的读书环境,笼在夏日绿荫中的庐室,小鸟在这里营窠欢唱,当然宜于开卷,与古人神游。他的读书又安排在农余,生活上已无后顾之忧。要是终日展卷,没有体力劳动相调剂,又总会有昏昏然看满页字作蚂蚁爬的时候。而参加劳动就不同,这时肢体稍觉疲劳,头脑却十分好用,坐下来就是一种享受,何况手头还有一两本毫不乏味、可以消夏的好书呢。再就是读书读到心领神会处,是需要有个人来谈上一阵子的,而故人回车相顾,正好"奇文共欣赏,疑义相与析"(《移居》)呢。

"俯仰终宇宙,不乐复何如!"二句是全诗的总结。它直接地,是承上"泛览""流观"奇书而言。孟夏日月几何?就是人生百岁,也很短暂。如何可以"俯仰终宇宙"呢?(《淮南子·齐俗》:"往古来今谓之宙,四方上下谓之宇。")此五字之妙,首先在于写出了"读山海经"的感觉,由于专注凝情,诗人顷刻之间已随书中人物出入往古、周游世界,这是何等快乐。就陶潜有泛神论倾向的人生哲学而言,他本来就是大自然的一部分,精神上物我俱化,古今齐同,这是更深层的"俯仰终宇宙"之乐。就全诗而言,这两句所言之乐,又不仅限于读书了。它还包括人生之乐,其间固然有后人所谓"布衣暖,菜根香,诗书滋味长"的安于所适的快乐;是因陶潜皈依自然,并从中得到慰藉和启示,树立了一种乐观的人生态度的缘故。在传统上,是继承了孔子之徒曾点的春服浴沂的理想;在实践上,则是参加劳动,亲近农人的结果。是一份值得重视的精神遗产。

虽然不乏要言妙道,此诗在写法上却纯以自然为宗。它属语安雅,间用比兴,厚积薄发,深衷浅貌,在节奏上舒缓适度,文情融合臻于绝妙。故温汝能《陶集汇评》有云:"此篇是渊明偶有所得,自然流出,所谓不见斧凿痕也。大约诗之妙以自然为造极。陶诗率近自然,而此首更令人不可思议,神妙极矣。"

(周啸天)

读山海经十三首(其六) 陶渊明

逍遥芜皋上,杳然望扶木。洪柯百万寻,①森散覆旸谷。②
灵人侍丹池,朝朝为日浴。神景一登天,③何幽不见烛!

〔注〕 ① 古时以八尺为一寻。 ② 森散:枝叶茂盛貌。 ③ 神景:指太阳。

陶渊明《读山海经十三首》是一组用神话素材创作的特殊抒情诗。据逯钦立先生考证(参见逯氏校注《陶渊明集》附录一),这组诗作于晋安帝义熙三年(407)或四年。其时正值桓玄篡位失败之后,刘裕代立心迹未彰之前,东晋政权虽遭严重摧残,尚未完全崩溃,如能进用贤良,革除弊害,也许还有再兴的可能。本诗的基点就在于此。

"逍遥芜皋上"是《读山海经》组诗的第六首。这首诗取材于《山海经》的《东山经》、《海外东经》、《大荒东经》、《大荒南经》诸篇所载关于无皋(即“芜皋”)、扶木(又名“扶桑”、“榑木”)、汤谷(即“旸谷”)、羲和、太阳的几个神话传说。在这些神话传说中,无皋是一座可以望见远海的极高的神山,扶木是一株可供十个太阳栖息的奇伟的桑树,汤谷是一个可供十个太阳洗浴的辽阔的神渊,同时又是太阳巡天的起点,那株奇伟的扶木就长在它的水中央(据《海外东经》“居水中”一语);羲和则是一位替太阳洗浴的女神。诗人依据这些神话传说进行独特的艺术构思,创造出瑰奇朴茂、寥廓光明的意境,非常精彩地表现了祝愿国家中兴的宏大主题。

根据所取题材的特点和表现主题的要求,诗人采取了象征手法,同时把自己写进诗中。开篇二句写远望的逸兴。诗人幻想自己悠然迥立于横空出世的芜皋绝顶,极目眺望海天尽处的扶木奇姿。“逍遥”见风神潇洒、意态安闲,“杳然”见云水苍茫,天地寥廓,落笔便写出一种高瞻远瞩、沉思遐想的意象,以此暗示对国家前景的深切关心,并且自然而然地引出下边描述的景物和情事。

“洪柯”二句描绘扶木的伟姿。诗人眼中出现了一株高入云天的桑树,这株桑树挺立在辽阔的旸谷水中,巨枝横出数十万丈,碧叶层层宛若重峦,把整个旸谷都覆盖了。这是多么宏奇的景观!诗人用如椽巨笔写出这样宏奇的景观,其中别有一番深意,就是希望晋王朝获得再兴,像扶木一样生机蓬勃,茂盛不衰。原来,桑树是晋室的象征。晋武帝司马炎仕魏为中垒将军时,在官署庭前植了一株桑树。后来司马炎做了开国皇帝,这株桑树便被神化为表德兆基的瑞物。著名辞赋家陆机、潘尼、傅咸等都为之作赋,极力宣扬它的征兆意义(参见逯钦立校注《陶渊明集》关于《拟古》第九首“种桑长江边,三年望当采”二句的解释和欧阳询编撰《艺文类聚》卷八十八所录陆、潘、傅三家《桑赋》及赋前序文)。其中傅咸的《桑树赋》已将司马炎所植桑树比作旸谷上的扶木,谓“以厥树之巨伟,登九日于朝阳”。陶渊明显然从此赋得到了启发,故开篇即借远望扶木以寄其关心国家前景的深情,这里又托扶木伟姿以寓其祝愿国家中兴的厚意。

扶木及其覆盖下的旸谷既是太阳的生活环境,下边便自然转写太阳的活动情节。

“灵人”二句渲染浴日的奇情。“灵人”就是神人的意思,指侍浴的女神。“丹池”则是指太阳的浴池。古时皇帝所居多用丹采为饰,有“丹禁”、“丹阙”、“丹墀”诸称,又古人向以日为君象,渊明此诗亦以日象君,故用语如此。诗人幻想有神女侍候太阳,每天早晨都在饰以丹采的浴池中替太阳洗涤尘垢,使太阳总是那样光明皎洁。《山海经·大荒南经》所载羲和浴日神话原文只说“有女子名曰羲和,方浴日于甘渊”,诗人则锦上添花,补充“灵人侍丹池”的场面,又把“方浴日”改为

"朝朝为日浴",更见形象鲜明,意义深刻。此中隐寓的深意乃希望有贤臣辅佐皇帝,经常为皇帝规箴过失,以致政治清平,国家昌盛。"浴"字本义是洗去身上的污垢,但可引申为修养德性的意思,《礼记·儒行》即有"澡身而浴德"之语,说明这两句诗可作如此理解。陶渊明在《咏三良》诗中赞美子车氏三子服事秦穆公时"出则陪文舆,入必侍丹帷。箴规响已从,计议初无亏",用意正与"灵人侍丹池,朝朝为日浴"相似,更说明这两句诗应作如此理解。

篇末二句讴歌日出的壮采。这两句除隐括《山海经·大荒东经》所载日出扶桑的神话传说外,还化用了曹操《秋胡行》"明明日月光,何所不光昭"和傅玄《日升歌》"逸景何晃晃,旭日照万方。皇德配天地,神明鉴幽荒"等诗句。这是全诗的总结,也是全诗的高潮。诗人怀着无限的激情,热烈赞美日出时的光明景象:"神景一登天,何幽不见烛!"这两句直译出来是:神圣辉煌的太阳一跃上天空,哪个幽远的地方不被它照亮!劲健的辞气,昂扬的声采,造成一种"横素波而旁流,干青云而直上"(萧统《陶渊明集序》)的磅礴意象,更加有力地表现了渴望国家中兴的慷慨情怀。当然,诗中的"神景"仍是皇帝的象征。陶渊明受历史的局限,只能寄希望于皇帝的英明。有明君才能用贤臣,用贤臣才能行美政,行美政才能致中兴:这是屈原和诸葛亮的逻辑(参看屈原《离骚》和诸葛亮《前出师表》),也是陶渊明的逻辑。

苏轼说陶渊明的诗"质而实绮,癯而实腴"(苏辙作《追和陶渊明诗引》转述苏轼语)。此诗确是一篇这样的珍品。全诗用语均极朴实,篇幅非常短小,但却包含许多瑰奇的意象,蕴蓄极其深广的情思,使人读之仿佛飞身天外,目睹迥立危峰、遥望大海的诗人,上凌苍穹、下覆旸谷的仙木,长侍丹池、殷勤浴日的神女,灿烂辉煌、喷薄而出的旭日,获得种种特异的审美愉快,并深受"充满郁勃而见于外"(苏轼《南行前集叙》)的爱国情思的鼓舞。此诗真正达到了平常与奇崛、淡朴与精彩、洗练与丰腴的完美统一,因而具有很高的艺术价值。

刘熙载说:"渊明《读山海经》,言在八荒之表而情甚亲切,尤诗之深致也"(《艺概》卷二)。此诗在处理神话与现实的关系上,更是一篇这样的杰作。诗人先从神话传说中获得某种与自己的理想和情怀相照映的感触,并由此产生了强烈的创作冲动。然后"精骛八极,心游万仞",将自己的主观感情注入神话之中,令扶木的"森散覆旸谷"产生象征意义,让灵人怀抱"朝朝为日浴"的忠悃,把原来质木无文的神话素材改造得"秘响旁通,伏采潜发"。这些相对独立的审美意象,经过诗人的神妙点化,又组织成"外文绮交,内义脉注"的天机云锦。从而八荒之表的灵物都有了现实人间的情采,离奇诡怪的传说都有了耐人寻味的意义,真使人感到又奇幻,又亲切,别觉“其中有一段渊深朴茂不可到处”(沈德潜《说诗晬语》)。

(罗忠族)

读山海经十三首(其九)　　陶渊明

夸父诞宏志,乃与日竞走。俱至虞渊下,①似若无胜负。

神力既殊妙,倾河焉足有?②馀迹寄邓林,③功竟在身后。

〔注〕① 虞渊:即禺谷,神话中日入之处。　② 倾河:把河水倒干,即饮尽河水。③ 馀迹:本意为遗迹,此处兼指夸父之遗愿。　邓林:古时邓、桃二字音近,邓林即桃林。

《山海经》一书记载着许多美丽的神话,其中《海外北经》和《大荒北经》所载夸父追日的神话更饶奇采:“夸父与日逐走,入日。渴欲得饮,饮于河、渭。河、渭不足,北饮大泽。未至,道渴而死。弃其杖,化为邓林。”(《海外北经》)“夸父不量力,欲追日景。逮之于禺谷。”(《大荒北经》)

夸父追日的神话以绝妙天真的想象极度夸张地表现了先民们战胜自然的勇气和信心,具有巨大的艺术魅力。陶渊明《读山海经》组诗第九首即据此写成。但诗人不是一般地复述神话的情节,而是凭借卓越的识见,运用简妙的语言,对神话中的人物和事件进行独特的审美观照和审美评价,因而又有其不同于神话的审美价值。

神话反映事物的特点是“人间的力量采取了超人间的力量的形式”(恩格斯《反杜林论》)。因此,神话中的人物和事件都具有某种象征的意义。此诗对夸父追日其人其事的歌咏,自然也是一种含有某种象征意义的歌咏。诗人之言在此,诗人之意则在彼,所以不像直陈情志的诗那么容易理解。但是,“缀文者情动而辞发,观文者披文以入情。沿波讨源,虽幽必显”(刘勰《文心雕龙·知音》)。现在我们就采取披文入情、沿波讨源的方法,试探一下这首诗的意蕴。

开篇二句咏夸父之志。《大荒北经》原说“夸父不量力,欲追日景”。言外似乎还有点不以为然的意思。诗人却说:夸父产生了一个宏伟的志愿,竟然要同太阳赛跑!字里行间流露出一种不胜惊叹的情感,有力地肯定了夸父创造奇迹的英雄气概。这里表面上是赞扬夸父“与日竞走”的“宏志”,实际上是赞扬一种超越世俗的崇高理想。

“俱至”二句咏夸父之力。《大荒北经》原有“逮之于禺谷”一语,诗人据此谓夸父和太阳一齐到达了虞渊,好像彼此还难分胜负,暗示夸父力足以骋其志,并非“不量力”者,其“与日竞走”之志也就确是“宏志”而非妄想了。本言胜负而不下断语，只用“似若”两字点破，故作轻描淡写，更有一种高兴非常而不露声色的妙趣。诗人对夸父神力的欣赏，也隐含着对一切奇才异能的倾慕。

“神力”二句咏夸父之量。《海外北经》说夸父“渴欲得饮，饮于河、渭。河、渭不足，北饮大泽”。想象一个人把黄河、渭水都喝干了还没解渴，似乎有点不近情理。诗人却说：夸父既有如此特异的可以追上太阳的神力，则虽倾河而饮又何足解其焦渴？用反问的语气表现出一种坚信的态度，把一件极其怪异的事说得合情合理，至欲使人忘其怪异。在诗人的心目中，夸父的豪饮象征着一种广阔的襟怀和雄伟的气魄，因而有此热烈的赞颂。

篇末二句咏夸父之功。《海外北经》说夸父“道渴而死，弃其杖，化为邓林”。想象夸父死后，抛下的手杖变成了一片桃林，固甚瑰奇悲壮，但尚未点明这一变化的原因，好像只是一件偶然的异事。诗人则认定这片桃林是夸父为了惠泽后人而着意生成的，说夸父的遗愿即寄托在这片桃林中，他的奇功在身后还是完成了。意谓有此一片桃林，将使后来者见之而长精神，益志气，其功德是无量的。诗人如此歌颂夸父的遗愿，真意乃在歌颂一种伟大的献身精神。

总起来看，这首诗的意蕴是非常深广的。历史上有许多杰出的人物，生前虽未能施展其才能，实现其抱负，但他们留下的精神产品，诸如远大的理想，崇高的气节，正直的品质，以及各种卓越的发现和创造，往往沾溉后人，非止一世，他们都是“功竟在身后”的人。陶渊明自己也是一个“欲有为而不能者”(《朱子语类》卷一百四十)，少壮时既有“猛志逸四海，骞翮思远翥”(《杂诗·忆我少壮时》)的豪情，归耕后复多“日月掷人去，有志不获骋”(《杂诗·白日沦西阿》)的悲慨，他在读到这个神话时自然感触极深而非作诗不可了。所以在这首诗中，也寄托着他自己的一生心事。明代学者黄文焕评说此诗“寓意甚远甚大。天下忠臣义士，及身之时，事或有所不能济，而其志其功足留万古者，皆夸父之类，非俗人目论所能知也。胸中饶有幽愤”(《陶诗析义》卷四)，这是很有见地的。

用神话题材作诗，既须顾及神话原来的情节，又须注入诗人独特的感受，并且要写得含蓄和自然，否则便会流于空泛和枯萎，没有余味和生气。陶渊明毕竟是“文章不群”(肖统《陶渊明集序》)的高手，他把神话原来的情节和自己独特的感受巧妙地结合了起来，熔叙事、抒情、议论于一炉，于平淡的言辞中微婉地透露出对夸父其人其事的深情礼赞，使人不知不觉地受到诗意的感发，从心灵深处涌起一种对夸父其人其事的惊叹和向往之情，并由此引出许多联想和想象，从而获得更加丰富的审美怡悦。清代著名诗论家叶燮说：“诗之至处，妙在含蓄无垠，思致微渺，其寄托在可言不可言之间，其指归在可解不可解之会，言在此而意在彼,泯端倪而离形象,绝议论而穷思维,引人于冥漠恍惚之境,所以为至也”(《原诗·内篇》)。陶渊明此诗可谓真正达到这样的“至处”了。　（罗忠族）

读山海经十三首(其十)　陶渊明

精卫衔微木,将以填沧海。刑天舞干戚,猛志固常在。同物既无虑,化去不复悔。徒设在昔心,良辰讵可待。

陶渊明一生酷爱自由,反抗精神是陶诗重要的主题,这首诗赞叹神话形象精卫、刑天,即是此精神的体现。

“精卫衔微木,将以填沧海。”起笔二句,概括了精卫的神话故事,极为简练、传神。《山海经·北山经》云:“发鸠之山……有鸟焉,其状如乌,文首、白喙、赤足,名曰精卫,其鸣自诐。是炎帝之少女,名曰女娃。女娃游于东海,溺而不返,故为精卫。常衔西山之木石,以堙于东海。”精卫为复溺死之仇,竟口衔微木,要填平东海。精卫之形,不过为一小鸟,精卫之志则大矣。“精卫衔微木”之“衔”字、“微”字,可以细心体会。“衔”字为《山海经》原文所有,“微”字则出诸诗人之想象,两字皆传神之笔,“微木”又与下句“沧海”对举。精卫口中所衔的细微之木,与那莽苍之东海,形成强烈对照。越凸出精卫复仇之艰难、不易,便越凸出其决心之大,直盖过沧海。从下字用心之深,足见诗人所受感动之深。“刑天舞干戚,猛志固常在。”此二句,概括了刑天的神话故事,亦极为简练、传神。《山海经·海外西经》云:“刑天与帝至此争神,帝断其首,葬之常羊之山,乃以乳为目,以脐为口,操干戚以舞。”干,盾也;戚,斧也。刑天为复断首之仇,挥舞斧盾,誓与天帝血战到底,尤可贵者,其勇猛凌厉之志,本是始终存在而不可磨灭的。“刑天舞干戚”之“舞”字,“猛志固常在”之“猛”字,皆传神之笔。渊明《咏荆轲》“凌厉越万里”之“凌厉”二字,正是“猛”字之极好诠释。体会以上四句,“猛志固常在”,实一笔挽合精卫、刑天而言,是对精卫、刑天精神之高度概括。“猛志”一语,渊明颇爱用之,亦最能表现渊明个性之一面。《杂诗》其五“猛志逸四海”,是自述少壮之志。此诗作于晚年,“猛志固常在”,可以说是借托精卫、刑天,自道晚年怀抱。下面二句,乃申发此句之意蕴。“同物既无虑,化去不复悔。”“同物”,言同为有生命之物,指精卫、刑天之原形。“化去”,言物化,指精卫、刑天死而化为异物。“既无虑”实与“不复悔”对举。此二句,上句言其生时,下句言其死后,精卫、刑天生前既无所惧,死后亦无所悔也。此二句,正是“猛志固常在”之充分发挥。渊明诗意绵密如此。“徒设在昔心,良辰讵可待。”结笔二句,叹惋精卫、刑天徒存昔日之猛志,然复仇雪恨之时机,终未能等待得到。诗情之波澜,至此由豪情万丈转为悲慨深沉,引人深长思之。猛志之常在,虽使人感佩;而时机之不遇,亦复使人悲惜。这其实是一种深刻的悲剧精神。

渊明此诗称叹精卫、刑天之事,取其虽死无悔、猛志常在之一段精神,而加以高扬,这并不是无所寄托的。《读山海经》十三首为一组联章诗,第一首咏隐居耕读之乐,第二首至第十二首咏《山海经》、《穆天子传》所记神异事物,末首则咏齐桓公不听管仲遗言,任用佞臣,贻害己身的史事。因此,此组诗当系作于刘裕篡晋之后。故诗中"常在"的"猛志",当然可以包括渊明少壮时代之济世怀抱,但首先应包括对刘裕篡晋之痛愤,与复仇雪恨之悲愿。渊明《咏荆轲》等写复仇之事的诗皆可与此首并读而参玩。

即使在《山海经》的神话世界里,精卫、刑天的复仇愿望,似亦未能如愿以偿。但是,其中的反抗精神,却并非是无价值的,这种精神,其实是中国先民勇敢坚韧的品格之体现。渊明在诗中高扬此反抗精神,"猛志固常在",表彰此种精神之不可磨灭;"徒设在昔心,良辰讵可待",则将此精神悲剧化,使之倍加深沉。悲尤且壮,这就使渊明此诗,获得了深切的悲剧美特质。 (邓小军)

拟挽歌辞三首

陶渊明

有生必有死,早终非命促。昨暮同为人,今旦在鬼录。魂气散何之,枯形寄空木。娇儿索父啼,良友抚我哭。得失不复知,是非安能觉!千秋万岁后,谁知荣与辱?但恨在世时,饮酒不得足。

在昔无酒饮,今但湛空觞。春醪生浮蚁,何时更能尝!肴案盈我前,亲旧哭我旁。欲语口无音,欲视眼无光。昔在高堂寝,今宿荒草乡;一朝出门去,归来良未央。①

荒草何茫茫,白杨亦萧萧。严霜九月中,送我出远郊。四面无人居,高坟正嶕峣。马为仰天鸣,风为自萧条。幽室一已闭,千年不复朝。千年不复朝,贤达无奈何。向来相送人,各自还其家。亲戚或馀悲,他人亦已歌。死去何所道,托体同山阿。

〔注〕 ① 良：一本作“夜”。

多年来我一直坚持一种看法，即陶渊明诗文应读全集，无须遴选；而陶诗明白如话，尤不必加以评论和赏析。至于陶之为人，亦久有定论，再施品评，尽属辞费。近时重读陶诗，觉得他的三首《挽歌诗》（本集题作《拟挽歌辞》，此据《文选》）极有新意。于是泚笔略陈心得，算是填补我几十年来不谈陶诗的空白吧。

陶诗一大特点，便是他怎么想就怎么说，基本上是直陈其事的“赋”笔，运用比兴手法的地方是不多的。故造语虽浅而含义实深，虽出之平淡而实有至理，看似不讲求写作技巧而更得自然之趣。这就是苏轼所说的似枯而实腴。魏晋人侈尚清谈，多言生死。但贤如王羲之，尚不免有“死生亦大矣，岂不痛哉”之叹；而真正能勘破生死关者，在当时恐怕只有陶渊明一人而已。如他在《形影神·神释》诗的结尾处说：“纵浪大化中，不忧亦不惧；应尽便须尽，无复独多虑。”意思说人生居天地之间如纵身大浪，沉浮无主，而自己却应以“不忧亦不惧”处之。这已是非常难得了。而对于生与死，他竟持一种极坦率的态度，认为“到了该死的时候就任其死去好了，何必再多所顾虑！”这同陶在早些时候所写的《归去来兮辞》结尾处所说的“聊乘化以归尽，乐夫天命复奚疑”，实际是一个意思。

这种勘破生死关的达观思想，虽说难得，但在一个人身体健康、并能用理智来思辨问题时这样说，还是比较容易的。等到大病临身，自知必不久于人世，仍能明智地认识到这一点，并以半开玩笑的方式（如说“但恨在世时，饮酒不得足”）写成自挽诗，这就远非一般人所能企及了。陶渊明一生究竟只活了五十几岁（梁启超、古直两家之说）还是活到六十三岁（《宋书·本传》及颜延之《陶徵士诔》），至今尚有争议；因之这一组自挽诗是否临终前绝笔也就有了分歧意见。近人逯钦立先生在《陶渊明事迹诗文系年》中就持非临终绝笔说，认为陶活了六十三岁，而在五十一岁时大病几乎死去，《拟挽歌辞》就是这时写的。我对陶的生卒年缺乏深入研究，不敢妄议；但对于这三首自挽诗，却断定他是在大病之中，至少认为自己即将死去时写的。而诗中所体现的面对生死关头的达观思想与镇静态度，毕竟是太难得了。至于写作时间，由于《自祭文》明言“岁惟丁卯，律中无射”，即宋文帝元嘉四年(427)九月，而自挽诗的第三首开头四句说：“荒草何茫茫，白杨亦萧萧。严霜九月中，送我出远郊。”竟与《自祭文》时令全同，倘自挽诗写作在前，何其巧合乃尔！因此我以为仍把这三首诗隶属于作者临终前绝笔更为适宜。

第一首开宗明义，说明人有生必有死，即使死得早也不算短命。这是贯穿此三诗的主旨，也是作者对生死观的中心思想。然后接下去具体写从生到死，只要一停止呼吸，便已名登鬼录。从诗的具体描写看，作者是懂得人死气绝就再无知觉的道理的，是知道没有什么所谓灵魂之类的，所以他说："魂气散何之，枯形寄空木。"只剩下一具尸体纳入空棺而已。以下"娇儿"、"良友"二句，乃是根据生前的生活经验，设想自己死后孩子和好友仍有割不断的感情。"得失"四句乃是作者大彻大悟之言，只要人一断气，一切了无所知，身后荣辱，当然也大可不必计较了。最后二句虽近诙谐，却见出渊明本性。他平生俯仰无愧怍，毕生遗憾只在于家里太穷，嗜酒不能常得。此是纪实，未必用典。不过陶既以酒与身后得失荣辱相提并论，似仍有所本。盖西晋时张翰有云："使我有身后名，不如即时一杯酒。"(见《晋书·文苑》本传)与此诗命意正复相近似。

此三诗前后衔接，用的是不明显的顶针续麻手法。第一首以"饮酒不得足"为结语，第二首即从"在昔无酒饮"写起。而诗意却由入殓写到受奠，过渡得极自然，毫无针线痕迹。"湛"训没，训深，训厚，训多(有的注本训澄，训清，似未确)，这里的"湛空觞"指觞中盛满了酒。"今但湛空觞"者，意思说生前酒觞常空，现在灵前虽然觞中盛满了酒，却只能任其摆在那里了。"春醪"，指春天新酿熟的酒。一般新酒，大抵于秋收后开始酝酿，第二年春天便可饮用。"浮蚁"，酒的表面泛起一层泡沫，如蚁浮于上，语出张衡《南都赋》。这里说春酒虽好，已是来年的事，自己再也尝不到了。"肴案"四句，正面写死者受奠。"昔在"四句，预言葬后情状，但这时还未到殡葬之期。因"一朝出门去"是指不久的将来，言一旦棺柩出门就再也回不来了，可见这第二首还没有写到出殡送葬。末句是说这次出门之后，再想回家，只怕要等到无穷无尽之日了。一本作"归来夜未央"，意指自己想再回家，而地下长夜无穷，永无见天日的机会了。亦通。

从三诗的艺术成就看，第三首写得最好，故萧统《文选》只选了这一首。此首通篇写送殡下葬过程，而突出写了送葬者。"荒草"二句既承前篇，又写出墓地背景，为下文烘托出凄惨气氛。"严霜"句点明季节，"送我"句直写送葬情状。"四面"二句写墓地实况，说明自己也只能与鬼为邻了。然后一句写"马"，一句写"风"，把送葬沿途景物都描绘出来，虽仅点到而止，却历历如画。然后以"幽室"二句作一小结，说明圹坑一闭，人鬼殊途，正与第二首末句相呼应。但以上只是写殡葬时种种现象，作者还没有把真正的生死观表现得透彻充分，于是把"千年"句重复了一次，接着正面点出"贤达无奈何"这一层意思。盖不论贤士达人，对有生必有死的自然规律总是无能为力的。这并非消极，而实是因勘得破看得透而总结出来的。而一篇最精彩处，全在最后六句。"向来"犹言"刚才"。刚才来送殡的人，一俟棺入穴中，幽室永闭，便自然而然地纷纷散去，各自回家。这与上文写死者从此永不能回家又遥相对照。"亲戚"二句，是识透人生真谛之后提炼出来的话。家人亲眷，因为跟自己有血缘关系，可能想到死者还有点儿难过；而那些同自己关系不深的人则早已把死者忘掉，该干什么就干什么去了。《论语·述而篇》："子于是日哭，则不歌。"这是说孔子如果某一天参加了别人的丧礼，为悼念死者而哭泣过，那么他在这一天里面就一定不唱歌。这不但由于思想感情一时转不过来，而且刚哭完死者便又高兴地唱起歌来，也未免太不近人情。其实孔子这样做，还是一个有教养的人诉诸理性的表现；如果是一般人，为人送葬不过是礼节性的周旋应酬，从感情上说，他本没有什么悲伤，只要葬礼一毕，自然可以歌唱了。陶渊明是看透了世俗人情的，所以他反用《论语》之意，爽性直截了当地把一般人的表现从思想到行动都如实地写了出来，这才是作者思想上的真正达观而毫无矫饰的地方。陶之可贵处亦正在此。而且在作者的人生观中还是有着唯物的思想因素的，所以他在此诗的最后两句写道："死去何所道，托体同山阿。"大意是，人死之后还有什么可说的呢，他把尸体托付给大自然，使它即将化为尘埃，同山脚下的泥土一样。这在佛教轮回观念大为流行的晋宋之交，真是十分难能可贵的唯物观点呢。

至于我前面说的此三首陶诗极有新意，是指其艺术构思而言的。在陶渊明之前，贤如孔孟，达如老庄，还没有一个人从死者本身的角度来设想离开人世之后有哪些主客观方面的情状发生；而陶渊明不但这样设想了，并且把它们一一用形象化的语言写成了诗，其创新的程度可以说是前无古人。当然，艺术上的创新还要以思想上的明彻达观为基础。没有陶渊明这样高水平修养的人，是无法构想出如此新奇而真实、既是现实主义又是浪漫主义的作品来的。　（吴小如）

【作者小传】

支　遁

(314—366)　字道林，以字行，本姓关，东晋陈留(今河南开封市一带)人。早年隐居余杭山，年二十五出家为僧。标举"即色义"，一时名流均与之游。曾在剡山、会稽各处立寺讲学，卒于剡山。有集十三卷，已佚。《广弘明集》存其诗十八首。

咏怀诗五首(其一)　　支　遁

傲兀乘尸素，日往复月旋。弱丧困风波，流浪逐物迁。中

路高韵益,窈窕钦重玄。重玄在何许,采真游理间。苟简为我
养,逍遥使我闲。寥亮心神莹,含虚映自然。亹亹沈情去,彩
彩冲怀鲜。踟蹰观象物,未始见牛全。毛鳞有所贵,所贵在
忘筌。

《弘明集》引《日烛》中语称支遁。"领握玄标,大业冲粹,神风清肃。"宜其为东晋名士之冠。这首《咏怀诗》,自述其生平襟怀,傲兀超逸,千载之下,令人想见这位亦释亦道的名僧风采。

开首六句,简叙其早年经历。尸素的本义是尸位素餐,此作不事营营解。支遁生平,已难详考,只知道他本籍陈留(或云河东林虑人),约生于晋愍帝建兴二年(314),大概在永嘉乱时,随家人迁居江左。诗中"弱丧困风波,流浪逐物迁"或指此。据梁释慧皎《高僧传》云(支)"遁家世事佛,早悟非常之理。隐居余杭山,沈思《道行》之品,委曲《慧印》之经,卓焉独拔,得自天心"。而支遁在《述怀诗》中亦说自己:"总角敦大道,弱冠弄双玄。"按支遁于二十五岁时皈依沙门,故诗中"中路"云云,当指自己一生的这一重大抉择。

"重玄在何许"以下,俱述其探玄求道的体会。我们知道,东晋的诗篇,其内容多"溺乎玄风,嗤笑徇务之志,崇盛亡机之谈"(刘勰《文心雕龙·明诗》),作为一代名士清流,支遁更是栖心玄远,不营物务,并将此视作一生事业所在,故其述怀,不同于后来文人墨客干名求禄的宦海沉浮之叹,而是重在阐发自己出入释老辨义析理所得。"重玄"句是设问,"采真游理间"是自答。"真"是佛道二家俱标揭的最高哲学境界。佛教之真,相对于幻而言,如称出世间法为真谛,得道罗汉为真人。道家称人之本原本性曰真。如《庄子·秋水》:"谨守而勿失,是谓反其真。"在通往此理念王国的道路上,充满着微言精义,思辨玄门,而这,正是东晋名士名僧们所好之乐之的。作者畅游于理念王国,超脱于浊世人间,从而达到"苟简"与"逍遥"的人生境界。"苟简为我养,逍遥使我闲"二句,强调与突出自我意志的自由解脱,这不就是庄子一贯鼓吹的物物而不物于物的主体意识吗!《庄子·天运》篇云:"古之圣人……食于苟简之田。"这里的"苟简",引申无所作为的处世准则。而逍遥,更是庄子学说中首先揭橥的人生要义。支遁对庄子《逍遥游》素有研究,曾独标新理,折服一时名流。其《逍遥论》云:"夫逍遥者,明至人之心也。……至人乘天正而高兴,游无穷于放浪,物物而不物于物,则遥然不我得。玄感不为,不疾而速,则逍然靡不适,此所以为逍遥也。"此写出清谈家之心胸,与诗意正可互相发明。支遁所说逍遥,实际指一种自由的意志,即所谓至人之心。

而至人之心，其要于“览通玄妙，凝神玄冥。灵虚响应，感通八方”（支遁《大小品对比要钞序》）以下“寥亮心神莹，含虚映自然。亹亹沈情去，彩彩冲怀鲜”四句描写的就是这样一种心灵的境界。由心明而神朗，则纵观人生世相，恰如庖丁解牛，遗其形而存其真。又如《庄子·外物》篇中的得鱼忘筌之喻，可以直达其道而弃其言迹了。此首最后四句，即比喻智全言废，还群灵于本无的体道境界。

东晋士人侧重清议玄谈，支遁犹称其首。《世说新语·文学篇》载“支（遁）道林、许掾诸人共在会稽王斋头，支为法师，许为都讲（《高逸沙门传》曰：道林时讲《维摩诘经》），支通一义，四座莫不厌心。许送一难，众人莫不忭舞。”在当时辨言析理的名士风气中，支遁以其学通释道而领袖群伦。汤用彤先生在《汉魏晋南北朝佛教史》中说：“东晋名士崇奉林公（支遁），可谓空前，此其故不在当时佛法兴隆。实则当代名僧，既理趣符《老》、《庄》，风神类谈客。”（《两晋之名僧与名士》）这首《咏怀诗》，寄兴高远，立意精微，足见“至人”之心胸，名僧之襟怀。尤可称道者，还在于它不同于当时翻转概念的玄言诗。如“寥亮心神莹”以下四句，描写心朗逆鉴，表里澄彻，返虚入浑，逍遥无极的境界，辞采鲜丽，隽逸脱俗。《世说新语·文学篇》说支遁曾论《逍遥游》，“作数千言，才藻新奇，花烂映发”。洵非虚语。

（祝振玉）

【作者小传】

鸠摩罗什

(344—413)　十六国时后秦高僧。生于西域龟兹国（今新疆库车），父天竺人。七岁出家，后为后凉国主吕光所得。后凉亡，后秦主姚兴迎之至长安，奉为国师，译出佛经多种。事迹具《晋书》卷九五本传。《艺文类聚》存其诗一首。

十喻诗　　鸠摩罗什

十喻以喻空，空必待此喻。
借言以会意，意尽无会处。
既得出长罗，住此无所住。
若能映斯照，万象无来去。

这是后秦伟大的佛经翻译家鸠摩罗什现存唯一的一首诗。原载《艺文类聚》

卷七十六、《诗纪》卷三十七。这篇作品极可能是这位高僧当时说佛唱法的偈颂，因它的句式韵步有类五言古诗，故被后人收入诗集。题云“十喻”，但已不知其指为何。佛教为弘扬经义，力求众人知晓，其说法多用比喻。如著名的《百喻经》就是用了一百个生动有趣的比喻来说明佛教经义。《大日经》有“十喻观”，其中用幻术、梦、影、水月、浮浪等十个比喻说明世上万物皆是因缘而生无自在性。此或用其义。

首二句讲了一个“空”字，“空”是佛教对人生宇宙，世上万物的基本看法，认为世上一切现象都是因缘而生、刹那生灭的，也没有质的规定性与独立实体，因为一切都是假而不实，故谓之“空”。但佛教各派对“空”的具体阐发上，亦各持己见。作者尊奉大乘空宗，他认为的“空”，并不是虚无，而是非有非无，无生无灭的大乘无常之妙旨。大乘空宗的主要论著有龙树的《中论》、《十二门论》、提婆的《百论》，此三论之学，特别强调扫一切相，断言语道。即认为一切妙义真谛是只可自己冥契意会，难以言传的。但是，为了传播佛教的精义，又不得不借助言语比喻，等明了了其中的真谛，就应当得意忘言，做到不为言语名相所拘，达到通脱无碍的境地。所以次二句“借言以会意，意尽无会处”就是说明这个道理，为自己用语言比喻作一番解释。下二句中之“长罗”含羁约罗网意，而“住此无所住”亦是作者佛学的重要内容，他反对小乘有生有灭的无常义，强调大乘无生无灭的无常义。认为“住即不住，乃真无住也。本以往为有，今无住则无有，无有则毕竟空也”（《维摩经注》）。在否定一切现象的实在性（住）方面，他比小乘派更为彻底。以上六句是陈述作者的佛学要点。最后二句是收束全篇，大意是告诉人们如能明白以上精义，其心性就能如明鉴映照无碍，世上万象在此面前，即不存在什么来去生灭。

印度佛教自东汉末年传入我国以后，渐与中国文学发生密切关系。一方面，佛经的翻译、介绍需要借助中国文学特别是诗歌的体式与语言，另一方面，中国的诗歌也因为佛教的传入，注入了新的思想内容。作者是中外文化交流的先导，他的这首诗无疑体现了这种中外文化的交融，为后代诗歌开拓了新的意境。

按“吟咏情性”、“赋、比、兴”的儒家诗教，这首诗也许是淡乎寡味的。但它的价值并不在于一唱三叹的诗情，炳焕绚丽的辞彩。作为一个原籍天竺（古印度），生于西域龟兹国（今新疆库车）的高僧，这篇《十喻诗》以其思致缜密，语辞简捷显示了他驾驭汉语的娴熟技巧。他另有一篇赠东晋慧远的偈：“既已舍染乐，心得善摄不（否）。若得不驰散，深入实相不（否）。毕竟空相中，其心无所乐。若悦神智慧，是法性无照。虚诳等无实，亦非停心处。仁者所得法，幸愿示其要。”亦用五言诗体。《高僧传》称他“硕学钩深，神鉴奥远”，以致能够“手执胡经，口译秦言”（慧观《法华宗要序》）。作为这位伟大的佛经翻译家汉语言文学才能的见证，以表彰他对促进中外文化交流的贡献，这首诗的保存、赏鉴价值是不言而喻的。

（祝振玉）

【作者小传】

释慧远

(334—416)　本姓贾氏，东晋雁门楼烦（今山西宁武）人。少游学于后赵主石虎统治下的许昌、洛阳，为诸生，兼通儒、道之学。后出家为僧，师从释道安于恒山，随至襄阳。前秦末，南下荆州。后迁居浔阳庐山，东晋江州刺史桓伊为立东林寺，居寺三十余年，为净土宗始祖。深得东晋皇室公卿礼敬。有集十二卷，已佚，《庐山记》存其诗一首。

庐山东林杂诗　　释慧远

崇岩吐清气，幽岫栖神迹。希声奏群籁，响出山溜滴。有客独冥游，径然忘所适。挥手抚云门，灵关安足辟。流心叩玄扃，感至理弗隔。孰是腾九霄，不奋冲天翮？妙同趣自均，一悟超三益。

此诗一题作“游庐山”。东林即东林寺，晋江州刺史桓伊为慧远所建，时有释慧永，先居西林，此在其东，故名。故址在今江西庐山。晋太元十一年(386)建成，慧远住持东林后，弘法传道，直至义熙十年(416)逝世。诗当作于其间。

开首四句写东林胜景：奇峰突起，山岚云蒸，恍然仙境。首句“崇岩”，当指香炉峰。慧远《庐山记》云：“东南有香炉山，孤峰秀起，游气笼其上，则氛氲若烟。”唐李白《望庐山瀑布》诗“日照香炉生紫烟”云云与慧远首句，实同咏一景。“吐清气”与“生紫烟”俱指山岚袅袅上升之貌，传写出庐山特有胜景，名僧诗仙，虽异代而有同工之妙。次句“幽岫栖神迹”，绾合庐山掌故。据慧远自道：“有匡裕先生者，出自殷周之际，……受道于仙人，共游此山，遂托室崖岫，即岩成馆，故时人谓其所止为神仙之庐，因以名山焉”。(《庐山记略》)可见山中的紫气祥云在这位高僧看来并非偶然，而是此地神踪仙迹的显现。由此山间的气象亦不同凡境，“希声”二句极写山中之静，但这种寂静，并不是无声的沉默，而是动之极、响之极。虽听之无声但此中却有群籁奏鸣，此是天地宇宙间最大最广泛的声响。正如《老子》说："大音希声"，"听之不闻名曰希。"在无声之中有万窍号呼，于寂静之中有生命的律动，谙通佛理的慧远懂得动静相生的辩证法，于是他在描写了大音希声的山中寂静后，又平添了几声山流（溜）的涓滴，令读者想起六朝诗人王籍"蝉噪林愈静，鸟鸣山更幽"（《若耶溪》）中的意趣。

但是，云游此地的慧远，虽寄兴与神仙之庐，其目的并不是寓情山水，流连光景，而是"怀仁山林，隐居求志"。（谢灵运《远法师诔》）弘扬佛法大道。所以，作者的意趣所向，并不是山川风光本身，而是通过身游佳境，抒发从中感悟到的玄理妙道。因此"有客"以下十句，全是即景述怀，借机谈玄。诗中之客，当是作者自谓。这位高僧独行山林，神思冥冥，探幽索隐，在思味人生宇宙妙谛玄机，当时名士支遁《咏怀诗》云："道会贵冥想，罔象摄玄珠。"名僧与高士都讲究内心的参省，通过神游无极而探骊得珠。这就是慧远"冥游"的目的。因为作者所重在神游而不是身游，所以他是径然独往，不问所至。外界的山林风光，不过是触发玄机，感悟妙理的媒介。身行山间的慧远，目睹脱落尘俗的胜景，感到新的解脱与超悟。"挥手抚云门，灵关安足辟"。云门即闸门，晋左思《蜀都赋》："指渠口以为云门，洒滮池而为陆泽。"唐张铣注："言水自渠而灌田，故指渠口为云门，犹云来则雨至也。"由渠水周流，泽被四方，作者似乎想起了"智者乐水"（《论语·雍也》）的古训，《韩诗外传》卷三云："夫水者，缘理而行，不遗小闲，似有智者。"高僧由水悟道，其心智融畅，自谓灵府（心）本无关隘，又何来疏辟求通呢？此时高僧慧心周流，智浪腾踊，妙触玄机，心扃既开，目击道存，一切玄机妙理俱历历在前，"流心"两句正写出这种心情。

"孰是腾九霄，不奋冲天翮？"两句通过设问，将作者的冥游，导向一个思辨的焦点：怎样才能不展冲天之羽，却奋飞于九霄云天呢？作者企求超乎物外，心游无极，他的愿望在东林冥游中得到了欣慰的满足："妙同趣自均，一悟超三益。"这二句是对他的自问作答，也是全篇的结语。佛教之"妙"，含无上精微意。《法华玄义》曰："妙者，褒美不可思议之法也。"此上句谓如自心能臻无上之妙境，则不管所趣（同趋）至何，无论是身在尘世还是羽化登仙俱同归一极，无复等差。慧远从身游而至心游，归结为这样一个精微无上的妙谛玄义。并当下说法，告谕善男信女，这样身历其境的豁然超悟，其效果差胜于儒家修身的"三益"之法。《论语·季氏》云："益者三友，损者三友。友直（和正道直行的人为友），友谅，友多闻，益也。"

这首诗出自一代高僧之手，其脱落尘滓的逸怀高风自不待言。即是写景状物亦见其方外之人的本色，开首四句写山景清静脱俗，幽韵泠然。唐刘禹锡曾云："释子诗，因定得境，故清；由悟遣言，故慧。"（转引自《清诗话续编·诗筏》）后十句作者虽旨在申发游山的理趣，但因作者修养深厚，覃思精微，如其中“智者乐水”之意，感至理现之旨，妙同趣均之说，俱有益人心智之效。此同当时清流侈言名理的玄言诗不可等量齐观。

庐山在东晋初叶即为栖逸之地。玄学家有翟汤，名僧有竺昙无兰。然只有慧远住持东林后，庐山之名才播扬天下。慧远于此大弘弥勒净土之法，结社莲宗，庐山东林遂成为中国佛教净土宗的发源地。这首诗作为一代高僧的名迹，不仅在当时得到当时不少人的尊奉唱和（如刘程之、王乔之、张野俱有《奉和慧远游庐山诗》），即使在现在也将为名山古刹添色不少。（祝振玉）

【作者小传】

帛道猷

本姓冯，东晋山阴（今浙江绍兴市）人。一云南齐时人。东晋后期，住山阴若耶溪，曾与名僧释道壹有诗书交往。《高僧传》存其诗一首。

陵峰采药触兴为诗　帛道猷

连峰数千里，修林带平津。
云过远山翳，风至梗荒榛。
茅茨隐不见，鸡鸣知有人。
闲步践其径，处处见遗薪。
始知百代下，故有上皇民。

我想拿这诗来谈一个有趣的问题。因这问题所涉的面甚广，所以先举一个另外的例子。明代钟惺、谭元春合编的《古诗归》，录有谢灵运的《登庐山绝顶望诸峤》，共六句：

积峡或复启，平涂俄已闭。
峦陇有合沓，往来无踪辙。
昼夜蔽日月，冬夏共霜雪。

他们对这诗很是欣赏。钟云：“六句质奥，是一短记。”谭云：“他人数十句写来，必不能如此朴妙。”可是谢灵运的游览诗，绝没有这样寥寥数语的；《古诗归》所录，实是残缺不全的一个片断。至少，根据《文选》李善注等古籍记载，这诗前面还有六句：

山行非前期，弥远不能辍。

但欲淹昏旦，遂复经盈缺。

扪壁窥龙池，攀枝瞰乳穴。

而且，按谢诗的一般习惯，在《古诗归》所录六句的后面，很可能还有许多句，只是不见记载罢了。总之，钟、谭二人拿残诗当完篇来评论，近乎盲人摸象。他们因此受到后人反复讥刺，这事情也变成文学批评史上一个有名的笑话。

可是，撇开学问不谈，人们是否注意到：这诗究竟是残缺的好，还是比较完整的好？至少，《古诗归》所录六句，作为一首诗看，除开头有些突兀，总体上是不错的，诗意集中，抓住了景物的特征。如果加上另外六句，就显得拖沓、累赘，节奏平缓无力。

回到帛道猷的诗，也有一个同样的情况。明人杨慎《升庵诗话》说，他在沃州看到这诗的刻石，只有四句：

连峰数千里，修林带平津。

茅茨隐不见，鸡鸣方知人。

杨慎说："此四句千古绝唱也。"又说，后四句与这四句不相称，石刻上只有四句，不知是帛道猷自己曾作删节，还是有高人改定？杨慎此人好捣鬼，删为四句，很可能就是他自己动的手。石刻云云，恐怕是鬼话。这且不论，经过删节，诗确实比原来漂亮得多。如果帛道猷当初只写这四句，恐怕很早就会引起人们的注意，他的名气也要大得多，不至于到现在还默默无闻。

我们来作一个比较。删节的诗，前二句展开一个开阔的画面：山峰此起彼伏，绵绵相连，横亘天际；山下平野中，绿色的林带，环绕清澈的河流，曲折延展。这一景象，令人心旷神怡，烦虑顿消，忘情世外。后二句是近景，却不全是视觉形象：山林曲隩处，似有茅屋露出，但看不清楚，不能确定；从那传来的声声鸡鸣中，才知道确有人居住。虽然我们对居住在那小小茅茨中的主人一无所知，却可以从中充分地感受到一种隔绝尘嚣、与世无争、恬淡闲静的情趣。四句结合，既表现了大自然的广博、深远，又写出人在自然中获得的安宁、静穆。由此反衬出世俗生活的竞逐、虚伪、喧嚣，令人作出世之想。

从一、二两句到三、四两句之间，似乎有些跳脱。但对诗歌来说，这并没有什么不好。读者可以从两个不同的场景，从它们相互联系、相互规定的关系中，凭借想象来补足省略的内容。后二句写得很虚，因此留下了更大的想象余地：鸡鸣之处，是谁——山民还是隐者——居住着？他过着什么样的生活？对于人生和世界，他能告诉我们何种体会？人的精神活动，最根本、最活跃的因素是它的创造性。当诗歌给读者留下想象余地的时候，也就激发了读者的创造性思维，以积极的态度去理解、体会，乃至重新构造诗的意境。这诗因此更有吸引力。"茅茨”二句，显然是很有情味，耐得咀嚼。所以后代诗人，常仿照以翻新。苏东坡的词说：“墙里秋千墙外道。墙外行人，墙里佳人笑。笑渐不闻声渐悄，多情却被无情恼。”秦观诗云“菰蒲深处疑无地，忽有人家笑语声。”道潜诗云：“隔林髣髴闻机杼，知有人家在翠微。”均属此类。

再来看未经删节的原诗。一二句之后，插入“云过远山翳，风至梗荒榛”二句，是个过渡，通过写云和风，把视线从“远山”移向“荒榛”，从而引出“茅茨”二句。针脚是细密了，没有删节以后的跳脱之感，但却是死死地牵着读者，好像不说明清楚，别人就不知道。可以说，这二句在意境的创造上并不起多少作用(尽管“云过”句写景还不错)，主要是为了完成一个视线的转移。但这样一来，本来可以有轻灵活脱之感，也就消失无存。尾巴上四句更糟。原来“茅茨”二句，写得很虚，很有韵味；“闲步践其径，处处见遗薪”，却通过作者自身的探访活动，加以说明，把虚的写成实的。二句所起的作用，不过说明这地方过去住过不少人家，所以留下许多未用尽的薪木。而后又发一通议论：“始知百代下，故有上皇民。”——我这才知道：原来百代之后，仍然有上古三皇时代那样的无忧无虑、耕织自足的人民。由此表达一个很清楚的言外之意：这样的生活真是令人向慕，我们何不也走这一条道路？至此，诗中的绳索越收越紧，把读者的思维紧紧捆绑在作者所要表达的意图上，毫无松动余地。自然，读者的创造活动也就无法开展，因而，读到这里，不禁兴味索然。

前引杨慎对删节后诗的评价，说是：“此四句古今绝唱也。”或许有些过分。但无疑那是一首很出色的诗，放在东晋这个特定的时代，更是不同凡响。为什么原可以写得简洁而出色的诗，作者却徒费力气把它写得累赘无味呢？这并不是帛道猷一个人的问题。在魏晋和南朝前期，这种情况相当普遍。前面特意引谢灵运的例子作为开头，便是为了说明这一点。读者倘若有兴趣，不妨找一些诗出来删节，充当一下杨慎的角色。

那么，问题的关键在哪里？当然，我们可以得出这样的结论：诗歌的语言应当简练。但这样说还是太浅了。从中国诗歌的发展过程来看，魏晋时期的文人诗，是在上层人士的相互交往中作为一种交际手段发展起来的。这时期的诗并不是不追求美感，但是，又过多地带有纪实性和自我表述性。作者往往偏重于以诗来记述其生活的一段经历，表达由此产生的感想，而不太注意到：诗歌尽管离不开作者的生活和情感，却又是一种相对独立的、自我完足的艺术品。一首好诗，首先不在于它记述了什么样的事实，而在于它提供了一个美好的、独特的艺术境界。与此相关，它还应该容许、激发读者的审美参与，保持一种活的生命。

因为忽略了这个重要问题，那时的诗常常有过于实在、过于充分的毛病，在诗的独立构造上考虑得较少。这种情况到齐、梁时有明显的改变，到唐代改变得更为彻底。前人说唐诗重“兴象”，就在于唐诗比前代诗作更明确地考虑到诗作为独立的艺术品所应有的形象和意味，其语言更偏于“表现”而不是“说明”。当然，这是一个发展过程，我们没有理由指责魏晋诗人。

本文意在通过帛道猷这首诗的赏析，来提出中国诗歌史上的一种重要现象。这种现象似乎过去很少有人注意。当然，由于文章的性质和篇幅的限制，无法在这里说得更详尽，但也许可以提醒读者：鉴赏是一种很丰富的、具有多方面内涵、需要多种分析手段的审美活动。

（骆玉明）

【作者小传】

杨苕华

东晋东莞郡（今山东莒县一带）人。少许聘同郡王晞（即竺僧度），及晞出家，曾有诗书赠之。《高僧传》存其诗一首。

赠竺度 杨苕华

大道自无穷，天地长且久。巨石故叵消，芥子亦难数。人生一世间，飘若风过牖。荣华岂不茂，日夕就彫朽。川上有馀吟，日斜思鼓缶。清音可娱耳，滋味可适口。罗纨可饰躯，华冠可耀首。安事自剪削，耽空以害有？不道妾区区，但令君恤后！

在《高僧传》的《竺僧度传》中留下了一赠一答的两首诗，赠诗者为杨苕华，答诗者为竺僧度。僧度本姓王，名晞，字玄宗，东莞人。僧度少孤，和母亲相依为命。他与同郡杨德慎之女苕华定亲，但未及成礼，己母与苕华父母即相继亡故。经受了这一人生的悲剧，他万念俱灰，遂遁入空门。苕华服丧期满，修书并赠诗与僧度，希望心爱的人能回心转意，与她共偕百年之好。但是僧度志意已坚，不为所动，在复书与答诗中表明了自己决绝的态度。从此，他沉潜佛理，在晨钟暮鼓中了却余生，后竟不知所终。这两首诗是两个年轻人心灵的撞击所迸发出的火花。发自少女内心的对美好生活的憧憬与呼唤，在森严冷峻的佛门之上被击得粉碎，她的理想如电光石火般破灭了。而僧度之撒手而去，表明他对人生的绝望，折射出那个社会的冷酷与黑暗。千载之下，我们展读这两首诗，仍能为那少女追求幸福的勇气所感动，也为其悲剧的结局深表惋惜。

苕华之赠诗为劝僧度脱离佛门，既动之以情，又晓之以理。开头四句先说天地之永恒，以与下面六句所述人生之短促形成对照。中国传统思想中一向有一个形而上的道作为万物的本体，各家对道尽管解释各异，但在道的无穷永恒这一点上却是殊途同归的。《老子》说："有物混成，先天地生。寂兮寥兮，独立而不改，周行而不殆，可以为天下母。吾不知其名，字之曰'道'，强为之名曰'大'。"是所谓"大道"。这和《庄子》所说的"无为无形"、"先天地生"、"莫知其始，莫知其终"的"道"（《大宗师》）是同一归趣。由这个"道"所派生出来的天地也是永恒的，正如《老子》所说："天长地久。天地所以能长且久者，以其不自生，故能长生。"接着诗人以"巨石"与"芥子"的意象分别说明天地之久且广。巨石叵（"不可"之合声）消，言其时间之久远；芥子难数，状其空间之无垠。通过这一铺垫，相形之下，人生就显得更为短促。"人生"二句显然化用《庄子·知北游》中语："人生天地之间，若白驹之过郤（隙）。"又《古诗十九首》云："人生寄一世，奄忽若飚尘。"亦为此诗所本。诗人接着又以荣华虽茂、转瞬凋谢的意象补足上面的意思，使之更为突出。正因为此，孔子才临流而叹，发出"逝者如斯夫"（《论语·子罕》）的感慨，古人才在落日西沉时要击缶而歌。"日斜"一句典出《易·离卦》："日昃之离，不鼓缶而歌，则大耋之嗟，凶。"意谓日在西方附丽于天，犹如人到垂暮之年，此时若不击缶而歌，及时行乐，则徒自悲叹耄耋之年，只会凶多吉少。

诗的后半就承"日斜"一句的意思加以生发。先用四个排比句罗列人生的美好，从声色滋味到冠盖荣华，尘世生活的迷人之处都概括在这四句诗中了。诗人试图以世俗生活的美好来复苏对方枯寂的心田，一气贯注的排比正传达出她心情的激动与期望的殷切，优美谐婉的音节辞藻也与它所表现的美好生活相得益彰。它和前面人生短暂的诗意相映照，其把握现实、及时行乐之意，不言自明。但诗人犹感不足，故此四句之后又申之以规劝："安事自剪削，耽空以害有？"人生虽然短暂，但又是真实的存在，唯其短暂，尤需牢牢把握，不能沉溺于空寂的佛理而让韶光虚度。佛教的教义最根本的就是教人体认"万法（物）"之"空"，以摆脱对世俗生活的依恋。它把宇宙间一切的物质现象与精神现象归结为空，所谓"色不异空，空不异色；色即是空，空即是色"（《摩诃般若经·习应品》），或"一切有为法，如梦幻泡影，如露亦如电，应作如是观"（《金刚经》）。诗人希望对方不要沉迷于这种空寂之理而自绝于世，还是回到实实在在的人世中来。由于佛教的空观与中国传统思想凿枘不容，诗人在最后就借助于儒家的孝道来劝说对方，通过注入这一道德伦理观念来强化诗的说服力。“不道”，犹言“不管”或“不顾”。诗句谓：贱妾区区之身当然微不足道，不值得顾念，但是你也要为自己的身后考虑。《孟子·离娄下》称：“不孝有三，无后为大。舜不告而娶，为无后也，君子以为犹告也。”佛教之无君无父最受诟病，其禁绝婚姻实与种族繁衍的传统思想格格不入，难为常人所理解与接受。故诗人抓住这一点对他进行最后的也是最有分量的规劝。子孙不匮的思想正与开头的大道无穷相呼应，因为人类的繁衍是天地常存的一个重要内容。全诗表现出对作为客观实在的宇宙和人类的肯定与执着，这在空观玄理风行的东晋确属难能可贵，自有其积极意义。

玩味此诗，觉其虽为晋诗而有汉魏之风，尤得《古诗十九首》之神韵。明代许学夷之《诗源辩体》云：“汉魏五言，本乎情兴，故其体委婉而语悠圆，有天成之妙。”本诗宗旨在劝亲人还俗，故诗人通过章法的正反逆顺，极委婉曲折之致，谆谆致意，向对方捧上一颗拳拳之心。前半部分以大道无穷、天地永恒反衬人生短暂、时不我待，是为正反相对，前后逆接。而“日斜思鼓缶”一句在感慨迟暮中又生出及时行乐之意，很自然地引发出下面对美好人生的铺叙，是为顺接。“日斜”一句实是关合上下的一个榫头。人生之美又和下面的耽空害有形成对比，最后归结为夫妇之大伦，将规劝之意写足。全诗先以生命之速警其心，再以人生之乐动其情，终以夫妇之伦晓其理，极尽婉曲之致。

又，汉魏古诗情真意切，质朴浑沦，这是因为“汉魏五言，为情而造文，故其体委婉而情深”(同上)。诗之美本于情之真。本诗是一个少女向她的心上人敞开自己的心扉，从灵魂深处发出热切的呼唤，故不假藻饰，不用矫情，纯为感情的自然流淌，这和《古诗十九首》纯朴的自然美与整体美有异曲同工之处。所谓“汉魏古诗，气象混沌，难以句摘”(严羽《沧浪诗话》)，就是因为诗人一任其真，无须刻意求工。试看《古诗十九首》：“青青陵上柏，磊磊涧中石。人生天地间，忽如远行客。斗酒相娱乐，聊厚不为薄”；“人生非金石，岂能长寿考？奄忽随物化，荣名以为宝。”两相比较，可以发现，本诗与它在思想感情与艺术风格上都是一脉相承的。

(黄宝华)

【作者小传】

竺僧度

本姓王，名晞，字玄宗，东晋东莞郡(今山东莒县一带)人。少孤，聘同郡杨苕华，未及成婚而己母与苕华父母皆亡，因出家为僧。《高僧传》存其诗一首。

答 苕 华 竺僧度

机运无停住，倏忽岁时过。巨石会当竭，芥子岂云多。良由去不息，故令川上嗟。不闻荣启期，皓首发清歌？布衣可暖身，谁论饰绫罗？今世虽云乐，当奈后生何？罪福良由己，宁云己恤他！

尽管杨苕华对竺僧度苦口婆心地规劝，但他去志已坚，决心皈依佛门，不再返俗。他的心志完全表现在这首答诗中。

诗的前六句即是针对苕华赠诗的上半而发的。“机运”二句阐发了佛家“诸行无常”的道理，它和“诸法无我”、“涅槃寂静”构成佛教的基本理论“三法印”。佛家认为世间万物都是因缘和合而生，即佛陀所谓“此有则彼有，此生则彼生，此无则彼无，此灭则彼灭”，因而无一物不处在迁转流变之中，人有生、老、病、死，物有生、住、异、灭，世界有成、住、坏、空。万物不仅在某个阶段有种种变化，而且在刹那之间都有生灭，这就是佛家所说的“念念无常”。因而在佛家看来，世间一切事物都处在永恒的流动中，瞬息即变。这一闪耀着辩证法火花的思想在佛家那里却成为论证人生之苦的悲观主义哲学，导向了相对主义与虚无主义。僧度正是借此来说明无常的人生与世界无庸留恋与执着。以下四句所用的意象，巨石、芥子、川流，均来自苕华的赠诗。之所以如此，目的在于针锋相对，直接破弃对方的“迷误”。但是在写法上又各自不同。写“巨石”则针对苕华所言之“亘消”而指明其“当竭”，直接提出对立的论点，破弃“恒常”的观念。写“芥子”则揭示其虽有无量之数却不能谓多，对同一事物作出不同的解释，破除人们常识中的有差别论，代之以相对主义的无差别境界，即僧肇所说：“不念内外诸法，行心平等”，“美恶齐观，履逆常顺，和光尘劳，愈晦愈明，斯可谓通达无碍，平等佛道乎！”(《维摩诘经注》)“良由”二句则从同一“川流”的意象引出不同的人生哲学。苕华从中得出时不我待、及时行乐的结论，而僧度则悟出万物流转不息、不可执着的佛理。

既然尘世无可留恋，最好的归宿就是隐遁。诗的后半针对苕华诗中提出的人生理想，表述了自己的一套人生哲学。耐人寻味的是他并未照搬佛理，而是融入了更多的传统思想成分，这也是时代风气使然。他所标举的理想人物是古代高士荣启期。据刘向《说苑·杂言》所载(又见《列子·天瑞》)，荣启期“衣鹿皮裘，鼓瑟而歌”，孔子见之，问其何乐，他说：“天生万物，唯人为贵。吾既已得为人，是一乐也。人以男为贵，吾既已得为男，是为二乐也。人生不免襁褓，吾年已九十五,是三乐也。夫贫者士之常也,死者民之终也。处常待终,当何忧乎?”由此可见,僧度的人生理想更多的是安贫乐道,顺天知命,随缘而适,率性逍遥。这是儒家与道家思想的混合物。《易·系辞》云:“乐天知命故不忧。”《老子》云:“知足不辱,知止不殆,可以长久。”“故知足之足常足矣。”我们从颜回、孔丘、老聃、庄周等人的身上都可找到这一人生哲学。它是传统的隐逸思想,而不是佛家的涅槃清静。僧度的这一人生思想证明,印度佛学在中国的传播是在和传统思想的融合中实现的。不管人们如何吸收外来思想,总要将它嫁接到传统思想这棵大树上来,由以下的诗意更可见出这一特色。

“今世”以下四句揭示了这一人生思想的理论依据。原来诗人之所以舍弃现世生活的享乐,乃是为了获得来生的超度,他所依据的正是佛教的业报轮回之说。在原始佛教时期,佛陀就已提出“十二因缘”说,小乘佛教据此建立了“轮回”说。在十二因缘中,现在之果,必有过去之因,也势必会生将来之果。而诗人思想的直接渊源应是慧远的“报应论”。慧远是东晋时代力图融合儒佛的高僧,他的轮回学说就是一种带有中国特色的因果报应理论。他在《三报论》中说:“经说业有三报:一曰现报,二曰生报,三曰后报。现报者,善恶始于此身,即此身受。生报者,来生便受。后报者,或经二生、三生、百生、千生,然后乃受。”诗人顾念的正是这后生的报应,故要潜心修行,以求超脱轮回。在诗的最后,僧度表示获罪得福全看自己的所作所为,因而他考虑的只是自我的完善,其他一切均不足挂念!他就以此作为对苕华的坚决回绝。在他看来,后生的报应比后代的繁衍更为切要。僧度的上述思想与慧远的理论有着内在的联系。原始佛教在“诸法无我”与“业报轮回”之间存在着无法解决的矛盾。按前者就要否定自我实体的存在,必然要导致否认灵魂不死,但后者又要求有一个承受业报轮回的主体。慧远为解决这一矛盾就明确提出“神不灭论”,这个神(灵魂)也就是轮回的主体,因而因果报应完全是自作自受,这就突出了受报的主体是作业者自身。故慧远说:“然则罪福之应,唯其所感,感之而然,故谓之自然。自然者,即我之影响尔。于夫主宰,复何功哉!”(《明报应论》)这也就是本诗“罪福良由己”之所本。而慧远的理论依据正是来自儒家思想。儒家虽然标榜“天命”,但人之祸福全系于个人的作为,所谓“皇天无亲,惟德是辅”,“天道无亲,常与善人”,“永言配命,自求多福”,以及《尚书·太甲》之“天作孽,犹可违;自作孽,不可逭(逃)”,都是强调自我行为的决定意义,天只是起一种被动的“影响”作用,实际天成了一种虚拟之物。可见慧远在理论中排除天作为报应的主宰,是渊源有自的。

也许是由于僧度一心归向佛门,寂灭心性,故此诗的感情没有苕华的赠诗来得深挚,作为决绝之词,它更多地诉诸理性的辩论。但它又不是枯燥的说理,而是寓理念于形象之中,尤其是借用赠诗的意象而翻出新意,更见巧思。它以质朴的文词表现对人生与宇宙的思考,显然受到佛经中偈颂的影响。这种平实的风格与深邃的思辨相结合的特色,在唐代梵志、寒山、拾得的诗中得到了更大的发扬。

(黄宝华)

晋白纻舞歌诗(其一)　　无名氏

轻躯徐起何洋洋,高举双手白鹄翔。宛若龙转乍低昂,凝停善睐容仪光。如推若引留且行,随世而变诚无方。舞以尽神安可忘?晋世方昌乐未央。质如轻云色如银,爱之遗谁赠佳人。制以为袍馀作巾,袍以光躯巾拂尘。丽服在御会嘉宾,醪醴盈樽美且醇。清歌徐舞降祇神,四座欢乐胡可陈!

《晋白纻舞歌诗》共三首,此选第一首。白纻是一种细而洁白的夏布,《宋书·乐志》说,纻本产于吴地,所以《白纻舞》"宜是吴舞"。大约此舞的舞人都身穿白纻所制之衣,故名,它原来产生于吴地,三国归晋后便流传到了南北各地。这三首晋时的《白纻舞》歌辞,也是现存最早的七言乐府舞曲歌辞,其内容大抵是先赞美舞人的姿态,然后或说宴席之盛,或道及时行乐之意。据此可知,这些舞和歌都是在宫廷或王公贵族的宴会上表演讴唱以娱宾客的。

从这首歌辞中,我们可以大致想象到那时的歌舞场面。开场前,宾主暂停杯箸,舞女们也俯首屈体,摆好架势,静候举乐。"轻躯徐起何洋洋,高举两手白鹄翔。"随着歌声乐曲的悠然响起,她们一个个徐徐起身,显出轻盈的体态,那身姿是多么的舒展、那神态是多么的欢悦,这舞蹈的阵容又是多么的盛大!"洋洋"是个含义极多的词,广大、美盛、舒缓、喜乐,都可用以形容,而用在这里,这些含义又无不适合;再加一个感叹之词"何",这舞蹈可真是令人惊叹、引人神往。渐渐地,舞女们的窈窕身段都伸到了最纤最长,只见她们又双手高高举起,那白纻制就的舞袖从手腕处徐徐下滑,于是她们修长的手臂,便晶莹地展示了出来。条条玉臂一起轻轻摇摆,宛如一列列仙鹤在引颈翱翔,那肌肤的洁白光彩令人眩目!直到此刻,舞女们还不曾动过步伐,但就是这么一个开场亮相,就足够摄人心魂了!"白鹄",应是"白鹤",古诗中鹤与鹄常被混用。"宛若龙转乍低昂,凝停善睐容仪光。"舞女们终于启步了,她们身姿宛转,忽而低伏,忽而高昂,犹若蛟龙在游动;她们目光变幻,时而左顾右盼,时而凝眸专注,明亮的双眼使容光也随之灿烂生辉。这两句分别化入《洛神赋》的句子“宛若游龙”和“明眸善睐(旁视)”,似乎在暗示眼前的舞女便是曹子建笔下那凌波仙子的化身。“如推若引留且行,随世而变诚无方。”刚才只是原地作舞,现在她们又散成一圈,绕场且舞且行且止,造型不住地变化。时而后面的舞女把舞袖搭上前面舞女的肩头,仿佛在推她快走;时而前面的舞女反臂牵过后面的舞女,仿佛要引她前行:种种妙态,不一而足,世上时新什么,她们就演出什么,这舞阵千奇百异,叫人全然捉摸不到其中的变化奥秘!可以想象,歌辞唱到这里,舞女们已是娇躯满场流转,美不胜收。于是,歌儿们便总收一句“舞以尽神安可忘”——她们把舞蹈的神妙精微之处,表现到了极尽的地步,真是令人梦寐难忘!当然,当着满座的王公贵人,歌儿们自不免再加一句“晋世方昌乐未央”——恭祝皇朝国运昌隆,大人们其乐无穷!

舞到这时,席上想已是酒酣耳热,醉意微醺的宾客,也已忍受不了规规矩矩地安坐观舞了,待听到“乐未央”的颂词,他们的情绪就更活跃了。于是,舞女们又由自顾献艺,转而向席前传情。“质如轻云色如银,爱之遗谁赠佳人。制以为袍馀作巾,袍以光躯巾拂尘。”在这柔靡靡的歌声中,她们托起白纻舞服的长袖,那质地是白云也似柔和,色泽是银子一般闪亮。她们先是轻抚着爱不释手,接着敛眉若有所思,然后含笑扬首,捧袂前行,似要奉献给席前众宾。她们的纤指在白纻上划来比去,樱口微启似在告诉嘉宾:这一段裁来为你制作衣袍,光鲜你的玉山之躯;这一幅余下权作手巾,拂去你的襟上尘埃。至于为袍为巾暗示了什么,就留给众宾去想入非非了。“丽服在御会嘉宾,醪醴盈樽美且醇。清歌徐舞降祇神,四座欢乐胡可陈!”最后,当席上宾主笑颜尽开之际,舞女们终于翩然出场登席,为宾客把盏递杯了。而伴唱歌儿,也不失时机地一齐放开歌喉,唱出了最响亮的终曲:身穿美丽的舞装,欣会嘉宾,醇美无比的酒浆,倾满金樽。歌声是如此的清越,舞态是如此的舒徐,仙女降临到了凡间,这宴席四座的欢乐万状,还怎么能陈说得尽!御,指穿。醪,浊酒;醴,甜酒。至是,酒香与欢氛氤氲一气,笑语与歌乐汇成一片,《白纻舞》激起了宴会的高潮,自身也融进了这高潮之中!

这首诗从舞女身躯的徐徐抖动写起,中间逐渐加快节奏、扩大动作、增添热气,直到四座欢笑、声乐喧天结束,其中既细致描绘了舞蹈的变化,又粗笔勾勒出宴会景象,从而写出了一场歌舞盛宴的全貌。而诗的七言句式,用来既舒展自如,又流畅轻快,也为诗的描写生色不少。七言歌行的起步,要较其他诗体为迟。在本诗以前,曹丕的《燕歌行》还偏于抒情,至于有开阔的场面背景,有完整的描述过程,最能体现七言歌行篇幅容量大、内容、节奏、情调、气氛易于调节变化之优势的诗作,就现存作品看,当以《晋白纻舞歌诗》为最早之滥觞。这首歌直到唐

代还有人拟作，足见其本身对后世也影响深远，至于它在整个七言歌行发展史上的衣被后人的作用，则更是无法估量的了。（沈维藩）

箕　山　操　　无名氏

登彼箕山兮瞻望天下。山川丽崎，万物还普。① 日月运照，靡不记睹。游放其间，何所却虑。叹彼唐尧，独自愁苦。劳心九州，忧勤后土。谓余钦明，传禅易祖。我乐如何，盖不盼顾。河水流兮缘高山，甘瓜施兮弃绵蛮。② 高林肃兮相错连，居此之处傲尧君。

〔注〕 ①“还普”大概是“遝普”之讹。“遝”音“沓”（tà），意思是多、重沓。　②“弃绵蛮”大概是“叶绵蛮”之讹。“绵蛮”的意思是文彩美丽。

这是一首琴歌，记载在旧题“汉前议郎陈留蔡邕伯喈”所撰的《琴操》中，原说是夏代布衣许由所作的。这种说法并不可信，它属于一种把作品题材所托的时代同作品的实际产生时代相混淆的托古附会。在七弦琴这种靠口头传授而延续的艺术样式当中，这种托古附会的情况是常见的。（关于琴歌艺术的说法，请参看《复旦学报》1987 年第 4 期所载《琴曲歌辞〈胡笳十八拍〉新考》一文。）因此，应当参考作品的著录情况，根据它的内容和形式，对它的产生时代作出重新判断。我们的看法是：它是一篇晋代的作品。

《箕山操》的思想内容是从关于许由的故事中生发出来的，这种写作方法叫作“托古拟情”。据《琴操》的记载，许由是唐尧时的隐士。他依山而食，掬水而饮，有不慕名利的大节。唐尧很欣赏他的节操，有意禅让王位给他。但许由不仅不为此所动，认为“吾志在青云，何乃劣为九洲伍长乎”，反而觉得被尧的恶语污了耳朵，遂有“临河洗耳”之举。尧死以后，他便作了一首《箕山之歌》。《箕山操》的主要思想，就是说天地万物生机蓬勃，帝王被名教所累，远不如同自然相得的隐士那样快乐。《琴操》所载的这个故事，乃来源于《庄子·逍遥游》、《韩非子·说林》和《史记·伯夷列传》。不过《庄子》等书只记了许由辞让王位这回事，没说什么“临河洗耳”。临河洗耳的原始说法是说“巢父洗耳”（如《后汉书·严光传》：“昔唐尧著德，巢父洗耳。”），或者说许由曾把禅让一事告诉巢父，巢父笑他不能真正做到藏光隐形，许由自惭了，才去拭目洗耳（《太平御览》卷五〇六引《高士传》）。直到晋代皇甫谧的《高士传》中，才在保留上述两种说法的同时，出现了“尧欲召我为九洲长，恶闻其声，是故洗耳”的说法（《史记·伯夷列传正义》引）。

可见我们应当依照《隋书·经籍志》的著录情况(《隋志》:"《琴操》三卷,晋广陵相孔衍撰"),把《琴操》所记的《箕山操》及其本事,判为晋代的产物。事实上,把名教看成是同自然相对立的事物,站在自然的立场上来反对名教,这种风气是到晋代才盛行起来的。《箕山操》所反映的正是这样一种时代思潮。

《箕山操》在艺术形式上也是很有特色的,且让我们把它分成三段来观察。

从首句到"何所却虑"是第一段。在这一段中,作者描写了隐士眼中的美好自然。这一描写很宏观,着重歌颂了山川的美丽峻峭、万物的丰富广大和日月的光辉普照,即着重描写了自然的伟力。站在高山上瞻望,得出这种感受是很自然的。这样一来,作者就巧妙地暗示了自己同自然合为一体的宽阔胸怀,为下面同唐尧的对照作了铺垫。

从"叹彼唐尧"到"盖不盼顾"是第二段。这一段都是四字句,语气显得比较促迫。这种表现形式同内容很协调,因为这里描写的就是唐尧的"忧勤"和"愁苦"。"忧勤后土"中的"后土"本来指的是古代的土神或司土之官,这里则用为一个普通名词,意思相当于"土地"。这是一种晚起的用法。而"谓余钦明,传禅易祖"两句,则不仅嘲笑了唐尧的帝王功业,而且嘲笑了所谓禅让,很简练地完成了对唐尧的批判。这种批判名教的精神,也是同晋代的思潮合拍的。

接下来是第三段。第一段讲的是正题,第二段讲的是反题,这一段则是合题。合题并不是对正题进行简单重复,而是通过另一角度的描写深化了主题:第一段偏重从空间上描写大自然的宏伟,第三段则偏重从时间上描写大自然的永恒。河水因高山的捐助而奔流不息,草叶因甘瓜的滋润而绚丽无限,这些生命景象都是永恒的象征。所以作者用了几个七言长句来表现它。从短促句式到缓长句式的转换不仅造成了音乐节奏感的变化,而且进一步渲染了两种人生境界的对比,即永恒的自然与生命同短暂的帝王功业的对比。末句"傲尧君"的"傲"字,于是显得贴切而更有力量了。

从上可见:《箕山操》是一首做到了内容与形式相统一的作品。这是我们推荐它的原因。值得注意的是:古代琴歌是到《箕山操》这里,才使用了正、反、合的组织结构以及明确的句式对比方法的,在汉以前的琴歌中并未产生这种艺术形式。这一点可以看作《箕山操》在艺术上的贡献,同时也可以作为判断作品时代的旁证。另外,内容与形式的统一还可以从音乐角度去理解,即《箕山操》的文学特征同它的音乐表现形式也是一致的。琴歌是一种自娱的艺术,常作即兴演唱,演唱方式多为"弦歌"方式——即弹奏一乐句后歌唱一句的方式,所以它更适合用散漫的句式来抒发情志,而不是用细腻的手法描摹形象。正因如此,《箕山

操》还具有语言明朗、直抒胸臆的风格特色。（王小盾）

陇上为陈安歌　　无名氏

陇上壮士有陈安，躯干虽小腹中宽，爱养将士同心肝。骣骢父马铁锻鞍，七尺大刀奋如湍，丈八蛇矛左右盘。十荡十决无当前，百骑俱出如云浮，追者千万骑悠悠。战始三交失蛇矛，十骑俱荡九骑留，弃我骣骢窜岩幽。天大降雨追者休，为我外援而悬头，西流之水东流河。一去不还奈子何，阿呼呜呼奈子何，呜呼阿呼奈子何。

本诗题目一作《陇上壮士歌》，又题作《陇上歌》，各本字句略有出入。清人杜文澜所辑《古谣谚》，详引《晋书·南阳王传》及《刘曜载记》中有关陈安事迹，作为歌辞对照，参酌诸书文字校勘补正，所载文字较为确当，今即据该书为准。

全诗凡三换韵，按其意分为六个层次，每三句为一层次。

第一个层次主述壮士陈安的仁爱勇武。“陇上壮士有陈安”。起句交代人物籍贯姓名，特别标明他的壮士身份。据《刘曜载记》：“(晋明帝)太宁元年(323)，曜亲征陈安，围安于陇城。”陇上泛指这一带地方。古有“关西出将”之谚，这与该区的边疆位置和地理条件不无关系，如飞将军李广即陇西人。点明壮士籍隶陇上，这对他的身份可起到鲜明的渲染作用。

“躯干虽小腹中宽”。用“虽”字反跌，壮士身材不壮，借以对照他的胸怀却壮，真是器度恢宏，宽大为怀，“宰相肚内好撑船”。俗话说：“表壮不如里壮”，于是壮士的“壮”，就在他的志意、品性上分外得到突出。

紧接就对这“腹中宽”作了解说：热爱将士，并且仁慈地抚养他们。用“心肝”二字比喻爱抚，尤觉情深意挚。证之《载记》谓：“(陈)安善于抚接，吉凶夷险，与众同之。”当非过誉。历史上李广、岳飞、戚继光等人都是这样的爱兵统帅；而这也正是将士们乐于为之效命的原因。

第二层写陈安的战马武器。“骣骢父马铁锻鞍”，骣，形容马奔跑迅捷。骢是青白色高头大马，古代太守出驭五花骢。父马，《尔雅·释畜》：“牡曰骘”。晋郭璞注：“今江东呼驭马为骘。”《广韵·上声九麌》：“驭，牡马也。”一本作文马，谓毛色有文采之马，与五花骢相切合，于义较长。不言革制而言“铁锻鞍”，通过马的鞍饰写马的壮健，再通过鞍、马写人的勇武。可以想见这位英雄人物骑在装备精良、毛色绚丽、雄悍矫健的战马上的形象，和他飞鞚扬鞭、驰骋战场情景。

前边对壮士的鞍马用静态描写，是虚写人物。接着“七尺大刀”两句，就转用动态描写壮士武器，并实写人物了。这两句应作互文解，写出壮士“左手奋七尺刀，右手执丈八蛇矛，近交则刀矛俱发，辄害五六(《载记》)”的作战英姿。“七尺”、“丈八”，所用皆是长兵，而壮士却能举重若轻，挥舞如飞。“奋”字写出他的拼搏。“如湍”以水色比刀光，并借水流加以动化，使人感到刀过处，一片寒光闪闪，冷气飕飕。“左右盘”补充了刀、矛动作，真个是左盘头、右盘头、左插花、右插花，上护其身，下护其马，令人目眩魂迷。“刀矛俱发”，简直合关羽张飞两人的形象而为一。

第三层写陈安的被困突围。“十荡十决”写壮士所向披靡，战无不胜。荡、决二字生动地表现了壮士摧锋挫锐的英雄气概，因此敌人“无当前”，谁都不敢同他迎战。

“百骑俱出如云浮，追者千万骑悠悠。”一本无此两句，欠当。因在“十荡十决无当前”的句后，直接续以“战始三交失蛇矛”，就形成对壮士刚肯定便否定的矛盾，似觉有悖情理。据《载记》：陈安自陇城“率骑数百突围而出，乃南走陕中。曜使其将军平先、邱中伯率劲骑追安。”因此双方强弱悬绝。壮士突围时有“百骑俱出”，可见将士皆愿与之同命，他们一起冲锋踹营、杀透重围。“云浮”状其轻驱疾驰如浮云迅掠，比喻生动。“追者千万骑”，敌我众寡悬殊。“悠悠”原义为深远，此处形容追兵队伍绵延不断，望不到头。这两句通过壮士兵少突围，被敌紧追不舍，正充分衬出他的英勇，不应跳过和省去。

第四个层次写陈安的战败脱逃。“战始三交失蛇矛”。据载记：“平先亦壮健绝人，勇捷如飞。与安搏战，三交，夺其蛇矛而退。”因为敌方兵多将猛，所以壮士迎战失利，经过三次交兵合战，连兵器也都丢掉了。

“十骑俱荡九骑留”。写浴血苦战，赞扬了壮士能得部下死力，并皆英勇不屈。这使人联想到项王垓下会战，以二十八骑驰突汉将的壮烈场面。一本无有此句，那就变成壮士被打得丢矛弃马，怯战脱逃，因而大有损于形象了。

“弃我騂騘窜岩幽”。壮士先已失去兵器，继又失去战马，但他决不妥协投降。他被迫落荒而逃，为了躲避追兵，“与左右五六人，步踰山岭，匿于溪涧(《载记》)。”

第五个层次，写陈安的壮烈牺牲。“天大降雨追者休。”据《载记》：“会日暮，雨甚……翌日寻之，遂不知所在。”这句写大雨阻住了追兵，似结而实转，以便开放出下句“为我外援而悬头”，从而颂扬了壮士的献身精神。壮士甘冒九死，主动出山。他是“为我外援”才被追兵发现“斩于涧曲”，枭首示众。面临“死生之际亦大矣”的考验，更令人信服壮士确能“爱养将士”。一本无“天降大雨”句，那就会给读者造成壮士是在敌人穷追之下亡命逃出乞援的印象，壮士之死也就大为逊色了。

“西流之水东流河”是即景遣兴并引入影喻。陇城当今甘肃省清水县北之张家川回族自治县，“西流之水”指陇水，流入洮水，复“东流河”，即注黄河。“门前流水尚能西”，可惜死者不可复生，壮士的生命已随“西流之水东流河”而“一去不还”了。

最后一层即写时人对陈安的哀悼，逝者如斯，有谁能生死人而肉白骨呢？我们可把他怎么办！大有“彼苍者天，歼我良人，如可赎兮，人百其身”的感喟。最后补上两句悼辞，以“阿呼呜呼、呜呼阿呼”的悲痛声反复呼唤，的是情不可遏。“奈子何”凡三叠，使结尾形成“一唱再三叹，慷慨有馀哀！”一本无此两句。从回环咏叹的需要看，究以不删为是。

全诗皆用赋体，中间略有比兴。高度概括壮士的为人、主要战绩和壮烈捐躯事。铺叙挥洒随意，转接流畅自然，自始至终一气呵成。遣辞如“腹中宽”、“同心肝”、“奋如湍”、“十荡十决”、“追者休”等均称警辟。三换皆用平韵且句句入韵。前用十四寒韵（唯前字跳韵）、韵调豪迈；接用十一尤韵、韵调悲壮；末用五歌韵、韵调哀咽。声情配合辞情，感人尤深。　　（童明伦）

宋　诗

【作者小传】

何承天

（370—447）　刘宋东海郯（今山东郯城）人。东晋末，累官宋台尚书祠部郎。宋武帝时，补南台治书侍御史。后入荆州刺史谢晦幕府。宋文帝时，为晦画策抗拒朝廷。晦败死，被宥，入右将军到彦之幕府，随其北伐。还任尚书殿中郎兼左丞、衡阳内史、太子率更令等官。承天精于历法，撰成《元嘉历》颁行于世。迁御史中丞，免官，卒于家。事迹具《宋书》卷六四及《南史》卷三三本传。有集三十二卷，已佚，明人辑有《何衡阳集》，《宋书》存其诗十五首。

战　城　南　　何承天

战城南，冲黄尘，丹旌电烻鼓雷震。①勍敌猛，②戎马殷，横阵亘野若屯云。仗大顺，应三灵，义之所感士忘生。长剑击，繁弱鸣,③飞镝炫晃乱奔星。虎骑跃,华毦旋,④朱火延起腾飞烟。骁雄斩,高旗搴,长角浮叫响清天。夷群寇,殪逆徒,馀黎霑惠咏来苏。⑤奏恺乐,归皇都,班爵献俘邦国娱。

〔注〕 ① 熛(yàn):兴盛貌。② 勍(qíng)敌:强敌。③ 繁弱:亦作"蕃弱",古之良弓名。④ 毦(ér):用羽毛做的装饰物,这里指兜鍪上的装饰。⑤ 黎:黎民。来苏:谓因其来而获得休养生息。苏,苏息。

《战城南》系乐府诗旧题,属《汉鼓吹铙歌十八曲》之一。铙歌,即"短箫铙歌",本为军乐。今存《战城南》篇写阵战之事,沉痛哀悼那些不幸阵亡的士卒。何承天的《战城南》诗是他于"晋义熙(晋安帝司马德宗年号)末私造"《鼓吹铙歌》十五篇中的一首。何承天的这组《鼓吹铙歌》,"虽有汉曲旧名,大抵别增新意,故其义与古辞考之多不合"(郭茂倩《乐府诗集》)。作者以颂扬赞美态度来描写战争,旨在"建威扬德,劝士讽敌"。其诗主题格调与表现形式,均与汉乐府古辞迥然有别。

本诗以叙阵战为主,采用整齐的三、三、七句式,每三句为一层意思,全诗二十四句,可分作四段来看。

开头三句为第一段。首句"战城南"系套用乐府古辞语。作者起笔拉开战幕,描绘出大战的场景。"勍敌猛"以下六句为第二段,分别从敌我两方来写。前三句言敌方兵强马众,攻势凶猛;后三句写己方士气振奋,斗志昂扬。"仗大顺",谓依顺天道民心;"应三灵",指得日、月、星三灵垂象之应。如陈琳所谓"当天符之佐运,承斗刚而曜震。"(《军武赋》)古称"明王之征",必顺天命以伐无道。战前先"告于皇天上帝、日月星;祷于后土、四海神祇、山川冢社;乃造于先王"(《司马法》)而后命将兴师。作者在此强调己方乃"正义"之师,将士激于义愤,争相赴敌。"长剑击"至"长角浮叫"九句为第三段,写战场交锋。最后六句为第四段,写扫平"敌寇",尽歼"逆徒",余黎霑惠,百姓讴歌及班师回朝,庆功祝捷。

古代诗歌叙写战争,由来已久。早在《诗经》雅诗中就有如《常武》(《大雅》)、《六月》、《采芑》(《小雅》)等名篇,屈原《九歌·国殇》亦是一篇写战争的杰作。《诗经》雅诗之叙战事,多赞美周室功德,铺扬威烈。一般不在诗中直接描写作战场面,而是着重表现己方军威气势。如《大雅·常武》篇写周宣王征徐夷,第五章正叙兵事,云"王师啴啴,如飞如翰,如江如汉,如山之苞,如川之流"。以一连串比喻表现周军进击时排山倒海,一往无前之势,显得威武雄壮,气势磅礴。《九歌·国殇》有一节描写两军交锋,车列毂错,短兵相接,写得悲壮慷慨。然诗人意在祭悼战败死国的楚将士亡灵,而非耀武扬威,因而诗中叙阵战只是作为抒哀思的陪衬。何承天此诗则有与《诗》、《骚》等战事诗不同的特色。作者在诗中对阵战展开正面描写，既有鸟瞰式的宏大场面，又有形象具体的战斗描绘；运用写实兼比喻、夸张及声、色渲染等表现手法。诗中有的地方写得较简练概括，有的地方着力铺张描述。如第二段写双方对阵情势，"横阵亘野若屯云"一句，表现敌方"百校罗峙，千部陈列"，弥原盖野，如黑云压城的强大阵势。写敌方的强大，既见战争情势之险恶与严酷，又反衬己方严阵以待，临危不惧。作者接下不对己方军容阵势作相应的描写，而以"义之所感士忘生"一句有力地表现将士们同仇敌忾，"师直为壮"。这样避免了单调与重复，又突出晋军克敌制胜的原因，文笔简洁，有较强的概括和表现力。

两军正面冲突，交兵接战，是全诗用笔墨最多，也写得较出色处。作者善于抓住最能体现战斗特点的"声"与"色"，用浓墨重彩加以描绘。如第一段写战争大场面，首先展示出黄尘滚滚，砂石飞扬，天昏地暗的背景，以这片灰蒙昏沉的色调衬托出如银蛇狂舞，电闪大作的火红旌旗；似雷霆万里，声震天地的隆隆战鼓，格外令人触目惊心。第二段写"飞镝炫晃"与朱火飞烟，光色相映；剑击弓鸣与"长角浮叫"，声响交加，……种种光色音响交织一体，使人眼花缭乱，惊心动魄，生动地再现一场大规模混战的紧张激烈情景，渲染出浓烈的战争气氛。作者还着重从动态来描写交战。第二段写兵来将往的厮杀格斗；雪刃纷飞，箭矢如雨，铁骑奔突，华旄急旋……这一幅幅硝烟弥漫，金戈铁马的战斗画面，使人想起曹丕诗："千骑随风靡，万骑正龙骧，金鼓震上下，干戚纷纵横。"（《黎阳作诗三首》之三）这段共用六个短句："长剑击、繁弱鸣"；"虎骑跃，华旄旋"；"骁雄斩，高旗搴"，每句都用动词结尾，读来给人以一种连续、动荡不已和如火如荼之感。

全诗叙阵战，笔墨铺张扬厉，句式长短相间，排偶齐整，颇有气势，然略嫌辞赋味太浓，缺乏诗歌韵致。（易　平）

【作者小传】

谢　瞻

(383—421，一云387—421)　字宣远。一名檐，字通远。刘宋陈郡阳夏（今河南太康）人。善文章，辞采之美与谢混、谢灵运相抗。东晋末，任安西参军，累迁安成相、中书侍郎。及刘裕（即宋武帝）封宋公，为宋国中书黄门侍郎、相国从事中郎。弟谢晦势倾朝野，瞻以为非门户之福，自求为豫章太守，宋初，卒于官。事迹具《宋书》卷五六本传，又附见《南史》卷一九《谢晦传》后。有集三卷，已佚，《先秦汉魏晋南北朝诗》辑得其诗六首。

答灵运　　谢　瞻

夕霁风气凉，闲房有馀清。开轩灭华烛，月露皓已盈。独夜无物役，寝者亦云宁。忽获《愁霖》唱，怀劳奏所诚。①叹彼行旅艰，深兹眷言情。伊余虽寡慰，殷忧暂为轻。牵率酬嘉藻，长揖愧吾生。

〔注〕 ① 诚：一本作"成"。

谢瞻字宣远，为谢灵运从兄。本诗收入《文选》，据李善注"灵运《愁霖》诗云，'示从兄宣远'"，知是答灵运《愁霖》诗之作。愁霖，谓因久雨而愁闷。

诗以写气候开首，超得平稳。霁本指雨止，此处可兼指浮云尽收。风气，即气候。黄昏时分，雨住云散，天空一片清朗澄澈，气候亦变而凉爽宜人，这是笼罩全诗的总体气氛。这气氛向户内浸入、渗透，使户内也一派清凉之意，这是房内的小气候。闲房，形容房屋之宁静；馀清，谓房中之气充溢有余。首二句趣味一高远、一清雅，想康乐愁中开卷读之，神情当顿时为之一爽。"开轩灭华烛"，时间虽已暗渡到夜晚，情调却承上一贯而下：户内户外气氛既同，故我大开轩窗，使其融和流通，不复有彼此厚薄；我既爱气之清凉，则烛之烟气暖意自可不必，我既爱气之自然，则烛之华光亦属多余。"灭"字下得极重，有此一字，繁彩尽去，下句"月露皓已盈"之佳景便自然而至。此间画面之转接，大有山穷水尽而复柳暗花明之趣：开轩灭烛，人疑将一团漆黑矣，不意烛光甫歇，眼前顿生光明世界。明月晶莹，如蒙清晨之零露，其色则皓白如玉，其形则已至圆满——有此自然清光，华烛之人力岂不相形见绌？此光倾泻千里，区区之烛不灭又何待？月光之清，又与气候之清相辅相成、相得益彰。"开轩"二句，其视线则出狭房而入广阔夜空，其光色则由极暗而至于极明，其崇尚则弃人工而重自然，承上则浑然成一清远意境，启下则暗伏望月怀人之意，种种妙趣，不一而足。更难得者，在二句前后递进全不见费力，笔致轻飏直上，不蹴而就，是可谓神来之笔，非关人力。"独夜"二句，时间又推移至深夜，谓此时万籁皆寂，唯我独自一人，凭轩看月，其心宁舒，了无为外物役使之累。"独夜"一语，与前"闲房"趣正相同，夜无所谓众与独，房无所谓忙与闲，我独故觉夜亦独，我闲故觉房亦闲。"亦"字看似多余，其实暗点"宁"者不止是入寝之人、兼及入夜之万物，包含颇大，而用来全不着痕迹，其中之趣也大堪玩味。这二句相对上四句，既是延伸，亦是补笔。上文造就的佳景，从初夜延至深夜：这一节便大可珍贵；如此佳景，又置于至宁至静的空间内：这一笔补得益加令人神往。至此，一个明彻悠深的清静世界，遂完成于诗人笔底，展开于读者眼前了。

“忽获”二句，谓诗人正在看月，忽得康乐《愁霖》之作，其中既思念我之劳苦，又具说诚恳之情。“忽”字颇有承上启下之功效，一派宁谧之中得来诗，诗人心头又如何能不忽然地惊动？以下四句又具言读来诗之感，是答诗的主旨。诗人既为康乐的在外行旅艰难、又为其对自己的深切眷恋感叹不已，因而诗人虽然很少有人安慰，但读了诗之后重重忧愁也暂时减轻了许多。这几句语极浅淡，词气亦平畅，不事夸饰，这正是兄弟之间的本色之情。“言”、“伊”都是无含义的衬字，这里用来也增加了语气的舒缓。最后二句说自己的诗拘泥而草率，以此来酬答康乐的华丽辞藻，实在惭愧，只有长揖告罪了。这自是诗人的自谦之词了。

本诗以前六句为最佳。灵运诗既题作“愁霖”，则其中定有许多愁意，而本诗并无一字相慰，似不近理。其实诗中的“夕霁”，正是为“霖”而设，而前六句细写的月夜之清静，宛如一帖清凉剂，亦足以开灵运之愁怀。故这六句非但意境优美而已，其慰人的立意，亦最是高妙。（沈维藩）

【作者小传】

颜延之

(384—456)　字延年，刘宋琅邪临沂（今山东临沂）人。少孤贫好学，东晋时，累官宋世子舍人。宋立，补太子舍人，迁尚书仪曹郎、太子中舍人。宋少帝即位，出为始安太守。文帝元嘉中，征还朝，任太子中庶子领步兵校尉。因得罪权贵，出为永嘉太守，复免官。逾七年复起，累迁光禄勋。孝武帝时，为金紫光禄大夫。事迹具《宋书》卷七三及《南史》卷三四本传。延之诗与谢灵运齐名，号称“颜谢”，然伤于雕镂，不及谢诗自然。有集三十卷、逸集一卷，已佚，明人辑有《颜光禄集》，《先秦汉魏晋南北朝诗》辑得其诗及断句三十四首。

秋胡诗　　颜延之

椅梧倾高凤，寒谷待鸣律。①影响岂不怀？自远每相匹。婉彼幽闲女，作嫔君子室。峻节贯秋霜，明艳侔朝日。嘉运既我从，欣愿自此毕。

燕居未及好，良人顾有违。脱巾千里外，结绶登王畿。②

戒徒在昧旦，左右来相依。驱车出郊郭，行路正威迟。③存为久离别，没为长不归。

嗟余怨行役，三陟穷晨暮。④严驾越风寒，解鞍犯霜露。原隰多悲凉，回飙卷高树。离兽起荒蹊，惊鸟纵横去。悲哉游宦子，劳此山川路。

超遥行人远，宛转年运徂。良时为此别，日月方向除。孰知寒暑积，僶俛见荣枯！⑤岁暮临空房，凉风起坐隅。寝兴日已寒，白露生庭芜。

勤役从归愿，反路遵山河。⑥昔辞秋未素，今也岁载华。蚕月观时暇，桑野多经过。佳人从所务，窈窕援高柯。倾城谁不顾，弭节停中阿。⑦

年往诚思劳，事远阔音形。虽为五载别，相与昧平生。舍车遵往路，凫藻驰目成。南金岂不重？聊自意所轻。义心多苦调，密比金玉声。

高节难久淹，朅来空复辞。⑧迟迟前途尽，依依造门基。上堂拜嘉庆，入室问何之。日暮行采归，物色桑榆时。美人望昏至，惭叹前相持。

有怀谁能已？聊用申苦难。离居殊年载，一别阻河关。春来无时豫，秋至恒早寒。明发动愁心，⑨闺中起长叹。惨悽岁方晏，日落游子颜。

高张生绝弦，声急由调起。自昔枉光尘，结言固终始。如何久为别，百行愆诸已。⑩君子失明义，谁与偕没齿！愧彼《行露》诗，甘之长川汜。⑪

〔注〕 ① 鸣律：相传战国燕有寒谷，不生五谷，邹衍吹律（铜制的候气之管）送温，乃生黍。② 王畿：指陈国，陈为王者所起之地。 ③ 威迟：历远之貌。 ④ 三陟：《诗·周南·卷耳》有“陟彼崔嵬（山高不平）”、“陟彼高冈”、“陟彼砠（有土的石山）矣”之句，陟，登上。 ⑤ 僶俛：俯仰。 ⑥ 遵：沿。 ⑦ 弭节：放下马鞭，停车。中阿：大的山丘。 ⑧ 朅来：去来。⑨ 明发：黎明。 ⑩ 愆：同“愆”，过失。 ⑪《行露》：《诗·召南》篇，言一男子欲施强暴于女子，女自述己志以绝之。汜：水滨。

春秋时候，鲁国男子秋胡，娶妻五日，即往陈国为官，五年乃归。将到家，见采桑美妇，下车赠金挑之，被斥而去。还家见妻，即前所逢者，妻因而羞愤投河自尽——这，就是有名的“秋胡戏妻”故事，它最早载于西汉刘向的《列女传》，后世诗人吟咏之不绝，《秋胡行》遂成为乐府《相和歌辞·清调曲》的诗题。颜延之这首《秋胡诗》，以其篇幅之大、形式之整饬、叙事之曲折周密、章法之回环绵密，被世人评骘为其中最上乘者，同时，它也是延之诗的最佳之作。

全诗凡九章，章十句，分别用秋胡及其妻（《列女传》中呼为“洁妇”）的口吻作叙述。

首章是秋胡之词：那梧桐是倾斜了杆枝，在伫候有凤来仪；那寒谷需待鸣律吹来温煦，才能五谷生长。影子总得伴着身形，回响自是随着巨声，是以相距虽然遥远，那美貌淑静的人儿，也终于嫁到了我的陋室。这是夫妇相匹的人生至理，今朝圆满体现到了你我身上。至于你有凛若寒霜的峻严节操、有灼若朝阳的明艳容貌，那更是我秋胡鸿运高照。从此我不必再三心二意，你的贤美最合我愿望——这，就是“君子”秋胡的新婚之夜耿耿之誓。那对洁妇之节操的赞美，那顺心如愿的欣喜，请读者记取着，因为诗人正要读者记取着！

次章是洁妇之词：正是燕尔新婚、其乐未央的时候，夫君却动起了别离的念头。他说道：在千里之外的陈国，我将脱去处士之巾、结上仕者的绶带；我已叫仆人备了车马，明晨就要驱出城郭。于是，新婚才五天，便早早地降临了悲凄凄的一幕：郊外的马车远远地去了，尘头后只扔下瞻望不及的新妇心酸无限：他就算活着回来，这漫长的离别也难熬难堪；要是不幸做了异乡鬼魂，便得为他守节到终身。

第三章是秋胡求宦途中的怨嗟：日日是严寒与惨凉，夜夜是风霜加狂飙，看不尽鸟惊兽奔，走不尽高冈低洼——游宦的艰辛令人同情，全不念娇妻又令人不解：是诗人疏于交代？还是他自己忘情？然而他的妻子，却依依深情，虽知他存亡难保，整日里却思念不已，第四章便是她的衷情吐露——

自从新婚的好时节你一去不回，寒来暑往不知流逝了多少岁月。树木已几度由荣变枯，全不似我的贞心如故。最难堪是岁暮时的空房独守：才坐下似有凉风从座边暗生，醒来时惊觉薄日已一寒如水，到夜分唯见空庭上露凝寒草。至于岁暮、日暮她想些什么，诗人在这里且按下不表。

以上四章跨超了五年，可算是背景部分；以下五章集中写一天，则是诗的主体正题。第五章一开始，久宦的秋胡终于沿着旧路探亲归来了。仕途得意心境好，旧时山河也跟着换了貌：去时是秋霜遍地，来时却草木欣荣，恰似五年前的一介寒素，如今已占尽了人间荣华。满怀的欢悦全忘了归心似箭，刚才还觉时间紧,此刻却道空暇多。夏历三月正是育蚕的季节,田野上正多采桑女子——猛然间一阵心驰神摇,那桑下的佳人看看是谁?她伸长了手臂正拉过树枝,窈窕的身段叫人目不转睛!富则思淫可不是人之常情?美貌的妇人谁不爱黄金?秋胡的驷车停在了山丘下,秋胡的魂灵飞到了她身边。

她正是苦熬了五年的洁妇,五年的忧愁却减不去朝阳般的明艳。可叹五天的相处实在太短,令五年后的丈夫忘了她音形;更可叹这丈夫如今只贪恋她"明艳",全忘了妇人最要紧的"峻节"!可笑他欢喜得像头野鸭打滚在水藻里,可笑他竟把她当作野花可以随意摘取。只见他扔下马车穿过小径,一路上眉目传情,到跟前捧上黄金。"南方的黄金谁不看重?在我意下却无谓之极;守节的忠心你说是一曲苦歌,在我听来却声如金玉!"可怜他费尽口舌百般挑逗,只受得洁妇的严词斥责——至于那秋胡动口后可还动手,第六章里又来了个按下不表。

若说上章前四句是诗人的画外说明,第七章前二句则是秋胡的画外独白:"志节高尚的美人轻薄她也是徒然,真是乘兴而来败兴归。"无精打采挨完了余程,慢吞吞总算迈进了门槛。上高堂拜老母道了吉祥,问妻子说是她采桑未归。直待到日头挂在桑榆之间,黄昏下那窈窕的身影冉冉而近——轰!头脑里顿时炸响了霹雳:怎地她就是桑下美人!呀,如今那荒唐话儿可怎么收回,还有那更恶心的拉拉扯扯……诗人真是好笔法,"相持"这一幕直到相认时才亮出,叫秋胡的丑态顿时放大十倍,叫读者也顿时惊觉——高潮到了!

羞恨交加的洁妇心肠,任谁也想象得到了;第八章若是愤语泉涌,任谁也觉得自然而然。然而诗人笔下却只有她凄然欲绝的悲诉:"让我说一说别后的怀思吧,这可是早想倾倒的苦水。五年的分居,关河的阻隔,叫我春来没半刻欢欣,秋至第一个惊寒。天才亮就动起了愁思,闺房里不住声长叹。至于那惨凄的岁暮日暮"——读者顿时该想起第四章吧,那时她只说风凉日寒,此刻也揭开了底蕴——"夕阳下只你游子归来的容颜在幻现!"也不必呼天抢地,也不必斥他丑行,就将这贞心比他负心,还不够叫他活活愧死?这声声哀泣,岂不胜似道道鞭挞?有抑才有扬,有莫大之哀才有心如死灰,这"正是节奏之妙"(《古诗源》),连沈德潜老夫子也这般赞叹。铺垫妥帖了,文势蓄足了,末章才能奏起最激越的终曲——

琴弦张紧了才会有绝响,音调高起时才会有急声,死志已决才会有洁妇的决烈之辞:首章的比兴手法,到末章又重新使用;至于首章秋胡的"峻节"之赞、"欣愿"之誓,到末章也终于苍白如纸:昔日你迎亲之时,曾说道有始有终;如何你久别之后,品行里错谬百出?你要我"作嫔(妇)君子室",可丢了夫妇大义还配称

“君子”？让你这白读诗书之人，去《行露》三章前惭愧无地吧！偕老终身再也休想指望，投身清流才是我唯一的愿望！

——经过了这许多波澜起伏，悲剧终于演到了尾声。那一幕幕的明流暗线布置之工巧、前呼后应回味之深长，读者已在上文的挂一漏万里作了草草领略；至于尾声中不出现洁妇自沉的悲壮场景，只让漫漫长河给读者带去无穷遐想，这一结也极是高妙。然而本诗之妙实不尽此。且看西晋傅玄的《秋胡行》，那首句“秋胡纳令室，三日宦他乡”起得直拙，末句“彼夫既不淑，此妇亦太刚”又横加臆断，便不如本诗以情起、以情终，浑然一体。此外傅诗每逢紧要之处，措辞辄欠含蓄，如“戏妻”时的“诱以逢卿喻，遂下黄金装。烈烈贞女忿，言辞厉秋霜”，如“相认”时的“秋胡见此妇，惕然怀探汤”，皆平铺直叙而已，了无余韵。要之傅诗仅以第三者立场发言，兼其语多生硬，故终有强加于读者之嫌；未若本诗不见诗人的一语主观评价，全凭人物自述以成故事，读来自然真切动人。让人物形象自己说话，在今天已是文学批评之常理，然千年前的延之已悟出此理，则不可不谓难能可贵。故笔者不惮开罪傅公于地下，为作如上比较。本诗尚有其他佳处，如《列女传》述洁妇自沉之因，但为秋胡之不孝（不以金奉母而赠人）；而本诗则归结于一“情”字，一洗礼教气味，大是快事。此类已超出诗歌范围，在此只有割爱了。

（沈维藩）

始安郡还都与张湘州登巴陵城楼作　　颜延之

江汉分楚望，衡巫奠南服。三湘沦洞庭，七泽蔼荆牧。经途延旧轨，登闉访川陆。水国周地险，河山信重复。却倚云梦林，前瞻京台囿。清氛霁岳阳，曾晖薄澜澳。悽矣自远风，伤哉千里目。万古陈往还，百代劳起伏。存没竟何人？炯介在明淑。请从上世人，归来艺桑竹。

此诗作于元嘉三年(426)，诗题中“始安郡”即今广西桂林，延之曾在此任太守，“都”指当时的首都建康（今江苏南京），“张湘州”即湘州刺史张劭，“巴陵城楼”即今之岳阳楼。先是，永初三年(422)，延之受权臣徐羡之排斥，出为始安太守，道经汨潭，与张劭有过一段交往，并作《祭屈原文》、《祭虞帝文》，借凭吊古代圣贤，以抒发自己遭受忌疑而被放外任的悲愤情怀。两年后（元嘉元年，424），文帝刘义隆即位，至本年，文帝诛徐羡之等，征颜延之为中书侍郎。延之在返京途中，又与张湘州相会，和他共登岳阳楼，并写下了中国诗歌史上第一首咏岳阳楼的诗。

“江汉”四句写岳阳楼的地理位置和它磅礴的气势。《左传》载楚昭王语曰：“江、汉、睢、漳，楚之望也。”奠即定。南服，即南方。长江、汉水交织分流于故楚之地，衡山、巫山屹立在南方。这两句以“登高怀远”的手法，显示出岳阳楼辽阔的背景，以远方著名的山水遥遥烘托出它地当冲要。三湘，原指江、湘、沅，这儿指洞庭湖南北、湘江流域一带。牧，指郊外。沅湘之水波翻浪叠，汇入洞庭湖；云梦七泽，滋润着荆州郊野。这里，作者的笔触已经收缩到洞庭区域，以沅、湘、云梦、荆州逐步突出岳阳楼的具体位置。四句写景，却有三句写水，渲染出“水国周地险”的特点。后世登岳阳楼之作，如杜甫“吴楚东南坼，乾坤日夜浮”（《登岳阳楼》），孟浩然“气蒸云梦泽，波撼岳阳城”（《望洞庭湖赠张丞相》），也都以善于描摹水势著称，这未必不是受了本诗的启发。

“经途”八句，始进入城楼具体环境的描写。诗人途经岳阳，有幸与老友张劭登上曲城，访览山水名胜。城楼四周均为绿水环绕，地势高峻，举目望去，山重水复。远处有云梦故地的茂林为之倚靠，近处有高台囿圃引人注目。适逢雨过天晴，整个岳阳弥漫着清新幽馨之气；层层的太阳光辉，照得湖面浮光跃金，煞是可爱。诗人写岳阳楼，基本上没有写楼本身的建构、形状，而着重于登楼后的所见，共三个层次，第一层是遥远的大背景：江、汉、衡、巫，这与其说所见，倒不如理解为所思；第二层是基本可感的中背景：三湘、洞庭、七泽、荆牧，既有所见又有所思；第三层是可见的小背景，如弯曲重叠的城门，别致的园囿。这三层的写景由大到小，层层缩小，愈益明朗突出，颇得步步逼近之妙。至于“清氛”两句，则已从所见写到所感，为下文直接抒发感情做了充分的铺垫，正所谓写到最佳处，引出悲苦情。

“凄矣”八句集中写所感。开头两句变换了基调，远风吹来，仿佛勾起了凄凉之意；目极千里，不由得悲慨万端。悲从何来呢？接下二句写乐极生悲的原因：“万古陈往还，百代劳起伏”！由遥远的空间联想到悠久的时间，由自然联想到历史，由山水联想到人物，诗人思想升华了，景物的内涵也深化了！这岳阳楼，是眼前纵目远眺的立足点，又何尝不是历史变迁发展的观察点？人类自从产生以来，就经历着各种曲折波涛，在往还起伏中挣扎、抗争、前进；平静而多变的自然景色不仅是它的见证，而且它本身也经历了这种不可抗拒的磨难。接着，作者由生命本体的哲理思考推演出人生的抉择：“存没竟何人？炯介在明淑。”清人闻人倓以为，“言万古百代，存者没者，宁可数计，至竟何人为可法耶！翘企耿光，惟在明淑之士而已。”（《古诗笺》）延之为人狂放，敢于肆意直言，每犯权要，可见“炯介”之节、"明淑"之性,亦是其平生所持。所以这二句看是企慕古人,其实是"夫子自道"。最后两句承上,道出了诗人的人生志向:"请从上世人,归来艺桑竹",王充《论衡》云:"上世之人,质朴易化"。作者宁愿归隐山林,亲植桑竹,过那种质朴自然的生活。这与"桃花源"的古朴生活"桑竹垂馀阴,菽稷随时艺"(陶渊明《桃花源诗》),可谓如出一辙。虽然陶渊明果断地进入了这种生活,而在颜延之仅仅是一种构想,是在浑朴的自然景象下的一时感慨,但我们也应该看到,这两句诗里毕竟包含着延之对陶潜生活道路的一种认同。史载他与陶渊明情款谊笃,延之出任始安太守时,曾"道经浔阳,与陶潜留连酣饮"(《宋书·陶潜传》),渊明在席间曾劝告他"独正者危,至方则碍",而要保持这种"方"、"正",就必须"卷舒"隐居。这给延之以很深的影响。元嘉四年(427)陶渊明去世后,延之为撰诔文,还特别提到了谈这段话时的情景。因此,"归来艺桑竹"的"渴望",虽然最终未实现,但又是十分真诚的。

本诗之所以有此高古雄浑的境界,亦是由于延之胸中有这一点"真诚"在。

这首诗结构严谨,由远景至近景,由景入情,层次非常明晰。全诗气势开阔,寄托遥深,既可见诗人笔力的雄劲,又可见其胸次的高朗。　　(周建忠)

五　君　咏(阮步兵)　　颜延之

阮公虽沦迹,识密鉴亦洞。
沉醉似埋照,寓词类托讽。
长啸若怀人,越礼自惊众。
物故不可论,途穷能无恸。

据《宋书·颜延之传》上说,延之初为步兵校尉,好酒疏放,不能苟合当朝权贵,见刘湛、殷景仁等大权独揽,意有不平,曾说道:"天下的事情当公开让天下人知道,一个人的智慧怎能承担呢?"辞意激昂,因而每每触犯当权者,刘湛等很忌恨他,在彭城王义康前诽谤他,于是令其出任永嘉太守,延之内心怨愤,遂作《五君咏》五首,分别歌咏"竹林七贤"中的阮籍、嵇康、刘伶、阮咸和向秀五人,这第一首是咏阮籍的。

阮籍曾做过步兵校尉,所以称他为阮步兵。他外表沉晦,而内心却具有清醒的认识,故诗的第一句就说:"阮公虽沦迹,识密鉴亦洞。"史传上说阮籍喜怒不形于色,口不臧否人物,有意地隐晦其踪迹,其实,他的识鉴精密,对于时事有极敏锐的洞察力。如曹爽辅政的时候,曾召他为参军,阮籍以疾辞,屏居田里,岁余而曹爽被诛,时人都佩服他的远见,这就足以说明阮籍的缄默与隐沦,只是为了远身避祸。

"沉醉似埋照,寓词类托讽"二句表现了阮籍生活的两个主要方面:饮酒与作诗。《晋书》本传上说:"籍本有济世志,属魏、晋之际,天下多故,名士少有全者,籍由是不与世事,遂酣饮为常。文帝初欲为武帝求婚于籍,籍醉六十日,不得言而止。钟会数以时事问之,欲因其可否致之罪,皆以酣醉获免。"这里所举诸事都说明他以醉酒来避免是非与祸害,因而颜延之的诗中说阮籍沉湎于酒只是为了把自己的才识深自敛藏起来。这里的"照",就是指其才华熠熠闪耀,阮籍既以醉态来掩饰才华,故云"埋照","沉醉似埋照"五字之中即将阮氏的许多行迹隐括其中,揭示了他嗜酒狂饮的真正动机。"寓词"句指出了阮籍文学创作的特点,尤指他八十二首《咏怀诗》,其中阮籍大量地运用了比兴寄托和象征的手法,以隐晦的手法自表心迹,展现了他生活中的各种感慨。颜延之就说过"阮籍在晋文常虑祸患,故发此咏。"(《文选》李善注引)李善也说:"嗣宗身仕乱朝,常恐罹谤遇祸,因兹发咏,故每有忧生之嗟。虽志在刺讥,而文多隐避,百代之下,难以情测。"因而历代文人都以为阮籍的这组诗是托物咏志、寓讽于辞的典型之作,其中表现了他忧时悯乱的深沉哀思。颜延之对此有深切的认识,可以说是最早揭示出《咏怀诗》深意的人。

"长啸若怀人,越礼自惊众"两句也是本于史传对阮籍生平事迹的概括,据《魏氏春秋》上说,阮籍少时曾游苏门山,苏门山有一位隐居的高士,阮籍前往与他"谈太古无为之道,及论五帝三王之义",然苏门先生却不与他交一言,阮籍于是对他长啸一声,清韵响亮,苏门先生只是淡淡地一笑,至阮籍下山后,只听到山间响起了一种像是凤凰鸣叫的声音,知是苏门先生的回答,这就是"长啸"句的本事。至于阮籍不受礼教束缚的故事也很多,据《世说新语》中说,阮籍的母亲去世后,裴楷前去吊丧,阮籍却还醉醺醺地披着头发箕踞在床上,裴坐在地下哭着吊唁一番以后就走了,有人问裴楷说:"凡是吊丧,主人哭后,客人才行礼。阮籍既然不哭,你为什么哭呢?"裴说:"阮方外之人,故不崇礼制;我辈俗中人,故以仪轨自居。"又如阮籍的嫂嫂曾回娘家去,阮籍与她道别,在男女授受不亲的封建社会中这种事情颇受人非议,以为是不合礼法的,阮却说:"礼岂为我辈设也。"故颜延之说阮籍能超越礼法,令众人惊异。

"物故不可论,途穷能无恸"两句即解释阮籍为何口不臧否人物,对于时事不加评论的原因,因为时事已到了不可评论的地步,然而,他的感愤与不满却在穷途而哭的事实中表现出来,据《三国志·魏志·王粲传》注中引《魏氏春秋》说阮籍“时率意独驾,不由经路,车迹所穷,辄痛哭而反。”这两句将阮籍不论当世人物与穷途而哭这两件典型的事例联系起来,指出了其中的内在的关系,遂揭示了阮氏的真正人格和对现实的态度。

这首诗虽然是咏历史人物的,然也寄寓了作者自身的怀抱,特别是在最后两句中,一种对时事不堪细论的悲愤之情溢于言表。据史载,颜延之也性喜饮酒,行为放达。他虽身经晋宋易代的沧桑而出仕新朝,然好肆意直言,于现实多所不满,故于此诗中他通过对阮籍的怀念而表达了自己郁郁不得意的情怀。

此诗运用了史传中关于阮籍的记载,择取了典型的事例,在短短四十字中将阮籍的一生刻画殆尽,并由此而表现出他的精神。其中点化史传之语入诗也能恰到好处,不落理路与言筌,自铸新词,却句句有本,可谓无一字无来历。

（王镇远）

五　君　咏(嵇中散)　颜延之

中散不偶世,本自餐霞人。
形解验默仙,吐论知凝神。
立俗迕流议,寻山洽隐沦。
鸾翮有时铩,龙性谁能驯。

这是颜延之《五君咏》中的第二首,歌咏的对象是魏晋间的名士嵇康。嵇康因曾作过中散大夫,故世称嵇中散,他是曹魏宗室的女婿,故于当时司马氏的政治集团抱不合作的态度。他虽崇尚老庄,喜言养生服食之事,但富于正义感和反抗性,曾勇敢地抨击虚伪的礼法与趋炎附势之士,最后被司马昭所杀,本诗就是通过对嵇氏不谐流俗的倔强性格的歌颂,表现了颜延之本人的人生态度。

“中散不偶世,本自餐霞人”两句是对嵇康个性的总述。嵇康不能与世俗之人和谐相处,他自己的《与山巨源绝交书》说自己想学习阮籍的口不论人之过,“然未能及”,就说明了他禀性的刚直,又说自己“性有所不堪,真不可强”,都体现了他不谐流俗,孤高自傲的品格。又据《黄庭经》注中说,餐霞是神仙家的一种修炼方法,指在幻觉中感到日中五色流霞环绕,于是便将日光流霞吞入口中,是一种得道的途径。诗中说嵇康天生具有成仙得道的禀性,自然已高出众人之上。《晋书》本传中说他:“常修养性服食之事,弹琴咏诗,自足于怀,以为神仙禀之自然,非积学所得。”可知嵇氏本人重视自然的禀赋,以为这是得道的根本。

“形解验默仙,吐论知凝神”两句从“餐霞人”三字而来,说嵇康的学道求仙,

"形解"就是"尸解",指学仙者遗弃形体而羽化飞升。《文选》李善注中引顾恺之的《嵇康赞》云,南海太守鲍靓是个有道之士,东海徐宁师事之,徐宁半夜听到室内有美妙的琴声,很是奇怪,便跑去问鲍靓,鲍氏以为是嵇康在操琴,徐宁问道:"嵇康已被杀,何以还在这里?"鲍氏说:"叔度迹示终,而实尸解。"这就是所谓嵇康"形解"之说的依据。由"形解"而可以证明他已默然仙去。嵇康曾作《养生论》,专论修身养性,长生久视之道。孙绰的《嵇中散传》中说:"嵇康作《养生论》,入洛,京师谓之神人。"《晋书》本传上也说他以为"至于导养得理,则安期、彭祖之伦可及,乃著《养生论》。"都指出《养生论》一文是嵇氏的力作,这里所谓的"吐论"即指此。"凝神"二字语本《庄子》,如《逍遥游》中说:"藐姑射之山有神人居焉,其神凝。"又《达生》中说:"用志不分,乃凝于神。""凝神"即指精神达到宁静专一的境界。这里说由嵇康的《养生论》一文即可看出他的精神面貌与深厚的修养。

如果说"形解"二句主要是说嵇氏的学仙出世思想,那么"立俗迕流仪,寻山洽隐沦"二句则是说他处世的经历。嵇康是个桀骜不驯的人,对当时的政治黑暗深表不满,曾当面奚落过司马昭的心腹钟会,他在思想上非汤武而薄周孔,大异于世俗之人的见解。故诗中说他身在俗世却与流俗之见相背。史传上又载嵇康曾采药入山泽,乐而忘返,樵者见之,以为神人。又说他曾入山与隐士孙登、王烈等游,过往甚契,故此诗中说他居于山中能与隐者融洽相处。这两句表现了他与世俗相违而希企隐逸的思想祈尚。

"鸾翮有时铩,龙性谁能驯"两句则是对嵇氏遭诬被害的解释和总结。据《晋书·嵇康传》中说,嵇康得罪钟会,钟会就在晋文帝司马昭面前进谗道:"嵇康,卧龙也,不可起。公无忧天下,顾以康为虑耳。"又说康曾助毋丘俭,遂遭到杀戮。然可见当时已有人将嵇氏比作龙,本传中还说"人以为龙章凤姿"。故颜延之也以鸾、龙比喻嵇氏,以为它们虽然时常受到摧残,但其不屈的本性却是任何人也不能使之驯服的。言外之意是说嵇康虽时时受人诋淇甚至惨遭杀身之祸,然其不受世俗束缚的本性是不会改变的,这也正是他受害的真正原因。作者以此歌颂了嵇氏的人品精神,同时也表示了他本人不肯屈从世俗的个性。

颜延之的这组《五君咏》各诗在结构上相当严密而且一致。起二句为概述一人平生最重要之活动或思想核心,如阮籍之韬晦隐沦,嵇康之不谐流俗,刘伶之寄情于酒,阮咸之高材美质,向秀之甘心淡泊,都于首二句中道出。后四句则叙述人物的主要行事与个性,往往取诸史传,择其典型,令人物的品行于数言之中揭出。最后两句则能在咏史的基础上翻出新意,以古证今,借古人之事而表现出自家怀抱。何焯评这组诗说:“既能自叙,仍不溢题。”就指它们能在紧扣论史题目的同时而自叙心迹,如本诗中“鸾翮”二句即表达了颜延之本人对人生与时事的态度。

这组诗的结构也颇类似于后来的律诗。首二句总领起势,后四句铺填,最后议论作结,含不尽之意在于言外。对于颜诗结构的精严前人也已道及,如沈约的《宋书·谢灵运传论》中说:“爰逮宋氏,颜、谢腾声,灵运之兴会标举,延年之体裁明密,并方轨前秀,垂范后昆。”就指出了颜氏体裁上的明晰与缜密,《五君咏》便是极好的例证。

（王镇远）

为织女赠牵牛　　颜延之

婺女俪经星,姮娥栖飞月。惭无二媛灵,托身侍天阙。阊阖殊未晖,咸池岂沐发。汉阴不夕张,长河为谁越。虽有促宴期,方须凉风发。虚计双曜周,空迟三星没。非怨杼轴劳,但念芳菲歇。

牵牛、织女,最早见于《诗经·小雅·大东》,作为两个星座各不相涉。至汉代,牵牛织女被拟人化,成为具有悲剧色彩的一对夫妇,从此中国诗歌史上产生了宏伟而漫长的“牛郎织女”系列,咏叹牵牛织女“限河梁”、“遥相望”的相思之苦,表现他们“昔离秋已两,今聚夕无双”(谢惠连《七夕咏牛女》)的会短离长,突出“相见时难别亦难”的悠悠情韵。颜延之《为织女赠牵牛》在这个“系列”上旧中出新,独辟蹊径,替织女代言,把织女作为诗歌的抒情主人公向牵牛倾诉复杂的内心情感。

开头四句抒写失偶的苦闷。婺女,星名,即女宿,二十八宿之一。经星,即二十八宿等恒星。婺女星与二十八宿中的别的恒星并驾偕依,美丽的嫦娥栖息在飞转光耀的月亮上,我织女恨无二位美女的神通幸运,不能托身天街,侍奉天阙,并常以此为愧。艳羡中见出孤独,埋怨中蕴含深情。“阊阖”四句则写织女对牵牛的抱怨与表白。阊阖,指天门,此用《离骚》“倚阊阖而望予”,言天门未开,不见光耀。又,屈原《九歌·少司命》“与女沐兮咸池,晞女发兮阳之阿”,咸池,即天池。汉阴,河汉之南,这儿指银河对岸。《湘夫人》“与佳期兮夕张”,夕,黄昏。张,陈设。洪兴祖注云:“夕张者,犹黄昏以为期之意。”这四句是说,天门不开,光泽不披,我怎能去天池沐浴晞发、整饰仪容?河汉的对岸既然没有美好的约会和心上人的精心准备,那么,我究竟为谁飞渡银河呢?两句设问,如怨如慕,如泣如诉，这种“抱怨”式的倾吐，更见出缠绵悱恻，一往情深。

“虽有”四句以急切的期待与痛苦的渴望状写“她”的相会之难。促，短促。宴，安，乐，这儿指欢聚，此言佳期相会的短暂，谢朓“泣会促而怨长”（《七夕赋》）、庾肩吾“离前忿捉（促）夜”（《七夕诗》），亦同此意。凉风发，指秋风吹拂，略带寒意，此处由时令代指七夕之夜。《广雅》“日月谓之双曜”，双曜周，指日月更替，周而复始。三星，天空中明亮而接近的三颗星，《诗·唐风·绸缪》“绸缪束薪，三星在天。今夕何夕，见此良人？”《毛传》以为是参宿三星，并云“三星在天，可以嫁娶也”，这里指结婚之夜。这四句说，虽然有那短暂欢宴的见面机会，但要等到“秋风发微凉”（曹植）的七夕之夜；在那漫漫的渴望之中，我不知多少次白白地计算着日月的旋转、时光的流逝；在那难眠的长夜，又常常等到三星的消失，但“良人”终不见，心无所托，不胜怅惘！最后两句则从理智上解释如此急切盼望的原因，杼轴，织具，杼以持纬，轴以受经。这儿借指织布。屈原《少司命》“芳菲菲兮袭予”，菲菲，形容芳香大盛。芳菲，借指青春年华。我并非埋怨织布之劳，只是担心青春年华的转瞬消逝。那带有失望口吻的“虚计”、“空迟”，在这儿都得到了根本的说明，天时运转，春秋代序，芳菲易歇，容颜易老！这种紧迫短暂的时间感，是古代女性特有的心理煎熬，也是古代无数妇女婚姻悲剧的“契机”，延之以天上写人间，以织女写人间妇女，悲惋动人，具有普遍意义。

从颜延之的现存诗歌来看，情诗极少。这首“一往情深”的单思式的恋情诗，实际上也不仅仅是描写恋情。这首诗的独辟蹊径还表现在，借男女之情写君臣契合。诗歌的描述对象可分为三个层面：牵牛织女；人间男女；君臣。诗歌的主人公——织女之怨，概括了人间妇女的不幸与愿望，同时也寄寓了诗人的身世之慨。元嘉十一年（434），权臣刘湛、殷景仁专当要任，延之意甚不平，肆意直言，“天下之务，当与天下共之，岂一人之智所能独了？”而且对刘湛说：“吾名器不升，当由作卿家吏”，由此被出为永嘉太守。延之作《五君咏》以泄其愤，由于“辞旨不逊”，不仅被免去官职，还要他“思愆里间”。《宋书》本传说他，“屏居里巷，不豫（预）人间七载。”虽然他也“薄从岁事，躬敛山田；田家节隙，野老为俦；言止谷稼，务尽耕牧”（《重释何衡阳（承天）书》），但他毕竟不同于陶渊明的主动归隐，自难免于怨愤、失落、表白、思归。他自己也说，“自居忧患，情理无托”（《释何衡阳达性论书》）。《为织女赠牵牛》与《夏夜呈从兄散骑车长沙》即作于这一时期。生活中的“情理无托”，使得他诗中有托。

这首短短的小诗，用屈原诗句凡五，这决不是偶然的，作者有意继承了屈赋“男女君臣之喻”的传统，以织女失偶离别写自己的失意被黜，以织女的忠诚之

"怨"写自己的埋怨与表白,实包涵知遇、理解、明察的期待。然后以织女之焦急等待写自己的执着眷恋之情,而"但念芳菲歇"则体现着"恐美人之迟暮"的求君意念,《夏夜呈从兄散骑车长沙》"岁候初过半,荃蕙岂久芬?"亦属此类,而"岁候初过半",亦含自己年龄已过半百(作此诗时诗人已过五十二岁)的悲苦,眼看着"老冉冉其将至",怎能不心急如焚,希冀一用!

总之,这首诗天上人间,传说现实,男女君臣,一明一暗,互相勾连,娓娓道来,不露不晦。一笔两写,一石三鸟,悲慨深长,韵味别具,是延之诗中、也是历代"牵牛织女"诗歌系列中少有的佳作。　　(周建忠)

【作者小传】

谢灵运

(385—433)　小名客儿,刘宋陈郡阳夏(今河南太康)人。东晋名将谢玄之孙。生于会稽始宁(今浙江上虞),未几寄养钱塘(今浙江杭州市)。年十五,至建康。东晋末,袭封康乐公,曾入刘裕(即宋武帝)等人幕府,转中书侍郎、中军谘议、黄门侍郎。裕北伐后秦,曾奉使至彭城(今江苏徐州市)慰劳之。转宋国黄门侍郎、相国从事中郎、世子左卫率,坐事免官。宋立,降为侯爵,复起为散骑常侍,转太子左卫率。宋少帝时,被排挤为永嘉太守,逾年去官回始宁。宋文帝立,起任秘书监。灵运自谓才能可参机要,而帝仅赏爱其文章,意不平,托病归,免官。在乡多所惊动,被诬有异志,上京自诉,改任临川内史。因狂放被劾,将逮之,遂兴兵叛,被擒,流放广州,后被杀。事迹具《宋书》卷六七及《南史》卷一九本传。灵运为山水诗流派之鼻祖,诗风清新自然,一变东晋玄言诗风气。与谢朓并称"二谢"、"大小谢"。有集二十卷,已佚,明人辑有《谢康乐集》,今又有《谢康乐诗注》。

悲哉行　　谢灵运

萋萋春草生,王孙游有情。差池燕始飞,夭袅桃始荣。灼灼桃悦色,飞飞燕弄声。檐上云结阴,涧下风吹清。幽树虽改观,终始在初生。松茑欢蔓延,樛葛欣藟萦。眇然游宦子,晤言时未并。鼻感改朔气,眼伤变节荣。侘傺岂徒然,澶漫绝音形。风来不可托,鸟去岂为听。

《悲哉行》属乐府旧题,传说为魏明帝曹睿所制,晋陆机等曾有同题之作,内容“皆言客游感物忧思”(《乐府解题》)。灵运这首诗即模拟陆作,无论在内容旨趣或在构思布局等方面均与陆诗妙肖不二,而在语言文字上却更见琢炼典重,表现了刻意求新的作风。

诗以丽景衬托哀情。首二句以春草起兴,语出《楚辞·招隐士》:“王孙游兮不归,春草生兮萋萋”,春天是万物萌发的季节,也最宜于怀人相思,青青的草色因此便逐渐成为离思的象征。楚辞之后,汉诗《饮马长城窟行》亦云:“青青河畔草,绵绵思远道”,唐以降“春草”更成为诗人们习闻熟见的典型意象,如白居易的“离离原上草,一岁一枯荣……又送王孙去,萋萋满别情。”李后主的“离情恰似春草,更行更远还生”等等。而在这一诗歌语言典型化的过程中,大谢无疑也是重要的一环。第三至第六句极写春光之旖旎动人。“差池”指燕子的张舒尾翼、轻捷穿行,“夭袅”写桃花的舒枝展叶、婀娜多姿,这两句是从形态上着眼的;“灼灼”指花色的绚烂鲜丽,“飞飞”写燕语呢喃,这两句又是从声色上着眼的。这四句虽然写的只是寻常之景,但由于讲究选词造句,却增色不少。它们均以联绵字居首,其中“差池”、“夭袅”属双声,“灼灼”、“飞飞”属叠字,两两相对,从而造成一种喧妍热闹的声情;而“差池”和“灼灼”又均用《诗经》成语,前者语出《邶风·燕燕》:“燕燕于飞,差池其羽。之子于归,远送于野……”,后者语出《周南·桃夭》:“桃之夭夭,灼灼其华。之子于归,宜其室家……”,《诗经》的这两首诗本来都是写亲人之情的,用其成语也就加强了反衬下文的意味。这四句中二、三两句紧承,一、四两句遥应,这种“丫叉句法”(钱锺书《管锥编》语)在烘染景物的同时,又有矫避平板之效。“檐上”、“涧下”两句又把笔触移到山中,景色也从秾丽一变而为清幽。“幽树虽改观,终始在初生”两句,用名理语为写景部分作结。“终始”出于《庄子·达生》:“游乎万物之所终始。”“初生”则本于《庄子·天地》郭象注:“初者,未生而得生。”意谓春天里林木的形貌变化虽然较为著眼,其实造化万物也莫不都在潜移默化之中焕发出新的生命。物理人情,消息相通,由此从目击之景过渡到心之所感。

以下十句转入抒情写意。这一部分仍以比兴发端。“松茑”、“樛葛”两句,取《诗经》中《小雅·頍弁》和《周南·樛木》的用语,以缠绕于松树、樛木上的茑藤和葛蔓,比喻家人亲密依存的关系。这两个取譬既上应了“幽树”,又反挑起下句的“眇然”。眇然,微细孤弱貌,这里指游子的茕茕独立。春光愈是骀荡喧妍,相形之下游子就愈发显得飘摇可怜,人与物乃在得不得时上形成了鲜明的对比。禽鸟花木因得时而生意欣然,游子因不得时而意绪阑珊,故面对春色不以为喜,反以为悲。“鼻感”、“眼伤”两句,意同陆机诗中的“目感随气草,耳悲咏时禽”,“感”

与“悲”、“伤”同义互文。而下两句的“侘傺”和“澶漫”则属反义对举。“侘傺”指失意貌，屈原《离骚》：“忳郁邑余侘傺兮，吾独穷困乎此时也。”为其所本；“澶漫”则指纵乐之心，语出《庄子·马蹄》“澶漫为乐”。两句谓失意的痛苦刻骨铭心，而纵逸快乐则早就与自己无缘了。“侘傺”和“澶漫”二词是以双声和叠韵相对，四字均为去声，从而传达出愤懑的心声。诗的最后亦以比兴结。末两句乃从前人化出，“风来”句本于陆机同题诗：“愿托归风响，寄言遗所钦。”这里是反其意而用之。“鸟去”句则略近于汉代的《别诗》：“欲寄一言去，托之笺彩缯。因风附轻翼，以遗心蕴蒸。鸟辞路悠长，羽翼不能胜。”古诗中素有临风送怀、托鸟寄音的说法，现在连此都不可得，则其郁结的情怀又何以堪！全诗在感情最激越的高潮处完成了题意。

大谢的这首诗，在语言上颇为精工密丽。诗中用联绵词有七处，从典籍中取成语者约十处，远较陆机的原作为多。文字的琢炼也每多胜处，如“桃悦色”、“燕弄声”中的“悦”字、“弄”字，“松茑欢蔓延”、“樛葛欣虆縈”中的“欢”字、“欣”字，都以拟人化的动词，着力写出景物的神情意态，形成了篇中有句、句中有眼的特色。从这里不难看出晋宋之际诗歌语言在形式技巧方面所取得的长足进步。

（钟元凯）

邻里相送至方山　　谢灵运

祗役出皇邑，相期憩瓯越。解缆及流潮，怀旧不能发。析析就衰林，皎皎明秋月。含情易为盈，遇物难可歇，积疴谢生虑，寡欲罕所阙。资此永幽栖，岂伊年岁别。各勉日新志，音尘慰寂蔑。

谢灵运是晋代世家大族名将谢玄的孙子。在当时门阀制度下，他作为豪门世族的后裔，不仅拥有大量财产，而且政治上影响也很大。尽管宋武帝刘裕出身不够高贵，倚仗兵权在握才篡夺了晋室天下，做了皇帝，但他对当时的豪门世族还是要拉拢敷衍的。所以在刘宋开国以后，谢灵运虽未身居显要，却依然在朝任闲散官职，名气还是很大的。等刘裕一死，少帝即位，由于各派政治势力互相倾轧，谢灵运终于受到排挤，于永初三年（422）七月出任永嘉（治所在今浙江温州）太守。这首《邻里相送至方山》，便是写他离开帝都建康（今江苏南京），于京城东面大约五十里的方山码头上船，与送行的亲友告别时的具体情景和思想活动的。方山，又名天印山，以山形如方印而得名。

四十多年前，我在北大听俞平伯先生讲授古典诗词，曾听到这样一个精辟的论点，即古今作家创作诗词，有"写"出来的，有"作"出来的。"写"指自然流露，仿佛从笔下随手挥洒而成，大约如苏轼所说的"常行于所当行，而止于所不得不止"；"作"则须精心刻意，字斟句酌。当然，"作"出来的诗词有时难免矫揉造作，有生硬的斧凿痕迹；而"写"出来的作品也难免有信笔敷衍的率意之作。根据俞老的意见来品评晋、宋之际的诗人，我认为不妨这样看：陶渊明的诗仿佛是"写"成的，而谢灵运的诗则十之八九是"作"出来的。盖陶诗平易近人，明白如话；而谢诗则比较浓缩凝练，精密谨严。我们也可以换个角度说，即陶是以散文为诗的，所以冲淡疏朗；而谢是以辞赋为诗的，所以工巧雅粹（谢诗多对偶，但不讲平仄，故虽近于骈俪却并非律诗，与齐梁以后之作还不一样）。陶诗是天然美，而谢则巧夺天工，多靠人力。读陶诗如散步于乡间原野，景色平常而得天真之趣；读谢诗则如置身于巧匠布置的园林，或面对堂皇秀丽的金碧山水，尽管带有人工雕饰的痕迹，却不易一眼望尽，有耐人寻味的特色。读者如囫囵吞枣或浅尝辄止，是不大容易领略其佳处的。半个多世纪以来，我们对谢灵运研究得并不够，因此评价也欠全面和公允。看来这方面我们还是有许多领域要深入细致地进行探索挖掘的。

前人谈谢灵运，都认为他是山水诗人之祖。而山水本自然景物，观赏者角度不同，思想感情每个人都不一样，同一风光，在不同诗人的笔下就未必面貌相同。所谓仁者见仁，智者见智。窃以为谢灵运写山水诗，贵在其善于用精美准确的词句客观地刻画出山水景物奇异而微妙之处，有似看细腻的工笔画。然而这种精心刻意的描绘，又与他一生复杂多变的政治处境和矛盾纠缠的思想感情有着千丝万缕的联系，所以同为山水诗，他的作品既不同于鲍照，也不同于谢朓。而谢灵运诗的真正特点，我却认为在于他能用深细的笔触来摹现其内心微妙的感情。即如现在要介绍的这首《邻里相送至方山》，就不是山水诗，而是一般的赠别抒情之作。表面上虽语多旷达，骨子里却是恋栈朝廷的，作者终于用凝练而微带生涩的语言把这一真实而隐曲的思想给勾画出来了。这就是谢灵运诗值得借鉴的地方。

此诗共十四句，前四句和中四句各成一小段落，末六句自成起讫，而这六句中，每两句又各为一层意思。其中最难讲的是中间"析析就衰林"四句，我个人认为，自闻人倓《古诗笺》至近人许多注本，几乎没有一位把它讲透了的。这里姑陈己见，亦未敢自以为必无舛误也。

开头四句写自己将出任郡守，因与邻里有旧情而不忍分别。"祗"，敬。古书多以“祗”字与“奉”、“承”、“仰”、“候”等动词连用，因知“祗”字亦涵有上述诸词之义。“役”，行役，指出任郡守是为朝廷服役。“祗役”，敬其职役，指郑重对待皇帝的任命，故须到官就职。“皇邑”，犹言帝都。第一句是说由于敬承王命而服役赴郡，故出京远行。第二句是说要去的目的地。永嘉在今浙江，古瓯越之地。“相期”的“相”，虽有互相、彼此之意，却不一定有对方存在。这里的“相期”只是期待、打算的意思。“憩”本是休息、止宿，这里用得别有含义。作者到永嘉是去做官的，不是去度假的，到任之后，根本谈不到“憩”，而应该是勤于公务。而作者却用了个“憩”字，言外之意，作者被朝廷外迁并非受重用，而是投闲置散；而作者本人也并不想在外郡有所建树，只是找个偏僻地方休息休息。这就是下文“资此永幽栖”的“根”。“资此”，借此，利用这次机会；“永幽栖”，长期栖隐起来。把做官看成“幽栖”，并且想长此以往地生活下去，这就是反话，就是牢骚。事实上，谢灵运本人原是不甘寂寞的。

接下去，作者写船要解缆启程了。“及流潮”，趁着涨潮的时候。这句是说自己要离京出发了。但第四句又一转，说由于怀念亲旧而不忍离去，所以一时还未能出发。这种欲行又止的描写并非纯粹指行动，因为船终于还是解缆出发了；而是写心理活动，即该走了却不想走，不想走又不能不走。表面上是与邻里亲友依依不舍，实际上是对“皇邑”的恋栈。读下文自明。

以上是第一小段，下面四句是第二小段。“析析”二句是写实，也是比兴。这时船已前行，途中所见，应为实景；但与“含情”两句相连，则又属比兴了。“析析”，风吹树木声。“就衰林”，叶笑雪《谢灵运诗选》注云：“就，迎面而来。岸边的树林是静止的，江上的船则顺风随流急驶，在船中看岸上的树林，不觉船动而只看到树林向自己走近。”这个讲法颇具诗意，但不一定确切。依叶说，“就衰林”的“就”主语应为船，应为乘船人；而叶的解释却成了倒装句，成为“衰林”迎面而来，其本身逻辑已觉混乱；如与下文对举，则“皎皎”与“明”皆“秋月”之形容词，除“析析”与“皎皎”为对文外，其他词语并不严格对仗。且“衰林”亦为不词，不能同“秋月”相提并论。鄙意下句既点出“秋”字，则上句亦为秋景无疑。而谢灵运出京赴郡是在422年农历七月，虽交秋令而木叶尚未衰枯。这时就把树林称之为“衰”，似乎不确切。故应读为“就衰林”始合。“就衰林”者，已经出现衰的迹象、向着衰的趋势发展之林也。耳之所闻，乃析析风吹木叶之声，感到又是秋天了，原来葱翠的林木从此又要日就衰枯了；而目之所接，却是皎洁明亮的秋月。作者动身的当晚是七月十六，正值月圆，故为写实。这与第一小段实际已有一段间隔，即跳过了船已解缆，人已离岸的阶段，而写途中景物了。“含情”二句，旧注多讲成作者自谓,而把“遇物”的“物”讲成林和月。我则以为,此二句乃逆承上文,“含情”句是说“月”,“遇物”句是说“林”,但同时又是借外景以抒内情,实质仍在写自己思想感情的变化感受。夫七月十六正月盈之时,因之作者联想道:由于月亦含情,尽管它经常有亏缺晦暗之时,而每月总要盈满一次,看来这也并非难事。正如多情之人,一有悲欢离合,感情自然流溢,这也是一种不能自制的表现。即如自己之迁离皇邑,远赴越瓯,虽已成行,犹“怀旧”而“不发”,这也正是情不自禁,“易为盈”的表现。而“遇物难歇”,即《韩诗外传》所谓之“树欲静而风不止”,“物”指“风”,乃承“析析”句而言,指林木之声析析,正因风吹而不能自止。亦如自己本不欲迁外郡,而朝命难违,身不由己,欲罢不能,只好扬帆上路。旧注或将景语与情语割裂,或引老庄之言而故求艰深,恐皆无顺理成章之妙。若依鄙说,则因实而入虚,见景而生情,转折亦较自然,层次似更清楚。故不惮辞费,析言之如上。

最后六句,在全诗为第三小段,就题意言是点明与邻里告别之主旨,即作为诗之结尾。但中间每两句为一层。“积疴”二句从自己说起,“资此”二句既与赴郡相关联,又同来送行者相呼应。最后“各勉”二句看似与邻里赠别的套语,实将自己留恋京都、不甘寂寞之意“不打自招”式地点出。有人认为谢灵运的山水诗每于结尾处发议论,成为无聊的尾巴,而这首诗恰好相反,正是从末两句透露出作者深藏于内心的底蕴。先说“积疴”两句。上句说由于自己多病,因此对人生的考虑已力不从心,只能“敬谢不敏”,言外说一切听从命运安排,爱把我怎么样就怎么样吧。下句说自己本淡泊于名利,没有什么欲望可言,因而感觉不到自己有什么不满足的地方。言外指自己由于身体健康状况不佳,又不想贪图什么,因此留在朝中也罢,出任外郡也罢,反正都无所谓。看似旷达,实有牢骚。于是接着说到第二层,他认为此次出任永嘉太守,倒是自己借以长期隐蔽、不问世事的好机会,看来同皇帝、同都城以及在都中盘桓甚久的邻里们,都将长期分手,不仅是分别一年半载的事了。其实这两句也暗藏着不满意的情绪,言外说皇帝这次把自己外迁,大约没有再回转京都的希望了。其患得患失之情,真有呼之欲出之势。而结尾两句,上句说我们要彼此互勉,都能做到“日新”的水平,以遂此生志愿。“日新”,《周易》屡见,如《大畜》云:“日新其德。”《系辞上》云:“日新之谓盛德。”又《礼记·大学》引汤之盘铭云:“苟日新,日日新,又日新。”都是进德修身之意。下句则希望亲友们经常沟通消息,只有经常得到信息,才能慰我寂寞。“寂蔑”,与“寂灭”同,也是岑寂、孤独的意思。这两句也属于无形中流露出自己恋栈京都、热衷政治的思想感情的诗句。试想,一个人既已“谢生虑”、“罕所阙”而且打算"永幽栖"了，还"各勉日新志"干什么？他认为只有京城中的亲友邻里有信来，才能慰其"寂灭"之情，可见他所说的"永幽栖"只是牢骚而并非真话。从而我们可以这样说，作者的真实思想感情是并不想离开帝都建康，可是在诗里却说了不少故作旷达、自命清高的话；而恰好是在这种故作旷达、自命清高的诗句中透露了他对被迫出任郡守、不得不离开京城的牢骚不满。这既是谢灵运本人特定的思想感情，而且也只有谢灵运本人的诗才，才写得出他这种特定的复杂矛盾的思想感情。我以为，只有从这种地方入手，才会真正理解谢灵运及其脍炙人口的山水诗。

（吴小如）

过始宁墅 谢灵运

束发怀耿介，逐物遂推迁。违志似如昨，二纪及兹年。缁磷谢清旷，疲苶惭贞坚。拙疾相倚薄，还得静者便。剖竹守沧海，枉帆过旧山。山行穷登顿，水涉尽洄沿。岩峭岭稠叠，洲萦渚连绵。白云抱幽石，绿篠媚清涟。葺宇临回江，筑观基曾巅。挥手告乡曲，三载期归旋，且为树枌槚，无令孤愿言。

始宁，今浙江绍兴市上虞区。其墅为谢灵运之祖晋车骑将军谢玄所建。灵运《山居赋》自注云："余祖车骑建大功淮肥（指淝水之战），江左得免横流之祸。后及太傅（谢安）既薨，远图已辍，于是便求解驾东归，以避君侧之乱，废兴隐显，当是贤达之心，故选神丽之所，以申高栖之意，经始山川，实基于此。"可见始宁故宅，对少年时即袭封康乐公的诗人来说，既是祖上勋业的象征，又是先人明达的标志。所谓"废兴隐显，当是贤达之心。"正说明了这两重意义。

永初三年(422)，灵运因徐羡之挤排由京师外放永嘉（治今浙江温州）太守，其初，他的心情是怨愤的。"生幸休明世，亲蒙英达顾。空班赵氏璧，徒乖魏王瓠。"（《初发都》）他深憾未能报谢庐陵王刘义真的赏识，故自叹美质如和氏之璧而无所用其才，远图如魏王的五石之瓠般大而无当。对于去国远游，更是留恋难舍，以至"解缆及流潮，怀旧不能发"（《邻里相送至方山》）。然而这种悱恻的感情，对于家世簪缨，自许王佐之才的诗人，虽然真诚，却并不相宜。到他买舟南下，途经始宁故宅时，先祖的功业激起了他自傲自重之心，而他们肥遁以避祸的睿智，又仿佛向他昭示了抗俗明志的途径。《过始宁墅》诗主旨是说要退隐以遂素志，而骨子里却是对政敌，甚至是对他并不真正服膺的，出身寒微的刘宋王朝的傲视。这也是谢客之归隐与陶潜之退身不同的个性特征。

全诗分三个层次，“束发”句至“还得静者便”是第一层，反复剀陈自己的心志。“剖竹”句至“筑观基曾巅”是正写过旧宅，理旧居。“挥手”以下四句表明一旦任满，将隐遁故山的愿望。

从元兴年间(402—404)初仕至遭贬作诗时(422)，谢客由弱冠少年而将近不惑，这将近“二纪”(一纪十二年，此举成数而言)的岁月，是人生中风华正茂的时期。而对“自谓才能宜参权要”(《宋书》本传)的诗人来说，却偏偏独多坎坷。刘裕势力日盛，对晋室功臣的谢家来说本已是一个厄运，偏偏他在变幻不测的政治风云中又一而再，再而三地“站错了队”。他先从刘裕的政敌刘毅为记室参军，结果刘毅被诛，灵运的叔父兼导师谢混也以首逆而同时及祸，他本人虽幸免难，但已难获信任，刘宋代晋后，尽管他早已名高当时，但只是被帝王视作文学侍臣。刘裕病笃，继嗣之争顿起，他瞅准了二皇子刘义真，谁知又错了；少帝即位，义真被挤到历阳，好友颜延之出放始安，他则外贬永嘉。二十年如花岁月蹉跎而过，无穷感慨遂因故宅的触发，冲涌而出，遂发为诗中首八句的感慨。他反复陈说自己少怀耿介坚贞之志，误入官场，实有违于初志而沾染了尘垢，这当然是有感于先祖高栖远祸的明智而言的；但是因为实际上这二十年是他功业追求的失败，青云之志的摧折，所以他所说的“清旷”，就不能像乃祖功成身退时的志满意得，平和恬宁。从诗中所说二十年前初仕景状恍如昨日之中；从他用汉代名臣汲黯戆直拙于为宦而多挫折之典中，不难看出他那“清旷”之下的幽愤。所谓“拙疾相倚薄，还得静者便”，表面说的是拙宦与疾病给了自己归根复命，静居山墅，以遂初志的便利；而实际上却是这位“静者”内心不平的微妙流露。这种有激于先祖勋业与素德而以清旷出之的幽愤，是全诗一以贯之的意脉，它流注于第二层次的景物描写中，最后停蓄为第三层次那敬告乡亲，三载任满后将还山归隐的誓愿。这个誓愿发得很毒，《文选》本诗李善注云：“《左氏传》曰：‘初，(鲁)季孙为己树六槚于蒲团东门之外。’杜预(注)曰：‘槚，欲自为榇(棺木)也。’吕向注曰：‘枌槚，木名。谓乡人云：为我树此木于坟之上，无令孤(辜负)我所愿之言。’”预想归隐，而竟说到了要死后归葬，誓愿越重，不正愈见出其心中的怨愤之深么？

全诗最可注目处有二：一是记游写景，前人都摘评“白云”“绿筿”一联的幽美，因谓谢诗多秀句而少全篇，其实不然。这二句之所以为佳，更重要的原因倒是在全景所显示出来的象中之意。诗人帆沧海，过旧山，山行曲折，水涉沿洄，历经重重叠叠的山岩峭壁与连绵萦环的水中洲渚，真所谓是重重掩抑，步步屈曲。正在“山重水复疑无路”之际，而突然“柳暗花明又一村”，眼前出现了一派崭新的明丽景象；洁白的云絮抱护着向空壁立的幽峭山岩，而山下清波涟漪，翠绿的蔓藤临岸袅娜，似少女的青丝，照镜自媚。这景象清丽中有着一种孤高之气，正渗透着诗人经历仕途风霜，企望故宅一憩心境，也正体现着他负才自傲，孤芳自赏的性格特征。论者常云陶诗景中有人，谢诗景中无人，其实又不然，细味谢诗，无一不有其人格在，只是陶诗景淡意显，谢诗则语丽情晦。刘勰《文心雕龙》拈出“隐秀”一词状六朝诗风，其源头正在谢客。

诗的又一佳处是结构，全诗以大段议论抒清旷幽愤之思起，气势鼓荡，复潜注于精美绝伦的景物描写中，最后又由隐而显，发为誓愿，由显而隐之间，先以“剖竹”二句倒插，由议论挽入记游，复因美景而起营葺旧居之想，扣题“过始宁墅”，自然道入归隐旧山之誓。由此两处顿挫，遂使一气贯注中得屈曲沉健之致，而免轻滑剽急之弊。如果我们将杜甫《自京赴奉先县咏怀五百言》，《北征》诸巨篇与本诗对读，就可发现，老杜之体，其实轫于谢客。《昭昧詹言》拈出，谢杜韩(愈)黄(山谷)为一脉相承，洵非虚言。

过始宁宅，对于谢客来说，是仕途上的不幸，但是却是他诗歌创作生涯中的大幸，尽管本诗尚带有传统的行旅诗的成分，但是已明显可见中国山水诗的序幕至此真正揭开了。而且这个序幕，揭得甚佳，一开始就与陶渊明的田园诗，表示了完全不同的个性特色。这只要读一下渊明题材相近的《归园田居》之一，就可见无论抒情写景，结构用笔，都是大不相同的。不过序幕总是序幕，《过始宁墅》在谢诗中，其组织尚较单纯、意气也较发露。灵运山水诗意象深曲，锤炼谨严，森然中见出逸荡之气的典型风格，要稍晚至其徜徉于永嘉山水时，才终于形成。

（赵昌平）

富春渚　　谢灵运

宵济渔浦潭，旦及富春郭。定山缅云雾，赤亭无淹薄。溯流触惊急，临圻阻参错。亮乏伯昏分，险过吕梁壑。洊至宜便习，兼山贵止托。平生协幽期，沦踬困微弱。久露干禄请，始果远游诺。宿心渐申写，万事俱零落。怀抱既昭旷，外物徒龙蠖。

《庄子》、《列子》二书中都记有这样两个有趣而发人深省的故事。一说，列御寇为伯昏无人射，列子技艺精湛，手平如砥，甚至能放一杯水在肘上，箭方去而未至靶，杯水又重新落到肘上。然而伯昏无人说“是射之射，非不射之射也”。于是他“登高山，履危石，临百仞之渊，背逡巡，足二分垂于外”，列子惊怖，伏地汗流至踵。伯昏无人就说：那些与天道同一的至人，上窥青天，下潜黄泉。挥斥八极，神气不变。现在你害怕得直瞬眼睛，可见你内心未明自然之理，不够充实啊。另一则故事说孔子观乎吕梁，悬瀑三十仞，流沫三十里，连鼋鼍鱼鳖之属都不敢过，然而却有一个男子在其中戏水，孔子以为他想自杀，命弟子去岸边救他，那人却上了岸，披发而歌，游于塘下。孔子问他，游泳有"道"没有，那人回答，并无所谓道。只因从小生长于水边，所以能安于水。唯因顺从水之道而无我见存在，所以下水就能不知其然而然，与水化为一体。这两个故事，曾被历代诗人无数次地运用过，但是却很少见有人能像谢灵运《富春渚》诗这样，用得如此灵活而贴切。

别过了始宁故宅(参上篇)，灵运又浮舟西南行，进入桐庐富阳县境的富春江。富春江有两个特色，一是清，二是险。梁吴均《与宋元思书》曾状其景："水皆缥碧，千丈见底；游鱼细石，直视无碍；急湍甚箭，猛浪若奔。夹岸高山，皆生寒树，负势竞上，互相轩邈，争高直指，千百成峰。"正写出了这两方面的特色。山水是自然形态的东西，而以之入诗文，则不可避免地染上作者的主观色调。既清且险的富春山水，在卓荦不羁的吴均眼中合成了自由竞荣，勃勃生气的清奇，所谓"奇山异水，天下独绝"。在游子羁旅的孟浩然笔下则是"野旷天低树，江清月近人"(《宿建德江》，建德属富春)，一片清怨；然而在刚为险恶的政治风浪抛掷出来，恃才傲物，一肚子不合时宜的谢客眼中，则是另一番景象。

夜中，诗人渡过了富春东三十里的渔潭浦，清晨舟抵富阳城外。六七十里外的定山、赤亭山是富春名胜，但诗人并不往游，只是向峰顶那缅渺的云雾远远一望，又匆匆驶去。起四句连下"宵济"、"旦及"、"无淹薄"三字，可见富春秀色，此时对意兴索寞的诗人来说并引不起多大兴趣，而远山上那萦青际白的云雾，似乎正象征着他不绝无尽的愁绪。忽然水势突变，逆流而上，惊浪急湍撞击着去舟；而崖岸曲折，参差凹凸，更处处阻遏着行程。这景象真是惊心动魄，诗人自己也不知如何飘过了这一段险泷，不禁深自庆幸：尽管自己并没有伯昏无人那种履险若夷的定力，却竟然如吕梁男子般惊险地闯过了这难关。待得惊魂稍停，他倒是悟出了一条至理。《易·习卦》："水洊至习坎"，《艮卦》又说"兼山，艮，君子以思，不出其位"，"艮其止，止其所止。"意思是，虽有重险悬绝，而水仍相继而至，这是因为水性已习惯了山坎的缘故。艮即止义，两山相重，正象征着止息之义，君子当因此而引起思索，行于所当行，止于所当止，不要越过了自己的本位。《易》象不正揭示了刚才经历凶险一举的内在含义么？如果自己真能像伯昏无人与吕梁丈夫一样，内心元气充实，与自然合一，完全忘掉物我、利害、险夷之间的差别，顺乎自然之理，使行动与之不期而合，那么虽然多历风险，也可达到履险若常的境地。推而广之,生活亦正同于行舟,也当顺应自然之理,那么对不久前经历的仕途风波正不必如此耿耿于怀,怨天尤人。自己平生之志本在幽栖养生,二纪之前只因意志薄弱而出山,从此就困顿于世俗之事。希求为入仕干禄已过久了,直至今天总算有了机会实现对友朋许下的远游轻举的诺言。想到这里,诗人感到蛰伏已久为世事蒙蔽的夙愿渐渐得到了舒展生发,顿时眼前的万事就如枯叶朽枝般零落不足道了。思念及此,诗人感到胸怀开张,心地光明,就如庄子所说的神明虚空无所怀的神人一样,忘掉了自身存在而任物推移。从此就只要如那蛰伏以存身的龙蛇,以屈而求伸的尺蠖那样与世委蛇,善养天年就是了。

经过了富春渚后,谢客是否真能如诗中所说那样达到超人的境界?答案是否定的。甚至就在浮江之际,他恐怕也未曾真正获得心理上的平衡。诗中所言,充其量,也只是即景生想,从理念的观照中得到一种感情的宣泄,这在以下各篇中我们不难看到。然而就作诗时一刹那间的感触而言,他却确实达到了情景理的圆融无碍。

全诗实分三个层次,前六句纪行写景;"平生"以下的最后八句是对自身人生道路的检讨与悟参。二者之间本不相涉,但却因中间四句的四个典故而连成了一体,这四个典,尤其是前面《庄》《列》二典用得十分巧妙。舟行富春山水际,而伯昏一典为山、吕梁一典为水,联想十分自然,且同用《庄》、《列》更十分工致。山,水之典甚多,不用其他,而偏用这两个,则是因它们既在形象上深切富春山水的凶险,又暗蕴所以能履险若夷的理念。这个理念在诗中是用"亮乏"、"险过"的形式反说的,更切当时诗人的实感。由反到正,则再接用《易经》中一水一山两典,从而顺理成章地引出了以下对生活历程的检讨。诗歌用典,从诗骚起即有,建安以后更渐成风气,但是用得典雅、精严,炉锤工致,成为作诗一大法门,却不能不说自大谢始,当然由此也带来了谢诗有时稍嫌晦涩之病。得失二方面在本诗中都反映得甚典型。这又是陶、谢诗风的一大区别。　　(赵昌平)

七　里　濑　　　　谢灵运

羁心积秋晨,晨积展游眺。孤客伤逝湍,徒旅苦奔峭。石浅水潺湲,日落山照曜。荒林纷沃若,哀禽相叫啸。遭物悼迁斥,存期得要妙。既秉上皇心,岂屑末代诮。目睹严子濑,想属任公钓。谁谓古今殊,异代可同调。

宋永初三年(442),谢灵运自京都建康赴永嘉太守任,途经富春江畔的七里濑(水流沙上为“濑”),乃作此诗。七里濑亦名七里滩,在今浙江桐庐县严陵山迤西。两岸高山耸立,水急驶如箭。旧时有谚云:“有风七里,无风七十里。”指舟行急湍中进度极难掌握,唯视风之大小来决定迟速。

此诗一韵到底,凡十六句,每四句为一节。诗意借观赏沿江景物以寄托作者落落寡合的“羁心”,诗中虽作旷达语,却充满了不合时宜的牢骚。这是谢灵运多数诗篇所共有的特色。

开头四句语言颇艰涩费解。第一句,“羁心”,羁旅者之心,亦即游子迁客之心,指一个被迫远游为宦的人满肚皮不情愿的心情。“积”,训“滞”(见《庄子·天道篇》《经典释文》注),有郁结之意。这句意思说在秋天的早晨自己郁积着一种不愉快的羁旅者的心情。接下来第二句说,既然一清早心情就不愉快,那么爽性尽情地眺览沿途的景物吧。“展”,训“适”,有放眼适意之意。第三、四两句似互文见义,实略有差别。“逝湍”指湍急而流逝的江水,则“孤客”当为舟行之客;而“徒旅”虽与“孤客”为对文,乃指徒步行走的人,则当为陆行之客,故下接“苦奔峭”三字。夫舟行于逝湍之中,自然提心吊胆;但其中也暗用“逝川”的典故。《论语·子罕》:“子在川上曰:‘逝者如斯夫,不舍昼夜!’”因知此句的“伤”字义含双关,既伤江上行舟之艰险,又伤岁月流逝之匆遽,与下文“遭物悼迁斥”句正相呼应。第四句,“奔”与“崩”同义,“峭”指陡峭的江岸。江岸为水势冲激,时有崩颓之处,徒步旅行的人走在这样的路上自然感到很苦。不过从上下文观之,这句毕竟是陪衬,重点还在“伤逝湍”的“孤客”,也就是作者本人。所以“孤客”、“徒旅”是以个别与一般相对举,似泛指而并非全是泛指。

第二节的四句全是景语。这中间也有跳跃。开头明写秋晨,下文却未写“秋晚”,而用“日落山照曜”一句来代表。这种浓缩的手法是我国古典诗歌的特点之一,而谢灵运的诗在这方面显得尤为突出。“潺湲”,旧训水流貌。但是缓是急,仍须研究。叶笑雪注谓“江水缓流的状态”,疑未确。汉武帝《瓠子歌》(见《史记·河渠书》引):“河汤汤兮激潺湲。”可见当训水流急貌。何况“石浅”则水势自急,必非缓流可知。“照耀”叠韵,是形容词而非动词,指山色明亮。“荒”训大,训野,与荒凉萧瑟无关;“纷”,繁多;“沃若”,见《诗·氓》,形容树叶柔润茂盛。此四句“石浅”句写水,写动态,“日落”句写山,写静态;水为近景,色泽清而浅;山为远景,色泽明而丽。“荒林”句写目之所见,“哀禽”句写耳之所闻。全诗景语,仅此四句,起到承上启下的作用,照理讲它们并非主要内容。只是若把这四句删掉,此诗即无诗味可言。可见情由景生,原是写诗要诀。

第三节从写景转入抒情,却兼有议论。“遭物”,指见到的客观事物,即上文之浅石湍流、落日群山以及荒林哀禽等。“迁斥”有两层意思，一是主观上指自己被出为郡守，无异于受迁谪和贬斥，二是客观上感到节序迁改推移，时不待人（“迁”指时间的迁移，“斥”有开拓意，指空间的转换）。这二者都是值得伤悼的。但只要存有希望（“期”，期望，希冀，这里是名词），就可以领悟精微玄妙的道理，不致因外来的干扰影响自己的情绪了。“要妙”，语见《老子》，指哲理的玄妙深奥。然而这种悟道的境界，只有太古时代的圣君贤哲才能心领神会，处于衰乱末代的人是无法理解的。所以作者说，“我既已持有（‘秉’，执也，持也）上古时代的圣贤的一颗心，哪里还在乎当今世人的讥诮呢！”“上皇”，犹言太古时代的帝王；“屑”，顾；“诮”，讥刺。从这里，我们看得出作者同刘宋王朝的统治阶级是互相对立的，这是豪门世族与军阀新贵之间必然存在的矛盾。最后矛盾激化，谢灵运终于以谋反罪被杀害。从历史主义的观点来分析，这是丝毫不足为怪的。

最后一节，作者借古人以明志。“严子”，即严光，字子陵，本与汉光武帝刘秀同学，但他坚决不肯出仕，隐居富春江上，后人名其垂钓处为严陵濑，即此诗所谓的“严子濑”。其地在七里濑下游数里，故诗人举目可见。“想”，这里是名词，指思想。“属”，联系到。“任公”，是《庄子·外物篇》里的寓言人物。据说他“蹲乎会稽，投竿东海”，用五十头牛当钓饵，费了一年时间才钓上一条大鱼，其肉足供从浙江到湖南这样广大地区的人民食用。这是两种不同类型的古人。严光是避世的隐者，而任公则象征着具有经世大才的非凡之辈。作者意思说自己纵有经天纬地之才，由于不合时宜，宁可做个隐士。结尾两句，作者明确表示：即使不同时代的人也可以志趣相投，步调一致。言外隐指本人知音寥落，当世的人对自己并不了解。从而可以推断，上文作者所伤悼的具体内容到底是什么了。

（吴小如）

晚出西射堂　谢灵运

步出西城门，遥望城西岑。连鄣叠巘崿，① 青翠杳深沈。晓霜枫叶丹，夕曛岚气阴。节往感不浅，感来念已深；羁雌恋旧侣，迷鸟怀故林；含情尚劳爱，如何离赏心。抚镜华缁鬓，揽带缓促衿。安排徒空言，幽独赖鸣琴。

〔注〕 ① 鄣：上平的山峰。一作“障”。

西射堂，在永嘉西南二里，所谓射堂，是试士习射的所在，由诗题及诗中所状景色推之，本诗当作于永初三年(422)灵远外放永嘉当年的深秋。

傍晚，诗人漫步出西城门，大抵谪宦羁旅之人最怕黄昏长夜，因为白日的公务，多少还能分散心事，而公余闲暇，天色如磐，这愁绪又何以消遣？这种感觉，在常人都如此，更何况诗客敏感的心灵？所以当灵运举目远望郊垌的西山时，永嘉的青山绿水，已都无秀色可言，触目尽是惹愁兴叹的资料。崇山如屏，纵横复沓而无有穷尽，往时的深青淡翠也都在广漠无边的暮色笼罩之中，变得深不可测。清晨时曾经慰目的染霜红枫，已不复可见，唯有斜阳无言，在厚重阴沉的岚气中，恹恹降沉。自初秋的七月十六日去京，至此已有两三个月了，金秋已去，严冬将临，忧愁自然有增而无已，现在看到这一片压抑而迷惘的郊景，就更勾起了诗人深沉的怀念。眼前那林木上羁宿的雌禽，失群无伴，似乎在诉说着对旧侣的怀恋。空中的归鸟在盘旋徘徊，它一定是迷失了归路在寻找昔日的林巢。羽鸟都有情，尚且知道相互间爱，而万物之灵的人，又怎能忍受与知心的亲人友朋的离别？感念及此，诗人意兴阑珊，回到了旅居之所。他抹去铜镜上的积尘，见原来那乌黑的鬓边上已出现了星星白霜，逗弄衣带，又发现先前合身的衣服也已显得宽松了。顾影自伤，诗人不禁对他素所信奉的庄子的至理名言也产生了怀疑。《大宗师》中说，“安排而去化，乃入于寥天一”，意思是安于自然的推移，就能与造化合一，进入空虚寂寥的超人境界，现在看来这不过是无补于事的空论；所能聊以宣泄那幽居独处之烦闷的，只有那孤芳自赏的琴音而已。

本诗在谢诗中是最为平实的篇章了，没有过多的典实、巉刻的语词，连他最惬心的玄理也只以否定的形式出现。即景而抒情，一泻块磊，酷学汉末建安的诗体。甚至连起句也有意求古朴。《古诗十九首》之十三云“驱车上东门，遥望郭北墓”；曹植《送应氏》之二起云：“步登北邙坂，遥望洛阳山。”对读之，其传承甚明。

不过，虽说效古，却又有明显的新变；显示出谢客贬永嘉后诗的一贯特色。

诗的结构，随情抑扬，一同建安诗之任气使才；而同时又显出屈曲多层折的特色。先以“节往”、“感来”二句居中作顿束，将秋望景物分作二层；更以“含情”“如何”二句，接过第二层景，引入末四句浩叹。这就是贬永嘉后谢客所经常使用的景——情——景——情(或相反)的双线结构，是中国诗歌中布局的新创制。

诗的写景造型也更见精致入微。特别是善用动词与形容词以写形入神，如“连鄣”四句内蕴压抑的愁思。其中一、二、四句中的“叠”字，“杳”字，“阴”字相连而构成了扑朔错杂而杳不可测的境界，最能见出主客观融一的情思。其句式前二句是“二、一、二”的节律，后二句是“二、二、一”的形式，其变化也有助于情景的表达。“晓霜枫叶丹”一句尤堪玩味。有人认为这两句是分别实写早晚二诗。其实不然，“晚出西射堂”，又何能见晓景呢？因此又有人怀疑“晓”可能是“晚”之误，其实也不然，青翠既已“杳深沉”，红叶又何能看清呢？所以这一句并非实写即日所见，而是虚拟。重山叠巘，暮色杳渺是如此压抑，诗人亟望清晨所见的红叶能稍破沉闷，然而竟不可得，唯有夕曛岚阴而已。这铺叙实景中的一笔虚拟，不仅因反衬而加重了愁思，而且借虚想的一点丹红使沉郁之中见出空灵，不致造成滞重之感。这就是谢诗在用词状景中的深致。

从《晚出西射堂》诗，我们可以进一步探寻到谢诗的传承，从山水题材而言，灵运承玄言，游仙诗之绪，继谢混等后创为山水诗，这中间行旅诗中的景物描写，似又为一重要环节。而从诗歌体式而言，灵运诗决非如人们常说的那样有悖于建安风骨，而是继承了建安诗人的使气任才的特点，并兼取太康之风，踵事增华，使才气的表现具有隐秀的特色。以上二者相结合，终于卓然自成一体。本诗正可作为建安诗与典型的谢诗之中间环节来看待。至此我们对钟嵘所评谢诗特点当更有所解会。“宋临川太守谢灵运，其源出于陈思（曹植），杂有景阳（张协）之体，故尚巧似而逸荡过之。颇以繁富为累。嵘谓若人兴多才高，寓目辄书，内无乏思，外无遗物，其繁富，宜哉。然名章迥句，处处间起；丽典新声，络绎奔会。譬犹青松之拔灌木，白玉之映尘沙，未足贬其高洁也。”（《诗品》）这是对谢诗传承得失的最中肯的评价。

（赵昌平）

登池上楼　　谢灵运

潜虬媚幽姿，飞鸿响远音。薄霄愧云浮，栖川怍渊沉。进德智所拙，退耕力不任。狥禄反穷海，卧痾对空林。衾枕昧节候，褰开暂窥临。倾耳聆波澜，举目眺岖嵚。初景革绪风，新阳改故阴。池塘生春草，园柳变鸣禽。祁祁伤豳歌，萋萋感楚吟。索居易永久，离群难处心。持操岂独古，无闷征在今！

谢灵运作为南朝门第最为华贵的士族家庭的子弟，作为东晋名将谢玄之孙、爵位继承人，又自幼颖悟过人，长成后骄纵自负，在政治上自然抱有很大的雄心。而宋武帝刘裕去世后，诸子年幼，形势不稳，又使他深深卷入权力斗争的漩涡。刘裕的长子刘义符（少帝）即位后，大臣徐羡之等人把持朝政。刘裕次子刘义真（庐陵王）过去甚得父亲的欢心，颇有觊觎帝位之意。他与谢灵运关系密切，常对人说，如果他做皇帝，便用谢灵运为宰相。这情况很容易造成矛盾的激化。而谢灵运完全是诗人的性格，高傲、袒露、褊躁，不擅于政治权谋。他常对徐羡之等施以批评攻讦，引起对方的猜忌，终于在永初三年（422）被逐出京都，迁为偏僻的永嘉郡(治今浙江温州)太守。这是谢灵运首次在政治上受到沉重打击。来永嘉后的第一个冬天,他长久卧病,至明年(景平元年)春始愈,于是登楼观景,写下《登池上楼》这一名篇,抒写郁闷之情。

全诗大致分为三层,但衔接很紧密。前八句为第一层,主要写官场失意后的不满与当时矛盾的处境。魏晋南朝时代权力斗争激烈,仕途风波险恶,因此士族文人既有进取之志,又有企羡隐逸之心,而诗人所面临的,却是两者俱无所得的困境。诗一开头即由此下笔:"潜虬"一句喻深藏不露、孤高自赏的生活,"飞鸿"一句喻奋进高飞、声名动世的境界;下面两句说无论前者还是后者,自己都不能做到,深感惭愧。四句中,第三句紧接第二句,第四句远承第一句,诗意连贯而有变化。以上四句用形象的比喻写出自己的困境,但为何会这样,并未交代清楚,所以又有后四句把前四句加以落实。"进德"谓进取功业,施恩德于世人,与"飞鸿"一句相应。——但虽有此志,却是才智不及。这句实际的意思,是说自己耿直守正,乃至受人陷害。"退耕"谓退隐田园,以耕作自资,与"潜虬"一句相应。——但徒怀此愿,却是力所未能。以谢氏的富有,当然谈不上"退耕力不任"的问题。这句实际的意思,是说自己颇有退隐之心,只是为形势所格,无法实现。因为当时谢灵运如果拒绝赴任,就是公开表示与当权者对抗,极可能招致更大麻烦。下面进一步写自己于无奈中来到这偏僻的海隅,入冬后久卧病床,所对唯有萧索枯瑟之空林。全诗由虚入实,由远及近,气氛渐渐降到最低点。

自"衾枕"以下八句为第二层,写登楼所见满目春色。"衾枕昧节候"紧承前一句"卧痾对空林"而来,写卧病中不知不觉,已是冬去春来,同时自然而然引出下句"褰开暂登临"。"暂"谓短时间,有抱病强起之意。"倾耳"、"举目"两句,写出诗人对自然风光的极度喜爱。池塘水波轻拍,在倾耳细听之际,令人虑澄意解;远山参差耸立,于放眼遥望之中,使人心旷神怡。眼前是一派什么样的景色呢?"初景"即新春的阳光,正在革除"绪风"即残冬的余风,"新阳"即春代替了"故阴"即冬的统治。"初景"、"新阳"写出总体的感受,是虚笔,下面"池塘"、"园柳"两句,转为近景的具体描绘。"池塘生春草,园柳变鸣禽",是谢诗中最著名的诗句之一,曾引起很多人的赞赏,甚至引出一些带有神秘性的传说。钟嵘《诗品》引《谢氏家录》说:"康乐(谢灵运袭爵康乐公)每对惠连(谢惠连,灵运之从弟),辄得佳语。后在永嘉西堂,思诗竟日不就,寤寐间忽见惠连,即成'池塘生春草'。故尝云:'此语有神助,非我语也'。"故事的真实性如何暂且不论,这一联诗的名声,看来确是不小。但也有人提出:这二句实在很平常,有什么可夸耀的?究竟应如何看待,颇可稍加分析。

看起来，这一联诗(特别是前一句)确实很平常，毫无锤炼之功，所写景色亦并无特别之处。但应该注意到，它很好地表现了初春之特征及诗人当时的心情。池塘周围(尤其是向阳处)的草，因为得池水滋润，又有坡地挡住寒风，故复苏得早，生长得快，其青青之色也特别的鲜嫩，有欣欣向荣的生气。但它委实太平常，一般人都注意不到。谢灵运久病初起，这平时不太引人注意的景色突然触动了他，使之感受到春天万物勃发的生机，于是很自然地得到这一清新之句。“园柳变鸣禽”，写柳枝上已有刚刚迁徙来的鸟儿在鸣叫，这同样是细微而不易察觉的变化。两句诗表现了诗人敏锐的感觉，以及忧郁的心情在春的节律中发生的振荡。再有，宋初诗坛，以谢灵运本人为代表，有一种追求佳句的风气。而通常的佳句，都以反复雕琢、精于刻画取胜。在这样的风气中，此种自然生动而富有韵味的诗句，更显得特出。总之，放在特定的文学环境和具体的诗篇之中来看，“池塘生春草，园柳变鸣禽”的确不失为佳句，单独抽出来加以评论，就没有多少意义了。从全诗来看，写到这里，情绪渐渐转向开朗欣喜的暖色调。

最后六句为第三层。开头两句由登楼观春联想到古代描写春景的诗，借用典故表示自己的感慨，情绪又转向感伤。“祁祁伤豳歌”的“豳歌”，指《诗经·豳风·七月》一篇，诗中有“采蘩祁祁”等描写春景之句。何以要“伤豳歌”呢？原来，按照《毛诗序》、《诗谱》等传统的解释，《七月》是周公在遭受流言、出居东都以避谗害时作的，谢灵运用此典故，带有暗喻的意思。“萋萋感楚吟”的“楚吟”，指《楚辞·招隐士》一篇，其中有“春草生兮萋萋”之句。所谓“感楚吟”，是说有感于隐士的生活。这两居回复到第一层的内容，但并非单纯的重复，而是表示要从困窘的处境中摆脱出来，决心走隐居的道路。接着“索居”、“离群”两句，写隐居生活令人难以接受的一面，意思是：离群索居的生活，使人容易感到岁月漫长，枯索无味，难以安心。这两句从诗意上说，是指一般人的想法，并非说自己。但在潜在心理上，这种被否定的想法，也隐约透露了他自己的某种疑虑。谢灵运出身华胄，为世人所重，且骄纵自负，与世隔绝的隐居生活对于他确非易事。但不管怎样，他归隐的决心已下。全诗结束两句说：“持操岂独古，无闷征在今！”“无闷”语出《周易·乾卦》，意谓大德之人，避世而无所烦忧。这两句意思是：坚持节操岂止古人能够做到，《周易》所谓“遁世无闷”在今人身上同样可以得到征验！这样，诗的情绪便从进退维谷的困境中解脱出来，以高亢的声调收结全篇。也就在这大约半年之后，谢灵运终于称疾辞职，归隐到始宁的祖居。

本诗以登池上楼为中心，抒发了种种复杂的情绪。这里有孤芳自赏的情调，政治失意的牢骚，进退不得的苦闷，对政敌含而不露的怨愤，归隐的志趣……，虽然语言颇觉隐晦,却是真实地表现了内心活动的过程。诗中写景部分与抒情结合得相当密切,并且成为诗中情绪变化的枢纽。对景物的描绘,也体现出诗人对自然的喜爱和敏感,而这正是他能够开创山水诗一派的条件。只是,语言过于深奥、句式缺少变化,因求对仗而造成某些重复,也是显著的弱点。这些都有待于诗歌的发展来纠正。

(孙　明)

游　南　亭

谢灵运

时竟夕澄霁,云归日西驰。密林含馀清,远峰隐半规。久痗昏垫苦,旅馆眺郊歧。泽兰渐被径,芙蓉始发池。未厌青春好,已睹朱明移。戚戚感物叹,星星白发垂。药饵情所止,衰疾忽在斯。逝将候秋水,息景偃旧崖。我志谁与亮,赏心惟良知。

景平元年(423)春末夏初,灵运远贬永嘉(今浙江温州)已近一年了。在朝时就因"既不见知,常怀愤愤"的诗人,这次受徐羡之挤排而远放,在他真是不幸;更何况南荒瘴疠,沉疴久缠,又怎能不感慨万千,顿生去志?这就是谢集中自《登池上楼》以下数诗的共同主旨,《游南亭》即其中之一。清人方东树说:"自病起登池上楼,遂游南亭,继之以赤石帆海,又继之以登江中孤屿,皆一时渐历之境,故此数诗,必合诵之,乃见其一时情事及语言之次第"(《昭昧詹言》卷五),是很有见地的。

南亭,据《太平寰宇记》,在温州城外一里处,诗纪南亭之游,分三个层次。"时竟"以下四句,写季春某夕,雨过天清,夕日黄昏之澄净清秀景色。"久痗"以下六句,写久雨而神思昏瞀,今日偶眺郊野岔路,引动游兴,又因所见景色,感知春去而夏来。"戚戚"以下八句,即游而生老病之叹,归隐之志。确实,在作诗后三个多月,灵运就挂印买舟,归返会稽故宅了。

灵运之动归隐之思,既不如陶潜那样基于对仕途的厌憎,对人生的悟彻,也就没有陶潜那种恬淡心境。"久为谢客寻幽愤,细学周颙免兴孤。一重一掩吾肺腑,山鸟山花吾友于"(杜甫《岳麓山道林二寺行》),老杜可称是谢客的隔代知己,"幽愤",才是本诗的核心,这种心理特点,借游历出之,也引起了谢诗表现手法上不同于陶诗的特点。

首先是盘旋层折的诗歌结构,诗写幽愤之思,但起笔四句却先勾勒了一派清澄之景。然后,"久痗"、"旅馆"两句逆笔补出身在谪宦羁旅的处境,时逢久雨阴霾的黄梅，心境正如陷溺于霪霖之中，久已昏昏沉沉的了。于是可见起处所写偶一眺临所见的清景之中，实隐含有诗人企图摆脱烦闷的企望。清景使诗人神思为之一爽，但是潜在的幽愤是如此的难以解脱。为清景引动，诗人漫步郊坰，其本意当是希望进一步让大自然澄明的灏气，为他澡雪精神，但是一路行来，见到淫雨之前泽畔方生方长的兰草，已经繁茂而向老；而当时仅是一望绿叶的池塘中，荷花也初绽红红白白的朵蕾。这美景在他人或会感到悦目赏心，但对诗人却适足以勾动其幽愤的潜意识，于是顿生春夏叠代之感，更由“物”移而触发“人”老之叹，于是潜在的幽愤转为强烈的悲歌。药饵，“药”当作“乐”，反用《老子》“乐与饵，过客止”之语，当时的声歌食饮，尽属虚妄；而真实的唯有那倏焉而来的老病而已。那么人生应当怎样才对呢？只有乘即将而来的秋水，归隐家乡，这种真正的赏心乐事，恐只有二三知己才能领会吧。那么这赏心乐事的内含究竟为何呢？“秋水”用《庄子·秋水》事，《秋水》篇主旨在于“无以人灭天，无以故灭命，无以得殉名，谨守而勿失，是谓返其真”(《秋水》)，原来泯去物我，是非的界限，忘掉一切的是非得失，甚至忘掉自己的天赋禀受，皈依自然，才是根本的出路。但是谢客是否真能忘情呢？从本诗的意脉看，这只是一种企望强自从幽愤中挣脱的高言快论；从他的行事看，虽然几度归隐，但却未能如陶潜那样在自然中终其天年，终于在四十九岁时，吟唱着“恨我君子志；不获岩上眠”的感愤之句，被砍下了脑袋。

企图借游程中的自然清景以排解幽愤，而解不去，吟还愁，反将幽愤潜注于景物之中，这种反复曲折的情思，既使谢客的幽愤表现得看似清逸，实则更为深重；又使他诗作的结构表现出前所未有的复杂而多层次；奇景迭出，转转入深，确实到了“一重一掩皆肺腑”的境地，而他更善于营构，通过顿束、离合，顺逆的安排使诸多的景物移步换形圆融一体。而情思一以贯之。如本诗起首之“时竞”(春尽)，中腰之“朱明移”，篇末之“秋水”，思绪依节候的顺次，虚实相间地展开，却以“久痗”一联，“戚戚”一联作顿束收放，依其感情的变化，出现一幅幅不同色调的画面，达到情景理交融的境地。王夫之《薑斋诗话》评谢诗，“以意为主，势次之，势者，意中之神理也。唯康乐为能取势，宛转屈伸以求尽其意……夭矫连蜷，烟云缭绕，乃真龙，非画龙也。”此评正道出了谢诗以幽愤的情思为内含，运调景物，屈曲以达其意的特点，这与陶潜诗结构之如行云流水大异其趣。

与结构相应，本诗的意象也与陶诗异趣。陶诗语言天成，所构成的诗歌意象较单纯而韵味醇厚，而谢诗则“造语极奇险深曲，却皆稳老而不伤巧。”(《昭昧詹言》)，其意象层次多隽秀耐咀。试以与本诗前四句景物相近的陶潜《杂诗》二之前四句作一比较，陶诗云：

白日沦西阿，素月出东岭；遥遥万里辉，荡荡空中景。

这四句每句五字都是一个层次，且三、四承一，二，很自然地勾勒出一个银辉满空，启人远思的景象。谢诗则不然：

时竟夕澄霁，云归日西驰。密林含馀清，远峰隐半规。

同样每句五字：而前二句每句是两个层次：时竟（春尽）、夕澄霁（黄昏雨过天清）；云归（由下三字看当是东飞），月西驰。以下三句“含馀清”承一句“夕澄霁”；四句“隐半规”则承二句“日西驰”，又分别拈入了密林，远峰二物，组成了新的景象。前两句从大背景落墨，富于动态美，后二句更从细部勾勒，近处是密林余清，较远处是青山落日，则与一、二句共同构成三个大层次的画面搭配，而“密林”之与“馀清”，“远峰”之与“半规”本身又有各自的层次，再缀以一个“含”字，一个“隐”字，遂在季节交替，晴雨变化，昼夜叠代的动景中酿蘖出一种清澄恬美的静景来。这层迭的景象正体现了诗人由“昏垫”中苏生的复杂心境。

与观察的细密，锤词的精严，选景的密致相应，谢诗语言的又一特色是使用语典的工巧。“泽兰披径路”以下四句分用楚辞“皋兰披径兮斯路渐”（《招魂》）；“芙蓉始发，杂芰荷兮”（同上）；“青春受谢，白日昭只”（《大招》）；“朱明承夜兮时不见淹”（《招魂》）四语，不仅与即目之景相切相符，而且隐含“目极千里伤春心，魂兮归来哀江南”（《招魂》）之意，透出归隐之想，以下更用《庄子》“秋水”之典，既承“朱明”而预示归期，更如前所析表示要从伤感中超脱达到忘我之精神升华。数典连用，一气呵成，含义深长，遂使诗歌意象于精致之外更显出一种典雅的美来。所谓“奇险深曲”，而“稳老不伤巧”，于兹可见一斑。

谢灵运与陶渊明同时开创了中国山水田园诗派。他们的诗风都表现了前所未有的新的境界；然而由于二人诗内含的不同，也由于自然观的不同（陶潜基本上承先秦以来道家的自然观，谢客则更多魏晋以来玄学的自然观），文化素养的区别，二人诗的体格却迥然不同，预示了后世山水田园诗两种不同的创作途径。只要把陶潜诗与韦应物《田家》等诗合看，以谢客本诗与柳宗元《南涧中题》等合看，就不难发现不同的传承关系。清人以刘宋元嘉、唐元和、宋元祐为古典诗歌三个前后相承的丕变阶段，是很有见地的，而谢客正为元嘉之雄。 （赵昌平）

游赤石进帆海　　谢灵运

首夏犹清和，芳草亦未歇。水宿淹晨暮，阴霞屡兴没。周览倦瀛壖，况乃陵穷发。川后时安流，天吴静不发。扬帆采石华，挂席拾海月。溟涨无端倪，虚舟有超越。仲连轻齐组，子牟眷魏阙，矜名道不足，适己物可忽。请附任公言，终然谢天伐。

南亭之游(参上篇)后，谢灵运开始了他在永嘉境内的探奇搜胜。一方面山水并不能真正抚平他心中的幽愤，所以这一段时间中，他的诗中经常出现“倦”游的字样；然而另一方面，山水又时时给他以新的感受，使他失去平衡的心态，至少获得宣泄而趋于暂时的平衡。也就在这种徬徨徜徉中，他确立了自己山水诗鼻祖的地位；这或许是他自己始料所未及的吧。

赤石在永嘉郡南永宁(今浙江永嘉)与安固(今浙江瑞安)二县中路之东南，去郡约有数十里，东濒今日的温州湾。帆海，注家常以为地名，其实可商，据宋郑缉之《永嘉郡记》，“帆游山，地昔为海，多过舟，故山以帆名”，在安固县北。灵运所谓帆海之地，当在此山一带。但郑记并未说有帆海地名，因此帆海二词当是动宾结构，题意似为游览赤石，进而扬帆海上。诗的重点在帆海，游赤石只是引子。

诗分三个层次，由起句到“况乃陵穷发”为第一层，写倦游赤石，进而起帆海之想。由“川后”句至“虚舟”句为第二层次，正写帆海情状与心态变化。“仲连”句以下，为第三层次，即游生想，结出顺天适己，安养天年之旨。心情的变化则是贯串全诗的主线。

“首夏”二句遥应《游南亭》诗“未厌青春好，已睹朱明移”，既点明此游节令，又显示了一种莫可如何而慰情聊胜无的复杂心情。游南亭触景生情，由春夏迭代中，深哀盛年已去，衰疾在斯。这里说，初夏了，天气总算还清爽煦和，芳草也未尝因骄阳的淫威而枯萎。可见诗人似乎已从前诗的悲感中稍稍复苏。尤可注意：“芳草犹未歇”，实反用《离骚》“及年岁之未晏兮，时亦犹其未央，恐鹈鴂之先鸣兮，使夫百草为之不芳”，则又于自幸自慰中，见出谢客这位“逐臣”的傲兀性格来。但是这种欣慰并不能维持多久，在出郡数十里南游赤石中，日复一日地水行水宿，未免单调，而阴晴的变化，云霞的出没，也因屡见而失去了新鲜之感。这滨海的周游，已使人厌厌生“倦”，更何况面临的是极北不毛之地，穷发更北的溟海呢？有人认为“况乃陵穷发”是写诗人豪情勃发，顿起泛海之想，然而“况乃”二字分明承“倦瀛壖”来，见出帆海之前，诗人的心情并不甚佳。

然而当舟船沿港湾进入大海，奇景忽开，水面一平如镜，川后既令江水安流，八首八足八尾背青黄的朝阳谷神水伯天吴，虽然脾气暴虐，今日却也“静不发”，仿佛都在迎接诗人的来游。于是他高张云帆，泛舟海上，随意掇取那形如龟足的石华，那其大如镜白色正圆的海月。而当他抬头回望时，溟海无涯，心情也竟如坐下的轻舟而起凌虚凭空之想。

出涯涘而观大海，诗人之所感，必也与《庄子·秋水》中那位河伯一样，涵容无尽的海波，真使他心胸开张，一扫积日累月的烦酲。于是他即游生想，远追往古，进而悟彻了人生的至理：海上曾有过形形色色的隐者，有助齐却燕，功成辞赏而退的鲁仲连；也有"身在江海之上，心居魏阙之下"的公子牟（见《庄子·让王》）。形踪虽似，而其趣迥异。后者只是矜伐虚名的假隐士，与庄子所说的"无以得殉名"（《秋水》）格格不入，有亏大道。而似鲁仲连所说"吾与富贵而诎于人，宁贫贱而轻世肆志"，才深合漆园傲吏物我两忘，适己顺天，"返其真"的至理。两者相较，诗人似乎对自己既往自负任气蹙蹙于一己得失的生活有所警省，他愿意铭记《庄子·山木》中太公任（任公）教训孔子的一段话："直木先伐，甘泉先竭。"露才扬己，必遭天伐，唯有"削迹损势"，澡雪精神，中充而外谦，才能养生全年——这不正与渊深无底，广浩无涯，却一平如镜的大海一样吆？诗至此，情景理完全契合无际。

方东树《昭昧詹言》曾指出，谢客博洽而尤熟于《庄》，本诗不仅取义于《庄子》，而且在构想上也显然有得于《秋水篇》。诗以赤石为宾，帆海为主，以"周览倦瀛壖，况乃陵穷发"与"溟涨无端倪，虚舟有超越"两联作转折顿束，遂在层曲的写景抒情中表达了出涯涘而睹汪洋所引起的精神升华，情与理与典实均能合若符契，足见谢诗结构之精。

本诗的情理又都在自然精美的写景记游中自然地体现。"扬帆采石华，挂席拾海月"，海产珍奇，而俯拾皆是，可见诗人扬帆于暖风静海中盈满心胸的恬适之感，于是下文请从任公适己顺天之想也就水到渠成了。鲍照评谢诗云"如初发芙蓉，自然可爱"（《南史·颜延之传》），正是指的这种中充实而溢于外，风华流丽而不伤于巧的语言特色。

（赵昌平）

登江中孤屿

谢灵运

江南倦历览，江北旷周旋。怀新道转迥，寻异景不延。乱流趋正绝，孤屿媚中川。云日相辉映，空水共澄鲜。表灵物莫赏，蕴真谁为传。想象昆山姿，缅邈区中缘。始信安期术，得尽养生年。

此诗当作于景平元年(423)，灵运时在永嘉（治所在今浙江温州）太守任上。题中的"江"指永嘉江。"孤屿"在温州南四十里，为永嘉江中渚，长三百丈，阔七

十步，岛屿上有二峰。(见张云璈《选学胶言》引《寰宇记》)

全诗分三层。首四句是第一层：写诗人欲游江北探寻新异胜境的急切心情。谢灵运于头年因受排挤而出任永嘉太守，“既不得志，遂肆意游遨，遍历诸县，动逾旬朔。”(《宋书》本传)区区永嘉诸景，不到一年便已“历览”，遂觉江南已无新奇之地，令人厌倦。而永嘉江北岸的奇山异水，诗人一年前赴任时只是匆匆路过，不遑周游(周旋)，旷废既久，自不免向往，因而产生了“怀新”“寻异”即怀着探寻新奇胜景的急切之情。唯其急切，故反觉道路迥远，时间易逝难延。清人吴伯其评曰：“凡人行过旧路，多不觉远，以怀新故，冀得见所未见耳。道路既远，则日便觉促，总是急急寻异，以见前倦于江南，非倦于历览也。”(《六朝选诗定论》)这四句极写迫切之情，为下文发现江中孤屿的惊喜之情作了有力的铺垫衬托。

五至八句是第二层：由发现孤屿的惊喜到对其美景的描绘。“乱流”句脱胎于《尔雅·释水》：“水正绝流曰乱。”郝懿行《尔雅义疏》云：“绝，犹截也。截流横渡不顺曰乱。”“趋”，疾行貌。“媚”，妍美悦人。这二句谓，因为突然发现了江中孤屿，我便截流横渡十分迅疾，那孤岛巍然耸立江中，是多么妍美悦人。一个“趋”字，传神地写出登屿探胜的急切心情，回应前文；一个“媚”字，又活画出孤屿的妍美魅力和诗人的喜悦之情。“云日”二句即是对“媚”字的具体描绘：白色的云朵沐浴在金色的阳光之下，交相辉映，何等明媚秀丽；湛蓝的天空倒映在碧绿的江水之中，水天一色，多么澄澈鲜明！这四句可谓“以丽情密藻，发其胸中奇秀，有骨、有韵、有色”。(钟惺《古诗归》)前二句写得巉削危竦，后二句写得壮阔奇丽。钟嵘所谓“名章迥句，处处间起，丽典新声，络绎奔会。”(《诗品》上)殆指此类。这等胜境的突然发现，较第一层“江南倦历览”的心情，大有山穷水尽、柳暗花明的突转妙趣。对此，怎能不使诗人感喟万千、浮想联翩呢？于是诗笔自然转到第三层的感叹议论上。

结尾六句通过感叹联想寄托了诗人怀才不遇和厌世嫉俗的孤愤。“表灵”，显现天地的灵秀之气；“物”，这里指世人。“蕴真”，即蕴藏自然意趣(一说指真人、神仙)。“缅邈”，悠远；“区中缘”，即人世间的尘缘。“安期术”，指传说中神仙安期生的长生道术。养生，即长生。诗人首先喟叹：此等山水皆为表现天地的灵秀神异之气，然而世人却不知欣赏它的价值，则其所蕴藏的自然意趣又有谁能为之传述呢？接着，诗人又驰骋飘逸的想象，由江屿的灵秀联想到那昆仑山的仙灵，顿觉自己离世间尘缘之事是那样遥远，仿佛遗世独立一般。最后议论：我现在终于相信了，领悟了安期生的长生之道，从此可以安心养生、以终天年了。诗人在这一段中，触景生情而又缘情造境，神思逸荡，理趣横生，故虽是议论，却仍然意象飞动，而不觉其枯燥，可以说是情、景、理三者妙合无痕了！

这首诗描绘了江中孤屿秀媚幽丽的景色，同时也寄寓了诗人孤高傲世的性格、遭受排挤的幽愤和厌世求仙的思想情绪。谢灵运本来出身士族高门，更兼“文章之美，江左莫逮”，“自谓才能宜参权要。”（《宋书》本传）但在庶族军阀刘裕的宋王朝建立之后，他的地位便一再降跌，直至被排挤出京，出为永嘉太守。本来就恃才傲物，加上仕途上的再三挫折，其怀才不遇、寄情山水、期仙求道，便不难理解。就在写此诗当年的秋天，任永嘉太守刚好一年，他便称病辞官，回到会稽始宁南山经营庄园，与隐士名僧谈玄说法去了。所以，他的迷恋山水神仙，正是他内心失意郁结情绪的外化。正如白居易《读谢灵运诗》所云：“谢公才廓落，与世不相遇。壮士郁不用，须有所泄处。泄为山水诗，逸韵有奇趣……岂为玩景物，亦欲摅心素。”

此诗运思精凿丽密，取势宛转屈伸，可谓匠心独运。欲写江屿之秀媚神奇，先写江南胜景历览之倦，一抑一扬，对比鲜明。然后又一笔宕开，“精骛八极，心游万仞”，遥想昆仑山仙人姿容，神会古代安期生道术，进一步烘托和神化了孤屿的幽丽神奇。如此前皴后染，虚实交错，不仅突出了孤屿之美、之奇，也有效地寄寓了自己孤傲不遇的主观情感。结构绵密而意脉一贯，情景相生而物我融一。

其次是语言精丽工巧。表现在遣词用字的锻炼、传神，如倦、旷、趋、媚、灵、真等词的恰当运用，就使全句意态飞动而蕴含深厚；而乱流、孤屿、云日、空水等意象，亦无不巉峭奇丽。再是用了不少对偶句，不仅十分精工，大致符合后来律句的平仄，而且皆能出之自然。这在声律学尚未建立之前，不能不令人惊叹诗人的神工巧铸、鬼斧默运了。 （熊 笃）

登永嘉绿嶂山 谢灵运

裹粮杖轻策，怀迟上幽室。行源径转远，距陆情未毕。澹潋结寒姿，团栾润霜质。涧委水屡迷，林迥岩逾密。眷西谓初月，顾东疑落日。践夕奄昏曙，蔽翳皆周悉。蛊上贵不事，履二美贞吉。幽人常坦步，高尚邈难匹。颐阿竟何端，寂寂寄抱一。恬如既已交，缮性自此出。

永初三年(422)，谢灵运被降职外放永嘉任太守。诗人在郡不理政务，恣情遨游山水。每游一处，必有诗篇记胜。这首诗即是其一。据《读史方舆纪要》说：“（永嘉）西北二十里有青嶂山，上有大湖，澄波浩渺，一名七峰山。”此青嶂山，似即绿嶂山。

谢灵运的山水诗多采取纪游的写法。其章法结构,大抵是先纪游,继写景,最后兴情悟理。此诗即采取这种井然的推展次序。起首二句,写他出发前的准备和启程情况。诗人携带足够的干粮,拄着轻便的手杖,兴致勃勃地启程了。他沿着逶迤起伏的山路徐行而上,要攀登那风景清幽奇险的高峰。"怀迟",与威夷、逶随、逶迤等词通。"幽室",风景清幽之处,指绿嶂山。灵运是一位旅行家、冒险家。他所选择的风景,不是那些寻常易见的田园或低丘浅流,他对山水的欣赏,不像陶渊明那样以"采菊东篱下,悠然见南山"的悠闲眺望为满足。他总是以高山深谷为目标,欲求人所未见的幽景奇观。这两句的"裹粮"和"杖策",就表明了这次旅游路程之遥远险阻,也流露出诗人寻幽探胜的极大热忱。灵运诗这种在开篇纪游时即表现出的欣喜向往之情,往往能使人一开卷就引起感情的共鸣。次二句,写他溯流而上,向溪涧的源头前进;到了上岸处,兴致仍然十分浓厚。这是全诗的第一个层次,即纪游。轻快灵动的诗句,已引领读者步入佳境。

以下八句,即依照游历次序,描绘途次的风景。诗人循溪畔步游,但见溪边水波澹澹,并在山湾处汇集,凝成了一个澄碧的深潭。潭上烟雾弥漫,使他感觉凛然生寒。环视溪潭岸上,修竹环合,摇曳风中,虽经秋霜之冻,愈见得青翠光润,葱郁可人,显出坚贞的品质。"团栾"亦作"檀栾",形容竹的形貌之词。"寒姿"指水,"霜质"谓竹。诗人沿着溪潭继续游赏,遥看涧流弯弯曲曲,像蛇一样蜿蜒而去,使他难以辨明流水的去向。举目望去,山林伸向远方,那山岩也随着林子延伸,越到远处,看起来岩层越密。诗人置身在这无边无际的深碧苍翠之中,已经不知道是白天还是晚上。他朝西看,密林中漏下的落日余光斑斑驳驳,令人怀疑可能已是夜晚,明月初升了。再向东看,岩壁上隐现出昏黄的月色,又使他怀疑是夕阳正在沉落。灵运写山水景色,最擅长实景实写,细腻刻画。正如王夫之所评:"取景则于击目经心,丝分缕合之际,貌固有而言之不虚"(《古诗评选》卷五)。这六句,从视觉、触觉、感觉、错觉多方面着笔,准确地表现出深山大壑中密林幽涧的气象,又利用浅深、明暗、远近的对比,显示了山水的繁复、曲折,阴暗、清冷,造成一种幽深、神秘、变幻莫测的境界。如此神秘幽异的原始山林景色,是前人所未见到也未写过的。灵运写山水,为了达到"情必极貌以写物"的目标,便力求"辞必穷力而追新",以新的语言词眼表达新奇的意象。这几句中的"委"与"迥","屡迷"与"逾密",状景异常精细逼真。"澹潋结寒姿,团栾润霜质"一联,在上下句之中造设"澹潋"、"团栾"两个叠韵词对偶,造成听觉上整齐铿锵的韵律感;而"结"与"润"两个动词,分置于句中第三字的中间位置,构成"句中眼",更使景物呈现出活泼的生气与清新的韵致,显出诗人的匠心巧思。"践夕"二句,总揽一笔,说自己在深山中只顾赏玩幽景,忘却了时间的推移,不觉中,已从早上游到了黄昏。而岩林最幽深最隐蔽的地方,也都游历到了。以上是第二层次,诗人以其丽情密藻铺叙景物,形成了全篇最精彩的部分。

"蛊上"以下八句,是第三层次,即兴情悟理。这一部分写得较为枯燥,下面略作解释。"蛊上",谓蛊卦上九。《周易·蛊》说:"上九,'不事王侯,高尚其事。'""履二",谓履卦九二。《周易·履》说:"九二,'履道坦坦,幽人贞吉。'""贵"、"美"都是主张、赞赏之意。"幽人"和"高尚"两句紧承上两句,进而抒发情怀,说凡隐逸之人,都是心怀坦荡,安行无碍,这种高尚之风,高远之趣,真是举世无双的了。读者不难发现,灵运这里已是以"幽人"自居了。"颐阿",应答之声;"何端",即何由。这一句意思说,我身心都沉浸在阒无人迹的山林之中,再也无由听到謦欬之声了。"寂寞"句,同样出于《老子》:"圣人抱一为天下式"、"载营魄,抱一能无离。""一"是道或大全的意思,抱一就是守道。这句说:我只能在寂寞中把思想感情寄托于老庄玄理,安性守道。结尾一联,上句的"如"字,应作"知"。《庄子·缮性篇》说:"古之治道者,以恬养知,生而无以知为也,谓之以知养恬。知与恬交相养,而和理出其性。"其大意是说,知识是有害的,要追求"大道",就必须恬静无为,任其自然,摒弃知识。而摒弃知识,才是真正的"知"。恬静无为养育了这个"知",而这个"知"又反过来养育了恬静无为。二者"交相养"、相互促成,人性中就产生了"和理"(指至为纯粹平和的精神境界)。这个方法,就是"缮性"。缮是"治"的意思,治性,亦即养性之意。灵运在这里说,在此自然的环抱中,他感到自己已经达到了"恬知交相养"的境界,从此可以去讲究养生之道了。

这首诗虽然多了一个语言晦涩乏味的"玄言尾巴",但它不仅模山范水方面极为生动、清新,而且对于游历的过程、时间,地点、心情,都交代得明白清晰,表现出一种登涉之趣。因此,我们读这首诗,仍然会在不知不觉中跟随着诗人攀岩泛流,徜徉于山光水色之中,从而获得与大自然交感会通的审美上的愉悦。

(陶文鹏)

游岭门山　　谢灵运

西京谁修政?龚汲称良吏。君子岂定所,清尘虑不嗣。早莅建德乡,民怀虞芮意。海岸常寥寥,空馆盈清思。协以上冬月,晨游肆所喜。千圻邈不同,万岭状皆异。威摧三山峭,沵汨两江驶。渔舟岂安流，樵拾谢西芘。人生谁云乐？贵不屈所志。

这首诗从题目看，应是纪游之作，而诗的前半部分却从治郡的政绩写起，这种闲笔似无关宏旨，实际上正透露了诗人潜结的意绪。永初三年(422)谢灵运出任永嘉郡守，原是刘宋朝廷内部权力之争的结果，以出身士族名门、“自谓才能宜参权要”的诗人，而今迁谪到一个僻远的边郡任职，其愤懑悒郁的心情不难想见。诗人骨鲠在喉，不得不吐，而驱走其笔端的山水，不过是他用来浇胸中垒块的酒杯而已。

诗的结构组织颇为均衡：全诗十八句，前八句(首句至“空馆”句)赋事，写郡政；次八句(“协以”句至“樵拾”句)写景，记游山；末两句以言志作结。写郡政本为倾泻自己的郁塞不平之气，却偏从前贤的美政写起，这在写法上是以宾衬主，欲收先声夺人之效。“龚汲”指西汉的龚遂和汲黯。龚遂字少卿，宣帝时出任渤海太守，当时渤海的社会秩序正处于混乱之中，他到任后开仓济民、劝民农桑，境内大治。汲黯字长孺，武帝时为东海太守，他尚黄老之术，以清静治民，“多病，卧阁不出。岁余，东海大治”。这两人都以治理边郡的政绩著称，与大谢此时的身份境遇暗合。“君子”两句由宾返主，从前贤说到自身，言所思者，非关区区个人的出处去从，唯以传承前贤的美政德行为念。接着便直陈自己治郡的德政。“建德乡”语出《庄子·山木篇》：“南越有邑焉，名为建德之国。”这里只是借用其字面，即指永嘉郡。“虞芮意”则谓此地民风淳朴、礼义相让。虞和芮本是周文王时两个毗邻的诸侯国，因土地纠纷欲请文王裁夺，两国国君入周后见百姓互谅互让，深感惭愧，遂自愿停讼息争。下两句中的“寥寥”、“空馆”即由此句而引出，言官府衙署因无讼争之事而变得清闲和安静，所谓“禹治天下，朝廷之间可以罗雀矣”(《鬻子》语)。以上几句，从称美前贤一转而为夫子自道，言外颇有以龚、汲等历史名臣自许的神情。据史书记载，谢灵运在永嘉任上其实是采取消极无为态度的：“民间听讼，不复关怀。”因此这里的自得实际上是一种自饰，而在这自饰之中，又不无对朝廷慢待自己的牢骚意味。诗人以自标风操的方式回答政敌的打击，在失意中仍可见其倔强的个性。第八句中的“清思”，泛指清雅的文思、游思等，由此过渡至下面的出游。

“协以上冬月”以下八句为纪游部分，这部分组织得次序井然、神固气完。就时间而言，诗以“晨游”发端，而以“西芘”收束，西芘，指夕照中的林荫山影，其间由朝入暮，包含了完整的一天。就景物言，由总揽全局渐至局部和细节，步骤分明。先是总写:"千圻"句言水岸的纵横交错,曲折萦回;"万岭"句言峰峦的争奇斗险,千姿百态,两句极言山岭川壑之多,也概括了这一带山川形势的奇特风貌。后是特写,诗人从千圻万岭中独拈出"三山""两江"的形胜作具体写照。按岭门山在平阳县城前,登山远眺,可北望飞云江,南望鳌江;"三山"或指楼石山,《初学记》载"温州楼石山,三石并高百丈,杪如剑峰"。《平阳县志》云:"山在平阳城西南五十里,周回四十三里,高数十仞,望如楼阁,号'三山楼'。"三山为孤耸特立迥出岭表者,两江为贯串曲岸者,故特将这二者郑重表出之。"峭"、"驶"二字,已勾勒出三山两江形貌,诗人意犹未尽,更用"威摧"、"沛汩"渲染之。威摧,山势高峻貌,意同"峭";沛汩,急流激荡貌,意同"驶"。此处用复笔设色,有意以生僻险涩的用语来加强景观的崎岖险巇之感,诚如陈祚明所说:"二语中'威摧'字山形在目,'沛汩'字水声在耳……大抵此地山水险异,诗亦穷极险异之态。"(《采菽堂古诗选》卷十七)而再往下的"渔舟"、"樵拾"两句,又可谓是特写中的特写、大景中的细景。"渔舟"一作"渔商",指渔人客商的船只出没于风波之中;"樵拾"指日夕时砍柴和采集野菜的村民离山归家。这两句是景语又兼含玄理:渔商危而樵拾安,两者的出处虽然不同,却都是顺性而动的。按魏晋玄学主张物各得其性,人如能"会通万物之性"、"各安其所安","则彼无不当而我无不怡也"(《庄子》郭象注),就能获得最大的人生自由。因此这两句不仅是寓目即景,而且也透露了诗人从眼前景物中悟出的玄思。诗的末两句正由此顺流而下,水到渠成:既然以"物畅其性"为生活鹄的,则人生最大的快乐,也在顺应自己的志向旨趣而不是屈从于他人或外物。诗人体物悟道,仿佛在游遨眺览中找到了精神的依托和凭藉,终于发出了守志不屈、身处逆境之中而不向坎壈命运低头的抗争之声。

萧子显说谢诗"典正可采"(《南齐书·文学传论》)。即以本诗的章句组织来看,也体现出严整、匀称、工稳的特色。诗的赋事和纪游两部分句数相等。直接写景的有六句,共由三组偶句组成,每一组对仗的工整自不必说,组与组之间的承接方式也齐整如一:每组的出句直承上组的对句,而每组的对句又遥应上组的出句。如"威摧三山峭"承"万岭"而来,"沛汩两江驶"则遥应"千圻";"渔舟"承"两江"而来,"樵拾"则遥应"三山"等。正如刘勰所谓"外文倚交"、"宛转相腾"(《文心雕龙·章句》),从而形成一种交错回环的美。从这首诗对章句对称美的艺术追求中,也可见六朝崇尚典雅的审美趣味之一斑。 (钟元凯)

石　室　山　　谢灵运

清旦索幽异,放舟越坰郊。莓莓兰渚急,藐藐苔岭高。石室冠林陬,飞泉发山椒。虚泛径千载,峥嵘非一朝。乡村绝闻见,樵苏限风霄。微戎无远览,总笄羡升乔。灵域久韬隐,如与心赏交。合欢不容言,摘芳弄寒条。

灵运《山居赋》有句云:"室、壁带溪。"自注云:"石室,在小江口南岸;壁,小江北岸。"《山居赋》描写的是灵运家乡始宁一带的山水景物,所以本诗应是在始宁墅时所作的。

在这首纪游诗中,前六句写一个天气清爽的早晨,诗人为探幽索奇,追寻异景,放舟江中,越过城郊林野,向前疾驶而去。随着舟驶水逝,那江心兰草丰茂的沙洲,仿佛在急急地向后退去;而前方本来隐隐可见的长满苔藓的青山,却逐渐高大起来。举目远望在那大片森林的一角,石宝山秀峰峭拔,耸出林表,一条清泉飞瀑,自山顶倾泻而下。"莓莓"以下四句,构思极精妙,是全诗的精彩处。前两句是以动观静的妙笔。兰渚、苔岭本是嵌在江心的静景,由于舟驶迅疾,才有急急而去和迎面而来的感觉,从而将静景点化为动景。后两句则一写石室之高,一写瀑布之长,前者自下而上,后者自上而下,造成了山水相映生辉的生动感。

诗的中间四句,转写石室山的清冷孤寂。虚泛、空广之意,这里用以形容水。那清澈的江流,由于地处偏远,无人赏识,所以说它徒自"虚泛",空流千载。那峻峭的石室山,同样也因地处僻野,徒自"峥嵘",孤寂冷落,已非一日。这二句分写山水,承上"兰渚""苔岭"和"石室""飞泉"各句的写法,结构整饬。下二句是总写,言山水虽清幽如此,但却不被乡村农人所知晓,甚至樵采之人,也被山风和云岚所限隔,无法来到。言下大有为石室山的不遇深深叹惋之情,自然,此中也隐含着诗人政治上不得意、不受知遇的苦闷。这种将人与自然作比照、启人联想的手法,是很含蓄而又高妙的,读者须要细细品味之。

山水既难以深入,仕途也不见顺利,诗人只得在求仙访道中寻找精神慰藉。诗的后六句即具道此意。"微戎"当是"微我"之误,即"非我"之意。"总笄"是以簪束发,指刚刚成年。"乔"即仙人王子乔,"灵域"指他隐居之地。"微戎"以下四句是说,不是我不能游览得更深更远,而是我从少年起就企羡王子乔的升仙,现在身处这幽绝的山中,不由觉得此处就是他韬光藏隐的地方,我的心灵也似乎与他交流沟通起来。言下之意,这儿已恍若仙境,我又何必再"远览"呢?"合欢"即合欢树,据说可以"使人不忿"。在诗的最后二句中,诗人站在合欢树下,摘下它的芳瓣、玩赏着它那还带有寒意的枝条,他的心灵已经与这仙气飘渺的石室深山冥然契合了,这种无比宁静、无比快乐的境界,是无法用语言表达的,他也不容许自己说话来打破这种宁静。诗人久久地伫立着,冥想着,全诗就在这种物我圆融相契、浑然为一的使人悠然神往的气氛中拉上了帷幕。

这首诗通篇显得气清神清,没有谢诗常见的"玄言尾巴",这是它的突出之处。在其他诗安置玄言的地方——诗的结尾,这首诗却塑造了一个"摘芳弄寒条"的诗人形象。芳以象征其贞洁之志,寒以象征其清峻之骨。而这"芳"与"寒",又与全诗的氛围十分和谐。从这一点上说,本诗应算是谢诗中较为浑成的一篇。

(臧维熙)

过瞿溪石室饭僧　　谢灵运

迎旭凌绝嶝,映泫归溆浦。钻燧断山木,①掩岸墐石户。②结架非丹甍,③藉田资宿莽。④同游息心客,暧然若可睹。清霄扬浮烟,空林响法鼓。忘怀狎鸥鲦,⑤摄生驯兕虎。⑥望岭眷灵鹫,延心念净土。若乘四等观,永拔三界苦。

〔注〕①燧(suì):取火具,即火石。②墐(jìn):以泥涂塞。③丹甍(méng):红色屋脊,代指华丽的宫室。④藉田:指在田中耕作。宿莽:经冬不死的草。⑤鲦:同鯈(tiáo,又读yóu)。鱼名。亦称白鲦。⑥兕(sì):古代犀牛一类的兽名。

此诗系作者任永嘉太守时所作。其题目一作"登石室饭僧",又作"过瞿溪山饭僧"。瞿溪、石室山均在永嘉郡永宁县(今浙江温州)。饭僧,犹言斋僧,施饭食与僧人。

开头六句写诗人一路经行所见。他迎着旭日,凌越陡峭的山间小路;渡过溪涧,映着活泼泼的流水,来到水滨。嶝,登山小径。泫,即泫泫,水流貌。溆、浦,都是水边的意思。一路上但见山里人家过着简朴艰苦的生活:他们截断树木,钻木取火;他们的屋舍掩蔽于水边高崖之下,结构简陋,门户用泥土涂塞;他们的生计艰辛,赖以耕种的是长满野草的荒地。"钻燧"四句,不像通常的写法那样,把山中景致写得深迥清幽,而是真实地写出一个荒野深僻的环境。诗人似乎有意去饰取素,要传达出一种归真返璞的气氛。山中居民的生活是贫穷原始的,而诗人或许却由此而联想到古代高士的隐居生活。他在《山居赋》中提到的许多高士,便都是隐于深山贫穷度日的,如台孝威"依崖而穴墀",便有似于"掩岸墐石户"。因此,"结架非丹甍"之句,固然是说山中人居室的简陋,但言外似有殿堂不及山林之意;而"藉田资宿莽"用了屈原诗句"夕揽洲之宿莽"(《离骚》)、"搴长洲之宿莽"(《九章·思美人》)中的名物,便似乎也有赞美隐士守道不阿、秉志高洁的意味。此外,诗人此行为饭僧而来,这种荒僻的环境气氛与他对于“外缘都绝”的“苦节之僧”(语见《山居赋》)的仰慕之情也是相协调的。

接下来“同游息心客”六句便写僧人。同游,指与诗人一同游处。息心客指僧徒。《后汉纪·孝明皇帝纪》:“沙门者,汉言息心,盖息意去欲而归于无为也。”佛家认为须去除一切世俗的欲念方能求得佛理的真髓。“同游”二句是说僧人居处已近,已可隐约望见了。暧然,不分明的样子。下面两句说,但见天上香烟缭绕,又听得空林中法鼓声声(讲佛法时要击鼓焚香)。因为天气晴朗,烟气便更为轻扬,所以用“浮”字。因为是空荡荡的树林,所以法鼓声传来更加清晰响亮。“忘怀狎鸥鯈,摄生驯兕虎”是赞美僧人慈悲好生,清净淡泊,乃能与鸟兽和谐相处。《山居赋》云:“顾弱龄而涉道,悟好生之咸宜。……抚鸥鯈而悦豫,杜机心于林池。”是说自己从小奉佛,不为杀生之事,明悟万物好生之理。因无害物之心,故能与鱼鸟各悦豫于林池。其意与“忘怀”二句相近,不过一为自述,一为赞美僧人而已。这里用了《庄子》、《老子》、《列子》中的典故。《列子·黄帝篇》说,海上有人好鸥鸟,每日到海边与之游戏,鸥鸟成百飞来,彼此都无猜嫌之心。一日,其父对他说:“你可取鸥鸟来,让我玩耍。”次日他到海边,鸥鸟便飞舞而不下。又《庄子·秋水》说,庄周游于濠梁之上,体会到鯈鱼从容出游之乐。又《老子》五十章说:“善摄生者,陆行不遇兕虎。”老、庄认为,体道者泯灭机心,则鸟兽视之如同类,既不畏惧他,也不加害于他,便可做到“入兽不乱群,入鸟不乱行”(《庄子·山木》),万物融融,浑然无物我之别。谢灵运这里将佛道二家的思想融汇在一起了。

最后四句抒发因饭僧引起的向往佛境之情。灵鹫,山名,在古印度摩揭陀国王舍城附近,是释迦牟尼常与弟子们说法之处。净土,佛家所谓庄严洁净的极乐世界。“若乘”二句是祈愿自己能获得佛家所谓智慧,弘扬佛性,永远超脱人世间的种种苦恼。观,佛家对世界的观察、观照。为了灭罪成佛,大彻大悟,有种种观法。三界,佛教认为生死往来之世界分为三,即欲界、色界、无色界。

谢灵运少年时便信仰佛教。他与名僧慧远、慧琳等人多有交往;曾注释《金刚经》,修改润色大本《涅槃》,还写有一些佛教论文。其阐扬顿悟之义的《辨宗论》即作于任永嘉太守时。这首诗正是他在永嘉与僧人游处的记录。东晋南朝文人奉佛、与僧徒交往者甚多。士大夫多好山水,僧人息心修道常在山野之中,于是在文人或僧徒所作诗赋中,便出现了将山水描写与佛理相结合的情况,此诗也是其中之一。这是佛教影响于文学的表现之一,在文学史上值得注意。后世同类作品,如唐代大诗人王维那些描写深山古寺或富有禅趣的山水诗作,可说就是继承晋宋时此类作品而加以发展的。　　(杨　明)

登上戍石鼓山 谢灵运

旅人心长久，忧忧自相接。故乡路遥远，川陆不可涉。汩汩莫与娱，发春托登蹑。欢愿既无并，戚虑庶有协。极目睐左阔，回顾眺右狭。日没涧增波，[1]云生岭逾叠。白芷竞新苕，[2]绿苹齐初叶。摘芳芳靡谖，愉乐乐不燮。佳期缅无像，骋望谁云惬！

〔注〕 ① 没：一作末，此从万历焦竑本。② 苕：前人释义多不确。按陆机《文赋》有"苕发颖竖"，方廷珪注"草茎谓之苕"（《文选大成》）。兹从之。

上戍，地名；石鼓，山名：都在永嘉城西四十里。谢灵运在宋武帝永初三年(422)秋任职永嘉，这是到任后第二年春天写的。他是被排挤出朝的，所以赴任途中郁郁不乐，经过会稽始宁老家，他郑重告诉乡亲："三载期归旋"（《过始宁墅》）。来永嘉后写的作品也一再流露出这些情绪。

这首诗开头就写道："旅人心长久，忧忧自相接。""旅人"，自指。把郡守的身份说成是旅人，可见他对职守的态度。这两句应连成一句读，就是：旅人的心长久以来忧愁接着忧愁。这是化用《楚辞·哀郢》的句子："心不怡之长久兮，忧与愁其相接。"下两句写忧愁的由来："故乡路遥远，川陆不可涉。""故乡"，似乎是指会稽，但这里一再说"遥远"（"不可涉"亦为遥远之意），这就不仅是指出生地，还兼指京都住地（建康乌衣巷有谢家大宅）了。古人诗文抒发的怀乡情绪中，往往有恋阙（怀念中朝）之情的交织。这两句仍是化用《哀郢》："惟郢路之辽远兮，江与夏之不可涉。"屈原在《哀郢》中一开始就将去国之痛和怀乡之情打成一片，谢灵运这样模仿，可以见出其心情的相似。上四句写他的忧，下面写解忧的活动。"汩汩莫与娱，发春托登蹑。""汩汩"，心情不安。"发春"，开春。他说"莫与娱"，可见很寂寞，所以他的登山不是那种情之所至的游览，而带有相当大的勉强性，只是借此打发打发寂寞罢了。"欢愿既无并，戚虑庶有协。""欢愿"，欢乐美好的愿望。"并"，合，这里有实现的意思。"庶"，表示希望的副词。"协"，有谐调、缓和的意思。这两句是说，归去的愿望既然无法实现，那只有希望登高望乡能缓解一下愁闷。作者同时写的《郡东山望溟海》有"瞰海庶忘忧"，意思相近。

对于这次登山活动来说，上面八句都可谓之将登，下面就是登览了。"极目睐左阔，回顾眺右狭。""睐""眺"都是看。左、右一般是指东、西方位，"左阔"，大概是指东方的大海，"右狭"，大概是指西面的山岭，这就自然有一"阔"一"狭"之感了。“日没涧增波，云生岭逾叠。”这是写暮景：太阳下山了，初春的寒风吹起了山涧的水波，令人感到丝丝凉意；晚云一层层起来，萦绕在山头、横亘在山腰，在暮色中望去，似乎山岭又增添了许多重叠。“白芷竞新苕，绿苹齐初叶。”“白芷”、“绿苹”都是美草名，白芷这时生出了新茎，绿苹也长出了新叶。这里用“竞”、“齐”二字，显出了欣欣向荣的生命的活力。这两句又是化用《楚辞·招魂》“绿苹齐叶兮白芷生”。上面是登览所见，用三个层次写景。一般评论说，谢诗的景与情是分离的，其实也不尽然，这首诗的写景中也见出情绪的波动。他是来解忧的，当他极目远眺时，心胸一时有所扩张（由“阔”字见出），但又很快局促起来。他忧郁的内心像有一股无形的力，将他忧郁的目光从开朗的海面扭转过去，投向山岭、深涧，投向和他心境相合拍的地方。在生机勃勃的初春，触动他感怀的却是落日晚风、却是那层层叠叠的山岭，他联想到的只是归途的阻险、关山的难越。他为解忧而来，却依然被忧愁所包围。“极目”以下四句，无一情语，而情自在其中，这不是情景交融的典范吗？那么，白芷绿苹的芳华竞秀、赏心娱目，应当说会使他的心境有所欣悦了吧？然而并不这样。

下面四句就是他的感想。“摘芳芳靡谖，愉乐乐不燮。”“谖”，忘记。“燮”，和谐。这两句说，摘取芳草而芳草并未使他忘忧，一时愉乐而终不愉快。这是紧接前二句而发的，可见香草纷呈最终也治不了他的心病。“佳期缅无像，骋望谁云惬！”“佳期”，指回归之期。“缅无像”，遥遥无凭，“骋望”，纵目远眺。“惬”，舒适。这两句说，那回归的日子不知在何时，即使登高遥望，又叫人怎么高兴得起来呢！这是登览总的感慨，也是照应前面的“故乡路遥远”。这两句又是化用《楚辞·湘夫人》“登白薠兮骋望，与佳期兮夕张”的句子。

这首登览诗表现的是去国离乡的悒郁之情。值得提起的是，作者在本诗中（其实不止本诗）频繁地袭用屈原作品的语汇和意象，虽然他们思想怀抱差别很大，但在谢灵运本人来说，他认为自己的被迫外任，是类似屈原的遭遇的。由此也可见出他对宋政权的怨怼愤懑。黄节《谢康乐诗注》引张山来评云：“写景不厌其繁，能换面目之故。”其实本诗写景并不算太“繁”，“能换面目”倒是事实。写景的六句，三个层次很是清爽，“白芷”两句尤为鲜活。这首诗总的来说，用笔比较清朗、生动，不像他的有些作品那样平板、生涩和多用玄言。在谢灵运的写景抒情之作中，这首诗堪称佳构。

（汤华泉）

石壁立招提精舍　谢灵运

四城有顿踬，三世无极已。浮欢昧眼前，沈照贯终始。壮龄缓前期，颓年迫暮齿。挥霍梦幻顷，飘忽风雷起。良缘殆未谢，时逝不可俟。敬拟灵鹫山，尚想祇洹轨。绝溜飞庭前，高林映窗里。禅室栖空观，讲宇析妙理。

大诗人而兼大学者，两方面都能拔萃超群，俯视当世者，在诗史上似乎仅谢灵运一人足以当之。灵运家"长玄学"，说理谈玄有"万顷陂"之称，更广交高僧，玄佛互参。他不仅参与《大涅槃经》华译，注释《金刚般若经》，而且对佛学理论有极深的造诣。当时竺道生倡众生都可顿悟成佛之说，因不见于旧译经藏，被视为异端新论。灵运作《辨宗论》阐述之，发为积学顿悟之说，所论竟为后译《大涅槃经》所证实。唐代南宗禅精义，于此已具大体。本诗就隐隐含有新论之理义在。

景平元年(423)秋，谢灵运果然践诺了《过始宁墅》诗中所立下的誓愿，挂冠永嘉，归隐山居，不久于巫湖南第一谷原谢安故宅处，营立石壁精舍。所谓精舍，原是儒者教授生徒处，后用以称佛寺。据本诗及《文选》李善注可知，石壁精舍实为灵运家寺兼读书处。

去永嘉守归隐时，灵运感到仕隐之矛盾总算解决，自己以先王之道义战胜了世俗的病累，一时沉浸在一种"道德的自我满足"之中。"野旷沙岸净，天高秋月明。憩石挹飞泉，攀林搴落英。"(《初去郡》)其心情较之永嘉时轻松了不少。营构石壁精舍一举也正有进一步涤荡物累，洞明心神之意在，所以其精神状态是高朗的。这是因为中国化的佛氏顿教，参融了老庄的玄理，与专讲苦空寂灭的印度佛教异趣，而讲究在积学充实的基础上，内心的一点灵明顿然发挥，达到成佛的精神境界，这种"佛"与庄子所说的至人、神人，其实相同，始终在于精神之向上一路。诗的前十句即参融佛理，剀陈自己明道顿悟的过程。

《因果经》说净饭王子(释迦)年渐长大，出四城门游观，至前三门所逢生厌唯欲，至第四门而出家。《维摩诘经》又云：佛有过去、现在、未来三世。诗的前四句说，释迦成道也有过困顿颠蹶，而一朝觉悟就三世互转，生生不息。众生也如此，眼前的一切欢乐都如浮沤，徒增昏昧，但灵明一点存于本心，是即佛性，它也贯串于相生相续的三世之中，只是为浮欢所蔽，就像明镜蒙尘，宝珠被垢，而其光不灭，一旦发明就可于沉埋中突破，照鉴一切，顿入佛境，这就是所谓"沈照"。以此来反省自己的生活历程，诗人痛感早年虽有高栖养性的素志，但因三十壮令后，误入仕途，沉埋于美食歌乐，困顿于宦海风波，而一延再缓，前期空许，蹉跎十年后不觉已年届不惑，就如日过中天，已向老境渐渐迫近了。这也就是《游南亭》诗中所说的"乐饵情所止，衰疾忽在斯"之意。然而就如飘忽急雷拔地而起，挥霍刹那间，已从前此梦幻般的生活中惊醒顿悟，于是有此番较过始宁宅时所许三年之期更早二年的突然归隐。初志得遂，可见心中的佛因灵明尚未凋谢，只是岁已晚矣，时不我待，再不可重蹈前辙，而当抓紧时间，不断地养生修心。这也就是前期顿教所说的，在积学顿悟后，尚须植德保任，不使灵明泯没之意。因此诗人遥遥敬想古印度舍卫国孤独长者敬慕如来之说法，倾家布金购取祇陀太子园林，营建祇洹精舍以献的遗轨，恭肃地拟则释迦所住灵鹫宝山的规制，营构了这座石壁精舍以奉佛。今日精舍落成，但见绝壁悬瀑飞泻庭前。高峰林影掩映窗里。这清空一气的环境，正宜于独栖禅室，面壁静参万有归无的空观，与二三子相聚讲堂，共析疑义，悟解佛门至深至玄的妙理。

这首诗谈了不少佛氏精义，也多用佛语，对于执定以"状溢于目前，思存于象外"为中国古典诗歌传统的读者来说，定会起抽象过甚之讥。然而如果把尺度放宽一点，承认哲理诗也不失为诗之一类，特别是考虑到山水诗与玄言诗有所联系后，再仔细品味，就会感到它不失为一首淡中见醇，癯而能腴的佳作。它与前此的淡乎寡味的玄言诗，与后来宋人索莫乏气的道学诗有根本的不同：

首先是说理与生活实感的乳水交融，谢客对明性见佛，顿悟解脱这佛氏妙理的参透，实基于他当时历经反复，毅然挂冠的生活经验。所以前十句中说理与追省交替而下，以唱叹出之，读来有回肠荡气之感。这是与作为清淡附庸的玄言诗，空论心性的道学诗最根本的不同处。

其次是深入浅出，而不俚俗。精妙的佛理，在他仅三言两语就挈出要领，又参以形象的比喻，今人只要具有基本的佛学知识就可看懂；在当时佛学为士子之必修的风气中，当然更不成问题。相比之下，后世的哲理诗，如王梵志诗就过于俚俗。王维的《胡居士卧病遗米因赠》则显得较为生涩。这种语言特色，其浅切处可使读者较直接地进入诗歌的感情，同时其雅驯处又与诗歌的理致相应，产生一种清远悠长的韵味。

再次是本诗结构造语上的高度艺术性，仍显现着谢客一贯的创作个性：于浑成中见紧健拗峭之势，于清秀中见崒焉不群之态。诗分三层，前六句结合身世说理，中六句正写顿悟前非，于石壁立招提精舍。最后"绝溜"以下四句状精舍美景，拟想今后在其中的悟道生活。这个结构甚见匠心。如是庸手作来，必依常规先点题写营构石壁精舍，然后折入如何谪宦，如何悟道，最后再回扣题意，以唱叹或悬想作结。这样就会平弱乏力。谢客先反复剀陈心曲，宛转而下，然后以"敬拟灵鹫"二句作收束，挽入立精舍本题，诗势就如同江流为峡谷束起，顿见精神，复又越峡而出，发为"绝溜"，"高林"一联的景语，将绝壁清溜，高林岚光，自然界山山水水的清气，一总收束到精舍明净无垢的窗口里，这飞动崒兀而高朗澄彻的景象，不正是诗人悟道后心胸的物化吗？至此境界又上一层楼。四句之中两起高潮，然后荡为末二句的拟想，就余波荡漾，余味无穷了。这是一、二层次与第三层次之间结构与景象的妙处。再看一、二层之间，过接处为"挥霍梦幻顷，飘忽风雷起"二句。按理是有"风雷起"，才有"梦幻"破于一旦。但如先写"风雷"，再落到"梦幻"，诗势又缓了下来，必得如此上下句倒装，由"风雷"居后，才能振起后半部分的新境界。加以比喻得体，形象劲挺，就更显得拗健了。这种倒装也用在"敬拟""尚想"这两个关键句中、而巧妙有所不同，依理，当是想起孤独长者之遗轨，才有拟灵山建石壁精舍之举。但如以"敬拟灵鹫则"殿后，此句意思重实，再接写风景的话，诗歌的节奏就过于紧促了。必以"尚想祇洹轨"句居后，利用遥想的虚远之感作一荡，下面的景语才能飞动起来，轩昂纸上。两处接榫的两个倒装，一以劲句置后，一以缓句作殿，看似相反而取势达意的道理却一致，异曲同工中，足见谢客章句锻炼的深厚功力。就这样结构与造景两妙相融，遂使枯燥乏味的哲理诗显得墨气精光，溢于纸上了。

我们不妨认为谢朓、王维发展了谢客以禅入诗的传统，使理与景更为融和一片，作出了诗歌史上的创新；然而却不必门户森严，以致数典忘祖，把谢诗的精妙也看成糟粕。

还应附说一句，本诗也是佛学史上的一份宝贵资料。早期顿教的论著虽有留存，但理旨玄深，不易领会，谢客此诗现身说法，对于我们理解教旨与探索禅与生活的结合而形成嗣后中国士大夫的独特品貌，足资参考。 （赵昌平）

石壁精舍还湖中作　　谢灵运

昏旦变气候，山水含清晖。清晖能娱人，游子憺忘归。出谷日尚早，入舟阳已微。林壑敛暝色，云霞收夕霏。芰荷迭映蔚，蒲稗相因依。披拂趋南径，愉悦偃东扉。虑澹物自轻，意惬理无违。寄言摄生客，试用此道推。

宋景平元年(423)秋天，谢灵运托病辞去永嘉(治所在今浙江温州)太守职务，回到故乡会稽始宁(今浙江绍兴上虞区)的庄园里。这里曾是他族曾祖谢安高卧之地，又是他祖父谢玄最初经营的庄园，规模宏大，包括南北二山，祖宅在南山。谢灵运辞官回家后，又在北山别营居宅。石壁精舍就是他在北山营立的一处书斋。精舍，即儒者授生徒之处，后人亦称佛舍为精舍。湖，指巫湖，在南北二山之间，是两山往返的唯一水道。此诗当作于元嘉元年(424)至三年之间。

此诗乃灵运山水诗中的名篇，因而较为典型地体现了宋初诗风嬗变的某些特点。刘勰在《文心雕龙·明诗篇》中曾精辟地概括说："宋初文咏，体有因革，老、庄告退，而山水方滋。俪采百字之偶，争价一句之奇；情必极貌以写物，辞必穷力而追新。"而此诗恰好在讲究骈偶、刻意炼句，写景尽态极妍，文辞追求新奇等方面，均具有极为显著的特色。

起首二句即对偶精工而又极为凝练，从大处、虚处勾勒山光水色之秀美。山间从清晨的林雾笼罩，到日出之后雾散云开，再到黄昏时暝色聚合，一天之内不仅气候冷暖多变，而且峰峦林泉、青山绿水在艳丽的红日光辉照耀下亦五彩缤纷，明暗深浅，绚烂多姿，变态百出，使人目不暇接，赏心悦目。"昏旦"、"气候"，从时间纵向上概括了一天的观览历程；"山水"、"清晖"，则从空间横向上包举了天地自然的立体全景。而分别着一"变"字、"含"字，则气候景象之变态出奇，山光水色之孕大含深，均给读者留下了遐思逸想。两句看似平常，却蕴含博大丰富。

"清晖"二句，用顶真手法蝉联而出，承接自然。虽由《楚辞·九歌·东君》中"羌声色兮娱人，观者憺兮忘归"句化出，但用在此处，却十分自然妥帖，完全是诗人特定情境中兴会淋漓的真实感受，明人胡应麟云："灵运诸佳句，多出深思苦索，如'清晖能娱人'之类，虽非锻炼而成，要皆真积所致。"(《诗薮·外编》)即指出了诗人并非故意效法前人，而是将由素养中得来的前人的成功经验，在艺术实践中触景而产生灵感，从而自然地或无意识地融化到自己的艺术构思之中。"娱人"，使人快乐；"憺"，安然貌。不说诗人留恋山水，乐而忘返，反说山水娱人，仿佛山水清晖也解人意，主动挽留诗人。所谓"以我观物，故物皆著我之色彩"(《人间词话》)。

"出谷"二句承上启下：走出山谷时天色还早，及至进入巫湖船上，日光已经昏暗了。这两句一则点明游览是一整天，与首句"昏旦"呼应；同时又暗中为下文写傍晚湖景作好过渡。

以上六句为第一层，总写一天游石壁的观感，是虚写、略写。"林壑"以下六句，则实写、详写湖中晚景：傍晚，林峦山壑之中，夜幕渐渐收拢聚合；天空中飞云流霞的余氛，正迅速向天边凝聚。湖水中，那田田荷叶，重迭葳蕤，碧绿的叶子抹上了一层夕阳的余晖，又投下森森的阴影，明暗交错，相互照映；那丛丛菖蒲，株株稗草，在船桨剪开的波光中摇曳动荡，左偏右伏，互相依倚。这四句从林峦沟壑写到天边云霞，从满湖的芰荷写到船边的蒲稗，描绘出一幅天光湖色辉映的湖上晚归图，进一步渲染出清晖娱人、游子憺然的意兴。这一段的写法，不仅路线贯穿、井然有序，而且笔触细腻、精雕细琢，毫发毕肖。在取景上，远近参差，视角多变，构图立体感、动态感强；在句法上，两两对偶，工巧精美。这一切，都体现出谢诗“情必极貌以写物，辞必穷力而追新”的特点。虽系匠心锻炼，却又归于自然。

“披拂”二句，写其舍舟陆行，拨开路边草木，向南山路径趋进；到家后轻松愉快地偃息东轩，而内心的愉悦和激动仍未平静。这一“趋”一“偃”，不仅点明上岸到家的过程，而且极带感情色彩：天晚赶忙归家，情在必“趋”；一天游览疲劳，到家必“偃”（卧息）。可谓炼字极工。

末尾四句总上两层，写游后悟出的玄理。诗人领悟出：一个人只要思虑淡泊，那么对于名利得失，穷达荣辱这类身外之物自然就看得轻了；只要自己心里常常感到惬意满足，就觉得自己的心性不会违背宇宙万物的至理常道，一切皆可顺情适性，随遇而安。诗人兴奋之余，竟想把这番领悟出的人生真谛，赠予那些讲究养生（摄生）之道的人们，让他们不妨试用这种道理去作推求探索。这种因仕途屡遭挫折、政治失意，而又不以名利得失为怀的豁达胸襟，在那政局混乱、险象丛生、名士动辄被杀、争权夺利剧烈的晋宋时代，既有远祸全身的因素，也有志行高洁的一面。而这种随情适性、“虑澹物轻”的养生方法，比起魏晋六朝盛行的服药炼丹、追慕神仙以求长生的那种“摄生客”的虚妄态度，无疑也要理智、高明得多。因而我们似不能因其源于老庄思想，或以其有玄言的色彩，便不加分析地予以否定。何况在艺术结构上，这四句议论也并未游离于前面的抒情写景之外，而是一脉相承的，如箭在弦上，势在必发。

本篇除了具有刘勰所指出的那些宋初诗歌的普遍特征之外，还具有两个明显的个性特点：一是结构绵密，紧扣题中一个“还”字，写一天的行踪，从石壁——湖中——家中，次第井然。但重点工笔描绘的是傍晚湖景，因而前面几句只从总体上虚写感受。尽管时空跨度很大，但因虚实详略得宜，故毫无流水账的累赘之感。三个层次交关之处，两次暗透时空线索。如“出谷”收束题目前半，“入舟”引出题目后半“还湖中”；“南径”明点舍舟陆行，“东扉”暗示到家歇息，并引出“偃”中所悟之理。针线细密，承转自然。其次，全诗熔情、景、理于一炉，前两层虽是写景，但皆能寓情于景，景中含情。像“清晖”、“林壑”、“蒲稗”这些自然景物皆写得脉脉含情，似有人性，与诗人灵犀相通；而诗人一腔“愉悦”之情，亦洋溢跳荡在这些景物所组成的意象之中。正如王夫之所评：“谢诗……情不虚情，情皆可景；景非滞景，景总含情。”（《古诗评选》）结尾议论，正是“愉悦”之情的理性升华，仿佛水到渠成，势所必然。前人赞其“舒情缀景，畅达理旨，三者兼长，洵堪睥睨一世。”(黄子云《野鸿诗的》)信非溢美。全诗充满了明朗奔放的喜悦情调,确如“东海扬帆,风日流丽”(《敖陶孙诗评》)。难怪连大诗人李白也喜欢引用此诗佳句:“故人赠我我不违,著令山水含清晖。顿惊谢康乐,诗兴生我衣。襟前林壑敛暝色,袖上云霞收夕霏。”(《酬殷明佐见赠五云裘歌》)即此亦可见其影响之一斑。

(熊　笃)

登石门最高顶　谢灵运

晨策寻绝壁,夕息在山栖。疏峰抗高馆,对岭临回溪。长林罗户穴,积石拥基阶。连岩觉路塞,密竹使径迷。来人忘新术,去子惑故蹊。活活夕流驶,嗷嗷夜猿啼。沈冥岂别理,守道自不携。心契九秋榦,目玩三春荑。居常以待终,处顺故安排。惜无同怀客,共登青云梯。

石门山,在今浙江嵊州,谢灵运《游名山志》说:“石门涧六处,石门溯水,上入两山口,两边石壁,后边石岩,下临涧水。”又云石门为己南居。谢集中更有《石门新营所住,四面高山,回溪石濑,茂林修竹》诗、《石门岩上宿》诗,会同参看,当是宦海挫折,归隐所作,唯具体时间难以确定。有的选本谓《石门新营所住》诗为景平元年(423)由永嘉归隐作。本诗及《石门岩上宿》为元嘉五年(428)由秘书监任,不得意称疾东归后作。似并无确据。至于王渔洋谓石门在庐山,方东树谓在永嘉,似均因未见《游名山志》之故,不足为训。

全诗分三个层次。起二句点题,写晨登夕栖。“疏峰”以下十句,写宿山之所见、所闻。“沈冥”以下八句:即景抒情,结出诗旨。诗中的情理,仍不外乎谢客归隐诗之常径,一归之于庄子与大道合一,居常处顺,随缘推移,以养生终年之论;而其实则含隐有因仕途失利而生的愤懑不平,所谓安命云云,多少带有一种自我排遣的意味。诗的佳处是融情造景的精致有含与结构布局上的顺逆疏密,二者相合形成全诗森然傲兀的意态。

诗中的景物全由第二句“夕息”二字生发,以所宿之“高馆”为中心视点,写视觉与听觉印象。“疏峰抗高馆,对岭临回溪。”先总写高馆位置。疏即分疏、整治之意,抗即举也。有人将“抗”解为对抗之抗,谓上句是高馆对疏峰之意。似是而实非,因下句有“对岭”二字,岂非相重?其实上句句法一同于班固《西京赋》“疏龙首(山)以抗殿”,此馆分疏山峦而高踞峰顶,又遥对岭崖,深临回溪,真有独立中天,俯视万类之势。由高馆向下望去,近处是高木成林拱卫着山馆,乱石堆砌簇拥着阶基，人工的馆舍与自然的石木连成了一体。再举目远望，山岩叠连，竹林密排，使望中山路似断似续，曲曲弯弯，夜色中显得似有若无，迷迷离离。这景况当使来者失路徘徊，去者因找不到归径而迷茫。身居于此山之中，远处传来活活……活活……的声响，那应是山泉在冥色中流淌吧；噭噭连声，此起彼伏，正是那山中猿猨在夜月下悲啼。这时清森卓拔的山居又笼罩上一层凄迷空漠的色调，于是诗人自然从这"沈冥"之境中生发出了前述的感想。

这幅图景之所以为佳有三：

首先是视角之佳，景物由中心高馆到庭前，到远路，到深山，既有层次感，又有整体的融浑性，其内在联系则为由一点而由近及远的视觉印象。

其次是深切夜望的特色，近景尚分明，远路已渺茫，四周山谷则只能唯闻其声，不见其形了。

最成功的是虚实相间，营造气氛，融情入景。所见之与所闻合写，本已有虚实之感，但这在常人尚容易做到。难能的是灵运又一次出色地运用了他最暗熟的"隔"法，用"来人忘新术，去子惑故溪"二句虚写，把所见与所闻隔作二层写。隔的作用不是分整体为二，而是为了更好地融二层为一，颇有艺术辩证法的意味在。试想前数句所写山景，虽然结末用了"塞""迷"二字，但是总的形象是孤兀倔奇的，如径接"夕流"、"夜猿"二句，虽也可以，但效果不会好，唯因这二句中"忘"、"惑"二字作一逗顿，方使前文"塞"、"迷"之感充分舒展，然后夕流活活，夜猿噭噭，才能产生弥山漫谷的凄迷空漠气氛，再以"沈冥"二字收束点睛，玄理的阐发才能情理相融。所谓"空际传神"，这就是一个范例。

由于景物营构中这三项特色，诗境显得非常深邃，试想这高馆的形势：沉沉夜色，隐隐夜籁，冥冥濛濛之中浮起群山，群山影影忡忡又拥起一峰，一峰独立又托起高馆孤峙。这沉冥中有傲兀之意的景象正是谢客以幽愤之怀论玄妙之理心态的写照，正与末段抒情议论中"心契九秋榦，目玩三春荑"——心同深秋贞木之坚挺，神同三春柔叶之舒闲相应，于是融情入景更转为景情理圆融一体，足见谢诗命意造景之深曲。

诗的构思也别具一格，题为"登石门最高顶"。却不写登的过程，而由在最高顶上夜望，将来时景物一一倒写补出，中间以"来人"、"去子"两句接应，至结末再以"惜无同怀客，共登青云梯"呼应，草蛇灰线，浑然一体。这样写并非故意玩弄技巧，而是为起处即造成峻拔的形态，再借中段的"沈冥"气氛烘托，使结末慨叹无"同怀客"，深沉而有孤芳自赏之致。

试设想如顺写登山之所见闻，结末写宿顶，诗境就会显得平熟无奇。这种顺逆变化，与前已论及的顿宕、离合、勾锁，正是谢诗结构谨严深曲的表现。

（赵昌平）

石门新营所住，四面高山，回溪石濑，茂林修竹　谢灵运

跻险筑幽居，披云卧石门。苔滑谁能步，葛弱岂可扪。嫋嫋秋风过，萋萋春草繁。美人游不还，佳期何由敦。芳尘凝瑶席，清醑满金罇。洞庭空波澜，桂枝徒攀翻。结念属霄汉，孤景莫与谖。俯濯石下潭，仰看条上猿。早闻夕飙急，晚见朝日暾。崖倾光难留，林深响易奔。感往虑有复，理来情无存。庶持乘日车，得以慰营魂。匪为众人说，冀与智者论。

石门山是浙江嵊州的风景胜地。谢灵运《游名山志》说："石门山，两岩间微有门形，故以为称。瀑布飞泻，丹翠交曜。"（《艺文类聚》卷八引）这首诗是诗人在山上营筑新居之后所作。诗题四句，带有描述性质，与一般诗题立意不同，旨在突出对石门新居溪山林泉的喜爱之情。

发端二句，入手擒题，出语峻峭。新居既险且幽，已见迥绝尘寰之意，又以石门披云高卧衬出山势、新居之高，点带出高蹈之情，将营建石门新居的目的和高卧云山的情怀尽皆吐出。三、四两句是前两句的补充，写山径苔藓满阶，难以行走，路边葛藤又很柔嫩，无法攀援，点明人迹罕至，与世远隔，石门新居险幽高远的景色也生动地烘托出来。

"嫋嫋"以下十句，写对好友的怀念。当时，诗人的同道好友孔淳之、王弘之、僧镜游居于始宁、剡县、上虞一带，彼此相去不远。大约在石门新居初成之时，他们曾来欢聚同游。后来，友人散去，但美好的欢聚时光常使诗人难以忘怀。故而糅合屈原《湘夫人》："嫋嫋兮秋风"和淮南小山《招隐士》："王孙游兮不归，春草生兮萋萋"辞意，写出"嫋嫋秋风过，萋萋春草繁"两句，借以抒写情怀。山中节候，秋去春来，金风已过，春草又绿，这自然界的物候演变，节序有定，一年一度，周而复始，使诗人想起好友别去，重聚无由，心头不禁黯然，因而用《楚辞》象征手法，以美人、佳期指代好友、聚会，写出"美人游不还，佳期何由敦"两句，诉说对好友的深切思念和团聚的渴望。接下去的两句："芳尘凝瑶席，清醑满金罇"，一喻久盼友人不来，芳尘清埃凝聚于玉饰座席；一写以金樽美酒相候甚久。因对好友情深意笃，盼归而不见，怅惘、空落之感转而深重，故而以"洞庭空波澜，桂枝徒攀翻"抒写心曲。上句化用《湘夫人》："洞庭波兮木叶下"句意，下句化用《招隐士》

“攀桂枝兮聊淹留”和屈原《大司命》“结桂枝兮延竚”辞意,巧妙化合,熔铸新句,也是百炼出冶,运思精凿。尤其“空”、“徒”两字,极为形象,写出水天空阔而归舟杳然的空寂湖景、心境和把玩桂枝,遥思不见的凄凉情怀。在失望和孤独的心绪交织中,思念友人的情感益为强烈深沉,于是趁势打入一层,再以“结念属霄汉,孤景莫与谖”倾诉衷肠,抒发难以释怀的思念。他仰望高远的天空,格外感到形影孤单。忧苦既不能自忘,又无人相与慰藉。诗情至此,已是悲凉不堪,愁肠郁结了。可是,诗人心怀超旷,惯于借山水化其郁结。当他把视线重新转向山水美景时,内心的孤独、凄凉顿时散去。因而即景描摹,写出“俯濯”六句。先以“俯濯”、“仰看”、“早闻”、“晚见”分写四景。“俯”、“仰”着眼于从空间上写景物的不同,“早”、“晚”则着眼于从时间上写景物的区别。通过时空交叉和转换,描绘出石门新居山水的清美景色。然后又以“崖倾”、“林深”两句写光影倏逝、风振林木的山景。在这六句之中,有石潭的清影、猿狖的跳跃、晚风的劲吹、朝日的初升和危崖的瞬光、深林的风吼,把“四面高山,回溪石濑,茂林修竹”的题意生动展示出来。其中“早闻”四句通过视觉与听觉形象描绘山的险峻幽深,尤为逼真。因有高山四面环峙,危崖倾斜,很晚才见太阳初升,而迟来的阳光映照山谷时,又瞬间即逝。与“晚见朝日”相反,石门山中的晚风却来得很早,而且风势很大,长驱直入,振响林木,松涛雷鸣,吼声远奔。这种朝日晚见,夕飙早闻的景象描绘,全从山居生活的实际中体验得来。

诗的最后六句,由写景转而为议论。“感往”两句是诗人山水审美活动的理性思考。他回顾人生,深感世事纷错,故思虑往复,悲从中来,心绪不宁。而当从山水中获得心智的启迪,顿然彻悟之时,便得以理化情,妙理若来,物我俱忘,达到无欲无情境界,为人间烦嚣所牵累的世俗之念也随而荡然无存了。显然,诗人的眷恋山水,营居石门,目的固然在于赏美,但他力图将这种审美活动提到以景悟道的高度,表现出强烈的山水理性精神。“庶持”两句中,“日车”,本指日神之车,此以借喻时光流逝。《庄子·徐无鬼》有“乘日之车,而游于襄城之野”的话。“营魂”,同“营魄”,意指精神、心灵。《老子》云:“载营魄抱一,能无离乎。”屈原《远游》云:“载营魄而登霞兮,掩浮云而上征。”王逸注说:“抱我灵魂而上升也。……魄,一作‘魂’。”诗中用这两个典故,借以表达渴望把握住流逝不停的时光,恣情游览,从山水中契悟玄妙之道,抚慰孤寂的心灵。在诗人看来,这种山水理性精神和深奥的道理,不是一般俗流所能理解的,只有深明哲理的智者才能懂得,故而以目空世人的孤傲语气说:“匪为众人说,冀与智者论。”联系上文,此处所说的“智者”,分明指他延竚久盼的同道好友。这样,思念故人之情便一线贯

穿，显得婉曲深沉，真情内含。（臧维熙）

从斤竹涧越岭溪行　　谢灵运

猿鸣诚知曙，谷幽光未显。岩下云方合，花上露犹泫。逶迤傍隈隩，迢递陟陉岘。过涧既厉急，登栈亦陵缅。川渚屡径复，乘流玩回转。𬞟萍泛沉深，菰蒲冒清浅。企石挹飞泉，攀林摘叶卷。想见山阿人，薜萝若在眼。握兰勤徒结，折麻心莫展。情用赏为美，事昧竟谁辨？观此遗物虑，一悟得所遣。

这是谢灵运一首典型的山水诗。山水诗大抵有两种写法。作者以某一风景胜地为据点，静观周围山水景物，这是一种写法；另一种，则是作者本人在旅途之中，边行路边观赏，所见之景物是不断变化的。此诗即属于后者。

谢灵运本身写过一篇《游名山志》，文中提到"斤竹涧"。后人或据今绍兴东南有斤竹岭，去浦阳江约十里，以为斤竹涧即在其附近；近人余冠英先生在其所注《汉魏六朝诗选》中则以为此涧在今浙江乐清县东，而乐清是在永嘉附近的。谢灵运在永嘉太守任上的时间是422至423年，而长住会稽（今绍兴市）则是元嘉五年（428）以后的事。由于地点的说法不一，这首诗的写作时间因之也较难判定。好在这诗以写景为主，对写作时间不妨存疑。

此诗共二十二句，可分为五节。第一节"猿鸣"四句，写清晨动身出游时情景。第二节"逶迤"四句，写沿山路前行而越岭过涧。第三节"川渚"四句，点出溪行。以上缴足诗题全部内容，概括而精炼。第四节自"企石"以下凡六句，由景及情，联想到深山中幽居避世之人，心虽向往而无由达己之情愫。最后"情用"四句为第五节，以抽象议论作结。全诗结构严密，用词准确，是山水诗之正格。这种凝练精致的写法极见功力，其源悉来自汉赋。窃以为大谢之山水诗乃以赋为诗的典型之作，此诗自是其代表作之一。

开头"猿鸣"二句，从听觉写起。既听到猿猴鸣叫，便知天已达曙，旅行者应该启程了。但因所居在幽谷，四面为高山所蔽，不易为日照所及，故曙光并不明显。三四句写动身上路，乃看到岩下云层密集，而花上犹有露珠流转，确是晨景。第二节，"逶迤"，指沿着曲折的小路前行。"迢递"，指山遥路远，前面似无尽头。"隈"者，山边之转弯处；"隩"（音郁）者，水涯之曲折处。"逶迤"句是说这是一条依山傍水的斜曲小径，诗人沿此路弯弯曲曲地行进。小路走完，开始登山了，翻过一岭，须再登一岭（二岭之间山脉中断，故曰"陉"；"岘"，指小山峰），绵延不断。"过涧"

句,写越岭后涉涧前行;"登栈"句,写涉涧后再走山间栈道。牵衣涉水为"厉"。"厉急",涉过急流。"陵缅",上升到高远处。以上四句详细摹写了自己登山过涧的行程,以下"川渚"四句转入行于溪上的描述。由于川中有渚,故溪路时直时曲。由于溪路千回百转,曲折多变,行人不能预测前面究竟应怎样走,因而一面走一面悬揣,捉摸不定。"蘋萍"二句,写溪行所见。大大小小的浮萍都浮贴在水的表层,看不出下面的溪水究竟有多深,仿佛萍下乃莫测的深潭。而菰蒲则挺生于水上,从茎叶中间望下去,能清晰地看到它们的根部插在水底泥中,所以显得水很清浅。

值得研究的是第四节的六句。"企石"句,是说在石上提起脚跟,用脚趾作为全身的力点,去挹取飞溅的泉水;"攀林"句,是说高攀丛林中的树枝,去摘取那还没有舒展开的初生卷叶。"想见"二句,用《九歌·山鬼》"若有人兮山之阿,被薜荔兮带女萝"二句的语意。下面的"握兰",暗用《山鬼》"被石兰兮带杜衡,折芳馨兮遗所思"二句语意;"折麻",又用《九歌·大司命》"折疏麻兮瑶华,将以遗兮离居"二句语意。这里的"山阿人",乃借喻避居山林与世隔绝的高人隐士,他们的高尚品质为诗人所敬慕,而他们所生活的自由天地则更为作者所向往。可是这样的人只存在于诗人的理想或幻想之中,因此作者所向往和歆慕的那种超脱尘世的生活也就无从成为现实。所以作者说,虽有"握兰"、"折麻"以赠知音的殷勤美意,却只能空空郁结在心中而无由展现出来。基于这四句诗的含义,我以为上面的"企石"二句,并不是作者本人去"挹飞泉"和"摘叶卷",而是写那位"被薜荔"而"带女萝"的"山阿人"当寻取生活资料时在深山中的具体行动——以泉水为饮,以嫩叶为食:这同样是诗人想象中的产物。如果说"企石"二句只是写实,是诗人本身的行动,那么"挹飞泉"犹可说也;"摘叶卷"又有什么意义呢?谢灵运虽以游山玩水名噪一时,却未必攀摘初生的嫩树叶来果腹充饥。所以我释此诗,把这两句看成倒装句式,它们同样是"想见"的宾语。所谓"若在眼",并不仅是"山阿人"以薜萝为衣而已,还包括了"企石"、"攀林"等等活动。这样,诗境才更活,诗人丰富的想象才体现得更为生动。

最末四句,就沿途所见景物及所产生的种种思想感情略抒己见,结束全篇。"用",因,由于。意思说:人的感情是由于观赏景物而得到美的享受的,至于深山密林中是否有"山鬼"那样的幽人,则蒙昧难知。不过就眼前所见而言,已足遗忘身外之虑;只要对大自然有一点领悟,便可把内心的忧闷排遣出去了。四句议论虽近玄言,也还是一波三折,以回旋之笔出之,并非一竿子插到底的直说。

前人评谢灵运诗,多讥其写山水景物之后每拖上一条"玄言"的尾巴。这一首也不例外。但如果设身处地为诗人着想,用这样的手法来写诗原是符合人的思维逻辑的。人们总是在接受大量感性事物之后才上升到理性思维加以整理分析，把所见所闻清出一个头绪来，然后根据自己的理解加以判断，或就自己的身世发出感慨。后人写山水诗亦大都如此，如韩愈的《山石》便是最明显的一例。这并非由谢灵运作俑，而是出自人们思维逻辑的必然。不过谢诗在结尾处所发的议论，往往雷同无新意，是其病耳。 （吴小如）

过白岸亭 谢灵运

拂衣遵沙垣，缓步入蓬屋。近涧涓密石，远山映疏木。空翠难强名，渔钓易为曲。援萝聆青崖，春心自相属。交交止栩黄，呦呦食苹鹿。伤彼人百哀，嘉尔承筐乐！荣悴迭去来，穷通成休戚，未若长疏散，万事恒抱朴。

这首诗作于景平元年(423)，即谢灵运出为永嘉太守的第二年初春。“白岸亭”，在楠溪西南，离永嘉八十七里，以溪岸有白沙而得名。

诗的开头两句点题，说诗人拂了拂衣袖，站起动身，沿着一条沙岸前进，缓步进入一座草屋，这就是白岸亭。“遵”，循，沿。“垣”，矮墙，此指岸沙堆积如垣。“拂衣”、“缓步”，动作舒缓，透露出诗人起行时的闲适心情。次四句，写沿途风物。近处是一条溪涧，细细的溪水潺湲地流过密石；透过稀疏的林木，可以看见远方是高峻的山峰。青翠的山岚弥漫空中，既可睹可辨，又难触难摸，不知道给它一个什么名称，才能让读者得知其妙趣。而溪涧上渔钓者那种恬然自适的乐趣，却很容易地自然吟唱出来。这四句，用清新优美的文字，描绘出一幅远近有致、疏密相间、色彩鲜丽的青山绿水图画。“涓”“映”二字，锤炼尤工。“涓”原指小流，这里用作动词，便状写出了涧水在密密山石间蜿蜒穿行的细小莹澈之貌、缓缓流动之态。“映”字则点明山是在疏木的空隙中映出的，富有层次感。至于“空翠”二字，更给整幅画面涂抹上一层半透明的青翠色调。用这个词来描状山色，确是诗人的匠心独运。后来唐代诗人王维也有“山路元无雨，空翠湿人衣”(《山中》)的名句。这弥漫山中的湿漉漉的无边空翠，带着清新的凉意，浸染、滋润了诗人的发肤和心灵，从视觉、触觉、感觉各个方面给了他难以形容的美感和快感，所以诗人才感叹它“难强名”。这三个字比起直接描写，更能发人遐想，沈德源称其“凡物可以名，则浅矣。难强名，神于写空翠者”(《古诗源》卷十)，可谓会心之言。读这四句诗，我们也不禁赞叹诗人确是神于写山水的妙手。且看这一幅山水画，色彩是如此协调，构图是如此和谐，境界又是如此鲜洁朗澄！此外，“空翠”句暗含《老子》"吾不知其名,字之曰道,强为名之曰大"(二十五章)的意蕴,将山水景色与老庄玄理融合在一起,既耐人咀嚼,又为下面的悟理先制造了气氛。

"援萝"以下,改从听觉角度来表现山水景物,而地点也悄悄转移出了白岸亭。诗人攀援着山间的藤萝,慢慢来到青色的山崖下,刚才还难以名状的空翠,现在却亲近在它身边了。怀着欣慰的心情,诗人凝神聆听,但闻一片悦耳之声传入耳鼓,沁进心灵,那是停在栎树上的黄鸟"交交"的啼唱,又夹杂着食苹的野鹿"呦呦"的鸣声。这自然界的天籁之音,这春天山林的交响乐,清新悠扬,优美迷人,令诗人心旷神怡,如痴如醉。"春心自相属",他的心灵仿佛也与山鸟野鹿一样,已融合在这春天里了!

诗的最后部分是悟理。黄鸟和野鹿的啼鸣,忽然使诗人想起《诗经》的《秦风·黄鸟》和《小雅·鹿鸣》这两篇诗。《黄鸟》是秦人哀悼为秦穆公殉葬的子车奄息等三个忠良之士的诗作,中云:"交交黄鸟,止于棘。谁从穆公?子车奄息。……彼苍者天,歼我良人!如可赎兮,人百其身。"《鹿鸣》是大宴群臣之作,中云:"呦呦鹿鸣,食野之苹……吹笙鼓簧,承筐是将。"承筐,谓用筐盛了币帛奉送嘉宾。黄鸟声中有哀,令诗人感伤;鹿鸣声中有乐,又令诗人嘉许。这些声音交织而至,更令诗人感悟到,荣华和憔悴时而来,时而往,实在无足深恋;人为了穷困和通显而忽悲戚、忽欣喜,也实在太无谓了。因此,还不如襟怀疏朗、神情萧散,对于万事万物,都抱着最朴素的态度,无贪无欲。"抱朴"一语,也出自《老子》的"见素抱朴,少私寡欲"(十九章),遥应上文。这一段悟理虽无多少艺术性可资鉴赏,但其词气平达,与全诗的舒适清静气氛相合,故亦不觉刺眼。

全诗就是这样徐徐地走完了"纪游——写景——兴情——悟理"的过程,是谢诗的典型风格,其中图画美、音乐美与哲理美层层推进,又彼此渗透,相映成趣。就诗句的具体安排来说,本诗虽说几乎全用对偶句,但诗句前后承接又相互穿插,如"空翠"句紧接着"远山"句而补足其意,"渔钓"句则越过两句诗的空间排列地位而和"近涧"句遥相照应。"援萝"句先表现"聆听"之意态,再用"交交"两句点明所聆内容。而"交交"至"嘉尔"四句,又采用一、三句和二、四句穿插的连接方式。这样的安排,可谓细针密线,章法严谨,顾盼自如,使诗意此起彼伏,跳宕而流畅,毫不板滞,堪称是灵运诗的佳构。

(陶文鹏)

石门岩上宿　　谢灵运

朝搴苑中兰,畏彼霜下歇;暝还云际宿,弄此石上月。鸟鸣识夜栖,木落知风发,异音同至听,殊响俱清越。妙物莫为赏，芳醑谁与伐?[①] 美人竟不来，阳阿徒晞发。

〔注〕 ① 醑(xǔ)：美酒。伐：夸美。

谢灵运于宋景平元年(423)辞去永嘉太守之职，回到始宁的祖居，又营造了一些新的庄园别墅，其一在石门山上(今浙江嵊州境内)。石门别墅地势甚高，茂林修竹，环绕四周，一道山溪，曲折流过，是一个幽深而美丽的居所，很受谢灵运的喜爱。这诗写他夜宿于石门别墅的岩石上，外物与内情相激的特殊感觉。谢灵运的山水诗，大多以刻画景物之精巧见长，此诗却以听觉感受为主；大多好谈老庄玄理，此诗却不发议论，而自有深趣在字里行间；甚至，谢诗常为人批评的辞义繁复、用语奥深的毛病，也不见于此篇中。总之，这是谢灵运的一首风格较为特别的作品。

开头四句，便有许多精彩。欲写夜宿，先说朝游，笔调来得舒缓。劈头而下、突兀而起，也是一种写法，但那比较适合激烈冲荡的情绪。像这诗要表达幽深情趣，便需缓缓引入。好似游山先渡水，才觉得味道悠长。但前二句不仅是个人题的铺垫，也是诗情的动因。"朝搴苑中兰"，语出《离骚》"朝搴阰之木兰兮"。兰是美好事物的象征，恐怕它在霜露中凋残，而采摘把玩，这是隐喻的写法，包含着珍惜具有才智和美德的生命的意味。谢灵运是一个非常自负的人，贬出永嘉，辞官暂隐，在于他是很难接受的人生挫折，难免有才智之士不能为世所容的怨艾与自怜，这情绪便在"朝搴苑中兰"的形象中表现出来。因此乃有暮宿石上、流连光华的举动。倘无前二句，全诗就变单薄了。后二句中，"云际宿"一则略带夸张地写出石门别墅所在之高，又暗用《九歌·少司命》"夕宿兮帝郊，君谁须(待)兮云之际"诗意，透出孤独无侣、似有所待的怅惘。归结到"弄此石上月"，一个高洁多情，极富美感的形象。"石上月"不是天上月，那是流动着的如水如雾的一片，那是轻柔宛曼的乐章。石的清凉，诗人的忧郁，都写在这音乐中了。

将四句诗连贯起来，可以发现一、三句同二、四句，均是松散的隔句对。"朝搴"与"暝还"对应，时间趋近；"畏彼"与"弄此"对应，方位趋近。你单是读，未必要多想什么，自会觉得有一种风姿、一种韵调轻轻摇曳、回环飘荡而来，恰与月华的流动重合。总之，这四句诗的语言具有相当丰富而又完整统一的功能，是真正的诗歌语言。

接着四句，是对夜景的欣赏。——但又很难说是夜"景"，很难说是"欣赏"。这是用听觉在感受夜，并由感受而渐渐潜入自然的深处。张玉穀《古诗赏析》说："中四即所闻写景，不以目治，而以耳治，是夜宿神理。"这"神理"指什么？他却没有讲清楚。首先应该说，夜景不是不能用目光观赏，也不是不能写好，古诗中不乏这样的例子。但描绘视界中的夜景，非着力不可，人和自然容易处在分离的状态，其效果与本诗所追求的效果是不一样的。

先看前二句：鸟的鸣叫声渐渐低落、渐渐稀少，最后成为偶尔一二声的啁啾，于是意识到它们已在林中栖息，夜越来越深；而在沉静之中，时时又传来簌簌的落叶声，于是知道山中又起了夜风。这二句已经很好地写出了山夜的气氛。因为声音是变动着的，时生时消，起伏不定，它比山林沟壑等固定的形体更能体现山夜的情趣，体现万物在根本的虚寂中运化的节律。这也许就是张玉穀所说的“夜宿神理”吧。

但后二句却是更深入的体验。这二句互文见意，是说：夜中“异音”、“殊响”一起来到耳边，听来都是清亮悠扬的声调。所谓“异音”、“殊响”究竟来自何处？是鸟儿的鸣叫，枯叶的飘落，还是不息的山溪，断续的虫吟？什么都是，什么也不是。诗人称那些声音为“异音”、“殊响”的时候，已经不是说声音本身，而是声音引起的人的奇异感觉。正因为这是一种感觉，那些声音也被改变了，放大了，成为“俱清越”的音调。换句话说，在诗人凝神静听山夜中各种声响的时候，那些声响唤起了人心深处的某种幻觉；以这幻觉感受那些声响，它们也变得与平时不同。这样，似乎在人的生命的深处与自然的深处形成某种神秘的沟通。确实，我们对人和自然，都有许多说不清楚的东西，因而常常凭借着神秘的感受力去体验自然。像谢灵运这样敏锐的诗人，他的体验也比常人来得丰富。

按照通常的写法，谢灵运的诗在描摹景物之后，总有一段哲理性的议论。本诗的最后四句收结，却不是如此。他只是感叹：如此美妙的秋夜，却无人能够欣赏，我也就无从向谁夸美这杯中的好酒了。言外之意，是说世人多庸俗，缺乏高逸情趣，难与自己同游。最后两句仍是用《九歌·少司命》诗意。原诗说：“与汝沐兮咸池，晞汝发兮阳之阿。望美人兮未来，临风怳兮浩歌。”谢诗中的“美人”，指情意投合的佳侣。“阳阿”，向阳的山阿。心中盼望的“美人”终究不会来到，我只是白白地等待，直到太阳出来，晒干我的头发罢了。这里面其实有双重的内涵：一方面，诗人确实希望有志同道合、情趣相通的朋友与自己共赏这秋夜景色；另一方面，绝景独游，无人为侣，恰恰显示了自己不与凡俗同流的品格，表达出孤独高傲、睥睨一世的心情。以谢灵运的性格而言，后者是更重要的。

魏晋南朝，是一个自我意识觉醒和强化的时代。而自我意识加强的必然结果，就是孤独感的产生和强化。于是，投向自然，谋求个人与自然的沟通，又成为从孤独感中解脱出来的途径之一。谢灵运这首诗，就是把孤独感，以及孤独中人与自然的感通和追求志同道合者的情绪，构造成美好的意境。尽管他的其他山水诗也有类似的表现，但都比不上这首诗单纯而优美。所以，在诗史上，这也是一首很有意义的作品。它可以说明：诗歌是怎样随着人的感情生活的丰富复杂化而变得丰富复杂起来的。（孙　明）

行田登海口盘屿山　　谢灵运

齐景恋遄台，周穆厌紫宫；牛山空洒涕，瑶池实欢悰。年迫愿岂申，游远心能通。大宝不欢（娱），况乃守畿封。羁苦孰云慰，观海藉朝风。莫辨洪波极，谁知大壑东。依稀采菱歌，仿佛含嚬容。遨游碧沙渚，游衍丹山峰。

这是一首登高舒忧之作。"行田"即巡视农田，晋宋时一些文士往往借行田之便游遨山水，如王羲之就曾写信给谢万说："比当与安石东游山海，并行田视地利。"谢灵运这首诗即写行田来到永嘉江（今瓯江）入海之口，登山的所见和所感。

诗的前八句纯以议论出之，点明此番出游的缘由。诗人借对前事的评述逐渐抽绎出自己的思绪来。头四句以齐景公和周穆王作为一反一正的比照：春秋时的齐景公，曾登牛山而流涕，哀人生之短促，而其用以补偿的却是加倍地贪恋宫室狗马之乐；周穆王为追求赏心乐事，则乘八骏西游，在昆仑瑶池与西王母尽相见之欢。前者沉溺于世俗的物质享受之中，未免辜负了那一瞬间对人生的感悟，所以说"牛山空洒涕"；后者在远游中实现了生命的延长，那才是精神上真正的欢乐，所以说"瑶池实欢悰"。这一"空"一"实"的用语，已逗漏出作者的主意所在。次四句归到自己身上，作进一步申说。"年迫"两句说岁月流逝，愿望成空，惟有在与自然亲切晤对的远游中，才能使心胸豁然畅通。"大宝"两句说即使贵为国君也不能摆脱"年迫"之苦，更何况像我这样被迁谪至海隅的失意者呢！言下则企羡远游之情已昭然可见。诗的前八句，用笔至为工稳细密：写齐景公事以"遄台"和"牛山"并举，因两者均在今山东淄博一带，位置相邻；写周穆王事以"紫宫"和"瑶池"并举，因两者原意指天帝和神仙的居所，字面相近。后四句虽已转入夫子自道，而在字面上，"年迫"犹承齐景公牛山之泣一事，"游远"犹承周穆王西游之事，"大宝"义兼二君。意虽转而语犹承，从中可见大谢诗的"法密机圆"（方东树语）之处。

诗的后八句写登临的所见和所感。"羁苦"、"观海"两句为承上启下的过渡。盘屿山在浙江乐清市西南五十里，滨海，故登山可以观海。而此番登临，原是因不耐客中寂寞故来寻求安慰，非同一般的流连玩赏，这就为下文的虚拟之笔预设了伏笔。诗人写景，只用了“莫辨洪波极，谁知大壑东”两句，从空际着笔，极写海之浩渺无涯。“洪波”语出曹操《观沧海》诗：“洪波涌起”；“大壑”语出《庄子·天地》：“夫大壑之为物也，注焉而不满，酌焉而不竭。”这两句在突出大海辽阔无际的同时，也写出了其吞吐无穷的容量和汹涌澎湃的动势；而置于句首的“莫辨”、“谁知”，又将诗人的惊异、赞叹之情倾泻无遗。诗人以大刀阔斧的疏朗之笔展示出极为恢宏的气象，不仅切合海的性格，也使全诗至此精神为之一振。而紧接着的“依稀采菱歌，仿佛含嚬容”，又在转眼之间将实景翻作虚景。按采菱曲为楚歌名，“含嚬容”则从西施“病心而矉（通颦、嚬）”的故事化出，这里借指越女，所谓“荆姬采菱曲，越女江南讴”（王融《采菱曲》），这楚歌越声在大谢诗中乃是和归思相联系的。谢灵运有《道路忆山中》诗云：“采菱调易急，江南歌不缓。楚人心昔绝，越客肠今断。断绝虽殊念，俱为归虑款。”可移用为本诗注脚。“依稀”、“仿佛”四字已明言这并非实有之景，而在眺望大海之际，忽闻乡音，忽见乡人，正是由思乡心切而生出的幻觉。这一神来之笔，把主人公深沉的情思呼之欲出。既然“羁苦”之情不能在观海之际释然于胸，那么也就只有在继续远游中才能聊以排遣，诗的末二句正是以展望未然来收束的。诗的这一部分以虚实交互为用的运笔烘托出内心的波澜，把主人公为苦闷所迫而又无计解脱的心绪表现得十分真切而自然。

这首诗大半都用对偶句组成，却无板滞迂缓之弊。原因是诗人的精心结撰之处，并不限于区区一联，而是将之置于全篇的结构之中，注意彼此之间的承接呼应关系。如首四句从字面看分为上下两联，而在用事上则以一三、二四各说一事，显得错落有致。五、六两句虽自成一联，而它们又分别和前四句勾连相承。“莫辨”以下连用六个偶句，而以句首的不同用词又可分为三组，这又是与内容的虚实转换互为表里的。沈德潜说：“陶诗胜人在不排，谢诗胜人正在排。”（《说诗晬语》卷上）由此诗亦可见一斑。

（钟元凯）

白石岩下径行田

谢灵运

小邑居易贫，灾年民无生。知浅惧不周，爱深忧在情。莓蔷横海外，①芜秽积颓龄。饥馑不可久，甘心务经营。千顷带远堤，万里泻长汀；州流涓浍合，连统塍埒并。虽非楚宫化，荒阙亦黎萌；虽非郑白渠，每岁望东京。②天鉴倘不孤，来兹验微诚。

〔注〕 ① 莓蔷，一作“旧业”。诗写灾年田地荒芜，与诗人自叙“旧业”无涉。此从莓蔷。② 东京，当是“西京”。叶笑雪《谢灵运诗选》述其理由曰：此句所望的每岁丰稔，是紧接修渠说的，白渠开于西汉，指的是西京；西汉国家富强，可以作为比拟的对象，而东汉则稍见逊色；另外诗人在思想上亦有重视西汉政治的表现，如《游岭门山》的“西京谁修政，龚汲称良史”，可资证明。此说甚确。

谢灵运以其精深华妙的山水诗著名六朝诗坛，所作名篇佳什，多优游山水，无关民瘼，向有“学者之诗”的评语。与谢诗的总体倾向不同，《白石岩下径行田》这首诗在一定程度上流露出对民生疾苦的同情，是难能可贵的。《昭明文选》未收此诗，其后的评点家、诗论家亦鲜有言及者，也许是因为前人觉察到这首诗与谢灵运的为人和诗风不甚协调而有意回避之吧？殊不知，从这不协调中，正能发现谢灵运其人其诗的另一侧面，因此它更应引起重视。

白石岩，一名白石山，在浙江乐清市西三十里。《温州志》云：“山下有白石径，为灵运行田之所。”行田，巡视农田。这首诗写于谢灵运任永嘉太守期间，其时旱灾严重，民不聊生。诗开篇二句：“小邑居易贫，灾年民无生。”说小郡县的百姓平时本来就够贫寒的了，又逢灾年，更加无法存活了。虽然没有描写饥寒交迫，不堪其苦的种种惨象，但黎民挣扎于死亡线上的处境，还是不难想象出来的。“知浅惧不周，爱深忧在情”，前句说，作为太守唯恐智谋短浅，救济不周（知通“智”）；后句说，自己对人民是很爱护的，对民生疾苦的忧虑是常挂在心上的。陈胤倩说：“起四句，咏之恻然，足当《舂陵行》数篇。”（《采菽堂古诗选》）《舂陵行》为唐代元结揭露统治者横征暴敛的名作。此或言之太过，然而，从谢灵运的“惧”、“忧”中，还是可以感受到他的“哀民生之多艰”的忧患意识和作为一郡之长的责任感。在这个意义上，谢灵运也可以算是为元结“导夫先路”的人。对陈胤倩的评论，作如是观，也许更符合实际一些。

五、六句从“灾年”而来，再现田地荒废的景象。“莓蔷横海外，芜秽积颓龄。”“莓蔷”，一种小草，“横海外”，极言到处纵横蔓生；“芜秽”，荒芜之状，“积颓龄”，自谓衰朽无能使灾情加剧。后一句又带有反躬自责之意，作为一个封建官吏是十分难得的。“饥馑不可久，甘心务经营。”在灾害危及小邑之时，太守兼诗人的谢灵运积极筹划战胜灾害的措施。“千顷”以下四句，就是设想中兴修水利、灌溉农田的蓝图。“诗‘畇畇原隰’，简固佳，此四语繁亦不厌。千古咏田间景，逊此为妙。”（《采菽堂古诗选》）《诗经·小雅·信南山》写定田界、整田土，以简朴取胜，谢诗写“带远堤”、“泻长汀”（汀，水际平地）以壮美见长。“千顷”、“万里”，从大处落墨，将筑堤护田、引水灌田的宏伟景象展现出来。州、连，这里指众多的农村。（古以五百户为一党，五党为一州。又以四里为一连）涓浍，小水流。塍埒，小堤。

这两句是从小处着眼，一个“合”字、一个“并”字，见得村村落落，沟渠纵横，堤坝满目。这四句虽是想象之词，却也颇令人向往。

诗人相信经过一番努力“经营”，来岁必定丰稔。“虽非楚宫化，荒阙亦黎萌；虽非郑白渠，每岁望东京。”楚宫，语出《诗经·鄘风·定之方中》：“定之方中，作于楚宫。”这是称美卫文公的诗。卫为狄所灭，卫遗民东徙渡河，居楚丘。在卫文公的率领下，建城市，营宫室，百姓悦之，国家殷富。荒阙，即荒废，这里指灾年。黎萌，即黎民。谢诗借卫文公的史实，表达了即使荒年也要使百姓生活下去的愿望。郑白渠，指郑国渠和白渠。郑国渠，战国时韩人郑国说秦所开。白渠，汉白公所开。均在关中。诗人借郑白渠造福于民的史实，旨在期望兴修水利将带来农业的丰收，达到繁荣富盛的西汉的水平。最后两句：“天鉴倘不孤，来兹验微诚。”天鉴，古人把天看作有意志的神，监视人间。不孤，即不负。微诚，指盼望丰收的诚意。大意是：倘若苍天不负“经营”之劳，明年的丰收是可以预期的。

这首诗使我们看到，谢灵运既有寻幽探胜，肆意游遨，“民间听讼，不复关怀”的一面；又有身处灾年，关心黎民，正视现实，注重农业的一面。他的徜徉山水，有着深刻的社会历史原因，实在是不得已而为之。仅看到前者，而忽视后者，不免流于片面，有违顾及全人的知人论世之道。

此诗语言质朴，不尚藻饰，虽有用典，但不堆垛，与灵运句句对仗、处处用典、流于晦涩的另一类诗不可同日而语。尤其是全诗运之以真情实感、无矫揉造作之嫌，在谢集中当属不多见的佳作。

（宋绪连）

斋中读书　　谢灵运

昔余游京华，未尝废丘壑。矧乃归山川，① 心迹双寂寞。虚馆绝诤讼，空庭来鸟雀。卧疾丰暇豫，翰墨时间作。怀抱观古今，寝食展戏谑。既笑沮溺苦，又哂子云阁。执戟亦以疲，耕稼岂云乐。万事难并欢，达生幸可托。

〔注〕 ① 矧(shěn)乃：况且。

南朝宋武帝永初三年(422)，谢灵运由京官太子左卫率改任永嘉太守。长期以来，诗人被出仕与归隐的矛盾所困扰。由于仕途不顺利，政治理想无法实现，归隐的思想逐渐占了上风，在永嘉任职一年后，终于“称疾去职”(《宋书·谢灵运传》)，开始了他那悠闲的隐居生活。《斋中读书》诗作于永嘉太守任上，相当典型地表现了他在仕隐问题上的思想矛盾，以及为了摆脱这一矛盾向老庄的“达生”

思想的复归。

全诗作纵向展开，从过去写到现在。开头两句说过去，“游京华”，指在京城建康（今南京）为官；“未尝废丘壑”，意为即使在担任京官职务时也并不稍减游赏山水的雅兴。从第三句起，主要讲述“归山川”——到永嘉担任地方官以后的情况。诗人因与庐陵王刘义真交往甚密，受到当权者徐羡之等人猜忌，被排挤出朝廷，因而在永嘉太守任上，思想更加消沉。“游京华”与“归山川”、“未尝废丘壑”与“心迹双寂寞”，隔句映衬，在文义上递进一层。“矧乃”这一表示递进关系的连词，更明白提示前后两个时期之间存在着的变化。诗人自述到永嘉以后，“心”不预世事，“迹”绝交以息游。“虚馆”二句更具体描画出“心迹双寂寞”的景象：太守衙门之中冷冷清清，听不到争辩与诉讼的声音；开阔的庭院之内寂无人声，飞来了寻食的鸟雀。事实上，身为一郡之长，是不可能如此清闲的。《宋书》本传说：“郡有名山水，灵运素所爱好，出守既不得志，遂肆意游遨，遍历诸县，动逾旬朔，民间听讼，不复关怀。”可见“绝诤讼”并非真的没有“民间听讼”，而是由于心远地自偏，“不复关怀”，有意不闻不问罢了。以上几句，对于“斋中读书”的诗题来说，看似闲笔，实际上这是从大处落笔，委婉见意，显示的是读书时总的心态意绪与环境气氛。以下写“斋中读书”的正笔，正是从这一大背景上推出的。

从“卧疾丰暇豫”起，即转入“斋中读书”的描叙。“卧疾”，就只能在“斋中”；“丰暇豫”，有了许多空闲时间，为了排遣无聊，除了写诗作字以外，便轮到了“读书”。“怀抱观古今”等四句，具体写读书的情形。诗人读书的目的在于“观古今”，了解历史以增进对现实的认识；方法上有读有评，“寝食展戏谑”即指在茶余饭后对书中内容进行调侃性的评论。诗中论到的人物有消极避世的隐士长沮、桀溺和热衷仕进的文人扬雄（字子云）。《论语·微子》中记载，长沮与桀溺一同耕田，孔子经过时，叫他的学生子路向两人打问渡口的所在。后代诗文常用为避世隐士的典故，给予肯定的评价，如王粲《从军诗》说：“不能效沮溺，相随把锄犁。”陶渊明《劝农》诗说：“冀缺携俪，沮溺结耦。相彼贤达，犹勤垄亩。”谢灵运对沮、溺则取批评的态度，认为隐居耕田是一“苦”事而予以非笑。扬雄在西汉成帝时在朝为官，王莽篡汉，立“新”朝，扬雄作《剧秦美新》加以吹捧，并受任大夫之职校书天禄阁，后来因事被株连，投阁自杀，几乎死去。扬雄在易代之际的言行，历来受人非议，如李善说他“露才以耽宠，诡情以怀禄”（《文选·剧秦美新》李善注）。谢灵运也不满于扬雄的屈节事人、钻营爵禄，故在非笑沮、溺的同时，对扬雄也采取了哂笑的否定态度。

结尾四句是在读书论书基础上的进一步发挥，由“既笑”二句引出，直接说到诗人自己的政治态度与生活情趣。“执戟”,秦汉时宫廷的侍卫官,因值勤时手执戟而得名。这里泛指做官。“以”通“已”。“执戟亦以疲”,说明自己对于仕进已心灰意冷;“耕稼岂云乐”,又表示自己不愿过躬耕隐居的清苦生活。诗人让自己站到了三岔路口,仕乎?隐乎?无一理想,无可适从。故不由得叹道:“万事难并欢。”在仕隐矛盾的煎熬下,诗人为自己设计了一条慰藉心灵的人生道路:“达生幸可托。”“达生”是老庄的思想。《庄子》有《达生》篇,其中说:“达生之情者,不务生之所无以为。”所谓“生之所无以为”,是指分限以外的事物。以“达生”处世,就会避免贪多务得,不受物欲的困扰,摆脱世务的牵累,在精神上求得自我解脱,近乎陶渊明《归去来兮辞》结尾所表示的生活态度:“乐乎天命复奚疑。”谢灵运为官时不理政事也是“达生”思想的表现,而“达生”思想的进一步实践,尚有待于绝意仕进,归隐田园,更远地离开尘世俗务。谢灵运出身大官僚地主家庭,广有田产,归隐而仍可免于沮溺的耦耕之苦,这大概是他的“达生”思想的最完美的实现了。不久,他固然踏上了归隐的道路。

全诗以“斋中读书”作为结构的中心,向前推衍,说到过去;往后演绎,谈及未来。读书是在斋中,说前道后的情事则及于斋外的广阔世界——京城的丘壑,永嘉的山川,执戟殿中,耕稼田间。仕隐矛盾的抽象主题,由于结合读书论书的具体内容提出,显得不玄不泛;又由于视野开阔,有回顾,有前瞻,联系长期以来的生活体验坦率剖白,通篇又具有了感情深沉凝重、语调平易亲切的特点。作为一首宣扬老庄“达生”思想的记事说理诗,而能不落抽象说理的魔障,写得迥异于“平典似《道德论》”的“孙绰、许询、桓、庾诸公诗”(钟嵘《诗品序》),足见诗人艺术上的功力。至于诗中宣扬的所谓“达生”的消极避世、自得其乐的人生态度与生活理想,对于今天的读者来说,肯定是不足取的,但对于了解谢灵运全人及其创作演进的轨迹,则又有着不可忽视的重要意义。 (陈志明)

种 桑 谢灵运

诗人陈条柯,亦有美攘剔。前修为谁故,后事资纺绩。常佩知方诫,愧微富教益。浮阳骛嘉月,艺桑迨间隙。疏栏发近郛,长行达广埸。①旷流始毖泉,湎途犹跬迹。俾此将长成,慰我海外役。

〔注〕 ① 埸(yì):田界;田野。

这首诗见载于《永嘉县志》,黄节亦编于永嘉诗卷,知其作于抵永嘉第二年即景平元年(423)春天(此年秋离永嘉)。此诗是写课督农民种桑的情事。

诗先写种植桑树的历史和意义。“诗人陈条柯,亦有美攘剔。”“诗人”特指《诗经》作者。“条柯”,修剪枝条。“攘剔”,剔除,亦指修剪繁冗的枝条。“条柯”见《诗经·豳风·七月》:“蚕月条桑,取彼斧斨。”“攘剔”见《诗经·大雅·皇矣》:“攘之剔之,其檿(yǎn,山桑)其柘。”这两句说,栽种桑树历史悠久,《诗经》上就有关于修剪桑枝的描述和赞美。“前修为谁故,后事资纺绩。”“前修”,前代贤人。按古代谓《诗经》为圣贤所作,故称“诗人”为前修。“后事”,后来从事者。这两句说,圣贤为什么把种桑写进诗篇,还不是叫后来的人因此知道纺绩之重要。可见栽种桑树是圣贤的遗训,意义重大。

中间写种桑。“常佩知方诫,愧微富教益。”这两句都暗用了《论语》上的话。“知方”是《先进》篇中子路的话。子路说他若是治理一个诸侯国,三年能使百姓有勇且知方。知方就是懂得礼法。“富教”出自《子路》篇中冉有与孔子的对话。冉有说:人口增多了,还要怎么做。孔子说:富之。冉有说:百姓富了,还要做什么。孔子说:教之。富教就是使老百姓过上好日子、受到良好教育。作者说他常常记住这些教诲,惭愧的是没有做出多大成绩。作为一个郡太守,引用这些话语正是合适,也可见出他从政的责任感。在“知方”、“富教”的指导下,他督劝农民种桑了:“浮阳骛嘉月,艺桑迨间隙。”“浮阳”即太阳。“骛”,奔驰。“嘉月”,指春天的月份。这里是说,春天来到了,种植桑树正好乘这农活不多的时节。“疏栏发近郛,长行达广埸。”“疏栏”,稀稀的行格。“郛”,外城。“埸”,田野。这两句说,一排排、一行行的桑树从城边伸向广阔的田野。这里由近及远,展现了十分壮观的桑林图景。上面四句中间一字都是动词,正是着力的位置。“骛”、“迨”,见出心情的迫不及待,“发”、“达”,见出行动的快速。

后几句抒发感想。“旷流始毖泉,湎途犹跬迹。”“旷流”,阔大的河流。“毖泉”,细小的泉水。“湎”通缅,远。“跬”,半步。这两句是说,大河开始于细流,远途是由一小步一小步走到的。意思是说,今天的栽种是实现他的治郡理想的开端。“俾此将长成,慰我海外役。”“海外役”,指任此地官差,永嘉濒海离首都又远,所以这样说。这两句意思是:使这些桑树长成了,这对我来说就是最大的安慰了。

这是作者到达永嘉不久时写的,表现了他对治理这个地方的责任心、对农桑的关心。古代地方长官每到春季都有行春劝农的例行公事,此诗的写作当与此有关;但诗里所写并非枯燥的官样文章,还是有着真情的发露的,比如写对自己的要求、写“愧”、写种桑时的兴奋、写期待,都近乎实感。史传说谢灵运出为永嘉太守，只知游遨，政事一切不问，恐怕也有夸大之处。其实作为一个地方官，他还想有点作为，比如此诗及《白石岩下径行田》所写即是证明。也许是因朝中政局改变的无望，终于使得他于政事“不复关怀”，最后是“称疾去职”了。这首诗采用古诗的惯常写法，文字比较清通，语气也颇平和，因此陈胤倩称赞它“兴雅和愉”，为“风人绝构”(转引自黄节《谢康乐诗注》)。 (汤华泉)

初 去 郡 谢灵运

彭薛裁知耻，贡公未遗荣。或可优贪竞，岂足称达生？伊余秉微尚，拙讷谢浮名。庐园当栖岩，卑位代躬耕。顾己虽自许，心迹犹未并。无庸方周任，有疾象长卿，毕娶类尚子，薄游似邴生。恭承古人意，促装返柴荆。牵丝及元兴，解龟在景平。负心二十载，于今废将迎。理棹遄还期，遵渚骛修坰。溯溪终水涉，登岭始山行。野旷沙岸净，天高秋月明。憩石挹飞泉，攀林搴落英。战胜臞者肥，鉴止流归停。即是羲唐化，获我击壤情。

此诗作于宋景平元年(423)秋。上一年七月，谢灵运出为永嘉太守，至此称病离职，刚满一年。诗中抒发了去官还家、获得解脱的愉悦心情。

开头十句自述隐居丘园之志。先对几位古人加以评价：西汉的彭宣、薛广德、贡禹虽有高名，但只能说是优于贪婪奔竞之徒，还说不上是懂得养生缮性。彭宣，哀帝时官至御史大夫、大司空，封长平侯。哀帝卒，外戚王莽专权，他便告老回乡。薛广德，元帝时为御史大夫，因遭遇荒年，人民流亡，自己觉得不称职，遂上书求退。班固《汉书》对他们评价颇高，称其“近于知耻”(《汉书·叙传》)；谢灵运却说他们“裁(通‘才’)知耻”而已，并不十分推崇。贡禹曾为河南县令，因受上司责备，便辞官而去。后又出仕，元帝时为光禄大夫，以年迈求退，为皇帝所挽留，进为御史大夫。诗人认为他并未能遗弃荣华富贵。评论古人只是陪衬，目的是表明自己的志向不仅是不贪竞而已，而且要做到“达生”。《庄子》有《达生》篇，说“达生之情者，不务生之所无以为；达命之情者，不务知之所无奈何”，认为人之性分有定，不可勉强致力于性分之外的事。篇中又说欲存生养性，莫如弃世而无所牵累。诗人正以此种思想作为隐退的精神支柱。其具体的打算，则是“庐园当栖岩，卑位代躬耕”。《山居赋》云：“古巢居穴处曰岩栖。”传说古代隐士也有过此种原始生活者。但诗人毕竟做不到这样，故有所变通，以田园当作岩栖。他也不能真的耕稼自给,故欲学习古代一些达士的做法,安于卑位,以薄俸为生生之资。他说自己拙于仕宦,讷于言辞,故欲选择这样的生活道路,不过以往行迹尚未能与此种生活理想相一致。这可说是诗人对往昔生活的一个总结。

"无庸方周任"以下十句写去职。先举四位古人以自比。无庸,无用。方,比。《论语·季氏》载周任之言曰:"陈力就列,不能者止。"意谓当尽力做好自己的工作;若无此能力,便不应据有其位。长卿,西汉文学家司马相如的字。他不慕官爵,晚年常卧疾闲居。尚子,东汉尚长,字子平。他安贫乐道,为子女办婚嫁事毕,便不再过问家事,说:"权当我已死。"乃肆意游历五岳名山。邴生,西汉邴曼容,为官不肯过六百石(中级官员,相当于较大县的县令),过此即自行免去。薄游即为官不久之意。诗人说自己在种种方面都类似于上举那些淡泊明志的古人。"牵丝",牵于王命,指出仕。《礼记·缁衣》有"王言如丝"语。解龟,解去官印,印纽常为龟形。灵运初仕为晋琅玡王大司马参军,时在晋安帝义熙元年(405)。是年正月戊戌(十六日)方才改元,而上一年的年号为元兴,故云"及元兴"。自该年至景平元年,实得十八年,说"二十载"是约略言之。"负心"即"心迹未并"意。二十年来做违心的事,心情是悒郁的;而今终于摆脱了送往迎来等等俗务,其快意可知。"将"是送的意思。

自"理棹遄还期"至最后,写初去郡途中的所见所感。"理棹"以下四句写其水陆行程。遄,疾速。为早日还家,乃疾速行舟。遵渚,沿着水中小洲。骛,奔驰。修,长,此有辽阔意。坰,远郊。遄、骛二字表现出心情之急迫。二句已兼写水陆,"溯溪"二句又写水涉山行,但不觉累赘,因读者可由此充分想象其行进的画面,感受到行程的漫长辛苦。"野旷"二句是写景名句,景中其实有情。清旷无际的风景正与诗人心境相应。久被絷牵,一朝脱去,自感到无限的开朗、轻快,故触目皆成佳趣。"憩石"二句写山林小憩情景。挹,舀。搴,取。落英,落花,时当秋日,当指菊花而言。二句暗用《楚辞》典故:《九歌·山鬼》:"山中人兮芳杜若,饮石泉兮荫松柏。"又《离骚》:"朝饮木兰之坠露兮,夕餐秋菊之落英。"熟悉典故的读者可于言外获得一种清幽芳洁之感。"理棹"四句写疾速前行,途程漫漫,"野旷"四句写赏玩风物,途中小憩,形成情绪和内在节奏的对比;而其心情之急迫与愉悦,都得到了表现。由愉悦的心情、悠然的意绪,进而引发出一番情理相融的议论:高尚之志战胜了富贵之欲,胸襟旷然,则臞者可肥;以止水为鉴,则流荡不返者将归于宁静清明。(二句用《韩非子·喻老》和《庄子·德充符》典故。)心灵获得了自由宁静,则即使处于纷乱奔竞之世,也等于是归真返璞,回到了伏羲、唐尧时代,可以无拘无束、怡然自得了。传说尧时百姓无事,有老者击壤(敲击土壤,一说敲击土制乐器,又一说是一种游戏)而歌曰:“日出而作,日入而息。凿井而饮,耕田而食。帝力何有于我哉!”诗人用此典故,似有“人生如此自可乐,岂必局束为人鞿”(韩愈《山石》)之慨,且使人隐约感到他与当权者关系之不和谐。

谢灵运去郡之志是坚定的。当时其堂弟谢晦等人都写信劝他不要离职,他执意不从。不过他并非一贯恬退之人。《宋书》本传说他“自谓才能宜参权要,既不见知,常怀愤愤”。其出为永嘉太守,正是与当权者矛盾的结果。他之去郡,乃是一种不合作态度的表现。明乎此,对于本诗的理解便可更深入一层了。

(杨　明)

田南树园激流植楥① 谢灵运

樵隐俱在山,由来事不同。不同非一事,养疴丘园中。中园屏氛杂,清旷招远风。卜室倚北阜,启扉面南江。激涧代汲井,插槿当列墉。②群木既罗户,众山亦当窗。靡迤趋下田,迢递瞰高峰。寡欲不期劳,即事罕人功。唯开蒋生径,永怀求羊踪。赏心不可忘,妙善冀能同。

〔注〕 ① 楥:一作援。 ② 墉(yōng):墙。

谢灵运的田庄在始宁墅,他辞去永嘉太守归来后,又在这座庄园南边另起新宅,这就是诗题所说的“田南树园”(“树”为建立之意)。继而他又整治水土,在河中筑堰拦水,以便灌溉,在房宅周围种植灌木,以当篱垣,这就是诗题所说的“激流植楥”(“激”,拦水。“楥”,篱笆。按《宋书》本传有“穿池植楥”句)。沈德潜说此诗“命题简古”(《古诗源》),因而题意有点费解,弄清它的意思,对理解、欣赏这篇作品很是要紧。

这首诗一开始就标明他归田的高情远致:“樵隐俱在山,由来事不同。”是说他隐居在山野不是为了谋生,而是别有追求。这是用了别人的话,臧荣绪《晋书》载何琦引胡孔明言:“隐者在山,樵者亦在山。在山则同,所以在山则异。”(《文选》注引)都住在山间是相同的,而为什么住山、住山的用意则不相同。下面又说:“不同非一事,养疴丘园中。”不相同的不是一个方面,我现在是在山间田园里养病。说“养疴”是颐养情性的一种高雅说法,隐者在丘园中“养疴”自然不同于樵者的口腹之役。以上四句用樵者作对照,以见出自己养疴丘园的不同凡俗。

中间写田南园的环境及徜徉其间的快适。“中园屏氛杂,清旷招远风。”“中园”即园中。“氛杂”,尘杂。中园无氛杂,远风送爽,这本是客观存在的情况,这里用了“屏”、“招”两个动词，说尘杂是他屏除的，远风是他招来的，真是挥之即去，招之即来，他就是江山风月之主了。“卜室倚北阜，启扉面南江。”他在北山之阳建造新居，一打开窗户就对着南江。背山面江，他选择的地方既清幽、又开阔，是个多么好的所在。“激涧代汲井，插槿当列墉。”引来溪涧里的水就可以灌溉，可以省却汲井之劳了，插上槿木围成篱笆，就可以当作围墙了。面前是南江，引水很方便，槿木极易成活，不高不矮，作篱笆当围墙再好不过了。这既写他对环境的整治，又见出生活的简朴、自在。以上四句所写也就是诗题所标示的情事。经过整治之后，这里的环境更优美了：“群木既罗户，众山亦当窗。靡迤趋下田，迢递瞰高峰。”“罗户”，罗列门户。“当窗”，对窗。“靡迤”，斜斜向下延伸。“迢递”，高耸的样子。栽种的树木都长起来了，与众山交互映衬，打开门窗林秀山色扑面而来，“当窗”的“当”情态可味。诗人向下走去是广阔的田野，向上又望见高耸的山峰。上下周围，目接之处无往而不开怀惬意。这个环境有点类似陶渊明诗里描写的情形：“榆柳荫后檐，桃李罗堂前”（《归园田居》），“悠然见南山”、“山气日夕佳”（《饮酒》）。陶诗的描写是分散的，这里则很集中。

最后写隐居中的情趣。“寡欲不期劳，即事罕人功。”“寡欲”就是少有欲望，“劳”，劳扰，“人功”，人力。这两句说，修建田庄不想劳人动众，只是顺应自然、因势就便，如上面写的“卜室”、“激涧”、“插槿”就是。“唯开蒋生径，永怀求羊踪。”这两句是用典。蒋生指汉代隐士蒋诩，他在自己庄园里开辟了三条道路，只与志同道合的羊仲、求仲相往还。作者这样写是表示：他时时都在准备接待那些高人逸士，而杜绝了世俗之交。“赏心不可忘，妙善冀能同。”“赏心”，心情欢畅，这里指会面的赏心。“妙善”，暗用《庄子·寓言》中颜成子游称赞东郭子綦言论的事，妙善，谓至妙至善的言论，“同”，聚会。这两句意思是说：希望朋友们常来欢会，聆听你们的高论妙语。按作者在始宁时，隐士王弘之、孔淳之常来聚会，又有谢惠连、何长瑜、荀雍、羊璿之，常与作者作山泽之游，这些人就是诗中提到的求、羊之徒。作者隐居中的情趣可以用刘禹锡《陋室铭》中下面的句子来表述：“谈笑有鸿儒，往来无白丁。可以调素琴、阅金经。无丝竹之乱耳，无案牍之劳形。”他在这片天地中暂时解除了官务的纷扰、得失之念的刺激，心情得以放松了。写到这里，我们就清楚了他在开头说的那几句话的实在含义了。

这是谢灵运写的一首田居诗，接近于陶渊明的田园诗。诗里描写了优美的田园环境，反映了自己徜徉其中的恬适心情。景物描写很精致，层次感极强，有些动词用得恰到好处，见出了作者的情致。像这样的作品在谢集中也只有一二首。但是，它终究不同于陶渊明的田园诗，诗里流露了门阀士族那种轻视劳动者、鄙弃世俗生活的思想情调，诗里涉及田园风光，但还不能称之为田园生活。如果将劳动生活、劳动者叫作“俗”的话，陶渊明是隐不绝俗，而谢灵运则差不多是绝俗，所以生于陶渊明之后、也有长期田居经历的他，到底没有写出一首真正的田园诗来。（汤华泉）

于南山往北山经湖中瞻眺　谢灵运

朝旦发阳崖，景落憩阴峰。舍舟眺迥渚，停策倚茂松。侧径既窈窕，环洲亦玲珑。俯视乔木杪，仰聆大壑淙。石横水分流，林密蹊绝踪。解作竟何感？升长皆丰容。初篁苞绿箨，新蒲含紫茸。海鸥戏春岸，天鸡弄和风。抚化心无厌，览物眷弥重。不惜去人远，但恨莫与同。孤游非情叹，赏废理谁通？

这首诗集中体现了谢灵运山水诗的风格特色。

首先，让我们看看此诗的题目。灵运的诗题往往扼要概括他登山临水的路线和行程，具有很强的真实性。诗题“于南山往北山经湖中瞻眺”，“于”、“往”、“经”将游览过程叙说得十分具体。谢灵运《山居赋》注曰：“大小巫湖，中隔一山。然往北山，经巫湖中过。”明乎此，就可以说：“康乐题便佳，有一种纪游笔致。”（《孙评文选》卷二）题本身简直就是诗。

其次，谢灵运山水诗有一个大体相近的结构模式：先述纪行，继写景物，后归情理。这首诗亦如此。

发端两句，“朝旦发阳崖，景落憩阴峰”，山南曰阳，“阳崖”即指南山（或谓今浙江嵊县东之嵊山）；山北曰阴，“阴峰”指北山，亦名院山，即谢安高卧之处，史称东山。这是点出“于南山往北山”的题面。朝旦，是清晨；景落，是日暮，表明游览的时间：从南山出发是在清晨，抵达北山已是日暮了。接着，“舍舟”二句补叙出“于南山往北山”经巫湖中过的具体情形，而且又照应“经湖中瞻眺”的题面。以上是纪行部分，时间、地点、过程交代得相当明确。

“侧径”以下十二句，摹写自然景物。在倚松远眺中，傍山伸展的小路狭窄深长，巫湖碧波环绕陆洲，水天一色，空明莹澈。俯身下视，是枝叶纷披的高大乔木；仰首聆听，是从远处传来的大壑水声。前者写视觉所见，后者写听觉所闻，于“俯视”“仰聆”之际，见出诗人瞻眺顾盼的愉悦之情。“石横水分流，林密蹊绝踪”，仍然是视力所及的景物。只一布置，景色已悉，此造景不造词也。“解作”二句，试图探求万物滋生的奥秘。“解作”即“雨后”之意，语出《周易》解卦，彖曰：

“天地解而雷雨作，雷雨作而百果草木皆甲坼。”其大意是：天地解缓，雷雨乃作。雷雨既作，百果草木皆孚甲开坼，莫不复苏。“竟何感”，是诗人的自问，也是诗人的思索。“升长”句，写草木的欣欣向荣，也是诗人的领悟所得。“升长”，代指草木。“丰容”，茂盛之状。这里“解作”句，将易经嵌入景物描写之中，是谢灵运的一大创造。前人评“解作”二句说：“择易卦入诗，自谢客始，后亦鲜继。”（《文选集评》卷五）对此给以充分肯定。应该留意的是，“升长皆丰容”一句既是承前——乔木、密林，又是启后——初篁、新蒲。篁，丛竹。箨是竹皮。竹子开始换上了绿装，春初的水中嫩蒲绽出了毛茸茸的紫花。这是写草木的蓬勃生机。海鸥在春天的湖岸边嬉戏，天鸡（一种野雉）在和风中轻舞。这是写禽鸟的自在逍遥。这四句读之但觉春色融和，恍然如对。到此，谢诗结构的第二部分写景已告完成，“将题实写得十分充满，故后止用反折虚情作收”（《昭昧詹言》卷五）。

“抚化”六句，是“瞻眺”自然景物所生发出来的感受。诗人在大自然中，“静观天地造化之妙，中心已无厌斁”（刘履《选诗补注》），达到物我为一的境界。这里，“抚化”句推阐出老庄精义和玄学妙理。先景后理，因景而理，是谢诗一以贯之的技法。有时，于有声有色的景语后面，结以生涩难懂的理语，令人生厌，为诗论家所抨击，讥之为拖着一条“玄言尾巴”。“抚化心无厌”，亦带有玄学的胎记，但继之以“览物眷弥重”，合乎事理，近乎人情，尚有可读性。其后四句，意极哀婉。“不惜去人远，但恨莫与同。”人谓古人也。两句谓不以远去古人为可惜，只遗憾未能与之共游山水。言下之意，是说当世没有真正的知音堪与同游。说是“不惜”，实是深惜。末二句更加沉痛。“孤游非情叹，赏废理谁通？”当世既无知道游赏之真谛者，则我若不游，这个真谛就无人知晓了！所以最令人可叹的是，当今人们已废弃了对自然的观赏之心！一种孤高而又寂寞的情绪，于此蓦然涌上诗人的心头，也使这首气息清新的诗，在结尾处蒙上了一层淡淡的忧伤阴影。陈胤倩在评灵运的另一首诗《石门岩上宿》时云：“康乐终身一我，悲哉！悲哉！晞发阳阿（按原诗有‘美人竟不来，阳阿徒晞发’句），傲睨一世。”“终身一我”、“傲睨一世”，亦可借来作为本诗末四句的笃评。

方东树评谢诗曰：“唯其思深气沉，风格凝重，造语工妙，兴象宛然，人自不能及。”（《昭昧詹言》卷五）本诗应是此评的一个好例。（宋绪连）

南楼中望所迟客　　谢灵运

杳杳日西颓，漫漫长路迫。登楼为谁思？临江迟来客。

与我别所期，期在三五夕。圆景早已满，佳人犹未适。即事怨睽携,感物方悽戚。孟夏非长夜,晦明如岁隔。瑶华未堪折,兰苕已屡摘。路阻莫赠问,云何慰离析?搔首访行人,引领冀良觌。①

〔注〕 ① 觌(dí):相见。

"南楼",始宁墅中一座住宅的门楼。"迟",等待。这诗是写伫望朋友来相会的心情。

"杳杳日西颓,漫漫长路迫。""杳杳",深远幽暗的样子。"迫",窘迫,着急。这两句是化用刘向《九叹·远逝》:"日杳杳以西颓兮,路长远而窘迫。"是说落日西沉了,而行人还困于漫漫长途。"杳杳"、"漫漫"两个叠词虽是描状客体,却也传达出主体那种莫可如何的惆怅。起句从傍晚写起,那么整个白天如何呢?读者不难想象。"登楼为谁思?临江迟来客。""为谁思",即思念谁。这两句自问自答,点明题意。下面转入回想:"与我别所期,期在三五夕。圆景早已满,佳人犹未适。""三五夕",十五日的夜晚;"圆景",月亮。"佳人"指友人,"适",来也。回想与友人分别时,约定在十五会面,现在十五早已过去,怎么还不来呢。"期在三五夕",月亮最圆、月色最好时会面,那情景该多美。设想的美更反衬了今日失望的深,"早"、"犹"呼应,传出他深深失望之情。

上面可以说是写迟客不至的失望,下面八句写与友人分别以来的情怀。"即事怨睽携,感物方悽戚。""即事"、"感物"为互文,就是遇到事物皆有感触,比如心中的不如意、物候的变化等。"睽携",分离。"方",常。这两句也就是说,别后以来时时事事都觉着不愉快。"孟夏非长夜,晦明如岁隔。""孟夏",初夏。"晦明",由黑暗到明亮,指一夜。这里是化用《九章·抽思》:"望孟夏之短夜兮,何晦明之若岁。"是说初夏夜晚并不长,但在他看来好像一夜就是一年似的。上两句说别后无时不愁苦,这两句只写出夜晚的感受,是以少总多、举一斑而知全豹的笔法。"瑶华未堪折,兰苕已屡摘。""瑶华"、"兰苕"皆香花美草,古人常摘取它们赠给远方朋友以为问候,如《九歌·大司命》:"折疏麻兮瑶华,将以遗兮离居。"《九歌·山鬼》:"被石兰兮带杜衡,折芳馨兮遗所思。"这些语句跟这两句诗相似。"瑶花",据说即麻花,孟夏时它还未开,而"兰苕"春天就已滋荣了,所以说:"瑶华未堪折,兰苕已屡摘。"不能折也好,多次摘也好,都说明他常常想给予朋友以美好的祝愿。但是,"路阻莫赠问,云何慰离析?"道路阻隔,音问不通,怎么能安慰离居的友人呢?这几句不仅表现了对友人入骨的思念,还表现了对友人一种温情的体贴,虽然自己是愁苦煎迫,但还想通过赠问,让友人得到慰藉。这是相怜相惜的纯真友情。

最后两句："搔首访行人，引领冀良觌。""搔首"，爬弄头发，表示焦急。《诗经·邶风·静女》有"爱而不见，搔首踟蹰"的话。"引领"，伸长颈项。"良觌"，欢乐的会见。这两句说，他在焦急地询问友人的消息，企望着能与友人欢乐相会。这里的"搔首"、"引领"是两个细节，将他"望"的情态写得更逼真、更鲜明了。从结构上说，开始写"望"，中间写"想"，这里又是写"望"，是个回应，显得很是紧凑。而中间的"想"又是从失约推开，写到别后的思念，顺序井然。这都见出谢灵运作品精于结构的特色。

这首诗化用典故很多，细究起来，几乎每句都有出处，而以用《楚辞》的地方最多。《楚辞》多景物描写，多用比兴(尤其是兴)，谢灵运的作品亦复如此，加之作者心情也常感悒郁，自然就会较多袭用《楚辞》语句了。但这首诗，并不给人饾饤生硬的感觉，正如方东树所言，他的用典"见似白道"(《昭昧詹言》卷五)。这也是他的高妙处。

(汤华泉)

庐陵王墓下作　　谢灵运

晓月发云阳，落日次朱方。含悽泛广川，洒泪眺连冈。眷言怀君子，沉痛切中肠。道消结愤懑，运开申悲凉。神期恒若存，德音初不忘。徂谢易永久，松柏森已行。延州协心许，楚老惜兰芳。解剑竟何及，抚坟徒自伤。平生疑若人，通蔽互相妨。理感心情恸，定非识所将。脆促良可哀，夭枉特兼常。一随往化灭，安用空名扬！举声泣已沥，长叹不成章。

在谈这首诗之前，必须简单介绍一下谢灵运与庐陵王的关系。庐陵王名刘义真，是宋武帝刘裕的次子。年纪虽小，对刘裕篡晋的做法却持保留态度，在刘裕诸子中算是个佼佼者。谢灵运出身豪门贵族，本来同刘宋王朝就存在着矛盾。刘裕称帝后，由于刘义真爱好文学，谢乃依附于义真。且义真尝言，自己如果得志，将以谢灵运、颜延之为宰相。可见他们之间有着特殊的政治关系。未几刘裕死，长子义符即位，是为少帝。他当然容不下条件比他优越的刘义真，乃于景平二年(424)正月废义真为庶人，同年二月，义真被杀害。这是当时权臣徐羡之等一手操纵的。不过少帝本人也于这一年五月被废立，六月被杀。八月，宋文帝刘义隆即位，当年即改元元嘉。至元嘉三年(426)，宋文帝为义真进行了平反昭雪。谢灵运于少帝即位之初便被贬为永嘉太守，后辞官居会稽(今浙江绍兴)，这时也被宋文帝召回京都(宋都建康,今江苏南京)。元刘履《选诗补注》以为此诗是谢被召还都,舟次丹徒(今江苏镇江)时所作。《文选》李善注说灵运"还至曲阿,过丹阳。文帝问曰:'自南行来,何所制作?'对曰:'过庐陵王墓下作一篇。'"盖刘宋宗室的陵墓都葬在丹徒附近。因此我们也把这诗的写作年代定在元嘉三年。

全诗共二十六句,四句为一节,共六节;最末二句为结语。由于谢灵运对刘义真确有感情,因此这首诗写得比较真挚动人。当然抚今思昔,也寄托了诗人自身政治上的沧桑之感。我以为,谢灵运虽以写山水诗见长,但作为抒情诗篇,这一首也是值得传诵的佳作。

此诗最大的好处即在于诗人以朴实无华的语言倾诉自己内心的直截了当的感情。中间虽通过用典而使全诗略具波澜,不过总的风格还是单纯素朴的。这同谢的另外一些专门模山范水的诗作有些异趣。开头四句,从旅程写起,似平淡质实却饱含着感情,在简明扼要的叙述中已暗示题意。"云阳"为今江苏丹阳县,"朱方"本古地名,即今镇江市,三国时名丹徒,也就是刘义真的墓址所在。"次",止宿。"晓月"、"落日"既表示时间,又反映旅程,如不与"含悽"二句连读,不过是寻常景语;一连下文,则此"晓月"、"落日"便成为引发诗人伤感凭吊的背景和触媒了。"含悽"二句,上句写水行,下句写登陆后望见墓地的情景。"连冈"者,丛墓所在,文势自然过渡到展谒刘义真陵墓这上面来了。"眷言"四句,正面写内心悼念刘义真的真实感情。"眷言",回顾、眷恋之意,"言"是语助词,无含义。"君子"指刘义真。"沉痛"句直抒胸臆,纯用白描,朴素而肫挚。"道消",《周易·否卦·彖辞》有"小人道长,君子道消"的说法,这里指义真受谗而被杀害,这当然使诗人要"结愤懑"了。"运开",是对宋文帝刘义隆的颂辞,意谓文帝即位,开太平之运。"申悲凉",刘义真图谋不轨的诬词既已得到昭雪,则自己至今也可以把内心的悲怨凄凉吐露出来了。"神期"四句,写初入墓地时的感受,思路是由今及昔,因见松柏成行而忆想庐陵王其人;而诗句的次第却是由昔及今,写自己脑海中一直保留着刘义真生前的音容。"物之所会"为"期"(见《荀子》杨倞注),"会"犹今言集中。这里的"神期"与"德音"对举,当是名词,指刘义真生前的神情举止,这种神情举止在人印象中愈久,便愈加集中而成了定型,故曰"神期",当然它也就"恒若存"了。"德音",指刘义真生前说过的话。"徂",往,逝;"谢",如言花木凋谢之"谢"。"徂谢"是人死的代称。作者展谒陵墓时,上距刘义真之死不过两三年,时间并不长,但活着的人却觉得他离开人间似乎已很久了,故言"易永久"。"松柏"句,有人认为应是"易永久"句的形象说明,疑非是。古人于陵墓周围植树,这本属常例;而这里所说的"森成行",即森然一行行排列整齐,恐亦非年久自然长成，而是人工栽植的。盖松柏长势很慢，更不会天然自成行列，故鄙意此句固是写实，却亦隐有含义。诗人似用松柏之常青与人生之短暂、树木之永存与世事之多变来进行对比，言外暗示出庐陵王不过是牺牲品，他的命运和结局还不如墓边的松柏。这就使上文的“眷言”、“沉痛”、“愤懑”、“悲凉”有了着落。以上三节，是就死者——庐陵王一方面来说的；自“延州”以下八句为第四、第五节，则从生者即谢灵运本人一方面，深入一层来抒发自己对庐陵王的情谊。文势似宕开而有了波澜，其实诗人对死者感伤凭吊的意思却更贴切了。

“延州”，指春秋时的吴季札。季札封于延陵（今江苏武进），故又称延陵季子。他在出使晋国途中曾路过徐国，徐君很爱季札的佩剑，想要它却不便启齿。季札已看出徐君心意，但剑为使臣必佩之物，无法相赠。等季札出使回来，徐君已死，他便到墓前致哀，把剑挂在墓树上然后离去。因此徐国流传着一首民歌：“延陵季子兮不忘故，脱千金之剑兮带（悬挂）丘墓。”事见《史记·吴太伯世家》及刘向《新序》。“协”，这里是言行一致的意思。“协心许”，指把心中的许诺付诸实际行动。“楚老”，指西汉末年居于彭城（今江苏徐州）的隐士。汉末龚胜因不仕王莽而绝食自杀，有一老人来哭吊他，哭道：“嗟乎！熏以香自烧，膏以明自销，龚生竟夭天年，非吾徒也。”哭罢即去，人不知为谁。“惜兰芳”，正指此事。事见《汉书·龚胜传》及《文选》李善注引《徐州先贤传》。“解剑”二句说季札虽解剑协心，楚老虽抚坟痛哭，对死者已无及，而生者“徒自伤”，言外指刘义真含冤被杀，已是无可挽回、无法补救的事实。“平生”二句，紧承上面四句而言，“若人”指季札与楚老，意思说我对这两位古人的行事是有看法的，他们虽号为通人，而所作所为却有欠通达（“蔽”，塞，即不通达）。因为人死无知，挂剑与痛哭都于事无补，这岂非自相矛盾（“互相妨”即自相矛盾）！但这只是诗人故作曲折，使诗情略具波澜。所以接下来又下一转语，为“若人”的行动作出辩护性的解释。“理感”二句，是说他们的理性为死者之情所感，而其本人由于内心哀痛而情不自禁，因此他们的行动就一定无法受其见识的支配。“将”，行，及，这里有支配、控制的意思。前面说过，这首诗通体以本色语直陈胸臆，未免直往直来，所以这两节稍作转折，才不致过于平衍。

第六句的四句又回到凭吊庐陵王的本意上来。“脆促”，指生命脆弱而短促；“枉”，曲，“夭枉”，犹言夭折。“特兼常”指刘义真的夭折，其可哀尤倍于常人。“一随”二句是说人已死去，等于随造化而自然消失泯灭，虽有空名传扬后世也毫无用处。这四句也是一层比一层深入，“脆促”是泛指一般短命的人；“夭枉”则特指刘义真；“一随”两句，不仅指刘义真，也包括作者本人在内，意思说一个人只要死去,身后纵有空名又复何用。其语似旷达而实出以悲愤,与上文"道消"、"运开"二句遥相呼应。

最末两句结语与上文"含悽"、"洒泪"二句自成开合。诗写到此,意虽尽而情益苦,故思放声痛哭。但刚一举声,泪水已止不住滴了下来,变成了无声的哭泣。这句写得生动细腻,十分感人。"泣"本动词,指无声而流泪,这里借作名词,指泪水。"沥"本为名词,指下滴的水珠,这里却转为动词,犹言"滴"。下接"长叹不成章"句,明明诗已写完却说"不成章",给人留下了未尽的余味,而作者的悲痛情怀则更加不言而喻了。陈祚明《采菽堂古诗选》云:"常论康乐情深,而多爱人也。惟其多爱,故山水亦爱,友朋亦爱。观墓下之作,哀惨异常,知忠义之感,亦非全伪。"确为持平之论。

（吴小如）

登临海峤初发疆中作与从弟惠连可见羊何共和之

谢灵运

杪秋寻远山,山远行不近。与子别山阿,含酸赴修畛,中流袂就判,欲去情不忍,顾望脰未悁,汀曲舟已隐。隐汀绝望舟,骛棹逐惊流。欲抑一生欢,并奔千里游。日落当栖薄,系缆临江楼。岂惟夕情敛,忆尔共淹留。淹留昔时欢,复增今日叹。兹情已分虑,况乃协悲端。秋泉鸣北涧,哀猿响南峦。戚戚新别心,悽悽久念攒。攒念攻别心,旦发清溪阴。暝投剡中宿,明登天姥岑。高高入云霓,还期那可寻。傥遇浮丘公,长绝子徽音。

宋文帝刘义隆元嘉五年(428),谢灵运因文帝示意,上表陈疾,再次东归会稽故里。当初文帝登基,诛杀灵运宿敌徐羡之等,谢客曾满怀希望,就任秘书监丞,与修《晋书》。但宋帝所赏识谢灵运者,不过是他的族望与文才,实际上对他却心存疑忌,因而可以"慷慨"地称誉灵运的诗书为"二宝",但却并不予以高位实权,灵运意殊不平,旷政游行,默示抗议,终于引来了这第二次的放归——贬逐。这次打击,较之前番外放永嘉更为沉重,绝望之余则更趋放荡,《宋书》本传记"灵运因父祖之资,生业甚厚,奴僮既众,义故门生数百。凿山浚湖,功役无已,寻山陟岭,必造幽峻,岩障千重,莫不备尽。登蹑常著木屐,上山则去前齿,下山去其后齿。尝自始宁南山,伐木开径,直至临海,从者数百人,临海太守王琇惊骇,谓为山贼,徐知是灵运,乃安。"纵情山水,放浪形骸,其实是内心幽愤外在的变态宣泄。这一点,唐人白居易看得最彻底。"谢公才廓落,与世不相遇。壮志郁不用,须有所泄处。泄为山水诗,逸韵偕奇趣"(《读谢灵运诗》)。放荡越甚,幽愤越深,一旦与知己相对时,就会表现出加倍的沉痛与热切,本诗正可见出谢客放荡之下的庐山真面目。

诗题中涉及三人。谢惠连,灵运族侄,才悟绝伦,《谢氏家录》曾记灵运与之相对,辄得佳句。传诵千古的"池塘生春草"句,相传就是久思不谐,梦见惠连而得之。羊为羊璿之,何即何长瑜。早在初次归隐时何长瑜即与灵运交好而蒙赏誉。此次再隐,灵运与三者并颍川荀雍,"以文章赏会,共为山泽之游",时人谓之四友(《本传》),后人则称为"谢客四友"。题中"临海",即今浙江天台,在会稽西南,为道教洞天。彊中,当即今浙江嵊州嶀山下之彊口,位于会稽与临海之间。题意为,将远登临海的尖山,由彊中初发而作此诗赠堂弟惠连,惠连如见羊璿之、何长瑜,可请二人一起和作。注家每以题中"临海"一名而谓诗当作于《宋书》本传所说"自始宁南山,伐木开径,直至临海"时。然而传所记为陆行,诗所叙为水行,故当作于此前。《宋书》记谢何相交在初隐时,而与羊璿之交在再隐后,诗题羊何并题,则定本诗作于再隐后,开山前大抵不差。灵运在嵊有石壁精舍,为其南居(参上篇),所以本诗实由南居启行后作,很可能是历游嵊州诸胜后,初发远涉海峤之想。

全诗三十二句,八句一层,凡四层。

第一层写远游别弟,两情依依之状。起二句切题面"登临海峤",并点明时令。深秋往寻远山,"山远行不近",看似语意重复,细味之可感到诗人矛盾的心情,寻游之兴固佳,然而想起行程遥远又不禁愁从中来。"与子别山阿"两句点题面"初发彊中",且以"含酸赴修畛",将游兴与愁别的矛盾侧注到愁别中来。离情是如此的深重,往时携手联袂,今日中流分别,情怀依依,舟已行而人犹引颈相望,奈何舟行太速,颈犹未酸,行舟已隐没在曲屈的汀洲之中了。

第二层写惊流泛棹,日落栖泊,但离思无时或去,往事都来心头。前二句笔分两面,"隐汀绝望舟"为送者设想;从弟一定还伫立江岸,望断去舟;然而行者则已"骛棹逐惊流",在骇浪惊涛中心潮起伏了。三四句合二为一,用《列子》中公孙朝"欲尽一生之欢,穷当年之乐"语,说的是:真想把一生的欢乐合在一起,与从弟并作这一次的千里之游。这是承上两相遥望而来很自然的想法(旧注解为"欲抑平生相与之欢,而独为远游",误甚。既未明上下各二句的离合关系,又分明忽略了"并"字),但是分别已成事实,并游之想徒为子虚。千里独行,愁思中不觉已夕阳西下,当是泊舟栖息之时了。寻寻觅觅,诗人终于停舟系缆在临江楼下。为什么偏偏选中此地泊舟呢？不仅是因为黄昏当息，更因为此地曾与从弟等同来共游，故地独栖，回忆当时的情景，也是稍纾离思，慰情聊胜无的办法啊！

第三层承上申足别恨。忆昔本为消愁，但结果旧日共游之欢乐反而映现出今日独行的悲苦，旧欢转成新愁，不禁叹息频频。这种无可排遣的愁怀本已使人劳心焦思，更何况又逢这启人悲怨的深秋？耳畔只听得，秋泉活活，哀猿嗷嗷，悲愁断肠的秋声，弥漫在夹江两岸。闻此，戚戚新别之心，更引动了旧事万千，都来心头。

第四层，力图从悲苦中振起，拟想舟至剡中登游寻仙的情景以自遣。诗人不堪新愁旧悲转相交煎的心情，就计算起行程，明日从鬼谷子修行的清溪出发，傍晚就可到达浙东名胜剡中，而后日清晨就可攀登"势拔五岳掩赤城"的天姥山了。一旦在高出尘嚣的云霓中徜徉，归期就将不复计虑。也许此游有幸遇到接引汉代王子乔到嵩山为仙的古仙人浮丘公吧，那么就更要与从弟永远分手了。全诗在远游成仙的遐想中结束，又仍含蕴着对从弟的怀恋，正与开头远行惜别首尾呼应。复杂的情思，是喜还是悲？是喜为主还是悲为要？恐怕诗人自己也难以说清，而读者则不妨见仁见智，去慢慢品咂。

不难看出，本诗体制酷学曹植的名篇《赠白马王彪》。彪为植之异母弟，本诗则赠从弟惠连。二人都受倾轧，无法在朝廷存身，而作远游，灵运曾谓天下之才共一石，曹植得八斗，自己得一斗，余一斗，天下人共分之。而由此诗可见，灵运之心祈陈思，不唯在仰其才，更在于可引为同病相怜的隔代知音。其"愤而成篇"(《赠白马王彪》序)的歌唱，又一次证明了钟嵘所说谢诗"共源出于陈思"，洵为慧眼独具。

诗歌情景相生，辗转入深，又借顶真格联结上下章，藉其缠绵回环的音声加强抒情效果，也同于曹诗，而语言之于古拙之中见淳厚，如前析起句然，更可见仿效之迹。然而正如谢客学曹诸诗都并非邯郸学步一样，本诗之于《赠白马王彪》也有所创新。

二诗都转韵，曹诗都押平声韵，谢诗则平仄韵互转，在音声的扬抑变化中，更见掩抑之情，这种韵法，成为后世转韵五古的典型韵式。

谢诗的构思与间架也更趋复杂。从所要表达的情意看，《赠白马王彪》是较单纯的骨肉相残，宗臣去国之思，悲愤苍凉。而本诗则合远游的佳兴与离别的悲苦于一体，离愁中还更暗蕴外贬的牢愁。要将这些复杂的情思揉于一诗，其结构势必不能如曹植那样一线单衍，而运用了前析由游兴与行愁并起，再侧注于行愁，反复剀陈，更由愁中所见秋景折到遐想游兴，最后"傥遇浮丘公，长绝子徽音"

两句，双收回应，诗思就如游龙行空，夭蜷连蜷，在深曲中见慷慨之情，较之建安诗，更耐咀嚼。

虚实详略的安排是本诗较曹诗精严的又一表现。曹诗七章，景物描写与抒情有所交叉，但并非每章如此，后半几乎全为抒情，而本诗四章，每章情景互转，两相比较可见曹之有所交叉并非有意安排，而谢之情景互转注重人工经营，但是其情景的位置富于变化，转换十分自然，可见到了锤炼精工的境地。篇中第三节的忆旧共增新愁一节尤可寻味，反反复复，是诗中之尤详者，但详中有略，并不铺写旧游景况，只在感情的交战上做足文章，读来就有回肠荡气之感，如果加以铺陈，则必转移全诗主线，就会滞涩而累赘了。这种略中详，详中略，较之曹诗之取材也更可见匠心作用。

曹植与谢客都以高才疏放见称，而其实又都是情感充沛而又深蕴之人，当其与亲友相对时，卸去了放诞的外衣，而以赤子之心相向，长歌当哭，其感情其实热得烫人。这也是中国士大夫的一种典型吧。　　（赵昌平）

初发石首城　　谢灵运

白珪尚可磨，斯言易为缁。遂抱中孚爻，犹劳贝锦诗。寸心若不亮，微命察如丝。日月垂光景，成贷遂兼兹。出宿薄京畿，晨装抟曾飔。重经平生别，再与朋知辞。故山日已远，风波岂还时。迢迢万里帆，茫茫欲何之？游当罗浮行，息必庐霍期。越海陵三山，游湘历九嶷。钦圣若旦暮，怀贤亦悽其。皎皎明发心，不为岁寒欺。

永嘉八年(431)春，谢灵运离开京都石首城(即石头城，在今南京西南)，溯江西上赴任临川内史。其时诗人刚刚在一场政治风波中幸免于难，而前面等待着他的，仍是生死未卜的命运。由于他与会稽太守孟颉构成仇隙，孟上疏告他有“异志”，并“发兵自防，露板上言”，造成他有谋反行为的严重事态。谢灵运不得不仓皇赶到建康，向朝廷剖明心迹。这次宋文帝虽然暂没有治他的罪，可是不准他回始宁的老家，而把他外放到临川(治今江西抚州)任职。朝廷心怀猜忌，不惜以杀戮手段诛锄异己，他深知日后的处境更加岌岌可危。这首诗就是在此种境遇和心情下写成的。

诗的前八句，以议论感喟的方式隐括了此次“初发”的缘由，意谓遭谗受诬、有身不得已者。首两句先引古代格言点出令人寒心的世态人情。“白珪”、“缁言”语出《诗·大雅·抑》:“白圭之玷,尚可磨也;斯言之玷,不可为也。”《论语·阳货》:“不曰白乎,涅而不缁。”指人言可畏,往往变白为黑,而且一旦为流言所中,尚不像白玉上的污垢容易洗刷干净。三句以下说到自己的亲身遭际。“遂抱”、“犹劳”两句,语意顿挫转折,意谓自己虽以忠信磊落之怀抱应物处世,仍不免被小人罗织罪名而受到诬害。“中孚”是六十四卦之一,《易·中孚》爻辞云:“中孚以利贞,乃应乎天也。”言心中诚信,应为吉利。“贝锦”典出《诗·小雅·巷伯》:“萋兮菲兮,成是贝锦。”指进谗者集己之过以成罪,犹如女工用五色丝线编织锦上的花纹一样。以下五、六两句说自己险遭不测,七、八两句说幸蒙宽宥。前面既已说“白珪”、“中孚”,这里又云“寸心亮”,亮同倞,亦诚信之意,其意乃在剖明心迹,故不惜再三郑重致词。“成贷遂兼兹”用《老子》四十一章语:“夫唯道,善贷且成。”原指道之所施,足以使万物成其形、保其德;这里指皇恩浩荡,使自己的性命和名誉得以保全,而此次足下之行,亦正成于此也。以上几句虽不具言受诬情事,而过去这一场风波之险恶、处境之孤危,已历历可见,不仅交代了初发的缘起,而且一开始便使之笼罩在惊悸未定的极为沉重的气氛之中。

从“出宿薄京畿”句以下,主要抒写初发时的纷纭思绪和感受。诗人于初发的场景只用两句一掠而过:“京畿”、“晨装”点明地点和时间。“抟曾飔”点明水行,按“抟”即凭藉,语出《庄子·逍遥游》:“抟扶摇而上者九万里”;“曾飔”指疾风;御风而行,这里即指挂帆乘舟而去。诗的主要笔墨用于写临行之际的所思所感,而这些感想又是逐层展开的。首先是去国之悲。当此与亲朋辞别之际,忽由“重经”、“再与”四字勾起十年前类似的往事:时在永初三年(422),诗人离京赴永嘉郡守任,邻里亲友曾相送至南京附近的方山。十年前曾被逐出京都,备尝羁旅之苦,不料今日又罹祸远谪。上次去永嘉尚和家乡属同一方向,故诗人当时有诗云:“枉帆过旧山”、“始得傍归路”;而这次去临川则是西行,离故乡相去日远。于是一种风波失所、茫然无所适从的心情油然而生。这里的“风波”语含双关,不仅指风高浪险的水程旅况,更指充满危险的宦海浮沉。“茫茫欲何之”又何止是行舟江上莫辨方向的迷惘,其中更有对命运凶多吉少的不祥预感,《庄子·天下》中的“芒乎何之?忽乎何适?”即为此句之所本。这是一层。其次是远游之想。诗人于惶恐困惑之中又思解脱,故“游当罗浮行”以下四句由实感翻作悬想之景。诗中出现的罗浮、庐霍、三山、九嶷,在地域上并不相连,它们并非是实指,而是诗人的寄意所在。昔孔子有云:“道不行,乘桴浮于海。”屈原在他所写的《楚辞》篇章中,曾借周天历地的远游以舒愤解忧,这里即取《楚辞》的远游之意。罗浮、庐霍、三山等在古来的传说中均为求仙登遐之地,故此处不仅有寄情山水的意思,而且也包含了出世之想，精神的苦闷既无从找到出路，那么抚四海于一瞬的神游也未始不是一种安慰。这是第二层。最后四句写自己矢志不移的决心。这里的“钦圣”、“怀贤”均由上面的“九嶷”生发而来，九嶷山为舜葬之所，屈原在《离骚》中也曾远游至此“就重华（舜之别名）而陈词。”故末四句言志抒怀，即从舜和屈原说起，谓在寂寞困顿之中，惟有以怀想先圣前贤的事迹风操而自勉，诚如《庄子·齐物论》所云：“万代之后而一遇大圣，知其解者，是旦暮遇之也。”虽相隔千秋万代而一如近在眼前。值此明途首发之时，正不妨披肝沥胆、坦露光明磊落之心迹，此情此志，犹如松柏经岁寒而不凋，终不以环境之恶劣而有所改变也。

这首诗通篇抒写感受而不觉枯涩，原因是诗人展示了其心理历程的丰富内容。全诗以“初发”为枢纽，将已然的往事和未然的前途连成一片。而在表现上又时以比兴出之，不是一味地作理语。诗中用字典重，颇多《易》辞《庄》语，又取泽于《诗经》、《楚辞》，既富有书卷气，又无不妥帖稳老，这是大谢诗歌语言风格上的显著特点，也表现了在新体诗创制时期，诗人在语言上含英咀华、镕铸新词的业绩。

（钟元凯）

入彭蠡湖口　　谢灵运

客游倦水宿，风潮难具论。洲岛骤迴合，圻岸屡崩奔。乘月听哀狖，浥露馥芳荪。春晚绿野秀，岩高白云屯。千念集日夜，万感盈朝昏。攀崖照石镜，牵叶入松门。三江事多往，九派理空存。灵物悋珍怪，异人秘精魂。金膏灭明光，水碧辍流温。徒作千里曲，弦绝念弥敦。

彭蠡湖，即今江西鄱阳湖。湖口即江州（今江西九江）口，为彭蠡与长江交接处。自《尚书·禹贡》后，古书对湖口水势的记载有“三江既入”、“九江孔殷”等说，由于地貌变迁，加以传说悠谬，是三为九，本费猜思，而具体何指，更莫衷一是。于是种种的传说也应运而生。这本是人们发思古之幽情的好处所，加以水流吞吐，水道复杂，更有一派奇景壮观，于是催发了诗人们千百次吟咏，谢客此诗是其中最早的也是最优秀的篇章之一。

诗作于元嘉八年（431）晚春，由京城建康赴临川（治今江西抚州）内史任途中。其前，会稽太守孟顗诬灵运在浙聚众图谋不轨，灵运赴京自诉，总算文帝“见谅”，留他在京。一年后外放江西，其实含有驱虎离山，断其根本之意。灵运对这种明用暗放的手段心中是了然的。先此二度归隐，已使他悲愤难已，今番横遭罗织,自然更添怨恨,所以从离开石首城起,所作《初发石首城》、《道路忆山中》诸作中,他均以遭谗流放的屈子自比,一旦进入彭蠡湖口,心潮更与风涛同起伏,遂以如椽雄笔,总揽入湖三百三十里景物,抒达幽愤。

"客游倦水宿,风潮难具论。"二句突兀而起,立一诗总纲。"倦"、"难"二字最耐咀嚼,伏下了贯穿始终的主脉。诗人对日复一日的水行客宿已经厌倦,何以厌倦?因为风潮难于一一具说;亦即变幻不定,莫可理究,凶险难测。看来这是说的此行观感,推而广之,则又是多年旅程颠沛的总结;深而究之,更为隐隐仕仕,是是非非,宦海风波在诗人心中投下的阴影。"洲岛骤迴合,圻岸屡崩奔。"承"难具论"写彭蠡水势:波涛奔流,时而遇到洲岛,立刻遽分两股,急转猛合,又冲撞到岸崖之上,崩起重重雪浪,更凝聚起来,奔流而下,这凶险的水势,是所以为"难"的注脚,也传达出诗人烦扰起伏的不平心声。

五、六句笔势陡转,忽开清景,说沿途,有时乘月夜游,湿露而行,聆听那哀怨的猿啼,赏玩那芳草的浓香;有时则晨起远眺,只见近处晚春秀野,碧绿无际,远处苍岩高峙,白云朵朵,似同屯聚在峰顶上一般。一昏一朝似是两幅恬静的美景;然而果真如此吗?七、八句剔出了它们的内含;"千念集日夜,万感盈朝昏",原来静景并不表现诗人心情的平静,他只是想凭借与寥夜清晨静景的对晤,来参透这"难具论"的冥冥之理。但是日日夜夜,朝朝昏昏,百思千索,依然只是个"难具论"。于是他感慨万千,再也不耐静思默想。他攀登悬崖,登上了浔阳城旁庐山之东的石镜山;牵萝扳叶,穿过四十里夹路青松,进入了湖中三百三十里的松门山顶。访异探秘,登高远望,企望灵踪仙迹能照彻他心中的疑难,东去江流能启迪他纷乱的理智。然而三江九派,先哲的记载,已都成难以追寻的故事;沧海桑田,何以有这千变万化的自然之理,更难以认真考究。郭景纯的《江赋》曾说长江"纳隐沦之列真,挺异人乎精魂",又说江神所居"金精玉英瑱其里,瑶珠怪石琗其表"。然而现在,灵物异人固已惜其珍藏,秘其精魂;金膏仙药,温润水玉,更早已灭其明光,辍其流温。"天地闭,贤人隐",对于这颠颠倒倒,是非莫名的一切,诗人再也"倦"于寻究,于是他奏起了愤懑哀怨的《千里别鹤》古琴曲。"黄鹤一远别,千里顾徘徊",是到了永作归隐决计的时候了,但是心中的一点情愫又如何能够真正泯去?心潮催动着他紧拨快弹,企望让琴音来一洗烦襟。突然断弦一声,万籁俱寂,唯有那无尽愁思在江天回荡……

《入彭蠡湖口》表现了大谢诗作的新进境。观谢集,大抵在永嘉三年(422)三十八岁前,他的诗作留存既少,风格也较多承建安(如《述祖德诗》)、太康(如《九日从宋公戏马台》诗)之绪,尚未形成明显的独特风格。永嘉之贬后直至二番归隐的将近十年间，他以幽愤之情合山水清音，确立了其山水诗鼻祖的崇高地位。他善于于清森的物象交替中将感情的变化隐隐传达出来，意脉贯通，夭矫连蜷，而炉锤谨严，曲屈精深，典丽精工。但是针法时嫌过细，状物时嫌过炼，使典时嫌过直，理语时嫌过多，读来时有滞重之感，而缺少后来杜甫、韩愈等人那种大开大合，变化洒脱的气魄。这个弱点在二次归隐时某些篇章中有所突破，但并不大。至本诗则已可显见杜、韩诗作的先兆，表现有三：

其一是边幅趋于广远。谢灵运先此之诗，所记游程较窄，虽然早已突破了汉人即事生情的樊篱，而总是借一地之景抒积郁之情，探玄冥之理，但毕竟边幅较狭，大气不足。本诗则以二十句之数，总揽入湖三百余里诸景，以少总多，边幅广远为前所未有，也因此显得比前此作品疏朗高远。

其次是笔致趋于跳荡；这不仅因为揽景大而纵横多；更因为泯去了前此诗作中的针痕线迹。"春晚"、"白云"一联之陡转逆接，空间传神，充分表现了这一进展。不仅打破了一景一情，转转相生的格局，在一节写景中即有几个感情层次，而且深得动静相生，浓淡相间，张弛得宜之效。这种跳荡又与其固有的谨严相结合，全诗倦、难并起，再由"难"生发展开，最后归到深一层的"倦"，更透现出倦中之愤。在这一主线中，又以"千念"、"万感"一联与"三江"、"九派"一联，一逆接，一顺转，作两处顿束，遂将跳荡之笔锋与严谨的组织完美地结合起来，这是后来杜、韩诗结构命笔的最重要的诀窍。

其三是景语、情语、理语更形融合：谢诗的理语，决非人们常说的"玄理尾巴"。他的理均由景中随情生发，这在前几篇赏析中已多次谈到，在当时的历史条件下，未可厚非，也不失为一体。本诗的"理"则融洽得更好。全诗实际上都在说理之"难具论"，而直至"九派理空存"才剔明这一点，再以下写江景各句，景中句句用典，也句句有情含理，却完全由即目所见写出，无有痕迹。最后"弦绝念弥敦"一句更有无尽远思，味在酸咸之外。如果说先此的谢诗，多由情景生发归结到理，那末本诗已倒了过来，理已变成了情景表达的陪衬，显示了山水诗进一步脱略玄言影响的进程。

人们常说六朝诗至齐梁间的谢朓才初逗唐音。其实谢朓之影响唐人更多短制，且主要影响王维、孟浩然一脉；论到大篇的诸种艺术手段，与杜、韩一派的大手笔，初逗唐音的则非谢客莫属。

（赵昌平）

入华子冈是麻源第三谷　　谢灵运

南州实炎德，桂树凌寒山。铜陵映碧涧，石蹬泻红泉。既枉隐沦客，亦栖肥遁贤。险径无测度，天路非术阡。遂登群峰首，邈若升云烟。羽人绝仿佛，丹丘徒空筌。图牒复磨灭，碑版谁闻传？莫辨百世后，安知千载前？且伸独往意，乘月弄潺湲。恒充俄顷用，岂为古今然！

人在对现世失望后，往往祈向神仙佛道，企望在作彼岸世界的徜徉想象中，获得对此岸世界失去的东西的补偿。而一旦到达彼岸世界也进而怀疑，进而不信，那么他也就大彻大悟，也就"嗒焉若丧"，"心如死灰"了。道家不同于道教，庄子笔下的神人与张天师也大异其趣，要领会道家的至妙玄理，还必须参透道教这一关，从对神仙化的世俗之欲中再超脱，达到至人无我的逍遥游的精神境界。然而虽说超脱，其骨子里，却仍是对人间世的翻了一个筋斗的极度绝望。临川之贬后，谢灵运的诗作就表现了这种精神状态，数年前在永嘉，在会稽的那种"始信安期术，得尽养生年"(《登江中孤屿》)，"傥遇浮丘公，长绝子徽音"(《登临海峤》)的企望已经不见，而代之以对神异仙踪的怀疑，这在《入彭蠡湖口》诗中已露端倪，而在到临川任后所作的本诗中，表现就更为明显了。

华子冈，在临川南城县(今属江西)四十五里，谢客《游名山志》，"华子冈，麻源第三谷。故老相传，华子期者，禄里先生弟子，翔集此顶，故华子为称也。"而所谓麻源，则是因女仙麻姑得名，南城有麻姑坛，其北为麻源，麻源有三谷，一为麻姑山南涧，二为麻姑山北涧，三即华子冈。诗题"是麻源第三谷"，即释其意，颇疑原为题下小注，然《文选》所录题即如此，后人相因，遂为定题。

起四句总写登山前所望见华子冈奇景，江西古为南荒之地，南方火德，色赤，起句先点明地理位置，下三句承"炎德"写奇景，虽已时属秋冬，而寒山之上桂树仍然荣丽。铜山赭赤，映照着深涧碧泉，山路上飞泉殷红，奔流而下，这红泉是因山色映射，日光下照所致；抑或是土质渗泉，为之染色而成，则远望而不可详究了。《山居赋》说"石照涧而映红"，又云"泛丹沙于红泉"，其景正同。

"既枉"两句打转，入"华子"题意。如此奇幻的胜景，古往今来当吸引过无数的哲人高士，他们或者枉驾暂访，或者结庐肥遁，无怪乎民间、方志有许许多多的传说记载，这又怎能不引逗起诗人的游兴呢？于是他在下临无底深谷，上接窈窱青天的崎岖小路上拾级攀登，终于登上了华子冈首，历经幽仄后，放眼远望，万类伏于足下，这时诗人也不禁与这灵境化为一体，有心旷神怡，飘飘欲仙之感。

"羽人"以下四句写登山后寻访仙踪。由欲仙之感，诗人自然产生了求访传说、记载中仙迹的愿望。然而羽化登仙的先哲，那缥缈的身影既已绝迹；可与丹丘神山比并的华子冈，也如同竹筌之无鱼，空空如也。记载中的图书谱牒已经磨灭，金石碑版也不复流传。寻踪至此，诗人忽然省悟，自己的行事，百世之后人们当无由得知，那么千载前的仙踪，又怎能探究呢？这寻仙之举岂非可笑？

明白了神仙之事本不可凭，身后是非又何必萦怀，一时，诗人似已大彻大悟。人间的一切乃至世人所向往的一切都已不复萦心，庄子不是说过："江海之士，山谷之人，轻天下细万物而独往者也"，独往，也就是"独与天地相往来"。与自然大道化为一体。山月已升，正可在照彻天地的澄光银辉中赏玩那清净无垢的潺潺山泉。而一切的一切，包括这月夜山中的逸兴，也都是为一时之间适己任心而已，正不必以此自高，正不必去考虑什么今日之我，千古后如何；亦如同我在今日，原不必去寻访古仙先哲然。古与今，真与伪，是与非，物与我，无非是"彼亦一是非，此亦一是非"。未知读者在谢客这种逍遥自在中感到些什么？在笔者，则感到诗人心中，那业已变得微漠了的幽愤悲哀……

奇幻的景物，访古的幽思，至玄的妙理，以及这一切之下的微漠的哀思，在诗中交融为一体，较之临川之前诸作来，本诗写得更为圆融，也表现出谢诗的一些新进境。

全诗实分四个层次，其基本间架，仍是谢客所创的情景互转，曲屈以尽其意的写法，但层次间的过接，状景的方式已有所变化。如果说一、二层之间，三、四层之间，仍是用的以议论（或抒情）作顿束转接的老方法，那么二、三层之间，由登山到访仙却已泯去形迹，只由登山所生凌云之感，从意念上转入访仙，而"云烟"、"仿佛"对应，在气氛上若即若离，连中又有转折，以"升"与"绝"对照，拗入反一层意思，遂从圆润中现出拗峭之势。如果说"桂树凌寒山"，以"桂树"置"寒山"上，又加"凌"字点睛，以显示欣荣之致；"铜陵"一联设色精致，动词"映"，"泻"，更贴切传神：都表现了谢客一贯的善写物状以寄意的特点；那么二层的"险径"、"天路"一联，三层的"图牒"、"碑版"一联，四层的"乘月弄潺湲"，已将记行写景寓情完全糅合在一起写，绝无芜累之病。洗削繁丽，笔走轻越，是南朝至盛唐王孟，山水诗发展的总趋势，而这一趋势，在谢客后期作品中已自己起步了。

本诗用典的技巧也有了进一步发展。"南州实炎德，桂树凌寒山"，"羽人绝仿佛，丹丘徒空筌"一居诗首，一居篇中，分用楚辞《远游》"嘉南州之炎德兮，丽桂树之冬荣"及"时仿佛以遥见兮"、"仰羽人于丹丘"。不仅切合即目之景，不啻似口出，且暗暗蕴有以屈子流放自比之意。但仙说空幻，儒家的屈子也并不能给诗人以解脱，于是一归于庄生独往之意。谢诗用典尤多庄、骚，佳句迭出；而像如此连用以寓意，且完全不落痕迹，又显出了后来杜诗用典的先兆。　（赵昌平）

发归濑三瀑布望两溪 谢灵运

我行乘日垂，放舟候月圆。沫江免风涛，涉清弄漪涟。积石竦两溪，飞泉倒三山。亦既穷登陟，荒蔼横目前。窥岩不睹景，披林岂见天。阳乌尚倾翰，幽篁未为邅。退寻平常时，安知巢穴难。风雨非攸恡，拥志谁与宣？倘有同枝条，此日即千年。

古典诗歌至六朝进入了“诗运转关”的时期，如果说汉魏古诗以天然胜，那么晋宋以后的新体诗则以人巧胜。作为“元嘉之雄”的谢灵运，更以“人巧夺天工”而著称于世。例如其诗的经营章法就十分讲究，清代的方东树称之为“高妙深曲，变化不可执着”(《昭昧詹言》卷一）。本诗即可为证。

这首诗由夜游、昼游及感受三部分组成，每部分各占六句。按游览的时间顺序说，是昼游在先，夜游在后，而诗中却将夜游部分置于昼游之前。诗的首二句即从日暮写起，言暮时继续行游，至月夜而泛舟江上。次二句写水面如镜，风波不起。“漪涟”指细似縠纹的水波。上有月光清朗，下有微波荡漾，水天一色，交相辉映，浸淫在一派闲静轻柔的氛围之中。而“沫”、“涉”二字又透出游者的情态。“沫”指以手掬水洗面，“涉”原指步行渡水，二字以工整的对仗，表现了主人公在江上纵情嬉戏的欢快情趣。五、六两句写夜行所见的奇异景色以应题。按诗中所写的“归濑”可能即在嵊县石门一带，“两溪”、“积石”或即谢灵运《山居赋》自注中所说的双流和崿石，注云：“双流，谓剡江及小江，此二水同会于山南。”“崿者，谓回江岭，在其山居之南界，有石跳出，将崩江中，行者莫不骇慄。”可资参证。“三山”，所指不详。这两句以“竦”字描摹巨石的突起耸立之状，以“倒”字形容飞瀑的倾泻直下之势，仿佛石破天惊，蔚成壮观。以上六句，写出了夜游由陆路到水行，最后抵达目的地的全过程，而所见江水的平静和三山两溪的奇崛又情味迥异，生动地再现了景观的不同风神，可谓摇曳生姿。

“亦既穷登陟”以下六句，以倒叙笔法追忆昼游的所见之景。登山眺览，惟见一片莽莽苍苍的景象。“荒蔼”句为总写，概括了幽僻深杳的总体印象；“窥岩”和“披林”两句则分写山高、林密。重岩叠嶂、树林茂密，以至连天日都仿佛被遮蔽不见了。这里是用夸饰的手法极写环境之艰险，以为下文的张本。接下来“阳乌”两句，为记忆中的白昼游程摄下最后一个镜头：行者披着夕阳的余晖，正在幽深的竹林之中穿越而行。传说太阳中有三足乌，乌为阳精，故以“阳乌”代日；

翰为翅膀，这里借喻落日斜射的光芒。遭，指回转难行。这两句中的“尚倾翰”、“未为遭”，与上两句的“不睹景”、“岂见天”似相牴牾，其实一为纪实，一为描写，盖因用笔虚实之不同也。这六句从登山写到返程，最后以“阳乌倾翰”回顾照应到诗的首句，遂以“日垂”为契机，把昼游和夜游、山行和水行连成一气。全诗的写景纪游部分以后一段行程的起点发端，以前一段行程的终点收煞，拦腰说起，首尾承接，不仅使整个纪游部分显得神固气完，而且也使诗的章法布置别开生面，颇有奇观意外之妙。

诗的最后六句抒写感受。诗人由此番登陟的亲身经历，联想到巢居穴处的岩栖之难。巢穴的不蔽风雨固然可忧，然而更可忧的，是没有可以一吐衷肠的知己。这里或指诗人的“方外交”昙隆和法流二法师，这两位友人都是“辞恩爱，弃妻子，轻举入山”而作“高栖之游”的。诗人在《山居赋》中曾说：“苦节之僧，明发怀抱。……虽一日以千载，犹恨相遇之不早。”意谓朋友相得之欢，一日胜似一千年。志同道合的朋友总是相见恨晚，此日如能同游，又该是何等欢欣雀跃？谢灵运在其吟咏石门的篇什中，每多抒写寂寞之感，如“惜无同怀客，共登青云梯”、“美人竟不来，阳阿徒晞发”等。本诗亦然。诗中的感受既是在登山过程中直接触发的，因而诗人将昼游部分移后，也就不难理解了。因为只有如此才便于使情景相关处连成一体，而避免了将情与景截分两橛的弊病。这种在章法布局上的缜密用意，正是大谢诗惨淡经营的一个重要方面。（钟元凯）

岁　暮　　谢灵运

殷忧不能寐，苦此夜难颓。
明月照积雪，朔风劲且哀。
运往无淹物，年逝觉已催。

用精细工致的笔法描绘南方山川奇秀之美，是大谢诗的主要特色。有趣的是，他的两联最出名的警句却并不以工笔细描见长，而是以“自然”见称。“池塘生春草，园柳变鸣禽”（《登池上楼》）一联，固然是作者自诩“有神助”的得意之句，本篇的“明月”一联更被诗论家推为“古今胜语”的代表。钟嵘《诗品序》说：“至于吟咏情性，亦何贵于用事？‘思君如流水’，既是即目；‘高台多悲风’，亦惟所见；‘清晨登陇首’，羌无故实；‘明月照积雪’，讵出经史？观古今胜语，多非补假，皆由直寻。”这段话不仅表达了钟嵘论诗的一个重要观点，也道出了“明月”一联的高妙之处——直寻，即对生活（包括自然景象与社会人事）的直接真切感受，以及由此形成的诗歌的直接感发力量。

这是一首岁暮感怀诗，时间又是在寂静的长夜。在这“一年将尽夜”，诗人怀着深重的忧虑，辗转不寐，深感漫漫长夜，似无尽头。诗的开头两句，以夜不能寐托出忧思之深，用一“苦”字传出不堪禁受长夜难眠的折磨之状。但对“殷忧”的内涵，却含而不宣。《诗·邶风·柏舟》有“耿耿不寐，如有隐忧”之句，谢诗这一联当化用其意，但“殷忧”的具体内涵自然根于诗人的生活、遭际与思想性格。谢灵运是一个自视很高而性格偏激的贵族文人。刘宋王朝建立后，“朝廷唯以文义处之，不以应实相许。自谓才能宜参权要，既不见知，常怀愤愤。”后来不仅受到徐羡之的排挤，出为永嘉太守，而且因自己的“横恣”与统治集团内部的倾轧而遭杀身之祸。这首诗据“年逝觉已催”之句，当作于其晚年(他死时年仅四十九岁)，诗中所谓“殷忧”，除了下文已经明白揭出的“运往”“年逝”之悲外，可能还包含“亹亹衰期迫，靡靡壮志阑”(《长歌行》)之慨，和“晚暮悲独坐，鸣鶗歇春兰”(《彭城宫中直感岁暮诗》)之忧。总之，它并非单纯的对自然寿命的忧虑，而是交织着人生追求、社会人事等多方面矛盾的复杂思绪。用“殷忧”来概括其深重复杂的特点，是非常切当的。

三四两句是殷忧不寐的诗人岁暮之夜所见所闻。明月在一般情况下，是色泽清润柔和的物象，诗中出现明月的意象，通常也多与恬静悠闲的心态相联系；即使是忧愁，也常常是一种淡淡的哀伤。但明月映照在无边的皑皑积雪之上的景象，却与柔和清润、恬静悠闲完全异趣。积雪的白，本就给人以寒凛之感，再加以明月的照映，雪光与月光相互激射，更透出一种清冷寒冽的青白色光彩，给人以高旷森寒的感受，整个高天厚地之间仿佛是一个冷光充溢、冰雪堆积的世界。这是一种典型的阴刚之美。这一句主要是从色感上写岁暮之夜的凛寒高旷之象。下一句则转从听觉感受方面写岁暮之夜所闻。“朔风”之“劲”，透出了风势之迅猛，风声之凄厉与风威之寒冽，着一“哀”字，不仅如闻朔风怒号的凄厉呜咽之声，而且透出了诗人的主观感受。两句分别从视、听感受上写出岁暮之夜的高旷、萧瑟、寒凛、凄清，作为对冬夜的即景描写，它确实是典型的“直寻”，完全是对眼前景直接而真切的感受。由于它捕捉到了冬夜典型的景物与境界，给人的印象便十分深刻。但这两句的真正妙处，却不仅仅是直书即目所见，而且由于它和殷忧不寐的诗人之间存在一种微妙的契合。诗人是在特定的处境与心境下猝然遇物，而眼前的景象又恰与自己的处境、心境相合，情与境合、心与物惬，遂不觉而描绘出“明月照积雪，朔风劲且哀”的境界。明月映照积雪的清旷寒冽之境象，似乎正隐隐透出诗人所处环境之森寒孤寂，而朔风劲厉哀号的景象，则又反映出诗人心绪的悲凉与骚屑不宁。在这样一种凄寒凛冽的境界中，一切生命与生机都受到沉重的压抑与摧残，因而它也不妨看作诗人所处环境的一种象征。

五六句即由"积雪""朔风"的摧抑生机而生："运往无淹物，年逝觉已催。"运，即一年四季的运转。随着时间的运行，四季的更迭，一切景物都不能长留，人的年岁也迅速消逝。值此岁暮之夜，感到自己的生命也正受到无情的催逼。这两句所抒发的岁月不居、年命易逝之慨，是自屈原的"日月忽其不淹兮，春与秋其代序。惟草木之零落兮，恐美人之迟暮"的慨叹以来，历代诗人一再反复咏叹的主题。大谢诗中，这种人命易逝的感慨也经常出现，成为反复咏叹的基调。这首诗则比较集中地抒写了这种感情。由于这种迟暮之感与诗人的"壮志"不能实现的苦闷及"鸣鶗歇春兰"的忧虑联系在一起，更重要的是由"明月"二句所描绘的境界作为烘托，这种感慨并不流于低沉的哀吟，而是显得劲健旷朗、沉郁凝重。

皎然《诗式》说："'池塘生春草'，情在言外，'明月照积雪'，旨寓句中，风力虽齐，取兴各别。"这两联虽同具自然、直寻的特点，但同中有异。"池塘"句的妙处必须结合上下文，特别是久淹病榻、昧于节候，褰帘临眺，忽见池塘春草已生的特殊背景方能领会，妙在于不经意中突然有所发现与领悟，皎然说它情在言外是十分切当的。而"明月"一联虽亦即目所见，但它本身已构成一个带有象征色彩的意境，能引发读者对诗人处境、心态的丰富联想，故说"旨寓句中"。同时，"池塘"一联纯属天籁，"明月"一联却是锤炼而返于自然，"照"字"劲"字"哀"字都有经营锤炼功夫。只不过这种锤炼并不露雕琢之痕罢了。许学夷《诗源辩体》说："五言至灵运，雕刻极矣，遂生转想，反乎自然。……观其以'池塘生春草'为佳句，则可知矣。""明月"一联正体现为由雕刻而返于自然的又一例证，但它距"池塘生春草"式的天籁似乎尚隔一尘。

（刘学锴）

东阳溪中赠答二首　　谢灵运

可怜谁家妇？缘流洒素足。①
明月在云间，迢迢不可得。

可怜谁家郎？缘流乘素舸。
但问情若为，月就云中堕。

〔注〕 ① 洒(xǐ)：通洗。

东阳溪，即东阳江(今金华江)，流经今浙江东阳、金华一带。这两首诗是写这一带的风情，用民歌体，设为男女互相赠答。

第一首是男的唱给女的听，由第二首知这男的大概是往来这一带的船工。他唱道："可怜谁家妇？缘流洒素足。""素足"，白皙的脚。意思是：可爱哟，这是谁家的妇人？就着这河流洗她那白皙的脚。"素足"，这是极富刺激性的意象。古代妇女手足很少裸露，因此"素足"与"素手"、"皓腕"在古代诗文中常成为女性形体美的表征，成为引发男子性意识的触媒。南朝宋代一首民歌就这样写道："揽裳踱，跣把丝织履，故交白足露"(《读曲歌》，大意为：撩起裙子在徘徊，赤脚手拿丝织鞋，有意教白足露出来)。后来李白也一再在诗中写道："屐上足如霜，不着鸦头袜。"(《越女词》其一)"一双金齿屐，两足白如霜。"(《浣纱石上女》)还要提起的，谢灵运和李白描写的都是越女，而越女向被认为是少见的美、少见的白(杜甫《壮游》有"越女天下白"之句)，同时越中的山水又是少见的秀异，越女在这样的江水中洗"素足"，该叫少年船工如何的神魂颠倒啊。所以下面他就发痴想了："明月在云间，迢迢不可得。""迢迢"，高远的样子。由素足的白联想到"明月"的明，然后又以明月代指洗足妇，明月高高出没于云间，是那样引人注目、撩人思绪，但可望而不可即啊。"迢迢不可得"表现出了爱而欲得又不可得的焦灼心情。

男的唱过后就是女的应答了。第二首洗足的女子唱道："可怜谁家郎？缘流乘素舸。"可爱哟，谁家的小伙子？在江中驾驶着那白帆船。这两句与上首对应的两句只是变换了三个字，其余都是相同的。民间对歌多是如此，对歌的人往往接过挑歌的人的歌词稍作变换就脱口而出，显得机敏而风趣。这里以"郎"称呼对方，已露爱悦。"素舸"，一般解释为"无饰之船"，似嫌笼统。素者，白也，这宜指白帆、白篷之船。晋《懊侬歌》："江中白布帆，……许是侬欢归。"(江中的白布帆船，……大概是我心爱的人儿归来了。)在古代女子看来，男子肤色白、饰物白就是美，在诗中常见有称美"白面郎"、"白帽郎"、"白马儿"的语句。这里的"素舸"也是带有很浓的感情色彩的。她看到可爱的少年乘坐素舸，又听到他以热烈的情歌相赠，可以想见那有多大的诱惑力，于是她便以心相许了："但问情若为，月就云中堕。"这是说：要问我的心情怎么样("若为"，若何、怎么样)，你看那月亮已向云中落下了。这是一句隐语。上首男子以月比女子，这里女子应当也是以月比自己，向云中落下，意谓并非"迢迢不可得"，已是来到你面前了。还有一种理解，认为月堕天黑，正好幽会。(李白曾隐括这两首诗作《越女词》其四："东阳素足女，会稽素舸郎。相看月未堕，白地断肝肠。"这里说："月未堕"而"断肝肠"就是说天不黑而不得幽会，因而焦急。看来他也认为"月就云中堕"

就是月将黑正好幽会的意思。)这也可以说得过去。不管如何理解,这都是情许的表示。听话听音,素舸郎听到女子这深情的歌唱,一定会欣喜若狂的。

南朝吴越一带,正是吴歌产生、流布的地区,生活在这里的谢灵运不能不受濡染,可以说这就是他创作的两首吴歌。这两首诗以男女赠答方式表白爱情,朴实明朗,热烈健康,一反文人这类作品的忸怩作态。这是生活的反映,它给我们留下了一千五百多年前的风俗画,如果先前读了沈从文《湘行散记》,再来读这两首诗,将会感到分外的亲切和欢欣了。(汤华泉)

【作者小传】

谢惠连

(397—433)　刘宋陈郡阳夏(今河南太康)人。初受族兄谢灵运赏识,同游于始宁墅。宋文帝时,任司徒彭城王刘义庆法曹参军。事迹附见《宋书》卷五三及《南史》卷一九《谢方明传》后。有集六卷,已佚,明人辑有《谢法曹集》,《先秦汉魏晋南北朝诗》辑得其诗及断句三十四首。

秋胡行二首

谢惠连

春日迟迟,桑何萋萋。
红桃含夭,绿柳舒荑。
邂逅粲者,游渚戏蹊。
华颜易改,良愿难谐。

系风捕影,诚知不得。
念彼奔波,意虑回惑。
汉女倏忽,洛神飘扬。
空勤交甫,徒劳陈王。

《秋胡行》是乐府旧题,写春秋时鲁国人秋胡戏妻的故事。但从魏晋时期起,即有借此旧题抒写与秋胡故事不相干的内容。谢惠连的这两首《秋胡行》也属于这一类。这是两首情诗,内容上前后相连,上一首写见美动情,下一首写失美恍惚,时间过程极为短暂,表现的是心灵的一段历程,是一位单相思者的苦恼。

第一首前四句写环境，着力渲染春景的美好：天空的太阳是温暖宜人的，地上的花草树木是赏心悦目的。“萋萋”，形容桑树枝叶的茂密；“含夭”，用《诗经·周南·桃夭》的“桃之夭夭，灼灼其华”，以状桃花含苞的美艳可爱；“荑”，指始生的柳芽，“舒荑”是说柳树正在抽条生长。前人说：“春时秾丽，无过桃柳。”（胡仔《苕溪渔隐丛话后集》卷一）诗人在展现春景时，不忘将主要笔墨放在“红桃”、“绿柳”上，又以“含”、“舒”二字暗示春天正步步走近。大自然洋溢着愈来愈浓的春意，诗人的心上也漾起了丝丝春情。就在这一美好的环境中，诗人的眼前突然一亮，出现了“粲者”——美人。她正在水洲边、小路上无忧无虑地漫步、游戏。“邂逅”，是偶然相遇的意思。唯其偶然相遇，才更加像晴天轰雷般地令人魂摇魄动，深受震撼。末两句直抒感慨。诗人在《秋怀》诗中说“金石终须毁，丹青暂雕焕”，在人，不用说，青春的容颜更是难以长驻了，因而生出趁青春年少结为伴侣共度韶华的“良愿”，以及转而一想，良愿难以实现，因之怅惘感慨。此诗从景美写到人美，从所见写到所感，“良愿”始萌，“难谐”的苦恼接踵而来。

下一首即从“良愿难谐”四字生发。“系风捕影”用以比喻自己对“粲者”的追求，“诚知不得”直言预料中的悲剧。一个“诚”字，语气刚断，失望之情溢于言表。从第三句起，所写的并非实有景象，而是诗人的浮想联翩，是从眼前的流水联想到远方的“奔波”（奔涌的流水），即汉水、洛水，从出现在面前的“粲者”联想到神话故事中的美女汉女、洛神。自己当前的实际处境与古代神话故事十分相似，这使诗人变得“意虑回惑”——内心迷乱，神思恍惚。诗中讲到的神话故事有两个。一个发生在汉水之上。据说有一次，郑交甫在汉水边的台下遇到两个年轻女子，交甫对她们说：“希望能得到你们的玉佩。”二人便将玉佩给了交甫。交甫拿到后藏在怀里，刚走了十步，一摸，玉佩已经不在，再回头看那两个女子，也已不知去向（《韩诗内传》，见郭璞《江赋》《文选》注引）。汉水女神转瞬即逝，所以诗中说“汉女倏忽”；郑交甫白操心一场，所以又说“空勤交甫”。另一个故事发生在洛水之上。相传陈思王（简称陈王）曹植在经过洛水时，巧遇洛水女神，洛神美艳之极，令曹植神魂颠倒。但洛神“体迅飞凫，飘忽若神”，转眼间便失却了她的踪影（参见曹植《洛神赋》），因而诗中说“洛神飘扬”，“徒劳陈王”。诗人以交甫、陈王自喻，借人所熟知的神话故事抒写自己失去美好的追求对象时的恍恍惚惚以至难以自我控制的激动难平的感情。

诗中的“粲者”，很可能确实是诗人邂逅相遇的一位美人。但也难以排斥，所谓的“粲者”，也可能是诗人美好理想的化身。诗人的“良愿难谐”的叹惋，或许只限于一己的情爱，但也可能弦外有音，抒写的是失落了美好理想以后的哀愤不平。诗人生前只做到法曹行参军的小官，二十七岁即与世长辞。他的乐府诗颇多牢骚，结合"空勤交甫"、"徒劳陈王"的议论来看，他本人恐即是赍志而殁的吧？

在表现上，采用成句入诗是此诗的一个显著特色。"春日迟迟"是《诗经·豳风·七月》中的句子；"系风捕影，诚知不得"，采自《汉书·郊祀志下》，原文作"系风捕景（影），终不可得"；"红桃含夭"，与《诗经·周南·桃夭》的"桃之夭夭，灼灼其华"相关；"邂逅粲者"，脱胎于《诗经·唐风·绸缪》的"今夕何夕，见此粲者"。尽管如此多用成句，但由于诗人追求统一的构思，着力于意境的构筑，故仍能词如己出，浑然天成，不仅无碍而且有助于全诗成为一篇写情的佳制。（陈志明）

泛南湖至石帆　　谢惠连

轨息陆涂初，枻鼓川路始。
涟漪繁波漾，参差层峰峙。
萧疏野趣生，逶迤白云起。
登陟苦跋涉，睥眄乐心耳。
即翫翫有竭，在兴兴无已。

前人评惠连诗"节短韵长，一往清绮"（见方东树《昭昧詹言》卷五），纪游诗《泛南湖至石帆》，便是这样的佳作。南湖，全国有多处，据前人考证，此当是写浙江永嘉一带。永嘉山水清丽；东南临海有石帆山，山石奇峭，远望如帆。本诗即记其游。

诗的首二句，交代启程游览的经过：刚刚从陆路停下车，连忙就划起桨开始游湖。从驱车，暗示诗人是长途跋涉而来；车一停就划船，又显示出诗人游兴甚浓，好山好水吸引着他，使他迫不及待。起句简练清峭，于叙述中见情致。正如方东树所评："造句坚劲，可以药庸俗轻便滑利之病。"（引同上）

中间四句写湖上风光，是全诗的主体。"涟漪繁波漾"，写湖水浩渺，清波荡漾；"参差层峰峙"，写湖上峰峦叠翠，错落有致；"萧疏野趣生"，写两岸烟村竹树时聚时散，朦胧疏淡；"逶迤白云起"，写远处白云出岫，徐徐升起，连绵缭绕。这四句，每句描写一个方面，又互相映衬、烘托。波光粼粼的湖水，重重叠叠的峰峦，疏疏落落的树木、村舍，冉冉出谷的白云，有动有静，有声有色，远近高低，组合成一幅萧疏清旷、野趣横生的山水画，令人有溪山无尽之思。这里是采取"大写意"的笔法，诗人抓住大自然赋予自己的独特的美的感受，选用"涟漪"、"参差"、"萧疏"、"逶迤"等富有动感的形容词，略加点染，用以显示客观景物内在的情韵。读这样的诗，使人如观米家山水画，从近处局部看，只有几个墨点，似乎用笔甚草草，但从远处整体看，则景物粲然，满纸云烟。

诗人徜徉于此佳山丽水之中，触景生情。诗的后四句即写游览中的体验和感受。"登陟苦跋涉，瞬盼乐心耳。"登陟，泛指游览。跋涉，跋山涉水。此句与开头"轨息陆途初，鼓枻川路始"呼应，极言游途的辛苦。瞬，同"睥"。瞬盼，泛指观赏风景。此句与上四句写景呼应，极言游览的快乐。这两句富有理趣，诗人以亲身感受启示人们：经过"跋涉"苦，方得"瞬盼"乐；乐从苦来。这一哲理使诗的思想内容得到升华。诗以"即翫翫有竭，在兴兴无已"煞尾，表达了诗人流连忘返的心情，给人"言有尽而意无穷"之感，令人寻思而萦回不已。前人评此二句"奇伟高古"(引同上)，信然。

这首纪游诗写得很洗练。短短五十个字，概括了丰富的内容。诗中不论是叙述、描景还是议论，都含蕴着诗人独特感受到的情趣和韵味，故耐人品赏，发人深思。诗的章法，起承转合井然有序，造句清秀俊逸，也增添了艺术光彩，使全诗显得玲珑剔透，清新可爱。（何庆善）

捣　衣　　谢惠连

衡纪无淹度，[1]晷运倏如催。[2]白露滋园菊，秋风落庭槐。肃肃莎鸡羽，烈烈寒螿啼。夕阴结空幕，宵月皓中闺。美人戒裳服，端饰相招携。簪玉出北房，鸣金步南阶。榈高砧响发，楹长杵声哀。微芳起两袖，轻汗染双题。纨素既已成，君子行未归。裁用笥中刀，缝为万里衣。盈箧自余手，幽缄俟君开。腰带准畴昔，不知今是非。

〔注〕①衡纪：指北斗星。②晷(guǐ)：日影。

捣衣，即捶展布帛、缝制衣服。一般写这个题目内容多是秋冬季节妇女为远行的丈夫缝制衣物。这首诗共二十四句，每四句为一层次。

第一层写节令。"衡纪无淹度，晷运倏如催。"这两句是说，星斗一刻不停地在运行，日影的移动快得像被催促着似的。"白露滋园菊，秋风落庭槐。"这两句写秋天说来就来了，天气凉了。第二层写秋夜景象。"肃肃莎鸡羽，烈烈寒螿啼。""莎鸡"，即"纺织娘"，蟋蟀一类的昆虫。《诗经·豳风·七月》有"莎鸡振羽"的话，振羽，发声鸣叫。"寒螿"，即寒蝉。"肃肃"、"烈烈"，这两个叠词既用以摹声，又传出人们听到莎鸡振羽、寒螿啼鸣时一种凄厉的感觉。"夕阴结空幕，宵月皓中闺。""空幕",即指天穹,"中闺",即闺房。这两句说,天黑下来了,明月照亮了闺房。第三层写闺妇招携捣衣。"美人戒裳服,端饰相招携。""戒"通诫,告诫。"戒裳服",是说制作衣服的时节到了。"端饰",打扮整齐。"招携",招呼同行。古谚有云:"蟋蟀鸣,懒妇惊。"就是说"莎鸡振羽"该做寒衣了。这两句就写这情况,美人们打扮整齐,相携出闺房捣衣。"簪玉出北房,鸣金步南阶。""簪玉",戴着首饰。"鸣金",身上佩带的物品行走时发出响声。这两句又具体描写了一下美人"端饰"情形。第四层写捣衣劳动。"櫩高砧响发,楹长杵声哀。""櫩",同檐。"砧",捶衣石。"楹",这里代指堂屋。"杵",捶衣棒。这两句说捣衣时砧杵相击发出的声响回荡在房舍内外,在夜间这种声响来得特别悠扬、感人。"哀",感人。"微芳起两袖,轻汗染双题。""题",额。"双题",当指额头两旁。这两句说,美人捶衣时两袖扬起淡淡的芳香,额头上也渗出了汗水。这种劳动既劳累,又给人以美感。第五层写缝衣。"纨素既已成,君子行未归。""纨素",帛绢,即正捶治的布帛。"成",捶好了。这两句说:布帛已捶好,丈夫还没有回来。"裁用笥中刀,缝为万里衣。""笥(sì)",盛衣物的竹器。"笥中刀",保管洁净的刀,用它来裁衣,表示精细、恭敬。最后一层写缝好衣裳的心情。"盈箧自余手,幽缄俟君开。""盈箧",盛满了箱箧,说明衣多。"幽缄",密密封闭起来。因为这衣服是要寄往"万里"之外的丈夫,所以准备既多,封锁又好。"自余手"、"俟君开",这衣是由我一针一线做成的,专等你打开。这两句既表现了这个女子的精细,又表现了她对丈夫情意深密和专一,"俟君开"的话语中有多少温情啊。"腰带准畴昔,不知今是非。""畴昔",往昔,在家时。这两句说,腰带的长度还是依照过去的尺寸,不知现在还是不是那样。这也写出了她的精细、体贴,生怕做成的衣服不合身,同时还传出了她对丈夫十分怜惜的心情。为什么想到"腰带"呢?似乎腰围最能表示一个人的胖瘦,她想到丈夫在外肯定是瘦了。《古诗》也有"相去日已远,衣带日以缓"的说法。怜惜丈夫也就表现了自己的相思之苦。

这首诗曾一再受到钟嵘的称赞,认为它是汉魏以来五言诗的"警策"之作之一(见《诗品》)。就结构而言,它写得层次井然,由节令物候到捣衣、再到裁衣寄远,步骤徐缓得体。就语言而论,多描写、多对偶,富艳精工。这都符合钟氏论诗崇雅的标准。我觉得特别要提出的,此诗的描写中是深含情意的,写人美、衣饰美、声响美、劳动美,是与美人的情意美谐调的,用现代的语言就是说,写那么多的美都是为了表现她的心灵美。这是一。二,结尾两层心理描写很真切、细腻,显得情致绵绵,正如沈德潜所说:"一结能作情语,不入纤靡。"(《古诗源》)如果没写好这个"情",此诗恐怕就不是那么值得赞扬了。

(汤华泉)

泛湖归出楼中望月　　谢惠连

日落泛澄瀛，星罗游轻桡。憩榭面曲汜，临流对回潮。辍策共骈筵，并坐相招要。哀鸿鸣沙渚，悲猿响山椒。亭亭映江月，飏飏出谷飚。斐斐气羃岫，泫泫露盈条。近瞩袪幽蕴，远视荡喧嚣。晤言不知罢，从夕至清朝。

这首诗中所说的湖，《文选》李善注说是谢灵运始宁墅的大小巫湖，因此，此诗应是谢惠连在始宁时所作的。

诗的开头两句："日落泛澄瀛，星罗游轻桡"，点出"泛湖"题意，写日落星出时湖中泛游情景。楚人称湖泊池沼为"瀛"，前面着一"澄"字，极写湖水的清澈。在太阳已落，夜色渐深，群星灿然，布列空际的时分，诗人乘坐着小船，轻摇着短桨，泛游湖中，景色清幽而心情悠然。在星光下，他和朋友们舍舟登岸，回到住处，这一层意思在诗中省去了，而直接以"憩榭面曲汜，临流对回潮。辍策共骈筵，并坐相招要"紧扣题意，写他们泛湖归来之后，游兴未尽，又踏着星光夜色出楼游览了。他们一会儿在台榭小憩，临流观景，赏爱着绕旋台前、分而复合的曲流回波。一会儿又丢下竹杖，纷纷呼朋邀友，摆设酒宴，将要连筵接席，共度良宵。

正当诗人和友朋互相招邀而欢谈笑语时，蓦然传来哀鸿悲猿清异的叫声，引出另一番情趣。于是，诗人顺手拈出了"哀鸿鸣沙渚，悲猿响山椒"两句。沙洲空旷，山丘荒寂，忽有宿鸿哀鸣，夜猿悲啼，响彻空江深谷，显得格外凄清。乍看起来，这两句似乎只是闻之于耳而信手写来，其实它与上下文都有内在的关联，有一种人语惊猿狖，"月出惊山鸟"的意蕴。深夜里，万籁俱寂，洲上征鸿和山中群猿也早已睡去，是人声的喧哗使它们惊醒过来，因而哀鸣悲啼，一片骚动。此刻，恰好又是"亭亭映江月，飏飏出谷飚"，夜空远处，一轮明月映澈清江；而幽谷深处，忽然又刮来劲疾的大风。寂静的夜晚，在人语、鸿鸣、猿啼、风吼的交响中喧闹起来了。真有一响俱响、一动俱动之感。而此时此刻，那明月却依旧静静地照着水面，全不为一派喧闹声所动，显得孤高而又清真。此诗题为"望月"，或许，诗人正是想从这月的品质中领悟一些什么。

在皓月的映照下，一切景物都因银光素辉而显出清幽迷人的景色。映入诗人眼帘的是"斐斐气羃岫，泫泫露盈条"，远处的夜雾云气，轻轻飘浮，像帷幕一样遮掩着峰峦，近处的露水如珠，清润晶莹，满满地挂在枝头。远看近看都充满诗情画意,令人引起无限的清思,可以畅心怀、绝尘俗,祛除胸中的郁闷,荡涤人间的烦嚣,故而说:“近瞩祛幽蕴,远视荡喧嚣。”这里所表现的不止是视觉感官的满足,而包含着面对清景,气清神清,自摅心愫的审美意向。诗的最后两句:“晤言不知罢,从夕至清朝。”“晤言”,对言、交谈之意。在此清景面前,诗人和朋友们不禁逸兴遄飞,清言妙语纷涌吐出,不能自休。不觉中,东方既白,已经是第二天的清晨了。这终夜的晤言,足证那高洁的湖上月色,对于诗人们心灵的澡涤,是何等的清畅,对于诗人们心灵的启迪,又是何等的深邃!

这首诗以清凄的景象衬现诗人孤高的心境,是相当成功的,它是我们民族“境胜可以澡濯心灵”的传统审美意识的生动体现。另外,这首诗在叠字的运用上也颇具匠心,以“亭亭”形容“月”,以“飕飕”(风声)形容“飚”,不仅语言上有音乐美,而且使月、风显得有声有色,气象阔大。陈祚明评此诗云:“甚得叠字法,清出有态。”(《采菽堂古诗选》卷十八)诚然也。　(臧维熙)

离合诗二首(其一)　谢惠连

放棹遵遥途,方与情人别。
啸歌亦何言,肃尔凌霜节。

离合诗是杂诗的一种,即根据汉字上下、左右、内外结构的特点,在诗句内拆开字形,取其一半,再和另一字的一半拼成它字,先离后合。一般来说,“离合”一个字往往由四句诗组成,如潘岳《离合诗》第一章“佃渔始化,人民穴处。意守醇朴,音应律吕”,前两句的第一字由“佃”离“人”而为“田”,后两句的第一字由“意”离“音”而为“心”,将“田”与“心”相合即成一个新的字:思,这才是作者所要表达的真正内容。不过,也有偶尔用六句诗组成的,如谢灵运《离合诗》“古人怨信次,十日眇未央。加我怀缱绻,口脉情亦伤。劇哉归游客,處子忽相忘”,前两句首字,从“古”去“十”,离出“口”;中间两句首字,从“加”去“口”,离出“力”;后两句首字,从“劇”去“處”,离出“刂”,六句首字离出的“口”、“力”、“刂”合成一个新字“别”。

离合诗汉魏时即已有之,离合的方法有多种。自潘岳以后,则基本定型为两句首字相离的方式。

作为杂诗,离合诗一般有四种句式:四言、五言、楚辞体及楚辞体与四言杂糅的,可见这种诗体在句数、字数上没有具体的限制,在拆字合词的规范下还有一定的自由。

从内容来看,离合诗有咏物的,如王韶之咏雪,王融咏火;有表达某种抽象观念的,如贺道庆离为"信"、萧绎离为"宠";也有表达某种乐趣的,如石道慧离为"娱"、沈炯离为"闲居有乐";也有表达与离、别有关情绪的,如刘骏离为"悲客他方",谢灵运离为"别",谢惠连此诗共二首,其一离为"各",即天各一方,其二离为"念",即思念怀想,两首诗表现了分别与思念的情感流程。最初的离合诗,诗的内容与"谜底"(指合成的新字)基本上是分离的,而诗题只是表示文字的离合,如孔融、潘岳的作品。至刘宋一些言别状离之作中,才出现了题旨、内容、谜底的三者统一,题目包括双重的"离合"含义,即文字的游戏离合与人生的悲欢离合,内容、诗句又是直接描写离别之状、抒写离别之情的,而合成的新字又异常清晰地点明离情别绪,使诗句的艺术描写更加醒豁,又与诗题遥相呼应,从而为中国古代丰富多彩的离别诗增添了新的品种。

谢惠连的这首《离合诗》即属于抒写离情别绪一类的,前两句直接描写离别之状,一只远行的小舟将沿着漫漫的征途前进,在这"兰舟催发"之时,我正与"情人"告别,很可能是"暂停征棹,聊共引离尊",只不过与"我"告别的"情人",不是柳永、秦观笔下的恋人,而是故旧,如鲍照《玩月城西门廨中》"回轩驻轻盖,留酌待情人"。后两句抒离别之情,啸歌,是魏晋士人宣泄情怀的特有方式,长啸一声,不必多言,自能使人情怀肃然。肃,犹严,句谓使尔凌霜之节更严,既点明季节时令,又暗喻自己对友情的珍重、执着;既突出了友情的高洁、深沉,又在赠别之中寄寓了殷切的劝勉之意。

作为"离合诗",总是"戴着镣铐跳舞",同样也难免有拼凑的痕迹,此诗亦不例外。但从言情的角度来看,表面与深层、情感与寓意还是吻合的,两个层面的"离别"之意起到了"照花前后镜,花面交相映"的艺术效果,"才思富捷"的作者驭难就易,契机入巧,借助文字的离合,写出了离别诗的情韵、意境,使此诗超越了"游戏"的世界而跨入了"诗"的领域。　　(周建忠)

【作者小传】

王　微

(415—443)　字景玄。王宏侄。刘宋琅邪临沂(今属山东)人。初任司徒祭酒、主簿,历后军功曹、记室参军、太子中舍人、始兴王友、右军谘议,官终中书侍郎。性恬淡,既卒,宋文帝嘉其志,赠秘书监。事迹具《宋书》卷六二本传,又附见《南史》卷二一《王弘传》后。有集十卷,已佚,《先秦汉魏晋南北朝诗》辑得其诗及断句五首。

杂诗二首(其二)　　王　微

思妇临高台,长想凭华轩。弄弦不成曲,哀歌送苦言。箕帚留江介,良人处雁门。讵忆无衣苦,①但知狐白温。日暗牛羊下,野雀满空园。孟冬寒风起,东壁正中昏。②朱火独照人,③抱景自愁怨。谁知心曲乱,所思不可论。

〔注〕 ① 讵(jù):岂。② 东壁:壁宿别名,农历十月日昏时见于南方。③ 朱火:烛光。

王微是南朝宋的一位诗人,一生只活了二十九岁。他的诗,钟嵘《诗品》列于中品,今存仅五首。本篇是他的名作,《文选》、《玉台新咏》乃至沈德潜《古诗源》等选本都收录了。

这是一首闺怨诗,全诗主旨在一"怨"字。诗歌开头,便展开了一幕有着浓重的哀怨气氛的场景:女主人公登临高台,凭倚着装饰华丽的槛板,望尽天涯,然而和平常一样,她所思念的爱人却望而不见。满腹幽怨,惟有托之于琴弦,由于心绪烦乱,抚琴竟不能成曲,无可排解的忧愁,终于化为一曲哀歌,聊以发送愁苦之言。

紧接着的"箕帚留江介"四句,诗人借思妇的"哀歌送苦言",交代了思妇之怨的缘由。箕帚,妇女所执,用以代指妇人。江介,江岸,指沿江一带。思妇留南,良人戍北,相隔万里,不能聚面,自然是十分痛苦的。然而思妇的怨望不仅仅为此。"无衣""狐白"两句,诗人化用曹植《赠丁仪》中"在贵多忘贱,为恩谁能博?狐白足御冬,焉念无衣苦"的诗意,暗示良人的贵而忘贱,是造成思妇无尽痛苦的更深的原因。昔日这位良人地位不高,思妇尝为之制寒衣,而今已届高位,志骄气满,只知狐白之温,哪里还曾回忆往昔的无衣之苦呢。言外之意,良人为了追逐功名,早已忘却闺中的思念,久盼不归,就是思妇生活中的必然悲剧了。体味到这一层,读者自然能从一般的离愁别意之外,辨别出更深的怨思,从而对思妇内心的凄苦,有更深的同情。

"日暗牛羊下"以下,以景见情,通过特定的环境铺写,映衬女主人公的孤凄形象。《诗·王风·君子于役》:"日之夕矣,羊牛下来。君子于役,如之何勿思!"日夕景状,分外撩人离思。思妇环顾庭院,但见野雀满园;仰望天空,只见东壁星正点缀于傍晚的天幕;初冬时分,朔风微动,使人顿生阵阵寒意,更增添了思妇的悲怆之感。

"朱火独照人"四句,场景由高台转到闺中。入夜之后,思妇对烛孤坐,抱影独倚，凄凉寂寞，自不待言，比之白天的引领翘望，此刻情景，又添了一层绝望色彩。心底的愁苦，千头万绪，一时无从说起；纵使可以分说，却又向谁人倾诉！结尾的“心曲”之“乱”，遥应开头的琴“曲”之乱，使整首《杂诗》都像一曲凄苦的乱弹。思妇的满腔愁怨，至此臻于极矣。

本篇写思妇之怨，调动了多方面的艺术手段，或借登台、凭轩、弄弦、哀歌等一系列动作以表现，或借日暗、风紧、野雀、空园等景物以渲染，或化用古诗以暗喻，或略叙事实以点明，低徊宛转，极富情致，真堪称善写怨者。王微在《与从弟绰书》中尝言：“文词不怨思抑扬，则流澹无味。”本诗确实做到了“怨思抑扬”，正如陈延杰《诗品注》所言：“景玄（王微）‘思妇’之唱，清怨有味。”可见诗人的艺术追求，是得到后世公论的肯定的。　（赵山林　卢苇菁）

【作者小传】

陆　凯

刘宋时人。与《后汉书》作者范晔（398—445）友善。《荆州记》存其诗一首。

赠　范　晔

陆　凯

折花逢驿使，寄与陇头人。
江南无所有，聊赠一枝春。

据《荆州记》载，“陆凯与范晔交善，自江南寄梅花一枝，诣长安与晔，兼赠”此诗。（近曹道衡先生有《陆凯〈赠范晔诗〉志疑》一文，文中提出了一些疑点，认为此诗主名、本事皆误，然证据并不很坚实有力，难以论定。）按范晔曾从檀道济北征，道济兵入长安，此诗当作于此时。

“折花逢驿使，寄与陇头人。”折花赠远以表示情谊这是古来习俗。这“花”就是梅花，“驿使”，传信的人。中间用个“逢”字，表示正当其时，欲寄恰逢送信人，语含欣慰之意。“陇头人”，指身在关中的范晔。“陇”，陇山，天水附近，古代将这里以东渭河流域连称为关陇。“陇头人”还借指远别乡关的征人戍客。古乐府有《陇头歌辞》道征人出陇心情：“陇头流水，鸣声幽咽。遥望秦川，心肝断绝。”说范晔为“陇头人”，既符合他远征三秦的情况，也揭示了他思念乡关的心情。在这种情况下折花相赠，就更显得情深谊厚了。“江南无所有，聊赠一枝春。”“江南”，作

折梅逢驿使(版画)

者所在地方。据史载，檀道济攻取三秦是在岁暮年初之际，此时北方花信尚早，而在江南梅花已开放了，正是后来杜审言所写“梅柳渡江春”(《和晋陵陆丞早春游望》)的情形。这里“一枝春”正指梅花，这样的称说实在确切而富含情意。试想，把南国的春带向北国，这该叫友人感到多么温暖。这里折梅相赠不仅是因它开得早，还因为它象征了友情的纯洁坚贞。这种象征意后代诗人是常用的，在陆凯的时代这样的意思也已形诸篇咏了。如鲍照《梅花落》写道：“中庭杂树多，偏为梅咨嗟。问君何独然？念其霜中能作花，露中能作实。”折梅相赠有这些意思，那就远胜于一般的折花了，怪不得《西洲曲》中那个年轻女子要“折梅寄江北”了。还要注意这两句诗叙说的口气，“无所有”、“聊赠”，似乎是漫不经心为之、有胜于无的应付，其实这委婉、谦和的话语正见出情意的深重，千言万语也抵不上这“一枝春”啊。唐人岑参《逢入京使》绝句后二句“马上相逢无纸笔，凭君传语报平安”，意味与此略似。

关于此诗主名，清唐汝谔《古诗解》云：“晔为江南人，陆凯代北人，当是范寄陆耳。”认为此诗为范晔作。按《荆州记》作者是范晔、陆凯同时代的盛弘之，他的记叙当不至于有这样的误倒。陆凯是否代北人且不论，若真为代北人，代北从无梅花，若以“北人浑作杏花看”的梅花寄赠，有何意味？“陇头人”云云，又成何话语哉。

(汤华泉)

【作者小传】

鲍　照

(415？—466)　字明远，刘宋东海(今山东郯城一带)人。出身贫贱，宋文帝元嘉中，任临川王、始兴王王国侍郎。孝武帝时，任海虞令、太学博士兼中书舍人、秣陵令、永嘉令。后入临海王刘子顼幕府，子顼任荆州刺史，照为其前军刑狱参军，掌书记。宋明帝立，子顼起兵反，兵败，照为乱军所杀，时年五十余。事迹附见《宋书》卷五一及《南史》卷一三《刘道规传》后。照诗风骨遒劲、构想奇逸，在南朝诗中独树一帜，被称为“跨两代而孤出”(钟嵘《诗品》)，尤善乐府。与江淹并称“江鲍”。有集十卷，今又有《鲍参军集注》。

代东门行

鲍　照

伤禽恶弦惊，倦客恶离声。离声断客情，宾御皆涕零。涕零心断绝，将去复还诀。一息不相知，何况异乡别。遥遥征驾远，杳杳白日晚。居人掩闺卧，行子夜中饭。野风吹草木，行子心肠断。食梅常苦酸，衣葛常苦寒。丝竹徒满坐，忧人不解颜。长歌欲自慰，弥起长恨端。

《东门行》属古乐府《相和歌》。“代”，犹“拟”，仿作。郭茂倩说：“《乐府解题》：古词‘出东门，不顾归；……’言士有贫不安其居者，拔剑将去，妻子牵衣留之，……若宋鲍照‘伤禽恶弦惊’，但伤离别而已”（《乐府诗集》）。可见鲍照这首诗虽是依题仿作，但在内容上还是有所发展的，不过“伤离别”也不是什么新鲜的主题。因此要说它的特色，恐怕还在于诗的选材与表现。

《战国策·楚策》中有一则故事，说更羸与魏王在京台下，仰见飞鸟，更羸说：我可以为君王用无箭之弓射下空中之鸟。魏王不信。一会儿有雁从东方飞来，更羸引弓虚发而雁落，魏王仍是不知其故，更羸解释说：这是一只受伤的雁，因“其飞徐而鸣悲，飞徐者，故创痛也；鸣悲者，久失群也。故创未息而惊心未去也，闻弦者音烈而高飞，故创陨也”。诗的开头“伤禽恶弦惊”，就是化用了这一典故，用以比喻“倦客恶离声”——久倦羁旅的游子最厌恶、最害怕的便是离歌之声。两句两个“恶”字，既增强了类比性，也加重了感情色彩。但是，“恶”之偏至，这就是人世间之所以有不幸的一个原因吧？第三句的开头便用“离声”二字顶上，声情之急，节奏之紧，直令人难以喘息。“离声”一出，不仅去者伤情，就连送行的宾客和驾车的仆夫亦不禁潸然泪下，诚所谓“一曲离歌两行泪”，“天涯去住各沾巾”。此情此境，行子更难自持，只见他伤心落泪，挥泪而去，去去又回，依依话别。这几句由声而写到情，由己之情写到宾御之情，由宾御之情再回到己之情，回环往复，层层递进，把那种两情互感的情绪、场景和气氛，表现得一气贯注，淋漓尽致，以上将离情写足。下面两句说片刻的分离都会使人难受，何况是远游异乡的长久别离呢！叙议结合指出如此离伤的原因。应该说这个议论也是充满真情实感的，所以谭元春说它“甚真甚真，有情人之言”（《古诗归》）。因果相依，不着痕迹地为诗的上一段作了小结。同时，“异乡别”又为下一段写离乡远行之况作了准备。这种“住而未住”、“藕断丝连”的转接方式，不是很像词中的“过片”吗？可以想见词中的一些艺术手法，在诗人的创作中早有实践，只不过没有明确地上升为一种文学形式（词）中的自觉的艺术法则。

诗的第二段说车儿在漫漫长途上远行，颠簸摇晃了一天，又是日落黄昏，夜幕笼罩了静寂的大地，眼看周围的人家都掩门入睡了，可是远行的游子直到半夜才盼得一顿晚餐。黑夜里，听着野风呼号，草木哀鸣，更令人肝肠寸断。这几句由白天而写到夜晚，其间有人、有事、有景、有情，脉络清晰，丰而不杂，将行役之苦写得历历在目。下面突然插入两个比喻——吃梅总觉得酸，穿着葛麻布衣总是难以御寒的——这必然之理人人皆懂，然其酸、寒之状，他人难言，而只有食者、衣者自知。这里有两点值得注意，那就是“必然”与“自知”。行役之苦，只有行子自知，自伤自苦，真切深刻，更为感人；而“必然”又为下文设置了前提，食梅苦酸，衣葛苦寒，一如人情苦别，乃事之必然，无法回避。即使在宾朋满座，丝竹盈耳之时，忧伤的游子亦无法表现出一丝欢颜，正是“长路关山何日尽，满堂丝竹为君愁”(张谓《送人使河源》)。有时候自己也想长歌自慰，但其结果呢，只有引来更深长的愁恨。这就意味着不论客观环境如何，亦不论主观努力如何，行子之愁，愁不可销。诗人总是力图透过离愁表象的描述，以回折顿挫的笔法，将诗思引向更深刻更概括的情理之中；诗中的比喻用得灵活生动、自然贴切，有的能领起全篇，有的则能网络上下，在情理表达，叙事逻辑，章法结构等方面，都起到了不可忽视的作用。这些都须要读者细细咀嚼，方可领略，所以王夫之说的：“看明远乐府，若急切觅佳处，则已失之。吟咏往来，觉蓬勃如春烟，弥漫如秋水，溢目盈心，斯得之矣”，倒是颇有体会的评论。

(赵其钧)

代放歌行　　鲍 照

蓼虫避葵堇，习苦不言非。小人自龌龊，安知旷士怀？鸡鸣洛城里，禁门平旦开。冠盖纵横至，车骑四方来。素带曳长飙，华缨结远埃。日中安能止，钟鸣犹未归。夷世不可逢，贤君信爱才。明虑自天断，不受外嫌猜。一言分珪爵，片善辞草莱。岂伊白璧赐，将起黄金台。今君有何疾，临路独迟回？

鲍照乐府诗蕴有强烈的批判现实精神，这首《代放歌行》就是其中的代表作。刘宋王朝政治腐败，卖官鬻爵，贿赂公行。高门世族把持朝政，一般无耻之徒狗苟蝇营，以求富贵利达。此诗针砭时弊，深刻尖锐地揭露和讽刺了官场钻营奔竞的腐败风气，同时也表达了诗人不甘被卑污世风所染的高风亮节。

善用比兴，是鲍照乐府诗的一大特色，所以魏源《诗比兴笺序》说他“以比兴为乐府琴操”。此诗前四句开门见山亮出矛盾，将龌龊小人与高怀旷士分列两句，形成对照。龌龊，原意是局促短狭，后引申为心胸狭隘、目光短浅、行为卑污之意。“小人自龌龊”构成全诗主脑，是后文穷形极相描绘的张本。在这两句写实诗前用“蓼虫避葵堇，习苦不言非”两句来起兴，既有含义，又增添了文学情趣。《楚辞·七谏》：“蓼虫不知徙乎葵菜。”是这两句的出处。“蓼”，水蓼，植物名，味辛辣；“堇”，甘菜，一名堇葵。蓼虫习惯了辛辣苦味，不喜欢堇葵的甘甜。这两句不仅是兴，而且也是比。其比的含义，前人或谓是指小人不知旷士之怀，犹如蓼虫不知葵堇之美；或谓是指旷士习惯于辛苦生涯，不以辛苦为非。细绎诗意，当以后说为是，因为“避”、“不言非”等语，并无贬义，而以苦为乐，从来就是豁达放旷之士的本色；只有小人，才是趋甘避苦之徒。

从“鸡鸣洛城里”至“钟鸣犹未归”八句是本诗第二层，写“小人”的龌龊行为。“洛城”，这里代指京都。“鸡鸣”、“平旦”、“日中”、“钟鸣”是贯串八句的时间线索。其人物则是“冠盖”，即戴冠冕和乘篷盖车的人，指仕宦之徒。人物有什么行动呢？从“平旦”（天才亮）起，天子的“禁门”（门有禁卫，故称）刚刚打开，这伙人就蜂拥而至了。“纵横至”、“四方来”，来势汹涌如潮水，笔端带有揶揄调侃之意。乘他们车马驰骤之际，诗人迅速为他们的风尘尊容勾勒了一幅生动无比的漫画：“素带曳长飙，华缨结远埃。”“素带”，古大夫所用的衣带。“曳”，拖，这里指摇曳、飘扬。“飙”（biāo），暴风。“华缨”，用彩色丝线做成的帽缨。这些颇有身份的人，他们的素带在急驰的大风中乱飘，华丽的帽缨上结聚了远道而来的尘埃。这幅画有色彩，有动态，有细节，形象传神，耐人品味。句中未著一字褒贬，却“写尽富贵人尘俗之状”（沈德潜《古诗源》），把角逐名利场者的丑态刻画得入木三分，不愧为神来之笔。他们到处奔竞，“日中”（正午）怎会停止钻营？就连夜深“钟鸣”后他们犹未回家。一个“犹”字，有多少惊讶、感叹、挖苦之意。后汉安帝《禁夜行诏》云：“钟鸣漏尽，洛阳城中不得有行者。”这里说“钟鸣未归”，可见奔竞日盛，古风荡然无存。

“夷世不可逢”以下是本诗第三层，记录了奔竞小人对道旁旷士的谈话，他们对旷士说道：现在是千载难逢的太平盛世，君王也是真正爱才的贤君。他英明的考虑出于自己的判断，不受任何外来影响而猜疑动摇。这些正经话出自小人之口，就显得肉麻阿谀与不伦不类，因而具有极大的讽刺性。接着，小人们又向旷士津津乐道地夸说起了进入仕途的容易和当官的好处。“珪”是上圆下方的玉版，古代封官时赐珪作为符信。“草莱”，田野，指未仕者所居之地。“岂伊”，岂只有。“黄金台”，在河北大兴县东南易水边上，燕昭王曾在此筑台，上置千金，以延揽天下贤士。这四句是说才能之士只要有一言之美，片善之长，就会受贤君青睐，被封官赐爵，辞别田野，登上朝堂。而贤君爱才，岂但只赏赐白璧，还将仿效燕昭王筑黄金台来重金招聘你们呢。这四句虽是小人们的劝诱、夸说之辞，但也是他们一心只想升官发财的灵魂大曝光，写得真是笔锋辛辣，利如刀锥。关于“夷世”以下八句，余冠英先生评说最当：“所谓‘夷世’、‘贤君’都是反说。南朝重视门第，用人不凭才行，但凭出身。那些华缨素带，无非纨绔子弟。‘一言分珪爵，片善辞草莱’这样的事绝不会有，这是当时的制度所不许的。鲍照的出身不是贵胄世家，所以久在下位。这诗讥刺的口吻很显明，正因为他有许多牢骚不平。”（《乐府诗选》）“今君有何疾，临路独迟回？”最后，小人以嘲弄的口吻诘问旷士：你到底有什么毛病，竟面对阳关大道还独自徘徊不前？全诗至此顿住。对于无耻小人的挑衅，诗人没有也不屑回答，但不回答并不等于没有答案。读者若试着掩卷思索，就会发现，答案已在开头“小人自龌龊，安知旷士怀”之中了。这一结回应开头，使通篇皆活，旷士形象虽未著墨，但在对照中自显出其迥异小人的品格。这个结尾让应受嘲弄的人去厚颜嘲弄别人，真是幽默滑稽而有波澜，可谓味蕴言外，冷峻隽永。

《代放歌行》在《乐府诗集》中属《相和歌辞·瑟调曲》。《歌录》曰：“《孤生子行》，亦曰《放歌行》。”《孤生子行》，又题作《孤儿行》，在乐府古辞中写的是孤儿备受兄嫂折磨，难与久居的内容。鲍照的拟作，旧瓶装新酒，用以揭露黑暗，抨击时政，大大拓宽和加深了这一乐府旧题的表现力。在这个方面，也同样显示了诗人非凡的艺术勇气和独辟蹊径的创新精神。（曹光甫）

代陈思王京洛篇 鲍 照

凤楼十二重，四户八绮窗。绣桷金莲花，桂柱玉盘龙。珠帘无隔露，罗幌不胜风。宝帐三千所，为尔一朝容。扬芬紫烟上，垂彩绿云中。春吹回白日，霜歌落塞鸿。但惧秋尘起，盛爱逐衰蓬。坐视青苔满，卧对锦筵空。琴瑟纵横散，舞衣不复缝。古来共歇薄，君意岂独浓？唯见双黄鹄，千里一相从。

曹植封陈王，谥思，故世称陈思王。鲍照此诗题“代陈思王”，但今《曹植集》未见原作，可能已佚。《玉台新咏》著录此篇，题作《煌煌京洛行》。《乐府诗集》收魏文帝曹丕《煌煌京洛行》四言诗一首，鲍照是否拟之，未可确知，但从内容上推测，可能性不大。

本诗的题旨，大致如郭茂倩在《乐府诗集》中所说：“始则盛称京洛之美，终言君恩歇薄，有怨旷沉沦之叹。”诗中写了一个色艺双绝的女子，备受君王宠爱，享受着无比的尊荣，但色衰爱弛的前景始终使她忧心忡忡。全诗的过程，就是细腻曲折而又一气呵成地展开她的内心矛盾的过程。

开头六句都是景语，用赋的手法进行铺叙，极写宫室之富丽华美。“凤楼”，据《晋宫阙名》（《古诗笺》闻人倓注引）云：“总章观仪凤楼一所，在观上。广望观之南，又别有翔凤楼。”当然，这里只是用以形容女子所居的华贵，未必是实指。“十二重”，言楼的层次之多。“四户八绮窗”，以“户”“窗”之多，概括建筑之精巧。发端两句总写“凤楼”外观的规模气势，给人以立体感的总体印象。

接下几句，用几组分镜头摄取楼内局部细部图像。“桷”，是方形的椽子。一般在织物上刺花称作“绣”，此用于形容雕刻着金莲花的“桷”，新颖生动。椽子尚且如此，柱子更其华贵。它用桂木制成，贵重而芳香。《三辅黄图》载：“甘泉宫南有昆明池，池中有灵波殿，皆以桂为殿，风来自香。”柱上还盘旋着精雕细琢的玉龙，令人想见其豪华。这一组分镜头重在楼的建筑。门上垂挂珍珠串成的帘子，窗旁飘拂丝罗织就的帷幕。“无隔露”，是说露珠潜入与珠帘同其晶莹，难以辨别；“不胜风”，可见帷帐质料的轻细柔美，犹如弱不禁风的娇女。这一组分镜头重在楼的饰物。这两联前者呈静态，后者呈动态，精工富艳，各臻其妙。

“宝帐三千所”，据《西京杂记》“帝为宝帐，设于后宫”之语，可见是指后宫的三千佳丽。这三千宫人，人数不可谓不多矣；居于宝帐，地位不可谓不高矣。但是，今朝她们却只有一个使命——为这位绝代佳人梳妆打扮。“为尔一朝容”，是女主人公亮相后的一句内心独白。她颇有几分炫耀和得意地对自己说：看哪，这么多争奇斗妍的名花仙姝，现在都俯伏在你面前，听任你的差使了！这一句独白，使一个宠压群芳、踌躇满志的后宫美人形象，跃然于纸上了。

“扬芬”四句，在女子出场后，又进一步写其才貌。“扬芬”，扬送芬芳，比喻传播美名。如《晋书·桓彝传赞》云：“扬芬千载之上。”“垂彩”，焕发光彩，形容容色动人。“紫烟”，谓瑞云，郭璞《游仙》诗：“驾鸿乘紫烟。”“绿云”，也指异色祥云。这两句重言复义，写这位美女容颜绝世，芳名倾动遐迩，恍若高居云端的天界人物。“春吹”一联，转写她的才艺。闻人倓解释此联说：“言其吹响可以回春，歌声足以召秋也。”夸饰了这位美女奏乐和歌唱的惊人才艺。古人形容歌声之妙，常用“响遏行云”、“歌声绕梁”的典故，这里独创地用“落塞鸿”的夸张手法，不落窠臼。以上十二句是本诗第一部分，语言多华丽与明朗色泽，反映出美女的愉悦欣快之情。但是，“一朝”中暗透出欢爱之不常，“霜歌”中又悄悄逗出秋意。这些，都为感情的跌宕转折预作地步，针线很密。

“但惧”以下，悬拟宠爱由盛而衰的寂寞凄凉情景，语调急转直下，与上文形成强烈对比。“但惧秋尘起，盛爱逐衰蓬”，是说盛宠中的美人担忧着，一旦色衰，君主的爱怜就将立即失去，犹如秋天的风尘一到，转蓬就立即被吹离蓬根，飘得无影无踪。“秋尘”承上句的“霜歌”，此语一出，悲凉的气氛顿然而生。“坐卧”一联，更进一步设想被遗弃后的惨凄景况：院内长满青苔，人迹罕至，昔日豪华如锦的筵宴也不再举行。往日的繁华喧闹，变成了一派萧条冷落。女主人公坐着或躺着，都是百无聊赖，难以为怀。“琴瑟”两句，照应前面“春吹”一联，对比强烈：乐器横七竖八地丢了一地，没有人收拾，成匹的绫罗空自堆着，再也不会被缝制成舞衣。“舞衣”句又是对上文奏乐、歌唱的补充：她还长袖善舞。这么一位才色双全的佳人，忽作如此可怕的“但惧”想，有没有根据呢？诗令人带着这样的悬念，进入高潮的第三部分。

“古来共歇薄，君意岂独浓？”意谓自古君王都薄情无义，难道宠爱自己的君王会例外地情意特别浓厚吗？两句口吻相当婉转，虽是对君王的讽刺和谴责，但还有一丝感悟君王的期待。然而这种期待她自己也知道太渺茫了，因此只有仰望天空，以“唯见双黄鹄，千里一相从”这样韵味悠长、含蓄无尽的画面结束了全部心理活动。结尾两句仿效《古诗十九首·西北有高楼》“愿为双鸿鹄，奋翅起高飞”，有“含不尽之意见于言外”之妙。全诗犹如一个偏正式转折复句，至此才唱出了古代女子以色事人、荣枯转瞬的一曲悲歌，从而使诗的正意显露出来。以男女之情喻君臣之意，是《诗经》、《离骚》以来诗歌常用的比兴手法。鲍照此诗娴熟地运用这一手法，描绘细腻，抒情深婉，鞭挞了历代君王的无情无义，能引起无数失意文人的共鸣。这，或许就是诗人创作本篇的用心所在吧？

此诗风格酷肖曹植诗，语言虽骈俪典丽，内中却风骨独具。若“春吹”二句，笔力颇健；琴瑟之散，以“纵横”形容之，亦觉笔法奇倔。故方东树所评“此篇非常奇丽，气骨俊逸不可及，非同齐梁靡弱无气”（《昭昧詹言》），注目于诗的气骨，是很有见地的。

（曹光甫）

代东武吟　　鲍　照

主人且勿喧，贱子歌一言。仆本寒乡士，出身蒙汉恩。始随张校尉，召募到河源。后逐李轻车，追虏穷塞垣。密涂亘万里，宁岁犹七奔。肌力尽鞍甲，心思历凉温。将军既下世，部曲亦罕存。时事一朝异，孤绩谁复论？少壮辞家去，穷老还入门。腰镰刈葵藿，倚杖牧鸡豚。昔如鞲上鹰，今似槛中猿。徒结千载恨，空负百年怨。弃席思君幄，疲马恋君轩。愿垂晋主惠，不愧田子魂。

《东武吟》原是流传在齐鲁一带的歌曲名，后被文人用作乐府诗题目，本篇就是一首拟作（“代”即拟之意）。这首诗民歌风味颇浓，头两句即民间说唱常用语，《古诗》有一首是以“四座且莫喧，愿听歌一言”开头，陆机仿民歌之作的《吴趋行》也有“四座并清听，听我歌吴趋”的句子，鲍照本人还有一首《代堂上歌行》，头两句是：“四坐且莫喧，听我堂上歌。”此诗的“主人”，是指听者，“贱子”，说唱者的谦称。

这首诗写的是一个老军人的经历，用的是自述方式，说唱者即为作品主人公。他先叙述自己早年塞外征战情形。“仆本寒乡士，出身蒙汉恩。”他说自己出身寒微，蒙受了朝廷的恩遇。这里的“汉”实指本朝，以下典实的用意亦同。“始随张校尉，召募到河源。”“张校尉”，指张骞，他曾以校尉的官职佐卫青北击匈奴。“河源”，黄河的源头。“后逐李轻车，追虏穷塞垣。”“李轻车”，指李广从弟李蔡，曾为轻车将军，击匈奴有功。“塞垣”，泛指边域。“密涂亘万里，宁岁犹七奔。”“密”，近。“涂”，通途。“亘”，竟。“宁岁”，安宁的年月。“七奔”，用《左传》“一岁七奔命”的话。这两句说，近路也有万里，安宁的年月也要多次奔命。可见征战的频繁、追亡逐北的辛劳。这情形已从上面的“到河源”、“穷塞垣”、“始随”、“后逐”的叙述中见出。所以下面写道：“肌力尽鞍甲，心思历凉温。”体力在征战中消耗殆尽，心思在寒暑更替、岁月如流中折腾着。这“心思”不外立功、思乡两方面，这里当主要是指功名心。一开始他就说是“蒙汉恩”，他之从征是为了杀敌立功，报效朝廷知遇之恩，其心情当如作者《代出自蓟北门行》所言：“投躯报明主，身死为国殇。”又从他叙述追随“张校尉”、“李轻车”这些著名边将，见得他征战多年，是有不少战功的。但是，时变事异，最后使得他的功绩全部化为乌有。“将军既下世，部曲亦罕存。时事一朝异，孤绩谁复论?”“部曲”，部属。“孤绩”，无人知悉的功绩。这四句说，将军亡故了，同时参战的人也很少有活下来的，这样这位战士的功绩也无人为他证明、评定了。这是他命运的悲剧。这悲剧的酿成并非只是偶然事件，从“召募”到将军下世、部曲罕存，是经历了长久时间，而这么长时间也没有人为这位战士叙功啊，可见这悲剧是必然的，是社会制度造成的，即如“李轻车”的从兄李广大小经七十余战，到死也未封侯。后两句用“一朝”、“谁复”呼应，见出感慨深沉。下面就叙其晚年的凄凉。“少壮辞家去，穷老还入门。”用一个“还”见出他一事无成、不堪回首的况味。“腰镰刈葵藿，倚杖牧鸡豚。”写他从事田舍劳动，“倚杖”见得他体力不支，已经衰老了。这里似乎还融进了《古诗》

"十五从军征,八十始得归"的意蕴,见出其家人死尽、庐舍荒废,益发可悲。"昔如鞲上鹰,今似槛中猿。""鞲",打猎的臂套,猎鹰站立其上。这两句抚今思昔,过去像鞲上鹰一样的英姿勃勃,现在却像关在栅栏里的猿猴一样无能为力了,真是不堪回首。"徒结千载恨,空负百年怨。"这两句意思是:一辈子白过了,留下了无穷的遗恨。最后他还希望君王念其旧功,予以收养。四句用了两个典故。其一是晋文公的故事:晋文公流亡复国,要抛弃多年使用的器具(包括床席),并且怠慢患难与共的随从,后经大臣咎犯劝谏,改正了错误(见《韩非子》)。其二是魏人田子方的故事:田子方见一匹出过力的老马被人丢弃在道路上,认为这样做不应该,就拿钱买下收养起来(见《韩诗外传》)。这四句是说,丢弃的席子还想着君王的帐幕,老马还舍不得离开君王的车驾,希望君王能施降恩泽,这样才不至于叫田子方的在天之灵感到愧疚。这里是以忠爱之心、哀怜之情来感动君王。从这途穷之泣中也可见出这位老军人内心的痛苦和怨恨。

这首诗通篇皆主人公自述,从往昔叙起,以时间为序,显得平顺。由于作者选择了几个典型情事,还运用了典故和对比,因此诗的内蕴并不贫弱,正如王夫之所说:"中间许多情事,平叙初终,一如白乐天歌行然者。……而言者之平生,闻者之感触,无穷无方,皆所含蓄"(《古诗评选》)。诗中所写的这个功成无赏的军人,也是有典型性的,汉代的"李广难封"就是典型一例,晋宋之交也不乏其人。晋宋之交刘裕父子曾进行过多次北征,刘裕还曾收复两京、河洛,这就是此诗的背景。此诗是以汉代宋,向当朝君主进行讽谏的。这又是鲍照一首著名的边塞诗,对后世边塞诗创作产生了积极的影响,王维《老将行》、杜甫前后《出塞》都有《代东武吟》主人公的影子,而王昌龄的《代扶风主人答》从内容到形式,更酷似鲍照的这篇作品了。

(汤华泉)

代出自蓟北门行　　鲍　照

羽檄起边亭,烽火入咸阳。征骑屯广武,分兵救朔方。严秋筋竿劲,虏阵精且强。天子按剑怒,使者遥相望。雁行缘石径,鱼贯度飞梁。箫鼓流汉思,旌甲披胡霜。疾风冲塞起,沙砾自飘扬。马毛缩如猬,角弓不可张。时危见臣节,世乱识忠良。投躯报明主,身死为国殇。

南朝刘宋王朝时期,民族矛盾十分尖锐。北方鲜卑族建立的北魏政权,虎视眈眈。宋文帝元嘉二十七年(450)冬十二月,北魏太武帝拓跋焘亲统兵马大举攻宋，直至长江北岸的瓜步(今江苏六合东南)，后遭到宋军猛烈抵抗，才于元嘉二十八年(451)正月被迫撤军。当时刘宋首当其冲的将帅是任南徐、兖二州刺史的征北将军始兴王刘濬。元嘉二十七年，鲍照三十七岁，早已在始兴王幕下任国侍郎，随任在京口(故址在今江苏镇江)。次年北魏兵退，他还随同刘濬至江北。因此，史料虽无明文记载鲍照曾直接参与此次军事行动，但从上述经历测想，他至少应当是自始至终了解这场抵御北魏南侵的激烈战斗的。他的优秀乐府诗《代出自蓟北门行》，作年现已不可确考。据诗中抵御侵略誓死报国的内容、有关节令，联系上列史实来推断，说此诗作于这一时期，是有可能的。当然，诗是拟作，借言的是前代朔方郡战事，所以诗中写地理风物等不无想象因素，与现实战争有相当距离。但就此而断言此诗的写作全凭想象纯属虚构，恐怕并非笃论。

这首诗叙事成分虽较多，但侧重点却在于篇末抒情，是画龙点睛式的结构。其内部层次可分为三。

前八句为第一层。发端四句写边境传警，朝廷调兵。“羽檄起边亭，烽火入咸阳。”发唱惊挺。“羽檄”，插上羽毛的书简，象征十万火急，传递疾如飞鸟，后世衍为鸡毛信。“烽火”，古代边境每间隔一定距离设置一座烽火台，台上桔槔置薪，如发现敌情即“昼则举烽(烟)，夜则举火”(《墨子·号令》)以报警。《风俗通》载：“文帝时，匈奴犯塞，候骑至甘泉，烽火通长安。”是此诗“烽火”句所本。诗前四句都用“××—×—××”的结构，节奏短促均匀，音调急骤铿锵，像鼓点，像号角，动人心魄。各句句中都镶嵌一个动词，依次奏出“起—入—屯—救”一部四层次的快速进行曲。动词后各带一个地域性宾语：边亭—边境上的亭堠，用以守望敌人的哨所；咸阳—秦朝国都，后借以泛指京城；广武—古代屯兵之所，在今山西代县西；朔方—郡名，今内蒙古自治区境内黄河以南之地。四幅画面转瞬即逝，在动态中把战事初启的原委、地点、行动等紧张情势交代得清清楚楚，层次井然。

接着四句进一步写形势严峻。秋高马肥，正是敌军入侵之最好时机。“筋竿劲”，谓弓箭坚利。“精且强”，反映虏军强悍和训练有素。两句写敌方军容威武，兵临城下，咄咄逼人。敌方要进攻，我方呢？“天子按剑怒”，写得声威赫然。天子震怒，频遣使者往边境督军催战，此处用《史记·大宛传》的典故：“贰师将军请罢兵。天子大怒，使使遮玉门曰：‘军有敢入，辄斩之。’”表示坚决抵御的决心。双方剑拔弩张，形成强烈对照，预示战争风暴不可避免。

以上八句是敌我形势总图。诗用跳跃式镜头，多层次多角度地展现了战争机器刚发动时错综复杂的情景，散而不乱，像是很高超的蒙太奇手法。

中八句为第二层。上承"分兵救朔方"句,写我军跋山涉水向边关挺进。在艺术表现上,它呈流动式,画面比较连贯,节奏稍为舒缓。这是因为它的叙事已趋单一,而且较多地糅入了写景抒情成分,因此与首八句的跳跃促节有所区别。

巧妙的是,"雁行"四句的结构与前文"羽檄"四句完全相同,也是中间一字用动词。所不同的是动词的声调。前面四个动词,除"屯"属平声外,其余三字都属险急的仄声。这里四个动词刚好相反,除"度"是仄声外,"缘"、"流"、"披"三字都属舒徐的平声。这一有趣差异并非偶然,它正透露出语音的缓急与所写内容必须相适应的艺术诀窍。

"雁行"、"鱼贯",这里用以形容行军的整齐有序,既表现出军纪严明,又反映了征途艰险。"石径",高山上陡峭曲折的羊肠小道,一个"缘"字,刻画了士兵们在翻越险峻山路时那种屏声敛气、小心翼翼、步步留神的紧张心态,相当贴切。"飞梁",凌空飞架的桥梁。过桥梁比缘石径相对来说要坦易些,一个"度"字体现出行军的力度和速度。"箫鼓流汉思,旌甲披胡霜。"写军中演奏的乐曲流露出对汉土的思恋,而旌旗和铠甲已蒙上了胡地的寒霜。真是离家日已远,风景已全非。"汉思"出自"箫鼓"还是出自人心?"流"字语意双关,使两者泯不可分。它不仅传达出乐曲的质感、流动感、渗透人心的魅力,并且赋予无形的"汉思"以剪不断的流水般缠绵哀婉的形象,极其传神。下句的"披"字,由于带拟人色彩,也远较"沾"、"盖"等动词更胜一筹。四句末"胡霜"一词,暗暗点出军队经过长途跋涉已抵达前线,为转入下文描述边塞风光作了铺垫。

"疾风冲塞起,沙砾自飘扬",写狂风与飞沙走石的荒寒景象。环境的恶劣,衬托了从军生活的艰苦。唐代边塞诗人岑参的力作《走马川行奉送出师西征》有"轮台九月风夜吼,一川碎石大如斗,随风满地石乱走",情景与此仿佛。"马毛缩如蝟,角弓不得张。"由于严寒,战马蜷缩着身子,马毛根根直竖像刺猬的刺一样坚硬,这个细节描写既真实,又夸张。《西京杂记》也有类似的记载:"元封二年,大雪深五尺,野鸟兽皆死,牛马蜷缩如猬。"当是诗之所本。在此严寒中,将士的手被冻僵,连角质的弓都难以拉开了。"疾风"四句情景如绘,正如朱熹《朱子语类》所赞赏的:"分明说出边塞之状,语又峻健。"

前八句写"分兵救朔方",中八句写行军至朔方。路途之艰难险阻,边塞之荒凉严寒,将士之勇武精神与怀乡之情,都在中八句画面中自然流出。音调深沉苍凉,与曹操《苦寒行》有共通之处。沈德潜评"明远能为抗壮之音,颇似孟德"(《古诗源》),可谓知音。此诗叙事断面截取至此戛然而止,一场白刃相交、血肉横飞的恶战,留给读者去想象和再创造了。

最后四句为第三层。它双承一、二层内容,收束提炼并升华为赴边将士忠君报国战死疆场的誓言,点明题旨。它的爱国主义壮烈情操与屈原光辉名篇《国殇》诗的精神境界是一脉相承的。除了反映将士的共同心声外,这四句也是诗人志向抱负的表白。作为"北州衰沦,身地孤贱"的鲍照,在看重门第的刘宋王朝,一直郁郁不得志。对这种忠奸不分、良莠莫辨的政治现实,鲍照扼腕悲愤而又无可奈何。此诗"时危"、"世乱"方能鉴别忠良,以及渴望"报明主"等内容,正是他备受压抑报国无门而喷发出的炽热感情的体现。

《出自蓟北门行》在《乐府诗集》中属《杂曲歌辞》。它的题材,本是一首歌唱燕、赵佳人的艳歌。正如朱乾《乐府正义》所说:"自鲍照借言燕蓟风物及征战辛苦,竟不知此题为艳歌矣!"可见鲍照在乐府诗领域的开创之功。钟嵘《诗品》称"鲍照戍边"之作为"五言之警策",方伯海论此诗说:"写出一时声息之紧,应敌之猝,师行之速,短篇中气势奕奕生动,真神工也。"皆非溢美。这首诗,连同诗人同类题材的其他作品,成为唐人边塞诗的滥觞,影响所及,源远流长。它给予李白的影响尤大,李白同题诗有"羽书速惊电,烽火昼连夜"、"明主不安席,按剑心飞扬"等句,熔裁递遭的痕迹宛然。

(曹光甫)

代结客少年场行　　鲍　照

骢马金络头,锦带佩吴钩。失意杯酒间,白刃起相仇。追兵一旦至,负剑远行游。去乡三十载,复得还旧丘。升高临四关,表里望皇州。九衢平若水,双阙似云浮。扶宫罗将相,夹道列王侯。日中市朝满,车马若川流。击钟陈鼎食,方驾自相求。今我独何为,坎壈怀百忧?

《结客少年场行》是写游侠题材的乐府旧题,本自曹植《结客篇》:"结客少年场,报怨洛北芒。"鲍照这首拟作同样是对任侠行为和心态的歌颂,寄寓了强烈的身世之感和不满现实的愤慨之情。从诗中时间跨度之大和内容的深沉来看,可推断为鲍照的晚期作品。

游侠精神是贯串全诗的线索。"侠"的基本含义有二:一是"侠"的对象的不公正性,二是"侠"的本身的抗争性。舍其一就不成其为"侠"。此诗前半篇八句描绘了少年游侠者的英武形象,叙述了他杀人亡命的苦难经历;后半篇十二句写他暮年复返旧丘后对所见现实的鄙视与愤慨心情。游侠者的前后形象虽有动态与静态的明显区分,而其勃郁不平的游侠精神是一以贯之的。

发端二句是人物出场的大特写，艺术形象丰满精彩。它避开了面面俱到的泛写，撷取最能体现人物性格特征的局部进行着重描绘。试想，骑着高大雄壮的毛色青白相间的青骢马，握着锋利铿亮的吴地制造的弯刀，并且不无炫耀地给骢马配置了黄澄澄的金笼头，给吴钩刀环系上了五彩绚丽的锦缎带，它的主人公该是何等人呢？当然是非任侠少年莫属。诗人仅用了十个字，就把一位潇洒英武而又酷爱虚荣的少年侠士形象如浮雕似地凸显了出来，形神兼备，称得上是"突出奇语"（钱仲联《鲍参军集注》本诗"补集说"引王闿运评），出手不凡。同时，这个开端，也为生发和开拓下文作了重要铺垫。这位气度不凡的少年郎，本该前程锦绣，但他的一生却是穷愁潦倒、苦涩凄凉。读者若看到后文，自然会对造成少年悲剧命运的社会根源进行思考，由此也能使读者深化对诗的主旨的理解。因此，无论从切合题意、刻画形象、铺垫全篇、开拓主题诸方面来看，这个开头是很成功的。

形象出现之后，立即异峰突起，进入侠义行为的描写，衔接劲健。少年因饮酒间的"失意"，便使酒任气，拔刀与仇敌相向，闯下大祸。追兵蜂拥而来，他负剑骑马逃向远方，亡命流浪。"失意"四句，一句一意，互为因果，环环相扣，一气呵成。读来既畅晓明白，又动荡跳跃，有一种速疾的节奏感，与所表现的紧张激烈的内容完全吻合。少年究竟因何而"失意"？这个影响他一生命运的至关重要原因，诗人在此作了回避，但若从后半篇去细加寻绎，答案还是不难得知的。

"去乡三十载，复得还旧丘。"三十年离乡背井、逃亡流浪的辛酸经历与好不容易生还的悲喜交集之情凝聚在这十字中，叙事高度概括精炼，感情极为沉郁低回。岁月蹉跎，年华老去，这两句承上启下，是连缀少年侠行与暮年情怀的纽带。

从"升高临四关"到"方驾自相求"十句，写"还旧丘"后的唯一活动："望"。"四关"，原指洛阳，陆机《洛阳记》说："洛阳有四关，东为城皋，南伊阙，北孟津，西幽谷。"这里代指国都。"表里"，字面上解作内外，但如把它理解为表象与本质，于本诗也非常贴切。皇州的气象毕竟不凡，有"九衢"，即纵横各九条大街，出自《周礼》："匠人营国，傍三门，国中九经九纬。"有"双阙"，即皇宫门前的两座望楼，此处代指宫殿。"平若水"、"似云浮"两个比喻，写出了皇城大道宽阔平整、双阙高耸入云的壮丽景象。"九衢"两句是俯视的大全景，"扶宫"两句则是镜头推近后的中景，"望"的层次井然。"扶"是环绕、辅佐的意思。"扶宫"句承前"双阙"句而言，"夹道"句由前"九衢"句派生。许巽行《文选笔记》说："此言九涂双阙，皆有将相王侯之居扶左夹辅也。"可资参考。以下四句是静景，以下四句转为动景，动静相间，画面便不呆板单调。

“日中”四句写京城内阳光下的活剧。“市”是交易买卖的地方，“朝”是官府治事的处所，合而言之指人群麕集争名逐利的场所。正如《战国策·秦策一》所说：“臣闻争名者于朝，争利者于市，今三川、周室，天下之市朝也。”诗中这幅车如流水马如龙的“市朝满”图像，具有浓烈的鄙视与讽刺意味。那些熙熙攘攘奔竞往来的是何许人呢？并非等闲之辈，是那些吃饭前要撞钟、吃饭时要列鼎（古代食具）的权豪显贵。他们在大道上方驾（并驾）齐驱，趾高气扬。“自相求”，活画出这伙人臭味相投、狼狈为奸的丑态。这一帮子人，相互勾结吹捧，无耻钻营，而对于圈外人却极力排斥打击，这正是六朝时期“上品无寒门，下品无世族”的等级森严的门阀制度的真实写照。“望”至此，思想感情达到高潮，接着迸出两句感慨作结，脉络清晰。以上八句，与《古诗十九首·青青陵上柏》中“洛中何郁郁，冠带自相索。长衢罗夹巷，王侯多第宅。两宫遥相望，双阙百馀尺”诸句在文字与立意上都有师承的痕迹，但在刺时的深刻与尖锐上，鲍照诗显然更进了一层。

“今我独何为，坎壈怀百忧？”用问句作结，比直陈愤懑更具震慑人心的力量。“坎壈”，形容失意不遇的样子，本自宋玉《九辩》：“坎壈兮贫士失职而志不平。”诗中前“望”后“感”，与后世李白《行路难》所叹“大道如青天，我独不得出”如出一辙，真所谓“冠盖满京华，斯人独憔悴”（杜甫《梦李白》），令人扼腕。这两句近承前八句“望”，盛衰相形，冷热迥异；远绍发端二句，少年英姿与暮年萧瑟，对比强烈。结句以少驭繁，总束全篇，笔力千钧，如黄钟大吕，发人深省。

诗歌后半篇乍看之下，并无侠义之行，似与题意不符。其实不然。那位升高“临”下的“望”者，大有杜甫“饮酣视八极，俗物都茫茫”（《壮游》）的气概。他表面上形如槁木，凝目静望，不像少年时“白刃相仇”的尚气任侠，实际上他的心却并未止水无波。面对京城内如蝇逐臭、如蚁附膻的这批狗苟蝇营之徒，他怒火中烧，恨不得除去这班祸国殃民蠹贼而后快。其愤世嫉俗的侠义之心，与少年时期何尝有丝毫差异？所异者，只是由于年龄变化而导致抗争形式的不同而已。更何况昔日杀人亡命，焉知不就是因为那些“自相求”的豪门子弟在“杯酒”间凌辱他的人格而采取的激烈报复行动呢？前面“失意”的底蕴，在后半篇中若隐若现逗出，构思深细绵密。全诗的艺术匠心，正如王夫之所评“满篇讥诃，一痕不露”（《船山古诗评选》），一语中的。

鲍照青少年时期虽无行侠杀人的记载，但确有非凡的勇气与魄力。他曾自述“幼性猖狂，因顽慕勇”（《侍郎报满辞閤疏》）。另外，他二十多岁时，曾向临川王刘义庆“贡诗言志”，周围很多人劝阻他：“卿位尚卑，不可轻忤大王。”鲍照听后勃然答道：“千载上有英才异士沉没而不闻者，安可数哉！大丈夫岂可遂蕴智能，使兰艾不辨，终日碌碌，与燕雀相随乎？”（《南史》本传）这掷地作金石声的语言，足见他为人豪侠有胆识。所以《结客少年场行》虽非自传，却自有诗人的影子在。方回说：“明远多为不得志之辞，悯夫寒士下僚之不达，而恶夫逐物奔利者之苟贱无耻。每篇必致意于斯。”（《文选颜鲍谢诗评》）实为精覈之论。（曹光甫）

代贫贱苦愁行　　鲍 照

湮没虽死悲，贫苦即生剧。长叹至天晓，愁苦穷日夕。盛颜当少歇，鬓发先老白。亲友四面绝，朋知断三益。空庭惭树萱，药饵愧过客。贫年忘日时，黯颜就人惜。俄顷不相酬，恧怩面已赤。[1]或以一金恨，便成百年隙。心为千条计，事未见一获。运圮津涂塞，遂转死沟洫。以此穷百年，不如还窀穸。

〔注〕 ① 恧（nǜ）：惭愧。

《贫贱苦愁行》未见于《乐府诗集》，或许这一乐府古题诗作已失传，或许这是鲍照创作的乐府新题，只是加上“代”字而已。这首诗采用赋的手法，通过描写孤苦贫困者生不如死的处境，对世态炎凉和人情冷暖作了深刻揭露，是直面惨淡人生的优秀篇章。

全诗分四段。发端四句为首段，总述苦况。起二句用骈偶句道出了长期蕴结在孤贫者心底的一对矛盾：虽然湮没而死很可悲，但贫苦地活着也很痛苦。真是既不甘死，又不堪生。“生剧”是二句中的重点，以下一切描述都从此生发。“长叹”二句互文见义，是说整日整夜在愁苦长叹，用夸张手法写出愁苦之深广。

“盛颜”以下六句为第二段，从多角度描述苦况。首先是容颜面貌：年龄正当青春年少，红润的光泽却已从脸上消退；人还不曾垂老，鬓发却抢先生长出银丝。这二句形象的语言中，包含着痛苦的人生经验。其次是社会关系：“亲友四面绝，朋知断三益。”从骈俪关系来看，“断三益”应对之以“绝四面”，“四面绝”或系后世传讹。“三益”出于《论语·季氏篇》：“益者三友，……友直，友谅，友多闻，益矣。”二句说亲朋好友断绝往来，自己孑然一身，形孤影单，无人帮助。再次是家庭经济：“空庭惭树萱，药饵愧过客。”树萱，语出《诗·卫风·伯兮》：“焉得谖（即萱）草，言树之背。”萱草又名忘忧草，据说能令人忘忧。而如今，庭中空无所有，主人公不堪其忧，只有愧对满庭萱草的一番好意了。“药饵”语出《老子》：“乐与饵，过客止。”乐谓五音，饵谓五味，都是能使人愉悦喜爱之物。“药”，黄节《鲍参军集注》云当作“乐”，可从。家中没有音乐、美食可以招徕客人过访，这也是主人公深深抱愧的地方。这句也显示了他的心地善良。以上六句从本身衰沦、社会关系、家庭境况三方面勾勒出内外交困、一筹莫展的苦况，具体申述了首段“生剧”的内涵，同时为下段外出求助作了充分铺垫。

“贫年”以下八句为第三段，写求告之苦。“贫年忘日时”，贫家岁月忘记了日辰，因为佳节良辰对他们毫无实际意义。这与陶潜《酬刘柴桑》诗：“穷居寡人用，时忘四运周。”如出一辙。“黯颜就人惜”，其悲有三：“黯颜”，面目憔悴，照应上文“盛颜”二句，其悲一；“就人”，这副讨人厌的模样，还要迫不得已去找人，其悲二；找人还不是一般应酬，而是要煞费苦心求得他人同情、怜悯并给予接济，说到底，是一种变相乞讨，其悲三。五字把羞愧、强颜、焦虑、苦涩、渴望的错综复杂心绪曲曲传出，有非凡的表现力。其结果如何呢？“俄倾不相酬”，对方（当然是个富人）短暂敷衍后就懒于应酬，可见彼此对来意都心照不宣。在这“俄顷”之中，贫者也许连真正来意都来不及说，已被对方傲慢的态度兜头浇了一盆冷水。他立即“恧怩面已赤”，羞愧得满脸通红。“恧”，《方言》云：“自愧曰恧。”这二句心理描绘细腻入微，贫富态度对比强烈，极为动人。受到这样羞辱，他能否掉头离去呢？不能。为了求生存，不得不再硬着头皮提出了微薄的“一金”之求。班彪《王命论》说：“夫饿馑流隶，饥寒道路，思有短褐之袭，担石之蓄，所愿不过一金，终于转死沟壑。”可见“一金”虽少，却关系着贫人的生死存亡。对方原想使来者免开尊口，但来者竟如此不识相，因而怫然大怒，立即翻脸变仇：“便成百年隙”，竟像彼此结下了百年冤家似的。“一金”是少，“百年”是多，诗人很善于运用夸张及对比手法。人情似纸番番薄，整个乞讨以凶终隙末而结束。萧涤非《汉魏六朝乐府文学史》说：“‘贫年’数语，非身历者不能道。”确是知人论世之语。鲍照的前辈诗人陶潜也讨过饭，但他的《乞食》诗说：“饥来驱我去，不知竟何之。行行至斯里，叩门拙言辞。主人解余意，遗赠副虚期。”相比之下陶潜还算万幸，这位贫穷者（恐怕就是诗人自己的影子）则倍见凄凉，由此也可见世风日下的现实。以上六句详写求告始末，接着用二句略写概括无数次碰壁：“心为千条计，事未见一获。”为了免除饥寒之苦，他使出浑身解数，想了无数办法，但均以一无所获告终。穷人在死亡线上痛苦挣扎，富人奢侈淫逸而熟视无睹，世道就是这样的不公。“千条”、“一获”，仍然是通过数字对比进行夸张，效果强烈。以上八句有详有略，点面结合，深刻而全面地反映了冷酷的社会现实。

“运圮”四句为第四段，写贫苦的归宿。“圮”，毁灭、坍塌之意。“运圮”，犹言倒运、倒霉。“津”，渡口；“涂”，道路。交恶运者求生的路条条被堵塞，其唯一畅通的路只能是“遂转死沟洫”，将辗转奔波，最终尸填沟渠。这前景令人心寒，但又是前面三段诗意的必然归宿。二句总束前文,又开启篇末“以此穷百年,不如还窀穸”二句。“窀穸”,即墓穴。诗人最后发出了绝望之叹:与其这般终身穷困,还不如一死了之!诗开头写不甘死又不堪生,徘徊在生死之间,篇末则对生死作了明确的抉择——惨不忍闻的抉择。这画龙点睛的结尾,是全诗内容的提炼和升华,它看似平淡,实为沉郁,蕴涵着对现实社会强烈的愤激之情。诗至此戛然而止,如一锤重锣,震撼人心。

这首诗的艺术结构颇经过了一番惨淡经营,它首尾呼应,真切地揭示了在那时代贫苦者的必由之路——从不甘死亡到挣扎于生死线、直到不得不死。另外,此诗不但人物形象生动感人,而且语言也质朴无华,如叙家常、如说生平。为了服从表达的需要,诗中毫不避忌重复用字,“苦”、“贫”、“穷”、“死”等沉重的字眼,“一”、“百”这些对比鲜明的数字,都重复出现,令人感到触目惊心。晋宋之际的文人学士之流,在诗风上是“虽世极迍邅(处于困境),而辞意夷泰”,在措辞上是“俪采百字之偶,争价一句之奇”(均见刘勰《文心雕龙》)。在此诗风、世风日下之际,诗人能够风骨独标,确实体现了他艺术创造的非凡胆识和勇气。钟嵘《诗品》称他为“跨两代而孤出”,信不诬也。 (曹光甫)

拟行路难十八首(其一) 鲍 照

奉君金卮之美酒,玳瑁玉匣之雕琴,七彩芙蓉之羽帐,九华蒲萄之锦衾。红颜零落岁将暮,寒光宛转时欲沉。愿君裁悲且减思,听我抵节行路吟。不见柏梁铜雀上,宁闻古时清吹音?

在鲍照最为擅长的乐府诗体中,《拟行路难十八首》称得上是“皇冠上的珍宝”。这一组内容丰富而又形式瑰奇的诗篇,从各个侧面集中展现了鲍照诗歌艺术的多姿多态,确实像一块精光四射、熠熠生彩的钻石。无怪乎历代选家和评论家凡瞩目于六朝诗歌的,都不会遗漏了它。

顾名思义,“拟行路难”当为乐府古题“行路难”的仿作。后者本属汉代民歌,久已失传,据《乐府解题》记载,其大旨是“备言世路艰难及离别悲伤之意”。东晋人袁山松曾对它的曲调和文句进行加工改造,而袁制亦已亡佚。故鲍照此诗虽云拟作,实为这一诗题流传至今的最早篇翰,发摅的也是诗人自己胸中的磊块,并不同于一般的拟古篇什,所以有的诗集收录此诗时,去掉了题目上的“拟”字,径称作《行路难》。齐梁下及唐代不少诗人,也都袭用这个调名写出了一批名作。

《拟行路难》共一十八首,有的本子作十九首,是将其中第十三首分割成了两篇。这十多篇诗涉及不同的题材内容,体式、风格也不尽一致,看来并非一时一地之作,今人已有考辨。但是,把它们在同一诗题下编为一组,又绝非出于偶然。这不仅因为它们都采用了“行路难”的曲调,而且各首之间确有共同的主旋律贯串着,那便是对人生苦闷的吟唱。在形式上,这组诗都采用七言和杂言乐府体,音节流畅而富于起伏变化,以适应作者所要抒发的强烈而跳荡的情绪。正是这样一个统一的基调,加上作者构思、编排上的某些匠心,使得这些诗篇自然地发生联系,合成了一个可以放在一起加以观照和品评的整体。

本篇作为《拟行路难》开宗明义第一章,带有序曲的性质。

诗篇一上来,以“奉君”二字领起了下面四个排比句:“美酒”而盛以“金卮”,“雕琴”而饰以“玳瑁玉匣”,羽毛制作的帐幔间绣出了“七彩芙蓉”的图案,锦缎织成的被面上绽开着“九华蒲萄”的花纹。奉献到你面前的吃的、玩的、用的器物,无一不精美绝伦、色彩缤纷,足令人赏心悦目、忘忧解闷。这一赋体铺排手法的发端,为整个乐曲的演唱蓄足了气势,取得了先声夺人的效果。

可是,请别误以为作者是在为人生谱一曲欢乐之歌,想要尽情讴颂人世间种种官能的享受,那样就大错而特错了。你听,在那一阵子紧锣密鼓、急管繁弦式的华彩乐段之后,乐队突然沉寂下来、沉寂下来,悠悠地转出一声低咽的吟叹:红颜难驻,岁月迟暮,寒气闪烁,年华逝去。人生的这一大悲哀,又哪是美酒、雕琴之类所能消解得了的呢?读到这里,我们方明白前面那阵子开场锣不过是个铺垫,外形愈装扮得富丽堂皇,愈见出骨子里的哀感沉绵。

那末,就听任这种忧思无边无际地膨胀起来,吞噬了人的整个灵魂吗?不然。诗人在唱出人生苦闷的主题之后,却又反过来劝慰人们要“裁悲”、“减思”,节制和排遣自己的伤痛;而排遣的方法则在于聆听他的击节歌唱,那歌子便是倾诉人生苦难、不平的《行路难》。用宣说人间苦来排解现实生活中的苦闷,看似矛盾,但也不足为奇,因为通过这一独特的宣泄活动,是可以给人的心理机制恢复和带来某种程度的平衡,减轻人们心灵上的重压的。这大概正是诗人自己情不自禁地要创作这一组诗的内在动因吧。于是,诗歌开篇定场锣鼓声中被推上舞台前列的那些琳琅满目的器玩,至此重又获得了生气。它们不光是人生苦的垫衬,同时也是诗人演唱人生苦的布景、道具和音响手段。我们的诗人就站在这一绚丽辉煌的背景下,一手高举盛满美酒的金杯,一手挟起玉饰花雕的古琴。看吧!他正注目于我们。听吧!他就要放声歌唱了。这是何等美妙的瞬间,多么动人的景象呀!

诗写到这里,已经完成了序曲的任务,本可就此打住。而诗人为了加重语意,却又添出一段尾声:你没见到吗?汉武帝时的柏梁台,魏武帝时的铜雀台,当年歌舞胜地,乐声盈耳,曾几何时,风流云散,而今哪还有清音绕梁呢?言下之意:我的歌声也是稍纵即逝,要听就请抓紧吧。结末这两句看似逸出题外的话,既是对上文"听我抵节行路吟"的补充申说,又是对诗中"人生苦"主题的点题和呼应,而字面形式上转向援引古人古事,采用宕开一笔的写法,更增添了诗歌摇曳不尽的风神。

总合起来看,作为整个组诗的引子部分,本篇在立意上是比较单纯的。它的意图只是要交代写作这一组诗的缘起,即便涉及人生苦闷的主旨,亦仅点到为止,不作进一步展开。所以我们在这里接触到诗人内心的感慨还很抽象,缺少具体的内涵。但从另一方面来说,诗中这个单纯意念的表达形式却很不简单:由献列各种精美的器玩以行乐解忧,导向人生苦痛、忧思难遣,再折回裁悲减思、击节吟唱,而结以清吹不永、胜概难继,可说是一层一个逗顿,一层一道弯子。转折处是那样的突兀峭拔,而承接时又十分妥帖自然,极尽波谲云诡、跌宕生姿之能事。这样一种屈曲层深的构思方法,决不是为了卖弄技巧,它能够恰到好处地表现出诗歌单纯意念下深藏着的复杂微妙的情绪心理,那种苦闷与慰藉、排解而又难解的感情纠葛。贯通《拟行路难十八首》的整体,构成组诗中心情结的,不正是这一矛盾尖锐的心理态势吗?

(陈伯海)

拟行路难十八首(其二) 鲍 照

洛阳名工铸为金博山,千斲复万镂,上刻秦女携手仙。承君清夜之欢娱,列置帏里明烛前。外发龙鳞之丹彩,内含麝芬之紫烟。如今君心一朝异,对此长叹终百年。

这首诗写女子遭遗弃的痛苦,慨叹人心的易改善变。诗的特异之处,是抓住一个小物件——"金博山"落笔,着意铺叙点染,旁敲侧击,可谓运用传统比兴手法而有所推陈出新的好例子。

"博山",一种香炉的名称,因炉盖形状像重叠的山形而得名。一般用铜器制作,称之为"金",是形容其光泽的明亮,也表示它的名贵。这种香炉在古代相当时行,有的做工十分考究。葛洪《西京杂记》谈到:"长安巧工丁缓作博山香炉,镂以奇禽怪兽,皆自然能动",可见工艺的精致。我们这首诗里的"金博山"也非比寻常之物,它由洛阳名工铸就,经过千斲万镂,刻上了精丽的图形。图绘中的"秦女携手仙”是什么意思呢？秦女，即春秋时秦穆公的女儿弄玉，爱好音乐，嫁给了萧史，亦善吹笛，夫妻欢爱相得，后双双骑凤升天而去。将这一对神仙伴侣的故事雕画在博山炉上，极有深意，它是女主人公昔日爱情生活的象征，也是她当前孤苦生涯的鲜明比照。诗篇在描写金博山时着力突出了这幅画面，确是“画龙点睛”的一笔。

“承君”以下四句，就把金博山同以往的爱情生活联结在一起叙述了。回想那时候，自己和心上人在两情欢洽的氛围里共度良宵，精巧的博山炉即放置在床帏间。它那龙鳞般的篆纹在烛光照耀下焕发奇彩，一缕缕轻烟随风传送出沁人的香味。多么令人陶醉而魂销啊！其间亦自有金博山的一份参与。由此看来，它不仅仅是主人公爱情生活的象征，同时也是那个永志不忘的幸福时辰的活生生的见证。

一路铺排至此，写的都是爱情和欢乐的场面，谁也没有料到，结尾处却陡然翻出变徵之音，一下子推向了悲剧的结局。在前后转接处，“如今”两字起了重要的提挈作用，它在往日的欢娱和今天的失意之间，划出一道分明的界线。于是我们知道，两情欢洽已成过去，而人心的一朝变异，却给主人公带来了终身的遗恨。憾恨而仍然不能忘怀过去，便只有对着那作为爱情见证物的博山炉叹息不已了。诗篇结末“对此”的“此”，正是指的开首时详加介绍的“金博山”。所以前面的大段描述，其实皆为女主人公失去爱情后的观感和忆念。懂得了这一点，我们回过头来重读上文，就会品尝到在那华美而充满柔情的辞藻背后，潜隐着无限的辛酸与苦涩。一个小物件，系连着主人公一生悲欢离合的命运波折，蕴含着她内心并发的甜酸苦辣诸般情味。藉此为绾接点，从侧面烘托出这样一个爱情悲剧，确能收到要言不烦、以少总多的艺术效果。至于篇终那一声人心不固、见异思迁的感叹，究竟局限于男女恋情，还是别有寄托所在，只能让各位读者去“见仁见智”了。

（陈伯海）

拟行路难十八首(其三)　　鲍　照

璇闺玉墀上椒阁，文窗绣户垂绮幕。
中有一人字金兰，被服纤罗采芳藿。
春燕差池风散梅，开帏对景弄禽爵。
含歌揽涕恒抱愁，人生几时得为乐？
宁作野中之双凫，不愿云间之别鹤。

这也是一首以女子口吻言情之作,不过抒写的并非失恋的哀痛,而是爱情渴求得不到满足的苦闷。

诗篇在叙述上采取由远及近、由物及人的写法,有点类似今天电影里的推移镜头。最初呈露在我们眼前的,是主人公居处的整个外景——一所豪华富丽的建筑物。漂亮的宅门、白玉的台阶,将我们的视线迤逦引上了用香椒涂壁的楼阁。这显然是一个贵家妇女的卧室。镜头逐渐由室外转向室内:雕花的窗子,精绣的门户,垂挂着轻绮织成的帘幕。那气派与房屋的外观一样,进一步确认了室中人的身份。于是,摄影机开始聚焦到了女主人的身上,她通体裹服在精制的绫罗绸缎之中,手里却在把玩着几株香草。佩用香草,这本是古代贵族女子的一种爱好,就像今天的女士们洒用香水一样。不过依据当时习俗,香草又常用作赠送情人的礼物。那么,我们这位女主人的手采芳藿,除修饰自身以外,是否也另有所指呢?诗中还点出她的名字叫"金兰"。按之《周易》:"二人同心,其利断金;同心之言,其臭(同嗅)如兰。""金兰"二字后来就被当作"同心"的代名词使用。作者特地给主人公取了这么个芳名,不也是极富于启示性的吗?

如果说,前面这四句诗主要写了物景和静景,接下来的四句便着重进入人物的动态和心态。"春燕差池"形容燕子飞来时羽翼一张一歙的样子("差池"犹"参差"),它和东风吹落梅花,同样显示了节令的转移。表面看来,这里也是写的外景,但和上面的写景文字性能不一,它并非纯客观的报导,而是主人公眼中得来的印象,带有人物主观心理的印记。果然,在户外一派大好春光的撩拨下,我们的女主人再也按捺不住了。她掀开帏幔,面对阳光,逗弄起停留在窗槛、枝丫上的鸟雀("爵"同"雀")来。这一行为细节,分明透露出她在重重禁锢的环境中的苦闷、挣扎与向往。无怪乎她尽管身居华屋,体被绫罗,却总是含歌未发,揽涕无言,悒悒寡欢。人生的乐趣究竟在哪里?真正的幸福何时才能降临?这一声声凄切的呼叫,来自一个空虚而又干渴的灵魂,是任何美食甘旨也填补不了的。

话说到这里,尚未正面揭开主人公深心埋藏的秘密。她到底为什么而长年"抱愁"?又把什么样的乐趣看作人生追求的目标呢?最后两句单刀直入,一下子点明了题意,但为了避免过分裸露,仍采用了喻体修辞手法。"双凫",指成双结对的野鸭;"别鹤",指失去伴侣的孤鹤。在习惯上,鹤被认作高贵的鸟,凫则低贱得多。而我们的女主人却用决绝的语气表白:她宁愿像水鸭双栖草野,不愿如别鹤高翔云间。贫贱而充满爱情的生活,远胜于富贵而孤独的囚笼。结尾处这一响亮的宣言,犹如闪电一般照亮了前文各个意象的底蕴,整个诗章也就于此戛然休止。

(陈伯海)

拟行路难十八首(其四)　　　　鲍　照

泻水置平地,各自东西南北流。人生亦有命,安能行叹复坐愁?酌酒以自宽,举杯断绝歌路难。心非木石岂无感!吞声踯躅不敢言。

作为咏叹人生苦闷的抒情诗组,《拟行路难十八首》在抒述角度上有两个不同的类型:一是作者自己出面直抒胸臆,另一是作者不露面,假借诗中特定人物角色来抒发情感。前两首以思妇身份出现的言情之作,属于后一类型。本篇则属前一类型,着重表现诗人在门阀制度压抑下怀才不遇的愤懑与不平。

诗歌开首两句由泻水于地起兴,以水流方向的不一,来喻指人生穷达的各殊。这是一个很有名的比喻,它能够从平凡的日常生活现象中揭示深刻的哲理,耐人咀嚼,叫人感悟。当然,这个比喻可能亦有所本。清人钱振伦为《鲍参军集》作注时,曾引《世说新语·文学》里的一段记载:"殷中军问:'自然无心于禀受,何以正善人少恶人多?'刘尹答曰:'譬如写(通"泻")水著地,正自纵横流漫,略无正方圆者。'一时绝叹,以为名通。"可见用"泻水置地"打比方,在当时的玄学清谈中早已出现,并非鲍照首创。不过细心剖析一下,刘尹的答话是用水形的规整与否来喻指人性的善恶不齐,而鲍诗则是以水流方向各别来显示人生遭际的殊异,其内涵并不等同。相比之下,刘说更富于学理气息,而鲍喻则更接近生活,更为生动自然,也更适合于诗的表现。从这个意义上看,诗人的独创性仍是无可置疑的。

次二句承接上文:既然人的贵贱穷达就好比水流的东西南北一样,是命运注定、不可勉强的,那又何必烦愁苦怨、长吁短叹不已呢?表面上,这是叫人们放宽心胸,承认现实,其实内里蕴蓄着无限的酸辛与愤慨。这关键就在一个"命"字上。大"命"当头,谁还能强争强求?只能听凭它贵者自贵,贱者自贱。但反过来问一声:"命"就真的那么公正合理吗?为什么人人必须服从它呢?低头认"命",原是无可奈何的事;把社会生活中一切不正常的现象归之于"命",这本身就包含着无言的控诉。

再往下,诗思的发展仍然循着原来的路子。认了"命",就应设法自我宽解,而喝酒正是消愁解闷的好办法。我们的诗人于是斟满美酒,举起杯盏,大口大口地喝将起来,连歌唱《行路难》也暂时中断了,更不用说其余的牢骚和感叹。

那末,矛盾就此解决了?诗还用得着写下去吗?"心非木石岂无感"一句陡然翻转,用反诘语气强调指出：活着的心灵不同于无知的树木、石块,怎么可能没有感慨不平！简简单单七个字,把前面诸种自宽自解、认命听命的说法一笔抹倒,让久久掩抑在心底的悲愤之情如火山般喷射出来,其热度和力度足以令人震颤。我们仿佛看到诗人扔下手中的酒杯,横眉怒目,拍案而起,正要面对不公平的命运大声抗辩。可是,他并未由此再进一步发泄这种感愤,却轻轻一掉,用“吞声踯躅不敢言”一句收结全诗,硬是将已经爆发出来的巨大的悲慨重又吞咽下去。“不敢言”三字蕴藏着无穷的含意,表明诗人所悲、所感、所愤激不平的并非一般小事,而有着重要的社会政治内容;愈是不敢言说,愈见出感愤的深切。经过诗篇结末两句这样一纵一收、一扬一抑,就把诗人内心悲愤难忍、起伏顿宕的情绪,淋漓尽致地表达出来了。套用一句老话,谓之“笔力足以扛鼎”。

这首诗在音节上也有它独到的地方。它不像前面第一、第三首诗采用纯七言句,而是用的长短相间的杂言体。杂言似乎不及七言整齐,但有个好处,就是能灵活组织句子,便于选择合适的声腔,以配合文情的传递。本诗头上六句正是巧妙地运用了五七言句式的交错,建构起一短一长、一张一弛的节奏形式,给人以半吐半吞、欲说还休的语感。而到了结尾处,则又改为连用七言长调,有如洪水滔滔汩汩地涌出闸门,形成了情感的高潮。声情并茂,可以说是鲍照乐府歌行的一大特点,它对唐人歌行体诗篇也产生过极其深远的影响,值得我们细心玩味。

(陈伯海)

拟行路难十八首(其六) 鲍 照

对案不能食,拔剑击柱长叹息。丈夫生世会几时？安能蹀躞垂羽翼！① 弃置罢官去,还家自休息。朝出与亲辞,暮还在亲侧。弄儿床前戏,看妇机中织。自古圣贤尽贫贱,何况我辈孤且直！

〔注〕 ① 蹀(dié)躞(xiè)：小步行走貌。

这首诗也是反映的仕途失意与坎坷。和前一首相比,表现形式上纯用赋体,抒述情怀似亦更为直切。

全诗分三层。前四句集中写自己仕宦生涯中备受摧抑的悲愤心情。一上来先刻画愤激的神态,从“不能食”、“拔剑击柱”、“长叹息”这样三个紧相连接的行为动作中,充分展示了内心的愤懑不平。诗篇这一开头劈空而来,犹如巨石投江,轰地激起百丈波澜,一下子抓住了读者的关注。接着便叙说愤激的内容,从

“踝躞”、“垂羽翼”的形象化比喻中,表明了自己在重重束缚下有志难伸、有怀难展的处境。再联想到生命短促、岁月不居,更叫人心焦神躁,急迫难忍。整个心情的表达,都采取十分亢奋的语调;反问句式的运用,也加强了语言的感情色彩。

中间六句是个转折。退一步着想,既然在政治上不能有所作为,不如丢开自己的志向,罢官回家休息,还得与亲人朝夕团聚,共叙天伦之乐。于是适当铺写了家庭日常生活的场景,虽则寥寥几笔,却见得情趣盎然,跟前述官场生活的苦厄与不自由,构成了强烈的反差。当然,这里写的不必尽是事实,也可能为诗人想象之辞。如果根据这几句话,径自考断此诗作于诗人三十来岁一度辞官之时,不免过于拘泥。

然而,闲居家园毕竟是不得已的做法,并不符合作者一贯企求伸展抱负的本意,自亦不可能真正解决其思想上的矛盾。故而结末两句又由宁静的家庭生活的叙写,一跃而为牢骚愁怨的迸发。这两句诗表面上引证古圣贤的贫贱以自嘲自解,实质上是将个人的失意扩大、深化到整个历史的层面——怀才不遇并非个别人的现象,而是自古皆然,连大圣大贤在所难免,这难道不足以证明现实生活本身的不合理吗?于是诗篇的主旨便由抒写个人失意情怀,提升到了揭发、控诉时世不公道的新的高度,这是一次有重大意义的升华。还可注意的是,诗篇终了用“孤且直”三个字,具体点明了像作者一类的志士才人坎坷凛冽、抱恨终身的社会根源。所谓“孤”,就是指的“孤门细族”(亦称“寒门庶族”),这是跟当时占统治地位的“世家大族”相对待的一个社会阶层。六朝门阀制度盛行,世族垄断政权,寒门士子很少有仕进升迁的机会。鲍照出身孤寒,又以“直”道相标榜,自然为世所不容了。钟嵘《诗品》慨叹其“才秀人微,故取湮当代”,是完全有根据的。他的诗里不时迸响着的那种近乎绝望的抗争与哀叹之音,也不难于此得到解答。

前面说过,同为诗人抗议人生的哀歌,本诗较之上一首的正言若反、半吐半吞,写法上要直露得多,但本诗也并非一泻到底。起调的高亢,转为中间的平和,再翻出结语的峭拔,照样是有张有弛,波澜顿挫。音节安排上由开首时七言长调为主,过渡到中间行云流水式的五言短句,而继以奇峰突出的两个长句作收煞,其节奏的高下抗坠也正相应于情感旋律的变化。所以两首杂言体乐府仍有许多共同之处。再进一步,拿这两首感愤言志之作,来同前面那些借思妇口吻言情的篇什相比较,风格上又有不少异同。前诗婉曲达意,这里直抒胸臆;前诗节拍舒徐,这里律动紧促;前诗情辞华美,这里文气朴拙——随物赋形,各有胜境。不过无论哪一类题材,都能显现出作者特有的那种奇思焕发、笔力健劲的色调,这正是鲍照诗歌最能打动人心的所在。《南史》本传用“遒丽”二字评论他的乐府创作,后来杜甫也以“俊逸”概括其诗风,其实“俊”和“丽”还只标示出它的体貌,“逸”和“遒”才真正摄得它的神理。从鲍照的“俊逸”到李白的“飘逸”,是有着一脉相承的关系的。

(陈伯海)

拟行路难十八首(其七) 鲍 照

愁思忽而至,跨马出北门。带头四顾望,但见松柏园,荆棘郁蹲蹲。中有一鸟名杜鹃,言是古时蜀帝魂。声音哀苦鸣不息,羽毛憔悴似人髡。①飞走树间啄虫蚁,岂忆往日天子尊?念此死生变化非常理,中心恻怆不能言。

〔注〕 ① 髡(kūn):古代剃去头发的刑罚。

《拟行路难十八首》就集中抒写人生感受的特点来说,可能受了阮籍《咏怀八十二首》的影响,但两者的作风是很不相类的。鲍照乐府中那种倜傥明快的音响,跟阮诗的隐晦曲折、闪烁其词,相去不啻十万八千里。不过现在谈的这首诗可以算作例外。它用的是比体,托喻之事又故意不写分明,所以读来有一种迷离惝恍之感,在整个组诗中属于别调。

诗的起头就起得怪:“愁思忽而至”,究竟“愁”的什么,又怎么个“愁”法呢?作者不但不加解说,反而接着大写“跨马出北门”的所见所闻,仿佛将原先的愁思轻轻巧巧地撇在一边了。其实这正是诗人狡狯之处,他安下了一枚“钉子”,却又故弄玄虚地转移我们的视线,读者切莫上当受骗。

果然,文章逐渐来了。步出北门,四顾瞻望,眼目所及,只是一片荒凉的坟园。“松柏园”在这里特指坟地,因古人墓穴上专植松柏而得名。遍地荆棘丛生(“蹲蹲”为丛聚茂密的样子),更说明这片坟园已成废墟,绝无人来打扫探视。

往下,诗人笔头一转,给坟园里的杜鹃鸟作了一个特写。为什么要专写杜鹃呢?相传此鸟的前身是古代蜀国的国王杜宇,他后来失去王位,流落异乡,死后冤魂便化成了杜鹃。这自然是人们因杜鹃鸟鸣声凄厉所附会出来的故事,而诗人则巧妙地利用这个传说,将荒园里的杜鹃同墓穴中的死者构成联想,暗示我们这鸟儿可能即是死者魂魄的化身。你听它声音哀苦,啼鸣不息,不正是死去的冤魂在倾诉自身的不幸吗?你看它毛羽颓脱,身形憔悴,恰似囚牢中的罪犯遭受了髡刑。可怜它如今只能飞走于林木之间,靠啄食昆虫、蚂蚁为生,哪还能顾及往日尊显的地位,享受那富贵荣华的生活?这一段描述与其说是写杜鹃,还不如说在给死者招魂。而通过这寓言托物的手法,诗篇的本意便影影绰绰地显露了出来。

于是来到了全诗结穴之处:“念此死生变化非常理,中心恻恻不能言。”“恻恻”就是“愁思”,一起一结,遥相呼应,意味着起首的哀愁一直贯串到底,“愁”的内涵并未改变。那末,究竟为什么而犯愁呢?诗句间似乎也已点明,那便是“死生变化”的道理,前面文字中着力描写的坟园景象和杜鹃神态,均足以昭示这一点。然若我们的理解仅局限于这一般化的死生之理上,恐还未能充分揭示诗篇的内在意蕴。我们应该注意到,寄寓于杜鹃形象上的死生变化现象,是一种与社会地位的沉沦、原有身份的颠踬相联系的独特的转变,一种带有浓烈政治色彩的生活变迁,这才是诗人着眼之所在。据此,有人认为本诗影射晋恭帝遭刘裕篡害之事,也有人以为暗指宋少帝被弑事,说法不一,难以轻下断语。但不管怎样,诗确系有为而发,则毋庸置疑。我们知道,六朝正处在政权更迭频繁、政局动荡不稳的历史阶段,改朝换代是家常便饭,统治集团间的纷争倾轧更永无休止。在这种政治局面下,往日安富尊荣的帝室权门、达官显宦,一旦倾覆,身死族灭,是很常见的现象。作者感喟于世态的混乱,而又回天无力,只能归之于死生变化非常之理。而由于篇中涉及时事,担心招来祸殃,便只好故意闪烁其词,晦曲其事了。作风的不同导源于内容的差异,这里也显示出作者“量体裁衣”的本领。

(陈伯海)

拟行路难十八首(其十三)　　鲍　照

春禽喈喈旦暮鸣,最伤君子忧思情。我初辞家从军侨,[①]荣志溢气干云霄。流浪渐冉经三龄,忽有白发素髭生。今暮临水拔已尽,明日对镜复已盈。但恐羁死为鬼客,客思寄灭生空精。每怀旧乡野,念我旧人多悲声。忽见过客问向我,[②]“宁知我家在南城?”答云:“我曾居君乡,知君游宦在此城。我行离邑已万里,今方羁役去远征。来时闻君妇,闺中孀居独宿有贞名。亦云朝悲泣闲房,又闻暮思泪霑裳。形容憔悴非昔悦,蓬鬓衰颜不复妆。见此令人有馀悲,当愿君怀不暂忘!”

〔注〕 ① 我:为代言体虚拟人物。但联系下面“我家在南城”的贯属,则有意把这个“我”与作者自身沟通起来。 ② 向:原作“何”,从钱振伦《鲍参军集注》校改。

这是《拟行路难十八首》的第十三首,写游子思归之情。

“春禽喈喈旦暮鸣,最伤君子忧思情。”以春禽起兴极佳。春禽的和鸣确实最易引动游子的羁愁,这就是后来杜甫所说的“恨别鸟惊心”。鸟儿一般都是群飞群居,春天的鸟又显得特别活跃,鸣声特别欢快,自然引起孤独者种种联想。这里又是“旦暮鸣”,从早到晚鸣声不断,这于游子心理的刺激就更大了。下面他就自述他的愁情了。“我初辞家从军侨,荣志溢气干云霄。”“军侨”即“侨军”,南北朝时由侨居南方的北方人编成的军队。“荣”、“溢”皆兴盛之状。这两句说他初从军时抱负很大,情绪很高。“流浪渐冉经三龄,忽有白发素髭生。”“渐冉”,逐渐。看来他从军很不得意,所以有“流浪”之感,他感到年华虚度,看到白发白须生出,十分惊心。“忽”字传出了他的惊惧。“今暮临水拔已尽,明日对镜忽已盈。”这里写他拔白发白须,晚上拔尽,第二天又长满了,这是夸张,类似后来李白的“朝如青丝暮成雪”,写他忧愁之深。“但恐羁死为鬼客,客思寄灭生空精。”“寄灭”,归于消灭。“空精”,化为乌有的意思。这两句意思是,只是担心长期居留在外,变为他乡之鬼。“每怀旧乡野,念我旧人多悲声。”因此他常常怀念故乡,一想起家乡亲人就失声痛哭。上面是本诗的第一部分,自述从军无成、思念家乡亲人的心情。

“忽见过客问向我,‘宁知我家在南城?’”“南城”,指南武县,在东海郡。“问向我”,打听我,寻找我。所以“我”便反问他:你怎么知道我是南城地方的人?这就引出了下面一番话来。“答云:‘我曾居君乡,知君游宦在此城。”果然是从家乡来的人。“我行离邑已万里,方今羁役去远征。”“邑”,乡邑。这人看来也是投军服役,途中寻访早已来此的乡人,显然是有话要说。“来时闻君妇,闺中孀居独宿有贞名。”“孀居”即独居。这是说妻子在家中对他仍然情爱如昔。这里有一个“闻”字,说明这情况是这位乡人听说的,下句的“亦云”、“又闻”也是这样的意思。说她“朝悲”、“暮思”,又说她“形容憔悴非昔悦,蓬鬓衰颜不复妆。”极写妇人对丈夫的思念、对丈夫的忠贞,正如《行路难》前一首所写:“朝悲惨惨遂成滴,暮思绕绕最伤心。膏沐芳馀久不御,蓬首乱鬓不设簪。”鬓发乱也不想梳理,因丈夫不在身边,打扮又有什么意思呢。“见此令人有馀悲,当愿君怀不暂忘!”“见此”的“见”,依上当亦听说的意思。乡人这一番话一方面可以起慰解愁情的作用,因为这个游子急于想知道家人的消息,乡人的“忽见”,可谓空谷足音了。另一方面又会撩乱他的乡愁,妻子在家中那般痛苦,时刻望他归去,会使他更加思念了。还有一层情况,这个乡人叙说的情事都是得之听闻,并非亲见,这对于久别相思的人来说又有些不满足,更会有进一步的心理要求了。这一部分差不多都是写乡人的告语,通过乡人的告语表现他的思归之情,这是“从对面写来”的方法,正与第一部分自述相映衬。

《拟行路难》多数篇章写得豪快淋漓，而这首辞气甚是纡徐和婉，通篇行以叙事之笔，问答之语，絮絮道来，看似平浅的话语，情味颇多。用问话方式写思乡之情，鲍照还有《代门有车马客行》，王夫之评之曰："鲍有极琢极丽之作。……惟此种不琢不丽之篇，特以声情相辉映，而率不入鄙，朴自有韵，则天才固为卓尔，非一往人所望见也。"(《古诗评选》)王夫之对《代门有车马客行》的赞评亦可移之于这首《拟行路难》。 (汤华泉)

拟行路难十八首(其十五)　　鲍　照

君不见柏梁台，今日丘墟生草莱；君不见阿房宫，寒云泽雉栖其中。歌妓舞女今谁在？高坟垒垒满山隅。长袖纷纷徒竞世，非我昔时千金躯。随酒逐乐任意去，莫令含叹下黄垆。

据曹道衡先生考证，《行路难》的曲调原是近似《挽歌》一类的悲歌(见《中古文学史论文集·论鲍照诗歌的几个问题》)。此说当合乎实际。鲍照这组《拟行路难》的基本主题之一就是悲慨人生无常，本首诗就属于这类作品。

"君不见柏梁台，今日丘墟生草莱；君不见阿房宫，寒云泽雉栖其中。""柏梁台"，汉武帝所建，非常豪华，武帝尝于其中宴请群臣，赋诗作乐。"阿房宫"，秦始皇宫殿，十分雄伟，其中妃嫔宫女，不知其数。这两座建筑是秦皇、汉武富贵尊荣生活的突出表现，而今天呢，都成了废墟。"草莱"，杂草。"寒云泽雉"，冷云野鸡。这景象显得多么清冷、荒凉，与昔日的繁华适成鲜明的对照。"歌妓舞女今谁在？高坟垒垒满山隅。""歌妓舞女"是指蓄养于秦皇、汉武宫中的女乐，她们的不在，表示秦皇、汉武享乐生活的不能持久。"高坟垒垒"与如花似玉的容貌又是一个鲜明的对照。"长袖纷纷徒竞世，非我昔时千金躯。""长袖纷纷"承上，是说歌妓舞女穷妍极态、争宠取怜，这里用了个"徒"，表示枉费心机，"非我昔时千金躯"，到头来形销魄散，终归于尽。这又是一个对照。这里用了一个"我"字，借宫女的口吻说法，很是冷峻。这两句似还有深一层的讽世意味。长袖竞世，是一种情态百出、忘乎所以的形象，当不仅指那些宫人，还用来象征世上追逐名利的奔竞之徒。在作者看来，这种追逐也是全然没有意义的。"随酒逐乐任意去，莫令含叹下黄垆。"还不如随酒逐乐，得快乐时且快乐，不要等到死时空自叹息。"黄垆"即地下。"含叹下黄垆"亦不是泛泛而言，当含有沉痛的历史教训的意味，自古以来有多少"因嫌纱帽小，致使锁枷扛"的悲剧，远的如李斯上蔡黄犬之叹，近的如陆机华亭鹤唳之悲，都是典型的例子。

这首诗先以历史上两个著名的好大喜功、穷奢极欲的帝王作例，表明作为人生极致的追求也是没有意义的。然后由宫女影射世人，见出攀附权势、追逐名利的徒劳。最后的结论是：人生虚幻，及时行乐。这样的思想似乎太消极悲观了。《拟行路难》中不少作品都表露了这样的思想情绪。这里有个问题：鲍照为什么特别喜好写这种类似《挽歌》的作品？写得这般痛切、这般感伤？应当说这是他心中的苦闷、悲愁的发泄，是被压抑的人生欲望的一种曲折的伸张，如果他真的认为人生无意义，就不必如此慷慨悲歌了。《拟行路难》中其他几首悲歌，多是以花草、霜雪、日月比况人生无常，这首诗写的是社会现象，而且是典型的社会现象，看来他并不是简单地否定人生，而是在这种否定的言辞里深含着愤慨的情绪，对权势的垄断者、名利的占有者的极为厌恶和愤恨。这种情绪与他的孤贱出身、坎坷遭遇密切相关。这就是"人生无常"的底蕴，可以说是在消极的形式中含有积极的内容。

（汤华泉）

梅花落　　鲍照

中庭杂树多，偏为梅咨嗟。"问君何独然"？"念其霜中能作花，露中能作实。摇荡春风媚春日，念尔零落逐寒风，徒有霜华无霜质"！

《梅花落》属《横吹曲》，在郭茂倩《乐府诗集》中，鲍照的这首《梅花落》还算是较早的一首。诗的内容是赞梅，但是作者先不言梅，而"以杂树衬醒，独为梅嗟"。诗人说庭中的杂树众多，可我却偏偏赞叹梅花。如果我们再往下看，这发端的一句，又不仅仅是起着"衬醒"的作用，因为"衬醒"的效果，使得高者愈高，低者愈低，于是便触发了"杂树"的"不公"之感，因而也就按捺不住地提出质问——"问君何独然"？这"问"的主语便是"杂树"。"独"字紧扣着"偏"字，将问题直逼到诗人面前，诗人回答得也很爽快，那是因为梅花不畏严寒，能在霜雪之中开花，冷露之中结实。这是赞梅的理由。但是，为了使"偏"与"独"有所交代，也为了使发问者(杂树)对自己有所了解，所以接着又说，想想你们吧，只能招摇于春风，斗艳于春日，即使有的也能在霜中开花，却又随寒风零落，终没有耐寒的品质，是所谓"寒暑在一时，繁华及春媚"(鲍照《咏史》)。如此相比，则"偏为梅咨嗟"一语，便得到全面而有力的阐发。

明代钟惺说这首诗："似稚似老，妙妙"(《古诗归》)。这个评语颇有见地，也很耐人寻味。这首诗结构单纯，一二两句直抒己见，第三句作为过渡，引出下文的申述。言辞爽直，绝无雕琢、渲染之态，比如对梅的描写，这里就见不到恬淡的天姿，横斜的身影，也嗅不到暗香的浮动，更没有什么高标逸韵，力斡春回的颂词，而只是朴实无华，如实道来——霜中能作花，露中能作实；其句式韵脚，亦随情之所至，意之所须，有五言，也有七言；“以花字联上嗟字成韵，以实字联下日字成韵”（沈德潜《古诗源》），新奇而不造作。诗人以如此单纯朴拙、随意自然的形式，说着并不怎么新鲜的事情，确有几分“稚”趣。然而，“念其”、“念尔”，不无情思，足见褒贬之意，早存于心，所以观点鲜明，一问即答，且能不枝不蔓，舍形取神，切中要害，是亦决非率意而成。“今日画梅兼画竹，岁寒心事满烟霞”（郑板桥《梅竹》）。画家“心事”在画中，诗人的“心事”又何尝不藏在诗中呢！我们先不妨读一段《南史·本传》中的记载：“（鲍）照尝谒（刘）义庆，未见知，欲贡诗言志，人止之曰：卿位尚卑，不可轻忤大王。照勃然曰：千载上有英才异士沉没而不闻者，安可数哉！大丈夫岂可遂蕴智能，使兰艾不辨，终日碌碌与燕雀相随乎？于是奏诗……”（《南史》卷十三）。这段文字不仅可以使我们窥见其人，亦有助于理解这首诗。如果说傲霜独放的梅花，就是那些位卑志高、孤直不屈之士的写照，当然也可以说是诗人自我形象的体现。那么，“零落逐寒风”的“杂树”，便是与时俯仰、没有节操的龌龊小人的艺术象征。诗人将它们加以对比，并给予毫不含糊地褒贬，一方面反映了诗人爱憎分明、刚正磊落的胸怀，一方面也表现了他对“兰艾不辨”、贵贱不分的世风的抨击和抗争！萧涤非先生曾经说：鲍照“位卑人微，才高气盛，生丁于昏乱之时，奔走乎死生之路，其自身经历，即为一悲壮激烈可歌可泣之绝好乐府题材，故所作最多，亦最工”（《汉魏六朝乐府文学史》）。这首诗虽是咏物，然其身世境遇、性格理想、志趣情怀无不熔铸其中。就以上所言，则又显示出它的慷慨任气，沉劲老练的特色。因而，那“似稚似老”的评语实在是精当绝妙！

（赵其钧）

代北风凉行　　　　鲍　照

北风凉，雨雪雱。京洛女儿多严妆。遥艳帷中自悲伤，沉吟不语若为忘。问君何行何当归，苦使妾坐自伤悲。虑年至，虑颜衰。情易复，恨难追。

本篇在《乐府诗集》中属《杂曲歌辞》。郭茂倩说：“鲍照《北风凉》、李白《烛龙栖寒门》，皆伤北风雨雪，而行人不归。”开篇二句，出自《诗经·邶风·北风》：“北风其凉，雨雪其雱。”极写风狂雪虐的自然环境，构成一个凄冷迷茫的背景。在这背景上，先泛写京洛女儿盛妆入时、风姿绰约的群象，进而呼出一位妍丽可爱而独自悲伤的闺中少妇，展示她寂寞凄伤的心绪。离群索居的她，在闺房帷帐之中，沉吟不语，恍惚怅惘，若有所失。她低回默念，沉吟不语，思念远行在外的夫婿：你如今滞留何方？什么时候才能回到我身旁？你音书杳然，真让我苦思苦想，难遣忧伤！岁月流逝，一年将尽，时光催人老，红颜不常驻，叫我怎能不忧伤？纵然你总有回家的一天，夫妻恩爱如初；可我的青春却是一去不回还！这遗憾是难以弥补的啊！细味女主人公一再感叹的悲伤和忧虑，分析她精神生活的深层，可知她的沉吟不语，实因触景生情、触目惊心，一时思绪万千，难以为情所致。北风雨雪纷飞不能不引起她思想感情的波动。“遵四时以叹逝，瞻万物而思纷。”（陆机《文赋》）逝者如斯，被岁月长河卷去的青春，一去难返。“年年岁岁花相似，岁岁年年人不同。”（刘希夷《代悲白头翁》）这朴素而强烈的感悟，自然使她产生了虚掷青春的悲伤和不平。这样看来，本篇的意蕴应是对人生旅途中美丽的青春年华的珍惜，对人生应有的爱情、幸福的渴望。已故美学家朱光潜先生说过：“美，未必有韵，美而有情，然后韵矣。美易臻，美而浮之以韵，乃难能耳。”他还举《古诗十九首》“迢迢牵牛星”一首为例说，“前半篇写得静美，后半篇透出情韵”。（《朱光潜美学论文集》）鲍照这首诗中的女主人公，可谓艳而有情，心海澎湃而沉吟不语，极饶耐人回味的情韵。

和鲍照杂言乐府中那些俊逸奔放、奇峭跌宕、婉丽幽深之作不同，本篇在长短间错的杂言形式中，回响着晋宋以来乐府民歌悠扬流美的旋律，在音节的调动与平声韵脚的变化中，创造出极富民歌韵味的清新活泼的节奏美，以轻盈流畅、含蓄深沉的韵味取胜。全诗没有生涩奇奥的辞藻堆砌，只以畅朗如民歌的语言，直抒情怀，写出了女主人公含意深长的沉默，以真味动人心弦。在人生的诸般体验中，最属于个人的痛苦，乃是爱情的痛苦。“沉吟不语若为忘”，由真入神，形神兼备，像浮雕一般，矗立读者眼前。虽“沉吟不语”，却比呼天喊地的呼号，如火如荼的痛哭，更引人遐想，荡激人的心海。它像一支轻柔的小夜曲，仿佛由远及近，再由近及远地在你的耳际萦回，大有绕梁三日之韵致。这种俚而不俗，质中见丽的清新风格，是鲍杂言乐府的一个重要特色，对唐代诗人如李白的歌行创作，影响十分明显。宋人陈师道在《后山诗话》中称“鲍照之诗，华而不弱”，以此诗证之，诚然。

（林家英）

代春日行　　鲍 照

献岁发，吾将行。春山茂，春日明。园中鸟，多嘉声。梅始发，柳始青。泛舟舻，齐櫂惊。奏《采菱》，歌《鹿鸣》。风微起，波微生。弦亦发，酒亦倾。入莲池，折桂枝。芳袖动，芬叶披。两相思，两不知。

《春日行》属古乐府《杂曲歌辞》。“代”犹拟，仿作。这首诗描写在明媚的春光中男女青年郊游嬉戏的欢乐情景。

前八句写陆游之乐。“献岁”即岁首，一年之始。《楚辞·招魂》：“献岁发春兮，汩吾南征。”“吾将行”，是借用《楚辞·涉江》：“忽乎吾将行兮”中的成句，在此谓我将出发春游。往下即写郊外所见的明媚春光：百草绿缛争茂，万木欣荣葳蕤，千山万岭都披上了青春的绿装。光明灿烂的春晖，洒满绿色大地，焕然成彩，暖气融融。园林中到处莺声燕语，鸣声清脆，仿佛一曲曲悦耳动听的春歌。红梅在春风中第一个竞先怒放，向人间报告春的信息。含烟惹雾的杨柳枝条，已纷纷插出嫩芽，渐渐由黄转青……春天给人们带来的一切，都那样新鲜明丽，生意盎然。

接下去的八句再写水游之乐：春游的人们来到烟波浩渺的水上，荡起了龙舟画舫；他们整齐地举起桨片(櫂)，使劲地划呀划呀；船儿飞快地在水上滑行，水鸟被惊得扑翅飞向两岸。人们不禁心旷神怡，逸兴遄飞，在船上奏起了江南的《采菱曲》，音调流转柔婉；时而又唱起古老的《鹿鸣》歌(《诗经·小雅》中一篇，是宴客的诗)，情韵和雅古朴。和煦的春风吹皱了一池春水，泛起层层涟漪；大家在弦歌声中频频举杯祝酒，尽情痛饮。

“入莲”四句则侧重写女子的水游之乐：她们荡开双桨，时而没入一片荷叶田田的池中，时而又傍岸攀折那尚未开花的桂枝。随着她们透着香气的罗袖频频挥动，船儿便轻快地前进，那些芬芳的水草叶子纷纷地向两边倒伏让路。

最后两句写春游中的青年男女彼此产生了爱慕相思之情，这是一种隐秘微妙的心理状态：两方都钟情于对方，又都不知道对方同时也在相思之中。当然，双方情根既已萌发，早晚必将破土而出；两颗内在炽热而外表封闭的心，早晚也将互相撞击、彼此交流：或明媒提亲，或幽期密约，或大胆私奔……这些往后的行动和结果，给读者留下了丰富的悬念和想象的余地，所谓“含不尽之意见于言外。”(欧阳修《六一诗话》)此诗结尾的妙处，即在于此。故沈德潜评曰：“声情骀荡。末六字比‘心悦君兮君不知’更深。”(《古诗源》卷十一)

此诗通篇三言句法，这最早源于民间谣谚。如《述异记》载吴夫差时童谣：“吴宫秋，吴王愁。”《史记·淮阴侯列传》中韩信引古谚：“狡兔死，良狗烹；飞鸟尽,良弓藏;敌国破,谋臣亡。”然魏晋以来,文人诗中三言者殊为罕见,因而此诗弥显别具一格,足见鲍照善于学习民歌形式并加以提高。这种通首三言,隔句押韵的歌行,具有句短拍促,节奏明快,声情骀宕的特点;与春游行进的步伐,轻舟荡桨的节奏,男女欢娱的气氛,以及整篇欢乐明快的诗情,恰好十分和谐,达到了声情与词情的完美统一。

意境优美,脉络错综,也是此诗的一个显著特点。前八句写陆游春景,移步换形,重在声色渲染,突出明媚璀璨的良辰美景,是景中含情;游人虽在活动,然景物则处于静态。“泛舟”以下十二句写水游之乐,一句一个动作,摇曳多姿,重在突出弦歌樽酒的赏心乐事,是情中有景;船动,人动,景动,则全然动态描写。至结尾二句,重下两个“两”字,则将男女、水陆总挽作结,余意优游不竭。全诗洋溢着浓郁的诗情画意,显出俊逸的风格。

最后顺便提一下,清人张玉榖《古诗赏析》云:“入莲四句……却即夏、秋写景。”实未必然。因为虽然荷花夏季开,桂花秋季开,但并不妨碍它们春季叫“莲池”和“桂枝”。否则,题目叫《代春日行》,而又去写夏秋之景,岂非文不对题?鲍参军恐不致如此荒谬吧!

(熊 笃)

登庐山二首(其一) 鲍 照

悬装乱水区,薄旅次山楹。千岩盛阻积,万壑势回萦。巃嵸高昔貌,纷乱袭前名。洞涧窥地脉,耸树隐天经。松磴上迷密,云窦下纵横。阴冰实夏结,炎树信冬荣。嘈囋晨鹍思,叫啸夜猿清。深崖伏化迹,穹岫閟长灵。乘此乐山性,重以远游情。方跻羽人途,永与烟雾并。

鲍照的《登庐山》诗,与《登大雷岸与妹书》,同写庐山壮观。诗不及《书》素有盛名,但也不失为晋宋之际山水诗兴起时期之一佳作。鲍照为江州刺史临川王刘义庆之佐吏,时在宋元嘉十六年至十七年(439—440),诗与《书》即此时所作。《书》中有“西南望庐山,又特惊异”之句,则诗之作在《书》之后。诗写“登庐山”,是偿其“望庐山”之心愿矣。

“悬装乱水区,薄旅次山楹。”从人的行程写起,这是我国早期山水自然诗之通例。上句,悬装犹言携带行李。悬者,系也。《孟子·公孙丑上》:“民之悦之犹解倒悬也。”乱水区,是说乘船渡过大江。乱者,渡也。《尚书·禹贡》:“乱于河。”孔安国传:“绝流曰乱。”下句写舍舟登岸之后,游子就投宿在山房。《卓氏藻林》:

“山楹，山房也。”用字多用古义，这是早期山水诗不十分成熟的表现。

“千岩盛阻积，万壑势回萦。”这已从登山所见写起。登山应当在次日。但见群峰峻极于天，众壑奔赴回旋。阻积状山峰之高险，而冠之以“盛”，回萦状山壑之气势，而直出“势”字，皆雄健之笔。此二句顿时写出庐山壮观来，而不假古字僻字。用自然的笔墨来描写大自然，这才是山水诗的正道。当诗人面对大自然时，他当下便放下一切，这就是大自然对人的洗礼。“巃嵸高昔貌，纷乱袭前名。”巃嵸意即崔巍。此二句结构倒装，语有省略。上句犹言昔貌高巃嵸，意思是庐山昔貌崔巍，今日崔巍如旧。下句说群峰甚多，各有其名，其名由来已久。这两句是初见庐山，情不自禁的赞叹语。“洞涧窥地脉，耸树隐天经。”上面四句，是总写山貌，总的赞叹，以下即为细部描绘。往深涧俯视，则山涧之深深不可测，似乎连接地下水道。往峰巅仰望，则峰顶树木耸入云霄，而与日月星辰相接。天经，此是言天体运行之道。《登大雷岸与妹书》：“(庐山)峰与辰汉相接，上常积云霞，雕锦缛。”可以参读。“松磴上迷密，云窦下纵横。”磴，注家云是“石桥”，不对。石桥平卧，如何可以说“上”？磴者，山路的石级。《水经注·汾水》：“羊肠坂在晋阳北，石磴萦委，若羊肠焉。”可证。此二句诗，亦用倒装结构。石径，则曲折远上山间，消失在迷茫稠密之松林中。云彩，则纵横缭绕于山洞下。北宋画家郭熙《林泉高致·山水训》云：“山得水而活，得草木而华，得烟云而秀媚。”虽言画理，亦通诗意。鲍照之诗，已得此意。“阴冰实夏结，炎树信冬荣。”此二句指点出庐山包蕴之大，景观气象万千。阴岩下有冰，至夏天犹未化。阳坡上的树，在冬天能开花。笔墨入奇。“嘈噴晨鹍思，叫啸夜猿清。”嘈噴，状山鸟鸣声。思念去声，训为情思。猿清，语同《荆州记》：“重岩叠嶂，隐天蔽日。高猿长啸，属引清远。”山鸟鸣唱则有情，山猿夜啸而意清，笔意所至，遂将此山万物有情化了。而此山人物，亦自然不俗。“深崖伏化迹，穹岫閟长灵。”注家云：“化迹，西国化人之迹。”此说可从，但不必拘着。东晋高僧慧远隐居庐山三十年，弘扬佛法，名动四方。而庐山及周围一带，亦不乏隐逸之士。东晋刘遗民弃官隐于庐山，与陶渊明、周续之，当时“谓之浔阳三隐”(《宋书·周续之传》)，刘、周后皈依佛教，渊明则不与。所以，此二句诗，是泛说此山深藏有道之人，隐逸之士，其事迹精神，亦长存此山。

“乘此乐山性，重以远游情。”此下四句，发舒登临此山油然生起的返归自然之情思。乐山，语本《论语·雍也》：“子曰：知者乐水，仁者乐山。”诗人本性爱好自然，故特重远游此山之情。此二句出自本色，语意皆佳。“方跻羽人途，永与烟雾并。”羽人，谓羽化飞举之人，即道教中的成仙者。由此可见，上面“深崖”二句，并不专说佛教中人。此二句结笔，是依当时山水诗卒章谈玄之通例，说自己要沿着羽人升举之道路，得长生而弃世间。诗意，其实还是在于对大自然的一份无限向往之情。

鲍照此诗以雄健峭拔之笔，写出庐山之壮观，写出其气象万千之细部，并表现出俊逸特出之个性，故不失为早期山水诗之一佳作。陈祚明《采菽堂古诗选》评之云："坚苍。其源亦出于康乐（谢灵运），幽隽不逮，而矫健过之。"说得不错。鲍照诗，多为乐府，多写寒士在政治上受压抑的不平之情，这表明他能够对当时的门阀专政这一大时代课题，作出卓越的回应。刘勰《文心雕龙·明诗》云："宋初文咏，体有因革，庄、老告退，山水方滋。"这就是说，人对自然的再发现，和以诗歌文学表现自然美，又是晋宋之际的一大人文潮流。鲍照此首《登庐山》诗，及其《登大雷岸与妹书》，则表明他也能够对当时表现自然美这一大人文潮流，作出有力的贡献。杜甫曾赞叹鲍照："俊逸鲍参军。"如实地说，俊逸，既是鲍照为诗的特征，亦是其为人的特征。而为人乃是为诗的本原。（邓小军）

登黄鹤矶　　鲍照

木落江渡寒，雁还风送秋。临流断商弦，瞰川悲棹讴。适郢无东辕，还夏有西浮。三崖隐丹磴，九派引沧流。泪竹感湘别，弄珠怀汉游。岂伊药饵泰，得夺旅人忧？

刘宋大明六年（462）秋，孝武帝刘骏第七子刘子顼为荆州刺史，出镇江陵（今属湖北），诗人以子顼征虏将军府参军随赴荆州任所，途中行经武昌（今湖北武昌），登黄鹤矶（在黄鹤山，即今蛇山西北）而写下了这首诗，表达他当时离别家乡的悲愁和倦于奔波的愁苦心情。

首二句"木落江渡寒，雁还风送秋"，写登黄鹤矶时所见眼前景物并点明季节：大雁南飞，寒风北来，树叶纷纷零落，使大江边的渡口平添了一派肃杀萧条景象。这二句意象开阔而又苍凉，一开始就使诗蒙上了一种抑郁低沉的情调，起手不凡。方东树在《昭昧詹言》中称其可与屈原"洞庭波兮木叶下"媲美，并非虚美之辞。

三、四两句，切题之"登"，写诗人登上黄鹤矶，俯视着莽莽长江，不由得悲从中来，抚弦怆然。"商"是凄厉的高音阶，诗人满腔悲愁之余，琴弦高张，琴声凄绝，直弹到弦子蹦然而断。此时江上又传来阵阵渔歌，这歌声在秋风中显得格外悲凉，使诗人胸中一悲未已，一悲又起。当时，诗人已年近五十，近三十年的漂泊奔波生活，使他的身心受到了极大的摧残，迫切希望能有一个安宁的生活环境，不再四乡奔波。这次他在临上荆州时的《从临海王上荆初发新渚》诗中,就已吐露了"奉役塗未启,思归思已盈"的不愿离乡远行之情;而此时秋景的肃杀,使他联想到人生暮年的来临,大江的川流不息,使他痛感生命的一逝不返,诗人又怎能不索琴急弹、一泻悲怀呢?

中间四句,正面写登临所见。"郢",楚国国都,即荆州江陵,诗人由武昌往江陵,不得东回,故云"适郢无东辕"。下句"还夏有西浮",借用《楚辞·哀郢》中"过夏首而西浮"句,"夏"指夏水,在江陵附近,诗人前往江陵,故只有浮舟西行。"三崖隐丹磴,九派引沧流",《荆州记》:"江至浔阳,分为九道。""九派",指浔阳(今江西九江)至武昌一段长江分为许多支流。"三崖",钱仲联以为:"似指江宁三山而言,地隔已远,故隐没而不见也。"(《鲍参军集注》)丹磴,当指在阳光照映下焕发出红光的远山。诗人远眺家乡,却不得而见,只有收回目光,近看眼前的江流纵横。这四句看上去全似客观叙述,然其中却贯注了强烈的感情色彩。上二句用《哀郢》语,暗示自己的西行,也如屈子去郢一般是极不情愿之事。下二句中,"丹"字是全诗唯一暖色调字眼,而它偏偏又标志着故乡的方位,足见在一片灰暗秋景中,唯有故乡方向的一片阳光,才能给诗人心头带来一丝暖意。这"丹"字色彩的与全诗不协,正显示着故乡与黄鹤矶——亦即奔波宦程的象征——之间的鲜明对立!至于那九派乱流,不正是望故乡而不见的诗人内心茫乱的外化吗?一个"沧"字,又从音节上使读者联想到景色的"苍"凉、内心的悲"怆",含蕴极为丰富,而外表又极不露声色。

后四句,写登临眺望所引起的感受和当时的心情。"泪竹感湘别",用舜二妃事,《博物志》:"尧之二女,舜之二妃,曰湘夫人。舜崩,二妃啼,以涕挥竹,竹尽斑。""弄珠怀汉游",化用张衡《南都赋》"游女弄珠于汉皋之曲"句,传说郑交甫在汉皋台下遇二女,佩两大珠,交甫求得其珠,而不久珠与二女皆不见。这二句前者形容诗人离别家乡时的悲泣,后者既希望在这番西行中能有异遇,又觉得这个希望终属渺茫。二句虽是用典,但诗人身在武昌,则南望湘流、西瞩汉水亦是可能之事,故典故并不觉得凭空飞来,而是仍然与"登黄鹤矶"相切合。末二句说尽管旅途中也有音乐和食物(据黄节说,"药饵"应作"乐饵")的享受,但这些又岂能驱散自己心中的无穷悲愁?点明悲愁心绪,收束全篇,照应前文的断弦、悲歌,首尾呼应。一个憔悴老病、忧愁万端的诗人形象跃然纸上。

本诗对仗工稳,是向永明体过渡时期的代表作品,遣词造句也形象生动,蕴藉含蓄。首二句尤其警策,沈德潜评之为"发端有力"(《古诗源》卷十一),而唐代孟浩然的"木落雁南渡,北风江上寒"(《早寒有怀》),受此二句的影响,更是显而

易见的。 （丁福林 沈维藩）

日落望江赠荀丞 鲍 照

旅人乏愉乐，薄暮增思深。日落岭云归，延颈望江阴。乱流澫大壑，长雾匝高林。林际无穷极，云边不可寻。惟见独飞鸟，千里一扬音。推其感物情，则知游子心。君居帝京内，高会日挥金。岂念慕群客，咨嗟恋景沉。

宋文帝元嘉二十八(451)、九年间，鲍照客居广陵（今江苏扬州）、瓜步（在今江苏南京六合区）等地，处境困难，作此诗以赠其友尚书左丞荀赤松（见《文史》十六辑曹道衡《鲍照几篇诗文的写作时间》），抒写去亲为客的孤独忧愁和对家乡旧友的思念，并表示希望得到旧友的帮助。这是诗人生活中期的作品。

前四句是第一段。“旅人乏愉乐，薄暮增思深”，以平稳的交代总起全诗。去亲为客，漂泊他乡的游子本少愉悦，今又值黄昏，感物伤怀，则更增其愁。这种情感，在鲍照以前诗人的诗文中已屡有所见，王粲《登楼赋》说：“兽狂顾以求群兮，鸟相鸣而举翼。原野阒其无人兮，征夫行而未息。心凄怆以感发兮，意忉怛而憯恻。”曹植《赠白马王彪》说：“原野何萧条，白日忽西匿。归鸟赴乔林，翩翩厉羽翼。孤兽走索群，衔草不遑食。感物伤我怀，抚心长叹息。”皆属此类。本诗这里暗用其意，重在点明由眼前日暮而引起的思乡和怀人的忧愁，行文极其自然。以下二句则正面写望乡，照应题目，“日落岭云归”，承接上文的“薄暮”，进一步补充说明忧思增深。白日西匿，在诗人眼中，不但有生命的鸟兽在归巢索群，甚至连无生命的云彩都在急急地回归山岭，感情又进了一层，更深切地引起了他漂泊孤独、无所归依的苦痛忧思。思乡怀人之情，至此乃跃然纸上。“延颈望江阴”，切题之“望”。“江阴”，江南，既交代了荀丞所在之地为江南，又暗示了自己辗转漂泊于江北。引颈而望，表现了对家乡和旧友的急切思念，是上文感情发展的必然结果。

中间八句是第二段，正面写望江所见和感受。“乱流澫大壑，长雾匝高林。林际无穷极，云边不可寻”，是望江所见的晚景：无数条水流正杂乱地向巨大的长江汇合聚拢（澫，水会合），随着暮色的渐深，夜雾弥漫开来，环绕着两岸无边无际的高大林木，向天边绵延伸展，与落日余霞相接，浑然一体。数句写长江日暮景色，气象雄浑，同时又透出几分黯淡的色彩，和诗人当时的忧愁凄凉心境颇相融合，情在景中，耐人咀嚼。此后诗人继续写望江所见，由无生命的林木、云雾转到有生命的禽鸟，“惟见独飞鸟，千里一扬音”，日落云归，暮色苍茫，鸟兽皆已回归巢穴，可此时却仍有孤鸟独飞，怆然长鸣。这就自然地引起了诗人的联翩浮想。曹植《杂诗》之一说：“孤雁飞南游，过庭长哀吟。翘首慕远人，愿欲托遗音。”本诗二句暗用其意，孤鸟哀鸣，犹云游子的悲鸣，都是在“求其友声”（《诗·小雅·伐木》语）。这就自然过渡到下二句。“推其感物情，则知游子心。”诗人由孤鸟独飞，进而推想到和它命运类似的自己，从而表现出了对故乡的怀念和对旧友的无限思慕。

末四句是第三段，切题之“赠荀丞”。“君居帝京内”，转入赠友正题，交代荀丞及其所居地点乃京都建康。“高会日挥金”，写荀丞的优越处境：日日置酒高会，挥金如土。元嘉末，荀赤松在京任尚书左丞，是当时执政的徐湛之一派中的重要人物，《宋书·徐湛之传》载湛之豪奢，“伎乐之妙，冠绝一时”，“以肴膳、器服、车马相尚”，荀赤松的生活，恐怕亦复如此。结尾二句则承此而说，谓荀丞只顾自己享受，却不知道失群离居的故友，面对着江心即将沉没的一轮夕阳，正在长吁短叹呢！这二句感叹荀丞不能援手于自己，有希望得到朋友帮助之意。而态度则不卑不亢，显示了诗人人格的自尊。

此诗由日暮而引起的恋土怀乡发端，进而转到望江，又由望江的所见引至的怀乡慕友，过渡自然，层次清楚。结句“景沉”，又照应开头的“薄暮”，首尾呼应，形成整体和谐的美。

本诗暗用前人诗句而不露痕迹，含义深刻而不隐晦难读。采用比物象征手法，以独飞鸟拟孤独漂泊的游子，表现也很有形象感。此外，本诗遣词造句精炼警策，如“日落岭云归”，“乱流灇大壑，长雾匝高林”都是典型的例子，体现了作者深厚的艺术功力。王夫之《古诗评选》对此诗备极赞赏，言其“古今之间，别立一体，全以激昂风韵，自致胜地。……乃似剑埋土中，偶尔被发，清光直欲彻天。”可供参考。

（丁福林）

赠傅都曹别　　鲍照

轻鸿戏江潭，孤雁集洲沚。邂逅两相亲，缘念共无已。风雨好东西，一隔顿万里。追忆栖宿时，声容满心耳。落日川渚寒，愁云绕天起。短翮不能翔，徘徊烟雾里。

鲍照是南朝刘宋时代卓有成就的诗人。后世尊之以为可与谢灵运齐名。但在当时，鲍照的诗名却远不及谢灵运。梁代钟嵘撰《诗品》，竟列鲍照于中品。原因很简单,谢灵运是当时世家望族,鲍照则出身寒门,终身屈居下僚。诗坛名气大小,每视其人出身高贵与寒微而异,这种风气自古已然,而六朝尤烈。到了近、现代,特别是当代,人们对鲍照的评价才超过了谢灵运。然而从总的情况来看,对这位诗人的重视仍嫌不足。从我个人学习古典诗歌的体会来说,尽管谢诗功力深邃,修辞凝练,却总有王国维说的那种"隔"的毛病;而鲍照大部分的诗,读来都能亲切感人。关键在于:谢诗得力于辞赋,而鲍诗得力于乐府民歌。我们不妨总结一条经验,凡善于从乐府民歌汲取营养的诗人,其作品大抵能平易近人或亲切感人,这就是作家所运用的语言文字反转过来对其所表达的思想感情所起的作用。一位作家思想境界不高,感情不诚挚,这当然不行;然而在创作时如果缺乏清新流畅的语言和深入浅出的修辞本领,纵使有好的思想感情,也还是不能恰如其分地表达出来的。

杜甫在《春日忆李白》一诗中有两句名言:"清新庾开府,俊逸鲍参军。"从此"俊逸"的评语便成为鲍照的定论。其实杜诗的原意,是说李白的诗具有庾信的清新和鲍照的俊逸这样的特点,并非把鲍照的诗风只局限在"俊逸"这一个方面。事实上,鲍照的诗在"俊逸"之外,古人还用"峻健"、"深秀"、"雄浑"、"沉挚"、"奇警"、"生峭"这些词语来评论他,清末的吴汝纶甚至还说他的诗"下开东野(孟郊)、山谷(黄庭坚)",那就跟一般人的理解差得更远。可见六朝诗到鲍照手中,已经生面别开,蹊径独辟了。我以为,鲍照在我国诗歌史上的价值和影响,必须在读了大量唐诗之后才能真正体会得出。正如陶渊明的好处,唐以前的作家也是同样无法领略的。

《赠傅都曹别》是鲍照赠朋友诗中的代表作。由于通篇用"比"体,虽是一般古诗,却有着浓郁的乐府民歌气息。自汉魏以来,在文人作家所写的古诗中,这一首还是很有创造性的。近人钱仲联先生《鲍照年表》于此诗未系年,今考其诗语多愁苦,有"孤雁集洲沚"、"短翮不能翔"等句,疑是早年受临川王刘义庆召聘以前未仕时之作。傅都曹为何许人,不详。闻人倓《古诗笺》谓是傅亮,但亮与鲍照年辈迥不相及,前人早已认为其说不足信。故不取。

全诗十二句,每四句一节,凡三节。"轻鸿"四句写与傅都曹志趣相投,亲切订交。"风雨"四句,写两人分手惜别时情景。"落日"四句,设想别后离愁,并写自己看不到出路的苦闷。从结构看,并无什么大的起伏波澜,只是闲闲说起,怅怅结束。然而感情深挚,思绪万千,读来感到作者一腔孤愤,引人无限同情。这就是鲍照诗亲切感人的最佳体现。

全诗以"鸿"喻傅都曹,以"雁"自喻,此甚易知。但郑玄《毛诗笺》:"小曰雁,大曰鸿。”古人往往以鸿鹄并称而以凫雁对举，鸿鹄象征清高，凫雁则迹近微贱，可见此诗一开头便有扬傅而抑己的倾向，显得傅尊而己卑。而在“鸿”字上，诗人更着一“轻”字，“轻”自然有可能轩翥于高空；而在“雁”上却用了一个“孤”字，“孤”者，离群索居，寂寥无侣之谓。而“戏江潭”与“集洲沚”，一则高翔遨戏，一则独自幽栖，不仅动静不同，抑且有得意与失志之分。这两句看似客观描述，实已两相对照，说明彼此命运若云泥之悬殊。不过当二人无心邂逅，却又过从甚密，两两相亲。“邂逅”句表面上似平铺直叙，实际上已隐含一层转折；而第四句“缘念共无已”则又深入一层。“缘”者缘分，“念”者思念，“无已”，无终尽之谓。夫缘分无终尽，思念亦无终尽，非但作者对傅“缘念无已”，即傅对作者亦复如是，此正所谓“共无已”。这两句本写双方交谊笃厚，情深意惬，却以极平淡之笔出之，仿佛毫不着力。这就叫举重若轻，好整以暇。

第二节第一句“风雨好东西”，颇费解。钱仲联先生《鲍参军集注增补》引张玉穀《古诗赏析》云：“言遭风雨而东西分飞也。”则“好”字无着落。钱增补云：“按，‘风雨’句‘好’字去声。语本于《尚书·洪范》：‘星有好风，星有好雨。’《伪孔传》：‘箕星好风，毕星好雨。’孔颖达《正义》：‘箕，东方木宿。毕，西方金宿。’”小如按：钱所引证皆是。“好”与“善”无论为形容词、名词或动词，皆属同义。如言“好谋善断”，即善谋善断也。《洪范》之意，盖言东方箕星善于引起刮风，西方毕星善于招来下雨。鲍照此句则近于倒装，言东方之星善风，西方之星善雨，风雨方向不一，则鸿与雁亦随之不得不分飞两地，故下文紧接“一隔顿万里”，“顿”者顿时、立即之谓。语近夸张，故情弥激切。且人在相聚时每当境不觉，及别后追思，则有不可骤得之感。所以作者此处乃把笔锋掉转，“追忆”二句盖设想别后回忆当初同在一处“栖宿”之时，（闻人倓《古诗笺》引《禽经》：“凡禽，林曰栖，水曰宿。”）则“心耳”之间充满了彼此的“声容”。这里流露别后互相思念之情已溢于言表，却全从侧面虚写，文势虽小有跌宕，仍不显得着力。而读者果反复咏叹，自会觉得一往情深。夫谢灵运写情，多从内心矛盾曲折处进行峭硬的刻画，不深思冥索不易体会；而鲍照则多以自然平淡出之，仿佛古人说的“有若无，实若虚”。但鲍诗写情多发自肺腑，稍加咀嚼，便回味无穷。此鲍与谢之大较也。

最后四句，乍看全是景语，实则句句抒情。“落日”本身就是孤寂的象征，因日落而川渚生寒，则孤寂中带出了凄凉萧瑟的苦味。“愁云”句明点“愁”字，而“愁云”竟多得“绕天起”，则愁之不得解脱可想而知。“短翮”句以雁之不能高翔远引喻己之窘迫局促，说明诗人的处境是多么使他苦恼。“徘徊”句乃找不到出路的最形象的描写。试想万里晴空，鸿雁高飞，该是多壮观的景象；而今却徘徊于烟雾迷茫之中，连读者吟咏至此，也会感到透不过气来，这真是悲剧性的场面了。夫好友远别，满腹心事再也无人可以倾诉，因赠别而自伤身世，从诗人构思的逻辑性来看，也是很自然的。全诗在戛然而止之中有着情韵不匮的余味，令人叹服。

（吴小如）

上浔阳还都道中作　　鲍 照

昨夜宿南陵，今旦入芦洲。客行惜日月，崩波不可留。侵星赴早路，毕景逐前俦。鳞鳞夕云起，猎猎晚风遒。腾沙郁黄雾，翻浪扬白鸥。登舻眺淮甸，掩泣望荆流。绝目尽平原，时见远烟浮。倏忽坐还合，俄思甚兼秋。未尝违户庭，安能千里游？谁令乏古节，贻此越乡忧？

元嘉十六年(439)，鲍照被任命为临川王刘义庆的官属，刘义庆的府署在江州，诗题的“上浔阳”即到江州为官。“还都”，即回京都建康。此诗题的意思大概是：到官之后因事返回京都，途中写下了这首诗。上浔阳是作者初次出仕，诗中流露的情绪皆与此有关。

前六句纪程，见出诗人的归心似箭。“南陵”，南陵戍，在今安徽繁昌西北江边。“芦洲”，或非地名，泛指遍生芦荻的沙洲，自然在南陵戍之下。“昨夜宿南陵，今旦入芦洲”，地点的迅速改变，正见出船速之快。“客行惜日月，崩波不可留。”“惜日月”即惜时，有争分夺秒之意。“崩波”，奔腾的波涛。江波一泻万里，客船随流而去，均是“不可留”。“侵星赴早路，毕景逐前俦。”“侵星”、“毕景”意为起早歇晚，他就是这样赶路，追逐着前行者，唯恐落后。

次十句写景和眺望，见出诗人畏途思返、怀念乡国等感触。“鳞鳞夕云起，猎猎晚风遒。腾沙郁黄雾，翻浪扬白鸥。”这四句描写暮景，风起云涌，沙腾浪翻，很是真切。这与前言“崩波”相应，见出风涛险恶之状。这时也正是晚泊的时候了，一天的旅行又结束了，面对此景心情该是怎样呢？上浔阳时他在《登大雷岸与妹书》中写道：“栈石星饭，结荷水宿，旅客贫辛，波路壮阔，……去亲为客，如何如何！”此时当有同样的感触吧？“登舻眺淮甸，掩泣望荆流。绝目尽平原，时见远烟浮。”这四句是写登眺。“舻”指船。“荆流”指长江，“淮甸”即指繁昌下一带地方，东晋曾于当涂设置淮阳侨郡。这里所写情绪就表现得很明显了，“掩泣”，面对如此畏途他感到多么悲伤，真有点近乎途穷之哭了。“眺”、“望”、“绝目”、“时见”，句句有望，可见他的心情是多么不平静，“绝目尽平原，时见远烟浮”，可以想见其望眼欲穿的情状,真是"望故乡渺邈,归思难收"啊。"倏忽坐还合,俄思甚兼秋。""倏忽"、"俄思"意同,一会儿(思,助词)。这两句承接远眺,是说一会儿烟云就聚合了(《还都口号》有"阴沉烟塞合"),暮霭沉沉,晚风送来阵阵凉意,比秋天还凉(略同王维《山居秋暝》"天气晚来秋")。这两句写对暮色、夜气的感觉很细腻,同时也传出了作者的孤独感、冷落感。

后四句是感慨。"未尝违户庭,安能千里游?"这两句说,过去从来没有离开过家,怎么能到千里之外去谋仕呢?"谁令乏古节,贻此越乡忧?""古节",指古人慎于出处的操守。"越乡",离乡。方回说:"此诗尾句绝佳。守古人之节,不轻出仕,则焉得有越乡之忧乎?"(黄节《鲍参军诗注》引)结束的地方是两个问句,表达了作者对出仕深自反悔的心情。这里有种种感慨,未能尽说,也不必尽说,只是对自己的责备,怨自己自讨苦吃。通过这自责,我们可以体会出他的千言万语来,这大概就是方回说的"绝佳"之处。

何焯谓此诗"字字清新句句奇"(方东树《昭昧詹言》引)。此诗的语言确是清畅,没有什么生僻字,也基本上未用典故,顺序写来,读着明白、顺惬。所写景物也很新鲜,切合江行的实际,叙述中、描写中,颇富情思。这与谢灵运那些典丽精工的山水行旅之作,是很不一样的。此诗写初仕还都情形,仿佛少不更事的游子第一次尝受了别亲远游的滋味,第一次领略了旅途同时也是仕途的艰辛,他的归心似箭,他的望眼欲穿,他的伤悲,他的痛悔,都交并在一起,显得如此真切而感人,不禁令人想起辛弃疾的两句词来:"江头未是风波恶,别有人间行路难!"(《鹧鸪天·送人》)

(汤华泉)

行京口至竹里 鲍 照

高柯危且竦,锋石横复仄。复涧隐松声,重崖伏云色。冰闭寒方壮,风动鸟倾翼。斯志逢凋严,孤游值曛逼。兼途无憩鞍,半菽不遑食。君子树令名,细人效命力。不见长河水,清浊俱不息。

此诗的写作年代,钱仲联先生增补《鲍参军集注》,以为当在宋文帝元嘉十七年(440)初冬,时临川王刘义庆由江州移镇南兖州(治所广陵,在今扬州市西北),鲍照作为刘义庆的国侍郎,与之同行。京口,今江苏镇江市,是从都城建康(今南京市)去广陵的必经之地。"行京口"犹言往京口。竹里,即竹里山,在江苏句容市境内,山势陡峭,又名"翻车岘"。

鲍照是一个性格和人生欲望都非常强烈的人，追求富贵荣华、及时享乐、建功立业，这些他从不讳言。虽然作为一个贫寒之士，在士族垄断政治权力的南朝，很难取得较大的社会成功，他也毫不退却，不肯拿老庄委曲求全的道理、隐士清高出世的姿态来欺骗自己，一味想凭自己的才华去求取个人价值的实现。当他的努力受到社会的压制、世俗偏见的阻碍时，心灵中就激起冲腾不息的波澜。因而他的诗，很少有平稳的、松缓的、清淡的表现，总是紧张而富于力度，带有某种刺激性。一般对他的那些色泽浓郁，节奏奔放的乐府歌行评价较高，认为他的五言古诗主要还是追踪谢灵运，这种看法并不符合事实。就拿写景来说，鲍照就不太喜欢幽深平静的景象，而喜欢写飞动的、奇峭的、不平衡的事物，用语也常常有些怪特。这些反映了他的容易激动的心理状况。

当元嘉十七年前后，鲍照在刘义庆门下做一个起码的小官，却得跟随着王府离乡背井、东奔西走。来至竹里，正当寒风料峭之时，又履艰难险阻之地，人生不得已的郁闷，又袭至心头。作此纪行诗，便是一种宣泄。

起笔写景，毫无关于旅程的一般交代，避免松缓不着力。所写景物，又是尖锐强硬的，扑面就是一股逼人的气息。“柯”，树枝。写树不从全体着眼，单写树枝，因为冬日无叶，只见干枯的枝丫斜斜上指，更能显出“危且竦”的味道。“竦”似乎是有意的努力地向上伸展，这就使静物有了动感。鲁迅《秋夜》写他后园的枣树的树枝，“默默地铁似的直刺着奇怪而高的天空”，与此相似。而后写山石。这石是刀刃一般尖锐的“峰石”，而且或横或斜(仄、斜)，相倚相积，像是要割碎一切从它上面经过的东西，令人感觉得不安。萧子显说鲍诗“发唱惊挺，操调险急”，不仅适宜于《拟行路难》“对案不能食，拔剑击柱长叹息”那样的句子，也适宜于这种写景的开头。

接着二句是远处的景物。山涧是一层又一层，从那目光所不及的远处山涧中，隐隐传来松涛的声音；山崖是一重又一重，在那不易辨认的远处山崖上，似乎积聚着好些阴云。松涛是危险的吗？阴云是可畏的吗？当然不是。但“隐”和“伏”两个动词，却是把它们写成了有意匿伏，似乎有所等待、有所窥伺的东西。也许，在鲍照心里，总觉得外界有什么不可知的力量随时在威胁着自己，才这样写。

在寒冷的天气中，他也感到了外在力量的压迫。什么地方结冰了，但他不说“结”，不说“凝”，也不说“合”，却用了一个力量很强的“闭”字，好像冰要把这个世界给封闭起来。而形容四周的寒意，他也不用常见的“深”字或者“浓”字，又用了一个力量很强的“壮”字。说冰“闭”寒“壮”，是奇特的修辞，所以格外警醒。那么,有什么东西是逍遥自在的呢?看来是没有。连通常在诗歌里作为自由的象征来写的鸟儿,也被烈风吹得双翼倾斜,令人担心它们会从天上掉下来。

这六句写景,描绘出一个不安宁的、充满冲突的、为某一种强大的力量所压迫、钳制着的世界。无论从诗本身来看,还是从其他资料来看,当时似乎并没有发生什么特别的事件。这样的描写,只是表现着诗人对他所生活的世界的总体感受。那么,前面我们说到的鲍照对不合理社会的反抗意识又表现在哪里呢?其实不用另外去找,当他以如此警觉的眼光去看待世界,如此敏感地体会到外部力量的压迫,如此不安宁地描摹自然的时候,不就是反映了很强的反抗意识吗?通常,一个缺乏自由意志的人,总是很迟钝的。

以下转写自身。“斯志”,大约是说自己的志向吧。当初他在刘义庆门下,未受任用,便向刘义庆献诗,以显露才学。有人说他身份太低,不该随意惊扰大王,他勃然大怒道:“千载上有英才异士沉没而无闻者,安可数哉!大丈夫岂可遂蕴智能,使兰艾不辨,终日碌碌,与燕雀相随乎?”然而献诗的结果,也就是得了一个不起眼的侍郎。“逢凋严”,字面上说的是天气,又哪里只是说天气?从王府赴任,应该是车马盛众,然而他却说是“孤游”。这是因为,没有人理解自己,没有人赏识自己,人马再多,也只觉得空空漠漠,甚至会因此更觉得孤独。“孤游值曛逼”,也是一个奇特的句子。“曛”是黄昏暮色,这暮色正向人逼来,给人强大的压迫感。这是说年华易逝,见日暮而自伤,还是叹息空怀壮志,不能为世所容?总之,这“逼”也是一种自我与外界的对抗状况。

而后二句才是行途生活的纪实。“兼途”犹言“兼程”,赶得很急,少有下鞍憩息的机会。“半菽”,语出《汉书·项籍传》“卒食半菽”。原意是指军中缺粮,士兵吃的是蔬菜与豆类(菽,豆类)各半相杂煮成的食物,这里指自己的生活待遇差。他在王府中地位很低,说“半菽”固是用典夸张,但实际的情况也不会好到哪里去。

从这里引出归结的四句。行途如此艰辛,生活如此寒苦,虽以“英才异士”自评,却沉沦下僚,终无出头之日,该怎么对待呢?当年冯谖在孟尝君门下,弹剑而歌:“长铗归来乎,食无鱼!”及至有鱼,又唱“出无车”、“居无家”。那么,鲍照也该一怒而去了?甚至更有气派一点,像左思那样,宣称自己要抛弃这肮脏的俗世,“高步追许由”?但他是不肯的。官虽然小,也是一个晋身的台阶。装腔作势说大话,更不是他的性格。他只是说:君子为树立好名声而操劳,小人因被人驱使而奔波,就像大河里的水,清也好,浊也好,不都是在奔流不息?这里面当然有很多牢骚,有怀才不遇的愤慨,但最能体现鲍照个性的,却是那种百折不回、死心塌地要走到底的人生精神。就像他在《飞蛾赋》中说的:"本轻生以邀得,虽糜烂而何伤?"

通过这首诗,我们可以看到鲍照的创作,确实有许多前人所未有的独创之处。在他的笔下,外部世界蒙上了更为强烈的主观情绪色彩,成为一个活跃的、与诗人的心理具有共同节律的世界。物的线条、色彩、动感,都有很丰富的表现力,能够给人以强烈的感染。他的诗歌语言,也特别警醒,带有刺激性,能够造成震荡人心的美感。这些都给后代诗歌的发展留下了深刻的影响。 (骆玉明)

发后渚 鲍照

江上气早寒,仲秋始霜雪。从军乏衣粮,方冬与家别。萧条背乡心,凄怆清渚发。凉埃晦平皋,飞潮隐修樾。孤光独徘徊,空烟视升灭。途随前峰远,意逐后云结。华志分驰年,韶颜惨惊节。推琴三起叹,声为君断绝。

据钱仲联先生《鲍照年表》,此诗系于宋文帝元嘉十七年(440)。依钱说,这时鲍照已为临川王刘义庆的侍郎,他先从义庆还都省家,然后道出京口,赴广陵。但诗中有"从军乏衣粮"之句,似与侍郎身份不合。故方东树《昭昧詹言》卷六,以为此诗"不得其事之本末,第以为行役之什可耳",姑存疑。"后渚",在当时帝都建康(今南京市)城外江上。

诚如方氏所说,这是一首行役诗。作者写旅途风光,乍看颇似二谢(谢灵运、谢朓)山水诗的路数。细绎全诗,仍有区别。诗中"凉埃"四句,看似景语,实近比兴,与二谢对水光山色作客观描绘者迥异其趣。惟修辞具锤炼之功,于精深中略带生涩之味,这大约就是吴汝纶认为鲍诗与唐之孟郊、宋之黄庭坚风格接近的原因了。而"华志"二句,尤觉晦奥费解,更是鲍诗独有的构词法。读者如多读鲍照诗,自能领会。

这首诗的结构也很别致。第一、二两节各六句:第一节写别家上路时情景,第二节写途中所见景物及自己主观心情随客观景物之变化而变化的心理活动。"华志"二句自为一节,是前两节的一个小结。"推琴"二句又成一节,似用旁观者口吻结束全诗。这是作者从主观世界中跳出来,故意用客观叙述来"冷处理",从而让读者于言外去品味诗人内心的苦况。

在第一节中,有两个表时间的虚词与一般讲法有异。一是"仲秋始霜雪"的"始",作"初"解。余冠英先生《汉魏六朝诗选》注云:"近人用'始'字有迟久而后得的意思，此不同。”其说是。诗句译成口语，应该是“刚到仲秋时节就开始出现霜雪了”。另一是“方冬与家别”的“方”，“方冬”，指初入冬，而不是将入冬。这里有个节序的先后问题。“江上”二句写今年寒意来得早，阴历八月就下霜落雪了。这时要出门从军，必须把衣食准备得充足些；偏偏作者因家境困穷，缺乏衣粮；但又不能不动身，只好在冬初辞家远行了。陈祚明《采菽堂古诗选》：“起句迤逦而下。别家固悲，方冬尤惨。”方东树说：“起六句从时令起叙题，不过常法，而直书即目(眼中所见)，直书即事(生活实况)，兴象甚妙，又亲切不泛。”鲍诗的特点就在于平平写起，闲闲引入，看似寻常笔墨，而诗意却亲切感人。此诗正是这种典型写法。于是接下来写五、六两句：寒冷的初冬，已是满目萧条，偏偏又在缺衣少食的经济条件下离乡背井，从后渚动身时内心当然要充满凄怆了。这六句纯以质朴平实的描写来打动读者，遣词造句，似乎全不着力。这与第二节锤炼字句、刻画景物的写法几乎判若泾渭。但作者却把这两节巧妙地连接在一起，乍读时觉得何以一诗之中风格顿异；其实这正是鲍照写诗善于变化，力图用语言的浅显与生涩来对读者施加影响，从而使读者的感受随诗人笔锋而转移的地方。

第二节，“凉埃晦平皋”者，在寒冷的空气中，弥漫的尘埃把空阔平旷的皋原给掩蔽了，显得模糊晦暗，使作者无法向远处瞻眺。这是陆景。“飞潮隐修樾”者，腾跃的江潮遮住了诗人的视线，两岸修长的树影仿佛都隐没了。这是江景。(当然，在飞潮未到时，作者肯定会看到“修樾”的，这是理解诗歌的辩证法。)于是作者乃置身于一片迷茫和惊涛骇浪之中了。吴汝纶以“凉埃”二句比喻世乱，我看有一定的道理。因为作者此行的目的是“从军”，而目之所接，身之所经，却是晦暗的前途和惊险的处境，自然会产生来日茫茫吉凶未卜的预感。所以这首诗的景语似乎并非纯客观的描写，而是近于比兴的。“孤光”指太阳，“独徘徊”者，茫然不知所往之意。所以前人大都认为这一句是作者自喻。“空烟”，指天空的雾霭，它们正在包围着太阳，因此吴汝纶认为这一句“喻世事之变幻”(文中所引吴氏评语均转引自钱仲联先生增补集说《鲍参军集注》)“视升灭”者，眼看着这一簇烟雾忽而升起、忽而消逝之谓。总观这四句景语，还有个动与静相对配合的特点。“凉埃”虽非静态，但比起“飞潮”来，相对地却要静一些；而“孤光”虽在独自徘徊，比起“空烟”的倏尔升起、忽然消灭来，相对地说也算是静态。这就比以纯动与纯静相对照来得空灵生动得多。古人写诗总是在发展中有所前进。鲍照写景，就比谢灵运以前的人进步很多，像这种相对的动与静的配合在鲍照以前的诗人笔下就很少见到。而到了王维，干脆有静无动，只把宏观的壮伟场面如照相一般摄入诗中，其胆识可以说远远超过了前人，即所谓“大漠孤烟直，长河落日圆”

是也。

四句景语之后，再虚写两句以为收束。“途随前峰远”者，“前峰”为眼中所见，要达到那里还有一大段路程，作者心里是有数的，所以用了个“远”字。而这一句又含有前路无涯，茫然无所归适之意。“后云”者，指已经被抛在身后的重云叠雾。行人虽已走过了那一段“空烟升灭”的地带，可是那郁积的云层仍压在心头，给自己带来了迷惘与怅恨，所以诗人的思绪仍在追逐着它，从而使内心郁结不释。王夫之以“发心泉笔”四字评价鲍照，“发心”者，心细如发之谓；“泉笔”者，妙笔生花，文思如泉涌之谓。用来形容此诗的中间六句，真是说到点子上了（见《船山全书·古诗选》评语）。

“华志”二句写得很吃力。“华志”犹美志，它是鲍照自己创造的词汇（此外还有“藻志”一词，亦始于鲍照）。“分”，犹言分散、打乱。“驰年”，指岁月流逝如迅奔疾驶。这句是说自己虽有美好的志愿，却被无情的岁月给搅散、打乱了。“韶”与“华”为同义词，“韶颜”，美好的容颜，指自己的青春。“惨”是动词，指由美好年轻变得惨淡衰老。“惊节”与“驰年”为对文，指使人吃惊的节序变化。这句是说，自己的青春已被令人吃惊的时光给弄得凄惨暗淡，无复当年的蓬勃朝气了。这就把客观上时空的变化和主观上壮志的消磨融成一体，综合地化为无限感慨。诗写到这里，已届尾声，本可结束。但作者意犹未尽，乃变换一个角度，用最后两句收束全篇。

以上所写，从作者离家远行说起，并把旅途所感抽绎出来，全属主观抒情之笔。但在汉乐府和汉魏古诗中（古诗也是模仿乐府的）却另有一种写法，即把主观抒情的内容用客观口吻给描述出来，宛如借旁观者之口来为抒情主人公说话（如《焦仲卿妻》之“多谢后世人，戒之慎勿忘”即是如此）。鲍照此诗结尾实用此法。在大段的羁旅行役的描写之后，忽然转到弹琴上来。好像作者已结束了旅程，在到达目的地后把所见所思通过弹琴表达（或发泄）出来。这就把直接的主观抒情做了间接的客观处理，前面写的种种思想感情仿佛是事过境迁的一番追溯。但作者并没有把主观抒情部分做纯客观的处理，只是把距离拉开了一点而已。因为从诗意看，弹琴者仍是作者本人。这末二句说，作者把一腔心事通过琴音来表达，但弹到这里，由于过于伤心而弹不下去了，只能推琴三叹（“三起叹”者，三次兴起感叹也），琴声亦如有情，遂因弹琴者（即末句的“君”）之凄怆感慨而戛然中止。这在作者看，这样写可能增加了有余不尽的回味。但这种把笔势宕开的结尾，其艺术效果究竟如何，则仁智所见亦各不相同。如方东树就说：“收句泛意凡语。”认为这样结尾反而弄巧成拙。鄙意以为，作者本意原为创新，但衔接

得过于突兀,加上这一手法也并不新奇,反倒成为败笔。故方氏之见似亦未可忽视也。　　　　(吴小如)

拟古八首(其三)　　鲍　照

幽并重骑射,少年好驰逐。毡带佩双鞬,象弧插雕服。兽肥春草短,飞鞚越平陆。朝游雁门上,暮还楼烦宿。石梁有馀劲,惊雀无全目。汉虏方未和,边城屡翻覆。留我一白羽,将以分虎竹。

本诗是作者戎行诗的代表作之一,通过对幽并少年高强武艺、英雄豪迈气概的夸饰和对其报国立功壮志的歌颂,寄托作者收复北方失地及以身许国、立功边陲的爱国情怀,是一曲时代的慷慨之歌。

"幽并重骑射,少年好驰逐",首二句开门见山,总写幽并少年的豪侠尚武精神。杰出诗人曹植著名的《白马篇》乐府,歌颂一位武艺高强的民族英雄,其首四句说:"白马饰金羁,连翩西北驰。借问谁家子,幽并游侠儿。""幽并",指我国古代的幽州和并州,在今河北和山西一带,二州民俗强悍,自古多豪侠慷慨之士,所以鲍照借托出自幽并的少年英雄,以表现其来历不凡,并拟曹植诗首四句意。笔墨简洁精练而引人注目。

中间八句,紧承发端二句,转入对"好驰逐"的少年的正面而具体的描绘,重在"骑射"二字上进行生发。先写他的装束:"毡带佩双鞬,象弧插雕服。""毡带",毡制的腰带;"鞬",盛弓的弓袋;"象弧",用象牙装饰的弓;"雕服",雕着花纹的箭袋。二句说此少年的毡制腰袋上系着两只弓袋,雕花的弓袋上插着用象牙装饰的弓。后句不说弓袋而说箭袋,乃是修辞中的互文。(参见刘履《选诗补注》)《三国志·董卓传》说:"卓有才武,旅力无比,双带双鞬,左右驰射。"这里借用之。这是任武少年装束的主要特征,表现此少年英雄的飒爽英姿,也暗示了他的勇武强健,人物形象从而得以突出。其后写他的"骑":"兽飞春草短,飞鞚越平陆。朝游雁门上,暮还楼烦宿。""兽肥"句交代时间,是飞马奔驰的大好时光,英雄用武的最佳时机。"飞鞚越平陆","鞚",马勒,这里指代马。此句正面描绘英雄在兽肥草短的畅好春色背景下跑马如飞,度越平川的威武雄壮形象。"朝游"二句则更具体夸饰英雄的骑术神速精妙。"雁门",指雁门山,今山西右玉县南;"楼烦",汉县名,今山西原平市东北。二地皆为西汉时的边防要塞,因本诗以"拟古"为题,借汉事以喻时事,故而用此,且下文又有"汉虏方未和"之句。同时,此二地与所写"幽并"少年又正相合,显得合情合理。雁门与楼烦相距甚远,而此少年英雄却能朝游雁门,暮还楼烦,突出地表现了他骑术的高超和气势的不凡。再后又写他的"射":"石梁有馀劲,惊雀无全目。""石梁",石堰或石桥,句用春秋宋景公事,据《阚子》载:"宋景公使工人为弓,九年乃成。公曰:'何其迟也。'工人对曰:'臣不复见君矣,臣之精尽于此弓矣。'献弓而归,三日而死。景公登虎圈之台,援弓东面而射之,矢逾于西霜之山,集于彭城之东,其余力益劲,犹饮羽于石梁。"说宋景公所射箭的余力尚能射入石堰,这里借以形容少年英雄有景公般的强劲膂力和劲硬锐利的弓箭。"惊雀"句用后羿事,据《帝王世纪》载:"帝羿有穷氏与吴贺北游,贺使羿射雀。羿曰:'生之乎?杀之乎?'贺曰:'射其左目。'羿引弓射之,误中右目,羿抑而愧,终身不忘。"说后羿射雀能使雀没有完全的双眼,这里借以表明此少年有后羿般的精妙射技。以上虽仅仅写了骑射两方面,却概括了他的全部勇武,表现了一不平凡的英雄形象。正如此,他在下文表示立功边陲的愿望才显得那样自然。曹植《白马篇》:"宿昔秉良弓,楛矢何参差。控弦破左的,右发摧月支。仰手接飞猱,俯身散马蹄。"即着重从骑射两个方面去表现幽并游侠的武艺高强,对本诗的影响是很明显的。

诗写到此,少年英雄的勇武形象已推到极点,但一个有血有肉的、完整的英雄形象却只完成了一半,其最可宝贵的精神境界正有待去表现。结尾四句正通过任武少年自述其愿望,表现了这一方面。在外寇未灭,边城在敌我双方反复争夺的紧张形势之下,英雄表示了"留我一白羽,将以分虎竹"的愿望。"白羽",箭名;"虎竹",指铜虎符和竹使符,都是汉代国家发兵遣使的凭信。符分两半,右符留京师、左符给郡守或主将。末二句说少年表示要留一白羽箭,愿分符而为郡守,立功杀敌,奋战疆场。至此,诗的主题引向了最高层,一个高大勇武的爱国英雄的形象屹立在读者面前。

作者生活的年代,正是北方鲜卑族所建立的北魏王朝力量强盛,向外扩张时期。由于北魏对宋的频繁入侵,从而造成了宋魏边界战争的连年不断。因此,本诗并不是单纯的拟古,而是托古讽今,借以寄托诗人理想,也反映了当时多数人收复失地,安定边疆的愿望之作。在诗中,我们不仅看到了一个少年英雄的高大形象,也看到了一个"骏马轻貂,雕弓短剑,秋风落日,驰骋平冈"(陆时雍《诗镜总论》),为国家民族存亡而大声疾呼的爱国诗人的奕奕神采。 (丁福林)

拟古八首(其六) 鲍 照

束薪幽篁里,刈黍寒涧阴。朔风伤我肌,号鸟惊思心。岁暮井赋讫,程课相追寻。田租送函谷,兽藁输上林。河渭冰未开,关陇雪正深。笞击官有罚,呵辱吏见侵。不谓乘轩意,伏枥还至今。

鲍照出身微贱,仕途偃蹇,空有满腔才志,无奈贫穷潦倒。他家里“资储无担石”(《松柏篇》),住房是“上漏下湿”,生活阴霾经常使他“长叹至天晓,愁苦穷日夕”(《代贫贱愁苦行》)。这些真实写照,是他能比较接近和体验社会下层生活,并予以真挚深切反映社会残暴黑暗的思想基础。又鲍照大半生宦游在外,阅历既广,感受自深,有供诗歌创作提炼升华的丰厚的生活基础。《拟古八首》(其六)就是鲍照思想和生活两者相结合的产物,它对饥寒交迫的下层人民的悲惨遭遇充满同情,对贵族官僚集团向百姓施行敲骨吸髓的虐政进行揭露和抨击,迸发出璀璨的现实主义光芒。

全诗的诗眼是第四句的“思”字,它表现了诗人对个人命运、社会不平现象深沉的严肃的反思,抒发了渴望改变现状而又无法施展怀抱的郁闷。方虚谷《〈文选〉颜鲍谢诗评》中说“明远多为不得志之辞,悯夫寒士下僚之不达”,这话说得还不够全面,鲍照不仅仅关心“寒士下僚之不达”,他还关心和同情民生疾苦,有积极的拯世济物之心。唐代大诗人杜甫所继承的正是这种精神与诗风,所以陈祚明《采菽堂古诗选》评此诗“真至”,“此等最为少陵所摹”,是很中肯的。

前四句是触发“思”的契机,后十句是闸门开启后所“思”的两层具体内容。

“束薪幽篁里,刈黍寒涧阴。”在幽暗的竹林里打柴,在背山的寒冷涧谷中收割庄稼,都必然徒劳无功。黄节《鲍参军诗补注》说“幽篁里无薪”,“寒涧阴无黍”,两句言“物之失所也”,诠释得很精彩。两句有一点“赋”的成分,意在表明失去土地失去粮食的人们只能到毫无希望的地方去寻找生活资料,作绝望的挣扎。但更主要的却在于“兴”。兴自己老而无成,兴百姓苦而无获,为全诗张本。《楚辞・山鬼》:“余处幽篁兮,终不见天。”诗歌袭用其意,两句象征性地勾画出当时暗无天日、阴寒冷酷、民生凋敝、流连失所的时代氛围,奠定了全诗的基调。方东树《昭昧詹言》论鲍诗“起句多千锤百炼,秀绝寰区”,这意蕴丰富的两句正当之无愧。在这幅色彩浓黑的时代背景上,诗人更加以声响的渲染,那就是刮着凛冽的“朔风”,飞着悲鸣的“号鸟”。“朔风”与后文“岁暮”、“冰未开”、“雪正深”的时令相照应。呼啸的北风刮得大地一片昏暗,一声声悲啼的鸟叫夹杂其间,画面凄惨,典型的蒙太奇手法。“朔风”使无衣无食的人“伤肌”,“号鸟”使穷途失意者“惊心”。那“号鸟”,也许是失群的孤雁,不祥的乌鸦,或遍野嗷嗷待哺的哀鸿。

借物喻人,那大发淫威的“朔风”,不就是“笞击”“呵辱”他人的官吏;哀鸣的“号鸟”,不就是那些被“罚”被“侵”的百姓吗?“思心”被“惊”,不仅仅是“号鸟”所引起,也是前三句的总归宿。

从“岁暮井赋讫”到“呵辱吏见侵”八句是诗人“思索”的第一层内容,前四句写赋税之重,后四句写徭役之惨。

“井赋”是田赋地租,“程课”是定期的捐税。一年的田租才交清,各种名目的苛捐杂税又纷至沓来。从“讫”到“相追寻”,时间上衔接得那么紧迫急促,情势上又那么来势凶猛咄咄逼人,不由人不想起杜甫《石壕吏》“吏呼一何怒”的情景,真实地揭示了统治者巧取豪夺贪得无厌的嘴脸。收刮来的租米和兽藁(喂牲畜的刍草)还要由人运到函谷关内、上林苑里。函谷关内有秦汉故都长安,此泛指京城;上林苑,在长安附近供秦汉帝王享乐的豪华的大型动物园、植物园和狩猎场。大量财富,无数民脂民膏源源不断地输送到官府、朝廷,连上林苑里的畜牲都喂得膘肥肉壮,而百姓却“束薪幽篁”、“刈黍寒涧”在受冻挨饿,贫富不均的对比是何等强烈!这四句与发端两句相照应,“送”、“输”又为下四句作铺垫,结构上针线细密。

在腊月寒冬,贵族官僚们羊羔美酒围炉取暖,而百姓却被套上交赋税、服劳役两副沉重枷锁。他们牛马似地劳累终年,连“岁暮”也未能喘息一下,被迫顶风冒雪跋涉在坚冰封冻的黄河、渭水上,雪深没膝的函谷关、陇山下。东晋以来的徭役极为繁重,《晋书·范宁传》说:“古者使人岁不过三日,今之劳扰,殆无三日休停。”鲍照诗无疑是对这一现实的形象反映。“冰”、“雪”伤肌冻骨固然叫人寒心难熬,而那班似虎如狼的官吏更叫人胆颤心惊。他们动辄“笞击”(皮鞭抽打)、“呵辱”(大声辱骂),残暴无比。不难想见,在这些押班官吏的淫威下,该有多少民夫倒毙在沟壑中。这四句照应了前面三、四两句。就官吏而言,他们不仅是押送劳役的主角,也是逼租催课的主角,他们的凶狠是一贯的。所以“笞击”两句也是这层思索的总收束,章法井然。

诗人的第二层“思索”只有两句:“不谓乘轩意,伏枥还至今。”他想做官,而且做乘华丽轩车的大官。他与不愿为五斗米折腰的陶渊明不同。陶渊明《戊申岁六月中遇火诗》说:“草庐寄穷巷,甘以辞华轩。”面对同样黑暗的现实,陶渊明采取逃避隐退的策略,鲍照则表现了积极入世的精神。可以设想,鲍照一旦得志“乘轩”,就可能与“笞击”、“呵辱”的官吏有所不同,使吏治清廉些,使政治清明些,实现“致君尧舜上,再使风俗淳”(杜甫诗)的宏愿。无奈他的良好愿望与污浊世情太格格不入,因此“乘轩”的意图终成泡影,“伏枥”句就表达了他不得志的悲哀与叹息。它用了曹操《步出夏门行·龟虽寿》“老骥伏枥,志在千里”的诗意,抒发了老而不被擢用,难以腾骧驰骋的愤懑。以个人与时代的双重不幸结束全篇,黯然伤神,韵味深长。

鲍照早年虽也有过“垦畛剿苏,牧鸡圈豕,以给征赋”(《侍郎报满辞阁疏》)的经历,但后来断断续续任下级官吏,基本温饱尚不成问题,所以此诗所写决非诗人本身的实录。又鲍照成年后也从未到过中原以及西北地区,所以诗中景象也不是如鉴照形的社会实录。诗题作“拟古”,托言秦汉时事;又以“思”的形式来拟写,仿佛以虚构想象得之,受古诗启迪而已,用心良苦。它无非是全身远祸的盾牌,用貌似曲折的方法暴露现实,因为诗人不能不有所顾忌,直接明显地指斥时事,那是要身蹈不测的。

当然,从今天读来,这首诗的揭露和抨击是十分直截犀利的。它不用雕琢,也毫无夸饰,用朴素真实的画面让读者感动震撼。在诗风上,它继承了《古诗十九首》、曹操《蒿里行》、王粲《七哀诗》、陈琳《饮马长城窟行》等佳作的现实主义传统,再现了汉魏风骨。这是此诗“拟古”的本质含义所在。它对后世诗人,特别是杜甫,有深刻影响。杜甫《自京赴奉先县咏怀五百字》诗中的名句“彤庭所分帛,本自寒女出”、“朱门酒肉臭,路有冻死骨”,都可视为脱胎于此。在整个六朝诗坛,鲍照这首直接揭露虐政的诗可谓绝无仅有,不啻是划破漫漫长夜的一道闪电。

（曹光甫）

学刘公干体五首(其三)　　鲍　照

胡风吹朔雪,千里度龙山。
集君瑶台上,飞舞两楹前。
兹辰自为美,当避艳阳天。
艳阳桃李节,皎洁不成妍。

自建安以来,诗坛出现了一种摹拟前人诗体的风气。这种风气盖始于文人作家摹仿乐府旧题,后来便扩展为摹仿前代作家的创作。不过六朝人虽说摹仿,究竟还保存和体现了摹仿者本人的风格特征。这跟明代拟古主义者亦步亦趋、生吞活剥的做法还是有区别的。

刘公干即“建安七子”之一的刘桢。他写诗曾与曹植齐名,成就高于侪辈。可惜作品传世太少,其中以《赠从弟三首》最为有名。而鲍照集中今所存的《学刘公干体五首》,除第二首有可能摹仿刘桢《赠从弟三首》中“亭亭山上松”一首外,其他各诗很难确指为摹仿刘诗某首。近人黄节认为这第三首是摹仿刘桢《赠从弟》中“凤凰集南岳”一首的,绎玩诗旨,其说恐亦未必可靠。只好阙疑。但刘桢诗今虽仅存十五首,却能见出作者的个性。他确是一个有骨气的人,外具清高之风,内禀坚贞之节。因此他的诗很能代表建安时代知识分子凛然有风骨的一面。鲍照的这五首《学刘公干体》,确实也体现了刘桢的人和诗所具有的这一特点。我想,这已经足够说明问题的了。

此诗通首用比体,即以北国皎洁的冬雪自喻。全诗八句,四句为一节,而一节中的每两句各表达一个完整的意思。从结构看,简括而谨严,没有枝蔓,没有铺排,十分凝练。诗意也极醒豁,一望可知,毫无隐曲;然而层次井然,转折分明。虽属摹仿前人,在鲍照诗集中却是精心刻意之作。

开头两句写远在北方的雪被胡地寒风吹越龙山(即逴龙山,古代传说中北方的一座冰山),落到帝都所在。三四两句写雪的形象美观动人,“集君瑶台上”写静止的雪,“飞舞两楹前”写动荡的雪,笔意虽平淡朴实,却把雪的丰姿写得十分具体。“君”即国君,“瑶台”字面用屈原《离骚》“望瑶台之偃蹇兮”,指巍峨而洁白的宫殿。试想,皑皑的白雪静静地落积在高台之上,自然很壮观。《文选》李善注引郑玄《礼记》注云:“两楹之间,人君听治正坐之处。”可见“两楹前”即皇帝的正殿之前。雪花在殿前空中飘动飞舞,景象也很美。这两句虽说是景语,实涵“比”的成分。说详下。

夫用雪自喻,较易理解。其洁白晶莹,正象征人品的高尚纯洁。北国多雪,本属自然现象;但作者为什么要写它从阴寒幽僻的朔漠吹到帝王的殿堂之上呢?这就隐寓着作者本人的身世之感。鲍照出身于微贱的寒门,想在朝廷上占一席之地是很不容易的;正如雪虽皎洁却来自遥远的荒漠,不可能轻易进入帝王所居之地。所以作者于此诗的第三、四句,特意把下雪的场面安排在以帝王宫殿为背景的地方,这实际上寄托了鲍照希望跻身朝廷、与豪门权贵分享政权的理想,当然其中也不无追名逐势往上爬的庸俗成分。但读者从诗人以雪自喻这一点来体会,至少会感到鲍照虽“心存魏阙”,却还没有低声下气到对权贵豪门摧眉折腰的地步。

然而这第一节只是表达了作者的主观愿望。下面四句突然一个转折,跌入了另一境界。即春日一旦来临,在艳阳天气里,只允许桃李争妍斗胜;而这时的雪,纵使高洁得一无尘滓,也没有容身之地了。此诗好就好在:“艳阳天”和“桃李妍”,原是春意盎然的景象,在一般人心目中,它应该属于值得肯定的良辰美景的范畴;然而作者却把它当作高洁无滓的白雪的对立面。于是这明媚春光、桃李缤纷的场景一下子便成为名利场中趋炎附势的象征,使读者在强烈的对比下竟对绚丽妍美的“艳阳天”产生了庸俗尘下之感。这就是诗人不同凡响的大手笔了。

正由于这样的写法,才更加显出豪门权贵的炙手可热,也自然体会到寒士阶层命运的可悲和身世的凄凉。

从这首诗可以看出,鲍照之学刘桢,乃是形神兼备地学,学得有血肉、有筋骨。诗中所体现的抒情主人公形象仍是刘宋时代的鲍照而非建安时代的刘桢。这种摹仿与学习,实际上是由继承而求得发展,而不是照葫芦画瓢的每况愈下。悟彻此理,始可与言诗也已。

(吴小如)

建除诗　　鲍　照

建旗出敦煌,西讨属国羌。除去徒与骑,战车罗万箱。满山又填谷,投鞍合营墙。平原亘千里,旗鼓转相望。定舍后未休,候骑敕前装。执戈无暂顿,弯弧不解张。破灭西零国,生虏郅支王。危乱悉平荡,万里置关梁。成军入玉门,士女献壶浆。收功在一时,历世荷馀光。开壤袭朱绂,左右佩金章。闭帷草《太玄》,兹事殆愚狂。

所谓"建除",就是古代阴阳五行家用"建除"等十二个规定的字,配合十二地支,以决定时日的吉凶的一种迷信术数之法。《淮南子·天文》规定:"寅为建、卯为除,辰为满、巳为平,主生;午为定、未为执,主陷;申为破,主衡;酉为危,主杓;戌为成,主少德;亥为收,主大德;子为开,主太岁;丑为闭,主太阴。"这种"建除法"有两种:《越绝书》从岁数,《淮南子》及《汉书》从月数,后人只用月数。所谓岁数、月数,就是按年或按月推算。后人按月推算,有时会出现连两个"平"或其他的字,因之与地支相配合有参差,但最后还是回到《淮南子》所定的相配轨道上来。至于哪些字代表黄道吉日,哪些字表示黑道凶日,旧时星相术士有四句口诀:"建满平除(或作"收")黑(道),收(或作"成")危定执黄(道)。成(或作"除")开皆可用(属中性而偏吉),破闭不相当(中性而偏凶)。"这种口诀,各术士互有差异,可能是师承不同关系。

这种《建除诗》,其体裁为藏头形式,两句一组,以"建除法"的一个字开头,该字亦为诗句意义的组成部分,有游戏笔墨的性质。六朝人作这种诗的很少,只有梁朝的范云、梁宣帝萧詧,陈朝的沈炯各有一首,内容不见佳妙,明远这首足可代表。

这首诗以征讨西域少数民族,开疆拓土为内容,流露出诗人对这种"开壤"的不世功业的羡慕神情。

首两句点明大军出征的路线和去征讨何处。军队高举着帅旗,浩浩荡荡出了敦煌,去讨伐汉王朝的附属国羌(羌族,散居今之甘肃、四川一带)。第一句首藏“建”字。

第三、四句写兵将之多。这路大军,步兵(徒)、骑兵、战车等都非常众多。“箱”,车箱,“万箱”,即万辆,这是虚数,极言兵车之多。第三句首藏“除”字。

第五至八句描写军旅气势之盛。军队处在山谷中,只见满山满谷都是士兵,把马鞍卸下来可以架成营垒的围墙。军队进行到辽阔的大平原上,前后队伍绵延千里,旌旗要辗转传递才能互相望得到。“旗鼓”,偏义,指战旗。这四句藏“满”“平”二字。

九、十句写行军的紧张。安下营来还来不及休息,传令兵(候骑,原为侦察兵,这里似应为传令兵,或者古代侦察与传令不分)又传来了继续前进的命令。可见战情紧急,已到了刻不容缓的程度。第九句首藏“定”字。

十一、十二句是这首军旅诗中唯一描写战斗场面的。战士们握着武器没有暂时放下一会儿的时间,弓拉开以后也不放松。“不解张”,不能解除张开度。“顿”,作舍弃解。此两句藏“执”字。

以上十二句写出征及战斗。以下十二句转入胜利和凯旋。

汉军灭掉了西零国(疑为西凉国),俘虏了郅支王。郅支王,匈奴呼韩邪单于之兄,名呼屠吾斯。呼韩邪当单于后,诸王亦争当单于,呼屠吾斯自立为郅支骨都侯单于。汉元帝时,都护甘延寿等发兵入康居,俘获被杀。战乱平定以后,就在边疆新占领的地区设立关隘(万里置关隘),确立统治,军队凯旋,进入玉门关,老百姓送上慰劳品,犒劳将士。“成军”,这次战争,汉军打了胜仗,牺牲不大,故云成军。以上六句,藏“破、危、成”三字。

“收功”二句,是说这次征讨,取得了巨大的功绩,虽然属于当前的时代,但是它的荣誉和利益,可以影响到后世。根据末两句的意思,这两句还含有羡慕之意,即将军们获得了一朝一夕的战功,他们的子孙将一直沾光不止。“开壤”两句,“开壤”,即开边,开疆拓土。说得直率一点就是用武力强占少数民族的土地。在开边的战功中获得了高官显爵。绂,印章上的带子。古代的颜色分等级,不能乱用,印绶而用深红色,官品很高。金章,黄金铸造的印章。金章紫(朱)绶,丞相等级。这两句按意义次序,应该在“收功”两句之前,可能因所藏之“收”在“开”之前,故倒装。

“闭帷草《太玄》,兹事殆愚狂。”关起门来写《太玄》,这种事情实在太愚蠢了。《太玄》是西汉末文学家扬雄仿《周易》而写的一部书名。鲍照认为一个人不去为国建立不世之功,却做一个闭门著作的书呆子,实在是愚蠢到失去理智的程度。其羡慕因战功而居高位的心情,一泄无遗,这在鲍照的其他诗篇中,也常有这种思想的表露。诗人的雄心壮志之所以没有实现,乃是被当时的门阀制度所扼杀的。末两句藏“闭”字。

此诗虽说是“游戏体裁”,内容却并不损害言志。是了解鲍照的好资料。建除诗实为后世藏头诗的鼻祖。

(潘 慎)

梦 归 乡

鲍 照

衔泪出郭门,抚剑无人逵。沙风暗空起,离心眷乡畿。夜分就孤枕,梦想暂言归。孀妇当户叹,缫丝复鸣机。慊款论久别,相将还绮闱。历历檐下凉,胧胧帐里辉。刈兰争芬芳,采菊竞葳蕤。开奁夺香苏,探袖解缨徽。梦中长路近,觉后大江违。惊起空叹息,恍惚神魂飞。白水漫浩浩,高山壮巍巍。波澜异往复,风霜改荣衰。此土非吾土,慷慨当告谁。

这是鲍照客居远方思念家室之作。诗的主要内容是还乡梦,开头几句是致梦之由,后面是梦醒的感慨。

开头写道:“衔泪出郭门,抚剑无人逵。沙风暗空起,离心眷乡畿。”这个开头就像电影镜头一样,现出了抒情主人公的活动形象:他含着眼泪走出城门,他走到无人的大道旁抚剑徘徊。“衔泪”,他是多么伤心;“抚剑”,他又有多少心事,是功名不遂,还是心有不平?下面又现出了环境,风沙迷漫着天空,这又可以看作是个主观镜头,“暗空起”,可见他是在瞻望远方,下面说“离心眷乡畿”,啊,他是在思念家乡,从前面的表情、行动可以知道,他对乡邦的眷念之情又是多么强烈!

中间就是梦了。“夜分就孤枕,梦想暂言归。”“夜分”,半夜。半夜才就寝,可见心绪的不宁,“孤枕”的“孤”,见出刺激。于是积思成梦了。下面就是梦中情形。“孀妇当户叹,缫丝复鸣机。”“孀妇”,独居之妇,指其妻。作者梦见其妻在窗下一边缫丝织帛,一边叹息。“复”,可见为两种劳动,这两种劳动一般说不能同时,此乃梦中所见,故成此恍惚。“慊款论久别,相将还绮闱。”“慊款”,深情的样子。“相将”,相携。“绮闱”,美丽的闺房。这里写夫妇会面、进屋情形,情意那么美好。“历历檐下凉,胧胧帐里辉。”这是写夜色,檐外清凉可感,屋里清辉晔晔,使人产生身心俱适之感。“帐”指帷帐。有此一帐,清辉半笼,极是妙境。“刈兰争芬芳,采菊竞葳蕤。”“刈兰”、“采菊”,采集香花香草。这种活动一般在白天,刚写夜晚，又写到白天，刚写到室内，又写室外，正是梦境的错乱迷离。刈兰、采菊，是互致美好的感情。这两句亦可理解为比拟之词：闻到妻子的膏沐，感到比兰菊还要美好（"葳蕤"，鲜丽貌）。"开奁夺香苏，探袖解缨徽。""夺"，取。"香苏"，香缌。"缨徽"，香囊。香缌、香囊皆为定情之物，繁钦《定情诗》写道："何以致叩叩，香囊系肘后。……何以结恩情，美玉缀罗缨。""罗缨"即为缌子。这里写开奁取香苏、伸手解香囊，是重温夫妇恩爱的意思。王闿运谓"探袖句近亵"（《八代诗选》），大概是指这里的描写有性爱的暗示。但这还是比较含蓄的，而繁钦的那篇诗就径直写出了"思君即幽房，侍寝执衣巾"了。以上是好梦，写得闪闪烁烁，一个镜头一个镜头的闪现，连贯性、清晰度不是很强，这正适宜梦境而且是男女交接梦境的表现，既给人以美感，又给人以很多的想象余地。"梦中长路近，觉后大江违。"写梦醒，又像是镜头的"甩切"，从梦境一下子过渡到实境，一边是好梦，一边是"大江"，给人以强烈的印象，也表现了主人公无比遗憾的心情。汉乐府《饮马长城窟行》："梦见在我傍，忽觉在他乡"、李白《梦游天姥吟留别》："惟觉时之枕席，失向来之烟霞"，也是运用了这种笔法。

后八句写梦醒之后。"惊起空叹息，恍惚神魂飞。"这是大梦初醒、恍恍惚惚的情状，一个"空"字点出了他的失望。"白水漫浩浩，高山壮巍巍。"这是他眼前所见，大水漫无边际，山峰高大雄伟，真是山高水远，阻隔了归程。水前加一色彩字"白"，见出迷惘。"波澜异往复，风霜改荣衰。""往复"出郭璞《江赋》："自然往复，或夕或朝。"此谓江潮的来去起落。"荣衰"，滋荣衰老。这两句意思是说，事物变化很大，波澜在往复中变，植物在风霜中变，而人也不知不觉在岁月中变老了。"此土非吾土，慷慨当告谁。"前一句出王粲事。王粲往荆州依刘表，思念家乡，作《登楼赋》曰："虽信美而非吾土兮，曾何足以少留！""慷慨"，情绪激动貌。这两句是说：这里不是我的家乡，滞留在这里的郁闷能告诉谁呢。这见出客居的孤独、依人的不得意，与开头的"衔泪"、"抚剑"照应。也见出思念家人的焦灼、迫切：积思成梦，一叙阔别，而须臾梦破人杳，这叫人何以为怀！从这里的用典看，此诗当作于荆州、作者任职于临海王府时，曹道衡谓作于永安令任上（《中古文学史论文集·鲍照几篇诗文的写作时间》），也有可能。永安即今湖北随州，古代在荆州范围内，用典也颇切合。

这首诗的语言表达、情景描写都较好，梦写得尤其好。王闿运说"铺叙太详"（同上）正是优点所在，此前还没有比这首更精细的记梦诗，尤其是关于夫妇会见的记梦诗。唐代的元稹《江陵三梦》、《梦游春》诸作似受到这诗的某种影响。

（汤华泉）

玩月城西门廨中　　鲍　照

始出西南楼，纤纤如玉钩。末映东北墀，娟娟似蛾眉。蛾眉蔽珠栊，玉钩隔琐窗。三五二八时，千里与君同。夜移衡汉落，徘徊帷户中。归华先委露，别叶早辞风。客游厌苦辛，仕子倦飘尘。休澣自公日，宴慰及私辰。蜀琴抽白雪，郢曲发阳春。肴干酒未阕，金壶启夕沦。回轩驻轻盖，留酌待情人。

这是一首赏月诗。宋孝武帝孝建年间，诗人在秣陵县（今江苏南京市江宁区）县令任，秋日于城西门官署中赏月而作此，记叙赏月情景以及由此而引起的对漂泊不定的仕官生活的厌倦情绪。

首六句是第一段，追叙诗人一直在望月，不但望日望月，新月时也在望，怀人之思深矣。“始出西南楼，纤纤如玉钩”，“纤纤”，细小柔弱的样子，二句写新月初生，细小弯曲而柔弱娇美，如玉钩般晶莹剔透的月牙，开始出现在西南楼的方向。以下又以“末映东北墀，娟娟似蛾眉”二句承接上文，继续写新月的将落。“墀”，指台阶，“蛾眉”，蚕蛾的触须，弯曲而细长，形如人的眉毛，古时因此用来比喻美女长而弯曲的眉毛。此二句说新月将落时，那弯曲细长而娟美的新月转而照射在东北面的台阶上。以下二句则总写新月，“珠栊”，珍珠装饰的窗户，“琐窗”，带有连琐花纹的窗户。初生新月光线柔和微弱，所以似乎被带有珠饰和琐形花纹的窗帘所遮隔。这里“蛾眉蔽珠栊，玉钩隔琐窗”二句，把无形之光线当作有形之物体来写，形象生动而富有实体感。这种以实写传虚景的手法，把初生新月娟美柔弱、犹如病态美人婀娜多姿的形态细腻传神地活现了出来，给读者留下了许多可以想象的审美空间，取得了良好的审美效果。

中间六句是第二段，写眼前月圆的实景。“三五二八夜，千里与君同”，笔锋一转，由初生新月写到望日之月。“三五”、“二八”，农历十五、十六两日，古人以月小十五，月大十六为望日，月最圆。读至此，方使人悟到以上六句所写是追叙，其目的正是以新月和眼前望日之月作对比。新月光线柔弱，恐难以照远，不能和远方的“情人”共赏，而今正是月圆光满之时，正好与对方隔千里而共度此良宵。引出怀人之思，为下文的厌倦客游生活埋下伏笔。“夜移衡汉落”，承上继续写眼前景，并交代时间。“衡”，玉衡，此指北斗星，“汉”，天汉，即银河。北斗星转换了方向，银河众星也逐渐稀疏，表示夜已很深，交代赏月已久。“徘徊帷户中”，笔锋又转到玩月，写月光缓慢地照进屋中。此句又一次采用了以实写传虚景的手法，把月光的移动比作人的徘徊，富于感情色彩，也暗示了诗人当时的忧愁心绪。“归华”二句，转写月光照射下的官廨中残花败叶景象，并由花叶的过早为风露所摧残凋零，转而进一步引起下文的身世之感和对现实状态的忧怨。“归华先委露，别叶早辞风”，对仗工整，平仄协调，可谓律诗佳联。

诗后十句是第三段。“客游厌苦辛”二句，是由上文的残花败叶的凄凉景象转到自身倦于客游仕官生活的感受，过渡自然和谐。由于厌倦了这种如飘尘般的不稳定生活，所以诗人自然而然地闪现出“休澣自公日，宴慰及私辰”的想法。“休澣”，即休沐，指古代官员的例假；“自公”，用《诗经·召南·羔羊》的“退食自公”意，指从公务中退出。二句说乘这公务繁忙之后的休假日及时地休息宴饮。“宴慰及私辰”句比较巧妙，既照应了题目的玩月，又自然地向下文的写赏月时的宴饮过渡。

“蜀琴抽白雪，郢曲发阳春”，承接上文“宴慰”，“蜀琴”，蜀地的琴，司马相如善弹琴而居蜀，所以有此称；“白雪”、“阳春”，歌曲名。此二句写赏月时用优美动听的音乐来娱悦身心，消除不快。同时又暗用宋玉《对楚王问》“客有歌于郢中者，其为《阳春白雪》，国中属而和者，不过数人”之典，表示自己志趣洁白高尚，知音者少，照应上文“千里与君同”，又为结尾的“留酌待情人”埋下伏笔，具有多重作用。“肴干酒未阕，金壶启夕沦”，仍就眼前而说，上句说玩月而饮，肴菜已尽而饮兴正浓；下句照应“夜移衡汉落”，“金壶”，即铜壶，又名漏，是古代的一种计时工具，此说上面铸有金人的夜漏已尽，天色将明，又一次交代时间。末二句承“启夕沦”，写天色将明而不得不结束这次的赏月，但临行而又止，欲留下来等待与“情人”共饮。表示对玩月之夜的无限留恋和对知音的深切怀念，与“千里与君同”相呼应，发人深思，余味无穷。

本诗遣词造句形象生动，特别是前二段，把新月初生的灵幻光景和公廨处景物描绘逼肖。钟嵘《诗品》说鲍照“善制形状写物之辞”，又说他“贵尚巧似”，此诗可算是典型的例子。此外，本诗风格清丽柔弱，在诗人“操调隐急”（萧子显《南齐书·文学传论》）、“如饥鹰独出，奇矫无前”（敖陶孙《诗评》）的总体风格中可算是别具一格的作品，但后代有人把它和宫体诗相提并论，却显然是失之偏颇的过激之辞。

（丁福林）

【作者小传】

鲍令晖

刘宋东海（今山东郯城一带）人。鲍照妹。或云生活到南齐时。《先秦汉魏晋南北朝诗》辑得其诗七首。

拟青青河畔草 鲍令晖

袅袅临窗竹，蔼蔼垂门桐。
灼灼青轩女，泠泠高台中。
明志逸秋霜，玉颜艳春红。
人生谁不别，恨君早从戎。
鸣弦惭夜月，绀黛羞春风。

鲍令晖，南朝宋著名诗人鲍照之妹，是我国古代屈指可数的女诗人之一，钟嵘《诗品》赞其诗"崭绝清巧"。她善写离情闺怨，这首诗便把一位征人之妇内心隐微的思想感情，刻画得淋漓尽致。

诗从描写居处环境起笔：临窗有娟娟细竹，轻轻摇曳；迎门有高大梧桐，绿荫笼罩。就在这一片清雅幽静的氛围中，一位年华正盛（"灼灼"）的深闺少妇，"泠泠"地步上高台，凭栏远眺。泠泠（líng líng），既形容步履轻妙端庄，也形容神情凄清，让人看了，可怜见见的。这位女子究竟是什么人？五、六句作了进一步介绍："明志逸秋霜，玉颜艳春红。"明志，高洁的志操。逸，超过。春红，春花。这两句是说，她的贞操比秋霜更高洁，她的容颜比春花更艳丽。这就使人更加看清，这位女子是一位品貌俱佳的贤良淑女。那末，她为何踽踽登高、神情凄伤？诗的后几句，揭开了她的内心帷幕："人生谁不别，恨君早从戎。"君，指丈夫。原来她是在思盼从军远戎的丈夫。这位女子深明大义，她并非怕离别，也并非反对丈夫从戎，她"恨"就恨在"早从戎"。这个"早"字含蕴丰富，既包含着对丈夫早年远出久久不归的怨恨，也流露出时光催人、美人迟暮的悲哀。如此"灼灼"年华，竟寂寞空闺，她怎能不触景伤怀、感慨系之呢？

"鸣弦惭夜月，绀黛羞春风。"这两句，曲尽闺妇千种情思，万般苦恼。鸣弦，弹琴，有向亲人诉述心声之意。绀（gàn）黛，以青黛色画眉饰容。古人云："女为悦己者容。"故这里有企盼丈夫归来之意。又"鸣弦"，又"绀黛"，显示出这位女子对久别丈夫的一片挚情和盼归的急切心理。不幸的是，此一时刻，听她"鸣弦"的，只有那"皎皎空中月一轮"；欣赏她"绀黛"的，只有那"吹我罗裳开"的春风。月圆人未圆，她怎能不"惭"？春风有意人远别，她怎能不"羞"？一"惭"一"羞"，道出了她的内心企望不能实现的深沉哀痛。结尾这两句语悲情苦，反映出战乱年代广大征人之妇内心共有的痛苦和悲伤。

本诗是一首拟古诗。拟古，模仿古人之作。这是古诗中一种习用的体式。

诗人往往由于有某种原因,不便直说;或者由于从古人之作中触发起某种感情,于是采取这种拟古形式。拟古诗并非生搬硬套,而是“用古人格作自家诗”(语见《昭昧詹言》卷一),形同而神异。本诗正是这样。它所“拟”的是《古诗十九首》中的名篇《青青河畔草》。两诗比较,二者都写离情闺怨,笔墨层次和表现手法也颇相似,但二者所塑造的人物各不相同:前者写的是“昔为倡家女,今作荡子妇”的不幸女子,而后者写的却是“明志逸秋霜”的端庄淑女、征人之妇;前者怨诽浪迹四方不顾妻室的“荡子”,后者则是思念“早从戎”的征夫。由于人物身份不同,所“怨”的对象不同,故后者对人物的具体描写、情意表达的方式,与前者显著有别。例如,同是以比兴起笔,描写景物,前者选“河畔草”、“园中柳”,后者则取“临窗竹”、“迎门桐”,雅俗有别,都切合各自人物的身份。同样介绍人物,前者侧重于“娥娥红粉妆,纤纤出素手”的外在美;后者则不仅介绍其“玉颜艳春红”之貌,且首先突出其“明志逸秋霜”的内在美,淑女、倡妇,各有差别。同样写怨情,前者对薄情丈夫直泻怨诽:“荡子行不归,空房难独守。”而后者则向远戎亲人诉述情怀和苦衷。表达感情的方式,一个直而显,一个含蓄而有深致。可见,这首拟古诗是借旧题而发新意,另有寄托的。在诗的意境的创造上,甚至给人有“青胜于蓝”之感,无怪钟嵘称赞诗人“拟古尤甚”(见《诗品》)。

至于这首诗中所刻画的思妇形象,也许就是诗人自己吧?鲍令晖是否有远戎的丈夫,虽难以考定,但从诗中人物温文尔雅的气质和深沉委婉的言行举止看,则是一位有才情的女士,闪烁着诗人自己的身影。(何庆善)

代葛沙门妻郭小玉作二首(其一)① 鲍令晖

明月何皎皎,垂幌照罗茵。
若共相思夜,知同忧怨晨。
芳华岂矜貌,霜露不怜人。
君非青云逝,飘迹事咸秦。
妾持一生泪,经秋复度春。

〔注〕 ① 葛沙门:人名而非僧徒,从这两首代作诗中先后提及“君子将徭(一作“遥”)役”、“行行日已远”、“君非青云逝,飘迹事咸秦”,以及“若共相思夜,知同忧怨晨”等所反映的丈夫身份可知。若为僧徒,则“徭役”、“飘迹”、“相思”之语均无着落。又南朝以僧、佛之称入名者甚多。如“庾沙弥”为人名,而非庾姓小和尚(“沙弥”为男子出家初受十诫者之称);“萧摩诃”也是人名,而非佛门弟子;其他如以“僧远”、“僧静”、“僧明”为名者史不绝书(见《南史》)。“葛沙门”当亦同此例。南朝佛教兴盛,影响到俗人子弟的起名,当为风习所致。

治国颇有气象的齐武帝萧赜，在谈及当世的两位才女时，曾以骄傲的口吻夸赞说："借使二媛生于上叶(世)，则'玉阶'之赋、'纨素'之辞(指西汉班婕妤的诗、赋之作)，未讵多也！"这两位才女，一位即以献《中兴赋》得到刘骏赏识的韩兰英，后来当了齐武帝的宫中"博士"；另一位就是大诗人鲍照之妹——鲍令晖。这首诗即出于鲍令晖之手，读者自当刮目相看了。

从诗题可知，这是鲍令晖代葛沙门的妻子所作的抒情小诗。原作两首，此为其一。"葛沙门"是何许人？身世未详。"沙门"本是僧徒之称，但从此诗其二有"君子将徭役"之句看，恐怕与僧徒无关，大约是离家远役的丈夫之名？丈夫行役在外，家中的妻子不免痛苦思念。但郭小玉不擅作诗，这痛念之情便只好托付女诗人煞费心思"代拟"了。好在鲍令晖本就长于拟作室妇之思的"古诗"，濡染既久，情境宛然身历，下笔自不为难。我们只要看它的起句，俨然便是"古诗十九首"的架势："明月何皎皎，垂幌照罗茵"。"幌"是帷幔，"茵"为坐缛。诗人抒写女主人公的思情，先就把她安排在一个明月皎洁的秋夜。月之明朗，当然是在圆满之期；相衬之下，夫妇之分离，就愈加显得孤寂凄惶。当月光洒满窗边的帐帷，直照到女主人公难得安坐的罗茵的时候，那一片清白的月色，在女主人公心中勾起的，该是怎样一种惨淡的相思？"若共相思夜，知同忧怨晨"，这皎洁的月光并不只是照耀室妇的楼窗，当然也同时照耀着万里征夫的客栈。女主人公因此想象，相隔千里的丈夫，此刻当也正在同一天底下举首望月、思念着妻子；也是徘徊月下、难以安眠，从相期归聚的憧憬转为经年不返的忧怨，以至于从夜半踯躅到晨分。在鲍令晖以前，歌咏离人月夜相思的诗作甚多。但把这种相思，融于如此辽远的空间，造成一种千里"共"月、晨昏"同"忧的情境，则是新的创造。鲍照《玩月诗》有"三五二八时，千里与君同"之句，其境界与此相近。不知是令晖之句启发了乃兄，还是乃兄之诗启发了令晖？但从情意的蕴蓄看，令晖的这两句似乎更其深沉。

但是，上面一个"若"字，说明了月夜共思、晨昏同忧，只是女主人公痛切思念中的一种推测或悬想。"芳华岂矜貌，霜露不怜人。"当女主人公想到自身正当青春年华，却与丈夫生生分离时，心中又是怎样的滋味？美好的青春，正如芬芳的花草，岂能以风姿出落之美长相矜夸？当深秋的霜露降临之日，便是芳歇香消之时！岁月之无情亦如霜露，它对于人们青春的消逝，是不会怜悯的。这两句运用比兴和工整的对仗，抒写女主人公青春不再的感慨，充满了自惜自怜的哀怨。诗情至此转向剧烈的躁动不安之中，结尾四句便几乎是凄厉的长声悲呼了："君非青云逝，飘迹事咸秦。妾持一生泪，经秋复度春！""青云逝"用的是许由让天下的典故。据《琴操·箕山操》记，许由"采山饮河"、"放发优游"，尧愿以天子之位相授，他断然拒绝，还告诉樊坚说："吾志在青云，何乃劣为九洲伍长乎？""咸秦"指秦都咸阳，此用以喻指朝廷。这四句抒写女主人公在凄凉的霜晨，向着远方的夫君呼唤：您不愿学许由的青云之逝，就这样为朝廷飘迹行役；使我这可怜的妻子，经秋历春、年复一年，将从此流着盈掬的泪水，度过漫漫一生！这首诗既然是受葛沙门之妻的委托而代作，它显然是要随着郭小玉的家书寄往远方的。诗中以"妾"之"持泪"与"君"之"飘迹"紧相承接，不仅有力地点明了带给女主人公"一生"痛苦的根源，而且两相对照，给对方造成了一种极为强烈的情感上的撞击——那是发自故乡妻子痛苦内心的凄切呼唤呵！行役在外的葛沙门，面对这样生死相望的含泪之思，还能为着那无谓的仕途、功名而继续"飘迹"吗？

作"代拟"之诗本就不易，特别是代作室妇思夫之诗，涉及夫妇相恋的微妙情感，作起来就更难些。古人说："代哭不哀"。倘若代作者不能深切地了解主人公的现实处境和内心真情，不能体味她常日的痛苦和特定情境中的心理，也就一定"代思不真"，缺乏足以拨动征人心弦的情感力量。鲍令晖的这首代拟之作，虽然不乏想象之辞，但这些想象，均以女主人公的真实痛苦和深切思情为依据（倘若郭小玉不是处在难挨的思念之中，恐怕也不会请托女诗人代为作诗），故能造出夜共相思、晨同忧怨的逼真情景，表现了一种"经秋度春"、"持泪"相望的深沉情思。诗之构思新巧，用语却如洗净铅华的思妇一样，朴实真挚，显示的正是钟嵘《诗品》称道的"崭绝清巧"的诗风。

（潘啸龙）

古意赠今人　　鲍令晖

寒乡无异服，毡褐代文练。日月望君归，年年不解綖。荆扬春早和，幽冀犹霜霰。北寒妾已知，南心君不见。谁为道辛苦？寄情双飞燕。形迫杼煎丝，颜落风催电。容华一朝尽，惟馀心不变。

这首诗一说吴迈远作，今从《玉台新咏》。全诗可分为三层。前四句为一层，"寒乡"二句是想对方身处荒寒之地，却无精致轻暖的衣着，只能以粗毛短衣御寒。这里虽然说的是穿着，但那种"夫戍萧关妾在吴，西风吹妾妾忧夫"（王驾《古意》）的惦念不安之情，已溢于言表。"日月"二句写自己，意思还是承上而来，因为寒在他身，忧在己心，所以天天望君归，可是年复一年，这绷着的心弦总无缓解之时。以上四句是写惦念不安、久盼不归。下面六句为第二层，荆州、扬州，在南方，代指思妇所在之地；幽州、冀州，在北方，代指对方所在之地。上一层先从对方落笔，由彼而己；这一层先从己边写起，由己而彼。她说：我这里早已春回大地，而你那儿大概还是冰霜犹在。虽说如此，“北寒妾已知”，然而“南心”你却“不见”。这里的“北”、“南”二字，显系承接“幽冀”、“荆扬”而来，既指地，也代指人；“寒”字意亦双关，地之“寒”，是明写；君去不归，音信渺然，“南心”不见，则情之“寒”(冷)亦令人可感，这是暗含；“南心”，一说“指自己在南方望夫的心”，这无疑是对的，因为本来就是“日月望君归，年年不解綖”。不过这里要结合“春早和”的背景来理解，那内涵就丰富多了——冬去春来，时不我待，青春易逝，你可知道？暖雨晴风，杨柳如丝，春色撩人春心动，你可知道？芳草萋萋人不归，春日偏能惹恨长，你可知道？……说不尽的春愁、春怨、失望、孤寂，你全然“不见”，何等伤心，自在言外。无怪沈德潜称赞：“北寒南心，巧于著词”(《古诗源》)。“巧”在它紧接上文，自然生发，翻出深意；“巧”在它借时借地，遣词造句，词简意丰，妙语传情。不过，心事万千，谁与共论，左思右想，还只有托燕传情，这种怨“君不见”盼君“见”的矛盾，真实而细腻地刻画出她回肠百转、痛苦而又执著的心态。诗的最后四句为第三层，抒发她所要寄之情。“形迫杼煎丝，颜落风催电。”“形”指人之体，“颜”指人之貌；“杼煎丝，喻不休；风催电，喻甚速”(张玉穀《古诗赏析》)。这两句的意思是说，自你离家之后，里里外外只我一人操持，紧迫得像织机上的梭子，奔个不停；“富贵貌难变，贫贱颜易衰”(吴迈远《长别离》)。长期的愁苦劳累，昔日的容颜姿色，早如风雨中的闪电，转眼即逝。“形迫”、“颜落”，用字灵活，形象鲜明，语意生动，既将上文“辛苦”二字补足，又自然地逗出容华虽尽，初衷不变的情意。细针密线，层折而下，最后再一次向对方表明“南心”，方才收束全文。反复致意，用心良苦，但不知此心暖得“北寒”无？余意萦怀，悠悠难尽。

这是一首代思妇抒情写怀之作，然其突出之处在大量的叙事，妙在所叙之事皆孕满着浓郁的情意，这种事因情生，事中含情，情事相融的手法，不仅是抒情诗的一个值得重视的艺术经验，对于中国古代叙事诗的影响则更是深远的。 (赵其钧)

【作者小传】

颜师伯

(419—465) 字长渊，刘宋琅邪临沂(今属山东)人。颜延之之从子。初历任幕职，受刘骏(即宋孝武帝)知遇。及骏即位，任黄门侍郎、南郡太守、东阳太守、御史中丞，封平原县子。出为青冀二州刺史，还任侍中、吏部尚书、尚书右仆射，亲幸莫比。因招权纳贿，被士族所疾恶。宋前废帝立，受遗诏辅政，逾年被诛。事迹具《宋书》卷七七本传，又附见《南史》卷三四《颜延之传》后。《艺文类聚》存其诗一首。

自君之出矣 颜师伯

自君之出矣，芳帷低不举。

思君如回雪，流乱无端绪。

建安诗人徐幹有一首著名的《室思》诗，以女子的口吻，诉说对远方丈夫的深情思念。其第三章末四句曰："自君之出矣，明镜暗不治。思君如流水，何有穷已时。"写情缠绵动人，深受后世人们的赞赏。南朝以来，不断有人模拟写作，"自君之出矣"遂成为独立的乐府诗题。与其他的拟乐府诗不同，《自君之出矣》基本上都保持着徐幹原诗的内容和形式，即标题与内容始终一致，而且大都是四句一篇，其首句必称"自君之出矣"，次句叙述一件事实，后两句则以"思君如××"引出各种比喻，类似于同题作文。这好比是戴着镣铐跳舞，既容易流于生硬、枯索，也容易显示出优劣。在众多的同类作品中，颜师伯这首诗有其独到之处。

《自君之出矣》全篇才四句，后两句又须构成一个比喻，这就需要作者不仅要处理好其中叙述与比喻的关系，而且要特别注意比喻的效果。比喻有喻意与喻象之分，而喻象的取用尤为重要。颜师伯此诗之所以高出他人之作，正在于其取象之美、含意之深、表情之真。试取他人所作两首以资比较：

自君之出矣，金翠闇无精。

思君如日月，回还昼夜生。（刘骏）

自君之出矣，罗帐咽秋风。

思君如蔓草，连延不可穷。（范云）

宋孝武帝刘骏的一首，以金玉首饰失去了往日的光泽来写女子因丈夫久出而无心装扮，是徐幹"明镜暗不治"的翻版。而以日月轮回、夜逝昼生来比喻女子相思日夜不息，意思有了，但取象不够形象生动，难以引发读者产生美感。且金玉、日月，都带有一种华丽高贵的气派，冲淡了悱恻动人的情思。这也许是由于刘骏的皇帝身份和缺乏真实的生活体验所致。范云是齐梁时的著名诗人，他以秋风吹罗帐暗示女子的空闺寂寞，以蔓草绵绵比喻女子的情思没有止境，虽然表现委婉含蓄，艺术感染力显然高于刘骏之作，但也依然未能跳出徐幹原作的格局。无论是徐幹的流水无尽，刘骏的日月轮生，还是范云的蔓草连延，都只是在描述女子那无穷无尽的思念，没能深入到这无尽思念的情感之本身。

颜师伯这首诗，所描写的就不是单纯的思念，而是女子由于思念时间之长、思念程度之深所形成的心烦意乱的情绪。"自君之出矣，芳帷低不举。"古代女子的住室大都张有帷幕，多者数重，故而"帷房"也可代指闺房、内室。"芳帷"着意点出内室帷幕的精美，由此可使人猜想到那陈设典雅的内室，和女主人细致而爱好整洁的性格。然而，丈夫远出不归，长久的思念折磨着女主人，令她百无意趣。洁净的内室，如今也零乱不堪；绣帷低垂，却无心挂起。这两句平平而起，是以一种总体性的叙述指出女主人公的心境。下二句才是精彩之处。

"思君如回雪，流乱无端绪。"思念与怨艾，牵挂与猜疑，期待与失望，种种爱恋之情交织在女主人的心中，愁云聚结，理不出头绪。李煜曾以"剪不断，理还乱"来形容离别的愁丝，十分真切。这首诗用回雪比喻愁思的郁结不解、纷纭无绪，不仅真切，而且意象之美，令人叹为观止。你看，洁白的雪花纷纷扬扬，铺天盖地而来。它们漫空飞舞，片片落下，无始、无终，无先、无后，天上地下，只是一片茫茫。忽然一股回风吹来，卷扬起地上的雪粒，拉扯住空中的雪片，搅成一团，旋飞不息。它们是那样急骤，那样杂乱，那样稠密。这景象是美的，又是沉闷的、迷乱的，正如忧郁而纷繁的愁绪。曹植曾以"流风回雪"形容美女举止的轻盈；颜师伯则取流风回雪之纷纭回环来形容愁思无端绪，虽是取效于前人，但却另辟蹊径，颇觉新鲜。此外，雪的洁白无瑕似也象征了女主人忠贞不渝的品德。

有比较，才有鉴别。与刘骏、范云的同题作品相比，这首诗写相思并不停留在表面，而是揭示出相思之人内在的情感体验，深刻而又真实。诗以流风回雪比喻抽象的愁思，显得生动优美。这确是一首佳作。（蒋　方）

【作者小传】

谢　庄

(421—466)　字希逸，刘宋陈郡阳夏(今河南太康)人。谢灵运族侄。少有美誉，宋文帝时，历任幕职及东宫官。及刘骏(即宋孝武帝)讨刘劭，庄潜通之。骏即位，历官侍中、都官尚书、广陵太守、吏部尚书。前废帝时，一度被囚。代表作《月赋》。明帝时，官至中书令、金紫光禄大夫。事迹具《宋书》卷八五本传，又附见《南史》卷二〇《谢弘微传》后。有集十四卷，已佚，明人辑有《谢光禄集》，《先秦汉魏晋南北朝诗》辑得其诗及断句十七首。

游豫章西观洪崖井　　谢　庄

幽愿平生积，野好岁月弥。舍簪神区外，整褐灵乡垂。林远炎天隔,山深白日亏。游阴腾鹄岭,飞清起凤池。隐暧松霞被,容与涧烟移。将遂丘中性,结驾终在斯。

山水游历,本有两种写法,随物赋形,曲径通幽,以视觉、听觉不断翻新,有游览过程、路线,又有景色描绘、介绍,可称之为"纪实型"。另一种则为"写意型",往往不直接描写景色的新奇美艳,耳目之内的纷至沓来,而是通过自然界的某种意境表现自己的情感、志趣,着重于美好景色的主观感受、哲理领悟和人生的思考与选择。谢庄这首诗采用的就是这种"写意"手法。洪崖井,在南昌西面山中。相传黄帝的臣子伶伦,帝尧已三千岁,得道于此,仙号洪崖,有炼丹之井遗此。东汉蔡邕《郭有道太原郭林宗碑》云:"将蹈洪崖之遐迹,绍巢、由之绝轨。"可见洪崖是足以与巢父、许由等上古隐士相提并论的令人钦仰的先贤。此诗开头两句,先直言平生志趣:幽栖闲适是平素蓄积已久的愿望,爱好山野之美更非一日。这两句写足了作者往日梦断神往的情怀,也为下文写游历、心志作了充分的铺垫。"舍簪"两句才点到游历地点,但又不说出地名,仅以"神区"、"灵乡"概之,渲染出一定的环境气氛,说自己已经到了神区之外、灵乡之垂(陲),这可以看出作者此番游历并非是一般的登山览胜,消遣时日,而是平生夙志,心向往之。抽去为官时的发簪,整饰好隐逸的布衣,颇有振衣千仞岗、高步追许由的飘逸。这两句,写出了步入仙乡的肃穆之感、敬畏之情,又为最后"结驾"埋下伏笔,看似淡淡,却咀嚼有味。

"林远"六句写洪崖幽景。"林远炎天隔,山深白日亏",炎天隔阻,天气清凉爽神,是因为树林深远;日光稀薄,而且难见其全,是因为群山幽邃。这两句,虽是粗笔描画,而境界已出。"游阴"二句,笔调空灵。岭上阴氛,池中清气,犹如腾蛟起凤,游荡飞动,更使人感受仙乡之飘缈,油然生轻举之念。阴、清,这里都是以虚代实,指空气。谢庄诗中往往有这种笔法,如"秋浦结清阴"(《自浔阳至都集道里名为诗》)、"轻霞澄暮阴"(《北宅秘园》)、"晨寒起长渊"(《山夜忧》)之类。而岭、池之上各着一"鹄"、"凤"字,又益加衬现出仙人所居,果然是超绝尘寰、了无俗韵。也只有这种环境、氛围之下,才能领略这洪崖仙山的意趣:山高蔽日,万道霞光射进层层叠叠、连绵不断的松林,隐约幽暧;涧底烟云飘流,徐徐起伏,悠然迟回。那恍惚迷离、出神入化的仙境,就此出现在我们面前了!结句写自己辞官归隐的打算。"将遂丘中性",即陶渊明"少无适俗韵,性本爱丘山"(《归园田居》)之意。结驾,即停车,表示结束宦海生涯;终在斯,是说自己最终的归宿即在于此。这返本随化的决定,并非是一时兴起。长年呼吸于世途宦场浊雾之中的诗人，陡然领略这尘迹不到的清新气息，其爽然自失，有终焉之志，是意中之事。从谢庄平生忧愁风雨、数辞官职上看，他此刻有此感情，是可信的。全诗到此，自然收结，而余音不绝，使人悠然神往。

这首诗是“巧构”之作，炼字琢句，对偶工整，节奏、词性富于变化，读上去流畅上口，很有情韵。全诗气息清雅，的确体现了其“兴属间长，良无鄙促”（钟嵘语）的风格。江文通《杂体三十首》中拟谢庄诗，即以《郊游》为题，那“翠山方蔼蔼，青浦正沉沉”的意境，“风散松架险，云郁石道深”的对仗，“气清知雁引，露华识猨音”的措辞，都几乎可以“乱真”，由此亦可见谢庄游览诗的地位与影响。

（周建忠）

北宅秘园　　谢　庄

夕天霁晚气，轻霞澄暮阴。
微风清幽幌，馀日照青林。
收光渐窗歇，穷园自荒深。
绿池翻素景，秋槐响寒音。
伊人傥同爱，弦酒共栖寻。

谢庄的诗歌，以两种题材形成两种风格，其应制侍宴之作，喜用古事，伤于繁密；栖寻闲适之作，格调飘逸，情致清雅。他的《北宅秘园》就是后一类的代表作，作者善于集中笔墨，对“北宅秘园”作多层次、多角度的“定点”描写。开头四句写秋天傍晚时的景色：薄暮将临，烟霭消散，轻霞映天，空气澄鲜，微风荡漾着幽雅的帘幔，太阳的余晖斜照着深秀的树林。这是一幅清丽、明净、高远的秋暮图，诗人不仅大笔勾画，巧妙剪裁，而且染上了浓烈的情感色彩。秋色、傍晚、夕阳、暮霭，这些描摹悲秋的诱情性“意象”，没有把诗人引向伤感与悲伤，明丽高朗、静态清趣中显然包孕着欣赏和妙悟，这不仅可以淡化历时弥久的迁逝之悲，而且也消释了宦海仕途的种种烦恼。从诗人的政治遭遇、从政态度来看，看似顺利的官运并未使他陶醉，政局动荡，变幻莫测，谁也无法摆脱忧谗畏讥的心理重负，他常常想谦退自全，全身远祸，所以每当他回到大自然的怀抱时，就有一种轻松、喜悦的解脱感与安全感，故能细细品味出大自然的美妙。

“收光渐窗歇”，写日将沉没，夜幕降临，渐觉窗暝，这与谢灵运的“林壑敛暝色”有同工异曲之妙。一个“渐”字，写出了夜幕降临时的动态过程，突出了“我”对宅园暮色的专注品味，给悄然无人、荒寂深沉的穷园带来了一线生气，更加强了幽深静谧的整体气氛。“绿池”两句则对“穷园”略作点缀，染出逸趣，曹植《公宴》诗云，“朱华冒绿池”，景，指光亮。这两句诗写芙蓉池内，闪耀着白色的光亮；秋槐树间，发出清冷的声音。绿素相反，对比鲜明，以声写静，尤见宁寂，从而有声有色地渲染出秘园“收光”时的景色之异。

“伊人”两句收束全篇，直接抒发自己对秋暮穷园的乐趣，这里又有两层曲笔，前八句已经暗示出作者的倾向、态度，但自得其乐之意只是不肯说出，此为一层。现在专门来说，又不直接点明自己如何在这小天地中饮酒弦歌，乐于栖息游寻，而是先做一番假设，若有“同好”者对此种意境、生活感兴趣的话，那么，“我”则愿与之弦歌栖寻，共享秋园暮景之乐，此为第二层。既写此种生活之美、园林之乐的不易体察，又写自己深切领悟到乐趣后愿意推己及人，共享幽居闲逸之快，直中有曲，静中显幽，俗而见雅，婉而不晦，写出了宅园之美的“最高层次”。

这首诗羌无故实，皆由直寻，前八句从多方面为宅园布景设色，颇多巧构形似之言；后两句以弹琴、饮酒进一步强化宅园秋景之乐，干净利落，意留言外，使这幅极其一般的秋色图，显出了无限的风流媚趣。（周建忠）

怀园引　　谢庄

鸿飞从万里，飞飞河岱起。辛勤越霜雾，联翩溯江汜。去旧国，违旧乡，旧山旧海悠且长。回首瞻东路，延翮向秋方。登楚都，入楚关，楚地萧瑟楚山寒。岁去冰未已，春来雁不还。风肃幌兮露濡庭，汉水初绿柳叶青。朱光蔼蔼云英英，离禽喈喈又晨鸣。菊有秀兮松有蕤，忧来年去容发衰。流阴逝景不可追，临堂危坐怅欲悲。轩皃池鹤恋阶墀，岂忘河渚捐江湄？试托意兮向芳荪，心绵绵兮属荒樊。想绿蘋兮既冒沼，念幽兰兮已盈园。夭桃晨暮发，春莺旦夕喧。青苔芜石路，宿草尘蓬门。遭吾游夫鄢郢，路修远以萦纡。羌故园之在目，江与汉之不可逾。目还流而附音，候归烟而托书。还流兮潺湲，归烟容裔去不旋。念卫风于河广，怀邶诗于毖泉。汉女悲而歌飞鹄，楚客伤而奏南弦。武巢阳而望越，亦依阴而慕燕。咏零雨而卒岁，吟秋风以永年。

谢庄以《月赋》著名，他对诗歌的贡献主要亦在介于诗和赋之间的杂言体，为创造诗歌的新形式作了努力。《怀园引》就是这类诗歌的代表作品。它综合了五言诗、七言诗、杂言诗、楚辞等形式，句法错落有致，灵活多变，在南朝文人诗中，显得别具一格。诗中的感情，也是真实动人的。

开头四句，以五言抒写谢氏宗族当年离开故园的情况，点明全诗"怀园"的立足点，起调平稳。首句用汉乐府《飞鹄行》"飞来双白鹄，乃从西北来"之意，是起兴。"河岱"，指黄河、泰山，是北方山川的代表与骄傲。"江汜"，长江边。"汜"假作"涘"，水边。"辛勤"两句接写"鸿"从河岱起飞后，越过风霜雨露，成群有序地沿江而南。谢庄祖籍陈郡阳夏(今河南太康)，晋室南渡后迁往建康(今南京)，故二句分别从"河岱"、"江汜"概之，写出了当年祖上南迁时的艰难历程，也突出了南渡后的地理差异。以鸿起兴，亦有深意：北雁南飞，一年一度，而自家南迁已数代，却不能北归。"江汜"典出《诗经·召南·江有汜》："江有汜。之子归，不我以。"作者用此典，亦隐含着他的家族被遗弃于江南的感叹。这几句虽尚未言及"怀园"，但语言悠远开阔，已经为全诗奠定了缠绵、深沉的基调。

"去旧国"十句，转为杂言，仍借雁儿作比喻，描写南渡时的故园之恋：雁儿虽离故土，旧国旧乡、旧山旧海已显得那么悠远漫长；但回首翘望，举翼难飞，依依之情，犹然不堪。"登楚都"三句又以入楚地的"第一感觉"反衬旧乡故园的可爱，进入楚都楚关，面对楚山楚地，竟是一片萧瑟，一身寒意，这是水土不适，是恋乡情绪对新迁之地的"反感"，更是与旧山旧海比较而得来的苦痛，是积蓄已久的主观情绪的"外化"。"岁去"两句，言虽是冬去春来，而严冰犹自不解，雁儿欲归无路，恰似客子滞留异地，年复一年地煎熬着念乡的情思。"雁不还"与"鸿飞"相应，把开头隐含着的深层意念豁然点明，同时也使诗的节奏随之变化，由平缓进至低昂。

"风肃幌"十句，又以七言抒写念乡的怅惘与悲苦。忽而帘幔惊风，白露濡庭，忽而汉水泛绿，柳色青青，春秋代序，何其速也！忽而日光蔼蔼，白云纷扰，忽而离禽晨起，其鸣喈喈，又是一日消逝！菊花秋来秀发，松柏经冬犹盛。季节更替，时光流逝，"临堂危坐"的客子，怎能无动于衷？惆怅、悲愁、忧思，竟使容发为之衰颓。而恋恋于堂前阶下的轩凫池鹤，又使诗人触景生情，深为感叹：难道它们都忘弃了江河，再也不愿奋飞回乡了吗？这强烈的反问语气，使诗的情绪推向了高昂。

"试托意"八句，半用楚调、半用五言，写出了客子对故园的"神游"，语调深婉，情思逸荡。望着通向天涯的遍地芳草，客子的绵绵之思，也不禁随之起伏悠扬，连属到故乡荒芜的园圃。遥想此时，池沼已冒绿蘋，幽兰亦当盛放。诗至于此，经过层层铺垫，始点到“怀园”，进入高潮。一想一念，情感跳跃。但迅即又入于平整，而出之以五言工对。夭桃之盛言其色，春莺之喧言其声，亦是园中具有典型性的“特写”。字里行间充满着对春天的赞美，而实际上，又是对故乡故园的无限眷恋之情的“客观投影”。然而，石路已被青苔所芜，蓬门亦为宿草所没。这二句，感情由盛赞又平跌为低叹，一时的激情向往，终又淹没于恒久的悲凉之中。

“邅吾游”八句，纯用骚体，颇有《哀郢》的情韵。以无可奈何之情，发而为低回深婉之词。客子漫游至楚域鄢郢，而归途依然是那么悠远曲折；故乡家园已然在望，然而江汉天堑，又是那么的难以逾越。踌躇之余，诗人惟有转道而还。这几句，表面上是说诗人不能越过汉水、长江，回到阳夏老家，而其意义深层，又包含了多少南北分裂，家乡沦陷的隐痛！然而，客观环境虽然限制了人的主观愿望，但主观思绪又冲破了这种客观的藩篱：诗人祈愿流水，送回自己的声音；翘待归云，带去自己的书信。人在滞客他乡、欲归不能之时，往往会羡慕大自然的无拘无束，同时又悬想行云有情，流水有意，可以有所寄寓。可就是这低微的要求，在事实上还是不能兑现的。故还流潺湲，归烟容与(即容裔，迟缓不前貌)，似去而不旋，这不解人意的无情之物，最终也是不能指望的。而这水之潺湲状，烟之容与貌，又是人之思绪的形象表现，千回百折，纠结缠绕，而又无法自己解脱。

最后八句基本上采用了六言句式，诗的节奏又转为凝重，情调也变为深沉。句中多用典故，而且也都恰到好处地表现了自己的执着眷恋。《河广》见于《诗经·卫风》，写宋女嫁卫后对故国的思念，“谁谓河广，一苇杭之。谁谓宋远，跂予望之。”“毖泉”指《诗经·邶风·泉水》，句有“毖彼泉水，亦流于淇。有怀于卫，靡日不思”。这两句是“引诗赋志”，既有人不如水之苦，又有河广路远之难。“汉女”句，是指汉代被迫远嫁异域的乌孙公主的《悲秋歌》“常思汉土兮心内伤，愿为黄鹄兮还故乡。”“楚客”句则是指有名的楚囚钟仪南冠而歌南音的故事。这两句，又借用音乐歌曲上的典故，表达了作者的归思难抑。情动于中而形诸言，言之不足则嗟叹之，嗟叹之不足则永歌之，想怀之情至于至深，乃发为长歌当哭，借乐伤怀了。巢阳望越，依阴慕燕，则如“胡马依北风，越鸟巢南枝”，进一步抒写了客子对家乡执着深沉的眷恋情绪，颇类屈原的“鸟死返故乡兮，狐死必首丘”。“零雨”、“秋风”，既言自然界的变化，又是用典，前者源于《诗经·豳风·东山》，后者指汉武帝的《秋风辞》。《东山》悲吟“我徂东山，慆慆不归”；《秋风辞》太息“欢乐极兮哀情多，少壮几时兮奈老何”。作者化用其意，益之以“卒岁”、“永年”这两个同义重叠的绝望之语，更显得岁月蹉跎，归期杳然，时不我待，老将至矣。作者用这两句结束全诗，犹如长歌哭竟，而寂无回应，于是心如死灰，乃至于无语凝噎。多少悲咽，尽在不言之中！

这首诗虽然抒发的仅是一己之思、一家之恋，却由于那汹涌澎湃的思乡巨浪，一唱三叹的恋乡情韵，一往情深的归乡祈求，使诗歌的境界大大开阔，从而超越了具体个别而具有了广泛的普遍意义，容易引起读者心灵的共振。同时，这首诗也体现了六朝诗歌发展的一个走向，由体物写景逐步转向借景抒情，由炼字琢句渐渐归于圆转流畅，而篇句皆善也作为一种新的美学追求而受到人们的重视。这自然也是与形式上的创新分不开的，全诗有三言、五言、六言、七言、楚调，错综其间，各司其职，各尽其意，尤其值得注意的，是那"3 言—3 言—7 言—5 言—5 言"式句群，显然是借助了民歌的形式而又有所润色，形成了一种雅俗共赏的风格。这对沈约的《八咏诗》与梁、陈间的小赋，都产生过直接而深远的影响，表现出诗与赋之间的接近与融合。　（周建忠）

【作者小传】

刘　骏

(430—464)　即宋孝武帝。字休龙，小字道民，彭城(今江苏徐州市)人。宋文帝第三子，初封武陵王。宋文帝为太子刘劭所弑，骏举兵入建康诛劭，即帝位，在位十一年。事迹具《宋书》卷六及《南史》卷二本纪。有集三十一卷，已佚，《先秦汉魏晋南北朝诗》辑得其诗及断句二十七首。

夜听妓　　刘　骏

寒夜起声管，促席引灵寄。
深心属悲弦，远情逐流吹。
劳襟凭苦辰，谁谓怀忘易？

南朝的君臣、文士，大多爱在夜间听乐。歌乐这东西也怪，在幽静的夜晚，听起来总比喧嚣的白昼有滋味得多。而且在月光、烛影下，欣赏歌(或舞)唱的乐妓，似乎也要多一重朦胧、增几分风姿。所以梁简文帝《听夜妓诗》，就曾眉飞色舞地吹嘘："何如明月夜，流风拂舞腰？"何逊《咏妓诗》，也情不自禁掷笔而叹："日暮留佳客，相看爱此时。"还有位诗人萧琳，在《隔壁听妓诗》中，甚至为不能见到乐妓之"舞腰"而惋惜，只好以"唯有歌梁共，尘飞一半来"宽慰自己。

这类夜间听妓风气，显然纯是为了享乐。享乐之流为诗作，便大多津津乐道于歌妓的“蛾眉”、“朱唇”、“雪袖”之类，很少有格调高雅的兴寄。宋孝武帝刘骏的这首诗，虽然也抒写夜中听妓之事，却无卑俗之态，表现了较为深沉的情思。诗之开头两句，点明“听妓”的时令和环境：“寒夜起声管，促席（靠近座席）引灵寄。”人们听乐，常爱在清秋、春夜的月明之中；诗人这一次，偏偏是在凛冽的“寒夜”。在这样的夜晚，听那丝竹歌乐，纵然怎样热闹，也毕竟显得清冷。那乐妓此刻就紧挨着诗人的座席，引吭而歌；灵妙的歌韵中，蕴寄了多少思情！从下文可以知道，这歌妓所唱的，恰恰又是哀切的悲音。这便与首句点明的“寒夜”之境互为映衬，造成了一种凄切悲凉的氛围。

接着“深心属悲弦，远情逐流吹”两句，着重抒写诗人听乐时的感受。“属”有“寄托”之意，“流吹”则指箫笛一类吹管之乐。乐妓唱的究竟是什么歌，诗中未有说明。但配乐的既是“悲弦”，则歌子定然也充满了哀情无疑。所谓“乐为心声”，诗人从哀切的歌韵中，大约正聆听到了深藏于歌妓心底的痛苦之情的幽幽倾诉；这倾诉应和着如怨如泣的琴弦之音，愈加令诗人感到它的深沉和悲凉。歌声又追随着幽婉流转的箫管之曲，把一片思情送向远方。那是在向故乡的情侣，还是塞外的征人，述说着辽远的思念和这寒夜的凄风？这一切倘要细加描述，很可以写成蔡琰《胡笳十八拍》或白居易《琵琶行》那样的叙事长篇。但此诗则重在表现诗人听乐的感受，而不是描述歌乐内容或歌妓身世，故只用“悲弦”、“流吹”稍加烘托，便将歌者的“深心”、“远情”写出，其余的全让读者用自己的联想去补充。从抒情短章来说，这是一种“少少许胜多多许”的写法，笔墨颇为经济。

最后是诗人的感慨：“劳襟凭苦辰，谁谓怀忘易”？“劳襟”即宽慰襟怀的意思。诗人夜听妓乐，本来是要让郁闷的心境得到劳慰。而今聆听了如此凄苦的哀歌，又怎能指望靠它来慰藉这寒夜的悲怀？歌妓那动人的悲唱，从此将萦绕在诗人胸间，再也难以把它摆脱和忘却了！这两句表面上看，似乎在诉说听罢妓乐的懊恼之情；其中所蕴含的，则更多是对歌妓那虽然悲切却又美妙动人的歌唱的深深赞美。美妙而欢乐的歌，可以让人忘却人世的一切忧愁；哀切而动人的歌，则能勾起人们心中一切伤心的往事，横添一段缠绕不去的悲思——这就是歌声的魅力。这位乐妓的歌唱也正是如此，她唱得实在太哀切动人了，以至于诗人听了，胸中便久久盘旋着这寒夜苦辰的歌声，怎么也忘怀不了了。对歌妓的赞美，可以从正面写出，但诗人偏偏以“谁谓怀忘易”的反问之语表达。这样的结句，较之于正面赞叹，显得更含蕴不露而意韵深长。

我在介绍南平王刘铄的《秋歌》时，曾引用钟嵘《诗品》的评语，提及孝武帝刘骏“雕文织彩、过为精密”的诗风。从刘骏流传下来的诗作看，确实常有这种毛病。“雕文织彩”，容易流为矫情；“过于精密”，便显得局促而气象不大。不过，刘骏的这首《夜听妓》，却一扫繁文缛采，写得颇为清脱。诗中表现乐妓歌唱的“深心”、“远情”，抒写诗人“寒夜”听歌的感受，言短情深、略无赘语，却留不尽感慨于诗外。在南朝众多“听妓”、“看妓”之作中，其格调、情韵均可列为上品。读者试比较一下梁简文帝《听夜妓诗》的下半首：“朱唇随吹尽，玉钏逐弦摇。留宾惜残弄，负态动馀娇。”两者审美趣味的高下便可立判，尽管简文帝的诗也不无形象逼真之处。

（潘啸龙）

【作者小传】

刘 铄

(431—453) 字休玄，刘宋彭城（今江苏徐州市）人。宋文帝第四子，封南平王。文帝时，任南豫州、豫州刺史。为人自负文才，常与兄弟较艺能，因而与兄刘骏（即宋孝武帝）不和。太子刘劭弑文帝自立，铄事之。及劭败，被宋孝武帝毒死。事迹具《宋书》卷七二及《南史》卷一四本传。有集五卷，已佚。《先秦汉魏晋南北朝诗》辑得其诗十首。

秋 歌

刘 铄

昊天晴且高，秋气初发凉。
白露下微津，明月流素光。
凝烟泛城阙，凄风入轩房。
朱华先零落，绿草就芸黄。
纤罗还笥箧，轻纨改衣裳。

除了少数胸襟豁达的诗人，秋天在骚人墨客笔下，似乎总与难以排遣的悲怀结了不解之缘。难怪梁简文帝《秋兴赋》，开篇即慨然而问：“秋何兴而不尽，兴何秋而不伤？”

但刘铄的秋兴却与此不同：作为宋文帝的儿子，他九岁就被封为南平王，整个青年时代，都流连在日享尊荣的得意之中，又知道多少哀伤和悲愁？在这样的心境中歌咏秋天，笔端自无凄苦之色。“昊（hào）天晴且高，秋气初发凉”，写的是朗日高天下的晴秋。炎热的夏日过去，天宇间再不见如山如涛的灰云；长空一碧如洗，显得那样明净、高旷；烦闷的暑热也被初起的秋风吹散，空气中透着一派惬意的清凉。这就是诗人感觉中的秋之晴昼，较之于鲍照那“回风灭且起，卷蓬息复征”的动荡不安，这两句表现的，则是诗人心境的宁静与平和。至于秋令之夜，在诗人眼中就更美妙了：“白露下微津，明月流素光。”“津”有“润泽”之意，又用“微”加以修饰，表现秋夜的清露滋润着庭园的草木，朦胧中似见晶莹微光的闪烁；而乌蓝的夜空，更有一轮明月高悬，洒下的清光如同浅浅的流水，在草野、树叶间轻轻流淌。这真是一个梦幻般的银色世界：朦胧、飘忽而又轻盈！

以上从白天写到夜晚，展现了一个清凉美好的秋之世界。诗人似乎是在庭园里漫步，故其视点亦不断改变：时而在白昼仰望秋空蓝天，时而在夜晚俯观月色露光。到了“凝烟泛城阙”以下，则已是薄暮时分。诗人伫立于楼窗前眺望，只见黄昏的烟霭，正从远处的城阙升浮而起。诗中用一“凝”字，表现烟霭升浮的徐缓之状，使人几乎觉察不到它的移动，看去就像凝立在那里一样，这是静态的描摹。接着便是秋风披襟而来的动态表现，那风陡然从轩窗间吹入，拂动着诗人的衣袂，令人不免生出几分寒意——此刻秋气渐浓，再不像“初发”时那样清凉宜人，故诗人称之为“凄风”。正因为如此，庭园中的花草，就经不起它的侵袭了。“朱华先零落，绿草就芸黄”，这就是从诗人眼中俯看到的庭园秋景——夏日的花是美丽的，但也最为柔弱，所以率先在秋风中凋落；而满园的青草，往日曾蓬蓬勃勃一片新绿，现在也开始转为枯黄萎衰。用了一个表示临近的“就”字，便特出了绿草初衰时不易察觉的变化。这四句写深秋的烟霭、凄风和凋衰的花草，本来最容易触发人们的哀伤之情。但诗人心中大约原无哀伤，其笔底所流露的，也只是一种淡淡的惋惜。与这种心境相适应，诗中所出现的意象，就不是“阴风怒号”、“万木萧萧”式的凄厉，而是“凝烟”、“绿草”这类纤微物候的小小变化——诗人的情感依然是恬淡而平和的，衰秋的到来，只在他胸中激起些细波微浪而已。这也可以从诗之结句看出：“纤罗还笥箧（藏物的竹器），轻纨（白色细绢）改衣裳。”面对着“凄风入轩房”的凛秋，诗人想到了什么？是离乡背井的怀思？身世蹉跎的凄怆？还是家国沉沦的哀愤？所有这些，对于身为藩王、养尊处优的年轻诗人来说，他都没有经历过、感受到，所以都无从说起。此刻他所感觉到的，无非是渐渐加重的凉意罢了，所能想到的，就只是脱下纤薄的罗衣，把它们放回竹箱，改换上轻软的纨绢之服——结句也是淡淡两语，表现了一位年轻藩王无所事事的悠闲。倘若让年轮转到刘铄政治生涯的晚期（虽然年岁仍不太大），在他因参与皇太子刘劭弑立之事，而遭到孝武帝刘骏的疑忌，“常怀忧惧，每于眠中蹶起，坐与人语亦多谬僻”之时，再来作一首《秋歌》，恐怕就会有许多悲忧之感，再不会这样悠闲了。

据《南史》记载，刘铄“少好学，有文才。未弱冠，拟古三十余首，时人以为亚迹陆机”，可见在当时颇有名气。但正如钟嵘《诗品》所述，刘铄作诗颇受孝武帝刘骏“雕文织彩”的影响，诗风过于“轻巧”。这首《秋歌》也是如此：它所描述的晴秋、月夜、黄昏之景，写得都很美妙。但人们总感到其中似乎少了些生气和耐人含咀的意韵。诗人在表现秋天时，毕竟太悠闲了，悠闲得只想到用“白露”、“明月”、“绿草”、“凝烟”之类去编织色彩和画景，而自身的感触，则淡到似有似无之间。所以，此歌虽一改历来的“悲秋”之习，却无后世刘禹锡那种“晴空一鹤排云上，便引诗情到碧霄”(《秋词二首》)的奇气和激情。其失大约正在于格调较低又过于“轻巧”罢？ （潘啸龙）

【作者小传】

汤惠休

刘宋时人。初为僧，宋文帝元嘉中，以善属文为前军将军徐湛之所赏识，刘骏(即宋孝武帝)命其还俗。官扬州从事史、宛朐令。或云生活到南齐时。有集四卷，已佚，《乐府诗集》存其诗十一首。

怨诗行　汤惠休

明月照高楼，含君千里光。巷中情思满，断绝孤妾肠。悲风荡帷帐，瑶翠坐自伤。妾心依天末，思与浮云长。啸歌视秋草，幽叶岂再扬？暮兰不待岁，离华能几芳？愿作《张女引》，流悲绕君堂。君堂严且秘，绝调徒飞扬。

这是一首乐府诗。晋代乐府利用曹植《七哀》诗创为《怨诗行》曲调，此诗就是在曹作感发下写成的。

《七哀》抒写闺情，此诗亦然。《七哀》起句为：“明月照高楼，流光正徘徊。”此诗作：“明月照高楼，含君千里光。”这样的起兴自然而超妙，亦为惠休所承。但也微有不同，曹诗第二句仍在“明月”，此诗已切入人情，“含君千里光”，把月光拟人化了，那月光是属于“君”的、是满含君情的光波。这样下面就展开主人公的直接抒情，而不需要像曹诗那样用“上有愁思妇，悲叹有余哀。借问叹者谁？言是宕子妻”那么多句子来过渡了。“巷中情思满，断绝孤妾肠。”“巷中情思”就是指月亮的光波。“断绝孤妾肠”，就是说使我(孤妾)为之肠断。这是她面对月光的感觉：月亮同照两地，照着我，也照着他，但只能看着月亮而不能与心上人相通问，这叫她感到十分悲哀。“悲风荡帷帐，瑶翠坐自伤。”这时秋风又来吹动她的帷帐，她更感到悲伤了，她觉得自己的青春年华就这么虚度了。“帷帐”，暗示夫妇生活，“悲风荡帷帐”自然触动她独宿的悲愁。“瑶翠”，美丽的姿质。下面就写她一系列的思想活动。“妾心依天末，思与浮云长。”“天末”，即天的尽头。这写她引颈长望，她的心思穿越了广阔的空间，寻觅对方的所在。“啸歌视秋草，幽叶岂再扬？”“啸歌”，长啸而歌。“幽叶”，黯淡的叶子。这两句说，边歌唱边看那秋草，它是枯萎了。“暮兰不待岁，离华能几芳？”“暮”，岁暮。“离华”，落花。这两句说，岁暮的兰草等不到过年就要凋残了，落下的花还能开几次吗？前面写月光、悲风，那是触景生情，这里反复写花草，是以比喻言情，也可以说是融情入景，方法并不相同。这就比曹植原作来得细腻。曹作中间部分是：“君行逾十年，孤妾常独栖。君若清路尘，妾若浊水泥。浮沉各异势，会合何时谐？”句句是对照“君”“妾”，也用了比喻，但显得较概括，也平直了些。

结尾是直抒中情了。“愿作《张女引》，流悲绕君堂。”《张女引》，曲调名称，声情很是悲哀，潘岳《笙赋》有“张女之哀弹”句。这个女子说，她要弹一曲哀伤的曲子，使悲音缭绕对方的房屋，也就是以此来感动他。“君堂严且秘，绝调徒飞扬。”但是，他的房屋太严密了，音响传不进去，再动人的曲调也是枉然。这样说，她对对方是很有些怨情了，诗名《怨诗行》，由此点题。也可以与曹作结尾对照一下：“愿为西南风，长逝入君怀。君怀良不开，贱妾当何依？”“愿为西南风”设想甚奇，相比起来，“愿作《张女引》”就显得有些平常了。但两者表情有所不同，曹作显得激切、直接，惠休之作显得委婉，言“君堂”而不言“君怀”，就避免了直怨其人，绕了弯子。就整首诗的抒情来看，曹作都显得激动些，一比“清路尘”、一比“浊水泥”，显出浮沉异势的尖锐，“会合何时谐”、“贱妾当何依”的责问，显得颇为严峻；而惠休此诗处处避免了直指，虽则是怨，但显得温而婉，这当更符合对丈夫（或情人）“爱深怨亦深”的心态。论者说，曹植诗寓含身世之嗟，那就是另一方面的问题了。

总的来说，《怨歌行》曹植创意创词在前，自然可贵，惠休嗣其音响而有变化、更新，也是难得的。

（汤华泉）

江　南　思　　汤惠休

幽客海阴路，留戍淮阳津。
垂情向春草，知是故乡人。

“江南思”即忆江南,这诗是写“留戍淮阳津”的一位戍客对江南的思念。诗一开头称这位戍客为“幽客”,可见他是一位身名沉滞、自感沦落的人(谢朓在《和伏武昌登孙权故城》中自谓“幽客滞江皋”,“幽客”一词用意同此)。这样的戍客当更有特别的思乡之情了。

头两句叙述这位戍客的所来、所事。“海阴”,海南。古人常称下江为海,海阴自可指江南广大区域。“幽客海阴路”是说他来自江南,这跟诗题就吻合了。“淮阳”,刘宋淮北郡名,在今淮阴一带。当时这里差不多就是北方边界了,这位戍客就驻守在这一带的河防上。这两句为对偶,一说南,一写北;说南,给人极南之感,写北,写到北界。这见出距离的遥远。同时“海阴路”亦可视为这位戍客意念中的影像。意念中的“路”、眼前的“津”这些“供行李之往来”的交通之道,更会触动他的思归之情。李白写的“戍客望边邑,思归多苦颜”(《关山月》)、秦观写的“无奈归心,暗随流水到天涯”(《望海潮》),当也会发生在这位戍客身上。

头两句于叙述中见情意,下两句即为言情了;又妙在并不径直,而是捕捉了这位戍客一个细微的意态,曲曲传出他的哀苦。“垂情向春草,知是故乡人。”他把思念家乡的心情倾注于春草,觉得春草就是故乡人了。把草当人这奇特的联想当是这样产生的:春天来了,原野上草色青青;春天由南而来,那草色也是从南方蔓延来的;幻觉之中仿佛眼前的春草就是来自江南、来自故乡,它便是故乡人了。这可以见出思乡之情的强烈。也许此时他想到了故乡的原野,感受到了故乡春天的温暖,他或许得到了片刻的满足;但毕竟草不是人啊,幻觉之后又会是冷酷的环境,其心情又当如何悲苦。真是“梦里不知身是客,一晌贪欢”(李煜《浪淘沙令》),这种无望的自我安慰,越发令人失望,越发动人哀感。把草当人,也见出这位戍客的孤独、寂寞。在他的周围不要说无知心朋友,恐怕连叙话的人也没有,他的思情那样强烈而无可诉说,于是寄托于非人的草了。这是一种被扭曲了的心理。这样写情写得很是深入。这位戍客心境如此悲苦,当不仅只是乡愁,而还打入了较多的身世之感,这正符合“幽客”的身份。

这首小诗只二十字,容量不小。在写法上,头两句于属对、措辞上颇为考究,后两句善于摄取表现角度,由微知著,即小见大,写得相当精致、新颖,不同于一般的古体。作者如果知道调剂平仄的话,那就很像唐人的五绝了。　(汤华泉)

杨花曲三首(其二)　　汤惠休

江南相思引,多叹不成音。
黄鹤西北去,衔我千里心。

《杨花曲》是乐府诗,原有三首,这是第二首。诗中的"江南"、"西北",当为虚拟之词,以状相离之远。这首诗是写女子对远方情人的刻骨思念。

"江南相思引,多叹不成音。""引"即歌曲。这里"相思引"是乐曲名称,也是主人公心情的寄托,她弹奏此曲是为了抒发心中的情思。"多叹不成音"是说她心里太难受了,只是叹息,弹奏不成曲调。乐曲名相思,她也在相思,这对她是双倍的刺激,激动得使她弹不下去了。下面忽生奇想:"黄鹤西北去,衔我千里心。"既然弹不成音,心意无法表达,就让黄鹤衔去好了;即使弹奏成音,千里之外的人也听不到,那叫黄鹤衔去多好。这大概就是她联想的过程。黄鹤是一种善飞的鸟(李白《蜀道难》"黄鹤善飞……"),黄鹤又是一种恋侣的鸟(乐府《飞鹄行》:"飞来双白鹄,乃从西北来。"鹄、鹤相通,"黄鹤西北去"想必也是由此变化而来),这大概是她联想的根据。她这种联想,表现了对情人的渴念,她是多么急切地想与千里之外的情人沟通信息啊。

在古代没有现代这样方便的交通、通讯条件,诗人们于是设想出种种方式使得相隔千里万里的人们顷刻间可以相会、相谈、相互交流情感。他们有的设想变成鸟,"古诗"中就有不少"愿为双鸿鹄,奋翅起高飞"这样的句子。有的设想为风,如曹植《七哀》:"愿为西南风,长逝入君怀。"有的设想为月光,如唐人张若虚《春江花月夜》:"愿逐月华流照君。"有的设想变成梦,如《西洲曲》:"南风知我意,吹梦到西洲。"这些设想都很奇妙,但都是就整个形体而言,而惠休此诗"黄鹤西北去,衔我千里心",托黄鹤衔去她身体的一部分、思想感情载体的心,可谓奇之又奇了。衔心,具体、明确,又给人一种很强的具象之感、真实之感,虽是奇语而易为人理解和接受。惠休前此语似未经人道过,后来李白的"狂风吹我心,西挂咸阳树"(《金乡送韦八之西京》)、"我寄愁心与明月,随君直到夜郎西"(《闻王昌龄左迁龙标遥有此寄》)是得其机杼了。

(汤华泉)

白纻歌三首(其二)　　汤惠休

少年窈窕舞君前,容华艳艳将欲然。
为君娇凝复迁延,流目送笑不敢言。
长袖拂面心自煎,愿君流光及盛年。

《白纻》是一支产于吴地的舞曲。至晚从晋代起,它就作为一支宫廷舞曲流传,因此有很多歌辞。这些歌辞的内容大体相同,主要是描摹《白纻》舞女的舞姿体态。这种情况可能同音乐、舞蹈的特点有关,即由于共同的曲调、共同的舞蹈风格而造成了歌辞在内容上的雷同。从文学角度看,这种情况并不是好事。因为雷同的诗歌、仅仅停留在外观描写层次上的诗歌,一般都是缺乏真情实感、缺少艺术个性的诗歌。这种诗歌没有什么生命力。这样一来,从刘宋时代开始,就有人起来打破过去的《白纻歌》的程式了。他们把舞蹈描写同对一些典型形象的塑造结合了起来,由此造成《白纻歌》向个性化方向的发展。就现有的资料看,首先这样做的诗人是宋武帝时候的汤惠休。

汤惠休所创作的《白纻歌》,今存有三首。这三首诗歌都打破了单纯描写舞姿的陈规,而以男女相思为主题。其中写得最好的是以上一首。这首诗以一个《白纻》舞女为描写对象。尽管诗中也同其他《白纻歌》一样,描写了舞女"窈窕"、"迁延"、"容华艳艳"的美丽外表,但它的主旨,却在于刻画这位女子羞于吐露爱情的娇痴情态。诗的大意是说:年少的《白纻》舞女,姿态窈窕,舞蹈于郎君之前。她容颜灿灿,像将要燃烧的火焰那样鲜艳。为了心上人,她目光娇凝,舞步迁延。但那番情意却只能在目光中流露,在微笑中暗送,而不敢言传。她用长袖将脸儿轻掩,无法吐露的感情使心如汤煎。她于是祝愿自己长此以往为郎君献舞,让郎君的福泽滋润她,直到她的盛年。——这样,诗歌就把外貌描写同内心世界的刻画密切结合起来了,也把对旧题材的继承同对它的改造结合起来了,使舞蹈描写的程式转变成形象塑造的一种手段。这是这首诗歌最重要的一个艺术特点。

这首诗的另一个艺术特点是:它采用了一种由表及里、由浅入深的形象塑造方法,描写既细腻,又简洁准确。诗歌对人物形象的描写可分为三个层次:第一、二句描写静态形象,勾画出这位少女活泼美丽的外表轮廓;第三、四句描写动态形象,点染出这位女子含情脉脉的娇羞情态;第五、六句则切入内心世界,用感情表白的方式完成了对这一完整人格的塑造。所以我们读这首诗的时候,会获得一种栩栩如生的感觉。

读这首诗的时候,我们还能感到:作者在设计人物形象方面是独具匠心的。作者所描写的是一个自己眼中的舞女,通过描写,又画出了一个舞女眼中的自己。这样就把自己(作为观舞者)同舞女(作为观察的对象)在感情上密切沟通了起来。这种艺术感受只有通过仔细观察生活才能获得。而由于这种观察是动用身心的观察,故显得富有真情实感。这首诗之所以写得很动人,正因为作者向诗中的形象贯注了很深沉的感情。换句话说:我们在诗中舞女那里看到的一副深情,其实是作者在主观上赋予她的。所以这个舞女形象,还应当说是一个具有理想色彩的人物形象。这一点正好反映了作者的艺术想象的独到之处。(王小盾)

秋思引 汤惠休

秋寒依依风过河，白露萧萧洞庭波。

思君末光光已灭，眇眇悲望如思何！

汤惠休善于写情诗，这首诗的题目翻译为现代语就是：秋天的情歌。提起这个题目，人们自然就会想起两首古代很著名的诗篇，一是《诗经·蒹葭》，其起句是："蒹葭苍苍，白露为霜。所谓伊人，在水一方。"另是《楚辞·湘夫人》，开篇为："帝子降兮北渚，目眇眇兮愁予。袅袅兮秋风，洞庭波兮木叶下。"这都是秋天的情歌。惠休此作当受到这两首诗的感发，他似是有意将重章叠句、累数十百言、反复铺写的这种缠绵悱恻的情意，凝聚到一首四句短歌中。这首短歌的抒情主人公当为女性。

"秋寒依依风过河，白露萧萧洞庭波。"这是写节令，写秋色。"秋寒依依"、"白露萧萧"即《礼记·月令》所谓孟秋之月"凉风至，白露降"之意，"依依"状秋寒的隐约，"萧萧"状白露的零落。"风过河"、"洞庭波"为互文，意为秋风吹过江河、吹过洞庭，在江湖上掀起了波浪。这自然是抒情主人公所伫思的环境。秋气、秋色本来就易引动人们悲郁之情、望归怀远之情，这位"有所思"的女子在此时登山临水，忧伤当如之何呢？"秋寒依依"、"白露萧萧"似乎也映现了她那冷落而无所着落的心境，如同宋玉《九辩》所说的那样："憯凄增欷兮，薄寒之中人。""依依"、"萧萧"应当说融合了她的心理感觉。这两句所写又是这位女子望中所见。她是在伫望意中人，这人也是"在水一方"。本已是可望而不可即，"风过河"、"洞庭波"又加深了间阻，也加重了她的悲愁，不要说休想"与佳期兮夕张"(《湘夫人》)，恐怕连发"溯洄"、"溯游"(《蒹葭》)之念都难；但她还是这样凝神骋望，"风过河"、"洞庭波"也显出了时间过程，这位女子似乎忘了时间，这是怎样的一往情深啊。

"思君末光光已灭，眇眇悲望如思何！"这两句直接透露主人公的心思，用第一人称自白，意思是说：我在黄昏里思念你直到天黑，这样遥遥悲望，怎样才能表达、怎样才能对待我这思念的情怀啊！从这两句又可见她伫望的长久，上两句应是写白日，这里写到黄昏、写到天黑，真是"望夫处，江悠悠，化为石，不回头"(王建《望夫石》)啊。前一句第一字是"思"，后面又有"思"，两个"思"字的回环叠用，显出了思情的强烈，而"如思何"更表达了她那无可名状、无从对待、无法消解的复杂意绪。这是一层。还有一层："末光"又可比喻恩宠。《史记·萧相国世家》太史公赞就说萧何因"汉兴，依日月之末光"而建立事功，后又用于男女关系，陆机《塘上行》云："愿君广末光，照妾薄暮年。"这里"思君末光"的比喻义同陆机，她在希求意中人的恩宠，"光已灭"似乎预示了对方感情的变化，这叫她何以为怀呢。理解了这一层，"悲望"的深层意蕴也就显露出来了。看来这位女子比"溯洄从之，道阻且长；溯游从之，宛在水中央"更加失望，比"思公子兮未敢言"（《湘夫人》）心境更为悲苦。

这首短诗所抒写的内容与上述两首古歌比较起来，自是有多少、厚薄的差别，但我们不能不承认，就这四句而言，其蕴含已是很大了，女主人公的悲怨缠绵也表达得相当充分、深切了。这首诗能做到句短意长，是得力于语言的锤炼及情景恰当的处理。上古诗歌的语言一般要来得宽松些，如果将此诗翻成《诗》、《骚》，篇幅至少要加大一倍。此诗的景物描写与情意结合也十分紧密，而不像上古诗歌的景物描写带有较多的"起兴"意味。这首诗的艺术手法显现了古体向近体演进的痕迹。更为引人注意的是，这首七言四句短诗从结构到韵式几乎全同于后来的七言绝句。（七绝韵式的规定是：用同部平声韵，第三句不入韵。这首诗符合要求。前此七言四句的楚歌如项羽的《垓下歌》是句句用韵，前两韵为仄声，后两韵用同字平声，张翰《思吴江歌》，句句用韵，皆为同部平声，已有进步，但都不合要求；而那两首楚歌又句句皆有"兮"字，也显得很不紧凑。）文学史家讲七绝发展史都认为它是最早出现的七绝雏形作品。绝句本产生于民间歌谣，而汤惠休对民歌有着特殊的爱好，其作品当时就被颜延之讥之为"巷中歌谣"（《南史·颜延之传》），他能写出这首准七绝，能写出像《江南思》、《杨花曲》那样的准五绝，是很自然的。对汤惠休在近体诗发轫阶段所作的贡献，应给予应有的评价。

（汤华泉）

【作者小传】

吴迈远

（？—474？）　刘宋时人。有诗才而自负，受宋明帝召见，未蒙赏识。任荆州刺史桂阳王刘休范从事，宋后废帝永徽二年（474），休范叛攻朝廷，兵败死。据时人丘巨源云，迈远曾为休范作檄文，休范败，受族诛之罚。一云，迈远入南齐，官奉朝请。有集八卷，已佚，《先秦汉魏晋南北朝诗》辑得其诗十一首。

飞来双白鹄　　吴迈远

可怜双白鹄，双双绝尘氛。连翩弄光景，交颈游青云。逢罗复逢缴，雌雄一旦分。哀声流海曲，孤叫出江渍。“岂不慕前侣？为尔不及群。步步一零泪，千里犹待君。乐哉新相知，悲来生别离。持此百年命，共逐寸阴移。譬如空山草，零落心自知。”

这是一篇寓言式的故事诗，是古乐府《飞鹄行》（又名《艳歌何尝行》）的拟作。古乐府写的是：白鹄双双飞翔，忽然雌白鹄病了，不能相随。雄白鹄非常难受，“五里一反顾，六里一徘徊”。它想衔雌鹄、背雌鹄同行，但都不能实现，只好带着无穷的遗恨飞走了。当然这雌雄白鹄相恋相顾是象征了人间的爱情，这首乐府后面一大段作女子答夫语，直接插上本体，说出象征义，文字几占全诗五分之二，显得累赘。吴迈远这首诗总的来说情节相似，但写法有些不同。先将它解说一下。

前八句是故事的叙述。“可怜双白鹄，双双绝尘氛。”“可怜”，可羡。“尘氛”，尘埃。这两句说，多么值得羡慕啊，这对白鹄在高高飞翔。一连用三个“双”，突出它们的形影不离。“连翩弄光景，交颈游青云。”“光景”同“光影”。这两句写它们在高空或一前一后，或一左一右，戏弄着，遨游着，显得那么快乐，那么亲昵。“逢罗复逢缴，雌雄一旦分。”“罗”，罗网。“缴”，指箭。这两句说，它们遭到了地面上人们的伤害。“雌雄一旦分”未说出哪个遭害，但据本辞，应是雌鹄。“逢罗复逢缴”，两个“逢”，见出人世的险恶，仿佛人间在嫉妒它们似的，非得拆散它们不可。这是故事情节的大转折，由“可怜”变成“可哀”了。“哀声流海曲，孤叫出江渍。”“海曲”，海边。“江渍”，江边。这是写雄鹄的悲哀，痛苦的哀鸣在各处传布。一“流”一“出”，也见出雄鹄寻觅雌鹄的行动。

后十句是雄白鹄的话。“岂不慕前侣？为尔不及群。”“前侣”，前面的同伴。“尔”，你。它说，怎么不想追随前面的同伴呢，只是为了你才没有跟上队。上面已言“孤叫”，可见它已是一只失群的孤鹄了。“步步一零泪，千里犹待君。”“君”亦指雌鹄。这就是“五里一反顾，六里一徘徊”的情况，不过更加人化了，人的语言，人的情态。“乐哉新相知，悲来生别离。”本辞也有这两句，出之于《九歌·少司命》：“悲莫悲兮生别离，乐莫乐兮新相知。”后来演化成熟语，意思就偏重于悲了。这两句还是表现雄鹄的极度悲哀。“持此百年命，共逐寸阴移。”“百年”，指一生。这两句意思是：本来的打算，是想以此一生，同爱侣厮守在一起，度过每一寸时光。“譬如空山草，零落心自知。”现在“她”伤亡了，我活着也没什么意思了，就像空山草木，说零落都零落了。这十句是雄白鹄的心灵独白，像是对亡鹄倾诉心曲，很是感人。

吴迈远把有四言掺杂的乐府古辞改为纯粹五言的乐府诗,文字显得很流畅;并且删去了后面一段人物出场的告白,结构也显得紧凑了。作为一首故事诗,要求做到"人物形象"和故事情节的整一性,作为一首寓言诗,寓体和本体也应该是同一的,这首诗可以说达到了这种要求。这首诗在这些方面与古辞相较,显然有文野之分、高下之分。还有一点:古辞雌鹄的失落是由于"被病",而此诗则是罗网和弓箭的伤害,这是情节的很大不同。这一改动,突出了雌雄分离是外在势力破坏所致,是"社会"悲剧。这就大大深化了作品的主题。以禽鸟为主人公的寓言诗民间作品里有一些,文人创作不多,本诗和后来杜甫的《义鹘行》算是较好的作品。

(汤华泉)

答孙缅歌　无名氏

竹竿籊籊,河水浟浟。相忘为乐,
贪饵吞钩。非夷非惠,聊以忘忧。

这首无名渔父的四言诗,载于《南史·隐逸传》。据传载,刘宋寻阳(今江西九江)太守孙缅,某日出游水边,遭一"神韵潇洒,垂纶长啸"的渔父。缅问他卖鱼否?他却自称:"其钓非钓,宁卖鱼者邪?"缅劝他出仕以博取"黄金白璧"、"驷马高盖",他又自言:"仆山海狂人,不达世务,未辨贱贫,无论荣贵。"遂作此歌,而后悠然离去。

首二句以景物起兴,描绘出一个清幽的隐士境界。首句语出《诗经·卫风·竹竿》:"籊籊竹竿,以钓于淇。"籊籊,形容竹竿长而尖削之貌。此句字面上虽仅写竹竿,但已隐含垂钓之意。次句写水流潺湲,浟浟,水流之貌。这一联在写景中连用两个叠词,复沓回环,曼声长语,很好地表现出一种恬静悠闲的隐逸情趣。

中二句转入抒发情志。"相忘"一语,出于《庄子·大宗师》篇:"泉涸,鱼相与处于陆,相呴以湿,相濡以沫,不如相忘于江湖。与其誉尧而非桀也,不如两忘而化其道。"把对立的事物看成本质上毫无二致的事物,因而安时处顺,心境平和,这就是所谓"相忘"。而渔父的所谓"未辨贱贫,无论荣贵",正是达到了《庄子》的这一境界。反之,如果不是与世"相忘",而汲汲名利,势必引发灾祸,本联次句即是此意。游鱼贪食鱼饵,必有吞钩之祸,它与"相忘为乐"形成了鲜明的对比。这两句既是渔父自己的人生观的写照,同时也是作为对孙缅劝他出仕以求荣名利禄的答复。这两句虽是说理,但字面却都是与鱼相关,正与上句悠然垂钓的意思相承接,理与景结合得十分自然。

末二句对“相忘为乐”再作发挥，以强化此诗的主旨。“非夷非惠”化用《孟子》的语意，但经诗人改造后，又表达了《庄子》的思想。夷指伯夷，惠指柳下惠。《孟子·告子下》云：“居下位，不以贤事不肖者，伯夷也；……不恶汙君，不辞小官者，柳下惠也。”又云：“伯夷隘，柳下惠不恭。隘与不恭，君子不由也。”（《公孙丑上》）孟子的意思是，伯夷洁身自好，清高脱俗，失之器量狭小；柳下惠处浊自安，豁达开朗，惜乎不够严肃。而渔父借用其语，巧妙地化进《庄子》的哲学，指出人生不要执着于进退出处的任何一方，凡事都无可无不可，不要刻意为之。这样，与世委蛇，和光同尘，就能忘忧而为乐。“为乐”、“忘忧”，一章之中，两致其意，足见渔父胸中自是平和安乐的境界，势利富贵的外毒，又岂能侵入？

此诗运用古老的四言诗形式，古朴奥雅，读来如闻韶乐，它以极短小的篇幅，表达了丰富的意蕴、玄奥的哲理，精警凝练，令人玩味无穷。渔父在中国古代文学中，历来是隐逸者的化身，《楚辞》和《庄子》中也均有《渔父》篇。这首小诗，语虽简淡，却使这个隐逸者的形象，又丰满、充实了不少。（黄宝华）

齐　诗

【作者小传】

萧道成

（427—482）　即南齐高帝，字绍伯，小字斗将，南兰陵（今江苏武进）人。刘宋时，为南兖州刺史，因宋室内乱，入主朝政，拜骠骑大将军、封齐公。后受宋顺帝禅称帝，国号齐，在位四年。事迹具《南齐书》卷一、二及《南史》卷四本纪。《先秦汉魏晋南北朝诗》辑得其诗二首。

群鹤咏　萧道成

八风儛遥翮，九野弄清音。
一摧云间志，为君苑中禽。

宋明帝初年，诸王多叛，又都被明帝所消灭。萧道成是平叛中的一员主将，东征西讨，功勋卓著，但名位日隆，又颇受猜忌。泰始六年（470），萧道成受命移镇淮阴,“都督北讨前锋诸军事”,但“明帝嫌帝(指萧)非人臣相,而人间流言,帝当为天子,明帝愈以为疑”,于是派吴喜携酒赐萧道成饮,萧“惧鸩,不敢饮,将出奔,喜告以诚,先饮之”,然后萧再饮,“喜还,明帝意乃悦”(《南史·齐本纪上》)。君臣之相猜疑,于此可见一斑。了解了这些背景,我们才能深入地理解这首诗。诗作于镇淮阴时,《南史·荀伯玉传》:“齐高帝镇淮阴……为宋明帝所疑,被征为黄门郎,深怀忧虑,见平泽有群鹤,仍命笔咏之。”

这是一首比体诗,通篇写鹤,而作者之情志则因之而表露,深得含蓄不尽之致。比兴是中国诗歌最古老的传统。《文心雕龙·比兴篇》云:“观夫兴之托谕,婉而成章,称名也小,取类也大。”“且何谓为比?盖写物以附意,扬言以切事者也。”从作者见群鹤而生感慨来说,这是兴。从作者以鹤的形象自比来说,这是比。故而能因小见大,婉而多讽。诗的前两句描写的是迎着八面来风,展开硕大的羽翼,在九天之上翱翔鸣叫的鹤。“八风”,谓八方之风;“九野”,犹言“九天”;“儛”,通“舞”。鹤的高飞戾天展现出作者的雄心抱负与宏才大略,也反映出他远离朝廷羁束的自在心情。诗的后半描写鹤因羽翮摧折而不能高翔云天,只能成为帝王园囿中的观赏之物。这无疑是作者对一旦被召回后处境的想象。通过前后意象的鲜明对比,作者内心的苦闷不平获得了生动的展现,诗意在转折跌宕中有波澜起伏之势。这种托物言志的手法,确如刘勰所云“称名也小,取类也大”。

本诗这种五言四句的小诗,在当时是一种新兴的文学样式,齐梁时代已称作“绝句”,它是唐绝的滥觞。这种短诗要求尺幅千里、余韵悠远,故比兴一体最为诗家着意。施补华《岘傭说诗》云:“五绝只二十字,最为难工,必语短意长而声不促,方为佳唱。”刘熙载《艺概》云:“以鸟鸣春,以虫鸣秋,此造物之借端托寓也。绝句之小中见大似之。”本诗的托物寄兴之妙,也完全符合上述诗家对五绝的要求。

(黄宝华)

【作者小传】

张　融

(444—497)　字思光,南齐吴郡吴(今江苏苏州市)人。刘宋时为北中郎参军,出为封溪令,作《海赋》。还任仪曹郎,后入萧道成(即齐高帝)幕府。入齐,仕至司徒左长史。事迹具《南齐书》卷四一本传,又附见《南史》卷三二《张邵传》后。有集二十七卷,又有《玉海集》十卷、《大泽集》十卷、《金波集》六十卷,均已佚,明人辑有《张长史集》,《先秦汉魏晋南北朝诗》辑得其诗及断句五首。

别 诗 张 融

白云山上尽，清风松下歇。

欲识离人悲，孤台见明月。

别离之际，最易引发人的感情波澜。诗人们为此写下无数“销魂”之什。张融这首抒写离情别绪的诗，乍看上去似平平淡淡，而细味之，个中又有一番浓情深意。

四句诗，有三句写景。“白云”、“清风”、“松”、“明月”，这都是形容六朝隐士们隐居之所的清隽、超绝。如孔稚珪《北山移文》写假隐士驰骛官场后，“使我高霞孤映，明月独举，青松落荫，白云谁侣?”这三句不仅仅是自然景物的客观描绘，而且其中寓含了别者与送别者的隐士身份以及隐士风度。

这三句若仅如是讲，就失之为肤论。王夫之云：“情景名为二，而实不可离。神于诗者，妙合无垠。巧者则有情中景，景中情。”(《薑斋诗话》)三句写景，而没有一句不是抒写“离人悲”之情。送别故人，不知始于何时，直到傍晚时分，山上白云消尽，山中晚风初定，双方仍依依不舍；但分手在势，终有一别；故人别去，已是明月高悬。诗人在景物描写中，暗含了时间的延续。三句诗还为我们描绘了山中隐士送别的清绝空间。头两句一个“上”字一个“下”字，把空中的白云与地上的苍松联在一起，又以“清风”把二者完整地融为一体。明月高挂，铺银洒玉，山中景物异常明澈、空阔、静谧。这种景物一经第三句点化，送别人的惆怅之情便跃然纸上。三句诗，从时空两方面抒写“离人悲”，前者写离别之难，后者写别后之悲，可谓情景“妙合无垠”。

写景抒情、以景写情可以说是我国古典诗歌的艺术规律，仅如是观，仍失之笼统。从这首送别小诗中，我们可以窥到六朝时与自然合一的人生理想及清俊超脱的人格追求。《南史·谢弘微传》：“次子(谢)谌，不妄交接，门无杂宾，有时独醉，曰：‘入吾室者，但有清风，对吾饮者唯当明月’。”白云、清风、苍松、明月在六朝，已不单纯是自然景物，也是当时时代思潮的形象体现。因此，我们说这首诗不仅绘景抒情，而且是写人。作者曾说：“融，天地之逸民也。进不辨贵，退不知贱，兀然造化，忽如草木。”(《南史·张融传》)所以明代张溥称赞他说：“白云清风，孤台明月，想见其人。”(《张长史集题辞》)

这首小诗集绘景、抒情、写人于一身，宁静的景象中深藏感情的起伏，平淡的词语中可见清绝的人格。

(王 琳)

【作者小传】

孔稚珪

(447—501) 一作孔珪,字德璋,南齐会稽山阴(今浙江绍兴市)人。刘宋末,累官至骠骑大将军萧道成(即齐高帝)记室参军,与江淹对掌辞笔。迁尚书左丞,以父丧去官。齐武帝时,累官至御史中丞。明帝时,出任南郡太守。废帝东昏侯时,官都官尚书,迁太子詹事,因病卒。事迹具《南齐书》卷四八及《南史》卷四九本传。有集十卷,已佚,明人辑有《孔詹事集》,《先秦汉魏晋南北朝诗》辑得其诗及断句五首。

旦发青林

孔稚珪

孤征越清江,游子悲路长。
二旬倏已满,三千眇未央。
草杂今古色,岩留冬夏霜。
寄怀中山旧,举酒莫相忘。

从句中有“二旬倏已满”之语推测,此诗当作于孔稚珪初解布衣、出为安成王车骑法曹之际。(据《南史》记,孔稚珪晚年曾出为南郡太守,自然也有“孤征越清江”的可能,但与此诗“二旬倏已满”所透露的年龄不合。故定此诗为孔稚珪早年之作。宋安成王即宋顺帝刘准,于元徽二年(474)以扬州刺史都督扬、南豫二州诸军事。孔稚珪正当二十五六岁,或许即于此年自家乡赴扬州(或南豫州),故可途经青林山,倘非如此,则诗人在二十岁后另有离乡远游之事,因史传不载,已无可考矣。)这位在数年后将以充满奇思的《北山移文》蜚声海内的青年诗人,此刻却正剪不断满怀愁绪,颠沛于初离故乡的旅途之中。

时令大约在秋季,正是晨光熹微时分。诗人已离别途中歇宿的青林山(今安徽当涂东南),又风尘仆仆登上了征路。回首故乡会稽,早已远隔天涯;诗人伫立船头,唯闻潺潺水声,伴送一叶孤帆,驶行于清江长流,心境无疑是苍凉的。诗之开篇寓情于景,从凄清江流上勾勒船行景象,以“孤”字映带征帆,“长”路烘托“悲”怀,一种游子天涯的苍茫、落寞之情,顿时浸染了字里行间。接着的“二旬倏已满,三千眇未央”,正是在这种心境中引发的幽幽感叹。“旬”之为义,一般多指“十天”,这里则疑指“十年”。(“旬”可指十年,有《三国志》魏刘廙上疏“脩之旬年,则国富民安矣”为证。唐白居易诗亦有“且喜同年满七旬”之句,以“七旬”为七十岁。)诗人出为安成王车骑法曹,大约在二十五六岁。回想二十之龄倏忽过去，而一生事业尚在未卜之中，谁不会生出时光如逝的匆匆之感？“三千”，则形容旅程之遥远。从家乡会稽到江上青林，本已山高水长、迢递千里。而瞻念前路，依然悠远未尽（“眇未央”），心中能不倍觉怅然？这两句以倏忽而去的时间，对悠远苍茫的空间，表现天涯游子的漂泊之感，颇有一唱三叹的韵致。

从青林山入江上浮，沿岸本有望不尽的秀木青峰。但在心绪不宁之际，进入视野并为诗人所注目的，却更多是萋萋的岸草和斑驳的霜岩。那岸草大约长得颇茂密，清秋一到，往日的苍翠之中，不免杂有衰萎的枯黄之色。而铺盖山岩的霜华，虽然在秋晨阳光之下，还是洁白晶莹。使人不免要怀疑，它该是去冬的霜雪，经春历夏，仍未融化似的。“草杂今古色，岩留冬夏霜”二句看似景语，却包含有浓重的哲理意味：草而杂有“今古”之色，则岁岁的枯荣，也改变不了它蔓蔓无绝的生机；岩而留有冬夏之霜，则四时的更替，也移易不了它长峙天地的形貌。相比之下，人的青春年华，却是不能枯而复荣、与时长驻的呵！透过这一景语，我们不是可以感受到，那涌集于诗人心头的，此刻竟是何其深沉的物是人非的怅惘和迷茫？人在孤寂之中，最期望得到的，大抵是亲戚友朋的温馨嘘问。此诗结尾，诗人亦思绪悠悠地念及了平生交好的故旧：“寄怀中山旧，举酒莫相忘！”“中山”不知是用典还是实指？若为实指，则中山在今江苏南京市溧水区东南，与青林山相去不远，诗人当有故人居于此间。若为用典，则“中山旧”很可能借指故乡会稽的朋友。据《南史》本传记载，孔稚珪“好文咏，饮酒七八斗”，看来是位极好杯中之物的慷慨豪爽之士。当其孑然一身漂泊江上之时，往昔与友人开怀欢酌的情景，不免又历历如画地浮现在目前，回想起来也格外亲切。而今中山故旧竟在何方？当你们开筵举酒之时，可别忘了我这孤身远游的老朋友呵！遥远的“寄怀”，对往昔故旧相聚的叨念，不正愈加衬出诗人此时的清江“孤征”，是那样的晤对无人、寂寞难耐么？以此收束，文已尽而意不尽。令人感到，那长流的清波、萋萋的岸草、连绵的峰岩，似乎全为诗人的悲凉旅思所缠绕；无垠的江天之间，还久久传送着游子的悠悠叹息……

孔稚珪“风韵清疏”、生性豪放。如果说，他的名作《白马篇》、《北山移文》，以干云的奇气、斐然的辞采，表现了他那豪放不羁的襟怀的话；那么，这首《旦发青林》，则以清漪悠长的情思，更多显示了他“风韵清疏”的风神。全诗情景相生，以清江孤帆的悲凉，点染旅途的岸草、霜岩，境界清远，感慨深沉，用语朴素而无雕琢之痕。钟嵘《诗品》称诗人“文为雕饰”，就这首诗看，倒是有趣的例外。（潘啸龙）

游太平山

孔稚珪

石险天貌分，林交日容缺。

阴涧落春荣，寒岩留夏雪。

1961年曾撰小文《释"落"》，认为孔稚珪《北山移文》中"青松落阴"的"落"字应释为"遗"、"留"、"余"、"剩"之义，虽引起不少异议，却并未把我说服。我当时曾举薛道衡《人日思归》诗"人归落雁后"、杜甫《重过何氏五首》其二之"鸦护落巢儿"和关汉卿《玉镜台》杂剧"落得个虚名儿则是美"为例证。"人归落雁后"即是说人归留在雁归的后面，"落巢儿"指留在巢中的雏鸦，"落得个虚名"即留得个虚名。作字绘画"落款"，实即留款。无论古今语皆足证成鄙说。故"青松落阴"即留阴、余阴之意，这是完全讲得通的。

事隔多年，偶然读到《游太平山》这首小诗（太平山，在今绍兴市东南），作者偏偏又是这个孔稚珪。然检坊间选本，于此诗注释多可商榷。如人民文学出版社《汉魏六朝诗选》注其首二句云："言林石遮蔽天日的一部分。"中州书画社出版的《中国山水诗选》则注云："山高涧深，人入山中，自然只能看到天的一部分。""林木交错，阳光只能从间隙透射进来。"虽无显误，毕竟不够准确。关键在于首句的"分"字未讲透。"石险"者，状山势高峻，险石竦峙。正由于嶙峋怪石直插天际，仿佛把一块完整的天给分割开来，故诗人才用了"天貌分"三字。盖首句言险峻的山石把天空一分为二，次句乃指太阳光线不能普照林间，而是"疏条交映，有时见日"（梁吴均《与宋元思书》）。第一句是仰观天宇，第二句是俯视林间，犹之第三句为俯视涧阴，第四句为仰瞻岩顶也。

第三句"阴涧落春荣"，《汉魏六朝诗选》注云："因为涧阴，春天的花在此也要凋落。"《中国山水诗选》注云："春天的花，在幽深阴冷的山涧里，自然容易凋谢。"这就要引起疑问了。如果诗人游山时春天已过，而花亦已萎谢，则诗人在涧阴本未见花，何从知其为"春荣"（春花）？况春光既逝，纵不在涧阴幽冷之处，花也是要谢的。作者岂非辞费乎？若诗人游山正值春天，亲见花落，则第四句"留夏雪"云云又失了依据。因既在春天，则岩顶之积雪自然是冬雪而非夏雪也。今愿以我个人游山之经验言之。夫山中背阴幽冷之处，花卉往往迟开。应该在春天开的花，由于地处幽僻荒寒，须到春末夏初阳气较盛时才绽放蓓蕾。只有向阳易受日照的花木，才有先开或及时而开的可能。所以我认为此诗第三句不是指花落，（因气候寒冷而花朵凋谢本不足为奇，何必特写？）而是指春天虽已过去，春花却犹在背阴的山涧旁开放。这个"落"字正与第四句的"留"字为对文，即应解为"遗"、"留"、"余"、"剩"之义是也。诗人意谓，在山中幽涧背阴处，竟还保留着晚谢的春花（恰恰与早谢相反）；而在高峻的寒岩上，竟还存留着夏天的积雪。——

或者以“夏雪”为可疑，但在同一作者的《旦发青林》诗中，也有“草杂今古色，岩留冬夏霜”之句，下句与此诗句辞意均极似，雪、霜同类，仅以押韵关系各用一字耳。既言“冬霜”，复言“夏霜”，故知岩顶高寒处自有“夏雪”。夫春花本应早凋而偏未谢，夏雪本易融而偏积存于山顶。这才是山中的奇观异景。如只用寻常训诂来释此“落”字，不独诗境由新鲜活泼转而为平淡无奇，且与前后三句诗人所刻意摛绘的奇观异景亦不相配称。总之此处“落”谓花存，非言花落。　（吴小如）

【作者小传】

王　俭

(452—489)　字仲宝，南齐琅邪临沂(今山东临沂)人。宋时袭爵豫章侯，以尚公主拜驸马都尉，历官秘书郎、秘书丞，著目录著作《七志》、《元徽四部书目》。入齐，封南昌县公，拜尚书左、右仆射，领选举事。齐武帝时，进号卫将军，官至侍中、中书令。事迹具《南齐书》卷二三本传，又附见《南史》卷二二《王昙首传》后。有集六十卷，已佚。《先秦汉魏晋南北朝诗》辑得其诗七首。

齐 白 纻　　王 俭

阳春白日风花香，趋步明月舞瑶裳。
情发金石媚笙簧，罗袿徐转红袖扬。
清歌流响绕凤梁，如惊若思凝且翔。
转眄流精艳辉光，将流将引双雁行。
欢来何晚意何长，明君驭世永歌昌。

南朝流行一种舞蹈叫“白纻舞”，在上流社会中尤为盛行。此舞起源于汉晋时代，本为民间舞蹈，是织造白纻的女工为赞美自己的劳动成果而跳的舞。江西宜黄盛产纻布，当为此舞的发源地。在晋代此舞已进入统治阶层，《乐府诗集》卷五十五载晋《白纻舞歌诗》三章，描绘了此舞的服饰舞容，其第一首云：“质如轻云色如银，爱之遗谁赠佳人。制以为袍馀作巾，袍以光躯巾拂尘。丽服在御会嘉宾，醪醴盈樽美且淳。清歌徐舞降祇神，四座欢乐胡可陈！”由此可以想见，贵族官僚们在华筵樽俎之间观赏轻歌曼舞的奢靡情景。此舞以白纻作舞衣与舞巾，在乐歌相伴下，舞女扬袂顾盼，翩跹作舞，疾徐顿挫，皆中节度，令观者目醉神迷。

历代文士留下了不少咏白纻舞的篇什，直至宋代“永嘉四灵”之一的翁卷还写有《白纻词》一篇，为此类篇咏之绝响，后此即不见记载。在魏晋六朝的古舞中，惟此舞形之歌咏者为最多，王俭此诗即其中之一。

此诗先由写景导入。首句描绘了阳春三月的美好风光，在温暖的阳光照耀下，和煦的春风拂面而来，还伴随着阵阵诱人的花香。正是在这样一种芬芳醉人的环境里，盛装的舞女款步起舞了。接下来一句即是描写舞蹈的开始。“明月”即明月珠，又名夜光珠，因珠光晶莹而得名，常被作为佩带的饰物，如《楚辞·九章·涉江》：“被明月兮佩宝璐。”汉乐府《陌上桑》：“耳中明月珠。”“瑶裳”谓洁白的舞衣。瑶本是美玉，后也引申为珍奇华贵、晶莹洁白等义，此即用以形容舞衣的质地。按白纻舞在民间时，其舞衣当用白纻制成，进入宫廷与贵家后，统治者为观赏悦目，就变易旧制，踵事增华，改用轻縠、罗绮，且饰以珠翠，更显得珠光宝气。这一句正是对舞者服饰的如实描绘，反映出民间的质朴已为侯门的奢华所取代。

中间二联是描写舞蹈的主要笔墨。“情发金石媚笙簧”一句写管弦乐队奏出了妩媚多情的乐曲。古有所谓“八音”，即金石丝竹匏土革木八种乐器，金谓钟，石谓磬。笙簧即指箫管之类的吹奏乐器。四者泛指为舞伴奏的丝竹管弦之乐。此句以“情”、“媚”二字摹状乐声，令人如闻其柔媚婉转的靡靡之音。这是齐梁时代统治者沉溺声色享受的真实写照，与当时宫体诗的美学趣尚是一致的。在音乐的伴奏下，舞女旋转身躯，轻扬红袖，展现出姣美的舞姿。“罗袿徐转”写其旋转之态，因是舞之初起，故动作尚较徐缓。袿(guī)，原是女子的上衣，又通“裾”，指前后襟，此以舞衣代指舞者。舞袖的变化多姿是白纻舞的最大特色，扬袖也是初舞时的动作，与舞旋相配合，正如《晋白纻舞歌》中所咏：“轻躯徐起何洋洋，高举两手白鹄翔。”此外还有拂面、掩袖、飞袖等动作，舞者或轻拂飘曳，或半遮粉面，舞姿之多彩令人目迷神移。“清歌”一句写伴舞的歌声绕梁不绝，接着写舞容之变：“如惊若思凝且翔”，舞姿的动静顿挫，表现出惊愕沉思的感情变化。可以想见，在行云流水般的舞蹈韵律中，舞者蓦然凝注，复又回翔飞动，其跌宕宛转之度使舞蹈更增魅力。

最后四句以描写舞蹈所表现的感情来结束全诗。“转眼”两句表现了白纻舞的另一个显著特色，即舞者眼神的运用。但见熠熠生辉的眼波，流转顾盼，含情脉脉，似能勾魂摄魄。沈约诗云：“朱光灼烁照佳人，含情送意遥相亲。嫣然宛转乱心神，非子之故欲谁因”；“如娇如怨状不同，含笑流眄满堂中”(《四时白纻歌》)，与此诗之“转眄流精”，都是写眼神之富于表现力，所不同者，此诗更以一个生动的比喻将眼神写活。诗人将两道眼波比作雁飞的行列，“将流将引”（将：且，又，表并列）状眼波的流动，“流”与“引”正写其往复回环，在眼波来去之间似乎舞者与观者产生了感情的交流。而“雁行”又不禁使人想起“雁足传书”的典故，那眼神似乎在传递某种信息，吐露隐秘的心曲。“欢来”一句正是具体写出了这种信息与心曲的内涵。原来她在期待着心上人（欢），内心充满了绵绵的情意，她怨他为何迟迟不来践约，以致令她望眼欲穿。结句为颂扬君王之语，与诗意完全无关，作为宴享乐舞的套语，纯为赘疣蛇足，无庸深论。

作为一首描写乐舞的诗，其主旨是摹状舞容，故主要的手法是赋。“诗有六义，其二曰赋。赋者，铺也，铺采摛文，体物写志。”（《文心雕龙·诠赋》）但是此诗又非长篇歌行，故不能铺张扬厉地作细致描绘，这就需要对题材加以镕裁，作出别具匠心的安排。诗由写景起兴，引入舞蹈场面；而在写舞时，并未写其全过程，只是抓住两个场面来写，一是旋转扬袖的起舞，一是如惊若思的顿挫，以此来概括整个舞蹈。诗中对“互体”手法的运用也有助于诗意的凝练。所谓“互体”就是上下文互相复指补充。如“情发”一句，“金石”之“情”也包含“媚”，“笙簧”之“媚”也富有“情”，“情”与“媚”上下互为补充，合起来写乐声之多情妩媚。从广义上说，二、三两联也是“互体”。在字面上，器乐与声乐分别与两个舞蹈场面相配合，实际上是写整个过程中都有歌唱与乐队在伴舞。此诗不仅惟妙惟肖地写了舞姿，而且生动地传达出舞蹈的感情，故最后两联通过舞者的眼神来传情达意，这就赋予舞蹈以生命，全诗也就不再是徒有其表的伎艺的展览。这就是刘勰所谓赋之“体物写志”。

作为诗体，七言歌行在魏晋以还，撰作者甚少，而且多仍句句押韵的旧制，是所谓“柏梁体”，今存最早的完整的七言诗，曹丕的《燕歌行》，即是这一体制。由于句句用韵，读来一气贯注，音调铿锵，但也嫌平板单调，缺乏顿挫。诗人则在句式的变换上加以补救。本诗的句法参差历落，摇曳生姿，足可玩味。如七字句的前四字中，有联合结构者，如“阳春白日”、“如惊若思”、“转眄流精”、“将流将引”，即使同为联合结构，形式也各有不同；又有主谓结构者，如“罗袿徐转”、“清歌流响”等。后三字中，节奏也具有变化。不同形式、节奏的词组交互搭配，形成句型的错综。像“欢来何晚意何长”这类句法，前后结构相同，用词复叠，构成一种特殊的当句对，颇为别致。这种句法在唐宋诗人的笔下蔚为大观，如杜甫之“桃花细逐杨花落，黄鸟时兼白鸟飞”（《曲江对酒》），白居易之“东涧水流西涧水，南山云起北山云”（《寄韬光禅师》），黄庭坚之“伯氏清修如舅氏，济南潇洒似江南”（《同汝弼韵》），都是承此巧构，本诗堪称其滥觞。

（黄宝华）

【作者小传】

刘　绘

(458—502)　字士章，南齐彭城(今江苏徐州市)人。刘宋时，任著作郎，后入萧道成(即齐高帝)幕府。齐立，历任幕府官，出为南康相，还任中书郎，掌诏诰。齐武帝永明末，竟陵王萧子良聚文士于西邸，绘为后进领袖。后入萧鸾(即齐明帝)幕府，鸾即位，任中庶子、宁朔将军、长沙内史、南东海太守。及萧衍(即梁武帝)起兵反齐废帝东昏侯，朝廷拜绘雍州刺史以代衍，辞不就。东昏侯死，绘奉其首级见萧衍，任大司马从事中郎，齐末卒。事迹具《南齐书》卷四八本传，又附见《南史》卷三九《刘勔传》后。有集十卷，已佚，《先秦汉魏晋南北朝诗》辑得其诗八首。

有　所　思　　刘　绘

别离安可再，而我更重之。
佳人不相见，明月空在帷。
共衔满堂酌，独敛向隅眉。
中心乱如雪，宁知有所思。

《有所思》是汉乐府古题，犹如汉人的“室思”，唐人的“闺怨”。传世之作，主人公都是女性。内容“但言离思而已”。(《乐府古题要解》)

此篇起首先出之议论，即闺妇久别的怨望和牢骚。别离本来凄怆伤情，一之为甚，岂可有二，故言“别离安可再”。可是主人公的命运偏偏又是“而我更重之”，屡屡空室孑身，每每独自熬煎，遭受了多次性的、难忍难堪的离恨别苦！这两句看似直发，用笔却波折生情。“安可再”缀于“别离”后，语意一缩，为下句“更重之”盘旋蓄势。“而”字将两句连成一气而又跌进一层，“更重之”一伸，把别意再再推进。“安”和“而”前后旋折，“再”和“重”转折递进，都用得恰到好处，表现力极强。这两句“将别离翻深一层，再翻深一层”(张玉穀)，所以感情的分量要沉重得多了。

前两句如小河曲绕，“佳人不相见”一句，则是蓄水成潭。此句情意宣露，看似直笔，但同样也为下句领先作势。正因为“不相见”，故有次句“空在帷”之感。明月在天，自是良辰美景。然而，对于佳人不见、独守空房的思妇来说，明月抚帷，前来相伴，反更滋生凄苦。“空”，有徒然之意，谓伊人不在，我心伤悲，明月纵来相慰，也是徒劳无益。至此，“有所思”的题意，终于点明了。

然而，诗人并不平平庸庸地往“相思”这条熟路上写下去，“共衔满堂酌，独敛向隅眉”二句，场景突然由极静的明月空闺转到极闹的满堂欢饮。“满堂”暗用《九歌·少司命》“满堂兮美人”之意，诗人将女主人公放在一个众多美女共同举杯、你劝我酌的环境里，让他人的欢笑深深刺激她孤独的心灵、让她在快乐的场面里倍感孤独。于是，她敛起双眉，独自面向角落，欲哭无泪了！这两句，女主人公经历了由孤独到热闹、又由热闹更觉孤独的心灵煎熬，于是“中心乱如雪”一句，便自然而至；这两句看似与思念无关，但“忽以‘满堂酌’剔出愁人向隅，正写‘思’”（清张玉穀《古诗赏析》），所以“宁知有所思”，也就接踵而至了！刚才是明明在天的一轮月亮，那如水般澄静的月色还不曾离开读者记忆，如今却是纷乱迷离的大雪骤降：这是女主人公心绪的一个大转折，由默默凝思转为茫乱不知所思。而这一转变，诗人全用意象——月与雪——体现之，不作一字的琐琐说明，笔法极是空灵。诗题为“有所思”，前六句也是处处烘托“有所思”，到了篇末却被大雪一搅，连“有所思”也思不清楚了——诗人加上“宁知”二字，顿使这首古老的乐府在诗意上得到了升华，指出了“有所思”的终点是无所思——不知所思。读者若悟到这一节，难道还不会对诗人的卓尔不群之思赏叹不置吗？

本诗是一首拟作，观点、情调并无出新之处，其可观之处在于表现技巧。全诗八句，每句都寓有他意，都需要读者透过浅显的字面去发掘，这是一个妙处。更妙的是，这些句子都呈现出吞缩伸吐之势，绝不肯承上句而来，也不肯平平地启引出下句。张玉穀称本诗“真无一笔直”，可谓道出了诗的最大特点。

入琵琶峡望积布矶呈玄晖　　刘　绘

江山信多美，此地最为神。以兹峰石丽，重在芳树春。照烂虹蜺杂，交错锦绣陈。差池若燕羽，崱屴似龙鳞。却瞻了非向，前观已复新。翠微上亏景，青莎下拂津。巉岩如刻削，可望不可亲。昔途首遐路，未获究清尘。誓将返初服，岁暮请为邻。

这是刘绘写给其友、著名诗人谢朓（字玄晖）的一首诗。诗中描写船经琵琶峡、积布矶时所见的壮丽景象及诗人的览物之情。

琵琶峡位于下雉（今湖北阳春东）境内的长江边，即《水经·江水注》所云：“江水东经琵琶山南，山下有琵琶湾也。”积布矶，是积布山的俗称，在琵琶峡以西的蕲春县（今湖北蕲春西南）境内长江北岸。诗题称“入琵琶峡望积布矶”，清晰地标识出诗人溯江西上的路线及此诗描写的重点。

全诗大体四句为一段。开篇就作深情赞叹。首句“江山信多美”的“江山”,泛指沿江所见的山川。言沿江美景实多,令人应接不暇。此句从大处落墨,先对大好江山作一鸟瞰。随后把视线移向“此地”,即琵琶峡至积布矶一段,称之为万里江山中“最为神”处,所谓“造化钟神秀”者即在于斯。如果说次句的“此地”还是兼言“江”、“山”,那第三句便撇开“江”,把镜头对准“山”(“峰石”),接上补衬一笔,指明此地“峰石丽”,尤在花繁树茂,林壑蔚然而深秀的春天。第四句的“芳树春”,亦是道眼前之景,以示诗人此行是在春季。这一段采用的是逐层递进的写法,先从大范围的“江山”多美说起,然后缩小到面(“此地”),再进而集中至点(“峰石”)上,以“最为”、“重在”两语前后呼应,一步步把读者的注意力吸引到描写的对象上来。

接下两段便扣住“峰石丽”来描写琵琶峡与积布矶。“照烂虹蜺杂,交错锦绣陈”两句展现出阳光照临琵琶峡的图景:峰石竞秀,草木葱茏,彩练横空,云兴霞蔚,灿若锦绣。“差池若燕羽,崱屴似龙鳞”描绘此峡峰石。“差池”,参差不齐貌。《诗经·邶风·燕燕》篇有“燕燕于飞,差池其羽”,写燕飞时翼尾摆动表现其体态轻盈、自由。“差池若燕羽”句即由此变来。诗人以动写静,将参差耸峙的峡峰比作燕翅轻展,一种飘然凌空之态跃然纸上。“崱屴”,指岩石峥嵘荦确,以“龙鳞”为喻,形象森然可睹。山石似龙鳞,山形若龙身,可以想见琵琶峡迭嶂宠岏,如巨龙盘江之势,何其壮哉!

“翠微上亏景”以下四句是望积布矶。青峰秀出,岚翠蔽空;芳树蒙茏其上,绿莎拂江于下。峭岩巉刻,犹如神工鬼斧劈削而成,其锋凛然,望之生寒。

以上描绘峰峡之势,刻画巉岩之状,笔墨省净,鲜明如画。加之生动形象比喻的运用,不仅显示出山峡雄伟峻峭的气象,而且喻中见情,画面中融入诗人的观山之感。其中“差池”、“崱屴”一联尤见生动,前句写静立的峡峰,出以动态之笔,轻扬飞动;后句写石,笔势雄浑凝重,又施之绮丽笔墨描绘霞光虹霓作映衬,琵琶峡峰石更增辉生色,气象万千。前人称刘绘诗“词美英净”(钟嵘语),“丽雅有风”(《南史》本传),于此可见。

此诗写的是舟行山峡时所见。自琵琶峡至积布矶这段水程,峡峰险隘,江流纡曲,形势极为复杂。如梁简文帝《经琵琶峡诗》描绘其险胜,云:“由来历山川,此地独迴邅。百岭相纡蔽,千崖共隐天。横峰时碍水,断岸或通川。”如果孤立地看写琵琶峡、积布矶两段,似乎没有体现出行舟中观峡望山的特点。然诗人从中穿插“却瞻了非向,前观已复新”两笔:还顾来路,山重水复,茫然不知所向;瞻望前程,柳暗花明,山川又换新景。这两笔妙在从乘舟人的感受中真切生动地表现出琵琶峡峰回水转，断岸通川的险峻复杂形势及山川景观的新奇多变，风光无限。从章法的构置而言，亦颇见匠心，"却瞻"句上承入琵琶峡，"前观"句下启望积布矶，巧切诗题的"入"、"望"两字。舟行山峡的观感映带出川峡迴邅崎岖，又与章法笔势的承转变化结合起来，实有天衣无缝之妙。简文诗"还瞻已迷向，直去复疑前"(同上)两句或因袭刘诗之辞，陆游诗名句"山重水复疑无路，柳暗花明又一村"(《游山西村》)也可能暗师其意。

江山如此多娇，使诗人心驰神往。末段抒写情怀。"昔途首遐路，未获究清尘。""清尘"一词出自《楚辞·远游》"闻赤松之清尘兮，愿承风乎遗则。"指清净虚漠之境。"暂将返初服"的"初服"，出自《楚辞·离骚》"进不入以离尤兮，退将复修初服"，指的是未入仕途前的服饰，后曹植《七启》有"愿反(返)初服"语，指希望辞官退隐之意。诗人在这段意思说：当初远行至此，未探得此地山川清幽虚静之胜境；如今旧地重游，赏心此遇，流连不已。因发愿辞官退隐，屏居山岩，与此地峰石为邻。结尾这几笔触景生情，良有感慨。

刘绘此诗，大约写于齐明帝建武初年。据《南齐书·刘绘传》，"安陆王(萧)宝晊为湘州，以绘为冠军长史、长沙内史、行湘州事"。诗人因西溯赴湘。此前他在仕途上虽未遭大挫折，这不意味着对时局的险恶、宦海的风险无闻无睹。隆昌中其兄悛坐罪将诛，绘曾伏阙请代兄死，后虽得幸免于死，刘绘不能不心有余悸。此次赴湘，前途亦觉难测，所以诗人有暂返初服以丘壑为邻之思，不会是偶遇清景即兴之言或故作高雅旷达之态，它曲折地流露出诗人欲全身远祸的心理和情绪。

(易 平)

咏 萍

刘 绘

可怜池内萍，葐蒀紫复青。
巧随浪开合，能逐水低平。
微根无所缀，细叶讵须茎？
飘泊终难测，留连如有情。

浮萍给人们的印象，似乎总有一种随水飘荡的不安定感。所谓"停不安处，行无定轨"，在怀才不遇的诗人眼中，便往往成了身世漂泊的象征物。但倘若你是在阳光璀璨的晴日，心境又畅悦无翳，再伫立池边观赏那清波绿萍，你就会发现：浮萍也自有一种与众不同的美好风神。建安诗人曹丕《秋胡行》(其二)，就歌咏过它"寄身清波，随风靡倾"的倩姿；晋人夏侯湛，也赞叹过它"散圆叶以舒形,发翠绿以含缥”的容色(《浮萍赋》)。现在我们来看看,在“词美英净”的永明诗人刘绘笔下,它又是怎样一种风情?

刘绘咏萍的开笔,便沾满了喜悦、赞美之情:“可怜池内萍,葐蒀紫复青。”“可怜”即“可爱”。不过,在“可爱”之中,似乎还含有几分惹人怜顾的柔弱之态。这便使诗人笔下的池萍,增添了某种情感色彩。“葐蒀”亦作“氛氲”,本为烟气纷纭之貌。这里用来为浮萍着色,表现青中带紫的萍叶,在清波澹淡之中,恍有青紫之气升腾,可以说是把色彩写活了。接着的“巧随浪开合,能逐水低平”两句,则进一步表现浮萍的动态之美。“池”中自然不会有沸涌翻滚的大浪;这“浪”之轻细,当如风中之花的绽放和收合一样几无声息。而绿萍,就站在这样的细浪轻波上飘舞,身姿何其轻巧!当池波终于静息之时,浮萍则轻轻从水波高处滑行而下,转眼间已在一平如镜的水面上凝立,又显得何等娴雅。这两句描摹浮萍在水中飘、立、动、静之态,简直如翩翩少女的轻巧舞姿,表现了极为动人的韵致。

浮萍在诗人眼中,似乎一度幻作了飘舞于水波之上的绿衣少女。但当诗人从幻觉中清醒,它便又成了静浮于水面的绿萍。人们常常遗憾于浮萍的“无根”,似乎嫌它“轻浮”了些;而且叶圆而细小,又无清莲那婷婷直立的叶茎,当然更显得缺少“操守”了。故夏侯湛在赞叹之余,又有“浮轻善移,势危易荡”之语,隐隐表达了对它的贬斥之意。至于杜恕《笃论》,对它就更不客气了:“夫萍与菱之浮,相似也。菱植根,萍随波。是以尧舜叹巧言乱德,仲尼恶紫之夺朱”——如此抑萍而扬菱,小小的浮萍,简直就成了“乱德”之小人。刘绘对于前人的这类非议,大约并不赞同。故接着两句,似乎是在为浮萍鸣不平了:“微根无所缀,细叶讵须茎?”浮萍看似“无根”,其实还是有根的呵,只是因为太微小,你叫它怎样连缀池底?萍之无茎,好像是一种缺憾;但对它自身来说,那萍叶本就细小,又何须非得有茎?这两句做的是“翻案”文章,但妙在不露声色,正与全诗清淡秀蕴的基调相谐。读者从中听到的,只是一声饱含怜惜之情的轻微叹息。最后的结句,正顺着诗人的这一怜惜之情,又将眼前的浮萍幻化了:“飘泊终难测,留连如有情。”这美好的浮萍,正如孤身无依的少女,其漂泊不定的前途,谁又能够预测?而今,她就在诗人身边流连、徘徊,充满了依依之情,仿佛在诉说不忍离去的思念?还是飘迹无踪的凄苦?此情此景,与前文“巧随浪开合,能逐水低平”的美丽轻巧形象,交相叠合,不免令读者对这楚楚可人的绿萍,油然生出深切的爱怜和忧悯。而我们的诗人,则似乎是在用整个身心呼唤:可爱又可怜的浮萍,再莫要过那漂泊难测的生涯!请就在这清波绿池之中,寄托你风姿美好的青春……

与同时代的诗人谢朓、范云、沈约相比,刘绘所擅长的是文辞。“至于五言之作，几乎尺有所短”（钟嵘《诗品》评王融、刘绘语）。往往辞采稍丽而情致嫌浅。故在当时，刘绘虽称“后进领袖”、“丽雅有风”（《南史》），而传世诗作却不多。不过，当其感受真切之时，笔端亦有深情蕴蓄。这首《咏萍诗》，于动、静、真、幻之中，写浮萍楚楚可怜之态。清逸秀出，摇曳生情，不失为一首颇具情趣的咏物好诗。

（潘啸龙）

送 别　　刘 绘

春满方解箨，弱柳向低风。
相思将安寄？怅望南飞鸿。

刘绘的这首小诗，在古来众多的送别之作中，当然算不得杰作。不过，细细涵咏起来，人们仍会被诗中描述的特定情境和蕴含的真挚之情所打动。诗人所送者为谁？诗题未有点明。推测起来，不外乎相知甚笃的朋友罢？送别时令，正当春日，故开头两句即写道：“春满方解箨，弱柳向低风。”逯钦立先生以为，前句中的“满”，当为“蒲”字。“解箨（tuò）”，本指嫩竹之解脱笋皮而出，这里用以表现春蒲的生长之态。一个“方”字正又点明，此刻春意未浓，青蒲才刚从茎皮中拔出，露出嫩绿的尖叶。而岸边的垂柳，却已被“二月春风”之剪，裁出千缕绿绦，正随着河面吹来的低微清风，婀娜飘拂——这样鲜嫩可餐的春景，与诗人送别朋友的离情并列在一起，岂非不甚协调么？不。且不说这里所展现的，正是诗人送别朋友时的实景，本不会因诗人心情的惆怅而有所改变；就是从情感抒发来说，这样来描述春景，恰有一种强烈的反衬效果：美好的春日所带给人们的，应该是辞别寒冬的欢乐和笑意，正是“阳春召我以烟景，大块假我以文章”的呼朋啸侣佳节。然而，诗人却要在这样的美辰，与友人从此远别。再难有“开琼筵以坐花，飞羽觞而醉月”的欢聚，将只有“清风动帘夜，孤月对窗时”的孤寂。心中所勾起的失落之感和悠悠别绪，不正因春景的美好而愈加浓重么？在这样的心境中，看那风中飘拂的“弱柳”，不似乎全在为友人的离去而依依惜别，充满了无言的思情么？清人王夫之以为：“以乐景写哀，以哀景写乐，壹倍增其哀乐。”（《薑斋诗话》）刘绘《送别诗》的这两句景语，亦复如此。

送别友人的惆怅，既然被春日的美景触发得如此深长；揖别朋友的难舍之情，当然会激得诗人的思绪出现很大的跳跃。后两句“相思将安寄？怅望南飞鸿”，正表现了这一思绪上的跳跃：春鸿北归，秋鸿南飞。此刻既是春日，诗人自然望不见“南飞”之鸿。大约朋友将去向南方，故此刻虽未离去，诗人却已在设想春往秋来的别离之苦了。与刘绘同时的诗人谢朓，送别朋友时心襟较为豁达，其《送江水曹》一诗，就曾这样安慰远去的友人："别后能相思，何嗟异风壤？"但这种"相思"，怎样才能送达"风壤"相隔的千里之外，他似乎就没有考虑到。后人有托梦寄思的奇想，所谓"枕上片时春梦中，行尽江南数千里"（岑参《春梦》），就把相思之寄说得很容易。但刘绘的朋友沈约却知道，就是托梦寄思也难："梦中不识路，何以慰相思？"刘绘的思致比较实在些，他想到的是鸿雁。鸿雁春来秋去，正可充当相思的信使。但仔细考虑起来，似乎也不可靠：它焉能恰好飞到友人居处？即使飞到了，友人又怎能得到它呢？像汉昭帝恰好在上林苑里射到系有苏武书信的鸿雁的故事，也只是他的臣下编出来吓唬匈奴人的，现实中绝不会有这种巧事。想到这里，诗人不免苦笑着告诉友人：这相思实在无所寄付，在你离去以后，我恐怕只能天天怅望着秋鸿的南飞，遥致这不尽的思情了！

揖别尚未离去的友人，而先致别后的痛苦相思：这别情是真挚而又深沉的。诗人身在春日"弱柳"的低徊之中，而"神高驰之邈邈"，那别离的思情，早已追过时空，与年年高寒的秋云、南飞鸿雁的悲鸣融成一片了。这就是刘绘《送别诗》那短短四句，所表现的境界、蕴含的真情。刘绘与周颙、沈约同时，作诗开始讲究"宫羽相变，低昂互节"。这首诗平仄相对、音声粘贴，已接近于成熟的五言绝句，这也是值得注意的成绩。

（潘啸龙）

【作者小传】

谢 朓

(464—499)　字玄晖，南齐陈郡阳夏（今河南太康县）人。少有美名，为竟陵王萧子良"西邸八友"之一。初为太尉行参军，又为卫军将军东阁祭酒，太子舍人。后任荆州刺史随王萧子隆功曹、文学，深得赏爱，被长史王秀之所谮，回建康，任中军记室、兼尚书殿中郎。及萧鸾（即齐明帝）辅政，任骠骑谘议，领记室。转中书郎，出任宣城太守，复还任中书郎。齐明帝建武四年(497)，出为南东海太守、行南徐州事，因告发岳父王敬则谋反，迁尚书吏部郎。齐废帝东昏侯即位，朓因不愿参与始安王萧遥光篡位之谋，被诬下狱死。事迹具《南齐书》卷四七本传，又附见《南史》卷一九《谢裕传》后。朓为永明体诗代表人物，为诗讲究声律，诗风清丽，涤去玄言色彩，对后世有很大影响。以其与谢灵运同族，且均以山水诗著称，世人遂并称为"二谢"或"大小谢"。有集十二卷、逸集一卷，已佚，明人辑有《谢宣城集》，今又有《谢宣城诗注》。

入朝曲 谢朓

江南佳丽地，金陵帝王州。
逶迤带绿水，迢递起朱楼。
飞甍夹驰道，垂杨荫御沟。
凝笳翼高盖，叠鼓送华辀。
献纳云台表，功名良可收。

谢朓从解褐豫章王太尉行参军，中转王俭卫军东阁祭酒，到永明八年(490)迁随王镇西功曹以前，这段时间一直逗留京师，雍容藩邸。他同一群文朋诗友，经常诗酒往还，吟花诵月，生活相当安逸，仕途也比较顺利。永明八年谢朓二十七岁，青年诗人对功名事业和前途充满了信心。这年八月，随王萧子隆为荆州刺史，谢朓迁镇西功曹并转文学。赴荆州途中，他奉随王教写下了《鼓吹曲》十首。这首《入朝曲》便是其中的一篇。青年诗人以"颂藩德"为由头，满怀激昂的政治热情和积极的功名事业心，纵笔描绘金陵帝都的富丽堂皇和繁荣昌盛，气势轩敞，格调高昂，雅为后人所称道。

首联总揽形势，虚笔入篇。"江南"句言地理形势，"金陵"句言历史变迁。当时扬州，辖有江南广大土地，山川秀丽，物产富饶，统称江南。金陵即今南京市，为春秋时楚武王所置。秦始皇时，即有望气者称"金陵有王者之气"。而从三国孙吴到南朝萧齐，也有四朝建都于此。可见金陵作为帝王之州，历史悠久。所以，诗人饱含激情，热烈赞颂本朝都城坐落在风光秀丽的江南佳丽之地，具有辉煌而悠久的帝都历史。这两句，一从空间横面着墨，描绘都城建业的地理形势；一从时空纵面措笔，概览金陵帝都历史迁延，笔触间闪烁着显赫、辉煌的气派，富于气势。

中间三联承"帝王州"写来，具体描绘当今"帝王州"的形势。诗人特别注重视角的变化。沿巍峨帝都顺势望去，但见城墙环绕着蜿蜒曲折的护城河，绿波荡漾，风光旖旎；抬头远眺，又见层层高楼，鳞次栉比，在日光照耀之下，显得灿烂辉煌。这是二联，是写远眺。三联则取近观。驰道，天子所行之道，常人不可步入。驰道两旁，矗立着威仪棣棣的皇宫高院，甍宇齐飞，舛互迢递，一望无际。随着视野的延伸，驰道越远越窄，渐渐被飞甍合成一片，所以猛然看去，好像是"夹"住了驰道一样。一个"夹"字，以主观感受状写客观物象，写出了境界。御沟，又称杨沟，因为沟两旁栽满了杨柳，故有此称(见崔豹《古今注》)。所以，"垂杨荫御沟"

完全是实写。杨柳婆娑，婀娜多姿，茂茂密密长满了御沟两旁。总起来看这四句，诗人应着视角的变换，层次分明地写出了帝都的形象。“逶迤带绿水”、“飞甍夹驰道”以河水的蜿蜒曲折和道路的绵绵延伸，挖掘出诗境的远近纵深感；“迢递起朱楼”、“垂杨荫御沟”以高楼的嵯峨入云和杨柳的婀娜多姿，拓展出诗境的上下层次感。同时，还注重色彩的描绘，绿水朱楼，红绿相映；琉璃飞甍，葱葱杨柳，青黄相间，五色缤纷，气象非凡。这样写来，诗境便显得阔大、气派，富于色彩。静景的描绘而能臻于此境，堪称高妙。但诗人并不满足。他似乎觉察到了静态刻画容易流于呆板单调的不足，所以再紧跟“凝笳”二句，以驷马飞驰，车盖摩云，极写道路的繁华；又以华辀画舫，从容优游，极写河流的胜景，运动物于静景，景境全活。而且，车驰舟驶，声鼓动地（笳声徐引谓之“凝”，轻鼓小击谓之“叠”），更加突出了场景的繁华、壮观。皇京帝都的辉煌气派，渲染至极。

最后一联收束全篇。云台，即高台，台之高耸而入云天，故称云台。古人旧例，功成名就，登台受赏。所以最后诗人出此豪言为祝颂。从帝都的富丽、繁华中，他没有想到醉生梦死，而是心心系念着功名事业。“功名良可收”，虽是对幕主的预祝，但也反映了青年诗人积极进取的精神风貌。

《入朝曲》在乐府诗中属《鼓吹曲辞》。而《鼓吹曲辞》多为军中歌乐和宫廷宴乐，歌功颂德，鲜有佳品。谢朓此诗写帝京气象，虽不出“颂藩德”樊篱，格调却非同一般。造境宏伟高敞，措笔秀丽工整，语言清鲜流丽，反映出了青年谢朓积极进取的精神品格和非同寻常的艺术功夫。《文选》卷二十八“乐府”中，在十首《鼓吹曲》中仅选此一篇，可说是很具慧眼的。（吴小平）

登　山　曲　　　谢　朓

天明开秀崿，澜光媚碧堤。
风荡飘莺乱，云行芳树低。
暮春春服美，游驾凌丹梯。
升峤既小鲁，登峦且怅齐。
王孙尚游衍，蕙草正萋萋。

这是作者在荆州奉随王萧子隆之命写的《乐府·鼓吹曲》十首中的第九首。写登山游览，流连忘归之意。

诗首句点题写“崿”。“崿”，即题中所登之山。“天明”一词含义双重，既是指这一天的天亮早晨，也指这天天色晴朗。“天明”二字虽不见着力，但却是全文要领。倘无晴朗天气，不但下文全景皆晦，而且更无登山游览可言。

但有山色而无水光，景色虽佳，总感欠缺。故下句紧接着写水。以“澜光”喻水，以“碧”形容水边的堤岸，中间着一“媚”字，把“澜光”、“碧堤”的生机活活画出，让读者仿佛看到一泓清水，波光粼粼，水边长堤含青滴翠，景色十分生动、鲜明而优美。游人乐此将陶然忘归了。这二句写静景，下面二句写动景更奇。

“风荡飘莺乱，云行芳树低。”后句按文意应是“云行低芳树”。“荡”、“低”二字，赋予无生命的“风”、“云”以生命和感情。使你觉得，这风很顽皮，他似乎在故意捉弄飞莺，使莺不能自主飞翔，而被风“荡”得“飘”“乱”起来。而天上的行云，也被春树的芬芳所吸引，在低就贴近着春树而飘过。

前四句写景，字少意多，景象广阔。天气晴朗，山色青秀，春水涟漪，长堤献碧，黄莺因风弄羽，芳树招惹行云。春景如画，人在画中。

接着两句“暮春春服美，游驾凌丹梯”，由写景转叙游，“暮春”一语总括前四句写景，并提示下文。阴历三月为暮春，这时，春寒将尽，夏暑未临，山野叶茂草长，万物生机勃勃，正是游人脱去寒衣，换上轻装，登临游赏的大好时节。诗人穿上美丽的衣服，沿着山路向高处攀登，“丹梯”指山路。“升峤”四句由叙游转抒情。诗人“凌丹梯”登上高山，纵目远眺，确是气势辽阔，景象万千。眼底所见，自非山下景物可比，遂因景起兴，发思古之幽情：近千年前的春秋时期，孔子登上东山，眼底的鲁国变得很渺小了，再登上泰山时，觉得整个天下都变得渺小了。在孔子之前，齐国景公游牛山，看到山北面自己的齐国时，流着眼泪说：人生短暂，光阴就这样流逝了。其实，诗人并非只是思古，而是借古抒情：孔子是旷古唯一的贤圣，他登上高山，能把天下国家看得微不足道；景公是大国的君主，他登上高山也会产生人生短暂之感，弦外之音是：我辈为什么还要竞奔于功名利禄之途，而不珍惜这短暂的人生和大好时光呢？

末二句，化用淮南小山《招隐士》：“王孙游兮不归，春草生兮萋萋”语意作结。“王孙”泛指贵族子孙，这里指隐士。“萋萋”，茂盛。《招隐士》极言深山老林环境险恶，招募隐士出山做官。谢朓在此反用其意，是说：山景风光如此美好，士子正好来此隐居恣意游赏。末两句，不悦于官，羡慕归隐之意已溢于言表。

诗旨主在记游，写景，景色旖旎；记游，如历其境；思古，幽情渺邈；抒志，情趣超然。语言雅致，意境高远。 （殷海国）

江 上 曲

谢 朓

易阳春草出，踟蹰日已暮。

莲叶尚田田，淇水不可渡。
愿子淹桂舟，时同千里路。
千里既相许，桂舟复容与。
江上可采菱，清歌共南楚。

这首情歌，描绘了一位纯情少女追求爱情的婉曲心迹。

易阳，即易水的北岸。这位芳龄少女，踏着青青春草，迈着婉娈多姿的步子，徘徊在易水之滨。美丽的春光，撞击着她的心怀，她的那颗复苏了的春之心，砵然漾动了，泛起了阵阵爱的涟漪。易水之滨，她在踯躅，她在流连，似乎在寻求着什么。不知不觉间，红日隐沦了，时光倏忽飞逝了。转眼，她又望着满江的莲叶，饱满挺秀，铺写出一派绿色的境界，心中却又涌上莫名的怅惘之情，感叹那绿波荡漾的淇水，难以渡越。这里，易水、淇水，均非实指，而仅仅是一种隐喻，喻义大约与巫山相同，隐指男女之间的爱情。如同时王融《古意》："巫山彩云没，淇上绿杨稀"，就是将巫山与淇水并用的。所以，"淇水不可渡"并不是感叹自然条件的阻碍，而是一种心理阻隔、衷曲难遂的折射和象征，是爱情无以寄托的婉曲之情的抒发。惟其春情荡漾，无所依附，她才在易水之阳、淇水之滨踯躅徘徊，从日出到日落，从春天到夏天（"春草出"到"莲叶尚田田"），寻找那无从捉摸却又无处不在的爱情。明乎此，便可准确把握到以下主人公直接抒情的意脉了。子，指这位女子所钟情的人；淹，即停留。这位女子所盼望的心上人终于来了。他，乘着桂舟，荡着兰桨，劈波斩浪，从清水绿波之上，翩翩而来。他不一定是为她而来的，而她，却相信他一定是为自己而来。所以，虽未曾相识，便以身心相许，由衷地发出了深情的心愿：心上的人儿，请停舟共载，我愿与你双双乘起这木兰之舟，一边采菱，一边唱歌，让那清越的爱情之歌，伴随着我们千里远航……

诗用第一人称，通过少女自己的口吻，坦吐深婉炽热的爱情，让她心灵的火花直接迸发出来，闪耀在读者眼前。如此写来，便觉率真、亲切，形象可感。这位芳龄少女，对邂逅的青年，就敢于以身心相许，远走天涯海角，其专情、大胆和率直，千载之下，读之犹感吁嗟。如此风情绰约、率意天真的纯情少女，似曾相识，在南朝乐府民歌中可以找到她的影子。如《读曲歌》："千叶红芙蓉，照灼绿水边。余花任郎摘，慎莫罢侬莲"；如《子夜四时歌·春歌》："罗裳迮红袖，玉钗明月珰。冶游步春露，艳觅同心郎"，等等，率皆天真烂漫，婉娈多情。可见谢朓此诗之深受南朝乐府民歌的影响。其实，此诗还处处回荡着汉乐府民歌的余音。"莲叶尚田田"、"江上可采菱"二句，直接从《江南》"江南可采莲，莲叶何田田"中化用而来，自不待细说。另外，在修辞技巧上也借鉴了汉乐府民歌的一种很有特色的手法，曰联珠格，俗称顶真体。此法以上句句末之词作为下句句首之词，使诗语蝉联不断，如《饮马长城窟行》："青青河畔草，绵绵思远道。远道不可思，宿昔梦见之。梦见在我傍，忽觉在他乡。他乡各异县，展转不相见"，一环紧扣一环，意思赓续，气脉贯通。此诗中的"愿子淹桂舟，时同千里路。千里既相许，桂舟复容与"，即借鉴了这一方法，而且是六、七两句联珠，五、八两句联珠，有所变化和创新，造成一种很有形式美的语言格式，惟妙惟肖地表达了这位女子追求爱情时炽热、急切的心情。由此可见，谢朓是深得乐府民歌艺术之精髓的。 （吴小平）

蒲生行 谢朓

蒲生广湖边，托身洪波侧。
春露惠我泽，秋霜缛我色。
根叶从风浪，常恐不永植。
摄生各有命，岂云智与力。
安得游云上，与尔同羽翼。

这是一首用乐府题写的咏物诗。诗所咏之蒲，为生长在我国南方水边的草本植物，叶扁长而尖，可用来编扇织席。

全诗共十句。前六句写蒲的身世。"蒲生广湖边，托身洪波侧。"二句写蒲的出生地——"广湖边"、"洪波侧"。其湖因水广故波浪洪大。在这样的大水大浪中生长出来，是多么艰险啊！所以，蒲对它的出生地毫无感情，它从不把它的出生地看作是它的可爱的家乡，是它的安身立命之所，而只苟求借此"托身"而已。确是心中无限伤心苦，尽在"托身"一语中。"春露惠我泽，秋霜缛我色"，写蒲的成长。前句写蒙恩，后句写受祸。春露的降临，它也分享到一点恩惠，展现了自己的活力。但这恩惠稍驻即逝。秋日一到，可怕的严霜，把那表现自己生命的翠色一扫而尽，使之变得憔悴黄萎。它的生机已被摧残殆尽。但是，这还不是它苦难的终结。更有那无情的狂风恶浪，乘蒲之危，把蒲连根带叶从水下拔起，使之生命悬空，漂泊沉浮，无从着落。"根叶从风浪，常恐不永植"。环境的险恶，生命的垂危，并未使它产生了此残生之念，而还是顽强地要活下去。"常恐不永植"，正是为了争取"永植"下去。这为末二句暗设伏笔。

古人对社会上出现和存在的不合理现象，无法克服、无法解释时，就认为这是由不可捉摸的命运所决定的。南朝诗人鲍照也说："人生亦有命，安能行叹复坐愁”(《拟行路难》)。蒲为了自己的生存,为了改善自身的生活环境,也曾尽过自己的“智”和“力”,但它得到的报答总是那样的不合理,不公平。于是它只好承认:“摄生各有命,岂云智与力。”“摄生”在此是生活的意思。“各”与末句“尔”相呼应,提示了这不合理、不公平现象的另一方面,即与苦难生涯相反的一方。

末二句“安得游云上,与尔同羽翼”,从宿命中突兀振起,提出了自己的理想,希望能与不受风浪冲击,不受冰霜摧残,能自由翱翔长空的“尔”——飞鸟一起,无忧无愁地共享这大自然的乐趣。它既认为,身世的幸与不幸,是由命运所操纵的,同时,它又不甘心听任命运的摆布,而要摆脱这不幸命运对它的残害,与幸运者共享快乐。然而,这毕竟是理想,是希望,而眼下的现实是正“常恐不永植”呢。人生的理想与希望,其情况与结果是多样的。一般地说,想要锦上添花,最有可能实现;等待雪中送炭,已是相当困难;企望在绝境中出现奇迹,差不多只是梦想了。这种注定失望的希望,最为令人痛惋。“安得”二句所提,正是这最后一种希望。

此诗乍读时,觉得字字句句在咏蒲,细味后,便觉字字句句在写人。关于咏物诗,古人有体物之妙说。所谓体物之妙,就是咏物诗要不即不离,不离于物,又不太粘着物上。《蒲生行》可算得是“体物之妙”的佳作了。　(殷海国)

临　高　台　　　谢　朓

千里常思归,登台临绮翼。
才见孤鸟还,未辨连山极。
四面动清风,朝夜起寒色。
谁知倦游者,嗟此故乡忆。

这是一首用乐府题写的去国怀乡之作。清闻人倓《古诗笺·临高台》注:“若齐谢朓,但言临望伤情而已。”此说甚是。这首诗写于荆州,当时诗人为随王萧子隆的文学侍从。据《文选·谢朓·游东田》李善注:谢朓有庄园在京城建康东首的钟山脚下。

首句点明本篇主旨——“思归”。“千里”,写离家路程之远。“常”,写离家时间之久和“思归”之心切。次句写登台。因“思归”而来登台,目的是想远眺故乡所在,以慰乡关之思。“绮翼”,像莺鸟羽毛一样薄而美的丝织品,这里指窗帘。

“才见孤鸟还,未辨连山极”,写登台所见。他登上高台,凭窗举目,首先映入他眼帘的是倦飞归巢的孤鸟。“孤”字似写飞鸟之状,而实寄诗人自己远离故乡,客羁异地之情。"孤鸟"离巢思归而自归，而客羁异地的自己，"常"是"思归"却是回归不得。以有情之人喻无情之鸟，却人不如鸟，则更见离人思归不得愁苦之深。接着，诗人目光由近而远，向他家乡方向望去。他多么想借此高台一览其故乡所在。然而，极目远天，唯见山峦连绵。望断关山，"未辨"家乡何处。上句"见"字，写无意中被动地看到；下句"辨"字，写有意地主动远眺。"未辨"二字，用意尤苦，是说：诗人翘首痴立，凝目远方，寻找故乡，辨尽千山都不是，然心犹未灰，而在继续辨认，以期辨得故乡之所在。可见诗人思乡之情是何等之切。

上面二句写目之所见，接着"四面动清风，朝夜起寒色"二句写身所感受。因是高台，四面皆窗，故能感到"四面"清风之"动"。诗人早晨即来登台，辨认故乡所在，一直辨认至夜晚。"朝夜"，写辨认时间之长。孤身远羁、思归不能、望乡不见，已是十分凄凉。不见故乡而不愿离台而去，暮色降临，清风四起，寒气砭人，此境此景此情，更是无限凄凉。

"谁知倦游者"句，与首句照应，揭示"思归"之意。诗人早期凭借自己的文学才华，奔走"游"历于萧齐权贵之门，以谋求官职。然而直至当时，还仅是一名官卑职微的地方王的文学侍从。他自然感到极度的疲"倦"。但这种心情是能与知者道，难与俗人言。故"谁知"二字，正是有口难言所致。而"倦游"一语实含万般辛酸。最后"嗟此"一句，把胸中这万般辛酸倾盆倒出。而"嗟此"一声的悲慨郁结之气远达于高台四野。

全诗八句，从"思归"起，到"故乡忆"结。明写"思归"之情，实写"倦游"之意。以景衬情，融情入景。如走珠流玉，读来意味深沉，凄楚动人。 （殷海国）

同谢谘议咏铜雀台

谢 朓

穗帷飘井幹，樽酒若平生。
郁郁西陵树，讵闻歌吹声。
芳襟染泪迹，婵媛空复情。
玉座犹寂寞，况乃妾身轻。

铜雀台是曹操在建安十五年(210)建造的，在当时是最高建筑，上有屋宇一百二十间，连接榱栋，侵彻云汉。因为楼顶上铸造了一个大铜雀，舒翼奋尾，势若飞动，所以名为铜雀台。据《邺都故事》记载，建安二十五年(220)曹操临死之前，在《遗令》中吩咐儿子们将自己的遗体葬在邺的西岗，并命从妾与使人住在铜雀台上，早晚供食，每月初一和十五还要在灵帐前面奏乐唱歌。此时，诸子必须"登

(铜雀)台,望吾西陵墓田”。儿子们自然遵命照办。

不知什么缘故,南朝不少诗人对这一历史故事发生了兴趣,纷纷以“铜雀台”、“铜雀妓”为题,伤悲其意,为之歌咏。何逊、江淹、刘孝绰、张正见、荀仲举等人,都有同题之作。谢朓此诗描写的也是这一题材。“同”,应和的意思。谢谘议,名璟,谘议是官名。谢朓的诗是应和谢璟的铜雀台诗而作的。

井幹是汉代楼台名,诗中代指铜雀台;穗帷就是灵帐。诗人描写祭奠曹操的“盛况”:铜雀台上,歌吹洞天,舞女如云,素白的灵帐,在西风中缓缓飘荡着;曹操的儿子们,供奉先父的亡灵,摆酒设祭,就像曹操活着的时候侍奉他一样。好一个“樽酒若平生”,一种庄严肃穆和隆重热烈的场面,宛然在目。同时,又令人油然想见曹操“平生”把酒临风、横槊赋诗的盖世雄风。然而,生前的气壮山河与死后的隆重庄严,乍看虽颇相仿佛,前后如一,细味却有不胜悲凉之感。逝者如斯,只能“樽酒若平生”(像曹操生前那样供奉如故)了,但反过来说,又焉得“樽酒若平生”(像曹操活着的时候纵横捭阖、酾酒临江那样)?一句平白如话的诗,包涵了多重的意蕴,既是描述,又是感慨,留给人们广阔的想象余地。而“郁郁西陵树,讵闻歌吹声”,又与上两句有同工异曲之妙。西陵墓地,树木葱茏;铜雀台上,歌吹沸天——可是,死者长眠地下,岂能复闻丝竹之声?这似乎是为铜雀台上的伎妾们设辞,传达她们哀婉的心曲。而从诗人所处的历史地位、历史的角度细加品味,则尤感意蕴丰厚,韵味无穷:时代渺邈,年复一年,魏家天下早已改朝换代,如今还有谁为你曹操一月两次,歌舞酒乐,侍奉如常呢?铜雀故址,西陵墓地,百草丰茂,杂树丛生,而今哪里还能听到什么歌吹之声!所以,诗人禁不住要为那些无辜的妾伎们悲泣感伤了。芳襟翠袖,徒染悲泣之泪;婉转缠绵,空余伤感之情。连曹操这样的盖世英雄尚且不免“玉座寂寞”的悲哀,更何况那些地位低下、身轻体贱的妾伎们呢!

表面上看,诗写铜雀台祭奠的隆重,写西陵墓地的荒芜以及妾伎们的芳襟染泪、婉娈多情,旨意似乎是在感叹曹操的身后寂寞。实际上这是个误会。写曹操的身后寂寞,乃是为写妾伎们的寂寞张本,是一种衬垫,“玉座犹寂寞,况乃妾身轻”,正点出了这一中心题旨。盖世英主尚且不免寂寞身后之事,更何况地位低下、生前就已冷落不堪的妾伎们呢?此诗《乐府诗集》题作《铜雀妓》,也正暗示并证明了诗人题咏的中心对象是妾伎,而不是曹操。由此可见到,诗人已从对铜雀故址的一时一事的凭吊和感伤的圈子中跳了出来,站到了历史的高度,既饱含感情又充满理性,以超然的态度来描写、评判这一历史故事,并进而反思人生。他从大人物的悲哀中,看到了小人物的悲哀;从历史的冷酷中,领略到了现实的冷酷;从死者的寂寞中,感受到了生者的寂寞。因而,这种寂寞身后事的感伤和咏叹,已不仅仅胶着在曹操及其妾伎们身上,而上升为一种人生的感喟和反思。所以我们说,他对"铜雀妓"的题咏,既是执着的,又是超然的,在执着与超然的若即若离之中,诗人既认识、评判了历史和人物,也认识、评判了现实和自己。

这是一首怀古诗。怀古诗是以诗的形式发抒诗人对于历史、人物的认识和感受,是对历史故事的一种艺术的评判。所以,诗人往往把自己丰富的思想内蕴和复杂的感情色彩,深深地隐藏、浸润在诗的形象当中,用艺术形象来说话,来作为自己的代言人。谢朓的这首诗,也正具有这样的特点:叙写平白,而蕴含丰富、深刻;辞章短小,却韵味渺远、悠长。 (吴小平)

同王主簿《有所思》 谢 朓

佳期期未归,望望下鸣机。
徘徊东陌上,月出行人稀。

王主簿就是诗人王融,与谢朓同为萧子良"竟陵八友"。他们常有诗歌往还,这首诗就是谢朓和王融《有所思》的。"同",就是和的意思。

诗写一思妇夜织,怀念夫君,盼望他早日归来。她曾与夫君约好了"佳期",定好了时辰。可是,佳期已过,思妇内心焦急,翘首盼望,急切地期待着夫君归来,却总是不见他的踪影。她的心头,不免袭上无形的惆怅。那可不同于"君问归期未有期"(李商隐《夜雨寄北》)那种濒于绝望的期待,那种心态毕竟是相对平静的——尽管是低沉的平静;这可是有"佳期"可盼的呀——惟其有了"佳期",所以希望愈大,思念之情愈加浓郁,急不可耐;惟其有了"佳期"却又"期"而"未归",热切的希望落了空,所以失望愈大,心情愈加沉痛。他,是旅途遭受了什么不幸,还是忘却了"佳期",忘却了山盟海誓?她实在不忍想下去了。她把全副身心都埋没到剧烈的织布劳动之中,试图以此来排遣苦闷。但这不仅没能稍稍平息心中的烦恼,"唧唧复唧唧"的织布声音,反而更搅得她思绪纷杂,心情缭乱。于是,她干脆走下鸣机,迈出了乱哄哄的屋子。"望望"二字,一般解释为中心怨望,实际上,这里与其说是在直接刻画思妇的心理,不如说是在描绘思妇翘首盼望夫君的姿态、神态,而她怨望的心态,只是通过这种姿态神态,婉转地表现出来的。只有这样解释,才能体会到句中丰富的形象性,咀嚼到深厚的韵味。而且,循此亦可摸索到"徘徊东陌上"的意脉——否则,如果是从心态刻画忽然跳到动作描写,岂不显得突兀?而循此意脉,我们又仿佛可以看到,思妇在织机上频频遥望,终于失望以后，走下织机，迈出门户，仍然是一步一望，一望一步，来到郊外月色田野之中。荒漠的平原，沉寂的旷野，一下子统摄了她的身心，她的心情仿佛也变得平静了。宛如波涛汹涌的巨流，经过峡谷的激腾、击撞和喧嚣以后，汇入了一望无际的平湖，顿时显得汪洋恣肆、纡徐平缓了。在这宁静的世界，她兀自徘徊陌上，徜徉田间，直到月儿悄悄升起，行人渐渐隐去……这里，诗人已将灵动之笔从主人公心态的描绘中抽将出来，大笔绘画出一幅月下思妇沉吟图，烘托出一种清幽深远的境界，让人们从这幅寂静的图画和宁谧的气氛之中，从思妇的踯躅、徘徊之中，去体会她的心境，揣摩她的心情。无尽的思念，无穷的遐想，都融化在这清寂、空旷的境界之中了。

全诗语言清新自然，含蓄隽永。沈德潜评此诗“即景含情，怨在情外”(《古诗源》)，可谓切中肯綮。另外，此诗已具有鲜明的格律化倾向。从声律结构形式分析，它属于“对式”绝句，即第一联与第二联各自成“对”，但相互不“粘”。这是“永明体”诗的一种特殊形式，反映了五言诗从古体向律体过渡的痕迹。谢朓是“永明体”的代表作家，从这一首小诗中，也可看到他在声律方面所做的努力。

（吴小平）

玉　阶　怨　　谢　朓

夕殿下珠帘，流萤飞复息。
长夜缝罗衣，思君此何极？

南齐永明年间，著名诗人沈约根据四声和双声、叠韵的道理来研究诗歌中音律的配合，指出有八种声病必须避免。在他的倡导下，谢朓、王融、范云等诗人将这种诗歌音律和晋宋以来诗歌中排偶，对仗的形式结合起来，创造了一种新的诗体——永明体，又叫新体诗，这是我国格律诗产生的开端。

在致力于新体诗创作的齐梁作家中，谢朓的成就比较突出，《玉阶怨》就是他的新体小诗的代表作之一。

《玉阶怨》是一首宫怨诗。早在谢朓之前，相传班婕好作的《怨歌行》已开宫怨诗之先声。晋陆机有感于班婕好被汉成帝遗弃的遭遇而作《婕好怨》，遂形成真正的宫怨诗。陆诗中有“寄情在玉阶，托意唯团扇”之语，齐梁诗人拟作《婕好怨》者多袭此意，大抵以秋扇见弃为主题。谢朓始创《玉阶怨》，未始不是受陆机的启发。但他不受故实局限，别出新意，从班婕好的哀怨中提炼出它的普遍意义，写出了所有被封建君王遗弃的妇女共同的哀愁。这或者也就是他要另立新题的原因吧!

如果将陆机的《婕妤怨》和谢朓的《玉阶怨》相比较,还可以发现,谢诗不但概括程度更高,而且表现更为含蓄凝练,这正是新体诗的重要特点。陆诗直述"婕妤去辞宠,淹留终不见"的遭遇,以及"黄昏履綦绝,愁来空雨面"的哀怨,显得情浅语露。谢诗则截取深宫夜景的一隅,令人从全诗展示的画面中体味抒情主人公的命运和愁思,便觉得兴象玲珑,意致深婉。首句"夕殿下珠帘",仅用五个字就写出了日夕时分冷宫偏殿的幽凄情景。"殿"字照应题名"玉阶",交代出宫中的特定环境。"夕"字点出此刻正是暮色降临之时。黄昏本是一天之中最令人惆怅的时候,对于宫嫔们来说,又是决定她们今夜有无机缘得到君王恩宠的时刻。然而殿门的珠帘已悄悄放下,——这意味着君王的履迹不会再经过这里,今夕又将是一个和愁度过的不寐之夜。中唐诗人刘长卿《长门怨》说:"何事长门闭,珠帘只自垂。"可以看作"夕殿下珠帘"的注脚。因此首句既是以富丽之笔写清冷之景,又暗示了主人公的身份和不幸处境。

诗的第二句"流萤飞复息",又从珠帘外飞舞的流萤着墨,点染长夜寂寞凄凉的气氛。首先,飞萤往往聚集在无人之处,如李白说:"金屋无人萤火流。"(《长门怨》)所以萤火飞舞又更衬托出这偏殿一角人迹罕至的清冷。点点闪烁的萤火在串串晶莹的珠帘外飘流,不但融和成清幽的意境,而且使华美的殿宇和凄清的氛围形成对照,令人想到被幽禁在这里的女子纵然能享受奢华的物质生活,也无法填补精神生活的空虚,更何况处在被冷落、遭遗弃的境遇之中?其次,萤火虫多在夏秋之交出现。初唐诗人沈佺期《长门怨》说:"玉阶闻坠叶,罗幌见飞萤。"可知流萤飞舞是初秋夜景的特征,这就进一步点明时令,补足了首句的意思。流萤透露出秋的消息,难免会使本来就无限怨怅的主人公更觉惊心,又添一层时不待人、朱颜将凋的忧虑。同时,"飞复息"三字还暗示了人从日夕到夜半久久不能入眠的漫长过程。连流萤都停息了飞舞,那么珠帘内的人是否也该安歇了呢?这就自然引出了第三句"长夜缝罗衣"的主人公。

"长夜"顶住"飞复息",点出已到夜深,又不露痕迹地将笔锋从帘外的飞萤转到帘内的人影。主人公打算以缝制罗衣来消磨长夜,其寂寞愁闷自可想见。此处着意选择自缝罗衣这一细节,还包含着希望邀得君王恩宠的一层深意。如果主人公是一个从未得到过恩幸的宫女,她穿着精心缝制的罗衣,或者能有偶然的机会引起君王的眷顾。那么,她在罗衣里缝入的便是借此改变命运的一丝幻想——这就愈见出她处境的可怜。盛唐诗人王翰的《蛾眉怨》所描写的"宫中彩女夜无事","忽闻天子忆蛾眉,宝凤衔花揲双螭","三千美人曳光锦"等情景,即是刻画宫女们在这种场合尽力缠罗曳锦，盼望有幸被天子选中的心理。如果主人公是一个昔日曾获宠幸而后来被君王厌弃的嫔妃，则罗衣又可能是君王"旧赐前日衣"（长孙左辅《宫怨》），那无疑就浸泡着更多的眼泪，缝进了更辛酸的回忆和希望。所以后来的宫怨诗都在这一点上加以发挥。如唐代诗人刘驾的《长门怨》说："闲揲舞衣归未得，夜来砧杵六宫秋。"郑谷《长门怨》说："闲把罗衣泣凤凰，先朝曾教舞《霓裳》。"这些诗句，都可与谢朓诗意互相发明。然而，谢诗之妙却在它没有点明主人公究竟是由于哪一类原因被冷落的，唯其如此，才给人留下了较大的想象余地，也才能在更广的范围内概括出所有深宫女子共同的不幸命运。

如果说"长夜缝罗衣"的动作暗含着主人公希求获宠的幻想，那么"思君此何极"就是她内心愁思的直接流露了。一个被冷落、遭遗弃的宫女，尽管满腔哀愁，却仍然不改思君之心，只能将改变目前处境的唯一希望寄托于君心的转变，这就愈加可悲了。因为在后宫上千佳丽中，不知有多少女子终生无缘得见君王一面，即使有幸获宠，也时时可能因君王的喜新厌旧而被贬入冷宫。在无数的长夜里，她们只能无穷尽地做着思君的幻梦，在痛苦无望的期待中度过余生。这是从其悲剧的根本原因来理解"思君此何极"的意蕴。但从诗中所表现的今夜的情景来看，"此何极"又与"长夜"相应，夜有多长，思也就有多长。对于一个不寐的女子来说，这长夜似乎是没有尽头的，因此她的愁思也是无尽无极的。这思本身就意味着怨。寓怨于思，含而不露，更觉情韵深长，耐人寻味。

这首诗题为"玉阶怨"，而全篇不着一个怨字，虽不着一个怨字，字里行间却无不流露出怨意。所以读之"渊然泠然，觉笔墨之中，笔墨之外，别有一段深情妙理"（沈德潜《古诗源》）。前人常说诗到谢朓已变有唐风，《玉阶怨》就明显地体现了这一变化。唐代出现的大量宫怨诗莫不以此诗为渊源，尤其李白的《玉阶怨》，意境之空灵透明，音韵之悠扬婉转，可谓深得谢诗三昧。足见谢朓的《玉阶怨》不但对宫怨诗的发展有其开创性的贡献，就是在声律韵调和艺术表现方面也为唐诗提供了宝贵的经验。（葛晓音）

王孙游 谢朓

绿草蔓如丝，杂树红英发。

无论君不归，君归芳已歇。

这是一首乐府诗，《乐府诗集》收入"杂曲歌辞"一类。魏晋以来，文人创作乐府诗往往有一个特点：总是围绕着“古辞”(汉乐府)打转转，或拟古辞，或以古辞为引子生发开去(当然也有弃古辞于不顾而自铸伟辞的)。这种从古辞中寻找“母题”使创作上有所依傍的作法，已形成一个程式。南朝诗人写乐府诗虽然也依这一程式，但却出现另一种倾向，他们有时撇开汉乐府古辞，而直接上溯到《楚辞》中去寻找“母题”。比如，南齐王融和萧梁费昶都写过一首《思公子》，中心题旨就是采自《楚辞·九歌》:“风飒飒兮木萧萧，思公子兮徒离忧。”谢朓的这首诗也属于这种情况，其“母题”出于《楚辞·招隐士》:“王孙游兮不归，春草生兮萋萋。”也就是说，诗人的创作灵感获自《楚辞》，而所写内容则完全是现实生活中的感受。在古老的“母题”之中，贯注了活生生的现实内容。

蔓，蔓延；红英，即红花。春天，绿草如丝，葱葱茸茸，蔓延大地，绘写出一派绿的世界；各种各样的树上，红花竞放，绚丽夺目。绿的氛围，红的点染，在鲜明的对比之中，烘托出一派生机勃勃的景象。窈窕少女，目睹此景，心伤离情，不禁怦然心动，情思缱绻，不无惆怅地发出了感叹：“无论君不归，君归芳已歇。”且不要说心上的人儿不回来，即使等到他回来，那绚丽的花朵早已凋谢了，那大好春光早已白白地流逝了，我那美妙的年华也早已悄然飘去了。红颜难久持啊！这里，诗人不主要写少女如何急切地等待着情人，如何急不可耐，而是着重写她对于红花的珍惜，对于大好春色的留恋，由此描写出她思君、恋君的春一般的情愫。如此写来，就把主人公的心态从一般的少女怀春，从感情的倾诉和宣泄，升华到了一种对春的珍惜、对时的留恋的理性高度，渗透出一种强烈的时间意识和生命意识。这样，从景的描绘，到情的抒发，再到理性的升华，三者水乳交融般地融汇在一起了。所以，这是一首充满了生命意识的景、情、理俱佳的好诗。

诗虽短小，艺术风格却颇具特色，体现了齐梁间诗歌创作雅俗结合的一种倾向。首先，从《楚辞》中生发出来的母题，显而易见带有文人的雅、艳色彩，暗示了它与文人文学的关系；但诗人却用南朝乐府民歌五言四句的诗歌形式，来表现这一古老“母题”，这便将原有华贵、雍雅的色彩悄悄褪去，淡化，使之在语言风格上呈现出清思婉转，风情摇曳的特色。其次，诗写春的景色逗引起春的情思，因景而生情，情景相生，短章逸韵，风姿绰约，这原是南朝乐府民歌的本色，是“俗”。然而在描写笔法上却颇具匠心，诗人在绿的氛围中缀以红花的点染，巧笔对比，着意渲染，流露出文人精心构制的痕迹，表现出“雅”。雅俗结合，创为佳构。另外，诗的用韵也值得一提。诗用仄韵，短促，急切，对表现出主人公惜春、惜时的时不我待的急切心情，起到很好的作用，呈现出语浅意深、韵短情长的艺术风貌。

(吴小平)

游敬亭山　　谢　朓

兹山亘百里，合沓与云齐。隐沦既已托，灵异俱然栖。上干蔽白日，下属带迴溪。交藤荒且蔓，樛枝耸复低。独鹤方朝唳，饥鼯此夜啼。渫云已漫漫，多雨亦凄凄。我行虽纡组，兼得寻幽蹊。缘源殊未极，归径窅如迷。要欲追奇趣，即此陵丹梯。皇恩既已矣，兹理庶无睽。

建武二年(495)，谢朓在政治上受到排挤，由中书郎出为宣城太守。这首诗就是作于宣城太守的任上。敬亭山在今宣城县北，山上有敬亭，故名。

起二句远眺敬亭山，总览其貌。远远望去，但见敬亭山蜿蜒曲折，横贯百里，重重叠叠，直薄云霄。亘，即横贯之意。这两句，一句极写山势远大，纵横天下，连绵无际；二句极状山势高峻，崔嵬嵯峨，耸入云天。一个大笔勾勒，敬亭山的雄伟姿势一下子扑入了眼帘。这是实写，写眼中实景。接二句则采用虚笔，写心中之想。隐沦，桓谭《新论》曰："天下神人五，一曰神仙，二曰隐沦……"灵异，亦即神人之类。诗人驰骋想象，思绪乘着高山云海而飘飒腾飞，直到九霄云外。他想到，一定是神人"隐沦"托居于此，所以形形色色的"灵异"，也一并幽栖此山。难怪，敬亭山有如此高大，如此雄伟，原来是神人们在这里显现灵光啊！如此写来，一实景一虚境，笔触多变，摇曳生姿。

接下来五句至十二句，仰承前四句，具体描绘敬亭山的山光水色。山之高峻，上可直冲青云，蔽日亏月；下则属带迴溪，曲折回旋。这里，用一"上"一"下"，先拉开空间距离，再分别紧追一"干"(犯，冲)一"属"(带)字，把这上下的空间距离撑张到极致；"上"冲白云，罢池陂陁；"下"带迴溪，潺湲逶迤。在诗人对敬亭山从"上"到"下"瞬息间的巡视之际，敬亭山顶天立地的雄姿，便一下子豁然展现在我们眼前。这是用最短的时间俯仰扫视，描状嵯峨峻拔的敬亭山，展示出最大的空间形象——以时、空的强烈反差，在人们心理上造成新奇突兀之感，一下子便把人们摄入其境，势不可挡。如此写来，诗笔显得纵横捭阖，富有气势。这两句仍是大笔勾勒，加强前二联的状写山势。接下来六句则开始了细致的工笔描绘。蔓藤交错，樛枝纠纷；独鹤朝露而唳，饥鼯夜出以啼；晴空淡云飘忽，舒卷自如，时有秋雨适至，霖霖凄清。这里，纷纭迭现出一些山间特有的物象：藤蔓，樛枝，独鹤，饥鼯，渫云，秋雨，由此烘托出敬亭山超然物外的境界。同时，隐约写出诗人"游"山的时间和方式，紧切题目中的"游"：从独鹤朝唳到饥鼯夜啼——游山已整整一天;从身历荒藤野树,披荆斩棘,到耳听鹤鸣鼯啼,再到眼观轻云飘忽,秋雨霖霖——触觉,听觉,视觉,皆有所感。从静听坐观到攀山越岭,身体力行,其乐无穷。诗人仕途蹭蹬,加上刚受排挤打击,更加厌倦尘世荣禄,一心追求山水自然的享受,借以排遣郁闷。所以,越是荒野境界,他越是欣赏,越是觉着清新舒畅,趣味无穷。

荒山野趣,超然物外,正是诗人梦寐以求的崇高境界。最后八句,便是因沿着这一独特的心理感受和人生追求,抒发他的由衷感慨。纡,系结;组,绶也,官宦用以佩玉戴印之物。纡组也就是做官的意思。东晋以来,文人在思想上已从仕宦与归隐的矛盾对立中解脱出来,认为做官与归隐(简单说就是寄情山水)并没有根本冲突,可以既做官,也归隐,是谓"朝隐"。谢朓在思想上也常有做官与归隐的矛盾。汲汲荣禄吧,仕途崎岖艰险,难保久持;逍遥山水吧,功名事业又不忍遂弃。尤其是在他此时遭受挫折之际,这种矛盾愈加突出。于是,他也采取了类似"朝隐"的态度来折冲:我虽为做官之人,但也不妨寄情山水逍遥田园。诗人终于把内心矛盾"圆满解决"了,心安理得了。一个"兼"字,把他的这一心态巧妙勾画出来。接下四句,又回到写景上来:搜寻水源,尚未到达极尽,而回头瞻望,已是归路渺远、恍惚迷离了。若要追求奇情异趣,那么,就此再往山上登攀吧。宋人王安石说:"世之奇伟、瑰怪、非常之观,常在于险远,而人之所罕至焉,故非有志者不能至也。"(《游褒禅山记》)对自然山水的这种体验和认识,可谓与谢朓基本一致。"奇趣"就在"险远"崇山峻岭之中,必尽力登攀方可获得。实际上,诗人这是把人生体验融进了山水景物的描写当中,是以景写情寓理。在人生的道路上,前途尚未辨清,回归之路却早已扑朔迷离了。只有前进,不能后退了,"即此陵丹梯"吧。因而,山水景色隐隐约约折射出了诗人的心曲,反映了他在人生道路上"缘源未极"与"归径"迷离时的徘徊、忧思以至终于下定决心"即此陵丹梯"的心理历程。这种以实有之景反衬虚渺之情的写法,堪称高妙。唐人裴迪《木兰柴》诗云:"苍山落日时,鸟声乱溪水。缘溪路转深,幽兴何时已。"对山水、人生的感受堪称与谢朓灵犀相通。其中"缘溪路转深"一句显然是"缘源殊未极"的化用与再版,而"幽兴何时已"则可看成是"要欲追奇趣,即此陵丹梯"的隐括和深化。谢朓这四句诗虽然杂糅着渺渺迷茫之感,但字里行间闪烁出来的,正是"幽兴何时已"的风致和兴味。末二句是自我安慰:浩荡皇恩既已逝去,那么我就此沉湎山水,陶冶性灵,该不会有什么过错吧?睽,乖也,违背的意思。这纯然是诗人自我排解,自我开脱,也透露出他终于不能忘怀于荣禄的心理。"既"、"庶"二字极妙,声吻毕肖,把诗人的那种自我解脱的婉曲心思,惟妙惟肖写照出来。

此诗从写景到抒情，笔调婉转多变，虚实相间。景中寓情，情因景兴，情景相生，颇得怡情山水刻画景色之风致，饶富意味。曾有人将此诗一部分删为四言诗，变为“此山百里，合沓云齐”，“行虽纡组，得践幽栖”诸语（见逯钦立《先秦汉魏晋南北朝诗》“齐诗”卷三），去掉“亘”、“兼”诸字。而“亘”状山势，“兼”写心情，皆传神写照之笔，舍之顿觉兴味索然。由此见出谢朓此诗注重炼字炼句之一斑。

（吴小平）

将游湘水寻句溪　　谢　朓

既从陵阳钓，挂鳞骖赤螭。方寻桂水源，谒帝苍山垂。辰哉且未会，乘景弄清漪。瑟汩泻长淀，潺湲赴两岐。轻蘋上靡靡，杂石下离离。寒草分花映，戏鲔乘空移。兴以暮秋月，清霜落素枝。鱼鸟余方玩，缨绥君自縻。及兹畅怀抱，山川长若斯。

这首诗作于齐明帝建武三年（496）暮秋。当时，作者奉诏将去湘州（治所在今湖南长沙市）。这诗是将去而未成行，得有余闲到句（gōu）溪寻幽探胜时所写。诗中既细密描写了句溪的动人景物，也抒发出自己心乐鱼鸟、厌弃缨绥（冠带和冠带的下垂部分，代指贵显的地位）的感情。句溪，在宣城郡城东五里，因溪流回曲，形如句字而得名。（见《江南通志》）

去年夏日，作者来任宣城太守。宣城郡有陵阳山。《江南通志》、《宣城县志》都记载这山冈峦盘曲，自敬亭山以南，隐起成三峰，环绕着县治。刘向《列仙传》里说：“陵阳子明好钓鱼……钓得白龙，子明惧，解钩拜而放之。后得白鱼，腹中有书，教子明服食之法。子明遂上黄山，采五石脂，沸水而服之。三年，龙来迎去，止陵阳山上百余年……”作者在诗的开头，便就地取材，借用这一神话传说，来比喻自己之在宣城，像是跟着陵阳子明垂钓溪上；又像是附挂在子明所乘白龙鳞上，以赤螭作骖马，漫游了仙境。接着又说不久将前往湘州，寻访桂水之源，并在南岳之麓谒祭山神。这四句用“既”、“方”二字作呼应，分叙已往、未来，而均具有神异色彩。这样写，既使诗一开头就境界超俗，也暗示了下文所描述的句溪宛如仙境，从而增强了诗的情韵。五六两句，作一转折，自然地引入本题——由于行期未届，所以得趁此暮秋光景，来玩赏句溪上的清漪。句溪以溪水取胜，所以特别点明“清漪”，用以总冒下文，贯串通篇，有如画龙点睛。这是首节。

次节八句，尽情摹写出溪上的景色：这里可以听到溪水泻向长淀的瑟汩声，也可看到溪水潺湲地在句溪和宛溪交会处两向分流的情景——一生钦仰谢朓的李白，不也曾以“两水夹明镜，双桥落彩虹”的名句（见《秋登宣城谢朓北楼》）写过这里的美好风光吗？溪水既清且浅，水面浮着连绵不绝的青萍。水底也是密密相依的杂石。溪水两岸，带着秋天寒意的草和花相间相映。明洁的溪水中，怡然嬉戏的鲔鱼轻捷地游动，宛如浮悬在空中——这全然是柳宗元《钴鉧潭记》里“潭中鱼可百许头，类若乘空无所依”的意境了！在这六句之中，作者写尽了水面、水底、水侧、水中，写了声响、形态；又兼及动、静，无一不蕴蓄着动人的美，表现出句溪的“清潏”可赏。这晚秋好景，自然不能不引发人的清兴，甚至连清冽的月光、挂霜的树枝，也受到了诗人的注目，它们和溪水一起共同组成了一幅令人神魂为之一清的秋山清溪图。

最后四句是抒感。从上两节已可见出诗人心神的清爽、舒畅。“戏鲔”的游移，更触发自己的情思，并连类及鸟，自感这已尽够玩赏，因而不禁数落起另一个“我”（称之为“君”）来：“缨緌君自縻”——你又为何要用爵禄冠带来束缚自己呢？两句相对，写出心乐鱼鸟而形被缨緌所缚的内心矛盾，于是，诗人终于慨然喟叹：山川长存，永远是这样美；人生是有限的，且让我乘着这清秋光景，舒畅心怀，尽情游赏吧！

全诗以山水起笔，中段转写鱼鸟，最后复以山川作结，笔法既圆转灵动，又浑然成为一体。写溪景生动、真切，细致入微，体现作者“观其形而得其似”（《文镜秘府论》）的才能。诗中用语清丽自然，而又多藉偶句烘染情境，充分体现了诗人所特有的“撰造精丽、风华映人”（王世贞《艺苑卮言》）的清绮风格。 （曹融南）

游 东 田

谢 朓

戚戚苦无悰，携手共行乐。
寻云陟累榭，随山望菌阁。
远树暖阡阡，生烟纷漠漠。
鱼戏新荷动，鸟散馀花落。
不对芳春酒，还望青山郭。

这是一首纪游诗。

东田是当时都城建康（今江苏南京）郊外的一个著名风景胜地，它北依龙盘虎踞的钟山，南望繁华热闹的秦淮，风光秀丽，景色宜人。南齐王公贵族、文人雅士，多在此修筑池园，建立别墅，用以陶冶心性，愉情快意。齐武帝的文惠太子率先在此设立楼馆，“东田”之名由是鹊起。大文豪沈约也“立宅东田，瞩望郊阜”，他的那篇名震一时的《郊居赋》，就是缘此而作的（见《梁书·沈约传》）。据《文选》李善注，谢朓在东田也有庄园；这首诗，就是他游览东田以后写的。诗的题目也将这一特定的写作背景明确昭示出来了。

诗人中心戚戚，意绪沉沉，被莫名的惆怅、苦闷缠绕着、折磨着，无法排解，悰，即乐；“苦”与“无悰”是一个意思，诗人叠用而不厌其繁，并于其首冠以联绵词“戚戚”二字（忧虑无法排解的样子），很显然是要强调心中苦闷的浓度和深度。是怀才不遇？是忧谗畏讥？抑或二者兼而有之？总而言之，诗人被这种忧愁意绪困扰得太久了、太深了，所以，他要同二三胜友来到东田，“携手共行乐”。这两句是表白出游的心迹。心情被压抑得越久，便越是渴望解脱，越是渴望一种纵性放情式的释放和宣泄，所以，透过这种看似简单的表白，不难窥探到诗人对于此次出游，是寄予了多么大的希望。

夏日晴空，一望无际，万里清朗。诗人的心胸顿时为之一阔。他望着淡淡的白云，在天边悠然飘浮，心性不禁随之神往。他似乎要随着那朵朵白云，任意地无拘无束地飘荡，飘向遥远遥远的地方。所以，他的步履，沿着层层台阶，步步登高了，攀上了一座座亭台，登上了一层层楼榭；他的视野，也变得更加开阔、更加明亮了——极目远眺，远近山峦，连绵起伏，蜿蜒曲折，一座座华美楼阁，随山就势，在夏日普照之下，隐隐约约，叠现其间。这两句是总写游览风景。“寻云”是心中的志趣，象征着高尚的追求；陟，登高，是随之而产生的行动。正是因着追逐行云的步伐，诗人才一步一步登上了重台累榭，才能够“随山望菌阁”。“菌阁”，即檐如菌芝的华美楼阁。那是文惠太子等人在此建造的山庄田园，其亭台楼阁之华美富丽，不难想见。而诗人的兴致显然不在于此。登高而望远，他把自己的思绪推宕得更深更远，把目光纵情投向遥远的天边，一幅夏日远景的山水图画滃然浮现在眼前：“远树暧阡阡，生烟纷漠漠。”暧，昏昏不明；阡阡，同芊芊，树木茂盛的样子。但见远天接壤之处，树木郁郁葱葱；云水弥漫，纷纭缭绕，蒸腾起缕缕轻烟，绘画出一幅烟水缥渺、云雾迷蒙的充满诗情画意的景象。“生烟”二字下得极妙，它状写云水弥漫、不绝如缕的动态，并将芊芊树木隐约其间，远远看去，随着烟雾的不断缭绕和升腾，静的树木仿佛也依稀飘飘欲动了。由此，可以想见芊芊远树的昏暧之貌，可谓出神入化。这样，用绿的树同白的云两相映衬两相对照，用静的树同动的烟两相烘托两两相生，这幅夏日远景图画真是活了，既富有层次，富于色彩，又富有动态的感觉。清人王夫之称赞谢朓写景善写“活景”（《古诗评选》)，正是指这一点，接下来，诗人“收视返听”，把目光从天边收束到近前，描绘了夏日近景的图画：“鱼戏新荷动，鸟散馀花落。”池塘里，活灵活现的游鱼，倏忽往来，嬉戏于清水绿荷之间，溅起的阵阵涟漪，晃动着新荷。这景色，使人联想起“鱼戏莲叶东，鱼戏莲叶西，鱼戏莲叶南，鱼戏莲叶北”(《江南》)的生动场景。而树林中，叽叽喳喳的小鸟，喧闹了一阵子以后，扑闪着翅膀飞走了，缤纷落英，在无声无息地飘零。这两句写近景，都是写的眼前所见之景。但前句写的是“质实”之景：游鱼嬉戏，清水涟漪，绿荷飘香——境中都有生命在活动，一派生机勃勃的景象；后句写的则是“空旷”之景：喧鸟飞去了，残红飘零了，没有声响，没有灵息——境中几乎什么也没有了，唯有一片空寂。

远景的描写，注重其浑沌、迷蒙的特质；近景的刻画，则注重其清新、明朗的特质。这样，一远一近，一浑沌而一清晰，夏日的奇景异色，活脱脱地写照了出来。尤其是，透过这种对景物的细致入微的观察、欣赏和刻画，一位怡情山水，雅爱自然的诗人形象，呼之欲出了。自然山水的美，深深吸引了诗人，陶冶了诗人；此时此刻，他的那种悲戚意绪早已被美丽的夏景排挤得无影无踪，他的那颗忧苦之心，终于在自然山水之中获得了慰藉，找到了归宿，心灵也随之得到了升华。所以，当他归来的时候，仍然沉湎于大自然的山水景色之中，由衷地发出了感慨：“不对芳春酒，还望青山郭。”芳春酒，即芳香的春酒、美酒。美酒的口舌之乐，焉能比得上自然山水的心性之乐、精神之乐？随着一句“还望青山郭”，视野又推远了，诗境又开阔了，它不仅袒露了诗人对于此次出游的无限流连，更标识着诗人精神境界的升华。青山绿水，永远是诗人的寄情所在。

胸有郁闷，必欲一抒之而后快，这是人之常情。但自来的排解方式——亦即“行乐”方式大不一样。汉末以后，人们都崇尚以酒排忧，纵酒行乐，比如曹操说“何以解忧，惟有杜康”(《短歌行》)。虽然，左思说过“非必丝与竹，山水有清音”(《招隐》)的话，但刘宋以前，人们大都还没能把山水当作审美观照对象，还没能意识到它的疗救精神创伤的奇特功效。直到谢灵运，才真正懂得欣赏山水，从自然山水中去寻求精神的寄托。谢朓是继承谢灵运大量写山水诗的第一位大诗人，他的这首诗，深刻反映了自然山水审美价值的进一步发现和确立。从此，从荒山野林，到湖海河汉，从亘古大漠，到寥落荒原，都一一摄入诗人的心灵，迈进了诗的王国。所以，当诗人感到“戚戚苦无悰”的时候，便能很自觉地到自然山水中去追寻乐趣，排解苦闷。从这个意义上说，这诗在山水诗的早期历史上，具有重要意义，它既是优秀山水诗的代表作，是创作的典范，又是山水意识觉醒的标志，是理论的范本。

诗人以“无悰”之心游东田，同以淡雅之情观自然是大不一样的，他不能以静态坐观，而必须用身心去游览。这就决定了此诗的基本特色：在运动中写景。因而，诗人的主体位置总是在运动中变化，主观视角总是在运动中“扫描”，一幅幅浓淡相间的水墨山水画便随之历落出现：蜿蜒山间的台榭，随山就势的楼阁，鱼戏而新荷泛动，鸟散而余花殒落——远景，近景；静景，动景，鳞次栉比，络绎展现在我们眼前，富有立体感和动态感。可见，诗人的这支灵心秀笔，总是在卓突不停地跳动，或山巅或山坳，或树林，或池塘，显得极为活跃，极为轻灵。诗人的行迹踪影，也隐约闪现在诗笔的纵情跳突之中。这样，便把纪游、写景、抒情三者和谐地统一起来，不落痕迹，宛若天成，使全诗展现出一派生动自然、清丽秀美的风致。这是此诗最大的成功之处。后人每谓谢朓诗变有唐风，宜当由此参悟，方为得之。另外，此诗虽为古体，但写法上颇有新体的气象。诗中三处运用叠字，增强诗的形象性和音乐美，这与永明新体的精神是完全一致的。全诗对仗也十分考究，第四联“鱼戏新荷动，鸟散馀花落”，写景清新自然，对仗精致工整，宛若天成，尤为后人所称道。明人胡应麟甚至认为它同晚唐诗歌的语言“相似”(《诗薮·外编》)。这一些，都可看作谢朓诗变有唐风的证据。　（吴小平）

暂使下都夜发新林至京邑赠西府同僚[1]　　谢　朓

大江流日夜，客心悲未央。徒念关山近，终知返路长。秋河曙耿耿，[2]寒渚夜苍苍。引领见京室，宫雉正相望。[3]金波丽鳷鹊，玉绳低建章。[4]驱车鼎门外，思见昭丘阳。驰晖不可接，何况隔两乡。风云有鸟路，江汉限无梁。常恐鹰隼击，时菊委严霜。寄言罻罗者，寥廓已高翔。

〔注〕①新林：即新林浦，在今南京西南。西府：萧子隆的荆州随王府。　②秋河：秋天的银河。　③宫雉：宫墙。　④金波：月光。玉绳：星宿名。鳷鹊：汉观名。建章：汉宫名。此处均借指建康宫殿。

据《南齐书·谢朓传》载，谢朓曾为随王萧子隆文学。萧子隆雅爱辞赋，谢朓以文才深受赏爱，“流连晤对，不舍日夕”，引起长史王秀之的嫉妒，密以启闻。于是齐武帝下令：“朓可还都。”这首诗，就是作于谢朓“还都”的途中。诗题中的“都”、“京邑”，均指当时的都城建康（今江苏南京），分言之是为了避免重复。诗题点明了作诗的具体时间、地点和缘由。从“下都”到“至京邑”，诗人经历了漫长的征途跋涉，情感上也经历了由悲而喜的反复变化的艰难历程。

诗人这种心理历程，在诗中明显表现出了两次反复。前十句所写为第一次情感变化过程，即心境由灰暗转到见物境而明亮。诗人心境的悲沉，是从荆州西府带来的。所以，诗的起句劈头就说："大江流日夜，客心悲未央。"把苍苍莽莽、日夜奔腾的江水，一种气象阔大的客观物象，同悲从中来、无止无息的悲愤心情比照起来，形成鲜明的象征。滔滔江水，滚滚东流，日夜不息，恰似诗人一腔悲愤之情，无端无极，浩浩荡荡。

这一象征，把诗人心中巨大的愤懑和不平，表现得气势壮阔。所以，虽言悲而不为纤巧柔弱，"极苍苍莽莽之致"（沈德潜《说诗晬语》）。"徒念关山近，终知返路长"。山长水远，千里迢迢，都未能使他摆脱这种悲愤心绪的缠绕，甚至在征途即将结束、都城近郊已经到达之时，耿耿萦回于心怀的，仍然是荆州西府。那里，他曾被随王知遇、赏爱，又曾被小人流言中伤。关山，指建康近郊的山。返路，返回荆州西府的路。"返路长"一句，透露了他对荆州"流连晤对，不舍日夕"生活的无限眷念。但是，当他继续前进，都城的巨大身影，还是深深吸引了他。但见秋天的夜空，已泛动着微微曙色；而水边的陆地，还笼罩在寒色苍茫之中。在夜空的映衬下，远处城阙，巍峨屹立，耿耿微明之中，连绵宫墙，已是遥遥可见了。天边的淡月，把那余晖洒落在宏伟宫殿之上，玉绳星也已悄然低垂，隐隐约约好像斜挂在宫殿下面了。这一切，都是如此的令人神往，诗人不由自主地伸长了脖颈，凝神注目。"引领"，伸长脖子，这二字写出了诗人对都城"眷恋不已"（沈德潜《古诗源》）的情感。至此，拂晓之际，京城的身影已经淡却了诗人原来怅然若失的心情，从诗人心底唤起了一种亲切、崇高的感情，他把这种感情，都倾注到京城夜景的刻画和描绘当中去了。以上十句，诗人的心境经历了一个由黯淡而至明朗的变化过程，而"引领见京室"则是这种情感衍变的契机。正是从"见京室"以后，诗人的"悲未央"的低沉心境，才像"秋河曙耿耿"的自然景色那样，稍稍透出了一线明朗之色。

然而，这一线明朗之色很快又被心灵深处的巨大阴影所遮盖了。他驱车到达建康南门，不由得悲从中来：一进此门，便将供职京师，那荆州城外的楚昭王墓，何时再得重见？建康与荆州，远隔千山万水，飞转的日轮尚且不可两地相接，更何况诗人与西府同僚人隔两地呢？他的情绪，旋即又跌入了悲的深谷，卷进了第二次感情纠葛的漩涡之中。接下来六句，诗人别具匠心地引入了小鸟的形象，从三个方面巧为设喻，委婉曲折地表达了自己复杂的心情。首先，他竟羡慕起小鸟来了：天空中虽有疾风恶云，但毕竟还有小鸟飞行的通道，它可以自由自在，任意飞翔。而自己呢，却去不得想去的地方，犹如要渡江的人却困于大川之滨，没有桥梁连通。“江汉限无梁”一句,与其说是诗人对自然条件的不满和埋怨,倒不如说是对谗邪当道、忠良受阻的谴责。正是这些流言蜚语、恶意中伤,在他与西府——能够充分施展怀抱、发挥才华的地方——之间开掘了一条无形的江汉之水,使他深感压抑。接着,他仍以小鸟为喻,道出了他在西府所处环境的险恶的一面:“常恐鹰隼击,时菊委严霜。”隼,鹰类,比鹰稍小。委,通“萎”。这两句的主语仍是小鸟,“时菊”则是喻中之喻。两句是说,那小鸟时时担心被恶鹰袭击而死于非命,犹如秋菊一夜之间受严霜摧残而枯萎。一种战战兢兢、如履薄冰的心情,通过这两个比喻,形象地描画出来了。最后,还是以小鸟为喻,抒写了脱离奸佞小人包围之后的愉快心情。罻罗者,张网捕鸟的人,指恶语中伤者如王秀之之流。“寥廓”、“高翔”二语,将诗人内心抑制不住的获得解放、获得自由的激动表现得极为生动。

总起来看,诗人“至京邑”的感情是十分复杂的。离开西府,既可悲可愤,又可喜可幸;回到建康,既亲切亲近,又惶恐不安。所以,他的心态既有大悲,又有大喜,二者交织在一起,中和成一种百感交集的意绪,深深地缠绕着诗人,浸润在全诗当中。这种情感上的纠葛、转折和赓续,就像弯弯曲曲的河湖港汊,纡徐委婉,若断若续,生动地体现了诗人彼时彼地真切的心理历程。

此诗格调高古苍凉,起句意境尤为雄浑,所谓“滔滔莽莽,其来无端”(沈德潜《古诗源》),实为不朽之千古名句。此外,诗人还运用借代、化用等笔法,如以鳷鹊、建章等汉代宫观代指建业都城,“引领见京室”化用潘岳《河阳县诗》“引领望京室”,等等,给写景造成一种“隔”的感觉,人们必须发挥想象才能领会其意。这更使全诗显得波澜曲折,含蓄婉转,而与诗人的情绪表里一致,映照生辉。

(吴小平)

酬王晋安 谢 朓

梢梢枝早劲,涂涂露晚晞。南中荣桔柚,宁知鸿雁飞。拂雾朝青阁,日旰坐彤闱。怅望一涂阻,参差百虑依。春草秋更绿,公子未西归。谁能久京洛,缁尘染素衣。

这是一首应酬诗。从两方面事迹考察,可推断此诗作于永明十一年(493)的秋天。其一,王晋安即王德元,据《梁书》卷三十三记载,他是在永明十一年文惠太子薨以后,“出为晋安郡(治所在今福州)”的。此诗题作“酬王晋安”,可见最早时限当从永明十一年推起。其二,正是在这一年,谢朓在政治上遭受了重大挫折，在荆州随王萧子隆西府遭受谗言，被召还都。还都后所作名诗《暂使下都夜发新林至京邑赠西府同僚》，中有“秋河曙耿耿，寒渚夜苍苍”之语，可见时值秋天。《酬王晋安》诗中也有“梢梢枝早劲，涂涂露晚晞”之句描写秋景，更有“春草秋更绿”一句点明时令，与《暂使下都夜发新林至京邑赠西府同僚》所写时间完全一致。《酬王晋安》诗中还有“谁能久京洛”的感慨，说明此时谢朓还在都城。而谢朓在还都不久，即出为新安王中军记室（新安治所在今浙江建德），不在都城了。这就说明，谢朓写作此诗的时间只能是从荆州西府还都以后、出为新安王中军记室以前，永明十一年的秋天，他遭谗还都，正在听候处置。明确了这一点，我们就可以把握住此诗的意脉了。

首四句写时节推移。梢梢，风动树木之声，鲍照《野鹅赋》“风梢梢而过树”，首句意实本此；涂涂，露厚貌。晞，即干。这两句写建业帝都已是秋深之时，清晨，萧瑟秋风，划过坚劲瘦硬的枝丫，发出冷冽呼啸之声；而厚厚秋露，直到夜晚才渐渐晞干。时节变了，刚从荆州西府遭谗而回的诗人，由于受到政治的打击，领教了政治气候变化无常的滋味，所以，对自然节候的迁移，亦尤敏感。他最能感受到这梢梢秋风、涂涂秋露的凛冽和凄凉。接下来“南中”二句忽转锋笔，转写友人。桔、柚都是南方植物，据《列子》，我国南方有一种“碧树，而冬生”，这就是柚。荣，这里用为动词，是繁茂生长、欣欣向荣的意思。古人传说，夏去秋来，鸿雁南飞，但南止衡岳落雁峰而已。晋安郡更在衡岳之南，当然就看不到鸿雁南飞了。诗人借此二物，是对友人说，您在南方，气候温暖，花团锦簇，哪里知道我这里已是寒气肃穆的深秋了呀！这联仍承节令写来，点题中之“酬”，同时，又通过写景暗示出自己此时此地遭际的不幸。一个“荣”字，极写“南中”气候之佳，与首联形成强烈对比和反差；再以“宁知”反诘，加强语气，似乎是要有意让友人从不寻常的措辞中品咂出难以言明的苦衷来。所以，首四句写景，一彼一此，一温一寒，语含双关，非同寻常。

接下四句写目前困窘的处境和怅惘的心情。《南齐书·东昏侯纪》载：“世祖兴光楼，上施青漆，世谓之青楼。”青阁当是指青楼。旰，晚。闱，指所居庭室，着一“彤”，是与“青”字相对。诗人踏着寒霜，披着晨雾，上朝参拜；晚间独坐居所，寂寞终宵。如此日复一日，无所事事，已不可堪；更何况齐武帝“（谢）朓可还都”一声令下（见《南齐书·谢朓传》），把他召回，听候发落，那种战战兢兢的滋味就更加难以忍受了。等待的时间愈长，心理上的压力愈大，思想感情上便愈脆弱、敏感。所以，他才有“怅望一涂阻，参差百虑依”的深切感受。以惆怅之情，瞻望前程，惟有山重水复，障碍层层，前途渺茫，命运难卜！因此，千奇百怪的念头不由纷然涌出，络绎而生。诗人刚刚庆幸自己离开荆州西府如天空小鸟，“寥阔已高翔”（《暂使下都夜发新林至京邑赠西府同僚》），旋又陷入了无穷无尽的苦思痛想之中。这就把诗人彼时彼地如坐针毡、度日如年的特定心境和情状，惟妙惟肖地刻画出来。“百虑”而参差络绎，泉涌兔突，其焦灼、急切、恐惧……宛然可见。

最后四句又回到“酬”字上面。“春草”句化用《楚辞·招隐士》：“王孙游兮不归，春草生兮萋萋”句意；“谁能”句化用陆机《为顾彦先赠妇二首》：“京洛多风尘，素衣化为缁”句意，似皆泛泛寻常之语。但用意却颇凄惨、沉痛。秋天来了，您还未能回到京都；而我在此听候发落，说不定被贬被逐，祸福难料，万一有所不测，那我们就再也不能相见了。“谁能久京洛”？因为，“京洛多风尘”啊！每念及此，怎不教诗人心情沉痛，黯然神伤！

诗人与友人相赠答，欲一吐心曲，畅言块垒，当属常情。但此诗却写得曲折委婉，闪烁其词，非悉心领会，曲意迎合，不能达其旨。究其因，显然与诗人当时的处境有关。诗人罹谗还都，已吃尽流言苦头，此时若再坦吐冤屈，又被小人利用，后果将不堪设想。所以，诗人下笔，总是犹犹豫豫，躲躲闪闪，把一腔怨愤不平之情，淡化到写景当中，融进一般的酬酢问答里面。乍读，使人感到扑朔迷离，颇难把握，而搞清了它的特定写作背景和特定心境，细加品味，便觉涵濡深厚，余味无穷。仿佛可睹一颗惆怅、迷茫之心，在痛苦地颤动，在秋风萧瑟中哭泣。所以，它不是一般为文造情的赠答之作，而是一首有感而发的好诗。

诗在修辞上颇为讲究，首联、三联、四联对仗意识十分强烈，对句也较工整。写景、抒情，多化用古人成语、成句，而且有些地方（如第三联）着色较浓，颇见心力。这一些，仿佛使全诗笼罩上一层薄雾，“隔”了一层，稍稍呈现出繁复的色彩。这显然是诗人有意为之，是一种艺术上的“障眼法”，读者需拨开迷雾，方能窥其本心。外状若宁，真情暗伏，是此诗的最大特色。 （吴小平）

郡内高斋闲坐答吕法曹 谢 朓

结构何迢递，旷望极高深。窗中列远岫，庭际俯乔林。日出众鸟散，山暝孤猿吟。已有池上酌，复此风中琴。非君美无度，孰为劳寸心。惠而能好我，问以瑶华音。若遗金门步，见就玉山岑。

这诗作于宣城太守任内。“郡”就是宣城郡。诗人高斋闲坐，极目旷望，思入遥深，写下了这首答友人诗。前六句写“高斋”结宇宏伟，构架高深，且处地高远，视野开阔。胜日闲坐,室外好景美不胜收。但见窗外峰峦叠嶂,崔巍迤逦而去;庭际乔木深林,纷纭舒卷而来。这里,一个“列”,一个“俯”,用得精心得意,把静止的山峦,矗立的乔木,写得风云挥霍,气象宏达,使它们闪现出飞动之状,带有主动性的色彩。仿佛不是诗人目接神往“窗中”“庭际”的山川景色,而是这些景物主动扑入诗人的襟怀、扑入诗人的眼帘一样。这就不仅将静景写动写活,更重要的是沟通了“物”与“我”的关系,把客体之景物与观照客观景物之主体诗人联为一体,使诗的气氛顿时活跃闪动起来。“日出众鸟散,山暝孤猿吟”是名句。旭日东升,众鸟飞散;山色幽暝,孤猿长吟。造语率真自然,不假雕饰,把大自然的迢遥幽邃、溟蒙深广的境界,逼真写照出来。尤其是,通过景色的描绘,一位怡情山水、乐而忘返的诗人形象,澹然欲现了。接下来六句即写诗人的高情雅志。池上小酌,风中聆琴,友朋相伴,其乐融融。最后,诗人倾吐了高洁的情怀。金门,即金马门,汉代征士待诏之处;玉山,传说中西王母所居之山。诗人表示,如果仕途不得意,他将高蹈遗世,乘风凭虚而去,流露了超尘出世之想。

谢朓身陷仕途,心往山林,欲随心适意又不忍遂弃身外之物,而欲全身守禄却又不甘违心背志之苦,身、心二者不可得兼,所以,他总是陷在这两极的中间,前瞻后顾,左右徘徊,始终找不到一条两全其美的路。他的很大一部分山水诗,往往就是这一心态的折射和反映。这就造成了谢朓山水诗的特殊的抒情模式:从仕途蹭蹬、公务冗繁的心绪缭乱,到山灵水秀、风清月明的赏心悦目,再到寄身高远的林壑之思、云羽之想。在现实的山水自然之美与幻造的理想自由之区的杂糅混合的境界中,寻获心灵上的短暂喘息和些微安慰。像《游东田》、《落日怅望》等诗就是这一抒情模式的典型代表。但这诗的情况却有些特殊。诗人始而荆州遭谗,次而出贬新安王中军记室;建武二年(495),春天刚刚转为中书郎,夏天又出为宣城太守了。宦海沉浮,几经折腾,已使他逐渐醒悟过来,能以比较超脱的态度对待仕途的穷达。所以,在宣城太守任上,他心情相对平静,常常寄情山水,写出不少山水好诗。写作此诗的情况就是这样。诗人本来就已澄心澈虑,虚静求雅,“闲坐”二字,正昭示了他此刻悠闲而又从容的心态。请看“已有池上酌,复此风中琴”,多么雅逸的情趣,多么洒脱的风度!因此,第一,他对山水景物的观赏愈加细致,体会愈加深刻,描写也愈加精彩。二、三联的绘景佳句,脱口而出,从中折射出诗人对山水境界的悉心领悟,反映了诗人寄意遥深的审美追求,一种深邃的澹淡的意境宛然若现。所谓秉锦心而得秀口,美景佳句才能纷纭而至。第二,他的思绪飞腾得更远更虚了,以至像“若遗金门步,见就玉山岑”这样的高蹈遗世之想都蹦跶出来。那么,这到底是体现了诗人生活理想的进一步升华，还是意味着政治理想的破灭以及随之而来的躲闪、回避？个中玄奥很值得玩味。然而无论如何，这种情形的出现，都标志着诗人审美理想的深化和抒情模式的开拓，标志着诗人已从外景观赏转向内心冥求了。（吴小平）

别王丞僧孺　　谢　朓

首夏实清和，馀春满郊甸。
花树杂为锦，月池皎如练。
如何当此时，别离言与宴。
留襟已郁纡，行舟亦遥衍。
非君不见思，所悲思不见。

王僧孺是诗人的好友。齐武帝永明十一年(493)正月，王僧孺"补晋安(今福建泉州)郡丞"，四月离京赴任。这时谢朓刚从荆州奉诏回京，因专诚来与王僧孺饯行。

诗是写离别之情的。古人恨别，写诗往往是"春色恼人"、"鸟愁花泪"，以景见情。然而这首诗开头四句却见不出半点离情别绪，而是用如虹彩笔描写季节气候如何宜人，城郊景色如何明丽。"馀春"、"首夏"，即为春末夏初，既无初春的寒意料峭，淫雨连绵，又无盛夏的烈日可畏，炎热难当，是一年四季中最佳时期。首句写身体对气候的感觉：是夏日而"实清和"；次句"馀春满郊甸"，由感觉过渡到视觉，写景。"馀春"，"郊甸"，前为季节，后是城郊，两者都见不出出色的景致，不能给读者有春色如画的美感。唯句中着一"满"字，遂点铁成金，使"馀春"、"郊甸"陡增生机，使读者顿觉无限春光浮现脑际。这句仅对城郊景色略作点染，下面两句写景便引人入胜了。"花树杂为锦，月池皎如练。"仰观树端，绿叶繁花交错相映，犹如鲜艳的彩锦，一片斑斓绚丽；俯视月池，水天相映，池水宛如洁白的丝绸，满目玉洁冰清。读者正为这胜景迷恋陶醉之际，诗人猛然彩笔一转，自我提问道："如何当此时，别离言与宴。"怎么在这样美好的时刻，谈论分别并设宴饯行呢？如此一问，使读者如从仙境一下子坠入了冰窟。深情的友人，即使各在一方，每遇佳期胜景，也还"越陌度阡"，以求相聚共赏哩。诗人与王僧孺情同手足，今逢如此良辰美景，正宜尽情欢聚赏悦，不想竟要分别远行，这是何等地伤情啊！于是便觉前四句写景无不染有别离之情的色彩：那宜人的气候，明媚的春色，皎洁的月池，不仅象征着他们二人情谊的融洽、深厚、纯洁，而且更反衬出他们的分别是多么地悖情违理甚至是残酷的。以盛赞风景之美来反衬别离之苦，景愈美，则愈显示别离之苦之深。

“留襟已郁纡，行舟亦遥衍。”“留襟”，留者的襟怀。“郁纡”，郁结沉闷。“遥衍”，越去越远。前句写诗人内心的愁苦，后句写王僧孺的别离行动。在风光旖旎的时候言别饯行，已不堪其情，随后便是目送友人登舟远去，内心自是郁结难忍了。

末两句“非君不见思，所悲思不见”，由眼前分别之情，写到别后思而不见之悲。前句是说：我倒不是因为看不见你而对你思念不已，而可悲的是今后思念你时却不能随时看见你了。是的，再好的朋友同住一城，也并非天天都能见面的，多日不见也不会引起思念之情。然而从今远别，一在晋安，一在建康，相隔千里。情谊深厚，日久思而不见，内心自是由今日之“郁纡”进而为悲怆了。

全诗十句，前四句写美景以反衬五、六二句饯别之情。“留襟已郁纡”，“已”字甚着力，既对前六句作一点染，是说：在如此良辰美景之中对斟饯别已是不堪其情了；又是对下文作一启示：接下来眼望着友人揖别登舟离岸，渐行渐远，直至影没于遥远的天水之际，则更是郁纡，而日后思君不见君，则更使我郁纡而悲怆了。前有一“已”字，后两层递进意思之“更”，则不写而自明。（殷海国）

新亭渚别范零陵云　　谢 朓

洞庭张乐地，潇湘帝子游。
云去苍梧野，水还江汉流。
停骖我怅望，辍棹子夷犹。
广平听方籍，茂陵将见求。
心事俱已矣，江上徒离忧。

新亭是东吴时建筑的旧亭，在建康（今南京）郊外。水边陆地为渚；诗中又有“江上”云云，可知新亭是江边上的一座亭子。诗人在这里送别他的好友范云。

谢朓与范云都是竟陵王萧子良的“竟陵八友”之一，他们友情深笃，过从甚密。好友离别，已属难堪，而这次分别又非同一般。这从诗的题目可窥探到些微消息。零陵郡治在今湖南永州市零陵区北，范云此次是丢赴任零陵内史，所以谢朓称他为“范零陵云”。荆楚古来被视为蛮夷之乡，京官外任荒远之地，很有点贬谪的意味。当时，范云写了一首《之零陵郡次新亭》诗，未有“沧流未可源，高驱（同帆）去何已”之语，虽颇含蓄委婉，但很有不胜惆怅之情。那么，作为谢朓，好友远谪而去，他的心情当然也是很不平静的。

诗一开头，就将诗笔放纵出去，从范云将去之地湖南着笔，从彼地的往古之时写起:“洞庭张乐地,潇湘帝子游。”洞庭,山名,又称君山,在洞庭湖中。张乐,犹言作乐。潇湘,水名,湘水至零陵区西与潇水合流,故名潇湘。这里,诗人写了两个古老、美丽而又动人的故事。相传古时黄帝曾在洞庭奏《咸池》之乐;帝尧的二女娥皇、女英曾追随舜前往南方,没有赶上而死于湘水。诗人以此来代指友人将要去的地方,用心良苦。本来,蛮夷之地,瘴烟湿热,无乐可言;但,如果照实写来,对将要前往赴任的朋友来说,该会是多么大的刺激啊!所以,诗人灵心一动,从这两个古老的传说写起,巧妙地引出友人将要去的地方,既回避了触目惊心的刺激,又兼顾到了诗本身结构的整体性和一致性,可谓精巧至极。“云去苍梧野,水还江汉流。”苍梧即九嶷山,传说舜南行就是死于苍梧之野。第三、四句,仍承上那个古老的传说写下来,但笔势已开始收束。悠悠白云,飘然远去,轻烟弥漫于苍梧之野;而滔滔江水,滚滚而来,波涛汹涌汇集于建康城边。通过云水往还的景色描写,诗人将诗笔悄悄地收拢回来,从彼时彼地逐渐聚束到此时此地。他的那颗忧愁之心,先到苍梧之野萦回了一圈以后,现在,宛如乘着思绪的木兰之舟,沿着滔滔江水,徘徊到新亭江边。离别就在此地、就在此时!诗人仿佛猛然从浮想联翩中清醒过来,停车驻马,目送已泛舟江中的友人。骖,古代的三驾马车,停骖即停车。辍棹,停止划桨。夷犹,即犹豫。五六两句一写友人,一写自己,用了一个大的镜头:一个岸边立马,怅然若失;一个江中辍棹,犹豫不舍。形象含蓄地表达出了深沉的依依惜别之情。

这种离别,交织着复杂的感情。失意,怀才不遇,便是其中的一个主要成分。最后四句,明白地道出了这一心迹。广平,指晋人郑袤。郑袤曾为广平太守,有政绩,为百姓所爱。籍,盛、隆的意思;“听方籍”意即声望将高盛起来。诗人用郑袤的典故,是勉励范云,希望他到任零陵后,能像郑袤那样,政有显绩,声望日隆。而“茂陵”句则是自喻。汉代大辞赋家司马相如晚年谢病,居住茂陵,汉武帝曾遣人求其文章。诗人以司马相如自比,希望自己也能像他那样,受到赏识。这与其说是写理想、抒怀抱,不如说是强打精神,互慰衷肠。因为,现实毕竟是冷酷无情的。好友远往他乡异地,自己寂寞都城,这才是现实,焉得海阔天高,奢谈理想、抱负?所以,透过表象,我们不难体会到一种无可奈何的意绪,滋滋漫溢出来,以致最后化作了无可奈何的感叹:“心事俱已矣,江上徒离忧。”离,同罹,遭受。远大的抱负,宏伟的理想,都已随着滚滚波涛,飘然而逝了,而今只有江上离别,只有无穷无尽的忧愁而已!离别的痛苦,加上失意的寥落,在诗人的心头上蒙上了一层巨大的失落之感,忧愁、苦闷、沉寂、怅惘,多重意绪深深地纠缠着诗人,使他始终怅然独立新亭,望着滔滔江水,任凭它带走诚挚的友情,搅扰五味俱全的情怀，荡涤无限渺茫、无限悠远的"心事"……

这首诗的艺术结构很奇特。一般说来，送别诗都是从此地遥想彼地，从现时憧憬将来；而谢朓此诗，率皆反其道而行之。他在时空的安排上设置了一个超乎寻常的大逆转：时间，从往古的黄帝奏乐、二妃南行写起——先将时间倒退回去，然后再慢慢收束回来，一直写到与友人送别之现时；地域，从范云将往之地洞庭潇湘（实指零陵）写起——先将地域推宕开去，然后再悄悄拉拢过来，由江汉之水，顺流直下，一直写到离别之此地。在此基础之上，再由物境而入心境，将诗笔深入到心灵深处，抒发怀友之思和惜别之情，描绘失意之志和失落之感。这样一条由远及近、由景入情的线索，蜿蜒络绎于诗的始终，表现出诗人构思上的精巧和诗篇结构上的戛戛独造。很有意思的是，韩愈有一首送别诗《送湖南李正字归》，其艺术结构竟也与此诗基本一致：送别地点是在河南，友人将往之地也是在湖南。韩愈着笔也是从彼时彼地开始，用了十句的篇幅描绘彼此的山川风景和风土人情，最后二句才写到送别之地的此情此景。韩愈是不是取法于谢朓呢？没有更多的证据，似乎不能断言。然而，同是送别诗，同是送友人往湖南，结构方法竟又相同，这一些，当不会是偶然的吧？

（吴小平）

怀 故 人　　　　谢 朓

芳洲有杜若，可以赠佳期。望望忽超远，何由见所思？我行未千里，山川已间之。离居方岁月，故人不在兹。清风动帘夜，孤月照窗时。安得同携手，酌酒赋新诗。

这诗是写身在远地思念朋友，由芳洲杜若起兴。"芳洲有杜若，可以赠佳期。""杜若"，一种香草，古人常采集来赠送亲爱者以表达感情。作者看到芳洲上的杜若，对友人的思念油然而生，想到要采集一束在会面的时候送给他。采的是香草，面对的是芳洲，想的是佳期，这把思念之情衬托得十分美好。"望望忽超远，何由见所思？""忽"，渺茫的样子。"超远"，遥远。他盼望着会面，但一望渺茫，见不到朋友。"望望"的重叠，"何由"的自问，见出其心情的迫切。"我行未千里，山川已间之。"这两句意思说，我外出并不是很远，而山川已阻隔了我们。这里是怨山川。应当说"未千里"虽不是很遥远但也并不算近，山川间之自是固然，这里的怨并无道理，但就是这种无理之怨才表达了心情的真实，大凡人们愁闷无以开解时，总会出现这种情态。"离居方岁月，故人不在兹。""岁月"这里当指正月，正如"岁朝"指新年第一天一样。这两句是说，我离居在这里正是春天来临之时,而故人却不在这里。这表现了一种遗憾的心情。为什么遗憾呢?春天芳华无人共赏。采杜若无由赠送。这回应了前面所写。下面更提炼了两种情境以表现这种遗憾:“清风动帘夜,孤月照窗时。”这好比电影中的“空镜头”,映现了他的心境:习习清风,朗朗月色,在这美好时光离居,倍叫人感到欠缺;而风动帘影、孤月临窗,更是撩拨人的心绪。“安得同携手,酌酒赋新诗。”这写他的想望,用“安得”(怎么能够)点出,携手共处、酌酒、赋诗,才能满足此时的心愿。而这又是几件美好的情事,它们之间有递互补充的关系,内容很是丰富;若只满足前一件或前二件,还显得一般化,满足了第三件,这就符合了自己的身份,在他说来就是更高的乐事了,“诗”前加个“新”字,似有这种意味在。由最后两句看,此诗的“怀故人”,或许就是“竟陵八友”中的诗友。自皇室内讧,竟陵王萧子良去世,当初的诗友一时星散,谢朓对他们的怀念每每形之于篇咏。

方东树评此诗曰“一往清绮”(《昭昧詹言》),大概是说它情景写得好,表达又显得流利自然。诗从新春佳景起兴,款款道出怀念之情,每个句子都是那么顺妥而富于情意。后面以清风月夜作结,美好的怀想在清丽的夜色映衬下,格外显得动人。后面四句对典型情境的概括是有创造性的,每为后人仿效,杜甫的《春日忆李白》后四句就是:“渭北春天树,江东日暮云。何时一樽酒,重与细论文。”还有一点须指出,此诗前幅多次化用《楚辞》及别的描写恋情的语句。(此诗化用《楚辞》及别的诗句依次是:“采芳洲兮杜若,将以遗兮下女”(《湘君》)、“登白薠兮骋望,与佳期兮夕张”(《湘夫人》)、“平原忽兮路超远”(《国殇》)、“折芳馨兮遗所思”(《山鬼》)、“道里悠远,山川间之”(《穆天子传》)、“同心而离居,忧伤以终老”(《古诗》)。)不考虑这种情况,读者自能披文入情,不妨碍欣赏;若知其底细,阅读时也许能多产生一些联想,多获得一些审美愉悦。用典如同己出,从诗法角度来说,也是值得称道的。　　(汤华泉)

之宣城出新林浦向板桥　　谢　朓

江路西南永,归流东北骛。天际识归舟,云中辨江树。旅思倦摇摇,孤游昔已屡。既欢怀禄情,复协沧洲趣。嚣尘自兹隔,赏心于此遇。虽无玄豹姿,终隐南山雾。

“之宣城出新林浦向板桥”,诗题如此准确具体地标明了行程和去向,诗人却没有以他那清丽的秀句描绘新林浦的佳景和板桥渡的幽致。诗中展现的是浩渺无涯、东流而去的江水,伫立船首、回望天际的归客,隐隐归舟,离离江树,只如淡墨般的几点，溶化在水天相连的远处……

这是齐明帝建武二年(495)的春天，谢朓出任宣城太守，从金陵出发，逆大江西行。据李善引《水经注》："江水经三山，又湘浦(一作幽浦)出焉。水上南北结浮桥渡水，故曰板桥浦。江又北经新林浦。"谢朓溯流而上，出新林浦是第一站。宣城之行留下不少佳篇，除这首以外，著名的《晚登三山还望京邑》即作于下一站泊舟三山时。新林浦、三山都在金陵西南，距京邑不远，宣城也在金陵西南方向，所以首句"江路西南永，归流东北骛"先点明此行水长路远，正与江水流向相背。江舟向西南行驶，水流向东北奔驰。江水尚知入海为归，人却辞别旧乡而去，这就自然令人对江水东流生出无限思慕：那水流在归海的途中，不也经过地处东北的京邑吗？那正是自己告别不久的故乡呵！此处未作一句情语，仅在人与江水相逆而行的比较中自然流露出深长的愁绪。"永"和"骛"，不但精确地形容了逆流而上与顺流而下的不同水速，而且微妙地融进了不同的感情色彩：水流已将抵达它的归宿，所以奔流得那么迅速，人却是背乡而去，而且行程刚刚开始，所以更觉得前路漫无尽头。

离思和归流自然将诗人的目光引到了遥远的天际："天际识归舟，云中辨江树。"江面上帆影点点，即将从视野中消逝，但还能认出是归去的船只。再用心辨认，还可以看出，那隐现在天边云雾中的是江畔的树林，而有树之处就是彼岸，就是金陵呵！诗人在这里用清淡的水墨染出了一幅长江行旅图，以"辨"、"识"二字精当地烘托出诗人极目回望的专注神情，则抒情主人公对故乡的无限怀恋也就不言自明了。清人王夫之说："语有全不及情而情自无限者，心目为政，不恃外物故也。'天际识归舟，云中辨江树'，隐然一含情凝眺之人，呼之欲出。从此写景，乃为活景。故人胸中无丘壑，眼底无性情，虽读尽天下书，不能道一句。"(王夫之《古诗评选》卷五)历来称赏谢朓这一联名句者，鲜有如王夫之说得这样透彻。从汉魏到两晋，文人五言诗以抒情言志为主，写景成分虽逐渐增多，但总的说来情语多而景语少，即使写景也是由情见景，不忘兴喻，景语仅仅是情语的点缀。直到谢灵运的山水诗出现，五言古诗才有了纯写景而全不及情的描写。大谢山水诗刚从玄言诗脱胎而出，玄言诗中的山水描写作为玄理的印证，本来就有万象罗会、堆砌繁复的特点，这对于谢灵运寓目辄书、写景颇以繁富为累的山水诗自有直接的影响。大谢力求从山水中发现理趣，将枯燥的玄理说教变成抒情写意的手段，但还不善于使抒情说理和写景融合在一起，景物虽刻画精工而只求形似，缺少情韵，这就使他的山水诗产生了情景"截分两橛"(王夫之《薑斋诗话》)的弊病。比如同是水上行旅之作，谢灵运只能情景分咏："旅人心长久，忧忧自相接。

故乡路遥远，川陆不可涉。……极目睐左阔，回顾眺右狭。日末涧增波，云生岭逾叠。白芷竞新苕，绿蘋齐初叶。摘芳芳靡谖，愉乐乐不燮。佳期缅无象，骋望谁云惬。"（《登上戍石鼓山诗》）这首诗倾泻忧思则径情直遂，殆无賸语，刻画景物则左顾右盼，笔笔不遗。作者还不善于将观望美景而更加郁郁不乐的心情融会在涧波、云岭、白芷、绿蘋等客观景物的描绘里，也不善于将各种零散的印象集中在骋望的目光中，熔铸成完整的意境。小谢则以清新简约的文笔洗去大谢繁缛精丽的词采，仅淡淡勾勒出寓有思乡之情的江流、归舟、云树的轮廓，并统一在远眺的视线中，这就使语不及情的景物含有无限的情韵，变成了活景。这一变化不仅使大谢与小谢诗有平直和含蓄之别，而且促使厚重典实的古调转为轻清和婉的近调，从此以后，诗歌才开出由景见情一种境界，为唐代山水行役诗将景中情、情中景融为一体，提供了成功的艺术经验。所以陈祚明说："'天际'二句竟堕唐音，然在选体则渐以轻漓入唐调。"（《采菽堂古诗选》）参较孟浩然的《早寒江上有怀》，不难体味小谢此诗启唐渐近之处。孟诗后半首说："乡泪客中尽，孤帆天际看。迷津欲有问，平海夕漫漫。"意为客中怀乡的泪水已经流尽，眺望孤帆的目光还凝留在天际。寒雾漠漠的大江上，哪里是迷途者的津渡？唯有满目夕照，平海漫漫，展示着渺茫的前程。诗中再现了"天际识归舟，云中辨江树"的意境，只是渗透着久客在外的怀乡之情以及仕途迷津的失意之感，较之小谢诗寄托更深，也更加浑融完整、清旷淡远。

谢朓出任宣城太守之前，南齐在一年(494)之内改了三个年号，换了三个皇帝，其中之一是谢朓为之充任中军记室的新安王，在位仅三个月之久。新安王登基时，谢朓连迁骠骑谘议、中书诏诰、中书郎等官职。明帝废新安王自立后，谢朓的前程虽未受影响，但目睹皇帝走马灯似地变换，不能不心有余悸。所以当他第二年出牧宣城时，对京邑固然不无留恋，不过也很庆幸自己能离开政治斗争的漩涡。此诗后八句就表现了这种复杂的情绪。"旅思倦摇摇，孤游昔已屡。"这两句承上启下，巧妙地由前四句眷恋故乡的惆怅心情转换为无可奈何的自我排遣。"摇摇"写人随着江舟的颠簸摇来晃去的感觉，以及倦于行旅、思绪恍惚的状态，是传神之笔。不说此次孤身出仕，只说从前孤游已经不止一次，越是强自宽解，便越见出眼前的孤独。

"既欢怀禄情，复协沧洲趣"，这话虽是指此去宣城既遂了做官的心愿，又合乎隐逸的幽趣，却也精炼地概括了诗人一生感激皇恩、安于荣仕和远隔嚣尘、畏祸全身这两种思想的矛盾。魏晋以后，朝隐之风逐渐兴盛，调和仕隐的理论在士大夫中也很流行。晋王康琚甚至说："小隐隐林薮，大隐隐朝市"（《反招隐诗》），但将热衷利禄之心和遁迹沧洲之意这两种本来相互排斥的生活情趣如此轻巧而直截了当地统一起来,"沧洲趣"便更像是为"怀禄情"所涂上的一层风雅色彩,只是徒然显示了诗人志趣的平庸而已。好在谢朓厌恶尘俗嘈杂的感情还是真挚的:"嚣尘自兹隔,赏心于此遇。"当然这种赏心乐事充其量不过是公务之暇逍遥吟咏的散淡生活,并非真正的避世远遁,然而终究可以离开那烦嚣的是非之地,幽栖远害。所以末二句说:"虽无玄豹姿,终隐南山雾。"结尾一典多用,精当巧妙。据《列女传·贤明传·陶答子妻》载:"答子治陶三年,名誉不兴,家富三倍。……居五年,从车百乘归休,宗人击牛而贺之。其妻独抱儿而泣。姑怒曰:'何其不祥也!'妇曰:'妾闻南山有玄豹,雾雨七日而不下食者,何也?欲以泽其毛而成文章也,故藏而远害。……今夫子治陶,家富国贫,君不敬,民不戴,败亡之征见矣!愿与少子俱脱。'……处期年,答子之家果以盗诛。"从上下文看,诗人是说自己虽无玄豹的姿质,不能深藏远害,但此去宣城,亦与隐于南山雾雨无异;从典故的含义看,"玄豹姿"又借喻自己身为一郡之守,虽无美政德行,未必能使一郡大治,但也深知爱惜名誉,决不会做陶答子那样的贪官污吏,弄得家富国贫。所以字面意义是借出仕外郡之机隐遁远祸,典故含义又是指以淡泊心境处理政务,这就借一个典故包罗了"既欢怀禄情,复协沧洲趣"的两重旨趣,更深一层地阐明了自己以仕为隐的处世之道和以隐为仕的治政之法。结尾不但扣住赴宣城为郡守的正题,而且字面形象与首句"江路西南永"照应,令人在掩卷之后,仿佛看到诗人乘舟向着西南漫漫的江路缓缓前去,隐没在云遮雾绕的远山深处……

这首诗情景分咏,又相互映衬。前半首写江行所见之景,又暗含离乡去国之情;后半首直写幽栖远害之想,也是自我宽解之词。胸中重重丘壑,尽以"闲旷之情迢递出之"(《采菽堂古诗选》),因此结构完整,思致含蓄,语言清淡,情味旷逸,堪称谢朓山水诗中的上乘之作。

(葛晓音)

京路夜发 谢 朓

扰扰整夜装,肃肃戒徂两。晓星正寥落,晨光复泱漭。犹沾馀露团,稍见朝霞上。故乡邈已敻,山川修且广。文奏方盈前,怀人去心赏。敕躬每跼蹐,瞻恩唯震荡。行矣倦路长,无由税归鞅。

永明十一年(493)秋天,谢朓在荆州随王府遭谗还都,在京城建康(今江苏南京)写下了《暂使下都夜发新林至京邑寄西府同僚》、《酬王晋安》等诗。不久即出为新安王中军记室。这诗就是离开京都赴中军记室任上时所作。“京路”，表明诗人开始离开都城，还在京郊的路上跋涉。“夜发”则点明了诗人出发的时间。诗人别出心裁，选择夜间出发，似颇有难言之隐。他是遭谗还都、被贬出京的，他要尽快离开这繁华之地，免得被人看见尴尬的样子，所以，他才急急然不待天明，连夜整理行装，急备车马，匆匆踏上“京路”，黯然离去。“戒徂两”，即准备行车(两，即辆，车辆；徂者，往也，徂两即行车。戒，准备的意思)。“扰扰”，零乱不堪貌，“肃肃”，萧条肃瑟貌，二词描状他整装夜发的情景，纷乱，匆忙，颇有几分凄惶、寒怆之意。由此，更兼写到诗人心神缭乱、意绪仓惶的精神状态。表面上行色匆匆，是为表，实际上心绪零乱，是为里——一表一里，全从“扰扰”、“肃肃”的形容描状中传达出来。明写形状，暗传心曲，笔法巧妙而蕴藉。首联写的是“夜发”。

接下来六句，写“京路”上所见夜景。诗人仰望天空，但见晓星寥落，稀稀疏疏点缀在夜色迷濛之中；黎明曙色，若明若暗，已在邈远的东方悄然浮动。这幅景色，凄清，旷寂，寒意逼人，但毕竟透露出些微清新的气息。因为，诗人整装出发，忙了一夜，刚刚踏上征程，目光一下子投入无限邈远深邃的夜空，心胸顿时为之一阔，情绪毕竟还是有些兴奋的。纵使不论新安王中军记室是否优于随王西府文学，就说从尔虞我诈险象环生的恶劣环境中摆脱出来，高悬于头顶上的尚方宝剑终于轻轻地放下来了，那么，此行当然还是有如释重负之感的。这种情绪杂糅着“夜发”时的仓皇之意，微妙而复杂，全都融化在这幅大的黎明曙光的描写之中了。他踏着秋夜的露水，迈着沉重的步子，走着，走着，渐渐地，看见一轮朝日，冉冉升起，壮丽的河山，又一次展现在诗人眼前。一种难以言状的激动猛然袭上心头，可爱的故乡渐渐远我而去了，啊，山高路远，秋水茫茫，我什么时候才能回到故乡的怀抱呢?

前八句是写行旅和途中所见景色，章法缜严细密，层次络绎分明，客观时间的推移和主观情感的衍变，全都一一迭现出来。首联“扰扰整夜装”，一个“夜”字，与题目中“夜发”相呼应，把时间起点交代清楚。二联则已见晓星寥落，晨光迷离，黎明曙色隐隐若现，说明诗人已踏上“京路”，匆匆出发了。暗中关照到题目中的“京路”。这就从时间推移中暗写出行旅进程。三联则转换笔法，写路途虽犹沾霜湿露，却已约略可见冉冉朝霞了。一“犹”一“稍”，虚词实意，把时间迁移过程细致地描写出来。这就从行旅进程中反写出时间进程，恰与二联的笔法相反。着笔细腻而精致，平芜中出见奇崛。至第四联，天已大亮，诗人视野明晰而开阔，山川形势，江河湍流，尽收眼底。这里，诗人巧妙地把山川景物融进了故乡之恋的描写之中。而“故乡邈已敻”一句，不曰我离故乡，反说故乡离我，仿佛是故乡遗弃了自己，这就把被贬远去的委屈心情惟妙惟肖地传达出来。运笔曲折，平中寓奇。至此，一条清晰的行旅时程表昭然可见了，行程：从都城到京郊，由近至远；时间：黑夜，黎明，旭日东升，由暗趋明。而颇堪玩味的是，在全诗基色由暗趋明的过程中，暗寓了诗人情绪由明转暗的衍变过程。晨光微曦，曙色吐明，静谧的景色把诗人纷乱的情绪淡化、平静下来，但，艰难跋涉，渐见其远的故乡山川的逝去，又使他的心情陷入了故乡的思念之中。能见度愈高，景色见得愈多，悠悠乡思便愈加浓郁，心境反而愈加深沉。这就在寻常描写之中，隐约迭现出了景趋豁亮而情入黯淡的反向逆差，显示出诗人写景抒情的出神入化的艺术功力。

最后六句抒怀，便是承着这隐约迷离的黯淡之情愫，渐次展开的。从时态上看，"文奏"联约言现在时。刚刚埋头于各类文牍公务，旋即已踏上"京路"，远去他乡，亲朋好友，率皆离我而去了，一种强烈的孤独感、怅惘意绪袭上心头。"敕躬"联约言过去时。"敕躬"、"瞻恩"都是委婉措辞，犹言效命皇上，为官朝廷。每念及过去，诗人深感仕途踽踽蹭蹬，宦海举步维艰，故尔常有朝不保夕的"震荡"之虑。"行矣"联约言将来时。无论是眼前的行旅之路，还是未来的宦海之途，浩渺迷茫，风云莫测，所以，诗人深深地倦怠了。税，通脱，释解的意思；鞅，套在马颈(或马腹)上的皮带。诗人把自己看作一匹套上缰绳奔波不息的马，终日蹄踏在漫漫修远的道路上，何时才能有归宿？何处才能是归宿？这里，诗人没有按照一般时态"过去——现在——将来"的正常秩序平铺直叙，而是因着特定情境中细微感情的生发，拈出"过去"与"将来"的中间链"现在"，从容写起。这样，从"现在"的困顿、落泊"释放"开去，便自然忆起过去的"每踽踽"、"唯震荡"，对未来前途充满疑虑，对宦海生涯的升沉不定，充满倦怠之意。所以，这是以感情的触发为枢纽，重新调整时空次序，使之依沿着感情的波澜起伏，而络绎奔赴笔底，从而显示出诗笔善于变化、摇曳多姿的生气来。

此诗结构上前半写景、后半抒情的特征十分明显。前半写景之中，依稀隐约出诗人情感的脉络，使人在景色观照之际，领略到凄凉、苍茫之感。后半虽直抒胸臆，但仍寓于写事纪行之中，只是从写事纪行之一依情感的起伏而纲举目张，才体现出较强的抒情意味来。所以，我们说，这诗的主旋律是婉转低沉的，诗人表现出了极大的克制，尽量使横遭厄运的一腔愤懑不平之情不直接暴露出来，或者少泄露一点，而在表面上表现出平和冲远的面貌来。这样做的理由很简单。诗人刚遭不幸，才出牢笼，焉得再落言筌，再遭不幸？由此，便可以体会到诗人写作此诗时深重的心态和复杂的感情。 （吴小平）

晚登三山还望京邑　　谢 朓

灞涘望长安，河阳视京县。白日丽飞甍，参差皆可见。馀霞散成绮，澄江静如练。喧鸟覆春洲，杂英满芳甸。去矣方滞淫，怀哉罢欢宴。佳期怅何许，泪下如流霰。有情知望乡，谁能鬒不变？

万籁俱寂的秋夜，月光如水，白露垂珠，大江宛如一条银练静卧在空濛的夜色中。金陵城（今南京）西楼上，徘徊着一个诗人的身影，静谧的夜空中传来了他那寂寞的低吟："月下沉吟久不归，古来相接眼中稀。解道澄江静如练，令人长忆谢玄晖。"（李白《金陵城西楼月下吟》）这是李白在吟哦南齐诗人谢朓的名句。眼前的美景使他深深领悟了"澄江静如练"的意境，追忆前贤，这位大诗人不禁发出了古来知音难遇的长叹。然而此时的李白应未想到，由于他的叹赏，谢朓这句诗却在后世得到了无数的知音。

《晚登三山还望京邑》是一首五言古诗，抒写诗人登上三山时遥望京城和大江美景引起的思乡之情。

这首诗应作于齐明帝建武二年（495），谢朓出为宣城太守时。在这次出守途中，他还做了一首题为《之宣城出新林浦向板桥》的古诗，据《水经注》记载，江水经三山，从板桥浦流出，可见三山当是谢朓从京城建康到宣城的必经之地。三山因上有三峰、南北相接而得名，位于建康西南长江南岸，附近有渡口，离建康不远，相当于从灞桥到长安的距离。此诗开头借用王粲《七哀诗》"南登霸陵岸，回首望长安"的意思，形容他沿江而上，傍晚时登上江岸的三山回望建康的情景，十分贴切。"河阳视京县"一句从字面上看似乎与上句语意重复，其实不然。这儿借用潘岳《河阳诗》"引领望京室"句暗示自己此去宣城为郡守，遥望京邑建康，正如西晋的潘岳在河阳为县令，遥望京城洛阳一样。王粲的《七哀诗》作于汉末董卓被杀，李傕、郭汜大乱长安之时，他在灞涘回望长安，所抒发的不仅是眷恋长安的乡情，更有向往明王贤伯、重建清平之治的愿望。谢朓这次出守之前，建康一年之内换了三个皇帝，也正处在政治动荡不安的局面之中。因此首二句既交代出离京的原因和路程，又借典故含蓄地抒写了诗人对京邑眷恋不舍的心情，以及对时势的隐忧。

首二句领起望乡之意，以下六句写景，六句写情。诗人扣住题意，选取富有特征性的景物，将登临所见层次清楚地概括在六句诗里。远远望去，皇宫和贵族第宅飞甍的屋檐高低不齐，在日光照射下清晰可见。只“白日丽飞甍，参差皆可见”两句，便写尽满城的繁华景象和京都的壮丽气派。此处“白日”指傍晚的日光。“丽”字本有“附著”、“明丽”两个意思，这里兼取二义，描绘出飞甍在落日中愈加显得明丽辉煌的情景，可以见出谢朓炼字的功夫。“参差”二字既写京城宫殿楼阙的密集，又使整个画面显得错落有致。“皆可见”三字则暗中传达出诗人神情的专注：既然全城飞甍都历历可见，那么从中辨认自己的旧居当也是一般登高望乡之人的常情吧？所以这两句虽是写景，却隐含着一个凝目远眺的抒情主人公的形象。

诗人没有点明在山上流连凝望的时间有多久，但从“白日”变为“馀霞”的景色转换中自然就显示出时辰的推移过程。“馀霞散成绮，澄江静如练”二句，描写白日西沉，灿烂的余霞铺满天空，犹如一匹散开的锦缎，清澄的大江伸向远方，仿佛一条明净的白绸。这一对比喻不仅色彩对比绚丽悦目，而且“绮”、“练”这两个喻象给人以静止柔软的直觉感受，也与黄昏时平静柔和的情调十分和谐。“静”字一作“净”，亦佳。明人谢榛曾批评“澄”、“净”二字意思重复，想改成“秋江净如练”。另一位诗论家王世贞不以为然，认为江澄之后才谈得上净。清代诗人王士祯也讥讽谢榛说：“何因点窜‘澄江练’？笑杀谈诗谢茂秦！”（《论诗绝句》）其实，如果没有谢榛窜改，这“澄”字的好处还真容易被人忽视。唯其江水澄清，“净”（或“静”）字才有着落，才能与白练的比喻相得益彰。同时，“澄”净的江水还能唤起天上云霞与水中倒影相互辉映的联想。李白在《金陵城西楼月下吟》中引用“澄江静如练”以形容大江沉浸在月光之中的清空透明之感，“澄”字就更有点睛意义。可见“静如练”这一比喻是因为有了“澄”字的衬托，才成功地表现出大江宁静澄澈的境界。“静”与“净”相比，“静”字写境更为传神。唐代徐凝曾用白练来比喻瀑布：“千古长如白练飞，一条界破青山色。”被王世贞讥为“恶境界”，原因就在用静态的白练来形容飞泻的水瀑，反将活景写呆了。这个例子可以帮助我们从反面体味“静如练”的好处。如果将谢朓这两句诗与谢灵运的“云日相辉映，空水共澄鲜”（《登江中孤屿》）相比较，可以看出谢朓在景物描写上的飞跃。谢灵运以直叙的手法来说明水天辉映、空明澄澈的景象，意思较实。而谢朓则能够利用恰当的比喻进行形容，使水天相映的景象不但有鲜明悦目的色彩，并能融进主人公对景物情调的感受，表达更为空灵。

如果说“馀霞”两句是用大笔晕染江天的景色，那么“喧鸟覆春洲，杂英满芳甸”两句则是以细笔点染江洲的佳趣。喧闹的归鸟盖满了江中的小岛，各色野花开遍了芬芳的郊野。群鸟的喧嚷越发衬出傍晚江面的宁静，遍地繁花恰似与满天落霞争美斗艳。鸟儿尚知归来，而人却离乡远去，何况故乡正满目春色如画，怎不教人流连难舍？无怪诗人叹息："去矣方滞淫，怀哉罢欢宴。"这两句巧用此处字义可作两解的特点，既抒发了将要久客在外的离愁和对旧日欢宴生活的怀念，又写出了诗人已去而复又半途迟留、因怀乡而罢却欢宴的情态。"去矣"、"怀哉"用虚词对仗，造成散文式的感叹语气，增强了声情摇曳的节奏感。

至此登临之意已经写尽，往下似乎无可再写。但诗人却巧妙地跳过一步，由眼前对京城的依恋之情，想到此去之后还乡遥遥无期，泪珠像雪糁般散落在胸前，感情便再起一层波澜。"有情知望乡，谁能鬒不变"则又由自己的离乡之苦，推及一般人的思乡之情：人生有情，终知望乡。长此以往，谁能担保黑发不会变白呢？结尾虽写远忧，而实与开头呼应，仍然归到还望的本意，而诗人的情绪也在抒发人生感慨之时跌落到最低点。

这首诗写景色调绚烂纷繁、满目彩绘，写情单纯柔和，轻清温婉。诗人将京邑的黄昏写得如此明丽美好，毫无苍凉暗淡之感，固然是为了渲染他对故乡的热爱，但也与诗中所表现的游宦怀乡之情并无深永的感伤意味有关。全诗结构完整对称，而给人印象最深的则是"馀霞散成绮，澄江静如练"两句。这种情景分咏、名句往往突出于一篇之中的现象是宋齐山水诗还处于早期阶段的共同特点，也与谢朓诗存在着钟嵘所说"篇末多踬"的毛病有关。谢朓山水诗仍然沿袭谢灵运前半篇写景、后半篇抒情的程式。由于思想感情贫乏，没有远大的理想和志趣，后半篇的抒情大多缺乏健举的风力，加之又"专用赋体"，直陈其意，不像写景那样凝练形象，更觉意弱而文散。本篇结尾情绪柔弱消沉，便与前面所写的壮丽开阔的景色稍觉不称。但尽管如此，他在景物剪裁方面的功力，以及诗风的清丽和情韵的自然，却标志着山水诗在艺术上的成熟，对唐人有很大的影响。所以李白每逢胜景，常"恨不能携谢朓惊人诗句来"(《云仙杂记》)，"解道澄江静如练"只是这类佳话中的一例而已。

(葛晓音)

直中书省　　谢　朓

紫殿肃阴阴，彤庭赫弘敞。风动万年枝，日华承露掌。玲珑结绮钱，深沉映朱网。红药当阶翻，苍苔依砌上。兹言翔凤池，鸣珮多清响。信美非吾室，中园思偃仰。朋情以郁陶，春物方骀荡。安得凌风翰，聊恣山泉赏。

这首诗作于建武二年(495)。这年春天，谢朓转任中书郎。中书省是魏晋以来设置的官署，专掌帝王发布行政命令等事宜。直，同值，就是值班。从诗中“春物方骀荡”一句可知，这首诗就是谢朓刚刚担任中书郎，在中书省值班的时候写的。

紫殿皇宫，彤庭深院，气势弘敞，威仪赫赫，在广大宏深之中，挥洒出一派森严肃穆的气象。诗人独自一人，置身其间，周围一片寂静，仿佛感受到一种莫名的压力。于是，他信步徘徊，把目光投向了宫廷之外。但见熙熙春风，微微吹来，拂动着万年之树，洋溢出脉脉生机；承露盘在日光照耀之下，辉映出一派金光熠熠的奇观。汉时，上林苑中有万年长生之树；汉武帝也曾于宫中建造承露盘仙人掌。因此，“万年枝”、“承露掌”都是宫廷中特有之物，诗中用以指代中书省中的景物。这些景物，本无生气，但经诗人妙笔点染，一个“风动”，一个“日华（照）”，就渲染出一派风和日丽的景象。接下来五六两句，“绮钱”，据《文选》李善注引《东宫旧事》，其时窗子有绫、绮、连、钱四面，可知“绮钱”是窗的两面。“朱网”，是用绮制的网状帘幕。这两句是写宫廷的窗装帘饰。精巧的窗牖，玲珑剔透，一扇连着一扇；窗子上面，坠着华美的珠帘，华光映照之下，显得富丽堂皇。再低头远望，一幅勃郁着春的气息的景象映入了诗人的眼帘：“红药当阶翻，苍苔依砌上。”红的芍药，布满台阶，在春风摇荡中频频招展；青的莓苔，沿着石级，向上生长，绘写出生意盎然的怡人景象。诗人用“翻”描状春花的飞动，用“上”形容青苔的生机，红的花，青的苔，相互衬托，相映生辉，进一步渲染出了春的生意，刻画了深宫幽院环境的宁静和优雅。这，就是诗人眼中中书省的“自然环境”。而中书省的“人文环境”亦赫赫可观，历来受到重视。晋人荀勖“徙中书监，为尚书令”的时候，有人祝贺他，他气愤地说：“夺我凤凰池，卿诸人何贺我邪?”中书省有凤凰池的美誉，从此盛传。谢诗中“翔凤池”，即指凤凰池，化用此典。所以，达官贵人，执牙笏，戴玉珮，来往其间，珮饰击撞之响，清越悠扬。威仪显赫之风，宛然目前。

诗至此，通过环境描写和景物刻画，极言中书省的佳好。尤其是九、十两句，采用“翔凤池”典故，渲染鸣珮清响，用以强调兹地信美，即为闲心适性之人，得之亦可心满意足。然而，诗人着意写中书省环境之美、地位之显赫，并不是因为他喜爱这里，而恰恰是相反。他心所向往、意所追求的，是山水田园的游冶与恣赏。这在艺术手法上是欲扬先抑，是一种“蓄势”。像张弓一样，弓已拉满，力已蓄足，转折的契机也就悄然降临了。接下来，诗篇便峰回路转，折入了下一层。

就像当年王粲登楼，感叹异乡虽美，终不如故乡可亲可近那样(《登楼赋》：“虽信美而非吾土兮，曾何足以少留”)，诗人对中书省产生了“信美非吾室”的深沉感慨。"信",是诚然的意思。"吾室"绝不止是一般意义上的居处、栖止之意,而是一种象征,一种宅心高远式的寄托。诗人深深感到,中书省的居处、俯仰,官场的沉浮、荣辱,这些身外之物不仅不是追求的目标,相反同自己的旨趣相去甚远。此地虽好,终非我意所求。不知不觉之中,他的心思飘然飞向了"中园",飞向了山清水秀、风光绚丽的自然之境。那里,正是春光大好、景色宜人之际,嘉朋好友,朝夕聚会,或春日胜游,"携手共行乐"(《游东田》),或饮酒赋诗,俯仰终日,或奇文共赏,疑义相析……朋情郁陶,令人神往。这种山水之乐、朋友之谊,熏熏然使诗人陶醉。实际上,这"中园"只不过是诗人从山水之趣中构造出来的理想佳境,是从心性畅达之想中造就出来的自由之宇。而当他一旦清醒过来,意识到自己身处严肃、冷酷的现实之中、与他的理想之宇相去甚远的时候,终于从心底发出了感慨:"安得凌风翰,聊恣山泉赏?"我怎样才能插上翅膀,凌风凭虚,飞向那山水自然之境,自由自在地去欣赏山水、啸傲林壑呢?

诗中表示了浓郁的厌弃官场、向往山林的意识,这与南齐当时的政治气候和谢朓本人的处境有很大关系。前一年(494),南齐竟在一年之内换了三个皇帝,改了三个年号。其中海陵恭王萧昭文,初为新安王,谢朓曾任其中军记室。萧昭文即位后,谢朓连迁骠骑谘议、中书诏诰、中书郎,可见他颇受青睐和重用。可惜萧昭文在位仅三个月,齐明帝萧鸾即取而代之。齐明帝虽未加害于谢朓,但鉴于与萧昭文的关系,谢朓不能不心有余悸。而且,谢氏本族死于政治动乱、权力之争的,也不乏其人。谢朓伯父谢综、谢约因涉舅父范晔谋反事,被杀于刘宋,谢朓父亲谢纬仅因与兄综、约关系交恶,才得幸免一死,流徙广州。谢朓本人也在两年前(493),于荆州随王府遭谗受讥,被迫还都。那时他已有"常恐鹰隼击,时菊委严霜"(《暂使下都夜发新林至京邑赠西府同僚》)的恐惧。凭他一介书生,焉能应付得了政治风浪的颠翻倒覆?这一系列变故,都与他有这样或那样的关系,给他以惊心动魄的刺激和教训。所以,他常怀离忧独处之心,逐渐滋生厌弃官场、向往山林之意。尤其是当他深宫值班,景空心闲,具有更充裕时间独自反思自己生活的时候,这一意念愈发浓郁、愈发强烈了。面对气势弘敞、威仪棣棣的中书省,他不是怡然自得,倾心观赏,而相反是欲远离而去,企盼到自然山水中去寻求心理上的慰藉和安宁。这种超尘出世、返归自然的邈远情怀,正是他身处逆境苦闷心态的折射,很有代表性。

诗人采用了欲扬先抑、欲正先反的表现手法,首先运用较大篇幅描写中书省皇宫紫殿的威仪和地位的显赫,然后陡然调转笔锋,直抒胸臆,使人在峰回路转之中,领悟到诗人的真心。也就是说,先浓墨铺写衬垫,尔后淡笔点染,画龙点晴，这样，便充分写照出了诗人超迈的情怀，同时又使全诗的结构显得波澜起伏，饶有一唱三叹之致。诗人的精巧的艺术匠心，于此可见出端倪。至于这种写作手法的运用，我们有理由指出，它是得精髓于王粲的《登楼赋》。因为，从“信美非吾室”一句脱胎于“虽信美而非吾土兮”一句来看，谢朓对《登楼赋》是相当熟悉的，而《登楼赋》正是采用的这种“欲擒故纵”的抒情结构，只不过一个是乡土之思，一个是畅心达性之想而已。

（吴小平）

观朝雨　　谢 朓

朔风吹飞雨，萧条江上来。既洒百常观，复集九成台。空濛如薄雾，散漫似轻埃。平明振衣坐，重门犹未开。耳目暂无扰，怀古信悠哉。戢翼希骧首，乘流畏曝鳃。动息无兼遂，歧路多徘徊。方同战胜者，去翦北山莱。

谢朓一生，常有怀才不遇的感喟。“岂不思抚剑，惜哉无轻舟”（《和江丞北戍琅邪城》），“霸池不可别，伊川难再违”（《休沐重还道中》），这类愤懑之情每每流露在诗的字里行间。但是，每当他沉湎于清丽明净的自然山水的时候，那种功名事业之心便不显得那么强烈、那么急切了，浸浸而起的是一种归隐的意绪。于是，入隐与出仕，便成了谢朓心中一个突出的矛盾，或隐晦、或显豁地反映在他的诗歌之中。这首诗，便是这种心态的生动而典型的写照。

北风裹挟着朝雨，从江面上飘飘洒洒，呼啸而来。江上朝雨的景色，宽阔，空濛，而又略带萧索冷落之意，澹然展现在诗人的眼前。朔风可感，但无形无影，诗人却别具匠心，通过可观之雨将它形象地描写出来。细细体会“飞雨”，既可想见朝雨飞动之状，又能感受到朔风阴助朝雨之势。百常观，本是汉代的台观之名；九成台，也是古代台名，这里都借指一般的台观。这些亭台楼阁，巍然屹立在曙色朝雨之中，一一映入诗人的眼帘。“既”、“复”标识时间的先后承接，但绝不是写风雨的断而复续，而是在景观迭现之中，暗写出诗人视野的变换和转移。诗人的视角，仿佛摄像机的长镜头，缓缓地扫描过淋漓在风雨之中的煌煌台观，印入诗人心灵的胶片。所以，风雨的飘洒和集结，在诗人心目中便产生了断而复续的“既”、“复”的感觉，从而在客观绘景之中，隐隐流露出主观观照的心迹。淅淅沥沥的小雨，经过风的挥舞，洒落成了烟雾氤氲、轻埃迷漫。直到此时，诗人才交代了“观朝雨”的时间和地点：“平明振衣坐，重门犹未开。”清晨，深宫重门犹未开启，诗人早已振衣而坐、欣赏晨景了。阴霾雨天，雾气沉沉，本应令人沮丧，心情不振，但他却从江上飞雨之中，从这片刻宁静的观赏之际，领略到了非凡的乐趣，久久沉湎于其间，心驰神往，流连不舍。在大自然的神奇诱惑之下，诗人心旌摇动，神思沸腾。喧嚣的尘扰，纷冗的庶务，暂时都已远他而去，使他直感到一种耳目清新的愉悦，并从这种耳目的清新，进一步体会到了精神的宁静和恬适。“耳目暂无扰”，多么难得的纯净之境、空灵之时啊！所以，此时此刻，他的心思终于摆脱了现实时空的束缚，跨越到无限渺远的自由之境，一下子飞到了远世往古，飞到了向往已久的理想之境了：“怀古信悠哉！”清晨朝雨之中，悠然缅怀亘古圣贤，心情该是多么的畅快！

这种发自心灵的对于自然山水的雅爱，同诗人深层意识中积淀的抚剑跨马、建功立业的正统思想发生了冲撞——如果像大鹏那样敛翼不飞，隐居山水之间，“平生仰令图”（《和王著作八公山》）便无从实现，所以，他仍热切地期望能像骏马一样，骧首奋鬣，千里长鸣；但如果全身心地投入仕途，致力于建功立业，又可能像黄河中的游鱼去跳龙门一样，一旦跳不过去，便有曝鳃枯身之祸。仕途险厄，人生多艰。诗人深感不可能既从容官场，又优游山林，“动”——出仕与“息”——退隐二者不可得兼，仿佛步行到人生的岔道口上，徘徊良久，举步不定。“方同战胜者，去翦北山莱。”“战胜者”用的是《淮南子》的典故：子夏“出见富贵之乐而欲之，入见先王之道又说（悦）之，两者心战故臞（瘦），先王之道胜故肥。”“北山莱”语出《诗经·小雅·南山有台》“北山有莱”，莱就是草。诗人表示，将抱着归隐林泉的信念到北山去刈草垦荒，耕地种田了。

一阵晨雨，给诗人带来了清新悦目的感受，但同时，又搅乱了他的心绪。出仕意识与归隐意识在诗人的思想上，始终无法将它们统一起来，“动息无兼遂”，总不可能尽如人意。为了心理的平衡、为了心性的自由，他的诗中，流露出走向归隐的试图。然而，这仅仅是诗人这一次“观朝雨”以后的一种暂时的精神解脱，实际上他并没能就此远身官场，去翦北山之莱。诗人的悲剧也正在这里。他始终没有解决“动”（出仕）与“息”（归隐）的矛盾，总是在“歧路多徘徊”。他始终肩载着这种沉重的精神负担，艰难地跋涉着人生的路。

若按写景抒情的一般程式，全诗似乎应以“平明振衣坐”领起，才能顺理成章。但那样势必使全诗结构显得平淡无奇，而且由景入情的转折也将显得生硬、突兀。诗人的高超之处正体现在这里。他以“观”为全诗之眼，前六句直接写“观”时客观之景，后八句写“观”后主观之情，“平明振衣坐”二句置于枢纽关键之处，使写景与抒情有机地结合起来，起到承上启下的重要作用。这样，读来既觉层峦叠嶂，一波三折，又感到接转巧妙妥帖，气脉流畅，饶有韵味。　（吴小平）

郡内登望　　谢朓

借问下车日，匪直望舒圆。寒城一以眺，平楚正苍然。山积陵阳阻，溪流春穀泉。威纡距遥甸，巉岩带远天。切切阴风暮，桑柘起寒烟。怅望心已极，惝怳魂屡迁。结发倦为旅，平生早事边。谁规鼎食盛，宁要狐白鲜。方弃汝南诺，言税辽东田。

建武二年(495)夏，谢朓出为宣城太守。题中“郡”字，即指宣城郡。首句“下车”，指到任。从“切切阴风暮，桑柘起寒烟”二句来看，写此诗时已届深秋。也就是说，谢朓到任已有些日子了。然而，他却清晰地记得，到任之日“匪直望舒圆”。不是月明风清，而是月残缺，夜深沉。“望舒”指月亮。这二句实从张协《杂诗》“下车如昨日，望舒四五圆”化来，交代到任时间，似极寻常，却寓曲折。“下车日”既非今日，“匪直望舒圆”又已时过境迁，但诗人还念念不忘，平明登眺，竟首先提到它，实已流露出出任宣城太守的寥落心情。残缺的月，仿佛一个残缺的影子，时时缠绕着诗人。因而，当他“郡内登望”之时，领略到的完全是大自然苍莽萧肃的景象：“寒城一以眺，平楚正苍然。”此联以大笔勾揽寒城登望的苍茫辽阔之景，为全诗奠定了“苍然”的底色。诗人寒城登望，触目都是苍茫之色。这就把主观情绪和客观景物有机地融合在一起，通过秋天特有色彩的绘染，着力把诗人的寥落之情表现了出来。而且，两句中“一”、“正”相呼应，尤其传达出一种豁然展现的意蕴，表面上是写诗人忽然观览到寒城内外一片苍茫之色，实际上，更是诗人内心情绪的一种豁然释放，正是在这豁然展现之际，怅惘心境与萧瑟物境，在一片苍茫浑融之中冥然交通了。以下三联接写登眺景色。三、四联写山势水流。“陵阳”，山名；“春穀”，水名，均在宣城郡内。远远望去，但见山势高峻险要，逶迤起伏，遥接天边；而水流潺湲，蜿蜒曲折，伸向郊外。“威纡”句近承春穀溪流，“巉岩”句远接陵阳山势，章法上恰成交叉形式，显出巧心安排针线细密之功。这是实写。五联仍用实笔，继续写景。“暮”字点明时间，隐约交代出郡城登眺的时间，诗人已驻足移目，蹉跎多时；而“阴风”“寒烟”之凄冷意象，则又在苍茫基色上加浓加重了冷寂的色调。晚风为自然景色，桑柘是农家风光，但在诗人眼中，皆成阴寒之物，所以才说“切切阴风暮，桑柘起寒烟”。沉沉日暮，风烟四起，恍惚在诗人眼帘罩上一层迷蒙轻纱，渐渐看不到辨不清眼前的秋景了。因此，一种怅惘寥落之情，更加浓烈地笼罩上诗人的心头：“怅望心已极，惝怳魂屡迁。”至此，一个"怅望"，关捩诗题"登望"，并将这种登望的特定心境"怅"字交代出来。诗人以惆怅之心，眺望秋日寒城之景，其结果显然是心情愈加沉重，景色愈加苍凉。心魂随物往，景色因情生。在结构上，此联是转折，至此收束上篇写景，转入下篇抒情。

"结发"，言弱冠时。古人称二十岁为弱冠，语出《礼记·曲礼》"二十曰弱冠"。按，谢朓十九岁解褐豫章王太尉行参军，二十三岁历随王萧子隆东中郎府。当时，唐寓之贼平，萧子隆为持节，督会稽、东阳、新安、临海、永嘉五郡东中郎将。所以，"结发倦为旅，平生早事边"云云，当是诗人回述此段生平。"倦为旅"，表明他初衷并不在仕途腾达，并不想驰骋疆场，叱咤风云；而却"平生早事边"，这就说出了一种身不由己的感慨——虽不是遭谗受贬，但背违初衷，总不十分自在。更重要的是因为"平生早事边"，此后才遭受一连串的打击，诸如荆州随王府遭谗还都、出为宣城太守，等等，这就更加重了诗人"倦为旅"的情绪。此联坐实了"怅望"的内容，是上一联的进一步生发。最后四句，一句一典。"谁规"句用子路游楚列鼎而食故事，事见《孔子家语》。"宁要"句用景公被狐白之裘坐于堂侧故事，事见《晏子春秋》。"方弃"句用东汉宗资事。宗资为汝南太守，每事悉委功曹范滂，自己但唯诺而已。所以时人有谣曰："汝南太守范孟博，南阳宗资主画诺。""言税"句用管宁事。管宁至辽东，见有人将牛暴晒于田野，便牵至凉处，并饮食之。由此管宁声名大行。谢朓这里连续化用四典，是接着上联说的，意脉上带有转折、退一步设辞的意味。其意是说，既已走上仕途，忝为一郡之守，那就要恪尽职守，施行良政，绝不能食肥衣裘，无所事事。谢朓曾在《落日怅望》诗中说："既乏琅邪政，方憩洛阳社"，思想意脉与此同一机杼。同是登眺之作，同为"怅望"之情，又都同发施行良政之想，可以看出谢朓这一思想的连贯性。这里用典略感繁复，句式则巧妙变化，见出诗人匠心。

在总体结构上，此诗前半写景、后半抒情的特征非常明显，这显然是从谢灵运山水诗的结构方式承袭而来，表现出早期山水诗的典型结构特征。钟嵘曾评谢朓"善自发诗端，而末篇多踬"（《诗品》卷中），以揆此诗，亦颇贴切。此诗起端自然，寻常中暗寓曲折深邃，尤其是第二联，大笔勾揽苍茫浑渺之景，传达出一种整体氛围和浩杳境界，令人感受鲜明、强烈，体味无穷。它十分传神地表达了诗人此刻登临的特有心情，把景的描绘同情的感发完美地结合起来了。然而，末篇抒怀，却显得质实、曲拗，用典繁复，旨趣难求，读来深感踬碍。也许，诗人是有难言之隐而不得不用此法，但无论如何，它削弱了诗歌艺术上的整体性。这是很遗憾的。

（吴小平）

冬日晚郡事隙 谢 朓

案牍时闲暇，偶坐观卉木。飒飒满池荷，翛翛荫窗竹。①
檐隙自周流，房栊闲且肃。苍翠望寒山，峥嵘瞰平陆。已惕慕
归心，复伤千里目。风霜旦夕甚，蕙草无芬馥。云谁美笙簧，
孰是厌莛轴？愿言税逸驾，临潭饵秋菊。

〔注〕 ① 翛(xiāo)翛：指鸟的羽毛破敝貌。语出《诗·豳风·鸱鸮》。

这是作者出任宣城太守那年冬天的一个傍晚，公务暂了、稍得空闲之际的抒发一时感念之作。

作者在齐明帝建武二年(495)夏到宣城(今属安徽)任太守，次年暮秋就奉诏去南岳(参《将游湘水寻句溪》)，所以这是到宣城的当年所作。诗中摹写了宣城的冬景，也抒发了望乡思归和渴想摆脱官场、隐居求长生的复杂感情。

全诗分三节。首节八句，写料理公务之余，或坐或行所看到的远近景色。作者出守宣城，虽说“国小暇日多，民淳纷务屏”(《新治北窗和何从事》)、“高阁昼常掩，荒阶少诤辞”(《在郡卧病呈沈尚书》)；但那里究竟是京城迤南的一个大郡，作者也曾视之为“股肱郡”的，对还只三十二岁、初任郡守的诗人说来，“案牍劳形”是不可免的。这天，直到傍晚，才得偷闲偶坐，透过窗户观赏一下四周的卉木。游目所及，最引起注意的，是满池发出飒飒之声的枯荷和虽能耐寒，这时也已衰敝乏神的修竹。显然，这已是“冬日”了。接着，起而循着檐廊到处走了一遭。郡署的房栊是一片空漠静寂——僚属们都已散班了。四望所见，是寒山一脉，苍翠在眼；而寒林叶落，居高俯视(宣州郡署原建筑在城内高处)，郊野平陆，也居然悠然入目了。作者久忙得闲，这些静寂的景物，便在心目中留下特别鲜明的印象。坐观、行视，分两层写。其中，有近景，有远景；有耳之所闻，有目之所见；有仰望，有俯瞰，但无处不是萧瑟的冬景，无处不是凝固一般的静谧。

次节四句写内心所感。眼前是一片寒冬景象，时间又是傍晚，岁暮、日暮，最能引起人的羁愁和乡思。所以作者终于微吟出：“已惕慕归心，复伤千里目。”归思已使心神惊动不安，远望更添愁绪。用“已”、用“复”，便写出作者的愁思重叠，难以自解。何况，回忆起下车伊始，蕙草还散着余芳；而今，却已是朝夕风霜弥天了。一是“无”，一是“甚”，更见出节换时变，令人兴感！

无可排解的羁愁、归思，终于使作者在结尾四句里吐露了胸怀：“云谁美笙簧？孰是厌莛轴？”《诗·小雅·鹿鸣》有句云：“吹笙鼓簧。”据孔颖达疏，是周天

子召集臣下共行宴享之礼，要吹笙鼓簧（吹动笙中的簧）以娱乐嘉宾。又《诗·卫风·考槃》有句云："硕人之迈"、"硕人之轴"。据郑玄笺："迈，饥意；轴，病也。"作者这里是化用经语，表达了自己既不羡慕作为王臣的种种享受、也不厌弃饥病交困的隐士生活的意愿。先用"云谁"（云何、说什么的意思），又用"孰是"，两句都用反诘语，表现了作者弃官从隐的意念的强烈。接着，又把自己的入仕、出守比作乘上了奔逸失路、茫然无归的车驾，现在是要赶快停车解驾（税，通"脱"），去追随那传说中菊潭旁的居民的时候了。据应劭《风俗通义》记载："南阳郦县甘谷有菊潭水，其上有大菊落水中。谷中二十家，仰饮此水，上寿百三十，中百余，七八十为下。"诗人在这里用此典故，表达了他寻求隐居长生的心愿。

作者出任宣城太守前，在建康曾经历了萧氏皇室内部一场惊心动魄的夺位斗争。齐明帝萧鸾是杀害了他堂兄武帝萧赜的两个先后继位的孙子昭业、昭文而爬上帝位的，他在夺位前后，把萧赜的弟辈以及子、孙辈，都虐杀无遗，被史家叹为"前古未有"。作者曾长期追随、亲附的竟陵王子良、随郡王子隆以及好友王融，都在这时短命死去，作者内心是创巨痛深的。事后他虽受到萧鸾的青睐，被委以重任，但心里却蒙上了深深的阴影，这在诗里也隐约地透露了出来。

诗里写宣城萧瑟冬景，真切尽致，后半抒情述感，全是从景生出。景真，也增强情的真，使全诗富有感染力。结合写诗时的时代背景来体会，可见出作者的山水诗，并不纯是"模山范水"的。　（曹融南）

高斋视事　　谢　朓

余雪映青山，寒雾开白日。暧暧江村见，离离海树出。披衣就清盥，凭轩方秉笔。列俎归单味，连驾止容膝。空为大国忧，纷诡谅非一。安得扫蓬径，销吾愁与疾。

齐明帝建武二年（495），谢朓离开京城建康去宣城（今安徽宣城）任太守。这是他在宣城任职时，抒写自己抱病工作的一首诗。"高斋"，办公大屋。"视事"，办公。

诗一开头先用一联倒装句："余雪映青山，寒雾开白日。"按自然规律应先是"寒雾开白日"，然后才能看到"余雪映青山"。如果寒雾漫天，白日未开，那就看不到余雪，更看不到青山了。把句子这样一倒，一方面是为了把"日"和下文的"出"、"笔"、"膝"、"一"、"疾"，同押仄声韵。同时，余雪与青山相映，显得清冷秀丽，对比鲜明。把这样的句子提前在一开头，能使读者一下子为其旖旎景色所惊诧，而非卒读不可。我们倘是进一步细味，这二句还另有含义，前句是写景，实也写季节的更迭。雪已是残“余”，而山已发出“青”色，这就是说：残冬即将过去，春色已在眼前。后句更以景写时，“白日”不是从东边冉冉升起，而是从“寒雾”中渐渐“开”出。不言自明，时光已非早晨，更非黎明，而已是日高三竿了。这为下文写诗人懒散设下伏笔。

“暧暧江村见，离离海树出”二句紧承上句，因寒雾渐开，白日已出，故江边的村庄和树木也油然展现在诗人的视野。“暧暧”，光线暗淡的样子。“见”，通“现”。“离离”，树木稠密的样子。“海”，实为宽阔的江面。“馀雪”、“青山”、“寒雾”、“白日”、“江村”、“海树”，这一幅一幅自成意境的风景画，景象优美宁静而淡远。又以“映”、“开”、“见”、“出”四字，分别加以勾连点染其间，使图画更增色生辉，让读者感到：这画中景物，于残冬岁尽，已破寒待出，正萌发着春日的生机。

上面四句写野外的远景，接下来四句，诗人把笔转向自我，写身边琐事。“披衣就清盥，凭轩方秉笔。列俎归单味，连驾止容膝。”“轩”，窗户。“秉笔”，执笔，此指批阅公文。“俎”，用来盛鱼肉祭品的器具。“列俎”句是说：面前摆着许多佳肴，我只吃其中一样。“驾”，指构造宫室的木材。这里“连驾”，指一间接着一间的高大房屋。“容膝”，指仅能容纳双膝的小屋。这四句，一句写一个生活片断，从诗人起身披衣盥水，到窗下捉笔办公，到用膳，最后又回到自己的居室。自篇首读到这里，我们有理由作这样的猜想：此春春寒料峭，寒雾弥漫。本已愁绪满怀的诗人，这天更觉无精打采。早晨，他斜倚床头，懒得动弹。后见雾开日出，窗外景物现出了诱人的魅力，于是又精神稍振，这才起身下床盥洗，然后走近窗前，凭窗远眺郊野胜景，再就窗边桌旁坐下，办了一回公，午膳时间已到，餐桌上摆满了佳肴，他很乏味，尝了几口，便走回他的卧室去了。

读了以上这八句，人们自然会产生这样一个悬念：诗人是爱好自然风光、追求功名利禄的。而今，他身为宣城一郡太守，宣城自然景色如此宜人。在生活方面，住的是“连驾”大屋，吃的是“列俎”佳肴，他实在该踌躇满志，趾高气扬，心旷神怡了。然而，他不是这样。自然景物萌发生机，而他却精神萎靡；给他居“连驾”大屋，他却说，我居小屋一间就满足了；给他吃“列俎”佳肴，他说：我只需吃其中一只菜就足够了。总之，他不以有这优裕的生活环境为幸、为乐、为荣，却反以之为累、为苦、为怨，这到底是为什么呢？

后四句由叙写生活转为抒发情怀。读后，前有的悬念当可不解而自明。“空为大国忧，纷诡谅非一。”“纷”，混乱。“诡”，欺诈。“谅”，料想。“非一”，不能一致，即不能治理。这二句大意是说：我徒然为多难的国家担忧，因为这官场既混乱，又充满欺诈，料想是无法把它治好的。原来，他对这优美的环境和优裕的生活之所以厌烦，乃因为，这官场看是生活优裕，而实为险恶危途。南朝时期，特别是谢朓生活年代，上层统治集团内部杀夺相沿不绝。谢朓为避祸而离开京都来此宣城，但畏祸之心仍不能已。由此可知，“纷诡谅非一”一句确非无病呻吟之虚语。故最后提出：“安得扫蓬径，销吾愁与疾”的愿望来。诗人一生胆小谨慎，没有官时求官当，当了官时又怕受累，而想弃官归隐。此刻他虽已离开朝廷，但官场的纷乱欺诈仍是紧缠着他，对此他既“忧”又“愁”，以致成“疾”。因此，要想“销吾”这“忧”“愁与疾”，只有放弃这荣华富贵的官，而去归隐山林了。“蓬径”，蓬草屋门前的小路。“扫蓬径”，即归隐。“安得”二字含意深沉，做官而荣华富贵，这是诗人向所梦寐以求的，可是今日官为一郡之长，他却又梦寐以求罢官，并且是欲罢不能。可以见出这官场之纷乱欺诈是人何以堪了。

全诗十二句，分写景、叙事、抒情三个层次。写景，景中见意；叙事，事中含情。字里行间流露了诗人忧谗畏讥，抑郁寡欢，既欲摆脱而又难以摆脱的无可奈何之情。（殷海国）

落日怅望　　谢　朓

昧旦多纷喧，日晏未遑舍。落日馀清阴，高枕东窗下。寒槐渐如束，秋菊行当把。借问此何时，凉风怀朔马。已伤慕归客，复思离居者。情嗜幸非多，① 案牍偏为寡。既乏琅邪政，② 方憩洛阳社。③

〔注〕 ① 情嗜：嗜好。 ② 琅邪政：用西汉朱博事。《汉书・朱博传》曰：“（朱）博治郡，常令属县各用其豪杰以为大吏，文武从宜。县有剧贼及它非常，博辄移书以诡责之。其尽力有效，必加厚赏；怀诈不称，诛罚辄行。以是豪强慹服。”诗用此事，代指美政。 ③ 洛阳社：用晋董京事。董京为隐士，据《晋书・董京传》，董至洛阳，“逍遥吟咏，常宿白社中”。白社，在今河南洛阳东，“洛阳社”即指白社。

这是一首充满思致、馥郁着人生哲理的诗篇。深秋，傍晚时分，诗人经过一整天的劳顿，终于回到了居所。“昧旦”，天将明未明之时，“日晏”，即傍晚。天还未亮，诗人就陷入了纷扰喧闹的冗务，一直埋头忙到傍晚，还没有止息。所以，当他于落日清阴之中，返回住所，东窗高枕，悠然仰卧的时候，不禁深深地舒了一口气。从尘杂纷冗、车马喧闹中抽身出来，目睹一轮红日徐徐隐沦，脉脉清阴洒满大地，诗人心中唤起的情怀，该是多么恬淡，多么惬意！诗人接着写道，槐树叶儿飘零，树干渐渐枯瘦，其坚劲瘦硬之质，好像被捆得紧紧的一样；秋菊沐浴着晶莹的露水，迎风招展，含苞开放了，就可以采摘了。这里，瘦劲的枯槐，坚峭的秋菊，展现出一派清冷峻峭的景象，宛然孤寒料峭的象征，隐隐在诗人心中唤起一丝丝寒冷之意，使他幽然滋生了暮秋怀归之感："借问此何时，凉风怀朔马。""凉风怀朔马"是化用古诗《行行重行行》"胡马依北风"句意，胡马南来，但仍依念北方故乡的风土。这是把"凉风怀朔马"当作"朔马怀凉风"的倒置来理解的。实际上不如直接解读此句，更有意味。不直言"朔马怀凉风"，反说"凉风怀朔马"，似乎是在暗寓不是诗人怀念故乡，而是故乡怀念自己的游子，这样巧笔立言，正话反说，便把诗情折入一层，把诗人深深的怀归之情惟妙惟肖地表达出来。总起来看，"借问"句是明知故问，藉以启揭下文。秋风阵起，诗人由触物而伤怀："已伤慕归客"，一个"伤"字，表明了诗人"慕归"不得，徒受归思缠绕而不能自拔的情怀，措辞深沉而凝重，充满江河日下的无可奈何之叹。而归思难抑，诗人又由己而及人："复思离居者"，他不仅自"伤"，进而"伤"人。他为晚归的游子感伤，为浪迹天涯、南北飘零的"离居者"而触怀惆怅。至此，全诗由景及情，由己及人，层层推衍，物态尽显而情怀毕现。最后四句转入直抒胸臆。诗人由深秋暮景的感触，表达了高洁的人生理想。他很崇仰西汉琅邪太守朱博能使"文武从宜(文人武将各尽其材)"的美政，"既乏"云云，既是谦逊之辞，表示私心向往而不及，同时又带有让步语气的意味。即，今既立志美政，即当勉力施行。如果不能取得像朱博那样的美誉，便去追求散淡悠闲的生活，与亲朋好友诗酒往还，逍遥终日。这种典型的"穷则独善其身，达则兼善天下"的思想，在这里得到了充分的反映。

落日，是大自然的奇伟景观，人人都可以欣赏，而由此生发的意绪却大异其趣。"夕阳无限好，只是近黄昏"(李商隐《登乐游原》)，是一种惋惜，一种无可奈何的感叹；"莫道桑榆晚，为霞尚满天"(刘禹锡《酬乐天咏老见示》)，则是一种豪情，一种不甘沉沦的执着。而此时此刻萦回于谢朓心头的，则是一种莫名的怅惘之情。诗人一心向往着山林，向往着形躯的超脱和精神的自由，"既乏琅邪政，方憩洛阳社"，是其人生理想。但是，镇日埋头公务，形滞案牍，眼看着花儿开了又谢，谢了又开；目睹着红日冉冉朝起，迟迟暮落，日复一日，年复一年，而心所向往的自由之宇似乎仍是那么遥远，那么渺茫。因此，一种怅惘之情不禁油然而生。诗题中的"怅"，正将这一旨意点画了出来。

如果说"怅"是氤氲于全诗的浓郁的氛围的话，那么，"望"便是贯穿全诗、结构全篇的主线。迟迟落日，脉脉清阴，因"望"而摄入诗人的笔底；寥落意绪，悒悒归思，因"望"而弥漫于诗人的胸怀。因惆怅之心而"望"落日晚景，仿佛戴上一副灰色眼镜来观察事物，一切景物都染上悲惋低沉的色调。落日清阴仿佛是诗人迟暮心绪的写照，寒槐秋菊又宛如是诗人寂寥心境的象征，景、境，都融化在诗人低沉的意绪之中了。所以，总起来说，此诗的基调是低婉的。“怅望”二字正是这种意绪的外化，是全诗的“诗眼”，具有画龙点睛的作用。（吴小平）

移病还园示亲属　　谢　朓

疲策倦人世，敛性就幽蓬。停琴伫凉月，灭烛听归鸿。凉薰乘暮晰，秋华临夜空。叶低知露密，崖断识云重。折荷葺寒袂，开镜盼衰容。海暮腾清气，河关秘栖冲。烟衡时未歇，芝兰去相从。

诗题的意思是：向上司书面请病假还乡，因给家乡亲人写了这首诗。“移”，指公文，即书面报告。“园”，指诗人在建康东首钟山脚下的家园“东田”。

此诗具体写作时间已难考定。味其内容，当是作于齐郁林王隆昌(494)年间。武帝永明末年春，谢朓在荆州遭王秀之谗毁奉诏回京被闲置着。七月，武帝死，八月，昭业即位为郁林王。谢朓被启用为新安王中军记室。皇室间为争夺皇权而大肆杀戮、谢朓的诗友王融等亦遭杀害，皇城一片恐怖，谢朓忧惧万分，弃官求隐思想一时占了上风，告病假回乡以避官场风险，自在其情理之中。

诗题说是因病而告假回乡，诗的首句却说是因为“疲”于官场的奔波而离官的。“策”，受上司的驱使。“人世”，指官场。做官虽是既荣华又富贵，但遇祸乱时便有危险。谢朓一生谨小慎微，今遇朝廷祸乱，自然害怕而想离官还乡。“移病”只是托辞。次句写“还园”。“幽蓬”，指远离繁华境地的简陋草屋。此指诗人的家园。“敛性”二字承上启下，由“人世”官场转到“幽蓬”家园，生活环境和自己的地位都变了，原来为追逐名利而混迹俯仰于官场的贪欲邪念，此刻也必须随之而收敛，以适应“幽蓬”新环境。前句“倦”字以示无意于“人世”。下句之“就”，紧承“倦”字，点示“幽蓬”对诗人的无限吸引力。一“倦”一“就”，诗人厌恶“人世”，向往“幽蓬”之情表露无遗。

“停琴”以下，全写诗人处身“幽蓬”情景。诗人厌弃“人世”，迁“就”这梦寐以求的“幽蓬”，自然是怡然自得，陶然忘机了。“停琴伫凉月，灭烛听归鸿。凉薰乘暮晰，秋华临夜空”四句全写“幽蓬”月夜。古代，琴是最能表达诗人幽情的，明月则更与隐者结下不解之缘。“停琴”是说，诗人本来是在悠闲地弹琴自娱的，当一轮明月从东方冉冉升起时，他立刻为月所迷，而骤停手中之琴，伫立于明月之中。“伫”是久立以待之意。前一“停”字，中一“伫”字，后一“凉”字，传神地活画出诗人凝神忘情见月而痴的神态。唯其“伫”立,故有月“凉”之感。有了月,自然就该灭了烛。灭了烛,能使月光更满,蓬境更幽,因而更能清晰地听到远方传来的归雁的飞鸣。“听归鸿”,不但丝毫无碍于蓬境之幽,而且反有“鸿鸣蓬更幽”之感。“薰”,是一种香草。“暮晰”、“秋华”均指月光。诗人从“停琴伫凉月”的夜初,一直玩赏到“秋华临夜空”的深夜,左右不见一人,唯薰草与月光相伴,可见诗人对幽蓬夜月迷恋之深。再细味“停琴”、“凉月”、“灭烛”、“归鸿”、“凉薰”等种种景色,又无不隐约地寄寓着倦于“人世”“疲策”而归“就幽蓬”的诗人自身的倩影。

“叶低知露密,崖断识云重”,由夜转晨,写黎明景色。树叶因露水浓重而低垂,这是黎明所见近景;山崖因凝结的云雾横抹山腰,而看似断折,这是清晨所眺远景。“叶低”、“崖断”,是凭视觉直接看到的;“露密”、“云重”,是据生活知识间接悟到的。见“叶低”、“崖断”而见不出叶之所以低,崖之所以断,却以“叶低”、“崖断”提疑问,以“露密”、“云重”作答疑。以此自问自答,更得黎明朦胧景色之神趣。

“折荷葺寒袂,开镜盼衰容”,二句由晨转昼。“荷”为水生植物,叶大,花香,出自清水。因此,古代隐士常标榜以荷为衣,以象征自己雅洁、幽香、清寒。“葺”,为修补之意。“袂”,本指衣袖,这里指衣服。时临深秋,折荷制衣,以示隐逸之志洁而且坚。因清水亦能照见人形,故此句中之“镜”,实指荷塘水面。对镜自见形容憔悴,可知久处“人世”“疲策”,所付出的代价。言外之意是,我早该离开“人世”了。

“海暮腾清气,河关秘栖冲”二句,由白昼再转到傍晚。“海”,指宽阔的江面。“栖冲”,冲和淡泊的居处,此指隐士在深山的简陋居处。这二句是说:时临傍晚,宽阔的江面雾霭纷纷。河水关山把我的深山居处与外界隔绝了。“秘栖冲”与“就幽蓬”呼应。前句是“就”,是说刚来幽蓬,后句“秘”意在拒绝出山了。

末两句“烟衡时未歇,芝兰去相从”进一步写“敛性”。“烟衡”,闻人倓《古诗笺》作“杜衡”,是一种形似葵的香草。这里是暗喻情操高洁的隐士。“芝兰”,也是香草,这里暗喻自己。这二句意思是说:情操高尚的人时时都存在,我要随从他们而去。“芝兰”相从“杜衡”,暗合诗题诗人“还园示亲属”之意。

全诗十四句。先用粗笔概括交代诗人厌倦并离弃官场,回到自己故乡。再以细笔具体地描写故乡黄昏、月夜、黎明、白昼、再到傍晚的优美、幽静、高洁的景趣,以对比令人厌倦的官场。对官场的污秽不着一字,而其污秽自见于读者的心中。

(殷海国)

春 思　　谢 朓

茹溪发春水，阰山起朝日。兰色望已同，萍际转如一。巢燕声上下，黄鸟弄俦匹。边郊阻游衍，故人盈契阔。梦寐借假簧，思归赖倚瑟。幽念渐郁陶，山楹永为室。

谢朓有《将游湘水寻句溪》、《忝役湘州与宣城吏民别》诗二首，内有"方寻桂水源，谒帝苍山垂"，"汩徂奉南岳，兼秩典邦号"等句，可知诗人在宣城做官时，曾奉命去湘州，可能是为齐明帝筹备祭祀南岳衡山的。因此，这首诗也许是诗人在湘水附近的"茹溪"时所写。

诗题为"春思"，前六句写"春"，后六句写"思"。首联点明地点"茹溪"（在巫山）、"阰山"（在楚地南部），交代季节为春天，时间是早晨。"发"字既暗示夜间春雨之盛，更与次句"起"字呼应，把诗题之"春"写活，使你感到，那东方升起的"朝日"格外地清新鲜丽可爱。次联"兰色望已同，萍际转如一"，承前联而来写水势之大和阰山之丽。"兰"，指阰山的春兰。"萍"，指茹溪水面的浮萍。读此两句，我们脑际便浮现这样一幅图景：那山上的丛丛兰花，在鲜丽朝日的映照下，显得光彩流动，整个阰山也似乎披上了春兰的色彩；那原先密密地布满水面的浮萍，在春水的推动下，渐渐地被挤向两岸，远远望去，宛如个"一"字。这里以"茹溪"、"春水"、"阰山"、"朝日"、"兰"、"萍"密集静态的景物，用"发"、"起"、"望"、"转"四个动词联络贯通，表现雨后春日景象，山、水、萍、兰尽沐春晖，令人感到格外真切可爱。

下面"巢燕声上下，黄鸟弄俦匹"二句暗扣"春"字，越写越活。"巢燕"，刚会飞的新燕。"黄鸟"，即黄莺鸟。这两种鸟都是应春而至的候鸟。前句写耳闻，新燕在低空上下追逐飞鸣，会使你产生儿童嬉戏玩乐的联想。后句写目睹，黄莺雌雄逗趣交颈，又何尝不给人以夫妇和乐偎倚的想象。这两句写的耳边声、眼前景，而实隐含着"弄儿床前戏，看妇机中织"（鲍照《拟行路难》）的思归故里恋念亲人之意。

前六句写春景，而不见赏景之人，只是赏心悦目之事，但读者自能意想到：诗人正是景中人。

下六句，诗人触景生"思"，抒发对"故人"故乡的思念之情。"边郊阻游衍，故人盈契阔"。"边郊"，边远的郊野，即指首联的"茹溪"、"阰山"。"盈"，长久。"契阔"，偏义复词，即阔别。诗人离家时久，远在边郊，旅游艰难，与故人长时不见，时临春日，思念尤深。最后四句，诗人连用了三个典故，“梦寐借假簧”，引用汉代刘向《九叹·惜贤》“愿假簧以舒忧兮。志纡郁其难释”句意，是说：即使在梦中，我也是忧思不已，只有拿来簧管吹了几句乐曲，排泄一下，才能安然入睡。“思归赖倚瑟”引自《史记·张释之传》，汉文帝指着“新丰道”对慎夫人说：这是通向你故乡邯郸的路。慎夫人便拿起瑟来弹奏，文帝也和着唱歌，“意惨凄悲怀。”诗人引此史事是说：自己欲归故国家乡而不得，只有弹瑟唱歌聊抒忧怀。末句“山楹永为室”，化用了汉代严忌《哀时命》“孰魁摧之可久兮，愿身退而穷处。凿山楹而为室兮，下被衣于水渚”之意。“幽思”二句是说：我的忧愁愈积愈深，唯愿早早退出官场，隐居山林，洁身自好，以永天年。诗人把自己隐忍而难于启齿直说的心底话，借古人古事古语来委婉曲折地透露于笔端，让读者能读其诗而会其意，览其表而知其里。其忧惧怀归之情，终于溢于言外了。

全诗前文写景、后文写情。景中隐情，为情而设。极写茹溪、阤山景色，正为说明：此处景色虽确实美好，然而这里不是我的故土，再好也不足以使我稍留。一篇关键，正在“山楹永为室”一句上。

（殷海国）

咏落梅

谢朓

新叶初冉冉，初蕊新霏霏。
逢君后园讌，相随巧笑归。
亲劳君玉指，摘以赠南威。
用持插云髻，翡翠比光辉。
日暮长零落，君恩不可追。

谢朓这首吟咏落梅的诗作，寄托了深沉的政治感慨，这对于只求形似的六朝一般咏物诗来说，是一大发展。诗的写作时间难于确定，但从诗中所寄托的感慨，我们还是可以推知其大致的写作年代。诗之结尾“日暮长零落，君恩不可追”，其意近似《暂使下都夜发新林至京邑赠西府同僚》诗中所谓“常恐鹰隼击，时菊委严霜”，均表现出政治上的忧虑感。然则，当是同期所作。

南齐永明八年（490），谢朓由随王（萧子隆）镇西功曹转为随王文学，次年荆州刺史随王“亲府州事”，谢朓也跟随到荆州（今湖北江陵）。在江陵，他介入皇室内部的矛盾斗争，被卷进政治旋涡，所以忧心忡忡，惶惶不安。这首咏物诗，当是表现这种不安的心情。

“新叶初冉冉，初蕊新霏霏”，起首两句便暗寓忧惧的心理。“冉冉”，是柔弱下垂的样子,说梅花的嫩叶还很柔弱,意指自己在政治上并不是强有力的;“霏霏”,纷纷飘落的样子,梅花的新蕊随风飘落,暗寓自己政治地位的不稳。明写落梅,暗写政治。

从“逢君后园讌”至“翡翠比光辉”,这六句以美人自拟,写他同随王的亲密关系。意思说他的美才可比战国晋文公时的美女南威之貌;参与随王后园宴会,又如《诗经·卫风》所写“硕人”之“巧笑”,相随而归;又说随王亲手摘下梅花赠送给他,他便像古美人把花插到发髻上,其光彩胜过翡翠美玉。这段话表达了他受到随王宠幸的感激之情。

“日暮长零落,君恩不可追”,结尾两句语气一转,由乐转忧,以梅花之落,喻指君恩之衰。忧君恩之衰的心理,是由介入皇室内部矛盾斗争所产生的危惧心理引发出来的,与担心“时菊委严霜”同义。这末两句,从篇幅来说,只是全诗的五分之一,然而从中心思想而言,却是全诗的主干与核心。也可以说,担心斗争失败,反而招来杀身之祸,这才是他借咏落梅委婉地向随王吐露出来的真情。

咏物诗至六朝而自成一格,宫体诗中之咏物已极尽图貌写形之能事,其所追求者在于形似。与山水诗至谢朓手中由客观之描写转而介入主观之抒情一样,咏物诗至谢朓手中亦一变,由求其形似,转而求其寄托。谢朓之咏物诗既有与时代相通的善于写物图形的特性,又汲取了《诗》《骚》以来比兴的传统,在客观的物象之中寄托主观的旨意。这首《咏落梅》诗便是如此。传统的所谓“香草”“美人”的比兴,这里都用上了。诗中既以“落梅”(香草)自拟,又以“南威”(美人)自拟,其所比拟均在似与不似之间,即所谓不即不离,不粘不脱者也。这一艺术境界成了唐宋咏物诗词的最高准则。可以说,这首诗的艺术,正标志谢朓在咏物诗方面的杰出贡献。

(林东海)

和宋记室省中　　　谢　朓

落日飞鸟远,忧来不可极。
竹树澄远阴,云霞成异色。
怀归欲乘电,瞻言思解翼。①
清扬婉禁居,秘此文墨职。②
无叹阻琴尊,相从伊水侧。

〔注〕 ① 乘电:驾驭光电,比喻迅捷。《汉书·王褒传》:“追奔电,逐遗风,周流八极,万里

一息。”解翼：犹言假翼。石崇《王明君辞》：“愿假飞鸿翼，乘之以遐征。” ② 清扬：语出《诗经·郑风·野有蔓草》：“有美一人，清扬婉兮。”比喻美才。秘：犹闭。

据唐代日本僧人遍照金刚说，他曾与诸学士讨论谢朓这首诗，“诠其秀句”。诸学士皆以二联“行树澄远阴，云霞成异色”为最；遍照金刚则以首联“落日飞鸟还，忧来不可极”为最。他说：“夫夕望者，莫不鎔想烟霞，炼情林岫，然后畅其清调，发以绮词，俯行树之远阴，瞰云霞之异色”，这种水平，“中人以下”的诗人偶或亦可达到，不如“落日飞鸟还，忧来不可极”来得精妙绝伦。他的体会是，“谓扪心罕属，而举目增思，结意惟人，而缘情寄鸟，落日低照，即随望断，暮禽还集，则忧共飞来”，忍不住地赞叹：“美哉玄晖（谢朓字），何思之若是也！”于是诸学士咸皆推服称是。（以上均见遍照金刚《文镜秘府论·南卷》。引诗稍有异文，“飞鸟远”作“飞鸟还”，“竹树”作“行树”）现在姑且不论争论双方孰是孰非，他们围绕首二联“诠其秀句”，却是十分正确的。从全诗的结构来看，首二联为一层，主要是写景，景中融入浓郁的恩情；后三联为一层，则主要是畅怀摅思，发抒怀抱。而全诗的精魂正在首二联。首联写诗人披着落日余晖，目送暮鸟归飞，忧从中来，无穷无极。发语惊挺，造景宏阔，在苍茫阔大、杳渺幽深之中，隐隐透露出些许寥落沉沦之意。落日残阳，惨惨红色为全诗奠定了一个充满意蕴的基调，静止的炽热的色彩，逗引起诗人血脉中贯注着的无穷无极的忧思，随着斜阳西落，而渐渐升腾起来；而渐飞渐远的暮鸟，恰似一一脉无形的导线，把诗人的愁怀牵引得越来越远，最终隐没天际，淡化在残阳的殷惨血色之中。因此，我以为首联的高妙之处，主要在于诗人把无可言喻的忧思融化在了残阳的殷殷血色的写照之中，使无影之情变有形之物呈有彩之色，直接诉诸读者的视觉形象，让读者从色彩的直观感受当中，体会到诗人那“不可极”的忧思。而“飞鸟”意象的引入，对于诗境的开掘尤具重要意义。随着“飞鸟”的渐飞渐远，淡没于一抹夕阳之中，不仅渐次拉开了诗境的广度并拓展了深度，把杳邈神思牵引得愈加悠远深长，使诗境呈现出深幽而广袤的韵致；同时还在那横亘于天地之间的惨红色彩之中贯注了时间的流程，使静止的画面勃郁着流动的血脉，将残阳一般的忧思（或曰忧思一般的残阳）的丰富而复杂的意蕴，极其直观地、极富弹性地表现了出来。所以，“落日”、“飞鸟”，虽为寻常景象，但一经纳入诗人的心灵程序，灵心秀口粲然道出，便觉意蕴丰富，意味无穷。那一幅“落日飞鸟远”的图景，具有海涵地荷的容量，诗人的“忧来不可极”实已交织其中，蕴含其内，读者只需闭目沉思，口诵此句，便可恍然一睹诗人“扪心罕属而举目增思”那般忧思难极的形象。至于第二联“竹树澄远阴，云霞成异色”，则是诗人收视返听，从夕阳余晖中收回思绪，镇定心情以后，平芜眺望到的景色。诗人写道，落日余晖之下，远方竹子和树木洒下了清澄的阴影，天边云霞也时时呈现出奇异的光色。此联写景确属佳联秀句，造景清远秀逸，对仗工整自然，流露了诗人无限的雅爱之情与向往之意，颇堪讽诵。难怪唐代诸学士都一致称赏。然从情、景角度分析，其力度，其内蕴，诚非首联所能比拟。所以，尽管我们在具体感受上与遍照金刚不完全相同，但结论却是一致的。首联确为一篇之精策。

下一层三联，紧扣"忧来不可极"，完全转入抒情。第三联先交代"忧"的内容，实乃"怀归"之情。"乘电"、"解翼"，都是比喻归思心切，恨不得立时乘奔御电，假翼追风，回归到理想境界。值得注意的是，诗人这里的"怀归"，绝非身居京华，思归故里，而是一种人生理想——摒弃世间尘埃，返归山泉林壑，啸傲以长终——的抒发。末联"无叹阻琴尊，相从伊水侧"，即说明了这一点。他劝勉朋友不要叹息居住宫中，连琴酒之乐也不得遂意，表示将要尽快离开这里，一同到伊水之侧去归隐。那么，诗人的这种归隐思想是怎样滋生的呢？第四联即紧承"怀归"意绪作了交代。原来，诗人自富有清扬之才，不愿终日坐守一个小小的文墨之职，也就是说，他已厌薄了这"禁居"中的生活，官场险恶，仕途蹭蹬，既然徒有高才而无由施展，倒不如早早离开这是非之地，归隐山泉，徜徉自然，反可赢得心性的自由和解放。

此诗结构上前半写景、后半抒情的特征非常鲜明。这也是谢朓诗歌的一个比较显明的特征。但此诗由于未能将二者完美结合起来，所以前后之间的衔接略感生硬，意脉贯通稍欠圆润。尤其是后半部分造语不免有艰深之感，命意亦有重复之嫌。这就在一定程度上削弱了全诗的完美性，造成了有佳句而无完篇的缺憾。《文选》入选谢朓诗数十首，偏偏没选这一首，原因大概亦正在此。钟嵘曾评谢朓诗"一章之中，自有玉石，然奇章秀句，往往警遒"，"善自发诗端，而末篇多踬"(《诗品》卷中)，以论此诗，可谓切中肯綮。谢朓与钟嵘在诗论上有较深的交往，钟嵘此言，堪称知友之言。

至于此诗的创作时间，宋记室为何人，已不可确考。不过从谢朓履历和此诗所反映的情绪来看，似可推测与《直中书省》一诗作于同时，即在建武二年(495)的春夏之交。诗题中的"省中"，当即指中书省，其时谢朓为中书郎，职掌帝王发布诏诰的事宜，恰与诗中"文墨职"相一致。此时已是谢朓创作的后期。他在永明十一年(493)，在荆州西府遭长史王秀之谗言，被召还都，从此他逐渐认清官场的险恶，产生了归隐思想，所以发而为诗，这一思想常有或真率或隐晦的流露，诗风亦变得深沉丰厚，秀丽中雅有凝重之韵。此诗即可作为一例。　（吴小平）

和徐都曹 谢朓

宛洛佳遨游，春色满皇州。
结轸青郊路，迴瞰苍江流。
日华川上动，风光草际浮。
桃李成蹊径，桑榆荫道周。
东都已俶载，言归望绿畴。

李善的《文选》注说，这首诗谢朓本集原题作"和徐都曹勉昧旦出新渚"。徐勉，字修仁，是谢朓的朋友。昧旦，即黎明、拂晓，语出《诗经·郑风·女曰鸡鸣》："女曰鸡鸣，士曰昧旦"，可见时辰约略后于鸡鸣之时。新渚，即新亭渚。新亭为东吴时所建，在都城建康的郊外。很显然，这是一首纪游诗，原题扼要说明了此诗的创作缘起，具体时间和地点，为鉴赏提供了可靠依据。徐勉先成《昧旦出新亭渚》诗，谢朓此诗是和作。

这是一个春天的早晨，天才蒙蒙放亮，诗人就已来到城外新亭渚边。当他停车小憩，回望郊外黎明曙光，不禁怦然心动，被一片迷离春色深深吸引住了。因而，发言为诗，一开始便充满了赞叹之情："宛洛佳遨游，春色满皇州！"宛洛，指宛县和洛阳。宛县是南阳郡治所在，汉时有"南都"之称。洛阳是东汉的都城。二地都是当时最繁华的都市，所以古人曾有"驱车策驽马，游戏宛与洛"（《古诗十九首·青青陵上柏》）的诗句。皇州，指都城建康。昧旦出游，天色尚昏，显然是看不到"春色满皇州"景色的，所以，诗人说京城风光充满春色，春日胜景可与汉时繁华古都相媲美，显然是出于赞叹口吻，是一种心神向往。正是由于"宛洛佳遨游"的雅兴勃发和"春色满皇州"的神奇吸引，诗人才鸡鸣驱车、遨游郊外的。一语既出，闲情雅致，宛然可见。而在章法上，首联则是一种铺垫，暗中交代了出游的目的——娱情遣兴，没有目的的目的。所以，第二联一下子就跳跃到出游途中，大笔勾揽出一幅苍江曙色图。诗人停车东郊，回望长江，但见东方熹微，黎明曙光在长江上面轻抹了一层苍茫之色。"迴瞰"二字最传神。诗人蓦然回首，苍茫江色猛然摄入胸怀，传达出一种豁然通亮的意蕴。所以，苍江曙色便以其特有的整体形象横亘在诗人眼前，以浑厚的内蕴感染了诗人。浩浩长江，滚滚东流，象征着勃郁而永恒的生命，使画面充满了雄浑和苍茫的色调。

第三联转入京郊晨景描绘。"迴瞰"也许本是偶然的举动，可一下子被吸引住，便索性停车留步，悉心观赏京郊风光了。这个时候，一轮红日冉冉升起，万道霞光洒满江面，远远看去，江水滔滔，波光粼粼，仿佛阳光在水面上泛动着；而青青原草，沐浴着火红的朝霞，在晨光春色中迎风招展，充满着勃勃生机，所以延颈远眺，宛如春日风光浮现在青草绿叶之上一样，煞是可爱。这一联绘景，清鲜明丽，细腻新颖，最富魅力。阳光只有亮感、温感，绝无“动”感，但诗人别具匠心，通过江水泛动的反射，写出“日华”的“动”感来；至于“风光”，本为虚景，不可确指，诗人却通过春草这一具体物象将其准确捕捉住，惟妙惟肖地显现出来。所以“动”、“浮”二字，措辞细腻传神，笔端流露了无限的赏爱之情。第四联写桃李成蹊，桑榆荫道，虽都有成语在先，但一经纳入诗人郊外游览的独特感受之中，便又觉新鲜可爱。第三联主要写山水自然景色，第四联则着重写农家田园风光。值得注意的是，二、三、四联虽都全力写景，但亦暗寓时间的变化。二联写苍江东流，尚处曙色微明之中；三联写“日华”、“风光”，则初旭东升，不言自明；至四联，已是“桑榆荫道周”，桑榆树影，布满大道，显然已是红日高照，春满大地了。时间的流程非常明显。这样写来，不但使三联景象各具特色，在细小微妙的差别中显现出独特的面貌来；而且，还暗写出诗人驻足郊外，移时入神的形象，表现了流连春光、热爱自然的情怀。

末联结篇，神韵全在“言归望绿畴”一句上。饱览春光，流连春色，诗人似乎仍不满足，归途遥遥之中，仍不时把目光投向绵延无际的绿畴，洒向一片春色。游览行将结束，而目光仍在延伸，心情仍在流连。游览的结束，意味着诗境的进一步开拓，展示着诗情的进一步深化。正是这种景与情、物与心的反向逆差，使全诗呈现出篇结而意不绝、言有尽而情无穷的风貌，思情邈远，韵味无穷。

此诗剪裁布景甚见功力。谢朓并不像徐勉《昧旦出新亭渚》那样，逐一描写京郊出游的全部过程，而是集中笔力，或大笔涂染，或精工刻画，状写出京郊从东方初白到旭日东升的春日风光，清新悦目，迥不尤人。即景遣兴小诗而采用此法，最适当不过。由此见出谢朓善于取景化境的深厚修养。在写景方面，诗人完全沉浸到京郊春光的良辰美景之中，通篇不着一字抒怀，却在在闪现着无限向往、无限流连之情。使人们在观赏诗美的同时，感受到诗人的那一颗热爱自然的灵秀之心。全诗篇幅短小，对仗工稳，声律考究，显示了“永明体”的鲜明特征。

（吴小平）

和江丞北戍琅邪城　　谢　朓

春城丽白日，阿阁跨层楼。
苍江忽渺渺，驱马复悠悠。

京洛多尘雾，淮济未安流。
岂不思抚剑？惜哉无轻舟。
夫君良自勉，岁暮勿淹留。

“江丞”，即江孝嗣，“丞”，官名，是正职官的辅佐。他是谢朓的同僚，当时带兵驻守在琅邪城（此非秦汉设置在山东的郡所，而是东晋在白下（今南京北）所侨置的琅邪郡），因苦于驻地生活，思念故乡亲人，写了一首《北戍琅邪城》诗赠谢朓。内容是：“驱马一连翩，日下情不息。芳树似佳人，惆怅余何极。薄暮苦羁愁，终朝伤旅食。丈夫许人世，安得顾心臆。按剑勿复言，谁能耕与织。”江诗语意愁苦。故谢朓写了这首诗以勉励江孝嗣。

诗人从自己由建康跨马出郊春游写起。“春城丽白日，阿阁跨层楼”二句，把京城建康写得非常美丽。“丽”、“跨”二字为点睛之笔。首句如只是“春城”、“白日”二语，虽是写景，但总显得孤零无依，而且见不出其鲜明生动。春城也可能是风雨如晦；白日也可能是烈炎可畏。着一“丽”字，春城便明媚景象全出。而白日则更显得光彩绚烂可掬。“阿阁”，指檐宇屈曲翘起的楼阁。“层楼”，指多层高楼。中间着一“跨”字，便把两者写活，似觉阿阁与层楼彼此互欲超越而在争胜斗奇，景色既壮观，又活跃。这两句写静景，静中见动。接下来“苍江忽渺渺，驱马复悠悠”二句写城外动景。建康位于长江东南岸，诗人跨马出城，走近江边，面对滚滚东流的苍茫江水，顿觉心潮起伏，忧思难收。“忽”，形容水流之急。“悠悠”，忧思的样子。急速东流的江水，既苍茫复渺渺，景色一片迷惘。实为下句写诗人马上忧思作陪衬，含蓄而具体地展现了诗人忧思之深沉而无限。至此，读者自然会问：诗人的忧思自何而来？又何来之多？下面二句作答：一是“京洛多尘雾”，一是“淮济未安流”。洛阳为古代名都，此处借“京洛”指当时京都建康。这里的“尘雾”，并非实指空间的灰尘和雾气，而是暗指朝廷统治集团内部为争夺对皇权的控制所进行的殊死搏斗。古代一般以在朝廷做官为荣。江孝嗣苦于边境的戍守生涯，自然也羡慕朝官。诗人对此提出劝告道：建康虽是“春城丽白日，阿阁跨层楼”，看上去煞是美丽，其实乃是“尘雾”极多。处身其间不但宏图难展，而且吉凶不卜。“淮”水和“济”水，都在当时南朝的北部边境。江孝嗣戍守所在，正邻近济水。“淮济”流水“未安”，实喻边境战事不息。边境未安，正是有志之士杀敌安边，报国立功的天赐良机。诗人自知自己位卑言微，无能廓清京洛尘雾，但有志于边境淮济的“安流”事业。故紧接下来，笔锋顺势一转，抒写自己的抱负：“岂不思抚剑？惜哉无轻舟。”这二句是化自曹植《杂诗》其五：“江介多悲风，淮泗驰急流。愿欲一轻济,惜哉无方舟”诗句。“轻舟”,指途径。这两句意思是说:当前国家多难,我岂不想脱离这“多尘雾”的京城,仗剑奔赴边境以杀敌立功报国啊!可惜我没有实现我志愿的途径啊!听来是诗人自抒怀抱,自叹报国无门,其实它的潜台词是说:你江丞嗣戍守边关,正驰骋疆场大显身手,杀敌立功报效祖国。如果我谢朓处在你江孝嗣的地位,我不但不会像你那样愁苦无状,而且会喜不自胜,不遗余力地去实现我的大志呢。末二句笔意再转,直点江孝嗣。前面,诗人用了很大气力写了春城、楼阁、江流、忧思、尘雾、淮济,实际上就是为了说出“夫君良自勉,岁暮勿淹留”这二句,意思是,我们的英雄时期即将过去,不要延误良机了。

全诗十句,二句一个层次。由写景起,到以景抒情,到议论时政,到言志,最后劝勉。层层推进,委婉曲折,由隐而显。劝勉为一篇主旨。　（殷海国）

和王中丞闻琴　　谢　朓

凉风吹月露,圆景动清阴。
蕙风入怀抱,闻君此夜琴。
萧瑟满林听,轻鸣响涧音。
无为澹容与,蹉跎江海心。

这是一首描写音乐的诗。王中丞,可能指王思远。沈约有《应王中丞思远咏月》诗,王中丞即王思远,曾为御史中丞。琴音古雅清澹,在诸乐中俨然有高士林泉风致。这首闻琴诗,重点不在具体细致地描摹琴音,而是着意渲染“闻琴”的环境气氛,和诗人的主观感受。这是本篇构思的显著特点。

开头两句写凉夜景物。时届秋令,入夜凉风吹拂,枝头暗凝的露水滴沥有声,一轮圆月高悬中天,投下皎洁的清光。两句写秋夜凉风月露,着意渲染清凉感和宁静感。“吹”、“动”两个动词,是描写动态的,却以动衬静,更显出了秋夜的静谧。也只有在这种宁静的环境中,才能听到月光下露水的轻微滴沥之声。这两句不仅写出对秋夜凉风月露的视觉、听觉与触觉感受,而且透出心理上的清润与宁静,这正是“闻琴”的适宜环境气氛与心理状态。

第三句进一步写到秋夜中弥漫的香气。蕙是香草,蕙风实即首句所谓凉风,此处不从触觉而从嗅觉感受着眼,故说“蕙风”。不说蕙风吹送芬芳,而说“入怀抱”,不仅把蕙风写得极有灵性与感情,仿佛知道诗人有听琴的雅兴,而多情地投入怀抱,而且写出了诗人那种愉悦感与陶醉感。古代有焚香鼓琴的习惯,这“蕙风入怀抱”正像是大自然布置的最佳“闻琴”环境气氛。

第四句方才正面点到本题:“闻君此夜琴”。由于前三句已经从不同角度将秋夜的清凉、静谧、芬芳描绘得极富诱惑力,有未闻琴而心先谐适、陶醉之感,因此这句只轻轻一点,就能使人对如此良夜闻琴产生美好的联想,达到以不写写之的效果。

五、六两句,正面写“闻琴”。全篇中写琴声的只有这两句,如一味着力刻画,反而难以尽致传神。诗人采取虚涵的笔法,着重传达琴声所给予自己的主观印象和它的神韵意境,说琴声如秋风之萧瑟,满林传遍其飒飒秋声;又如涧水轻鸣,发出淙淙作响的清韵。这里将摹声、造境与传神结合起来,不仅使人对琴声的萧瑟清雅有真切的感受,而且由此产生林泉幽胜的美好联想,写得极富画面美、音乐美和诗歌意境美。由“林”“涧”又自然逗出下文。

最后两句是“闻琴”引起的感慨,也是全篇的归结。琴声把人们带到一个远离尘嚣、充满林下风致、山水清音的境界,使人神远心驰,更增隐逸之想,因此告诫自己不要再容与迟延,以致耽误了归隐江海的时间,消磨了隐逸的意兴。

全诗境界,可用一“清”字概括。“闻琴”的客观环境气氛是清凉、清静,散发着蕙风清香的;琴声是如林风涧音,极富清韵的;所引起的又是清逸的隐居意兴。全篇便在这“清”的境界中达到和谐的统一。

在写法上,此诗与中唐描写音乐的名篇《琵琶行》、《李凭箜篌引》、《听颖师弹琴》等多从实处见工者不同,纯从虚处传神,即前面提到的着重烘托渲染环境气氛和传达主观印象感受,不作具体细致的刻画。这种写法,往往能给人以更多的联想。我们从孟浩然的“荷风送香气,竹露滴清响。欲取鸣琴弹,恨无知音赏”(《夏日南亭怀辛大》)中似乎可以看到这种写法的影响。　(刘学锴)

将发石头上烽火楼　　谢 朓

徘徊恋京邑,踯躅躏曾阿。
陵高墀阙近,眺迥风云多。
荆吴阻山岫,江海含澜波。
归飞无羽翼,其如别离何!

齐武帝永明九年(491),随郡王萧子隆去荆州任刺史,谢朓从行。临走前,他登上建康(今江苏南京)西边石头山上的烽火楼。因感于离别而写了这首诗。“烽火楼”,是古代利用白天的烟和夜晚的火光来报警而建造的高楼。

古代交通、通讯条件都很差，因此，古人把离别看得很重、很痛苦，甚至把生离与死别相提并论。谢朓当时已跻身朝廷，并且在建康东首的钟山脚下有着自己的家园。所以他这次离开建康去荆州做萧子隆的文学侍从，心情十分愁苦。

“徘徊恋京邑，踯躅躧曾阿。”“踯躅”，与“徘徊”同义，都是心神不定，行动犹豫而步履迟缓的样子。“躧”，本指鞋子，这里是往上登的意思。“曾阿”，同“层阿”，重重迭迭的山，这里指石头山。开头两句吟后顿觉一种惆怅忧伤的气氛透入心扉，眼前仿佛看到这样一位青年，他满面愁容，步履迟疑地走出京城，向着江边的山上一步一步地往上踏行。他为何“徘徊”，“踯躅”？因为他对“京邑”“恋”念极了。“恋京邑”为一篇中要领。

“陵高墀阙近，眺迥风云多。”“墀”为宫殿台阶，“阙”是宫殿前左右对峙着的一对高建筑物。这里的“墀阙”即指皇宫。皇宫在京邑中，是诗人日常出没之处。建康为东吴、东晋古都，古迹胜景不胜枚举。诗人登上烽火楼，既没有放眼江天山野，一抒久处“墀阙”之怀，也没有凭吊陈迹，发思古之幽情，而是首先回首俯视“墀阙”。他平素身处墀阙，似乎对墀阙看犹未足，而来登此烽火楼作一饱览。按理说，他此日登楼所望“墀阙”，比他平日所见应是远了。但诗人在此却说是“近”了。这乍想似乎违于理，但深思后便觉合乎情。这“近”字实从首句中“恋”字而来，因其“恋京邑”，故视京邑中的一切便反远为“近”了。“近”字凝结着诗人对京邑、墀阙的无限深情。前三句写京邑，“眺迥”句与上句对举，转写荆州。他对京邑是那样的“恋”，对即将赴任的荆州，情感又怎样呢？诗人也以三句作答。“迥”，远方，这当是指荆州。据《南齐书》本传载：谢朓去荆不久，便被同僚王秀之向武帝告密，武帝随令“朓可还都”。据此可知，荆州随王府的人际关系是复杂的。谢朓对此也当早有所料，故“风云多”一语，绝非简单的写景，而实隐含着对此去荆州的畏惧之情。接着两句，隐含此情尤深：

“荆吴阻山岫，江海含澜波。”“荆”，今湖北、湖南一带，因湖北荆山而得名，是诗人赴任之所。“吴”，今江苏、浙江、安徽一带，为建康所在地。荆吴之间，有山有水。山水本是诗人素性爱好玩赏之自然景物，此时却成了他的惆怅忧郁的象征。山是阻隔两地之情的障碍，江水有着险不可测的波澜。诗人此去荆州福祸未卜，一腔心事咏叹无端，移情于景，以寄托其畏惧之思。

“归飞”一句，笔意陡转，神思飞越，由将去而未去荆州的此时，想到去荆州后思归之日，陆地有山岫相阻，水路有澜波惊扰，空中又恨身无羽翼。未去荆州时，已对京邑恋不可舍，去了荆州，遇上人事趔趄必将更“恋京邑”。“恋京邑”而归不得京邑，其心境之愁苦忧思，亦必十倍于今日。忧思及此，笔锋再一转：“其如别离何?”自我提问道:早知日后愁苦,何必今日离此京邑而去荆州呢?

诗以“恋京邑”提携全篇,明写京邑可恋,暗写荆州可畏。由情及景,以景融情,由今及后,由后复今,妙笔回还往复,互为呼应。诗意含蕴,耐人寻味。

(殷海国)

送江水曹还远馆

谢 朓

高馆临荒途,清川带长陌。
上有流思人,怀旧望归客。
塘边草杂红,树际花犹白。
日暮有重城,何由尽离席!

六朝诗至南齐永明而一大变,世称“永明体”,代表诗人则是谢朓,他上承晋宋,下开唐风。前人多以他与谢灵运相比。明人钟惺称二谢诗均多排语,“然康乐排得可厌,却不失为古诗。玄晖排得不可厌,业已浸淫近体”(《古诗归》)。明人许学夷也说:“元嘉体虽尽入俳偶,语虽尽入雕刻,其声韵犹古”,至沈、谢则“声渐入律,语渐绮靡,而古声渐亡矣”(《诗源辩体》)。一古一近,判然有别。小谢的“新变”即使从这首短短的送别诗中也可窥其端绪。

理解这首诗,一上来就碰到一个颇费斟酌的问题:题面上是“还远馆”,而开头第一句即是“高馆临荒途”,那么两个“馆”字所指是一,是二?若此“高馆”即题中之“远馆”,则所写为悬想之词;若否,则是实写送别之地的景色。揣摩全诗,细绎词意,毋宁作后一解为是。

首联分别从高、远两个方面描写了送别的场景:荒郊野途,高馆孤峙,清流映带,长路迢递。馆,即客舍,安顿宾客的馆舍,可能江水曹暂寓于此,如今他又要到更远的馆舍去,诗人将与他举袂相别。荒凉凄清的景物渲染出一种离愁别绪。此处着一“带”字尤为传神:那潺湲的清流仿佛将眼前的道路带向了遥远的地方,在离人的心上更添一层渺远迷茫的情思。次联则交代去者的怀归之情。“流思”,即思绪飘忽不定,流荡无住之意;“怀旧望归客”则为“流思人”之同位语。“怀旧”,怀念旧邦或亲故之意;“望归客”,渴望归去之人,是为偏正结构,非动宾结构。此联透露出江水曹的游宦生涯,此行所去,只是远馆,而非故乡,故而客中作客,无慰“怀旧望归”之情,只能更增羁旅情怀。但是诗的第三联并未循此而生发开去,而是重又转回写景。诗人为我们展现出一片明丽的景色,那池塘春草、花树相间、红白掩映的风光确乎令人陶醉。面对如此赏心悦目的景色,人不应该离别，而应该流连忘返，尽情享受自然的赐予，但偏偏这正是离人分手的时刻。如果说首联的写景正与离情相契合的话，那么此联的写景则以强烈的反衬突现出离别的情怀。送君千里，终须一别，这是无可如何的现实，尾联重又归结到送别之意。“日暮有重城”，时光的流逝暗示出依依惜别的深情，而高城暮色的景物又加浓了伤别的情绪。天色将晚，已到了不得不分手的时刻，故主客双方只得在“何由尽离席”的感慨中分道扬镳，诗的最后留给人的是无可奈何的感喟。离席将尽而又不欲其尽，结句将惜别之情发挥得非常充分。

离别是古诗中一个陈旧的主题。这样一首主题平平的短诗，究竟透露出一些什么“新变”来呢？最突出的一点是诗人通过景物描写而抒发感情、构造意境的创作方法。汉魏古诗多胸臆语，直抒所感，古朴质实，情语多于景语，景物描写仅仅是抒情的附丽。而到了谢朓，则注意在写景中寓情，让情感蕴含在景物之中，二者不是游离之物，而是构成一个有机的统一体，成为富有情韵的意境，避免对感情作直露的、正面的表述。即以此诗而论，诗人以清词丽句描绘出一个凄清悠远而又富于色彩的境界，对别离之情几乎未作铺陈，我们感受到的是一种惜别的氛围，情绪的熏染，情感的表达是含蓄蕴藉的。这就是后人所说的“风调”、“神韵”。正是在这一点上，小谢的诗成为唐诗的先声。试看王维的《归嵩山作》：“晴川带长薄，车马去闲闲。流水如有意，暮禽相与还。荒城临古渡，落日满秋山。迢递嵩高下，归来且闭关。”右丞此诗不正从小谢诗中有所借鉴吗？谢灵运也模山范水，但精雕细刻，失之板重，刻意写形，而乏情韵。玄晖则刊落繁缛，以清俊疏朗的笔调将景物构造为富有情韵的意境。于是朴拙质厚的古诗一变而为清新俊逸的近体风格。唐诗那种简笔传神的写景，情韵流动的意境，风神摇曳的格调，正是在小谢这里肇其端的。

其次，在诗歌的格律上也表现出其新变。自沈约倡“声律说”以来，诗人排比声韵，约句准篇，成为一时的风气，标志了五言古诗向近体律诗的过渡，谢朓也是这场声律化运动中的健将。严羽说：“谢朓之诗，已有全篇似唐人者。”(《沧浪诗话》)除风格而外，格律之新也是其一个方面。即以此诗论，除去押入声韵之外，其他各方面均近似一首律诗。首联对偶工切，但平仄不协，第二联不对，而第三联又成工整的对偶。这在律诗中后人称为“偷春格”，颔联的对仗移至首联，恰如花儿偷得春光，先春而开。

（黄宝华）

送江兵曹檀主簿朱孝廉还上国　　谢　朓

方舟泛春渚，携手趋上京。

安知慕归客，讵忆山中情。

香风蕊上发，好鸟叶间鸣。

挥袂送君已，独此夜琴声。

这是一首送别诗，作者当时正在"日暮有重城"（《送江水曹还远馆》）的宣城太守任上，政治上的波折，使他采取了"既欢怀禄情，复协沧洲趣"的两可态度，并渐渐生出引退归隐之想。江兵曹，即江泌，《南齐书》有传。檀主簿，生平不详，闻人倓以为"檀超"（见《南齐书》），陈庆元《谢朓诗歌系年》已证其误。朱孝廉，亦未详，曾与谢朓同赋杂曲《白雪曲》。江、檀、朱三位均为谢朓宣城时的僚属或同游。上国，即上京，指当时的京都建康（今江苏南京）。虽说谢朓是陈郡阳夏（今河南太康）人，但他却生于建康，长于建康，这才是他实际意义上的故乡。入仕后他长期在外地为诸王幕僚，后来又出任地方官，思乡之情常萦于怀。江、檀、朱三位的还京之举触动了谢朓本不平静的心情，从而借别述怀，表现了自己的生活志趣与人生追求。

开头两句紧扣题旨，写送别的环境、时间，描绘了一个画面：在春草满芳甸的洲渚之滨，江、檀、朱三位手挽着手，登上方舟，（方同"舫"，大船）将顺流而下，返回京城。"泛"字见出潇洒逍遥，"趋"字显得轻快而紧迫。值得注意的是，这幅画面似乎是"旁观者"的一种主观审视，带有企羡与失落的双重心理，从而对送别的内涵作了浓缩与变换，本来应该接写的送别之景、叮咛之辞、离愁之苦、相知之深、别后之念等等，一概就此打住，而转入"送别者"自己心情与处境的描述。

"安知"两句是无须回答的设问，这儿的"归"，并不仅仅是"归乡"之"归"，更是隐逸引退之意，用诗人自己的话来说，就是"思闲愿罢归"（《休沐重还道中》），"方轸归软愿"（《冬绪羁怀示萧咨议虞田曹刘江二常侍》），这"归软"，正是陶潜思乡与隐居的双重感喟。"山中"亦即"山中上芳月，故人清樽赏"（《与江水曹至干滨戏》）之"山中"，山中情，即指在宣城寻幽探奇的山中乐趣。送君南浦，自然也会勾起我的思乡之情，但有谁能够理解我羡慕"归客"的深层意识？我怎能忘怀这山中生活的无穷幽趣？"香风"两句则具体描述逗发幽趣的山中之景，蕊上清香随着轻风四处飘荡，叶间好鸟鸣唱出清啭悠扬的歌声。上句通过嗅觉写山中生活的清新、醇雅，下句则以听觉写山中生活的幽静、安谧，而清丽馨溢、鸟鸣风香的描述之中透出自得其乐，体现出"小谢"工笔淡抹、细致描摹的写景特点。

结句则又回到"送别"之上，与首句直接呼应。挥袂，即挥手。夜琴，指漫漫长夜之中聊以寄托情思的悠悠琴声。由此可见，"离别"所造成的心灵振荡、所引发的内心苦闷，并不因为"香风"、"好鸟"的自宽自慰而淡化，相反变得更为孤独、深沉，因而借助琴声去表述，这使我们想起了阮籍的"夜中不能寐，起坐弹鸣琴"(《咏怀诗》)，也想起陶潜那张寄寓情志的无弦之琴。谢朓诗中另有"闻君此夜琴"(《和王中丞闻琴》)、"别幌清琴哀"(《离夜》)等句，也许，这位内向、谨慎、口讷、多才的诗人，觉得琴声最能契合、表达、消弭因送别而诱发的种种愁苦，寄寓自己恬静、悠闲的隐退情趣。

（周建忠）

夜　听　妓　　谢　朓

琼闺钏响闻，瑶席芳尘满。
要取洛阳人，共命江南管。
情多舞态迟，意倾歌弄缓。
知君密见亲，寸心传玉腕。

这是一首描写妓女的诗。"妓"，在当时比较复杂，多数因出身穷苦，遇上天灾人祸，被迫卖入娼家卖淫；也有被诱拐而误入风尘，以歌舞娱客为生的。在封建社会里，妓女的地位极其卑下，生活极其悲惨，她们整天整年歌舞卖笑，供社会名流，王孙公子寻欢作乐。她们很明白：她们之所以能得到王孙公子们的玩赏，是因为她们年轻有色相，日后年长色衰，必然是冷落无依，残生难了。因此，谋求跳出火坑，托身可信的男子，以期得到正常人的生活，是每个有人生愿望的妓女的理想。此诗写的正是这样的妓女。

诗开头"琼闺钏响闻，瑶席芳尘满"二句，首句写"闺"和"钏"，诉诸读者的听觉；次句写"席"和"尘"，诉诸读者的视觉。写闺、钏、席、尘，正是在写妓。闺为妓女所居，席为妓女所用，"琼"、"瑶"，都是平常人所难具有的美玉，这里用以象征妓女居屋用物之华贵。由此可知这妓女身价之高，当是那时的社会名妓。"钏"，为妓女首饰，因舞荡碰击而有声；"尘"为妓女脂粉的香气，因舞蹈所震而发扬席上。由此而知妓女舞蹈情态之热烈。

前两句写妓女的身价和舞姿，是暗写。接下来"要取洛阳人，共命江南管"二句写歌唱，为明写。"要"，同"邀"。东晋开始，一些社会名流喜欢把鼻子捏起来用鼻音吟咏，谓之"洛生咏"。"洛阳人"，即"洛生"，这里实指当时社会名流。既是名妓，"要"的自然是名流。"共"字，既表明"江南管"的南腔与"洛阳人"的北调的融洽和谐，又表明名妓歌唱，名流伴奏的情韵相通，更暗示名妓有托身名流，求与名流心心相印之意。

“情多舞态迟，意倾歌弄缓”二句紧承前四句，写妓的“情”和“意”。以舞传情，因情多而舞态更为舒展婀娜；以歌达意，因意浓而歌声更显悠扬缭绕。妓女以歌舞营生，舞态虽美而无情，歌喉虽甜而无意。此妓舞蹈非为卖弄舞姿，而在传情；歌弄非为卖唱，而在达意。传情达意是她舞蹈唱歌的目的，可见此妓今日刻意所求。最后把她“情多”、“意倾”所求内容明白晓畅地说了出来：“知君密见亲，寸心传玉腕。”“君”，指“洛阳人”。“玉腕”，妓女伸向君的胳膊。因我与君不但相知，而且亲密。我今把“玉腕”伸予君，并非任性而为，而是传递了我对君的这一片真心。这里，她更直接地吐露了她托身良人的心愿。后二句为一篇要旨，前六句实为最后二句铺垫。写妓女居屋、首饰、物用的华贵，正反衬出她不满自身社会地位低下的逆反心理。写她舞态的多姿，歌声的悠扬、情多意倾，正反衬出她内心的自卑、愁苦与哀怨。

全诗八句，读后，一名华艳多情，能歌善舞的妓女形象呼之欲出。在语言上，前六句均为对仗，享人以整齐美。用词含蓄工稳，感情沉厚，用优美富丽的语言，写出了妓女隐藏在心底的痛苦感情。　（殷海国）

【作者小传】

王　融

(467—493)　字元长，南齐琅邪临沂(今属山东)人。“竟陵八友”之一。齐武帝时，累官至中书郎。武帝病危，融谋立竟陵王萧子良为帝，事未成。齐废帝郁林王即位，融被下狱赐死。事迹具《南齐书》卷四七本传，又附见《南史》卷二一《王弘传》后。有集十卷，已佚，明人辑有《王宁朔集》(融曾任宁朔将军军主)，《先秦汉魏晋南北朝诗》辑得其诗七十六首。

同沈右率诸公赋鼓吹曲二首(选一)　王　融

巫　山　高

想象巫山高，薄暮阳台曲。
烟霞乍舒卷，蘅芳时断续。
彼美如可期，寤言纷在瞩。
怃然坐相思，秋风下庭绿。

《巫山高》，乐府《鼓吹曲辞·汉铙歌》曲名。《乐府解题》曰：“古辞言江淮水深,无梁可度,临水远望思归而已。若齐王融‘想象巫山高’,梁范云‘巫山高不极’,杂以阳台神女之事,无复远望思归之意也。”按《乐府诗集》所收虞羲、刘绘、梁元帝、费昶、王泰、陈后主等南朝诗人同题之作,亦皆咏巫山神女事,与古辞抒写远道之人思归情绪者不同。可见其时诗人已将《巫山高》作为一般诗题对待。王融此首,系与沈约(即题内沈右率)、谢朓、刘绘等人同时所赋。

前四句写想象中巫山的美丽景象。《巫山高》一类题目,作者大都并未亲临其地,而是根据《高唐》、《神女》诸赋的描写,加以想象。本篇首句即以“想象”二字点醒通首所写巫山景象,均为心之所想,而非目之所击。这首诗意境的特点,也正与“想象”密切相关。巫山的出名,在于阳台梦雨的传说,因此在首句点出“巫山高”的基础上,即把想象集中到“阳台曲”上,使下文的想象围绕着这个美丽的传说展开。冠以“薄暮”二字,固然与《高唐赋序》中神女自述“旦为朝云,暮为行雨,朝朝暮暮,阳台之下”有关,同时也是为了渲染一种朦胧迷离的气氛,使想象中的景象变得更加具有诱惑力。三、四两句紧接着具体想象阳台的美好景象:美丽的彩霞乍舒乍卷,或隐或现;蘅芷的芳馨时断时续,隐约可闻。这里化用了《高唐赋序》中“其上独有云气,崪兮其上,忽兮改容,须臾之间,变化无穷”的描写,和《楚辞·九歌·山鬼》中“被石兰兮带杜蘅,折芳馨兮遗所思”的想象,其作用主要不是绘景,而是暗示神女的形迹。那卷舒变幻的云霞,像是神女的彩裳在飘动,那时断时续的蘅芷芳香,像是神女散发的幽香。这种貌似绘景,实为暗示象征的写法,使这两句所显示的境界变得空灵缥缈,迷离惝恍,有一种是耶非耶,何姗姗其来迟之致,暗寓想望、期待之意。这就自然引出下两句来。

“彼美如可期,寤言纷在瞩。”楚怀王与襄王(一说宋玉)都说自己梦遇神女,《高唐赋序》中形容朝云之状有云:“湫兮如风,凄兮如雨,风止雨霁,云无处所。”《神女赋序》则云:“(襄)王曰:晡夕之后,精神恍忽,若有所喜,纷纷扰扰,未知何意。目色仿佛,乍若有记,见一妇人,状甚奇异,寐而梦之,寤不自识。罔兮不乐,怅然失志,于是抚心定志,复见所梦。”都是恍忽梦遇,醒后杳然。这两句正是有感于梦境之虚幻,而希望变梦为真,说如果神女真正可以遇到,那就不只是相逢于梦中,而是醒来时也纷然在目。这是由热烈想望、殷切期待而产生的心理。“纷在瞩”形容想象中神女显现于目前的骇目动心之情状,真切而生动。

尽管诗人希望神女“寤言纷在目”,但毕竟只是一种虚无缥缈的愿望,彼美踪迹杳然。在怅然失意中独坐相思,但见秋风飘然而至,吹动庭院中的绿枝。诗写到“秋风下庭绿”,悠然而止,极富韵外之致。它透露出诗人独坐相思时忽遇秋风动绿时那种恍若有遇却又怅然自失的心理状态。那“下庭绿”的秋风,宛若神女飘然而至的身影，实则不过一时的错觉而已。

诗通过想象与对眼前景的幻觉式感受，写出诗人那种歆慕、期待而又怅惘的心理，也烘托出神女缥缈的身姿面影。整个境界，迷离惝恍，空灵飘忽，既符合所写对象神女的特点，也充分体现出想象中境界的特点。宋玉的《高唐》、《神女》二赋，虽有美丽的神话传说和出色的描写，但赋的整体不免有些板滞堆砌，此诗将赋中最富诗意的描写加以想象加工，创造出极富文采意想之美的诗境，这种提炼精粹、化赋为诗的艺术手段，值得借鉴。（刘学锴）

和王友德元古意二首　王 融

游禽暮知反，行人独未归。坐销芳草气，空度明月辉。嚬容入朝镜，思泪点春衣。巫山彩云没，淇上绿条稀。待君竟不至，秋雁双双飞。

霜气下孟津，秋风度函谷。念君凄已寒，当轩卷罗縠。纤手废裁缝，曲鬓罢膏沐。千里不相闻，寸心郁纷蕴。况复飞萤夜，木叶乱纷纷。

德元，南齐尚书令王晏之子，官晋安王友。建武四年（497）明帝诛晏，德元与其兄同时被害。“友”，官名，南朝诸王有师、友、文学各一人。诗题一作《古意》。

这两首诗都写闺怨。

第一首以春起，以秋结。薄暮，往往是闺中思念远人最难堪之时，你看，就连游禽尚且都知道日暮而返，然而行人却独独未归！首句一“知”字，将游禽写得有情，跌出次句行人独未归的无情，点出闺中怨端。“坐销芳草气，空度明月辉”，春草碧色，明月如玉，时光美好如此，却在不断的期待中白白流逝；青春也像芳草明月一样美好，也同样在不断的期待中空度。“坐”，亦“空”义。芳草销歇，空等了一个春季，然而行人终于未归。“嚬容入朝镜，思泪点春衣”，晨起梳洗，镜面上映照出女主人公一副愁容——眉蹙不展，容色无光；思念至极，不觉思泪夺眶，点染春衣。“入朝镜”，“朝”，照应首句“暮”，诗中虽然没有明写“夜”，但从女主人公一早的“嚬容”，似已暗示了夜间思怀的愁苦。值得注意的是，在“暮”、“朝”间，插入“坐销”、“空度”两句，则朝朝暮暮的怨情更见其端倪。如果说，以上六句在叙写怨情时女主人公对行人归来还抱有或多或少期望的话，那么，“巫山”以下四句，则写出欢会难再，期望破灭之情了。“巫山彩云”，即《高唐赋》所谓妾为巫山之女，朝为行云，暮为行雨，常喻男女欢会；然而"彩云"后却接以一"没"字，足见佳期杳渺。"淇水"，《诗经》中恋人送别之地，《鄘风·桑中》："期我乎桑中，要我乎上宫，送我乎淇之上矣。"送别行人之时，淇上绿条依依，一片深情；如今绿条已稀，仍不见行人归来。"待君竟不至"，回应"行人独未归"。句中的"竟"字，似隐约透露出行人与女主人公先前有所约定，或春尽还家，或夏日归来的消息。但是女主人公不仅期待到春尽，而且由春期待到夏(芳草气销)，又由夏期待到秋(绿条已稀)。"竟不至"，不仅抒发其一腔怨情，对行人愆期的谴责亦在其中。首云游禽尚且知暮而还，接以"行人独未归"，其情已不堪；此于"待君竟不至后"，则接以秋雁双双而飞(知秋而飞来)，深入一层地反衬女主人公索寞孤独的情状，颇可玩索。

第一首由春写到秋，第二首只在秋落笔。"孟津"、"函谷"，都是常见的北方地名，霜气、秋风自北而来。闺中女主人公感受到风霜的凄寒，自然联想到行人的凄寒，因此动手为其缝制罗衣。但是，当纤纤素手举起刀尺准备缝制，又不能不因为"千里不相闻"而作罢。一"废"字，生动写出思妇的矛盾心理。不为行人缝制寒衣吧，则担心他挨冷受冻；为他缝制吧，行人又远在"不相闻"的千里之外，何由寄达？心烦意乱，郁闷痛苦，以至连自己的容貌都无心修饰。"曲鬓"，化用《诗经·小雅·采绿》："予发曲局，薄言归沐"；"罢膏沐"，用《诗经·卫风·伯兮》意："自伯之东，首如飞蓬。岂无膏沐，谁适为容？""曲鬓罢膏沐"，鬓发卷曲，本该梳洗，以膏泽发，既然行人远在千里，又有何心思去梳理打扮？"况复飞萤夜，木叶乱纷纷。"结二句是此诗的警策。上八句已从物候变化的凄寒，欲裁衣而终于废刀尺的动作，罢膏沐而心灰意懒的外貌，郁纷蕴苦闷不堪的心态几方面写出闺中怨情，这两句则更进一步用飞萤、木叶的夜景来烘托思妇的纷乱凄凉之情。思妇本来已够烦闷了，又加上流萤熠耀，闪着凄寒的小白光；木叶纷纷，随风而乱舞，秋夜漫长，思绪万端，萤光叶声，搅得思妇加倍难堪。"乱纷纷"，不仅写出落叶之状，而且这三字实又为思妇其时苦痛心境的写照。况且，"木叶乱"又与首二句的"霜气下"、"秋风度"相照应，更显得针线绵密，全诗浑成。

萧统的《文选》录王融《三月三日曲水序》等文，却不选录这两首诗，日僧遍照金刚《文镜秘府论》认为不免失当。其南卷云："游禽暮知反"一首"缘情宛密"，"霜气下孟津"一首"使气飞动"，"可谓五言之警策"(据今人考证，此为唐人元兢《古今诗人秀句序》文)。王融寿短(只活了二十七岁)，传世的作品不很多，诗名也远不如同时代的谢朓、沈约，但这两首诗仍有自己的特色。两诗都以景结情，前诗以雁双飞反衬闺中的孤寂，后诗以木叶落创造出凄怆的氛围，言已尽而情韵无穷。以景结情，在唐诗中并不少见，而在宋齐的诗坛中，这样的作品还并不多。这或许是这两首诗受到后人青睐的一个原因吧。 （陈庆元）

饯谢文学离夜　　王 融

所知共歌笑，谁忍别笑歌？
离轩思黄鸟，分渚菱青莎。
翻情结远旆，洒泪与行波。
春江夜明月，还望情如何？

谢朓曾两次入随王萧子隆幕，第一次为东中郎府，第二次由太子舍人改为随王镇西功曹，转文学。齐武帝永明九年(491)，随王为荆州刺史，谢朓又一同前往荆州。王融的《饯谢文学离夜》诗(诗题一作《饯谢文学》)，即作于谢朓第二次西去时。同时为谢朓饯行并作有同题诗的，还有沈约、范云、刘绘、虞炎、萧琛、江孝嗣、王常侍(佚名)，谢朓则写有《离夜》诗并答诗《和别沈右率诸君》诗。谢朓的答诗中说："春夜别清樽，江潭复为客。"一个"复"字表明这是第二次西去。时间不迟于永明九年。其时，王融二十四岁，在诸人中最年轻。排比上述各人诗作的有关字句，可以知道送行的时间是在初春的一个晴朗之夜，明月在天，星河如带。堂上，华烛高烧，离觞频劝，"分弦"、"别唱"与"清琴"时时响起，倍增哀感。传杯换盏，直至朝霞满天，仍然别情依依，难分难舍。"情动于中而形于言"(《诗大序》)，为抒写离情，为记住这难忘的一夜，诗人们相约以"离夜"为题即席赋诗。王融与谢朓年龄相近，同倡新体诗，交情甚笃。其为人反应敏捷，容易激动，气质类型属于胆汁质或多血质。当此华堂烛残、行将分手之际，黯然销魂的离情别绪便自然地从他心中喷薄涌出。

"所知共歌笑，谁忍别笑歌"，即是总说自己不忍言别的感情。但并不平铺直叙地平淡述说"不忍"，而是以修辞问句"谁忍"反诘，借以强调人皆如此，无一例外。虽已有无疑设问，仍恐言之不足，故又以动情的正面议论映衬对比，以相聚共乐反跌出别离的悲苦。在词语的运用上，"所知"与"谁忍"，"共歌笑"与"别笑歌"，似对非对，前后映照，使惜别之情愈显得缠绵悱恻，吞吐不尽。

三四句由"别"字蝉联而下，具体抒写不忍"离"、"分"的情形。"离轩思黄鸟"写别宴前的离思。"轩"，有窗槛的小室；"黄鸟"，用《诗经·小雅·黄鸟》中的"言旋言归"之意，所谓"思黄鸟"，即盼友人早日旋归。"分渚菱青莎"写水边渡口分手时的景象。"菱"，草木茂盛的样子；"青莎"，指生长在浅水滩头绿色的席草。

诗人此行从水路离去，故王融设想，将在渡口目送谢朓乘坐的船只远去，直至目光被水中洲渚上茂盛的席草挡住。王常侍同题诗说："当轩已凝念，况乃清江湄。"诉说离情别绪，情景正与此仿佛。

以上前四句从王融自己一面说，后四句则转从谢朓一面说。"翻情结远旆，洒泪与行波"，说明谢朓并不乐意于此行。"翻情"，即指违背自己的心愿；"旆"，指代官吏出行时的车马仪仗，此以"结远旆"指谢朓到远方去做官。因"翻情"，故有"洒泪"的表现。说谢朓伤心至于泪水滴落在波翻浪涌的江面上，固属夸张，但说他"翻情"西去却是事实。谢朓在《将发石头上烽火楼》诗中说"徘徊恋京邑，踯躅曾阿"，又在上面提到的和诗中说"叹息东流水，如何故乡陌"，可见他是不乐意离开京城的。王融还由此进一步推测，独自坐船江行的谢朓一定极为感伤。他把这一推测极富于诗意地表现了出来："春江夜明月，还望情如何？"诗人设想，在春江月夜，谢朓在船上回头望的一个场面。谢朓既不愿意前行，那么，最能触动他的情思、令他留恋怀念的，自然是无过于留在身后的一切了。故虽是一"望"，却足以令望者心惊魄动，无限感伤。"情如何"，以问句出之，是一种婉转含蓄的抒情方式，更显出其情悠悠，其思渺渺。

此诗以"饯谢文学离夜"为题，饯行的地点是在堂上，时间是在夜间。但从第四句起已接写送行以及行者在离别后的依恋，地点也已转到户外，先在渡口，后在江上，时间上转为白天和又一个明月之夜。随着情事的不同，空间的拓展，时间的延伸，在描写视角由诗人自己转向谢朓的同时，诗作中展开了一幅溢满离情的长长的画卷：堂上的宴别，渡口的送行，江上的忆念。按之实际，只有堂上饯行是确有之事，其余都是作者想象中的情景。诗人自己惜别之情强烈，对于谢朓的思想感情了解深刻，又善于构思，巧于布景，故能写得情景如在，逼真动人。

（陈志明）

后园作回文诗　　王　融

斜峰绕径曲，耸石带山连。
花馀拂戏鸟，树密隐鸣蝉。

古代藩王权贵的花园规模宏大。例如汉代刘武营建的梁园，窦武夺占的沁园，皆系历史上的名园，曾被咏于诗歌，写入文章。本诗所描绘的后园，也是峰绕山连，包容广袤，极具宏丽大观。这首诗系王融作于后园，即景吟成，时令当在夏初。《诗纪》题作梁元帝诗，恐系因风格相近而误。

回文诗传云起自苻秦时窦滔妻苏蕙的《织锦图》,后来文士时或仿作。中国文字组成词句相当灵活,而且字词一经颠倒,含义即显差别。由回文词组可联缀成回文句,再由回文句即可结合为回文诗,它是中国独有的一种诗歌体。回文能作一种特殊辞格,不得纯以文字游戏观之。

五言回文诗大抵每句的一二字和四五字各构一个词组,中间甚具关键性的第三字常用动词系联,在顺读和逆读时,往往造成前后的主谓词组与偏正词组递相更换,从而意义发生改变。因此五言回文诗较之七言回文诗容易作,但也容易流于平板。本诗具上述典型句式结构,然因其构思佳妙,措辞精当,使回文诗与正文意义适相补充,从而更丰富了全诗意境,无妨将顺反读连成一气,作为八句诗来赏鉴。

先看正读,是由远景收入近景。首句"斜峰绕径曲"。总叙峰势倾斜坡陀,而非陡峭绝壁。一条小径蜿蜒屈曲,环绕于斜峰间。斜峰为小径所穿插,远望峰径出没,明灭可见。"斜"和"曲"交织在一起,呈现出一种角度美、曲线美。峰中出径,图景大中见小。作者用拟人手法,把峰的态势、径的位置、峰与径的关系,写得活灵活现。

"耸石带山连"。补叙山上多石,而且逐处耸拔,仿佛破土而出,纷呈异状。山连山,石连石。合观前句曲径,由峰前绕峰后,自峰下及峰巅,可想象出石列如屏如林,漫山夹径,从中展示出平远、深远、高远的"三远"境界。"耸"和"连"以立体结合平面。石遍覆山,图景是小中见大。作者仍用拟人手法,概叙石的形状、山的构成、山与石的关系,尽皆包举无遗。刘熙载《艺概·诗概》云:"诗中言景,既患大小相混,又患大小相隔。"此诗可谓恰到好处。

"花馀拂戏鸟,树密隐鸣蝉。"写出了满园花树。暗示春事已尽,节交夏令,枝头只剩余花,叶茂渐成浓荫,花树中复点缀着戏鸟和鸣蝉。鸟主要写其活动,那活泼快乐的鸟儿,时时从花底掠过。"戏鸟认花枝",生趣盎然。蝉主要写其声音,园中碧树葱茏,可以藏得住鸣蝉。浓荫中续续传出蝉声嘒嘒,翳叶抱枝的蝉,正在自鸣得意。这两句在园景的轮廓添上浓抹,加上工笔,构成一幅红稀、绿稠、花鸟动、树蝉静、动中见态、静中传声的优美图画。

再看逆读,却由近景拓出远景。首句"蝉鸣隐密树"。先写所闻。一片蝉噪,流响遍传园林,然而只闻其声,不见其形,那鸣蝉已隐入蓊郁的绿树丛中。

"鸟戏拂馀花"。接写所见。一群鸟儿正在花间嬉戏,它们快拂花梢,轻跃枝头,振动了枝上残花,于是落英纷纷飘坠。"鸟散馀花落",场面热闹,引人入迷。

"连山带石耸,曲径绕峰斜。"赏景扩及全园。园中山势绵延,山上乱石嶙峋。

全山仿佛藉石头而连成，复又牵带着一块块矗立的危石，一齐向空高高耸起。这曲径两侧也布满荦确乱石，行径甚微，萦回缭绕，通向峰峦幽深之处，依稀可辨，而这翠峰峰势向下缓缓倾斜，渐远渐低，色彩也渐淡化了。饱览后园全景，逸兴遄飞，自是不言而喻。

作者仅使用了两组对偶句，反复颠倒，腾挪比变，渲染园林风光，摅写游赏兴致，发抒欢娱情怀。随景移而遍观，借奇景而寓情，托物性而传意，情景自然交融。遣词出神入化，如用一"带"字写出石依附山，山牵动石；用一"拂"字写出鸟滑花底，花为鸟触。这些均足以感染读者，加之正、反文全用和谐的平声韵调，使人回环吟诵，爱不忍释。

（童明伦）

双声诗　　王融

园蘅眩红蘤，湖荇烨黄华。
回鹤横淮翰，远越合云霞。

双声叠韵，是两个汉语语音现象，一向被视为神秘深奥的学问。王国维《人间词话》说："双声、叠韵之论，盛于六朝，唐人犹多用之。至宋以后，则渐不讲，并不知二者为何物。乾（隆）嘉（庆）间，吾乡周松霭先生著《杜诗双声叠韵谱括略》，正千余年之误，可谓有功于文苑者矣。其言曰：'两字同母谓之双声，两字同韵谓之叠韵。'余按用今日各国文法通用之语表之，则两字同一子音者谓之双声，如'官家更广'四字，皆从[k]得声。……两字同一母者，谓之叠韵，如'有朽柳'三字，其母音皆为[u]"（注意：王国维所举之例字不是现代汉语普通话的读音）。所谓"子音"、"母音"，现代汉语称之为声母，韵母。此诗称为双声诗，全诗二十字，应该是每字的声母相同，可是并非如此。全诗绝大部分的字都用"匣"母，即[h]，其中像"园"、"远"、"越"、"云"皆属"喻"母，即零声母[y]字，原来古音韵"晓匣影喻"为一纽，"喻"为"匣"之旁纽，都为喉音，故仍然算声母相同，现代汉语的音系，喉音与零声母字就不属同声母字了。齐梁诗人注意音韵，以双声叠韵入诗，足见当时的汉语音韵发展已经成熟。

"园蘅眩红蘤，湖荇烨黄华"写花卉开得繁盛。园子里的杜蘅开着令人眼花缭乱的红花，湖中荇菜的黄色花朵在闪闪发光。前者是近景，后者是远景，两句呈现出大自然的一派生机。这一联除了平仄不调外，其他句式、词性的对仗都非常工整，也足见近体诗的格律尚未形成。处在筚路蓝缕阶段。"蘅"，杜蘅，江淮一带称马蹄香，一种香草，春天开紫色花朵。"蘤"，即花字之古体。"荇"，荇菜，又叫凫葵,夏天开黄花。

“回鹤横淮翰,远越合云霞。”写白鹤的自由翱翔。在天空中盘旋飞翔的白鹤,横过辽阔的淮河平原,越飞越远,越飞越高,和云霞融合在一起,诗人流露了对自由生活的向往之情。

此诗章法井然,前两句写植物,后两句写动物。声文并茂,别具一格,除了文学欣赏外,还提供了研究音韵学的资料。（潘　慎）

【作者小传】

虞　炎

生卒年不详。南齐会稽山阴(今浙江绍兴市)人。齐武帝时,以文学与沈约等皆受太子萧长懋礼遇,官至骠骑将军。事迹附见《南齐书》卷五二《陆厥传》及《南史》卷四八《陆慧晓传》后。有集七卷,已佚,《先秦汉魏晋南北朝诗》辑得其诗四首。

玉　阶　怨　　　　虞　炎

紫藤拂花树,黄鸟度青枝。

思君一叹息,苦泪应言垂。

这首乐府题目就标明它写的是宫怨,写一位宫中妇女的精神痛苦。诗只四句,前二句写景,后二句言情,情因景发,很是富于含蕴。

“紫藤拂花树,黄鸟度青枝。”春景很美。紫、花、黄、青,每种景物都十分富于色彩感,而且配合得很和谐;藤条披拂,黄鸟翻飞,这些景物又显得十分的活泼。真是色彩纷呈,生机勃勃。这些美好的景象对于这个宫女会引起什么感触呢?自然她也会感到愉悦,她也是一个正常的人,也有一般人那样的欲念和爱好。但她这种欲念和爱好又常常是被压抑着、禁锢着的,因此面对此景,又会引起她特别的刺激。她会感到自己的孤寂、苦闷,大好春光无人共赏。她会联想到自己的身世:美好的年华无人顾惜,等闲虚度;草木春荣秋衰,自己的芳颜能有几时?“以色事人”的身份,更使她感到芳华的可珍、芳华逝去的可怕。这两句的景物之间还显现了一种相依相亲的关系,“紫藤”与“花树”间是“拂”,“黄鸟”与“青枝”间是“度”,披拂着,穿越着,情景多么美好,这更使她感到感情生活的缺憾,加重“望幸”的心情。甚至那自由自在的“黄鸟”也会引起她这样的感喟:“自恨身轻不如燕,春来还绕御帘飞。”(孟迟《长信宫》)这些就是她面对春景可能会产生的感触,这样下两句的“叹息”就有了来由,也有了着落。“思君一叹息,苦泪应言垂。”这里的“君”指君王。“一叹息”的‘一’,显出了一种时间性,仿佛是久久沉默后的一声长叹,很是深沉。“苦泪应言垂”,“言”,助词,这句是说眼泪要流下来了。这可看作是作者的旁白,也可看作是宫人的心语,作心语看,情感的分量更重些。她为何“叹息”,她有什么“苦泪”,已寓含在景物描写中了。

这首小诗写得清新可爱,是齐永明间产生的一批所谓“新体诗”的一首。它很注意情景的配合,也很注意修辞和调声,在诗形上很像唐代的近体绝句。谢朓写了不少这样的诗,被认为是开风气之先的。谢朓也写有一首《玉阶怨》,还写有几首闺怨小诗。虞炎与谢朓是诗友,此诗之作可能受到友人的感发。钟嵘在《诗品序》中说“学谢朓,劣得‘黄鸟度青枝’”,即指此诗。“劣得”,仅得。出于标举建安风力的理论主张,钟嵘对谢朓前后的新诗风有些贬抑,但揣摩上句话的语气,他也认为这是一首新风气中出现的值得注意的作品。 (汤华泉)

【作者小传】

江孝嗣

生卒年不详。南齐时人。曾与谢朓有唱酬。《谢宣城诗集》存其诗二首。

北戍琅邪城 江孝嗣

驱马一连翩,日下情不息。
芳树似佳人,惆怅余何极。
薄暮苦羁愁,终朝伤旅食。
丈夫许人世,安得顾心臆。
按剑勿复言,谁能耕与织!

这里所说的琅邪,非是秦汉设在山东的郡所,而是指东晋在白下(今江苏南京北)所侨置的琅邪郡。作者大概是从京都出发,急赴位于前线的琅邪城去戍守。

这首诗,只截取了奔赴途中的一个片断。本来戍边,或是家人告别,难分难舍;或是行者自己“牙璋辞凤阙”(杨炯《从军行》)的踌躇满志。但本诗中这些话头一概略去,一入手就推出一个连续急速的快镜头:“驱马一连翩,日下情不息。”

一位戍边军人，驱赶快马，风驰电掣般地扑入读者眼帘。日落西山，他还马不停蹄，飞奔急驰，或许前线军情紧急。这两句起调骤急，笔裹疾风，浓烈的紧张气氛迎面而来。首句有曹植《白马篇》起首的"白马饰金羁，连翩西北驰"的影子。"一"，犹一何，何其，多么的意思。"驱马"与"连翩"（连续不断）极表动态之急，中嵌"一"字，更增加动的快速感。

次句"情不息"之"情"，指急驰之情，日息而人不息，仍连翩驱马，衬出首句疾急之意，此其一。但"情"又不止此，这毕竟是辞家戍边，故眷恋亲人之情，虽然割舍题外，却又悄悄寄存在这个"情"之中。军命在身，马赶得飞快，但马快离家则更远，更远则更思家，且这时正是"日下"黄昏，"日之夕矣，羊牛下来。君子于役，如之何勿思！"（《诗经·王风·君子于役》）家里人思己，自己岂不思家里人？这种种复杂感情的"不息"，直逼出以下两句来。

"芳树似佳人"，暮色苍茫，又是飞马急驰，所以远处近处的树只是约略可见，晚风吹来阵阵的树上花香，故谓之"芳树"。这时一个念头忽然萌生心头：那在风中婆娑摇摆的芳树，多么像步履摇曳的佳人。这句构想极生动：奔马急驰，山草树木，一闪而过，带有模糊性的"芳树"，正托出快马上所见的观感。次句"惆怅余何极"承上更翻一层意思：这猛然间温馨的情思，也来得不是时候，正在匆匆赶路，还不知今晚投宿何处，不能不生惆怅何极之慨。芳树佳人一句取意新奇，用笔幻化，中唐卢仝《有所思》末句云："相思一夜梅花发，忽到窗前疑是君。""疑"字写渴念佳人而想入非非、心神恍惚的情景，与此句异曲同工，这大概也可以说是唐人得益南朝的地方。次句的"惆怅"，回应第二句的"情不息"，用笔亦复周密。

其实，"惆怅"尚不止于此，"薄暮苦羁愁，终朝伤旅食"，行役羁旅之愁苦亦在其中。"薄暮"、"终朝"（整个早晨），这里是互文，指从早到晚。整天的风餐露宿，艰难困苦，一时都涌在心头。这"苦"、"伤"交加，还有那思"佳人"之情亦在心中不时跳荡，真使人无法处置。

至此，诗人的情绪好像低沉极了。但是，"丈夫许人世，安得顾心臆。"这两句胸襟开张，诗的旋律忽然由低回而转向高昂。诗人决心丢掷种种心绪，不考虑妻儿老小，不计较行役愁苦。既然以身许国，怎能瞻前顾后！前一句遥接首句风神，后一句将"芳树"、"薄暮"的缠绵、感伤煞然勒住，顿挫之间旋折出慷慨悲凉之气。曹植《白马篇》末数句云："弃身锋刃端，性命安可怀？父母且不顾，何言子与妻？名在壮士籍，不得中顾私。捐躯赴国难，死生忽如归。"下笔排宕，磊落不群。这二句浓缩其意，就气骨而言不失为嗣音余响，凛凛有生气，须眉皆动，神情焕发，一篇精神所聚，尽在于此。而这两句置于"惆怅"、"苦"、"伤"之后，情感由伏而起，因抑而扬，比起一味的激昂犹觉有力；犹如絮絮悠悠的舒缓之曲，忽然间，划然一声长鸣，铿锵之音，更使人倾耳神往。

按照平常笔墨，下面就顺着男儿许国的意思直下，而诗人却于突变之中又出现突变，用“按剑勿复言”将“丈夫”两句奔荡的急流猛然堵截闸住，用语冷峻，神情肃穆。“按剑”见其沉思、庄重的神情，也加重了诗的军戍风韵。末句“谁能耕与织”，满腹心思喷薄而出，犹如块垒在胸，骨鲠在喉，不吐不快。作为须眉丈夫，谁能碌碌草莱，耕织终生、沉沦埋没。诗人不愿“腰镰刈葵藿，倚杖牧鸡豘”（鲍照《代东武吟》），或“弄儿床前戏，看妇机中织”（鲍照《拟行路难》其六），而求跃马疆场，名垂青史。张玉穀说此诗结束四句“转到以义割情，吐出英雄本色，亦有劲气。”（《古诗赏析》）这是就大体精神而言，详味之则四句之间仍有句换意转的细微差别。

此诗只摄取北戍途程，黄昏疾驰的一个片断，不作铺排叙写，笔致转折灵活迅疾。仗剑辞家、驱马边关的豪情，怀念亲人的不尽相思，行役奔波的愁苦，都融注一篇之中。全篇情感跌宕，时而激昂、时而惆怅、时而感伤，时而悲凉豪迈。复杂的内心活动，能够通过瞬间的情感变化简捷而又深刻地展现出来，这大概是这首诗最值得称道的地方。（魏耕原）

【作者小传】

释宝月

南齐时僧人。本姓康，一云姓庾，善解音律。《先秦汉魏晋南北朝诗》辑得其诗五首。

估客乐　　释宝月

郎作十里行，侬作九里送。
拔侬头上钗，与郎资路用。

有信数寄书，无信心相忆。
莫作瓶落井，一去无消息。

大艑珂峨头，何处发扬州。

借问艑上郎，见侬所欢不？

初发扬州时，船出平津泊。
五两如竹林，何处相寻博。

以上四首诗，分为两组，写作于南齐永明年间(483—493)。“永明”是齐武帝萧赜的年号。传说萧赜未登基前，曾游历樊城、邓县(今湖北襄樊市一带)，熟悉了《估客乐》这一支歌曲。他当上皇帝后，因追忆往事，写过以“昔经樊邓役，阻潮梅根渚”为内容的两首《估客乐》诗，并让乐府官吏奏入管弦以教习乐工。但他的歌辞写得不好，无法同原来的曲调谐合，于是他召来僧侣宝月，命宝月重新写作了两首《估客乐》辞。宝月的作品，很快就同歌曲谐合了，乐府歌人还在歌中加上了表达感忆意思的和送声，使歌曲大行于世。后来，宝月又续作了后两首诗，让乐工在齐武帝萧赜驾龙舟游观五城时歌唱。这几首歌而且被编入舞蹈，在南齐时由十六人表演，在萧梁时由八人表演。直到唐代武则天时，宫廷乐工还能歌唱《估客乐》辞。《古今乐录》、《通典》、《旧唐书》、《通志》、《文献通考》都记载了关于《估客乐》的上述故事，可见它是一篇脍炙人口的乐府歌辞。

这四首诗的主要特色，是用第一人称的口吻，细致地描写了一位楚地女子思念恋人的形象和感情。诗中第一首用送别时拔钗相赠的细节，表现了这位女子的依依难舍之情。第二首是这女子对恋人的嘱咐。虽然她说“无信心相忆”，但她的意思却重在“有信数寄书”。她的嘱咐译成白话文是：“若是有信人来，请多多托寄书信；若是没有信人来，常想着我不要忘记。”这样就不仅把女子的深情和体贴表达出来了，而且还为后面“借问艑上郎”的情节埋下了伏笔。第三首描绘的是这位女子焦急等待的情态：她每逢扬州来船，就要去寻觅自己的恋人，探问恋人的音信。这是一个很典型的表现相思的情节。第四首是这位相思女子的自忖：她想到，当客船初发扬州的时候，桅杆如林，估客们怎么会有机会相互问讯呢？她的深切怀念，遂由于这种自慰而显得细腻、隽永。这四首诗虽然分为两组，写作于不同时候，但其间有很明显的相互联系：每组前一首都描写主人公的动态形象，刻画一个外部行为的细节；每组后一首都描写主人公的静态形象，刻画一个内心活动的细节。从送别到思念，两组作品又相互呼应。所以我们可以把它们看成是一件和谐统一的、美丽动人的艺术珍品。

这四首诗的另外一个特点，是它们采用了很本色的语言，既质朴自然，又富有个性。这一特点正好是同上一特点相互配合的。诗中“郎作十里行，侬作九里送”一句很可能采自当时的俗谚，它用“十里”“九里”之比，很精练地概括出“恨不能陪伴始终”这样一层意思。诗句中的“侬”是当时的南方方言，是自称之词。在第一首诗中，两个“侬”字联用，一下就把诗篇的代言特色(即第一人称特色)显示出来了；而且，用“侬”而不用“妾”，便表现了作品的朴野自然之美。“瓶落井”是古代的民间成语，意思相当于石沉大海，经常用于描写恋人之间的关系。敦煌曲子辞(伯 3123 写本)中有“一只银瓶子，两手拴，携送远行人”的诗句，便是用银瓶来象征始终不渝的恋爱关系的。这里则反用，意味深长地表达了对恋人的忠贞和期待。此外，“艑”是吴楚人对大船的称呼，《荆州土地记》曾说过“湘州七郡，大艑所出，皆受万斛”的话。“珂峨头”指船头的装饰如高耸的玉马笼，古人称马笼头上的玉饰为“珂”，称高耸的状态为“峨”。“欢”是当时的吴语，意即情郎，例如《子夜歌》说：“欢愁侬亦惨。”“五两”则是楚语，指船上候风的竹竿。例如《文选·江赋》李善注引许慎语说：“綄，候风也，楚人谓之五两也。”王周《船具诗序》说：“有樯，有五两，有帆，所以使风也。”故敦煌曲子辞《浣溪沙》中也有“五两竿头风欲平”的诗句。——这些现在看来很生僻的辞语，在当时其实是楚人的俗谚口语，是很平常的。这些语言既生动明快，又密切吻合歌辞主人公的身份，在塑造形象、刻画人物方面，取得了极好的艺术效果。

似据以上两个特点，我们可以把宝月的《估客乐》评为富有艺术个性、达到自然传神这种高超境界的好诗。值得特别指出的是，作者还通过作品的个性反映出了时代的个性。在南北朝时代，由于北方连年战乱，而南方则保持了相对安定的局面，故水陆交通和商业贸易在南方显得比较发达。扬州(治今南京市)和襄阳(治今襄樊市)就是两个水运重镇和商业重镇。《估客乐》正是在这一背景上展开送别情郎去经商的故事题材的。这时的音乐文学显现了两个重要特点：其一是楚地成为同吴地并列的一大音乐中心；其二是城邑音乐异军突起，代表了对民歌民谣的集中。清商曲中的西曲歌，以及西曲歌中的《襄阳乐》、《石城乐》、《江陵乐》、《寻阳乐》(襄阳、石城、江陵、寻阳都是当时的重要城市)，很明确地反映了这两个特点。故西曲中的《估客乐》也可以看作这时的新的音乐潮流的代表。另外，随着南方经济的发达，在豪门大族中产生了一批以“妾”、“婢”为名义的歌妓。她们的表演，使得当时的清商曲辞富于女性特色。《估客乐》也就是这样一种极尽温柔妩媚之致的作品。为什么齐武帝的诗作不能配合管弦而宝月的诗作能够与管弦“谐合”呢？其实，原因就在于宝月的《估客乐》在题材、文学风格、音乐特征上都密切吻合了表演需要和时代气氛。后来，陈后主、北周庾信、唐代李白、元稹、张籍、刘禹锡、刘驾等人都作过以《估客乐》或《贾客词》为题的诗歌，但没有哪

一篇能比得上宝月的作品，这也是因为：宝月的《估客乐》是一个特定的历史时代的产物。 （王小盾）

行 路 难 释宝月

君不见孤雁关外发，酸嘶度扬越。空城客子心肠断，幽闺思妇气欲绝。凝霜夜下拂罗衣，浮云中断开明月。夜夜遥遥徒相思，年年望望情不歇。寄我匣中青铜镜，倩人为君除白发。行路难，行路难，夜闻南城汉使度，使我流泪忆长安！

《行路难》为乐府旧题，古辞不存。《乐府解题》说："《行路难》备言世路艰难及离别悲伤之意，多以'君不见'为首。"《续晋阳秋》说："袁山松善音乐，北人旧歌有《行路难》曲，辞颇疏质，山松好之，乃为文其章句，婉其节制。每因酒酣从而歌之，听者莫不流涕。"可见《行路难》词多悲哀之音。

本诗由三个层次构成。首四句为第一层，写游子思妇，两个方面同时着笔，而以秋夜闻雁声贯串。以孤雁哀鸣写游子思妇，这是古诗中常用的手法。如曹丕《杂诗》："草虫鸣何悲，孤雁独南翔。郁郁多悲思，绵绵思故乡。……向风长叹息，断绝我中肠。"又说："漫漫秋夜长，烈烈北风凉。展转不能寐，披衣起彷徨。彷徨忽已久，白露沾我裳。"本诗颇有化用曹诗的地方，而曹诗又是从借鉴古诗《明月何皎皎》来。诗的首句以"君不见"起，是《行路难》乐府题的常格。从孤雁发于"关外"，远度"扬越"，由北而南，知此时正是深秋节令。"孤雁"一语虽已成为这类题材的凝固意念，但它对游子或思妇说来，仍是一种心理反射。而"酸嘶"与之呼应，也是从人即游子、思妇的感受说起。第三句"空城客子心肠断"，第四句"幽闺思妇气欲绝"，都从夜闻"孤雁"而来；一个"心肠断"，一个"气欲绝"，一种相思，两处相关，而雁声则为传情之物。

以下两层分写思妇、游子。第五句至第十句写思妇。思妇因怀人夜不能寐，一个人孤独地在庭前踱着步，不知不觉，已过了深夜。忽然低头看见罗衣上已结满霜华，便用衣袖轻轻拂了几下，可是仍无意回房。她抬眼望望天空，许久天上连一颗星星也看不见，这工夫却见浮云裂开一道缝隙，露出一轮满月，洒下遍地清辉。人说月圆是亲人团聚的吉兆，以前她自己也总是盼望月圆时，可是月亮一次次圆了又缺了，征人却始终未归；多少年过去了，"夜夜遥遥徒相思"。尽管如此，思妇的一片痴情终不歇。"望望"，是望了又望，望了又望，望穿双眼。本篇写思妇怀人之苦，情境、意蕴并没有什么特别。它与传统不同的地方，在于表现技巧。如《古诗十九首》中的《孟冬寒气至》:"孟冬寒气至,北风何惨慄。愁多知夜长,仰观众星列。三五明月满,四五蟾兔缺。"其意象有某种集合性,其表情方式也基本是直接抒发,不假缘饰。本篇则有所不同。其情感则是从景物的变化及人的具体行为中见出。此种情况,以"凝霜夜下拂罗衣,浮云中断开明月"为特著。这样不仅形象鲜明,而且更含蓄蕴藉。第九句和第十句"寄我匣中青铜镜,倩人为君除白发",更显得情意深长。青铜镜在匣中珍藏多年,本是为待游子的归来,可是游子总不见归来,这青铜镜留在匣中又有什么用?青铜镜本是为照青鬓朱颜,可如今,他大约已添了白发了,于是想到寄镜。不言悲凉之意,自是悲从中来。"倩人为君除白发",表现思妇对游子的体谅之情,细意委曲。这两句诗意紧扣上句的"情不歇"三字。

第十一句至第十四句为第三层,写游子。"行路难"三字,用乐府点题之法;重复之,加重感情的抒发。"行路难,行路难",如一声声悲怆的叹息。以下两句是"行路难"一语的落脚点。"夜闻""汉使度",表明游子流落胡中。因多年羁留异国他乡不得回归故土,闻汉使而遽兴故国之悲思。结尾句著"忆长安"一语,与第二层呼应,以见出两情如一,上扣第一层闻鸿"肠断"、"气绝"。　（齐天举）

梁　诗

【作者小传】

沈　约

(441—513)　字休文,梁吴兴武康(今浙江湖州吴兴区)人。少孤贫好学,刘宋时,仕至尚书度支郎。齐立,为太子萧长懋记室,带襄阳令,入为步兵校尉、太子家令。竟陵王萧子良开西邸招士,约为"西邸八友"之一。齐武帝末,官至御史中丞。齐废帝郁林王立,被出为东阳太守。齐明帝时,征还,为五兵尚书、国子祭酒。废帝东昏侯立,出为南清河太守。齐末,大力赞翊萧衍(即梁武帝)代齐。梁立,任尚书仆射,封建昌县侯,官至尚书令、太子少傅,卒谥曰隐。事迹具《梁书》卷一三及《南史》卷五七本传。约为永明体诗代表人物之一,为诗讲究声律,与周颙等创"四声八病"之说,诗风清丽。有集一百卷、其他著述一百九十余卷,已佚,明人辑有《沈隐侯集》。又作《宋书》一百卷传世,为二十四史之一。遗诗辑于《先秦汉魏晋南北朝诗·梁诗》卷六、七。

昭君辞 沈约

朝发披香殿，夕济汾阴河。于兹怀九逝，自此敛双蛾。沾妆如湛露，绕脸状流波。日见奔沙起，稍觉转蓬多。胡风犯肌骨，非直伤绮罗。衔涕试南望，关山郁嵯峨。始作阳春曲，终成苦寒歌。惟有三五夜，明月暂经过。

昭君即王昭君，是汉元帝时宫女。匈奴呼韩邪单于来朝时，汉元帝将昭君嫁给了单于。昭君出嫁匈奴的故事引起后人的无限感慨，屡有歌咏其命运的诗歌。至沈约时，昭君出塞已经成了诗歌中的传统题材了，所以此诗就题材与表达的内容情感而言并无多少新鲜之处，但在剪裁与刻画技巧方面颇具匠心，仍显出与众不同之处。作者写昭君诗却不把注意力放在昭君出塞前后的一系列具体事件的叙述上，对于昭君出塞的缘由、过程以及出嫁匈奴后的生活和最终结局并不涉及，而是着重描写她离开汉宫前往匈奴途中的所见所感，从这样的角度写，更显得集中、精致。

诗从昭君辞别故国、北上与匈奴成亲写起。“披香殿”是汉代后宫殿名，“汾阴河”似指汾水，在今山西省境内。昭君北上时是否渡过汾水难以确知，作者此处用“汾阴河”与前句中的“披香殿”对举，意在暗示昭君已远离中原故土，进入北方边远之地，地域的转换表示行程渐远，风物已变，全诗描写的离愁别恨也从此引出。接着的四句，便转入对昭君痛苦情状的描绘。“于兹”二句说离宫北上，渡过汾水，离匈奴渐近了，不由得黯然魂逝，自此双眉紧锁，愁苦满怀。“沾妆”二句是对昭君忧伤容貌的描绘，沾在粉妆上的泪珠犹如浓重的露水，泪水环绕眼睑状似流波。大多数齐梁诗人有这么一种倾向，即描写刻画精致细腻，不厌其详，以此显示自己在这方面的才能。沈约这四句诗便是如此，然而这类精细的刻画有时也会因过于繁复而使诗歌显得板滞堆砌，缺乏生动流转之美，沈约这四句诗虽然工丽，但语义已略嫌重复，好在并未继续铺陈下去，故未使诗歌风格平弱、结构臃肿。

“日见”句起四句诗写了沿途的景象，随着行程日远，大漠中奔沙时起，随风飘转的蓬草也随之增多。塞外凛冽的寒风，不仅侵透了身上的绮罗，而且刺入肌骨。四句诗展现了大漠苍凉萧瑟的景象，奔沙、胡风的肆虐，使人倍觉长途跋涉的艰辛，飘转迁移的蓬草，更衬出昭君远离故土、飘零异域的无限哀怨。作者此处用“日见”、“稍觉”，将由汉入胡时沿途所见景物的渐变及其对人物心理的影响刻画得很委婉细致，奔沙、转蓬等也很好地烘托了气氛。

行行日已远，触目又皆是与故国迥异的景象，昭君更思念故国了。“衔涕”二句写她含泪南望，然而关山阻隔，故国杳渺，心中的哀怨之情更难以抑制，这里用一“试”字，颇为传神，既写出昭君频频回首引领眺望的神情，又显示了关山无极，南望非易，从而愁绪愈浓。“始作”二句写她试图用音乐排遣胸中的怨情，然而终于不能。据说汉武帝时，将公主嫁给乌孙王昆莫。“令琵琶马上作乐，以慰其道路之思”，送昭君时大约也如此，故沈约诗中有此二句。“阳春”、“苦寒”均为乐曲名，“阳春”原是楚国的古曲，此处泛指欢乐的曲子，“苦寒歌”即汉乐府《苦寒行》，这里泛指辞调哀苦的乐曲。“阳春曲”与“苦寒歌”相对，且分别用“始”、“终”二字，别有深意，实际上这两句还以乐曲为象征，总括了昭君初始入选宫中，最终事与愿违，未承恩宠而出嫁匈奴的悲剧性的一生，揭示了昭君命运的蹇踬。最后二句言南归无望，日后唯有每月十五日的夜晚，明月又圆之时，聊以望月来寄托思乡之情。这里的“暂”字用得也极讲究，思乡之情无以排遣，只得寄托于夜空中团圆的明月，这本已是无可奈何中仅存的一丝慰藉，然而这明月却并非夜夜都圆，则此情之最终不可排遣也就不难体会了。末二句委婉含蓄，富于思致，所谓“含不尽之意于言外”。

此诗除了剪裁上颇有特色，字句的锻炼也极工巧外，还有一个特点不容忽视，即讲究声律。沈约是永明体诗歌的代表，他主张在诗歌中运用声律法则，因此，此诗有半数诗句为律句，尤其是第三、四、五、六句，就每一联而言，已合于律诗的平仄要求了，只是联与联之间尚未考虑粘接。有意识地追求声律协调是齐梁诗坛上出现的新气象，沈约在这方面起了重要的作用，为后来唐代律诗的形成作出了贡献，此诗便是他声律理论在创作中运用得较为成功的一例，因此，欣赏此诗，不能不注意到这点。

（周　锋）

临高台　　　　沈约

高台不可望，望远使人愁。
连山无断绝，河水复悠悠。
所思竟何在？洛阳南陌头。
可望不可见，何用解人忧？

《临高台》，汉鼓吹铙歌十八曲之一。《乐府解题》曰：“古辞言：‘临高台，下见清水中有黄鹄飞翻，关弓射之，令我主万年。’若齐谢朓‘千里常思归’，但言临望伤情而已。宋何承天《临高台》篇曰:‘临高台,望天衢,飘然轻举凌太虚’,则言超帝乡而会瑶台也。”按《乐府诗集》所收魏文帝曹丕《临高台》,即《乐府古题》所谓古辞,而谢朓、王融、简文帝、沈约、陈后主、张正见、萧悫诸作,或言高台望远之情,或写崇台眺望之景,可见齐梁以来诗人已将《临高台》视同诗题了。沈约此作,抒写高台望远而不见的愁绪,是六朝诗人此题中写得比较好的一篇。

一开头就从反面着笔。“高台”本以望远,而反说“不可望”,起势突兀,给人以悬念。紧接着,用顶针格重复上句末尾“望”字,对提出的悬念加以解释——“望远使人愁”。两句一纵一收,一开一合,有顿挫波澜,同时又显得流畅自如,富有气势。以下就紧紧围绕“望远使人愁”这个主意来写。

“连山无断绝,河水复悠悠。”三四两句写高台远望所见:重重叠叠的山岭,一直往远处绵延伸展,不见断绝;悠长不断的河水,也一直向前方蜿蜒流去,不见尽头。登高所见的山河阔远之景,本当使人神远,但由于所思念的人远在“连山”“河水”之外,那重叠的连山便反而遮断了望远的视线,那悠悠的河水也更牵引着自己的悠悠念远之情了。两句大处落笔,写景浑括,景中寓情,令人想见诗人极目山河时那种瞻望弗及的空寂感和惆怅感,不言愁而愁绪自见。

仿佛是为了解释读者心中的疑问,接下来两句又用自问自答的方式对所思者之所在作了明白的交代:“所思竟何在?洛阳南陌头。”身在江南,而对方则远在洛阳,则不但距离遥远,而且南北隔绝了。这两句如作一般叙事看,不过如上文所说,交代所思者之所在而已,妙在于自问自答中流露出一种难以排解的忧思和无可奈何的情绪,而摇曳有致的格调又加强了这种忧伤无奈的情感。七八句就在上六句的写景、抒情、叙事的基础上作一总收:“可望不可见,何用解人忧?”望远本为解忧,但望而不见,反增离愁,则不如不望了。这一联正反应首联“不可望”“使人愁”,首尾贯通。

诗的意思极明白单纯,不过抒写高台望远不见的愁思,也没有刻意经营的警句,完全是素朴的家常语,但读来却感到有一种真挚的情思流注盘旋于字里行间,而且能明显感到抑扬开合的节律和情感的起伏流动。沈约是新体诗的倡导者,但他的佳作如《别范安成》及本篇倒相当典型地体现了汉魏古诗情感朴质真挚,情味隽永的特点。这说明,一种新的诗歌理论及体制从倡导到成熟需要一个较长的过程,而旧的体制与写法运用起来往往更加得心应手。

沈约生活的时代,南北对峙已经延续一个多世纪。诗中所说的远在“洛阳南陌头”的所思者,究竟是实有其人还是虚拟,究竟是写实还是象喻,恐怕很难肯定。有意思的是,梁简文帝的《临高台》中也出现了“洛阳道”的意象,诗云:“高台半行云，望望高不极。草树无参差，山河同一色。仿佛洛阳道，道远难别识。玉阶故情人，情来共相忆。”与沈作对照，似乎可以悟出所思的“情人”多少带有虚拟象征的意味。但所指为何，就难以妄测了。（刘学锴）

夜夜曲　　沈　约

河汉纵且横，北斗横复直。
星汉空如此，宁知心有忆？
孤灯暧不明，寒机晓犹织。
零泪向谁道，鸡鸣徒叹息。

《夜夜曲》，乐府杂曲歌辞的一种，它的创始人便是沈约。《乐府解题》云：“《夜夜曲》，伤独处也。”沈作有二首，皆写同样的主题。此为第一首，写空房独处的凄凉况味尤为具体而细致。

此诗共八句，可分前后两段，段各四句。每段开头二句均用对偶，结尾二句以白描手法抒写思妇惆怅自怜的内心感情。从前段到后段，思妇的感情有发展，有变化，直至结尾，形成一个高潮。

“河汉纵且横，北斗横复直”，写思妇长夜不眠，观看天空景象。诗中虽未直截写人，而人物的神情自可令人想见。古诗中用星辰位置的变易反衬思妇感情的愁苦，例子甚多。如《古诗十九首》云：“明月皎皎光，促织鸣东壁。玉衡指孟冬，众星何历历！”又云：“迢迢牵牛星，皎皎河汉女。纤纤擢素手，札札弄机杼。”前人皆以为本之于《诗·小雅·大东》，如《文选》李善注“河汉女”云：“《毛诗》曰：‘维天有汉，监亦有光。跂彼织女，终日七襄。虽则七襄，不成报章。’毛苌曰：‘河汉，天河也。’”观沈约此诗，当系近承《古诗十九首》，远绍《诗经》之《大东》，当然在具体描写上也有所不同。它开头二句说银河由纵到横，北斗由横到直，通过写景显示了时间的迁延。用一句通俗的话说，便是斗转星移，时间已过了很长。在此漫漫长夜，思妇耿耿不寐，心中必有所想，于是诗人借她的口吻说道：“星汉空如此，宁知心有忆？”星汉本为无知无情之客体，怨它何来？这种写法便是古人所常说的“无理而妙”。仿佛在说，银河啊，你空自流转；北斗星啊，你徒然横斜，你们怎知我心中在想念一个人？“星汉”句总括上文又作一顿挫，着一“空”字，似乎把前面铺排的两句一下子推倒，令人感到不可思议。“宁知”句把思妇胸中的一股怨气，喷薄而出，着一“宁”字，与前面的“空”字紧相呼应，把人物的感情引向内心深处。二句全系脱口而出，声情毕肖，确有如闻其声，如见其人的效果。

如果说前半段以天空之景烘托思妇孤栖之苦，那么后半段则转而以室内之景映衬人物独处无聊的心态。空房之内，一盏孤灯，半明不灭，那暗淡的灯光，正象征着思妇的情怀。她孤独难耐，于是不管天寒地冻，踏起织机，织起布来。在这里，诗人没有照搬《诗经》与古诗，光写天上织女，而是将天上移到人间，写思妇亲理寒机。因此使人读来，更富有现实感。从对偶方面讲，这一联比前一联更为精当。因为前一联并列两件性质相近的事物，其弊如后人评价近体诗时所说的"合掌"。而这一联则意不相重，且层层推进，前句说灯不明，是在深夜；后句说晓犹织，则已到天亮了。从深夜到天明，思妇由独守孤灯到亲理寒机，层次鲜明，动作清晰，恰到好处地表现了她的孤独之感。

结尾二句，承上文而来。思妇彻夜未眠，所忆之人缥缈无踪，眼望孤灯，手理寒机，心中分外凄苦，于是她情不自禁地哭了。尽管泪流不已，又有谁同情她呢？又能向谁诉说单身独处的苦闷呢？她只有哀哀自伤，徒然叹息。结句"鸡鸣"二字，紧扣上句的"晓"字，而"徒"字又与前段的"空"字遥相照映。此刻女主翁的孤独之感已达到了顶点，天上的星汉也好，自己的忆念与叹息也好，一切的一切，都是空幻而徒然的。她绝望了……

（徐培均）

留真人东山还　　沈　约

连峰竟无已，积翠远微微。
寥戾野风急，芸黄秋草腓。
我来岁云暮，于此怅怀归。
霜雪方共下，宁止露沾衣。
待余两岐秀，去去掩柴扉。

此诗当作于南齐隆昌元年(494)岁暮东阳(今浙江金华)任上。永明十一年(493)，武帝萧赜薨，遗诏司徒萧子良与西昌侯萧鸾(次年先后废郁林王、海陵王，自立为明帝)辅政。年仅二十的郁林王即位后，政多由鸾出。武帝不豫时，王融等力主拥戴子良，郁林即位融旋被杀，或因沈约任过司徒长史，为子良旧僚之故，不久便被出为东阳太守。"出守东阳，意在止足"(《梁书》本传)，诗人一方面为远离政治斗争的是非之地而感到庆幸，另一方面又因仕途坎坷颇觉痛苦，故其《登玄畅楼》云："上有离群客，客有慕归心"；"信美非吾土，何事不抽簪。"此诗借留真人东山还之题，抒发怀归及高蹈之情。"留"，一作刘。"真人"，道士之别称，以其能存养本性，故称之。"留真人"，其人不详。"东山"，一作"东南"。

"连峰竟无已，积翠远微微"，首二句东阳四围山色。连峰重叠，无穷无尽；山色积翠，邃远幽静。微微，幽静深邃之状。诗人《登玄畅楼》云："危峰带北阜，高顶出南岑"，刻意描绘东阳山峦的高耸，与此诗侧重点虽不同，但都写出东阳四周多山的特色。陈祚明评此诗曰："起句便尔苍然"（《采菽堂古诗选》卷二十三）。首二句东阳环境，写地；次二句"寥戾野风急，芸黄秋草腓"，物候，写时。"寥戾"，风声。"芸黄"，见《诗·小雅·苕之华》："芸其黄矣"，疏："芸为极黄之貌。""腓"，草枯貌。野风寥戾凄急，秋草枯黄披靡，秋景一片萧条，感伤之情已在其中。"野风"、"秋草"，还逗出下四句的霜雪及怀归之情。我来东阳，此时已是岁暮，惆怅及怀归之情随着物候的衰杀凄凉与日俱深。你看，这天气非霜即雪，岂仅仅是秋露而已；秋露已足动人怀归之情，何况是霜雪呢！"宁止"，反问且加深程度之语。"两岐秀"，用《后汉书·张堪传》事："（堪）拜渔阳太守，捕击奸猾，赏罚必信，吏民皆乐为用。匈奴尝以万骑入渔阳，堪率数千骑奔击，大破之。郡县以静。乃于狐奴开稻田八千余顷，劝民耕种，以致殷富。百姓歌曰：'桑无附枝，麦穗两岐。张君为政，乐不可支。'""待余两岐秀"，为政东阳，必当有绩，虽是自勉自激的话，但一"待"字，仍掩饰不了归期难等之情，笔含酸楚。"去去掩柴扉"，政局不稳，仕途不畅，今日真人你还自东山，异日我东阳任满，将掩柴扉而高卧。诗中所写，与诗人《八咏楼·被褐守山东》（亦作于东阳）结二句"秩满归白云，淹留事芝髓"意同。沈约晚年笃信佛教，但宋齐时佛道思想并存，出守东阳的二三年间，道教思想更占主导地位，其《游金华山》云："天倪临紫阙，地道通丹窍"，东阳金华山传说为赤松子得道处，固是一个原因，但最重要的则是时局和仕途的关系。

这首诗虽题为《留真人东山还》，然而全诗完全撇开真人，只在自家落笔，借题发挥，抒写情怀，以让对方理解自己怀抱。这种写法，不仅在隐侯集中较特别，就是在当时或其后诗人的作品中都较少见。此诗起句苍翠满目，而"寥戾"以后由景而情，愈写愈悲，"两岐秀"一振，故作旷达，但更觉无奈，凄凉满目，所谓异日掩柴扉无非是对今日现实的牢骚和不满的另一种说法而已，由此可以看出诗人谋篇布局的讲究。（陈庆元）

酬谢宣城朓　　沈　约

王乔飞凫舄，东方金马门。从宦非宦侣，避世作避諠。揆予发皇鉴，短翮屡飞翻。晨趋朝建礼，晚沐卧郊园。宾至下尘榻，忧来命绿尊。昔贤侔时雨，今守馥兰荪。神交疲梦寐，路远隔思存。牵拙谬东汜，浮惰及西崑。顾循良菲薄，何以俪玙璠。将随渤澥去，刷羽泛清源。

沈约与谢朓曾在竟陵王西邸结为文友，嗣后又一同在宦海中沉浮；在这过程中经常相互推许，相互勉励，交情是很深的。

齐明帝建武元年(494)，正是朝廷多事之秋，萧鸾(明帝)先后杀了曾受皇位的萧昭业和萧昭文，登上帝座。竟陵王忧惧而死，随王及诸王也相继被杀，游于诸王门下的沈约与谢朓也受到冲击，沈约先由吏部郎出为东阳(今属浙江)太守，接着谢朓也于翌年出为宣城太守。不久，沈约即被召回朝廷，进号辅国将军，征为五兵尚书；但是，谢朓却仍滞留宣城太守任上，还生了一场病。在病中，他写了一首诗给沈约，题为《在郡卧病呈沈尚书》，诗中叙写他在宣城似官似隐、亦官亦隐的宦海生涯，也表达了对沈约的怀念："良辰竟何许，夙昔梦佳期。"于是，沈约写了这首酬答诗《酬谢宣城朓》，诗题一本作"谢宣城朓卧疾"。沈约这首酬答诗前半首(十句)抒写了自己的宦况和胸怀，后半首(十句)则对谢朓加以赞颂和勉励。

头两句写王乔，写东方朔，并没有太深的寓意，只是说他自己曾经当过县令，而今官至尚书。"王乔飞凫舄"，传说王乔为东汉时人，曾经当过鄴县令。每月初一自县治至朝中晋见，皇帝见他来来往往不曾坐车，也不曾骑马，感到诧异。便派人窥探他用什么交通工具，只见他将入朝时，有两只凫(野鸭)从东南方飞来，于是派人暗中等待飞凫来时，张网捉之，抓到一只，原来却是一只舄(鞋子)。这则神仙佳话，后来便成了县令的典故，以"凫舄"作县令，以"凫飞"代县令去官。《梁书·沈约传》载，沈约"齐初为征虏记室，带襄阳令"。就是说，齐高祖萧道成建国之初，他曾经当过襄阳县令，这正切合"飞凫"典故。"东方金马门"，是说汉武帝时，东方朔待诏金马门，为皇帝近臣。东方朔是因善"俳词"诙谐得以亲近皇帝的，这里沈约以东方朔自拟，意在说明他以文词见重于朝廷，近似东方朔待诏金马门。这句当是指自己入朝为尚书事。

"从宦非宦侣，避世作避諠"，这两句写自己与谢朓在仕途上的不同经历和共同态度。两人当官内外上下常不同时，也不同阶，没有做过同僚，可以说"非宦侣"；然而他们有一点是共同的，有避世的想法，却无避世之实，只是把逃避朝市的喧闹权代避世而已。《梁书·沈约传》云："(沈)约性不饮酒，少嗜欲，虽时遇隆重，而居处俭素。"有点身在魏阙，而心在江湖。这与谢朓的所谓"既欢怀禄情，复协沧洲趣"(《之宣城郡出新林浦向板桥》)，有近似之处。他们尽管宦途上并非齐肩而进，但都有亦官亦隐的情趣。

“揆予”六句，写他如何得到皇帝的赏识，虽然像短翅膀的鸟儿，却向上翻飞，又写他如何早朝理政，晚沐郊园，再写他如何客来像徐孺下榻迎接，忧来则像曹操借酒解忧。这六句写的是谢朓去宣城以后，沈约自己的宦海经历和幽思情致。沈约在朝为官时，并没在京中建造豪华的第宅，而是在郊外的东田盖了几间茅房作为第宅，并作了《郊居赋》。赋云：“尔乃傍穷野，抵荒郊，编霜菼，葺寒茅。构栖噪之所集，筑町疃之所交。”他退朝后便是居住在这荒郊野外的茅屋之中。实际上也近于隐居生活。这也正是他所向往的，即《郊居赋》所谓“迹平生之耿介，实有心于独往，思幽人而轸念，望东皋而长想”，亦即上文所谓“避世作避諠”。

自“昔贤”句以下，笔锋一转，即把描写对象转向谢朓，赞颂谢朓的贤能，抒写对谢朓的怀念，再联系自己说了一些鼓励的话语。“昔贤侔时雨，今守馥兰荪”，说这位宣城太守如同昔贤，布泽于百姓，其美德之芳馨，犹如兰荪之类的芳草。《韩非子·主道》云：“是故明君之行赏也，暖乎如时雨，百姓利其泽。”这里言谢朓之侔同于“时雨”，并不是指他为“明君”，而是说其泽利于百姓；所以其香馥之气胜过兰荪。谢朓在宣城任太守，的确很关心民瘼，为老百姓做了一些有益的事。天旱的时候，他和老百姓一起到敬亭山去求雨，写了《赛敬亭山庙喜雨》诗。他为政重本抑末，反对兼并，他在《赋贫民田》诗中说“会是共治情，敢忘恤贫病”，“敦本抑工商，均业省兼并”，这都说明他在那里施行了有益于民的德政。沈约对他的赞颂，不是没有根据的吹捧。

“神交疲梦寐，路远隔思存”，写出对于谢朓的思念，即在梦寐之中，也无时不神驰于左右，即在千里之外，也无时不存想于心胸。从这里可以看出两位诗人的交情之深，思念之切。所谓“文人相轻，自古而然”（曹丕《典论·论文》），在他们二人之间，我们看不到这种陋习。这两句诗所表现的情谊，真可以看作唐代诗人李（白）杜（甫）春树暮云（杜甫“渭北春天树，江东日暮云”）之思的先声，是古来文人交谊的典范。

“牵拙”四句是诗人的自谦，也是对友人的鼓励。“东汜”指日出处，“西崑”指日落处。这是唐代李周翰的注解。按照这样注解，“牵拙谬东汜，浮惰及西崑”，其大意当是诗人谦称自己才拙性情，以致虚度光阴。“菲薄”，言质性浅陋；“玙璠”，君王所佩的美玉。诗人谦称自己的确（良）才疏学浅，无法同谢朓这样的美玉俊才相比拟（俪）。这四句是沈约故意妄自菲薄而对谢朓作言不由衷的溢美吗？不是的，这里很富于真情实感。沈约对谢朓的才华的赞许是一贯的，就在谢朓含冤而死之后，他所作的怀旧诗《伤谢朓》还是给予高度的评价：“吏部信才杰，文锋振奇响。调与金石谐，思逐风云上。”

结尾两句态度由赞许转为鼓励,格调低沉转为激昂。“渤澥”,即渤海,古时亦泛指沧海;“清源”,清水源,这里指清流。“将随渤澥去,刷羽泛清源”,言将如飞鸟(鸿雁之属),随流入海,刷羽泛波,到达一个新的境界。唐骆宾王《秋雁》诗结句“何当同顾影,刷羽泛清澜”,与之近似,有互勉互慰之意。这末尾两句虽然意象不很鲜明,也许还带有玄言诗的影子,显得模糊,但肯定是对谢朓的鼓励,鼓励他追求一种新的人生境界。

这首酬答诗,把叙事与抒情结合起来,抒情之中带叙事,透过言表,叙事反而后于主导地位;这首酬答诗多用赋比手法,而比则多用一般性的以物为比和以事为比,很少以景为比,又缺乏起兴的句子,所以虽有巧思,却缺少韵味。给人的印象是,词采有馀,而情韵不足。不过能以如此宏大的篇幅,容纳如此丰富的内容,不是大手笔,也是难于达到这样的境界的。 (林东海)

新安江至清浅深见底贻京邑同好 沈 约

眷言访舟客,兹川信可珍。洞澈随清浅,皎镜无冬春。千仞写乔树,万丈见游鳞。沧浪有时浊,清济涸无津。岂若乘斯去,俯映石磷磷。纷吾隔嚣滓,宁假濯衣巾?愿以潺湲水,沾君缨上尘。

据《梁书·沈约传》记载,隆昌元年(494),沈约除吏部郎,出为东阳太守。新安江源出安徽婺县,流经浙江,是自建康赴东阳的必由之路。这诗就是此行途中所作。

首二句破题,诗人乘舟溯流,泛临新安江上,发现江上风景非常优美,心情为之一振,不由发出“兹川信可珍”的由衷感叹。接下四句,即承“兹川信可珍”意,铺陈描写。无论深处还是浅处,江水都清澈缥碧,略无一点一滴浑浊;无论春天还是秋天,江水都皎若明镜,不沾一丝一毫尘埃。江水简直清澈透了。所以,透过千仞江水,沿江山峰上苍松碧树的身影仍然清晰可见;俯视百丈水府,神情自若、倏忽往来的游鱼也络绎分明。“千仞”、“百丈”,极言江水之深——江水深深如许,而仍能映见乔树,忽闪游鱼,则一湾碧如玉清如月的新安江水,宛然可见。“写”、“见”二字,逼现水底奇景异观,直将江水之清莹缥碧反映出来。总此四句,诗人通过绘写江水之“深”,衬写出江水之“清”,以至使人感到虽深犹浅。这就是诗题中点出的“新安江至清浅,深见底”的韵致。新安江之“信可珍”,正在于它的“清”。

京官外发，一般都具有贬的意味。沈约此后曾致书徐勉，中有“出守东阳，意在止足”之语（见《梁书》本传），颇有点自宽自慰自我解嘲的意思，可见当时他的心情还是比较低沉的。世事浑沌，祸福难倚，万物皆空矣，由此，修行励志、洁身自好的独善其身的念头便油然而生。接下六句便是抒发这一情怀。七、八二句分用两个典故。“沧浪”句源出一首童谣：“沧浪之水清兮，可以濯吾缨；沧浪之水浊兮，可以濯吾足。”（见《孟子·离娄》）孔子从中抽绎出了人生的哲理：水清，则濯缨；水浊，则洗足——时世承平，则进而兼善天下；时运不济，则退而独善其身。“清济”句意出《战国策·燕策》：“齐有清济浊河。”沈约用此二典，前句顺用，后句反用，都为一意：沧浪之水有混浊的时候，清济之水也有干涸的时候。既然如此，那么“岂若乘斯去，俯映石磷磷。纷吾隔嚣滓，宁假濯衣巾”？诗人想到，既然自己时运如此不济，既然自己不能随世沉浮，那么，此次前往东阳，便与京师嚣世自然隔绝了，可以自由自在徜徉山水，泛咏皋壤，过上一段清静悠闲的日子了，何必还要假藉沧浪之水来洗濯衣巾、涤神爽志呢？《文选》李善注此句：“谓去京师嚣尘之地以往东阳，自然隔越，亦不须濯衣巾。”正点出此旨。细加品味，诗人言语之间颇有些“久在樊笼里，复得返自然”一般的庆幸之感。值得注意的是，自“沧浪”句以下，诗已转入抒情；但紧跟“岂若乘斯去”，却落“俯映石磷磷”一句，又回到写景，似颇突兀。实际上，这正是匠心独运之笔。抒情伊始，嵌入一句写景，首先便将诗意荡漾开去，在诗法上，恰似淡云出岫，显得舒展自如，张弛有度，而且，磷磷水中之石，棱角分明，自有一种清峻坚劲的品格在，诗人俯瞰其貌，不期然唤起了崇敬和向往之意，仿佛从中找到了自己的精神依托，映现出了自己的影子。所以，突入此句，实在是一种精神的宣言和戛戛独造的峥嵘品格的展现，暗寓了诗人此去东阳的人生追求，谓之神来之笔，殆不为过。最后，诗人似乎意犹未尽，寄语京城中的朋友：“愿以潺湲水，沾君缨上尘。”我愿以此清莹净澈之水，来洗涤各位朋友帽子上的灰尘。言语之中，颇有“世人皆醉我独醒”的自得。此句收束全篇，照应诗题，显得周到而严密。诗人的精神似乎获得了解放，他不但洋溢出一种远离尘嚣的轻松愉快之情，更抑制不住透露出一种俯视人寰的超脱和自豪之感。

诗人是久经官场沉浮了，对于一般的荣辱升迁，似乎并不那么特别究心。他以极平静的心情，欣赏新安江的清绮风光，描绘新安江水的清浅透澈，从而折射出诗人的清思洁想。而只是在游览的观想和反思之中，才逐渐流露出了身世之感和隐退之意，并由此反映出由苦闷、沉郁到解脱、轻松的复杂的思想历程。沉稳，老到。反映到文思上，便显得从容不迫，纡徐有致。从写景到抒情，从构句到用典，笔调细腻，婉转多姿，转换贴切自然，景、情、理络绎生辉。在庄重、澹淡的风貌中，显现出圆熟、深沉和隽永的神韵。（吴小平）

早发定山　　沈 约

夙龄爱远壑，晚莅见奇山。标峰彩虹外，置岭白云间。倾壁忽斜竖，绝顶复孤圆。归海流漫漫，出浦水溅溅。野棠开未落，山樱发欲然。忘归属兰杜，怀禄寄芳荃。眷言采三秀，徘徊望九仙。

此诗与《新安江至清浅深见底贻京邑同好》作于同时。当时，沈约出为东阳太守，在赴任途中经过定山（在今浙江杭州东南），写下了这首清新悦目的山水诗。

诗人开头说他年轻时候就雅爱高山远壑，晚年又见到了这座奇秀的定山。实际上，屈指算来，沈约此时也才五十余岁，这里说“晚莅”，是有意拉长从年轻到老年的时间跨度，以极言自己爱山爱水的至深至切。既是如此，而今又得新睹一座奇秀之山，诗人且惊且喜的兴奋之情，也就尽在不言之中了。所以，首联虽平言浅语，涵意颇丰。诗人对定山的总体印象是“奇”，因而称为“奇山”。以下八句，就是围绕这一“奇”字而展开的。首状山之高绝：“标峰彩虹外，置岭白云间”，奇峰峻岭，高耸于云水之间，直刺出依天长虹之外。仅此一联，便将定山雄姿写神写活。次写山之险峻：“倾壁忽斜竖，绝顶复孤圆”，悬崖峭壁，或矗起直指长空，或斜立俯视大地，睹之令人目迷神炫；直到极顶绝处，山势才稍展平缓。“孤圆”二字传神，状写出险峻中有平缓、坦畅处见奇兀的绝顶之势。再次则写山下水势：“归海流漫漫，出浦水溅溅。”此时，诗人视线已转移到山底。只见钱塘江水浩浩荡荡，直赴大海，那奔腾激溅而起的朵朵浪花，欢快跳跃，煞是壮观。山蓄水势，水壮山威，这与绝顶之孤圆一起，都足证定山确实是无处不奇。接下来，诗人把视线从渺远的海口收转回来，静心观赏起了盛开的山花。紫的海棠，红得如火欲燃的山樱……绚丽多彩的颜色，绘写出一派生机盎然的景象。“远壑”、“奇山”的神奇诱惑，大自然的无可抵御的魅力，深深地吸引着诗人，陶醉了诗人，使他流连忘返，飘飘欲仙。所以，最后四句，诗人便由衷地抒发了返归自然的理想。兰草、杜若、荃草，是《楚辞》以来诗文中经常引用的物象，用以比喻修诚立行、洁身自好，诗人这里也因承此意。“忘归属兰杜”与“怀禄寄芳荃”虽为工整对句，却暗寓前因后果关系。惟因意属兰杜，憺而忘归，故虽为怀禄做官之人，亦情寄芳草。

此联总束写景，并由景中具象征意义的兰杜芳荃，转入抒怀，在章法上显得老到圆熟。最后一联，诗人复由山间芳草，联想到可以服之成仙的三秀灵芝，意欲采而餐之，像传说中的神仙何氏九兄弟那样，飘飖远逝，羽化而登仙。三秀由兰杜引出，盖二者都是《楚辞》中常用之芳草名，故生此联想，全不显牵强。全诗在企羡仙境的遐想中结束，而其景观使人得以有此遐想的定山，亦因之而恍若有仙山的风貌了。

此诗写景，全是视觉形象，诗人特别注意写出两方面的特色。一是山间形势的"势差"。高至九层云霄，低迄溅溅流水，惊心有倾壁绝顶，悦目有野棠山樱，客观形势的"势差"之大，正与主观感受的"势差"相互映衬，给人以强烈的对比感。因而，诗篇虽然层层敷衍，步步刻画，但并不生涩呆板，而是气脉贯注，意象万千，给人以清新、洒脱之感。二是注重色彩描绘。诗虽不长，却五色斑斓，异彩纷陈，彩虹、白云、青山、红樱……络绎缤纷，读之恍如欣赏一幅色彩绚丽的山水图画，使人赏心悦目，意绪流连。（吴小平）

游沈道士馆　　沈　约

秦皇御宇宙，汉帝恢武功。欢娱人事尽，情性犹未充。锐意三山上，托慕九霄中。既表祈年观，复立望仙宫。宁为心好道？直由意无穷！曰余知止足，是愿不须丰。遇可淹留处，便欲息微躬。山嶂远重叠，竹树近蒙笼。开衿濯寒水，解带临清风。所累非外物，为念在玄空。朋来握石髓，宾至驾轻鸿。都令人径绝，唯使云路通。一举凌倒景，无事适华嵩。寄言赏心客，岁暮尔来同。

《六臣注文选》李周翰曰："休文游道士沈恭馆。"沈恭，其人不详。诗借游道士馆，指出秦皇汉武求仙好道、祈求长年，其目的在于满足无穷欢娱的欲望，说明只有"止足"，不为外物所累，才是求仙得道的根基。

按语意，全诗二十八句可分为三层。前十句，秦皇汉武事。首二句极写秦皇汉武的显赫功绩。贾谊《过秦论》："及至始皇，奋六世之余烈。振长策而御宇内，吞二周而亡诸侯。履至尊而制六合，执敲扑以鞭笞天下，威振四海。"此则所谓"御宇宙"。"恢武功"，汉武帝先后发动三次大规模的对匈奴战争，"征讨四夷，锐志武功"(《汉书·礼乐志》)。"御宇宙"、"恢武功"后接以"欢娱人事尽，情性犹未充"，先扬后抑。在诗人看来御宇恢武，拓边开土，也不过是一己之欢娱而已。一

"尽"字,点明秦皇汉武凡属人事之娱无所不为,无所不尽其极。谭元春曰:"'情性'二字,有许多天子气,英雄在内,非'性情'之谓也"(《古诗归》卷十三)。"充",满。以一国之至尊,尽人世之欢娱,仍不满足,因而"锐意三山上,托慕九霄中"。"三山",海中蓬莱、方丈、瀛洲三山;"九霄",九天。三山九霄,传说为神仙所居。秦始皇求不死之药,派遣徐市发童男女数千人入海求不死之药,并令博士作《仙真人诗》。汉武帝"益发船,令言海中神山者数千人求蓬莱神人",甚至亲自"东至海上望,冀遇蓬莱",并在建章宫北治大池,"命曰太液池,中有蓬莱、方丈、瀛洲、壶梁,象海中神山龟鱼之属"。他还仰慕黄帝得道升天,说:"嗟乎!吾诚得如黄帝,吾视去妻子如脱躧耳"(并见《史记·封禅书》)。如此种种,皆二主"锐意"、"托慕"之事。"既表祈年观,复立望仙宫",亦承"锐意"、"托慕"而来。"表"、"立",互文。李善注引《庙记》:"祈年宫在城外,秦穆公所造。望仙宫在华阴,汉武帝所造。"秦皇且不论,即如武帝而言,《三辅黄图》载:"集灵宫、集仙宫、存仙殿、望仙台、望仙观,俱在华阴县界,皆武帝宫观名也。"真是不一而足!可知此二句乃以一总多,并非秦表祈年、汉立望仙而已!"宁为心好道?直由意无穷!"上句反问,下句感叹。难道他们是真心好道吗?只不过是欢娱欲望无穷而已!沈德潜指出,"欢娱"两句,"宁为"两句,"从来富贵人慕神仙之故,断得确,说得确"(《古诗源》卷十二)。

次八句为第二层,落笔己身,先叙不须丰愿,随处淹留,徜徉山水,自得其乐,游沈馆亦在其内。"止足",即知止知足,淡于名利,并能急流勇退。《老子》云:"知足不辱,知止不殆。"据《梁书·止足传》,从鱼豢的《魏略》起就有史家为止足者立传。汉代功成身退的张良,去就以礼的薛广德、疏广和疏受等,就是知止足者的代表人物。沈约自己也说过:"出守东阳,意在止足"(《梁书》本传)。诗中说,自己也是知止足者,其愿不多。"不须丰"与上文"意无穷"对照十分鲜明。因此,"遇可淹留处,便欲息微躬",能淹留处且淹留,不必强图进取。"淹留",出《楚辞·招隐士》"攀桂枝兮聊淹留",除随遇而安一义而外,多少还含有避世义。"息微躬",暗点游沈馆。"山嶂"四句具体写游。远山横黛,叠嶂重峦;近馆翠竹绿树,枝叶扶疏,一片苍郁。水出山涧,清澈寒凉,宜于濯去身上的尘滓;风来谷底,凉爽清新,又可涤荡胸中的阴霾。曰"开衿",曰"解带",有说不尽的轻松和愉快。

末十句设想求仙得道之趣。"所累非外物,为念在玄空",承上"止足"、"不须丰"。"止足"、"不须丰",是人世间具体之事,此则深化、升华为玄道,是更高一层的境界。不为外物所累,故能超然物外,所念在"道"而已。"玄空",即道。善注:"《广雅》曰:玄,道也。然道体无形,故曰空。""朋来"六句,具体铺叙超然物外,颇类一首简短的游仙诗。诗人说，只要不为外物所累，只要念在玄空，既不必"锐意"，又不必"托慕"，仙人自可握石髓、驾轻鸿而来。"石髓"，李善注引袁彦伯《竹林七贤传》："王烈服食养性，嵇康甚敬之，随入山。烈尝得石髓，柔滑如饴，即自服半，馀半取以与康，皆凝而为石。"仙境非人迹可到，只有云路可通；"人径绝"照应"所累非外物"。仙境高在日月之上，我一举而凌此境，日月都由下向上倒射。既然已至此境界，那么何必往华山嵩山去求道呢？何焯说："一举"句，"收足'游'字"（《义门读书记》卷四十六）。结二句回到沈馆。"寄言赏心客"，化用谢灵运《石壁精舍还湖中作》"寄言摄生客，试用此道推"，及《田南树园激流植援》"赏心不可忘，妙善谁能同"而成。希冀好玄空者岁暮能同我来此淹留。

此诗题为游馆，却先从虚处议论入手，擒住"意无穷"者绝不可做到"心好道"做文章，然后跌出"知止足"、"不须丰"，进而引出只有不为外物所累、念在玄空者才能做到精神上的求仙得道。而游馆游仙的描写铺叙，又反衬秦皇汉武求仙道之目的在于满足一己之私欲。秦皇汉武如此，其他最高统治者亦如此，谴责和鞭挞之意自在其中。从休文本身来说，求仙得道无疑是最高境界，但仔细玩味，则无非借游仙之趣抒发其自甘淡泊、知止足而已。休文由宋入齐，又由齐入梁，尽管此诗一时难于系年，但他至少对宋末帝王的争夺而带来的滥杀和混乱的局面已有所闻睹。因此，他不能不有所警戒，对帝王为满足无穷私欲而造成的灾难也必然有所认识。

休文是永明声律说的倡导者之一，后世有些评家遂以为其诗专事华辞丽言，单纯追求形式之美，这实际上是一种误解。即如此诗而言，就没有十分明显的雕凿之迹，却能洒脱有致。文字也较平淡，无甚奇特惊人处，而首节秦汉二主的议论，又加上中末两节的反衬，却能力透纸背，隽永深刻。何焯以为"休文五言，此诗是其压卷"（《义门读书记》卷四十三），当然不一定是定论，但此篇为隐侯集中之佳制，则是无可怀疑的。　（陈庆元）

古意诗　　沈约

挟瑟丛台下，徙倚爱容光。
伫立日已暮，戚戚苦人肠。
露葵已堪摘，淇水未沾裳。
锦衾无独暖，罗衣空自香。
明月虽外照，宁知心内伤？

诗题“古意”，与“拟古”、“效古”相似，多咏前代故事，以寄寓作者的思想感情。这首古意诗，所咏地点、人物似与作者所在的南朝无涉，但却采用了以古喻今的手法，反映了南朝的一些现实。

起句“挟瑟丛台下”，是说一位女子带着叫瑟的乐器来到丛台的下边。按《汉书·高后纪》云：“高后元年，赵王宫丛台灾。”颜师古注：“连丛非一，故名丛台，盖本六国时赵王故台也。”台在今河北邯郸市东北，汉时台下当有宫室。汉宋子侯《董娇娆》有：“归来酌美酒，挟瑟上高堂”句。与沈约同时或稍后的北齐诗人魏收也写过一首《挟瑟歌》，词曰：“春风宛转入曲房，兼送小苑百花香。白马金鞍去未返，红妆玉筯下成行。”或许能作一佐证。假定是同咏一个故事，那么诗中主人翁便是一个红妆少女，金鞍白马把她带进丛台小苑，心中悲伤，流泪不止。诗中既云“徙倚”，言其低徊彷徨；又云“戚戚”，言其忧愁痛苦，其意与《挟瑟歌》中的“玉筯（泪水）下成行”相仿佛。如果此说能够成立，就便于理解这首诗了。

自“露葵”以下，诗人不从挟瑟进宫写到君前弹瑟，而集中笔力专写女子的惆怅情怀。露葵为葵之别名，俗称滑菜。《本草》载李时珍曰：“古人采葵，必待露解，故曰露葵。”淇水，古为黄河支流，在今河南省北部，其地距河北邯郸的丛台不很远。“露葵已堪摘，淇水未沾裳”，都是女子想象之辞。她昨天伫立到日暮，悲悲戚戚地熬过一夜，第二天早上看到日出露解，遂想到家中园子里的露葵也该采摘了；但是遥隔淇水，她还没有冲破重重险阻回到家中，其内心之痛苦可知。此说亦有所据，《诗·卫风·氓》云：“桑之落矣，其黄而陨。自我徂尔，三岁食贫。淇水汤汤，渐车帷裳。女也不爽，士贰其行。”朱熹集传：“言桑之黄落，以比己之容色凋谢。遂言自我往之尔家，而值尔之贫，于是见弃，复乘车而渡水以归。”沈约此诗题作古意，当也有取于《诗经》，虽未全部搬用，但“淇水未沾裳”一句，显系从《诗经》中“淇水汤汤，渐车帷裳”化来。他的意思是说女子身入丛台，不能渡过淇水以归家，独处曲房，寂寞凄凉，遂有“锦衾无独暖，罗衣空自香”之感。综上所述，可见所写女子当出身于农村，且家住淇水的另一边。她在家时曾经从事采摘露葵之类的劳动。到了丛台以后，虽得享受奢华的生活，但心中对家乡的亲人犹眷念不已。因此，她夜里盖着锦衾，不感到温暖；白天穿着罗衣，也不觉得芳香。诗人虽写前代故事，然亦有感而发。因为以金陵为都城的南朝帝王，大都过着纸醉金迷、征歌逐舞的生活。他们的宫廷养有歌儿舞女，大都来自农村。此诗虽写古代的北方，实际上是借这面镜子，反映当时的现实，寄寓对下层妇女的同情。

结尾二句，纯系抒情。时间又到了深夜，女子空房独处，只见一轮明月高挂中天。这明月不仅在丛台可以见到，在她的家乡也能见到。“仰头看明月，寄情千里光”(《子夜四时歌》),愁人当此,怎能不惹起乡思?然而明月可望,家乡难归,于是她不由得叹息:“明月虽外照,宁知心内伤?”她内心深处隐藏着无限痛楚,连人们都无法理解,那天空的明月又怎能知道呢?诗末以问句作结,那女子的一腔怨情似乎仍在空中回荡,悠悠不尽,发人遐想。

沈约是梁代著名的声律学家。他在《宋书·谢灵运传论》中说:“夫五色相宣,八音协畅,由乎玄黄律吕,各适物宜。欲使宫羽相变,低昂互节,若前有浮声,则后须切响。一简之内,音韵尽殊;两句之中,轻重悉异。”验之于此诗,他似乎在身体力行。就字面而言,那碧绿的露葵,清澈的淇水,华丽的锦衾,芳香的罗衣,岂不是“五色相宣”?就音律而言,它押的是平声阳韵,声调铿锵,韵律和谐;而当中“露葵已堪摘,淇水未沾裳”、“锦衾无独暖,罗衣空自香”两联,对偶工整,低昂互节。这又岂不是“八音协畅”吗?经过沈约揭示了声律的秘密以后,再经过一百年左右的努力,在中国诗坛上终于涌现了“回忌声病,约句准篇”的近体律绝。回顾他在这些诗里的艺术实践,我们觉得是很有意义的。　　(徐培均)

学省愁卧　　沈　约

秋风吹广陌,萧瑟入南闱。愁人掩轩卧,高窗时动扉。虚馆清阴满,神宇暧微微。网虫垂户织,夕鸟傍楹飞。缨珮空为忝,江海事多违。山中有桂树,岁暮可言归。

此诗又题作《直学省愁卧》,“直”即“值”。建武元年(494)齐明帝萧鸾即位后,沈约进号辅国将军,征为五兵尚书,迁国子祭酒。这首诗就是他在国子祭酒任上写的。“学省”,即国学。

诗题中“愁卧”的愁,为全诗奠定了基调。首联绘写大环境。萧瑟秋风,吹过宽广的大道,扑入深重的南闱。两句给全诗笼罩上一层灰蒙蒙的色调,那秋风恰似诗人愁思满腹的内心,纷乱、黯淡。第三句诗人自称“愁人”,关照诗题“愁卧”,将“愁”的意绪直接点画出来。他关起长廊的窗户,静静仰卧,似乎要将撩逗愁思的秋风关在外面,也把愁思关在外面。但外面却秋风阵阵,不断吹打着窗户,窗扇被刮得来回摇晃,不时发出笃笃声响。这“动扉”之响,空旷而寥落,反衬出一派寂静、凄清的气氛,更加重加浓了诗人忧来无端的愁思,仿佛要将其延引到无限广袤的天地之间去。于是,诗人的愁思愈加浓郁了,触目所见,无不带有萧瑟悲凉、惨戚凄迷的色彩。虚馆紧闭,阒寂无人,充溢着泠泠清阴;神宇暗昧,昏昏暧暧,笼罩着沉沉阴霾;宇栋画角,蜘蛛结密网而下;夕阳西沉,暮鸟依曲廊而飞。

这里写景，有意造成不寻常的反差，在对比中婉转达意。“虚馆”本清静幽雅之地，却被清阴塞“满”了，“满”得使人透不过气；“神宇”本朗朗大殿，此时却已昏暧暗昧，暮气沉沉；高堂大殿，往往可见蜘蛛结网；曲庭回廊，处处都是暮鸟归飞……这就从富丽堂皇之中，传写出色彩的沉暗和景象的乱迷来。这番写景，立意也非同寻常，它暗示着诗人已从繁华中看到了衰落的征兆。这凝重而窒人呼吸的气氛，迫使诗人生起了亟欲摆脱的念头。然而，“缨珮空为忝，江海事多违”，他虽有远适江海的避世之想，却仍然不得不混迹官场，徒然地虚掷光阴。这，正是诗人居“学省”要位却不免忧来无端地“愁卧”着的真正原因。“缨珮”，古代官员衣帽之饰品，这里指官位。忝，辱之意，是做官的谦逊说法。“江海”句出于《庄子》：“就薮泽，处闲旷，此江海之士、避世之人也。”这两句值得注目的是一个“空”（徒然）字，它正道出了诗人愁绪满怀而又无可奈何的复杂心情。最后，诗人从自然界的秋末岁暮，感触到了人生的“岁暮”——“山中有桂树，岁暮可言归”，那长着亭亭桂树的山林，不正是归隐的好去处吗？人生易老，尘世富贵，还有什么可留恋的呢？不如归去、不如归去！沈约历仕三朝，后人或讥之。但从他这首诗（及其他诗作）中看，这位诗人的内心，也未尝没有超迈澹远的一面。尤其是当时诗人正值离开东阳太守的贬所而重获晋用之际，他没有沉湎于浅薄的得意之中，而是从宦海沉浮中寻味到人生应有如何的归宿才有意义：这一点，就更加难能可贵了。所以，我们若把“岁暮可言归”看成是诗人此时的心志所寄，恐怕也不是过甚其辞吧？

此诗佳处，全在前八句写景，尤其妙在以虚见实的笔法。若“高窗时动扉”，将无形的风写得有形、有声；若“虚馆清阴满”，不可捉摸的“清阴”着一“满”字，遂产生了水一般的充溢感和阴凉感。至于写景中的“景情交尽，都无浮溢”（陈祚明《采菽堂古诗选》评本诗语），更是触处可见、无须赘述了。（吴小平）

休沐寄怀　　沈 约

虽云万重岭，所玩终一丘。阶墀幸自足，安事远遨游？临池清溽暑，开幌望高秋。园禽与时变，兰根应节抽。凭轩搴木末，垂堂对水周。紫箨开绿筿，白鸟映青畴。艾叶弥南浦，荷花绕北楼。送日隐层阁，引月入轻帱。爨熟寒蔬剪，宾来春蚁浮。来往既云倦，光景为谁留？

这是一首娱情遣意、抒摅怀抱的篇什。“休沐”，就是休息以洗沐，这是继承汉代的官吏休假制度，一般是五日一休沐。《梁书·沈约传》说，沈约尝“立宅东田，瞩望郊阜”。这诗当是他闲居东田私宅时所作。

也许享受荣华富贵的同时，内心又有清高的向往；也许是世事多舛带来的经验教训，不可贪得务多，玩物丧志；总而言之，当诗人抽身繁华喧嚣的闹市和尔虞我诈的官场，投入大自然怀抱的时候，他并没有陶醉在青山绿水的赏心悦目之中，而首先是陷入了沉思——一种人生哲理的思索。诗的开头四句，即将诗人的这一特殊心态吐露出来。自然造化，气象万千，千层叠嶂，万重风烟，目遇之而成色，耳得之而为音，好景如画，美不胜收。但诗人所求，止在一丘一壑。而漫步石阶，逍遥庭院，自可耳聆山水清音，目接江河秀色，何必再劳心费神、天涯漫游呢？班嗣曾经赞扬庄子：“渔钓于一壑，则万物不奸其志；栖迟于一丘，则天下不易其乐”（见《汉书·叙传》）。这四句诗意，实际上全从班语演绎而来，诗人借此表明了知足常乐、天下不易其志的胸怀。所以，一花一鸟，一草一木，都足以逗引浓厚的兴趣，寄托遥深的情怀。

接下来六联，络绎铺写庄前宅后的旖旎风光。诗人心净如水，气清似秋，所以，临小池而神清志爽，燥热之心全消；开兰幌而心旷神怡，烦恼之怀顿释。“临池”、“开幌”，动作感很强，表明诗人从室内转向室外，从内心自我走向外界自然，因而着一“望”字统领下文。随着诗人推开窗幌，眺望高秋，一幅幅优美的山水图画便络绎迭现，一一映入诗人的眼帘。“园禽”八句写景，时空上跳跃性较大。兰根劲抽，紫箨爆笋，是春景；艾叶满浦，荷花绕楼，则是夏景；而凭轩搴木，垂堂对水，则又是写眼前之秋景。所以，这八句诗当是诗人“开幌望高秋”时，触目兴想，列述的四时之佳致。时节上，春、夏、秋三景络绎叠现，佳境纷陈；画面上，紫、绿、白、青、蓝、红等各种色彩，浓淡相间，错落有致。写“时变”是其脉络，而壮秋兴抒秋怀才是其中心。至此，诗人自己也被深深地吸引了，不由得流连忘返，澹然忘归。“送日隐层阁，引月入轻帱”，眼看着一轮斜阳，徐徐隐沦在层台重阁之中，而一弯明月，已冉冉升起，把银白色的清辉，洒满了深闺轻帐。这里，两个动词“送”“引”用得出神。“送”“引”本身都表示时态推移，一“送”一“引”，移时入神，诗人的专注之心和流连之情，便不知不觉地流露出来。而且，在“送”斜阳与“引”新月之间，还暗寓了一个相当长的时间流程，留下了很长一段时间空白，任凭读者运用想象去填补，去体会，从而使诗呈现出含蓄蕴藉的风致来。

最后四句，诗从环境之美，写到朋友之乐，写到心性之愉。爨（cuàn），灶。酒面上的浮沫称为“浮蚁”，“春蚁浮”即指美酒芳香馥郁。终于，一位瞩目于佳景、忘怀于秋情的诗人形象粲然出现了。他想到，在这幽雅的环境里，煮上粗茶淡饭,聊备芳香美酒,招待来往的朋友,该是多么惬意啊!“来往既云倦”,岂不白白辜负了这令人心旷神怡的良辰美景!末句反诘,既有独自欣喜、自我陶醉之乐,又有劝勉朋友寄意皋壤之意。明山净水,舒心养性,不可多得,不可再得。言语之间,流露了无限的眷念之情。

应当承认,此诗描写的景色,构图和笔法上都并没有多少特别之处,有些铺写甚至还嫌噜苏。但因诗人是怀着一丘一壑足以自乐的心情来观赏并描写的,所以意味就非同一般。诗人并不在乎环境本身怎么样,只要心性自乐,便“阶墀幸自足”了,平凡的景物也能引起美的愉悦和快感。所以,他才要尽情地去欣赏,不厌其烦地去描写,把所能见到的一花一草,一川一水,都详细描写出来,并尽量写得更优美些,更令人惬意些,以此反映出诗人高洁的志趣。明乎此,我们就不会那么过分苛求诗人的噜苏了,也不会责怪写景没能出新了;相反,我们却能从诗人笔下寻常的山水丘壑、花鸟日月之中,窥探到诗人澹然自适的心迹,并由此咀嚼到那馥郁着人生哲理的滋味。就像品尝一杯芳香美酒,味之愈久,醇香愈浓,所获愈多。

(吴小平)

宿东园 沈约

陈王斗鸡道,安仁采樵路。东郊岂异昔,聊可闲余步。野径既盘纡,荒阡亦交互。槿篱疏复密,荆扉新且故。树顶鸣风飙,草根积霜露。惊麏去不息,征鸟时相顾。茅栋啸愁鸱,平冈走寒兔。夕阴带层阜,长烟引轻素。飞光忽我遒,宁止岁云暮。若蒙西山药,颓龄倘能度。

“东园”,《六臣注文选》吕延济曰:“休文家园。”《梁书》本传:“立宅东田,瞩望郊阜。尝为《郊居赋》。”东田,在建康(今江苏南京)钟山东,其地有南齐文惠太子别墅,风景优美,沈约文友谢朓《游东田》诗就曾赞美过那一带的旖旎风光。沈约的东园,虽远远比不上刘宋谢灵运在浙东的庄园,但“顷四百而不足,亩五十而有余”,以至能“幸取给于庭庐”(《郊居赋》),仍有一定规模。除这首诗外,诗人尚有《行园诗》等也描写其庄园。此诗借东园荒凉萧条之景,来抒发乱世衰暮之感,作品可能写于齐末。

前六句写东郊。“陈王斗鸡道,安仁采樵路。”上句用曹植《名都篇》:“斗鸡东郊道,走马长楸间。”下句李善注引潘岳诗曰:“《东郊》,叹不得志也。出自东郊,忧心摇摇。遵彼莱田,言采其樵。”起手连用两事暗切诗题“东”字,手法与谢朓

《晚登三山还望京邑》起句以长安、京县切建康相类，殊典雅可味。陈思王曹植，绝非斗鸡走马、嬉戏游遨之士，潘安仁自亦不是莱田采樵平庸之辈，具是胸中一片抱负，抑郁难排，故借斗鸡、采樵种种琐碎之事消磨排遣而已。沈约用此二事，足见胸中亦有其抑闷难排处。“东郊”四句，由人及己。徘徊东郊，本想聊借排遣，不意却忧心摇摇，不异于当年曹植潘岳，反而更加压抑。“野径既盘纡，荒阡亦交互”，写闲步。小径阡陌，纵横盘纡，纷乱交错，两句分冠于“野”、“荒”二字，其荒凉自见，亦透露出诗人索寞荒寂之情。

“槿篱”以下十四句具体描绘宿东园所见之景，即景抒情。“槿篱疏复密，荆扉新且故，”谢灵运《田南树园激流植援》“插槿列当墉”，亦以槿为篱。槿初插稀疏，日久则密；以荆为门扉，渐由新转故。槿疏而密，扉新而故，东园营造已非一时一日。何焯说“槿篱”二句，“前此诸公诗所无”（《义门读书记》卷四十六）；王闿运进一步指出：“荆扉新故，是画林舍者所不到”（《八代诗选・眉批》）。绘画是空间的艺术，诗歌是时间的艺术，一首诗甚至一句诗往往就能表现出由于时间的推移而给事物带来的变化，因此它所产生的艺术效果通常是绘画艺术难于替代的。“树顶鸣风飙，草根积霜露”，点明时已岁暮，急风吹在树顶上呜呜悲鸣，霜露积满了萎黄的草根，凄凉萧条。此时，更兼有受惊的獐子（麏）纷纷逃去，征路上的马匹徘徊相顾，茅栋上的猫头鹰（鸱）对人愁啸，平冈上的寒兔四处跑窜，连用四句铺陈禽兽，气氛悲凉。而诗人又分别在“麏”、“马”、“鸱”、“兔”前着以“惊”、“征”、“愁”、“寒”带有较强烈感情色彩的字眼，加倍使人黯然神伤。百兽惶惶，似暗示着世乱万民流离道路，无所止息。“鸱”，亦即鹏，古人以为是不祥之物，《西京杂记》卷五云：“贾谊在长沙，鹏鸟集其承尘。长沙俗以鹏鸟至人家，主人死。”“茅栋啸愁鸱”，岁暮郊外的色调更显得灰暗，也更见诗人心情的阴沉。《郊居赋》云：“林鸟则潘泊颉颃，遗音上下；楚雀多名，流嘤杂响。或班尾而绮翼，或绿衿而绛颡。好叶隐而枝藏，乍间关而来往。”《行园诗》云：“寒瓜方卧垅，秋菰亦满陂。紫茄纷烂熳，绿芋郁参差。”原来，诗人的庄园还是一个绝好的去处呢！此诗所写诸景，无疑都注入了诗人强烈的主观情感，与《郊居》、《行园》描绘的景色大相径庭。“夕阴”四句，写日暮岁暮，并由日暮岁暮联想到自己的衰暮，无限感慨。“飞光”，日月之光；“遒”，迫、迫近。眼前冥色笼罩层阜重山，晚烟如织，诗人忽然感到日月飞逝，不仅仅是日暮岁暮而已，自己也已年及暮齿。物候的感觉及外界种种景物的诱发，引起诗人的联想，情与景契合，瞬息之间，他感到自己确实是老了，“岂止”二字下得极为伤感。

结二句议论。“西山”之“西”字，从篇首“东郊”之“东”字拈出，起结相应，有韵致。曹丕《折杨柳行》云："西山一何高，高高殊无极。上有两仙僮，不饮亦不食。与我一丸药，光耀有五色。服药四五日，身体生羽翼。""西山药"，指此。倘若服用西山之药，必能度越颓龄。西山药当然是虚妄之物，诗人《游沈道士馆》云："曰余知止足，是愿不须丰。""知止足"，或是乱世的一剂西山良药，可使人安然无恙，颐享天年。

沈约是齐梁之际文坛上的领袖，这首诗起句的安排，典故的选用，的确十分精工，表现出诗人很好的艺术修养。再者，此诗熔叙事、写景、抒情、议论于一炉，而以写景为轴心。王闿运说："此篇亦极有名，其写景处，亦渐细密、新巧"（《八代诗选·眉批》）。诗由闲步东郊自然引出景语，"向后写景一气直下，萧瑟苍凉，游味其中，愈入愈悲，景中有情"（《采菽堂古诗选》卷二十三），最后以议论作结，篇章结构似于谢灵运游览诗有所承袭，但全诗文气贯畅，流利可诵。（陈庆元）

行园诗 沈约

寒瓜方卧垄，秋菰亦满陂。
紫茄纷烂熳，绿芋郁参差。
初菘向堪把，时韭日离离。
高梨有繁实，何减万年枝？
荒渠集野雁，安用昆明池？

这首诗谢朓有和作，题为《和沈祭酒行园诗》，知是作于齐明帝建武末年、作者任国子祭酒时。"行园"，巡视园圃。作者有田园在建康东郊。

前六句都是写行园所见。"寒瓜方卧垄，秋菰亦满陂。""寒瓜"，泛指秋瓜，与"秋菰"相对。这两句一写垄上秋瓜，一写水中茭菰，"方""亦"呼应，见出目不暇接，"卧"字状块然纷陈，很是形象。"紫茄纷烂熳，绿芋郁参差。"这两句写茄、芋，突出紫、绿，色彩十分鲜明。用"烂熳"、"参差"作描状词，一叠韵，一双声，和谐的声音传出了赞美之情。"初菘向堪把，时韭日离离。""菘"，白菜。这两句说，刚栽种的白菜渐渐有一把大了，到茬的韭菜日见其茂盛。"向堪把"、"日离离"，这渐进状态的描写，见出作者的期待。后四句在继续写行园所见中加进议论。"高梨有繁实，何减万年枝？""万年枝"，即冬青，栽种于宫中则呼为万年枝，许多描写宫苑的诗文都写到它。这两句写到园中还有梨树，上面果实累累，作者于是一问：这哪比万年枝逊色呢？"荒渠集野雁，安用昆明池？""昆明池"，汉武帝时在长安开凿的，这代指宫苑。这里又写到河渠间飞来了大雁，于是作者发生联想：这些雁在这里栖息不是很快乐吗？又何必到昆明池中去呢？显然，上面这些联想和议论是表示：园圃中景物和生活比宫苑中美好、惬意，自己何必拘守在那没有意思的官务上，应像“野雁”这样回到大自然中，过自由自在的生活。这表现了他对政治生活的厌倦。齐明帝末年政治昏暗，皇室内明争暗斗愈演愈烈，作者很是忧惧，欲高蹈远避，这时他写的《直学省愁卧》、《宿东园》都流露了这些情绪。好在这些想法是由园圃景物引发的，并不是单纯的议论，与前面的描写结合是紧密的。读此诗，仿佛可见行园的诗人一边在流眄四顾，一边在反躬自问，后头的两问正是他的心语。

这首诗园圃景物描写占相当大篇幅，写法有些类似谢灵运：一件件地铺陈，很注意措辞刻画，很有层次性。陈祚明说：“休文诗体，全宗康乐”（《采菽堂古诗选》）。主要就表现在这些写景诗上。这首诗写了园圃中七种植物，形似中亦有意致，开后来田园诗中这种题材作品的先例。（汤华泉）

咏湖中雁　　沈　约

白水满春塘，旅雁每迴翔。
唼流牵弱藻，敛翮带馀霜。
群浮动轻浪，单泛逐孤光。
悬飞竟不下，乱起未成行。
刷羽同摇漾，一举还故乡。

这首诗的写作时间较难确定，清吴淇认为可能作于齐梁替革之际，但缺少确凿有力的证据。《礼记·月令》：“东风解冻，蛰虫始振，鱼上冰，鸿雁来。”春天到了，江南湖中的群雁飞举，振翅往北，准备还回故乡。

“白水满春塘，旅雁每迴翔。”起手即点题。“白水”，极清澈之水。此二句点化刘桢《杂诗》“方塘含白水，中有凫与雁”而成。次句于“雁”字上着一“旅”字，言此湖不过是雁之逆旅，雁只是逆旅之过客而已，为结句“还故乡”铺垫。“迴翔”，回旋盘翔；“迴翔”前下一“每”字，言每当春水满池，从北方来此过冬的群雁就要起飞盘舞，年年如此，无一年例外。一“每”字，加大了时间的跨度。

“唼流”以下六句，用极细腻的笔触勾勒湖中群雁的神态。“唼流”，雁入水觅食貌，宋玉《九辩》：“凫雁皆唼夫梁藻，风愈飘翔而高举。”“弱藻”，柔嫩的水草。“唼流牵弱藻”，湖雁觅食水流，以至牵动柔弱的藻类，真是刻画得至细至微。谢灵运《九日从宋公戏马台集送孔令》云：“季秋边朔苦，旅雁违霜雪。”季秋北雁南飞，为的是避朔风霜雪。冰雪消融，春日和暖，当他们振翮准备北飞之时，仿佛还感到毛羽上仍残留着旧年的余霜；也正是这余霜，触动了旅雁的乡思之情，因为这余霜毕竟是北方带来的呀！“余霜”一语，颇为曲妙！“群浮动轻浪，单泛逐孤光。”上句，群雁悠闲自在漂浮水面，随着轻浪晃动。下句，日照平湖，泛泛有光，单雁浮行追逐远光中的俦侣。“动”，群雁为轻浪所动，写出悠悠然之状；“逐”，单雁主动追逐，带有一种顽皮劲儿。这两句，不着一“湖”字，而“兼湖并出，神至之笔”（《采菽堂古诗选》卷二十三）。“唼流”句湖水，“群浮”两句湖面，“悬飞竟不下，乱起未成行”两句湖空，层次极分明，具有明显的立体感。谭元春说：“‘群浮’，‘单泛’，‘悬飞’，‘乱起’，尽湖雁多寡、上下、迟疾、斜整之状，可作一湖雁图”（《古诗归》卷十三）。结二句“刷羽同摇漾，一举还故乡”，篇末点明作意。刷羽，以喙整理羽毛。“摇漾”，李善注：“飞貌”。群雁刷羽同飞，以期一举北返故乡。照应开头所言“旅雁”。

我国古代咏物诗源远流长，何焯说：“园葵（按：即汉乐府《长歌行》，首句为“青青园中葵”）、湖雁（即此诗），咏物之祖”（《义门读书记》卷四十七）。就时间而言，早于沈约的文人咏物诗有的是，何推此诗为祖，当于成就而言。咏物诗或有寄托，或无寄托，或虽有寄托但幽隐难明。王褒《咏雁》云：“河长犹可涉，河阔故难飞。霜多声转急，风疏行屡稀。园池若可至，不复怯虞机。”抒写其流落北方、盼望南归之情甚明。吴淇《六朝选诗定论》认为此诗有寄托，他说，梁武帝“及将受禅，休文盖有不安于心者，故寓意于咏雁。首句满塘只是白水，雁尚未集其中，‘迴翔’谓齐梁之间诸人未知所择：有从梁而得禄者，如‘唼流’句；有不从而中伤者，如‘敛翮’句；有党附而随波逐流者，如‘群浮’句，有孤立而无与者，如‘单泛’句”；结二句则有“自欲隐而兼招隐之意”。这样的分析不能说没有丝毫道理，但总感难于圆通，或使人终有“隔一层”之憾。《古诗归》钟、谭着眼于该诗的体物方面，较有见地。这首诗的精妙处，在于诗人用轻灵之笔，写出湖中许许多多雁，湖面、湖空，参参差差，错错落落，唼、牵、敛、带、浮、动、泛、逐、悬、乱、起、刷、摇漾、举、还，各种各样的动作，诸多的神态，五花八门，令人眼花缭乱，而写来似一点也不费力，不露雕琢之迹，刻画精细而不流于纤弱，“咏物之祖”，或可当之。

（陈庆元）

冬节后至丞相第诣世子车中作　　沈 约

廉公失权势，门馆有虚盈。
贵贱犹如此，况乃曲池平。

高车尘未灭，珠履故馀声。
宾阶绿钱满，客位紫苔生。
谁当九原上，郁郁望佳城。

此诗《艺文类聚》卷三十作《萧丞相第诣世子车中作》。《文选》李善注以为丞相即萧嶷。嶷为齐高帝道成之次子，武帝赜之弟，永明十年(492)夏四月薨。善注引蔡邕《独断》："诸侯嫡子称世子"。世子指嶷长子子廉。廉，字景蔼，官至太子中舍人，前军将军。永明十一年(493)卒。"冬节"，冬至之日，为朝臣往还问讯之时，《南齐书·武陵昭王晔传》："冬节问讯，诸王皆出，晔独后来"，即其证。此诗当作于永明十年冬。

先帝之子，当今皇弟，身为豫章王的丞相，贵极人臣，可以想见生前府第如何车马填塰，门庭若市，显赫至极！然而一旦谢弃人世，就连冬至这样的大节，也绝无友朋门生故吏前往其门问候慰藉亲属，又何其冷落寂寞。沈约在拜谒萧嶷世子子廉后，于车中作此诗，感叹世态炎凉，讥讽那帮趋炎附势的小人。

全诗可分三节。前四句为第一节，援古例今，以世人对待贵贱的态度跌出死生之势。"廉公"，即廉颇。据《史记·廉颇蔺相如列传》，赵中秦反间计，免去廉颇长平指挥官之职，其"失势之时，故客尽去。得复用为将，客又复至。廉颇曰：'客退矣！'客曰：'吁！君何见之晚也！夫天下以市道交，君有势，我则从君；君无势，则去此固其理也，有何怨乎！'""失权势"，"门馆有虚盈"指此。"贵贱犹如此"，是诗人对廉颇失势得势门客去留的感慨，同时还暗用汉人翟公事："下邽翟公为廷尉，宾客亦填门，及废，门外可设爵罗。后复为廷尉，客欲往，翟公大署其门曰：'一死一生，乃知交情；一贫一富，乃知交态；一贵一贱，交情乃见。"(《汉书·张冯汲郑传》)"曲池平"，指人死之后，李善注引《桓子新论》："雍门周说孟尝君曰：'千秋万岁后，高台既已倾，曲池又以平。'"一贵一贱，门客盈虚，已见世态炎凉，何况是一生一死呢！此四句从古事说起，从贵贱说起，目的在于引出今事，引出生死，"犹"、"况"两个虚字的运用，使文气较为曲折跌宕。中四句，正写丞相新薨，宾客尽散、府第凄凉。"高车"，刘熙《释名·释车》："其盖高，立乘载之车也。""高车尘未灭"，丞相谢世未久，车行恍如犹在眼前。"珠履"，李善注引《史记》："春申君上客，皆蹑珠履。""珠履故馀声"，门生故吏造登丞相府第杂沓的步履之声仿佛在耳。以仿佛有声反衬无声，更觉寂寞。照理说，丞相去世未久，吊死问生，作为门生故吏、生前好友，义所不容推辞。然而，"宾阶绿钱满，客位紫苔生"，宾阶客位，到处长满苔藓，宅第萧条荒凉，写出无有造其门者。崔豹《古今注》:“空室无人,则生苔藓,或青或紫。一名绿钱。”结二句,为第三节,由丞相府第转写其人坟茔;府第门庭竟无一宾客,唯有我一人望其松柏郁郁苍苍的坟头而已,有说不尽的感慨。“九原”,春秋时晋卿大夫所葬之地。“佳城”,指坟室,据《西京杂记》,滕公(夏侯婴)掘地三尺,得石椁,椁有铭曰:“佳城郁郁,三千年,见白日,吁嗟滕公居此室。”滕公后葬于此。“谁当”,有门客尽去,唯我不忘之意,表现了诗人对逝者的一片深情。

这首诗的制题,非常有特色。我们知道,汉魏古诗多为乐府诗,即以乐府诗题为题;即使不是乐府诗,诗题也较简单,不怎么讲究。到了价争一字之奇的刘宋时代,谢灵运的山水诗不仅以其清丽取胜,诗题也多有标新立异者,例如《石门新营所住四面高山回溪石濑修竹茂林》之类。此诗诗题的制作,显然不在于对诗情画意的追求,而是在用意上下功夫。吴淇《六朝选诗定论》卷十六说:“此诗为‘诣世子’而作,却无一字及世子者何?缘是休文胸中先有一段炎凉之感,偶因‘诣世子’而发,意且不在死者,何暇生者?‘诣世子’上着‘至丞相第’者何?‘丞相第’,炎凉之地也。上又着‘冬节后’者何?‘冬节后’朝臣往还拜谒之候,正验人炎凉之时也。今日世子所居之第,依然旧日丞相所居之地,今日至丞相第之人,已全无旧日至丞相第之人,乃特为驱车而来者,仅仅休文一人,则休文之外,尽炎凉之人矣。所以感之深不待操笔,故题下又着‘车中作’三字。”分析颇为精到。 (陈庆元)

悼亡诗　　沈约

去秋三五月,今秋还照梁。今春兰蕙草,来春复吐芳。悲哉人道异,一谢永销亡。屏筵空有设,帷席更施张。游尘掩虚座,孤帐覆空床。万事无不尽,徒令存者伤。

晋潘岳妻亡故,作《悼亡》诗三首。后人以《悼亡》为题之作,均悼其亡妻。

去秋十五的圆月,几经圆缺,今秋圆月依旧高高挂在天幕,如水的清辉还和去年一样,透过窗棂,洒落房内。今春逗人喜爱的兰花蕙草,经夏而秋,经秋而冬,无不枯萎,可是来年冰化雪消,它们将会同去春一样溢香吐艳,为春天添色增辉。“悲哉人道异,一谢永销亡”,然而,人毕竟与“三五月”、“兰蕙草”不同。月缺了,有再圆的时候;花枯了,有重放的时候,而一个人的生命一旦终结,却永远不会有再回来的时候。首六句以春花秋月反衬人事,这是一方面;另一方面,花前月下,又该逗引诗人多少美好的回忆,同时又会给他带来怎样的伤感之情!秋月照房，从前与妻生活于此，入则成双，出则成对；如今月色依旧，自己却凄清孤独，孑然一身。春花吐芳，光艳照人，不由得想起妻的容光，曾经多少回携手花丛，流连观赏；如今花色依旧，人面不见，心绪全无。诗人触景慨叹"人道"，有说不尽的凄凉感伤。

"屏筵"四句，由室外转写室内，由自然景物转写日常用具。"屏筵空有设，帷席更施张"（上句一作"帘屏既毁撤"），筵，坐具。"屏筵"、"帷席"，都是妻子生前用过的物品。屏风、坐席，物在人亡，徒然虚设；而幔席之类，已非昔日，都已更换。再看看亡妻生前常坐的坐具吧，已被游尘所封；而睡过的床铺，则被一顶孤零零的帐子空荡荡地罩着。"屏筵"两句，一"空"、一"更"，已注入诗人感伤之情。"游尘"两句特拈出亡妻生前用得最多的坐具与卧具加以铺写，游尘掩座，实非一朝一日，妻子亡去已有相当长的时日了，但诗人仍原封不动地将它们摆在那里，甚至连帐子还高高地挂着。她依然留在他的生活中，依然留在他的心上，多么深的一片眷恋之情啊！然而，事实毕竟是无情的，座是虚的，床是空的，物是而人非，再也见不到她的一颦一笑，再也听不到她的一言一语。四句将房室写得非常凄凉，而房室的凄凉，也正是诗人内心的凄凉。结二句，"万事无不尽"，束上四句，写逝者；"徒令存者伤"，写生者，落笔己身。亡妻撇下生者而去，空使活着的人对物伤情，有说不尽的孤独和悲哀。

全诗十二句，六句一节。每节前四叙事写景，后二抒写伤情。春花秋月，婉曲有味，蕴意颇深；室内铺叙，用笔细腻，景中有情。"悲哉"、"万事"数句，抒写哀情，则由肺腑倾泻而出，真率沉挚，悲切苍凉。全诗不事雕绘，也不用什么典故，明白如话，对亡妻的一腔深情自然流出，却颇为警切感人。（陈庆元）

饯谢文学离夜　　沈　约

汉池水如带，巫山云似盖。
沣汩背吴潮，潺湲横楚濑。
一望沮漳水，宁思江海会。
以我径寸心，从君千里外。

这是一首送谢朓赴江陵的送别诗。沈约和谢朓都曾经在竟陵王萧子良门下，入西邸为文学侍从。竟陵王以文会友，著名者有萧衍、沈约、谢朓、王融、萧琛、范云、任昉、陆倕八人，文学史上称为"竟陵八友"。西邸文士有两次诗歌大唱和，一次是为当时著名儒生刘瓛之死而唱和，一次是为谢朓离京同随王萧子隆赴荆州(治所在今湖北江陵)而唱和。为谢朓送别的唱和诗,流传下来的有好几首,除沈约这首外,还有萧衍、虞炎、范云、江孝嗣等人的诗作。这些赠别诗都表现了"八友"之间的友情,沈约这首诗同样灌注了深沉的离别之情。

诗的开头写水写云,水是汉池水,云是巫山云。"汉池水如带",意指汉江之水绿如裙带。《左传》有所谓"汉水以为池"之说,故称汉水为汉池;"巫山云似盖",意指巫山之云形如车盖,巫山云典出宋玉《高唐赋》所说神女行云事。这两句所写内容与谢朓赴江陵有什么关系呢?从地理位置说并无直接关系,只是由京都(今南京)西望可以想见的景物,方向上有点关联。但这里的用意似乎是以流水行云来暗衬人生之漂泊无定,为下文写离别作必要的铺垫。

"沛汩背吴潮,潺湲横楚濑",意为背(避)吴潮之沛汩(急流激荡),横楚濑之潺湲(水流之貌)。吴潮,暗指伍胥潮。伍子胥被吴王杀害后投入浙江中,传说化为潮神。这里说避却吴潮之急流,却横滞于湍急之楚水。这里又是以吴潮楚濑喻人生之遭际。

"一望沮漳水,宁思江海会",言西望沮水和漳水,便不敢东望江海汇合的前景了。沮即沮水,源出湖北保康县西南,东南与源出湖北南漳县的漳水于当阳汇合,为沮漳河,又东南经江陵之西,入于长江。《左传·哀公六年》所云"江汉睢(沮)漳,楚之望也",即此。沮漳之水于江陵入江,故诗人由谢朓之赴江陵而联想起沮漳水。然而沮漳之入江,江流而达于海,本来江海之会是不成问题的,但是为什么说"宁思江海会"?这同样是以水之交汇喻人情之翻覆,不切于地理而切于人情。

末二句"以我径寸心,从君千里外",谓寄心于江水,随着友人到千里之外的江陵,极言别后相思情深,也暗含着无穷的隐忧。

这首诗从头到尾,从写水至写情,我们可以看出这不是一般的赠别诗,这次的离别也不是一般的离别,在别情之后包含着政治上的隐忧。当时的背景是比较复杂的。永明八年(490),随王萧子隆代鱼复侯萧子响为使持节、都督荆、雍、梁、宁、南北秦六州、镇西将军、荆州刺史。翌年春随王"亲府州事",谢朓随行。当时皇室内部的矛盾斗争已经日趋激化,随王赴外任,实际上是被动的,当时谢朓也预感到政治风浪将要袭来,心情是不平静的。他在《离夜》诗中所说的"翻潮尚知限,客思眇难裁",正透露了此中消息。到了江陵后,果然被构陷,卷进政治风浪。沈约的送别诗在字里行间所透露的隐忧正是政治上的忧虑。

诗中写的是政治上的隐忧,不便明言,所以在艺术上便表现得特别含蓄,甚至近于晦涩。之所以近于晦涩是因为诗中多用各种逆笔反衬的艺术手法。譬如意在以水云之流动喻人生之漂泊，诗中却以静衬动，汉水如带，巫云似盖，带与盖都是定型的东西，是以定型的静体比喻无定的流体，再以流体喻人生之漂泊。又如写吴潮和楚濑，正面看似乎横滞楚濑，总比卷入吴潮要好一些，然而其立意却是以逆笔点出吴潮，所担心的也正是友人被卷入伍胥潮，怕忠臣被害。这种怕卷进政治风浪的担心，在谢朓诗中可以得到印证，他在《将发石头上烽火楼》诗中说："荆吴阻山岫，江海合澜波。归飞无羽翼，其如离别何！"再如写沮漳汇入江海，本是顺于地理自然的事，但是诗人却以逆笔出之，说："宁思江海会。"按理是很有希望的事，诗中却说没有希望，看来似乎不可理解，实际却表现得更深刻，自然界势所必然的事，在人世间却未必尽然，这只能引出更多的感慨，因而也就收到更好的艺术效果。全诗立意在虚处，但落笔却全在实处，写山写水都是实的，这也是一种逆写，是一种反衬。这各种逆笔反衬为本篇增添了一层朦胧的艺术色彩。（林东海）

别范安成　　沈　约

生平少年日，分手易前期。
及尔同衰暮，非复别离时。
勿言一樽酒，明日难重持。
梦中不识路，何以慰相思。

这是一首离别诗。范安成，名范岫，字懋宾。他在萧齐时曾为安成内史，故称范安成。据史传记载，沈约与范岫有相当深厚的交谊。他们两人都是幼年丧父，身世相同，心性相通。刘宋时，他们共同受到安西将军刘兴宗的礼遇，沈约为参军兼记室，范岫为主簿。入齐后，又都同游于竟陵王萧子良门下，同在文惠太子的东宫以文才见引。再看此诗，第一联说"生平少年日，分手易前期"，可见他们少年时代就已相知相识了。那时候，他们青春年少，踌躇满志，满以为一次离别算不了什么，天长日久，相聚的日子多得很。"前期"，即别后预定再会的日子；"易前期"，把分别后的再会看得很容易。这可真是"少年不识愁滋味"了，少年不识离别的滋味。想不到岁月蹉跎，世事蹭蹬，人生如过眼烟云，倏忽就是几十年。昔日风华正茂的青年好友，今天把酒相逢之时，已是垂垂老暮、须鬓尽白了。"及尔同衰暮，非复别离时"，虽是寻常语，家常话，但蕴涵却甚丰富、复杂。沈约历仕宋、齐、梁三代，眼看朝代兴衰，更替无常，无数亲朋好友，纷纷谢世，鲜有善终——世事苍茫，人生多蹇，今日把手相逢，已非昔日相离相别之时了，真有"而今识尽愁滋味"之慨！寻常诗句，包涵了多少人生的感喟啊！惟其如此，诗人才更加珍惜这次短暂的相逢。不久以后，他们又将分别了。少年之别，转眼已届耄耋之年；那么，老年之别呢？诗人的心情更加沉重了："勿言一樽酒，明日难重持"！亲爱的朋友，请不要以为这一杯饯别之酒太微薄，微不足道，须知今日离别之后，恐怕今生今世难有把酒相逢的机会了！据《韩非子》载，战国时人张敏与高惠友善，张想念高，梦中往寻，中途迷路而返。最后二句即用此典，意谓分别以后，即使在梦中也难以相会，那么用什么来聊慰我的一腔相思之情呢？一言既出，依依惜别之情油然而生，令人不胜感慨之至。沈约曾提出作诗"三易"的原则，其中之一就是"用事易"。这诗最后一联用典，巧妙贴切而不露斧凿之痕，言若己出，确实体现了"用事易"的原则。

此诗抒情线索上有着鲜明特征。前四句写少年离别之"易"，后四句写老年离别之"难"，而络绎奔流在诗的底蕴的，则是"难"的深沉慨叹。诗人以"明日难重持"为感情枢纽，往前推移——念及少年意气的"易前期"，不由充满了追悔和遗恨；往后瞻望——遥想别后的相思，更增惆怅和哀伤之感。而且，惟有少年之"易"，才反衬、加重了老年之"难"的伤感；也惟有老年之"难"，才写尽说透少年之"易"的轻率。在这"易"与"难"的纷纭交错之中，一缕缕充满人生感喟的情丝，脉脉吐出，全诗也因而具有了丰富的涵载容量。因此，此诗在离别的哀愁之中，还含有对人生进行反思的意味，它之所以超越一般的离别之作、能够千年来被传诵不衰，其奥秘大概也正在于此吧。

（吴小平）

效古诗 沈约

可怜桂树枝，单雄忆故雌。
岁暮异栖宿，春至犹别离。
山河隔长路，路远绝容仪。
岂云无可匹，寸心终不移。

此诗题作"效古"，亦借前代故事写相思离别之情。关于树木相思的故事，常常见之载籍，而说法不一。《述异记》云，战国时魏国受到秦国威胁，发兵戍边，有一人久戍不归，其妻思念成疾，死后墓上生木，枝叶皆倾向其夫所在之地，因称相思木。《文选》左思《吴都赋》则云："古度南榴之木，相思之树。"注引刘渊林曰："相思，大树也，材理坚邪，斫之则又可作器，其实如珊瑚，历年不变，东冶有之。"流传较广的是《搜神记》所载的故事，据说战国时宋康王之舍人韩凭，娶妻何氏，甚美，康王夺之。凭自杀，妻投台下而死，里人埋之，二冢相望。后有两大梓木生于二冢之端，有鸳鸯各一，常栖树上，交颈悲鸣，音声感人。宋人哀之，遂号其木为相思树。

以相思木作为诗歌题材的有梁武帝萧衍，他的《欢闻歌》其二云："南有相思木，合影复同心。游女不可求，谁能息空阴?"还有古诗《孔雀东南飞》的结尾："两家求合葬，合葬华山傍。东西植松柏，左右种梧桐。枝枝相覆盖，叶叶相交通。"古人以树枝或树根的相向、相连，表明爱情的坚贞与生死不渝，确是富于想象。在封建制度与礼教的统治下，青年男女的婚姻恋爱没有自由，生前不能成为夫妇，死后还要结合在一起，于是就把他们的愿望化为相思树。这是充满美好理想的浪漫主义。但沈约此诗虽也写了相思树，却不写两树的结合，而写两树的分离。名为"效古"，实际上有所创新。

首先他所写的相思树，不是前人所说的楠木梓木，也不是松柏梧桐，而是桂树。这素材似乎更带有南方特点。《说文》："桂，江南木，百药之长。"《三才图会·草木》："桂，梫木也，数品：或白或黄，或红或紫黄者，能著子。"以色彩高雅、气味芬芳的桂树作为相思树，这本身便富有审美价值。可是美好的桂树却雌雄分植，不能同住，这不能不说是一个悲剧。韩凭夫妇墓上的相思树能够二冢相望，焦仲卿刘兰芝墓上的相思树能够"枝枝相覆盖，叶叶相交通"，萧衍诗中的相思木能够"合影复同心"；而沈约笔下的桂树却"岁暮异栖宿，春至犹别离"；也就是说从冬到春、从春到冬，一年四季，这雌雄两树都各处一方。同样是悲剧，沈诗中的悲剧气氛远远超过他的前人。为了加强悲剧气氛，诗人还进一步写道："山河隔长路，路远绝容仪。"如果说三、四两句是从时间方面着眼，形容相别时间之长久；那么这两句则是从空间落笔，表现相距之遥远。长路为山河所隔，其远可知矣。路长而仪容难见，则其相思愈切矣。这是一种层层加码法，更加突出了诗中的主题。在以上四句中，虽没有"相思"、"相忆"等字面，但通过朴素的语言、白描的笔法，一种相思离别之苦已经渗透纸背了。

此诗首尾皆着重抒情。首二句"可怜桂树枝，单雄忆故雌"，是以顿入手法，直抒作者之情，他对分处两地的雄雌二桂，充满了同情与怜悯，所以劈头二句就如决堤之水一般倾泻出来，强烈地冲击着读者的心弦。令人感到奇怪的是，在古代爱情诗中，主人翁多为女性；可这里借桂树以写爱情，反而以雄性作为主人翁，此喻甚新，真是闻所未闻。由此推论，结尾"岂云无可匹，寸心终不移"，当然也是代表"单雄"说话了。其实在"其类自为林，间无杂树"(《南方草木状·桂》)的南方，雄桂要找一雌桂与之匹配，是十分容易的，但它偏偏不要，情愿与"故雌"终身相守。它对爱情的忠贞不贰，确实令人敬佩。这也许正是诗人所崇敬的品格和所追求的境界。于此可见，本篇的格调是相当高的。　　（徐培均）

咏檐前竹　　　　沈 约

萌开箨已垂，结叶始成枝。
繁荫上蓊茸，促节下离离。
风动露滴沥，月照影参差。
得生君户牖，不愿夹华池。

岁寒三友，竹居其中。人们之所以看重它，或者因为它“翠叶与飞雪争采，贞柯与曾冰竞鲜”的凌寒之质（齐·王俭《灵丘竹赋》）；或者因为它“未出土时便已有节，直到凌云高处依然虚心”的君子之风（近人管桦《竹颂》）。传说它的竹实只为凤凰所食；竹竿又能制成箫笛横吹。所以碰到豪爽之士，便以它的“所欣高蹈客，未待伶伦吹”慨然自诩（陈·贺循《赋得夹池修竹》）；遇上才高位卑者流，便又借它发出“谁能制长笛，当为吐龙吟”的孤傲啸叹（齐·刘孝先《竹诗》）。这样咏竹自无不可，只是不免都带有情随境迁的主观随意性。以至于意有所讥，就严斥竹笋的“嘴尖皮厚腹中空”；爱有所偏，便厉声扬言“恶竹应须斩万竿”。这真教竹子左右为难了！

倘能摒弃这类借题发挥之习，仅把竹子当作客观审美对象来观赏，则它的“葳蕤青翠，风来动音”、“拂景云以容与，拊惠风而回萦”的清姿，也自有不同于苍松、老梅的风神。沈约这首诗，大约就没有深意的寄托，只是客观地为檐前之竹画了一幅动人的“肖像”。不过，这肖像带有一种“生成”的动态，在诗人开笔时才正拔节抽枝：“萌开箨已垂，结叶始成枝”。“箨”指笋壳，当竹茎拔节而出时，它便已经垂脱；随着细长竹叶的抽生，慢慢就长出了嫩枝。几株幼嫩之竹，就这样带着清新的生气，从诗人笔下钻出。转眼之间，它又挺拔直上：“繁荫上蓊茸，促节下离离”，变得枝叶繁茂、亭亭如盖了。“蓊茸”画檐竹枝叶披离之态，使你简直能感觉到，正有一片清荫从高处淌下。“离离”状竹节历历分明之貌，因为是在低处（下），竹节间距离较近，故又用“促节”形容。这四句描绘绿竹的生态，带有强烈的动感。但没有声响，也不用浓彩。你只见到诗人沾着萧淡的水墨，疏疏落落地挥洒那么几笔，数竿绿竹便无声无息地拔节而出、由矮而高，终于英挺地站立“檐前”，甚至还带来了一阶清荫。

画成翠竹，这对诗人来说并不费力。但要表现它的风韵，光靠这平面的勾勒就不够了。接着的"风动露滴沥,月照影参差"两句,着力的便是环境、音响的烘托映衬,于是这"画"便有了"伴乐"和"灯光":诗人选择的是露水初凝之夜,因为是夜间,竹叶上那湛湛露珠就显得朦胧不清。好在有风,诗人便让你听那静夜中风动竹叶、露珠滴阶的清韵,这可是异常动听的。诗人还嫌不够,又在乌蓝的中天添上一轮明月,那月光洒在竹上,便在阶前印下斑驳的竹影。前面说到"有风",清风徐来,那地上的竹影便参差而动……这两句妙在均不直接写竹,只从露珠滴阶、竹影参差中映衬、烘托,而檐竹之沾满清露,在朗月清风中飒飒舞弄的美好风韵,已栩栩如在耳目之间。按照这一思绪写下去,结句便该是诗人的赞美之语了。但沈约偏不这样,他的结句正如蔡邕之咏"翠鸟"一样,却是被咏之物的深情倾诉:"得生君户牖,不愿夹华池!"这美好的翠竹,本该生长在花草芳美的池畔,度那月下花前的风光才是哩。而今却在诗人居处简陋的檐前,伴着他度过清寂的晨昏。诗人在观赏檐前之竹的深深怜爱之中,大约曾浮起过一种微微的惋惜和不安吧?而檐竹似乎有解人心意的灵性,立即前来安慰诗人:"我所仰慕的是君子的风仪,而不是花前月下的池畔风光;能够生长在您的窗门前,正是我的心愿哪!"这两句初看显得突兀,但在诗人观赏入神之际,将竹叶飒飒之音,想象为它的嫣然解人之语,也正符合情理。这话语之中所显示的,正是檐竹那不慕风华、清心自守的高节,其实也还是诗人对檐竹的一种赞美。不过,采用檐竹自身倾诉的方式,既情意动人,又含蕴不露,较之于那种"唯有山中兰与竹,经春历夏又秋冬"的直赞之语,似乎有更多的情韵。

这就是沈约的《咏檐前竹》:诗中只把竹子作为客观审美对象来观照,形象地勾勒它的清姿,映衬它的风韵,别无政治上的寓意或个人身世的感慨。从咏物寄兴的传统眼光来看,这样咏竹似乎"浅"了些。但读够了寄兴、说教的诗作以后,吟诵一下这类美好单纯而寓意不多的咏物诗,倒也可使耳目一新。

（潘啸龙）

伤王融　　　沈约

元长秉奇调,弱冠慕前踪。
眷言怀祖武,一篑望成峰。
途艰行易跌,命舛志难逢。
折风落迅羽,流恨满青松。

这是哀伤友人王融早逝的诗。全诗八句,分为两节。前四,叙王融生平。起句“元长秉奇调”，用“奇调”二字总评王融。“调”，用如《三国志·蜀志·孟光传》“欲知权略智调”之调，谓才情；“奇调”，即奇特过人的才情。王融有多方面才情，史称“融少而神明警惠，博涉有文才”（《南齐书》本传）。王融的外甥刘孝绰七岁能属文，号神童，融每曰：“天下文章，若无我当归阿士（孝绰小字）”（《南史·刘孝绰传》），自负如此。永明中，他与沈约、谢朓等同游竟陵王萧子良门下，时号“八友”；并同沈、谢共倡声律说，还计划写一部《知音论》，可惜没能完稿。永明九年(491)，所写《三月三日曲水诗序》，文藻富丽，当世称之，名声扬至北魏。他还写一手好字，所图古今杂体，家藏纸贵。次句“弱冠慕前踪”，是对“奇调”的具体说明。古时男子二十成人，初加冠，称“弱冠”；后常用“弱冠”指代少年之时。很有才情的王融，弱冠时便仰慕前修，希望能干一番事业。王融生在南朝甲族的琅邪王氏，“眷言怀祖武”，回顾祖先的功绩，更使他产生远大的抱负。他的七世祖王导为东晋著名丞相，曾祖王弘仕宋封华容县公、官太保中书监，祖王僧达为中书令，而到了他的父亲王道琰，官止庐陵内史，且未到任已谢世，因此王融“弱年便欲绍兴家业”，“三十内望为公辅”，如生逢承平之世，“使天假之年，而老其才，徐、庾不得专美于后”（《柳亭诗话》卷二十八），不仅文名将大盛，其仕途或许也能如族叔王俭所预言：到四十岁，“名位自然及祖”（《南史》本传）。二十出头，王融很快便由秘书丞迁丹阳丞、中书郎，正当他满怀希望追迹祖武之时，永明十一年(493)，武帝萧赜病重。武帝诏竟陵王子良侍医药，王融欲矫诏立子良，诏草已立，而武帝复苏，以朝事委尚书左仆射西昌侯萧鸾（后鸾废郁林王、海陵王自立，是为明帝）。武帝薨，鸾奉太孙（即郁林王）登殿即位。郁林王即位十余日，收融下狱，赐死，融死时年仅二十七岁。“一篑望成峰”，沈约对王融的功亏一篑不无惋惜之意。

后四句抒写哀伤之情。“途艰行易跌，命舛志难逢”，紧承前二句，申述王融功亏一篑、未能踪迹前武的原因在于“途艰”、“命舛”。“命舛”，即命运不顺之意。“命舛”是虚，“途艰”为实。王融有志难逞，根本原因是和当时残酷的政治斗争有关，他拥戴竟陵王萧子良，关键时刻，子良寡断；郁林王即位，王融下狱，子良又不敢救，因此不能不死。沈约由宋入齐，又经历这一事变及以后萧鸾的废郁林王、海陵王自立，萧鸾的大肆杀戮高、武诸子等等变故，对当时的社会现实有较深刻和清醒的认识，因此“途艰”二句多少也包含着兔死狐悲的凄凉之慨。我们知道，王融被害不久，沈约出为东阳（今浙江金华）太守，就仕途而言，当然很不畅快，其诗则云：“纷吾隔嚣滓，宁假濯衣巾”（《新安江至清浅深见底贻京邑同好》），又因得以避害远祸为幸事。梁代建立后，武帝虽为西邸旧友，但对历仕三朝十余帝的沈约来说仍心有余悸，沈约以至用事十余年，“政之得失，唯唯而已”（《梁书》本传)。“途艰”二字,写出那一时期多少文士的不幸,何止王融一人而已!“折风落迅羽”,“折风”,出《战国策·楚策四》,黄鹄“飘摇乎高翔”,“折清风而抎(陨)”;《文选·张衡〈西京赋〉》薛综注:“迅羽,鹰也。”喻王融追迹祖武之时,竟遭意外打击致死。王融下狱,郁林王让中丞孔稚珪罗织罪名,融《下狱答辞》愤然而曰:“若事有可征,爰对有在,九死之日,无恨泉壤。”沈约对王融的冤死,极为同情,故结云:“流恨满青松”,诗已尽而意未尽。

这首诗是沈约《怀旧诗九首》的第一首。《怀旧诗》每一首的首句四五两字往往概括出所怀旧友的特质,此诗云“奇调”,移易他字似难状王融的性格才情。这组诗受颜延年《五君咏》的影响。延年借咏魏晋之际的阮籍、嵇康等文士以寄慨,组诗虽然也流露出对当世的愤慨之情,但仍属于咏史诗一类,此诗则咏悼今人,寄托对旧友的哀伤之情,处处在“伤”字上落笔,伤王融的“奇调”,伤王融的功亏一篑及“命舛”,伤“途艰”,伤折风落羽;“流恨满青松”,其人已逝,而伤情不已。伤旧友,而自伤之情亦在其中。诗歌写得诚挚恳切沉痛。沈约长王融二十六岁,王融下世时他已五十多了,但全诗无丝毫以年长者自居的口吻,有的只是友人的深情,无限惋惜伤痛之情。读罢掩卷,使人更能感受到诗人的长者之风。

(陈庆元)

伤谢朓　　沈约

吏部信才杰,文峰振奇响。
调与金石谐,思逐风云上。
岂言陵霜质,忽随人事往。
尺璧尔何冤,一旦同丘壤。

沈约一共有《怀旧诗》九首,都是感怀当时文坛亡友的,如《伤王融》、《伤虞炎》等。这首《伤谢朓》诗即是其中的一首。比较而言,此诗最为著名,历来广为各种选本所青睐。究其原因,就在于它以诗的形式,正确评价了谢朓的艺术成就及其地位,对这位文坛奇才过早地死于非命,表达了深切的同情和感伤。

沈约雅爱谢朓的五言诗,他经常赞叹:“二百年来无此诗也。”(见《南齐书·谢朓传》)此诗前四句就是这一高度评价的具体化。“吏部”,指谢朓。谢朓仕至尚书吏部郎。文峰,一般解释为文坛。沈约认为,谢朓才华杰出,荦荦独占文坛鳌头,具有很高的地位。这是因为,其诗之“调”与“思”都与众不同。诗思高华,追风逐云,灵秀而飘逸,固非常人可以攀比;而诗的铿锵音调,优雅动听,都堪与音乐之声媲美，犹令人赏心惬意。这里的“调”，已不仅仅是指诗的自然音节，也兼指沈约、谢朓等人率先追求的诗的人工音律，即声律。沈约醉心于追求诗的声律之美，他著《四声谱》，倡“四声八病”之说。谢朓、王融等人积极响应，身体力行，把沈约的声律说运用于诗歌创作之中，开创了风靡一时的“永明体”。沈约和谢朓都是“永明体”的代表诗人，而“永明体”实际上成了古体诗向近体诗过渡的桥梁。由此可见，在对诗的“调”的认识与追求上，他们是灵犀相通、默契一致的。所以，沈约这里称赞谢朓诗“调与金石谐”，确是知音之评。陈祚明云：“三四（按指本诗三四句）颇能貌宣城之诗，调谐言其工稳，思上言其遒拔也。”（《采菽堂古诗选》卷二十三）足见此评是得到古人首肯的。

后四句对谢朓的不幸遭遇，寄寓了深切的同情。“陵霜质”指不畏严霜、不惧强暴的品质，“尺璧”指径尺之璧，喻人才之稀有难得。沈约这里先盛赞谢朓品质高洁，接着一曰“忽随人事往”，“人事往”指非自然死亡，而“忽随”二字更透露出非同寻常的意味，暗示谢朓是死于非命；二曰尺璧之质而与丘壤同污，埋没于地下，实在可叹可惜。这样，诗人便在这里着意造成了品质之优秀和生命之短暂的反差，由此发抒出对谢朓不幸遭际的无比惋惜之情，感情激烈、发露，溢于言表。

据史载，齐东昏侯永元元年(499)，始安王萧遥光谋篡，江祏等佐助之，派刘沨去拉拢谢朓，许以高官厚禄，谢朓惧事不敢应。后萧遥光又使谢朓兼知卫尉事，谢朓更加害怕，便将此事告诉左兴盛等人。结果被江祏探知，使御史中丞范岫奏收谢朓，下狱而死。当时谢朓才36岁。可怜一位杰出的诗人，就这样被宦海波涛吞没了。沈约深为这样一位文坛奇才过早地死于非命而感到惋惜和痛心，所以，才能写下这首声情并茂、言浅意深的好诗。

爱其美才而悲其横死，是此诗的主旋律。全诗评骘公允，不谀不贬，因而成为品评谢朓的千古不易之辞；真情率意，不假雕饰，因而又是千古悼亡怀友的传诵之作。千载之下，读之犹感心潮起伏，久久不能平静。 （吴小平）

石塘濑听猿 沈 约

嗷嗷夜猿鸣，溶溶晨雾合。
不知声远近，惟见山重沓。
既欢东岭唱，复伫西岩答。

这是一首写景寄情的小诗。诗人野外独伫，万籁俱寂，四旷幽冥，不见月明风清，惟闻夜猿长鸣。嗷嗷，猿悲鸣之声；溶溶，烟雾浓盛之貌。夜猿悲啼，常常令人闻之毛骨悚然，不胜凄凉哀伤之意。于此，古代诗人的描写每每可见。如巴东渔者歌："巴东三峡巫峡长，猿鸣三声泪沾裳"；如陈子昂《晚次乐乡县》："如何此时恨，嗷嗷夜猿鸣"等等。所以，张九龄大有"林猿莫夜听"（《湘中作》）的体验和感慨，可谓说尽历代诗人的共同心理感受。但在诗人沈约心中，却独独唤起一种闲情雅趣。他仿佛要从这猿鸣嗷嗷之中，聆听大自然的清音，欣赏大自然的野趣。因此，不知不觉，心驰神往，从"夜"至"晨"，时已天明。但见清晨浓雾弥漫，水烟氤氲，而猿声仍东唱西答，此起彼伏。诗人试图找到猿所在的地方，可惜"不知声远近，惟见山重沓"。重山叠岭，云遮雾障，而悲猿之声，忽远忽近，东唱西答，络绎不绝。于是，诗人一会儿倾听东岭的猿唱，一会儿静聆西岩的猿答，节奏欢快，饶富深趣。

人的视觉常受外界客观条件的限制，或为高山所阻，或为云雾所遮，不能畅其极至。而听觉则可以超越这些限制，借助想象的翅膀，飘飘到更广阔的空间，任情自适。沈约似乎深谙此理。他正是抓住了这一特点，着重写听觉形象。诗题中的"听"字正点明此旨。所以，此诗全从"听"字落笔。首联一句写猿声嗷嗷，是写听；二句写晨雾溶溶，目不能远视，惟听觉可以远接猿鸣之声，这是从视觉的局限来加强、突出"听猿"的效果，仍写耳聆之状。次联仍承第二句写法，虽写到"惟见"山峦重沓，是眼见之景，但这显然仍是为"听猿"张本，是从视觉衬写听觉，换了一个角度。末联东岭猿唱，西岩猿答，更是直接描写"听猿"的效果以及由此而生发的无穷无尽的逸趣。如此写来，亦闻亦见，虚实相间，便造就了一个无限渺远的空间，诗的澹淡冲远的境界随之宛然若现，诗人雅爱自然、宅心高远的形象亦呼之欲出了。所以我们说，诗中景，全从"听"中绘来；诗中情，也全从"听"中生来。景致幽雅，情趣盎然，是南北朝时不可多得的一首好诗。　　（吴小平）

咏新荷应诏　　沈　约

勿言草卉贱，幸宅天池中。
微根才出浪，短干未摇风。
宁知寸心里，蓄紫复含红！

荷花是一种多年生水生草本植物，又名莲、芙蕖，古时也称为芙蓉。它那"出淤泥而不染"的品性，素来为诗人墨客们所赞颂，用以自喻和他喻。本诗即是其中的一首。

诗的一、二句以议论入题，针对人们因荷花是草卉而轻贱它的心理而发。天池，本谓神话中的瑶池。本诗是"应诏"之作，故这里"天池"应指皇宫内的荷池。两句意谓荷花虽为草卉之物，但其有幸植根天子之池，自与其他山泽中的草卉身份不同，也更易受人们的注目。

三、四句转入咏物本题，细致而微地描绘荷花的初生水面，应题"新荷"二字。荷的根茎最初细瘦如鞭，俗称莲鞭。莲鞭上有节，能向上抽出叶子和花梗。"微根才出浪"，就是说花梗刚刚伸到水面。这里连用"微"字"才"字，已极言其细小，下面"短干未摇风"，则更形象地体现其细小；梗干之短，甚至风亦不能使它摇动，可见它只是刚刚在水面露头而已！这两句直逼出"新荷"的"新"来，观察之细致，用笔之精到，真堪令人叫绝。在这细微之处，诗人的功力得到了充分的体现。

上二句写初出荷茎之至微至小，文势犹如尺蠖之屈，已蓄足了力。于是乎五、六二句，乃一变而由屈转伸，忽出石破天惊之语。"宁知寸心里，蓄紫复含红！"那荷茎长不满寸，看上去若有若无。然而谁能知道，那短茎里寓含着的花蕾胚芽，却蕴育着万紫千红的将来。只等夏天一到，它就要把那绚丽的色彩，洒满整个池塘！"接天莲叶无穷碧，映日荷花别样红"（杨万里《晓出净慈寺送林子方》），这满眼红绿的壮观景象，正是"新荷"的未来世界。

这首诗，单就咏物而言，也是清新可喜的。我们再看诗中的"勿言"、"宁知"这些强烈语气，就不免会推测：诗人如此用力为新荷抱不平，恐怕不会是无所寄托的吧？据《梁书·沈约传》记载，沈约幼年因父亲被诛，被迫潜窜他地，以后虽然"会赦免"，却"流寓孤贫"。但他"笃志好学、昼夜不倦"，最终"遂博通群籍"，累官至步兵校尉，"管书记，直永寿宫，校四部图书"，堂堂皇皇地进入"天池"，成为当世首屈一指的大学者、大手笔。诗人看到新荷初出时的微陋，遥想自己幼小时的辛酸，他安得不深深感慨！他又怎能不充满自信地说：新荷的今天虽然为人们所轻贱，但它在明天，定将是姹紫嫣红的创造者。诗人幸而言中，后来他历仕宋、齐、梁三朝，封侯拜相。他在文学上的"紫""红"之才，也充分发挥出来了，不仅衣被当世，而且也惠泽后人。

所以，沈约的这首诗，既是咏物，亦是抒怀。诗人咏的是荷花，但读者所感觉到的，又何尝不是诗人的自我形象！

（吴伟斌）

咏 筝 诗

沈 约

秦筝吐绝调，玉柱扬清曲。
弦依高张断，声随妙指续。
徒闻音绕梁，宁知颜如玉。

此诗题为《咏筝》，但它不是一首描写筝这种乐器的咏物诗，而是写听人弹筝。诗末句云："宁知颜如玉"，可知弹筝者是位女性，大概是乐妓之流人物。

全诗六句，前四句写听筝曲，观弹奏。头两句"秦筝吐绝调，玉柱扬清曲"。筝是一种古弹拨乐器，战国时流行于西秦，故称"秦筝"。"玉柱"，指支撑筝弦之物。每弦一柱，可左右移动以调节音之高低。这里"玉柱"指代秦筝。"绝调"，即久已中绝失传的曲调，它又与次句的"清曲"为互文，言乐曲之清越绝伦，极为动听。此曲发自秦筝，故分别用"吐""扬"两动词。这两句从听的角度来写筝曲之美妙。然而，乐曲之美，筝声之妙，必当得高手调拨鼓弹。因此，听者的注意力很自然地会从欣赏音乐转移到观摩弹筝者的演奏方面来，以下两句便写观弹筝。

"弦依高张断，声随妙指续。"上句的"弦"字与下句的"声"字亦互文，指弦声。"高张"，将弦绷得很紧。"断"与"续"为对文，指音乐的休止与续接。"弦依"句着重写筝弦；"声随"句刻画"妙指"。筝弦之"高张"与"妙指"之拨弹相互映照，弹筝者"罗袖飘缅拂雕桐"的演奏情景宛若目前，见其指法的娴熟与技艺的高明。这种精湛的演奏本身就给人以很高的艺术享受。诗人更巧妙地通过视觉形象，即弹筝时弦、指的变化，表现出听觉形象，使读者由此领略到音乐的妙境：一时萦弦急调，繁音错杂；忽尔音断弦绝，寂然无声。随后只见弹筝者纤指轻拂，信手续弹，弦声复起，清音悠扬。乐曲旋律的缓急断续变化，表现出复杂的音乐情绪与音乐形象，以见筝曲之优美动人，回应上文的"绝调"、"清曲"一意。这里，诗人无一笔正面描绘音乐如何美妙，既举重若轻，省却无限笔墨；又遗音弦外，给人以丰富的联想与回味，于此颇可见得诗人的匠心独运。

以上四句，由闻写到观，因声及物（筝弦）及人（弹筝者），言简意丰，运笔转落无痕。"听筝"写到此告一段落，接下写诗人的感叹。

末尾两句"徒闻音绕梁，宁知颜如玉"，议论兼喟叹，以承转交错笔法出之。上句"音绕梁"，语出《列子·汤问》"余音绕梁欐，三日不绝"，乃总承上文极言筝曲之美。但诗人之意不在赏鉴音乐，因用"徒闻"二字陡笔勒转，就势以"宁知"相接，托出"颜如玉"三字。"颜如玉"照字面讲是说这位弹筝女玉颜丽质，透过一层看，诗人言弹筝女的貌美，实表其心之芳洁如玉与才华之出众。然而世人知表不知里，徒闻筝曲之美而不识弹筝者其人之美。能听音赏曲者，未必是知音。古诗有云："不惜歌者苦，但伤知音稀"，这不独是弹筝女之尤怨与苦衷，亦是作为其知音者诗人之遗憾与不平。沈约另有一首《咏篪诗》，末尾云："曲中有深意，丹诚君讵知"，用意略与本篇结句相仿佛，只不过彼言显而此言隐，不及"徒闻"、"宁知"二句辞情委婉，耐人寻味。

沈约的这首小诗，脱略铅华，不假雕琢，文笔生动朴素中见工致，辞畅韵流而又深婉含蓄，表现了其“长于清怨”（钟嵘《诗品》）的特色。清人沈德潜谓：“隐侯短制，犹存古体”（《古诗源·例言》），殆指此类诗作。（易 平）

六忆诗四首 沈 约

忆来时，灼灼上阶墀。①
勤勤叙别离，慊慊道相思。②
相看常不足，相见乃忘饥。

忆坐时，点点罗帐前。
或歌四五曲，或弄两三弦。
笑时应无比，嗔时更可怜。③

忆食时，临盘动容色。
欲坐复羞坐，欲食复羞食。
含哺如不饥，擎瓯似无力。④

忆眠时，人眠强未眠。
解罗不待劝，就枕更须牵。⑤
复恐傍人见，娇羞在烛前。

〔注〕 ① 灼灼(zhuó zhuó)：鲜明。阶墀(chí)：台阶。 ② 勤勤：殷勤，这里有诉说不尽的意思。慊慊(qiǎn qiǎn)：心中不满足的样子。 ③ 嗔(chèn)：愤怒，生气。可怜：可爱。 ④ 哺(bǔ)：口中所含的食物。瓯(ōu)：一种饮酒用的瓦器。 ⑤ 罗：罗衣，用丝织品制成的衣服。

诗人是审美者。他捕捉美，表现美，创造美。将日常生活诗化，诗人着意造成情感的涟漪。在沈约《六忆》诗中，来、坐、食、眠，这每日生活中司空见惯、最为普通的内容，由于被情爱所润泽而带上了永不退逝的绚丽光环。

诗中，诗人首先回忆自己在门外等待她、迎接她的情景：“忆来时，灼灼上阶墀。”从台阶上走来的时候，她是那么光艳照人。其楚楚动人的形象至今仍那么鲜明地印在诗人的脑海中。见面后，有诉说不尽的离别相思。“勤勤叙别离，慊慊道相思”两句为互文。“勤勤”、“慊慊”共同修饰别离相思之苦的叙述。

这对曾经离别过的情人是这样的深情："相看常不足，相见乃忘饥。"因诚挚执着的爱而辗转反侧不能入睡，因百折千回的情而茶饭无心憔悴瘦损，并不是罕见的人事。特别是多情相爱者之间的凝视，具有着摄魂夺魄的力量。眼睛能直接而深刻地表达恋者的内心，可以进行无声的交流。丰富的视觉可以为爱带来魅力、和谐和激情。这种眼光，是倾慕、是崇拜、是渴望、是感激、是期待？真正难以言说。

当离情倾诉已毕，心情初定。这对情人又回到旧日曾经过惯的旖旎生活中去。罗帐前坐着的她，拨弦奏曲，曼声低唱，秀外慧中，具有动人的气韵。女子的笑容，仿佛锦缎上的鲜花、仿佛鲜花上晶莹的露珠，使其美更添几分妩媚。世界名画蒙娜丽莎的神秘微笑，作为美之谜，引发多少哲学家、艺术家的好奇心。"笑时应无比"，应该不是夸张之辞。《诗经》中早有"巧笑倩兮，美目盼兮"的妙句，从情感与理智两方面激动得孔子和他的弟子发出了一通"知诗"和"绘事后素"的大道理。恋人间的笑，意味着幸福、满足、欢快、和谐与健康。这音容笑貌，怎能不使诗人流连吟唱。

然而，情感的交流也忌讳单调。"嗔时更可怜"，反映了诗人在另一个层面上的情感体验。恋人间的气恼、嫉妒、争吵、责怪，仿佛截断了爱河的洪流，而使其水势蓄积，一旦放决，那情感之涛翻滚奔腾，一泻千里，带来更为炽热、强烈的爱恋！一笑一嗔，诗人摄取这活泼、动感的刹那，一位美丽、聪慧的女子呼之欲出。

诗人对食时、眠时的追忆，着重于一种"犹抱琵琶半遮面"的娇羞情状的复现。沈约是一位官僚兼宫廷诗人。他所接触的是生活于上流社会的女子。他们当时的审美趋向是以绰约娇弱为高。欲坐羞坐，欲食羞食；擎瓯就枕，文静委婉。浸润渗透出一种氤氲温馨、一种馥郁香醇。这的确是一种区别于热烈狂放之美的温柔。这种境界，我们可以在北宋婉约词人之宗周邦彦的艳情词中再度重温："并刀如水，吴盐胜雪，纤手破新橙。锦幄初温，兽烟不断，相对坐调笙。低声问：向谁行宿？城上已三更。马滑霜浓，不如休去，直是少人行"（《少年游》）。有趣的是，西方有句长期流传的古谚，说真正的美人是睡时也美的美人。沈约"人眠强未眠"之句，竟然同西方这种审美标准异曲同工。

总之，诗人就是这样柔声细语，采用联章体的形式、充满温情的追忆，一一叙叹自己对恋人的深切思念。联章体的形式，切合作者的思绪，将作者记忆中旧时岁月的琐碎片断串联成一组流注灵气的有机整体，仿佛一挂璀璨的珍珠项链熠熠发光，使被思念者的形象历历如在目前。

作为齐梁时代诗坛的领袖人物，沈约对诗文创作曾有这样的主张："文章当以三易。易见事,一也;易识字,二也;易诵读,三也。"(《颜氏家训·文章篇》)这四首《六忆》诗正是实践这种理论的产物。这四首诗挣脱了"君子比德"、纲常名教的传统诗歌理论的束缚,为情而情,直接表达出诗人情爱生活中的真切感受与印象,活色天香,在平凡的"来、坐、食、眠"生活细节中流走着画意诗情。这种个性和情感的张扬、自我情欲的释放,在诗歌乃至艺术史上不是小事,而这一切又同浅易流畅的表达融合一体。同齐梁以前那或典正板质或雕缋浮华的诗风截然不同,《六忆》诗既不借助于取典用事的艰深曲折,也不借助于金玉锦绣的辞藻铺排,吐言天拔,出于自然。值得指出的是,诗中"灼灼"、"勤勤"、"慊慊"、"点点"等叠字的运用,以及"欲坐复羞坐"、"欲食复羞食"等连珠句式的安排,使行文的音韵有珠落玉盘的妙响。这些艺术特征,恐怕也是与诗人自觉地汲取了当时吴歌西曲这些闾巷民谣的精髓有关吧!　(朱大刚)

八咏诗·登台望秋月　　沈　约

望秋月,秋月光如练。照耀三爵台,徘徊九华殿。九华瑇瑁梁,华榱与璧珰。以兹雕丽色,持照明月光。凝华入黼帐,清辉悬洞房,先过飞燕户,却照班姬床。

桂宫袅袅落桂枝,露寒凄凄凝白露,上林晚叶飒飒鸣,雁门早鸿离离度。湛秀质兮似规,委清光兮如素。照愁轩之蓬影,映金阶之轻步。居人临此笑以歌,别客对之伤且慕。

经衰圃,映寒丛,凝清夜,带秋风。随庭雪以偕素,与池荷而共红。临玉墀之皎皎,含霜霭之濛濛。辅天衢而徒步,轹长汉而飞空。隐岩崖而半出,隔帷幌而才通。散朱庭之奕奕,入青琐而玲珑。

闲阶悲寡鹄,沙洲怨别鸿,文姬泣胡殿,昭君思汉宫。——余亦何为者,淹留此山东?

此诗系沈约《八咏诗》中的第一首。南齐隆昌元年(494)沈约任东阳(治今浙江金华)太守时,作《八咏诗》于玄畅楼,时称绝唱。到了宋代,玄畅楼因此诗而被改名为"八咏楼"。

《八咏诗》以八首杂言体的歌行组成,各首均以一句五言为题。《登台望秋月》以下的次序是:《会圃临春风》、《岁暮愍衰草》、《霜来悲落桐》、《夕行闻夜鹤》、《晨征听晓鸿》、《解珮去朝市》、《披褐守山东》。分别以秋月、春风、衰草、落桐、夜鹤、晓鸿、朝市、山东为描写对象。

《登台望秋月》是《八咏诗》中颇有代表性的一首，它的艺术特色可以反映出《八咏诗》的基本风貌。现对它略作一些分析。

全诗可以分为四个部分。第一部分着重围绕“登台望秋月”这一题目，渲染“三爵台”、“九华殿”等宫廷建筑的豪华。“三爵台”是传说中神仙所居，“九华殿”是汉魏时的皇家宫殿，但这里只是泛指高台、华殿。开头写高台、华殿的雕梁画檐在月光映照下分外显得富丽堂皇，接着写月光穿过绣帐，进入深邃的内室。先经过赵飞燕的居所，回过来又照在班婕妤的床上。这一部分诗人用了一些华美的词藻，这是齐梁诗坛上的普遍风气。但由于是写月光，所以诗中出现的皇宫深院的画面虽然金碧辉煌，但基本上还是冷色调。这里提到了赵飞燕和班婕妤，这是两个受到冷落的汉代后妃，她们哀怨孤凄的形象，更衬托出月色的阴冷惨淡。

第二部分是“望秋月”这一主题的展开部分。“桂宫袅袅落桂枝”以下四句表现一个“秋”字。“桂宫”即月宫，因传说月中有桂树，故以“桂枝”比喻月光，而桂树正是秋天开花的树木。“露寒凄凄”、“晚叶飒飒”和“早鸿离离”都是秋天的景象。“湛秀质”二句表现一个“月”字，以“秀质似规”和“清光如素”来对月亮的形与色进行赞美，似规状其圆，如素言其白。“照愁轩”以下四句表现一个“望”字。望月的人有各种各样，处在不同境遇中的人望月时的心绪和感情也彼此有异：轻步于金阶的“居人”对之欢笑歌唱；身居愁轩的别客（蓬影）则勾起了对亲人的思慕，因而黯然神伤。这一部分的描写，感情基调同第一部分完全一致。

第三部分从各个方面描写秋月的特征。“经衰圃”四句写它的清冷；“随庭雪”以下四句写它的皎洁、透明而又像细雨一样迷蒙，“辚天衢”以下六句写它的活动。辚轹，车轮转动；天衢，天上道路。这里是说月轮或漫步天街，或飞越河汉，或隐身于岩崖后面只露出一半，或被淡云所遮，就像隔了一层帷幌一样只能依稀看到，或散布于朱庭，光彩奕奕，或进入于青琐（宫门），玲珑明彻。这一部分在全诗中是最富有想象力、描写最生动的部分。

最后部分才是作者自己的抒情。这时作者远离家乡，在外地做官，面对秋月，思乡之情自会油然而生。因明月而引起对家乡、亲人的思念，是古诗中常见的主题之一，这里作者也是因“望秋月”而联想到自己形单影只，于是便产生了“悲寡鹄”、“怨别鸿”这种孤独心情。“文姬泣胡殿，昭君思汉宫”两句同样如此。在作者想象中，蔡文姬和王昭君的思念故乡也是因“望秋月”而引起的。这是古诗中常用的“取譬引类”、“因物喻志”的手法，主要引起末两句作者自己的感慨：

"余亦何为者,淹留此山东?"("山东"指东阳郡)

钟嵘《诗品》评沈约作品时有"辞弘"、"意浅"之说,本诗的特点正是这样。内容上它并无深意,通篇都是对秋月的铺张扬厉的反复描写。比较惹人喜爱的是它的语言。此诗语言风格虽未脱齐梁的绮丽之风,但还没有过分地雕金镂采,在丰茂的辞藻中仍能透露出一股清新的气息。特别值得注意的是它在声律安排上相当讲究,声韵和谐,节奏感很强,有些句子的平仄安排已类似后世的律诗,如"凝华入黼帐"、"闲阶悲寡鹄"等句犹似五律,而"桂宫裊裊落桂枝"二句则俨然七言律句。

《八咏诗》的体裁属于杂言体,这种句子长短不齐的形式以前多见之于乐府诗和拟乐府诗,沈约此诗显然受到乐府诗的影响。此外,它与六朝流行的咏物抒情小赋也有许多相似之处。"经衰圃"以下一大段不论句子形式和描写方法,都明显地吸收了赋的特点。正因为这样,所以前人把《八咏诗》称作别开生面的作品。

(范民声)

【作者小传】

江 淹

(444—505) 字文通,梁济阳考城(今河南民权东北)人。刘宋时,任徐州从事、奉朝请。坐事下狱,建平王刘景素救之,后入景素幕府,因谏其谋叛,黜为建安吴兴县令。萧道成(即齐高帝)执政,淹入其幕府,掌军书表记。齐立,任中书侍郎、庐陵内史、尚书左丞、御史中丞、廷尉卿、宣城太守、黄门侍郎、秘书郎等官。及萧衍(即梁武帝)攻建康,淹微服投之,官吏部尚书、相国左长史。梁立,仕至金紫光禄大夫,封醴陵侯。事迹具《梁书》卷一四及《南史》卷五九本传。淹少以文章著名,晚年才思减退,时谓"才尽"。其诗风略近于鲍照,与之并称"江鲍"。有集二十卷、后集十卷、《齐志》十志,已佚,明人有《江文通集汇注》,今又有排印本。

铜 爵 妓　　江 淹

武皇去金阁,英威长寂寞。雄剑顿无光,杂佩亦销烁。秋至明月圆,风伤白露落。清夜何湛湛,孤烛映兰幕。抚影怆无从,惟怀忧不薄。瑶色行应罢,红芳几为乐?徒登歌舞台,终成蝼蚁郭!

在汉末纷争的时代，曹操逐鹿中原，饮马江汉，横槊赋诗，文韬武略，堪称“一世之雄”。但于临终之时，却恋恋于生时的声色之奉，不甘心就此撒手而去，故于《遗令》中一再叮嘱：“吾婕妤妓人，皆著铜爵台，于台堂上，施八尺床繐帐，朝晡上脯糒之属。月朝十五，辄向帐作妓。汝等时时登铜爵台，望吾西陵墓田。”这一举动在古代帝王中可谓绝无仅有，其不恤生者、惟念一己的帝王淫威足以令人惊叹不止。这一悲剧性的主题也牵动了后世不少骚人词客的恻隐之心、沧桑之感，纷纷形诸篇咏，江淹此诗即为其中之一。

诗的开头四句写曹操身后寂寞，雄风已逝，给人以悲凉冷落之感。“武皇”即指曹操。“金阁”，犹言金阙，宫观楼台之美称，此指铜爵(雀)台。台建于建安十五年，在邺城西北，“高十丈，有屋百余间”(《水经注》卷十)。楼台之顶置大铜雀，舒翼若飞。又其“西台高六十七丈，上作铜凤，窗皆铜笼疏，云母幌，日之初出，乃流光照耀”(《艺文类聚》卷六十二引《邺中记》)。浮光跃金之楼观，以“金”状之，确也非常贴切。但是，如今人去楼空，已无复当年的英风雄威、歌舞升平，留给后人的，只是一片凄凉寂寞。开头两句就这样强烈地渲染出一种物是人非的气氛。“雄剑”，本指春秋时吴国人干将、莫邪所铸之剑，其剑有二，一雌一雄，雄剑进献于吴王，此处是以“雄剑”代指魏武所佩之剑。这剑当年曾伴随他南征北战，削平群雄，而今却已埋没于尘封之中而黯然失色了。“杂佩”亦指魏武所佩之饰物。古人述及人之佩戴物常以剑佩对举，如《说苑》云：“经侯过魏太子，左带玉具剑，右带环珮，左光照右，右光照左。”故此处剑佩连类而及。“销烁”，犹言销熔，在此即是荡然无存之意。这二句，由曹操的遗物引出，再申前意，补足文气。

接下去“秋至”四句，则从《遗令》中的“月朝十五”生发而出。三五之夜，皓月当空，正是曹操要求诸妓向帷帐歌舞作乐之时。试想活生生的人幽闭于荒台孤馆，且要侍奉空床虚帐，这是怎样的一种人生悲剧！这些歌妓无异是奉献于帝王祭坛上的活的牺牲，因而对她们来说，皎洁的秋夜只会更增加内心的悲感凄凉。这四句写景恰似“主观镜头”，展现出她们眼中特有的悲凉的夜景：风露凄凄，清夜湛湛，孤独摇曳的烛光，将她们的身影分明地投于兰幕之上。全诗悲剧的气氛，至此越加浓重了。

此后六句，转入直抒怨愤，比之上面的托物诉情，感情更为强烈。“抚影”承上“孤烛”句，转接极为自然。众妓顾影自怜，悲从中来，无所适从，但觉心中的忧思，绵绵不绝，难以消解。“薄”即停止之意，如《楚辞·九章·哀郢》云：“忽翱翔之焉薄。”“瑶色”，犹言玉颜，“红芳”即红花，此亦指美人的红颜。“行应罢”，行将衰颓老朽；“几为乐”，为乐能有几时。这二句互文见义，渲染强烈。诗人感叹着妓人的青春难驻、红颜易老，不禁要为她们的不幸生涯洒一掬同情之泪，发一曲不平之歌。最后两句应《遗令》中“时时登铜雀台，望吾西陵墓田”的意思，感情由悲而怨，由怨而愤，达于高潮。这里着一“徒”字，实蕴含无穷的悲思与怨愤。登台歌舞，遥望西陵，对铜雀妓来说，只是侍奉幽灵、虚掷青春的徒劳之举，而对死去的帝王来说，也同样是毫无意义了，因为他最终也成了一堆“蝼蚁郭”，亦即“蚁垤”，蝼蚁之穴，其外壅土如城郭，故云。古人常用它和高山对举，以显示其渺小，如《孟子·公孙丑》云：“泰山之于丘垤。”赵岐注：“垤，蚁封也。”又郭璞《游仙诗》云：“东海犹蹄涔，昆仑蝼蚁堆。”此处用“蝼蚁郭”，一方面说明皇陵虽高，无异于蚁垤一堆，藐视之意可见；另一方面也表示，贵为天子者最终也要与平民百姓同归丘墓，而魏武却要作威福于死后，其自私冥顽虽到了荒谬绝伦的地步，但到头来还不是黄土一抔，又复何益！这二句和第一层诗意恰好遥相呼应，使同情歌妓与批判帝王的两个方面浑然统一于诗歌的主题之中。

江淹此诗流丽中有悲壮之气。李调元《雨村诗话》云：“诗之绮丽，盛于六朝，而就各代分之，亦有首屈一指之人。……梁则以江淹文通为第一，悲壮激昂。”而这种悲壮又是通过强烈的对比凸显出来的。在写魏武时，将其生时的威武雄壮与死后的寂寞萧条作对比；而在写歌妓时，则以青春、自然之美与其生活、命运之悲作对比。帝王的淫威自私与歌妓的痛苦牺牲则是本诗最根本的一个对比。绮丽的辞藻与悲剧的气氛相反相成，形成此诗凄艳的风格，沉博绝丽之中回荡着幽怨之气，这正是楚辞的传统。（黄宝华）

从冠军建平王登香炉峰　　江　淹

广成爱神鼎，淮南好丹经。此山具鸾鹤，往来尽仙灵。瑶草正翕赩，玉树信葱青。绛气下萦薄，白云上杳冥。中坐瞰蜿虹，俯伏视流星。不寻遐怪极，则知耳目惊。日落长沙渚，曾阴万里生。藉兰素多意，临风默含情。方学松柏隐，羞逐市井名。幸承光诵末，伏思托后旌。

江淹二十来岁就依附宋建平王刘景素，受到礼遇，明帝泰豫元年(472)刘迁荆州刺史，江又作为刘的记室随同前往。途经庐山时，他们登上了香炉峰。刘景素雅好文学，首先写诗留念，江淹步其后尘也写了这一首。刘景素此时已加给事中冠军将军衔，故题中有“冠军建平王”之称。

香炉峰为庐山著名山峰，形状像香炉，终年有云雾缭绕，酷似香炉在焚香。

在庐山名为香炉峰的有四个，著名的有两个，一在东林寺南，叫北香炉峰；一在秀峰寺南，叫南香炉峰。从诗中出现的景观看，此诗写的是南香炉峰。清康熙南游时，就曾刻此诗于秀峰寺传为南唐中主李璟的读书台上。

由于庐山一山孤峙，拔地参天，终年云雾弥漫，加之有匡俗兄弟七人于此成仙等传说，常被说成是仙灵聚居的神山。很多写庐山的诗也就多借渲染这种神山色彩来增强艺术效果，江淹此诗也正是这样开篇的。首四句即由谈仙说丹点出庐山是神仙汇聚的地方，开始便把读者引进一个神秘的世界。“广成”即广成子，相传是黄帝时的仙人，居于崆峒山的石室之中，黄帝曾去拜访过他。“淮南”指的是西汉淮南王刘安，他好宾客方士，其中有苏非等被称为八公的八人奉诏与诸儒论说而著《淮南子》，后来一些道书便将此八公附会为神仙，专为淮南王传授炼丹之术。“神鼎”即道家炼丹用的鼎，“丹经”，即炼丹之术。“广成爱神鼎，淮南好丹经”，是说神仙是人们羡慕的，成仙之术是大家所追求的，远古的广成子、近世的淮南王就都爱好诵经炼丹。三四句紧接着点出庐山，尤其是这香炉峰便是神仙们常来常往的地方。“鸾”指凤凰一类的神鸟，鹤也是仙禽。传说仙人们都是乘鸾骑鹤而行的，鸾鹤多，自然是仙灵多。这样就烘托出了一种美丽而神秘的环境与气氛。

“瑶草”以下十句，集中笔墨描写香炉峰的仙境般的景色。先写花草树木：“瑶草正翕艴(xī xì)，玉树信葱青。”瑶草、玉树都是仙界景物，这里借以形容各种珍异草木。“翕艴”，言其枝叶娇嫩，色泽光亮。这两句是说，香炉峰的草木既珍异又茂盛，真是葱茏青翠，光艳照人。次写云雾：“绛气下萦薄，白云上杳冥。”“绛气”指的深红色的云气，那是香炉峰附近的瀑布喷溅出的细小水珠经太阳光的照射而形成的。“萦薄”指的是草木丛生的曲折地带，也就是山下的丘壑。红色的云雾滚下山坡，笼罩住山下的丘壑，白色的云雾蒸腾直上高远的天空，两种不同颜色的云雾上下翻滚，整个山峰俨然就是一座大香炉了。再写望中景象：“中坐瞰蜿虹，俯伏视流星。”“中坐”即就中正坐，平坐。“瞰”为远看。这两句是说，端端正正地坐在那里便可远远地看到弯弯的彩虹挂在天边，俯身还可看到流星从脚下飞掠而过。这种景象不仅令人惊叹，也只有置身云表才能见到，无意中又突出了香炉峰的高。“不寻遐怪极，则知耳目惊”，是对以上所写景象的总评价。“遐怪”即远方的怪异景色，“不寻遐怪极”，即“不极寻遐怪”之意；“知”在这里是“见”、“表现”的意思。这两句说的是，不要极力去寻求远方的险怪之景，仅就眼前这些就够使人耳目惊异了。最后补充写出落日时分的景象：“日落长沙渚，曾阴万里生。”意思是站在香炉峰可以看到太阳落入长沙的沙洲，重重叠叠的云层布满了万里长空。日落云飞，暮色苍茫，自然也是一种壮阔的景象，同时也意味着一日游程的结束，加上它的阴暗的色调，很容易使人情绪波动，这就很自然地引出后段的抒情。

“藉兰”以下写的就是此次登临香炉峰在思想上所产生的变化。“藉兰素多意，临风默含情”，是说凭依坐卧在兰草之上，本来会有很多美好的思绪，可是迎着风又默默地满怀思虑，情有未申。尾四句即将这种思虑和盘托出。“方学松柏隐，羞逐市井名”，说一登上这香炉峰便萌发了学松柏那样隐居深山的想法，羞于追逐世俗的名利。可是目前的处境又不允许这样做。什么处境呢？那就是“幸承光诵末”。“光诵”即华美的篇章，指的是建平王写的登庐山的诗，诗中大概提到江淹。全句的意思是说，现在我已是建平王的随行人员，且有幸承蒙在他的光辉的诗篇里提到了我，那就不能想什么归隐，而应该“伏思托后旌”了。“伏”为谦词，表示恭谨。“后旌”即后车，侍从车，托身于侍从之车，即当好随从之意。全句是说，那我就应该一心一意考虑如何做好建平王的侍从了。这个结尾看来是作者的精心安排。一方面可以就此表示对建平王的忠诚，因为诗成后是要给建平王看的，这样的表白自然会使他高兴。另一方面对诗本身也是有所补益的，因为它扣了题，使结构紧固；也还可以反衬出香炉峰的魅力，能够使一个奉行王事的官员登临之后便产生归隐学仙的念头，其景色之绝胜可知。

此诗虽为游览诗，却写出了作者的真实思想与感情，揭示出遁世与匡时的心理矛盾。炼丹求仙在当时是一种风尚，江淹自也不能免俗，然而他并未沉迷其中，并不打算去实践，只是站在旁观者的立场表示希慕而已，所以刚刚表示“方学松柏隐，羞逐市井名”，马上又想到“幸承光诵末，伏思托后旌”。也就是说刚刚受到外物的诱惑而动摇了自己匡时济民的信念，很快就能纠正过来。大概正是这种儒道兼用而倾向于儒，进退均可而力争进的处世态度使他能适时应俗，身历三朝而官运亨通；也许正是这一点使他的诗表现出这样的特点：词采靡丽而思想平稳，感情丰富而风骨不高。

此诗在写景状物上更显示了自身的特点。它撇开了登山过程的记叙，劈头就布设一个“往来尽仙灵”的仙境，然后把香炉峰置于这个仙境中进行描写，把现实中的山川自然之美与传说中仙界之美融合起来，给自己的描写对象蒙上一层神秘的面纱。这既切合香炉峰的景物特点，又使它特具一种空灵、朦胧，摇曳多姿的风韵。其中对于具体景物的描写也有虚有实，虚实并用。像瑶草、玉树、绛气、白云、蜿虹、流星等是实写，自是五光十色，仙气氤氲；“不寻”二句与“往来尽仙灵”等就是虚写，虽未写出具体可见的景象，却也收到了同样的效果。沈德潜

说江淹诗"颇能修饬",指的就是这种描摹镕裁之功。　（谢楚发）

望荆山　　江淹

奉义至江汉,始知楚塞长。南关绕桐柏,西岳出鲁阳。寒郊无留影,秋日悬清光。悲风桡重林,云霞肃川涨。岁晏君如何?零泪染衣裳。玉柱空掩露,金尊坐含霜。一闻《苦寒》奏,再使《艳歌》伤。

这首《望荆山》,是江淹早年作品中较有特色的一篇。据李善《文选注》说,它是江淹将近三十岁时随宋建平王刘景素赴荆州时作。但曹道衡先生指出:"江淹在景素任荆州刺史前,久已在他幕下,不得称'奉义(慕义)',且景素系由湘州赴任,江淹随行,似乎亦不会提到鄂北的桐柏、鲁阳等地名。"因此,他认为此诗当作于随景素赴荆州之前,是诗人赴襄阳任雍州刺史刘休若巴陵王国左常侍时写的。(参见曹道衡《江淹》,《中国历代著名文学家评传》第一卷)这里采用曹先生的新见。荆山,在今湖北省境内,是一座"高峰霞举,峻竦层云"(《水经注》)的名山。

这首诗展示了楚地的萧瑟秋景和诗人的旅途感伤。首二句交代了他到江、汉一带任职,才首次看到荆山,而感叹于它的广袤、绵远。奉义即慕义,对巴陵王表示敬慕,这是一种谦逊的说法。楚塞,指荆山,因其为古代楚国郢都的北边屏障,故称。这两句开篇记游,点明到荆山的因由,从而引出下文,笔法干净利落。

"南关"以下六句,全是写景,切题"望"字。"南关"指荆山南端的关隘。"桐柏",山名,介于信阳以西的河南湖北两省之间。"西岳",言荆山西端的峰岭。"鲁阳",关名,在今河南省鲁山县西南。这二句说,荆山的南关要绕到桐柏山,其西端的峰岭将伸出到鲁阳关。这里紧接着上文"楚塞长",加以夸张形容,极力写出荆山伸展的地域之遥远。其实,荆山距桐柏山和鲁阳关都很远,并不连接。诗人这样写,是以一种宏观的眼光,总揽荆山大的形势,也是为了表示旅途的漫长,从而创设一个与下文所抒发的深广愁思相适应的空间境界。从艺术效果来看,也使诗的画面气象显得壮阔。江淹写景,时以"警遒"取胜,和谢朓有类似之处。这两句,便使人感到有一种雄浑的气势,笼罩全诗。"寒郊"以下四句,展现出一幅荒凉清旷的深秋景色:郊野一片荒寒,木叶尽脱,见不到什么阴影;悬在空中的一轮秋日,发出的光辉也是惨淡清冷。这两句绘光设色,语言精练,表现出诗人对于深秋独特的感受和印象,令人感到一股凛冽寒气从纸上扑面而来。"桡",通"挠",屈曲。秋风掠过,重重密林中的树木竟然被吹刮得弯曲、俯伏,可以感到它们在挣扎、呻吟，由此可见风势之猛烈。“风”上着一“悲”字，更给秋风涂染上浓烈的主观感情色彩，也令人竦然如闻秋风凄厉肃杀之声。“云霞”句，写江景，表现河水暴涨。在深秋，河流一般是不会涨水的，可是沮漳二水汇流，却往往洪水迸发。诗人目睹其景，如实描绘。深秋洪水滔滔，已使人惊警异常，再加上云霞照映，更显出水势浩大，波涛惨白、浑黄。一个“肃”字传达出其内心的强烈感受。这四句是全篇最精彩之处。前两句写静景，后两句写动态，动静相生，有声有色。“寒”、“悬”、“清”、“桡”、“悲”、“重”、“肃”、“涨”这一连串动词和形容词，都下得生动、精警、传神，见出诗人写景状物、锤炼语言的功力。陈祚明评江淹诗长于“刻画”，“苍秀之句，颇亦邃诣”(《采菽堂古诗选》卷二十四)，信然。

“岁晏”以下六句，集中抒写由深秋肃杀之气引出的悲愁之情。诗人先以“岁晏”二字总束上四句所写时节景物，并带起下面的抒情，章法严谨。“岁晏君如何”句中的“君”，是作者自叹自问，意谓：时至深秋，一年将尽，我究竟打算怎么样呢？“零泪染衣裳”是自答。一问一答，婉转地传达出内心悲愁。古代迁客骚人逢秋生悲，本是常事。但江淹如此悲不自胜，泪下之多，以至于衣湿如染，那就不是一句寻常的“羁旅之愁”可以了得的了。早些时候，他在建平王刘景素幕下，曾被人借端诬陷入狱。后来他在狱中写了《诣建平王上书》，血泪交迸，自陈冤屈，这才得释。陷身囹圄之冤，加上沉沦下僚的仕途失意，这一切郁积于心中的悲怨，此刻都因眼前的秋景而激发出来了。所以“零泪”一语，实在包含无限，沉痛莫比。“玉柱”以下四句，又借酒乐而进一步抒写这番沉痛之情。柱，瑟的安弦部件，这里代指瑟；尊，酒器；“金”、“玉”皆形容其华贵。诗人此时或许正在荆山下某处的宴席上吧。玉柱金尊，这宴席亦不可谓不盛矣。但诗人心绪迷茫，使这一切豪华都成了徒然之设，琴瑟被弃置一旁，蒙上了夜晚的露水，连杯中美酒，也含着严霜，令人纵然不饮也生出凛然寒意。空、坐二字同义，都是“徒然”的意思。最后两句，又写在寒夜寂静中，忽然有人奏起了描写行役途中艰难景况的《苦寒行》乐曲，这曲悲歌尚未了，又有人唱起了《艳歌行》中的“翩翩堂前燕，冬藏夏来见。兄弟两三人，流宕在他县……”古语云：“一之为甚，其可再乎。”而今这愁悲之音却“一”之“再”之，真教人情何以堪。全诗就在这感伤的音乐声中缓缓拉上帷幕，情调悲恻哀婉，使读者为之低回不已，黯然神伤。陈祚明评云：“末六句词气萧瑟。”(《采菽堂古诗选》卷二四)足见这后六句抒情，也回荡着悲凉秋气，整首诗是情景融一的。

这首行旅诗的章法结构，仍大致沿袭谢灵运山水诗纪游——写景——抒情——悟理的模式，层次分明，只是已经去掉了玄理的尾巴。诗中用了大量的对句，其风气也始于谢灵运，但遣词造句已不像灵运那样巉削、藻饰，而是显得比较清秀自然。诗押“阳江”韵，音调清越明亮，也有助于悲伤感情的抒发。诗人善于抒写悲愁的特点，在这首早期作品中，已经初步显示了出来。（陶文鹏）

秋至怀归　　江淹

怅然集汉北，还望岨山田。沄沄百重壑，参差万里山。楚关带秦陇，荆云冠吴烟。草色敛穷水，木叶变长川。秋至帝子降，客人伤婵娟。试访淮海使，归路成数千。蓬驱未止极，旌心徒自悬。若华想无慰，忧至定伤年。

江淹早岁以一介寒士受知于宋建平王刘景素，景素爱好文学之士，江淹在南兖州做过景素的僚属，后淹因事系狱，自狱中上书，“景素览书，即日出之”（《南史》本传）。景素出镇荆州，江淹从之镇，其时约当明帝泰豫元年（472）至后废帝元徽二年（474）间，江淹集中写荆山汉水风物的诗即作于这几年。

全诗十六句，前八句着重写景，绘出关山重叠、烟水苍茫的秋色图卷；后八句转向抒情，抒发归路迢递、飘零自伤的忧思情怀。首联总领写景，开头即以“怅然”点明此行抑郁惆怅的心境，为全诗定下了基调，“汉北”则交代地点。诗人回首眺望“岨山田”，触景生情，引出了这篇诗章。岨是盘曲不整之意，此指山坡之梯田。“沄沄”，水流回转貌，如《楚辞》中汉王逸《九思·哀岁》云：“窥见兮溪涧，流水兮沄沄。”此联写群山绵延，高下参差，溪涧沟壑，纵横错互的景象，气势壮观雄伟。“沄沄”状水之蜿蜒曲折，“参差”写山之错落耸峙，“百重”以对“万里”，均形容其广袤。此联从不同的方面写出了荆襄山水博大雄奇的姿态。

如果说上联是写其全貌的话，那么下一联则进一步从地理形势上烘托出景物的特色。诗人的眼光已不局限于荆襄一地，而是放眼远眺，神游故国，西北至秦陇，东南至吴越。荆山居江汉平原之西鄙，雄关险隘，屏障楚地，迤逦至西北则是秦岭大巴山和黄土高原，而江汉平原又如同通向长江三角洲的门户，河川网络犹如血脉相连。这一联概括了荆襄江汉在地理上的重要地位，实有深意存焉，这一点我们在下面再加揭示。从用笔看，这一联也是工整的对偶，动词“带”与“冠”尤为传神，前者展现了层峦逶迤的壮阔景象，后者描画出浮云笼罩的南国风光。出句以雄关绝塞表现出苍茫凝重的格调，而对句则以云烟连绵传达出旖旎曼妙的情思，这一对比如同宋代山水画中荆浩、关仝的叠嶂丘壑之于董源、巨然的淡烟轻岚，色彩迥异的意象构成的对偶，避免了合掌雷同，收到了相反相成的效果。

下一联笔势收拢，又落到了眼前的草木之上。草色转为枯黄，好像将原来的翠绿收藏起来了，故谓之“敛”；“穷水”乃荒远之水，它与草色共同构成了一个秋气肃杀的意境。“木叶”句令人想起《九歌·湘夫人》中的名句：“嫋嫋兮秋风，洞庭波兮木叶下”；而“变”的修辞又令人忆及谢灵运《登池上楼》中的警策：“池塘生春草，园柳变鸣禽。”木叶纷纷坠落，改变了原先水木交映的河上景色，此处妙在将“变”用作使动词，造语不同凡响。事实上整个这一联都有摹拟谢诗的痕迹，虽然彼写春景，此拟秋色，但都表现出星移物换的微妙变化。当然江淹之句难以与谢诗的自然天成相比拟，其得之摹拟，终落第二义。“文通诗体总杂，善于摹拟”（钟嵘《诗品》），于此可见一斑。

“草色”一联已暗逗秋意，到“秋至”一句则点明秋天的来临。这一句也是化用《湘夫人》中开头的句子：“帝子降兮北渚，目眇眇兮愁予。”这两句在《湘夫人》中原与上引的两句紧相衔接。这里，在表现秋色由晦转明时，诗人通过化用的意象成语的内在联系，使诗的上下两半意脉贯通，很自然地过渡到抒情部分。诗人宦游他乡，故以“客人”自称；“伤婵娟”则是悲伤帝子在此清秋时节降临水边，伶俜飘零。“目眇眇兮愁予”，她那忧伤的目光使诗人油然而生同病相怜之情。“婵娟”，姿态美好貌，在此指代帝子，亦即神女。江汉间流传着许多惝恍迷离的神话传说，像郑交甫于汉皋遇二神女，解珮相赠之事即是其一。据《水经注·沔水》载，襄阳县北之方山，“山下水曲之隈，云汉女昔游处也，故张衡《南都赋》曰：‘游女弄珠于汉皋之曲。’汉皋即方山之异名也。”可见诗人化用楚辞并非凿空而道、无中生有，而是切合其地方人文特色的。

下一联写其欲归不成，归途漫漫之感。“试访”犹言“欲访”；“淮海使”，扬州的地方长官。东晋以还，北人南迁，多聚居于扬州一带，所谓的侨置州郡也多设于此。史载江淹“起家南徐州从事”，又曾“随景素在南兖州”，“寻举南徐州秀才对策上第”（《南史》本传），上述两个侨置州在刘宋时即以京口、广陵为治所，诗人故将淮海视为自己的故乡。“蓬驱”句以蓬草自况，蓬草的飘转不定正如其无止境的游宦生涯。飘蓬的意象由来已久，而建安诗人尤喜用之，如曹植的《杂诗》云：“转蓬离本根，飘飖随长风。何意迴飙举，吹我入云中。高高上无极，天路安可穷！”几可作此句诗的注脚。“旌心”即心旌，语出《战国策·楚策》，意谓中心不安如悬挂的旌旗飘摇不定。“徒自悬”犹言内心的悬念不安只是白费苦心，徒劳无益。此处诗人也有其言外之意，且留待下面一并交代。

最后一联感叹岁月蹉跎，忧多伤身。“若华”犹言“若英”，即若木之花。若木是神话中生长于西方日入处的树木。《山海经·大荒北经》称：“上有赤树，青叶赤华，名曰若木。”郭璞注：“生昆仑西，附西极，其华光赤下照地。”若木之光华后人也用来指时光。《离骚》云：“折若木以拂日兮，聊逍遥以相羊。”屈原的举动，据王逸的解释，是“折取若木，以拂击日，使之还去”，“或谓拂，蔽也，以若木鄣蔽日，使不得过也”(《楚辞章句》)。总之，都是挽留光阴之意。诗人在此感叹，光阴如逝水无情，即使想借助若木加以挽留，也是徒劳无慰，忧思丛集，只会使自己伤神减寿。诗的最后这种深沉的忧伤与开头的“怅然”相呼应，令我们久久回味。

那么诗人的忧伤又是因何而生的呢？联系其身世遭遇就不难明白这种感情的内涵。他对刘景素深怀知遇之感，此时正随刘在荆州任上。荆州地处上游，为扼制东南的军事重镇，刘在僚属的劝唆下图谋反叛，江淹苦谏而景素不纳，谏云：“殿下不求宗庙之安，而信左右之计，则复见麋鹿霜露栖于姑苏之台矣。”(《梁书》本传)殷鉴不远，东晋桓玄据荆州谋反即遭败亡，诗人预感到景素覆灭的下场，因而悲从中来，不能自已。后来景素移镇京口，果然兵败被杀，江淹则因受贬而幸免于难。所谓“旌心徒自悬”正表现出诗人苦谏不从的忧虑。

前人称江淹之诗“悲壮激昂”(李调元《雨村诗话》)，“有凄凉日暮，不可如何之意”(刘熙载《艺概》)，洵为的论。此诗前半写山河之壮伟，地势之重要，本应是拱卫中枢的屏藩，现在却酝酿着一场动乱，故后半倾诉出深沉的忧伤，其中既有身世感怀，又有国事之慨。深沉的忧思与雄峻的山河相为表里，故有悲壮之气。这里值得一提的是，诗人多处化用了楚辞的意象与成语，这不光是一个修辞问题，更主要的是诗人与屈原的情思相通。荆州治所江陵即为楚之郢都，屈原青年时代被谗去郢，即向北流浪，至于汉北，所谓汉北即樊城一带(据林庚考证，参见其《民族诗人屈原》一文)。这和江淹所处的地域正好吻合，屈原的忧国伤时不能不激起诗人的共鸣。江汉流域的地理环境、人文传统为诗人的感情提供了一个合适的载体，他之化用楚辞也就十分自然，由此也增强了全诗的悲剧色彩。

(黄宝华)

赤亭渚　　江淹

吴江泛丘墟，饶桂复多枫。水夕潮波黑，日暮精气红。路长寒光尽，鸟鸣秋草穷。瑶水虽未合，珠霜窃过中。坐识物序晏，卧视岁阴空。一伤千里极，独望淮海风。远心何所类，云边有征鸿。

这首诗大约作于宋后废帝元徽二年(474)秋天，江淹得罪了宋建平王刘景素，被贬为建安吴兴令后赴任途中。赤亭渚在今浙江省富阳附近的富春江上，这里是著名的风景区，又是从当时都城建康到浙江南部和福建一带去所必经之地。这富春江上的秀丽景色，在当时许多作家的诗文中曾有过许多精彩的描写。如前此的谢灵运有《富春渚》诗，和江淹同时的沈约有《早发定山》诗，丘迟有《旦发渔浦潭》诗，稍后的吴均有《与朱元思书》等，都是脍炙人口的名作。但江淹此诗的情调却与上述诸作显然不同。谢灵运等人之作，多以写景为主，归结为离俗、求仙，心境比较悠闲；江淹之作则与之相反，基调比较沉郁，显出了不得志的苦闷。这是因为他当时的心情和其他作家不同。例如沈约写《早发定山》是在齐明帝掌权之初出任东阳太守途中，丘迟写《旦发渔浦潭》是在梁武帝初出任永嘉太守途中。沈约的出任东阳太守，虽非十分得意，却也还是体面的调动；丘迟出为永嘉太守，更是梁武帝对他的信任，在官职上亦属升迁。所以沈诗中“标峰彩虹外，置岭白云间；倾壁忽斜竖，绝顶复孤圆”诸句，确实写出了富春江上奇异的景色；丘诗中“诡怪不异像，崭绝峰殊状；森森荒树齐，析析寒沙涨”诸句，也显出幽深寂静的气氛。所以沈约想到了神仙而丘迟则向往“幽栖”。江淹这首诗其实并没有真正去写富春江上的景色。“吴江泛丘墟，饶桂复多枫”只是泛指江南一带的树木；“水夕潮波黑，日暮精气红”虽也是写景，却重在点明时间，并非专写某地景色。它们和下面的“路长”两句，一写日暮，一写岁晚，目的都不在刻画富春江。这是因为江淹当时正含冤被谪，并无心情去领略山川之美。他这四句诗，似重在渲染下文所抒发的有志难伸的牢骚和思乡之情，显出日暮途穷之感。所以下文接着写“瑶水虽未合，珠霜窃过中”两句，进一步写到岁暮的感慨，“坐识物序晏，卧视岁阴空”，更是道出了作者的心情，他感到一年将尽，而不能有所作为，难免有时光易逝，功名不立的感慨。“一伤千里极”以下四句，既是思乡，也暗寓他志在重返建康，做一番事业的志向。因为“淮海”二字，指扬州，用《尚书·禹贡》：“淮海惟扬州”典。当时扬州治所在建康，同时也是南朝的都城。江淹祖籍虽是济阳考城（今河南兰考），但他的出生地却在今江苏南部。所以“独望淮海风”，既是思乡，亦吐露了他的志向。他对被黜并不甘心，所以自比“征鸿”，仍想有重返乡土之心。

江淹的诗，历来的评论家都认为他最擅长“拟古”。但他的纪行之作，亦多名篇。他的《游黄蘗山》、《渡泉峤出诸山之顶》等篇，均以奇崛而富于古气为特色。这种诗风代表着刘宋末年的诗风特色。它们既不像宋初的谢灵运、颜延之那样繁富，却仍有其古奥之气；又不像南齐谢朓之清丽、平易，却又多少显出了流畅和对仗工整的特点。这首《赤亭渚》似乎较之前述诸首显得更平易些，且多对句。在江淹诗中，此首稍近齐梁，但总的来说，仍显得朴茂、遒劲，和齐梁诗人之作仍有不同。所以唐代以来,不少论者往往把江淹和鲍照并提,合称“江鲍”。事实上江鲍的诗风相近除了江淹早期的遭遇比较坎坷,与鲍照类似,而且两人时代亦较近(江淹开始创作时,鲍照尚健在)外,江淹本人似有意识摹仿鲍照。如他《从冠军建平王登香炉峰》诗,即学鲍照的《登庐山》诸首;《青苔赋》和《恨赋》,取法《芜城赋》。在这首《赤亭渚》中,虽不这样明显,但“水夕”两句,即出于鲍照《游思赋》中“暮气起兮远岸黑,阳精灭兮天际红”之句。这种化用前人名句的作法,也许就是古人评江淹为“诗体总杂”的一个原因吧。(曹道衡)

游黄蘗山　　江　淹

长望竟何极,闽云连越边。南州饶奇怪,赤县多灵仙。金峰各亏日,铜石共临天。阳岫照鸾采,阴溪喷龙泉。残杌千代木,廧崒万古烟。禽鸣丹壁上,猿啸青崖间。秦皇慕隐沦,汉武愿长年。皆负雄豪威,弃剑为名山。况我葵藿志,松木横眼前。所若同远好,临风载悠然。

这首诗作于江淹被贬为建安吴兴令期间。黄蘗山的地点据旧注说在“吴兴府城”(今浙江吴兴)附近,这显然不足信,因为诗中称“闽云连越边”,显然在今福建和浙江交界之地,而吴兴则在江浙二省交界处,古人称之为“吴地”,与诗的地望不符。按:《宋书·谢方明传》记谢方明在东晋末孙恩、卢循起义中,从浙东取道“黄蘗峤”经今江西一带,逃到建康。可见“黄蘗峤”在今闽浙赣三省交界处,这地方离江淹被贬的建安吴兴(今福建浦城)不远。此诗当是被贬在建安吴兴后作。此诗写作时间,当比《渡泉峤道出诸山之顶》、《迁阳亭》诸作稍晚。这时他的心情已较迁谪之初稍为平静,所以不像那些诗有明显的怨愤之情而倾向于游仙诗的情调。

江淹的诗风在南朝比较特殊,他的诗一般较具古气,和谢朓、沈约为代表的永明诗人不同。但较之刘宋初年的谢灵运、颜延之又显得略见平易。但他有一些写景诗则用了一些古奥的词语,似与谢灵运、鲍照等人相近。这首《游黄蘗山》亦属此类。诗中“残杌千代木,廧崒万古烟”二句就很古奥费解。“残杌”当指枝叶已尽的枯树干,“廧崒”据余冠英先生说:“疑‘廧’作‘嵫’,‘嵫崒’,高峻貌”(《汉魏六朝诗选》)。这两句显然是借此形容黄蘗山是一个人迹罕至的险僻幽静之地。从全诗看来,作者显然是到了一个高峻的深山之中,为那里的景色所打动而兴起了求仙的想法。在诗中,作者以形象的语言写出了山势的险峻:“金峰各亏日，铜石共临天”，这“金”、“铜”都是形容南方闽、赣诸省山区的红黄色土壤，“金峰亏日”、“铜石临天”无非形容山石的高峻。“阳岫”、“阴溪”则写面临日光的山峰和背阴的溪谷。山峰在日光下五色缤纷，而溪谷中又有泉水喷流，这一景色显然也引人入胜，“残杌”两句即写出了这里的偏僻，因此“禽鸣”、“猿啸”二句更突出了深山的特点。这两句诗原是化用鲍照《登庐山望石门》中的“鸡鸣清涧中，猿啸白云里”二句。但江淹这两句所展现的景色与鲍诗颇为不同。“鸡鸣清涧中”仍为人境，只是高山中才为猿猴所居的深山。因为这是庐山，而江淹所写的黄蘗山则不同，在当时，这里是人口稀少的深山。所以这两句诗虽有禽鸣、猿啸，却适见其僻静。正因为这黄蘗山是如此幽僻、险峻之处，就自然而然地给人以一种幻觉即这里是神仙出没之处。因为从西汉司马相如以来，人们总以为神仙是居“山泽间”的。因为想到神仙，作者又联想起了历史上秦皇、汉武这些曾热衷于求仙的帝王。作者说这些人“皆负雄豪威，弃剑为名山”，似乎这些威震一时的帝王尚且求仙，自己当然更有理由持这种观念了。

当然，秦皇、汉武求仙，到头来仍不免一死。求仙的无成，江淹当然不是不知道。他所以要求仙，显然和他早期的不得志有关。无可否认的是，在江淹的诗文中，有不少篇讲到过求仙，如《丹砂可学赋》、《赠炼丹法和殷长史》和《与交友论隐书》等。这是因为江淹在当时虽对仕途颇有企冀，但又备受压抑，颇知官场的险恶。特别是在建平王刘景素幕下，他深知景素的密谋，屡谏不听，未免产生悲观，而幻想在求仙中找寻解脱。这种情绪，早在贬官以前就有所表现，而谪居建安吴兴以后之作像《采石上菖蒲》等作，亦然如此。但当齐高帝萧道成掌握政权，并拔他为自己的参军，并委以重任之后，这种游仙之作就很少出现了。

江淹这首诗的风格，显然继承了元嘉诗人颜延之、谢灵运“极貌写物”的传统，而且在写景时，又并有鲍照那种“不避险仄”的作风，所以风格显得还较古朴。但这种诗风发展到江淹已近尾声，到了齐代永明年间，初开唐音的谢朓等人出来，诗风为之一变。于是就有了江淹“才尽”的故事。其实所谓“才尽”并非指他真的不能写作，而是他那种奇险古奥的诗体，已不再适合当时文坛的风气。当然，从江淹自身来说，入齐以后，他在仕途上日益显贵，不再呕心镂骨于文艺创作，也是一个重要原因。

（曹道衡）

还故园　　江淹

汉臣泣长沙，楚客悲辰阳。古今虽不举，兹理亦宜伤。山中信寂寥，孤景吟空堂。北地三变露，南檐再逢霜。窃值寰海辟，仄见圭纬昌。浮云抱山川，游子御故乡。遽发桃花渚，适宿春风场。红草涵电色，绿树铄烟光。① 高歌傃关国，② 微叹依笙簧。请学碧灵草，③ 终岁自芬芳。

〔注〕① 铄：烁，闪耀。 ② 傃：向。 ③ 灵草：一本作灵萆(pì)。

江淹于宋元徽二年(474)被建平王刘景素贬为吴兴令。元徽四年刘景素败后，他才回到京师。这首《还故园》诗即作于从吴兴返回途中。

诗名为还故园，却是从谪居吴兴写起。首先写了两个历史人物：屈原和贾谊。贾谊是西汉人，曾向汉文帝提出过许多治理国家的建议，但因受人谗毁而被贬为长沙王太傅。在长沙数年中贾谊郁郁不得志，故曰“汉臣泣长沙”。屈原的遭遇也是人们所熟悉的，楚怀王时他因主张抗秦而遭放逐，顷襄王时又被贬。他的《九章·涉江》中写到自己在流放中曾经过辰阳(今湖南辰溪西)。“楚客悲辰阳”指屈原被逐后的悲伤。当然江淹并非在咏史，“古今虽不举，兹理亦宜伤”，这就告诉我们，他是在借古人来抒自己的情怀。屈原、贾谊都是因政治原因而被逐、被贬，他们的遭遇很能引起失意文人的共鸣。江淹也是因为政治见解不同而遭贬黜的，诗中用屈原、贾谊的典故正体现了他谪居吴兴时的心情。

吴兴在今福建浦城，在当时还是个很偏僻的地方，远离政治中心，生活条件也相对差些，加上江淹内心满怀忧伤失意之情，故觉得吴兴的生活难以忍受。“山中信寂寥，孤景(同影)吟空堂”，诗人身处偏僻的山中，形影相吊，叹息空堂，伴随着他的是孤独寂寞之感。“北地三变露，南檐再逢霜”，露去霜来，在吴兴已经度过了三个年头。这三年中，他虽也纵情山水，醉心道书，还著文章自娱，但内心的郁闷忧伤一刻也难以排遣。

“窃值寰海辟，仄见圭纬昌”，诗人用海内开辟、天象昌盛来形容当时的时局。时局的动荡变化同他个人的前途密切相关，江淹当初因反对刘景素密谋政变而被贬，刘景素败后他得以回京，“窃值”二句简练地概括了当时的局势，也是此诗的一个转折，从下面开始真正写到还故园了。但诗的前半部分决非多余。对孤独悲愁的谪居生活的描写正是为后面写还故园的心情作铺垫。

“浮云抱山川，游子御故乡。”就像无根的浮云紧紧地环抱着山川，游子的心中，深深地思恋故乡，这种心情因长久的压抑而愈益迫切。所以一旦踏上归途，心中轻快愉悦真是不可名状。“遽发桃花渚，适宿春风场。”一个“遽”字写出了归心似箭。这时，山川自然也变得从未有过的赏心悦目。出发的地方是娇艳流溢的桃花林所环绕着的水洲；歇宿的地方，恰恰又是一个春风荡漾、万象呈新的美妙场所。“红草涵电色,绿树铄烟光。”沿途所见,一草一木是那样生气勃勃:开着红花的草,红得耀眼如电,株株绿树,闪烁着如烟的光芒。这四句,把春色写得如一曲热烈的交响乐章,充分体现出作者内心的欢悦。“高歌傃关国,微叹依笙簧”,向着故园进发,忽而高歌,忽而微叹。高歌不难理解,“微叹”,却是何故?也许是回顾三年的谪居生活,情不自禁感慨而叹?也许是世道的变迁引起了无限惆怅?或者是对回京师后的前途感到担忧?作者没有明说,或许上述原因都有些,作者心情的复杂在“微叹”一词中可见一斑。

“请学碧灵草,终岁自芬芳”,人生多难,前途未卜,如能摆脱这些令人烦恼的事情,像不死之药灵草那样终岁芬芳该多好。诗以忧伤开端,以兴奋、期待继之,最后以平静的、超尘脱俗的遐想结束,这反映了作者在刘宋末年动荡的局势中,希望、期待与苦闷、担忧交织在一起的复杂微妙的心理。

整首诗在感情的抒发方面起伏多变、深沉含蓄、意蕴丰富,很能体现江淹的风格特征,读之令人回味无穷。　　(周　锋)

无锡县历山集诗　　江　淹

愁生白露日,思起秋风年。窃悲杜蘅暮,擥涕吊空山。落叶下楚水,别鹤噪吴田。岚气阴不极,日色半亏天。酒至情萧瑟,凭樽还惘然。一闻清琴奏,歔泣方留连。况乃客子念,直置丝竹间!

无锡乃江南佳丽之地,平畴千顷之中又有山水之胜。本诗所写无锡县历山,即今之惠山,迤逦于城西。其间林木葱茏,山幽涧碧,流泉映带,峰回路转,相传楚国春申君饮马之黄公涧与唐陆羽评为天下第二泉之惠泉即在于此。登山远眺,可望见三万六千顷太湖的波光帆影。惠山原名慧山,因西域僧慧照尝居之,故名,它的别名众多,如九龙山、西神山、华山等,历山即是其中之一。江淹此诗写于在惠山与友朋聚会之时,故名“集诗”。诗人置身于山水泉石之间,但他所展现的却是一幅寂寥萧瑟、凄清冷落的秋色图,抒发的是一种哀伤惘然之情。

诗的前八句为写景,但笔端注入了诗人浓重的感伤之情。此八句前后写法又有别,前四句情景相生,后四句则景中含情。开首以一联工整的对偶领起,点明时序,总写秋色,表现出诗人悲秋伤怀的思绪。二十四节气中的“白露”是秋天来临的标志,它往往随着秋风飒然而来,所谓“凉风至,白露降,寒蝉鸣”(《礼记·月令·孟秋之月》)即是。所以秋风白露常触发人岁月流逝的伤感。“愁生”、“思起”，点明触景生情，情与景偕，而非借景传情式的含蓄蕴藉。此联从修辞上说用的是上下相补的互体手法，亦即是说秋风乍起，白露初降，顿使人生起百端愁绪。一事而分置两句，有迂曲回环之致，令人感受到诗人的愁肠百转。接着以“窃悲”与“擎涕”两个动作带出了空山日暮的景色，悲而出涕，显示出愁情转深。杜蘅是一种香草，《离骚》中曾提到：“畦留夷与揭车兮，杂杜蘅与芳芷。”屈原以他比喻贤才。这里，诗人一方面流露出自叹身世，自伤迟暮的感慨；另一方面，面对寂寂空山，又向长眠的逝者表达了悲悯凭吊之意，虽然幽明相隔，生死异域，但都统摄于悲情之中。如果说前四句的景物是从抒情中带出的话，那么后四句则纯为写景，但每一种景物中无不浸润着深沉的哀愁。那纷纷坠于水面的落叶，那飞过田野，发出凄戾叫声的孤鹤，那山间无尽的阴气，天上昏暗的日色，无一不在渲染着浓重的沁心彻骨的悲情愁绪。

诗的后六句则通过对宴会情景的描绘进一步抒情。置酒高会，流连胜景，本是赏心乐事，而诗人却别有一番滋味在心头。前人称“酒为欢伯，除忧来乐”（《焦氏易林》），“何以解忧，唯有杜康”（曹操《短歌行》），但诗人在此却感叹：“酒至情萧瑟，凭樽还惘然。”美酒不唯不能解忧，反而平添一层愁情。琴音侑酒，理应助人雅兴，而诗人竟至唏嘘泣下，更何况丝竹管弦之间融入了客子的羁旅情怀呢！这一段在修辞上运用反接之法，出乎常情，有翻跌顿挫之妙，更为深刻地表现了诗人的感情。

刘熙载《艺概》称：“江文通诗有凄凉日暮，不可如何之意。此诗之多情而人之不济也。”弥漫于江淹诗中的悲感愁绪正可从其人生遭际中寻出根源。江淹何时在无锡作此诗，难以确考。他曾为宋建平王刘景素的属僚，随景素至荆州。据《南史·江淹传》：“景素专据上流，咸劝因此举事。淹每从容进谏，景素不纳。及镇京口，淹为镇军参军，领南东海郡丞。景素与腹心日夜谋议，淹知祸机将发，乃赠诗十五首以讽焉。”后江淹因事触怒景素，黜为吴兴令，景素兵败被戮，江淹幸免于难。因而诗中的悲秋伤怀，日暮途穷之感正是他在现实生活中政治危机感的反映。

江淹此诗颇得楚骚的神韵。明许学夷说：“文通五言善用骚语。”（《诗源辩体》）不仅措辞相类，而且意境亦多借鉴。那云水凄迷的太湖惠泉，那林木幽邃的惠山申涧，都与沅湘洞庭、九嶷苍梧有异曲同工之妙。从这首诗中我们不难听到“嫋嫋兮秋风，洞庭波兮木叶下”（《九歌·湘夫人》）之类诗句的回响。此诗在手法上也采用了楚骚式的铺陈，故以赋体为主。前四句写情则是：“愁生”，“思起”，“窃悲”，“擎涕”，层层递进，展现感情之加深；写景则是：“白露”，“秋风”，“杜蘅”，

"空山",秋之景物,一一呈现。下四句亦是铺陈各种景物,但赋中有兴,触发起后半部分的抒情。而最后的抒情也是通过一系列的动作的铺叙而完成的"酒至","凭樽","一闻","歔泣"。说江淹之诗有楚骚的遗响,当不为过。(黄宝华)

从萧骠骑新亭垒　　江 淹

鲵妖毁王度,虹气岨王猷。上宰轸灵略,宏威肃广谋。绵崄冒戈堞,乘峤架烽楼。燕兵歌越水,代马思吴州。金笳夜一远,明月信悠悠。云色被江出,烟光带海浮。开襟夹苍宇,拓远局溟洲。折日承丹谷,总驾临青丘。仄待飙雾晏,方从畎壑游。

萧骠骑即萧道成(后来的齐高帝),当时是刘宋的骠骑大将军。新亭在今江苏南京江宁区南,位于长江南岸,是京都建康(今江苏南京)南面的军事要冲。是时,萧道成已通过废立专擅朝政,并潜谋代宋。升明元年(477)十二月,忠于刘宋的荆州刺史沈攸之举兵反萧道成,萧遂率大军进驻新亭,准备迎战。江淹此时是萧的僚属,故也随行,诗即作于新亭垒中。

诗一开始就交代了写作此诗的背景,"鲵妖"恐是"蜺妖"(江淹在他写的《萧骠骑让太尉增封第三表》中也指斥沈攸之为"蜺妖")。相传虹有雄雌之分,色彩鲜艳者为雄,暗淡者为雌,"蜺"即雌虹,蜺妖与虹气在这里指惑乱与不祥之气,用来比喻沈攸之。"岨"即"阻",是阻挠的意思。"猷"是道、法则。开首两句说沈攸之发兵作乱,破坏、阻挠了王者的政教、法度。接着两句是对萧道成的歌颂。"上宰"即宰相,指萧道成,"轸"谓多,"灵略"是灵妙的谋略。"宏威"、"广谋"也是赞美萧的威势谋略,"肃"通"速"。诗的前四句指斥了沈攸之,歌颂了萧道成。

第五、六两句作者描写萧道成的军队在新亭备战的情景:"绵崄冒戈堞,乘峤架烽楼","崄"即"险",是险要处的意思。"堞"是城墙上的女墙,此处指军营的围墙,"峤"是尖峭的山岭,这两句说,绵延的险要之处筑起了军营,营墙上露出了兵器。士兵们登上尖峭的山岭,架起了烽火楼。短短两句渲染了战前的紧张气氛,显示出萧道成的军队早已严阵以待了。"燕兵歌越水,代马思吴州",燕地歌谣素以悲壮激昂著称,此处将唱起悲壮激昂歌曲的士兵称为"燕兵",是为了表现士兵的壮勇气概。"代马"本指北方代地(今河北北部)的战马,这里泛指骏马,"思"为拟人化手法,原意为悲思,此处可解作军马的嘶鸣,"越"、"吴"此处指新亭一带。这两句主要是显示萧道成的军队兵强马壮。短短四句,一种必胜的气势已充溢于诗的字里行间。接下来，诗人笔锋一转，向读者展示了另外一番景象。“金笳夜一远，明月信悠悠”，夜幕降临后，军营中的士兵吹起了笳，笳声悠扬，显得夜是如此的空远，明月所照是如此的遥长。信，确实，这一字点出了诗人的深深感喟；他似乎只是在今夜，才领悟到月色的确是无所不至的。“云色被江出，烟光带海浮”，这两句是互文见义，新亭地处长江边，故月色中，可见水天相接处，江面开阔犹如海面，江上弥漫着层层烟雾云霭，仿佛整个江面都被覆盖了。水波荡漾，水上烟霭也随之起伏，远远望去，好像是烟霭的光彩从江上缓缓升腾起来，又好像是这光彩在带动着水波一齐浮荡。以上四句，描摹出一幅壮观的图景。月夜、笳声、云色、烟光和浩瀚的江水，有声有色，有虚有实，把读者带入了一个令人心醉神迷的境界。这四句意境阔大、壮美，和前面的战争气氛正形成一种对照，且顺势引出了下面对萧道成的颂扬。

“开襟夹苍宇，拓远局溟洲”，“夹”通“狭”，“苍宇”是天空，“溟洲”指大海和陆地，这两句歌颂萧道成胸襟开阔得似乎天空也狭窄了，大海陆地也显得局促了。于是“折日承丹谷，总驾临青丘”，“丹谷”即旸谷，传说是日出处，上有扶桑，十日所浴，九日居上枝，一日居下枝，故诗人这里用“折日”一词。“总驾”即准备车马的意思，青丘是传说中的仙人居处。这两句承上面两句而来，说既然萧道成有巨大的抱负和才干，而现实世界又是如此狭小不足以驰骋拓展，那么恐怕只有日出之地、神仙所居，才是他想要去的地方。这自然是夸张之辞，同时，“折日”也暗含希望萧道成登上帝位之意。最后两句“仄待飙雾晏，方从畎壑游”，归结到自己，应题中的“从”字。“仄”是侧身恭侍的意思，这里是谦词。“飙雾”喻沈攸之的叛乱，“晏”在这里是平息之意，“畎壑”指山川自然。这两句是说，等到平定了反叛，我就将回归田园、优哉游哉去了。这当然也是文人以清高自诩的表现。

这首诗风格显得隽越明朗，与江淹那些低沉愁苦的诗有所不同。全诗最突出的是写景，尤其是中间几句，不仅意境开阔，而且用词也很讲究。如“带海浮”的“带”字，下得极为贴切生动。如“金笳”二句中的“一”、“信”两个虚字，不仅本身富有感情色彩，易于动人，而且也使诗句语调不显平板。江淹诗一般虚字使用较多，这是用得较好的一例。总之，这虽是一首歌功颂德的从军诗，思想内容并不足道，但艺术上还是很有特色的。

（周　锋）

池上酬刘记室 江　淹

戚戚忧可结，[①]结忧视春暮。紫荷渐曲池，皋兰覆径路。葱蒨亘华堂，[②]蓝蒀杂绮树。[③]为此久伫立，容易光阴度。水馆次夕羽，山叶下暝露。怀赏入旧襟，④悦物揽新赋。⑤惜我无雕文，报章惭复素。

〔注〕 ① 戚戚：忧患悲哀。 ② 葱蒨：青翠茂盛貌。 ③ 葐(pén)蒀(yūn)：烟气氤氲貌。 ④ 怀赏：指心意欢乐。 ⑤ 揽：持。

此诗是应酬赠答之作。记室是负责章表书记一类文书的官，刘记室当是江淹的同僚朋友。

诗约作于春夏之交。"戚戚忧可结，结忧视春暮。"诗人忧肠百结，愁绪绵绵。这种忧愁之绪在江淹诗中较为常见，这和他早年仕途不如意有关，这首诗当也作于早期。诗开首二句连用两个"忧"字，诗人心情忧郁，继而又将忧郁的目光转向春天过后的池塘景物，由此引出了景物的描写。

"紫荷渐曲池，皋兰覆径路。"正是春余夏初时节，曲折的池塘中，荷花已在开放，池塘边上，兰草覆盖了塘边小路。"葱蒨亘华堂，葐蒀杂绮树。"华堂四周，植物茂密，满目青翠，枝叶繁盛的绿树丛中，弥漫着淡淡的烟霭。从"紫荷"句至"葐蒀"句描写了池塘及周围的景色，在一片青翠欲滴的绿的主色调中，点缀着"紫荷"、"华堂"，加上飘浮的水气烟霭，更使人感到赏心悦目。

诗人在这生意盎然而又宁静幽雅的环境中，似乎暂时忘却了心中的烦忧。"为此久伫立，容易光阴度。"久久地伫立在池塘边上，望着眼前的一切，世间的不如意好像都已不复存在，心中只留下一片安闲恬静。不知不觉中，时间悄悄过去了。"水馆次夕羽，山叶下暝露。"暮色降临后，准备归巢的飞鸟纷纷停留在水边的亭榭上，露水渐渐打湿了片片绿叶。暮色中，四周的景色更显清幽。

"怀赏入旧襟，悦物揽新赋。"诗人和朋友流连于幽美的景色中，不觉心情舒畅愉悦，诗兴也随之而来。"新赋"指刘记室赠江淹的诗作。宜人的景致早已使江淹忘却了忧愁，良辰美景和朋友的赠诗，促使他欣然吟诗作答，于是这篇《池上酬刘记室》便产生了。"惜我无雕文，报章惭复素。"作者在这最后两句中表示了他的自谦。"雕文"指精心藻饰的作品，"报章"是酬答别人的诗文，此处即指本诗，"素"是朴素、无文采的意思，因为是酬答之作，自然免不了要客套一番。

此诗虽是为应酬而作，却不失为抒情写景的佳作。尤其是诗中的写景更为突出，景以情起，情随景移，通过写景来反映作者当时心境由"结忧"向"悦物"、"怀赏"的转变。诗人愉悦的心情正是由景物来体现的。王国维曾说"一切景语皆情语"，确实如此。诗中景物描写的句子几乎占了一半篇幅，这些写景之句似乎全是客观景物的描写，字面上丝毫不曾涉及主观情感，但是在客观的景语中，无不透露出作者当时的主观情趣，因而景中有情，情意盎然。

此外，诗歌的语言也修饰精巧而无雕琢之痕，遣词组句华美工整而又清新自然。写景之句虽然多用六朝诗中常见的对句，但却与散句错落相间，因而使全诗显得流畅而不板滞。整首诗风格清丽恬淡，和清幽的景色、闲适愉悦的情趣正相协调吻合。即时酬答的作品能写得如此出色，可见作者功力非浅。（周　锋）

杂体诗三十首　　江　淹

古　离　别

远与君别者，乃至雁门关。黄云蔽千里，游子何时还？送君如昨日，檐前露已团。不惜蕙草晚，所悲道里寒。君在天一涯，妾身长别离。愿一见颜色，不异琼树枝。菟丝及水萍，所寄终不移。

这是《杂体诗》的第一首。《杂体诗》共三十首，逐次摹拟汉魏至晋宋以来诸家的五言诗。这是摹拟《古诗》中的离别之作。

“远与君别者，乃至雁门关。”“雁门关”在今山西代县。雁代在汉魏时已是北方边境地区了，去雁代，自然是被征发从军。这两句交代分离的原因及丈夫远去的地点。“黄云蔽千里，游子何时还？”“黄云”，混杂尘沙的云，是塞外常见的景象，给人一种悲凉、苍茫之感。这一句已显现出游子（其实就是从军的征人）形单影只、凄恻彷徨之状，后一句的关切之词就脱口而出了。这两句暗用《古诗》“浮云蔽白日，游子不顾返”的语意。上面从分别写起，主人公沉浸在那些情景中，深深思念着征人。下面写到目前：“送君如昨日，檐前露已团。”“露已团”，露已成珠惊起了她的节序之感：啊，时间过得真快，转眼又是秋天了。感到时间的久长，仍是盼望征人早归，与“游子何时还”意相连贯。同时这节序之感又触动了她别一种心思：秋风一吹香花香草就要凋残了，自己的命运也有些相似。《古诗》就写道：“思君令人老，岁月忽已晚。”但是，她又很快从自己身上跳开：“不惜蕙草晚，所悲道里寒。”“蕙草”是自比。不怜惜自己容貌衰老，担忧的是远方征人的寒冷。由“不惜”见出原本的“惜”，又由“惜”到“不惜”，曲曲传出了主人公心理的波动，以及对丈夫温厚的体贴。

“君在天一涯，妾身长别离。”这里换韵，意思也随着有些变换，贴近自己的情感写去。这两句写彼此相距遥远，不能相见，很是痛苦。这个“长”字是由空间感觉转换成的时间感觉，加重了别离痛苦。这里又化用了《古诗》“各在天一涯”的句子。“愿一见颜色，不异琼树枝。”“琼树枝”，仙树枝，据说可以疗忧，《苏李诗》有：“思得琼树枝，以解长渴饥。”又常用来比喻人的姿质美好，《世说新语》有此用法，后来李白《三山望金陵寄殷淑》诗也有这种用法：“耿耿忆琼树，天涯寄一颜。”这里两意皆有，而且是贯通的，意思是说：只要见到心爱的人，我的忧愁也就没有了。这里的思念与爱恋是融合在一起的。“一见”、“不异”，见出感情的浓度。最后她更进一步表达她的爱恋：“菟丝及水萍，所寄终不移。”“菟丝”下省略了“女萝”，《古诗》有：“与君为新婚，菟丝附女萝。”是比夫妇的相互依存，“水”与“萍”的比喻亦是此意。这是表示对丈夫永远忠贞。这几句从相思的痛苦写到对丈夫忠贞不渝，最终把感情从自愁状态中解脱出来，用以安慰对方，还是表现了对征人的体贴，这样的感情真是温柔敦厚之至了。

钟嵘就曾指出江淹“善于摹拟”（《诗品》）。《杂体诗》三十首是其代表作，为许多选家所重视，《文选》就全数入载。李善注曰：“江之此制，非直学其体，而亦兼用其文。”“学其体”的“体”是兼指题材、风格，“文”是语言文字，这算是道出了江淹的摹拟技巧。这首诗的题材是《古诗》中常见的游子思妇的相思离别，用的是诉说的口吻，极富抒情性，语言浅显自然，显得家常而亲切，化用了《古诗》的一些语句，熔铸得浑然一体。这是摹拟的上乘之作。虽则是摹拟，但并不雷同，说它像《古诗》则可，说它为某首的仿作则否，它具有独立的审美价值。像本首的抒情这样委婉，主人公的性情写得这样的温厚，在《古诗》中是很难找到的。

（汤华泉）

杂体诗三十首　　江 淹

魏文帝游宴

置酒坐飞阁，逍遥临华池。神飙自远至，左右芙蓉披。绿竹夹清水，秋兰被幽崖。月出照园中，冠珮相追随。客从南楚来，为我吹参差。渊鱼犹伏浦，听者未云疲。高文一何绮，小儒安足为！肃肃广殿阴，雀声愁北林。众宾还城邑，何以慰我心。

江淹写诗善于摹拟，这是梁代以来评论家的一致看法，而在他拟古诗中数量最多，影响最大的即是这组《杂体诗》，在这三十首诗中，他模仿了从《古离别》起到刘宋汤惠休为止的三十名家诗。本诗则是其中拟魏文帝曹丕的一首。

曹丕的青年时期在曹魏集团的统治中心邺城（今河南临漳西南）度过，和以他为领袖的邺下文人们有过十多年“觞酌流行，丝竹并奏，酒酣耳热，仰而赋诗”（曹丕《又与吴质书》）的豪奢的贵公子生活，并写下了《芙蓉池作》、《于玄武陂作》等记述当时谈诗论文的游宴生活的诗作，为后世文士所仰慕。因此，江淹在作《杂体诗》时就选取了最能代表曹丕创作特色的游宴类诗进行摹拟。

“置酒坐飞阁，逍遥临华池”二句，开门见山，点明华池高阁的游宴，照应诗题，发端警策有力。北魏杨衒之《洛阳伽蓝记》“瑶光寺”有“城东北角有魏文帝百尺楼，……又作重楼飞阁，遍城上下，从地望之，有如云也”的记载，“坐飞阁”三字，既交代了宴会处所，显示游宴气势的阔大非凡，又给人一种飘飘如置身仙境的愉悦之感，引人注目。“逍遥”二字，又传神地表现了主人公游宴时悠闲自得，心旷神怡的豪迈情致，颇符合曹丕当时的心理状态。“神飙自远至”，照应发端的“坐飞阁”，“飙”，疾风。因为飞阁高耸，凌空入云，所以感觉大风似远自神宫而来，俊爽至极。“左右芙蓉披”，既承接“神飙”，又转写视觉所见：华池中的荷花在大风吹拂下左右披靡摇摆。反衬出主人公当时飘飘欲仙的心情，景中有情，情景浑然一体，收到了很好的效果。

次四句承上，继续写游宴所见景物。“绿竹夹清水，秋兰被幽崖”，正面描绘华池周围景物的幽雅别致：清翠的竹林环绕着随风荡漾的池水，芳香的兰草密密覆盖着池边的山崖。山、水、竹、草相互映衬，浑为一体，好一派神仙洞府般的气象。“夹”、“被”二字，更把绿竹兰草的茂密丛生景象形象地表现了出来，显示出作者深厚的遣词造句功力。“月出”句，既写景，又暗示被美景陶醉的文士们夜以继日的游宴而忘却疲倦，与曹丕《与朝歌令吴质书》对南皮之游的回忆：“白日既匿，继以朗月。同车并载，以游后园。舆轮徐动，参从无声，清风夜起，微笳悲吟。”正相一致。次句转写预宴文士之盛，“冠珮”，文士的服饰，此指代众文士。此句含蓄地表现了曹丕作为一时文人领袖的豪迈俊爽气概，为众文士所推戴，与篇首相呼应，有着较深的内涵。

以下，诗又以四句写游宴时的音乐。“参差”，古乐器，相传为舜所造，形状如凤翼参差不齐。“渊鱼犹伏浦，听者未云疲”，写吹参差的效果，“渊鱼”句用《韩诗外传》“昔伯牙鼓琴，而渊鱼出听”的典故。二句夸饰宴会时音乐声的高妙悦耳，致使深渊的游鱼出听，寂然凝思而伏在水边不动，使在座的客人也忘却了疲倦，把游宴时的融融之乐推向了高潮。此四句用曹丕《善哉行》之四“有客从南来，为我弹清琴。五音纷繁会，拊者激微吟。淫鱼乘波听，踊跃自浮沉。飞鸟翻翔舞，悲鸣集北林”而略有变化，用语较之原诗简洁而不落俗套。

“高文一何绮，小儒安足为”二句，笔锋又转，写宴会时的赋诗论文。“高文”，高妙的文辞，指预宴文士所写诗文的华美壮丽。二句表现了邺下文人集团人才济济的盛况，对拘谨于礼法的迂腐儒生的蔑视和重经学轻文学的儒家传统观点的反抗。流露出一时文人领袖的豪迈慷慨、踌躇满志的气概。

末四句是游宴的结束。“肃肃”二句，写席终人散后寂寞悲凉气氛，“雀声愁北林”，以雀声之愁表示主人公游宴结束后慷慨悲凉的心情，同样是借景抒情的手法。结二句“众宾还城邑，何以慰吾心”承上，具体写席终人散后的感受，既是上文惆怅心绪的继续抒发，又较好地表现了一个文坛领袖对文人俊士的深厚感情，使全诗结束得相当含蓄有致。

本诗在遣词造句上颇类似曹丕的游宴诸作，如“逍遥临华池”、“绿竹夹清水”与曹诗《芙蓉池作》的“逍遥步西园”，“丹霞夹明月”皆有异曲同工之妙，不仅出色地摹拟了曹诗艺术上“华丽壮大”（鲁迅评曹丕语）的特色，而且极细腻传神地摹拟出曹诗慷慨悲凉的气质，取得了神似的效果，可谓拟古诗中的上乘之作。

（丁福林）

杂体诗三十首　　江 淹

张司空华离情

秋月映帘栊，悬光入丹墀。①佳人抚鸣琴，清夜守空帷。兰径少行迹，玉台生网丝。庭树发红彩，闺草含碧滋。延伫整绫绮，万里赠所思。愿垂湛露惠，信我皎日期。

〔注〕 ① 悬光：此处指月光。丹墀(chí)：古代宫殿前漆成红色的石阶，此处指石阶。

张华是西晋著名诗人，代表作有《情诗》五首，是以男女相思为题材的。江淹拟张华的诗题为《离情》，从题材、内容和表现形式看，显然是以张华的《情诗》为主要模仿对象的。张华《情诗》写的是清秋明月下，闺中思妇怀念远行夫君的寂寞惆怅心情，这首拟作的构思亦是如此。起首二句便表明了时间是秋夜，“秋月映帘栊，悬光入丹墀”，秋夜的月光映照着竹帘和窗棂，也照在房前的石阶上。月光给人的感觉是清冷的，这无疑也衬托了思妇孤寂的心境。“佳人抚鸣琴，清夜守空帷”，清秋之夜，思妇独守空闺，难以入眠，于是夜中弹琴，以寄托她对丈夫的思念之情。用夜中弹琴来表现主人公内心的思绪，这在六朝诗歌中已不少见，但此处用一“抚”字，比之“端坐鼓鸣琴”（《情诗》）用“鼓”字，更能体现佳人的举止轻柔，也与全诗宁谧的氛围更和谐。

“兰径少行迹，玉台生网丝”，“兰径”指庭院小径，“玉台”指镜台，“兰”与“玉”

皆形容其美好。丈夫远行,思妇终日独处室中,故门外小径也罕见行迹。更因她玉容寂寞,无心梳妆打扮,所以镜台久弃不用,竟布上了蛛网。丈夫外出时间之长,思妇心情之凄苦,尽在不言之中了。“庭树发红彩,闺草含碧滋”,树上的红花,门前的绿草,所写景象表明时节尚在初秋。这两句其实暗示了思妇心中的忧愁:花尚红,草犹绿,然而这一切将随秋色愈浓而逐渐消歇,正象征了思妇盛年美貌的悄然凋褪。和《古诗十九首》中“过时而不采,将随秋草萎”相比,这二句不言“萎”字,显得更为含蓄。

“延伫整绫绮,万里赠所思”,如果说前面思妇对丈夫的思念表现得还较含蓄的话,那么从这两句起,情感抒发就较为直接、明显了。“延伫”意为久立等待,思妇盼望丈夫归来,可他依旧未归,而天气眼看转凉,于是整理起他的衣服,准备托人给他带去。所谓“万里赠所思”,也是古诗中常有的表示相思之情的手法,其构思出自《古诗十九首》中“客从远方来,赠我一端绮,相去万余里,故人心尚尔”。“愿垂湛露惠,信我皎日期”,“湛露”一语出自《诗经·小雅·湛露》,意为浓重的露水,此处用以形容恩惠之深重。整句意思,是说但愿丈夫能降恩惠于我(即早日与我团聚之意)。“信我”句也是化用了《诗经·王风·大车》中“谓予不信,有如皦日”的诗句,是说请你相信我当年指日而发的誓言。期,约会之意,这里指誓约。后四句抒情色彩较浓,最末二句让思妇从自己和丈夫两面对写,更显得情真意挚。

张华诗被钟嵘称为“华艳”、“儿女情多,风云气少”(《诗品》),江淹这首拟作也很符合这一特点。他摹拟前人风格时,为了和前人的风格相一致,除了从题材内容入手外,还很注意化用原作的用语等,以求创造出和所拟对象相似的意境。如这首诗开首二句即从张华《情诗》“明月曜清景,昽光照玄墀”而来,“佳人”二句也融合了张华诗中“北方有佳人,端坐鼓鸣琴,终晨抚管弦,日夕不成音”及“幽人守静夜,回身入空帷”等句。“兰径”二句也和张华《杂诗》中的一些状物写景之词所呈现的意境有相似之处。这种从原作现成的题材、用语等选取有用的材料加以重新融合的方法看似简单,真正做来却也不易,这需要拟作者对原作很熟悉并有深切的体会,且要有较深的剪裁功夫。江淹这首拟作,正反映了他在这方面的突出才能。

(周　锋)

杂体诗三十首　　　　江　淹

刘太尉琨伤乱

皇晋遘阳九,①天下横氛雾。秦赵值薄蚀,②幽并逢虎据。

伊余荷宠灵，感激狥驰骛。虽无六奇术，冀与张韩遇。宁戚扣角歌，桓公遭乃举。荀息冒险难，实以忠贞故。空令日月逝，愧无古人度。饮马出城濠，北望沙漠路。千里何萧条，白日隐寒树。投袂既愤懑，抚枕怀百虑。功名惜未立，玄发已改素。时哉苟有会，治乱惟冥数。

〔注〕 ① 阳九：古代术数学认为的厄运。 ② 薄蚀：日月相掩食。此指灾难。

江淹的拟古是很出名的，他的拟作有两类：一类是像《效阮公诗十五首》那样模仿古人以抒自己的情怀，另一类则像《杂体诗三十首》那样，完全是以古人的口吻表现古人的思想感情。这首拟刘琨的诗就是这样，它是《杂体诗》中的一首。

刘琨是西晋末年的爱国将领，也是诗人。现存刘琨诗仅《扶风歌》、《答卢谌》等三首，都写于他后期同少数民族入侵者的斗争中，反映的是他立志报国的雄心及壮志难酬的悲愤心情。钟嵘《诗品》说他的诗“善为凄戾之词，自有清拔之气”。刘勰《文心雕龙》也说他的诗“雅壮而多风。”强烈的报国愿望与严酷的现实环境使刘琨诗呈现出慷慨悲凉的风格特征。在当时诗坛上，他的诗是独树一帜的。江淹这首拟作试图再现刘琨的这一风格特征。

诗题为“伤乱”，这正是刘琨后期诗歌常见的题材。诗开首四句点明了诗题中的乱：大晋王朝遭逢厄运，外族入侵，天下纷乱。北方秦、赵、幽、并等地灾祸不断，战乱频仍，处于分裂状态之中。这是对当时中原地区形势的概括。刘琨《答卢谌》诗中有这样的诗句：“厄运初遘，阳爻在六。乾象栋倾，坤仪舟覆。横厉纠纷，群妖竞逐。火燎神州，洪流华域。”江淹拟作开首四句显然是从这里化出的。

紧接着“伊余”二句表明了刘琨报效国家的决心：我承受着晋朝的恩宠，国家遭受厄运时，自然要感奋而起，为国奔走献身。为了从战乱中拯救国家，刘琨艰苦转战，备尝艰辛，甚至遇害前仍念念不忘抗击入侵之敌而置个人安危于不顾，为了国家，他确实做到了奋不顾身。

刘琨年轻时就被人目为豪杰，他自己也有远大的志向，在他自己的《重赠卢谌》诗中，他列举了姜尚、管仲、陈平、张良等古代辅佐君王建立功业的人，表明自己的志向是像他们那样建立功名。江淹这首拟作也选择了类似典故来表现刘琨的志向：“六奇术”指陈平为汉高祖刘邦六出奇计。张良、韩信是刘邦重要的谋臣武将。“冀与张韩遇”和刘琨自己说的“想与数子游”(《重赠卢谌》)是一个意思，表明他希望建立古人那样的业绩。宁戚是春秋卫人，因家贫给人挽车，至齐，扣牛角而歌，齐桓公见了，认为他非常人，立即任用了他。用这个典故可以说明刘琨羡慕古人有机会施展才能。荀息是晋献公儿子奚齐的师傅，曾说臣当以忠贞事君。献公死后奚齐为君，奚齐被杀后，荀息即以死实践自己的诺言。江淹用这个典故很能体现刘琨的献身精神，并且充满了悲壮色彩。国家的动乱、古人的事迹激励着刘琨。诗至此在情绪上是激昂慷慨的。

然而从“空令”二句起，诗的情绪转入了低沉悲凉，紧扣了题中的“伤”字。刘琨诗中立志报国的雄心与壮志难酬的悲愤是交织在一起的，江淹这首拟作也如此。事实上，刘琨未能实现理想并不是他没有古人那样的才干，而是时势使他难以施展才干。眼看岁月无情流逝，内心的痛苦和焦虑也与日俱增。刘琨自己诗歌提到古人的业绩一则是为了表明自己的志向，再则也是用古人的功成名就和自己的一无所成作对照，以显示出自己内心的痛苦和悲愤。江淹对此深有体会，故拟作中的用典和刘琨《重赠卢谌》中的用典非常相像。

诗的后半部是写景与直接抒情。刘琨《扶风歌》也有不少写景之句，描写了他赴并州刺史任时沿途所见的凄惨景象，反映了他沉重的心情。江淹这首拟作也吸取了刘琨诗的这一特点，插入了写景诗句。城濠、沙漠、白日、寒树，呈现出一片萧条荒凉的景象。战乱使诗人心情沉重，然而更使他愤懑的是，他的抗敌行动并没有得到晋朝内部的有力支援，统治者中的一些人甚至从自己的利益出发，不希望他成功，使他常常孤军奋战，屡屡受挫。拟作刻画了英雄受困时的情景：投袂即甩袖，这个动作反映了刘琨内心的强烈悲愤，“抚枕”是说他满怀忧虑以致夜不能寐。“功名惜未立，玄发已改素”，眼看头发由黑变白，而功名依然未建，这对怀有远大抱负的人来说是极痛苦的事。这两句也和《重赠卢谌》中“功名未及建，夕阳忽西流”如出一辙。最后以“时哉苟有会，治乱惟冥数”作结。也许能够遭逢天时，有所成就，但这毕竟没有多少希望，天下的治与乱，是被冥冥之中的命运所操纵着的。天下动乱激起报国的壮志，壮志难酬引起无限悲愤，无奈之余只能归之于命运，最后两句语似平静，实则隐含了更深的悲伤，悲剧色彩愈浓。

将这首拟作和刘琨现存三首诗对照起来看，可以发现拟作几乎是刘琨后期诗歌的浓缩。整首诗从题材、思想感情、用典、结构布局直到字句的运用和刘琨自己的诗基本吻合，而且浑然一体，毫无拼凑之感。江淹准确地把握了刘琨当时的心理特征，紧紧抓住了理想与现实的冲突所造成的痛苦作为诗歌情感起伏发展的线索，因而较成功地再现了刘琨诗歌特有的思想感情和慷慨悲凉的风格特征。

（周　锋）

杂体诗三十首 江 淹

陶征君潜田居

种苗在东皋,苗生满阡陌。虽有荷锄倦,浊酒聊自适。日暮巾柴车,路暗光已夕。归人望烟火,稚子候檐隙。问君亦何为?百年会有役。但愿桑麻成,蚕月得纺绩。素心正如此,开径望三益。

这首是摹拟陶渊明的田园诗。"征君",不受朝廷官职的人。"田居",陶有《归园田居》,此作田园题材的泛称。这首诗不仅在题材、风格上摹拟陶诗,而且用的也是陶渊明的口吻,体贴得极为逼真。

"种苗在东皋,苗生满阡陌。""东皋",此指东边的高地,陶渊明《归去来兮辞》有"东皋"、"西畴"。"阡陌",原本田界,此泛指田地。这两句叙事,显得很随意,是说在东皋种苗,长势如何如何。但就在随意的话语中,显出了一种满意的心情,他说这话好像是在欣赏自己的劳动成果。"虽有荷锄倦,浊酒聊自适。"陶诗中有"带月荷锄归","浊酒"云云是常见的语句。这两句说,虽有劳作的疲倦,但家酿的酒还是有的,满可解乏。看来他对"荷锄"并不感到是多大的重负,差不多习惯了。"日暮巾柴车,路暗光已夕。""巾柴车",意谓驾着车子,《归去来兮辞》也有"或巾柴车"的句子。《陶渊明集》诸本皆作"或命巾车",《文选·陶征君田居》李善注引作"或巾柴车",江淹此拟,想亦如之,从之。"巾",车帷,此用作动词,意为张帷,也即驾车出行之意。这两句说,傍晚时分驾着车子回来了,路也渐渐幽暗起来。这两句写得很自然,"日出而作,日入而息",农家的生活本来就是如此自然。"归人望烟火,稚子候檐隙。""归人",自指。"烟火",炊烟。《归去来兮辞》有"稚子候门"的话。这两句说,望着前村已是晚炊了,孩子们也在家门口等候我了。等着他的就是那么一个温暖的"归宿",此时他的倦意会在无形中消释了。这四句写暮归,真是生动如画,画面浮动着一层安恬的、醉人的气氛。这就是陶渊明"田居"的一天,这一天过得如此充实、惬意。

"问君亦何为?百年会有役。""百年",一生。"役",劳作。这是设问,自问自答,如同陶诗"问君何能尔?心远地自偏"的句式。两句说,请问你为何这样做?一生总是要劳动的。这与陶诗"人生归有道,衣食固其端。孰是都不营,而以求自安"意思相似,表示了对劳动的重视。"但愿桑麻成,蚕月得纺绩。""蚕月",忙于蚕事的月份,纺绩也是蚕事的内容。这两句说,只希望桑麻兴旺,蚕事顺遂。

这是他的生活理想，正如陶诗所写："耕织称其用，过此奚所须？"下面写道："素心正如此，开径望三益。""素心"，本心，也就是上面所说的心愿。"三益"，用《论语》语，此即指志趣相投的友人。他说，我的心愿就是这样，无求闻达之意，只愿和我这样的朋友往来。后面这一段通过设问，揭示陶渊明劳动的体验、田居的用心，很是符合陶渊明的实际。如果对陶渊明的作品和思想不下一番深入揣摩的功夫，是写不出的。

这首诗拟陶可以说是达到了貌合神似的地步，它长期被羼入陶集中，被当作《归园田居》的第六首，苏轼也将它当作陶诗来奉和，他那句有名的关于陶诗的评语，"渊明诗初看若散缓，熟看有奇句"（见《冷斋诗话》），就首先是评论此诗的。由此可见，这首诗艺术水准之高。这里附带提一下，晋宋之后拟陶之作共有两首，还有一首是鲍照的《学陶彭泽体》，也能得陶诗之仿佛。这说明陶诗的艺术境界和表达方法并不是不可学得的，但直到唐代二百多年间，终无人追踪，江、鲍也只是偶尔为之。生活、思想的局限，世风、诗风的熏染，造成这样长时间田园诗创作的冷寂，这是很值得注意的文学史现象。（汤华泉）

杂体诗三十首　　江　淹

鲍参军照戎行

豪士枉尺璧，宵人重恩光。徇义非为利，执羁轻去乡。孟冬郊祀月，杀气起严霜。戎马粟不暖，军士冰为浆。晨上成皋坂，碛砾皆羊肠。云阴笼白日，大谷晦苍苍。息徒税征驾，倚剑临八荒。鷦鹏不能飞，玄武伏川梁。铩翮由时至，感物聊自伤。竖儒守一经，未足识行藏。

鲍照是文学史上杰出的诗人，与颜延之、谢灵运合称为"元嘉三大家"。他出身寒门，仕途不如意，但作品中除了有对士族政治的不满和抨击外，也有及时建功立业的雄心壮志。诗歌风格比较豪放俊逸。《文选》录有多首鲍照的军戎诗，可见这类题材的诗很能体现鲍照的风格，因此，江淹拟鲍照便从军戎题材入手。

诗的前四句显示出豪迈的气概。"豪士"是豪放任侠之士，诗中豪士的思想行为显然体现了鲍照自己的理想和抱负。"尺璧"为直径一尺的璧玉，以示其大而可贵，"宵人"即小人。首二句说豪士根本不爱财宝重礼，唯小人才看重礼遇恩宠，表现了对财利的轻视。第三、四两句中，"徇"通"殉"，为某一目的而献身之意,"羁"是马笼头。这两句承上面两句的意思,说明了豪士从军征战,甘愿献身是为义而非为利,重义轻利,故从军上马,不在乎远离家乡。诗的前四句语气豪迈果断,义无反顾,完全是壮士的情怀。鲍照《代出自蓟北门行》有"时危见臣节,世乱识忠良。投躯报明主,身死为国觞"的诗句,反映了鲍照立功报国的雄心。拟作开首四句所体现的情怀和鲍照此诗中的报国豪情正相吻合。

从第五句起,诗歌的情调由开始时的意气风发一转而为苍凉雄浑。"孟冬"二句表明从军征战是在冬季,"孟冬"即冬季第一个月——农历十月。"郊祀"是于郊外祭祀天地,"郊祀月"此处也指冬月。孟冬之月,寒气肃杀,严霜顿起。"戎马"以下四句具体描绘了在严寒中行军征战的艰苦。军马即使喂以粟米也不能取暖,更何况食草。士兵野外渴了也只能以冰代水。"成皋坂"是关名(故地在今河南荥阳县西),为古代河南重要的关隘之一,这里代指军事要冲。"碛砾",此处指山坡上的碎石。"羊肠"形容山上小路崎岖曲折。接着,"云阴"二句写道,阴云遮蔽了太阳,巨大的山谷昏暗不明。整个画面沉郁阴暗,但这两句写景从上至下,视野开阔,意境显得阔大,故气势凝重浑厚,并不使人感到压抑。天寒路险,人困马乏,于是停下休息,"息徒"言让众人休息,"税"通"脱","税征驾"意即停车解驾。"倚剑"是拄着剑,"八荒"为八方边远之地。这几句写景叙述的诗句显得苍凉沉郁,但境界不失雄浑阔大,尤其是"倚剑"句,气势恢宏,强烈地显示出豪士志在四方的气魄,行军征战尽管艰苦,但前面那种"执羁轻去乡"的壮志并没有改变,读者于此仍可感受到豪士百折不挠的精神气质。由此可见,"孟冬"以下诸句诗在体现自然条件严酷的同时,也衬出了豪士不畏艰险的品格,意境苍凉开阔,沉郁但不显寒窘局促,仍有激昂慷慨的气概。

然而豪士在建立功业的过程中不会一帆风顺,故难免会有失意伤感之时。"鵷鹏"以下四句即说明了这点。"鵷鹏"是状似凤凰的神鸟,据说象征着种种美德。"玄武"为龟蛇合身的灵物,也指龟。"川梁"即河桥。鵷鹏不能飞翔,玄武伏于桥下,天气之严寒于此可见。又鵷鹏、玄武均为神异之物,此处也象征着有才干、抱负的人,则严寒使其不能活动,无疑又隐含了险恶环境对人才的压抑之意,于是,又引出了下面"锬翮"二句。"锬翮"原意是羽毛摧落,这里承上面"鵷鹏"句,意即遭到摧残。鵷鹏等因自然条件严酷而遭受摧残,由物及人,联想到政治环境的险恶也会使抱有雄心壮志的人受到打击,无法施展抱负、才干,豪士心中也不由得产生了伤感之情,这种心情正是像鲍照那样希望建功立业而又因地位低下终于难以如愿的人所常有的,所以,"感物聊自伤"正是鲍照苦闷心情的反映。不过,鲍照虽然出身低微,仕途不如意,他的诗中对此也屡有怨言,但并没有凄婉的哀叹，更没有就此伤感消沉下去，他的人生观中积极入世的精神依然占主导地位，故其诗中仍不乏意气凌厉之语。江淹对此把握较准，所以拟作的最后两句没有承上面“聊自伤”作更多的渲染，而是猛一转折，使诗意又变得积极昂扬，呼应了开首。“竖儒”是对俗儒的鄙称，“行藏”语出《论语》，是说出仕则行道，否则即退隐藏道以待时机。这两句以轻蔑的口吻嘲笑那些俗儒只知终生通晓一经（儒家经典）而不懂行藏之理。整首诗开首豪迈奋发，最后依然充满了积极济世的精神，但经过中间苍凉凝重的写景状物和抒情，豪士的情怀也就更有深沉之感而不显浮夸，意蕴也更丰富了。

清陈祚明曾说鲍照诗内容上“感岁华之奄谢，悼遭逢之岑寂，惟此二柄，布在诸篇”，这首拟作也基本上包含了这两个内容。风格方面，清沈德潜说：“明远（鲍照）能为抗壮之音，颇似孟德（曹操）。”从这首拟作看也确实如此。拟作中写行军的艰难情形和曹操《苦寒行》颇为相似，风格也较雄浑。江淹这首拟作和《杂体诗》中有些作品不同，这首诗很少直接从鲍照诗中选取现存的词语来模仿，而是通过把握鲍照的精神实质及其诗歌的意境风格来再现鲍照诗的风貌，这方面江淹做得很成功。（周　锋）

杂体诗三十首　　江　淹

休上人怨别

西北秋风至，楚客心忧哉。日暮碧云合，佳人殊未来。露彩方泛艳，月华始徘徊。宝书为君掩，瑶琴讵能开？相思巫山渚，怅望阳云台。膏炉绝沉燎，绮席生浮埃。桂水日千里，因之平生怀。

这是《杂体诗》的最后一首，摹拟的是汤惠休的怨别之作。惠休早年为僧，故称为“上人”，他的诗多写相思、离别，以五言的《怨诗行》最为人称道。

“西北秋风至，楚客心忧哉。”惠休诗常以秋为背景，又喜化用《楚辞》意象，这里的楚客秋风之忧正合乎这种情况。秋风也最易于触动客子怀人之情，这样的起兴也显得自然，下面怀人的句子就出来了。“日暮碧云合，佳人殊未来。”“碧云”，傍晚青白色的云，用“碧”字见出美感，与“佳人”相映。“殊”，还。看着碧云聚合，想着佳人还未到来，很是惆怅。前句写景甚有兴象，与后句言情至为融洽。“露彩方泛艳，月华始徘徊。”这还是写晚景，露珠反映着夕晖，月亮也升起来了。这显现了时间的推移，见出主人公仍在伫望；这凄迷黯淡的景色也映现了伫望者的心境。“宝书为君掩，瑶琴讵能开?”“掩”，合。“讵”，岂。这两句说，因为想念你，道书也读不下去了，玉琴哪有心思去弹呢?“宝书”，也切合休上人的身份。“相思巫山渚，怅望阳云台。”这里用巫山神女典故，“巫山渚”，巫山附近的洲渚，阳云台，楚王与神女相会之处。这是表现对佳人的思念，中间还含有对往日欢会情事的回想。“膏炉绝沉燎，绮席生浮埃。”“膏炉”，香炉。“沉燎”，指浓郁的香火。“绮席”，美丽的床席。膏炉、绮席，都是为佳人陈设的，现在她不在这里，这些物品都久已不用了；而看着这些闲置的陈设，又会加重自己的思念之情。“桂水日千里，因之平生怀。”“桂水”，湘江的支流，在今湖南桂阳附近，正在古代楚国范围。“之”，往，送。这两句说，桂水一日千里向北流去，我要借它把我的情意送往佳人那里。这是主人公因信息阻隔而生出的美好的想象，即景寄意，余韵悠悠。

这首拟作是从意境的整体上把握摹拟对象的风格特征，充分发挥了艺术想象，虽然少有原作的语汇，也同样逼肖休上人的口吻、休上人的笔意。这是很可注意的。还有一点值得注意，此诗的“怨别”明显打上了作者身世的烙印。作者写的关于离别的诗赋很多，而在贬建安吴兴令(今福建浦城)期间的一些作品，不少语句与此诗也是相似的。此诗很可能也是作于此时。拟作而有寄托，这就是创新了。沈德潜评此诗曰：“有佳句”(《古诗源》)。三、四句和最后两句最为脍炙人口，后人化用、仿作极多。这两韵好就好在情景交融、自然浑成。有趣的是，这几句都曾长期被当作他人之作而加以引用，前两句当作惠休语，后两句当作沈约诗，宋代吴聿不无风趣地说：“所谓文通锦，割截殆尽矣。”(《观林诗话》)

(汤华泉)

效阮公诗十五首(其二)　　江 淹

十年学读书，颜华尚美好。
不逐世间人，斗鸡东郊道。
富贵如浮云，金玉不为宝。
一旦鶗鴂鸣，严霜被劲草。
志气多感失，泣下沾怀抱。

江淹素以善于摹拟他人作品著称，但是这组《效阮公诗》却与众不同，其目的不光是摹拟。刘宋末年，政治混乱，宗室之间为争夺皇位时有血腥杀戮。江淹出仕不久便在建平王刘景素手下做官。刘景素密谋举兵犯阙时，江淹曾当面劝阻，未被听从，于是他“知祸机之将发，又赋诗十五首，略明性命之理，因以为讽”(江淹《自序传》)。这十五首诗便是这组《效阮公诗》。

阮籍《咏怀诗》内容丰富，既有对人生的感叹，又有对政治的刺讥，表现手法又很独特，给人的感觉是隐晦朦胧。江淹选择摹拟《咏怀诗》来讽谏，也正因为他当时面临的形势非常微妙复杂，政治环境又险恶，想说的不便明说，用摹拟阮诗的内容风格来讽谏既能使当事人明白，又不露丝毫痕迹，因此是最合适的方式。

此诗开首二句是说年轻时曾苦读多年，那时风华正茂，意气方盛。诗中的“十年”不是确指，仅是说明读书之久，“书”当主要指《诗》、《书》一类的儒家经籍，因《咏怀诗》其十五云：“昔年十四五，志尚好《书》、《诗》”，与此相似。阮籍本有济世之志，读儒家的用世之作便是具体表现。阮籍对于自己的才能是很自信的，个性又放达不羁，故颇有不随流俗、傲然独得的精神气质，“不逐世间人，斗鸡东郊道”正体现出这样的气质。“斗鸡东郊道”语出曹植《名都篇》，此泛指世间轻薄少年的荒淫无聊生活。紧接着“富贵”二句，表明他有意于政治完全是为“济世”，而非贪图荣华富贵。诗至此表现了阮籍年轻时积极入世的豪情壮志，格调较明朗，然而作者的用意却不在于赞说这种精神。

诗的第七、八句开始有了转折，“一旦鹈鴂鸣，严霜被劲草”，这两句是从屈原《离骚》中“恐鹈鴂之先鸣兮，使夫百草为之不芳”化出的。“鹈鴂”即杜鹃，是一种候鸟，秋季飞往南方温暖的地方过冬，所以南方有杜鹃鸣声时便已至秋天了。“严霜”是秋冬的景象，草木在严霜的摧残下逐渐枯萎衰败，大自然进入了万物肃杀的时节。这两句诗暗示，人尽管有“颜华尚美好”的时候，但随着时光流逝，终究会走向衰亡，诗在这里流露出了浓重的人生短暂的悲凉情绪。阮籍《咏怀诗》中对于岁月不居、人生短暂的忧虑也很多，如“朝为美少年，夕暮成丑老。自非王子晋，谁能常美好?”(其四)、“一日复一夕，一夕复一朝。颜色改平常，精神自损消。……但恐须臾间，魂气随风飘”(其三十三)等等。魏晋时期是人的自我意识逐渐觉醒的时期，故对人生短暂的忧虑是普遍的现象。但阮籍的“忧生之嗟”却有着特定的含义，他既不像建安诗人那样有乘时建功立业的紧迫感，又没有《古诗十九首》那种及时行乐的洒脱，在他的思想中，对由生至死的自然过程的忧虑常常和政治上的忧患意识交织在一起，这种忧生不仅是对自然规律的深切而又痛苦的认识，而且还是在险恶的政治环境面前感到的无能为力的痛苦。“一旦”二句，说的虽是秋天的萧条景象，但分明还象征着政治上的肃杀冷酷气氛。这两方面的双重作用使他痛感个人的渺小，继而迫使他否定了人生，在这种情况下，先前的政治抱负自然也失去了存在的前提，变得虚无了。当然，这种否定是迫不得已、心犹未甘的，所以认识到自然规律的无情和政治斗争的残酷使抱负无法实现后，阮籍只能产生深深的失落感，心情也就愈益沉痛，江淹深知这点，故诗的最后二句说："志气多感失，泣下沾怀抱"。这二句语气并不激烈，非常吻合阮籍彼时的心情，惟其不敢在高压政治下长歌当哭，故只能悄然而"泣"，惟其终不能对少年"志气"的"失"去释然忘怀，所以每一念及，又终不免泪下沾襟。有如此济世之才的阮步兵，到末了还只能饮泣吞声、一事无成；至于刘景素，虽有"少爱文义"，有一定声誉，但比之阮步兵，当然不可同日而语。以景素的区区薄才，而妄思非分、图谋大位，如何能成？只怕一旦风云有变，那时就涕泣莫及了——这，恐怕就是江淹写作本诗"以为讽"的含义吧？当然，因不能直说景素谋逆，所以只能说得恍惚些，类比也不能太相似。诗人用心良苦，这位二十五岁的主公却不能领会，最后终因"本乏威略"而兵败身俘、断首国门(以上均见《宋书·刘宏传》)。因而《效阮公诗》在政治上也全无作用，只能作为显示诗人江淹理解前人思想之深的一个例证，被后代人们所赞叹。

本诗既题为"效阮公"，江淹当然不便自己出面。但诗的字字句句，却将阮籍心迹的曲曲折折，都表现得淋漓尽致。江淹既是阮籍的解人，自然也是其同道之人，故阮籍心迹既明，江淹的志趣亦见，读者切不可但认作是在说阮籍也。另外，本诗不但旨趣类似《咏怀》，措辞、结构也极类似，《咏怀》常常一首诗反说部分占了大半篇幅，直到末一二句才突出正题，本诗在这一点上也学得极像。摹拟人人会得，若说到"乱真"，则恐怕只有江郎才当之无愧了。 (周　锋)

效阮公诗十五首(其四)　　江　淹

飘飘恍惚中，是非安所之。
大道常不验，金火每如斯。
忼慨少淑貌，便娟多令辞。
宿昔秉心誓，灵明将见期。
愿从丹丘驾，长弄华池滋。①

〔注〕 ① 丹丘：神话中神仙之地，昼夜长明。　华池：传说昆仑山上的仙池。

这是江淹《效阮公诗》十五首中的第四首。现在一般认为这组诗就是讽谏建平王刘景素密谋政变的那十五首诗。因此这组诗表面上是拟古，实际上作者另有用意。

"飘飘恍惚中，是非安所之"，"飘飘"这里指虚无缥缈，"恍惚"谓隐约不清。

这两句是说：是非曲直虚无缥缈，没有固定的标准，因而难以捉摸。这话并非泛泛而论，而是针对刘景素而言的。当时宋后废帝刘昱"狂凶失道"，朝廷内外不少人寄希望于刘景素，刘景素也暗中与心腹谋议夺取帝位。但江淹显然认为在当时的形势下，刘景素不可能达到这一目的。在封建社会残酷的政治斗争中，常常以成败来论人，而不是根据什么固定不变的是非标准，失败者的命运往往是身败名裂。江淹对此非常清楚，故以此劝谏刘景素不要轻举妄动，否则，一旦失败，免不了被扣上谋反叛乱的罪名，性命、宗庙都保不住。

"大道常不验，金火每如斯"，大道即神仙之道。神仙之道确实存在，无法否认，但真正能得道的人却不多，大多数求道之人常常得不到效验，如烧炼金丹，服之可以成仙，可是炼丹成功的极少。江淹这么说不是否定神仙之道，而是在告诫刘景素，目的能否达到并不是由自己的愿望所决定的，神仙之道尚且如此，人事成败更由不得自己了。据史书记载，刘景素当时"招集才义之士"以收取名誉，还联络了不少官僚，并"要结才力之士"，显然他自认为具有夺取帝位的实力了。江淹作为一个旁观者，对于当时错综复杂的局势以及刘景素的能力、实力是清楚的，他一向善于审时度势，故一再当面劝阻刘景素，希望他三思而行，无奈刘景素并不听他的。

"忼慨少淑貌，便娟多令辞"，"忼慨"即"慷慨"，是心情激动的样子，"淑貌"原指美貌，此处引申为外表的谦恭柔顺。"便娟"原意为轻盈美丽，这里用来比喻善于阿谀奉承的人，"令辞"是这些人顺承听者的心意所说的美妙动听的话。这两句诗指出怀着善意直言进谏的人往往看上去不那么顺眼，而那些阿谀奉承之辈话虽说得动听，但却不可相信。这和阮籍《咏怀诗》中的"赵女媚中山，谦柔愈见欺"意思差不多。江淹这么说是有所指的，当时刘景素周围的人和刘景素"日夜谋议"，江淹知道这些人靠不住，曾劝刘景素不要轻信左右，以免惹祸，但刘景素此时早已被左右心腹鼓动得野心勃勃，哪里听得进江淹的劝告！相反，还疏远嫉恨起江淹了。江淹对此深感失望、痛心。

诗的最后四句写游仙，这也是阮籍《咏怀诗》中常见的内容。"宿昔"二句是说自己内心向来对神仙非常向往，希望与神仙相遇。"愿从"二句表明遨游于丹丘、华池等仙境的愿望。诗的最后部分想用神仙境界的美好来和人间的纷乱作比较，通过对神仙的向往表达摆脱世俗的是非纠葛的渴望。作者想用这种超然物外的情趣来打动刘景素，希望神仙世界的永恒与无忧无虑能使他超脱于世间无谓的是非得失，明白祸福不可保的道理，放弃非分的企图，以求宗庙之安。

诗的前半部分主要是说理、议论，后半部分则是游仙，主旨都是为了说明天命无常、祸福难保的道理,这点在诗中表述得并不隐晦难懂。然而作者之所以发这番议论有其具体的事件背景,并非泛泛而论。这组诗的用意在于讽谏,故话中有话,这点表现得较为曲折隐晦,只有当事人听得出言外之意。我们现在也只是将江淹《自序传》和有关史料与这组诗对照起来看才领会这层用意的,因此,此诗内容除了字面上容易理解的意思外,还有着更隐蔽的含义,诗的思想内容因而也就具有两个层次,这正是得力于阮籍的《咏怀诗》。阮籍《咏怀诗》早在颜延之、沈约等作注时就说它们多有"忧生之嗟",但是每首诗具体所指为何却常常扑朔迷离,"百代之下,难以情测",也就是说阮诗的深层含义往往曲折含蓄,故显得耐人咀嚼,回味无穷。江淹选择阮籍的《咏怀诗》来摹仿,确实很适合他当时的特殊需要,这说明他对阮诗的思想和艺术特征都有很深切的体会。

不过,就这首诗来看,似乎在思想感情的含蓄深沉、意蕴的丰富复杂方面不及阮诗。沈德潜在《古诗源》中评论这组诗时说"较之阮公相去不可数计",大约指的就是这点。然而阮籍的《咏怀诗》着重抒发的是自己的情怀,而江淹不单单是拟古,更重要的是讽谏,因而议论说理稍多些,同阮诗比在情感抒发的含蓄深沉方面自然要欠缺些,如果我们明白了江淹写这组诗的主要用意,也就不会完全从拟古的角度出发,用阮籍的风格去苛责江淹了。 (周 锋)

效阮公诗十五首(其十一) 江 淹

扰扰当途子,毁誉多埃尘。
朝生舆马间,夕死衢路滨。
藜藿应见弃,势位乃为亲。
华屋争结绶,朱门竞弹巾。
徒羡草木利,不爱金碧身。
至德所以贵,河上有丈人。

江淹这组《效阮公诗》目的是讽谏建平王刘景素,故此诗一方面摹拟阮籍的口吻,表现阮籍的思想,另一方面也隐含了江淹自己的用意。

"扰扰当途子,毁誉多埃尘",这二句是说官场上的身居要职者们追名逐利、纷乱不堪,他们之间的毁(诽谤)誉(称誉)就像尘土一样杂乱飞扬,不计其数,同时又是毫无价值。"朝生舆马间,夕死衢路滨","舆马"即车马,"衢"是四通八达的路,"滨"在这里是边缘的意思,这二句用了简练的对比手法指出了仕途的无比险恶,那些身居要职者早上还坐着华丽的车马踌躇满志,晚上却已身败名裂,抛尸街边了。“朝生”与“夕死”自然是夸张说法,极言变化之快,难以预料。“舆马间”和“衢路滨”对比强烈,显示了富贵难保的道理。作者在前四句中对“当途子”们热衷声名地位的做法明显地持轻蔑态度。

随后作者又描述了仕途上另一种司空见惯的现象:“藜藿应见弃,势位乃为亲。华屋争结绶,朱门竞弹巾”,“藜藿”是野菜,喻贫贱。“华屋”、“朱门”是华丽的房屋、红漆的门,是王侯贵族所居的住宅,此处即指豪门大族。“结绶”是系结印带,“弹巾”是用指弹去头巾上的灰尘,“结绶”和“弹巾”是指做官和准备做官。这四句的意思是说,那些热衷于仕途的后进之徒纷纷鄙弃贫贱的地位去亲近巴结有权有势的人,他们结交豪门,为自己争个一官半职,竞相依附于达官贵人,以图一荣俱荣、鸡犬升天。作者于这四句中未作直接的议论,只是将官场上的人情世态作了概括,但从“争”字、“竞”字也可以看出作者的态度,他对官场上的蝇营狗苟、趋炎附势是不以为然的。前面已经指出“当途子”富贵不可常保,仕途的险恶已使他们自身难以把握自己的命运,而那些趋炎附势之辈还不以此为戒,依然热衷于功名利禄,这是多么的可悲可叹!

诗的最后四句是作者的议论。“徒羡草木利,不爱金碧身”,这是指那些热衷仕途的人们,他们把声名地位看得比自身的生命还要重,而在作者看来,声名地位不过是像草木一样无足轻重的东西,而生命才是像金碧一样可贵的。这种观点也就是道家重视自身价值,鄙视外在的功名利禄的思想。阮籍诗中这类思想很多。“至德所以贵,河上有丈人”,这最后两句是从正面表现道家全身远害的思想,“至德”也即鄙弃身外之物如功名利禄、重视自身的生命。“河上丈人”即“河上公”,“丈人”是对老人的尊称。“河上公”是传说中颇有神异色彩的人物,据说精通《老子》,汉文帝曾专门向他请教过有关《老子》的问题,他指点了汉文帝后就不见了。因为人们不知其姓名,只知其住在河边,故称他为河上公。诗中提到河上公是作为追名逐利之辈的对立面,用赞颂河上公来表现道家思想。

江淹此首《效阮公诗》和阮籍《咏怀诗》其五十九很相似。阮籍这首诗说:“河上有丈人,纬萧弃明珠。甘彼藜藿食,乐是蓬蒿庐。岂效缤纷子,良马骋轻舆。朝生衢路旁,夕瘗横街隅……”江淹主要是模仿这首阮诗的。但这只是表面现象,诗中富贵不可常保、祸福难以预料的思想正是说给刘景素听的,目的是告诫他不要利欲熏心,作非分之想。诗中“朝生”两句虽是从阮诗中化出的,但更为触目惊心,用来警告刘景素是再恰当不过了。江淹诗中对那些趋炎附势者的论述也是有针对性的。他曾劝景素不要听信身边心腹谋臣的话,认为这些人无非是想借助刘景素的地位以谋取私利,以求一旦之幸,因而不可靠。

这首诗既能将阮籍的口吻模仿得很逼真,又通过摹拟将自己的用意委婉含蓄而又准确无误地表达出来,两者结合得较好,江淹"长于摹拟"的特点于此诗中也可得到证明。

(周　锋)

清思诗五首(其一)　　江　淹

赵后未至丽,阴妃非美极。
情理傥可论,形有焉足识?
帝女在河洲,晦映西海侧。①
阴阳无定光,杂错千万色。
终岁如琼草,红华长翕艳。

〔注〕 ① 河洲:河中可居之地。　西海:泛指西方。同河洲一样用来指仙境。

清思诗共五首,具体创作于何时不详,有人说写于诗人被贬到吴兴后,但也仅仅是猜测,难以完全肯定。五首诗大致上都体现道教游仙思想,反映了江淹思想的一个重要方面。本诗是其中的第一首。

作者在诗的一开始即指出赵后与阴妃算不上最美的女子。赵后指汉成帝皇后赵飞燕,阴妃是汉光武帝的皇后阴丽华。赵飞燕以体轻善舞、色如红玉而极受成帝宠爱,阴丽华的美貌则使光武帝为之倾倒。两人都是历史上有名的美女,江淹却说她们不是最美的女子,语气中流露出不以为然之意,这不免使人感到意外,因而也就想知道江淹究竟为什么这么说。按理,作者该对此作出解释,然而他没有从正面说明,而是在第二、三句中议论道:情理如果可论,形有又怎么足以认识?情理即人情事理,形有指世界上实际存在的具体事物。在作者看来,现实世界的万事万物纯粹是世俗尘世的东西,有道之人不应该为这些外物所牵滞役使,而应该摆脱它们的束缚,从现实世界中超脱出来。江淹的这种思想是一贯的,在早年仕途不如意时,他醉心于学道求仙,晚年官运亨通了,却依旧羡慕隐居,向往成仙。因此,这里流露出来的对形有的轻视正是他一贯的出世思想的表现。赵后、阴妃无疑属于形有,因而作者也就有理由对她们的绝色不以为然。诗的第三、四两句虽未从正面解释上面两句,却是承上面两句而言的。

诗从第五句起笔锋一转,由议论变成了游仙。作者在诗的后半部分展现了幻想中的神仙境地:河洲帝女在西方若隐若现,神光明灭闪烁,显现出斑斓的色彩。帝女的美妙犹如琼草一样终年鲜艳,永不衰败。这几句对神女的描绘呈现出神奇迷濛的色彩,和前面的直接议论说理迥异。前面如果说是对尘世的否定,是“破”,则后面就是从正面肯定出世游仙思想是“立”,两者结合起来,主旨也就完整清楚了。而前面写到人间的美女,是为了同后面的帝女对比,所谓“未至丽”、“非美极”都是相对于帝女而言的。赵后、阴妃再美也有红颜衰退的一天,最后免不了香消玉殒,化作尘土。而天帝之女的美妙神奇是永恒的。两相比较,赵后、阴妃自然不足道了。作者并非就事论事,而是藉此表示对尘世的不屑一顾,对神仙世界的无限向往。

身处乱世,江淹除了行动上小心谨慎、明哲保身外,心理上的超然物外对他也很重要。这组诗可说是他努力逃避现实的表现。他既然不能脱离官场,也就只好采取这种心理上逃避的办法,沉溺在方外遐想之中以求得某种情感上的平衡。因为诗歌表现的是作者超尘脱俗的“清思”,故内容上有些朦胧曲折,清人陈沆评论这组诗时说它们“意沉思曲”,确实如此,作者的意绪似乎隐约曲折,跳跃不定,虽能触摸得到,却又难以一下子完全把握住,故值得玩索再三。难怪陈沆在《诗比兴笺》中把这组诗和“多不经之绪”的《骚》(《离骚》)、《问》(《天问》)、“有难释之章”的阮(籍)、陶(渊明)相提并论,在诗意表达的含蓄朦胧方面确实这样。不过陈沆认为这组诗是黜吴兴后怀建平王而作,虽有此可能,却无足够的证据证明。诗中表现的出世思想也是江淹一贯的思想,故难以据此肯定其创作年代,所以我们对这首诗的内容背景不必过于指实,这并不妨碍我们欣赏这首诗,某种程度的隐晦曲折或许正是它的魅力所在。　　(周　锋)

清思诗五首(其四)　　江　淹

白露滋金瑟,清风荡玉琴。
空闺饶远念,虚堂生夜阴。
兹夕一何哀,明月没西林。
世人重时暮,道士情亦深。
愿乘青鸟翼,径出玉山岑。①

〔注〕① 青鸟:传说中西王母所使的神鸟。　玉山:山名,西王母所居之地。

这首《清思诗》很能体现江淹的基本风格特征,比起其他四首《清思诗》来,这一首更多地通过写景来抒情。

“白露滋金瑟,清风荡玉琴”,清风、白露表明时间是在夜晚,金瑟、玉琴写的是物,没有正面写人,却表现了诗人夜中不寐、弹琴鼓瑟的形象。诗一开始就描绘了夜晚四周一片清幽静谧的氛围,为写清思渲染了合适的气氛。

“空闺饶远念，虚堂生夜阴”，诗人此时此刻独处空闺，思绪万端。空荡荡的堂上笼罩着夜晚的阴影，一切都显得冷冷清清、悄然无声。然而诗人内心并不平静，环境的寂静正衬托出内心思绪的纷繁深邃。一个“饶”字，说明他想得很多，而“远”字又表明他想得很深、很远。诗人在想什么呢？

“兹夕一何哀，明月没西林”，明月西沉，渐渐隐入西边的树林之中，眼前的夜景，引起了诗人无限的悲哀。可是这一切又为什么会引起诗人如此深沉的悲哀呢？“世人重时暮，道士情亦深”，这两句承接上面两句，说明了明月西沉使诗人衷情顿生的缘由。渐渐隐入树林中的明月，使诗人感到光阴的流逝。时光匆匆，岁月不居，这很容易引起人们的悲伤之情，何况时间虽然不停流逝却永无穷尽，而人生短促、生命有限，这就更令人伤感。世人因时暮而伤心，作者更情系于此，内心的哀伤、感慨更为深沉。

诗至此表现的仍然是一般伤时感暮的情绪，但诗人的思虑并没有停留在这一点上，而是意犹未尽，充分展开想象的翅膀，脱离了现实之景，翱翔于幻想的境界中，抒发了更悠远的情思。“愿乘青鸟翼，径出玉山岑”，诗人希望乘上神鸟之翼，直接飞入西王母所在的仙境。最后这两句充满浪漫色彩，游仙意味很浓。

诗由景语开端，为抒情烘托了气氛，随后由景语引出情语，触景生情，情意悲哀。然而作者并没有将这种悲哀之情发展到强烈的地步，而是写起了游仙，企图用游仙来摆脱悲哀之情，因而使整个诗歌的情绪显得哀而不伤、深邃宁静，虽有感情色彩但又不乏理性，与诗题的“清思”极为吻合。

此诗在写景抒情方面同阮籍的《咏怀诗》第一首“夜中不能寐”有某种相似之处，两者都通过写景来抒情，时间都是月夜，诗人都于夜中弹琴，意境十分相像，但阮籍的忧伤之情郁结于胸，难以排遣，因而显得格外沉重，江淹此诗的悲哀之情虽也深沉，却因游仙而显得有些空灵飘逸，情中有思，所思则是超尘脱俗的宗教出世思想，这就决定了此诗抒情时的特点是哀而不伤、情深意邃。（周　锋）

伤内弟刘常侍　　江　淹

金璧自慧质，兰杜信嘉名。丹彩既腾迹，华萼故扬声。伊余方罢秀，叹息向君荣。谁疑春光昃？何遽秋露轻！远心惜近路，促景怨长情。风至衣袖冷，况复蟪蛄鸣。白露沿汉沼，明月空汉生。长悲离短意，恻切吟空庭。注歃东郊外，流涕北山坰。

这是一首悼丧诗。诗的开头四句是对死去的内弟的赞美。“金璧”二字，由

《诗经・卫风・淇奥》"如金如锡,如圭如璧"化出。慧质即惠质,慧通惠。"金璧自慧质"是褒扬内弟,讲他本质高尚仁善。兰杜,即兰草杜若,皆香草名。嘉名,美名,取自《离骚》"皇览揆余于初度兮,肇锡余以嘉名。"从屈原的《离骚》起,兰杜就被经常用来形容美好的事物。说内弟的名字有如兰杜一样芳馨,自然也是赞美之辞。

"丹彩"两句,从内弟生前的文章与才名着笔。彩是文彩,丹彩是红色丝织品,此用以指代文章。丹彩腾迹,犹言文章超迈绝俗。"华萼"是同义复词,意即"华"。华和声相连,如任昉《宣德皇后令》的"声华籍甚",是指一个人的声望名闻。华萼扬声,等于说声名飞扬,到处传播。六朝尚文,文章被视作不朽的事业和取人的津梁。江淹用"丹彩腾迹"、"华萼扬声"来评价内弟生前的文章才名,无异于给死者建造一座纪念碑。

"伊余方罢秀,叹息向君荣"两句,借自谓自叹交代内弟之死,是全诗的接榫处。伊,发语词,无义。余,江淹自称;君,指内弟。"伊余"云云,说正因自己有"罢秀"之痛,才叹息"君"的荣盛不再。秀本指禾苗成穗,罢秀,死的婉言,即所谓"苗而不秀","秀而不实"。据《论语・子罕》,颜渊短命早死,孔子曾痛惜地说:"苗而不秀者有矣夫!秀而不实者有矣夫!"江淹暗用这个典故言内弟之死,其寓意与寄慨都该是和孔子相通的。

接下来十二句由颂人述德转入抒情发哀。"谁疑春光昃?何遽秋露轻!远心惜近路,促景怨长情"是直接倾吐对内弟之死的悲痛。春光昃,犹言春光更移,比喻内弟之死。谁疑春光昃,直说就是:谁也不怀疑春光昃。但用反问来代替直陈,语势就显得奇峭不平,诗人感情的沉重一下子便让人感受到了。"何遽秋露轻",慨叹生命脆弱和它结束的疾速。"何遽"二字,包藏着显而易见的悲哀与惊愕。秋露,犹言露。在古诗中,"露"是一个关于生命的特殊意象。因为露水易干,所以它意味着生命的脆弱。秋露言"轻",也就是这个意思。

"远心惜近路,促景怨长情"是进一层申说诗人深长而复杂的痛苦。远心、长情,是江淹自谓;近路、促景,就亡人而言。古乐府《豫章行》云:"前路既无多,后途随年侵。促促薄暮景……曾是怀苦心"。《文选》卷二八李善注:"前路后途,喻寿命也。""景之薄暮,喻人之将老也。"显然,近路、促景均胎息于此。路喻寿命,景指人生;近路促景,就是年命不永的形象说法。内弟的死,引发了江淹对人生短促、年命如露的思索。但思索的结果却又只能是更深长的痛苦。诗人把这种心灵往复的轨迹抽绎成诗的语言,读者则径可借此去观察诗人那感情的波澜。

"风至衣袖冷,况复蟪蛄鸣。白露沿汉沼,明月空汉生"是对物候环境的描写。“风至”两句写秋风一起，寒凉即至，寒蝉凄切，字里行间弥漫着一种悲凄的况味。风，从前言“秋露”看，当是秋风。蟪蛄，又名寒蝉。庄子说它性短命促，“不知春秋”(《逍遥游》)，故尔啼声让人觉得凄厉悲切。“衣袖冷”、“蟪蛄鸣”，分别从人的体肤感受和听觉映象写来，虽涉物象，却也情语深藏，能让人体验到诗人深隐的伤惋。“白露沿汉沼”一句，由《古诗十九首·明月皎夜光》的“白露沾野草”蜕化而来，写白露纵横的景象。沿同沿，多也。用一“沿”字，“白露”一句便有了露重寒浓的意趣。“明月空汉生”五字，是一幅明月在天的画面。汉即天河，此指夜空。因着上一“空”字，“明月”一句也就有了孤清寂寥的情味。

本来，秋风、蟪蛄、明月、白露是六朝人惯用的景语。但到了江淹的笔下，翻出秋风生凉、寒蝉啼哀、白露纵横、明月孤清的物象，于是造成凄凉寂寞的氛围。这样的环境描写，实际上是为了反复渲染内弟之死给诗人带来的心灵震颤和情感创伤，同样起到了抒情发哀的作用。

睹物伤情。有了“风至”四句的环境描写，便自然逗出“长悲离短意，恻切吟空庭。注歙东郊外，流涕北山坰”的诗句。诗末这段文字，以悼念亡人来总挽全诗，收束全篇。而“恻切吟空庭”一句是篇末二十字的中心，描绘诗人伤悼内弟的情景。恻切，悲凄忧伤貌，可以视作“长悲离短意”的具写。空庭，形容悼亡环境的空寂，既有人去物空的苦况，更有只影悼念伤逝的凄凉。注歙、流涕，浑言哀思流泪；东郊外、北山坰，均指郊外坟场，是内弟归息所在。“恻切”句写诗人徘徊空庭，发吐哀思。若与“长悲”一句对读，即可以发现诗人因内弟之死，确有无数的悲伤哀痛纠结于胸，难以排解。至于“注歙东郊外，流涕北山坰”十字，则是一个细节式的刻画，以补足“恻切吟空庭”的描写。它们把诗人因顾念内弟亡魂归息之所而悲从中来、痛泪汩汩的情态，表现得历历在目，感人至深。全诗至此戛然而止，却又余情如丝。于是，伤悼亡人的长悲短意也就长久地留在了读者心底。

(刘仁清)

悼室人十首(其一) 江 淹

佳人永暮矣，隐忧遂历兹。
宝烛夜无华，金镜昼恒微。
桐叶生绿水，雾天流碧滋。
蕙弱芳未空，兰深鸟思时。
湘醽徒有酌，意塞不能持。

江淹的《悼室人十首》是为悼念亡妻而作的。江淹妻子于何时去世已难以确知,因而这组诗的写作年代也无法断定。江淹集子中有一首《伤内弟刘常侍》诗,可知其夫人姓刘。从这组诗来看,江淹对妻子的感情是很深的,妻子的去世使他十分伤心。十首诗中充满了难以抑制的悲痛和伤感。此是其中的第一首。

"佳人永暮矣,隐忧遂历兹",佳人即指去世的妻子,"暮"本指黄昏,此处形容生命的终结。一想到人死无法复活,从此永远分离不得再见,诗人不由得充满了悲伤。一个"矣"字,饱含了无限的辛酸与伤感,给人一种无可奈何、喟然长叹的感觉。诗人因妻子的去世而充满隐忧,这种感情经久不息,随着时间的推移而愈显深沉。

"宝烛夜无华,金镜昼恒微",夜晚,烛光仿佛失却了往日的光华,白天,铜镜似乎也终日暗淡无光。蜡烛、铜镜是无生命、无情感的日常生活用品,然而此刻它们似乎也寄托了诗人的哀思。妻子在世时,朝夕相处,相亲相爱。夜晚的烛光,曾是他们感情的见证;而引镜共照,在镜中相视而笑,也曾是闺房中的一大乐事。如今,每当夜幕降临、烛光摇曳时,诗人独坐灯下,不由得黯然神伤。白天,诗人不敢照见自己的茕茕孤形,只有让金镜蒙尘了。人去物在,睹物思人,诗人怎能不伤心落泪！这两句诗,情融于物,物中有情。

"桐叶生绿水,雾天流碧滋",碧绿的桐叶,碧绿的水,薄雾弥漫,仿佛空中的水气也是绿色的。诗人的哀伤之情也正如这弥漫漂浮的雾气一样久久萦绕在心头。景色凄迷阴郁,正映现出心情的凄凉哀苦,客观景物染上了强烈的主观情绪色彩,这是江淹写景抒情时常用的方法。

"蕙弱芳未空,兰深鸟思时","蕙"是香草,这里用来比喻妻子的美好,"弱"是丧失的意思,用蕙草的衰败来比喻妻子的去世。香草虽然凋零了,但芳香之气仍在,妻子虽然故去,但她的音容笑貌却依然触处可忆。兰草深处,鸟也仿佛在悲鸣,诗人心中悲戚,却写鸟在悲,这是以鸟拟人,将内心的悲情移至外物上,显得意韵生动丰富。从"宝烛夜无华"起六句诗,或写日常用品,或写庭院景物,没有直接写情,但在这些景与物上无不鲜明地染上了作者的情感色彩,这样的抒情表现,更显深挚真切,曲折有致。

"湘醽徒有酌,意塞不能持",湘醽是湘东的名酒,酒能使人暂时忘却心中的烦恼与忧愁,然而也可能愁上加愁。诗人酌酒欲饮,然而"举杯销愁愁更愁"。何况失去爱妻的悲痛,又岂是美酒所能消除得了的！诗人因哀伤而欲饮酒排遣,最后却因心胸闷塞,竟端不起杯来了。诗歌在抑郁哀伤的气氛中结束,而诗人悲伤之情的哀婉低沉,却给读者留下了难以磨灭的印象。　　(周　锋)

悼室人十首(其二)　　江 淹

适见叶萧条，已复花掩郁。
帐里春风荡，檐前还燕拂。
垂涕视去景，催心向徂物。①
今悲辄流涕，昔欢常飘忽。
幽情一不弭，守叹谁能慰？

〔注〕 ① 徂(cú)：往。

此诗是写作者在繁花似锦的春天里对亡妻的思念之情。

“适见”即才见到的意思，“掩郁”是茂密之意。二句是说仿佛才见到枝叶萧条，转眼已是百花盛开的季节了。“叶萧条”自是秋冬的景象，“花掩郁”则是春天光景了。由秋冬至春天不是一天两天，作者已处于春天之中，对于秋冬的景象却说是“适见”，仿佛时间相隔极短。这其实是悲痛心情作用下的错觉。时间不停地流逝，江淹却木然无知，完全沉浸在悲痛之中，乃至注意到外界事物的变化时，已经是又一个春天了。

“帐里”二句是对春天景象的描绘。帐中春风鼓荡不定，归来的燕子飞着拂过屋檐。大自然经过萧条肃杀的秋冬季节，此时又重新恢复了盎然的生机。与此形成对照的是作者在遭受了失去妻子的沉重打击之后，面对欣欣向荣的春天景象，却依然难从凄苦的深渊里自拔出来。帏帐里的一派春意，只能让他备感如今的冷衾独卧；燕儿们舞得正欢，却正反衬出他形单影孤的苦寂。江淹是很擅长以乐景写哀情的，此即一例。

“垂涕”二句中，“催心”意谓内心受到摧伤，“去景”指眼前渐渐逝去的日影(“景”通“影”)，“徂物”意思与此相近。物往境迁，时光流逝，都是千古伤心事，何况是爱妻的一逝永不归呢？面对无情地随着时间的消逝而离去的一切，联想到妻子音容的不可再得，诗人怎能不伤心落泪，心中哀痛不已？“今悲”二句，再补足上文。为什么我现在悲伤起来总要流泪不止？因为往日的欢乐常在眼前飘忽，常在那即将逝去的景物上重新幻现！“弭”是消除之意，“守叹”是不断地叹息。作者在这最后的两句中问道：我心中郁结的深深哀情竟不能消除，终日悲伤叹息，可又有谁能安慰得了呢？这最后两句诗流露出来的感情哀苦执着，深挚感人。

江淹此诗有些地方受潘岳《悼亡诗》影响明显，如“帐里”二句同《悼亡诗》中“春风缘隙来，晨霤承檐滴”在意境方面很相似。不过江淹此诗并非拟作，他有自

己的真情实感，故读来仍然别有一种动人之处。（周　锋）

悼室人十首(其四)　江　淹

驾言出游衍，冀以涤心胸。
复值烟雨散，清阴带山浓。
素沙匝广岸，雄虹冠尖峰。
出风舞森桂，落日暖圆松。
还结生一念，楚客独无容。

为丧妻的哀痛所压迫，诗人感觉得精神已经难以承受，想要找个法子消散一下，于是驾起车，来到郊外漫游。"涤心胸"，既说明哀情郁积之深，也点出出游的目的。确实也是一个游览的好时光：一场夏日的雨刚刚过去，环山的绿树，洗得更为清幽，翠色更浓。看来，他的目的是可以达到的。

放眼四望，看到些什么？首先映入眼帘的，是一条长长的白色沙滩，环绕着弯曲而宽广的江岸。白色的绢也叫"素沙"。这一条长长的、蜿蜒于水边的素沙带，多么像妻子穿在身上的白绢衣！凝视间，妻子那婉娴雅洁的身姿好像又出现在面前，脸上蒙着一层哀怨，像是叹息生命的脆弱……唉，不要再望着这素沙失神吧！

仰起头来，只见高高耸立的山峰之上，一道彩虹横贯长空，与连绵青山相衬，更显得壮观而鲜丽。古书上说，虹是阴阳二气交合而成；一道彩虹中，色彩鲜盛的部分是"雄虹"，色彩暗淡的部分是"雌霓"。天哪！眼前这道虹，为什么只见雄不见雌？难道天地阴阳之气，也会偏枯失和的么？唉，不过是自己心中痴迷罢了。

飒飒地吹起了晚风，拂过山林。一丛桂树在风中婆娑起舞，那些枝枝叶叶上下翻动，相互纠绕。《楚辞·招隐士》说："桂树丛生兮山之幽，偃蹇连卷兮枝相缭。"不就是写这幅景象吗？它们多么亲切！妻子在的时候，自己和她，常常也这么相缠相绕，蜜意如胶……唉，如今孑然一身，怎么对付漫漫余生！

不知不觉，日头已经西落。金黄色的夕晖，照耀着苍青色的松树，涂上了一层暖意。孔子说："岁寒，然后知松柏之后凋也。"就是严冬，就是霜雪，也不能使它凋零。女人的生命过于娇艳，所以才不能长久吧？唉，谁又能如松柏不凋，谁又能如金石永固？

悲切悼念之情，如此深重。本希望借着漫游和自然景色能够将它冲淡、消散，结果却是这悲悼之情，改变了外界的一切。整个心灵，成了一个连续不断的环（"还"当系"环"之讹），一个打不开的结，除了对妻的怀念，不能产生任何其他念头。羁留楚地的客子，愈加伤神失色了。

从“涤心胸”的冀求到“独无容”的结果，也就是因为哀思之深而希望摆脱哀思，又因不能摆脱而陷入更深哀思的过程。这一过程可信是江淹确实经历过的，因为诗中的一切，写得那样真实感人，很难凭空虚构。　(贺圣遂)

悼室人十首(其五)　江 淹

秋至捣罗纨，泪满未能开。
风光肃入户，月华为谁来？
结眉向蛛网，沥思视青苔。
鬓局将成葆，带减不须摧。
我心若涵烟，葐蒀满中怀。

“秋至捣罗纨，泪满未能开”，秋天到了，天气转凉，照例要另添新衣了。罗、纨都是丝织品，在制衣前先要将其展开放在砧上用杵捣，然后才能制衣。在古代诗歌作品中，捣衣常常用来表现妇女对远行在外的亲人的思念，可是这首诗中，诗人却因捣衣无人而引起了和妻子生死永诀的巨大悲哀。捣衣、制衣都是妇女的工作，妻子如果在世，此时肯定要忙碌起来了，可如今到了这个时节，妻子却已永离人世了。面对成沓的罗纨，诗人不觉又潸然泪下。那帛匹上已沾满了泪水，诗人还在怅然伫立。“未能”二字，见出诗人的内心已由酸痛而至于麻木，他无力也不忍打开那帛匹了。这二句由事及人，由人及情，包含了作者深切的情思。

“风光肃入户，月华为谁来？”秋风急急地闯进庭院门户，这才惊动了独自出神的诗人。皎洁的月光也偏在这个时候不速而至。“月华”暗点诗人一直伫立到夜黑，语似浅而实深。月华本是无情物，可此时诗人却认定它是有情的，是理解人间的欢乐与悲愁的。那么，如今妻子不在了，它却照样把清辉洒向人间，诗人不由得要责问它为谁而来？在他看来，妻子既已不在人世，月华乃至一切，都变得多余了、毫无意义了。语似不合常理，情意却异常真切。

“结眉向蛛网，沥思视青苔”，室中全是蛛网，院内爬满青苔，一派荒芜凄凉。这一切，既见得妻子死后，家务无人操持；又见得爱妻一失，诗人已百无聊赖，万事都不关心。同时，“蛛网”、“青苔”，在这里又有象征意义。诗人对妻子的思念之情，亦正如这蛛网一样缠绕心头，剪不断，理还乱，这密布的青苔所显示的凄凉衰败，也恰是他此刻心理状态的形象写照。这两句把有形的蛛网、青苔和无形的心理活动巧妙地组合在一起，构成了深邃的意境。“结眉”意即紧锁眉头，“结”字正好和蛛网相关联，构思很巧妙；而“沥思”一词更为形象生动，表明那不尽的哀思是从诗人心灵深处一点一滴流滴出来的，是凝结着深切的、全部的爱的。两句用笔奇巧而浑然无迹，体现了江淹的卓越才思。

“鬓局将成葆，带减不须摧”，鬓发犹如杂草般屈曲蓬乱，形体也日见消瘦，以致衣带显得宽缓了许多，而诗人也无心去收紧。诗人在这两句中描绘了自己的形象，我们仿佛看到了他那形容憔悴、哀毁骨立的模样。失去亲人的痛苦使他无心顾及自己的仪容甚至健康，可见内心的痛苦有多么深重。

“我心若涵烟，葐蒀满中怀”，葐蒀，烟气氤氲貌。诗人只觉得心怀中像是包涵了一腔烟气，那烟在胸中屈曲盘折、流动不定、四处撞击、无时或止。这两句用葐蒀烟气来形容诗人哀思的缠绵婉转和触处皆是，手法极其精妙，可使人产生无穷联想。全诗语气平稳，没有什么波澜，但读后仍然强烈地感受到作者充满胸怀的哀伤之情。江淹诗歌中的抒情多数如此，没有激烈慷慨的喷发，却有含蓄深沉、持久蕴藉的感染力。　　（周　锋）

悼室人十首(其七)　　江　淹

颢颢气薄暮，蔌蔌清衾单。①
阶前水光裂，树上雪花团。
庭鹤哀以立，云鸡肃且寒。
方冬有苦泪，承夜非膏兰。
从此永黯削，萱叶焉能宽？

〔注〕 ① 颢颢(hào)：形容天色之白。　蔌蔌(sù)：风声劲疾貌。

时光荏苒，转眼肃杀的严冬来临了。“颢颢”形容天色的惨白，“蔌蔌”形容风声劲急。严冬日暮，北风呼啸，诗人觉得被子单薄不胜严寒。不直说天寒而说清衾单，诗人的感受显得更为具体。“颢颢”两句虽然只是客观叙述，却隐隐地含有哀苦之意，为全诗定下了低沉凄凉的基调。

作者并没有马上写出他心中的哀苦，而是继开首二句之后进一步写了冬日的景象。阶前的积水被劲急的寒风刮得水光闪烁，树枝上积压着团团雪花。“裂”字用得极奇极警策，足以使人生动地想象到急风中水面无一刻平静，宛如起了裂缝。“团”字说明雪花在大风中也难以吹散，给人的感觉则是凝滞而沉重的。这两句诗更进一步让人感到寒气逼人。然而作者的用意并不在于写气候之冷，观“庭鹤”二句即可看出。所谓“哀以立”、“肃且寒”(形容因寒冷而不动的样子)表面上是写鹤与鸡,实际上还是在表现诗人的内在情感,只是他不急于直接吐露内心的哀苦,而是先将内在的哀苦之情移向外物。哀立的鹤、瑟缩的鸡,正是作者自己心情哀苦的象征。诗的前半部分用肃杀的严冬景象衬托了作者的心情,为下面的直接抒情创造了适宜的气氛。

“方冬”二句转而直接抒发哀情。失去妻子后的悲痛一直萦绕心头,时节正值冬季,诗人有着流不尽的苦泪。“承夜”意即入夜,“膏兰”也即兰膏,为押韵而将其颠倒。兰膏是用泽兰炼成的油,可点灯,并有香气散发。“承夜”句言夜晚不再用兰膏点灯,这无非是表明诗人在漫漫黑夜中因苦苦思念着亡妻而心情黯然,在表现手法上同另一首《悼室人》诗中的“宝烛夜无华”有相似之处。最后两句,诗人说道:一想到妻子从此离去了,心中就黯然忧伤,萱叶又岂能消除这种忧伤之情!萱叶就是萱草,据说可以使人忘忧。忘忧之草也无济于事,可见哀苦忧愁之深,言之哀婉缠绵,令人同情叹息。

这组《悼室人》诗有好几首写到四时景象,但无论是欣欣向荣的春天、色彩鲜艳的夏天、气爽宜人的秋天,还是肃杀的冬天,到了这组诗中却总是充满着哀苦凄凉的色彩。诗人自己说“意念每失乖,徒见四时亏”(《悼室人》其八),而这组诗中几首涉及四时景物的诗正按春、夏、秋、冬排列,这不是偶然的,可见四时变化对作者情感的抒发有很重要的作用,它触发了作者的无限哀思;而这种不因时间推移而消退的情感又反射到四时景物上,使之更具有主观抒情的色彩。这虽不是江淹独创的手法,但用在这组诗里却起到了格外鲜明的艺术效果,所以我们仍不能不深深赞叹诗人的巧妙构思。

(周　锋)

悼室人十首(其十)

江　淹

二妃丽潇湘,一有乍一无。
佳人承云气,无下此幽都。
当追帝女迹,出入泛灵舆。
奄映金渊侧,游豫碧山隅。
暧然时将罢,临风返故居。

这是江淹《悼室人》诗的最后一首。诗人在前面几首《悼室人》诗中抒发了对亡妻的深切思念之情。这一首则是寄托了对爱妻亡灵的深情祝愿,情调与上九首又有所不同。

诗人一开始就把读者带入了一个神异境界。二妃即娥皇与女英，是尧的两个女儿、舜的妻子，传说她们死后成了湘水之神，潇湘即湘水。首句是说两位神女出现在湘水上，美丽无比。次句“一有乍一无”，有人将“有”、“无”解释为“在世”、“去世”，这样就等于是说江淹把亡妻比作二妃之一，但随之又有一个问题，二妃中另一位又指谁呢？因此有人推测江淹可能还有一个妻子，或其亡妻另有一姊妹(见吴丕绩《江淹年谱》)。但细玩此诗，我以为诗人并没有将亡妻比作二妃，此处二妃只是神女而已，而下文的“佳人”才指亡妻。“一有乍一无”中的“一”似不作数词用，这句当解作二妃忽然出现，又忽然消失。乍有乍无，行踪飘忽不定，这正是神女的特点。(《易·乾》疏：“一有一无，忽然而改，谓之为化。”此诗“一有乍一无”意思与此相同。)

第三句起又转回到悼亡的主题上来了，“佳人”即指去世的妻子，“幽都”谓地府，语出楚辞《招魂》中“魂兮归来，君无下此幽都”。三、四两句是诗人希望并幻想妻子死后顺着云气升入仙境，而不是落入地下冥府。“当追”二句呼应了诗的开首，“帝女”也就是前面的“二妃”，神女美好而又灵异，诗人希望妻子能追随神女的踪迹，驾着车出入于仙境。“泛”原意为漂浮，因天上仙境中的车马行驶云端之中，故用“泛”字。“奄映”二句是诗人继续幻想佳人在仙境中的行动，她时而忽然出现在金渊边，时而又游乐于碧山脚下。这种对仙境中无忧无虑、怡然自得生活的幻想，既寄托了作者对亡妻的深挚感情和衷心祈愿，又使他自己精神上多少得到了一丝安慰，妻子既然升为仙子，神灵有知，自当体知自己的苦怀，重来梦中团聚。“暧然”，昏暗不明貌。诗的最后二句说，时辰将晚，于是佳人乘着晚风，翩然返回故居了。这虽然是想象之辞，却正表明了诗人依然眷恋亡妻，故希望她在仙境中游乐之后，仍返回自己身边，这最后两句看似平淡，然而诗人无穷无尽的怀思，却正由此得到了充分体现。《离骚》篇末，屈子铺张了无数远游的打算，但一旦临睨旧乡，则终究“顾而不行”。此诗也陈说了许多仙境之乐，而末了却指望妻子不恋天上之乐、仍念人间之好——诗人对亡妻的感情之深，难道不能用屈子之眷恋故国作比拟吗？

明人许学夷曾指出江淹诗“善用骚语”，这在此诗中也可得到证明，如前面已经提到“无下此幽都”句出自《招魂》，而最后一句“临风返故居”显然也是脱胎于《招魂》的“魂兮归来，反故居些”。这不仅仅是词语出处的问题，而是对读者也有着暗示联想的作用，使读者意识到此诗虽有游仙色彩，但“魂兮归来”的悼亡主旨依然贯串全诗，因而有别于一般的游仙诗。这在悼亡题材的诗歌中也算是有特色的。

(周　锋)

【作者小传】

范 云

(451—503) 字彦龙,梁南乡舞阴(今河南泌阳北)人。南齐时,任郢州法曹行参军,后入竟陵王萧子良幕府,为"竟陵八友"之一。迁尚书殿中郎,曾出使北魏。又任零陵内史、散骑侍郎、始兴内史、广州刺史,坐事下狱,获赦免。后起为国子博士,萧衍(即梁武帝)执政,云入其幕府,与沈约同心辅佐之。梁立,官吏部尚书、尚书右仆射,封霄城县侯。事迹具《梁书》卷一三及《南史》卷五七本传。有集三十卷,已佚,《先秦汉魏晋南北朝诗》辑得其诗四十二首。

赠张徐州稷① 范 云

田家樵采去,薄暮方来归。还闻稚子说:"有客款柴扉。傧从皆珠玳,裘马悉轻肥。轩盖照墟落,传瑞生光辉。"疑是徐方牧,既是复疑非。思旧昔言有,此道今已微。物情弃疵贱,何独顾衡闱?恨不具鸡黍,得与故人挥。怀情徒草草,泪下空霏霏。寄书云间雁,为我西北飞。

〔注〕 ① 稷:一作谡,此从《文选》本题。张稷《梁书》、《南史》皆有传。

张稷,字公乔,齐明帝末年为北徐州刺史,又进都督北徐等五州诸军事。范云于永元元年任广州刺史,被罪下狱,后免官闲居于京郊,正与张稷徐州任期相合,诗当作于此时。

前八句写张稷来访。"田家樵采去,薄暮方来归。""田家"是自称。"樵采",打柴。这两句所写未必都是实情,他这样写是表示落职之后地位的卑下、生活的艰辛,以反衬张徐州来访情谊的珍贵。下面转述孩子的告语。"还闻",回来听说。"有客款柴扉",款,叩。这客就是张稷。孩子的话是说客人的排场,但不直指客人,而是先讲客人的随从穿戴、乘骑是如何豪华,后讲客人的车盖、符信如何辉煌、炫目,那么客人如何就不言而喻了。"轩盖照墟落",还有惊动村民的意思,"传瑞",符信,官员身份的牌照,其"生光辉",也见出村民的羡叹。孩子这样说,符合他的观感,逼肖其口吻;作者这样写,也避免了面谀,用笔显得委婉。这样铺写朋友车骑盛况,更见得此访非同寻常。

中间八句写闻朋友来访的心情。"疑是徐方牧,既是复疑非。"他一听说就怀疑是张徐州,转而又觉得好像不是。怀疑是,见出对张稷的信赖,朝中往日友朋当非仅此一人，而在作者看来他是最可相信的。怀疑非，乃炎凉世态造成，下面写到。“思旧昔言有，此道今已微。”“思旧”，顾念旧情。他说这种情谊以前听说有，现在差不多看不到了。古语说：“一贵一贱，交情乃见。”朋友间因地位变化而冷淡的太多了，因此作者怀疑身为徐州刺史的朋友会来看望他。“物情弃疵贱，何独顾衡闱？”“物情”即世情，“疵贱”即卑贱，“衡闱”，衡门，即上文“柴扉”。他说，世态皆是这样，而张稷为何还要来看望我这丢官的人呢？上面展示的这些矛盾心情，说明他受世态刺激太深了，他越怀疑越说明世风的浇薄；同时他这样写，实际上也是有意对照两种交态，以赞扬朋友的高谊。作者这样“是耶非耶”地用笔，实在高妙。“恨不具鸡黍，得与故人挥。”“鸡黍”用东汉范式、张劭的故事。范张相距很远，春别京师时，范约定九月十五日到张家看望，到了这一天张在家杀鸡作黍，果然范不远千里来到。范张鸡黍交被传为美谈。下一句是省略句，“挥”的对象为酒，用陶渊明《还旧居》“一觞聊可挥”。这两句说：遗憾的是未能杀鸡作黍、与朋友把酒欢会。朋友来访他未遇到，感到十分遗憾。这里用典很巧，姓氏正同。把自己与张稷的交谊比作范式、张劭，这是对朋友的赞美，对二人间情意的自重、自珍。

最后四句写对朋友的思念，落实到题目上的“赠”字。“怀情徒草草，泪下空霏霏。”“草草”，忧愁貌。“霏霏”，形容泪多。这两句说自己对友人非常想念，但又不能相见，故曰“徒”、“空”。“寄书云间雁，为我西北飞。”徐州在京都的西北方向。这两句说，请天上的大雁为我捎封信给张徐州吧。托雁传书，嘱飞西北，见出情意的殷切，从这两句告语中，分明见有翘首西北的诗人在。这里“寄书”的书，其实就是这首诗。

这是一首赠诗。赠诗一般的写法是正面表达自己的情意，表达对对方的祝愿等意思。而这首诗的写法主要写对方的来访，通过对方不寻常的来访见出深情厚谊，然后以对深情厚谊的感激还报对方，可以说这是以其人之情还报其人。这首诗多叙事，情事写得很具体、生动，告诉友人来访时何以未遇、稚子如何转告、听到这情况时自己的心情，像是絮话一般。这又是书信的写法了，可以说是以诗代书。这两种写法在作者的时代还是少见的，很是新鲜别致。随着诗的艺术技巧的提高、社会功用的扩大，之后这样的赠诗就较多见了。　（汤华泉）

饯谢文学离夜　　范　云

阳台雾初解，梦渚水裁渌。
远山隐且见，平沙断还绪。

分弦饶苦音，别唱多凄曲。

尔拂后车尘，我事东皋粟。①

〔注〕 ① 东皋：田野或高地的泛称。

这是一首送别诗，诗中表观了作者与友人分别时的依依之情。诗题中的“谢文学”即诗人谢朓。永明八年(490)，谢朓转为随王文学，永明九年，随王要“亲府州事”，谢朓将跟从随王赴西府荆州(今湖北江陵)。在谢朓离京赴西府的前夕，在一个月光明亮的春夜里，萧衍、沈约、王融、范云等“西邸文人集团”为谢朓举行了一次饯别宴会。他们都是“竟陵八友”的成员。此外，虞炎、江孝嗣、王常侍(失名)也参与此会，并留下了赠别诗，沈约写了《饯谢文学》，王融、范云、虞炎各作一首《饯谢文学离夜》，江孝嗣和王常侍各写一首《离夜诗》，谢朓自作《离夜》与《和别沈右率诸君》作为答谢。这是西邸文人的一次大集会，一时群英荟萃，宴会成了吟诗会，在文学史上留下一段佳话。

诗的开头两句，写法有些特殊，破空而起，推出“阳台雾初解，梦渚水裁渌”来。“阳台”在巫山，“梦渚”即云梦泽，在今湖南，这都是在京邑建康(今南京市)所看不到的。“雾初解”是说夕雾初收，以切“离夜”之景，“水裁渌”三字，暗点节候，说明春天到了，春水刚刚变绿。从“雾初解”与“水裁渌”看，当是近景的描绘，从“阳台”与“梦渚”的地理位置看，却又不在南京附近，这似乎是个矛盾。这样写，作者可能有两种用意：一是用“阳台”与“梦渚”指代建康的台榭和洲渚，这是借代手法，在六朝诗中常见。另一种含义是，作者送别的友人是从建康到荆州去，“阳台”与“梦渚”均在荆州所辖范围内，作者运用“视通万里”的神思，想象友人去处的景物，表示自己的心已经追随友人而去，以想象中的远景描绘，系念远行之人。这样把惜别之情，由此地写到彼地，描绘得回环往复，曲折而深婉。饯别谢朓是在夜晚，从题目中的“离夜”二字可以看出，又何以见得是在春天呢？谢朓的答谢诗《和别沈右率诸君》云：“春夜别清樽，江潭复为客。”王融《饯谢文学离夜》云：“春江夜明月，还望情如何”等，均可证明。三、四两句，紧承首二句，继续写景，即写望中的远景，以送远行的友人。在明月当空的春夜，远处的山峰隐隐约约，依稀可见，陆地若断若续。因在夜间，又系远景，所以这两句写景给人朦胧的感觉。而迷蒙的夜色又为离别罩上一层茫茫然的色彩与气氛。首四句的写景，正蕴含着难以言尽的离情。

五、六两句，笔锋一转，由借景言情，转换到正面描写离情别绪上来。“分弦”、“别唱”指离夜宴会上所弹奏的丝竹之音和所唱的离别之歌。“苦音”与“凄曲”为朋友之间的分别罩上了一层悲苦的气氛。借助音乐来表观离情，使诗歌的抒情手段更加丰富，诗的意境也更浑厚而且耐人寻味。

结尾两句，分别就友人谢朓与自己两方面而言，一转双收。“尔拂后车尘”，拂尘表示要登车上路。“后车”一般指侍从之车，如《孟子·滕文公下》：“后车数十乘，从者数百人。”后来曹丕在《与朝歌令吴质书》中说：“从者鸣笳以启路，文学托乘于后车”，魏晋以后的用典，后车亦可指代文学侍从之臣，此句显系用曹丕《与朝歌令吴质书》的典故，以切合谢朓为随王文学的身份。“我事东皋粟”是作者就自己而言。范云比谢朓年长十三岁，经历过一番宦海浮沉，仕途不太顺利，故在与友人分别之际，表明自己的心迹：他想躬耕陇亩，辞官归田，或像阮籍那样，“方将耕于东皋之阳，输黍稷之税，以避当涂者之路。”（阮籍《奏记诣蒋公》）或像陶渊明那样，“登东皋以舒啸，临清流而赋诗。”（《归去来兮辞》）

从辩体的角度看，这是一首“永明体”诗歌。沈约、谢朓等人都是“永明体”的创始人，他们比较讲究声韵与对仗。范云的诗，有一部分是“永明体”。许学夷说：“范云五言，在齐梁间声气独雄，永明以后，梁武取调，范云取气。云前数篇亦‘永明体’。”（《诗源辩体》卷九）写于永明九年的这首诗，确系“永明体”。此诗声韵婉谐，八句四联，每一联对仗都比较工稳，而后代的律诗，仅在中间两联用对偶句，如果将此首的平仄稍加调整，便可成为一首五言律诗了。　（刘文忠）

答何秀才　　范　云

少年射策罢，擢第云台中。
已轻淄水耋，复笑广州翁。
麟阁伫雠校，虎观迟才通。
方见雕篆合，谁与畋渔同？
待尔金闺北，予艺青门东。

范云与何逊的交往，表现了一位文坛前辈对后起新秀的真挚友情。

齐东昏侯永元元年(499)，何逊以“弱冠”（二十岁）之龄参加朝廷的秀才策试，一举高中。数月后，广州刺史范云罢职还京，读到他的对策，大为赞赏，当即以诗简相寄，表达了急于相交的倾慕之情。范云比何逊年长二十八岁，当时已是誉满天下的诗坛宿耆，竟愿折节与初出茅庐的何逊交往！这使何逊既感动又踌躇，便在落日余霞中，作诗回赠范云说：“我心怀硕德，思欲命轻车。高门盛游侣，谁肯进畋渔”？似乎还在为是否拜访范云犹豫不决。范云接诗，即又作了这首热情洋溢的答诗，催促何逊登门。

范云与何逊既未谋面，他对何逊的非凡才气，只是从对策之文中感受到的。但这印象是那样深切，所以他的答诗，开笔即提到了这次策试："少年射策罢，擢第云台中"。"射策"是朝廷考试的方式之一，由主考官将试题写在简策上，分甲、乙科，置于案桌之上，让应试者随意应对，以定优劣。"云台"原为汉代宫中高台之名，汉明帝时曾图画中兴功臣三十二人于其中，此当指朝廷策试之所。这两句以脱口而出的夸赞，表现何逊才压群彦、擢居高第的少年英气，字里行间，流淌着诗人情不自禁的喜悦和推重。接着两句又以抑扬之笔，进一步赞叹何逊的超人才情："已轻淄水耋，复笑广州翁。""淄水"出泰山莱芜县原山，汉末范史云曾任莱芜令。"广州翁"即指担任过广州刺史的诗人自己。在这样才气横溢的年轻人面前，不要说淄水畔的耄耋（古以七十、八十为耋，见《左传》、《毛诗》。）前辈，已为世人看轻；就是范云这样的文坛高手，也要被笑为不如了。这样的诗句，倘若出自何逊笔底，便显得颇为不逊了；但从范云自己口中道来，正表现了谦谦长者对后进的真诚奖掖。诗人写到这里，不禁浮想联翩，思接千载：他想起汉宫的麒麟殿，当年扬雄曾在这里雠校群书；想起汉章帝时的白虎观讲议五经同异的群儒之会……这都是鸿才通识之士的不朽盛事。在范云看来，年轻的何逊正具有这样的才识，未来的事业将不可限量！故接着两句连用典故，表述了诗人这一充满信心的展望。在浮想之中，诗人简直就见到这位年轻人，已进入久待其人的麒麟殿，正从事浩繁典籍的校阅；恍惚间又见到白虎观的盛会，也等待着这位通才去侃论群经。这两句典故的运用，使现实和历史交融一片，造成了一种似真似幻的朦胧境界，蕴含了诗人对何逊的多少寄望和期待！

在真诚的寄望中，想到何逊的赠诗，还把自身比作"畋（tián，耕种）渔"者流，担心不能为诗人的高门盛侣所接纳，范云不禁莞尔而笑了："方见雕篆合，谁与畋渔同？""雕篆"喻指诗赋、文章，这里大约仍指何逊的"射策"。人们正为你精妙的策文而同声赞叹呢，谁又能将你与耕夫渔父者流相提并论？诗人是那样热切地盼望着何逊的到来，这心情在结句中表现得尤为强烈："待尔金闺北，予艺青门东"。"金闺"本为汉代金马门之别称，当年汉代名臣东方朔、主父偃、严安等，都曾"待诏金马门"。"青门"则指长安东门，秦末东陵侯召平在汉初为布衣，曾种瓜长安东门外。范云此时正罢职赋闲在家，他的家恰也在京城建康（今南京）东郊，故用以自比。何逊诗中以"畋渔"自谦，其实已是头角崭露的朝廷"秀才"，正如东方朔、严安的待诏金闺一样，定当受人主恩宠而平步青云。相比起来，倒是范云自己，颇像布衣召平，成了种瓜青门的畋者了。后一句虽亦隐隐透露着一种赋闲隐退的自嘲之意，主要还在解除何逊的顾虑，召唤他快快"命车"前来。那弦外之音仿佛是说：我这里哪是什么盛集游侣的"高门"，不过是召平艺瓜东门那样的退隐之地罢了。有你这样待诏金闺的奇才相访，正是我万分高兴的呢！

这就是范云给年轻诗人何逊的答诗。与范云过去那"清便宛转，如流风迴雪"（钟嵘《诗品》）的大多诗作相比，这首诗既无"秋风两乡愁，秋月千里分"的景语（《送沈记室夜别诗》）映衬，也无"寄书云间雁，为我西北飞"（《赠张徐州谡诗》）的兴语奇思。诗中蕴含的，只是一股对于何逊的率真赞许、寄望和急切相交的深情。而正是这样一股深情，把何逊感动了。他读到答诗，便即驱车前往建康东郊拜望范云，两人从此结为"忘年交"。范云对何逊的厚望也没有落空，他后来当到尚书水部郎，并在诗歌创作上成为"前服休文（沈约）、后钦子美（杜甫）"的著名诗人。当范云逝世以后，何逊经过范云故宅，在落日苍茫之中，还以"遗爱终何极"之句，表达了对这位谦谦长者的不尽忆念。这种生死不渝的友情，正是从范云这首动人的《答何秀才》诗发轫的。（潘啸龙）

赠俊公道人　　范　云

秋蓬飘秋甸，寒藻泛寒池。
风条振风响，霜叶断霜枝。
幸及清江满，无使明月亏。
月亏君不来，相期竟悠哉！

大约原先就有过美好的期约：当仲秋月明之夜，俊公道人就将从远方来聚，与范云畅叙契阔之情。但仲秋之期过去，仍不见朋友来访的身影。范云因作此诗相寄，以表达对他的深切怀思。

倘若此诗作于期会之前，诗人正满怀"有朋自远方来"的喜悦，诗中当会出现极其清丽的秋景描绘。但此刻既已过了约期，诗人心中正有诉不尽的惆怅，当他向朋友追述那日夜期待的情景时，不免染上了浓重的苍凉感：当秋风吹拂之时，你可知道我曾久久眺望过清寂的秋野，眼前飘飞起数不完的枯蓬；站在日见寒冽的池边，看那浮泛水面的萍藻，它们似乎也感受到了秋来的凉意，全带上了一片苍寒之色。诗中开头两句一动一静，分别是诗人选择的意象，这中间隐隐包含了对远方友人的关切和牵挂：他的朋友，不也像飘蓬、浮藻一样，正在人世间流徙不定吗？而今秋意已凉，不知他是否已回返居所？接着的"风条振风响"两句，则由视觉意象的展现，转为风夜霜晨听觉意象的描摹。秋夜本就凄清，何况当诗人辗转反侧之时，耳边听到的，又只是时时振响树条的萧萧风声。直到白霜满阶的清晨，那风似乎还没有静息，园中还传来霜枝颤抖之声，想必还伴随着瑟瑟霜叶的纷纷飘坠。这客观的音响，似乎与诗人牵念友人的心境无关，最多只能让人添一些思念中的孤寂罢了。但诗的意象，有时往往能产生多重效果。我们又何尝不可以想象，诗人在留心这些自然音响时，还同时隐含着这样的心理活动：在静静的夜晚，忽闻窗外似有衣衫窸窣之声，好像是朋友的先期来访，其欣喜之情如何？但侧耳细听，却只是风吹树条的振响，又不免大失所望。至于霜晨的枝颤叶落之音，在迷糊之中，也难说不会幻觉为友人踏霜而近的步声，令诗人推被而起、"倒屣相迎"，直到出门一看，才发现错了。此时伫立阶前，又该多少懊丧？

以上四句，均为诗人向远方友人诉说期待之日的情景。值得注意的是，这四句的结构，都运用了句中复字回环的方式：首句以"秋蓬"引出"秋甸"，二句以"寒池"回应"寒藻"，三句"风条"、"风响"，四句"霜叶"、"霜枝"，各在句中回环相复。这种结构方式颇为少见，用得不好，便显得累赘而佶屈；但倘用得恰当，则可大大增强意象的情感效果。范云这四句复字之用，就显得很自然，在回环往复之间，顿使秋气更浓、寒意更深、风声更凄、霜色更重。以此衬托诗人秋寒风霜中的思情，愈加有一种凄清深沉之感。

追述当初的牵思之情，虽然显得凄清。但在当初，诗人心中毕竟还时时涌起过即将会见朋友的喜悦。而且，秋日之景，也并不总是飘蓬、凄风，其间也还有秋江潮生的清景、徐风朗月的美辰。当相约之期临近时，诗人的心境一度异常明净："幸及清江满，无使明月亏"。诗人伫立江畔，感觉到那早、晚的潮水，正一天比一天壮盛，很快就要达到满潮之期。我们的古人虽然不懂得月亮具有引潮力的现代科学原理，但对江海之潮与月之圆缺的关系，则早就观察到了。所以，诗人看到清江渐及满潮，便想到了月明相会之期已近，心中既漾满了喜悦，又平添了几分对友人能否如期而至的担心。"幸"，这里是希望的意思。因此这二句简直就是在对远方友人热切呼唤了：那相聚之夜的明月将多么美好圆满，你可别耽误了启程之期，一定要赶上那清江潮满的日子！切切不要徒然让月儿渐渐亏缺呵！这两句一扫前文的凄清孤寂之感，笔致清丽便转，恍有一轮明月照耀着诗章。然而，眼看着夜空的明月，渐渐变为一弯月牙，诗人久待的友人依然不见。这使诗人感到深深惆怅，不禁喟然叹息："月亏君不来，相期竟悠哉！"满轮明月已经亏成这个样子，你还不曾来到；我们的约会，又要推迟到很久很久以后了！一个"不"字，一个"竟"字，写出了诗人心中的多少憾意。这结句虽为"情语"，其中却有着极为感人的"情中景"：人们仿佛可以看到，我们的诗人，正夜夜仰对着空月，搔首叹息，徘徊不定……

不知俊公道人，读到这首充满秋寒风霜中的牵思和秋夜月光下的惆怅的诗，将引发怎样的歉情？可曾赶紧治装启程，以补救友人“相期竟悠哉”的憾意？

（潘啸龙）

别 诗 范 云

孤烟起新丰，归雁出云中。
草低金城雾，木下玉门风。
别君河初满，思君月屡空。
折桂衡山北，采兰沅水东。
桂折心焉寄？兰采意谁通。

这是一首闺中思妇伤别怀远之作。

题为别诗，一开篇既不写离别时之难分难舍，也不言别后如何孤独凄凉，而是一连推出四个地名，以寒烟、衰草、迷雾、归雁描绘了苍凉浑涵的塞外风光，构思堪称奇特。至第五句突然点出“别君”，总揽前四句，使读者恍然大悟，原来这一幅绝域风光画卷，全是思妇脑中幻化出来的构图。其神思飞越、悬想入痴之状，真是呼之欲出。新丰（故址在今陕西临潼东北）、云中（汉代云中郡辖境包括今内蒙古自治区托克托县及山西西北一带）、金城（即今甘肃兰州）、玉门关（在今甘肃敦煌西北），一气盘旋而下，大幅度的位移，形成一种连续行进的动感，征夫“万里赴戎机，关山度若飞”之景隐约可见，思妇凝想其夫“行行重行行”，深感“君发兮引迈，去我兮日乖”（《秦嘉妻徐淑答夫诗》）的心理活动，被刻画得淋漓尽致。诗人点染塞外荒寒，笔墨简约，但思妇忧念丈夫备受风霜之苦，已尽在不言中。此时，所有的景都成了活景，山山水水都有她丈夫的身影；所有的景语都成了情语，一草一木都融进了无限的情思。不正面道破自己的处境心情，却从对方境遇入手，比直接写思妇的行为动作，更逼真传神地抉示出人物的心理状态，使读者更真切地感受到那镂心刻骨的相思，正是“心已神驰到彼，诗从对面飞来。”

神驰终属幻想，相会毕竟无期，思妇心潮翻滚，禁不住直抒胸臆，全诗遂由虚入实，转向具体描写。“别君河初满，思君月屡空。”她追忆起他们分别在河桥之畔，那满溢的河水，也难以载动沉重的离愁；别后的时间是这样长久，月儿圆了又缺，缺了又圆，可企盼夫妇团聚的愿望却一次次落空。李陵《赠苏武诗》有云：“携手上河梁,游子暮何之?徘徊溪路侧,悢悢不得辞。"河梁遂被诗人们用来泛指送别之地。月夜难眠,更是"闺怨","室思"所普遍描写的内容。如古诗云:"明月何皎皎,照我罗床帏。忧愁不能寐,揽衣起徘徊。"南朝民歌曰:"仰头看明月,寄情千里光。"(《子夜秋歌》)等等。思妇的内心独白,看似平实,却能唤起读者心中许多栩栩如生的意象。征夫思妇河桥相别,执手依依,黯然销魂之状,及别后思妇月下孑然伫立,彻夜相思的茕独凄惶,均宛然在目,绵邈幽思,深长情韵,皆能于言外而心会。"满"与"空",绘景形象,情融其中。"空"字尤灵动传神。唐代张九龄的名句:"思君如满月,夜夜减清辉",似由此脱胎。在结构上,此二句既承上点明别君之意,又逗出后半篇思君的具体描写,是前后转换的枢纽。

后半篇尽脱"衾寒"、"枕冷"、"怨孤凤"、"羞双燕"的窠臼,但言折桂、采兰二事,语短情遥。兰桂等香花异草,在诗歌中具有丰富的美学意蕴,志士以喻高洁、恋人以喻忠贞,怨女旷夫皆互赠以寄意。读至此,"折芳馨兮遗所思"(《楚辞·山鬼》)"涉江采芙蓉,兰泽多芳香。采之欲遗谁,所思在远道。"(《古诗十九首》)等等清词丽句,纷至沓来,一齐奔向我们脑际,诗的内涵也随之丰富、扩展、升华。拈出衡山、沅水二地,更令人浮想联翩。我们情不自禁地想起了湘水女神,浮现出湘君、湘夫人乘桂舟,荡兰棹,遗佩褋,搴杜若,"将以遗兮远者"而终于不能相接的情景,绮丽、热烈,而又飘忽、迷茫。闺中人的形象似与湘夫人叠合为一,美丽、轻灵、哀怨、娈婉,全诗亦因之而顿增惝恍迷离的气氛,焕发出浓郁的浪漫气息。南国水乡与北疆绝域相映成趣,显示出思妇征夫"相去万余里,各在天一涯"的遥远距离,突出关山阻隔、心意难通之苦。正所谓"欲寄彩笺兼尺素,山长水阔知何处"。"心焉寄","意谁通",以连发二问收结,言虽尽而意无穷,思妇含情凝睇、怅惘若失之状历历可见,如怨如慕,如泣如诉之声久久不绝。

要言之,本诗浓缩了丰富的内容,镕铸了富有美学意蕴的诗歌意象,给读者提供了驰骋想象的广阔空间,故虽以六地名入诗而毫无板滞堆垛之感。从这个意义上说它用了许多故实,也未尝不可。用事用典的最高境界,乃在于贴切自然,不露痕迹,使人浑然不觉。不知道它用典的,完全可以读懂,知道它用典的,备感其意味深长。此诗即达到了这样的境界。此外,通篇骈偶,属对工切,体现了晋宋以后"俪采百字之偶,争价一句之奇"的时代风气。作者注意变化句式,首二句动词置句中,地名置句尾,次二句地名在句中,"折桂"二句,动词又置于句首。末四句宛然"鱼戏莲叶东,鱼戏莲叶西……",颇具民歌风味。用反复格修辞,亦具声情摇曳、感情炽热之妙,遂使全诗气机流动,饶有情致,在众多的同类诗作中,戛戛独造,别具一格。

(徐定祥)

渡　黄　河　　　　范　云

河流迅且浊，汤汤不可陵。①
桧楫难为榜，松舟才自胜。
空庭偃旧木，荒畴馀故塍。
不睹行人迹，但见狐兔兴。
寄言河上老，此水何当澄？

〔注〕 ① 汤汤(shāng)：大水急流貌。

此诗当为作者永明十年(492)出使北魏途中作。黄河在北魏境内，时魏都在平城(今山西大同)，故须渡河北上。

前四句写渡河情况。“河流迅且浊，汤汤不可陵。”起笔写出了黄河的气势和特征：水流迅猛而浑浊。“汤汤”，水势浩大。“不可陵”，不可超越，极言渡河之难。“桧楫难为榜，松舟才自胜。”“桧楫”，桧树做的桨。桧和松都是坚硬的木材，常用来制造船桨，《诗经·卫风·竹竿》有“淇水滺滺，桧楫松舟”的句子。这里说，连桧楫使用(榜，划船)起来都好像力不胜任，松舟也只是勉强胜载，可见河水的迅猛，渡河的危险、困难。中四句写岸畔所见。“空庭偃旧木，荒畴馀故塍。”庭户是空的，旧木横躺着，像要倒塌的样子；田地荒芜了，还可以看到往日的田埂畦垄。“不睹行人迹，但见狐兔兴。”周围也看不到行人，只见狐兔横行。这里的村庄完全破败了，像《古诗·十五从军征》所写：“兔从狗窦入，雉从梁上飞。中庭生旅谷，井上生旅葵。”这就是作者眼中所见异族政权统治下的情形。在这描写中见出作者伤感、同情、愤慨等心情。“狐兔”既以纪实，当兼喻异族统治者。由此回过头来看前面关于黄河的描写，似也有兴寄：那汹涌浑浊的河水，当影射北中国的沦丧、淆乱。南宋张元幹曾将这两个比兴融在一起，写道：“底事昆仑倾砥柱，九地黄流乱注，聚万落千村狐兔？”(《贺新郎》)以愤慨中原之陷入金人之手。最后两句：“寄言河上老，此水何当澄？”“河上老”，河边的老人。“何当”，何日。这两句是说：请问河边老人，这河水什么时候才能澄清呢？这意思明显是指澄清天下、拨乱反正。由于前面写有渡河情况，这两句出现就不显得生硬；又由于前面写有社会凋残、生民涂炭情况，这两句也就显得很有感情、很有力量了。这表现了作者渴望国家统一、拯救生民出洪荒的忧国忧民的思想感情。还可交代一下，“河上老”或许用河上公的典故。葛洪《神仙传》谓河上公居住在黄河之滨，能预卜未来。作者“寄言”于这种决疑释惑的人物，更能见出他渴望河清心情的急切。这里的用典是浑然无迹的。

"渡黄河"这种题材在南朝诗歌中实属罕见。作者身临北境,写出了旅途的感触,从而流露了澄清天下之志。这在"江左沉酣求名者"(辛弃疾《贺新郎》)不复顾念中原块土的情形下,这诗的创作就显得很是难能可贵了。 (汤华泉)

效古诗 范 云

寒沙四面平,飞雪千里惊。风断阴山树,雾失交河城。朝驱左贤阵,夜薄休屠营。昔事前军幕,今逐嫖姚兵。失道刑既重,迟留法未轻。所赖今天子,汉道日休明。

也许是长久偏安于江左的青山绿水,不闻飞骑击虏、角声马鸣之故吧,南朝稍有壮心的文人士子,往往热衷于汉人出塞千里、勒铭燕然的军戎生涯和辉煌业绩。因此,仿"古诗"、叙汉事,借以抒写自己的怀抱和感慨,也成了他们作诗的一大爱好。范云这首诗,正以"效古"为题,倒转时空,把自身带入了六百年前边塞征战的戎马倥偬之中。

诗之开篇以粗放的笔触,勾勒了塞外严冬的苍茫和凛冽:"寒沙四面平"写浩瀚的飞沙,在翻腾如浪中猛然静歇,填平了四野起伏的丘谷。运笔静中寓动,极富气势。"千里飞雪惊"则又动中见静,让荒寂无垠的瀚漠,霎时被纷扬的飞雪所笼盖,境界尤为开阔。一个"惊"字,表现诗人的主观感觉。展现在读者眼前的塞外景象,正如《楚辞·招魂》所述:"增冰峨峨,飞雪千里些",怎不令人心骇而骨惊?就是在这样的背景下,我们的诗人恍已置身于顶盔贯甲的汉卒之中,正冒着风雪,向茫茫阴山、皑皑交河进发。"阴山"横亘于今内蒙古境内,往东遥接内兴安岭。山上本来草木葱茏,而今在狂烈的寒风袭击下,时时可见高大树枝的摧折;"交河城"则远在今新疆吐鲁番西北,正是车师前王的治所。此刻在雾气缥缈之中,它竟像海市蜃楼般,消失得无影无踪!从阴山到交河城,空间相距何止千里。诗中却以"风断"、"雾失"两句,使之近若比邻。如此巨大的空间转换,不仅表现了塞外瀚漠的辽阔,更为活跃在这一背景上的士卒征战生涯,增添了几多壮色和扑朔迷离之感。

以上四句重在写景,豪情万丈的出塞健儿,似还只在背景中若现若隐。自"朝驱左贤阵"以下,他们终于大显身手了。"朝驱左贤阵"一句,写的是飞将军李广亲自指挥的一场激战。据《史记》记载,当时李广率四千骑出右北平,迎战匈奴左贤王十倍于己的骑兵。李广布圆阵拒敌,"胡急击之,矢下如雨","吏士皆失色”。而李广“意气自如”，执大黄弩射杀匈奴偏将数人，终于坚持到援军到来，突围而出。“夜薄(迫近)休屠营”抒写的，则是骠骑将军霍去病的一次胜利远征。元朔二年(前127)，霍去病将万骑出陇西，“过焉支山千有余里”，杀折兰王、斩卢胡王、执浑邪王子及相国、都尉，“首虏八千余级，收休屠祭天金人”，一时名震遐迩。这两次战役，在时间上相隔五六年。诗中却以“朝驱”、“夜薄”使之紧相承接，大大增添了塞外征战的紧张态势，将出征健儿勇挫强敌的豪迈之气，表现得痛快淋漓！接着“昔事前军幕，今逐嫖姚兵”二句，又回射上文，抒写主人公先后追随前将军李广、嫖姚校尉霍去病屡建奇功的经历。语气沉着，字里行间，洋溢着一种身为名将部属的深切自豪感。

以上一节描述出塞千里、接战强虏的英勇业绩，读来令人神往，不过，军戎生涯除了长驱直进的胜利外，也难免有意外的失误和挫折。一旦出现这种情况，即使功业显赫的名将，也仍要受到军法的惩处。“失道刑既重”，说的正是李广晚年的不幸遭遇：李广率师出征，因为无人向导而迷失道路；大将军卫青追究罪责，李广终于含愤自杀。“迟留法未轻”，则指博望侯张骞，随李广出塞，迟留后期，按法“当斩”，只是由于出钱，方才“赎为庶人”。这样的失误，虽然难免，但军法如山，又何可宽贷？这又使充满英勇气概的军戎生活，蒙上了一重悲壮的色彩。唯其如此，它才更加可歌可泣；在诗人眼中，也更富于浪漫气息和奇异的吸引力呵！汉代的边塞征战，正是这样，以它辉煌的业绩和悲壮的色彩，写在了汗青史上。何况，这些业绩，又是与雄才大略的汉武帝分不开的。倘若不是他的果断决策，汉代又何能有此美善旺盛(休明)的壮举？所以，诗之结尾，诗人不禁发出了“所赖今天子(汉武帝)，汉道日休明”的热烈赞叹。倘若联系诗人生活的齐梁时代，朝廷积弱，只能坐看北方异族铁骑纵横，我们可以感受到，诗人的结句又包含了多少感慨和不尽之意呵！

“效古诗”名为“效古”，诗中其实总有诗人自己的身影在。范云身为齐梁诗人，写的虽为汉代古事，但因为用了第一人称，在时序上又故意倒“古”为“今”(“今逐”、“今天子”)，便在诗中造成了一种古今错综、彼我交融的奇特效果。出现在诗中的主人公，看似汉代士卒，却又融入了诗人的感情。恍惚之中，似乎不是诗人回到了汉代，倒似当年的李广、霍去病，穿过六百年的时空，奇迹般地出现在南朝，正率领着诗人，仰对瀚漠的朔雪、狂风，转战于阴山、交河。而读者呢，也恍惚与诗人一起，参加了“朝驱左贤阵，夜薄休屠营”的战役，为胜利的突围而欢呼，为“失道”名将的殒身而堕泪……这无疑是一种错觉，但它的奇特效果，正是由范云这首《效古诗》的独特表现方式所造成的。　　(潘啸龙)

送沈记室夜别 范 云

桂水澄夜氛，楚山清晓云。
秋风两乡怨，秋月千里分。
寒枝宁共采，霜猿行独闻。
扪萝正意我，折桂方思君。

范云十几岁时，其父范抗在郢府(今湖北武汉附近)任职，范云随侍其侧，年长其十岁的沈约也在郢府为记室参军，一见如故，遂相友好。几年以后，沈约转至荆州(今湖北江陵)为征西记室参军，两人分别。这首诗当作于此时，诗题中的沈记室即沈约。史称范云八岁赋诗属文，“操笔便就”，“下笔辄成”(《梁书·范云传》)，这首诗就是他早期的代表作之一。

诗的开头便以极平稳的笔调勾画出送别时静谧、安详的环境。“桂水”并非特指某一条水，只是用以形容其水的芳香。王褒《九怀》中有“桂水兮潺湲”句，王逸注云：“芳流衍溢，周四境也。”后人遂常用之，如陆云《喜霁赋》中“戢流波于桂水兮，起芳尘于沉泥。”江淹《杂体三十首》中亦有“且泛桂水潮”、“桂水日千里”等句，均非实指。范诗中用这一词渲染了送别场面的温馨。送别诗，可以写送别时的情景、场面，以及当时人的心理活动，但范云只是用一句诗轻轻带过，遂转入天明登程的想象之中。郢州与荆州，古时均属楚地，故用“楚山”代之。启程的情景是晴空万里，天朗气清。这毕竟是少年人所写的诗，所以，他笔下的离别不是凄惨悲切，而是有一股清新流丽之气贯穿于内，显得轻盈洒脱。沈约《别范安成》诗中云：“生平少年日，分手易前期。”正是这种精神的写照。不过，中国人重视朋友(为五伦之一)，重视友情，朋友的离别，总难免有些许的哀愁。“悲莫悲兮生离别，乐莫乐兮心相知。”故而下句以“秋风两乡怨”分写两地相思之怨愁，而以“秋月千里分”合写二人心灵之相通。谢庄《月赋》云：“美人迈兮音尘阙，隔千里兮共明月。”所写的正是地有千里之隔，明月人可共见之情。以上四句，前二句偏写景，后二句偏写情，所以转下去便偏写事。“寒枝宁共采”是对二人过去共同生活的回忆，“霜猿行独闻”则是对别后独自旅程寂寥的想象。诗中虽然没有正面写送别，但无论是偏于写景、写情或写事，都暗涉了离别。然而离别只是形体上的分隔，更重要的乃是精神上的合一。结束两句以极其肯定的语气写道：“扪萝正意我，折桂方思君。”“意”通“忆”。“扪萝”、“折桂”由上句“寒枝”引发而来，同时又暗与起句的“桂水”“楚山”相呼应。

这里牵涉到一句诗的异文。“扪萝正意我”中“正意”二字，一作“忽遗”，一作“勿遗”。“忽遗我”指忽将我遗忘，“勿遗我”指勿将我遗忘。前者似不符合沈约与范云间的感情，且与全诗情绪不一，后者表示的是一种希冀之情，虽然可通，但不如“正意我”所表达出的心心相印之情。另外，从范云诗的整体风格来看，也以“正意我”于文为胜。范诗的结句尤喜以彼我、今昔对写。如“追君当歌日，及我倾樽时。”(《当对酒》)“尔拂后车尘，我事东皋粟。”(《饯谢文学离夜》)“待尔金闺北，予艺青门东。”(《答何秀才》)“海上昔自重，江上今如斯。”(《登三山》)“昔去雪如花，今来花似雪。”(《别诗》)等等。而在这首诗中，也只有作“扪萝正意我”，才可与“折桂方思君”相对得最为工稳，也最能体现范云诗歌句法、结构的特色。

此诗在写法上是一句一转，但同样是“转”，如沈约的《别范安成诗》(沈德潜《古诗源》卷十二评为“句句转”)，是层层递进式的转，而范云此诗则是句句回环式的转。这种回环式的结构、回环式的句法正是范云诗风的典型。所以钟嵘《诗品》曾评范云诗曰：“范诗清便宛转，如流风回雪。”正是抓住了其诗风格的整体特征。《送沈记室夜别》虽然是范云的早期作品，但也不难看出，这首诗已经奠定了范诗风格的基础。　　(张伯伟)

送　别　　范 云

东风柳线长，送郎上河梁。
未尽樽前酒，妾泪已千行。
不愁书难寄，但恐鬓将霜。
望怀白首约，江上早归航。

这是一首拟代体的作品，以女子的口吻写情人离别时恋恋不舍的情景。结构是典型的送别诗的结构，即从送行、惜别写起，再刻画别愁，最后归结于对游子的叮咛希望。现在我们就按这一顺序来解析它。

先看首联，是写送别的时间场景。“东风柳线长”交代了时间是在春日，柳丝长垂，说明已不是初春，起码是仲春了，正是结伴游赏的好时候。然而我们的主人公与情人迤逦而来，相携走上河桥，却不是为了赏春，而是送别。古代有折柳送别的风俗，柳总与离别联系在一起，久而久之，柳的意象就含有一种象征别情的寓意。“东风柳线长”的描写正藉此为后面的“送郎上河梁”作了铺垫，预先渲染出一重离别的气氛。同时，这良辰美景，更映衬出主人公离别的不堪。于是自然地就引出了饯别之际的凄苦心情。欲语无语，强饮苦酒；而杯酒未尽，已泪流满面。三、四两句用“未”“已”两个时间副词表现动作起讫之快，与“千行”的数量夸张相应，有力地刻画出主人公凄然相向，酒难咽、泪横流的苦情。因这是通过女子口吻说的，更带有缠绵哀婉的情调。

从颈联开始，诗转入设想中的今后的离愁。古代交通不发达，书信传递也困难，所以古诗中常有幽怀可写、锦书难寄的哀怨，而这在主人公看来却已是不值得发愁的了，她担心的是岁月蹉跎，年华老去。是啊，即使锦书可寄，两情不渝，但青春在长久的离别中消逝，享受不到现实的情爱和欢悦，那又有什么实际意义呢？主人公的担忧不是没道理的。正因为如此，她“不愁书难寄”的翻案的说法，立意就比一般的感叹别后音信渺茫的幽怨更深化了一层。让人觉得，这是个不仅有恨而且有识的女子。基于上述对人生幸福的现实把握，主人公希望情人早日结束旅行，尽快回来与自己团聚。诗的尾联，她以热切叮咛的语气，表达了对爱人的期望。愿他常念及他们白头偕老的誓约，早日扬帆归来。诗就在婉转悱恻的情意中悠然而尽。

中国古典诗歌里塑造了无数真挚动人的女性形象，她们的缠绵多情每因别离而带有凄切哀婉的色彩，然而各人表达情爱的方式、各人的心理却是不一样的。本诗塑造的是一个缠绵多情但却头脑清醒的女性形象，她的心理清晰深沉，所以诗的语言表达也清晰而深沉。明白如话却蕴含丰富。这是本诗的主要特点。

（蒋 寅）

望 织 女　　　　范 云

盈盈一水边，夜夜空自怜。
不辞精卫苦，河流未可填。
寸情百重结，一心万处悬。
愿作双青鸟，共舒明镜前。

这是一首以神话传说为题材的诗歌，大约在西汉时代开始，便产生了关于牛郎织女的美丽传说，这个传说在我国有广泛的现实土壤，夫妻长期分离而不能相见，一对恋人苦苦思念却不能朝朝暮暮相处，都可以用牛女之事，来象喻自己在爱情中的悲欢离合。这个传说引起了诗人的极大兴趣，以“七夕”为题的诗不可胜数，他们对牛郎织女的爱情悲剧寄予了深切的同情，本篇即为一例。

首二句诗化用《古诗十九首·迢迢牵牛星》“盈盈一水间，脉脉不得语”的意境，抒写织女的孤独与冷寞。她夜夜独处银河的一边，一界银河，把她与情人分隔开来，与牛郎只能隔河相望，只能在每年的七夕，“金风玉露一相逢”（秦观《鹊桥仙》）。碧海青天，夜夜相思，但到头来还是“夜夜空自怜”。“空自怜”三字，突出了织女的悲苦凄清，也唤起了人们对她的同情。

三、四两句，为诗中一个转折，作者把上文所写情景宕开，忽然想落天外，幻想将阻隔在牛郎织女中间的障碍消除，以精卫填海的勇气和毅力，不辞千辛万苦，誓欲填平横在他们中间的银河；但银河终归是不能填平的，牛女永远只能隔河相望。想到这里，作者只能代牛郎织女感到黯然伤神，并以代拟的手法，想象她们痛苦的情状：寸心之中，郁结着千丝万缕的情思，心旌摇荡，一颗心仿佛悬挂在万处，令人忐忑不安，心烦意乱。

结尾两句，将愁苦之情宕开，陡然一跌，转笔描写她们的美好愿望。“愿作双青鸟，共舒明镜前”两句，运用了两个典故。据《汉武故事》说：“七月七日，上于承华殿斋。日正中，忽见有青鸟从西来。……有顷，王母至，乘紫车，玉女夹驭，戴七胜，青气如云，有二青鸟如鸾，夹侍王母旁。”因七月七日，为牛郎织女相会之日，青鸟为使者，故用此典以牵合牛女之事，把青鸟作为爱情使者。末句诗用范泰《鸾鸟诗序》的典故：“昔罽宾王结置峻卯之山，获一鸾鸟，王甚爱之。……三年不鸣。其夫人曰：‘常闻鸟见其类而后鸣，何不照镜以映之？’鸾睹形悲鸣，哀响冲霄，一奋而绝。”其诗中有“明镜悬高堂，顾影悲同契”之句，作者用此典是表示愿牛郎织女像成双成对的鸾鸟一样，在明镜之前，比翼飞舞，永远形影不离，其意象与《鸾鸟诗序》并不一致，这正是作者用典的灵活多变之处。

这首诗用代拟的手法，感天上牛女之事，写人间的爱情与思念之苦。作者不用“鹊桥”的传说，而用“精卫填海”的神话，把填海改变为填河，这比运用“鹊桥”的传说，更能表现诗中主人公对爱情的苦苦追求和至死靡它的坚贞，用典的灵活变化，在深化主题上起到了良好的作用。“寸情百重结，一心万处悬”两句，以“寸情”、“一心”与“百重”、“万处”对举，来表现相思之苦，把感情的复杂多端和寸心的难以承受，描写得十分形象，有回肠荡气之妙。全诗像行云流水一样自然圆润，清新隽永。钟嵘《诗品》评范云诗说：“范诗清便宛转，如流风回雪。”《望织女》一诗，较典型地体现了范诗的这一艺术特色。

（刘文忠）

之零陵郡次新亭　　范　云

江干远树浮，天末孤烟起。
江天自如合，烟树还相似。
沧流未可源，高飘去何已。

这首诗是诗人赴零陵(治所在今湖南零陵)内史任,在新亭止宿时所写的。新亭在今江苏省南京市南,地近江滨,当时是朝士们游宴之所。

诗歌的前四句写江景。江面开阔,看不见对岸,远远望去,迷迷濛濛,树木仿佛浮在滔滔的江水之旁,所以说"江干远树浮"。再把眼光移向更远处,只见"天末孤烟起",一股云烟在天的尽头飘然而起,显得那么孤寂淡远。在这二句中,诗人用一个"远"字和一个"孤"字写出了大江景色的广渺、寂寥。

"江干远树浮,天末孤烟起"二句是分写江、天,而"江天自如合,烟树还相似"二句则写江天在诗人视觉中的综合形象。江天一色,浑然一片,分不出哪儿是天边,哪儿是水际;远树朦胧,像云烟一样轻淡,而云烟变幻,也像远树一样"浮"在江天相连之处,云烟远树混为一体。这二句着意写江景的迷濛淡远。

面对着浩渺的江天、朦胧的烟树,诗人心中涌起一股迷惘的情绪,他不禁吟出伤感的诗句:"沧流未可源,高飒去何已。""飒",同帆。江水浩荡,滔滔不绝,难以穷尽其源! 我这只扬帆的小船要飘流到何时,才能停泊? 这是诗人对着江水发出的感慨,其中也隐隐透露出对仕官前程的担忧。

这首诗以写景为主,但景中寓情,使人仿佛看到一位心事重重的旅人在眺望江天远树云烟……诗歌的笔调疏淡,语言清丽。 (韦凤娟)

闺 思 范 云

春草醉春烟,深闺人独眠。
积恨颜将老,相思心欲燃。
几回明月夜,飞梦到郎边。

南北朝时期,南方城市商业贸易发展很快,商人作为一个新兴的社会阶层在城市生活中扮演着非常活跃的角色。商旅往来,造成家庭的离别。于是,诗歌中相应地就出现了大量的表现商人妇的离愁别怨的作品,使闺怨诗空前繁荣起来。这篇作品没有标明是写商人妇的,但格调却典型地体现了这类作品的特点。

"闺思"是写独处深闺的女子愁怨所常用的固定题目,"思"在这里是忧的意思。诗一开始并没写思,只写闺,勾画了一幅美人春睡图。首句写满眼春光烂漫,次句写人不赏春踏青而独卧深闺,两相对照,暗示了人物郁闷的心境。诗人是个很出色的画师,他懂得怎样画景物,才与主人公心境相应、对诗的情调起到烘托作用。所以你看,他把春景画得多慵倦:柔柔的青草伏在地上,仿佛醉卧在晨气中，让人联想到少妇的慵懒，它与“深闺人独眠”很自然地就形成一种映带关系。正当美景良辰，主人公不凭栏眺望春光、不临窗谛听鸟啼，却只是独自在闺房昏睡，其心情凄凉可以想见。“深”、“独”二字不仅写出环境的冷落，也传达出人物的心境，不言“思”而思自见矣。

三、四两句申足题意，直写忧思的具体状况。按文字表面说，这两句是作者从旁叙述；但就其意思说，却是主人公的心理活动，是她的感触。“积恨”意味着离别时间的久远。时光飞逝本催人衰老，何况心中久积着幽怨不得排遣，更使人愁容不展，红颜憔悴。此刻，主人公虽是睡着，却辗转难以成眠，想到自己的不幸命运，黯然伤神。但是，她毕竟深爱着丈夫，怀念往日的情爱，所以旷久伤怀之余，她只有更热烈的思恋。焦渴的相思像要使心燃烧！古诗中有“忧心如焚”之句，“相思心欲燃”正是那个意思。被隔绝的爱是人生最大的痛苦，长久的相思必然伴有深沉的忧伤。对此人是无可奈何的，只有忍受，但在无可奈何地忍受的同时也要以各种方式超越它、将它升华。诗中的主人公是以梦来超越它，达成理想的非现实态实现的。诗最后的两句，推开画面，使主人公的思念展现为一个时间的流程，最终完成对这一执着痴情的思妇形象的性格塑造。“飞梦”与前面的“独眠”相呼应，使结构在跳跃中显出内在联系。这是作者的用心绵密之处。

作为文人作品，这首诗还残留着很重的乐府民歌的痕迹，比如联与联之间的跳跃度大，就是继承了乐府诗的传统。但诗中语言的组织，显然已很注意工整，并带有锤炼的色彩；音韵安排也显出一定的韵律意识，大体符合律调，读起来声韵和谐流畅，非常悦耳。（蒋 寅）

别 诗 范 云

洛阳城东西，长作经时别。
昔去雪如花，今来花似雪。

此诗篇题似为后人所拟，与内容并不很切合。因为这首诗虽然前两句写“洛阳城东西，长作经时别”，突出了“别”的主题，可是其末句“今来花似雪”，又写到了久别重逢的情景。所以，这首诗不是一个“别”字概括得了的。《何逊集》中有《范广州宅联句》，共八句，其中前四句为范云所作，仅第二句“长作经时别”为“却作经年别”，其余三句不变。后四句是“濛濛夕烟起，奄奄残晖灭。非君爱满堂，宁我安车辙。”为何逊所联。这样，我们就可以明白，范云这首诗是离开广州刺史之任后在建康重逢友人时所作的，当时大概也没有定题名，这才出现了题目与内容不尽相合的现象。

“洛阳城东西，长作经时别”两句，描写了人们所常见的惜别场面。在京都的城东和城西，每天都可以见到无数互相告别的人群。在这里，游子离乡远去，恋恋不舍；亲友们含泪送别，情意绵绵，此行千里，归期何日？两句引起了人们对于离别情景的回忆，不尽之意，蕴于诗外。洛阳，这里代指国都，即南朝的建康。

如果说前二句只是平稳的起句，那么后二句则是奇峰突起。“昔去雪如花，今来花似雪”，昔时别去，正是隆冬季节，那茫茫大雪犹如春天的满天飞花；而今归来，却值暮春三月，遍地繁花，一似严冬时的银装素裹。这是通过物候的变换表现节令和逝去的时光，同时也表达作者悲喜交集的复杂心情。这种手法，在《诗经》中已有之，如《小雅·采薇》：“昔我往矣，杨柳依依；今我来思，雨雪霏霏”，两句诗素来被人赞美，清人方玉润《诗经原始》称赞其为“绝世文情，千古常新”。杨柳依依，令人想到出征的战士意气风发奔赴疆场；而雨雪霏霏，则表达了经过无数次恶战后归来的幸存者内心沉痛的心情。范云的这两句诗也采用了同样的艺术手法，“昔去雪如花”，点明了离别时天寒地冻的隆冬，使人联想到离别的伤感；而“今来花似雪”，描写的重逢在和暖明媚的春天，使人联想到的是朋友重逢的欢乐。作者并未刻意雕琢文字，仅以“雪”与“花”反复比吟，却于浅显语中出深意，给人展示了异常鲜明的意境；而满天的“雪如花”和遍地的“花似雪”，又景观宏大，使这首小诗有美不胜收之感。所以清人沈德潜在《古诗源》中称赞它是“自然得之，故佳。后人学步，便觉有意”。范云的诗，具有“轻便宛转，如流风回雪”（钟嵘《诗品》）的特色，此诗即可见其一斑。（汤漳平）

【作者小传】

陶弘景

（456—536）　字通明，梁丹阳秣陵（今江苏南京市）人。自幼有养生之志，精于阴阳五行、天文地理、医术等学。刘宋末，萧道成（即齐高帝）执政，引之为诸王侍读，官奉朝请。齐武帝时，辞官隐居于句容茅山（在今江苏句容），自号“华阳隐居”。创立道教“茅山派”。梁武帝将受齐禅时，曾为造图谶。梁立，甚被恩礼，武帝常以国事询之。時人谓之“山中宰相”。卒谥贞白先生。事迹具《梁书》卷五一及《南史》卷七六本传。有集三十卷、内集十五卷，已佚，明人辑有《陶隐居集》，《先秦汉魏晋南北朝诗》辑得其诗六首。

诏问山中何所有赋诗以答　　陶弘景

山中何所有，岭上多白云。
只可自怡悦，不堪持寄君。

这首五言四句的小诗，是齐梁间著名隐士陶弘景所作。弘景不以诗名，但此诗以极简练的词句表现了作者高远出世的情怀和敝屣富贵的傲然之态，却是一首历来传诵人口的名作。“诏问”，指梁武帝下诏问弘景。“山中”，时弘景隐居于句容茅山。

首句“山中何所有”。起句借梁武帝诏书中的问语，引出下文自己的回答。这一句看似平平，若不经意，但隐士不事王侯、高尚其志、对“圣旨”绝无半分诚惶诚恐之感的风范，已约略可体味。次句“岭上多白云”，正面回答诏问。山中之物多矣，作者何以独独拈出“白云”？自然，山中多云，这是事实，《礼记》所谓“天降时雨，山川出云”，谢灵运诗亦有“白云抱幽石”、“岩高白云屯”之句。作者将眼前景随口道来，毫不费力，而青山白云，相映成趣，非但当时作者注目，亦使今之读者神往。此其一。其二，这与晋宋以来隐逸之士所赋予白云的特殊意义有关。云之为物，行踪飘忽，去来无迹，自由自在，无挂无碍，这正是隐士们寄托幽怀的对象，也可用作他们的自我象征。陶渊明《和郭主簿》云：“遥遥望白云，怀古一何深”，其《归去来兮辞》云：“云无心以出岫”，即是明证。后来的唐释皎然说得更明白：“有形不累物，无迹去从风。莫怪长相逐，飘然与我同。”陶弘景诗中的“白云”，正有这样的含义在内。句中虽然没有“我”字，却已画出了“我”仰首观云、悠然自得的神态。梁武帝问山中何所有，实是说山中无所有，不如出山入朝，则无所不有矣。弘景这样巧作回答，也暗示了拒绝应征出山的态度。若不经意之中，实有深意在内。

但这一句毕竟过于含蓄，意思不够醒豁，接下来“只可自怡悦，不堪持寄君”二句就索性点明了这层含义。表面看来，这两句是说白云在天，飘忽无定，只可让山人游目，无法寄陛下同观，言下似乎还有遗憾之意。但“怡悦”一词，明确表示了自己对青山白云，也就是对隐居生活的喜爱。“只”、“自”二字，更将对苍山白云的欣赏看作是隐士的专利。万丈红尘中人岂耐得住山居的寂寞？舒卷无方的白云焉能得到金粉丛中帝王的心赏？所谓“只可”、所谓“不堪”，其实是毫不客气地将对方排斥于自己的同道之外。意思虽略嫌直露，而拒聘的态度却也因此显得更加坚决。史载梁武帝要他出山，他曾画作两牛，一牛散放水草之间，一牛著金笼头,有人执绳,以杖驱之。武帝笑曰:“此人无所不作,欲敩曳尾之龟,岂有可致之理。”一诗一画,可谓异曲同工。

附带讲几句,据史书记载,梁武帝代齐时,弘景曾为其援引图谶,制造改朝换代的依据。以后武帝每有军国大事,无不遣人谘询之,弘景因而有“山中宰相”之称。可见他并非真正忘怀世情之人。他之始终隐居不出,除个人性格的因素外,当与时势及生活经历有关。不过,这已不是本文论述的范围了。

(鲁同群)

和约法师临友人　　陶弘景

我有数行泪,不落十馀年。
今日为君尽,并洒秋风前。

据《历代吟谱》载:慧约字德素,有《哭范荀诗》云云。则此诗作者或作慧约。究竟属谁,今已难考。慧约其人身世亦不详。诗题中“临”字,乃亲临哭奠之意。

陶弘景是我国著名的道家思想家,早年即潜心研究葛洪《神仙传》,深得道家精髓。后又撰成《真诰》二十卷,被目为道教经典。齐高帝永明十年(492),弘景时四十岁,上表辞官解职,隐居于句曲山(即茅山)养真修道,著述游赏。此诗系隐居后所作,以诗中“十馀年”推之,当在梁武帝天监(503—515)年间,确切时间已不可知。

道家主张清净无为,一死生,齐荣辱。其理想的最高修养境界为“形如槁木,心如死灰”(《庄子·齐物论》),即斩断人间七情六欲,喜怒哀乐摒弃于心。这是难乎其难的。“我有数行泪,不落十馀年。”是修炼者身上矛盾的统一。一方面它矜夸自己修炼相当到家的道家本色,即已经十多年不动感情,不落眼泪,这在常人是很难做到的。另一方面它也坦率承认“有数行泪”,仍是有血有肉有感情的人,并未炉火纯青到太上忘情的地步。这两句诗凸显了有真情实性的修道者的形象,很符合陶弘景的实际情形。

长时间的不哭泣,蕴积在心头的泪水自然丰盈。上述两句在全诗并非正意,只在蓄势,跌出以下两句,从巨大的时间反差中,表现感情的强烈与交情的深厚:“今日为君尽,并洒秋风前。”打个比方来说,一个人辛辛苦苦挣钱,积攒了十多年,却在一天之内为朋友的需要而全部奉献上,这该有多么不寻常的交情!诗人为“君”流尽眼泪,含意也正如此。此“君”具体指谁当然已无从得知,但能与诗人如此契心,必然是位不慕荣利,恬淡隐退的方外之士,是诗人志同道合的良友。爱之深才能恸之悲，从泪眼的背后我们看到了友情的真挚。这两句诗既写实，也带有一定程度的夸张。“秋风前”不仅点明哭临的节令，而且渲染了悲凉凄怆的氛围，因为“秋风萧瑟天气凉，草木摇落而为霜”，草木凋谢与哀悼亡人两者融为一体。说它夸张，因为泪水毕竟不会一日而流尽。而且那“洒”字，表现了泪水的倾泻喷涌而出，有很强的感染力，大有“泪飞顿作倾盆雨”的意境。

方东树《昭昧詹言》说：“诗之为学，性情而已。”此诗的感人处，正在于性情的流露。唐人贾岛有小诗《剑客》：“十年磨一剑，霜刃未曾试。今日把示君，谁有不平事？”题材虽然不同，但韵味相似，深得陶弘景此诗的衣钵。　（曹光甫）

【作者小传】

曹景宗

(457—508)　字子震，梁新野(今属河南)人。少以胆勇知名，刘宋时，官至天水太守。南齐时，积功至游击将军，后追随萧衍(即梁武帝)，任郢州刺史。梁立，征还，封竟陵县侯，因统兵抗拒北魏有功，进封公爵。官至侍中、中卫将军，迁江州刺史，卒于赴任途中。事迹具《梁书》卷九及《南史》卷五五本传。《南史》存其诗一首。

华光殿侍宴赋竞病韵①　　曹景宗

去时儿女悲，归来笳鼓竞。
借问行路人，何如霍去病？

〔注〕①此题系依逯钦立《先秦汉魏晋南北朝诗》。逯书“华光殿”误作“光华殿”，今据《南史·曹景宗传》改。

这首出自梁朝大将曹景宗之手的诗，是这位并无多少文化修养的武人留下的唯一作品，严格地说，它还不算一首诗，只是联句中的一小部分。关于其写作经过，《南史·曹景宗传》有如下记载：“景宗振旅凯入，帝于华光殿宴饮连句，令左仆射沈约赋韵。景宗不得韵，意色不平，启求赋诗。帝曰：‘卿技能甚多，人才英拔，何必止在一诗？’景宗已醉，求作不已。诏令约赋韵。时韵已尽，唯余‘竞’、‘病’二字。景宗便操笔，斯须而成，其辞曰云云。帝叹不已，约及朝贤惊嗟竟日，诏令上左史。”

梁武帝是个文人皇帝，沈约是齐梁间的诗坛领袖，景宗此诗竟然能使他们称叹惊嗟不已，这不仅是因为武人作诗，本身就出人意料，更主要的是因为这首诗的确不同凡响，诗仅五言四句，凡二十字，却生动地塑造了一个慷慨豪壮的爱国将领的形象。

首句"去时儿女悲"。写出征不写金甲耀日，不写气贯长虹，却写"儿女"之"悲"，似与当时场面气氛不符。然而，将军临阵，生死难卜，今日生离，焉知不就是死别？流涕送行，正是小儿女的常态，小儿女的真情，是征人出发时与家人分别的真实情状。中国诗文凡写出征，从《诗经》的"萧萧马鸣，悠悠旆旌"(《小雅·车攻》)以来，就多半不脱夸耀己方军容声威的路子。景宗此句，以其角度之新惊人视听，以其感情之真动人心弦，实比传统写法高出一筹。

次句"归来笳鼓竞"。这一句与首句相对，反差十分强烈。前一句儿啼女泣，凄凄恻恻；此一句鼓乐喧阗，热闹非凡。但景况不同，其为表现主人公的性格、形象服务则一：前一句写儿女之悲是背面傅粉，愈衬出主人公终于毅然跨马出征的慷慨豪壮，恰与诗末作者以"匈奴未灭，何以家为"的霍去病自比相呼应；后一句写笳鼓竞奏则是众星拱月，百战健儿的雄姿、高唱入云的凯歌，愈托出主将的丰神俊采。此时再回想去时的悲悲戚戚，不免使人为小儿女的庸人自扰哑然失笑，而益加敬服于主将当时的静定自若、胸有成竹。这笳鼓之声，岂止是胜利的喜庆？其中自然也有对主将的赞颂。

以上两句写儿女、写笳鼓，作者的形象已隐约其中，但尚未正面出场。接下来"借问行路人，何如霍去病"两句，借作者口中一问，犹如传神写照的阿堵，顿使主人公须发毕现，神情尽出，使读者如闻其声、如见其人了。景宗曾多次与北魏作战，这首诗就是天监六年他大败魏军，"虏五万余人，收其军粮器械山积，牛马驴骡不可称计"(《南史》本传)，解除了北魏军队对徐州的包围，得胜回朝后作的。笳鼓沸天、观者如堵之际，他忽然遥想到以抗击匈奴而名垂千秋的霍去病，不禁驻马问行人：我若与霍去病比，相差几许？一个"问"字，活画出大获全胜的武将凯旋而归时，不免有些夸耀的神色。但他是完全有理由骄傲和夸耀的，所以这一问，反显出他直爽可爱的性格，如故作姿势揖让谦逊，就不是武将的形象了。"何如"一语，既有自信，又有自疑。奋身边疆、保卫汉族江山、抵御胡虏侵掠，这一切，他与霍骠骑并无二致，这是自信。但霍骠骑驱逐匈奴、封狼居胥，相形之下，景宗的战绩，尚逊一筹，要真如霍去病般享有大名，还须努力杀敌，这是自疑。这二句，将作者胜利的骄傲、高自期许的英雄气概、报国的豪情热望，都一齐和盘托出，语虽朴实无华，一种豪气却直上干云，千载之下，仍能令人凛然生敬。

齐梁诗人多矣，但优美精致之作众，而阳刚壮美之作鲜。因此，曹景宗这四句诗，在一片风云月露之中，的确显得矫矫独立，卓尔不凡，其为时人惊嗟，为后人传诵，是了无愧色的。另外，“竞”、“病”二韵，是所谓“险韵”，即以生僻字作韵脚。文人若无相当的驾驭文字能力，是断然不敢用险韵的。当日华光殿上，之所以这二韵最后还无人问津，其原因盖出于此。而景宗却举重若轻，一挥而就，这也是为后人所称道不已的。长于声律的沈约之所以“惊嗟竟日”，恐怕一半也是为此。“朝贤”们大概对这位“武夫”忽然有这般用韵才能而大感不解吧？其实，曹景宗有此佳作，实是由于他有真切的生活体验。“去时儿女悲，归来笳鼓竞”，恐怕是他多次经历、感受甚深的场面，故率尔操觚，毫不费力。那些“竞一韵之奇、争一字之巧”的文人学士之流，又何曾想到这一点呢？

（鲁同群）

【作者小传】

任　昉

（460—508）　字彦昇，小名阿堆，梁乐安博昌（今山东寿光）人。南齐武帝时，历官至步兵校尉，为竟陵王萧子良“竟陵八友”之一。因得罪齐明帝，久不迁官，明帝卒，任中书侍郎。后为萧衍（即梁武帝）记室参军。梁立，任黄门侍郎、吏部郎中，出为义兴太守，在任清廉。还朝任御史中丞、秘书监，复出为新安太守，卒官。事迹具《梁书》卷一四及《南史》卷五九本传。有集三十四卷、《杂传》二百四十七卷、《地记》二百五十二卷，已佚，明人辑有《任中丞集》。又著有《述异记》传世。《先秦汉魏晋南北朝诗》辑得其诗二十一首。

济浙江　　任昉

昧旦乘轻风，江湖忽来往。
或与归波送，乍逐翻流上。
近岸无暇目，远峰更兴想。
绿树悬宿根，丹崖颓久壤。

在齐、梁文人中，沈约工于歌诗，任昉长于文辞，故世有“沈诗任笔”之称。但到晚年，任昉于诗亦有相当进境，被诗论家钟嵘誉为“拓体渊雅，得国士之风”，而擢居“中品”。这首诗，大约正作于晚年。

诗题所称“浙江”，就是以“八月十八潮，壮观天下无”(苏轼)闻名世界的钱塘江。据说钱塘江潮在中秋节后两三天最有声势：潮头高涌三至五米，推进速度每秒可达十米，带着十至二十万吨海水，冲进江口，真有“崩峦填壑”之势。早在东晋时代，一代画宗顾恺之，就惊呼过它的“形无常而参神”、“势刚凌以周威”(《观涛赋》)。不过，任昉所济之处，恐怕不在钱塘江口，而且也不是江涛澎湃之时。在此诗开篇出现的，只是一片轻风细浪：“昧旦乘轻风，江湖忽来往。”东天既然才曙光初露，江上又正吹着清新的风。这时候升帆启航、乘风而驶，该有何等惬意！诗人晚年曾“出为新安太守”，此次渡浙江，不知是否前往新安赴任？倘若不错，那么诗人虽外放为官、流宦江湖，心境似乎并不沮丧。这起首两句，落笔轻快，跳荡着一股畅悦之情。再看那江间的水波，似乎也受到诗人心情的感染，一下变得亲热起来。它在江面上兴奋地涌起，忽而又向前轻泻，仿佛要迎送诗人那么一程。船儿呢，似乎也顽皮起来、不甘落后，立即追着翻滚的江流而上，又迅疾地滑向前方，把一片浪波抛在船后。这就是“或与归波送，乍逐翻流上”两句所描述的景象。诗人用“送”、“逐”二字，将满心的欢悦之情，移之于江波、轻船，顿使眼前之景，注满了情感和生气。

以上四句写江上行船之境，是为动态。倘若这是在茫茫无际的海上，诗人的视线，接着就可能被盘旋舷边的飞鸥、飘过帆尖的白云所吸引。但诗人是在江面并不很开阔的江间，进入他视野的，就是两岸的如画之景了。浙江的山川之美自古驰名。当年顾恺之从会稽回京，曾这样形容那里的山水：“千岩竞秀，万壑争流。草木蒙笼其上，若云兴霞蔚。”(《世说新语》)一千五百年后，鲁迅先生在“昏沉的夜”中，也曾以无限向往之情，描述过船行故乡路上的美好印象：“两岸边的乌桕，新禾，野花，鸡，狗，丛树和枯树，茅屋，塔，伽蓝，农夫和村妇，村女，晒着的衣裳……天，云，竹……都倒映在澄碧的小河中，随着每一打桨，各各夹带了闪烁的日光，并水里的萍藻游鱼，一同荡漾”(《好的故事》)。此刻，进入任昉视野的，大约正是这类景致。所以，在接着两句中，他不禁发出了由衷的赞叹：“近岸无暇目，远峰更兴想。”所谓“无暇目”，就是王献之所说的“从山阴道上行，山川自相映发，使人应接不暇”之意吧？所谓“更兴想”，恐怕正有陶渊明“悠然见南山”所引发的那种“此中有真意，欲辨已忘言”的高邈逸兴。这两句着重表现诗人观景时的感觉，至于“近岸”、“远峰”究竟是怎样景象，妙在先不叙出，只让你去想象。这对于缺乏经验的读者，自然未免显得太“虚”；但曾身历其境的人们，读到这两句，恰能将他所见到过的秀岩、清川、鸡狗、茅屋之类美好印象，全都唤到眼前，与诗人一起，回味那应接不暇的喜悦和高妙的意兴。这就是“虚而有味”。但倘若一味“虚”写，也不好。艺术的辩证法，在于“虚实相生”。此诗结尾“绿树悬宿根，丹崖颓久(旧)壤”两句，正是从虚处略添几笔，便在江岸空蒙之中，显现一派奇观：一株青葱绿树，忽然在烟景中凸现。船至近处一看，那宿年的粗大根须，竟有钻裂江岸悬挂在水上的！抬头看那远处，又有峰影移近。大概是年长月久风雨侵蚀之故吧，山峰大多崩颓成土石，唯剩孤零零的陡崖，被晚霞染得一片火红……这两句实景，正为前两句虚笔置景着色，使那引得诗人“无暇目”、“更兴想”的“近岸”、“远峰”之境，得到了显现。不过，这只是目不暇接中的“一瞥”，众多美景的“一斑”。诗人只勾勒、涂抹那么几笔，便戛然收止，仍为读者留下了怀想、回味的余地。

描绘山水之景，这在谢灵运、谢朓诗中，已达到绝妙境界。任昉这首诗，写船行钱塘江上的景象，重在表现主观的感觉和印象。诗中对山水的描述，并无形象逼真的精妙刻画，也无玄理式的顿悟，使你只感到那景象的亲切美好，感到一股轻快欢悦的情绪，在水波间、绿树上、峰崖端流淌。钟嵘曾批评任昉作诗“动辄用事，所以诗不得奇”。这首诗不用一事，语言如同口语自然流出。虽“不得奇”，却亲切感人、富有余味。其得力处，大约正在于诗人感受的真切和毫不矫情吧。

(潘啸龙)

出郡传舍哭范仆射三首(其三)　　任　昉

与子别几辰，经涂不盈旬。
弗睹朱颜改，徒想平生人。
宁知安歌日，非君撤瑟晨。
已矣余何叹，辍舂哀国均。

这是一首悼亡友诗，诗共三首(亦作一首三章)，此选其三。范仆射即范云，他卒官尚书左仆射，故称范仆射。“传舍”即客舍。任昉与范云是交情深厚的老朋友，两人都是“竟陵八友”的成员。入梁之后，范云官至左仆射，任昉为黄门侍郎、吏部郎。天监二年(503)，任昉出任吴兴太守，与老友范云告别赴任，在途数日，即在传舍中听到老友范云逝世的噩耗，为悼念亡友，于是写下了这首诗。

诗的开头两句，从与友人最后一次分手写起。分手不过数日，在途中还不到一旬,友人便溘然长逝了,数日前的一别便成永诀。以分别时日之短,表现噩耗来得突然,简直令人难以相信,也为未能在友人死前再见过一面而感到遗憾,追忆数日前分别的情景,心情则更加沉痛。三、四两句,紧承上二句而来,从友人的朱颜未改而突然逝世,以写友人逝世事出意外,以此追忆平生友谊。范云死时年仅五十三岁,虽然说五十而卒不为夭,但刚过知天命之年,便匆匆离开人世,年寿不永,令人惋惜。特别是想到几天前分别时范云尚安然无恙,面孔红红的,并不见衰老之态,怎能相信他突然死去呢?友人死时自己不在身边,死时情状一无所知,念及平生友谊,追忆"交欢三十载,死生一交情"(其一)的情景,往事历历在目,友人的音容宛在,这一切都一齐涌上心头,愈追忆愈见失友之恸。"何时见范侯,还叙平生意"(其二)呢?现在只有长歌当哭,作诗悼念亡友了。这两句比前两句,更进一层,更见友亡的沉痛。

"宁知"两句,再换一个角度来表现对友人之死全然不觉得,回想起来,哀痛和悔恨交加。据《仪礼·既夕礼》记载:古代士人,遇父母有疾病,齐撤琴瑟,以示孝意。后常以撤瑟指死亡。"宁知安歌日,非君撤瑟晨",意思是说:哪知我在安然而歌之日,正是您的死亡之时呢?友人物故,本当悲痛,因对此全然不知,却在途中安然而歌,通过这种乖违人情的反常状态,将悲痛表现得难堪难忍,抒情更见深婉。

结尾两句,将自己的悲恸收住,进而表现举国上下,都在为失去像范云这样的国家栋梁而悲恸。"辍舂"典出《礼记·曲礼》:"邻有丧,舂不相。"即当邻人有丧事时,舂米时不唱歌。或者使杵不发出声音。《史记·商君列传》引赵良对商君说:"五羖大夫死,秦国男女流涕,童子不歌谣,舂者不相杵。此五羖大夫之德也。""秉国之均",语出《诗经·小雅·节南山》:"尹氏太师……秉国之均。"国钧指有权位的大臣,此指范云。这两句,从一己之悲,推及举国之悲,既表现出范云地位的重要,又表现出他的德望之高,作为悼亡诗,很切合范云的身份,其写法十分得体。诚如张玉穀所说:"前四,以别未盈旬,宛然心目翻起。五、六,痛其死出意外,以上句跌出下句,疑真疑假,愈觉难堪。后二,反将己叹撇开,就国人皆哀,显出斯人关系之重,切范身份。"(《古诗赏析》卷十七)张氏对此诗的鉴赏,颇为精到。

此诗在抒写悼亡友的悲痛感情上,用由近及远、回环往复的追忆手法,突出友人死出意外,并多层次的表现悲痛之情,真情极切,哀感动人,于悲痛之中,见二人交情之深。笔墨简括,却能娓娓入情,既见情之深,又见情之真。末尾收裹的自然圆转,可见章法之妙。

(刘文忠)

【作者小传】

刘　峻

(462—521)　本名法武，字孝标，梁平原(今山东平原一带)人。幼年被掠入北魏，因贫出家，既而还俗。齐武帝时，逃归江南，改名峻。齐明帝时，任豫州刺史刑狱参军。梁初，召入西省校秘阁书，坐事免官。又为荆州刺史安成王萧秀户曹参军，因病去官。梁武帝招文学之士，峻因不能随众浮沉，被武帝所嫌，不受任用。后隐居东阳紫岩山(在今浙江金华市)，士人多从其学。卒，门人谥曰“玄靖先生”。事迹具《梁书》卷五〇本传，又附见《南史》卷四九《刘怀珍传》后。有集六卷、《类苑》一百二十卷，已佚，明人辑有《刘户曹集》。生平以作有《世说新语注》而闻名于世。《先秦汉魏晋南北朝诗》辑得其诗四首。

自江州还入石头　　刘　峻

鼓枻浮大川，延睇洛城观。洛城何郁郁，杳与云霄半。前望苍龙门，斜瞻白鹤馆。槐垂御沟道，柳缀金堤岸。迅马晨风趋，轻舆流水散。高歌梁尘下，絙瑟荆禽乱。我思江海游，曾无朝市玩。忽寄灵台宿，空轸及关叹。仲子入南楚，伯鸾出东汉。何能栖树枝，取毙王孙弹！

刘峻就是以注《世说新语》而著名的刘孝标，孝标为其字。梁武帝雅好文学之士，多加超擢，唯孝标为人不肯随众浮沉，故颇受武帝之嫌，终不获任用。孝标晚年隐居时，曾自我评价，有“节亮慷慨”之语。本诗从内容看，当作于孝标早期，但其中轻富贵、重志节的精神，也当得起“节亮慷慨”四字。江州，今江西九江。石头，即石头城，南朝国都建康(今南京)边上的卫城，因其紧傍建康，后世多以代指建康，但在六朝时，二者是有严格区别的。

本诗明显地分为两段，前十二句为一段，写建康(诗中以“洛城”即洛阳代之，系南朝人常用口吻)的宏丽繁华。首句“鼓枻浮大川，延睇洛城观”，笔力颇健。诗人由江州还入石头，故取水路。船桨奋力鼓动，拍击波浪；坐船高浮水面，飞速前驶——身在大江之上，能有如此感受，则这位翘立船头，放眼远望的诗人，自是意气洋洋、襟怀浩阔，他可不是那种一见巍巍帝阙就战战兢兢、伏拜礼赞之徒！起句有此气势，下二句“洛城何郁郁，杳与云霄半”便为之减色不少，不论建康的风貌多么繁盛、城楼多么高大、远远地伸进半空的云雾，它毕竟已是诗人的眼底景观，无法叫人肃然起敬。非但如此，连下文八句的铺张形容，也一股脑儿成了诗人笔底游戏之物。这起句笼罩了诗的上半幅，遥接“我思江海游”以下半幅，非胸间大具气象者不能道得。以下笔触伸入城中。“前望苍龙门，斜瞻白鹤馆。槐垂御沟道，柳缀金堤岸。”一门一馆都是汉代长安地名，这里借来陪衬帝京的威严，不过“前望”、“斜瞻”，仍置于诗人“延睇”所及，抖不出大威风；御沟、金堤，一蕴皇家气息，一显坚固华美，但也是古已言之，算不得诗人心声。槐之下垂，柳之连缀，风物渐有生气。“迅马晨风趋，轻舆流水散。高歌梁尘下，絙瑟荆禽乱。”晨风，即鹯，鸟名。絙瑟，调紧瑟弦。“高歌”句用汉刘向《别录》故事，鲁人虞公清晨高歌，声动梁尘。这四句前联笔调流利轻快，后联气氛喧闹热烈，都是极意夸张饰说。京都的通衢大道、朝宫集市上，快马如晨风飞趋，轻车如流水四散；京都的深宅名园、酒楼茶肆中，处处可闻震落梁间尘埃的高声放歌、唬散树上百鸟的急弦快弹。诗人是在描绘帝京盛容么？诚然也；诗人是在赞羡这盛容么？不然也。车水马龙的川流不息中间，还不是达官显贵争名逐利的奔竞占了大半？沸天动地的歌舞弹唱前面，还不是贵戚子弟纵情声色的嘴脸居了多数？这里岂容人洁身自好？直道君子又岂肯在这里下足？

于是乎，“我思江海游，曾无朝市玩”，奇句振起，别开生面。“江海”二字，呼应首句“大川”，使诗又现阔荡气象。江海之志，照庄子的说法，便是遁世高隐之志，诗人志趣在此，又何曾留意那争名于朝、争利于市的把戏？“朝市玩”三字，使前面八句中的种种宏丽、处处繁华顿时变得黯然无光、可笑可卑，痛快之至。至此，我们才恍然大悟，那宏丽繁华写出来，只是供诗人不屑一顾用的——何等高妙的构想！接下六句，诗人连用五典，表露心志。东汉第五颉为谏议大夫，因洛阳城中无居所，只得寄住城外的灵台（天文台），“忽寄灵台宿”是指诗人到石头城，“忽”字有惊怪、意外之意，可见这番前来非诗人本心。老子西行入秦，及关（当指函谷关）遇杨朱，仰天而叹道：“始以女（汝）为可教，今不可教也。”“空轸及关叹”即用此典，轸，悲。诗人已到了建康门口，唯恐再踏进一步，便被名利场所污染而无可挽回了、便成了“不可教”之徒。“仲子入南楚，伯鸾出东汉。”楚王以重金聘齐国高士陈仲子，仲子携妻逃去，为人灌园；东汉梁鸿（字伯鸾）因作《五噫歌》得罪汉章帝，逃入吴地为人佣工。以上四句连读，则诗人身虽在石头、志却在归隐，决不愿厕身京城、混迹朝列的意向，已极明白。然而，诗人还怕词不达意，因此卒章又加重语气，直言无讳。“何能栖树枝，取毙王孙弹”，典出《战国策》中著名的庄辛说楚襄王故事：黄雀“俯噣白粒，仰栖茂树”，自以为无患，却不知公子王孙的弹丸正对着自己的脖子，要打下它来用醋、盐烹了吃掉！身临帝阙，扬才露已，被圣天子招揽，立朝显名——这正是隽俗之士梦寐以求的结局，诗人却视之为中弹毙命，避之唯恐不远！“何能”二字，足证诗人信念之坚决，了无回旋余地。其语气之截然，与首句的强健有力正遥遥相映，是以全诗以此结束，便觉壮气一以贯之，势头始终不衰。

这首诗，辞采不可谓不华茂，语意不可谓不流走，对仗不可谓不整齐，用典不可谓不工切，齐梁诗人的长处，并不见缺少。但全诗读来，却觉得回肠荡气，与一般观念中的齐梁风格全然不同。孝标幼年被掠入北魏，二十来岁时始归南齐。或许正是这段经历，使他气质中兼有北方人的刚烈、慷慨，以至于发而为诗，也自具一种当时南方文士所罕有的棱棱风骨。　（沈维藩）

【作者小传】

丘　迟

(464—508)　字希范，梁吴兴乌程(今浙江吴兴)人。南齐时，累官车骑录事参军，后入萧衍(即梁武帝)幕府任骠骑主簿。梁立，为中书侍郎，出任永嘉太守。武帝天监四年(505)，随军北伐，作书招降投奔北魏的梁将陈伯之。还任中书郎，迁司空从事中郎，卒于官。事迹具《梁书》卷四九本传，又附见《南史》卷七二《丘灵鞠传》后。有集十一卷，已佚，明人辑有《丘司空集》，《先秦汉魏晋南北朝诗》辑得其诗十一首。

旦发渔浦潭　　丘　迟

渔潭雾未开，赤亭风已扬。櫂歌发中流，鸣鞞响沓障。村童忽相聚，野老时一望。诡怪石异象，崭绝峰殊状。森森荒树齐，析析寒沙涨。藤垂岛易陟，崖倾屿难傍。信是永幽栖，岂徒暂清旷。坐啸昔有委，卧治今可尚。

渔浦潭是杭州至富春江的经由之地。富春江的美景，吸引了南朝许多诗人，渔浦潭也就连带地多次出现于他们的诗中。如谢灵运《富春渚》云：“宵济渔浦潭，旦及富春郭。”丘迟这首诗，则是描述旦发渔浦潭，舟行于富春江的情景。

开篇两句，落笔点出题目和航向，写雾中晓发和赤亭风色。在晓雾未散，晨光曦微之际，诗人的小舟在迷濛的江面上启程远航，行至定山东的赤亭，已经风扬雾散，天气晴朗。渔浦潭至赤亭，仅二三十里航程，故首句说“渔潭雾未开”，二句说“赤亭风已扬”,意在描述舟行不远,晓雾即在江风中很快消散,流露出天气迅速转晴的喜悦。所以接下去集中笔墨以十句描绘江行见闻和游观乐趣。“櫂歌发中流,鸣鞞响沓障”两句写所闻。渔人在中流渔舟上唱起渔歌,敲起小鼓,咚咚的声响在空旷的江上回荡,传向四方,响彻层峦叠嶂。那悠扬悦耳的渔歌伴着节奏明快的鼓声,使诗人感受到一种清空的美,唤起浓厚的游兴乐趣,也招引了江边的村童野老,故而信笔写出两句:“村童忽相聚,野老时一望。”村童天真活泼,喜欢热闹场面,听到渔歌鼓声,便从街头巷尾飞快跑来,相聚江边,所以是“忽相聚”。村野老人喜欢安静,对热闹场面也看得多了,不像村童那样好动好奇,所以是“时一望”。这虽然只是淡淡地一望,却反映出渔歌鼓声打破了他们心中的枯寂。这两句不但用白描手法写出不同人物的不同动作和神态,而且点带出江村风景,质朴自然,而又意趣横生。同时,又是借村童野老的观望烘托出渔歌鼓声的动人场景,可谓一石三鸟,立意巧妙,诗味醇厚。

深秋的富春江,景色清奇秀美,时而奇峰突起,怪石峭立,时而荒树寒沙,岛屿耸峙。舟行江中,场景不断转换,不断展现出新的画面,因而以移步换景的手法写出:“诡怪石异象,崭绝峰殊状。森森荒树齐,析析寒沙涨。藤垂岛易陟,崖倾屿难傍。”在这六句中,前两句写峰石的奇峻险怪,中间两句写荒树茂密,沙滩平阔,后两句则写岛屿之景,全用偶句,属对工整。其中,以“异象”、“殊状”极写其形态与众不类,以“森森”、“析析”形容树多沙明,都似信手拈来,语出自然,而又有描摹之工。“藤垂”、“崖倾”两句又各自构成因果关系,点出易陟、难傍的缘由,写出岛屿的幽绝之景。但最能见出镕铸工夫的是“寒沙涨”的“涨”字。江中深秋水枯,沙滩扩大,可是诗人不说寒沙阔,而说“寒沙涨”,就有一种逐渐涨起漫开的动态感。它不仅说明诗人有善于从平常景物中寻求美感内含的艺术眼光,而且有善于以活字写静景的高超技巧,称得上别具只眼,独具匠心。

富春江以它奇美的景色叩开诗人的心扉,使他陶醉,不愿离去,萌生出长栖永居的念头,故而说:“信是永幽栖,岂徒暂清旷。”以为富春江乃可“永幽栖”之地,非只供一时清旷之乐,渴望既能来此做官,又能优游于山水,因而想起成瑨坐啸、汲黯卧治的故事,于是写出最后两句:“坐啸昔有委,卧治今可尚。”“坐啸”之事,典出张璠《汉纪》。东汉南阳太守成瑨,不理政务,公事悉由功曹岑晊代理,终日但坐啸而已,民间因传言:“南阳太守岑公孝,弘农成瑨但坐啸。”后遂以坐啸指称委心于无为,虽做官而不理政事的清闲生活。“卧治”的典故则见于《史记》。西汉汲黯,召为淮阳太守,辞谢不就,武帝则欲借重他的声望,使其卧而治之,乃赴任。后遂称无为而治为卧治。诗人以这两个故事抒发眷恋富春山水的深情,也进一步突出了富春山水之美。

这首诗从旦发渔浦潭落笔，依次写出江行景色，然后即景抒怀，一路写来，如行云流水，略无滞碍。通篇几乎全用偶句写成，文辞清美，语言精工，已见唐人之风。

（臧维熙）

答徐侍中为人赠妇诗　　丘　迟

丈夫吐然诺，受命本遗家。糟糠且弃置，蓬首乱如麻。侧闻洛阳客，金盖翼高车。谒帝时来下，光景不可奢。幽房一洞启，二八尽芳华。罗裙有长短，翠鬓无低斜。长眉横玉脸，皓腕卷轻纱。俱看依井蝶，共取落檐花。何言征戍苦，抱膝空咨嗟。

徐侍中可能就是梁朝的另一位诗人徐勉，他从梁初到丘迟去世时都居于侍中的官职。从诗题看，是徐先写了一首《为人赠妇诗》（为别人代作的、寄赠给那人妻室的诗），出示给丘迟看，然后丘作了一首答诗。赠妇之作，一般总是外出的丈夫慰勉在家之妻的内容。徐诗若也是这样的内容，则丘诗的意思正与其相反，很可能是一首游戏之作，至少是虚拟之笔。当然，徐诗今已不可见，以上都只能是空谈了。但本诗即使是虚拟之作，诗中揭露的那种贵易交、富易妻的丑恶现象，却不是诗人想象所能产生之物，所以本诗的社会认识价值，也并不会因其内容真实与否而有所增损。

中国古代的文化传统，虽然颇有以家庭为重的倾向，但其所重者，主要在于男性家族的血缘承传，强调的是父慈子孝、兄长弟悌，报本反始、耀祖光宗。至于男女之爱、夫妻之情，却被置于极其次要的地位。虽然古代文学中也偶尔有夫妻之间举案齐眉的佳话，但更多的却是糟糠弃置的悲唱，为人们展示出男女不平等的社会制度下一幕幕被弃妇女们的悲剧。

且看诗中这位“丈夫”，一诺千金，受命遗家，大有忠君为国、赴汤蹈火，置身家性命于不顾的气概。这里没有夫妻离别的缠绵，没有日后重逢的期许，糟糠的弃置，只好比是丢下一件旧衣服而已。苦了他那糟糠之妻，丈夫去后，蓬首如麻，时时关注丈夫的消息，日日盼望夫君的归来。然而传来的消息，却令她十分担忧。虽然丈夫金盖高车，飞黄腾达，很难说非其所望；但在封建时代，高官显爵与金钱美女，往往是接踵而至的。那令人担忧而又不难预料的场面终于出现了：幽房洞启，罗裙翠鬓，多么叫人沉醉；长眉玉脸，皓腕轻纱，何其令人销魂！那丈夫拥着这群花朵般的二八姝丽，“俱看依井蝶，共取落檐花”，在笑语嫣然、眼花迷乱之余，到底是井边飞舞的粉蝶，还是身边飞媚眼的娇娃，到底是檐间的落花，还是眼前的粉面，他都快分不清楚了。真是天涯何处无芳草，糟糠弃置何足惜？能有如此风流艳遇，谁人还说征戍苦呢？这种事情，在封建时代乃是司空见惯，故他那糟糠之妻也无可奈何，唯有抱膝空叹而已。

这首诗通过鲜明的对比，表达了强烈的讽刺意味。作者一面写妻子被弃在家，首如飞蓬，抱膝空叹；一面写丈夫在外飞黄腾达，妾婢满堂。两相对照，丈夫的喜新忘旧面目，便显得格外清晰。诗中五至十六句，尽力铺陈描绘，极写丈夫得势的荣耀光景，二八妙女的美貌芳容，这就越发衬映出被弃之人遭受冷落的孤独凄苦，引起人们对其不幸命运的深切同情。同时，这里渲染出的一种奢华淫乐的气氛，这与开头两句所谓"丈夫吐然诺，受命本遗家"的激昂慷慨气势恰好形成巨大的反差，令人不禁生滑稽之感。诗中的描绘，亦颇注意详略繁简的安排。如写二八妙女，既写其裙裳、纱衫的打扮，又写其眉、鬓、脸、腕等外形，既用"有长短"写众美人的丰满娇小、姿态不一，用"无低斜"写她们的刻意装饰、无不炫貌求悦，又用眉"横"于脸上形容其眉目送情，用腕"卷"轻纱形容其卖弄肌肤：刻画得可谓细致入微。而写糟糠之妻，只一句"蓬首乱如麻"，便已十分传神。两者详略有致，相映成趣，也烘托了作品的主题。 （徐克谦）

题琴材奉柳吴兴 丘 迟

边山此嘉树，摇影出云垂。
清心有素体，直干无曲枝。
凡耳非所别，君子特见知。
不辞去根本，造膝仰光仪。

丘迟，就是以一纸书信，打动魏"平南将军"陈伯之，使之"拥兵八千归降"的梁代著名文人。他的《与陈伯之书》，从此便与"暮春三月，江南草长，杂花生树，群莺乱飞"之句一起传诵千古。但这是一年以后的事了，此刻正当梁天监三年(504)间，他还在永嘉(今浙江温州)太守任上。"柳吴兴"，则是棋、琴、医、射无不精通，曾被梁武帝赞为"分其才艺，足了十人"的吴兴(治所在今浙江湖州南)太守柳恽。他早年即以妙善琴音而名闻遐迩，齐竟陵王萧子良听了他的弹奏，曾慨然而叹："良质美手，信在今夜。岂止当今称奇，亦可追踪古烈！"

柳恽爱琴，且又在丘迟的家乡当"父母官"。诗人因此从数百里外送给他一段琴材，并题了这首诗以相寄。所谓"琴材"，实即"白桐"(《诗义疏》："白桐宜琴瑟”)。晋、宋之际,许多诗人歌咏过它。晋人司马彪不得继嗣,在《与山巨源》诗中,便以桐之“处身孤且危,于何托余足”自喻,询问山巨源:“焉得成琴瑟,何由扬妙曲?”宋代诗人鲍照不平于自身遭际,便借桐抒愤道:“未霜叶已肃,不风条自吟。不愿见彫斫,为君堂上琴。”(《山行见孤桐诗》)丘迟之咏“琴材”,则意在寄托对柳恽的仰慕之情,故开笔即是由衷的赞美:“边山此嘉树,摇影出云垂。”浙江一带多产美桐,诗人虽处永嘉近海之处,山间亦多亭亭绿桐。前句以“边山”引出“嘉树”,将桐木置于山巅高处,为后句写它的高插云间张本。后句描摹桐树披襟高耸之态,著以“摇影”二字,顿使眼前“嘉树”充满了生气:它正如一位巨人,拔出于云霞之间,将一身绿影投印在蓝天上,显得多么蓬勃、豪放!这是在仰观之中,展现桐树的总体形象。接着两句,则分叙桐木的好处。“清心有素体”,说的是桐木的素质。它树心清白而托体素洁,故能“越众木之薰徇,胜杂树之藻缛”(袁淑《桐赋》),没有华艳的仪表,自有冲淡的风度。“直干无曲枝”,说的是桐树的枝干。它孤干直上,壮立世间,周围一无蜷曲之枝。表现的是一种树中“君子”的孤直,而不是桃红李白的媚曲。这两句写桐树之形、质,又似乎隐喻着人的美好品性,虚涵两意,甚得屈原《桔颂》“精色内白,类可任兮”之笔意。

桐树既具备如此美好的素质,当其斫为琴体、配上丝弦以后,奏出的音声,自必有分外悦耳的清韵。不过要能辨别那音韵的特异之处,却非得知音的“君子”不可;不解琴韵的凡俗之辈,又岂能领略它的奥妙?这就是“凡耳非所别,君子特见知”所表述的深意。而吴兴太守柳恽,正是奏琴“特穷其妙”的蔼蔼君子。诗人将这样的琴材奉赠予他,正可得遇知音而尽其美材之用了。诗人在喜悦的遐想之中,便不知不觉身化为桐木,对远方的柳恽,诉说起真情的仰慕来:“不辞去根本,造膝仰光仪!”“根”为桐根,“本”为桐干。只要能成为精妙的琴具,横置在您的膝头,得仰您的德光和丰仪,我就是被斫离本根、远徙千里,也是乐而不辞的呵!这结句情意深长,眷眷不尽,表达了“琴材”追随“君子”的多少钦羡和喜悦。这似乎是诗人在代“琴材”致意。但人们也可以反过来体味:那其实是“琴材”在代诗人,向他的远方朋友倾吐自己的衷肠。这样再回头品味全诗,读者便可以发现,这首诗咏的是“琴材”(桐),本意似在为诗人自己画像——诗人不正如桐木一样,清心素体、孤直不曲,身具美好品性,而缺少相知的“君子”吗?故在凡俗之世中,虽能“摇影出云垂”,做到中书郎、出为永嘉太守,总不免有无以晤对的寂寞之感。不过,诗人的致意于柳恽,既与当年司马彪的忧于孤身无托不同,也与鲍照不平于自身的遭际异趣,只为了向平辈同僚,传达一种“嘤其鸣矣,求其友生”《诗·小雅·伐木》的相慕之情。所以,出现在笔下的嘉树形象,也高直清挺,并无孤危无托的自悯，或身受彫斫的隐忧。诗中所流淌的，是对于远方友人高风雅兴的钦仰和数百里外相许、相期的友情。

钟嵘称丘迟的诗“如落花依草”，有“点缀映媚”之秀（《诗品》）。这首诗写嘉树的清挺之姿，抒依恋友人的相许之情，虽然不像“落花依草”那样秀媚，却有点缀映衬的动人之韵。在咏桐寄意之作中，可谓别具声情。　（潘啸龙）

【作者小传】

萧　衍

(464—549)　即梁武帝。字叔达，小字练儿，南兰陵（今江苏武进）人。南齐时，初任南中郎将行参军，有文才，为竟陵王萧子良“竟陵八友”之一。齐明帝末期，以雍州刺史镇襄阳。后起兵下建康，杀齐废帝东昏侯，执朝政，逾年受齐和帝禅称帝，国号梁。在位四十八年，晚年接纳东魏降将侯景，景叛，攻破建康，衍被囚饿死。事迹具《梁书》卷一至三、《南史》卷六至七本纪。有集三十二卷，及诗赋集二十卷、杂文集九卷、别集目录二卷、《净业赋》三卷、《通史》六百卷、《金海》三十卷、各种经义讲疏二百余卷，均已佚，明人辑有《梁武帝御制集》，《先秦汉魏晋南北朝诗》辑得其诗及断句六十八首。

临高台　　　　萧　衍

高台半行云，望望高不极。
草树无参差，山河同一色。
仿佛洛阳道，道远难别识。
玉阶故情人，情来共相忆。

《临高台》是汉乐府古题，其作意历来多有不同，本诗是取登高怀人之意。关于此诗的作者，《乐府诗集》说是萧纲，今从问世较早的《玉台新咏》，归于萧衍名下。

首二句切题之“高台”。这台之高究竟几许？“高台半行云”，诗人告诉你，你只能看到台的腰以下，至于腰上那一半，却钻进了行云里。危乎高哉，已经够骇人的了。然而，诗人还不解气，再重重补上一笔：“望望高不极”。随你在台下怎样伸长脖颈瞪直眼、怎么望得头昏目眩，你决然望不见台的顶端！望望，望了又望；不极，即无极。句中连用两个“高”字，用最直拙之语，将高台的雄大气势直逼逼地推到读者面前：如此用笔，既浑厚有力，也最为明智——这可不是争奇斗巧、玩弄词藻的时候！高台一高如斯，诗的下二句，便呼之欲出了。另外，“行云”二字，又能暗逗人生起“旦为朝云，暮为行雨”（宋玉《高唐赋》）的神女阳台的联想。这种联想虽未可明言，但有心者自能体味到这高台的云雾里，发生的故事必将与“情”有关，从而本诗的后四句，于此也有了伏笔。到底是“竟陵八友”之一的萧衍，笔下自有风流神采。

接下二句，视点由台下的仰望转到台顶的俯视，切题“临”字，是全诗最精彩处。“草树无参差，山河同一色。”低头一看，呀！呀！哪里是绵绵春草？哪里是丛丛树林？全模糊了，全模糊了！只有密密麻麻的一点一点绿，哪还分得出什么高下？什么参差？哪里是翠山在耸立？哪里是碧河在流淌？全没影了！全没影了！只有混混沌沌的大片大片绿，哪还有什么地势！什么轮廓！是眼睛疯了，还是大地疯了？哦，哦！原来是台太高了！——气象何其开阔、意境何其雄浑，而这，又是出于何等神奇的想象、出于何等高朗的胸襟！休说梁武帝只是半壁江山之主、休提他晚年的昏聩，只此二句的王者气象，便足可令人肃然起敬：唯胸间能包举起如许山河，故笔下能造就出如此境界！

不过，本诗毕竟是言情之作，上二句的气象只是自然流露，非作诗本意。所以以下四句，仍回到怀人的正题，而气力也转弱了。“仿佛洛阳道，道远难别识。”别，辨。刚才是鸟瞰，此时仍在台上，只不过目光改为凝神远注。台下已是浑然一色，难以找出异样了。然而，有情人太想会他的情人了，他还在台上努目细觅。终于，有情之痴感动了皇天，一条似乎是通向洛阳的路，依稀仿佛出现在茫茫绿色中了。有情人的心里好一阵兴奋！

然而，这台太高了，这路太远了，到底是不是洛阳道？有情人的心里又实在没有把握。于是，在万般无奈的伤心下，诗以有情人聊以自慰的语气，拉上了帷幕。“玉阶故情人，情来共相忆。”他想象，那洛阳的旧时情人，正站在她小小庭院的白玉阶砌前，朝着自己的方向翘首眺望；他希望，自己思恋正苦的那会儿，也是她深陷回忆的那时节，高台再高，道途再远，也只能阻隔他们相会一处，不能阻隔他们的共同相思！

本诗以“草树”二句最佳，意象既高阔，又深远，虽是游戏之作，得此佳句，也可以不朽了。其他如首联叠二“高”字、尾联叠二“情”字，一起骇人瞩目，一结深情绵邈，都能对“草树”二句起扶摇而上、翻飞而下的作用，使之不显突兀，从而全诗结构也如台下草树山河一样地浑成。游戏之作中，诗人的良工苦心又何尝少费？

（沈维藩）

子夜歌二首　　萧 衍

恃爱如欲进，含羞未肯前。
朱口发艳歌，玉指弄娇弦。

朝日照绮窗，光风动纨罗。
巧笑蒨两犀，美目扬双蛾。

《子夜歌》是南朝民歌吴声歌曲中的一支。相传是晋代女子子夜所首创，故名。现存四十二首，其中即包括上录的两首，郭茂倩《乐府诗集》均定为“晋宋齐辞”，归入“清商曲辞”类。此据徐陵《玉台新咏》，并观诗歌风格，定其作者为梁武帝萧衍。

这两首都写女人，但身份不同，写法上也各具特色。

第一首中的女主人公是一位表演弹唱的歌女，作者犹如养鸟人欣赏笼鸟一样，正以一种得意的心情与赞许的目光观赏着她的演出。一、二句以形写神，以“如欲进”与“未肯前”描画歌女“恃爱”与“害羞”的神态：她凭仗着主人的宠爱，仿佛正要向听歌的主人走去；但她终于没有前进，原来她害羞了。这两句写的是歌女弹唱前的神情体态。她是坐着准备弹唱的，事实上并不存在由于“恃爱”与“害羞”作出的“如欲进”与“未肯前”的表示。也许只是在调弦试唱时向前略微欠一欠身子吧，诗人便故作多情，笔底澜翻，极尽夸张渲染之能事。三、四句进而正面写歌唱与弹奏，用大特写镜头展示口唱与指弹两个动作。注意演员的“口”与“指”，这原是一般人的欣赏习惯。出现在诗人眼前的是“朱口”与“玉指”，“口”是红润的，“指”是白净的。由此美的局部，令人联想起这是一位年轻美貌的歌者，同时，从“朱”、“玉”这两个肯定性的修饰词中，也隐约逗露出诗人对歌者的爱悦之情。歌称“艳歌”，弦名“娇弦”，则又进一步写出她弹唱的动人。一个“弄”字，包含了“轻拢慢撚抹复挑”种种纯熟的动作，也传达出演奏者沉浸于曲调之中的热烈而又细腻的感情。

第二首中的女主人公是一位闺中少女。前两句写这位少女的居住环境：旭日照到她那有花纹的格子窗户上，晨光中，微风吹动轻柔的丝质窗帘。“朝日”、“光风”，视野开阔，色调明快；“日照”、“风动”，富于动感；从“绮窗”写到“纨罗”，视线由窗外转入窗内。后两句接写那女子，窗框恰似镜框，从中映出女子的形象。这两句用《诗经·卫风·硕人》的典故：“齿如瓠犀，螓首蛾眉。巧笑倩兮，美目盼兮。”“倩”,通“倩”,形容样子美好;“犀”,瓠瓜的子儿,瓠瓜子又白又长,排列整齐,故用以比方长得洁白整齐的牙齿;“蛾”,指蚕蛾细长弯曲的触须,用以比喻女子好看的眉毛。诗人并不从头到脚为那女子画像,而是集中笔力写她最富于青春光彩的笑容与目光:她甜甜地一笑,露出两排漂亮的牙齿;她秋波流转,扬起一对好看的眉毛。

以上两首诗,写人都只举出局部,由局部暗示美的全人;又多用动词,以动写静,在动态描写中显示出少女的美艳与青春的光彩。但第一首,笔力全集中在歌女身上,绘形绘色兼写其声音,呈现出的形象是一位在众目睽睽之下自弹自唱的歌女;第二首则从环境写到人物,在色调明快的背景衬托下,映出闺中少女的形象,似乎是一幅正当她嫣然一笑、美目流盼的瞬间抢拍下来的生活照。(陈志明)

子夜四时歌(选四首)　　萧　衍

春　歌

兰叶始满地,梅花已落枝。
持此可怜意,摘以寄心知。

夏　歌

江南莲花开,红光覆碧水。
色同心复同,藕异心无异。

秋　歌

绣带合欢结,锦衣连理文。
怀情入夜月,含笑出朝云。

冬　歌

果欲结金兰,但看松柏林。
经霜不堕地,岁寒无异心。

《子夜四时歌》是东晋以后在南方广泛流传的吴声民歌,分为“春歌”、“夏歌”、“秋歌”、“冬歌”四部,类似于近世的“四季调”。《子夜四时歌》主要歌唱青年男女之间的爱情,曲调清新婉转,表情真挚自然,传入宫廷,深受文人喜爱。当时的君主朝臣,多所拟作。这些文人的模拟之作,依然以爱情为主题,大体上还保持着民歌的格调,但在语言的修饰上已经流露出了文人的趣味。梁武帝萧衍的《子夜四时歌》,每歌四首,共十六首。这里是从中各选一首,组成一篇。

先看《春歌》。春天,万物萌生。泽畔兰草才绽出葱绿的嫩叶,而路边梅花纷落,梅子已经挂在枝梢。在这万象更新、生意盎然的季节里,一位少女来到了泽畔。“持此可怜意,摘以寄心知。”其中“怜”就是爱。在这里,“兰”与“梅”都不是单纯的景物,而各有其深层的涵蕴。古人所谓“兰”,即泽兰,是一种气味芳香的植物。妇女用之洗沐,故有“兰汤”、“兰泽”之名;用以涂壁,因有“兰室”、“兰房”之称。兰是美好的象征而多与女子相关。屈原在作品中常以兰喻美好;汉末古诗则以采兰而引出怀人之意。如:“涉江采芙蓉,兰泽多芳草。采之欲遗谁?所思在远道。”汉以后,“兰”在文人作品中成为一种传统的意象以喻美好,以代“思念”。而“梅”是具有民俗意义的物象。《诗经·召南·摽有梅》是青年女子在梅子成熟时节求偶的歌唱。闻一多《古典新义》考定,这首诗表现的是古代女子抛果定情的风俗,而在这种风俗中,“梅与女子之关系尤深”。在南朝乐府民歌中常常可以见到关于“梅花落”的歌唱。如《孟珠》:“适闻梅作花,花落已结子。”以梅已落花结子暗示男子求偶当及时,犹是古代风俗的遗存。此时,怀着无限的思恋、抑制着深情的呼唤,这少女正手摘着兰草和梅枝,打算寄给那远方的心上人儿。这,不正是一个怀春少女的心事么——既深切、又羞怯,既温静、又焦虑,这一切是如此的交织复杂,若不是一句包孕无限的“可怜意”,又怎能形容得尽?

“春歌”借用了“兰”与“梅”,“夏歌”则借“莲”抒发少女的爱恋相思之情。莲是江南风物。在南朝乐府民歌中,莲与爱怜之“怜”谐音相通,而成为青年男女表述爱慕之情的隐语。莲花亭亭,清波滟滟,花照湖水,倒影十分清晰。那水上红莲,水中莲影,花色相映,绿茎相连,引人遐思无限。少女由莲而想到她的所“怜”,爱恋之情更加炽热,她便动情地唱出了后两句。“色同心复同”,指荷花的花瓣都作红色,花芯均呈淡黄;“藕异心无异”,是说藕的形状不一,但藕心都中空呈圆形,并没有什么相异之处。其中两个“心”字意义双关,既指花心、藕心,也指相爱之心。后两句看似在写景,深入一层,景色成了陪宾,主旨是在抒情。当那女子看似专心致志于欣赏荷花时,她的心早已鸿飞冥冥,神游于爱情的两间之中了。

上面选录的《秋歌》,作者一作王金珠,题为《冬歌》。从诗作内容来看,“夜月”固然也会在冬季出现,但春花秋月,人所习见,月与秋季的联系更为紧密,断为“秋歌”似较合适。此诗的构思与上两首迥异。全篇采用第三人称的口吻,委婉含蓄地描写一位热恋中的女郎。诗中没有单纯写景的笔墨,一开始视角即对准那女子,用大特写镜头映出她的绣着连理花纹的锦衣和打着合欢结的刺绣衣带。“连理”,原指不同根的草木,枝干连在一起;“合欢”,一种象征和合欢乐的图案:二者常比喻男女相结合或夫妻相爱。这里借以表明女子已有相好。以上两句是静态描写，接写的后两句由静转动，仿佛那女子从画面上走出：夜深人静，月色如水，她激动地向着幽会地点走去；男贪女爱，不知东方之既白，在朝霞升起时，她告别情郎归来，含着笑像是从朝霞深处出来，步步走近。末句中的“朝云”，暗用宋玉《高唐赋序》的典故——楚王梦与神女在高唐欢合，神女自谓“旦为行云，暮为行雨”，后人即以“云雨”作为男女幽会的代称。“朝云”即“旦为行云”。这一首《秋歌》，虽写幽会，却不落形迹。诗人所要着力表现的，不是一个热衷于肉欲的荡妇，而是一个沉浸于自由自在爱情中的少女；由于情志不俗，加之构思巧妙，故能表现得意境优美，字句芬芳。

上面选录的《冬歌》，《乐府诗集》作“晋宋齐辞”。首句中的“金兰”，语本《周易·系辞上》：“二人同心，其利断金；同心之言，其臭如兰。”后世一般用来指结拜兄弟，这里指结为夫妻。想来她的情郎已经正式向她提出求爱。是真心相爱吗？能长久相爱吗？她还拿不准。故一开口即向对方发问。在“果欲结金兰”五字中，力量全落在“果”字上。“果”是“果然”、“确实”之意，她要水落石出，弄清究竟。她指着那一片松柏林告诉对方，如果是真心的长久的相爱，那就应该有如松柏，经得起考验，即使被严霜摧折，树叶也决不凋零，即使是腊月酷寒，也不变坚贞的本性。这里，那男子将作何回答，以至作了肯定回答后是否能信守誓言，只有留待日后的生活去检验。从诗中语气刚断的表白中，我们切实感受到的是女主人公对坚贞不渝的爱情的热切企盼与深情憧憬。

以上四首诗，不仅画面紧扣时序节物(春梅、夏荷、秋月、冬松柏)，而且抒发的感情也与季节的特征相适应。春天是万物复新的季节，诗就以采兰“寄心知”暗喻爱情的萌生；夏季树木生长，蓬勃茂盛，诗中那竞相盛开的莲花就象征着爱情的美好和发展；秋天是收获的时节，那“合欢”、“朝云”等富有深意的物象隐喻了少女爱情的成熟；当冬天来临，诗则以青松的凌霜傲雪代表少女对爱情的忠贞不渝。不仅如此，诗中四季景物所特有的色彩与少女所表现的情感色调也十分和谐，诵读体味之中，别有一种美感。你看，春天的翠兰青梅，以绿色为特征。绿色代表着生命，少女的恋情就在这孕育生命的绿色中萌生。夏天气候炎热，以红色为代表。那碧波上的红莲不正是少女炽烈真挚的情感的象征？秋天素有“金色”之称。那秋月初升的澄黄，朝云霞光的绚丽，似乎为少女与爱人相会时的欢悦之情染上了一层辉煌。冬天冰雪，那无瑕的白色，则又代表了少女冰清玉洁的高贵品德。变化多样的隐喻、象征手法，丰富了诗歌的意蕴，给读者带来回味无穷的乐趣。这样，一位在感情世界中正愈来愈变得成熟的年轻女子的形象，便会随着四季景色的变换，画屏似地在我们眼前展现：她从春季里出发，走过炎夏、

金秋，在冬季里暂作停留，沉思默想了一阵，正准备举步去迎接又一个美好的生活的春天……　（陈志明　蒋　方）

江南弄　　萧衍

众花杂色满上林，舒芳耀绿垂轻阴。

连手蹀躞舞春心。

舞春心，临岁腴。

中人望，独踟蹰。

在文学史上往往有这样的现象：一首诗能够成为诗体转变的一种标志。梁武帝萧衍的《江南弄》便具有这样的性质。在此以前，南方民间盛行吴声、西曲。西曲产生于长江中部、汉水流域，但“其声节送和，与吴歌亦异”（见郭茂倩《乐府诗集》卷四十七），因而带有今湖北一带的地方特色。其中《子夜歌》从文字上看，都与吴声歌相似，文辞清丽，婉娈而多情。可是到了梁武帝的时代却来了一个“改革”，据《乐府杂录》云：“梁天监十一年冬，武帝改西曲制〔江南〕、〔上云乐〕十四曲。”而〔江南〕共有七支曲子，第一就叫《江南弄》，第二叫《龙笛曲》，第三叫《采莲曲》，第四叫《凤笙曲》，第五叫《采菱曲》，第六叫《游女曲》，第七叫《朝云曲》。君王倡导于前，群臣响应于后，发明“四声八病”的梁代声律学家沈约也跟着作了四曲。民歌经过帝王与臣僚的“改革”，便脱尽了泥土气，更加典雅化了。随着思想内容的改变，它的音乐节奏也发生了变化，即由整齐的五言四句，变成“句读不葺”的杂言诗。正由于这一点，以致后来研究词的人，把〔江南弄〕当作词的起源，明人杨慎甚至径称之为词，说：“此词绝妙。填词起于唐人，而六朝已滥觞矣。”（《词品》卷一）当然此说并不准确，因为词是依燕乐而产生的一种歌词，梁时所用为清乐，自不可能有词。然而从这些看法上，似可窥见它也是诗体转变的一种标志。

话得回过来说，此前的吴声、西曲多为描写男女欢爱的恋歌，其中散发着泥土的芳香（当然其中也不乏文人的拟作），而梁武帝通过《江南弄》显然把它从民间的田埂上、荷塘里移植到宫廷中来，借以表现他们的享乐生活。此诗起首二句云：“众花杂色满上林，舒芳耀绿垂轻阴。”上林者，帝王之园囿也，汉武帝时即有上林苑，此处则借指南朝皇家的园林。时丘迟《与陈伯之书》云：“阳春三月，江南草长，杂花生树，群莺乱飞。”被认为写江南春景的名句。而萧衍此处则变散文为诗句，用七个字加以概括，在读者面前呈现出一派五彩缤纷、百花争艳的上林景色，然词意则过于典雅。下句“舒芳”指花开，“耀绿”谓树上新叶在阳光映照下闪烁着绿油油的光泽，四字分咏花叶而用字工炼，带着浓厚的文人气息，亦非《子夜歌》中“明转自天然”的口语可比。句末“垂轻阴”三字，则描写花树之浓密，然着一“轻”字，说明仍是春日景象，有别于“绿叶成阴”的夏季。这些都是经过作者反复推敲的。宋人谓晏殊的诗句“梨花院落溶溶月，柳絮池塘淡淡风”有富贵气象。我们细看这两句，不是同样透露出一股富贵气象么。

从“连手蹀躞舞春心”而下，则由写景转入抒情。据《南史·循吏传》载，此时江南，“凡百户之乡，士女昌逸，歌谣舞蹈，触处成群”。民间尚且如此，宫廷中歌舞之盛，自可想见了。这里的连手，是说手拉手；蹀躞，是说小步跳舞。《玉台新咏·古乐府》云：“蹀躞御沟上，沟水东西流。”即形容小步的样子。歌女们手拉着手，踏着碎步，轻歌曼舞，其欢乐愉快的情致，完全见于“舞春心”三字。春光明媚，人情感物而动，自不免春心荡漾，手之舞之，足之蹈之也。此语甚新，它把舞女们的感情融入动作，浓缩为一个简短的词组，这在民歌中是难以做到的。

诗之后半，连用了四个三言短句，字少而意丰，含蕴较为深远。“临岁腴”，盖谓面临美景良辰。按《说文解字》云：“腴，腹下肥者。”段注：“《论衡·传语》曰：尧若腊，舜若腒，桀纣之君垂腴尺余是也。”又《说文通训定声》云：“《答宾戏》：‘味道之腴。’注：‘道之美者也。’”综上所述，腴有丰满美好之意，与‘岁’构成词组，当指岁月的美好，联系上文所写的阳春烟景，故知系指美景良辰。“中人望”的中人，当指宫女。《史记·李将军传》：“敢有女，为太子中人，爱幸。”独踟蹰，谓独自徘徊不前。《诗·邶风·静女》：“爱而不见，搔首踟蹰。”以上四句是说面对大好春光，歌女们翩跹起舞，兴致盎然；而深居宫中的嬖幸，望见如此欢乐场面，不禁为之搔首踟蹰。在欢乐的气氛中点缀着一些小小的惆怅，非但使诗中感情有所起伏跌宕，而且也反映了宫廷生活中一些矛盾。

就诗的形式而言，如前所述，吴声西曲基本上是五言四句，一韵到底；而此诗则由齐言变为杂言，它前面是三个七言句，句句押韵。后面便转韵，是四个三言句。第三个七言句为单句，独枝摇曳，似立足未稳，所以马上以顶真格接上一个三字句“舞春心”，把上句顶住，并领起下文。四个三言句，蝉联而下，一气呵成，节奏逐渐加快，似与“连手蹀躞”的舞蹈动作密切配合。由此可见，梁武帝对诗歌的这种“改革”，当是为宫廷中的舞蹈服务的。

（徐培均）

藉田诗　　　　萧衍

寅宾始出日，①律中方星鸟。②千亩土膏紫，万顷陂色缥。

严驾伫霞昕，浥露逗光晓。启行天犹暗，伐鼓地未悄。苍龙发蟠蜿，青旂引窈窕。仁化洽孩虫，③德令禁胎夭。耕藉乘月映，遗滞指秋杪。年丰廉让多，岁薄礼节少。公卿秉耒耜，庶甿荷鉏耰。一人惭百王，三推先亿兆。

〔注〕 ①《尚书·尧典》："寅宾日出。"郑注：寅，敬；宾，导。 ② 星鸟：即二十八宿中之星星，属南方朱雀七宿之一，故又名"星鸟"。 ③ 孩：原作"骇"，当是"孩"之误。《礼记·月令》："毋杀孩虫，胎夭。"

"藉田"，是古代名义上由天子亲自耕种的农田。古代统治者设置藉田的目的，一是为天子祭天祀地提供醴酪粢盛等祭品，二是借以宣扬天子身先天下，倡导以农为本。《礼记·祭统》曰："昔者天子为藉千亩，……醴酪粢盛，于是乎取之。"《国语·周语一》记载：周宣王即位，不设置藉田，于是虢文公就向他进谏，讲了一番"夫民之大事在农"的道理。可见藉田之重要。古代天子在开春季节，总要举行耕藉的仪式。《礼记·月令》中就有关于耕藉仪式的记载。这首诗便是梁武帝萧衍写的一首关于耕藉仪式的诗。

诗的开头先点明季节、时间。"寅宾始出日"，意思是说恭敬地迎接那即将出来的太阳。这说明时间是在黎明。"律中方星鸟"，点出季节是在仲春。古人依星纪划分月份，仲春二月，星鸟在正南方上空。《尚书·尧典》曰："日中，星鸟，以殷仲春。"接下来四句写景。"千亩"，这里特指藉田，按规定，天子藉田当为千亩。"土膏紫"，描绘出肥沃的土壤在黎明霞光映照下的颜色。"陂"指水池，"缥"是青白色。"万顷陂色缥"一句，写池中水色，与上句写土地的颜色对比非常鲜明。"严驾伫霞昕"，是说天子的车驾伫立在朝霞之中，"浥露逗光晓"，是说湿润的朝露闪烁不定，似乎在招引晨光。这四句写景，天色、土色、水色交相辉映，仿佛一幅色彩鲜明的油画，给人以清新开阔的印象。

再下来四句，写天子出发前往藉田的隆重场面，有声有色。虽然天还未亮，但隆隆的鼓声已震撼了沉睡的大地。"苍龙"，这里指为天子驾车的青色马。"青旂"，指青色的旗帜。古代天子的车马服饰，在不同的季节有不同的颜色。按照《礼记·月令》的说法，春季色尚青，故天子"驾苍龙，载青旂，衣青衣"。这四句在前面所描绘的由红霞、紫土、白水组成的画面上，又添上了一队声势浩大的青色人马，这画面就显得更加色彩丰富，生气勃勃了。

"仁化洽孩虫"以下六句转入议论，说明君主的仁政德化以及耕藉的意义。"孩虫"即幼虫，"胎夭"，指尚未出生和刚刚出生的小动物。这两句是说君主的仁德和恩泽普施于天下，连幼小的动物都得到了保护。《礼记·月令》中说，天子在春季应该"禁止伐木，毋覆巢，毋杀孩虫，胎夭，飞鸟"。这种做法，在今天看来自然不无保护自然生态平衡的意义，但在这首诗里，恐怕主要还是宣扬天子参天地之造化的功德。中国古代是以农业经济为主的社会，农业生产是立国的基础；而天子仁政德化的实施，也必须以农业生产这一基础作为保证。所以天子亲自参加耕藉，意义就非同小可了。"年丰廉让多，岁薄礼节少"，似乎道出了精神文明必须建立在一定的物质文化基础之上的道理。当然，这里所谓"廉让"、"礼节"与我们今天所说的精神文明内容是大不相同的。

最后四句，是正面写耕藉之礼。"耒耜"，"钼耰"，皆指古代的农具。"庶甿"，即庶民，这里指参加耕藉仪式的农人。公卿和农人们手持农具，作好准备，但还不能动手耕种，必须等待天子先下第一锄。否则这耕藉仪式便没有意义了。"一人"，这里指天子。"一人惭百王"，是说天子亲自参加耕藉，这一举动将会使天下四方的侯王们心中感到惭愧。因而他们就会纷纷起来效法天子了。"三推"，指耕藉仪式上的礼节。《礼记·月令》说：天子"帅三公九卿诸侯大夫躬耕帝藉，天子三推，三公五推，卿诸侯九推"。"三推"又叫"一拨"。《国语·周语》："王耕一拨，班三之，庶人终于千亩。"（班：班次。班三之：指天子以下，三公、卿诸侯等的拨数，依次三倍于其上。）所谓"三推""一拨"，其实就是用农具象征性地在田里拨弄几下而已。这千亩藉田，最终还是由庶人耕种完毕的。但天子这一象征性的举动，却具有使天下人效法的重要意义，所以说是"三推先亿兆"。

本诗最早见录于唐人的类书《艺文类聚》和《初学记》，但《艺文类聚》所引只有八句，《初学记》所引只有十四句，后人将两处逸文合为一诗，然是否诗之原貌，殆已不可知。其中有些句子，如"耕藉乘月映，遗滞指秋杪"两句，与上下诗意的脉络似乎不太连贯，所以原诗句次是否如此，还是值得怀疑的。这首诗的思想性和艺术性都并非上乘，但文学作品除具有审美教育作用外，亦还具有认识意义。此诗出自皇帝本人之手，比较真实地反映了天子耕藉之礼的有关情况，对于我们了解古代社会及其文化还是不无裨益的。　（徐克谦）

五字叠韵诗　　萧衍等

后牖有榴柳，（萧衍）
梁王长康强。（刘峻）
偏眠船舷边，（沈约）
载载每碍埭。（庾肩吾）

六斛熟鹿肉,(徐摛)
膜苏姑枯卢。(何逊)

这是一首联句诗,由六个人各人吟一句而成,诗句用叠韵,所谓叠韵,王国维《人间词话》说:"两字同一母音(即韵母)者,谓之叠韵。如梁武帝'后牖有朽(应为"榴")柳','后牖有'三字,双声而兼叠韵(按:"后"属匣母,即[h],实为[ɦ],"牖"、"有"属喻母,即零声母字,常记作[y],古代同为喉音"晓匣影喻"一组,故为双声。现代汉语则声母不同,不能算双声)。'有朽柳'三字,其母音皆为[u],刘孝绰之'梁皇长康强','梁、长、强'三字,其母音皆为[ang]也。"即以此诗为例。

萧衍起首句,"后牖有榴柳",后窗前有石榴和杨柳,不见有什么寄托,可能是在他们联句的场所之后窗口确有榴与柳,萧衍即兴随口而出。这五个字全属"流摄"上声"有"韵,它们的韵母相同,皆为[ǒu](不再按国际音标细分)。

刘孝绰联的"梁王长康强",内容完全是歌功颂德的谀词,不过也告诉了读者此诗联成的大概时期,应该是萧衍在代齐称帝的前夕。此五字用"宕摄"平声"阳"韵,其韵母都为 ang。

沈约的"偏眠船舷边",是说侧卧在船舷旁边,有点寄情江湖的味道。他是用了"山摄"平声"先"韵,其韵母皆为 ian。

庾肩吾的"载载每碍埭",是根据沈约的诗意而发生的。"埭"有两解,一为往来舟船征榷之所,相等于现代的交通检查站。一为水上横木,可以渡人,就是所谓水彴桥(即独木桥),这儿应指独木桥。此句意思是说沈约侧卧在船舷边,载着载着总要碰上独木桥的阻碍的。如果作"征榷之所"讲,更有意思,像沈约那样载在船上,检查站捞不到一个钱,反而增加麻烦。两种理解都带有调侃味道。此句宋代葛立方《韵语阳秋》卷四引陆龟蒙诗序作"载碓每碍埭"。"碓",舂米用的工具,大概堆得太高了,每遇独木桥,总是不能很顺利地通过。那么调侃的成分减少了。可是它还是从沈约的"船"上生发出来的,故不失谐谑。此五字用了"蟹摄"去声"代"韵,其韵母皆为 ai。

徐摛的"六斛熟鹿肉","斛"为古代的量具,原为十斗,据说南宋贾似道改为五斗,解放前用的斛就是五斗。六斛煮熟的鹿肉,简直是开玩笑。大概是在联句的酒筵上刚巧有很多鹿肉,徐摛随手拈来,以混过这刻不容缓的联句差使,否则,联不上岂不有失体面。此五字用的是"通摄"入声"屋"韵。关于入声,周德清《中原音韵》已派入平上去三声,现代普通话中更没有入声。其韵母大体是[uoʔ](国际音标)。

何逊的"膜苏姑枯卢"真有点不知所云,究竟说的是什么意思,只有何逊自己知道,也许自己也不知道。可能只是"趁韵"而已。此五字用"遇摄"平声"模"韵。韵母皆为u。

此诗的价值在于:它是梁武帝扬州同泰寺审音大会的基础,它透露了在审音大会之前我国的音韵体系已经成熟。另外它提供了古今音变化的坐标,我们是以隋陆法言撰的《广韵》为依据,隋离梁的时代不久,其音系大致相同,如"队""代"同用,至今这些字,除入声一组外,其他都未变,依旧同属一个韵部,声调也未变。此诗尽管每句五字全平全仄,其安排也有规则,六句的次序是:仄平平仄仄平。因为是叠韵,所以也无法押韵。

此诗的内容不值得一提,且属游戏笔墨,但在音韵学上却有很高的参考价值。　(潘　慎)

【作者小传】

虞　羲

字子阳,一字士光,梁会稽余姚(今属浙江)人。南齐时,以太学生游于竟陵王萧子良西邸,诗为谢朓所称赏。入梁,官至晋安王侍郎。事迹附见《南史》卷五九《王僧孺传》后。有集十一卷,已佚,《先秦汉魏晋南北朝诗》辑得其诗及断句十三首。

咏霍将军北伐　　虞　羲

拥旄为汉将,汗马出长城。长城地势险,万里与云平。凉秋八九月,虏骑入幽并。飞狐白日晚,瀚海愁云生。羽书时断绝,刁斗昼夜惊。乘墉挥宝剑,蔽日引高旍。云屯七萃士,鱼丽六郡兵。胡笳关下思,羌笛陇头鸣。骨都先自詟,日逐次亡精。玉门罢斥候,甲第始修营。位登万庾积,功立百行成。天长地自久,人道有亏盈。未穷激楚乐,已见高台倾。当令麟阁上,千载有雄名!

霍去病(前140—前117),西汉名将,大将军卫青姊子。年十八,为天子侍中,善骑射,初从卫青击匈奴,屡立战功,封冠军侯,三年后为骠骑将军。曾与卫青一起击败匈奴主力，对安定边界作出卓绝贡献。此诗咏霍将军北伐，与齐梁之际南北对峙的形势有关，例如南齐永明末，武帝欲北伐，多次临琅邪城讲武；又如梁天监四年(505)，武帝命中军将军临川王萧宏率众北伐，但诗歌的具体作年难以考订。诗人借歌咏霍去病击败匈奴事，抒发了为国建功立业的豪情，尽管凭借当时南方政权的国力希冀北伐成功并非易事，但诗歌所表现的进取精神，在那个时代却是难能可贵的。

秦始皇派蒙恬北筑长城，却匈奴七百余里，使胡人不敢南下牧马。可是，到了汉武帝时期北方和西北边患又变得严重了。武帝先后发动三次大规模的对匈奴战争，才基本确保了边地的安全。霍将军曾多次与匈奴接战，长驱二千余里，击败左贤王，封狼居胥山，禅姑衍，临瀚海，建功而还。诗歌首四句记出征，并描绘长城地势的险要。霍将军仗节拥旄，肩负国家重托，率部北伐，远出长城。“汗马”，或释为战功，似不确。据诗意，汗马当是西域名贵汗血马的省称。将军乘骑高大的汗血马、拥旄仗节，军威何其雄壮！“万里与云(一作阴)平”，承“地势险”，不仅写出长城的气势，长城外地域的广漠辽阔，而且创造出一种悲壮苍凉的氛围。“凉秋八九月”六句追叙师出长城之由。秋高气爽，马肥人壮，正是匈奴用兵的大好季节。敌骑南践幽、并两州，严重威胁西汉边地。飞狐战云密布，日色格外昏暗；瀚海兵事迭起，云雾阴霾若愁。“飞狐”，塞名，其地约在今河北蔚县东南；“瀚海”，又写作翰海，一般认为在今蒙古高原。此诗所用地名均为泛指，不必坐实。“白日晚”、“愁云生”，以边地之景渲染战事的紧急，并跌出“羽书”、“刁斗”。羽书不时断绝，军情不达，足见道路已为敌人所阻。“刁斗”，昼炊之具，夜则击之以警戒，为行军两用之物，此言昼夜为敌所惊。敌人之速，来势之猛，战事之急迫，由此可见。霍将军就是在这样紧急的形势下出师长城的，他系国家安危于一己之身，责任何其重大！

“乘墉挥宝剑”八句，描绘破敌，慷慨淋漓，扣人心弦，用笔高壮。在这严峻的关头，霍将军从容不迫，登城指挥将士却敌。宝剑所向，旌旗遮空蔽日，勇士良将，无一不奋勇争先；兵法阵法，出奇制胜。“挥宝剑”，生动地描绘出亲临前线指挥作战的主帅形象，同时还暗用楚王登城挥太阿宝剑，晋、郑之师围楚三年一朝破败的典故，已寓克敌制胜之意。“七萃士”，周代禁军，此指勇士。“云屯”，如云屯聚，一状士多将广，二形容全军上下凝聚一心。“鱼丽”，古兵阵，见《左传·桓公五年》。“六郡”，据《汉书·地理志》，汉金城、陇西、天水、安定、北地、上郡六郡良家子选给羽林，多出名将。真是将精卒勇，锐不可当。“胡笳关下思，羌笛陇头鸣。”这两句是破敌过程的小插曲。“胡笳”、“羌笛”，边地少数民族乐器。“高秋八九月，胡地早风霜”（吴均《胡无人行》），远离中原，北出边关，深入荒漠，羌笛一曲，胡笳数声，未免牵动征战将士的乡思之情。气候的恶劣，条件的艰苦，更见将士对国家的忠良气节。在铺叙紧张的战事中插入“胡笳”两句，文势起伏，回肠荡气，避免了行文的平板，更能打动人心。“骨都”、“日逐”，均匈奴侯王名。“自詟”，自惊慑；“亡精”，丧精亡魄，丢魂失胆。在霍将军的指挥下，击败了匈奴，北伐获得全胜。“自詟”、“亡精”，反衬霍将军的胆威及非凡的军事才能。上一节用“羽书”、“刁斗”，这一节用“胡笳”、“羌笳”，上一节用“飞狐”、“瀚海”，这一节用“骨都”、“日逐”，步步相为映发，相互照应，遣词谋篇用心良苦。

“玉门”至篇终，回师后事。“斥候”，今言侦察兵。玉门一带，战火已停。武帝为霍将军营造最好的住宅，霍去病说：“匈奴未灭，无以家为也。”遂传为千古美谈。“万庾积”，言其位尊禄厚；“百行成”，言其才高望重。“玉门”四句，极形容霍将军屡建功勋后受到国家的优宠。天长地久，但是人生短暂；将军虽然功成名就，但享福未多，人已迁化（死时年仅二十四）。“激楚”，楚歌曲；“高台倾”，指霍去病之死。“位登”，“功立”后嵌入“天长”四句，沉郁低回，紧接着又用“当令麟阁上，千载有雄名”两句振起作结，先抑后扬，顿挫跌宕，情调慷慨激昂，高亢有力。“麟阁”，即“麒麟阁”，在未央宫中，汉武帝获麒麟时作此阁，图画其像于阁，遂名为麒麟阁。汉宣帝甘露三年（前51），曾图画股肱之臣的形貌，署其官爵姓名于阁，以思其美。此诗借宣帝事，指出骠骑虽然过早谢世，但名雄千古，为后人所敬慕。

虞羲作品今存不多，但其诗作在南齐时就以其独特的“清拔”风格受到永明代表诗人谢朓的嗟赏称颂。后人评此诗曰：“高壮开唐人之先，已稍洗尔时纤卑习气矣”（《采菽堂古诗选》卷二十八）；“不为纤靡之习所困，居然杰作”（《古诗源》卷十三），都较准确地指出它与齐梁之际众作不同的特色在于不纤弱，在于高壮有气势。的确，齐梁间诗坛上能结合时事，寄寓作者高怀壮志，昂奋激发人心的诗作并不多见。此诗《文选》归入“咏史”类，篇幅还是较长的，何焯云：“妙在起伏，非徒铺叙为工”（《义门读书记》卷四十六），由于诗人善于驾驭，避免咏史诗较常见的平铺直叙，写得起伏跌宕。诗中描写边塞的一些语词、典故，多可回味，有的甚至为后代边塞诗所习用。此诗上承鲍照描写边塞的诗作（如《代出自蓟北门行》），下开唐人边塞诗之先，虽然情调尚不及唐人的俊快刚健，但如何焯所指出，实为杜甫《前、后出塞》所祖，在边塞诗的发展过程中有积极的意义。

（陈庆元）

见江边竹　　虞 羲

挺此贞坚性，来树朝夕池。①秋波漱下趾，冬雪封上枝。葳蕤防晓露，葱蒨集羁雌。含风自飒飒，负雪亦猗猗。金明无异状，玉洞良在斯。但恨非嶰谷，②伶伦未见知。

〔注〕 ① 朝夕池：《汉书·枚乘传》颜注引苏林曰："吴以海水朝夕为池也。"这里指大江。朝夕，即"潮汐"。 ② 嶰(xiè)谷，昆仑山北谷名，相传黄帝命伶伦所取作律之竹，即出此谷。

这是一首咏物诗。诗人咏物，多有兴寄。从《诗经》以来，竹就因其高节虚心之性，四时常青之质，清拔潇洒之姿，倍受文人墨客的青睐，吟咏之作不绝于世。本诗以竹的自然属性喻人的品格才调，也属于托物言志之列。

"挺此贞坚性，来树朝夕池。"首句突出竹的"贞坚性"。"贞坚"本属人的品质节操，此处用来标识竹"性"，显然有象征意义，揭明以竹比人的篇旨。句首着一"挺"字，一种清拔傲岸的风姿醒人眼目。次句由竹及水。竹水向有因缘，古有穆天子树竹元池之说，《卫风》有淇奥猗竹之咏；至于汉时睢园绿竹、渭川千竿，等等，更是赋家词客引为美谈的熟典。这里写竹水相伴，既衬出物美境清之趣，也顺笔逗出下句的"秋波"。

"秋波漱下趾，冬雪封上枝"，前句承上，写竹生江边，秋水朝涨夕落，日夜不息地洗涤着它的沾染污泥的根部。下句由秋引入冬，写大雪漫天而下，将竹子上部的枝叶全都封得蔽不见天。这两句，不仅借秋水冬雪衬托出竹的精神，而且也借水波的冲击，点出竹深固难徙，其志专一的个性；以冰雪的封压，突出其枝干瘦劲、傲然翘立的风姿。"葳蕤防晓露，葱蒨集羁雌"，"葳蕤"形容竹的茂盛，"葱蒨"形容竹的青翠，二语全从上句"上枝"引出，笔法绵密。同时，这两句又回映上联，暗示江竹经冬历秋，常翠不凋，于此亦可见诗人匠心之巧。"防晓露"语出《楚辞·七谏·初放》："使娟之修竹兮，寄生乎江潭。上葳蕤而防露兮，下泠泠而来风。"谓竹之茂密，可以防住露水渗入。"集羁雌"，语出《七发》："暮则羁雌迷鸟宿焉"，本是说黄河龙门山上的百尺高桐，暮夜可使失群的雌禽、迷路的飞鸟宿于其上，这里借以形容江边之竹非但青葱可喜，且又高标不群，足以庇护异类。这两句的用典，和上两句化用马融《长笛赋》"秋潦漱其下趾兮，冬雪揣封乎其枝"之语一样，都是取前人辞赋之成句融入诗中，而对仗工整，语若己出，亦可见诗人用典之妙。

"含风自飒飒，负雪亦猗猗。""飒飒"，本为风雨声，此处说竹子含风，也自然而生飒飒之响，表现手法曲折而耐人寻味，一个“自”字下得尤妙。“猗猗”，既美且盛之貌，竹子负雪，而不减其美盛，足见其禀气之厚，一个“亦”字也大有深意，令人生雪盛竹更盛之感。飒飒、猗猗，叠词连用，拟声拟状，竹之清韵悠扬、摇曳多姿，其清峻洒脱、外秀内刚的风骨格调，尽可在其中领味。“金明无异状，玉洞良在斯”，着意刻画竹竿色状。“金明”，指竿色灿若黄金。“玉洞”兼有两义，“洞”字与王褒《洞箫赋》“洞条畅而罕节”的“洞”字义同，形容竹竿条畅通达，纯净光洁如玉，此其一；其二，佳竹之用，在制为乐管。诗人描绘竹竿的色泽形状之美，旨在表明其质地精纯，实为制作乐管最佳之选，故曰“玉洞良在斯”，这句也将上文写江竹资质秉赋一意接过。至此，竹性、竹质、竹形及竹之为用均已写到，令人信服地感到，江竹表里俱美，出类拔萃，实为竹中精品。

“但恨非嶰谷，伶伦未见知。”最后二句，以惜叹作结，笔锋顿转。这里用的是伶伦制律的典故。相传黄帝命其臣伶伦作律，伶伦自大夏之西至阮隃（昆仑）之阴，取竹于嶰谷，用以定天下之律（见《吕氏春秋·仲夏纪第五》）。嶰谷之竹有幸见知于伶伦，而此竹品高韵清、质美形秀，却见弃于江畔，能不有恨？诗人借江竹之不平发为叹唱，表达自己怀才不遇、知音莫赏的一腔幽恨。惜竹即自惜，竹恨即己恨，这番情意以嶰谷竹与江边竹对比而出之，委婉含蓄，寄慨遥深。

此诗全篇以竹况人，而无一语道破其人，可谓“不离不即”。王夫之曰：“咏物诗步步有情，而风味不刻露，殆为绝唱。”（《古诗选评》）本篇虽称不上“绝唱”，但就其构思而言，实不失为一首有情致、有新意的咏竹佳作。　（易　平）

橘诗　　虞羲

冲飙发陇首，朔雪度炎洲。
摧折江南桂，离披漠北楸。
独有凌霜橘，荣丽在中州。
从来自有节，岁暮将何忧！

这是一篇橘颂。颂橘却不直接从橘说起，而是从严酷的生存环境落笔，通过映衬比较写出。

一、二句写严寒的天气：狂风（冲飙）自西北的陇首（即陇山，六盘山南段的别称，在今陕西陇县至甘肃平凉一带）刮起，呼啸着向东南推进；大雪铺天盖地地由北往南袭来。这两句写得极有气势：风是“冲飙”，有着突发的强力，桀骜不驯，似乎吼叫着启程；雪是“朔雪”，寒冷彻骨，原为北地所特有，而如今却在温暖的炎洲(岭表以南之地)肆虐逞威。

三、四句接写风雪过处的大地景象:江南的桂树被摧折,漠北的楸树变得枝叶凋零。“漠北”指中国北方极远之地。“江南”与上句的“炎洲”相应,泛指整个南方。自北而南,从高大的楸树至常绿的桂树,凡风雪所经,似乎已无一得以幸免。

真的无一得以幸免么?就在这一严酷的背景前,诗人将橘树的形象推出:“独有凌霜橘,荣丽在中州。”在中原大地上,橘树却以其耐寒的凌霜之质迎风斗雪,依然枝繁叶茂,光艳动人。以上几句翻用屈原《远游》“嘉南州之炎德兮,丽桂树之冬荣”的诗意;由于“朔雪度炎洲”,“南州之炎德”不存,“桂树之冬荣”已矣,但仍有“荣”、“丽”者,这便是“在中州”的橘树。中州地在江南之北,风欺雪虐之苦更甚于江南,橘树居然依旧“荣丽”,可见其凌霜的姿质如何的不同凡响了。

末两句直接抒情,进一步提摄橘树的精神,以热情的语言加以褒扬。“自有节”,指橘树具有不畏严寒的本性。这是基于眼前的事实加以推衍作出的判断。由橘树的“从来”如此,诗人又进而论断,橘树将会经受住“岁暮”时分新的考验。末两句语气坚定,倾向鲜明,是诗人对橘树的热烈颂扬,也是他本人自信自爱情怀的真诚袒露。这与他歌颂江边竹“挺此坚贞性”(《江边竹》诗)的精神,正是一脉相承的。

全诗的构思,基本上遵循孔子所说的“岁寒,然后知松柏之后凋也”(《论语·子罕》)的思路,具体的表现则又脱去形迹,自具面目:抽象的“岁寒”不见了,诗中出现了形象可感的“冲飙”、“朔雪”,拟人化动词“发”、“度”的采用,强化了对风雪的动态表现,显示出严寒席卷大地的无比威势;“后凋”二字中隐含着的对比,在诗中则被明白地展示出来,一面是摧折离披的桂楸,一面是凌霜荣丽的橘树,两相映衬,具体地写出了对“后凋”的橘树的赞美;最后,孔子的话以议论精警取胜,富于哲理性,而《橘诗》则以描写生动见长,富于情韵,即使结尾两句画龙点睛式的议论,也不是冷峻的客观的阐发,而是伴随有诗人热烈的感情。由上可知,《橘诗》的成功,固然有可能与汲取前人思想资料的滋养有关,而其根本原因,则不能不归之于诗人独特的生活体验与其艺术上的独创。 (陈志明)

【作者小传】

虞 骞

梁会稽(今浙江绍兴市一带)人。官至王国侍郎,五言诗与何逊齐名。事迹附见《梁书》卷四九《何逊传》及《南史》卷三三《何承天传》后。《先秦汉魏晋南北朝诗》辑得其诗五首。

视　月　　　　虞　骞

清夜未云疲，珠帘聊可发。
泠泠玉潭水，映见蛾眉月。
靡靡露方垂，晖晖光稍没。
佳人复千里，馀影徒挥忽。

望月怀人，从《诗经·陈风·月出》发轫，至《古诗十九首》之“明月何皎皎”，月亮成了怀远思人的意象，凝聚成一种积淀的审美意识，而广泛出现在魏晋南北朝乃及以后的作品中。此首便是其中之一。

“清夜未云疲，珠帘聊可发。”一天过后，人夜自然困倦，而此言“未云(不可以说，犹言感觉不到。)疲”，全因夜晚清静宜人。篇首的“清”字，自含清凉如水的明月在，良夜如此，则使人兴致悠悠。另外，探后结末“佳人千里”看，怀人心忧，睡意全消。好在良辰美夜，似可排遣，挂帘步出，以抒情怀。“聊”字衬出无可奈何之意。

“泠泠玉潭水，映见蛾眉月。”上言帘曰“珠”，此谓潭曰“玉”，这自非普通居所。泠泠，清凉冷清的样子。潭水被月光所照，给人泠泠然清寒渗凉之感。“泠泠”写水，也折射出月光来。其实，乍出屋外，一切都在月光的笼罩之中，只是潭水反光粼粼耀眼，最容易看到。一弯明月倒映于明净清凉的水中，更显得潭周围的堤石洁白如玉，潭水清然剔透。月映水中，不说“映出”，而曰“见”，隐隐提动庭院踟蹰者。这里写景不涉及人，却似可想见月下徘徊者。如果说上句借水写月，那么这句则是以月写人。清夜明月，如果佳人在旁，当并肩漫步，或清樽共对，而今却独敛见月之眉，无论是“俯视清水波”，还是“仰看明月光”，都使人郁郁悲思，对月伤心。

五、六句也纯然写夜景，从物象中传递出夜晚时光的消逝，和“泠泠”两句乍出居室所见不同。“靡靡”，迟迟。夜深露重，积露成滴，以此点明夜深，又借夜深点出人之不眠。宛然可见个呆呆遐想的人儿在，他(或她)感觉不到夜露寒气的侵袭，而只是情之痴痴地凝视月亮“晖晖光稍没”。明明之月，眼看着摇摇西坠，光线渐渐黯淡，美景不长，令人怅然。“稍”、“方”具有时光的流速感，悠悠然撞人心怀。

“佳人复千里”一句，方点明怀人心事，回应首句，剔明“未云疲”之缘由。佳人不在，且“复千里”，山川悠悠，道路漫漫，思得一见何能？这就逼出末句“馀影徒挥忽”。斜月西下,余影瞬息间飘忽而匿没。着一“徒”,见出“月去人不来”的惆怅,也映显出他(她)或伫立、或静坐。总之,在注视着那西沉之月,两眼炯炯,依然是“未云疲”。情绪黯然,似在疑思,好景为何不长,佳人为什么不在。这情景使人想起曹丕《燕歌行》其一的结尾:“牵牛织女遥相望,尔独何辜限河梁。”余味悠悠,溢于言外。

题目是“视月”,诗不纯写夜景、月光,而映带出视月之人。月色千里同照,清泠的静夜,使人自然遐想遥远,神荡心移。诗人把“我”置于溶溶月光之下,衬托出幽悠不尽的辽远情思。境界清淡空灵,情调幽隽微婉,犹如秋夜朦胧的月光下,听草虫独奏。特别是“映见蛾眉月”一句,写月,写视月之人,笔触之轻盈和月之婵娟及人之怅惘协调、吻合无间。全诗写使人遐想的月、遐想的人,也使读者遐想不已。

(魏耕原)

寻沈剡夕至嵊亭 虞 骞

命楫寻嘉会,信次历山原。
扪天上云紉,搴石下雷奔。
澄潭写度鸟,空岭应鸣猿。
榜歌唱将夕,商子处方昏。

这是一次兴味盎然的寻访。沈剡生平不详,大约是居于山中的隐者?自然也是诗人急切相访的老友。(嵊州在历史上原称剡县。“沈剡”也可能指姓沈的剡县令,那就不是“隐者”了。但诗题称“寻”,从庾肩吾《寻周处士弘让》、萧纶《入茅山寻桓清远迺题壁诗》、周弘正《还草堂寻处士弟诗》等例看,似又属隐者。)嵊亭建于嵊山(在今浙江嵊州东),俯临着风景如画的曹娥江。想到即将在白云缭绕的青峰丹崖间,会见阔别的故人,诗人能不心驰神往?故诗之开篇,即有一股喜色浮动于笔端:“命楫寻嘉会,信次历山原。”前句叙促装启程,“命”字见备舟出行之急切,“嘉”字表赴会故友之喜悦。一叶小舟,就这样载着诗人离岸而去,转眼驶行在曲折江流之上。后句叙途中舍舟,穿行于原野山径,日行夜宿,屈指已过了三日(“信次”,指留宿三日以上)。从后一句看,诗人的这次寻访,路程颇为不近。但心境之美好,使漫长的旅途,也显得轻松自在。两句诗节奏轻捷,画面转换也快,表现的是一种乘兴而往的自得之情。

接着四句集中笔墨,描摹山间寻友所见的奇景。此刻,诗人已进入秀美清峻的嵊山。虽说是“寻”,但于故人的居处,诗人定当熟悉。既然即将到达,自不必过于匆忙。还是顺便饱览一下沿途的风物吧。“扪天上云紏”，写登山仰观的视觉意象。诗人站在高高的山崖，顿时生出一种置身云天的奇妙感觉：那青冥冥的高天，仿佛就近在头顶，一伸手即可触摸到；而容容的流云，又曲折变幻，简直就聚散在眉睫之间！此句化用屈原《悲回风》“据青冥而摅虹兮，遂儵忽而扪天”之境，写所至之处的高渺，又用流云烘托，便带有了神奇飘忽的动感。“搴石下雷奔”，写山泉激石的听觉意象。“搴”又作“礐”，疑为“砻”之误，当是流水冲激山石之意。诗人从高崖上俯瞰，首先听到了轰轰隆隆（或者稍为细急些）的声响。仔细一看，才知是湍急的瀑流，奔行在山岩之间，其势正如迅雷之奔，令人惊心动魄。山中的奇景自然不止于此。当诗人在四周浏览之际，又意外发现了一泓清亮的水潭。那潭水平静如镜，光闪闪辉映着云天峰影，显得何其明朗和静谧。突然之间，又有几只飞鸟掠过，刹那间消失在青峰绿树之中——这就是“澄潭写（画下）度鸟”所展示的景象。与前两句着意于云、泉的动态不同，此句则化动为静，表现飞度水潭之鸟，偏从图画般投印于水中的鸟影写出。两相映照，甚有后世诗论家所追求的那种“镜花水月”的空灵之趣。接着的“空岭应鸣猿”，又把目光推移，投向天边的山岭。只见远峰隐现，默默无语；所能听到的，只有那断续的猿鸣，在空谷之间此起彼应。这一句的境界，与郦道元《水经注·江水》所述“每至晴初霜旦，林寒涧肃，常有高猿长啸，属引凄异，空谷传响，哀转久绝”相近，而表现的情感却不相同。郦文偏于写“哀”，此句重在衬“静”。因为诗人流连于青峰绿潭之境，心情本就是欢悦和平静的；那声声猿鸣，也正适宜诗人体味此刻山林间的静谧。

诗人就这样沉浸在友人居处的山林之中，倘若不是江上传来的渔歌唱晚之声，恐怕还意识不到日之将夕吧？“榜歌唱将夕，商子（指辰星）处方昏”二句，正以一片欢乐的船歌，打破了前文的静谧，将诗人从山景的沉醉之中唤醒。当诗人仰看东天，才发现早已是辰星升起的霭霭黄昏。诗至此处，便戛然收止，正照应了诗题“夕至嵊亭”之意。此刻，他的友人大约已倚门待久了吧，该是前去欢叙的时刻了。

虞骞在南朝似乎并不知名，所以关于他的身世，我们也了解甚少。但人不知名，诗则未必就差。就以这首诗说，抒写临观高峦、泻泉的奇妙印象，表现山潭、空岭的清幽、静谧，夸饰映衬，虚中写实，近而能远，造成了一种很美的境界。结尾悠悠收止，情味亦复隽永。全诗虽无寄托，但作为一首写景小诗，自有其单纯可爱之处。不识读者以为何如？

（潘啸龙）

【作者小传】

柳　恽

(465—517)　字文畅，梁河东解(今山西运城西)人。好学，善琴棋，南齐时，为竟陵王萧子良行参军，累迁太子洗马，试守鄱阳，为百姓所称。还任骠骑从事中郎。及萧衍(即梁武帝)攻建康，恽投之，任相国右司马。梁立，历官长史兼侍中、吴兴太守、左民尚书、广州刺史、秘书监，又出为吴兴太守，为政清静，因病去官卒。事迹具《梁书》卷二一本传，又附见《南史》卷三八《柳元景传》后。有集十二卷，已佚，《先秦汉魏晋南北朝诗》辑得其诗十八首。

江南曲　　柳　恽

汀洲采白蘋，日暖江南春。
洞庭有归客，潇湘逢故人。
故人何不返？春花复应晚。
不道新知乐，只言行路远。

"江南曲"属乐府《相和曲歌辞》，有《江南》古词云："江南可采莲，莲叶何田田。"这里的《江南曲》是作者以乐府旧题创作的一首闺怨诗，作品细致地描绘了一位丈夫远在异地的江南妇女思念她亲人的怅惘心情。

诗的头两句是起兴："汀洲采白蘋，日暖江南春。"蘋，是一种生长在浅水中的草木植物，在江南一带水泽池塘中多有生长。这里"采蘋"并不一定实有其事，只是间接点明诗作的时间，是在百草复苏的春天。以下六句皆写诗中女主人公遇到"洞庭归客"时所闻和所问，以及由此引起的复杂心理。"洞庭有归客，潇湘逢故人"，是说有客从"洞庭"回到女主人公的家乡，给她带来了丈夫的消息。"洞庭"、"潇湘"，一为山名，一为水名，各有传说典故，经常为诗人采撷入诗，如谢朓"洞庭张乐地，潇湘帝子游"(《新亭渚别范零陵云》)，这里应皆指"故人"行旅所经或居住的地方。得到丈夫的消息，妇人本应欢喜欣慰，但是"归客"只说曾经与她丈夫见过面，却并没说清"故人"为何不回还的原因。因此，欢喜的心情又很快变为忧虑。"故人何不返？春花复应晚。"这两句可视作妇人向"归客"的问话，也可看作是她的自问：春日迟暮，百花又快到了凋谢的时节，你为什么还不回来呢？此话是探问，而其中又带有埋怨和责备。这一联同谢朓"无论君不归，君归芳已歇"(《王孙游》)同出一机杼，并非仅指季节的迁移，亦暗含着佳人迟暮的意思。

结尾两句则是在无限的怅惘中，又带有明显的嘲讽意味："不道新知乐，只言行路远。""只"，一作"空"。两句大意是：不说是另有了新欢，倒推说路途遥远！此嗔怪的语气，或是玩笑般的责难，或是略带怨恨的斥责，都细腻地刻画出女主人公既思念又疑虑的复杂而细微的心理。

这是一首风格清丽、感情刻画细致的诗作。本篇与《古诗十九首·涉江采芙蓉》的抒情主人公有所不同，一为思妇，一为远游之士，但所表达的怀念远人的心情有相近之处，皆因"同心离居"而怨怅。起句"汀洲采白蘋"，在后人的诗词中常作为典故化用，陆龟蒙《江南曲》作："为爱江南春，涉江聊采蘋"；又李贺有《江南曲》一首，亦题作《追和柳恽》，头两句为："汀洲白蘋草，柳恽乘马归。"

（孙绿怡）

长门怨 柳恽

玉壶夜愔愔，应门重且深。
秋风动桂树，流月摇轻阴。
绮檐清露滴，网户思虫吟。
叹息下兰阁，含愁奏雅琴。
何由鸣晓佩，复得抱宵衾。
无复金屋念，岂照长门心。

在帝王的恋爱故事中，汉武帝对陈皇后始则金屋藏娇、宠幸逾等，终而打入冷宫、恩断义绝，历来是人们津津乐道的风流艳事。柳恽《长门怨》即是代陈皇后立言，抒写其黜入长门宫中的哀怨嗟伤。开端"玉壶夜愔愔，应门重且深"，点出陈皇后阿娇被黜后所处的特定环境。皇宫内院，门户深重，一片沉寂；夜深人静，唯闻宫中漏壶，水声滴滴。愔愔，静寂貌。应门，这里指宫门。这两句，把读者带入幽冷凄清的境界中去。它与一般深闺怨旷虽有共通之处，但又更为凝重萧瑟。然后，诗人择取秋夜风物，加以精心描绘。"秋风动桂树，流月摇轻阴。"秋风送凉，桂枝摇曳。月华透过枝叶，着地星星点点，闪烁不定。这两句将难状之冷宫秋景，写来如在眼前，正见诗人炼意之巧、铸辞之工。"绮檐清露滴，网户思虫吟"，又转换角度，由庭院移向寝处。华檐之上，清露滴滴；绣户之外，秋虫长吟。网户，刻有网状方格的门窗。这一段景物描写中，尽管诗人落笔于动态、声响，写的是风回树摇，露滴虫鸣，但都是以动见静，愈形其静。这秋夜的黯黯沉寂，与女主人公焦虑而又凄凉的心境丝丝入扣；而檐户之华美，又与这种心境形成强烈反差。句句景语，又是句句情语。

经过环境、景物的烘托，诗人笔致轻转，进而直接刻画纠结错互的复杂心境。“叹息下兰阁，含愁奏雅琴。”在在强调一个“愁”字：中夜不眠，步出芳闺，蹙眉暗叹，奏琴自慰。然而弹琴果真能消释愁闷吗？陈皇后手抚琴弦，心神早已飞驰：“何由鸣晓佩，复得抱宵衾。”想的是如何才能佩环铿鸣，重见天子，承欢受宠，伴寝君王。但金屋专宠，已是明日黄花；重修旧欢，却又杳然无期。阿娇抚今思昔，不堪回首，怨恨转生：“无复金屋念，岂照长门心。”金屋之诺荡然无存，黜废之身岂复关心。“金屋”与“长门”两相对照，过去的光辉正映照出今天的黯然失色，今天的孤苦又正因过去的辉煌而更加难堪。怒恨交作，声泪俱下。心绪激荡，臻于高潮。短短六句，写出了愁苦、向往、怨恨、伤感等重重侧面，情绪一气流走，令人为之低回不已。

此诗在选材上，舍弃陈皇后的春风得意，只撷取其冷宫生涯，以表现其痛苦心情。它不仅写出皇后这特殊地位的特殊痛苦，而且包容了广大妇女宠辱由人、无力反抗的可悲状况，从而使题材具有广泛意义。所以此诗一出，李白、张祜等踵事增华，纷纷效作。全诗布局由景入手，续以情思，又于情感高潮处戛然收结，结构步步生发，有条不紊。另外，全诗十二句，除开端外，尽是两两相对，但在这五组对仗中，句法多变，无一重复，足见诗人造语工致。其遣辞刻意求工，化用《左传》、《诗经》中语词，而又食古能化，辞意畅达。清人陈祚明在《采菽堂古诗选》中评柳恽诗曰：“柳吴兴音调高亮，取裁于古，而调适自然，全类唐音。无六朝纤靡之习，颇开太白之先襟。”从《长门怨》中即可看出，柳诗的句法、字法都趋于清朗，已接近唐风。

（何丹尼）

七夕穿针 柳 恽

代马秋不归，缁纨无复绪。
迎寒理衣缝，映月抽纤缕。
的皪愁睇光，连娟思眉聚。
清露下罗衣，秋风吹玉柱。
流阴稍已多，馀光亦难取。

七夕是中国传统节令之一，相传牛郎织女一年一度相会斯夕。据《荆楚岁时记》记载，这天晚上，妇女们纷纷以彩色线穿七孔针，于庭院中陈列瓜果乞巧。民俗流风所及，七夕也成为六朝诗人咏歌的热点。除了歌唱牛郎织女外，“七夕穿针”的作品也不在少数。如梁简文帝萧纲诗“怜从帐里出，想见夜窗开。针欹疑月暗，缕散恨风来”、刘遵诗“步月如有意，情来不自禁。向光抽一缕，举袖弄双针”。柳恽的《七夕穿针》，虽然题材也是传统的闺怨，但比起前面各家来，诗的内容更加丰富，意境也开拓得较深。

诗歌发端“代马秋不归，缁纨无复绪”，且不提七夕穿针，而先说明丈夫从军代地（今河北、山西北部），妻子独处闺中，各色衣裳，无心料理。然而瞬间已到七夕，须为丈夫打点冬装，于是归结七夕穿针这一诗题：“迎寒理衣缝，映月抽纤缕。”旧注引《周礼·春官》中“中秋夜，击土鼓、吹豳诗以迎寒”解释“迎寒”，似乎牵强。这两句诗使用修辞中的“互文格”，即“映月迎寒，抽纤缕理衣缝”，在月光下迎夜凉、穿针孔、缝衣衫。单纯的穿针娱乐变为实际的裁衣寄远，于是民俗与社会问题浑融浃洽，天衣无缝。下文便描写女主人公飞针走线时的容貌神情。“的皪愁睇光，连娟思眉聚。”的皪，光亮鲜明。连娟，纤细弯曲。眼波媚丽，奈何凝愁远望；眉山春妍，只是紧蹙不舒。全无佳节兴致，更添独居抑郁。这是人物的正面描写。接着诗人再从侧面对环境进行渲染：“清露下罗衣，秋风吹玉柱。”玉柱，这里代指筝瑟等乐器。罗衣沾露，只为伫立已久，可见时已夜深。秋风拂弦，可见心绪缭乱，置琴不顾。清露点点，微响悠悠，两句勾勒出一片凄清氛围，蕴含着恍惚失神的人物形象。结尾转到人物心理：“流阴稍已多，馀光亦难取。”一夜光阴大半流逝。残夜馀光欲留无计。寥寥十字，辞约义丰，既是慨叹牛郎织女欢会短暂；又是自伤良宵虚度，比之牛郎织女，尤为不及。这两句将节日与日常生活收束合一，将人生感慨与神话传说收束合一，将世间凡人与天上星宿收束合一。神韵超远悠渺，耐人寻味。

此诗的人物描写，堪称细腻。随着时光的推移，由夜晚到中宵再到残夜，或是穿针缝衣的举止，或是颦眉含愁的神情外貌，或写幽清环境，或状嗟伤心绪，移步换形，内涵充实。从而使整首诗歌也显得清隽雅丽，卓然出群。正如清人陈祚明所说的，“柳吴兴诗如月华既圆，云散相映，光气满足”（《采菽堂古诗选》卷二十五）。

（何丹尼）

捣衣诗　　柳　恽

行役滞风波，游人淹不归。

亭皋木叶下，陇首秋云飞。

寒园夕鸟集，思牖草虫悲。

嗟矣当春服，安见御冬衣？

柳恽以《江南曲》"汀洲采白蘋，日暖江南春"之句闻名后世。他的这首同赋闺怨的少年成名作《捣衣诗》中"亭皋木叶下，陇首秋云飞"一联，也是不可多得的佳句。古人在裁制寒衣前，要将纨素一类衣料放在砧石上，用木杵捶捣，使其平整柔软。捣衣的劳动，最易触发思妇怀远的感情，因此捣衣诗往往就是闺怨诗的异名。六朝这类诗甚多，谢惠连的《捣衣诗》就曾受到钟嵘的称赞，其中有句云："檐高砧响发，楹长杵声哀。微芳起两袖，轻汗染双题(额)。"可见古代捣衣的具体情景。

捣衣往往为了裁缝寄远。因此诗一开头便从感叹行人淹留不归写起："行役滞风波，游人淹不归。"古代交通不便，南方水网地区，风波之险常是游子滞留不归的一个重要原因。女主人公想象丈夫久久不归的原因是由于风波之阻，正反映出特定的地域色彩。两句中一"滞"一"淹"，透出游子外出时间之久与思妇长期盼归之切，而前者重在表现客观条件所造成的阻碍，后者重在表达思妇内心的感受，在相似中有不同的侧重点。

三、四两句写深秋景色。上句是思妇捣衣时眼中所见之景。亭皋，水边平地，暗切思妇所在的江南。"木叶下"化用《楚辞·九歌·湘夫人》"袅袅兮秋风，洞庭波兮木叶下"意境，暗透思妇在秋风起而木叶下的季节盼望游人归来而"目眇眇兮愁予"的情景。下句是思妇心中所想之景。陇首，即陇头，系游人滞留之地。陇首或陇头的意象，在南北朝诗赋中常与游子的飘荡相联系，此处即泛指北方边塞之地。思妇由眼前"亭皋木叶下"的深秋景象，联想起丈夫所在的陇首一带，此刻也是秋云飘飞的时节了，想象中含有无限思念与体贴。"秋云飞"的意象，不但明点秋令，而且象征着游子的飘荡不定(浮云常被用作游子的象喻)。这一片飘荡无依的"秋云"，什么时候才能回到自己的故乡呢？两句一南一北，一女方一男方，一实景一悬想，不但对仗工整，形象鲜明，而且由于意象富于蕴涵，能引发多方面的联想。表面上看，似单纯写景，而思妇悲秋叹逝、怀念远人的感情即寓其中，意绪虽略带悲凉，而意境疏朗阔远。《梁书》本传说："恽少工篇什，为诗云：'亭皋木叶下，陇首秋云飞'，王元长(融)见而嗟赏。"可见它在当时就被视为警语佳句。

五、六句由第四句的驰神远想收归眼前近景："寒园夕鸟集，思牖草虫悲。"在呈现出深秋萧瑟凄寒景象的园圃中，晚归的鸟儿聚集栖宿；思妇的窗户下，唧唧的秋虫在断续悲鸣。"寒"点秋令，也传出思妇凄寒的心态；夕鸟之集，反衬游人不归；草虫悲，正透出思妇内心的悲伤。所见所闻，无不触绪增悲。

最后两句是思妇的内心独白。眼下已是木叶纷飞的深秋，等到裁就寒衣，寄到远在千里之外的陇首塞北，那里已是春回大地，应当穿上春装了，哪里能及时见到我寄去的御寒的冬衣呢？这一设想，不仅显示了南北两地的遥隔，而且透露出思妇对远人的体贴与关切，将捣衣的行动所包含的深情蜜意进一步表现出来了。

诗题为“捣衣”，但跟前面所引的谢惠连的《捣衣诗》具体描绘捣衣劳动的写法不同，除结尾处略点寄衣之事外，其他六句几乎不涉捣衣本题，表面上看似有些离题。实则首联揭出游人之淹滞远方，为捣衣之由，中间两联写景，为捣衣时所见所想，仍处处关合题目。只是本篇旨在抒写捣衣的女子对远人的思念、体贴，对捣衣劳动本身则不作正面描写。这种构思，使诗的意境更为空灵，也更富抒情色彩。

（刘学锴）

【作者小传】

王僧孺

（465—522）　字僧孺，梁东海郯（今山东郯城）人。南齐时，曾游于竟陵王萧子良西邸，累官至治书侍御史，出为钱唐令。入梁，为临川王记室参军，出为南海太守，为官清廉。征还，历任尚书左丞、御史中丞、少府卿，出监吴郡，还任尚书吏部郎、南康王长史，被谗免官。后又历任幕府官，入直西省，掌撰谱之事。事迹具《梁书》卷三三及《南史》卷五九本传。有集三十卷，其他著述七百余卷，已佚，明人辑有《王左丞集》，《先秦汉魏晋南北朝诗》辑得其诗三十九首。

古　意

王僧孺

青丝控燕马，紫艾饰吴刀。
朝风吹锦带，落日映珠袍。
陆离关右客，照耀山西豪。
虽非学诡遇，终是任逢遭。
人生会有死，得处如鸿毛。
宁能偶鸡鹜，寂寞隐蓬蒿。

诗题为《古意》，可知是一首拟古之作。诗中描写了一位古代游侠儿的形象，同时抒发了一种际遇难逢，壮志难酬的人生感慨。

诗的前六句，着重刻画这个游侠儿的英姿，他跨马横刀，英气勃发，大有气吞山河的气概。作者通过对其装束和佩物的描写，极力渲染出这一人物的传奇浪漫色彩。“青丝”,是青色的丝绳,这里是指马缰绳。“控”,是操纵的意思。“燕马”是北方燕国一带出产的良马。“紫艾”是一种香草,古人用来做饰物。“吴刀”是吴国出产的宝刀。这些用品和饰物,再加上锦缎做成的衣带,缀有珠宝的衣袍,把这个游侠儿的形象装点得光彩照人。而“朝风”的吹拂,“落日”的映照,更将他烘托得英姿飒爽。“关右”、“山西”,均指华山以西古秦、晋之地,这正是古代英雄豪杰辈出的地域。而这位游侠儿却能在此纵横驰骋,这就更加显示出他的豪气逼人。这一带有浓烈的浪漫色彩的神奇人物,显然是某种理想的化身。在他身上,或许寄托着作者立身济世,成就功名的宏愿。

诗的后六句,感情基调出现了变化,由对游侠儿形象的正面描绘,转为对其际遇遭逢的感叹;由浪漫的豪情,转为沉郁的思考。

“诡遇”,语出《孟子·滕文公下》中一则故事:春秋时驾车能手王良与赵简子的嬖臣(名奚)驾车出猎,王良按规矩驾车,嬖奚终日不能获一禽,因而骂王良是“贱工”;后来王良不按规矩,随便凑合,嬖奚反而能一朝获十禽,并夸奖王良是“良工”。于是王良对赵简子说:“吾为之范我驰驱,终日不获一;为之诡遇,一朝而获十。我不贯与小人乘,请辞。”后来“诡遇”一词常用以指那种不按规矩、不讲原则、枉道从人、随意苟合的行为。“虽非学诡遇,终是任逢遭”,意思是说虽然没有学会“诡遇”之术去迎合小人,却因此而只能听凭命运的摆布,任其遭逢了。这两句诗,不仅是写这位游侠儿的际遇,同时也反映了封建时代一种普遍的社会现实:即使有才能的人,如果没有学会逢迎阿谀的特殊技巧,仍然是很难获得举拔重用的机会。

但这位侠士并不因此而自甘沉沦,他仍然渴望有施展身手的机会,甚至为此而不惜生命:“人生会有死,得处如鸿毛。”这两句用司马迁《报任少卿书》“人固有一死,或重于泰山,或轻于鸿毛”的文意。按司马迁的原意与今人引用时通常所表示的意思不同,他是说:在不值得献身时,应将生命看得比泰山还重;在值得献身时,则应把生命看得比鸿毛还轻。古人都是从原意上引用的,王僧孺这两句诗,也是说:人生总有一死,只要死得其所,生命也并不足惜。下面又进一步申发:自己岂能与“鸡鹜”即鸡鸭似的碌碌无为的庸人为伍,默默无闻地度过一生?这两句诗,在满怀遗憾的喟叹中,又包含着奋发自强的力量,表达了一种积极进取的人生观。

这首《古意》诗,以拟古的形式,描写游侠儿的英姿,表现了既不甘混同世俗、苟且取巧,又不甘庸庸碌碌、无所作为的人生态度,情绪高昂而激荡,具有感人的力量。

（徐克谦）

落日登高　　王僧孺

凭高且一望，目极不能舍。
东北指青门，西南见白社。
轸轸河梁上，纷纷渭桥下。
争利亦争名，驱车复驱马。
宁访蓬蒿人，谁怜寂寞者。

在古代诗苑中，登临之作可谓多矣。大都借登高远眺的所见所闻，抒发感慨。梁代诗人王僧孺的《落日登高》，却借汉代长安景象来抒写他对梁代社会生活的感受与认识。诗中运实入虚，借彼言此，是登临诗中的佳构。

作者登高远望，目极千里，高山大河，城镇村庄……一一奔赴眼底。发端虽平实，却见出他居高临下、俯视人寰的磊落身姿和高远神情。若说诗人着意登临览胜，这倒未必，从一“且”字可见他是无可无不可，只是“聊且”一望而已；而“一望”至于“不能舍”，则令人注意到所引发的感触是如何深广。原来他面对茫茫宇宙，神驰万里，思接千载，从眼前之近城远郊，竟遥想到汉代帝都长安的景象来。青门，是汉长安城东南门，本名霸城门，俗因门色青，呼为青门。秦召(邵)平为东陵侯，“秦破，为布衣，贫，种瓜于长安城东”(《史记·萧相国世家》)青门外。所种瓜美，世俗谓之东陵瓜，又称青门瓜。白社，地名，在今河南偃师市内。《抱朴子·杂应》：“洛阳有道士董威辇常止白社中，了不食，陈子叙共守事之，从学道。”作者登高首先注意隐士高人所居之地，隐然可见其向往山野林薮的高情远致。白社本不在长安，但诗人并不拘守现实中的地理位置，只取其为隐者所栖以与青门相应；且白社与青门属对工切，色泽对比亦醒豁鲜明，实是兴会神到，涉笔成趣。

接下来四句是诗人想象中的长安闹市景象。渭桥是汉时长安附近渭水上的桥梁，地处交通要冲，是当年长安城主要的热闹繁华去处。不难想见，桥上有多少青牛宝马七香车，络绎不绝；桥下有多少青龙黄雀木兰舟，南来北往。他们或征名逐利，或争权夺势，忙忙碌碌，纷纷扰扰，演出了一幕幕宦海浮沉、人生宠辱的悲喜剧，其间又有多少尔虞我诈，钩心斗角！轸轸、纷纷，皆盛多貌。纷纷，更有忙乱之意。(《孟子·滕文公上》：“何为纷纷然与百工交易？”)诗人以此两叠词形容车水马龙、川流不息、熙熙攘攘、吵吵嚷嚷的繁盛嘈杂景象，用语简洁，形象鲜明！又使“争”与“驱”二字巧妙地在一句中重叠，形成一种“句中排”的复沓句式，更平添了几多热闹气氛，直渲染出一派闹市之闹，画出统治阶级上上下下蝇营狗苟、争名夺利、互相倾轧的丑态。作者以渭桥为中心，寥寥几笔，就勾勒“冠盖荫四术，朱轮竟长衢”（左思《咏史》）的长安市井图。其选择透视社会的艺术视角，颇具匠心。这个长安小社会正是汉代、其实也是梁代整个上层社会的缩影。诗中句句说的是汉代长安，实则句句说的是南梁建康。作者能如此敏锐地透视社会、历史，自是和他的生活经历、生平遭际密切相关。王僧孺早年仕途顺利，官至尚书左丞兼御史中丞，以学识渊博、思致敏悟而闻于世。但“中年遭踬”，为人所劾，“坐免官，久之不调”。残酷的官场倾轧，使他深深认识到“士无贤不肖，在朝见嫉；女无美恶，入宫见妒”。自己的处境，“譬悬厨之兽，如离缴之鸟，将充庖鼎，以饵鹰鹯”而“一朝捐弃，以快怨者之心”（《梁书·王僧孺传》）。正因为他对仕途险恶体验较深，才在诗中表现出对尘嚣烦杂的厌恶、对山野林泽的向往。

末二句，诗意转入对有德才者被隐没的同情和不平。蓬蒿人、寂寞者，并用典。皇甫谧《高士传》曰：“张仲蔚者，平陵人也。与同郡魏景卿俱修道德，隐身不仕。明天官博物，善属文，好诗赋。常居穷素，所处蒿蓬没人，闭门养性，不治荣名，时人莫识。”《庄子·天道》曰：“夫虚静恬淡，寂寞无为者，万物之本也。”所以，二者都是高明之士的代称，联系作者罢官后“故无车辙马声、何闻鸡鸣犬吠，俯眉事妻子，举手谢宾游。方与飞走为邻，永用蓬蒿自没”的离群索居的处境，这“蓬蒿人”中，隐然也有作者自己的影子。“谁怜”、“宁知”二语，既是深切的怜悯，也是强烈的愤慨，益见得上面的“争名”“争利”之辈，全是无才无德的碌碌蠢物。诗的末尾，将笔一收，回到现实，虽直赋言志，而意在言外。此外，亦遥应篇首之“青门”、“白社”。全诗有力地表现了仕与隐、干谒与避世的尖锐矛盾，尘世的繁闹与隐者的寂寞形成鲜明的对比。结尾虽然可能有希望重新获得进用之意，但仍不失为一种强烈的揭露。

齐梁诗应用声律、对偶、用事等因素，已逐渐达到配合匀称、自然和谐的境界。此诗于平仄固未全合，但亦通体婉畅自如。除首二句外，余皆两两对偶，且十分工稳，连方位、色泽和虚词，亦一一属对精切，特别是“亦”、“复”两虚字，用于“争名争利”“驱车驱马”两个重复词组中，不仅起了支撑斡旋的作用，且备极开合呼应、悠扬委屈之妙，宛然唐人风貌。史称王僧孺藏书万卷，“多识古事”、“多用新典”，以学问富博著称。本诗即多处用典，其中又有用事而使人不觉者。如“驱车复驱马”句，实暗用《诗经》和《后汉书》事。《诗经·唐风·山有枢》曰：“子有车马，弗驰弗驱”，意在讽刺贵族守财奴虽有车马而不知享用。诗人反其意而用之，暗道出统治阶级上层的竞豪争奢。《后汉书·明德马皇后纪》：“前过濯龙门上，见外家问起居者，车如流水，马如游龙。”本诗以此来形容贵戚之炙手可热、趋之者如云，亦极熨帖。细加吟咏，不难体味其中的调侃嘲笑意味。此诗的借古喻今、借彼言此的表现方法，也给后世诗人以有益的启迪。唐代卢照邻的《长安古意》，即借汉代长安言唐代长安，其立意、构思，皆可从本诗见其端倪。这或许也可以看成是诗人对后代的贡献吧。（徐定祥）

秋日愁居答孔主簿　　王僧孺

首秋云物善，昼暑旦犹清。
日华随水泛，树影逐风轻。
依帘野马合，当户昔耶生。
物我一无际，人鸟不相惊。
傥过北山北，聊访法高卿。

诗题说是"秋日愁居"，诗中却故作心平气和、不染尘杂之语，是这首诗的与众不同处。从诗中透露的闲居无聊境况看，此诗似作于王僧孺被纠而免官期间。"孔主簿"身世不详，大约曾有书信问候诗人，故作此诗以答？

南朝诗人赠答之作，开篇往往爱先写景物，这首诗也是如此。时当初秋，烦闷的暑热过去，连那日日见惯的景物，也仿佛换了模样，变得分外嘉美。白昼自然还有几分暑意，但在早上，空气却是清爽宜人的——这就是"首秋云物善，昼暑旦犹清"两句所写的内容。"云物"本指云气之色，但此处则泛指秋日的景物，即下文"日华"、"树影"之类；故读者不必去想象那"蹇槃萦以诘屈兮，若虬龙之蟠蜿。嶷岐岐以岳立兮，状有似乎列仙"的云态（晋杨乂《云赋》）。这两句总领秋景之美善、晨旦之清凉，接着便具体加以描述。"日华随水泛"，写日光照耀池水的景象。考虑到诗人作诗是在清旦，柔和的"日华（太阳的光华）"铺泻在清流之上，那景象正有白居易所描述的"日出江花红胜火"的妙处。但诗人似乎不愿着色，只用一个"泛"字，表现旭光在池上的流动之态，便另成一种清境。"树影逐风轻"，写秋风中飘拂的树。从一"轻"字看，想必是池畔的垂柳一类。"树影"之动，原是受了风的吹拂。但诗人偏不这么说，而说是树影在追逐池边的风，而且显得那样轻盈，这便把"树影"写活了。本来秋天的景物可写的还很多，空中的归雁，江上的白帆，山间的红叶，哪样不美？可惜诗人正居于家中，所看到的便只是窗门前那一小块天地。"依帘野马合，当户昔耶生"两句，干脆就把视线收回，写那窗前、阶上的景象。"野马"指飘浮的游气，村野林泽之间有气上扬，状如奔马，故称。"昔耶"即乌韭，是一种生长在屋瓦、砖墙上的苔类。奔马般的游气在窗帘前聚会，门边的阶石上也长出了青苔，可见屋主人居处之幽寂和人迹稀少。它们与前文的“日华”、“树影”融汇在一起，便造出了类似于陶渊明那种“结庐在人境，而无车马喧”(《饮酒》之五)的悠游境界。

对于读过老庄之书的人们来说，这种境界，最能引发出世高蹈的隐逸之想，并得到某种自然哲理的领悟。此刻诗人似乎也有些陶醉了，不禁吟出了“物我无一际，人鸟不相惊”之语。物与我本是相峙相对的，其界限很为分明。现在，诗人则已与日华、树影、野马、昔耶，一起进入了幽清宁静、无识无欲的境界。既忘记了我之为我，当然也忘记了物之为物。两者融为一体，再无物我之分了。在这样的境界中，人之见鸟无所欲求，当然不会惊动它；鸟之见人视为同物，也无所惊惧。鸟自鸣啭于枝头，人自凝思于窗前，这世界就成了人鸟两适的清幽世界。诗人好像很满足于这种生活，再不愿踏入风波险恶的官场了。因此，在遐想之际，几乎把自己认作了数百年前的东汉隐者法真(字高卿)。法真鄙弃仕途，郡太守请他出任法曹，他回答说：“倘若你非要我为吏，我就隐于北山之北、南山之南去！”诗人在结句中即运用此典，告诉孔主簿：倘若您有机会经过这里，就请来看看我这隐迹北山的“法高卿”吧！这结句写得很超脱，也很风趣，正是清逸中人的悠闲口吻。如果不知作者之名，读了这首诗，很容易令人以为，又碰到了那位“清风北窗下，自谓羲皇人”的陶渊明。全诗用语清淡，境界也颇与陶诗相近。只是陶诗显得古朴而清新，此诗则稍为清巧些。

现在再回到开头提及过的诗题：《秋日愁居答孔主簿》。诗中清幽淡泊，一无居秋之“愁”，莫非写错了题目？答曰：非也。其实，王僧孺因事免官居家，心境并未如此淡泊。对于“久之”不被调用，亦曾心怀惴惴。在他同期写给友人何逊的诗中，就有“夜风入寒水，晚露拂秋花”的暗淡之景和“思君不得见，望望独长嗟”的愁苦之情。那么，这首诗之所以题为“愁”，或者因为作诗之始，诗人心境原就有愁，但触景解怀、情随物迁，终于变得渐渐平静和超脱起来；或者因为孔主簿非为挚友，答诗不便深谈，虽有愁而却出以淡泊之语，表明自己免官无怨，以避发牢骚之嫌？而且此诗描述清景，情感也稍淡漠，给人以孤清幽寂之感，不像陶渊明《饮酒》之五那样，字里行间跳荡着一种摆脱官场的由衷喜悦。可见心底毕竟还有几分“愁”思在。

(潘啸龙)

月夜咏陈南康新有所纳　　王僧孺

二八人如花，三五月如镜。

开帘一种色，当户两相映。

重价出秦韩，高名入燕郑。
十城屡请易，千金几争聘。
君意自能专，妾心本无竞。

诗歌之咏女人，其实也“古已有之”。“诗三百篇”铺写卫宫“硕人”，从额头眉毛说到牙齿脖颈；《楚辞·招魂》对“侍宿”美女，也有“蛾眉曼睩，目腾光些；靡颜腻理，遗视矊（脉脉地偷眼看人）些”之语。这类描写，大约也很有闻一多批评“宫体诗”的那种“心怀鬼胎”之嫌。但对女人表现过多的兴趣，以至于在诗中从“故才人嫁为厮养卒妇”，咏到“淇上有人戏荡子妇”，从“邻女夜织”咏到“内人昼眠”，则是到了齐梁才出现的现象。王僧孺这首诗，咏的也是女人，大约是官老爷“陈南康”纳妾宴上的凑趣之作吧。

诗中对新人花容月貌的描绘，不像齐梁大多诗人那样，注重于眉眼、身腰的勾勒，而是采用了清景的映衬：“二八人如花，三五月如镜。”“二八”点明所咏之女的年龄，正当十六岁的豆蔻年华。再喻之以“花”，便见其如花容貌的光彩照人。而时间又在十五之夜，窗前正升起圆满如镜的明月，那景象就显得分外动人了。这两个比喻并不新鲜，新鲜的是其中有人、月并现的境界。这境界进一步展开，便是“开帘一种色，当户两相映”。本来人在帘后，月在窗前，两不相关，只见各自的清丽美好。现在诗人让女主人公开帘而出，在银雾般的月光下当门而立，就别有一种明媚的风韵了：那新人的白皙，正与皎洁的月光一色；灿烂的容光，又与朗月相映。令人不禁疑惑：究竟是人因月照而更见清媚呢，还是月因人颜而愈加明丽？宋玉《神女赋》有“晔兮如华（花）”、“皎若明月”之句，以花、月比拟巫山神女之美，已是佳构；此诗则让如花之女与如镜之月两相辉映，写法就进了一层。唐人崔护写初遇意中人，留下的是“人面桃花相映红”的美好印象，写法与此有异曲同工之妙。

正如汉人李延年所歌：“宁不知倾城与倾国，佳人难再得。”新人既如许美好，要能获得她就更不易。接着四句适应这一表现需要，即由映衬一变为夸张、渲染，极写新人的身价之高：“重价出秦韩，高名入燕郑。十城屡请易，千金几争聘。”据《龙辅女红余志》记：“秦韩异姝，娇妍委靡，消魂夺目。邻国觐之，千金不许。”（见《玉台新咏》本诗注）但《战国策·韩三》又称：“韩甚疏秦，然而见亲秦。计之，非金无以也，故卖美人。美人之贾（价）贵，诸侯不能买，秦买之三千金。”可知所谓“秦韩异姝”，是原本出于韩国、由秦人出到“三千金”方才买来的美女。“重价出秦韩”即用此典，以夸张新人之价贵。“高名入燕郑”，则进一步渲染新人美名之远扬。古称燕、赵多美女，至于郑女，《战国策》亦有明文记载：“彼郑、周之女，粉白黛黑，立于衢间，不知而见之者以为神。”（楚策三）可见郑女亦以美著称。但诗人所咏之女，其美名竟能压过燕郑之女而传扬，那更美得“发紫”了！正因为如此，人们纷纷争相聘娶，有的出以“千金”之高价，有的甚至愿以“十城”相交换。一位名不载史籍的官爷之妾，在诗人笔下几乎成了天下第一美人，从而引出了四面八方高价争聘的戏剧性场面。这就是运用典故、夸张渲染的效果。就是这样一位人人“垂涎”的美人，结果却被“陈南康”弄到了手。他想必是颇破费了一笔家产吧？不——：“君意自能专，妾心本无竞（强）”，他靠的不是千金，而是真诚专一的情意。诗之结句，紧承上文争相聘娶的戏剧性夸张，突然转笔，化为新人自己的脉脉含情之语：“您既能有此专一的情意，我又岂是强固难动的铁石心肠？”如此说来，这位女子不但美丽，而且还是不图富贵荣华、重意气轻钱刀的痴情女子了！

把一位官老爷的新纳之妾，歌咏得如此美好，自然只是诗人逢场作戏的捧场之笔而已。逢场作戏的文字，作为凑热闹取乐自无不可，但在其中究竟蕴含了多少真挚之情，就很难说了，何况是把人家的女人作为凑趣的对象。所以，王僧孺的这首诗，在映衬和夸张渲染的运用上，虽然有它的特色，但格调毕竟不高。将它介绍给读者，无非是为了让大家见识一下：齐梁诗人的咏美人之作（这还是好一些的），究竟带有怎样的风貌。　（潘啸龙）

春日寄乡友　　王僧孺

旅心已多恨，春至尚离群。
翠枝结斜影，绿水散圆文。
戏鱼两相顾，游鸟半藏云。
何时不悯默，是日最思君。

王僧孺这个人极重知己者的友情。在《太常敬子任府君传》中，他曾追述了与任昉的“冥契”、“神交”之谊，并期望借此传使任昉之高义“无绝乎千载”。殷芸、何逊曾在他穷迫之时给予友情的温暖，他感激不尽，在《送殷何两记室》中说：“倘有还书便，一言访死生。”《春日寄乡友》为谁而作已不可考，但同样是诗人友情为重的一份记录；当然，同时也是他思乡心切的一份表白。

此诗当作于梁武帝天监年间。当时作者只身孤处于万里之遥的南海郡（今广东南部）任太守，常常渴望能与故乡的知己把晤，以慰友情乡愁。

一、二句说自己羁旅在外，本已多恨，现在又逢春天来到，自己仍是独处异地，无法回去与知己乡友欢聚，因而更是恨恨难平。一个“恨”字感情色彩浓重，表达了对去家为官的厌倦和思友之深切。“春”字点题，并引出下面的景物描写。

三至六句刻意描绘“春日”景象，是全诗的精彩所在。“翠枝结斜影，绿水散圆文。”写春的静默，并映照出诗人的孤寂。“结”字用得很精妙，将视线由实引向虚，又由虚来反映实，虚实相连相衬，层次分明。“散”则用得很舒展，以层层涟漪来反映水之宁谧、轻微、柔和而又有节奏。这是大自然的沉思还是无声的叹息?诗人一定有他的共鸣。这二句造语自然，对仗工巧，很能体现诗人锻词炼句的功夫。“戏鱼两相顾，游鸟半藏云。”诗人写鱼和鸟，多么亲昵、快活而又自在。“戏”和“游”互文见义，突出了鱼和鸟的欢快。“半藏云”，“半”字用得也很精妙。这当然不是说鸟儿一半在云中，一半在云外，而是指鸟儿飞得很高，在云中忽隐忽现。这二句的视点由低到高，由近及远，似乎同时也在把眼前的春的活泼引向一种虚幻的境界。再细细吟味，总让人觉得这二句诗还有某种寄托、影射、回忆、向往和感伤的意味。联系上下文，这种意味就更加明显。由此，这四句景物描绘实际也完成了诗人心境的写照。正如陈祚明评语:“全从春日二字命想，景中皆是情。”(《采菽堂古诗选》卷廿五)

最后二句，既点明了景物描写的意义，又呼应了诗的开头。“何时不悯默”，实际是开头“旅心已多恨”的某种重复，只是换作了反诘语气。如果说“多恨”是一种直叙心意的说法，那么“悯默”还见出某种神态的刻画。“是日最思君”，语气凝重，情深意长，令人慨叹。

王僧孺当时以才学见称，“文用新事，人多未见”(张溥《汉魏六朝百三家集题辞注·王左丞集》)。但这首诗却没有用典，写得清新明畅，这大概也是由于他思念乡友之情太深切的缘故。另外，他受时代风气的影响，新声善变，“激越钟管”(同上)。吟咏此诗，也给人以声情调达的感觉。　　(钱　钢)

为姬人自伤　　王僧孺

自知心里恨，还向影中羞。
回持昔慊慊，变作今悠悠。
还君与妾扇，归妾奉君裘。
弦断犹可续，心去最难留。

这首诗标题中的“姬人”，是指贵族家中的侍妾。从标题可以看出，这是一首代拟之作。诗人代拟一个被人玩弄后遭到遗弃的侍妾的口吻，诉说她心中的怨恨。王僧孺诗中写女子怨情的作品颇多，如《何生姬人有怨诗》、《春闺有怨诗》、

《秋闺怨诗》、《为人宠姬有怨诗》等。大多表达了作者对这一类不幸妇女的同情。

“自知心里恨，还向影中羞”两句，抒发了这位侍妾被遗弃后心中难以诉说的隐恨。侍妾，是古代不合理的婚姻制度下的产物，她们地位低下，身份微贱，只是主人的奴仆和玩物，不能掌握自己的命运。争取获得主人的宠幸，是她们提高自己地位的唯一手段；而一旦遭受遗弃，则前景又不堪设想。然而正由于其卑下的地位和身份，所以遭受遗弃的命运是很难避免的。而被弃之后，她的“恨”也只能放在“心中”，“自知”而已。心中的痛苦无人可诉说，只能对影自伤。这两句写姬人的心理情感十分细腻传神，活现出这位不幸女子忍泣吞声的形象。

三、四两句，作今昔对比，进一步抒发其怨恨。“回持”是久持的意思。“慊慊”是心中不十分满足的样子。“回持昔慊慊”，是对往日情景的回忆，当初恩爱之时，是那样的情意绵绵，依依不舍，总不觉得有满足之时。然而那一切都已过去，“变作今悠悠”，终于遭到遗弃，只在心头留下悠悠之恨。今与昔的鲜明对比，隐隐流露出一种早知今日，何必当初的怨恼。这两句各用了一个双音词，形成对偶，增强了对比的效果。

五、六两句，写被弃的姬人归还男子当初赠给她的纪念品，同时索回她送给男方的情物。这一“扇”一“裘”，可以使人想象得出她当初受到宠幸时，那男子的多少甜言蜜语、柔情蜜意，她自己的多少美好愿望、甜蜜梦想。然而到现在，那一切都已化作泡影。她主动向男子交还和索回他们欢爱时的纪念物品，这一举动似乎暗示她心中还存有某种幻想，想借此勾起男子对往时旧情的回忆，使他回心转意。但这却是徒劳无益的。

最后两句，以断弦可续，反喻心去难留。断弦再续，虽然并非易事，但却不是不可能的。张华《博物志》载：汉武帝时西海国有人来献上一种胶，弓弦断时，只需以口沫濡胶续之，便可终日射而不断。但是感情的断裂，人心的离异，却是任何胶水都无法牵合的。这最后两句，表达了女主人公痛苦绝望，而又无可奈何的心情。

这首诗以姬人自己的口吻写来，如泣如诉，表达感情细腻而真切。女主人公的形象，反映了当时社会贵族家中侍妾们的普遍遭遇，具有一定的典型意义。诗中流露着作者对姬人不幸命运的同情，同时也就隐含着对遗弃他的贵族男主人的谴责。

（徐克谦）

春 思

王僧孺

雪罢枝即青，冰开水便绿。

复闻黄鸟声，全作相思曲。

冬雪初罢，树木的枝条便已悄悄绽出青青的嫩芽；冰开始消溶，水面荡漾着阵阵绿色的涟漪。在这春回大地之时，每日独守空闺的思妇，也走下绣楼。她来到了春天的怀抱里，尽情呼吸着春天的清新空气，仿佛自己干渴的心田也得到滋润，开始复苏。当然，在这样美好的春光里，她也绝不会忘怀自己日夜思念的夫君：她与他分手，正是“杨柳依依”的时节，她还曾亲手折柳为夫君送别。那柔丝千缕、袅娜低垂的杨柳，正象征着他们夫妇之间缠绵缱绻、难舍难分的一段柔情。如今柳枝又一次泛出了青色，自己的亲人该归来了吧？何况冰雪已经消溶，可以大大减轻道途上风霜跋涉之苦。突然，树上传来黄莺的恰恰娇啼，打断了思妇的遐思。鸟儿每一声宛转的歌唱，在思妇听来，都是一支深情的相思之曲。《诗·豳风·东山》末章有云：“仓庚（即黄鸟，黄莺）于飞，熠耀其羽。之子于归，皇驳其马。”这是归来的征人在途中想象当初结婚时的情景：“记得那天黄莺忙，翅儿闪闪映太阳。那人过门做新娘，马儿有赤也有黄。”（余冠英先生译文）也许，此处的思妇也由黄莺的鸣叫，回忆起结婚那天的种种欢悦了吧？于是，她对夫君的怀念更加深沉，对夫君归来的企盼也更加殷切，更加难以抑制了。此诗意境与《诗·小雅·出车》的后半有些近似。《出车》里写到思妇对征人的怀念，是“未见君子，忧心忡忡”，最后一章更写到在“春日迟迟，卉木萋萋。仓庚喈喈，采蘩祁祁”的时节，征人终于凯旋归来。王僧孺此诗可能受到《出车》的启示，而其笔墨集中，重在写思妇因春怀人之情，特别是她听到黄鸟鸣叫的那一刹那所产生的心理感受，这与《出车》借景喻情的手法还是不同的。全诗寥寥四句，前三句皆写景，直到第四句才将相思之意略略点明，因而给人以含蓄蕴藉之感，颇具唐人绝句的风致。明人张溥称王僧孺“诗文新丽顿挫”（《汉魏六朝百三家集题辞注·江醴陵集》），于此可见一斑。

（赵山林）

【作者小传】

徐　勉

（466—535）　字修仁，梁东海郯（今山东郯城）人。南齐时，仕至领军长史。入梁，拜中书侍郎，历官至太子詹事、尚书右仆射，因病辞官，不允，授特进、右光禄大夫。事迹具《梁书》卷二五及《南史》卷六〇本传。有前集三十五卷、后集十六卷、其他著述六百七十余卷，已佚。《先秦汉魏晋南北朝诗》辑得其诗八首。

采 菱 曲 徐 勉

相携及嘉月，采菱渡北渚。
微风吹櫂歌，日暮相容与。
采采不能归，望望方延伫。
倘逢遗佩人，预以心相许。

《采菱曲》为乐府清商曲辞名，梁武帝改作西曲，为“江南弄”七曲之一。与《采莲曲》相似，六朝诗人所作大多将女子采菱的活动与隐约缠绵的爱情交织在一起写，采菱往往成了一种象征性的求爱活动，这首诗也可作如是观。它带着清新的南方的风和甜润的水乡的歌，抒写着江南少女缱绻的情愫。

诗的前四句写采菱。在溶溶月色和濛濛雾气还没有消退时，姐妹们就携手出发了。赶早来到水边，乘着小舟或木盆，轻轻荡入湖中。湖面上，小小的菱花或黄或白，星星点点，散布在绿叶中，菱叶下挂满了或红或黑的菱角。姑娘们左右流之，参差采之，慢慢隐入了画面深处。微风吹过，送来了湖水的暗凉，也送来了阵阵菱歌。清清水波荡开心扉，采菱姑娘忘记了闺中的束缚，沐浴着自由的风，在菱花荷风中构思自己青春的梦。心境如水般地清润而甘甜，憧憬天光般地多彩而空灵。在这种合乎人性要求的劳动中，在这种富于美的创造的活动中，姑娘们依依忘归了，直到日已西斜、暮色将临，她们还在湖上徘徊容与。而对于本诗的女主人公来说，她的迟迟不归还包含着另一层深意，她是在等待着再次“偶然”遇到心上人。于是，下面四句就转入“恋情”的描写。这一对少男少女怎么“恋”上了，本不必追究，但为了较合理地诠释女主人公久待不归的痴情，我们不妨来设想一下：或许是去年今日，或许是不久前的一天，一样的湖水一样的风，那时，姑娘的心是平静的，是属于自己的。但偶然抬头，她看到了一位英俊少年、坐在船头、正目不转睛地看着自己。姑娘的心跳了、脸红了。而且，就在四目相视的一刹那，似乎长久的朦胧的期待降临了，水波牵动心波，心波变成秋波默默地传递了过去。而大胆的小伙子突然又抛过了一串佩饰，以示求爱之心。这一切实在来得太快了，小伙子，你贼大胆、你太鲁莽，慌得姑娘手足无措，欲语无声。这一刻是那么长久，又是那么短暂，等到姑娘醒过来，船已载着那风流少年远去了。没有留下姓名，没有留下地址。从此，姑娘就埋下了相思种，一次又一次地来到这湖上，借采菱等待着心上人再次降临，在姑娘的心里，已经懊恼了好多回，已经呼喊了好多回，小伙子，你在哪里？我再不怪你的鲁莽，见到你的第一眼时，我的心就已经是你的了。在这苦苦的思恋中,在这漫漫的期待中,苍然暮色笼罩了湖面,姑娘只得带着愔愔的心情归去了,将伤感与甜蜜的等待留到梦里和明天。

这首诗既有江南民歌的清新,又有《九歌》中《湘君》、《湘夫人》的缠绵悱恻,在诸多采莲、采菱之作中不失为辞到情到,貌秀神秀的佳作。　(史双元)

昧旦出新亭渚　　徐　勉

驱车凌早术,山华映初日。
揽辔且徘徊,复值清江谧。
杳霭枫树林,参差黄鸟匹。
气物宛如斯,重以心期逸。
春堤一游衍,终朝意殊悉。

关于徐勉,有两则佳话传颂千古:一是在与门人的夜聚中,有位虞暠向他谋求官职,他即正色答曰:"今夕止可谈风月,不宜及公事。"时人因有"无私"之叹。二是居显位三十余载(徐勉在梁官至尚书仆射、中书令),却"家无蓄积"。故旧劝他聚财,他回答说:"人遗子孙以财,我遗之清白"——真可掷地作金石声听!

也许正是"无私"、不贪而心怀磊落之故吧,徐勉的诗也往往写得雍容平远、穆如清风。《昧旦出新亭渚》正具有这一特色。此诗作于齐代,诗人正任临海王署都曹。时令还是春日的清晨,诗人则早已驱车在建康城西南的新亭路上。与他"结轸"同游的,还有写过"馀霞散成绮,澄江静如练"名句的诗人谢朓。谢朓有《和徐都曹出新亭渚》诗。从句中有"结轸青郊路,迴瞰苍江流",可知徐勉此次出游,当与谢朓"结轸"同往。那么,其"心期"之友,无疑亦指谢朓。

全诗是在"驱车凌早术(指郊邑的道路)"的轻快节奏中开篇的。一个"凌"字,形容车马奔行之速,正与诗人出游的勃勃兴致相应,表现出晨风拂面中的畅快之情。接着便是一幅绚烂的画景扑入眼帘:山道边蓬蓬勃勃,正有开不尽的各色野花,被"初日"的霞光一照,便全都灿灿生辉。因为这是在车马行驰中的视觉意象,故"山华映初日"句,不仅带有霞彩、山花上下辉映的效果,还有一种络绎奔凑、目不暇接的动感。如此良辰美景,岂可在匆匆奔驰中览赏?诗人因此赶紧"揽辔",任车马在四近缓节徐行。意外间又发现,此刻已身在江岸,可以俯瞰清丽的江水,在晨色中安谧地畅流。"揽辔且徘徊"两句,着墨处虽在身外之景,表现的则是诗人此时的特定心境：一个“且”字，显示着随遇而适的闲暇自得；“复值”二字，则又浮动着无意中面对安谧江流的惊喜和欢欣——真是“含情而能达，会景而生心”（王夫之《薑斋诗话》），吐语淡然而境界立现。

现在，诗人已将目光投向远处的山坡。那里有一片幽幽的枫树林，时时飘出灰蒙蒙的晨雾，甚有一种“云无心而出岫”的悠然之态。而霞光里，倏然又飞过对颉颃相戏的黄鸟，那嘤嘤动听的鸣啭，似乎在告诉诗人“众鸟欣有托”的欢畅。“杳霭枫树林，参差黄鸟匹”二句，一静一动，展示了诗人遥观仰视中的画面转换；在晨光初露的枫树林那清幽的背景上，点染黄鸟翅翼参差的鲜明羽色，便造出了富于对比的色彩反差和无声处传有声的音响效果。将晨色中的新亭渚，表现得既安谧、又充满生气。置身在这样的如画美境，诗人能不逸兴遄飞？倘若这美境只是诗人孤身独游，自然显得几分冷清。但读者须知，与徐勉同游的，还有心意相印的诗人谢朓。他可是位“灵心秀口”（沈德潜《古诗源》）、“风华映人”的“一时之杰”呢（王世贞《艺苑卮言》）！两人年岁相若，携手共游，当着意兴之发，又可歌诗相和，该有何等乐趣？“气物宛如斯”两句，所抒写的正是诗人的此种心境。“心期”而又加之以“重”，说明诗人之畅快，不仅在“气物”的览观之美，更在于与友人的相期相许之乐。难怪诗之结句，竟一变前文的闲暇、斯文之态，终于发为“春堤一游衍，终朝意殊悉”的高唱了。“游衍”即自恣游娱之意，“悉”则有“满”义。新亭渚上的这一次游娱别说有多自在了，我的意兴哪，整个早上都那样饱满、欢悦！这两句虽书于素笺之上，读者不妨将其想象为诗人归去时，对家人的相告之语。其意犹未尽、手舞足蹈之态，隐隐见于笔端。

读完全诗可知，这首诗所描述的，主要是驱车出游新亭渚所见到的景物。诗人的欢悦之情，似乎全从这美好的风物中引发。“但阿米尔说得好：‘一片自然风景就是一种心情。’景是各人性格和情趣的返照”，它们会因“贯注的情趣不同，各见一种境界”（朱光潜《论诗》）。徐勉这首诗，看来正是他的性格和情趣的“返照”。前文说到，诗人为官清廉而心怀磊落。所以，他在观览新亭之景时，所摄取的意象，无论是映日的山花、静谧的清江，还是枫林杳霭、参差黄鸟，都带有一种安闲、清和与幽雅之态，构成了一种清新宜人的舒快之境。在这一诗境中，我们正是感受到了诗人所特有的平和、闲雅的情趣。就这一点看，徐勉的这首诗，很接近于晋人陶渊明的诗风。

（潘啸龙）

【作者小传】

徐　悱

（？—524）　字敬业，梁东海郯（今山东郯城）人。徐勉次子。初任著作佐郎，后久官于东宫，任太子舍人、洗马、中舍人，以足疾出为湘东王友，迁晋安内史，卒。事迹附见《梁书》卷二五及《南史》卷六〇《徐勉传》后。《先秦汉魏晋南北朝诗》辑得其诗四首。

古意酬到长史溉登琅邪城　　徐　悱

甘泉警烽火，上谷拒楼兰。此江称豁险，兹山复郁盘。表里穷形胜，襟带尽岩峦。修篁壮下属，危楼峻上干。登陴起遐望，回首见长安。金沟朝灞浐，甬道入鸳鸾。鲜车骛华毂，汗马跃银鞍。少年负壮气，耿介立冲冠。怀纪燕山石，思开函谷丸。岂如霸上戏，羞取路傍观。寄言封侯者，数奇良可叹！

琅邪郡城，齐梁时址在今江苏南京城北，为首都建康北面的咽喉要冲，随着南朝版图的缩小，它在军事上的地位日渐重要。齐武帝曾多次亲临该城讲武，江孝嗣、谢朓、沈约、王融等都有描绘琅邪城的诗作。此诗为酬到溉登城之作。湘东王萧绎为会稽太守，以溉为轻车长史、行府郡事；悱亦曾官湘东王友，故有酬答。

首二句以“甘泉”、“上谷”对起，即不同凡响。言当时边境尚未安宁，由此引出下文琅邪城的防务。“甘泉”，山名，秦在甘泉山造甘泉宫，汉武帝增广之；在长安北三百里。“上谷”，秦郡名，在秦都咸阳最北边，郡界远至今内蒙古境内。“楼兰”，即楼兰国，在西域东垂，汉武帝开河西之后，地最近汉；楼兰代指匈奴。“拒”，《六臣注文选》作“抵”。据史书记载，汉文帝后六年（前158），匈奴三万骑入上郡，三万骑入云中，所杀略甚众，烽火通于甘泉、长安。诗人用此事暗喻梁朝不时受到北魏的威胁，作为建康北边门户的琅邪城地理位置十分重要。因此，戍守琅邪切不可掉以轻心。

“此江称豁险，兹山复郁盘。”以下六句铺叙琅邪城形胜设防。城依山而筑，旁临大江，山势纡徐盘旋，林木郁郁苍苍。山川屏障环绕，如襟如带，地势优越险要。山上山下，修竹遍布，蔚然壮观，城上危楼高耸，上干青云。“表里”，《左传·

僖公二十八年》："表里山河，必无害也"；"襟带"，张衡《西京赋》："岩险周固，襟带易守。"诗中借用此二事，言凭借琅邪城的优越便利地势，必能固守无虞。这几句写得磅礴豪壮，较之谢朓的"春城丽白日，阿阁跨层楼"(《和江丞北戍琅邪城》)，更能表现出该城的雄伟气势。

登上女墙远望，京城地势和繁华之景历历在目。"回首望长安"，用王粲《七哀诗》成句，以长安喻建康，不仅与谢朓《晚登三山还望京邑》"灞涘望长安"之意略同，还隐含戍守琅邪有保卫京师重责这样一层意思。"金沟朝灞浐"四句，遐望之景。"金沟"，御沟。"灞浐"，二水名，在长安南，即今灞河、浐河。这里以灞、浐指秦淮河等流水，言御沟与这些水流相通。"鸳鸾"，即鸳鸾殿，在长安未央殿东。"灞浐"、"鸳鸾"切"长安"，典雅妥帖。京城里，羽盖鲜亮，朱轮华毂，驰骛往来；西域名马，银鞍煜爚，飞奔腾跃。"江南佳丽地，金陵帝王州"(谢朓《入朝曲》)，琅邪城作为军事要地，护卫京师的责任多么重大！

足踏琅邪城头，凭眺京城，面对一片升平景象，不禁万感交集。徐悱卒时年仅三十，作此诗不过二十有余，故曰"少年"。念及江海未平，烽烟时起，京都亦不时受到威胁，负恃少年耿介豪壮之气，不觉怒发上冲冠。立功立业，当如东汉窦将军北败单于，刻石勒功于燕然，或者奋力一击，打开函谷关，长驱中原。东汉王元曾说隗嚣曰："今天水完富，士马最强，北收西河、上郡，东收三辅之地，案秦旧迹，表里山河。元请一丸泥为大王东封函谷关，此万世一时也。"(《后汉书·隗嚣传》)"开函谷丸"，反用其意。"怀"、"思"，具体写出少年壮气，是正面抒写；"岂如"、"羞取"，反面落笔。琅邪城既是军事要地，守将当效法西汉绛侯周亚夫严于治军，绝不能如刘礼霸上儿戏。作为一个有胆识的少年，国家有事，不应也绝不会袖手旁观于道路的。

结二句，"寄言封侯者，数奇良可叹"，抒发感慨。李广一生经历大小七十余战，汉武帝以其数奇不予重用，后因失道愆期，被迫自杀，终二千石数十年不得封。数奇者不得封侯，如霸上儿戏的守将却可能得到重用，看来，诗人是有所忧虑的。此外，据《梁书》本传记载，悱"以足疾出为湘东王友"，自伤足疾，故不能慷慨从戎，护卫京师，建功立业，抑或是可叹之一端吧？

琅邪城是京师北边咽喉，军事地位重要，诗人借登城寄慨，同时也有提醒执政注意调遣精兵良将防守之意，认为应重视像李广这样的将才，罢黜视军旅如同儿戏的庸人，有一定见地。诗以西汉时匈奴犯边起调，豪壮苍凉，已震慑全篇。次琅邪形胜，次回望京师，次少年壮气志操，结以感叹，紧扣登城，文脉清晰可按。诗中用事颇讲究，"甘泉"、"上谷"，用西京事，以下以长安代指建康，以及灞、浐、鸳鸾、汗马、霸上儿戏、李广数奇，水道、宫殿、车马、故实，多与西京切合，前后映带，相互发明，文理贯畅，涵蕴丰富。何焯批评此诗说："'上谷'，北边郡，而'楼兰'在西域，齐梁中诗笔，地理多不审。"（《义门读书记》卷四十六）不知诗人以楼兰代指匈奴，而所谓"上谷拒楼兰"，又隐指琅邪为京城北边门户，较为近敌（北魏），辗转而喻，婉转新警，正是其精妙处。此外，诗题为"古意"，故多用北方地名代指南方，借用古事以喻今情。若诗人在创作时过于坐实拘泥，就不免有失"古意"之意了。这首诗"在尔时已为高响"（《古诗源》卷十三），风格刚健豪迈，情调高昂，与梁代不少纤弱的作品形成鲜明对照。　（陈庆元）

对房前桃树咏佳期赠内　　徐　悱

相思上北阁，徙倚望东家。忽有当轩树，兼含映日花。方鲜类红粉，比素若铅华。更使增心意，弥令想狭邪。无如一路阻，脉脉似云霞。①严城不可越，言折代疏麻。

〔注〕 ① 脉（mò）脉：本作"眽眽"，凝视之意。《古诗十九首》："盈盈一水间，脉脉不得语。"后多用以形容情思，有含情欲吐之意。这里代指诗人夫妇。

这是徐悱寄赠其妻刘令娴的诗篇。徐悱原在京城任太子舍人、中舍人等职，出入宫坊多年，后因足疾而改迁晋安（郡治所在侯官，即今福建福州）内史，妻子刘令娴仍留居京都建康（今江苏南京），这首诗当作于此时。

本诗的诗题很明确，作者看到房前的桃树鲜花盛开，因而感物思情，写下这首诗，表达对远远离别的妻子的怀念。佳期，指夫妇会面的日子。赠内即赠给妻子，古代称妻妾为"内"，丈夫为"外"。令娴作有《答外诗二首》。

"相思上北阁，徙倚望东家"，两句开门见山，直抒自己强烈的思念之情：由于十分想念你，所以我登上了北阁，步履徘徊不定，心中怅然若失。当时诗人在南方，所以他思念北方的亲人时就登上北阁，登高以望远，虽然明知千里迢迢，难以望见，然而这样却觉得离亲人近些，心灵得到一点安慰。徙倚是徘徊流连之意。在强烈的思念中，诗人内心显然很不平静。徘徊流连，正是在这种心理驱使下作出的不自觉的反映。"东家"即"东家之子"，典出自宋玉的《登徒子好色赋》，赋中描写了一位美丽多情的南楚佳人——东家之子。这里作者用以借代刘令娴。

接下四句，诗人描写了盛开鲜花的桃树："忽有当轩树，兼含映日花。"在百无聊赖的时候，诗人见到北阁轩前的一株桃树上，那无数朵盛开的鲜花在丽日的映照下格外鲜美。你看,这些花朵"方鲜类红粉,比素若铅华",红粉是女子化装时用的胭脂,后来常用以代指女子。铅粉是女子化装用的搽脸的白粉。这四句诗交代了诗人创作时间、情景。桃树只有在春天才开花,而春天又是万物动情的季节,我国古代曾流传许多咏春情的诗篇,因此桃树在我国人民传统的审美心理中,是容易引起男女情思的事物。《诗·周南·桃夭》中,就以"桃之夭夭,灼灼其华"起兴,进而引出"之子于归,宜其室家"。和作者同时代的梁简文帝萧纲,在其《杂句从军行》诗中也有:"庭前桃花飞已合,必应红妆起见迎"句。诗人见到桃花,联想到那美如桃花的妻子,因此,鲜美的红白花瓣仿佛就像妻子脸上的胭脂和香粉了。花草本是无情物,然而一经融入作者的主观感情,这朵朵鲜花,仿佛也都显得情意绵绵了,难怪作者接着写出了"更使增心意,弥令想狭邪"了,"更使"和"弥令"两词,把作者的感情充分地表达出来。"狭邪"又作"狭斜",指曲折小巷。古乐府有《长安有狭邪行》篇,诗中写长安小巷一富贵人家,夫出仕而妻在家,此处即代指京城,指刘令娴的居处。

"无如一路阻,脉脉似云霞。严城不可越,言折代疏麻"这最后四句,写出山高路远,归期未卜,因此两地情侣,可思而不可及,充分表达了离别的痛苦。前两句写道路的艰难,隔绝了两地的情思,从京城建康到福建,山重水复,自然是令人望而生畏的。"脉脉似云霞"把一对情意绵绵的夫妻远隔千里,视对方如在云霞之中,难以倾诉无尽的衷情的痛苦情绪表露无遗。最后的两句是无可奈何的劝慰之辞:既然关山难越,佳期未知,我就只能摘一束美丽的桃花,代替疏麻寄赠给远方的亲人了。严城即高城,代指归途难通。因此时徐悱被任命为晋安内史,升迁调动必须听命于朝廷,自己不能随心所欲地行动,这种失去行动自由的苦恼,是可以理解的。"疏麻"是传说中的神麻,花色洁白如玉。屈原在《九歌·大司命》中有"折疏麻兮瑶华,将以遗兮离居"句,后代诗人在描写离别的诗篇中常引用这一典故。诗人见到美丽的桃花,想到以桃花代替神麻,寄赠给"离居"的妻子,诗人用这一典故,表达了十分真挚的内心感情。

应当说,夫妇间赠答之作,古已有之,汉代秦嘉曾作《赠妇诗》三首给妻子徐淑,徐淑回有《答诗一首》,皆颇为后人称道,钟嵘评曰:"夫妻事既可伤,文亦凄怨。"(《诗品》)徐悱和妻子刘令娴也是我国历史上有名的文学夫妻,其诗文都为时人所称道。他们夫妇间感情又非常真挚热烈,这次徐悱的长期离别,自然要在他们平静的家庭生活中激起感情的波澜。徐悱的两首怀念妻子的诗篇和刘令娴的答外诗,都是充满了深厚夫妻感情的佳作。 (汤漳平)

【作者小传】

刘令娴

又称刘三娘，梁彭城(今江苏徐州市)人。刘绘女，刘孝绰妹，徐悱妻。有集三卷，已佚，《玉台新咏》存其诗八首。

答外二首(其一)　刘令娴

花庭丽景斜，兰牖轻风度。
落日更新妆，开帘对春树。
鸣鹂叶中响，戏蝶花间骛。
调瑟本要欢，心愁不成趣。
良会诚非远，佳期今不遇。
欲知幽怨多，春闺深且暮。

从诗题看，这是诗人寄给她丈夫徐悱的一首情诗。徐悱有《对房前桃树咏佳期赠内》，故令娴作《答外诗二首》，此其一，抒发了一个少妇春日里的闺怨。“闺怨”是古典诗词中常见的题材，这类诗大多是由男性诗人代作或拟作的，作为女性直接创作的佳作，向来很少。因而，刘令娴这首诗在诗史上便有其特别的光彩。本诗最大艺术特点是具有鲜明的个性——即在处理情与景，人与物关系上所表现的独特性、非凡性和哲理性。它出色地表现了诗人心中之情和所见之景从相合到相对，最后复归于和谐的对立统一；艺术地展示了少妇赏春、思夫、闺怨这一段情爱的心路。

诗最先呈现在读者面前的是庭院春景：花庭、兰牖、丽景、轻风。这是一个风和日丽、清新幽雅的春日。诗人以闺房兰牖为观赏的出发点，由远而近，由静而动，有视觉，也有感觉。从“轻风度”中，可见出少妇欢悦的心情。明快的景与欢悦的情是融洽和谐的。“斜”字除了巧妙地透露春阳西移的信息之外，还很自然地使诗中景物，人情处于一种运动状态。这是否暗示着景与情将在下面发生变化呢？“落日更新妆，开帘对春树。”春阳还在缓缓西下，少妇却早已换上了晚妆，掀开门帘，伫立玉阶，面对春树，急切地等待着远方夫君的归来。景物随着春光的运动自然有所变化，人物的心情随着服饰的更换也由赏春转到思夫。“春树”，在这里不仅是写实的，而且已成为寄寓思情的载体。少妇殷切的盼望之情，就是从“更新妆”、“对春树”的举止神态中得以自然流露的。后人诗词中借“春树暮云”以写思情的手法，恐怕受到刘令娴此诗的启迪。这两句诗的重心已由前面的写景转移到写人上。但景已开始淡化，情亦“晴”转“少云”。接下来两句，重心又从写人回到写景，但取景角度已从窗口边切换到门帘外：黄鹂巧舌，宛转动听的声音不断从绿叶丛中传出；蝴蝶翩翩，娇小轻盈的体态不时在花间闪现；万物生机盎然，一切赏心悦目，世界多么美好。诗人的心情又“少云”转“晴”，景情融洽。诗人为眼前美景所陶醉所感染，暂时中断了思念，情不自禁地移瑟拨弦，意欲欢娱心情。故有“调瑟本要欢”之语。但是毕竟心系所爱，愁萦情怀，忘不了外出未归的夫君——伊人何处，何事？以至曲调凝滞而沉重，终不成乐趣。“心愁不成趣”，点明题旨，突出了诗人对丈夫的思念。这两句诗的重心，又从写景回到写人，但景与情、人与物却不再是和谐的了。为什么令人心旷神怡之景，会引发出愁闷难遣之情呢？当然这与观景时的心理变化有着重要而微妙的关系，但对此，诗人隐而不答，而我们在欣赏时，则必须找回这段失落的信号。其实，在诗人内心感受与身外景观对立的深层次上，存在着这样的一种联系、一种过渡。即诗人在调瑟之时，心中曾产生过这样的幻觉：黄鹂声声，互相应答，呼唤着伴侣返巢栖息；彩蝶翩翩，双双对对，追逐异性，殷勤献爱；而现实中的少妇却独守空闺，孤寂冷清。这种鲜明的反差对诗人自然是一种强烈的刺激。于是，触景生情的结果是情景背反。这段心灵历程，诗人用了省略号，但她却剖析了造成心境相逆的又一原因，不过是从理性出发的：“良会诚非远，佳期今不遇。”看来，诗人已得知夫君归期的音讯：幸福的团聚即将到来。诚然归期在即，但诗人认为，在今天这个良宵佳期里，恩爱夫妇不能相会，这仍是最痛苦的。古人审美观念中，良辰、美景、赏心、乐事，这四物相合是人生一大快事。尽管现在良辰、美景同在，但诗人因见不到心上人，而激不起审美情趣，成不了赏心乐事。可见诗人重视的是实实在在看得见的现实，而非尚属虚无的将来。那诗人的愁怨究竟程度如何呢？“欲知幽怨多，春闺深且暮。”在古典诗词中，写女性愁怨的佳构，不计其数。它们常以水、以山、以小舟、以柳絮、以春草比喻之。刘令娴则不同凡响地以“深且暮”的“春闺”喻之。归心中情于眼前景，人物内在情愫和外在景物也因此融为一体，那缕缕幽怨随之化入深深的春闺，沉沉的暮色中，既照应了开头的景物，又振起全诗，捧出了诗人真挚专注的情爱之心。结句看似平淡寻常，实为奇崛巧妙。它易使人调动相近的生活体验，产生类似与接近联想，“入乎其内，出乎其外”，以象外之象与象外之义来开拓诗的意境，丰富诗的内涵，增强诗的情趣，大有答而未答，不言而言之奇妙。不愧为点睛之句，神来之笔。全诗从景出发，由景生情，情与景接，情随景迁，又与景逆，最后复归于景，情景交融，天人合一。（何林辉）

听 百 舌　　刘令娴

庭树旦新晴，临镜出雕楹。
风吹桃李气，过传春鸟声。
净写山阳笛，全作洛滨笙。
注意欢留听，误令妆不成。

百舌鸟，又叫反舌鸟，也称鹊鸛。因其鸣声反复数转，如百鸟之音而得名。百舌鸟立春后鸣啭不已，夏至后即无声。这首诗把诗人听百舌的真实感受惟妙惟肖地再现在读者面前。

全诗八句，分为二层，每层各四句。前四句用白描手法状景写人，展现“听”的空间环境和因由：这是一个雨过天晴的春晨，空气格外清新，庭树分外翠绿。万物苏醒，生机勃勃。诗人经过雕楹（雕有图案的柱子），步出闺房，临镜梳妆。晨风送来桃李花香。传来百舌鸟宛转动听的鸣声。后四句紧扣“听”字，抒发自己的感受。先是描摹百舌的声音：“净写山阳笛，全作洛滨笙。”“净写”与“全作”同义，即“甚似”，“大如”的意思。“山阳笛”用晋代向秀典故，事见向秀《思旧赋·序》：向秀路经亡友嵇康曾居住过的山阳旧庐，闻邻人笛声“发音寥亮”，追思往者，感音而叹。“洛滨笙”典出《列仙传》：相传周灵王太子王子乔好吹笙作凤鸣，游伊、洛间，后随浮邱公登嵩山而去。这两句赞美百舌鸣声甚似“山阳笛”声，那般清越高远，嘹亮悠扬。又很像“洛滨笙”声，作凤凰鸣，声振春树，响遏春云。在古典诗词中，大凡描摹声音（乐曲声、鸣禽声）的，多利用人类五官的生理机能，化抽象之音为具象之形。而刘令娴却采用以声写声，以虚摹虚，确切地讲是以典故传音的手法，来再现原本无形无色的百舌声。百舌是一种名贵的鸟，其声变化无穷，“弄音无常则”（郭愔《百舌》），非一般鸣禽可比，更非一般人所能描摹。因此诗人特意选用了内涵丰富，不同寻常的山阳笛声和洛滨笙声作代表，以拟百舌的音韵声情，显得新颖别致，情趣高雅、兴会深长。“注意欢留听，误令妆不成。”诗的最后两句写百舌鸣声所产生的效果，突出刻画了听者入迷之情状。既交代落实了开头“临镜”一事，又再次传达出百舌鸣声之神韵。诗人屏息凝神，全心贯注，侧耳谛听，听得入迷，情不自禁地陶醉于百舌声中，以至忘记了梳理晨妆。从听者忘我的情态中，可以想见百舌鸣声是如何的超凡高妙。孔子在齐闻《韶》（舜时乐曲名），三月不知肉味。刘令娴在庭院听百舌而忘其梳妆。“圣人”所钟，才女所爱，各自不同，却均可成为美谈。　　（何林辉）

【作者小传】

吴 均

(469—520)　字叔庠,梁吴兴故鄣(今浙江安吉)人。初任吴兴太守柳恽主簿,历官建安王记室、国侍郎、奉朝请,因私撰《齐春秋》免官。后又奉诏撰《通史》,未成而卒。为诗清拔有古气,好事者学之,称为"吴均体"。事迹具《梁书》卷四九及《南史》卷七二本传。有集二十卷、其他著述一百五十余卷,已佚,明人辑有《吴朝请集》,《先秦汉魏晋南北朝诗》辑得其诗及断句一百四十七首。

入 关

吴 均

羽檄起边庭,烽火乱如萤。
是时张博望,夜赴交河城。
马头要落日,剑尾掣流星。
君恩未得报,何论身命倾。

吴均,是梁代著名诗人。史称"均文体清拔有古气,好事者或效之,谓为'吴均体'"(《梁书》卷四十九)。所谓"清拔有古气",是相对于当时文坛的纤细艳丽的风尚而言。乐府诗《入关》写为国赴难的勇士,就体现了吴均那不同于时尚的清峻雄健而朴实的风格。

"羽檄",即羽书,是报告军情的文书,插上羽毛以示紧急。"烽火",也称烽燧,是古代边关报警的信号。"羽檄起边庭,烽火乱如萤。"诗一开始就描绘出一幅军情紧急的忙乱景象:边关的烽火台上,夜间燧火点点,在黑暗中红光闪烁。报告敌情的军使,身携告急的羽书,日夜兼程,驰向京城。边关的形势十分严峻。作者以"羽檄"、"烽火"这些最具特征的事物来代表边关战事的发生,用"起"与"乱"的动态描写来强调军情之危急,渲染出战争时刻那种忙碌、紧张、充满了危险的气氛。诗的主人公,就在这紧急而危险的气氛中出台亮相。

"张博望"就是汉代的张骞。他身负联络西域各国共同抗击匈奴的重任出使归来,以功封博望侯,故后人也称他为"张博望"。此处是以张骞代指心目中的边塞英雄。"交河",古城名,在今新疆吐鲁番西北,曾为西域车师、高昌等国都城。西汉时,曾在交河设屯田校尉。这里用来泛指西北的边关。"夜赴"二字,以连夜奉命、奔赴沙场表现了勇士的忠诚和高度的责任感。

"马头要落日,剑尾掣流星。"描写勇士身佩宝剑,扬鞭策马,驰赴疆场的飒爽英姿。"要"，同"邀"，此处为拦截意。黄昏时分，红日西沉，勇士在大漠上奔驰了一天，此刻依然精神抖擞，骏马四蹄如飞，追逐着天边的落日。黄色的沙漠，火红的夕阳，绚丽的霞光，映衬着勇士那疾驰而去的身影。他似乎在与西落的太阳赛跑，就像传说中的夸父一样。一个"要"字，体现了勇士急于奔赴疆场的迫切心情。"剑尾掣流星"，接着写勇士在夜间疾驰的景象。兵器是战士克敌的凭借，是他的第二生命。骏马、宝剑，衬托着勇士的非凡气概。诗中的主人公也佩戴着一把珍贵的宝剑，剑柄上镶嵌着稀世的珠玉。当勇士在黑夜里策马飞驰，腰间所佩宝剑上的珠玉便流光闪烁，犹如天上的流星。马蹄响处，黑夜的大漠上留下了一道耀眼的光亮。这两句以奇妙的设想，美丽而壮观的景象来形容勇士奔赴战场、渴望杀敌的决心和意志，表现了他勇敢无畏的精神和气魄。这两句以人写景，壮丽的景观正见出人之英雄。

最后两句是勇士的自白：为了报答君恩，一身之安危，又何足道！古人视君、国为一体，因此，这里的"君恩"应当也包括了"国恩"。这两句，体现了为国捐躯的无私胸怀，进一步点明主题。

《入关》，是汉乐府旧曲，属横吹曲，为军中出行所用。南朝文人的拟横吹曲辞，诸如《陇头》、《出关》、《入关》一类，主要是依题描写边塞之事。此诗是其中一例。这一类乐府诗，开了唐代边塞诗的先声。南北朝时期，南方的汉族政权与北方民族所建立的政权对峙，虽时有北伐之举，但终无成功，到后来更只能以偏安一隅为满足。但是，昔日汉帝国的天下一统、声威显赫，在汉族人的心中始终是不可忘怀的荣耀，尤其是那些民族意识强烈的士大夫。因而在南方文人拟写的边塞乐府里，常常是以汉代的人和事作为描写的对象，以寄托他们统一中国的理想；对于一部分人，或是以过去的伟绩来满足民族虚荣心。如这首诗以"张博望"代勇士，以"交河城"代边关，就属于这类情况。这一点，也为唐代边塞诗所继承。高适《燕歌行》开篇即谓"汉家烟尘在东北，汉将辞家破残贼"；岑参《轮台歌》称"戍楼西望烟尘黑，汉兵屯在轮台北"；莫不如此。就这首《入关》的写作看，诗篇开始以渲染气氛烘托人物的出场，结尾以自白抒发人物的怀抱，中间衬之以写景，在写作手法上也给唐代边塞诗以启发和借鉴。　（蒋　方）

胡无人行　　吴　均

剑头利如芒，恒持照眼光。
铁骑追骁虏，金羁讨黠羌。
高秋八九月，胡地早风霜。

男儿不惜死，破胆与君尝。

南朝诗人中，对唐代边塞诗产生过较大影响的，除了鲍照，还有吴均。正如清人王士祯《带经堂诗话》卷一所说：盛唐“边塞之作，则出鲍照、吴均也”。吴均的边塞之作，是他的诗歌中写得最好、也最有特色的一部分，《胡无人行》这首乐府诗，就是其中之一。

从史传记载看，吴均本人似不曾去过边塞。吴均为人志向高远，有建功立业之心，但出身寒微、仕途上很不得意。所以，他爱写边塞诗，主要原因盖在于这种出身与志向的心理矛盾，谈兵咏怀，正是抒发内心勃郁之气的绝好媒介。明乎此，本诗中跳动的脉搏也就容易把握了。

这首诗的动人处，主要在于贯通全诗的那种慷慨激昂的感情和凌厉直前的气概。诗的开篇写剑之尖利如芒、明亮照眼，一上来就把这杀敌立功的武器推到读者的面前。看来诗人非常喜爱这把宝剑，在诗中常常要提到。比如“我有一宝剑”（《咏宝剑》），“抱剑事边陲”（《赠别新林》），“剑光夜挥电”（《古意》其一），等等。这宝剑似乎也象征着诗人那种锐意奋起、为国建功的雄心壮志，三、四句写铁骑奔驰，穷追敌寇。“铁骑”，披着铠甲的战马；“金羁”，饰金的马络头。二者互文见义，再加上手中的利剑，足以表现出勇士的英姿。“追骁虏”、“讨黠羌”，说明对手也非无能之辈，这就更能见出战争的激烈。五、六句写边塞的气候。八、九月间，一般是秋高气爽之时，但边塞地区却早已是风霜一片，气候严酷恶劣。一个“早”字暗含某种对比，启人想象。这两句语意略移，但实际仍是从侧面来展示战争之严酷。最后两句直言自己不惜身死，不仅敢于披肝沥胆，誓死为国效忠，而且要剖开肝胆，让人尝味，以验自己的心志确确实实是纯真不二！这既是对战争之严酷作最大无畏的回答，更是对自己许身为国的决心和勇气作最彻底的表白，出语真是石破天惊，慷慨壮烈！至此，一个英姿勃勃、豪气逼人的血性男儿完全站到了我们面前，多么威严，多么雄健！这样一种气概，在诗风靡弱的齐梁时代实不多见，故而尤其可贵。

一般认为，吴均的诗歌已有一些唐人律诗的体貌。从这首诗看，全篇起承转合，章法整饬，辞意完密，一气贯通，确实给人以唐律先声的感觉。如果再与鲍照那些辞意疏宕的边塞之作比较一下，这一点就更加明显了。另外，这首诗节奏明快，音调铿锵，语言畅达，笔力劲健，也很容易使人联想起盛唐边塞诗的语言风格。其中有些句子，像“高秋八九月，胡地早风霜”，若与岑参“胡天八月即飞雪”（《白雪歌送武判官归京》）这样的句子相比，二者之间多少也体现出某种源流关

系。看来，在诗歌的章法和语言风格上，吴均对盛唐边塞诗的影响，似乎比鲍照的诗来得更直接一些。（钱 钢）

答柳恽 吴均

清晨发陇西，日暮飞狐谷。
秋月照层岭，寒风扫高木。
雾露夜侵衣，关山晓催轴。
君去欲何之？参差间原陆。
一见终无缘，怀悲空满目。

柳恽，字文畅，河东解（今山西省西南部）人，工诗，善尺牍，梁天监初除长史，和沈约共定新律，曾两次为吴兴太守，为政清静，吴均曾应邀而往，然颇不得意，曾一度离去，旋又返回吴兴，柳恽却对他依然如故，这首诗是答柳恽的赠诗而作。柳恽将有远行，遂作了《赠吴均诗三首》，其中之一说："夕宿飞狐关，晨登碛砾坂。形为戎马倦，思遂征旗远。边城秋霰来，寒乡春风晚。始信陇雪轻，渐觉寒云卷。徭役命所当，念子加餐饭。"据诗意看，柳恽将赴远地，吴均这首诗就是答他的此诗而作。

"清晨"二句是应柳诗"夕宿飞狐关，晨登碛砾坂"而来，设想分手之后，柳恽的行色匆匆，日夜兼程。"陇西"是郡的名称，在今甘肃省陇西县，"飞狐谷"即柳恽诗中所说的"飞狐关"，是古代的要塞关隘，在今河北省涞源县，北跨蔚县界，古称"飞狐之口"，这两句举出两个遥远的地名，极言柳恽所去之地的辽远。"陇西"与"飞狐谷"相去不啻数千里，但这里说朝发夕至，自是夸张之辞，形容柳恽的行旅匆忙，道途艰险。这两句中用两个具体的地名，给读者以实在的感受；同时它又是想象的、夸张的，用了虚写的手法，由虚实的结合，令诗意更为明朗而形象。

"秋月照层岭"四句想象柳恽旅途中的景象与经历，极言其风霜雾露之苦。秋月照在层层的高岭之上，令人感到凄清而幽冷，寒风吹拂着高高的树木，枯黄的树叶纷纷飘零。"扫"字下得极有力，使人想见寒风阵阵，木叶尽脱的景象，渲染出了边地秋天的肃杀气氛。因为是夜行，所以说雾露浸湿了衣衫，经过一夜的旅途颠顿，至天色拂晓时分，关山才在晨曦中露出了它峥嵘的面貌，似乎在催促着行人快快前去。这里的"月"、"风"、"雾露"等天象与"层岭"、"高木"、"关山"等景物结合起来构成了索莫而壮阔的画面，"侵衣"、"催轴"则将人点缀其中，一幅"关山行旅图"宛然在目，柳恽旅途的艰险与辽远于此可见。

"君去欲何之"以下四句写自己由分别而引起的悲哀。"君去"两句以设问的形式说明友人远去,去向那参差起伏的高原和平陆之间,正因为路途遥远,因而最后说,今后会面恐不容易,旧时情景虽历历在目,然也只是徒增悲伤,空怀追忆而已。以"君去欲何之"一问从描写行旅而过渡到抒怀,极为自然。"参差"二字描写高原平陆,也很形象,最后落实到送友,别情离绪,油然而生。

吴均是描写山水的能手,他的诗文多模山范水之作,风格清新挺拔,此诗描述离情,却能从想象中的旅况落笔,构思巧妙。诗中刻画山川阻隔,风露凄凉,形象而准确,体现了诗人描摹自然物象的本领。同时,诗的炼意炼字也都相当著力,如"寒风扫高木"之"扫"字,"雾露夜侵衣"之"侵"字,"关山晓催轴"之"催"字,都显然是锤炼得之,开了后代诗中"字眼"的风气,令读者想象出旅途中的风霜之苦,行程的匆遽无息,由此加强了诗的感染力,令离愁别绪更有了基础,"一见终无缘,怀悲空满目",就不是无病呻吟了。

吴均的诗文后人以为"清拔有古气"(《南史》本传),即指出他的诗貌似信手写来,却不乏清新劲拔之气。此诗的描述中就可见既遒练清劲,又古朴自然的风格,全诗一气流走,似行云流水,自然写来,却不乏匠心,所以被后人视为一首成功的惜别之作。

(王镇远)

酬周参军　　吴 均

日暮忧人起,倚户怅无欢。
水传洞庭远,风送雁门寒。
江南霜雪重,相如衣服单。
沈云隐乔树,细雨灭层峦。
且当对樽酒,朱弦永夜弹。

均素有才名,其诗为世人所重,号为"吴均体"。吴兴太守柳恽称赏其才,招为主簿,日引与赋诗。然位仅下吏,时生不得志之慨。诗人在与周参军酬答之际也表现出这种情怀。

首句的"日暮"点出时间。"忧人"为诗人自谓。作品一开始便写出他的充满烦恼的心态。句中的"起"并非有目的的活动,而是烦恼滋扰下的无意识之举。次句写"起"后的行为、心态。起而"倚户",益见出他在无聊、无奈时欲摆脱内心烦躁的努力。然而"倚户"也无法改变烦躁的心绪。这两句直接写自己的感情波澜和在室内的活动,也为全诗预定了感情的基调。接下去写"倚户"时所见与所感。所见为水,所感为风。水由近而远,风由远而近。“洞庭”指太湖。据王逸说,太湖中有包山,山中有如石室,俗谓洞庭。古人诗赋亦多称太湖为洞庭。诗人“倚户”远望,水向洞庭流去。“雁门”言风之寒、所由来之远。诗人本自忧心忡忡,本自怅然无欢,今既见此远去之水,感此风送之寒,则转增怅惘之情。远望本为不自觉地排解烦恼之举,不想反增新忧。诗人不直接抒写此时的特殊感受,而是通过对事物的描绘表现他的心曲。“江南”二句紧承“寒”字,写出寒风中的自然与人。江南而有霜雪,并且很重,这是雁门之风所带来的自然界的变化。“衣服单”,故对风之寒感受尤为深切。气候寒冷而衣服犹单,适足见出他的贫寒。况且这“衣服单”的又非寻常之人,竟是“相如”!“相如”即司马相如。据《史记》载,相如自梁返回故里,“家贫无以自业”,其后,因《子虚赋》被汉武帝赏识,乃成为受朝廷重视的辞赋巨笔。在诗中,作者以相如自况,意谓自己有旷世奇才,却遭此窘困,衣不暖体。《谈薮》载吴均《剑骑诗》云:“何当见天子,画地取关西”,是以直截了当的方式表明自己具有非凡的才能。此诗则以隐喻的方式表现了同样的自负。“沈云”二句继续写“倚户”所见。“沈云”即浓云、乌云。“乔树”即高树。浓云郁积,掩蔽高树。“灭”亦为遮蔽不可见。此二句互文以见义。“沈云”即隐乔木,自然也隐乔木所植根的层峦;“细雨”所灭,既有层峦,亦含峦上乔木。前面所说的霜雪,主要是从冬天的气候而言,未必是眼前实有之物;此句的“细雨”乃是“倚户”时正在降落之物。这是对眼前景物的实写。然而,景语亦即情语。在“沈云”两句描写的景物之中,也深深地寄寓了作者的不平之感。据本传载,均任吴兴主簿,不得意,去之。此诗前句以相如自况而怨衣单,从处境着眼,抒写怀才不遇的怨悒。此二句进而以乔树隐、层峦灭暗喻自己不为世所知。这是从外界条件不利处着眼,写出自己不得一展怀抱的原因在于为某些外在条件所障蔽。末二句由“倚户”远望转向室中,宽慰自己权且以酒与琴相伴度过寒冷的长夜。同时,这二句也对自己不逢其时表现出无可奈何的慨叹。

这首诗从忧写起,由忧及寒,因寒增忧,并揭示出忧的原因。全诗以较多篇幅写景,却又景中寓情,构成清拔古朴的意境。（许志刚）

赠王桂阳别三首(其三)　　吴　均

树响泱山来,猿声绕岫急。
旅帆风飘扬,行巾露沾湿。
深浪閤蒹葭,浓云没城邑。
不见别离人,独有相思泣。

吴均今存的诗中以与友人赠答和赠别的诗为最多,也以这部分的诗成就最高,他长于将自己的离情别绪通过景物的描摹体现出来,语言明畅,意象丰蕴,成为情景交融的典范,这组《赠王桂阳别诗三首》就是颇为出色的作品。王桂阳大概就是当时的桂阳郡太守王嵘,诗人吴均曾依附于他,然而似乎也未得到王的器重,他曾有另一首《赠王桂阳》的诗,中云"松生数寸时,遂为草所没。未见笼云心,谁知负霜骨",似抱怨未能有人拔识自己于草莽之中,因而他终于辞别王桂阳而去,写下了三首赠别的诗,第一首称赞王桂阳品行高洁、声名卓著,自己本有以此为托身之所——"愿持鹪鹩羽,岁暮依梧桐。"第二首写王桂阳送别自己的场境——"客子惨无欢,送别江之干,白云方渺渺,黄鸟尚关关。"选在这里的是第三首,状写自己的飘然而去,及分别后的所见所感。

诗人只身离去,远离了人声喧嚣的城市,而投进了大自然的怀抱。"树响浃山来,猿声绕岫急"二句就是写山水景物,说明诗人已踏上征途,领略到了野外的荒寒寥落。清风时起,树木发出阵阵响声,还带着山间的岚气和幽岑;猿声凄厉,增人惆怅,前人本有"巴东三峡巫峡长,猿鸣三声泪沾裳"的歌谣,而据此组诗中第二首的"纠纷巫山石,合沓洞庭澜"的说法,可知诗人此去也在潇湘洞庭、巫山巫峡之间,故猿声就平添了诗人的离愁别恨,更何况猿声绕山,急迫而哀婉,催人泪下。在这树响猿鸣中兼程而行,因而有了下面两句:"旅帆风飘扬,行巾露沾湿。"这两句由山写到了水,由景写到了人。诗人驾着一叶扁舟,辞别了送行的朋友,扬帆随风而去,衣襟上还留着晨露的痕迹。《诗经》上就有"厌浥行露,岂不夙夜,谓行多露"(《行露》)的句子,故露沾人衣,不仅说明行色匆匆,寒意侵人,而且也逗露出道途艰险,行人辛苦的况味。

也许正是"蒹葭苍苍,白露为霜"的时节,因而诗人行舟时便见到了一望无际的蒹葭。"深浪闇蒹葭"一句极言浪深波闇,四顾苍茫,一个"闇"字已暗示出诗人心境的黯淡忧伤,离别的情怀本已无聊,而那茫茫的蒹葭更令人生出"所谓伊人,在水一方"的怅惘,深不可测的波浪给一切蒙上了一层阴沉的色彩。"浓云没城邑"一句则进一步写离人远去,不堪回首的悲哀。"城邑"分明就是指饯别之所,现在已在暗云笼罩之中,不复可见了,也说明自己的征帆已远,回首江干送别之地,已恍若隔世。所以此句虽是写景,却紧扣赠别的主题,并引出结二句:"不见别离人,独有相思泣。"诗人的离恨随着征帆远去而愈加沉重,故友已如隔天涯,只留下天际孤帆伴着自己的相思与暗泣。最后这两句达到了全诗的高潮,诗人的离情别恨,喷涌而出,明白畅达,淋漓痛快。全诗也便戛然而止了。

前人评吴均的诗文"清拔有古气"(《南史·吴均传》),此诗的遣字造语确也堪当"清拔"二字。诗人笔下的山水景物既清迥幽冷,又挺拔奇恣,无尘俗粗鄙之气,与绵远悠长的离别之思浑然一体,给人以深刻的印象。吴均是摹山范水的能手,而且深得江南山水壮丽明艳之助,因而所作往往气体高华,刚健清幽,而且注意锻字炼句,已开唐人近体的锤炼之风,如"树响浃山来"之"浃"字,气韵生动,既写出了山间风过林动的景象,又令人感受到山风的浃髓沦肌,可谓"句眼"。然整首诗的格调清深,由景物描绘而将恨别之意曲曲传出,一气流走,不以字废句,以句废篇,这正是六朝之诗较唐宋人诗的浑朴高妙之处。　（王镇远）

同柳吴兴何山集送刘余杭　　吴　均

王孙重离别,置酒峰之畿。
逶迤川上草,参差涧里薇。
轻云纫远岫,细雨沐山衣。
檐端水禽息,窗上野萤飞。
君随绿波远,我逐清风归。

柳吴兴即柳恽,因任吴兴(今浙江省湖州市)太守,时人以所辖之地呼之。何山,吴兴山名。余杭官员刘某将离吴兴赴任,诗人与柳恽聚于何山以送之。

作品前二句叙事,在叙事中推出题旨,表明惜别之意。首句的"王孙"犹言公子,此处泛指参加宴会的人。"重离别"既是将行者之感,亦是送行者之情。并且"重离别"三字已暗点题中"送"字。次句从主人落笔,因重远别,故置酒饯行,点出题中"集"字。"峰之畿"点题中"何山"。"畿",疆也,限也,此处指何山山麓。随后,诗人描绘了"峰之畿"的景色。"逶迤"为伸展绵延之貌,写草由近而远,青翠无边;"参差"写薇高矮不齐之状。写薇亦是写草,草亦含薇。前者横向延伸,后者向高处生长,姿态各异。这些草与薇由山麓伸向涧中、川上,直与游子离去之路相接,似乎草亦含情。"逶迤"二句由山写到草而及于川;"轻云"二句则由山向上写到云。云与远处峰峦连缀在一起。"沐"是润湿之意,因是"细雨",故称"沐"。且"细雨"又与"轻云"相合。"檐端"二句写山间庐舍之景。这庐舍即置酒聚会之处。天色将晚,水禽息,野萤飞,写出环境清幽美好,令人流连忘返。"水禽"与前面"川上"相呼应;"野萤"也与"峰之畿"相印合。唯独在此环境中才有这禽与萤。且禽息而恋巢,萤飞犹绕窗,都表现出一种依恋之态。《古诗十九首》中有"胡马依北风,越鸟巢南枝"之句,写出马和鸟对家乡乃至与家乡有关物的依恋。此诗中的禽与萤既点缀出环境的清幽,同时也表达出重土慎迁之意。这几句写草、云、雨、禽、萤，其实也是写人。这里的一切都与人同其情愫，都隐约与人的重离别的心态相应。末二句直接写刘余杭上路及作者的感受。“随绿波”指乘舟离去。一个“远”字，明写刘余杭舟行，暗写诗人久立岸边，目送征帆。“逐清风”则写出主人因刘余杭离去而产生的孤寂之感，这又与首句的“重离别”相呼应。全诗主旨在惜别，却不直接写离愁，而是在叙事、写景中浸透了“重离别”之意，使得作品的意境委婉深致、耐人寻味。　（许志刚）

赠王桂阳　　吴　均

松生数寸时，遂为草所没。
未见笼云心，谁知负霜骨。
弱干可摧残，纤茎易陵忽。
何当数千尺，为君覆明月。

王桂阳可能就是当时的桂阳郡太守王嵘。吴均又有《赠王桂阳别诗三首》，其中说王桂阳“高华积海外，名实满山东。自有五都相，非无四世公”。可见王的地位很高，又有“愿持鵷鶵羽，岁暮依梧桐”等语，说明吴均颇有依附于他的打算。从这种关系推断，这首诗很可能是他的自荐之作。

自荐的诗很难写，自誉过高，未免有夸言干乞之嫌，因而吴均这里避开了正面的自我标榜，全以松作比喻。松树虽可长成参天的大材，但初生之时不过数寸而已，甚至会被杂草埋没，人们不知道它拔地千丈、笼聚云气的壮志，怎么会明白它具有傲霜斗雪的气骨呢！前四句显然以初生之松比喻自己的沉沦下僚、未见器重，而借形容松树的性格，表明自己高远的志向、坚贞的品质。“弱干可摧残，纤茎易陵忽”二句，更说小松枝干嫩弱，易被摧残，喻自己身处下位，易遭人欺凌与忽视，委婉地表达了向王桂阳求助的意图。最后两句则进一步表明了自己的抱负，他说：当幼松一旦长成数千尺的大树，则可笼云覆月，庇护众生，言外之意是说自己一朝出人头地，就可建功立业、大济苍生，至于到那时不会忘记王桂阳的知遇之恩，也是不消说的，“为君”二字，便含有此意。

这首诗通篇用比体，托物言志，句句写松，却句句落实到人，“数寸”、“草所没”、“弱干”、“纤茎”诸语，极说幼松之弱小易欺；“笼云”、“负霜”、“千尺”、“覆明月”诸语，则极言松的前程远大。两者对照鲜明，使读之者既痛惜于诗人的怀才不遇，又凛然不敢对诗人少存轻忽。虽是自荐之诗，气格却绝不卑下，这是诗品，也是吴均的人品。

吴均的诗已开唐律之先河，元陈绎曾的《诗谱》就在“律体”中列有吴均之名，并以为他与沈约诸人是“律诗之源，而尤近古者”，即此便可说明他在近体诗形成中的作用了。如这一首诗，其音调虽未完全合律，然已颇有律诗的章法，中两联为对句，也合乎律诗的规律，这正是由古诗向律体过渡的形态。 （王镇远）

至湘洲望南岳 吴 均

重波沦且直，连山纠复纷。
鸟飞不复见，风声犹可闻。
胧胧树里月，飘飘水上云。
长安远如此，无缘得报君。

首句写水景：“重波沦且直。”《尔雅》云：“小波为沦”，“直波为径”。迭起的波浪时而为“小波”，时而为“直波”。一圈圈涟漪，犹如一朵朵白花；而浪花的图案又瞬息多变，令人应接不暇。“沦且直”三字，标志着水景的清晰；而如此清晰的景象也只有在“望”者的近处才可以见到。由此可见，“望”者的立足点——“湘洲”，很可能就是湘江中的一个小洲（或说“湘洲”为吴均《发湘州赠亲故别诗三首》中的“湘州”，也可备一说）。次句写山景：“连山纠复纷。”其中的“山”是指“望”中的南岳衡山。“纠纷”，交错杂乱的样子。南岳绵亘数百里，七十二峰交错为雄壮的景观。诗人以“纠复纷”三字勾勒出一幅大写意的画面。可见，开头二句不仅对仗工巧，而且一为优美，一为壮美，各具风姿，交相辉映。

如果说开头二句所展示的画面较为清晰，那么，“鸟飞”二句中的画面则由清晰转向若即若离。“不复”与“犹可”，形成了诗句中的语气转折，这种语气的转折连带着意象的转换：“鸟飞不复见”，是从视角上拉开空间距离；“风声犹可闻”，则是从听觉上缩短空间距离。如此一拉一缩，便造成了这幅有声画的若即若离之感。

“胧胧”二句写月景和云景，又从上二句的若即若离推向朦胧感。月隐藏在树丛中，自然有朦胧之感；云笼罩在水上，难免有虚无缥缈之感。而诗中“胧胧”、“飘飘”等迭字的运用，不仅使上句与下句属对工整，而且加重了月景与云景的模糊感。

由此可见，诗的前六句中的画面呈现出变化的轨迹：由清晰到若即若离，再到朦胧感。那么，诗人为什么要精心安排这种变化呢？这是为了表露诗人渴望报君而又“无缘报君”的失意心态。对此，诗的结尾二句说得很清楚。“长安远如此，无缘得报君。”诗人由远望南岳转而远望“长安”。当然，此中的“长安”句是用典。据《晋书·明帝纪》说：“（晋明帝司马绍）幼而聪哲，为元帝所宠异。年数岁，尝坐置膝前，属长安使来，因问帝曰：‘汝谓日与长安孰远？’对曰：‘长安近。不闻人从日边来，居然可知也。’元帝异之。明日，宴群僚，又问之。对曰：‘日近。’元帝失色。曰：‘何乃异向者之言乎？’对曰：‘举目则见日，不见长安。’由是益奇之。”“家世寒贱”的吴均，虽然不敢企求君主的“宠异”，但也希望得到君主的知遇。他念念不忘于“君恩未得报，何论身命倾”（《入关》），也曾因赋诗博得了梁武帝的欢心。但又因为鲠直而不善于阿谀为梁武帝所厌弃。据《南史·吴均传》说：“（吴）均将著史以自名，欲撰齐书，求借齐起居注及群臣行状，武帝不许，遂私撰《齐春秋》奏之。书称帝为齐明帝佐命，帝恶其实录，以其书不实，使中书舍人刘之遴诘问数十条，竟支离无对。敕付省焚之，坐免职。”梁武帝曾经说：“吴均不均，何逊不逊。”（《南史·何承天传附何逊传》）厌薄之情，溢于言表。探究吴均由一时得意到失意的变化的心迹，就不难明白诗人为什么触景生情，顺沿着景物由清晰到若即若离再到朦胧的变化轨迹而直露心迹。从而，也可以看出这首诗构思之别致，笔法之潇洒，在清淡质朴之中自然而然地流露出失意士人的情感。

（陈书录）

登二妃庙　　吴　均

朝云乱人目，帝女湘川宿。
折菡巫山下，采荇洞庭腹。
故以轻薄好，千里命舻舳。
何事非相思，江上葳蕤竹。

二妃，即虞舜的两个妃子娥皇与女英。相传虞舜巡视南方，中途死于苍梧之野，遂葬在九嶷山。娥皇、女英起先没有随行，后来追到洞庭、湘水地区，得悉舜已去世，便南望痛哭，投水而殉。后人为祭祀她俩，特于湘水之侧建立了二妃庙（又称黄陵庙）。《方舆胜览》云：“黄陵庙在潭州湘阴北九十里。”这首诗歌颂了娥皇与女英对爱情的执著与忠贞不渝。

起句“朝云乱人目”乃是诗人登上二妃庙所见之景。太阳从东方冉冉升起，天边呈现出迷人的光彩，片片云霞犹如簇簇花团，奇诡变幻令人目不暇接。在“朝云”中，还含有宋玉《高唐赋》“旦为行云”之意，暗示了诗与男女之情有关。面对这一幅灿烂的晨景，诗人顿发奇想：这大概是“帝女湘川宿”的缘故吧。帝女，即指娥皇与女英，因她们是古帝唐尧的女儿，故有是称。这开端两句，诗人将奇丽的景致与奇特的传说结合起来，给全诗蒙上了一层神秘的色彩，一下子就攫住了读者的心。

“折菡巫山下，采荇洞庭腹”两句承“帝女”而来，写二妃对舜的那一份迷恋眷念之情。她俩或折菡萏于巫山之下，或采荇菜于洞庭之中，既以慰解缠绵不尽的相思，亦以表达对夫妇合好的向往。菡，即荷花，荷花之实为莲子，莲子谐音为“怜子”，故被古人视作多情之物。荇，生在水上的一种植物，《诗经·周南·关雎》云：“参差荇菜，左右采之。窈窕淑女，琴瑟友之。”所以荇菜也是淑女的代称。巫山、洞庭，自古便是相思之地，诗人遥想二妃追赶舜到达此地，念及将与他团聚欢会，心中正是万般喜悦。那莲子和荇菜，不正代表了她们盼望得到夫君爱怜的心声吗？

“故以轻薄好，千里命舻舳”，这二句是追述，把二妃的深情再深写了一步。折菡采荇，这一番痴情已足令人感叹了，但更令人感动的是，她们这番前来，是千里迢迢、从风波浪尖中闯过来的。轻薄，原是放荡之意，但这里是说二妃追赶夫君的意志十分坚决、一旦决定就不可收回。舻舳，船头船尾，这里代指船。二句中值得注目的是一个“故”字，有此一字，便足见得这两位弱女子的千里远行，是完全自愿的，也是完全知道前程险难的，唯因如此，她们的举动也更加感人至深了。

怀着如此的痴情，经过了如此的艰程，终于与夫君相去不远了。然而，等待她们的又是什么呢？“何事非相思，江上葳蕤竹”，在诗的结尾，诗人并不直接回答这个问题，也没有继续在这个古老传说中沉浸下去，而是笔锋呼应首联，又转回到现实中来。站在二妃庙前，诗人向四周举目远望，只见眼前的景物似乎都弥漫着一层二妃对舜的相思之情，尤其是江边一片片的翠竹，枝干斑斑点点，仿佛是浸透了二妃的相思之泪。葳蕤，纷多貌。据《述异记》记载，二妃在湘水之旁痛哭舜亡，泪下沾竹，竹纹悉为之斑，故湘竹又称湘妃竹。最后一句，诗人没有直说二妃的殉情，而是采用了以景结情的手法，把情渗透到景中，以泪竹披纷无限的画面，来透露二妃永无穷止的情思、绵绵不尽的长恨，以及自己对二妃不幸遭遇的感伤，使全诗起到了“含不尽之意见于言外”的艺术效果。

这首登临凭吊之作，将动人的传说、眼前的景物和诗人自己的心情熔于一炉，情思绵邈深挚，笔调清雅明畅，特别是结尾的截情入景，使全诗显得空灵含蓄，当真是神来之妙笔。篇末有此奇峰，全诗的意境亦为之拓深了许多。

（陈如江）

咏　雪　　吴　均

微风摇庭树，细雪下帘隙。

萦空如雾转，凝阶似花积。
不见杨柳春，徒看桂枝白。
零泪无人道，相思空何益？

这首诗以咏雪为题，实际上是观雪感怀。作品中所写的雪，既不是银装素裹的旷野之雪，也不是漫天飞舞的吉征瑞兆之雪，而是江南庭院中的细雪。作者立于帘下，他的眼界也未曾超出庭院的上下前后。

首句写风摇庭院之树，是因树动而知风，并且知是微风，显然庭树之动不同于大风下之摇动。次句的"细雪"与前面的"微风"相应，都具有江南雪景的特点。"下帘隙"的"下"，正与风之微、雪之细相应，故能从竹帘缝隙中落入。"萦空"二句写雪在空中、阶上之姿。这里的"转"为回环飘动之意。雪萦绕于空中如雾一样回转不定，这种状态唯"细雪"才能有。因其"细"，故能"萦空"，似乎久飘不下；因其"细"，故迷朦"如雾"。"凝阶"与"萦空"相对，但见"萦空"，但见阶上之雪凝积如花，而不见其飘落。这与"下帘隙"不同。诗人立于帘下，见帘边之雪，故知从帘隙落下。至于阶上，已为白雪凝积，则不觉其飘落。似乎空中之雪一味飘舞，阶上之雪但只凝积，一动一静，互不相涉。"似花积"既写阶上雪色，亦隐隐引出下二句。作者写空中、地上之后，目光复归于居中的"庭树"。"不见"二句上承首句的"庭树"展开。杨柳、桂树均为庭树中之一部分。"杨柳春"指叶绿，"桂枝白"指花发。时值隆冬，桂枝皆白，看似花，但庭中杨柳未绿，则知桂枝之白为非花。从首句至此全是写景，并且是诗人立于帘下所见之景。然而在景中已暗寓感伤之情。末二句则直接展现诗人自我。"零泪"是伤怀的表现。有感如此，却无人可以倾诉，故自责多情若此，终有何益？直以此二句表现诗人的苦寂、孤独之感。触发诗人"相思"、"零泪"的是什么呢？诗中没明确讲。然而从前面对雪景的描绘中可以探知他的心曲。诗中先言"似花积"，又以"不见"春与"徒看"相对举，雪似花而非花，今但见非花之雪，不见春叶、春花。诗人的"相思"，就在于为似花之雪所引起的向往，在于对"不见"的春之盼望，对桂枝上徒具似花外观的假象的叹惋，同时，也隐约透露出诗人对自己机遇难逢的感伤。 （许志刚）

春 咏

吴 均

春从何处来，拂水复惊梅。
云障青琐闼，风吹承露台。
美人隔千里，罗帏闭不开。

无由得共语,空对相思杯。

此诗诗题一作“春怨”,从内容来看,确是一首咏春写怨之辞。

“春从何处来,拂水复惊梅。”杨慎《升庵诗话》称其“起句之妙,可以为法”,沈德潜《古诗源》则评曰:“一起飘逸。”之所以飘逸,是因为它把冬去春来、节候暗换,春天的气息在不知不觉中浸润到人间,这一难以描摹的过程,笔法空灵地传达了出来。正因为只设问而不作答,更使人产生无限的遐想。但春天的到来,毕竟是有征候可寻的。春风吹拂着水面,使它泛出了绿色;春风惊醒了梅花,使它萌发出花蕾。春光虽不能说已经浓郁,但亦足以使人为之欣动颜色。“云障青琐闼,风吹承露台。”然而,遥望美人所居之宫阙,诗人又感到无限惆怅。这里“青琐闼”是宫门,因其刻为连琐文而以青色饰之,故称。“承露台”为汉武帝所建,上立铜仙人,舒掌托盘,以接甘露,以为饮之可以益寿延年,这里泛指宫廷建筑。如今春风虽已舞旋于承露台上,而青琐闼前,依然云遮雾障,幽深寂静。“美人隔千里,罗帏闭不开。”那罗帏深闭的美人居所,虽望中已然可及,而相隔犹如千里,令人不胜天各一方之叹。春光虽好,却难得美人共享,更无论花下樽前,一叙衷肠。良辰美景空在,而赏心乐事不遇。诗人只能空怀相思之情,借酒浇愁而已。至于美人之“罗帏”为何当此春回人间之时仍然紧闭而不开?是因为“乍暖还寒时候,最难将息”(借李清照《声声慢》语)?还是因为其他的人为阻隔?抑或是美人自己紧闭心扉,不愿向诗人敞开?其中缘故,因为“无由得共语”,故而便无法探究。不仅美人的内心世界无由窥测,就连美人其人,也因云障帏隔,而使人不能一睹其芳颜。但从诗人思之之苦,求之之切,读者完全可以想象出其人之美好非同一般。

这首小诗,虽然咏的是常见题材,却写得清雅秀逸、姿态摇曳。由触处生春、充满动感的飘风,对照出重幕密障的深宫静态;由令人爱悦的春风,转入与春隔绝的佳人;由深闺的寂寞,映现诗人的愁思。短短八句之中,情景几度变幻,既峰回路转,又渐入佳境。而转折之处,又运笔自如,了无雕凿之迹。诗人在诗歌技巧上的修养、功力,由此可以体现。

(赵山林)

山中杂诗三首(其一)　吴　均

山际见来烟,竹中窥落日。
鸟向檐上飞,云从窗里出。

此诗写山中幽居的景象,同时表现诗人闲适的心情,刻画十分传神,是吴均的代表作之一。

山边可见阵阵山岚林烟，竹中能看到落日的斜晖，鸟向着屋檐上飞来，白云从窗中飘浮而出。全诗不过短短四句，一句一景，然句句不离“山中”的主题。烟岚从山脚升腾而起，渐渐弥漫了山谷，正是幽静深邃的山中所常见的现象。落日西沉，只能在竹林的间隙中时而窥见其脉脉的斜晖，由此可以想见竹林的茂密青葱，山间的幽趣在首两句中已曲曲传出。屋檐上的飞鸟来来往往，白云穿窗而过，都说明诗人所居之处地势高峻，而且在茂林修竹之中，群鸟时时栖息于其檐前屋后，体现了山居的清静超脱，远离尘嚣。

沈德潜说此诗：“四句写景，自成一格。”意谓这首小诗将所有的笔墨都集中在写景上，与一般由景到人或由景而抒情的结构不同，开了一种新的格式。其实，这四句中虽句句是景，却时时有人在其中，如前两句中的“见”和“窥”，都说明在景的背后分明有人，所写之景只是人所见之景，并不是纯客观的描绘。至于三、四两句中的“檐上”和“窗里”就更明白地逗出人的存在。而且在写景中已暗示了诗人的山居之乐，他的恬淡超然的心境也于此可见。

吴均是写山水的高手，这四句小诗之所以能勾勒出山居的特征就在于作者观察角度的选择得当。“烟”是由“山际”所见，“落日”是由竹中所见，“鸟”在檐上，“云”从窗出，这样，就不同于寻常的写山岚、落日、鸟和云，而带上了诗人山居所见的主观色彩，并有了典型的意义。就像是摄影，摄取同一物象，却各人有各人的角度。而一帧成功的作品，总是能取新颖巧妙的角度，摄出景物的特征与情趣，吴均的摹山范水也正是如此。

（王镇远）

伤 友　　吴 均

可怜桂树枝，怀芳君不知。

摧折寒山里，遂死无人窥。

人才问题，历来是中国诗歌中的重要主题。从某种意义上说，它比诸如爱情、山水等更为诗人们所关切。中国漫长的封建社会，不知埋没、摧残了多少本可以向社会、向人类作出更大奉献的人才，这也许正是中国封建社会长期缓慢发展的重要原因吧！对如此普遍的社会现象，对事关国家命运和诗人前程的重大问题，诗人们不能不在自己的诗歌里加以反映、咏叹、呼喊。本诗即是其中的一首。

一、二句借桂树起兴。桂树以其高雅的情致，喜人的清香，历来赢得人们的青睐。李清照亦有“何须浅碧深红色，自是花中第一流”（《鹧鸪天·桂花》）之句赞扬它。两句意即：可爱的桂花树啊，你满树芬芳，却不为君王所知所重，实在可惜。“可怜”在这里可作两种解释：一为可爱，一为值得怜悯，两种解释都通，两种意思都有。诗人在这里称颂桂树，仅是借其“第一流”的品性而又不为君王所重的遭遇，隐喻自己的挚友。

三、四句更进一层。清香宜人的桂花不为君王所赏，这本来已是悲剧；更可悲的是，它生长在冷落、荒僻的山野之中，受尽风雨摧残，但却无人怜爱，直到叶落树枯，默默死去，也并无一人知晓，更无一人前去探望。两句写尽桂花凄凉的末路，悲惨的结局。

诗人在这首诗里咏叹的虽是桂花，但它不是纯粹的咏物诗，而是借咏物抒情咏怀，发泄自己对友人的才华不仅不被重视，反而被闲置贬地，直至放逐而死也无人过问的不平与不满。故标题所示“伤友”，是这首诗的主旨。据史传，诗人与高爽、江洪等善，同工诗文。爽“坐事系狱，作《镬鱼赋》以自况”，“后遇赦获免，顷之卒”。“洪为建阳令，坐事死。”(《梁书·吴均传》)而诗人自己“家世寒贱”，在门第盛行的当时，不为世人所重。后又因撰《齐春秋》，被指控“其书不实”，“坐免职”(同上)。故诗人在诗中，既有伤友之旨，亦含自伤之意。

后世的诗人起而效之，不可胜数。如唐代元稹的《紫踯躅》诗即是其一。元稹元和十年(815)被贬放通州(今四川达县)，路过青山驿时，即有“迢迢远在青山上，山高水阔难容足。……山花渐暗月渐明，月照空山满山绿。山空月午夜无人，何处知我颜如玉”的感叹，诗的主旨与此相类。仅从表面字句看，吴均哀叹的是朋辈的命运，元稹感慨的是自己的前程。但从诗意细析，吴均所咏，也包含着自己的伤感；元稹所慨，也括有朋辈的辛酸。可见古代诗人，咏物叹人抒怀，其用意常有相仿之处。

(吴伟斌)

【作者小传】

周　捨

(469—524)　字昇逸，梁汝南安城(今河南汝南东南)人。南齐时，累官奉常丞。入梁，因范云之荐，任尚书祠部郎，为梁武帝所亲信。官至太子詹事。事迹具《梁书》卷二五本传，又附见《南史》卷三四《周朗传》后。《先秦汉魏晋南北朝诗》辑得其诗二首。

还田舍　　周捨

薄游久已倦，归来多暇日。

未凿武陵岩，先开仲长室。
松篁日月长，蓬麻岁时密。
心存野人趣，贵使容吾膝。
况兹薄暮情，高秋正萧瑟。

周捨，齐梁两代皆为官，三十三岁仕梁，位渐高，至中书侍郎、侍中。此诗当作于梁代。

“薄游久已倦，归来多暇日。”“薄游”，对做官的轻蔑说法，类似“薄宦”。这两句说，他早就厌倦了做官，回来感到很闲暇，很宽松。现在的“多暇日”，见出当初的风尘仆仆。话语中露出“觉今是而昨非”的欣慰。“未凿武陵岩，先开仲长室。”“武陵岩”，指桃花源，桃花源据说是在武陵某处的山口里，故云。“仲长”，指东汉隐士仲长统。这两句意思是说，我虽然未能寻到桃花源，过那种快活的神仙日子，但已在乡间卜居，过起了隐者的生活了。“松篁日月长，蓬麻岁时密。”“篁(huáng)”，竹子。松篁是隐者典型的生活环境，以其清幽故也。“日月长”，是说时间充裕，无人滋扰，也就是上面的“多暇日”。“蓬麻”，泛指农作物。“岁时”，季节。这句说，农作物在生长季节长得很茂盛。“心存野人趣，贵使容吾膝。”“野人”的“野”有乡野、朴野二义，这两句说，我像乡野之人一样生活要求不高，房屋只求能容身就行了。“容吾膝”，极言其小，化用陶渊明《归去来兮辞》“审容膝之易安”。这一句接前“仲长室”。“况兹薄暮情，高秋正萧瑟。”前面都是围绕田舍叙写，这里掉开写天时节令以表现他的“薄暮情”，这有什么含意呢？日暮黄昏，又是萧条的深秋，给人一种砭骨的冷落感，这是外间的景况，而他的“仲长室”却是那么有趣。这是以外景来反衬其生活的安恬、自在。这外景很可能寓有“薄游”的感受。这是一层意思。黄昏是一天的结束，高秋是一年的晚季，都见出时间的迅速变化。这节序之感里有着生命之忧，有着人生价值的反省，外景触动他的这些思考，会使他觉得“乐夫天命”的目前生活才是人生最好的归宿。这大概是这两句诗的又一层意思。陶渊明不少诗也含有这种意蕴，正可互相发明。这两句以景融情的收尾，很精妙，很富于含蕴。

这首诗写离职归乡的感受。头两句点出题中的“还”字，中六句写“田舍”，很有次第，语言甚为浅显自然，饶有情趣，最后两句以“况兹”递进，加深了诗的思想感情的分量。这首诗的写法，有些模仿陶诗，诗中多次用陶语意也表明了这一点。但它与陶渊明的同类诗比如《归园田居》毕竟还存在差别。这首诗就没有多少描写田园风光的句子，更没有写到劳动生活；作者只是以隐者的身份来观察和感受这个新环境，因此它只能算是隐逸诗，而不是田园诗。杨慎谓此诗“真得田家之意”(《升庵诗话》)，这评语是不够贴切的。　（汤华泉）

【作者小传】

裴子野

(469—530)　字几原，梁河东闻喜(今属山西)人。南齐时，累官右军参军。入梁，为右军参军、廷尉正，坐事免。又任南兖州刺史参军，尚书比部郎、仁威记室参军、诸暨令。因撰《宋略》二十卷，被沈约所荐，任著作郎，历通直正员郎、中书侍郎、鸿胪卿，卒于官。事迹具《梁书》卷三〇本传，又附见《南史》卷三三《裴松之传》后。有集二十卷，已佚，《艺文类聚》存其诗三首。

答张贞成皋　　裴子野

匈奴时未灭，连年被甲兵。明君思将帅，方听鼓鼙声。吾生忝逸翮，抚剑起徂征。非徒慕辛季，聊欲逞良平。出车既方轨，绝幕且横行。岂伊长缨系，行见黄河清。虽令懦夫勇，念别犹有情。感子盈编赠，握玩以为荣。跂子振旅凯，含毫备勒铭。①

〔注〕 ① 跂(qǐ)：踮起脚跟。

“沙场秋点兵”的鼓角之音，似乎最能激发年轻勇士勒铭封侯的壮心。就是风流儒雅的文士，当其为戎马旌旗的出征所激动时，也往往会“一闻鼓角意气生”，在笔底涌出叱咤风云之气。裴子野这首答赠出征友人之作，正有一种慷慨赋诗、以壮行色的雄调壮节。从诗题知道，这位友人名张贞字成皋(“成”一作“威”)。身世不详。大约是位兼具文韬武略的有志之士。

据《南史》记载，南朝萧梁时代，雄踞北方的魏国发生动乱。梁武帝以为时不可失，多次出师征魏，以图收复淮河以北的中原之地。这些征战，大多因将帅懦怯、指挥失措而虎头蛇尾。但在誓师出征之际，想必也曾给人以许多热望和期待。在富于浪漫气质的诗人眼中，便更如汉人远征匈奴的壮举一样，带有奋发蹈厉的雄奇色彩了。此诗开篇四句正思绪飞扬，化用数百年前的汉事，大笔渲染了友人此次出征的气氛。在“匈奴时未灭，连年被甲兵”的描述中，读者恍可联想到，霍去病当年放言“匈奴未灭，何以家为”的豪迈情景；“明君思将帅，方听鼓鼙声”两句，则又在读者耳边，重又震响起大将军卫青率师远征的隆隆鼓音。这四句格调高古而笔势夭矫，为友人的从征，画出了一派激动人心的背景和氛围。

接着八句便全力表现友人的壮志豪情。“吾生恣逸翮，抚剑起徂征”是神态刻画。此刻，友人正倚马执鞭，犹如仰看云天的鸷鸟，转眼就将奋翮高举，展现那搏击风云的雄姿；随着声声厮鸣，他更将催动战骑，拔剑前指，驰向万里疆场。那潇洒、无畏的风采，多么令人钦羡！“非徒慕辛季，聊欲逞良平”，转而披露友人的襟怀。“辛”指剧辛，战国赵人。燕昭王筑黄金台延请天下贤人，他与乐毅、邹衍等先后入燕，曾参与伐齐、击赵之战。“季”指“柳下季”即展禽，鲁之贤人。据《战国策》记，当年秦人攻齐，曾下令“有敢去柳下季垄（坟）五十步而樵采者，死不赦”；而“能得齐王头者，封万户侯”。故齐人颜斶慨叹曰：“由是观之，生王之头，曾不若死士之垄也！”可见柳下季贤名之高。“良平”则指辅助刘邦开创二百年帝业的著名功臣张良和陈平。诗人用“非徒”、“聊欲”这递进之词，表现友人的志向不仅在效慕剧辛、柳下季这样的良将名臣，而且要追迹张良、陈平，为君王建百世不朽之功业。口气之壮大，正有力地表现了这位友人襟怀之豪迈。现在，他正是带着这样的壮怀，踏上了征途。“出车既方轨”以下，即悬想友人千里击敌的景象：在广阔的原野上，友人正与摆列成阵的如云车骑并驾齐驱（方轨）；随着画面的转换，这支雄师已驰骋于茫茫大漠，横行无阻，令敌虏闻风而遁。这两句描摹，正如剪影和雕刻，将友人长驱直进的英姿，刹那间凝固在大漠旷野的天幕上。令人吟诵之际，油然生出一种苍茫雄奇之感。连诗人自己，似乎也被这悬拟的景象陶醉了，不禁放声赞颂道：“岂伊长缨系，行见黄河清！”遥想当年南越国叛乱，汉人终军以二十弱冠之龄，敢向天子请命，“愿受长缨，必羁南越王而致之阙下”，志向何其豪壮！而我的友人，志向又岂止于此。天下滔滔，正如黄河之浑浊，只有历尽千年、圣人出世，才有一清之时。雄心万丈的友人，而今正志在让这一梦想，在眼前变为现实！这两句对友人出征壮举的赞颂，无疑也包含了诗人自己的宏愿。梦幻般的思绪，至此化为缤纷绚烂的奇境；出征的友人，也因此沐浴在一片光华之中。

以上两节，均为诗人对友人出征景象的描摹和瞻念。虽说多出于虚拟，却写得情景宛然、如在目前。自“虽令懦夫勇”以下，诗人才从悬想之境中回到现实。想到友人的此次出征，自己竟未有机会送行。他的烈烈壮怀，虽说能使怯弱之人增生勇气；但作为友朋，从此后隔山阻水的别离，毕竟是令我伤情的呵！从“感子盈编赠”一句看，这位友人大约还在戎马倥偬之中，给诗人寄赠了一组诗作。这便更教诗人感动不已而"握玩"难舍了，因为它乃是弥足珍贵的友情的标志呵！而今友人既已远离，作为诗人，就唯有那热切的盼望和祝愿，与之千里相随了。这就自然引出了结句："跂子振旅凯，含毫备勒铭。"据《汉书》记，东汉车骑将军窦宪和执金吾耿秉，曾出塞千里，大破匈奴北单于师于稽落山下，"斩名王已下万三千级"。最后登燕然山，由班固挥笔作铭，勒功于山石之上。诗人借用这一典故，深情地遥祝友人：从此后我将跂足企颈，日日盼望你凯旋班师；那案头的管笔，也早已饱蘸浓墨，准备着为你挥写勒功之铭呵！以此两句作结，蕴无限寄望于祝祷之中，情意深沉而不减辞色之遒壮，显示的依然是明朗、雄迈的气格。

裴子野在南朝，以博闻和文章名世，尤擅于檄告之作。史载他起草《移魏文》，梁武帝曾为之发出"其形（身形）虽弱，其文甚壮"的赞叹。这首诗以汉典入诗，运用悬拟方式，表现友人出征的壮怀，境界开阔而辞气雄迈。在齐梁文人诗多柔靡细弱之音中，听来如闻黄钟大吕。唯一可惜的是，梁武帝的征魏之战，大多与诗人的渲染相反，以溃败匆匆收场，并无多少壮色。这颇有负于裴子野此诗所寄予的热望，读来不免令千古读者感慨系之。　（潘啸龙）

【作者小传】

何　逊

（472？—518）　字仲言，梁东海郯（今山东郯城北）人。何承天曾孙。少为范云、沈约所称赏。梁武帝天监中，任奉朝请、建安王水曹行参军兼记室、安成王参军事兼水部郎。因母丧去官，服满，任仁威庐陵王记室，随至江州，未几卒。事迹具《梁书》卷四九本传，又附见《南史》卷三三《何承天传》后。逊诗与刘孝绰齐名，号称"何刘"，亦与阴铿并称"阴何"。诗风明畅，多清丽佳句，声律上已接近于唐律诗，其诗对后世诗人如杜甫等有较大影响。有集八卷，已佚，明人辑有《何记室集》，今又有《何逊集》。

铜雀妓　　何逊

秋风木叶落，萧瑟管弦清。
望陵歌《对酒》，向帐舞空城。
寂寂檐宇旷，飘飘帷幔轻。
曲终相顾起，日暮松柏声。

人皆有一死，无论英雄豪杰，还是乞丐痴儿。但是，那些曾经叱咤风云，改变了历史，支配着许多人命运的雄豪之士，尽管懂得这一点，却比常人更难接受死的事实。因为他们曾是那样有力量，似乎是无所不能，而顷刻间，一切都化为乌有。他们于生死之际的留恋、挣扎，也特别令人感慨。曹操一生，倥偬戎马，横行天下，无所忌避。临终之际，忽然多愁善感，遗嘱中絮絮叨叨，交代了许多琐碎事，竟不似往日英雄行径。生前，曹操酷爱音乐，"倡优在侧，常以夕达旦"，又常自作歌辞，令伎女演唱。此时，他便下令，让伎女们每逢初一、十五，依旧在铜雀台上演奏歌舞，向着他的陵墓。以曹操的性格，未必相信死后之事，这不过是死前还想抓住什么东西，来逃避对那纯然寂灭的畏惧。后人有感于此，创作了名为《铜雀妓》(这里的"妓"指以歌舞为业的女子)的乐府歌曲，咏唱这件事。南朝许多诗人写过此题，何逊这首较为出色。

起笔以秋日风物为背景，衬托乐声，造成凄切的气氛。在那寒凉的秋风中，落叶萧萧，笛、箫(管乐)和琴、瑟(弦乐)相和而起，竟也是充满寒意，悲哀伤情。这里，"萧瑟"是主观感受，它由前一句而生，又连贯地笼罩了下一句，使二者混为一体。"清"则是指音乐的调子高。这种亢厉的乐声，在曹操生前，自然演奏过很多次。那时，虽然也有苍凉的感觉，但绝不像现在听来这般凄切。这里有人的情绪在起作用。

铜雀台上，按曹操的遗命，本来一年四季都有演奏。这里专写秋天，因为在中国文学中，将秋视为万物萧落、令人愁哀的季节，已经成了习惯。作者利用这一习惯，来求得所需的心理效应。同时，"秋风萧瑟"，是曹操乐府名篇《步出夏门行》中的句子。那诗中写大海壮阔，星斗灿烂；"老骥伏枥，志在千里"；也写到"养怡之福，可得永年"。萧瑟秋风今又是，而那一切自豪与自信，又在何处？这是一个暗中含蕴的感慨。

乐声中，伎女们且歌且舞。三、四句是对仗句，将一件事分写在两句中。调整一下，二句所说的意思是：在空城向帐望陵而歌舞《对酒》之曲。当然，这只是便于理解。作为诗来说，每个语汇出现的次序，都是有意义的。歌舞所用的曲子，是曹操的《对酒歌》："对酒歌，太平时。吏不呼门，王者贤且明，宰相股肱皆贤良。咸礼让，民无所争讼……"这就是曹操的生平理想：建成太平之世，为万代所传诵。虽然，他的理想不能说已经实现，但毕竟做成了一番辉煌功业。如今对着他的陵墓唱起这支歌，人们会怎么想呢？再说，邺城往日作为魏王都，在曹操的筹划下，建筑得颇为壮观；冰井、铜雀、金虎三台，宫阙相连，并峙于城西隅，气势更是非凡。自曹丕代汉称帝，迁都洛阳后，邺城早已不复有往日的繁华。伎者歌舞于帐中，帐外却是一座空城，这景象，何其凄凉冷落！历史变迁无穷，无论是什么样的伟人，都抓不住它的缰绳。所谓"浪淘尽千古风流人物"，这已经不仅仅是惋叹、伤感或讥刺，而包含了对无限世界的惆怅之感。

补充一点："对酒"，也可理解为以诗中首句代篇名，不是指《对酒歌》，而指曹操另一篇更著名的《短歌行》："对酒当歌，人生几何？譬如朝露，去日苦多。……山不厌高，水不厌深。周公吐哺，天下归心。"这诗以人生短暂的感叹起笔，以建功立业的情怀收束。如果"对酒"是指这一首，则除了身前身后的对照，还将"人生几何"的叹息与眼前一丘黄土直接联系起来，情绪更偏于低沉。

由"空城"转下，再写铜雀台本身。铜雀台是一组宏丽的宫殿建筑。往日，曹操常在此宴集群臣，歌舞盛会，气象盛大，热闹非凡。而如今已是另一番光景：宫室无人居住，空旷冷落（"檐宇"，飞檐翘起的屋顶，代指宫殿）；帷幔在风中轻轻飘动，更显出环境的清静。"寂寂"、"飘飘"二叠词分置句首，在意义上，既有描摹情状之用，在声调上，也以迟缓的音节，强化冷落的气氛。以此比照盛时笑语喧沸的景象，真是往事如烟，不堪回首。

五、六二句还有一种间隔作用。三、四句写歌舞，需要一个时间过程才能结束。如果对此另作交代，不仅费词，而且效果不见好。读者对诗歌，不仅从意义上去理解，而且有一种直接的心理感受。五、六句除表达一定的内容外，其空漠的景象、迟缓的节奏，在读者的心理上，也容易觉得时间间隔比较长。举例来说：情节紧张、节奏急促的电影，即使长一些，也容易觉得短；相反，情节松散、节奏平缓的电影，即使相当短，感觉上却好像很长。诗歌的道理也一样。有了五、六句，再写歌舞的结束，便显得自然。这一种过渡，文字经济，又不着痕迹，用心很细。顺带说一句，古代诗人对诗歌语言的节奏是很重视的，读诗不可忽视这一因素。

收结二句极有韵味。"曲终相顾起"，以伎女不无犹疑的神态，写出这一场演奏好像有，实在又没有听主，令人恍恍若失。她们之中，不少人曾在曹操生前为之献技作乐。昔日高殿上，今日黄土中，不过咫尺之隔，却胜似天遥地远。与她们的演奏相呼应的，如今唯有陵墓上风吹过松柏的声音！这音乐歌舞，对死后的曹操真有什么意义吗？如果说曹操在临死前还拼命想抓住人生，他又抓住了什么？只听那松柏萧萧，回荡在空殿上……

何逊诗，向以结构严密、语言精致著称。本篇同样具有这些特点。除外，尤其值得称道的是，全诗自始至终，每一笔都从眼前带出过去，形成对照，字面清纯而内涵丰富。作者对所写的史实，完全从形象、情调着力，不作任何议论。诗中表现的，是生死幽隔的哀伤，还是伟人死后的寂寞？是权势者的虚妄，还是每个

人都想抓住生命的欲望？或是世代多变迁，功名化尘土？这一切都很难说清，诗人也无意说清，全凭读者自己去体会了。　（孙 明）

暮秋答朱记室　　何 逊

游扬日色浅，骚屑风音劲。
寒潭见底清，风色极天净。
寸阴坐销铄，千里长辽迥。
桃李尔繁华，松柏余本性。
故心不存此，高文徒可咏。

本诗系酬答朱记室《送别不及赠何殷二记室》诗而作。朱记室，未详其人，原唱称何逊为"何记室"，则知酬答当在梁天监中何逊入仕之后，唯何逊先后曾任建安王萧伟，庐陵王萧续二记室，史料简略，难以详知具体作时。

朱记室原唱有云："凭轼徒下泪，裁书路已赊。远鼓依林响，连樯倚岸斜。山开云吐气，风愤浪生花。即此余伤别，何论尔望家！二君最琬琰，无使没泥沙。"从朱诗"山开云吐气，风愤浪生花"的景象，与何诗"桃李尔繁华，松柏余本性"等句观之，何逊此行似为遭谗或蒙冤去职归乡所作。朱何同为记室，地位平等，故这首答诗无须过于客气，而写得语意显豁，词气发露，体式自由，与《酬范记室云》之以少答长，以下酬上，诗意婉曲含蓄，体式谨饬恭肃不同。对比可悟古人酬答诗之随方就圆，因人而异的特点。

前四句先写秋景，点题"暮秋"：秋日，阳光恹恹地游扬不定，无精打采，苍白无力；西风劲吹发出骚屑的呼啸声；潭水凝寒，清到了彻底，长天无云，似为秋风清扫，一片明净。在这萧索沉寥的秋气中，诗人枯坐潭边，送走了一寸寸光阴，而他的思神却随秋气秋声飞到了千里之外故友的身边。诗人想起来诗中"二君最琬琰，无使没泥沙"的谆谆赠言，因而遥告朱记室：任那些宵小之徒得意忘形，他们不过像妖艳的桃李那样，充其量只能繁华一时，而我心似松柏之坚贞，可经受严冬风霜的熬炼，琬琰美玉是决不会沉埋于世俗之泥沙中的，只是可惜心心相印的故人不在此地，我只能空吟着你的大作，聊寄相思之情。

张纮《何水部集跋》评何逊诗说："盖出雄浑于婉丽，仲言犹为近古也。"《诗话补遗》又云："何逊诗，清丽简远，正称其名。"从本诗中可以见其端倪。二评说的是诗至齐梁多崇婉丽，婉丽则易缛、易弱，而何诗能参以太康前雄浑之气，所以辞丽而思清，于简省中见出翛然远志。

本诗的主旨在“桃李尔繁华，松柏余本性”两句，显然本之于刘桢《赠从弟》、左思《咏怀》之二，但是构思运笔大不相同，试录刘桢诗以为比较。

亭亭山上松，瑟瑟谷中风。风声一何盛，松枝一何劲。冰霜正惨凄，终岁常端正。岂不罹严寒，松柏有本性。

刘诗同为赠答性质，而构思单纯，笔法直致，只以松柏作比兴，抒怀赠弟，骨力铮铮，纯以风力胜。何逊此诗则不然，他先以清简的笔墨，勾出意境迥远的景象，从中酝酿出风骨凛然的抒情，因而寓雄浑于清丽，骨气和韵味兼胜。

诗中的景物化用宋玉《九辩》句意而另出新境。层次丰富，显示出感情的转化。诗人独坐潭边望秋，其初心境恹然，所以望中的日色也是苍白无力的，而当劲风吹过，他心头的阴翳也似一扫而空，于是景物顿变，出现了潭清天净，千里清肃的景物。于是思随秋风远逝辽迥，自然引出了严冬松柏的感兴。

这种景物描写是齐梁间的新进境，也预示了唐人糅合建安风力与齐梁情韵于一体的趋势。杜甫《野望》：“远山兼天净，孤城隐雾深”，对读可见运思造景之传承。

（赵昌平）

酬范记室云　　何　逊

林密户稍阴，草滋阶欲暗。
风光蕊上轻，日色花中乱。
相思不独欢，伫立空为叹。
清谈莫共理，繁文徒可玩。
高唱子自轻，继音予可惮。

本诗是何逊少作。范云，字彦龙，据《南齐书》可知齐竟陵王肖子良永明五年(487)为司徒时，范云补记室、参军事，不久授通直散骑侍郎，领本州大中正，出为零陵内史。诗题称“范记室云”，当在永明五年或稍后作。诗为答范云《贻何秀才》而作，范云原唱起句云“桂叶竞穿阿，蒲心争出波”，是借春景以赞其少年俊才。《梁书·何逊传》称逊“八岁能赋诗，弱冠(二十岁左右)，州举秀才，南乡范云见其对策，大相称赏，因结忘年交好”。因此可知作诗时，何逊当在二十岁上下，何逊生年素为疑问，而据此诗则大致可推断为公元467年前后，即刘宋中叶。所以本诗尤富史料价值。

赠答诗是古人一种交际手段，因此答诗讲究与赠诗意义相应，又因地位之别，在命意运藻上更注重恰如其分。这些在南朝，较唐代更严。因此要真正读通

何诗,就先要对范云原唱有大体了解。范诗云:

桂叶竞穿阿,蒲心争出波。有鹭惊蘋芰,绵蛮弄藤萝。临花空相望,对酒不能歌。闻君饶绮思,摛琰足为多,布鼓诚自鄙,何事绝经过。

其大意谓:春桂冒出了山谷,青蒲穿出了水面,雌雉由蘋荷中惊起,飞到藤萝之上绵蛮啭啼,对此春景,我临花而空望您少年朋友,以至对酒而无兴作歌。听说您富于绮丽的才思,佳作一定不少吧。我之与您才力相差悬殊,当然深可自鄙,而您为何不再来看我呢?是否看不起我呢?

范诗中有三处用典,颇巧。桂叶、蒲心,历来都喻少年俊才,出类拔萃,如前析,乃暗指何举秀才。"有鹭"用《诗经·邶风·匏有苦瓜》中"有鹭雉鸣……雉鸣求其牡"二句意思,暗含友朋相思之念。"布鼓"用《汉书·王尊传》"毋持布鼓过雷门"之典,原来会稽雷门,上有大鼓,声震洛阳,布鼓,是布蒙之鼓,当然无响。范以布鼓自比,以雷门比少年何逊。明白这些典故的含义,更可见当时已与沈约共称的范云,对初露头角的何逊深切的关怀与高度的赞赏。全诗当是因何逊有一段时间未去范处,范云赠诗以招请,篇末以调侃出之,尤见前辈慈爱心肠。

何逊答诗也为十句,与范云原唱丝丝入扣,而意思甚深。

范来诗前四句分二层写景,何也先以四句景语作二层写答之,但意象迥别。先写近景,再写远景,林密树繁,虽是春日,而门前却微觉阴沉,阶前新草欲滋,但却缺少充分的阳光;相反远处花丛中光风轻拂嫩蕊,日色闪耀其中,这才是春之骄子。这景象分明是把自己比作阶前草而以花丛比幸运者,语意针对来诗比自己为得春天哺育的春桂青蒲,而谓自己其实并不真正幸运,并未受到与他人相等的照顾。

中二句是转折,从上述景象对比中,诗人说,我也很想念您范云前辈,因而郁郁不欢,独自伫立,频频空叹。这是因来诗"临花空相望,对酒不能歌"而作答的,而意思甚曲。"不独欢"、"空为叹"是真情,显然是因前四句自觉命运不佳,日光偏照他人而生的,但字面却说自己与前辈同怀相思之情。这情恐怕不很真切。同在一郡,过从甚便,而何以前此已"绝经过",来诗相招了又何不命驾速往,却还"伫立"不前呢?真是深可玩味。

然而"清谈"二句,多少透出了其中消息。这二句应来诗称自己多绮思佳作而为答。南朝玄风甚盛,清谈是时尚,能说胜理,即为时重,而文章之学则等而下之了。诗说,无人与我共作清谈而究胜理,只有您所说的绮思繁文空为自我欣赏。这里最可细味的是来诗只说"绮文",答诗却拈出个"清谈莫共理"来,言外之意,颇有怪范云只以文章许自己而未见我清谈之胜的意味。

最后两句，承“文”而答范诗末二句，范以布鼓过雷门自谦，此答云：您的大作中太过自谦了；范以“何事绝经过”为问，答云，大作太妙，我难以为继，所以惮于过访耳。这是否是真话呢？再回溯全诗，其意可自见。

通观全篇可以推测到，何逊所以久不访范云，当是对范有所不慊。他认为自己虽受范赏识，但是未见实惠。据史载，何逊虽弱冠举秀才，但至初仕，中间相隔多年，正可为证。因此他不欢而空叹，他希望范云不要徒以文章之徒目之，而要看到他的真正价值。他所怕的也不真是难为继唱，而实是怕永作阶前阴下的小草，而不能如日照下的春花怒放。不过这些意思都不正面说出，却在自谦与敬彼中微露讽意，娓娓道出，这就是应答诗中的相称与得体。

对照范云来诗之慈爱恳切，何逊的答诗就显得格调不是太高了。梁成帝后来说：“吴均不均，何逊不逊。”看来并不冤枉他，在少年时的这首诗里，其不逊之病已初露端倪了。

不过就诗论诗，本诗确不失为佳作，对应之切，运思之巧，甚至那种不逊之劲之出于真心，也颇有可爱之处。虽然无史料可以直接说明范云见答诗后的反应，但从后来范云任广州刺史后，仍对何逊殷殷照顾，赠诗睠睠来看，大约范云也为本诗感动了；也因而可知，何逊虽说“可惮”，也当终究应来诗招请去赴约的。这些虽是推测，但或许能为南朝文坛这桩小小公案，增加一些趣味。姑妄说之，姑妄听之可也，读者尽可见仁见智，为之续上自己满意的结局。

诗的最突出的成就是写景之精美。这不仅表现在前后两层精巧的对比寓意中，更表现在观察之细致，感觉之敏锐，而这些又通过写形传神的设色炼字表现出来。第一联中“稍”“欲”二字之分寸极好，不说浓阴，深暗，既切晴春之景，也不至过于唐突前辈，传送出一缕淡淡的愁思。“风光蕊上轻，日色花中乱”两句更难能可贵，“轻”“乱”二字将已视觉印象化为心理印象，风光无色无味，不可称量，而曰“轻”，日色无知无觉，不解行为，却曰“乱”，但这“轻”“乱”二字却既切春风拂蕊的和煦，日色照花的明丽，也微微透出了诗人心中一种难以言传的妒羡之意。

常说何逊与谢朓、阴铿是开唐音——主要是初盛唐之音的诗人。而这种景物描写中的感受与技巧，是最重要的两个方面之一——另一方面则为声调——在唐人诗中尤其是王维、杜甫等人诗中可明显看到齐梁时这类表现手法的影响，谢朓与何逊相先后，其《和徐都曹诗》有句“日华川上动，风光草尖浮”，与何逊“风光”二句异曲而同工。后如王维“泉声咽危石，日色冷青松”（《过香积寺》）之“咽”字，“冷”字；“轻阴阁小雨，深院昼慵开”之“阁”（搁）字，“慵”字；杜甫“野润烟光薄，沙暄日色迟”之“薄”字，“迟”字（《后游》）；“高城秋自落，杂树晚相迷”之“自落”,“相迷”(《晚秋陪严郑公摩诃池泛舟》),均同其理,细玩当自得之。《东观馀论》称杜甫多采何逊句入己诗,信然;而由此亦可见杜诗之笔法每同何逊,确是“颇学阴何苦用心”(杜甫《解闷》七)的结果。 (赵昌平)

落日前墟望赠范广州云　　何 逊

缘沟绿草蔓,扶楥杂华舒。
轻烟澹柳色,重霞映日馀。
遥遥长路远,寂寂行人疏。
我心怀硕德,思欲命轻车。
高门盛游侣,谁肯进畋渔。

范云是南朝著名诗人,历仕宋、齐、梁三朝。齐初,曾任竟陵王萧子良主簿,是“竟陵八友”之一。何逊少年,英才杰出,深为范云爱重。史称:“逊八岁能赋诗,弱冠州举秀才。南乡范云见其对策,大相称赏,因结忘年交好。自是每一文一咏,云辄嗟赏。”(《梁书·何逊传》)此诗写于何逊“州举秀才”之后,其时范云任广州刺史。这位青年秀才投诗范云,对德高望重的老前辈深表仰慕之情,并希望能在仕途上得到他的援助。全诗前半写景,后半抒情。

前四句描写黄昏眺望所见春野景致:萋萋春草,缘着沟陂蔓延,碧绿如茵;朵朵野花,依傍竹篱开放,杂彩缤纷。远处暮霭渐起,轻烟澹淡,笼罩垂柳;西天晚霞成绮,云霞与夕照相辉映。这两联写景,属对工致自然,笔触秀丽如画,语句颇见锤炼精心。前一联“缘沟绿草蔓,扶楥杂华舒”,花草虽是江南春天极普通常见之物,诗人却从中体写出自己的感受。这里用“蔓”、“舒”两个动词来描绘青草的绵延与野花的开放,既显示出春天生发之势,又自有一种自然舒展之姿。用“绿”、“杂”对举来状写草与花,这在谢朓诗中也有过,如《王孙游》“绿草蔓如丝,杂树红英发”。“杂”字本有一种动意,用在这里给人以错杂成彩之感,相对的形容词“绿”亦使人产生类似的动态感,似乎缘沟的野草乃春风染绿,洋溢着一派生机。下联的“轻烟澹柳色”更是篇中佳句。“澹”字沟通诸自然物之间关系,把轻烟、垂柳以及夕阳投射在柳树上的一抹余晖联系起来,显现出烟霭与柳色和谐融合时的那种微妙律动之美,给这幅美丽的春野夕照图中平添了最富有诗意的一笔。

面对这幅优美而宁静的夕景,诗人心中不禁撩起一股淡淡的愁绪。“遥遥长路远,寂寂行人疏”,这两句流露出寂寞惆怅的情怀。路遥人疏的寂寞,是诗人此时的览物所感，又隐寓长路漫漫，吾谁与归之慨，自然引出对范云的思念一意，为下文抒情作一转笔。

后四句抒写思念范云之情。先说自己对对方大德的景仰与怀恋，欲驱车径投其门下。言"命轻车"，见向往之情的急切。忽又转言欲行还止，原因是范氏德望太高，其门下胜友如云，恐怕无人会理会像自己这样一个寒微的鄙野之人。"畋渔"，指种田、捕鱼的人，这是诗人自谦的说法。这几句十分含蓄地表达了诗人想攀范氏高门，又转觉身卑名微，因有欲进不得，欲罢不能的复杂心情。这是何逊早年投赠范云之作，而且对范氏有所希冀，这样写来显得婉转切情，颇为得体。王夫之评之曰："寄婉于促，如笙磬之音，虽非琴瑟，自是琅然动人。"（《古诗评选》）

何逊诗以清新婉丽，造语精美见长，范云、沈约等名家早有很高评价。范曰："顷观文人，质则过儒，丽则伤俗；其能含清浊，中今古，见之何生矣。"（《梁书·何逊传》）本篇虽系何逊早期作品，亦很能体现其诗"天机自引，天怀独流，状景必幽，吐情能尽"（陈祚明《采菽堂古诗选》）的特色。故范云读后即回赠《答何秀才》一首（本书中收录，可参阅），极称何逊年少才美，并寄予很高期望。（易　平）

日夕望江赠鱼司马　　何　逊

溢城带溢水，溢水萦如带。日夕望高城，耿耿青云外。城中多宴赏，丝竹常繁会。管声已流悦，弦声复凄切。歌黛惨如愁，①舞腰凝欲绝。仲秋黄叶下，长风正骚屑。②早雁出云归，故燕辞檐别。昼悲在异县，夜梦还洛汭。洛汭何悠悠，起望西南楼。③的的帆向浦，④团团月隐洲。⑤谁能一羽化，轻举逐飞浮。

〔注〕①黛：青黑色颜料，古代女子用来画眉。歌黛，代指歌女。②骚屑：纷扰貌，指风声。③一作"起望登西楼"。④的的：形容月光明亮。⑤一作"团团月映洲"。

此诗大约是何逊随建安王萧伟出镇江州（今江西九江）时所作，赠给他的朋友鱼弘。

一个秋日黄昏，诗人独自来到郊外的溢江（今名龙开河）边上，放眼望去，溢水萦如曲带，绕溢城（今九江）向北流入长江。夕阳余晖中的溢城，静穆而萧森。首四句描写，诗人从富于地方特色的溢城溢水入笔，而把自己巧妙地置于城与水之外，从一个局外人的视觉写出他对溢城溢水的观感，空间上造成的距离感深寓了他个人心理上对此地风物所具有的距离感。开头两个近似回环的句式和后两句中的“望”、“外”字的选用，都在有意拉大并保持这种距离。事实上，诗人站在湓水边，距城并不远，但他故意用“耿耿”二字来形容，极度渲染出自己与它的距离感。笔势既已立就，以下便顺流而下，诗人紧紧抓住自己的感觉，沿着这两种距离（空间的、心理的）的线索，或分散，或交融，纵横捭阖抒发自己的感慨。

“城中多宴赏”八句，有实有虚，丝竹时时入耳是实，歌黛舞腰则是诗人的想象，故是虚，这虚虚实实正表现了诗人与它们的若即若离。由于“即”，而知道城中宴会的“多”与繁会的“常”；又由于“离”，而平平写出，淡淡道来，这一切的繁会、宴赏都与他没有什么关系，相反只能增加他的生疏与寂寞。“管声已流悦，弦声复凄切。歌黛惨如愁，舞腰凝欲绝”四句两两对应，以“欢——愁——愁——欢”的对应横式写出别人欢乐与自己忧愁的判然相别，听到的弦声是凄切的，想到的歌黛是愁惨的，这是诗人心理距离的任意涂抹。而“城中”一词的使用，渲染的又是何逊与它的空间距离，在诗意的运行中，两种距离始终保持着有效的对应。

诗人为何会有这种强烈的距离感呢？他想向老朋友诉说什么呢？当诗人目光转向万里秋空，属意于那早归的大雁和辞家的小燕时，我们明白了，这是一首思归的诗。是时候了，西风漫卷，黄叶飞扬，秋意萧索，一年又将尽，所以正当满城歌舞欢宴时分，诗人却于夕阳中独自徘徊于郊外，欢乐是别人的，忧愁却是自己的。所以景致才这般萧瑟，音乐才这般凄切。候鸟尚且知归，何况人呢？候鸟知归便归，而人却不得不滞留他乡。“长风正骚屑”，正骚屑的不是长风，而是诗人的内心世界。“正”字鲜明地描绘了此时此地的心绪，前半部分与后半部分的所有描写，在这里都有了一个交代。“昼悲在异县”以下八句，遂一气呵来，直抒对于家乡的思念。诗人这里用“洛汭”代指建康（今南京），以与“异县”相对。思念是一种恼人的情绪，日思夜梦，缠人不休。这里所描绘于夜间“起望西南楼”的情景，并不是白日时间的延续，诗人只是向友人叙述一个远在异县之人思乡之极有无可排遣的日日夜夜的故事。在那样的夜里，头上一轮圆月亮无意味地空照沙洲，月光下，看得见远处船帆的移动，江面上银光跳耀，使本来白色的沙洲也隐没了。带着这样的感觉，人忽发奇想：有谁能真的羽化成仙，不就可以轻易飞回家乡了吗？

这一段描写，诗人所具有的距离感较前半部分更加强烈，但这里所表现的空间与心理距离已与以前截然不同。前半部分表现出来的空间距离，是诗人与他现在所处环境间的冲突。这种冲突是诗人主观上有意疏离造成的，事实上是主观距离的客观化。而后半部分的空间距离则是诗人与故乡间的冲突，这冲突却是外在因素构成的，是客观距离对主观感情的不合理压迫，因此，在主观上，诗人不是疏离，而是极思亲近、弥合。结尾的“谁能一羽化，轻举逐飞浮”，即表达了弥合距离的愿望，和对客观压迫的反抗。

这首诗，诗人成功地抓住客观与主观两种距离间的内在关系，从容地表达了自己的感情。两种距离感从头至尾交叉存在于诗中，这是客观现实造成的，是他所无力解决的，所以结尾的希望也只能是梦幻式的忧伤。（傅　刚）

夕望江桥示萧谘议、杨建康、江主簿　　何　逊

夕鸟已西度，残霞亦半消。
风声动密竹，水影漾长桥。
旅人多忧思，寒江复寂寥。
尔情深巩洛，予念返渔樵。
何因适归愿，分路一扬镳。

何逊此诗，作年难以确考。诗题中所列三人，均以官职称。集中有《和萧谘议岑离闺怨诗》，可能与题中之萧谘议为同一人。建康，即当时的首都，此以所官之地敬称为建康令的杨姓友人。何逊于“梁天监中，兼尚书水部郎，南平王引为宾客，掌记室事，后荐之武帝，与吴均俱进倖。后稍失意，帝曰：‘吴均不均，何逊不逊。未若吾有朱异，信则异矣。’自是疏隔，希复得见。”（《南史》本传）此诗抒发其归隐之思，可能作于这一失意疏隔之时。

诗的前四句为写景，后四句为抒情，五、六两句情景相合，挽结上下，章法井然。首联即从擒题入手，写“夕望”所见之景。夕阳西下，飞鸟归巢，残霞半消，一派日暮景象。诗以景语导人，赋而兼有比兴意味，情感在景物的晕染中流露出来。羁旅怀乡、忧谗畏讥之情，都弥漫于这鸟飞云散的苍茫暮色之中了。王粲客居荆州时曾咏过“方舟泝大江，日暮愁我心”，“狐狸驰赴穴，飞鸟翔故林”（《七哀诗》）；“步栖迟以徙倚兮，白日忽其将匿”，“兽狂顾以求群兮，鸟相鸣而举翼”（《登楼赋》）。陶渊明则云：“羁鸟恋旧林，池鱼思故渊”（《归园田居》）；“云无心以出岫，鸟倦飞而知还”（《归去来兮辞》）。情调虽异，其景物意象及其所表现的归隐之思，与此诗则有相通之处。诗人的视线由高而下，由远而近，遂于次联写出风吹篁竹、水映长桥的景色。此联的句法颇有出奇之处。“动密竹”者当为“风”，而中间夹以“声”字；同样，“漾长桥”者为“水”，而其间缀以“影”字。如以普通的主

谓宾句式来理解，则将扞格不通。实际是风动竹而有声，水漾桥而见影，风声、水影都是动与漾的结果。他另有《望廨前水竹答崔录事诗》，中有句云："水漾檀栾影。"用的是通常句法。而此诗则句法夭矫，不同凡响。唐人亦有用此法的，何逊则早已着其先鞭。沈括指出："盖欲相错成文，则语势矫健耳。杜子美诗：'红稻啄馀鹦鹉粒，碧梧栖老凤凰枝。'此亦语反而意合。"(《梦溪笔谈》卷十五)李东阳《麓堂诗话》谓："诗用倒字倒句法，乃觉劲健，如杜诗：'风帘自上钩'，'风窗展书卷'，'风鸳藏近渚'，风字皆倒用。至'风江飒飒乱帆秋'，尤为警策。"此联也堪称全篇之警策。那摇曳的竹林发出沙沙之声，那长流的江水泛着波光桥影，整个画面显得动荡不宁，让人感受到诗人骚屑不安的内心世界。但是此处景中之情仍比较含蓄浑沦，不像王粲笔下那样刻露。

"旅人"一联点明远望而生忧思，寒江寂寥，倍增羁旅落寞之感。此联情景相映，后半的归隐之叹由这旅人忧思生发而出，故此联实为由上半的写景过渡到下半的抒情的桥梁。

"尔情深巩洛"，写三人对京都眷恋情深。西晋潘岳有《在怀县作》诗二首，其二云："信美非吾土，祇搅怀归志。眷然顾巩洛，山川邈离异。愿言旋旧乡，畏此简书忌。"潘诗抒发了对首都洛阳的怀恋之情。而何逊此诗中的"巩洛"实指梁朝的首都建康。南朝人虽偏安江左一隅，但仍喜以中原的地名来称呼其地，更何况南方还设立了不少北方的侨置州郡。如东晋时号荆州为"陕西"，刺荆州曰"分陕"(参见顾炎武《日知录》卷三十一《陕西》)。何逊诗中这类例子也不少。如《日夕望江山赠鱼司马》诗："昼悲在异县，夜梦还洛汭。洛汭何悠悠，起望登西楼。"《赠江长史别诗》："安得生羽毛，从君入宛许。"《初发新林诗》："回首泣亲宾，中天望宛许。帝城犹隐约，家国无处所。"洛汭、宛许这些中原地名在何逊诗中都用来指建康一带的京畿地区。又其《赠族人秣陵兄弟诗》云："洛令初解巾。"题下注："何思澄为秣陵令。"显然诗人径以"洛(阳)令"代指"秣陵令"。《范广州宅联句》诗中范云诗云："洛阳城东西，却作经年别。"也是以洛阳指京都建康。联系诗题可以推想，此诗当作于建康，题中三人也都是供职于建康者。诗人此处的言外之意是，诸君宦情不薄，而我却毫无恋栈之意，一心归隐江湖。"尔情"和"予念"适成鲜明对照，形成反衬。何逊诗中发抒怀归之思的诗句触目即是，如《入西塞示南府同僚诗》："伊余本羁客，重睽复心赏。望乡虽一路，怀归成二想。"《赠诸游旧诗》："望乡空引领，极目泪沾衣。旅客长憔悴，春物自芳菲。岸花临水发，江燕绕樯飞。无由下征帆，独与暮潮归。"时见睥睨荣利、耿介自守之意，是即梁武帝所谓"何逊不逊"。最后一联以陈述对归隐的向往作结。怎样才有机会得遂志愿，分道扬镳，摆脱这游宦羁旅的生涯？这一问题道出了诗人心中的渴望。

梁代诗人中，何逊与江淹、阴铿齐名，而何之成就最高。清人田雯谓："萧郎右文，作者林立，当以何逊为首，江淹辅之。"(《古欢堂集杂著》)他们都是下开唐人风气的诗人，故杜甫称："孰知二谢将能事，颇学阴、何苦用心。"(《解闷绝句》)从本诗看，下开唐风主要有两个方面。一是写景之妙。以清景佳句构成清旷幽微的意境，唐诗的风神兴象正由此而来，有些意境还直接为唐人所取法、化用，故清人叶矫然云："何仲言体物写景，造微入妙，佳句实开唐人三昧。"(《龙性堂诗话》)二是运用律句。全篇除最后一联外，全是工整的对偶句，虽平仄尚未调谐，但读来颇铿锵顿挫。乔亿《剑溪说诗》云："萧梁一代，新城公谓江淹、何逊足为两雄。以余观之，文通格调尚古，仲言音韵似律，未宜并论也。"正指出了何逊诗体近律的特点。

(黄宝华)

入西塞示南府同僚　　何　逊

露清晓风冷，天曙江晃爽。薄云岩际出，初月波中上。黯黯连嶂阴，骚骚急沫响。回楂急碍浪，群飞争戏广。伊余本羁客，重暌复心赏。望乡虽一路，怀归成二想。在昔爱名山，自知欢独往。情游乃落魄，得性随怡养。年事以蹉跎，生平任浩荡。方还让夷路，谁知羡鱼网？

西塞山，在今湖北省黄石市东长江南岸。《水经注·江水三》云："江之右岸有黄石山，水经其北，即黄石矶也。……山连延江侧，东山偏高，谓之西塞。"《读史方舆纪要》卷七十六云："西塞山，(大冶)县东北九十里，连武昌县界，孙策击黄祖、刘毅攻桓玄，皆破之于此山之右。"南府，尚书省之别称。魏晋以降，尚书省恒在内廷之南，故称南府，亦称南省。据《梁书》本传载，何逊曾为安西将军安成王萧秀参军事，兼尚书水部郎。天监十三年(514)春正月，萧秀复出为安西将军、都督郢司霍三州诸军事、郢州刺史。郢州治所，即在今湖北武汉市武昌，逊随府郢州，得入西塞，遂作诗以赠南府同僚。

此诗前八句极力渲染西塞附近奇丽的山水景观。早春薄明时节，天气清冷，晨露沾地，晓风刺面，曙色洒落在江面上，波光粼粼，忽明忽暗。两岸山岩耸立，中间江流湍急，我们从唐代韦应物"势从千里奔，直入江中断。岚横秋塞雄，地束惊流满"(《西塞山》)的描写中，可以想见西塞形势的险峻和长江一泻千里的气势。白云从山岩间蒸腾而出，残月随波涛而上下摇荡(顺便说一下，这里的"初月”似为“残月”之误。初月者，新月也，而拂晓是看不到新月的。故杜甫《初月》诗云：“微升古塞外，已隐暮云端。”是在晚而不是晓。只有在阴历每月的下旬，黎明时能看到残月），仰望远处，重峦叠嶂，晨昏朦影，笼罩在霭霭晨曦之中；俯视脚底，盘涡谷转，溭漏渍瀑，发出雷鸣般的声音，小小木筏在惊涛骇浪中颠簸，无数禽鸟在江面上戏游飞翔。诗人所见完全是一幅惊心动魄的景象。

这种惊心动魄的景象，使诗人思绪翻滚，浮想联翩。那“回楂急碍浪”的场面，会使他想到险恶的官场；那“群飞侣浴，戏广浮深”（木华《海赋》）的禽鸟之乐，自然会引起他对“天高任鸟飞”的无限憧憬。何逊是在梁武帝萧衍疏远他以后才入安成王幕府的。他觉得混迹官场，羁旅行役，是违背他的初衷的。这种倦游欲归的心情，他在许多诗里都表白过。如《赠族人秣陵兄弟》云：“游宦疲年事，来往厌江滨。”《与崔录事别兼叙携手》云：“我本倦游客，心念似悬旌。”在《夕望江桥示萧谘议、杨建康、江主簿》诗中更明确表示：“予念返渔樵。”他所心爱的，是游名山，归田园。但现在官身不自由，又随府郢州，回望故乡，怀归又成泡影。《诗·小雅·四牡》云：“岂不怀归，王事靡盬，我心伤悲。”而今年事蹉跎，故交零落，生平落魄，何必恋恋仕途而自缚，不如适性遂志以归隐。“得性随怡养”，正是诗人的心愿。也是六朝时期知识分子追求的目标。“得性”二字，几乎成了同时人的口头禅。你看！梁昭明太子萧统说：“轻荡游观，非予所耽。得性行乐，从好山南。”（《七契》）梁简文帝萧纲说：“禀识康歌，昆虫得性。”（《菩提树颂》）梁元帝萧绎说：“既追随而得性，实燕处而超然。”（《玄览赋》）对何逊极为赏识的沈约也说：“草木不夭，昆虫得性。”（《齐故安陆昭王碑》）任昉在《答何徵君》诗中说得更明白：“散诞羁靮外，拘束名教里。得性千乘同，山林无朝市。”这些都反映出当时人们对于个性自由的一种向往。最后两句更表示了作者欲辞官归隐的衷曲。“让夷”，典出《国语·鲁语上》：“（臧）文仲曰：‘贤者急病而让夷，居官者当事不避难，在位者恤民之患，是以国家无违。在上不恤下，居官而惰，非事君也。’”诗人是说，倦游怀归虽不能实现，但我的隐衷又有谁能理解呢？

在何逊集中，这首诗算不得上乘之作，因袭的成分较多。它的突出特色是在善于描摹自然景物。陆时雍评曰：“起四语物色诗情，一丝不隔，是为妙手。”（《古诗镜》卷二十二）至于“薄云岩际出，初月波中上”两句，自从被杜甫在《宿江边阁》诗中化用为“薄云岩际宿，孤月浪中翻”以后，更是脍炙人口，流传千古。仇兆鳌在《杜诗详注》中极力称赞杜甫的这两句诗：“何仲言诗，尚在实处摹景。此用前人成句，只换转一二字间，便觉点睛欲飞。”杨万里则认为“出、上二字胜矣”（《诚斋诗话》）。倡导神韵说的王渔洋则称何诗为“佳句”，讥杜甫“偷其语”而有“伧气”，甚至愤愤然曰：“论者乃谓青出于蓝，瞽人道黑白，聋者辨宫徵，可笑也。”(《带经堂诗话》卷二)其实，何诗写的是晓景，杜诗写的是晚景，各臻其妙，似不必妄加轩轾。（张忠纲）

赠诸游旧　　何　逊

弱操不能植，薄伎竟无依。浅智终已矣，令名安可希。扰扰从役倦，屑屑身事微。少壮轻年月，迟暮惜光辉。一涂今未是，万绪昨如非。新知虽已乐，旧爱尽暌违。望乡空引领，极目泪沾衣。旅客长憔悴，春物自芳菲。岸花临水发，江燕绕樯飞。无由下征帆，独与暮潮归。

关于此诗作年，吴汝纶说：“此当是除服为庐陵王记室随府江州时所作也。”(《古诗钞》卷五)似不确。按《梁书·武帝纪》载，天监十六年(517)六月戊申，以庐陵王萧续为江州刺史。而诗云“春物自芳菲”，当是春天，自非炎夏六月也。据《梁书》、《南史》何逊传，逊在建安王萧伟幕府掌记室事，天监九年六月，萧伟出为江州刺史，逊从镇江州，犹掌书记。后被举荐给梁武帝萧衍，与吴均俱得宠幸。后稍失意，武帝遂云：“吴均不均，何逊不逊。未若吾有朱异，信则异矣！”从此便疏远了他。后逊迁安西将军、安成王萧秀参军事，兼尚书水部郎。不久即因母亲去世而离职归家服丧。而安成王萧秀进安西将军有两次：一在天监七年八月，一在天监十三年春正月。据诗意推测，疑当为天监十三年春，萧秀复出为使持节、散骑常侍、都督郢司霍三州诸军事、安西将军、郢州刺史之时。何逊因被梁武帝疏远，故情绪低落，转而思归。

这首诗可分两大部分。前十句为第一部分，感叹自己才疏智浅，游宦无成。何逊虽年少成名，但遭梁武帝疏远，对他来说，不能不是一个沉重的打击。他慨叹自己天生孱弱，不堪造就，缺乏一技之长，不能被人重用。既然才疏智浅，又怎能希求美名远扬呢？自己干的都是一些琐碎细事，终日碌碌无为，纷纷扰扰的游宦生活已使他感到厌倦。年少无知，轻掷岁月倒也罢了，而今老大，始感光阴之宝贵，亦悟仕途之误人。“一涂今未是，万绪昨如非”，这是作者历经仕途坎坷后的经验之谈。“一涂”，同“一途”，即指仕途。谢朓《酬王晋安德元》诗云：“怅望一途阻，参差百虑依。”亦同此意，但态度没有如此决绝。误落尘网中，一去几十年。正如陶渊明《归去来兮辞》说的那样：“悟已往之不谏，知来者之可追。实迷途其未远，觉今是而昨非。”于是作者想到了归隐。

后十句为第二部分，抒发了作者的思乡念旧之情。“新知虽已乐”是虚，是官场中的客套话。而“旧爱尽暌违”是实，是作者的心里话。这里的“旧爱”，主要指的是家乡的老朋友。扰扰游宦子，尽别故乡人。正如潘岳在《闲居赋序》中说的：“太夫人在堂，有羸老之疾，尚何能违膝下色养，而屑屑从斗筲之役乎？”于是，他引领远望，故乡渺邈，归思难收，不禁泪洒衣襟了。但官身不自由，思归不能归，所以说“望乡空引领”。一个“空”字，多少惆怅，多少伤感！长期的游宦生活与折磨人的思乡之苦，使作者形容憔悴，这与争芳斗妍的春草春花形成了鲜明的对比。“春物自芳菲”，有着两层含意：一是大好春光自是大自然的赐予，与作者是不相干的；一是心情恶劣的作者，无心欣赏这大好春色，一任春花春草自芳菲。一个“自”字，就把孤独苦闷的“旅客”——作者自己，与花香鸟语的大好春天对立起来。这使我们想起了大诗人杜甫《蜀相》中的两句诗：“映阶碧草自春色，隔叶黄鹂空好音。”这“自”字、“空”字的用法，说不定是受了何逊诗的启发。但大自然终是有情的。你看！两岸鲜花有意，临水盛开，以悦人情致；江上春燕恋人，绕船飞翔，似惹人乡思。这即目所见，更加触动了作者的乡愁。于是他幻想乘船顺流而下，独与暮潮东归。但这是不可能的，所以说“无由”，真是无可奈何！何逊赴任郢州（今湖北武汉市武昌区）在西，而他的故乡东海郯（今山东郯城西）及其久居的京都建康（今江苏南京）在东，随长江落潮正可归去，故云“独与暮潮归”。作者《渡连圻二首》其二云：“暮潮还入浦，夕鸟飞向家。触目皆乡思，何时见狭邪？”难怪诗人面对暮潮是那么一往情深了。但“潮归人不归”（刘长卿《和州送人归复郢》），滚滚东去的暮潮只好把诗人的乡思带回去了。结尾给人留下无穷的回味。我们读罢诗，仿佛也体味到了诗人那刻骨的乡愁和凄苦的心情。

何逊这首诗，整个调子是低沉凄苦的。而独独“岸花临水发，江燕绕樯飞”两句，写得色彩斑斓，生机盎然，似与整首诗的情调不很和谐。所以张玉穀认为这二句是写“想象归乡一路水程之景”（《古诗赏析》）。这流传千古的名句，更牵动了后世许多诗人的心。南朝陈张正见特写了一首《赋得岸花临水发》的诗：“奇树满春洲，落蕊映江浮。影间莲花石，光涵濯锦流。漾色随桃水，飘香入桂舟。别有仙潭菊，含芳独向秋。”那情调和何逊的这首诗自是大不相同了。杜甫《发潭州》诗亦云：“岸花飞送客，樯燕语留人。”宋代范温极力称赞这两句诗“亦极绮丽，其摹写景物，意自亲切，所以妙绝古今”（蔡梦弼《杜工部草堂诗话》引《诗眼》），可是他不知道诗圣杜甫正是从何逊那里“偷”来的。这大概就是黄庭坚所说的“点铁成金”、“夺胎换骨”吧？岂不知何逊的这两句诗原本就是闪闪发光的金子！

（张忠纲）

送韦司马别　　何　逊

送别临曲渚，征人慕前侣。离言虽欲繁，离思终无绪。悯悯分手毕，萧萧行帆举。举帆越中流，望别上高楼。予起南枝怨，子结北风愁。迴迴山蔽日，汹汹浪隐舟。隐舟邈已远，徘徊落日晚。归衢并驾奔，别馆空筵卷。想子敛眉去，知予衔泪返。衔泪心依依，薄暮行人稀。暧暧入塘港，蓬门已掩扉。帘中看月影，竹里见萤飞。萤飞飞不息，独愁空转侧。北窗倒长簟，南邻夜闻织。弃置勿复陈，重陈长叹息。

韦司马，即韦爱。齐东昏侯永元三年(501)春正月，萧衍为征东将军，从襄阳兴师讨伐东昏侯，留弟冠军将军萧伟行雍州(治所在今湖北襄阳)州府事，以壮武将军韦爱为其司马，带襄阳令。时齐兴太守颜僧都等据郡反，爱沉敏有谋，率众千余人，与僧都等战于始平郡南，大破之。梁天监元年(502)，进号辅国将军，寻除宁蜀太守，与益州刺史邓元起西上袭刘季连，行至公安，道病卒(见《梁书·韦爱传》)。此诗当作于永元三年韦爱为雍州司马时。

张玉穀说："此送别后还家写意之诗，非送别时作也。"(《古诗赏析》)全诗三十句，可分为五个段落，每段六句。第一段写江边话别时难舍难分的情景。第二段写韦爱乘舟离去，作者登楼远望时的心情。第三段写送归路上的感受。第四段写到家所见情景。第五段写辗转思念、夜不成寐的苦况。可谓层次分明，结构谨严。

这首诗最突出的艺术特色之一，就是成功地运用了"顶真格"。所谓"顶真格"，就是以上句的末几字(词语或句子)做下句的开头，使语句递接紧凑而生动畅达，读来抑扬顿挫，缠绵不绝。亦称"联珠格"。这里又有两种情况：一种是几乎句句"联珠"的，如李白的《白云歌送刘十六归山》："楚山秦山皆白云，白云处处长随君。长随君，君入楚山里，云亦随君渡湘水。湘水上，女萝衣，白云堪卧君早归。"宋元时更流行为一种带游戏性的文体，如《中原音韵》载《越调·小桃红》："断肠人寄断肠词，词写心间事，事到头来不由自，自寻思，思量往日真诚志，志诚是有，有情谁似，似俺那人儿。"一种是段与段之间"联珠"的，这首诗就是这样。全诗五段，每段最后几字与下段最前几字相同或稍有变化，如第二段结尾"汹汹浪隐舟"与第三段开头"隐舟邈已远"，第四段结尾"竹里见萤飞"与第五段"萤飞飞不息"，首尾两字完全相同；而第一段结尾"萧萧行帆举"与第二段开头"举帆越中流”，第三段结尾“知予衔泪返”与第四段开头“衔泪心依依”，首尾两三字则错综变化。运用“顶真格”，将全诗很自然地分为五个段落，每段都是六句，而且一段一换韵，平仄韵相间，又每段首句入韵。这样，从形式上看，非常整齐谨严，从声律上讲，读来反复顿挫，蝉联不断，大有缠绵悱恻，余音绕梁三日不绝之妙，恰切地反映了主人公依恋难舍、思念不已的感情。所以沈德潜说：“每于顿挫处，蝉联而下，一往情深。”（《古诗源》卷十三）

另一个艺术特色，就是叠字的运用。全诗共用了六组叠字，都恰到好处。如“悯悯分手毕，萧萧行帆举”，将风催舟发主客不忍离别的情景惟妙惟肖地表现了出来。这或许是化用了梁简文帝萧纲《伤离新体诗》的“凄凄隐去棹，悯悯怆还途”诗意。“逦逦山蔽日，汹汹浪隐舟”，连绵起伏的山峦隐没了落日的光辉，也挡住了送行者的视线，友人乘坐的小船在惊涛骇浪中忽隐忽现，这既写出了旅途的艰险，又细微深刻地表现了作者对友人的担心和关切。离情别景，宛然在目。“依依”，思恋之貌，“暖暖”，昏昧之貌，而这“暖暖”的薄暮景象，与那“依依”的离情别绪交织在一起，更加增强了艺术的感染力量。（张忠纲）

南还道中送赠刘谘议别　　何 逊

一官从府役，五稔去京华。遽逐春流返，归帆得望家。天末静波浪，日际敛烟霞。岸荠生寒叶，村梅落早花。游鱼上急水，独鸟赴行槎。目想平陵柏，心忆青门瓜。曲陌背通垣，长墟抵狭斜。善邻谈谷稼，故老述桑麻。寝兴从闲逸，视听绝喧哗。夫君日高兴，为乐坐骄奢。室堕倾城佩，门交接幰车。入塞长云雨，出国暂泥沙。握手分歧路，临川何怨嗟？

两位名震当世的诗人，相遇在春日江行途中；在短暂的畅谈之后，又扬帆揖别、各奔西东——这就是天监十三年(514)春，何逊、刘孝绰“握手歧路”、赋诗赠答的动人一幕。

虽说是匆匆相聚、各奔前路，两人的心境却颇不相同：刘孝绰于上一年由荆州返京，因事免官；而今又得远赴郢州（治所在今武汉武昌），任安成王萧秀记室。在拜别友人之际，难免有一种“游子倦飘蓬，瞻途杳未穷”（《答何记室》）的苍凉之感。

何逊则恰恰相反：自天监九年得罪梁武帝，外放江州任建安王萧伟记室，已近五年。（据蒋立甫《何逊年谱简编》，天监十二年九月，建安王萧伟调任扬州刺史，骠骑将军王茂为江州刺史，何逊仍留任江州，入王茂幕府为记室。）现在却是快浪轻帆、“南还”京都，心境之愉悦自不待说。故本诗虽为别友之作，开笔却一无哀慨伤怀之语：“一官从府役，五稔去京华”——在兴奋之中，就是忆及坎坷的往事，也是愉快的。这五年的府役生涯，曾带给他多少“笼禽恨局促”的苦闷。在一个个落霞低沉的黄昏，他曾多么久久地徘徊于浔阳江岸，发出过“无由下征帆，独与暮潮归”的兴叹；每逢有人返京，他就禁不住思情激荡，以至吟出“安得生羽毛，从君入宛许”的企羡奇句。而今，五年的幻思终于变为现实：一叶飞驶的船帆，载着他追过湍急的春流；举目远眺，朝夕思念的家园，似亦隐隐可“望”。读者从“遽逐春流返，归帆得望家”的舒快节奏中感受到的，不正是诗人那一颗无法按抑的喜悦之心的跳荡么？

而况江上的景色又如此美好：清澄澄的江水，不着一点风色，静静地淌向碧莹莹的远天。朝日喷薄，刚才还映得江花如火；转眼间已跃上高天，徐徐聚敛起缤纷的霞彩。当诗人的目光，从辽远、绚烂的江天转向近岸，扑入眼帘的，又别是一种生机蓬勃的景象：遍岸的野荠，竟毫不畏怯早春的寒意，纷纷绽生出嫩绿的新叶；村头的老梅（?），在料峭的风中迎来了春日，便又欣慰地向大地，飘坠一片红丽的“落花”——这是生命之欢快呼吸？还是春天之嫣然微笑？再俯看水中，正有欢乐的鱼群逆流而进，难道它们也急着返回上游的故居？水面的浮木（楂）上，忽然有鸟儿飞来停息，这可爱的鸟儿，是否也厌倦了孤单的远行？清人王夫之指出：“情、景名为二，而实不可离……巧者则有情中景、景中情。”“天末静波浪”六句，展示烟霞、岸荠、落花、游鱼之美，固然清丽、灵动，显示了何逊写景善为巧似之言的妙处。但它又不尽是景语：在清莹莹、红火火的波光霞彩映照之中，读者分明还“看”到了一位独伫船头、衣衫飘飘的诗人身影——他那仰观俯览、微笑不语的欣喜之情，似乎正伴着“岸荠”延伸，随同落花纷扬，而与“游鱼”、“独鸟”一起浮漾：这大概正是“景”中蕴“情”的好处吧！

江景之美好，给归途中的诗人带来了如许清新的快意。但诗人此刻最向往的，毕竟还是即将抵达的京都故园。何逊在建康的寓居之地，大约是在城西（据范云与何逊联句“洛阳城东西，却作经年别”可知，范云家居建康东郊，则何逊居建康城西。），故诗中借汉代的“平陵”（昭帝之陵，在咸阳西北）为喻；诗人家居期间，无疑栽植过菜蔬瓜果，正与汉初邵平种瓜“青门”（长安东门）的隐居生活相似——那故园的柏影，栽瓜浇灌的晨光暮霭，还有连墙接垣背对的曲曲田径，长长村墟紧挨的狭窄街巷：这就是诗人梦魂牵萦的家园风光呵！此刻，它们竟全都历历如画地浮现在了诗人眼前，显得多么亲切。恍惚之际，这归途中的涛声、帆影，也全幻作了家园的墟烟、犬吠；而诗人也似已置身在和蔼的村邻父老之间，正兴致浓浓地板谈着"谷稼"的长势、"桑麻"的采绩……读者当然明白：这一切都不过是诗人归途中企领悬想的"虚境"。唯其如此，才更动人地表现出，此刻诗人已怎样沉浸在"寝兴从闲逸，视听绝喧哗"的如梦如幻的美好展望之中。明人胡应麟称，何逊"摅写情素，冲淡处往往颜、谢遗韵"(《诗薮》)。其实，何逊之"冲淡"有时更接近于陶渊明。上述八句对家园生活的怀想，正隐隐有陶渊明《归园田居》诗的韵致。

当诗人为归家在即情意激荡之际，友人却正满怀去京远宦的愁思。在此分手的时刻，该怎样宽慰这位友人呢？读过何逊"以我辞乡泪，沾君相送衣"的人们，会猜想诗人之落笔，定将异常凄切的吧？谁知此诗之转入叙别，竟充满了戏谑、诙谐之趣。从何逊另一首《嘲刘郎》可知，刘孝绰不仅家境阔绰，而且颇好"玉钏"、"姹女"之乐。那么，他前一段的免官家居，岂不正提供了"夫君日高兴，为乐坐骄奢"的机会？室中时有倾国倾城的美人坠佩，门外更多达官显宦的车辙相接——在"五稔去京华"的诗人看来，孝绰"入塞"后这种云蒸雨注式的享乐生活，过得已够长久的了；正可找一点外差，去透透新鲜空气。所以此次离京，只不过暂时外出趟一点"泥沙"，又何须在"临川"握别之际，怏怏咨嗟？"入塞长云雨"颇难索解。从后句"出国暂泥沙"看，似指孝绰返京后免官家居生活。孝绰原在荆州(治所在今湖北江陵)任职，荆州为梁之西境重镇，由此返京被视为"入塞"也宜。

对友人的宽慰，采用这般戏谑、调侃的方式，似乎有悖赠别诗之正格。倘若考虑到何逊与友人相知之深，且孝绰又是一位"仗气负才"的倜傥之士；离别之际，以乐已悯人之语相赠，往往反而会伤了友人高傲的心。读者便可理解：诗人之将宽慰之情，借戏谑、调侃之语发之，不仅因了自身正沉浸在归乡的喜悦之中，更还表现了对友人心境的真诚理解和尊重。此种写法，在何逊《答高博士》诗中，亦有运用之例。

何逊的赠别之作，大多清丽婉切、"不尽缠绵之致"。像本诗这样风华明爽、亲切欢悦的，实为少见。原因大抵在于：此诗作于坎坷宦程的归家途中，触发了诗人心底对家乡故园最美好的忆念和深情——这正是深藏在人们心头的最亲切的情愫，一旦激荡起来，便无限动人！

(潘啸龙)

与苏九德别　　　　何　逊

宿昔梦颜色，咫尺思言偃。何况杳来期，各在天一面？踟蹰暂举酒，倏忽不相见。春草似青袍，秋月如团扇。三五出重云，当知我忆君；萋萋若被径，怀抱不相闻。

这是一首抒写别友之情的诗作，苏九德为作者友人。此时友人即将别去，分别后又难以相见，作者之思念、怀恋和怅惘的心情，表现在全诗的字里行间。

开篇两句，先写作者与友人的亲近关系。大约两人先前的居所相距不远，因此说“咫尺思言偃”。虽近在咫尺，而无时不能不思念，总是想到他言谈温和的样子，就是昨天夜里还梦见他的容貌。“偃”，当作“晏”，据《诗经·卫风·氓》“言笑晏晏”。三、四句承上，道出分别后的情况：“何况杳来期，各在天一面？”何况是天各一方，相见的日子又遥杳无期。这里将离别的愁苦心情推进了一步，近在咫尺还日夜思念，更别说远别后的怀恋了。这一对比反衬，强烈地表达出作者对远在异地的朋友的思念。“踟躇”二句，是描写分别时的情景。刚才还连连举杯，相互劝勉，转眼之间就要远地阻隔，再难以相见。作者用“暂”、“倏忽”等表示短暂时间的词，写出离别之匆忙、仓促，以及在作者毫无思想准备的情况下带来的遗憾。“春草似青袍，秋月如团扇”，“春草”，即春日初生之草。此两句大约是作者悬拟别后情景，每每见物如见人，睹物相思，看到春草就想起当年友人临别时穿的青袍，看见秋日之明月，就觉得它仿佛是友君曾用过的团扇。有人认为，由诗中提及的“青袍”、“团扇”可以推知分别的时间大约在夏季，正是作者眼前之物。其实不拘泥于此，古诗中自有“青袍似春草”的比喻，又古乐府《怨歌行》有“裁为合欢扇，团团似明月”的诗句。这里可看作诗人借用现成的比喻，以表达自己对友人的怀念，同时引起下文，写出每逢十五月出和春草萌生之时愈加思友的情形。“三五出重云，当知我忆君；萋萋若被径，怀抱不相闻。”这四句的大意是：自分别以后，每逢月半十五、明月当空的时候，我都将不禁渴想远方的故人，友君，你可知道我在惦念你？每当茂盛的青草覆盖小径的季节，我心中的怀想便更加强烈，然而天各一方，我却不能向你传达胸中的郁闷和惆怅！全诗在无限怀恋的情绪中作结。

何逊的诗风格清新，陈情宛转，尤其长于抒写离情别绪，抒发依恋、抑郁、怀念的感情。正像他别友诗作中的佳句“夜雨滴空阶，晓灯暗离室”（《临行与故游夜别》）一样，这首诗中“踟躇暂举酒，倏忽不相见”、“春草似青袍，秋月如团扇”等句，皆真切地道出作者对故人深深的思念。诗人成功地借景物的描写，“春草”、“秋月”、“青袍”、“团扇”，表现自己沉湎于思念中的主观感受；以平易流畅的语言，表达内心深沉、幽婉的感情。　　（孙绿怡）

赠韦记室黯别　　何　逊

故人倪送别，停车一水东。

去帆若不见，试望白云中。
促膝今何在？衔杯谁复同？
水夜看初月，江晚泝归风。
无因生羽翰，千里暂排空。

这是一首颇为别致的留别诗。受赠人是宿将韦睿的第四子韦黯。韦黯何时任记室，史传不详。他后来颇为显达，历太子舍人、太仆卿、南豫州刺史、太府卿、轻车将军等，都是何逊卒后的事。

全诗可分三段，前两段各四句，末段两句。

“故人傥送别，停车一水东”，这二句是说，我们是老朋友分手，彼此都知心，盛宴送别之类的俗套固无必要，甚至送别本身也无须举行。若你一定要送，那也不要太张罗，只要拿出主人的身份——停车水东，也就是了。《礼记·乡饮酒义》云：“主人必居东方。”居东礼客只是最起码的礼数。由此可见，诗人与韦黯关系确非一般，所以他们的分别法也是脱略形迹的。三、四句“去帆若不见，试望白云中。”语气活脱之至。第一句已用了假设词“傥”，第三句又用假设词“若”，第四句再用表态副词“试”，亲切地告诉老朋友：你送我时不要伫立江干遥望船帆远去，目尽而又上高楼，你只须记着悠悠白云的那边，就是我要去的地方。如此悉心体贴对方，足见友情之笃。

第二段写离情有两个层次。“促膝今何在？衔杯谁复同？”是写分别之后双方的索寞难堪。古代好友席地晤对，膝与膝挨得很近，故以“促膝”代指恳谈。晋人葛洪《抱朴子·疾谬》篇说：“促膝之狭坐，交杯觞于咫尺。”就是描写促膝之密迩情状。促膝倾谈，杯酒解颜，是好友聚首最惬意之时。如今不复有“衔杯（饮酒）漱醪”，相吐衷曲之乐了，实在令人神伤。这里连用两个反问，诗人心情之难以平静也可以想见。七、八句为此段第二层，乃借想象加深离情：“水夜看初月，江晚泝归风。”“看初月”与“泝归风”（迎着南风），又同是浓重的怀友情怀，兴象不复而意境交融。自从陆机《思亲赋》讲了“指南云以寄款，望归风而效诚”的话后，“南云”、“归风”便被引申为思亲友、怀故乡之典实。至于“初月”，我们若读了何逊另一首诗《望新月示同羁》的“望乡皆下泪，非我独伤情”之句，就会知道，这中间也有怀人的象征意义。

末段用“无因生羽翰，千里暂排空”两句结束，简洁有力。“无因”即“莫由”之意，“生羽翰”是巧喻，鹏雁有巨翅可以凌苍穹，借比人的巨大才能。“千里”是千里志的意思。曹植在《与杨德祖书》里，称赞建安七子卓有才华，同时不无遗憾地指出,他们“犹复不能飞骞绝迹(高飞到极境,灭绝踪影),一举千里也(一振翅飞出千里之遥)”。“暂”字有突然义,“排空”即凌空而行。这两句是共勉的话,意谓目前我们虽还没有生出巨翅,但是我们终归有一天会凌空高飞,一举千里。可见作此诗时何逊和韦黯都很有抱负。何逊以文学名家,在文坛享誉;韦黯在何逊卒后垂三十年(548)捍卫建康,迎战侯景,以身殉国,为一代名将。二人皆有所成就,可谓不负前言。

这首诗文字清新,纵然含有典故,用在句中也全然不见痕迹。诗的内容本来极平常,只是古来重复了无数遍的送别主题。但诗中的表现手法却不同凡俗。开头四句连用虚词,不觉呆板。中间四句笔法灵动,促膝衔杯,明明是往日之事,却用遥问来日出之;初月、归风,全是悬想之词,却因有“水东”之前语,显得似是实景,不觉其脱离眼前。全篇本是述离别堪悲之情,末二句却借上示一“风”字,将诗意一笔宕开,有飘飘凌云之感,顿然使人觉诗人胸次之高朗,而诗之境界亦随之升华为清空。一个常见的题材而有如此不寻常的表现,实在是非大手笔不能为之。

（魏明安）

下方山　　何逊

寒鸟树间响,落星川际浮。
繁霜白晓岸,苦雾黑晨流。
鳞鳞逆去水,弥弥急还舟。
望乡行复立,瞻途近更修。
谁能百里地,萦绕千端愁?

方山,在今江苏省南京市江宁区东南,秦淮河东岸。四面等方,孤绝耸立,故名方山。又名天印山。相传即秦始皇凿断金陵山以疏通淮水处。六朝时,方山为交通要道,商旅云集,也是离别送行的重要渡口。谢灵运有《邻里相送方山诗》,李善注引《丹阳郡图经》曰:“旧扬州有四津,方山为东,石头为西。”这首诗写的就是作者在冬天早晨从方山渡口乘舟归乡的情景。

诗人这次回家,大概是因为遭遇了什么不幸的事,心情显得格外沉重和急切。他清晨就急匆匆地赶到方山渡口,所见所闻,很是令人抑郁伤感。寒冷的冬天,树叶大概都凋落了,寒鸟在光秃秃的树枝间跳来跳去,发出悲切的叫声。稀拉拉的几颗星星映落在秦淮河中,随波浮荡,闪射着微弱的光。白皑皑繁霜遍地,黑沉沉浓雾漫江,一切景物都笼罩在一片阴霾之中,隐隐约约,依稀可辨。作者的心情也和这黑暗的早晨一样沉重。在我国古典诗文中,“繁霜”、“苦雾”都是用作悲伤忧郁的象征的。在何逊前后,如《诗·小雅·正月》:“正月繁霜,我心忧伤。”曹植《洛神赋》:“夜耿耿而不寐,沾繁霜而至曙。”张华《杂诗三首》其一:“繁霜降当夕,悲风中夜兴。”刘孝绰《古意送沈宏》诗:“空使兰膏夜,炯炯对繁霜。”都是如此。用“苦雾”者,如鲍照《舞鹤赋》:“严严苦雾,皎皎悲泉。”萧统《锦带书十二月启》:“严风极冷,苦雾添寒。”梁元帝萧绎《骢马驱》诗:“朔方寒气重,胡关饶苦雾。”杨素《出塞二首》其二:“交河明月夜,阴山苦雾辰。”亦莫不如此。开头四句,作者描写霜晨景物可谓细致入微,有声有色。“寒鸟”、“落星”、“繁霜”、“苦雾”,景象凄清,很好地烘托出人物的复杂感情。而五、六两句,写主人公逆水行舟,匆忙归乡,用“鳞鳞”、“弥弥”两组叠字,正状其心潮的不平静。作者怀着忐忑不安的心情向家乡走去,他远望家乡,走走停停,离家越来越近了,近乡情更怯,反而思绪万千,愁肠翻滚,是吉是凶,实难预卜。或许是精神负担太重了,或许是长途跋涉走累了,脚步渐渐地放慢了,也愈加沉重了,这通往家乡的最后一段路反而觉得漫长了。最后四句,将作者归途渐近、未到之顷的微妙而复杂的心情逼真地刻画出来。

这首诗具有很高的艺术性。作者将寻常情,眼前景,妙手写来,波澜层生,加之整首诗对偶工巧,连用叠字,更增添了一层和谐的形式美。陆时雍说:“何逊诗语语实际,了无滞色。其探景每入幽微,语气悠柔,读之殊不尽缠绵之致。”(《诗镜总论》)陈祚明亦曰:“何仲言诗经营匠心,惟取神会。生乎骈丽之时,摆脱填缀之习;清机自引,天怀独流,状景必幽,吐情能尽。”(《采菽堂古诗选》卷二十六)移二家之说评此诗,殆相去不远。

(张忠纲)

春夕早泊和刘谘议落日望水　　何　逊

旅人嗟倦游,结缆坐春洲。日暮江风静,中川闻棹讴。草光天际合,霞影水中浮。单舻时向浦,独楫乍乘流。娈童泣垂钓,妖姬哭荡舟。客心自有绪,对此空复愁。

何逊的诗在梁代颇有影响,沈约曾盛誉其作,谓“每读卿诗,一日三复,犹不能已”。本诗的艺术水准,也当得起这番赞誉。题中的刘谘议,即刘孝绰,曾任谘议参军之职。他是与何逊齐名的诗人,当世有“何刘”之称,二人之间经常有唱和之作。

“旅人嗟倦游,结缆坐春洲。”诗的起首两句交代了作者之所以在行程中要

“早泊”，并不是春江夕阳的美丽景色激发了他的观赏兴趣，而是对官事繁复和往来江上的旅行已经厌倦了，才宁愿早早泊船岸边，依春洲以望远，聊解忧烦。何逊的这种心情，在其诗作中多有反映，如“游宦疲年事，来往厌江滨”；“我本倦游客，心念似悬旌”等。诗一开始就表现出作者的忧愁烦恼，为下面的写景与联想做了铺垫。

接下来六句描写了春晚夕阳中的江上景色。暮色黄昏之时，江风停息。涣涣春水，犹如一匹长长的白练，无声地流动着，一直流向远方。江中不知何处，传来一曲悠扬的船歌。这是打鱼归来的船家在摇橹歌唱。在一片静谧之中，这歌声显得既清亮而又陶然自得，使疲于奔波的旅人闻之，更加感慨万端。举目遥看大江两岸，但见春草茵茵。这如翠的绿色绵绵不断，伸展向前，直连着天边。近处的草芽绿得可爱，远处的草却渐渐地映出傍晚天际的清光，越向远方，这清光越亮，草色也越淡。遥望所及，只见一片莹莹，草色与天光水色融为了一体。偶尔有几朵彩云飘来，霞光倒映在水中，水波起伏，宛如云影飘浮在江面。寂静的江上，时而一只小船从天边驶来，映着天上的霞光，滑过水中的云影，缓缓摇近岸边。宁静的江流，悠扬的渔歌，天边的余晖，绵绵的春草，构成了一幅优美的画面。在这画面中，有声，有光，有色，有近处的清晰，有远方的迷濛，有静止的水天背景，有动态的孤舟轻漾。一切都呈现出素雅的色调，透出一股忧郁的情思。

诗的后四句抒发了作者由江景而生发的联想和感慨。“娈童泣垂钓”用“龙阳君泣鱼”之典。《战国策·魏策》记魏王的男宠龙阳君钓鱼而泣，魏王问其故，龙阳君答曰，前得之鱼小，后得之鱼大，故弃前者而藏后者；因想天下之美人多矣，王将惑于新人而弃故。魏王遂布令于四境之内：“有敢言美人者族。”后以此事喻近幸之臣蔽君主得贤之路。“妖姬哭荡舟”，事见于《左传·僖公三年》。齐桓公与蔡姬泛舟水上，蔡姬摇荡舟身，桓公恐，禁之不可，怒而遣蔡姬。桓公打发蔡姬回娘家只是一种惩罚，不曾想蔡人竟嫁女于他人。桓公大怒，举兵攻破蔡国，并乘势进军楚国。《淮南子·人间训》称：“蔡女荡舟，齐师大侵楚。”以喻祸之起于微小之间。这两个典故都与水有关。何逊关心国事，有志向，但因出身寒微，不善奉迎，故仕途多蹇，胸中常郁郁。他坐于江畔，看江水长流，夕阳西沉，孤舟漂泊，恨谄臣阻扼贤路，忧国家隐患重重，心情格外沉重。他的愤恨忧虑不可以直接表达，遂由水而生发联想，借“泣鱼”、“荡舟”的典故婉转隐晦地表现出来。这应当就是“客心自有绪”的内涵。《南史·何逊传》记载，梁武帝萧衍因何逊在诗中用曹操故事而颇为不满，称“何逊不逊，未若吾有朱异”。何逊“自是疏隔，希复得见”。（朱异是梁代以阿谀奉迎皇帝而著称的近臣，后侯景起兵乱梁，就借讨朱异为名)此事或许能帮助我们理解何逊用这两个典故时的心理背景。

然而,“旅客长憔悴,春物自芳菲”,“客子行行倦,年光处处华”(何逊)。大自然既不因人的悒郁不乐而失去其美之魅力,也不因人之喜悦赞赏而增加其美的色彩。自然的生命就是这样健壮、坚强、蓬勃旺盛。相比之下,人的生命是多么短促、软弱,人的作用又是多么微薄、无力。江水静静,日夜不停;春光流转,年年不息;太阳落下,第二天照样升起;可江边之人,明日不知身在何处,愤恨忧虑,亦复徒然。“对此空复愁”,正是诗人对于人生、社会的无可奈何之叹。(蒋 方)

夜梦故人 何 逊

客心惊夜魂,言与故人同。开帘觉水动,映竹见床空。浦口望斜月,洲外闻长风。九秋时未晚,千里路难穷。已如臃肿木,①复似飘飖蓬。②相思不可寄,直在寸心中。

〔注〕 ① 臃肿木:形容树大而臃肿虚肥。见《庄子·逍遥游》。何逊这里比喻自己不合世用。 ② 飘飖蓬:蓬,飞蓬,植物名,茎高尺余,秋天开白色球状小花,遇风则离枝而飞旋。诗人这里比喻自己身世漂泊。

这是一首客居诗。据《梁书》与《南史》记载,何逊一生仕宦较简单,先后作过建安王萧伟、安西安成王萧秀、仁威庐陵王萧续的参军、记室等职,都是幕僚小官,这对于弱冠即享誉乡里,且为当时大诗人范云、沈约分外垂青的何逊说来,自然不会满意。据说他曾经被荐与梁武帝,一度极受宠幸,但不知为何原因惹怒了武帝,说:“吴均不均,何逊不逊,未若我有朱异,信则异矣”,自此便遭疏隔,何逊的政治生涯也即告结束。因此,他后期诗歌大都寓有这种哀怨。北齐颜之推为此而批评他的诗说:“悔其每病苦辛,饶贫寒气”,这是不公正的。

这首《夜梦故人》无可推证是哪一次随何人出镇何地,但从诗中“已如臃肿木,复似飘飖蓬”所流露出强烈的失意感和浓郁的怨意看,似都在失宠之后,因此这一首诗对故人的相思就笼罩在这样的情绪之中。诗题为“夜梦故人”,但全诗既非写梦,也非写故人,梦与故人只是一个触发点。诗的开篇第一句是“客心惊夜魂”,这“惊”既因梦见故人而引起,也因自己长期漂泊在外,郁郁不得意,内心深处形成的紧张、孤独而引起。梦见故人是表层情绪,而这种紧张、孤独感却埋藏在深层,在梦见故人的一刹那间,深层与表层,内与外豁然勾通而打动人心。以下诗篇就紧紧围绕这“惊”字展开。由惊而醒,醒后的情绪便无比地凄凉和惆怅。“开帘觉水动”四句通过人物的行动具体描写诗人感受到的凄凉,惆怅的情绪。在这样有一抹斜月的客居的夜里,诗人在与故人欢聚的梦中惊醒,再也无法平静入眠。他掀帘而出，唯见江心水波荡漾；回顾屋里，又只有几枝稀疏的竹影映在空空的床上。浦口一片静寂，只有自己一个人悄悄地站在这里，和那同样孤寂的天边一抹斜月，感受着洲外凄清的长风的吹拂。这四句是写梦后所见之景，但在这景物的描写中无不揉进了诗人主观情绪。这情绪里有孤独，有失意，有怅惘，有相思，正像那水、月一样交融于一起，而化为摇荡的情思。这里的水动，是他骚动不已的内心的表现，所以他用“觉”字描写。水波淡荡，客观事物本来如此，但他“觉”而不见，这则兼写了物理与心理。至于“床空”的描写，不能简单地看作是对偶的需要，实际在客观上是诗人用以刻画自己的孤独，主观上同样是象征比喻自己内心的空寂。下两句的浦口斜月，洲外长风，随着视线的由近及远，把自己置于更大的寂寥的空间背景中去刻画孤独感。在诗人另一篇《日夕望江赠鱼司马》中，有“长风正骚屑”诗句，正与此处的“洲外闻长风”相同用法。骚屑，纷扰貌，则“洲外闻长风”听的是骚屑之声，与自己内心的骚动相勾通。这四句有静景，有动景，又各各为了刻画诗人的内心之动服务。从“九秋时未晚”以下，诗人采取了直接抒情的方式，把对故人的相思和自己数年来不得意的抑屈心情一泻而尽。“九秋时未晚，千里路难穷”，是说时日虽未算晚，然与故人相聚之路却似遥遥无尽。这里既写友情，也寓有对自己仕途的失望。因此，“千里路”除了指归途，还指仕途上的遭遇，所以紧接着诗人就用了《庄子·逍遥游》里的故事来形容自己的不合时用。《逍遥游》说：“惠子谓庄子曰：‘吾有大树，谓之樗，其大本臃肿而不中绳墨，小枝卷曲而不中规矩。’”这“臃肿木”直不符合绳墨，曲不符合规矩，所以“立之途，匠人不顾”，以臃肿木自喻，既是自嘲也是自怨，似是指梁武帝对他的不公正待遇。下句的“飘飖蓬”，则以飞蓬的飘荡无根比喻自己的身世漂泊。前人多有这样的比喻，如曹植的《吁嗟篇》：“吁嗟此转蓬，居世何独然！长去本根逝，宿夜无休闲。……流转无恒处，谁知我苦艰？”曹植的诗可帮助我们理解何逊的这番身世之感。当然这种漂泊的身世之感是不公正的待遇带来的，怨艾之意隐约可见。结尾两句照应题目，回到对故人的思念上，但这种思念是不可寄达的，一点一滴都在自己的心头，这也照应了诗中的“千里路难穷”。

这首诗以身世之感与相思之痛挽结在一起，明写相思，暗寓伤怀，然相思无由表达，伤怀无可慰藉，则相思的怅惘和伤怀的凄凉，构成缠绵的情致，弥漫笼盖全诗，而感染着每一位读者。又由于何逊语言清净，造境明彻，抒情写物，了无滞色，所以表现出清秀雅致的风格。明陆时雍说：“何逊诗，语语实际，了无滞色。其探景每入幽微，语气悠柔，读之殊不尽缠绵之致。”此诗即是明证。

（傅　刚）

咏早梅　　何逊

兔园标物序，惊时最是梅。
衔霜当路发，映雪拟寒开。
枝横却月观，花绕凌风台。
朝洒长门泣，夕驻临邛杯。
应知早飘落，故逐上春来。

梁武帝天监六年(507)四月，抚军将军建安王萧伟出为都督扬、南徐二州诸军事、扬州刺史，何逊迁水曹行参军，兼任记室，深得萧伟信任，日与游宴，不离左右。这首诗即写于第二年早春，诗题一作《扬州法曹梅花盛开》。因杜甫在《和裴迪登蜀州东亭送客逢早梅相忆见寄》诗中有"东阁官梅动诗兴，还如何逊在扬州"之句，此诗遂引人注目，广为流传。并由此引起许多纠葛。因有些研究者疏于地理，错把诗中的"扬州"当作今天的扬州，就断言"《梁书·何逊传》不见扬州事"(《分门集注杜工部诗》卷二十四引旧注)。甚至附会出"何逊在扬州为广陵记室"(广陵即今扬州市)的说法(蔡梦弼《杜工部草堂诗笺》卷二十五)。其实，诗中的"扬州"，治所即在今江苏省南京市。对这一点，宋人张邦基说得很清楚："余后见别本逊文集，乃有此诗，而集首有梁王僧儒所作序，乃云：'……时南平王殿下(即萧伟)为中权将军、扬州刺史，望高右戚，实曰贤主。拥彗分庭，爱客接士，东阁一开，竞收扬马，左席暂起，争趋邹枚。君以词艺早闻，故深亲礼，引为水部行参军事，仍掌文记室，云云。乃知逊尝在扬州也。……然东晋、宋、齐、梁、陈皆以建业为扬州，则逊之所在扬州，乃建业耳，非今之广陵也。隋以后始以广陵名州。'"(《墨庄漫录》卷一)建业即今南京。"东阁一开，竞收扬马"云云，正是杜诗"东阁官梅动诗兴"的注脚。

兔园，汉文帝次子梁孝王刘武所建，亦称梁苑、梁园，《史记》称东苑，在今河南商丘市东。逊时在扬州，为何诗一开头就标出兔园呢？这是因为建安王萧伟与梁孝王刘武有着许多相似之处。《史记·梁孝王世家》云："于是孝王筑东苑，方三百余里。广睢阳城七十里。大治宫室，为复道，自宫连属于平台三十余里。得赐天子旌旗，出从千乘万骑。东西驰猎，拟于天子。出言跸，入言警。招延四方豪杰，自山以东游说之士莫不毕至。"而建安王萧伟呢？《梁书》本传云："伟少好学，笃诚通恕，趋贤重士，常如不及。由是四方游士、当世知名者，莫不毕至。齐世，青溪宫改为芳林苑。天监初，赐伟为第，伟又加穿筑，增植嘉树珍果，穷极雕丽，每与宾客游其中，命从事中郎萧子范为之记。梁世藩邸之盛，无以过焉。”建安王萧伟的芳林苑，恰似梁孝王刘武的兔园。诗中的兔园，意即指芳林苑。园中百卉，为何独咏梅花呢？这是因为梅花自有它独特的标格。正当冰封大地、万木萧疏之时，梅花已预报了春天的来临，所以说“惊时最是梅”。“惊”字用拟人笔法，突出梅花对节令转换的特殊敏感，尤为醒目。接着“衔霜当路发”四句，则具体地描绘梅花的高标逸韵。它不畏严寒，凌霜傲雪，嫣然开放。正因梅花盛开，霜落其上，故曰“衔”。正因梅花盛开，千娇百媚，与白雪相映成趣，故曰“映”。却月观，凌风台，想必是园中的主要景点，自然梅花更盛。“雪虐风饕愈凛然，花中气节最高坚。”（陆游《落梅》其一）一个“横”字，写出了梅花凌寒怒放的高贵品格；一个“绕”字，写尽了梅花俏丽报春的妩媚情态。从语法上讲，“衔霜”、“映雪”是动宾结构，“枝横”、“花绕”是主谓结构，这样就错落有致地写出了满园梅花盛开、光彩照眼的动人情景。

满园梅花动诗兴。诗人不禁由花事联想到人事，想起了人世间许多悲欢离合的故事。汉武帝的陈皇后，擅宠骄贵，终因骄妒失宠，退居长门宫，愁闷悲思，闻司马相如工文章，遂奉黄金百斤，令为解愁之辞，相如为作《长门赋》，中云：“左右悲而垂泪兮，涕流离而纵横。舒息悒而增欷兮，屣履起而彷徨。……夜曼曼其若岁兮，怀郁郁其不可再更。”故诗曰：“朝洒长门泣。”《史记·司马相如传》载：“相如之临邛，从车骑，雍容闲雅甚都；及饮卓氏，弄琴，文君窃从户窥之，心悦而好之，恐不得当也。既罢，相如乃使人重赐文君侍者通殷勤。文君夜亡奔相如，相如乃与驰归成都。”文君之父卓王孙开始反对两人的婚事，后经劝说，不得已而“分予文君僮百人，钱百万，及其嫁时衣被财物。”后汉武帝命相如为中郎将，建节出使西南少数民族地区，“至蜀，蜀太守以下郊迎，县令负弩矢先驱，蜀人以为宠。于是卓王孙、临邛诸公皆因门下献牛酒以交欢。卓王孙喟然而叹，自以得使女尚司马长卿晚，而厚分与其女财，与男等同。”故诗曰：“夕驻临邛杯。”“朝洒”二句，一悲一喜，一离一合，形成鲜明的对比。而两事都与司马相如有关。写兔园之梅，为何联想到司马相如呢？因为司马相如和梁孝王还有一段因缘。梁孝王到首都长安，带来邹阳、枚乘、庄忌等一批文士，相如见而悦之，遂借口有病而辞官游梁，梁孝王令与诸生同舍，一住几年，乃著《子虚赋》（见《史记·司马相如传》）。诗人显然是将建安王比作梁孝王，将芳林苑比作兔园，而将自己比作司马相如。有人说：“长门借喻闺妇，临邛借喻游子，意谓闺妇方见梅伤春时，而游子亦罢饮思家也。”（何融《何水部诗注》）这种理解似失之于浅俗，与整首诗的基调亦不尽吻合。建安王萧伟爱客接士，何逊以卓越的才能得到他的信任和重用，遂引为水曹行参军兼记室,日与游宴,深被恩礼。何逊正是踌躇满志的时候,似不应有消极悲愁之叹。最后“应知早飘落,故逐上春来”二句,显然寓有人生有限,应当及早建功立业的思想。整首诗的基调还是积极向上的。作者显然是以司马相如自喻,借咏梅来表现自己坚定的情操和高远的志向。陆时雍所说:“何逊好梅,梅诗绝未见佳,其所好在形骸之外。”(《古诗镜》卷二十二)尚属皮相之见。(张忠纲)

行经孙氏陵　　何　逊

昔在零陵厌,神器若无依。逐兔争先捷,掎鹿竞因机。呼吸开伯道,叱咤掩江畿。豹变分奇略,虎视肃戎威。长蛇衄巴汉,骥马绝淮淝。交战无内御,重门岂外扉。成功举已弃,凶德愎而违。水龙忽东骛,青盖乃西归。朅来已永久,年代暧微微。苔石疑文字,荆坟失是非。山莺空曙响,陇月自秋晖。银海终无浪,金凫会不飞。阒寂今如此,望望沾人衣。

吴大帝孙权葬蒋陵,亦称孙陵。在今南京市东北钟山(亦称蒋山)南麓。此诗系作者行经蒋陵凭吊吴亡而作。

吴末帝孙皓肆行暴虐,直弄得国将不国。甘露元年(265)徙都武昌,以零陵南部为始安郡。宝鼎元年(266)又以零陵北部为邵陵郡。十二月,又还都建业。据《汉晋春秋》载:“初望气者云荆州有王气破扬州而建业宫不利,故皓徙武昌,遣使者发民掘荆州界大臣名家冢与山冈连者以厌之。既闻(施)但反,自以为徙土得计也。使数百人鼓噪入建业,杀但妻子,云天子使荆州兵来破扬州贼,以厌前气。”(《三国志·吴书·孙皓传》注引)这就是诗开头所说的:“昔在零陵厌,神器若无依。”“神器”者,帝位也,政权也。吴国的统治岌岌可危,孙皓的帝位摇摇欲坠。这种江河日下的形势,使诗人很自然地联想起吴国开基创业时的情形。想当年,汉室陵夷,群雄逐鹿,捷足先登,遂成三国鼎立之势。“掎鹿”,语出《左传·襄公十四年》:“譬如捕鹿,晋人角之,诸戎掎之,与晋踣之。”《汉书·叙传上》也说:“昔秦失其鹿,刘季逐而掎之。”颜师古注:“掎,偏持其足也。”《汉书·蒯通传》更说:“秦失其鹿,天下共逐之,高材者先得。”后遂以“逐鹿”喻争帝位、争天下。“逐兔”,同“逐鹿”。《后汉书·袁绍传》引沮授曰:“世称万人逐兔,一人获之,贪者悉止,分定故也。”要争得天下,就必须不失时机,因势利导,夺取胜利。这就是所谓的“逐兔争先捷,掎鹿竞因机”。而在汉末群雄逐鹿的斗争中,孙坚父子也是叱咤风云的人物。孙坚死后,孙策继承父业,猛锐冠世,志陵中夏,被封为吴侯,割据江东。但大业未就，即遇刺身亡，年仅二十六岁。孙策临死时，将弟弟孙权叫到跟前，对他说："举江东之众，决机于两阵之间，与天下争衡，卿不如我；举贤任能，各尽其心，以保江东，我不如卿。"（《三国志·吴志·孙策传》）孙权继承父兄遗志，洪规远略，砥砺奋发，"遂割据山川，跨制荆、吴，而与天下争衡矣"（陆机《辨亡论上》）。三国鼎立，孙吴居一，而孙权就谋略功业而言，实远胜刘备。"伯道"，即霸道。"呼吸"、"叱咤"，极力形容孙氏父子的英姿雄风。《易·革》云："君子豹变，其文蔚也。"疏曰："上六居革之终，变道已成，君子处之……润色鸿业，如豹文之蔚缛。"豹变之略，虎视之威，正是对"年少万兜鍪，坐断东南战未休"的孙仲谋的赞词。"坐断东南"的孙权，以他的雄才大略，北拒曹魏南下之师，西挫蜀汉东犯之众，使两方都不敢小视东吴。据史载，黄武元年(222)，刘备率师伐吴，东吴大将陆逊率军迎敌，攻蜀五屯，皆破之，斩其将。蜀军分据险地，前后五十余营，逊大破之，临阵所斩及招降俘虏蜀兵数万人，刘备奔走，仅以身免，最后绝命于永安宫。"长蛇衄巴汉"即指此。"长蛇"，有谓指吴而言，并引《左传·定公四年》"吴为封豕长蛇"为证，其实不然。这里的"长蛇"，非指吴，而是指蜀汉。陆机《辨亡论下》云："故刘氏之伐，陆公(逊)喻之长蛇，其势然也。"可以为证。"骥马绝淮淝"，则指曹魏而言。据史载，黄武三年(224)九月，"魏文帝出广陵，望大江，曰：'彼有人焉，未可图也。'乃还。"（《三国志·吴志·吴主传》）注引干宝《晋纪》云："魏文帝之在广陵，吴人大骇，乃临江为疑城，自石头至于江乘，车以木桢，衣以苇席，加采饰焉，一夕而成。魏人自江西望，甚惮之，遂退军。"所以陆机说："由是二邦之将，丧气摧锋，势衄财匮，而吴藐然坐乘其弊，故魏人请好，汉氏乞盟，遂跻天号，鼎峙而立。"（《辨亡论上》）孙权不愧为聪明仁智雄略之英主，在他统治时期，励精图治，吴国逐渐强大。所谓"交战无内御"，即指内部团结一致对外而言；所谓"重门岂外扉"，即指吴国疆土广大而言。

由"逐兔争先捷"到"重门岂外扉"十句，作者极力渲染吴主之英明雄武，吴国之强大巩固，有声有色，气势磅礴。而到"成功举已弃"，陡地一转，以极精练的语言写出吴之由盛而衰的转变，功败垂成，其关键就在孙皓时期。"凶德愎而违"，即指孙皓而言。"愎违"，愎谏违卜的省称，语出《左传·僖公十五年》：秦晋韩之战，由于晋惠公背施无亲，意气用事，不纳谏言，不听卜辞，终于招致失败，被秦国俘虏。晋大夫庆郑曰："愎谏违卜，固败是求，又何逃焉？"孙皓同晋惠公一样，刚愎凶顽，肆行残暴，忠谏者诛，谗谀者进，虐用其民，穷淫极侈，终于导致吴国的灭亡，使父祖基业毁于一旦。正如皓从弟孙秀说的那样："昔讨逆(指孙策)弱冠以一校尉创业，今后主举江南而弃之，宗庙山陵，于此为墟，悠悠苍天，此何人哉！"

(《资治通鉴》卷八十一)"水龙忽东骛,青盖乃西归"二句,就是具体描写孙皓穷迫归降时的情景。"水龙",系指晋朝的水军。晋武帝谋伐吴,遂令益州刺史王濬于蜀大造船舰,准备东伐。时吴有童谣曰:"阿童复阿童,衔刀浮渡江。不畏岸上兽,但畏水中龙。"阿童为王濬小字。晋征南大将军羊祜以为伐吴必藉上流之势,故借谣言而表荐王濬为龙骧将军,留监梁益诸军事。王濬在蜀大造舟船,木片蔽江而下,吴建平太守吾彦取江中木片以呈孙皓,并说:"晋必有攻吴之计,宜增建平兵。建平不下,终不敢渡江。"而孙皓不听。晋太康元年(280)三月,王濬率舟师东下,直抵吴都建业之石头,孙皓惊恐失措,面缚舆榇而降,举家西迁,送至洛阳,赐号归命侯。这就是所谓"青盖乃西归"。这是具有讽刺意味的。据干宝《晋纪》载:"陆抗之克步阐,皓意张大,乃使尚广筮并天下,遇《同人》之《颐》,对曰:'吉。庚子岁,青盖当入洛阳。'故皓不修其政,而恒有窥上国之志。"(《三国志·吴志·孙皓传》注引)庚子岁,即太康元年。原来孙皓狂妄地以为他会灭晋而入洛阳的,想不到反倒做了亡国之君,被押送洛阳。

以上十六句,历述吴之盛衰兴亡,不啻一篇《辨亡论》,故偏重史实的叙述。此下十句,则就吴亡抒发个人的感慨。作者行经孙氏陵,距离吴亡已二百多年,年深日久,风蚀雨淋,墓碑上的文字已被苔藓侵蚀得难以辨认,荆棘丛生,几至吴大帝陵的位置也难以确指。年复一年,日复一日,只有飞莺在山间悲鸣,淡月在空中残照,陵墓中的一切陪葬品大概已不复存在了。念昔日之叱咤江左,睹今日之寂寞荒凉,怎不使人伤感呢?吴汝纶说:"此殆伤齐亡之作,黍离麦秀之思也。"(《古诗钞》卷五)其实,凭今吊古伤心泪,何必定指哪一家?前事之失,后事之鉴,总结历史经验教训,以免重蹈覆辙。苟能如此,亦已足矣!　(张忠纲)

答高博士　　何逊

北窗凉夏首,幽居多卉木。
飞蝶弄晚花,清池映疏竹。
为宴得快性,安闲聊鼓腹。
将子厌嚣尘,就予开耳目。

高爽为人"博学多才",而孤傲不肯让人。据说他去拜访延陵县令孙抱,孙抱对他"了无故人之情"。高爽便在县阁下的鼓上题诗曰:"徒有八尺围,腹无一寸肠。面皮如许厚,受打未讵央(尽)。"以鼓喻人,把这位"形体肥壮,腰带十围"的官老爷,骂得直瞪眼。何逊此诗所答的"高博士",就是他。

梁天监十五年(516)夏,何逊在吴县(今苏州)任会稽太守庐陵王萧续记室,高爽则寓居于晋陵(今常州)太守府中为客。他“卧闻杂沓路,坐对空寂宇”,心情不免烦忧。便给相邻的何逊寄了首诗,以表达“若人不在兹,烦忧何得愈”的相念之情。因为是相交甚笃的老朋友,何逊的答诗写得很真挚,也很风趣。开头两句,先向朋友描述自己居所的幽清:“北窗凉夏首,幽居多卉木。”“夏首”点明时令。南朝人习惯称初夏为“夏首”,如王僧孺《侍宴诗》“丽景烛春余,清阴澄夏首”,就是如此。时令才是初夏,又在背阴的“北窗”之下,那清凉之意就简直可掬、可赠了。窗外又是幽静的庭园,凭窗而望,还可饱览园中的佳卉秀木——这样的环境,较之于高爽“卧闻杂沓路”的喧嚣,自然要幽清多了。何况还有更富诗意的景致呢:“飞蜨(蝶)弄晚花,清池映疏竹。”前句写窗前有花,诗人眼际便多了璀璨的丽色。此刻时近黄昏,暮色中的“晚花”更显得朦胧可爱。故轻盈的蝴蝶,也还舍不得归去,仍在花间流连。诗人用一“弄”字,描摹它忽而凝立花枝、忽而翩然起飞的景象,仿佛是在与晚花游戏似的。这便给暮色中的庭园之景,增添了生意和动感。后句叙园中有竹,诗人耳边又多了风吹竹叶的飒飒之音。而且它们是疏疏地夹池而生,竹影叠印着清波,波光辉映着翠竹。这庭园暮景,又显得多么明净和安谧!

诗人把自己所居之境,写得如此美好,当然不是为了自我陶醉。他的本意,无非是想邀请烦忧中的友人来此相叙。但“邀将不如激将”,诗人开篇未叙相邀之意,先画居所清景之美,正是要激发友人来访的兴味。因为这景致是展现给朋友看的,故笔下点缀得分外美好,不染一点尘俗之色。有了这一层铺垫,诗人再开口相邀,就有吸引力了。不过,他先又讲了番生活哲理:“为宴得快性,安闲聊鼓腹。”要想欢乐,就痛痛快快尽性而乐;有了安闲的时日,不妨鼓腹而游。“鼓腹”犹言“腆着肚子”,其典出于《庄子·马蹄》(“夫赫胥氏之时,民居而不知所为,行不知所之,含哺而熙,鼓腹而游”)。这里用来表现安闲之态,颇为传神。这两句写得很诙谐,吐语也明快旷达。当时高爽已结束临川王参军生涯,又未曾担任晋陵令,正处在依人为客的落拓之中,心境颇为悒郁。但他是孤傲之士,在落拓之中,也不能忍受别人的怜悯。诗人这两句,将对友人处境的关注和慰藉,借诙谐、旷达之语发之,正适合高爽的性格,传达了一种深切的理解和关怀。最后才致相邀之意:“将子厌嚣尘,就予开耳目。”“将”(qiāng)有祈愿、求请之意。既然您对客寓生活的喧嚣俗尘厌烦,就请您到我这里来吧!这里的幽清之景,正适合您这样的高雅之士;何况您来了,高论快语也足以使我耳目一新。这相邀之语承前两句而下,依然带着风趣和豪兴,表现了与友人摒弃嚣尘、共赏清景的痛快意愿。

这样说来，何逊的这首《答高博士》，其实就是一篇以诗代文的邀友之柬。前四句以清景相招，景中充满了倚窗临池、观花赏竹的雅趣，是为景中见情；后四句以快语相邀，话语中展示了鼓腹游宴、一醉尽兴的情态，是为情中见景。读这样情景宛然的邀友之诗，正与读白居易"绿蚁新醅酒，红泥小火炉。晚来天欲雪，能饮一杯无"（《问刘十九》）一样，既有诱人之景，又有动人之情，总是令人兴奋、愉快的。

不过，高爽接到何逊的答诗，大约没能去吴县访友。结果是何逊自己前往晋陵，找到高爽，终于实现了"为宴得快性"的愿望。高爽为何逊的友情所感动，脱口吟出了"故任情一异，于是望三益（交友之三益：友直、友谅、友多闻）"之句。而何逊在"临别伤悲"之际，也有"寄语落毛人，非复平原客"之咏，借毛遂在平原君门下"颖脱而出"的典故，对高爽表达了美好的祝愿（见《何逊集·往晋陵联句》）。那蕴蓄其中的真挚之情，与这首《答高博士》正是相通的。　（潘啸龙）

敬酬王明府　　何　逊

星稀初可见，月出未成光。
澄江照远火，夕霞隐连樯。
贱躯临不测，玉体畏垂堂。
念别已零泪，况乃思故乡。

这是何逊写给困顿中友人的一首相嘘、相念之诗。

"王明府"即何逊的同乡王僧孺，他在天监十年（511）任兰陵太守（治所在今江苏常州西北），故称"明府"。但这时已因事被纠免官，在寒凉的秋夜寄诗何逊，表达了"思君不得见，望望独长嗟"的怀念之情（《寄何记室》）。何逊不久前也因作五字叠韵之句，被梁武帝斥为"不逊"，而离开朝廷，正在寻阳（今江西九江）作建安王萧伟记室，心情也不舒畅。

这首答诗，以日暮气象为背景。诗人办完了一天的公务，孤身一人来到江岸徘徊。那楚天寒江的苍茫暮色，由此展现在诗人眼前。"星稀初可见，月出未成光"两句，写仰视中的天空。这时天正向晚，暗青色的天穹上，才显现几颗稀疏的星。因为"稀"，虽已"可见"，毕竟还在隐隐约约之间，故诗人着一"初"字形容。东方的月儿，也已静静地升起在江天，但还是淡淡的，不如夜色中那样光彩熠耀。这两句写景似乎平平，并无多少动人之处。但境界的构成须看总体，而且要有空间得以展开。这开头两句，正为诗人怀念友人的思绪，提供了一个星月初现的开阔而高远的空间。再与下两句融合，便境界立现。“澄江照远火，夕霞隐连樯”，写天空下的江景，清丽而又朦胧：薄暮时分，风静浪歇，江水一片清亮。顺着江面远望，还可见到有点点火光的闪耀。不知那是渔家在生火做炊，还是因为天色渐暗，已点上灯火？近岸处，则已停满了落帆息宿的航船。一抹晚霞，刚才还把船帆染得火红，而今已消隐在连绵的樯桅后面。这两句对仗工整，色彩明暗相衬，画出了一幅极美的江上暮景。前句以“澄江”辉映“远火”，从横向上点染远景，有一种恍惚缥缈的流动之感；后句以“连樯”遮隐“夕霞”，从纵向上勾勒近景，有一种突兀直上的肃穆之感。再衬以邃远天幕上稀疏的星，江火明灭中淡淡的月，不造出了美丽却又孤清的日暮之境么？它的缥缈，它的肃穆，它的明丽中的暗淡，在孤寂的诗人心上，不正可勾起对友人和故乡的悠悠怀思么？接着两句，正从孤清的暮景转到了自身。“贱躯临不测”，写的是诗人的获罪于梁武帝，只因作诗“不逊”，便差点交付廷尉治罪。真令人为仕途风云的不测而寒栗；“玉体畏垂堂”，是联想到朋友，竟然因一桩小事，便遭纠举而免官。正如站在堂檐下，随时可被偶尔坠落的瓦片击中一样，这仕宦生涯可真教人畏惧呵！这两句从自身写到友人，表现了对友人同遭不测际遇的关切和同情，诗行间流露着一种苍凉的悲愤感。现在，当诗人在暮色中独伫江岸之际，他的朋友则已免官还家，正对着“夜风”“寒水”，为怀想自己而独自“长嗟”。想到这里，诗人不禁在澄江、夕霞中泪水涔涔了。何况那朋友又正是他的同乡，这怀友之思中，又倾注着诗人对故乡故水多少深切的思情呵！这就是“念别已零泪，况乃思故乡”所表达的复杂情思。诗人正是带着对遭遇不测的友人的牵念，与友人分离而不能执手相慰的伤情，以及自身同样仕途坎坷的忧愤和游宦天涯、难返故乡的悲凉，徘徊在江岸上，沉吟在暮色中，写下了这首动人的诗。

何逊作诗善为景语，“清巧”而“多形似之言”(《颜氏家训》)。心境平静时，便有“飞蝶弄晚花，清池映疏竹”这样幽清美好之景浮上笔端；就是在客思、归忧之中，也常有“岸花临水发，江燕绕樯飞”、“野岸平沙合，连山远雾浮”之类婉丽清远之景映衬。陆时雍《诗镜总论》称赞他：“其探景每入幽微，语气悠柔，读之殊不尽缠绵之致。”何逊写景，正善于描摹最能表现、映衬自身情绪的景致“幽微”处，造成一种景中心境，使情感的抒发“悠柔”而“缠绵”。这首诗写江上暮景，初读起来只见其清丽美妙，与后文的念别、思乡之情似无关联。细细涵咏，你便可感受到景中所包含的一种孤清落寞心境。随着诗人俯仰江间的“远火”、“连樯”，天穹的淡月疏星，你只觉得那孤清落寞的悠悠思情，正在江天之间扩散、弥漫，终于与这

苍茫的暮色融成一片。张纮称何逊能“出雄浑于婉丽”(《何水部集·跋》);其实,他更多的则是“于清远寄苍凉”。 (潘啸龙)

野夕答孙郎擢 何 逊

山中气色满,墟上生烟露。
杳杳星出云,啾啾雀隐树。
虚馆无宾客,幽居乏欢趣。
思君意不穷,长如流水注。

杜甫曾经称赞何逊说:“能诗何水曹。”(《北邻》)何逊“能诗”的特点之一,是擅长通过对客观事物的描绘衬托出自己的主观感受。《野夕答孙郎擢》便是一例。孙擢,是何逊的友人,《何水部集》中有其答何逊的诗;称为“郎”,可见当时他很年轻。

这首诗的开头直写“野夕”之景:“山中气色满,墟上生烟露。”“山中”和“墟上”,将诗题中的“野”字具体化了;“气色满”与“生烟露”,围绕着诗题中的“夕”字展示出山野与村野的晚景图。“气色”,指日暮时分山中的岚气和苍苍郁郁的色泽。谓之“满”,乃是说此种“气色”从淡到浓,如今至于极。而这时墟上开始凝聚起霭霭烟雾和晶晶露珠。从“山中”到“墟上”是一广大空间,“满”和“生”则体现着时间延伸的过程。这样便给景物图造足了“野夕”的氛围。如果说以上二句所写的画面具有整体感,那么,“杳杳”二句便是散点透视式的。先从仰视点上写星与云:“杳杳星出云”,天空中刚刚从云朵里钻出来的星星显得深暗幽远。再从俯视点上写雀与树:“啾啾雀隐树”,深深隐藏在树林中的鸟雀发出细碎的鸣叫声。这两句不仅善作对偶,巧用叠字,而且体物细贴。写“云”边之“星”用一个“出”字,写“树”中之“雀”用一个“隐”字,都见出作者在写景上刻意状物的精工。而且,作者以“杳杳”状画面的底色,以“啾啾”作画外的音响,交织成一幅有声画,更见出他的“苦用心”(杜甫《解闷十二首》之七有云:“颇学阴何苦用心”)。

至此作者在这幅晚景图中已充分渲染出了一种空寂、苍茫的氛围,为下文的直抒胸臆创造了条件,诗人的情感由此一气直吐。“虚馆无宾客”,“虚”字照应了上面四句的总体气氛,使人不由得隐隐联想到:正是诗人独处无友、心无所属,所以放眼远望,感受到的也是一片空旷幽暗。“幽居乏欢趣”。“幽居”,指幽静的居住处;“乏欢趣”,直说出友人不来,生活即无欢乐。这两句率直道来,显得情真意切。收尾二句“思君意不穷,长如流水注”化用“思君如流水,何有穷已时”(徐幹《杂诗》)之意,以有形之“流水”比喻无形之情思,亦复深情绵邈。

“能诗何水曹”在本诗中信手拈来五言八句,不用典故,不加矫饰,以流畅的语言娓娓道出自己对友人的离别相思之情,足见其运笔功力。尤其是前二句,气象浑涵,足以包笼全篇,实可视为起调中的佳句。　(陈书录)

日夕富阳浦口和朗公　　何　逊

客心愁日暮,徙倚空望归。
山烟涵树色,江水映霞晖。
独鹤凌空逝,双凫出浪飞。
故乡千馀里,兹夕寒无衣。

唐代诗人孟浩然曾在浙江上游建德江(新安江的一段)上,作过一首诗:“移舟泊烟渚,日暮客愁新。野旷天低树,江清月近人。”(《宿建德江》)这首诗言情写景,历来为人称道,但似乎还未见有人指出:在此之前,南朝诗人何逊,在同一条江的下游富春江畔,面对着同样苍茫的暮色,作过一首情意相同的诗。这首诗,就是《日夕富阳浦口和朗公》。

首句“客心愁日暮”,起调平稳,而包笼颇大。诗人作客他乡,愁思满腹,虽归心似箭,然归期难卜,唯有在江边目断归舟,流连徘徊而已。时已黄昏,烟霭四起,在山间弥漫,将树色吞没。面对如此景象,又怎能不使人产生“日暮乡关何处是?烟波江上使人愁”(崔颢《黄鹤楼》)的慨叹?是以“客心”一句,实使“山烟”一句不呼自来,所谓因情生景是也。但是,诗人眼前虽不得归,归期却未必无望,所以他的内心,也不尽是悲凉。“山烟”一句色调太暗沉,于是“江水映霞晖”,诗意又振起。黄昏的江面,放眼四顾,没有比那翻光倒影、绚烂多彩的晚霞,更引人注意了。这晚霞一及江面,一江流动着的,便似乎不是水而是万匹锦绣。这一句色调明丽鲜亮,正是诗人心中希望的象征。“独鹤”二句的两两相对,机杼又与上二句相同。独鹤凌空,形单影只,则使人生一身漂泊之悲;双凫出浪,相亲相近,则使人生夫妇相聚、举家团圆的向往。不过,这二句与上二句对比手法虽同,但笔致一阔大、一灵动,其趣亦不相同,而分别可喜可玩。诗最后以离乡千里,天寒无衣,凄然作结,回应到首句,则全诗成一浑然整体矣。

这首诗,写景流丽,言情婉转,不作艳词丽句,能以本色见佳。尤其是其中间四句,对仗精切,音调谐婉,缀句连篇,宛如唐律,是全诗最胜之处。即此一斑,亦可知老杜“苦学阴何”之语,实非虚谈,若何逊之诗,真有可学之处。　(黄　珅)

临行与故游夜别　　　何　逊

历稔共追随，一旦辞群匹。
复如东注水，未有西归日。
夜雨滴空阶，晓灯暗离室。
相悲各罢酒，何时同促膝？

本篇《艺文类聚》卷二十九、《文苑英华》卷二百八十六均题作《从镇江州与游故别》，余冠英选注《汉魏六朝诗选》、朱东润主编《中国历代文学作品选》、北京大学中国文学史教研室选注《魏晋南北朝文学史参考资料》等，均误作《从政江州与故游别》。考何逊从镇江州，共有两次：第一次在天监九年(510)六月，建安王萧伟出为都督江州诸军事、镇南将军、江州(今江西九江)刺史，何逊仍从掌书记。第二次在天监十六年六月，庐陵王萧续出为江州刺史，何逊以记室复随府江州。不久即去世。据诗意推测，此诗当作于第一次从镇江州时。全诗极力渲染与朋友离别时依恋难舍的情景，深婉动人。

建安王萧伟礼贤下士，"由是四方游士、当世知名者，莫不毕至"。伟又穿凿园林，穷极雕丽，"每与宾客游其中"(《梁书·萧伟传》)。天监六年，何逊迁建安王水曹行参军，兼任记室，深得萧伟信任，日与游宴。今从镇江州，将与故游离别，自然无限惆怅。故开头两句便说："历稔共追随，一旦辞群匹。""历稔"，多年也。"群匹"，即指故游诸人。共事多年，追随左右，情好谊笃，不忍遽别。时萧伟任扬州刺史(治所在今南京)，何逊亦在刺史幕中。南京濒临长江。长江之水西天来，奔流到海不复回。正如古乐府《长歌行》所吟咏的那样："百川东到海，何时复西归。"诗人不禁睹物起兴，发出深沉的喟叹："复如东注水，未有西归日。"这尚是虚拟。而眼前实景更是伤人怀抱：室外夜色深沉，雨声淅沥。酷热的夏夜，如果来一阵滂沱暴雨，带来些许凉意，或许可以冲刷掉离人的愁思，减轻一点人们的痛苦。却偏偏不是！这缠绵夜雨，点点滴滴，打在人踪寂寥的空阶之上，"这次第，怎一个愁字了得！"一个"空"字，增加多少凄凉！而室内灯光朦胧，离筵草草，三杯两盏淡酒，怎抵它离恨别愁！促膝话别，彻夜不眠，完全忘记了时间，曙光暗淡了灯光，方知东方之既白。一个"晓"字，潜藏着多少离别深情。叶矫然说："何仲言体物写景，造微入妙，佳句实开唐人三昧。"(《龙性堂诗话》初集)而"夜雨"两句，正是这样的佳句。茫茫夜色，点点细雨，淡淡灯光，给这故游夜别的场面笼罩上一片浓重的感伤色彩。难怪陆时雍评此二句曰："惨甚！闲闲两语，景色自成。”又曰：“‘林密户稍阴，草滋苔欲暗’，细写得幽；‘薄云岩际出，残月波中上’，轻写得妙；‘解缆及朝风，落帆依暝浦’，平写得帖；‘夜雨滴空阶，晓灯暗离室’，深写得苦。此皆直绘物情，不烦妆点。”（《古诗镜》卷二十二）故游不堪离恨苦，更何况酒入愁肠化作相思泪。离别在即，于是面面相觑，悲不自胜，不禁为之罢席。“相悲各罢酒，何时同促膝？”“同”字照应首句的“共”字，缠绵悱恻。而以设问作结，进一步抒发了“盛会难再”的深沉感慨，使人产生无限遐想。

何逊的诗，题材比较狭窄，多为赠答酬唱、送别伤离之作。而他的可贵之处，是很少无病呻吟。像这首诗写离别，将寻常情事，眼前景物，信手拈来，自然清新，且情景交融，颇为动人，前后照应，耐人寻味。特别是“夜雨”两句，更是脍炙人口。唐人郑谷《文昌寓直》诗云：“何逊空阶夜雨平，朝来交直雨新晴。”于此可见其影响之深。

（张忠纲）

与胡兴安夜别　　何　逊

居人行转轼，客子暂维舟。
念此一筵笑，分为两地愁。
露湿寒塘草，月映清淮流。
方抱新离恨，独守故园秋。

这首诗到底是作者送别胡兴安，还是自己出行，留赠前来送别的胡兴安？各人说法不同。我们认为这是一首留别诗，因为何逊作品中留别诗较多，有的诗题就和这首诗标题格式相近，如《与苏九德别诗》、《临行与故游夜别》、《与崔录事别兼叙携手诗》等等。这些标题的共同之处，是略去主语（我），直截用连词（与）引出告别的对象，而后再用“别”字点出诗意，《与胡兴安夜别》也正是这样写的，这大概是诗人的一种习惯写法吧。

诗以对举开头，一句写“居人”——送行者，即胡兴安；一句写“客子”——行者，即诗人自己。轼，车前横木，代指车；行转轼，将要回车。维舟，系上船。“居人”将“客子”送到江边，“客子”登舟，船虽然还系在岸边，但马上就要起航了；“居人”的车夫自然也要作回车的准备，“别”已在眼前了！这两句十个字，简捷而生动地白描出一幅将别未别、两情依依的水边送别图，包含了多么丰富的情节，多么难以言传的深情呵！陈祚明说：“何仲言诗经营匠心，惟取神会”（《采菽堂古诗选》），确非虚语。别时如此，别后会怎样呢？三、四两句即沿着这一思路，回答这一问题。不过妙在第三句先作一兜转，从时间上说是回到别前的酒宴，从情绪上说则仍是席中的欢声笑语。但这只是一种陪衬，意在反跌出下一句。因为“一筵”之后，就将分为“两地”，所以“笑”只是短暂的，“愁”才是难尽的，是彼此的真情。诗至此，已是一首颇有余味的小诗了。我们看：“去马嘶春草，归人立夕阳。元知数日别，要使两情伤”（韦应物《答王卿送别》），其情境、格调，不是和这首诗的前四句很相似吗！但是，何逊没有就此搁笔，第一，诗题中的“夜”字还没有点出；第二，前面说了“两地愁”，对方的愁情如何，虽不便代言，但自己的愁，自己对朋友的思念，还有让朋友了解的必要。这样，诗人又写了四句。“露湿寒塘草，月映清淮流”，前句细腻，后句空旷，放在一起便是一幅颇有层次的水边夜色图。这二句点出了“夜别”，还照应了“维舟”二字，不过更深一层的意思还在于景中寓情，景中有人，若与前四句结合起来，便不难构成冷月寒江一孤舟，人自伤心水自流的境界。那寂寞的情怀，失落的迷惘惆怅，自在不言之中，真是“情词宛转，浅语俱深”，无怪它早已被人列为何诗的佳句了。最后二句是悬想自己回家后的感情：“方抱新离恨，独守故园秋”，离恨犹在，故园独守，那是倍感孤寂的。如此思愁难遣，则友情之可贵，友人在心中的位置，是不须明说的了。

此诗的一、二句是两面分写，三、四句将两面合写，五至八句尽吐己之羁愁离恨，前两层皆为此蓄势，其重点显然在第三层，抒发对送者的日后思念之情。这种人已分、思不断、愁更深的深情绵邈的诗句，那友人读之，其情如何？这更是诗的余情、余韵了。“何之难摹，难其韵也”（陆时雍《诗镜总论》），正道出了何诗的又一个特色。

（赵其钧）

车中见新林分别甚盛　　何　逊

金谷宾游盛，青门冠盖多。
隔林望行幰，下坂听鸣珂。
于时春未歇，麦气始清和。
还入平原径，穷巷可张罗。

这是诗人行车途中不期而遇的一幕送别场景。地点在建康（今南京）西南的新林，正是暮春时节。

在短暂的人生旅程中，亲友朋侣间的离别，大约最能牵动人们的愁思和哀情。所以，与诗人同时代的江淹，就曾发出过“黯然销魂者，唯别而已矣”（《别赋》）的慨叹。不过，“别虽一绪，事乃万族”。由于人们地位、处境的不同，分别缘由的相异，送别的场景，也就会带有或繁盛热烈或孤寂凄清的不同色彩。

诗人此次邂逅的，无疑是富贵场中的官宦之别。其场面之盛，顿使诗人联想到了历史上的几次著名送别："金谷宾游盛，青门冠盖多。""金谷"指西晋石崇在洛阳西北金谷涧中所筑的园苑。史载石崇拜太仆，出为征虏将军，假节监徐州诸军事。一时际"送者倾都，帐饮于此"，场面殊为壮盛。"青门"指长安东南门，又称"东都门"。据《汉书》记，汉太子太傅疏广"年老乞归"，公卿大夫、故人邑子"供帐东都门外"，"送者车数百辆"，真是蔚为大观。这两句用典，从诗人来说，无非是要夸饰所见送别"宾游"、"冠盖"之繁盛。但从艺术效果看，似还表现了一种刹那间的幻觉感受：恍惚之中，诗人似乎不是在新林车中，而已置身于繁丽的金谷园中、东都门外；时间也似乎不在梁代，而是倒转到了数百年前的汉、晋，又见到了疏广辞京、石崇出镇的送别景象。时空的颠倒错综，今古的交相迭印，就这样造出了一个似真似幻的奇妙境界。

倘若诗人也是此次送别的参与者，难免会激起离亲别友的情感波动的罢？好在他只是"车中"的旁观者，而且与送别之众隔着一段距离，故能保持一种超然的冷眼观望态度。"隔林望行幰，下坂听鸣珂"两句，正从诗人眼中，进一步描摹送行车骑之雍容富丽。幰，指车前的帐幔。据《隋书·礼仪志》记，这种施幰的车，只有"王公以下，至五品以上，并给乘之"。六品以下，则"任自乘犊车，弗许设幰"。"珂"，指饰于马笼头上的玉石、白蜃、金银一类。不是富贵中人，恐怕就未必能有"鸣珂"之马的骑乘了。而此次送别者，则大多是地位显赫的角色。故诗人虽隔树林，却能望见其帷幔相接的轩车之影；已经远去，还能听到车马"下坂"的鸣珂之声。前人曾称赞白居易《宴散》"笙歌归院落，镫火下楼台"之句，以为状富贵气象而一无堆金砌银的俗字。何逊此诗，亦只从"行幰"、"鸣珂"上稍作点染，不仅使送行者车骑的雍容、富丽景象立现，而且暗示了一种"车中""望"、"听"的距离感。既切题意，运笔亦极轻灵。

全诗至此，已将"分别甚盛"景况写尽。诗人犹嫌不足，接着又把镜头推开，从更广大的时空上，烘托这一"送别"："于时春未歇，麦气始清和。"如果是在烦闷的暑日，那人马汗流的难耐景象，就不见得能引起人们的多少意兴。恰恰此次送别，时令正交暮春，而且又是在风光旖旎的绿野。四望是一片青葱的田园，空气中飘浮着新麦的清和气息。令人不禁要企羡，这批送行的王公贵人们，何其优游自在，简直就把春辰美景占尽了！相比之下，居处在穷巷陋闾的平民、布衣，既无权势，又少钱财，能有几多送朋迎友的交游往还？"还入平原径，穷巷可张罗。"（"张罗"，指门庭冷落、无人上门，简直可张网逮雀）诗之结尾，正以深沉的叹息，抒写诗人驱车进入寻常巷陌时，所见到的门可张罗的冷清景象。在繁盛、富丽的送别场景之后，突然结以“穷巷”冷落之景，似乎令人不解。但从诗中有一个“还”字看，这穷巷陋闾大约正是诗人的寓居之处。这样说来，诗人的叹息，就不是无所为而发，而是包含了世态炎凉、身世漂泊的无言的悲愤在内了。然后再吟咏全诗，读者便可从“车中所见分别甚盛”的浓笔渲染中，依稀见到诗人自己那四顾茕然的孤清身影的伫立。

也就是说，这首诗其实是抒写诗人身处穷巷的悲凉感慨的。但落笔处，却纯从所见“新林分别甚盛”上映衬、渲染，直到最后才归结到自身。这在抒情诗中，可谓别具一格。从诗中透露的处境看，这首诗莫非作于何逊寓居建康的早年失意之际？

（潘啸龙）

慈姥矶　　何逊

暮烟起遥岸，斜日照安流。
一同心赏夕，暂解去乡忧。
野岸平沙合，连山远雾浮。
客悲不自已，江上望归舟。

这是一首写思乡之情的诗。

慈姥矶，在慈姥山麓。慈姥山，又名慈姆山，在今江苏南京江宁区西南、安徽省当涂县北。《读史方舆纪要》卷二十江宁府条下云：“慈姥山，府西南百十里，以山有慈姥庙而名。积石临江，崖壁峻绝。一名鼓吹山，以山产箫管也。山下有慈姥溪，与太平府当涂县接界。旧志：慈姥港泄慈湖以东之水入江。近湖又有慈姥矶，今曰和尚港。”

这首诗写作者辞家出门，有友人送至矶下，时值傍晚，夕阳的余晖洒在平静的江水上，波光粼粼，沿江远远望去，只见两岸炊烟袅袅，充满诗情画意。作者和友人一同欣赏着这令人陶醉的山水画图，似乎暂时忘却了离乡的悲愁。送君千里，终有一别。送他的友人就要乘舟回去了。他望着远去的船儿，但见滔滔江水，漫漫沙滩，和那峻峭的崖壁连接成一片，两岸的层峦叠嶂笼罩在沉沉暮霭之中。面对这无穷的大自然，客居异乡的游子眼睛湿润了，一切都变得模糊了。他呆呆地望着友人远去的归舟，陷入了深深的悲哀之中。所以沈德潜说：“已不能归，而望他舟之归，情事黯然。”（《古诗源》卷十三）这是最令人难堪的了。

沈德潜又说：“水部名句极多，然渐入近体。”（《古诗源》卷十二）像这首诗的五、六两句，就是传诵千古的名句。杜诗“远岸秋沙白，连山晚照红”（《秋野五首》

其四)即脱胎于此。“野岸平沙合”是近景,“连山远雾浮”是远景,写景状物,细微贴切,对仗工整,声韵合谐。特别是“合”字、“浮”字,用得极为精当,可谓形象传神。这也是何逊常用的句法,如《春夕早泊和刘咨议落日望水》诗云:“草光天际合,霞影水中浮。”而就整首诗的声律格调而论,已俨然唐律了。难怪沈德潜说:“五言律,阴铿、何逊、庾信、徐陵已开其体。”(《说诗晬语》卷上)　　(张忠纲)

见征人分别　　何　逊

凄凄日暮时,亲宾俱伫立。
征人拔剑起,儿女牵衣泣。
候骑出萧关,追兵赴马邑。
且当横行去,谁论裹尸入。

何逊诗本以情词婉转见长,而这一首却颇有英豪气概。但一般选本都置之不顾,不能不说是一个小小的遗憾。

“凄凄日暮时,亲宾俱伫立。”暮色苍茫,四野凄迷。送行的亲朋故旧、老老小小,已在悄然伫立。这个开头很具有感染力,好像幕一拉开,那场景的色调、布局、人物的情绪,便立即将你带进一种肃穆凝重的气氛之中,你不由得怀着紧张、不安的心情,期待着情节的发展。果然,主人公(征人)行动了,无疑他也被这种场面所感动,只见他拔剑而起,接着高举手中之剑,深情而庄严地向亲朋告别。他的壮志、勇气,他对亲宾诚挚的谢意,全都凝聚在此举之中。他的孩子对这一切也许还不能完全理解,但是父亲就要走却已经意识到了。孩子的感情再也无法控制了,可是这严肃沉重的气氛,又使他不敢像平时那样娇憨任性,啼叫呼喊,乃至坐地而闹,只是牵衣而泣(古时称有泪无声或低声而哭为泣)。“泣”字在这里虽与押韵有关,但确也生动而真实地刻画出这个特定情景之下小孩子又依恋又胆怯的表情。这就使得整个场面变得更压抑,也更感人、更悲伤了。而最受触动的当然还是那位举剑辞行的壮士,这从他的反映中可以看出。他没有调头而去,更没有挥手呵喝,而是低下身来,开导、抚慰孩子,同时,也借此一抒自己的壮怀。候骑,指巡逻侦察的骑兵;萧关,在今甘肃固原市东南;马邑,县名,故址在今山西朔州。二处都是古代的边疆要塞。“候骑”两句写军队的行动,以示战线之长,军情之急。这正是男儿驰骋疆场、报效国家的时刻,怎能不顾国事,守在家中呢!“横行”一语出自《史记·季布列传》“臣愿得十万众,横行匈奴中”。诗中用此语,亦透露出征人的豪情壮志。《后汉书·马援传》记载:“(援曰)男儿要当死于边野，以马革裹尸还葬耳，何能卧床上在儿女子手中邪？”诗的结尾把这个意思又翻进了一层，既表现了“不求生入塞，唯当死报君”的决心，而且就是战死沙场，也无须说什么“马革裹尸还葬”。气势磅礴，笔力劲峭。诗以一半的篇幅记叙征人晓喻儿女之言，大概作者也觉得这是最动人心弦的场面吧！这里岂止表现了壮士的豪迈之气，更显出他的怜子之情。“无情未必真豪杰，怜子如何不丈夫。知否兴风狂啸者，回眸时看小於菟。”（鲁迅《答客诮》）这位拔剑而起的征人，正是多情的豪杰，怜子的丈夫，“回眸时看小於菟”的“猛虎”，可以说是鲁迅先生这首诗的一个绝妙的例证。唯其如此，这个形象才更完美、更真实、更有生活情味，因而也更感人。这种多侧面的描写，比起那些只写“投驱报明主”，或者“临死不顾生”的诗，应该说是一个丰富和发展，而且对于那些将悲壮豪放、立功报国和思亲怀人、故土情深，融为一体的唐代边塞诗的创作，也提供了有益的启示。

诗人是从第三者的角度记其所“见”，但是他在记叙中善于通过环境气氛的渲染，和具有特征的人物行动、表情与语言的刻画，使作品能以较少的文字，把事件写得集中、强烈，而自己的感情也自然地渗透在其中。这种写法，对后来诗人也不无影响。“颇学阴何苦用心”的杜甫，在《三吏》、《三别》等“目击成诗”的作品中，便也往往采用了这种手法，只是诗圣的手笔更高超一些罢了。 （赵其钧）

行经范仆射故宅　　何　逊

旅葵应蔓井，荒藤已上扉。
寂寂空郊暮，无复车马归。
潋滟故池水，苍茫落日晖。
遗爱终何极，行路独沾衣。

范仆射，即范云。他是齐梁时代的著名人物。梁武帝萧衍登基后，他因翊赞之功而官至尚书右仆射，故称范仆射。天监二年(503)卒，年五十三。何逊比范云小二十多岁，二人为忘年交。《梁书·何逊传》载：“逊八岁能赋诗，弱冠州举秀才。南乡范云见其对策，大相称赏，因结忘年交好。自是一文一咏，云辄嗟赏，谓所亲曰：‘顷观文人，质则过儒，丽则伤俗，其能含清浊，中今古，见之何生矣。’”在《何逊集》中，范、何二人互相唱和的诗，就有三首。范云虚怀若谷，奖掖后进，对何逊极为推重。他的《答何秀才》诗云：“少年射策罢，擢第云台中。已轻淄水羞，复笑广州翁。麟阁伫雠校，虎观迟才通。方见雕篆合，谁与畋渔同？待尔金闺北，予艺青门东。”可见他对何逊的期望之高。范云是何逊的前辈，又是忘年的知心朋友,因此何逊对他有着特殊的感情。对他的死,何逊自然非常悲痛。若干年后的一个傍晚,他经过范云的故宅,睹物思人,感慨万千,遂挥泪写下了这首感情深挚的悼诗。

范云生前声名烜赫,但死后却萧条悲凉。他的故宅好像无人照料似的,不种自生的旅葵长满井垣,野生的藤蔓爬满门扉,空旷的郊野寂静得怕人,昔日喧阗的车马再也看不见了。生前冠盖云集,死后门前冷落,怎不使人悲从中来。诗人呆呆地望着那一汪潋滟的池水和苍茫落日的余晖,陷入了沉思。他想到范云生前对他的器重,对他的奖掖,对他的厚爱,真是山高水深,无法报答。老朋友"待尔金闺北"的愿望没有实现,自己的满腹心事还能向谁倾诉呢?抚今追昔,诗人不禁泪洒衣襟了。

这是一首朴实的诗。作者毫无矫揉造作,而是即景生情地抒发了他对亡友深沉的怀念和倾心的仰慕。凄凉景色的细致描绘,"寂寂"、"潋滟"、"苍茫"这些叠字和叠韵字的运用,使感情愈加深婉,从而增强了感人的艺术力量。所以沈德潜说:何逊诗"情词宛转,浅语俱深,宜为沈(约)范(云)心折"(《古诗源》卷十三)。

(张忠纲)

边城思　　何逊

柳黄未吐叶,水绿半含苔。
春色边城动,客思故乡来。

在我国古典诗词中,婀娜多姿的杨柳和离情相思早就结下了不解之缘。有名的《诗·小雅·采薇》云:"昔我往矣,杨柳依依;今我来思,雨雪霏霏。"诗人借道中所见,以言行役之久,寄托离情乡愁。到汉代,折柳赠别更蔚成风气。可怜灞桥柳,愁煞离别人。人们把杨柳和离别联系在一起,大概是因为那长长的柳丝最容易引起绵绵离情的缘故吧!可是对于多情善感的诗人来讲,在那杨柳尚未垂下万条绿丝绦之时,他已敏锐地察觉到春天的来临,从而触动了他的乡愁。"柳黄未吐叶,水绿半含苔",写的正是早春景象。柳色黄而已,尚未吐出细叶;水色绿而已,苔衣尚未长成。这正是冬尽春来的一、二月之际,春意萌动,春色逗露之时。杜审言说得好:"独有宦游人,偏惊物候新。"(《和晋陵陆丞早春游望》)漂泊边城的游子,对时令和景物的变化特别敏感。忽见边城杨柳色,已觉春色动地来。一个"动"字,把萌动的春意写得活泼泼地。而这种敏感,正是由客居异地而产生的刻骨的乡愁催发的。元稹诗云:"何处生春早,春生客思中。"(《生春二十首》其十九)赵嘏诗云:“何事最能悲少妇,夜来依约落边城。”(《新月》)而当边城春色动的时候,客居边城的游子也就格外思乡念家了。为什么春色最能撩拨人的乡思呢?王维的这首诗可能会给您满意的答复:“杨柳渡头行客稀,罟师荡桨向临圻。惟有相思似春色,江南江北送君归。”(《送沈子福归江东》)

(张忠纲)

相送　　何逊

客心已百念,孤游重千里。
江暗雨欲来,浪白风初起。

题为“相送”,但并非诗人送朋友,而是留赠为诗人送行的朋友。《何逊集》中另有五首题为《相送联句》,是何逊与友人韦黯、王江乘二人分别各联四句而成的。其中何逊的三首也都是辞别送者的语气。以此类推,这一首或亦是与送者告别时的联句。但送者是何人,他的四句诗是怎样写的,均已无法考索了。若非联句,题目就不该叫“相送”。故清人张玉穀云:“此非送人诗,乃别送者诗也。制题亦欠明白。”(《古诗赏析》)倘若当联句来看待,则题目就不会“欠明白”了。不过,这并不妨碍我们把它当作独立的绝句来欣赏。

开头两句写诗人临别时那种长期漂泊异乡的惆怅孤独之情。“客心”谓异乡作客之心;“百念”,谓百感交集。何逊一生仕途并不亨通。他先在扬州刺史、建安王萧伟幕中掌记室,“后荐之武帝,与吴均俱进倖。后稍失意……自是疏隔。”(《南史》本传)遂迁安成王萧秀幕中参军事,兼尚书水部郎。中丁母忧归。后又除庐陵王萧续幕府记室。大约四十岁左右即死去。故其作客异乡,当与仕途坎坷有关。所谓“百念”,诸如异地思乡之愁,羁旅行役之苦,仕途渺茫之忧,人情冷暖之感,友朋难舍之念……皆在其中。不难想见,其心情已经够沉重了,更何况而今又将孤身一人再度千里奔波飘游远方呢!眼前尚有朋友饯行送别,联句慰勉;顷刻之间,就将茕独孤舟,餐风饮露了。“孤游”,既突出自己征途中的孤独寂寞,又包含着对友朋的无限惜别之情。两句通过“已”、“重”二字构成递进关系,进一步加重了这种复杂感情的重量,而与送者临别依依难舍之情也就隐然蕴藏在字里行间。

三、四两句,既是写分手时江上的实景,又是借景寓情,含有象征意义。江天忽然浓云密布,烟霭暗然笼罩江面,一场暴雨即将来临;“山雨欲来风满楼”,狂风乍起,江水顿时涌起滚滚白浪。这云暗天低,烟波浩渺之景,恰与诗人此刻百感交集，愁绪茫茫之情相切；这狂风巨浪，暴雨将临，不仅是诗人心潮澎湃的感情外化，而且还形象地象征着、预示着旅途中等待着他的将是江上风雨一般的无穷无尽的艰难险阻、严峻考验……

送行留别这类诗，一般多是以情结出主旨，或惜别，或劝勉，或叮咛，或祝愿。试看《何逊集》中此类篇什亦多如是。如《赠江长史别》："安得生羽毛，从君入宛许？"《送韦司马别》："弃置勿复陈，重陈长叹息。"《别沈助教》："愿君深自爱，共念悲无益。"《临行与故游夜别》："相悲各罢酒，何日同促膝？"《送褚都曹》："本愿同栖息，今成相背飞。"这是何逊为朋友送行。至于他留赠为他送行的朋友，则如《赠韦记室黯别》："无因生羽翰，千里暂排空。"《相送联句》三首结尾云："一朝事千里，流涕向三春。""愿子俱停驾，看我独解维。""以我辞乡泪，沾君送别衣。"无不以抒情结出主旨。唯这首以景作结，不仅以写江上实景见工，并且景中寓情，物我融一。比兴之意优游不竭，耐人寻味。堪称别具一格。陈祚明评何诗"经营匠心，惟取神会"(《采菽堂古诗选》卷二十六)，沈德潜亦称其"情词宛转，浅语俱深"(《古诗源》卷十三)，殆指此类。

联句源于相传汉武帝与臣僚共作的《柏梁台诗》，但每人各作一句；晋代贾充夫妻联句，则人各二句；自陶渊明与愔之、循之联句，才发展为人各四句。南北朝时，联句之风盛行，鲍照、谢朓、范云、庾肩吾等人所作皆夥。与联句相对，凡无人续作或续而未成，则仅存的四句便称为绝句。"绝句"之名梁代始正式出现，何逊正当其时。此篇不仅两联对仗精妙，且词句精炼、风格清新，短短四句中，既有对过去的回味，对现在的描写，又有对未来的忧虑，包孕丰厚，已开唐人五绝气象。唯所押为仄韵，而平仄尚未完全规范，则又显然带有格律诗草创阶段的痕迹。

（熊　笃）

【作者小传】

徐　摛

(474—551)　字士秀，梁东海郯(今山东郯城)人。初任太学博士、左卫司马，后入晋安王萧纲(即梁简文帝)幕府，随纲于江州、京口、襄阳。及纲为太子，任太子家令。摛诗文不拘旧体，好为新变，东宫官属尽学之，由此有"宫体"之名。被忌出为新安太守，还任太子中庶子。侯景破建康台城，摛曾面折其凶威。梁简文帝即位，拜左卫将军，辞不就。后因帝被幽禁，愤而得疾卒。事迹具《梁书》卷三〇及《南史》卷六二本传。《先秦汉魏晋南北朝诗》辑得其诗五首。

胡无人行　　徐　摛

列楹登鲁殿，拥絮拭胡妆。
犹将汉闺曲，谁忍奏毡房？
遥忆甘泉夜，闈泪断人肠！

在汉代女子远嫁塞外的"和亲"佳话中，汉元帝宫人王昭君戎服乘马、抱琵琶出塞的故事，无疑最为动人。她嫁给匈奴呼韩邪单于，号为"宁胡阏氏"，最后埋骨异域，今内蒙古呼和浩特，还留有她的青冢。至于在她之前，就已有江都公主细君远嫁乌孙国王(其国在今新疆伊犁河流域)，作过一首万里思乡的《悲歌》；接着又有楚王刘戊之女解忧公主，凄凄惨惨踏上同一国土，直到七十余岁晚年，才以满头白发归京，知之者恐怕就很少了。

这些女子为朝廷"解忧"、"宁胡"的牺牲精神，自然颇令后世钦佩。但她们在塞外度过的漫漫岁月中，那难以按抑的不尽辛酸和思情，人们又感受到多少？仿佛是为这些女子的痛苦不平和嗟叹似的，徐摛这首诗，则借用古乐府《胡无人行》为题，为人们再现了她们身处异域、琴泪相泣的凄凉一幕。

这一幕的开场是在大漠的寒夜。像往常一样，女主人公又默默无语踯躅在异国的后宫之中："列楹登鲁殿，拥絮拭胡妆。""列楹"一作"刻楹"，指刻镂有龙凤之形的殿柱。"鲁殿"用的是春秋时鲁庄公"刻桷(雕镂方形椽木)"、"丹楹"的典故，以形容后宫之堂皇富丽。据说江都公主嫁到乌孙，就"自治宫室"而居，想必曾仿照汉宫样式，以便有身登"鲁殿"的亲切感吧？但她身上的衣着，毕竟改换成了"胡妆"。由于乌孙王年老，一年中也只与她相会数次，"置酒饮食"却又"言语不通"。她该怎样打发这孤寂的岁月？此诗的女主人公，就隐隐有江都公主的身影在。诗中以楹殿之富丽，映衬她独登的孤寂；以寒夜的"拥絮"(围裹棉袄)，暗示她心头的凄凉；再勾勒以"拭胡妆"的动作细节，女主人公那伫对寒夜雪影又百无聊赖的景象，便活生生凸现在读者眼前。

接着两句写欲想奏琴而又"不忍"。女主人公既出于汉宫，想必精于琴奏之技。而在幽独空寂之中，那充溢心头的凄伤之感，恐怕也只有琴声最适于倾泻。何况她当初辞阙出塞时，还特意带有汉宫的琴谱呢！诗中的"犹将汉闺曲"，正如黑夜的闪电一般，给女主人公带来了一线慰藉。那么，接着就该是不绝如缕的幽幽琴韵，飘向那寒夜雪影了——它定然将忽徐忽疾、如怨如泣，像王昭君当年向万里外的故乡亲人，诉说着"高山峨峨，河水泱泱。父兮母兮，道里悠长"的无限凄怆(见古辞《昭君怨》)。令人惊异的是,诗中接着抒写的却不是琴声,而是寂寂中的一声长叹:"谁忍奏毡房(铺挂毡毯的宫房)!"在塞外"毡房"之中,弹奏往昔熟习的"汉闺"之曲,只能勾起她更多的万里漂泊之感和思乡念亲之悲,她又岂能忍受?这一句出人意料的转折,将女主人公横琴欲奏、终又推琴而起的难言之悲,表现得极为深沉。较之于去描摹凄切琴韵,更具一种"无声胜有声"的效果。

以上四句,似已将女主人公的凄凉之情写尽;诗人却在结尾,又出人意料地开一虚境:"遥忆甘泉夜,闇泪断人肠。""甘泉"即甘泉宫,建于长安西北甘泉山,汉武帝常去那里避暑。作为汉宫女子,主人公当年想必在那里度过几多歌舞游娱的难忘之夜。这在当初,未必觉得有怎样美好,而今在万里塞外"遥忆"起来,可就倍觉亲切了。此刻女主人公忆及了什么?是那高悬甘泉山上的明月?弥漫云阳宫外的轻雾?还是迎风殿前的婆娑树影?通天殿里的悠扬丝竹?这一切虽未明言,却为"遥忆甘泉夜"一句所包容。此为虚境,但"虚"而有味,展示出女主人公已沉入了怎样迷茫的往事之中。然而,它毕竟只是闪烁着五彩之色的虚境而已,现在全都飘然而逝,再也难以唤回的了。周围依然是空旷的宫、寒冽的夜,还有女主人公陡然醒觉后涌出的断肠天涯的不尽泪珠,正暗暗滴落……

这就是徐摛的《胡无人行》——一首远嫁塞外的汉宫女子的悲歌。女主人公无姓无名,但读者却可从她身上,恍见江都公主、解忧公主以及王昭君等可怜女子的叠印,感受到蕴积在她们心头的难以倾吐的共同悲情。作为南朝的著名"宫体"诗人,徐摛作诗本以靡丽纤巧见长。这首诗却不染一点色彩,只是用那萧淡的笔墨,展示女主人公寒夜独处的凄凉一幕。适应着这一特定情境,诗人仿佛在诗中有意舍去了一切音响:登殿是幽幽的,"拭"妆也显得轻轻;有琴,却无声;沉思,而无语;就是那"断肠"之泪,也只让它暗暗地流——整个境界就是这样一片静寂,表现的正是一种"胡无人"(四顾无亲)的凄怆悲怀。　(潘啸龙)

【作者小传】

张　率

(475—527)　字士简,梁吴郡吴(今江苏苏州市)人。南齐时,历官至太子洗马,及萧衍(即梁武帝)执政,任相国主簿。梁立,累迁建安王中记室参军,后入晋安王萧纲(即梁简文帝)幕府凡十年,随纲于南兖州、荆州、江州。还任太子仆、太子家令,迁黄门侍郎,出为新安太守。事迹具《梁书》卷三三本传,又附见《南史》卷三一《张裕传》后。有集四十卷、《文衡》十五卷,已佚,《先秦汉魏晋南北朝诗》辑得其诗二十四首。

长相思二首(其一) 张 率

长相思,久离别,
美人之远如雨绝。
独延伫,心中结,
望云云去远,望鸟鸟飞灭。
空望终若斯,珠泪不能雪。

这是一首拟写相思之苦的杂言歌诗。它以幽怨缠绵、沉郁蕴藉的诗句,比较深刻地表现出长期处于离别之中而又时时思念恋人的痛苦情怀,读后令人为之动容。

起句"长相思"之"长",与"久离别"之"久",均属漫无期限的时间概念,这对陷入苦苦思念之中的恋人来说,当然也是极其痛苦的历程。两情分别,身居异地,不知相会何年?离愁别绪,千思万念,无不因时而起,触景而生,并逐渐凝结为痴痴的相思。这种感情的积累又无疑会使外在的离别与内心的思念愈发强烈起来,从而把全诗主题引入孤苦无依和无限忧伤的境地。

诚如前述,从时间上看,痴情者如果不能控制思念之情,随着时光的消逝,往往会形成难以排遣的相思。就地域而言,如果所思之人身居异乡,千里迢迢,难得有相会之日,那么相思之情也必然会表现得更为强烈,更为迫切。诗人正是利用这种感情变化和剧增,抒写出思念美人的忧伤。"美人之远如雨绝",主要是从地理环境说明远在他方的美人,如同云往雨绝一样,飘然远去,不得相见,一种悲苦无依的孤寂之感,骞然涌上心头。

"独延伫,心中结",一个"独"字,十分鲜明地勾勒出兀然伫立的诗人形象,周围一片茫然,悄无声息,只有诗人倍感孤寂地站在那里,遥视远方,凝神遐想,却始终难以排遣郁结于心的痛楚和忧闷。短短六个字,即把诗人的缕缕情思和幽幽怨望十分深刻地表现出来,令人不得不一洒同情之泪。这种人以情见,情寄于词的表达方式,更易于产生此地无声胜有声的强烈反响。

"望云云去远,望鸟鸟飞灭。"表面上是在写景,而其意则在言情。自古以来,相思与望远一直是人们交流感情的重要诗料,当诗人孤独地伫立在大地之上,空旷辽阔的四野丝毫也不能平息怀念远方美人的忧思,纵目远瞩,希冀透过冥冥之间的云端能够望见美人的倩影,然而展现在眼前的只有飘浮的白云和自由翱翔的飞鸟,即使是"云"和"鸟"也不可能长久地滞留在视觉之中,"云"是要飘向远方的，“鸟”也要飞到看不见的去处，而诗人却偏偏还是要向“云”和“鸟”望去，其结果只能是眼前一片空白，怅然若失，唯有无穷的思念和忧伤在困扰着他。这里虽然主要以描写天空中“云云”、“鸟鸟”的境界为主，但是通过两个“望”字，则又把人们的内心感受与现实景观十分自然地联系起来，从而取得景为情生，情因景出的艺术效果。

然而，诗人在痛苦思念的触发下，再也控制不住自己，终于打开感情的闸门，写下催人泪下的诗句：“空望终若斯，珠泪不能雪。”“雪”，洗去的意思。既然望不见朝思暮想的美人，如此空望下去也是毫无意义的，倒不如大哭一场，事实上那纵情流淌的泪水，也无法洗去萦绕心头的一切痛苦和相思之情。

全诗由相思写到离别，由思念美人写到孤独伫立，又由望远写到空望若斯，最后以珠泪难雪作结。本是一样的相思离愁，却如剥笋一般，层层推进，细细写来，极尽缠绵悱恻之能事。至于怀远怅望之情，又如抽丝一般，不绝于缕，千回百转，谱写成一曲动人心扉的怨歌。全诗语淡意深，情调蕴藉，通篇用杂言体，三五七言句交替使用，灵活自然，兼有音律回旋和情韵起伏之美，深见诗人的艺术功力。

（张锡厚）

【作者小传】

王　暕

(477—523)　字思晦，梁琅邪临沂(今山东临沂)人。王俭子。齐时以尚公主拜驸马都尉，历官秘书丞、骠骑从事中郎，后入萧衍(即梁武帝)幕府为户曹属。梁立，历官太子中庶子、侍中、五兵尚书、晋陵太守、吏部尚书，因主管选举而不留意寒门，时论谓之“刻薄”。迁尚书右仆射、吴郡太守、尚书左仆射，卒于官。事迹具《梁书》卷二一本传，又附见《南史》卷二二《王昙首传》后。《初学记》存其诗二首。

咏舞诗　　王暕

从风回绮袖，映日转花钿。
同情依促柱，共影赴危弦。

南朝文士，多有戏美姬、咏歌舞之作，此类诗作，大抵都以秾丽的词藻，描写女子的颜色、服饰、歌姿、舞态，往往流于浮艳轻靡。梁代诗人王暕，虽未能免俗，也有《咏舞》之作，但在艺术表现上，这首小诗却别出机杼，不落窠臼。

摈弃人物的外形摹写，着重从动态中传其神，达其情，是此诗构思上的创新之处。诗的一、二两句，以极简练的笔墨，运实入虚，烘托出舞者的精湛舞技。古谚云：长袖善舞。作者只从绮袖入手，着一"回"字，则双臂的舒展自如，躯体的回旋若飞，已宛然可见。高堂华屋之中本无风，是轻捷蹁跹的舞步，是急速飘舞的裙裾，使平地竟自生风。"从风回绮袖"，我们似乎听到那忽忽的风声，看到那长袖交横、绮罗焕彩的婀娜舞姿。花钿（tián），是用金玉珠翠制成花朵形的头饰。花钿之转，在于云鬟之转，云鬟之转又在于头部和全身之转。"映日转花钿"，灿烂的阳光透过玉户绮窗，映照着忽左忽右、忽高忽低的花钿，珠玑生辉，光彩夺目。只须稍加想象，即生眼花缭乱之感。二句无一字正面描写如何举手投足，只从袖、钿等处着墨，而舞者之神气已毕现。另外，十个字中连用四个动词，亦造就了强烈的急速的律动感，使画面真有"歌舞场"之生气。

如果说前二句着重从动态中传神，那么，后两句便是通过舞蹈与音乐的协调相应来达情。柱，是瑟筝等弦乐器上赖以支弦的木制码子。柱近则弦紧，故称促柱。危，本为高峻貌，此处用以形容音节急促，故危弦意同急弦。"同情依促柱，共影赴危弦。"前一句谓舞女之情与乐曲所表达的情感相应相通，用现代术语说，即是舞蹈语汇与音乐语汇和谐一致，糅为一体。后一句谓舞女的舞姿充满了乐曲中的激越感，连她地上的影子似乎也受了感染，有了活跃的生命，随着她一起昂扬激奋。"依"，见出女子随着乐曲的情感起伏、节奏变化而改变舞姿，调整动作，一字中包蕴了变化无穷的万千舞态。"赴"，则舞者轻盈优美、飘飘欲仙的美好身影，使读者可触可见。这二字凝练精警，皆从虚处传神。至此，一个丰姿绰约、舞技高超而又感情丰富、善解音律的舞女形象，遂栩栩如生地出现在我们眼前了。

此诗在表现手法上遗貌取神，无所藻饰，一洗脂粉香和珠宝气，表现出了可贵的创造精神。与那些靡靡之声相比，本诗可算得上清音雅曲了。　（徐定祥）

到　溉

【作者小传】

(477—548)　字茂灌，梁彭城武原（今江苏邳州西北）人。仕梁，累迁太子中庶子。湘东王萧绎（即梁元帝）为会稽太守，引溉为轻车长史，行府郡事，因母丧去官。后起通直散骑常侍，官至国子祭酒，因失明，以金紫光禄大夫、散骑常侍回家养病。事迹具《梁书》卷四〇本传，又附见《南史》卷二五《到彦之传》后。《先秦汉魏晋南北朝诗》辑得其诗四首。

秋夜咏琴　　到溉

寄语调弦者,客子心易惊。

离泣已将坠,无劳《别鹤》声。

这首诗的作者在题中点出"秋夜",在诗中言明"客子",以琴在特定的时间、对特定的人物所产生的作用,婉转抒发了他的离别思乡的愁情。

如果说,春天以其风和日暖、芳草菲菲的美丽景色唤起异乡客子对故乡的美好忆念,引起他们的乡思;那么,秋天的百物枯索、万象凋零则往往触动游子内心的凄凉孤独之感,深化他们的别恨离愁。故自宋玉《九辨》以来,悲秋思乡已是文人诗赋中最常见的主题之一。秋日,天高气清,水寒风冷,黄叶飘飞,自有一种萧瑟寂寥的气氛,令人伤感;何况对于远离了故乡亲属的客子游人,他们比常人更多一层敏感,更容易感染这秋的凄凉。如果是在秋夜,那如霜的月光,簌簌的风声,不知何处的秋虫那如泣如诉的鸣叫,更能催动游人的思乡之情,令其愁绪萦怀,夜半无眠。倘若在这个时刻,又传来了悠悠的琴曲,其声曲折而清远,在茫茫的夜色中呜咽低徊,似有无限的幽恨,只叫这思乡之人情翻涌,心欲碎,不堪卒听。此诗作者正是抓住了异乡游子在秋夜初闻琴声的那一瞬间的心理感受,写其"畏闻琴曲"的感情波澜,深刻地表现了思乡离愁之苦。

"寄语调弦者,客子心易惊。"秋夜已深,旅居他乡的客子仍不能成眠。月光清冷,照进窗来,在床前投下一片银白。客子举目眺望窗外,清空高深遥远;低头凝视床前,月光白如冷霜。四周沉沉,幽暗宁静。客子心头无限怅惘凄凉。忽然,有"铿尔"的弦声从窗外飘来,不知何人正在调柱理弦,欲奏琴曲。这调弦声打破了夜的寂静,惊醒了沉思中的客子,振动了他的心灵。或许,这也是一位乡愁深重的游子,在这夜半时分,明月之下,辗转难眠,故而披衣坐起,欲轻拨琴弦,聊寄心声。想到在这异乡的秋夜里,还有一位与自己同患乡病的朋友,客子不免感到了一阵安慰。可是,客居他乡之人,感情尤为脆弱。在这月色如洗、秋风瑟瑟的时刻,愁云恨雾已经弥漫胸间,不能自已,哪里还能再承受这诉说离别相思的琴曲?纵使弹者无意,可听者有心,脆弱的感情已经不起冲击。因此,客子殷殷寄语调弦者:"离泣已将坠,无劳《别鹤》声。"思乡的热泪早已注满了眼眶,不用再弹奏这悲怨凄凉的《别鹤操》了。《别鹤操》是琴曲四大曲之一。晋崔豹《古今注》云:"《别鹤操》,商陵牧子所作也。娶妻五年而无子,父兄将为之改娶。妻闻之,中夜起,倚户而悲啸。牧子闻之,怆然而悲,乃援琴而歌。后人因为乐章焉。"

相传古辞为："将乘比翼兮隔天端，山川悠远兮路漫漫，揽衣不寐兮食忘餐。"《别鹤操》包含了一个情深动人的故事，一曲凄婉缠绵的哀歌。对于夜中思乡的客子，听着《别鹤操》，就会想起那生离死别的悲惨故事，而回响在耳边的，又是这忧郁伤感的曲调，情思悱恻的歌辞。没有夜半的琴曲，客子已是忧思沉重；如果琴曲响起，而琴曲又是这悲切切的《别鹤操》，叫思乡之人何以能堪？因此，当弹奏者尚在调理琴弦之时，诗中的客子就动情地请求："无劳《别鹤》声。"可是，当弹奏者尚在调柱理弦三两声，曲调未成之时，客子又从何知道他将弹奏的就一定是《别鹤操》呢？可见，分明是客子自己对故乡亲人的幽思苦想太深，以至于初闻琴弦铿尔，忧愁悲苦的《别鹤操》已响起在心头；分明是客子自己的心弦上正回旋着《别鹤操》那凄凉哀伤的曲调，才使他对户外的调弦声产生了过于敏感的联想。也正是这种过于敏感的联想，深刻而生动地表现了客子的思乡愁情。

这首诗题为《秋夜咏琴》，准确地说，作者咏的是琴声，而且是尚未成曲的断续琴声。这就使读者体会到，对于客子那充满乡愁的敏感心灵，即使一张静静无声的琴，也同样会激动他的感情，引起他的联想，令他潸然泪下。作者所谓《秋夜咏琴》，实为《秋夜寄情》。

（蒋　方）

【作者小传】

何思澄

字元静，梁东海郯（今山东郯城）人。约481—534年间在世。初任南康王侍郎，后为安成王萧秀记室，随往江州。诗为沈约所赏识，入都任廷尉正，参与撰写《华林遍略》，迁治书侍御史、秣陵令、东宫通事舍人、湘东王参军。太子萧统卒，出任黟县令，迁宣惠武陵王中录事参军，卒于官，年五十四。事迹具《梁书》卷五〇及《南史》卷七二本传。有集十五卷，已佚，《玉台新咏》存其诗三首。

奉和湘东王教班婕妤　　何思澄

寂寂长信晚，雀声喧洞房。
蜘蛛网高阁，驳藓被长廊。
虚殿帘帷静，闲阶花蕊香。
悠悠视日暮，还复拂空床。

此篇为何思澄奉和湘东王萧绎(即后来的梁元帝)之作。诸王之命谓之“教”。《班婕妤》或称《婕妤怨》,乃是魏晋六朝诗人经常咏写的乐府诗题。婕妤,汉宫妃嫔称号。这一传统题材的拟作者,历来多以团扇为中心象征物,抒写女主人公秋扇见捐的悲剧命运,表现手法往往雷同,人物性格亦已类型化,新意苦少,未免令人有“把破扇年年拈出”之感。何思澄的这首和作,则不仅表现角度上领异标新,所咏主人公的内心感受也显得独特而深切。

班婕妤的青春是在冷宫幽居之中消磨以尽的,“奉共养于东宫兮,托长信之末流。共洒扫于帷幄兮,永终死以为期”(《自悼赋》)。何思澄这首诗的画面,摄取她一生中的一夕,表现那“最难消遣是昏黄”的特定时刻的特殊感受,结构上即显得不落俗套。从“寂寂”开始,到“悠悠”结束,长信宫的傍晚,笼锁着寂静冷落的氛围。作者并不一味孤立静止地写“静”,他以声衬静,用“雀声喧洞房”(洞房,此指深邃的内室)一句,形成加倍的反衬。归雀争栖的喧闹,把静静的氛围打破了也加深了。宫中而有雀群,则此宫之冷落可想而知,班婕妤闻得雀声,已是不胜自伤了;然而这群雀却又不知人意,还在声声聒噪,充满生之欢乐,这就更令她情难以堪了。三、四句,由“闹”又转向“寂”。用高阁、长廊,本是豪华宫殿的组成部分,然而它们现在悬挂着密密蛛网,覆盖着斑驳藓苔,宏伟壮丽化作了空旷阴森,这环境带给人的气氛又该是何等荒凉悒郁!五、六句,再由荒寂宕开一笔,闲中取静,似扬实抑。“虚殿帘帷静,闲阶花蕊香”,这里“闲”与“虚”织成一片,“闲”中渗透着极度的空漠、惆怅与百无聊赖。楼台高锁,帘幕低垂,淡淡花香,浓浓暮色。风不定,人初静,到明日呢,落红应满径了。一联写足了闲宫的寂寞。直到结束两句,诗篇才出现了主人公,“悠悠视日暮,还复拂空床。”她默默地转过身来,下意识地漫拂空床,度日如年的冷宫生涯,又打发过去了一个寂寞黄昏……

全诗就是这样不动声色,传达出长信宫中人“向夕千愁起”(梁·费昶《长门怨》)的迷茫心态、“蛛网屋煤昏故物”(宋人黄庭坚句)的梦幻情思、“宿鸟声中自掩门”(宋人李弥逊句)的凄黯意绪。声情幽婉,笔墨含蓄,节奏缓慢。通篇的韵律与女主人公的身份、性格十分谐协。班婕妤不是一般的貌艳而命薄的宫妃,她深受儒家诗书礼则的熏陶,“陈女图以镜监兮,顾女史而问诗”(《自悼赋》),期望如娥皇、女英侍奉虞舜那样,成为明君的内助。她曾经辞却过与汉成帝同辇乘载的宠幸,曾经不屈于宫廷的审讯。历来咏写婕妤怨的诗篇,仅仅强调了美人失宠之怨的一面,而忽略了贤人失志之慨的另一面,因此就很难充分反映女主人公娴静端正的内在气质。何思澄的这首诗,没有过分突出她失宠伤心哀怨可怜的意态,只以映衬烘托之笔,含蓄表现她那无言无望的空虚苦闷,“不着一字,尽得风流”，为读者留下更多的想象与思考的地步。正是借助于这种避实就虚的写法，才能将有力的笔触伸展向人物内心的更深层次。庄子形容庖丁解牛所谓“以无厚入有间，恢恢乎其于游刃必有余地”，大概也就是这个道理。（顾复生）

刘 遵

【作者小传】 (？—535) 字孝稚，梁彭城(今江苏徐州市)人。初任著作郎、太子舍人。后累迁晋安王萧纲(即梁简文帝)记室，转南徐州治中。纲任雍州刺史时，又任其谘议参军。及纲立为太子，迁中庶子，卒于官。事迹附见《梁书》卷四一《刘孺传》及《南史》卷三九《刘勔传》后。《先秦汉魏晋南北朝诗》辑得其诗九首。

相逢狭路间　刘 遵

春晚驾香车，交轮碍狭斜。
所恐帷风入，疑伤步摇花。
含羞隐年少，何因问妾家？
青楼临上路，相期竟路赊。

这首诗与何逊的《车中见新林分别甚盛》相似，也是描述一次不期而遇的场景。只是何逊见到的，乃是官宦人的繁盛送别，自己则作“壁上观”。刘遵所见到的，却是少年男女相逢不相识的脉脉相对。而且在表现上，诗人干脆就摇身一变，化作了其中的女子。以幽切动人的唇吻，述说羞于吐露的心思。读来自是别有韵味。

开篇先是主人公车马的出场：“春晚驾香车，交轮碍狭斜。”“狭斜”指小街曲巷。一个春风骀荡的傍晚，街路上辚辚驰来辆华丽的马车。车上帷幔低垂，还看不到车中人模样。但从飘散的阵阵香气推测，不外是位都丽的姑娘。“春晚”、“香车”和那费人猜思的车中人，美好的物事全凑在了一块，真教街上人兴奋，目光也不免为之一亮。倘若没有意外，这香车很快又将远去。偏偏事有凑巧：香车驰经小街曲巷，对面又驰来辆马车。这便出现了“交轮碍狭斜”的喜剧性场面：两车相交，街巷太狭，实在难以同时通过。那么，就只好等一等吧。以上景象，当然都是笔者按诗意所作的介绍。在诗中，却是以车中女主人公的口吻述说的。

所以，字行之间，当还跳荡着女主人春晚驱车的欢悦和“狭斜”受阻的好奇之情。

接着才让女主人公露面：“所恐帷风入，疑伤步摇花。”前句既述说“恐”，可见此刻车帷已被吹起，那舒爽的晚风正乘机钻入。后句则写得极为微妙：春风入车，令人神清气爽，本该欣喜才是。车中姑娘却立即想到了头上佩戴的“步摇花”，惟恐被风吹歪，有妨于自己的仪容。活脱脱一种注重打扮的娇女子心理。还有一点诗中未说，但读者可以想见：正因那一阵晚风，偶然将车帷掀开，街边的行人，才得以窥见车中人的容貌。那巍颤颤晃动的步摇花，映衬着姑娘红扑扑的俊脸盘，风姿该有何等美好！这便难免使那街边的少年人“中心养养（痒痒）”了。请读者注意，下文诗情的变化，正由这一处生出。

“含羞隐少年，何因问妾家？”说来也可笑，街人中也真有那么一位多情少年，只见了车中人一面，便失去了自持，竟踱到车门前来了。倘若他只是攀谈几句倒也罢了，偏偏那双火辣辣的眼睛，又在我脸上直转。陡然间，竟还轻声问起我的住家来，真是羞死人了！这两句全从车中女子的羞怯心境上着墨，不仅将女主人公乍闻询问的惊怯和“含羞”遮面的惶急之态传写逼真；字里行间，还隐隐浮现着那车前少年斗胆相询的神情。书一语而曲尽主客之情，彼此映照，情景宛然，又不失女主人公唇吻之肖，可谓妙笔通灵！

按理说，女主人公既已“含羞”而“隐”，自不会再有回答之语。但这位姑娘又不同一般：她虽然脸薄，甚至连让人家看一下也害羞，内心却不甘就这样与少年默默分手，终于还是吞吞吐吐地答了一句：“青楼临上路。”“青楼”乃后世妓院之别名，但在汉魏六朝，又可指显贵人家的闺阁。曹植《美女篇》就有“青楼临大路，高门结重关”之句，表现美女所居之富丽、幽深。刘遵笔下的女主人公，正出身于这样的重闺深阁。所以，她便怯生生地吐露说：妾家所住的青楼哪，正俯临着煌煌京都的“大马路”。回答虽有些含混，毕竟有了一个去处。至于她此刻的心境，恐怕更要“朦胧”些了：究竟算是夸耀自己身份的高贵呢，还是羞答答给少年指引一条相会之途？难道她于羞恼之际，竟又不知不觉对少年萌生了一种相怜、相恋之意？唉！除了她自己，这心思谁又能猜得透呢？诗之结尾，是一句幽幽叹息：“相期竟路赊（遥远）。”——你若想要约我相会，可知这路途虽近在咫尺，却又是悠远难至的呵！这结尾情韵很悠长，还带那么一点淡淡的惆怅。大约很能表现诗人目击这一幕景象时的心境和感受。“狭斜”相逢的一幕就这样结束，姑娘的香车又辚辚远去，晚风中似还飘散着缕缕幽香。

最后回到此诗的题目。《相逢狭路间》为乐府旧题，又作《相逢行》，早在汉代就有了。古辞描述官宦人家的富贵气象，既夸“中子为侍郎”之类的显贵，又夸

“大妇织绮罗，中妇织流黄”的奢华。后世拟作者，内容大多不离此二端。刘遵此诗却一改奢夸之习，借用旧题，表现男女邂逅问答的有趣情态。这在题材上是一大突破，写得也情态逼真、思致婉转。这样的清景长韵之作，就是与他的叔父刘绘、从兄刘孝绰等著名诗人相较，似也略无逊色。 （潘啸龙）

【作者小传】

刘孝绰

(481—539) 本名冉，字孝绰，小名阿士，梁彭城（今江苏徐州市）人。刘绘子。幼号称神童。历官著作佐郎、尚书水部郎、秘书丞、太子仆、廷尉卿、尚书吏部郎，又几度出任诸王幕府官，深为梁武帝父子所重。曾为《昭明太子集》作序。仕至秘书监，卒于官。诗与何逊齐名，并称“何刘”。事迹具《梁书》卷三三本传，又附见《南史》卷三九《刘勔传》后。有集十四卷，已佚，明人辑有《刘秘书集》，《先秦汉魏晋南北朝诗》辑得其诗六十九首。

三 妇 艳 刘孝绰

大妇缝罗裙，中妇料绣文。①
唯馀最小妇，窈窕舞昭君。②
丈人慎勿去，听我驻浮云。

〔注〕 ① 料：治理，从事。 ② 昭君：此处指与昭君出塞故事有关的歌舞。

汉乐府相和歌辞中，有一曲《长安有狭斜行》，咏唱官宦人家富贵生活。言及其家三子，皆仕于京都洛阳。末节写三子之妇在家，“大妇织绮纻，中妇织流黄。小妇无所为，挟琴上高堂。丈夫且徐徐，调弦讵未央。”南朝人割取这一节，改造为新曲《三妇艳》，流行一时。现存约二十首，大抵均仿照汉乐府原来的格调，歌辞简单而类同。此处举出刘孝绰的一首，也是比较随意的，难说它怎么特别出色。

既然如此，对这诗还有什么可谈的？一则，《三妇艳》作为南朝的流行歌曲，不妨取一例而备一格。但更重要的是：《三妇艳》从《长安有狭斜行》中独立出来，便不再是表现富贵人家生活的一部分，而有其自身的意义；它在南朝的流行，又代表了一种生活观念、审美观念的变化。

汉乐府中对妇女的赞美,不外如下三个方面:美丽的相貌、坚贞的品德以及勤劳能干、善于纺织(这是妇女的主要工作)。这种倾向在《陌上桑》、《上山采靡芜》等诗中可以看得很清楚。需要说明:不能看到写女子纺织,就认为她是“劳动人民”。事实是官宦人家妇女从事纺织也是很普遍的。而且在社会的一般观念上,是否善于纺织,是评判一个女子是否好妻子的重要标准。《上山采靡芜》这首乐府诗(或记载为“古诗”),一般人谈起来发挥很多,在我看来,其主旨只是(或主要是)说明:娶妻子不能只看长得漂亮与否,更要紧的是要看她干活怎样。

但汉乐府中也有个别趣味不同的作品。《长安有狭斜行》中,末节写到三子之妇,大妇、二妇都很能干,三妇却不专心干活,喜欢弹琴作乐。作者对此显然不是否定的。但这样的诗在汉代很少;就是这一首,其主题原是咏唱富贵生活,上面所说的问题既不是很突出,而且看来也不是有意识在这一问题上表示新的看法。《三妇艳》则不然。它专门割取原诗的末节而单独成立,就是注意到理想女性的问题。所写三妇,大妇、中妇实际只是陪衬,主要是写小妇。以刘孝绰诗为例,“大妇缝罗裙,中妇料绣文”,那是忙碌于生活需要。小妇则闲闲散散,只顾在一旁且歌且舞。所唱的曲子是关于王昭君的,那是暗示她长得漂亮。同样,“窈窕”也是兼指舞姿与体貌而言。末句又说,她的歌声美妙,能使浮云为之不流(“驻”)。就诗中所写来看,这小妇性格很活泼,不是那么规规矩矩,死眉死眼的。总而言之,《三妇艳》的流行,表现了南朝上层社会的一种意识:一个女子的可爱,主要在于她的美丽、活泼、撩人情思,能不能纺织,并不重要。换句话说,汉代所要求妇女的,主要是德行的美,南朝则更注重体貌和情趣的美。

当然,我们可以说这是南朝贵族社会的审美趣味。但也要看到:人只要能够多少摆脱经济生活的束缚,总是越来越重视人本身所具有的美。现代年轻的工人、农民,劳作之余,不也是喜欢打扮得漂漂亮亮,玩个痛痛快快?

再说下去,《三妇艳》毕竟是“三妇”而不是《小妇艳》。对大妇、中妇,也并未取否定态度。相反,可以说,正因为“小妇”还小,才容得她如此闲散。由此可以作一个有趣的联想:在各民族的童话中,国王通常有三个公主,而最可爱的,总是小公主。公主也可以改变为普通人家的女儿,大抵也是三个,同样是那小的最可爱。在不同的故事中,年长的那二位会有不同的品性,小的一个却大抵相似:她年轻貌美,不怎么懂事,却格外聪明活泼。不难看出,《三妇艳》也是这种故事的变形。

这样多的类同的故事,其中到底蕴含着什么意味?我想,这里不自觉地反映了人类一种相当普遍的心理。人在社会中生长,渐渐变得成熟老练。其发展方向不同，或温厚，或狡诈，但总是失去了许多东西：天真活泼，无忧无虑，自由放任。未成熟的生命虽幼稚，却很轻松；成熟的生命虽更有智慧，却十分沉重，令人疲倦。所以人们常在文学作品中，回顾未成熟的生命。用弗洛伊德的话说，人类有一种返回生命原始状态的欲望。

可是，成熟毕竟是每一个生命必定要走的路。所以，《三妇艳》中，只容许小妇活得那么轻快。倘如大妇也蹦蹦跳跳，不好好织她的罗裙，读者就会不满，至少是不习惯。 （骆玉明）

夕逗繁昌浦

刘孝绰

日入江风静，安波似未流。
岸回知舳转，解缆觉船浮。
暮烟生远渚，夕鸟赴前洲。
隔山闻戍鼓，傍浦喧棹讴。
疑是辰阳宿，于此逗孤舟。

“繁昌浦”，渡口名，当在今安徽繁昌县境内。这诗是写泊舟于此地的情景。“日入江风静，安波似未流。”这两句写傍晚时江面风平浪静，水就像不流淌似的。“岸回知舳转，解缆觉船浮。”“回”，转。“舳”，指舵。这两句说，看见岸的转动，才知道船在转舵，解开缆绳，才知道船是浮在水上。这还是写江流的平静。在上四句的描写中，也见出作者心情的平静，该是晚泊的时候了。下面写泊舟的所见、所闻。“暮烟生远渚，夕鸟赴前洲。”“暮烟”，既是指暮色、雾霭，也当指炊烟。“夕鸟”前飞，当是寻找归巢。这些景象会引起他的联想，居人之安煦，夕鸟的归飞，是会使他觉着孤单的。“隔山闻戍鼓，傍浦喧棹讴。”“戍鼓”，报警或报时的鼓。“棹讴”，船夫唱的歌。这是他听到的声响，显得很热闹。但这是“隔山”、“傍浦”传来，距离非近，又显得他这里很是清冷了。这一静一喧的对照，见出他的心情。“疑是辰阳宿，于此逗孤舟。”“辰阳宿”用屈原《涉江》语：“朝发枉渚兮，夕宿辰阳。”屈原诗从行旅角度看，是写水道萦回，船行难进，从心情来说，是写放逐中的抑郁、悲愤。这里作者自比为屈原的辰阳之行，大概主要取前意，江行与湘西景观很有相似之处；当然，在这比拟中，也显露了旅途中常见的孤寂情绪。有没有屈原那种被放的情绪呢？这就很难说了。据《南史》、《梁书》本传，孝绰亦曾被罢官，至于是否被迁谪，详情如何，就不得而知了。

这首诗写晚景，色调轻淡，用笔简约而平顺。语言浅切纯净，见不到这个时期写景诗中常见的雕绘毛病。作者的情绪自然被景观带起，不疾不滞，逐次展开，后二句的感慨，也较含蓄。这首诗的意境显得闲远而浑成，是一首较好的山水行旅之作。读此诗，不禁想到孟浩然的《宿建德江》、《宿桐庐江寄广陵旧游》，这些作品很有些相似之处。

（汤华泉）

栎口守风　　刘孝绰

春心已应豫，归路复当欢。如何此日风，霾曀骇波澜。倏见摇心惨，俄瞻乡路难。赖有同舟客，移宴息层峦。华茵藉初卉，芳樽散绪寒。谑浪虽云善，江流苦未安。何由入故园，讵即纫新兰。寄谢浮丘子，暂欲假飞鸾。

梁天监十二年(513)春，刘孝绰在荆州被召回京，心境颇为愉快。出发前夕，他站在春日落照中眺望江景，想到即将回返建康，途中还可在寻阳(今江西九江)与友人何逊一叙契阔之情，便压抑不住心头的喜悦，脱口吟出了"临流自多美，况乃还故乡"、"欲待春江曙，争涂向洛阳"的美好诗句(《太子洑落日望水》)。

但当他顺江而下，船至栎口(其地不详，当为江陵至九江间某一水口)一带时，却遇上了大风浪。诗人不得不移舟靠岸，以待风静，这便有了《栎口守风》之作。归帆受阻，任谁都不会感到高兴；何况，诗人们的情绪又比一般人不稳定，故此诗开笔便显得有些压抑。"春心已应豫(安乐)，归路复当欢"，叙春日归乡的欢乐，而用了"应"、"当"这样的字眼，可见诗人心中，实际上已不那么"欢"、"豫"。那给诗人带来不快的，正是江间突发的风："如何此日风，霾曀骇波澜!"霾是挟带着尘土的大风，曀指天色阴沉。大风狂暴地出现在阴沉的江上，掀起如山的涛浪。这是一种客观的描述，再加以"骇"的主观印象，你便可感觉到那风浪是怎样汹汹骇人了。而且，它出现得又如此突然，故诗中又有"如何"之语，以表现诗人不期而遇中的惊讶和沮丧。当诗人突然瞥见这颠摇乘船的涛浪时，心旌也因惊恐而激烈地摇荡起来，这就是"倏见摇心惨"。从一"惨"字可知，诗人此刻脸上，大约已惨然变色。而举目归程，望中尽是重重叠叠的浪峰，又怎能不发出"俄瞻乡路难"的幽幽慨叹?

江上行船，风浪在所难免。倘在弄潮儿眼中，自是司空见惯。但在急于归乡的诗人笔下，便不免多了几分夸张之辞。以上六句写江间遇风景象，正有这一特点。所以，接着写诗人登岸宴饮，就有一种"劫后余生"的庆幸之感："赖有同舟客，移宴息层峦。华茵藉初卉，芳樽散绪(余)寒。"当诗人在风浪中咄咄书空之际，同船的客人却还有欢宴的豪兴。他们邀请诗人，登上江岸，在春草初绿的山坡上，铺层华丽的席垫，便欢快地酌饮起来。几杯芳冽的暖酒下肚，那颠簸风浪的余寒，就逐渐消散——有了前文的“霾曀”、“骇”浪，这“华茵”、“芳樽”的息宴，便显得分外难得。这当然是诗人的实际感受，但从写法说，又使诗情出现了很大的跌宕。真是峰回路转，深得运笔的张弛之妙。

不过，诗人之身虽已摆脱风浪，那怀归之心，却依然系于江流之上：“谑浪虽云善，江流苦未安。”前句称乘客饮宴中的戏谑之“善”，虽只用的虚笔，那嬉笑谑嘲之热闹情态，已宛然形于笔端。后句展现江上风浪犹未安歇，却着一“苦”字，诗人那时时起看浪情的焦灼不安身影，也隐隐寓于句中。诗人苦苦思念归乡的急切之心，此刻已追过滔滔江流，回到京城“故园”。在恍惚之间，似乎已见到园中新兰的绽放，正被采撷来串为佩饰呢——“何由入故园，讵即纫新兰”蕴含的，正是这样一种“神高驰之邈邈”的想象之境。只是在“何由”和“讵即”的反问之中，又表现了诗人从幻觉中醒来的失落、惆怅之情。这幻觉后的惊醒，激得诗人再不能坐待风歇浪静，终于触发为结句中的奇想：“寄谢浮丘子，暂欲假飞鸾。”“浮丘子”即仙人浮丘公。传说周灵王太子王子乔，好吹笙作凤鸣。游伊、洛间，被道士浮丘公接上嵩高山。“飞鸾”，大约就是浮丘公用以接迎王子乔的仙禽吧？而今，诗人归乡心切，竟异想天开，呼请江风寄语浮丘公，暂且借那飞鸾一用，载着他穿过急风骇浪，直飞“故园”！这两句结语，与诗人在江陵启程前夕所咏的“欲待春江曙，争涂向洛阳(建康)”的实景想象不同，是一种凌空而飞的虚境，其无法实现自不待说。只是诗人大约被风浪逼急了，做诗也就顾不得虚实真幻了。

这首诗写栎口守风，虽近于记事，却很少景物描摹。它的好处，是在归乡之情的婉转抒写上。由归程的应当欢豫，转入遇风受阻的焦躁、惊恐。再于息宴层峦的庆幸中一顿，复又生出迫不及待的归心。归急无计，于是发为奇想，造出了借鸾凌空的奇境。由实境引发，以虚境作结，将阻风盼返之情，抒写得一波三折、委婉感人。刘孝绰乃“词美英净”的刘绘之子，史载年少已负文名。后来“每作一篇，朝成暮徧，好事者咸诵传写，流闻河朔”，以至于“亭苑柱壁，莫不题之”。可见在梁初影响之大。从这首诗看，他的作品确有文情过人之处，为时人所重，洵非虚美。

(潘啸龙)

夜不得眠　　刘孝绰

夜长愁反覆，怀抱不能裁。
披衣坐惆怅，当户立徘徊。

风音触树起，月色度云来。
夏叶依窗落，秋花当户开。
光阴已如此，复持忧自催。

这首诗抒发了作者深深的忧愁和悲哀。

愁这种情绪给人的体验是折磨。诗的前四句写愁绪，就着重描写了作者那种坐立不安的感觉。他忧愁满怀，心绪不宁，直至夜半，犹在床上辗转反侧，不能成眠。失眠的人觉得夜是这么漫长而难捱。“怀抱不能裁”，是说愁绪繁乱，郁积胸中，“剪不断，理还乱”，排解已非自己的心力所能及。于是，他披衣坐起，只见四周一片阴暗，但觉心头一阵惆怅，一阵迷惘。于是，他索性趿履踱出门外，希望这秋夜的宁静能平息周身的烦躁，希望这秋夜的清风能吹进郁闷沉重的胸膛。遂引出下面对景色的描写。

“风音触树起”以下六句，描述了作者踱步户庭所见的自然景物和感受。这是一个月色朦胧的秋夜。初秋的凉风习习吹来，庭树轻摇，枝叶相摩，发出一阵簌簌之声，令人陡生寒意。夜空中飘浮着大朵大朵的浓云，颜色灰暗，有如一团团撕扯不开的愁绪。一轮冷月正在云絮中穿行，时而钻出云团，洒下一片清冷的银辉；时而藏于灰云之后，留下一片阴冷的夜色。庭院里乍明乍暗，时而月光如水，地面树影斑驳摇曳；时而暗淡无光，风吹庭树，幢幢黑影摇晃。经历炎夏而枯萎的叶片在夜风中飘飞，缓缓地落在窗下；一根树丫横斜门楣，月光下，枝头秋花正在开放。这时起时停的风声，忽隐忽现的月光，凋落的夏叶，绽开的秋花，使寂静而幽冷的秋夜带有一种深远奥秘的意味；这光影变化，仿佛是宇宙意志的昭示，在展现着时光流逝的痕迹。作者用“触”、“度”、“依”、“当”描绘风起树梢之轻微，月穿云层之闪烁，夏叶飘落之迟缓，秋花绽放之生动，不仅各具情态，而且组合成一幅流动着声光色彩的画面，渲染出秋夜的凄清幽静的气氛，透给人一种强烈的生长消亡的动态感。

在大自然中，花谢叶生，叶落花开。春去秋来，夏往冬返。宇宙生命终而复始，没有止息，可人的生命只有一次。相比之下，人的生命多么短暂，人又是多么渺小可怜。作者由此而深深慨叹：“光阴已如此，复持忧自催。”人生有限，时光无情。人的生命，就在这年年的夏叶秋花之间，在这永远的风音月色之中，一去不再复返。时光的流逝既已如此令人悲哀，倘若再要自我忧愁烦恼，不得安宁，岂不是自催衰老，使生命陡然消耗？

这首诗写作者夜半忧愁无眠，故徘徊庭院，仰望夜空，以寻排遣。然而，风音月色没能消除他心中的愁烦，夏叶秋花却增加了他对年光流转的感叹。如果说，当作者辗转不眠之时，萦绕心头的还只是生活的愁烦；那么，当他踱步庭院，从自然景物的变幻中体会到时光正在流逝时，生活的愁烦之上，又增添了生命的悲伤。时光无情，年华衰退。人既无力延长自然所给予的生命，又何苦要用烦恼忧伤来自我催迫呢？“光阴已如此，复持忧自催。”从表面看，这是作者的生活忧愁的化解，实质上，这是一种更深刻的忧伤，一种人生不能自已的无可奈何的悲哀。

作者描画景物细致生动，声色并映，动静相生。诗中景色美而沉重，与忧愁反复的诗歌主题密切契合，构成了全诗抑郁悲伤的情感基调。（蒋　方）

咏素蝶诗　　刘孝绰

随蜂绕绿蕙，避雀隐青微。
映日忽争起，因风乍共归。
出没花中见，参差叶际飞。
芳华幸勿谢，嘉树欲相依。

素蝶，即白蝶。这首咏蝶诗体物入微，描摹传神，是一首难得的佳作。

诗的前六句，诗人以细腻的笔触，描绘了素蝶的动人形象。你看，在那风光旖旎的大自然中，一群素蝶忽儿似与蜜蜂相依为伴在绿草丛上盘旋，忽儿为躲避鸟雀的追逐在微叶之下隐藏，忽儿映着明媚的阳光翩跹起舞，忽儿顺着和畅的春风飞向远方，忽儿在锦簇的花团中若隐若现，忽儿在参差的密叶里穿进穿出。这些诗句犹如电影中的镜头，伴随着由绿蕙、青微、阳光、春风、红花、碧树组成的背景的不断转换，展示出了素蝶轻盈飘然、千姿百态的身影。不仅如此，诗人在描摹素蝶时，还融入了感情色彩，既写它飞花舞叶的喜悦，也写它映日顺风的欢快，又写它须躲避鸟雀追逐的不安，从而赋予了素蝶栩栩如生的神情。这些传神的刻画，固然得之于表现手法的精巧，但若诗人不作细致的观察，不作设身处境的体验，恐怕不可能如此形神俱妙地将素蝶的风姿表现出来。

诗人并没有仅仅停留在对素蝶作穷形尽相的描摹，“芳华幸勿谢，嘉树欲相依”二句，进一层展示了它的情感。诗句以素蝶自诉的口吻说：“百花万万不要凋谢，这嘉树乃是我所要依靠的啊。”这一感情的表白，透露出素蝶内心对未来的不安以及对生活的追求，全诗由此而更显蕴藉深厚。

沈祥龙曾指出：“咏物之作，在借物以寓性情。凡身世之感，君国之忧，隐然蕴于其内，斯寄托遥深，非沾沾焉咏一物矣。”（《论词随笔》）联系诗人刘孝绰的生平，当可看出，此诗并非泛泛咏蝶之作，而寄寓了诗人的身世之感。据《南史·刘孝绰传》记载，孝绰自小聪颖异常，颇得梁武帝萧衍及昭明太子萧统的推重。然其为人好仗气负才，有不合意，便极言诋訾，由是与世乖忤，一生宦途屡起屡蹶，最后以"坐受人绢一束，为饷者所讼，左迁信威临贺王长史，晚年忽忽不得志"。于此诗中，诗人一方面借洁白的蝴蝶以表示自己品质的高尚与纯洁，一方面借蝶之口表示自己在遭受到官场的多次沉浮之后依然对仕宦的渴望与追求。然而诗人索物寄意，已将物象与意念融合为一体，故既得题中之精蕴，又有题外之远致，读者或作咏蝶欣赏，或作寄慨体味，均可感其妙，这正是一般咏物诗所难以企及的。（陈如江）

【作者小传】

吴　孜

梁时人。梁武帝太清二年(548)任学士。《玉台新咏》存其诗一首。

春闺怨　　　吴孜

玉关信使断，借问不相谙。
春光太无意，窥窗来见参。
久与光音绝，忽值日东南。①
柳枝皆嬲燕，桑叶复催蚕。②
物色顿如此，孀居自不堪。

〔注〕① 久：一作分。此从《玉台新咏》。② 嬲(niǎo)：戏弄；纠缠。

这是作者传下的唯一的作品。诗写春闺思妇之怨。

一、二句写思妇怨苦之缘起：丈夫从军在外，音信断绝，借问他人，又无人知晓，不禁怨从中来。因为是用叙述的口吻起句，所以开头的感情还不强烈。"玉关"即玉门关，汉以来一直就是西北著名的边关。按照古代诗歌中著名地名的一般用法，这倒不是说主人公的丈夫一定就从军玉门关，而只要理解成从军在边关地区就可以了。

三、四句，不怨丈夫，也不怨信使，只怨春光，点出题目中的"春"字。"春光太无意"，不仅是指春光本无人意，更是指春光不晓人意，含义是双重的。因为不晓人意，所以在思妇烦恼伤心的时候，竟然会"窥窗来见参"，真是太不懂事了，无怪思妇要怨起春光来。一个"太"字正见出思妇之怨情。这后一句用了拟人法，说明春光是在思妇不经意窗外景色时偷偷映入眼帘的，从而也见出思妇凝神思念之专注。这二句以怨春光来表现主人公对丈夫的缱绻思念，比正面直说更有情致。

五、六句写主人公长久闭门居于深闺不见，不注意时光的流转，现在春光窥户，方才领悟到不知不觉中已换了季节，到了春天。"久与光音绝"似乎也象征着思妇长久以来那种郁悒哀伤的心境。"久"与"忽"相对而言，时间感突出，情绪上也有所转折，尽管其结果是更生一层怨恨。"日东南"即指春天的降临，因为日出的位置越接近春天，便越移向正东。这二句将思妇的视线直接引向户外，从而有了七、八句。

七、八句直接描绘户外春光，不过这描绘也不是纯粹欣赏性的，同样移入了主人公切盼与丈夫相聚的心念。"柳枝皆嬲燕"，"嬲"是相互嬉戏纠缠的意思，本是会意字，其中有"男"有"女"，一般用来写人，现在这样用法，本身就能暗示一种比喻的意义。而从"嬲"字在句中所处的位置看，又正好与下面对仗句中的"催"字相对，司职动词谓语。这样，这句诗不单可理解为群燕在柳枝上相互嬉戏纠缠，更可以理解为柳枝在春风中荡舞，拂动枝上群燕，似在与群燕相嬉。这种词语的多解性，往往也就是古典诗歌耐人咀嚼玩味的原因之一。"桑叶复催蚕"，则是说桑叶发芽、长大了，像是在催促人们快去从事养蚕的工作。"蚕"指蚕事。由于采桑养蚕本是女子专利，又应春时，不抓紧便会让时机流过，所以古代诗歌中往往将蚕事与女子相思糅合一处写来。六朝人的乐府情诗中，就常用"蚕饥"来比喻女子相思之情。比如"蚕饥妾复思，拭泪且提筐。"(吴均《陌上桑》)"蚕饥日晚渐生愁，忽逢使君南陌头。"(徐伯阳《罗敷行》)就这首诗而言，催人做蚕事、采桑叶，也正有"蚕饥"的含义，所以我们有理由认为这句话还暗寓着主人公的相思之情。两处景物合起来，某种程度上也是思妇主观情感的一种对象化的体现。由此，思妇的感情并没有因为春光动人而有所宽解，反而被引向更深的思念，更苦的哀怨。

九、十两句最终点出了"春闺怨"的全部意思。"顿"，顿时，一下子，与前面的"忽"意思相近。"孀"在这里取其独居的意思。这二句说出了思妇内在的心理体验：眼前物色一下子变得如此春光融融，勃勃诱人，我那独居孤寂之心怎能承当？真正苦不堪言！尤其是"孀居自不堪"一句，很容易使人联想起古诗"荡子久不归，空床难独守"的意思。这里所传达的思妇内心情感上的骚动不平和孤寂难当，又怎一个"怨"字了得！传统思妇诗一般讲求"怨而不怒"，而这首诗最后的情感表达则有点突破传统的规范，有些“怒”甚至于“恨”的味道了。所以在这一点上，这首诗在古代众多的思妇诗中是很值得注意的。 （钱 钢）

【作者小传】

刘 缓

字含度，梁平原高唐（今属山东）人。活动于梁武帝太清（549）末前后。官湘东王萧绎（即梁元帝）安西记室，时绎盛集文学之士，缓居其首。又任通直郎，迁湘东王中录事，随往江州，卒。事迹附见《梁书》卷四九及《南史》卷七二《刘昭传》后。有集四卷，已佚，《先秦汉魏晋南北朝诗》辑得其诗十二首。

看美人摘蔷薇 刘 缓

新花临曲池，佳丽复相随。
鲜红同映水，轻香共逐吹。
绕架寻多处，窥丛见好枝。
矜新犹恨少，将故复嫌萎。
钗边烂熳插，无处不相宜。

宫体诗也并非都是轻浮淫靡之作。梁代诗人刘缓这首宫体《看美人摘蔷薇》，就颇有清新之致。它咏的是美人，格调却并不庸俗，全诗笔触活泼、情致深厚，算得上别具一格的佳品。

作者突破此类诗作正面描摹姿态、颜色的模式，脱略形体刻画，重在表意传情。全诗从一“看”字生发，将花与人糅合一体，使二者互为烘托映衬。首二句总起。“新花临曲池”，点明了水边蔷薇的具体环境。“花”而冠以“新”，见出鲜艳欲滴之态；“池”而冠以“曲”，见出蜿蜒曲折之形。鲜艳夺目之花照映于碧波粼粼之池水，那是何等绮丽、何等幽雅！再加上“佳丽”“相随”，美人分花度柳款款而来，这就好像一幅静止的画图顿时有了生命，显得飞扬流动。这两句一开篇就关合题目，画出了一个曲池蔷薇的特定场景，也暗示作者隔水而“看”的特定视角。

以下具体叙写“看”中内容。“鲜红”既是女子衣衫之色，也是蔷薇花之色。谢朓《咏蔷薇》即云：“发萼初攒紫，余采尚霏红。”着一“鲜”字，更增妩媚明艳。人与花的倒影同时映在水中，红的花、红的衣衫、粉红的面庞掩映生辉。忽然，“风乍起、吹皱一池春水”,人影、花影重叠交融,波光摇漾,人花一色,花人莫辨,更增无限旖旎。随着阵阵微风,飘来缕缕香气,是花香,也是美人呼吸的气息。“香”前着一“轻”字,又见得蔷薇花味的淡雅,美人气度的娴雅。旧题汉郭宪《洞冥记》称汉武帝的宫人丽娟“年十四,玉肤柔软,吹气胜兰”。这一句虽只说美人的气息,但其面貌之姣好,身躯之轻柔,亦尽可想象了。这两句不刻镂枝叶跗萼,不描摹绮罗珠翠,笔触虚处盘旋,只从色香上淡淡点染,却使人产生丰富的联想,唤起读者无限温馨的美感。第五句至第八句,从“窥丛”、“绕架”、“矜新”、“将故”几方面,写尽美人“摘蔷薇”的种种姿态。读者不难想见美人在花丛中或蹲或起、或延颈凝睇、或俯身寻觅的婀娜身姿,而从作者眼中“看”去,其倩影忽高忽低、忽近忽远、忽隐忽现,简直就像一彩色蝴蝶在花间飞舞。作者不仅绘其形,而且达其情、传其神。从她那专注的寻觅中,我们已深深感受到她对生活的无限热爱。“矜新恨少”“将故嫌萎”,更使我们想见其忽而喜不自胜、忽而蹙眉叹惋的姿态神情。矜,有喜悦、矜夸之意;嫌,并非厌恶、嫌弃,而有惋惜、憾恨之情。在女子的一颦一笑中,我们可以体察到她爱花、惜花、热爱生命、热爱春光的美好情愫,可以感受到她心灵深处躁动着一种青春的自豪感,以及对青春对一切美好事物的无限珍惜之情。这里是写花,更是写人,亦人亦花,花人合一。着墨虽然不多,却透过外部形体动作,深入到人物内心世界,含蓄蕴藉,回味无穷。

诗歌至此,写美人之摘蔷薇,已是淋漓尽致,大有“山重水复疑无路”之势,谁知,煞尾却有神来之笔:“钗边烂熳插,无处不相宜。”一位头上遍插鲜花、天真纯洁、活泼轻盈的女子,像浮雕似地凸现在我们面前。她满怀喜悦,临水照影,顾盼之间,光彩四溢。“烂熳”一语,尤为传神。烂熳,散乱也。唯其“烂熳”,才不矜持、不做作;唯其“烂熳”,才显现其活泼纯真甚至有点顽皮的鲜明个性,以及对青春、对生活的火一般的热情。我们甚至被她活泼泼的生命力所感染而心神向往之了。韩退之《山石》诗有云:“山红涧碧纷烂熳”,写夏日山景,开阔繁盛,“纷烂熳”,绚丽多彩而又自然洒脱,许是受了此诗的启迪吧!综观全诗,纯用白描,情趣盎然。结尾以“花面交相映”收束,仍是将花与人绾合一体。

齐梁时期,亦是新体诗方兴未艾之时。诗人们讲求偶对、平仄,使诗歌从自由的古体逐渐向格律严谨的近体过渡。此诗首尾不对,中间全是两两对偶,宛然有唐人五律面目,且皆工整精严,“同”“共”“犹”“复”几个虚字回旋呼应,亦使全诗生婉美流宕之势,而无呆滞板实之弊。从平仄看,亦大体符合五律的声律要求。“绕架”以下四句,简直已是严谨的律句。这些,都充分显示出新体诗向格律诗过渡的嬗变轨迹。

(徐定祥)

新　月　　　　刘　缓

仙宫云箔卷，露出玉帘钩。
清光无所赠，相忆凤凰楼。

这是一首咏物小诗，它描绘刻画新月的形状，表现了看月者对月怀人的情思。

新月，即月初的牙月。诗的前二句就题构思。“仙宫云箔卷，露出玉帘钩。”云箔，指明月周围的层层云彩，状如帘子。诗意谓：仙人居住的宫殿，当卷起那夜云织成的帘子时，就在窗口显露出形似弯弓、皎洁明亮的帘钩。很明显，这是采用比喻方法，刻画云过月出时牙月的形状，并且由于用了“玉”字，将月儿晶莹皎洁、表里澄澈的质地也描绘了出来。这个比喻非常新颖巧妙，玲珑剔透，给人以反复体味、生发联想、涵咏咀嚼的意趣。

后两句，诗转过笔锋，抒发对月相思之情。“清光无所赠，相忆凤凰楼。”凤凰楼，指所怀念的人的居处。玉帘钩——新月那清朗洁白的光辉普照夜空，它虽然无法用以持赠昔日的情人，但看到它，却不由得想起过去与之相聚在凤凰楼上，玩赏月色，倾吐绵绵情意的情景。“凤凰楼”三字，选用得极为精妙。它首先表明楼阁的华丽精美，暗点楼中的人美如玉；其次也很自然地借助于它的字面含义，暗示出诗人所追忆的是往昔与情人在楼头月下的一番旖旎温馨的情景。再次，它也与“玉帘钩”遥相呼应，使人想象到这玉钩今夜虽高悬仙宫，往昔却是轻挂在凤凰楼头，是那段风流光景的见证。这样，姑且不论比喻之妙，即使在字面上，全诗也显得浑然一体了。因此，末二句对昔日情事的追怀，虚中有实，实而仍虚，情韵也极为隽永。

这首小诗无论咏物写景，还是怀人抒情，都有言尽意长，意在言外的特点。这一点，可以说是南朝许多五、七言小诗的一个突出特色，对后来唐诗的繁荣发展有着巨大的影响。

（王锡九）

【作者小传】

王　籍

字文海，梁琅邪临沂（今属山东）人。南齐时，官至冠军记室。入梁，任安成王主簿、尚书三公郎、廷尉正、余姚令、钱塘令，皆因疏放免官。久之，任湘东王萧绎（即梁元帝）谘议参军，随绎于会稽，还都任大司马从事中郎，迁中散大夫。及萧绎任荆州刺史，又引籍为谘议参军，带作塘令，未几卒。事迹具《梁书》卷五〇本传，又附见《南史》卷二一《王弘传》后。《先秦汉魏晋南北朝诗》辑得其诗二首。

入若耶溪 王 籍

艅艎何泛泛，空水共悠悠。

阴霞生远岫，阳景逐回流。

蝉噪林逾静，鸟鸣山更幽。

此地动归念，长年悲倦游。

若耶溪在会稽若耶山下，是一个风景至佳的去所，历代都有诗人题咏。这首诗即是王籍任湘东王参军时游若耶溪而作。

开首一句则扣诗题，写“入若耶溪”。若耶溪“水至清，照众山倒影，窥之如画”(《水经注》)，诗人乘一叶扁舟在清溪中缓缓而行，只见微波轻漾，小舟如同在画中移动，真令人心旷神怡！所以诗人用“泛泛”来形容小舟在溪水中随着微波荡行的情景，而一个“何”字则透露出诗人初入若耶溪时情不自禁的喜悦心情。

于是我们随着诗人的小舟渐入佳境。诗人的视线顺着轻泛的溪流延伸到远方，只见溪水涓涓，长流不已，仿佛是从云端而下，遥接天际，水天一色，悠远无尽。所以诗人写道：“空水共悠悠”。一个“共”字关联碧水长天，“悠悠”则描画出辽远空阔之态，极有情致。开首这一联写景，由近及远，过渡自然。

三、四句写诗人沿若耶溪而行时所见情景。第三句写远眺所见，远处是层峦叠嶂，只见云霞缭绕，变幻无穷。由于云霞蒸腾不息，绵绵不断，仿佛是从千山万壑中“生”出来一样，所以诗人用一个“生”字来描写云霞浮动之势，不仅描摹准确，而且使之拟人化，好像云霞也成为有生命、有知觉的东西，它们怀着无限情意缭绕在群山之间。第四句写近观之景。阳光明媚，照耀着随山势而回曲的溪流，只见一溪粼粼波光在深山幽林间荡漾。诗人写阳光照溪时很有创造性地用了一个“逐”字，把阳光写得有情有知，它恋恋不舍地追逐着这清澈曲折的溪流而去了。在这一联中，诗人用拟人化的手法写云霞写阳光，似乎它们都对幽美的若耶溪怀着一腔柔情蜜意。其实这正是诗人自身对若耶溪的感受，他的心里正翻腾着对若耶溪的喜爱之情，有如群山间缭绕不已的云霞，他的目光追逐着清澄的溪流，有如那缕缕执着的阳光。王籍在这两句诗中所采用的拟人手法，对唐代的诗人不无影响。

第五、六句从听觉的角度写若耶溪的景致。若耶溪山林一片幽静，唯有不时传来一两声“蝉噪”、“鸟鸣”。静寂，本是无声，有声则打破了静寂。但是诗人偏偏说因为那一两声“蝉噪”“鸟鸣”，山林愈发显得幽寂了。看来王籍是一个很有艺术见地的诗人，他深谙静动之间的辩证关系，懂得“寂静之幽深者，每以得声音衬托而愈觉其深”（钱锺书《管锥篇》），有意识地运用“蝉噪”“鸟鸣”之动来经营出一种静的境界。由此可见诗人匠心独运之功。王籍在这里创造的“寂处有音”的艺术手法给后代诗人以极大的启示，不少诗人都运用各种声响来刻画静境或静意，使人感受到静的情趣和静的生命力，将静化为一种特殊形式的动，而不是丧失生气的死寂。

最后两句是诗人直抒胸怀。诗人仕途失意，心情愁苦，现在泛舟若耶溪上，目睹林泉美景，沉浸在幽寂之中，不觉尘念顿消，产生了归隐之念。全诗以景起，以情结，显得和谐自然。

王籍的这首《入若耶溪》刻意经营一种静的境界。无论是小舟泛溪、水天共色，还是云霞生岫、阳光逐流，都是在“静”中完成，写出了山林的静寂无喧。“蝉噪”及“鸟鸣”更是从动的角度来写静。这些都是外境之静。而“动归念”、“悲倦游”则道出心境之静。由外境之静到心境之静，静的层次逐渐深化，创造出一种幽静恬淡的艺术境界，令人神往不已。（韦凤娟）

【作者小传】

王　筠

(481—549)　字元礼，一字德柔，小字养。王僧虔孙。梁琅邪临沂（今属山东）人。初累迁中书郎，出为湘东王长史，还任太子家令，又累迁司徒左长史，出为临海太守。还任秘书监、太府卿、度支尚书、光禄大夫、司徒左长史等官。梁简文帝即位，任太子詹事，未几死于盗。事迹具《梁书》卷三三本传，又附见《南史》卷二二《王昙首传》后。有集一百卷，已佚，明人辑有《王詹事集》，《先秦汉魏晋南北朝诗》辑得其诗及断句四十七首。

行路难　　王筠

千门皆闭夜何央，百忧俱集断人肠。探揣箱中取刀尺，拂拭机上断流黄。①情人逐情虽可恨，复畏边远乏衣裳。已缫一茧催衣缕，复捣百和裛衣香。②犹忆去时腰大小，不知今日身短长。裲裆双心共一袜，袙複两边作八襊。襻带虽安不忍缝，开孔裁穿犹未达。胸前却月两相连，本照君心不照天。愿君分明得此意,勿复流荡不如先。含悲含怨判不死,封情忍思待明年。

〔注〕 ① 流黄:指黄茧抽丝织成的绢。 ② 裛(yì):熏衣。

"行路难"是乐府杂曲歌辞旧题,常用以描写世路艰难,或抒发离别悲伤之情。本篇写思妇的离愁别恨,但其表现手法却与众多同类题材的作品有所不同。作者选取了一个独特的角度,通过对思妇为远方的爱人缝制衣裳的过程的详细描写,来展示其细腻的心理活动,从而表现她对远方爱人的深沉恋情。

"千门皆闭夜何央",说明时间是在半夜。家家闭户,夜深人静,而这位思妇却夜不能寐,思恋着远方的丈夫。"百忧俱集",说明她思绪纷繁,想到的很多很多。"断人肠",说明离愁的煎熬已令她难以忍受。既然不能入睡,她便为丈夫缝制衣裳。"探揣"、"拂拭"两个动作,说明她小心翼翼,轻手轻脚,或许是怕惊动熟睡的家人。这两句写动作,接下来两句便写她的心理活动。"逐情",犹言弃情。男子久出不归,自然容易引起思妇的怨恨,恨他把夫妻情分丢弃不顾。"虽"、"复"二字联用,形成转折句式,表达了思妇矛盾复杂的心情:一方面恨丈夫无情无义,久出不归;另一方面又为其日常生活担忧,怕他缺衣少裳。从这里亦可看出,这位思妇是个善良、体贴、贤惠的女子。"催衣缕"指缝制衣服的引线,"百和裛衣香",是用多种原料配制而成的香料,可用来熏衣。这两句写她做好了制衣的准备。但在正式动手之前,她却又产生了踌躇:"犹忆去时腰大小,不知今日身短长。"这两句单从字面上看,似乎只是说想到丈夫离别至今,不知身材尺寸是否发生了变化。但其实这是一个隐喻,它暗示着思妇对丈夫别后的种种变化(包括感情变化)的担忧。正是出于这种担忧,才引出了下面所描写的缝衣时的种种用心。"裲裆"和"袙複"是同一件东西(《集韵》:"裲裆谓之袙複。"),形状有点像今天的马甲背心,只是肩头更阔一些。"八襵",指裲裆边上的褶叠。"襻带",指衣上的系绊。裲裆这种服装有前后两片,形状相似而重叠,故民歌中常以裲裆比喻爱情的离合。如乐府吴声歌曲《读曲歌》云:"裲裆别去年,不忍见分题";"竹帘裲裆题,知子心情薄。"这里写思妇缝制裲裆,也同样具有隐喻爱情的作用。既写出了缝衣的过程,又暗示着思妇的心理活动。"双心共一袜","两边作八襵",似乎寄托着要和爱人心心相印、重叠不分的期望;而"不忍缝"、"犹未达",则似乎在期望中又流露出几分疑虑和不安。"却月",这里指裲裆前面两个半月形的装饰图案。"却月两相连"也暗示着团圆的希冀。"本照君心不照天",一语双关,裲裆穿在身上,却月正当心胸;而思妇却是希望这却月能像一面明镜,照见男子心中的真情实意。“愿君分明得此意，勿复流荡不如先”，直接表达了她对男子的希望。她已经把自己深深的感情一针一线缝入衣中，因而希望爱人能从中悟出她的良苦用心，早日归来，重温往日的恩爱。诗的最后两句，展示了思妇坚贞的决心和不灭的希望。“判”，犹言别。“含悲含怨判不死”，意谓在别离中她决不忍死去。这其实正说明她的悲怨痛苦之深，已使她几乎濒临死亡的边缘。“封情忍思待明年”，表明她将把深深的情思隐藏在心中，耐心地等待。或许她已等了一年又一年，而现在又把希望寄托在明年。全诗在悲痛凄婉的情调中结束，使人仿佛可见那思妇忍泣吞声的泪容。

这首诗借缝衣过程的描写，展示思妇深沉、复杂、细腻的心理活动，描绘出一个善良朴素、深情不露的劳动妇女形象。她的离愁别恨，既不表现为春华将逝、红颜易老的悲哀感叹，也不寄托于鸿雁传书、双鲤尺素的书信往来，而是“含悲含怨”、“封情忍思”，默默地将它一针一线缝入给爱人的衣中。并且她的缝衣，不是在白天，而是在夜深人静之时。这都表现了这位思妇的某种身份和性格特征。本篇虽系文人所作，但感情质朴，语言自然，富有浓厚的民歌风格。（徐克谦）

北寺寅上人房望远岫玩前池①　王　筠

安期逐长往，②交甫称高让。③远迹入沧溟，④轻举驰昆阆。⑤良由心独善，⑥兼且情游放。岂若寻幽栖，即目穷清旷！激水周堂下，屯云塞檐向。⑦闭牖听奔涛，开窗延叠嶂。前阶复虚沿，浰迆成洲涨。⑧雨点散圆文，风生起斜浪。游鳞互浼濯，⑨群飞皆哢吭。⑩莲叶蔓田田，⑪菱花动摇漾。浮光曜庭庑，流芳袭帷帐。匡坐足忘怀⑫，讵思江海上！

〔注〕①上人：古人对高僧的敬称。②安期：传说中仙人，见《史记·封禅书》。③交甫：传说中仙人，见《文选·江赋》注引《韩诗内传》。④沧溟：即沧海，传说海上有仙山。⑤昆阆：昆仑、阆苑的简称，传说中神仙栖居之处。⑥独善：追求人格上的自我完善。⑦向：北窗。⑧浰(mǐ)迆：地势平远延伸貌。⑨浼濯(zhuó)：游鱼出没貌。⑩哢吭：鸟鸣声。⑪田田：莲叶相连貌。⑫匡坐：正襟危坐貌。

南朝佛教特别兴盛。一些建在名山胜地的大寺十分讲究，不但精修殿宇，巧造楼台，而且引水开池，种花植卉，竹木成荫，烟霞散采，幽深雅丽，恍若仙都。王筠《北寺寅上人房望远岫玩前池诗》，写的便是这样一种境界。

北寺未详何在。从题文可知，诗中描写的景物都是从寅上人僧房的窗口观赏到的。岫在远处，故曰“望”；池在近前，故曰“玩”。

开篇至"清旷"八句表达对寅上人的倾慕之情，同时概括对北寺风光的大体感受，以引起下边对诸般景物的细致观赏。诗人不用正面直叙的写法，却从侧面曲笔入题，借传说中的安期生和郑交甫两位仙人作陪衬，先说他们之所以得道成仙，是由于既有遗弃名利、追求独善的思想，又有超脱世俗、高翔远引的情性。然后乘势一转，说他们的神仙生活虽令人羡慕，但终觉空虚而渺茫，怎如寅上人这样觅取一个隔绝尘嚣的住所，举目便可以尽得清幽旷远的乐趣！如此，既写出了对寅上人高情洁性的赞赏，又写出了对北寺迷人风景的喜爱，不但文辞洗练，语意深长，而且笔调空灵，饶有风致。

"激水"至"帷帐"十四句紧承"清旷"一语，细写眼前幽丽景色：佛堂下激流环绕，檐牖间烟云凝聚。闭户静听奔啸的涛声，开窗迎望重叠的峰嶂，这一切都令人心神怡旷，超然有出世之想。寺前还有一片池塘，池水澄澈，可以清楚地看到水下的石沿延伸上水面，与池上的台阶相连接，犹如沙子在江底慢慢堆积起来，终于在江心露出头来，形成沙洲。风雨骤至之时，雨点散开一圈圈圆形的波纹，山风吹起一沓沓斜行的轻浪。风雨停歇之后，则有游鱼自在地出没，众鸟欢快地飞鸣。莲叶密密地挨在一起，蔓延远方；菱花轻轻地随波荡漾，摇曳多姿。水天的浮光照耀着庭庑，花卉的流芳袭入了帷帐——诗人从远、近、上、下各个角度，视、听、嗅、感各个方面，用鲜明生动的语言，精妙地描绘了各种自然景物的情貌，真实地再现了它们的静态美和动态美，不但"声和被纸，光影盈字"(《梁书》卷三三《王筠传》引沈约评语)，而且把激水、屯云、奔涛、叠嶂、池塘、风雨、禽鱼、花卉等众多景物有机地组织在一个富于立体感和流动感的画面上，造成一种既丰富多彩，又浑朴自然的艺术境界，使人于此种境界的审美想象中获得无限的幽情雅趣。

篇末二句抒发饱餐秀色之后的怡悦心情。"江海上"指隐逸之道。语出《庄子·让王》"身在江海之上，心居乎魏阙之下"。诗人说自己今得访僧游寺，目接名山清景，便觉身离欲界；正襟端坐，一切尘缘俗念，俱可即此遗忘，又何必一定要去僻远之地隐居呢？这二句收束全诗，既体现了诗人的情怀，又抬高了北寺的身份，结得十分得体。王筠此诗写得平淡自然，迥异流俗。从造语上说，既不堆砌典故(仅用了"安期"、"交甫"、"独善"、"江海"四个常见典故)，也不强求对偶的精工(全诗二十四句，有八句完全不用对仗，又有六句不作工对)，"只于心目相取处得景得句"(王夫之《薑斋诗话》卷二)，因而没有"晦塞为深"、"雕削取巧"(《文心雕龙·隐秀》)的疵病。从写物上说，则能遗貌取神，着重表现景物的情态，所有写景的句子都用了动词，却未有一字形容色彩，把一切色彩都留给读者去想象，有如一幅出自名家手下的淡墨山水画，不施丹采而自饶生气。从行文上说，则由情入景，又由景出情，既有叙述和描写，也有抒情和议论（“岂若”二句和“匡坐”二句都是抒情兼议论的语气），并用“良由”、“兼且”、“岂若”、“讵思”等带虚字的词语把前后意思勾连起来，使韵文中兼有散文笔调，因而全诗颇有行云流水之致。这样的作品，在绮靡成风的齐梁时代确是不可多得的。沈约说：“晚来名家，唯见王筠独步”（《梁书·王筠传》），看来并非虚誉之辞。　（罗忠族）

【作者小传】

褚　沄

字士洋，梁河南阳翟（今河南禹州）人。初任曲阿令，又任晋安王中录事、正员郎、乌程令、延陵令、中书侍郎、太子率更令、御史中丞，后为湘东王萧绎（即梁元帝）谘议参军，颇受亲爱。事迹附见《南史》卷二八《褚裕之传》后。《先秦汉魏晋南北朝诗》辑得其诗二首。

赋得蝉　　褚　沄

避雀芳枝里，飞空华殿曲。
天寒响屡嘶，日暮声愈促。
繁吟如欲尽，长韵还相续。
饮露非表清，轻身易知足。

对蝉的歌咏，兴于东汉，历魏晋而不衰。当时人们对蝉的认识或印象，一为清，一为悲。蝉与一般的禽鸟虫介不同，它无巢无穴，夜宿于高枝之上；又不食污秽之物，“含气饮露，黍稷不享”（陆云《寒蝉赋》）故谓之清，人们常以之比喻君子的节操。而秋寒露冷，蝉声嘶咽，又使人闻而生悲，有寂寞秋风，时不我与之感。古诗云：“庭前有奇树，上有悲鸣蝉。”此之谓悲。褚沄这首咏蝉诗所写正扣紧了蝉的清与悲这两个特征。

“避雀芳枝里，飞空华殿曲。”蝉栖宿于芳枝，飞曳于华殿，显得非常清高绝俗。但这只是其生活的一面，曹植《蝉赋》称：“苦黄雀之作害，患螳螂之劲斧。有翩翩之狡童，运徽黏而我缠。”在自然的大千世界中，蝉完全是一个弱者，黄雀、螳螂都要伤害它，顽童要捕捉它，于是它不得不逃向芳枝（“芳枝”一作“乔枝”，意谓高枝），逃到空荡荡的华殿一角。看似清高，其实却十分可怜。不仅如此，蝉不但在生物界是个弱者，在自然气候的变化下，它也同样地缺乏自卫能力。随着季节的转换，夏去秋来，它的生命也日趋萎缩。“天寒响屡嘶，日暮声愈促。”秋风起，寒霜降，它仍然努力地嘶鸣着，但鸣声却日益地幽咽、短促，“繁吟如欲尽，长韵还相续。”往日繁复的歌声已难为继，只是凄清的调儿还依然保持着。终其一生，蝉的特点始终是清与悲二字，那么，清与悲二者之间关系如何呢？作者末二句写道：“饮露非表清，轻身易知足。”蝉以饮露著称，隋朝王由礼《高柳鸣蝉诗》云：“得饮玄天露，何辞高柳寒。”似乎蝉一心在追求清高，为饮玄天之露而不辞高寒。褚沄便不这样认为，他说蝉之所以饮露并不是追求清高，乃是不得已，饮露便可不食黍稷，这样就与世无争一身轻，从而逃避外来的伤害。这正与全诗第一句“避雀芳枝里”的立意一样，前后呼应，调子十分低沉。古话说：知足常乐。蝉却不然，它餐风饮露，所栖不过一枝，比之于燕雀以虫豸为食，必在繁枝密叶、高梁华屋间筑巢，蝉可谓知足了。然而它的命运却分外凄凉。秋风起，黄叶飞，燕雀或迁徙到温暖的南方，或躲藏在厚实的窝巢内，蝉却依然故我，栖息在残枝败叶间，一声一声地嘶唤着。人们感受到它的叫声一日复一日地衰弱了，苍老了，以至于死亡。这就是古代诗人要把蝉称作为“寒蝉”的道理。寒蝉象征着寒士，陆云《寒蝉赋》写道：“岁律云暮，上天其凉。感运非声，贫士含伤。”褚沄此诗亦是以蝉借喻寒士，或兼自喻，表达自己不为世人赏识、怀才不遇的悲凉心境。 （刘明今）

【作者小传】

鲍 泉

（？—551） 字润岳，梁东海（今山东郯城一带）人。少为湘东王萧绎（即梁元帝）王国常侍，迁通直侍郎。及萧绎承制于江陵，累迁信州刺史，为绎攻长沙、郢州。郢州克，任刺史萧方诸长史，行府事。后被侯景兵击败，被俘死。事迹具《梁书》卷三〇及《南史》卷六二本传。有集一卷、《新仪》四十卷，已佚，《先秦汉魏晋南北朝诗》辑得其诗九首。

奉和湘东王春日诗

鲍 泉

新莺始新归，新蝶复新飞。新花满新树，新月丽新晖。新光新气早，新望新盈抱。新水新绿浮，新禽新听好。新景自新还，新叶复新攀。新枝虽可结，新愁讵解颜？新思独氛氲，新知不可闻。新扇如新月，新盖学新云。新落连珠泪，新点石榴裙。

这是一首应制诗。这一类诗因受原唱命意和体式的限制，按着别人的节拍跳舞，很难跳出新花样。鲍泉的这一首，颇具匠心，给人有青胜于蓝之感。

原唱《春日诗》，为湘东王萧绎（即后来的梁元帝）所作，其诗云："春还春节美，春日春风过。春心日日异，春情处处多。处处春芳动，日日春禽变。春意春已繁，春人春不见。不见怀春人，徒望春光新。春愁春自结，春结讵能申？欲道春园趣，复忆春时人。春人竟何在？空爽上春期。独念春花落，还以惜春时。"写美好春光中思妇的"怀春"之情。用"重字"的格式，每句都重复一两个"春"字。鲍泉的和诗，紧扣原唱的题旨和格式，但在构思和写法上却另辟蹊径，变概括描写、直抒胸臆为具体描写、含蓄传情，通过生动鲜明的画面和形象说话。另外，鲍诗以"新"字和"春"字，颇为巧慧得体。春为一岁之首，一元复始，万象更新。新是春的主要特征，故"新"即含"春"意；而"新"字又比"春"字含义丰富，故笔墨的回旋余地大得多。

诗由景入情。前八句，从不同角度描绘了富有春天情韵的诸多景物：刚出谷的新莺，才试飞的新蝶，初开放的新花；还有那初洒清辉的天上新月，初呈绿意的水中新萍……从上到下，从陆地到水中，呈现出一派生机蓬勃、争奇竞秀的景象，给人以"无边光景一时新"之感。诗人还从发展变化的角度描写景物。写月，先写朔初的一弯"新月"，后写"望"日（农历十五日）"新盈抱"的满月，意味着时间的推移。写鸟，先写"新莺"（它是迎春的最早使者），后写包括各种春鸟的"新禽"。"新禽新听好"——它们组织了春天大合唱。这就透露出春意越来越"闹"，春色越来越撩人，为下面写怀春之情作了很好的铺垫。

"新景自新还，新叶复新攀。"新春的美好景物应时而至，女儿们也开始采摘桑叶养蚕了。这两句总上启下，由写景转为写人——采桑女。

"新枝虽可结，新愁讵解颜？"结，挽结。采桑时，一手挽住柔枝，一手摘叶。在如此美好的春景中采桑，理应心旷神怡，开颜欢笑，采桑女却为何愁上心头，愁眉紧锁？底下有了答案："新思独氛氲，新知不可闻。"原来她是触景生情，眼见新景"自还"，新枝"可结"，而她的"新知"却一去未还，没有音讯。这"新知"，诗中未点明，但可以想象，也许是新结识的知心情侣，也许是新婚的如意郎君。"新知"之所以"不可闻"，也许是从戎远征，生死难卜；也许是外出谋生，另遇新欢。南朝俗尚浮荡，又战乱连年，这两种可能性都是有的。所以这女子的"新愁"，既是害怕自己被遗弃，也出于对对方生死存亡的深切关注和担忧。故其愁多，像浓云重重地压在心头。“新思独氛氲”，“独”字妙，既突出了姑娘潜藏心底、难以言宣的相思之苦，也为下面进一步描写她独自的内心活动起了“金针暗度”的作用。

“新扇如新月，新盖学新云。”新扇，指新裁的合欢扇，古代以之为男女欢爱的象征。汉班婕妤《怨歌行》：“裁为合欢扇，团团似明月。出入君怀中，动摇微风发。”新盖，古代婚礼新娘用的红色盖头巾。宋吴自牧《梦粱录·嫁娶》：“两新人并立堂前，遂请男方双全女亲，以秤或用机杼挑盖头，方露花容，参拜堂次。”这两句仍旧是触景生情的遐想。由眼前的“新月”、“新云”而联想到“新扇”、“新盖”，反映了这位独处空闺的女子对团圆美满生活的渴望。“新盖学新云”，“学”字暗示，她也许情不自禁地披上头巾，套上大红裙，在学着扮新娘哩。看来，她是沉浸到幸福甜蜜的回忆或憧憬中了。然而这只不过是一时幻想，当她从幸福的幻觉中苏醒过来时，孤独寂寞的现实，使她更加悲伤：“新落连珠泪，新点石榴裙。”辛酸的眼泪如断线珍珠，点点落在大红裙上。“连珠泪”和“石榴裙”相映衬，把这位红颜女子的怀春、伤春之情，活脱脱地显现出来，给人留下无尽的愁思。

这首诗，写景言情配合得当。所写的景物，不仅起了引情作用，而且欢乐之景对于悲愁之情，起到了反衬作用，使所抒之情更加鲜明强烈。从景转情后，写女子的内心活动，笔墨尤为委婉细腻。先写“新愁”、“新思”之苦，再写“新扇”、“新盖”之乐，最后写“新泪”之悲，层层递进，愁情步步深化。章法井然，有曲折，有变化，情致缠绵，耐人玩味。比起萧绎的原唱，的确技高一筹。

萧绎的《春日诗》和这首奉和诗，新创了重字体式。这种重字体，后人不乏效仿者，如元刘致《越调·小桃红》散曲：“春来苦欲伴春居，日日寻春去，无奈春云不为雨，为春癯……”重字体带有文字游戏性质，容易失之油滑或生塞硬凑，难登大雅之堂。但作为诗体的一种，可聊备一格。 （何庆善）

江上望月 鲍 泉

客行钩始悬，此夜月将弦。
川澄光自动，流驶影难圆。
苍苍随远色，漾漾逐漪涟。
无因转还泛，回首眷前贤。

在中国古代诗歌中，诗与月似乎结下不解之缘，尤其是江月、水月最为诗人所喜爱，历代都有吟咏佳作。然而，在不同诗人的笔下，江上月景却情态万殊，各有各的风采情韵，鲍泉这首诗也自有它的独特风韵。

诗人先用“客行钩始悬”回叙一笔，点出离家远行时的月景。那时只是月弯如钩，悬在夜空，而今夜的月亮已将是半圆如弦了。从一弯新月到月将半圆，表明客行在外已有数日光景了。这是明写月的变化，暗写客行时日。虽然时间不算长，但从首句开头即说“客行”，接着又计数时日的心理活动来看，已经流露出望月思家的情绪，有着“舟子夜离家，开舲望月华”的心境，所以三四两句清辞低吟，写了：“川澄光自动，流驶影难圆。”因江水清澈，倒映在水中的明月格外明亮，月色满江，光波摇荡，一片清幽。在奔流不停的江水中，月影被波浪拱开了，总见不到圆月的形影。这是借月影难圆喻亲人团聚之难，写来清婉幽丽，隐约间有一种淡淡的愁情。

诗的六七两句：“苍苍随远色，漾漾逐漪涟”，仍写江上月景。舟行江中，只见明月依人，随舟而行，无处不在，清光悠悠，处处映照。在月光下，远山苍苍，江波荡漾，一静一动，相映成趣。诗人不说月映远山、照涟漪，而说它“随远色”，“逐漪涟”，明月就变成有情有义之物，好像它有意追随青山，追逐江波，追逐着客途漂泊的诗人，诚是信手点化，别具情思。

明月作为诗人心灵观照的对象，对居家和客行者有着迥然不同的感情引发作用，沈约《八咏诗·登台望秋月》就说过：“居人临此以笑歌，别客对之伤旦暮。”在古代咏月诗中，客行多于家居，他们的心境大抵如谢庄《月赋》所说：“美人迈兮音尘阙，隔千里兮共明月。临风叹兮将焉歇，川路长兮不可越。”或如李白《静夜思》所说：“举头望明月，低头思故乡。”鲍泉离家客行，江上望月，自然属于“别客对之伤旦暮”。所以尽管月色清幽，使他赏爱不尽，也还是勾起了思家之情，正是在这种心情支配下，末尾两句才写了：“无因转还泛，回首眷前贤。”江潮涨落有期，而自己却不能随着退落的江水回到故乡，去路遥长，令人忧伤。这满怀的愁绪诉说不尽，但心中孤寂，又不能不说，思来想去，终于吐出一句“回首眷前贤”。唯有回首往古，从前贤那里寻求感情的共鸣了。这里没有明说贤人何指，也没有说明所眷何事，但无疑是此情与古同，将此时此地的离情别绪与古人彼时彼地的客愁羁思打成感情的连结，达到心灵上的冥通。这层意思，诗中始终不肯说破，几经绕旋，依然隐在内心深处，显得低徊深沉，含蓄婉曲，给人以遐想的空间和咀嚼不尽的情味。

（臧维熙）

秋　日　　　　鲍　泉

露色已成霜，梧楸欲半黄。

燕去榈恒静，莲寒池不香。
夕乌飞向月，馀蚊聚逐光。
旅情恒自苦，秋夜渐应长。

从宋玉首唱出“悲哉！秋之为气也”以后，悲秋便成为诗歌的传统主题。尤其是客行于外的诗人，对秋天的凄清景色特别敏感。鲍泉这首诗，便是写秋日行旅中的情怀。

诗的前两句，从大处落笔，点染秋景秋色。“露色已成霜”，写季节的变化。晶莹清润的露珠已随着气候的转寒消失了，空气中的水汽变成了寒霜。这里暗用曹丕《燕歌行》“秋风萧瑟天气凉，草木摇落露为霜”的诗意，同时也和下句“梧楸欲半黄”构成因果句。天气转冷，霜花满地，梧桐、楸树的叶子已到了半是枯黄的时候。“欲半黄”三字，写出叶色由绿而黄的渐变之意，很形象，有动感。

三四两句“燕去榈恒静，莲寒池不香”，写燕子向南飞去，它们平日栖息的棕榈树一片寂静，听不到呢喃的燕语了。莲荷呈现出老寒之色，池中的清香也消散了。这两句一写树景，一写池景，着力渲染出秋景的清冷和枯寂。其中“莲寒池不香”一句很受前人赞赏，钟惺云：“莲宜曰香而曰寒，池宜曰寒而曰不香，清绝，幻绝，与‘风疏香不来’同妙。”(《古诗归》)这实际上是运用了视听通感的原理，见色而知寒，由寒而知不香，可谓联想巧妙，笔补造化。

五六两句“夕乌飞向月，馀蚊聚逐光”，写秋天夜景。在茫茫的宇空中，夕乌向月而飞，而在微弱的灯光前，残留下的蚊虫相聚逐飞。这不是一种令人愉悦的美，而是使人感到凄冷、孤苦的夜景。诗人此刻的心境是黯然凄凉的，故而最后在“旅情恒自苦，秋夜渐应长”两句里以低沉的语调诉说出他的心音。旅情客愁不是别的，而是身在异乡为异客，永远不会有欢愉，心里总是凄苦不堪的。而漂泊在外，孑然一身，最苦最怕的是那漫漫长夜，可是秋天的黑夜偏偏是一天比一天漫长，这就意味着要忍受着越来越长的黑夜的折磨，更要“恒自苦”了。写到这里，笔是收住了，而凄楚哀伤的感情却是收不住的，必然是此愁应共秋夜长，颇有凄哀欲绝之感。

这首诗，围绕诗题写景写情，自始至终都笼罩着悲秋意识，加上旅情羁愁，愈写愈苦，心头铅重，低沉抑郁，哀婉深曲，逼真地刻画出一个他乡游子的凄凉心境，在艺术上是相当成功的。

(臧维熙)

【作者小传】

伏　挺

(484—549?)　字士标，梁平星安丘(今属山东)人。伏曼容孙。南齐时，官征东行参军。入梁，历官中军参军、建康正、尚书仪曹郎、西中郎记室参军、武康令、南台治书侍御史，因纳贿被劾，惧罪变服为道人。遇赦还俗，随邵陵王萧纶往江州，又回建康。后客游吴地，死于侯景之乱中。事迹具《梁书》卷五〇本传，又附见《南史》卷七一《伏曼容传》后。有《迩说》十卷、文集二十卷，已佚。《艺文类聚》存其诗一首。

行舟值早雾　　伏　挺

水雾杂山烟，冥冥不见天。
听猿方忖岫，闻濑始知川。
渔人惑澳浦，行舟迷泝沿。
日中氛霭尽，空水共澄鲜。

这首诗写雾中行舟，不仅写了雾，更写了雾中之人的感受。语言朴实而自然，读来令人有身临其境之感。

“水雾杂山烟，冥冥不见天”两句，总写大雾弥漫的景色，既描写了浓密的晨雾，又点出了水、山、天。而山水天色，正笼罩在浓烟密雾之中，隐而不见，可见者唯有烟雾。作者一笔写出了可见的与不可见的，虚实相映，浑然一体。这两句先渲染出一个大的背景，为全诗作了铺垫。

山水景物，皆隐藏于浓雾之中，冥冥不可见，因而视觉无所可用，但听觉却转而分明。嗷嗷猿啼，淙淙濑流之声，从漫漫浓雾中传来，犹如空谷足音，显得格外振动耳鼓，引人注意。“听”、“闻”、“忖”、“知”四字，用得次序井然、章法严密，细腻地表现了雾中之人凭借冥冥之中的声音，进行揣度、判断的心理活动过程。隐而不见的岫峦和川流，便借助听觉的作用，转变为视觉形象，呈现在雾中人的眼前。正由于只可以借助听觉加以想象，而不能直接通过视觉得以明见，这岫峦、川流便更增添了几分迷离恍惚、神奇莫测的色彩，别有一番魅力。

“渔人”二句，紧紧承接上文，进一步写出了人在雾中，迷惑徬徨，茫然不知所之的真切感受。雾中的渔人、行舟，宛若飘浮在浩渺云间，左右前后，无所依傍，恍然惚然。澳浦虽近在咫尺，渔人却迷惑不知；扁舟欲上下沿泝，却茫然不得其所。作者在这里既把雾的气氛渲染得淋漓尽致，同时又将人的迷茫惶惑心境展示得细腻入微。

最后两句，诗人笔锋陡转。一个“尽”字，下得干净利落，浓云密雾，为之一扫而空。阳光普照，天水清澄，全诗的境界焕然一新。“澄鲜”二字，说明雾后的山水给人以格外清澄透澈、鲜明醒目的感觉，同时也表现了舟中之人从雾中脱出，精神为之一振，豁然开朗了的心情。这结尾两句与开头两句照应得十分紧密，“氛霭”对应着“雾”、“烟”，“空水”承接着“水”、“天”，“澄鲜”对照着“冥冥”，首尾呼应，形成鲜明的对比。

这首写雾的诗，作者不用“蛇游”、“豹隐”、“嗽水”、“吹沙”之类古人写雾习用的典故套语，也并不着力于对雾的形态本身作比状描绘，而是以白描的语言，紧密结合人在雾中的感觉和体验来展示雾中的景物，表现雾的氛围。因而读者仿佛也被带入了弥漫着水雾山烟的意境，与诗人一道去体验那浓雾之中的山水、川岫、猿声、濑声，获得了非常真切的感受。这确是一篇写雾诗的佳作。全诗的语言自然流畅，不事雕琢，而其格律和对仗，却几乎暗合了唐人五律的要求。

《梁书·伏挺传》谓伏挺“为五言诗善效谢康乐体”。他的诗作流传至今的仅此一首。但就这首诗而论，不仅句佳，而且全诗的意境亦统一完整，其成就看来并不在谢灵运某些诗作之下。

（徐克谦）

【作者小传】

刘孝仪

（484—550）　名潜，字孝仪，以字行，梁彭城（今江苏徐州市）人。刘绘子，刘孝绰弟。初为始兴王萧憺幕府官，随憺于益州，迁尚书殿中郎，又为晋安王萧纲（即梁简文帝）功曹，随之于襄阳。及纲为太子，补太子洗马，历阳羡令、建康令、中书郎、行彭城琅邪二郡事、尚书左丞兼御史中丞、临海太守、守豫章内史等官。后死于侯景之乱中。事迹具《梁书》卷四一本传，又附见《南史》卷三九《刘勔传》后。有集二十卷，已佚，明人有辑集，《先秦汉魏晋南北朝诗》辑得其诗十二首。

从　军　行

刘孝仪

冠军亲挟射，长平自合围。
木落雕弓燥，气秋征马肥。
贤王皆屈膝，幕府复申威。

何谓从军乐？往返速如飞！

自汉末左延年创制《从军行》之题(一作《悲哉》)，魏晋六朝代有拟作之诗。不过内容大多皆言“军旅”之“苦辛”，如陆机“苦哉远征人，飘飘穷四遐”，沈约“苦哉远征人，悲矣将如何”均是。惟建安“七子之冠冕”王粲，独标豪迈之格，唱出了“从军有苦乐，但问所从谁。所从神且武，焉得久劳师”的非凡之音，对曹操西征“拓地三千里，往返一如飞”的军旅生活，作了乐观豪壮的歌咏。刘孝仪这首诗，走的正是王粲的路子，借汉代征讨匈奴的伟绩，表现了“所从神且武”的从军之乐。

诗之起笔即将读者带入了一场出击匈奴的宏伟战事之中：“冠军亲挟射，长平自合围。”“冠军”即名将霍去病。元朔六年(前123)，他年方十八，即以“轻勇骑八百”奋击匈奴，“斩首虏二千二十八级”，“生捕(单于)季父罗姑比”，被汉武帝封为“冠军侯”。“长平”则指大将军卫青，他曾率师出云中、至陇西，“捕首虏数千、畜数十万”，封为“长平侯”。不过，诗中所叙战事，则已在元狩四年(前119)。汉武帝命卫青、霍去病各率五万骑，分击匈奴。霍去病出代郡千里，大破匈奴，“封狼居胥山”、“登临瀚海”，俘获敌虏“七万四百四十三级”以归；卫青则出定襄，以左右翼合围单于主力，迫得单于仅以“乘六羸(即“骡”字异体)、轻骑可数百”突围逃逸，还差点失去“单于”之位。这两句先以劲健的笔力，勾勒霍去病挟弓亲射敌虏的雄姿，随即续以卫青之师铁钳般“合围”单于的远镜头，在纵横千里的背景上，展示两支雄师猛然直捣匈奴的雄奇景象。写得辞气畅足、振奋人心。

接着两句镜头急速拉近。出现在读者眼前的，便是行进中万千汉骑的雄壮军容——“木落雕弓燥，气秋征马肥。”此刻正是天高气爽的秋日。万木叶落，连勇士们手中的雕弓，也变得燥硬强劲；瀚漠旷远，正适合肥健的征马扬蹄而飞！这两句在落叶的萧萧声中、舒爽的秋空之下，展现汉将士们手控雕弓、足蹬壮骑的轩昂剽勇之态，令人神旺。以这样弓强马壮的雄师横行塞外，又何敌不克、何城可挡？所以，诗中接着便化出了一幕幕铁骑所向、敌虏纷纷溃降的快镜头：“贤王皆屈膝，幕府复申威。”这里是霍去病之师的斩将搴旗、长驱直入，直杀得敌虏闻风丧胆，连匈奴的左右贤王也战战兢兢屈膝求降；那边又传来大将军卫青的胜利捷报，单于夜遁，汉师之幕府(将帅在外的营帐)，声威震动匈奴上下。以上四句，分咏这次出击匈奴中的敌我景象。叙我军则语带夸耀之气，画面呈现着一种马嘶弓鸣的壮色；述敌虏则笔含嘲讽之意，画面交叠着一片降幡屈膝的颓容。笔墨颇得映衬之妙。

此诗结尾是两句问答之语：“何谓从军乐？往返速如飞！”初读起来，以此问答之语，上接胜利的激战，似乎显得突兀。但若考虑到此诗的节奏和画面的转换本就快疾，读者便可知道：此刻镜头已转到凯旋的路上。刚刚经历了一场痛快激战的将士们，正雄赳赳回返边塞。因为那是骑兵，其凯旋景象大约也不同一般：纷扬的旌旗，推涌出无数战骑；凯旋的乐奏，应和着豪爽的笑语。他们才在天边的地平线上出现，转眼就已来到迎接者的面前。勇士们的脸上，想必漾满了一派欢乐之情。在这样的时刻，谁要问他们“什么叫从军乐”？他们难道不会像诗中所说的那样，骄傲地回答：“参加这样往返如飞的胜利作战，就是从军者的最大快乐呵！”上述两句结语，正以一问一答，既传达了从军将士凯旋归来的欢乐和骄傲；又回照全诗，把这场战事速决速胜、往返如飞的特点，巧妙地点明了。要让将士们体验从军之乐，就需要追随霍去病、卫青这样神且勇的名将，打几场干脆利落的胜仗，使士卒往返如飞才是呵！反过来说，倘若将帅无能，指挥失措，像南朝梁武帝的征魏之战那样，拖时费日、疲惫多年，又有什么“从军乐”可言呢？问得有意，答得深情，古今相映，发人深思。这样的结尾，自然也结得很妙。（潘啸龙）

【作者小传】

萧子范

(487—550)　字景则，梁南兰陵(今江苏武进)人。南齐宗室。南齐时，封祁阳县侯，官太子洗马。梁立，降为子爵，累迁太子中舍人，出为建安太守。其后十余年官于藩府，不得意。后迁光禄卿，历廷尉卿、始兴内史、秘书监，卒于侯景之乱中。事迹附见《梁书》卷三五《萧子恪传》及《南史》卷四二《萧嶷传》后。有集三十卷，已佚，《先秦汉魏晋南北朝诗》辑得其诗十首。

夏夜独坐　　萧子范

节序值徂炎，兹宵在三伏。凭轩伫凉气，中筵倦烦燠。寂寞对空窗，清疏临夜竹。虫音乱阶草，萤花绕庭木。帘月度斜晖，风光起馀馥。一伤年志罢，长嗟逝波速。

这是一首清新可玩的小诗。夏天的晚上，独自坐在庭院里纳凉，这本是极平常之事，但由于诗人的细心体察，其中便生出不平常的意趣来。

起句“节序值徂炎，兹宵在三伏”，交代季节是在炎夏，时间是在夜晚，笔调平稳，显得从容不迫，预示了全诗的舒缓气氛。“徂炎”与“三伏”微觉重复，但本诗全篇对仗，读者须谅解诗人的苦衷。“凭轩伫凉气，中筵倦烦燠”，前一句进一步交代地点、指出人物，从容之态依旧。诗人坐在庭院的小轩上，凭靠着轩前的栏杆，静静地等候着夜渐渐地深去、凉气缓缓地生起，可以想见他的姿态十分安详、心情十分平静。后一句是补笔，说明诗人之所以出至庭中，是因为他久卧室中，对那令人烦恼的满屋暖烘烘终于感到厌倦、忍受不了了。筵是竹席，凭它已不能抵御烦热，则热之程度可知矣。这二句先果后因，平稳中不失错落之致。“伫凉气”与“倦烦燠”对仗颇为工细，尤以含义相反而又同为感觉之词的“凉”与“烦”相对为妙。

“寂寞对空窗，清疏临夜竹”，诗至此始进入写景，用笔还是不慌不忙。前一句写与小轩相对的是空荡荡的小窗，此时夜色已深，众人皆眠，窗下寂寂无声。至此，题目中夏、夜、独、坐四字均已扣到。后一句中，诗人已起身离轩，轻轻步至小竹林前，那竹子稀稀疏疏，隐隐透出清新气息，与浓密的炎热之气正好趣味相异。这两句措辞颇考究，形容“窗”、“竹”的“寂寞”、“清疏”置于句首，突出了诗人自己的感受；寂寞怕被打破，故只有远远地“对”，清疏令人亲近，故可以“临”。以上还是静景，下二句进而写声、写光、写动。“虫音乱阶草”，台阶前的杂草中，蟋蟀群吟，声音高低差次。这虫音既给宁静的夏夜制造了几分闹意，又限于阶草，并不打破那宁静，来得恰到好处，故虽微觉嘈乱，亦复可喜可听。这一句的次序也妙，诗人是先听到“虫音”，其次感到“乱”，最后循声寻到“阶草”——若改成“阶草虫音乱”，诗味便觉平平。“萤花绕庭木”一句又是诗人慧眼所造景，群萤围着庭树飞舞不停，夜色下难以一一细辨，故倒似是亮闪闪的红花在树上绕了一圈。这二句笔致精细之至，为全诗最佳处，“乱”、“绕”二字尤为句中之眼，前者既出声响，又出气氛，后者汇众动于一静，都是最见诗人才华的地方。

“帘月度斜晖，风光起馀馥”二句，再进写时间的推移。不觉之中，诗人已坐了许久许久，随着月儿的渐渐西落，它的清晖也悄悄地斜度过竹帘，照到庭院别处的树和草上去了。夜深了，凉气终于积聚成了小风，那些树和草被风拂过，一晃一晃地抖出点点微光，一阵一阵地浮起春天留下的余香。“一伤年志罢，长嗟逝波速。”那月影的移动，微风的暗起，使一时间身心皆惬、无想无虑的诗人，思绪又动了起来：一个夜晚过去了，无数个夜晚也将这么过去，年龄在不断地长，少年的志向日益淡漠忘却了，念之不免令人伤神；岁月如流，一去不返，又不免令人长为嗟叹。诗以闲愁结束，但这闲愁仍是淡淡的，因而全诗的调子仍是和缓的、平静的，就像一条浅浅地流淌着的小水流，在结束它的流程之际，虽然不免略有变动，但终究不脱小水流的身份。

此诗风格浑成，语句妥帖，虽不能称为杰作，但不失为上乘之作。今之论者，往往訾议齐梁诗人的刻镂。但本诗所写景物均无奇异之处,全靠着诗人的精心雕琢字句,始有令人神往的优美意境产生。如此看来,人力之工,也自有其可观之处。

(沈维藩)

春望古意 萧子范

光景斜汉宫,横梁照采虹。
春情寄柳色,鸟语出梅中。
氛氲门里思,逶迤水上风。
落花徒入户,何解妾床空。

"古意"即拟古诗。本诗题为"春望古意",是拟写了汉朝宫中失意女子——或许是宫女,或者是妃嫔——看见春天时的心境。这种宫怨的情调,就今日看来已不足取,不过,诗中的清词佳句和构思技巧,还是颇有可观之处的。

"光景斜汉宫,横梁照采虹。"诗的开头点明了地点和时间。阳光斜斜地落在汉家皇城的宫殿之上,已是夕阳西下的时分了;刚刚下过一场暴雨,彩虹的光芒,如今正照在宫中的横桥上。暮气沉沉的宫禁,加上傍晚时节的冷落、骤雨初歇后的寂寞,这一切,遂奠定了全诗忧伤的基调。不过,在一个春日即将逝去的时刻,雨过天晴后长虹的绚丽和清亮,还能令被迫虚度春光的宫人们挣扎起心底的最后希望,那虹与桥并肩儿弯着腰,相映成趣,自然也刺激了谙尽孤独滋味的宫人们生起成双成对的憧憬。于是,她们情不自禁地忘却了积年的哀愁,抬起了、睁大了希冀的眼睛。

接下二句,便是她们"春望"的内容。这里是死寂的宫城所遗漏的隙缝,此刻春意正浓、春色正鲜,闪耀着和沉沉宫禁的凝滞气氛极不协调的异彩奇光。"春情寄柳色",那行行柳树被夕雨洗过,枝条都变得青翠欲滴,春天的气息从那里缓缓地散发开来,将宫人们的春心也悄悄逗起了。到底是春天把对人间的情意寄藏在青青柳色里,等待人们去领受?还是宫人们心中积郁得浓浓的春情怨思无处可泄,只有寄托在对青青柳色的恋慕之上?谁也说不清楚,谁也难以辨别。这句着一个"寄"字,含蕴是如此的丰富,竟包孕了天意和人情,当真是绝妙佳构。下句"鸟语出梅中",红梅是红颜的象征,看在眼里,已极能令人动情;梅树丛中传出的间关鸟语,那活泼自如、无拘无束的声音,更令那些动静不得逾矩的宫人们心旌颤摇不停。一个"出"字,看似平直,细品之则极有味。它不仅提示着,宫人们无法去梅林里和小鸟嬉戏,只有听听鸟鸣聊以解渴;而且那鸟儿的声出而形不露，只怕也暗示了宫人们虽然身子被禁锢了，但她们青春的叫唤却要顽强地传送出心胸，让世人知晓、体察、同情！可以想象，那鸟儿叫得越欢，宫人们的心儿就跳得越快！这两句画面清丽、寓意深长，堪称“情景交融”之典范，是全诗最佳处。

“氛氲门里思，逶迤水上风。”氛氲，盛貌。望中的柳色、耳中的鸟语，引出了多少春思、多少哀怨，那深宫的门闱里也快容纳不下了。至于那水面上逶迤起伏、连绵不断的春风，在宫人们的感受中，是预示着春天在自己的眷恋下将悠长无限呢？还是预示着这辜负春光的苦恨日子将绵绵无尽呢？看来只能是后者。因为，也只有后一种含义，才能将诗的结尾，重新拖回起句的忧伤氛围中去——

“落花徒入户，何解妾床空。”看着花儿一片片落下，想着春天终究是要去的，宫人们已经够悲哀了。不料，那落花还要乘着薄暮的轻风，飞到已经满是愁思的门户里。当然，那落花不是不识趣的，它来是为了安慰房中人的寂苦。然而，它哪里知道，房中人悲的是日复一日空床孤眠，愁的是年复一年浪掷青春，它那点殷勤，又怎能解开这个愁结、填补她们心灵上的这段空白呢？一个“徒”字，是指青春女儿的命运已定，落花的慰藉终属徒然？还是指落花零落成泥的命运也正是青春女儿的命运，所以由它来作安慰更是徒劳，反而更添她们的泪水？或许，后一种理解太深了，人们还是不要这么想，不要把她们的命运说得太绝望吧？

这首诗每句字面都极易懂，而每联中都有难以确解之处，这正是本诗的特色：言浅而意深。此外，诗的布局也很精巧，前六句只是写景，仅第五句“思”字略透消息，宫怨的主题要到最后“床空”才点出，而读者也只是到了此时才恍然大悟到前面句中的深意。极平常的主题，因为有了不平常的构思，便有回味无穷之趣。这些，再加上对仗的整饬、音节的稳重感，一首拟作写到这等地步，确实也难能可贵了。

（沈维藩）

【作者小传】

庾肩吾

(487—553?)　字子慎，梁南阳新野(今属河南)人。庾信父。初为晋安王萧纲(即梁简文帝)幕府官，随之于各州。及纲为太子，任东宫通事舍人，累迁太子率更令、中庶子。纲即位，任度支尚书。后出奔江陵投萧绎(即梁元帝)，未几卒。事迹附见《梁书》卷四九《庾於陵传》及《南史》卷五〇《庾易传》后。肩吾久任萧纲属官，为梁宫体诗代表人物之一。又著有《书品》，有集十卷，已佚，明人辑有《庾度支集》，《先秦汉魏晋南北朝诗》辑得其诗及断句一百一首。

寻周处士弘让　　庾肩吾

试逐赤松游，披林对一丘。
梨红大谷晚，桂白小山秋。
石镜菱花发，桐门琴曲遒。
泉飞疑度雨，云积似重楼。
王孙若不去，山中定可留。

汉代淮南小山有一篇《招隐士》，把隐士住地写得山深林密，怪石嶙峋，猿狖长啸，虎豹狂嗥，一派阴森可怖，令人毛骨悚然的景象。其结论是："王孙兮归来，山中兮不可以久留！"庾肩吾此诗则大异其趣，他写入山寻隐士时的所见所闻，真是赏心悦目，令人神往。结论当然与淮南小山相反："王孙若不去，山中定可留。"究其实质，此诗可说是一曲隐士生活的赞歌。唐代诗人丘为的五言古诗名篇《寻西山隐者不遇》，其意境其手法与此异曲同工，似脱胎于此。

周弘让始仕于梁代，不得志，遂隐居于句容之茅山，朝廷屡下诏书，他"频征不出"，乐在林泉。庾肩吾与他交好，经常入山找他闲聊。不过处士生涯放浪形骸之外，并不好找。正如庾肩吾另一首《赠周处士诗》所说："九丹开石室，三径没荒林。仙人翻可见，隐士更难寻。"

此诗的重点在写景，以景衬人，以景传情。开头两句是寻，中间六句是观，结尾两句是感。结构框架清晰。

起句点题，既赞誉周处士，也表明自己对隐士生涯的向往。这是全诗的思想基础和愉悦基调，发端即已笼盖全篇。"赤松"即"赤松子"，我国古代著名仙家。汉代张良功成后，不贪恋禄位，请求急流勇退，"愿弃人间事，欲从赤松子游耳"（《史记·留侯世家》）。诗即用此典，以"赤松"喻周处士，以张良为自己效法对象。庾肩吾仕途颇得意，并不真想退隐，故曰"试逐"。此句把两人在朝在野的关系表现得巧妙而贴切。次句的"披"字语意丰富生动。令人想见树林之茂密，山路之邃曲，披寻之艰难。而"披"之后"对一丘"，即望见了处士结庵隐居的小山峰，心情为之一畅。不辞攀缘跋涉，目的就是为找人，现已近在咫尺，欣慰与歇口气之情在"对"字中传出，也为以下六句写景作总的领起，可视为诗眼。

"梨红"两句是全景。满山谷成熟的梨子黄里透红，清甜诱人；山坡上桂树缀满洁白小花，浓香四溢。这是金秋季节。红白相间，色彩斑斓，果实累累，馨香洁白，此景中难道不隐含对处士人品的物化赞美么？两句都用典，很活很淡，乍看不着痕迹。“大谷梨”是梨中珍品，潘岳《闲居赋》：“张公大谷之梨。”刘良注：“洛阳有张公居大谷，有夏梨，海内唯此一树。”“小山桂”，当指淮南小山《招隐士》中屡次提到“攀援桂枝兮聊淹留”的桂。此梨，此桂，都与闲居、隐居有关，此借其字面而化用，颇具匠心。这两句的语序大有讲究，正常次序当为“大谷梨晚红，小山桂秋白”，太平铺直叙无诗意。为突出所咏花果及其色彩，将“梨红”“桂白”巧妙前置，使句法更曲折有致，更有艺术美。它对后世创作很有影响。杜甫《秋兴八首》其八的名联“香稻啄馀鹦鹉粒，碧梧栖老凤凰枝”，也妙在语序之颠倒而情致更曲折，与“梨红”一联有某种继承关系。

“石镜”两句收缩景观，是特写，实中有虚。“石镜”，指山石明净平圆似镜，如《浔阳记》云：“石镜在(庐)山东，有一团石悬崖，明净照人。”“菱花”，此形容石镜。古代铜镜六角形似菱花，或镜背刻有菱花，称菱花镜。这句说处士庵畔有石镜一枚，遥望如菱花盛开。“桐门”，以桐木作门或植桐于门。桐与琴关系密切。桓谭《新论》记神农氏“始削桐为琴”。《搜神记》载蔡邕见吴人烧桐作炊，闻爆声知其良材，即灭火求取，“削以为琴，有殊声焉”，而琴尾已烧焦，故名焦尾琴，尤为著名。“琴曲遒”，即由“桐门”联想生发。微风吹过，仿佛隐隐听到遒劲的桐琴声。它与“菱花发”一样，系出于想象，用以衬托周处士的明洁与高雅情操。

“石镜”两句是俯瞰，“泉飞”两句则是仰望。“疑度雨”，体物入微，写出了飞泉的质感。此句颇有郦道元《水经注·三峡》“悬泉瀑布，飞漱其间”的意境。“云积”句状山头白云缭绕，有似重楼迭阁，秀丽奇幻，如临仙境。白云也是隐士生活的一种象征，陶渊明《归去来兮辞》有“云无心以出岫”之喻。陶弘景《诏问山中何所有赋诗以答》更饶有情趣：“山中何所有？岭上多白云。只可自怡悦，不堪持寄君。”名利场上的角逐者是难以领略白云之趣的。

以上六句写景虚实结合，高下错落，动静相间，声色相喧，交织成一片多姿多彩的秀美画面。从描摹环境美入手，令人憬悟到隐士的生活美与人品美。周处士的形象虽未直接显现，但景中的情韵，已勾画了其人的风采情貌，也反映了诗人的景仰之情。景以传情，洵非虚语。

有了以上情景的铺垫，篇末的“王孙若不去，山中定可留”的感想，就像水到渠成，瓜熟蒂落一样令人信服。结尾两句意在画龙点睛，目的当然是达到了，但直白的议论缺乏含蓄与形象，究竟不能算上乘。王维《山居秋暝》的结联为：“随意春芳歇，王孙自可留。”意蕴相同，但多了一点含蓄与形象，自是稍胜一筹。

（曹光甫）

乱后行经吴御亭　庾肩吾

御亭一回望，风尘千里昏。青袍异春草，白马即吴门。獯戎鲠伊洛，杂种乱轘辕。辇道同关塞，王城似太原。休明鼎尚重，①秉礼国犹存。殷牖爻虽赜，②尧城吏转尊。③泣血悲东走，横戈念北奔。方凭七庙略，④誓雪五陵冤。⑤人事今如此，天道共谁论？

〔注〕 ① 休明鼎尚重：《左传·宣公三年》楚庄王问周九鼎的轻重，王孙满对曰："德之休明，(鼎)虽小，重也。"本句意谓梁德尚休明，故国鼎仍重而不可移。休，美好。 ② 殷牖爻虽赜：牖，指羑里(牖与羑通)。周文王被殷纣囚于羑里，演《周易》。爻，《易》卦的符号。赜：玄深。 ③ 尧城吏转尊：相传尧德衰，被舜所囚。尧城，尧被囚之所。吏，谓狱吏。西汉周勃曾率兵百万，后下狱，为狱吏所欺，出叹往日不知狱吏之尊贵。吏转尊，指梁武帝被囚。转，变。④ 七庙：古者天子七庙，祀太祖及三昭三穆。此指梁朝祖庙。 ⑤ 五陵：西汉前期五位皇帝的陵墓，此指梁的祖陵。

庾肩吾在侯景之乱平息前就去世了，诗题中的"乱"，是指侯景叛军于梁武帝太清三年(549)三月攻陷建康、囚武帝，并"破掠吴中，多自调发，逼掠女子，毒虐百姓"(《梁书·侯景传》)之事。肩吾时为太子萧纲东宫官，该年六月侯景立萧纲为帝后，又任度支尚书，直到次年七月才因奉使外出，乘间逃脱了侯景的控制。本诗题为"乱后"，应作于这一期间。御亭，三国吴大帝孙权所建，在晋陵(今江苏常州)。肩吾何以能够以朝官身份到此，今已不可查考。本诗反映了诗人对侯景叛军肆害江南的愤恨和对于恢复旧业的思考，颇具历史价值。

"御亭一回望，风尘千里昏。"诗人途经御亭，行色匆匆之间，蓦然想到当年孙仲谋虎踞江东，与一世奸雄曹操相抗衡，那英姿雄威，何等的令人神往。再看如今，长江天堑已被侯景叛军逾越，金陵王气已被膻腥气味污染，这回头一望建康，又怎能不满目苍凉？眼前便是一片平畴，又怎能不幻作狂风大作、尘埃弥天？诗一开首，诗人大笔一扫，便腾起千里风尘、万重阴霾、无限昏暗，一派不堪回首的悲惨气氛，顿然笼罩住了全诗。其笔力之强，真令人难以相信作者原来是位惯作宫体诗的风流文士。"青袍异春草，白马即吴门。"自此以下六句，诗人在风尘滚涌的背景下展开了自己的痛苦回忆。《梁书·侯景传》上称侯景"披青袍"、"乘白马"，这青袍可不像碧绿春草那么可爱、那么生机盎然，它那惨冷的色调只预示着杀气的骤降，那白马也不是什么吉祥之物，它后面正跟着无数血盆大口的虎狼呢！吴门原是吴(今江苏苏州)的别称，这里实指江南吴地，这可是富庶之地、文物之乡哪！“獯戎鲠伊洛，杂种乱轘辕”，可恨那些北来的胡兵，他们便像古时的獯鬻（匈奴），他们都是种族杂乱的禽兽；就像戎人闯进古都洛阳边上的伊、洛二水、占据轘辕险关一样，这帮胡贼也为害作乱于建康京畿，锦绣山河，痛遭蹂躏！“辇道同关塞，王城似太原。”建康，它便如东周的王城一般，是华夏文明的象征，如今却成了“薄伐玁狁（匈奴），至于太原”（《诗·小雅·六月》）中的太原——成了胡人的聚居地，一片番笛羌管，令人不堪卒听！那辇道，原是皇家巡幸的专用之路，如今也像边关一般，茫茫地只见到胡兵在蠕动。总而言之、慨乎言之，煌煌京师帝里，泱泱衣冠之邦，一朝成了犬羊盘踞之地，怎能不令诗人气结难言！至此，首句的惨淡气氛，已发展到令人窒息、令人绝望的地步。但国家就此完结、种族就此沦丧了吗？不然——

“休明鼎尚重，秉礼国犹存。”想到梁的国祚还未中斩，朝廷的礼乐还有人主持，诗人的心绪，慢慢摆脱了痛苦回忆，盘算起现实的希望来了。当然，“殷牖爻虽赜，尧城吏转尊”，梁武帝还被软禁着，他圣上徒有千般神算，却不免要受鼠辈欺凌。但是，“泣血悲东走，横戈念北奔”，当今西方有皇上诸子湘东王萧绎、邵陵王萧纶，南方有萧纲之子临成公萧大连，或雄踞上游，或拥兵吴会。京师的沦陷，想他们必定或悲泣至于双目流血，便欲东下驱除狂虏；或激愤至于横戈跃马，即将北上讨贼勤王！如是这样，拯民于水火，救主于危困，还是大有指望的。诗人心头一乐观，“方凭七庙略，誓雪五陵冤”二句，脱口而出。方，将要。诗人似乎已经看见了，那勤王大军正在誓师，要凭着祖宗的威灵，一举荡平贼氛、湔洗皇陵上的犬羊气息，中兴我大梁国运、重振我大梁国威——光明前景，顷刻间已在眼前；然而，它会变成现实吗？不然——

“人事今如此，天道共谁论？”经历了悲观与乐观的心理过程，诗人在诗的最后二句中，又陷入了深沉的思考：如今的“人事”，是外有志在复兴的强藩，内有盼为内应的孤臣，如诗人自己，似乎有盼头；但如今的天意如何，那可是谁也说不准，也不知道找谁去说的。幻想只能沉醉一时，终究还要回到现实：北寇的凶悍强暴、南人的孱弱无力，诗人近日业已目睹；武帝末年的政治荒唐、诸王之间的明争暗斗，诗人更是早已了然。上面几句强声壮语，固是不可不说的，为人臣者这么说，也算是尽了“人事”。然而大梁的气数，终究不是几句大话能挽回的吧？诗人不敢再说下去，只能把这一切归之于渺茫难求的“天道”。他的心思，才钻出战乱的风尘弥漫，又被前程的茫茫迷雾给吞没了……

这首诗写得一波三折，将一个国家破碎之际的诗人的心理表现得迂回曲折、淋漓尽致。他有理想的一面，即痛恨叛军的暴虐，切盼国运的中兴；又有现实的一面，即暗觉敌盛我衰，中兴实在难期。痛恨是喷吐而出，切盼是大声疾呼，而现实则是不忍言而不能不言，不能不言却又不忍显言。这恐怕不是他一个人的想法，大概也是一时人们的共同心事吧？因此，本诗虽属政治抒情诗，却具有史诗的特质——它反映了一个剧变的时代！

肩吾是宫体名家，本诗通篇对仗，处处用典，观其对仗时的字斟句酌，如不用"羑里"之"羑"而偏用其通假字"牖"，使其字面含义（窗）与"尧城"之"城"得以相对：这种良工苦心和小巧技艺，宛然还是宫体的遗风。但是，由于诗中有强烈的时代气息与现实内容，又有诗人既激愤、又沉郁的感情起伏，因而读来但觉词意慷慨、格调苍凉，全无纤弱之感；在此，宫体的技巧不是消失了，而是随着诗意诘曲，既巧妙地为诗意服务，又不显扬自己的地位。由此看来，"宫体"这一名称，绝不是什么恶谥，即本诗来看，若无这些漂亮的对仗、整饬的句式，而徒有狂呼乱喊，那还成得了诗吗？读书士子处承平之世，则下笔但见技法，内容不免贫乏，但决不能以此非议技法本身，老杜当天宝盛世，也曾献《三大礼赋》，人又安能非议其"读书破万卷"？一旦风云有变，则其笔下自有充实内容，老杜是如此，肩吾乃郎庾信亦是如此。肩吾去世惜早，不然，谁又能保证像本诗这样的内容、形式皆称上乘的作品，于他只是绝无仅有？（沈维藩）

奉和春夜应令　　庾肩吾

春牖对芳洲，珠帘新上钩。烧香知夜漏，刻烛验更筹。天禽下北阁，织女入西楼。月皎疑非夜，林疏似更秋。水光悬荡壁，山翠下添流。讵假西园讌，无劳飞盖游。

与太子唱和的诗称为"应令"。就此诗题看，首先是萧统（昭明太子）作了一首《春夜》，然后萧纲和了一首《春夜应令》，而作为萧纲老师兼臣僚的庾肩吾再与萧纲唱和：故诗题为《奉和春夜应令》。庾肩吾是宫体诗的代表人物之一，但他的诗风较为老练，个别句子甚至称得上雄健有力。即使是典型的宫体题材作品，他的写景状物也不过分流于绮艳，没有那么浓厚的脂粉气。这首诗，就是一例。

本诗如题，描写春夜的动人景色。首先假借一位虚拟的女主人公开篇，"春牖对芳洲，珠帘新上钩。"尽管不能游春赏景，但春光是那么的诱人，而她的窗户又正对着芳草萋萋的水间小洲，于是这静处深闺的丽人，也禁不住春色的撩拨，皓腕轻举，将珠帘搭上帘钩，凭牖凝睇——下文无限景致，由此勾起。宫体诗写景好像欣赏画卷，开篇总要挑一个立足点，和唐诗相比，这也许可以算南朝人的技巧还不太成熟吧。不过，这里丽人和春景相互映衬，倒也能增添诗的柔美情致，与全诗的情调并无不协。

“烧香知夜漏，刻烛验更筹。”上二句点“春”，这二句点“夜”，暗透时光的流逝：侍儿燃起炉中檀香，丽人这才从久久凝目中回过神来——漏壶的浮针，告诉她已是夜分了。夜又渐渐深了，随着一阵阵打更的竹签的敲击声，闺房中蜡烛身上刻的印痕，也一节节溶去了。这二句对仗工整，香烛氤氲，仍体现出诗的轻曼格调；“知”、“验”二字，又暗点出丽人深心：漏声滴滴、更声阵阵，渲染出清夜的气氛，遥接下句。这些虽非全诗的重心，但已可见诗人的功力。

“天禽下北阁，织女入西楼，”《唐会要》云：“《黄帝九宫经》：天符星为天禽。”这二句说天禽星和织女星在闺房的楼阁上一隐一现，仍是承上二句点出时间推移；同时，又将场面由室内暗渡到室外，逗出下文。

“月皎疑非夜，林疏似更秋。”丽人的目光由星宿流转到月亮，那月色如水，亮如白昼，令人怀疑夜已悄然而去；再看远方，只见林木稀疏，有若秋天不告而至。这两句都堪称佳句，后一句好像与春夜不符，实际上正是诗人的大胆想象。春天本应是草长莺飞、杂花生树，但在夜中，繁花的姹紫嫣红都失去了鲜明的色彩，月光中远远看去，万树桃李只有枝杆可辨，整个林子也变得疏淡了，仿佛又回到了秋天叶落的时节。唐代张若虚《春江花月夜》有名句：“月照花林皆似霰。”“霰”是小雪珠，此句以冬景写春，与庾肩吾的以秋景写春，正有异曲同工之妙；张若虚写得精细，但庾诗得浑成之致，气象较为阔大。

“水光悬荡壁，山翠下添流。”这二句仍是遥望中所见。月光射到水面，水光又反映到石壁上，那悬在壁上的波光随着水波的起伏而跳荡，夜色朦胧中似是石壁在晃摇。远山上树木葱茏，那翠色似乎要流下山来，使江水更添几分绿意。这二句写春景绮而且奇，甚觉空灵。宫体诗惯于将实体虚化为光影色彩，这里也是用这种手法，把春水、山树，在飞动流荡的虚影中融为一体，令人生春色无限之感。

于是结句感叹“讵假西园讌，无劳飞盖游”。曹植《公讌诗》云：“公子敬爱客，终宴不知疲。清夜游西园，飞盖相追随。”这里反用其意，说今日的良辰美景，胜似曹丕（即“公子”）的西园之宴。这结句以曹氏兄弟比喻萧统、萧纲，十分贴切，也合符“应令”之体。至于篇首的丽人，到这儿就顾不上了——她本来只是一件道具罢了。

清人沈德潜称赞此诗“写景娟秀”（《古诗源》），实非过当。此诗在宫体作品中，应是上乘之作。 （沈玉成）

赠周处士 庾肩吾

九丹开石室，三径没荒林。
仙人翻可见，隐士更难寻。
篱下黄花菊，丘中白雪琴。
方欣松叶酒，自和游山吟。

周处士就是梁陈间的处士周弘让，此刻，他正悠然自得于句容(在今江苏省)茅山之中。庾肩吾的这首赠诗，正为他的隐居生活，作了一幅绝妙的写意画。

诗之开篇先点染隐士所处的山野之景，用的是虚中见实的笔法："九丹开石室，三径没荒林。""九丹"即九转丹，大约相当于太上老君"八卦炉"中所炼的仙丹一类吧，服之可以长生不老。"三径"用了汉人蒋诩的典故：蒋诩隐居后，舍前只开三条小径，除了羊仲、求仲之外，任谁也不交往。前句写仙人在云山石室之中炼丹，用的是虚笔，画面上大约只有云气缭绕的隐隐远山；后句写隐者居于荒林深处，才是画面近处的实景。那通往隐者庐舍的"三径"，竟那样幽荒难辨，眼前只见一片莽莽山林，教人从哪里寻去？正因为这样，诗人不免拄笔而叹："仙人翻(反而)可见，隐士更难寻！""仙人"缥缈无迹，人要不在神思恍惚的幻觉之中，何能一睹仙容？而"隐士"，任他隐得再僻远，人们毕竟还可以找到。所以，这两句写得不合情理。但诗人需要的，正是这种不合情理——它恰恰能给你造成深刻难忘的感觉印象：这位隐士的居处实在幽僻得紧，你想找到他，还不如去找缥缈无迹的仙人，反倒容易些。这表现方法近乎"荒诞"，印象效果却格外鲜明，这就是它的好处。

当你对周处士居处的幽僻有了深刻印象以后，诗人才让你接近这位隐者的茅舍。"篱下黄花菊，丘中白雪琴"——首先映入你眼帘的，是环舍而插的一带斜斜竹篱，篱下栽有丛丛秋菊，正开得一片金黄。菊花与隐者似乎结有不解之缘，东晋隐逸诗人陶渊明，就偏爱于它。据《续晋阳秋》记，"陶潜尝九月九日，出宅边菊丛中，坐久之，满手把菊。王弘送酒至，即便就酌而归"。现在你见到的，正是这样一丛菊花，令你不禁悠悠想起陶渊明那"采菊东篱下，悠然见南山"的情景。但此刻却不见采菊之人，唯有菊花吐放着幽幽芳香。正当你为此而生出一种菊在人去的怅惘之感时，忽然又传来一阵悠扬清越的铮铮琴音，正如左思《招隐诗》所咏"丘中有鸣琴"那样。不过这琴曲之高妙，绝非世俗可比，想必是宋玉当年所称道的"国中和者不过数十人"的《阳春》、《白雪》吧？但奏琴者又在哪里呢？这就是诗人笔下的隐者幽居之境。诗中化用典故，勾起你对历史上的隐士雅人的悠邈怀想，并与现实交融一片，造成了一个似幻而真的迷离之境。在句面上，诗人又以“白雪”映照“黄花”，更为这境界增添了一重幽清明洁之色。

只是到了这时候，诗人才在画面上，为你勾勒那隐者高逸超脱的形象：“方欣松叶酒，自和游山吟。”但就诗境的展开说，你之得以见识这位隐者，原是被那“丘中白雪琴”吸引去的。在你寻声而踏径拾级之间，偶尔抬头，便发现不远的山坡上，正有你苦苦寻访的隐者在——他青鬓酡颜，洒脱不拘，正带着刚刚酌饮松叶酒（据《本草》，松叶可为酒，能治疾病）的欣然之态，披衣抚琴于松风之下。一边抚琴，一边又朗声高吟起自作的《游山吟》相和。完全是一副旁若无人的“得意忘形”之状，不知道旁边已呆呆伫候着远道而来的不速之客。诗人收笔之处，一幅隐者鸣琴山林的写意画，也就带着犹还淋漓的水墨完卷了。全诗对仗工整，却又自然天成，化用典故而不失清幽之致。诗人很讲究色彩的配合，既淡雅而又在若有若无之间。隐者的形象，虽然直到篇末才现，其身影却似乎又早已隐约于荒径、篱菊、琴音之中。

作为一位宫廷诗人，庾肩吾作诗清丽纤巧，“声色嗅味俱备”，虽亦可入“诗之佳者”之列（见陆时雍《诗镜总论》），但在境界的开阔、情感的深沉上，远不能与那“凌云健笔意纵横”的儿子庾信相比。不过在抒写这类清景幽情方面，他毕竟还是得心应手的，也具有很高的表现技巧，故能造出“梨红大谷晚，桂白小山秋”、“遥天如接岸，远帆似凌空”等独具风神的境界。梁元帝称庾肩吾“气识淹通，风神闲逸”（《中书令庾肩吾墓志》），就这首诗看，确也当得。

最后再说几句不免有点煞风景的话。周弘让，《南史》称他“性简素，博学多通。始仕不得志，隐于句容之茅山，频征不出”。与此诗所咏的超脱高雅相合。但在侯景之乱中，他却出为侯景朝之中书侍郎（后来官至国子祭酒，封仁威将军）。这里面虽有受胁迫的成分（故时人似乎还谅解他，大诗人庾信、王褒在有关诗文中，也仍然称之为“处士”），但毕竟是个难以洗却的污点。周弘让最终“获讥于代（世）”，这真使我们为庾肩吾惨淡经营的清词佳句感到可惜了。（潘啸龙）

奉使江州舟中七夕　　庾肩吾

九江逢七夕，初弦值早秋。
天河来映水，织女欲攀舟。
汉使俱为客，星槎共逐流。
莫言相送浦，不及穿针楼。

牛郎织女故事，大概起于汉代。把它织进诗中，古诗十九首的“迢迢牵牛星”可能是最早的了。嗣后南朝文人秀士吟咏不绝，蔚然成风。庾肩吾这首看来，不全是风气所扇，倒颇有些真情实感。

作者外出公差，奉使江州，在旅程的船上遇到七夕节，美丽的神话传说和思家之情一起渡入诗中。起首两句各呈句内对，又复相对，虽无多用意，仅破题点明时、地，但铸句还有特色。“早秋”说明是七月。“初弦”即上弦月，农历每月初七、八，月上缺其半，称上弦，故“初弦”犹言初七。这句实际上只重复了上句的“逢七夕”。两句是说，每年一度的七夕是天上牛女“欢聚双情款”（刘骏）的好日子，世间的夫妻也都团圆相逢，可是在这个欢聚情洽的节日夜晚，自己却是身在旅途“九江逢七夕”，很有些遗憾意味。

公事役使，泊舟江浦。夜空静静，两岸漠漠，颇为枯寞。倒是夜江还有留人意处。“天河来映水”，这晚间江面景致，尚还可以排遣旅途寂闷。那横亘的银河，在七夕晚上似乎格外璀璨耀眼，静静地倒映在江面上，水中群星闪烁，历历可见。诗人不说织女星也可以在水中看得清楚，而说“织女欲攀舟”，生新隽永。夜风阵阵，微波漾起，江波映带星影起伏晃动，一下一下撞击泊船，水中的织女星一次又一次靠近船边，所以泊舟者的视觉和心里就出现了“欲攀”感，好像她要抓着船舷，欲上舟中，要和诗人相会。这两句写夜江实景，衬托出节日气氛，其间也渗入诗人温馨而撩拨的情思。张华《博物志》载，据旧说天河与海相通，有人居海渚者，年年八月有浮槎去来不失期。人赍粮乘槎而去，十余日至天河，见楼殿俨然，遥望宫中多织妇。这两句暗用此典，说自己静夜行舟，看见星河倒映，晃然好像神话传说那样，到了天河，见到了织女。

“汉使俱为客，星槎共逐流。”据《荆楚岁时记》云，汉武帝令张骞穷河源，乘槎经月，至天河。这切合此二句，是说自己奉使江州，和传说中的张骞一样，都是被皇家所派遣，俱为出使身份，漂摇江上，就像行舟天河。谓舟为“槎”（chā，竹、木筏。），也是为了合典。夜江空阔，江面茫茫，又是节日之夜，自有异于常日之感。

“天河”两句描摹夜景，写来如画，富有机趣心致；“汉使”二句用笔举重若轻，借典言事，事中传景。皆能以简驭繁，把夜江的观感、神话的传说，奉命出使、节日的喜庆都一齐融进诗中，语言清淡而又极其自然，情致丰富而又意味昭晰。

古代七夕节，还有穿针乞巧的活动，相传始自汉代宫中。此日宫女登开襟楼，穿七子针。到了南朝，齐武帝起层城关，七夕宫女登之穿针，称穿针楼。大概从梁以后，这种妇女活动由宫中波及民间，极为流行，于是七夕几乎成了古代的“妇女节”，七夕穿针诗也随之风靡一时，这从梁人的七夕诗可见。这首诗的“穿针楼”，当非指宫楼，而是对民间乞巧活动的泛咏。末尾两句是说，这次奉命出使，整日舟楫奔波，连节日也不能与家人相聚。不能不说是一件憾事，但诗人恍觉有织女为伴，又飘飘然有乘槎上天之感，所以反而觉得旅途的“相送浦”倒能领略大自然所赐予的一种难得体味，心中的快意似乎要胜于与家人共守的“穿针楼”了，因而思家之情就化得淡薄多了，内心宁静而熨帖，故有“莫言”、“不及”之语。

此诗“星槎”句，一笔双挽，构思取象与他的“雁与云俱阵，沙将蓬共惊”（《经陈思王墓》）仿佛。陆时雍《诗镜总论》称后者为“唐人无此追琢”，“得意象先，神行语外，非区区模仿推敲之可得者”。以此移评“星槎”句，也很恰当。（魏耕原）

咏长信宫中草 庾肩吾

委翠似知节，含芳如有情。

全由履迹少，并欲上阶生。

这是一首咏物诗，也是一首宫怨诗。汉成帝的妃子班婕妤德容兼备，初时颇得宠幸，但成帝后来移情于另一淫而妒的妃子赵飞燕，班婕妤被迫离开皇帝，自请迁往长信宫，与太后同住，在那里度过了寂寞而凄凉的岁月。班婕妤的遭遇在宫廷妇女当中具有代表性，因而成为历代诗人反复歌咏的一个题材。但本诗的构思却非同凡响。诗人不是泛泛地歌咏其事，而是抓住长信宫中草这一小小的景物，即小见大，即物见人，在这一习见的题材上翻出令人难忘的新意。

“委翠似知节，含芳如有情。”深秋季节，当班婕妤在长信宫庭院中漫步之时，她看见本来的满院青草现在都已色衰翠减，一片枯黄。这些草儿仿佛知道节令似的，当秋风渐紧、严霜频降之时，便收敛了它的翠色。但阵风吹过，枯草丛中飘来阵阵余香，似乎这些微小的生物，并不甘心自己青春的消殒，还希望有情之人来亲近自己的芳泽。这两句运用了拟人手法，带有强烈的主观感情色彩，是一种移情之笔。小草“知节”而“委翠”，与班婕妤见成帝宠爱赵飞燕而自请迁长信宫以避祸，不是很相像吗？小草虽枯萎却仍“含芳如有情”，与班婕妤的气质高洁，和她虽备受冷落仍不忘对成帝的一片旧情，不也颇为相似吗？当人们咏读这些诗句，对小草致以深切同情的时候，便自然而然会对导致小草凋零的恶劣气候产生憎恶之感。晋人曹摅《思友人诗》云：“严霜凋翠草，寒风振纤枯。”严霜、寒风扼杀了小草的生意，而专制帝王的喜新厌旧、纵情色欲，使班婕妤这类宫廷女子的青春与生命过早凋零，不也像风霜一般的严酷逼人吗？不过，小草虽“委翠”却仍

"有情",因为宫廷中的女子,除了期待皇帝的恩眷,别无出路;从诗人来说,则是遵循了"怨而不怒、哀而不伤"的诗教。

正因为"有情",所以班婕妤对成帝虽心怀怨尤,却仍然没有绝望。据《汉书·外戚传》,班婕妤在长信宫中曾作赋自悼,中有:"潜玄宫兮幽以清,应门闭兮禁闼扃。华殿尘兮玉阶落(苔),中庭萋兮绿草生。……神眇眇兮密靓(静)处,君不御兮谁为荣?俯视兮丹墀,思君兮履綦。仰视兮云屋,双涕兮横流。"[丹墀(chí):古代宫殿前的石阶,漆为红色。綦(qí):履下之饰。]因为不忘旧情,所以每日俯视殿前石阶,希望看到成帝的履迹。本诗的后二句,应当是从这里化生出来的:履迹日日如此稀少,以致中庭的草儿蔓延生长,简直要向石阶延伸过来了。这无声地生长着的小草,正是含有无穷哀怨的班婕妤的象征。在这里,诗人不着一个怨字,而巧妙地给无感情的小草赋予感情,使女主人公的满腔愁怨,表现得更为深婉,从而也更能令读者为之低回感叹、黯然神伤。

钱锺书先生在《管锥编》中曾经谈到过比喻之多边。以这首小诗而论,前二句以草比喻女子气质之高洁及命运之不幸,后二句则隐以草比女子无尽之愁思。虽同为长信宫中之草,但前后喻意所指不同。这就使得这首短短的小诗,也包含了相当丰富而耐人寻味的寓意。

(赵山林)

【作者小传】

王 规

(488—536) 字威明,梁琅邪临沂(今属山东)人。王俭孙。初任秘书郎,累迁秘书丞,出为南徐州刺史晋安王萧纲(即梁简文帝)谘议参军,久之,出为新安太守。丁父艰,袭爵南昌县侯,任中书黄门侍郎,侍东宫。进侍中,迁五兵尚书,出为吴郡太守,征回为左民尚书,以疾筑室钟山而居。事迹具《梁书》卷四一本传,又附见《南史》卷二二《王昙首传》后。有《续汉书》注二百卷、集二十卷,已佚。《艺文类聚》存其诗二首。

大言应令　　王 规

俯身望日入,下视见星罗。

嘘八风而为气,吹四海而扬波。

细 言 应 令

针锋於焉止息，发杪可以翱翔。

蚊眉深而易阻，蚁目旷而难航。

此《大言应令》、《细言应令》二诗是王规当黄门侍郎陪侍东宫时所作。先是太子萧统作《大言》、《细言》二诗，然后殷钧、王规、王锡、张缵、沈约等奉命继作，故均称应令诗。

“大言”一词在古代通常可解释为重要的言论或夸张的言论。《礼记》：“事君，大言入则望大利，小言入则望小利。”此大言指重要的言谈谋策，小言则反之。《史记·高祖纪》：“刘季固多大言。”此大言指夸张的言谈，从这意义讲没有相对应的“小言”或“细言”，因为夸张的言谈的反义为不夸张，为实事求是，假若故意缩小则也是夸张。因此这两首《大言》、《细言》的诗题不能按通常的解释，而应当理解为“赋大”、“赋小”，也即“极言其大”、“极言其小”，以极度夸张的手法来描写极大或极小。以此为题来作赋作诗，源于战国时的楚国。宋玉有《大言赋》、《小言赋》，赋中记载楚襄王曾与唐勒、景差、宋玉等游于阳云之台，命诸人为大言、小言之赋。诸人所赋一般均为四句，然亦有二三句或多至十二句者，句式则或为四言，或为骚体。王规此二首是奉萧统之命而作，萧统为梁武帝太子，好文学，在东宫时闲居多暇，故亦效楚襄王故事，命诸侍臣赋大言、细言诗。诸人所作在形式上均受宋玉赋的影响，一般为四句，且杂用骚体。

以“大言”、“细言”为题，其目的既然是极言其大、极言其小，故所作越是夸张，牛皮吹得越大，便越好。宋玉赋大言称：“方地为车，圆天为盖”，便比景差所赋“壮士难兮绝天维”气派大，故得到楚王的赏赐。王规这二首也以极度的夸张取胜。《大言应令》称：“俯身望日入，下视见星罗。”俗话说“顶天立地”，任何事物再大也超不过天地的范围。宋玉说以地为车、以天为盖即是如此。然王规这两句想象奇特，却超越了人们的常识。在此庞然大物的眼中，日月星辰，俱在其下，须俯视而见，其嘘气则成八方之风，扬四海之波。事物的大小有待于相比较而显现，故赋大言总是把人们客观承认的极大之物看作极小，而赋小言则把客观承认的极小之物看作极大。王规《细言应令》列举针锋、发杪、蚊眉、蚁目四项极小之物，同时把此四项描写成极大。末二句尤富想象：“蚊眉深而易阻，蚁目旷而难航。”蚊之眉，其小可知，然而在此极小之物看来，竟如高山险谷一般，难以跨越；蚁之目，实不会比针尖大，竟也成了大海一般，茫茫无际，使之望洋兴叹。

“大言”、“细言”之咏,大都为宫廷间闲暇无事的游戏之作,当然谈不上什么思想意义。然“精骛八极,心游万仞”,却也可看出作者丰富的想象与刻画的文字技巧。此外,这些诗也反映了当时人们对宏观世界与微观世界的认识。

(刘明今)

【作者小传】

萧子显

(488?—537) 字景阳,梁南兰陵(今江苏武进)人。南齐宗室,萧子范弟。南齐时,例拜给事中,封宁都县侯。梁立,降为子爵。历官中书郎、守宗正卿、临川内史、黄门郎、国子祭酒、侍中、吏部尚书,出任吴兴太守,未几卒。事迹附见《梁书》卷三五《萧子恪传》及《南史》卷四二《萧嶷传》后。有集二十卷,其他著述一百三十五卷,已佚。又著有《南齐书》六十卷传世,为二十四史之一。《先秦汉魏晋南北朝诗》辑得其诗十八首。

春别四首(其四) 萧子显

衔悲揽涕别心知,桃花李花任风吹。
本知人心不似树,何意人别似花离。

这首诗写春天别离之苦,本是很熟的一个题目。诗人写来情意缠绵,哀婉动人。

“衔悲揽涕别心知,桃花李花任风吹。”“衔悲揽涕”,正面描写别离时情景,而且全诗正面描写别离也就这四个字。“别心知”,伸足并点明“衔悲揽涕”的意思。这一句的作用在于为后面定一个悱恻哀婉的基本音调。接着以桃花李花作比,一是由于桃花李花于风中无言下落与离人洒泪相别在情调上颇有相通,一是由于桃花李花盛开飘落在春天,正能体现“春别”的含义。“任风吹”,无可奈何的意思,实际也是离人无可奈何的一声叹息。

“本知人心不似树,何意人别似花离。”“本知”句折一笔写来:原本知道人心不像树那样无情,能将落花永远的抛弃。也就是说在内心深处,诗人及其友人实际都不会忘记对方,而会永远眷念对方。“何意”句再转回来:虽然内心永不会忘却,但眼前的别离却真的将如花之离树一般,再无相见之期,这又是如何能意料到的!这一折一回还真有点“痴”的味道,由前面的无可奈何到此时已悲凉之至，将别离之情推向高潮，并给人以欷歔难忍、怅然有失的感觉。这二句称得上是委曲诉衷肠，又不见刻意经营的痕迹，堪称佳句。这二句对后世“无可奈何花落去”、“流水落花春去也”这类名句，也未始没有启发作用。

全诗七言四句，虽不讲偶对，但也是绝句的作法。元人杨载《诗法家数》说：“绝句之法，要婉曲回环，删芜就简，句绝而意不绝。”这首诗庶几当之。

（钱　钢）

【作者小传】

萧子云

（488—549）　字景乔，梁南兰陵（今江苏武进）人。南齐宗室，萧子显弟。南齐时，封新浦县侯。梁立，降为子爵。年二十六，撰成《晋史》。累迁太府卿，出任临川内史，为吏民所悦。还任侍中、国子祭酒，又出任东阳太守。复入为宗正卿、侍中、国子祭酒。侯景之乱起，逃亡民间。及景攻陷建康台城，乃奔晋陵（今江苏常州市），以饥卒。事迹附见《梁书》卷三五《萧子恪传》及《南史》卷四二《萧嶷传》后。有集十九卷，已佚。《先秦汉魏晋南北朝诗》辑得其诗六首。

落日郡西斋望海山　　萧子云

渔舟暮出浦，汉女采莲归。
夕云向山合，水鸟望田飞。
蝉鸣早秋至，蕙草无芳菲。
故隐天山北，梦想日依依。

此诗当是大同七年（541）作者出为东阳太守后作。题中“海山”泛指远离京都而近海滨的地区，检子云仕历，只东阳之任较为切合。

诗写傍晚西望所见。先是江湖：“渔舟暮出浦，汉女采莲归。”渔人傍晚时出湖打鱼，采莲女这时正在归来。这是湖畔人家常从事的劳作，但在诗人看来是很动人而富于意兴的，“渔舟唱晚”，“江南可采莲”那种情景当在诗人目接心想之间。而“采莲”又往往寓含寻欢求爱之意，句中的“汉女”就是出自《诗经·汉广》：“汉有游女，不可求思。”看着这些采莲而归的女子，诗人是会生发许多美丽的想象的。再是山田：“夕云向山合，水鸟望田飞。”傍晚时的云彩往往显得比日中活跃，这时正聚集着，将要遮住山头了。这“合”字用得好，叫人觉着新奇。这时水鸟还向田里飞去，是去觅食？还是寻找栖息地？而夕阳下的鸟影是引人注目的，后来王维诗句“彩翠时分明”（《木兰柴》）就是写这情形的。后是草虫：“蝉鸣早秋至，蕙草无芳菲。”蝉鸣自是听来，但也可包括在广义的“望”中。蝉鸣表示早秋节令来了，香花香草将不芬芳了。时序之变叫作者为之心惊。最后两句写伫望中的感触：“故隐天山北，梦想日依依。”“故隐”，旧隐。“天山”，这里当指钟山，因在京都故云。按子云故乡在兰陵（今江苏常州），《梁书》本传谓其“不乐仕进，三十方出仕”，是旧隐当在故乡。但子云出仕后，亦曾退居过，由其诗《东郊望春酬王建安隽晚游》，知其在建康东郊亦有“幽栖”馆舍，此当即“故隐天山北”所指。“梦想日依依”，可见他是常常梦想着旧隐，这次晚眺又一次触动了他的心思。

由“落日郡西斋望海山”起，到梦想旧隐止，其间有个思想萌生、发动的过程，也就是所谓触景生情。他的思归之念是如何被眼前景观触发的呢？大概这么三点：一、看到山水间人物情态、晦明变化、山光水色，会觉得与“故隐”周围的景色仿佛相像，产生了“村桥原树似吾乡”似的联想。二、“暮”常常与“归”联结在一起，这似乎是人们的一种心理定式，诗中的汉女归、夕云合、水鸟飞，会引动相关的联想，兴起归欤之念。三、节序的变化常触动人们的身世之感，引动人们关于人生意义与归宿的思考，“蕙草”伤秋在古诗中多有这样的意蕴。值得注意的是，诗中展现的景观是由远而近、由大而小，表示诗人的注意点逐渐向自身收拢、向内心渗透，由此也可看出其思想活动的线索。

（汤华泉）

春　思　　萧子云

春风荡罗帐，馀花落镜奁。
池荷正卷叶，庭柳覆垂檐。
竹柏君自改，团扇妾方嫌。
谁能怜故素？终为泣新缣！

这首诗题为“春思”，抒写的是春日里的怨情。诗中的女主人公是一位弃妇，春日来临时，她触景伤情，既责备前夫，又暗自为命运悲叹。

前四句描写春景。“春风荡罗帐”，视线由室外引入室内。室内，只有弃妇孤单的一人，其景象或许即如李清照词中所写的情况：“香冷金猊，被翻红浪，起来慵自梳头。”（《凤凰台上忆吹箫》）次句是一个特写镜头：只见梳妆台上日见凋零的瓶花，在春风吹拂下，片片飘落。萎败的春花，空空的罗帐，弃妇房中呈现的是一派清冷萧瑟的景象。接着，她将目光转向室外：远处，“池荷正卷叶”——荷叶已将尖尖角伸向池面；近处，“庭柳覆垂檐”——庭前，绿柳成荫，正垂挂在房檐前。“馀花”、“池荷”、“庭柳”，表明节令已是暮春。春将归去，芳菲渐歇，寡居独处的弃妇心中怎能不倍觉惆怅呢？

后四句即是弃妇在伤感情绪的驱遣下，自诉不幸。她首先想到的是故夫的轻情薄义。“竹柏君自改”，弃妇以第一人称对第二人称的口吻义正词严地谴责故夫：我之遭到遗弃，全是由于你改变了竹柏的忠贞之性。“团扇妾方嫌”，转从自己一面立论，说明自己是不甘于被遗弃的下场的。“团扇”，用东汉班婕妤《怨歌行》的典故：“新裂齐纨素，鲜洁如霜雪；裁为合欢扇，团团似明月。出入君怀袖，动摇微风发。常恐秋节至，凉飙夺炎热。弃捐箧笥中，恩情中道绝。”后世即据此诗以团扇入秋即遭弃捐以喻弃妇的不幸。以上两句对比见意，从妾嫌团扇的对面加以强调，从而挑明了造成悲剧的责任。结尾两句用汉乐府民歌《上山采蘼芜》的典故悲叹自己的不幸命运。《上山采蘼芜》写一个路遇故夫的弃妇，故夫告诉她：“新人工织缣，旧人工织素。织缣日一匹，织素五丈馀。将缣来比素，新人不如故。”这里以“故素”指自己，以“新缣”指故夫另娶的“新人”。弃妇自伤不幸，所以说：谁能哀怜同情我呢？我将终生要为故夫另觅新欢的背弃行为流泪痛苦。

此诗采用的是古典诗歌中习见的先景后情、以景衬情的写法。在表现上形成特色的是两用前代弃妇诗的典故。《怨歌行》与《上山采蘼芜》是两首广为流传的古诗，以之入诗，不仅言简意赅，而且有助于引发联想，增进作品的历史感，增强作品的思想深度。“团扇”、“故素”、“新缣”，虽用字寥寥，却使《春思》诗中的弃妇顺理成章地加入到了文学史上长长的弃妇形象的行列之中，从而使这一形象具有了更为广泛而持久的社会意义与美学价值。　　（陈志明）

【作者小传】

刘孝威

(496？—549)　梁彭城（今江苏徐州市）人。刘绘子，刘孝绰六弟。初为晋安王萧纲（即梁简文帝）法曹参军、主簿，及纲为太子，仕至太子中舍人，兼通事舍人。侯景之乱起，孝威由建康围城内脱出，后病卒于安陆（今属湖北）。事迹附见《梁书》卷四一《刘潜传》及《南史》卷三九《刘勔传》后。有集十卷，已佚，明人辑有《刘庶子集》（孝威曾任太子庶子），《先秦汉魏晋南北朝诗》辑得其诗六十首。

独 不 见 刘孝威

夫婿结缨簪，偏逢汉宠深。中人引卧内，副车游上林。绶染瑯琊草，蝉铸武威金。分家移甲第，留妾住河阴。独寝鸳鸯被，自理凤凰琴。谁怜双玉筯，流面复流襟。

《独不见》乃乐府古题，大抵抒写“思而不见”的室妇之悲(见吴兢《乐府古题要解》)。刘孝威的这首拟作，托为数百年前的汉妇口吻，唱出了一曲哀怨动人的悲歌。

女主人公的丈夫，看来颇有机运。所以，女主人公对自身的悲剧，开始时一无预感。相反，它倒是以丈夫的突然得宠，而带有了令人目眩的喜剧色彩：“夫婿结缨簪，偏逢汉宠深。”“缨”为冠带，“簪”为发簪。夫婿结冠入仕，偏就得到了汉天子的青睐。这在事后思来，虽不免令女主人公懊丧(一个“偏”字，就传达了这一点)；但在当初，大约颇教她又惊又喜了一阵子罢？接着传来了更加令人兴奋的消息：夫婿一经得宠，便如晨星升天，放射出耀眼的光芒。他白天乘坐着嵌金镶银的属车，侍从着天子游览上林苑；夜晚还常由太监(“中人”)导引着，出入天子的寝宫。这就是“中人引卧内，副车游上林”二句所展示的景象。真是意气轩昂、恩宠无已！夫婿的威风还远不止此。他官运亨通，愈做愈大，就是那身打扮，也与众不同——“绶染瑯琊草，蝉铸武威金。”“绶”乃系玉印之丝带，染上瑯琊郡(今山东诸城市一带)的草色，可知当为“绿绶”或“青绶”。据《后汉书·舆服志》记，诸国贵人、相国皆绿绶，“九卿中二千石、二千石，青绶”。那么，这位夫婿所佩官印，已在“相国”、“九卿”之列了。“蝉”指“武冠”之饰物。史载汉之武冠，左插貂尾，前加黄金珰，“附以金蝉”。这样的武冠，唯大将军、侍中、中常侍可戴。而今夫婿之冠，竟有武威(郡名，在今甘肃武威一带)金所铸蝉饰，可见已贵为天子近臣。这两句铺陈夫婿绶带、冠饰之盛，不仅点出其身价之高，而且隐隐传达了一种小人得志的沾沾自喜之态。站在读者眼前的，就是这样一位炙手可热的天子宠臣！

以上六句从女主人公的追述中，表现夫婿得宠的情景。诗中运用铺陈手法，将夫婿的显贵，渲染得如火如锦、辉煌耀眼，大有令人不暇应接之感。诗情至此，始终在飞舞腾拏中上升。我们的女主人公，当年正是带着如此惊喜的心情，注视着夫婿的平步青云。对自己的未来生活，大约还有过许多憧憬和美梦吧？

自“分家移甲第”以下，诗情陡然跌转。据《史记》记载，汉武帝时，曾以二千户封地土将军栾大为乐通侯，“赐列侯甲第，僮千人”。现在，夫婿已贵与列侯相仿，终于移居于王公显贵方可居住的“甲第”了。这样说来，他那患难之时的结发妻子，很可以迁来京都，享受一番荣华了？岂知“留妾住河阴”，他根本就没想过接她入京，反而让她孤零零地留在了河阴（今河南平阴县一带）！句中一个“留”字，颇值得推敲：它分明已告诉读者，我们的女主人公，此刻已为薄情夫婿所遗弃！只是她还不愿意承认这一点，还幻想着夫婿的回心转意罢了。从此以后，她就只能在孤清冷寂中，打发那漫漫时光：“独寝鸳鸯被，自理凤凰琴。”这两句辞面上装点了“鸳鸯”、“凤凰”之类，似乎颇显得美好；但那不过是女主人公孤单幽独生活的反衬而已。被而绣有鸳鸯双栖之形，不见得“独寝”之更加孤独凄凉？琴而可奏凤凰和鸣之音，不更显出弃妇抚弦的无言之悲？当初与夫婿鸳鸯相偕、凤凰和鸣的种种梦想、憧憬，而今全化作飘坠如灰的碎影了！女主人公究竟还有什么可以指望的呢？诗之结句，女主人公不禁哀从中来，发出了“谁怜双玉筯（泪水），流面复流襟”的呼告之语。这呜咽吞泣的呼告，伴着浸染衣襟的涕泪，喊出了女主人公心头的几多怨恨和不平！这两句结语，正如幽幽琴奏中突发的变徵之音，顿使全诗沉入一片凄楚之中。令读者感到，与夫婿那蒸蒸日上的辉煌显达相比，这留在河阴的妻子的生涯，是怎样黯淡无光和可怜可叹！

表现室妇“不见”夫婿的哀伤之情，偏从夫婿平步青云的铺排、渲染中写出；在贵者日荣、思者日哀的强烈映衬和前扬后抑的巨大跌转中，抒发主人公的不尽伤痛，给读者以撼动身心的震颤——这就是刘孝威《独不见》在艺术表现上的独到之处。与同类诗作相比，这首诗堪称心裁独出。　（潘啸龙）

登覆舟山望湖北　　刘孝威

紫川通太液，丹岑连少华。
堂皇更隐映，松灌杂交加。
荇蒲浮新叶，渔舟绕落花。
浴童竞浅岸，漂女择平沙。
极望伤春目，回车归狭斜。

覆舟山是古都金陵的风景佳处。它虽不甚高，无高岩截云，层崖断雾之势，却有古寺佛塔，树木葱茏，曲径通幽。又北临玄武湖，东接富贵山，与紫金山形断而脉连，在此登高览胜，可俯瞰金陵古城，遥望长江天堑，南朝时即为著名的游乐之地。这首诗便是刘孝威登山望远之作。

诗人登上覆舟山，放眼望去，只见西北隅有一条河流，水漾紫光，直通玄武湖口，而东北方则是峰峦起伏，石含丹紫，与覆舟山一脉相连，山川壮美，气象雄伟，于是以赞美的笔调挥写出:"紫川通太液,丹岑连少华。"上句的"紫川",指玄武湖注入长江的通道金川河。南朝自刘宋以来,宫中尚紫,故以紫川称代金川河。"太液",原是汉武帝在都城长安开凿的池名,后来多以借称帝都大池之水,这里指玄武湖。下句的"丹岑",乃指称紫金山,以其石色丹紫,故称。此句用"丹岑",是从色彩上同上句的"紫川"错综成对。"少华",即覆舟山。因山上有小九华寺,故山亦名小九华山、少华山。这两句纵览金陵山水,对仗工整,境界阔大,勾绘出帝都金陵的壮丽景象。如果同诸葛亮所形容的"钟山龙盘,石城虎踞"联系起来,更能想见金陵的山川胜概。诗的三、四两句"堂皇更隐映,松灌杂交加",总写远望中金陵宫城景色。富丽堂皇的宫殿隐映在绿荫之中,高大的苍松翠柏和低矮的丛生灌木,相间而生,郁郁葱葱,簇拥着金碧辉煌的宫城。

在金陵山水、宫城总体描绘之后,诗人收拢目光,转向玄武湖近处景色,写出了:"荇蒲浮新叶,渔舟绕落花。浴童竞浅岸,漂女择平沙。"前两句侧重写物,后两句则写人。暮春季节,湖中的荇菜、香蒲开始长出柔嫩的新叶,飘浮出水面,树上的杂花,已经凋零,点点洒洒,飘落在湖上,环绕着渔舟,随波荡漾。而在湖畔浅水处,成群的浴童嬉闹竞逐,浣纱少女则正在寻觅沙平水清的地方。这四句都在第三字嵌入一个动词,写出物态、人态。其中尤以"绕"、"竞"二字最为传神。水面落花,本来静止不动,着一"绕"字,与舟合写,便点出落花在舟行、波摇中浮荡的优美景象,并可见落花极多,布满水面舟侧。再细加品味,又似落花有情,故绕渔舟。至于"竞"字,更是形象地写出浴童在浅水地带奔跑相竞、水花飞溅的场景和天真活泼、竞嬉欢逐的情态。这些不仅反映出诗人观察细微,用笔老到,也表现出游山观景的浓厚情趣。

玄武湖的暮春是美的,然而,毕竟是落花流水春去也,多情的诗人在极目骋望、饱览山水、领略美感的同时,心中不由得涌起一股伤春的哀愁,吐出一句"极望伤春目"(语出《招魂》"目极千里兮伤春心")。用什么来填补因时光流逝而呈现的心灵空虚呢?作者写道:"回车归狭斜。"所谓"狭斜",本指小街曲巷,后世多用以指代歌女、娼妓居处。刘孝威在这时所向往的,也许是一场依红拥翠的浅斟低唱?在这里,流露出他作为一个重要的宫体诗人的本色。通常,山水诗的结尾,是表现超世脱俗的高情,而这首诗却归于世俗的享乐生活。究竟应该怎么评价暂且不论,后者比前者更具有普遍性,大约是无可怀疑的。　(臧维熙)

帆渡吉阳洲　　刘孝威

江风凌晓急,钲鼓候晨催。

幸息榜人唱，聊望高帆开。
联村倏忽尽，循汀俄顷回。
疑是傍洲退，似觉前山来。
将与图南竞，谁云劳泝洄？

吉阳洲，当为吉阳矶附近的沙洲。吉阳矶在今安徽东至县境，这里江边很宽阔。这诗是写张帆渡过吉阳洲的快意情形。

诗从未渡时写起。“江风凌晓急，钲鼓候晨催。”“钲”，锣。古代船只开发时常敲锣击鼓。行船遇上顺风，是最高兴不过了。江风在拂晓时越刮越大，钲鼓也阵阵敲击起来，这是叫人感到很兴奋的，马上要开船了。从首句描写似还觉着昨天在这里停泊，是由于风力不太顺遂所致，所以晨风那么叫他注意，叫他兴奋。“幸息榜人唱，聊望高帆开。”“幸”，庆幸。“榜人”，船工。从这两句看，似乎船工心情不像作者这个乘客这么急，他们一边准备开船一边唱歌，显得很是轻松、从容，船帆也是冉冉升起、慢慢张开。“幸息”、“聊望”显出这种情况。风呀水呀，对船工来说是司空见惯的，况且漫长的旅程也不是一步可赶到的，来不得那么急。可乘客就不是这样了，特别是初次出门或有急事在身的人，心里巴不得早一点到达目的地。这就是两种心情的差异。这两句写他眼中所见榜人如何如何，仍是表现他的急切。

中间四句写乘风疾驶。“联村倏忽尽，循汀俄顷回。”船一开发就快速向前，一座又一座村庄飞快掠过，水中的沙滩转眼间就绕了过去。这是正面写船行。一边是村，一边是汀，也见出作者在左顾右盼，面对联翩而至又倏忽而过的景物，他会感到十分开心。“疑是傍洲退，似觉前山来。”“傍”即旁。这是写船行中的错觉，船好像不动，而是景物在动。这感觉写得真切，大凡乘舟的人在贪看远景时，恍惚间常有这种幻觉。孝威兄孝仪同时也写了《帆渡吉阳洲》，中间写道：“近树倏而遐，遥山俄已逼。”梁元帝萧绎《早发龙巢》也写道：“不疑行舫动，唯看远树来。”都是写这情况，但不如孝威这两句来得自然、舒展。这两句以幻觉写船快，而“退”、“来”一前一后的动态，更起了双倍加速的作用。这同时也表现了作者在目不暇接的景观前目迷心醉、畅快至极的情状。

最后两句写此行的豪兴。“将与图南竞，谁云劳泝洄？”这里用了两个典故。前句出《庄子·逍遥游》，其中写鲲鹏“背负青天……今将图南”。“图南”谓谋迁南海，这里作“鲲鹏”的借代。后句出《诗经·秦风·蒹葭》，诗写追寻情人可望而不可即：“溯洄从之，道阻且长；溯游从之，宛在水中央。”“溯洄”同“泝(sù)洄”，逆流而上。这两句说，今天我将与鲲鹏比赛速度，谁说逆流而上道阻且长呢？这里真有“水击三千里”(《逍遥游》)的气概,这将竞渡的快意写到极点了。

东晋定都建康,偏安江左,官员的迁转、士人的游徙就较从前更多的与江河发生关系,南朝亦然。这是山水行旅诗滋生、繁荣的一个很重要的原因。其间写舟行的作品自有不少佳作,但像这首这样写张帆竞渡的畅快,写得这样具体、生动、豪迈的还不多,其兄的同题作与这首比较起来,就显得有些平淡,末两句“客行悲道远,唯须前路极”,意兴就更是索然了。 (汤华泉)

望 雨

刘孝威

清阴荡暄浊,飞雨入阶廊。瞻空乱无绪,望霤耿成行。[①]交枝含晓润,杂叶带新光。浮芥离还聚,[②]沿沤灭复张。[③]浴禽飘落毳,[④]风荇散馀香。[⑤]璚绡挂绣幕,象簟列华床。侍童拂羽扇,厨人奉滥浆。寄言楚台客,雄风讵独凉?

〔注〕 ① 霤(liù):屋檐下接水的长槽。耿:明。 ② 浮芥:浮在水面的小草。 ③ 沿沤:漂转在水面的小水泡。沤,雨点击水时水面泛起的水泡。 ④ 毳(cuì):鸟兽身上的细毛。 ⑤ 荇(xìng):荇菜。一种多年生的水草,夏季开黄色花。

这是一首描写雨及诗人观雨之感的诗作。全诗明显地分为两个层次,前十句写所见雨中景物,后六句写观雨之人。

首句“清阴荡暄浊”,写天阴欲雨时的环境。雨前阵阵清凉阴爽的风云驱散了白昼的炎热,荡涤了空气中的浊氛,使人顿觉舒适快意。“清阴”二字,已含雨意。次句“飞雨入阶廊”,俄尔雨点飘然而至,洒阶入廊。这二句是全诗总冒,由此提起下文雨中种种景致。

三、四两句一写天空,一写屋檐。只见空中细雨迷濛,密如散丝;屋脊檐头长霤不断,灿然成行。五、六句的“交”、“杂”两字为互文,描状雨点参差洒落在林木中,枝头珠光点点,如含晨露;叶片色如新染,葱翠欲滴。“浮芥”二句写雨点落水,使小草漂荡迁播,忽散忽聚;水泡随流旋转,彼灭此张。“浴禽”二句,续写雨中池塘的景物,游浴嬉戏的禽鸟抖落片片细羽,逐波漂浮;荇菜因风披拂荡漾,散发出阵阵清香。这一层次笔法别致,诗人写雨,不从“本面”出笔,却细细刻画雨中诸物,从背面敷粉。如雨降屋檐,不写其绵绵如麻,却写滴霤成行;雨洒树林,不写霑枝濡叶,却写枝“含晓润”,叶“带新光”;雨点落水,不写“竟水散圆文”(刘苞《望夕雨诗》),却写浮芥聚散,沿沤灭张。这些又都抓住诸物受雨的特点,从各各不同的侧面表现出雨形雨态,有“睹影知竿”之效。诗人所写雨中之物,又多取其动态。如雨丝之"乱无绪"与檐霤之"耿成行"相形成趣；枝之"含润"与叶之"带光"互为映衬；浮芥之"离还聚"与沿沤之"灭复张"一般地变幻无定……一句写一物，移步换形，构成一幅幅生动画面，体物之工切，描绘之细致，可谓穷形尽态。且句句不离"雨"字，笔墨间又时时逗出一种雨趣。

"璚绡"句以下，转写望雨之人，即诗人自己。他身在挂着红色轻纱的帘幕下，坐床上铺着象牙也似细腻精美的席子，两侧是侍儿在轻轻打扇，床前是厨子在献上新浸泡的果子浆。璚，赤玉，这里代指红色；绡，轻纱。滥，用水浸泡果子之意。诗人在轻风微雨中悠然自得地倚床闲坐，一边品尝鲜美之食品，一边欣赏多趣之雨景，这一番闲适，当真是神仙不如。诗人在无限快意之余，忽然奇想逸起，觉得当年宋玉在楚台上作《风赋》，大赞"清清泠泠，愈病析酲。发明耳目，宁体便人"的"大王之雄风"，似也过分了一点；他不禁要寄语这位楚台词客，你的"雄风"也并非独步千古，眼前这雨的凉爽快人，也足与"雄风"方驾媲美的。诗的末二句又由人归结到雨，但仍然不由正面赞雨，而用"雄风"作侧面陪衬，与前面借受雨之物写雨，机杼也仍然相同。

此诗的精华在前十句，其描写之细腻，角度之巧妙，词采之绮丽，皆可长久咏味而不厌。此诗对后世也颇有影响，唐代李商隐《细雨》诗中"帷飘白玉堂，簟卷碧牙床"的结构措辞颇类本诗"璚绡"二句，便是一个显著的例子。　（易　平）

望隔墙花　　刘孝威

隔墙花半隐，犹见动花枝。
当由美人摘，讵止春风吹。

这首小诗构思巧妙，富于想象，读来很有情味。

诗中露面的人物只有诗人一人，他正从一家花园的高墙下经过，尽管墙头的花朵半隐半现，但还是见到了因枝条受到牵动而引起的悠悠的晃动。诗人由此驰骋想象，他推测在墙的那一边，正有一位美人在摘花，而不只是由于风吹的缘故。

此诗从第一句到第二句，一退一进。第一句是一个省去"尽管"或"虽然"的让步副句，在文势上作一顿挫；第二句以副词"犹"字反接进行强调，文势振起，诗歌形象由"花半隐"的静态描绘随即转换成"动花枝"的动态特写。视觉形象上的这一跌宕变化，引起诗人心中的疑虑、猜想，故后两句由料想之词"当"字引出。诗人的判断止于疑是之间，"当由"与"讵止"（岂止之意）一呼一应，情韵回荡，意味绵长。事实上，是否真有美人在摘花呢？倒也未必。但诗人想象如此，希望如此,即使读者也无不但愿在生活中确曾有过这样一个小小的插曲,在大墙里外曾经发生过这样具有戏剧性的一幕。

此诗不仅自身值得玩味,而且对后世也有所影响。《西厢记》写莺莺为约会张生,写了一首很有名的《明月三五夜》诗:“待月西厢下,迎风户半开。拂墙花影动,疑是玉人来。”后两句就可能受到过刘孝威的这首《望隔墙花》诗的启发。苏轼《蝶恋花》(花褪残红青杏小)中写“墙里秋千墙外道。墙外行人,墙里佳人笑。笑声不闻声渐悄,多情却被无情恼”,从墙里与墙外进行构想,或许也曾借鉴过此诗的思路。

(陈志明)

【作者小传】

萧 统

(501—531)　字德施,小字维摩,梁南兰陵(今江苏武进)人。梁武帝长子。梁立,册为皇太子。在东宫多引纳文学之士,以文章著述为常事。未及嗣位而卒,谥曰昭明太子。事迹具《梁书》卷八及《南史》卷五三本传。有集二十卷、《正序》十卷、《文章英华》二十卷,已佚,明人辑有《梁昭明太子集》。又编有《文选》三十卷传世。《先秦汉魏晋南北朝诗》辑得其诗三十三首。

咏弹筝人

萧 统

故筝犹可惜,应度凡人边。
尘多涩移柱,风燥脆调弦。
还作三洲曲,谁念九重泉。

昭明此诗,我们有足够的理由目为“宫体”。一涉“宫体”,人们总不免蹙眉淡置,甚或报以不屑。事实上,作为一时期的一种文学现象,情况相当复杂,应该作实事求是的具体分析,一概视之,难免有失。刘师培曾说:“齐梁以降,虽多侈艳之作,然文词雅懿,文体清峻者,正自弗乏。斯时诗什,盖又由数典而趋琢句,然清丽秀逸,亦自可观。”(《中国中古文学史 · 齐梁文学总论》)这个观点,正自可取。齐梁诗歌对唐代诗歌的影响似乎比唐前任何时代都更深刻,这是非常明显的。以昭明此诗而言,虽写宫中物事,随手之作,却不琢而工,韵外有致,寄深刻的人生思索于小诗之中,颇耐反复嚼味的。

诗由写筝而切入,继而写人,又写筝,终了还是写人,扪触到人的生命意义。

死生之间，总以无边的怅想。起首二句，言筝是旧物，令人倍加爱惜，不知有几个人挡过此筝了。眼下筝犹在，挡弹它的却又是一位新人，故筝新人的命意一开始就清楚地揭示出来，凝练洁净，手笔绝老。度，制曲或按曲谱歌唱，这里是指演奏筝。"几"字《文苑》本作"新"，其实"几"比"新"更耐人寻味。此刻是新人演奏，若干年后怕还会有新人再来演奏，"几"写出了故筝历时之久，更发人遐想。

三四两句，极言筝旧音变，说上面蒙上一层灰尘，调试起来已不灵活了，而且长时间的搁置，干燥得音色已经变脆，要用它来演奏，也只能是勉勉强强的事了。移柱，就是调弦。柱，指琴瑟等乐器上绷弦的枕木。这两句进一步强调故筝之破旧，衬出新人弹奏旧弦之不协调，用心良苦，却又似在不经意之间，惨淡经营然又无迹可求。这大概就是明人陆时雍所说的"齐梁人欲嫩而得老"、"齐梁老而秀实"（《诗镜总论》）吧！

关键还在于最后两句的点染，韵味全出，轻倩之间，夹杂着深沉的叹喟。新人弹的是旧筝，就连曲子也是旧的。"还作"二字，明言曾有人用此筝弹奏过《三洲曲》。如今还是那架筝，仍是《三洲曲》，演奏者却是新人，那么，故人呢？谁还想着那故人呢？从最后一句我们知道，故人已赴泉台，似乎很久很久了。九重，极言深远。《三洲曲》属《西曲歌》，乃是"荆楚西声"。《乐府诗集》卷四十八引《古今乐录》说："《三洲歌》者，商客数游巴陵三江口往还，因共作此歌，其旧辞云：'啼将别共来。'"足见此歌亦是离别之歌，凄绝哀婉，自可想见。总之，旧弦——新人——熟调——故人，这就是此诗的构思线索。至于诗中直追生命意义的索解，则是弦外之音了。一首小诗，能有如此丰富的包孕，诚为不易，至于其平朴自然，如风行无迹，愈朴愈厚，愈浅愈深之妙，在藻华侈艳的齐梁风气中，殊为别调，足应引起我们特殊的注意。

（王星琦）

【作者小传】

萧　纲

（503—551）　即梁简文帝。字世缵，小字六通，南兰陵（今江苏武进）人。梁武帝第三子。初封晋安王，历任南兖州、荆州、江州、南徐州、雍州、扬州刺史。梁武帝中大通三年（531），太子萧统卒，纲立为太子。太清三年（549），梁武帝被囚饿死，侯景立纲为帝，后被废，不久遇害。事迹具《梁书》卷四及《南史》卷八本纪。纲为梁宫体诗代表人物，主张"文章且须放荡"，诗颇伤于轻艳。有集一百卷，已佚，明人辑有《梁简文帝御制集》，遗诗辑于《先秦汉魏晋南北朝诗·梁诗》卷二〇、二一、二二。

泛舟横大江　　萧 纲

沧波白日晖，游子出王畿。
旁望重山转，前观远帆稀。
广水浮云吹，江风引夜衣。
旅雁同洲宿，寒凫夹浦飞。
行客谁多病，当念早旋归。

此诗郭茂倩《乐府诗集》卷三十八题下注云："魏文帝《饮马长城窟行》曰：'泛舟横大江。'因以为题也。"但曹丕《饮马长城窟行》中相关的二句是："浮舟横大江，讨彼犯荆虏。"且曹诗内容是征伐，本诗却是拟写一个普普通通的游子经历，二者内容相去甚远。因此，郭氏的说法是否正确，还有待于进一步探究。

"沧波白日晖，游子出王畿。"首句点出时间和环境：上午，强烈的日光投射在波动的水面上，游子从京城出发，走上自己的漂泊途程。以下六句均为游子眼中所见景物，依次写出，富于动感。

"旁望重山转，前观远帆稀。"旁望、前观，虽是舟行之人的常有之事，但这里准确写出，却表现了诗中主人公茫然无之、百无聊赖的心理，为下文的乡思作了铺垫。"重山转"，是极形象语。敦煌曲子词《浪淘沙》中有云："满眼风波多闪烁，看山却是走来迎，仔细看山山不动，是船行。"正是在此诗意上的进一步生发。其中一个"转"字，描写习惯性错觉非常出色，使读之者感同身受。"远帆稀"三字含蓄而旷远，写远不写近，说明近处无船，更突出了游子的孤寂；写帆不写船，说明船行已远，而一个"稀"字，则使空间更加辽阔。唐代大诗人李白的"孤帆远影碧空尽，唯见长江天际流。"便类此意境。萧纲此句中虽无孤字，但游子的孤独之感却已自"稀"中透出，下面则继续从空间角度，予以加深描写。

"广水浮云吹，江风引夜衣。"这是多么辽阔高远的大自然景象啊！宽广的水面上浮云被江风漫无际涯地吹动着，入夜风急，游子单薄的衣衫被吹得直飘向前方，似乎有一只无形的手在牵引着一般。在这里，浮云正是游子的象征，而入夜江风的吹动，则暗喻游子不可知、不可见的漂泊命运。这二句，明写自然，实寓人生，位居诗中，紧关诗末，不可作等闲观。

"旅雁同洲宿，寒凫夹浦飞。"那漂泊不定的大雁、那寒瑟瑟的野鸭，不正与游子是同样命运的吗？然而雁儿还有个群，它们拥挤在同一个小岛上歇宿，野鸭还有个伴，它们双双沿着江边飞翔。相形之下，游子显得更孤独、更悲凉了。目睹这洲中雁、浦上凫，游子终于在末二句发出了沉重的嗟叹：

“行客谁多病，当念早旋归。”游子向同舟的行客问道：你们谁是多愁多病之身？该想想早日返回故乡了。这两句似不是说游子，却正是说游子，结得十分高妙。“多病”，自是思乡之病，诗人不说游子起了思乡之病，却让他转向众多行客询问，一则见得游子亟盼有同病者可以相怜相慰，笔法非常婉转含蓄；一则也见得思乡是游子行客的通病，从而大大拓宽了诗境，以此结束，大有峰回路转、别有洞天之趣，全篇也因此而振起了。

本诗虽然只是一首拟作，但下语非常精致，写景写情，无不经过锤炼，所以读来仍能引人感喟、使人同情。诗中“重山转”、“远帆稀”一联，以及“引夜衣”的“引”字，“谁多病”的发问，若非精思博会，决不能如此绝妙。（范　炯）

陇西行三首(其三)　　萧　纲

悠悠悬旆旌，知向陇西行。减灶驱前马，衔枚进后兵。沙飞朝似幕，云起夜疑城。迴山时阻路，绝水亟稽程。往年郅支服，今岁单于平。方欢凯乐盛，飞盖满西京。

萧纲，就是以“文章且须放荡”之语惊世骇俗的梁简文帝。因为作诗“伤于轻靡”，后世诗论家大多恶其“滞色腻情”（陆时雍《诗镜总论》），斥为“佻浮浅下”（王世贞《艺苑卮言》），很少有称扬之辞。但这首《陇西行》，写得倒颇有清俊之气。

诗题为乐府古题，又名《步出夏门行》。当年曹操北征乌桓，即用此题作“观沧海”、“龟虽寿”诸诗，以豪迈、雄放之调震撼了千古。萧纲既无曹操的气概，又无“奉国威灵、仗钺征伐”的壮业，就只能仰仗汉人，述其征讨匈奴的古事了。

汉人出征匈奴之战，本就雄奇壮阔。在后代诗人眼中，当然更带辉煌夺目的色彩。故出口歌咏起来，辞气亦自不同：“悠悠悬旆旌，知向陇西行。”旆旌，即饰在垂旒、鸟羽的旗帜。陇西，在今甘肃东南，当年大将军卫青即由此出击匈奴。这两句化用《诗·小雅·出车》“萧萧马鸣，悠悠旆旌”之境，以“悠悠”状摹旗旌舒展的闲暇之态，又用“知向”指示军行方位。吐语从容而境界开阔，一支气宇轩昂的雄师就这样远去，如云的旗旌已遥接天际的陇西山川。

接着六句是一连串的画面转换：“减灶驱前马”两句叙大军的深入敌境。“减灶”用战国军事家孙膑以奇谋救韩击魏的典故：他在深入魏境途中，令士卒合灶为炊，日减锅灶之数，以造成士卒畏敌逃亡日多的假象。魏将庞涓因舍步兵追击，败亡于马陵道上。“衔枚”指行军之时，让士卒口含木枚以“止喧嚣”。这两句先描述先驱部队故意示敌以弱，随即展示主力部队衔枚急行、奔袭敌虏的景象。把汉师出塞远征的战场氛围，渲染得极为诡秘而紧张。“沙飞朝似幕”两句叙军行瀚漠所见景物。在晨色初露的行军路上，士卒们突然发现，前方竟有重重叠叠的敌军营帐。仔细一看，却原来是被狂风卷涌而起的“飞沙”。在暗月无光的夜晚，又常有浓云腾立天边，朦胧之中，不免令人疑心那是敌人守卫的城楼。这两句妙在全从士卒的心理、感觉中写出，不仅展现了茫茫瀚漠上的晨沙夜云景象，而且传达出他们“朝”、“夜”奔行中的惊扰和警觉，给人以身临其境之感。“迴山时阻路”两句，则转叙军戎生活之艰辛。汉人远征匈奴的战绩令人惊叹，但谁又知道，这雄师的推进需要付出多少代价？士卒们跋涉于塞外山川，时时会被突然转现的山壁隔断通路；进入燥热的瀚漠，又屡屡会因绝水而滞误行程。沿途倒下的士卒且不说；失道误期可是要依法论斩的！这在诗中虽未明言，却为“时阻路”、“亟(屡次)稽程(耽误行程)”二语所包含。抹去前人对汉师奋击匈奴之战所涂上的五彩之色，显现在人们面前的，正是这样一种充满了奔袭、惊扰和艰辛的战场景象呵！

描述汉人出征匈奴的战事，不去用重笔勾勒“木落雕弓燥，气秋征马肥”(刘孝仪《从军行》)的汉师军容，展现“朝驱左贤阵，夜薄休屠营”(范云《效古诗》)的辉煌战绩；却在画面的转换和组接中，渲染战场上的诡秘氛围、行军途中的惊扰和艰辛。这似乎会给诗情的抒发带来一种沉重感？其实不然。紧张艰辛的军旅生涯，倘若总是与挫折和失败联系在一起，当然会令人沮丧。但当它迎来的竟是前所未有的胜利，就不仅不给人以沉重之感，反而会增添它的庄严和欢乐。此诗结尾四句，正于艰辛的行军之后，急转直下，奏响了振奋人心的凯旋乐：“往年郅支服，今岁单于平。方欢凯乐盛，飞盖满西京。”前两句以“今岁”呼应“往年”，在东起郅支(指匈奴在东方的单于呼屠吾斯，于汉元帝建昭三年，被汉西域副都护陈汤攻杀)，北至瀚海的辽阔空间上，迭印着出塞雄师速战速捷、所向披靡的战场奇观。后两句镜头摇转，出现在画面上的，已是繁华的汉都长安。凯旋班师的乐奏刚从城外传来，满城上下已欢声雷动；那文官、武将、宫妃、命妇的车马从四处络绎会聚，车盖飞驰，都快把长安城的街巷堵塞了……全诗就在这如火似锦的胜利场景中收束，正与开篇那“悠悠悬旆旌”的盛大出征场面前后映照。真是开得沉着，结得痛快！

萧纲的诗很少有什么兴寄。这首《陇西行》，除了描绘汉人出征匈奴的景象外，也看不出有多少现实感慨。这大概就是所谓“浅下”吧？但诗人的运笔技巧毕竟是不错的。诗从出征陇西，到飞盖西京，空间不啻千里，时间亦延及数年。

但读来却一气而下,令人感觉不到时空上的相隔。这大约与此诗的节奏有关。诗人叙军旅的出征,节奏舒徐,表现着一种从容不迫的沉着。自"减灶驱前马"以下,以"前"、"后"相承,"朝"、"夜"紧接,节奏由徐而疾。至"迴山"、"绝水"稍作一顿,便一泻而下,直入"飞盖满西京"的凯旋,呈现出一种全速跃进之态。这效果颇与后世杜甫"即从巴峡穿巫峡,便下襄阳向洛阳"的"快诗"相近。诗人表现这场雄奇的征战,很少用叙述之语,而是选择了出师、袭敌、凯旋而归这些最富于直观形象和动态感觉的场景加以描述。这便造成了叙事如画、情景宛然的生动效果。画面的转换,置于由徐而疾的节奏跃进之中,逼真地展现一场征战的动人始末,这就是《陇西行》的成功之处。　(潘啸龙)

雁门太守行三首(其二)　萧　纲

陇暮风恒急,关寒霜自浓。枥马夜方饲,边衣秋未重。潜师夜接战,略地晓摧锋。悲笳动胡塞,高旗出汉墉。勤劳谢功业,清白报迎逢。非须主人赏,宁期定远封?单于如未系,终夜慕前踪。

这是一首乐府诗。诗通过对一次艰苦的边塞战争的描写,歌颂边塞将士的英雄主义。

"陇暮风恒急,关寒霜自浓。""关"、"陇",这里泛指边塞。这两句说,边塞的傍晚经常刮大风,天寒霜重。"枥马夜方饲,边衣秋未重。""枥马",厩中的马。"边衣",指戎衣。这两句说,马刚刚才喂过,但战士身上的衣服还很单薄。这四句写战前情况。天气不好、衣单,见出征战生活的艰苦。"枥马夜方饲"显出"秣马厉兵"的备战气氛,下面就写到"接战"了。

"潜师夜接战,略地晓摧锋。"这里写夜战。"潜师",秘密出兵。"略地",指攻略边土。这次夜战一直进行到拂晓,才挫败敌人的进攻。"悲笳动胡塞,高旗出汉墉。""笳"为胡乐器,战争中常用来奏军乐。"墉",城墙。这两句说,悲壮的军乐震动了敌人的阵地,战士们高举战旗奋勇地向前进击。上面写出这次夜战的艰苦、悲壮,也见出士气的高昂,可以说是越战越勇。这里用笔也较简洁,前两句叙述,一"夜"一"晓",过程略去,后二句描写,以鼓角旌旗渲染气氛。至于仗是如何打的、酷烈程度如何,都留给读者去想象了。

"勤劳谢功业,清白报迎逢。"这以下写将士的心情。这两句说,要用"勤劳"和"清白"报答国家的事业、君王的知遇。"勤劳"承上,指参加出生人死的战斗;

"清白"启下，谓不希求封赏，"非须主人赏，宁期定远封"，说的就是这个意思。"宁期"，岂是追求。"定远封"用班超封定远侯事，这句意谓驰逐疆场并不是像班超那样邀功请赏。"单于如未系，终夜慕前踪。"系单于，用终军事。终军在年轻时曾说过一句著名的话："愿受长缨，必羁南越王而致之阙下。""羁"、"系"意同，南越王和单于都是异族首领。这两句是说，敌人如不投降，我们还要连夜出击，像前代的英雄志士那样。这两句可说是豪言壮语，连起来口吻又像是霍去病说过的话："匈奴未灭，何以家为?"用典引起多重联想，算是得法。后面几句表达了边塞将士这样的心情：他们的远征苦战，并不是为了个人的利益，而是出于忠君爱国的热忱。在对战争的艰苦、壮烈进行较充分的描写之后，出现这些话语，是很感人的，这正是唐代边塞诗中常出现的战士的精神风貌："气高轻赴难，谁顾燕山铭?"(王昌龄《少年行》)"相看白刃血纷纷，死节从来岂顾勋?"(高适《燕歌行》)梁简文帝此诗虽是依题写作，但还是融进了对边塞实际生活的揣想和体验，显得比较真切、深入，将它置于边塞诗的系列中，应当说是早期的一首较好的作品。

作者以《雁门太守行》为题写了三篇作品，还写了《从军行》、《陇西行》、《度关山》等，见出他对边塞诗写作的浓厚兴趣，这对后来边塞诗的发展是有贡献的。顺便提一下，《雁门太守行》其古辞原是写东汉洛阳令王涣事迹，自梁简文帝这几首诗出，方为歌咏边塞战争，这就为以后人们拟作此题提供了题材、格局的依据，清王琦在《李长吉歌诗汇解》本题下云："梁简文帝之作，始言边城征战之思。长吉所拟，盖祖其意。"确实，李贺那首"黑云压城城欲摧"的名作，是直接受到这首诗的启发。

(汤华泉)

怨歌行　　萧纲

十五颇有馀，日照杏梁初。蛾眉本多嫉，掩鼻特成虚。持此倾城貌，翻为不肖躯。秋风吹海水，寒霜依玉除。月光临户驶，荷花依浪舒。望檐悲双翼，窥沼泣王馀。苔生履处没，草合行人疏。裂纨伤不尽，归骨恨难祛。早知长信别，不避后园舆。

班婕妤的不幸身世，不知让多少文人骚客洒过同情之泪了。在众多的咏班婕妤之作中，萧纲这首《怨歌行》，又具有何等样的出众之处呢？这个问题，就让我们边赏看本诗，边寻求答案吧。

诗从班婕妤得宠之时写起。"十五颇有馀，日照杏梁初"，这两句，前者是汉乐府《陌上桑》的成句，诗人借古诗中美女罗敷的妙龄，来形容婕妤的年纪，则婕妤的美貌，也就仿佛可想了。后者中的"杏梁"，语出司马相如《长门赋》："饰文杏以为梁。"太阳照在文杏作成的屋梁上，君王的恩宠加在婕妤身上，这该是无上荣耀之事吧？然而，《长门赋》中的女主人公陈皇后，不也和后来的婕妤同命运吗？更何况句末缀一个"初"字，又能说诗人不在暗示那"靡不有初"后面的"鲜克其终"吗？在这里，诗人牢牢把握住诗题中的"怨"字，就是在这全诗绝无仅有的两句光明场景之下，也悄悄伏下了悲怨的暗线。

"蛾眉本多嫉，掩鼻特成虚。"接着，这条暗线便迅速明朗，压倒了原来的乐观和光明。"掩鼻"一典，出自《韩非子》和《战国策·楚策》：魏王送给楚王一位绝色美女，楚王爱妾郑袖恐其得宠而危及自身，便哄骗这位美女说："大王看不惯你的鼻子。"后，美人见楚王，辄以袖掩鼻，郑袖乘机进谗道："她讨厌闻大王身上的气味。"美人因而被楚王割去了鼻子。这两句是说，美貌本来就易招嫉恨，无关乎是否掩鼻。特，只。虚，空说，犹言不足为据。"持此倾城貌，翻为不肖躯"，谓班婕妤虽有绝世容光，却终被赵飞燕姐妹所谗，成了汉成帝眼里的不祥之身，被迫退居长信宫，开始了后半生漫长的冷宫生涯。诗人一再强调婕妤的"娥眉"、"倾城"之美，而后以一"翻"(反而)字作出强烈对比，使人倍感她遭遗弃的不幸和不公，其同情哀悯之意已溢于言表。至此是一层次，交代婕妤由得宠而失宠的经历，以下遂进入了宫怨的正题。

"秋风吹海水，寒霜依玉除。"这二句并不承上直写婕妤的悲怨，而是一笔宕开，写出一种无限凄凉感伤的意绪。"海"是指广阔的水面，这里当指宫禁内的大湖。句中秋风吹动"海水"的形象，使人有凉意阵阵、愁恨无涯、无计解脱的惆怅感。下句中，秋天的寒霜紧紧依贴在冰凉的宫殿白玉台阶上，这个景象，既暗示了婕妤往后的生涯，将被凄凉紧紧拥抱，又点出了她凛若严霜的节操，依然坚定如白玉之不可玷疵。而如此德貌兼具的佳人，却被冷落在秋风之中、抛弃在"海"的边岸，这又怎能不引人无限感慨呢！

"月光临户驶，荷花依浪舒。"夜晚，月光照到门上，又匆匆地驶去了。白天，举目只见满池荷花，在波浪中无可奈何地散开了。舒，本谓舒展，这里指原先密密地布满水面的荷花被浪打得彼此距离拉开了。月光临户，不与日照杏梁一般的是君恩降临么？可它竟又去了；荷花依浪，不正是婕妤当初对君王依托终身的痴想么？可不知这浪忽然变了脾性，把她推开了！触景伤情，已极难堪，更何况日日夜夜，入目的都是心酸景象，叫婕妤如何不凄然欲绝！

"望檐悲双翼，窥沼泣王馀。"两句化用陆机《拟古》诗"偏栖常只翼"和《吴都赋》"双则比目,片则王馀"之句。比目,即比目鱼。"王馀",相传越王食鱼未尽,弃其余半,这剩余部分,于是称作"王馀"。这二句,仍是写班婕妤触景生情,她见檐间双燕,便为自己的孤栖单宿而生悲;见池中游鱼,则想到自己如"王馀"般被遗弃而泣下。

"苔生履处没,草合行人疏。"语本班婕妤《自悼赋》句"苔中庭萋兮绿草生"和"思君兮履綦(綦,指足迹)"。由于门前冷落,行人稀疏,苔藓渐渐爬没了旧日的足迹,野草连成一片,遮蔽了地面。冷宫生涯的漫长凄清,都可以在这苔的无声滋长、草的悄然蔓延中体味了。至此又是一层次,诗人设想了种种哀景,使班婕妤的满腹怨思,都借助景物体现了出来,其因情设景的手法和高超的想象力,确实是可敬可佩的。

经过了上面写景的铺垫,诗的最后四句,诗人终于代婕妤直抒悲怀了。"裂纨"一语,出自婕妤《怨歌行》的"新裂齐纨素",这首诗里她把自己比作刚裁下的洁白纨素,这是读者已熟知的事了。然而,把冰清玉洁之身奉献给君王,换来的却是永久的遗弃,她自要"伤不尽"——哀伤难以穷尽了。然而这一句尚是铺垫,下面"归骨恨难祛",悲怨之意更深。"归骨"一语,本自班婕妤《自悼赋》句:"愿归骨于山足兮,依松柏之馀休(馀荫)。"祛,消除。婕妤的原意,是在绝望之中,转而希望以一死获得解脱。而诗人却将她的意思更翻进一层,说她即使埋骨山丘,那遗恨也是永难消除的。这一笔深入骨髓,是本诗的极精彩处,足可使人痛感婕妤不幸的永恒,也使人永远谴责那制造她悲惨命运之人的无情无义。

到此,诗似乎可以结束了,但诗人总觉得意犹未尽。"早知长信别,不避后园舆。"遂于篇末又突起奇笔。后园舆,典出《汉书·外戚传》:"成帝游于后庭,尝欲与婕妤同辇载,婕妤辞曰:'观古图画,贤圣之君皆有名臣在侧,三代末王乃有嬖女,今欲同辇,得无近似乎?'上善其言而止。"这样一位贤淑而有操行的宫妃,难道不应有好的命运吗?她在冷宫中了结一生,实在是太可惜了。于是,诗人感慨之余,不禁为她设想:早知有长信宫的冷遇,当初就不该辞避君王的同辇之请。看来,诗人真是太希望婕妤有好运了,他甚至禁不住替长眠的她设想:为了自己的终身幸福,本不该太认真了。因为,像这样的人品还得不到幸福,着实教人辛酸!

如此看来,萧纲这首咏班婕妤之作确有过人之处。其摹写婕妤的凄凉处境之细致深婉,足可与其他同题材之作媲美,并且"海水"之句的意境,还略胜他作一筹;至于其开首时的乐中伏悲、结尾处的愈转愈悲、别出新意,更是他作所无,并且不能望其项背的。一个"怨"字能铺写到这种地步,确实可称是极尽人力之工了。

(范 炯)

美　女　篇　　　　萧　纲

佳丽尽关情，风流最有名。
约黄能效月，裁金巧作星。
粉光胜玉靓，衫薄拟蝉轻。
密态随流脸，娇歌逐软声。
朱颜半已醉，微笑隐香屏。

以美女名篇而有名的诗，在此之前还有曹植的同题作品，这类作品的共同特点是辞采华茂。曹植的《美女篇》，手法借鉴汉乐府《陌上桑》，写出了一个少女的美丽纯情，高洁典雅，而此首则以歌妓为蓝本，以酒宴为背景，写出了一位美女的娇声艳色，绰约风姿。

“佳丽尽关情，风流最有名。”开首二句，诗人就坦率地表露了对女性美的无限倾心。姿容佳丽的女子总是那样令人悄焉动情，而风流俊逸的美人尤其会名传遐迩。风流，秀拔流美之义，是作者对美女的高妙赞词。此二句提挈全文，是一个感情丰盈的总体概括。接下四句，着力于静态描写。

“约黄能效月，裁金巧作星。”二句写头饰。约黄，古代妇女涂黄于额，作为妆饰。约，有精心涂抹、一丝不苟之意。“能效月”，喻其所涂之黄，色泽柔和而形状极圆，有如明月。“裁金巧作星”，指裁剪涂金之纸或绢，巧为天星之状，这是描写发上饰物，晚唐温庭筠词有“小山重叠金明灭”，类此。

“粉光胜玉靓，衫薄拟蝉轻。”是说美女面容香粉光嫩，比白玉更美润，身上罗衫菲薄，比蝉翼更轻盈。靓，美丽。《后汉书·南匈奴传》：“昭君丰容靓饰，光明汉宫。”此二句意象富于性感，而又不流于粗俗，用弗洛伊德的话说，乃是一种升华。同时，也和下面歌声描写相呼应，暗写了舞姿。以下四句转入动态描写。

“密态随流脸，娇歌逐软声。”动态描写一起笔，就极见诗人捕捉艺术直觉的功力。上句写舞容，下句写歌声。密态，丰富细密的身体姿态。流脸，富于变化的动人的脸部表情。体态和表情密切配合，协调一致。从诗中看来，美女的舞当属后世之所谓软舞(与健舞对称)，轻婉柔媚。而所唱的歌也是娇媚的软歌，其风格可能近乎今日人所戏称的“甜歌”。从同时代人的其他诗作中可以看出，这在当时的上层社会是颇为时髦的流行唱法。两句所描绘的意境，或许可用一个成语概括，叫作“轻歌曼舞”。

“朱颜半已醉，微笑隐香屏。”结得妙，在全诗形态描写的基础上，进一步增添了情节意味，具有“孤帆远影碧空尽”般含蓄的艺术效果。“朱颜”一句，既是写宴上宾客，也是写美人的主观感受。这一形态上的变化，是酒醉，更是情醉，是歌到兴处、舞至酣时的必然结果。末句的“微笑隐香屏”，深得含蓄之妙。它将美人歌罢而退隐屏风之后的简单行事写得情味深长。一个“微笑”把一种最甜美的印象留给人们，充满依依之情，逗人遐思。

本诗和曹植《美女篇》的一大区别，是它没有香草美人的托喻内容，它所描绘和欣赏的就是女性美本身，因而在表现方法上十分重视真实性、细致性——这也是宫体诗的共同特点。萧纲是宫体诗的代表诗人，他对女性美倾注了极大的热情，作出了多种描绘，在这一题材的发掘上是卓有成绩的。当然，由于生活的狭窄，也给他的作品带来明显的缺陷，它的目光多是局限在宫廷和贵族生活圈子里。在手法上也多重外表的描摹。尽管如此，他的艺术经验仍然值得重视，那种对宫体诗一味鄙薄、一笔抹杀的观点是十分偏颇的。

最后需要指出的，是此诗在用色方面的特点。其中，黄、金、粉、朱等充满女性华艳韵味的色调，极准确形象地表现了宫廷生活氛围，给人以生动逼真的画幅感，同时，不论在形象着色上，还是色调搭配上，都使人体会到一种高贵的和谐之美，于此亦可见诗人艺术修养之深厚。 （范 炯）

和湘东王横吹曲·折杨柳 萧 纲

杨柳乱成丝，攀折上春时。
叶密鸟飞碍，风轻花落迟。
城高短箫发，林空画角悲。
曲中无别意，并是为相思。

在中国古典诗歌中，杨柳常与离情别绪联系在一起。《诗经·小雅·采薇》已有“昔我往矣，杨柳依依”之句，以杨柳烘托征夫对故土的依恋。汉代的一首《古诗》，则以“青青河畔草，郁郁园中柳”起兴，反衬思妇独守空闺的烦闷。杨柳是春光的象征，而春去春来最易撩乱离人的愁绪。据说汉人送行，常折柳赠别（见《三辅黄图》），这个习俗也让诗人们由杨柳联想到离别。汉代乐府《横吹曲》中有《折杨柳》一曲，其歌词久已不存，不知是否与别离有关。梁朝乐府《鼓角横吹曲》亦有《折杨柳歌辞》、《折杨柳枝歌》，凡九首，均自北国传来。其中有一首说：“上马不捉鞭，反拗杨柳枝。下马吹长笛，愁杀行客儿。”也易于使人将杨柳与客子的离愁相联系。或许正是由于上述种种情况，梁、陈诗人们以《折杨柳》为题的拟乐府诗中，大多都写到相思之情。萧纲此首亦然。当时其弟萧绎（封湘东王，即后来的梁元帝）以汉《横吹曲》曲名为题作诗，萧纲见后也作数首，故总题为“和湘东王横吹曲”。

诗的前四句描写杨柳。“杨柳乱如丝”，写出千万条柳枝如丝如缕随风飘拂之状。“攀折上春时”，上春，原指农历正月，但这里只是泛指春天而已。此句点题，且隐隐唤出一手攀柳枝、凝眸远望之人。三、四句仍写柳。因柳枝茂密，故鸟儿穿行其间受到阻碍；因风力轻微，故柳花飘落亦轻而缓。二句颇见诗人体物之工。此四句虽未言相思，但相思之情已暗暗逗露。“乱成丝”之“乱”，令人联想到折杨柳者心绪之乱；而春光之明媚，则反衬出她的孤独、寂寞。

五至八句写横吹曲。“城高短箫发，林空画角悲。”短箫、画角都是横吹曲中所用乐器。箫长则其声沉浊，短则其声清扬。“高”、“空”二字用得极好。箫声发自高处，似自云端落下，听来愈显清厉。画角声穿度空荡荡的树林，似更添几许失意和悲凄。乐声自远处传来，总是更能撩人遐想的。此二句乃互文，意谓短箫、画角所吹奏的横吹曲发自高城之上，度越空林而来。至于所奏的曲子，应即诗题“折杨柳”。其曲当是守城的军队所奏，因横吹曲乃是军乐。陆游诗“城上斜阳画角哀”（《沈园》）的意境，与此近似。“曲中无别意，并是为相思”。那为相思所苦的女子，即使听到别的曲子，也未必不感到“总是关山离别情”（王昌龄《从军行》），何况所听到的恰是令人联想到离别的《折杨柳》曲，又何况此时她自己正在折柳凝思！

诗的前四句写折杨柳，是实写；后四句写曲中的“折杨柳”，是虚写。前面透露相思之情，但不明言，是暗写；结尾处加以点明，是明写。颇有映带回萦之妙。粗读全诗，似觉写柳、写曲，分成两截。稍加体会，便知写柳是写那女子眼中所见，写曲是写她耳中所闻，浑然一体；在柳与曲的后面，隐然有人的形象呼之欲出。构思甚巧，而不露痕迹；切合诗题，但不粘皮带骨。读之只觉一缕柔情，委婉缠绵。至于语言的清丽圆美，又历历如同贯珠。我们不能不为诗人的出色才能而赞叹。

（杨　明）

和湘东王横吹曲·洛阳道　　萧　纲

洛阳佳丽所，大道满春光。
游童初挟弹，蚕妾始提筐。
金鞍照龙马，罗袂拂春桑。
玉车争晚入，潘果溢高箱。

本诗及萧纲另二首诗《折杨柳》、《紫骝马》，原文总题为《和湘东王横吹曲三首》。湘东王是萧纲弟萧绎初时封爵，二人皆喜爱文学，平日多赓歌酬唱，此即是其中例子。

《洛阳道》乐府诗，多以再现古都洛阳繁富景物和士女行游欢乐的风俗。有的只是借题咏唱，内容具有泛指性，借洛阳之名描写别的都城景色及风习。萧纲这首诗似也属后一种情形。

首两句歌赞美丽的洛阳城及其宽广坦畅的道路。开篇入题，径直写明洛阳和道路这两层意思，是写《洛阳道》乐府诗的通例。"佳丽所"指美好的形胜，"所"谓场所、地方。谢朓诗句"江南佳丽地，金陵帝王州。"(《入朝曲》)"佳丽所"与"佳丽地"意同。"大道"句对洛阳美景的描写转为具体，通衢宽展，春光铺洒，给人以舒畅、温煦、明洁之感。此外，"大道"指出地点，"春光"之前加一"满"字作修饰，表明已入春深时节(与后面写妇人始采桑相适合)，点明时间。

诗的后面六句，犹似一幅再现士女游春采桑行乐的风俗画，画面富有很显明的动态感。诗人的描写与下面一则典故有关：《世说新语·容止篇》载，潘岳姿容神情美丽妙好，年少时曾"挟弹出洛阳道"游玩，妇人见后，都与他"连手共萦"，表示与他欢好亲热。《晋书·潘岳传》还载：潘岳游洛阳道中，爱慕他姿仪的妇人纷纷往他乘坐的马车上投掷果品，以至晚上"满车而归"。萧纲这首诗中写的"游童"、"潘果"(潘岳车上装的妇人投来的果品)均出典于此。但是，萧诗并不是咏说潘岳的风流韵事，而是借这一典故来展现都市中士女生活及其精神面貌的一斑。因此，诗中"游童"应是复数，而不是个人；"潘岳"不是确指，而是一种比喻。

诗人叙说：春深时节，少年们挟带弹弓，跨骑高大雄壮的马匹(马高八尺称龙或龙马)，乘坐美观华贵的马车，到田野踏青游春。养蚕的女子，则提着筐器，衣着美丽，到田间去采摘桑叶。他们在路上相遇，女子向男子们投去欣羡的目光，纷纷向他们抛投果物，表示友好、爱慕之情；而男子也十分欣喜，笑脸相迎，直至暮色降临，方才驾着满载女子馈投的果物的马车急匆匆回家，心里好不自豪得意！诗篇反映出较少受礼教拘束的古代青年对美的神往和他们热爱生活的态度。

诗的三、五句写"游童"，四、六句写"蚕妾"，隔句迭换，交叉错综，使叙述跳动而不平衍，活泼而不板滞。男女互相表达情感的动作、笑声欢语，诗中一概略而不述，然而诗的末句，以男子的马车好似变成一只高大的箱子，里面装满了女子投来的馈品轻轻一点，使读者对他们互相抛接果物、笑语迎送的欢快场面清晰可思,笔致简巧,越增韵趣。“争晚入”正常的语序应是“晚争入”。这句写“游童”在城郊乐而忘返,直至天暗才忽然想起要赶进城去,于是大家都你追我赶,匆忙行路。“争”字状少年陶醉在自然的沐浴和女性的悦慕中,以至忘记了时间流逝,可笑可爱,妙语传神。

全诗词采华丽,又不失雅洁。“金鞍”映照“龙马”,“罗袂”拂动“春桑”,其他如“玉车”(饰有美玉的马车)、“佳丽”等,这些丽语美词,给诗作增添了色彩文藻之观,但又能避免诗人许多宫体诗篇的靡艳之弊。诗歌对仗工整,中间四句词韵音意与五律颔联、颈联已很接近,是五律体临将成熟的先声。作品音调流畅,押韵响亮,恰当地反映出春的明媚和青年男女欢快娱悦的心情。　　(邬国平)

采莲曲二首(其一)　　萧　纲

晚日照空矶,采莲承晚晖。
风起湖难渡,莲多摘未稀。
棹动芙蓉落,船移白鹭飞。
荷丝傍绕腕,菱角远牵衣。

《采莲曲》是乐府旧题,多描写江南女子湖上采莲的情景。萧纲此诗则袭用旧题,用清丽浅显的语言,描绘诗人泛舟湖上采摘莲蓬的图景,表现了他悠然闲适的情趣。

起首四句,淡淡叙来,并不着意刻画。“晚日照空矶,采莲承晚晖。”薄暮时分,清波粼粼,荷叶田田,夕阳的余晖洒落在空旷的石矶上,主人公兴致盎然准备荡舟去采莲了。“晚日”、“空矶”不仅点明了时间、地点,而且勾画出一片空阔、寂静的背景。“风起湖难渡,莲多摘未稀”,诗人的视线由岸边转到湖上。泛舟湖面,晚风阵阵,水波荡漾,小舟也随之起伏摇荡。渐渐,舟入莲塘,此时闯入诗人眼帘的便是那一片茂密丛生的荷花。“莲多”句是写作者乍入荷塘第一眼所得的总体印象。虽是笼统的总写,却是一篇之关键,全诗就是围绕着这一句展开的。从章法上看,这二句在全篇起着承上启下的作用。一面紧挽上文笔触由岸而湖再转到荷塘,一面又开启下文,展现在诗人眼前的荷塘究竟是怎么个景象呢?这样,就自然带出了下文。

紧接的四句,承上“莲多”一句加以生发。诗人的镜头渐渐推进,把焦距对准了荷塘深处,集中描写了小船在荷花丛中穿行之状。作者从细处落笔,分别从行船之艰与主人公置身其间的感受两个角度加以描绘。“棹动芙蓉落,船移白鹭飞。”前句意在表现荷花之密，却避免从正面来写。他只写了一个细节：置身荷花丛中，行动不易，稍一划动船桨，便弄得荷花纷纷坠落。后句仍然是从侧面烘托，暗示荷塘之深。小檝轻舟微微前移，蓦地，扑棱棱惊起了一群白鹭，打破了这里平和宁静的气氛。这才使人领悟到，原来这儿已是荷塘深处了。二句中虽不见“密”、“茂”、“幽”、“深”等字面，然其情景、神韵却宛然如在目前。“荷丝傍绕腕，菱角远牵衣”，这是着重写主人公置身其间的感受。在荷塘中行船既如此艰难，那船上人当然就得格外小心。可是，四周荷丝蔓布，缠绕纠结，横生阻碍；水中菱角飘浮，又不时钩攀住主人公的衣服，真是进退维艰呵。这四句诗，都是抓住了几个最具典型特征的细节，具体而微地刻画了“莲多摘未稀”的特定情景。倘用绘画作比的话，这四句可称得上是“点刷研精，意在切似”（姚最《续画品》），是一幅精微细致的工笔画了。再加四句皆为对偶，每联不仅对得非常工整，而且自然圆熟，如出天籁，略无刻意求工的生涩感，成为全诗中熔情铸景的名句。

全诗通篇写景，然而诗人的闲情逸致、闲适意趣却正是通过一个个画面含蓄、委婉地流露出来。诗风清新自然、平易流畅，有浓郁的民歌风味。

（归　青）

和人爱妾换马　　萧　纲

功名幸多种，何事苦生离？
谁言似白玉，定是愧青骊！
必取匣中钏，迴作饰金羁。
真成恨不已，愿得路旁儿。

“爱妾换马”是古乐府题名。据唐代吴兢《乐府古题要解》、宋代郭茂倩《乐府诗集》引《乐府解题》，其古辞或许是西汉淮南王刘安所作。但古辞久已不传，其本事亦不可知。又唐人李亢（一作冗）《独异志》载，曹操之子曹彰偶见骏马，十分喜爱，但马主不愿出让。曹彰说：“我有美妾可以交换，任你选择。”马主便指一人换之。这样的事件，反映了封建社会女子被当作玩物的悲惨命运，可是竟常被视为倜傥风流的韵事。李白《襄阳歌》便曾说：“千金骏马换小妾，笑坐雕鞍歌《落梅》。”以表现一种豪纵的气概。而萧纲此诗则以女子口吻抒发其悲苦之情，体现了对其不幸的同情。

“功名幸多种，何事苦生离？”幸，本来。求取功名的途径本来很多，为何就非得将我抛弃？一上来便以问句形式，强烈地传达出这位少女的压抑和痛苦。诗人设想那男子为了博取功名，将要驰骋万里，故而抛弃爱妾；不仅置她于不顾，而且还用她换来一匹骏马。当他需要她时，可能视如掌珠；一旦不再需要，便将她卖个好价钱。是何等的无情无义！

"谁言似白玉，定是愧青骊！"谁，何，哪。定，究竟。哪知我这如花似玉的人儿，竟是连一匹青黑色的马都不如！弃妾的满腹苦恨，喷涌而出，读之似觉其声泪俱下。其中有辛酸，有哀怨，似乎还有愤怒。"必取匣中钏，迴作饰金羁"，承上两句反问语气而言：难道非要将我匣中手镯，换成那黄金装饰的马络头！爱妾既去，索性连其故物一并交换，那薄幸男子的毫无心肝，益发可见。《诗经·邶风·谷风》中的弃妇，念念不忘其捕鱼用具："毋逝我梁，毋发我笱。"《孔雀东南飞》中的兰芝，被逐之日一一点检她的绣腰襦、红罗帐。此诗中的弃妾，也不能忘情于她的手镯。虽然三者具体情况不同，但她们都寄情于旧物，都表现出一种无可奈何的苦涩酸楚，也都让人感到她们心中有一股被深深压抑着的或许竟未曾自觉到的反抗情绪。《谷风》中的弃妇是说：我辛辛苦苦操持的家当别让别人来碰！兰芝一边点检一边说反话：我这人既卑贱，东西也贱，不配给未来的新娘子用！本诗中的弃妾则是说：我这人就这么被出卖了，连我的镯子也搭配上！

最后两句便正面点出弃妾深深的"恨"："真成恨不已，愿得路旁儿！"路旁儿，指微贱者。宁愿嫁与一个地位低贱的人，倒可白头不相离，远胜于做无情无义的贵介公子的小妾。古乐府《白头吟》云："愿得一心人，白头不相离"，"男儿重意气，何用钱刀为！"此处"愿得路旁儿"的意思与之相近。《白头吟》中的女子，听说那男子用情不专，乃与之决绝；这里的弃妾，却是被当作一件物品去与人交换，其命运更悲惨得多了。

萧纲另有一首《咏人弃妾》诗云："常见欢成怨，非关丑易妍。"昔日欢爱已是陈迹，如今只有怨恨，这样的悲剧屡见不鲜；那也并非由于女子色貌已衰，而是因为男子喜新厌旧，太容易变心。这两句诗，可说是概括了许许多多女性的悲惨命运。这首《咏人弃妾》当是写实。《和人爱妾换马》是用乐府旧题，不一定是写某一具体的实在的事件，但其中凝聚了诗人对大量类似事实的感触。作为一名青年贵族，萧纲能对于贵族阶层中这类司空见惯的现象加以反映，并对于不幸的女性表示同情，也算是难能可贵的了。　（杨　明）

春江曲　　萧　纲

客行只念路，相争度京口。
谁知堤上人，拭泪空摇手。

古来写送别的诗正不知有多少。或是写送者“瞻望弗及,泣涕如雨”(《诗经·邶风·燕燕》)的哀伤,或是写行人“将去复还诀”(鲍照《代东门行》)的留恋,或是如“凄凄留子言,眷眷浮客心”(谢惠连《西陵遇风献康乐》)那样,兼写送者与行者的悲凄。萧纲此首《春江曲》却有些特别:他一面写送者伫立堤上,拭泪摇手;一面写行者熙熙攘攘,争着上船渡过京口(在今江苏镇江,当时是大江南北交通要道)。送者肝肠痛断,多么希望行人再回头看她一眼;行者却什么也顾不上,只一心想着上路。静与动,凄清与喧闹,多情与寡意,全诗便由这些矛盾着的因素构成。

五言四句,朴素得犹如口语,也精练到了极点。“客行只念路”的“只”字,叫人知道堤上的情人并不在他念中。“相争度京口”的“相争”二字,使人联想到渡口的喧嚣,同时也和“只念路”呼应——一个人在那种紧张的气氛中往往无暇顾及其他。“谁知”二字,衬出了“堤上人”被撇在一旁的凄清。“空摇手”的“空”字,不但表明那行人并未报以同样的动作,而且暗示他当时也没有怀着同样的心情,越发显得堤上人的枉自多情。五言四句是南朝民歌《吴声》、《西曲》常用的形式,萧纲此首当然是受其影响。但用字的精确和富于暗示性,却又显示出文人诗的特色,也使诗显得含蓄,有言外之意。

我们还想起《西曲歌·那呵滩》中的两首:“闻欢下扬州,相送江津湾。愿得篙橹折,交郎到头还。”“篙折当更觅,橹折当更安。各自是官人,那得到头还?”这是男女倡答之词。女子痴情而那男子却给她泼了冷水。萧纲是否受到这两首小诗的感发而作此《春江曲》的呢?可能是,但亦未必。看来他的灵感主要还是来自亲身经历或亲眼所见。《那呵滩》写的是男女间的事,一看便知;《春江曲》则除了“堤上人”显得柔弱的形象使人感到是一位女子外,并无明确的语句说明是女子送别情人。若不是它被选入《玉台新咏》这部专录与女子有关诗歌的总集,我们甚至不妨看成是写一般的相送情景。行人的“只念路”而不顾念堤上之人,也可能是由于争着渡江的特定环境,而不是他的薄情。可以说,这首小诗超越了男女情事的描写,它敏锐地抓住了送别中有时会出现的一种情景,传达了一种淡淡的哀愁。诗人用了《春江曲》这个题目。春日的江流本该给人生意盎然的明快之感,但诗中写的却是离别的愁绪。作者似乎从这种反差中品味到一种难以把捉的怅惘。诗人的心灵实在是敏感的。 (杨 明)

乌栖曲四首(其一) 萧 纲

芙蓉作船丝作绋,北斗横天月将落。
采桑渡头碍黄河,郎今欲渡畏风波。

《乌栖曲》，见郭茂倩《乐府诗集》。属清商曲辞，西曲歌。这是一首情歌，通篇以女子自述的口吻，描写了情人约会受阻时的急切心情。

首句“芙蓉作船丝作绊”。一上来，作者就以谐声双关的手法写出了女主人公对情人的爱恋之心。“芙蓉”本是荷花的别称，这里暗指“夫容”，“丝”双关“思”。以“夫容”作舟，以思恋为绊（即“笮”，指引船的竹索）。她的深情款款，已可体味了。那么，她为什么要以船、绊作寄托情思的工具呢？这就为读者设置了一个悬念。

次句，“北斗横天月将落”，点出时间。女主人仰望夜空，但见北斗七星横亘天幕，一轮明月将落未落。此时正值子夜时分，四下一片寂静。这句宕开一笔，转入写景，其妙处下文自见。

“采桑渡头碍黄河”，采桑渡，地名，即“采桑津”，据《水经注》记载，黄河过北屈县（治今山西省吉县东北）西南为采桑津。这一句点出地点。然而，这女郎在深夜时分出现于黄河渡口，是等人？还是要过河？仍是一个谜。

“郎今欲渡畏风波”，直到最末一句，我们才知道，她是要去与情郎约会，而情郎却不曾来。至此，我们才恍然了：原来她等待那明月下的幽会，已经等了大半夜了！原来斗曜星低的阔大景象，还起了映衬少女孤单身影的作用！月儿就要隐去了，痴情的盼望快成幻影了。她心中自然是满怀失望的，也许她要怨恨那情郎了吧？然而不，她不去想自己久候的委屈，却先为情郎辩解：他本来是要来的，只是黄河上风浪太大了……这真是一个温厚善良的纯情少女！由此再回想首句，我们对“芙蓉作舟丝作绊”，也将有更深的体味：因为情人久等不至，所以，她才想要用一叶小舟去接他过河。她丝毫不怀疑情人不来，是否有其他原因，却情意绵绵地又是芙蓉，又是丝，将小船装扮得温情脉脉。这少女的痴情之深，难道不叫人又是感动又是赞叹吗？

本诗语言朴素明朗，本色天然。谐声隐语的运用，又使诗歌颇具民歌风味。但诗的结构却回环曲折，耐人寻味，芙蓉小船、月落时分、黄河古渡，要到最后一句，才能让人品出味来。在区区四句二十八字中，能安排出如此众多的伏笔，令人不由地赞叹诗人的匠心巧思。无怪胡应麟赞之为“奇丽精工，齐梁短古，当为绝唱”（《诗薮》），王夫之亦赞曰：“远思逸韵，为太白《横江词》所祖”（《古诗评选》）。

（归　青）

江南弄·采莲曲　　萧　纲

和云：采莲归，渌水好沾衣。

桂楫兰桡浮碧水。江花玉面两相似。莲疏藕折香风起。

香风起，白日低。采莲曲，使君迷。

采莲是宫体诗人心爱的题材，萧纲此首尤为动人。诗人先写道：在那碧绿的水面上，姑娘们驾着轻舟荡漾。她们那光彩焕发的红红的面庞，与荷花交相辉映，一样的美好可爱。满塘的莲房已被采得疏疏落落，藕根也已折断。这就暗示采莲已经多时，将近尾声了。接着写少女们归去的情景。重叠的"香风起"三字，给读者带来一种袅袅的动态。似乎那起于荷塘深处的清风，自远而近，带着幽幽的香气，轻轻地、柔柔地吹拂到你脸上。"白日低"点明了时间，给画面抹上绚丽的残红。就在这美丽的傍晚，少女们唱起了欢乐的歌——这是她们满载着莲藕归来了。那歌声使人神醉，使人忘记了一切，忘记了自己的存在。

梁、陈以至唐代，写采莲的诗歌颇多。有的较细致地写女子的形象，如"随宜巧注口，薄落点花黄"（陈叔宝诗）、"白练束腰袖半卷，不插玉钗妆梳浅"（张籍诗）。有的刻意描绘荷花之美，如"荷香带风远，莲影向根生。叶卷珠难溜，花舒红易倾"（吴均诗）。萧纲却只用"江花玉面两相似"一句兼写人与花。他也不正面写采莲的动作和过程，如沈君攸"度手牵长柄，转楫避疏花，还船不畏满，归路讵嫌赊"那样，而只用"莲疏藕折"四字加以暗示。写采莲的诗常常涉及爱情，此首却又不曾写这方面的内容。诗人只用疏墨淡彩，略略勾勒，轻轻点染。全诗显得十分单纯。作者似乎主要是属意于晚归时的景象——在香风乍起、白日低垂的时候，传来了阵阵美妙的歌声。诗便结束在这歌声里，显得轻灵而余音袅袅。

与内容的单纯、笔墨的疏朗相适应，诗的语言自然、流畅、明朗，有民歌风味。尤其值得一提的是它的音乐性。先是三个七言句，每句入韵；接着四个三言句，隔句用韵；从七言到三言，韵脚转换（包括韵类和声调的转换①）。七言、三言之间，"香风起"三字重叠，起到上下过渡、绾连的作用。这样，全诗的节奏、韵律整齐而富有变化，虽变化而又连成一气。诗从一般地写采莲转到写晚归情景，正与节奏、韵脚的转变相一致。读者不知不觉地被曼妙的旋律带入了美好的意境之中。

这样的节奏和韵律，大体上是《江南弄》曲调的要求。②《江南弄》乃是萧纲之父梁武帝萧衍于天监十一年(512)据南方民歌《西曲》改制而成（见《乐府诗集》卷五十《江南弄》解题引《古今乐录》），萧纲此首《采莲曲》便是依其曲调填写的歌词。表演时大约先由一位歌女领唱全诗，然后大家齐唱"采莲归，渌水好沾衣"两句以相和。试想那清亮和谐的歌声是何等动人！"采莲曲，使君迷"的"君"，当然便是指着欣赏这歌声的听众们说的了。今天我们欣赏此诗，若能配上动听的曲

调歌唱,那将是更能领略其妙处的。（杨　明）

〔注〕① "水"、"似"、"起"三字,中古时都读上声,属于旨部和止部。"低"、"迷"则为平声,齐部。　② 梁武帝所制《江南弄》七曲,其中四首虽也前后换韵,但都是平声韵。另外三首及沈约所作四首,则换韵时也注意到声调的转换。

侍游新亭应令　　萧　纲

神襟愍行迈,歧路怆徘徊。遥瞻十里陌,傍望九成台。①凤管流虚谷,龙骑藉春荄。②晓光浮野映,朝烟承日迴。沙文浪中积,春阴江上来。柳叶带风转,桃花含雨开。圣情蕴珠绮,札命表英才。顾怜碔砆质,何以俪琼瑰。③

〔注〕① 九成台:成,一本作"城",误。　② 藉:践踏。荄(gāi):草根。"藉春荄"即踏青之意。　③ 瑰:"瑰"的异体字。

此诗题标明"应令",当是作者陪同皇太子萧统游新亭时奉命之作。

起头一联"神襟愍行迈,歧路怆徘徊",暗点所游之处新亭。新亭亦称"劳劳亭",建于三国时,故址在今南京市东南。古时送别多在此亭进行,故李白有诗称"天下伤心处,劳劳送别亭"(《劳劳亭》)。萧纲此行是陪皇太子游春而非送别,所言心忧远行,意悲歧路云云,纯系牵合题面的"游新亭"而已。然而,起篇出此衔悲含怨之语,实与全诗旨趣不协,未免为文造情。末尾四句是应酬之辞,所谓"蕴珠绮"、"琼瓌"是赞美皇太子文思之美。"碔砆",一种似玉的石头,是作者自谦之比。这几句奉承皇太子饶富文采,而自己虽奉命作诗,然才资不逮,好比一块石头自难与琼玉相媲美。此诗是"应令"之作,作者在末了要恭谦客套敷衍一番。今观此诗首尾并不为佳。

此诗写得较出色处,在中间大段自然风光描写,它是全篇主要内容。这里不仅"颇有秀句"(陈明祚语),而且巧绘清景。

"遥瞻十里陌"以下四句是围绕"侍游"来写。前两句写登亭眺望,正面看去,春野广袤,十里长陌,纵横绵远;侧面京华遥遥在望,重台叠阁,宫阙巍峨。后两句写游宴之乐,笙管齐鸣,音乐流转于春山虚谷;骑从队队,马蹄践踏着片片青草。这几句笔调开阔,词美韵流,显示出一种高华富丽的气派。

接下描绘春天美妙多变的景观,诗人选择各种不同的角度,采用不同的笔法描写晓光、朝烟、沙文、春阴、桃柳等一系列自然景物,构成一幅幅相互蝉连的生动画面。

"晓光"、"朝烟"两句是依拂晓到日出的时间进程来展示旷野晨景。东方欲晓，曙色微透，晓光初映原野。首句的"浮"字用得极佳。晓光之"浮"野，乃因原野朝雾弥漫，掩带出下句的"朝烟"。此外，"浮"字更巧妙地表现了微熹的晨光与迷濛的雾色交映融合时的缥缈漾动之状，展示晨郊烟光泱漭，野色苍茫的境界。俄尔雾扉顿开，朝烟缭绕中一轮红日冉冉升起。这两句一写晓光浮野，运笔虚涵浑融，色调朦胧；一写朝烟承日，给人以一派天宇辽阔，霞日绚丽之感。由这两幅暗、明色调不同的画面转换表现出日出前后的壮丽景象。此后，诗人把镜头移向最能表现早晴转阴气候变化的春江上。

"沙文浪中积."沙文之积于岸滩，是由于江潮起落涨退所致，故言"浪中积"。诗人不正面描写浪姿波形，却巧妙地通过滩上的道道沙痕见出，确如陈祚明所说写得"饶生致"。这句着重绘形(沙文)，下句突出绘色(春阴)。"春阴江上来"，言江面上天色陡然变暗，阴凉潮湿的气息迎面吹来。这句的"阴"字生动地描绘出天低云暗，春潮带雨的气象，又与上文"朝烟承日"的明丽形成强烈的对照，使人身临其境地感受到春日气候乍晴还阴，瞬息万变。

"柳叶"、"桃花"两句写春雨中的景物。披风沐雨的桃柳，是春天最富有诗意的自然物。"柳叶带风转，桃花含雨开"，娇艳妩媚，春意盎然。后来唐诗人王维袭用此联写过"桃红复含宿雨，柳绿更带朝烟"(《田家乐》)的名句。两者相比，情趣笔法自有不同，王维写的是雨后清晨时的桃柳，以宿雨、朝烟烘衬出桃红柳绿，妙在敷采着色。萧纲写的是春天风雨中的桃柳，妙在描形绘态。言柳叶之"带风"，桃花之"含雨"，柳丝临风袅娜之姿，桃花霑雨盛艳之状宛若目前。虽纯用白描笔法，同样给人柳暗花明，春色浓郁之感。

以上六句，由拂晓写到日出，由早晴转阴写到春风春雨，依时间推移及天气的变化线索组织起丰富多彩的景致，不同画面间转接自然精巧。诗中绘景状物，文辞清美，属对工致，虽用对偶句式，读来仍觉气韵流畅。

清黄子云评萧纲诗曰："简文纤细不必言，而雕绘处亦人所不及"(《鸿野诗的》)。萧纲诗确有纤细、雕绘的特点，这未必就是其优点。然而，他有不少诗的写景很能表现出观察的精细与敏锐。往往能做到描状纤丽细腻而不失之靡弱琐杂，雕绘精致处亦不见繁重凿刻之累，笔触工巧精丽间有清秀疏朗之致，是为其优长。本篇写景也可见出这一点。

(易 平)

玩 汉 水　　萧 纲

杂色昆仑水，泓澄龙首渠。岂若兹川丽，清流疾且徐。离离细碛净，① 蔼蔼树阴疏。石衣随溜卷，水芝扶浪舒。连翩写去檝，镜沏倒遥墟。聊持点缨上，于是察川鱼。

〔注〕 ① 碛(qì)：浅水中沙石。

萧纲常慨叹“无所游赏，止事披阅”。因为生性“好文”，遇有游赏之事，总不忘形于吟咏，“虽是庸音，不能搁笔”(《与湘东王书》)。这首诗，就是他观赏汉水的产品。

汉水乃长江一大支流，西北出嶓冢山(古人以为在今甘肃西礼、天水那一带)，东南于今汉口入江。有“南援三州，北集京都；上控陇坻，下接江湖”之称。当其“猋风萧瑟，勃焉并兴”之时，便有“洪涛涌以沸腾”(蔡邕《汉津赋》)。但萧纲游赏的时候，分明正风平浪静，而且是漫步在江岸边，故能细细领略它的清流细石、绿荷帆影之趣。

开篇四句是展示总览汉水的全景。当诗人登临江岸的刹那间，便被一派清丽的江流激得心旌摇曳：他悠悠联想起传说中流出昆仑墟的青、白、赤、黛之水，当它们交流辉映之时，不知可有汉水这样绚丽多彩？——可见当时汉水正在朝霞光的映照之中。还有汉武帝时代开凿的龙首渠，据说它格外清澈，搬来与眼前的汉水相比，不知可有如此清亮、澄净？呵，“岂若兹川丽，清流疾且徐”！这叠印着明丽霞彩、忽而清波跌宕、忽而潺潺畅流的江川，又岂是昆仑之水、龙首之渠所可媲美！诗人开篇落笔，先以悠悠之思盛推昆仑水之神奇、龙首渠之“泓澄”；然后引出眼前的汉江，凌跨其上。以扬抑之笔，写汉水之姿，更见得它的清丽澄沏、无与伦比。

然后诗人将目光投向近岸之处。首先映入眼帘的，是那水中的细石和疏朗的树荫：“离离细碛净，蔼蔼树阴疏。”“离离”状细石罗布水底的分明之貌，“蔼蔼”画树荫投印水面的舒和之态；再以“净”、“疏”形容，那沙石、树荫仿佛都被清流刷洗过一番似的，显得分外明净、清秀。这可是一笔极好的静物写生。江畔还有苔藻、荷花，在清流中自然更见风姿。倘若不添画几笔，诗人又岂肯放手？于是又有“石衣随溜(小股水流)卷，水芝扶浪舒”二句。“石衣”即苔藻，本来是附着在水石上的。当一股股清流潺湲而过，它们便轻轻翻卷，正如衣衫之随风拂弄。“水芝”为荷花之别名，它的姿态就更美了：那亭亭的绿叶、素洁的花朵，在轻波细浪中左右微摆，宛如一群绿衣少女，舒展开轻盈的舞姿——这便不是静物写生了，简直是一幕梦幻般的动画。谁要想知道萧纲作诗如何“轻靡”，请看这四句就是例子：落笔轻巧而笔致细密，虽然没有力透纸背的苍劲，有时也显得别具风韵。

不过总是这样写，局面未免狭小，又怎能与汉水的一派茫茫相配？诗人大约也发现了这一点，接着两句便推开一些，去描摹大景："连翩写去檝（船桨），镜沏倒遥墟（村落）。"如果把江面当作一幅长卷的画布，此刻江上那鼓楫而过的木船，便在它上面留下了联翩的帆影。正如刚被着墨的画面，那墨色还是水莹莹的。如果把江面当作一面明澈的巨镜，此刻那散布江岸的远村近落，便全被将倒影收入了镜中。仿佛是海市蜃楼似的，在清波中悠悠浮漾。以画布、镜面作比，本不能显示汉江的开阔气象。但诗中用了"去"、"遥"这两个较有距离感的词语，便多少把境界拓展了——一条清澄明丽的汉水，就这样载着联翩船帆、印影着无数村落，横现在读者眼前。

观赏江景总不能没完没了。诗人对汉水的赏玩至此已尽，兴致却还浓得很！他还要在江边逗留，尽那犹浓之兴。诗之结尾，由此出现了诗人持竿垂钓的一幕："聊持点缨上，于是察川鱼。""点缨"即细细的丝纶，这里代表钓鱼之具。"察鱼"之兴取代了观景之趣，诗写至此悠悠收止了；诗人却静静地坐了下来，披着一肩疏落的树荫，正等待着上钩的"川鱼"。

读者可以看到，萧纲这首诗，也与他的其他诗作一样，带有"吟咏情性"的特点。诗中展示了很美的景物，表现了一种赏景寻趣的闲适之情。若要找什么身世遭际的感慨、忧国忧民的情怀，此诗没有。作为对于山水景物的审美观照，它也不像李白那样，有一种"登高壮观天地间，大江茫茫去不还。黄云万里动风色，白波九道流雪山"（《庐山谣寄卢侍御虚舟》）的壮思奇境。萧纲作诗讲究"巧心"、"妍手"，所以总在细巧、清妍处花功夫。连苍茫的汉水之美，在他笔下也变得如此清绮。美则美矣，总不免美得柔弱。不过，此诗不施浓彩，尚无那种"粉脸傅斜红"、"朱汗染香衣"之类的"滞色腻情"。在他的诗作中，还是较好的一首。

（潘啸龙）

饯临海太守刘孝仪、蜀郡太守刘孝胜　　萧 纲

碣石临东海，峨嵋距西候。①
两杜昔夹河，二龙今出守。
方无夜犬惊，向息神牛斗。
凉风绕轻幕，麦雨交新溜。
念此一衔觞，怀离在惟旧。

〔注〕 ① 西候，当是送别之地。晋人孙楚有《征西官属送于陟阳候诗》，朱鹤龄云："陟阳，

亭名。候，亭也。西候谓此。”（见仇兆鳌《杜诗详注》）隋尹式诗云“西候追孙楚，南津送陆机”，以西候、南津对称，为地名无疑。

作者的朋友刘氏兄弟即将出任临海、蜀郡太守。临别之际，萧纲设宴饯行，并写了这首诗。据《梁书·刘孝仪传》，孝仪之出守临海在梁武帝大同十年。又按本篇有“二龙今出守”一语，可知本篇当作于大同十年，二刘即将赴任之际。时萧纲四十三岁。

这是一首送别诗，主要表现了作者对友人远行的惜别之意。

前四句，紧扣诗题，含蓄地点出了二刘出守这一层意思。“碣石临东海，峨嵋距西候”，作者虽没有明说二刘出守之事，但濒临东海的碣石在临海境内，岂非指孝仪而说？峨嵋乃蜀中名胜，当然是孝胜的辖地。不明言人物，却都一一点到；不直说任地，却借辖地的名胜一一指明，切扣题目，含蓄而又分明。“两杜昔夹河，二龙今出守”，紧承上文进一步加以补充、发挥。“两杜”是指西汉杜周的两个儿子杜延寿、杜延考。《汉书·杜周传》云：周位至三公，二子亦仕途顺利，分别出任河南、河内太守，“夹河为郡守，家訾累巨万矣。”（参王先谦《汉书补正》）援古例今，意在褒扬。今日二刘之出守，不是犹如当年两杜佳话的重现，同样显赫、荣耀吗？这里诗人巧用典故，显得贴切自然，言约意丰。以“二龙”喻二刘则寓有赞美、期望之意。犹如飞龙升天，此后二刘正可施展抱负，成就一番功业。这二句相对成文，笔法错综，前句用典，后句直喻；前句援古，后句说今；前句为宾，后句是主，都是对二刘的称扬、赞美。

接着四句，作者掉转笔锋，宕开一笔，转而描写饯别之际的气氛、景色。“方无夜犬惊，向息神牛斗。”“神牛”典出张华《博物志》“九真有神牛，乃生溪上，黑出时共斗，即海沸，黄或出斗，岸上家牛皆怖，人或遮则霹雳，号曰神牛。”（见《博物志》卷三）此处虚写，不过借指那些惊心动魄的情景。这是一个宁静的夜晚，一切喧嚣、繁杂之声都已消失，周遭充溢着平和、静谧的氛围。甚至连狗的吠声也听不到，更不用说那些翻江倒海的情景了。“方无”，“向息”两词连用，一气贯注，一实一虚，共同营造出一片静夜的气氛。“凉风绕轻幕，麦雨交新溜”，寥寥几笔，便勾画出一幅清新明净的图画。凉风习习，拂动了室中帘幕；飒飒细雨，交汇成道道细流。幕布而冠以“轻”字，轻柔之状可见，意在衬出风之轻微。不说风动帘幕，却着一“绕”字，足见炼字之妙，生动地传达出微风拂煦的状貌。“麦雨”暗点节令，是麦子将熟时节。“溜”，水流也。写雨，偏不从正面入手，却从细流下笔，可见构思之巧。此二句纯用白描，设色淡雅，无一奇字，却极精确、传神。且两句偶对，自然工整，却又不失生动流丽，成为本篇熔情铸景，精美清新的佳句。

“念此一衔觞,怀离在惟旧”在上文作了层层铺展、描绘后,至此方归结到离情的抒发上。临别之际,心绪黯然,劝君杯酒,因念今日分别,此后自重会不易,那就只能借往昔的记忆重温这珍贵的友情了。感情沉郁低徊,在一片唏嘘慨叹声中戛然而止,却给人留下了不尽的情思与悠悠的思慕。

本诗风格蕴藉含蓄,形式上则对仗工稳,全篇除末二句外,其余几联全为对偶句,是萧纲诗中较有特色的一篇。 (归 青)

经琵琶峡 萧 纲

由来历山川,此地独迴邅。百岭相纡蔽,千崖共隐天。横峰时碍水,断岸或通川。还瞻已迷向,直去复疑前。夕波照孤月,山枝敛夜烟。此时愁绪密,□□魂九迁。

这是一首纪行诗,写作者途经琵琶峡时所见的雄奇景色,着重描写了行船峡中的惊险激烈场面和作者恐惧、紧张的心理。

“由来历山川,此地独迴邅。”起首二句,总领全诗。“迴邅”二字贯穿全诗,是对琵琶峡险恶形势的总的概括。萧纲是游历过名山大川的,他在出守地方为藩王时,曾到过不少地方,饱览奇山异水。第一句即说明这一点。第二句一个“独”字,笔锋一转,说这一次途经琵琶峡,却是他一生中难忘的经历,其惊险壮观远远超过了他以前各次的游历。这二句由泛说到具体,由“山川”引出“此地”,突出了琵琶峡及其地理特征。

从第三句到第十句是全诗的主干,展现了行船峡中的惊险场面。“百岭相纡蔽,千崖共隐天。”“百”“千”用以形容琵琶峡两岸崇山峭崖之多。“纡”是弯曲的意思。前句说明琵琶峡的两岸不是直线的,而是迂回曲折的。群山沿着河岸逶迤起伏,重重叠叠,互相遮蔽。这是从横的角度言。次句则是从纵的角度写,“隐天”写出两岸山势之高。断壁峭崖,直插云天,遮天蔽日。同时也暗示了两岸之逼窄。人在峡中,翘首仰望,只露出一线青天。这二句描写岸上之景,不仅只是实写,而且起着一种渲染、烘托环境气氛的作用。一上来就给全诗罩上了一层险恶、愁惨的气氛。

岸上的地形已如此险恶,水上情景更令人惊心动魄。“横峰时碍水,断岸或通川”,这二句从正面描写峡中行船的情景,可说是“迴邅”二字的注脚。这段水路险象环生,但见水流湍急,河床忽宽忽窄,曲折迂回。一会儿有山峰横亘在前挡住去路,水势至此而急转直下;一会儿眼看船将到岸,忽然柳暗花明,眼前突现一条淼淼大川。这二句具体描绘船行时的景象，同上二句相比，可说是动态的描写，写出了一路船行景物的变化，使人领略到峡中行船的惊心动魄。

“还瞻已迷向，直去复疑前。”这二句诗结合着人物的心理感受写琵琶峡的险峻奇特。“还瞻”句写作者在舟中回首顾望时所见所感。在峡中行舟，犹如进入迷宫，景物变化之快，令人目不暇接，才一回头，景色已变，迷失了向来之途径。这说明峡中水势之急，有如风驰电掣。“直去”句则写出了作者往前看时的心理活动。河水奔腾，险象环生，真不知该怎么走才好。一个“疑”字，透露出作者的惊惧疑虑心理。写到这里，作者对琵琶峡湍急的水流、奇丽惊险的风光已作了尽情的描绘，让人紧张得喘不过气来。

接下来的二句，却在奔腾喧嚣、紧张惊险的镜头中突然插入一片静景，“夕波照孤月，山枝敛夜烟。”用以静衬动的手法渲染出琵琶峡的险峻形势。本来黑夜就带有几分神秘的色彩，何况是在这样一个陌生而充满危险的地方。山间一轮明月孤孤单单地挂在空中，月光下河水起伏奔腾，山间的花草、树木在朦胧的夜色中若隐若现。这里，画面上似乎是一片宁静，但夜色笼罩下琵琶峡的神秘莫测感，却渗透在景物的描写之中了。全诗至此已完成了对“琵琶峡”旅程的描写。

最后，作者以“此时愁绪密，□□魂九迁”（□□是缺字）作结。这是作者直抒胸臆的自白，是对这段艰难航程的内心体验，表现了作者在大自然的暴怒前的恐惧、紧张心理，可说是要言不烦的点睛之笔。（归 青）

咏内人昼眠 萧 纲

北窗聊就枕，南檐日未斜。
攀钩落绮障，插捩举琵琶。
梦笑开娇靥，眠鬟压落花。
簟文生玉腕，香汗浸红纱。
夫婿恒相伴，莫误是倡家。

摆在面前的这首诗，不少读者大概会觉得眼熟，因为它历来就被当作宫体诗的代表作，每当批评宫体诗的时候，就少不了要点它的名。这里将它列为鉴赏对象，用意也就在为它说几句公道话，还它本来面目。

此诗遭到非议，首先是它的题目惹来的。不少人一望“咏内人昼眠”几个字就感到老大的不顺眼。在他们看来，诗歌是圣洁的，怎么写起妻妾白日睡觉来呢？这不是淫荡、堕落是什么！他们的依据就是儒家的“经夫妇、成孝敬、正人伦、美教化、移风俗”的诗教观念。但如果以文学自觉的观念为衡量标准，即认为诗歌是一门独立的艺术，它以反映生活、抒发感情为天职，那么此诗所写也就没有越什么轨，犯什么禁条。因为妻妾午睡也是日常生活，如果觉得有什么意义，当然可以入诗。充其量只能说是题材狭小，但题材狭小是整个宫体诗的缺点，不能以此来判定一首具体诗作的优劣成败。笔者倒认为这种题材恰恰是在当时的历史条件下，作者所能够做得到的对传统的文学观念的冲击，是力图将文学的触觉伸向生活的每一个角落的一种尝试，成绩虽然不大，精神还是可贵的。

现在再来看看这首诗究竟写了些什么。首二句“北窗聊就枕，南檐日未斜”，点明了妻子昼眠的地点与时间。在北窗下午睡是古时的习惯，因为古代建屋多坐北朝南，每至夏日北窗之下最为凉爽，陶渊明就说过：“五六月中，北窗下卧，遇凉风暂至，自谓是羲皇上人。”（《与子俨等疏》）“聊就枕”是说暂且依枕而卧，一个“聊”字已透露出这个女主人公的娇气、慵态。南边屋檐下的日影不见一点偏斜，自然是正午时分。这两句意在说明自己的妻子是在最标准的时间，最适宜的地点睡午觉的，为后面的具体描写制造环境和气氛。三四句写的是妻子睡前的准备。“攀钩落绮障”是说攀着悬挂着帷幛的钩子，将华美的帷幛垂落下来。“障”就是室内的帷幛。“插捩举琵琶”是说将琵琶拨子插好，将琵琶托举起来安放他处。“捩”即琵琶拨子。说明诗人的这位妻子是在那里弹琵琶而感到困乏的，与首句的“聊就枕”呼应。放下帷幛，收拾琵琶，都是极平常的举动，大概在这位夫婿的眼中，她的一举一动都是优美的，甚至包含着某种情意，也就摄入诗中。以下四句集中描摹睡眠时的各种姿态。“梦笑开娇靥，眠鬟压落花”，是说入睡的妻子作了美梦，娇艳的脸上笑出了酒窝；堆在枕上的乌云似的发髻，散压在由窗外飘进的落花上。这是极富表现力的两句，云鬟与落花无论是颜色还是光泽都形成鲜明的对比，以此为背景衬托着泛出笑意的娇嫩的睡脸，实在就是一幅充溢着青春、美丽与幸福的图画：环境是那么幽雅、宁静，女主人公是那么青春焕发，从她脸上绽开的酒窝中，可看出她对自己的婚姻、家庭等感到十分满足。如果说此二句写的是睡后不久出现的姿态，那么“簟文生玉腕，香汗浸红纱”，就是写睡了较长时间以后出现的情景：洁白如玉的手腕上印上了竹簟的花纹，散发着香气的汗水浸透了红色细绢制成的夏衣。这是观察细致、刻画入微的描写，但不是精彩的描写，因为这种睡相本身缺乏特色，谈不上什么美。当然在丈夫眼中，这也是看不够、赏不足的，所以才这么特别上色着彩。末二句转入写醒着的丈夫对睡着的妻子所表现的情意：“夫婿恒相伴，莫误是倡家。”意思是说，始终陪伴着她的，连午睡都守候在旁的是我这个做丈夫的，不要误认为她是青楼的娼女。此话粗看似乎有点轻薄，将自己的妻子与娼女相比，岂非对妻子的不敬？细论起来，这也是夸赞自己的妻子和炫耀他们夫妻之间形影不离的幽默话。因为娼女与荡子的相爱虽是热烈的，却是短暂的，也正因为短暂，才显得热烈。可是诗人与妻子是终日相伴，白头偕老的，却仍然像娼女与荡子那样热烈相慕相爱，说明他们之间的爱情超乎寻常。当然其中也明显地带着一种调侃意味。如果不按封建礼教来看待夫妻关系，对娼女还有几分同情心的话，这种幽默与调侃是没有什么不可的，相反倒能体现着某种深情，别具一种风味。

由此看来，此诗并无色情可言，格调虽然算不上高雅，但也不能贬为低级、庸俗。作者把妻妾昼眠这种极普通的家庭生活，加以美化，赋以诗意，旨在表现夫妻爱情的甜蜜与温馨，应该是一种拓新，是文学观念更新后的一种探索，无可厚非。

在艺术上此诗也是成熟的。

首先是结构谨严而又活泼。首二句叙事，不用对仗，以舒缓的节奏入题；末二句抒情，也不用对仗，倜傥活泼，意味深长。中间六句恣意描写，全用对句，意态圆足，整饬绵密，是全诗的主体。这个主体与首尾相连，就显得严整而不拘板，活泼而有章法。这是作者在施展技巧的时候，既注意了雕琢，又注意了自然的结果。

其次是描摹细腻工致。此诗作于隶事之风盛行、文章殆同书抄的时候，并未用一个典故，也不用比喻和夸张一类手法，就凭着细微的观察，作直接的描摹。作者仿佛要向人们显示，自己的妻子午睡，本身就是一幅美妙的画，只要用文字记下来就是一首动人的诗，一切夸张、比喻、用事对她都是多余的。他的描写确乎不同一般，注意了多角度、多方位的效果。有动态描写，如攀钩、插捩、举琵琶；有静态描写，如梦中笑靥、鬓边落花；有色彩的调配，如云鬟、落花、玉腕、红纱；有色香的交融，如红纱、香汗。由此呈现在读者面前的，确乎是一幅鲜明生动的睡美人图，这种描摹女性体态的功夫不能不承认它是精明工巧的。

话说回头来，此诗之所以历来被人另眼相看，甚至被泼上污水，除了批评者的偏见以外，也有它本身的缺陷。那就是它只注重描摹妻子午睡的形体姿态，而忽视了开启她的心扉，窥视她的心灵，使得她只具外在美，不见内在美，难免使人说它的描写带点“肉感”。再是由于偏重睡姿描写，难免使人怀疑诗人的“夫婿恒相伴”的表白，是出于内人姿色的诱惑，而不是出于灵犀暗通的爱情，以至于招来“淫荡”的讥议。萧纲曾经发表过对于作人与作文的大胆的看法：“立身之道与文章异。立身先须谨重，文章且须放荡。”此诗大概就是他的放荡之作。既是放荡，

就会不稳重；不稳重就难免出现这样的偏差。　（谢楚发）

和湘东王首夏　　萧　纲

冷风杂细雨，垂云助麦凉。
竹水俱葱翠，花蝶两飞翔。
燕泥衔复落，鶗吟敛更扬。
卧石藤为缆，山桥树作梁。
欲待华池上，明月吐清光。

湘东王就是萧纲之弟萧绎（后来的梁元帝），这两兄弟间常有倡和，本诗就是萧绎《首夏》诗的和作。首夏，即初夏。

“冷风杂细雨，垂云助麦凉。”这是一个别具一格的夏日。习习的小风飘游在空中，时不时拂过身旁，送来一扑扑冷气；细细的雨线夹杂在风里，稀拉拉洒在脸上，生出一缕缕快意。四月，正是麦子熟甸甸的季节，正是麦气热烘烘的时候，可今天却两样，乌云阴丝丝地垂到天际，把恼人的太阳遮蔽得严严实实，把躁人的炎气驱除得干干净净。是夏天，却不见夏意，这般难得的场景，这般难得的诗材，若是轻轻放过了，还算得上诗人么？当然要用淡淡的笔墨，把这“凉夏”的特色来细细描绘——

“竹水俱葱翠，花蝶两飞翔。”先看这“凉夏”中的竹树。难得今天日头不见了，小河里一不蒸出热气，二不反射阳光，岸边翠竹的倒影轻轻地在水面摇漾，远远望去分不出是水是竹，只觉葱绿一片，叫人心神皆怡；难得今天凉风起来了，那落花一不直坠地面，二不无精打采，却被风吹得和树周的蝴蝶一块儿舞动起来，远远望去辨不清花飞蝶飞，只觉色彩迷离，叫人眼花缭乱。

“燕泥衔复落，鶗吟敛且扬。”这是“凉夏”中的禽鸟。躲了多时炎热的燕子，在轻风微雨里开始低低地飞出来，找寻巢泥去了；叫毒日晒得喘不过气的杜鹃，也终于跃到树端拉开嗓子，叫起哥哥来了。那燕子太贪了，衔了老大一块土，飞到半途便掉了地，叫放眼远望的诗人看见了好不好笑；那杜鹃太神了，声调一会儿收拢一会儿曼扬，倒似诗人自己的吟哦之声，又叫倾耳细听的诗人想到时不觉失笑。

“卧石藤为缆，山桥树作梁。”最后是“凉夏”中的小山。山石静静地卧着，那野藤似乎感到它的寂寞，亲热地探出身子，把它轻轻搂定；山桥颤颤地架着，那野树似乎担忧它的不稳，殷勤地伸长腰肢，和它紧紧靠住。到底是在舒心愉快的气氛中，连诗人眼里的景物也情意绵绵起来了。

多么悦目的风景，多么惬意的气候，这还是阳光在云层外乱撞、麦气在田野里蠢动的白天呢！“欲待华池上，明月吐清光。”要是到了晚上，一轮明月代替了太阳，满地清光代替了炎气，那如画的池塘边，又该有多少凉意可供醒神、有多少佳景可供赏玩？这初夏还有什么烦人？这分明是宜人的夏天！

全诗有大笔造氛围，有工笔绘细物，氛围笼罩了细物，细物深化了氛围，二者配合得十分和谐；有工整的对仗写眼前的景物，有挥洒的结句写心中的期待，景物撩逗起期待，期待总收起景物，二者转接得十分自然。一个别致得叫你不相信自己眼睛的初夏日，就是这么和谐而自然地在诗人笔下诞生了。说起士大夫的闲情逸致，总有人要不禁地皱眉，如今这番闲情逸致，怕不叫你赏爱得眉开心欢？

（沈维藩）

秋 夜　　萧 纲

萤飞夜的的，虫思夕嘤嘤。
轻露沾悬井，浮烟入绮寮。
檐重月没早，树密风声饶。
池莲翻罢叶，霜篆生寒条。
端坐弥兹漏，离忧积此宵。

从政治和历史两大范畴中蜕变出的文学，在六朝勃兴。文人们着意于文学样式的形式美和意象美，追求政治、历史之外的意念，不仅对文学自身的发展起着极为重要的作用，而且对人自身的发展也起了极为重要的作用。萧纲的《秋夜》，正是这个历史的银河系中一颗闪烁的小星星。

“萤飞夜的的，虫思夕嘤嘤。”秋节来临，萤飞有光，虫鸣有声。的的，是光明之状。嘤嘤，草虫鸣声。两句属对工整，但行文别致。夜的的，是因为萤火虫尾部发光，不说萤火夜的的，而说“萤飞夜的的”，着一“飞”字，其景象大体和“云破月来花弄影”之“弄”相似，使茫茫夜空，顿现一特殊境界：神秘、新奇、静谧……宁静而神秘的秋夜，虫声嘤嘤，以响衬静。而嘤嘤不冠以“虫鸣”，却冠以“虫思”（思，情思之意），神韵顿来。盖“虫鸣”太俗，而“虫思”清雅。虫鸣有情，岂不令人神魂颠倒？

“轻露沾悬井，浮烟入绮寮”，将秋夜深入一层。如果说上两句从视觉和听觉入手，那么这两句则深入一层，从感觉来展开。秋夜天清气凉，轻露凝集于井边护栏之上,浮烟露气,侵入绣户绮房,室内室外,皆有清凉之感。如果说上两句从视觉和听觉的角度强调秋夜的静谧,那么,这两句便是从感觉的角度来强化秋夜的静谧。同时,这两句在对偶时,作者注意辞藻的选择,且不说"轻露"与"浮烟"、"悬井"与"绮寮"的精巧,即"沾"与"入"二字,一状露凝于外,一形烟侵于内,确令人叫绝。在字词上下功夫,是六朝文学的特点,也是萧纲的特点。

"檐重月没早,树密风声饶。"秋夜难眠,唯见月亮早落,唯听树间风声飒飒。这是两个因果关系的句子。因为重檐高屋,遮掩月光,故显得早落;因为树密,风吹枝颤,声响特著,所以才"风声饶"。这两句在构思上别具风采,上句"檐重月没早",实中见虚;下句"树密风声饶",虚中见实,引人入胜。

"池莲翻罢叶,霜篆生寒条",以秋天特有景色往忧思过渡。翻,就是"落"。池莲落叶,不仅给人衰飒之感,而且给人更多的联想。篆,一种小竹。条,就是"枝"。秋日霜篆生寒枝,不仅标志时间的转换,而且能激荡人的情绪,所以作者以"端坐弥兹漏,离忧积此宵"结束全诗。弥,是终了之意。漏,古代计时器,以铜器贮水,刻纹为度,滴漏以计时,此指一夜时光。平坐终夜,离忧百结,伤怀备至。以"离忧"总揽全诗意象,只是意象和意念之间关联得不太紧密。　(汤贵仁)

大同十年十月戊寅　　萧　纲

喧尘是时息,静坐对重峦。冬深柳条落,雪后桂枝残。星明雾色净,天白雁行单。云飞乍想阁,冰结远疑纨。晚橘隐重屏,枯藤带迥竿。荻阴连水气,山峰添月寒。

《颜氏家训·文章篇》引沈约的话说:"文章当从三易:易见事,一也;易识字,二也;易读诵,三也。"沈约去世时简文帝萧纲才十岁,但简文帝受他的影响很深,在《与湘东王论文书》中,推崇他是"文章之冠冕,述作之楷模"。简文帝有些诗作明白流畅,不加诠释即可诵读。虽然时或伤于轻绮,甚至流于庸俗,但多数写景之作都清新典雅。这首《大同十年十月戊寅》即是一例。

大同十年,即公元544年,简文帝入主东宫已经十三年。在文学侍从之臣庾肩吾、徐摛等人的培养熏陶下,他的诗早已形成了宫体风格。大同十年前后他与文学诸臣唱和酬答,写了不少作品,其中标明作年的,就录有《大同八年秋九月》、《大同十年十月戊寅》、《大同十一月庚戌》三首诗。虽然不是同年创作的,但时序上的有机排列很明显,第一首作于重阳节,是初秋;第二首作于秋冬之交;第三首作于冬季。而第二首写得最有特色。

诗作虽然明白如话，但还有几处需要解释一下。“喧尘”，尘是佛教用语，指人世；喧尘意即繁闹嘈杂的人世。“枯藤带迴竿”，“带”作“映带”解。杜甫“暗水流花径，春星带草堂”中的“带”与此义同。“竿”，竹之主干，《诗经·卫风·竹竿》：“籊籊竹竿，以钓于淇”，此处即借指为竹子。回，迂回曲折的意思。干枯的藤条与错综迂回的竹子若即若离，上句的“晚橘隐重屏”，意即深秋的橘树在重屏后若隐若现。两句都是以虚写实的手法。

起句便有意思。“喧尘是时息”，不是因为尘喧已静才来独坐，而是因为独坐忘机，才尘喧顿息。这两句好像王熙凤那一句“一夜北风紧”一样，留了无限的余地给下文。独坐望山，最能引人遐想。李白“相看两不厌，只有敬亭山”，在这忘怀万虑、凝神寂照的相望中，蕴含着多少心灵的默契。辛弃疾的名句“我见青山多妩媚，料青山见我应如是，情与貌，略相似”，更一语道破了物我为一的契合。“静坐对重峦”，仿佛一架五彩屏风即将展开，眼中的景致也要淋漓写来，为读者留下丰富的想象余地，形成对下文的期待。

后面十句，每两句都形成工整的对仗，声律十分和谐，而对于字句的选择提炼也达到了熟练自然的程度，虽然不够简练，但秋冬之际的萧条冷落是被勾画出来了。“冬深柳条落，雪后桂枝残”，柳条是早已凋落，就是终年苍翠的桂树，被积雪压过也显露出了衰残之态。这两句点染景物色彩萧淡，透出一重幽冷之意。“星明雾色净，天白雁行单”，这两句最有意境。秋冬之际的夜空，星明雾净，旷远澄澈，沁人心脾，色彩的纯洁明净带来空灵飘远的感觉。“天白雁行单”，似乎与夜空矛盾，但简文帝另一首《夜望单飞雁》中有“天霜河白夜星稀，一雁声嘶何处归”之句，正好给“天白”作了注脚。“天白”当是指在明星、银河辉映之下，夜空明亮澄澈。在明澈的夜空里，一行鸿雁孤单地南飞而去。这飞动的雁行以不同于全篇的动感增添了景物的幽谧。这与同时代诗人王籍的“蝉噪林愈静，鸟鸣山更幽”是同一手法。这种技巧的掌握，对梁代的一些优秀诗人来说，也许已经是颇为自觉的了。

“云飞”两句则由赏景沉入浮想：当天边升起参差的暗云时，就仿佛是海市一样，令人想起那是变幻不定的重楼叠阁；而远处河塘凝结的薄冰，从高处看过去，也教人疑心是铺展开的一袭洁白细绢（纨）。这似乎是比喻，其实不是，而是一种观赏中的幻觉意象。运用这种方式展示客观景物，既生动形象，还巧妙地传达了诗人的主观感受，使对“云飞”、“冰结”之境的描绘，带有了一种迷离恍惚的效果。

当诗人从远景的浮想中，收目俯临宫苑近处，景物便又不同。此刻吸引他目光的，已是夜色中的“晚桔”和藤、竹。在屏围宫苑的重重墙垣间，时可见到暗绿的树影，那就是屈原所歌咏过的南国之桔了。而今是在冬天，它虽不再有“绿叶素荣”的纷缊之态，大约还保持着“苏世独立”的苍青之色吧？假山、苑池边，则还有蔓延的细藤，正如游蛇似的，不过已消尽了绿意。唯有竿竿细竹，从纡曲的山石后探出，依然疏影飒飒，不失春夏之气韵。诗中的“重屏”、“桔藤”，本不能引起多少美感。但诗人掩映以四季常青的“晚桔”和绿竹，便顿然使画面增添了几分暖意和生气。

末两句“荻阴连水气，山峰添月寒”，比较费解。荻是水生植物。白居易“枫叶荻花秋瑟瑟”，刘禹锡“故垒萧萧芦荻花”，荻花多与秋天的萧瑟凄凉相联系。荻花的阴影连着冰面上飘浮的水气，而重峦叠嶂的峰影，仿佛因惨淡的月色而更加清寒。姜夔“淮南皓月冷千山”的名句不妨认为从这里脱化而出。月冷千山、峰添寒气，本来无分彼此。王勃的诗：“乱烟笼碧砌，飞月向南端。寂寂离亭掩，江山此夜寒”，同样把山寒水冷与清月相联系，这种意象选择上的不谋而合，恐怕不是偶然的巧合，只是唐诗宋词后出转精，气度已大大超出了简文帝的作品。

纵观全诗，虽然骨气柔弱，但艺术上的感受提炼还是敏锐而精致的，所以才把它作为赏析的标本，视为这一流派的代表作之一。 （沈玉成 潘啸龙）

晚日后堂 萧 纲

幔阴通碧砌，日影度城隅。
岸柳垂长叶，窗桃落细跗。
花留蛱蝶粉，竹翳蜻蜓珠。
赏心无与共，染翰独踟蹰。

这首诗描写傍晚时分的宫苑景色，表现了作者对自然景色的欣赏，也流露出作者的孤寂心绪。

起首二句，“幔阴通碧砌，日影度城隅”，一上来先展示了主人公所处的时间及其地点，暗扣诗题中“晚日”、“后堂”字面。这是傍晚时分，夕阳西下，堂上帘幔的阴影正渐渐延伸到台阶上，而城隅的影子也随着晚日在慢慢地移动。这里，作者并不只是简单地交代一下时间，其构思之妙在于诗人借着日色光影的变化写出了时间流逝的动感。“通”、“度”两个动词的使用又极准确、传神地传达出时间流淌的速度，从而将抽象的时间概念转化为触目可见的具象。诗中“碧砌”、“帘幔”等带有特征性的事物也在暗示人们，这就是“后堂”。这样，首二句就为全诗的展开布置了一个特定的时空背景。

紧接的四句是对晚日后堂景色的具体描绘。先看三、四句,“岸柳垂长叶,窗桃落细跗”。这是实写当前所见,且暗点节令。前句是远眺,后句是近瞩。我们随作者的视线朝远处望去,但见岸边柳树成行,枝条低垂不动;回视近处,窗外桃花已经凋零,连花萼也在悄然无声中一片片坠落。时节已是暮春,岸柳犹绿,而桃花正谢,触目所见都有几分萧条、冷落。“窗桃”一句犹如电影中之特写镜头,将桃花开尽,花萼无力坠地的过程细致地展现出来,甚为传神,且益加增添了环境的凄清。“跗”(指花萼)而状之以“细”,可见细微之甚。作者将“落细跗”这一不易为人察觉的细节摄入镜头,固然表现了他深邃的观察力,但从创作心理而言,却分明地透露出作者内心深处的寂寞。唯其无所事事,在孤寂无聊中打发时间,才会使他的注意力集中到那些细微之景上,从而使他的感官异乎寻常地敏锐起来。

“花留蛱蝶粉,竹翳蜻蜓珠。”这二句是用想象、夸张之辞,虚写宫苑景色。蛱蝶即蝴蝶,翅上有粉末。“蜻蜓珠”则是指蜻蜓的头。典出晋张华《博物志》“五月五日埋蜻蜓头于西向户下,埋至三日不食,则化成青真珠”(据范宁《博物志校证》。注者认为此处“真”字疑是衍文。),这二句写热闹过后的残迹,并用先前的喧闹反衬出目下的凄清。这里曾经是一个充满生趣的世界:有上下翻飞的彩蝶、忙碌飞舞的蜻蜓,而今这一切景象都已消失,庭园里重又归于一片死寂。只有花枝间沾染的“蛱蝶粉”和竹林里掩埋着的“蜻蜓珠”似仍在提醒人们,这里曾一度有过的愉快、热烈的场面和气氛。作者在不经意间流露出对往昔热闹景象逝去的惋惜和对眼前凄清、冷落气氛的怅惘。

于是,很自然地逼出了最后二句,“赏心无与共,染翰独踟蹰”。至此,读者方始明白,上面所写的宫苑之景都是在暗示主人公的孤寂之感。在诗人看来良辰美景固然美妙,但无人共赏,没有知音,不能不说是人生的憾事。诗人默默地咀嚼着孤寂、落寞的况味,心头笼罩着一层忧郁的阴影;难以排解,只能在踟蹰沉吟中,把一丝淡淡的哀愁寄诸笔端。至此,全诗的脉络始得一个归结,作者也在对晚日后堂景色的描绘中完成了点睛的一笔。

需要指出的是,这首诗已具备了五言律诗的雏形。其声律为,“仄平平仄仄,仄仄仄平平。仄仄平平仄,平平仄仄平。平平平仄仄,仄仄平平平。仄平平仄仄,仄仄仄平平。”全诗除第三联与第四联之间失粘外,从总体上说,基本上合律。换言之,全诗是被分成了两首不同格式的五绝,诗的前半部分已完全符合近体诗的格律,后半部分则是“平平平仄仄,仄仄仄平平”的重复使用,而这是齐梁体格律诗中经常采用的一种对式律联。这说明萧纲对于声律的掌握已趋自觉，能有意识地做到声韵协调，平仄相对，而且对仗精巧工整，显示了作者纯熟的技巧。诚如许学夷所说："五言至梁简文而古声尽亡，然五七言律绝之体于此而备，此古律兴衰之几也。"(《诗源辩体》)　　　　　　　　　　　　(归　青)

登板桥咏洲中独鹤　　　　萧　纲

远雾旦氛氲，单飞才可分。
孤惊宿屿浦，羁唳下江渍。①
意惑东西水，心迷四面云。
谁知独辛苦，江上念离群。

〔注〕 ① 渍(fén)：沿河的高地。

板桥，地名，在今南京市西南长江边。此诗作于何年未详，但萧纲被侯景立为皇帝后，形同囚犯，必无可能到板桥一游，故此诗应是他为太子或更前时的作品。

"远雾旦氛氲"，写出江南特色：水乡泽国，晨雾朦胧。氛氲，气盛之貌。由于江中的独鹤是在远处，又为大雾所笼罩，故它的"单飞"，只是勉强可以分辨出来的。"才可分"三字，强调了"远雾"的"氛氲"，体现了诗人观察的细致和状物的精工。

"孤惊宿屿浦，羁唳下江渍"，承上文"单飞"引申展开。屿，水中小岛。浦，水边。江渍，江边高地。那孤独的白鹤，对自己一晚上宿在洲畔猛吃了一惊，它不由得惊叫起来——那是失群羁处的哀唳之声，它赶紧沿着江边飞去——去追逐昨夜的同伴去了。"宿屿浦"而"孤惊"，"下江渍"而"羁唳"，着意强调独鹤孤单惊恐的神态与伤感凄凉的鸣声，一方面固然是重视辞藻的连缀，另一方面也是给咏物增添感情色彩，为下文"谁知独辛苦、江上念离群"作氛围上的铺垫。

"意惑东西水，心迷四面云"，这二句又紧承"下江渍"。句中的"意"与"心"，为互文见义。独鹤意欲寻觅同群，然而雾色正浓，它不觉迷惑起来——这白茫茫的江水，该往东还是往西呢？这四周的云雾，又该朝哪一面去穿透呢？独鹤孤寂伤神，心志到了失去常态的地步。从构思的角度说，中间两联颇有特色：前两句将动态感情化，后两句将感情动态化，不仅结构摇曳多姿，而且在诗思上互相发挥，互相深化。从遣词造句的角度说，四句皆属对工整，其中后两句平仄相对，大体和五言律句相似，使我们清楚地看到了从永明体向初唐五言律诗发展的轨迹，值得注意。

"谁知独辛苦，江上念离群"，以直言表示诗意，亦为全诗的收结语。这里使用"独辛苦"、"离群"等字面，依然紧扣题目"咏独鹤"。鹤喜群飞，此鹤离群，故而"独辛苦"。此"独辛苦"又是中间两联的总结。值得注意的是，作者以"谁知"二字领起"独辛苦"与"离群"，其中显然带着萧纲的主观色彩，从字面上看，是对"独鹤"的同情，从更深的层次看，这中间或许还带着萧纲家族生活的阴影。梁武帝共有八子，八子中觊觎权力者大有人在，八子间不存戒心者亦罕见。兄弟虽多而时不免有"独"、"离群"之叹，这或许是萧纲内心隐衷的折光反映吧！

（汤贵仁）

咏　萤　　　　萧　纲

本将秋草并，今与夕风轻。
腾空类星陨，拂树若花生。
屏疑神火照，帘似夜珠明。
逢君拾光彩，不吝此身倾。

咏物诗创作在齐梁时成为风气。诗人们不仅歌咏卉木、鸟兽、器物，还将眼光移向小小的虫豸，咏蝉，咏蝴蝶，咏萤火。当然他们并非无所借鉴。前代作者虽然几乎未曾写过这样的诗，却写过这样的赋。即以咏萤而言，西晋傅咸、潘岳就都有《萤火赋》。萧纲这首《咏萤》诗，有些描写当即受到前人启发。但是他写得更灵动，更有意趣。

开头两句写萤火的产生、出现。古代传说夏末秋初时腐草化为萤，故云"本将秋草并"。如今它出现在夜空，在晚风中悠悠地飘荡。"今与夕风轻"的"轻"字用得恰当，它既是形容风，又是形容萤火。读者闭眼一想，便似乎感到初秋微风的吹拂；又似看见暗夜中点点萤火，是那么轻盈可喜。残暑已经消退，清新的秋夜令人多么适意！

接着的四句描绘萤火的形象。"腾空类星陨，拂树若花生"二句写萤火在庭院中飞舞。说它如星星陨落，已让人感到有趣，不过这意象前人已经用过，如潘岳《萤火赋》说："嘒似移星之云流。""拂树若花生"则更叫人感到诗人想象之丰富。当然，潘岳也已曾形容道："熠爚若丹蕊之初葩。"说萤火像初开的红色花朵。但那还只是静态的比喻。萧纲这儿用了"拂"字、"生"字，便富于动态。树丛本是黑魆魆的一片，忽而这里那里闪现出光亮，似乎花儿在顷刻间开放。"拂"字表明那光亮不是静止的，而是轻盈地流动着；那“花”也就乍明乍灭，这里谢了那里又开了，如同节日的焰火。多么奇异的景象！多么天真的意趣！“屏疑神火照，帘似夜珠明”二句写萤火飞进了室内。诗人换了一种写法：不说萤火如何如何，只说他在一片漆黑中看见屏风被神奇的火光照亮，门帘似缀上了颗颗夜明的宝珠。因为闪闪烁烁，不点自亮，所以说是“神火”。诗人那种孩子般的惊喜，流露于诗句之间。

最后两句，“逢君拾光彩，不吝此身倾”。诗人设想萤火虫是很愿意被喜爱它的人所收拾的。它说：如果您愿意拾取我这发光的小虫，那我毫不吝惜自己的微躯。以这种拟人的写法结尾，更给全诗增添了几分情趣。 （杨 明）

赋得入阶雨 萧 纲

细雨阶前入，洒砌复沾帷。
渍花枝觉重，湿鸟翻飞迟。
倘令斜日照，并欲似游丝。

魏晋南朝诗歌的发展，一个重要的表现，是审美领域不断扩大。许多日常生活的内容和平凡无奇的自然景象，纷纷进入诗的世界，经过诗人的语言创造，呈现为艺术的美境。

在这方面，萧纲是个相当突出的人物。就理论上的认识来说，他也很重视激烈冲荡的生活情感和壮丽阔大的自然景象对于诗的价值（如他在《答张缵谢示集书》中的论述），并且写过一些边塞诗，但似乎不很成功。他所擅长的，是描摹细微的情态和细微的景色，在人们通常注意不到的地方，表现出他的特殊的敏感。令人简直要怀疑：这位皇帝诗人，是否感觉神经长得比常人纤细柔弱？

“赋得”是一种命题作诗的方法，分到某题，就叫“赋得×××”。这大抵是在文人聚会的场合写作的。诗中的场景，假设在一个雨天，诗人从厅堂内向外观察雨中的景象。写雨，最容易抓住它的形状——在空中丝丝缕缕地飘落乃至密如帘幕的形状，以及声音——淅淅沥沥乃至如浪涛呼啸的声音；然而作者在这里写的，却是一场看不到形状，也听不见声音的细雨。这样的雨怎样去描摹呢？显然有许多困难。

首二句直接切题。不像在通常情况下，坐在室内的人总是先听到雨声，才发现已经下起雨来，这场细雨是在诗人的身边被发现的。它被风吹拂着，从阶前飘入厅堂，洒在石级上，又沾到了帷幕上，或许，也有星星点点飞到了诗人的脸上？

他才意识到雨的存在。“沾帷”二字，不但密合题中的“入”字，而且突出了雨的“细”。只有极细微的雨星，才能被吹到厅堂内，若有若无地沾在帷幕上。

诗人感觉到下起了雨，这才把目光移向室外。只是，他并不能看到雨的形态，似乎空中只是漠漠的一片。然而毕竟是下起了雨，细细观察，仍然可以发觉它的踪迹。那些花枝比平日垂得更低了一些，可以感觉到它们增添了分量，那不是因为雨水浸湿的缘故吗？一个“渍”字用得十分精确，好像雨并不是打落在花枝上，而是慢慢地渗染上去的。还有，空中虽仍有鸟儿飞来飞去，但鸟的身姿多少显得迟滞，不似晴天那般灵便，那不也是因为雨水浸湿的缘故吗？这二句写得很有意思。作者极力要写出雨的“细”，细到无形，然而无形又是不能描摹的，便以雨在其他事物上产生的结果来写，从有形中体现无形。再则，花和鸟，都是美而令人愉悦的事物，这对细雨，也是美好的映衬。

但是，无形无迹的东西，总是让人感到模糊，难以得到清晰的印象。最后二句，诗人运用巧妙的想象，令这细雨显现它的形态：倘若有西下的斜阳的照耀，人们便会看到细雨在空中宛曼地闪动，如同飘飞的游丝（蜘蛛丝一类）。这一想象，既写出细雨毕竟是有形的，又保持着细雨在现实的观察中仍旧细微无形的特点。并且，我们不能不佩服作者运用比喻的巧妙妥切和日常观察的细致。——便说“斜日”二字吧，就不是随便下的。只有在斜射的阳光中，那些大体成纵向的细丝才会产生较强的反射。

这一种命题写作的诗，一般同当时的场景并无关系。就是说，作者在写《赋得入阶雨》时，眼前不一定有雨。他能够如此精巧地描摹出极难描摹的、细微到无形的雨，不只是依靠文学修养；联系到他另外有许多具有共同审美特点的诗篇，不难想象，他在平时对日常生活中的平凡现象经常进行细致入微的观察。这意味着什么呢？萧纲因为倡导了宫体诗，常被人骂为荒淫无耻。其实，即使按照对南朝帝王通常抱苛刻态度的后代所撰正史记载，萧纲仍旧可以算是一个持身严谨的人。当他沉暝地凝视细细的雨丝、小小的萤火虫，乃至池塘中水的泡沫的时候，诗人的内心，该是相当寂寞的吧？也许，观察那些细琐的景物，体验其中的美感，也是一种精神上的安慰？这是我们读这些诗时应该考虑在内的。

（贺圣逮）

夜游北园 萧 纲

星芒侵岭树，月晕隐城楼。
暗花舒不觉，明波动见流。

这是一首写景小诗，描写夜色笼罩下宫苑的朦胧、静谧之美。全篇四句各自独立而又相互联系，由四幅画面共同组成了优美、安宁的静夜图：夜色中的北园，星光点点，洒落在树叶上。朦胧的月色里，高大的城楼若隐若现。鲜花在黑夜里悄悄地开放，河水映着月光闪闪烁烁，无声地流淌。

这首诗在艺术上很有特色。首先，从章法上看，本诗以作者的视线为线索，一、二句写岭树、城楼，是仰望；而三、四句写花草、水波，则是俯察。视线一仰一俯，错综交错，将夜园之景一一摄入镜头。脉络清晰，层次分明，结构缜密。其次，描摹细微，体物贴切。这个特点并不表现在对花草树木、城楼水波等具体形象的描写中，而是体现在作者紧扣"夜游"的特定情景，抓住景物在夜色中的形态特征加以描绘，以此来显现夜色之美。前二句写夜色中的岭树、城楼，同时点染几笔星月的微光，使景色笼罩在一片朦胧的面纱之中。"暗花"一句写黑夜中花的形态，更是细致入微，使人惊叹于作者锐敏的感觉，末句写月光下的水波一闪一亮，也是黑夜中特有的景象。总之诗中之景，都非白日光景，一切都显得影影绰绰、若隐若现。其三，动静交织，明暗比衬的手法。作者写夜园之景，着重要表现的是夜之深沉与静谧。但在写作时，却不一味地去写静景和使用暗色，而是用反衬的手法，以动衬静，以明显暗。一、二两句描写岭树、城楼，可说是静景；而三、四句写"暗花"的舒放，"明波"之流动则是动景。诗的前后两半动静交织，在万籁俱寂的背景上写一二笔动景，适足以衬托出周遭的静谧，这比一味写静的效果更好。在色调的配置上，作者像一位高明的画家，在一片暗色的画布上恰到好处地点染几笔亮色。全诗四句，除了"暗花"句纯用暗色外，其余三句，作者都借星月的光亮来反衬出夜色之浓，而"暗花"一句与其余三句又形成了一种反衬关系。最后，本诗的语言清丽谐畅，浅切平易，诗境清新明净。作者能注意锤炼字词，使用准确、生动的词句刻画鲜明生动的形象。如首句用"侵"字描写照在树叶上的星光，就很传神，仿佛星光是逐渐侵染到岭树之上，写出了动感。次句"隐"字勾勒出月色下城楼朦胧的轮廓，亦能得物象之神韵。此外，本篇通篇对仗，首二句不仅对得工整精巧，而且能注意到平仄相对，低昂互节。总之这是萧纲诗歌中的一篇写景佳作。

（归　青）

咏单凫　　萧　纲

衔苔入浅水，刷羽向沙洲。

孤飞本欲去，得影更淹留。

"凫"即野鸭子，性喜群居，如今却剩下孤零零的一只；诗人内心寂寞，见此顿生感慨，便即情即景写诗咏叹。

诗的前两句写单凫之形，后两句传单凫之神。写形之能事，在于确切显示眼前所见的，确是"凫"，而不是家养鹅鸭或其他水鸟。从外形上看，最容易相混的要数与家鸭的区别。诗人有鉴于此，有意回避了对凫作静态的描绘，而从动态中加以表现：它一会儿"衔苔入浅水"，一会儿又"刷羽向沙洲"，不停地飞动，不停地忙碌。"入"字、"向"字，不仅富于动作性，而且都有空间上的位置转移：它从别处飞来，"入浅水"——"衔苔"，既而又离开浅水起飞，"向沙洲"——"刷羽"。凫好动的野性，在这短短的十个字中被逼真地表现了出来。诗人在《咏寒凫》诗中写凫"回水浮轻浪，沙场刷羽毛"，同样是注意到了凫的特征的描写，可以与此诗并读。

诗人所咏的是"单凫"，这样，传神的后两句就要把"单"字写透。第三句说"孤飞本欲去"，"孤"字直接点题，但尚属皮相；"本欲去"才是提摄其精神，"孤"而难耐，故生离去之想。末句反接，为什么"欲去"而终于一直未去呢？是由于"得影"——"刷羽"时见到了阳光映出的自己的影子，以为有了凫伴，孤寂的心得到了宽慰。诗人用人间形容孤独的"形影相吊"来解释单凫之在原地逗留的原因，构思上颇见新意。也由于这传神的一笔，凫的孤单可怜得到了出神入化的表现。

（陈志明）

夜望单飞雁　　萧　纲

天霜河白夜星稀，一雁声嘶何处归。

早知半路应相失，不如从来本独飞。

秋夜，天青而高，月色如霜。亘天而过的银河泛着白光，天深处，几颗稀稀疏疏的小星，无力地闪着微光。夜色凄清而朦胧，世界是这般的寂静。忽然，一声凄惨的雁叫划破了夜空的寂寥。是一只失群的孤雁，在寻找着自己的伙伴。不知道它已持续飞行了多长时间，显得那样疲倦，那样惊恐不安。但在这茫茫无际的夜空中，它仍然竭力扇动着双翅，坚持着继续寻找，用那凄惨而嘶哑的叫声，呼唤着自己的亲人。它多么希望能听到一声亲切的回应！然而，夜空苍茫，天地寂寂，雁群杳然无声，不知去向。在孤雁面前，整个世界都已沉默，唯有这一声声嘶鸣，在静谧之中传得很远、很远。世界如此之大，可何处才是孤雁的归宿？孤雁心中无比凄惶：早知道半途会与雁群散失，早知道会剩下自己孤苦伶仃、形单影只，倒不如从来就没有过同飞蓝天、比肩齐翼的经历，从来就没有过友爱、温暖的体会。没有对过去的回忆，就没有与现在的对比；孤独，就不会像这样不堪忍受！“早知半路应相失，不如从来本独飞。”由夜空中的一只飞雁而发出这样沉重的慨叹，其中必有作者痛苦的人生体验。

这首诗的作者梁简文帝萧纲，自幼生活在宫廷之中，尽享荣华富贵。他与父亲梁武帝萧衍、兄弟萧统、萧绎等，都爱好文学。朝廷政事之余，宫苑游晏之中，君臣、父子、兄弟常以诗赋唱和，生活十分安逸欢乐。梁武帝太清二年(548)八月，东魏降将侯景发兵叛乱，攻占京城，萧衍在忧愁穷逼中死去，萧纲接着做了两年傀儡皇帝，就在子侄二十余人被屠杀的血泊之中，被逼逊位，囚禁于永福省。不久被害，终年四十九岁。萧纲在囚禁中，心情至为愁苦。身旁无纸，乃于壁上作文题诗，以写其凄怆。这首《夜望单飞雁》，充满了孤苦悲痛的感情，或许就是萧纲在幽縶之中所作。

诗中这只在茫茫夜空中挣扎飞行的失群孤雁，可说是萧纲内心情感的象征。这位被囚禁的昔日皇帝，父亲被逼死，儿子被杀害，自己也失去了人身自由。往日的宫廷游晏，过去的种种欢乐、繁华，都只徒然加深他眼前的孤独、痛苦和悲伤。夜空中偶然飞过一只雁，便触动了他那悲痛的情怀。在诗中，他以霜天月色、银河横亘、小星稀疏来渲染秋夜的凄凉，透过这清冷的夜色，可以感觉到四周隐伏的险恶。萧纲把自己处境中的艰难感受投射到自然景物的描写之中。他以夜色的凄凉来烘托孤雁的悲苦无望，“何处归”的叹息所表现的，又何尝不是萧纲自己的迷惘？“早知半路应相失，不如从来本独飞。”这种对人生的伤心和绝望，这种对命运的无可奈何，采用拟人化的手法从孤雁的口中道出，与其说是人对雁的悲悯，不如说是雁代人在哀叹。

这首《夜望单飞雁》，感情深沉而真挚，诗风清丽而自然，在萧纲的众作中独具一格，反映出艰难困厄的遭际对作者的思想和艺术风格的影响。这种七言四句的诗歌形式，为唐代七言绝句的成熟打下了基础。在齐梁时期，这种形式还不为多见，萧纲的创作起到了一定的促进作用。 （蒋 方）

被幽述志 萧纲

恍惚烟霞散，飕飗松柏阴。①
幽山白杨古，野路黄尘深。
终无千月命，安用九丹金！
阙里长芜没，苍天空照心。

〔注〕 ① 飕(sōu)飗(liú)：风声。

王羲之《三月三日兰亭诗序》感慨道："古人云：死生亦大矣。岂不痛哉！"古来多少人曾为这生死问题悲叹、困惑、沉思。纵然贵为天子，富有四海，也不能超脱。何况萧纲是被害而死，死前数十日已被囚禁，情知自己难免横死的命运，因此其内心的痛苦更不同于常人。这首《被幽述志》便是他将死时心境的写照。

萧纲乃死于侯景之手。侯景原为东魏大将，拥众十万，专制河南。因东魏统治集团内部矛盾，于梁太清元年(547)降梁。由于梁武帝萧衍及重臣朱异等的昏庸，他得以行其奸谋，于次年发兵反叛，攻陷建康。萧衍被困在台城(梁之宫城，在今江苏南京)内，忧愤而死。时为太清三年(549)。萧纲乃由皇太子而即帝位，其实只是一个被侯景玩弄于股掌之间的傀儡而已。而侯景尚欲自立为帝，于是萧纲只做了两年多皇帝，便于大宝二年(551)八月被废囚禁，其皇子二十余人均被杀害。十月，他本人也被侯景派人用土囊压死，年仅四十九岁。《被幽述志》便作于囚禁期间。

诗的前半部分，诗人想象自己死后的情景。"恍惚烟霞散，飕飗松柏阴"，写出临死时心神恍惚之状。诗人回顾一生，曾给他带来欢乐、悲愁的一切，那五色斑斓的大千世界，如今虽还或清晰或模糊地留存于记忆中，然而却像缥缈的轻烟，像变幻的云霞，不可把捉；就连自己的生命，也将烟消云散。萧纲奉佛。佛教将世间一切都视为镜中之象、水中之月，都虚幻不实。萧纲曾作《十空诗》六首，题为《如幻》、《水月》、《如响》、《如梦》、《如影》、《镜象》，便是阐述此种教义的。此时此地的萧纲心中，这种"六尘俱不实"(《如幻》)、万事如烟霞的念头，当然会时时浮起。他于恍惚之中，似见到一片松柏幽深，听到其间飕飗的风声。这是指墓地而言。下句"幽山白杨古"也是指墓地。《古诗十九首·驱车上东门》云："白杨何萧萧，松柏夹广路。下有陈死人，杳杳即长暮。"松柏白杨，都是古代冢墓间常植之树。"白杨古"，表明那坟地已十分古老。一代又一代生命，不管是凡夫俗子，还是圣贤贵胄，最后的归宿都在这累累的冢墓群中。"野路黄尘深"，指通向墓地的道路而言。"深"字亦见出年代之久远、境界之荒凉。魏晋以来，诗人常以第一人称描述死者所见所闻的种种景象，如著名诗人陆机、陶渊明均作有这种自悼自挽的《挽歌》，萧纲此处即受其影响，而写得特别地幽暗凄冷。

诗的后半部分直接抒怀。千月，犹言百年。九丹，道教所传九种丹药，说是服后可长生、成仙，不受任何伤害(见葛洪《抱朴子内篇·金丹》)。据说炼丹时能炼出黄金，故云"九丹金"。古来诗人常有"服食求神仙，多为药所误"(《古诗十九首·驱车上东门》)的感慨，萧纲这里却是说：我本来就连安享天年的命都没有，又何必去求长生不老的灵丹！语意十分沉痛。“阙里”二句更是满腔悲愤。传说孔子故里名为阙里。“阙里长芜没”，是说连圣人之乡都久已荒芜了（这可能是指当时北方沦没于少数民族统治者之手而言），言外有善者不得善报之意，故下句乃发出“苍天徒然照临此心”的浩叹。萧纲被幽絷时曾题壁云：“有梁正士兰陵萧世缵（萧纲字世缵），立身行道，终始如一。风雨如晦，鸡鸣不已。弗欺暗室，岂况三光（日、月、星）？数至于此，命也如何！”（《梁书》本纪）这倒不能说是他的自我美化。封建史家对萧纲做宫体诗颇加批评，但对其为人是一致称赞的，说他“孝慈仁爱，实守文之君”（陈·何之元《梁典总论》），“养德东朝，声被夷夏；及乎继统，实有人君之懿”（《梁书》本纪“史臣曰”）。看来，按封建道德标准，他确乎算得一位“正士”。史家对他的被害也是深表同情的，连唐初魏徵也说：“悠悠苍天，其可问哉！”（《梁书》帝纪总论）正与《被幽述志》的“苍天空照心”同一感叹。此种善者不得善报的叹息，古已有之。司马迁就说过：“天之报施善人，其何如哉！”“所谓天道，是邪，非邪？”（《史记·伯夷列传》）后世不得志的文人贫士也常有此叹。萧纲虽是帝室贵胄，但由于他的不幸遭遇，遂也发出了这样悲咽凄怆的呼声。

据说萧纲被幽禁期间所作诗文有数百篇之多，没有纸，便写在墙壁、板障之上。它们后来都被侯景手下人刮去（见《南史·梁本纪》），《被幽述志》是其中唯一流传至今的诗作。这真是一件颇为遗憾的事。不然的话，那些慷慨苍凉、与轻艳的宫体诗面目迥异的作品，本可以使人们对萧纲的诗歌创作有更全面的认识与评价的。

（杨 明）

【作者小传】

萧 纶

（507？—551） 字世调，梁南兰陵（今江苏武进）人。梁武帝第六子，封邵陵王。曾任琅邪、彭城、会稽太守，江州、扬州、郢州、南徐州刺史。侯景围梁武帝于建康台城时，曾起兵伐景。台城陷落后，至郢州，自署百官。后为萧绎（即梁元帝）逼走汝南（今河南汝南），被西魏人俘杀。事迹具《梁书》卷二九及《南史》卷五三本传。《先秦汉魏晋南北朝诗》辑得其诗及断句八首。

入茅山寻桓清远乃题壁　　萧 纶

荆门丘壑多，瓮牖风云入。

自非栖遁情，谁堪霜露湿？

这首诗，见于《茅山志》。茅山，又名句曲山，在今江苏句容西南，周回一百五十里。因汉代三茅(茅盈及其弟茅衷、茅固)隐于此山，故谓之茅山。

齐梁之际，丹阳人陶弘景隐居茅山，自号“华阳隐居”。桓清远是陶的门人。《华阳隐居真迹帖》载，梁武帝萧衍之弟、南平王萧伟曾替他在山中造“清远馆”，供其居息。从本诗描写隐居的情形看，此诗或作于萧伟建馆之前，是萧纶(萧衍第六子，封邵陵王)入茅山寻访桓清远后题写在他居室壁上的，表达了礼赞隐士的主旨。

诗的开头两句写桓清远隐居形势，也是写萧纶入山所见情景。荆门，犹言柴门。瓮牖，状桓居窗户以破瓮为之。荆门、瓮牖均指代桓清远的隐居，言其简陋破旧，证明隐士生活清苦，爽失华乐。“丘壑多”从隐居外部环境落笔，合乎入山者观察的次序，是静态式描写。一个“多”字，概括了茅山周回百里的形势，写出隐士的身居丘壑，远隔尘世。“风云入”从隐居内部情景着眼，展示入山者步入隐居后的目击气象。虽然实写室内风冷云湿，实际上又暗示隐者与风云为伴。一个“入”字，化静为动，写景真切，很有些阒寂幽清的诗意。

萧纶在他的《隐居贞白先生陶君碑》中也写到过茅山隐居。碑文有云：“交柯结宇，划径为门，悬崖对溜，悲吟灌水。深壑绝峭，组织烟霞；枕石漱流，水禽无挠。”这段文字，正可视作“荆门丘壑多，瓮牖风云入”十字的注脚，加深入山者对桓清远隐居的映象。若将诗文对读，还能体会到“荆门”二句用笔简括、章法有致的特征，从中获得写作上的启迪。

就章法讲，“荆门”两句又是全诗的铺垫。诗的后两句，在描写隐居环境的基础上，以议论作结，抒发诗人的主观情愫和内心感慨，婉曲表达萧纶对山中隐士栖遁之情的礼赞。

“自非栖遁情，谁堪霜露湿”两句，意思是：假如没有隐居世外的情志，谁又能忍受霜露沾湿的隐居苦况呢？自，苟也，假设之辞。栖遁，即是隐居。栖遁情，犹言隐居之志。霜露湿，既写环境的霜寒露重，又回应荆门简陋破旧、居室风冷云湿的描写。“湿”字从作者主观体验上用心，把萧纶对桓清远的关切与倾慕都包裹了进去。这两句针对桓清远而发，用以评论和肯定隐士高志。但因其用了设问句形式，避免了直露式的结论；又是在写景基础上申发，所以语气显得委婉，情味也就愈加深长。

本来，有梁一代，岩穴之士备受皇室优渥。陶弘景及其门人(包括桓清远)尤为如此(参见《梁书·处士传》)。但诚如陶弘景所言:“吾见朱门广厦,虽识其华乐,而无欲往之心”(《南史·陶弘景传》)。陶弘景、桓清远之流,放弃可以得到的“华乐”,甘居山中陋室,忍受霜露之苦,这在身为皇室贵胄的萧纶看来,乃是实践“隐居求其志”(《论语·季氏》语)的高尚行为,特别难能可贵。因此,值得衷心赞扬和普遍提倡。从这个意义讲,“自非栖遁情,谁堪霜露湿”正是“隐居求其志”古训的诗化。它虽然礼赞的是桓清远,实际上反映的是整个梁王朝上层统治者对待隐士的基本态度。

这种态度的出现有其特殊的社会背景。终萧梁一朝,统治者始终强调“山林之志,上所宜弘”(沈约《为武帝与谢朏敕》),宣称“镇风静俗,变教论道,自非箕颍高人,莫膺兹寄”(沈约《为武帝搜访隐逸诏》)。企望用隐士为榜样,抑贪止竞,弭争迁浇,巩固王朝统治。今天看来,这种思想当然荒唐可笑,这种追求固属舍本求末。但明乎此,则可知萧纶的这首诗反映的不过是一种“统治阶级的思想”,而不必天真地认为“自非栖遁情,谁堪霜露湿”式的礼赞,真是表示萧梁统治者对山林之志有出自内心的真诚向往了。

(刘仁清)

【作者小传】

萧 绎

(508—555) 即梁元帝。字世诚,小字七符,南兰陵(今江苏武进)人。梁武帝第七子,封湘东王。曾任会稽太守、丹阳尹、江州刺史。武帝太清元年(547),任荆州刺史,镇江陵。及侯景陷建康台城,囚梁武帝,绎承制于江陵。后出兵平侯景,即帝位。承圣三年(555),西魏伐之,陷江陵,绎被执遇害。事迹具《梁书》卷五及《南史》卷八本纪。有集五十二卷、小集十卷、其他著作三百余卷,均已佚,明人辑有《梁元帝集》。又有所著《金楼子》残本存世。《先秦汉魏晋南北朝诗》辑得其诗及断句一百二十三首。

折 杨 柳　　　　萧 绎

巫山巫峡长,垂柳复垂杨。
同心且同折,故人怀故乡。
山似莲花艳,流如明月光。
寒夜猿声彻,游子泪沾裳。

《折杨柳》是古横吹曲名，起先多叙出征兵阵之事，辞多哀苦；后更突出亲朋情友别离寄思的内容，不再限于叙唱士卒辞家从征，而情辞仍多凄伤。李白《春夜洛城闻笛》"此夜曲中闻《折柳》，何人不起故园情"的诗句，说明了乐府诗《折杨柳》将叙述离情别意专职化的情形。

萧绎这首《折杨柳》构意立想也是如此，同时又结合长江巫山巫峡一带猿声凄啼的描写，将别家离乡的苦情渲染得更加浓郁，而游子思乡念亲的感绪也被表现得更为挚切动人。

巫山在今四川、湖北两省的边境，长江从中穿流奔腾而过，形成著名风景"长江三峡"。巫峡又称大峡，在三峡中距离最长，唐诗人杨炯《巫峡》写道："三峡七百里，唯言巫峡长。"山通常称高，故有的本子首句前二字作"山高"。联系二、三、四句垂柳垂杨、同心同折、故人故乡的词语特点来看，首句似作"巫山巫峡"为优，这样不仅与后面三句遣词特点互相一致，音节也更加显得流畅。而且，就山的绵延跨度而言，未尝不可称山为"长"。故以"长"兼指巫山、巫峡并无不当。

前四句由巫山巫峡而及道旁杨柳，由杨柳而及同心人折柳告别，然后点明"故人怀故乡"的题意。这样既切合《折杨柳》题目，又具体抒写了羁旅长江的行人内心的紊纷哀悲。

五、六句形容巫山群峰的美艳和长江流水的清净。巫山十二峰并列长江两岸，绵延挺拔，苍翠奇丽。古时长江流水相当清澈，加之两岸青山相映，更显得碧净生辉。诗人用"莲花艳"、"明月光"比喻巫山形貌媚态和江水明澈碧丽，深得山光水色之妙。

然而，奇丽的山水景色无法消减游子内心的伤感。寒夜行舟，听见两岸彻夜凄啼的猿声，更牵动了他们思念亲友的感情，以至难为自控，泪沾衣裳。诗歌结束，又回到前面"故人怀故乡"的哀音悲响，而凄怆的程度却进一步加深。

本诗包含了古代折柳风习和三峡古歌的内容。古人往往将折柳当作别离相思的代称，这不仅因为"柳"与"留"字谐音，还在于临风轻飏的丝丝柳枝，容易给人以旋缩系结的意象，从而产生挽留惜别的联想。《诗经·小雅·采薇》已有"昔我往矣，杨柳依依"的唱叹，而汉朝人已经形成"折柳赠别"的风习(见《三辅黄图》)巫峡的激流险景及其出入川蜀经由之道的地理位置，使人想到别离的痛苦和行旅的艰难，古代一首渔歌唱道："巴东三峡巫峡长，猿鸣三声泪沾裳。巴东三峡猿鸣悲，猿鸣三声泪沾衣。"(引自郦道元《水经注》)萧绎此诗将"巫山巫峡"和垂柳垂杨这两种含寓别愁离恨的景物事象联系起来，使古代折柳风习的意义和三峡古歌词意融为一体，借以表达人们离别的苦衷和对故乡亲人的怀念，从而使本诗具有浓郁的抒情性。

诗歌语言清丽明白，音韵圆婉流转，前四句音节相近，如环似带，略似民歌风格。五、六句比喻水色山光，新鲜生动。七、八句脱胎于三峡传流的渔歌，简整扬抑，有近体格调。沈德潜评："此种音节，竟是五言近体矣。"(《古诗源》)颇能道出本诗的音律特点。 (郇国平)

半 路 溪 萧 绎

相逢半路溪，隔溪犹不度。
望望判知是，翩翩识行步。
摘赠兰泽芳，欲表同心句。
先将动旧情，恐君疑妾妒。

这诗以弃妇的口吻，诉述在半路与前夫偶然相见，引起情感的波动，欲重温旧情，而又顾虑重重的心怀。

首句"相逢半路溪"先落清题目，用"相逢"勾出两个人物。逢者谁，却不明言——是她不愿说出。言下之意，就是我先前的那一位。"半路"点出不期而遇。从下句看，两人相逢半路、隔溪可见。一条小溪，不像宽阔浩渺的江水，自然容易渡过。虽然近在咫尺，故夫却见而不语，冷如路人。在她看来，分手已久，不通音讯，难得一见。既然碰上，必然有话要说。可是他"隔溪——犹不度"，这就把她因"相逢半路溪"带来的一阵内心激动冲得干干净净。相逢而不相见，是意外中的意外，这从情感沉重的"犹"字可见其困惑，所以引起她心中一阵疑团：是不是思见心切，精神恍惚，把过往行人当作故夫，这就自然生出下二句理智和情感的回旋。

"望望判知是，翩翩识行步。""望望"，是望而又望，仔细久望，二字平易传神。从注目的眼神中见其心中的疑惑，最后判然辨清，刚才乍见之不错。这句是从《孔雀东南飞》"怅然遥相望，知是故人来"化出。着一"判"字，显出她的心细和焦急，和"犹"字前后递接，盘转出心情的起伏而后定。写弃妇依然一往情深，虽然故夫漠然冷视，自己还"望望"而"识"，而"判"，从那走路的身影、翩翩的风度而遥认出来。"识行步"是从"新妇识马声，蹑履相逢迎"(同上)中取意，曲曲而扣弃妇心理。两句果前因后，写得情思依依，一心向往。首二句两"溪"字，鱼贯相连。此两句只勾勒人物情态，而"识"、"判"自是"隔溪"远望。"翩翩"从"望望"而来，传出心思摇摇，意切情至的神情。

故夫无动于衷，她自己似乎全然不考虑这些，只是想着如何去接近他："摘赠兰泽芳，欲表同心句。"摘兰赠芳，是情爱追求、男女相思的一个积淀的表情方式："采芳洲兮杜若，将以遗兮下女。"（《九歌·湘君》）"搴汀洲兮杜若，将以遗兮远者。"（《湘夫人》）"涉江采芙蓉，兰泽多芳草。采之欲遗谁？所思在远道。"（《古诗十九首》其六）"庭中有奇树，绿叶发华滋。攀条折其荣，将以遗所思。"（其九）这都是赠远遥寄。这里所赠之人，仅一溪之隔，只是对方心自为远，她"欲表同心"而不便，故先折芳以赠。用今天话来说，就是先献上一束鲜花，以示情之所钟，表达痴情未渝。

如果两情相悦，久不相见，则是"既见复关，载笑载言"。但他们毕竟有了裂痕，眼前小溪，如鸿沟横亘。她虽然"望望"而心动，见"翩翩"而意切，却不便直言，故先赠芳试探。末两句则把这层心思说得非常清楚："先将动旧情，恐君疑妾妒。"乍见之下，"旧情"、今怀齐涌心头，用作者的话来说，就是"今怀固无已，故情今有余"。（《戏作艳诗》）但如果自己先将新情叙起，担心故夫疑己嫉妒新妇，更为疏远，故按捺住新情，先提旧情。这两句把情之急急，又顾虑重重的心思，写得波折动人，摇曳生姿。刻画了人物情感专一，心思细腻的个性特征。这里写其心理，至于情态，作者有"入堂值小妇，出门逢故夫。含辞未及吐，绞袖且踟蹰。"可与此参看。"动"字下得撩拨，见出人物跃跃欲试的心理。"恐"字显其复杂、猜度、动荡的心理。

诗中的几个动词"望"、"识"、"欲"、"恐"都是平常字眼，却把人物的层层心思，情感发展的每一阶段，以及相互间的递进关系，都极为准确生动地表现出来。化熟为新，转溢出弃妇挹之不尽的深厚、热烈、细致而又不无担心的情思来。写故夫的第二、第四句，只就主人公眼中见出，不像《上山采靡芜》让人物自己直接活动，这样留出更多笔墨，刻画弃妇心理，使诗的主题更为集中，主人公心理刻画更为细腻。就人物情思的抒发表达看，如"娇女步春，旁去扶持，独行芳径，徙倚而前，一步一态，一态一变。"（王又华《古今词论》引毛稚黄语）用语措辞，铅华落尽，出入汉乐府民歌之间，熔铸词意，浑成自然。这和他"学曲初成，遂自娇音满耳，含情一粲，蕊气扑人"（陆时雍《诗镜总论》）的风格，自然两样，无脂粉气，无五光十色的字眼。题目与诗中的小溪，很有戏剧性色彩，有助于人物性格的体现。在诗中明现，暗现，总将两人分开置于彼此两边。诗的前六句，硬按捺住性情，不说相遇者是谁，而用"识行步"、"赠兰芳"、"表同心"，层层交代，直至结末方点出"旧情"，以及"君"、"妾"字样，这样写也很符合弃妇那带有创伤的委婉多情的心理。

（魏耕原）

燕 歌 行 萧 绎

燕赵佳人本自多，辽东少妇学春歌。黄龙戍北花如锦，玄菟城前月似蛾。如何此时别夫婿，金羁翠眊往交河。还闻入汉去燕营，怨妾愁心百恨生。漫漫悠悠天未晓，遥遥夜夜听寒更。自从异县同心别，偏恨同时成异节。横波满脸万行啼，翠眉暂敛千重结。并海连天合不开，那堪春日上春台？乍见远舟如落叶，复看遥舸似行杯。沙汀夜鹤啸羁雌，妾心无趣坐伤离。翻嗟汉使音尘断，空伤贱妾燕南垂。

梁元帝萧绎是个很糟糕的政治家，但却是个相当不错的诗人，《燕歌行》就是他集中的佳作之一。

《燕歌行》为乐府古题，其传统内容是抒写“时序迁换，行役不归，妇人怨旷无所诉也”（《乐府解题》）的思念和苦闷。萧绎这首诗正是沿袭这一传统题材，细致刻画了一北国少妇缠绵的闺思。

诗可分两段。开头六句为第一段，以作者口气叙述少妇在旖旎春光中与丈夫的远别。首句“燕赵佳人本自多”系从古乐府诗句“燕赵多佳人，美者颜如玉”化出，信手拈来，却已点清题目中的“燕”字，又暗示本诗的主角“辽东少妇”也是一个颜如玉的佳人。次句“辽东少妇学春歌”交代本诗的主人公——一个年轻美貌的少妇，并点清题目中的“歌”字。“学春歌”三字，一下子使少妇单纯、活泼、无忧无虑的形象跃然纸上，用笔十分传神、十分经济。接下来两句描写燕地的大好春光。黄龙戍即龙城，地址在今辽宁省朝阳市，玄菟城在今朝鲜境内。两处古代均属于燕，历来被看作极北苦寒之地。多数作者在提到这两处时常不脱“堕指裂肤”、“折骨截耳”之类的词句，然而萧绎却高唱“花如锦”、“月似蛾”，极力渲染燕地春光的明媚灿烂，月夜的温馨静谧。作者这样写，固然是为下文抒写离别之悲、相思之苦的主题服务，但我们也不能不佩服作者的大胆，佩服他的创新精神。如此美好的春风花月夜，正是夫妻欢聚的美景良辰，然而少妇的夫婿却奉命出使，而且是到遥远的交河（在新疆吐鲁番附近）去。于是，一切美好的景物顿时黯然失色，活泼快乐的少妇也从此陷入无穷无尽的相思之中。“如何此时别夫婿”二句中，“如何”一词不是如通常作“怎样”、“怎么样”解，而是作“奈何”解，带有强烈的埋怨情绪。我们似乎听到了女主人公烦恼怅恨的叹息：怎么偏偏这个时候与夫婿分别呢？！丈夫骑着黄金作络头的骏马，以翠羽作装饰的旗帜（“眊”与

“旄”通）为前导，华贵煊赫、神采飞扬地出发了。然而，这种华贵气象在女主人公心中引起的却只是离别的感伤。这里，作者有意无意地暗示我们：男儿对“金羁翠旄”的追求，正是造成夫妻离别的原因。女主人公对离别的怅恨埋怨中，也包含着对丈夫热衷功名的责备。

从“还闻入汉去燕营”以下直至结尾为第二段，以少妇的口吻诉说日夜相思之苦。“还闻”二句，前一句承上，由少妇耳中交代夫婿行踪；后一句启下，由作者的叙事转为少妇的抒情。交河已是遥远，但在梁朝时，它毕竟和辽东、玄菟等地同属北魏境内。现在夫婿却离开了燕地的营帐，又到汉朝（指汉人统治地区）出使去了。一个“闻”字，说明他出使交河后并未回家，而且连信也没捎一封，女主人公只是从别人那里听到了这个消息。这就使她更加愁思萦回，百恨咸生了。所谓“百恨”，除了离别之恨和对丈夫热衷功名的不满以外，还包含着因自己情绪不好而无缘无故产生的各种各样的恨，包括对与丈夫出使有关或无关的人和事的恨（例如对派丈夫出使的朝廷的怨恨），甚至还可能包含着对美好春光、对享受美好春光的人们的迁怒，好比《西厢记》中的崔莺莺因为将和张生分别，“见安排着车儿、马儿”，便“不由人熬熬煎煎的气”一般。用“百恨”一词来说明女主人公此时的思想情绪，真可谓概括无遗。

接下来“漫漫悠悠天未晓，遥遥夜夜听寒更”二句，叙长夜不眠的相思。欢娱嫌夜短，愁来觉更长，作者连用“漫漫”、“悠悠”、“遥遥”、“夜夜”四个叠词，前三个词极言少妇心中长夜之长，“夜夜”则可见每天如此，非止一日。长夜不眠，唯有默默地数着更声。“更”前着一“寒”字，更有很强的表情作用。季节既已到百花如锦的春天，则夜气就不当“寒”。作者用此“寒”字，并非因疏忽以至与上文牴牾，而是准确地写出了夫婿远去以后少妇的心理感觉，有以少总多之妙。

“自从”四句，写少妇在节日的相思之情。自正旦以后，社日、清明、上巳等皆是举国欢会宴饮游戏的节日。尤其是三月初三上巳节，曲水流觞，士女杂坐，更是热闹。眼看别人家夫妇成双成对，更衬出自己的孤单寂寞。这怎能不使女主人公愁眉千结、红泪万行？

对丈夫的苦苦思念，使女主人公不自觉地走出闺门。“并海连天”四句接写她登高远眺，进一步表现她的相思之苦。登春台本为令人心旷神怡之事，所谓“众人熙熙，如享太牢，如登春台”（《老子》）是也。然而，女主人公之登台，目的并不在聊以抒忧，而是想眺望归人。她带着满腔心事，一脸愁云，伫立台上，遥望大海，但见海天相接，一片茫茫。“处处湘云合，郎从何处归？”（李益《鹧鸪词》）海天的空阔、海水的浩渺，更加重了女主人公心头沉重的茫然与失落之感，同时也暗示了女主人公愁思的深广。"行杯"、"落叶"两个夸张性的比喻,使女主人极目远眺、望穿秋水的神态跃然纸上。"乍见"、"复看"二词,则不难使读者体会到女主人公那被希望与失望交替咬啮着的内心世界:每当天边出现一片帆影,她的心里立即燃起一丝希望的火花。然而,船并没有向着女主人公所在之处驶来,而是慢慢地又消失在海平线上。于是,等待的焦灼为失望的痛苦所代替,直到另一片帆影出现在天边……如此周而复始。这是多么令人难以忍受的感情折磨!

登台远眺的结果,只是更增添了几分愁闷、几分伤感。女主人公回到充塞着冷清寂寞的家中。夜色渐深,沙洲孤鹤的哀鸣远远传来,似乎是在呼唤被人家羁押豢养于牢笼中的雌鹤。这凄切的鸣声,更使她感受到自己的孤单寂寞,更使她心绪不宁,无法入睡。她不由得翻身独坐,面对孤灯,黯然伤神——她的处境,不是正像这"羁雌"一样吗?只是她连"雄鹤"的呼唤也听不到,从这一点讲,她连鹤还不如呢。这里"坐伤离"的"坐"字,固然可以作"因为"解,但若作坐、立之"坐"解,似乎更好。长夜难眠,鹤唳声声,正是"不许愁人不起"(李清照《念奴娇·萧条庭院》)呵!

最后,作者以"翻嗟汉使音尘断,空伤贱妾燕南垂"两句总束全篇。夫婿使汉不归,而且音信全无,这是女主人公整日价长吁短叹、伤心流泪的唯一原因。但在这全篇结尾之时,作者却出人意料地说她在嗟叹汉朝使者毫无音讯,不见踪影。这实际是一种"以翻为收"的手法,它更深刻地表现了女主人公对丈夫的思念之情——既然丈夫没有信来,如果有汉使来访,我不就可以向他们打听到一点丈夫的消息了吗?这一笔,真可谓高明之至!然而,女主人公嗟叹尽管嗟叹,汉使并不会因此而来;伤心尽管伤心,却也只是"空伤":既无人知晓,更无人劝慰。诗歌就在这无可奈何、自伤自悼的幽长叹息中结束,而把无限的怅惘、无穷的回味,留给了当时和后世的无数读者。

这首诗写女主人公的相思之苦,从黑夜到白天又到黑夜,从室内到室外又到室内,通过时间空间的转换、景物环境的衬托,将女主人公的感情表现得缠绵悱恻,宛曲细腻。自简文帝萧纲创"宫体"以来,萧纲、萧绎以及徐陵、庾信父子等宫廷文人多以诗描写妇女的容貌、体态、穿着、用物等。萧绎的《采莲曲·碧玉小家女》、《夕出通波阁下观妓诗》等也是这类作品。这首《燕歌行》从题材及藻绘来看,也是"宫体"一路,但诗中写到女主人公容态的仅"横波满脸万行啼,翠眉暂敛千重结"两句,而这两句毫无轻亵之意,只是为了表现其内心的痛苦而已。其他"佳人"、"少妇"、"金羁翠眊"、"花如锦"、"月似蛾"等词,虽色彩艳丽有宫体之风,但从总体来看,全诗用词丽而不俗,感情深厚而不轻佻,格调是比较高的。闻一多先生曾说张若虚的《春江花月夜》是“宫体诗的自赎”，从这首《燕歌行》看来，自萧纲自悔宫体“伤于轻靡”之后，他们这批宫体作家或多或少已在做一些自赎的工作了。

这首诗的音节流转动听。全诗除首段为六句一韵外，其余都是四句一意，韵随意转，或平或仄；再加上“自从异县同心别，偏恨同时成异节”、“哪堪春日上春台”等有意重复、错换使用的修辞手法，更造成音节的特殊韵味，读时真有“流走如弹丸”的美感享受。它对唐代歌行体的成熟、发展，应该也起了一定作用的。

（鲁同群）

咏　雾　　　萧　绎

三晨生远雾，万里暗城闉。
从风疑细雨，映日似游尘。
乍若飞烟散，时如佳气新。
不妨鸣树鸟，时蔽摘花人。

梁元帝写有不少咏物诗，其中不乏清新堪诵之作，这首《咏雾》诗就写得较好。

“三晨生远雾，五里暗城闉。”这里用了两个关于雾的典实。《帝王世记》载，黄帝时天大雾三日；《后汉书》载，张楷好道术，能作五里雾。咏物诗常引用有关故实，使得文字来得典雅些，这里的意思也无非是说雾很大，持续时间长，流布地方广。下面是对雾的具体描写。“从风疑细雨，映日似游尘。”这两句是写雾随风飘洒及映照日光情状。“疑细雨”，可以想见其形，还可以觉着有一种湿润感，似乎还能听到沙沙的声响。“似游尘”，有如日影中看飞尘，微小的颗粒都显得很是清晰，而且还能感到辉光的闪烁。这两句写得很细，给人如见其影的逼真感。“乍若飞烟散，时如佳气新。”这两句写变化的情状。雾总是飘忽不定、变灭斯须的。“乍”，刚。“时”，即时不时的意思。两句写道，刚刚像飞烟一般突然消散，一会儿又像春气一样勃然而兴。前一句容易使人想起“长烟一空”（范仲淹语）情景，后一句又叫人想起“春日佳气多”（储光羲）的名句，真是千姿百态，变幻无穷。上面四句都是比喻，下面运用映衬的写法。“不妨鸣树鸟，时蔽摘花人。”“不妨”、“时蔽”，还写雾的时淡、时浓，写进“鸣树鸟”、“摘花人”，就使得这雾景显得更美丽、更动人了。透过薄雾，看到好鸟鸣树；雾的时浓时淡，见得摘花美女时隐时现。这如梦如幻的情景，该会引发人们多少美好的意兴和想象。如果说上面咏雾是"清"描淡写，后面这两句就是绝妙的彩绘了。

这首诗写雾，形象逼真而活脱，传出了雾的形态美、意境美，也传出了观赏者的情致。一首好的咏物诗，不仅要能摹形象物，更要能缘情传神，此诗差可近之。作者还有一首同题作（"晓雾晦阶前"），就显得不如这首了。这首诗五言八句，对仗很工，平仄的变换除一、二联间失粘外，皆合近体格律。章法上首末二联用赋，中间二联用比，这种"一、二、一"的结构，也是后来律诗的常格。这首诗反映出五言律诗渐趋完形的轨迹。 （汤华泉）

出江陵县还二首（其一） 萧 绎

游鱼迎浪上，雊雉向林飞。
远村云里出，遥船天际归。

这首小诗，描写出城游归途中所见景色。四句分写游鱼、雊雉、远村、遥船四景，而分别以江浪、森林、白云、天际作为大背景衬托，构成四幅景中有景、画中有画的图景。前两句写近处景色，一在江上，一在江岸。鱼跃激浪，锦雉飞鸣，着意于生命活力的表现。波涛腾涌的长江、青葱茂密的森林，如果没有鱼跃雉飞，便是没有生命活跃的自然空间。所以诗人的意趣，在于刻意写出迎浪而上的游鱼、飞向森林的雊雉，使大自然在生命的活跃中显现出诱人的美。后两句写远处景色，一在山上，一在天际。远村出云，天际归舟，着意于景物的运动和变化。远村在云中显露出来，遥船在天际返归回来，说明云在飘飞，船在航行，景物由隐而现，由远而近。其中情味，与"白云深处有人家"，"天际识归舟"既相似又不相似。同写高远之景而意趣凝结点不同。

全诗四句，一、二和三、四句分别为两两相对的偶句，而以上、飞、出、归四字点出游鱼、雊雉、远村、遥船的动态。全诗纯用白描手法，描摹生动，语言明快，浅而不俗，格调清新，空灵高远，情趣盎然。 （章尚正）

遗武陵王 萧 绎

回首望荆门，惊浪且雷奔。
四鸟嗟长别，三声悲夜猿。

梁末侯景之乱，武帝萧衍、简文帝萧纲先后死难，宗室倾危。时萧衍诸子中，萧绎居长，以湘东王身份镇守荆州；武陵王萧纪为萧衍第八子，镇守巴蜀。先是萧绎发兵靖难，已擒杀侯景，而萧纪却抢先称帝，改年号为"天正"，率军沿长江东下，以讨侯景为名，欲趁萧绎大军在外、内部空虚之机，攻下荆州。真是外患未平，而兄弟阋于墙。萧绎岂肯相让，遂抽调荆州仅有兵力，于川、鄂交界处与萧纪相抗。对峙之初，萧绎兵弱，曾致书萧纪，称"吾年为一日之长，属有平乱之功"，要求萧纪息事，并答允仍让他专制蜀地。萧纪不肯。后萧绎有援军开到，连败萧纪。萧纪于是方知畏惧，遣使请和，要求按前旨还蜀自安。萧绎已不甘罢休，回书拒绝，信中有"上林静拱，闻四鸟之哀鸣"一句，表明兄弟义绝。随后击溃萧纪，并将他杀死于乱军中。然而，由于这一场内乱，不久西魏军来攻时，萧绎孤立无助，被敌国所俘，也算是自食苦果。

此诗中有"四鸟嗟长别"一句，与致萧纪书中"闻四鸟之哀鸣"语同，显然是随书附寄而去，表示兄弟断情、最后诀别的诗。说来，也是一种很特别的作品。

开头两句，以写景喻义。荆门，山名，在今湖北宜都市长江南岸，与对岸虎牙山相峙，扼锁长江，地势险要。江流至此，大浪奔腾，迅急无比。过荆门不远，便是荆州治所江陵(今湖北荆州江陵区)，那是萧绎的根据地，他不久前已在此即帝位。对萧纪来说，欲取荆州，必过荆门；对萧绎来说，一失荆门，即无险可守。故荆门乃是双方必争之地。而当时的战场，在长江三峡之一的西陵峡附近，位于荆门之西。"回首望荆门，惊浪且雷奔。"写出长江流过荆门时汹涌澎湃的气势。如今萧绎胸有成竹，将在西陵峡全歼萧纪大军，回首东望，荆门安然无虞，心中很是得意。同时，这也是向他的兄弟指出：荆州岂是你可以进攻的地方？天下岂是你可以争夺的？你自蹈死地，岂能怪我！二句表面含而不露，实际却是气势逼人。

后二句连用典故，既表示断绝手足之情，又对此表示伤感。"四鸟"的典故见于《孔子家语》。书中记载，孔子在卫，闻一女子哭声甚哀，便问颜回：可知她为何而哭？颜回答道：完山有鸟，生四子，羽翼长成，将分飞四海，其母哭而送之，与此相似。孔子派人去问哭者，果然是一位母亲因夫死家贫，卖子送葬，与之长诀而悲。这里以及致萧纪书中用"四鸟"的典故，一是说彼此出于同根，二是说兄弟再无相见之期。实际就是拒绝萧纪的求和，表示根本没有挽回的余地。末句又是就眼前所见为典。当日的战场在三峡，古代民歌说："巴东三峡巫峡长，猿啼三声泪沾裳。"接上一句而来，这一句是表示：作为骨肉同胞，竟至以干戈相见，自已心中也很是悲哀，只是无可奈何罢了……

对于诗中流露的感情，应该怎么看呢？一方面，当然可以说这里面包含了残忍和虚伪的东西。尽管在道义上萧纪是理亏的，但他既已求和，萧绎倘若想得远些，未必不能放过一步；再则，自已已经起了杀心，再说什么"三声悲夜猿"，未免是装腔作势。但另一方面,又不能说这里全无真情。事实上萧绎在给萧纪的书信中,已经把自己的意图说得很明白,另外再附上这首诗,主要还是从感情上有所表示。作为亲兄弟,毕竟有往日手足之情。如今为了自己的皇帝宝座,不能不下毒手,却也难免有些伤感吧!说到底,在封建时代,统治集团中为了争夺最高权力,父子相残、兄弟相戕,不绝于史。这并非是个人的品性,而是封建政治的品性。由此而言,这诗也有一点特殊的价值。

单就诗来说,萧绎确实写得不错。短短四句,包含很多内容,表达得十分清楚。后二句用典,尤其准确,言少意多。　（孙 明）

咏细雨　　萧 绎

风轻不动叶,雨细未霑衣。
入楼如雾上,拂马似尘飞。

如题所示,此诗旨在咏唱细雨。全诗通过细腻的笔触、反复的描绘、入神的比喻,全力表现细雨的“细”。前两句用直笔,正面描写细雨。轻风伴微雨、狂风挟暴雨,风雨相连是众所周知的自然常识,诗人落笔就以风发端。仰望高树,绿叶纹丝不动,可见流风之轻微;俯看自身,衣衫潮而未湿,可见雨点之细微。淡淡两笔就渲染出轻风细雨天的情调和氛围。后两句改用曲笔,借助于比喻,更深一层地观照细雨。雨点即便细微疏落,毕竟有形有相、连绵不绝,站在平地上还不觉得,一旦登上楼阁,放眼瞭望,视野大开时,细雨的质感与高度感、广度感、深度感交汇于心,顿觉天宇四野迷迷茫茫,如堕雾海了不可辨。末句与上句相仿佛,既写视觉形象,亦写心灵感觉。细雨洒落在骏马身上,乍看隐然若无,试用手拂马鬃,却见雨珠弹飞,恍若飞尘,饶有情趣。

综览全诗,诗人将自己对自然景物的情感流泻于笔端,捕捉并表现出了细雨的神韵意趣——若有若无、乍隐乍现。正是这种自然情趣促使诗人去观察、品赏、领悟细雨之美,丰富和发展了对自然美的审美力与表现力。　（章尚正）

咏 梅　　萧 绎

梅含今春树,还临先日池。
人怀前岁忆,花发故年枝。

这是一首……

看见这四字,马上有人会猜下面的话是:短小精致的诗、耐人寻味的诗、情味隽永的诗等等之类。

然而,这一会他们猜错了,笔者在这里想说,这是一首无理的诗。

无理的诗?

确实。先不说诗,且看这四句里各有一个时间词,便用得个个无理。"今春树"?莫非去春去秋去冬就不是这树了?"前岁忆"?莫非世上还有后岁之忆?"先日池"?"故年枝"?请问它们与今日的池塘、今年的树枝又区分何在?

如此组合词组,无理!

也许你想说,满树含着的梅花已是今春的新梅,那年你和你那情人——谁知道呢,先姑且这么假定罢——花前共酌、花荫倾心时的梅花,早已匆匆谢去、化为尘埃,便如那人的飘然而去、杳如黄鹤。你感伤了——你想强调。

也许你想说,那倒映着头上点点新梅的池塘,却一点也不肯跟着梅花的新生而起什么变化,花也谢了,人也散了,池塘却偏偏还是那年你俩携手嬉鱼时的模样。你感伤了——你想强调。

也许你想说,变了的花朵,没变的池塘,都叫你触景生悲,叫你跌进回忆的大壑,而且只是对那年的回忆。你感伤了——你想强调。

也许你想说,你跌进了回忆的大壑,要唤回那年的人,要唤回那年的梅。那人毕竟去了,那梅毕竟谢了,明明白白的事,你却固执起来,就是不愿承认。你不愿看那新开的梅,却偏去凝视那吐生新梅的旧枝。花枝自然还是那年的风姿,可它也是给你的慰藉少,给你的凄伤多。你感伤了——你想强调。

你感伤了,那也罢了;你想强调,那也罢了。你感伤了,就不许池塘是今日的池塘,那可是无理;你想强调,就硬把花枝限定为往年的花枝,那可是无理。你有主观感情,那也罢了,主观感情居然刹住了客观景物的时间步伐,那可是无理!

短短四句话,有今有昔,有人有景,有感叹有回忆,还不慌不忙插进四个时间词,说这是短小精致,自也不枉。诗是怀人之作,那人却只有"忆"字略作提示,须从景物对比中去找,说这是耐人寻味,却也不枉。由花之换新对照出池之依旧,由池之依旧反衬出人之变异,又由人之变异感叹到花枝如故,说这是情味隽永,更是不枉。然而,如此无理之诗,却生出种种佳处明明白白摆着,更是无理之至!

或许是笔者自己无理?迷惑的笔者,只能转向读者请教:

这是一首……

(沈维藩)

春别应令四首(其四)　　萧　绎

日暮徙倚渭桥西,正见凉月与云齐。

若使月光无近远，应照离人今夜啼。

汉魏六朝时期，皇太子、诸王的手示称作“令”或“教”。奉和皇太子、诸王的诗文，或奉其命令而作的诗文，都可叫作“应令”或“应教”。萧绎的这四首诗是奉和皇太子萧纲(梁简文帝)的，故此命题。在萧绎作这组诗之前，首先是萧子显写了《春别四首》，接着就是萧纲作《和萧侍中子显春别诗四首》。他们三人递相唱和，争新斗妍，这是当时诗歌创作的风气。

“日暮徙倚渭桥西，正见凉月与云齐。”渭桥，在长安(今陕西西安市)，为秦代所建造。暮色苍茫，一个游子在渭桥的西侧辗转徘徊。桥下的浩浩流水，岸边的树木花草，无不使他触景伤情。淹留他乡，羁泊飘零的生活，本已使他感到百无聊赖；而此刻又是“最难消遣是昏黄”的夕阳时分，更令人倍觉黯然！第二句进一步写他在渭桥旁所见到的情景：他忽然抬头，恰好看到一轮皎洁的明月，高高地挂在布满灰云的空中。清凉的月光，正映衬出游子寂寞孤独的悲凉。这月光中蕴含的是一种怎样的情思呢？于是诗就很自然地过渡到下文。

诗的后两句紧承第二句的“月”字。“若使月光无近远，应照离人今夜啼。”照一般“望月怀远”的写法，提到月亮以后，就应该正面抒发游子的情怀。但是，此处诗人写游子看月时的心理活动，却匠心独运：他由自己的客中情景，设想家中的妻子此时此刻的相思之情。假使空中的月光不管远近、千里共明的话，那么，今夜它也应该照着正在为月圆人不圆而伤心落泪的妻子。就诗的构思而言，本是游子思念妻子，但他却反过来想象妻子今夜一定对着月光在想念自己。这就是所谓从“对面写来”的方法，这种方法较之直言相思之愁苦，更耐人寻味，能大大增强诗的抒情性，将游子的相思之情，表达得更加委婉曲折、真挚深厚。杜甫的名句：“今夜鄜州月，闺中只独看。”(《月夜》)也是用的这种艺术手法，“读书破万卷”的诗圣有此构想，或许就是受了萧绎这两句诗的启发吧？

萧绎的《春别应令诗四首》，连同萧纲、萧子显的唱和之作，都是七言四句结撰成篇的短诗。这在当时，是一种新体诗，基本具备了到唐代盛极一时的七言绝句的雏形。这一点，是上述三人唱和之作在文学史上的一个贡献。　(王锡九)

【作者小传】

王　训

(511—536)　字怀范，梁琅邪临沂(今属山东)人。王暕子。初为秘书郎，累官至侍中，卒于官。事迹附见《梁书》卷二一《王暕传》及《南史》卷二二《王昙首传》后。《先秦汉魏晋南北朝诗》辑得其诗及断句六首。

独　不　见　　　　王　训

日晚宜春暮，风软上林朝。
对酒近初节，开楼荡夜娇。
石桥通小涧，竹路上青霄。
持底谁见许？长愁成细腰。

明代汤显祖的名作《牡丹亭》中《惊梦》一折，写到深闺少女杜丽娘偶然于一个春暮时分来到花园，面对群芳争艳的旖旎风光，原本是欢欢喜喜，忽然间愁绪满怀，感觉到青春生命的自我觉醒和热烈冲动，产生了一种不可遏制的欲望。她唱道："原来姹紫嫣红开遍，似这般都付与断井颓垣。良辰美景奈何天，赏心乐事谁家院！朝飞暮卷，云霞翠轩；雨丝风片，烟波画船。锦屏人忒看的这韶光贱！"

以前的文学中，有没有这样的表现？自然，像汤显祖那样，写得如此明确而热烈，是没有过的；但类似的情调乃至构思，却早在王训这首《独不见》中就已出现。甚至，还可以说，因为汤显祖偏爱六朝文学，他很可能读过这首诗。《独不见》为乐府旧题，属杂曲歌辞，习惯上是写"伤思而不得见"之情（《乐府解题》）。王训的诗，与题意既有切合之处——表现女子孤独的春思，又略有不同——诗中的主人公，并没有一位具体的思念对象。正是这一点不同，造成了新鲜的意境。

开头二句，点出时间、地点：正值暮春时节，又恰在黄昏时候，柔和的风吹拂着林苑。上林，汉代著名宫苑，在长安西北，后世常用以代指一般华丽的园林。用"上林"这个词，诗人暗示我们：住在这里的，是一位高贵的女子。在这二句交代性的描述中，作者同时已经在渲染一种艳美的色彩和气氛。"日晚宜春暮"，"宜"字是有些强调的，突出了"日晚"和"春暮"二者的组合。春暮固然是群芳即将凋零的时节，却也是春色最为秾艳的日子。将暮春景色置于黄昏，添上一层朦胧，岂不更是动人？所以说"宜"。下一句再补足：这一片黄昏中的暮春景色，并不是普通的山林平野，而是一处华丽高贵的园林，那自然是奇花异卉，触目皆见了。写风着一"软"字，既说明风的温和，亦暗示这风使人懒散。总之，开头二句，已经有了浓厚的娇艳气息。

时是良辰，景是美景，人呢，用这气氛来衬托，自然是一位佳丽女子。那就不必多说，三、四句直接写她的举动。这是一联对仗，要合起来读。她把着酒盏，推开楼窗，欣赏着娇美的夜色。"初节"，指春天，因其为四季之始。上文已有了"春"字，这里换一个词，避免重复。酒的作用，在于进一步浓化诗中的情调。三杯两盏，红晕生颊，这女子也便艳如春花，摇曳如软风，朦胧如夜色了。六朝人写诗，在“艳”字上是毫无忌避的。“开楼”见到什么？诗人没有具体写，用了一个奇妙的句子，从主观感受上加以概括，谓之“荡夜娇”。“娇”一作“谣”，那是说开窗听到远处有人唱着小曲。大约，有人认为“娇”和“荡”配合不起来，就改成了“谣”。这一改，变得平庸无奇了，破坏了诗意。其实，“娇”又何尝不能“荡”呢？“荡夜娇”恰恰写出了春夜的律动，那一片荡漾的妖娆，并且写出了人心中的情思飘摇。汤显祖《牡丹亭》之名曲《步步娇》有云：“摇漾春如线”，正是同样的笔法。或许，还是所来有自呢？

五、六句，顺着人物的视线，拓展画面：潺湲的溪水，从小小石桥下淙淙流过；竹林中曲折的小径，泛着微微白色，通向远处，消失在幽深的天幕上。这景象与前面所描绘的略有不同了：曰静曰远。从摇荡的娇艳到幽远的静寂，读者感受到了什么？

收结的二句回到女主人公。“持底”，凭什么、用什么；“许”，如此。这二句好像是一声长长的叹息：我怎么才能够、又让谁知道自己是这副模样：因为长久的忧愁，衣带渐缓，腰瘦堪把？前一句中，写了两层：一是无法与人沟通，二是即使能够与人沟通，也不知道和谁去沟通。这就表明，诗中的愁绪，并非是一般的相思之愁，而是被幽闭的女子的青春孤独。她已为此困扰得久了，伤心得久了，仍然没有解脱的办法。生命的短暂已经令人畏惧，女子的青春更其短暂，教她怎不哀怨？

这诗前六句，写足了良辰美景，赏心乐事。直到五、六句转为幽远，也只是“暗度陈仓”，并无凄凉怨愁之感。及至推出结二句，境界方出，遂为全诗笼罩上一层哀婉情调。回过头来仔细推究，原来是一片娇艳春光，唤起了主人公生命意识的突跳！虽然，诗中的主人公，事先已是“长愁成细腰”，久为青春的孤寂所苦，同《牡丹亭》写杜丽娘游园惊梦，于无意识中突然觉醒不同，但构思却是非常相似的。诗人笔下，并没有让女主人公一开始就用一种哀怨的眼光去看待世界，而是欢欢喜喜地欣赏春色。所谓“起于无作，兴于自然”，一味写来，应物便是，终于在结尾处意绪突转，触先感随，发为长叹。而先前光色之艳，此时全成为春思之情的衬托。笔法的巧妙，实是令人赞叹。

南朝有不少出色的诗作，只是因为人们喜欢用狭隘的观念去评价，遂长久埋没无闻。比如说，“绮艳”是许多人用来否定南朝文学的一个重要理由，而很少有人想到：诗可以朴质，可以粗豪，为什么就不可以绮艳？这首诗显然是很绮艳的，却未必不佳。 （王星琦 贺圣遂）

【作者小传】

刘孝胜

梁彭城(今江苏徐州市)人。刘绘子,刘潜弟。初为邵陵王参军、湘东王主簿,历官尚书左丞、信义太守、尚书右丞兼散骑常侍。后为益州刺史武陵王萧纪长史、蜀郡太守。侯景陷建康,萧纪称帝于蜀,孝胜为其尚书仆射,随纪出蜀攻萧绎(即梁元帝)。兵败被执,绎宥之,任司徒右长史。事迹附见《梁书》卷四一《刘潜传》及《南史》卷三九《刘勔传》后。《先秦汉魏晋南北朝诗》辑得其诗五首。

武溪深行　　刘孝胜

武溪深不测,水安舟复轻。暂侣庄生钓,还滞鄂君行。棹歌争后发,噪鼓逐前征。秦上山川险,黔中木石并。林壑秋濑急,猿哀夜月明。澄源本千仞,回峰忽万萦。昭潭让无底,太华推削成。日落野通气,目极怅馀情。下流曾不浊,长迈寂无声。羞学沧浪水,濯足复濯缨。

今湖南资水以西、贵州东部、广西三江一带,历史上称为"武陵郡"。武陵有五溪,山峻林幽、川深濑急,曾是"槃瓠诸部"(少数民族)聚居之处。公元48年,东汉名将马援以六十二岁高龄率师南征,因武溪"水疾,船不得上",终于在次年盛夏染疾身亡。马援病没前,曾作歌一首,令门生爰寄生"吹笛以和之",歌辞极为凄切——"滔滔武溪一何深!鸟飞不度,兽不敢临。嗟哉武溪兮多毒淫!"这歌后来便题为《武溪深行》,又称《武陵深行》。

五百年后,梁代著名诗人刘孝绰之五弟孝胜,任蜀郡太守,大约有机会游览过武溪一带。这首诗即以古歌为题,描摹了武溪的山水幽险之景。诗之开头六句,以"武溪深不测"领起,叙乘舟进入武溪之初的感觉。武溪之深早已名闻遐迩,不免令诗人视为畏途。但在开初,那溪水似还较为安闲。诗人以一叶轻舟顺溪而行,不禁思绪悠悠,想起了庄子钓于濮水的景象,那悠闲自得的意态,大约正与此刻的诗人相近罢?还有楚王的母弟鄂君子皙,千年前泛舟清波,摆桨的越女惊喜地唱起了"今日何日兮,得与王子同舟"、"山有木兮木有枝,心悦君兮君不知"的动人情歌。这清溪泛舟的情境,不正与当年鄂君相似?连耳际也仿佛还有那悦耳歌韵的萦绕呢!随着溪水的突然变疾,船尾传来榜人的激昂"棹歌",诗人的想象也随之一变:这会儿浮现于眼际的,已是马援当年的南征景象,溪流上似正有数百条征船，鸣鼓争流向前方竞逐而进。这六句化用典故，将“庄生钓”、“鄂君行”的古事，与诗人初入武溪的实境融为一片，以表现“水安舟复轻”的悠闲、美好意兴。节奏之舒缓，正与思绪之悠悠相谐。然后节奏加快，以“噪鼓逐前征”的幻境，写舟行忽疾的情状，全诗由此转入第二层——描述武溪的山水之险。

与第一层的写景多作浮想之语不同，第二层的描绘，适应武溪峻险深幽的特点，更多采用了渲染、映衬的笔法。“秦上山川险，黔中木石并（‘木石并’一作‘水石清’）”，叙沿途的山川峻清之貌。“秦上”，指陇西一带，汉分置秦州，晋徙治所于上邽，故称。“黔中”即汉之武陵郡。秦上的山川之险，历来为兵家所惊叹。这两句即以秦上山川映衬武溪，在惊呼声中，表现诗人舟行武溪而疑为置身秦上的错觉；再俯身览察溪中，才发现那水石之清澄，又绝非秦上山川可比。此刻正值秋季，湍急的溪流从那深林遮蔽的山壑间奔泻而下，本已教人惊心；倘若是在夜月幽照之中，听那此伏彼起的猿啼之声，更会增添一种凄切森怖之感。沿着清亮的溪流回首远眺，它的源头竟是峭壁千仞的山崖。当其萦迴于山峦之间时，那千嶂万峰也仿佛在浮荡盘旋！这就是“澄源本千仞，回峰忽万萦”两句所展示的武溪奇境。目睹这样的峻峰深溪，诗人忽又生一奇思：“昭潭让无底，太华推削成。”“昭潭”在湖南长沙市南、湘潭县北，乃为湘水最深处。但倘若与此水深“无底”的武溪相遇，恐怕也得相让三分？“太华”即西岳华山，《山海经·西山经》称它“削成而四方，其高五千仞”。这武溪之山，难道正与峻高无比的太华山一样，乃是造化运巨力推排、砍削而成？上述八句，综合运用映衬、渲染、夸饰之语，极写武溪山川峻险、幽深、曲折之貌，不仅绘景如画，而且强烈地抒写了诗人身临其境的惊诧、嗟叹之情。笔姿夭矫，思致奇幻，甚有李白“梦游天姥”那种“千岩万转路不定”、“绿水荡漾清猿啼”的奇情。

诗之最后六句为第三层，节奏忽又趋于纡徐。这时，诗人的小船已进入武溪的“下流”。从险崖深川中飞驶而出，陡然见有一片原野展开在眼前，诗人顿觉心旷神怡。清新的水气正向四处扩散，圆圆的落日，映照着苍茫的田原。再看那武溪之水，即使到了下游，竟还不改其清澄之质；潺湲的长流，正寂然无声地伸向远方。这景象是令人惊异的，当然也不免令诗人怅然沉思：“羞学沧浪水，濯足复濯缨。”“沧浪”即汉水下游一段之名。春秋时有一首《孺子歌》，歌咏过它的清、浊之用：“沧浪之水清兮，可以濯我缨（帽带）；沧浪之水浊兮，可以濯我足。”（见《孟子·离娄篇》所引）而今，诗人见到的武溪，不管是在上游，还是在泻出山壑、泄入原野的“下流”，均清澈一色，绝不像沧浪之水那样，常有清、浊之时。这不禁令诗人从心底为之赞叹！他由此想到当年孔子对《孺子歌》的评论：“小子听之：清斯濯缨，浊斯濯足矣，自取之也。”那么，人之处世，就应该像武溪这样，清白一世而不改其质；决不能学沧浪水的时有混浊，而自取“濯足”之侮。这充满怅惘之情的结尾，既是对武溪的赞美，又将全诗升华到了一个全新的境界：它使读者豁然认识了武溪那清白不染的美好素质，而悠悠进入如何做人的深沉哲理思索之中……

（潘啸龙）

【作者小传】

刘孝先

梁彭城（今江苏徐州市）人。刘绘子，刘孝威弟。初为武陵王萧纪幕府官，随入益州，转安西记室。侯景陷建康，纪称帝于蜀，出蜀伐萧绎（即梁元帝），孝先随之。及纪败，孝先至江陵，绎任之为黄门侍郎，迁侍中。事迹附见《梁书》卷四一《刘潜传》及《南史》卷三九《刘勔传》后。《先秦汉魏晋南北朝诗》辑得其诗六首。

草堂寺寻无名法师　　刘孝先

飞镜点青天，横照满楼前。深林生夜冷，复阁上宵烟。叶动花中露，湍鸣闇里泉。竹风声若雨，山虫听似蝉。摘果仍荷藉，酌水用花传。一卮聊自饮，万事且萧然。

此诗写的是月夜寻访草堂寺里的一位无名僧人。

草堂寺所在地不详。诗人另有一首《和亡名法师秋夜草堂寺禅房月下诗》云：“幽人住山北，月上照山东。洞户临松径，虚窗隐竹丛。”大致可知该寺坐落在山北溪涧旁的丛林深处，门前青松夹径，窗外修竹掩映，环境极幽僻清净。

诗的前八句从所见所闻两方面来描写深山古刹的夜景。

一、二句写月下寺楼。飞镜，指明月。首句用一“点”字刻画“飞镜”高悬，给人以天高月小，无限空漠廓落之感。次句写月照寺楼。草堂寺在山北，此言“横照”，见月渐西斜，夜已深沉。在黑幕笼罩的山林中，孤寺当月，清辉满楼，显得特别醒目。三、四句进一步描绘寺庙气氛：深林幽暗，夜气寒冽，侵肌透骨；楼阁上升起一缕淡淡香烟，嫋嫋不绝。清幽如水的月色洒在轻烟缭绕的寺楼上，烟光月色给山林中的草堂寺蒙上一层梦幻般神秘的色彩。诗人着重写孤寺当月一处之明和复阁霄烟透出的一缕暖意，反衬出整个空山虚谷之暗与深林莽野之寒。这里以明与暗、暖与寒两种矛盾对立事物相比衬，构成一种幽僻深邃的境界，表现出一种凄寒虚漠的气氛。

接下四句写寺庙周围自然景物。花中清露映月，珠光闪烁；溪谷（"闇"字，《文苑英华》作"阁"，注云：疑作"谷"，今从之）泉水流淌，潺潺不息。寺旁篁竹随风摇曳，萧萧若雨，四处虫声凄切，似寒蝉夜鸣。这里写叶动、湍鸣、竹风、山虫诸物之态，意在表现山林之夜的沉寂与荒凉。这四句在写法上又有所不同，"叶动"、"湍鸣"两句侧重描状，但一是实写视觉形象，一是虚写听觉感受，前者尤见刻画纤细入微。"竹风"、"山虫"两句则兼用比况，言竹风声"若雨"、山虫鸣"似蝉"，不仅十分真切，而且由比喻中见出诗人闻此声息之感受。

前八句描绘夜间山林佛门之地的清虚冷寂之境，虽不无幽趣，然其境过清，实令凡人难耐这份凄凉。但对于诗人所访求的那位僧人来说，却无疑是一块难得的"净土"。诗的后面四句便自外入内，由草堂寺环境进而写到寺内的无名法师其人。

写人先写其饮食。这位法师吃的是野果，饮的是清泉。所食所饮，俱出林间山谷，取之无禁，用之不竭。如此饮食大有不沾凡间烟火意味，此僧心志之淡泊可见。且"摘果"借之以荷叶，"酌水"传之以莲花。莲荷乃佛门象征之物，这更带有浓厚禅意。结尾"一卮聊自饮，万事且萧然"两句，描写其瓢水独饮，万事萧然的神态，简洁两笔由表及里地勾勒出此僧一副超尘脱俗、寂心空门的形象。

全诗写"无名法师"仅此四句，大部分笔墨用在描写自然景物和僧寺环境，通过写景来烘托人物。诗中自然景物、寺庙环境与寺内之人那种身孤心寂、纤尘不染的形象协调融洽。虽说全诗没有充分表达出题面"寻"字的动作感，但这点缺陷不至于影响全篇结构的完整。

这首诗对自然风物的描状颇见精细，但铺陈过多，还不善于准确地抓住最富有特征的事物，以简练几笔勾摄其神以构成意境。因此，将本篇与唐人王维同类题材的诗作如《过香积寺》等相比，可以看出两诗在表现手法方面都有相似的特点，但前者显然缺乏后者那种幽远的情境与神韵，六朝与唐人写景主要区别，大致就在这里。

（易　平）

和亡名法师秋夜草堂寺禅房月下诗　　刘孝先

幽人住山北，月上照山东。洞户临松径，虚窗隐竹丛。出林避炎影，步径逐凉风。平云断高岫，长河隔净空。数萤流暗草，一鸟宿疏桐。兴逸烟霄上，神闲宇宙中。还思城阙下，何异处樊笼！

亡(无)名法师是刘孝先的方外之交，又是诗友。在刘孝先现存的六首诗中，有两首与亡名法师有关，尤其是上面选录的这一首，足见二人交情的深笃。此诗虽是一首亡名法师《秋夜草堂寺禅房月下》诗的和作，详味其意旨，实为对亡名法师唱出的一曲颂歌。

诗人歌颂亡名法师，先写他居处的不俗，见前四句。"幽人"，即指亡名法师。山南向阳，尘俗人所常到；法师则住在"山北"，山的阴面。次句写"山东""月上"，照应题面，同时，在月色的映照下进一步描画"幽人"的住处：草堂寺寺门深深，门前是一条长松夹道的小径；禅房窗户虚掩，隐没在竹丛包围之中。从这简洁的交代中，不仅可以看出法师遗世独立的超脱，而且也隐约透出他情趣的高雅：开门见松，临窗对竹。松与竹的节操历来受到赞颂，孔子说："岁寒，然后知松柏之后凋也。"(《论语·子罕》)王徽之说："何可一日无此君(按：此君指竹)！"(《世说新语·任诞》)且睡去醒来之时，松声如涛，竹风若雨，恰似灵魂在动情地唱叹，听来何其惬意！

以上写居处，作静态描绘；五、六两句，视线转向"幽人"，从动态中加以表现：法师为了躲避烈日的余威，追逐凉风，便走出禅房，在小径上散步，到松林外走动。接下去的四句，看似纯粹写景，其实是从对面写人："幽人"步径出林纳凉，抬头仰望空中，见到平静的云层停留在山间，遮住了高高的峰峦；银河似带，仿佛将明净的夜空分隔了开来。当他目光下视时，又见到了几只萤火虫亮着微光在暗草间流动，一只鸟扑棱着翅膀回巢，停到了叶子渐稀的梧桐树上。法师的清高恬淡，脱尽机心，远离俗务，唯与大自然为友，于此寥寥数语已可见其大略。

以上十句用实笔，明处写景，暗处写人；表面景为主，人为宾，实则人为主，景为宾。经此描写，蓄势已足，便脱去形迹，改用虚笔，发而为直接的赞颂："兴逸烟霄上，神闲宇宙中"，写他由于不预世事、绝去名利之想，故能兴致放逸，神情悠闲，内心无所拘束，精神上得到完全的解脱，以至于可以随心所欲，达到物我合一的境地，精神上高可上九天，广可及于全宇宙，无往而不在。结尾两句仍是同一意思，但从反面说，从映衬对比中加以强调。"还思"(回想)的主语是诗人自己；"城阙"，原指城市，这里指尘世的生活。诗人觉得，在尘世生活，犹如拘处于樊笼中一样，言下之意，则法师的生活就无异于出笼之鸟那样自由自在，值得欣羡了。

此诗宣扬的是出世的思想，追求物我齐一的精神上的绝对自由。这对于亡名法师的出家人身份来说，或许大体上还是反映了实际情况的。这种思想，从可取一面说，是不愿随波逐流，与世浮沉，更不愿为虎作伥，仗势欺人，无可厚非，但作为一种世界观，从根本上说是应该予以否定的。堂堂七尺之躯，悠悠百年时光，岂能超然物外，于人世无所补益便与春光共老，与秋叶同凋！在艺术上，此诗最可注意的是采用冷色调。“山北”、“洞户”、“虚窗”、“暗草”、“疏桐”，从词语到意象直至意境，无论形相或色彩，无一不冷。尤其是诗中之月，本身属阴（古称“太阴”），照临诗中景物，更使全诗增添了一层清冷的色泽。冷色调的采用十分切合于特定对象（方外之人）与特定思想（出世思想）的表现，助成了此诗思想和艺术的和谐的统一。

（陈志明）

咏 竹

刘孝先

竹生荒野外，捎云耸百寻。
无人赏高节，徒自抱贞心。
耻染湘妃泪，羞入上宫琴。
谁能制长笛，当为吐龙吟。

六朝时期，矜尚数典隶事的风气盛行，“指物呈形”的咏物诗应运而生。梁中叶后，咏物诗在萧纲的倡导下迅速发展。梁代诗人刘孝先以百寻之竹为题咏对象，借物言志，寄托遥深，咏物而不滞于物，算得上咏物诗中的上乘之作。

诗歌开篇即以简省的语言画出野竹的雄姿。它长达百寻（古八尺为一寻），又高又直，昂然挺立，上拂云霄，真是雄健刚劲，卓然不凡。然而它却不蒙人青睐，“无人赏高节，徒自抱贞心”。为何这气概凌云的竹子却遭此冷遇呢？其因盖在它生于荒郊野外，而非皇家苑囿、贵人庭院。三四两句承上作一逆转，而首句实已为之牵引脉络。竹为多年生植物，茎秆有节，节间中空。曰“节”、曰“心”，均紧紧扣住了竹子的自然属性，只能是咏竹，不能移之于其他草木。而冠以“高”、“贞”二字，则又突出其高洁清雅、耿介不随的品性，使人自然联想起高尚之士的气节、操守。“徒自”一语，既传达出未遇于时的叹惋之情，更表白了坚贞自守的高洁情怀，语少意足，有无穷意味。是否没有办法自拔于逆境呢？办法自然是有的，只是不屑为之罢了。“耻染湘妃泪，羞入上宫琴。”五六句又是一个逆转。张华《博物志》曰：“舜死，二妃泪下，染竹即斑，妃死为湘水神，故曰湘妃竹。”竹是制作箫管乐器的材料，为古代八音之一。琴，在此泛指乐器。那泪痕斑斑的湘妃竹，引发了人们多少缱绻情思；那华丽的堂楼馆榭，更是丝竹管弦，彻夜笙歌。然而，这苍劲的野竹却既耻于仅仅作为缠绵情感的象征，更不屑充当达官贵人娱乐遣兴的工具。“耻”“羞”二字下得沉重，有分量。在坚定的语气中，我们不是隐然可见作者既不眷眷于儿女之情，更不愿趋时取巧、自媚求荣的高尚情怀吗！

诗歌于层层逆转之后，于篇末唱出了最强音。“谁能制长笛，当为吐龙吟。”笛子本竹所制，此言“长笛”，却不禁使人想起晋代伏滔的《长笛赋序》中提到的那支用“良竹”所制的“奇声独绝”的长笛。作者恐怕正是借此再次称美竹质之精良。以此优质之竹制为长笛，必发为龙吟虎啸之声。后汉马融《长笛赋》就说过：“龙鸣水中不见已，截竹吹之声相似。”七八两句，语意一气贯穿，语势流转自然。竹制为笛，笛声嘹亮如龙吟，暗用二典，妥切无痕。细加玩味，尤觉包蕴深广，寄托了作者的高情远致。葛洪《神仙传》中，曾载有仙人壶公的竹杖在葛陂地方变化为龙的故事。可见贞心高节、凤凰栖食的竹子，在古人想象中，是有着龙的性格的，则竹笛吐为“龙吟”之声，自是极自然的了。梁孝元帝《赋得竹》云：“作龙还葛水，为马向并州。”北齐萧放《咏竹》诗曰：“既来丹凤穴，还作葛陂龙。”所用故实相同，而刘孝先能用典不使人觉，“似着盐于水，但有盐味，而无盐形”（严羽《沧浪诗话》），终是高出一筹。这生于荒郊僻野、发为龙吟之声的翠竹，又使我们自然想起那些被称为卧龙的俊杰之士。汉末徐庶荐诸葛亮于刘备，三国魏末钟会举嵇康于司马昭，皆有卧龙之称。卧龙虽暂时蛰伏，但一旦风云际会，定能兴风唤雨。“谁能”、“当为”，语意急迫而恳切，把作者一腔渴望得遇明主、亟欲有所作为的热情宣泄得淋漓尽致。正是这种积极用世的强烈要求，使作者唱出了充满期待与信心的最强音！这就是此诗的真正归趣所在！

张炎说：“诗难于咏物，体认稍真，则拘而不畅；模写差远，则晦而不明。”（《词源》）况周颐认为咏物诗之所以不易出色，在于用典太呆（《蕙风词话》）。此诗紧扣竹的特征，而又不刻意求其形似，既有题中之精蕴，更有题外的远致。用的全是有关竹的掌故，却又能“熟事虚用”，浑成贴切，不呆不滞，不即不离，充分体现了作者不同凡俗的性情与才能。《梁书》本传称孝先“善五言诗，见重于世”，殆非虚语。

（徐定祥）

【作者小传】

江　洪

梁济阳考城（今河南民权东北）人。官建阳令，坐事死。事迹附见《梁书》卷四九及《南史》卷七二《吴均传》后。有集二卷，已佚，《先秦汉魏晋南北朝诗》辑得其诗十八首。

胡笳曲二首　　江 洪

藏器欲邀时，年来不相让。
红颜征戍儿，白首边城将。

落日惨无光，临河独饮马。
瑟飒夕风高，联翩飞雁下。

江洪是一位希望有所作为的诗人。他在《和新浦侯斋前竹》诗中曾借物寓情吐露怀抱："愿抽一茎实，试看翔凤来。"这两首《胡笳曲》，虽是抒写戍边将士的怨情，但从中也透露出诗人本人壮志未酬、忽忽老去的深长感慨。

《胡笳曲》，郭茂倩《乐府诗集》归入《琴曲歌辞》类。江洪的这两首《胡笳曲》，系精心结撰之作。上一首概括写出边将的一生，下一首具体描画其日常生活的一个场景，彼此相辅相成，互相补充说明。

在前一首中，"藏器"二字语本《周易·系辞下》："君子藏器于身，待时而动。""器"，旧指才德，诗中指韬略与武艺。"欲邀时"，意思是希望风云际会、龙腾虎跃干出一番事业。诗以"藏器欲邀时"开篇，大声镗鞳，说的是当年高远的理想。次句"年来不相让"，相当于常语"年岁不饶人"，时间一下子跳到了晚年。数十年时节若流，回头望去只留下一片空白，说的是今日不堪的下场。前后两句，一扬一抑，一理想一现实，反差强烈，感慨深长。三、四句再作对比：第三句的时间，重又拉回到从军的当年，其时"季子正年少"（辛弃疾《水调歌头·落日塞尘起》），内心燃烧着理想之火，脸上焕发出青春的光彩；第四句，时间再次跳过数十年，其时的身份，虽然已从当年的普通戍卒晋升成了一名将军，但年已入暮，青丝变成了满头白发。看来戍卒之不断得到提升，是由于一生戍边，按常例升迁，而非出于军功，故虽身为"边城将"，仍不免有虚度年华的无穷感慨。此诗所写，关乎一生，编年式的写法烦冗难载，故采用跳跃式的对比写法，截取两头，从理想与现实以及少壮与老大两个角度传神写照。诗中时间的表述，采用一前一后与再次一前一后的写法，造成双重对比与反复跌宕，从而赋予诗作以触目惊心、振聋发聩的艺术力量。

第二首展现的是这位"边城将"晚年的日常生活，选取的是他在日暮时分于河边饮马的一个场景。"落日惨无光"，点出时间，描摹天空情景，"惨"字并为全诗的感情定调。"临河独饮马"，交代地点及所述情事。这一句作动态描绘——边将独自一人牵着马走向河边，然后又是饮马的动作。"独"字写形，同时也隐隐泄出人物内心的寂寞之感。后两句在人物形象淡化的背景上再次写景。“瑟飒”，风吹的声音；“联翩”，同“连翩”，形容鸟飞前后相接的样子。在“边城将”饮马时，刮起了大风，成群的大雁向着南方飞去。这两句，表面看去只是单纯写景，实际上，边地生活的艰辛与久戍不归的怨情已尽在不言之中。此诗采用的是“景（第一句）——人（第二句）——景（第三四句）”的常见写法，但在具体刻画时，不作空间上的横向展开，而是采用画面叠印的写法，即在景色的背景上映出人物，然后人物又淡化为第二背景，再次映出新的景色。画面的叠加，如同一次次设色，将边城将的孤独和怨苦含蓄而又深入地表现了出来。

读了第一首，我们得以概括了解边城将的一生；再读第二首，又得以进一步具体见出他日常生活的一斑。两首合在一起，令人深怀同情之心地想起一个自首戍边、充满怨尤的边城将的形象。钟嵘在《诗品》中评价江洪说：“洪虽无多，亦能自迴出。”语虽简约，却是深中肯綮的。（陈志明）

江　行　　　　江　洪

日没风光静，远山清无云。①
潮落晚洲出，浪罢沙成文。
挟琴上高岸，望月弹明君。
去家未千里，断绝怨离群。

〔注〕 ① 清：《艺文类聚》卷二十七作“深”，《文苑英华》卷二八九云：“一作深。”

这首诗写景抒情，是江洪的代表作之一。

诗的前四句主要写景。一个秋日的傍晚，作者沿江而行，他举目远眺：夕阳已经西下，隐没于群山之后，群山连绵起伏，横亘天边，秋高气爽，万里无云，风光格外清朗宜人。他的目光又扫向近处：一江秋水，横陈眼前，江潮渐落，江心的小洲缓缓露出水面，轻浪荡漾，不断地拍击着江岸，慢慢地推沙成文。“风光静”、“清无云”，描摹晴空远山，突出了傍晚景色的静和清；“晚洲出”、“沙成文”，写照江畔近水，又表现了晚景中的几分动荡和变化。远近相映，山水相形，动静相兼，使这清丽的景色之中，渗发出一种富于包孕而又流荡变化的意趣。

后四句重在抒情。面对这景致，作者披襟携琴，缓步登高，来到江畔的山坡上。这时，暮色已浓，秋月娟娟，清风朗朗，令人胸襟如洗。他乘着清兴，对月抚琴，一曲《明君辞》悠悠而起。明君，此指《明君辞》。抒写王昭君出塞的故事，大抵是诉说幽怨和思念，含凄无限，在民间流传甚广。作者在这里以《明君辞》入诗，用意很深，亦很巧妙。"去家未千里，断绝怨离群"，昭君之怨，怎能不令人同哀？如诉如泣，似哀似怨的琴声，在那月白风清的秋夜轻轻飘荡，将人带向一种凄婉幽远的艺术境界。同时，它又和前面写景中蕴含的流动和变化形成照应，使全诗平添低回婉转，摇曳生姿的情致。

江洪是梁朝的著名诗人，才思敏捷，风流儒雅。《南史》卷五十九《王僧孺传》载："竟陵王(萧)子良尝夜集学士，刻烛为诗，四韵则刻一寸，以此为率。(萧)文琰曰：'顿烧一寸烛，而成四韵诗，何难之有？'乃与(丘)令楷、江洪等打铜钵立韵，响灭则诗成，皆可观览。"他的这首诗写月下弹琴，写昭君之怨，可能是寓有身世之感，借一曲《明君》抒发念阙怀友的幽幽情怀，也可能是文人笔下风流，一时兴到，表现一种清幽旷远潇洒高古的雅趣。但无论如何，全诗笔触轻灵融贯，音韵错落有致，立意构境出人意表，还是很可涵咏的。钟嵘《诗品》卷下称："洪虽无多，亦能自迥出。"观此诗，正可见其迥拔独绝之气。

（蔡中民）

【作者小传】

费 昶

梁江夏(今湖北武汉市)人。约公元510年前后在世。善作乐府，为梁武帝所重。官新田令。事迹附见《南史》卷七二《何思澄传》后。有集三卷，已佚，《先秦汉魏晋南北朝诗》辑得其诗十七首。

芳 树

费 昶

幸被夕风吹，屡得朝光照。
枝偃疑欲舞，花开似含笑。
长夜路悠悠，所思不可召。
行人早旋返，贱妾犹年少。

《芳树》原为汉铙歌，属鼓吹曲辞，为杂言。最早以五言创作题名《芳树》的乐府诗是齐朝的谢朓，后继者至晚唐的罗隐，竟达十五人之多。梁朝费昶的《芳树》，在累累众作之中颇有特色。

此诗由树及人，而先从树起笔。"幸被夕风吹，屡得朝光照"，这小树遍体芬芳，极是可爱动人，惹动了造物主对她也是格外的爱怜，从早到晚，她总是受温风吹拂的抚爱，在阳光拥抱中生长，一生幸运无比，得天独厚。"幸"与"屡"、"朝"与

"夕",都是互文见义,足见芳树的幸运是无时无之,从不间断的。有了这般嘉运,芳树还能不花鲜枝茂、不欢欣满怀么?于是下二句"枝偃疑欲舞,花开似含笑",便自然而生。这二句分承上二句,花枝在风中一会儿偃伏、一会儿昂起,令人要疑它是在婆娑欢舞;花朵在阳光中盛开怒放、鲜艳欲滴,好似是在欣喜微笑。诗人用拟人化的手法描绘芳树的丰姿欢容,倒似不是写树,是写出了一位正当妙龄的新嫁娘。

正是诗人的妙笔将芳树写得富有人情,所以诗的下半,全不用什么交代转接,便直说到一位树下少妇的心思上去了,而读者看来,也全不觉突兀:"长夜路悠悠,所思不可召。行人早旋返,贱妾犹年少。"这位少妇首先想到的是什么呢?"贱妾犹年少",我和芳树一样,正处在风华正茂之时,这株树多么像我!当然,花无百日红,我也会衰老的,趁我尚未衰老之前,如果我那夫君能回家,他一定还是喜欢我的,但一旦衰老,他那份心思,可就难说了。这一段心理描写,并没有写到诗歌中去,但由"贱妾犹年少"的思路往下想,必然有那些内容,这就是所谓言有尽而意无穷,正是诗歌的蕴藉处。那么,她的丈夫是不是能提早回家呢?"长夜路悠悠,所思不可召。"远行的丈夫根本听不到妻子的召唤,因为夜漫漫,路迢迢,连他在天的哪一方都不知道呢!看来,年岁易逝,红颜易凋,少妇的心思多少是担忧的。不过,毕竟有笑意盈盈的芳树在安慰她,有姿态摇曳的花枝在勉励她,而她呢,也毕竟"犹年少",虽说眼下寂寞,到底还等得起呢!诗以"贱妾犹年少"结束,可见少妇的担忧并不十分深重,从而全诗的基调也只是一种淡淡的忧伤而已。

本诗以"枝偃"二句为最佳。那枝舞花笑,宛然是青春女儿的写照,"欲"字、"含"字,又写出了她怯弱含羞的娇态,"似"字、"疑"字,更使这番景象达到了人树莫辨的地步。有如此佳句,本诗所咏是"芳树"还是"芳姝",也当真难辨了。

(傅如一)

行路难二首(其二)　　费　昶

君不见人生百年如流电,心中坎壈君不见。我昔初入椒房时,讵减班姬与飞燕。朝踰金梯上凤楼,暮下琼钩息鸾殿。柏台昼夜香,锦帐自飘飏。笙歌《枣下》曲,琵琶《陌上桑》。过蒙恩所赐,馀光曲霑被。既逢阴后不自专,复值程姬有所避。黄河千年始一清,微躯再逢永无议。蛾眉偃月徒自妍,傅粉施朱欲谁为。不如天渊水中鸟，双去双飞长比翅。

《行路难》本为曲调名。《晋书》卷八十三《袁山松传》云："田歌有《行路难》曲，辞颇疏质。山松好之，乃文其辞句，婉其节制，每因酣醉从歌之，听者莫不流涕。"袁山松《行路难》与羊昙善《唱乐》、桓伊《挽歌》并称为"三绝"，流行于晋宋之间，影响深远。诗人正是利用《行路难》曲调"备言世路艰难，及离别悲伤之意"(《乐府解题》)。拟写一位宫人由深受恩宠、纵恣欢娱，到失去宠爱、哀怜悲苦的坎坷遭遇，并寄以深刻的同情，诗意深婉，韵味浓郁。

诗的开头两句，以百年短促，人生多艰寄慨，直接点明全诗的主旨，把蓄积已久的感情闸门突然打开，一泻而出。"君不见"三字置于篇首，表达了渴望理解的强烈愿望，时光易逝，人生难久，转瞬之间主人公所经历的一切都将过去，都要被埋没，而留下来的只有深沉的感叹，因此篇首即大声疾呼，以唤起人们的同情。"心中坎壈"句末复置"君不见"三字，进一步强调希望理解其不幸遭遇的迫切心情。可见诗的发端不仅有言简意约、统摄全篇的作用，而且流露出幽怨怅望之情，令人兴叹。

自"我昔初入椒房时"至"复值程姬有所避"句，主要是铺写宫人诉说身受宠爱的经过，包含有三层意思。前四句皆为七言，由回忆初入宫时写起，虽未言及名位、容貌，但与汉代名姬班婕妤、赵飞燕相比，也毫不逊色，足可说明其身价百倍，自会得到皇家的宠幸，过着淫靡奢华的宫廷生活。"朝踰金梯上凤楼，暮下琼钩息鸾殿"，诗人只利用起居过程中比较有代表性的物体"金梯"、"凤楼"、"琼钩"、"鸾殿"，加以适当的描绘，立时展现出宫廷建筑及其内部陈设的富丽堂皇，使人很自然地联想到朝朝暮暮生活于其间的人也一定是十分高贵，令人艳羡不已。这种以环境烘托人物的表现手法，充分显示出诗人驾驭语言的能力。

第二层从"柏台昼夜香"至"馀光曲霑被"句，写宫人骄侈淫逸的生活。那昼夜溢采流香的柏台和飘忽不定的锦帐，又给神秘莫测的宫廷生活笼上一层华贵的氛围，一会是笙歌《枣下》之曲，以强烈动人的旋律不断引起人们的注意，一会是琵琶弹奏《陌上桑》的古调，那赞颂美女的悠扬乐曲不时回响在画栋雕梁之间。诗人描绘出这幅宫中行乐图后，接着指出眼前所能享用的一切都是深蒙宠爱，君恩所赐，甚至连自己的身影也沾溉着皇家的恩泽，继续沉浸在欢乐幸福的梦乡。

第三层"既逢阴后不自专，复值程姬有所避"二句，述说只有后妃的宽容才有可能得到宠幸的机遇。在封建王朝的宫闱内发生以媚恃宠、互相倾轧的斗争是屡见不鲜的，而历史上宫人之所以能够平步青云，投入君王怀抱，其原因之一往往是后宫贤妃的宽厚大度、仁淑贤惠所致。如汉光武帝之阴皇后,帝本欲崇以尊位,后固辞,以郭氏有子,遂立郭皇后(见《后汉书》卷十)。再如汉宣帝后程姬,程有所避,饰侍者唐儿夜进,因得子发,封长沙王(见《汉书》卷五十三)。诗人正以"既逢阴后"、"复值程姬"为例,说明只有遇到如此机缘,才能宠爱加身,光耀一时。

自"黄河千年始一清"句至篇末,抒写失宠后的悲苦心情。诚如传说所言,黄河千年一清,是那样难以实现的愿望,而像我这样卑微之躯,一朝失宠,也同样不会有接近君王的机会。至此诗意陡转,由恩宠、荣华已极的峰端一下子跌落到无人理睬的境地,诗中虽无声泪俱下的慷慨陈词,但从平淡的叙述中还是可以感受到郁愤不平之气,使得女主人公的形象更具悲剧色彩。

诗的末四句运用夸张的手法描写宫人容颜徒自俏丽的同时,又表现出羡慕鸟儿"双去双飞"的强烈愿望。"蛾眉偃月",谓眉毛姣美、中庭(额骨)隆起,极富贵相。"傅粉施朱",则言其面容如要细心打扮,将会恰如其分地表现出光洁照人的风姿。诗人无须以过多的笔墨,只抓取人物某些细微的特征,加以形象的描述,就把这位女主人公的爱美心理及其无可奈何的情态,十分生动地勾勒出来。也就是说当一切恩宠都失落以后,任何美的形象非但不能带来欢娱,反而会平添更多的烦闷。既然已经不会有人再来欣赏自己,还有什么兴致再去修饰打扮,只好让美丽华贵的容貌毫无意义地存在下去。因此,与其生活在孤苦清冷的宫中,还不如天边水中之鸟,可以比翼双飞,获取真正的爱情。这说明女主人公在坎坷的命运面前,对周围一切虽然已失掉信心,但仍渴望得到"双去双飞"的自由翱翔,从而反映出被侮辱、被损害的宫人们的痛苦心声,还是很能唤起人们的同情。

全诗充分运用七言句与五言句的转换形式,兼以语句对仗工整和行文错综变化之美,铺写得宠失宠的经过。叙事时曲折起伏,隐含着酸楚动人之笔,抒情时回环往复,透露出激越不平之气。词采密丽,情韵并重,深刻体现出宫体诗在语言、炼句方面的艺术成就。

(张锡厚)

【作者小传】

朱　超

梁时人。官至中书舍人。有集一卷,已佚,《先秦汉魏晋南北朝诗》辑得其诗及断句十八首。

别席中兵 朱 超

数年共栖息，① 一旦各联翩。莫论行近远，终是隔山川。长波漫不极，高岫郁相连。急风乱还鸟，轻寒静暮蝉。扁舟已入浪，孤帆渐逼天。停车对空渚，怅望转依然。②

〔注〕 ① 栖息：一作"游息"。 ② 怅望：一作"长望"。

这是一首送别友人的诗。行者姓席，行状不详。诗云"轻寒静暮蝉"，"停车对空渚"，可知这次送别时间是初秋的一个傍晚，地点是江边。

开头一句"数年共栖息"，从往昔说起，回顾昔时与朋友相处的情形。言"数年"，见时日长久。栖息，鸟类宿息，这里借指人的游息。"共栖息"，见两人朝夕与共，情谊深笃。当时殷勤交结之欢，历历在目。久聚必散。次句"一旦各联翩"，便由昔时写到今日，由欢聚写到惜别。言"一旦"，见别时匆匆、突然。"联翩"，鸟飞貌，此亦以鸟飞借指人去。"各联翩"，是对行者、居者双方而言。此地一为别，各自奔东西，如孤鸟失侣，形只影单，何其伤情。这两句以叙事为主，寓离怨于叙今昔之情事之中。三、四两句，从上文的"各联翩"一意转出议论，谓一旦分离，终隔山川，因而"有别必怨"，无论远近。古代诗人写临歧分袂，尤其是为朋友饯行、赠别，往往多作居者对行者的劝勉、宽慰之辞，似乎两相分别，行者苦情独多。其实，离别乃相对而言，行者心自苦，居者意亦悲。诗人言"行近远"，指的是双方间隔的空间距离。行远，怨深自不消说；即使所行不远，然一隔山川，便有咫尺天涯之慨，如虞羲有诗云："汉广虽容舠，风悲未可渡"(《送友人上湘》)。"莫论"、"终是"两句，写的是离别双方的共同感受，寓别恨于议论之中，更觉深沉。

以上四句，分别从时间、空间两方着笔。前两句用昔时与今日，"数年"与"一旦"作对比，以"情亲"衬托"别难"，寓情感于叙事；后两句用空间距离的远近并举，发为议论，以"别难"反衬"情亲"。上下两层诗意互为映照，把情亲见别难这一情意抒发得十分深刻，沉挚动人。

接下四句叙景。"长波"、"高岫"两句，写秋波浩漫，长川无极；群山耸峙，连峰叠嶂。"急风"、"轻寒"两句，写日暮风劲，薄寒中人；归鸟赴林，寒蝉噤声。诗人所描绘的山川、风寒、归鸟、暮蝉，都是送别友人时所见的秋江暮景。景语亦情语，这里写的一景一物，无不带有诗人的感情色彩，渗透着一种悲凉的意绪。清陈祚明曰："凡言情至者，须入景，方得动宕。若一言于情，但觉絮絮，反无味矣。"

(《采菽堂古诗选》)这节叙景插入使全篇章法呈动宕之势,更因融情入景,构成一种凄清寥落的意境,有力地深化了诗中的情愫。此外,这里的景物描写,亦含比兴意味:写关山无际水漫漫,暗承前文的"终是隔山川"句,以表"道路阻且长,会面安可知";写急风归鸟,轻寒暮蝉,亦不无"江湖多风波,舟楫恐失坠"(杜甫《梦李白》)之意,且鸟虫知时而归息,更何况于人。一片离索愁绪溢于言表,而且委婉含蓄地表达出诗人对行者的关切与忧虑。

"扁舟已入浪,孤帆渐逼天"两句,写友人登船离去。江河万里,一叶孤舟,是离别的典型场景。这里更细致地描写出视野范围内船行由"入浪"至"逼天"的全过程。"已"、"渐"两字前后呼应,表现诗人正目送孤帆离此而去,渐行渐远,直至水天浩渺之际。境界极为开阔,含不尽之情于言外,使人想起李白的杰作《送孟浩然之广陵》中的"孤帆远影碧空尽,惟见长江天际流"。都是写"万里送舟行"之情,李白诗笔意神远,此诗这两句则显得真切生动,俱是极有情致的妙笔。

末尾两句写别后情怀:人去渚空,寂寥江浦,诗人停车久立,眇目凝望,怅恋不已。"怅望转依然"表现诗人心绪的变化,关合上文写的船行两句,即由目送扁舟入浪时的怅然若失转而为渐见孤帆逼天时的深情依恋,神魂遥系孤帆远,离恨空随江水流。全诗至此结束,读之令人黯然销魂。

离别之情,是一种为人们普遍经历体验过的感情,正因为它具有普遍性并为人们所熟悉,所以江淹称"摹暂离之状,写永诀之情"最为难事。然诗人抒写离情别绪,代有佳作,这类作品成功的主要原因恐怕不在文才技巧,而在意挚情真。本篇正是在这一点上显示其特色,诗人从相别双方共同感受中体写出一片真情,并用朴素无华的语言表达出来,所以十分感人。　(易　平)

夜泊巴陵　　朱超

月夜三江静,云雾四边收。①
淤泥不通挽,寒浦劣容舟。
迴风折长草,轻冰断细流。
古村空列树,荒戍久无楼。

〔注〕 ① 三江:指长江、澧江、湘江。《元和郡县志》:"巴陵城,对三江口。岷江为西江,澧江为中江,湘江为南江。"

《夜泊巴陵》描摹的是一个凄清荒寒的世界。诗人朱超,几乎是不动声色地将那进入个人视界的荒寒物象驱遣入诗,凸现出来,便给读者造成一种荒凉静寂的夜泊氛围和凄清孤苦的人生感受。

胡应麟说:“作诗不过情、景二端”(《诗薮》内编四)。这首诗,通篇写景。发端两句,揭出月夜舟泊的大环境。三江静寂,云雾尽收,已足以给人一片空明无依的感觉;而用“三江”、“四边”,更触到巴陵景象的特征,无端生出一派阔大与苍茫来。第三句以下,转入对夜泊所见的种种物象的细微描写,深得“阔大者半必细”的写景三昧;写法上则由近至远,渐次荡开,以景作结,含有不尽之意。

诗人夜泊巴陵,舟傍寒浦,因此下笔即从身边的河港写起。淤泥,是说河道已被淤泥阻塞。挽,本指牵引,此代称挽引之船。劣,仅也。不通挽,即不通航,与下句“劣容舟”意稍近。“寒浦劣容舟”五字,承“淤泥不通挽”拓展,把眼下巴陵航运冷落、舟楫不通、景况凄凉的情形表现得逼真动人。语句之间,透出作者一丝孤泊凄苦的情绪。

“迴风折长草,轻冰断细流。古村空列树,荒戍久无楼”四句,从眼前景物荡开,将视界引向更为荒寒残破的旷野,以景结情,耐人寻味。迴风,即旋风。长草,形容岸苇茂密,衰草连天。一个“折”字,造成画面的动感和衰飒的意象,用字不俗。“轻冰断细流”是实写,又点明夜泊的时令,同时还是对“寒浦”一句的呼应,很能加深夜泊寒凉的苦味。“古村”两句,乃全诗结语。古村列树,隐含前人故国乔木之典。用一“空”字,即有丛树自有而人民离散之意。戍楼,是军营中供瞭望、报警的望楼。“荒戍久无楼”,是说戍所荒凉,望楼久颓,喻乡土残破,防卫荡然。这结句虽纯然写景,非卒章见志,却自有一种复杂深隐的感情溢于文外,让人去窥探作者的诗心。如果联系诗题,细心的读者或许会问,朱超在这首诗中,到底潜藏着一种什么样的情感?夜泊巴陵,他为何不去表现“巴陵胜状”,却要展示凄清荒寒的图画呢?

《隋书·经籍志》说朱超为“梁中书舍人”,曾有集一卷。从他留存的诗看,他应该是梁末时人,很可能追随过梁元帝萧绎。元帝曾有《赴荆州泊三江口》诗,全诗春情浩荡,色调明丽,有“柳条恒拂岸,花气尽薰舟。丛林多故社,单戍有危楼”之类的描写,可见元帝笔下的巴陵尚未经过战争的破坏。

公元548年侯景之乱后,巴陵在两年间连续两次遭受侯景与陆纳的叛军洗劫。朱超的这首诗所描写的情景,跟元帝时的巴陵相较,可说是面目全非。据“古村空列树,荒戍久无楼”两句,或可作这样的推想:在梁元帝败亡数年后的一个寒夜,诗人泊舟巴陵,目睹江山残破,突然忆起故主昔日泊舟旧地时所作的刻画,不禁心潮起伏,悲苦难持,于是写下眼前巴陵的种种荒寒景象。若此,这首诗就超出了一般行旅诗的界限,在直笔摹景的后面,有十分深长的亡国之思了。因为巴陵按说是最容易激发诗人灵感的去处。洞庭、君山、湘灵、帝子……烟波浩渺的气象与充满奇情异彩的传说，总引得文人墨客搦笔摹状，一展才情。可朱超有意避开这一切，将笔触转向巴陵的郊原旷野，写下一首荒寒孤苦的巴陵别调，寄托他历经战争惨剧和饱受亡国苦痛的人生感受。于是，他置八百里洞庭而不顾，遣种种凄清、荒寒、残破、萧条物象于笔端，从月夜三江徐徐写起，至荒戍无楼戛然顿断，把诗作写得满目凄然，触处悲怆。虽然朱超始终没有明白地倾吐个人的感情，但细心的读者该明了这些造作背后潜藏的一颗创痛巨深的诗心吧？

（刘仁清）

舟中望月　　朱超

大江阔千里，孤舟无四邻。
唯馀故楼月，远近必随人。
入风先绕晕，排雾急移轮。
若教长似扇，堪拂艳歌尘。

这是一首望月怀人的诗，以泊舟江渚起笔："大江阔千里，孤舟无四邻。"这样的开头自然而有兴象。"大江"为即目所见，大江的横无际涯、空水茫茫，自然兴起漂泊无依之感。"大江"与"孤舟"一阔一狭，正见客子之悲，前此谢朓"大江流日夜，客心悲未央"，与此仿佛。"唯馀故楼月，远近必随人。"前言"无四邻"，无人相就相亲，旅怀无以相慰，这就自然地寄托到月亮上了。"故楼月"，过去在家中所见的月亮。旅中的月也是家中的月，此时唯一相识的就是它了；家中照映自己，旅中又照映自己，能给自己以"温暖"的也只是它了。啊，只有这家中的月亮啊，远近都跟随着我。这是十分富于情意、切中旅人情怀的话语，后来李白也说过类似的话："我在巴东三峡时，西看明月忆峨眉。月出峨眉照沧海，与人万里长相随。"（《峨眉山月歌送蜀僧晏入中京》）

下面四句由望入思。"入风先绕晕，排雾急移轮。"月亮遇风往往会出现晕圈，云遮雾掩时云彩在飘动往往使人产生月亮移动的错觉。这两句即写这情况，切题中的"望"，望得细致。这两句又是写月亮的动态，每个动作的发出者都是月亮：遇上风了它先绕个晕圈，蒙上雾了它急忙拨开移出来。似乎它时时都在维护自己的光洁、完整，时时都要与作者相见亲近，有"云破月来花弄影"似的情味。这是望得出神了，因而引出下面的联想："若教长似扇，堪拂艳歌尘。"若教它长圆不缺像团扇，那就可以用来为歌人拂尘了。古诗常用扇比月亮，古乐府《怨歌行》

有“裁为合欢扇，团团似明月”，而团扇常为歌者所持，故有这样的联想。这里的歌者自是作者的亲爱者，“艳歌”，常指语涉情爱的歌曲，这是寓含对往日甜情蜜意的怀想。这样，怀人的意思就出来了。由“故楼月”到故楼人，经过一些联想的中介，显得有点曲折，却也入情入理，很可玩味。 （汤华泉）

咏孤石 朱超

侵霞去日近，镇水激流分。
对影疑双阙，孤生若断云。
遏风静华浪，腾烟起薄曛。
虽言近七岭，独立不成群。

这是一首咏物诗，诗人托物兴情，通过写石之巨伟与叹石之孤零，寄写自己内心的苦闷。

前六句是为孤石传神写照。一二句视线由上而下，但并不描画石的全体，而是只写其顶端与底部：向上看去，孤石直入云霄，似乎离开太阳很近；向下看去，雄镇于江中，将激流分成了两股。以上两句极言孤石的高耸，同时交代了它的位置——处于江中。三四句从石的形与影两面表明其“孤”：在日、月的映照下，巨石和它的影子仿佛是一对矗立在宫殿前的高层建筑；不见影子、单独看去时，又像是一截从水中升起、顶部被截断的云柱。在描画了这块高而孤的巨石以后，五六句进而从孤石与周围环境的关系上显示其形之大与力之巨：它挡住强风，使好看的波浪顿时止息；它的顶端腾起烟雾，使空中变得朦朦胧胧。经过以上所说的多角度的描画渲染，一块高耸、孤独而又充满力量的中流砥柱式的巨石便赫然在目了。

末二句突然转折，笔意波荡，似神龙掉尾。两句一意，以“虽”字领出，组成一个让步复合句。“七岭”指庐山。七岭重岩叠嶂，群峰林立，故以“虽言近七岭”为言，目的则在于转出“独立不成群”的叹惋。诗人对于“独立不成群”是批评还是惋惜，是理解这首诗的关键。揣摩其语意，换一个说法，应是该成群而不孤立的，但事实上却孤立无援，故知诗人的态度是惋惜而非批评。诗人官至中书舍人，此官职在南朝时握有实权，是事实上的宰相。他还曾陪同梁元帝游览，留有《奉和登百花亭寄荆楚》诗。其身份与形迹，同“近七岭”的“孤石”是十分相像的。整个南朝偏安江左，运入季世，人难尽材，诗人即使才高八斗，也是难于有所作为的。故此诗虽以咏叹孤石的面貌出现，其深处意蕴，实在是在为自己的命运叹息。诗人在《咏独栖鸟》诗中曾写过“但令积风多少便，何患有翼不能飞？寄语故林无数鸟，会人群里比毛衣”，所咏者虽是“鸟”而非石，但其“孤”相同，而诗人的态度却是积极的。大概咏孤鸟是前期之作，而在诗人呼唤同类“比毛衣”落空之后，才写了这首虽仍自负却只能半是幽怨半是失望的《咏孤石》诗。（陈志明）

【作者小传】

戴暠

梁时人。《先秦汉魏晋南北朝诗》辑得其诗十首。

煌煌京洛行　　戴暠

欲知佳丽地，为君陈帝京。由来称侠窟，争利复争名。铸铜门外马，刻石水中鲸。黑龙过饮渭，丹凤俯临城。群公邀郭解，天子问黄琼。诏幸平阳第，骑指伏波营。①五侯同拜爵，七贵各垂缨。衣风飘飖起，车尘暗浪生。舞见淮南法，②歌闻齐后声。③挥金留客坐，馔玉待钟鸣。独有文园客，偏嗟武骑轻。

〔注〕①伏波营：本为汉武帝水军武官之名，伏波，是说船行江海，使波浪伏息。后亦泛指军营。②淮南法：指按《淮南王曲》而歌舞。《乐府诗集》卷五十四《舞曲歌辞》有《淮南王篇》。③齐后声：指按古代齐国歌女的唱法讴歌。陆机《吴趋行》：“齐娥且莫讴。”唐刘良注以齐娥为齐后。

《煌煌京洛行》为乐府旧题，古辞不存。郭茂倩《乐府诗集》引《乐府解题》曰：“晋乐奏文帝‘夭夭园桃，无子空长’，言虚美者多败。”并谓：“若宋鲍照‘凤楼十二重’，梁戴暠‘欲知佳丽地’，始则盛称京洛之美，终言君恩歇薄，有怨旷沉沦之叹。”

首二句如同古代说话艺术那样，作者拉开了讲故事的架势，不仅平朴有味，也为全诗平添了不少异样的情趣。侠窟，犹言奢华之乡。古之谓侠，多指贵族豪门子弟，因其任侠恣情也。即“立气齐，作威福，结私交，以立强于世者，谓之游侠”（《史记》“集解”引荀悦语）。争名夺利，当然不只是侠，但侠的行为最为放任恣肆。“称侠窟”，突出了京都骄纵奢靡的风习。如此写来，为下面称赞繁华鼎盛悄悄定下了美中有刺的基调，再加上卒章的微妙点染，婉讽之义甚明。

“铸铜”以下四句，写帝都形胜，气象威严：铜铸的马屹立在城门外，石刻的鲸鲵伏在护城河上,更有传说中的黑龙渴饮于渭水,神异的丹凤飞来俯瞰全城。这四句气势非凡,雄伟壮观,为下文铺写城中富豪贵戚的阔绰排场张本。至此可断为一层,乃总写帝京之盛。

"群公"以下,极写侠士、文臣武将、皇亲国戚的威赫豪倨和颐指气使。《史记·游侠列传》中说郭解任侠好义,"诸公闻之,皆多解之义,益附焉"。而且当时人们"皆慕其声,言侠者皆引以为名"。郭解遂成为游侠的同义语。后汉的黄琼,官尚书仆射,"争议朝堂,莫能抗夺",后拜太尉,"奏劾贪污,海内翕然望之"(见《后汉书》本传)。这两句说的是京都显赫者中的两类人物。"诏幸"二句,一指外戚,一指武将。汉武帝之姊阳信长公主嫁曹寿,曹被封为平阳侯。伏波营,指汉军营。这两句是说皇帝驾幸得宠的公侯的府第,骠骑军的马队奔向军营,传来阵阵马蹄声。一句一画,渲染繁华闹热又递一层。"五侯"以下四句,又写皇亲贵戚之衣着华丽,车骑簇拥。西汉平帝一日之内封外戚王氏五人为侯,时称"五侯";连王家在内,西汉有七个以外戚关系弄权的家族,即吕、霍、上官、赵、丁、傅、王七姓。潘岳的《西征赋》有云:"窥七贵于汉廷,畴一姓之何在。"说的就是这件事。缨,系冠的带子。"衣风"二句,更为夸张传神之笔。"飘飖起"、"暗浪生",写尽骄奢,衣带色彩绚烂,随风翻舞,为帝都繁华作点缀;车骑滚滚,尘土飞扬,既写出贵戚仆从之众,也为繁华再添喧嚣。其笔势之奔进恣肆,形象之鲜明生动,都是堪称绝妙的。至此又是一层,是写帝都贵戚之盛。

"舞见"以下四句,着眼于宫廷和权贵们府第中的生活,描写更为细致,婉讽亦更为精深。淮南法,指《淮南王》曲;齐后声,指歌女们的歌声。这两句写宫廷和贵族之家的歌舞沉沉,朝欢暮乐。挥金待客,肥甘饫足,其豪侈奢华可想而知。馔玉,美食也。古代富豪有所谓列鼎而食,膳时击钟奏乐的成规。张衡《西京赋》:"击钟鼎食,连骑相过。"王勃《滕王阁序》中亦有"闾阎扑地,钟鸣鼎食之家"之语,皆可为证。以上四句写尽了皇室贵胄穷奢极欲、大肆挥霍的种种场面,由街市写进宫壶,由京城大道而至于潭潭深府,又可断为一层。以上各层从写法上看,作者既以粗豪之笔勾画出宏观景物,写得很有气势;同时,也不放过那些精微的、富于表现力的细节描摹,如"铸铜门外马,刻石水中鲸";"衣风飘飖起,车尘暗浪生"。笔触工细处,可扪可触;大笔渲染处,泼墨泼彩,气象壮阔。如此写法,对后世影响极大,在杜甫和白居易等诗人的歌行体诗作中,我们不难看到类似的手法。特别是"初唐四杰"中卢照邻的《长安古意》,受戴暠此诗影响就更为明显。

"独有文园客,偏嗟武骑轻。"诗人在大肆渲染、铺排之后,忽然冷语起来:这煌煌洛阳帝京中,偏生也有那么一个不合时宜的文人,举城皆欢,他却独自向隅,长吁短叹，在抱怨自己位卑官轻，冷寂不堪。文园客，本指西汉司马相如，因其曾任汉文帝陵园令；后用以泛指文人。武骑，司马相如曾为武骑常侍（秩六百石的小官），后因非其所好而称病辞官。诗人以此二句收束全诗，用意是十分深切的，它表现了古代知识分子的独立人格和气节，他们宁可寂寂无闻，也不愿趋炎附势，同时，它也揭露了在那个时代里，一切豪华奢靡皆为皇族贵戚、达官名门而设，下层士人沉沦僚佐，得不到重视，只能将满怀愤懑吞咽在肚里。一个"独"字，表现出士人的孤高，一个"嗟"字，表现出士人的不平，而一个"偏"字，又表现出了士人的执拗、不合流俗。这二句与上面大篇气氛迥异，使诗意顿生跌宕，正是诗人心志的图穷匕见的显现，也是全诗命意的豁露。唯有读了这二句，读者才会猛醒，原来诗人绝不是在礼赞煌煌京洛，他笔下的京洛，看上去花团锦簇，其实却是蝇营狗苟、糜烂不堪的肮脏地，只有"文园客"的草庐，才是帝京中仅有的一片净土！卒章显志，这二句的分量，又何尝轻于以上二十句？它不仅可以划成一层，而且无论从其内容上说，还是从其情绪、气氛、格调上说，都是与上面二十句堪相抗衡的。

总起来看，此诗在艺术上最突出的特色是铺陈自如，叙中藏议，描写生动，雅俗共赏。文字上文而不涩，俗而不鄙。清人刘熙载说："乐府易不得，难不得。深于此事者，能使豪杰起舞，愚夫愚妇解颐，其神妙不可思议。"（《艺概·诗概》）本诗佳处，正在于此。

（王星琦）

【作者小传】

施荣泰

梁时人。《玉台新咏》存其诗二首。

咏王昭君　　施荣泰

垂罗下椒阁，举袖拂胡尘。

唧唧抚心叹，蛾眉误杀人。

王昭君故事，是历代诗人和作家特别喜爱的创作题材。但是，由于所处时代不同，又兼诗人和作家思想倾向、个人气质以及遭际不同，人们对这一历史事件的理解和处理也就迥然有别。或将昭君出塞和番写得悲悲切切，塑造出一个风沙染鬓、一步一回头的昭君形象;或谴责汉元帝无情无义,既误国家又误美人;更有借昭君故事以抒发个人苦闷情怀的,从而使作品呈现出极其复杂的思想倾向。凡此种种,不一而足。施荣泰笔下的昭君形象是嗟叹红颜自误的一个悲剧形象,全诗虽然只有四句,人物形象却生动传神,极饶情致。且诗人巧妙抓住几个特定动作,细致地展现了人物的悲戚情态,可谓笔简而意丰,以少而总多,手法是写意的,于率意挥洒中将人物写活了。

"垂罗下椒阁"一句,写的是昭君无奈走出汉宫时的哀愁心情与凄凉意态。椒阁,又称椒房、椒庭,为汉代皇后所居住的宫殿,也泛指嫔妃们的居所。鲍照《代昇天行》有云:"冠霞登彩阁,解玉饮椒庭。"杜甫《丽人行》中亦有"就中云幕椒房亲,赐名大国虢与秦"之句。此句中的"垂"字,下得极妙,它给人一种沉重感。垂的不仅仅是罗衣绣带,更在指昭君的精神和情绪。衣服原是没有生命的,它总是要垂下来的。然而,它似乎又与穿着它的人的精神有关。倘若人的精神开朗,神完气足,衣着也会随之显得色彩焕然、线条飞动;反之,人若失神落魄,没精打采,衣着似亦随之黯然无光、形同槁木。诗人深明此中奥妙,用一"垂"字,写尽了昭君离开汉宫之前恓恓惶惶的心理情态。王安石的《明妃曲二首》其一首二句曰:"明妃初出汉宫时,泪湿春风鬓脚垂。"明显受了施诗影响。接下来的"举袖拂胡尘"一句,由汉宫一跳而到塞上,作者又撷取了一个昭君拂去鬓上沙尘的特定动作,更富造型性,极有画意感。从转换手法来看,节奏是跳跃的,然并不显得突兀,其中意脉相连的,正是对昭君的情绪刻画。首二句一"垂"一"举",以瞬间动作写人,着墨不多,却如惊鸿一瞥,给人留下了极深刻的印象。

三、四两句,仿佛是昭君的自艾自怨之词,实际上表达的是作者的看法,或者说是作者一种深切同情。"唧唧"句是抓住动作写心态,勾勒出昭君的怨天尤人、长吁短叹。"抚心"二字攫魂摄魄,画出了人物的神韵。结尾一句表面上看仿佛是将昭君的遭遇归结为蛾眉稚齿、红颜薄命,实质上隐约含着反讽,甚至带有诘责意味。女子貌美,原是幸事,如何因如花似玉反倒悖运得祸呢?这是很值得深思的。在封建时代,也有相反的情况,因了姿容美丽而得宠于皇帝,使得企盼富贵者不重生男重生女的,而昭君却因此而遭不幸,见得古代女子总是不能掌握自己的命运,只能任人驱使。应该说这个立意是很深刻的。一个时代的文化心理现象所负载的特定生活内容总是带着一定的烙印。比如北周庾信与梁施荣泰各处南北,他们咏昭君的诗却如出同调,唐人同类作品的格调亦差足近之,可见唐以前人们对昭君出塞的看法与宋以后差异是很大的。我们没有理由要求施氏也像王安石、马致远那样去写。更何况一首短诗所表达的往往只是一种情绪和意

念，施氏的着眼点不同，他有他的人生态度与审美观照。一首小诗能有那么多负载，且一句一画面，实为不易之事。　（王星琦）

【作者小传】

车　彀

梁时人。《先秦汉魏晋南北朝诗》辑得其诗四首，中一首或谓是晋傅玄之作。

陇头水　　车　彀

陇头征人别，陇水流声咽。
只为识君恩，甘心从苦节。
雪冻弓弦断，风鼓旗杆折。
独有孤雄剑，龙泉字不灭！

《陇头水》，《汉横吹曲》名，又叫《陇头》。陇头，即陇山，又叫垅坂、陇坻、陇首，在今陕西省陇县北。《三秦记》说："其坂九回，上者七日乃越。上有清水四注下，所谓陇头水也。"从军塞上，多过陇头，故多以此曲抒写征人的心声——或叙征戍之苦，或写乡关之思，或抒安边卫国的豪情。车彀的这首诗即属于最后一类。此类诗为数不多，而写得激昂慷慨有如此诗的，更是为数寥寥。

此诗分为前后两解，每解四句，有景有情，自成起讫。两解之间，似断若连，彼此关合。在前一解中，首二句举出"陇头"、"陇水"，正写题面。"征人"（从军者）出征西去，即将离开陇头，这时听到了陇水呜咽的流淌声。陇水以流声呜咽闻名，《梁鼓角横吹曲·陇头歌辞》说："陇头流水，鸣声幽咽。遥望秦川，心肝断绝。""陇头征人别"，意味着将愈来愈远离开自己的亲人和故乡，去迎接艰苦的边地生活与出生入死的战斗。如何对待未来，一个严肃的问题提到了主人公面前。三四句作了倾向鲜明的回答。"只为识君恩"，说明原因；"甘心从苦节"，表明态度。"苦节"，坚苦卓绝、守志不渝的意思。他理解朝廷对戍边将士寄予厚望，故甘心吃苦，忠心如一。

第二解所写，情景与时地都已作了转换：上一解中未予明言的季节，至此，明白交代时间已到风欺雪虐的冬天，地点已是刀枪在手、旌旗在望的前线。诗中展示的是一个极为严酷的生存环境：纷纷扬扬的大雪竟然将弓弦冻断，呼啸的北风竟能把旗杆吹折。在如此恶劣的气候条件下，正常的生活都难以维持，主人公安边卫国的雄心又一次受到了考验。他又将如何对待呢？他以剑为喻借物抒情，毫不迟疑地作出了响亮的回答。“孤雄剑”，出于干将铸剑的故事。《吴地记》说：“干将铸成二剑，进雄剑于吴王而藏其雌，时时悲鸣，忆其雌也。”后世常以雄剑鸣响指代意欲建功立业，如李白《独漉篇》说：“雄剑挂壁，时时龙鸣。”杜甫《前出塞》说：“雄剑四五动，彼军为我奔。”末句中的“龙泉”原是宝剑名，因取龙泉之水淬火而得名，见《汉书·武帝纪元光三年》注及《水经注·沅水》注。龙泉剑特坚利，故曹植《与杨德祖书》说：“有龙渊（即龙泉）之利，乃可以议于断割。”后世以“龙泉”泛指剑。在这首诗中，则专指剑上镌刻的“龙泉”字样。所谓“孤雄剑”上“龙泉字不灭”，意谓自己杀敌报国的雄心并不因环境恶劣、条件艰苦而稍有衰减。一个“独”字高八度响起，言下大有弓弦可断，旗杆可折，一切都可被摧毁，唯耿耿此心永不改变。

此诗选取两个不同的生活场景以寄情写意。全诗依次表现为：“景——情——景——情”。景的转换，愈来愈严酷；情的抒发，也愈来愈深入强烈。艰苦的环境似在向征人挑战，征人则以压倒对方的坚定的声音作出回答。经过两度写景与一再抒情，一个令人肃然起敬的一往无前忠贞报国的戍边者的光辉形象成功地被表现了出来。　（陈志明）

【作者小传】

汤僧济

一作阳济，梁时人。《玉台新咏》存其诗一首。

咏渫井得金钗　　汤僧济

昔者倡家女，摘花露井边。摘花还自插，照井还自怜。窥窥终不罢，笑笑自成妍。宝钗于此落，从来非一年。翠羽成泥去，金色尚如先。此人今何在，此物今空传。

往年旅游，经过一个江南小村，在井台旁略作憩息。一株古老的银杏，以浓密的树荫，遮盖着井台。树干粗壮，近乎二人合围，看来有四五百年的生命。井上的石圈栏，已磨得晶莹可鉴，也总有百年以上。稍远处人家门前，坐着一位老太太，轻摇旧扇，安详若定；近处却有二个十三四岁的少女，在井边冲水玩耍，嬉笑不停。我不禁感慨地想到：几十年前，那老太太也曾在井边嬉闹，新鲜活泼如三月初开的花？几十年后，眼前的少女也将衰老，同那老太太一般安坐无语？这样的变迁、重复，古老的银杏又见了多少回？这好像是一首活生生的生命之歌。

很久很久以前，大概有将近一千五百年光景吧，不知在什么地方，有人在淘井时，从井底挖出一支金钗。钗上用鸟羽做成的饰物已经腐烂成泥，而金子的光泽犹灿然如新。拾得金钗的人，大概只是为意外的收获而欣喜？诗人听说这消息，却伤感动情，想起那戴金钗的人。她怎么会将这珍贵的饰品落到井中？本来有各种可能。诗人假设了一个最动人、最有诗意的情节——一位倡家女子在井旁顾影自怜，丢落了她的金钗。之所以这样假设，是因为在魏晋南北朝诗歌中，“倡家女”的形象被习惯地赋予了某些特定的内涵：她们年轻、美丽、多才多艺，渴望感情的满足而总是不能得到；她们一到盛年就被人冷落，因而对青春年华格外珍惜。对她们来说，生命似乎格外短暂。诗中出现的倡女，大抵是带着伤感意味的。

这个倡家女，清晨起来，在缀着露珠的井边摘了一朵花儿，自己插到鬓旁，又对着井水照自己的身影。“摘花还自插，照井还自怜”，两个“还自”，透出她的孤独凄凉，无人爱惜。尽管如此，青春的生命依然是活泼可爱的。她在井旁看自己投在水中的倩影，看了又看，终不肯罢休，自己不觉地笑了起来，就像一朵花，鲜丽地开放着。“窥窥终不罢，笑笑自成妍”，用词很浅，但抓住了年轻女子在身旁无人时自怜自惜的神态，写来十分生动、真实。照着照着，不觉头上的金钗渐渐松动，忽然落到了水里。那女子对此有何反应？作者不再写下去了。需注意一点：金钗落井，在这里不仅是诗题所要求的说明，而且是一个更深层的暗喻。古希腊神话中，有位美少年那喀索斯，因为一意地顾影自怜，憔悴而死，死后化为水仙花。这故事同本诗有某些相似之处。不过在本诗中，主要是写美好生命虽令人珍惜，却终将陨落的伤感。金钗在女主人公笑靥如花之际落水，便是这种暗示。

多少年过去了，金钗依旧，井边的人儿又去了何方？作者虽然没有明写，“翠羽成泥去”其实已作了象征的交代。“此物今空传”，只是令人徒然地想象世间曾经有过那样一个美丽而年轻的生命罢了。

感叹人生短暂，是诗歌中最古老的主题之一，也是人类永远不能摆脱的困扰。魏晋南北朝诗中，这方面的内容尤其突出。本诗不同一般作品的地方，在于它所描绘的情节，特别美丽动人，引起的感叹，也格外凄凉；再则，它的情节完全出于诗人的想象，又在这诗中覆上一层朦胧如幻的情调。但是，我不以为这样的诗可以简单地指斥为“消极”。生命的短暂，一切美好事物终将消亡的结局，固有令人伤感的一面，但正因为如此，生命才格外值得珍惜，这也是诗人所要表达的意思。回到本文的开头，我们还可以说：作为个体的生命固然无法逃脱衰老和死亡的命运，人类的生命却永远地延续着。在所有的“井台”旁，凡看得到衰老的可哀，也就看得到生长的欢欣。 （骆玉明）

【作者小传】

王金珠

梁时女子。《先秦汉魏晋南北朝诗》辑得其诗十五首，中十首或谓是他人之作。

子夜四时歌·夏歌 王金珠

垂帘倦烦热，卷幌乘清阴。
风吹合欢帐，直动相思琴。

王金珠，梁时人。所制《子夜四时歌》共八首，其中春歌三首，夏、秋各二首，冬歌一首。此处所选，为其《夏歌》二首之一。

《子夜四时歌》是流行于南朝的民间歌曲，多写女子相思之情。王金珠所写歌词，保留了民歌清新自然的本色，而在细腻地描写人物的心理活动上，显示出了作者的艺术修养和文字工力。这首小诗展现了这样一个场景：

江南夏季。闺房之中，绣户竹帘低垂，以遮炎光。室中主人——一位颦眉不展的少女，却嫌这低垂的竹帘给人以沉闷燥热之感，令人心绪烦乱，故而要“卷幌乘清阴”。“幌”即窗帘。夏季垂帘遮阳，本是生活中的正常现象，少女却认为窗帘挡住了户外的阴凉。如果户外阴凉，就不当先有垂帘之事；既然垂帘遮阳，“烦热”就并非“卷幌”所能解决。少女的烦倦不安是为什么呢？诗中的“合欢帐”、“相思琴”透出了个中消息：原来少女正在苦苦地思念着心爱的人。她翘首盼望，徘徊房中，热烈的爱情充溢于心胸。长久的期待，失望的痛苦，以及由此而生的种种猜疑，使她忧伤，令她烦恼，夏季的暑热也变得难耐难熬。可见，少女的烦躁不安，主要不是由于气候的炎热，而是倍受情感煎熬的结果。她要“卷幌乘清阴”，“乘”，表达了她渴望摆脱的愿望，而所谓户外阴凉，在更大程度上只是出于她的心理想象。分明是主观心绪的烦躁，却要怪罪于窗帘的低垂，这正是满腔愁烦而无可解脱之人的心理状态。

"风吹合欢帐，直动相思琴。"当窗帘卷起，适遇阵风吹面，少女感到一阵畅快。却不料这风掠过窗前的少女，直闯入房中，吹动了绣床上的合欢帐，拂过静卧几上的瑶琴，弦丝微颤，发出轻微的鸣声，在一片静寂中显得格外响亮。此种情景，令少女那稍事平静的心灵顿时又掀起感情的波涛。"直动相思琴"之"直"，写风入绣房之快，吹拂瑶琴之直接，其中深含少女的怪嗔之意：本望让凉风吹抚灼热的情怀，以减轻相思之苦，却不料适得其反，更被这风儿惹得人情丝萦绕，心烦意乱。帐名"合欢"，琴称"相思"，在少女都是敏感之物。风儿偏偏要撩动这些敏感之物，怎不叫倍受相思之苦的少女怨艾风之不晓人事？可是，闺房之中，被风吹动的又何止是琴与帐呢？沉浸于相思之中的少女偏偏只能看到它们，错本不在风。风吹帐幔，触动琴弦，只是一种偶然。因为少女的爱恋太执着，心灵太敏感，才使这些无生命的物体成为她的情感的寄托，才产生了以人之多情对风之无情的责怨。这责怨分明毫无道理。但是，唯其无理，才显出少女的相思情真意切而近于痴。"风吹合欢帐，直动相思琴。"作者在这里设计了一个巧妙而有趣的情节，创造了一个出人意料的情景，以此来刻画少女那无法剪断理清的相思情丝，描写细致、生动，又具有一种戏剧性的效果。

这首小诗在抒情中带有叙事，借叙事而深化抒情，将少女热烈而纯朴的情感表现得十分动人。全诗简洁而有含蕴，篇幅短小而有波澜，戏剧性的结局令人回味无穷。

（蒋 方）

【作者小传】

王 氏

梁霸城（今陕西西安）人，《南史》有传，并录有《连理》、《孤燕》两首诗。据《南史》记载，王氏年十六，其夫卫敬瑜亡。"父母舅姑咸欲嫁之，誓而不许，乃截耳置盘中为誓，乃止。"

连 理　　王 氏

墓前一株柏，根连复并枝。

妾心能感木，颓城何足奇。

孤　燕

昔年无偶去，今春犹独归。

故人恩既重，不忍复双飞。

《连理诗》与《孤燕诗》，是南朝梁代卫敬瑜妻王氏的两首作品。诗题是后人所加。生死不渝精诚凝聚之爱情，是这两首诗之同一主题。《南史》卷七四为王氏立有传，记载下王氏之事迹，并著录有这两首诗。录如下："霸城王整之姊嫁为卫敬瑜妻，年十六而敬瑜亡。父母舅姑咸欲嫁之，誓而不许，乃截耳置盘中为誓，乃止。遂手为亡婿种树数百株，墓前柏树忽成连理。一年许，还复分散。女乃为诗曰(即《连理诗》，略)。所住户有燕巢，常双飞来去，后忽孤飞。女感其偏栖，乃以缕系脚为志。后岁，此燕果复更来，犹带前缕。女复为诗曰(即《孤燕诗》，略)。雍州刺史西昌侯藻嘉其美节，乃起楼于门，题曰'贞义卫妇之闾'。又表于台。"检《梁书》卷二三萧藻传，"藻性谦退，不求闻达，善属文辞"，"天监元年(502)，封西昌县侯"，"十一年(512)，出为使持节、都督雍梁秦三州竟陵随二郡诸军事……雍州刺史"，次年离任。雍州为梁之侨置州，治所在襄阳(今属湖北)。据此，知王氏之故事，当发生于天监年间襄阳地方。

先说《连理诗》。连理，是指两株树木之枝条连生在一起。

"墓前一株柏，根连复并枝。"首二句看似明白易懂，实则须细心体会。墓即王氏亡夫敬瑜之墓，柏为王氏亲手所植(古人有在亲人墓前种植柏树之风俗)。诗谓"一株柏"者，其实乃是两株柏。否则，一株柏又怎能结连理呢？下句即言两株柏树枝枝相连，结成连理，不仅如此，在作者之心目中，甚至两树深扎于地下之根，亦复已结成连理矣。两株柏树实已化为一株柏树，故作者直云"墓前一株柏"也。而赞叹"根连复并枝"，首先凸出树根之连理，其用心命意，亦可谓深矣。在这位精诚于爱情之女性心魂之中，自己与丈夫之精神生命，固早已结为一体，无异为一个人，两株柏连理结为一株柏，便亦是天地间应有事。故连理"一株柏"，实为夫妇一体之天然象征也。"妾心能感木，颓城何足奇。"颓城，指春秋时杞梁之妻的故事。传说杞梁战死后，杞梁妻"乃就其夫之尸于城下而哭之，内诚感人，道路过者莫不为之挥涕，十日而城为之崩。"(西汉刘向《列女传》卷四。这一故事源于春秋时代，至唐代，才演变成秦朝孟姜女哭长城之传说。)此二句直抒，言我心之精诚所至，能够感动树木，使柏树结成连理，则杞梁妻哀感皇天，城为之堕的故事，又何足为奇。此二句，就其字面语意论，是以为自己之精诚感木，可比精诚随城之杞梁妻。就其深层意蕴而论，则实是对于历史人物之认同，从文化资源以汲取精神力量。前人云：精诚所至，金石为开。可以借评此诗。

再说《孤燕诗》。

“昔年无偶去，今春犹独归。”燕子既失其偶，昔年孤飞而去，今春燕子归来，仍是孤飞无偶。“犹”之一字，特点孤燕今昔始终如一之情，辞情闲婉，而命意至深。此实借喻自己誓不再嫁始终不渝之情。“故人恩既重，不忍复双飞。”故人二字，指孤燕之亡偶，遂将燕子拟人化。作者命笔亲切如此，可见孤燕感动作者之深，亦复见得作者之富于同情心。孤燕只缘不忘“故人”恩爱之深厚，故不忍再结“新人”双飞。此二句一笔双关，既写孤燕，亦写自己，自己只缘不忘亡夫恩爱深厚，才宁可忍耐孤独寂寞，也不愿再嫁呵。回环诵读全诗，天长地久之情，绵绵无尽。

王氏所作这两首诗，皆深于比兴，构思则各有特色。前诗是从比兴引出抒情，从连理树起兴，进而直抒而出精诚感木之情。后诗则全用比兴结体，始终皆写孤燕之情，自己之情感寄托于比兴之中。两诗风格亦各有特点，前诗风骨挺拔，后诗则委婉含蓄。此皆由于两诗意旨之侧重点，有所不同。前诗是正面凸起自己之精诚，后诗则深入呈示此种精诚何以产生之根源。从两诗艺术上的造诣，可见作者才华出众，教养亦甚深厚。

《南史》记载，作者王氏夫亡后，“父母舅姑咸欲嫁之，誓而不许。”这说明王氏是独立自主的，其忠于爱情意志之坚贞，决不从他人而转移。“故人恩既重，不忍复双飞”之诗句，则令人信服地说明，其坚贞意志是从自己内心情感真实生长出来的。人类之爱情，能够始终如一，并提升到精诚凝聚、超越生死之境界，实是美好人性之证明。王氏之行为模式（如“截耳置盘中为誓”），或已不可取，但其精神之价值，仍然极可珍视。

（邓小军）

【作者小传】

沈满愿

梁吴兴武康（今浙江湖州吴兴区）人。沈约孙女，梁征西记室范靖妻。有集三卷，已佚，《先秦汉魏晋南北朝诗》辑得其诗十二首。

登楼曲　　沈满愿

凭高川路近，望远阡陌多。

相思隔重岭，相忆限长河。

《登楼曲》属乐府诗中杂曲歌辞。《乐府诗集》所录，唯此一篇。作者沈满愿，齐梁文坛领袖沈约之孙女，嫁征西记室范靖，曾有《记室范靖妻沈氏集》三卷传世（见《隋书·经籍志》），已佚，但由此可知她曾经在诗坛驰骋一时，与须眉争高下。这诗写思妇怀远，到底仅仅是依题而作，还是自身确有离别之事，已不可知。短短四句，写来情真意切，玲珑剔透，不愧为名门闺秀。

首二句写登楼所见，似乎只是实景，却多所蕴涵。"凭高"、"望远"，原是一回事。凭高是为了望远，望远必须凭高。但分置于二句，却各有所重。登上高楼，山川平原，平时看不到的，此时尽收眼底；视野扩大了，与那远隔的人儿，似乎也近了许多。这是"凭高"的好处，所以说"凭高川路近"。但是，这"近"到底只是感觉上的"近"，并不是实际距离的"近"。非但如此，远远望去，只见道路纵横交错（阡陌，原指田间小路。南北为阡，东西为陌），密如蛛网，不由心中一惊：彼此之间，隔着这么多的路途啊！"阡陌多"，本来不是不知道，但毕竟只是理性的"知道"，而如今却是实实在在的、逼人的感受。这是"望远"带来的苦恼，所以说"望远阡陌多"。

二句从写景来说，视野广阔，富有气势；从抒情来说，"川路近"聊以自慰，是一喜，"阡陌多"更增烦恼，是一忧，乍喜乍忧，显出情绪的起伏变化。而且，抒情的成分完全隐伏在写景之中，显得完全是触景生情，并非有意思索。于此可见用笔之细。

前二句是隐含的写法，后二句再用民歌式的、大致相同而稍有变化的叠句作直接的抒发。"重岭"、"长河"，均是眼前所见。面对此千峰万壑，迢迢绵绵，想到彼此的阻隔，不禁憾恨无穷。重叠的句子，如同主人公的一声声叹息，留下悠悠不绝的余韵。

这诗前二句写得精警，后二句写得复沓。因精警，便有内涵丰富曲折的好处；因复沓，便有情调曼婉悠长的味道。两相配合，自成佳作。（贺圣遂）

晨风行　　沈满愿

理楫令舟人，停舻息旅薄河津；念君劬劳冒风尘，临路挥袂泪沾巾。飙流劲润逝若飞，山高帆急绝音徽。留子句句独言归，中心茕茕将依谁？风弥叶落永离索，神往形返情错漠。循带易缓愁难却，心之忧矣颇销铄。

《晨风行》为乐府旧题，属“杂曲歌辞”。《乐府诗集》中《解题》谓：“《晨风》，本秦诗也。《晨风》诗曰：‘鴥彼晨风，郁比北林。’传曰：‘鴥，疾飞貌。晨风，鹯也。言穆公招贤人，贤人往之，疾如晨风之入北林也。’……若王循‘雾开九曲渎’，沈氏‘理楫令舟人’，但歌晨朝之风尔。”可知晨风本指一种猛禽，王、沈之作，已与古题意旨无涉，而是取了“晨风”字面的另一义，即“晨朝之风”。此诗写一女子清晨于水边送别情人。描写情人生离死别的作品，历代不乏，但人们的感受自是不同，作品的格调也就不尽相同。沈氏选取河边送舟、挥手道别的瞬间场景，细致描写了女主人公的心理情态，笔调哀伤怨怅，韵致曲折婉转，读之令人不禁黯然。前四句，写女子匆匆赶到河边为情人送行，令舟人稍留，以便与情人叮嘱再三，最后话别，见得她与情人感情之深，体贴照拂之细致入微，同时写出了女子的脆弱甚至絮聒，这是十分巧妙的。理楫，即整桨待发，这是说舟人准备开船。停舻息旅，言暂缓开船，再稍停一刻。舻，指船头，或以为指船尾，此处是泛指船。薄，通泊，河津，即河岸。“念君”句是嘱托语，犹言一路上风尘劳苦，须多加保重。“念”字下得巧妙自然，传达出女子内心的牵挂、悬念。“临路”一句写船已缓缓启动，女子与她的情人都挥起手互相道别。临路，又作临歧，指在岔路口分别；袂，衣袖。挥袂，也叫分袂。以上四句，一字不闲，语语相扣，节奏很快。诗中女子多么想再与情人多厮守片刻呵！然送君千里，终须一别。就在船动挥手之间，她的泪水止不住夺眶而出了。古人以为离别如同死亡一样，是人生的大不幸，故有生离死别一说。

“飙流”以下四句，写船的速度加快，渐行渐远，女子心中顿时便升起了孤独感。她站在岸边，徘徊不定，翘首张望，待到看不到帆影，听不到船上的音乐声时，一个人只身茕茕返家，孤独更兼寂寥，心情愈益沉重。飙，扶摇也。暴风自下而上谓之飙。劲润，当为“劲阔”之误(见《玉台新咏笺注》)。这句是说船去如飞，转瞬间帆影即逝。“山高帆急”句言情人远行，山高路远，音讯遂绝。徽，本指琴节。这里不一定实指音乐，总然船行远了，声息不闻。这两句写的是女子的感觉。她目送船行，希望船行得慢些，看到船，知情人在船上，也是一种安慰。因此她抱怨船行太快，似乎眨眼间自己就跌进孤独无靠的渊薮。“留子”二句写女子怅然独归，心中凄怆。留子，或指留者，即那女子；句句，《玉台新咏笺注》疑为“踽踽”之义。“言”字乃是语助词，无义。两句写得凄凄楚楚，伤感无限。

最后四句以秋风萧瑟、落叶飘零作比，写女子与情人别后独处的愁苦。“神往形返”四字，写尽了相思之情，心随船去，返者仅是女子的躯壳。联系后世的所谓“离魂型”小说戏曲作品，诸如《离魂记》、《倩女离魂》乃至《牡丹亭》等等，则更能见出其文思巧妙、深细。写心神往之，独留形骸，亦见“留子”人已不堪，憔悴之甚。于是逗出“循带易缓”之语，这显然是一种自我感觉的夸张。《西厢记·长亭送别》中写莺莺与张生别于十里长亭，莺莺一下子消瘦了：“猛听得一声去也，松了金钏；遥望见十里长亭，减了玉肌。此恨谁知?”金圣叹以为是“惊心动魄之句，使读者亦自失色”。其实这种写法前有柳永的“衣带渐宽终不悔，为伊消得人憔悴”(《凤栖梧》)。更有沈氏“循带易缓愁难却”。说来又都是从《古诗十九首》中的“相去日已远，衣带日以缓”句化出，关键是他们都点化得自然巧妙，因而各具其独特的艺术魅力。沈氏不仅写了“循带易缓”，而且又以“销铄”来补足之。销铄，本指销熔、熔化，古诗中多谓久病枯瘦之意。《楚辞·九辩》：“形销铄而瘀伤。”王逸注：“身体焦枯，被病久也。”至此，一个体不胜衣、为相思之苦折磨得瘦损憔悴的女子形象被塑造得清晰可见，生动传神。

诗的全篇以情真意切胜场，又以人物的心理描写为最突出。它通过对送行和别后的女子心理情态的细微刻画，表达了她对情人的一往情深以及别后的孤独无依，其中深沉的眷恋和无法排遣的忧愁，构成了作品无限感伤的基调。从艺术表现方面视之，作者亦深得古乐府精义。如劈头即切入题旨，首句便点出水边送别。感情奔放泼辣，毫不扭扭捏捏。“飙流”句一个突转，将分别的过程浓缩了，凭感觉甚或是想象，时空变幻急奏，迅速由送别切入已别。“风弥叶落”以下转入归返，又曲折再三，突出寂寥愁苦。通篇十二句，以每四句为一叠，总以女子心态描写贯之，转折几无迹可寻，浑沦中又多变化，一气流出中却层次分明。作者拟作古题乐府，可谓心领神会，绝非谨毛失貌之一般作手。清人贺贻孙曰：“乐府古诗佳境，每在转接无端，闪烁光怪，忽断忽续，不伦不次。如群峰相连，烟云断水，水势相属，缥缈间之。然使无烟云缥缈，则亦不见山连水属之妙矣。”(《诗筏》)细细抚玩，沈氏此诗正有此妙味。　(王星琦)

咏 灯　　沈满愿

绮筵日已暮，罗帷月未归。
开花散鹄彩，含光出九微。①
风轩动丹焰，冰宇澹清辉。②
不吝轻蛾绕，惟恐晓蝇飞。

〔注〕 ① 九微：灯名。晋张华《博物志》卷八有载。南朝梁何逊《七夕》诗：“月映九微火，风吹百和香。” ② 轩：这里指有窗的长廊。冰宇：这里指室内洁白、晶莹的房屋。

借咏物而寄意，这是咏物诗常见的写法。而难在状物逼真，贵在寄意高远。沈氏的这首咏物诗，因其状物神似，寄意真切而得到人们的交口称誉，传流后世。

一、二句点明时间，为咏灯作铺垫。诗人从丰盛华美的筵席上醉酒归来之时，红日已经西沉，但玉兔却未东升。时正黄昏，她急需整理纱帐，收拾被褥，意欲稍事休息。但闺房内漆黑一团，点上一盏灯是在所必然的了。而昏暗的闺房，犹如漆黑的、立体的舞台，为灯的描写设计了特定的环境。如果在月夜，那描述则显然是另一番情景；假如在白天，那小小的油灯与耀眼的白日相比，也就分外渺小，不会成为人们注目的中心。

三、四两句，切入本题。古代点灯只有依赖于火石与火刀相击，以此引燃燃物。这两句即是这种情景的描述。所谓"开花"，即火刀、火石相击，火星四溅，红白相杂，如鹊彩飞舞。那情景虽不及今天的礼花壮观，但在斗室之内，也颇为美妙。火星引燃了燃媒，然后又借燃媒点燃了那盏青铜制成的油灯。先一火如豆，继而耀眼的光亮冉冉升起。

"风轩动丹焰，冰宇澹清辉。"微风从外面长廊的窗户中吹来，把刚刚点燃的灯光吹得忽起忽伏、忽明忽暗，犹如翩翩起舞的淑女身姿。这一句，展示了诗人对事物观察的细致及其状物逼真神似的才能。灯焰虽微，但已足够把本来洁净的室内照得清清楚楚，斗室之中充满了灯焰的清辉。

最后两句，诗人将她所咏的油灯人格化。油灯本来是无知觉的物件，不可能有喜怒哀乐之情。但在诗人笔下，它却是"不吝轻蛾绕，唯恐晓蝇飞"。这里写灯的爱憎，实是诗人的哀乐，仅不过借咏灯来加以宣泄罢了。中国的妇女，历来是以忍辱负重、自我牺牲著称，她们为了丈夫和他们的孩子，宁愿牺牲自己的一切。这种自我牺牲的精神，颇与灯燃烧自己、照亮他人的品格相似。因飞蛾扑火，也蕴含着不惜自我牺牲的精神，故为灯，亦即诗人所喜爱。而晓蝇，以逐臭为本能，以自私营利为宗旨，所以诗人像回避世间那些自私卑劣的人们那样讨厌它们。不过，诗人的这番深意，并没有径直说出，而是借助于咏灯而委婉道出。

这首诗五言八句，虽不能说每句的平仄相符，两句的平仄相对，与唐代的五言律诗相比，还欠缺许多。但仅从字面看，从一、二句直至七、八句，基本上都是两两相对的。如"日已暮"与"月未归"，"轻蛾绕"与"晓蝇飞"。尤其是中间四句，字面都一一相对，绝无例外。由此可见，在唐代才渐至完备的五言律诗，其实在魏晋时期已初具雏形。　　（吴伟斌）

【作者小传】

僧正惠偘

梁时僧人。《古诗类苑》存其诗二首。

咏独杵捣衣 僧正惠偘

非是无人助，意欲自鸣砧。
照月敛孤影，乘风送迥音。
言捣双丝练，似奏一弦琴。
令君闻独杵，知妾有专心。

此诗作者惠偘（“偘”，同“侃”），官职为僧正，即管理众僧之官，官秩同于侍中。他管理“四大皆空”的僧人，自己则并不像出家人那样弃尽凡心，故在这首《咏独杵捣衣》诗中代思妇立言，抒发对征人的深切思念之情。

首二句以议论提起。所谓“人助”，指家中僮仆帮着击捣衣料。不是“无人助”，为什么却单身一人在捣衣呢？“意欲”二字表明，原来这是思妇的有意安排。这两句感情强烈，但抒情的内容并不明确，从而以“模糊”造成悬念，引起读者进一步阅读的浓厚兴趣。

三四句用写意笔法描画独杵捣衣的情状。古时思妇常在夜间捣衣，尤其是在月夜，朗月像一盏天灯，照得大地纤毫毕现，更便于捣衣。“照月”句写的正是月夜捣衣，其中“敛孤影”三字表现的是一个时间过程：那女子入夜时开始捣衣，其时月亮刚刚升起，映出她长长的身影；随着月亮升高，她的影子也逐渐变短。一个“敛”字极精练也极丰富，生动传达出思妇长久地专心致志捣衣的情状。“乘风”句是在上句绘形基础上的写声。“迥音”，即远音。在宁静的月光下，夜风将砧杵相击的声音吹送到远方。“送迥音”与“敛孤影”发生于同一时间过程中，是一声声、一阵阵时断时续的声音。“乘风”而“送”，又可见出思妇心情的急切。她要抓住风吹这一良机，让声音传远，好让丈夫听到自己借砧杵传出的心声。

后四句抒情。五六两句是此诗中最有情味的句子。“练”，洁白的熟绢；“双丝练”，是用双股丝线织成的练。思妇带着感情用木杵击捣熟绢，使之平整柔软，好为丈夫赶缝衣衫。在她听来，砧音如同琴音那样动听。谁都知道砧音的单调，在思妇耳中竟然化作动听的琴音，可见她在感情上有何等的痴迷了。这两句还妙在巧用对偶。“言”为助词，无义，相对于下句的虚词“似”字。“双丝练”与“一弦琴”是巧对,“双丝”易于令人想起两根弦索,从而形成从“练”到“琴”的自然过渡。加之“捣”与“奏”都是用手的动作,也容易从同类词语的角度唤起近似的联想,形成巧妙的对仗。感情既深挚如彼,修辞又巧妙若此,这就难怪吟味这两句诗,就会如同听取一支陌生而又动人的抒情小曲那样令人悠然神往了。

结尾明白交代用独杵捣衣的良苦用心。这两句采用流水对,两句一意,如流水直下,使发生在两地、两人之间的“君闻独杵”与“妾有专心”更紧密地联系到了一起。篇首“意欲自鸣砧”的悬念,至此涣然冰释。

古诗中写思妇捣衣以寄写对征人的思念的篇咏,为数不少;借小物以传深情,这确是值得称道的构思一法。而此诗在同类诗作中又值得特别提出的,则是在其具体构思中表现出来的深一层的新的特色——将砧声比成琴音。以形迹而论,这一比喻天差地远,而以人心而论,却又完全可以相通。正是这不似之似的石破天惊的一笔,使此诗焕发出独特的光彩,获得了永久的艺术生命力。

(陈志明)

北朝诗

(北魏诗、北齐诗、北周诗)

【作者小传】

刘　昶

(436—497)　字休道,北魏彭城(今江苏徐州市)人。宋文帝第九子,封义阳王。宋孝武帝时,为徐州刺史。后为宋前废帝所忌,出奔北魏,拜侍中、征南将军、驸马都尉,封丹阳王。后加仪同三司,领仪曹尚书。又任中书监,封齐郡开国公,加宋王之号。曾统兵伐南齐,无功而还。事迹具《魏书》卷五九及《北史》卷二九、《南史》卷一四本传。《南史》存其诗一首。

断　句　　　　刘　昶

白云满鄣来,黄尘暗天起。
关山四面绝,故乡几千里?

刘昶是宋文帝的第九子。前废帝子业继位，怀疑刘昶有异志，刘昶仓皇投奔北魏，在亡命途中创作了这首诗。

南朝诗歌多风流婉丽，这首诗却别具一格，笔力凌健，风调高迈，颇有沉雄之韵。而且对仗工整，仿佛唐人五绝的格局。

"白云满鄣来，黄尘暗天起"，写边关之景。白云翻腾而来，似乎要把修筑在峰峦间的城堡吞没；黄沙漫漫而起，天色也因此变得昏暗。"白云满鄣"，不仅写出了云雾的浓重，而且也写出了"鄣"的高险，直入云端。"黄沙暗天"，不仅写出了黄沙的弥漫之态，而且也写出了"天"的低沉之势。城鄣与白云相绕，黄沙与天宇相接，令人想见边关地势之险，气候之劣。白云之"来"，黄沙之"起"，充满了运动感，既传写出边关特有的风云之气，也造成一种紧迫压抑的气氛，透露出逃亡人的惊恐不安。

后两句是抒写情怀："关山四面绝，故乡几千里？"这里的"四面绝"之"绝"字，不仅指关山高耸入云的高绝之势，而且也是写边地绝域的荒凉穷僻。诗人身处绝域，四顾皆山，故乡望而不得见，怎不发出"故乡几千里"的悲声呢！"关山"与"故乡"相对，"四面"与"几千"相形，愈见出关山四面之绝及故乡千里之遥！

（韦风娟）

【作者小传】

温子昇

(496—547) 字鹏举，东魏济阴冤句（今山东曹县西北）人。北魏时，初为广阳王元渊门下贱客，后应试中选，为御史，文名大著。与邢邵、魏收并称"北地三才"。累迁伏波将军。梁朝送魏宗室元颢入洛阳称帝，子昇为其中书舍人。及魏孝庄帝即位，复为中书舍人，参与诛杀权臣尔朱荣之谋。北魏末，迁散骑常侍、中军大将军。入东魏，高澄引为大将军府谘议参军。后因涉嫌参与谋害高澄的阴谋，下狱饿死。事迹具《魏书》卷八五及《北史》卷八三本传。子昇诗文在北朝有盛誉，梁武帝称之为"曹植、陆机复生于北土"。有集三十九卷，已佚，明人辑有《温侍读集》（子昇北魏末曾任侍读），《先秦汉魏晋南北朝诗》辑得其诗十一首。

白鼻䯄

温子昇

少年多好事，揽辔向西都。

相逢狭斜路，驻马诣当垆。

“白鼻䯄”是乐府诗歌的曲名，大多写少年游侠的生活。“䯄”就是黑嘴的黄马。黄缎子般的身体，白鼻黑嘴，这马也是精神。

诗写一群好侠的贵族少年，轻浮而放浪，却也热情，却也意气风发。“少年多好事”，怎么叫“好事”呢？本来没什么事儿，因为精力旺盛，有钱，爱出风头，就生出些事。“揽辔向西都”，“西都”就是长安，一个繁华热闹的地方。骑着高头大马，自我感觉当然好；尤其是同伴们聚在一起，分外地卖弄精神。所以一个个洋洋得意。咋咋呼呼，驱马忽而踩着碎步，忽而一路疾驰，便到了西都。

“相逢狭斜路，驻马诣当垆。”行到一条小路，遇上另一群也同样正在游荡着的少年，便相互嘻嘻哈哈地招手吆喝。很喧嚣的样子，不过未必没有可爱的地方：既是好侠，便也爽朗；因为年轻，自然生气勃勃。管什么相识不相识，“四海之内，皆兄弟也”。他们下了马来，向酒店走去，说说笑笑，好不快活。

这里的“狭斜路”，从字面看就是狭路曲巷。干嘛不去煌煌大道，来这偏僻小巷子？古乐府有《长安有狭斜行》，述少年冶游之事，后因称歌妓舞女所居为“狭斜”。这本是令少年人忘情销魂的地方，所以大家便不期而遇。后面所谓“当垆”，指卖酒的姑娘。“垆”是安放酒瓮的土台，意思跟现在的柜台差不多。干嘛“当垆”一定是个女的呢？原来这里有一个典故。《史记·司马相如列传》说，司马相如偷走卓文君，日子过得不好，就在成都开了个小酒店，自己洗碗刷盘子，让卓文君当垆卖酒。卓文君本是个大美人，自然酒也卖得快些。这诗里的“当垆”，便隐含了那一层意思。那么，当这一群浮浪的少年跨进酒店，该也有一位美貌的女子来迎接他们吧？该是她伸着纤纤的玉手，将醇香的美酒端到他们跟前吧？有好马好酒，有可意的女人，这群意气相投的少年，他们的青春生命里还将多的是这样热热闹闹、欢欢喜喜的时光吧。

不难体会这首诗写得很有气氛，且充满了动感，如一幅活泼泼的画。譬如最后一句，我们读来，仿佛看见那群少年人，有的正朝酒店迈去，有的已坐下来嬉言玩笑；而那些被拴起来的马，不时地抬抬蹄子，喷出热乎乎的鼻息。

以后李白也写了首《白鼻䯄》，就是从温子昇那儿来的：“银鞍白鼻䯄，绿地障泥锦。细雨春风花落时，挥鞭且就胡姬饮。”不过，这儿当垆的，是个胡人的女儿。

（骆玉明）

捣　衣　　　　温子昇

长安城中秋夜长，佳人锦石捣流黄。

香杵纹砧知远近，传声递响何凄凉！
七夕长河烂，中秋明月光。
蠮螉塞边绝候雁，鸳鸯楼上望天狼。①

〔注〕 ① 蠮(yē)螉(wēng)塞：即居庸关，古九塞之一，在今北京昌平区西北。天狼：星名。古人以为天狼星出则有战事，没则消歇。

不同的季节和时序，往往使人产生不同的联想。四季里，秋季最令人伤感；一天中，夜晚最令人惆怅。对于那些浪迹天涯的游子、手卷珠帘的思妇来说，愁思往往随着秋令和夜色一起降临，像一袭巨大的黑色披风，笼盖在人们心上，久久不散。

秋天也是为征人赶制寒衣的季节。在古代，人们常可在楼窗外、村舍间，听到一阵阵的捣衣声。那是因为当时的衣料质地较硬，须用木杵在砧上捣软，才能缝制衣装、穿着适身。捣衣之事，又往往安排在夜间，久而久之，那杵声也就成了夫妇或情人之间相思相忆的象征。北魏温子昇的这首《捣衣诗》，就是选择这一题材，抒写思妇之情的早期诗作之一。

诗之开笔先交代时间和地点——古城长安，晚凉天净，月华如洗。趁着这月色，你可以望见楼窗间一位少妇，正忙着捣衣：精美的带有花纹的砧面，铺展着杂色相间的丝绢(流黄)，那木杵槌下去，便发出有节奏的声响。不过仔细听去，这声响时远时近，时断时续，分明不是来自一处。那么在这月夜捣衣的，就决非只是一位少妇，倒可能是千家万户了。如果你读过贺铸的"砧面莹，杵声齐，捣就征衣泪墨题……"之句，就可以理解，这此起彼伏的杵声该多么凄切了。天凉了，"寒到身边衣到否"？那寒意尚未浸染征人之身，恐怕先就浸染了"佳人"那忧切的心。长夜漫漫，思梦不成，不如赶紧捣衣吧，让这思念之苦，伴着声声杵音，度过寂寞难耐的时光。所以那木杵槌下去，也应该是下下含情、声声催泪的——这些在诗中虽未言及，却都包容在"传声递响何凄凉"的字里行间。

从长安清夜的远景中，推出佳人捣衣的近景；更以"香杵"、"纹砧"的色泽，映衬惨淡佳人的愁容；以"远近"递响的杵声，传写长夜捣衣的凄凉。这就是诗人在前四句中所着力表现的情境。接下来，诗人又将思绪从长安城中宕开，转向茫茫夜空，以几幅美好、幽清的画面，进一步渲染这"凄凉"二字。

第一幅是"七夕"：星光闪闪，银河灿烂，分别了一年的牛郎织女，终于可以跨越盈盈一水、浅浅河汉，尽诉相思了。那在鹊桥上相会的幸福情景，该多令人羡慕！不过此夕天上虽然无愁，人间却依旧有恨。别忘了那位仰望星空的"佳人”，是不能和织女相比的，想必她已是“泣涕零如雨”了吧？

第二幅是中秋：幽蓝的天空，明月如璧，团团圆圆。但对于女主人公来说，月圆人缺，夫妻相隔千里，纵然能共对明月，却不能笑语相聚。这“玉户帘中卷不去，捣衣砧上拂还来”的月光，是多么撩人思绪！

这两幅画面，看似纯为绘景，其实仍在写人。因为不管是“七夕长河烂”，还是“中秋明月光”，隐隐都有一位佳人的身影在其间徘徊。透过这清美如画的夜景，你难道不感觉到那一双焦灼目光的幽怨流盼么？

最妙的是结尾两句。诗中通过女主人公的“悬想”，将目力达不到的万里边塞，与自身所处的孤清楼台配置在一起，同时推出，便造出了“一种相思，两处闲愁”的凄婉之境。

长安秋来之时，那蓟北的嶆嵡塞边，早该是一片萧瑟了。危峰对峙，孤塞紧闭，夜色沉沉。征夫抬头远望，除了寒霜冷月之外，还能望见什么呢？连一向多情的大雁，也不再哀唳清夜，全都飞回南方去了——人儿呢，什么时候才能回返长安？

雁字空回，锦书无凭。征夫怀归之日，也正是“佳人”肠断之时。“鸳鸯楼”上，女主人公踽踽凉凉、独望夜空，多么希望那象征着战争的天狼星快快隐去，好让征人早日归来，鸳鸯成双。然而那天狼星依旧闪烁夜天，不见有消隐的时候！“何日平胡虏，良人罢远征。”（李白《子夜吴歌》）你从诗之结句所听到的，该正是长长叹息所包含的这无言之愿吧。

全诗将秋夜的月光，和远近递响的杵音交织在一起，运用清美画景的映衬和悠悠的悬想，表现佳人长夜捣衣的思情。写得委婉蕴藉，余韵袅袅，境界也颇为空灵。即使将它与后世李白的“长安一片月，万户捣衣声。秋风吹不尽，总是玉关情”（《子夜吴歌》）相比，似也略无逊色。倘若考虑到温诗开拓境界在前，李白化用其意在后，则此诗之作更难能可贵了。（张　巍）

春日临池　　温子昇

光风动春树，丹霞起暮阴。
嵯峨映连璧，飘飖下散金。
徒自临濠渚，空复抚鸣琴；
莫知流水曲，谁辩游鱼心。

在北朝为数不多的文人中，温子昇是较为杰出的一位，他留下的诗歌很少，

《春日临池》诗是代表作。

诗的前四句为写景。"光风动春树,丹霞起暮阴。"点明节令与时间,正是春天傍晚时分,习习和风,春树摇曳;转而在暮霭中升起一片红霞。这是举目远眺,大处落笔。"嵯峨映连璧,飘颻下散金。"暗示"临池"。满天云霞映照在碧玉似的池水中,犹如山峰的倒影峥嵘多姿。"嵯峨"形容云霞高峻。"连璧"表示波平似镜。不久,云霞逐渐四散开去,由深色而变为浅淡,池中的倒影也不断变化,在粼粼波光中,万千光点闪烁不定,直似片片碎金。这是临池所见,细致刻画。诗人在傍晚时光的推移中,描摹丹霞的升起与消散,以临池所见丹霞映照的独特景观,将天上地下变幻不定的景象融为一体,写得极为壮观而出色。充分显示了这位北朝诗人的艺术才华。

诗的后四句是抒情,连用两个典故表达好友不遇、知音难觅的感情。庄子与惠施曾游于濠梁之上,见鲦鱼从容出游,庄子称之为"鱼之乐"。惠施曰:"子非鱼,安知鱼之乐?"庄子曰:"子非我,安知我不知鱼之乐?"(见《庄子·秋水》)这是"徒自临濠渚"和"谁辩游鱼心"的出典。"空复抚鸣琴"和"莫知流水曲"则是用了伯牙与钟子期的典故。伯牙善鼓琴,钟子期善听。伯牙鼓琴,志在高山,钟子期曰:善哉,峨峨兮若泰山。伯牙鼓琴,志在流水,钟子期曰:"善哉,洋洋兮若江河"(《列子·汤问》)。钟子期死,伯牙不复鼓琴。这是历来为人们称道的"知音"故事。诗人情感的抒发与景色描写是密合无间的。春日临池,惜乎没有知音同游,于是有知音难觅的感叹。由临池凝思,联想到濠上的辩鱼之乐,也极顺理成章。满天云霞似高山嵯峨,满池春水如晶莹碧玉,也自然能使人联想到高山流水的故事。这样,整首诗上下二段有机组合,显得浑然一体。

此诗的精华在于"嵯峨"二句,那细致的观察、贴切的描摹、生动的想象,以及对仗的工整、辞采的华美,都足以显示这位北朝诗人确有高超的艺术才能。看来《魏书·温子昇传》称他足以"陵颜(延之)轹谢(灵运),含任(昉)吐沈(约)",即使有些夸张,但也不是绝无依据的。

（吴　锦）

咏　花　蝶　　　温子昇

素蝶向林飞,红花逐风散。
花蝶俱不息,红素还相乱。
芬芬共袅予,葳蕤从可玩。
不慰行客心,遽动离居叹。

富于色彩美的花、蝶之景，无意间落在欣喜止步的一瞥之间，便在诗人心上，孕生了这首清丽如画的咏物小诗。

首先进入视野，并吸引了行旅中的诗人目光的，是翩翩飞舞的蛱蝶。大约由于来得太快，诗人不及注视，便已掠过眼际，飞向了一片树林。故诗之起笔也快：“素蝶向林飞”——背景是青峰、绿野？还是清流、村舍？全留作空白。落笔便画眼前的蛱蝶，正是要捕捉住这稍纵即逝的翻飞之态。但它又不是线条勾勒的素描，而是色泽淋漓的水彩：在飞快落笔中点染的，是联翩接翼的白亮亮蝶影，和一抹青翠欲滴的绿林。

然后移动目光，投向蛱蝶飞去的树林。却又惊喜地发现，其中竟还有几树桃花（?），红火如燃——怪不得吸引了这许多白蝶呢！那么再在蝶影近处，画几树红丽的桃花吧。骀荡的春风画不出，须得借重重花云在枝头的流动加以表现；风中飘散的落花很美，衬以树间萋萋如茵的芳草，岂不更见风姿——这才是诗人在刹那间所目接，并在“红花逐风散”五字中展现的，那个轻盈、缤纷的美好境界呢！

随后的情景，便很难用画笔描摹了：“花蝶俱不息，红素还相乱”——那应该是一个缓缓移动的近镜展示。花在春风中摇曳、飘坠，当然还带着热情的笑靥，左顾右盼着飞近身来的翩翩蛱蝶；蝶在花枝间翻飞、穿行，定然也感受到了那仿佛在枝头传响的红花的召唤，于是便频频起落、亲切致意。一片莹莹纷扬的白，向着一片漾漾燃动的红，流动、交融，便在诗人眼中，幻出了怎样一个缤纷缭乱的彩色世界！这就是“红素还相乱”所带给诗人，又经诗人传达给读者的视觉奇观。伴随这一切出现的，更还有飘浮空中、芬菲袭人的花香气息，还有枝叶扶疏、秀碧可餐的绿绿树影！诗人沉醉了，情不自禁便又吟成了“芬芬共袭予，葳蕤（wēi ruí，鲜丽、纷披貌）从可玩”的忘形之句。这花、蝶共舞于春风中的美好情景，确实可以激发起人们心头的不尽喜悦，和观赏、玩味的盎然兴致的呵！

令人不解的是，诗之结句却于由衷赞叹的欢悦观赏中突然一折，化作了充满怀思的喟然叹息：“不慰行客心，遽动离居叹。”把握诗情转折的关键，正在句中的“行客”二字。原来，此诗之作，不是在庭院闲步的幽居之所，也不是在踏青访春的行赏之时，而是在诗人离居外出的客旅途中。对于风餐露宿的客子来说，旅途中最难排遣的，总是那隐隐袭上心头的、对于故乡故居的深切思情吧。如果说，这种思情可以在刹那之间，为旅途目接的“花、蝶”奇景所转移，并在一瞥之中涌起一种激荡心弦的审美感动的话；那么，当着这种感动的退潮，原先被转移的怀思，便又会重新回到心中，而且因了他乡美景的撩拨，有时往往会表现得愈加浓烈——这就是建安作家王粲在《登楼赋》中抒写过的“虽信美而非吾土兮，曾何足以少留”的凄婉之思。现在，我们的诗人亦正处在这样的心境之中。他乡的红花素蝶纵然美好，又怎能慰藉“离居”远行的客子之心？出现在诗之结尾的，正是这样一位被“红素还相乱”之景，搅得心绪顿乱，而陷入对家乡的深切怀思中的孤寂身影。

从这一特定心境看，此诗前后所表现的情感上的突然转折，应该说还是可以理解的。但诗人在处理上是否成功，则又是另一回事了。从全诗基调看，前六句用了那般流转的笔致、明丽的色彩，表现“花、蝶”之美和观赏之趣，并未融入客子思远的一丝意绪；这就与后二句所突发的“离居”之叹，形成了很不协调的情感错接，给人以明显的拼凑之感。所以，从写景状物的富于色彩、动态之美，前六句确显示了诗人的高超表现技巧；从抒情寓意说，则此诗之后二句，显然是“为赋新词强说愁”式的败笔。（潘啸龙）

【作者小传】

萧 综

(502—528) 字世谦，北魏南兰陵（今江苏武进）人。梁武帝第二子。梁时，封豫章王。曾任南徐州、郢州刺史、丹阳尹。综母吴淑媛本齐废帝东昏侯宫人，为梁武帝所纳，七月而生综，综因而自疑为东昏侯遗腹。武帝普通六年(525)，由南兖州刺史任上，出奔北魏。改名缵，字德文。北魏封为丹阳王。后因谋反，被执死。事迹具《梁书》卷五五及《南史》卷五三本传。《艺文类聚》存其诗二首。

听钟鸣　　萧 综

历历听钟鸣，当知在帝城。西树隐落月，东窗见晓星。雾露朏朏未分明，乌啼哑哑已流声。惊客思，动客情，客思郁纵横。翩翩孤雁何所栖，依依别鹤半夜啼。今岁行已暮，雨雪向凄凄。飞蓬旦夕起，杨柳尚翻低。气郁结，涕滂沱，愁思无所托，强作听钟歌。

萧综，梁武帝萧衍第二子，实为齐东昏侯萧宝卷的遗腹子。他曾经私发东昏侯墓滴血认亲，对梁朝一直心怀异志，终于在梁武帝普通六年(525)投奔北魏，封高平郡公、丹阳王，更名赞。《洛阳伽蓝记》云，洛阳城东建阳里，“有土台，高三丈，上作二精舍。”“有钟一口，撞之闻五十里。”“萧衍子豫章王综来降，闻此钟声，以为奇异，造听钟歌三首传于世。”但据《梁书·萧综传》云：“初，综既不得志，尝作《听钟鸣》《悲落叶》辞以申其志。”并载有《听钟鸣》三首，其中有“二十有馀年，淹留在京域”的句子，可见此诗作于梁朝都城建康（今南京）。因为萧综二十三岁投奔北魏，而他在洛阳仅生活了八九年光景。只是梁书所载与《艺文类聚》、《文苑英华》等书收录的《听钟鸣》（即本文所赏析的）很不相同，后者当如《洛阳伽蓝记》所云作于洛阳。

萧综由南入北，抵达洛阳，辗转反侧，良多感慨。深夜，钟声传来，历历分明。昔在梁，今在魏，南朝北国，咫尺相异。“当知在帝城”，是这钟声使作者确切知道已经身在北魏帝城洛阳了。急剧的变化与转折，有恍如隔世之感。披衣而起，只见“西树隐落月，东窗见晓星。雾露朏朏未分明，乌啼哑哑已流声”。西边黑黝黝的树梢，掩映着影影绰绰的落月。东方启明星正在低空闪耀。夜空中弥漫着湿漉漉的雾气。“月落乌啼”，乌鸦耐不住寂寞，已经哑哑叫唤。这是凄清、空寂的景色，蕴含着作者下意识的沉重心态。萧综处心积虑要离开梁朝，一旦到了北魏，新来乍到，夜半钟声，还是惹起许多思绪。沉沉夜色，漫漫迷雾，兴许是前途茫茫的感受；落月晓星，鸦声阵阵，兴许是内心忧虑的外流。“惊客思，动客情，客思郁纵横。”“客思”“客情”是羁旅之感，用“惊”“动”，承接上文，表示“客思”由景色引起。愁思郁结，盘旋胸中，所以称“郁纵横”。“翩翩孤雁何所栖，依依别鹤半夜啼。”孤雁翻飞，不知栖于何所？别鹤依恋，夜半犹在哀鸣。“孤雁”是作者自喻，离群北飞，如何安身？“别鹤”喻指违离的夫妇。这里是作者对留在南朝的妻子的怀念。萧综是八月之后到洛阳的，“今岁行已暮，雨雪向凄凄”是联想以后岁尾年末，雪花飘飘。眼前则是“飞蓬旦夕起，杨柳尚翻低”。蓬草飘忽无定，与“孤雁何所栖”的含义相同。“杨柳尚翻低”意味着密密愁思起伏不定。最后四句为结束语：“气郁结，涕滂沱，愁思无所托，强作听钟歌。”内心愁苦，珠泪涟涟，因《听钟歌》寄托郁结。

这首诗多用景物形象表达情思，质朴含蓄，颇有情味。诗中形象较为丰富，有破晓前的夜景，有雾与雪、飞蓬与杨柳、乌鸦、孤雁与别鹤，观照分明，含义各别。反复运用，似乎重复，实际是表示愁思郁结迴环。结构上从听钟鸣到“强作听钟歌”，首尾呼应。所思所愁，都在钟声的笼罩下。钟声用以报时，随着一次又一次的钟响，一刻又一刻的流逝时光，作者更觉彷徨，更是“愁思无所托”，烘托出浓郁的气氛。

（吴　锦）

悲落叶 萧 综

悲落叶，联翩下重叠，重叠落且飞，纵横去不归。长枝交荫昔何密，黄鸟关关动相失。夕蕊杂凝露，朝花翻乱日。乱春日，起春风，春风春日此时同。一霜两霜犹可当，五晨六旦已飒黄。乍逐惊风举，高下任飘飏。悲落叶，落叶何时还？夙昔共根本，无复一相关，各随灰土去，高枝难重攀。

萧综母亲为齐东昏侯萧宝卷宠妃吴景晖，齐灭，为梁武帝萧衍所得，不久生萧综，宫中多有怀疑。后来，萧综私发东昏侯墓，滴血认亲，自认是东昏侯的遗腹子。从此以后，萧综视梁为仇，常怀异心，专伺时变，郁郁不得志。“春秋代序，阴阳惨舒，物色之动，心亦摇焉”，“一叶且或迎意，虫声有足引心”(《文心雕龙·物色》)。萧综于萧萧秋风之中，以落叶为喻，“以申其志”(《梁书·豫章王综传》)，写下了这首《悲落叶》。

诗的开端写了秋气袭来，落叶联翩而下，层层叠叠；忽又卷起，到处飘零。这无根无柢，随风飘散的落叶，成为没落者命运的象征。从作者的处境来说，正是齐梁易代之际齐朝统治集团覆亡的写照。梁武帝萧衍代齐的过程中，齐东昏侯萧宝卷死于非命，齐和帝萧宝融为巴陵王。齐湘东王萧宝晊及其弟宝览、宝宏，邵陵王宝攸，晋熙王宝嵩，桂阳王宝贞，均遭杀戮。鄱阳王萧宝寅北奔至魏。凡此种种，岂不是肃杀秋气中纷纷凋零的落叶。今日的落叶，昔日的浓荫，于是回顾往昔，“长枝交荫昔何密，黄鸟关关动相失”。密密的枝叶，交相覆盖；叽叽喳喳鸣叫的黄鸟掩映其间。进而由叶及花，春风骀荡，春光融融，夕蕊凝露欲滴，朝花辉耀春阳，叶绿花红，欣欣向荣。这是以往昔之盛反衬今日凋零之衰，叶落之悲，逼进一层。这里的寓意是回顾南齐，也曾有过兴旺发达的美好时光。

终于秋霜降临，“一霜两霜犹可当，五晨六旦已飒黄”，鲜花与绿叶，一道凋零枯黄。这意味着萧衍运用种种谋划，灭了齐朝，建立梁代。“五晨六旦”说明并非朝夕之间，而是有一个过程的。南齐七帝，首尾二十四年，最高统治集团内部，互相残杀，几乎没有宁静的时刻，它的灭亡是历史的必然。所谓“长枝交荫昔何密”的盛况，不过是作者的想象，是与它终于灭亡的情景比较而言的。在落叶纷纷之中，“乍逐惊风举，高下任飘飏”则不同于前面所悲的落叶群体，而是描摹一片落叶，更切近于作者的自况。惊风突起，落叶飘飏，似为萧梁代齐，造成了作者失去继承君位的离奇身世的观照。“夙昔共根本”，枝叶相连，现在四散飘零，落叶随灰土；所有的南齐皇族子弟，再也不可复归金枝，恢复玉叶的地位了。无可奈何的苦闷心情，寄之于落叶来表达。

这首诗运用顶真的修辞方式，如“联翩下重叠，重叠落且飞”“悲落叶，落叶何时还”等。全诗句式长短错落，婉转流动，具有民歌风味。它的艺术表达方式有力地加强了全诗思绪起伏、悲痛绵延的感情色彩。 （吴 锦）

【作者小传】

胡太后

（？—528） 北魏安定临泾（今甘肃镇原南）人。北魏宣武帝元恪妃，孝明帝元诩生母。孝明帝立，尊为皇太后，临朝听政。其间信用奸佞，天下土崩。孝明帝殂，被权臣尔朱荣所杀，谥曰灵。事迹具《魏书》卷一三及《北史》卷一三本传。《乐府诗集》存其诗一首。

杨 白 花 胡太后

阳春二三月，杨柳齐作花。
春风一夜入闺闼，杨花飘荡落南家。
含情出户脚无力，拾得杨花泪沾臆。
秋来春还双燕子，愿衔杨花入窠里。

中国历史上有过大约两百年的南北朝分治时期，北方为匈奴、鲜卑、氐、羌等少数民族统治。一提起北朝文学，人们便联想起那首千古流传的《木兰诗》和高唱“天苍苍，野茫茫，风吹草低见牛羊”的《敕勒歌》。但除了这两首民歌外，似乎再没有什么了。有的文学史家批评北朝文坛上“都是没有出息的文人”、“没有一个诗人”。这样的批评未免有些片面，如果从这时期南北文化交流的角度看，北朝文学还是颇可注意的。就以这首乐府杂曲《杨白花》来说，它和朴素悲壮的《木兰诗》、《敕勒歌》风格迥异，它那芬芳悱恻、荡气回肠的情愫，使人误以为这是南朝吴歌。而历史明白记载：它出自北朝一位少数民族女皇之手。

这原是一首失恋的哀歌。北朝后魏名将杨大眼，有一个儿子名叫杨华（本名白花），武艺高强，容貌魁伟，为宣武帝的妃子、后来临朝称制的胡太后看中了。二十多岁的胡太后，姿色才艺出众，曾幸华园林，宴群臣赋诗；登鸡头山，射象牙簪。浪漫的性格，早孀的遭遇，使她与杨华发生私情。后杨华怕风云不测，祸事临身,便逃往南方梁朝去了。胡太后追思不已,为作《杨白歌辞》,使宫人昼夜连臂蹋蹄歌之,声甚凄断。

这首《杨白花》最值得注意之点,是它明显地受有南方吴歌的影响。不仅风格上像南方民歌那样柔情似水,无限低回;而且,在艺术手法上也和南方民歌极为相似。南朝民歌一个主要特征是广泛运用一种谐声的隐语,一语双关。最常见的是以"莲"双关"怜"。如《子夜歌》:"果得一莲时,流离婴辛苦。"以"丝"双关"思",以布匹的"匹"双关"匹偶"。如"理丝入残机,何悟不成匹"(子夜歌)。《杨白花》诗也是巧妙地运用谐声的修辞技巧,全篇用"杨花"与"杨华"谐音,用"飘荡落南家"的杨花,隐隐比喻舍她而去的爱人。她在痛苦中寄情于那秋去春还的双燕子,来沟通南北消息,盼望南方远人回归。想象丰富,一往情深,语言清新自然,富有浓厚的南方民歌风味。

近人冯沅君还有一个很有意思的发现,她在《"杨白花"及其作者》一文中指出:《杨白花》的首四句和南朝诗人鲍照《行路难》第八章首数句异常近似。鲍诗云:"中庭五株桃,一株先作花,阳春妖冶二三月,从风簸荡落西家。"的确,《杨白花》在表现手法上受鲍照影响是极明显的。

这种文学现象是发人深思的。当时中国分裂了几个世纪,政治、经济、地理风俗,南北大不相同。以诗歌来说,所谓"艳曲兴于南朝,胡音生于北俗,"色彩情调大异其趣。然而,各民族之间的优秀文化又很自然地相互交流、融合、像无形的磁力,一种内在的要求统一的民族精神,在中华民族的形成过程中,发挥了不可估量的作用。

当然,这种文化交流是相互的,北朝人喜爱南国情调的《西洲曲》,南朝人也喜爱北国风光的《敕勒歌》。南北熔于一炉,才形成了我国诗歌多彩多姿的风貌。后魏胡太后所以能写出秀美温柔、儿女情长的《杨白花》,显然是受汉族文化熏陶的结果。就汉族方面说,大诗人如李白、词人如辛弃疾,其作品风格之豪放,溯其渊源,又何尝没有《木兰诗》、《敕勒歌》的影响呢!胡太后的公公,后魏孝文帝拓跋宏,在民族融合方面是有不朽的历史功勋的,他极爱中原文化,当时南朝的文学、音乐和其他典章制度大量输入北地,后魏文坛风气是"言必称江左"。号称"三才"的北朝著名文学家温子昇、邢邵、魏收,他们的作品大都模拟南朝齐梁文风。如果不从历史的眼光看,也许真是一批"没有出息的文人"。其实,这是一个学习过程,是有积极意义的。《杨白花》则是我国多民族文化大融合的一个重要标志,它的高超的艺术技巧,远远超过同时代人,怎能说北朝"没有一个诗人"呢。

(张铁明)

【作者小传】

裴让之

字士礼，北齐河东闻喜(今属山西)人。东魏时，为屯田主客郎中、太原公记室，又任高澄大将军主簿兼中书舍人、散骑常侍长兼中书侍郎。入北齐，封宁都县男，出为清河太守，被谗死。事迹具《北齐书》卷三五本传，又附见《北史》卷三八《裴佗传》后。《先秦汉魏晋南北朝诗》辑得其诗三首。

送北征　　裴让之

沙漠胡尘起，关山烽燧惊。
皇威奋武略，上将总神兵。
高台朔风驶，绝野寒云生。
匈奴定远近，壮士欲横行。

这是一首早期的边塞诗。诗人裴让之先后在西魏、北齐做官，尚武的风气、战争的环境使诗人笔底充满生活的实感，洋溢着立功疆场的豪情。诗题一作《从北征》，"从"是随同前往，诗中的抒情主人公是诗人自身；"送"是送人，末句中的壮士即是被送的友人。揣摩篇意，似以作《送北征》为是。

此诗顺着时间顺序描叙，构思平平，但层次感清晰，表现得又很有气势。首句说，北方的沙漠地带腾起了胡骑来袭的沙尘，以单纯而形象的画面交代了战争的责任与敌人大举入寇的情景。从次句起，即转写我方的反应。次句中的"关山"，指我方北面边防线上的关隘、山口；"烽燧"，即烽火，白天放烟报警叫"烽"，夜间举火叫"燧"。关山吃惊，受到震动，便举烽燧向朝廷报警。以上两句，空间上自北而南展开，敌骑从沙漠压向边关，烽火从关口、山头烧起，向内地频传直至京城。其间，喊杀声震天，烽火遍地。才一落笔，即为全诗渲染了一派浓郁、紧张的战争气氛。三四句接写朝廷上下的反应。三句说皇上的决策，四句说将军的行动。"武略"，原指军事谋略，此处的"奋武略"，指出兵征讨；"上将"，义同大将、主将；"神兵"，指军队，意谓作战勇猛如神。皇上的威严不容蔑视，决定进行讨伐；主将便统率神兵及时出征。在时间上，这两句一前一后，先有决策，随之采取行动，其间的承接关系是很明显的。"高台"二句，专写"上将总神兵"北进途中所见：北风吹过一片高地，迎面扑来，从一望无际的原野上升起寒云，像是在向征人暗示前程将有新的难以抗拒的凛凛严寒。这两句的环境描写很有特色："今夜不知何处宿，平沙万里绝人烟”（岑参《碛中作》），空旷无边，原为塞上所特有；“风头如刀面如割”、“马毛带雪汗气蒸”（岑参《走马川行奉送封大夫出师西征》），酷冷奇寒，也为关内所不经见。大敌当前的严重形势，艰苦卓绝的战斗环境，使诗的意境笼罩在一种悲而壮的气氛之中，生死攸关的一次重大考验严肃地提到了从军将士的面前。“壮士”将作何抉择，诗人又将对壮士作何勉励、期待呢？结尾两句作出了回答。“匈奴定远近”句，从上下文的联系来看，当是指已可确定匈奴的行止、远近。此句在结构上遥应篇首的“沙漠胡尘起”，同时又作为过渡性的句子，引出壮士慷慨赴敌的表示。末句中的“横行”，作褒义词，指纵横驰骋，在鞍马间建功立业。后来高适在其名篇《燕歌行》中说“战士本自重横行”，“横行”亦取此义。末句作第三人称叙述的语气，像是在客观介绍“壮士”的态度，似乎壮士真作如此想，而实际上，此诗后四句所写，都是虚拟的情景——当诗人送人北征时，军队尚未出发。绝野景色、壮士心声之所以被表现得如此真切动人，主要是由于诗人对生活的熟悉，以及出于爱国爱友之心的对友人的真诚而热切的期待。

此诗的叙述描写章法井然：从敌方写到我方，我方则由皇上而将军而壮士；在时间上顺序的同时，空间上先远后近，近而又远，镜头从沙漠拉到关山，再拉到朝廷，然后又拉向塞外。动作繁富，画面迭变，但并不显得杂乱；时空上时有跳跃，但并不给人以突兀或模糊的印象。感情豪放，笔力粗犷，字句之间又有如此细密的针线，此诗虽不以构思新巧取胜，却也表现出了诗人不浅的艺术工力。

（陈志明）

【作者小传】

邢　邵

(496—?)　字子才，小字吉，北齐河间鄚（今河北任丘北）人。北魏时，官奉朝请、迁著作佐郎，因名盛被嫉，出为青州司马。后累官中书侍郎、卫将军、国子祭酒、尚书令、给事黄门侍郎。东魏时，任西兖州刺史，有善政。还任中书令、太常卿兼中书监。入北齐，授特进。事迹具《北齐书》卷三六本传，又附见《北史》卷四三《邢峦传》后。有集三十一卷，已佚，明人辑有《邢特进集》。《先秦汉魏晋南北朝诗》辑得其诗及断句九首。

冬日伤志篇　　邢　邵

昔时惰游士，任性少矜裁。朝驱玛瑙勒，夕衔熊耳杯；折花步淇水，抚瑟望丛台。繁华夙昔改，衰病一时来。重以三冬月，愁云聚复开。天高日色浅，林劲鸟声哀。终风激檐宇，馀雪满条枚。遨游昔宛洛，踟蹰今草莱。时事方去矣，抚己独伤怀。

邢邵历仕北魏北齐，文章享有盛名，但诗歌创作仅留下少数几篇，《冬日伤志篇》是其中较好的。这首诗回顾少年时任性嬉游，欢乐无尽，而今年老力衰，感怀世事，格外悲伤。

诗的前六句写年轻时的嬉游生涯。"昔时惰游士，任性少矜裁"是总说只知游乐，率性而行，不加节制。然后分写四件事。"朝驱玛瑙勒"，即早晨驱马驰骋，游于四方。"玛瑙勒"，典出刘向《西京杂记》："武帝时，身毒国献连环羁，皆以白玉作之，玛瑙石为勒，白光琉璃为鞍。"这里指装饰奇丽的宝马。"夕衔熊耳杯"，傍晚举杯痛饮，一醉方休。"熊耳"为古代酒杯上用以举杯的两耳。"熊耳杯"指珍贵的酒杯。一"朝"一"夕"，意为终日游荡，"玛瑙勒""熊耳杯"表示阔绰豪奢。"折花步淇水"，意谓寻花问柳，男女欢会。《诗经・鄘风・桑中》："爰采唐矣，沬之乡矣。云谁之思，美孟姜矣。期我乎桑中，要我乎上宫，送我乎淇之上矣。"与孟姜相约相会相送于桑中、上宫、淇水之上，淇水成了男女相会之地的代称。"抚瑟望丛台"，意谓弹琴鼓瑟，尽兴而乐。丛台是历史上楚王游观弋钓之地，这里泛指名胜游赏地。驰马、宴饮、欢会、弹奏，具体表现了尽情嬉游的情景。据《北齐书・邢邵传》，邢邵"少在洛阳，会天下无事，与时名胜，专以山水游宴为娱，不暇勤业"。"昔时惰游"诚为写实。后来，邢邵"因饮谑倦，方广寻经史，五行俱下，一览便记，无所遗忘"，终于有所成就。

"繁华夙昔改，衰病一时来"，诗意为之一转。"繁华"指年轻壮实、生命力的旺盛。"夙昔改"，突起变化，不同于从前，衰老与疾病一时俱来，这自然引起伤感。但作者并未直抒胸臆，而是以眼前冬日景色的描绘来表达。"重以三冬月，愁云聚复开"。"三冬"，即冬天。冬寒令人想到人生的艰辛；浓云的忽聚忽散，又似时局的动荡不定。"天高日色浅，林劲鸟声哀"是典型的冬天景象，空中挂着太阳，淡淡的云气使阳光毫无暖意；林木萧疏，寒风劲急，众鸟哀鸣，更其阴冷。"终风激檐宇，馀雪满条枚。""终风"，疾风。大风呼啸，直冲檐下，然余雪尚存，堆满枝条。积雪之盛，气候之寒，于此可见。这是以酷寒环境的描绘表达内心的伤感。

"遨游昔宛洛，踟蹰今草莱"，诗意有所开拓，由个人的感伤扩展为时代的悲哀。“宛洛”，意为繁华的都市，这里实指北魏都城洛阳。遨游于昔日繁华的洛阳，徘徊所见只是杂草丛生、一片荒凉。洛阳作为北魏的首都，自孝文帝拓跋宏太和十九年(495)以来，达四十年之久。到了东魏孝静帝元善见于天平元年(534)迁都邺城，在统治阶级内部你争我夺的战乱中，洛阳遭到极其严重的破坏。《洛阳伽蓝记》的作者杨衒之，记载了洛阳残破的情景：“城郭崩毁，宫室倾覆，寺观灰烬，庙塔丘墟，墙被蒿艾，巷罗荆棘，野兽穴于荒阶，山鸟巢于庭树。游儿牧竖，踯躅于九逵；农夫耕稼，艺黍于双阙”（《洛阳伽蓝记序》）。这可以作为“踟蹰今草莱”的注解。作者的“伤志”具有一定的社会内涵，不单是悲叹个人的“繁华有憔悴”，而且兼有时代悲剧的含义。“时事方去矣，抚己独伤怀”收束全诗。“时事”，此事。身体的盛衰，政事的变化，城市的兴废，已经成为过去，以手抚膺，只有感伤而已。

诗篇直陈其事，借景抒情，层次分明，感情浓郁。以今昔遨游作对比，表现社会的巨变、感情的转换，突出了“伤志”之情。诗中偶句较多，对仗工整，富有艺术表现力。

（吴　锦）

【作者小传】

郑公超

北齐时人。北齐后主时，官奉朝请，待诏文林馆，参与修撰《修文殿御览》。《文苑英华》存其诗一首。

送庾羽骑抱

郑公超

旧宅青山远，归路白云深。
迟暮难为别，摇落更伤心。
空城落日影，迥地浮云阴。
送君自有泪，不假听猿吟。

羽骑是庾抱的职属。他要辞别归去，又是故人，作者自然而生惜别之情，留下这首送别诗——也是诗人唯一留存至今的作品。

别者将要远去，还未动身，但似乎已经带走了送者的一颗心。你看，还不是执手惜别之际，或许正在别宴举觞，诗人的心思，就沿着友人的“归路”，驰向友人所往之“旧宅”，即他的故乡旧居。宅处“青山”，归路“白云”，那一定是个幽静美好的所在。从诗的布局来说，开篇先拈出远远青山，深深白云，一片秀色，给人以舒展、开阔之感。再则，友人所去，乃是白云深处人家，他也许是个“一片冰心在玉壶”的人吧？这两句不露声色，平静叙起，却倾注着诗人一片绵密的深情厚意。

上二句从别者说，三、四二句方落到送者，即诗人自己。分别，对处在交通不便时代的古人来说，总是容易撞动感情的，所谓“黯然销魂者，唯别而已矣！”别固不易，迟暮分别更令人伤感。彼此已然老去，来日本是无多，一别之后，谁能担保双方都能安然长久？换句话说，眼前一别，以后有无再见的机会，那就很难说了。这就是“迟暮难为别”之慨。这句也是从沈约“生平少年日，分手易前期”（《别范安成》）的诗句中变化而出的。老友之别，本来伤心，无奈又遇上一个“悲哉，秋之为气也”的时节，和那“萧瑟兮，草木摇落而变衰”的景况。分别是一悲，迟暮伤别再一悲，凉秋日暮更是一悲，这就自然“更伤心”了。这二句分两层写别离之伤，并接住前二句层递到惜别的主意。

五、六句始写出别时之景。落日黄昏，道路人稀，城中自然有空空荡荡之感。而友人将去，知音者无，不免心中茫茫然，但觉万物皆空。故“空”字是实景，又是心境，二者难以分辨。“落日影”即夕阳淡淡的余晖，它给这座“空城”涂上一层惆怅而又转瞬即逝的色彩。本来，黄昏的光线，也具有柔和明丽的“夕阳无限好”的美感，而在送别者的眼中，匆匆落日却只能逗出依依惜别的心绪。“迥地”一句，写出暝色降临，远望漠漠，浮云晻晻情思遥遥。“迥地”承上“青山远”，“浮云阴”即浮云暗淡，遥接“白云深”，又申一笔。只是“‘白云’、‘浮云’复用却是微疵”（张玉穀《古诗赏析》）。说“地迥”“云阴”，惜别关照之情，自然见于言外。这两句绾合送别双方，相映衬出。但表面上看却是纯然写景，比起首二句，更加不露声息，而别意益显。

“送君自有泪”的“送”字，点明题之“送”，与次句的“归”前后映照。“自有泪”就“难为别”、“更伤心”而来，已浸透一腔情思。运笔至此，别情离意，都已说得淋漓尽致，末句似乎无从置辞而难以为继。然伤心人自有辛酸语，诗人荡出一笔，推拓出“不假听猿吟”一句来。猿声啼啸，属引凄厉，听者易生哀伤凄怆之情，故有“猿鸣三声泪沾裳”的说法。但诗人本来就伤心得泪下不能自已，猿之哀吟，亦不复能催其泪增。这句“翻得新”（沈德潜），翻跌出更深一层意味，强化了全诗的主意，给人留下深刻的印象。

这首诗除末二句外，全为对仗，体制逼近唐人律诗。八句一半写景，一半言情，而情语中有景，景语中含情，错落有致，颇耐玩味。其语言清淡，风格在南朝诗人中近似何逊。尤其“空城”两句，情致温润绵厚，颇富意韵，对后世亦不无影响。李白的“浮云游子意，落日故人情”(《送友人》)，杜甫的“渭北春天树，江东日暮云”(《春日忆李白》)，都是千古名句，但若把这位不甚著名的北朝诗人的句子并列上去比较的话，恐怕也能得到个“伯仲之间”(杜甫《咏怀古迹》其五语)的评价吧？

(魏耕原)

【作者小传】

魏 收

(505—572) 字伯起，小字佛助，北齐巨鹿下曲阳(今属河北)人。北魏时，初任太学博士，历官至散骑侍郎，典起居注，并修国史、兼中书侍郎。又兼中书舍人，与温子昇、邢邵齐名，号“北地三才”。入东魏，官至秘书监。入北齐，任中书令，修成《魏书》。后历任中书监、齐州刺史、尚书右仆射，进位特进。事迹具《北齐书》卷三七及《北史》卷五六本传。有集七十卷，已佚，明人辑有《魏特进集》，所著《魏书》一一四卷为二十四史之一。《先秦汉魏晋南北朝诗》辑得其诗十六首。

棹歌行 魏收

雪溜添春浦，花水足新流。
桃发武陵岸，柳拂武昌楼。

《棹歌行》是乐府《相和歌辞·瑟调曲》名，唐吴兢《乐府古题要解》说此曲表现两方面的内容，一是赞战伐之功，一是言乘舟鼓棹。这首诗属后一类，是诗人于泛舟中流之际，面对欣欣向荣的初春景色，抒唱的一首新春赞歌。

“雪溜添春浦，花水足新流”是诗人泛舟所见。“溜”即水流。春天来了，融化的雪水映照着绚丽的百花从四方汇入河中，新的水流渐渐地添满了两岸。句中的“添”、“足”二字下得逼真贴切，恰到好处，不仅将河水渐升渐满的动态过程传神地表现了出来，又使人感受到诗人面对初春时节自然界一派勃勃生机的欣喜之情。诗人观察景物的细致及炼字功夫的精深，均可由此二字见出。唐太宗李世民《咏雨》诗云：“新流添旧涧，宿雾足朝烟。”显然是对此句的模仿。

“桃发武陵岸，柳拂武昌楼”是诗人于舟中的想象之景。身处明媚的春光之中，诗人不禁联想到，如今武陵溪岸、武昌楼前也当是一片桃花初放、杨柳飘拂的怡人景致吧。武陵，在今湖南常德；武昌，在今湖北武汉，而当时均属于南朝领地，作为北朝人的魏收所以会联想到这两个地方，是因为其中包含了两个典故。前句出自陶渊明《桃花源记》，说一个以捕鱼为业的武陵人，在一次缘溪行时，“忘路之远近，忽逢桃花林，夹岸数百步，中无杂树，芳草鲜美，落英缤纷”。从此武陵与桃便相联系在一起了。如李白《答杜秀才五松见赠》诗：“从兹一别武陵去，去后桃花春水深。”李群玉《恼从兄》诗：“武陵洞里寻春客，已被桃花迷不归。”后句出自《晋书·陶侃传》，陶侃镇守武昌，属下夏施盗移官柳，被他认出是武昌西门前柳。从此武昌与柳也相联系在一起了。如孟浩然《溯江至武昌》诗：“行看武昌柳，仿佛映楼台。”李商隐《病中闻河东公乐营置酒口占寄上》诗：“缘忧武昌柳，遂忆洛阳花。”句中的“发”、“拂”二字也用得极妙。“桃发”是一幅桃花含苞初放的景色，若改为“桃开”、“桃满”，则就无法契合当时冰雪消融的初春情景了。“拂”字既富有动态性，又具有人情味，不仅传达出自然春光所洋溢着的一股清新的生命活力，也透露出诗人内心所饱含着的无比欢快的新春喜悦。

从结构看，此诗共四句，每句各写一事，在意义上相对独立，相互之间也毫无因果联系，然而全诗却给人浑然一体的感觉，这就是诗人“事断意贯”手法的巧妙运用。由于诗人将自己面对春天来临的怡悦陶然的情感十分融洽地贯通在所描写的景物之中，使全诗构成了一个统一的意境，因此我们读后不仅没有事事截断之感，反有意若贯珠之妙。此法的运用，一方面可以省略承接折绕的词语，使诗显得非常的自由灵活，另一方面可以增加读者寻味的余地，令人有咀嚼不尽之感，因而常为后世诗人所效法。我们从杜甫的“迟日江山丽，春风花草香。泥融飞燕子，沙暖睡鸳鸯”（《绝句二首》之一）；“日出篱东水，云生舍北泥。竹高鸣翡翠，沙僻舞鹍鸡”（《绝句六首》之一）等诗中，便可以找到这种艺术手法的承递关系。

（陈如江）

挟瑟歌　　魏　收

春风宛转入曲房，兼送小苑百花香。
白马金鞍去不返，红妆玉筯下成行。

一个富贵人家，丈夫从军出征，求取功名去了，把个年轻漂亮的小妻子丢在家里，丢在与外面大世界相隔绝的深闺中。冬天过了是春天，也不知经历了多少回。小妻子很烦闷，很无聊。一个人的生命是有限的，一个女子的青春时光更短暂，活了一世，把最好的时光白白消磨在闺房内，算怎么回事呢？就算丈夫封侯归来，自己也差不多老了，又有什么意思？所以在春暖花开的时刻，她却很悲哀，既想念丈夫，更为自己的命运感伤，于是流下许许多多眼泪来。——这样的故事，不知发生了多少次，这样的诗（习惯叫作“闺怨”），从古老的《诗经》开始，也不知写了多少遍。魏收再来写这样一首诗，又是短小的七言四句，当然翻不出多少新花样。他主要是在语言上下工夫，把这个古老的，然而又天天在重复发生的故事，写得优美动人。

先说节奏。诗中的四句，都是上四下三的句法，并且第一、第三、第四，即押韵的三句，都把动词安放在第五字的位置上，即上四下三的交接处。由于每句中这个单音的动词具有沟通前后两个词组的作用，因而在朗诵或默读时，自然在这里形成一定的停顿，于是把句式的重复给强化了。这种句式上的重复，也就是韵律的重复，造成了一种明快流畅的调子，富于歌谣风味。当然，如果诗很长，都用同样的句式，未免单调，但在四句的小诗里，这样的重复却是恰到好处。读者不妨尝试一下，是否确有一种歌谣的味道？

再看诗中的描述。四季之风，春风大约最讨人喜欢，所以常被诗人赋予多情的性格。这儿的春风也是多情的，它好像知道女主人的寂寞，正轻轻地、温柔委婉地穿过一层层曲折的房廊，向独居的她吹去。为了抚慰女主人，春风还带去了小苑中盛开的各色花儿的香气，让她感受到生活中美好的一面。是啊，春天又来了，万物都欣喜地舒展着、生长着，你怎么还愁眉百结、烦苦万端？小苑、百花、春风、曲房，本来都是很美的，诗人又把自己的温情赋予春风，让它把另外三者联系起来，作似乎是有意志的回转飘飞，整个景象显得更美了。

春的温暖、花的气息，能够令女主人转忧为喜吗？没有。相反，她却是愈加愁苦了。因为她的与春天同样美好年轻生命，随着每一年春风的吹过，正在不断地、无可挽回地消逝。于是她又想起了离别那一日的场景。诗人借助回忆手法，把不同时间中的事件同时呈现在一个画面上：那男子精神俊爽，跨白马、配金鞍，踌躇满志，意气风发，一路向前驰去，渐渐消失在天尽头；那女子凭窗伫立，追踪着眼前的幻景，心神恍惚，哀哀戚戚，双泪长流。这场面有些儿伤感，却也是很美的。“白马金鞍”和“红妆”，从修辞手法来说，是借代，分别指男女二人。但诗中的语言，具有直呈性，能够把那些词汇所表示的色泽交互呈现在读者眼前，本身也造成美的感觉。

这诗并无深意。而且，你可以感到，诗人的用心，也并不是要唤起你对女主人的深切的同情，却是让你欣赏一种略带伤感，却又是华丽明快的美。诗中精致的节奏、美丽的场面、漂亮的语言，造成了你同主人公的距离，使你知道：这只是一个故事，一个并不新鲜的故事，因而你可以放心地体味诗本身的美。

魏收与温子昇、邢邵并称“北地三才”，是北朝著名的诗人。北朝的文学远比不上南朝发达，所以他们的诗以模仿南朝风格居多。这一首也是，但写得很成功，放在南朝名家的作品中，也不会逊色。另外说明一点：《挟瑟歌》是乐府曲调名，另有相近的乐调，叫《挟琴歌》。在有的总集中，把这首诗误记为《挟琴歌》了。

（贺圣遂）

【作者小传】

刘　逖

(525—573)　字子长，北齐彭城(今江苏徐州市)人。东魏时，为永安公行参军。北齐立，历官定陶令、太子洗马、散骑侍郎、中书侍郎，曾聘使陈朝。还任通直散骑常侍、给事黄门侍郎，出使北周。还拜仪同三司。北齐后主时，出为江州、仁州刺史，征还，拜散骑常侍，未几被杀。事迹具《北齐书》卷四五本传，又附见《北史》卷四二《刘芳传》后。有集三十卷，已佚，《先秦汉魏晋南北朝诗》辑得其诗四首。

对　雨　　刘　逖

重轮宵犯毕，行雨旦浮空。
细落疑含雾，斜飞觉带风。
湿槐仍足绿，沾桃更上红。
无由似玄豹，纵意坐山中。

日月雷电，风霜雨雪，都可以成为诗歌题材，这首《对雨诗》便是写绵绵春雨的。夜晚，圆月高挂，一圈圈的光影，呈现出层层晕辉。月亮靠近了二十八宿之一的天毕星了。“月离于毕，俾滂沱矣”(《诗经·小雅·渐渐之石》)。月亮附着天毕星，就会大雨滂沱。果然，第二天的早晨，满天细雨，濛濛而下。这就是“重轮宵犯毕，行雨旦浮空”。从《对雨》的题目来说，开门见山，引出所咏之物。“细落疑含雾，斜飞觉带风”是对雨的凝视。霏霏春雨，犹如一团雾气。有时摇曳斜飞，似是雨丝带来春风。这是倒因为果，颇为别致。密密地细细地轻轻地飘来的春雨，不同于夏雨的劲急，区别于秋雨的淅淅沥沥。这两句诗写出了春雨的神韵。“湿槐仍足绿，沾桃更上红。”发绿的槐树，盛开的桃花，正是春天的象征。它们在春雨中显得更绿更红，体现了春雨的“润物细无声”。结尾是面对春雨引起的感叹：“无由似玄豹，纵意坐山中。”希望成为隐遁之人，潜居山中，修身养性。《列女传》云：“南山有玄豹，隐雾而七日不食，欲以泽其衣毛，成其文章。”后来，“玄豹”喻隐居者。“泽其衣毛，成其文章”云云，指隐者的追求，道德学问品性修养的自我完善。刘逖“少而聪敏，好弋猎骑射，以行乐为事。爱交游，善戏谑”（《北齐书·文苑传》）。他生当战乱频仍、统治阶级内部剧烈纷争的北朝，对自身安危是有深切感受的。在绵绵春雨中作“玄豹”之想，可以理解。　（吴　锦）

【作者小传】

祖　珽

字孝征，北齐范阳遒（今河北容城）人。东魏末，官秘书郎、尚书仪曹郎，入高欢、高澄幕府，以疏狂免官。北齐初起为尚药丞，复免官。珽与长广王高湛（即北齐武成帝）深相结纳，及湛即位，擢中书侍郎，累迁秘书监，因争夺相位失败，被流放囚禁，双目失明。北齐后主立，复起，官至尚书左仆射、侍中，封燕国公，权倾朝野。后被权臣排挤，出为北徐州刺史，卒于官。事迹具《北齐书》卷三九本传，又附见《北史》卷四七《祖莹传》后。《先秦汉魏晋南北朝诗》辑得其诗三首。

望　海　　祖珽

登高临巨壑，不知千万里。
云岛相接连，风潮无极已。
时看远鸿度，乍见惊鸥起。
无待送将归，自然伤客子。

祖珽可算得上北齐一朝经历最奇特的人物，虽早年自负才能、狂诞无行，北齐列朝雄主，无不痛予折辱，直至熏盲其双目；而至齐后主之朝，又终借其奇略智算，拜相将兵，执国之柄，而政绩又颇称美于内外。本诗题为《望海》，当是其早年目盲前之作，辨诗中气息，确然是智者之言，与其为人相类。

“登高临巨壑，不知千万里”，“巨壑”谓海。登上高山，面临大海，一面自不免赞叹其宽广浩渺，一面却忍不住要用有限的千里、万里去程量它，且那一声“不知”，虽说是惊讶，却也有遗憾——遗憾于不能程量：这，真是祖珽这种聪明人才流露得出的下意识。

如果说上面的解说未免穿凿了些，那么，在“云岛相接连，风潮无极已”二句中，祖珽的智者面目，就是实实在在的了。当然，凝目远注，但见漫天浮云纷纷涌向天边，海天之际的苍苍山岛，稀稀疏疏地排列着，浮云压来，它们便深深地插进云层，在云层后若隐若现，时大时小，仿佛在与云朵携手共舞；再放眼海面，无处不是潮涨潮落，无处不是风来风往，海风推起了海潮、潮吼压倒了风啸，风与潮相互呼应、相互撞击，方死方生、永无穷止——这，自是祖珽豪健之笔绘出的壮丽海景，观此不能不承认其胸襟亦复阔大，不是无资格咏海之人。但是，同样观海，若对比魏武帝“水何澹澹，山岛竦峙”（《观沧海》）二句巍然端重的帝王气象，这二句着眼全在海的动荡不定上，到底还是足智多谋、一生好动好变的祖珽的手笔。

“时看远鸿度，乍见惊鸥起”，这二句分承上二句。大雁从云岛相接处飞来，故称为“远鸿”，看着它们一排排飞渡大海，安然地登上海岸，这是时时令人欣慰的事；海鸥受了潮打之惊飞离海面，故谓之“惊鸥”，此时寻常海鸟早已在岩间避风了，海上最多一二孤鸥，乍然见它从浪底窜起，自更能令人心惊。

孤鸥引发了异乡客子的孤独感，雁群的回家更触动了他的归心，于是，全诗遂在“无待送将归，自然伤客子”的乡思忧伤中结束。“送将归”本意是送别亲族还乡，因其语出宋玉《九辩》“登山临水兮送将归”，故这里代指“登山临水”。诗以登高临海开首，到末尾却言无须这些登临，只是鸿飞鸥惊，也自能使客子伤心不已，诗意又翻深了一层。这“客子”，自然可能是作者本人，但我们不妨更宽泛地理解为所有的海滨羁客，这样，诗的含义也将更扩大了。

全诗刻画了大海的性格，也暗写了作者自己的性格。上二联的阔大之景与下二联的感伤之情，转接得颇为自然。观其起承转合之妙，以及中二联的对仗之工，宛然有唐律的风度，就中最精彩的“云岛”一联，即唐人亦难出其上。北齐时人有诗如此，实在是难能可贵了。

（沈维藩）

【作者小传】

萧 悫

字仁祖，隋南兰陵（今江苏武进）人。梁宗室。梁末入北齐，官太子洗马。后入北周、隋，隋时，官至记室参军。事迹附见《北齐书》卷四五《颜子推传》后。有集九卷，已佚，《先秦汉魏晋南北朝诗》辑得其诗十七首。

秋 思　　萧 悫

清波收潦日，华林鸣籁初。
芙蓉露下落，杨柳月中疏。
燕帏缃绮被，赵带流黄裾。
相思阻音息，结梦感离居。

邢邵认为："萧仁祖(悫)之文，可谓雕章间出"(《萧仁祖集序》)。颜之推说：兰陵萧悫"工于篇什"(《颜氏家训·文章篇》)。《秋思诗》是他的代表作。

诗篇开头点明秋天。"清波收潦日"，意思是天高气朗，秋水澄清。宋玉《九辩》："泬寥兮天高而气清，寂寥兮收潦而水清。""寂寥"为清澄平静之貌。"收潦"即水潦退尽。清波澹澹，指秋水。因为夏水涨而浊，秋水退则清。"华林鸣籁初"，意为华林园中万木森森，秋风阵阵。这里的华林园在洛阳东面，不是临漳与金陵的华林园。"鸣籁"是自然界发出的各种各样的声响，此指华林园中的萧萧秋风。一、二句中的秋水秋风表示秋天降临人间。"芙蓉露下落，杨柳月中疏"是秋夜景色。木芙蓉八、九月开，耐寒迟落，现在说"露下落"，形容秋之萧瑟。杨柳也开始落叶，柳条在月光下显得格外稀疏。这是诗人凝神独想中领略的秋景。这两句诗备受赞美。颜之推说："吾爱其萧散，宛然在目。"(《颜氏家训·文章篇》)皮日休把它们与孟浩然的"微云淡河汉，疏雨滴梧桐"相比美(见尤袤《全唐诗话》)。许颉《许彦周诗话》称赞这两句诗"锻炼至此，自唐以来，无人能及也"。李东阳《怀麓堂诗话》说"自是诗家语"。这两句诗对仗工整，描摹贴切，确是锻炼而得。境界萧散空远，秋意毕现，不必寻求深意，但萧瑟之感溢于言表。这是气氛的渲染，紧接着"燕帏缃绮被，赵带流黄裾"，以形象之物表示所思所念。"燕帏""赵带"，冠以产地，表示床帏、束带的名贵。"缃绮被"是浅黄色的绸被子，喻夫妇间的情爱。"流黄裾"指褐黄色的衣衫，代服饰华丽的妇女。诗人所思念的是妻子和家庭。"相思阻音息，结梦感离居。"今日别离，关山难越，音讯阻绝，更增相思。乃至结想成梦，深感离居之苦。由秋景到悲秋，由含蓄的烘托到直抒胸臆，表示秋气的感染到忧思的倾诉，形成了完整的结构与感情真挚的特色。

(吴 锦)

听 琴　　萧 悫

洞门凉气满，闲馆夕阴生。

弦随流水急，调杂秋风清。
掩抑朝飞弄，凄断夜啼声。
至人齐物我，持此悦高情。

唐人孟浩然《听郑五愔弹琴》云："予意在山水，闻之谐夙心。"醉翁之意不在乎酒，听奏者之情思亦非仅系所闻琴调。弦外传音，曲终奏雅，识得此意，可解本诗。

前六句铺写题面，分别就弹奏之环境、季节与音节、曲调，略作点染。所抒写者，不出乎古代咏物遣兴诗作中经常可遇的一种悲凉感，意象的组合亦属于传统的音乐欣赏咏写模式。环境：深邃的内堂、旷闲的别馆；气氛：凉满阴生的夜的氛围；接下去"流水""秋风"一联，以未成曲调先有情的手法，让激湍江河水、清冷秋风声比拟出弦急而调清的琴音；再用两支含蓄省略的曲操之名，唤起人们的联想，以便进入那弦弦掩抑声声思的艺术境界。（朝飞弄，即《雉朝飞》曲，相传齐国犊沐子老而无妻，见雉雄雌相随而意动心悲，作此曲以自伤；夜啼声，指《乌夜啼》曲，传为何晏之女所造，初晏系狱，有二乌止于舍上，女曰：乌有喜声，父必免。遂撰此操。后世文人以《雉朝飞》、《乌夜啼》为诗题者，多咏爱情生活中的哀怨。）若此数句，从抒写音乐感受的角度看，可算得层次清晰，语言流畅，但究属平平写来，语经人道，特色无多；新意之翻出、余味之曲包，实赖篇末二句点睛笔墨。

"至人齐物我，持此悦高情"，盖以清静自然、去我顺物之心态观照艺术、审视一切，始能怡悦其情，萧散其趣，自鸣天籁，一片好音。《庄子·齐物论》谓"天地与我并生，而万物与我为一"；《逍遥游》谓"至人无己"。《在宥》又云：心翦翦者（内心世界浅狭的人），奚足以语至道！至德之人，物我为一，以绝对超脱的姿态看待人间世，诚然是道家者流心造的幻影；而单就艺术审美既要入乎其内又要超乎其外这一点说，本诗所点悟的情理实在可供思索回味。嵇康作《声无哀乐论》，苏轼写"若言琴上有琴声，放在匣中何不鸣？若言声在指头上，何不于君指上听"的《琴诗》，是否也都启示人们静观自得、默想随缘，去追探那种声外声、味外味的艺术真谛呢？

（顾复生）

春日曲水　　萧　悫

落花无限数，飞鸟排花度。禁苑至饶风，吹花香满路。岩前片石迥如楼，水里连沙聚作洲。二月莺声才欲断，三月春风已复流。分流绕小渡，堑水还相注。山头望水云，水底看山树。舞馀香尚存，歌尽声犹住。麦垄一惊翚，① 菱潭两飞鹭。
飞鹭复惊翚，倾曦带掩扉。芳飙翼还憓，藻露挹行衣。

〔注〕 ① 翚(huī)：雉鸟。

夏历三月的上巳日，在古代可是个美妙节日：这一天男女老幼纷纷走出楼宇村舍，聚于曲曲水边，洗手濯足，酌饮"流觞"，以祓病祛灾；达官文人，也往往借此机会踏青赏春、饮酒赋诗——这就是古代的"修禊"习俗，又称"曲水"。北齐诗人萧悫在此诗中描述的，正是一群达官显宦，游赏御苑的"春日曲水"之景。其诗眼之著，全在那一个"春"字。

画春景少不得画花。此诗起笔，即有一种春花照眼之感："落花无限数"——当你猛一踏进皇家苑囿，便被那紧锁的缤纷春色映得惊喜不止了：满眼的落花，锦重重的，早已数不胜数；而在繁枝茂叶间，依然有桃飞李飘、纷纷扬扬。以至那莺鸟翩飞之时，不仅要穿过葱茏佳木，而且须"排"开烂漫花云——"飞鸟排花度"，一个"排"字，表现落花之"无限"，真是又精当、又动人。它在读者眼前，展开了多么浓浓的、流动的春意！

这里虽说是森严的"禁苑"，究竟也不过"禁"住了布衣平民，又怎能禁得住插着翅膀的"风"？你看它们早已活活泼泼、成群结队，毫无顾忌地闯了进来。时而撩拨枝头的花，时而抚弄池畔的草，于是一切顿时焕发了生气。不过风也只是一个信使而已，紧随其后的，还有春之婀娜轻盈的步履。它步履飘处，便绽放"满路"新花，简直鲜灵芬芳，似可闻它的如兰气息，似可见它的嫣然笑影。

正是这一切，引来了宝马香车、袅袅鸾铃。一群达官显贵，终于喜滋滋地露面了。因为是自远而近，那一片崚嶒的山石，从远处看去，正如林木掩映中挺立的楼阁；近处的苑池，大约还是活水，细沙被涓涓的水流冲带着，积淀之处，又仿佛江河中耸起的小洲。这些贵宦们平日里居于深宅大院，见惯了雕梁画檐，一旦有机会与大自然(禁苑往往依自然山水而建)亲近，心情当然欢畅。他们过树穿花，耳际有莺韵的流鸣(虽然"欲断"未断)，脸畔吹拂煦和的风。诗人状"春风"之态而下一"流"字，正是抓住了春风吹面不寒、轻柔如水的特征。而一个"复"字，更给人以亲热友好的感觉，好像久违的故人，又来到了你面前一样。这一组景象随诗人目力所及，自远而近写来，有听觉也有触觉，有层次又富动感，读来令人兴味盎然。

当同僚们还流连于"分流"绕"渡"、"堑水"回注的水边时，诗人已登上山头。山自然不高，下临一片淡蓝的湖水，清清亮亮的，宛如一面巨镜，云影投印其中，越发显得飘忽多姿；走下山去，来到湖畔，此刻晃动在水天中的，又多了刚才登过的青峦，和那濛濛的绿树——诗人展现云天、山树，偏从登高、近观中，借一片湖水映漾，便显得那样空灵清莹！接着人们又会聚在水榭边，面对旖旎如画的背景，观赏乐伎的轻歌妙舞。但对这歌舞场景，诗人却未作正面描述，大约是唯恐破坏了这春日曲水的美好韵致吧？他只在“舞馀”、“歌尽”之际，让你呼吸、倾听一下尚还留存在空气中的衣裾之“香”，和袅袅不绝的歌之余韵，便可引发你对此景象的多少动人回味和遐想了。《红楼梦》中有“宝鼎茶闲烟尚绿，幽窗棋罢指犹凉”之句，表现方式与此相近。不过一个重在描摹声情，一个重在创造意境，可以说是各臻其妙。

现在终于到了回车返驾的时候。这回返之途，依然充满了画意和诗情：碧绿的麦垄间，突然飞起一只五彩斑斓的大翚；接着又见两只白鹭，从长满菱藻的清潭朴楞楞飞出。一个“惊”字表明：它们之离开麦垄、清潭，原是受了返驾的车音所惊。但因此使诗人对春日的描摹，捕捉到了多么富于动态和色彩的一笔！读者还须注意的是，这一切又都在落日(“倾曦”)余晖的映照之中，当更有一种苍茫、缤纷的美感。澄鲜的空气、亲切的晚风，散发着淡淡的花香。诗人的帷车(幰)，就这样驾着“芳飙”轻疾前行；树叶上的露水，仿佛还舍不得游人的归去，时时随枝叶的摆动，多情地沾湿了人们的衣衫……

这首诗基调轻快，描绘春日曲水之景，颇具行云流水的轻盈之美；着色也淡雅清丽，毫无浮艳华靡之憾。作为一首表现禁苑赏春的闲暇之作，自有一股喜悦的意趣流淌其间。倘若不求其情志的深沉，则不失为一首写景的好诗。　（张　巍）

【作者小传】

颜之推

(531—590后)　字介，北齐琅邪临沂(今属山东)人。梁时，为湘东王萧绎(即梁元帝)幕府官，及绎称帝于江陵，任散骑常侍。江陵陷，被西魏所俘。后逃入北齐，官至黄门侍郎、平原太守。北齐亡，入北周，仕至御史上士。隋文帝开皇年间，被太子召为学士，寻卒。事迹具《北齐书》卷四五及《北史》卷八三本传。有集三十卷，已佚。又著有《颜氏家训》二十卷传世。《先秦汉魏晋南北朝诗》辑得其诗及断句六首。

古意二首(其一)　　颜之推

十五好诗书，二十弹冠仕。楚王赐颜色，出入章华里。作赋凌屈原，读书夸左史。数从明月宴，或侍朝云祀。登山摘紫芝，泛江采绿芷。歌舞未终曲，风尘暗天起。吴师破九龙，秦兵割千里。狐兔穴宗庙，霜露沾朝市。璧入邯郸宫，剑去襄城水。未获殉陵墓，独生良足耻。悯悯思旧都，恻恻怀君子。白发窥明镜，忧伤没馀齿。

颜之推自称“生于乱世，长于戎马，流离播越，闻见已多”(《颜氏家训·慕贤》)。他初为湘东王萧绎常侍。萧绎破了侯景后即帝位为元帝，定都江陵，颜之推任散骑侍郎。不久，西魏执政宇文泰命于谨、宇文護等率步骑五万南侵江陵，城破，梁元帝被执处死。江陵男女十余万口，被掳北上，驱归关中，分赏西魏将士作奴婢。颜之推在这场动乱中，投奔北齐。这首诗便是颜之推追忆这段经历，表示对梁元帝的怀念和自己内心的伤感。

“十五好诗书，二十弹冠仕”，合了一句古语：“学而优则仕。”颜之推父亲颜勰，为湘东王萧绎镇西府谘议参军，“世善周官、左氏学”。颜之推“早传家业”，十二岁即参加萧绎亲自讲授庄老之学的讲筵，“还习礼传，博览群书，无不该洽”(见《北齐书·文苑传》)。十九岁他为湘东国右常侍，以军功，加镇西墨曹参军(见《观我生赋》自注)。这里称十五、二十均为举其成数而言。“弹冠”言将入仕而拂去冠上的尘埃。出仕之后，受到梁元帝的赏识，经常出入元帝游赏之地。“楚王赐颜色，出入章华里。”梁元帝建都江陵，本是古楚之地，所以用楚王指代他。“赐颜色”意为受到青睐，得到赏识。“章华”即章华台，楚灵王所建，“在江陵东百余里，台形三角，高十丈余，亦名三休台”。这里用章华台泛指梁元帝游乐观赏之地。“出入章华里”是“楚王赐颜色”的具体化。接着用铺叙的手法，从“作赋凌屈原”到“泛江采绿芷”，形象地表现自己凭借学识文章，备受宠幸。颜之推颇有文采，写了《观我生赋》，追忆自己一生坎坷经历，反映了所处时代的历史变迁，与庾信的《哀江南赋》堪称双璧。诗中说“作赋凌屈原”，反映了这种情况，但不免有夸大的一面。“读书夸左史”是表示学识渊博。《左传·昭公十二年》：左史倚相“能读三坟五典八索九丘”。他与左史倚相并驾齐驱，当然是学富五车了。凭借学识与文采，“数从明月宴，或侍朝云祀”。梁元帝建有明月楼，是经常宴饮之所。这句也可解释为常从月夜之宴。“朝云祀”即祭祀朝云神女。据宋玉《高唐赋》，楚襄王游高唐，梦见巫山神女。神女自云：“朝为行云，暮为行雨，朝朝暮暮，阳台之下。”襄王为之立庙，号曰“朝云”。“或侍朝云祀”还包含着陪伴君王作高唐之游的意思。“登山摘紫芝，泛江采绿芷。”“紫芝”，灵芝。张衡《思玄赋》：“留瀛洲而采芝兮,聊且以乎长生。""绿芷",碧绿的芳草。吴均《与柳恽相赠答》:"黄鹂飞上苑,绿芷出汀洲。"摘紫芝、采绿芷,悠闲、高雅,又有追求神仙境界的情趣。陪宴、侍祀、登山摘紫芝、临水采绿芷,都写得极富诗意。"明月宴",情意盎然,"朝云祀"充满浪漫主义气息,对出尘拔俗的神仙境界的向往,体现清高与超脱。既有君臣相知相得的一面,又有张扬诗人品格的一面。虽然,实质上,颜之推只是文学侍从之臣罢了。

正当歌舞升平、尽情游乐的时候,"风尘暗天起"。萧绎曾向西魏称臣,即帝位后不再称臣,于是西魏大军进攻江陵。"风尘"正是指西魏对梁元帝发动的一场战争。西魏军队南下,势如破竹,诗人含蓄地称之为"吴师破九龙,秦兵割千里"。如吴王阖闾伐楚,如秦国割取楚国千里之地。《淮南子·泰族》:阖闾伐楚,"破九龙之钟"。高诱注云:"楚为九龙之簴以悬钟也。"九龙之钟即为楚国的象征。"覆巢之下,焉有完卵。"江陵城破,"狐兔穴宗庙,霜露沾朝市"。宗庙废墟,狐兔穴其中;霜露沾湿,变朝而易市。宫廷中的宝物,或者被劫掠到北方,或者是不知去向。"璧入邯郸宫",以楚之和氏璧为赵惠文王所得喻前者。"剑去襄城北",以张华所得宝剑,在他死后飞入襄城水中喻后者。西魏入侵,导致梁元帝顷刻覆亡,社稷毁弃,生灵涂炭,客观上暴露了梁元帝的腐朽没落,不堪一击。虽然,诗人是以"黍离之悲"来表达的。这里多用典故,从表达上说,含蓄。从政治上看,是作者身居北齐,生怕直言带来祸患的缘故。

在剧烈的政治变动中,颜之推到了北齐。他痛定思痛,深感内疚,"未获殉陵墓,独生良足耻"。除了封建忠君思想外,还由于对元帝知己之恩的感发。"小臣耻其独死,实有愧于胡颜。"(《观我生赋》)因此,他身居异域,终日愁思,怀念旧都江陵;内心悲痛,思想元帝萧绎。"悯悯思旧都,恻恻怀君子。"结末"白发窥明镜,忧伤没馀齿"。窥视明镜,白发丛生,正是"悯悯""恻恻"的结果。展望今后,忧伤一世,终其余年。忧伤时间之长,忧伤感情之切,溢于言表。"白发""馀齿",与"十五好诗书"相呼应,构成全诗的反差,欢乐与忧伤的悬殊。诗篇成为作者一生的总结,反映了特定的历史变化,内涵丰富,容量很大。　(吴　锦)

【作者小传】

冯小怜

北齐后主高纬淑妃。北齐亡,被北周武帝赐予代王宇文达。北周末,达遇害,又被隋文帝赐予达妻兄李询,为询母逼死。事迹具《北史》卷一四本传。《北史》存其诗一首。

感琵琶弦　　冯小怜

虽蒙今日宠，犹忆昔时怜。
欲知心断绝，应看膝上弦。

是亡国祸水还是绝世尤物的争论，就留给史学家了；“玉体横陈”的香艳场景，也让给骚人墨客去津津乐道了。这一切都过去了。如今的小怜，已不是北齐后主那位工歌舞、善琵琶、宠压六宫的冯淑妃了，她只是亡国之余，作为北周武帝的一件奖品，奖给好文节俭不好色的皇弟代王宇文达了。至于她的姿貌，虽说还足可博得代王的宠嬖，但据着同样不好色的周武帝的“一老妪”之评，想来也已是徐娘半老了。永别了奢华竞陈的邺都旧宫，屈就到食无兼膳的代王府第，往昔与至尊同席并马的宠妃，降为替藩王伺候巾栉的侍妾，这，就是本诗的背景了。

本诗据《北史・后妃传》，是小怜因弹琵琶弦断而作的。一般是独奏琵琶，冷冷清清的代王座前，哪比得歌吹沸天的齐主后宫？一般是带笑而听，这位忧道不忧贫的书呆子王爷，又哪及那个善解音律的风流天子？所以可想而知那断弦的缘故，若不是因为旧时光景蓦然涌来而心下酸楚，便是因为突感眼前并非知音而指法大乱。要不然，她怎会一受断弦之惊，“虽蒙今日宠，犹忆昔时怜”二句便脱口而出？代王的宠幸未始不甚，这史书里也有明文，但新恩虽厚，到底不比旧义难忘，更不必说宠妾究竟不可与宠妃并论了。帝王与后妃有无真实爱意，这个争论太无味了，本文可不想卷入。只是平心而论，那风流天子既然将她爱怜得浑忘了祖宗江山，她若一旦琵琶别抱就将他置之脑后，那也不是有人心肝者之所为，更何况从被掳到长安，他们还有一段患难日子呢！所以，说这两句是小怜的至情流露，当属无可置疑的事。不过，单凭这质直的两句还不成诗，单有至情流露还不算小怜的全貌。小怜的敏捷，小怜的慧质，全在后两句“欲知心断绝，应看膝上弦”上体现。膝上弦子才断，便即联想到心之凄绝，这份敏捷还不值得惊叹么？心弦无形，虽已折而难具说，如今化为有形之琴弦，非但可睹可辨，而且可感可伤：若不是夙具慧质，瞬息间又何来这等巧喻？此时再回思前二句，读者既知小怜失去旧欢便心如死灰，则自能推知新恩于她已全无意趣。有这二句，“今日宠”与“旧时怜”便顿生天壤之别，而一“忆”字也分量大增——这可是无日无之的耿耿思念！弦断多因陡然音高，这二句感情骤然强烈，无怪乎诗到此也就戛然而止了！

“女祸”、“尤物”只是外加之名，安能评定人之有情无情？虽是被辗转于男子

之手的小怜，却也未始没有不泯的初情——尽管因为这初情是钟于一代昏君，未免被人指点怀疑到今。（沈维藩）

【作者小传】

宗　懔

字元懔，北周南阳涅阳（今河南邓州东北）人。梁时，为湘东王萧绎（即梁元帝）幕府官，及绎称帝，封信安县侯，累官吏部尚书。江陵陷落后，入西魏。北周初，拜车骑大将军、仪同三司，北周武帝保定（561—565）年间卒，年六十四。事迹具《周书》卷四二本传，又附见《梁书》卷四一《王规传》后。有集十二卷，已佚，又著有《荆楚岁时记》传世。《艺文类聚》存其诗四首。

早春　　宗　懔

昨暝春风起，今朝春气来。
莺鸣一两啭，花树数重开。
散粉成初蝶，剪彩作新梅。
游客伤千里，无暇上高台。

这首优美的早春之曲，出于《荆楚岁时记》作者宗懔的手笔。宗懔初仕梁，后入北周。诗篇虽然犹带齐梁锦色，但却缘情而发，思致清新，深沉宛转，已异于当时南方盛行的绮靡轻巧诗风。

全篇紧扣早春着笔，以诗人特具的敏锐感受力捕捉新春气息，谱入清词丽句。“昨暝春风起，今朝春气来。”昨暝，即昨晚。诗的起始，写昨日暝色方临，春风乍起，一夜之间，春色已来天地。这还只是泛叙，不见出奇。读到第二联感到有点意思了，“莺鸣一两啭，花树数重开”。类似这样的季节转换的意象，在先有谢灵运的“池塘生春草，园柳变鸣禽”，在后有杜甫的“两个黄鹂鸣翠柳”，等等。比起来宗懔的句子不及大谢的出语天然、老杜的敷彩明丽，但这一联却是朴中见巧，虽为平行的对句，而上下句又含有因果关系，有似后来的“流水对”。由于第一声春莺巧啭，催开了郊原数重花树。鸣啭一两声的黄莺，这里起了催花使者的作用；“数重”与“一两”，在量的多少上也有意夸大，构成反差。联系上联的一夜春风，便可体会这种诗句与辛幼安“东风夜放花千树”（《青玉案》）属同一笔法。

更有特色的图景，是第五、六句："散粉成初蝶，剪彩作新梅。"熟谙荆楚岁时习俗的作者，给我们描摹了一幅新春风俗画。画面上出现了初蝶、新梅，这就未免令人疑真疑幻，特别那散落新粉的初飞蛱蝶，栩栩穿花，真蝶呢，还是彩蝶？"剪彩"句写得明朗一些，那是彩花。按《事物纪原·岁时风俗·彩花》："《实录》曰：晋惠帝令宫人插五色通草花；汉王符《潜夫论》已讥花采之费；晋新野君传家以剪花为业，有染绢为芙蓉、捻蜡为菱藕、剪梅若生之事。按此则是花朵起于汉、剪彩起于晋矣。"又据宗懔《荆楚岁时记》："立春之日，悉剪彩为燕戴之，贴宜春二字。""散粉成初蝶"，亦无非剪彩制成之翩翩蝴蝶也。彩胜（亦作"华胜"、"幡胜"，以绢、纸制作动植物或人形插于头上、花枝上以迎新春）之俗，本起源、流行于南方。然则作者咏写初蝶、新梅，亦未必实地摹写其望中所见，盖自身由南入北，春日在天涯，遐想怀思南方故里剪彩缤纷、镂银错落之迎春旧俗耳。只须读诗篇结句："游客伤千里，无暇上高台"，便恍然于作者何以会如此扑朔迷离，虚虚实实地隐约其辞了。山重水复，柳暗花明，"目极千里兮伤春心"，岂有闲情逸致，高台娱目！证之作者另一首《春望诗》："望望无萱草，忘忧竟不忘"，那种暮年萧瑟，有类庾子山的乡关之思，也就够使读者同情的了。

（顾复生）

【作者小传】

王　褒

（513？—576）　字子渊，北周琅邪临沂（今属山东）人。王规子。梁武帝时，为秘书郎，累迁安成太守，袭爵南昌县侯。侯景之乱起，湘东王萧绎（即梁元帝）承制，以褒为南平内史。及绎称帝于江陵，拜侍中，累迁吏部尚书、左仆射。江陵陷，入西魏，授车骑大将军、仪同三司。北周初，封石泉县子，加开府仪同三司，历官内史中大夫、太子少保、小司空，出为宜州刺史，北周武帝建德（572—577）年间卒于官，年六十四。事迹具《周书》卷四一及《北史》卷八三本传。褒本为梁宫体诗名家，入北朝后，诗风转为苍劲悲凉，名亚于庾信。有集二十一卷，已佚，明人辑有《王司空集》，《先秦汉魏晋南北朝诗》辑得其诗四十八首。

关 山 月　　　　王 褒

关山夜月明，秋色照孤城。
影亏同汉阵，轮满逐胡兵。

天寒光转白，风多晕自生。
寄言亭上吏，游客解鸡鸣。

“关山月”是乐府旧题。《乐府古题要解》云：“‘关山月’伤离别也。”文人以此题作歌辞，大多写士兵久戍不归和家人互伤别离的情景。王褒此作，虽难定其作于南朝抑或入北之后，然从三、四句以“汉阵”对“胡兵”来揣测，则大有可能为前者。全篇浸染着国运衰微，屡战不利，边关难守，风雨飘摇的忧患情绪和不祥征兆，尽管南朝诗人多作悲怆之语以使作品产生感荡人们心灵的情感力度，然而联系梁朝岌岌乎可危的政局，总感它字里行间透出一股凄凉，这大概就是“亡国之音哀以思”罢！

开首二句承的是“关山月”题意，仍从戍客守边出发绘写全诗。着重写了“关”、“月”、“秋”、“孤”四字。秋夜萧索、月光如水，渲染出征人悲冷伤感的心境，而茫茫关山、瑟瑟孤城，不但写出了凄寂，而且透露出战局之危殆，为下句的进一步绘写铺平了道路。

“影亏同汉阵，轮满逐胡兵”二句，从乐府古辞《出塞》中“阵如明月玄”脱化而来，自出新意，成为名句。它仍牢牢抓住“关山月”的“月”字，用象征的手法，暗示战事的艰绝。若直译起来，便是“汉阵与月影同亏，胡兵随月轮盛满”，敌胜我败已判，亡俘的命运注定。这意思正是上二句秋月萧瑟、孤城阴霾的气象的进一层描绘。其中，从“影亏”到“轮满”又揭示出时光流逝的动感，进一步使人想到那些士兵长期戍边，又无时无刻不在死亡的威胁下度着凄凉的时光。六朝诗人往往着意渲染战争的残酷乃至失败，以取得惊心动魄的悲剧效果，这种艺术手法被后人继承下来。如杜甫《出塞》诗中写“隔河见胡骑，倏忽数百群”，便是一例。

五、六二句，依然不脱离“月”字，是强调戍边士兵在月照下徘徊哀思的情景，是对前四句的照应。“天寒光转白”，以寒与白相衬，虚写一个“月”字；“风多晕自生”写云气飞动，风响不绝；月晕则象征着败亡之兆，虽是实写月亮，然而句句由征人眼中看出。此二句与三、四句联系紧密，映带一气，活脱地造出一种失败、感伤的气氛。

此诗的结尾二句较为独特。作者突然荡开一笔，写了“游客”。游客与征夫自不能同日而语。这是说，不但是身与其中的征夫充满着与家人生离死别、厌战失败的情绪，即使是匆匆过路的游客，也能看出败象的端倪来了。鸡鸣二字，为“风雨如晦，鸡鸣不已”的意思，说的是从此边关难守，多事无已。“寄言亭上吏，游客解鸡鸣”二句是说：请为游客们转告边庭的吏人，看到边关如此，他们更懂得“风雨如晦，鸡鸣不已”的典故，是什么含义了。“游客”，或者就是诗人的自况，在这里突然点出并不觉得突兀，倒有成功地收结全诗，深化题意的妙用。

这是一首极为成功的小诗。作为拟乐府古题之作，它表现得技艺纯熟，绝不逾越“关山月”约定俗成的内容范畴。甚至短短八句中，前六句反复写一个“月”字，通过一连串比喻、象征的手法，达到了深沉、冷隽、含蓄和以少胜多的目的。尤其是“影亏同汉阵，轮满逐胡兵”一联，巧妙地将两事写作一体，并由月缺月圆暗示时光的流逝。二句相互映带将征夫思乡之情，失败和感伤的氛围全面地塑造出来。

可以毫不夸张地说，人们只须读王褒这一首诗，便能信服他的精湛的艺术造诣，并惊诧南北朝时期的诗歌艺术技巧，已到了如此高深娴熟的地步！

（任家瑜）

高句丽　　王褒

萧萧易水生波，燕赵佳人自多。
倾杯覆盌漼漼，垂手奋袖娑娑。
不惜黄金散尽，只畏白日蹉跎。

这是一首六言乐府旧题诗。《通典》云：“高句丽，东夷之国也。”即今朝鲜及辽东一带。这大约是从高句丽传入的至少原来与之有关的一种乐曲。唐代李白也曾写过以《高句丽》为题的诗篇。

自建安以来，古人便将对人生短暂的忧惧作为恒常的文学主题。曹操《短歌行》旨在倾吐思贤如渴的心意，但下笔便是“对酒当歌，人生几何”的悲叹。生命的短暂使人产生两种看来似乎是相悖逆的人生意识，一种是英雄迟暮，功业不立的悲哀，另一种则是秉烛夜游、及时行乐的疯狂。王褒的《高句丽》尽管短小，却力意要包容这两种自古而来的复杂人生意识，因而读来便觉不同凡响。

“萧萧易水生波，燕赵佳人自多”这两句中的“易水”、“燕赵”都是地名，与“高句丽”的题目相呼应。首句暗用荆轲刺秦皇事，全由《易水歌》“风萧萧兮易水寒，壮士一去兮不复还”中翻出，顿然造成一种雄浑悲壮的气氛。行刺秦王不啻是轰轰烈烈，名垂青史的壮举；然而一旦施行，成功与否，荆轲断无生还之理。消灭血肉之躯，以博取精神永存，体现了古人对人生价值的看法，是对视死如归、舍生取义的刚猛精神的崇敬和赞美。第二句写“匕首斗篷”式人生的另一面——美人歌舞的场面。燕赵多佳人是自古的传闻。这里诗人用史实和传说，将人生最渴求的两方面揭示出来，用河水、地域的名称，巧妙地将它们同置于“高句丽”乐府古题之下，竟然使看来相悖的两种意识，如双翼齐展，连接得那么熨帖和吻合。

“倾杯覆盌漼漼”是承接“萧萧易水生波”而说的。漼漼，涕泪齐下的样子，是写英雄抱必死之心，诀别亲友踏上征程的悲壮场面。“垂手奋袖娑娑”是承接“燕赵佳人自多”而说的，娑娑是舞姿轻扬的意思。这两句，是对前二句的形象化的描绘和渲染。刚猛与轻柔并呈，悲怆与愉悦共存，体现了人生的变幻无常、哀感顽艳。

如果说前四句的“启”和“承”，在人生的两种意识中，还有割裂之嫌的话，那么“不惜黄金散尽，只畏白日蹉跎”，便是成功地进行了“转”和“合”。对人生短暂的恐惧，归根结底，矛盾的主要方面还不在任情享乐，而是害怕光阴虚掷，而无所立。因此第五句以“不惜”二字一转，鼓荡出任性侠肠的英雄气概，体现出对人生的不同凡俗的崇高追求；而“只畏”二字则吐露了执着的追求目标，可以说“白日蹉跎”四字是啃啮着英雄灵魂的洪水猛兽。全诗的意蕴因此而升腾起来，提萃出如天马行空般独往独来、雄豪任侠，无所羁绊的，自由的人生意识。

这首仅三十六字的小诗至少在三个方面给人留下深刻的印象。首先，在意蕴上显得极有力度。尽管其中有两句写到美人轻盈的歌舞，然而它正是深沉滞重的英雄气质的反衬。结句“只畏白日蹉跎”在层层铺垫之下显得气魄硕大，有穿云裂石之声。其次，此诗前四句，写两层意思，采用隔句相承的手法，是一种成功的尝试。诗人首先用地名将两层意思维系起来，到五、六句，才将平行的线索归结一处。手法奇特又天衣无缝，显得别有韵致。最后是通篇乐感极强。诗人利用六言诗的特点，通篇多采用双声叠韵字，读来音节婉转，响亮上口。这些都体现了我国诗歌接近于成熟的事实。

（任家瑜）

燕歌行　　王褒

初春丽景莺欲娇，桃花流水没河桥。蔷薇花开百重叶，杨柳拂地数千条。陇西将军号都护，楼兰校尉称嫖姚。自从昔别春燕分，经年一去不相闻。无复汉地关山月，唯有漠北蓟城云。淮南镜中明月影，流黄机上织成文。充国行军屡筑营，阳史讨虏陷平城。城下风多能却阵，沙中雪浅讵停兵？属国小妇犹年少，羽林轻骑数征行。遥闻陌头采桑曲，犹胜边地胡笳声。胡笳向暮使人泣，长望闺中空伫立。桃花落地杏花舒，桐生井底寒叶疏。试为来看上林雁，应有遥寄陇头书。

《燕歌行》，郭茂倩《乐府诗集》编入卷三十二《相和歌辞·平调曲》。燕，大略在今河北省北部及辽宁省西端一带，后泛指北方。相传此歌起自魏文帝曹丕，《乐府解题》称曹氏二首“言时序迁换，行役不归，妇人怨旷无所诉也”，后世所作大抵沿袭此意，王褒是作亦然。

据《周书·王褒传》，此诗作于梁，“妙尽关塞寒苦之状，元帝及诸文士并和之，而竞为凄切之词”；又说后来王褒等败亡入北，此诗则为诗谶云云。这当然是无稽之谈。梁代诗歌特别重视“感荡心灵”的艺术效果，因而边塞诗在这一时期出现兴盛的局面。这种诗常常并不以雄壮有力取胜，反以悲苦哀婉为主，为了达到这一目的，诗人常把边塞生活的艰苦和闺中的相思结合在一起来写，因而形成宫体风格与边塞内容的结合。同时，他们笔下的边塞，大多不是南北朝之间的分界，而是北国的边疆。这一方面是继承了古乐府的传统，同时也是借北疆的寒苦来强化诗中的哀怨之情。这实际是一种审美趣味的表现，同国运的否泰、诗人自身遭际的变迁，自然是毫无关系。

《燕歌行》是七言乐府，音节的跌宕错落，语调的舒缓疾徐，比五言诗更具艺术的表现力。开首四句，诗人以轻快舒缓的节奏，来讴歌早春景物，由清丽转向浓艳，象征着春光乍泄到春意盎然的整个时节：春桥水涨，莺鸣欲啭未啭之际；蔷薇吐葩，柳条青葱拂岸之时。碧水烟笼，乱红万点，身慵人懒，正是室妇思春的节候。作者“欲擒故纵”，先不提戍边之事，而是浓笔重彩地渲染自然景色，为全诗先作铺垫。这个方法极为成功，在《燕歌行》的其他名篇中所未见，集中体现了宫体诗的手法特征。紧接着，第五句笔意陡然一转，点出亲人远征的内容，使用典故、军职等，语调亦随即趋疾。这样就为“妇人旷怨无所诉”的主题，谱写下感情力度极强的前奏。“陇西将军”，说的是西汉名将李广，他是陇西成纪人，累立殊勋，匈奴为之闻风丧胆；“都护”是东汉、魏、晋时统率诸将的军事首领。第六句中，“楼兰”是汉时西域国名，在今新疆维吾尔自治区境内；“校尉”是汉代地位略次于将军的军职；“嫖姚”一作剽姚，出《史记·卫将军骠骑传》，原意为劲疾之貌。以上二句当然都非实指，说的是女主人公们的丈夫，一个个都是勇猛剽悍，惯于披坚执锐的将校。正因为如此，他们出征一别经年，而至今杳无音讯。下句的“春燕分”谓当初洒泪相别，也在初春时节。《诗经》云“燕燕于飞”，夫妻如同春燕，原当双栖双飞，却因征战北南相分，因而才引出一段旖旎伤感，缠绵悱恻的相思之情来。

前八句以下，诗歌所描述的，都是身居闺中的妇女，思念征战的亲人时的各种想象。

铁骑戍边，征马出塞，亲人们此时是看不见故国的明月、关山和一片浓浓的春色了。触目所见，该是大漠以北、蓟城一带的山峦风云吧。于是为思念所缠缭而无法入睡的妇女们，夤夜坐在织机前，要将淮南的溶溶月色，一片情思，织入黄颜色的轻绢中，遥寄远方的亲人。这里，诗人了无痕迹地借用了前秦窦滔妻苏氏织锦为璇玑图，以回文诗遥赠远出不归的丈夫的动人故事。在“流黄”即华美的丝绢上，妻子们织入了无限的担忧和关注：亲人为什么经年不归，音讯全无？或许像西汉的大将赵充国一样，在西北屯田戍边，因而滞留不还；还是像汉初的阳史，陷入匈奴的重围，而困于平城孤邑？那城下风暴弥天，飞石如蝗，连出外布阵都很艰难，又何论作战杀敌；荒漠沙丘上，一片皑皑白雪，可能在此安营扎寨？第十七句的“雪浅”，与前句的“风多”相对，指的是流沙上覆盖着雪层冰凌的严峻气候环境。

“属国”在汉代犹言边鄙之地。“属国小妇”以下六句，依然是闺中思妇的想象，意谓：边郡地区居民村落的年轻妇女们，在这种季节当正在戍边的骑士们往来出没的防地附近采摘桑叶。当将校们遥听到她们所唱的《采桑曲》，一定会激起对乡里、亲人的强烈思念，此时，那美妙的歌声想来要比凄厉的胡笳声，胜逾百倍。每到暮色低垂，苍穹暗淡的傍晚，那阴森得撕人心肺的笳声使人神色颓丧，黯然泣下。此刻夫婿一定伫立孤月之下，延颈翘首，怅然南望，思念着闺中的奴家吧。

最后四句仍然是思妇的心理活动，然而却照应篇首，是全诗的结尾。“桃花落地杏花舒，桐生井底寒叶疏”二句，又将笔意一转，回到景物节候中来。桃花落尽，杏花开放，这是季春时节，说明做妻子的，在漫长的春季中，无时不在思念戍边的丈夫。然而等待着，丈夫却依然信息全无，因此感觉自己如同一棵植于井底的孤桐，枝单叶疏，寂寞孤栖。然而她却依然强作镇定地自慰自勉，相信终有一天会得到亲人回归或殷勤问候的书信的。最后一联，作者连用了两个典故。“上林雁”出《汉书·李广苏武传》：汉室要招还苏武，汉使者诡称汉天子射猎上林，得雁，足有系帛书，言苏武等在某泽中。单于不得不遣还苏武。诗中言看上林雁，作等待书信解。“陇头书”出《荆州记》：吴地陆凯从江南寄给好友范晔一首诗云：“折梅逢驿使，寄与陇头人。江南无所有，聊寄一枝春”，因此它也作书信解。只是两者含意略有不同，前者是即将归来的佳音，后者是表达思乡怀念之情的。这个结尾余响不绝，有绕梁三日的艺术效果，与整首诗相配，可以说是恰到了好处。

宫体诗与边塞诗一般人总认为是绝不相干的，其实在开初它们有密切的血缘关系。这首《燕歌行》当然属于边塞题材，但作者特别花气力的，却在于描摹“孀闺泪尽”的妇女心态。坦率地说，并没有写出对战争严酷的真实体验，或者说，是有意通过妇女的想象，借助一系列历史故实，间接地表现战争的。因此，此诗就与宫体诗的距离更接近了。至于在艺术手法上，我们亦能发现这种倾向：作者在景物描绘上，故意选用华艳的字眼，浓丽的色泽和轻柔的事物；在句式中特别讲究对仗和用典，甚至不惜去凑合对偶句式；至于在七言诗中能于节奏中体现得那么流荡走动，可以说除庾信之外，他人皆不能望其项背。最突出的是王褒极擅长于描摹妇女的心理活动——尽管这种描摹不像有些宫体诗那样过于轻浮，但这一切毕竟与宫体诗的技巧很相似。

从整体来讲，王褒的《燕歌行》应该说是比较成功的。这是因为它曲尽其妙地展现了一个丈夫从戎，独守空房的军人妻子的复杂、细微的心理状况。尽管战争本身是诗人虚拟的，然而它仍是社会生活的高度概括，具有极强的真实性和艺术感染力。作为七言乐府，《燕歌行》对七言诗的形成和边塞诗的发展都有过贡献。从曹丕开始，到唐代高适写出他的“第一大篇”（近人赵熙评语）《燕歌行》，中间有两块引人瞩目的里程碑，那就是王褒的《燕歌行》和庾信的同名作品。

（张宗原）

赠周处士　　王 褒

我行无岁月，征马屡盘桓。崤曲三危岨，关重九折难。犹持汉使节，尚服楚臣冠。巢禽疑上幕，惊羽畏虚弹。飞蓬去不已，客思渐无端。壮志与时歇，生年随事阑。百龄悲促命，数刻念馀欢。云生陇坻黑，①桑疏蓟北寒。②鸟道无蹊径，清汉有波澜。思君化羽翮，要我铸金丹。

〔注〕 ① 陇坻：山的侧坡。《后汉书·郡国志》称：汉阳郡有大坂名陇坂。这里指大致方位，并非实指。 ② 蓟北：蓟古县名，在今北京西北。此泛指北方。

这首五言古诗，是江陵沦陷之后，王褒在被解送长安的途中，寄赠给江南故友周弘让的。弘让在梁代前朝，曾隐居于句容茅山，故称处士。此诗从内容上看，确是王褒入北时所作，而此时弘让在南方出仕，王褒之所以仍这样称呼对方，是表示对故旧之谊的珍视和对前朝的缅怀，这并不意味着此诗作于弘让隐居之时(庾信悼弘让之亡,有《和王少保(褒)遥伤周处士》一诗,可证)。全诗描写了作者北上时的情形和心境,表达了对乡土和亲友的无限思念。

此诗开头四句,写出被迫入北的无限忧思和惆怅。“我行无岁月,征马屡盘桓。”昔日宰臣,今朝战俘,征马一发,归期茫然,怎不令人愁绪万端!那胯下马匹,似也颇解人意,盘桓滞留,踯躅不去。“崤曲三危岨,关重九折难。”三、九,这里都是“多”的意思。长安位处秦地,崤山、函关,重迭阻厄,崎岖曲折,险绝难通。诗篇一开头,便道出了作者去国离乡时的低沉心绪和依依之情,而路途的险阻辽远,又使这种沉郁的心绪,更抹上了浓重的阴郁色调。

“犹持”以下四句,迭用四个典故,含蓄地向故友述说了时而强自镇静、时而犹疑恐栗的内心思想。“犹持汉使节,尚服楚臣冠。”汉代苏武被匈奴流放北海牧羊,还紧握着使者的符节;楚国的钟仪囚于晋狱,仍头戴故国的獬冠。这二句,点出了自己破亡贱俘的身份,又暗示了保持名节的意向。而这两个历史人物,最终都能重返故国,有较好的结局,作者此时说到他们,也隐含着能够生还故土、建立功业的梦想。“巢禽疑上幕,惊羽畏虚弹。”但劫后余生,余悸犹存,故覆巢之危,惊弓之畏,还时时徘徊心头,挥之不去。这两个典故分别出自《左传》和《战国策》,用在此时则格外贴切,传神地点出了作者此时生死未卜的惊惧。

再下四句,由含蓄用典,转入直抒胸臆。“飞蓬去不已,客思渐无端。”内心积压着种种忧思和恐惧,眼望着路途中不时扬起的飞蓬尘埃,万端悲凉中,诗人开启了记忆的闸门。他或许想到了自己显赫的父祖先人和华贵的门第,想到自己昔日顺畅的仕途和凌云壮志,然而现在这一切,都离他那么远了。“壮志与时歇,生年随事阑。”壮志与时消息,生命似乎也从此走向了衰竭。这四句是以上八句意蕴的延伸和深化,犹如泻出三峡的江水溶进了苍茫的天幕中,虽然节奏变缓了,那愁绪却变得浑浑涵涵,充斥天涯,无法汇拢。

“百龄悲促命,数刻念馀欢。”人生倏忽,即使活得到百岁高寿,也自会因时光的急逝而感到悲哀,何况自己的生命已在他人掌握之中,朝不夕保,危在旦夕。且将忧惧抛置一边,还是抓住片刻的时光,聊自寻欢吧。然而,在驱不散、赶不走的忧愁之下,还能看得出什么好风景:且看远处一带山麓的侧坡上,堆积着厚厚的层云,黑压压、阴森森,哪有一点儿韵致和生气;三棵、两棵的秋桑,孤零零、寒颤颤地散落在漫长的北方地平线上,行将脱尽了枯叶的枝杈凄凉孤寂,触目尽是!“云生陇坻黑,桑疏蓟北寒”二句景语,是苍凉悲哀的感情的宣泄,是作者现时境遇的人格化。画面色泽暗淡,但又开阔浑厚,确为神来之笔。

北国严寒,穷山恶水,黑云沉沉,令人窒息。然而,诗人的才情,却冲决了这重压，奋飞而起。“鸟道无蹊径，清汉有波澜。思君化羽翮，要我铸金丹。”那位被自己日夜思念的故友，突然化作黄鹤，飞掠无可攀登的鸟道，翱翔在天河的云海雾涛中，相要(邀)自己同去蓬岛仙山，炼那长生不老的仙丹妙药去了。多么奇丽的想象！虽然是逃遁无地的绝望之语，但它处在全诗的终了，却一扫前面的阴暗冷涩，使诗情顿然昂起，现出一丝光明。这四句自然而巧妙地点出诗题，遥应开首四句归途无期、关山阻扼之意，是成功而有力的结尾收束，是诗人才情的焕发。

王褒是梁朝宫体文学集团中著名的诗人，早年在诗歌的音韵、对仗、用典等诸方面，已具备了极为娴熟的技巧和相当高的造诣。在写作此诗时，他忧心久积，一旦打开心闸，便砰然奔泻。因此，此诗发端深沉低回，一腔苍凉伤感之情自然流露，忽迩忽遐，忽而浓聚，忽而播洒，无可遏止。在技巧上则一改南朝宫体作品的那种纤细柔弱、刻意求工的特点，突然变得意象自然阔大起来，用语则无意而自工，并无过分刻镂的痕迹。王褒到了长安，受到北方统治者的厚遇，虽然依旧羁旅客乡，归国无期，但高官厚禄，犹能聊以自慰。他于无可奈何中是否改变了甫入北时的初衷，这个问题实在太复杂，无法尽知就里。然而王褒写《赠周处士》时流露的思想情感，应当说是十分真率的。因此，此诗应当与《渡河北》等名篇一起，成为他的诗歌的代表作品之一。 (张宗原)

咏 雁 王 褒

伺潮闻曙响，妒垄有春翚。
岂若云中雁，秋时塞外归。
河长犹可涉，海阔故难飞。
霜多声转急，风疏行屡稀。
园池若可至，不复怯虞机。

这是一首咏物诗，作者借咏雁表现自己在流寓异域中对故国的思念。

“伺潮闻曙响，妒垄有春翚。”在首联中，诗人并没有急着去写雁，而是从“伺潮”和“春翚”写起。“伺潮”谓伺潮鸡，在海中山上，每潮水将至，辄鸣相应，若家鸡司晨，所以是“闻曙响。”“翚”：即五彩羽毛的野鸡。《尔雅·释鸟》中写道：“伊洛而南，素质，五彩皆备，成章，曰翚。”“妒垄”一作“柘垄”。“柘”：灌木。翚这种野鸡平时生活、栖息一般都在灌木丛中或田埂里。所以是“妒垄有春翚”。

诗人咏雁为什么要从伺潮鸡和翚写起？联系下联中的“岂若”两字，便可领会诗人的意图。伺潮鸡是“潮水上则鸣”，过着昼起夕伏的安定生活，翚也有自己的小天地，哪里像大雁，到了秋天，要从千万里外，历尽艰辛，才能回到南方。动物都有自己的习性，本来谈不上谁优谁劣。只是当诗人看到来去匆匆的大雁，想到它们没有一个安定的生活环境，不由地便产生了一种怜悯之心。“河长犹可涉，海阔故难飞。”即使是雁这种每年南来北往的飞禽，也会碰到难题：河流虽长，总还可以涉过；但想飞越宽阔的湖泊，却是千难万难。古时常称较大的湖泊为海，故这里的“海”应理解为湖泊。故，毕竟，着此一字，益见诗人心理的沉重。这两句说的还是雁，但已潜伏了诗人的身世感慨。“河”和“海”都是暗指，河流象征回家路上的自然阻碍，湖泊则是指阻隔他回归故乡的人为原因。如果自然界的山川还能跋涉而过的话，那么，人为造成的“湖泊”，则使他只能遥对故乡，望洋兴叹。他的怜雁，也是自怜；最好能像伺潮鸡那样，“潮水上则鸣”，生活安定；或能像翚那样，可以专心致志地营建自己的巢穴。即使不得已为大雁，至少还有个明确的生活变化日程，而自己呢？却只能滞留一方，连雁也不如！

“霜多声转急，风疏行屡稀”，这两句笔法一变，展开了一幅灰暗的画面：深秋季节，浓霜满地，天空中，大雁的行迹越来越少。但还不算，在如此沉重的环境气氛中，又飘荡着大雁一声又一声凄厉的急叫声，更使诗人心烦意乱。大雁也快都飞走了，“那么我呢?”恐怕是比大雁更急切，因为大雁叫声虽急，但一叫即可飞走，而诗人想走却不能走，只能干着急。一个“急”字，把诗人此时此刻这种欲走不能的心情，表现得何等的明白！

既然回乡无望，无可奈何之余，诗人只能退一步想想该怎么在异土保护自己，于是就有了最后一联：“园池若可至，不复怯虞机。”“园池”：有田园之意。《史记·王翦传》中写道：王翦率六十万大军伐楚，秦始皇亲自送到灞上，王翦临行前，请求赐给“美田宅园池”。“虞”指虞人，古代掌山林之官；“机”指弩箭上的发动机关。“园池”和“虞机”在这里都是暗指，前者自然是故乡的代称，后者则是回乡途中可能遭到的麻烦。看来诗人有些害怕了。故乡若真的终可回归，那当然要赶赴回去，哪怕归途有千难万险；只怕非但回不去，还在半途中了冷箭，死于非难。据史载，陈、周通好后，陈朝请求放回滞北的南人，但周对王褒、庾信都留而不遣。在此背景下，王褒若执意要回，北周君主赫然一怒，不是徒然自讨苦吃？这最后二句，既流露出诗人的胆怯，同时又使人深深感到那“虞人”——封建统治者随意剥夺人自由的淫威。生活在这种淫威下的战战兢兢的诗人，写下这首战战兢兢的诗，这怎不令人为之同情万分呢？

本诗全用比体，而句句符合诗人的身份，人亦雁，雁亦人，浑然难分，诗人的笔力实令人赞叹不已。“霜多”一联，对仗工稳，意象深远，尤是不可多得的佳句。

（任家瑜）

送刘中书葬　　王 褒

昔别伤南浦，今归去北邙。①
书生空托梦，久客每思乡。
塞近边云黑，尘昏野日黄。
陵谷俄迁变，松柏易荒凉。
题铭无复迹，何处验龟长。

〔注〕① 南浦：水名，在今湖北武昌区南三里。此泛指送别之地。北邙：山名，在洛阳城东北，东汉及魏的王侯公卿多葬于此。

这是王褒入长安后，为与自己同时成为西魏战俘的同僚、故旧刘瑴送葬而撰写的悼诗。

刘瑴在《梁书》和《南史》中并有简传，而于《魏书》、《周书》或《北史》等史书中并不见载。《南史·刘瑴传》称其字仲宝，“形貌短小，儒雅博洽，善辞翰，随湘东王在藩十余年，宠寄甚深。当时文檄皆其所为。位吏部尚书、国子祭酒。魏克江陵，入长安”。湘东王是梁元帝萧绎做藩王时的封号，可见刘瑴是萧绎一贯信用的老臣。《梁书》说他曾任湘东王记室参军、中军记室等职，这便是诗题中“中书”二字的来历。王褒以“中书”而不以其在梁时所任最高官职称之，其中颇有深意。因王褒与刘瑴，均是萧绎多年的密友和文学同好，他们这种关系，主要是在萧绎任湘东王时建立的。此时，萧绎久已死于魏人之手，刘瑴又丧身异乡，自然使王褒想起他们往日宴游赋诗、竞奇斗新的岁月。岁月倏忽，国破人亡，往事不堪回首，却偏偏难以忘怀，所以刘氏后来的官位，反而显得不重要了。刘瑴本为南朝重臣，入北后形迹，为史书所缺载，由此诗看来，他是死在西魏的国都长安了。无意中补史缺载，这于对历史有兴趣的读者，恐怕也是一种意外的收获。

诗篇开首二句，以“南浦”对“北邙”，选取了诗人昔日送别、今日诀别刘瑴的伤感悲痛的场面。据史传互见的情况推算，刘瑴大约是在梁武帝大同（535—546）初年出任湘东王记室参军的，那时王褒解褐入仕不久，才二十出头。“昔别伤南浦”正是指他依依不舍地送刘瑴登舟西去江陵，赴湘东王记室参军任时的情景。南浦和北邙，在这里都非实指，而是用典。自从屈原在《九歌》中写出“子交手兮东行，送美人兮南浦”的佳句后，历代文人如陆机、陆云、谢朓、江淹，都沿用“香草美人”的比兴手法，将送友南浦比作最难舍、最伤感的挚友惜别。北邙山地处洛阳城边，是东汉王侯公卿的聚葬地；“归去北邙”的表面意义，自然是指刘氏的亡故。但再深一层地发掘，“北邙”在某种意义上还是中原文化和历史的象征。但自晋末丧乱，整个北方都成了异族的治域，因此，作者以北邙虚拟刘氏葬所，其实意不在言葬得其所，而是叹其死不得归，别有一种深沉痛切的滋味在心头。作为梁朝重臣，非但无力佐君王北收失地，反而兵败国亡，拘囚死于沦亡的北土，这正是国家破亡后个人的悲剧命运。诗人在写这二句诗句时，是将自己的悲剧命运也注入其间的，它们不但概括作者和死者多年的交往，共同的遭遇，又蕴含了深沉的历史感，故痛之弥深，哀之弥切。

这种痛切的感情不止于悲肠寸磔，而且一至精神恍惚的田地。自得刘瑴死讯以来，作者每每梦见故人与自己倾诉衷肠，讲述客居异地太久，思乡之念难忍，那举措音容，一如生前，而醒来之时，方忆得此君已作古人。在茫然若失之余，思想自己乃一介书生，亡灵来托，毕竟无能为力，不禁神色黯然。三、四两句，作者以更为实际的感受，来渲染痛失故友的悲哀，并进一步点明了刘瑴的身亡与国家败亡的关系，意下谓身陷异地的自己，对故友的客死他乡，更有一层兔死狐悲，物伤其类的不可名状的感情在其中。

这种感情，一经牵动，便膨胀起来，变得无边无涯，像沉重的铅块压得诗人喘不过气来。请看那近边塞处，西北角上，浑浑涵涵，奔涌翻卷的黑云；请看那飞尘弥漫，北风呼啸的坟山旷野，连那阳光也被遮掩得变成一片惨黄。从写情到写景，从描摹心情到具体写送葬，形式上似乎跳跃，内容上却联系得非常紧密。五、六两句既是点题，又是承接和过渡，同时还是以景语说情语的神来之笔。这组对句就好似一幅巨大的油画：它的色调是阴霾、低沉的，不论是天空和骄日；它的线条是凝重滞涩的，不论是云层和旷野；然而它的画面却异常的开阔，似乎它的作者被一种冰冷的绝望凝结着、压抑着、窒息着，因而贪婪地渴求着喘息的心理空间。从语言的机巧来说，它的对仗是那样自然工稳，无论是天地玄黄、边云野日，都自动地在王褒的诗中寻求最佳的位置，以便两相呼应，而这种搭配因了作者语言表达力的高度娴熟，竟能使初读者浑然不觉，反复咀嚼方大悟称奇。

刘瑴颇具政治才干。《梁书》称，梁元帝即位江陵讨伐侯景时，政治文牍如书、檄等文字，尽出其手。可以说梁代从中兴走向末路的过程中，他正是历史的见证人。他的死，不能不勾起王褒的沉痛回忆。高岸为谷，深谷为陵，政治风云的瞬息巨变，短短的几年中，竟使复兴未久的梁朝，在西魏的兵刃下土崩瓦解，至今使诗人想来，犹惊憾不已。第七、第八句，诗人用双关的语言，一方面向结句过渡，一方面隐含比兴手法，以大自然中沧海桑田的变化和松柏的凋亡来比喻梁朝的兴衰和一代政治人物的生死。这一切政治上的急剧变故，王褒亦亲历身受，至今想来都成了过眼烟云，痛心之余，也只有喟然长叹而已了！

然而大自然呢？尽管沧桑之变非一日之事，但年复一年终究会面目全非。因此作者又将诗思归结到客死异乡，成为孤冢野鬼的死者身上。终有一天，刘毅的坟茔会被朔风削平，甚至连墓前的碑铭都会被风雨侵剥得痕迹全无的，因为这毕竟是一座客死异乡的无主孤坟呵。既然如此，又何必祈求神助，到哪儿去择吉地而葬呢？结尾二句，与其说是作者对死者表示凄凉哀悯，倒毋宁说是对自己的晚年和前景感到绝望、寒心。“龟长”之典出《左传》僖公四年：“初，晋献公欲以骊姬为夫人，卜之，不吉；筮之，吉。公曰：‘从筮。’卜人曰‘筮短龟长，不如从长。’”卜，是用龟甲卜卦；筮，是用蓍草占卦。古人往往验卜、筮卦体的凶吉来处理婚丧大事。“何处验龟长”指的是刘毅羁旅以死，不能葬在家乡，故一切只能草草了事。送葬诗原不该这么说，因为作者自己虽然活着，想到将来也必然是这种结局，便不可遏止地表达了这种物伤其类的凄寂伤感之情。

毫无疑问，王褒入北后的诗歌，绝无无病呻吟之作，而善于表达内心深层的情感，具有极强的感染力量，这与政治的变故和个人的遭遇有关；至于诗中画面变得更为开阔，景物变得凝重持沉，恐怕亦得之于江山之助。说到此诗在艺术技巧上的最突出之处，恐怕还是它的格局。它一直以一种流动变幻的思绪来构成整首送葬诗，尽管它丝毫没有提及送葬的人们及具体情况，只是偶一暗示，便与“送葬”的诗题产生不脱不粘的艺术效果。作者正是行进在送葬的人群中，一路走一路思索、回忆的，这在后世西方的艺术手法中，称为“意识流”。这种方法将情与景交融在一起，把作者和死者的经历交织起来，再加上用典、对偶等传统的艺术手法使用得了无痕迹，便大大增强了诗歌的内涵、深度和力度。

（张宗原）

送别裴仪同　　王 褒

河桥望行旅，长亭送故人。
沙飞似军幕，蓬卷若车轮。
边衣苦霜雪，愁貌损风尘。
行路皆兄弟，千里念相亲。

裴氏生卒年代、生平事迹不详，或为王褒仕北周时的同僚。"仪同"官名。按诗意观之，当是裴氏衔命，到北方任职，王褒与之交谊颇深，故相送赠诗以别。

此诗开首二句，以"行旅"与"故人"对举。"河桥望行旅"，当指与裴氏一起站在河流的浮桥上，遥望着两岸来来往往的行人游子。河桥一定较高，河流两岸一定开阔；登高以望远，遂觉一片离别的凄凉、萧索之意。行旅，指旅人，由此过渡到"故人"，亦即裴氏。古代驿路，十里一长亭，五里一短亭，以备行者稍事休憩，送者置酒与别。这些都写送别裴氏时的具体情形。依依难舍，相送驿路长亭，又为其瞻望前程，则关切之深自然可见。因此，这两句十字，看看平常，似不经意道出，其实却是经过精心选择安排的。

三、四句，诗人选取北国特有的、富有典型意义的气候物象——飞沙和卷蓬，用颇似电影中平行蒙太奇的特写镜头，将其组接起来。这是写景，是用呼啸飞动着的、铺天盖地而来的、色调极为灰冷的自然景观，衬托出离别的阴郁主题，是篇首二句中点出的惆怅、萧索的情绪的延伸和加剧；但这两句诗又不仅是写景，景物还被用来作为比喻，引起新的联想。由于同一物象被赋予了双重内容，诗意直接从眼前转进到未来，不用一点字面上的过渡，这种勾连手段极其高妙。沙子何以像军幕呢？因为它"飞"动着，连成一片，如同绵绵的军帐；蓬草又同车轮何干？因为它在风中"卷"动，好似车轮在旷野上疾驰。但之所以产生这样的联想，乃是因为诗人关心着友人别后的生活。那么，再进一层说，飞沙、转蓬，又何尝只是比喻？飞沙也象征着军旅生活的多变和不安，转蓬也象征着羁旅者的命运，为外界的力量所支配。诗人"把两种渺不相关的、毫不相似的东西，出人意外地结合在一起"（黑格尔《美学》），同时又把主观的意念与感情，注入于"客观对应物"（英国诗人艾略特《论哈姆雷特》），便使眼前的景物，有了无限含义，获得耐人寻味的艺术效果。

第五、六句承接上面两句，又展开进一步的想象。"边衣"即战袍，与"愁貌"相对，设想裴氏在自然气候恶劣、生活条件严酷的凄清冷寂的北边的苦况。两句的意思是说："你身披冰凉的战袍，在雪积冰封的边地将受尽冻寒之苦；你的忧愁寡欢的容颜，将在风霜尘埃里日渐憔悴衰老。"表面上讲边塞军旅生活的寒苦，其实仍是强调诗人对裴氏的关切之殷。虽是主观悬拟之词，但使人读之，仍可感受到其中挹之不尽的深情。

最后两句，诗人的笔锋骤然一转，不但径直收煞到送别的正题上，与开头两句呼应照顾，而且顺势点出新意，向对方袒露了所以伤感不置的深层底蕴。"行路皆兄弟"说的是羁旅客乡的人同病相怜，故最为了解，自当相濡以沫，情如兄弟。诗人既然只是送裴氏戍边,并非自己离开长安,为什么还要这样说呢?这是因为王褒本为南朝旧臣,即使宦仕长安,毕竟不能摆脱羁旅之感,而魂系故国。既然他与裴氏友情深挚,那么平时交游中必然不止一次地向对方披露过思国怀乡的拳拳之念。因此,即使用五个字微微点出,对于裴氏也无疑是“破壁而飞”。“千里念相亲”,是说既然人同此心,心同此理,再加上挚友情谊,那就让我们在千里之遥相互思念,保持那人世间最珍贵的友情吧!

《送别裴仪同》确实是一首饱含深情、亲切近人的赠别诗。其用语洗尽铅华,朴质而略无矫饰;写景则凝重阔大,苍凉压抑,一派阳刚之气。题材虽不关于故国之念,然而飞沙、卷蓬、风尘、霜雪,触处皆连着郁郁身世,牵着乡关之情,正如明人张溥所说,诗人“外縻周爵,而情寄风土”,创痛不愈,“伤心久矣”!(《王司空集题辞》)

(张宗原)

渡河北　　王褒

秋风吹木叶,还似洞庭波。
常山临代郡,亭障绕黄河。
心悲异方乐,肠断陇头歌。
薄暮临征马,失道北山阿。

本诗写作年代不详,从诗的内容看,应是王褒在北朝时的中期作品。盖王褒在江陵被俘后,即直送长安,无须渡黄河,而他初仕北朝时,一则心腹难知,二则北朝皇帝爱其文才,所以大约不会被派到黄河以北去;但若是在晚期,其时北方齐、周二国东西对峙的局面已结束,黄河上也不宜有许多“亭障”(古代边塞上用以防守的堡垒)。王褒本是南朝宫体名家,入北后诗风大变,转为沉郁悲凉,这首《渡河北》便是体现这种风格的代表作。

诗一起调即不同凡响。“秋风吹木叶,还似洞庭波。”北国深秋,树木凋零,骤然间烈烈西风吹起,那满地落叶随即就着地而起,飘飏飞舞。半个天空,惟见黄叶在大风中翻滚、卷动,犹如洞庭的千顷湖水在奔腾着涌向长江、万层波浪在咆哮着扑向空中——这是何等壮观的景象!“帝子降兮北渚,目渺渺兮愁予。嫋嫋兮秋风,洞庭波兮木叶下。”这本是《九歌·湘夫人》中令人叹为观止的名句,不料诗人居然将“洞庭波”与“木叶下”联想成一物,还能更翻出一层新意!诗人写秋风落叶,既不限以区区庭内、砌前,亦不限以寻常山边、水畔,而是置于首句、劈头而来,令人一读上口,但感莽莽秋风,无所无之,翩翩落叶,弥望皆是,因而不觉耸然动容；即使“渡河北”之题可勉强为限，但大河上下，惟见秋叶波涌，惟觉秋意萧瑟，这番境界，也依然极为壮阔。贾岛的《忆江上吴处士》，虽全篇未佳，但得句“秋风吹渭水，落叶满长安”，便为千古传诵；本诗有句如此，焉可不谓之名作？连沈德潜老夫子，也在《古诗源》里欣然运笔，赞上了一句“起调甚高”。其实，这二句远远地从南方借来“洞庭”，则诗人故国之思，会心读者自可体味，措词既取自《湘夫人》，则虽不着“愁”字，诗人的一腔秋愁，已隐隐可见，而读者看到下文“心悲”二句，也不致顿觉突兀；至于那一去不回的落叶象征何者，更不待笔者赘言——首联之妙，又岂止一端？

“常山临代郡，亭障绕黄河。”读此二句，始知诗人此番渡河北上，乃往河东（今山西）——地点交代置于次联，用笔全不平铺。常山，即北岳恒山；代郡，今山西北部。恒山高，故下“临”代郡；大河上最多壁垒，故看起来直如一条长线，紧傍着黄河，一起伸向远方。常山、代郡与黄河，相去数百里，自非凡人目力所能遍及，然而诗人自有其恢恢胸襟，故不必登高望远而山河自小。区区二句十字之间，连出三地名，河东形胜，一举笼括，如在指点之中；且一个“临”字，现出高下之形，一个“绕”字，状出蜿蜒之势，虽是凝静的山川，在诗人笔下却姿态生动、绝无凝滞。这是何等大气包举、举重若轻的笔力！二句所造境界的阔大程度，丝毫不逊于首联。

首联的秋风落叶，已透出气候、环境的肃杀了，次联的边塞、亭障，又透出了沙场、兵戎的杀气；诗蓄势至此，一个“悲”字呼之欲出。“心悲异方乐，肠断陇头歌。”《陇头歌》是梁代乐府曲名，但此处用来只是为了对仗，故理解上似不必太拘泥，可径视作北方边塞歌曲的代称。诗人直呼河东——其实也是整个北方——为“异方”（若考虑到前一句实化自李陵《答苏武书》的“异方之乐，秖令人悲”，考虑到北方正在鲜卑人统治之下，则这个“异方”，还含有夷狄之地的意思），闻其歌乐而悲哀至于肠断，于是诗的主题遂豁然明显，诗人有乡难归、客居异土的一腔悲怀，终于吐露了。

然而，诗人心虽然不甘归化异方，身却已经屈仕异邦，在那个时代，这便是一失足而成千古恨的“失节”。失节既已无可挽回，悲哀又何济于事？况且失节也是自己的选择，如今的一切均是自做自受，又有什么理由悲哀？于是这悲哀才吐出口，又只得赶紧咽回肚里。“薄暮临征马，失道北山阿。”字面上不再说“悲”了，似乎又转向叙事。失道，即迷路。黄昏了，该找归宿了，然而，在北方崇山乱冈之下，诗人却迷失了方向，他立马踟蹰，四顾徘徊。一个异乡羁客在凄凉暮色映衬下举目茫然、莫知所适的背影，就这样留给了读者。诗似乎还没有完，那失道者结局如何？他能找到出路吗？还是终将被沉沉黑夜所吞没？诗人没有说，他自己也说不出。这是山路上的迷路吗？当然不，这正是人生的迷路！诗就这么顿住了，可以想见，诗人的心情是多么悲凉，多么沉重。何谓沉郁？何谓顿挫？这样的诗思，这样的笔法，便是沉郁，便是顿挫！

本诗句式极平易，措词极常见，不用丹铅争妍，纯以气象取胜。首四句尤佳。一篇之中，既有雄浑壮阔之美，又具沉郁顿挫之致，而且遒劲之气贯串全诗，略不少减或中顿。如首四句“洞庭”、“常山”、“代郡”、“黄河”，或浩渺、或高耸、或险峻、或悠长，而都有壮伟之势；至后四句“异方”、“北山”，进而用虚笔，感觉上更为开阔：即使是地名方位的用词，也都能暗合诗的气象、境界，自余更不必论矣。全诗有如许佳处，看来，沈老夫子但赏识其起句，是远远不足尽本诗之美的。

（沈维藩）

和殷廷尉岁暮　　王 褒

岁晚悲穷律，他乡念索居。
寂寞灰心尽，摧残生意馀。
产空交道绝，财殚密亲疏。
空悲赵壹赋，还著虞卿书。

这是王褒和殷不害的诗。殷不害字长卿，在梁朝任廷尉之职，与王褒曾是同朝僚友。殷氏素以孝行见称，西魏攻克江陵，其母死于战乱，他本人也与王褒等一起被解至长安，《陈书·殷不害传》称其“自是蔬食布衣，枯槁骨立，见者莫不哀之”。殷氏原诗已不可见，从王褒此诗的内容来看，似当作于他们初入长安的几年中。此诗的格调是低沉、凄苦的，包含着对人情菲薄、世态炎凉的极度愤懑。

此诗前四句抒写自己身为亡国贱俘，幽居他乡的凄寂愁苦的心情。岁暮独居，眼见得年关已迫，不禁触景情伤。想起往昔除旧布新时门前车马塞道、故友门生络绎不绝的豪华热闹场面，对比之下，更觉得离群索居，寂寞孤单，苦不堪言！律，是古代用来正音的一种竹管，从黄钟、太簇……到应钟共分为十二种音律，古人以十二律与十二个月相配，故岁暮称“穷律”。“悲穷律”摹写的是一种既感到时日难挨，又为一年的迅速终结而忧心如焚的矛盾心情。在孤寂中感受时光的流逝，这对于一个遭受国破家亡的人来说，实在是太残酷了，使人内心如同槁木死灰，失望到了极点。然而，最具有讽刺意义的是，在自己这脆弱的躯壳里的柔弱的生命，虽经历了这么严酷的磨难，却依然不合时宜地生存着，喘息着它的余气。哀莫大于心死，这样毫无希望地活着，还有什么滋味！

灰心失望之余，诗人不禁追寻起这种凄苦冷落的根源来，这便是“产空交道绝”以下四句所揭示的诗歌主题。王褒出身南朝最为显赫的士族，王褒的曾祖王俭，做到南齐的侍中、太尉，封南昌郡公，祖父和父亲都仕梁为侍中，赐爵封侯。而王褒自己亦仕梁至尚书左仆射。这样一个故吏门生遍于朝野的超级士族的成员，因为江陵一战而坠落于穷困窘迫之中。长安的王褒宅前，门可罗雀，亲友故交，影踪全无。这不得不使他发出了“产空交道绝，财殚密亲疏”的悲叹，生平第一次深切领略到世眼逐高低，人面趋冷暖的社会众生相。“赵壹赋”是指东汉末年的文学家赵壹所作的《刺世疾邪赋》，它以极为犀利的笔触和辛辣的语言，讽刺了豪门贵族及其鲜廉寡耻的帮闲门客。王褒学富五车、涉猎洽博，断不至于初读此赋，然而此时此刻温故知新，方倾心折服它的深刻命意，不由得他不感慨万千了。是呵，往昔的人人趋奉，繁花似锦，只是建筑在金钱和势力的基础之上的，一旦失去了这种基础，虚假的繁华便顷刻冰消瓦解了。试看，往日像苍蝇一样麕集在王氏家族周围舐痔谄笑的人们，现在一个个都到哪儿去了呢？素擅才名而失势落拓的王褒，如今读到《刺世疾邪赋》中“顺风激靡草，富贵者称贤。文章虽满腹，不如一囊钱”的句子时，心中便觉格外的辛酸。人情世态既然自古便是如此，那么为之而过分地悲哀怨愤就显得多余了。“空悲”二字隐含着诗人情感的转折变化，他终于在孤寂凄苦的泥淖中解脱出来：与其空自悲悼，不如振作精神，展示自己的才华，埋头于著述吧。虞卿是战国时期的游说之士，曾拜赵国的上卿，料事揣情，为赵划策以御强秦，后因赵王不用其言，去赵居梁，穷愁著书。上采《春秋》，下观近世，凡《节义》、《称号》、《揣摩》、《政谋》八篇，世称《虞氏春秋》。古人用典不但示已博学，而且因其旁见侧出，往往以少胜多，兼能暗示难言之隐。王褒此典便是如此，他以虞卿自况是大有缘故的。据史书记载，梁元帝平息侯景之乱之后，见建业残破，加之帐下谋士多是楚人，力主建都江陵，于是亦有迁都之意。而王褒则委婉地加以谏止，元帝不用其言，卒遭亡国之祸。这种深意，旁人或不能知，身为元帝重臣的殷不害，则一望而心领神会。因此，此诗的结句弦外有音，不但见得王褒身陷困顿犹英锐毕现，而且还蕴含着对战败国亡的反思，包含着丰富的内容，并使主题亦获得了升华。

此诗在艺术上确实是属于上乘的。全诗用语不求华艳，似不经意而对仗自然工整，很贴切地体现了为孤寂凄苦的氛围所吞淹的诗人的心情。全诗虽仅八句四十字，却三度转折，由描绘心绪而转向世态，再转向自勉。用典不多，亦不

僻,意蕴却极为丰富;结句尤为深沉凝重,余味不尽。这一切都体现了王褒诗歌在艺术技巧上的深厚功力。 (张宗原)

看斗鸡 王 褒

躞蹀始横行,意气欲相倾。
妒敌金芒起,猜群芥粉生。
入场疑挑战,逐退似追兵。
谁知函谷下,人去独开城。

斗鸡,是供宫廷和贵族们消遣的玩意儿,但这首写斗鸡的诗,倒颇有一种英迈之气。

"躞蹀始横行,意气欲相倾。""躞蹀",小步貌;"横行",横移而行。鸡平时是不横行的,但到了战时,它既要时刻提防着对手随时都可能发起的攻势,又要密切注意对方的一举一动,抓住一切可乘之机发动进攻,所以在这极为紧张的场合下,横移而行是可攻可守、可进可退的最佳步态。此诗一开始就写出了斗鸡时的紧张气氛:参斗之鸡小心翼翼地移动着步伐,相互窥伺着,那气概像是要一举压倒对方一般。

上二句写的是临战之际,"妒敌金芒起,猜群芥粉生",这两句进入实战的描写。《左传》云:"季、郈之斗鸡,季氏介其鸡,郈氏为之金距。"所谓"介其鸡",就是把芥子捣成粉末撒在斗鸡的羽毛上,芥粉有辣味,一旦飞入敌手的眼中,马上就可使敌手辣得睁不开眼。刘孝威《斗鸡篇》有"翅中含芥粉",庾信《斗鸡》诗亦有"芥粉壒春场",可见芥粉古来就是斗鸡的常用武器。所谓"金距",是安在斗鸡脚上的金属爪具,斗鸡跳起时,可用以抓伤敌手。本诗中的"金芒",亦即"金距","芒"形容其锋利,刘桢《斗鸡》诗即有"双距如锋芒"之语。古时斗鸡,有单斗,即一对一斗,也有群斗,即一对多斗。"妒敌"写的是单斗,而"猜群"写的则是群斗,"妒"是妒恨;"猜"是猜疑,这就是上面"意气欲相倾"中的"意气"。就在这相互仇视、相互妒恨的紧张气氛中,一场恶战开始了!单斗的雄鸡高高地跳动,舞动金爪直扑敌手;以寡敌众的勇士猛扑双翅,只见芥粉纷飞,粉雾之中,群敌仓皇退避。斗鸡们不但无所畏惧,而且有勇有谋,角斗中还体现出了一种策略:如是群斗,用"金芒起"显然是不合适的,敌手众多,即使两只爪子全部用上也无济于事。惟有"芥粉生",才是以少胜多的法宝。

上面二句,已写足了恶战的场景。但若是真的勇士,自然是一击而中,又岂能容敌手胡缠蛮斗。"入场疑挑战,逐退似追兵"两句转写战斗之迅速：斗鸡刚上场时,观者还怀疑它们只是在挑战,尚未接战;不料一转眼,已见到胜利者在追逐败将,那神气就像乘胜前进的追兵。真是倏忽之间,胜负立判!

但追逐的场面也没有维持多久,斗败的公鸡们不一会也逃了个干干净净。刚才还喧嚣闹腾的斗鸡场,忽然变得异样的宁静,只有那最后的胜利者,还独自傲然地站在场心。当年,战国时的山东六国合纵伐秦,开始时是何等的热闹,"十倍之地、百万之众",一齐扑到秦国的东大门函谷关下"叩关",然而一旦"秦人开关延敌",列国之师就只有败逃一途,最后落得被秦兵"追亡逐北,伏尸百万"的下场。(以上引贾谊《过秦论》)"谁知函谷下,人去独开城",此时力克群雄的斗鸡,不也正像函谷关城门口的秦兵一样,显得是那样的顾盼自雄、不可一世吗?"谁知"二字,透露出诗人的惊讶：刚才还是满场斗鸡追逐正急,怎么转眼间却只剩下一个了呢?这番惊讶,同样也见出场面变幻的迅速。全诗以用典结束,本来无足挂齿的斗鸡间的胜负,似乎成了战国群雄龙蛇恶战的缩影,倒也显得气势不凡。

这首诗写挑战、开战、追逐、战斗结束,场景变幻极快,小小的斗鸡场,成了一个快节奏的动感世界。而诗人的笔法也兔起鹘落、风驰电掣,恰与诗的内容相合拍。即此一斑,亦可窥见诗人笔力之强。　(任家瑜　沈维藩)

始发宿亭　　王　褒

送人亭上别,被马枥中嘶。
漠漠村烟起,离离岭树齐。
落星侵晓没,残月半山低。

这是一首行旅诗,是作者宦游生涯中的一纸剪影。宿亭,即馆驿,是诗人旅途暂宿之所。

"送人亭上别",谁来送,如何别,都无关紧要,重要的是在漫长的旅途中,类似的迎送、挥别,成了每日早晚不断、循环往复的程序动作。一个"别"字,意味着又一个孤寂凄清、风尘仆仆的旅程的开始。"被马枥中嘶",登程在即,连那槽上备着鞍辔的驿马,也感受到了,因而延颈长嘶,准备出发。这两句写出发之前,虽只有区区十字,而一时间,馆驿、马厩,别声、马鸣,环境人物,皆已纷呈到读者面前,这是极精炼的白描手法。

往下,自然就是写出发了。但诗人却不是平铺直叙,而是笔势横空劈出,将那长途行旅中无限重复的令人厌烦的动作，“溶解”、“消没”到时见时新的景观中去。第三、四句并没有直接写出发，而以村中炊烟的漠漠而“起”，暗示诗人胯下的驿马已踏着碎步，缓缓穿过清晨小庄的户户柴扉，走进野田的晨雾中去；以岭树离离、齐如刀削，暗示作者的马匹已在九曲回肠的驿道上奔驰前行。这两句对仗极工稳，而句中动、静互含，也颇可玩味。村烟是动景，然而它又是安宁的里居生活的象征，与作者的羁旅生活恰成对照；岭树为静态，但岭树之“齐”，也恰恰反衬出作者在马背上忽高忽低的颠动，这也是一种动静对照。此外，树的“离离”（繁盛貌），也反照出诗人的匹马天涯、寂寞孤单。至此，“始发”的题意，方全部说尽，而句中并无“发”字，这也是极高超的构思。

“落星侵晓没，残月半山低”是全诗中的名句。明人陆时雍《诗镜总论》谓唐代刘长卿诗“体物情深，工于铸意”的长处中，往往具有“庾信、王褒语气”。这两句诗，最能体现王褒的“体物情深，工于铸意”的特点了。“漠漠村烟起”已暗示诗人是黎明启程，而这里写的正是晓色中自然景物的细微变化：晨星寥落，渐渐地隐没在一派曙光熹微之中，而弯弯的残月如即将消失在地平线上的小舟，也低垂在半山腰，摇摇欲坠了。诗人在清晨微寒中独自出行，此时内心的惆怅和凄寂、伤感，是不能一言道尽的，勉强道出，也不能太具感染力。而“落星”和“残月”，虽不是作者的自况，却能形象地反映他内心的这种感受，起到直言所起不到的作用。目睹着星隐天河，月垂半山，则离亲别雏之苦，前途辽远之忧，以及种种愁绪怅恨，都自可体味。这便是所谓“体物情深，工于铸意”，也是极其深远的境界。

晚唐司空图《诗品》论“含蓄”云：“不著一字，尽得风流。语不涉己，若不堪忧。”此诗用对客观事物的描绘，来表达内心郁积收聚已久的情感，景物似乎与己不相关涉，而读之者从景物构成的意象中，也从“落”、“残”、“没”、“低”等带有共同情绪的词语中，已能体味到诗人的不胜其忧。这种写法，深得“含蓄”之妙。因之，诗虽简短，却显得旨趣玄远，别具一种深沉而隽永的美感。

（张宗原）

入关故人别　　王 褒

百年馀古树，千里闇黄尘。
关山行就近，相看成远人。

故人为谁，无由探知，亦无须探知。送故人入关，而留下诗人孑然一身，使

“外縻周爵，而情寄风土”(张溥《王司空集题辞》)的作者，肩担着惆山怅海、塞外风尘而喁喁哀鸣，于是留下了这一首震荡着人们心灵的深沉哀痛的诗。

翻开历史，这位过去的梁朝尚书右仆射，后来的北朝战俘和大吏，曾送过二类人物南归。一类是奉使北朝的官员，如王褒的密友周弘让的兄长周弘正；另一类是与王褒一齐战败被俘，后来被周朝放还的王克、殷不害等梁朝官吏。依诗中表现的顿觉形只影单，孤独凄寂的情感来看，大有可能是送后者。

“百年馀古树，千里阖黄尘。”这里“古树”和“黄尘”都是寓目即景的实际事物，入诗而自然产生凄凉的效果。北国的大地上，昏昏暝暝，无边无际，只见黄尘飞舞，遮天蔽日。偶尔可以看到的，只是一两株百年古树，在此苍茫大地上，尤其显得凄凉。一个“馀”字，带有很深的感情色彩，似乎象征着心如枯木的自己。又似乎是说：故人一去，北国弥空，徒留我在，孤寂无比。因此，这二句诗不但对得自然，而且非常真挚，深沉地表现了作者的情感。

既然如此，作者对于故人的依依不舍之情自可想见。送君千里，终须一别，眼看着故国关山随着归程渐渐接近。这里的“关山行就近”是诗人的想象。送者和别者都日夜地企望着回归江南故土，可是此时的心情却不一样。别者大喜过望，与故交握手相别；送者则眷眷恋恋，带着失望和思念，眼巴巴地看着故友归去，而自己却有家难回。因此结句“相看成远人”不仅仅是极目送远的意思，而是再无会期的绝望语，扩大一点来思考，是作者客死异土，终无归期的绝望心情的独白，读之使人泪坠齿酸。

文学作品源于生活。王褒早年在江南身踞显要而以文学著称，所作多纤弱香艳之词，即使如名作《燕歌行》等，虽技艺高超，但不免故作凄苦之情而缺乏实际感受。然而一旦降为臣虏，诗风骤然而变，流离寄叹之情溢于言表，皆自然流出；而用典渐寡渐熟，对句则用而无迹，浑若天成。这确实很符合一个生活在异国老人的惶恐不安的心绪。至于诗歌结尾往往意味绵长，不绝如缕，也是因为他思念久积，无法驱遣的缘故吧。

（张宗原）

云居寺高顶　　王　褒

中峰云已合，绝顶日犹晴。
邑居随望近，风烟对眼生。

与王褒同被羁留北朝的庾信也作有《奉和赵王游云居寺》诗，此赵王系北周宗室，可知云居寺当在北周都城长安附近。长安附近的山峰，以终南山最为雄峻。王褒、庾信写云居寺，极言其高，此寺或许就在终南山上？

这首诗是在《艺文类聚》中保存下来的。类书收录古诗，常删取片断，因此，也不知它原来就是一首绝句，还是一篇长诗中的一节。就诗本身来看，写得很完整，似以前一种可能性为大。

诗写云居寺所在的山，即题中所谓“高顶”，与寺无关。前二句写山之高，但并不是静观的描摹，而是登山过程中的实际感受。“中峰云已合”，说是攀登到半山腰，已是云雾迷漫，不辨东西。这已经写出了山之高峻。便在这云雾中继续上登，历尽艰难，到得绝顶，竟是丽日悬天，晴空如洗，光华四布！俯视来路，自然是“云溶溶而在下”，群峰环立如婢妾之恭。于此方知云居寺所在绝顶之高出尘寰、突拔天外。

这两句如作为一个过程来体味，诗意由塞到开，由云雾四合到天宇朗朗，一层翻进一层，可以得到比之“柳暗花明又一村”更为强烈的欢愉之感；如作为一幅完整的画面来看，身在云日之间，恰似登临仙境，心旷神怡。诗人确是抓住了并且简洁地表现出高山景观的特征，把强烈的感受传达给读者。没有登过大山的人，绝写不出这样的诗句。

后二句写在高顶放眼所见。这里又牵涉到登山的经验：所谓“中峰云已合”，未必是整个山区都被云雾密密笼罩，而仅是行程中的一段如此，只不过身在云雾中的人，无法知道外界的情状罢了。而在山顶上，视野广阔，仍可看到云团所未能遮及的地域。那些在山脚下无法看到的遥远的村落城镇，此时尽收眼底，历历可数，似乎近了许多；那些变幻不定的烟云，就在眼前或聚或散，时起时灭。——这也是未登过大山的人无法体会的。在高山上，你可以看到烟云一缕一缕地从山谷中涌出，也可以看到云团从远处飘来，倏忽间将你完全淹没在其中。

这二句不仅是美妙的景象，而且包涵着许多难以言说的意味。登临高山之顶，那是换了一个新的高度来视察自己日常生活于其中的世界，很容易感觉到自己往常蠢蠢然忙碌不停的那一片天地，竟是渺小得毫不足道，而广大无比的自然，又是如此神奇莫测、变幻无穷。“邑居随望近，风烟对眼生”，隐然有一种比较，有一种领悟和感慨深蕴其中。你由此会感到“欲穷千里目，更上一层楼”，似显得浅露了。

这诗总共二十字，景象壮丽，气魄雄伟，大开大阖，却又描摹准确，实是不易得的佳作。

（贺圣遂）

【作者小传】

庾　信

(513—581)　字子山，北周南阳新野（今属河南）人。庾肩吾子。梁时，任湘东王萧绎（即梁元帝）国常侍、安南参军，迁尚书度支郎中、通直正员郎，出为郢州别驾。出使东魏，文章为邺都人士所称。还朝，任东宫学士，领建康令。及侯景攻建康，曾率兵御之，败。建康台城陷，信出奔江陵。萧绎承制，任信为御史中丞。及绎称帝，任右卫将军，封武康县侯，加散骑常侍，出使西魏。值西魏兵攻陷江陵，杀梁元帝，信因而留长安，被迫仕于西魏，拜抚军将军、右金紫光禄大夫、大都督，不久进车骑大将军、仪同三司。入北周，封临清县子，官司水下大夫，出为弘农郡守。还朝，迁骠骑大将军、开府仪同三司、司宪中大夫，进封义城县侯。又拜洛州刺史，征为司宗中大夫。北周末，因病去职，卒于隋初。事迹具《周书》卷四一及《北史》卷八三本传。信在南朝，诗风类于宫体，入北朝后，变而为萧瑟苍劲、感情沉挚，部分诗作则清新可喜。其后期诗集南北风格于一体，对后世诗人如杜甫等有很大影响。与徐陵并称，号“徐庾”。有集二十卷，已散佚，明人辑有《庾开府集》，清人又有《庾开府集笺注》、《庾子山集注》。

出自蓟北门行　　庾　信

蓟门还北望，役役尽伤情。关山连汉月，陇水向秦城。笳寒芦叶脆，弓冻纻弦鸣。梅林能止渴，复姓可防兵。将军朝挑战，都尉夜巡营。燕山犹有石，须勒几人名？

《出自蓟北门行》属乐府《杂曲歌辞》，魏晋南北朝以来，主要用以描写燕、蓟风物和征战辛苦之意、突骑勇悍之状。庾信这首诗虽是发挥乐府古题的意思，却也融入了自己留居北方后对边地生活的体会，因此与一般的文人拟乐府有所不同。

诗中所表现的不是一时一地的感触，而是对蓟外边塞战争的总体概括。所以一开头就说，站在蓟门北望，每次战役都令人伤情。秦汉以来，关山、陇水、明月，就是无数次战争的见证。诗人的视野突破了时间和空间的局限，由眼前的关山月联想到汉时的关山月，由流向秦代所建城垣的陇水想到自古及今无数人民的呜咽声。（北朝民歌有“陇头流水，鸣声幽噎，遥望秦川，肝肠断绝”之句，写人民在战争中流离失所的痛苦)“关山”二句不仅对得极工,而且包含了巨大的历史内涵。虽然后来王昌龄的“秦时明月汉时关”比它更简练更概括,但这两句对仗的构思无疑是具有启发性的。

“笳寒”二句写北地苦寒。“笳”即“葭”。天冷草枯,葭芦变脆,弓弦冻硬,在寒风中发出颤音,都是对北地生活体验入微的景物描写。而“笳”与“弓”相对,又在字面上造成胡笳声寒的印象,更增添了边关战争不息的凄凉气氛。

“梅林”二句写领兵打仗的将帅,均用与魏有关的典故。魏武帝曹操曾用望梅止渴的办法暂时解决行军缺水的困难。北魏至北周武将多为复姓。北魏统一前,鲜卑族原来聚居代北。统一后,代北之人迁居河南,皆定为复姓。北周赐姓也多用复姓。又《隋书·经籍志》兵法有《黄帝复姓符》二卷。所以“复姓可防兵”的说法,恰好将典故与魏周的实际情况结合起来,并由秦城汉月的历史回顾转到眼前的战事。“将军”二句直承“复姓”句而来,写将军都尉们早上出去挑战,晚上回来巡营。“朝”、“夜”相对,与末二句连读,可看出其中所含的讽意:他们每天忙于战事,胜利后自可勒功燕然,扬名后世。反正燕然山还有的是石头,不知还要刻上多少人的名字才算够?《后汉书》:“窦宪为车骑将军,与北单于战于稽落山,破之。遂登燕然山,刻石勒功,纪汉威德。”结尾藉冷然一问,含蓄地指出:自秦汉到北朝,战争不息的重要根源就在于统治者为自己树立威德,将军们追求功名不朽。而全诗对征战辛苦之意和战将勇悍之状的描写,也由此升华到一个新的思想高度。

这首诗利用《出自蓟北门行》这一乐府古题的基本内容,巧妙地借助典故和边塞风物的描写,对秦汉到魏周北方战争无休无止的状况作了历史性的回顾,委婉地批评了热衷于战争的军中将帅,因而能以较高的艺术概括力胜过南北朝众多的同类之作。

(葛晓音)

怨歌行　　　　庾信

家住金陵县前,嫁得长安少年。
回头望乡泪落,不知何处天边。
胡尘几日应尽?汉月何时更圆?
为君能歌此曲,不觉心随断弦。

《怨歌行》系乐府《相和歌辞·楚调曲》名。庾信的这首诗承用旧题,以女子自述的口吻,诉说远离家乡又远离丈夫的哀怨。

开首“家住金陵县前，嫁得长安少年”二句，似乎是纯客观的交代，实际上已饱含了女主人公的深深哀怨。金陵，今江苏南京；长安，今陕西西安。从金陵到长安，对今人来说，或许不算什么，然而古代交通落后，信息传递困难，这段路程便显得非常的遥远。嫁到长安，意味着长别亲人，此其一怨。金陵地处江南水乡，长安濒临黄土高原，风景相殊，习俗各异。嫁到长安，犹如是身嫁异域，此其二怨。若细细辨味，当可发现，女子之怨还不止这两个方面。如果她的哀怨仅仅是因为远嫁他乡，那么，句中就不必出现“少年”二字，所以她还怀有对所嫁之对象“长安少年”的怨恨。这里的“长安少年”并不是泛指，而具有特定的含义。西汉武帝时，多选良家少年宿卫建章宫，这些人便有“羽林少年”、“长安少年”等称呼。乐府《少年行》歌辞，多述他们报国从军、轻生重义、慷慨以立功的名事。此诗中的“长安少年”，当是特指这些英勇杀敌、立功边陲的少年将士。而嫁与这些少年将士，自然只能独守空闺，此其三怨也。

“回头望乡泪落，不知何处天边”二句，诉说远别家乡之怨。远嫁他乡，回归无望，只能通过遥望来慰解思乡之情。无奈举头四望，群山遮眼，无从寻觅远在天边的故乡，为此，她禁不住泪水汩汩而下。按照现实生活的常识，在长安望金陵，无疑是徒劳之举，就她来说，未必不知，然她偏去“回头望乡”，从这一举动中，我们分明可以感受到她心中无法忍受的远别家乡的怨愁。

“胡尘几日应尽？汉月何时更圆”二句，诉说远别丈夫之怨。“胡尘”，泛指中原与北方及西方各少数民族的战事。“胡尘”与“汉月”均以汉事呼应上文的“长安少年”。西汉时，北方和西方的边境颇不平静，自武帝起，便北击匈奴，西征羌人，并设关备胡。长安少年为报国恩，纷纷出塞，转战边地，抵御外敌。然外有征夫，内有怨女，她闺房空守，幽怨满怀，凭栏遥望，却见新月纤纤，毫无团圞之意，不由倍增别夫之愁。战事何时能尽？明月何时能圆？她的内心在凄戚地期待着。

最后“为君能歌此曲，不觉心随断弦”二句，表达出女主人公的无限寂寞与悲怆。此曲，即此首《怨歌行》曲。心中的哀苦无法摆脱，只能填成此首怨曲向君泣诉，一遍遍地弹唱，不觉弦也断，心也碎。弹琴诉怨至弦断，情已非同一般，心亦随断弦而碎，更见沉郁缠绵之至。至此，一个黯然销魂的女子形象跃然纸上。

这首诗语言平淡而质朴，自然而流畅，仿佛自肺腑中流出，完全切合了女子自诉的口吻，极缠绵悱恻、细腻入微地表达出了一个思乡思夫的女子的浓挚悲酸的情感，令人读后为之低回，为之神夺。

我们如果了解了诗人庾信的生平，或许对此诗会有更深的理解。庾信原仕南朝梁,梁元帝承圣二年(553),奉命出使西魏。此时正值元帝的侄子萧詧勾结西魏攻打梁朝,不久江陵沉陷,元帝被杀,梁朝覆灭,庾信只得被迫留在长安。北周取代西魏后,他又被北周留用。在当时,金陵是南朝梁的国都,长安是北朝西魏与北周的京城。因此,我们不难将“家住金陵县前,嫁得长安少年”诗句联系他从金陵到长安的这一段颠沛流离的生活经历。西魏与北周均为鲜卑人所建之国,作为亡国的汉人庾信,寄居其中,自然不无种族之痛,“胡尘几日应尽?汉月何时更圆”便透露出他这种深沉的感慨。由此我们可以看出,这首诗当是诗人借助汉代远嫁之少妇以倾诉自己的陷虏思乡之情。 (陈如江)

舞 媚 娘 庾 信

朝来户前照镜,含笑盈盈自看。
眉心浓黛直点,额角轻黄细安。
祇疑落花谩去,复道春风不还。
少年唯有欢乐,饮酒那得留残。

六言诗在南北朝颇少见。庾信诗集中仅二首,此其一。这首诗写一个舞女对镜自怜的情态,却能不伤于艳冶,尤为难得。

前四句是舞女照镜的一个大特写:早晨来到窗前照镜,含着盈盈笑意自我欣赏。少女的朝气和神态的天真均活现纸上。眉心浓浓地点上黛色,额角仔细地贴上轻黄,是当时流行的一种妇女妆饰。轻黄即花黄,额间贴黄,称为黄额妆。“直点”与“细安”写女子妆扮的自信和细致,也很生动。媚是动态的美,高明的诗人不用浓丽的辞藻对女子的眉目作静态的描绘,只是凭本色的叙述,从她脸上灿烂的笑容和细心梳妆的动作写出女子的妩媚。因此诗人笔下的舞媚娘,不是一个妖媚冶荡的舞女,而是一个洋溢着青春气息的少女。

“祇疑落花谩去”句意含混,语带双关:这里究竟是指额上贴好的花黄看去像是缓慢飘过的落花呢,还是以落花比喻女子唯恐年华凋零的心情呢?应当说二者兼而有之,这句才能成为上句“额角轻黄细安”和下句“复道春风不还”之间的过渡语。“谩”字如作“缓慢”解,则落花的字面印象与额间花黄正相应。如作“欺诳”解,疑心落花相欺谩,则将女子惜花的心情写得更为天真。联系“复道春风不还”一句看,就像少女噘着嘴和落花、春风怄气,只疑落花骗了她,一去就不回头,连春风也不再回来了。因此“谩”字之妙就在于利用一字二义,将少女妆成以后的风韵和天真的内心活动一齐揭示出来,与上文中含笑盈盈的情态相协调,从形神两方面活画出这个照镜女子的可爱形象。

当然落花春风一去不归，实际是少女青春不久、红颜难驻的自喻。所以最后以少年及时欢乐结尾，反倒更见出舞女内心的凄凉。感叹青春短暂、盛年难再，宣扬人生及时行乐，是汉魏以来古诗中的一个常见主题。这首诗通过少女晨妆的情态和心理活动来重新表现这一主题，虽然意义并不可取，但人物刻画活泼生动，构思新颖别致，笔致清新可喜，仍有较高的艺术价值。（葛晓音）

乌夜啼　　庾信

促柱繁弦非《子夜》，歌声舞态异《前溪》。
御史府中何处宿？洛阳城头那得栖！
弹琴蜀郡卓家女，织锦秦川窦氏妻。
讵不自惊长泪落，到头啼乌恒夜啼。

此诗的写作时间不易确考，但从其情致笔调来看，似是庾信前期仕梁时的作品。其前期所作《荡子赋》有云："新歌《子夜》，旧舞《前溪》。别后关情无复情，奁前明镜不须明。合欢无信寄，回纹织未成。游尘满床不用拂，细草横阶随意生。"可以看出与本诗内容上的关联。又梁简文帝萧纲、刘孝绰皆有同题之作，前者云："羞言独眠枕下泪，托道单栖城上乌。"后者云："忽闻生离曲，长夜湿罗衣。"彼此格调相近，或为唱和，也未可知。《乌夜啼》，刘宋临川王刘义庆首创的乐府曲名。

"促柱繁弦非《子夜》，歌声舞态异《前溪》。"起首二句，以歌曲《子夜》和舞曲《前溪》，陪衬《乌夜啼》之曲。"促柱"，旋紧的弦柱。"繁弦"，指琴瑟上众多的弦。郗昂《乐府题辞》："《前溪》，舞曲也。"一曲《乌夜啼》，弦声嘈嘈，非《子夜》清歌可比，而伴曲所生的歌舞，也与《前溪》迥异——诗中强调《乌夜啼》与二曲的区别，意在引人注目，从而逗出下文。

"御史府中何处宿？洛阳城头那得栖！"上句事出《汉书·朱博传》："是时御史府吏舍百余区，井水皆竭。又其府中列柏树，常有野乌数千栖宿其上，晨去暮来，号曰朝夕乌。乌去不来者数月，长老异之。"下句事出《后汉书·五行志》："桓帝之初，京都童谣曰：'城上乌，尾毕逋。……'"讽刺位高贪财的官僚。后汉都洛阳，故云"洛阳城头"。"弹琴蜀郡卓家女，织锦秦川窦氏妻。"上句用卓文君事。据《史记·司马相如传》，卓文君是汉代蜀郡临邛卓王孙的女儿，新寡，喜爱音乐，司马相如以琴心挑之，卓文君便在夜间和他一起私奔。后相如欲纳茂陵女子，文君作《白头吟》以自况，相如乃止。下句用苏蕙事。据《织锦回文诗序》，前秦的秦州刺史窦滔徙沙漠，临行时与其妻苏蕙话别，誓不另娶，后来却自违其言，苏蕙便织锦缎而成回文诗，寄给窦滔，从而使他回心转意。

“讵不自惊长泪落，到头啼乌恒夜啼。”承上二句生发。卓、苏二女都曾被丈夫遗弃，当她们听到乌夜啼时，怎能不惊心落泪？讵，岂。但是，啼叫的乌鸦却不顾这些，总在夜夜哀啼。诗以此收拢，形成了一种不尽的哀伤气氛。

此诗虽然用典太多，造成獭祭鱼之病，使诗情显得浮泛，但其结构上颇具跳荡之趣，却也是值得玩味的。诗开首言《乌夜啼》不同于——其实是高于——《子夜》、《前溪》，次二句却不承上解说有何不同，而一跃到吟咏乌鸦的无处栖宿上去了，再下二句又转写卓、苏二女，越说越离谱，令人摸不着头脑。直待看到末二句，读者才恍然大悟：原来《乌夜啼》的非《子夜》、异《前溪》，正在于此曲有一段催人泪下的悲哀感伤处。然抽象而言“悲哀感伤”，又不是诗的语言，故信手拈来卓、苏二典，以为形象之说明；可凭空而言卓、苏，未免太唐突，故先说乌鸦之栖宿无定，用以比类卓、苏之难以定情；而乌鸦本是诗题中物，由它身上说开去便不显突兀。诗意既如此回环曲折，全诗读来也觉跌宕抑扬、姿态摇曳，这比之平铺直叙，岂不是显得别有妙趣吗？

但这首诗在艺术上更重要的价值，还不在其构思上，而在其格律。清代刘熙载敏感地发现了这一点，指出：“庾子山……《乌夜啼》开唐七律。”（《艺概·诗概》）七言律诗在平仄问题上，就每一句而言，要求所谓“一三五不论，二四六分明”，就每一联而言，要求做到“对”，就每两联而言，要求做到“粘”。前者是说每句的偶字须平仄交替出现，以此要求，庾信此诗中“洛阳城头那得栖”和“到头啼乌恒夜啼”二句中的二、四、六字皆当为平、仄、平，而实为平、平、仄（得，古入声），除此二处外，其他各句都合要求。所谓“对”是说，每一联的两句中，相对应的第二、四、六字平仄应当相反，平、仄、平对仄、平、仄，仄、平、仄对平、仄、平。本诗中除上述二句的第四、六两字之外，其他各句也都合要求。所谓“粘”是说，后一联的上句与前一联的下句，相对应的第二、四、六字平仄应当相同，平、仄、平粘平、仄、平，仄、平、仄粘仄、平、仄。就本诗来看，只有第二联和第一联不粘，即“声”与“史”、“态”与“中”、“前”与“处”，平仄不是相同而是相反，除此以外其他各联皆粘。相对说来，律诗对于粘的要求较为宽些，直至唐人，仍有失粘的律诗。所以，总观起来，庾信的这首《乌夜啼》已基本符合律诗的平仄要求。这也正是此诗值得我们珍视的地方。对于文学发展来说，艺术形式也具有非常重要的意义。庾信在七律诗体方面的创造性贡献，为后代诗歌的繁荣，提供了重要的条件，他的

功绩是不可抹杀的。　　（范　炯）

燕歌行　　庾信

代北云气昼昏昏，千里飞蓬无复根。寒雁嗈嗈渡辽水，桑叶纷纷落蓟门。晋阳山头无箭竹，疏勒城中乏水源。属国征戍久离居，阳关音信绝能疏。愿得鲁连飞一箭，持寄思归燕将书。渡辽本自有将军，寒风萧萧生水纹。妾惊甘泉足烽火，君讶渔阳少阵云。自从将军出细柳，荡子空床难独守。盘龙明镜饷秦嘉，辟恶生香寄韩寿。春风燕来能几日？二月蚕眠不复久。洛阳游丝百丈连，黄河春冰千片穿。桃花颜色好如马，榆荚新开巧似钱。蒲桃一杯千日醉，无事九转学神仙。定取金丹作几服，能令华表得千年。

汉末魏初，辽东、辽西为慕容（指鲜卑族）所居，地远势偏，征戍连年不绝。由于乐府民歌的影响，征戍别离之事，行子思妇之情，大量表现在文人诗中。时代风云，文坛风气，使得《燕歌行》这一乐府古题一直为汉魏六朝文人相继沿用，直至唐代还有不少诗人因袭此题。于是，《燕歌行》一题异题纷呈，佳作竞传。据郭茂倩《乐府诗集》著录，就先后有曹丕、曹叡、陆机、谢灵运、萧绎、萧子显、王褒、庾信、高适、贾至、陶翰等同题诗作。

值得注意的是，《燕歌行》在我国古代诗歌史上对七言古诗的发展，起过重大的作用和影响。魏文帝曹丕雅好文学，挥洒“兴到之笔”，写出了“开千古妙境”（胡应麟语）的《燕歌行》。这是我国最早、最完整的七言诗，对后代七言诗的发展有着很大的影响。而上面庾信的这首《燕歌行》则起了承前启后，继往开来的重要作用。

据《北史·王褒传》记载：“褒曾作《燕歌》，妙尽塞北寒苦之状。元帝及诸文士并和之，而竞为凄切之词。”这是梁元帝承圣年间（552—554）的事，庾信此篇当亦作于此时。诗起首六句，以苍莽凄怆的笔调，描绘了一幅荒凉的边塞图。“代北云气昼昏昏”两句，写绝域的昏暗和苦寒，平原千里，唯见蓬草飞旋。“飞蓬无复根”，狂风呼啸之势可见。寒雁南飞，桑叶纷落，点明此时正秋风萧瑟，是最容易触发人们感伤怀远的季节。自然环境如此恶劣，而前线战事更令人担心。“晋阳”、“疏勒”二句用典：战国时赵襄子为保卫晋阳，曾利用围植在晋阳宫垣四周的荻蒿苫楚，以备足箭矢。东汉大将耿恭曾被匈奴围于疏勒城中，被壅绝水源，乃于城中穿井得水。而目前前线的景况正和他们相反,处于“无箭竹”、“乏水源”的极端困境。诗人在景物描写中一步一步透露出思妇由思念到忧愁的心情,进而引出下面四句思妇的直接抒情,托出“良人从役”、“妇人怨旷”的主题。良人远戍边地属国,离居久之,音信隔绝,怎不叫人怀念!思妇在辗转忧思中忽发奇想:如果能有鲁仲连的一支箭,为我射到边地去,把亲人叫回来该多好啊!相传战国时,燕占齐国聊城,齐将田单攻聊城岁余不下,鲁仲连乃修书系箭上射入城中,燕将自杀,城拔。庾信活用这个故事,写出思妇一片痴情幻想。当然,这终究是不能实现的,我们的主人公只好从往事的回忆中寻找慰藉。接着四句,回溯到当年夫妇分别的情景:“渡辽本自有将军”,按说,边塞自有那渡辽将军镇守,可是,渔阳的战争阴云压境而来,报警的烽火惊动了宫廷。此时,只好送亲人出征,在那“寒风萧萧”的水边分别,谁知壮士一去兮至今未还!由现实而幻想,又由幻想而现实,情致委曲,一波三折。下接六句,从正面着力铺写思妇与征夫的相思之情。“自从将军出细柳”,“荡子”随将军远去,思妇空床独守。梳妆台上镂刻精致的盘龙镜,是丈夫叙心致诚的信物,如今依然明可鉴形,睹物思人,能不悲从中来!芳馥四溢的麝香,佩之经月,香气不散,却无由寄达亲人,保他去恶辟邪。“明镜饷秦嘉”,用汉代秦嘉与妻徐淑两地相思,以诗赠答的故事;“辟恶生香寄韩寿”,则用晋代贾充女与韩寿相恋、偷奇香相赠的故事。诗中女主人公何尝不像徐淑和贾女那样多情?而良辰苦短,正如“春风燕来能几日”;青春易逝,好似“二月蚕眠不复久”,怎么办呢?还是暂且忘却心中的忧愁,放眼看看这美丽的春光吧!最后八句即景抒怀,以飘逸之笔写怨旷之情。三月的洛阳,百丈游丝映空耀眼,黄河千层坚冰破碎消融;桃花妖艳,美如白毛红点的骏马;榆荚初绽,巧似汉代玲珑别致的荚钱。大好春光岂能白白辜负?不如干一杯吧,沉醉在葡萄美酒之中。或者,闲愁无解时就去炼丹修道学神仙,求得长生不老,像那千年矗立的华表,永葆美妙之青春。

庾信《燕歌行》在齐梁绮靡诗坛中,是独标异格、独步当时的。明代杨慎谓“庾信之诗,为梁之冠绝,启唐之先鞭”(《升庵诗话》)。清代刘熙载也说:“唐初四子源出子山。”(《艺概》)并认为庾信这首《燕歌行》是“开唐初七古”之作。

上文提到《燕歌行》一题,自曹丕发端以来,从魏晋南北朝至唐,代有佳作,为什么刘熙载独独标举庾信此篇“开唐初七古”?

试以庾作与曹(丕)作比较,不难发现庾信一仍曹丕首创的传统,取材一般征夫思妇的离愁别恨,“言时序迁换,行役不归,妇人怨旷无所诉也”(《乐府解题》)。其师匠曹丕,自不言而喻。但庾作又有其卓然超佚之处。

首先,在体制和声调上有很大的发展和创造。曹作限于篇幅,尚不能恢宏开合,庾信则在其基础上,扩而大之,将其两首的规模("秋风"十五句,"别日"十三句)兼并合用,一变而为二十八句。这就使七言古诗在体制上发展为宜于叙述的长篇巨什,成为一任诗笔纵横开阖的广阔天地。从声调方面来看,曹作承袭柏梁体,逐句押韵,音节不免单调,缺乏咏叹之姿。庾作平仄韵互换,或则六句一转韵,或则四句一转韵,或则八句一转韵,配合诗情抑扬起伏,婉转回环。首六句元韵深沉,状出边塞凄苦荒凉;次四句鱼韵低微,衬托思妇殷殷企盼;又四句文韵轻扬,传出阵阵惊疑;再六句有韵婉曲,描摹郁郁悲怨;末八句先韵飘悠,抒发缠绵旷逸之情。诗的转韵与情景变换密切结合,声情互生,流转自如。整篇而言,此诗抑扬跌宕,悉协宫商,开阖转换,咸中肯綮,大可以与初唐卢照邻《长安古意》、骆宾王《帝京篇》媲美。可以说,唐初七言长体的体制在庾信时已经完备了。

其次,从《燕歌行》这一诗题的内容和格调上来考察,更可看出庾信远远超过其前辈和同时代的衮衮诸公,而逼近初唐四子。曹作的笔致仅仅囿于思妇闺中"忧来思君不可忘"、"援琴鸣弦发清商"的狭窄内容,庾的笔触则已伸向边塞,展现"代北云气昼昏昏"的苍莽风光,描述"晋阳山头无箭竹,疏勒城中乏水源"的战地形势,发出"愿得鲁连飞一箭,持寄思归燕将书"的深切感叹,表达了人民强烈怨战情绪和盼望早日结束战争的意愿,诗笔纵横排荡,刚健遒劲,气势阔大。诗中涉及的地名,就有"代北"、"辽水"、"蓟门"、"晋阳"、"疏勒"、"阳关"、"甘泉","渔阳"、"黄河"等,横跨千里,区域辽阔,相比之下,曹作就显得格局狭小,感情柔弱了。

在与庾信《燕歌行》同时代的其他同题作品中,梁元帝《燕歌行》"燕赵佳人本自多,辽东少妇学春歌。黄龙戍北花如锦,玄菟城南月似蛾",是公认的佳构。前人评它"音调始协","巧于用长",称之为"唐体之祖",但终失之于纤弱,依然是贵绮丽而不重气质的齐梁文辞的气派。而庾信的《燕歌行》一反当时文坛的柔靡之音,唱出雄健慷慨的调子,于悲感之中见风骨,这是梁元帝、王褒之辈无法与之相比拟的。也正是这种最可贵的气质,使他的作品一开初唐先声。王、杨、卢、骆有意识地摆脱因袭的重荷,从六朝绮靡文风中挣脱出来,将视线转向广阔的生活,因此,师法在时代上、气质上最接近他们的庾信,则是很自然的了。

最后,从七言歌行体特有的写作要求来看,庾信的《燕歌行》也标志着艺术上的成熟。七言古诗尚铺叙,讲开阖,考究音响浏亮,注意气概神情,追求法度森然,等等。上文已经谈到庾信此篇健笔凌云,写得很有气概,而更可贵的,是它不仅富有气概,而且传出神情,不仅挥洒自如,而又十分蕴藉。诗人把感情隐藏于景色描写之中,委婉有致,情深意远,耐人寻味。如"千里飞蓬无复根",以景语暗喻良人行迹漂泊不定，思妇的百般忧思，尽在不言之中。“寒雁嗈嗈渡辽水”，《楚辞》：“雁嗈嗈而南游”。王逸曰：“雌雄和乐，群戏行也。”目送群雁雌雄戏行，思妇能不勾起念夫之情？而且，庾信不唯气概雄绝，更于情致委折中见出神情。诗人笔下的思妇形象丰满而有层次：闻说边塞云昏蓬飞、情景荒凉时的怏怏忧郁，目击寒雁南归、桑叶纷落时的盼归情致，得知战地无箭无水的如焚焦虑，长久离居、书信断绝的窃窃私语，祈祷早日结束战争的强烈呼吁，对边将难自为守的疑惑不解，对烽火延入内地的惊讶恐惧，独守空房的无聊，春景撩起的情思，青春空逝的哀叹，醉酒学仙的劝慰，逶迤写来，淋漓尽致，思妇的情态丰神细腻生动，真切如见。

鸿篇巨制的精心结构是极为重要的。庾信此篇伏应转接，夹叙夹议，开阖尽变，深得古体之法。开头秋景描写，给全诗笼罩一种悲剧氛围，又为思妇盼亲人回归预埋一笔；接着，“晋阳”二句领起，“愿得”二句回应，顾盼生姿，伏应紧密。“渡辽”二句一提，旋即“妾惊”二句一顿，起伏跌宕，曲折有致。“盘龙明镜”二句，明见“镜”、“香”二物，实藏思妇征夫深情，藏见参差，饶富韵味。末四句学仙服丹语，飘忽游离，似与上文乖离，实在是逻辑之必然。全篇有节次，有波澜，穷极笔力，放纵挥洒，其开头苍莽而来，结尾飘然而去，笔致摇曳生姿。这种纵横开阖的笔法，在庾信同时代诗人中是罕见的，而和初唐卢照邻《长安古意》等名作，又是多么近似！

从以上三个方面，足以看出刘熙载“庾子山《燕歌行》开唐初七古”的论断，确是很有见地的。如果说，《燕歌行》初起魏文（曹丕），庾信有继往之劳，那么，联系历来推为千古绝唱的盛唐诗人高适的《燕歌行》，就更能见出庾信此篇的开来之功及其深远影响。高适的《燕歌行》气质自高，格局阖辟纵横，笔致变幻超忽，洗尽六朝的粉黛铅华和伤离感别的哀怨情调。然而与庾作对读，不难看到二者不独音节、转韵相类（高作全为四句一转韵），其规模竟与之完全相同，均为二十八句。刘熙载说：“高适诗，两《唐书》本传并称是‘以气质自高’，今即以七古论之，体或近似初唐而魄力雄毅，自不可及。”（《艺概》）庾信的《燕歌行》“开唐初七古”，而高适的七古又“体或近似初唐”，通过唐初七古的媒介，我们正可以窥见二者的内在联系，从而更进一步认识到庾信《燕歌行》的深远影响。（高 原 周 同）

奉和山池　　庾 信

乐宫多暇豫，望苑暂回舆。
鸣笳陵绝浪，飞盖历通渠。
桂亭花未落，桐门叶半疏。

荷风惊浴鸟，桥影聚行鱼。
日落含山气，云归带雨馀。

庾信在梁朝曾任文德省学士。他与父亲庾肩吾都是皇太子萧纲的侍从，以才学受到宠信。父子随驾出入宫廷，游赏池苑，应令奉和，写下了不少绮艳的诗赋。这首诗即为萧纲《山池》诗的和作。

既是奉和之作，开头少不得要铺排一番皇家出游的盛大场面。梁武帝在位时，"五十年中，江表无事"。所以首句写长乐宫中一派安逸闲暇，既歌颂了天下太平的盛世气象，也是梁廷优游生活的真实写照。銮舆暂时在博望苑小作逗留，鸣笳的声浪在山池的水面上回响，华丽的车盖沿着长长的渠道迤逦而来——三、四句只从鸣笳声的高亢与飞盖的动势落笔，便有声有色地写出了太子出游时仪仗簇拥的势派。

后六句一句一景，两两成对。桂亭尚未落花，而桐树叶子已有一半稀疏，可见正是桂花盛开的中秋时节。"桂亭"、"桐门"当是就亭馆周围多桂树或桐树而言。如此简练的构词，却概括了山池周围桂花繁茂、桐林清幽、亭台楼阁点缀其间的优美景色。而"花未落"和"叶半疏"这一近乎朴拙无味的对仗，又以本色的语言一洗皇家池苑的富贵气息，烘托出山池的清疏雅致来。

在苑林秋色的静态描写背景上，作者又捕捉住水面上鱼鸟的活泼动态，给这幅山池游幸图增添了无限生趣：清风吹过荷叶，惊起了在池中沐浴的小鸟。桥上行人的倒影，引来了在水中游动的鱼群。这联对偶，以"浴"和"行"这两个动词形容鱼鸟在受惊前闲适自在的情态，又以"惊"和"聚"形容鸟为荷间轻风所惊动、鱼为水中人影所吸引的动态，不但准确地刻画了鱼鸟的形体动作特征，而且通过动词的叠用和活用，从一动一静两方面反衬出山池平时的清静。结尾写日落时云归山谷、尚带雨后的湿气，以云归暗寓人归之意，笔端饱含水分，读之如能感受到山池空气的滋润和清新。杜审言的名作《夏日过郑七山斋》历来为人所称道，其中"日气含残雨，云阴送晚雷"二句，显然得力于涵养庾信此诗结尾的功夫。

这首诗前六句写游幸场面，文辞工稳而力避富丽；后六句写山池景色，琢句精巧而笔致清新，因而虽是奉和之作，却并未落入一般宫廷应制诗华贵刻板的俗套。

（葛晓音）

和宇文内史春日游山　　庾　信

游客值春辉，金鞍上翠微。风逆花迎面，山深云湿衣。雁持一足倚，猿将两臂飞。戍楼侵岭路，山村落猎围。道士封君达，仙人丁令威。煮丹于此地，居然未肯归。

这首诗当作于庾信被羁留北朝期间。宇文内史，即李昶，赐姓宇文氏。仕于西魏、北周。庾信曾屡次与他唱酬。

首二句写士大夫们骑马游山的兴致。“金鞍”指镂金为花、盛饰鞍鞯的乘马，此处形容朝中贵官的豪华气派。晴晖与金鞍相互辉耀，金鞍又掩映在翠色的山林中，辞采格外富丽。一路上山，逆风而行，山花迎面而来。山路两旁春光烂漫的景致自可想见，游客自下而上，仰面见花的视角也可从“迎面”二字中体味。深山中白云缭绕，沾湿了人衣，写景与上句对偶，又暗中点出人已进入山中白云深处。雁用一足倚立，猿凭两臂像飞一般窜过山崖，是游山途中偶然所见，以此入诗，更可见出深山人迹罕至的荒僻环境。捕捉带有偶然性的细节，是庾信诗歌的一大创新。它突破了齐梁以前写景流于全面罗列或一般概括的传统表现方法，使诗歌内容得以拓展，同时又突出了游览过程中的新鲜印象。这也是他的诗歌能各具特色的一个重要原因。

“戍楼”二句写登上岭头所见。山岭路上建有戍楼，四下山村都落在围猎的圈子里，这正是北朝特有的景象。北朝统治者本为游牧民族，性喜封山围猎。这两句实景描绘为诗人游山的悠悠野兴添上了些许粗犷的意味，同时又巧妙地交代出人已登上山顶、附近山村尽收眼底的情景。奇特的是，在这片围猎的山岭中，居然有道士在此炼丹修行。封君达是《神仙传》中所提到的一个人物，据说常驾一青牛，因号青牛道士。丁令威本是辽东人，《搜神后记》说他学道于灵虚山，后化鹤归辽。这里比喻山中学道求仙的隐者。末句借道士炼丹“居然未肯归”，为全诗作一总收，结出山中幽僻令人留恋不肯归去之意，造语朴拙而用意甚巧。

庾信记述游山的诗作有好几首，风格虽大体相同，而绘景则绝无雷同。诗人总能根据每次游览的特点寻找与之相应的表现方式和独特角度，写出游山途中最深刻鲜明的印象。这首诗表现游客乘马登山，愈上愈高的视觉和感觉，以山上不同高度所见景物为顺序，一句一景，移步换形，逐步升向绝顶。笔法与游山方式相应，因而别有一番情趣。

（葛晓音）

奉报穷秋寄隐士 庾 信

王倪逢啮缺，桀溺偶长沮。藜床负日卧，麦陇带经锄。自然曲木几，无名科斗书。聚花聊饲雀，穿池试养鱼。小村治涩路，低田补坏渠。秋水牵沙落，寒藤抱树疏。空枉平原骑，来过仲蔚庐。

庾信在北周深受赵王招、滕王逌器重，过从较密。他的文集里有不少写给赵王的谢启，从中可以看出赵王对他的日常生活多有照顾。这首诗即为报谢赵王来访而作。

诗中写的是庾信闲居的生活。从诗题推测，赵王来访后可能有诗相赠，并称庾信为隐士。因此开篇即提到隐士王倪、啮缺。《庄子》有“啮缺问于王倪”之句，据传二人为尧时人。桀溺和长沮是《论语》中提到的两个隐居耦耕者。这二句以两对隐者的相逢共处，暗喻诗人自己和来访者，应题“奉报”。“藜床”句用“向诩常坐藜床上”(《英雄记》)的典故。“负日”即晒太阳之意。汉时兒宽、汉末常林均有带经耕锄的事迹见于史书。首四句杂取上古到汉末的各种有关隐士的故事，描写自己镇日里或高卧藜床、或躬耕读书的平静生活，已经大略地勾勒出一个清心寡欲的隐士形象。

隐士远离尘俗，目的是回归自然，因此生活中的一切也以自然古朴为上。《语林》载：“任元褒为光禄勋，孙翊往诣之，见吏凭几视。孙入，语任曰：‘吏凭几对客，不为礼。’任便推之。吏答曰：‘得罚体痛，以横木扶持，非凭几也。’孙曰：‘直木横施，值其两足便为凭几，何必孤鹄蟠膝，曲木抱腰。’”“曲木几”典出此。但这里说几以自然弯曲的木头作成，是不需人工雕琢之意。同时取故事中凭几见客不为礼的含义，写出日常坐卧中任情适意的自然之趣。书以科斗为文，则取文字草创之时的淳朴之意。如果说这两句赞美了隐士直追古人的高风，那么“聚花”二句描绘的则是隐士情致的娴雅。聚花饲雀，穿池养鱼，正可见出诗人对小生命的热爱，一个“试”字，又见出诗人对此充满新鲜感。有时，隐者还在村中修一修泥涩的小路，到田里补一补塌落的坏渠。这两件平平常常的农家琐事，在秋水浅沙、寒藤疏树的背景衬托下，平添了几多诗意，同时又展现出诗人枯槁落漠的心境。齐梁诗写景多取春花秋草、月露风云，唯求鲜丽轻清。而此诗却选取“涩路”、“坏渠”等向来不入齐梁诗人之眼的景物，使萧散疏淡的穷秋景色别有一种村野的意趣。在这样一个荒芜破败的环境中隐居的人，对于尘俗间的一切事物自然是不关于心的。所以末二句说：平原君带着骑从前来访问张仲蔚的茅庐，也只能是徒劳往返。平原君是赵国公子，此处借喻赵王。张仲蔚是汉之高士，所居蓬蒿没人。由于诗中着意突出隐者居处的荒野，所以末句以仲蔚之庐作譬，恰好是对全诗的一个总结。

这首诗撷取隐士锄田、读书、饲雀、养鱼、治路、修渠等日常生活中的杂事，又化用《庄子》、《论语》、史传中的各种有关隐士的典故，以拙语涩字与秀句雅调相间，表现隐士胸襟的恬淡和志趣的高古，体现了庾信着意追求高古朴拙的自然美、力矫齐梁诗软媚浅滑之弊的创新精神。　（葛晓音）

将命使邺酬祖正员　　庾　信

我皇临九有，声教洎无垠。兴文盛礼乐，偃武息氓黎。承乏驱骐骥，旌旗事琬珪。古碑文字尽，荒城年代迷。被陇文瓜熟，交塍香穗低。投琼实有慰，报李更无蹊。

梁武帝大同二年(536)冬，与东魏通和。此后十来年间，东魏几乎每年都派使者聘梁，梁朝也依礼派官员报聘东魏。庾信出使东魏，大约在大同十一年。祖正员指东魏著名文人祖珽之弟祖孝隐。《北齐书·祖珽传》说："祖珽弟孝隐，魏末为散骑常侍，迎梁使，时徐君房、庾信来聘，名誉甚高。魏朝闻而重之，接对者多一时之秀。"诗题为"酬祖正员"，则祖孝隐当先有赠诗，这是庾信的酬答之作。

梁朝虽偏安江南，但已保持数十年的太平。至大同中，有州一百七，占据了南部半个中国。而北方则刚由北魏分裂成东、西魏，政权不稳，又是少数民族统治。所以诗一开头，便首先宣扬梁朝礼乐文物之盛，声教传播之广，流露出大国使者的自豪感。"九有"即九州，本指整个中国，这里借指南中国，同时又明显地包含着以梁朝为正统的意思。这样说，并无冒犯北朝统治者的嫌疑。因东魏的实际统治者高欢就曾说过："江东复有吴翁萧衍，专事衣冠礼乐，中原士大夫望之以为正朔所在。"这是南北朝特殊的邻邦关系所决定的。

接着诗人称颂梁皇偃武修文，声威教化及于四海，礼乐文明兴盛，百姓安居乐业。这虽是外交辞令，却也基本符合史实。因而读来只觉得气度高远、从容自如，并无熟滥和虚饰之感。以下由称颂国威转为申述自己的使命。"承乏"为春秋时常见的行人辞令，是自称不能胜任此职的谦词。"琬珪"语出《周礼·冬官·考工记》："琬圭九寸，而缫以象德。"郑注："琬犹圜也，王使之瑞节也。诸侯有德，王命赐之，使者执琬珪以致命焉。"庾信称自己的使命为"事琬珪"，不只是为借用先秦古语以求格调典雅，也暗含将天子之命赐有德诸侯的意思，与"我皇临九有"呼应，大有中华江山本为我皇所有的气派。所以虽然谦称"承乏"，却通过对出使仪仗的简单勾勒和巧妙的措辞，充分表现出大国使臣的风度。

邺城本是曹魏都城，一直生长在南方的诗人，来此难免有一番吊古的浩叹。

古碑上的文字已经磨灭，郊外的荒城更不知建于何年何代。唯见田垅上文瓜已经熟透，稻畦中香穗低垂于沟塍。“被”字写瓜藤遮满田垅之景，“交”字写稻穗交垂之状，各以一个动词将近景拓展为远景，构句紧凑，炼字尤见功力。这四句选取邺城郊外富有特征的景物，巧妙地概括了邺下古老久远的历史和目前禾稼兴旺的景象。由于荒城古碑与禾黍遍野的对照是如此发人深思，南国使臣到此，纵然不起故国黍离之叹，也难免引起北方久已不属“吾皇”所有的感触，因此这节景物描写中又自然透出一种苍凉的意绪，笔底情感暗中与前六句相通。

末二句合用《诗·卫风·木瓜》中“投我以木李，报之以琼玖”的意思，以及“桃李不言，下自成蹊”的谚语，谓投琼报李虽是常礼，但只恐自己才浅力薄，报答无门。以此表示酬答之意，措词谦逊，收得稳当而有分寸。

这首诗共十二句，分为两半。前半篇首四句赞颂梁朝声教，下二句以自述使职作结；后半篇前四句描写邺城风景，末二句以双方使者互相致意作结。结构对称，与庄重典雅的格调相应。庾信前期诗大多以清绮见称，这首诗却别具一格。大国使节的自豪感赋予诗人沉稳的气度，邺下荒城古碑前的禾黍，引起诗人怅惘的怀想。全诗意境开阔，笔意古朴。足见只要走出宫廷，扩大生活的视野，庾信即使是在前期，也同样能够写出雅健的好诗。　（葛晓音）

和从驾登云居寺塔　　庾　信

重峦千仞塔，危磴九层台。
石关恒逆上，山梁乍斗回。
阶下云峰出，窗前风洞开。
隔岭钟声度，中天梵响来。
平时欣侍从，于此蹔徘徊。

此诗一作《和赵王游云居寺》，或是奉和赵王从驾登览之作。赵王宇文招，是庾信在北周的至交。云居寺已不可考，当在长安附近。首句说“重峦千仞塔”，则寺塔当筑于峰岭之上，且极高峻。欲登此塔，先须经过峻危的磴道。《国语》说：“晋平公为九层之台。”这里或许借“九层台”之词形容寺塔之高，磴道之长。诗一开头，便从此塔所居地势渲染出塔身的雄伟高大。接着再写攀援磴道的艰难。“石关”本为观名，汉武帝建元时造。此处当借其名形容巨石夹道而立，犹如门关之状。山梁指山上石梁绝水之处，这里说途中可见到突作斗状回折的山梁。由磴道的险峻又可见出寺塔不仅高踞重峦之顶，而且以陡壁悬崖为基，这就越发显得峭拔雄伟。

“阶下”二句写登塔所见：塔阶下露出周围的云峰，塔窗里吹进阵阵寒风，犹如开启的风洞。这像是摄影师从塔内向外拍摄的画面，令人真切地感受到登塔之后一览众山小的快意和高处不胜寒的凉意。这样的取景角度在庾信之前尚属罕见。

前六句处处着眼于对寺塔本身的描写，只是不断变换视角，自下而上，由外而内，着眼于寺塔与群峰的关系，突出其俯视众山、兀立中天的气势。下二句便推开一步，写塔上钟声传播之远，顿时使诗境转为空灵。钟声响起，度越山岭，以致半天空中都充满了洪大清亮的梵响。一“度”一“来”，写钟声从塔上传出，在山岭间振荡，又从中天传回的过程，是传神之笔。“钟声”、“梵响”只是换词，但用佛家语，又使云居寺塔在高大雄伟的外貌中显示出庄严的神韵，构成深宏的境界。

末二句是奉和诗的常套，表示自己平日虽然对君王侍从唯谨，今日身逢此境，也不免暂且徘徊，竟一时疏忽了侍从的职责。这样说，一来可切“从驾”之题，二来进一步强调塔顶风光的引人入胜。同时“蹔徘徊”三字，还使诗人流连徘徊的神态与久久回荡的钟声之间似乎产生了某种微妙的感应，结得颇有余味。

此诗立意只在形容云居寺塔之高。采用层层烘托的手法，固然是传统的表现艺术，而取景角度的新颖多变，则是庾信的独创。因此虽是一首奉和诗，也有其值得珍视的艺术经验。

（葛晓音）

拟咏怀二十七首(其七)　　庾 信

榆关断音信，汉使绝经过。
胡笳落泪曲，羌笛断肠歌。
纤腰减束素，别泪损横波。
恨心终不歇，红颜无复多。
枯木期填海，青山望断河。

庾信与其父庾肩吾原为梁简文帝时著名的宫体诗人。“父子在东宫，出入禁闼，恩礼莫与比隆。”(《周书》本传)侯景之乱，建康沦陷，庾信亡命江陵辅佐梁元帝。承圣三年(554)，他奉命出使西魏被扣留，此时西魏大军南下灭梁，元帝被执遇害。从此庾信被迫仕魏，及北周取代西魏，庾信又仕北周，累迁至骠骑大将军，开府仪同三司，进爵义城县侯。(见《北史》本传)《拟咏怀》共二十七首，皆抒发其乡关之思，为后期仕周期间所作。

此诗前四句写羁身北国孤寂凄凉的环境。“榆关”即古榆溪塞。秦朝派蒙恬筑长城于此，“累石为城，树榆为塞。”(《汉书·韩安国传》)故址在今内蒙准格尔旗。这里代指南北朝之间的边塞。“汉使”，本指汉朝使者，如张骞、甘英之辈；此代指梁朝使者。诗人远在异国，而心系故国乡关，然梁朝已亡，故有音信断绝、汉使不来之重叹。此时陈霸先早已在江南篡梁立陈，而庾信对他是轻蔑敌视的，说他是“锄耰棘矜者因利乘便”，“为东南之反气”(《哀江南赋》)。可见，云“断”，云“绝”，不仅是身在异域的地理阻隔，亦含有梁朝已亡，政治联系已完全断绝之意。“胡笳”、“羌笛”皆北方少数民族乐器。李陵《答苏武书》云：“胡笳互动，牧马悲鸣，吟啸成群，边声四起，晨坐听之，不觉泪下。”“异方之乐，秖令人悲，增忉怛(即忧伤)耳。”这两句正暗用此意。听见胡地音乐，非但不能赏心悦耳，反而使人断肠落泪，更加悲伤。西汉李陵因寡不敌众兵败被俘，被迫降于匈奴，然耿耿衷心不忘汉朝，只因汉武帝杀了他全家老小，才使他无家可归，故其内心痛苦难言。庾信的被迫屈节仕敌和无国可归，情况正与李陵相类。故诗人曾多次以李陵自喻，如《拟咏怀》之十：“李陵从此去……游子河梁上，应将苏武别。”之二十六：“秋风苏武别，寒水送荆轲。”皆可旁证。

如果前四句是以古喻今，那么“纤腰”四句则是以男女喻君臣。诗人自喻为红颜女子，因为思念故国故君，纤细的腰身已消减得好像一束素绢；(典出宋玉《登徒子好色赋》：“腰如束素。”)因永别远离，悲痛的泪水长流，以致哭坏了眼睛。(横波，指眼睛。典出傅毅《舞赋》：“目流涕而横波。”)由于内心离恨不止，悲伤过度，以致青春红颜很快就衰老了。清人倪璠《庾子山集注》云此四句“若闺怨也”。今人注本亦每祖其说。然“闺怨”一般皆是内地思边塞，未见边塞闺妇思内地丈夫者。细味此喻，实尚有深意，非一般闺怨可拟。庾信乐府诗中有两首写王昭君的，《王昭君》云：“围腰无一尺，垂泪有千行。”《昭君辞应诏》又云：“片片红颜落，双双泪眼生。”与本篇这四句词语、意境皆颇相似，这绝非偶然。况且，只有用昭君被迫出塞这一典故，方能切合此诗中以男女喻君臣的特定情境。解为一般闺怨，不仅牵强，亦殊属肤浅。诗人在北朝既然“高官美宦，有逾旧国。”(宇文逌《庾子山集序》)纵有故国之思，何竟至于“纤腰束素”、“别泪横波”、“恨心不歇”，如此剧烈的程度？是否夸饰过分呢？非也。首先，庾信被迫觍颜仕周，内心是十分愧疚与惭耻的。而故国之恩又使他终生难忘：“畴昔国士遇，生平知己恩。直言珠可吐，宁知炭欲吞。”(《拟咏怀》之六)可自己却屈节仕敌，宁不痛苦万分？试看其《和张侍中述怀》中的反躬自责：“木皮三寸厚，泾泥五斗浊。”骂自己的厚颜无耻，污浊不堪，则其愧疚之心可见一斑。其次，西魏灭梁时，大肆杀戮，将江陵府库掠抢一空，并捕捉王公百官及居民共数万口带回长安分赏魏军作奴婢，庾信的老母妻子亦在其中(后放还)。这种惨烈的亡国之痛、之恨，也必然是与乡关之情紧密相连、刻骨铭心、终生不泯的。因此，他的“别泪”和“恨心”，不仅出于他个人的身世，而应包含更为深广的社会内涵。

结尾二句用了两个神话典故。上句用《山海经》和《述异记》中精卫填海之事；下句典出《水经注·河水》：“华、岳本一山，当河，河水过而曲行。河神巨灵手荡脚蹋，开而为两。”两句表现了诗人南归故国的愿望就像用枯木填平大海、被河水断开的两山重合为一那样不能实现。这是痴情人沉痛的绝望语；但知其不能实现而仍执着希望其实现，又适足表明其对故国眷恋之情是何等深挚了。

此诗塑造了一个为乡国离恨折磨而消瘦憔悴、悲痛欲绝的抒情主人公形象，栩栩如生。感情强烈激楚而又悲回婉转，风格苍凉老成而又清新绮丽，诚所谓“绮而有质，艳而有骨，清而不薄，新而不尖。”(《升庵诗话》)又通篇对仗匀称工整；用典除末尾两句是明典外，其余用李陵、昭君两事均属暗典，确如沈德潜《古诗源》所评：“造句能新，使事无迹。”且用典又兼比喻，以古喻今，以男女喻君臣，以神话喻俗事，丰富多样，顺手拈来，无不自然贴切。少陵诗云：“庾信文章老更成，暮年诗赋动江关。”(《戏为六绝句》和《咏怀古迹》)的非溢美。 (熊 笃)

拟咏怀二十七首(其十) 庾 信

悲歌渡燕水，弭节出阳关。
李陵从此去，荆卿不复还。
故人形影灭，音书两俱绝。
遥看塞北云，悬想关山雪。
游子河梁上，应将苏武别。

这首诗借咏史以述怀，抒写出使北朝不得南归的惆怅。

首四句用荆轲与李陵故事，交叉对仗。荆轲入秦刺秦王，燕太子饯之易水上，乃歌曰：“风萧萧兮易水寒，壮士一去兮不复返！”“弭节”本出自《离骚》“吾令羲和弭节兮”句，指马车徐行。这里以迟缓行进的动作表现诗中主人公沉重的心情。阳关为古关名，在今甘肃敦煌县西南，玉门关之南，为出塞必经之地。“出阳关”指出塞。联系下句“李陵从此去”来看，这句当指李陵出塞征匈奴之事。《汉书·李广传》说：“率师东辕，弥节白檀。”“弥”字通“弭”。李陵传附于李广传后，所以也可借用此语。李陵率军与匈奴作战，战败被围，援兵不继，遂降匈奴，从此不归。荆轲、李陵之事都是熟典。这诗开头两句写荆轲在悲歌声中渡过燕水，李陵率师走出阳关，已经将他们一去不归的意思点出，下面两句将二事的对偶顺序倒过来，强调他们从此不能再回到故国，这种重叠反复的章法，是“苏李诗”的特色之一。“苏李诗”传为苏武归汉时，李陵送别，二人赠答之作，虽不可信，但可肯定是汉代早期五言古诗。诗中通过反复咏叹，使离别之意表达得淋漓尽致，这种表现手法为庾信借用来写李陵之事，可谓巧妙而又现成。这里虽是二典并用，但立意以李陵为主，荆轲之事只是借以烘托壮士生别故国的沉重心情和悲壮气氛。因此后半首诗的声调内容几乎都是从“苏李诗”脱胎而来。

久离故国，旧友的形影已在记忆中渐渐泯灭，双方音问书信都已断绝。只有遥望着塞北的浮云，想象着故国与异域之间重重关山上积聚的白雪。由浮云而思白雪，以眼前之景和悬想之景相对，既展示出边塞一片落漠空阔的景象，也通过对李陵当时心境的想象，写出了诗人凝目远眺的孤独绝望神情：长天寥廓，唯有浮云往来；关山雪深，更无路途可通。被隔绝在异域的游子，已无法再回故乡。

然而游子不归，又岂止是因为关山的阻隔？已经失节的人永远也不能回归故国了！所以末二句写李陵诀别苏武的场面，唯有身世与李陵相同的诗人才能道出李陵此时的沉痛心情。汉代游子诗多以浮云比游子。这里“游子”之意由塞北浮云生发，又直接化用李陵与苏武诗中“携手上河梁，游子暮何之”句意，通过“应将”二字，含蓄地点出李陵不能像苏武一样全节归国，便只能与之永别，感愧和怅恨之意溢于言表。结尾和开头相应，使全篇成为一首以感叹李陵遭际为主的咏史诗。

此诗以自己羁留北方的心情去体会李陵当初陷于匈奴的处境，又借抒写李陵身陷塞外的心境寄托自己羁留异域、遥念故国的哀思。在艺术表现上吸取“苏李诗”中重叠递进的章法，以及用浮云喻游子的比兴手法。虽然构思巧妙，用典精当，颇多偶对，但像汉代五言诗一样兴象浑沦，句调谐畅，因而能散雕为朴，深得古意。

（葛晓音）

拟咏怀二十七首(其十一)　　庾　信

摇落秋为气，凄凉多怨情。

啼枯湘水竹，哭坏杞梁城。

天亡遭愤战，日蹙值愁兵。

直虹朝映垒，长星夜落营。

楚歌饶恨曲，南风多死声。
眼前一杯酒，谁论身后名。

公元554年，西魏军队攻陷江陵，梁元帝被执遇害，宗室大臣尽为俘虏，驱送长安，百姓男女数万口分为奴婢，弱小者皆被杀。庾信曾在《哀江南赋》、《拟连珠》等作品中详尽地记述了江陵小朝廷灭亡的经过，这首诗则是以咏怀的形式，再一次反映了这场巨大的历史变乱。

此诗首句翻用宋玉《九辩》"悲哉秋之为气也，萧瑟兮，草木摇落而变衰"的语意，渲染出深秋草木凋落的肃杀景象，使全诗一开头就笼罩在一片凄凉哀怨的氛围中。

"啼枯"二句，从字面上看是承接上句，形容衰飒秋气中的悲怨之情，实际上是借典故含义暗中过渡到江陵陷落、君臣被戮、百姓死难的史实。"湘水竹"用舜崩、二妃以泪洒竹、竹尽变斑的传说，借指元帝被害。"杞梁城"用春秋时杞梁战死，其妻放声长号，杞城为之崩塌的故事，借指江陵城的被攻陷。两句对仗工整，而层次井然。

造成君民遇难的直接原因是梁军战败。然而梁朝的覆灭，又岂止是一战之罪？所以诗人感叹：天意注定梁亡，才遭到了这场令人愤恨的战争；国家日暮途穷，更使围城内的士兵愁怨不已，丧失了斗志。"天亡"暗用项羽临死之言"此天之亡我，非战之罪也。""日蹙"有多层含意。《诗经·大雅·召旻》："今也日蹙国百里。""蹙"即"迫"，意为国土每天缩小百里。元帝放弃建康，国土仅限于江陵一隅。最后被魏军包围，日见蹙迫，这是一层意思。《晋书·天文志》又谓"日蹙"是"日蒙蒙无光，士卒内乱"，则又含军无斗志一层意思，并渲染出战争中天昏地暗、日月无光的景象。长虹照耀营垒，按《晋书·天文志》解释，是流血之象。而长星夜落军中，则是破败之征。《晋书·天文志》载诸葛亮伐魏，屯于渭南，"有长星赤而芒角，自东北西南流，投亮营。……九月亮卒于军，焚营而退。"此处借蜀汉伐曹魏的典故形容梁魏之战中梁军败亡的征兆，亦可见诗人选择典故之精巧。这两句不但以天象证明梁亡乃是天意，同时与"天亡"二句相对，分别从白天和夜晚描绘出梁军营垒中悲惨的气氛。又下接"楚歌"二句，在梁军夜半的一片哀歌声中，交代了梁朝兵败国亡的结局。用项羽夜闻四面楚歌的典故，点出江陵沦陷前的处境，时间正与"夜落营"相承接。南风，即南方的乐曲。《左传》襄公十八年："晋人闻有楚师。师旷曰："不害。吾骤歌北风，又歌南风，南风不竞，多死声，楚必无功。"此处用典故本意，直指梁朝无力抵敌，唯有败亡一路。二典连用，又像是诗人用凄婉的南音为故国唱出的最后一曲挽歌。

末二句用《世说新语·任诞》中张季鹰语:“使我有身后名,不如即时一杯酒。”张季鹰原为江南人,在西晋为官,时常想回家乡。这里借季鹰自况,只是对自己的冷嘲:故国沦亡,而自己仍在忍辱偷生,名节已经丧尽,此生只能对酒浇愁,再也谈不上身后的名声了。颓唐的语意中透出无限凄凉。

这首诗全用典故隐喻史实,展现了江陵沦陷时血流遍地、哭声振野的悲惨景象。尽管西魏攻梁时,庾信已被羁留在长安,没有目睹当时的场面,然而因为他本人一生的不幸正是由于这次变乱所致,又亲眼看到梁朝臣民被掳到长安沦为奴婢的情景,因而他还是能以沉痛的感情,记下这段真实的历史,创造出这首珍贵的史诗。

（葛晓音）

拟咏怀二十七首(其十五)　　　　庾　信

六国始咆哮,纵横未定交。
欲竞连城玉,翻征缩酒茅。
析骸犹换子,登爨已悬巢。
壮冰初开地,盲风正折胶。
轻云飘马足,明月动弓弰。
楚师正围巩,秦兵未下崤。
始知千载内,无复有申包。

看到诗中“六国”、“秦”、“楚”等字样,读者一定会想:以庾信写《拟咏怀》的心情,是决无可能去闲谈陈年宿古董的战国纷争的,里面多半藏着借古讽今的内容。确实,本诗里是含着一个谜,在等我们去解开。

“六国始咆哮,纵横未定交。”这二句是说,当战国时山东六国开始“咆哮”时,它们还未决定其外交政策是合纵以抗秦还是连横以事秦。细心的读者一定会问:“咆哮”是何意?指相争么?但相争就无所谓“纵”了。当然,如把“纵横”理解得宽泛些,当作每一个国家各自的对秦政策,“咆哮”解作“相争”就通了——六国始相争时,尚未决定联秦以攻击他国还是把秦和别国都视为一体的敌手。然而“咆哮”二字一摆平,“始”字又刺眼了:六国相争是哪年开始的?这可是难考证的问题,恐怕庾信也没这本事吧?算在战国初年吧,可那时秦国还不强大、还不存在“纵横”之说呀!这笔账,在史书里是轧不平的,但一兑入当时的现实,却意外地平贴:侯景作乱、攻陷建康时,梁朝的那些藩镇,湘东王萧绎(即梁元帝)、岳阳王萧詧(即后梁主),还有什么武陵王、邵陵王,不就是一起"咆哮"——一起号称"勤王"却又窝里斗个不休的吗?萧詧倒是早早地当了西魏的附庸,而那萧绎却是一会儿与西魏交仗,一会又遣使通好,刚与西魏联合灭了武陵王,转眼又和西魏的死敌——北齐大拉近乎:这不是纵横未定吗——须知西魏无论是地理位置,还是军事实力,都正好和战国时的强秦极相似;而庾信,又是萧绎的臣子,最清楚萧绎的外交政策,他本人便是被萧绎派去西魏的使节!

好了,谜有头绪了,再往下看。"欲竞连城玉。"竞,争也。连城玉,就是秦要用十五座城来交换的和氏璧,这里指国土。"翻征缩酒茅。"春秋时齐桓公伐楚,师出无名,乃强说楚不向周王进贡缩酒(滤酒)的茅草,所以"寡人是征(我来问这事)"(《左传·僖公四年》)。翻,反而。诗人告诉我们,有人明明要争夺土地,却找了个冠冕堂皇的借口。是谁呢?翻开史书就知道了,那正是西魏!萧詧与萧绎为仇,西魏借口应萧詧的请求,发大军攻陷萧绎的国都江陵,紧接着便把二萧的领土席卷而归已有,只丢下一座江陵空城给萧詧,而这些夺到的土地,正相当于古代的楚国!至此,虽然字面上还看不出,但我们已经隐隐感到了谜底:本诗要说的,只怕还是诗人后半生耿耿不忘的那段悲惨日子——江陵的陷落。如是这样,诗人可真大胆:他用一个"欲"字、一个"翻"字,活画出西魏统治者内心的贪婪和嘴脸的假正经。须知他这时已是北周(西魏的后身)的臣子,为了故国而指斥"本朝",还不大胆吗?

"析骸犹换子",《左传·宣公十五年》上说,楚军围宋,宋人粮尽,"易子而食",把儿子交换了当食物吃掉,"析骸以爨",把尸骨拆了当柴烧。"登爨已悬巢",当是"登巢已悬爨",或许由于押韵的关系而作了颠倒。《左传·成公十六年》上说,晋楚鄢陵之战,楚共王"登巢车以望晋军",知道晋军"塞井夷灶"。巢车,一种可以升降的攻城战车。爨,即"灶"。"夷灶"是填平行灶,准备出战,诗人把"夷"改成了"悬",大概是说敌人已经登高望见城里吊起锅子——断粮了!这两句,如果我们的谜底没猜错,自是说江陵城被围时的惨相。

"壮冰初开地,盲风正折胶。"这二句也应颠倒了次序解释。盲风是农历八月的疾风,《礼记·月令·仲秋之月》说:"盲风至,鸿雁来。""折胶"据《汉书·晁错传》注,谓秋气至时胶坚硬可折,这是匈奴出兵的征候。盲风从北方携来大雁,难道就不能催着西魏铁骑南下吗?何况那折胶的预兆又是如此明白!壮冰是十一月的厚冰,《礼记·月令·仲冬之月》说:"冰益壮,地始坼(裂开)。"十一月份,严冰覆压了、冻裂了大地,而在梁元帝承圣三年(554)的这个月份,西魏人包围了、攻陷了江陵。现在,我们离谜底又近了一步:在诗人笔下,冰封地裂的刺骨之寒,和国破家亡的切肤之痛,只怕已经凝成了一体!

“轻云飘马足,明月动弓弰。”弰,弓之末端。战马在飞奔,仿佛蹄下有轻云在飘飏;弓开张到末端,圆得好像明月在三五:这纵马怒射的骑士,姿态很健逸?当然是,当然不!当你知道那铁蹄是在蹂躏冰雪酷寒的南朝土地、那利箭是在射杀易子而食的南朝苍生时,这健逸的姿态,在你眼里不就变得骄悍凶霸了吗?这二句不前不后、正安插在诗的中段,诗人的构局用心你该理解吧!

“楚师正围巩”,仍用《左传》典故。鲁昭公二十二年,东周王室内乱,王子朝自立为天子;二十六年,晋师(句中误作“楚师”)攻克巩(今河南巩县),王子朝被逐走,其时又是十一月——两个十一月!如果我们的谜底猜得不对,会有这样的巧合吗?诗人会在众多的被杀逐帝王里偏偏选中王子朝吗?何况梁元帝本是皇子,他也是在内乱中即位的,与王子朝还颇相似呢!“正围巩”三字尤可注目,它意味着江陵虽被围而未沦陷、梁朝虽危而未亡。春秋末年,楚国被吴兵攻破,落到了亡国的边缘,楚臣申包胥到秦国求助,号哭了七天七夜,终于感动了秦君发兵。当江陵被围之际,诗人又何尝不在西魏朝廷上下奔走、乞求他们收回虎狼之师?虽然申包胥所求的是出兵,诗人所求的是撤兵,但其救国于危亡的用心,却是相一致的。然而,“秦兵未下崤”,申包胥引着秦兵开下崤山去营救本国了,而诗人呢?“未下崤”三字说明他得到了与申包胥相反的结果。这样理解,似乎太曲折了,但惟有这么解释,下文“始知千载内,无复有申包”才顺理成章:历史上秦兵下崤,遂成就了申包胥的伟业;千载后的“秦兵”却不愿再演喜剧,于是那个企图充当当世申包胥的人——诗人自己,也只有徒然悲哀于包胥的不可再得了!“千载内”三字,终于在篇末走出了典故构筑的迷宫,点明了本诗的内容,乃是一幕现实的悲剧!

我们该高兴了,为没有猜错谜底而高兴;我们又该悲哀了,为这个惨痛的谜而悲哀,为诗人只能用谜语吐露心曲的处境而悲哀,为诗人制作这个谜的苦心而悲哀。

(沈维藩)

拟咏怀二十七首(其十七)　　庾　信

日晚荒城上,苍凉馀落晖。
都护楼兰返,将军疏勒归。
马有风尘气,人多关塞衣。
阵云平不动,秋蓬卷欲飞。

闻道楼船战,今年不解围。

此诗作年及背景历来注家未详。今细考史实,北周与南朝水战失利,莫过于公元567年的沌口(今湖北汉阳西南)大战。时陈朝湘州刺史华皎叛投江陵后梁(萧岿),并遣使潜引周兵来援;陈朝派大军十余万会讨华皎;后梁亦派兵二万接应叛军。九月,陈军与周、梁、华三方联军会战于沌口。结果联军大败:华皎单舸逃走,部将四十余人伏诛;北周水师败退江陵,其陆路元定所率一军孤立无援,逃至巴陵被陈水军围歼,元定和梁将李广均被俘。陈军大将程灵洗乘胜追击至北周沔州,破城活捉其刺史裴宽。这次战争,《陈书》、《周书》及《资治通鉴》均有详载。

诗的开头两句写景点明时地,"荒城"、"落晖",意象阔大雄浑,情调苍凉悲壮:边塞荒凉的城堡,一片苍莽辽阔的原野,淡烟暮霭,残阳如血。这就为后文叙写战事渲染出一种庄严肃穆的气氛。接下四句写北周劲旅远征塞外、凯旋归来的一幕。"都护":本是西汉设置督护西域诸属国的军事长官,这里借指边塞统帅。"楼兰"、"疏勒",皆汉代西域国名;西汉昭帝时楼兰数反,傅介子奉命出使其国,刺杀楼兰王而返;东汉明帝时耿恭坚守疏勒城,数败匈奴进攻,城中粮尽,只余数十人仍坚守不降,终为汉军迎归。此处借用典故,喻指北周一批屡立战功,凯旋归来的大将,例如田弘、权景宣、元定等,都曾先后分别讨平宕昌羌王、罗阳蛮及岷州生羌的反叛(均见《周书》本传),陆腾、王亮、司马裔等也曾讨平巴峡信州叛蛮。所有这些征战,无不凯旋而归,恰如傅介子、耿恭制服楼兰、击退匈奴的赫赫功勋。诗人将这些并非同一年发生的战事,通过用典高度浓缩,典型概括,集中于写作此诗这一年来描述,意在突出此次南征的统帅,皆是一向立功边陲,威震敌国的名将。"马有"二句,则描写将士们不辞劳苦,风尘仆仆地从塞外归来,马未卸鞍,人未解甲,身上还带着边关战场上的征战气息。"阵云"二句,则象征着新的战争形势又很紧张严重,将士们刚刚归来,又将扬威远征了。"阵云"句形容云层叠起,平铺天穹,宛如凝固不动的兵阵;(何逊《学古》诗有"阵云横塞起,赤日下城圆"句。)这里象征兵象不息。"秋蓬",秋天的蓬草,末大于本,遇风则拔地而飞旋,诗歌中常用以比喻飘荡无定。这两句既写边塞荒城的秋景,回应起首二句;又隐喻战争气氛的浓烈,将士又将如飞蓬一样离家远征,含蓄地寄寓了诗人对广大将士的同情和忧虑。

结尾两句突转跌宕,不仅用"闻道"将时空一笔拓展到江南水军战场,而且将双方交战的经过完全省略,但以"楼船战"、"不解围",则暗示出诗人的忧虑不幸而成为事实：沌口大战周军大败退守江陵，元定一军在巴陵已遭到全部围歼，沔州裴宽正被陈军水师围困……“不解围”三字巧妙而蕴藉，战事尚未结束，而胜负大局已定。这二句与前八句那种凯旋荣归的强大军威，恰好形成了大起大落的鲜明对比，令人想到一向威震异域的常胜将军们，如今却在江南水战中一败涂地，陷入重围绝境之中。“楼船”一词，不仅隐喻南朝高大战舰的水军威势，而且恰如其分地暗示了战争所在的方位在江南：《汉书·杨仆传》载，南越反，汉武帝拜仆为楼船将军征讨。用典可谓含蓄而又贴切。

这首诗结构十分别致。本来，北周将军们征服异域全胜而归的场面，是在沌口大战前几年陆续发生的，而诗人却把这些时空分散的事件集中于一时；从出征南朝到“楼船”“不解围”，也有一个较大的时间过程和空间距离，但诗人却用“闻道”一转，巧妙地缩短了时空距离，从而将凯旋归来——远征南朝——陷入重围这时空迥异的三部曲，一脉贯穿起来，此所谓“笼天地于形内，挫万物于笔端”(陆机《文赋》)者也。唐代杜甫的《赴奉先咏怀》及李商隐的《夜雨寄北》亦曾得此“三昧”，足见此法之妙用所在。又前八句如不明背景，初读看似散漫，似不可解；及明背景，再结合后两句，方知前八句皆为后二句烘托陪衬的，不仅形成对比强烈，而且甚觉其包前孕后，结构完整紧密。

其次是多用典故和比喻，诗意十分隐微含蓄。“楼兰”、“疏勒”、“楼船”皆用典，“阵云”、“秋蓬”皆隐喻。值得玩味的是诗人为何不愿直说明言的微妙心态：被迫身仕北朝，心却常系故国江关；而梁、陈易代废立，又使诗人无国可投。萧詧、萧岿虽系梁朝后裔，但又是西魏——北周扶持的傀儡；当年诗人矢忠辅佐的梁元帝，不就是被其侄萧詧勾引西魏来灭亡的吗？江陵浩劫，十万臣民被掳异国作奴婢，当时诗人的父母妻子亦在其中……昔日国破家亡的惨象，至今依然历历在目，痛定思痛。这就决定了他对北朝及后梁均不无反感。对陈霸先篡梁，诗人固无好感，但此时陈朝已是第三代皇帝，且与北周已通使修好。华皎之叛，属南朝内政，北周不应出兵。当时北周崔猷就曾反对：“今陈氏保境息民，共敦邻好，岂可利其土地，纳其叛臣，违盟约之信，兴无名之师乎！”(《资治通鉴》卷一七〇)这正可代表诗人的心声。但宇文护一意孤行而不采纳，结果给南北人民都带来灾难。庾信既同情北朝将士的无谓牺牲，又反对劳师远征的侵略，但因身仕北朝，又不便露骨讽刺，这种种复杂难言的衷曲，便是他用典使喻，诗意隐微的底奥。

再次，此诗意境雄浑阔大，风格苍凉沉郁。尤其每联平仄多合律句，唯尚有失粘而已；除首尾联外，余皆对仗精工，实开唐代五言排律之先河。(熊　笃)

拟咏怀二十七首(其十八)　　庾 信

寻思万户侯,中夜忽然愁。
琴声遍屋里,书卷满床头。
虽言梦蝴蝶,定自非庄周。
残月如初月,新秋似旧秋。
露泣连珠下,萤飘碎火流。
乐天乃知命,何时能不忧?

庾信后半生虽然经常因屈仕北朝而痛悔自责,但并非没有功名事业之想。当他回忆起早年在梁朝"乘舟能上月,飞幰欲扪天"的豪气时,总不免为今生壮志成灰而深深叹惋。这种炽烈的身世之感在夜深人静时涌上心头,常搅得他彻夜难寐。不过,此诗开头说:"寻思万户侯,中夜忽然愁。"还不止是因为故国覆灭,使自己的封侯之想变成中宵之梦。诗人的愁闷中更有不能为国建立功勋的自嘲。《拟咏怀》之三说:"俎豆非所习,帷幄复无谋。不言班定远,应为万里侯。"谓自己不习俎豆礼乐之事,又无军旅帷幄之谋,出使他国也不能像班超那样使三十六国与汉通好,定边封侯,反而被迫留仕。于是,对早年功业未就的遗憾,又变成了对当初使魏被辱的羞惭。这就是诗人忽发中夜之愁的复杂心理。

中夜愁思难解,欲操琴自我排遣。琴声响遍屋里,不觉其心静,反更见其烦躁。欲读书以开怀释闷,床头书卷翻遍,非但不能解忧,反而越觉心绪缭乱:徒有教养学识,只能供自己消遣,而无益于救国。因此"遍屋里"、"满床头"二句从词情上就能体会出诗人拨弦和翻书时烦乱的神情和动作。"虽言"二句说自己已经过庄周梦蝶一般的人生变故,然而却没有庄周那样豁达适志。也可以理解为:回想此生变故,身世如梦,却又偏偏是真,非如庄周仅是一梦而已。庄生梦蝶是一个熟典,用在这里,却显得意蕴丰富,并与"中夜"相照应,勾连成中夜梦醒的字面印象,从而又强调了琴书均不能使自己解脱的精神苦闷。

下面几句,由"中夜"暗渡到残月在天,秋气袭人。残月虽是从新月变化而来,但一弯玉弓却看上去与新月无别;秋气虽是今年刚刚感觉到的,但那新到的秋气与去年的、往年的也全然相似。"残月如初月,新秋似旧秋",二句映衬出时光流逝、而诗人却年年如故的悲哀。"露泣连珠下,萤飘碎火流",由"新秋"来,是写景,但又使人想象到诗人泪下如珠的悲咽,想象到他往昔火一般热烈的功名事业之心,到今已如萤火一般破碎而四处飘流。这两句富于意象,一个"碎"字道出了诗人此刻的心境。于是，诗在哀叹中结束：古人说乐天知命，便可不忧，然而自己又何时才能不忧呢？意思上承庄生梦蝶之典，谓此生永远不能达到乐天知命的精神境界，一结悲凉无限。

这首诗前半篇写中夜操琴、诗书满架的情景，后半篇写白露明月、萤火飘流的秋色，构成清雅优美的意境，词气声调中却溢出难以抑止的烦躁和忧闷，与身世如梦的迷惘之感奇特地交织在一起，表现极为别致，而又全出于自然之声情，从而含蓄而又深细地展示了诗人内心苦闷的另一个侧面。（葛晓音）

拟咏怀二十七首(其二十四) 庾 信

无闷无不闷，有待何可待。
昏昏如坐雾，漫漫疑行海。
千年水未清，一代人先改。
昔日东陵侯，唯有瓜园在。

庾信在北方，长年哀故国之破亡，悲己身之屈节，实以一己之心灵，承受时代与个人之双重悲剧。本诗正是此种心情之写照。

“无闷无不闷，有待何可待。”起笔二句，便凸出一片痛苦之心态。无闷，语本《周易·乾·文言》“遁世无闷”。(孔颖达疏：“谓逃遁避世，虽逢无道，心无所闷。”)上句言自己虽欲避世，而终未能避世之痛苦、苦闷。下句谓曾有所期待，然而终无可期待之失望。清代倪璠《庾子山集注》云：“无闷无不闷，言己不隐不仕也。有待何可待，言欲待梁兴，而梁反亡也。”下句解得是，解上句则欠确。首二句之重点，是“无不闷”、“何可待”，即未能避世(故“闷”)，且无可期待也。“昏昏如坐雾，漫漫疑行海。”此二句，进一步展开心灵痛苦、苦闷已成何种状态。如坐雾中，昏昏冥冥，无有一线光明。如行海上，漫漫苦海，不知何处是边。此二句，与其说是状出诗人对所生存之世界之感受，毋宁说是状出对自己内心世界之返省。生存空间如此昏昏漫漫，犹不可怕，内心世界如此昏昏漫漫，实可伤也。此二句描写内心世界，极为深刻，其比喻之艺术，亦极为善巧。杜甫《小寒食舟中作》“春水船如天上坐，老年花似雾中看”，便可能脱胎于此。“千年水未清，一代人先改。”古代有“黄河千年一清”之传说，河清则天下太平矣。河清难俟。“俟河之清，人寿几何?”(《左传》襄公八年引逸周诗)上句，千年是极言岁月之漫长，在诗人之心魂中，“千年”人心所向往之“水清”，自是指天下太平，祖国昌盛。此即次句“有待”之所待者。下句言河清未见，而一代之人，已变为异国之民，甚至奴婢。(《梁书·元帝纪》载西魏陷江陵,“选百姓男女数万口,分为奴婢,驱入长安,小弱者皆杀之。”)此伤梁之亡,即次句“何可待”之落实。然而此句意蕴尚不仅此,实亦暗伤己之屈身仕敌,己之一身,便在此“一代人”之中。意脉由此遂转出结笔。“昔日东陵侯,唯有瓜园在。”结笔二句,托意于用典。《史记·萧相国世家》:“召平者,故秦东陵侯。秦破,为布衣,贫,种瓜于长安城东,瓜美,故世俗谓之‘东陵瓜’。”结二句言“己本梁臣,今梁亡而留于长安,若东陵故侯也”(倪注)。故国之思,绵绵无尽,见于言外。结笔之精神,实有所振拔。在庾信之深层意识中,实在不甘屈节。事实上的辱身屈节,与深层意识中的不甘屈节之矛盾,构成庾信一生最大的悲剧。

此诗篇幅虽小,但包蕴极广大。诗人之心灵,实承受了时代与个人之双重悲剧。“千年水未清,一代人先改。”祖国沦亡,天下无道,是时代之悲剧。被迫辱身屈节而深层意识之中又不甘屈节,则是个人之悲剧。“昏昏如坐雾,漫漫疑行海。”在双重悲剧压力之下,诗人之心灵又怎能不痛苦以至于破碎。不应该蔑视一颗痛苦的、破碎的心。杜甫诗云“庾信平生最萧瑟”,已对庾信表示了极大的同情。

此诗突出之艺术造诣,在于直凑单微,呈示悲剧心态。诗人并未具体描写亡国辱身之种种现象,而是以极概括之语言、善巧之比喻,凸出悲怆痛苦之心灵状态(诗上半幅),进而更以极典型之成语、典故,暗示出悲剧心态之深刻根源(诗下半幅)。全诗笔墨极简练,而包蕴极广大,实是诗歌艺术之极高造诣。杜甫《戏为六绝句》之六云:“庾信文章老更成,凌云健笔意纵横。”老更成者,此之谓也。

(邓小军)

拟咏怀二十七首(其二十六)　　庾　信

萧条亭障远,凄惨风尘多。
关门临白狄,城影入黄河。
秋风别苏武,寒水送荆轲。
谁言气盖世,晨起帐中歌。

庾信留仕北朝后,常常面对异域风物而起羁旅之叹。但这首诗中所描写的边塞景象,并不一定是即目所见,而是综合若干具有北方特征的景物,再联系几个典故,构成冷落萧条的总体印象,借以抒写出心头的凄凉之感。

“萧条亭障远,凄惨风尘多。”北朝边塞多年来战事不断,北魏、北齐都曾修过长城，故亭堠堡障连绵不绝。亭堠是一种专用于守望的简易建筑，堡障则是住兵的小城，均为长城的附属设施。这二句写的是长城在北方广漠的边境上延伸开去的景象：亭障相属，风尘蔽日，一派惨淡光景。“萧条”二字，暗点季节已是秋令，同时又与“凄惨”相应，造成一种“秋风萧瑟”的灰暗情调，从而使诗歌一起调便进入了一种冷落萧索的境界。

“关门临白狄。”历代王朝修筑长城，都是为了防御北方外族来犯。北朝也遭受柔然、突厥等强敌的频繁入侵，所以关门之外，尽是敌骑驰骋之地。白狄为春秋时狄族之一支。这里代指北来异族。“城影入黄河”，长城的巨大身影映入黄河，这奇观可能是实写某处长城与黄河相接的景象，然而也恰好借黄河概括了关城以内黄河流域的广大地区。这样，“白狄”与“黄河”的对仗，就不仅是为了字面色彩的整齐对应，而且更含有长城内外华夷之别的寓意，显得极为工巧。正因如此，这两句相对首二句而言，固然可看作是近景的摄取，但更应看作是一种高度的抽象描写。这种抽象化，又使写景的线条变得疏简，与首二句相呼应，更突出了关河冷落的印象。

“秋风别苏武，寒水送荆轲。”以李陵长绝、荆卿不归自喻身世，在庾信诗中多见。“秋风”二句亦正是重复《拟咏怀》之十“悲歌渡燕水”一诗中的意思。但这两个典故用在此处，不仅感慨自己诀别故国，长留异域，而且还借其中的“秋风”、“寒水”之语，为亭障萧条、风尘凄惨的意境添加了瑟瑟寒意。当然，诗人已不复有荆卿当初发指危冠的豪情了，何况即使有项羽那样的盖世英雄之气，身陷此境，也只好无可奈何地作“时不利兮骓不逝”的帐中歌了。末二句用项羽被围垓下、夜起饮帐中、慷慨悲歌的故事，一典二用，既借喻梁亡，点明诗人所以陷入困境的原因，又形容自己在北朝营帐中悲吟的情状。“谁言气盖世”，暗中承接“寒水送荆轲”一典，而将其激昂凌厉的气概，翻转为自嘲自责的哀叹，益见出诗人的悲惋与无奈。“晨起帐中歌”又借典故字面意义，与前六句合成一个完整的境界，勾出了诗人遥看亭障关河，面对秋风寒水，在边塞的帐幕中晨起悲歌的形象。

善于从周围环境中提炼与诗人心境相合的印象，同时以最简练的手法表现出来，使诗人寂寞悲凉的心情与萧条冷落的外景融为一体，是这首诗所提供的重要经验。此外，全诗除第二句为三平调外，其余各句平仄粘对均暗合五律的规则，已可视为唐人五言律诗的先声。　　（葛晓音）

奉和示内人　　庾　信

然香郁金屋，吹管凤凰台。

春朝迎雨去，秋夜隔河来。
听歌云即断，闻琴鹤倒回。
春窗刻凤下，寒壁画花开。
定取流霞气，时添承露杯。

题云“奉和”，似为仕梁时和简文帝萧纲而作；“示内人”，为原诗题目。齐梁之际，君王提倡于前，臣僚响应于后，遂形成一种华艳柔媚的文风，世谓之“宫体”。在这股潮流中，徐陵、庾信并重绮艳，独擅胜场，成为宫体诗的代表作家。这首诗也带有宫体色彩，然于绮丽之中，尚能透露清新的气息。

起首二句写室内情景。在内人的闺房中，香气氤氲，箫声缭绕，一开始便渲染出一种和谐而又宁静的气氛。“郁金”者，香草也，色黄而形似芙蓉。古乐府云：“卢家兰室桂为梁，中有郁金苏合香。”从这一旁证中，可以想见此处居室的华贵。“凤凰台”用《列仙传》故事，据云萧史善吹箫，秦穆公以女弄玉妻之，并为他们构筑了新房——凤凰台。夫妇二人在一起吹箫，借以象征琴瑟和谐的闺帏之乐。二句仅十字，便勾勒了南朝贵族豪华佚乐生活的一个缩影。

“春朝”二句，紧承起首意脉，写房中乐事。语虽清新流丽，然亦有二典。“春朝迎雨去”，即宋玉《高唐赋》所谓“朝为行云，暮为行雨”；“秋夜隔河来”，即《续齐谐记》所谓“七月七日，织女当渡河”。一句是巫山云雨，一句是七夕佳期，皆暗喻良宵欢会。情趣蕴藏在流丽的语言与隐晦的典实中，只能使读者意会，而不可以言传，可谓含蓄得妙。“听歌”二句与起首第二句相映射，写唱歌与弹琴。据《列子》云：“薛谭学讴于秦青，辞归，青饯于郊衢，抚节悲歌，声振林木，响遏行云。”又《风俗通义》载，春秋时师旷为晋平公作“清角之音”，引来仙鹤十六只；再奏之，鹤成列；三奏之，则延颈而鸣，展翅而舞。这里用来形容歌声的激越感人，琴音的美妙动听，然而角度却作了很大的调整：即由演唱者、弹奏者改为赏音者，也就是变成了作者自己，从而与“春朝”二句一样，在字面上抹去了用典的痕迹，呈现出浑成自然、和美流转的艺术风貌。

下面“春窗”二句，乃是回应首句，集中笔力刻画居室的某些细部。原来那美丽的窗棂上刻着凌空而下的凤凰图案，素净的墙壁上画有盛开的鲜花。妙在“窗”以“春”修饰，“壁”以“寒”形容。同一居室，既曰春，又曰寒，岂不是相互矛盾？盖窗口向阳，色调偏暖，故曰“春窗”；而墙壁在内，素净而暗，故曰“寒壁”。在这作者特意安排的明暗对比中，更突出了凤之飞动，花之明丽。诗人在炼字琢句上，可谓煞费苦心。

结尾二句,笔触又掉转来写人。诗中的主人公经过尽情极致的欢乐之后,亟须饮料解乏。“流霞气”,原指道家的仙酒,《抱朴子》载项曼都自云:“仙人以流霞一杯与我,饮之,辄不饥渴。”又《三辅旧事》谓汉武帝建章宫有一铜制的仙人掌承露,能和玉屑饮之。诗中人物听歌弹琴以后,又同饮美酒清露(其实指茶水),至此,诗之节奏,便由热烈欢快,趋于宁静恬适,与起首的基调取得了和谐的一致,于是完成了一曲房中乐。

这首诗的艺术特色表现在三个方面:第一是用典多而巧。全篇十句,竟有八句用典,有的是明用,有的是暗用,虽不能说恰到好处,却也自然得体。由于典故所含的信息量大,所以在较高层次的读者中,会引起丰富的联想;然而缺点也正在这里,由于典故过多,影响了形象的鲜明性,使一般读者感到晦涩难解,产生了“隔”的感觉;第二是全篇讲究对仗。诗中十句,分为五联,对仗十分整齐,类似后来的五律和五言排律。清人刘熙载说:“庾子山《燕歌行》开唐初七古,《乌夜啼》开唐七律,其他体为唐五绝、五律、五排所本者,尤不可胜举。”(《艺概》卷二)对五律、五排来说,对仗是必要的条件,这里已开其端倪;其次是平仄协调,音韵和美,这一点《奉和示内人》也已略具雏形,惟其中尚有犯孤平和失粘之处,因此还不能说是标准的律诗。但它早于唐律一百年,在诗歌发展史上,应具有一定地位;第三,此诗的结构,看似散漫,实际上还是严密的。起首二句笼罩全篇,为人物设置了活动的环境;三、四两句蝉联而来,有一气呵成之势。五、六两句承第二句,七、八两句应第一句,既做到环环相扣,又能够疏落有致,使用典过多所造成的窒息氛围为之缓解,这一经验很值得记取。 (徐培均)

夜听捣衣 庾信

秋夜捣衣声,飞度长门城。今夜长门月,应如昼日明。小鬟宜粟瑱,圆腰运织成。秋砧调急节,乱杵变新声。石燥砧逾响,桐虚杵绝鸣。鸣石出华阴,虚桐采凤林。北堂细腰杵,南市女郎砧。击节无劳鼓,调声不用琴。并结连枝缕,双穿长命针。倡楼惊别怨,征客动愁心。同心竹叶椀,双去双来满。裙裾不奈长,衫袖偏宜短。龙文镂剪刀,凤翼缠篸管。风流响和韵,哀怨声凄断。新声绕夜风,娇转满空中。应闻长乐殿,判彻昭阳宫。花鬟醉眼缬,龙子细文红。湿折通夕露,吹衣一夜风。玉阶风转急,长城雪应闇。新绶始欲缝,细锦行须纂。声烦《广陵散》，杵急《渔阳掺》。新月动金波，秋云泛滥过。谁怜征戍客，今夜在交河。栩阳离别赋，临江愁思歌。复令悲此曲，红颜馀几多？

古人制作寒衣之前，需将衣料捣软。因此，古代诗人往往通过捣衣这一生活细节来表现思妇对征夫游子的怀念之情。第一次将长安秋夜一片捣衣声写入诗中的，是北朝诗人温子昇。庾信这首诗的写作年代虽比温子昇《捣衣诗》略晚，但表现艺术之独特，构思和想象之奇巧，远远超出于当时同类题材的诗歌之上。

诗一开篇，便扣住"夜听"二字，展现出万家捣衣声在长安城中回荡的景象。并选取长门宫这一视点，想象那深闭在冷宫中的美人听到这片捣衣声时，该是何种心情。但诗人并不写美人望月的情景，只是以一个"应"字，揣度今夜长门的月亮应像白天一样明亮，令人从愁人对月色的感受中想见她的辗转不寐，这就使明月夜砧的悲怨情调从一开始就笼罩了全诗。

古人捣衣，两女子对立，执一杵共捣，犹如舂米。以下各句均从这一动作生发联想：首先围绕着捣衣女子的装饰、砧石、舂杵，化用大量典故，写女子月下捣衣的美丽场景。"小鬟"句用汉明帝马皇后的故事。马后美发，梳四起大髻，还有余发绕髻三匝。眉不施黛，独左眉角小缺，补之如粟。"瑱"指耳珰。"圆腰"可能是一种包裹于腹上的巾帕。这两句写女子浓发小鬟，眉黛耳际稍事妆饰，又以织成的巾帕束腰，以便于舂杵。捣衣女子俏丽、便捷的风姿便依稀可见。"秋砧"以下六句从砧与杵相击撞的关系落笔，将单调的捣衣声写得既有情趣又富于变化。寒砧调出急促的节奏，乱下的舂杵便变出一片新声。古人称民间流行的哀怨曲调为"新声"，因此这里以"急节"、"新声"为喻，便使人觉得那杵砧相撞所奏出的正是女子心中的哀歌。秋石干燥，桐杵清虚，两下相击，声音也愈加响亮。这里说砧石用出于华阴县的鸣石作成，虚桐采自鸣凤栖息的树林，均出自神话传说。据说鸣石似玉而青，撞之声闻七、八里。凤林谓黄帝园林中多鸣凤。"石燥"四句暗用乐府民歌排比复叠的句法，既着意描绘砧和杵的珍贵，又渲染出砧声的清越嘹亮。《搜神记》说：有一个叫何文的人傍晚入北堂，见梁上有一高冠朱帻之人呼"细腰"，细腰答应，何文便问细腰是谁。细腰说：自己是杵，在灶下，梁上衣冠者是金，在西壁下。何文掘金烧杵，由是大富。《水经注》说：汉水南有女郎山，山上有女郎冢，有路名女郎道，下有庙及捣衣石，据说是张鲁之女。这二句取"细腰杵"和"女郎砧"对偶，是为了点出捣衣女郎的腰肢纤细、风姿娇弱。"击节"二句是总结，赞美杵击砧之声谐于音节，胜似鼓琴。这一大段从不同角度化入砧与杵的有关典故，无论放开兜转，都句句不离砧声。四对句子均用砧与杵对偶，却能在重叠中见出繁复的变化，从而将捣衣一事写得极富诗意，构成了一个繁弦促管般的境界。

以下推开一步，由捣衣联想到制衣所用的针线、剪刀等物件，在细腻的模态状物中写出哀婉缠绵的离愁别怨。“连枝缕”与“长命针”典出《西京杂记》：戚夫人侍儿贾佩兰说在宫时，七月七日以五色缕相羁，谓之相连爱。八月四日在竹下围棋，输者终年疾病，取丝缕就北辰星求长命，乃免。“并结”四句谓女子捣衣时，见衣中缕犹并结，针尚双穿，这成双成对的针针线线，不由得使倡楼女子、匆匆行客，都观之而惊起离恨别怨，再进而引起当初男女二人双双将同心酒斟满竹叶椀(椀即“碗”)的美好回忆。“同心”与“双去双来”又可比拟二人对面舂杵的动作，这就又自然地将针线勾起的别怨与眼前捣衣的情景串联起来。“裙裾”四句，写女子裁衣时费尽思量，剪刀上刻镂龙形，篸管上饰以凤纹，均以龙凤相戏之意暗寓男女和合之情。篸，通簪字。倪璠注：“篸，疑即‘綦’，音赞，缀衣也。”但“缀衣”之意和下文“管”字不连属。篸，从竹，篸管疑指箫笛一类竹制管状乐器。这里借剪刀与篸管上下对仗，引出“风流”八句，描写箫管之声与砧声相和，风流哀怨，新声凄婉，在秋风中萦绕，在夜空中飘扬，也传到了长乐宫和昭阳殿。长乐宫有长信殿，为班婕妤所居，失宠之人闻此，愈增愁怨。昭阳殿是汉成帝为赵飞燕女弟赵合德所筑。这里以“长乐”、“昭阳”对举，既是以失宠之人和得宠之人的不同心情相互对照，又与开头长门宫相呼应。判，断然、肯定之意，亦是悬测之词。缬，眼花时看出来的星星点点。龙子，即蝘蜓，以器养之，喂以真朱，通体变红，重七斤，以万杵捣碎以点女人体，终身不灭。如与人私通则落，所以又名守宫。“花鬟”二句写梳着花鬟的女子已捣衣捣得眼冒金星，娇喘吁吁，而捣碎的龙子亦呈出细细的红纹。“龙子”一语暗透出宫廷女子独居守贞的苦闷，又与舂杵之事有着关联，所以这几句虽然任凭思路飘游回转，却始终不离眼前捣衣情景。这一节大量运用双关语，使联想、比喻、象征和典故融合在一起，表现手法新颖独特、扑朔迷离。双关本是南朝乐府民歌习用的手法，但一般限于谐音双关。而在这首诗里，“双去双来满”，既写双双斟酒的情景，又双关二人共执一杵的动作；“风流响和韵”四句，分不清是写管乐之声还是寒砧之声；“花鬟醉眼缬”，似是写捣衣女子奋力舂杵时的模样，又像是写宫人泪眼如醉的情态。这就大大发展了南朝乐府民歌的双关手法，在意象上也产生了双关。

“湿折”六句又从女子制衣的动作中，化进相思之情。通宵捣衣，被夕露沾湿的衣料又在风中吹了一夜。那玉阶前的风愈吹愈急，捣衣女不由得想起边塞上已应是雪暗长城，所以需赶快篡锦缝衣，寄给征夫。这里不仅借两地相关的风雪表现两地相牵的思念，而且由长城征夫又自然引出《广陵散》和《渔阳掺》的对仗（渔阳在长城边上），从而使砧声与琴声、鼓声又联系起来了：句意真是层层转折，而又相互牵连。《广陵散》为嵇康临终前所奏之曲，《渔阳掺》为祢衡所击鼓曲之名，此处用以形容砧声音节之悲壮，并巧借二曲中的地名与玉阶、长城对应，引出下四句中两地同望新月、同叹秋云的思妇和征客。末四句为全篇总结。《汉书·艺文志》有"别栩阳赋五篇"及"临江王及愁思节士歌四篇"。诗人说听此砧声，如闻这两种离别之曲，令人悲从中来，红颜摧损。实际上是说一篇捣衣之声，亦可翻为一篇离别之赋，或一曲愁思之歌。这正是全诗的主旨所在。

这首诗以秋夜砧声作为主旋律，将捣衣和制衣的一系列动作，以及在此过程中所出现的种种物件加以极度美化，穿插其间，把从宫廷到民间的思妇旷女之怨，表现得既拉沓铺陈又缠绵浓丽。这种大量使用排偶、双关，把典故、暗喻和象征熔为一炉的手法，及其所产生的情调，对后世也有很大影响，在唐代李贺的《恼公》和李商隐的《拟意》诗中，不就可以看到庾信此作的影子吗？ （葛晓音）

寒园即目 庾 信

寒园星散居，摇落小村墟。游仙半壁画，隐士一床书。子月泉心动，阳爻地气舒。雪花深数尺，冰床厚尺馀。苍鹰斜望雉，白鹭下观鱼。更想东都外，群公别二疏。

庾信在长安有一座小园。他曾作过一篇《小园赋》，通过对园中萧疏幽清的景色的详细描述，寄托了其身在市朝、心在尘外的志趣。"寒园"，应当就是赋中的"小园"。

本诗一开头，就把寒园置于一个远离尘俗的环境中：它处在星散分布的居民村墟之间，草木摇落，小小的村庄已一片荒凉萧索。寒园中的主人守着半壁游仙的图画、一床隐士的书籍，俨然过起求仙隐居的生活来了。庾信好以数字构成对仗，如"落叶半床、狂花满屋"、"燋麦两瓮，寒菜一畦"等，这类对仗，多有佳句。原因是这些数词看起来是实的，用到句子中却是虚的；或者用时也取其落实的意思，而给人的感觉却是清疏空灵的。这里以"半壁画"与"一床书"对仗，既用实景勾勒出诗人园居生活的幽雅和清苦，又由诗人与书画朝夕相对的情景，见出他在闲居中求真隐、在人境中思避世的心情。

正是寒冬腊月，诗人却想到了潜藏在地下的阳气。《礼记》说："仲冬，泉水动。"《律书》载，十一月，阳气踵黄泉而出，按十二爻算，为子月。"子月"四句写冬天十一月、十二月之间，阳气虽然被封闭而成冬，却正在地下滋养万物根荄，只等着冬至一到，便要舒动于黄泉。而这时地面上还正下着几尺深的大雪，结着厚厚的冰床呢！尽管如此，自然界的生灵却已感受到那即将从地下萌发出来的阳气了。苍鹰斜望着雉鸟的动静，白鹭飞下去探看游鱼的消息，或许正是等待着冰开雪化、抓住捕食的良机吧？"斜望"和"下观"所写苍鹰与白鹭的眼神和动态，初看略显呆板，似乎没有唐人方干的"鹤盘远势投孤屿"和宋代林逋的"霜禽欲下先偷眼"(《山园小梅》)那样写得生动，但这略显呆板，却正是在冬天活动较少和稍带懒怠的禽鸟的特征，诗人描摹其神情可谓精细之极。

诗人刚从禽鸟的动作感受到始动于地下的阳气，便立即盘算起开春时分，该如何辞官退隐，走汉代二疏那条让人羡慕的路。据《汉书》载，疏广叔侄并为太子太傅和少傅，荣显当朝。后上书乞求致仕，还归故乡。满朝公卿为之在东都门外设帐饯行，送者车数百辆，道旁观者无不称二疏之贤。结尾用此典故，方见一篇中写寒冬之景，均从阳气始动着想，最后只是为了归结到期望来年春天辞官归乡的幻想。寒园之隐，毕竟不是真隐。"游仙"、"隐士"之说，亦只是诗人退隐无术之余的聊以自慰罢了。至于二疏之事，对庾信来说，更是可望而不可即了。即使春天来临，北朝统治者也决不会放他致仕归乡的，他仍然只能在小园中适其闲居之志。下一首《幽居值春》诗所抒写的，便是他在冬去春来之时依回于寒园中的心境。

（葛晓音）

幽居值春　　　庾　信

山人久陆沉，幽径忽春临。决渠移水碓，开园扫竹林。欹桥久半断，崩岸始邪侵。短歌吹细笛，低声泛古琴。钱刀不相及，耕种且须深。长门一纸赋，何处觅黄金？

庾信在《寒园即目》一诗中，表示要效仿汉代疏广叔侄，致仕还乡。但这愿望实际上不可能实现。不过在小园中幽居，也是一种精神上的隐逸。所以这首诗以隐士的心境抒写了他在春天来临之时的愉悦自得之情。

诗一开头就自称为久已陆沉的山人。《庄子》说："方且与世违，而心不屑与之俱，是陆沉者也。"陆沉是指人中隐者，违世离俗，譬如无水而沉。庾信在北朝官位荣显，固然不能称为隐士，但他心如槁木死灰，无意于荣华富贵，只愿适闲居之志，实际上是与世相违之人。因此自称久已陆沉，也并非矫情之语。

当然,即使是枯木,逢春时也会萌发出欣欣生机。诗人在苦闷寂寞的生涯中,忽然感到春天已降临在园中深幽的小径上,他那枯涩的心田也会滋生一点春意的。所以他开始整治自己的小园了:决开水渠,移动水碓,准备迎接降雨;打开园门,清扫竹林,便可理出小径。小桥已经欹斜,而且早已断了半边;崩塌的河岸开始一点点被水侵蚀了。园子本来就是"数亩敝庐"(庾信《小园赋》),加上一冬天没有整治,更显得荒凉破败。然而越是如此,越有一种清寒的野趣,能使诗人渴求离世远遁的心灵得到慰藉。因此,在这里用细笛吹起短歌,古琴弹出低低的泛声,一种幽雅古朴之趣,是富贵乡中人所无法领略的。而小园的好处也正在这里:钱刀之祸不能相及,可以深自耕种,与世事无涉。钱刀,本是古代一种刀形的钱币,这里泛指钱。《风俗通》说:"钱刀,俗说利旁有刀,言治生得金者,必有刀钱之祸。"这里指贪图利禄而招致灾难。"耕种"虽是代指隐居的一般常用语,但也正扣住"值春"的时令。

末二句用陈皇后以黄金百斤求司马相如写长门赋一典,但立意与一般用法不同。这一典故向来借指遭到君王冷落或遗弃的后妃,或比喻被皇帝疏远的臣子。这里却是借喻庾信本人虽有相如之才,却因在此幽居,无人以黄金相求。与"钱刀不相及"句意思相同。事实上,庾信在北朝深受皇帝宠遇,王公大臣慕其文名而争相结交,以黄金求赋之事并不少。结尾这样说,不过是表示自己不愿与贵戚交游的心思罢了。

这首诗写小园值春的景象,并不细致刻画园中各处景物的形貌,而是随诗人的兴致所至,漫笔勾勒出小园荒芜失修的状况,以及诗人悠闲自在的意趣。"陆沉"、"幽径"、"细笛"、"低声"、"且须深"等词汇,形成一种幽细深婉的韵调。全诗正是藉这种意象内含的语感,恰到好处地表达了春临小园时诗人淡淡的喜悦和幽独低回的情味。

（葛晓音）

山　斋　　　　庾 信

寂寥寻静室,蒙密就山斋。
滴沥泉浇路,穹窿石卧阶。
浅槎全不动,盘根唯半埋。
圆珠坠晚菊,细火落空槐。
直置风云惨,弥怜心事乖。

如果说庾信在《幽居值春》诗中是力图从春意初透的荒园里开辟一块寂寞人

外的小天地，那么《山斋》这首诗则是在深秋静夜的幽斋中为自己寻找一个遗忘世事的角落。全诗着力描写山斋的深幽寂静：因为需要一间寂寥无人的静室，诗人来到了被蒙茏茂密的树木所遮蔽的山斋。郭璞《游仙诗》有"绿萝结高林，蒙茏盖一山"句，可作"蒙密"的注脚。首二句先勾出山斋静室隐于深山密林中的环境，下面几句再细写一路寻来所见景致：滴沥的泉水浇在路面上，巨大的山石卧于阶沿下。清泉、巨石，固然是形容山斋附近环境的幽美，却也透出一种使人打起寒噤的清冷。同时，泉水浇路与巨石卧阶又造成山斋被阻隔的感觉，更突出了它的幽深。

"浅槎"二句写浅浅地浮在水上的木头一动不动，盘盘曲曲的树根半埋在土中。这两句是强调山斋周围不但幽深，而且静得好像一切都凝固了。再与"圆珠"二句相参看，可知此处写的是山斋夜景：在一片暗夜中，半埋的树根黑魆魆地竖在那里，浮木像钉在水面上一般死静，这一切都生出令人心惊的神秘感。这时唯有圆珠般的秋露从晚菊上悄悄地滴下，细小的磷火从光秃秃的槐树上无声地掉落。连这点细微的动静都感觉得如此分明，可见山斋之夜是何等寂静了。这两句点出晚秋节令和暗夜时分，并借几点细火的反照，使山斋周围蒙密的树荫、滴沥的泉水、凝滞的水流、巨大的怪石，都一齐笼入黑暗之中，从而构成了清奇、空静而又幽暗的境界。

然而就是躲进这样一个幽深阴暗、见不到人的山斋中，诗人的心事仍然不能忘却。"直置"句意思含混，可作两种相反的理解：一是直接置身于这风云惨淡的山斋秋夜之中（"置"作"安放"解）；二是在这山斋秋夜中，可置风云惨淡的世事于度外（"置"作"搁置"解）。而诗人之意，或许正是要借这含混的句法将两种意思都包括在内：本来置身于山斋中，是想忘却自己所经过的历史风云；谁知更深夜静，远离市朝，反而更加勾起身世可怜之感，为自己一生遭际与心愿相悖而深深感叹。

此诗选择山斋周围富有特征的景物，着力烘托寂寥静谧的氛围，最后却反衬出诗人心头不能平息的风云。前八句写景和末二句抒情形成相互对比的关系，但此情皆由景中生发感悟，并非硬贴，因而全诗虽可见出构思痕迹，却不伤自然之致。（葛晓音）

和王少保遥伤周处士　　庾　信

冥漠尔游岱，凄凉余向秦。虽言异生死，同是不归人。昔余仕冠盖，值子避风尘。望气求真隐，伺关待逸民。忽闻泉石友，芝桂不防身。怅然张仲蔚，悲哉郑子真。三山犹有鹤，五柳更应春。遂令从渭水，投吊往江滨。

这首诗中所伤悼的周处士，是梁朝原来的处士周弘让。处士一般指隐居不仕的士人。据《南史》载，周弘让性简素，博学多通，早年隐于句容茅山，频征不出。晚仕侯景，任中书侍郎，为时人所讥。梁元帝承圣年间，任国子祭酒，官至仁威将军。周弘让既仕侯景，又仕梁元帝，本来不能再称处士。但因庾信本为梁武帝旧臣，当时弘让是句容处士，以其原来的身份作称谓，是表示怀旧的意思。王少保即王褒，早年与周弘让友情甚笃，少保是他在北朝的官职。陈朝与北周通好后，王褒曾有诗及书信赠周弘让，弘让也有复信。后弘让死于陈朝，王褒有诗遥致伤悼之意，庾信这一首为和作。

诗一开头就将死者和自己的归宿加以对照：周处士已死，归于冥冥之中，灵魂去了泰山。而自己则凄凉寂寞，流落到了秦地。谓人死为"游岱"，其说起于汉代。汉武帝惑于方士之说，在泰山设宫祀、建神仙道，希望遇仙升天，所以汉诗中称死人往往说"名系泰山录"。首二句说"游岱"与"向秦"虽为一死一生，但境况并没有太大的不同。这一比较极为沉痛，是诗人全部哀思的触发点。对周弘让来说，是死者一去形不归；对庾信自己来说，是羁留北土，不得还乡。诗人不由得从死者联想到自己：虽是忍辱偷生，但毫无生趣，又与死者何异？写到这里，诗人已分不清究竟是哀悼周处士，还是为自己唱挽歌了。

既是伤悼处士之死，免不了要追忆死者平生与自己的交往。但从庾信本传和其他作品来看，似乎周弘让与庾信早年的关系只是一般相识，这是此诗难着笔处。所以诗人仅着力铺写二人同在梁朝、因仕隐异途而未能接近的遗憾。庾信十五岁即仕于梁朝，而这时周弘让正隐居茅山，一"仕冠盖"，一"避风尘"，自然无由得见。但诗人已久慕处士之名，并期待着与他结交。"望气"二句均用老子典故。《列异传》说："老子西游，关令尹喜望见其紫气浮关，而老子果乘青牛而过。"这里借以表现诗人对真隐的敬仰和求交的诚意。周弘让晚仕侯景，有人问其缘故。周答道："昔道正直，得以礼进退。今乾巛易位，不至将害于人，吾畏死耳。"周因此获讥于当时。庾信称之为"真隐"，自然是不确的。但这里与其说是对周处士隐逸生涯的赞美，倒不如说是怀念梁朝尚能"以礼进退"的时代。所以下面略去周弘让出山后的所有经历，直接跳到周弘让的去世。"忽闻"二句，写诗人忽然听到这位与烟霞泉石为友的隐者去世的消息，不禁哀悼芝草、菌桂不能使之延年。几乎造成了周弘让终生隐居、老死山中的错觉。这样写，既可回避周处士后来已不成其为处士的事实，又将诗人的哀思牢牢地系在周处士隐居的梁朝。这并非为死者讳,而是为了让自己对与故国有关的一切人和物永远保持美好的回忆。

“怅然”四句是对死者的哀挽之词。张仲蔚与郑子真皆为汉时隐士,这里借喻周处士。“三山”指海上蓬莱、方丈、瀛洲三神山。“五柳”典出陶渊明《五柳先生传》。“犹有鹤”与“更应春”对偶,谓处士魂已归仙,与三山神鹤为伴,而故居空余五柳,犹自年年逢春。可叹的是,身在异地的故人,连回到江南旧地去发一通物在人亡的感慨都不可能,只有在渭水边上遥对江滨投书祭吊了。结尾二句用贾生过湘水投书吊屈原的典故,又与开头对应,归结到“同是不归人”的伤悼之情。

此诗题为“遥伤周处士”,首尾均从生者和死者处境的类比着眼,句句哀悼处士之死,又处处伤悼自己之不归,因而使追挽故人的沉痛升华为怀念故国的哀思,读来情词凄婉,余悲无穷。（葛晓音）

对宴齐使　　庾　信

归轩下宾馆,送盖出河堤。
酒正离杯促,歌工别曲凄。
林寒木皮厚,沙回雁飞低。
故人倘相访,知余已执珪。

周武帝天和四年(569),北齐遣使者聘周,这首诗是庾信在接待齐使时写下的。南北朝时,各国出使应对多由才高博学的官员担任。庾信早年曾作为梁朝的使者聘于东魏(北齐的前身),文章辞令,甚为邺下所称。现在庾信再度见到来自邺下的使者,自己却已成为北周官员,内心的尴尬和羞愧是可以想见的。

开头四句,写的是宴别齐使的场面。“归轩”与“送盖”相对,指使者归去的车子已离开了宾馆,主人乘车一直将客人送出河堤,并就地设帐祖饯。筵席上劝酒人频频地传杯递盏;歌工唱着别离之曲,听来甚觉悲凄。酒正,古官名。《周礼·天官》:“酒正,掌酒之政令。”这里应指劝酒的人。这四句写来堂堂正正,然而下面两句,笔势忽然宕开,诗人的目光落到野外的树林,风沙上去了;再下二句,又说到邺下的故友身上去了。如此的意义不相连属,当然不是诗人笔法粗疏,而是他此时内心矛盾的体现。齐使一别,就要回邺下了。想当年,诗人聘使东魏,曾使多少邺下文士相形见绌。所以,安知诗人在与那些北方汉族文人的交往中,不会流露出为这些文士不投奔文物鼎盛的梁朝却以其才学为“夷狄”之国东魏服务而深深惋惜的口气呢?又安知这些文士在他风发的议论之下,不会个个面有惭色呢?那时候,代表华夏正统、礼仪之邦的诗人,是何等的自豪自得呵!不料,曾几何时，邺下的旧友倒尚未凋零，诗人自己却成了另一个“夷狄”之国的臣下。这对照是如此的富有讽刺意味，不能不使他汗颜，以致觉得周围的景物也成了自己的写照。北方天寒，那林中的树木为耐寒而长成了厚皮，不正像自己的厚颜偷生吗？在回旋的风沙之上，大雁飞得那么低，不也正像自己在北朝有志不获伸的处境吗？“林寒”二句本是实景描写，但又别有含意。《汉书》：“晁错曰：‘夫胡貉之地，积阴之处也。木皮三寸，其性耐寒。’”崔豹《古今注》说：“雁自河北渡江南，瘦瘠，能高飞，不畏矰缴。江南沃饶，每至还河，体肥，不能高飞。”既然胡地的树皮都厚、北方的雁都不能高飞，那么在“胡虏”所建的北朝，做人也只有如此。所以这两句也有自我开脱之意。当然，这种开脱连诗人自己也是不相信的，只不过是羞惭之余的无话找话罢了。因此，结尾直道诗人目前已在敌朝执珪的境况，便包含了无限羞惭与无奈。齐使归去，齐地倘有故知问起自己，他们都会知道自己已在北周做官了。这话与其说是托齐使向故人报告自己的近况，还不如说是在战慄地揣想故人对自己的讥评。

庾信自惭终食周粟，不能守采薇之操，实有难堪，情多哀思。随处触发，即成佳作。所以《对宴齐使》本是一首应酬性的公宴诗，经诗人略加数语，竟也成了一首情思真挚的述怀之作。由此既见得诗人痛悔自责之意无时无之，又可使读者领略其点铁成金的大手笔风范。尤其是此诗将感情都强压在宴别相送的礼仪之中，一种含蓄沉厚而又有节制的表达方法，真可使人叹为观止。　（葛晓音）

别周尚书弘正　　庾　信

扶风石桥北，函谷故关前。
此中一分手，相逢知几年？
黄鹄一反顾，徘徊应怆然。
自知悲不已，徒劳减瑟弦。

周尚书弘正，即周处士弘让之兄，梁元帝时任左户尚书。后仕陈朝，天嘉元年(560)，迁侍中，国子祭酒，往长安迎陈顼(即后来的陈宣帝)。天嘉三年，弘正还陈，庾信作此诗送之。题云“周尚书”，仍以弘正在梁所任之职相称，不仅是表示念旧之情，而且还含有不愿承认陈朝禅梁之合法性的深意。

首二句写送别周尚书的地点。扶风，郡名，治所在今咸阳，此借指长安。石桥北，当指分手之处。函谷故关即今河南灵宝境内的故秦函谷关。两者之间，大致就是关中之地。这里将这两个地名说得如此确切，再加上下句一个重重的“此中”，令人感到诗人被羁留的沉闷与苦痛——他是被划定在这个范围里，不得不在“此中”与友人作别的！两个普通的地名，一到诗人笔下，却产生了牢笼一般的感觉，这真是化腐朽为神奇了！

分手在即，而下次相逢谁知要等上几年？平时难得相见的友人，分手时都会提出这类问题，但它出自庾信之口，却不是一般的感伤。其时尽管周、陈已经通好，而庾信却一则被北朝留住不遣，二则陈朝也尚未提出要他回去，加上诗人对陈朝也并无好感，所以他重返江南是完全无望的，而周弘正再度来周的可能也同样微乎其微。因此，诗人问“相逢知几年”，其实是为了掩饰绝望之情的无话找话、徒自排遣。所以，这两句离人预约会期的问话，也和前二句一样，看似平常，细味之却含义深沉——这实在是诗人的诀别之辞呵！

上四句是合说送者与去者，再下二句则是单说去者。古诗《步出城东门》云：“步出城东门，遥望江南路。前日风雪中，故人从此去。我欲渡河水，河水深无梁。愿为双黄鹄，高飞还故乡。”写的是流落北方的游子不能随友人同返故里的悲哀。但诗人这里借用其意，却别有翻新，他是从友人一方着想，揣想他虽然能够南归，但心中决不会忘却不得偕飞的同辈，当其反顾徘徊之际，也应怆然泪下。这两句化用古诗，手法精巧，而情味则如古诗一般淳厚隽永，去者与诗人的交情之深，尽可在此中体味了。

去者悲怆难禁，留者更是哀伤不已。末二句乃归结到诗人自己。《史记·孝武本纪》云：“泰帝使素女鼓五十弦瑟，悲，帝禁不止，故破其瑟为二十五弦。”减去瑟弦的办法或许能减轻某种人的悲哀，而对于诗人来说却是徒劳的。这两句仍是将古人之意更翻进一层，足见诗人不是因为送别友人而一时伤情，由此更令读者为他那亡国羁臣永无尽头的绵绵长恨，而黯然神伤不已。

这是一首直抒离情的送别诗，先写送别地点，惜别之情，而后分写去者和留者的悲哀。章法先合后分，十分自然地随着情势发展。由于是把心曲说给相知甚深的故人听，所以也用不着有所忌讳、用不着曲折的构思和精巧的琢句，就这么平平地说来，加几个最常见的比兴手法，其一片至情，反倒能表现得格外分明。

（葛晓音）

舟中望月 庾 信

舟子夜离家，开舲望月华。
山明疑有雪，岸白不关沙。
天汉看珠蚌，星桥视桂花。

灰飞重晕阙，蓂落独轮斜。

这首诗写舟中望月的景象，想象之新奇，为南北朝诗中所罕见。开头简单交代舟子夜中离家、开船之后仰望月华的情景。然后写两岸青山似乎蒙上了一层白雪，细看江岸上皑皑银白，又却并非沙色。这两句不过是说月光照耀下，山如积雪，岸似银沙。但构句按望月人感觉与思维的先后顺序排列，便觉新鲜：前句之"疑"是错觉，后句随即否定，已经历了一个短暂的辨认过程。这就通过微小的心理活动写出了人对月光之明的直觉感受。这种按照心理感觉的次序描写景物、组织句子的构思方式，后来常为杜甫所效仿。

看到两岸月色如此明亮，自然会转而仰望高朗的夜空。但见明月在银河之旁，犹如晶亮的珠蚌。而银河上的星桥则像月中散出的桂花。这两句新颖美丽的比喻，出自诗人丰富的学识和天真的想象。《吕氏春秋》说："月望，则蚌蛤实，群阴盈。月晦，则蚌蛤虚，群阴缺。"《龟策传》说："明月之珠，出于江海，藏于蚌中，蚗蚩伏之。"月圆如蚌之盈珠，所以用"蚌蛤实"喻月望。蚌生江海，那么天上银河里不也会生出月亮这个大珠蚌吗？而月中又传说有桂花，据说高五百丈。月色既是如此明亮，那月中的桂花也必定都是闪闪发光，所以散在天上都变成了星斗。这一虚幻的想象又是多么合乎生活的经验！

月轮的光辉虽然洒满青山、江岸和星空，但它已开始由圆转缺。《淮南子》："画随灰而月晕阙。"据说以芦灰为环，缺其一面，天上的月晕也相应地会缺这一面。"灰飞"句写的是满月的月晕已出现缺损的景象。《竹书纪年》说："帝尧在位七十年，有草夹阶而生。月朔，始生一荚，月半而生十五荚，十六日以后，日落一荚，及晦而尽。月小，则一荚焦而不落，名曰蓂荚。"古人用荚生和荚落的数字来计算月之朔望。小月二十九天，有一荚不落，称为蓂荚。那么蓂落应指大月。"蓂落独轮斜"，可见诗中所咏之月应是大月里已过十六的月亮。

此诗咏月虽然全不关情，但舟中所见江山月色，与天河星桥对应，构成了一个水天相映，上下通明的晶莹世界。全诗依人的视线和感觉顺序逐层分写山光、月影、星晖，最后托出一轮斜照当空的孤月。尽管谋篇构句不求精巧，但诗人将生活实感与书本知识相结合而产生的奇思妙想，却给唐人开辟了想象的新天地。

（葛晓音）

喜 晴 庾 信

比日思光景，今朝喜暂逢。

雨住便生热，云晴即作峰。
水白澄还浅，花红燥更浓。
已欢无石燕，弥欲弃泥龙。

诗题为“喜晴”，并未指明季节，但读后可知所写的是夏初连阴天后放晴的光景。这首诗的好处，正在于能真切地道出人们此时此刻常有的感受。

连日来一直想见到一点日影，今朝总算出了太阳，就像见到了一个久别暂逢的老朋友。“喜暂逢”三字格外亲切，又有一种唯恐日出不会长久的轻微忧虑。这正是苦于连阴天的人们盼到天晴时的共同心理。雨一停，天马上就热起来，天一晴，云就聚成山峰的形状：这是炎夏时节里久雨放晴时的特有景象。因空气中饱和水分，骄阳一照，立即热气蒸腾。而天上的阴云刚刚散开，还积压在天边，也叠成了连绵的云峰。这两句出语质拙，就像以俗语率意入诗。尤其“雨住便生热”一句，几乎就是人们在此时常说的口语，用在此处，不但贴切，且更觉有味。

下足了雨以后，水色澄净清浅。空气收燥时，被雨洗净的花色更红更鲜。雨后看景，分外鲜亮，这也是人们常有的视觉感受。“水白”一句，连用“白”、“澄”、“浅”三字，渲染水色的清白；“花红”一句，用“浓”字加强“红”的色调：这都是为了突出“白”与“红”的色彩对比，以体现出放晴时万物的格外明亮鲜丽。

《湘中记》说：“零陵有石燕，遇风雨来则飞舞如燕，止则为石。”“无石燕”说明已没有风雨再来的兆头。“弥欲弃泥龙”。“泥龙”一作“工龙”。《淮南子》说：“土龙致雨。”高诱注：“汤遭旱，作土龙以像龙；云从龙，故致雨也。”泥龙本是旱时求雨所用，现在已下足了雨，便可弃之不用了。末二句欢欣天已放晴，旱象亦复解除。“石燕”与“泥龙”对举，虽是用典，却也借其字面，使人联想起燕飞龙舞的景象，全诗在云峰、白水、红花的静态背景之上，似乎也有了动景的补缀，这样，诗境就更富有生气了。

庾信晚年诗歌的趋于老境，固然主要体现在他那些苍凉激楚、刚健遒逸的咏怀诗上，但这类描写日常生活的诗篇，也同样反映了老成有致的特色。此诗表现生新，而以拙句出之，避免了齐梁诗求新而易落入纤巧的弊病，正是其所以为老成的重要原因之一。这种境界，唐人中唯有杜甫能够心领神会。　（葛晓音）

晚　秋　　　　庾　信

凄清临晚景，疏索望寒阶。
湿庭凝坠露，抟风卷落槐。

日气斜还冷，云峰晚更霾。
可怜数行雁，点点远空排。

“晚秋”是庾信晚年心境的写照。诗人往往将他悲凉的心绪织入秋天萧疏的景色，构成凄清落漠的境界。这首诗一开头便直接抒写晚景的凄凉。晚景既是指眼前的晚秋落照，又兼含晚年境况之意。首句实为点题之语，意思直贯全篇。以下虽然再不作一句情语，但因被开篇的情绪所笼罩，所以具体的景物描写也都句句关情。

诗中的景物描写随视线的转移由内向外拓展：寒阶是诗人伫立之处，怅望四周，已是一片疏落萧条。再看坠落的露珠凝聚在地，已沾湿了庭院。一股股小旋风从地上刮过，卷起了槐树的落叶。西下的斜阳送来阵阵凉意，层层云峰到傍晚时更加阴霾。在这一片旷荡空虚的秋色中，只有几行寒雁，像一个个小黑点排列在远空。全诗每句景物描写都是典型的晚秋特征，诗人将它们集中在一首诗里，按照由近及远的次序排列，更令人感到秋气的无处不在，秋意的浓重凄寒。以致无须再作情语，景语本身便充满了凄愁冷落之感。正因如此，景才成为诗人心境的外化。由此看来，景中是否有情，不全在于是否能使情渗透其中。只要景物的选择与组合能集中表现出某种与心境相应的氛围，同样能形成景中有情的诗境。

（葛晓音）

侠 客 行 庾 信

侠客重连镳，金鞍被桂条。
细尘鄣路起，惊花乱眼飘。
酒醺人半醉，汗湿马全骄。
归鞍畏日晚，争路上河桥。

侠客被写进古诗，始于曹植的《白马篇》。魏晋以后的游侠诗大多赞美游侠的勇敢机智和爱国热情，通过罗列游侠的各种高超武艺，夸张人物的慷慨意气，较富于理想色彩，很少个别、具体的情景描绘。庾信的这首侠客行，则取材于现实生活中的情景，截取侠客醉后跑马上桥的一个场面，借助细节的描写和气氛的渲染，生动地反映了人物的精神面貌。

诗一开头，首先推出侠客连骑而行的一个特写，写游侠风采。“镳”即马衔，“重连镳”是说侠客重义气，好交友，喜欢乘马相连而行。“桂条”指一种名马。“金鞍”句本意是名马身上披着金鞍，而“桂条”的字面意义又造成金鞍上披饰着桂枝的错觉。这就使侠客一出场便平添了几分风流。

侠客在路上跑过，带起一溜细尘，障蔽了路面。纵马过处，惊得花片纷纷飞落，在喝得醉醺醺的侠客眼前乱飘。“惊花”句不仅渲染出春天的气氛，为整个画面添上了一笔鲜丽的色彩，而且表现了微醉之人在眼花耳热之后的视觉感受，尤为细致传神。在这一片纷纷扬扬的尘土和飞花之中，坐在马上的人含着醉意，浑身被汗湿透的马也像人一样带着骄态。“酒醺”二句描摹真切，读之几乎能闻到他们身上散发的汗气和酒味。以上写人马由远而近、疾驰而过的姿态和意气，远景与近景快速交接。全诗最后在这群人马并驱急驰、争上河桥时结束，犹如定住的亮相，令人由侠客们在归途中仍然争强好胜的神情，想到他们平时狂放纵恣的生活。

据倪璠注，此诗一作《画屏风诗》二十五篇之首。能将画上的情景写得栩栩如生，还原为如在眼前的情景，已属不易。更重要的是，这首诗使游侠以一种崭新的风貌进入了诗歌：他们意气相倾、骀荡豪纵，联骑飞鞚，狂饮酒肆，“相逢意气为君饮，系马高楼垂柳边。”（王维《少年行》）“落花踏尽游何处，笑入胡姬酒肆中。”（李白《小放歌行》）唐代诗人更倾心的显然是这种风流侠少的气质和风度。因此，从南北朝到初盛唐，游侠诗的主题由抒写侠士的英雄气概和报国志愿，转为表现人物的少年意气和风流豪宕，艺术表现也由一般的概括罗列转为细节神情的刻画和一角小景的截取。游侠题材所发生的这一重要变化，正是以庾信这首《侠客行》为信号的。

（葛晓音）

寄徐陵　　庾信

故人倘思我，及此平生时。
莫待山阳路，空闻吹笛悲。

徐陵，字孝穆。在梁武帝时与其父徐摛同为东宫学士，与庾信父子出入宫廷，文并绮艳，时号“徐庾体”。侯景之乱时，徐陵正使于东魏。不久北齐禅魏，梁元帝通使于齐。徐陵屡求回梁复命，却被拘不遣。直到江陵沦陷，齐才放陵还南。陈武帝时任尚书左仆射等职。正因为徐陵与庾信早年同在东宫，又都有过一段出使北方被拘的经历，而徐陵终于南归，庾信始终羁于北方。所以对比之下，更引起诗人的伤感。

此诗寄给徐陵，本当诉说自己对徐陵的思念。全篇却只从徐陵一方着想，劝故人要是还思念自己的话，最好是趁自己还活着的时候，否则一旦作古，就空有山阳闻笛之悲了。末二句典出向秀《思旧赋序》：“邻人有吹笛者，发声寥亮，追思曩昔游宴之好，感音而叹，故作赋云。”赋中有“经山阳之旧居”之语。诗人想象自己死后，徐陵如果想起早年与自己的游宴之好，那时就会后悔没有在故人生前多叙旧情了。话说得如此凄凉，只能出自一个对人生已经绝望的诗人之口；话又说得如此哀婉，全凭着对故人的友谊深信不疑的挚情；话里似乎还对友人带着些微责备，那是一颗孤独的心在乞求故土的温暖，是一个濒死的人从旧游中寻找安慰。这是生人提前替友人为自己唱的一首挽歌。不必再提屈仕敌国的羞惭，也不必再谈思归不能的悲哀。因为这一切，有过类似经历的徐陵都能理解。因此，种种感慨、种种思念，都包含在这丧失生趣的叹息中了。而这首小诗也因此作到了最高度的含蓄。至于典故的贴切，角度的新颖，只是帮助诗人找到了表达诗中内涵的最简洁的方式罢了。　（葛晓音）

寄王琳　　庾信

玉关道路远，金陵信使疏。
独下千行泪，开君万里书。

王琳原为梁朝武将。梁元帝建都江陵时，因王琳部众很多，又深得人心，于是心生疑忌，将他遣到岭外。江陵被围时，元帝又征王琳赴援，任命他为湘州刺史。王琳军至长沙，西魏已陷江陵。王琳遂为元帝举哀，遣兵攻打西魏所立的傀儡皇帝萧詧，并传檄四方，将图义举。陈霸先在建邺立元帝之子敬帝，征王琳为侍中、司空。王琳拒不受命，并擒获陈霸先派来讨伐他的将领。陈霸先篡梁称帝后，王琳移驻郢城，与霸先相抗拒，后兵败被杀。庾信这首诗，似是收到王琳寄书后所作。

首二句以“玉关”和“金陵”对仗。“玉关”喻自己身留长安，如远戍玉门。“金陵”指梁朝旧都建邺。敬帝虽仍以建邺为都，但年仅十三，实为陈霸先之傀儡，三年后即被迫让位。在这种形势下，南北隔绝，自然极少有信使往来。因此“信使疏”三字，包含着对政局动荡的不安和忧虑，以及对故都金陵的翘望和怀念。

在这种南北音信断绝的状态中，忽然收到王琳在万里之外的来信，诗人的激动是可以想见的。读到后二句，方知前面强调信使之疏，主要是为了突出远方来信的珍贵。何况这还不是一般故人的来信，它送来了梁室的忠臣将要复国雪耻的信息。诗人的千行泪水不由得滚滚直下，是因梁室尚有忠臣而喜极感泣？还是对比之下，更为自己屈仕敌国羞惭痛悔？是因为重新勾起亡国丧家的哀痛？还是因王琳仍然怀念自己这个已经失节的故人？连诗人自己也说不清。此刻，只有流不完的泪水才能表达他无法用语言表达的心情。

这首诗只有短短四句，却凝聚着收到故国旧友来信时心头涌出的万千感慨。诗句虽然对仗相当工巧，却犹如随口道出一般自然，强烈的激情正如千行泪水直泻而下，将琢句的痕迹冲刷一净，构成了深挚动人的艺术境界。　（葛晓音）

和庾四　　庾信

离关一长望，别恨几重愁。
无妨对春日，怀抱只言秋。

庾四是庾信的宗人，可能名庾季才。《北史》、《隋书》并称季才与庾信的八世祖先都是庾滔。江陵沦陷时，被掳入长安。与庾信同为羁臣，并参与校书。常在良辰吉日和梁朝旧臣为文酒之会。这首诗当是游春之时庾信和庾四的倡和之作。

首句“离关”并非专指某处地名。身处北朝，登临关塞，处处触动离情，那么这“离关”就是使自己与乡关隔离的关口。长望乡关，只能勾起几重别恨，几重离愁。所以虽是大好春日，在离人看来，却像是惨淡的秋天。“怀抱只言秋”，有点像拆字谜。怀抱为心之藏所，心中言秋，是“愁”字。但这里仅是借用这种文字技巧来表现诗人落漠的情怀。试想：春天是万物更新、生机蓬勃的美好季节，它在诗人的怀抱中却只是投下了萧索凄凉的暗影。明媚的春光尚且变成无边的秋意，那么当秋天来临时，诗人的心情又当如何呢？“自怜才智尽，空伤年鬓秋，”(《拟咏怀》其三)，“怀秋独悲此，平生何谓平”(《拟咏怀》其九)，诗人怀秋既是为平生之坎坷而悲哀，也是因空待年鬓染上秋霜而感伤。怀抱的悲凉枯淡，使诗人丧失了对春日丽晖的正常感受，只有枯槁疏淡的穷秋才是他抑郁寡欢的心境的写照。这就无怪乎他对着春日也只能发怀秋之悲了。

在庾信抒写乡关之思的众多诗作中，这首小诗的别致之处在于用春与秋的对比，通过春光在诗人心中引起的反常感受，表现出他终年沉浸在离恨别愁中的精神状态。因此虽然语意直白，却也颇可吟味。　（葛晓音）

重别周尚书二首(其一)　　庾信

阳关万里道，不见一人归。
唯有河边雁，秋来南向飞。

周尚书即周弘正。陈武帝天嘉三年自周南还。庾信已先有《别周尚书弘正》一首相赠，所以本诗题为《重别周尚书》。

阳关在今甘肃敦煌西南，玉门关以南，是出塞必经之地。这里比喻自己羁留长安,犹如在阳关之外。周陈通好之前,南北隔绝,凡是由南入北之人,正像走出万里关塞之外,没有一个能够回来。周弘正天嘉元年(560)来周,三年返陈,是最早打破这种隔绝状态的南方来使。所以这首小诗一开头便展现出一条空荡荡的阳关大道。虽是遥遥万里,却空旷无人,不见一个归客。这就将周弘正归去之前南北隔绝的政治形势高度抽象以后,又化为具象,使人感到周弘正的返陈,在当时真可算是旷代绝世的大事件了!

在如此空廓绝远的背景之下,却有几只来自黄河边的大雁,披着一身秋日的阳光,悠悠地向南方飞去。万里空旷处,无人却有雁,可见这雁儿飞去是多么的不易;诗人被羁束于西北长安一隅,有乡难回,这雁儿却能南飞,它飞得又是多么的令人艳羡;而这不受人世拘管的大雁,又反衬出南北人民失去交往自由是多么的痛苦!因此,这四句诗的巧妙之处,在于诗中所展示的眼前景物,虽是简笔勾勒,却境界寥廓、含义深邃。尤其是那高飞的大雁,既是对周弘正特殊身份的贴切比喻,又寄托着诗人的羡慕之情,而它在万里阳关大道的背景衬托下,又升华为自由的象征。诗境的高度提炼,使这首小诗的容量超出了诗人送别故人的本意,如果用它来形容历史上各个分裂时期的人们被阻隔的心理状态,也是完全适宜的。"两岸舟船各背驰,波痕交涉亦难为。只馀鸥鹭无拘管,北去南来自在飞。"(杨万里《初入淮河四绝句》)南宋诗人杨万里羡慕不为疆界所限的鸥鹭,不正与庾信羡慕大雁的心情相通吗?那么,谁能说杨万里在写作这首名诗的时候,没有想到过庾信的这首小诗呢?

(葛晓音)

秋夜望单飞雁 庾 信

失群寒雁声可怜,夜半单飞在月边。
无奈人心复有忆,今暝将渠俱不眠。

在七言绝句形成的过程中,这首诗是值得重视的,七言绝句,贵在景是眼前景,语是口头语,而又要语近情遥,含吐不露。庾信这首诗尚未全脱北朝乐府民歌之质,但在表现上却已发生了由民歌转为绝句的显著变化。

诗人在秋夜听到一只失群寒雁可怜的哀鸣,不觉起身仰望,只见它孤单的身影正在明月边飞翔徘徊。首二句以明白朴素的语言勾勒出一幅剪影式的画面,使那只寒雁的身影在秋月的衬托下显得更加孤独、凄惶,也更引起人们的同情。然而三、四句却将句意一转,道出望雁之人心中的苦恼:因有所忆念,今夜与寒雁都将不能成眠。这么一转,便将诗中含意加深了一层。本来是人因不眠才听到孤雁的哀鸣，而孤雁的哀鸣又更增添了人心的酸楚，越发不能成眠。读者若联系作者的身世处境来看，不难想到：那失群的孤雁，恰好是诗人目前处境的一个绝妙比喻。独自羁留北地的诗人，不正像这只失群的寒雁一样不能飞向南方吗？但这两层意思在诗中却不须明言，既已点出望雁之人与孤雁同样不能成寐，个中深意，便自可体味了。

由此可见，这首诗已初具七绝的规模，不仅因为声律已合规则，还在于它能通过三四句意思的转折，将诗境拓深一层，形成意在言外的韵味。当然，它的声口和用语还酷肖北朝乐府民歌，还不是一首成熟的七绝。但也正因如此，这首小诗才能以其典型的过渡状态，显示着民歌向七绝转化的痕迹。（葛晓音）

陈诗

【作者小传】

周弘正

（496—574）　字思行，陈汝南安城（今河南汝南东南）人。周捨侄。梁时初任太学博士，累迁国子博士，有盛名。侯景之乱时，自拔至江陵，为梁元帝左民尚书、散骑常侍。江陵失陷，奔建康，为大司马王僧辩长史，官至都官尚书。入陈，任太子詹事、侍中、国子祭酒，曾往北周迎陈顼（即陈宣帝）。还授金紫光禄大夫。后迁特进，仕至尚书右仆射，卒于官。事迹具《陈书》卷二四本传，又附见《南史》卷三四《周朗传》后。有集二十卷、其他著述四十余卷，已佚。《先秦汉魏晋南北朝诗》辑得其诗十四首。

答林法师　　周弘正

客行七十岁，岁暮远徂征。
寒云结不解，陇水冻无声。
君看日近远，为忖长安城。

这首诗见《艺文类聚》卷二十九，而明嘉靖十年（1513）安国桂坡馆刻本《初学记》卷十八引作江总诗，题为《同庾信答林法师》，中华书局据清古香斋刻本排印的《初学记》又以“同”字为“周”字，乃遽改为周庾信诗。按安氏所刻《初学记》有残宋本为依据，所列诗题当属可信，唯以为江总诗则大谬。考《南史·陈本纪》，陈后主祯明三年(589)，隋兵渡江灭陈，后主与王公百司被俘送长安，尚书令江总正在此行之中。这便是江总一生中首次来到长安的时间。陈后主祯明三年亦即隋文帝开皇九年，而庾信早在开皇元年(581)已物故，江总既不可能与庾信在长安相见，又焉能有同答林法师之事?

周弘正初仕梁朝，侯景之乱，至江陵归附梁元帝，授黄门侍郎，迁左民尚书，加散骑常侍。此时庾信亦在江陵，官御史中丞，转右卫将军，加散骑常侍。由《庾信集》今存赠别周氏兄弟诗来看，周弘正与庾信在江陵时期当有密切交往。江陵陷落，周弘正遁围而出，转归建康(今江苏南京)依梁敬帝。入陈，授太子詹事。天嘉元年(560)，迁侍中，国子祭酒。周、陈通好，陈朝乃派周弘正出使长安，迎接留在长安的安成王陈顼(即后来的陈宣帝)回国。直至天嘉三年春正月，北周遣使送陈顼南归，周弘正一同护送返回建康。

周弘正此次抵达长安，与阔别六年之久的老友庾信重逢了。他乡遇故知，二人愉悦之情可以想见。等到周弘正告别长安之日，庾信眷念二人交谊、慨叹己身遭遇的感情如长江之水夺峡而出，再也遏制不住。今天保存在庾集中的送别周弘正的诗竟有三题四首之多。这些诗缠绵沉痛，足可说明周、庾的交情是何等笃厚。

由此推想，周弘正驻足长安的两年中，必是和庾信等南朝旧臣时相过从酬唱。在庾信现存的作品中虽然已不见有以《答林法师》命题的诗，但认为庾信、周弘正与林法师曾有过雅集，彼此各有所作，弘正之作题曰《同庾信答林法师》，应该是完全合情合理的。至于林法师究竟为谁，史无明文，疑即北周同州(今陕西大荔)法师任道林，《广弘明集》卷十载其《修述邺宫新殿废佛诏对事》一文，其余事迹亦无考。

周弘正的这首诗语意浅显，所写无非是北上途中的见闻和感受。开头两句直接从岁晚客行写入，上句点行年，下句点岁时。周弘正抵达长安是在元嘉元年三月，这一年他六十五岁，此处说“七十岁”，当是举其成数而言。再由“岁暮”二字推断，他们一行北上出发的时间应在上一年亦即永定三年(559)的岁尾，此时隋文帝已即帝位，并已徙封陈顼为安成王，但尚未改元元嘉。“徂征”的意思是说远行，这里用“远徂征”代指客行，似曾熔裁过西晋陆机的诗句:“牵世婴时网，驾言远徂征。”(《于承明作与士龙》)而且以此行为作客，其中也含有悲苦难言之情。

三、四两句，具体描写北地景色。寒云布结，陇水成冰，俱承“岁暮”二字而来。北地岁暮，适值隆冬，行旅艰难，诗人身履其境，不免有遭际苦寒荼毒的喟叹。五、六两句，结出此行目的地在长安，以急欲到达的心情遥切答诗之意。这里用“日近远，为忖长安城”，涉及一段有名的睿智故事。据《世说新语·夙慧篇》记载：晋明帝司马绍九岁的时候，有一次坐在晋元帝膝上玩耍，恰在此时有人从长安来报告那里的消息，元帝就问明帝：“你说长安和太阳哪一个离我们更远一些?”明帝说：“太阳远。没听说谁从太阳那里来。”第二天，元帝与群臣宴会，又用这事问明帝，明帝竟回答：“太阳近。因为抬眼可以看见太阳，却看不见长安。”是“日近长安远”，还是“日远长安近”，诗人的思忖中有向往有企盼，这是由他此行迎驾的使命所决定的。

周弘正自称有才无相，生得状貌不扬，还有些口吃，但博学专精，尤善谈玄理，是梁末玄宗领袖。所作诗不多，今存十余首，皆明白晓畅，富有真情实感。

（许逸民）

【作者小传】

周弘让

陈汝南安城(今河南汝南东南)人。周捨侄，周弘正弟。梁时隐居于句容(今江苏句容)茅山，侯景之乱中，被迫受景官职，为时所讥。后任国子祭酒、仁威将军。入陈，以白衣领太常卿、光禄大夫，加金章紫绶。事迹附见《南史》卷三四《周朗传》后。有集九卷、后集十二卷，已佚。《先秦汉魏晋南北朝诗》辑得其诗四首。

留赠山中隐士　　周弘让

行行访名岳，处处必留连。
遂至一岩里，灌木上参天。
忽见茅茨屋，暧暧有人烟。
一士开门出，一士呼我前。
相看不道姓，焉知隐与仙。

这首诗最早载于《艺文类聚》卷三十六，题作《无名诗》，《文苑英华》卷二百三十二始作今题，两本文字小有不同，此从《类聚》。

这是一首赠别诗，作于周弘让隐居茅山时。因为作者与隐士萍水相逢，无旧情可叙，所以诗中只写了此次入山的经历。首二句“行行访名岳，处处必留连”，这是全诗的总冒，总说爱山痴情，醒出“留赠”的动机。所谓“必留连”者，是山光水色，还是高士逸人，读下文便自明了。次二句“遂至一岩里，灌木上参天”，由总说转入特写，深岩茂林，简捷交代出隐士出场的大环境。五、六两句“忽见茅茨屋，暧暧有人烟”，接写小环境，人虽未见，但茅屋炊烟已先透露出屋中人物的信息。七、八两句“一士开门出，一士呼我前”，写隐士破门而出，由于上文对环境的描写十分具体，及见其人，不觉丝毫唐突，反觉欣然可喜。这二士自是隐士，而其开门迎我，呼我晤言，则诗人自己的身份，不着一字，读之者已尽知之矣。“开”字“呼”字略嫌直拙，但用在此处却非常形象传神，隐士不拘俗礼，一派真性流露的性格跃然于读者面前。末二句“相看不道姓，焉知隐与仙”，不言姓氏，足见二士是不求闻达的真隐士，与身在山林，心存魏阙的假山人全然异趣。如此真隐士，谓之“隐”固然不错，然单说一个“隐”字，诗人总觉不能满意，因此题目中虽明言“隐士”，而到了诗末反谓不知为隐为仙，使全诗境界顿时翻上一层，于平铺直叙中逗出妙趣。

不难看出，全诗的造语大都平常，唯有“忽见茅茨屋，暧暧有人烟”二句，显然借鉴了陶渊明的《归园田居》诗句：“暧暧远人村，依依墟里烟。”虽加点化，仍保留了陶诗的韵味。全诗的结构也无奇处，一气直说，明白如话家常。可正是如此平常的结构和语言，却使人领略到了作者的一片真诚率真的心意，领略到了他对山中隐士的由衷叹赏。司空图《诗品·实境》所谓“取语甚直，计思匪深。忽逢幽人，如见道心”，说的正是这么一种境界，至于司空图“一客荷樵、一客听琴”的形容，更是与“一士开门出，一士呼我前”如出同一机杼。由此可见，本诗实堪称二十四诗品中“实境”一品的范例。清张玉穀在《古诗赏析》中评价这首诗说：“诗境似平直，而一种清真之气，自然流露，梁、陈间逸品也。”（卷二十一）和梁、陈间风靡一时的“宫体”诸作相比，像周弘让这首具有真情实感而又天然无雕饰的诗，确实应无愧于“逸品”之称。

（许逸民）

【作者小传】

沈　炯

(501—560)　字礼明，一作初明，陈吴兴武康（今浙江德清）人。梁武帝时，官至吴令。侯景之乱起，入梁将王僧辩幕府。梁元帝时，封原乡县侯，征为给事黄门侍郎，领尚书左丞。及江陵陷，入西魏，授仪同三司。梁敬帝时被放回建康，任司农卿、御史中丞。陈立，加通直散骑常侍。后加明威将军，奉命回乡聚兵，病卒于吴中。事迹具《陈书》卷一九及《南史》卷六九本传。有集二十卷，已佚，明人辑有《沈侍中集》，《先秦汉魏晋南北朝诗》辑得其诗十九首。

长安还至方山怆然自伤　　　沈　炯

秦军坑赵卒，遂有一人生。虽还旧乡里，危心曾未平。淮源比桐柏，方山似削成。犹疑屯虏骑，尚畏值胡兵。空村馀拱木，废邑有颓城。旧识既已尽，新知皆异名。百年三万日，处处此伤情。

沈炯，仕梁为给事黄门侍郎，领尚书左丞。梁元帝承圣三年(554)十一月，江陵陷落时为西魏所虏。梁敬帝绍泰二年(556)放还至都，除司农卿，迁御史中丞。后仕于陈。于陈文帝天嘉二年(561)去世，享年五十九岁。诗题中的“长安”(今陕西西安)是西魏的都城；“方山”在今南京市江宁区东南，距离梁朝的都城建康(今江苏南京)不远。结合诗中所写的情况来看，此诗当是诗人由长安放还，行近都城建康时的抒怀之作。

开头四句交代自己被俘与放还之事，这是诗人痛定思痛的回顾。“秦军坑赵卒”，用秦将白起的典故。周赧王五十五年(公元前260)，秦、赵长平(今山西高平西北)大战，白起坑杀赵降兵四十万，释放回赵的仅小弱者二百四十人。诗中借指西魏攻入江陵时的驱杀无辜，俘王公以下及选百姓男女数万口为奴婢，分赏三军，驱归长安，小弱者都被杀死。沈炯与王褒等名士都是在江陵陷落时被俘至长安的。“遂有一人生”，转说自己大难不死，得以幸存。随后两句进一步说到自己的行踪与心情：“虽还旧乡里，危心曾未平。”尽管人已还乡，而仍心有余悸。一二句从社会不幸说到个人侥幸，形成句间的第一次跌宕，三四句以平安返乡之身反跌出惊恐不安之心，文意再次转折，真是笔区云谲，文苑波诡，极其细腻而深入地表现了一个在大动乱中出生入死的幸存者的复杂心态与微妙感情。

接着的四句就“危心”二字生发，所述情事，时间上关合过去与现在，空间上从来路写到方山。“淮源比桐柏”，诗人尚处身于自长安至方山途中。淮河源出于河南省桐柏县西南的桐柏山，流经河南、安徽等省，至江苏入洪泽湖。“比”是紧靠的意思。这里强调山水相连，隐寓有敌方距我并不遥远之意。“方山似削成”，则是已来到方山时见到的情形。方山，又名天印山，四面等方，孤绝耸立，故名。六朝时为交通要道，商旅聚集。“似削成”状山之形，同时这样的山形也是献愁供恨之物，易于触发有关战争的联想。随后两句是诗人的自我心理描写，将隐寓于“淮源”、“方山”二句中的担惊受怕的心理挑明：“犹疑屯虏骑，尚畏值胡兵。”“犹”、“尚”二字表明，疑心在山水之间驻扎敌骑，恐惧在行进路上遭遇胡兵，并非始自今日，而是过去“曾疑”、“曾畏”，至今犹然。这样就不仅在空间上自远而近从桐柏、淮河一直写到方山，而且在时间上又从现在回溯到过去，从时空两面将“曾未平”的“危心”写深写透。

诗人的“危心”是动乱现实的曲折投影。动乱后的现实又是怎样的呢？“空村”等四句以事实作了回答：“空村馀拱木，废邑有颓城。旧识既已尽，新知皆异名。”“村”是“空”的，“邑”是“废”的；“馀拱木”与“有颓城”，以有说无，见出村邑无人，从而自然过渡到直接说人的后两句。人事更是不堪言状了：老朋友已经死绝，接触到的都是陌生人。杜甫有两句诗说：“访旧半为鬼，惊呼热中肠。”(《赠卫八处士》)如今诗人所遇无故物又所见无故人，岂不更要涕泣交零、“怆然自伤”了！为什么诗人在归途上所见村、邑以及在驻足之地方山在人与物两面会有如此巨大的改变呢？原来在江陵陷落的前后十年间，江淮一带战乱迭起。先是侯景反于寿阳，攻入石头城、台城。随后东魏尽取淮南之地。北齐在取代东魏以后，据有了萧梁在长江以北的国土，并多次兴师动众，进袭建康。例如，在诗人沈炯陷身西魏的下一年，梁朝的谯、秦二州刺史徐嗣徽投降北齐，进攻建康，占领石头城，齐兵过江助战，为梁将陈霸先所败。再下一年，萧轨、徐嗣徽等率齐兵十万渡江至芜湖，进迫建康，陈霸先苦战大破之。不难想见，战乱为害之酷烈。诗人此次回归建康，迂回取道方山，当亦是与道路艰难有关。

结尾两句，便是诗人在饱历了丧乱景象之后伤心至极的直白。“百年三万日”，指人生一世；“处处此伤情”，以“处处”映衬比较，凸显出此行引起的伤痛无以复加。

全诗语言白描，感情真挚，于疏淡处见沉郁，于浅切中寓沉痛。“空村”等四句，以大写意笔法为动乱现实传神写照，惊心动魄，一字千金。诗中的心理描写委婉细腻，虽然局限于诗人一己，却是时代动乱的更为深入的反映。陈子昂曾慨叹“汉魏风骨，晋宋莫传”(《与东方左史虬修竹篇序》)，所说的只是一个大的趋势；从此诗及左思、鲍照等人的诗作中我们还可知道，具有风情骨力的作品，自晋宋以还至于唐初，其实并未绝响。 (陈志明)

【作者小传】

释洪偃

(504—564) 本姓谢氏，陈会稽山阴(今浙江绍兴市)人。梁时游于建康，后出家，受梁武帝、梁简文帝父子优礼。梁末，避乱于缙云(今属浙江)。陈时复出，讲学于宣武寺。《续高僧传》存其诗三首。

游钟山之开善定林息心宴坐引笔赋诗　　释洪偃

杖策步前岭，褰裳出外扉。轻萝转蒙密，幽径复纡威。树高枝影细，山尽鸟声稀。石苔时滑屐，虫网乍粘衣。涧旁紫芝晔，岩上白云霏。松子排烟去，堂生寂不归。穷谷无还往，攀桂独依依。

南京钟山之南的开善、定林二寺，梁、陈时已屡见篇什。这首诗为洪偃游山至寺后所作，表述在山中赏玩清景的感受。

开头四句，描述出寺游山。在去钟山前岭的路上，诗人拄着手杖，提起衣襟，走出山门，步入山中深处。路边的藤萝越来越茂密，幽僻的山路也越走越迂回曲折了。在这四句中，虽没有多写山景，但轻萝、幽径已渲染出山中的幽深景色。

随着山路的延伸，百转千回，渐渐走出深山，来到两山断隔地带，眼前景色已有所不同。接着，"树高枝影细，山尽鸟声稀"两句写树影鸟声。因树木高大，地上的枝影显得细长，山峰中断，鸟儿的鸣声也稀少了。从"枝影细"、"鸟声稀"的描写中，突出的是寂静的气氛，也表现出观察细微，写景真实。"石苔时滑屐，虫网乍粘衣"两句写山路石径上长满了青苔，使人走路不稳，又布满了虫网，时时粘上衣衫，渲染出路荒人稀的情景，其中所蕴含的也是幽寂二字。"涧旁紫芝晔，岩上白云霏"，两句写涧景岩景。涧旁的紫色灵芝，现出美丽的光彩。高远的山岩上，白云缭绕，随风飘飞。这两句是一对工巧的偶句，极写俯看仰望之状和紫芝白云色彩对比之美，充满着清幽独赏的情趣。

写到这里，诗人心中恍忽置身于一个灵幻的境界，因即景抒怀说："松子排烟去，堂生寂不归。"上句袭用沈约《赤松涧》："松子排烟去，英灵渺难测"句意。下句的"堂生"，据《续高僧传》，应为"常生"，即平常生之简称。平常生是一位传说中的仙人，刘向《列仙传》曾提及。仙人赤松子已排烟乘云，羽化遐升，平常生亦一去不归。但自己在这灵山佛地也能得到心灵的净化和感悟。虽然"穷谷无还往"，已经走到了幽谷的尽头，再也没有来往的人迹，而留恋之情难以自已，依依不舍山中清景，故而说出最后一句："攀桂独依依。"这里用《楚辞·招隐士》："攀桂枝兮聊淹留"辞意，表现一种脱世的情怀。

这首诗从杖策出游写起，纪行、写景、抒怀，到依依不归，络绎写来，文辞清美，格调高古。全篇着眼于荒僻幽寂景色的描写，正与佛子寂静的内心世界相

应,情与景会,物我两谐,韵味不绝。　（喻学才）

【作者小传】

徐 陵

(507—583)　字孝穆,陈东海郯(今山东郯城)人。徐摛子。梁时,任晋安王萧纲(即梁简文帝)参军,及纲为太子,任东宫学士,迁度支郎,出任上虞令,被劾免官。复起,累官湘东王中记室参军,出使东魏。值侯景之乱,被留七年。北齐文宣帝天保六年(555),齐送梁宗室萧渊明南归,陵随之。梁将王僧辩迎渊明为帝,陵任其尚书吏部郎,掌诏诰。陈霸先(即陈武帝)杀僧辩,用陵为贞威将军、尚书左丞,又出使北齐,还任秘书监。陈立,加散骑常侍。陈文帝时,官至吏部尚书。宣帝时,官至中书监。后主立,加左光禄大夫、太子少傅。事迹具《陈书》卷二六本传,又附见《南史》卷六二《徐摛传》后。其诗用韵平仄相间,音律讲究,推进了律诗的形成和发展。陵诗多为宫体,与庾信并称,号“徐庾”。有集三十卷,已佚,明人辑有《徐仆射集》(陵曾任尚书左仆射),又编有《玉台新咏》十卷传世。《先秦汉魏晋南北朝诗》辑得其诗四十二首。

关山月二首(其一)　徐 陵

关山三五月,客子忆秦川。
思妇高楼上,当窗应未眠。
星旗映疏勒,云阵上祁连。
战气今如此,从军复几年?

徐陵是南朝梁陈时期著名的宫体诗人,写过一些粉腻香浓的诗篇。他的一部分边塞题材的作品,却因为洗净铅华,开唐人边塞诗风气之先,而为后人所津津乐道。《关山月》第一首,便是其中的佼佼者。

“关山月”是乐府旧题,属于汉横吹曲,常用以抒写征人思妇怨离伤别的感情。本篇大体上也没有越出这一传统主题的范围。然而蕴涵极丰富,表现又独特,有着鲜明的思想艺术个性。

开头两句起得平易,于浅近中显出功力:首句着题面,织入“关山月”三字,点明地点与时间;次句入题里,交代所写情事,以一个“忆”字唤出下面许多文章。

读着这两句，我们眼前会自然浮现出朗朗寒月，莽莽关山，以及在这高天厚地背景上映出的满怀乡情的征人形象。

三四句直承“忆”字，是思乡之情的具体展现。想来在这溶溶月夜，在秦川故里的高楼之上，年轻的妻子正独自守着窗儿，望着中天明月，“寄情千里光”（南朝民歌《子夜四时歌·秋歌》），思念着自己这个远在边关的征夫吧？

后四句既是思妇当窗时在想象中出现的情形，也是征夫抬头仰望时见到的实景。“星旗”是说星形如旗，当是指左右旗星。《史记·天官书》张守节《正义》说：“两旗者，左旗九星，在河鼓左也；右旗九星，在河鼓右也。皆天之鼓旗，所以为旌表。占：欲其明大光润，将军吉；不然，为兵忧；及不居其所，则津梁不通；动摇，则兵起也。”可见旗星与兵事有关。“疏勒”，汉代西域的一个小国，都城故址在今新疆疏勒县。“云阵”是说云形似阵。《史记·天官书》说：“阵云如立垣。”（阵云像是一堵墙）徐陵在另一首诗中说：“天云如地阵。”（《出自蓟北门行》）描写的正是同一景象。“祁连”，这里似指北祁连，即今新疆的天山。疏勒、祁连一带正是客子的征戍之地，如今兵象频现，战云密布。山阻水隔的一对夫妇，眼见烽烟净息无望，归期渺茫，不由得发出深长的叹惋：还要从军多少年呢！

末句蕴大涵深，似有“燕然未勒归无计”（范仲淹《渔家傲·塞下秋来风景异》）的情味。这一对年轻夫妇的内心是充满矛盾的：他们向往团圆的生活，但并不无视国家的安危，“战气今如此”，想到的是“从军”，而不是一味的卿卿我我；他们是深明大义以国事为重的，然而又是极富于人情味的，已经分离好几年了，今后还得继续分离，难免会有抱怨情绪，一个“复”字流泻出了浩浩荡荡宣泄不尽的怨情。这与那些一味怨离伤别或者徒作豪言壮语的诗比较起来，孰优孰劣是自不待言的。

从艺术上来看，本篇的主要特色在于镜头的巧妙组接：一二句近景，用诗人之眼写客子；三四句远景，用客子之眼写思妇；五六七八句，重又把镜头拉回，用思妇客子两副眼光共同注视月下关山。从一二句到三四句，由近而远；从三四句到后四句，由远而近。通过这远远近近的往复回还，爱国爱家与怨别伤离的感情得到了真切而深入的表现。而那一轮十五的圆月，就像是渗透全诗的博大而深挚的感情那样，始终伴随着这或远或近的画面，与内里的深广的感情相呼应，共同构成了情景交融的统一的诗境。

按照成于初唐的近体诗的格律，徐陵的这首《关山月》除第二联应对未对外，平仄、押韵和第三联的对仗已完全符合五言律诗的要求。初唐四杰之一王勃的五律《送杜少府之任蜀川》，第二联“与君离别意，同是宦游人”也不是工对，与徐诗近似。由此也可以窥见从六朝新体诗到唐代近体诗演化的蛛丝马迹。当然，徐诗对唐诗的影响主要并不是在格律形式方面，而在于它所创造的独特的意境上。初唐诗人沈佺期的名句“可怜闺里月，长在汉家营”(《杂诗》)，即脱胎于本篇前四句。从后来盛唐大诗人李白的《关山月》中，更可以明显地看到这种影响。“明月出天山”与“关山三五月”如出一辙；“汉下白登道，胡窥青海湾”，与渲染战争气氛的“星旗映疏勒，云阵上祁连”若合符契；“高楼当此夜，叹息未应闲”，则是由“思妇高楼上，当窗应未眠”生发出的联想。李诗自有它的创造，气势远胜徐作，但其间的师承关系也是不容忽视的。

据《南史》徐陵传(附于《徐摛传》)记载，徐陵在梁武帝与梁敬帝时两次出使东魏与北齐，第一次长达五年之久。他之所以能于宫体诗之外在边塞题材方面另辟新境，别具气象，应该说，除了天赋、艺术修养等多方面的原因外，较长时期的北方异乡生活的深切体验是有着决定性的意义的。这也是中外文学史在生活与艺术关系上昭示的一条真理：只有在生活的肥沃土壤上扎根，才能长成青青的艺术之树。

（陈志明　林从龙）

别毛永嘉[①]　　　　徐 陵

愿子厉风规，归来振羽仪。
嗟余今老病，此别空长离。
白马君来哭，黄泉我讵知。
徒劳脱宝剑，空挂陇头枝。

〔注〕 ① 余冠英在《汉魏六朝诗选》《别毛永嘉》诗的注文中说：“本篇是别毛先归留赠之作。大意是说自己老而且病，恐毛归而己已死。”按，此说不妥。徐陵终老于建康，不存在“先归”的问题。诗中所谓“归”，只含毛喜由地方官重回朝廷任职一个意思。详见文中有关说明。

诗题中的“毛永嘉”，指毛喜(516—587)。毛喜，字伯武，荥阳阳武(今河南原阳)人。陈宣帝时执掌军国机密，官至吏部尚书，封东昌县侯。他为人正直，言无回避(《陈书·毛喜传》)，因得罪后主，于至德元年(583)被外放为永嘉内史。至德元年，也是徐陵去世的一年。可知此诗的作年即在至德元年。此前，徐陵在宣帝太建(共十四年)末，以年老曾多次上表请求致仕，宣帝一再挽留，并下诏专为他盖起大斋，让在家中处理公务。此诗当是毛喜离京城建康(今江苏南京)赴永嘉(今属浙江)前夕到徐陵家中辞行时，徐陵的送别之作。其时，徐陵已十分衰迈，他自知在世已时日无多，便对这位可以信赖的朝中同僚写下了这首犹如临终遗言式的送别诗。此诗反映了诗人希望重振朝纲的积极入世的思想，也表现了他对友谊的珍重与对人世的眷恋。

全诗八句，明显地分为前后两个部分。前二句勉励，后六句惜别。一别将成永诀，于是情见乎辞，谈人说己，婉曲备至，吐露衷曲，极尽缠绵。

一二句以"愿"字唤起，从对方想人。"厉"有振兴、发扬之意，"风规"指风气与规范；"羽仪"，羽饰，用羽毛修饰旌纛的饰物，此以"振羽仪"指振兴朝廷的法度纲纪。诗人鼓励毛喜在永嘉任上作出成绩，刷新吏治，推行政令法纪，改变当地的风气，并期待他有朝一日重返朝廷，为整顿纲纪、振奋人心做出新的贡献。从《陈书·毛喜传》的记载来看，毛喜确也没有辜负徐陵的信赖。他先后任永嘉内史与南安内史，由于"在郡有惠政"，于祯明元年(587)"征为光禄大夫，领左骁骑将军"，离郡入朝时，"道路追送者数百里"。不幸的是，在入朝途中染病去世。否则，以毛喜的正直秉性与杰出的政治才能，是可望在"振羽仪"上再有所作为的。

抒写离情别绪的后六句，从自身一面想人，以"嗟"字领起，长声唱叹，若不胜情。诗人为什么会动情至深呢？一曰"老"，二曰"病"，而且"今"已老而且病，等于在说大限在即，人生的道路已经走到了尽头，从而自然转出"一别空长离"之意。"空"字一作"恐"，又作"畏"，度之词情与意象，似都不如"空"字。"空"字既有空间感，见出"长离"以后的渺不可接，又有时间感，流露出自己将不久于人世的感伤情怀。以下四句即由此"空"字引发，通过两个典故，将"空长离"之意写深写透。前一典故见于《后汉书·范式传》。范式与张劭为至交，张劭去世，范式梦见张劭前来诀别，告知葬期。范式素车白马前往奔丧，未及抵达而已出殡。灵车到墓地忽然不能动，直到范式赶到，执绋引柩，灵车才被引动。诗人以张劭自比，而以范式比毛喜。这两句意谓：您即使如当年范式为张劭那样素车白马前来奔丧，而其时我已入土，在黄泉之下，我又怎能感觉到呢？后一典故见于刘向《新序·节士》。春秋时吴国的大臣季札，在余祭四年(公元前544年)出使晋国，路过徐国，徐国国君见季札所佩宝剑，虽未明言但已在表情上流露出想要的意思。季札因有使命在身，未便将剑献出，但已在心中默许。当他出使归来经过徐国时，不料徐君已经去世，便将宝剑挂在徐君的墓树上而去。徐人称赞季札挂剑的行为，编了一首《徐人歌》来歌颂他："延陵(今常州，为季札的封地)季子兮不忘故，脱千金之剑兮带丘墓。"在这末两句中，诗人又自比徐君，以季札比毛喜。他说，即使您重然诺，讲信义，言必信，行必果，有如古时季札之于徐君，对我说来，也是"死去元知万事空"，已是毫不相干的了。以上两个典故，在抒写生离死别的伤感情绪方面是完全一致的，在高度评价彼此之间的友谊这一点上也是互相统一的。但前一典故只局限于别离引起的伤感，后一典故则还隐含有毛喜不致有负所望、终将胜利归来之意，暗中遥应篇首“愿子厉风规，归来振羽仪”的祝愿。友人终将胜利归来，而到那时，自己墓木拱矣，这就不仅仅是感伤了，且见出无限沉痛。

全诗出语平浅，感情深挚，似话家长，却又入人至深。沈德潜在《古诗源》中评此诗为：“似达而悲，孝穆（徐陵的字）集中不易多得。”余冠英在《汉魏六朝诗选》中说：“这诗四十字像是一笔写下，貌似俳偶实则单行。”所论都能深中肯綮。此诗的用典也自有特色。诗人并不满足于袭用成典，并不只是借以歌颂友朋间的情谊，而是根据抒情的需要驱遣典故，为我所用，将自己对人生的眷恋之情以及对毛喜的信赖之意，连同离情别绪一起织入典故之中，使“空长离”之情反反复复、曲曲折折流泄不止，显出无比的感伤、凄楚以至沉痛。诗人用典的成功还得力于其高超的语言艺术。“讵”、“徒”、“空”三个虚字婉转于字句之间，使旧典摇曳多姿，平添情韵。（陈志明）

新亭送别应令　　徐 陵

凤吹临伊水，时驾出河梁。
野燎村田黑，江秋岸荻黄。
隔城闻上鼓，迴舟隐去樯。
神襟爱远别，流睇极清漳。

奉和太子的诗称为“应令”。梁简文帝萧纲为太子时，徐陵被选为东宫学士，这诗当是奉和萧纲新亭送别之作（萧纲原作已失传）。新亭，始建于三国东吴，故址在今南京市南，濒临长江。在南朝时，既是风景名胜，又是交通要地。京城建康（即今江苏南京）的人士由水路出行，多从这里登舟。

那么，又是谁能够惊动太子的大驾，令他亲自送到京城之外呢？这可以从末句提及的行人去处“清漳”来推考。这里的“清漳”，不是指今山西境内的清漳河，而是指今湖北境内的漳水（“清”是形容词）。漳水同长江、汉水同为楚地名川，《左传》中称为“楚之望也”。它发源于南彰县西南，流经当阳县境，汇合沮水，从江陵附近入长江。萧纲次子萧大心曾封为当阳公，其地即在漳水之旁。大同元年（535），大心出为郢州刺史，年仅十三岁。诗中所写的送别，就是这一年秋天的事。郢州治所在今武昌，距当阳尚有一段路程，但郢州的管辖范围，则包括漳水流域的一部分。用既是楚地名川，又流经萧大心的封邑，并靠近郢州地区的漳水，来指代他的去处，应说是很贴切的。十三岁的孩子远出重镇，虽随从甚众，不致有何危险，做父亲的终究不放心，自然要殷殷相送，情不能已。知道这一背景，诗就容易理解了。

皇孙出守重镇，太子亲自送别，威势自然不同一般。诗开头二句，“凤吹临伊水，时驾出河梁”，首先渲染这一种皇家气派。“凤吹”，指笙箫一类音乐。相传仙人王子乔好吹笙作凤鸣，故文人常以“凤吹”作为皇家所用音乐的美称。伊水，在今洛阳市南，此处指长江。南朝文人提到建康周围地方时，喜欢用洛阳一带的地名作为借代。因为在东晋移都建康之前，汉族政权的中心在洛阳，这样写，包含着南朝虽偏居一隅，仍以华夏正统自居的意味。“时驾”，华美的车驾。“河梁”，原指桥梁，因为旧题李陵《与苏武诗》中有“携手上河梁，游子暮何之”二句，后世遂用为离别之地的代称，这里指新亭。古代帝王、重臣正式出巡，照例有乐队开道，行路之人，闻声而避。作者先写一片响亮而优雅的乐声，然后引出盛大的车队仪仗，可谓先声夺人。虽然没有交代送者与行者究为何人，但这种气势，已经说明双方都是非同寻常的人物。作为奉和太子的诗，这二句起笔稳健，气象宏丽，紧扣诗题，也是与皇家人物的特殊身份相适应的。

来到大江边，便看到江边特有的景色。“野燎村田黑，江秋岸荻黄”二句，正是顺势而来。“野燎”，秋收后将庄稼秸秆之类烧成灰，充作来年的肥料，江南至今尚有此习。这二句描绘出一幅苍凉辽远的画面：田野收割已罢，更显得空旷，呈现在人们眼前的，是一片片黑色灰烬；沿着浩渺无边的长江，延绵不尽的芦苇荻草已经枯黄，在秋风中摇曳着萧瑟寒意。江天寥廓，映衬着大块的黑色与大块的暗黄色，自然地造成深沉的情调。再回顾开头二句，原是一种华贵、热闹、隆重的气氛，是动态的场面，而现在转入了静态的场面，气氛也变得凄冷且多少有些伤感了。毕竟这是父子离别，一味地铺写热闹总是不合适的，何况萧纲又是一个易动感情的诗人；但另一方面，毕竟这又是萧大心以年幼之身开始担负拱卫朝廷的重任，不比寻常人等飘零作客，直接述写悲悲切切的情绪，也是不合适甚至不吉祥的。所以作者以间接的手段来表现离别气氛，以似乎是客观的自然景色象征、衬托送别者与出行者双方的心境。但这景观与色彩，实际是经过了作者精心的选择与组合。通过这写景之笔，读者可以体会到：音乐已经停止，离别正在进行；皇孙依依眷恋，太子谆谆叮嘱，随从的人群肃穆侍立……这一切都虚化在黑与黄交织成的秋日江野图画中。

这诗是奉和萧纲的，所以全篇的重心不在离别的过程，而在分别之后，萧纲久久立于江岸、目送去舟的深深关切之情。这就是后四句的内容。“隔城闻上鼓”，是说隔着城墙，传来了城中夜晚报时的第一次鼓声（“上鼓”即初鼓），也就是说，已经到了黄昏日暮之际。“迴舟隐去樯”，是说离去的船队在江流中曲折而行，越去越远，在暮色中渐渐隐没，终于连高高的桅杆都看不清了。这里字面上并没有写送别的人，但目光紧随着离舟越去越远、直到桅杆隐没于邈邈江天之间的，正是送别的人群，尤其是那位感情纤细柔弱、适合做诗人而不适合做皇帝的萧纲。暮霭沉沉，烟波茫茫，鼓声渺渺，那位太子，那位父亲，伫立江岸，一任秋风拂身，爱子之情，确是令人感动的。看到这里，读者是否突然感觉到这意境同后来李白笔下的名句，“孤帆远影碧空尽，惟见长江天际流”，颇有些相似？我们很难说李白是否受了徐陵的启发，但唐人善于从六朝诗中取意，翻陈出新，确实是普遍的现象。不过，唐人的诗歌，通常写得更集中，善于脱略枝节，构造更为鲜明的形象。这是六朝诗演变为唐诗的一个重大关键。

再说前六句的整个结构，也深有讲究。开头二句是写送别的队伍来到新亭，到第五、六句，已经是行者远去，送者久留，这之间隔着一个相当长的过程。但读起来，并不觉得突兀、跳脱。为什么呢？这是第三、四句起了微妙的作用。这二句看起来只是写景，但景物所呈现的情调，实际正是离别的情调，所以它虚化了、取代了离别的过程。因而，从一、二句到五、六句，无论是气氛还是事件的进展，都并不缺少必要的过渡。再有，一个苍凉辽远的画面，使读者的心理趋于沉静，这沉静又造成一种间距，转到五、六句的时候，就不觉得诗意有很大的跳跃。

最后二句，“神襟爱远别，流睇极清漳”，既顺承前二句，又收结全诗。“神”是颂美之辞，“襟”指心怀，“神襟”犹言“圣心”。“远别”指远别之人，即萧大心。中间著一“爱”字，很普通，却很妥切。父亲送别幼子，牵动的正是一片爱心。这“爱”字也可证明我在开头对此诗写作背景的推考是可信的。若非父子兄弟，就萧纲的身份而言，即不宜用此“爱”字，也不可能令他如此动情；而萧纲的诸弟与诸子中，唯有大心的情况与诗中所述相合。末句将五、六句诗意再推进一层：作为父亲的萧纲仍在遥望着，他的目光顺着长江万里波涛，似乎一直要看到与长江相通的漳水，那船队将要到达的地方。自然，这里的“清漳”并非实指，而是代表萧大心所去的郢州。目极清漳，当然是夸张之笔，但不仅仅是夸张：萧纲不只是为离别而动情，大心远去之后，一切举措，一切遭际，都是他深以为念的。“流睇极清漳”，正是写出了他对未来的关切。这样，就把这一场送别所牵动的情感，把“爱”的内涵，揭示到最深的层次。全诗就在送别者无限的眷怀与爱念中结束，它留给读者的感动，却如秋日沧江，流动不止。

唱和诗篇，每带娱乐意味，故作者心机，多用于修辞技巧。但这首诗却不能那样写，因为原诗作者是动了真情的，和诗也必须相符。这里不免有一些困难：作者必须体会对方的心情，使之得到真实的表现，同时还须考虑彼此身份的差异，避免触犯忌讳。但另一方面，天伦之情为人所共有，以己之心不妨度人之腹。在这一点上，徐陵确实做得很成功。至于语言的精炼，结构的严整，表述的稳妥，乃至对仗、平仄的讲究，都是徐陵诗共有的长处。　（孙　明）

内园逐凉　　　徐陵

昔有北山北，今余东海东。
纳凉高树下，直坐落花中。
狭径长无迹，茅斋本自空。
提琴就竹篆，酌酒劝梧桐。

徐陵，东海郯（今山东郯城县）人。在梁代任上虞令时，为御史中丞刘孝仪弹劾，免官。此诗第二句说“今余（我）东海东”，似即作于此次免官返里期间。诗写家居的闲适，虽着墨不多，表现得却极有情味。

首句用东汉逸民法真的典故。法真字高卿，扶风郿人。太守想访问他，他主动来到太守府。太守拟请他担任功曹的官职，他说：“以明府见待有礼，故敢自同宾末。若欲吏之，真将在北山之北、南山之南矣。”事见《后汉书·逸民列传》。此句以“北山北”指当年法真的隐逸，由“昔”映今，从而自然地过渡到写自身退栖家乡的第二句上。诗人被迫赋闲，却说古代早有闲居自适的先例，见出诗人胸怀的旷达，意趣的恬淡。“北山北”、“东海东”，“北”字、“东”字故意犯复，并形成方位词相对（两“东”字对两“北”字）的巧妙对仗。上下句间，音韵流美，和谐动听，上句“仄仄仄平仄”，对下句“平平平仄平”。读着这两个行云流水般的句子，我们仿佛也随着诗人的步履，来到了“东海东”这一片远离尘嚣的闲适之地。

以上两句总说，诗人表明了自己的自由人的身份。以下六句寄情于景，具体描画自己优哉游哉的自由人的生活。三四句说，高树蔽空，浓荫布地，花开处处，落红无数，诗人在高树下纳凉，落花中独坐，消尽季节的暑热，也消净心头的烦秽。这是何等悠闲的恍若神仙的生活。陶渊明将闲卧北窗下，清风暂至，自比为羲皇上人（太古之人）。如今徐陵安享大自然的赐予，其惬意的程度，比之于陶渊明，似只有过之而无不及。接着的两句，诗意略作顿挫。“狭径长无迹”说无人，“茅斋本自空”说无物；无人无物，决然独处，生活固然说得上清静自由了，但又难免会生出空旷寂寞的感觉。于是忽发奇想，便离开了“高树下”，转而“提琴就竹篆，酌酒劝梧桐”。他时而到绿竹丛中弹琴，将心头的愉悦化为指上的声音飞出去，时而又朝着梧桐树喝酒，举酒向树，似在劝一位好友同饮。“提琴就竹篆”句中的“竹篆(xiǎo)”,即箭竹,又称竹箭,一丛丛,袅袅婷婷,幽雅宜人。末句中的“梧桐”,相传是凤凰停栖之树,也非俗物。竹篆丛中弹琴写怀,梧桐树前斟酒遣兴,消尽俗念,脱尽机心,大自然化入了诗人的心胸,诗人也融入了大自然的怀抱之中。

此诗之美,首先美在景色。高树、落花、竹篆、梧桐,多少自然之子和谐相处于诗人的内园之中,一个个天性不灭,野趣横生:树往高处长,花在风中落,竹篆似在欣赏琴音,轻轻摆动着身躯,梧桐树大叶迎风,对着自斟自饮的诗人似在唱着欢快的歌。其次,此诗之美更美在情趣。诗人虽是被弹劾而家居,但丝毫没有幽怨之情或名利之想,他让自己的内心从尘俗的世界中解脱出来,成了精神上的自由人,故而能物我齐一,物我两忘,发现大自然之美,与此同时,也表露了诗人自己美的情趣,美的心胸。

(陈志明)

春 日 徐陵

岸烟起暮色,岸水带斜晖。
径狭横枝度,帘摇惊燕飞。
落花承步履,流涧写行衣。
何殊九枝盖,薄暮洞庭归。

一年之美景,无过于春日。那“新莺始新归,新蝶复新飞,新花满新树,新月丽新辉”(鲍泉《奉和湘东王春日诗》)的景致,谁不喜爱?春日赏景,最好是在早晨——那“日出江花红胜火,春来江水绿如蓝”(白居易《忆江南》)的胜境,不正因了朝霞光的厚赐?梁代诗人徐勉,就因为起得早,才领略了“山华映初日”的美好“气物”,而发为“春堤一游衍,终朝意殊悉”的兴奋高唱。徐陵却不同:他的这次赏春,偏偏选在傍晚。傍晚出游有何意兴?请看他的《春日》诗——

“岸烟起暮色,岸水带斜晖。”傍晚有傍晚的好处:此刻,岸边的田野村落,均为苍茫的暮色所笼罩,显得又庄严又平和。再看那清澈的江流,碧蓝蓝的,被西沉的落日霞光,辉映得一片绚烂。这种“一道斜阳铺水中,半江瑟瑟半江红”的奇特景象,白天就未必能看得到了。起首两句,以袅袅“岸烟”、清清江流和红火火的“斜晖”,构成一幅极美的暮景;而且视野平远、色彩柔和,正适合诗人薄暮出游的悠悠之情。

“狭径横枝度,帘摇惊燕飞”,这就画到近景了。诗人大约是扶轿出游的。当一乘轻轿沿曲曲林径缓缓而行时,狭窄的小径上,时有绿嫩的树枝当轿横出,需要轿夫们小心翼翼披枝向前。时有这鲜翠的疏影绿意映入轿帘,不也别有一番情趣么？山野上还有低飞的春燕，大约以为轿中无人吧，不时飞来窥视上一眼；但当轿帘一动，它们便又疾飞而去，真是狡黠得很——这都是诗人透过帘、窗见到的景象，故在字行之间，别忘了注意诗人那左顾右盼、时时掀帘探看的情态。

轿中赏景毕竟碍眼了些，诗人被那美好的暮景所吸引，终于出轿步行起来。悠然踏春，比轿中览观又多了几分乐趣：当你行走在桃红李白的路上，晚风吹来，便有翩翩落花飘坠脚前。它们竟那样多情，仿佛要铺出一条缤纷的花路，以迎送诗人悠闲步履似的。接着来到清澄澄的水涧，当诗人蹒跚着踏过涧石时，流水中便照见他衣衫飘拂的清影——这逼真的意态，可是再高明的画手也勾勒不出来的呵！“落花承步履，流涧写（画）行衣”两句，不仅绘景如画，而且色彩浓淡相衬，将诗人披着一肩晚霞，行经花径、水涧的缤纷、清丽之境，表现得轻灵、美妙极了。

身临其境的诗人，当然更飘飘然了。这便引出了结尾两句奇想：“何殊九枝盖，薄暮洞庭归。”“九枝”本指一干九枝的花灯；此处与“盖”连称，当指画有（或饰有）九花的车盖。张衡《西京赋》有“含利颬颬，化为仙车。骊驾四鹿，芝盖九葩”之句，描述含利之兽变为仙人车乘，并以四鹿驾车、“以芝为盖，盖有九葩之采”的景象，形容仙人车仗的不同凡俗。徐陵的结句也隐含此意。八百里洞庭的美景，人们是早已闻名的了；在这样背景上“薄暮”归来，应该是颇令人沉醉的了。但诗人的思致恐怕还要“浪漫”些：他读过《楚辞》，知道屈原《湘夫人》描绘过“闻佳人兮召予，将腾驾兮偕往”、“九疑缤其并迎，灵之来兮如云”的神灵出没景象。那真是令人企羡不已的境界！而今，诗人却欣喜地感到，那缤纷的落花、照影的涧水，伴送他衣衫飘拂的归来景象，宛然就与湘水神灵打着九枝车盖、从苍茫的洞庭湖畔归去无异。神幻的联想，把全诗带入了一个缥缈恍惚的奇境；而我们的诗人，就这样消隐在春日薄暮的最后一片霞彩中。

与简文帝萧纲一样，徐陵也是南朝的著名宫体诗人。指明这一点，似乎颇有贬斥之意。其实，宫体诗人作诗的最大缺憾，主要在生活面的狭小和格调的不高。至于在诗歌的表现艺术上，他们倒是作过多方面的尝试，并在写景、咏物、描摹各种日常生活的情态方面，创造出了不少很美的境界。后世诗人，比如唐代一些杰出的诗人，就常在自己的诗作中化用其境，写出了富于盛唐气象的名作。所以，南朝宫体诗人的缺点应该指出，但也不可抹杀了他们在诗歌艺术上的探索、开拓之功。徐陵这首《春日》诗，正与他的《关山月》（二首）、《别毛永嘉》等诗一样，都是在艺术上颇有特色的好诗。　　（潘啸龙）

【作者小传】

陈 昭

梁、陈之际义兴国山(今江苏宜兴西南)人。梁大将陈庆之之子,嗣父永兴侯爵。曾出使北齐。《先秦汉魏晋南北朝诗》辑得其诗二首。

明君词 陈昭

跨鞍今永诀,垂泪别亲宾。
汉地随行尽,胡关逐望新。
交河拥塞雾,陇日暗沙尘。
唯有孤明月,犹能送远人。

此曲也称作《昭君怨》,明君即王昭君,"明"系避晋文帝司马昭之讳而改者。自西晋石崇《明君词》以来,历代多有制乐府以歌昭君者,其意旨各有侧重不同。这首《明君词》着重表现了王昭君前往异土时的孤苦悲伤的心情。

诗从昭君辞别汉宫的场面写起。对于昭君本人来说,出嫁匈奴就是永别汉地,一旦跨鞍上马,故乡亲人就永远不能再见。诀别令昭君情感起伏,悲痛欲绝。然而,汉匈和亲的政治意义,汉室公主的尊贵身份,都使她不得不强抑感情不令外露,心在恸哭,泪水却只能默默地长流。"跨鞍今永诀,垂泪别亲宾。"作者以"永诀"的巨大悲痛与"垂泪"的自我克制对照,深切地表现了昭君临别时刻的痛苦而压抑的心情。

"汉地随行尽,胡关逐望新。"空间转移到了行程之中。汉境之地渐渐行尽,匈奴的辖地已经在望。"胡"指匈奴一族。匈奴人以游牧为生,不设关卡,这里的"胡关"当是汉人设防匈奴的边关。过此关卡,便进入匈奴的领地。关内犹是汉地,出关便是胡域,昭君心中别是一番滋味。"逐望新",从视觉讲,是随着送亲队列的行进,胡地景物越来越近,看得越来越清;从心理感觉上讲,则预示着关外那一片无法想知的新天地、那下半世令人担忧乃至恐惧的新生活在日益迫近。因此,汉地之"尽"与胡关之"新",不仅是对昭君顾念来路、瞻望前程的客观描写,更是她对过去的留念、对未来的忧患。

"交河",古城名,在今新疆吐鲁番西北。"陇"是山名,即今甘肃六盘山的南段。此处均借以泛言塞外边荒僻远之地。"交河拥塞雾,陇日暗沙尘。"描写了昭君出关时的塞上景物。拂晓,边塞上晨雾弥漫,一片茫茫。入晚,陇头夕阳黯淡,使大漠上的沙尘也染上了灰暗的色彩。清晨那湿润的雾气令人迷惘,无边无际的沙漠使人惆怅,黄昏落日的凄冷尤其令人寂寞忧伤。诗中用"拥"形容那凝聚缭绕的雾气,用"暗"强调大漠落日的昏黄,都不仅是在写景,而是象征着昭君的忧心忡忡,情绪低沉,此景全由此情而来、全因此情而生。

写至最后二句时,昭君已身在异乡了。清夜,她站在大漠上仰望苍穹,一轮明月清冷的辉光洒满她全身,有如温柔的抚爱,令她浮想联翩。故乡、亲人,如隔世一般遥远,惟有这天上的孤月,始终殷勤伴随着昭君,漫漫路途,由汉至胡。她感到,这月亮是如此可爱,这月亮是如此亲切,只有它还是在汉时的模样。然而,月在天,人在地,"汉月还从东海出,明妃西嫁无来日。"(李白《昭君怨》)明月又令昭君无限悲伤。"惟有孤明月,犹能送远人。"作者赋予月亮以人的情感,通过它将昭君对汉地的无尽思念和在胡地的无限孤寂,都合并托出,以此关合上文,收束全诗,艺术上极具匠心。

这首诗以人物在时空中的移动为线索,融写景与抒情为一体,对仗工整,语言朴实,结构浑成,情调忧郁悲凉。这是一首乐府诗,本属古体,但梁陈时新体诗大盛,不少诗作已暗合唐代格律诗的体制。这首《明君词》就是一个典型,故而诵读之时,颇觉音韵之美。应当说,唐代格律诗就是在总结这类梁陈诗歌的基础上发展成熟的。这也是这首诗值得我们重视的地方。　　(蒋　方)

聘齐经孟尝君墓　　陈　昭

薛城观旧迹,征马屡徘徊。
盛德今何在,唯馀长夜台。
苍茫空垄路,皾顇古松栽。
悲随白杨起,泪想雍门来。
泉户无关吏,鸡鸣谁为开?

陈昭是南朝梁、陈时的诗人,父庆之在梁以军功封永兴侯,去世后由昭袭封。此诗是陈昭在陈朝为官时出使北齐途经孟尝君墓时的作品。孟尝君田文是战国时的"四公子"之一,以礼贤下士传诵众口,流誉后世。诗人怀才不遇,便在墓前踝躞徘徊,在凭吊这位历史上礼敬贤才的人物的同时,发抒了自己世无知音、有志难伸的深长感慨。

首句以叙述之笔点题。"薛城",孟尝君的封地,故城在今山东省滕州南;"观旧迹",以泛说专指对孟尝君墓的凭吊。次句写自身"观旧迹"时的反应,采用借物说人、以形传神的写法，以征马在墓前的屡屡徘徊暗示自己心上长久的激动与反复的思虑。以上两句总摄全诗，下文所写，都发生在“观旧迹”、“屡徘徊”的过程之中。“观”字是通篇之眼，以下描写，无不是在观看中所见或由观看引出的联想。

三、四句以古衬今，将目光引向孟尝君墓。“盛德”，指孟尝君广交宾客、善于用人之长的美德。史书记载，孟尝君有食客三千人，鸡鸣狗盗都为其所用。“长夜台”指墓穴。陆机《挽歌》：“送子长夜台。”李周翰注：“坟墓一闭，无复见明，故云长夜台。”这两句以“盛德”提起，以“今何在”反跌，又以“唯馀”再作强调，诗人的向往之情与感慨之意得到了相当充分的表现。

五、六句写墓地情景，进一步渲染落寞苍凉的气氛。“埏路”，即墓道。上句说，通向墓地的路空荡荡的，半明不暗；下句说，墓地上古老的松树显出憔悴的病态。

以上六句，由叙事而写景。诗人因情取景，景色本已关情，但犹嫌未足，末四句便转而直接抒情，进一步申写嗟悼伤感之意，以“悲随”句悼念孟尝君长逝，以“泪想”句慨叹自身的不幸。古代墓地除了种松柏，又多种白杨。《古诗十九首》其十三：“驱车上东门，遥望郭北墓。白杨何萧萧，松柏夹广路。”其十四：“出郭门直视，但见丘与坟。古墓犁为田，松柏摧为薪。白杨多悲风，萧萧愁杀人。”“雍门”，战国时齐人，名周，居雍门（齐国城门名），曾以琴见孟尝君。孟尝君说：“先生鼓琴，能令文悲乎？”周引琴而鼓，于是孟尝君涕泣增哀，便下车走近周，说：“先生之鼓琴，令文立若破国亡邑之人也。”事见刘向《说苑·善说》。犹如钟子期听俞伯牙鼓琴，能听出“峨峨兮若泰山”、“洋洋兮若江河”一样，孟尝君也不失为雍门周的知音。如今，赏识贤才的孟尝君早已去世，墓地上白杨高耸，诗人仰望参天白杨，不禁感慨随之升起；想到雍门周当年有孟尝君赏识，而自己却遇不到一个知音，不觉潸然泪下。堂堂七尺身躯，庄重的使者身份，在异国他乡凭吊古人时竟至于伤心落泪，可见其感情之沉痛了。末两句织入孟尝君的一段史事。孟尝君逃离秦国，夜半至关，关法规定，必待天明方可开门放行，而秦军正尾追而来。孟尝君门下客中有能为鸡鸣者，一鸣而群鸡齐鸣，得以出关。事见《史记·孟尝君列传》。“泉户”，即阴间。在这末两句中，诗人以能为鸡鸣者自喻，意思是阴间并没有把守关口的小吏，即使自己能为鸡鸣，也不可能替人去叫开关门。明说“无关吏”，实叹世无孟尝君，自己虽有一技之长，也不可能遇到知音，施展才能。末句中的“谁为开”，即“为谁开”。“为谁”是介宾结构，在句中作状语，因是疑问句故宾语提前。

这首诗以孟尝君墓为着眼点，将历史与现实、时间与空间、实际与想象，巧妙地交织在一起。诗人感情真挚，语言朴实，虽是抒写怀才不遇、世无知音的感慨，但因处处紧扣孟尝君的史事与孟尝君墓地的情景，因而在同类诗作中显示出自己的特色。尤其是末两句，运实入虚，想象大胆，打通阴阳两界以设喻，见出对孟尝君神往之至与对现实的失望已极，更是晴天轰雷式的惊人之笔。（陈志明）

【作者小传】

阴　铿

(511？—563？)　字子坚，陈武威姑臧（今甘肃武威）人。梁时，任湘东王法曹参军，以善五言诗，为时人所重。入陈，任始兴王中录事参军，累迁招远将军、晋陵太守、员外散骑常侍，约卒于陈文帝天嘉（560—565）年间。事迹附见《陈书》卷三四《阮卓传》及《南史》卷六四《阴子春传》后。铿诗刻意求新，多有佳句，声律上已接近唐律诗，开唐初沈宋体之先河。与南朝梁何逊并称“阴何”。有集三卷，已佚，明人辑有《阴常侍集》，《先秦汉魏晋南北朝诗》辑得其诗三十四首。

江津送刘光禄不及　　阴　铿

依然临送渚，长望倚河津。
鼓声随听绝，帆势与云邻。
泊处空馀鸟，离亭已散人。
林寒正下叶，钓晚欲收纶。
如何相背远，江汉与城闉。

刘光禄，指刘孺，曾为梁湘东王长史，后为王府记室、散骑侍郎、兼光禄卿。故称刘光禄。阴铿曾为梁湘东王法曹行参军，两人共过事，并结下深厚的友谊。刘孺乘船远行，作者闻讯赶到江边渡口为他送行，但不知为什么来晚了，未及相见话别，愧悔莫及，遂写了这首诗表达自己的怅惘心情。

离别送行，是古诗中写烂了的题目。但大多是写行前送别，执手话别。像此诗这样写法的，还很少见。作者对平日友情只字不提，而着力渲染追送而不及见后的情感变化。而这种情感变化又是通过对客观景物的具体描绘来表现的。作者急匆匆地赶到送行的渡口，但友人已经走了，他依恋难舍地向友人船去的方向眺望着。他久久地望着，开船时的击鼓声还在耳际回荡，仿佛友人殷切的呼唤，但随着船的渐去渐远，那声音也渐渐消失了，只见孤帆远影碧空尽，江天一色白云愁。船儿渐渐望不见了，友人渐渐远去了，连送行的人也都散了，渡口送行的亭子里寂寥无人，只有那傍晚归巢的鸟儿在啾啾地鸣叫着。秋深了，树叶在寒风中簌簌飘落，钓鱼的人也要收起钓丝回家了。作者所见所闻，一片凄清空旷，使人不胜伤感。他迈着蹒跚的步伐，失望地向回走着。"城闉"，犹言城门，是作者归去的地方，"江汉"，是友人所去的地方。二者方向相反，愈去愈远，所以说"相背远"。全诗以设问作结，正表现了作者那种怅然若失的心情。

阴铿善写五言诗，并以描写山水景物见长，他的较好的作品，几乎都是描绘江上景色的。这首诗的优点，就是比较注意了全篇结构的完整性，将寻常景物细致入微地描写出来，深婉而恰当地表现了主人公对朋友的深情厚谊。开头两句写渡口怅望，最后两句写怅然而归，而中间六句着力描写客观的人与物，鼓声、鸟鸣、风扫落叶，都是诉诸人的听觉的，远帆、暮云、离亭、晚照，都是诉诸人的视觉的，这些涂抹上一层悲凉色彩的自然之景，点缀上三三两两的离亭散人和江畔钓叟，交织成一幅完整的秋江晚景送别图，颇能触动人们的离情别绪。（张忠纲）

渡青草湖　　阴　铿

洞庭春溜满，平湖锦帆张。沅水桃花色，湘流杜若香。穴去茅山近，江连巫峡长。带天澄迥碧，映日动浮光。行舟逗远树，度鸟息危樯。滔滔不可测，一苇讵能航？

阴铿擅长描写自然景物，风格清丽，在崇尚绮靡的梁、陈，可谓独树一帜。这首《渡青草湖》诗，是其写景诗的代表作。

"洞庭春溜满，平湖锦帆张。"开头两句即破题，交代"渡"字，并点明时令。渡青草湖为什么先点出洞庭湖？因为洞庭、青草两湖相连，南曰青草，北曰洞庭，即所谓"重湖"，每至水涨，则两湖混合为一，自古以来往往洞庭、青草并称。阴铿在这首诗中把洞庭、青草看成一个整体，首句一个"满"字，即把洞庭、青草联结在一起了。

整首诗是写作者在春和日丽时渡湖所见之瑰奇壮阔景象的。洞庭湖吞纳沅、湘等水以成其大，汪洋恣肆，横无际涯；西通巫峡以连浩浩长江，东去茅山以近滔滔大海，汹涌奔腾，一泻千里：气势可谓壮矣！暮春时节，风和日丽，两岸桃花嫣红，香草馥郁，远望水天相映，一碧万顷，波光粼粼，跃金沉璧：景色可谓丽矣！这是在极为阔大的背景上挥洒的一幅泼墨山水图，酣畅淋漓，色彩绚烂。若仅止此，壮则壮矣，丽则丽矣，然尚嫌稍粗耳。而“行舟逗远树，度鸟息危樯”二句，则以工笔细描手法，以小指大，愈加写出洞庭、青草的烟波浩渺。孤帆远影碧空尽，好像逗留在水天之际的木杪上；飞鸟越湖力犹怯，不得不栖息在高高的船桅顶上。唐许棠的“鸟飞应畏堕，帆远却如闲”（《过洞庭湖》），正是由此二句变化而来。一叶扁舟，数只飞鸟，点缀在广阔无垠的湖面上，小大相形，小者愈小，大者愈大，形成鲜明强烈的对比。基于此，最后“滔滔不可测，一苇讵能航”两句，就显得十分自然了。这正如石涛和尚的一幅山水人物图，表现技巧是很高超的。

这是写实，但又不完全是写实，而掺杂着作者的许多想象。试想：舟行湖中，作者何以得见沅江两岸艳丽的桃花？何以得闻湘江岸边杜若的芳香？至于茅山、巫峡，更是诗人目力所难能见到的。仅仅这样理解，还是肤浅的。因为“沅水”四句寄寓着诗人的许多遐想，盖有深意存焉。沅江下游，陈时属武陵郡，传说陶渊明《桃花源诗》中所写桃花源就在这里。“沅水桃花色”，既切合沅江暮春景物特色，又暗寓桃源之事。它不仅使人联想到“芳草鲜美，落英缤纷”的桃林胜景，更会引起人们对“春蚕收长丝，秋熟靡王税”的世外桃源的憧憬。明代薛蕙仕途坎坷，他在写到洞庭湖时就曾说过：“卜居何日从公去？拟向桃花处处寻。”（《孙氏沱西别业》诗）“湘流杜若香”，作者显然是想起了帝舜南巡及其二妃娥皇、女英之死以致“神游洞庭之渊，潇湘之浦”的传说故事，更会由此联想到诗人屈原的悲惨遭遇。屈原《湘君》云：“采芳洲兮杜若”，《湘夫人》又云：“搴汀洲兮杜若。”而青草湖北连洞庭，南接潇湘，东纳汨罗之水，那汨罗江正是屈原自沉的地方。宋代寇准在《巴陵书事》诗中说：“憔悴悲兰蕙，因思楚屈原。”看来，阴铿因杜若而想到屈原也是很自然的了。“穴去茅山近”一句颇费解。据西晋郭璞《江赋》云：“包山（一作苞山）洞庭，巴陵地道，潜逵傍通，幽岫窈窕。”郭璞《山海经注》又曰：“洞庭地穴也，在长沙巴陵。今吴县南太湖中有包山，下有洞庭穴道，潜行水底。”故北魏郦道元《水经注》曰：“（洞庭湖）君山有石穴，潜通吴之包山，郭景纯（郭璞字）所谓巴陵地道者也。”（卷三十八《湘水注》）与阴铿同时的顾野王也说太湖中之洞庭山有穴“西通长沙巴陵湖”（《舆地志》）。既然如此，那么作者在诗中为什么不说“穴去包山近”，而偏偏要说“穴去茅山近”呢？茅山，原名句曲山，在今江苏省句容市东南，山上有华阳洞，相传西汉时有茅盈、茅固、茅衷兄弟三人在此得道成仙，因又名三茅山，简称茅山。道教称为“第八洞天”。晋许谧、梁陶弘景等著名道士，都曾在此修道。阴铿身处崇尚佛、道的梁、陈时代，自然对道教名山心向往之了。包山与茅山相去不甚远，都在洞庭之东，诗中自可通融了。提茅山而不及包山，更见出作者的思想倾向。至于“江连巫峡长”一句，自然是联想到巫山神女的神话故事的。这四句既是描写客观的自然景物，又充满作者个人的主观想象，每句都蕴含着一个动人的传说故事，为诗增添了迷离惝恍、神奇变幻的色彩。阴铿生当政权递变的南朝，又亲身经历过侯景之乱，对处于底层的劳动者抱有一定的同情，对社会的黑暗、统治阶级的倾轧争斗，有着一定的认识。诗的结尾二句，即暗寓着作者对当时混乱的政治局势的深沉感慨。浩瀚无际的湖水波涛汹涌，变化莫测，一叶扁舟怎么能渡得过去呢？《诗·卫风·河广》云：“谁谓河广？一苇杭（通“航”）之。”末句即反用其意。为什么反用呢？一是极力形容湖水的广阔，一是暗寓《论语·微子》中隐者长沮、桀溺所说的“滔滔者，天下皆是也，而谁以易之”之意，多少流露了作者企图消极避世的思想。这与前面表露的对于世外桃源和仙山洞府的向往是一脉相承的。全诗虽着重写景，但在对自然景物的描绘中，渗透着作者的主观感受，现实主义的描写和浪漫主义的想象交织成一幅景象阔大、色彩鲜明的山水画轴。它反映了那个时代阴铿对现实的认识。

史称阴铿“尤善五言诗”（《南史·阴铿传》）。在中国古典诗歌由古入律的发展中，阴铿是起了一定的促进作用的。这首诗虽平仄不尽合律，但已有不少律句。诗共十二句，除末二句外，其余十句对仗都很工整，全诗六十个字，无一重字，遣词造句，颇费斟酌，如首句一个“满”字，即写出洞庭湖春水潋滟的样子。正因为阴铿在斟酌声律字句上用过一番苦功，所以唐代大诗人杜甫在谈到自己的创作体会时，就曾说过“颇学阴（铿）何（逊）苦用心”（《解闷十二首》之七）的话。他的几首写到洞庭湖的诗，如《南征》诗的“春岸桃花水，云帆枫树林”，《过南岳入洞庭湖》诗的末句“危樯逐夜乌”，都可以明显地看到阴铿这首诗对他的影响，有的就是化用《渡青草湖》中的诗句的。在梁、陈宫体盛行的诗坛上，阴铿等人这些以描摹自然景物见长的诗篇，无疑是一股涤暑破闷的清风，使人顿感凉意。所以陈祚明说：“阴子坚（阴铿字）诗声调既亮，无齐、梁晦涩之习，而琢句抽思，务极新隽；寻常景物，亦必摇曳出之，务使穷态极妍，不肯直率。……读梁、陈之诗，尤当识其正宗，则子坚集其称首也。”（《采菽堂古诗选》卷二十九）这话说得是有一定道理的。

（张忠纲）

开善寺　　阴 铿

鹫岭春光遍，王城野望通。登临情不极，萧散趣无穷。莺随入户树，花逐下山风。栋里归云白，窗外落晖红。古石何年卧，枯树几春空？淹留惜未及，幽桂在芳丛。

开善寺在南京钟山独龙阜上(今明孝陵处)。它最早建于刘宋元嘉年间,由名僧昙摩密多主持建造。梁武帝天监十三年(514)又在此附近重建开善寺,并建宝公塔。(原来的开善寺后来改称为上定林寺)唐代改称宝公院,北宋改称太平兴国寺,明初改名蒋山寺。洪武十四年(1381),朱元璋要在此建明孝陵,遂将蒋山寺、上定林寺等很多寺庵统统东迁合并为今日犹存的灵谷寺。

阴铿是由梁入陈的诗人,梁时曾为湘东王法曹行参军。入陈后始任始兴王录事参军,后因徐陵推荐,陈文帝常召之预宴赋诗,累迁晋陵(今常州)太守,员外散骑常侍。此诗当为入仕陈朝之后所作。诗中描写了开善寺的秀丽风景,表达了诗人的吊古之情和未能归隐山林的一丝惆怅。

钟山在梁时已有大小佛寺七十余座,阴铿游此山时,距梁武帝建开善寺不过几十年。因为钟山梵刹成林,殿宇如云,浮屠耸立,释子成行,钟磬之声不绝于耳;再加上松柏参天,飞瀑云泻,山花烂漫,莺燕鸣啭,到处春光满眼,故使人觉得仿佛到了佛家的极乐世界一般。这就是诗的首句将钟山比作"鹫岭"的原因。"鹫岭",即古印度的灵鹫山,是释迦牟尼曾讲《法华》等经的地方。钟山又是南京周围的群山之首,高于其他诸山,故登上山峰,俯瞰六朝王城的金陵,可谓视野畅通,一览无余。而"鹫岭"与"王城"对举,下一"通"字,又似乎将佛界与人间完全沟通连贯起来了。故首二句不仅展现了钟山的巍峨雄伟,视象开阔,春光美好,而且还令人冥然对人、佛二界生发出许多联想,可谓起调极工。三四两句所言登山的情意不尽,闲游(萧散)的兴趣无穷,既承首联,包含了那些现实的和想象的情趣;又启下文,引出莺、花、云、晖等具体景物的情趣描写。你看:被春风吹动的屋旁树枝,摇曳着伸进了窗户里面;栖息在枝上的黄莺,也像荡秋千一样,随树枝荡进屋里。盛开的各种花瓣,被风纷纷吹落下山,看上去却像花瓣在追逐春风一般。寺内朱红的画栋雕梁之间,悠然飘绕着从外面天空归来的白色云气;窗外的林壑中,灿然辉映着天边落日的火红余晖。这四句一句一景,捕捉了自然景物瞬间变化的微妙动态,描写得细腻入微,活灵活现。用"莺随"、"花逐"、"云归"等意象,使无知的花鸟云气,仿佛无不毕具人情意态,和诗人的心同时在欢腾雀跃,分享那寺内外的春光情趣。且四句句法两两错综变化:前两句每句各写两种事物(莺与树,花与风),主语在前,谓语则是连动("随"而"入","逐"而"下"),因而构成了一种结伙嬉戏的热闹场景;后两句每句各写一种事物(云、晖)而主语在第四字,仅各用一个动词(归、落)来修饰主语,谓语却是两个形容词,(白与红,色彩分明)因而造成一种悠然舒宕的轻松氛围。四句写景远近交错、里外参差、疏密相间。凡此种种,真可谓"琢句抽思,务极新隽;寻常景物,亦必摇曳出之,务使穷

态极妍。”(陈祚明《采菽堂诗选》评阴铿语)

结尾四句,抒发诗人的感慨。“古石”,当指开善寺东岭那块下临峭壁的“定心石”;“枯树”,当因宝志之事而发。宝志为梁朝名僧,相传刘宋元嘉年间生于一株古木鹰巢之中,为朱氏妇收养。至七岁时在钟山出家,深为梁武帝所敬仰。天监十三年卒,梁武帝为了纪念他,在建开善寺的同时特修宝公塔。(见《六朝事迹编类》引《宝公实录》和《高僧传》)诗人触景吊古,睹物怀人,因而自叹自问:这块古老的“定心石”是何年开始卧于此处的呢?莫非造化特为游人着想而天造地设的么?那宝志高僧早已物故,而诞生他的枯树至今犹存,它又孤独地空守了多少个春秋呢?似乎枯树有灵,还在悼念它所孕育的宝公哩!两个问句,使感情由前文的欢快娱悦忽又转变为低回怅惘。末二句由怀人又转入自叹,反用淮南小山《招隐士》中“桂树丛生兮山之幽,……攀援桂枝兮聊淹留……王孙兮归来,山中兮不可久留”的句意,为自己未能在这幽谷的芳桂丛中久留(归隐)而深以为憾。这种因游览山林古刹胜景而偶然触动向往林泉隐逸的情怀,固然是一般封建士大夫情理之中的常事,但或许与诗人历仕两朝,因见梁朝遗迹而略生自疚之情也不无关系吧。

此诗声韵谐美。除末二句外,其余十句全都对仗精工严整;每个单句几乎都符合后代律句的平仄,有些句子还完全符合律诗的粘对(如前四句);音韵和谐浏亮,“无齐、梁晦涩之习”(陈祚明评语),实开唐人律诗的先河。诗中尤工于炼句炼意,虽惨淡经营而出之自然,风格清新流丽,而不浮靡卑弱。少陵所谓“颇学阴、何苦用心”(《解闷十二首》),良有以也。　(熊　笃)

罢故章县　　阴　铿

秩满三秋暮,舟虚一水滨。漫漫遵归道,凄凄对别津。晨风下散叶,歧路起飞尘。长岑旧知远,莱芜本自贫。被服恒容吏,正朝不系民。惟当有一犊,留持赠后人。

故章即故鄣,在今浙江安吉县西北。阴铿为故章县令史传失载,此诗是离任时所作。

诗分两部分,前六句写束装待发。“秩满”,任职期满,“三秋”,三年,据下文所写,也关合了秋令时节。这是说,任职三年要离任了,乘坐的船已停留在水边了。“虚”,这里是飘浮、停泊的意思。“漫漫遵归道,凄凄对别津。”这是写离别之际“瞻前顾后”所引起的愁思:瞻望前程,归路漫漫,顾视所由出发的津渡,心里一阵阵凄切酸楚。“对别津”自然还包括了送别的僚属、士民。下面是所见的景象：落叶在秋风里飘下，分手处尘土飞扬。这景象自然更会加重作者的离愁，何况秋风秋色早就与离别结下了不解之缘，已形成古代文人的一种心理定式了。

下六句可谓是离任时的自省，用了很多典故。“长岑”用东汉崔骃事：崔骃很有才识，他任外戚窦宪的主簿官，常指陈长短，为窦宪所不容，出为长岑（今沈阳东）长，“骃自以远去，不得意，遂不之官而归。”（《后汉书》本传）“莱芜”用东汉范冉事：冉字史云，有节操，曾任莱芜（今属山东）令，不到官，生活十分贫寒，“闾里歌之曰：‘甑中生尘范史云，釜中生鱼范莱芜。’”（《后汉书·独行传》）这两句大意是说，自己辗转各地，不堪漂泊之苦，但仍守固穷之节，此次罢官归去，就是要过范莱芜那样的生活。下两句说自己在故章任职期间，宽容部属，慈爱百姓。“被服”句用西汉丞相丙吉故事：丙吉对属吏十分宽容，一次驾车吏酒醉吐在他的车毯上，他也不责怪。“被服”指车毯，作者说，他对属吏常常（恒）如此。“正朝”即正月初一，这里用了东汉细阳令虞延的故事，虞延任职期间常常在过年过节时，放囚犯回去与家人团聚。“不系民”谓不囚禁犯人。最后两句又用了一个典故：三国曹魏的时苗任寿春令，乘牛车去赴任，离任时牛已生一犊，时苗将犊留下，对主簿说：“今来时本无此犊，犊是淮南所生有也。”（见《三国志·和洽传》注引《魏略》）作者用这个典故是表明：他在此三年是两袖清风、一无所取。

齐梁后古诗的对偶、平仄调配愈见整齐，此诗全篇皆对仗，除一二句外，每句平仄交替、上下句平仄相反，且有相“粘”之处，很像是唐代的排律了。律化的古风每多用典，此诗用典很是精切，用五柱前贤的故事，集中表现了自己的出处、节概，而字面又不显得深奥。阴铿的诗在声律、修辞上，对唐人近体诗的写作是有启发作用的，无怪乎连大诗人杜甫都说“颇学阴何苦用心”了。这首诗在思想内容上也颇有可取之处，在大量的“嘲风月、弄花草”（白居易《与元九书》）的梁陈诗中，像这首这样表现对下层人民、对风尘小吏的慈惠，表现自己效法前贤、清廉为政的作品，确是很罕见的。由于史传阙略，作者从政情况不太清楚，但却记载有一件小事：一次他参加宴会，见行酒侍者在旁，他就将酒肉也分送给侍者，众宾友皆讥笑他，他说：“吾侪终日酣酒，而执爵者不知其味，非人情也！”（《南史·阴铿传》）这桩深具人道精神的言行，正可作“被服恒容吏，正朝不系民”的参证，看来他在诗里写的就是真话了。

（汤华泉）

和侯司空登楼望乡　　阴　铿

怀土临霞观，思归想石门。

瞻云望鸟道，对柳忆家园。

寒田获里静，野日烧中昏。

信美今何益？伤心自有源。

诗题中的“侯司空”，指南朝陈时的侯安都。据《南史·侯安都传》说，侯安都字成师，始兴曲江人。曾为兰陵太守，陈文帝即位后，“迁司空，仍授南徐州刺史”。侯安都有“登楼望乡”诗，阴铿以此唱和，抒写思乡之情。

诗的开头二句直吐真情：“怀土临霞观，思归想石门。”“观”，楼台，楼观。《晋书·江逌传》：“登览不以台观，游豫不以苑沼。”诗中之“观”，指侯安都和阴铿同登之楼。所谓“霞观”，指铺洒着霞光的楼台。与阴铿同为侯安都宾客的张正见的《门有车马客行》诗中有“飞观霞光启”之句，可以作为此解的佐证。“石门”，一是指南朝陈的石门县，邻接阴铿的祖籍荆门，在今湖南北部。一是指皋兰山门，在甘肃临夏西南，靠近阴铿的原籍武威姑臧。《古诗笺》云：“(阴)铿，姑臧人。思归故土，则其为临洮(在今甘肃)之石门无疑。”可见，由阴铿等登临之楼到石门，连接着一条无形的情感线索，那就是诗人的怀土思乡之情。如果说开头二句是直接抒情，那么，“瞻云”四句则是化景物为情思。当然，这种景物描写的情思化又是“花开两枝”，风姿各异：其中的前二句是正面的浓染，后二句是侧面的淡衬。先说正面的浓染。诗人将怀土思乡之情化为“瞻云望鸟道”的具象。“鸟道”，指险绝的山野，仅仅能通飞鸟。后于阴铿的盛唐诗人李白写蜀道的艰难时，曾经吟唱过“西当太白有鸟道”(《蜀道难》)的名句。正是“云中鸟道”的艰难险阻，逼迫诗人将怀土思乡的浓情厚谊渗透到景物之中：“对柳忆家园”。“柳”，谐音留。这是说诗人面对着柳树，便想到自己滞留他乡，怀土思乡之情油然而生。这可作为一种解说，而另一说是指诗人看到了楼前之柳，便想到了家园之中的柳树，情不自禁地产生了一种留恋家乡的情意。可见，诗人正是巧妙地利用谐音字，将怀土思乡之情浓缩在景物描写之中。再说侧面的淡衬：“寒田获里静，野日烧中昏。”“烧”，指烧田，就是在庄稼收获后将秸秆之类烧成灰作肥料。这两句是说：秋天收获后的田野里呈现寒意，一片寂静；田野中的太阳在烧田的烟尘遮蔽之中，显得有些昏暗。在这淡远的田园景色之中，诗人的情思明显地淡化了。但这种淡化情思的景物描写在诗中起着极好的陪衬作用，如同“低谷”一样衬托着诗中结尾二句中的情感波澜似异峰突起：“信美今何益？伤心自有源。”这直接化用了王粲《登楼赋》中的句子：“虽信美而非吾土兮，曾何足以少留！”“信美”，的确很美。诗人用“信美”的他乡之景，反衬自己的主观情绪，以“伤心”二字点染自己的心境，在诗的尾声形成了怀土思乡之情的高潮。不仅如此，这个“伤心”的情感高潮又引发人们的深思，为其“伤心”而追根寻“源”：诗人之所以归不得故乡，是由于当时南北对峙，山河破裂。人们如此理解诗中的“伤心自有源”，是否是“作者不以为然而读者不必不以为然”呢？（陈书录）

晚出新亭　　阴　铿

大江一浩荡，离悲足几重？
潮落犹如盖，云昏不作峰。
远戍唯闻鼓，寒山但见松。
九十方称半，归途讵有踪？

这首诗描写了黄昏时分离开新亭（今南京市南），乘舟而去时所见情景，抒写了诗人离开京都的悲愁。

诗歌起势不凡：“大江一浩荡，离悲足几重？”首句写景，次句写情。浩荡江流滔滔而去，重重离愁袭上心头，真是几重波浪几重愁啊！大江浩荡，景象开阔；离悲几重，语调厚重：如此情景交融，使“离悲”的主题从一开始就得到了强烈的点染。

“潮落”四句写江行所见所闻。“潮落犹如盖”，描写晚潮。汉代枚乘《七发》形容涨潮时波涛“如素车白马帷盖之张”，此刻虽已落潮，但水势汹涌，波涛仍然如车盖一般。“云昏不作峰”，描写晚云。晚云本当变幻多姿，色彩绚丽，此时却昏淡无光，迷漫一片，不能形成峰峦起伏高低之状。景为情设，情由景生。这二句通过写晚潮的汹涌，写晚云的昏沉，暗示出诗人心潮之不平，心情之沉重。

“远戍唯闻鼓，寒山但见松”，通过诗人眺望江岸的见闻，进一步渲染“离悲”气氛。晚暮中令人心惊的戍鼓之声从远处隐隐传来，顿添几分肃杀之气；远眺江岸，唯见寒山老松，满目萧条。戍鼓声声，自非太平之日；天寒草衰，亦非远游之时。诗人却不得不孤舟远征，冒寒而行，他心中的悲苦是可以想见的。在这两句中，“远”与“寒”二字写出了江岸的荒僻，“唯”与“但”二字又强调出一种孤独感。

最后两句直抒情怀：“九十方称半，归途讵有踪？”《战国策·秦策》曰：“行百里者半于九十。”意思是长途跋涉到末后更难，一百里路程走过九十里只能算走过一半。诗人感叹征途艰难：去程中并不艰难的部分，还只走了一半，最艰难的那一段，更是远在天边；就算走完了，还有归程呢！这样算来，重归真不知是何日之事。这个结尾有一波三折，余意不尽之妙，又呼应开首二句，表现出了浓重的离情。

这首诗语言清省，能以浅淡之语道出深浓之情。诗人擅长以景写情，将落潮、昏云、戍鼓、寒松等景物组成一幅《天寒孤征图》，意境幽远。此外，这首诗讲求格律，虽然平仄不尽合律，但与唐人五律已相当接近了。（韦凤娟）

晚泊五洲　阴 铿

客行逢日暮，结缆晚洲中。
戍楼因嵁险，村路入江穷。
水随云度黑，山带日归红。
遥怜一柱观，欲轻千里风。

五洲，《水经注·江水三》云："轪县故城……南对五洲也。江中有五洲相接，故以五洲为名。"轪县，治所在今湖北省浠水县西南长江北岸。这首诗写的是作者船泊五洲时所见晚景。作者另有一首《五洲夜发》诗，写的则是乘船离开五洲时所见夜景。何逊亦有《还渡五洲》诗，写的也是晚景。

"客"，作者自称。观下"遥怜一柱观"句，可知作者这次是乘船去江陵的。船到五洲，天色已晚，遂结缆停泊于洲中。中间四句，即描写洲中所见周围自然景观。长江北岸险峻的山崖上矗立着士兵戍守所筑的望楼，村庄中蜿蜒的小路一直伸向江边。这种景象很像梁元帝萧绎《登堤望水》诗中所写的"旅泊依村树，江槎拥戍楼。"那戍楼中的戍卒，远离家乡，不是很能引起漂泊异地的游子的同情吗？红日西沉，余晖映照在山峦上，仿佛抹上了一层淡淡的红晕，夜幕渐渐地笼罩了江面，暮霭沉沉，和奔腾的江水融合在一起，似能只闻其澎湃之声，而难见其浩荡之势了。此情此景，使诗人产生了一种急于到达目的地的强烈愿望，于是他想到了一柱观。一柱观即在江陵。《渚宫故事》载："宋临川王义庆代江夏王镇江陵，于罗公洲上立观，甚大而唯一柱。"（《九家集注杜诗》卷二十一《所思》诗注引）故曰一柱观。阴铿《和登百花亭怀荆楚》诗亦云："江陵一柱观，浔阳千里湖。"五洲距江陵甚远，故曰"遥怜"，故曰"千里"。作者多么渴望乘风破浪逆行千里而迅速到达一柱观呢？这不禁使我们想起了大诗人李白那首有名的诗："朝辞白帝彩云间，千里江陵一日还。两岸猿声啼不住，轻舟已过万重山。"（《早发白帝城》）一个顺流而下，一个逆流而上，可谓相反相成。李白写此诗时，是否想到了阴铿的这首诗，不得而知，但"李侯有佳句，往往似阴铿"（杜甫《与李十二白同寻范十隐居》），对阴铿亦颇推崇的李白，受到阴铿的影响当是不言而喻的。

都穆《南濠诗话》云："阴常侍、何水部以诗并称，时谓之阴何。宋黄伯思长睿跋何诗，尽录其佳句。予观阴诗，佳句尤多。如《泛青草湖》云：'行舟逗远树，度鸟息危樯。'《晚泊五洲》云：'水随云度黑，山带日归红。'……皆风格流丽，不减于何，惜未有拈出之者。"李调元更说："陈则以阴铿为第一。琢句之工，开杜子美一派，徐陵、江总不及也。"(《雨村诗话》卷上)此话不无道理。"颇学阴何苦用心"的杜甫，在炼字琢句方面，确实深受阴、何的影响。以这首诗的"水随云度黑，山带日归红"两句为例，就语法结构和意境创造来讲，杜甫的许多名句，如"野流行地日，江入度山云"(《江阁对雨有怀行营裴二端公》)、"月明垂叶露，云逐度溪风"(《秦州杂诗二十首》其二)、"江人桃花嫩，青归柳叶新"(《奉酬李都督表丈早春作》)等等，都可以看到学习阴铿的痕迹。

(张忠纲)

游巴陵空寺　　阴　铿

日宫朝绝磬，月殿夕无扉。
网交双树叶，轮断七灯辉。
香尽奁犹馥，幡尘画渐微。
借问将何见，风气动天衣。

这首诗通过描写一座空废佛寺的颓败荒落的景象，表现了作者心头的怅惘和感伤。

巴陵，今湖南岳阳。作者途经巴陵，漫游山野，忽见一座寺院，便信步走进了山门。这是一座久已空废的佛寺，外观尚整齐，还显露出一些昔日的庄严气象，但寺内早已残破不堪，到处蛛网横结，使人举步难行。看来，这里不仅早已没有了诵经念佛的和尚，而且也杳无游人光顾。佛寺废弃已久，路人皆熟视无睹，有心的作者偶然路过，对它发生了兴趣。

寺内的大殿，窗扇残缺破损，门扉也不知去向。风是这大殿的常客，任意进出，无所顾忌。殿中空寂而阴暗。只见香案依旧，钟磬犹陈，却覆满灰尘。低垂的幡帐，彩色早已褪旧，但帐上的佛画还依稀可辨。佛像前，供奉的长明灯已是油盏枯干，藏香的空匣似乎还散发出淡淡的余馨。这一切都在追忆着大殿的昔日，那香雾缭绕、木鱼声声的繁荣盛况。然而，磬鼓虽在，击磬之人却不知去向何方？在这一片残留破损之中，唯有正中的佛像巍然端坐，栩栩如生。它那似闭非闭的眼睑，似笑非笑的唇边，威严而神秘地俯视着人间。那佛衣上的绉折，那宽大袍袖的边缘，刻画得这般细致、流畅、生动。一阵凉风穿过大殿，佛衣似乎轻轻飘起。

站在这阴森而破落废弃的大殿之中，仰望这尊被世人遗忘的佛像，忧郁、伤感、寂寞、凄凉的情绪交织弥漫在作者的胸中。也许，他在想象着这佛像的过去，何等金碧辉煌，何等气象庄严，曾有多少善男信女匍伏在佛像脚下，祈求着佛的佑护。如今已是灯灭香尽，佛像孑然，一片沉寂。也许，他在想象着这寺院的昔日，高高的刹杆上幡幢飞扬，庄严的大殿里钟磬齐鸣，朗朗的诵经声和着磬鼓木鱼，迎接那晨曦中冉冉升起的太阳，陪伴着夜空中清辉照耀的月亮。如今，庙院已是墙垣颓圮，门窗破损。太阳和月亮，依旧是每日的落下、升起，可那钟声、磬声、诵读的经声却无从再闻。时间如水，历史无情。它带走了过去的繁华昌盛，带走了昔日的威严显赫，纵然是千人顶礼、万人膜拜的无量之佛，也逃脱不了这一盛一衰的厄难。“借问将何见，风气动天衣。”作者面对这废弃的寺院，阴沉的大殿，寂寞的大佛，仿佛贴近了那无情的历史，如水流逝的时光，从而深感人生的空虚渺茫。诗在描写寺院的空废荒败的同时，处处隐约透出昔日香火隆盛的痕迹；在貌似平静的客观景物的流览之中，深藏着作者的人生感喟。由于作者所面对的是代表着永恒和法力的宗教偶像，这种空虚渺茫的感受就显得特别沉重。

在这首诗中，作者采用了一些出自佛经的典故，使这些典故的含义与诗中的景物描写形成对照，借以表达他的世界渺然、人生茫茫的怅惘和感伤。“日宫”、“月殿”都出自佛典《起世经》。佛经以太阳所居为“日宫殿”，月亮所居为“月宫殿”，二宫均以纯净明亮的金银制造而成，故光明彻天，普照人间。诗中用来借指供奉佛像的大殿，暗示着昔日的辉煌，与今天的“绝磬”、“无扉”的荒凉破败构成鲜明的对比。“双树叶”的典故出于《长阿含》卷四《游行经》：“尔时世尊（如来）在拘尸那揭城本所生处，娑罗园双树间，临将灭度。”“轮断七灯辉”的典故见于《智度论》。讲经者声称：“燃七层之灯，悬五色续命神幡”，使“七层之灯，一层七灯，灯如车轮”，便可显示供奉者的虔诚之心，得到佛赐予的无量福寿。这里既用来描写大殿中蛛网交织香火熄灭的凄凉，以与昔日的彻夜光明对比，同时又借典故的内涵透出作者对佛也并非是法力无边的感叹。“天衣”指菩萨之衣，出自《大藏经》：“菩萨放大光明，普照三千大千世界，天龙八部，满虚空中，作天伎乐，雨妙香花，璎珞天衣不可称数。”“借问将何见，风气动天衣”两句，以动写静，在赞赏佛像塑造工艺的精美的同时，以“天衣”一词而使人联想到佛经所描绘的菩萨放大光明、乐声四彻、满空飞花的盛况，来对照佛像此刻的尘灰满面、兀然独坐和冷落寂寞，深刻地表达了作者心中的惆怅。用典，有丰富诗歌的意象，深化诗歌的思想涵蕴的作用。这首诗的用典不仅如此，还能将典故的字面意义与诗中的景物描写融合在一起。这样，读者即使不了解这些典故的出处与含意，不能体味到诗人艺术构思的魅力，也并不妨碍他们理解诗歌所表现的思想感情，而使作者赢得了更为普遍的理解。此外，用字精巧，对仗工整，音韵流转，风格清丽，也是这首诗的特点。

（蒋　方）

五洲夜发　　阴　铿

夜江雾里阔，新月迥中明。
溜船惟识火，惊凫但听声。
劳者时歌榜，愁人数问更。

这首诗描绘了江舟夜行的情景。“五洲”，地名，在今湖北省浠水县西兰溪西大江中。

开头两句写诗人在舟中所见高远之景。先是放眼平视，只见夜幕低垂的江面上飘浮着浓厚的白雾，茫茫一片，看不见岸畔，江面显得格外宽阔，所以说“夜江雾里阔”。然后是仰头而望，只见一弯新月高挂天穹，映照着茫茫不见岸畔的江面，显得格外明亮，所以说“新月迥中明”。

三四句写近景，前一句“溜船惟识火”写所见。“溜船”，指顺流而下的船。夜雾中，江面上闪烁着点点灯火，看不见船儿，只有从灯火的移动，才能觉察出船儿在行驶。后句“惊凫但闻声”写所闻。夜舟的行驶惊动了栖息江面的水禽，但是人们看不见鸟儿，只能从江面上不时传来的鸟啼声中，才能知道夜栖的水鸟被行船惊动了。在这两句中，诗人以所见所闻精细地写出了夜江行舟的独特景致。

最后两句由写夜景转为写夜行之人：“劳者时歌榜，愁人数问更。”“劳者”，指榜人，即船夫。茫茫夜色中，船夫一边摇橹，一边和着吱呀声，唱起悠扬的小调；而心事重重、难以入睡的“愁人”，不时发出询问：“现在是几更天了？是什么时辰了?”这个“愁人”，便是诗人的自我形象。他为什么“数问更?”显然不是急着要办什么差事。一个“愁”字泄露了端倪。原来他忧思深重，苦于长夜难熬，盼望着东方早点发亮，阳光能像驱散江雾一样，驱散他心中的忧愁……

这首诗虽然直到最后才点出“愁人”，但读者却仿佛看见“愁人”一直伫立船首，他的心绪像夜雾般茫然，孤零零的新月映照着他孤独的身影。全诗以“夜发”为线索，首尾照应。掩卷之余，似乎可以看到这只船儿载着不眠的“愁人”，咿咿呀呀地摇向夜雾深处……

（韦凤娟）

【作者小传】

韦 鼎

(515? —593?) 字超盛,隋京兆杜陵(今陕西西安市东南)人。梁时,任湘东王法曹参军、邵陵王主簿、司徒王僧辩户曹参军,迁中书侍郎。入陈,官至太府卿,曾出使北周。陈亡入隋,授上仪同三司。文帝开皇十三年(593),出任光州刺史,不久召回长安,卒。事迹附见《南史》卷五八《韦叡传》后。《艺文类聚》存其诗一首。

长安听百舌

韦 鼎

万里风烟异,一鸟忽相惊。
那能对远客,还作故乡声!

此诗的题目一作《陈聘使韦鼎在长安听百舌》诗。韦鼎,历仕梁、陈、隋三朝。在陈朝,拜黄门郎,曾作聘使出使北周。此诗即作于出使时。百舌鸟的啼叫富于变化,犹如百鸟鸣啭,故名。立春后开始啼叫,夏至后即无声,故杜甫诗说:“百舌来何处,重重只报春。”(《百舌》)据此,又可确定为作于立春至夏至期间,最有可能作于“重重只报春”的春季。

首句中的“万里”连着两头,一头是诗人原来为官与居住之地——陈朝的京城建康(今江苏南京),另一头是出使所到之地——北周的京城长安(今陕西西安);“风烟”,指节物风光,“风烟异”是诗人初来乍到长安时的一个笼统然而强烈的印象,一个“异”字道尽了诗人置身异地的陌生感觉,内心的孤寂、乡思的萌生无不包孕其中。次句从“异”字的对面翻出:在风烟不同、物物皆殊的长安,忽然听到了熟悉的鸟鸣声,诗人的乡心进一步受到了激烈的震荡。“忽”字言其突如其来,不期而遇,“惊”字极写对心灵刺激的强烈。陌生的异地,本是产生乡思的一片沃土,熟悉的故乡事物又突然在眼前出现,则更能摇荡性灵,激发起更为强烈的乡情。诗人对此深有体会,又深谙艺术表现的辩证法,便似承若转地表现了自己的这一独特的感受。

后两句从“惊”字化出。一鸟相惊,诗人的乡情便波翻浪涌,几至于难以自持,但诗中却并不明言,而是化作痴语,以责备百舌鸟的口气说出:“那(哪)能对远客,还作故乡声!”“远客”,诗人自谓。“远客”本自思乡,百舌鸟鸣声如旧便会加重“远客”的乡情,故以“那(哪)能”的反诘语气词以强调自己内心已不胜乡情的沉重负担。表面上说鸟,实际上写人;字面上只是说不能听鸟鸣,骨子里却是写郁积下的过于浓烈的乡情。感情的表现婉曲有味，摇曳生情。

抒写乡思的作品往往容易流于空泛。此诗的作者却善于抓住深切体验过的最富于包孕的一刻，从在异地听到鸟鸣声的角度切入，构思具体而微，表现委婉曲折，从而使此诗获得了鲜明的艺术个性与独特的艺术价值。（陈志明）

【作者小传】

江　总

(519—594)　字总持，陈济阳考城（今河南民权东北）人。梁武帝时，官至太常卿。侯景之乱起，流寓于会稽、广州。陈文帝时，还建康，官中书侍郎，累迁太常卿。陈后主即位，历官祠部、吏部尚书、尚书仆射、尚书令。在执政之位，而不持政务，唯与后主游宴后宫。陈亡入隋，授上开府。后归江南，卒于江都（今江苏扬州市）。事迹具《陈书》卷二七本传，又附见《南史》卷三六《江夷传》后。有集三十卷、后集二卷，已佚，明人辑有《江令君集》，《先秦汉魏晋南北朝诗》辑得其诗及断句一百零三首。

梅花落　　江　总

腊月正月早惊春，众花未发梅花新。可怜芬芳临玉台，朝攀晚折还复开。长安少年多轻薄，两两共唱《梅花落》。满酌金卮催玉柱，落梅树下宜歌舞。金谷万株连绮甍，①梅花密处藏娇莺。桃李佳人欲相照，摘蕊牵花来并笑。②杨柳条青楼上轻，梅花色白雪中明。横笛短箫凄复切，谁知柏梁声不绝。

〔注〕①绮甍（méng）：甍，原为屋脊，此代指房屋。绮甍，即华屋。②蕊：原作叶，此从《艺文类聚》。

梅花落，曲调名，这个曲调常用来歌咏梅花。此诗是写赏梅游宴的快乐。

前四句写梅花的早发喜人。梅花令人爱赏的原因之一，就是开得早，“众花未发梅花新”，这个“新”与前面的“惊春”，还传出了人们的新鲜感和惊喜之情。“可怜芬芳临玉台”，这就写到玉台中人的爱赏了。“玉台”，这里意同金闺，女子的住室。“朝攀晚折还复开”，既写出了玩赏的极高兴致，又见出梅花开放的热烈。

次四句写梅树下的宴乐。“满酌金卮”，就是斟满金杯，“催玉柱”，即弹筝，此指奏曲。这里的长安是泛指，云都城里这些放荡的少年，在梅花树下唱着《梅花落》,伴和着落梅翩翩起舞,物态人情两相融洽,该是多么地快意。"两两共唱"、"宜歌舞",其载歌载舞、兴高采烈的情景,仿佛可见。

再四句写梅林中的甜情蜜意。"金谷",本是晋石崇的园林,此与下面的"绮甍"是指富贵人家的园宅,这句与下句说,在万株梅林里藏有许多"娇莺"。藏娇莺语意双关,又暗示"佳人"的欢会,与乐府《杨叛儿》"暂出白门前,杨柳可藏乌"所写情形仿佛。下句"桃李"为佳人之形容,亦即艳丽、绝色之意。"相照",即相映之意。这两句写:美丽的女子来到梅林,想与梅花比美,摘下花蕊,牵引花枝,与梅花相对而笑。这情态是多么美好,不禁使人想到宋张先小词《菩萨蛮》写的"含笑问檀郎,花强妾貌强"那一幕,以及唐崔护于城南庄"人面桃花相映红"那一瞥。

最后四句又归结到咏梅及乐曲本意上"杨柳条青楼上轻,梅花色白雪中明。"前句是说梅花惊醒了春天,柳条泛青了;后句说梅花开得早,在白雪的衬托下显得格外引人注目。"楼上"又与前"玉台"照应,见得这情景皆玉台中人眼中所见、心中所赏。"横笛短箫"暗示"《梅花落》,本笛中曲"(见《乐府诗集》解题),"凄复切"是说它十分动人,后一句含"余音绕梁,三日不绝"之意,柏梁在这里代指宫廷。用"谁知"一提,见出赏鉴之中的无穷兴味。

《陈书》本传云,江总"于五言、七言尤善,然伤于浮艳,故为后主所爱幸"。此诗当作于陈时,虽不免"浮艳",但总的来说,还是清新可读的,作者将咏梅和赏梅情事融于一体,很有发人意想的情致。而同时作者另有《梅花落》五言二首,一偏于写女色,一偏于咏花色,皆形似之词,了无余味。今存《乐府诗集》本题作品十多首,除本篇外皆为五言,且篇制甚短,此衍为七言长篇,也见出作者的创作才能。本篇句句押韵,两句一转,显得十分流畅活泼。这样的韵式是发展了汉魏七言短古和乐府民歌(如《东飞伯劳歌》)用韵经验,对后代七言歌行的创作也是有影响的,唐代杜甫、岑参那些用韵灵活多变的歌行作品与本篇就有相似之处。 (汤华泉)

宛 转 歌　　　　江 总

七夕天河白露明,八月涛水秋风惊。楼中恒闻哀曲响,塘上复有辛苦行。不解何意悲秋气,直致无秋悲自生。不怨前阶促织鸣,偏愁别路捣衣声。别燕差池自有返,离蝉寂寞讵含情?云聚怀情四望台,月冷相思九重观。欲题芍药诗不成,来采芙蓉花已散。金樽送曲韩娥起,玉柱调弦楚妃叹。翠眉结恨不复开,宝鬓迎秋风前乱。湘妃拭泪洒贞筠,筴药浣衣何处人?①步步香飞金箔履，盈盈扇掩珊瑚唇。已言来桑期陌上，复能解佩就江滨?②竞入华堂要花枕，争开羽帐奉华茵。不惜独眠前下钩，欲许便作后来新。后来暝暝同玉床，可怜颜色无比方。谁能巧笑时窥井，乍取新声学绕梁。宿处留娇堕黄珥，镜前含笑弄明珰。菤葹摘心心不尽。③茱萸折叶叶更芳。已闻能歌《洞箫赋》，④讵是故爱邯郸倡。⑤

〔注〕①筴(cè)药："筴"，为小箕。此似指采药之篓一类。②刘向《列仙传》记，周代郑交甫在江汉之滨遇二神女，"见而悦之"，求其佩玉，神女即"解佩与交甫"。③菤葹：草名，拔心不死。④《洞箫赋》：西汉王褒所作赋。⑤邯郸倡：邯郸为赵之都城；倡指乐倡，歌妓。相传赵多美女，故汉代乐府中常以之称美丽的乐妓。

关于《宛转歌》的来历，有一段凄丽的传说：据说晋时有位叫妙容的少女，姿质婉丽。一次与两位婢女月夜泊舟，被江上少年王敬伯的琴声所打动。知音有遇，灵犀相通。二人心中均有所感，便一起倚琴而歌。妙容抚琴挥弦，调韵哀切，后来便作了一首《宛转歌》。到了相别的时候，妙容依依不舍，特赠敬伯以卧具、锦囊，不久竟郁郁而终。这"本事"打动了许多文人，故后世拟作的《宛转歌》，往往抒写女子情怀，且悲宛妙转，多伤离之思。

陈代诗人江总的这首《宛转歌》，写的也是伤别之情。不过其主人公，似乎是位"故倡"出身的弃妇。全诗可分为两部分，从开头至"筴药浣衣何处人"，主要抒写凄风惨露中的故妇之悲；后一部分则淋漓描述新人之得宠景象，进一步反衬其凄凉之情。

诗之开头即从女主人公眼中，展示出"七夕"、"八月"那清美而凄幽的夜景：白露横江，银汉璀璨；灰蓝而深邃的夜空，一轮明月高悬。然而在这天地轻莹、浑然一体的境界中，萦绕于主人公耳边、激得她心思沸涌的，却是挟裹着滚滚涛音的瑟瑟秋风；还有楼中那哀怨之曲的不停低诉。远眺茫茫江面，似还见隐隐帆影掠过：在此清秋之夜，谁还在辛苦远行？读此数句，你会刹那间感受到一股浩浩秋气扑面而来，感受到造物的何其博大和人生的渺小与悲苦，情不自禁便伤感起来，却又不知这悲伤从何而来？这就是开头六句造成的氛围。

但对女主人公来说，她难道也"不解何意悲秋气"吗？不，不是。只不过她悲慨太多，不忍细说罢了。其实"无秋"又怎样呢？女主人公还不一样悲伤——"直致无秋悲自生"，正一语道破了她的凄怆心境。现在读者便该明白，女主人公此刻之所以"悲秋气"，实际上是见景生情，见扁舟而思远人了。

客观外物原本是无“情”的：日月经天，江河行地，都是自然现象，又哪里有什么“落花有意”、青山凝情呢？可人却常爱把自己的情感，贯注在这些外物上，因此便有了看花“溅泪”，见鸟“惊心”的奇事。诗中的女主人公，显然就是这样一位悲苦的痴情人。

她不怨阶前嚁嚁鸣夜的蟋蟀——这与她无干；偏是那断断续续的捣衣之声，惹起了无限恼人的情愁。唉，她的丈夫此刻身在何处？尾羽差池的燕儿飞去了，还有还归之日；人儿呢？他至今竟毫无踪影。那寂寞的秋蝉，竟也默默噤声，难道也像女主人公一样，满怀着悲苦的无语之思？

从下文可知，这位出身“故倡”的妻子，早知道丈夫已弃她而去，另有新欢。所以她此刻该是满腹怨意了。但怨因爱生——这怨爱交集的心态，恐怕是人间最难抒写的。诗中却通过对女主人公种种“无奈”行动的描述，把它绝妙地揭示在了读者面前。

她也曾登过高高的楼台、久久四望，连那浮拥眼际的云彩，似乎都正脉脉含情；可头上那一弯新月，却总是不照归人，岂不凉了她苦思的心？她也曾试题象征爱情的“芍药之诗”，可是纸展了、墨研了，满腹怨思又从何写起？涉江去采摘芙蓉花吗？秋风寒波，花荷凋零，便如丈夫的面容，再也难觅，便如自己的心，早已破碎！“云聚怀情四望台”四句，正以如此凄深婉曲的笔姿，生动地再现了女主人公种种“拟歌先敛，未笑还颦”的心态，从而进一步揭示了这位被弃之妇的痛苦之情。

接下去读者所看到的，便是诗人为女主人公所绘的黯然肖像：这位痛苦的弃妇，而今憔悴落寞，整日里“翠眉结恨”、“宝鬓乱风”。她时而饮酒起舞，时而又抚琴长叹。窗外那竿竿斑竹上，不知洒过她多少泪水。一个往日靥笑欢歌的美丽女子，就这样成了踽踽凉凉的采药浣衣之女！她究竟还期待些什么——丈夫早已负心，新人早已占据了她原先的位置，她还有什么可指望的呢？

自“步步香飞金箔履”开始，全诗转入第二层——对新人得宠景象的描写。与上一层叙故妇幽幽泣诉的似断似续节奏不同，这一层的描绘，节奏既跳脱快捷，色彩亦明丽照眼——一位想象中的新人，由此带着动人的娉婷之态，从诗行间走了出来：她“金箔”饰鞋，步履款款。一把“盈盈”团扇，遮掩着鲜若珊瑚的红唇，显得那样美艳！她不仅长得绰约多姿，而且妙解情意，刚才还只在桑中、“陌上”见面，就已如“江滨”神女一般含情“解佩”了。接着而来的，便是凯旋式的“竞入华堂要花枕，争开羽帐奉华茵（锦缛）”——这位“后来”的新人，旦暮之间就以迷人的“巧笑”、“绕梁”的妙韵，获得了故夫的欢心，占据了女主人公昔日的“玉床”！此后传来的消息，便都是新人那“宿处留娇”、“镜前含笑”的风风光光了。

诗中对这一切景象的描述，采用了迅速转换的画面展示方式，读来便颇有眼花缭乱之感；而诗行间汩汩流泻的声情，更如繁弦急管的乐奏，大有“嘈嘈切切错杂弹，大珠小珠落玉盘”之妙。

然而，读者莫要被这表面上的欢快景象迷惑了——这一切，其实都从被遗弃的可怜故妇想象中写来，故愈是写得如火似锦，便越反衬出女主人公的落寞、凄凉。人们只要把前后文对照一下，便可发现：诗人采用了多层对比的手法，将故妇与新人，悲哀与欢乐，同一季节的不同景象，作了反差极大的描述。

同是秋景，读者在前文中看到的，是“冷”月“惊”风，在这里所见的，却是“华堂”、“芳萸”；在用色上，前文灰暗涩重，此段却鲜丽、明朗；而新人与旧人、悲与欢的对比，更是触目惊心：一边是“湘妃拭泪”；一边是“盈盈掩扇”；故妇是“翠眉结恨”、“宝鬓乱风”，新人却“宿处留娇”、“镜前含笑”；故妇寂寞登台之夜，正是新人“开羽帐、奉华茵”之时。在月冷楼台和“新声绕梁”的反衬中，故妇的孤凄和悲凉，岂不显得更加强烈而震颤人心？这种写法正如叙黛玉魂归故里之时，偏偏用浓笔铺写宝玉大婚景象，那隐约传入耳中的丝竹之声，听来该是何其伤悲啊。正因为如此，诗之结尾于繁弦急管一时俱寂中，突然响起了“已闻能歌《洞箫赋》，讵是故爱邯郸倡”的凄切吁叹。读者自能辨出，这吁叹正发自“宝鬓迎秋风前乱”的故妇口中，显得那样幽怨无穷——抒写故妇秋风凄露中的悲怀，却用如此明丽欢快的新人景象反衬，这正是江总《宛转歌》的悲宛妙转之处。江总在陈代虽有“狎客”之称，这首《宛转歌》，毕竟在南朝七言古诗中闪烁了光彩。　（张　巍）

遇长安使寄裴尚书　　江　总

传闻合浦叶，远向洛阳飞。
北风尚嘶马，南冠独不归。
去云目徒送，离琴手自挥。
秋蓬失处所，春草屡芳菲。
太息关山月，风尘客子衣。

此诗当作于陈初。江总本仕梁，遇侯景之乱流寓广州近二十年，陈文帝天嘉四年方被征还建康。诗题“长安使”，指陈朝使臣。裴尚书，名不详，或谓裴忌，检核史传，裴忌官尚书晚于此时，恐误。此诗写作大致情况是：在广州遇到使臣，送别时写了这首诗，托他带给裴尚书。

前四句借用传说、故实表达思归之情。“传闻合浦叶，远向洛阳飞。”这个传闻是这样的：合浦有一株杉树，叶子落了随风飘到洛阳（见刘欣期《交州记》）。合浦在广东、广西交界的滨海地区，离作者滞留的广州不远，合浦杉叶飞向洛阳，正好用来表示自己想回到首都建康（洛阳亦曾是都城）。“北风尚嘶马，南冠独不归。”北风嘶马袭用《古诗》“胡马依北风”之意，马多产于北方，一遇北风就发出嘶鸣，以表示依恋。“南冠”本指楚国囚徒（典出《左传》），这里借指自己羁留在外。这两句说，马尚且怀恋故土，而作为一个人的我却独独不能回去。这四句反复用比方、对比陈述自己的心情，显得很哀切。中二句写与使臣分别。“去云”喻使臣，古诗多用“浮云翔”、“浮云驰”（《苏李诗》）喻友人远去，此言“去云目徒送”含有心想追攀而不可及之意。“离琴手自挥”，是说为使臣弹奏送别的曲子。“手自挥”与“目徒送”对应，含有“不惜歌者苦，但伤知音稀”（《古诗》）的意味。后四句又是向裴尚书陈情。“秋蓬失处所，春草屡芳菲。”蓬草至秋，茎枯根断，就随风飘飞，借以比喻自己，说自己就像蓬草一样流离失所。春草最易触发离情，“春草年年绿，王孙归不归”（王维《送别》），这里用一个“屡”字显出了淹留年年、不堪忍受的心情。“太息关山月，风尘客子衣。”“关山月”本乐府诗题目，此题多写边塞征人望月怀乡的情事，如作者同时的诗人陆琼就写道：“边城与明月，俱在关山头。……乡园谁共此，愁人屡益愁。”广州在当时也是边城，故作者借以表达情感。“风尘”指旅中的艰辛，“风尘客子衣”像是电影镜头，现出衣上斑斑灰渍，形象鲜明，动人哀感。

“关山难越，谁悲失路之人？”王勃《滕王阁序》这句话也许可以概括本诗题旨。作者反复陈情，就是要引动裴尚书哀怜之心。此诗前四句取譬引类，以无情物衬托有情人，后四句直写目前处境的可悯，绘形绘色，词苦声悲，这样写或许能实现其写作意图。在结构上中间二句是穿插，既照应了“遇长安使”的题面，又起了过渡作用，显得颇精巧。

（汤华泉）

静卧栖霞寺房望徐祭酒　　江 总

绝俗俗无侣，修心心自斋。连崖夕气合，虚宇宿云霾。卧藤新接户，欹石久成阶。树声非有意，禽戏似忘怀。故人市朝狎，心期林壑乖。唯怜对芳杜，可以为吾侪。

据江总《自叙》及《陈书·江总传》载，总弱岁归心释教，年二十余，入钟山就灵曜寺则法师受菩萨戒；逢侯景之乱，总避难会稽，憩于龙华寺，乃制《修心赋》；晚年居太子詹事、尚书令之位，与摄山布上人交游，深悟佛家苦空之义，更复练戒。足见江总受佛教影响之深。此诗就作于与布上人交游时。通过静卧寺院的所见、所想，表现了对栖霞寺幽雅的环境及佛门的流连。“栖霞寺”在摄山。“房”即山房，据江总另一首《栖霞寺山房夜坐》诗题，本篇当是传写中脱“山”字。

首二句有突兀笼罩之势，写出全诗主调，同时也写出诗人晚年的一向情怀。首句前二字与后三字互为因果。“绝俗”本因“俗无侣”而起，“绝俗”之举又使“俗”间益发“无侣”。“斋”本谓净洁其心。此处的“心自斋”言其清心寡欲。诗人以这两句写出他入山避世和“静卧”山寺的原因。下面几句写山寺外部和内部环境，由山崖渐近山房，仿佛是他入寺途中所见。“夕气”即暮色。“连崖”句谓从山崖到山崖，皆为暮色笼罩。“虚宇”指天空，“宿云霾”谓暮云暗淡，满布天空不散，涵盖四野。“卧藤”句谓路旁之藤蜿蜒生长，直连山房之门，隐然有为诗人充当向导之意。“欹石”即倾斜之石。这些石久被往来登踏、已类台阶。则石也如有助人登山入寺之意。“树声”即林涛之声。林涛诱人入山，诗人谓其并非有意发为此声，盖因其自然成趣，倘有意发此树声，反不至如此诱人。在这种情趣盎然的环境中，禽鸟也如人一样，怡然自乐，忘乎所以，嬉戏其间。禽的“忘怀”正表现出观者之“忘怀”。作者从崖畔、天空、路旁以至林涛、禽鸟落笔，将山寺周围景物写得清幽、生动，都与他的“绝俗”之志、“修心”之举十分相宜。接下去，诗人笔锋一转，写出故人情趣低下，与山寺周围环境在格调上形成鲜明对比。“市朝狎”指迷恋市朝功名利禄。连故人都是这样迷恋世俗荣利，自己当然是“俗无侣”了，与首句构成照应。“心期”句剖白自己内心。“期”本谓会合，这里指情之寄托。一个“乖”字写出他同故人在志趣上的差异。这也正是他“绝俗”之处。末以“芳杜”即香草杜若比拟自己理想中的同调者。“芳杜”有高洁之誉，孔稚珪《北山移文》云：“岂可使芳杜厚颜”，吴均诗云：“连洲茂芳杜”，都以芳杜为不同流俗之物。诗中则以之同充满俗气的“故人”形成反差，并借以隐喻徐祭酒。“唯怜”、“吾侪”表现出对“芳杜”及其隐喻之人的敬重与期待，也表现出作者情趣的高洁和不肯与俗辈为伍的品格。

(许志刚)

别袁昌州二首(其二)　　江　总

客子叹途穷，此别异西东。
关山嗟坠叶，歧路悯征蓬。
别鹤声声远，愁云处处同。

这是作者于乱离之际与朋友作别的诗。侯景之乱起，作者居京师。台城陷，江总避难，崎岖累年。与袁昌州作别或当在此期间。

首句从“客子”之叹写起。“客子”乃诗人自谓。“途穷”指境遇艰难。诗人处流离之境而自叹艰难。次句言自己在此境遇下又增离愁。“异”即离异、分开，指与袁昌州各自东西。这两句写诗人作别之际的心情。“关山”二句是虚写，设想别后旅途遥远，辗转跋涉之苦。“歧路”即岔道。“关山”、“歧路”互文以见义，都是承上“途穷”并使之具体化，表明自己将度越很多城关、山隘、歧路。“坠叶”即落叶，“征蓬”即飞蓬，都是作者自况。诗人嗟叹“坠叶”，怜悯“征蓬”，都是自我伤悼，叹惋自己像“坠叶”、“征蓬”那样漂泊无定，不可测知所止之处、安定之时。末二句承“此别”句，收回遐思，复归于眼前景物。“别鹤”指离去之鹤。鹤似通人性，其将离去，声声哀唳，渐飞渐远，声音也随之减弱。云本无情物，因移入作者主观感受，而成为惨淡的“愁云”。作者之愁常在，故天空之云皆愁，是为“处处同”。分别之际，“愁云”惨淡，布满天空，则自己前途所到之地似乎也为此“愁云”所笼罩，无法跨出它的阴影。这二句从不同的感官落笔，“声声远”写耳之所闻；“处处同”写目之所见。这样写有助于增强作品的艺术效果，给人以立体感。（许志刚）

春 日　　江 总

水苔宜溜色，山樱助落晖。
浴鸟沈还戏，飘花度不归。

这首小诗写得清新淡雅，别具诱人之处。它没有浓彩重抹，仅用轻轻的几笔，就给读者绘出一幅山间春色图。

首句写水色。“水苔”即清浅之水中的青苔。“溜”，指山涧。水清且浅，苔的绿色在水中格外显眼，似乎水也被染绿了，显得更为鲜丽动人，所以说是“宜溜色”。“山樱”句写暮色中的山花。樱桃花鲜艳美丽，与落日交映成晖。一个“宜”字，一个“助”字，写出了流水与苔色、山樱与落晖间和谐的色调以及相得益彰的关系。这两句所写，侧重于景物的色，下二句偏重写景物的态，写出鸟、山花同水的关系。“浴鸟”承“水苔”句，水中有苔，亦有鸟。水不仅与苔色相得，亦宜于鸟。“沈还戏”中的“沈”（即沉），写鸟入水之嬉；“戏”则写其水面之乐。“飘花”句承“山樱”，指山樱的落花。“度”指顺水流逝。溪水澄澈，故鸟或沉或浮，颇有嬉戏自得之乐。山花似乎也有同感，故飘落水中，任水带着自己流逝，逝而不返。

这首小诗所描绘的意境，并不是自然景物的客观的、冷峻的写照，而是在一笔一画间都融进了作者的情感。在水与苔、山樱与落晖的和谐中浸透了诗人的歆羡与赞叹；而在鸟与花对水和周围环境的迷恋中，正可以看出诗人的同样的甚至更为深沉的感受。诗人在入摄山时曾留下诗句道:“高僧迹共远,胜地心相符。樵隐各有得,丹青独不渝”,除了与高僧交游之外,两诗所表现的情趣,正可互相发明。

(许志刚)

于长安归还扬州九月九日行微山亭

江　总

心逐南云逝,形随北雁来。
故乡篱下菊,今日几花开?

这诗是入隋后作品,当是作于晚年归乡途中。扬州,指金陵,陈朝及隋初扬州府治均在金陵,那里有江总的宅第(所谓“江令宅”)。微山,一作薇山,最早选录此诗的《初学记》以及《太平御览》作微山,从之。微山在今山东滕县南,为南北交通常经之地。“行微山亭”,即行走到微山的驿亭。

“心逐南云逝,形随北雁来。”“南云”,南去的云;“北雁”,从北方飞来的雁。这两句皆写南归。前一句写心情,显得非常急切,可以说是“超前”运动,人未归心已随云彩飞向故乡了,真可用杜甫“即从巴峡穿巫峡,便下襄阳向洛阳”(《闻官军收河南河北》)两句诗来形容。后一句写行动,一也是表明快,二点明节令,清秋时节,三从“来”的口吻里似可体味出作者的欣慰:自己的归乡也如同雁南飞一样合乎自然。下两句是想象:“故乡篱下菊,今日几花开?”这想得自然,菊花在秋季开放,而重阳赏菊又是向来的习俗。这样想当然是表现他对故园的思念:“篱下菊”也许是他手栽,重九赏菊当是往日家居时的常事,自会引起美好的回忆;“几花开”,又见出他的关切、急切,要早一点到家欣赏,“莫待无花空折枝”啊。想到篱下菊,恐怕还会想起陶渊明于九月九日徜徉于宅边菊丛、摘菊候酒的故事(见《续晋阳秋》及萧统《陶渊明传》)以及“采菊东篱下,悠然见南山”的诗句,会更加增强他对未来退职闲居生活的憧憬。唐代王维《杂诗》“君自故乡来,应知故乡事。来日绮窗前,寒梅着花未?”在语意上似与这两句有相因之处。

这首小诗语言简洁而富有启发性,四句两层一实一虚,见出变化。这是短诗应当具备的艺术技巧。这首诗的平仄粘对也完全合乎近体格式,它已是一首标准的五言绝句了。

(汤华泉)

闺　怨　篇

江　总

寂寂青楼大道边,纷纷白雪绮窗前。

池上鸳鸯不独自，帐中苏合还空然。
屏风有意障明月，灯火无情照独眠。
辽西水冻春应少，蓟北鸿来路几千。
愿君关山及早度，念妾桃李片时妍。

江总是陈朝诗人，历仕梁、陈、隋三朝。在梁代曾任明威将军、始兴内史；入陈累迁尚书令；入隋为上开府。《陈书》本传称其"好学能属文，于五言七言尤善，然伤于浮艳，故为后主所爱幸。……后主之世，总当权宰，不持政务，但日与后主游宴后庭，共陈暄、孔范、王瑗等十余人，当时谓之狎客。由是国政日颓、纲纪不立"。可见，在政治上，他是一个追随后主荒淫的亡国昏相；在文学上，他又是一个专写艳诗的宫廷诗人。然而，这并不妨碍他仍有少数传世的佳作，本篇即是一例。

此诗前六句写闺妇冬夜空房独宿，因而触物伤心的苦景。"青楼"，本指涂饰青漆的楼房。如《南齐书·东昏侯纪》："世祖兴光楼上施青漆，世谓之'青楼'。"但诗歌中常代指富家闺阁（也偶指娼女所居），如曹植《美女篇》："青楼临大路，高门结重关。"本诗首句即从曹诗化出。富家楼阁，本应宾朋络绎；且临大路，更当有车马喧闹；然冠以"寂寂"二字，则其室内室外一片清静无声、冷落寂寞之状可想。故首句不仅点出地点，而且入手扣题，为下文描写闺怨预示了环境气氛。次句既点明时令是冬季，在那雕画着花纹的窗子外面，但见白雪纷纷飘舞；又通过"纷纷白雪"，烘托出闺妇那凄凉的心境和纷乱的思绪。第三句承上仍写室外，少妇无聊地守着窗儿，孤寒之感已袭上心头；当她看见池上鸳鸯双双偎倚，雪寒之中犹有一丝亲热温暖，更是不免"人而不如鸟乎"之叹。故第四句一转，由室外转写室内，由鸳鸯成双联想到自己孤独。你看她，情不自禁地回顾室内：空荡荡的闺房中，只有那罗帐里面的苏合香，在默默地燃烧（"然"同燃），平添了几分房栊空寂的气氛。一个"空"字，生动传神，既渲染出环境的虚空，也暗示出人物心境的空寂。在这寂寞的重压之下，她反而感谢那道屏风解人情意，将那撩人愁思的窗外明月遮障，使自己不至于因为月圆人不圆而弥加哀怨。她的心情也扭曲了：明明是害怕黑暗孤寂，不敢熄灯，她却恨那盏青灯冷酷无情，惨淡的碧火直射着孤眠之人，益增其形影相吊、茕独凄惶的苦味。这两句用拟人笔法，移情入景，将思妇的怨恨，写得极为委婉深曲。

"辽西"二句，忽又宕开一笔，将空间推移到几千里之外，设想边塞丈夫的情景。这位闺妇由眼前江南的"纷纷白雪"，自然联想到丈夫所处塞北的严寒；由长期的音沉信杳，自然想到路遥难通的原因。她想：辽西边境早已天寒水冻，冰天雪地，那里的春光恐怕很少停驻吧；蓟北塞外，离江南相隔好几千里，即使丈夫托鸿雁传书，但因千山万水的阻隔，音书也很难送到啊！二句从对面着笔，设想对方的寂寞相思和雁书难寄，不仅表现出彼此的心心相印，而且把闺妇的痴情思念更推进了一层。

结尾二句写闺妇殷切的期望和深沉的忧虑：她希望丈夫早日度过关山来到自己身旁，以慰己心；她提醒丈夫应时刻想到，妻子虽正处在青春妙龄之际，然而韶华易逝，红颜易衰，正如桃李花开，只能保持短暂的鲜艳妍美一样，随着春归，它又将凋谢零落。因此，千万要珍惜青春，不要错过时光。两句又由边关收到眼前闺房，与前文关合呼应。清人张玉穀《古诗赏析》云："'片时妍'说得危竦。"意谓惊心动魄。这两句运用暗喻和夸张手法，益见得思妇忧愁之重，盼归之切。

此诗所写景物全是闺妇眼中所见、心中所感，因而无不饱含闺妇强烈的感情色彩，成为其内心的物外表现，堪谓情景交融，形神兼备。通篇对仗工整而又自然，诚如卞近村所评："此种七言，专工对仗，已开唐人排律之体。"（《古诗赏析》引）然而风格却又婉约妩媚，缠绵悱恻，不似唐律那样端庄劲健，故沈德潜说："稍降则为填词矣，学者当防其渐。"（《古诗源》卷十四）

（熊　笃）

【作者小传】

张正见

（527—575）　字见赜，陈清河东武城（今属山东）人。梁武帝末年，官邵陵王国左常侍。梁元帝立，任通直散骑常侍，迁彭泽令，后避乱于庐山中。陈立，还建康，累官至通直散骑侍郎、撰史著士。陈宣帝太建（569—582）年间卒，年四十九。事迹具《陈书》卷三四及《南史》卷七二本传。有集十四卷，已佚，明人辑有《张散骑集》，《先秦汉魏晋南北朝诗》辑得其诗九十二首。

游匡山简寂馆　　张正见

三梁涧本绝，千仞路犹通。
即此神山内，银膀映仙宫。
镜似临峰月，流如饮涧虹。

幽桂无斜影，深松有劲风。
惟当远人望，知在白云中。

张正见是由梁入陈的诗人，在梁末的丧乱中，曾避地庐山，陈霸先建立陈朝才将他召回京都。这首诗就是他隐居庐山时写的。匡山即庐山，相传周时有匡俗兄弟七人结庐于山，都有道术，后来成仙而去，空庐尚存，以此得名。简寂观是庐山最古老的寺观之一，位于南香炉峰之西。原是刘宋时代的著名道士陆修静的修道之所，后来陆被明帝召入京都整理道经，死后谥简寂，并将其在庐山的故居改为道观，称为简寂观。因为道观也称仙馆，有时也称简寂馆，今已不存。

首二句"三梁涧本绝，千仞路犹通"，写其路险难登。"三梁"即"三石梁"，据说是简寂馆附近山崖上一尺宽、数丈长，相互连接的三块石头，像一道桥梁，今无可考。"三梁涧"就是穿过三石梁的涧水形成的瀑布，"绝"即到了顶。这两句是说，登上三石梁瀑布的顶端已在千仞之上了，可到简寂馆还有一段路要走，意在说明三石梁及其瀑布已经够高了，可简寂馆更在它之上。不言而喻，作者是沿着三石梁的瀑布水登上简寂馆的。"即此神山内，银牓映仙宫"，写的是到达简寂馆前。"神山"即指庐山。"牓"通"榜"，即匾额。此二句是说，就在这座神灵聚居的庐山中，一块银光闪闪的匾额赫然映衬着这仙人所居的宫殿——简寂馆。这自然是到达馆前首先跃入眼帘的突出景象，同时也包含着一种终于到达目的地的轻松感和兴奋感。作者此时并没有进馆，而被这馆外的奇特风景吸引住了。"镜似临峰月，流如饮涧虹"，写的是远观之景。"镜"指的是庐山石镜，相传庐山东面有一巨大圆石，平滑如镜，可以照见人影，谢灵运的《入彭蠡湖口》诗中就有"攀崖照石镜"之句。"流"指的是瀑布。简寂观东西两侧各有一条涧水往下流注，形成两条瀑布，唐韦应物就写有《简寂观西涧瀑布下作》一诗。两句的意思非常显豁，说熠熠闪光的石镜就像照临群峰的月亮，飞流直下的瀑布就像一头栽进山涧吸饮涧水的彩虹。石镜、瀑布本是山中奇观，经这么一比喻就变得更加五彩缤纷了，这简寂馆也就平添几分仙气。"幽桂无斜影，深松有劲风"，写的是近观之景。繁密的桂树郁郁葱葱，连阳光都照不进来，地上根本见不到树影，苍劲盘曲的古松，招来了呼啸的山风。这桂与松本是常见花木，并不稀奇，可是它们一是庐山的特产，一是简寂观的标志，写来自有特色。庐山特多桂树，它们长于石上，叶如碧玉，密不透光，蔚为异观。据载，简寂观前原有古松数十株，皆为六朝时栽种，后来即称为"六朝松"。简寂观就隐身于这古松幽桂之中，更仿佛是真正的仙馆仙宫了。末二句说身在云端而不自觉，只有当站得很远的人一望，才会惊讶地发现我们身在白云之中。这是一个俏皮的结尾，从结构上说，它回应了“千仞路犹通”，总言其高，首尾相顾；从表现上说，如此戛然而止，显得飘逸洒脱，留有更多的余地让读者遐思。

这是一首纪游诗，在取材和描写上都有自己的特色。

先说取材。古人写游寺观的诗，为了应景适俗，总要渲染一点佛光道气，或写得神秘莫测，或写得鬼气森森，甚至还要把自己赔搭进去，说一些很愿意皈依佛道的话。张正见此诗却不落此套。它并不把简寂馆本身当作主要描写对象，只以“银牓映仙宫”一笔带过，其余篇幅则全用于山水景物描写。也就是说，作者并不向简寂观及其所代表的道教顶礼膜拜，而是以它所占有的自然风光作为审美观照的主位对象，为大自然唱赞歌。这就洗刷了人为的宗教色彩，也使诗作本身不枝不蔓，明洁省净。

再说描写。一般的纪游诗总是将游程的记叙与景物描写交错进行，以游程记叙组织景物描写。可是此诗却把二者糅合在一起，将游程隐含在景物描写中，字面上并未标明游踪，可是于景物描写中，游踪清晰可见。如首二句含攀缘登高，三四句含到达观前，五六句含凭栏远眺，七八句含巡游四周。如此既使景物描写井然而序，也大大节约了笔墨，而诗味反而变得醇厚。

另外，此诗句式变化多端。其中六句使用对仗，四句不对，对与不对各有其由，各得其宜。凡属纯描写的则用对句，凡描写中带点叙述和表情成分的则不用对。这三联对句的构成方式也各不相同，一联用了虚词(“本”、“犹”)，显得灵活；三联用了比喻，更增光彩；四联直接描摹，真实如见。从这种整齐中包含着变化，变化中不离规则的句式中，可以看出作者在古诗的律化中所作的努力。

张正见是唐前诗人中存诗较多的一个，总数达九十余首，没想到南宋诗评家严羽竟给下了个颇带点讥诮的评语：“南北朝人，惟张正见诗最多，而最无足省发，所谓‘虽多亦奚以为’。”这实在是一种偏见，张正见的诗虽无大家风范，在当时还是很有些特点的。比如说，当时的诗人都沉湎于写女人，他却不怎么去写，而着意于山水诗、咏物诗的写作，这是很难得的。他善写五言，形制短小，律化程度较高，就是他写的一些拟乐府也是如此，一派新味。应该说，张正见是在古体诗向近体诗的过渡中默默地做出了奉献的诗人。还是明朝的胡应麟在《诗薮》中说了公道话：“张正见诗，华藻不下徐陵江总，声骨雄整乃过之。唐律实滥觞于此，而资望不甚表表。严氏诮其‘虽多亦奚以为’，得无以名取人耶?”这一首《游匡山简寂馆》还不是张正见最好的诗，就仅凭此诗不也可以证实胡氏的看法吗?

(谢楚发)

和诸葛览从军游猎 张正见

治兵耀武节，纵猎骇畿封。
迅骑驰千里，高罝起百重。
腾麚毙马足，饥鼯落剑锋。①
云根飞烧火，鸟道绝禽踪。
方罗四海俊，聊以习军戎。

〔注〕 ① 麚(jiā)：牡鹿。鼯(wū)：飞鼠。

诸葛览的原诗已不可见，这首和诗倒是写得意兴飞动。

“治兵耀武节，纵猎骇畿封。”治兵即练兵，武节犹言勇武精神。为了训练军队，弘大武节，部队举行了游猎。人欢马叫，纵意奔驰，尘土飞扬，那雄健壮大的气势令王城附近周围千里的人们都骇叹不已！两句已奠定了全诗奋发踔厉的基调。

中间六句是对游猎的具体描写。“迅骑驰千里，高罝起百重。”罝，捕兽之网。快马使开性子，纵意驰骋，转眼可到千里之外。捕捉禽兽的网，高高张起，一层又一层，任你再狡猾的猎物也在劫难逃！马驰罝张，天罗地网，预示着一场精彩的格杀迫在眉睫。

“腾麚毙马足，饥鼯落剑锋。”受了惊的公鹿没命地飞跑，但慌乱中却正好撞到马腿上，顿时倒毙于地。鼯鼠饿得滑翔不动，直坠下来，不料恰落在武士高举的宝剑剑刃上，立即身首异处。这两句写受围的野兽狼狈奔窜，自找死路，从侧面渲染出了狩猎声势的浩大，直是野兽们也见所未见的。

“云根飞烧火，鸟道绝禽踪。”两句展开大围猎的全景。围猎时要烧火焚草以驱赶猎物，那烈焰腾空而起，和天际的云彩连在一起，望过去无边无际，鸟兽的藏身窟宅，全部毁于大火。动物们要从大火中拼力突出，等待它们的却是猎犬、利剑、天罗地网！到最后，连险绝得仅通飞鸟的山路上，也了无禽兽的踪影，真个是“奔狐将迸兔，扫尽古丘陵”(卢纶《塞下曲》)，围猎取得了圆满的成功。

作者完成了对围猎的绘声绘色的描写，已经是词满意足了，不料临了又陡然一转：“方罗四海俊，聊以习军戎。”点出游猎的意义不仅仅是网罗鸟兽最主要的是让天下的俊异之才有初露锋芒的地方，以便将他们收集网罗，为未来的战争作好准备。聊，姑且，这个字传神地体现了“四海俊”们的心情：他们远远未满足于捕杀鸟兽，游猎只能算是一场演习，他们渴望的是真正的战场！这最后二句真是

神来之笔,它以新警的立意,把诗的境界又陡然提升了一层。 (吴言生)

还彭泽山中早发 张正见

摇落山中曙,秋气满林隈。
萤光映草头,鸟影出枝来。
残暑避日尽,断霞逐风开。
空返陶潜县,终无宋玉才。

梁元帝即位后,张正见为彭泽令,后来避乱庐山。这首诗当写于一次还山途中。

“摇落山中曙,秋气满林隈。”秋天向来是诗人们所乐于描写的对象,写得既早又妙的要推宋玉的《九辩》了:“悲哉秋之为气也！萧瑟兮草木摇落而变衰。”本诗“摇落”二字即用其语:秋风正把树上弥留的黄叶一片一片地摇落下来,发出令人悲伤的瑟瑟声。满林树木无精打采,毫无抵抗地承受着秋风的袭击。赶路时晨风迎面扑来,寒气凉入骨髓,早行的诗人不由一颤:好一派浓浓的秋气呵！秋气是无形的,但树木的稀疏凋敝却显示了它的浓郁、肃杀。

中四句顺承而下,扣紧“早”字,描写晓景。“萤光出草头,鸟影出枝来。”这时天还没有大亮,他还得不时低头辨路,但见一点微光在草上流动。仔细一认,才知道原来是萤火虫为了觅食蚊蚋,在沾满露水的草上飞来飞去;再抬头看看前方,树枝上一颤,一个黑影从那儿迸出:原来是自己的车马惊动了栖鸟,惊鸟又反而使自己吓了一跳。但这是什么鸟呢?他不知道。因为鸟出现得太突然了,来不及细看,加上这时天色朦胧,想看也看不清。鸟飞与萤飞不同:萤飞很慢,范围也小,可以慢慢辨清;鸟飞却正好相反。两句写得极细极真。

“残暑避日尽,断霞逐风开。”俗话说,秋老虎,热死人。入秋后的一些日子,白天仍然很热。正因为这样,他选择了早晨来赶路。早上避开了太阳,暑气全无。他暗暗高兴起来。但走了一段路后,天色渐渐放亮,朝霞正被晨风吹散:太阳快要出来,天气又要变热了。他不由得加快了速度。

“空返陶潜县,终无宋玉才。”陶潜曾任彭泽令,“陶潜县”也就是彭泽县。回来本是件好事,可这里却说“空”,即“白白地”,有几分懊丧。因为他觉得自己没有宋玉那样的才能来写秋天。

通览全诗,诗人是有自知之明的。宋玉所悲的秋,不仅是外在的秋,更主要的是内心的“秋”,心物交感,典型性强,魅力永恒。而这首诗所写的秋,只是自然界的秋，仅停留在绘景状物的层面，缺乏深沉的悲秋意识，不及宋作。但能在工整的句子中把初秋早景写得如此细腻生动，倒也颇见功夫。（吴言生）

【作者小传】

阮　卓

(531—589)　陈陈留尉氏(今属河南)人。少工五言诗。梁末，父卒于江州(今江西九江市)，值侯景之乱，卓于乱中扶父柩回，以孝称。入陈，历任幕职，曾奉使交趾。后任祠部郎、德教殿学士，兼通直散骑常侍，出使隋。既归，以目疾去官。陈亡入隋，行至江州卒。事迹具《陈书》卷三四及《南史》卷七二本传。《先秦汉魏晋南北朝诗》辑得其诗六首。

咏鲁仲连　　阮　卓

鲁连有高趣，意气本相求。
笑罢秦军却，书成燕将愁。
聊弃南金赏，方从沧海游。
寄言人世客，非君能见留。

鲁仲连，战国时齐人，亦称鲁连，是当时著名的高士。常周游各国，“为人排患、释难、解纷乱而无取”。秦军围赵都邯郸，曾以利害劝阻了赵相平原君、魏将新垣衍帝秦的谋划，迫使秦军退却；燕将侵占齐之聊城，又以书信晓谕燕将占领之非计，使其为之惊惧而弃守。鲁仲连的事迹载入《战国策》、《史记》，为许多人所称道。此篇所咏，即据以上事实。

“鲁连有高趣，意气本相求。”诗开门见山就赞扬鲁连的“高趣”——高尚的节操、志趣。这高趣就是下句的“意气相求”。“意气”一词含义颇多，这里是指情义、志意两方面，也就是鲁仲连的行事只是为了伸张正义、舒展性情，中间着一“本”字，谓其本然如此，天性如此。“笑罢秦军却，书成燕将愁。”这里着眼于神情、态度，成就那样两桩大事业却是如此轻松、从容。用一“笑”字概括那场舌战，惟妙惟肖，显得气度洋洋。“燕将愁”，据说鲁仲连将书信射入聊城，燕将见之，泣三日，最后自杀。写封信，轻而易举，但却产生如此大的威慑力。这里“愁”与上句“笑”原非同一件事，但将两句并合使人在意念上产生鲜明的对照感。鲁仲连的成功，非骋其匹夫之勇，而是凭借其智慧、自信，是其精神力量的胜利，这就在伸张正义的同时，使自己的个性得以展现了。

"聊弃南金赏，方从沧海游。"鲁仲连成功了这两件事后，当政者都想给予重赏和爵位，他坚辞不受，最后"逃隐于海上，曰：'吾与富贵而诎于人，宁贫贱而轻世肆志焉(这句话意思是：我与其富贵而受人制约，不如贫贱而超脱世事、放达性情)。'"这两句所写就是这回事。注意这里的语气："聊弃"、"方从"，表示一种随便且并不十分认真的样子，也就是说，他本无心于富贵，弃之而去无须于费什么脑筋，也无须于有意标榜以博世誉，这正合于他本性的自然。"寄言人世客，非君能见留。"这是作者的感慨。"人世客"，指平原君、齐王，这两句说，告诉你们这些人世客，鲁仲连先生不是你们能留得住的。也就是说，他的行事不是出于世俗的打算，你们这些世俗之人用世俗之利是笼络不了他的。

古代歌咏鲁仲连的作品很有一些，著名者此前有左思《咏史》其三，此后有李白《古风》其十。那两首皆歌咏鲁仲连的"功成身退"，与此首相近。有所不同的是左思、李白首先景仰的还是鲁仲连的"功成"。左思道："吾慕鲁仲连，谈笑却秦军"；李白道："却秦振英声，后世仰末照。"那是出于他们的地位和处境而发出的感叹。此首着重赞扬的是鲁仲连的高趣，即行义适性、敝屣富贵的精神。这也与作者身世经历有关。作者一生为官，转徙江海，晚年颇悔其志，曾一度退居田里，对鲁仲连的作风感到羡慕，也是很自然的。咏史诗自应见作者的情性，即使面对同一史实，自可有不同的取舍和立意。至于南宋人歌咏鲁仲连，更多赞扬其"义不帝秦"，那映现的已是一个时代的民族精神了。

此诗首韵揭明题旨，中间二韵据事咏赞，末韵直接进行评说、感叹，八句诗组织得很是紧凑、严整，不同于一般古体的松散，这在以后的咏史律体中就是常见的格式了。此诗发调健举，音节响亮，属对也颇精切，甚是近乎唐音。总之，从内容和形式上看，这首诗都还是值得一读的。

(汤华泉)

【作者小传】

陈叔宝

(553—604)　即陈后主。字元秀，小字黄奴，吴兴长城(今浙江长兴)人。陈宣帝陈顼嫡长子。宣帝太建元年(569)，立为太子。太建十四年(582)宣帝殂，嗣立。在位七年，国亡于隋，被迁至长安，久之卒。事迹具《陈书》卷六及《南史》卷一〇本纪。有集三十九卷，已佚，明人辑有《陈后主集》，《先秦汉魏晋南北朝诗》辑得其诗及断句九十五首。

陇头水二首(其一) 陈叔宝

塞外飞蓬征，陇头流水鸣。
漠处扬沙暗，波中燥叶轻。
地风冰易厚，寒深溜转清。
登山一回顾，幽咽动边情。

《陇头水》，乐府《鼓角横吹曲》名。郭茂倩《乐府诗集》卷二十一《汉横吹曲·陇头解题》:“一曰《陇头水》。《通典》曰：天水郡有大阪，名曰陇坻，亦曰陇山，即汉陇关也。《三秦记》曰：‘其坂九回，上者七日乃越，上有清水四注下，所谓陇头水也。’曲名本此。”陈叔宝的《陇头水二首》其一，也是写征人行经曲折高峻的陇山，征途辛苦，发为哀歌。

乍一看来，这首诗显得比较平直。但细加揣摩，便能见出结构上的妙处：前六句侧重于写景以“蓄势于前”，后二句侧重于抒情为“喷射于后”。

诗的开头二句直接点题，而“塞外”与“陇头”又是互文见意，其手法颇似唐代王昌龄《出塞》诗中的“秦时明月汉时关”。“飞蓬”，早就见于《诗经·卫风·伯兮》:“自伯之东，首如飞蓬。”原指蓬草根断以后，遇风飞旋。这里承《伯兮》之意，比喻漂泊不定的征人。“征”，远行。《诗·小雅·小宛》:“我日斯迈，而月斯征。”“流水鸣”，字里行间既展示出动态，又传达出音响，以简练的笔墨勾勒出一幅有声画。同时，它既是即景直书，又曲包哀鸣之情，为全诗奠定了哀歌的基调。接着，“漠处”二句在这基础上再加铺垫。这二句一写风沙之暗，一写燥叶之轻，其关键之处一是在“暗”字，一是在“轻”字。大漠之中沙粒飞扬，暗无天日，其环境的险恶不言而喻。而干燥的叶子随着波浪轻浮，则是暗喻着征人的身不由己和性命的轻微，为之悲叹之情隐藏于景物的描写之中。又接着，以“地风”二句作第三层的铺垫。“地风”与“冰易厚”是因果关系，是说因为地上有寒风，所以容易积成厚冰。也就是说，从陇头上“四注”而下的“清水”，由于被寒风所吹，因而积为厚冰。“寒深”与“溜转清”也是因果关系。“寒深”，指久寒；“溜”，水流；“转”，转变。这句是说由于久寒，因而流水变得更清了。可见，“地风”二句写“清寒”之景，给人一种“清寒”的感觉。

上述六句写景，分三个层次加以铺垫，犹如压缩机一样一次次加压，终于以“高压”促成了情感的“喷射”:“登山一回顾，幽咽动边情。”《太平寰宇记》卷三十二引《三秦记》说：“陇谓西关也，其坂九回，不知高几许。欲上者七日乃得越。山顶有泉,清水四注。东望秦川,如四五(百)里。人上陇者,想还故乡,悲思而歌,有绝死者。”可见登上陇头回首一顾者,此时此景,人同此心。诗中的“幽咽”,其内涵有二:其一指低微的流水声,与开头的“流水鸣”在明处组接;其二指低微的哭声,与“流水鸣”在暗层组接,由“流水鸣”之景引发出“征人鸣”之情。从而,以“蓄势于前,喷射于后”的方式抒写了动人的“边情”——边塞征人的哀苦之情。

毋庸讳言,陈叔宝是以写艳体诗著称于世的。刘师培《中国中古文学史》指出:“据《陈书》、《南史·后主纪》及《张贵妃》各传,谓帝(陈后主叔宝)荒酒色,奏伎作诗,以宫人有文学者为女学士,采其尤艳丽者以为曲调,被以新声,其曲有《玉树后庭花》、《临春乐》等。”其实,陈叔宝的诗歌并非都是艳体诗,并非都是靡靡之音,也有内容比较健康,诗风比较悲凉的。如《陇头水二首》其一,笔致自然而不凝重,风格清丽而比较生动,迥然有别于他的那些艳体诗。　(陈书录)

关山月二首(其二)　　陈叔宝

戍边岁月久,恒悲望舒耀。
城遥接晕高,涧风连影摇。
寒光带岫徙,冷色含山峭。
看时使人忆,为似娇娥照。

这首诗写久戍不归的兵士的悲哀。“戍边”,标明地点:边防前线。“岁月久”,点明时间,其关键在于一个“久”字。由这个“久”字引出了下句中的“恒悲”。而“恒悲”还由于触景生情,这“景”就是“望舒耀”。“望舒”,神话中为月神驾车的神。《楚辞·离骚》:“前望舒使先驱兮,后飞廉使奔属。”后来,用“望舒”作月的代称。因望月而生悲,或借月而写悲,往往是古人揭示心灵的一种艺术手法,如南朝宋·谢庄《月赋》有云:“情纡轸(隐痛在心,郁结不解)其何托,愬(向着)皓月而长歌。”显然,在诗人看来,此时此地的“望舒耀”是一幅令人生悲的月景图。接着,诗人使这幅月景图颤动起来:“城遥接晕高,涧风连影摇。”“晕”,环绕着月亮的白色的光带。遥远的边城与天空中的月晕上下相接,仿佛是在碰撞中晃动。俗话说:“月晕而风。”因而,诗人紧接着“月晕”之后而写“涧风连影摇”。有两山之间吹来的风相助,边城与月晕在征人的感觉中便是摇晃不定了。一个“摇”字造成了画面的动感,也引起了“恒悲”心灵的颤动。“寒光”二句写月景图的动态与静态。“寒光带岫徙”,是写动态。“寒光”,指月光。“带”,围绕。《战国策·魏策一》:“殷纣之国,左孟门而右漳釜,前带河,后被山。”“岫”,峰峦。谢朓《郡内高斋闲望》诗有云:“窗中列远岫。”“徙”,移动。这句是写寒冷的月光围绕着山峰移动。“冷色含山峭”,是写静态。“含”,含蕴。这里指月光笼罩。“峭”,陡峭。“冷色”句与“寒光”句对仗,前句的“徙”是写“寒光”的动态,后句的“峭”是写“冷色”的静态。也就是说,句中的“峭”字主要不是指山峰的陡峭,而主要是指笼罩在陡峭山峰上的月色有陡峭之感。以一个“峭”字写边地的月色,别有一种“冷峭”之气。所谓“冷”,来自于触觉;所谓“峭”,来自于视角。可见,“冷峭”如月诗中的“寒光”、“冷色”一样,是触觉与视觉之间的通感,而这又勾通于征人“冷寒”的心境。何以见之呢?诗的结尾二句作了说明:“看时使人忆,为似娇娥照。”“娇娥”,美貌的女子。这里的“娇娥”是双指:一是指月中嫦娥,“娇娥照”代指月光照;二是指征人的娇妻。由明月以及娇妻,其思路颇似后来李白的“举头望明月,低头思故乡”。久思故乡而不得归,久思娇妻而不得见,这便是征人“恒悲望舒耀”的原因。原来,诗人之所以在静态中写月色的动态,写月景的颤动,是为了写征人心灵的颤动,以月景的颤动衬托征人心灵的颤动,展示腾跃在征人心头的怀乡思亲之情。

以写艳体诗闻名的陈叔宝,擅长于以细腻轻靡的笔调描绘妇女的生活及体态。而这首《关山月》却从闺阁移到塞漠,诗人将笔触深入到男子汉——征人的心灵深处,以边塞月亮的颤动来衬托征人心灵的颤动,情随景迁,情景相生。虽然诗的最后二句尚未脱尽宫体诗人靡弱之习,然全诗别有一种冷峭之气。

(陈书录)

玉树后庭花　　陈叔宝

丽宇芳林对高阁,新妆艳质本倾城。
映户凝娇乍不进,出帷含态笑相迎。
妖姬脸似花含露,玉树流光照后庭。

这就是历史上赫赫有名的所谓亡国之音。它之被认定为亡国之音,有两个相互关联的依据。第一个依据是它的诞生与演唱是与南朝最后一个王朝的灭亡过程相伴随的。陈叔宝长于深宫,不谙民情,在政治上是一个糊涂虫。他广造宫殿苑囿,在光昭殿前特建临春、结绮、望仙三阁供妃嫔们居住,常与一班号称“狎客”的文臣游宴其间,共赋新诗,并将其中特别艳丽的谱以新曲,令宫女演唱。这首《玉树后庭花》就是陈叔宝自己谱曲的得意之作,盛传一时。直到隋军南下兵临建康,他们还在宫中演奏此曲。隋兵突入宫门,陈叔宝带着他的张贵妃、孔贵嫔躲进景阳殿的枯井中，让隋军瓮中捉鳖，他的王朝就这样随着这支曲子的停唱而覆亡。所以李白写道："天子龙沉景阳井，谁歌《玉树后庭花》。"(《金陵歌送别范宣》)杜牧则感慨更深："商女不知亡国恨，隔江犹唱后庭花。"(《泊秦淮》)由此人们习惯上称它为亡国之音。

第二个依据是儒家的音乐理论。《礼记・乐记》载："桑间濮上之音，亡国之音也。"桑间濮上是青年男女谈情说爱的场所，桑间濮上之音就是咏唱男女爱情的歌曲。儒家从他们的社会功利观出发，认为咏唱男女相慕相爱之事就是个人私念与情欲的失控，可以导致亡国，或者说是亡国的征兆，所以称之为亡国之音。《玉树后庭花》是一代帝王迷恋他的后宫美人，自然更是亡国之音了。所以唐代贞观年间御史大夫杜淹说："前代兴亡，实由于乐。陈将亡也，为《玉树后庭花》；齐将亡也，而为《伴侣曲》，行路闻之，莫不悲泣，所谓亡国之音也。"

上述第一个依据只是说《玉树后庭花》标志着一种惨痛的政治教训，不是对作品本身的评价，这是任何人都可以接受的。第二个依据则明显地暴露出儒家音乐理论的偏狭。说音乐可以决定社会的兴亡，已是夸大了音乐的社会功效，说因为《玉树后庭花》咏唱了男女之事而使陈王朝灭亡，就更近乎谶纬家的说教了，其荒唐并不亚于将女人看作亡国的祸水，这是我们所不能接受的。其实，拨开罩在《玉树后庭花》上的那一层亡国之音的阴影，我们就会发现，它只是一首地道的宫体诗。它的题旨非常明显，也非常单纯，就是赞美自己的妃嫔们的容态姿色。

首句"丽宇芳林对高阁"，写出这一群美人优越的生活环境。"丽宇"，即宏丽的殿宇，当指光昭殿；"芳林"本指春天丛生的花卉草木，这里自然是指三阁之下的花园了。"高阁"即指临春、结绮、望仙三阁无疑，他要赞美的人就会聚在这里。次句"新妆艳质本倾城"是对这群美人的初步描绘，说她们生来就长得美丽，经过时新的修饰打扮，就更有"一顾倾人城，再顾倾人国"的姿色了。

三、四句从嫔妃们见驾时的种种情态中写出她们的活泼可爱。"映户凝娇乍不进"，写的是她们应召而来的娇羞容态。她们一出现在后主的门口便顿觉光彩照人，可又暂不进来，只是娇滴滴依门而望。此种情态，半是天真，半是弄姿传情，自然要使这个风流天子神魂颠倒了。"出帷含态笑相迎"，写的是她们迎接后主的情态。"帷"即帷房，专指妇女居住的内室。后主每次去她们那里，她们总是含情脉脉，仪态万方，笑盈盈地从内室出来迎接。接迎时的喜笑正与应召时的"不进"相对照，风流天子更要喜出望外了。

后二句回过头来集中赞赏她们的容颜身姿之美，紧扣题意："妖姬脸似花含露，玉树流光照后庭。""妖姬"即美丽妩媚的女子，"玉树"比喻她们秀美光艳的容姿。“后庭”即后宫,这些美人的脸蛋就像含着露水的鲜花,她们的丰姿就像一株株闪光的玉树,照亮了整个后宫。玉树、鲜花虽是两个常用的比喻,但用在对她们的“凝娇”、“含态”作了生动的描述之后,就特富表现力,颇具耀眼的光彩、飞动的气势。全诗就此戛然而止,以“后庭”回应“高阁”,使结构紧凑;同时也以热烈的气氛使这首赞歌达到高潮。

由此看来,这首诗不过是描写女性的宫体诗而已,其内容本身虽不足褒,却也不足深贬。至于在艺术表现上,这首诗更有其可取之处。它描写女性不作烦琐细密的刻画,用词也绝不恶俗,而只是着意于对美丽嫔妃的资质、情态的形容,力求略去美人的“形”,而写出美人的“神”。所以,它虽是宫体,却也在某种程度上净化了宫体,这不能不说是作为诗人的陈叔宝在诗歌创作上的突破。可以说,倘使此诗不出于陈叔宝之手,则绝不会招来如许非议;倘使此诗表现的不是帝王对妃嫔的迷恋,而只是一般文士对美人的赞赏,则恐怕还会被人击节而叹呢!因此,《玉树后庭花》是否该称为“亡国之音”,是大可怀疑的。一代英主唐太宗早就说过:“夫音声能感人,自然之道也,故欢者闻之则悦,忧者听之则悲……今《玉树》、《伴侣》之曲,其声具存,朕当为公奏之,知公必不悲矣。”(《旧唐书·音乐志》)足见《玉树》之声,并无碍于贞观之治,谓之“亡国之音”,不亦诬乎?

(谢楚发)

独酌谣四首(其二) 陈叔宝

独酌谣,独酌起中宵。中宵照春月,初花发春朝。春花春月正徘徊,一尊一弦当夜开。聊奏孙登曲,仍斟毕卓杯。罗绮徒纷乱,金翠转迟回。中心本如水,凝志更同灰。逍遥自可乐,世语世情哉!

此诗作者陈叔宝,即南朝末代君王陈后主——一位典型的荒淫误国之君。他的名字,是与“亡国之音”《玉树后庭花》一起传于后世的。夺了陈氏天下的隋文帝,曾这样批评陈后主:“此其败岂不由酒?将作诗功夫,何如思安时事!”即从一个侧面,揭示了他骄奢淫逸生活中的两项重要内容:一好纵酒,二好写些无聊之诗。史载后主“荒于酒色”,“常使张贵妃、孔贵人等八人夹坐,江总、孔范等十人预宴,号曰‘狎客’。先令八妇人襞采笺制五言诗,十客一时继和,迟者罚酒……”正可作此嗜好的注脚。

因为好纵酒、好作诗,便有了《独酌谣》的创制。《独酌谣》共有四首,这里选析的是第二首。

诗之开头显得有些突兀：一个“起”字告诉读者，诗人是先已睡下，而后又卧而复起的。令人难以想象的是，这位君王之不嫌麻烦、睡中而起，竟只是为了喝酒！喝酒为何要在“中宵”，而且也不找个陪伴？诗人没有交代。不过从起首两句，读者先已感受到了一种酒兴之来不拘时间、场合的狂态。当诗人脱口而吟“独酌起中宵”的时候，该已怎样急不可耐地倾心于杯中之物了。

接下去两句，便渐渐透出了朦胧的醉意。三杯五盏下肚，诗人醉颜微酡，不免踌躇四顾：举起杯来，嗬，夜空尚有清幽的春月映照；展眉而眄，噢，阶前还有各色新花微晃！这“月”，究竟是圆是缺、似镜似钩？那“花”，到底是蔷薇芍药、紫荆白荼？似乎都不必深究。也许诗人在醉眼蒙眬之际，本就没有去注意花为何花、月为何月。你只须知道，在那“独酌”中宵的气息中，还浮漾着淡淡月色、缕缕馨香，就足以领略诗人所处的，是一种什么样的境界了。

花颤月移，加上这徘徊庭中、自斟自饮的赏花之人，大约已颇有些诗情画意。但诗人觉得似乎还缺少些什么。是了，这春宵花月，岂可没有绕梁之音？诗人因此援琴端坐，微吟轻弹。于是静静的夜色中，又渐渐弥漫了悠扬的琴韵。抚琴而饮，虽只“一尊一弦”，却给诗人带来了多少“独酌”之趣呵！

现在，诗人的兴致达到了高潮，醉态之中便又多了几分忘形的狂想。他仿佛忘记了自己的帝王身份，甚至已不知身在何处。忽儿觉得自己就是三国时代的隐士孙登，正在山野之中弹奏那奇妙的“一弦琴”，时时伴以畅悦的啸声；忽儿又恍然化身为晋代的酒痴毕卓(曾任吏部郎，常常以酒废职)，夜半还端着酒杯，在邻家的酒瓮间“盗饮”……锦绣的罗衫，早已是纷纷乱乱；闪闪的金翠衣佩，也随之叮叮交鸣。真是一幅绝妙的醉饮阑珊图！在这醉饮阑珊之际，更不必考虑什么壮志、什么功业——“中心本如水，凝志更如灰”，那都不过是过眼的浮云、化灰的尘土罢了。又怎能与眼前这种“逍遥自可乐”的世态常情可比？

读过《独酌谣》，人们也许会感到，此诗所表现的中宵“独酌”之境，似还清美；其传神写照，意态也还逼真。但艺术作品往往又折射着作者的精神境界。倘若将此诗与陈后主的荒淫之志联系起来品味，总不免恨其格调不高、了无意蕴。

不错，作为寻常百姓，兴之所至，作“中宵”之饮，自无不可；即便是帝王，偶而为之，似乎也不为过。但作为一国之君，而“不恤政事”，“君臣酣饮，以夕达旦”。沉迷于“妖姬脸似花含露，玉树流光照后庭”(《玉树后庭花》)之中不算；还要借“世语世情”之由，中宵独酌不已，就不能不说是荒淫无度了。据说当隋将贺若弼攻占京口(今江苏镇江)，陈人以“密启”(密封书函)向朝廷告急时，陈后主就正在这样的"独酌"中，醉得玉山倾倒、不省人事。"高颖至日，犹见启在床下，未开封。"其醉生梦死一至于此！难怪隋文帝后来要斥之为"陈叔宝全无心肝"了。以如此荒淫之志，写春夜独酌之乐，纵然有些清丽之境、传神之句，又何足为美！

（张　巍）

同江仆射游摄山栖霞寺　　陈叔宝

时宰磻溪心，非关狎竹林。鹫岳青松绕，鸡峰白日沉。天迥浮云细，山空明月深。摧残枯树影，零落古藤阴。霜村夜乌去，风路寒猿吟。自悲堪出俗，讵是欲抽簪。

摄山是古城金陵的风景胜地。因其盛产甘草野参，可以摄生，故古称摄山。南朝时建栖霞寺，山亦称栖霞山。这首诗为陈叔宝同尚书仆射江总同游山寺所作。

诗人与江总同游山寺，故开头两句"时宰磻溪心，非关狎竹林"即从江总写起。"时宰"，当时的执政者。《晋书·谢安传》云："并阶时宰，无堕家风。"此则指称江总，因其为尚书仆射，居宰辅之位。"磻溪心"，指太公望入仕周文王的感遇之心。因其垂钓于渭水支流磻溪时与文王相遇，故谓之"磻溪心"。"狎竹林"，用正始诗人"竹林七贤"故事。阮籍、嵇康等因不满司马氏黑暗统治，隐遁避世，相与游于竹林之下。这两句连用两典，借太公望入仕周文王、竹林七贤游居竹林故事，称赞江总辅佐自己有吕尚的磻溪之心，此次同游栖霞山寺便不同于嵇阮的狎游于竹林之下。

接下去，展开游览山寺所见景物之美。"鹫岳青松绕，鸡峰白日沉"两句写日暮山景。"鹫岳"，即中印度的灵鹫山，传为佛说法之地。后以泛指佛地之山，此指栖霞寺所在的摄山。"鸡峰"，即摄山中峰凤翔峰，以其翘若鸡首，故亦称"鸡峰"。当夕阳西下之时，摄山这座佛地灵山显得格外幽美，苍翠的青松环绕着群峰，太阳在中峰鸡峰上空渐渐地沉没下去。此刻，"天迥浮云细，山空明月深"，高远的苍穹中云细如缕，一轮明月冉冉地升起了，清光悠悠，映着寂静的峰峦，在空旷的山谷衬托下显得更加幽深遥远了。回看山中月下树影，只见"摧残枯树影，零落古藤阴。"已经是深秋季节了，古藤叶子已经凋零殆尽，被摧残的枯树枝条更少了，映在地上的阴影，也是稀疏的、残断的，给人一种凄凉残破的感觉。以上六句，依时间顺序写游山所见，松绕鹫岳，日沉鸡峰，天远云细，山空月深，幽寂深邃，空旷高远，具有一种清幽的美。

夜色渐深，诗人同江总在月光下踏上归路，因而趁势以“霜村夜乌生，风路寒猿吟”写途中景色。在寒霜遍地的山村中，只见夜乌惊起远飞而去，山路凉风阵阵，送来寒猿夜吟之声。这幽冷凄绝的景色，在诗人心中唤起的同是清远高旷、超然出俗的情感。而这种情感也是江总素来就有的，他曾写过多首游摄山栖霞寺诗，流露出心抱冰雪，抗志尘物，豁悟三空的想法。故而最后两句针对江总的出俗之情说：“自悲堪出俗，讵是欲抽簪。”这两句与首二句遥相呼应，说江总只是自叹有超尘出俗之质，堪为山中高士，但并非要“抽簪”辞官，离自己而去。事实上，江总虽有隐逸之想，却不是真要弃仕归隐。他曾在游摄山诗中说过：“勿言无大隐，归来即朝市”，做一个身在魏阙的大隐，才是他的真实思想。

这首诗，首尾以赞语写人，中间以情语写景，布置得体，情感真实，描写形象，不失为一首好诗。

（章沧授）

祓禊泛舟春日玄圃各赋七韵　　陈叔宝

园林多趣赏，祓禊乐还寻。春池已渺漫，高枝自炊森。日里丝光动，水中花色沉。安流浅易榜，峭壁迥难临。野莺添管响，深岫接铙音。山远风烟丽，苔轻潋浪侵。置酒来英雅，嘉贤良所钦。

祓禊，乃三月三日上巳节水边洗濯除垢消灾的祈福活动。这首诗写陈后主自己和群臣在东宫玄圃祓禊泛舟的游乐情景。

首二句“园林多趣赏，祓禊乐欢寻”，直扣诗题玄圃祓禊之意，括写玄圃中观赏园林、进行祓禊的乐趣。在结构上，这两句具有统摄全篇的作用。接下去的十句，分写园中美景和泛舟之乐。“春池已渺漫，高枝自炊森。日里丝光动，水中花色沉”四句写春水、春树、春光、春花。洋溢着春意的池水，已经涨满。水面渺漫宽阔。池边的树木，已是枝长叶茂，炊森成荫。空中细细的游丝，随风浮动，在阳光下闪亮着光彩。倒映在水里的花影，呈现出深浓的颜色。在这四句里，“渺漫”、“炊森”形容水涨春池，树增春绿。观察细致，描绘生动。“动”、“沉”二字，一写游丝游移不定，光亦不定。一写花映绿水，色彩变暗。清奇灵幻，笔意隽美。“安流浅易榜，峭壁迥难临。野莺添管响，深岫接铙音。山远风烟丽，苔轻潋浪侵”六句写泛舟之乐，紧扣题中“泛舟”二字。水流清浅，平静无波。安流划舟，平稳轻快。水边峭壁耸立，高远难攀。但是，那山中的野莺歌喉婉转，使箫管之乐平添悦耳之声，深岫中的清泉响声叮咚，使铙铃之乐更续美妙之音。在那高远处，云绕青山，风烟幽丽。而岩脚水滨苔丝飘浮，随着波浪起伏摇荡。一路写来，如珠走玉盘，圆润流利，清雅秀美。

诗的最后两句“置酒来英雅，嘉贤良所钦”，写饮宴之乐。招来高朋满座，尽是英雅之士；嘉宾相聚，皆是可敬之客。置酒畅饮，自然欢愉情多。这两句和开头两句的“多趣赏”、“乐还寻”相呼相应，体势圆融，浑然成篇。

这首诗全篇所写，实际上包含着古人所追求的良辰、美景、赏心、乐事。四美兼备，美在其中，乐亦在其中。这里没有帝王的威仪，君臣的分别，只有文人雅士的山水情怀，同舟共乐的欢乐气氛，而这正是陈叔宝的诗人本色。故而读来但觉清辞丽句，清虚骚雅，颇堪吟玩。 （喻学才）

【作者小传】

祖孙登

陈时人。曾任记室。《先秦汉魏晋南北朝诗》辑得其诗九首。

宫殿名登高台 祖孙登

独有相思意，聊敞凤皇台。
莲披香稍上，月明光正来。
离鹊将云散，飞花似雪迴。
遥思竹林友，前窗夜夜开。

这是一首构思别致的小诗。诗题称“宫殿名”，即诗中明用、暗用了一些宫殿名。这是南朝流行的一种文字游戏，除殿名外，还有用药名、州郡名、星名来作诗的，虽无太大的意义，却因增加了写作难度，可以起到训练写作技巧的作用。其难处在于用了各种名称，而不显露，与诗中之情、之景相切合。本篇是较成功的一例。

前二句说：最令人苦恼的便是这“相思意”，百般解脱不得，只得登上高台，一敞胸怀。这里的凤皇台是明用宫殿名。接下去四句则暗用、活用宫殿名，以描写登台所见的清幽之境。“披香”，宫殿名。《初学记》卷二十四引《庙记》云：“长安有披香殿”，乃汉代宫阙。梁简文帝诗云：“一去葡萄观，长别披香宫。”即后人咏汉宫事。此诗移宫殿名镶嵌入诗，化披香之殿为披香之莲，使人想见荷香馥郁之境，而“稍上”则写出莲在花香笼罩中舒展之姿。下句的“明光”亦为殿名。《三辅黄图》载：汉有明光宫三：一在北宫，与长乐(宫)相连；一在甘泉宫中；一为尚书奏事之地。《汉官仪》亦云："汉尚书奏事于明光殿。"诗人移殿名之"明光"，写当时夜景，明月皎洁，似见光波自太空传来。一个"正"字，写出绵绵不绝的光波的浮动。"鹄"即天鹅。当时有养鹄之俗，故养鹄、离鹄时见歌咏。如萧诠诗云："绫中转蹑成离鹄，锦上回文作别诗"，则"离鹄"既见于歌咏，又见于女工织绣，成为人们表情达意的物象。此诗中"离鹄将云散"，是从尚未离去的天鹅想见它们即将远去的意向。句中的"云散"的"云"字亦有暗指宫殿之意，古诗中常用"云殿"字样。下句"雪迴"中暗嵌雪宫名。《孟子·梁惠王下》云："齐宣王见孟子于雪宫"。赵岐注曰："雪宫，离宫之别名也。"则"雪宫"为古之名宫殿。诗人离析"雪宫"之"雪"以写花，正与析"云殿"之"云"以状鹄相应。"似雪"言飞花之色，"迴"字写飞花之态。洁白似雪而又飘舞盘桓的飞花，适与虽未散而终将去的"离鹄"构成对照。"离鹄"形静而意动，飞花形动而意未去，故而盘桓。这两句诗在景物描写中表现出主观色彩，无情之物被注入了诗人的感情。于是，很自然地由这两句写景转入末二句抒情。"竹林友"本指竹林七贤。《晋书·山涛传》云：(涛)"与嵇康、吕安善，后遇阮籍，便为竹林之交，著忘言之契"。诗中以"竹林友"喻有贤者之风的诗友。《南史·徐伯阳传》载，诗人与徐伯阳、李爽等十余人为文友之会，游宴赋诗。"遥思"句即表现出对他们及文会、游宴等生活情境的思念。这种心情已经通过前面"离鹄"、"飞雪"等句有所吐露，这里则直接表现出来。对"竹林友"的怀念正是首句"相思意"的内涵，是他"聊敞凤皇台"的原因。从首句至此都是写月明之夜的所思、所作、所见。末句是对首二句的呼应和补充，以见出"相思"并非今夜独有，而是夜夜如此，一向如此。由于此诗重在宫殿名称的巧妙运用，具有一定的为文以造情的倾向，但在感情的表现上，仍有感人之处。　(许志刚)

【作者小传】

何　胥

字孝典，陈时人。陈后主时，官太常令。《先秦汉魏晋南北朝诗》辑得其诗四首。

哭　陈　昭　　　何　胥

思人适旧馆，寂寞非一源。

无复酣歌乐，空馀燕雀喧。
落晖隐穷巷，秋风生故园。
抚孤空对此，零泪欲奚言？

读了这首思怀亡友的歌哭之作，人们可以感受到，诗中蕴蓄着诗人对故友多少深挚的忆念之情。

一个落日苍茫的秋暮，一座人去馆空的旧宅。从诗人带着难抑的思念，踏进故人宅馆的最初刹那，该有怎样的感觉？“思人适旧馆，寂寞非一源”——故人的旧馆竟那样静肃，再见不到倒屣相迎的爽朗笑颜，更无相携入门的温馨嘘问。诗人那本已苍凉的心境，此刻不更为顾盼无友的深深寂寞所浸染？诗之开篇两句，幽幽而起，传达的正是这样一种重瞻“旧馆”的悲寂之感。

“旧馆”的亡友，乃梁代名将陈庆之之子。陈庆之率师北征，屡建奇功。后来又辅助降梁魏王元颢，勇克虎牢，入据洛阳，被洛中歌之为“千兵万马”避之不及的“白袍”将军。元颢叛梁，陈庆之潜归梁朝，以军功封永兴侯。在他死后，即由儿子陈昭袭位。以侯王之尊居住的宅第，当年想必颇为煊赫繁盛。而诗人何胥又精通音律，入陈为后主太常令，为宫中艳词配过不少“新曲”。那么，当年也定与故友有过酬答唱和的酣歌之乐无疑。而今，这一切均已如云烟般散去：厅堂寂寂，何处再闻意兴盎然的“酣歌”？庭院冷落，檐间唯剩燕、雀纷杂的喧鸣。它在诗人心头勾起的，该是怎样一种往事难寻的惆怅和哀情？“无复酣歌乐，空馀燕雀喧”，诗人在默默瞻念中生出的楼存人去的怆然之情，正为“无复”、“空馀”这充满感慨的惊心对比之语所包容。

此刻又值薄暮时分。一抹淡淡的夕阳光，终于在远处的“穷巷”后隐去；阵阵秋风，吹起于故人幽寂的苑园。诗人的心情也因此变得愈加凄凉。诗中以“穷巷”映衬“故园”，可见当年显赫一时的故人之家，现已式微衰败，庶几与穷巷百姓无异。“落晖”、“秋风”，虽为诗人所身历之实境，岂知不含有某种“隐喻”意味——当年丽日朗照之所，而今只有“落晖”、“秋风”。故宅旧馆的凄凉之境，不因落日余晖的隐去，而更见黯淡无光？追思故友的悠长悲思，被那秋风一吹，不更加纷乱无绪？

故人去兮，故园荒矣！酣歌歇兮，落日沉矣！诗之结尾，诗人再忍不住满腔的哀慨，终于含着泪水，发出了惨淡的呼告之语：“抚孤空对此，零泪欲奚(何)言”？“抚孤”，用的是陶渊明《归去来兮辞》之典。当年陶渊明解绶归乡，“乃瞻衡宇，载欣载奔”。迎接他的有“僮仆”，问候他的有“稚子”。园中的“三径”虽荒，栽植的“松菊”犹存。他因此曾放声高吟：“景(日)翳翳以将入，抚孤松而盘桓。”其心境之自得可见。而今诗人置身的故园也有孤松，难道还是故人当年亲手所栽植？那么，当诗人与故友携手涉园时，想必有过关于孤松的不少话题。那时对未来生活曾充满过无数向往和憧憬之情罢，正如期望那青翠的孤松，挺拔直上、充满生机？而今，孤松犹存，故人安在！诗人手抚亭亭如盖的孤松，空对亡友的故园，满眶的泪水顿时夺眶而出——“零泪欲奚言”？这忆念，这追思，又能去对谁说？只能把抚孤松，任那热泪洒落心中的一片无言之悲！

何胥在南朝不以诗作命世，他的成就是在音乐方面。但诗为心声。这首《哭陈昭》，于重瞻旧馆之所见，抒泻哭思故人的哀情。景触情涌，追昔抚今，写得情景交融，极为凄婉感人。结尾“抚孤”空园，歌哭无声，留幽幽呜咽于言外，更有衷情如缕、萦耳不绝之韵。其动人之处，大约正在于此诗所蕴蓄、流泻着的那一片对亡友的真挚深情吧？

(潘啸龙)

【作者小传】

苏子卿

陈时人。《先秦汉魏晋南北朝诗》辑得其诗五首。

南　征　　苏子卿

一朝游桂水，万里别长安。
故乡梦中近，边愁酒上宽。
剑锋但须利，戎衣不畏单。
南中地气暖，少妇莫愁寒。

西汉苏武字子卿，以气节著称。这位《南征》诗的作者苏子卿，则是南朝陈代的诗人。其诗名虽不著，存诗也才五首，但在古代诗史上却曾产生过一点值得一提的影响。宋代诗人王安石的咏梅名句“遥知不是雪，为有暗香来”(《梅花》)，即脱胎于苏子卿《梅花落》诗中的“只言花是(一作似)雪，不悟有香来”。

这首《南征》诗，揣摩语气，当是诗人的赠内之作。因而诗作虽也写到自己的乡情，重点却落到向年轻的妻子报平安、慰相思上。

首二句叙事，正写题面。“桂水”，在今湖南省东南；“长安”，借指陈朝京城建康(今南京)。诗人不说“万里游桂水,一朝别长安”,而偏将“万里”置于“长安”之前,有强调在空间距离上远离故乡之意。

三、四句从“别”字生发,抒写乡情。上句说做思乡之梦,下句说借酒浇愁,但并不直说,而是以“梦中近”写醒时远,以“酒上宽”写酒醒愁;而其深层意蕴,又不在于泛写乡情与边愁,而是委婉表露对妻子的日夜思念。

五、六句写战士的情愫。上句中的“但须”的“但”,是“只”、“惟”之意,这一句用排他法正面强调自己身为战士,关心的只是杀敌用的刀剑是否锋利;下句从反面补足,至于穿的戎衣,即使单薄,自己是并不在意的。这两句直写怀抱,笔意则在于间接寄情,表明自己志在杀敌,无所畏惧,妻子可以放心。

末两句从“不畏单”三字转出,从谈论自己进行间接劝慰,转为对妻子(“少妇”)的直接安慰。“南中”,指包括桂水在内的南方广大地区;“地气”,谓当地气候。丈夫的衣着,妻子最为关心,故结尾处向妻子介绍南方的气候特点,以免对方牵肠挂肚。这两句是愁中劝人“莫愁”,语至浅而情至深,见出丈夫对妻子的理解与关心,也见出一颗真诚相爱之心的崇高与无私。

此诗感情细腻,风格缠绵。诗人抛家别子南征,尽管怀有浓重的乡情与亲情,却并不因此稍减他杀敌报国的英风豪气,应该说,诗中抒情主人公的形象还是真实感人、值得崇敬的。只是由于此诗用以赠内,具有以诗代简的性质,抒情的重点自然要向表现儿女之情的一面倾斜,而在风格上也就理所当然地会相应地呈现出卿卿我我、一言难尽的缠绵的特色。　(陈志明)

【作者小传】

吴尚野

陈时人。《古诗类苑》存其诗一首。

咏邻女楼上弹琴　　吴尚野

青楼谁家女,开窗弄碧弦。
貌同朝日丽,装竞午花然。
一弹哀塞雁,再抚哭杜鹃。
此情人不会,东风千里传。

一般思妇诗，或借景抒情，或因情写事，时间跨度往往较大，有的还有相对完整的情节内容。陈代诗人吴尚野的这首诗，却是从亲眼目睹的生活中，摄取的一个片断。诗人采用镜头推移的方式，为读者展现了一幅“思妇楼头、望人不归”的情景。涉及的虽只一人、一琴，但由于笔沾深情，仍给读者留下了难忘的印象。

既然诗人并不在意女主人公的身份和“弹琴”的确切时间，我们也就不必深究。你只须知道，这是一位与诗人为邻的青楼之女，在“东风”吹拂的“朝日”、“午花”映照之中，痛苦思念着驻守边塞、风餐露宿的征夫就行了。

诗人开初当然不了解这一点。他似乎是在闲庭信步之时，偶而被铮铮淙淙的邻楼琴声所吸引。举首而望，便目接了一幕佳人临窗的动人景象：“青楼谁家女，临窗弄碧弦。”“谁家”之语点明，诗人本不熟识此女，因此能以一种审美观照的态度，展示此刻所见到的美好情景。倘若早就了解她的身世，和那“哀塞雁”、“哭杜鹃”的悲情，入笔就不会如此闲逸，也造不成后文情感上的巨大逆转了。——亲切随意的开篇，正这样总摄全诗，勾勒了一幅美好剪影；并且让你知道，后文所展开的情思，都发自这绣阁绿窗之下、独坐鸣琴之时。

随着镜头的推近，你便可以更清晰地看到：茜纱窗下，玫瑰色的晨霭之中，正端坐着一位姿容婉丽的佳人。晕红的面颊，宛若天边初升的朝日；艳丽的服饰，又如姹紫嫣红的午花。诗中只以“朝日丽”、“午花然”轻轻点染，一位娇若春花、灿若朝霞的女主人公，便以千妩百媚之姿，凸现于楼头、照耀了读者的眼目。

只是到了这时候，诗人才怀着欢悦倾慕之情，品赏起女主人公的琴曲来。他本以为，这娇丽的佳人，又处在晨光之中，“碧弦”上弹奏的，定是清新明丽的曼曲。谁知稍为凝神聆听，诗人便愀然动容了：“一弹哀塞雁，再抚哭杜鹃”——这佳人所弹奏的，竟曲曲都是凄切幽怨的悲音！随着情感的哀婉激扬，琴声也愈加悲厉。连南来的“塞雁”、春日的“杜鹃”，都被琴声激得发出一片“哀”、“哭”之啼。在诗人愕然抬头之际，镜头再次推近，你也许还可发现：在佳人痴痴的眼神中，还隐着闪闪的泪光。诗情至此发生陡转，读者也不得不与诗人一起，重新审视这窗前的佳人：塞雁南归，征夫未回，原来她是在为远方的夫君忧伤呢。那一声声杜鹃的啼鸣，伴着琴声流转，恰似这佳人的和泪呼唤：“子归！子归！”不过你得承认，她此刻还多少怀抱着一线希望或幻想——她升楼“开窗”，不正是希望能见到，夫君在突然之间，从远处的大道上出现？而她的身穿盛装，岂不又幻想着，与夫君脉脉相对的时刻，会意外降临？

看惯了“自伯之东，首如飞蓬”（《诗经·卫风·伯兮》）之类抒写离别之思的诗作，你也许会对本诗中的忧伤思妇，却穿着“午花”般盛装感到不解。其实，这种情况在《孔雀东南飞》中，就已经出现过。那位新妇在被遣之日，却“著我绣夹裙”、“耳著明月珰”，妆扮得何其明艳；但当她“出门登车”之时，则又“涕落百馀行”，心境又何其悲怆！因此，这“含泪试严妆”式的表现方式，不仅符合女主人公特定情境中的微妙心理；而且在传达那无可言传的忧思、哀伤和顾影自怜的复杂情感时，由于衣饰、心境所造成的强烈对比，而具更动人的感染效果。

但诗人似乎还嫌不足，故在结尾又将镜头推开，让凄凄的琴声越过青楼，散入“东风”骀荡的云空：“此情人不会，东风千里传”——一位出落得花容月貌的孤寂佳人，就这样身着盛装、独坐楼窗，默默地、久久地抚弄着“碧弦”。她当然明白，自己那如花的青春，很快会面临凋落的迟暮；丽如朝日的容光，又岂能在难挨的切盼中长驻？残曳的琴声呜咽着，风在低诉。女主人公倾注其间的一片痴情和忧思，若非知音，又有谁能领会！似乎只有那风，才多少感受到了此中的悲苦，发生了共鸣，并满怀同情地捎带着它，飞越山水，直向着千里边塞传送——这就是诗之结句所表现的幽幽情韵。如果用画面展示，则似乎是一组空镜头：一抹浅黛空蒙的远山，或是一派静静流淌的长河，渐淡渐隐。只有弥漫高天的画外琴音，还久久萦绕在你耳边：忧伤、凄切，袅袅不绝，恰如青楼佳人的低低哭泣，简直要充溢你的心间了。　　（张　巍）

【作者小传】

释惠标

（？—564？）　陈时僧人。陈文帝时，曾附同闽州刺史陈宝应之叛，及宝应事败，被诛。《先秦汉魏晋南北朝诗》辑得其诗八首。

咏山三首(其一)　　释惠标

灵山蕴丽名，秀出写蓬瀛。
香炉带烟上，紫盖入霞生。
雾卷莲峰出，岩开石镜明。
定知丘壑里，并伫白云情。

这是一首赞美庐山奇景、抒发山水情怀的佳作。开头两句，以“灵山”誉美庐山，写它深蕴着诸多佳丽名胜，复以“秀出”赞美庐山，写它姿奇容秀，群峰耸翠，恰似画出一幅蓬莱瀛洲仙境。通过这两句,从总体上简括而形象地勾勒出一幅灵山秀出的画图,极富于灵动之感、神美之意。然后以四个精美的对句进行分镜头的描绘,从动态的把握中,有选择地展示出香炉峰、紫霄峰、莲花峰、石镜锋的奇景佳趣。

香炉峰素有庐山绝景之誉。东晋高僧慧远《庐山记》曾这样描述其云遮雾绕、迷离朦胧的特点:"孤峰秀起,游气笼其上,则棼氲若烟。"相比之下,"香炉带烟上"一句则显得巧思独运:它不是从烟云缭绕着山峰着眼,而是说高峻的山峰仿佛拔地而起,将其周围飘动如缕、弥漫如帷的云烟一起挟带着升入天空,有一种山势耸起,带烟而上的动态感。这就赋予了作为自然景观的香炉峰以峻耸超拔的风采和神韵。

"紫盖入霞生"一句,着重写似幻似真的视觉感受。因紫霄峰"其巅有巨石",形如覆盖,故以"紫盖"称之。因此山高耸入云,"与霄汉连接",故而在云霞中远眺峰顶便有一种入霞而生的感觉。这是写云霞之美,也是写紫盖峰山势之高,又是借云霞写出视觉上的幻象。灵幻变化,神奇缥缈。这两句写香炉峰、紫盖峰都是借助于烟霞描绘山姿山容之美,这种写景手法,与山水画同理,一如北宋山水画家郭熙所说:"山无烟云,如春无花草",描绘山景须"以烟云为神采",方能得其峻拔秀媚之姿。接下来,诗人对于莲花峰的描写,也同样是从这一角度落笔的。"雾卷莲峰出"一句中"卷"和"出"两个动词的运用,就使静立的山峰在云雾的聚散变化中依次展现出不同形态的美。当云蒸雾腾之际,莲峰所呈现的只是影影绰绰的身影,宛若一位"犹抱琵琶半遮面"的娇羞少女;随着红日高照,山岩峰峦之间的云雾被席卷而去,由于云飞雾散的衬托,莲峰也获得了"体迅飞凫,飘忽若神"的动态意境;少顷,风烟俱净,天朗气清,她那秀美的身姿便于一片澄澈之中亭亭玉立,如同一座完美而清晰的雕像,引逗着诗人的赞叹之情。

诗人游兴正浓,远处赏罢莲峰,近处又照"石镜"。所谓石镜,乃指石镜峰东崖之上明净可鉴的平面镜石。先于诗人的谢灵运游庐山时曾写有"攀崖照石镜"(《入彭蠡湖口》)的诗句,后于诗人的李白也抒发过"闲窥石镜清我心"(《庐山谣寄卢侍御虚舟》)的感叹,可见古人匡庐览胜,往往要来此照镜窥形,涤尘清心。现在,雾散岩开,镜面明净,当诗人看见四周景物和自己的身影映现其中时,也同样会获得一种纯净怡悦的内心体验。

从香炉的风采神韵,紫盖的神奇缥缈,莲峰的秀美身姿,再到石镜中清晰的人影物象,诗人一路观赏过来,不禁深有感喟:"定知丘壑里,并伫白云情。"在诗人看来,这山中的一峰一石、一丘一壑,无不蕴含着超尘脱俗的高情逸趣,足以使人忘却世情,流连不已。

诗人从赞美庐山的灵异入手,以抒发寄情山水的胸臆作结,委婉含蓄地点出:隐居庐山,无异于身居蓬莱仙境,其中佳趣,决非俗人所能领略。这种构思的精巧,也增添了诗歌悠然而长的韵味,使之更耐吟咏赏玩。 (叶 华)

【作者小传】

高丽定法师

陈时人。《文苑英华》存其诗一首。

咏孤石

高丽定法师

迥石直生空,平湖四望通。
岩根恒洒浪,树杪镇摇风。
偃流还渍影,侵霞更上红。
独拔群峰外,孤秀白云中。

从南朝起,开始欣赏奇石,出现了以孤石为题材的咏物诗。刘宋鲍照、梁代朱超、陈代释惠标,都作有《咏孤石》诗,而写形传神,着墨孤傲雄姿的,要数此诗为冠。这首诗紧扣一个"孤"字,用多种手法、从多层侧面来突现孤石的孤高、孤坚、孤丽、孤秀的形态特征,蕴含着诗人孤傲于世的情怀、高洁于俗的美德。

"迥石直生空,平湖四望通。"这两句从空间的夸饰和平面的烘托,立体地展现出孤石独立于天地之间的孤高雄姿。前句以惊奇之笔,特写孤石的雄奇,远望孤石,直上挺立,凌空而生。这句正面的夸张描写,突现了孤石凌空耸立的姿态,但没有突出孤高独立的特征,后句从侧面描写来加强。诗人把孤石置于特定的环境中,它屹立在平阔的湖边,极目四方,空旷无际,唯见高耸的孤石。这无边平湖的描写,有力地烘托出孤石拔地而起的孤高特征。

孤石既有奇观的雄姿,更有可赞的坚忍美质。"岩根恒洒浪,树杪镇摇风。"孤石生存的环境是艰难的,下有浪涛长年不息地冲击,上有狂风四时不停地吹摇。孤石经受了这严峻的考验,造就了坚毅不拔的特性,浪击风吹,屹立湖畔,安然如山,不改雄姿。这两句上下对照,突出了孤石的坚忍特质。这孤坚的特质同孤高的形态，又相映生辉，因有孤坚才形成了孤高，又因孤高更显孤坚。

孤石并非茕然孤立，它有自身的雄奇美、坚忍美，也能同周围的美景和谐相融，组成一幅鲜丽多彩的画面。“偃流还渍影，侵霞更上红。”平湖陪衬了孤石的高耸，锤炼了孤石的坚忍，同时又造化了孤石倒影的风采，静态的碧水倒映着孤石的身影，倒挂孤石，富有空灵之美。上空彩霞铺洒，映照孤石，五色生辉。这两句，上下动静错综，红霞碧水相映，浑然一体，美不胜收。这是孤石独特的壮丽之美。

诗人没有停留存外部形态的描写，而能更深一层地揭示孤石内在的精神美德。“独拔群峰外，孤秀白云中。”孤石可贵的美德就在于，它独立挺拔在群峰之外，不与争奇；独自秀洁于白云之中，永保高洁。最后两句写形绘神，画龙点睛，透视了全诗咏物抒怀的思想主题。诗人明写孤石高洁的美德，暗写人的与世无争、出俗保真的纯洁情怀。诗人是南朝陈代僧人，虽然生平史书无载，而从他对孤石的激情赞美中，不难窥见这孤石的美德正是这位法师心灵的写照。

这首诗大处落笔，宏观构象，孤石的总体特征鲜明夺目；气势雄浑，诗境深远，读之既有形态美的享受，又有神情美的启迪。这在六朝咏物诗中，而且出于一个来华求法的高丽法师之手，确为难得的佳作。（章沧授）

【作者小传】

徐德言

陈时人，官太子舍人。陈亡入隋，后卒于江南。《本事诗》存其诗一首。

乐昌公主

姓陈氏，隋吴兴长城（今浙江长兴）人。陈后主妹。陈时，嫁徐德言。陈亡入隋，为隋大臣杨素所纳。后复与德言团聚，归老于江南。《本事诗》存其诗一首。

破镜诗　　徐德言

镜与人俱去，镜归人未归。

无复姮娥影，空留明月辉。

饯 别 诗　　　　乐昌公主

今日何迁次，新官对旧官。
笑啼俱不敢，方验作人难。

破镜重圆之成语，在中国可以说是家喻户晓。其来源，是南朝陈末徐德言、乐昌公主夫妇悲欢离合之故事。唐代孟棨撰《本事诗》，首篇《情感第一》之首条，即记载此一故事。其中并著录有德言夫妇当时所作的两首诗。录如下："陈太子舍人徐德言之妻，后主叔宝之妹，封乐昌公主，才色冠绝。时陈政方乱，德言知不相保，谓其妻曰：'以君之才容，国亡必入权豪之家，斯永绝矣。倘情缘未断，犹冀相见，宜有以信之。'乃破一镜（当时之镜为铜镜），人执其半，约曰：'他日必以正月望日卖于都市，我当在，即以是日访之。'及陈亡，其妻果入越公杨素之家，宠嬖殊厚。德言流离辛苦，仅能至京（隋京师大兴，今西安市），遂以正月望日访于都市。有苍头卖半镜者，大高其价，人皆笑之。德言直引至其居，设食，具言其故，出半镜以合之，仍题诗曰（略）。陈氏得诗，涕泣不食。素知之，怆然改容，即召德言，还其妻，仍厚遗之。闻者无不感叹。仍与德言、陈氏偕饮，令陈氏为诗，曰（略）。遂与德言归江南，竟以终老。"以上是破镜重圆本事之始末。下面说德言夫妇之两首诗。诗题乃后人所加。

德言之诗，实非寻常之作，乃是德言于隋京访得信物破镜时所题。当德言知道妻子已落入隋朝元勋杨素之手，要借苍头向妻子传书，必有所考虑。若得罪权势赫赫之杨素，后果自不堪设想。可是对于爱情之固执不舍，更使德言义无反顾。此时，诗，咏镜之诗，便是所能选择之最好书信方式。既光明磊落——此是向自己的妻子写信呵，又温文委婉——此则可能不致得罪杨素。故诗非寻常之作。

"镜与人俱去，镜归人不归。"镜者，破镜也。当初，一镜破为两半，夫妇各执其半。当国亡家破之际，妻子带着半镜，与自己离散了。上句五字，说尽夫妇离散前后事。如今，妻子所执之半镜，去而复归，已回到自己手中，可是执此半镜之爱妻，却不能回到自己身边。下句五字，则说尽夫妇离散以来事。流离失散、千里寻妻之艰难苦楚，重睹信物、悲喜交集之种种心情，虽不言，亦可知矣。"无复姮娥影，空留明月辉。"姮娥即嫦娥。下二句，全用比兴出之。嫦娥喻爱妻，月喻镜。自古以来，月圆便是爱情之象征，而镜子更是夫妇之信物呵。诗言如今纵然月儿又圆，可是月中已不复映出嫦娥之倩影，空留得一片清辉而已。此喻说纵然破镜重圆，可是镜中已不复照得妻子之容颜，空留得一面镜子，使人睹物伤情而已。这是多么优美而凄凉的诗呵。玩味“姮娥影”三字，宛然写出对妻子之一往深情，句首下“不复”二字，便愈觉沉痛。“明月辉”三字，宛然是对往日恩爱情景之追怀，句首下“空留”二字，则无限悲凉。当乐昌公主得到此诗，又怎能不“涕泣不食”。

乐昌公主之诗亦非寻常之作。当杨素召德言还其妻，与德言夫妇偕饮时，令乐昌公主为诗。公主面前，一边是生离死别今又重逢的丈夫，公主心情悲喜交集，可不言而喻。另一边则是杨素，杨素曾经占有了公主，今日则慨然归还公主与丈夫，公主心情之难以为怀，亦不难想见。此时如何为诗？乐昌公主只是如实写下当时之感受。

“今日何迁次，新官对旧官。”迁次者，变迁、变化也。新官指杨素，旧官指德言。陈亡之后，自己入于新官之家，已是人生之大变，而今日之事，又是一番如何的大变呵。新官、旧官，都在自己面前。此情此境，直是从何说起！“笑啼俱不敢，方验作人难。”此时此刻，将与旧官同归，即与新官作别，欲笑、欲啼，皆不敢也。若因重逢旧官而笑，则新官或将不乐——“当此将别之际，竟于我毫无所恋，我固于尔宠嬖有加焉。”若因将别新官而啼，则旧官亦将不乐——将谓自己眷于新官而忘旧情矣。笑、啼皆所不敢，此时此刻，真是“方验作人难”啊！验之一字，见得公主心头已反复思量，而终觉笑啼皆所不妥，因验知今日为人之难。为人难三字，何等深切沉痛，实深可体味。

按《本事诗》，乐昌公主以正月望日遣苍头“于都市”“卖半镜”；及“得（德言）诗，涕泣不食”，足证公主之执著旧情、信守旧约，决非可因杨素“宠嬖殊厚”而忘情背约之人（设非如此，便不会有破镜重圆之事）。杨素不失为一有人情味之人，慨然让乐昌公主与德言团圆，公主自亦怀有一份感激之情。故此诗所写面对新官旧官啼笑两难之情，可以谓之真实、得体，既给了杨素面子，也能够为人理解。

破镜重圆之故事，是一位“才色冠绝”的女性在一个战乱时代的悲剧。在陈隋之际那样的时代，乐昌公主的行为方式是为当时人（包括其丈夫和“闻者”）所能理解和接受的。而后世人之接受破镜重圆这一故事，则是着眼于徐德言与乐昌公主对爱情同样固执不舍故离散而终归于团圆。破镜重圆其人其诗其事所体现的此一意义，是应当肯定的。（邓小军）

隋 诗

【作者小传】

李德林

(531—591) 字公辅,隋博陵安平(今山东益都)人。少有盛誉,北齐时,授殿中将军,未几归。长广王高湛(即北齐武成帝)执政,召入邺都参掌机密。及湛即位,授奉朝请,历官中书侍郎,授仪同三司。入北周,官内史上士、御正下大夫、丞相杨坚(即隋文帝)从事,授上仪同,爵成安县子。隋立,官内史令,进爵安平县公。德林历仕三朝,皆掌机密,朝廷文翰,多出其手。后被嫌,出为怀州刺史,卒于官。事迹具《隋书》卷四二及《北史》卷七二本传。有集八十卷,已佚,明人辑有《李怀州集》,《先秦汉魏晋南北朝诗》辑得其诗六首。

从驾还京

李德林

至仁文教远,惟圣武功宣。太师观六义,诸侯问百年。玄览时乘隙,训旅次山川。镇象屯休气,华盖翼飞烟。鼓奏千人响,旗动七星连。峻岭戈迴日,高峰马煦天。姑射神游罢,萧关猎骑旋。更待东山上,看君巡狩篇。

李德林历仕北齐、北周和隋代,在隋开皇十年出为怀州刺史,未几而卒。此诗当作于隋初。在开皇中,隋文帝屡次巡游,此诗当系随从文帝车驾还京而作。

从内容上看,这是一首颂德之作。诗的结句"更待东山上,看君巡狩篇",用《诗经》中"周公东征,三年而归,劳归士,大夫美之"(《诗序》)而作《东山》一诗的典故,勉励文帝完成统一天下之大业。我们将其与《隋书》本传中所记载的李德林每对文帝赞平陈之计,并著《天命论》以上之相参读,可以看到诗开头所云"至仁"、"惟圣"并非只是泛泛的歌颂,而是对隋文帝励之以宏志,期之以重望,表现出作者、也表现出一个新的统一王朝开国伊始的向上气象。

这首诗在艺术上极为讲究。这首先表现诗的开端、中段和结尾各具特色。先看开端,作者是以议论入笔:"至仁文教远,惟圣武功宣。太师观六义,诸侯问百年。"其意思是歌颂朝廷文治武功，国祚绵长。文教即文明教化，主要体现在礼乐法度。太师为古代乐官之长，六义即风赋雅颂比兴，在周代，诗是被朝廷作为教化工具的。第四句之"问"，即聘问之意，《周礼·秋官·大行人》云："凡诸侯之邦交，岁相问也"，而"百年"乃极言事业之久长，班固《西都赋》有云："国籍十世之基，家承百年之业"，诗此句谓属国藩邦时相聘问。全诗以上述四句突起于篇首，立意高远，声音正大，格调宏亮，庶几合廊庙之体。从"玄览"而下八句，是全诗的中间部分，在这里，诗由上面的议论转入对从驾还京场面的具体描写，作者首先用"玄览时乘隙，训旅次山川"两句作交代，写文帝当国事有暇，出京巡游，以察万物，而军旅相随，整肃有致。玄览，意为深察，训旅，是训练有素的军队。随后，作者由近及远对从驾还京场面进行描绘。"镇象屯休气，华盖翼飞烟"两句，是近写车驾巡游还京。"镇象"，"镇"疑指镇圭，其以四镇之山为饰，天子守之，表示以安四方。华盖是车驾上华美的伞盖。这两句诗用镇象、华盖来写车驾，以部分指代全体，又用休气、飞烟来渲染其气势，铺张得体。"鼓奏千人响，旗动七星连"两句，描写由近及远，作者从地面上的鼓竞人喧，写到旗帜飞舞与天上七星(指北斗星)相连，从听觉写到视觉，极意夸写车驾还京的热闹场面。"峻岭戈迴日，高峰马煦天"两句，则用笔更远，写到远处山岭上戈戟林立战马万千的壮观景象。"戈迴日"借用《淮南子·览冥》中所记鲁阳公与韩搆难，战酣而日暮，援戈抝日，日为之返三舍的典故而易其意，用以表现从驾队伍的声威气势，设想神奇，夸张惊人。从"玄览"至此八句，作者由点到面，由近及远，写得场面宽大，层次井然。诗的最后四句，作者以"姑射神游罢"一句收住前面的具体描绘，"姑射神游"当出自《庄子·逍遥游》，在《逍遥游》中有所谓"藐姑射之山"，在这里，作者用以指代文帝的巡游。"萧关猎骑旋"一句，一方面是用汉武帝元封四年北出萧关、猎新秦中的典故以指文帝此番巡游，而另一方面，萧关历来为重要边塞关口，故此句又是暗引边事。紧接着末句"更待东山上，看君巡狩篇"则进一步补足"萧关"句意，勉励文帝平边守土，系念国事，一统天下，如此，则车驾巡游，非仅为观览山水张扬声势而已，诗至此，意思翻进一层，可谓曲终奏雅。纵观全诗，作者开端用议论入笔，立意于先，思绪通贯；中段用描写之笔，场面开阔，具体生动；结尾用逸宕之笔，使有远意，发人深省。全篇气度正大谨严，诗体高华安雅。

此外，这首诗在遣词造句和使事用典上也是很讲究的。全诗的词采典赡整饬，尤其是中间描写的部分，用字常见斟酌，语不轻下。如"华盖翼飞烟"句，作者写车驾伞盖被风吹动，随着云烟的升腾，仿佛要张翼而飞，用一"翼"字，将其原来名词的词性变为动词，就把这一动态逼真地写出来了。这使我们容易想起后来宋代欧阳修《醉翁亭记》中写景的佳句“有亭翼然”，有异曲同工之妙。作者在词语的选择上，如“玄览、训旅、镇象、华盖、峻岭、高峰”等等，大多典要、高华、壮丽。而全诗十六句，除尾句明显不对仗之外，其他每两句之间多作对仗，且大多非常工整，因此诵读全诗，觉声调铿锵，雄整而浏亮。诗中用典较多，但均贴切，对诗意的完整表达和进层开拓，起了很好的作用，也在诗风上给这首诗赋予了古雅博赡的色彩。凡此，都表现了这首诗在艺术处理上的成功。《隋书》本传称李德林学富才优，工于辞章，在当时誉重邺中，声飞关右，从此诗亦足窥斑见豹。（秦寰明）

【作者小传】

卢思道

(535—586) 字子行，隋范阳（今河北涿州）人。少师从邢邵。北齐时，历官至给事黄门侍郎，待诏文林馆。入北周，授仪同三司。不久还乡，因参预叛乱，几死，获宥后任掌教上士。周静帝大象二年(580)杨坚（即隋文帝）任丞相时，出为武阳太守，年余征回。入隋，官散骑侍郎。其诗与薛道衡齐名。事迹具《隋书》卷五七本传，又附见《北史》卷三〇《卢玄传》后。有集三十卷，已佚，明人辑有《卢武阳集》，《先秦汉魏晋南北朝诗》辑得其诗及断句二十八首。

从　军　行　　　卢思道

朔方烽火照甘泉，长安飞将出祁连。犀渠玉剑良家子，白马金羁侠少年。平明偃月屯右地，薄暮鱼丽逐左贤。谷中石虎经衔箭，山上金人曾祭天。天涯一去无穷已，蓟门迢递三千里。朝见马岭黄沙合，夕望龙城阵云起。庭中奇树已堪攀，塞外征人殊未还。白雪初下天山外，浮云直上五原间。关山万里不可越，谁能坐对芳菲月？流水本自断人肠，坚冰旧来伤马骨。边庭节物与华异，冬霰秋霜春不歇。长风萧萧渡水来，归雁连连映天没。从军行，军行万里出龙庭。单于渭桥今已拜，将军何处觅功名？

卢思道是由北朝入隋的文臣，这位“自恃才地，多所陵轹，由是官途沦滞”而“尝于蓟北怅然感慨”的失意诗人，在他留下的二十余首诗中，除了一首是拟南朝的《采莲》曲外，更多的是拟古乐府的作品。他接受着古乐府的熏陶，经历了多年不息的战乱，感染于北人尚武的风气，于是把诗笔移至江山与寒漠，在乐府古题中注入现实的感慨。这一切，都鲜明地表现在他的代表作《从军行》中。

《从军行》是乐府旧题，宋代郭茂倩《乐府诗集》引《乐府解题》释《从军行》云："皆军旅苦辛之辞。"在卢思道之前，作者甚多。如晋陆机《从军行》："苦哉远征人，飘飘穷四遐"，宋颜延之《从军行》："苦哉远征人，毕力干时艰"，皆苦天下征伐，故后来又有《苦哉行》、《远征人》，皆出于《从军行》。卢思道的《从军行》，继承了这一传统，同时，他这"军旅苦辛之辞"，又是有其现实的基础，是基于从北齐、北周至隋代这数十年间征战频仍烽烟不息的社会生活，有感而发的。

全诗可以分为两大部分。

从开头至"夕望龙城阵云起"是全诗的第一部分，侧重于对征人的描写。这一段共十二句，作者从长安出将写起，生动地描写了征战的场面、边塞生活的艰辛和战争的旷日持久。一起两句"朔方烽火照甘泉，长安飞将出祁连"，朔方，郡名，这里泛指北方；甘泉，秦、汉皇帝的离宫，在陕西淳化的甘泉山上；祁连即天山。诗的开头从敌我双方写来，据《汉书·匈奴传》说，汉时北防匈奴的烽火直通甘泉、长安，这里作者以古喻今，说明边战又开，将士出征。接下两句，专叙征人。良家子即好人家子弟，汉时近卫军均须从良家子中选拔，犀渠是犀牛皮制成的盾。"白马"一句，系出于曹植《白马篇》"白马饰金羁，连翩西北驰。借问谁家子？幽并游侠儿。""平明"以下四句，是进而再写到激战的过程与场面，平明、薄暮交代时间，说明自朝至暮激战不息。偃月、鱼丽，皆指战阵；右地指西北边塞之地，左贤是匈奴官名。"谷中""山上"两句，前句用汉代李广出猎时误石为虎，射而入石的典故，说明出征者的英勇无敌，后句用汉代霍去病远征皋兰山，没收匈奴祭天的金属佛像的典故，说明战斗取得了胜利。然而，胜利是来之不易的。自"天涯"以下四句，作者略转笔锋，折入到对战斗艰辛的描写。在这里，"天涯一去无穷已"，极言时间之久，"蓟门迢递三千里"，意谓征程之远；"朝见""夕望"两句，则备述战斗的无休止，此四句含情渐转凄怨，与前面"平明""薄暮"诸句之激昂壮烈显有不同。戍边之士，他们愿意为国效力，而且英勇善战，但当战斗胜利，边庭已宁，则愿早归家乡，而不希望这种艰苦的边战生活旷日持久，作品通过感情色彩的变化，委婉而又真实地反映了赴边士卒对待边战的复杂心情，也为下面征人思妇两地相思的描写和厌战情绪的抒发，作了巧妙的铺垫。

自"庭中奇树已堪攀"至全诗结束，是第二部分，作者转而从思妇的角度，来抒写相思离别之情和厌战情绪。在这里，作者极想象之能事，或内地，或边塞，往往心已驰神到彼，诗从对面飞来，错综变化，用笔不凡。《古诗十九首》中有《庭中有奇树》一篇，抒写思妇之情，奇树，即佳树。卢诗本此而有"庭中奇树已堪攀，塞外征人殊未还"两句，托物起情，深切感人。树已堪攀，而征人未还，物是如此，思妇何以堪？唐郑处诲《明皇杂录》云："明皇初自巴蜀回，夜阑登勤政楼，倚栏南望，烟月满目，因歌曰：'庭前奇树已堪攀，塞外征人殊未还。'"可见唐人倾赏如此。"白雪""浮云"两句，是思妇的想象之词，表面上描写天山之外白雪纷纷，五原之间浮云片片，其实是以白雪喻思妇自己心随征人落天山，以浮云喻征人飘忽无定不归来，赋中有比。征战，使万千家庭不能团聚，山川殊域，征程万里，征人思妇只能神遇而难以身即。而尤其是，当思妇独自坐对芳菲之月时，其思念之情更难排遣。她想到了古代《陇头歌辞》中唱道："陇头流水，鸣声幽咽。遥望秦川，肝肠断绝。"她想到了古人《饮马长城窟行》中写道："饮马长城窟，水寒伤马骨。"卢诗中"流水本自断人肠，坚冰旧来伤马骨"，正是取意于古人的上述诗篇，而真切地写出了思妇遥念征人在外之苦。长诗接下去的"边庭节物与华异，冬霰秋霜春不歇。长风萧萧渡水来，归雁连连映天没"四句，又从边庭节令景物与内地的差异，来进一步抒发念归相思之情。当中土春意盎然之时，塞外仍然是冬霰秋霜，这种节令的差异最易使人产生思乡念归之情。但无尽头的边战使征人难以回归故园，思妇看到，萧萧长风可以渡水而来，归雁连连可以按时飞往南方，而赴边的征人只能身羁塞外，甚至捐躯沙场。诗自"庭中奇树"至此十二句，作者处处以景衬情，场景在内地与边塞之间不断变化，感情徘徊缠绵，从思妇的角度，真切深刻地写出了征人思妇两地相思的痛苦。在这样的基础上，诗歌最后再以思妇对边将的讽刺作结："君不见，单于渭桥今已拜，将军何处觅功名？"这是全诗的点睛之笔，它用汉代甘露三年匈奴呼韩邪单于入朝，宣帝登渭桥接见的典故，昭示了这样的现实：外邦臣服，边患已宁。而边战仍然无休止，征人仍然不能回还，是由于将军的贪功邀赏。长诗至此，对追求功名的将军作了委婉的讽刺，揭示了致使征人思妇长期乖隔苦恋的一个重要原因，从而使前面对于征人思妇的描写更具社会意义和深切的感染力，使全诗主题思想得以深化，可谓曲终奏雅，全篇生色。就思想内容的现实性与深刻性来说，卢思道这首诗是较好地继承了古乐府的优良传统，而对唐代高适《燕歌行》等具有强烈现实主义精神的边塞诗不无影响。

卢思道这首诗在艺术表现上也颇有特色。简而言之，第一是语多排偶，严整而不滞。这篇歌行长诗，细读来除"关山""边庭"及末尾数句外，几乎句句对偶。对偶这一艺术表现方法，是到初唐才充分成熟的，在理论上表现为上官仪的六对、八对之说。而生当北朝隋初的卢思道已能很好地在歌行长篇中大量运用对偶,这是不容易的。由于对偶句古诗之大半,故全诗严整富于气势,同时,又由于场景、人物、感情均富于变化,意贯气畅,故又不觉其板滞,仍然流走自如。二是音节转换,自然而浏亮。作者将《从军行》传统的五言句式改为较整齐舒长的七言句式,加长了单句的音节,这样不仅增加了诗的容量,而且增加了婉转抑扬的音韵变化以表达丰富的感情内容。同时,作者又汲取了鲍照以来七言诗隔句用韵和自由换韵的写法,全诗或八句、或四句一换韵,平韵、仄韵间用,富于变化,故诗虽长,不觉拖沓,颇具音韵之美。三是全诗用典较多,但不晦涩,语言清丽流畅,而不伤纤巧。这些特点,一方面说明卢思道的诗歌还受六朝诗风的影响,不像同时杨素等人的诗质朴劲直,但在内容和风格上,特别是就歌行这一体来说,卢思道的《从军行》毕竟表现出了与齐梁诗风较多的不同,而与初唐诗风相接近。故明代胡应麟《诗薮》内编卷三云:"六朝歌行可入初唐者,卢思道《从军行》、薛道衡《豫章行》,音响格调,咸自停匀,体气丰神,尤为焕发。"这一评语,是很恰当的。

(秦寰明)

赠别司马幼之南聘　　卢思道

故交忽千里,輶车莅远盟。幽人重离别,握手送征行。晚霞浮极浦,落景照长亭。拂雾扬龙节,乘风遡鸟旌。楚山百重映,吴江万仞清。夏云楼阁起,秋涛帷盖生。陆侯持宝剑,终子系长缨。前修亦何远,君其勗令名。

"黯然销魂者,唯别而已矣。"这是江淹《别赋》中的名句。古往今来,大部分赠别诗也确实跳不出低徊感伤的基调。然而卢思道此诗,却是刚健明快、挺拔开朗,历来为人推重。

司马幼之,出身世家大族,由北齐入北周,后仕隋,不久去世。《北齐书》称其"清贞有素行,少历显位"。出使南朝之事,史书虽无明文,但北齐与南朝使者往来频繁,应是北齐之事。

"故交忽千里,輶车莅远盟。幽人重离别,握手送征行。"輶车,轻车。诗歌开门见山,拍入诗题。多年好友,远行千里,前去南朝盟国通问修好。诗人友情深笃,握手送别。"幽人"二字,耐人寻味。卢思道在北齐待诏文林馆,官职清要,然而不以职位自炫,而自称"幽人",意在说明生性淡泊,不慕荣利,却寄心山水。司马幼之作为诗人故交,被诗人看重,则他的秉性也已暗中点出。行者与送者的生活情趣,决定了诗歌于红尘驰骛中自具清逸潇洒之致。

点题之后,诗歌转入送行。“晚霞浮极浦,落景照长亭。拂雾扬龙节,乘风溯鸟旌。”龙节,刻着龙形的使者符节。前两句刻画送行地点,后两句刻画送行场面。送别处,远水长亭,夕照晚霞,诗人有意突出环境之色泽绚烂、风物宜人,满溢着诗情画意,而全无萧瑟气象。送别时,使臣队伍庞大,龙节高扬,披拂夕雾,鸟旗翻飞,回荡晚风。诗人避免正面描写友人本身,而撷取出行队伍群象,侧面取影,表现出使臣的威高权重,地位尊贵。有意以明丽风光为背景,陪衬庄重出使,已可见诗人的情性流露。

然后笔锋陡转,跳越现实,悬想将来,以修辞中示现手法,拟出友人行役之乐:“楚山百重映,吴江万仞清。夏云楼阁起,帷盖秋涛生。”楚地群山,百重掩映;吴国江水,澄澈见底。夏云变幻,如空中见楼阁多姿,秋涛腾踊,似波心出帷盖纷沓。画面层次丰富,色泽清丽,或宏阔、或隽秀、或闲散、或磅礴,移步换形,各极其致。这些诗句既是卢思道本人情趣所在,又扣紧出使南聘的诗题,再一次从政治题材中表现出诗人情性所好。

然而身负王命,终究不是浪迹山水,所以诗歌以正面勉励归题作结。“陆侯持宝剑,终子系长缨。前修亦何远,君其勗令名。”首句用西汉陆贾事。汉高祖刘邦初定天下,命陆贾游说南越王赵佗北面称臣、归顺中央。陆贾顺利完成使命,归来后,将赵佗所赠礼品分赠诸儿,自己留下一剑,价值百金。次句用终军事。汉武帝命终军劝说南越王入朝,终军慷慨陈词:“愿受长缨,必羁南越王而致之阙下。”出使后亦不辱君命。诗人以二位前贤为榜样,勉励友人追步前人、建立美名,表现出对友人的殷切期望、真挚祝愿。全诗至此,紧扣题目,不枝不蔓,结构紧凑集中。

与一般宦游赠别诗相比,此诗选材、立意自具特点。友人受命出使,送行显贵定然踊跃,欢宴送觞、歌吹丝竹自是意料中事。到达南朝,当局礼仪隆重,接待殷勤,也是必然之举。诗人一笔略去这些纷繁场面、政事往来,却注目于落日晚霞,醉心于水色山光、看云听涛,以明媚风光淡化政治色彩,这就突出了诗人与友人寄情自然的雅韵高风、入世作为中的出世向往。清人陈祚明评卢思道诗曰“才致清逸”,确是有识之见。　（何丹尼）

春夕经行留侯墓　　卢思道

少小期黄石,晚年游赤松。应成羽人去,何忽掩高封。疏芜枕绝野,逦迤带斜峰。坟荒隧草没,碑碎石苔浓。狙秦怀猛气，师汉挺柔容。盛烈芳千祀，深泉闭九重。夕风吟宰树，迟光落下春。遂令怀古客，挥泪独无踪。

在古代智士中，留侯张良运筹帷幄、足智多谋，而又无意富贵、淡泊自守，历来受到人们敬仰。其墓地在徐州沛县东六十五里，接近留城。后代文士们途经张良墓，不免会追怀前哲，抒发思古之幽情。卢思道《春夕经行留侯墓诗》，即是其中之一。

“少小期黄石，晚年游赤松。应成羽人去，何忽掩高封。”诗歌开端思致突兀、反面入题，与一般凭吊古墓之作截然不同。诗人发问，张良青年时与授业异人黄石公有日后之期约，晚年又躬行辟谷导引，意在追随仙人赤松子。理应修真成仙，为何高坟紧闭？面对墓地，而疑怪其不该有墓，发端翻空出奇，立意新警。如将它与后四句位置互换，则顿失高兀气势。然而毕竟陵墓在目，伸手可触，诗人不禁悲从中来：“疏芜枕绝野，逦迤带斜峰。”坟茔所在，田野荒僻，平芜稀疏。四望远眺，斜峰连绵。如按正常语序，应是孤坟枕疏芜绝野，连带逦迤斜峰。诗人将句法倒装，又借名词作动词，一垒孤坟顿时从阔大背景中凸显出来，以小驭大，主次立现。既不失墓地之静穆，又含蕴生命之遗韵，把张良的恬然长眠点化成层次分明的画面。然而千古英烈，其坟却是破败不堪：“坟荒隧草没，碑碎石苔浓。”隧，墓道。野草隐没墓道，石苔遍生碎碑，可见不仅无人祭扫，更只任人作践。高情逸致如张良，有坟已自可悲，那堪坟墓不完。这与张良生前业绩恰成强烈对比。于是诗人掉笔回顾张良平生，诗歌转入第三层次。“狙秦怀猛气，师汉挺柔容。盛烈芳千祀，深泉闭九重。”狙秦，指张良倾家报仇，邀客以一百二十斤大铁椎狙击秦始皇于博浪沙。以只身图暴君，置生死于度外，可称“猛气”。师汉，指黄石公以《太公兵法》授张良，曰：“读此则为王者师矣。”后张良为汉高祖刘邦筹画军计，屡定奇谋，高祖自叹不如。但张良容貌秀美如女子，况且词气温和，故称“柔容”。然而下一“挺”字，则外柔内刚，词缓意坚之状立出。两句诗歌，一生行状。将张良生平功业、作用、刚柔相济性格总结得既具体又精炼，表现出诗人驾驭历史的高度概括能力。与杜甫《蜀相》中以“三顾频烦天下计，两朝开济老臣心”概括诸葛亮一生相比，决无逊色。但尽管青史千年留芳，难免黄泉九重深闭。诗人神游千载，又回到了现实。“夕风吟宰树，迟光落下春。遂令怀古客，挥泪独无踪。”宰树，墓地所植之树。下春，日斜之时。诗人强调“夕风”、“迟光”，则独立孤坟、迟回留连之久、日暮离去之不得已，尽在不言之中。依依余晖，苍茫草树，缅怀古人，潸然泪下。这泪水融合今古，伤人自伤，既寄寓着自身的理想、追求，又表现出在生死大限前的惶惑感伤。

凭吊古墓,乃是诗歌常见题材。但此诗谋篇布局,自出新意。起笔天外飞来,故作惊怪之状,从中跌出对生命终结的无奈、哀伤。然后承之以墓地的败落景象,进一步突出悲哀之情。而后一笔宕开,将张良的丰功伟烈渲染得神完气足,却又骤尔转到人生忽忽、死后寂寥。一结关合自身,情韵有余不尽。诗人运笔力避单调平板,忽而高振入云,陡然回翔低落,以高振衬托低落,结构开阖动荡,起伏有致,更体现出心绪的深沉复杂。

清人陈祚明评此诗曰"有萧瑟之韵",除了诗中表达的情感之外,诗人笔下的荒芜形象也是不可缺少的构成因素。作者既注目于全局,连山绝野,背景宏大,又着力于细部,强化苔生碎碑、草没墓道这特写镜头,点面结合重点突出。再加上树头风声、落日光色,构成一幅幽寂晦暗的立体画面。以景生情,以情领景,交互融会,从而奠定诗歌怆楚萧瑟的基本情调。 (何丹尼)

听 鸣 蝉 卢思道

听鸣蝉,此听悲无极。群嘶玉树里,迴噪金门侧。长风送晚声,清露供朝食。晚风朝露实多宜,秋日高鸣独见知。轻身蔽数叶,哀鸣抱一枝。流乱罢还续,酸伤合更离。蹔听别人心即断,才闻客子泪先垂。故乡已超忽,空庭正芜没。一夕复一朝,坐见凉秋月。河流带地从来崄,峭路干天不可越。红尘早弊陆生衣,明镜空悲潘掾发。长安城里帝王州,鸣钟列鼎自相求。西望渐台临太液,东瞻甲观距龙楼。说客恒持小冠出,越使常怀宝剑游。学仙未成便尚主,寻源不见已封侯。富贵功名本多豫,繁华轻薄尽无忧。讵念嫖姚嗟木梗,谁忆田单倦土牛。归去来,青山下。秋菊离离日堪把,独焚枯鱼宴林野。终成独校子云书,何如还驱少游马。

《听鸣蝉》是卢思道的代表作之一。《北史·卢思道传》记载:"周武帝平齐,授仪同三司,追赴长安,与同辈阳休之等数人作《听鸣蝉篇》。思道所为,词意清切,为时人所重。新野庾信遍览诸同作者,而深叹美之。"

"听鸣蝉,此听悲无极",诗歌发端意在笔先,由蝉及人,以鸣入情,为全诗奠定了凄怆哀感基调,从而一洗咏物诗中作者局外旁观,有物无情的常见弊病。"群嘶玉树里,回噪金门侧。"玉树,汉代甘泉宫旁槐树的别称。金门,金马门,汉宫宫门名，两句点出听蝉地点。然而以堂堂国都为背景，诗人不以蝉鸣为宫观点缀，渲染升平气象却着笔勾勒出一片萧瑟境界："长风送晚声，清露供朝食。晚风朝露实多宜，秋日高鸣独见知。"秋日寒蝉，为时无多，风里晚声，心绪沉寂，维系生命，仅只清露。看似咏蝉，却是移情入蝉，在在渗入卢思道本人身影。为了突出鸣蝉悲戚，诗人用笔由群嘶转向单鸣："轻身蔽数叶，哀鸣抱一枝。流乱罢更续，酸伤合更离。"从句法看，对仗工稳，后两句使用互文手法，即"流乱酸伤罢还续、合更离"，从描写形象看绘声绘色，状物工细。然而更重要的是以情造境，蝉中人影更加明显，于实象中加以味外之味，咏蝉咏人，浑然一体。同时作此诗的颜之推，描写鸣蝉时就失之于客观摹写，粘皮着骨。两相对比，高下判然。后来唐人咏蝉，如虞世南之"居高声自远，端不借秋风"、骆宾王之"露重飞难进，风多响易沉"、李商隐之"本以高难饱，徒劳恨费声"，都是物人双咏，汲取了卢思道的有益经验。首段咏蝉之末，结以"暂听别人心即断，才闻客子泪先垂"，"客子"二字，乃是特意安排。北齐国破，卢思道入周，"追赴长安"，事出无奈，以"客子"上承听蝉，下启乡思，过渡脉络贯通、文气晓畅。

"故乡已超忽，空庭正芜没。一夕复一朝，坐见凉秋月。"坐见，空见。诗人以示现手法，悬想人去庭空，院落荒芜，又借秋月清冷，渲染思乡情绪，景淡情浓。不用正面抒发思乡情感，只在人物举动中已完全体现，可谓举止传神。然而何以不归？"河流带地从来崄，峭路干天不可越。"诗歌语带双关。既是路途迢递，艰阻难行，更有政治原因。身仕新朝，天威难测。其实诗人何尝乐意为官？"红尘早弊陆生衣，明镜空悲潘掾发。"陆机《为顾彦先赠妇诗》曰："京洛多风尘，素衣化为缁。"潘岳《秋兴赋序》曰："余年三十有二，始见二毛。"诗人拈来这两个典实，将无意仕宦、感伤岁月的情怀一泄无余。以仕途无奈与乡思煎迫两相比照，更突出乡思的难以消释。

然后诗歌转入第三层次，写出宦海沉浮，波谲云诡。"长安城里帝王州，鸣钟列鼎自相求。西望渐台临太液，东瞻甲观距龙楼。"长安帝都，钟鸣鼎食之家相互往来，关系勾连。渐台，汉建章宫中有太液池，池水中筑渐台，高二十余丈。甲观，太子宫中楼观名。龙楼，太子东宫。十里红尘，纷纷嚣嚣，宫室壮丽，楼观嵯峨。出入宫廷者是谁呢？"说客恒持小冠出，越使常怀宝剑游。学仙未成便尚主，寻源不见已封侯。""说客"句用汉杜钦事。杜钦为汉外戚大将军王凤谋士，自制小冠，高低仅只二寸，京师人称"小冠杜子夏"。他曾屡屡进说，使王凤巩固地位，转危为安。"越使"句用汉陆贾事。陆贾奉命出使南越，说服南越王赵佗臣服中国。赵佗馈赠甚丰，陆贾所佩宝剑即值百金。"学仙"句用汉栾大事。尚主，娶公主为妻。汉武帝好求仙,宠信方士栾大,封为五利将军,乐通侯,并以卫长公主嫁之。后栾大入东海求仙,无验而身诛。“寻源”句用汉张骞事。张骞封博望侯,言黄河之源在盐泽之南,而终未见之。诗人连举四个典故,将得意者的趾高气扬活现于纸上。擅宠封侯,何必功业。寻欢作乐,富贵自来。“富贵功名本多豫,繁华轻薄尽无忧”,小结下语尖利,讽刺冷峭。诗人正当挥斥淋漓之时,笔锋陡转,注目于对立面的浓重伤感:“讵念嫖姚嗟木梗,谁忆田单倦土牛。”嫖姚,汉代大将霍去病,初为嫖姚校尉、木梗,用《战国策》中桃梗土偶事。土偶笑桃梗,大雨降,淄水涨,将把桃梗卷而漂去,不知所之。土牛,应为“火牛”之误。战国时齐将田单以火牛阵大败燕军,挽狂澜于既倒。两句意谓即使功高如霍去病,也会失势,嗟叹飘零而无人过问,田单力尽于火牛之战,又有谁顾念。慨叹功勋累累者,反受冷遇。或荣或衰,两相对照,则仕宦之意兴阑珊,尽在不言之中,而归园之意也就昭然自明了。诗人驱使典故,正用反用,不仅见腹笥宽博,更见出手法灵便,不囿成说。

“归去来,青山下”,诗歌迭用两个三字句,转入末段。借句法变化表现出篇章安排。且三字句音节短促,调急意坚,与以上七字句之沉重感慨形成强烈对比。“秋菊离离日堪把,独焚枯鱼宴林野。”赏菊,出于陶潜“采菊东篱下,悠然见南山。”焚鱼,出自应璩《百一诗》中“田家何所有,酌醴焚枯鱼”。可见诗人对陶渊明式的田家生活何等神往。“终成独校子云书,何如还驱少游马。”子云书,用汉扬雄事。扬雄校书天禄阁,官小位卑,冷落贫困。少游马,用汉马少游事。马援从弟少游不满马援志向远大,声称自己人生理想是县邑小吏,衣食粗足,驱车乘马优游自适。守先人坟墓,为乡里称道。结尾意谓立仕于朝,不过一闲官冷职。何如还乡自遣。诗人用对比收结全诗,两者相互映衬,一破一立,更增强了归园意愿的力度。“何如”二字,句式反问,慨叹深长,更收余音嫋嫋之致。

全诗结构,以听蝉承题,总领全篇,然后由蝉鸣引出乡思,再揭示乡思根源在于厌倦官场,两面发挥,篇末明示心迹,诗歌由状物到抒情,再议论再抒情,虽然笔下澜翻,转折多层,却又一气贯注,纲举目张。

此诗是七言歌行体,三言、五言、七言交互使用,句法参差,音节多变。然而句法的变化都服从于抒情的需要。前半描写蝉鸣酸楚凄切,五言短促,正合需要。后半抨击官场,内容开阖动荡,情感深沉,七言调长声曼,自然合拍。篇末领句“归去来,青山下”,三言调急声促,则意愿之强烈,一诵便知。

清人张玉穀评此诗曰:“此种七言,骈丽中尚饶逸气,的是王杨卢骆之源。”(《古诗赏析》)此诗确是上承六朝,下开四杰。六朝文学,南朝藻饰竞丽,但气骨衰飒，北人刚健直率，但形式质朴。卢思道诗既备南朝之词藻富艳、典实丰赡、对仗精工、体物细微，又具北朝之发自深衷，不加做作，融合南北文风，变文质不称为文质合一、初开唐诗途径。卢照邻《长安古意》、骆宾王《帝京篇》，以浓彩重墨排比铺陈长安盛况，抨击官场黑暗，篇末归结于本人情怀、志向，不仅在选材、谋篇、造语、调声中可看出对《听咏蝉》的踵事增华、发扬蹈厉，他们抽身官场、诗书自娱的情感也明显带有卢思道的影响痕迹。　（何丹尼）

【作者小传】

孙万寿

（？—608？）　字仙期，隋信都武强（今河北武强）人。少受知于李德林，年十七，为北齐奉朝请。入隋，为滕王文学，坐事配防江南，行军总管宇文述召之典军书。后还乡居十余年，出为豫章王长史，王转封于齐，又为齐王文学，因病免。久之，任大理司直，卒于官，年五十二。事迹具《隋书》卷七六本传。有集十卷，已佚。《先秦汉魏晋南北朝诗》辑得其诗九首。

远戍江南寄京邑亲友　　孙万寿

贾谊长沙国，屈平湘水滨。江南瘴疠地，从来多逐臣。粤余非巧宦，少小拙谋身。欲飞无假翼，思鸣不值晨。如何载笔士，翻作负戈人！飘飘如木偶，弃置同刍狗。失路乃西浮，非狂亦东走。晚岁出函关，方春度京口。石城临兽据，天津望牛斗。牛斗盛妖氛，枭獍已成群。郗超初入幕，王粲始从军。裹粮楚山际，被甲吴江渍。吴江一浩荡，楚山何纠纷。惊波上溅日，乔木下临云。系越恒资辩，喻蜀几飞文。鲁连唯救患，吾彦不争勋。羁游岁月久，归思常搔首。非关不树萱，岂为无杯酒。数载辞乡县，三秋别亲友。壮志后风云，衰鬓先蒲柳。心绪乱如丝，空怀畴昔时。昔时游帝里，弱岁逢知己。旅食南馆中，飞盖西园里。河间本好书，东平唯爱士。英辩接天人，清言洞名理。凤池时寓直，麟阁常游止。胜地盛宾僚，丽景相携招。舟泛昆明水，骑指渭津桥。祓除临灞岸，供帐出东郊。宜城酝始熟，阳翟曲新调。绕树乌啼夜，雊麦雉飞朝。细尘梁下落，长袖掌中娇。欢娱三乐至，怀抱百忧销。梦想犹如昨，寻思久寂寥。一朝牵世网，万里逐波潮。回轮常自转，悬旆不堪摇。登高视衿带，乡关白云外。回首望孤城，愁人益不平。华亭宵鹤唳，幽谷早莺鸣。断绝心难续，惝恍魂屡惊。群纪通家好，邹鲁故乡情。若值南飞雁，时能访死生。

此诗载《隋书·文学传》本传。背景是：作者在隋开国初为文帝子滕穆王府文学，因衣冠不整遭贬，发配江南从军。这时正是隋征伐陈朝的时候，行军总管宇文述任命他为军中文书。“万寿本自书生，从容文雅，一旦从军，郁郁不得志，为五言诗赠京邑知友。”“京邑”，隋京师长安。这是隋代第一长诗，共八十四句，分为三个部分：第一部分抒写远戍江南的情形，第二部分是对昔日京师生活的怀念，第三部分盼望与亲友互通信问、并恳求援助。

诗一开头就将自己的远戍与贾谊的贬谪、屈原的放逐相比，屈贾的贬地都在南方，所以说：“江南瘴疠地，从来多逐臣。”这话说得很有感慨。接着写自己无端被罪：“粤余非巧宦，少小拙谋身。欲飞无假翼，思鸣不值晨。”“粤”，发语词。他说自己做官不善钻营，少年时又拙于为自己打算，所以一直不得志。古语说：不飞则已，一飞冲天；不鸣则已，一鸣惊人。他也有这样的幻想，但想飞却没有双翼，欲鸣却不是时候。“如何载笔士，翻作负戈人！”“如何”，奈何。真是命运跟他开了个大玩笑，书生而负戈，叫他徒唤奈何了。这是叙述远戍江南之因，见出对朝廷处罚的严重不满。

下面转韵，叙述到金陵一路情况。“木偶”、“刍狗”都是比喻自己任人摆布、命运的可怜（刍狗，以草做狗以为祭品，祭罢弃之）；“西浮”、“东走”是说自己被迫到处奔波，茫无目的，“失路”即迷路，这已极可悲哀，何况自己并未发狂，却也行同颠狂，这就更可痛恨这命运的不公了。“晚岁出函关，方春度京口”两句说，年底出了函谷关，正当春季时到达了京口（今镇江）。还继续向金陵进发，“石城临兽据，天津望牛斗。”“石城”，石头城。“兽据”当作“虎据”，（《文苑英华》本作“虎据”），此句即“石城虎踞”之意。“兽”当是唐人为避唐高祖祖父李虎讳而改的。“天津”，指长江，“牛斗”，此指属牛斗二星分野的吴楚地区。这一路叙述，见出跋涉流离之苦，后面这两句还见出作者初睹江南形胜的一种新鲜而又渺茫的感触。

又转韵写从军。“牛斗盛妖氛，枭獍已成群。”“妖氛”、“枭獍”（枭獍[xiāojìng]，凶恶的禽兽）都是指陈的残余势力，史载，“萧瓛、萧岩据东吴之地，拥兵拒守"(《隋书·宇文述传》)。作者就是在这个时候入幕的,郗超、王粲是自比。郗超,东晋人,为桓温幕僚,谢安曾说:"郗生可谓入幕之宾矣。"王粲自荆州归曹操,曾作《从军诗》多首。"初入幕"、"始从军",语有所本。"裹粮楚山际,被甲吴江渍。""楚山"、"吴江"泛指长江下流一带。"裹粮"、"被(同披)甲",指军事行动。"吴江一浩荡,楚山何纠纷。惊波上溅日,乔木下临云。"这是写转战于吴楚一带情况,见出惊险、辛劳。"系越恒资辩,喻蜀几飞文。""系越"用终军事。终军出使南越,行前对汉武帝说:"愿受长缨,必羁南越王而致之阙下。""喻蜀"用司马相如事。司马相如曾作《喻巴蜀檄》,安抚地方百姓。这两句当是叙说自己常前往敌方劝降,又多次代主将起草檄文,发布政令。"鲁连唯救患,吾彦不争勋。"这还是使典以自况。鲁连,战国时鲁仲连,一生好"为人排患、释难、解纷乱而无取"(《史记》本传)。吾彦,本三国吴将,后入晋,历任西北、西南边防长官,政绩显著,而屡遭谤毁。这两句说自己并不争功争赏,但话语间隐约含有功多无赏、仍被"弃置"的愤懑。

"羁游岁月久,归思常搔首。"这里转韵写羁愁,"常搔首",见其不安之状。"非关不树萱,岂为无杯酒。"萱草又名忘忧草,"树萱",喻解忧。这两句说,我的忧愁是难以排遣的,有没有忘忧之草、浇愁之酒,这都全无关系。"数载辞乡县,三秋别亲友。"只是离开家乡时间太长了,对亲友们太想念了。"壮志后风云,衰鬓先蒲柳。"他的忧还包含年华老大、事业无成的忧,壮志总是落空,而人生衰老得又太迅速。一"后"一"先",益见蹉跎之意。

以上是第一部分,扣住题上的"远戍江南",分四层叙写,一层一韵。下面第二、第三部分侧重于"寄京邑亲友",第二部分转入回忆了。

"心绪乱如丝,空怀畴昔时。"这两句一韵,是过渡,下以"昔时"二字接,转换韵脚,既见行文变化,又显得很流畅。下面说,年轻时(弱岁)游宦在京师,遇到了知己,"旅食南馆中,飞盖西园里",说他受到很高的礼遇,常在西园聚会。显然,这位知己是一位王子。"河间本好书,东平唯爱士。""河间"是指西汉河间献王刘德,他十分爱好古籍。"东平"是指东汉东平宪王刘苍,他很能礼贤下士。这两位王子当是比滕穆王。"好书"、"爱士"切合他当时为王府文学的职任。"英辩接天人,清言洞名理。"写他与王子谈文论理。"凤池时寓直,麟阁常游止。""凤池",即凤凰池,禁苑中的池沼,"麟阁",汉时绘功臣像的地方,这里也指禁中。"寓直",值班。这两句说他当时还能出入禁中。上面回忆这些事,以见出当年境遇甚得。

"胜地盛宾僚"换韵叙朋从寻欢作乐情景。在风和日丽的日子里,他们到昆明池泛舟,到渭河北走马,在灞水之滨洗濯(祓除,一般指三月三日到水滨举行除凶去垢的仪式)，在东郊外设宴。一连铺叙长安四个风景佳胜之处，笔调也显得十分欢快。“宜城酝始熟，阳翟曲新调。”这里又特别突出其宴乐，饮的是名酒，听的是名曲。“绕树乌啼夜，雊麦雉飞朝。”这里暗嵌了两支曲名——《乌夜啼》、《雉朝飞》。“绕树”用曹操《短歌行》咏乌“绕树三匝”语意。“雊麦”用潘岳《射雉赋》“麦渐渐以擢芒，雉鷕鷕而朝雊”语意，这两句组织精妙，含义丰富，“夜”和“朝”似还表示宴会的通宵达旦。“细尘梁下落，长袖掌中娇。”这两句说歌舞十分美妙动人。前句用鲁人虞公清晨高歌、其声震动梁尘的故事(见刘向《别录》)；后句用赵飞燕体态轻盈、掌上可舞故事。“欢娱三乐至，怀抱百忧销。”“三乐”，泛言各种乐事。这两句说，宴会上这般欢娱，心里什么忧愁也没有了。这都是当年在京师与亲友聚会的欢乐情事，反复铺写，洋洋洒洒，见出作者回忆中的无限神往，而使他“梦想犹如昨，寻思久寂寥”了。“一朝牵世网，万里逐波潮。”“世网”，礼法的束缚，指诗人因衣冠不整的区区小事遭遣远谪，由“一朝”、“万里”的连接，见出打击的迅速、沉重，也见出作者对失去往日欢娱日子的遗憾和愤恨。“回轮常自转，悬旆不堪摇。”前句用乐府《悲歌》“心思不能言，肠中车轮转”语，后句用《战国策》“心摇摇如悬旌”语(“旌”、“旆”都是旗帜，可以替代)。这两句是说心中的忧愁无比繁多，无法排解，与前“归思常搔首”、“心绪乱如丝”照应。

第三部分又写到目前。“登高视衿带，乡关白云外。”“衿”，通襟，“襟带”指山河，谓山河自高处看下细狭如带。这写登高远望，感到乡关渺远。这两句单独一韵，也是过渡承转。“回首望孤城，愁人益不平。”这又写回望，“不平”，情绪激动。一会远望，一会回望，正见其不平之状。“华亭宵鹤唳，幽谷早莺鸣。”这两句一写对故乡的怀念，一写对朋友的求助，都是用典。《世说新语》记载陆机被杀时，慨叹“欲闻华亭鹤唳，可复得乎?”这里用以借指往日的故乡生活。《诗经·小雅·伐木》有“伐木丁丁，鸟鸣嘤嘤。出自幽谷，迁于乔木”的句子，表示求友的意思，这里“幽谷早莺鸣”当亦此意。下面极写其思念之甚：“断绝心难续，惝恍魂屡惊。”在这样情况下，他是多么需要亲友的安慰和帮助啊！“群纪通家好，邹鲁故乡情。若值南飞雁，时能访死生。”“通家好”，指世交、世亲。“群纪”，即汉末的陈群与其父陈纪，他们都是孔融的好友。“邹鲁”，孔孟故乡，用以代指文明淳朴的乡风。这两句说，亲友们与我都是世代交好的，故乡亲人的情谊又特别美好。最后两句说，若有方便的话，请寄封信来，关心关心我的吉凶祸福吧。这话说得委婉，其实就是恳求亲友帮助他摆脱困境。最后这一部分表现他穷途的悲愁，哀告乞怜，正是这首长诗作意所在。

本传云：“此诗至京，盛为当时之所吟诵，天下好事者多书壁而玩之。”这首诗为什么博得人们如此的喜爱呢?恐怕主要还不在于其事可感、其情可悯,而在于艺术功力和技巧。像这样的长诗以前是不多见的,没有较高的才力也写不出,人们之所以喜好,首先就是对这种才力的赞赏。此诗虽长,但组织得井然有序。从内容上看,前后两部分一写远戍经过,一写当前心情,中间插叙过去京邑游乐;从外在形式看,多次转韵,自然构成了段落层次,而第二部分、第三部分开端安排的两句同韵,又起了三大部分的过渡连结作用。内外配合,很见组织功夫。这首长诗的句子绝大多数属对工巧,音节响亮,很便于吟诵。当时还未出现排律一体,此诗的出现是会给人新鲜感的。此诗用典很多,含典的句子几占一半,一般用得甚为精巧,有的颇耐玩味。唐代骆宾王、白居易每多大篇,甚至长达一百韵,叙写内容也多是生平、失意、怀旧之类,可以看出与此诗的联系。而他们的那些大篇,也博得很高的时誉,风行一时,其原因大概与上述情况也有相类之处。(汤华泉)

东归在路率尔成咏 孙万寿

学宦两无成,归心自不平。
故乡尚千里,山秋猿夜鸣。
人愁惨云色,客意惯风声。
羁恨虽多绪,俱是一伤情。

这是作者远戍江南归来时在途中所作。“东归”,由东方归来,用《诗经·豳风·东山》“我东曰归,我心西悲”语意,心情也是差不多的。“率尔成咏”,即后来“口占”的意思。

开头就是“学宦两无成,归心自不平”,似乎未加多少考虑,两句诗就出来了。这表明:归途上他感到最为不平、最为激愤的,就是为学为宦一无所成。“不平”前着一“自”字,也表示了这种情绪早已蓄积于中,一触即发。《隋书》本传谓万寿“善属文,美谈笑,博陵李德林见而奇之。在齐(指北齐),年十七,奉朝请。”以这样的资质和机遇,为学为宦当皆能有成,不料仅因“衣冠不整”的细故遭到“配防江南”的沉重打击,自然叫他感到愤恨了。同时,“归心自不平”中可能还有那种无成而归的惭愧之意、误入仕途的悔恨之心,情绪当较复杂。开头两句就为全诗定下了基调。

“故乡尚千里,山秋猿夜鸣。”这两句与下两句都是写途中的感触。“山秋猿夜鸣”的色调、音响都会给人一种凄清、悲凉之感,而“山秋”又显示了时序的倏变,这些会使作者感到不安、感到焦急,而“故乡尚千里”,前程渺远,更加剧了这种心情，这由“尚”字传出。“人愁惨云色，客意惯风声。”途中的“云色”、“风声”也会给行者种种刺激，江淹《别赋》就写道：“行子肠断，百感凄恻。风萧萧而异响，云漫漫而奇色。”所谓“异响”、“奇色”，就是风、云对行子的特殊刺激而引起的特殊反应，这里的“人愁惨云色”就是这种情形。将“云色”说成是“惨”色，就是一种“奇色”，一种行子才可能有的感觉。但是下面却说“客意惯风声”，似乎不觉得风声是“异响”了。其实这是更深一层写风的刺激。大凡人被外物反复刺激后，会产生麻木迟钝之感，这个“惯”就是这种情况。这见出他客居在外时间之久，更能见出心境的悲苦。“羁恨虽多绪，俱是一伤情。”“羁恨”，客居在外的愁恨，即上面所写情况。这两句是总结，是说客愁纷杂多端，件件桩桩都叫人惆怅、叫人伤心。又似乎是说，还有什么好写的，无非都是“伤情”二字。这“一言以蔽之”的语气使人读来觉得很重，这正反映了他不堪刺激的沉重心情。

这首诗起、结用笔都很重，起笔使人觉得意在笔先，奔涌而出，结笔的斩截又叫人觉得有余意可味。中间行色的点染，映现了行者种种复杂的意绪。从章法的安排看，也显得很紧凑。诗是写无成而归的心情。这样的情绪表现，这样的章句安排，从后来唐人的许多五律中，是常常可以遇到的。 （汤华泉）

【作者小传】

李孝贞

字元操，隋赵郡柏人(今河北唐山市西)人。北齐时，历官司徒参军、给事中、中书舍人、博陵太守、司州别驾，为聘周副使，还任给事黄门侍郎。齐亡，入北周，历官典祀下大夫、吏部下大夫，授上仪同三司。入隋，任冯翊太守、蒙州刺史，征拜内史侍郎，被劾出为金州刺史，卒于官。事迹具《隋书》卷五七本传。有集二十卷，已佚。《先秦汉魏晋南北朝诗》辑得其诗七首。

园中杂咏橘树 李孝贞

嘉树出巫阴，分根徙上林。
白华如散雪，朱实似悬金。
布影临丹地，飞香度玉岑。
自有凌冬质，能守岁寒心。

《文苑英华》三百二十六,《初学记》二十八均题作《园中杂咏橘树诗》。

这首诗的写作时间不明。但《隋书》本传云李孝贞入隋以后没几年就“不复留意于文笔”。在北齐曾遭高乾和之谮,仕宦也不甚得意。只有“周武帝平齐,授仪同三司”,后来又从韦孝宽平相州之乱,“以功授上仪同三司”,相对来说比较得意。此时他正在壮年,与此诗的高扬情绪较合。这首诗可以说上承屈原《九章·橘颂》,下启张九龄《感遇之七·江南有丹橘》,是托物言志的佳制。

屈原《橘颂》一开头就说:“后皇嘉树,橘徕服兮。”称橘树为“嘉树”,显然是此诗首句所本。“巫阴”,巫山之阴,“上林”指御苑;“嘉树生巫阴,分根徙上林”,是不是暗喻自己出身北齐,又转入北周并任职于朝廷呢?第二联“白华如散雪,朱实似悬金”,正面写橘树的辉煌之象,那白色的花朵仿佛满天飞雪,那朱红的果实恰似颗颗赤金。用“雪”和“金”来比喻,既切合橘树花实的实际,又暗喻自己为人的洁白与尊贵,句意仍是双关的。“布影临丹地”,丹地,丹墀下的地面,橘树把自己的影子散布在丹墀之上,喻自己立身于朝廷;“飞香度玉岑”,玉岑,白皑皑的远山,橘树把清香送过白皑皑的远山,喻自己清名远扬。结尾两句,“自有凌冬质,能守岁寒心。”仍通过对橘树的歌颂以自喻。橘树经冬不凋,是因为它本有凌冬之质,比喻赋性刚烈;谨守岁寒之心不改;比喻矢志坚贞。写橘树已是写自己。

这首诗除第七句不合律外,基本上是一首对仗工稳、平仄协调的首句入韵的五言律诗。就以第四联来说,对仗也是很工稳的。首联讲橘树的出身,颔联讲橘树的形貌,颈联讲橘树的影响,尾联讲橘树的节操,结构也非常严谨。虽然比不上张九龄《感遇之七》那样内容丰富,也不失为一首短小精悍的向律诗过渡的好诗。

(宋谋玚)

【作者小传】

元行恭

隋时人。北齐末,任省右户郎,参预修撰《修文殿御览》。工书法,擅行书。入隋,官至尚书郎,坐事徙于瓜州(今甘肃敦煌一带),卒。《初学记》存其诗二首。

过故宅　　元行恭

颓城百战后,荒宅四邻通。将军树已折,步兵途转穷。吹台有山鸟，歌庭聒野虫。草深斜径没，水尽曲池空。林中满明月，是处来春风。唯馀一废井，尚夹两株桐。

此诗作者元行恭是北齐大臣元文遥之子，在北齐时为中书舍人，待诏文林馆。齐亡，西入关，仕于北周，稍迁司勋下大夫。入隋，为尚书郎，坐事徙瓜州卒。其简传附见于《北齐书·元文遥传》。文遥，河南洛阳人。早年微贱时，自洛阳移家于邺（今河北临漳西南）。北周静帝大象二年(580)，相州总管尉迟迥起兵讨杨坚，兵败，杨坚焚毁邺城（时为相州魏郡的治所），千年名都，化为废墟。此诗的作年，当是在邺城被焚以后，或即作于作者以待罪之身迁谪瓜州、途经邺城时。诗写兵乱后故宅的残破荒凉，虽是一家一户的变化，但在战争频仍的北朝时期却是具有一定的代表性的，从中不难看出战争对社会带来的严重破坏。

诗中所写，时间从入夜之前至明月升起之后；空间由远而近，自外而内，从大门外一直写到后花园。

一、二句从“颓城”的背景上推出“荒宅”。首句作全景，展示全城的颓败，次句镜头推近，映出荒圮的故宅。“百战后”揭出城颓的原因，同时也暗示出宅荒的所以然。北朝自北魏分裂成东西魏之后，征战频繁，攻城略地，生灵涂炭。邺城经战火，劫后余灰自然更加触目惊心。故一开篇，诗人即感慨系之，长声唱叹，以富于历史纵深感的“百战后”说城颓，并由此过渡到对荒宅的描写。“荒”，这是诗人见到故宅的第一个印象；“四邻通”写墙倒门坏，是诗人所见的第一眼，是“荒”的一个具体表征。

三、四句写故宅门外景象：门口的大树已经折断，通向大门的道路已经壅塞。但并不直说，而是借冯异与阮籍的典故说出。后汉冯异，每当诸将争论功劳时，态度谦让，独倚大树下，军中号“大树将军”。事见《后汉书·冯异传》。后来庾信在《哀江南赋序》中说：“将军一去，大树飘零。”这样看来，“将军树已折”句，不只写树折，亦且隐喻人去。曹魏后期诗人阮籍，曾为步兵校尉，世称阮步兵。《世说新语·栖逸》注引《魏氏春秋》：“阮籍常率意独驾，不由径路，车迹所穷，辄痛哭而返。”诗中所谓“步兵途转穷”，则是指向故宅走去，先还有路可走，后来就走不通了。这两句写故宅门外的荒凉，由于借用典故，不仅丰富了诗歌形象，发人想象，而且形成巧妙的对仗，感情反复回荡，使叹息之意与伤悼之情显得愈益凝重深广了。

五、六句写宅中见闻。宅中厅堂房屋虽多，一概略去不写，只写其中的“吹台”与“歌庭”。想来这两处连着诗人美好的记忆，因而最为他所关心，其间的变化也最容易触动他的感情之故吧？“吹台”，歌吹用的楼台，当年“歌管楼台声细细”之处，如今却成了山鸟活跃的场所；“歌庭”，演出歌舞的庭院，旧时轻歌曼舞之地，眼下竟变为野虫聒噪的地方。诗中不说吹台与歌庭如何颓败，而其颓败之严重程度，已都包含在“有山鸟”、“聒野虫”的景象之中。吹台、歌庭如此，整个住宅的荒凉也就不言而喻了。

七、八句，诗人已穿过住宅，进入后园。后园中，昔日曲折幽深的小径与碧水漾漾的池塘，尚清晰地留在诗人的记忆之中。此刻见到的却是小径被茂草所淹没，池塘也已经干涸。由此不难想见整个后园的变化，定是荒凉已极、不堪言状了。

最后四句仍写园中景象。其时已经入夜，抬起头来，见到林木上洒满明月的清光，可人的春风正从四面吹来。这明月，这春风，诗人是熟悉的，他还熟悉月下风前后园中幽美的景色，便情不自禁地重又将目光转向园中。留在他记忆里的花草木石已荡然无存，映入他眼帘的，只是一口当年灌园用的废井，以及井台两旁的两株梧桐树。“唯馀”、“尚夹”，以有写无，愈见后园之空旷荒凉与诗人心头的寂寞怅惘。从后六句可知，园中的布局是：一条小径通向曲池，经过池塘前行是一处井台，台边长着梧桐，远处是一片树林。原来还有各种花草木石匀称地点缀其间。

全诗以“荒”字为根，门前、庭中、后园，无一不荒。树折、途穷、有鸟、有虫，径没、池空，废井、双桐，一个又一个颓败荒凉的意象汇成一幅荒宅的长轴。以暗中对比写出故宅的变化，是此诗的基本写法。诗中所写，无一不是在昔盛今衰的比较中变化至巨的事物。在用字上，“已”、“转”、“唯馀”、“尚夹”等词语，也都无一不关合今昔两面。从结构上看，九、十两句所写的明月清风，是诗中写到的唯一不变的自然现象，是冷色的阴暗的荒宅画面上的一处亮点，但行文上的这一正转，其作用在于反跌出废井台的描写，是以不变加强对变的反衬。在春风吹拂之中、明月清晰映照之下的废井与井旁的梧桐，似在凭吊这繁华消歇的后园以致整个故宅，将诗人的无限感慨之情表现得更为深沉也更富于情韵了。 （陈志明）

【作者小传】

尹　式

(？—604)　隋河间(今属河北)人。任汉王杨谅记室。隋炀帝即位，谅举兵叛之，事败，式自杀。事迹具《隋书》卷七六本传，又附见《北史》卷八三《潘徽传》后。《文苑英华》存其诗二首。

别宋常侍　　尹 式

游人杜陵北，送客汉川东。
无论去与住，俱是一飘蓬。
秋鬓含霜白，衰颜倚酒红。
别有相思处，啼乌杂夜风。

尹式，隋代诗人。文帝仁寿(601—604)中官至汉王杨谅的记室。文帝崩，汉王起兵反，及汉王败，尹式自杀。其简传见于《隋书·文学传》。此诗是诗人离开长安前往汉中时写给前来送行的宋常侍的作品。所写的内容，无非一般离别诗常见的离情别绪，但中间四句曾为后人所取法，结尾两句又较富于情韵，因而在同类诗作中比较引人注意。

首二句总说送行之事，提出“游人”与“客”双方以及“杜陵北”与“汉川东”两地。“游人”，诗中指宋常侍。从下文看，宋常侍并非长安人，虽是常侍之官，仍是游宦者的身份，故以“游人”称之。“客”，诗人自谓。“杜陵”，古县名，在长安东南，此以“杜陵北”指长安。“汉川”即汉水，汉中位于汉水的东北，故以“汉川东”指汉中。宋常侍在长安为尹式饯行，离情别绪即由此生出，故先着一笔以记其事。

三、四句转而抒情。“去”者，说自己；“住”者，指宋常侍。当此分手之际，诗人既不作丈夫的壮词，也不为儿女的昵语，而是着眼于彼此共同的流寓者的身份，以“飘蓬”作比。蓬草秋后枯萎，随风而走。诗人将自己与对方比成蓬草，见出对对方的理解，同病相怜之意与羁旅漂泊之情，已尽含在这浅近而又动人的比喻之中。也许，临行之前，宋常侍颇多劝慰之语，故诗人反过来以“与君离别意，同是宦游人”之意安慰对方。这两句采用的是两句一意的“十字句”的句式。这种单行句同对偶句相比，较多曲折变化。王夫之在《古诗评选》中认为尹式的这种句式“遂为太白(李白)首路”，给予了肯定性的评价。

五、六句仍写双方的共同点，但不再写身份，而是着眼于年龄带来的变化。“秋鬓”，迟暮之年的白发。秋鬓本白，遇秋霜而愈白，唐代诗人卢纶所谓“三湘衰鬓逢秋色”(《晚次鄂州》)即是此意。“衰颜”，衰老的容颜。衰颜本不红，倚仗酒力而始显红润。这两句写衰老之态，抒迟暮之感，含蓄地表现了依依惜别的情怀。同时还顺笔带出了诗人离开长安的季节是在秋天，当时有酒宴饯行。明人杨慎在《升庵诗话》中称赞尹式这两句诗并后来杜甫的“发少何劳白，颜衰肯更红”与陈师道的“短发愁催白，衰颜酒借红”，“皆互相取用，不失为佳”。其实杜、陈都只是翻用，首功应归之于尹式。

末两句写别后相思之意。“别有”即“另有”。此二字于言外见意，意谓今日此地之别离情景固然令人难忘，但异日又将会有新的情景触动自己的离情。诗人拟想，分手以后，自己将因念友而失眠，由失眠而得以听到静夜里的啼乌声、风声，而啼乌声、风声如泣如诉，又会加重自己对友人的思念之情。诗人寓情于景，以景结情，颇似柳永的“今宵酒醒何处？杨柳岸、晓风残月”，显得别有韵致，情味绵长。

这是一首早期律诗。全篇都是律句和律联，但前两联之间并后两联之间都失粘；三、四句处于颔联的位置上，本该用对仗，却只是两句一意的十字句而并不构成流水对。该粘而不粘，该用对仗而不用，这些都是律诗在演进过程中留下的一些重要的迹象。从研究诗歌格律史来说，《别宋常侍》作为一首早期律诗，也是具有一定的价值的。

（陈志明）

【作者小传】

薛道衡

(540—609)　字玄卿，隋河东汾阴(今山西万荣)人。少有盛誉。北齐时，初任奉朝请，长广王高湛(即北齐武成帝)召为记室。及湛即位，累迁太尉府主簿。后官至中书侍郎。北齐亡，入北周，官御史二命士、司禄上士、摄陵州、邛州刺史，授仪同。入隋，坐事除名。复起为内史舍人兼散骑常侍，曾从军伐陈。还任吏部侍郎，坐事发配岭南。又征还，授内史侍郎，加上仪同三司，出为检校襄州总管。隋炀帝即位，转番州刺史，还任司隶大夫，被炀帝所杀。其诗与卢思道齐名。事迹具《隋书》卷五七本传，又附见《北史》卷三六《薛辩传》后。有集三十卷，已佚，明人辑有《薛司隶集》，《先秦汉魏晋南北朝诗》辑得其诗二十一首。

出塞二首(其二)

薛道衡

边庭烽火惊，插羽夜征兵。少昊腾金气，文昌动将星。长驱鞮汗北，直指夫人城。绝漠三秋暮，穷阴万里生。寒夜哀笳曲，霜天断雁声。连旗下鹿塞，叠鼓向龙庭。妖云坠虏阵，晕月绕胡营。左贤皆顿颡，单于已系缨。绁马登玄阙，钩鲲临北溟。当知霍骠骑，高第起西京。

南朝时边塞诗写作渐盛。其诗中虽出现北方边境地名，描写绝域荒凉之状，但其实多数作者并无从军塞外的生活体验。隋代情况便有所不同。如杨素、薛道衡、虞世基各有《出塞》二首，(薛、虞系和杨素而作)杨素本人是征讨突厥、战功卓著的大将；薛道衡也曾从征突厥，掌管军中文书。他的这首《出塞》，从字面上看，写的是汉代远征匈奴的事迹，实际上不妨视为隋朝与突厥战争的反映。

开头六句写军情紧迫，命将出征。插羽，古以羽毛插于檄书上以示紧急，此处言征兵文书急如星火。唯其急迫，故着一"夜"字，征兵之举乃是连日连夜地进行的。少昊，传说中的上古帝王，以金德王，号金天氏。依五行配合的说法，金属秋，主刑杀兵革之事。故"少昊"句乃是说当此肃杀之秋日，兵气大起。"腾"字富于动态，颇为形象。文昌，北斗魁星邻近的六颗星，古代天文家称为文昌宫，其第一星为大将，第二星为次将。将星摇动，是命将出师之象。"长驱"二句即写大军浩浩荡荡，开出塞外，直驱敌境。鞮汗，山名，在今蒙古人民共和国。西汉征匈奴，曾至其山北。夫人城，指范夫人城，也在今蒙古人民共和国境内。西汉大将李广利曾率军至其处。据说其城本汉将所筑，他死后其妻率余众保守之，故名。这六句传达出一种紧张的氛围和凌厉的气势。

"绝漠三秋暮"四句写北国荒寒凄凉之状。时节已届深秋，平沙万里，都笼罩在一派沉重浓郁的阴气之中。北方属阴，秋冬亦为阴。"穷阴"句让我们想象出一幅万里愁云、阴沉惨淡的画面。寒气刺骨的夜里，响起了悲哀的笳声。笳是军中乐器，其声凄厉哀怨。据说晋代刘琨(一说刘畴)为胡骑所围，乃月夜吹笳。敌兵为哀声所感，流涕欷歔，凄然兴起故土之思，便弃围而去。可见笳声之悲切。凛冽的秋风里，又传来失群孤雁的酸嘶，更叫人肝肠断绝。以乐声、雁声烘托绝域的悲哀气氛，颇富于表现力。唐宋诗词的一些名篇也都运用了这样的意象。如李颀《古从军行》："胡雁哀鸣夜夜飞，胡儿眼泪双双落。"李益《夜上受降城闻笛》："不知何处吹芦管，一夜征人尽望乡。"范仲淹《渔家傲》："塞下秋来风景异，衡阳雁去无留意。……羌管悠悠霜满地。人不寐，将军白发征夫泪。"这一层的四句诗使全篇在雄健壮阔之中透出悲凉，是符合边塞戎旅生活的实际情况的。这样写使全诗情调显得复杂、深沉，又在气势上形成顿挫，比一味豪放更耐人回味。

"连旗下鹿塞"六句写破敌。"连旗"二句是说长驱直入。叠鼓，击鼓。鹿塞，即鸡鹿塞，在今内蒙古自治区杭锦后旗西，东汉大将窦宪击匈奴时曾经由该地。龙庭，匈奴祭先祖、天地处名龙城，"龙庭"一语即由龙城而来。这里鹿塞、龙庭与前面的鞮汗、夫人城一样，只是借指北国塞外敌境之内而已，无须拘泥其实际地望。"妖云"二句是说敌军的失败。古代兵家用阴阳数术之说，观察天象以占候吉凶胜负。妖云指不祥的云气,月晕是包围困守之象。"左贤"二句言敌酋被俘获。匈奴贵族封号有左贤王、右贤王。顿颡,叩首。颡,前额。系缨,被长绳所捆缚。

最后四句写胜利之后。绁马,系马。玄阙,极北处的高山。鲲,大鱼。《庄子·逍遥游》中说,北溟(北海)有大鱼,其巨达数千里,其名为鲲。此处借用其典。"绁马"二句以夸张手法表现海外清晏、将士逍遥之状。霍骠骑,西汉名将霍去病讨击匈奴有功,封骠骑将军。汉武帝要为他修建第宅,他说:"匈奴不灭,无以家为也!"薛道衡此处反其意而用之,意谓匈奴已灭。这四句写战后将士游遨、主帅受赏,是全诗的一个豪放的尾声。

试以此诗与南朝萧纲等人的边塞诗作相比,颇觉其雄壮浑厚。但若与盛唐作品比较,则又感到其情景描写尚不够具体真切,气势和情感表现尚不够淋漓酣畅。它与隋代其他同类题材的诗作一样,代表着边塞诗发展过程中的一个阶段。

(杨　明)

昔昔盐　　薛道衡

垂柳覆金堤,蘼芜叶复齐。水溢芙蓉沼,花飞桃李蹊。采桑秦氏女,织锦窦家妻。关山别荡子,风月守空闺。恒敛千金笑,长垂双玉啼。盘龙随镜隐,彩凤逐帷低。飞魂同夜鹊,倦寝忆晨鸡。暗牖悬蛛网,空梁落燕泥。前年过代北,今岁往辽西。一去无消息,那能惜马蹄?

"昔昔盐",隋、唐乐府题名。明代杨慎认为就是梁代乐府《夜夜曲》。"昔昔",是"夜夜"之意;"盐",是曲的别名。这首诗是隋代诗人薛道衡写闺怨的名篇,主题是思妇悬念征人。诗虽然情思轻靡,画面绮丽,但用意绵密,意象的转换似草蛇灰线,显得构思精巧,情韵连绵。

开头四句写垂柳、蘼芜、芙蓉和飞花,四种各自独立的景物犹如四扇互不相干的挂屏。然而,只要细加审视,就可以发现景中有情,其情思暗藏并流转在这一组画面之中。先看第一扇画屏:"垂柳覆金堤"。"柳"与"留"声音相近,因此古人有折柳送别的风俗,"垂柳"是很容易引起离别回忆的。以"柳"起兴写思妇的离愁别绪,是一种传统的艺术手法。古诗十九首中的《青青河畔草》是写思妇的诗,便是以"郁郁园中柳"起兴的。而《昔昔盐》于"柳"后勾画出"覆金堤"的开阔的画面,则象征着相思意象的空间之广。再看第二扇画屏:"蘼芜叶复齐"。"蘼芜",是一种香草,叶作羽状,夏季开白花。古人相传蘼芜可以使妇女多子。这是古代思妇诗或弃妇诗中常用的一种意象，比如古诗中有写弃妇的《上山采蘼芜》。“蘼芜叶齐”，描绘出这种香草未结子而将结子时的形状，隐喻着思妇未生子而盼望生子的心态。一个“复”字加强了层次感，明写蘼芜年复一年地“叶齐”，暗喻思妇年复一年地盼望多生子女。而思妇一次又一次地盼望生子则是她悬念征人情思的炽热化。又看第三扇画屏：“水溢芙蓉沼”。这很容易由此及彼地联想到南朝乐府民歌《子夜四时歌·夏歌》：“朝登凉台上，夕宿兰池里。乘月采芙蓉，夜夜得莲子。”《昔昔盐》则反其意而用之，写沼（池塘）中水溢满，芙蓉（荷花）不可采。“芙蓉”与“夫容”谐音，“水溢”句是双关语。表层的含义不言自明，而隐藏在深层的含义是：由于“水溢”等客观上的原因，思妇主观上想见“夫容”的愿望难以实现。其相思之苦在深水围困的朵朵荷花中曲曲传出。最后看第四扇画屏：“花飞桃李蹊”。《史记·李将军列传》：“谚曰：‘桃李不言，下自成蹊’，此言虽小，可以喻大也。”自从汉代司马迁将“桃李”以小喻大之后，将“桃李”作为拟喻者不乏其人。阮籍《咏怀》诗其三云：“嘉树下成蹊，东园桃与李”，以“桃李”的盛时喻人生的盛时。《昔昔盐》也师心前人，以“桃李”的盛时比喻思妇的青春年华。思妇原指望自己的青春年华似“不言之桃李”，自然而然地吸引着征夫踏上回乡探亲的道路。岂知任凭她的青春容颜如同“花飞花落”那样凋谢，征夫还是杳如黄鹤。显然，“垂柳”四句有一个共同的特征，那就是以折柳枝送别、采芙蓉求欢等民俗事象来暗示思妇的心态，以悬念征夫的情感将四个貌似各不相干的画面融成一体。原来，在这四扇色彩缤纷的挂屏后面，还暗藏着一位春心荡漾的思妇呢！可见开头四句具有“状溢目前”而“情在词外”的隐秀之美。

接着，意象的变换如峰回路转，从开头四句的暗喻转为“采桑”四句的明写。“采桑”句承汉乐府《陌上桑》之意写思妇的美好，“织锦”句借“窦家妻”之典写闺房少妇的相思。据《晋书·窦滔妻苏氏传》说，当秦州刺史窦滔以罪徙流沙时，他的妻子苏蕙织锦为回文诗以寄赠，流露出绵绵不断的相思。“荡子”（游子，此指征人），点明相思的对象；“关山”，标明相思的遥远；而“风月守空闺”则使诗题彰明较著。可是，“关山”二句一空依傍，其画面之简淡，风神之秀朗，迥然有别于开头四句中绮丽的画面、纤细的情思。当然，二者在情思的表达上又有异曲同工之妙，“垂柳”四句以含蓄、曲折取胜，“采桑”四句以冲淡、明朗见长。

从意象转换的角度来看，“垂柳”八句是由暗而明，“恒敛”八句是由外而内。古谚曰：“女为慕己者容”。但当思妇与“慕己者”（征人）远离别之后，便无心梳妆打扮了。“恒敛”四句便是写思妇在这种逆反心理支配下的外在表现。先为一收：“敛千金笑”；后为一放：“垂双玉（双玉箸，指泪）啼”。这一“收”一“放”，如同压缩机一样压得思妇心中的苦情外溢，泪如泉涌。诗中的“恒”与“长”，加长了“压缩”的时间，突出了苦闷情思“外化”为泪如泉涌意象的长期性。“盘龙”句写厌倦梳妆的思妇将以“盘龙”为饰的铜镜长久地隐藏在匣中。“彩凤”句写懒于整理闺房的思妇使绣有彩凤的帷帐不上钩而长垂。二句不仅对仗工整，而且在情思的“外化”上也有“同树异花，同花异果”之妙。接着，诗人借用曹操《短歌行》中的“月明星稀，乌鹊南飞。绕树三匝，何枝可依”，另外在闺怨的角度上重新组合成“飞魂同夜鹊”的意象，以月夜鹊飞图来映衬思妇内心的凄凉。并且以“倦寝忆晨鸡”来描述思妇独守空房而长夜难眠的心态。《昔昔盐》中由外境向内心锲入最为成功之处在于“暗牖”二句。上句化用《诗经·豳风·东山》中的“蟏蛸在户”，下句别出心裁，道前人所未道。相传忌才的隋炀帝将薛道衡处死时还问：更能作“空梁落燕泥”否？（见刘悚《隋唐嘉话》）“空梁”等句为什么在当时盛传并引起了隋炀帝的嫉妒呢？它的艺术魅力又在何处呢？北宋欧阳修曾以“峻洁”二字作了点评（参见《临汉隐居诗话》）。这不无见地，但语焉不详。诚然，这二句诗以两个细节表现了人去屋空的荒冷，给人以一种凄清的直觉。但是艺术鉴赏不能停留在直觉上，还必须作审美探究。原来，诗人以“意到笔不到”的匠心勾勒出洒然自得、冲澹天成的写意画。在以“暗牖”（窗洞）二字涂抹成灰暗的底色上，诗人用细细的白丝组成“（蜘）蛛网”。又在“蛛网”的悬空处留下了画面的空白。至于诗人写“空梁”上的燕窠（因久无燕子居住而破损）滴落下几许“燕泥”，不仅以动态与声响反衬出闺房的静来，而且以一个“空”字放大了画面上的空白处。正是这画面上的“空白”引起人们审美探究的冲动力，以局部的景物唤起人们追求整体性的再创造性的想象：蛛网悬挂在黑暗的窗洞上，那日夜吐丝（思）的蜘蛛又在何方呢？空梁上破损的燕窠滴落下几许燕泥，那昔日双双栖息的燕子又在何方呢？那纵横交织的蛛网，是否象征思妇“剪不断，理还乱”的离愁别绪呢？那燕去梁空的情景，是否象征着那不得与征人成双成对的思妇空虚寂寞的心境呢？……显然，“暗牖”二句摆脱了具象的束缚，突破了时空的界限，以写意画中的“空白”提供了广阔的想象自由，不仅有“象”的延伸——“象外之象”，而且还有“意”——情思的流转，堪称“虚实相生，无画处皆成妙境”的佳句。

如果说以上多为近距离的意象，那么，诗的最后四句多为远距离的意象。“代北”与“辽西”，都是远离思妇的边塞，这是从空间上写其“远”；“前年”与“今岁”，表明思妇与征人离别已久，这是从时间上写其“远”。正因为她（他）们相距远，所以思妇回首往日而心境悲凉；展望来日，她那与征人团聚的希望虽然在寂寞中燃烧，但也在寂寞中破灭：“一去无消息，那能惜马蹄？”“惜马蹄”反用东汉苏伯玉妻《盘中诗》"何惜马蹄归不数"句意，说征人因爱惜马蹄而不肯归家。然而，马蹄值得征人怜惜，思妇不也更值得征人怜惜吗？诗以"惜马蹄"收拢全篇，笔迹超逸，寄意遥远。

正是在这由暗而明、由外而内、由近而远的意象转换之中，显示出《昔昔盐》的特色：铺排中有起伏，工稳中有流动，轻靡中有超逸，绮丽中有清俊。尤其是"暗牖"二句，足以表明薛道衡学习南朝诗歌细致深微的艺术风格上尚能登堂入室。

（陈书录）

豫章行 薛道衡

江南地远接闽瓯，山东英妙屡经游。前瞻叠嶂千重阻，却带惊湍万里流。枫叶朝飞向京洛，文鱼夜过历吴洲。君行远度茱萸岭，妾住长依明月楼。楼中愁思不开嚬，始复临窗望早春。鸳鸯水上萍初合，鸣鹤园中花并新。空忆常时角枕处，无复前日画眉人。照骨金环谁用许，见胆明镜自生尘。荡子从来好留滞，况复关山远迢递。当学织女嫁牵牛，莫作嫦娥叛夫婿。偏讶思君无限极，欲罢欲忘还复忆。愿作王母三青鸟，飞去飞来传消息。丰城双剑昔曾离，经年累月复相随。不畏将军成久别，只恐封侯心更移。

今江西南昌一带，为汉豫章郡。《豫章行》本汉乐府诗题，一般用来表现伤离别，惜华年，感叹时节如流，生命短促。曹魏以后，沿袭古题，代有所作，大都采用五言古体，而这首诗却用七言，形式显得新颖。七言诗体，自梁陈以来，由于王褒、庾信等一大批作家有意为之，作为一种"新变"的诗体，已日益显示出不可忽视的地位和影响。这首诗，正是足以显示七言新体魅力、足以代表时代风尚的力作。诗中写一位少妇对浪迹他方的丈夫的思念，仍是传统的伤别主题。前八句为一小节，中十二句为一小节，后八句为一小节。全诗结构显得条理清晰，堂庑分明，主从得当，重点突出。前八句，略作交代，并点明题意，叙写江南游子的行程和夫妇的异地阔别。"襟三江而带五湖，控蛮荆而引瓯越。"这是王勃《滕王阁序》对豫章形势的描写。豫章是由两京中原通往沿海地区的咽喉要道。"瓯"，浙江温州的别称。"山东英妙"，意即中原地区的英俊少年，用以美化少妇的丈夫，说他已远游江南去了。古人说"山东"，是指函谷关以东广大地区。从"山东"到"江南"，千里迢迢。瞻前顾后，要翻过重重高山，渡过条条激流。从此一对恩爱夫妻,就一个在外地领略行路的艰辛,一个在内地体验相思的痛苦,“枫叶”以下,即承上而来,就游子和思妇两面分说:在红叶纷纷飘落京都的时节,大概他已经随着水中鱼儿在吴江边靠岸了;当他艰难地翻越茱萸岭时,她也正好在明月之夜登上高楼苦苦地思念着他呵!这四句以“文鱼”(有彩色花纹的鱼,)对“枫叶”,以“茱萸岭”对“明月楼”,主要是取其色泽鲜艳,以唤起读者的美感。以“朝飞”对“夜过”,以“京洛”对“吴洲”,主要是为了表明异地阔绝,以衬托相思之苦。“吴洲”和“茱萸岭”为江南“君”行之处,“京洛”和“明月楼”为中州“妾”(少妇自称)居之所,连结着这两地的是剪不断、理还乱的别恨离愁。

“楼中”以下十二句,着重描写孤居深闺中的少妇的苦闷。而这种苦闷在春天的特殊氛围中更显得哀惋动人。“楼中愁思”已非一日二日,她成天是双眉紧锁,悒悒无欢。春天来了,于是想到用赏识春光来消磨日子。可是临窗看到鸳鸯戏水,仙鹤长鸣,满池浮萍,满园花树。春天充满生命的活力,好像是专供情侣们享受的爱情的季节。这明媚的春光更加深了她对远行人的思念,使她不由得回忆起昔日角枕(用兽角作装饰的枕)旁的柔情蜜意。汉代张敞为妻画眉,历来传为佳话,此后“画眉人”就成了爱人的最美的指代词,可现在她的那个“画眉人”却远在千山万水外,她还有什么心思梳妆打扮呢?最贵重的首饰她也懒得戴了,最明亮的镜子她也懒得照了,因为这些都“谁用许”——没人赏识,赞许了。用“见胆”形容“明镜”之光亮;以“照骨”修饰“金环”之成色,美其事物,美其服饰,主要是为了突出人、美化人。接着她又自我排遣,以求其心理的平衡:浪迹在外的游子,本来就容易因事耽搁停留;而自己的丈夫,远行江南,一时回不来,就是可以理解的了。不能因为一时的离别而抱怨,应当耐心地等待,忠贞不二。像牵牛织女那样,终有相会的一天;嫦娥背叛自己的丈夫,就只有独处月宫,这是断乎不能效仿的。至此,少妇的相思之苦,总算得到了暂时的缓解。“空忆”以下,是对被春望所逗引起的一片春情的体贴入微的描写,写得起伏跌宕,淋漓尽致,充分展现了少妇的情意缠绵、回肠百结。

“偏讶”以下,又别处生情,把思念之情推向高潮。此时,少妇忽然从沉思中清醒过来,连自己也感到吃惊:嘴里说不要想他了,可是心里却老是这也忘不了那也忘不了。她幻想着变成西王母身边的三只青鸟,飞来飞去传递爱情的信息。她又想起丰城的雌雄双剑,纵使曾有分离,最后还是会合在一起。她不怕暂时的分离,她怕的只是丈夫猎取功名后将她抛弃。“丰城双剑”事,见《晋书·张华传》,因为丰城为豫章属县,故用来点染文意。这里的“将军”和以上提到的“山东英妙”、“荡子”一样,都是一些虚拟之辞,在诗中起着美化丈夫的作用。

这首诗在艺术表现上，用铺陈排比的辞赋手法，发为通体整齐骈骊的七言句式；注意选用色泽鲜艳的词语，从感官上引起读者的审美愉悦；对人物的心理活动进行细腻的刻画，以情动人。

王昌龄《闺怨》云："闺中少妇不知愁，春日凝妆上翠楼。忽见陌头杨柳色，悔教夫婿觅封侯。"同样写一闺中少妇春日凝妆楼头，薛道衡笔下的少妇恐夫君"封侯心更移"，王昌龄笔下的少妇进而连"觅封侯"其事也一并悔之。这两首诗，情景相通，立意小异，而一繁一简，各臻其妙。并比而观，可以深思自得，可以启迪诗心。

（陈昌渠）

人日思归　　薛道衡

入春才七日，离家已二年。

人归落雁后，思发在花前。

薛道衡是北朝入隋的诗人，在周、隋颇有才名，为诗常具巧思。据说《昔昔盐》"暗牖悬蛛网，空梁落燕泥"二句，到他死时还使隋炀帝妒忌。《人日思归》是其聘陈时在江南所作（据《隋唐嘉话》）。其诗已俨然有唐人绝句风味，是首开风气的作品。

"人日"是正月初七，见《初学记》四《荆楚岁时记》。晋南北朝时民俗已将春节开始的七日与人畜作对应，《北齐书·魏收传》载："魏帝宴百僚，问何故名人日，皆莫能知。收对曰：'晋议郎董勋《答问礼俗》云：正月一日为鸡，二日为狗，三日为猪，四日为羊，五日为牛，六日为马，七日为人。'"作者去年由北来南，按天数算，实际不满一年。但他在江南过了年，也就挂了两个年头。"每逢佳节倍思亲"（王维），善感的诗人已经很想家了。《人日思归》就是在这种情况下写作的。

"入春才七日，离家已二年。"二句之妙，在"才七日"与"已二年"的矛盾统一。"才七日"意味时间的短；"已二年"则意味时间的长。"入春才七日"乃眼前日历所示，事实上作者离家不算久；而"离家已二年"是掐指一算，已有两个年头，反映在当事人心理上，又觉得这时间并不短。"才七日——已二年"，以"才"、"已"两个含意不同的时间副词作勾勒，大有逝者如斯，时不我待之感。所谓"不算不知道，一算吓一跳"。古诗"洞中方七日，世上已千年"，也用这两个相对的时间副词作骈偶，其意言与此诗首联异曲同工，可以参玩。这两句对"思归"之情，有兴发引起的作用。

"人归落雁后，思发在花前。"此二句以春雁北归反衬己之未归，以花发之迟反衬归心之急，皆妙在不直说。赋中有兴比，叙写中有对照，故婉曲有味。同时，以“雁”、“花”切“人日”情景，亦佳。盖时当初春，南雁北飞，而花始含蕊，一时之物候如此，情中有景。另一巧思，则是将“思”、“归”二字拆用在两句中，与题面遥遥映带，颇有情致。全诗四句皆骈，但均用流水对，故不觉骈骊，而有行云流水之妙。

归思是一种普遍心理。但作者抓住新春这一特定时节和特定环境中的细微思想活动来写，就不落窠臼，历久弥新。唐人张说《蜀道后期》诗云：“客心争日月，来往预期程。秋风不相待，先到洛阳城。”沈德潜评为“以秋风先到形出己之后期，巧心浚发。”(《唐诗别裁》)其实这不就是“人归落雁后”这一现成构思吗？“巧心浚发”，正好用来评价此诗。

(周啸天)

【作者小传】

杨　素

(544 — 606)　字处道，隋弘农华阴(今陕西华阴)人。北周时，为执政大臣晋公宇文护记室。北周武帝亲政，拜车骑大将军，参预灭北齐之役，封成安县公。累官徐州总管。隋立，加上柱国。灭陈之役中，充任行军元帅。因功封越国公，官内史令。后任尚书右仆射，掌朝政。素为晋王杨广(即隋炀帝)谋划夺得太子之位，及广即位，拜尚书令，进太子太师、司徒，改封楚国公，卒于官。事迹具《隋书》卷四八本传，又附见《北史》卷四一《杨敷传》后。有集十卷，已佚，《先秦汉魏晋南北朝诗》辑得其诗及断句七首。

出塞二首　　杨素

漠南胡未空，汉将复临戎。飞狐出塞北，碣石指辽东。冠军临瀚海，长平翼大风。云横虎落阵，气抱龙城虹。横行万里外，胡运百年穷。兵寝星芒落，战解月轮空。严鐎息夜斗，骍角罢鸣弓。北风嘶朔马，胡霜切塞鸿。休明大道暨，幽荒日用同。方就长安邸，来谒建章宫。

汉虏未和亲，忧国不忧身。握手河梁上，穷涯北海滨。据鞍独怀古，慷慨感良臣。历览多旧迹，风日惨愁人。荒塞空千里，孤城绝四邻。树寒偏易古，草衰恒不春。交河明月夜，阴山苦雾辰。雁飞南入汉，水流西咽秦。风霜久行役，河朔备艰辛。薄暮边声起，空飞胡骑尘。

这是两首开盛唐边塞诗派先河的佳作。诗中反映的是隋王朝出兵抗击突厥的战争。突厥是隋初北方最强大的少数民族政权，由于南北朝时期中原分裂，内战不休，北齐、北周皆重赂突厥以求苟安。突厥木杆可汗灭柔然后，北方归于统一。隋文帝采纳长孙晟建议，对突厥各部采取远交近攻、离间强部、扶助弱部的方法，使突厥各部交相混战。隋开皇四年(584)突厥分裂为东、西两部。其东西疆界相当于今蒙古国，其北直抵贝加尔湖以北。隋文帝利用其内部纠纷，命高颎、杨素等率兵出塞，大破之。

本诗在郭茂倩《乐府诗集》中被收入《横吹曲辞》。隋之薛道衡、虞世基也各有二首《出塞》，皆为与杨素唱和之作。

诗从出师背景落笔："漠南胡未空，汉将复临戎。""漠南"，在古代泛指蒙古高原大沙漠以南地区。"胡未空"，指突厥军队尚未剿灭干净。漠南乃隋之疆土。以前中原纷争，突厥人时常南犯。隋开皇七年(587)，隋灭陈统一中国，自不能再容突厥久占漠南疆土。"汉将"，为诗人自称。诗中于"临戎"前再冠一"复"字，言明此乃再次出征。"飞狐出塞北，碣石指辽东"二句，句式较为特殊：以"出"、"指"两个动词各联结两个地名，说出行军的路线：一经飞狐塞而出塞，一经碣石而赴辽东。"飞狐"，要塞名，相传有狐于紫荆岭食五粒松子成飞仙，故名，地在今河北涞源。此为兵家必争之地。"碣石"，古山名，在河北昌黎西北。据说因远望此山，穹窿似冢，山顶有突出之巨石，形如石柱，故名。秦始皇、魏武帝(曹操)均曾东巡至此。此处靠山海关，靠辽东很近。这可能是另一支远征军的行军路线。"冠军临瀚海，长平翼大风"二句，乃写隋大军压向突厥。"冠军"，将军名号，汉武帝时征匈奴的大将霍去病被封冠军侯。"长平"，汉武帝时征匈奴的大将军卫青被封长平侯。"瀚海"，北海，即今之贝加尔湖。《史记·匈奴传》："汉骠骑将军(霍去病)之出代二千余里，与左贤王接战，汉兵得胡首虏凡七万余级，左贤王将皆遁走。骠骑封于狼居胥山，禅姑衍，临瀚海而还。"后句用卫青事，"翼"，辅助。"大风"，指气势。以上写隋兵出师后横扫千军如卷席的声威气势，颇像汉代抗击匈奴的名将卫青、霍去病。诗中实际上也以卫青、霍去病自比。《隋书》本传载，杨素"出云州击突厥，连破之"，便是对这两句诗的极好注脚。

"云横虎落阵，气抱龙城虹"二句，为全诗诗眼所在，它以磅礴的气势，泰山压顶的气概写出征师的必胜信念和整肃的军容。“虎落”，遮护城堡或营寨的篱笆。“龙城”，汉时匈奴地名。匈奴于每年五月于此大会各部酋长，祭其祖先、天地、鬼神，又称龙庭。汉武帝元光六年（前129），卫青至龙城，获首虏七百级。古代边塞诗常用此地名。以上四句用曾立大功于异域的卫青、霍去病的典故，道出杨素此次出征的情况。其友人薛道衡和诗也云：“凝云迷代郡，流水冻桑乾”，“长驱鞮汗北，直指夫人城”，虞世基和诗亦曰：“瀚海波澜静，王庭氛雾晞”，亦同此意。

“横行万里外，胡运百年穷”二句及以下六句写战争的经过和体验。“横行万里”是对出师盛大气象的自然延续。严明的军纪，昂扬的斗志，使这支军队具有很强的战斗力，从而使中国北方百年战患一旦结束。战斗自然以隋军的胜利而告终结，突厥入侵者的百年好运结束了。“穷”，穷尽。“兵寝星芒落，战解月轮空。严鐎息夜斗，骍角罢鸣弓”，这四句全写夜战。“兵寝”、“战解”均写战斗结束。“寝”，止息。“星芒落”、“月轮空”，均写夜将尽之时。夜尽之时战斗也结束了。后代诗人李白有诗云：“阵解星芒尽，营空海雾销”，很可能便受了杨素诗的影响。“严鐎息夜斗，骍角罢鸣弓”二句，也写夜战结束时的气氛：严鐎已息，鸣弓已罢。“鐎”，即鐎斗，一种有足的刁斗（作报更用），“鐎”而冠之以“严”，足见北方深秋，天气已相当寒冷。“骍角”（骍为红色），是用来装饰弓的，古诗中多有“骍弓”、“骍角弓”之说。后人陈子昂《送别出塞》诗云：“君为白马将，腰佩骍角弓。”虽寒鐎已息，骍弓不鸣，但从这响犹在耳的余音和肃杀的气氛中，人们还能感受出战争的气息。更何况战场上并非万籁俱寂：“北风嘶朔马，胡霜切塞鸿。”就在这一场恶战刚刚结束，战场归于沉寂之际，传来战马的嘶鸣和哀鸿的嘹唳。耐人寻味的是嘶鸣者乃“朔马”，所向者“北风”，这马当是战败者突厥人的马。古诗有云：“胡马依北风，越鸟巢南枝。”马的主人也许已阵亡了，马却仍悲鸣不已。大雁从北方飞来，飞过这尸横山积的战场，也发出令人摧肝裂胆的鸣叫，委实令人惊心动魄。这里有两点应当说及，一是杨素长于夜战，他领兵灭陈时便常用此法；二是他对突厥作战，一改惯用的鹿角方阵为骑阵。这两点在诗中都有了集中的体现。

诗的最后四句，写取胜后奏凯京师。“休明大道暨，幽荒日用同”二句，道出对外战争的目的是要使荒僻边远之地同受王化。“休明”，美善。“暨”，至，到。这两句诗似从张衡《东京赋》中：“惠风广被，泽洎幽荒”（“洎”即“暨”）和陆机《五等诸侯论》中“德之休明，黜陟日用”化来。诗的最后两句写班师回朝，奏凯京师。“建章宫”，故址在今陕西西安市长安区西，汉武帝时建，位于未央宫西，此处代指朝廷。这个结尾并无特色。

以上为组诗的第一首，应作于出塞归来后，而第二首很可能作于出塞作战期间，其写作时间要早于前一首。诗写出塞以后的战争生活及其切身感受。

“汉虏未和亲，忧国不忧身”，诗的开头就显示出诗人以天下为己任的爱国情操。诗人一生大半时间是在戎马生涯中度过的，这次又将远赴国难，舍身报国。“和亲”，本指与敌议和，结为姻亲，各守自己疆土。而这时，“漠南胡未空”，故诗人只得冒死赴敌。杨素因拥立炀帝这样的暴君，正史中评价不高，而作为诗人的杨素忠君、孝友之心随处可见。从“忧国不忧身”的思想出发，诗人告别亲友，远赴戎机：“握手河梁上，穷涯北海滨”。“河梁”，桥梁，因李陵《与苏武诗》中有“携手河梁上，游子暮何之”的句子，后世用为送别之地。“握手”即“携手”。“穷涯”，远去边地。“北海”，即前诗中之“瀚海”。这四句激昂慷慨。

“据鞍独怀古”以下四句，可视作一篇《吊古战场文》，抚今思昔，感慨良多。诗中以“良臣”自期，与前面“忧国不忧身”意脉相承，同样显出其品格高尚的一面。杨素是隋朝开国元勋，对隋文帝的政治、经济改革有突出贡献。此时他已任尚书左仆射(即宰相)，称他为隋之良臣，他是当之无愧的。然而面对旧战场，诗人却露出惨戚的神情：“历览多旧迹，风日惨愁人”。诗人曾两次出兵塞外，“旧迹”可能指自己上次出征的旧踪迹，更可能指百余年来突厥与汉人作战的遗迹。“一将功成万骨枯”，塞外沙漠草原是汉民族对外战争的主战场。诗中虽无曹操诗中“白骨露于野，千里无鸡鸣”的描绘，但惨酷的景象也已触目惊心：“风日惨愁人。荒塞空千里，孤城绝四邻。”“荒塞”已自萧索，何况又空在千里之外；“孤城”已自伶仃，又复绝其“四邻”。这里以加倍写法，渲染了塞外的冷落荒凉与凄清。“树寒偏易古，草衰恒不春”二句，紧扣北国高寒地带的特点：树木是光秃秃的时候多，草是枯萎的日子长。寒林、衰草把这古战场的萧瑟景象更形象深刻地凸现出来。“交河明月夜，阴山苦雾辰”二句，更以时空的转换，概括写出整个出塞的从军生活：动荡和艰辛。“交河”，古城名。《汉书·西域传》：“车师前国，王治交河城。河水分流绕城下，故号交河。”“阴山”，山名，为河套以北，大漠以南诸山的统称。“苦雾”，语出梁元帝《骢马驱》：“朔方寒气重，胡关饶苦雾。”交河、阴山都是抗击匈奴的古战场，隋时交河属西突厥，阴山属东突厥。杨素两次出塞，有可能到过这两处地方。“雁飞南入汉”以下四句，隐含思归之意。从军北国，见大雁南飞，水流西归，不免产生思归之情，但这是含蓄的。《古长歌行》谓：“百川东到海，何时复西归。”何况是“风霜久行役，河朔备艰辛”。饱受从军跋涉之苦，久戍边地，怀乡之情油然而生。

诗的结尾二句“薄暮边声起，空飞胡骑尘”写边地特有的肃杀之声又起，一场恶战又将开始,与诗的开头“汉虏未和亲,忧国不忧身”作了很好的回应。胡尘未扫,自然无以为家。以景结情,蕴藉有味。

这组诗运用典故颇具特色。诗中多次运用卫青、霍去病抗击匈奴而大获全胜的典故以自比,其身份、经历颇有相似之处。诗中还运用许多语典,多系化用前人文学语言而来,经诗人锤炼,熔铸出形象鲜明、凝炼生动的诗歌语言。如“飞狐出塞北,碣石指辽东”二句,乃从南齐文学家孔稚圭《白马篇》“早出飞狐塞,晚泊楼烦城”句化来;诗中“交河明月夜”句,则是从南朝刘孝标《出塞》诗中“绝漠冲风急,交河夜月明”中后一句化来;杨诗“薄暮边声起”也从刘孝标《出塞》诗中“日暮动边声”化来;而“汉虏未和亲”,亦来自鲍照《拟古》诗之“汉虏方未和”之句。虽然杨素诗尚不至于“无一字无来处”,但“以才学为诗”的端倪已见。诗人还长于锻句炼字,尤其是动词和某些虚词的使用,颇见功力。

这组诗对唐代边塞诗的影响,也是有迹可寻的。反映战争的诗,《诗经》中已有多首,反映民族矛盾、民族战争的诗,南北朝时亦已有之,但这些诗人大多并无出塞戍边的经历,诗的内容深度广度不够,艺术价值也不甚高。能以诗歌写自身出塞征战的感受的,当自杨素始。诗中如“雁飞南入汉,水流西咽秦”,意念虽有些模糊,却写出了征人朦胧而又细腻的感情,真切而感人。杨素的《出塞》二首、薛道衡和虞世基的和作、隋炀帝的边塞诗……这就在隋代诗坛上形成了一个小小的诗人群(如果算不上一个诗派的话)。与盛唐边塞诗派比,杨素本身的战争体验并不在高适、岑参之下,诗的题材广度已与唐人相似。尽管其流传至今的边塞诗作仅此二首,但诗中既写了边塞风光、行军作战的艰苦生活,又抒发了其报国忘身的爱国情感,故说他是盛唐边塞诗派的先驱并不为过。就形式而言,本诗为五古,唐代边塞诗多为七古或律诗。杨素此诗多字面工整的对仗(求其平仄则往往不合),它也标志着诗歌从乐府民歌向注重格律的初唐诗歌进化。

就诗风转变的角度而言,这两首《出塞》也自有其价值。沈德潜云:隋炀帝“边塞诸作,铿然独异,剥极将复之候也”。杨素“幽思健笔,词气清苍”。(《说诗晬语》)其实,铿然独异的不仅是炀帝的边塞诗,将其移评杨素的《出塞二首》也是允当的。这组诗与杨素流传至今的其他诗作一起,起衰中立,以“雄深雅健”之笔,力矫齐梁柔靡之风。杨素以他的诗给隋代诗坛带来了生气,成为陈子昂之前隋唐诗坛转变诗风的代表作家之一。

(王步高)

山斋独坐赠薛内史二首(其一)　　杨　素

居山四望阻,风云竟朝夕。深溪横古树,空岩卧幽石。日出远岫明，鸟散空林寂。兰庭动幽气，竹室生虚白。落花入户飞，细草当阶积。桂酒徒盈樽，故人不在席。日暮山之幽，临风望羽客。

在隋代诗人中，杨素是拔乎齐、梁余风的作者。《隋书》本传说他“词气宏拔，风韵秀上”，他的诗每于整练精警之中透出一种朴质劲健的气质，已经开唐代风骨、声律兼备诗风之先声。这首《山斋独坐赠薛内史》便是体现他诗歌风格的代表作。原诗二首，这是第一首。薛内史，即隋代著名诗人薛道衡，他在隋初曾官内史舍人，与杨素经常诗歌唱酬。道衡集中有《敬酬杨仆射山斋独坐诗》，即酬杨素此篇。

题为“山斋独坐赠薛内史”，诗的主体部分(前十句)即具体描绘山斋独坐所见的景物，后四句方点出怀念薛内史之意。开头两句总写山居环境。“四望阻”是说四面都有高山围绕，阻挡望远的视线，见出山间自成一幽静的天地。“风云竟朝夕”则写出山中从早到晚风云变幻屯聚，见出这山间虽幽静而不单调死寂。这两句境象阔大，气势沉雄，以之总揽全局，便显得器宇不凡，与琐屑刻画之作有别。三、四句写到山中的溪、树、岩、石，分别用深、古、空、幽来形容，传出一种幽深宁静的境界，特别是“横”、“卧”两个动词，更透出这里人迹罕至，任树木自生自倒的情景，和那份世外桃源式的悠闲意趣。五六句转笔写日出时景色，扣首联中“朝”字。太阳升起，对面的远山上映照着朝晖，显得非常明亮；鸟儿纷纷离开夜间栖宿的树林，林间显得一片空寂。上句写山，下句写林；上句写色，下句写声，两句都体现出一个动态的过程，而一“明”一“寂”，色调上正好互相调剂，使山间虽幽寂而不致阴暗。而对动态过程的描写，又体现出“独坐”者静观的特点。七、八句视线由户外而户内，直接写到自己居住的“山斋”：种植着兰花的庭院内浮动着一缕缕幽香，围绕着竹子的房舍显现出一片空明。“虚白”语本《庄子·人间世》：“虚室生白。”这里既形容室内空寂明亮，也透出主人心境的清静。“动”、“生”两个动词，动中显静，更见幽寂。九、十两句进一步写庭院内的花草。落花入户而飞，见情态之悠闲，山斋之美好；细草当阶而积，见庭院之幽寂，山居之清静，而静观花、草的山斋主人心境之悠闲可见。

以上十句，由总而分，由远而近，由外而内，由山而斋，从各个不同的方面写出山居环境景物的幽静美好和诗人独坐观物时心态的悠闲空寂，概括地说，就是境之幽、人之独。山间景色之幽美，希望有人共赏；山斋独坐的孤寂，希望有知己相对。这就自然引出“桂酒徒盈樽，故人不在席”的感慨，最后归结为“临风望羽客”的热烈期盼。“日暮”应前“夕”,并暗示“山斋独坐”自日出到日暮的过程,“山之幽”重点题内“山斋”,首尾照应,浑然一体。

诗中有不少着意刻画的字句,但由于能创造出幽寂而含生意的境界,并不显得雕琢。前十句着重写景,而景中寓情;后四句着重抒情,而情中有景,情景的结合也处理得比较好。起联阔大沉雄,结尾悠然不尽,使全篇的境界显得不局狭,“词气宏拔,风韵秀上”之评,移作对此诗起结的评语,显得特别恰当。

(刘学锴)

赠薛播州(其八)　　杨素

滔滔彼江汉,实为南国纪。
作牧求明德,若人应斯美。
高卧未褰帷,飞声已千里。
还望白云天,日暮秋风起。
岘山君傥游,泪落应无已。

《赠薛播州》是一组连章体的组诗。“播州”始置于唐贞观十三年(639),据《隋书·薛道衡传》载:“炀帝嗣位,转番州刺史。”故此处“播州”当作“番州”。番州,隋改广州置。薛道衡受隋炀帝猜忌,转任番州刺史为大业元年(605)至大业二年间。《隋书·杨素传》曰:“素尝以五言诗七百字赠番州刺史薛道衡……未几而卒。”这组诗当作于杨素卒年,即大业二年(606)。

杨素是隋王朝的开国元勋,也是炀帝被立为太子并得以登基的功臣,但功高震主,很受炀帝的猜忌,“外示殊礼,内情甚薄”。杨素患病,炀帝常令名医诊治,赐以上药,“然密问医人,恒恐不死”。杨素久历官场,对此有着清醒的认识,经常对弟弟杨约说:“我岂须更活耶?”同情友人的遭遇,自伤处境的险恶。这组诗就是在这样的背景下写成的。

组诗从开天辟地的混沌之时写起,直写到隋文帝杨坚扫灭群雄,一统天下,刷新政治,网罗人才。然后写自己与薛道衡在朝廷共事,情谊日笃,志趣相投。然而好景不长,薛道衡被外放襄州。这组诗的第八章即回忆薛道衡在襄阳的情况。

关于这首诗的写作背景,《隋书·薛道衡传》云:“道衡久当枢要,才名益显。太子诸王争相与交。高熲、杨素雅相推重,声名无竞一时。仁寿中,杨素专掌朝政。道衡既与素善,上(按指隋文帝)不欲道衡久知机密,因出检校襄州总管。”可见,道衡外放,是削弱杨素势力的一项措施,无怪乎薛道衡离都时,要“不胜悲恋,言之哽咽”了。

诗的开头两句:“滔滔彼江汉,实为南国纪”,气势磅礴,写长江汉水浩浩荡荡,包容南国众流,千汇万状。这两句化用了《诗经·小雅·四月》中“滔滔江汉,南国之纪”成句,而前句加一“彼”字,则有了一种忧伤、无奈的情味。“纪”,谓经带、包络。襄州位于汉水之滨,南望长江。友人这次外放虽出于无奈,但襄州毕竟是天下重镇、形胜要冲之地,这是诗人可引以自慰的,故句中情绪并不低沉。薛道衡出任襄州总管,作为地方军政长官,应当具有廉洁完美的德性,而他的所作所为,也正应合了这个美德。此即“作牧求明德,若人应斯美”二句之意。作牧,作一州之牧(长官)。“明德”,语出《礼记·大学》:“大学之道,在明明德。”后句中“若”、“斯”二字均可作“此”、“那”解。薛道衡不仅具有高尚的品格,而且有着卓越的政治才干,治理一个州郡自然不甚费力,故“高卧未褰帷,飞声已千里”。高枕而卧,无为而治,甚至连床帐也用不着撩起,却已政绩卓著,名扬千里。褰,撩起。这二句笔法夸张,“千里”的辽远,也与“滔滔”的浩荡前后相应,使全诗气势不减。史传中对薛道衡在襄州,只有“在任清简,吏民怀其惠”几个字,但即此也可证明杨素所言不虚了。

“还望白云天”以下四句是极受后人推崇的佳句。作此诗时,薛道衡早已不在襄州任所,故诗中想象其“回望”。传说黄帝时,以云命官,秋官为“白云”,故“白云天”即秋天。此处亦可按其字面意义理解,秋高气爽,白云悠悠,秋风飒飒。日暮之时,友人仍留连水光山色而不归。襄阳第一名胜,当推城南之岘山。道衡若出游岘山,不可能不去瞻仰羊祜的堕泪碑,见碑也不可能不为之泪落不已。据《晋书·羊祜传》,羊祜都督荆州诸军事,驻襄阳,颇有惠政,殁后其部属在岘山他生前游息的地方,建碑立庙,每年祭祀,见碑者莫不流泪,号为“堕泪碑”。薛道衡的地位与当年羊祜相似,至于他的堕泪,则伤心人别有怀抱。其可堕泪者有三:被排挤出京,一也;被君王认作杨素羽翼而不复信任,二也;友人分离,山高水远,便纵目远眺也不可望及,三也。有此三当哭者,又当堕泪碑前,又安能不潸然泪下呢?这泪有友人之泪,也有诗人自己之泪。如前所引,杨素自己受炀帝猜忌,自身不保,即不见羊公之碑,也未尝能不下泪。

这一章既叙友人经历,又融入自己的身世之感,二者虚实相间,互为映发,显得感情真挚。“江汉”、“千里”、“白云天”,气象高朗,“日暮”、“泪落”,情调沉郁,两者合而观之,整章诗便具有一种慷慨悲凉之气。叙友情之作有这般气息,这不能不归结于诗人胸中自有一种豪阔境界。 (王步高)

赠薛播州(其十)　　杨素

北风吹故林，秋声不可听。
雁飞穷海寒，鹤唳霜皋净。
含毫心未传，闻音路犹夐。
唯有孤城月，徘徊独临映。
吊影余自怜，安知我疲病。

这是组诗的第十章，因为上面第九章已说到薛道衡离开襄州，前往岭南，得到当地百姓的歌颂，所以本章应是写诗人对道衡在番州的思念。至此，组诗终于由回忆进入了现实。

"北风"二句，睹物伤情。"北风"在古诗中常代指秋风。秋风吹动林木，草木零落，多肃杀之声，此谓"秋声"。自然界的萧索，激起诗人的悲凉感情，故称"秋风不可听"。说是"不可听"，实乃不堪听、不忍听之意。林而谓之"故林"，隐有怀旧之思，所以下面诗思便自然过渡到思念远在岭表的友人上了。"雁飞穷海寒，鹤唳霜皋净"。"穷海"指荒僻滨海之区，此谓番州。"霜皋"，指积满重霜的水边高地。《诗经·小雅·鹤鸣》曰："鹤鸣于九皋，声闻于野。"雁在古诗词中常用作信使，它飞往穷海已令人神伤，一"寒"字更使人心冷。鹤唳之声本已凄恻之极，何况又鸣于布满严霜的皋上，一个"净"字，真叫人读来只觉茫茫霜原、无可躲避，唯有被寒气吞噬而已。还有一点应当注意，这首诗开头两句写了风声，三、四句中又写鹤唳，风声鹤唳、地崩山摧，是末日来临的景象。显然诗人对自己的艰危处境是有着清醒的认识的。由此，下文"含毫心未传，闻音路犹夐"，含意也更深了。从表面上看，这二句是说我听到友人远贬的消息，便欲写信相慰，但又含着笔独自沉思，不知道如何说出自己的心思，去传达给远方的至交知音。夐，远。其实，我们可以推想，诗人要写的，不是慰问而已，更要紧的却是自己的大限将至。是以穷海之寒、鹤唳之凄，非但为友人而设，也是诗人自己心情的写照。正是这一层深意难以表述，才使他临笔踟蹰！"唯有孤城月，徘徊独临映"。无奈之下，诗人抬头注目于城头的一轮夜月，希望它能够兼照两地，传我心意。不料这月也不解人意，只是独照我这里一方，而且也是徘徊不定，一如我的迟迟含笔不书。临映，谓从高处映照下来。"唯"、"孤"、"独"三字，一气紧逼，使下句"吊影余自怜，安知我疲病"脱口而出。孤独的天上月，照出我孤独的地下影，友人相去万里，只有形影相吊，叫我怎么不自伤自怜？友人音信全无，我之疲病，他又如何得知、如何来相慰？诗以长声痛呼收结，慰人与自慰、盼人来慰与欲慰远人，种种含意，已浑然难分了！

诗中以北风、秋声、孤雁、鹤唳、孤月……构成一寂寞、凄清、阴冷的画面。一个卧病在床的老者，于此情境之中怀念远在天涯的友人：这一切自然能打动人心。以意境感染读者，发人遐想，这可以说是本章的一个显著特点。

（王步高）

赠薛播州(其十三) 杨 素

秋水鱼游日，春树鸟鸣时。
濠梁暮共往，幽谷有相思。
千里悲无驾，一见杳难期。
山河散琼蕊，庭树下丹滋。
物华不相待，迟暮有馀悲。

本诗的第十一、十二章，抒发了诗人的知足不辱之情，也兼及叙说与薛道衡的友谊。第十二章有句云："悲哉暮秋别，春草复萋矣"。是说他们二人当年的惜别和诗人如今的独自对景伤情。本章的首二句，即分承这二句而来。"秋水鱼游日"，与次联的"濠梁暮共往"句，合用《庄子·秋水》上的典故，据说庄子和至交惠施，曾一起在濠梁(地名)观鱼，并作了一番关于鱼是否有从容游动之乐的愉快讨论。"春树鸟鸣时"，与次联的"幽谷有相思"，则化自于《诗经·小雅·伐木》的"伐木丁丁，鸟鸣嘤嘤。出自幽谷，迁于乔木。嘤其鸣矣，求其友声"之语，谓幽谷中的鸟儿在伐木之声中飞出，升到高高的树巅，嘤嘤地鸣叫着，希望同伴也发声响应。"秋水"二句，虽已隐含昔聚今别之意，但鱼儿嬉戏于秋水，鸟儿鸣叫于春树，画面还是开朗明亮的。"濠梁"一句，虽忆昔欢，但着一"暮"字，画面便变而为暗沉：友人今已不在，故虽念及往年的欢笑，亦不能使我心情变凄凉而为欣悦。共往濠梁，这里当然是借用，指杨、薛二人共处时的相得。"幽谷"一句，语意更悲：在《伐木》里，那小鸟是脱离了黑沉沉的幽谷；如今，友人却是堕入了幽谷——远去番州，他的相思之情——"求其友声"之情，将会变得何其迫切！这四句，既两两相对，反复强调合之欢、别之悲；而画面又由欢入悲，深入强调悲情。其安排之巧妙和用典之贴切，以及从典故中翻出新意的本事，都十分可观可叹。

友人既困在幽谷，亟言相思，于是"千里悲无驾，一见杳难期"二句，便脱然而出。古人友道之笃者,有千里命驾的美谈,如今,诗人困顿在床,连命驾登车之力也没有了,于是连区区的“一见”,也不能预期了,这如何不令诗人“悲”至于极呢!当然,“无驾”的原因,自还包括政治的阴影,这一点,诗人虽不言,友人也能领会。这二句对仗极工,且将不能逾越的“千里”、不能实现的“一见”置于句首,先提起希望,然后以一“悲”、一“杳”使之淡漠,以一“无”一“难”使之绝望,读来令人生被高高举起又重重摔破之感,遣词的次序亦极精当。

“山河散琼蕊,庭树下丹滋”,是因情生景的妙笔。千里山河,那琼玉一般美好的花蕊,都慢慢地散落了;庭院桃李,那鲜红的花朵,也飘飘地飞下了枝头。这一番无可奈何的群芳芜秽、春色凋零的景象,既是因友人难逢的悲哀而生,也引发了下面的迟暮之悲。“山河”的阔大,与上面“千里”正相似;“庭树”的狭小,也与“一见”正同调。这二句与上二句,在格局上又呈现了隔句两两相对。“散”、“下”二字,皆轻缓无声,也一如垂老的诗人默默地走向人生的尽头。“物华不相待,迟暮有馀悲”,一句收拢上示,一句余哀不尽。美好的万物,是不会再等待淹留的,我呢,也终于到了人生的黄昏迟暮;花也谢了,人也散了,往日的好时光,也一去不复返了。至此,本章开首的鱼游鸟鸣的表面欢乐,终于被这淡淡的、却不绝如缕的悲哀彻底压倒了。

据史书记载,杨素并不是一个政治品格很高尚的人。他虽“兼文武之资,包英奇之略”,“览其奇策高文,足为一时之杰”,然“专以智诈自立,不由仁义之道,阿谀时主,高下其心”(《隋书·杨素传》)但出现在诗中的抒情主人公杨素,却是一个重友情、通人性的忠厚长者形象。无怪薛道衡读了这组诗,叹息道:“人之将死,其言也善,岂若是乎!”这首诗在内容上最值得称道的便是对朋友的一往情深,执着而深沉。自己已卧病在床,想的还是“千里悲无驾,一见杳难期”,足证其情操也有高尚的一面。这组诗能传颂千古,这不能不说是一个重要原因。

（王步高）

赠薛播州(其十四)　　杨　素

衔悲向南浦,寒色黯沉沉。
风起洞庭险,烟生云梦深。
独飞时慕侣,寡和乍孤音。
木落悲时暮,时暮感离心。
离心多苦调,讵假雍门琴。

这是组诗的最后一章,其伤别和自哀的情调,大抵与前一章相同,但在这一章里,画面已全部浸入黑暗之中,连表面上的明快也看不见了。

诗之开头从送别写起:“衔悲向南浦,寒色黯沉沉。”南浦,南面的水边,古诗中常用指送别之所。屈原《九歌·河伯》云:“子交手兮东行,送美人兮南浦。”按薛道衡在隋文帝末年出任襄州,炀帝初年由襄州转任番州,其间不曾回京,杨素也无由送之。另外,以他的重病之躯,也不可能真的“向南浦”,所以,这三个字只是表明诗人正在思念友人而已,读者理解时不必太坐实。“衔悲”二字,明白揭示了诗人的心境,他何以一想到友人就如此悲感,以至自然景色也显得分外阴暗沉重呢?其原因在于杨素久居朝中高位,对心胸狭隘、刻薄寡恩的隋炀帝有着深切的了解。此次道衡转任番州,显然是受挟嫌报复。据《隋书·薛道衡传》载:开皇十二年(592)七月,薛受苏威案株连而被除名,配防岭表。“晋王广(即后来的炀帝)时在扬州,阴令人讽道衡从扬州路,将奏留之。道衡不乐王府,用汉王谅之计,遂出江陵道而去……晋王由是衔之。”而此时不仅杨广已登基即位,而且那位为薛遭衡出过主意的汉王杨谅已以谋反罪名遭诛戮。薛被转任番州,显然是更大迫害的前奏。事实上,就在这组诗写作的第二年(大业三年),薛道衡便被炀帝以莫须有的罪名缢杀了。所以,诗中“黯沉沉”的不仅是暮色,诗人对自己、友人以至国家的前途都是看得一片黑暗的。“风起洞庭险,烟生云梦深”二句,既是对友人赴岭南途中所历艰险的猜度,更饱含对仕途政治风浪的隐忧。洞庭湖边,为迁客骚人汇聚之所。“云梦”,指古云梦泽,隋时云梦泽早已不复存在。古云梦泽湖区,大致包括今武汉市西、湖北南部、湖南最北部一带。洞庭虽“险”,云梦虽“深”,但较之仕途的险恶,就算不得什么了。薛道衡的外放,实际上也又一次从政治上削弱了杨素的势力。所以诗人深感孤独,深感自己处境岌岌可危。“独飞时慕侣,寡和乍孤音”二句,与第十章中“吊影余自怜”意思是一致的。诗人有如孤飞之鸟,又如寡和之琴,既无伴飞之朋侣,又无唱和之知音。故见树木之凋零,便自然而生迟暮之感,更易引起对友人深切的怀念。“木落”,树木落叶;时暮,此处既指暮秋时节,也指诗人年老,已有一种“日薄西山,气息奄奄”的感受。诗的结尾两句继续以琴为喻,而奏出的已是亡国之音。“苦调”,凄苦的曲词。颜延之《秋胡诗》有“义心多苦调,密比金玉声。”讵,岂。“雍门琴”,用雍门周的故事。雍门周为战国时齐国人,曾以琴见孟尝君。孟尝君曰:“先生鼓琴亦能令文悲乎?”周引琴而鼓,于是孟尝君涕泣增哀,下而就之,曰:“先生之鼓琴,令文立若破国亡邑之人也。”雍门周的典故,已蕴含“破国亡邑”之感。隋朝是我国历史上的短命王朝,在杨素写这首诗后仅仅十二年,它就覆灭了。而亡国的迹象,从隋炀帝一上台就已见出。“亡国之音哀以思”,这组诗就在这不绝如缕的苦调琴声中结束了。

杨素是隋代的重要诗人,清代王士祯认为杨诗“沉雄华赡,风骨甚遒,已辟唐人陈杜沈宋之轨。”(《古诗选·凡例》)刘熙载说:“隋杨处道诗(处道,杨素字),甚为雄深雅健。齐梁文辞之弊,贵清绮不重气质,得此可以矫之。”(《艺概·诗概》)沈德潜更称赞他的诗“幽思健笔,词气清苍”。显然,前人都看到了杨素对矫正齐梁诗风的作用,这是很中肯的。杨素诗,今人能见到的仅十九首,清人能见到的大概也不会更多,而这十九首中,《赠薛播州》组诗就占了十四首(章),且系其代表作,可见以上评论也主要是针对这组诗而言的。《北史》、《隋书》之杨素本传更称这组诗“词气宏拔,风韵秀上,为一时盛作”。从今天看来,其艺术成就也是极高的。

这组诗十四章,长达七百字。从内容到形式都具有其独到的成就,并形成了雄深雅健的风格。它矫正了齐梁以来“骨气都尽,刚健不闻”的淫靡诗风,显示了六朝诗向风骨、声律并重的唐代诗歌过渡的艺术形态。

首先,这组诗一反齐梁以来的诗风、尤其是宫体诗贵清绮不重气质的积弊,写得如建安诗人那样有充实的内容和气骨。这组诗从天下纷争说到天下一统,又从广揽人才、朝廷生活、友人外放出守,写到自己进退两难的微妙处境。诗中把与薛道衡的友谊写得真挚深切,把对友人的眷念之情写得缠绵婉转。就这一点而言,他不仅远胜齐梁宫体诗人,甚至比初唐几十年间统治诗坛的上官体诗人也似乎高明得多。

其次,这组诗一题十四章,章法整齐,音韵铿锵,给诗坛带来了生气。这十四章诗句全是整齐的五言,各章字数完全一致,这样工整的大型组诗,只会出现于魏晋南北朝诗发展的后期。诗中不仅有对仗工整的句子,也有受前代乐府民歌影响的地方,如采用连章体的形式,具有连章体民歌曲折回环的长处,各章相对独立而又意脉贯穿。句与句、章与章之间还采用“顶真”的修辞方式。从第九章起,前章结句均与后章起句有一至两个字相同,如:“应思北风路”与“北风吹故林”;“安知我疲病”与“养病愿归闲”;“山幽竟何欲”与“所欲栖一枝”;“属听空流水”与“秋水鱼游日”;“迟暮有馀悲”与“衔悲向南浦”……这种隔章顶真的修辞,密切了各章之间的联系,文气更加连贯,一气呵成。一章之间的句与句中也运用“顶真”的修辞方法,如全诗的结尾:

“木落悲时暮,时暮感离心。离心多苦调,讵假雍门琴”,四句如喷瀑惊雷,又如疾风暴雨。以此结束全诗,也颇有震撼人心的力量。　　(王步高)

【作者小传】

王 昚

字元恭,隋琅邪临沂(今属山东)人。王筠孙。陈时,历官太子中舍人。陈亡入隋,任学士。隋炀帝时,任秘书郎,卒于官。事迹附见《隋书》卷七六及《北史》卷八三《王胄传》后。《先秦汉魏晋南北朝诗》辑得其诗二首。

七 夕

王 昚

天河横欲晓,凤驾俨应飞。
落月移妆镜,浮云动别衣。
欢逐今宵尽,愁随还路归。
犹将宿昔泪,更上去年机。

牛女双星这个美丽的神话,自《古诗十九首·迢迢牵牛星》一诗之后,屡屡见诸歌咏。这些遐想低吟,和我们祖先的原始构思一样,大都是以人世间的眼光去看待碧空的星象,借星象故事,或隐或显地表现人们自己对爱情生活的感受和体验。王昚的这首《七夕》也不例外。

这个神话故事,情节并不曲折,内容并不复杂。然而,由于视点的选择不同,素材的取舍各异,在王昚之前,知名与不知名的诗人,已写出了一些形象、构思互不相复,各具个性的作品。如《迢迢牵牛星》一首,重在写银汉阻隔所带来的相思之苦;晋代苏彦的《七月七日咏织女》诗,则兼写七夕相会之欢愉与匆匆复别之愁怅;梁代刘孝威的《咏织女》诗(一作刘孝仪诗),又只取前半,写七夕将会时织女急切的意态、情怀等。王昚此首,则不落窠臼,复略去了前半之"聚",只就"散"字上尽情渲染,以抒写织女七夕将晓时之伤别意绪。在有限的范围里,力求蹊径独辟,别开生面,这一点创造性,也还是可取的。

首二句意谓银汉横斜,天色将晓,是织女整备车驾,飞渡天河,复归自己居处的时候了。开篇即从别时将至落笔,此前的过程,概付阙如。不过,由于双星的故事,可谓家喻户晓,因而,虽起势突兀,却不至给读者的理解带来困难。三、四两句,承"欲"、"应"二字而进一步,写到分别。出语自然而有致。月儿西沉,犹如织女梳妆已罢,移开明镜;浮云舒卷,又如微风吹动别路上织女的衣裾。借助贴切的联想,不唯把织女的形象写得宛然可见,又寓时间的推移于描写之中，语言更见简约精炼。下半，预想别后的情景。“欢逐”二句，谓难得的相聚之欢随今夜而尽，一路上将唯与愁作伴而归。末二句，更从归途写到归后：还要带着往日常流的眼泪，再上织机，像过去的一年一样，去“札札弄机杼”。全诗一依时间的顺序，次第写来，由愁而泪，写足了织女的伤离意绪之后，诗也就结束了。

这首诗不务铺排摛藻，不求使典用事，语言流丽清新，对仗精工自然，音律宛转谐和，这些都表现了“永明体”对它有着很深的影响。全诗除“欢逐”句失粘外，其余与唐人五律即毫无不合，这又显示了它是五言近体形成过程中一个不可缺少的链环。

（高海夫）

【作者小传】

王　胄

(558—613)　字承基，隋琅邪临沂(今属山东)人。王筠孙，王眘弟。陈时，历官东阳王文学。陈亡入隋，历官学士、帅都督、著作佐郎、朝散大夫。胄与礼部尚书杨玄感善，玄感谋反死，胄得罪徙边，逃回江南，被吏捕杀。事迹具《隋书》卷七六及《北史》卷八三本传。有集十卷，已佚，《先秦汉魏晋南北朝诗》辑得其诗及断句二十首。

别周记室　　王　胄

五里徘徊鹤，三声断绝猿。
何言俱失路，相对泣离樽。
别意凄无已，当歌寂不喧。
贫交欲有赠，掩涕竟无言。

这是一首赠别诗。然而，作者与友人周记室在何时、何地作别，又缘何而别，别后各自又将怎样，这一切，诗中却丝毫未曾涉及。全诗只就将别时的意态神情层层铺写，凄清委婉，十分感人。

《隋书·文学传》里有一篇《王胄传》，本极短小单薄，而其中抄录他奉和隋炀帝的一首五言诗竟又占去了一小半篇幅。据此传，他早年仕陈，陈灭入隋，被杨广引为学士，一直还是颇为得意的。唯传文的后边说：“礼部尚书杨玄感虚襟与交，数游其第。及玄感败，与虞绰俱徙边，胄遂亡匿，潜还江左，为吏所捕，坐诛。”

从诗中的“失路”云云，情调特为戚苦忧伤，以及表达时的欲说还休看，本篇其作于“亡匿”、“潜还”期间欤？

开篇二句，颇有一点传统的比兴手法的痕迹与意味，不过，它不全是自铸新词，而是化用前人的成语，借写离别时的哀情。首句出自《古诗为焦仲卿妻作》的首二句：“孔雀东南飞，五里一徘徊。”只是为了整齐、对仗，合十字为五字，易“孔雀”为“鹤”，但其兴起徘徊留连而不忍分离之意却是相同的。次句，化用《水经注·江水》中所引渔者歌“巴东三峡巫峡长，猿鸣三声泪沾裳”后句意。断绝，肝肠断绝也，较之“泪沾裳”，尤觉戚楚。这一形、一声所显示的依恋、凄苦的情调，则直射下文，笼罩全篇。

以下即直写别筵。“何言”之“言”，不是通常的言说之义，它与疑问代词“何”连用，表示事出意料，意同“岂料”。失路，谓由于处境艰危而迷不知路。曰俱，则兼周记室而言，可见二人境遇相同。失路之事，既出乎意料，则双方情感之波动、惊惧、惶惑，均不难想见。在这样的情境下，故人又要分手，故“相对泣离樽”，面向离樽，泪眼相对。形象未免衰煞，情感却极沉痛。

“多情自古伤离别”，何况二人又是失路之别，故其“别意”倍觉凄苦哀伤，无穷无尽。这“别意凄无已”之情，既承上，因为它已暗寓于对酒相泣的形象中，又启下。“当歌”一句，谓酒宴上原有助乐的歌声，但因离别而凄苦的人，哪里有兴致听音乐呢！分别在即的时候了，二人仍是对泣无言，筵上仍是一片异乎寻常的沉寂。随着时间的推移，其别情的抒写无疑又深化了一步。

周记室其人，已不可考，我们只能于末联“贫交”二字，猜得其仿佛。贫交，即贫贱之交，或曰贫贱之知，指贫困时的知心朋友。东汉宋弘曾说“贫贱之知不可忘”（《后汉书·宋弘传》），南朝齐武帝也曾叹曰“贫贱之交不可忘”（《南史·刘悛传》），后来杜甫还写过一首《贫交行》，诗中感慨道：“君不见管鲍贫时交，此道今人弃如土！”可见对于贫交，古人极为珍惜、重视。王、周既为贫交，可见其交谊之久，相得之深。与这样一位故友分手，“欲有赠”，他原不想哑口作别，本应依古人“君子赠人以言”的遗意，或祝愿劝勉，或叮咛告诫，然而，“掩涕竟无言”，竟只是一味掩面而泣，终于未发一言。由“泣离樽”、“寂不喧”而“欲有赠”，而“竟无言”，笔势萦回曲折，写情亦淋漓尽致。诗虽是在“竟无言”中结束了，而那充溢着凄苦的离情别态，不是已给读者留下了深深的印象么？“此时无声胜有声”，用这句话来概括本诗艺术表现的特征，应该说是挺合适、挺切当的。

（高海夫）

【作者小传】

大义公主

(563—593)　北周、隋之际武川镇(今内蒙古武川西南)人。北周赵王宇文招女。北周末,册为千金公主,嫁突厥沙钵略可汗。隋文帝赐其姓杨氏,改封大义公主。后被沙钵略子都蓝可汗所杀。《隋书》存其诗一首。

书屏风诗　　大义公主

盛衰等朝露,世道若浮萍。荣华实难守,池台终自平。富贵今何在?空事写丹青。杯酒恒无乐,弦歌讵有声。余本皇家子,飘流入虏廷。一朝睹成败,怀抱忽纵横。古来共如此,非我独申名。惟有《明君曲》,偏伤远嫁情。

王昭君和亲后六百年,另一位女子也奉命和亲,她的身份是公主,文学素养也高,在突厥十几年,先后侍奉沙钵略可汗与他的儿子都蓝可汗。其间她经历了国破家亡的剧痛,她伤感,也曾挣扎,最后为了民族团结献出了头颅,只有头颅回到她思念又不敢回去的故土。在她的身后,没有青冢,也没有笳声的哀怨。这位传奇而不幸的女性,是北周的千金公主。

公主是北周赵王宇文招的女儿,周武帝的侄女。在她出生的时候,鲜卑宇文氏建立的北周政权已经开国八年,周皇室贵族已经不像当年宇文黑獭那时只知道打仗,宗室诸王的汉文写作水平大为提高。从南朝来到北方的大诗人庾信是赵王家的常客,存世庾诗与赵王唱和的有十多首。从《和赵王观妓》、《奉和赵王美人春日》等诗看,他似乎已经参与赵王的私人生活。虽然观妓未必带女孩子同去,我相信在公主少年时期,与这位大诗人有很多接触,也曾从他学诗。赵王有一诗存世。日本奈良正仓院藏相传圣武天皇书写的《杂集》里,有《周赵王集》,可以知道他虽是鲜卑贵族,汉诗文造诣很是了得。在这样的家庭,公主早年的教育和修养可以想见。当时封千金公主,是家族或皇族的贵女。但她十六岁时,周武帝去世,当时在位的静帝实在荒唐,国政落入国舅杨坚之手。公主十八岁被命和亲,嫁给突厥可汗沙钵略,成为政治交易的牺牲品。第二年,杨坚篡夺皇位,是为隋文帝。宇文招反抗谋泄被害,全家被杀。已经在漠北的公主幸逃家难,文帝也不想在政权未稳之际再添麻烦,干脆将公主认了干女儿,赐号大义公主,意思当然是在家、国之间,要公主以国家大义为重。如此相安无事,平安过了八九年。

开皇七年(587),沙钵略亡故,公主按突厥风俗复事继位的都蓝可汗。

到开皇九年(589)隋文帝平陈,统一全国,达到一生事功的顶峰。估计是要所有人分享平陈统一的欣快,将陈后主宫中的屏风赐给远在漠北的公主。我不认为其中有任何羞辱的意思。那时文帝将后主的妹妹赐给贺若弼、杨素各一个,估计韩擒虎也有,自己还留了两个,其一就是后来有名的宣华夫人。在这种心情中想到公主,让她分享胜利而已。然而这却引起公主家国兴亡的无限感慨,心潮起伏,写下了这首诗。

公主北嫁前,北周、北齐、陈三国鼎立,都很强大,但就十来年,三国或亡或换姓,一切都变化了。这一年已经是公主北行的第十年,她意外见到陈后主的屏风,工艺一定很精美,造型大约也很独特,但这些都引不起公主的兴趣,她只是睹物伤怀,因为陈之兴亡,想到自己的身世,想到家族的不幸,想到自己所属的宇文氏皇族的悲哀。她感怀日有朝暮,世有盛衰,繁华如同朝露般不能持久,寄寓人世的个人也如同浮萍般漂泊无定,难以掌控自己的命运。曾经的繁华,宫苑楼阁,池亭台榭,都会随着时间而经历沧海桑田般的变化。她的思绪回到自己眼前的生活,虽然能写诗文,能绘丹青,还能延续有杯酒弦歌的生活,因为她毕竟还是突厥可汗的可贺敦,但这一切不能引起她的任何一些愉悦。富贵何在,是说以往家族的富贵,不是眼前的一切。由是引起身世之感。“余本皇家子,飘流入虏廷。”称北族为虏,是汉人的习惯。公主虽族属鲜卑,但已完全汉化,不自觉仍以汉族的立场来称呼北族,在此也可看到她北行十多年,在心理和文化上并没有融入突厥文化。“飘流”接续“浮萍”句,感慨自己无从把握命运。“一朝睹成败,怀抱忽纵横。”是全诗的中心,从屏风看到陈后主的繁盛与败亡,触动的是自己家国的无限感伤,心绪久久难以平复。最后几句自我宽解,自古兴亡如此,何必感伤命运。只是听到当年王昭君的乐曲,更增伤怀。杜甫“千岁琵琶作胡语,分明怨恨曲中论”,也就是这个意思。

公主因看到屏风而作诗,没有一句写屏风,有的只是感慨和议论,从世事盛衰感慨自己命运,心情纵横起伏,文辞典丽雅训,深得魏晋古诗骨气端详的遗则,可以看到她的才情与素养。可惜所存仅此一首而已,估计也是传入隋廷作为她心有腹诽的罪证而存留史册的。

隋文帝见诗后,很不高兴,自此削减了对公主的赏赐。据说公主也在突厥间联络声气,将有所作为。于是隋文帝利用各种色诱利引的手段。先有流人杨钦亡入突厥,说彭城公刘昶约公主一起反隋,遣其来联络。继而隋使长孙晟(就是唐太宗长孙皇后之父)入突厥,说公主言辞不逊,与所私胡人挑拨突厥反隋。最后让裴矩出使,对都蓝可汗许诺只要除去大义公主,可以别议和亲,还有许多其他的好处。反复挑拨离间,终于在开皇十三年(593)借突厥之刀杀了公主。公主得年三十一岁。

史籍记载,许多内容都对公主不利,因为史籍本就是反对公主的人所写。无论是否真有过反抗,仅前引诗的情绪即足以令隋帝不安,有无付诸行动都无关系,既属异类,即应除之。读史至此,唯感叹公主作诗如此,此才此情,且自以王昭君比况,命运如此,所存仅此,可为感慨者再三。 (陈尚君)

【作者小传】

杨　广

(569—618)　即隋炀帝。一名英,小字阿麽,弘农华阴(今属陕西)人。隋文帝杨坚第二子,初封晋王。曾统军灭陈,后用阴谋夺其兄杨勇太子之位。仁寿四年(604),隋文帝殂,广即帝位。在位十四年,多行虐政,致天下大乱。后被部下宇文化及缢死于江都(今江苏扬州市)。事迹具《隋书》卷三、四及《北史》卷十二本纪。有集五十五卷,已佚,明人辑有《隋炀帝集》。《先秦汉魏晋南北朝诗》辑得其诗四十三首。

春江花月夜(其一)　　杨　广

暮江平不动,春花满正开。
流波将月去,潮水共星来。

《春江花月夜》,这个题目你大概是太熟悉了,这不是初唐张若虚的名篇么?杨广这个名字,你自然也是熟知的,那不就是昏君隋炀帝么?这二者结合在一起,你或许惊怪了吧?其实,《春江花月夜》是陈朝已有之的乐府吴声歌曲,并非若虚的首创;杨广昏则昏矣,其诗却颇能为初唐之先声。这,你还不甚了了吧?那么,就请你暂时忘却若虚那首青春的歌唱,也姑且不去想隋末的昏暴统治,而只顾专心来欣赏本诗的阔大精工之妙,再看看作为诗人的杨广,到底有何等样的诗才。

杨广的《春江花月夜》共二首,这里选第一首。这是日落后的长江,经过了一天的潮涨潮落,它终于等候到了夜晚休憩的时刻。只见它平平地展开了江面,任凭一江春水缓缓地淌去,不想再起伏动荡了。春天夜晚的温煦,真能感染万物,连长江也像个春夜困慵的少女,伸长了纤长的腰肢,睡得是那样的温驯、柔和、安宁，全没了白日那掀波作浪的蛟龙姿态。在这波平浪息之时，两岸的千树李花万株桃，本来最嫌江水的喧闹，最盼宁静的夜分，如今却也不愿让春夜就这么冷落下去，都张开了花瓣、吐露出花蕊、散发出花香，仿佛要用花朵开放时的微微瑟瑟之声，去叩击那厚厚的寂寞无声之壁……

春花对春夜的多情总不会虚掷，春夜也不曾辜负春花的美意。渐渐地，当花儿开到一朵朵饱满的时分，轻逸的花香终于聚成了一阵芳芬，缓缓地拂散了江面上的沉沉夜气。披着一身星光月色的长江，在春睡中呼吸到了芳香的气息，懒懒地动了动久睡的身姿。虽说是漫不经意的一动，可到底是长江在欠伸，顿时便荡起了水波、生起了浪潮。波潮带动了本来稳稳地镶缀在静静水面上的星月倒影，只见这些晶光闪烁的倩影忽而随着水波涌向前方，挤成一个大亮点；忽而这个大亮点又被潮水倒推回来，散成无数道流光。这是一个绚丽而又奇异的幻境、一个开阔而又壮观的画面：明月和群星不再高拱在夜空，却成了流动在水上的精灵，它们从潮水中诞生、在流波中消融；如此来来去去、循环往复、生生不息，长江刚才还只是明珠缀袍，转瞬已是遍体银光飞舞了！

如此温情的春天、如此明净的江水、如此繁多的花树、如此荡漾的星月、如此灿烂的夜色，你该不再疑惑了吧：原来在张若虚之前，也曾有过一个别具妙境的春江花月夜。当然，你又该添出新的疑惑了：那昏君以诗人面目出现时，为何却半点也不昏？

（沈维藩）

早渡淮　　杨广

平淮既淼淼，晓雾复霏霏。
淮甸未分色，泱漭共晨晖。
晴霞转孤屿，锦帆出长圻。
潮鱼时跃浪，沙禽鸣欲飞。
会待高秋晚，愁因逝水归。

杨广即帝位不久，即赴扬州游幸，《早渡淮》是赴扬州途中经淮河而作，全诗写淮河景色，准确而形象，给人以深刻的印象。

“平淮既淼淼，晓雾复霏霏。淮甸未分色，泱漭共晨晖”四句写淮河晨景，水气蒙蒙，颇具特色。淮河在安徽、江苏一带，是处于平原地带，所以一开头就用“平”字来形容“淮”。淼淼，即渺渺，水势辽远。淮河，源于河南桐柏山，经安徽、江苏入洪泽湖。其下游，已是水乡泽国，故以淼淼形容。霏霏，雾气飘浮。水乡之晨，晓雾霏霏，是极自然的现象。“淮甸未分色”承接上句的“晓”，曙色初来，大地尚呈朦胧之态，又兼雾气霏霏，自然难以分辨田畴、小河、池塘、草地……。甸，草地，此借指平畴。“泱漭共晨晖”，总写淮河以及两岸平原连成朦胧一片，共同笼罩在晨晖之中，金光播洒在舒卷的雾气之上，显示出特殊的美感。泱漭，朦胧不明。这四句扣紧题目中的“早”，又结合淮河的自然景观。

“晴霞转孤屿，锦帆出长圻。潮鱼时跃浪，沙禽鸣欲飞”四句，一方面承前四句将时间向前推进，一方面转入渡淮所见，紧切题旨。“转孤屿”的“转”和“出长圻”的“出”两个动词用得十分精彩。水中孤屿，地形不高，渡淮的诗人处于动态之中，他眼中的孤屿在晴霞中展示，自有“转”态；船上的锦帆，高耸空中，它在晨晖中展现，自然应以“出”为合理。日上三竿，天朗气清，放眼淮河，赏心悦目。潮中鱼儿跃浪，岸边鸟儿鸣飞，何等生机勃勃！何等意趣盎然！诗人从渡淮中引出了浓烈的诗味，引出了丰富的情采。

“会待高秋晚，愁因逝水归”二句以联想结束全诗。眼前春色宜人，料想秋日晚景，淮河又有别一番清丽情味，使人愁因水逝。这就丰富了淮河的美，诗篇的美。

（汤贵仁）

望　海　　杨　广

碧海虽欣瞩，金台空有闻。
远水翻如岸，遥山倒似云。
断涛还共合，连浪或时分。
驯鸥旧可狎，卉木足为群。
方知小姑射，谁复语临汾。

此诗是写望海的感触。有虞世基的和作，知作于即位之后。

“碧海虽欣瞩，金台空有闻。”“欣瞩”，欣喜看到。细味词意，当为初次观海。初次看到碧海，当有特别的新鲜感、兴奋感，同时也会联想关于大海的一些神话传说，“金台”即是。据刘义庆《幽明录》载，海中有金台，台高百丈，结构巧丽，穷尽神工。这也就是所谓蓬莱仙境。说“空有闻”，似有不满足感，但也是从另一角度表现作者对大海的神往。

“远水翻如岸，遥山倒似云。”这就具体写望中情形了。杨慎认为这写得真切，他说，“海滨之人曰：‘远望海水，似高于地，有如岸焉，盖水气也。’”（《升庵诗话》）这当然是一种情况，但还要注意两句中动词“翻”、“倒”，又是写动态。“远水翻如岸”,是说海水翻腾起来有如高岸似的。“遥山倒似云”,是说海岛(山即岛)倒映水中、随水翻动,好像云在翻动。这景象很奇异,传出了作者的惊奇感。“断涛还共合,连浪或时分。”这是说,几股潮流冲来又合拢了,连成一线的巨浪打来,又分流而去。这写出了大海涛起浪涌、分合撞击的激荡壮观景象。以上是写望,前为远望,后为近观。

“驯鸥旧可狎,卉木足为群。”这由望生发想象和感慨了。“驯鸥”,驯熟的海鸥。“狎”,亲近。《列子》中有篇故事,说一个人非常喜欢海鸥,常常与海鸥在一起嬉戏,海鸥成群地跟随他。“驯鸥旧可狎”就用这典故。“卉木”本指草木,这里借指着“卉服”的人。《尚书·禹贡》有“岛夷卉服”,是说海岛上的人穿着草衣。“足为群”,足可为伍,反用孔子“鸟兽不可与同群”(《论语》)的话。这两句是说,海上的鸟、岛上的人都可与之亲近。一般诗文中出现这样的句子,大都表示出世隐居,隋炀帝当然不大会有这样的想法,这里当是表示他可以绥靖四夷、恩加天下。他在另一首《季秋观海》诗中有“委输百谷归,朝宗万川溢”,隐约也有这种意思。“方知小姑射,谁复语临汾。”“姑射”,神山。《庄子》谓在“汾水之阳”。这里又用了汉武帝的故事,汉武帝曾经巡游汾阴,泛舟汾河,作《秋风辞》中有“泛楼船兮济汾河,横中流兮扬素波”。这两句是说,观大海之后才知道姑射太小,汉武帝的汾水之游太不足道了。这里大有孔子登东山而小鲁,登泰山而小天下的感慨。后面四句在某种程度上也可以说表现了泱泱大国的帝王气象。

这首《望海》诗写得还挺有气势,虽不能与曹操的《观沧海》相提并论,但在许多同题诗中还算是比较好的,因此它见载于多种类书中。诗中抒发的情感比较积极亢奋,由诗来看似有一番政治的雄图,这也不能完全否定。正如《隋书·文学传论》所说:“所谓能言者未必能行,盖亦君子不以人废言也。”这种态度是公允的。

(汤华泉)

夏日临江　　杨 广

夏潭荫修竹,高岸坐长枫。
日落沧江静,云散远山空。
鹭飞林外白,莲开水上红。
逍遥有馀兴,怅望情不终。

这诗当写于巡幸江都时,写夏日临江览景情形。

“夏潭荫修竹,高岸坐长枫。”“潭”,水深处。“荫”,覆盖。“坐”,这里指耸立或笼罩。这两句是写临江之处，竹树葱茂，岸高潭深，环境自然十分清幽。“潭”前冠以“夏”字，也表明这里是夏日休憩的好所在。下面写览景所见。“日落沧江静，云散远山空。”这两句写远望之景，很是开阔。夕阳的余晖映照在阔大的江面上，往往给人以澄静的印象，就像谢朓写的“澄江静如练”那样。傍晚云彩也显得特别活跃，刚刚还云遮雾绕，这时长烟一空，远山在望，仿佛天地一下子开扩了许多。这江天远景写得真切，作者览景中的心旷神怡也是不言而喻的。“鹭飞林外白，莲开水上红。”这是近景。近景最引人注意的是鹭和莲，更确切地说，是它们那鲜明的色彩。试想，在绿树之外、碧空之中，白鹭的“白”该多么醒目；在碧波之中、在斜晖的映衬下，红莲的“红”又该多么艳丽。突出地写这两种色彩，是抓住了水乡景物的特征，也符合人们观景的实感。上面写远景，这里写近景，见出景象、色调的丰富，也见出览景者指顾之间兴致勃勃的情态。最后两句是感叹：“逍遥有馀兴，怅望情不终。”“怅望”，怅然而望，这里当指那种若有所触、若有所思的陶醉状态。这两句意思是，在这里逍遥自在览景，兴味无穷，天晚了还不想回去。这是一次难忘而又难得的游幸。山水佳胜对他这个终日沉溺于酒色之中的皇帝来说，不啻是一帖清心剂，使他感到十分新鲜，或许也触动了他潜在的某种意绪，“又得浮生半日闲”啊，类似这样的感触也可能有。

这首诗开头二句炼字似嫌过分，以下写得就较自然浑成了。写景层次清晰，能够把握并传达景观的特征，色彩字用得好，“鹭飞”二句与后来王维的一些诗句颇有相类之处。

（汤华泉）

野　望　　　　杨　广

寒鸦千万点，流水绕孤村。
斜阳欲落去，一望黯销魂。

此诗一、二句为南北宋间几种诗话、笔记征引，阙题。明杨慎《升庵诗话》、莫是龙《笔麈》载录全篇，题作《野望》。第一句二书为“寒鸦飞数点”，而宋籍皆作“千万点”，从之。此诗当为炀帝登位前作，很可能作于南方。其为晋王时曾帅师伐陈，后又巡察江南，皆可为此诗写作背景。其《早渡淮》有“会待高秋晚，愁因逝水归”句，正可与此诗相发明（诸葛颖诸人有《奉和出颍至淮应令》诗，知《早渡淮》为登位前作）。

这首小诗很有意境。前三句皆景，首先映现的是“寒鸦”，再是“流水”、“孤村”，然后“斜阳”，形成了一个平远、萧疏、清冷、黯淡的境界。第四句“一望黯销魂”一下点醒，知上面所写皆作者望中之景，为“有我之境”，而“黯销魂”又分明来自江淹《别赋》"黯然销魂者，唯别而已矣"，这就又将望中之情挑明了。一句出，全篇情活意动，最为警策。

自然我们可以这样玩索、想象：

他是在远眺，极目远眺，一副归心似箭的情态。视线无林树、群山的阻隔，正好远望，"长望当归"。"望长安于日下，目吴会于云间"，天高地远，欲归何时？"寒鸦"的"寒"，正映现心境之寒，"孤村"之"孤"，正见远离京国的孤单。此时他心里会产生凉飕飕、空落落的感觉，"斜阳欲落"，暮霭渐逼，会叫他发出"日暮欲何之"的感喟。他看到"寒鸦"、"流水"可能还使他联想到：千万点的寒鸦飞起落下，正在寻找投宿的地方吧？村庄是很孤单，有流水环绕，有所凭依，似乎也不那么孤零了。流水看来还是那么有情，流水啊，何时送我回归？"一切景语皆情语"，这中间有玩索无尽的意味。

这首诗意境浑成，语言又很自然、圆熟，因此博得了许多人的称赞，秦观曾将之嵌入他的《满庭芳》词中："多少蓬莱旧事，空回首、烟霭纷纷。斜阳外，寒鸦万点，流水绕孤村。"真是恰到好处。秦观化用的这几句又曾被人认为是此词的绝妙之句，晁补之就说："少游如《寒景》词云：'斜阳外，寒鸦万点，流水绕孤村。'虽不识字人，亦知是天生好言语。"(《苕溪渔隐丛话后集》引）自然，这个赞评应当归之于炀帝此诗。至于称赞此诗为"中唐佳境"(王世贞《艺苑卮言》)、"何异唐人五言绝句体"(《笔麈》)，那又加入了对语言音律形式的考较了。 (汤华泉)

【作者小传】

李 密

(582—618) 字玄邃，一字法主，隋京兆长安(今陕西西安市)人，祖籍陇西成纪(今甘肃秦安)。隋上柱国、蒲山公李宽之子，以父荫任左亲卫府大都督、东宫千牛备身。隋末，参预礼部尚书杨玄感之叛，事败被逮。后逃脱，加入瓦岗山农民军，夺得领导权。隋炀帝大业十三年(617)，自称魏公，改元永平。后被王世充击败，奔于唐，不久又起兵反唐，兵败被杀。事迹具《隋书》卷七〇及《旧唐书》卷五三、《新唐书》卷八四本传。《太平御览》存其诗一首。

淮阳感秋　　李 密

金风荡初节，玉露凋晚林。此夕穷途士，郁陶伤寸心。野平葭苇合，村落藿蓺深。眺听良多感，徙倚独沾襟。沾襟欲何为？怅然怀古意。秦俗犹未平，汉道将何冀？樊哙市井屠，萧何刀笔吏，一朝时运合，万古传名谥。寄言世上雄，虚生真可愧。

李密是隋末农民起义的一位著名领袖，出身贵族。炀帝大业九年(613)，参预杨玄感起兵反隋，失败后被捕，不久在押送途中逃脱，“去之淮阳(今河南淮阳)，岁饥，削木皮以为食。变姓名为刘智远，教授诸生自给，郁郁不得志，哀吟泣下”(《新唐书·李密传》)。这首题为“淮阳感秋”的五言古诗，当是他流亡蛰居淮阳期间所作。刘仁轨《河洛记》曰：“密来往诸贼帅之间以举大计，莫肯从者，因作诗言志。”所述作诗背景，大体相合。

诗分前后两段，每段各八句。九、十两句是前后段的过渡。前段主要写淮阳秋景。起二句总写金风摇荡，玉露凋林的景象，明点题内“秋”字。一“荡”字不仅传出秋风摇飏之状，而且兼含荡涤之意，连同下句“凋”字，将金风玉露的肃杀之气形象地表现出来。“初节”，指初秋。金风摇荡，初秋时节尚存的绿叶等随之被荡涤，林木显得萧疏，故云“荡初节”“凋晚林”。后一句为杜甫《秋兴》“玉露凋伤枫树林”所本，杜句固然青出于蓝，李句也写得充满秋意。三、四句从自然景物之肃杀凋伤转入人事，贴到自身。当时作者参预杨玄感反隋失败，被捕逃亡，处境艰苦，故自称“穷途士”；郁陶，这里是心思郁结的意思。由肃杀的秋景联想到自己的穷困处境，故忧思郁结。两句已透出“感”秋之意，“伤”字更明点“感”字。五、六句又勒回写眺望中的秋景：田野平旷，但见蒹葭芦苇，四处围合；村落之中，唯见藜藿纵横，杂草丛生。两句写出田野荒芜、村落残破的荒凉景象，“合”、“深”二字，更透出杳无人迹的情景，杜句“城春草木深”的“深”字似亦从“藿蓺深”脱化。这正是隋朝末年中原地区在酷重赋役压榨下千里萧条景象的真实写照，足以印证“岁饥，削木皮以为食”的记载。七、八两句又收回到“感”字，说明眺听之间，无不使自己徘徊伤感，独自泣下。以上八句，情、景相间，“秋”“感”相浃，前四句犹因自然景象而兴感，后四句则因现实社会的残破荒凉而增悲，在重复中有递进。

九、十两句用顶针格紧承上文，以设问引出“怅然怀古意”，转入后段。所谓“怀古”，实即“感”的进一步发展。“秦俗”暗喻隋末乱世，“汉道”隐指重建之清朝。作者有感于乱世末俗尚未荡涤，盛时明代尚不可望，这正是他之所以“郁陶伤寸心”“徙倚独沾襟”的原因。但又转念，当“秦俗”未平，“汉道”何冀之时，如樊哙、萧何等人，虽或出身市井屠者，或为刀笔小吏，一旦与时运相遇，却做出改朝换代、重建明时的大事业，万古流传其不朽之名声，因此感到自己虽生此乱世，但只要奋起图王，仍可像樊哙、萧何做出一番事业。"寄语世上雄，虚生真可愧。"这是他感秋伤时最后引出的结论，也是他对自己人生观的明确表述。这"世上雄"自然泛指隋末群雄，也显然包括自己。这八句纯粹抒感，以"怀古"抒伤时之慨，表乘时奋起之怀。

这是一位有雄图大志的人物在乱世中面对秋景引发的联想与感慨。古代有不少不得志于世的士人，想在乱世中一显身手，一展宏图。这种乘乱奋起的思想在一部分士人中相当有代表性。诗写得沉郁苍凉，透出特有的时代气氛，与初唐魏征的《述怀》是一类作品，骨力也不相上下。　　（刘学锴）

【作者小传】

虞世基

(？—618)　字茂世，隋会稽余姚(今属浙江)人。陈时，官至尚书左丞。陈亡入隋，任通直郎、内史舍人、内史侍郎，为隋炀帝所亲信，进位金紫光禄大夫。时天下大乱，而世基不据实告于帝。后宇文化及弑炀帝于江都(今江苏扬州市)，世基亦同时被杀。事迹具《隋书》卷六七及《北史》卷八三本传。《先秦汉魏晋南北朝诗》辑得其诗十八首。

出　塞(其二)　　虞世基

上将三略远，元戎九命尊。缅怀古人节，思酬明主恩。山西多勇气，塞北有游魂。扬桴上陇坂，勒骑下平原。誓将绝沙漠，悠然去玉门。轻赍不遑舍，惊策骛戎轩。①懔懔边风急，萧萧征马烦。雪暗天山道，冰塞交河源。②雾烽黯无色，霜旗冻不翻。耿介依长剑，日落风尘昏。

〔注〕　① 惊策：闻人倓《古诗笺》卷十五云："惊当作警。曹植诗：仆夫警策，平路是由。"可从。　② 交河：古城名，在今新疆吐鲁番。诗中借为河名。

这是虞世基与杨素的唱和之作，杨素作有《出塞二首》，一时名士薛道衡、虞世基均有和诗，本诗即为虞作的第二首。杨素曾统兵到塞上抗击突厥入侵，于边塞征战颇有切身体验；至于世基，直到杨素去世时，还不曾亲临边塞，所以诗中内容，应全出于世基的悬想，而非真实之事。但唯其如此，诗人的想象力之高超、才情之卓越，也由此更能令人惊叹了。

“上将三略远，元戎九命尊。”起二句是互文。元戎即主帅，与“上将”意近。(上将、元戎：按本诗中出玉门、征天山等并非杨素的事迹，所以本诗虽是与杨素唱和之作，但此二语不能说是直接指杨素，只是诗中塑造了一位大将的形象，用来比拟杨素。)三略，相传西汉张良师从黄石公，得授兵书三略。九命，周代官秩分为九等(命)，九命相当于一品。“缅怀古人节，思酬明主恩。”二句分承前二句：主帅既娴于韬略，自当遥慕古人建功立业的志节；既受高官显爵，自当开边拓地，以报君恩——这种想法，在今日未免要令人皱眉，但在世基则是极自然而顺理成章的。不管怎样，这个起首总还是颇为堂堂正正的。“山西多勇气，塞北有游魂。”山西即太行山以西，“山东出相，山西出将”，这一带自古便是良将勇士的渊薮。主将是谋略深远，部下是秦陇健儿，而塞北的敌手，却是飘落穷沙、无家可依的野鬼游魂，然则大军虽未出塞，而强弱之势已判、孰胜孰负已决。本诗通篇未写塞北如何恶战，读来却无所憾，全仗了这二句已经暗中造就了必胜和轻取的乐观气氛。句中“气”与“魂”均为可感而不可触摸者，对得十分精工，此诗中多工对，而以这二字最为上乘。“扬桴上陇坂，勒骑下平原。”兵将既合，大军遂浩荡西进。陇坂是陇西(今甘肃东部)的一条长坂(山坡)，军士们扬起如林的鼓槌，登了上去。“扬”字提示士卒情绪的激昂，还不算奇，后一句“勒”字，则非精思不能得：若纵马直下山坡，非但要踏乱步卒行伍，且骑速不断加快，亦有失蹄之虞，故须勒紧笼头，款步徐下。“誓将绝沙漠，悠然去玉门。”诗人的笔走得好快，转眼大军已在玉门关头誓师，将直度大漠，悉驱胡虏！誓毕，悠长的队伍便开关而出，万里远征，由此开始！以上十句写出塞的因由过程，可算一层次。

诗的后十句写出塞后种种情状，是诗的精彩部分，诗人极尽其搜剔想象之能事，惨淡经营出了一组出塞大观图。“轻赍不遑舍，惊策骛戎轩”，是塞外追寇图。骑士们无暇宿营，轻装疾进；他们振响长鞭，战马带着兵车纷驶如云。轻赍，即轻携、轻装之意，《史记·卫青霍去病列传》说霍去病的大军“约轻赍、绝大漠”，驱逐匈奴，封狼居胥，是为汉家武功之最盛时。若联想到这一节，“轻赍”二字的分量便自不轻了。骛，交驰；戎轩，兵车。“懔懔边风急，萧萧征马烦”，是塞外军行图。懔懔为劲烈之貌，萧萧为马鸣之声，两个叠字词用得也切，对得也好。这二句补足上文，令人倍觉在狂风中疾进的将士及战马的艰辛，自非闲笔，唯其构思比之其他各联，略嫌平常；不过，下面“雪暗天山道，冰塞交河源”二句，是极壮阔的塞外冰雪图，或许诗人正是要造成句意一弛一张的效果吧。塞外的大雪已不是漫空纷飞，而是层层压下，令人举目不见苍穹，亦令天色全然无光，天山大道也给这雪压得暗沉沉地莫辨东西了。塞外的厚冰也不是密封河面而已，却是凝成巨块，堵塞河源，令河水为之不流。多么雄伟的景象，多么雄浑的境界，多么雄健的笔力！“塞”字用得已极饱满有力，“暗”字更是千锤百炼而得者，着此一字，整个天山便浑然一色了，若换了“压”、“没”、“迷”、“封”等字眼，在它面前无不显得既太坐实，又欠生动，当真是一字千金、生色千古！这二句以气象胜，下面的塞外营阵图则以奇特胜。“雾烽黯无色，霜旗冻不翻。”早晨，连营烽火全被浓密的朝雾裹得严严实实，黯然无光；入夜，严寒一到，满营旌旗上的露水顿时结成厚霜，那旗帜刚才还在风中翻飞，转眼就直挺挺地张着，给冻得动弹不得了。这又是何等令人心惊目骇的奇观，何等令人拍案叫绝的妙笔。诗人雄奇的想象力，至此臻于极致。最后，“耿介依长剑，日落风尘昏”，在大漠薄暮的画面衬托下，诗人郑重地绘上了一位依剑而立的军人，他对那落日的苍凉，那风尘的昏暗，全然视若无睹、不以为意，他目光远注，其神色之坚毅肃穆，足可使人想见他勤于王事的耿耿忠心、百折不回。他是那位元戎上将？还是一位山西勇士？抑或是二者混合的化身？这个答案，既隐藏在混混风尘中，也一如风尘一般混沌不清。这个结尾，既将“塞外”的边线推到落日极远处，又暗示了将士开边拓地之志的无穷无尽，语意含蓄不尽、发人遐思。如果不去争论这类战争的正义与否，单就诗本身而言，如此结尾，实可算篇末奇峰。

本诗虽是乐府拟作，但因诗人才华卓绝，运思高超，故读来但觉精彩纷呈，又觉有一股壮气回荡于字里行间，完全可以称为大气磅礴的力作。这首诗对后来盛唐边塞诗也有很大影响，非但诗中建功立业的雄心、轻视敌寇的乐观、以及道途行军艰辛的描写，都可在盛唐诗中找到继承的线索，甚至其佳句也多被化用。“青海长云暗雪山”、“大漠风尘日色昏”(王昌龄《从军行》)、“风掣红旗冻不翻”(岑参《白雪歌送武判官归京》)，都是千年来为人激赏不置的名句，而都脱胎于本诗。隋炀帝的开边以失败告终，自不能与盛唐的开边相比，因而此诗不及唐人之作有名，也是情理中事。但它的佳句却能令王、岑二位边塞诗大家甘心服善、步趋其后，单凭这一点，诗人身后有知，也足可以自豪不已了。　　(沈维藩)

【作者小传】

王　通

(584—617)　字仲淹，隋绛州龙门(今山西河津)人。隋时居河、汾之间，授徒自给，著有《中说》传世。其学主三教合一，而以儒学为本。卒后门人私谥曰“文中子”。《乐府诗集》存其诗一首。

东征歌　　王通

我思国家兮，远游京畿。忽逢帝王兮，降礼布衣。遂怀古人之心兮，将兴太平之基。时异事变兮，志乖愿违。吁嗟道之不行兮，垂翅东归。皇之不断兮，劳身西飞。

世传隋末王通讲学河、汾之间，唐初名臣多出其门下，卒开贞观之治，此说大致可信，但王通讲学著述，复兴儒家精神，在中国思想文化史上却仍是一位极重要之人物。其思想言论，具见《文中子中说》。《东征歌》，是王通仅存之一首诗歌。诗中发舒以天下为己任之远大抱负，及"道之不行"之深沉悲慨。旧题唐代杜淹所撰《文中子世家》，记载下此诗之本事，并著录原诗。录如下："仁寿三年(603)，文中子慨然有济苍生之心，西游长安，见隋文帝。帝坐太极殿召见，因奏《太平策》十有二策，尊王道，推霸略，稽古验今，恢恢乎运天下于指掌矣。帝大悦，曰：'得生(即先生)几晚矣，天以生赐朕也！'下其议于公卿，公卿不悦。时将有萧墙之衅，文中子知谋之不用也，作《东征之歌》而归，曰(略)。帝闻而再征之，不至。"(《资治通鉴》卷一七九隋仁寿三年条所载略同。)《东征歌》乃王通有为之作，全篇诗歌亦不同凡响。

"我思国家兮，远游京畿。"诗用骚体。隋代五七言诗体盛行，作者独用骚体，以发舒其豪情悲慨，可谓具眼。上句发舒以天下为己任之襟抱，极有气魄。隋代，结束了自汉末以来三百六十余年分裂混乱之局面，一时大治有望，志士仁人，正当有此气魄也。下句道出自河东龙门(今山西河津市)家乡，西游至长安之行。"远游"二字，联系下文"垂翅"、"西飞"之用语，实系以大鹏自喻，可见其豪情。"忽逢帝王兮，降礼布衣。"上句所道，正是《世家》所记"见隋文帝，帝坐太极殿召见，因奏《太平策》"之事。下句所言，即《世家》所载"帝大悦，曰：'得生几晚矣，天以生赐朕也'"之情形。通以一布衣而受文帝重视如此，诗言"降礼"，并不为过。"遂怀古人之心兮，将兴太平之基。"古人，指的是大治天下之古圣先贤。上言"我思国家"，犹是出游之前事，此言"遂怀古人之心"，则是既受礼遇之事，意脉实已发展，实现理想有望矣。故下句言将为国家建立太平之基业，如古圣先贤也。当时欢欣鼓舞，已是不言而喻。通出身世宦兼儒学之家，家学渊源甚深，早有"四方之志"，求学读书"不解衣者六年，其精志如此"(《世家》)。《太平策》虽然已佚，但从传世《中说》，仍然可见通对于古今政治、思想、文化，颇有真知灼见。故诗言怀古人之心，兴太平之基，亦非空言。"时异事变兮，志乖愿违。"乖者，违背也。此二句，言情势发生变化，以致事与愿违。此正是指文帝"下其议于公卿，公卿不悦，时将有萧墙之衅”之种种复杂变化。辞情至此，作一顿挫，遂转入深沉之悲慨。“吁嗟道之不行兮，垂翅东归。”道之不行，本孔子语“道之不行，已知之矣”（《论语·微子》）。龙门位于长安以东，故曰“东归”。上句自言“知谋之不用也”，用孔子语出之，甚贴切，亦体现出对孔子之深深认同。下句以大鹏自比，言东归故乡也。“垂翅”二字，生动状出当时那一份失望心情之沉重。王通当时不过二十出头，自然不免失望。但通决非道之不行即退守无为之人，史载通归，“遂教授于河、汾之间，弟子自远而至者甚众”（《通鉴》卷一七九），终成讲学、著述之宏业，于后世发生重大影响，便足以证明。“皇之不断兮，劳身西飞。”结笔二句，是对于西游长安此行之深刻反思。上句言文帝之不能断制，不足以有为。所谓“不断”者，即“当断不断，反受其乱”者也。通上《太平策》，“帝大悦”而“公卿不悦”，致“谋之不用”，即其不能决断之证。下句言初实不知文帝之不足有为，致徒劳西至长安。“西飞”二字，仍隐然以大鹏自比。据《世家》载，“通作《东征之歌》而归”，“帝闻而再征之，不至”。则“皇之不断”二句，当尤触动文帝。然而通已认清文帝之不足有为矣。据《通鉴》卷一七九载，后隋室虽“累征”，通亦终“不起”也。足见通此行长安，对隋皇室识察之深刻。事实上，隋亦终不可为，不过十五年后，即因政治腐败透顶而告灭亡。结笔二句，反思与愤慨，打成一片，余味不尽。

《中说·关朗篇》载王通之言：“诗者，民之情性也。情性能亡乎？”可见通之重视诗歌，及其对诗歌的基本看法。《东征歌》发舒以天下为己任之怀抱，道之不行之悲慨，选择骚体，外而符内，故相得益彰。豪情悲慨，皆从肺腑之中流出，不假雕饰，至为真实，故感染力强。

（邓小军）

【作者小传】

王 衡

隋太原晋阳（今山西太原市）人。仕于后梁，历官秘书郎、太子洗马、中书黄门侍郎。后入隋。事迹附见《周书》卷四八《萧詧传》后。《先秦汉魏晋南北朝诗》辑得其诗二首。

宿郊外晓作　　王 衡

残星落檐外，馀月罢窗东。

水白先分色，霞暗未成红。

此诗虽短，但短而有味。有味之处，在于诗人观察的细腻和构思的严密。

全诗四句，无不紧扣题目。首句即入手擒题，以“残星”点明“晓”字：残星稀疏，斜落檐外，必是夜色将尽、东方欲晓。次句接着写道，此时一弯淡月，正低悬于东窗之上（按每逢夏历月末数日，月晨见于东，诗写实景）。淡月疏星，相互映衬，便将人引入拂晓时分所特有的凄清、寂静的气氛中去。

如果说，此诗前二句是侧写东方欲晓，那么，后二句便是诗人通过表现对于物体亮度和云层色彩的观感，正面描绘出曙色朦胧的情景：此时天未大亮，四周景物尚不清晰，只有银白色的河水波光粼粼、流淌不息，显出特有的亮度，似乎造物主已将晓色预先分给了它。随着日之将出，东方的云层受到接近地平线的阳光的照射，已逐渐由湛蓝变成灰白。从这“霞暗未成红”的富于生发性的顷刻，我们不难想象，很快地，天边就会露出一线异色，须臾之间，将是朝霞满天，一轮红日，也就喷薄而出了！

这首小诗，体物熨帖，辞藻清丽，对仗工整，颇具齐梁小诗的风韵。由于它采用了五言的形式，较之七言，音节显得安闲和平，对于表现黎明之时的宁静氛围，也是很有帮助的。（叶　华）

【作者小传】

明余庆

隋平原鬲（今山东平原西北）人。官至司门郎。隋末越王杨侗称帝于洛阳，余庆为其国子祭酒。《先秦汉魏晋南北朝诗》辑得其诗二首。

从　军　行　　明余庆

三边烽乱惊，十万且横行。
风卷常山阵，笳喧细柳营。
剑花寒不落，弓月晓逾明。
会取河南地，持作朔方城。

《从军行》，乐府旧题名，其内容大抵是写军旅战争之事。这首诗也是这样，可以说是隋代的一首边塞诗。

张玉穀曰：“首二，点题，总挈。中四，皆顶次句申说。……后二，顶首句，以辟地建功作收。”（《古诗赏析》）其论析全诗的总体结构是不错的。

汉代称幽、并、凉三州为三边，这里泛指边境。烽惊，谓边境有变，烽火报警。加一“乱”字，则是纷至沓来，敌情十分紧急了。首句写敌军进扰，次句即转写汉家出兵御敌。《史记·季布栾布列传》载，上将军樊哙曾于吕后前表示：“臣愿得十万众，横行匈奴中。”次句即化用此语。横行，纵横驰骋也。将欲统率十万大军，纵横驰骋于塞上，不仅交代了出兵御敌，而且表现出了他们的声威气概。这声威气概，乃是全诗情感的基调；以下各句，更进一步突现了这一点。

“风卷”二句，再渲染军威之盛大。常山阵，古代阵法名。《孙子·九地》：“故善用兵，譬如率然。率然者，常山之蛇也。击其首则尾至，击其尾则首至，击其中则首尾俱至。”细柳营，汉文帝时周亚夫为将军，屯军细柳，以备匈奴。文帝亲往劳军，至营门，因无军令不得入。乃遣使持节诏将军，亚夫方传令开营门，并请以军礼见。既入，按辔徐行，成礼而去。文帝曰：“真将军矣！曩者霸上、棘门军，若儿戏耳。”事见《史记·绛侯周勃世家》。这里以“常山阵”、“细柳营”赞称“且横行”之“十万”大军，其善于用兵、军纪严明之意已暗寓其中。再加以“风卷”、“笳喧”二词，意谓兵阵之动，如疾风卷地；军营之中，则笳声喧天。这样，不唯军威之盛大，依稀可见，其非乌合之众之虚张声势者比，也是不难体会到的。

上二句侧重在渲染军队之声威，“剑花”二句则重在表现士卒之气概。剑上之霜，凝结如花，因天寒而不落；碧空之月，未圆如弓，拂晓前而更明。这两句乍一看去，只是在写剑、写月，但剑有人持，月有人看，虽未明写人，而人却自在其中。上句，见得人不畏严寒；下句，又可见其彻夜警戒，总之，显示了士卒不畏艰苦、公忠体国的精神。

汉武帝时，驱逐匈奴，收复河南地，建立朔方郡。末二句即借此事，以辟地建功、充满乐观自信精神的壮语作结。这样的结尾，与前边的形象描绘，其间英勇豪迈之气，一以贯之，遂使全诗更觉神完气足，浑然一体。 （高海夫）

【作者小传】

薛德音

（？—621） 隋唐之际河东汾阴（今山西万荣）人。薛道衡从子。隋时，官游骑尉，佐修《魏史》，史成，迁著作佐郎。隋末越王杨侗称帝于洛阳，德音为其掌军书文檄。后王世充废侗，自立为郑帝，德音复事之。及世充败，德音亦被唐人所杀。事迹附见《隋书》卷五七《薛道衡传》及《北史》卷三六《薛辩传》后。《文苑英华》存其诗一首。

悼　亡　　　　薛德音

凤楼箫曲断，桂帐瑟弦空。
画梁才照日，银烛已随风。
苔生履迹处，花没镜尘中。
唯馀长簟月，永夜向朦胧。

晋代潘岳为悼念亡妻写了三首著名的《悼亡诗》，自此以后，“悼亡”一词从原来悼念死者的泛说一般成了悼念亡妻的特指。薛德音此诗即是悼念亡妻之作。

一、二句点人亡。“凤楼”原指妇女的居处，此指夫妇的卧房；“瑟弦”，琴瑟共弹，其音谐和，故古代常以琴瑟之和比喻夫妇和好，婚姻美满。这两句以凤楼上再也听不到传出的吹箫声，华美的帷帐间瑟弦已空、再不会响起琴瑟和鸣的声音，喻指妻子的长逝。这两句在句法上都作主谓结构，作主语的前四字都隐含着对妻子在世时美好的夫妇生活的生动回忆；谓词“断”与“空”，展示的是无情的现实，也曲折而含蓄地表现了诗人感情上的寂寞与痛苦。

三、四句叹妻子的早逝。诗人感到，婚后的生活就像画栋雕梁的大厅里射进早晨的阳光，光华灿烂，赏心悦目，可惜好景不长，妻子如一支点残的蜡烛，被风吹灭，过早地去世了。上句象征，以画梁照日的完整的意象象征开始不久的美好的夫妇生活，一个“才”字，透露出诗人对这段生活的无比眷恋之情。下句兼用象征与比喻，直接以蜡烛比喻生命，以银烛随风的意象象征妻子的去世，一个“已”字，如一声深长的叹息，包含了诗人的几多感慨。这两句一句正写，一句反接，再加虚词“才”、“已”的句中斡旋、前后呼应，将妻子早逝引起的伤痛表现得相当深入而又动人。

以上四句着重叙事，以形象的画面、动情的唱叹写“亡”；后四句则以抒情为主，但不取直抒的方式，而是将情语化作景语，在景语中寄写悼念亡妻的深情。

五、六句写寻访亡妻的旧踪，察看她的遗物。只见妻子生前经常漫步的地方已长起一层青苔；梳妆打扮用的铜镜积满灰尘，镜背的花饰也已模糊不清。当诗人来到妻子生前“履迹处”时，想象中会浮现出她生前悠然漫步的身姿；见到妻子生前用过的铜镜时，又会联想起她有过的“照花前后镜，花面交相映”的动人情景。抚今忆昔，诗人真有说不尽的伤痛之意与感慨之情。

末两句以“唯馀”二字翻出，从“苔生”、“花没”一切皆变的背景上，写唯有天上之月尚能如妻子生前那样从长长的凉席上见到。然而月亦犹人，似乎受到人世不幸的感染，整夜都显得朦朦胧胧，景象惨淡。“唯馀”句一转，说不变；“永夜”

句再一转，仍然归结到变化上。诗意跌宕，诗人之寝不安席、长夜失眠的孤独处境以及心情的迷茫与伤感，都从这一片朦胧的月色中映出。

全诗一句一景，粗粗看去，都是静态的描绘，实际上，每个画面都联系着特定的时间与空间，诗中始终有一个不断行动着的诗人的自我形象贯穿其间。此诗所写的时间为一昼夜，空间为“楼——厅——园——楼”顺次转换。一、二句，清晨时分，诗人正在卧房之中；三、四句，旭日初上时，诗人来到了厅堂之上；五、六句，仍是白天，诗人先到后花园中漫步，继而回到卧房之中，站在梳妆台前；最后两句，诗人已睡下，躺在凉席上长夜失眠。正是通过不同时间空间中诗人的见闻与感受，相当深入而细腻地表现了诗人悼念亡妻的复杂的心态。在写法上，此诗广泛采用借代和比喻的手法，无一处直接写人，而又处处都如见人在。这种间接的侧面的表现，又使此诗带上了鲜明的委婉含蓄的风格特点。（陈志明）

【作者小传】

王由礼

隋时人。曾任三公郎。《艺文类聚》存其诗四首。

赋得岩穴无结构　　王由礼

岩间无结构，谷处极幽寻。
叶落秋巢迥，云生石路深。
早梅香野径，清涧响丘琴。
独有栖迟客，留连芳杜心。

赋得，根据某个预定的题目赋诗。有时是一群诗人定好题目后分别写作，也有自己选择前人诗中的成句为题，敷演成篇。本篇大约是后一种情况。

“岩穴无结构”乃晋代诗人左思《招隐》诗二首第一首中的句子。原诗是写作者入山寻访隐士，为山中清丽幽静的自然景色所吸引，于是，“聊欲投吾簪”，便萌发了弃官归隐、与世决绝之意。本篇虽无投簪避世之情，但在对山中清幽之景的描绘中所流露的企羡之意，却与左思的原诗颇为近似。

岩，山中洞穴。结构，指房屋建筑。谷处，谓隐居于山林之中。首二句说栖身洞穴，没有房屋建筑，自然更不会有什么朱门琐窗、画阁飞檐之类的美可供享受，然而隐居山林，却可以尽情地寻幽探胜，那清幽的自然景色，足以使人赏心悦目。两句以人工之美与自然之美相映照，而作者情之所重在后者，已经显而易见。

中间两联，承次句而申写，意在具体展现山林中的幽景胜境，显示它使人心旷神怡之所在。“叶落秋巢迥，云生石路深”，时届清秋，木叶尽落，可以极目远眺，远处树上的点点鸟巢，亦历历在目；云生雾起，蔽遮掩抑，山间的石路，远远看去，分外觉得幽深。两句同是写秋日望远所见之景，但前句境界旷远，后句景象奥幽，从而从不同的侧面，揭示了山间秋景不同的美。“早梅”二句，则收拢笔触，转写近景。身边的小径旁，早梅已发花，幽香阵阵袭人；那边清澈的溪水，流声潺潺，有如丘上的琴声。这两句，又是一写视觉所见，一写听觉所闻，有色香，有音响。总之，四句虽只二十个字，但由于作者能多层次、多角度地感受、捕捉，并加以描写，如再加上读者的联想、补充，那么，“谷处极幽寻”之意，应该说已经可以相当充分地展现在人们的眼前了。

末二句，直抒作者的感受。栖迟，盘桓游息之意。“客”，着眼于隐者逃避尘俗，入居山林而言。芳杜，一种香草，山间多有，故可以概指山中景物，以至隐居环境。两句意谓唯有游息盘桓于此的隐士，方会有留恋而不愿离去之意。言外之意是那些抗尘容而走俗状，热衷于闹市官场的人，他们是领略不到此中趣味的。至于作者自己，用陶渊明的话说，则大抵是能辨得“此中有真意”的人了。

（高海夫）

【作者小传】

秦玉鸾

隋时女子。《古诗类苑》存其诗一首。

忆　情　人　　秦玉鸾

兰幕虫声切，椒庭月影斜。

可怜秦馆女，不及洛阳花。

作者身世不详，从诗中连用椒庭、秦馆等词来看，应是隋代的宫女，而有情人在洛阳。诗中写她的怀人幽怨，语意凄婉而情思芳馨。

前两句：“兰幕虫声切，椒庭月影斜。”“兰幕”是佳人所居的芳香雅洁的帏幕。

“虫声切”，表明时节已是初秋。“椒庭”指宫庭。古代后妃所居的宫殿用椒和上泥土涂饰墙壁，取其温、香、多子之义，故称椒庭，亦称椒房。“月影斜”表明已是深夜。她独自徘徊于幽深的宫庭之中，听着秋虫清切的鸣叫，对着满地横斜的月影。此时此境，不由地使她忆起自己的情人，感念到自己凄凉的身世。往日偶然的机缘，使她遇上了那位情人，满腔痴情有了寄托之处。然而一经别离，重逢机会，已属渺茫，长期欢聚，更难预卜。这就自然地引起了她的怀人幽怨。后两句以“秦馆女”和“洛阳花”对比来写，深怜自己的处境，长门深闭，得不到幸福和自由。“秦馆女”即“秦楼女”，相传秦穆公为女儿弄玉选配萧史为婿，萧史善吹箫，声似凤凰，其后夫妇亦双双随凤凰飞去。弄玉夫妇所居之处称为凤台，又称秦台、秦馆，后世因以“秦馆女”代指宫中女子。“洛阳花”一词，含有几种意思：一是指洛阳的美女，“洛阳女儿名莫愁”，古诗就曾经称道过。她想着自己在宫禁之中，不能像洛阳女儿一样，和名花一同占有芳春，这是自感“不及洛阳花”第一意。二是指洛阳的名花。（唐代以“洛阳花”代称牡丹，在隋代可能已有这种称呼。）她想到自己迢递相思之情，不能远达情人之侧，尚不如洛阳花之能得到情人的观赏，能把花的馥郁温香，直接传递给情人。这是“不及”的第二意。此外，“不及”还有生怕自己的姿容不如洛阳女，因而担心情人另有所欢，而致忘却了自己之意。这三种意义，在诗句中同时含有，因此对比之下，愈觉自己的可怜可哀。

此诗极为妙丽。前两句不言怀人，而怀人之情，已在其中；虫声之切，月影之斜，都映现出心境的哀伤。这两句自出境界。后两句本是抒幽怨之情，却以自怜自怨出之，令人倍觉其幽怨之深。全诗虽是短短的二十字，却仍然宛转悱恻，耐人寻思。

（马祖熙）

【作者小传】

张碧兰

隋时女子。《古诗类苑》存其诗一首。

寄阮郎

张碧兰

郎如洛阳花，妾似武昌柳。

两地惜春风，何时一携手？

这首小诗，词情芳馥，寥寥四句，使人如闻其声，如见其人。语如连珠，把玩不尽其缠绵温润之意。

起句比郎为洛阳花。“洛阳花”在唐宋之世，专指牡丹。隋距唐甚近，可能当时已有这种称呼。至少可以说，“洛阳花”乃芳华美丽之代称。可见女主人公心目中之阮郎，必为风度翩翩、仪容俊好的人物。次句“妾似武昌柳”，以武昌柳自喻，用意亦极为佳妙。自晋代陶侃在武昌种柳之后，“武昌柳”在诗歌中已为常见之词，杨柳婀娜多姿，一到春天，柳眼舒青，柳眉展翠，柳条千丝万缕，萦人情思。她飘拂在水边楼阁之旁，掩映在月下亭台之际。“妾似武昌柳”，其依依无尽之情，自不难想见。然而郎居洛下，妾在汉南，迢迢千里，共惜春风，脉脉柔情，殊难自遣。末后系以“何时一携手”一句，遂成极情之语。而无限悱恻之春思，更使人玩味不尽。此时未得携手，此情尚如此浓郁，则在携手之后，其情致之深长，心境之喜悦，当不言而喻。而句中“何时”一词，又含有多少惋惜的清怨？六朝文章，以小品文最为妙丽隽永，隋承六代之后，作者此诗亦为诗中小品，作者的身份，我们不得而知，此诗儿女情长，似为初恋即已分手之作。作者的情人阮郎得此佳叶，当不殊苏蕙之回文，将低徊于鸾笺寸楮之间，而情难自已矣。　（马祖熙）

【作者小传】

侯夫人

隋时人。隋炀帝宫女，后自缢于宫中。《先秦汉魏晋南北朝诗》辑得其诗七首。

妆　成　　侯夫人

妆成多自惜，梦好却成悲。
不及杨花意，春来到处飞。

长门寂寞，秋扇见捐。说不尽春愁秋怨，枉题诗于红叶；听不断深宫残更，空悲泣于鲛绡。在漫长的古代社会，为帝王一人所有的六宫粉黛，曾不知有几人能承恩荷宠，“缦立远视，而望幸焉。有不得见者，三十六年”（杜牧《阿房宫赋》语）。这是帝王的罪孽，封建制度的黑暗。在相传为晚唐韩偓所作的《迷楼记》中，记载了这样一个哀艳动人的故事：隋炀帝晚年，尤沉迷于女色，他嫌原来的宫殿虽壮丽显敞，而无曲房小室、幽轩短槛，于是耗尽帑库，营建“迷楼”。迷楼千门万户，上下金碧，玉栏朱楯，幽房曲室。炀帝诏选后宫良家女数千以居楼中。每一幸，辄经月不出，然后宫不得进御者仍极众。宫女侯夫人，有美色，一日，忽自缢于栋下，臂悬锦囊，左右取以进帝，中有诗若干首，《妆成》即其中之一。炀帝吟诗伤感，遂厚葬侯夫人。然荒淫日甚，终至亡国。

由此可知，这首《妆成》诗是侯夫人的绝笔，是这位薄命女子用血泪写成的文字。可贵的是，当她走到生命的终点时，她并不是以未曾得幸承恩为憾，而是以未能如杨花般自在地生活为憾，她不是仍在“望幸”，而是向往着“自由”，她不是在写《长门赋》、《团扇诗》，而是在写她未能挣脱深宫牢笼的哀怨之情。这到处纷飞的杨花之意，是侯夫人生活理想的象征，是她的生命之歌，它分明地对比出宫廷生活的黑暗窒息。这是侯夫人这位薄命宫女的性格的闪光之处，也是《妆成》诗在立意上不同于一般宫怨诗而有所超卓的地方。

古人云：至哀无文。当恩宠无望、自由生活亦无望的时候，侯夫人可说确是到了至哀的境地。于是，她的这种心境便不假雕琢、真朴感人地抒写出来了。后代的读者，或许会为它出现于浮艳诗风盛行的隋代而感到惊讶。全诗紧扣题目“妆成”展开。起二句“妆成多自惜，梦好却成悲”，宫妆初罢，揽镜自照，不禁自叹自赞；既自感才貌出众，便幻想承欢受宠，不觉形之于梦寐，这都是宫人的常态。作为宫女，作者自有无限爱美要好之心，故有“妆成”、“梦好”之语，然一觉醒来，围绕她的仍是孤寂，“自惜”之余，不禁“成悲”。没有什么比鲜明的对照更易于使人动情惊心的了，作者将这种自惜成悲的感情抒发，安排在这梦幻与现实、希冀与绝望的尖锐的矛盾之中，足以引人注目。这强烈的矛盾心情，遂使下面二句深重的感慨脱口而出：“不及杨花意，春来到处飞。”她妆成之后，凭栏远望，但见杨花飞舞，无处不在，无处不到，衬现出一片春色。这无生命的杨花的漫天飞扬，怎能不使这位青春生命正旺盛，却只能静锁深宫、寸步难移的佳人为之感慨无限，艳羡无限，而复自感孤寂无限，哀怨无限！在这首诗中，由梦好妆成到自惜成悲，由自惜成悲到羡慕杨花的自由自在，诗人的感情步步腾跃，表现出一个失意宫女由禁锢的状态中逐渐清醒过来，意欲挣脱牢笼的心灵历程。这朴实的文字，乃是一把辛酸的眼泪，一纸悲愤的控诉，一腔新生活的希冀。不自由，毋宁死，她在写成这简短的诗篇之后，终于怀着梦醒过来无路可走的绝望，走上了在那个时代她唯一能够走的反抗之路——死。时至今日，我们诵读其诗，仍不能不为这薄命宫女发一声长叹！（秦寰明）

春日看梅二首 侯夫人

砌雪无消日，卷帘时自颦。

庭梅对我有怜意，先露枝头一点春。

香清寒艳好，谁惜是天真。
玉梅谢后阳和至，散与群芳自在春。

侯夫人是隋炀帝时的宫女，姿容端好，才德兼备，但长期受不到恩宠，闭处深宫，自伤不遇，曾作《自感诗》三首，抒吐伤春之情。《春日看梅二首》，是她的抒怀之作。

第一首写梅花怜人之情。“砌雪无消日，卷帘时自颦。”那是一个雪后的晴天，外面寒意犹重。阶砌上的积雪还没有消融，她独自卷帘，颦眉不语，庭院中的梅花，已经吐艳了。此时此境，她那孤寂的心灵有谁来温慰呢？她深情地凝望着冷香寒艳的梅花，仿佛自己有了个知心的朋友。“庭梅对我有怜意，先露枝头一点春。”庭梅似乎也同情她，理解她的心境，特意在枝头先向她露一点春光。是怜惜她的遭境，还是和她有相同的命运呢？她在沉思着。

第二首写人的惜花之情。“清香寒艳好，谁惜是天真？”“寒艳”二字，唯梅花当得，可以说是梅花的代称了。梅花的高格，全在它那清香绝俗而自得天真。这“天真”一词，是她对梅花的高度评价。而唯天真之人，始能识得花之天真，所以这“天真”，又何尝不是女诗人的自评？然而梅花的天真，又有谁来怜惜呢？即我能惜之，又有谁能惜我？所以，“谁惜是天真”，是惜花，亦是自惜。一个“谁”字，道出无限深怨与哀伤。“玉梅谢后阳和至，散与群芳自在春。”梅花不与众芳争妍竞艳，它开在百花之先，可说标格天然，无一毫自矜和媚人之意。梅花谢了之后，随着姗姗而来的是一个风光明媚、“春日载阳”的季节，它虽然凋谢了，却把它的清香，它的幽艳散给群芳。诗至此，感情又由哀怨一变而为开朗。女诗人虽有自伤，胸襟却并不狭隘。她只觉得在那美好自在的春光中，梅花虽然不见了，却处处有梅花天真的身影，那又是多么令人喜悦啊！诗人此时，也仿佛成为梅花，是花是人？人即是花，花亦是人，诗人和玉梅，此刻是化而为一了。

《看梅》二首，感情真挚而浓烈，芳洁而温馨，诗人先写的是怜人的梅花，接着写怜惜梅花的人，末后则是人和花融为一体。作者正像一株亭亭玉立的梅花。梅花是天真的纯洁的，作者自身也是天真的纯洁的，梅花是清香的寒艳，作者是孤芳自赏的佳人，同是天真，可见花怜人人惜花，人是痴情，花也是真情。

此诗形式独特，本为七绝，而在首韵二句各减二字，使全诗结构成为五、五、七、七的形式，近于后来的词作，为长短句的先声。

（马祖熙）

挽舟者歌　　无名氏

我儿征辽东，饿死青山下。今我挽龙舟，又困隋堤道。方今天下饥，路粮无些小。前去三十程，此身安可保。寒骨枕荒沙，幽魂泣烟草。悲损门内妻，望断吾家老。安得义勇儿，烂此无主尸。引其孤魂回，负其白骨归。

“我梦江南好，征辽亦偶然。”这是隋炀帝的诗句。这位历史上著名的暴君，企图把虐民祸国的两桩罪行，如此轻描淡写地加以开脱。实质上，“南幸江都”集中反映了他那“无厌之欲”、“淫荒无度”的腐化生活；“三征高句丽”深刻暴露了他那“混一戎夏”、独霸四海的统治意志。《挽舟者歌》对暴君上述两桩暴行、特别对“水殿龙舟事”作了沉痛控诉，其内容足可与王薄的《无向辽东浪死歌》媲美。

这首民歌最早见于托名唐罗隐所作《海山记》。书中说：“帝御龙舟，中道，夜半，闻歌者甚悲……帝闻其歌，遂遣人求其歌者，至晓不得其人。帝颇徊徨，通夕不寐。”这段记叙，颇道出了这首歌辞的威力。但《四库提要》论证《海山记》诸书云：“所录炀帝诸歌，其调乃唐李德裕所作《望江南》调……大业中安有是体”，“盖宋人所依托”，所言不可谓之无理。另外此诗直书“隋堤道”，隋人不当作如是语。只是，歌谣的真伪问题，毕竟是很复杂的。尽管有些证据可以证明这首诗非出于隋代，也并非没有再加探考的余地。在加以必要的说明后，似仍可收录在本辞典中。就诗本身来说，则确能反映挽舟者的悲惨遭遇，宣泄其沉痛心声，反映隋末这一特定时代的风貌。

前四句由征辽的兵役引入挽舟的徭役，以儿之饿死对照“我”之受困。隋炀帝动用上百万的军队征辽，而征调来运粮饷的民伕则更多，遂使农田废耕，百姓流徙。而长途行军供应维艰，士兵很大部分在跋涉途中已经饿死病死累死，挽舟者的儿子不过是千千万万人中的一名牺牲者。青山埋骨，说明尸体无人收殓。儿已死于青山，暗与后文“我”将死于荒沙遥相呼应。一老一少，父子同是白骨露野，互为映衬。接下三、四句，由“昔”过渡到“今”，写“挽龙舟”。炀帝开河造船，宫锦作帆，彩丝编缆，强夺民女，征调纤夫。他率领二十万人的游玩队伍，浩浩荡荡开向江南，沿途勒索贡献，括尽人民膏血，制造饥饿和灾难。这些挽舟者为什么受“困”于“隋堤道”呢？不言而喻，仍是受饥饿和劳累的折磨，因此接着明点出“困”的原因并加推衍。

“方今天下饥”，泛言当时饥馑已广被隋朝整个统治领域，普天之下、率土之滨都在挨饿，都备受残酷敲剥的荼毒。接着，诗又由己之困饥，预测到己之必死，为什么呢？仅有的一点给养“路粮”已快耗罄尽，“无些小”了；而“隋堤道”却是如此迢遥，前面计程还有三十，过一程又一程，漫无尽头。粮绝路长，“此身”，当然也包括所有挽舟者的贱躯，眼看尽将保全不住了。读到这里，必会发人深思，由“挽舟者”自然联想到炀帝这一伙“乘舟者”。他们宁可把地方官括献来的珍肴坏掉埋掉，也不肯把残羹余汤施舍给挽舟人。暴君是不会顾恤人民死活的。“海内财力此日竭，舟中歌笑何时休”（白居易《隋堤柳》）。下“困”缘于上荒，独夫民贼难道能长久统治下去吗？

接着由悬想自己将惨死，写到死后全家的殷忧。“寒骨枕荒沙，幽魂泣烟草。”两句渲染了一个异常苍凉、凄楚的环境。运河堤边荒滩硗瘠，野烟冥蒙，挽舟人将在这里暴尸黄土，萦骨草蔓。“寒骨”，表明尸骸久死未瘗，“幽魂”，陈说长作望乡幽灵。一个“泣”字，令人想见“新鬼烦冤旧鬼哭，天阴雨湿声啾啾”（杜甫《兵车行》）的憭慄氛围，这是冤死者死不瞑目的控诉！

“悲损”二句互文，译意是说：“我家的父母和妻子整天倚门而望，因音讯断绝而望穿双眼、悲损形体。”本是团圆的一家子，却给弄得妻离子散，家破人亡。“死者长已矣”（杜甫《石壕吏》）！而存者却长陷苦痛。“十室几人在”（杜甫《征夫》）？这普遍的家庭惨剧制造者能不令人憎恨！

最后四句，以极其悲怆怛恻的笔调哀祷，生不能归，仍望死求归葬。因为死已注定难免，但求能免“生死魂孤骨不收”（白居易《新丰折臂翁》）罢！挽舟人悬想降临一个义勇之士为自己收尸，然后素旛丹旐，接引亡灵，庶几魂兮归来，托梦父母妻子，好让魂梦相接。同时也期待他拣回自己余留的骨殖，背负回家乡安葬，勿令游魂沉沦，永作异域野鬼。两个“其”字拈连，表述出自己愿望止此而已，吞声饮恨，词堪断肠。

全诗以层递方式写苦痛：由辽东到隋堤，由儿死及己困，由儿饿己困而进至天下皆饥，由饥、困而逆料必死，由身死而推想家破，由暴骨、游魂的预测勾起招魂、归骨的幻想。苦痛愈出愈惨烈，揭露也就愈来愈深刻。诗中饿和饥前后应接，困、饥、死之间借因果作串联；“骨”与“魂”字均在文中自行照顾，绾合紧密；“寒骨”二句以景衬情，“悲损”二句以状传情。这样，诗的结构也显得平铺中寓曲折，直叙中含圆到，因此全诗虽语甚浅，却也有悲思缠绵不尽之致。　（童明伦）

送　别　　无名氏

杨柳青青著地垂，杨花漫漫搅天飞。

柳条折尽花飞尽，借问行人归不归？

据《东虚记》所载，此诗作于隋大业年间，隋炀帝巡游无度，使得民穷财尽，故诗中望其返国。但揆之诗意，此说未免附会牵强。其实正如诗题所指，这只是一首隋代的送别诗而已，它所表达的是一种委婉深切的离愁别绪。

将撩乱的离情与春天的柳丝柳絮联系起来，《诗经·小雅·采薇》中"昔我往矣，杨柳依依"的诗句已肇其端，至汉代灞桥折柳则成为送别风习，并演为《折杨柳》这一乐府诗题。此诗即承袭这一传统，而开拓出一种新的意境。"杨柳青青著地垂，杨花漫漫搅天飞。"首句写柳丝，千条绿枝，如烟似雾，着地而垂，随风依依，似惜人离别，又似离恨条条，令人意惹情牵。第二句写杨花（柳絮），杨花如雪，漫天飞舞，迷蒙一片。"漫漫"二字极写杨花数量之多，范围之广，飘飞之乱，特别是"搅"字，不仅传神地写出了杨花飞舞之状，也搅动了离别之人的情肠，暗示了离情别绪的纷扰无端。这两句青青翠条，与雪白杨花相对，色彩鲜明；"著地垂"的柳枝是静态的，给人以垂直下坠之感"搅天飞"的柳絮是飞动的，具有向上轻举之态，二者一动一静，一上一下，一为线条，一为团块，动静结合，上下并举，构成一幅纵横交织的立体图案，造成一种沉静而纷乱、凄清而无绪的意境，为下面两句对离别情感的抒发作了铺垫。

下两句则借景生发，由景转情。"柳条折尽花飞尽"一句承上面之景而加以进一步联想，并借此嘱劝远行之人。柳丝似离恨条条，杨花如游子漂泊，折尽柳枝飞尽杨花，意味着要结束离恨别愁，故结句遂"借问行人归不归？"末两句诗所含之意有两层：繁多的柳枝杨花也有折尽飞尽之时，那么，行人在外飘游就没有尽头吗？此其一；柳枝杨花代表着春天，象征着美好的风物与时光，然而，即使如此美好的风物与时光也有消尽之时，那么，在外的行人难道就不该珍惜这美好的时光，早早回来吗？此其二。两个"尽"字与两个"归"字前后照应，密切相关，"尽"表示事物的结束与时光的流逝，"归"表示行人在外漂泊生活的结束，重叠使用，益感诗作者的情深意切。由于诗意的模糊，我们难以确认送别人的身份，不过，无论它所写的是情人的惜别、夫妻的分离，还是亲朋的远行，其意境的深远情意的恳挚，都足以引起读者心理的共鸣。所以，诗的"模糊"，反而增大了其容量，远胜于"确认"了。

此诗短小精炼，前两句写景，描绘出一幅宏阔的空间意象，后两句言情，开掘出深挚的内在情感，可谓前后照应，情景交融。兼以对仗工整，韵律悠扬，语浅情深，意味隽永，若置于唐人绝句之列，亦当了无愧色。　（魏崇新）

南朝乐府民歌

白 石 郎 曲 神弦歌

积石如玉，列松如翠。
郎艳独绝，世无其二。

据《古今乐录》，《白石郎曲》是南朝乐府民歌《神弦歌》中的第五曲。此曲产生于建康(即今南京)一带，也是江南民间“祭祀神祇，弦歌以娱神之曲”(王琦《李长吉歌诗汇解》注)，与《楚辞》中《九歌》性质相同。所祀之神为白石郎。今江苏溧水县北有白石山，又首《白石郎曲》中有“白石郎，临江居，前导江伯后从鱼”之辞。据此，则白石郎是白石山上所祀之水神。本诗通过对白石郎容貌的高度赞美，表现了女悦男神的主题，也曲折地反映了当时民间的恋爱生活。

全诗只有四句，篇幅短小，文字清新洗练，这正是民歌的本色。第一、二句用排比句法，连用两个比喻修辞格，写出了白石郎所居神祠的环境美。祠中的阶墀全用白色的石头堆砌而成，有如白玉一般，十分整洁、光亮；那整齐地排列着的青松，像翠玉一样，青绿可爱，使神祠显得非常清幽雅致。这是一个多么优美的所在啊！居住在其中的白石郎又怎样呢？诗的后两句紧接着用赞叹的语气，写出了这位水神的形象美：他的艳丽的姿色无人能够相比，普天之下再也找不出第二人。这当然是运用了夸张的手法，但这种夸张用在神的身上，又十分自然，因为神毕竟与人不同，他是高度地完美无缺的。从夸张的赞美中，表现出了人们对他的由衷的喜爱和倾慕。前两句写祠中景象，后两句写白石郎的形貌，使景和人互相映衬，把环境美和形象美融为一体，收到了以少胜多、婉曲生动的艺术效果。

诗中的“艳”字，值得认真玩味。据《世说新语・容止篇》记载：“裴令公(裴楷，字叔则)有儁容仪……时人以为‘玉人’。见者曰：‘见裴叔则，如玉山上行，光映照人。’”“嵇康身长七尺八寸，风姿特秀……岩岩如孤松之独立，其醉也，傀俄若玉山之将崩。”这两条典型记载表明，从魏晋开始，作为男性美的重要标志，已经和以前要求硕壮、威武不同，有了明显变化：一是要肤色白皙，如玉一般；二是要身材秀挺，像松一样。(见王瑶《中古文学史论集》)因此，本诗前两句中的“玉”和“松”，决非随意道及，也决不是单指祠中实景，而是借以比喻这位水神的优美风姿，为第三句中的“艳”字，事先作了巧妙的注脚，如实地反映着当时喜欢男子具有美艳容仪的社会风尚。这种赋而兼比的手法，是承继《诗经》而来，但运用得更为含蓄，使诗意表达得十分委婉。

我们可以想象，在这样美好的神祠之中，来祭祀这样一位容貌艳丽的水神，人们的心情会有多么兴奋，祠中的景象该有多么热闹。女巫在弦管的伴奏之下，载歌载舞，通过娱神而表示人对神的爱慕之情。广大群众则通过娱神活动而自娱，在这种寻求和发展爱情的极好机会中，女子们向自己身边的“白石郎”频送秋波，暗通款曲，把人对神的倾慕，变为人对人的爱恋，这正是当时民间生活的生动写照。

（管遗瑞）

青溪小姑曲　　神弦歌

开门白水，侧近桥梁。
小姑所居，独处无郎。

《青溪小姑曲》是《神弦歌十八首》之一。《神弦歌》属清商曲辞，是南朝民间娱神的祀歌，性质类似《楚辞·九歌》，其中颇有神灵相悦或人神恋爱的内容。据《晋书·夏统传》，当时祭神，多用“有国色，善歌舞”的女巫，神弦歌可能就是由女巫来唱的。青溪，水名，源出建业（今南京市）钟山。青溪小姑，即青溪水神。相传汉末秣陵尉蒋子文战死，被吴孙权封为中都侯，立庙钟山，遂为钟山神。其第三妹亦投水死，为青溪神，这首祀歌就是为她而作的。

前两句写青溪小姑庙的环境：庙门前面，是一溪清水；庙的近旁，紧靠着一座小桥。在江南地区，这几乎是随处可见的极平常的景色，但一经民歌作者似不经意的点染，却透出了青溪小姑的风采神韵。“白水”不仅写出青溪水之莹澈，而且也使人联想到小姑那清纯莹洁的风神、清朗秀美的外表，以及柔情似水的性格。“白水”从写景角度说，可说是素朴到不能再素朴的白描，但同时又蕴含丰富的象征意味。与此相映成趣，《神弦歌·白石郎曲》写白石神之“艳”，也是以“积石如玉”来形容的。这大约正反映出水乡人们的审美意识：以白皙为美，以晶莹清秀为美。

第二句“侧近桥梁”，也是别有含义的。桥梁是交通要津，人来人往，但紧靠桥梁的神庙里的青溪小姑，却由此显得格外孤清寂寞。这层意蕴，在第二句中还是隐而不露的，需要跟三、四两句联系起来方能体味出来。

第三句“小姑所居”，是承上启下之句，既总括上面二句，又引出下面的“独处无郎”。小姑庙虽然就在车水马龙的桥边，小姑塑像虽然在天天接受着来往人们的瞻仰和少男少女的仰慕，但她却是个未嫁少女的身份，只能孤独地站立着、静默着，在渡口边、桥梁上的一片喧嚷声中，更觉冷清不堪。如此美丽纯洁的女神，处境却如此凄清，这怎能不引起多情的少男少女们的同情呢？“独处无郎”，就是在这种心情下的深切叹息。在这叹息的瞬间，原本相去霄壤的人与神变得接近了。青溪女神被涂抹上了浓厚的人间色彩，仿佛她只是一位芳心久郁的水乡女郎，人们只是为她的天生丽质而惋惜、为她没有情郎相伴而抱憾。这一句是全诗的结穴，是诗的含蕴的集中体现。

这首小诗才四句，语言也极为朴素，内中却有一个水乡环境，一个起人遐想的少女形象，有一股淡淡的哀伤流动着：有景、有情、有人（人化的神）。这一切都包括在区区十六字中，古代民歌手的高度凝炼的创作技巧，实在令人赞叹。

诗中所描绘的青溪小姑形象及其居处环境，带有明显的江南水乡色彩，让人一读之后就浮现出清流、溪桥、古庙的画面。而青溪小姑形象所显示的那种孤寂的美，对后代诗人又有明显的影响，其中最显著的当推李商隐。从“神女生涯原是梦，小姑居处本无郎”，“青溪白石不相望”的诗句中，从“白石岩扉碧藓滋，上清沦谪得归迟。一春梦雨常飘瓦，尽日灵风不满旗”的圣女祠环境气氛描写中，都或隐或显可以看到《青溪小姑曲》的影子，只不过义山诗把民歌的朴素单纯变得更加缥缈朦胧罢了。 （刘学锴）

子 夜 歌 吴声歌曲

落日出前门，瞻瞩见子度。
冶容多姿鬓，芳香已盈路。

芳是香所为，冶容不敢当。
天不夺人愿，故使侬见郎。

《子夜歌》是江南民歌《吴声歌曲》中的一支，产地在以建康（今江苏南京）为中心的江南地区，《乐府诗集》归入《清商曲辞》类。《唐书·乐志》说：“《子夜歌》者，晋曲也。晋有女子名子夜，造此声，声过哀苦。”现存的《子夜歌》共四十二首，基本上都是情调缠绵的情歌。这里选录的是第一首与第二首，是邂逅相遇的一对恋人互诉衷情之词。前一首男子唱，后一首女子答。

第一首是男子向女子当面讲述使他怦然心动的初次相会，并诉说他的倾慕之情。“落日”，点时间；“前门”，说地点；“瞻瞩”，看；“子度”，您（指那女子）正经过。男的“出前门”,女的正好经过,生活海洋里两条不同方向的航船鬼使神差地交会了。如果差一分钟以至只差几秒钟,便不会有这一次邂逅相遇、一见钟情。而这一切又毕竟发生了。也许,在对视的瞬间,彼此被对方震慑了,各自从对方身上发现了自己想象中的恋人的模样。那男子便毫不犹豫地向女子吐露自己的爱慕之情,称赞对方“冶容多姿鬓,芳香已盈路”。“冶容”,是说容貌美好;“多姿鬓”,进一步指出那女子美貌的特征——仪态万方,有一头乌亮的秀发。“芳香”,指那女子身上散发出来的香气,那女子走过,留下一路馨香。男子用盛赞女子容貌的办法来代替直接抒情,就像用“你真漂亮”来代替“我喜欢你”一样,这种七分直率、三分委婉的表达方式,是很切合初恋的少男少女的心理特征的。

那女子在与男子目光相交的一刹那,也已对对方留下了良好的印象,男子的求爱表示又一次打动了她,便接着男子的话茬唱了起来。第一句“芳是香所为”,是对上一首末句“芳香已盈路”的回答。“芳”,即“芳香”,指香气;“香”,指香囊等物。你说我走一路播一路香气,但那不是我身体的香气,而是香囊散发出来的。次句“冶容不敢当”,回答上一首的第三句“冶容多姿鬓”。所谓“不敢当”,是客气话,没有一个少女不喜欢人家称赞她长得漂亮,当这位少女谦虚地说着“不敢当”时,心里是会甜丝丝、乐滋滋的。这使得她的心与男子的心更为贴近。因而她随即作出了接受男子求爱的表示:“天不夺人愿,故使侬见郎。”她表示也十分珍惜这次偶然相识的机会,认为这是老天爷的故意安排,是自己所求之不得的。这两句回答上一首的一二句“落日出前门,瞻瞩见子度”。上一首男子说“见子”,这一首女子说“见郎”,两个“见”字前后呼应,两人都将见面看作千载难逢的神圣时刻予以动情的回顾,热情的肯定,彼此互相心许之意已尽在不言之中。

这两首《子夜歌》,尽管没有采用吴声歌曲中常见的谐音双关的写法,但就其感情的细腻、抒情的委婉、形象的富于生活实感以及语言的浅近通俗等方面看来,仍然体现了吴声歌曲的基本特色。至于一唱一答的形式,在吴声歌曲中也并非个别现象。有人曾推测,《子夜歌》原来全是男女赠答之词,只是后来由于保留不完整,又杂进了文人的作品,不容易逐一加以区别罢了。至今在我国西北、西南等地的民间歌谣——花儿、山歌中,仍然有着有唱有答这种富于表现力的艺术形式。民歌的赠答体,在文学史上对于诗人的创作曾产生过良好的影响,即使在今天,对于丰富作家的表现力,依然保有一定的借鉴意义。　(陈志明)

子　夜　歌　　吴声歌曲

宿昔不梳头,丝发被两肩。

婉伸郎膝下，何处不可怜。

这首民歌描绘的是一对深深相爱的情人刚刚相会时的情感及情形，而不是单纯表现女性的“慵散柔媚”，这可以从前两首作品中看出来。

“宿昔不梳头，丝发被两肩”，“宿昔”，即旦夕；“被”通“披”。这两句表现了女主人公的倦慵之态。一般说，女性喜欢在情人面前打扮自己以显示自己容颜的美丽，加深彼此的感情。但当“悦己者”不在身边时，也会给女性带来情感上的巨大失落和忧伤，以至倦于梳妆，连一般的生活秩序也难于维持。历代诗人多以此种情态来表现思妇的心境。这首民歌却反其道而用之，以女主人公迎来情郎之后的披头散发、不事梳妆和娇懒之态在更深层次上揭示女性的心态；即大胆而泼辣地表现女子热烈的自我欣赏、自我得意的情爱心理，这种心理又标志着一种情性的骚动。这种骚动给人一种激荡的动态美。

“婉伸郎膝下，何处不可怜”，“婉伸”即委婉曲伸；“可怜”即可爱。这两句展示的又是另外一种情态和过程。女主人公依偎情郎膝下，一边与情郎喁喁私语，一边抚弄着自己柔美飘逸的头发。瀑布般的发丝犹如爱的神经，环绕在情郎膝上，交流着彼此的相爱之情，相思之苦。顷刻间，满头乌发升华成了爱与美的象征。女性的柔润与娇美，芳馨与甜蜜弥漫了整幅画面，在读者心中激起了千般爱怜、万般柔情。这是宁静的美，和谐的美，圣洁的美。诗歌就在这爱的圣歌中徐徐拉上了帷幕，而爱的氤氲已经笼罩了每一位读者的心。

这首诗的画面构成也是极富表现力的。“不梳头”、“披两肩”一反古典美学中以对称、整饰为美的观念，展示了一种不规则的美，对女主人公不平静心态做了很好的表现。全诗以发丝为主要意象，尤其是“婉伸郎膝上”，将发丝委婉缠绕这种典型的蛇形线形状表现得清晰、丰富。英国美学家威廉·荷加兹认为“蛇形线赋于美以最大的魅力”，它“生动灵活”，同时朝着不同的方向旋绕，能使眼睛追逐其无限的多样性。这才是民歌作者的成功之处。 （陈伟军）

子 夜 歌 吴声歌曲

始欲识郎时，两心望如一。
理丝入残机，何悟不成匹？①

〔注〕 ① 悟：不顺从、相逆，与“忤”意同。

少女今天可真要恼了，人正在心烦意乱，这该死的织机却不早不迟，偏生在这时节跟她捣乱！

往日它转得可多么顺畅呀,那正是她和他初相识的时候。夜晚幽会,她伏在他耳边悄问:天长地久,两心永远如一,是么?他呢,也细语相答:这个自然,两情相爱,直到百年!这甜腻腻的回答,叫她白天身儿坐在织机面前,魂灵儿却还在他的身边。眼前就算是洁白的生“丝”,也给她念成了柔柔的情“思”,手里才捧起织好的一匹丝帛,心中就想象起和他匹配的将来……

如今这些都不必提了,那薄情人儿走了,就算想着也是白搭。只有这机子最最可恨,瞧着它像是没心眼,可怎么也会和他一样使坏?他甜言蜜语那会儿,它跟着转得有滋有味、有板有眼;这会儿他变了心,它也不知什么时候得了病,任她怎么理齐了丝儿喂它,任她怎么操纵费劲,这可憎可恼的破机子就是织不成匹段,只顾大口大口吐出团团乱丝!

少女的双颊累得粉红,可这机子为何这么不驯服,她却实在搞不明白;少女的心思烦得像乱丝,一场好梦到底为何吹散得无影无踪,她更是百思而不得其解。

(沈维藩)

子夜歌　　吴声歌曲

今日已欢别,合会在何时?

明灯照空局,悠然未有期。

诗越短小,越不易写好。如果没有波澜曲折,便显得平庸了。这首《子夜歌》,起句就不同凡庸。“今日已欢别”,以“欢”代悲表现分别,独出心裁,打破了以痛苦表现分别的情感模式。欢然道别,是企图冲淡分手时的痛苦感伤。然而,别时的短暂兴奋,终究不能掩住内心的真正忧伤。“合会在何时?”的疑问,便将相会时的依恋和对于重逢何日的迷惘,一起和盘托出了。一个“欢”字,却能使读者体验到了分别的“悲”,的确是精于遣词。然而,这两句比起下两句表现悲哀的巧妙,则还是“小巫见大巫”了。

“明灯照空局,悠然未有期”,又进一步将时间推向分别之后,对痛苦进行深化。空局,指空的围棋盘。悠然,久长之意。期,这里指重逢的约期。围棋是双人对弈之物,此刻人已离去、棋已收起,诗中的少女独对空棋盘,这情景,已叫人情何以堪了;再想到刚才弈棋互赌、胜家浅斟、输家低唱,何等欢爱,但重温旧梦,还遥遥无期,这心头苦甜交杂的滋味,更令她黯然神伤了。这二句,以空局衬托孤影,构想固已不凡,比起上二句,精巧更上一层。然而,其妙处还不止于此。“悠然”,谐“油燃”;期,谐“棋”之音:恰好与上文“明灯”、“空局”两两相对。三、四二句，字面上看，似乎意义不相连属。待点破谐音这一层，读者大概更要叫绝了吧？这种巧妙的双关，又在冷寂的情感氛围中加进了一丝俏皮味、机灵味，使全诗虽悲而不凄。这也与全诗的基调相合：到底这种离别之苦，只是一种含着甜意的痛苦罢了。那么，妙处说尽了吧？否，否。请再想，围棋古称“手谈”，是心灵交流的媒介之一，人的秉性、气质，无不能在棋上流露，犹如“琴为心声”一般。惟奏琴只能道一人心意，弈棋则犹如二人晤言。然而此刻，空落落的棋盘，昭示着少女空落落的心灵：欢郎已去、知音断绝，千种风情、欲诉何人？万般无奈，谁能慰我？再看明灯之下，局上纵横十九道历然在目，预示着来日生活就像棋盘格一样单调无聊，静寂之中饱蕴着难以排遣的沉闷和空虚。——小小棋盘，而具如此的象征意义，诗的取物譬喻，不也是很巧妙的吗？

小诗不易写好，但写得好了，其滋味更耐人咀嚼。这首《子夜歌》，即是如此。

（沈维藩　陈伟军）

子　夜　歌　　吴声歌曲

揽枕北窗卧，郎来就侬嬉。
小喜多唐突，相怜能几时？

这是一首写男女偷情的小诗，短短四句内，却有喜有悲，其感情变化，颇可玩味。

“揽枕北窗卧”，这个举动非常有趣，“揽枕”说明其原休息处不在北窗下，按一般人家的习惯，房子坐北朝南，北窗即后窗。后窗大多僻静，这自然就成为偷情男女联系之处。逾墙跳窗，是封建礼教下偷情男女的惯用手段，本诗中的主人公亦不例外。“北窗卧”，说明女主人公做好了内应的准备。

“郎来就侬嬉”，果然，情郎如期而至，和我相依偎在一处。两人皆大欢喜，自然迅速沉浸在爱河之中。“嬉”即“戏”。相爱的嬉戏，可谓其乐无涯。

“小喜多唐突”，兴奋中，他们不免相互戏谑过甚，“多唐突”说明这位小伙子憨厚、爽直，还有点得意忘形，得寸进尺。另外，用“唐突”形容嬉闹，既反映了女主人公佯怒实喜且带娇嗔的复杂心理，又为下文情感变化作了伏笔。因此，“唐突”一词，很有表现力，是承上启下、又具转折作用的妙笔。

“相怜能几时？”这种暗中相爱能持续多长时间呢？强烈的疑问顿使全诗从欢快堕入悲哀。那“唐突”自是少男少女欢喜的事，但一经“唐突”，他们的欢情就到了高潮顶点，按理说，下一步就该议论终身大事了吧？然而，他们却是在“北窗”下成就的高潮，又哪来的“下一步”呢？于是，正是寻常相爱男女要高高兴兴盘算未来美好生活的时候，这一对恋人却不但乐极生悲、而且前途茫然了！小诗就到此为止了，没有答案。但是，读者若要知道那个时代的自由相恋有什么结局，从这里却能找到答案了吧！

此诗开首写“北窗”，若不经意，读者或许也不会想到窗之南北有何异样。直待到最后一句得知这番欢情全是私下偷作的，于是乎“北窗”的阴影，始令人生沉重之感，于是读者也恍然了：原来全诗的基调并不欢快，它早就笼罩在阴影里了！一首小诗有如此可回味的意趣，不谓之佳作可乎？（陈伟军）

子夜歌 吴声歌曲

揽裙未结带，约眉出前窗。
罗裳易飘飏，小开骂春风。

春风该骂！

看看你招惹的这位少女吧，她对春天是何等的多情，春睡才醒，她就来到窗前，要和窗外的明媚春光说说知情话。你呢，自称是春天的使者，却去惹她生气，该骂！

你看这少女有多少痴情。去会会近在咫尺的春光，还先要把双眉细描，好似去赴情郎小河边的幽会；女孩子家这份细心周到里，不轻漾着一腔痴情吗？你呢，自称懂得女孩子的心眼儿，却见了她的痴情不识，真正该骂！

你看这少女有多少天真。醒来连裙带也忘了系上，揽过长裙往纤腰上匆匆一套，就忙忙地妆饰起了蛾眉；女孩子家这份顾前忘后里，不轻透出一派天真吗？你呢，自称是女孩子的保护神，却乘了她的天真不备，该骂！

你这不识风情的家伙，自以为风力嫋嫋、温情脉脉，好去她左右大献其殷勤，好和她罗裙比试那柔软。你却不曾想到，罗纱那质地是何等轻薄，织成了衣裳最容易飘飏。你自以为小心翼翼，却还是闯了大祸，微微掀开了她的罗裳一角，隐隐露出了她的肌肤一片。可别说只是一开一露，看看少女刚才还满面春情喜色，转瞬已是又气又羞、又恼又恨、又颦又嗔、一副面红耳赤模样，你还不觉得自己确实该骂、单骂还不够么？

或许你要为自己辩解，说你已经够当心了，无奈那罗裳实在没分量；或许你要说自己太委屈，你全是为了多让她感受春意，才去她膝下轻轻匍匐。可是，这么一位纯情少女生你气，总是你的不是，辩解也是无用，委屈也得咽下，谁叫你冲撞的是她，光凭这你就该骂！

不过，春风老兄，也不必抬不起头来，朋友们也有谢你的地方。若不是你的鲁莽，那春天少女轻嗔薄怒、娇羞怯怜的模样，叫朋友们哪辈子才有福看到？当然，这只是咱们私下讲讲，可不能给她听到。（沈维藩）

子夜歌　　吴声歌曲

夜长不得眠，明月何灼灼。
想闻散唤声，虚应空中诺。

这是一首吴声歌曲。相传《子夜歌》的曲调是晋代一个叫子夜的女子所创。《乐府诗集》录有《子夜歌》四十二首，其内容多是女子吟唱其爱情生活的悲欢离合。

这首《子夜歌》是女子在痴念情人时吟唱的，感情热烈而缠绵。女子怀人的情态有千百种，这首诗选择了一个富于表现力的角度，紧紧抓住女子痴想入迷的一瞬间来加以刻画，格外新颖别致。

诗歌的开头两句"夜长不得眠，明月何灼灼"，描绘了一幅宁静的画面：在漫漫长夜里，一个女子凝视着高悬中天的明月。诗歌没有直接抒写她如何思念远方的亲人，而通过女子辗转反侧，不能成眠，以及凝望那深邃的夜空和皎洁的明月等一系列动作，点染出她内心的愁苦和难以排遣的相思之情。"夜长不得眠"，犹如一声发自内心的呻吟，吐露出无限的寂寞；"明月何灼灼"的"何"字，则在惊叹中透出几分怅惘，如此明月照临着孤独的人儿，这番凄凉滋味只有深夜不眠者才能体味。

"想闻散唤声，虚应空中诺"，进一步刻画女子痴想的情态。她望着那轮明月，思念情人，恍惚中，她仿佛听到静谧的夜空中传来情人断断续续的呼唤声，声音是那么温柔，那么甜蜜，霎时间，她完全忘却了自己身在何处，情不自禁地答应了一声。这是极为传神的一个细节。"想闻"，"虚应"的失常举动，把这位沉溺在相思之中的女子如痴如醉的神态生动地刻画出来了。

这首诗没有采用民歌常用的夸张手法来表现肝肠寸断的相思痛苦。它通过月夜不眠的情景，逗出淡淡的愁思；进而描写她的幻觉。在她"想闻"情人呼唤，"虚应空中诺"的这一刻，脑海中肯定泛起了对温馨往事的回忆。然而，当她清醒过来，头顶上仍然是万籁俱寂的夜空，陪伴她的仍然是那轮冷寂的明月，她的心将会多么失望，多么痛苦啊。这是不言而喻的了。（韦凤娟）

子夜歌　　吴声歌曲

我念欢的的，子行由豫情。

雾露隐芙蓉，见莲不分明。

这是一首南朝乐府民歌，选自《乐府诗集》卷四十四《清商曲辞一·子夜歌四十二首》。《子夜歌》据说是晋代一位名叫“子夜”的女子最先唱出来的，这未必可信，对于我们理解这首诗也无关紧要。我们只须知道：这首诗是一位纯情的南方姑娘用《子夜歌》的曲调唱出的幽怨的爱情之歌。像当时每一个恋爱着的南方少女一样，她称自己的恋人为“欢”——犹如现在所说的“亲爱的”。她是那么真诚、专一地爱着他，态度明朗（“的的”即明朗、显著之意，读作 dì），皎若星月，对天可表，甚至可以把心儿都掏来让他验证。可他（“子”）呢？他犹豫（即“由豫”），动摇，态度暧昧，说不定还在挑三拣四，搞着“三角关系”呢！不少南朝乐府民歌在结构上都有这样的特点：开头两句直接抒情言事，底下两句或用比喻、或用描写来进一步发挥、渲染、加强这种情事。这首诗也是如此。“雾露隐芙蓉，见莲不分明”就是运用比喻之法，来形容男方的“由豫情”的。你看，一层轻纱般的薄雾遮掩了水中的芙蓉，显得隐隐约约，朦朦胧胧，多么像他那暧昧不明的态度呀！这个比喻本身就已经够奇妙了，而奇之又奇的是比喻之中又运用了谐音双关之法：“芙蓉”暗指“夫容”，“莲”暗指“怜”（即“爱”），字异而音同。直白地说来，就是：你的面孔好像遮了一层雾霭，从那里看不清爽你的爱情。这样，这位南国女儿既热烈、纯真，又有点儿羞羞怯怯的娇憨可爱的形象，就活脱脱地整个儿呈现在我们面前。这首诗令我们想起一首曾经广为流传的外国民歌：“深深的海洋，你为何不平静？不平静就像我爱人，那一颗动摇的心。”这位中国古代南方女郎的心，就像那莲荷底下潺湲的流水，自然也是不能平静的。（萧华荣）

子夜歌　　吴声歌曲

侬作北辰星，千年无转移。
欢行白日心，朝东暮还西。

民间情歌喜欢以赌咒发愿来表明坚贞不渝的爱情，并用丰富多彩的自然物形象作比喻：或以冰雪、松柏比心地之皎洁、忠贞；或以蒲苇、磐石比意志之坚韧不移；或以冬雷、夏霜，山烂、河枯反证离异之不可能。至于“白日”，向来被用作指天立誓的对象，“谓予不信，有如皦日”（《诗·王风·大车》）。“知君用心若白日”，原是颂其光明磊落之词。而此诗却以“白日心”来喻男子的多变，可谓别出心裁。

钱锺书在《管锥编·周易正义·归妹》中提出：“比喻有两柄而复具多边。”喻体因其用法歧异而可义含褒贬，因其性能多样而可止截一端。吕本中的《采桑子》(恨君不似江楼月),便是以"江楼月"兼作正反两方面比喻,既恨夫君"不似"楼上月之徘徊随人,又恨夫君"却似"楼上月之难圆易缺,分借两种相思的恨怨,总传一种深沉的眷爱,此之谓善创新意。

这首《子夜歌》为南朝吴歌,属"清商曲辞"。歌的作者以"白日心"比喻情人的薄倖易变,情调内蕴愤激不平,语气中寓揭露指控。以理推之,这对男女在相好时定有山盟海誓,而所"欢"在她面前曾以心如皎日明志,及尔偕老,愿同尘灰,期许过生死不相背负一类诺言,这才引起女主人公对"白日心"的特别反感,倒不是有意去作翻案文章。事实上,过度的热烈,异常的殷勤,确能炫惑人于一时;然而"花红易衰似郎意",虚情假态断乎经不住时间考验。曾几何时,这位所"欢"果有他心,遽负初衷。因此女子满怀中道遭弃捐的悲恚,就其原誓之言,反用本意之喻,对"欢"深加呵斥:"你的'行'径真如矢口亲诺的'白日心'啊!可惜你并非像那白日形象的光亮高洁,而是像那白日运行的变位无常,早上刚升起东方,黄昏又立刻落向西方。"这个"行"字点扣得妙。

反之,作者以自己恪遵誓盟置于诗的开端,这就先树一个正面形象,起了高度强调和鲜明对照作用:"我可不像你那样反复善变,我'作'为天顶的北辰星,千年也不会稍稍转换位置的。"通过这一反衬,添增了谴责分量,而使批判的艺术作用发挥得更充分更深刻。

这首小诗以其独特的比喻、大胆的夸张、出奇的想象,特别是多方面的对照,耐人寻味。这对照总的是男女双方爱情,着重是变和不变的关系。日、星皆取象于天文,时间:一昼出一夜现,暗寓阳阴男女;一永久一短暂,千年之于朝暮,相差悬绝。方位:一游移于东西,一恒定在天中,自成妙对。而言辞质朴,语调决绝,从中透露出不可遏抑的孤愤,也充分显示出女主人公未肯任人摆布的倔强性格。

(童明伦)

子夜四时歌·春歌 吴声歌曲

光风流月初,新林锦花舒。
情人戏春月,窈窕曳罗裙。

这首诗塑造了一个新鲜、优美的意境,表现了一对情人轻松愉快的情绪。

"光风流月初,新林锦花舒",为我们展示了一系列春天的意象:和煦的春风、初升的明月、明净的月光、林梢上的新叶、绚烂的春花。简直是一支春夜奏鸣曲。需要指出的是,这画面中的一系列意象又充满了动感:春风吹拂,月光流泻,月亮冉冉升起,片片春叶在风中不断舒展开来,朵朵鲜花迎着月光绽放。这充满生命的意境似乎具有一股摄人心魄的力量,令人惊诧于大自然的神奇造化和无穷魅力。环境美,为下文的人事美定下了基调,显得和谐统一。

"情人戏春月,窈窕曳罗裙"两句写人事。大自然固然可以陶冶心灵,引动情志,但只有人的富有情感的活动才能使它获得灵性,发出特殊的光辉。因此,当这一对春夜里、月光下的情人完全沉浸在自然的美景之中,尽情地嬉戏、追逐,享受着自然给他们带来的欢乐的时候,他们无疑成为这层意境中的点睛之笔,他们深化了意境、带活了意境。爽快的笑声、飘逸的罗裙、窈窕的身影使意境倍增光辉。这不仅是一片美的世界、爱的世界,而且是一片自由的世界。远离尘世的林中月夜解除了人心灵上的层层重压,世俗的目光不再盯视,只有月牙林花在善意微笑。于是,少女丢掉了害羞、抛开了矜持,她拉起罗裙,让自己美妙的身姿展露出来,让自己的人体自然之美焕发出来,好参加到大自然中去、好与整个月光下的大自然融为一体。这轻轻的一"曳",却坦露出少女对自然的向往,或者说,这正是人的归化自然的愿望!由此一"曳",前面二句自然美景,被曳近了与人的距离,变得可亲可近、直要叫人投向它的怀抱了!

全诗写出了生气勃勃的春夜、春夜中生气勃勃的人,这是一首真正的"春歌"——一首生命之春的赞歌。 (陈伟军)

子夜四时歌·春歌 吴声歌曲

春林花多媚,春鸟意多哀。
春风复多情,吹我罗裳开。

将文学的本质完全归结于性恋的理论,固然偏颇。但表现性的吸引和爱的追求的文学作品,在古今中外都占着相当重要的位置,却是一个确凿不移的事实。民间歌谣尤其如此。

《子夜四时歌》的"春歌"就是一首妙龄女子怀春的心曲。王国维《人间词话》有一段人们熟悉的言论:"有有我之境,有无我之境。……有我之境,以我观物,故物皆著我之色彩;无我之境,以物观物,故不知何者为我,何者为物。"这首小诗看来是属于"有我之境"了,因为在诗中描绘的各色春景,莫不沾上一个情窦初开的少女的性爱的色彩。"春林花多媚",看来只说了一个事实,春花当然是美丽的。然而在这里,"春花"又非"以物观物"的春花,它还含有爱情勃发的喻意(注意"多媚"二字),是性爱的象征物。鲁迅幽默地说过,花是植物的性器官。诗中少女当然不可能理智地认知这一层意思,却本能地感悟到春花的“多媚”,与自身的成熟有着某种微妙的同构之关系。所以她在赞美春花多媚的同时,毋宁是在高声赞美着初长成人的自已。“春鸟意多哀”,似乎有点违反人们普遍的感受,倒是陶渊明的“敛翮闲止,好声相和”、“晨风清兴,好音时交”更近于春鸟给人的通常感觉。可见这里是“以我观物,故物皆著我之色彩”了。古代女子深闭幽阁,春来不免有兰闺寂寞之感,恰如杜丽娘面对春景感伤的:“良辰美景奈何天,赏心乐事谁家院”,当其听到“生生燕语明如剪,呖呖莺歌溜的圆”,不由得越发悲哀,转而又移情于物,连鸟语也似乎为之不欢了。

诗中最妙的还是关于“春风”的最后两句。在六朝乐府中,“春风”一词多积淀有恋爱的意味,或象征撩人的春情,如“是时君不归,春风徒笑妾”(鲍令晖《寄行人》);或直接象征所爱,如“春风难期信,托情明月光”(《读曲歌》)。此诗则偏重后一意。“春风复多情,吹我罗裳开”,春风掀动人的衣襟,本来是游赏活动中的极其偶然的、极其平常的事体,而怀春的少女却把它看作一个好的兆头。大抵痴心的人总是有些儿迷信的,如果“幽人将邃眠,解带翻成结”(韦应物诗),那预兆显然是对为相思煎熬的人不利的;而“春风复多情,吹我罗裳开”,则似乎是一个将有好合的预兆。在这里,少女在她的白日梦中,分明将“春风”想象成一位真实的爱人,一位多情的翩翩少年,他在温柔地抚爱她,而她亦将“感郎不羞郎,回身就郎抱”(《碧玉歌》)了。在这里,诗人已给我们活脱脱画出一个妙龄而痴心的少女的形象,宛如看见她那娇媚而迷惘的神情。二十字能有如此出神入化的描写,而且是运用着最自然的口语,不能不令人叫绝。

在同一时期产生的《读曲歌》中还有一诗与此构思相同:“花钗芙蓉髻,双鬓如浮云。春风不知著,好来动罗裙。”但在语言音情上则较此诗逊色。此诗在句式上的特点是前三句同组(即“春林”、“春鸟”、“春风”首字同),末句宕开,在重复中有推进,自然中见意匠。我们千万不要小看了这个“春”字在诗的前三句句首的反复运用。虽然迄今难以确知是谁第一个将春色来比芳年,从而使后人将春情作为性觉醒(或性爱)的代名词,然而我们仍可以指出其中一些突出的成功的范例,子夜“春歌”便是这样的一首。它反复地、有变化地通过春花的媚(象征少女的媚)、春鸟的哀(象征少女的“哀”)、春风的多情(象征少女的多情),总之是一连串的春意,三个“多”字,有力地突出了青春少女性的觉醒,爱的萌芽。这样集中,又这样繁复,随着诗人的生花妙笔,读者分明感到少女的内心世界的向外扩散,她那强烈的主观感觉已充塞天地,拥抱了整个春天。诗中之情可谓痴率天真,艳而不“色”。正是在这种初觉醒的意义上,我们同意郑振铎的这样一番赏评:“在山明水秀的江南,产生这样漂亮的情歌并不足惊奇。所可惊奇的是……只有深情绮腻,而没有一点粗犷之气;只有绮思柔语,没有一句下流卑污的话。不像《山歌》、《挂枝儿》等,有的地方赤裸裸的描写性欲。这里只有温柔而没有挑拨,只有羞怯与怀念而没有过分大胆的沉醉。故她们和后来的许多民歌不同,她们是绮靡而不淫荡的。她们是少妇而不是荡妇。”(《中国俗文学史》)这首春歌便着重灵的抒写,而没有多少肉感成分(虽说在爱情中“肉”自然重要),具有一种沁人心脾的清新纯真的美感。　(周啸天)

子夜四时歌·春歌　　吴声歌曲

娉婷扬袖舞,阿那曲身轻。
照灼兰光在,容冶春风生。

这首诗选自《乐府诗集》卷四十四《清商曲辞一·子夜四时歌七十五首》。所谓“子夜四时歌”,顾名思义,自然就是用《子夜歌》的曲调咏唱一年四季;而这七十五首,正包括了《春歌》、《夏歌》、《秋歌》、《冬歌》。本诗就收在《春歌二十首》之中。那柔柔的、盈盈的春风,那在山坡下、林荫旁笑迎春光的兰花,在诗中虽然都是用作比喻的虚写,但也令我们感受到了盎然的春意。而更主要的,是我们从诗中感受到了人生的春天——青春,那令人惆怅令人眷恋的迷人的青春哟!南朝乐府民歌大抵出自女子之口,是娇态可掬的“女儿之歌”,这首诗也是如此。它是一位或一群少女在欣赏着、展示着、炫耀着自己的青春,自己的青春之美——那人生的无价之宝。她们正在翩翩起舞,前两句就是描绘自己的舞姿:娉娉婷婷,婀婀娜娜(“阿那”即婀娜),身体轻盈,曲线优美,长袖飘拂,显示出来的是健康,是朝气,是纵使生活并不轻松却也掩抑不住的青春欢乐与蓬勃生命力。这媚人的美与青春气息不仅陶醉了观者,甚至也陶醉了她们自己,何况室外又是与青春交相辉映融为一体的大自然的无边春色!于是,她们便索性就地取譬:那柔婉细软的兰叶,多么像她们轻盈的腰肢;那在春风丽日下灿然开放的兰花,又多么像她们一样光彩照人!她们容光焕发,一笑百媚,正如春风一样撩人——不,春风撩人面,美色撩人心!但诗中并无色情的成分,它体现的,是对于形体美、健康美、青春美的自豪与礼赞。在南朝乐府民歌中,有首《大子夜歌》曾经赞扬《子夜歌》优美的艺术风格:“歌谣数百种,《子夜》最可怜:慷慨吐清音,明转出自然。”这首诗的艺术特色尤其如此:它同它的女主人公一样,都是那么清新,那么明丽,那么婉媚,那么“清水出芙蓉”般自然美好。　(萧华荣)

子夜四时歌·春歌　　吴声歌曲

思见春花月，含笑当道路。

逢侬多欲摘，可怜持自误。

《子夜四时歌》是《子夜歌》的变体，用《子夜歌》的调子吟唱春夏秋冬四季，故名。现存七十五首，其中《春歌》二十首。上面选录的这一首，原列第十九。

所有的《春歌》无不紧扣住"春"字落笔，此首也不例外。春天到了，春满大地，春色关情，诗中的那位少女不禁在心底漾起一片春情。为了欣赏春花、春月，她走出门去，笑吟吟地在路边站住。她在欣赏花月，花月也在欣赏这位洋溢着青春光彩的女郎。第一句"思见春花月"，写心理活动，地点是在家中；第二句"含笑当道路"，说表情与动作，已站在路边，但省略了离家出门的过程叙述。吟哦这前两句，我们似见一位少女开门、前行、站定，既了解了她的内心活动，又见到了她动人的情态。

后两句从"当道路"三字中转出。"当"是"对"的意思。既然是面对着道路站着，如花的少女必然会牵住路人爱美的目光，打动青年男子求偶的爱心。第三句中的"侬"，即"我"，在南朝民歌中的"侬"，无一例外都作"我"讲。"摘"字是从拟物的角度运用的一个词，表明少女自视有着花一般的容貌，流露了她对美貌的自负，也使本来是羞人答答的男子求爱之事便于出口。末句是说自己的反应。一个又一个向自己表露好感的青年男子离去了，当大路上空荡荡只留下自己一人时，她忽然被一种失落感所攫住，不禁后悔起来，她叹道：可惜由于我的过分矜持，对求爱的男子不理不睬，态度冷漠，终于耽误了自己的婚事。末句直抒，感慨深沉，前两句中的那位无忧无虑、天真烂漫的少女，在经历了一次又一次异性的感情碰撞之后，突然变得成熟了。她不再两眼向天，而是准备改而采取现实的态度对待自己的婚姻大事。从失之交臂的追悔中，不难想见她将主动地迎向生活，抓住走近她的每一个机会。

此诗对少女在性爱问题上由朦胧到觉醒，由倨傲到客观冷静的心理过程的表现，是相当出色的。当然，这种表现是经过了浓缩与夸张的。因为像这样一个心理过程，事实上不可能在"当道路"的半日之间完成。但也正由于这种浓缩与夸张，作品的艺术感染力才得以进一步加强。后两句的诗意，不只对于过分矜持的少女具有启发性，作为一种生活的哲理，对于每个人来说，如何正确地衡量主观条件与周围环境，如何在生活中抓住有利时机作出明智而果断的抉择，也是有

不无发人深省的普遍意义的。 （陈志明）

子夜四时歌·春歌 吴声歌曲

自从别欢后，叹音不绝响。
黄蘗向春生，苦心随日长。①

〔注〕 ① 黄蘗(bò)：落叶乔木。性寒、味苦。

这首选自《子夜四时歌》中的《春歌》，它同样是年轻女子的真纯歌唱。青年时光虽多有“少年不识愁滋味”的欢娱，但也不无“才下眉头，又上心头”的悠悠愁绪；正如春天里虽多温煦的阳光与轻软的和风，却也有阴云暧暧和苦雨绵绵的日子；又如春野上不只有馨香的兰花，也有苦味的黄蘗树。这首诗唱的就是春天的愁思，青春的愁思，是一首缠绵哀怨的离别之歌。歌者也许是一位痴心的少女，也许是一位纯情的少妇。她的“欢”即心上人不知在何时、为何事离开她到了何处，诗中没有讲，也无须讲，因为对于一位真挚热烈地恋爱着的女子来说，离别的久暂远近都同样会使她痛苦难堪，使她倍受空虚索寞的折磨。她昼思夜想，叹息不断，没有一个能够释然的时候，看得出她的爱情是多么执着，她与他平时的恩爱是多么笃诚，这种恩爱尤其耐不住离别。全诗的结构与另一首《子夜歌》“我念欢的的”一样，也是前两句直接抒情言事，后两句用比喻来渲染这种感情，而且也同样用了一语双关的手法。不同的是，“我念欢的的”中的“芙蓉”谐“夫容”，“莲”谐“怜”，是同音而异字，这一首的双关却是同音又同字，表面上没有任何两样。这双关就是“苦心”二字。黄蘗是江南常见的树木，女主人公也便就地取譬：黄蘗虽然枝叶扶疏，木质却带有苦味儿，有着“苦心”；这位年轻的女子虽然楚楚动人，却也有着伤离悲别的“苦心”。真可谓同病相怜，树若有知树也愁！一样的“苦心”，关联着两个判然不同的生命，一个是无知无识的树木，一个是有情有意的女性。民间艺术家构思的巧妙，真令人叹绝。另外，“叹音不绝响”、“苦心随日长”中，“不绝”、“随日”又前后呼应，突出了她那无可排解、与日俱增的思念，使二十字的短诗显得余味无穷，愁绪无尽。让我们真诚地祈愿她与爱人早日团聚，一块儿回味此刻离别的苦况，那么，“那过去了的，都会成为美好的记忆”！ （萧华荣）

子夜四时歌·夏歌 吴声歌曲

反覆华簟上，屏帐了不施。
郎君未可前，待我整容仪。

这是《子夜四时歌》中《夏歌二十首》里的一首。夏歌，顾名思义，自然是夏天唱出的歌，或者与夏天有关的歌，这从一个“簟”字上就看得出来。簟就是现在通常所说的凉席，“华簟”即漂亮的凉席。除此而外，即使对于现在年轻的读者，大约也不会有什么文字障碍了。至于诗意，就更明白易晓，一目了然，平平淡淡，没有什么比喻、象征、双关之类，也没有生离死别的动人情节。有的读者也许要不经意地一翻而过了。但是，且慢！俗话说：“听话听音。”听平常的谈话尚且要会听“话外音”，何况是诗呢！诗，向来是讲究“言外之意”的。读一般人的一般的诗尚且要善解“言外意”，何况是少女的诗，何况是少女歌唱她的爱情的诗呢！少女的心，关闭的门，谁知里面锁着多少秘密！而爱情，又无疑是她隐秘的心房中最隐秘的角落，在这方面她往往言不由衷，“口是心非”。但是，“言为心声”，话既然讲出来了，歌既然唱出来了，就难免“授人以柄”，为人提供了开启她心扉的钥匙，使人洞见那里的全部隐秘与微妙的情思。这，首先就是开头的“反覆”二字。她为什么在这样舒适的凉席上翻来覆去，辗转反侧，难以成寐呢？须知她正是无忧无虑的年龄，正是贪睡的年龄呀！是什么扰乱了这姑娘的心？读到第三句我们就可以恍然大悟：原来是为着她的“郎君”，原来她是一位正在热恋的姑娘，她正当怀春的妙龄呀！她多么希望情郎此刻就出现在她的面前，彼此诉说着似乎永世也诉说不尽的卿卿我我、爱爱怜怜。但是，她焦盼却又矜持，多情却又自爱；她希望他快来，但又不能这么衣裙不整、鬓发未理地会见她的心上人，她总要给他始终留下美丽的形象。她不能立即见他，而要穿戴打扮一番，使容仪照例楚楚动人。从内心焦急盼望的“反覆”难眠，到举止沉静端庄的“未可前”，其中包含着多少心情的曲折；从屏帐不施到“整容仪”，又表现出她的多少矜持自重！当然，这一切都不过是在她的想象中进行的。她分明知道，夜已经这么黑了，她的“郎君”是不可能来的；他是一个知情识礼的人，也决不可能贸然地闯入一个待字少女的闺房，否则她也不会不设防地“屏帐了（全然）不施”了。她只能等待着芙蓉盛开的明朝，而此夜还是快快入睡吧。

（萧华荣）

子夜四时歌·夏歌　　吴声歌曲

朝登凉台上，夕宿兰池里。
乘月采芙蓉，夜夜得莲子。

是劳动？还是爱情？这首诗实在有点儿“朦胧”。如果单纯看作是写劳动，那未免太坐实，何以要“朝登凉台上”也不大好理解；单纯看作是写爱情，那又未免太蹈虚，其中毕竟讲到江南儿女实实在在的劳动生活。且让我们“疑义相与析”吧。这也是《夏歌二十首》中的一首。你看，那亭亭玉立的出水芙蓉（莲花、荷花），淡红，雪白；那鼓鼓胀胀的莲蓬中的颗颗莲子，饱满，新鲜：这不都是江南夏天的标志吗？莲子可以吃，可以入药，采莲正是江南水乡人民的一桩谋生的营生。循着这个思路，我们大约要把它看作一首讴歌劳动的诗了，但还是不要忙着下结论吧。我们已经知道，在南朝乐府民歌中，“芙蓉”常常被谐作“夫容”，即“丈夫的面容”，——但解诗不可拘泥，说是“爱人的面容”也未尝不可，或者径直就是“爱人”；“莲子”则常被谐作“怜子”。“怜”者，爱也；“子”者，男子也。“莲子”当然也就是“爱人”了。明乎此，我们就可知它同时又是一首情歌，歌者则显然是一位女郎；明乎此，“朝登凉台上”就不难理解了。一清早，这位女主人公为什么要久久地伫立在凉台上？去乘凉吗？也许是吧，江南的夏天实在酷热难当。但其实乘凉不过是掩人耳目的口实，她在凉台上凝望的、惦念的是那周遭长满兰草的池塘，那才是她的心之所系、情之所结呀！她还不时地抬头望望太阳，——那刚刚出山不久的红通通的太阳，她却希望它快快落下，希望皎洁的月亮快快出来，那才是她渴盼的美好时光。那时辰，她将同小姐妹们一起乘着荷塘月色，悠悠地划着船儿，说着，笑着，嬉戏着，同也是前来采莲的小伙子们隔船对唱着——对唱着那撩人心弦的江南曲。她们和他们当然也不误采莲。白昼热得实在令人慵懒，晚上，借着这清爽的月光，莲子采得又快又多。这真是一个令人喜悦的丰收年，但更令人喜悦的是丰收的爱情，她可以夜夜见到她的“夫容”，她的“怜子”，她的心上人，——喏，就是那位又英俊又温柔又能干的小伙子。她们眉目传情，心心相印。……呵，多么迷人的夜晚，多么迷人的月色，多么迷人的爱情，多么迷人的意境哟！这是轻柔的小夜曲，月光曲，梦幻曲！至此，我们就不难看出：这是劳动，也是爱情；是劳动中的爱情，是有着爱情的劳动；这样的劳动不会感到疲倦，这样的爱情不会感到空虚。（萧华荣）

子夜四时歌·夏歌　　吴声歌曲

青荷盖渌水，芙蓉葩红鲜。
郎见欲采我，我心欲怀莲。

一池澄澈宁谧的清水，水面上盖着一片片青青的荷叶，荷叶上盛开着一朵朵粉红鲜嫩的芙蓉花（莲花）——这首歌的前二句，向我们展开了一幅夏天的图画。一张芙蓉一般可爱的小脸，小脸上两瓣莲花一般绽开的嘴唇，还有一颗到了夏天还不曾平静的春心在等候情郎的爱怜——这首歌的后二句，向我们暗示了池边有一位夏天的少女。

芙蓉就是她秀丽的面庞，莲花就是她艳红的小嘴。少女她不能赞说自己的美丽，她害羞；少女她又说出了自己的美丽，顺手还织出了夏日的美景，她灵慧。

她害羞，那少男对她一见钟情，她对那少男万般有意，可她就是难以明言；她灵慧，满池的莲花摇曳生姿，少男刚要伸手去采，却正好凑上了她的借题发挥：

你见我好看就想采了我去，不太性急了吗——她替莲花戏语那少男；我可也有朵莲花长在怀中，那就是我的心盼着有人爱怜——她的话意撩拨着少男。

哦，原来那红红的莲花正好与"怜"同音，它不只是美好夏景的象征，还是少男少女相悦相慕的暗语呢！哦，原来她要到最后一字才让你尝到歌的妙趣，前面的又是芙蓉又是莲，是在变换着字眼跟你捉迷藏呢！悟到这一节，你大概有些懊恼了吧：看了半天，却给少女捉弄了。

不过，虽说是暗语，虽说是捉迷藏，但领略了夏池的风物已叫人心神凉爽，捉摸到了少女的思绪更叫人喜不自胜。想到这一节，你大概又觉得便宜了吧：少女想藏起羞怯，却让你窥见了慧心！

（沈维藩）

子夜四时歌·秋歌　吴声歌曲

清露凝如玉，凉风中夜发。
情人不还卧，冶游步明月。

这首选自《子夜四时歌》中的《秋歌十八首》。如玉的露珠，似水的凉风，标明了诗中的节序，也构成了全诗的背景，而诗的情思之所在，境界之所在，则是末尾的"步明月"三字。写月夜怀想情人的诗篇，在中国古代真是多得不胜枚举。明月，明月，古往今来，曾经有多少幽怨的或清丽的诗情系之于你！或许那嫦娥奔月的爱情离异的传说，经过世世代代的文化"积淀"，成为中国人心理结构中的一个"神话原型"？或许月光那清冷的色彩，月亮那独立中天的寂寞的形象，与离人的情感结构正相呼应？或者这两种因素都兼而有之？不过，同对一个亘古不变的月亮，同写月下怀人，怀望的因由却各各不同。本诗中的女子月下徘徊的原因十分具体："情人不还卧"。夜已经这么深了，她的爱人还没有回来睡觉，她放心不下，她也从没有经受过这种独宿空闺的寂寞。他们一向感情深笃，恩恩爱爱，他从未这么迟迟不归。他哪里去了？什么事情缠住了他的身？世道并不太平，但愿他不会遇上什么不幸的事吧。……总之，爱人不归，她无法安眠，便索性走出门来，一个人“冶游步明月”了。“冶游”，辞典上多解释为“野游”，根据便是《子夜四时歌·春歌》中的“冶游步春露，艳觅同心郎”。但本诗中的“冶游”，以及《子夜四时歌·夏歌》中“窈窕瑶台女，冶游戏凉殿”中的“冶游”，其意义都是“野游”所涵盖不了的。《后汉书》有“从容冶步”的话，则“冶游”大约是从容、舒缓地走来走去吧。不过对于本诗的女主人公来说，从容、舒缓的只是她一向所有的优雅的步态，沉重的却是她的内心。读者试想：在静谧的深秋夜，在素洁的月光下，一位年青女子独自徘徊踯躅，地上拖着她婀婀娜娜的长长的身影，这是一种多么凄美的意境，而她那忧愁幽思的心绪，也就和盘托出了。这身影，这忧思，全都浸泡在月光里，与月光融为一体。所以，“情人不还卧”一句虽是全诗的关键，“冶游步明月”却是全诗的着眼点与归宿。“情人”隐在后面，作者对他并不多花笔墨，而只是致力于那位“步明月”的纯情女子。由此我们再回看开头两句的景物描写，其铺垫、衬托作用就显而易见了。清露如玉，正是明月的伏笔，它反射着月光，也只有借助月光才能看出。“凉风”衬托意境的清冷，“中夜”更显然衬托“步明月”的时间之长。

（萧华荣）

子夜四时歌·秋歌 吴声歌曲

凉风开窗寝，斜月垂光照。
中宵无人语，罗幌有双笑。

《子夜四时歌》中的那些女主人公，似乎是中国的卡门。她们对爱情的忠诚与追求，热烈与坦率，常令人感到震惊和难以置信。她们超越了功利，给我们展示了一幅幅精美的爱情画面。

“凉风开窗寝，斜月垂光照”，首先映入我们眼帘的是一个幽然清凉的世界。“凉风”，点明了时序，与“秋歌”相吻合；“斜月”，点明了时间，是子夜时分。秋深夜阑，给人的感觉是清凉、静谧。“开窗寝”将主人公大胆、热烈、毫无顾忌的性格表露无遗，也为主人公的爱情打开了一个更广阔的空间，室内与室外通过缕缕月光融为了一体。月，在中国是爱情的联姻者，以月写夜，既展示了优雅的环境，又暗示了主人公的爱情。

“中宵无人语，罗幌有双笑”，采用了欲扬先抑的手法。“中宵”，指夜已深沉，人们已经酣入梦乡，万籁俱寂。此时此刻，男女主人公却正处在爱情的甜蜜里，他们忘记了一切，罗帷帐中，不时发出阵阵欢声笑语。而夜色，又使这笑声特别清脆，爽朗。这种以静衬动，以凉衬热的手法，极好地表现了诗中人自由自在的爱情。做爱谈情置明月之夜,不仅显示了爱情的美好,而且是爱情的净化,爱情的升华。

纵观全诗,四句中有三句描写夜景,这是因为,夜不仅有神秘感,而且是爱情的粘合剂,夜给爱情增加了光圈。有了夜,爱才能无拘无束地实现,才能享受她应该享受的待遇和乐趣。这既是人生的奥秘,也是情爱的奥秘。这就是作者为什么如此重视夜的缘故。　　(陈伟军)

子夜四时歌·秋歌　　吴声歌曲

白露朝夕生,秋风凄长夜。
忆郎须寒服,乘月捣白素。

这首也选自《秋歌十八首》,它的诗意是浅显易明的,这种寒衣送远的内容,在中国文学中也已司空见惯。远的,有孟姜女送寒衣的民间故事;近的,创作于抗日战争时期的著名歌曲《四季歌》,有"寒衣缝好送情郎"的词句。《秋歌》中还有一首,与此首的内容、风格几乎完全一样:"风清觉时凉,明月天色高。佳人理寒服,万结砧杵劳。"这些古往今来的寒衣寄远的诗篇和故事,当然有各种不同的时代色彩和意义,在主题思想方面不可等量齐观,但每件寒衣都同样寄托着缝衣女子对远人的深情厚爱,却是无可置疑的。与我们已经赏析过的南朝乐府民歌相比较,本诗有两个显著的特点:一是调子比较急促。开头两句的景物描写,正是在这种"急促"上着力。它们用的是如实描写的"赋"法,是思妇目所见、耳所闻、心所感的催人刀尺的实景。秋天有朝露,有夜露,不足为怪,但"朝""夕"连言,频频生成,就带有一种"迫人太甚"的意味,何况又加上"秋风凄长夜"呢?这句令人想起宋代柳永的词句"渐霜风凄紧,关河冷落"。这凄厉的秋风真是一阵紧似一阵,它终夜在思妇的耳畔呼啸,在她听来,那似乎是她远役他乡的丈夫凄苦的呼冷号寒的呻吟,这就自然而然地要"忆(想)郎须寒服"了。俗云:"促织鸣,懒妇惊。"何况她一个十分勤劳的妇女呢?何况她的丈夫又在更冷的北边,而非厮守在眼前呢?她再也不能迟疑,赶紧起床穿衣,连夜"乘月捣白素"。所谓"捣白素",即将帛、绢放在砧上用杵捶打,以便做衣。这里我们应注意"乘月"二字,它们一方面突出了"急促",突出了思妇那连夜而作、刻不容缓的急迫心情,另一方面也构成一个阔大、苍凉的意境。可以想见,人同此心,心同此情,此刻,在同一片广袤的月光下,捣衣的绝不只她一人而已,而是"万结砧杵劳",如同李白所写的:"长安一片月,万户捣衣声。"(《子夜吴歌》)本诗第二个特点是内容比较切实。诗中的女主人公，应是一位早已结婚的妇女，已经消失了做姑娘时那种浪漫而又有点儿不切实际的梦幻，她此刻的忧愁也不再是那种有点儿缥缈的淡淡的甜蜜的忧愁。生活铁一般地切实：丈夫急需寒衣！她对丈夫的爱心虽不减从前，但已经不是那种卿卿我我、哥哥妹妹的甜言蜜语，而是体现得十分具体实在：快快寄寒衣！她的丈夫眼下的处所既然十分明确，那他就是要么正在服兵役，要么正在服徭役。这样，本诗也反映了封建社会劳动人民的沉重负担和不幸命运。我们说它“内容比较切实”，当然也包括了这层意思。　（萧华荣）

子夜四时歌·秋歌　　吴声歌曲

秋风入窗里，罗帐起飘飏。
仰头看明月，寄情千里光。

读这首民歌，绝大多数读者都会自然联想起大诗人李白那首脍炙人口的《静夜思》：“床前明月光，疑是地上霜。举头望明月，低头思故乡。”显然，后者从构思、造境、取象、用语，乃至五言四句的体制，都受到前者的启示与影响。但比起《静夜思》的流传广远、妇孺皆知来，这首“秋歌”便不免显得有些寂寞。其实，论情思的悠远、境界的优美，这首民歌是极为出色的。

这是一首思妇怀远之歌。背景是月明的秋夜。秋天萧瑟凄清的环境气氛，往往最易触发离人孤孑凄凉的情怀和怀念远人的思绪，夜晚则更使这种情怀思绪在寂静中变得难以禁受，而月明人千里，又使怀远之情更加悠远。可以说，由秋、夜、明月所组成的环境，对于怀远的闺人来说，是具有典型性的。

诗的第一句“秋风入窗里”，以朴素本色的口语写出日常生活中极平常的景象。“秋风”这一意象所特具的萧瑟感和时序迁易感（所谓“秋风萧瑟天气凉”），给思妇带来的怅触是不难想见的。尤其是“入窗里”三字，仿佛将秋风那股萧瑟寒凉之气也带进了室内，弥漫于整个闺房。虽未明写思妇的感触，但由此引起的凄寂感固可意合。紧接着第二句，仿佛又只是写极平常的风起帐飘的景象。但罗帐的意象本与夫妇爱情生活密切相关，罗帐飘飏的动象，更往往具有这方面的暗示。可是，如今当秋风入窗，罗帐飘飏之时，这个室内却显得分外空寂，往日双方深情蜜意、鱼水谐合的象征物——罗帐，由于人在千里之外，此刻竟成为触绪生悲的媒介物了。这就自然引出了三、四两句。

“仰头看明月，寄情千里光。”由瞥见风飘罗帐到仰头看月，视线由室内移向室外。这本是思妇不假思索而自至的目光转换，但在“看月”的过程中，却不由自主地产生联翩浮想。明月光照千里,分隔两地的离人都能看到它,而且把它看作传递相思的凭藉。在"仰头看明月"的过程中,思妇已经思飏千里,心飞向远方的亲人;但"隔千里兮共明月",双方空间的遥隔又使相思之情更为强烈。由此,又进一步产生"寄情千里光"的愿望:既然彼此同在一轮明月的光照之下,想必也能托此"千里光"将自己的相思之情寄给千里之外的远人吧!这想象极新奇,也极自然而优美。引起思绪的外物(明月),在女主人公感情的酿化下,此刻竟成了寄情的载体。曹植《七哀诗》有"愿为西南风,长逝入君怀"的诗句,是女主人公想象身化轻风,入君之怀;这里却是想象托明月之光以寄千里相思之情,可谓同工异曲。由于明月的光波柔和清亮似水,在形态、质感上与女子相思怀远的柔情有相似之处,因此把它作为"寄情"的载体实在是再自然不过的了。

全篇只写了秋风、罗帐和明月这三种物象,但是由于它们作为诗歌意象,各具有丰富的内涵和特定的色彩,都与思妇怀远之情有着关联,因此就共同组成了一个情调优美、意境悠远的艺术境界。它有一般民歌的清新明朗、朴素自然,却跟它们在表情上比较发露有别,显得非常含蓄。除末句"寄情千里光"直接点明"情"字外,全篇几乎看不到任何直接抒情的字句,只写客观物象与女主人公的行动。让读者透过秋风入窗、罗帐飘飏、仰头看月等景象、行动去体味其中的感情内涵。从这方面看,它可能经过文人的润色,或者竟是文人的仿作。

比较起来,李白的出蓝之作《静夜思》,意象显得更为集中(只写明月),构思也更为精致(由"疑霜"而绾合月光与望月、思乡)。但这首民歌创境取象之优美,情思之缠绵悠远却为太白之作不能代替。可谓各具胜场。 (刘学锴)

子夜四时歌·秋歌　　吴声歌曲

别在三阳初,望还九秋暮。
恶见东流水,终年不西顾。

这也是《秋歌十八首》中的一首。既是"秋歌",是秋天唱出的歌,那么诗中的"望还九秋暮",就是思妇眼前当下的实在时间、"自然时间",也就是说,思妇此刻正"独立寒秋",深情凝眸;相反,"别在三阳初"既是思妇对往事的追忆、回想,当然是"心理时间"了。这两句句法结构相同,彼此对偶,而语意却正相反,彼此对照。首句开头便点出"别"字,第二句开头又点出"望"字,一"别"一"望",形成全诗强烈的感情"张力"。"三阳"、"九秋",属对精切。"三阳"指正月,理解为"三春"、"春天的三个月"也未尝不可;"九秋"指秋天的九十天。一春一秋,已见出时间之久，前面各冠以数词，就更增添了这“久”的意味。但使离别之“久”显得更加突出的，却是“初”、“暮”二字。“三阳”已经够早了，何况是三阳之初呢？“九秋”已经够迟了，何况是九秋之末呢？记得三阳别离时，冬去春来，草儿还没发芽儿呢；而今九秋望归日，秋尽冬至，草木已经凋零了。自打分手后，别的日子并非不盼，不望，只是秋天更惹人伤感，所谓“多情自古伤离别，更那堪冷落清秋节”，——更那堪年青夫妻的离别，更那堪如此长久的离别！这样，首二句就刻画出思妇的深情，盼归的殷切。应当注意的是，在这二句巨大的时间距离背后，还隐藏着一个巨大的空间距离，那就是分别的路途之远，这是不难想见的。后二句“恶见东流水，终年不西顾”尤为生动。中国古代素有“情景相生”、“一切景语，皆情语也”之说。诗中先写景，后言情，是“情以景生”；先言情，后写景，是“景以情观”。这首诗便属于后者。诗中的“东流水”，我们看作是写景，是思妇独立秋野的即目所见。“东流水”是自然界的客观存在，千万年来，一向如此。但在思妇眼中，它已经带上了感情的、人间的色彩，因为它那东去不还的形象，提示出丈夫一去不返的意象，所以她“恶见”——不愿看见。这样，自然被人化了，人的感情也对象化到自然中去了。这类比喻、象征、“情景相生”所以能够成立，是因为客观外物的形象结构与人的主观情感结构具有某种表面上的相似性。另外，后二句在补充、强化前二句的望归之情方面，二者在方向上是一致的；但是，前后的二句还有一定程度的对比性，在这方面二者的方向又不尽一致。从诗的情调来看，这位思妇的丈夫大约不是服兵役或徭役，也许是经商或游宦，“终年不西顾”暗示他一去之后，连个信儿也不来，这就带有了一些哀怨的、不满的色彩，所以她连带着怨到流水身上，以至于“恶见”。这也使思妇的缠绵情思与丈夫的粗心、不经意形成一定的对比。

（萧华荣）

子夜四时歌·冬歌　　吴声歌曲

渊冰厚三尺，素雪覆千里。
我心如松柏，君情复何似？

“渊冰厚三尺”是《子夜四时歌·冬歌》中的第一首。诗中运用比兴手法，表现了一位少女对情的坚贞，也写出了她的隐忧。

冰雪常见，但冰厚三尺、雪覆千里，却是江南不易见之景。白居易《真娘墓诗》云：“易消歇，塞北花，江南雪。”可见江南素雪之极易消融。殊不知在这首《子夜》里，广袤的原野却是银装素裹，连难以冰结的深渊也成了冰潭！这是极度夸张么？自然，这仅仅是为了夸张么？不然。“我心如松柏”，原来，这少女把自己的忠贞爱心比作了松柏，还不满足，她要把这松柏树立在冰封雪压之间，要把这爱心放在重重考验之中，让她的情人看清这忠贞的程度、明白这爱心究竟有多少分量！

那青葱、翠绿，傲然挺立于冰天雪地里的松柏，已经够令人赞叹了。然而，这位少女仅是为了让人赞叹么？不然。“君情复何似？”直到最后一句，读者才恍然大悟：原来她把自己比作雪中松柏，可不是为了自夸，而是为了叫她那情人，也有与她一样的忠贞爱心。当然，少女是深婉的，她并不会强人所难，硬叫对方“君亦当如此”，而是语意略带矜持，发出了不即不离的一问：我心像松柏，你的感情又像什么呢？可以想象，她那情人被这一问，他若是本就心无二致，当然会冲口答道：我心也是松柏一样难变！就算他原来还在犹豫，但听到她铮铮的誓言、辨出她微含的怨意，他还能不赶紧用柔情抚慰她、用激情答应她吗？他还能不发出更恳切的誓言让她回嗔作喜吗？这一问，看似并不要求确切回答，其实它放在冰雪松柏的巨大背景下，真具有无可抗拒之力、直让情人只有作出让她满意的答复！

全诗只四句，却连着翻进两层意思，显得波浪迭出，诗意绝不平浅。看来，就算是冬歌、唱在江南少女口中，还是有着水乡的曲折，与同样产于冰雪之地的北方民歌的质直全然二趣。

（姚益心）

子夜四时歌·冬歌　　吴声歌曲

寒云浮天凝，积雪冰川波。
连山结玉岩，修庭振琼柯。

这首诗写冬天雪景，勾画了一幅银色世界，在《子夜四时歌》中是别具风采的作品。

“寒云浮天凝，积雪凉川波”，不仅是严格的对仗，而且是鲜明的对比意象。“浮”给人的感觉是轻而柔，“冰”在此用作动词，给人硬而坚的感受。一用来形容云飘浮于天，一用来形容水冰结于川，非常贴切。然云乃满天密布的寒云，故作者缀一“凝”字，使“寒云”意象独特逼真，亦为后文的大雪封山做了合理的铺垫。没有“浮天凝”的“寒云”，便没有“冰川波”的“积雪”。雪，是寒冷的，也是轻盈的、柔软的，故作者以“波”字挂尾，使“雪”的意象似乎是凝固了的水的波浪。这个错觉的运用是非常巧妙的，使“雪”在冷冰冰的气氛上陡添了几分神韵。且“凝”和

"波"与"浮"和"冰"的对比在感觉上互为反正,实为不可多得的生花妙笔。

"连山结玉岩,修庭振琼柯"是描写雪下得很大。连绵群山,千里素裹,完全成了银色世界。一个"结"字,似乎将山冻结成了一个整体,整个画面似乎静得出奇,纯得出奇,连一丝纤尘也没有。静与纯正是雪山阔野的显著特色。"连山结玉岩"是宏观的展示,"修庭振琼柯"则转向微观的描摹。"修庭"是指雪中美丽的庭院。"琼柯"即带雪的树枝。"振"字用得相当精彩,富有弹性的树枝由于承受不住积雪的压迫,随着雪积雪落,不断在雪中振荡。这个意象的选择很有表现力,尽管是微观的描摹,但在形容雪积的程度上却比前一句更加传神与独特。没有细致的观察是无法达到这种境界的。宏观的"结"与微观的"振",一静一动,相得益彰。本诗从天写到地,从河写到山,从原野写到庭院,处处都是"雪",世界似乎只剩下了一个字"雪"。

在纷繁复杂的社会中,承受过人世沧桑的人们,对纯洁与安静,永远怀着深沉的热爱,本诗的艺术力量大约就在这里。 (陈伟军)

子夜四时歌·冬歌 吴声歌曲

昔别春草绿,今还墀雪盈。
谁知相思老,玄鬓白发生。

这首选自《子夜四时歌》中的《冬歌十七首》。此前,我们已经欣赏了《春歌》里的兰花,《夏歌》里的芙蓉,《秋歌》里的月光,以及托之于中的女主人公始终如一的爱情。现在,该来欣赏冬天里的皑皑白雪了。我们可爱的女主人公,那些纯情的少女少妇们,也已走过春夏秋冬。不过,她们与我们不同。当我们欣赏这些"四季歌"时,虽然也同她们忧喜与共,但我们毕竟是旁观者,既能"入乎其内",又能"出乎其外",最终得到的是审美的艺术快感。而她们作为现实生活与事件的当事人,却总是剪不断那"才下眉头,又上心头"的爱情愁丝。她们尤其常常忍受着那煎心熬骨的离别的折磨。不过,现在好了,"昔别春草绿,今还墀雪盈",她们昼思夜想的心上人总算回来了。人常常有一种对应联想,比如今日的相会往往情不自禁地忆起昔日的相别,从而在艺术上形成对应的意境,并自然而然地形成对偶的句子。早在《诗经》,就有这种形式:"昔我往矣,杨柳依依;今我来思,雨雪霏霏。"本诗的这两句也是如此,今日台阶("墀")上的积雪不是呼应了当初田野上的萋萋春草吗?一"绿"一"盈",又加重了诗中的情绪。这两句虽非比兴之法,却具有衬托作用,以景衬托后二句的情。从"春草"到"墀雪",说起来何等轻易,而这中间的三百多个日夜，过起来多么令人难熬呀！“谁知相思老，玄鬓白发生”正补足了这个时间跨度中的空白。“老”是憔悴之意。女主人公在向爱人说：我思念你，为你痛苦，为你憔悴，有谁知道，有什么可以作证呢？唯有它，这过去乌黑（“玄”）的鬓角上新生的白发。这犹如李白的诗句：“不信妾断肠，归来看取明镜前。”李诗可以说深得此诗之神。这相思，这憔悴，这白发从无到有的生成过程，就是思妇从“春草”到“墀雪”之间三百多个日日夜夜的全部生活内容。“昔别”二句对“谁知”二句的衬托作用，还可以从色彩的运用中看得出来。草之绿与雪之白的鲜明对比，恰巧映衬着头发的黑与白的鲜明对比，从而也强化了诗的感情色彩。另外，这首诗似也可以如下理解：把“昔别春草绿，今还墀雪盈”看作是比兴手法，暗示着青春离别，到“白发生”的年岁方才归来。这样第三句的“老”即解为年老的“老”，疑问的语调读作感叹的语调，意谓：谁知此生竟在相思中老去！这也许更有感人的力量？好了，无论如何，不管曾经有过多少离愁别恨，值得庆幸的是都毕竟成为过去了。让昔日那些刻骨相思，都化作来日更加深笃的倾心相爱吧。

（萧华荣）

大子夜歌二首　　吴声歌曲

歌谣数百种，《子夜》最可怜。
慷慨吐清音，明转出天然。

丝竹发歌响，假器扬清音。
不知歌谣妙，声势出口心。

《大子夜歌》是《子夜歌》的变曲，这两首歌辞大约是当时文士写来赞颂《子夜》诸歌的。如果不将诗体局限于七言范围，可以说这两首诗才是最早的论诗绝句。所论的对象虽然直接是《子夜歌》，但六朝民歌之妙亦尽于其中。

郑振铎先生说：“六朝文学的最大光荣者乃是‘新乐府辞’。……‘新乐府辞’确便是‘儿女情多’里的产物。……确便是‘风花雪月’的结晶。这正是六朝文学所以为‘六朝文学’的最大的特色。这正是六朝文学最足以傲视建安、正始，踢倒两汉文章，且也有殊于盛唐诸诗人的所在。”（《插图本中国文学史》）而六朝新乐府中最美妙的便数《子夜歌》系列，“歌曲数百种，子夜最可怜”二句便谓《子夜歌》之可爱，直是百里挑一。郑先生接着赞叹道：“人类情思的寄托不一端，而少年儿女们口里所发生的恋歌，却永远是最深挚的情绪的表现。……若百灵鸟的歌啭，晴天无涯，唯闻清唱，像在前，又像在后。若夜溪奔流，在深林红墙里闻之，仿佛是万马嘶鸣，又仿佛是松风在响，时似喧扰，而一引耳静听，便又清音远转。他们轻喟，轻得像金铃子的幽吟，但不是听不见。他们深叹，深重得像饿狮的夜吼，但并不足怖厉……”（同前）这大概是“慷慨吐清音，明转出天然”的最生动的注脚，是“不知歌谣妙，声势出口心”的最形象的描述。

南朝民歌是清新顽健、坦率大胆地吐露着青年男女的欢乐、忧伤、情爱的，所以它既是慷慨的，又是天然的。《大子夜歌》的妙义，就在于它的确抓住了民歌最本质的特色，正因为是言为心声（“声势出口心”），故明转、天然、清越、慷慨。其中“慷慨”、“天然”这两个概念，是最能概括民歌神韵的。所以元好问后来在他的《论诗》中赞美《敕勒歌》：“慷慨歌谣绝不传，穹庐一曲本天然”，其语即本《大子夜歌》。可见遗山论诗绝句也不只从杜甫《戏为六绝句》得到启发。此外，《大子夜歌》对《子夜歌》的赞美，还包含对曲调的赞美，准确地说是对声乐的赞美。本来器乐有器乐之妙，声乐有声乐之妙，皆由人掌握，皆能发抒微妙的感情。但诗作者为了赞美清唱的《子夜歌》，采取了“丝不如竹，竹不如肉”那种强此弱彼的说法，贬抑器乐说：“丝竹发歌响，假器扬清音。”目的在于更高地评价声乐：“不知歌谣妙，声势出口心。”而歌辞，正是声乐的有机组成部分。它和曲调，都有“声势出口心”之妙。

就这两首歌本身而言，抒发了作者的艺术直感，丝毫没有假借。其语言明白如话、措语精当、声音响亮，也有“慷慨吐清音，明转出天然”之妙。可以说是民歌体的现身说法吧。

（周啸天）

欢闻变歌　　吴声歌曲

刻木作班鵻，有翅不能飞。①
摇著帆樯上，望见千里矶。②

〔注〕 ① 班鵻：当作“斑隹（zhuī）”，鸟名，斑鸠之一名。斑鸠有有斑者，有无斑者。据李时珍《本草》，小而无斑者曰隹。 ② 摇著：当作“遥著”（摇、遥本可通写）。

《欢闻变歌》属《吴声歌》，当是由《欢闻歌》演变而来，一如《子夜歌》之有《子夜变歌》。据《古今乐录》，此曲结尾有送声，即加一句“阿子汝闻不”。此歌共六首，有三首与船上生活有关。诗以女子口气写，她是送行者，被送者当是她的情人或丈夫，是一位驾船远行之人。女子于送行时把一腔难舍难分的深情，不是直接倾吐出来，而是化作奇思妙想。情人驾船远去，希望他早回速回，有什么办法呢？望见船上的“五两”(一种候风之物，以五两羽毛为之，悬于帆樯上，用以辨识风向。此物也称“俔”或“綄”)，便想到自己应该“刻木作班鵻”，这个木斑隹，虽然有翅膀却不能飞动。我远远地把它安放在他所驾船的帆樯上，让它的头向着并永远望着我送他出发之地——千里矶，当他每次抬头看“五两”时便会看到这个木鸟，看到这个木鸟的头向着、望着千里矶，便会想着我，早早驾船归来。这首诗，便是这位女主人公这样一场奇妙的心理活动的真实写照。这一番奇思妙想，是通过具体的物而体现出来的，这个物，又是切合其送行那一刹时的场景的。好诗，往往是一时“兴会”，即情、即景、即事凑泊而来，不是挖空心思强作出来的。此诗即有此特点，所以比说上一大篇惜别之情、苦思之念还真切感人，而且诗味很浓，又显得十分生动活泼。

(樊维纲)

前溪歌　　吴声歌曲

忧思出门倚，逢郎前溪度。
莫作流水心，引新都舍故。

在武康县(今并入浙江德清县)境有一条名叫前溪的河流，那里溪水清澈，树木葱茏，风景幽美。六朝时代乐府诗中著名的《前溪歌》，即产生在那里。

现存无名氏的《前溪歌》共七首，这是其中的第一首。诗歌以青年女子的口吻，诉说她失恋后的痛苦和愿望。和她一度相爱过的欢郎，如今抛弃了她，不再来了。她满怀忧思，倚门而望。她远远看到欢郎仍然在前溪旁边经过，可是不再来找寻她了。两人从前在前溪附近经历过的一段情爱缠绵、卿卿我我的热恋生活，已经变成痛苦的记忆。她呆呆地望着前溪，只见溪中后浪逐前浪，水流一去不返，多么像她和欢郎的爱情啊！可是她还是痴心地盼望欢郎不要像流水那样引新舍故，而是能够继续从前的爱情。

出于自愿的相爱和分手，本是男女双方平等的权利。可是，在我国过去的封建社会中，由于社会制度、风俗习惯等原因，妇女在经济、社会地位等方面一直处在被奴役、被歧视的境地。在爱情和婚姻生活中，她们经常没有选择的自由，经常遭受着被蹂躏、被遗弃的痛苦。上起《诗经·国风》，下至明清民歌，表现这方面题材的歌谣是非常多的。在六朝乐府吴声歌曲和西曲歌中，这种题材也是相当多的。这首诗也表现了女子在爱情生活中被抛弃的悲哀。《前溪歌》另一首有云：“花落逐水去，何当顺流还，还亦不复鲜。”似乎表达了与本篇相类似的情绪。

本篇第三四两句写女子面对前溪，即景生情，希望欢郎不要像流水那样引新舍故，显得亲切生动。民歌常常运用比喻手法，以眼前景、寻常事作比来表达情意，取得形象鲜明、感染读者的艺术效果。本篇的比喻，使人想起六朝乐府《估客乐》中的诗句："莫作瓶落井，一去无消息。"均以"莫作"领起，本篇用眼前景、《估客乐》用寻常事，都以巧妙的比喻来表现女子希望情郎不要抛弃自己的愿望。

《前溪歌》是六朝乐府"清商曲辞·吴声歌曲"中的一个曲调。它原来大约是当地流行的民歌，后来被贵族、文人采入乐府。乐府中的《前溪歌》，相传为东晋初年的沈充所制作。沈家是当地豪族。沈充官至车骑将军，官位颇高，后因参与王敦叛乱被杀。《晋书》中有他的传记。沈充活着时有钱有势，家中拥有不少伎乐人员。他采撷当地的歌谣，改制成《前溪》乐曲，由家中女伎边唱边舞，成为很动人的歌舞乐曲。它在东晋即被中央的乐府机关所采择，在东晋和南朝时代一直很流行。直至唐代，诗人崔颢还有"舞爱《前溪》妙，歌怜《子夜》长"的诗句，把它和著名的《子夜歌》相提并论。不过，据《太平寰宇记》等书籍记载，沈充所作的《前溪歌》歌词，后世仅存"当曙与未曙，百鸟啼忽忽"两句。现存的《前溪歌》七首，则是南朝宋少帝（刘义符）所制。宋少帝爱好通俗歌曲，这七首歌词，大约是他要手下的文人、乐工们根据民歌改作或仿作而成。

（王运熙）

懊 侬 歌　　吴声歌曲

江陁去扬州，三千三百里。
已行一千三，所有二千在。

这是晋代民间歌曲《懊侬歌》之一，《懊侬歌》属于南朝清商曲中的吴声歌曲，据《古今乐录》载："《懊侬歌》者，晋石崇绿珠所作，唯'丝布涩难逢'一曲而已，后皆隆安初民间讹谣之曲。"可知《懊侬歌》多数为东晋安帝时民歌。"懊侬"，即"懊恼"之意。

这首诗是借助于计算行程来抒写相思之情，从字面上看，歌辞内容极为简单，也极为浅显，不过说明三千三百里行程走过多少还有多少而已，似无深意，但就其情思活动看，这普普通通的四句话却包含着颇为复杂的内容。江陵是荆州的治所，扬州这里指扬州的治所——建业。这两座城市，一在长江上游，一在长江下游，是南朝西、东部的中心重镇。从下游逆流而上，迢迢数千里去寻找远在上游的意中人，这位女主人公一出场就给人以不凡的印象，她的对于爱情的执着追求，对于恋人的无限思念，不已经足以打动读者了吗？然而这首小诗的妙处还远远未尽呢！看，她又在小船中屈指盘算了：江陵到扬州，共是三千三百里路程，现在一千三百里过去了——呀，只有二千里了！读到最后两句，我们仿佛可以看到她眉眼跃动、欣喜莫名。这最后两句，把这位江南少女的性格写活了、写全了，她不但是大胆的、热烈的，而且又是天真的、稚气的。若是常人，谁会路程不过三分之一，就急急去算着还剩几多？自然要等到行程已过大半，才想到该算一算余程了。既然如此，这位江南少女的心思，不是太可笑了吗？然而，正是这幼稚可笑，却把她急于投入情郎怀抱的迫切心思，活脱脱地表现了出来。何谓"痴情"？这就是痴情！"痴"，不可笑、不天真吗？但若少了这个"痴"，那"情"还会分量充足吗？所以，这极不合常理的地方，却正是极能体现此诗情趣的地方！

最朴实的语句，却包含了如此饶有情趣的内容。都说南朝民歌短小浅显而耐人寻味，这首小诗不正是一个好例么？

（施议对 沈维藩）

懊 侬 歌 吴声歌曲

发乱谁料理，托侬言相思。
还君华艳去，催送实情来。

这首诗借助乱发托言以表相思，甚为有趣。诗篇所写情事十分简单，但艺术表现却颇见周折。一般爱情歌曲，往往采用"托物言情"的手法。例如："宿昔不梳头，丝发被两肩。婉伸郎膝下，何处不可怜。"又如："自从别欢来，奁器了不开。头乱不敢理，粉拂生黄衣。"等等皆是。而这首诗的言情，手法却与众不同，"物"（头发）倒过来托"人"（女主人公）去寄语了。

少女的头发好久不曾料理梳洗了，乱蓬蓬地好不难受，于是头发不耐烦了，叫少女去找那薄情的人儿，替自已诉一诉相思之苦——小诗的开头二句，便别出心裁，明明是少女自家在害相思，却羞于启口，倒说是我的头发害了相思症。那么头发要少女传句什么话呢？小诗的后二句说道，你这不识趣的人，光知道送些金钗玉簪，却不懂如何温存体贴，金呀玉呀装点得整整齐齐顶什么用？我头发要的是你那轻柔的爱抚！所以，如今我把这些华丽首饰全还了你，只要你实心实意地为我亲手梳理这一桩！——读到这里，我们才恍然了，原来这少女渴待的是情人的真实爱情，为了这真实爱情，她宁愿不要华艳的饰物，留着一头乱发，等候情郎来梳妆。然而她又不愿直说，却委委婉婉地让头发来帮忙。一种小儿女的含情却羞之态，不是跃然于纸上了吗？

这首小诗只有一个内容——相思，简单到不能再简，然而表达时却有这么多的曲折：心里爱得那么迫切，口里却说得这般婉转；心里盼着梳洗"料理"，头上

却随它去乱成一团。南朝女歌手的慧心灵秀,真能令人千载之下,犹为之赞叹不置。 (施议对 沈维藩)

华 山 畿 吴声歌曲

华山畿,君既为侬死,独生为谁施? 欢若见怜时,棺木为侬开!

《华山畿》是南朝的《吴声歌曲》之一。华山,在今江苏句容县北。畿,附近,指山边。据《古今乐录》记载:宋少帝时,南徐(今镇江一带)有个士子,从华山畿往云阳,客店中偶然见到一位十八九岁的少女,遂生爱悦而不可得,回家之后便卧病不起。其母询知因由,即至华山访得少女,述说此事。少女感其痴情,便解下护膝,嘱其母回家暗置于士子床席之下,病即可愈。母如其言,而士子病愈后发现了席下护膝,竟如鬼使神差一般,将它吞咽下肚,顷刻间便奄奄待毙。临终前,他要求其母在送葬时一定从华山经过。母从其意。送葬的牛车经过华山那位少女门前时,牛鞭打也不肯前进。少女见此,说道:"请等我一会儿。"便进屋沐浴梳妆,出来唱了这首《华山畿》歌。这时,奇迹发生了:棺材竟应声而开,待少女涌身而入,又复紧紧关闭。最后,家人只得让二人合棺而葬,时人称之为神女冢。

歌词共五句,意思很简单。首句呼告"华山畿",意在让此山附近的山神土地、草木生灵作为见证,她要对这个为她生死钟情的知心人儿敞开心扉,一吐情怀。以下四句便是少女的誓言和心愿:君既为我(侬)而死,我单独一人,又能为谁而活着(施,用。)呢? 你若真是喜欢我、怜爱我,就请把棺材为我打开吧! 感情多么真挚,要求多么强烈! 死亡也破坏不了精诚专一的爱情,这真是所谓"生不同床死同穴"! 这是一个动人的爱情故事,是一首震撼人心的殉情之曲。它虽然带有魏晋六朝所特有的神怪色彩,但透过其表面烟幕,仍可窥见它所折射出的某些人间现实的底奥。封建社会的青年男女,既有"男女之大防"的礼教禁锢,又有"父母之命,媒妁之言"的礼法枷锁,还有"门当户对"的地位限制,这一切,曾经铸成了多少渴望自由恋爱的悲剧! 这首殉情歌虽未明写来自封建势力的阻力,但它同样发人深省:他们为何活着不能结合? 男方为何不能请求家长明媒正娶? 个中苦衷难道不正是那个不合理的封建婚姻制度和礼法观念在冥冥中作梗么? "棺木为侬开",不正是一种为自由爱情的誓死反抗么?

这首吴歌,属于《懊恼歌》的变曲。"懊恼"即"懊憹"。"懊憹,忧痛也。"(钱大昕《十驾斋养新录》卷十九)怀着忧伤痛切之心,且又是殉情前呼天抢地的内心剖白，所以它是真率激切的、悲壮淳朴的，无须比兴，也无须双关。这种直抒胸臆的手法，更切合当时的特定情境。因此，这首《华山畿》，在风格普遍柔婉含蓄的南朝民歌中，显得别具一格，引人瞩目。

（熊　笃）

华　山　畿　　吴声歌曲

闻欢大养蚕，定得几许丝。
所得何足言，奈何黑瘦为？

《华山畿》是南朝民歌《吴声歌曲》中的一支，《乐府诗集》归入《清商曲辞》类。现存二十五首，这里选的是第二首，写一个女子对她情郎的方式独特但备见深情的关心和体贴。

一二句采用南朝民歌中常见的谐音双关的写法，以"丝"谐相思的"思"。"欢"，指情郎；"几许"，一般作"多少"讲，这里有"许多"的意思。那女子对着情郎说：听说你大规模地养蚕，想来一定收获了不少丝了吧。"大养蚕"之事由"闻"而得，是听来的；"得几许丝"则是女子的判断。"几许丝"由"大养蚕"引出，其间有着必然的联系，故用了一个"定"字来表示。从谐音的角度说，所谓"得丝"，指的是相思，即沉浸于感情的激动以至痛苦之中。南朝民歌《西曲歌·作蚕丝》说："春蚕不应老，昼夜长怀丝。"也是用谐音双关的方式以蚕丝喻相思，正可以与此诗并读。

以上两句所写，见出女子对情郎的理解。对于这位女子来说，无论是事实上的养蚕丰收，或是引申一步的相思，都是值得高兴的事。出乎意料的是，女子不但不加赞扬，相反，还有所指责。就感情倾向而言，对于情郎的相思，她是由衷感到高兴的。但同时她深深懂得，相思是要付出沉重的代价的，"昼夜长怀思"，必然会食不甘味，夜不安席，情郎将因此而变得憔悴、"黑瘦"。故而她只好心热面冷，对于情郎热烈如火的相思，看似无情地当头泼过去一盆冷水。俗话说："打是疼，骂是爱。"在女子责备的深处，隐藏着的正是忘我的体贴与炽热的情思。

此诗的行文富于跌宕变化。前两句正写，第三句逆接，造成行文的一次大的跌宕，同时也留下了一个疑问，逗出揭示原因、责备对方的末一句。末句正话反说，似恼似嗔，将文义转进一层，将诗情推进到一个新的境界。首句中的"大养蚕"三字是全诗构思的出发点，二、三句之"得丝（思）"，固然是由于"大养蚕"，而情郎之变得"黑瘦"，还是因为"大养蚕"。此三字如同一条暗线，将物与人、事与情都沟通了起来。故全诗虽然叙事抒情、道物说人触及到方方面面，而仍能显得

一气贯注,结构谨严。 (陈志明)

华 山 畿 吴声歌曲

相送劳劳渚。长江不应满,是侬泪成许!

奈何许! 天下人何限,慊慊只为汝!

《华山畿》为吴声歌曲,据《古今乐录》,它流行在南徐(今镇江)一带。"劳劳渚"当亦在此一带。按《景定建康志》载:"劳劳亭在城南十五里,古送别之所,吴置亭在劳劳山上。"据此,劳劳渚当为劳劳山下的沙滩。这组歌曲共二十五首,首与首间也有相互联属的。这两首分明是一意相承的送别诗,是女子送男子远行之作。(吴歌中的"侬",都是女性的自称。)

"相送劳劳渚。""劳劳"是惆怅忧伤的意思,用它作地名本身就象征了离别,《孔雀东南飞》有:"举手长劳劳,二情同依依。"来到这里送别,自然会产生加倍的离愁别绪。作为送别之事的叙述只此一句,送别前如何、场面如何、路线如何,全省略了,那些情事有的可以想象出来,有的也不必交代,这些方面文字是经济的,要把笔墨留给抒情,女主人公的相送就是为了倾诉情怀啊。"长江不应满,是侬泪成许!"她看到长江那么浩荡,而爱人将从此远去,不禁情动于中、即景成句:长江本来没有这么满,这都是我的眼泪流成这样的啊! 这是说她泪水涌流的多,伤心已极。这是夸张。把江水说成是泪水,这又是比喻,这形象是动人的,爱人正是乘这一江泪水远行,处处都可感受到她的感情的分量。她用这样的话语倾诉了爱怨交织的深重的离愁,是具有激动人心的力量的。常言道,泪水流成河(《世说新语》中顾恺之说过类似的话),这只是一般的夸张句,当这样的话与具体的情境比如本诗的江头送别联系起来,才显得美,也才动人。后来李白的"请君试问东流水,别意与之谁短长?"(《金陵酒肆留别》)李煜的"问君能有几多愁,恰似一江春水向东流!"(《虞美人》)似由此脱化。

第一首临别言情犹觉未尽,第二首又来个补充。"奈何许!"是自问为何这样。这是指上面那般深情说的。这个短句显得有力、醒豁,引起下两句:"天下人何限,慊慊只为汝!""慊慊",不满足、有所记挂的意思。这是说,天下的人多得很,只是记挂着你! 这是对前面的解释,正因为这样忠贞地爱他,所以送别才那般难受。提起"天下",也还是由江水引起的,江水滔滔,自然使她想起天下之大,但是天下再大、人再多,也还只是爱他。这对于漂泊天涯的对方来说,又是极深的体贴。这两句与上首后两句都是入骨的情语，上两句要含蓄些，这两句直截了当，未加一丝掩饰，坦率得出奇。这样的坦率在文人作品并不多见，所以韦庄《思帝乡》词中像那“妾拟将身嫁与一生休”就被词评家说成是绝妙的“决绝语”（即直截了当的话）了。而在民歌中这种妙语常常可以见到，就这两句而言，其妙处当不在韦词之下。（汤华泉）

读　曲　歌　　　吴声歌曲

柳树得春风，一低复一昂。
谁能空相忆，独眠度三阳！

这也是一首南朝乐府民歌，选自《乐府诗集》卷四十六《清商曲辞三·读曲歌八十九首》。据《古今乐录》一书记载，南朝刘宋王朝袁皇后居丧期间，官员们在宴饮时不敢大声唱歌，只得“窃声读曲细吟而已”，这便是《读曲歌》的由来。我们无须追究这种说法的真假，反正它只不过是一种曲调，犹如后来的“倚声填词”，与“读曲”二字在内容上并不相关。像一般南朝民歌一样，这首诗也是出自女子之口，她无疑是一位多情善感的少妇，幽怨地唱着她与丈夫的离别之苦。本诗的写法与前面几首不同，它前两句写景，后两句抒情；景是即目所见的实景，情是由景所引发出的真情，即所谓“因景兴情”，没有什么比喻的深意，用的是“赋”法。你看，那株细柳在春风里一低一昂，一起一伏，摇曳生姿，多么像一位袅袅娜娜的姑娘在婆娑起舞！而株株柳树连在一起，随风低昂，又多么像一道道柳浪，也许还会时不时地听到隐于这柳浪深处的莺歌燕啼呢！这一切，在江南原是司空见惯的景象，只不过是提示着春天的莅临而已，但一位闺中独居的少妇，对此就不能无动于衷，漠然处之了。正如俄罗斯大诗人普希金所说：“春天，春天，爱情的季节，你的到来使我多么悒郁！”（《叶甫盖尼·奥涅金》）又正如唐代诗人王昌龄诗：“闺中少妇不知愁，春日凝妆上翠楼。忽见陌头杨柳色，悔教夫婿觅封侯。”（《闺怨》）这杨柳，这醉人的无边春色，撩拨起这位少妇的多少离情别绪，使她封闭于内心深处的情思一股脑儿地都翻涌起来，她不禁脱口而出：“谁能空相忆，独眠度三阳！”“相忆”，忆的无疑是她的丈夫。他哪里去了？去“觅封侯”？去出征？去服役？去行商？……看来，他今春儿大半是不能归来了，她的忆念与翘盼也将会落空。“三阳”原指正月。古书有云：“元旦，三阳交泰，万象昭苏。”但这里显然是泛指万物复苏的整个三春。在这撩人的“爱情季节”，他们本应像对对鸳鸯，双双蝴蝶，也成双捉对，形影相随，而实际上呢，却落得个形单影只。太辜负了，你这大好的春光；太辜负了，你这大好的青春！这感情是多么坦率，真纯，而这诗写的又是多么明丽，清新，一如那明媚的春光。

（萧华荣）

读 曲 歌　　吴声歌曲

桃花落已尽，愁思犹未央。
春风难期信，托情明月光。

《读曲歌》共八十九首，并不按一定的思路和逻辑顺序排列，它们的作者和主人公并非一人，所咏也并非一事。但这些诗大抵是歌咏爱情生活的各个方面，所以我们不妨接续着前面所选“柳树得春风”的思路来阅读，来体味这一首诗。同前首一样，它也是运用“赋”法，直写其景，直书其事，直言其情。如果说在前一首中，那位闺中少妇面对着鹅黄鸭绿的柳枝，虽明知丈夫归来无望，却又总带着一丝渺茫的希望；那么到了这一首，她则完全地绝望了，至少今春儿是完全地绝望了，因为“桃花落已尽”，春天就要逝去了。像前首用“柳树得春风”起兴一样，这首用“桃花落已尽”起兴，都是十分得体的。“洛阳城东桃李花，飞来飞去落谁家？洛阳女儿好颜色，坐见落花长叹息”（刘希夷《代悲白头翁》）。落花，特别是那零落的桃花，最容易引起自认为“红颜命薄”的多情女子的感伤。看它一片片，一瓣瓣，轻轻地飘，纷纷地落，多么像她一丝丝、一缕缕飘逝的梦幻。这里用的是衬托之法：落红遍地，衬托她绝望满怀。但这种衬托同时却又是一种反衬：桃花可以落尽，愁思却是无尽（“未央”即无尽之意）；落花流水悄然去，离愁别恨不绝来。她再也不敢抱有丈夫很快归来的指望。她虽“身无彩凤双飞翼”，却有着想象的翅膀。于是她便忽发奇想：“春风难期信，托情明月光。”既然丈夫归来无望，那就不如把情思寄给他吧。但她却不再相信那信步游荡、吊儿郎当的春风，它不可倚凭，整个春天都没有带来什么可以慰藉的消息。她转而拜托月光。那遍照万物、无届弗至的月光，成了她的情意的载体，相信它一定会转达她的思念，一定会催嘱丈夫早日归来。“托情明月光”，想象多么奇特，意境多么广袤，情调多么柔婉，启迪了后来多少诗人！如李白的名作《闻王昌龄左迁龙标遥有此寄》：“杨花落尽子规啼，闻道龙标过五溪。我寄愁心与明月，随君直到夜郎西。”显而易见，是从这首民歌中脱胎而来的。最后应当说明的是：笔者由于姑且把此诗与“柳树得春风”连在一起鉴赏，从而也就把抒情主人公看作是位少妇，其实把此诗看作是一位少女思念远别的恋人之作，也完全可以顺理成章，并且也是同样感人的。

（萧华荣）

读　曲　歌　　吴声歌曲

打杀长鸣鸡，弹去乌臼鸟。
愿得连暝不复曙，一年都一晓。

六朝乐府常常有些情痴之语，“俚句拙语，想极荒唐”，然而其间自有一种真朴之气，使人读之不禁意为之动、情为之感。这首《读曲歌》便是一例。

这首歌辞十分简短，一共只有寥寥四句，用女子的口吻述说其心愿。首两句起得十分突兀：“打杀长鸣鸡，弹去乌臼鸟”。长鸣鸡，是啼声嘹亮悠长之鸡，在计时之器不发达的古代，惜之唯恐不及。据《西京杂记》载，至有以之作为贡品而奉献朝廷者。乌臼鸟，一名黎雀，北方又称之为鸦舅。天将明时，先鸡而啼声不绝，也是一种报晓的动物，即所谓“五更鸦舅最先啼”是也。鸡、鸟皆非害人之物，那又何以必欲“杀”之、“弹去”而后快呢？仅读此两句，自然尚未能探得个中奥秘，但女主人公的愤恨之情，却已溢于辞表。

答案在后两句：“愿得连暝不复曙，一年都一晓。”暝，暗也。连暝，犹言长夜。都，有“总”之意。至此，我们恍然而悟，这位女子和心上人虽已一夜缱绻，但欢爱未尽，她在盼求长夜无尽天莫明，最好是一年只有一次天亮。而“雄鸡一声天下白”，乌臼鸟也总是聒噪于黎明之时而惊醒人们的好梦，这也难怪她要如此憎恶！

“欢娱嫌夜短。”对陶醉在爱情幸福中的恋人来说，报晓之鸡，啼晨之鸟，自然皆成了可厌之物。这种情绪在古乐府中时有表现。如《乌夜啼》“可怜乌臼鸟，强言知天曙。无故三更啼，欢子冒暗去”，写得更为直截，但只是停留在怨怪它们惊破长夜这层意思上。本篇的构思则更加曲折，她要杀鸡弹雀，不仅仅是因为它们惊破静谧，更主要是她从公鸡报晓，黎雀啼晨，联想起黎明是由它们唤来，只要鸡儿不啼，鸟儿不鸣，熹微的晨光岂不是就不会降临？她和心上人岂不是就可以永不分离？于是，有首两句。这一想法是多么天真，几几乎近于痴傻，但这种天真近乎痴傻的浪漫情调，恰恰是吴声、西曲“情真、意真”的特色所在。乍读，颇为莫名其妙；细吟，不禁拍案称绝。

这首歌辞主要写少女执着的痴情，但妙在无一字从正面着笔，句句皆是述其心愿。“愿得”二字虽出现在第三句，实则管领全篇，呵成一气。抒写的是炽烈如火的感情，却又具有曲折蕴藉之美。确是六朝乐府中的上乘之作。

（谢　庆）

读 曲 歌

吴声歌曲

一夕就郎宿，通夜语不息。

黄蘗万里路，道苦真无极。

这首短歌描写一个女子与情人久别重聚之夜的情景。前两句是叙事，语、意平实，似乎信口而出，但概括力很强。这位女子不顾羞涩主动地"就郎宿"，一个"就"字，就描绘出她感情之炽烈，心情之迫切，并暗示了她与情人旷别久离这一层意思。次句"通夜"与"一夕"前后呼应，突出了"语不息"的时间之长。久别重聚，良宵千金，可她整夜喁喁不休，若非平日天涯隔远，鸿雁书断，又何至于如此呢？这两句即事寓情，意在言外，涵含不露。后两句紧承"语不息"，但在写法上却故意宕开，先插一景语"黄蘗万里路"，然后借助谐音双关，巧妙地将"语不息"的内容加以点破。"黄蘗"，树名，枝干可以入药，其味苦涩，六朝民歌中常用以起兴，引出"苦"字；"万里路"，即下句之"道"。"道苦"二字，既指黄蘗"苦道"，又用来暗指女子"诉苦"。也就是以"大道"之"道"，谐"道说"之"道"；以苦树之"苦"，谐相思之"苦"。把女子整夜不休地向情人诉说的乃是郁结心头之"苦"，明确而又含蓄，直率而又委婉地托出。所诉之"苦"，仅是相思之"苦"，抑或还有其他，并未明言，留给读者去发挥想象，有悠悠不尽之妙。

诗中双关谐音的手法运用得极为纯熟精妙，恰到好处。根据汉语语音特点而形成的这一表现方式，在吴声西曲中更形成了自己的表述特色："上句述其语，下句释其义"，两句一组，第一句先述一事物（或动作、或情景），次句再申明补足其意，而双关语暗藏于次句。这，即为"风人诗"，又名"吴格"。它较之一般的双关语为难，往往基于活跃的联想，而与全诗有机结合。诗中"黄蘗万里路"一句，就不仅起了启引出下句双关语的作用，本身又以生动具体的景象给读者以种种联想。不正是这条"苦道"使有情人"天涯各一方"？它又不正是女子彻夜倾诉的"苦"的象征？启下而绾上，同全诗境界融而为一，天衣无缝。加上末句双关妙语，以感叹的语调出之，更是余味无穷。诗寓巧思妙喻于平淡自然的语句之中，写的虽是生活中常见的情景，但读来含意丰茸，隽永有味，显然正是得力于此。

（谢 庆）

读 曲 歌

吴声歌曲

闺阁断信使，的的两相忆。①

譬如水上影，分明不可得。

〔注〕 ① 的(dì)：鲜明；显著。

这首诗也是选自《读曲歌》，写思妇怀远。虽然并不紧接着前面已经赏析过的“桃花落已尽”，但我们仍可以把它们连在一起来鉴赏。那苦苦地思念着丈夫的少妇，在茕茕孑立、形影相吊中盼望了整整一个春天，盼过了柳枝回黄转绿，盼过了桃树花开花落，不但未曾盼到一个来传递书信的人，而且即使她祈求春风，春风也一去无消息；她拜托月光，月光也沉默不语。但她坚信着丈夫的忠贞，因为他们素来伉俪情深。她毫不怀疑，在此刻，在他乡，丈夫也正在苦苦地思念着她。他们真是两地相思一样愁——“的的两相忆”。“的的”，鲜明貌。就是说，在各自的心中，都清楚地珍藏着对方的形象与容颜；昔日如胶似漆的恩恩爱爱，各自也都历历如在眼前。对此，她打了一个巧妙的比方：“譬如水中影，分明不可得。”“水中影”就是“两相忆”的内容，就是那保存在内心深处的记忆，它其实是“心中影”，是“梦中影”，是可望而不可即的镜花水月，是一缕强烈而又渺茫的希冀。“分明”二字，与前面的“的的”彼此呼应，两个词的意思也差不多。爱人的形影虽说是那么清晰，那么分明，却只不过是一个幻象。他们不能够相互一携手，不能够彼此诉说悄悄话，甚至不能够相对一笑，而只能徒然地望穿秋水。杜甫诗云：“何时倚虚幌，双照泪痕干！”我们多么希望那团圆的欢笑，早日抹干他们的眼中泪、心中泪呀！全诗只说了“相忆”二字，并未正面地具体地铺陈形容那相忆的情景，相忆的苦况，而只通过一个习见的比方，就把那望眼欲穿、刻骨镂心的愁思和盘托出了。如此精炼，如此含蕴，又如此清新自然，这便是民歌中优秀之作的艺术魅力之所在。

（萧华荣）

莫　愁　乐　　西曲歌

莫愁在何处？莫愁石城西。
艇子打两桨，催送莫愁来。

莫愁，这可是个熟悉的名字。不过，看完这首诗后，大概有不少读者会因它的简陋大失所望。如果有人对笔者说——

这一回也不用劳你驾了，让咱自己讲吧！第一句是问，莫愁她在哪儿住？第二句是答，莫愁她在石城西面。第三句是正面场景，船夫们打起双桨，小船儿飞快地驶向石城。第四句是补笔，因为有人在催船夫，要他们快快接了莫愁送来。怎么样？你还有更高明的解说吗？

——那么,笔者只有答道:惭愧,单就诗本身而言,这样讲已是尽善尽美、无以复加了。不过,《莫愁乐》是首怎样的歌?莫愁她是怎样的人?那“催”的人是谁?传唱这首歌的人又是什么心情?这些,如果你都不甚了了,那笔者还是有说的。

先解决前两个问题。《莫愁乐》属《清商曲辞》里的西曲歌,是一首舞乐。至于歌里的莫愁,她既不是南京莫愁湖上的精灵,也不是梁武帝《河中之水歌》里的那位“洛阳女儿”,她是石城一个“善歌谣”(《旧唐书·音乐志》)的女子。石城,在今湖北钟祥县,这里正属南朝西部的郢州,正是西曲盛行的地方。以上都是掉书袋,恕笔者就三言两语了。

然而,莫愁是宦门小姐?是民家女?是倡伎?是歌女?这个最要紧的问题,书袋里却掉不出来了。看来,为了解开这位芳名播于多少情诗艳词的六朝女儿的身份之谜,读者还得再到诗里去辛苦一趟。

“莫愁在何处?莫愁石城西。”虽说是一问一答的常见民歌形式,但用在这里却别具妙味。劈头就问莫愁的住所,那就是说,至于莫愁是何等样人,那已是不须问的了——极平凡的句子,却显示了莫愁的名气之大,这手法不简捷明快吗?然而,这还不是诗的最佳处。

“艇子打两桨,催送莫愁来。”好了,这谜就要解开了。一打听到莫愁家在石城,便“催”船夫快去,送莫愁快“来”:这等人,第一,多半是住在船上,或靠水而居;第二,分明是匆匆过客,今天如邀不到莫愁乐上一晚,明日风帆一举,那就晚了!再看那对船夫“催”时的神态傲慢、那叫莫愁“来”时的把握十足,这等人,绝不会是细民布衣,自是腰缠万贯、一掷千金的名商大贾。当然,他们的华宴上,也少不了交结的官府老爷。狐假着虎威,看那船家还敢不卖力打桨?看那莫愁还能不应命而来?

如此看来,这位身份只配乘了小艇、老是在水上被送来催去、抛头露面的“善歌谣”莫愁,不是名伎,便是歌女了。古书袋里语焉不详的“女子”,“浅陋”的民歌里却有着明白的答案。

不过,据笔者看来,莫愁应该是卖歌的歌女,不是卖笑的倡伎。《莫愁乐》成为舞乐是后来的事,它一开始只是被人传唱的水上歌谣。请想象一下吧,当人们带着夸张炫耀的神情、以大声发问、耸人听闻的口吻唱起这首歌时,当人们目送着水上小船如飞、驰想着那清歌一曲艺惊四座的场面时,他们心目中这位令无数达官显贵、富商巨子神摇目眙、拜倒裙底的家乡女儿,会是尽人可狎的风尘之辈么?何况,莫愁若是名伎,每天自有无数狎客踏破她秦楼楚馆的门槛,又何须在水上奔波？或许，正是为了不堕风尘，她才甘心辛勤奔波的吧？

莫愁定是位色艺双佳、品貌兼美的红歌女！（沈维藩）

莫　愁　乐　　西曲歌

闻欢下扬州，相送楚山头。
探手抱腰看，江水断不流。

《莫愁乐》是从西曲《石城乐》衍变而来的。据《古今乐录》，竟陵石城有一歌伎善唱《石城乐》，而曲中又有和声"妾莫愁"三字，故人们即以"莫愁"名之，又别创变曲《莫愁乐》供她歌唱。可知《莫愁乐》是一种专供女子歌唱的乐曲。今存仅二首，这是第二首，写女子送别情人的情景。

女子听说情郎要出远门，就匆匆赶去相送。首二句交代送别的过程。句中的"欢"，是江南女子对情人的昵称。"扬州"，指南朝首都建业（今南京），商业极其繁荣，单单秦淮河北就有"小市百余，大市十余所"。商人估客凭藉长江水利，往来其间，"贡使商旅，方舟千计"（《宋书・五行志》），故六朝西曲颇多表现商妇贾客生涯，特别是女子之离愁别恨。诗首句特意点出"下扬州"三字，恐怕正是为了暗示这一背景。她送啊送啊，不辞路远，一直送到了"楚山头"。楚山，泛指楚地之山。《莫愁乐》产生的竟陵（今属湖北），正属古楚地。在山头分手，利于目送征鸿，见得女子聪颖情深；但从全诗看，也是为了配合诗境，为末句的写景先垫写一笔。

第三句描写欲别还难的场面。不难想象，分手之际自有种种情态，这里略去其余，仅选择了女子的一个动作加以刻画。"探手抱腰看"的主语是女子。海誓山盟、千言万语，一路上大概已说过了，分手之际，女子突然伸手将情郎抱住。这一举动急切、娇憨，使人想象到难分难舍的情景。"看"字下得极为传神，她是想把情人的音容笑貌刻印入脑海？抑或要看透情人的心灵深处？要知道，去处是扬州销金窟啊！这不会不使她感到忐忑不安。此句曲折含蓄地表达了她的一往情深却又隐含忧虑的复杂心情。

诗最后一句突然宕开笔墨，转而写景："江水断不流。"一说，指女子希望江水不流，令"欢"不能乘舟东去。这样理解固然未尝不可，但终觉淡而寡味。这当是特定地点特定人物眼中之景。滔滔江水，不舍昼夜，自然不会暂停，但从山头高处远望，波涛似乎消失，水面平静如镜，不就像凝固了吗？这一景象，在切盼情人不要离去的女子眼中，更是似幻似真，由幻变真。这一句就像电影中一个采用特技的特写镜头，为整个场景平添了一层浪漫的色彩。我们仿佛听见女子遥指江面，娓娓劝说："你看，江水也不流了，你为什么还要离去呢？"以景作结，耐人寻味，有含而不露、悠悠不尽之妙。

送别的歌辞，自然意在抒情。此首却无一语正面述情，全由动作、景物加以衬托，但读来唯觉感情深、情态真，有情在言外之功效。女子送别情人这类题材，在汉魏诗歌中似乎未出现过，至六朝吴声、西曲始大量涌现，从一侧面反映出其时社会思想的解放。

（谢　庆）

襄　阳　乐　　西曲歌

烂漫女萝草，结曲绕长松。

三春虽同色，岁寒非处侬。

这首《襄阳乐》，语言朴素，构思新颖，表现封建时代女子对男子不忠诚的忧叹。

歌辞从烂漫女萝写起："烂漫女萝草，结曲绕长松。"女萝，是一种地衣类植物，经常攀附于松间，故又名松萝。女萝附松的现象很早就为古人觉察，《诗经·小雅·頍弁》中就有"茑与女萝，施于松柏"的句子，因而经常在诗歌中被用作比喻女子对男子的依附。这里正是如此。烂漫，形容女萝枝茂叶盛，欣欣向荣，但又在暗喻少女的青春貌美、天真活泼。"结曲"、缠"绕"，更是借女萝紧紧攀缘松树，写出了少女对心上人的密切关系。

三、四两句，笔锋一转，"三春虽同色，岁寒非处侬"。侬，吴语自称，即"我"。两句一变为女萝的口吻，承前两句而意作转折。女萝和松树毕竟没有二位一体，在三春艳阳天，它们都是一片青翠，然而一旦严冬来临，松树依然青青如故，而女萝就要枯萎凋零，这同以色事人的女子，一旦环境变易，色衰爱弛，就会轻易遭到遗弃，不正是极为相似吗？

此诗句句咏女萝，又句句都在比拟女子的命运。道出了女子对依附男子而好景不长的畏惧心理。比喻贴切自然，通篇运用比兴手法。前二句是第三人称，作客观叙述，后二句是第一人称的感情抒发，又颇富于变化。读此诗，我们仿佛看到一位妙龄少女，漫步庭园，徘徊松间，睹物伤神，终于情不自禁地发出了"岁寒非处侬"的喟叹。至此，我们已无法分辨这是她为女萝感叹，还是为自己的前途未卜而担忧。诗写得十分含蓄蕴藉，朴实无华，只有寥寥四句，但却极为生动形象地揭示出了"男尊女卑"的时代，女子普遍遭受的不幸命运。　（谢　庆）

三 洲 歌 西曲歌

送欢板桥湾，相待三山头。
遥见千幅帆，知是逐风流。

风流不暂停，三山隐行舟。
愿作比目鱼，随欢千里游。

此诗属南朝乐府西曲歌，西曲歌流传于长江中游江湘、汉水一带。这一带商业发达，《三洲歌》即商人歌，《古今乐录》云此歌为“商客数游巴陵（今岳阳）三江口往还”作。三江指长江、湘江、沅江，诗中的“板桥湾”、“三山”当也在这一带，不必作其他泥解。

诗作商人妇口吻。第一首写相送。“送欢板桥湾，相待三山头。”“欢”，爱人，丈夫。“相待”，即伫望。从板桥湾送别，又到三山头伫望，两地距离当非很近，为的是多看一会，而且三山头地势高，又能看得远。这表现出了多么缠绵、浓重的别情。西曲歌中有不少这样的送别诗，如“闻欢远行去，相送方山亭”（《石城乐》）、“闻欢下扬州，相送楚山头”（《莫愁乐》），全作妇人口吻，见出商人远行的频繁、商人妇伤别的普遍。下两句写道：“遥见千幅帆，知是逐风流。”这是三山所见情形。“千幅帆”，夸张帆大（帆一般十几幅、几十幅），帆大船自然快，故下面说是“逐风流”，追着风驶去。这自然还是表现依依惜别之情，这是她张望中所见，也是她心之所系。同时这里似乎还有埋怨的情绪：那么大的帆，跑得那么快，“逐”，好像故意跑得那么快，真不懂得我的心情。这里还有些不放心，“风流”就是一个双关语，说的是风和流水，暗含了“风流乐事”，“逐风流”就是寻欢作乐，这真叫她忧心了。

第二首写送别时的痴想。“风流不暂停，三山隐行舟。”接着上一首末二字进行联想、发挥，这是民歌常用的手法。这两句说，风和流水一刻也不停留，所欢乘坐的船驶远了，被三山遮断了。本指望在三山头多看他一会，现在在这里也看不到了，这叫她多么难以忍受啊，何况对他的逐风乘流而去还有些不放心呢。这种焦虑使她忽生奇想：“愿作比目鱼，随欢千里游。”据说比目鱼不合在一起就不能游动，我和他都变成比目鱼多好啊，无论千里、万里都永远在一起了。这个奇想表现了她对正常的爱情生活的向往和追求。想法虽奇，却也合乎情境的自然，眼前的心理缺憾需它填补，“逐风流”的环境也适合以比目鱼作喻，若用比翼鸟就有点生硬了。

这是表现商人妇感情生活的。商人妇自有其爱情生活的欢乐,但也有其哀愁。几百年后李白漫游在这一带,写了一首《江夏行》,也是写商人妇的送行:“去年下扬州,相送黄鹤楼。眼看帆去远,心逐江水流。只言期一载,谁谓历三秋?使妾肠欲断,恨君情悠悠。……悔作商人妇,青春长别离。如今正好同欢乐,君去容华谁得知!”这首诗与《三洲歌》所写情形很相似,有的地方似乎可作为注释来读,虽然《三洲歌》的主人公感情里较多惜别的爱恋,但内心深处的阴影也是明显可见的。

(汤华泉)

那呵滩　　西曲歌

闻欢下扬州,相送江津弯。
愿得篙橹折,交郎到头还。

篙折当更觅,橹折当更安。
各自是官人,那得到头还。

在《乐府诗集》“清商曲辞”的《西曲歌》中,载录了六首以《那呵滩》为题的诗篇。它们都是由无名氏写作的。以上是其中的两首。根据《古今乐录》的说法,《那呵滩》曾成为一支舞曲:起初配合十六人的舞蹈,到梁代改配八人舞蹈。这支歌曲有和声,即在每遍歌唱的结束处,增唱“郎去何当还”一句;“郎去何当还”便是歌曲的主题。歌曲的文学题材大都是与江陵、扬州有关的男女离别故事。歌曲本身也产生于扬子江畔的船工恋爱生活。——“那呵”是一个水滩名,是船只停泊的处所。古往今来,多少生离死别的幽怨故事就产生在这种地方。

虽然六首《那呵滩》均未注明作者的身份,但我们可以根据诗篇的内容,推测这是一组男女对歌。第一首:远行的男子用“我若在道边,良信寄书还”的承诺安慰依依不舍的恋人。第二首:送行的女子咏唱关于前路迢迢的焦虑和担忧。第三首:男子以“江陵三千三,何足持作远”的开心话缓解姑娘的忧虑。接下来就是我们要欣赏的第四首和第五首了。女主人公在第四首中唱道:“听说情郎要远去扬州,我一直相送到江津弯头。但愿情郎的篙橹折断,使他只好重回故乡驻留。”男主人公则在第五首中答道:“篙折了可以再换,橹断了可以再安。既然各自都受官府差遣,我哪里能够中途回还?”于是,姑娘只好唱出充满忧怨的第六首,用“憔悴为所欢”、“与子结终始”的感情表白作为全曲的结束。可见,这是一组令人回肠荡气的情歌，以上两首诗，则是这组情歌的高潮。

两首诗歌的妙处，就在于当感情发展臻于高潮时，它设置了一个“愿得篙橹折”的情结。从姑娘的角度看，这是一种不切实际的假设，是一种近乎诅咒的幻想。但正由于不切实际，才表现出她对于此情此景的无可奈何；正由于近于诅咒，才表现出姑娘对于团圆生活的向往和对于离别的痛恨。一个追求真诚爱情、渴望安宁生活的贫苦女子的形象，于是通过这短短十个字凸现出来。这是在全篇诗歌中起了画龙点睛作用的一个细节。但作者的艺术想象却并没有至此中止。他在情郎的答歌中，把感情推向了更精彩的一个高度。相对女主人公的热切祝愿来说，答歌似乎是比较平淡的：即使篙橹折断了又怎么样？谁要让我们是“官人”呢？这看似平淡的回答，其实蕴含着更深沉的力量：在这对恋人的感情波浪中，注入了对于悲剧命运的浩叹，使主题产生了升华。

这两首诗中略为费解的是“官人”一词。它可以指士人（《日知录》卷二四：“南人称士人为官人”），也可以指官府的隶役。在六朝时代的典籍中，我们常能看到“县僮”、“舆隶”、“官奴”、“奚官奴婢”一类名称。这应当就是“官人”的具体内涵，亦即诗篇主人公的身份。按照当时实行的“当色为婚”、“本色媲偶”的制度，这两位“官人”身份的有情人不难缔结百年之好。但说到底，他们并不能掌握自己的命运，例如，不能选择自己的谋生方式。所以这位男主人公只能发出“那得到头还”的感慨，而女主人公则只能用“折约在金兰”的爱情誓约自慰。于是我们在诗篇中看到了文人作品中所没有的一种苦难灵魂的闪光：充满忧伤的爱情和遭受命运簸弄的爱情。对这种感情的描写，于是也造就了《那呵滩》所特有的直率而又哀痛的艺术风格。读《那呵滩》的时候，我们应当特别注意这是一篇民歌，是一篇以官奴婢的爱情生活为题材的文学作品。《那呵滩》的艺术价值和艺术感染力，同它在题材、风格、表现手法上的这些个性因素是分不开的。（王小盾）

拔蒲二首　　西曲歌

青蒲衔紫茸，长叶复从风。
与君同舟去，拔蒲五湖中。

朝发桂兰渚，昼息桑榆下。
与君同拔蒲，竟日不成把。

《拔蒲》属于南朝民歌中的《西曲歌》，郭茂倩《乐府诗集》归入“清商曲辞”类。

《古今乐录》说:“《拔蒲》,倚歌也。”又说:“凡倚歌,悉用铃鼓,无弦有吹。”也就是用弦乐器以外的箫管铃鼓等伴奏的民歌。“蒲”,有香蒲、菖蒲两种。香蒲多产于华北、东北,菖蒲多见于江南。《西曲歌》的产地主要在今湖北省的江汉流域一带,诗中所说的蒲应是菖蒲。菖蒲是多年生水生草本,有香气,叶子狭长,初夏在穗轴上开黄色穗状小花。民间常在端午节将菖蒲与艾蒿结扎成束,挂在门旁以驱散蚊虫。也有用菖蒲叶浸酒,相传喝了菖蒲酒可以预防瘟疫。从菖蒲的用途推想,这两首《拔蒲》诗很有可能作于端午节之前。眼看端午节要来了,相爱的一对青年便相约一道去拔蒲。两首诗都用女主人公的口吻写出。诗中的“君”,都是女子对她情郎的称呼。

第一首,女主人公说自己与情郎乘坐小船一道到五湖中去拔蒲。这是一次难得相聚的机会,她的内心充满了幸福和欢乐,在她眼里,菖蒲也显得格外妩媚可爱:“青蒲衔紫茸,长叶复从风”,碧绿的菖蒲,穗轴上长着紫色的绒毛,长长的蒲叶在微风中轻轻晃动。更令她激动不已的是,将要与情郎“同舟去”,同去五湖中拔蒲。“五湖”,原指太湖或太湖及其附近的四湖。这里并非实指,只是借指那女子家乡附近的某一湖泊。在女子此时的心目中,天地虽大,她希望拥有的,只是载着情郎的这一叶扁舟;世上可游之地与可乐之事虽多,却没有一地一事比得上到五湖中去拔蒲。

第二首进一步讲述拔蒲的情况。一、二句“朝发桂兰渚,昼息桑榆下”,交代拔蒲的时间与行程:早上从长着桂树与兰草的水洲上出发,白天在桑树榆树下休息。上一首说“同舟去”,这一首补充说明了出发的时间、地点;上一首说“拔蒲五湖中”,这一首补充说明在劳动过程中,还曾在桑榆下休息。拔蒲的结果如何呢?后两句作了回答:“与君同拔蒲,竟日不成把。”以两个青年人的上好劳动力,用了整整一天的时间,结果竟然拔不到一小把!两人在“昼息桑榆下”时的卿卿我我,不知时光之飞逝,拔蒲过程中的“巧笑倩兮,美目盼兮”,眉来眼去以至神魂颠倒,就尽在不言中了。

这是内容连贯的两首小诗,最精彩的则是后一首的末两句,不直接说两人爱得如何忘乎所以,而是用显示行为结果的办法,表明行为人的思想感情的状态。这种侧面写法,避免了直露,但并不显得迂曲。不说他们正在热恋之中,而说共同拔蒲“竟日不成把”,这很像是一句机智的俏皮话;这句话竟然是女主人公对着情郎说出的,更让人感到在机智俏皮以外那女子的大胆与多情。末两句的写法,与《诗经·周南》中的《卷耳》诗颇为接近。《卷耳》诗说:“采采卷耳,不盈顷筐。嗟我怀人,置彼周行。”大意是:采呀采呀采卷耳,采来采去不满一浅筐。唉!我想起了我那意中人啊，我就把筐子放到了大路旁。但《卷耳》诗写的是单相思，没有心思采卷耳;《拔蒲》诗，则是写热恋，没有把心思放在拔蒲上。如果我们认定《拔蒲》诗的这一写法是对《卷耳》诗的继承，即使如此，也还是不能不承认它仍是自有特色的优美动人的诗篇。（陈志明）

寿　阳　乐　　西曲歌

可怜八公山，在寿阳。别后莫相忘！

东台百馀尺，凌风云。别后不忘君！

《寿阳乐》为西曲歌，原有九首，这是一、二两首，分明是男女互诉别情的连章之作。

“寿阳”，即今安徽寿县。“八公山”，在寿阳北。“东台”，在寿阳外城的东北角。第一首为男子之辞。“可怜”，可爱。他说：可爱的八公山哟，在寿阳。分别之后莫要忘记哟！头两句说山，后一句言情，似乎二者之间没有什么联系，但细细体味起来，咏叹八公山话语中似有情事的回忆、感情的触发。说八公山“在寿阳”，类乎大实话，谁不知道它在寿阳呢！为什么这样说呢？一定是这个男子在那里度过了一段甜蜜的时光，在那里留下甜蜜的回忆，使他念念不忘，说八公山“在寿阳”，就是说他永远不忘那地方。“八公山”前加“可怜”一语感叹，在这里绝不是赞叹那里的景色，而是玩味凝结在它身上的情意。这八公山已成了情感的象征物，所以下面“别后莫相忘”就顺势而出了。

第二首为女子之辞，是对上一首的回答：东台高高百余尺，直插风云哟，别后不会忘记您啊！这里“东台”与“不忘君”也是有内在联系的。她登上这么高的东台干嘛？就是为了望她的心中人啊。“凌风云”，一是形容台高，还暗示她面临的复杂环境，无论风云如何变幻，她还是凭高远望，真是“我心匪石，不可转也”，表现了爱情的执着坚贞。“别后不忘君!”她给他这个明确的回答，是真诚的、有力的。

这两首小诗前面是写景造境，后一句言情，情由境生，显得很有意境。每首都只十三字，而写得这样形象鲜明、意蕴丰富，很是难得。五字句中间夹以三字句，读着很有节奏，有点类似后来词中的小令。这里举一首宋词中最短小的作品（蔡伸的《十六字令》）以作比较：

天！休使圆蟾照客眠。人何在？桂影自婵娟。

这首小令也是写别情，也是借景言情，句式上与《寿阳乐》也有相似处。看来词中的小令与南朝民间小乐府是有某种渊源关系的。（汤华泉）

作蚕丝　　西曲歌

春蚕不应老，昼夜常怀丝。
何惜微躯尽，缠绵自有时。

绩蚕初成茧，相思条女密。
投身汤水中，贵得共成匹。

《作蚕丝》，乐府《清商曲辞·西曲歌》名。《乐府诗集》共收四首，引《古今乐录》说："《作蚕丝》，倚歌也。"倚歌无舞，是一种"悉用铃鼓，无弦有吹"的伴奏歌曲。这四首都是借蚕丝的生成、制作为象喻的热烈缠绵的情歌，这里选的是其中的第二、三两首。

前一首一、二两句用春蚕的昼夜怀丝双关女子对情人的日夜"怀思"。这本来是南朝民歌中运用得最普遍的谐音双关隐喻。但把春蚕的怀丝与"不应老"联系起来，却是此诗的独创，显得意新语警。作者以为：春蚕本不应老，只是由于昼夜抽丝而变得形体消瘦，显得"老"了。上句为果，下句是因。象喻女子因为日夜思念情人，而变得形容憔悴。古有"相思令人老"的说法，民歌中也常有"为郎憔悴"一类的话头，但赋予这种意思以春蚕昼夜怀丝的鲜明形象，却不能不说是一种前所未有的成功象喻。因为读者从这个象喻中所联想到的，不仅仅是形体的憔悴瘦损，而且是那种"为伊消得人憔悴"的执着精神。三、四两句，便是这种精神的进一步发展与升华。

"何惜微躯尽，缠绵自有时。"从"老"到"微躯尽"，从"怀丝"到"缠绵"，这是一个发展的过程。春蚕昼夜不停地吐丝，将自己的身躯一层层地缠绕起来，最后缠绵交织的茧织成了，自己的生命也就终结了（其实蚕茧织成后还会化为蛹与蛾，但古人习惯上认为春蚕丝尽之日就是生命终结之时）。民歌作者从这一现象生发联想，将蚕吐丝成茧这一动物的自然本能升华为一种自觉的殉情精神。缠绵，即指缠绵交织的丝茧，用以隐喻爱情的理想。明说蚕为了织成缠绵的丝茧，哪里会吝惜自己的微躯，实喻女子为了实现爱情的理想境界，不惜以身相殉。"何惜"，表示一种坚定决绝的态度；"自有时"，则透露一种坚定的信念，茧成而躯尽，这是具有悲剧色彩的；但明知如此，还是决心以身相殉，以实现"缠绵"的爱情理想。正是在这种具有悲剧色彩的殉情精神中，折射出爱情理想的动人光辉。

后一首前两句写蚕茧初成之日，采桑女子的相思之情也日益深密。条女，即采桑女、蚕女。从采桑、养蚕到成茧，是蚕桑劳动从开始到收获的过程，也是蚕女的爱情从萌生到成熟的过程。看到丝缕层层密密的蚕茧，蚕女的相思之情也如蚕丝之纠结缠绕，不能自已。两句由物到人，以丝谐“思”，联系自然。三、四句进一步写为相思之情所缠绕的蚕女对“成匹”的渴望与追求。茧成后要煮茧缫丝，即将茧放到滚开的汤水中去煮，使茧丝在缫丝过程中容易离解。由于从一粒蚕茧上抽出的丝细而易断，因此缫丝时往往将几根茧丝同时抽出，合并而成生丝。这正是诗中所说的“投身汤水”、“成匹”。作者巧妙地利用煮茧缫丝的工艺设喻，表现女子为了实现“成匹”的理想，不惜赴汤蹈火，作出最大的牺牲。跟上首的“何惜微躯尽，缠绵自有时”一样，这里所表现的也是一种为了追求爱情理想不惜以身相殉的精神。但尽管这两首诗都带有悲剧色彩，却不给人以悲观绝望之感。在“何惜微躯尽，缠绵自有时”，“投身汤水中，贵得共成匹”的表白中，我们所感受到的，不是对生活与爱情的绝望，而是对爱情理想的执着追求，对实现理想的坚定信念和为爱情而献身的巨大精神力量。

从实际的劳动生活中生发联想，自然设喻，是民歌的特色。这两首诗在象喻的生活化和妙合天然方面，为后世许多文人诗所望尘莫及，也为南朝其他许多民歌单纯运用谐音双关，不顾形象的完整与优美者所不及。春蚕的形象在这里既具有女性的温柔，更具有女性的执着，既体现出爱情的缠绵，更显示出感情的炽烈。喻体与本体都给人以美感。缺乏真切的劳动生活体验，就生发不出这种巧妙的联想，创造不出如此出色的象喻，更不要说升华出这样优美的诗境了。

（刘学锴）

杨　叛　儿　　西曲歌

暂出白门前，杨柳可藏乌。
欢作沉水香，侬作博山炉。

欢欲见莲时，移湖安屋里。
芙蓉绕床生，眠卧抱莲子。

《杨叛儿》是童谣歌的调名，属于南朝民歌中的《西曲歌》，郭茂倩《乐府诗集》归入“清商曲辞”类。现存八首，都是爱情诗。除第三首只有三句外，其余都是五言四句体。这里选析的是第二首和第五首。第二首也见于《吴声歌曲》的《读曲歌》中。

先看第二首。第一句中的“暂”，是偶尔的意思；“白门”，指门上不施油漆的普通人家，这里是女主人公指自己的家门。一、二句说，她偶然走出门来，发觉春意渐浓，杨柳渐密，不觉生出即使乌鸦停在柳树椏杈上也不会被发现的联想。这两句用赋体，直写所见，一个“暂”字表明，这满眼春光是那女子偶然之间的发现，她内心的喜悦是不言而喻的。这两句又于赋中兼兴。古人所谓“兴”，是指“先言他物以引起所咏之词也”(朱熹《诗集传》)。眼前，“杨柳可藏乌”，满目生机、盎然诗意也引发了那女子心底的春情，一个近似于“杨柳可藏乌”的抒写恋情的新颖比喻不觉油然而生：“欢作沉水香，侬作博山炉。”“沉水香”，即沉香，由入水能沉而得名，是有名的香木。“博山炉”，炉面刻有重叠的山形及奇禽怪兽等，是有名的香炉。爱情是美好的，相爱是幸福的，故女子以幽雅高洁而配对的沉水香与博山炉作比喻。女子设想，情郎(“欢”)是沉水香的话，那自己(“侬”)就是与其相伴的博山炉。这一比喻有意思的是，她将情郎比香，将自己比炉，而非相反，将自己比香，而将情郎比炉来维护她，陪伴她，这表现了这位女子爱情的热烈、大胆与主动。外温婉而内奔放，这就是这首诗中的女子的独特个性。

再看第五首。如果说上一首的表现手法主要在于巧用比喻的话，那么，这一首则主要在于善用谐音双关。诗中的“莲”，谐“怜”，意思是爱、恋；“莲子”即怜子，意思是爱你；“芙蓉”，谐“夫容”，代指情郎。这样，这首诗就具有了直接描叙以叙事写景与借助谐音以传情达意两个层次。在直接描叙这一层次上，意境新奇，令人耳目一新。诗中的女子对她情郎说，你想要方便地随时欣赏到荷花，那就把荷花池搬过来放在房间里，荷花便开在床铺的四周，躺下去就能抱着莲蓬睡觉。这真是石破天惊的奇思妙语。而在借助谐音以抒情的深一层次上，景语全都化成了情语，全诗又成了女子对情郎的殷勤叮咛与热烈表白：你想要被爱的话，那就主动到我屋里来相会吧，那样，我就能够时刻见到你，日夜可以和你相偎相倚。可以明显看出，一经将窗户纸捅破，将谐音双关的意思明白揭出，诗作的优美意境就不复存在，有余不尽的情韵就荡然无存，读去也就索然无味了。这首诗的韵味，全在于字面意思与深层意思的半离半合之间，景物描写与感情抒发的似与不似之中。此诗中女主人公不卑不亢的语气也颇值得玩味：明明是她想与情郎欢会，而且也作了“眠卧抱莲子”的热情洋溢的表示，却又给自己留下了主动回旋的余地，巧妙地以“欢欲见莲时”作为彼此相会的前提。由此可见，诗中这位富于想象、善于措辞的女子，不仅是热烈的，而且也是聪慧的，这就更加增添了她的思想性格的光彩。

以上两首诗，一首用比喻，一首用谐音双关，具体手法各有不同，但与北朝民歌相比，又可看出这两首诗作为南朝民歌在抒情风格上的共同性。同样是写男女希望相聚，南朝民歌娇滴滴地吟唱“欢作沉水香，侬作博山炉”，北朝民歌则毫不掩饰地表示：“天生男女共一处，愿得两个成翁妪”；都是写男贪女爱，南朝民歌借助“芙蓉”、“莲子”曲曲折折地寄写情怀，北朝民歌则直截了当地提出：“枕郎左臂，随郎转侧。”一个委婉含蓄，一个率直明朗，其间的界线是很清楚的。（陈志明）

西乌夜飞　　西曲歌

日从东方出，团团鸡子黄。

夫归恩情重，怜欢故在傍。

《西乌夜飞》，是南朝乐府民歌，属清商曲辞中的《西曲歌》。《乐府诗集》云：“《西曲歌》出于荆、郢、樊、邓之间。”那时，荆、郢之地经济繁荣，商业兴旺，文化发达，这是产生《西曲歌》的重要社会条件。《西曲歌》大多描写生活中的离愁别恨和爱情相思，这首“日从东方出”，也是借一位女子的口气，表达夫妻久别重逢时的喜悦，感情真挚深厚，风格清新秀丽。

这位女子的丈夫或许是在外经商吧，她天天都在焦急地盼望他的归来。在一个晴朗的早晨，圆圆的太阳像鸡蛋黄一样，正从东方升起。就在这个美好的时刻，魂牵梦萦的丈夫终于回来了，女子惊喜万分：他到底没有背弃自己，这种恩爱和情意是多么深厚啊！她激动不已，紧紧地依偎在自己所爱的丈夫身旁，久久不能离去。

这首诗虽然只有短短二十个字，语言也平易朴实、明白晓畅，但在表现技巧上，却颇有独到之处。第一、二句如同《诗经》中的许多作品一样，有起兴的作用，即“先言他物以引起所咏之词也”（朱熹《诗集传》），使诗意表达得更为婉曲有致。同时，在我国古代，有以日为夫象的传统观念。闻一多在《诗经通义》中说：“以日月喻夫者，天象之著者莫著于日月，以天地比夫妇，言日月犹言天也。”诗中第一句说“日出”，第三句说“夫归”，则“日”与“夫”之关系，已经得到了暗示。这位女子把丈夫比作天上的太阳，用阳光温暖的爱抚来比喻丈夫对自己的恩情，足见她对丈夫的一腔痴情。另外，第二句用鸡蛋黄比喻初出的太阳，在形状和色彩上都显得十分贴切而又新鲜，而“团团”两字，又能使人联想到夫妻团聚、其乐融融。同时，这种比喻也很切合女子的身份，因为鸡蛋黄是她在厨下操作时见惯的东西，所以当她看到那初升的太阳时，就自然而然地产生了这种联想。这一句不仅衬托出全诗欢快明朗的情绪，也很富有生活气息，这正是民歌的可贵之处。

诗的结尾，也很有特色。“怜欢故在傍”，以相依相偎的生动情景，来表现女子对刚刚归来的丈夫的缠绵之意，把感情具象化，给人以十分深刻的印象。特别是一个“故”字，用得准确，而又内涵丰富。故者，故意也，特地也。她为什么要故意偎傍着他呢？爱悦之情，固是一端；然而，她要报答他的忠于爱情，更是重要原因，那么，他们当初分别时的海誓山盟，也就自在不言之中了。她故意偎依着不愿离开，其分别之久，思念之切，也就可以想见了。全诗到此，戛然而止，给读者留下了多少回味和想象的余地，真可谓是“含不尽之意见于言外”（梅尧臣语）。

（管遗瑞）

东飞伯劳歌　　无名氏

东飞伯劳西飞燕，黄姑织女时相见。
谁家女儿对门居，开华发色照里闾。
南窗北牖挂明光，罗帏绮帐脂粉香。
女儿年几十五六，窈窕无双颜如玉。
三春已暮花从风，空留可怜与谁同！

《东飞伯劳歌》与下面的《河中之水歌》，最早见于南朝梁、陈时人徐陵编的《玉台新咏》，题为《歌词二首》，而未标明作者。从它们鲜明的民歌色彩来看，大约也属南朝乐府民歌，或许曾经文人的润色。这两首诗，后来有的本子题为梁武帝萧衍作。徐陵曾在萧衍朝做过官，与萧衍之子萧纲过从甚密，《玉台新咏》的编成，大约在萧衍死后不久，他的说法显然比较可靠，因此我们这里便依据《玉台》本。先来赏析《东飞伯劳歌》。《乐府诗集》卷六十八也收录了这首诗，并在其后收录了后来文人的一些拟作。从某种意义上说，拟作是对原作的一种特殊形式的理解与诠释，可以作为我们理解与欣赏这首诗的参照。

欣赏这首诗，应当抓住它的三个特点。第一，两句一换韵。在诗歌中，换韵往往标志着诗意或角度的转换。第二，“女儿”在诗中出现两次。在篇幅较长的古体诗或乐府诗中，重复出现的语句往往是全诗的核心，是作者表现的着力点，也是读者欣赏的着眼点。这首诗便是全力表现一位“女儿”的。就诗的情调和后人的拟作来看，她当是一位尚未结婚的少女。第三，开头两句与结尾两句彼此呼应，都非正面描写，却画龙点睛地揭示出全诗主题。开头两句是咏物起兴，以各自分飞的两种鸟儿——伯劳与燕子，神话传说中一年一度一相会的两个人物——牛郎(即“黄姑”，亦名“河鼓”)与织女，暗示着这位姑娘的生活并不是没有缺憾的，并创造出一种伤离怨别的气氛，笼盖全诗。它们看似不着边际，却与下文有着深深的内在有机联系。所谓“先言他物以引起所咏之词也”，就指这种情况。最后两句是对前两句的呼应与进一步发挥。“三春已暮花从风”隐喻岁月迁逝，她青春的光阴犹如瓣瓣落花，在雨丝风片中朝飞暮卷。“空留可怜与谁同”，“可怜”即可爱。这位美丽可爱的少女的情郎，不知何事离她去到远处，难得有见面的时候，她与谁一起度过这大好的青春呢？这两句是全诗的结穴处，后人的拟作的末尾也都着力表现这种感叹青春易逝的情绪，如萧纲：“余香落蕊坐相催，可怜绝世谁为媒。”唐人张柬之：“春去花枝俄易改，可叹年光不相待。”

中间六句是全诗的主体部分，从不同角度表现她如花似玉的美貌。第三、四句先从大处着笔，从乡亲们的反应出发，即所谓“开华发色照里闾”。“开华发色”，《乐府诗集》作“开颜发艳”，意思大致一样，形容她一笑百媚，光彩照人，容光焕发，似乎整个乡里(即“里闾”)都为她的美色所照亮。五、六句并不进一步直接描写她的美丽，却转而描写她的居室，从侧面加以衬托。她闺房的窗户(“牖”即窗)透出明亮的灯光，飘散出馥郁的幽香。这美好的居室，与美好的人儿相得益彰。七、八句才作正面描述。“年几”即“年纪”。古代女子十五六岁，已经到了结婚甚至生儿育女的年龄，而她却尚独处闺中。这是后面“三春已暮”的张本与伏笔。因而，“窈窕无双颜如玉”一句便带有了怜香惜玉的意味。“窈窕”言身姿的优美，“如玉”指面容的姣好。中间这六句对“女儿”的绝世美貌的夸张描写与铺陈，意在与上述开头与结尾的离别、茕独形成对比，加强艺术感染力。你看，一方面是如花的青春，如玉的容貌；另一方面却是如水的年华，如丝的愁绪，不更令人叹惋吗？

是的，叹息“如花美眷，似水流年”正是此诗的主调，它带有一种淡淡的怅惘，一种轻愁浅恨。这种怅惘是从诗人即“女儿”的邻居的心中滋生出来的。这也是人之常情。当我们看到一件美好的东西正在悄悄地消失时，心头不也会有一种莫名的惆怅吗？当然我们也可换一个角度来理解，把此诗看成“代言体”，即诗人设身处地地写“女儿”内心的伤感。那么，他对女主人公的心理，也算是体会入微了。

(萧华荣)

河中之水歌　　无名氏

河中之水向东流，洛阳女儿名莫愁。莫愁十三能织绮，十四采桑南陌头，十五嫁为卢家妇，十六生儿字阿侯。卢家兰室桂为梁，中有郁金苏和香。头上金钗十二行，足下丝履五文章。珊瑚挂镜烂生光，平头奴子提履箱。人生富贵何所望，恨不嫁与东家王。

与前首《东飞伯劳歌》相比，这首诗的民歌风味更为明显些，而在内容上，则使我们联想起鲍照《拟行路难十八首》中的“璇闺玉墀上椒阁”一首。鲍诗中所写的少妇优越而空虚的生活，与本诗的描写相似；鲍诗结尾少妇“宁作野中之双凫，不愿云间之别鹤”的感伤与悔恨，与本诗结尾二句的精神实质完全一致。只是鲍诗的女主人公名叫“金兰”，而我们的女主人公名叫“莫愁”。《乐府诗集》卷四十八有《莫愁乐》二首，其中的莫愁是石城（今湖北钟祥）人，而本诗中的莫愁却是洛阳人。大约莫愁是南朝乐府民歌中美女的泛称，犹如“罗敷”是汉乐府民歌中美女的泛称一样。就是说，她们都是一个“典型”。

好吧，让我们言归正传。全诗十二句，结构明晰：两种韵脚，自然地把全诗分为两段；前段开头二句与后段结尾二句互相对应，各段的其他铺陈句子互相对应。先看上段。“河中之水向东流”与《东飞伯劳歌》开头的起兴不同，它与后面的诗句并无意义上的必然联系，构不成“比兴”、比喻关系，只不过是开个头，起个调，凑个韵，引出下句。也许因为洛阳有条洛水（即今洛河），诗人即目所见，随口吟出的吧。这是民歌中的常用手法。不过我们并不觉得它是不必要的累赘，倒觉得它与全诗有某种情调上的一致。“水向东流”，与诗中“女儿”的岁月迁移，在形象上不是颇为和谐吗？下面四句历数莫愁从十三到十六岁的经历，用的是民歌中常见的年龄序数法，我们在《孔雀东南飞》中已经接触到这种方法。这有一种朴素的生活气息，令我们忆起在一去不返的童年时代，老祖母为我们屈指讲说古老的故事的情景。由这四句我们显然可知，莫愁原是一位劳动人民的勤劳女儿，她到村南的小路（即“南陌”）旁边采桑，然后拿回家养蚕，缫丝，又织成漂亮的绸布（即“绮”）。后来，大约是凭借着她的美貌，嫁到一户姓卢的富有人家，从而改变了她的命运，改变了她的生活内容，诗也随之进入第二段，描写她在卢家的生活。

作者首先用了六句的篇幅，极力铺陈渲染她的新生活的华贵优裕。首写居室：这是一个“兰室”，一个香闺，连寻常的屋梁都是用贵重的桂木充当，室中永远飘荡着名贵的郁金香、苏和香的浓郁芬芳。次写服饰：头插十二行金钗，这大约是当时最摩登的样式；脚穿有五色花纹（即“五文章”）的丝履，这向来就是富有的标志，汉代桓宽《盐铁论》就曾说过：“今富者常踏丝履。”末写器具：镜子用珍贵的珊瑚枝悬挂，璀璨明亮；佩戴着“平头巾”的奴仆替她提着“履箱”。“履箱”不知何物，有的辞书上释为“藏履之箱”，恐不免望文生义吧。这且不论。作者不惜用大量篇幅，以浓墨重彩铺张形容她的华贵生活，用意并不是赞美这种生活，而是要否定这种生活，令人意想不到地急转直下，突然引向另一个方向：“人生富贵何所望，恨不嫁与东家王！”“何所望”，即何可望。是的，这种养尊处优、无所事事的生活使她感到空虚，厌倦，百无聊赖。更主要的是，这里没有真正的爱情。可以想见，她的丈夫也许是一个官僚，一门心思地忙于官场的逢迎，她只不过是这个家庭的装饰品而已；他也许是一个“重利轻离别”的富商，一年到头在外经商谋利，早已把她忘在九霄云外。当年她也许艳羡过这种生活，如今却感到悔恨。早知如此，还不如当时嫁给东邻的王家呢。“东家王”有人认为指曾经做过散骑常侍而又早逝的王昌，恐不确当。与上句的“富贵”相对举，王家应是一户平民百姓，纵使生活不那么豪富吧，却夫妻相敬相爱，相伴相守。最后二句的心灰意懒与前六句的华贵富有形成强烈对比，这种先扬后抑的手法在现代西方文学批评中称为“反讽”，可以造成感情的落差，产生一种“出人意表”的艺术效果。

唐代诗人李商隐《马嵬》诗最后两句说：“如何四纪为天子，不及卢家有莫愁?”用的就是这首诗的典故。其实他只知卢家娶有莫愁这样的美好女儿，却何曾知道莫愁的心事？莫愁，莫愁，在你看似雍容华贵的外观后面，在你的心灵深处，隐藏着多少莫可名状的愁绪呀！　（萧华荣）

苏小小歌　　无名氏

妾乘油壁车，郎骑青骢马。
何处结同心？西陵松柏下。

这首诗最早见于南朝徐陵编选的《玉台新咏》，题目叫《钱塘苏小歌》。《乐府广题》说：“苏小小，钱塘名倡也，盖南齐时人。西陵在今钱塘江之西，歌云‘西陵松柏下’是也。”“钱塘”，即今杭州。“西陵”，又称西泠、西林、西村，在西湖孤山的西北侧。古代的西陵原是一处渡口，从北山一带到孤山要在这里摆渡。后来建桥相通，这就是有名的西泠桥。

诗用苏小小第一人称的口吻写出。看来女主人公正陶醉在爱情的欢乐中，乘坐着油壁车（一种小型的油布篷车，一说是在车壁上涂有油漆的车），她的情郎骑着毛色青白的马，在湖光山色的映照中徐徐行进，情不自禁地唱出了这首甜甜的爱情之歌。前两句只说乘坐什么车马前进，而妾旁有郎，郎边有妾，一路同行的幸福感，以及彼此在眉眼手势间的感情交流，已尽在不言之中。后两句表明，这一次同行，并非通常的游山玩水，而是要找一个地方去私订终身。“何处结同心”是一个修辞性的问句，并不是向情郎提问，而是心口相对时的自言自语，她望着前路，想着定情的去处，便顺口唱出，并接着指出了要去的地方：就在西陵的松柏树底下。“松柏”，想是西陵所实有。但为什么偏要选定松柏树下呢？这与传统文化中对松柏的看法有关。孔子说：“岁寒，然后知松柏之后凋也。”(《论语·子罕》)南朝民歌中的《子夜四时歌》说：“我心如松柏。”都是以松柏耐寒常绿的习性象征坚贞不渝的品性。当苏小小想到在“西陵松柏下”定情时，吸引她的有那里的僻静、幽洁，很可能也寄托了她对坚贞不渝的爱情的祝祷与向往。

苏小小虽然身为烟花女子，但在这首诗中，她并不以一个妓女的身份出现。诗中的她，是一个主宰自己命运的少女，她乘坐她喜爱的油壁车，她和她的情郎一起到她想去的地方去，她属于她自己。在窒息人性的封建礼教的统治下，个性与感情被深深埋没在人们的心底，大概正由于此，在苏小小身上爆出的个性与感情的闪光才显得分外耀眼，令人神往。难怪后世骚人墨客对苏小小的事迹有许多题咏，李贺、白居易、沈原理、辛文房、元好问、袁宏道等人都写过有关苏小小的诗歌，清代陈树基还在他的短篇小说集《西湖拾遗》中，将《苏小小歌》敷演编写成《苏小小慧眼识风流》的完整故事。不知起于何时，人们还在西泠桥头为这位多才多艺的薄命红颜修筑了一座象征性的坟墓，并建造了一个“慕才亭”以遮蔽风雨，亭上题有“千载芳名留古迹，六朝韵事著西泠”等对联。苏小小的香魂及其动人的爱情故事成了西湖历史文化的一个组成部分。可惜的是，由于对苏小小的错误评价与对西湖历史文化的简单化的理解，苏小小的坟墓早在十年动乱之前就已被荡平了。尽管如今来到西子湖边，宝马香车不再逢，甚至连象征性的坟墓遗迹再也见不到，而知道苏小小故事的游客，仍然会前往西泠桥头的空亭前踯躅，猜度“西陵松柏下”的具体地点，想象当年苏小小乘坐油壁车与她情郎在“西陵松柏下”互诉衷曲的情况……

(陈志明)

碧玉歌 吴声歌曲

碧玉小家女，不敢攀贵德。
感郎千金意，惭无倾城色。

碧玉破瓜时，相为情颠倒。

感郎不羞郎，回身就郎抱。

小家碧玉在旧社会中是广泛流行的一个成语，它与大家闺秀不同，指出身门第不高、但颇可爱的女子。这成语的来历即源于《碧玉歌》。《乐府诗集》收录无名氏《碧玉歌》共五首，上面所引是其中的两首。

《碧玉歌》歌咏的是真人真事。据《通典·乐典》记载，碧玉是晋朝宗室汝南王的姬妾，汝南王非常宠爱她，因此制作了《碧玉歌》。结合《晋书·汝南王亮传》、戴祚《甄异记》等古籍记载，可知汝南王是东晋的司马义（“义”一作“羲”），官至散骑常侍。司马义是东晋皇帝本家，又任高官，故诗中称为“贵德”。碧玉姓刘，出身不高，故诗中称为“小家女”。碧玉擅长唱歌，但容貌并不美，故诗中说“惭无倾城色”。破瓜时，指碧玉年方二八（十六岁）。篆书“瓜”字好像两个“八”字叠成，因此古人用“破瓜”形容女子二八年华。

《碧玉歌》虽然写的是贵族生活，但运用了当时民间的吴歌体，语言通俗生动，感情热烈大胆，富有民歌风味。“感郎不羞郎”两句，更具有民间情歌真率大胆、毫不遮遮掩掩的特色。东晋时代，吴越地区的民间情歌，深受贵族文人喜爱，不但有不少被采录加工，配乐演唱；而且还加以模仿，用来表现上层阶级的风流生活。后者除《碧玉歌》外，还有像王献之《桃叶歌》、无名氏《团扇歌》均是。从此可以充分看到古代民间文学对文人文学的影响。

《甄异记》更载有一则关于碧玉的离奇故事，内容说：司马义临终时，叮嘱碧玉不要再嫁，碧玉允诺。司马义葬后，碧玉准备嫁给邻家。忽见司马义乘马入门，引弓射中其喉，碧玉痛极昏死。隔十多日才苏醒复活，周岁后才能说话。从此她丧失了美妙的歌喉，不再改嫁。这故事荒诞不足信，但反映了古代贵族阶级人士对待姬妾的残忍：不但活着时要占有，连死后也不让对方获得自由。

这两首诗，《玉台新咏》署为孙绰作。孙绰是东晋中期著名文人，擅长写作，与司马义同时。他经常出入于王公贵族之门，为他们写文章。这两首诗，很可能是孙绰应司马义的请求而写的。

（王运熙）

团　扇　歌　　吴声歌曲

青青林中竹，可作白团扇。
动摇郎玉手，因风托方便。

团扇复团扇，持许自遮面。

憔悴无复理，羞与郎相见。

《团扇歌》一名《团扇郎歌》，郭茂倩《乐府诗集》共著录无名氏作七首，上面是其中的两首。

关于《团扇歌》的起源，有一个很动人的故事。东晋做中书令大官的王珉，喜欢使用白团扇却暑。王珉和嫂子的婢女谢芳姿发生爱情，经常欢聚。嫂子闻讯后生了气，重重鞭挞芳姿。王珣（王珉之兄）加以劝阻。芳姿平时善唱歌，嫂子要她唱歌一曲，再加赦免。她即时唱道："白团扇，辛苦五（当是"互"的误字）流连，是郎眼所见。"王珉明明知道歌中的郎指自己，故意问芳姿："你唱的歌送给谁？"她又唱了另一首歌作答："白团扇，憔悴非昔容，羞与郎相见。"后人据此写了若干《团扇歌》。

这个故事表现了南朝贵族文人的风流韵事，在当时颇为闻名。据史籍记载，六朝士人喜欢使用白团扇。《团扇歌》中的郎，原来是指王珉，但后人所作的《团扇歌》，则可以指别的情人。

这里第一首歌即景生情，说看到竹林中青翠的竹子，想到它们可以砍下来制成白团扇，为欢郎玉手所执握摇动，扇起阵阵清风。因此产生遐想：清风呵，能否给予方便，把我思念郎君的情意，传递给他呢？歌词语言朴素真率，表达了女子诚挚的感情。后两句富有含蕴和想象，使我们想起李白赠其好友王昌龄的佳句："我寄愁心与明月，随风直到夜郎西。"（《闻王昌龄左迁龙标遥有此寄》）第二首歌显然是根据谢芳姿原作加工而成。许，语助词。全歌意思说：我思念你郎君，忧心忡忡，又受鞭挞，备受折磨，变得容颜憔悴，又无心整理修饰，实在害怕你见到这副模样。我得用团扇来遮住自己的面容呢！本来是热恋郎君，渴望与郎君相会，现在却因容颜憔悴而害怕会面，即使会面也得用团扇遮面，细致地表现了女子复杂矛盾的心情。此歌后两句袭用谢芳姿原词，第一句改成"团扇复团扇"五言句，叠用"团扇"一词，增加第二句"持许自遮面"，不但使全诗成为整齐的五言古绝句，而且在表现女子沉重复杂的心情方面，显得更为生动细致了。

这两首歌，有的古书（《玉台新咏》、《艺文类聚》）作桃叶《答王团扇歌》。王团扇指王献之，是东晋著名的文人、书法家。桃叶是王献之的婢妾，两人情爱很深，王献之曾作《情人桃叶歌》赠予桃叶。王献之与王珉是同时人，又同是王氏大家族中的著名人物。王献之在王珉之前曾担任中书令要职，他和婢妾桃叶相爱之事，与王珉与嫂婢谢芳姿相爱事相像，所以传说在流传过程中容易混淆起来。

（王运熙）

西　洲　曲　　　　无名氏

忆梅下西洲，折梅寄江北。单衫杏子红，双鬓鸦雏色。西洲在何处？两桨桥头渡。日暮伯劳飞，风吹乌臼树。树下即门前，门中露翠钿。开门郎不至，出门采红莲。采莲南塘秋，莲花过人头。低头弄莲子，莲子青如水。置莲怀袖中，莲心彻底红。忆郎郎不至，仰首望飞鸿。鸿飞满西洲，望郎上青楼。楼高望不见，尽日栏干头。栏干十二曲，垂手明如玉。卷帘天自高，海水摇空绿。海水梦悠悠，君愁我亦愁。南风知我意，吹梦到西洲。

《西洲曲》，可谓南朝乐府之绝唱。这首长篇抒情诗，是以一江南少女之口吻，发抒其对于江北情郎之无极相思。

“忆梅下西洲，折梅寄江北。”起唱二句，便一往情深。西洲在江南少女所居附近，江北是其情郎所在之地。玩味诗意，知又当梅花时节，少女回忆起往日与情郎赏梅西洲，故往西洲，折梅一枝，以寄江北。西洲，实爱情之摇篮。梅花，乃爱情之象征。这一“忆”，一“下”，一“折”，一“寄”，正是一往深情。“单衫杏子红，双鬓鸦雏色。”此二句，是少女之自我写照。女儿所著单衫，色如杏红，大方倩丽；女儿一头秀发，色如小鸦，乌黑润泽。此写少女之美，有两点可加称道，一是含蓄而不露，二是取譬眼前自然景致。杏子，雏鸦，皆暮春节物，转眼春光将尽矣。春光最惹相思，少女取譬眼前暮春光景作自我写照，正有一份自怜自惜之含情也。“西洲在何处，两桨桥头渡。”西洲既是爱情发祥之地，便为女子心魂所萦绕。西洲在何处？撑出小艇，打起双桨，经过桥头、渡口，便是西洲。西洲不远，女子固常往重游。“日暮伯劳飞，风吹乌臼树。”伯劳是鸣禽，仲夏始鸣。乌臼乃乔木，夏季开花，种子可用来洗衣、制蜡烛，故旧时人家多植之。日之夕矣，伯劳飞鸣，晚风吹过，乌臼树摇。此二句写少女自家门前景物，顺上文意脉以解，是少女自西洲还家之情景。伯劳仲夏始鸣，又好单栖，此不仅启示时节移易，相思之深，亦暗喻女子之孤单。“树下即门前，门中露翠钿。”乌臼树下，即女子门前，乔木掩映，门中隐约露出女子头上之翠钿。此一要眇之景象，愈增凄美之情韵，亦暗示女子之孤单也。“开门郎不至，出门采红莲。”红莲夏末开花，时节又移矣。日日开门，总盼郎至，然而情郎总是不至。此日开门，又是如此。“开门郎不至”，写出久别之人日日盼归、盼归不至的那份失落心态，来得多么简练、自然。女子打起双桨去采莲,“采莲南塘秋,莲花过人头。”采莲,非采红莲花,是采莲蓬,即莲子。“秋”之一字,提起季节之再转变。江南水乡,处处湖塘。此一南塘,即女子所居南边之荷塘。时值初秋,故尚有未凋之莲花。女子坐小舟中,莲花高过人头。莲花莲叶掩映,这又是一番清绝幽绝之境界,怎能不撩起相思之幽情?“低头弄莲子,莲子青如水。”低头把玩莲子,莲子青青,青如秋水。此比喻之美,令人赞叹。小小莲子,喻之以渺渺秋水,其相似一点,在于青。“莲子”二字,实以谐音之语,隐喻双关之意:莲子,怜子也,犹今语“爱你”。青者,清也。在女子之深心中,情郎之性情,正是清如秋水,教女儿怎能不爱?“置莲怀袖中,莲心彻底红。”弄莲意犹未足,更将莲子置入袖中藏起。既曰“置”,又曰“怀”,足见女子对莲子之珍惜护持。“莲心彻底红”直是明明白白之比喻,喻说爱心之彻底赤诚也。此一节采莲、弄莲、怀莲、叹莲,最富南朝民歌天然之情韵。莲子,成为爱情又一美好象征。“忆郎郎不至,仰首望飞鸿。”上言“开门郎不至,出门采红莲”,至此二句,已是反复倾诉,而相思愈加深切,其情苦矣。忆郎实已成为女子全幅生活之精神。郎终不至,无可奈何,举首仰望飞鸿——早已是秋天了。鸿雁传书,原是古人之故事呵。“鸿飞满西洲,望郎上青楼。”鸿雁南飞,从江北来,从情郎所在之地来,飞到江南,飞到西洲,飞到女子所居之地,可是满天鸿雁,并无一字书信。南北阻绝之悲伤,真使人黯然销魂。然而此一女子,乃能从黯然销魂之中振拔,而不被悲伤所压倒,故更上青楼遥望情郎(青楼以青漆涂饰,此指女子所居。唐宋时才用青楼指妓女居处)。“楼高望不见,尽日栏杆头。”可是,纵然是百尺高楼之上,也望不见遥在江北之情郎呵。江北江南,天各一方。女子唯有尽日伫立栏杆,望穿秋水而已。“栏干十二曲,垂手明如玉。”高楼曲曲栏杆之畔,女子日日伫立凝望,女子仰头,双手低垂。其手皓洁,宛如白玉,见得其人亦光彩照人。此女子高楼伫立凝望之形象,实美如一尊雕像。仰首盼望,见得其心灵期冀追求之无已。低垂双手,则见得其忧伤痛苦之沉重。“卷帘天自高,海水摇空绿。”天色晚了,女子回到室内,怀想之情仍无可抑止,遂卷起窗帘眺望北方。唯见天之苍苍,天自高矣;海水漫漫,空自摇绿。斯人终不可见。“自”字、“空”字,相对互文,从大自然与自己之不相干,深刻揭示出自己之寂寞感、失落感。杜甫《蜀相》“映阶碧草自春色,隔叶黄鹂空好音”,正是同一机杼。海水,或以为指江水,或以为指青天,说皆有理。长江下游,江水浩渺如海。而碧海又何尝不可以喻青天。但此处仍以讲为江水为宜,如此则更切合江南地理环境。此一碧海青天迷离惝恍之境界,实是女子相思心态之绝好体现。故有结唱四句:“海水梦悠悠,君愁我亦愁。南风知我意,吹梦到西洲。”碧海青天之悠悠,与梦思怀想之悠悠,同是无极无垠。在女子之心中，更深知江北情郎您之愁恨，亦如我之愁恨，同是绵绵无尽。南风呵，若知我心意，请吹我梦重到西洲。“吹梦”二字，何等空灵、自然。李白“春风复无情，吹我梦魂散”，相较亦不免逊色。为何不曰吹梦到江北？此不仅叶韵使然。西洲，爱情之摇篮也。曰西洲，足以见意。全诗起唱于“下西洲”，结唱又回向“到西洲”，其回环宛转之美，圆满如此。

《西洲曲》艺术造诣自然高妙，体现了南朝乐府之最高成就。论其构思，圆满具备中国诗歌意境回环宛转之美。以时间言，则从冬至春，从夏至秋，兼以日日夜夜，已极四季相思、日夜相思、回环宛转之致。以空间言，则相思于西洲、于门前、于南塘、于高楼、于天、于海，相思真无往而不在，已遍其生活之空间。而整幅意境起自西洲，终于西洲（起是实往，结是梦到，虚实相生），亦极回环宛转之致。构思造境回环宛转之美，乃是绵绵情思固执不舍之体现。沈德潜《古诗源》赞云“续续相生，连跗接萼，情味愈出”，说的正是此一特色。论其手法，则尽有传统民歌尤其南方民歌之神理。全诗多用比兴，而比兴皆取江南风光。如“单衫杏子红”，如“日暮伯劳飞”，如“海水梦悠悠”。整幅诗境是一片江南风光，整幅诗境，亦可谓皆是此女子之一片灵秀气。又多用接字法，如“风吹乌臼树，树下即门前”，如“望郎上青楼，楼高望不见”。故音节特美，既宛转回环，又富节奏感。又颇用谐音双关，如“莲子青如水”，“莲心彻底红”，既委婉含蓄，又丰富了想象。此诗《乐府诗集》、《古诗纪》皆作“古辞”，《玉台新咏》书江淹作，但宋本不载，《诗镜》书梁武帝作。当是经过优秀诗人之手润色的民歌。“单衫”二句、“日暮”四句、“忆郎”二句及“楼高”以下十句，声调和谐协律，尤其结唱一节构思自然高妙，显然是经过诗人之润色。

《西洲曲》是爱情诗，诗中所写之爱情，是清如秋水之纯情，更具有一种择善固执而不舍之向上精神，这是中国爱情诗之真谛。

最后应当一提的是《西洲曲》故事所发生之历史地理环境。诗中女子在江南，所爱情郎在江北，两人相思无极而不得团圆，此一具悲剧味之爱情，隐然似有一南北阻绝之背景。按此诗见载于文献之时代及其艺术境地之高度，当产生于南朝后期。自齐梁以降，南北朝于江淮间争战多年，互有胜负。及侯景之乱，东魏遂尽有淮南之地。景败，时北齐已代东魏，于是江北亦为北齐所有。是时梁之境，唯以长江为限。以后，陈代梁，复淮泗之地。周灭北齐，败陈师，陈仍画江为界，江北之地尽入于周。（参赵翼《廿二史札记·南朝陈地最小》）《西洲曲》中男女双方江南江北阻绝之情事，是否与南朝后期江北之地反复得失之背景有关，已难确证，提出以资参考。

（邓小军）

长干曲 无名氏

逆浪故相邀，菱舟不怕摇。
妾家扬子住，便弄广陵潮。

这是一首南朝乐府民歌。南朝民歌多描写男女恋情，风流妩媚，即使有的篇什写到采桑织布等劳动，如“春日采桑时，林下与欢俱。养蚕不满百，那得罗绣襦?”(《采桑度》)，也离不开男欢女爱。这首《长干曲》也是情歌，不过，诗中的女子颇有一股飒爽英气，不似其他情歌中的女主人公那样缠绵；而采菱女驾舟出没于风浪中的画面，又颇具江南水乡的独特风情。

在白浪滔滔的大江之上，一叶扁舟在浪尖上颠簸，在浪谷中滑行，仿佛随时都会被巨浪打翻，令旁观者心颤。而划船的女子却镇定自若。她说：“逆浪故相邀，菱舟不怕摇。”“逆浪”，即顶着浪头。她说自己是特意选了这么一个风急浪大的时候，顶着浪头来划船相邀的。言外之意：风平浪静，哪比得上此刻有意思呢？她非常自信地说：“菱舟不怕摇。”我这只小小的采菱船是不怕风浪摇晃的！说是“菱舟不怕摇，”实际上是女子夸说自己不畏风浪。女主人公并没有直接说她“相邀”的是何人，也没有说是何事使得她不畏风浪前来“相邀”，但是我们不难猜出这位采菱女是在约请她的情郎，为了和心上人相约，即使风再急，浪再高，又怎么能阻拦得了她呢！因此这里的一个“故”字既透露出水乡女子对江上风浪的偏爱以及对自己驾舟本领的信心，更可见出一个痴情女子欲与心上人约会的急切心情。

或许她的心上人曾关心地提醒过她：今天风浪太大了，你就不要驾舟前来。而这位女子却要心上人放宽心，她说：“妾家扬子住，便弄广陵潮。”广陵潮在当时是很有名的，汉代枚乘在《七发》中曾专门描述它的壮观，说涨潮之时“波涌而云乱”，“状如奔马”，“声如雷鼓”，“遇者死，当者坏”。而这位采菱女却自豪地说：我家就在扬子江住，从小弄惯了广陵潮，眼下这点风浪何足惧也！——为了追逐幸福的爱情，她毫不畏惧地出没于风浪中。

这首诗情调活泼明快，语言质朴清新，不加雕琢而情境俱佳，三言两语，便点染出江南水乡女子独有的精干清灵，使一个风里来浪里去的痴情女子形象生动地浮现在读者眼前。 (韦凤娟)

宛转歌二首 无名氏

月既明，西轩琴复清。

寸心斗酒争芳夜，千秋万岁同一情。
歌宛转，宛转凄以哀。
愿为星与汉，光影共徘徊。

悲且伤，参差泪成行。
低红掩翠方无色，金徽玉轸为谁锵。
歌宛转，宛转情复悲。
愿为烟与雾，氛氲对容姿。

这两首诗据吴均《续齐谐记》，来自一个美丽而感伤的故事：晋人王敬伯，好学而善鼓琴。年十八为东宫卫佐，休假还乡，经吴维舟登亭望月，怅然动怀，弹琴歌诗。俄闻户外有嗟赏之声，见一女郎，姿质婉丽，随从二婢。女郎至则抚琴挥弦，调韵哀雅感人。复又弹一曲，叹息久之。乃命大婢酌酒，小婢弹箜篌，作《宛转歌》。女郎拔金钗扣琴而和。歌凡八曲，敬伯仅记二曲。夜深将别，互赠物留念。女郎怅然不忍，且曰："深闺独处，十有六年矣。邂逅旅馆，尽平生之志，盖冥契，非人事也。"言毕，便去。他日敬伯船至虎牢，戍吴令刘惠明，有爱女妙容早逝。舟中所遗失物，在敬伯船得之；敬伯具以实情相告，刘亦于帐中见所赠物。

这虽然出自小说家言，却反映了封建社会上层才女，情感压抑，爱情得不到自由的精神痛苦。这两首《宛转歌》，情调凄苦，哀怨独至，其作者似乎非女性而莫属。

先看第一首。"月既明，西轩琴复清"，二句展现了一个幽雅清美的境界：月光如水，遍地空明，轩廊之上，幽幽琴音给寂夜又增添了几分静谧气氛。写月明着一"既"，说琴清，而曰"复"，是说明月东升，而又琴声在耳，悦目娱心，清景难逢。这番写景，为下文言情作了铺垫。

三、四两句，由情递景。悠扬的琴声，自不难撞开一位少女的心扉，何况听者自己就是一位琴瑟高手。她深闺寂寥，这偶尔的弹奏，便视为空谷足音，自然一听而钟情。琴声成了他们邂逅相遇、天作地合的媒使。芬芳静夜，月明琴清、觅得知己，两情相悦。美酒共酌，寸心相印，絮絮不尽。"争"，犹贪之意，着此一字，便烘染出欢洽的氛围，与"同"字一起，把弹、听二者挽合，炼字极堪品味。

"千秋万岁"，这是多少有情人的痴望，然而这"同一情"，只是一夜之间的萍水相逢，翌晨又将各奔东西。相见恨晚，相别怨促之情，倾泻于《宛转歌》，思苦音凄，这歌声也一变而宛转哀怨了。五、六二句，乐极生悲，至于凄哀至极。

末二句就眼前夜景生情，与篇首“月明”照应。仰望夜空，明月皎皎，星汉西流。银汉护着群星，群星偎着银汉，星汉拱绕，光影徘徊。她多么希望和眼前人忽然成为“星与汉”，千秋万岁，生生世世“共徘徊”。这是祈祷祝愿，也是仰天浩叹。末句的“共”和第四句的“同”，前后映带，情思结成一片，怅然不忍别之意，悠然不尽。

再看第二首。“悲且伤，参差泪成行”，参差，即纵横，以状泪多，形其悲重伤深。“低红掩翠”，是互文，犹言低掩红翠。别泪参差纵横，时不时地要“掩翠”（掩袖）拭去。“徽”，系弦之绳。“轸”，通紾，系弦线之轴。恨别在即，翠红亦无色，便欲鼓琴释愁，聊以自宽，想也终属枉然。琴瑟纵有金玉以为饰，又何济于事！故有“金徽玉轸为谁锵（弹）”难以名状的哀痛。这两句“仍就琴上生出感慨”（张玉穀语），与“西轩琴复清”的场景形成鲜明的哀乐对照。停琴息悲，悲岂能止，则又续之以歌。但歌声亦同琴音，仍然难免宛转生悲。一句“情复悲”，承前“为谁锵”，反照篇首之“悲且伤”，复与前首“凄以哀”连缀贯穿，真有“宛转”之致。

结尾祝愿：“愿为烟与雾，氛氲对容姿”企盼和有情人像那自来自往而缭绕一体的烟与雾一样，同聚共守。这是被禁锢在深闺的少女，渴求爱情的呼唤，也是伤情人的伤心语，一曲《宛转歌》，便在这伤感不尽的凄苦情调中，袅袅地收拢了最后一个尾音。

这诗在结构上颇有可观之处。三、五、七言长短交错，音节宛转自然。四个三字句，分置篇首与篇中，使每首各自形成两个层次。“月既明”，是乍逢时的月明人好；“悲且伤”是乍见乍别的哀怨，都有领起全篇作用，且互成次第。“歌宛转”重复出现，点明题目，置于层进转折的关捩处，增强了宛转缠绵的风神。末尾着两“愿”字，情致绵绵，余音不尽。这样情思悱恻的作品，看来也只有出于女性的手笔，须眉是很难代庖的。因此，它虽然是依托了《续齐谐记》才得以保存，但恐怕不能算在为诗“清拔有古气”的吴均的名下，还是应看作晋时已有此诗，吴均只是由诗而敷衍出他的小说，这样才比较妥当吧？ （魏耕原）

北朝乐府民歌

企 喻 歌 北朝乐府民歌

男儿欲作健，结伴不须多。
鹞子经天飞，群雀两向波。

《企喻歌辞四首》见郭茂倩《乐府诗集》卷二十五，属《横吹曲辞》中的《梁鼓角横吹曲》。横吹曲是一种马背上演奏的军乐，产生于北方少数民族。汉魏以来，汉族政权吸收采用，或用于朝会，或用于军伍，或伴以箫笳，或伴以鼓角，横吹遂分为两部，有箫笳而用于朝会者称为鼓吹曲，有鼓角而用于军伍者称为横吹曲。所谓“梁鼓角横吹曲”，并不是说这些曲辞作于梁代，而只是说梁时所奏。至于曲辞的内容，正如郭茂倩所指出的：“《梁鼓角横吹曲》多叙慕容垂及姚泓时战阵之事，其曲有《企喻》等歌三十六曲。”慕容垂是鲜卑人，建立后燕政权(384—407)；姚泓是羌人，乃后秦政权(384—417)的末代君主。慕容垂和姚泓的时代，即我国历史上的东晋十六国时期。这个时期北方正进行着兼并战争，各民族间相互仇杀，社会风气崇尚勇武斗狠。《企喻歌辞四首》就是在这样的社会背景上出现的一组民歌，它所描写的是当时的战斗生活，所歌颂的无疑是一种尚武精神。

本篇歌辞语言极质朴，风格亦悲凉慷慨，当初恐怕是一首鲜卑歌，即所谓“虏音”，后来始翻译为汉语。四首歌辞也未必同时所作，有人便把第一首提出来单独讲，而把其余三首合在一起讲，以为上下可以贯通一气。又据记载，第四首“男儿可怜虫”一首为前秦苻融作，其余盖出于民歌，则四首的作者亦非止一人，各首章法有异也就不足为怪了。

这第一首只四句，前半直写胸怀大志，开门见山，真率逼人；后半辅以比喻，既借以烘托氛围，又借以深化主题。首句“男儿欲作健”，“健”即健儿，南北朝时常语，等于说壮士、勇士，指军中士卒而言。作为一个男子汉，平生最大的追求就是从军征战，驰骋疆场，表现出超人的勇力，从而建功立业。这位无名氏作者的口气十分坚定，不容人有半点怀疑，确实反映出当时北方男儿敢于冲坚履险的大无畏气概。次句“结伴不须多”，意思是说真勇士要有孤军作战的能力，即使自己身旁伴侣无多，也要不惧艰险，勇往直前。

三、四两句拈出鹞、雀作比喻，进一步点醒题旨。鹞子似鹰而小，扑食雀类，迅捷而凶猛。这里说“鹞子经天飞，群雀两向波”，“两向波”是说如劈波斩浪般两向分飞逃避，极言鹞子来势汹汹，而群雀仓皇分飞，避之唯恐不及。此处的鹞子即是男儿的崇拜的对象，或者说就是男儿理想的化身，他希望自己能像鹞子入雀阵一样所向披靡。这个比喻使作者歌颂的尚武精神具有了实实在在的形象，使“欲作健”的理想渗透了上阵破敌的意味，不再流于好勇斗狠的泛泛空论。读三、四两句，当我们惊叹鹞击群雀的动人图景时，浑然不觉已进入了作者精心构筑的尚武氛围，由不得要为健儿击节拊掌，这时我们真的要佩服作者大巧若拙的创作手法了。

(许逸民)

企喻歌 北朝乐府民歌

男儿可怜虫，出门怀死忧。

尸丧狭谷口，白骨无人收。

据《古今乐录》记载，这一首的作者是前秦苻融。苻融字博休，前秦皇帝苻坚的季弟，文武兼备，文可以“谈玄论道，下笔成章”，武可以“骑射击刺，百夫之敌”，官至车骑大将军、司隶校尉。《晋书》卷一一四有传。这首歌辞粗直少文，未必真的出自苻融这样的士大夫之手，但苻融多曾率军征伐，或者得自民歌，有感而诵，后人遂视其为作者。不论如何，这首歌辞的内容写出了战争给人民带来的苦难，风格也与当时的民歌一脉相承，径看作一首民歌并无不可。

《企喻歌辞四首》的第二、第三首写从军情景，其二：“放马大泽中，草好马著镳。牌子铁裲裆(指铠甲)，钰鉾(指头盔)鹳尾条。”其三：“前行看后行，齐著铁裲裆。前头看后头，齐著铁钰鉾。”这里主要是对士卒装束的摹画，但行军厮杀的情形由此也可以想见。至于战斗的结果，那就要看第四首了。如果把四首歌辞作为一个整体来分析，则第四首顺理成章是对前三首的收束。因为写的是从军作战的结局，故而格调悲壮，用它来比汉乐府名篇《战城南》亦不逊色。

前二句“男儿可怜虫，出门怀死忧”，语意倒装，下句为因，上句为果，意思是说，男子汉走出家门而贪生怕死者，适足是一个可怜虫。为什么呢？因为出门从军，难免一死，大丈夫视死如归，何所惧哉！只有那些胆小鬼才害怕死亡，整日忧心忡忡。作者崇尚勇武，认为后一种人是可鄙的傻瓜。

按照上述理解，则后二句“尸丧狭谷中，白骨无人收”，是说战争本来就是残酷的，作为战士何妨弃尸深山荒野。《古今乐录》还记载，后二句本作“深山解谷口，把骨无人收”，虽然文字有不同，但意义却无甚差别。在常人眼里，战争的这般结局足令人惊心动魄，伤感不已。而在作者看来，这已是“司空见惯浑闲事”，平平道来，未尝动容。殊不知作者的见怪不惊，恰恰从反面证明着战争的频仍与悲惨，作者的貌似豪迈的口吻，也正说明了战争的结局不堪回首，于平淡中陡然给人以悲愤壮烈之感。

有人对这首歌辞还有另外一番理解，认为主旨是写征夫内心的苦痛，他们“出门怀死忧”是因为已预感到了自身的归宿，却又无力回避，故得称为可怜虫。这种解释虽说也可以从一个侧面反映战争所造成的苦难，但此处的“男儿”竟已成为作者嘲讽的对象，这与前三首对“男儿”壮怀的歌颂大相径庭，显然是不准确的。由此想到,《古今乐录》称这首歌辞后面还有一种本子多出二句是:“头毛堕落魄,飞扬百草头。”这两句无非是渲染弃尸荒野的凄惨景象,如全诗作后面一种理解或许有此必要,若诗意主写昂奋,则此二句不啻为蛇足,前人删之,良有以也。（许逸民）

琅 玡 王 歌　　北朝乐府民歌

新买五尺刀,悬著中梁柱。
一日三摩挲,剧于十五女。

北朝民歌写男儿的勇健,笔调多带豪迈之气,这首“新买五尺刀”,却以柔情出之,显得别具一格,耐人反复玩味。

首句突出“新买”。“器惟求新”,新的器物总是特别吸引人的,这柄新买的宝刀也不例外。“五尺刀”既非“尺八匕首”、“三尺剑”一类短兵,也不属“丈八蛇矛”、“七尺大刀”一类长型,其修短合度适中,才便于悬观。这个五尺刀的“五”字不仅与十五女的“五”字起拈连作用,而且刀长与少女身材也大体相当,故容易唤起人的联想。

“不惜千金买宝刀”,买来之后首先就是观看。这当然并非单纯的鉴赏,而是满怀激情快意,通过看刀,作一番挥刀跃马、扬威边陲的神往之想。《水浒》描绘林冲买回宝刀,“把这口刀翻来覆去看了一回”,“当晚不落手看了一晚,夜间挂在壁上,未等天明又去看刀……”委实是观之惟嫌不足。而这里则把宝刀放在极为显眼处。“悬”是让它高挂,“著”是将它附著、固定,“中梁柱”是支撑厅堂正中的那根大梁主柱。这个位置很理想,不论在堂室行坐或从大门进出,都抬头可见,伸手可触。这位壮士对他的宝刀,也和林冲一样,真可谓是爱之成癖。

单是用眼赏鉴尚觉不够味,更进一步就要用手在刀身上来回反复地扪摩。“摩挲,犹末杀也,手上下之言也”(《释名·释姿容》)。“一日三摩挲”,表明这样的动作每天还要重复多次。抚摩表现一种“抚”爱,一种极其温柔、沉酣、甜美的爱。这位“英雄无奈是多情”,他由对宝刀之爱,很自然地联想到对少女之爱。

《礼记·内则》:女子“十有五年而笄(以簪别发)”,表明已经成人,可以出嫁了。“碧玉破瓜时,郎为情颠倒。”青春少女,豆蔻年华,其光鲜照人犹如宝刀,最能惹人迷恋。新买宝刀,长度合宜;绝代佳人,正当妙龄。此处说“剧于十五女”,以二者相比,突出英雄爱刀更胜爱美人一筹之意,从而把对新买宝刀之爱推向顶点。小诗到此戛然而止,却留给读者以余味和遐想。

这首诗以比喻新颖、联想奇特见长。另外,层递性的高度夸张,相同词语的前后拈连,也都为小诗添增了艺术光彩。字里行间透出的英雄气盛,尤胜于儿女情长。王士禛《香祖笔记》评此诗云:"是快语,语有令人骨腾肉飞者,此类是也。"即指这种刚毅豪猛的北方民歌本色而言。（童明伦）

琅 玡 王 歌

北朝乐府民歌

客行依主人,愿得主人强。
猛虎依深山,愿得松柏长。

这是一首北朝乐府民歌,选自《乐府诗集》卷二十五《横吹曲辞五·琅玡王歌辞》。大凡民歌都以朴实自然见长,北方民歌尤其如此,而这首歌辞更是通俗如话,即使对于千载之下的我们,也没有任何文字上的障碍。《琅玡王》是曲调名,在此曲下共收歌辞八首,但彼此之间并没有什么内容上的关联,因此我们很难根据上下文准确无误地判定诗中"主"、"客"的具体身份。不过从"客行依主人"中的"行"字推想,这应是一首流亡者之歌。当时北方频仍不绝的战争,沉重的兵役和徭役,迫使人民远走他乡,颠沛流离。不少北朝乐府民歌,都哀叹过这种悲惨遭际。他们像那被狂飙吹卷飘落无定的枯叶,"一去数千里,何当还故处";他们像那从高高山头跌落而下的水珠,"念吾一身,飘然旷野"。这首诗的抒情主人公——"客",其命运也是如此,不知什么样的灾难把他驱到异域他乡。但他实在算是侥幸,遇到了一位善良的"主人"。这大约是一个比较殷实的人家。主人收留了他,款待了他,使他免于饥寒之苦。这种情况,汉代乐府民歌也有类似的表现,如《艳歌行》:"兄弟两三人,流宕在他县。故衣谁当补?新衣谁当绽?赖有贤主人,览取为我组(缝补)。"心地厚道者代代不乏其人。这位流亡者自然深深地感念"贤主人",他在心中默默地祝祷:"愿得主人强。"他并且用"猛虎依深山,愿得松柏长"的比喻,来补足"强"的内容。这两句由于与前两句句型相同,虽然没有用"如同"、"就像"之类的关联词语,其寓意却是一望而知的。这里值得注意的是,这位流亡者虽然无疑是感铭于心的,但却没有讲"犬马之报"一类的感戴,也没有讲"福禄寿喜"一类的祝颂,甚至没有流露出"何当还故处"一类的感慨。看得出他是一位豪壮之士,他把自己比作"猛虎",而绝没有那种寄人篱下的可怜相与自卑感。他有自己的追求,自己的奋斗。他相信自己不过是暂栖于此,有一天会一展他那猛虎下山般的雄姿,一显他那万夫莫当般的身手。他是大丈夫,用不着作弱者之态。他所期望的"强",只是如"松柏长"。而"猛虎"与"松柏",在中国的传统观念中,总是相得益彰的。你看在国画里,不是常常描绘在青松翠柏的背景前，一只生气勃勃的猛虎，发出一阵声震大千的长吼吗？这么看来，这位"主人"说不一定也是一位不可等闲视之的有志之士，他正集结着英雄好汉，而等待着那风云际会的日子。这，也是未可知的。

（萧华荣）

紫　骝　马　　北朝乐府民歌

高高山头树，风吹叶落去。

一去数千里，何当还故处！

这是一首北朝乐府民歌，选自《乐府诗集》卷二十五《横吹曲辞五·紫骝马歌辞》。《紫骝马》是曲调名，与这首歌辞在内容上无关。北方民风质朴豪爽，其民歌也多有"快人快语"、"直言直语"的艺术特点，不像当时南方民歌那样委婉含蓄，但这首诗却是个例外，它采取的是"通篇比兴"的手法。乍一看来，全诗写的无非都是飘落远方的树叶，但内中却别有寓意寄托，需要读者自己去思索，去领会，去"解码"。就字面上说，这首诗是非常浅显，非常通俗的：那一片片树叶，本来好端端地长在"山头树"上，树是它们的家，山是它们的故乡。但蓦地一场暴风，一阵狂飙，活生生地把它们从树上刮落，从山上吹走。这可怜的树叶，无力反抗那横暴的狂风，一任它的摆布，被吹卷出千里万里，飘落在他乡异域。俗话说："叶落归根。"它们留恋那生它们的大树，养它们的高山，渴盼着重新归去。但是，如果我们的理解仅此而止，那么这首诗将没有任何意义，诗人也用不着去写这种大自然中司空见惯的事情。然而草木无情，描写草木的人却是有情的，他的全部悲怨愤懑，正是借助于这无情之物发泄出来。当时南方相对比较安定，北方却战争频繁不断，整个北朝的历史几乎与战争相始终。战争，驱赶着人民去服兵役，转战千里；逼迫着人民躲避战祸而流亡四方，甚至被敌方掳掠而离乡去国。诗中所描写的无知无识的落叶的命运，正是人民上述种种悲惨遭遇的象征。那自然界的急风狂飙，多么像人世间摧毁一切的战争，又多么像那发动战争祸害人民的残酷无情的统治者！风吹落叶，一去千里，正是人民流亡转徙的写照。如果连无情草木亦知愁，无情落叶亦恋根，那么有血有肉、有情有义的人，又怎能不思念那世世代代养育他们的家国，不渴望那安定和平的生活呢！总之，表面上全写落叶，实际上分明是全写灾难深重的人民。如果这样理解的话，全诗构思之巧妙，寓意之深邃，就显而易见了。至于全诗语言的质朴如话，意境的苍茫寥廓，与明丽婉媚的南方爱情之歌相比，又别有一种风味，别有一种感人的力量，这也是自不待言的。

（萧华荣）

地驱歌乐辞 北朝乐府民歌

侧侧力力，念君无极。
枕郎左臂，随郎转侧。

《地驱歌乐辞》是北朝民歌，《乐府诗集》归入《梁鼓角横吹曲辞》类，现存四首，上面选录的是第三首。《古今乐录》说："侧侧力力以下八句，是今歌有此曲。"则是连着第四首说的。第四首是："摩捋郎须，看郎颜色。郎不念女，不可与力。"所谓"今歌"，意思是与一二首相比，产生的时代较晚。从内容相近、押韵相同（都用入声"职"韵）看来，三四两首原来是合为一首的，只是由于在音乐上每四句独立为一支曲子才分成了两首。北朝乐府民歌的分曲，并不根据文义，而只是根据音乐。同为北歌的《紫骝马歌辞》现存六首，后四首系截取汉乐府民歌《十五从军征》中的字句而成，各首的文义都不完整；《折杨柳枝歌》的第三首（敕敕何力力，女子临窗织。不闻机杼声，只闻女叹息）与第四首（问女何所思，问女何所忆。阿婆许嫁女，今年无消息），内容相连，押韵相同（入声"职"韵），也是一首的分拆。但上录《地驱歌乐辞》的第三首，从文义上看，有其相对的独立性，故仍可作为单独的一首来赏析。

这首小诗写的是男贪女爱的情况。那女子正躺在情郎身边，诉说相思的饥渴，表白热烈而大胆的爱。"侧侧力力"是象声词，与"恻恻力力"（晋明帝太宁初童谣）、"敕敕力力"（《折杨柳枝歌》）、"唧唧力力"（《木兰诗》的"唧唧复唧唧"，一作"唧唧何力力"）同义，都是表示叹息的声音。女子在与情郎久别之后重逢，喜极欲哭，不觉长长地出了一口气，将别后的日夜思念化为一声声动情的"侧侧力力"和一句有着丰富生活体验的话语"念君无极"——想你想得不行啊。回顾过去，是出于珍惜现在。而现在，情郎就在身边，自己"枕郎左臂"，就躺在情郎的臂弯里，长期积累起来的相思之情，刹那间便如火山一般喷发了出来，她毫无保留地向情郎表露了自己熔岩般滚烫的激情，表示将"随郎转侧"，听凭情郎的摆布。

从离别后的不尽思念到重逢时的激情迸发，女主人公感情上的这种激荡变化，体现在诗作结构上，便是前两句成为铺垫——进一步抒情的基础；后两句成为抒写的重点——全诗的高潮所在。通过女主人公的自我抒情与描绘，诗作虽只短短的十六个字，却成功地表现了一个深情痴情、热烈奔放的热恋中的女性形象。

此诗的风格堪称痛快淋漓。唯其痛快淋漓，才更见感情的真率，里外如一的晶莹明澈。王国维在《人间词话》中论"大家之作"时说："其辞脱口而出，无矫揉妆束之态。以其所见者真，所知者深也。"这也正好道出了这首北朝民歌的特色。

（陈志明）

陇　头　歌　　　　北朝乐府民歌

陇头流水，流离山下。
念吾一身，飘然旷野。

朝发欣城，暮宿陇头。
寒不能语，舌卷入喉。

陇头流水，鸣声幽咽。
遥望秦川，心肝断绝。

陇头即陇山，亦名陇坂、陇坻，在今陕西省陇县西北。此处地势极高，《三秦记》云："其坂九回，不知高几许，欲上者，七日乃越。高处可容百余家，清水四注下。"(《后汉书·郡国志》注引)此地又迫近西北边塞，为出征士卒经行之地，《乐府诗集》中凡以"陇头"、"陇上"、"陇西"为题者，皆写征战、征夫的情事。这三首诗《乐府诗集》列入"梁鼓角横吹曲"，其三亦见载于《三秦记》，谓为"俗歌"。《三秦记》成书于魏晋前，这三首诗又都是四言，当是汉代度陇赴边的征卒吟唱的歌谣。

一、三两首皆由"陇头流水"起兴。许多描写羁旅行役的诗歌多写到流水，流水实在是奔走道途的行人常随的伴侣。而陇头流水的形态又很特殊，更能引起行人的注意，引发他们的联想了。这陇头水形态特殊在"流离"，即《三秦记》所说的"四注下"——四面淋漓而下。它本是由泉水溢出的，没有固定的沟壑，没有一定的归向，这在别处也许是十分少见的。行人见此始而惊，继而思，不禁悲从中来了："念吾一身，飘然旷野。"流水的无定所，不像我在旷野中飘荡无依吗？流水从山上流到山下、不由自主，不也像我等征人被人驱遣、身不由己吗？见流水"流离"之状，迅即而及自身，这见出征人特有的敏感，也见出其心情特别的沉痛。《诗经·唐风》有《鸨羽》篇，写道："肃肃鸨羽，集于苞栩。王事靡盬，不能艺稷黍。……悠悠苍天，曷其有所？"余冠英先生译道："野雁沙沙响一阵，栎树丛里息不稳。王差不得息，庄稼种不成！……老天呀老天！哪天小民得安身？"即景起兴，口吻心情与本篇差不多，怪不得陈祚明说，"'念吾'二句，情真似《国风》"(《采菽堂古诗选》)了。

第二首写暮宿的苦况。头两句是："朝发欣城，暮宿陇头。"这样的句式在民歌民谣中常用以记行程、状苦辛。《木兰诗》即有“旦辞爷娘去，暮宿黄河边”、“旦辞黄河去，暮至黑山头”之句，既表现“万里赴戎机”的快速，又见出两地差异之大，带出下面的抒情。这两句当亦如此。“欣城”其地未详，当是离陇头甚远的内地城邑，“朝发”、“暮宿”也一定是夸张征发之快，所谓“被驱不异犬与鸡”也。下面即写暮宿所感受到的陇东、陇西气候的迥异：“寒不能语，舌卷入喉。”天气太寒冷了，冻得舌头都蜷缩到喉咙里去了。这真是“奇语”（沈德潜《古诗源》），从来写严寒都未曾见有如此措词者。许多以陇地为题的乐府诗都写到此地的酷寒，车Ğ《陇头水》道“雪冻弓弦断”，也算善于形容了，但还只写到眼中所见，未及切肤之痛；而“寒不能语，舌卷入喉”，则是写征人自体感觉，见出这从未经受过的寒气给他特殊的刺激，引起他特别的惊惧。即此一端，暮宿的况味就可想而知了。这一首纯用赋笔，插入连章之中，见出行文的变化，也加强了前后二首抒情的效果。

第三首是写征人暮宿陇头听流水而思乡的情形。人们在夜间对声响是特别敏感的，离乡背井的征人常因某些音响的特殊刺激而产生强烈的思亲怀土之情，《木兰诗》的“不闻爷娘唤女声，但闻黄河之水鸣溅溅”、唐边塞诗的“不知何处吹芦管，一夜征人尽望乡”（李益《夜上受降城闻笛》）就是这种情形。“陇头流水，鸣声幽咽。”“幽咽”是一种特殊音响。因陇水是淋漓四下，它的流淌自然不那么畅快，它的响声自然就是低沉、幽咽的了。当征人暮宿陇头，听着这呜呜的声音，心情自然是抑郁的，甚至感到这水流就像哭泣似的，这怎能不叫他们凄然落泪、想念远别的家乡呢？“遥望秦川，心肝断绝”就是必然的反应了。南朝不少歌咏陇头水的乐府诗都写到这种情况，如江总诗云：“人将蓬共转，水与啼俱咽。”这“幽咽”就既是水声，又是人哭了。也许是这个缘故，后世诗人就径将陇头水称为“呜咽水”、“肠断声”（如杜甫《前出塞》、皎然《陇头水》）了。一、三两首触景生情，显出特殊刺激下特殊情感反应，真情实景，最是动人。

征伐、徭役随着阶级社会而产生、而滋蔓，因此反映人民服役的苦难、悲怆的歌谣也很早就出现了。“何草不黄？何日不行？何人不将（行）？经营四方。”（《诗经·小雅·何草不黄》）这沉痛的歌吟在《诗经》、汉乐府中时时可以读到。这篇《陇头歌》就是这类诗篇中较著名的篇章。由于出处的不同，语句不太一样，而由它派生的乐府诗，为数更是不少，这都说明其流传的广泛、影响的巨大。

（汤华泉）

捉　搦　歌　　　北朝乐府民歌

谁家女子能行步，反著裌禅后裙露。

天生男女共一处，愿得两个成翁妪。

黄桑柘屐蒲子履，中央有系两头系。
小时怜母大怜婿，何不早嫁论家计。

两诗辑录于郭茂倩《乐府诗集·横吹曲辞五》。搦亦捉意，捉搦引申义为捉弄、戏弄，犹今言打闹，当谓男女间谐谑相戏，皆叙儿女情事。此处选录其四首中之两首。前一首写男方慕女，后一首写女方想男，都抒发了诚挚、热烈的爱情愿望，并皆用句句押韵法。

第一首全用直叙的赋体。“谁家女子”，这是故用设问方式，引起对其“能行步”一事的注意，并增浓了感情色彩。暗示男子在行路中见到一位陌生女子，为这女子的健于行步所吸引，因而产生恋慕。大抵南北方女子的身段、步态有别，如南方以女子“纤纤作细步”(《孔雀东南飞》)、“蹇蹇步围里”(《子夜歌》)、“游步散春情”(《子夜春歌》)为美，自与这北方“能行步”的女子大异其趣。

男子不仅欣赏这女子的行步，对她“反著裌禅后裙露”的装束也特别感兴趣。女子反穿夹衣单衣，以衣里作衣面，而且下裳的后幅外露，不合“服裙不居外”(参见刘熙《释名》)的古代习惯。使我们联想到“东方未明，颠倒衣裳”(《诗·齐风·东方未明》)中的人物。这女子恐怕由于未明早起，忙于“行步”赶路，因此胡乱著衣，衣裙不整，弄得形象滑稽可笑。男子却为她那奇怪独特的装束和天真无邪的憨态所沉迷，于是女步亦步，女趋亦趋，蹑履跟踪，如影随形，引出第三句。

“天生男女共一处。”男子忽发奇想，得与这女子共做一处同行，岂非天赐良缘，天作之合！“邂逅相遇，适我愿兮”(《诗·郑风·野有蔓草》)，因而对此“有美一人”发出以下誓愿：

“愿得两个成翁妪。”仅仅作同路人，这“共一处”是多么短暂，欲图久远，必须使这“天生男女”之间的关系能顺利地发展“成翁妪”，即结为夫妇。男子的私下祝愿，具见他的一片痴情。

全诗首尾一气贯注。结合女子的动作和形象描写，用矫健步态联系其忙乱装束，暗示女子行色匆匆；结合“共一处”，又暗示男子紧跟不舍。男子爱慕女子的行步、装束，发乎情，倾乎心，以立愿婚配作收，可谓别出心裁。前言“男女”，后言“翁妪”，照顾惬当。情真语挚，读来十分感人。

第二首先用比兴，后用赋。但置反问句于结尾，写法又自不同。

桑柘叶可饲蚕，木可制器，皮可造纸，汁可染黄，古代田家常植，二者往往连称。屐专指木鞋言，“黄桑柘屐”用以对照“蒲子履”即草鞋。木屐草履皆是平民所著，此借日常司空见惯的足下屐履起兴。因屐履总是组合成双，自然引发人匹配成对的联想。

作者旋即又联想到屐履上的“系”。据余冠英《乐府诗选》释系：“用来维系物件的丝绳，因木屐和蒲履上边都有绳，两头可连系。两头，比母家和婿家。”这“系”即起着连系母家和婿家的作用。

紧接再以母家和婿家分系“小时”和“大时”，女子小时在家当爱母亲，但女大当嫁，大时出嫁到别家当爱丈夫。这句话是言之自然成理的。

最后直截了当点明出嫁，暗含用事实劝说母亲之意。这里借“论家计”结合婚姻和经济问题一并考虑，将小时在家对照大时出嫁：从前母亲也曾出嫁来家，生儿育女，自己“小时”，由父母当家，“论”过“家计”；而现在长成，“大时”出嫁，独立门户，自谋家计固不待言。通过反问作收，把“大时”向母亲提出的要求体现得极强烈，欲罢不能。

作者运用丰富的联想、独到的比附，把屐履与母婿二者之间的关系比喻得那么新颖、那么妥帖，使传统的比兴手法焕发异彩。“小时”和“大时”，用两个“怜”字拈连得妙。结尾通过反问提出正当、充足的出嫁理由，这和“阿婆不嫁女，那得孙儿抱”一样的直率、大胆。寻常中见奇崛、平直中含深情，内蕴甚丰，余韵未尽。

（童明伦）

捉　搦　歌　　北朝乐府民歌

华阴山头百丈井，下有流水彻骨冷。
可怜女子能照影，不见其余见斜领。

《捉搦歌》是北朝民歌，《乐府诗集》归入《梁鼓角横吹曲辞》类。“捉搦”的“搦”，是握住的意思；《捉搦歌》可能是男女捉搦调情相戏时的歌唱。现存四首，都是七言四句体，虽然内容各异，但主旨都不离歌咏过时待嫁女子的心理。其中第二首的“天生男女共一处，愿得两个成翁妪”，敞开心扉，率直抒情，与同为北朝民歌的《地驱歌乐辞》“老女不嫁，蹋地唤天”有异曲同工之妙。这里选析的是第三首，笔法较为委婉含蓄，感情较为深沉细腻，在同类诗作中别具风韵，自成一格。

华阴，旧县名，治所在今陕西省华阴市东南。“华阴山头”，指华山。华山一带，地势高，水位低，山坡上打井只有打得很深才能见水，故诗中夸张说，井有“百丈"之深。一位女子独自来到井边，她是想在井口上俯视、照看容颜来的，先看一眼井水，感到井水阴冷彻骨，既而便开始端详自己的容颜。三、四句是用"可怜"贯穿的一个十四字句。"可怜"，即可惜；"能"是"徒然"、"白白地"的意思。由于井口离水面太远，看不清水中倒影的眉眼，见到的只是上衣的斜领。故诗人用"可怜"、"徒照影"表示她白忙了一场，未能达到顾影自怜的目的。"百丈井"三字是全诗的发脉处，"徒照影"与"不见其余"即由此三字生出。全诗虽然前二句叙事，后二句侧重抒情，但由于首尾呼应，仍显得脉络贯穿，一气呵成。

从诗中可以推想出，这位女子并不是一个生活在重门复阁之中的大家闺秀，她无钱为自己添置铜镜等梳妆用品，当她想看看自己的样子时，便径直出门，找一处水面以临流照影。她不到清水塘边或僻静的河湾，却来到华阴山头，说明她的家就在附近，而近处除了"百丈井"，又没有一处可以照影的水面。照影而"不见其余见斜领"，从客观效果说，是带有几分戏剧性的，而对当事人——诗中的女主人公来说，事与愿违，不免感到失望，并引出种种感慨。诗作虽然在女子俯身照影处戛然收住，而人物受到震荡的思想感情，却就在这结束处如涟漪般一圈一圈地化开。其中不仅有一般少女所共有的孤芳自赏或自哀自怜，更有北朝特定的社会情况在女子心理上形成的一种沉重的压迫感。北朝战争频繁，死伤的男子很多，女子相对过剩。寡妇的地位极低，高欢曾以民间寡妇匹配俘虏，甚至出现"童男娶寡妇"(《紫骝马歌辞》)的畸形的社会现象。女子过时待嫁，更成为一个普遍性的社会问题，故北朝民歌独多老女待嫁的歌唱。此诗中的女子虽然并不明白说出，更不"蹋地唤天"地大叫大嚷，但归根结底还是处在这种潜移默化的社会心理的影响之下。当她临井一瞥时，其叹惋、惊惧、凄然、迷茫，种种复杂的感情，已尽在不言中了。故此诗看似平浅，实则颇多含蕴，虽然只写了一个女子的情事，却关联着相当广阔的社会生活的内容。　(陈志明)

折杨柳歌　　北朝乐府民歌

上马不捉鞭，反折杨柳枝。
蹀座吹长笛，愁杀行客儿。

腹中愁不乐，愿作郎马鞭。
出入擐郎臂，蹀座郎膝边。

折杨柳是古代送别的一个习俗，送者、行者常折柳以为留念。以此为题的乐府诗汉代就有了,现存的作品以南北朝时期为多。这是北朝乐府,原有五首,这是第一、第二首,内容相贯,当是征人临行之际与其妻相为赠答之词。

上首为征人词。起言上马不拿马鞭,是不愿鞭马前行的意思,"反折杨柳枝",这"反"字语气很重,以杨柳枝代替马鞭,见出行者临行时对家人是如何留恋了。"蹀",行,"座",同坐。这时征人听着走着的人、坐着的人吹起送行的乐曲,心里就更难受了。"吹长笛"很可能就是吹奏《折杨柳》曲,此曲本属"横吹曲",李白《洛城闻笛》就有"此夜曲中闻《折柳》,何人不起故园情"之句。临行折杨柳,又听《折杨柳》曲,其心情自然加倍惆怅。"行客儿",自称,见出北人的粗犷。称谓中似还含有对自己奔走道路这种命运的怨忿。这首诗语言十分朴质,真是行色匆匆之际脱口而出的话。"上马不捉鞭"写流连之状亦甚新鲜,且切合北人实际,若南方人写来就是"愿得篙橹折"(《那呵滩》)了。

下首为妇人语。丈夫出征她自然也十分愁苦,"愁"、"不乐"意思相同,这朴拙的重复正见出愁苦的分量。于是她生发了美妙的想象:"愿作郎马鞭",出入都挂在心爱的人臂弯上,行着、坐着都倚在心上人的膝盖边。也就是要和丈夫形影不离。这样的想象前人诗文中也曾写到,张衡在《同声歌》中为女子代言:"思为莞蒻席,在下蔽匡床;愿为罗衾帱,在上卫风霜。"陶渊明在《闲情赋》中曾陈述"愿在衣而为领"、"愿在眉而为黛"等十种情形,以表示与佳人永不分离。这些想象自然比"愿作郎马鞭"来得丰富,但基本不出衣衾、闺房范围,显得有些柔弱,而这一"愿"就比较健朗、有力,这个女子要追随郎走向更广大的生活天地。同时这一"愿"的发出也显得比较自然,是从郎"上马不捉鞭"发挥,她就要作鞭了;更值得注意的是,作鞭还并不是简单的类比,而含有生动、形象的象征意蕴:"出入擐郎臂"这不就像一对恩爱情侣挽着臂出出进进吗?"蹀座郎膝边"这不又像夫妇相依偎时那亲昵的情态吗?这样的想象更具有生活实感了。我们赞叹这个女子想象的机智、美妙,更赞叹她的热烈、真率。北朝乐府中的女主人公气质一般显得刚健,对情爱的追求也显得大胆、直露,"侧侧力力,念君无极。枕郎左臂,随郎转侧"(《地驱歌乐辞》),这样的诗句就有不少。

前面说过这两首乐府内容相贯,这从语句上也看得很明显。上面已提到马鞭了,还有上首末句"愁杀",下首第一句又是"愁",两首又都有"蹀座"一词,这都形成了蝉接关系,说是赠答,大约是不错的。 (汤华泉)

折杨柳歌　　北朝乐府民歌

健儿须快马,快马须健儿。

跐跋黄尘下，然后别雄雌。

这是《折杨柳歌》的第五首。按北朝乐府有《折杨柳歌》五首，又有《折杨柳枝歌》四首，两组中第一首相同，可见这些作品并非都是有次第的组合。这首诗与离别无关，它是一首北国健儿的赞歌。

“健儿须快马，快马须健儿。”一开头就是这样两句回环赞语，叫人读着感到新奇、够味。是的，“健儿须快马”，无快马则不能冲锋陷阵、追亡逐北；“快马须健儿”，无健儿则难以制御，也难能显出追风逐电的神速。他们相互为用、相得益彰。这是对健儿的赞美，对快马的赞美，赞美快马终归是赞美健儿。北朝乐府写马者大率如此，如《琅玡王歌》：“快马高缠鬃，遥知身是龙。谁能骑此马，唯有广平公！”骏马崇拜即是英雄崇拜。这两句“健儿”、“快马”往复成文，又给人以十分强烈的形象感，仿佛电影里快速迭现的镜头：健儿快马，快马健儿，奔驰而来，呼啸而去……这情景多么壮烈！这两句的节奏又是十分急促、刚劲，读着这样的诗句，伴随着“健儿”、“快马”的意象，仿佛可以听到“跐跋(bì bá)”、“跐跋”的马蹄声。于是下两句就水到渠成了：“跐跋黄尘下，然后别雄雌。”“黄尘下”意谓战阵之中，“别雄雌”，分出高下胜负。这是预言，健儿如此英武、勇决，其结果自不言而喻。《企喻歌》是这样描写健儿的所向无敌：“男儿欲作健，结伴不须多。鹞子经天飞，群雀两向波(波即播也)。”用比喻展现了行为的结果；这首诗着重写健儿的形象、气度、行动，未及结果，似更耐人寻味。“跐跋黄尘下”，人们不难想象其中尘土蔽天、马蹄嗒嗒、杀声阵阵的情形，就像王维所写的：“日暮沙漠陲，战声烟尘里。”(《李陵咏》)这两句还十分酷肖健儿的那种挑战的口吻，益发显出其英风豪气。

这首乐府诗和上面提到的《琅玡王歌》、《企喻歌》，都充分地表现了北方各族人民剽悍的个性、尚武的精神，令人耳目一新。这样的作品在南朝乐府和当时文人诗中是难能读到的，直到唐边塞诗兴起，这样的快语豪情才又复现。应当说，“河朔之气”是唐边塞诗发脉之一。 (汤华泉)

折杨柳枝歌 北朝乐府民歌

门前一株枣，岁岁不知老。

阿婆不嫁女，那得孙儿抱！

这是一首北朝乐府民歌，选自《乐府诗集》卷二十五《梁鼓角横吹曲·折杨柳枝歌》。如果我们把它与内容类似的南朝乐府民歌摆在一起，那么其艺术特色也许会看得更分明些。我们在前面已经讲过，南朝乐府民歌差不多是清一色的“女儿之歌”、“恋爱之歌”,北朝乐府民歌则多有“男儿之歌”、“战争之歌”,但也不乏北方女儿唱出的恋爱之歌。“妙龄女子哪个不善于怀春”?爱情是没有界限的。战争的烽火可以烧毁房舍和村落,却不能够烧毁人们对爱情婚姻的想望。在这方面,南方、北方,没啥两样。但在表情达意的方式上,南北民歌却存在着显而易见的差异。“阿婆不嫁女,那得孙儿抱!”唱歌的这位姑娘显然已经到了结婚的年龄,她渴望爱情,渴望得到丈夫的抚慰。这当然是人之常情。她毫不隐晦自己焦盼的心情,看她把这种心思表述得多么坦率,多么直截了当,令我们想起一首叫做《妈妈我要出嫁》的外国民歌。而同样的意思,南方姑娘却决不会说得这么直来直去,比如南朝乐府民歌中有首《懊侬歌》云:“桐子不结花,何由得梧子!”两位姑娘的心事是一样的,诗的思路也并无二致。但同是讲出嫁结婚,这里却用“开花”的形象来譬况;同是讲生儿育女,这里却用“梧子”(“吾子”)的谐音来暗示。一个爽快,一个含蓄,一个直直率率,一个羞羞答答。都具有艺术的美感,却体现出南北心理文化的差异。好了,让我们还是继续欣赏本诗吧。“门前一株枣”二句无疑是所谓“比兴”手法,枣树在北方所在多有,举目常见,女主人公虽就地取譬,却也并非是漫不经心的随手拈来。在北方的风习中,人们常用枣子来祈求“早得贵子”,这与后面的“孙儿”(此处指外孙儿)正相呼应,此其一;枣树木质坚硬,生长缓慢,所谓“岁岁不知老”,又正隐喻姑娘年复一年,没有出嫁,在父母身边,永远像一个长不大的孩子。为了得到爱情,她甚至宁愿快点儿“老”去;或者换一个角度来理解,枣树固可“不知老”,而人非木石,又怎能不感伤于青春年华的行将消失呢?此其二。这两句所蕴含的感情是复杂的,也可以看出她的“粗中有细”。“阿婆不嫁女”二句颇具生活情趣:可以想见,大约是因为老母常常羡慕和念叨别的老人都已抱上孙儿或外孙儿吧,姑娘才赌气讲出这两句话来。不过,她是错怪母亲了。母亲何尝不知“男大当婚,女大当嫁”呢?她何尝不愿女儿早早出嫁,自己早早抱上外孙呢?只是在当时北方,频繁的战争夺去了许多小伙子的生命,“嫁女”谈何容易,找一个可心满意的女婿更谈何容易!在北朝乐府民歌中,反映“出嫁难”的诗句甚多,如“老女不嫁,塌地呼天”(《地驱乐歌辞》),“阿婆许嫁女,今年无消息”(《折杨柳枝歌》)。这大约是当时的一个严重的“社会问题”吧。从这个角度来说,在这首看似爽朗、明快、幽默的诗中,又蕴藏着母女多少眼泪与辛酸!

(萧华荣)

幽州马客吟歌　　北朝乐府民歌

快马常苦瘦,剿儿常苦贫。

黄禾起羸马，有钱始作人。

北朝民歌，素来是豪荡奔放、慷慨激昂的，这首《幽州马客吟歌》(快马常苦瘦)，也鲜明地表现了这一特点。此歌在《乐府诗集》中列入《梁鼓角横吹曲》，共有五首，“快马常苦瘦”是第一首。与其他各首多写男女欢爱生活不同，这首诗是抒愤之作，它借用形象的比喻，揭露了当时北方社会贫富不均、劳者不获的极不公平的现象，具有深刻的社会意义，是篇难得的“金刚怒目”式的作品。

“幽州马客”，当指北方以猎牧为生的骑手，他们处在社会的下层，对北方人民的饥寒生涯，有着深切的亲身感受。本诗就紧紧抓住贫苦的“剿儿”与任人驱使的马之间的某些共同之处，反复比照，真切地反映了那种社会现实。马在北方是最为常见的牲口，也是马客不可须臾分离的伴侣。它们受主人驱使终日奔走忙碌，其中快马消耗最大，而“鞭打快马”的现象，快马“食不饱，力不足，欲与常马等不可得”(韩愈语)的不平现象，任何时候都是存在的。“剿儿”，指劳苦之人，“剿”是劳的意思。快马受着鞭赶，剿儿却也受着统治者无形的鞭策，两者的处境，何其相似！贫苦人辛勤劳作，到头来仍然为贫穷所苦，而越是能干的人，越是卖命的人，处境却越为悲惨。诗中连用两个“苦”字，见得苦不堪言；两个“常”字，又见得这种苦是一种普遍的社会现象。这就直接引起了最后两句的抒愤。第三句仍然以马作比，意谓那瘦弱的马只要喂它些谷草，也是能够长肥的啊！有一种解释说“黄禾”不是一般的干草，而是带谷的干草，此句意谓好料才能救活瘦马，若是这样，则此句意味更长。它的结穴是在最后一句。歌者虽自称“剿儿”，但他是人中“快马”，付出的劳动倍于常人，他自然有资格要求“有钱”，要求富裕生活，这要求就像快马须好料一样正常！因此，“有钱始作人”，是穷人对美好生活的强烈企求；由于这企求事实上达不到，所以这一句又是对劳者不获、获者不劳的社会的强烈愤慨。同时，“有钱始作人”看上去是无理的，难道无钱连人都算不上吗？但这个无理，却正好能耐人寻味、发人深省：在那个社会里，“人”只是富贵者享有的称号，而广大贫苦百姓，连做人的资格也没有！这短短五个字，却透露出统治阶级在经济上、心理上对人民的压迫之深；此诗的社会认识价值，亦在这里得到了充分的实现。

全诗运用了比兴手法，但不是简单的先比后赋，而是采取了错综安排的形式。具体地说，第一句讲马之瘦，暗含人之贫，第二句讲人之贫，又进一步深化了第一句的含义；而这两句，又都暗暗包含着劳者不获这一严酷的社会现实。第三句“黄禾起羸马”，一面回应第一句，承接第二句，一面又为第四句作了必要的导引。这样层层铺垫，最后一句就自然而然地跳脱而出，具有无可辩驳的力量，歌者和广大人民的愤慨之情，也就随之而得到了爆发般的宣泄。北朝乐府民歌，不仅有悲壮苍凉的风格，其中的佳作，还具有匠心独运的艺术技巧，从这首诗中，亦可见其一斑。

（周啸天 管遗瑞）

幽州马客吟歌 北朝乐府民歌

南山自言高，只与北山齐。
女儿自言好，故入郎君怀。

这也是一首北朝乐府民歌，选自《乐府诗集》卷二十五《梁鼓角横吹曲·幽州马客吟歌》。诗中所表达的思想感情用不着多说，坦率的女主人公已经毫不隐讳地和盘托出："女儿自言好，故入郎君怀。"前后两个"自言"，大致都有"自不待言"、"自不必说"的意味，流露出一种自信自豪的语气；"故"与前面"只与北山齐"的"只"语气相似。民歌语言灵活，都是当时的口语，我们也自不必拘泥，重要的是体味其神情与意蕴。这位女主人公有着北方姑娘的本色，快人快语，直来直去，有啥说啥，她才不像当时南方姑娘那么羞羞答答、藏头露尾呢，什么"乘月采芙蓉，夜夜得莲子"啦，什么"桐树生门前，出入见梧子"啦，什么"感郎千金意，惭无倾城色"啦，又是双关，又是比喻，又是暗示，斯斯文文，扭扭捏捏，像打哑谜一样。正是在这些地方，看得出北方民歌的艺术特色。不过，这两句虽是全诗的立意之所在，我们尤应注意的却是前两句的取兴。"南山自言高，只与北山齐"，与后二句句法、结构相似，无疑是对后二句的譬况，这是民歌的常用手法，没有什么奇特之处，奇特的是一首爱情小诗，竟然以高山作比兴。爱情似乎像梦一般轻柔，情诗中的比兴也多是花呀、草呀、蜂呀、蝶呀这类轻柔的事物，如在南朝乐府民歌中常见的那样。而这首诗却用巍峨雄壮的山岳的形象，象征一对恋人的形象。这是一奇。两座高山，一南一北，遥遥相对，互不相干，而诗中却又化静态为动态，让它们迈开大步，互相靠拢，齐肩儿站到一处。这是二奇。再进一层，诗中"北山"显比"郎君"，"南山"则是女主人公的自比。古代北方素来尚武，所谓"燕赵多悲歌慷慨之士"，何况北朝时期战争尤为频繁，人们就更以勇武为美了，"男儿欲作健"、"健儿须快马"之类，便是他们的豪语。诗中的这位姑娘并不甘比"男儿"逊色，她不愿以"女貌"充当"郎才"的等价物。"郎君"既是威武高大的"北山"，她就要作挺拔刚健的"南山"，才能相互般配，相得益彰。这是三奇。这样，一首通常具有阴柔之美的爱情诗，在这里却充满阳刚之气，与"了无一语有丈夫气”(明胡应麟语)的南朝情歌大异其趣。景物无知人有意,因物取兴往往能透露出作者的精神境界,甚至透露出一个民族的素质与风貌,这种细小处切莫轻轻放过。明乎此,当你在北朝乐府民歌中读到“弯弓征战作男儿”的《木兰诗》时,就不会觉得不可思议了。

(萧华荣)

木　兰　诗　　北朝民歌

唧唧复唧唧,木兰当户织。不闻机杼声,唯闻女叹息。问女何所思,问女何所忆。女亦无所思,女亦无所忆。昨夜见军帖,可汗大点兵。军书十二卷,卷卷有爷名。阿爷无大儿,木兰无长兄。愿为市鞍马,从此替爷征。

东市买骏马,西市买鞍鞯,① 南市买辔头,北市买长鞭。旦辞爷娘去,暮宿黄河边。不闻爷娘唤女声,但闻黄河流水鸣溅溅。旦辞黄河去,暮至黑山头。不闻爷娘唤女声,但闻燕山胡骑鸣啾啾。

万里赴戎机,关山度若飞。朔气传金柝,② 寒光照铁衣。将军百战死,壮士十年归。

归来见天子,天子坐明堂。策勋十二转,赏赐百千强。可汗问所欲,木兰不用尚书郎。愿驰千里足,送儿还故乡。

爷娘闻女来,出郭相扶将。阿妹闻姊来,当户理红妆。小弟闻姊来,磨刀霍霍向猪羊。开我东阁门,坐我西阁床。脱我战时袍,著我旧时裳。当窗理云鬓,对镜帖花黄。出门看火伴,火伴皆惊惶。同行十二年,不知木兰是女郎!

雄兔脚扑朔,雌兔眼迷离。双兔傍地走,安能辨我是雄雌。

〔注〕 ① 鞯(jiān):鞍下之垫。 ② 金柝(tuò):军用铜器,煮饭报更皆用之。

《木兰诗》,北朝民歌之绝唱也。这首长篇叙事诗,歌唱的是木兰女扮男装替父从军的传奇故事。

《木兰诗》最早著录于陈释智匠《古今乐录》,可证其产生之时代不晚于陈。诗中称天子为“可汗”,征战地点皆在北方,则其产生之地域在北朝。诗中有“旦辞黄河去,暮至黑山头”,“但闻燕山胡骑鸣啾啾”语。黑山即杀虎山,在今内蒙古呼和浩特市东南,去黄河不远。燕山指燕然山,即今蒙古国杭爱山。据此,《木兰诗》中之战事,当发生于北魏与柔然之间。柔然是北方游牧族大国,立国一百五十八年(394—552)间,与北魏及东魏、北齐曾发生过多次战争。而最主要之战场,正是黑山、燕然山一带。神䴥二年(429),北魏太武帝北伐柔然,便是"车驾出东道,向黑山","北度燕然山,南北三千里。"(《北史·蠕蠕传》,蠕蠕即柔然。)

"唧唧复唧唧,木兰当户织。不闻机杼声,唯闻女叹息。"唧唧是叹息声。木兰当户织,却不闻机杼声,这暗示木兰此时已无心织造。"唯闻女叹息",进而暗示木兰内心忧思深重。以"唧唧复唧唧"开头,则此一暗示,效果突出。起唱已见出手不凡。"问女何所思,问女何所忆?"两问实是一问,出以排比,便扣人心弦。"女亦无所思,女亦无所忆。"问得那样关切,回答却如此平静,可见木兰性格之沉着,亦意味着木兰内心之忧思,经过激烈冲突后,已毅然下定决心。"昨夜见军帖,可汗大点兵。"征兵文书连夜发至应征人家,这说明军情十万火急,显然是敌人大举进犯。可汗大征兵,则千家万户皆有关系。"军书十二卷,卷卷有爷名。"军书指征兵名册,十二卷是言其多,卷卷有父名是夸张,言父亲应征,册上有名,千真万确也。"阿爷无大儿,木兰无长兄。"此二句言一事:家中父老子幼,支撑门户唯有木兰。衰老的父亲怎能去远征杀敌,可是祖国的召唤又义不容辞呵!面对这双重的考验,木兰挺身而出:"愿为市鞍马,从此替爷征。"木兰好女儿,替父从军之意志,实为对父亲的爱心与对祖国的忠心之凝聚,亦为巾帼英雄本色之发露也。这里自然产生一大悬念:女子如何去从军?解开悬念,是在诗尾。还有一问题:当兵为何要自购鞍马?此事则与府兵制或其前身有关。府兵制渊源于鲜卑部族旧制,建立于西魏大统年间(535—551),士兵为职业军人(另立户籍,别于民户。至隋始改为兵农合一),征发时自备武器。"东市买骏马,西市买鞍鞯,南市买辔头,北市买长鞭。"连下四个排比句,铺陈四市购买鞍马,尤其"骏马"、"长鞭"二语,极有气派地写出木兰出征之前的昂扬士气。士气,原是士兵的生命呵。"旦辞爷娘去,暮宿黄河边。不闻爷娘唤女声,但闻黄河流水鸣溅溅。"旦辞暮至,不必坐实为一日内事,此言晓行夜宿,征途之长,行军之急。此四句展开巨幅出征情景。先言其情。试想古时一少女离开闺阁远赴沙场,何异投入另一世界!旦辞爷娘,暮宿黄河,黄河激流溅溅之鸣声,代替了平日父母亲切之呼唤,这层层描写,将一女性出征之后全幅生活翻天覆地之变化、全幅心态之新异感受,一一凸现出来。唯其如此,所以真。再言其景。试想黄河边上,暮色苍茫之中,一位女战士枕戈待旦,这是何等苍凉而又悲壮之境界。此种境界,在祖国诗史上稀有。"旦辞黄河去,暮至黑山头。不闻爷娘唤女声,但闻燕山胡骑鸣啾啾。”此四句与上四句为一排比，但意脉已大大发展。暮至黑山，言至而不言宿，暗示我军已经前敌。不闻爷娘唤女声，但闻燕山胡骑鸣啾啾，直提起战斗即将打响，亦意味着木兰昔日之儿女情怀，从此将在战争中百炼成钢。柔然与北魏之战争，多为柔然犯塞。故燕山胡骑，不必讲为燕然山上之胡骑，解为燕然山来的胡骑更好。“万里赴戎机，关山度若飞。朔气传金柝，寒光照铁衣。将军百战死，壮士十年归。”上二句写我军征战之奋勇，“赴”字、“度”字、“飞”字，极有气势。中二句写宿营之戒备警惕，亦点出战地生涯之艰苦卓绝。四句虽写全军，木兰自在其中。下二句以将军之战死，衬凸木兰生还之不易。“百战”、“十年”皆非实数，概言战事频繁，岁月漫长也。此六句，写尽木兰从军生涯，笔墨异常精炼。“归来见天子，天子坐明堂。策勋十二转，赏赐百千强。”天子即可汗，明堂指朝廷。策勋即记功，勋位分做若干等，每升一等是一转，十二转者，夸张连升之速也。百千强，言赏赐之物成百成千还有多。写天子对木兰之优遇非常，一则暗示木兰战功之卓著，一则衬凸木兰还家之心切。“可汗问所欲，木兰不用尚书郎，愿借千里足，送儿还故乡。”定是木兰对于勋位赏赐全无兴趣，故天子怪而问其所欲，木兰则告以不用作官，只愿还乡。愿借千里足(指快马)，婉言归心似箭也。木兰不受官职，固然可谓鄙薄官禄，但也应知她还隐蔽着女性之身份，在当时条件下，女子又岂能做官(从军本是万不得已)。尤其长期离别父母，女儿之情深切矣。辞官一节，仍是紧扣木兰作为一女性来写的。最后一段，以浓墨重彩大书木兰还家。“爷娘闻女来，出郭相扶将。阿妹闻姊来，当户理红妆。小弟闻姊来，磨刀霍霍向猪羊。”描绘全家欢迎木兰，一气铺陈三排六句，喜庆欢腾遂至高潮。然而个中仍极有分辨，须加体会。十二年过去矣，父母更加衰老，故彼此相扶出城来迎。阿妹长大成人，故依闺阁之礼，用红妆隆重欢迎。既逢喜庆必杀猪宰羊，此亦中国家庭传统礼俗，此则今日小弟所胜任愉快，故小弟磨刀霍霍向猪羊。一片欢乐祥和，而又长幼有序，此中深具传统礼俗之美也。木兰喜慰，可想而知。“开我东阁门，坐我西阁床。脱我战时袍，著我旧时裳。当窗理云鬓，对镜帖花黄。”帖花黄即在面额上贴花涂黄，是当时妇女流行之容饰。一气又是四排句两偶句，铺写木兰恢复女儿身之乐。十二年未入之闺阁，未坐之床，未着之衣裳，未理之云鬓，未贴之花黄，今日百废俱兴矣，其乐何若！这意味着，木兰来之不易的女性之复归。“出门看火伴，火伴皆惊忙。同行十二年，不知木兰是女郎！”古代兵制十人为一火，火伴即同火之士兵。火伴们能不惊惶？谁知道十二年来一同征战出生入死之木兰，原来竟是门前这位光彩照人之女郎！全诗悬念至此解开，原来十二年里，木兰是女扮男装从军作战呵。此一节最具喜剧性效果，亦是全幅诗情之最高潮。然而又令人深思。十二年沙场之出生入死，难。十二年乔装而不露痕迹，更难。木兰内心之精神力量，该是何等之大！“雄兔脚扑朔，雌兔眼迷离。双兔傍地走，安能辨我是雄雌。”扑朔是跳跃貌，迷离是兔眼眯缝貌，此二句互文。雄兔扑朔而又迷离，雌兔迷离而又扑朔，两兔一道在地上奔跑，谁又能辨其雌雄！木兰我与大伙一道征战，装束举止与男子并无二致，大伙又岂能知道我是女子呢！此一机智幽默之比喻，是木兰女扮男装之奇迹的圆满解释，亦是喜剧性诗情之袅袅余音，此余音之有余不尽，仍在于意味着木兰之英雄品格。

《木兰诗》是祖国诗史上罕有的杰作，诗中首次塑造了一位替父从军的女英雄形象。木兰完满具备了英雄品格与女性特点。天性善良勇敢，沉着机智，坚韧不拔，是木兰英雄品格之必要内涵，对父母对祖国之无限爱心和献身精神，则是其英雄品格之最大精神力量源泉。同时，全诗紧扣“木兰是女郎”，从“不闻爷娘唤女声”到“木兰不用尚书郎”，从“木兰当户织”到“著我旧时裳”，始终不失其为女性之特点。故木兰形象极为真实感人。《木兰诗》创具一种中国气派之喜剧精神，其特质，乃是中国人传统道德精神、乐观精神及幽默感之整合。这种中国气派之喜剧精神，实与以讽刺为特征的西方喜剧大不相同。《木兰诗》充分体现出中国民歌之天然特长，铺排、夸张、象声、悬念的突出运用，对于渲染气氛、刻画性格，效果极佳。

过去多认为《木兰诗》所产生之基础，为北朝尚武之社会风俗。但是，北朝历史发展之主流，是入居北中国的游牧民族接受农业文明，进而接受中国文化，最终为中国文化所化。就此诗言，即使木兰之家原为鲜卑民族，也早已汉化。“木兰当户织”，是一证。木兰还家，全家喜庆之中所深具之礼意，是又一证。尤其木兰替父从军、高度体现对父母之爱心与对祖国之忠心，实为高度体现中国文化之精神。故应当说，《木兰诗》所产生之基础，是中国传统文化与北朝尚武风俗之融合，而《木兰诗》之根本精神，则是中国文化之精神。 （邓小军）

敕勒歌 北朝民歌

敕勒川，阴山下，
天似穹庐，笼盖四野。
天苍苍，野茫茫，
风吹草低见牛羊。

南北朝民歌具有显著的差异。前者轻艳绮丽，委婉缠绵，一如江南少女，多情而温柔;后者粗犷雄放,刚劲有力,恰似塞北健儿,勇悍率真,豪爽坦直。若用西洋美学概念来表示,前者属于"优美"的类型,后者则更具"崇高"的倾向。这种审美趣味上的差异,究竟是怎么造成的呢?我们不妨从《敕勒歌》来作些分析,这对理解《敕勒歌》本身也是有意义的。

敕勒是古代中国北部的少数民族部落,它的后裔融入了今天的维吾尔族。这首诗就是敕勒人当日所唱的牧歌。不过,北朝时敕勒族活动的地域不在今天的新疆,而是在内蒙古大草原上。

前四句是对他们的生活环境的咏唱。"敕勒川",不知是今天的哪一条河流,而且即使在当时,也未必是一个固定的专名,恐怕只是泛指敕勒人聚居地区的河川罢了。阴山,又名大青山,坐落在内蒙古高原上,西起河套,东接内兴安岭,绵亘千里。敕勒人歌唱起他们所生活的土地时,就以这样一座气势磅礴、雄伟无比的大山为背景。就具体的地理位置而言,这样说未免有些含糊,但作为诗的形象,一开始就呈现出强大的气势和力量。接下去,诗人又给我们描绘了一幅苍茫辽阔的图卷:在一望无垠的大草原上,满眼青绿,无边无际地延伸开去,只有那同样辽阔的天宇,如同毡帐一般从四面低垂下来,罩住浩瀚的草原。如此风光,使人心胸开张,情绪酣畅。

在江南,山岭起伏,河流曲折,植被丰富多彩,景观充满细部的变化,人的注意力,也就容易被一山一水,甚至一草一木所吸引,形成细腻的审美感受,关注于色彩与线条的微妙韵味。而在北方,特别是在大草原上,自然景观是单纯的,色彩和线条也没有多少变化。由于缺乏可供细细观赏的东西,于是抬眼就望到天际,开口就是粗豪的调子。

这里面还有一种不易察觉的因素在起作用。草原上的人,是没有土地私有观念的。他们逐水草而居,天地之间,凡可放牧的地方,都可以视为自己的家。即使,由于习惯,由于不同的种族分别占有了各自的疆域,他们的活动也有一定范围,这范围也决不像农业地区、尤其是江南地区人们日常活动的范围那么狭小:一座村庄、几所房屋、若干亩土地。在视界里,牧民的"家"仍旧是无边无际的。这种生活,培养了草原上人们自由豪放的性格,也培养了壮丽的美感。他们不会像江南人那样,歌唱小小荷塘里娇艳的莲花,村头路旁婀娜的柳丝;在他们的感觉中,敕勒人共同拥有着望不到尽头的大山,望不到尽头的河流,望不到尽头的草原,而天恰似"穹庐"(现在所说的蒙古包),笼盖着他们共同的"家",他们便讴歌这样的"家"。

"天苍苍,野茫茫",仍然以浑浑浩浩的笔调写景,但这已经是为下一句作背景了。"风吹草低见牛羊"是画龙点睛的一笔。我们看到在苍苍茫茫的天地之间,风吹拂着丰茂的草原,时而在这里,时而在那里,露出遍地散布的牛群和羊群。画面开阔无比,而又充满动感,弥漫着活力。诗没有写人,但读者不会不意识到那遍布草原的牛羊的主人——勇敢豪爽的敕勒人。他们是大地的主人,是自然的征服者。只有他们,才能给苍茫大地带来蓬勃生机,带来美的意蕴。在诗中,我们不但感受了大自然的壮阔,而更重要的,是感受了牧人们宽广的胸怀和豪迈的性格。那是未被农业社会文明所驯服、所软化的充满原始活力的人性。

在文明发展的过程中,人不断得到新的东西,也不断失去原有的东西。因而,就像成年人经常回顾童年的欢乐,生活在发达的文明中的人们,常常会羡慕原始文明的情调。《敕勒歌》在重视诗的精美的中国文人中,也受到热烈的赞美,原因就在于此吧!但是,当江南人向往草原的壮阔的时候,草原上的人们又何尝不向往江南的温媚?人类的生活极其丰富,美感也同样是丰富的。最可厌的态度,就是在各种不同的艺术风格之间,随意拿一种来否定另一种。

《敕勒歌》是牧人的歌唱,而我们如今只能阅读它的歌辞而无法欣赏它的曲调,实在遗憾。一个著名的传说也许可以稍微弥补这一遗憾:据说,在公元546年,统治中国北部的东魏和西魏两个政权之间爆发一场大战,东魏丧师数万,军心涣散。主帅高欢为安定军心,在宴会上命大将斛律金唱《敕勒歌》,群情因之一振。这个故事令人想象:《敕勒歌》的歌声,该是多么雄壮豪放?又据史书记载,这首歌辞原是鲜卑语,很早就译成了汉语。但斛律金是敕勒族人,他应该会用敕勒语唱。大约因为东魏贵族多为鲜卑人,他才用鲜卑语演唱。也就是说,这首古老的歌辞,是经过了两重翻译的。那么,最初的歌辞又是什么样的?真是令人神往。

（贺圣遂）

附　录

汉魏六朝诗书目

说　明

一、本书目收录历代所编汉魏六朝诗的总集、合集、别集及有关总集、合集、评论与资料，一一注明书名、编撰者、卷数和版本。编撰者如为清以后人，不再注出时代。关于版本，一般选择较早或较通行的一种著录。

二、本书目收录国人编撰并在国内正式出版的著作，也酌收新中国成立以前少量有价值的稿本或抄本。

三、汉魏六朝人别集往往诗文合刊，一般均予收录。后人编选的总集与合集，其诗文合编及与其他时代诗文合编的，择其与汉魏六朝诗关系较大者著录。

四、前人诗话、笔记中涉及汉魏六朝诗的很多，兹择其要者予以著录。

五、书目按类排列，大致各以年代先后为序。有关注本、选本等则附列于本集之后，后退一格起行。有关同一诗人的研究著作编排在一起。

六、本书目收录年限截至二〇一四年。中国台湾和香港等地区的有关著作暂缺。由于资料等条件的限制，疏误难免，仅供参考。

总集·合集

文选　梁萧统选，唐李善注。六十卷。中华书局1977年11月影印胡刻本。又，上海古籍出版社1986年8月出版标点本。

　六臣注文选　梁萧统选，唐吕延济、刘良、张铣、吕向、李周翰、李善注。六十卷。中华书局1987年8月据《四部丛刊》本影印出版。

　文选颜鲍谢诗评　元方回撰。四卷。辑入《四库全书·集部》。

　选诗补注　元刘履撰。八卷。明嘉靖吴郡顾氏养吾堂刊本。

　文选瀹注　明闵齐华撰、孙矿评。三十卷。明刊本。

　文选诗集旁注　明虞九章撰。七卷。明万历二十八年(1600)世德堂刊本。

　文选纂注　明张凤翼注，清王芑孙批校。十二卷。明万历八年(1580)刊本。

又,二十四卷本。明天启钱塘卢氏重订本。

合评选诗 明凌蒙初辑。七卷。明凌刻朱墨本。

选诗约注 明林兆珂撰。十二卷。《四库全书·集部·总集类》存目。

文选遗集 明阎光世辑。五十二卷。内收萧衍、萧统、萧纲、萧绎、萧纶等诸集。明笙台刊本。

文选音义 清余萧客撰。八卷。清乾隆静胜堂刻本。

文选集释 清朱珔撰。二十四卷。朱氏家刻本。

昭明文选笺证 清胡绍瑛著。三十二卷。江苏广陵古籍刻印社1982年木刻线装本。

重订文选集评 清于光华编次。十五卷。清同治壬申(1872)江苏书局刊本。

文选李注补正 清孙志祖撰。四卷。《丛书集成初编》据读画斋丛书本排印。

文选旁证 清梁章钜撰。四十六卷。榕风楼刻本。

六朝选诗定论 清吴淇撰。十八卷。清康熙己酉(1669)赖古堂刊本。

文选举正 清陈景云撰。六卷。文道十书未刊钞本。

文选拾沈 李详撰。二卷。清光绪甲午(1894)刻本。

文选平点 黄侃平点、黄焯编次。上海古籍出版社1985年7月出版。

文选补遗 宋陈仁子撰。四十卷。明茶陵山东书院刻本。

文选索引 (日)斯波六郎著,李庆译。上海古籍出版社1997年2月出版。

唐钞文选集注汇存 周勋初编选。上海古籍出版社2000年7月出版。

日本足利学校藏宋刊明州本六臣注文选 梁萧统选,唐吕延济等注。人民文学出版社2008年3月出版。

玉台新咏 陈徐陵编。十卷。文学古籍刊行社1955年据明寒山赵氏刊本影印出版。

玉台新咏笺注 清吴兆宜注、程琰删补,穆克宏点校。十卷。中华书局1985年6月出版。

玉台新咏 黄公渚选注。商务印书馆1934年出版。

玉台新咏 徐陵编。人民文学出版社2010年2月影印明小宛堂覆宋本。

玉台新咏汇校 吴冠文、谈蓓芳、章培恒汇校。上海古籍出版社2011年8月出版。

文苑英华 宋李昉、徐铉、宋白等编。一千卷。附宋彭叔夏《文苑英华辨证》十卷、清劳格《文苑英华辨证拾遗》及《作者姓名索引》。中华书局1966年5月影印出版。

文苑英华校记 傅增湘校。北京图书馆出版社2006年6月出版。

文馆词林 唐许敬宗等辑。残四卷。辑入《粤雅堂丛书》二编。

又,残十四卷。辑入《古逸丛书》。

又,残二十三卷。辑入《適园丛书》第三集。

又,残十八卷。辑入《丛书集成初编》。

日藏弘仁本文馆词林校证 唐许敬宗等

辑,罗国威整理。中华书局 2001 年 10 月出版。

古文苑　编者姓名不详。宋章樵注。二十一卷,附校勘记一卷。清道光间钱熙祚守山阁刻本。

文章辨体　明吴讷编。内集五十卷,外集五卷。明嘉靖三十四年(1555)刊本。

文体明辨　明徐师曾编。八十四卷。明万历寿桧堂刊本。

骈体文钞　清李兆洛编选。上海古籍出版社 2001 年 5 月出版。

古诗纪　明冯惟讷编。前集十卷、正集一百三十卷、外集四卷、别集十二卷。共一百五十六卷。明嘉靖三十七年(1558)刊本。

汉魏诸名家集　明汪士贤辑。收曹子建、阮嗣宗等二十一家集。明万历天启间新安任氏刻本。

增定汉魏六朝别解　明叶绍泰辑。内分经、史、子、集四部。集部收曹植、王粲等四十余家集。明崇祯十五年(1642)采隐山居刊本。

汉魏六朝百三名家集　明张溥辑。收曹操、曹植等一百零三家集。明娄东张氏刊本。

汉魏六朝百三家集选　清吴汝纶评选。收曹操、曹植等一百零三家选集。浙江人民出版社 1987 年影印出版。

诗归　明钟惺、谭元春选评,张国光等点校。古诗十五卷、唐诗三十六卷,共五十一卷。湖北人民出版社 1985 年 5 月出版。

石仓十二代诗选(一名《历代诗选》)　明曹学佺辑。其中汉魏六朝十三卷。明崇祯四年(1631)序刊本。

汉魏诗选　明吕阳选注。二卷,附录一卷。无刻书年月,约万历间刊。

古诗类苑　明张之象编。一百二十卷。明刊本。

诗所　明臧懋循编。五十六卷。明万历刻本。

诗宿　明刘一相编。二十八卷。明万历刻本。

六朝声偶　明徐献忠编。七卷。《四库全书总目·集部·总集类》存目。

古诗镜　明陆时雍编。三十六卷。辑入《四库全书·集部·总集类》。

古诗解　明唐汝谔撰。二十四卷。《四库全书总目·集部·总集类》存目。

六朝诗集　明薛应旂辑。收曹植、阮籍等二十四家诗集。明嘉靖中刊本。

古今诗删　明李攀龙编。三十四卷。辑入《四库全书·集部·总集类》。

汇刻建安七子集　明杨德周辑,清陈朝辅增补。收曹植、徐幹、陈琳、王粲、阮瑀、应玚、刘桢七人集。明崇祯十一年(1638)刊本。

　建安七子集　清杨逢辰辑。收孔融、陈琳、王粲、徐幹、阮瑀、应玚、刘桢七人集。清光绪十六年(1890)长沙杨氏坦园刊本。

　建安七子集　俞绍初辑校。中华书局 1989 年 7 月出版。

　建安七子集校注　吴云主编。天津古籍出版社 1991 年 11 月出版。

刘沈合集　明阮元声辑。收刘峻、沈约二家集。明崇祯五年(1632)刊本。

汉魏六朝诗三百首　清周贞亮纂录。中华书局1962年4月据慎始基斋丛书本影印出版。

古诗解 清金人瑞撰。一卷。辑入《中国文学珍本丛书》第一辑。民国二十四年至二十五年(1935—1936)上海贝叶山房排印本。

古诗选 清王士禛辑。三十二卷。辑入《四部备要·集部》。

古诗笺 清王士禛选,闻人倓笺。三十二卷。上海古籍出版社1980年5月据清乾隆芷兰堂初刻本标点排印出版。

古诗源 清沈德潜选。十四卷。中华书局1963年6月出版。

古诗源选读 傅东华选注。商务印书馆1940年1月出版。

历代诗家(又名《历朝诗集》) 清戴明说、范士楫、魏允升同选。初集五十六卷、二集八十六卷。清顺治丙申至丁酉(1656—1657)汲古阁刊。

历朝诗约选 清刘大櫆选。九十二卷。清光绪乙未秋至丁酉秋(1895—1897)文徵阁刊。

古诗约选 清曹锡宝选。二卷。清乾隆三十八年癸巳(1773)本衙精刊。

历代诗发 清范大士评选、王仲儒同辑。清康熙戊寅(1698)虚白山房刊。

历代赋汇 清陈元龙编选。北京图书馆出版社1999年1月据清康熙四十五年(1706)刻本影印。

风雅元音(又名《八代风雅元音》) 明傅振商辑。二卷。明崇祯元年(1628)刊。

汉魏诗选 清季贞选。八卷。清康熙丙辰(1676)余闲堂刊。

汉魏诗钞 清钮孝思选评。五卷。清乾隆二十五年(1760)精刊。

容与堂汉诗释 清钱二白撰。二卷。清康熙癸亥(1683)本衙刊。

采菽堂古诗选 清陈祚明选。三十八卷、补遗四卷。清康熙丙戌(1706)刊。

采菽堂古诗选 清陈祚明评选,李金松点校。上海古籍出版社2009年7月出版。

多岁堂古诗存 清成书编。有清乾隆刻本。

汉诗音注 清李因笃撰。五卷,与《汉诗评》五卷合刊。《四库全书总目·集部·总集类》存目。

榕村诗选 清李光地编。八卷,首一卷。清雍正己酉(1729)石川方氏刊本。

宛邻书屋古诗录 清张琦辑。十二卷。清嘉庆二十年(1815)刊。

三家诗 清卓尔堪辑。八卷。其中《魏曹子建集》二卷、《晋陶靖节集》四卷、《宋谢康乐集》二卷。清康熙中刊本。

陶谢诗集 清姚培谦辑。收《陶彭泽集》四卷、《谢康乐集》三卷、《谢法曹集》二卷、《谢宣城集》四卷。清乾隆二十九年(1764)姚氏刊本。

三谢诗 南朝谢灵运、谢惠连、谢朓撰。宋元善本丛刊。上海古籍出版社1983年影印出版。

古诗评选 清王夫之撰。六卷。清道光二十二年(1842)新化邓显鹤长沙刊《船山遗书》本。

清王夫之撰,李中华、李利民点校。上海古籍出版社2011年7月出版。

诗笺三种 清李兆元撰。包括古诗十九首、苏李诗、王渔洋秋柳诗。清嘉庆己卯(1819)十二笔舫刊。

六朝四家全集 清胡凤丹辑。收《陶彭泽集》六卷、《谢宣城集》五卷、《鲍参军集》二卷、《庾开府集》四卷。清同治九年(1870)永康胡氏退补斋刊本。

六朝四家全集 清胡凤丹辑。辽宁教育出版社 2000 年 1 月出版。

古唐诗合解笺注读本 清王尧衢注。唐诗合解笺注十二卷、古诗笺注四卷。武汉古籍书店影印。

古诗赏析 清张玉穀撰。二十二卷。振新书社刻本。

十八家诗钞 清曾国藩编。二十八卷。选录曹植、阮籍、陶潜、谢灵运、鲍照、谢朓等十八家诗六千五百九十九首。

十八家诗钞评点 清吴汝纶评点。二十八卷。京师国群铸一社 1914 年铅印本。

评注十八家诗钞 陈存悔、刘铁冷、刘湛、胡怀琛注。二十八卷。上海中原书局 1926 年刊本。

十八家诗钞 清曾国藩编。岳麓书社 1991 年 7 月出版。

诗比兴笺 清陈沆撰。四卷。中华书局上海编辑所 1959 年据清光绪九年癸未(1883)刊本断句排印出版。

古诗钞 清吴汝纶编。二十卷，附目四卷。武彊贺氏刊本。

古今体诗约选 清吴闿生编。四卷。京师国群铸一社 1913 年石印本。

八代诗乘 明梅鼎祚编。二十六卷。明万历刊本。

汉魏诗乘 明梅鼎祚编。二十卷。《四库全书总目·集部·总集类存目》。

八代诗揆 清陆奎勋辑。五卷，补遗一卷。清雍正间小瀛山阁精刊。

八代诗淘 清张守选。四十卷。清雍正六年(1728)刊本。

八代诗选 清王闿运编选。二十卷。清光绪甲午(1894)善化章氏经济堂校刊本。

八代诗精华录笺注 丁福保注。上海文明书局 1935 年印行。

乐府诗集 宋郭茂倩编。一百卷。文学古籍刊行社 1955 年据宋本影印出版。

乐府诗集 乔象钟、陈友琴等校点，余冠英审核定稿。中华书局 1979 年出版。

乐府诗集 宋郭茂倩编。人民文学出版社 2010 年 2 月据傅增湘藏宋本《乐府诗集》影印。

风雅逸篇 明杨慎编。十卷，与《古今风谣》一卷、《古今谣》一卷合刊。古典文学出版社据《函海》本断句排印。

古谣谚 清杜文澜辑，周绍良校点。一百卷。中华书局 1958 年据曼陀罗华阁丛书本校点排印。

古谣谚 清杜文澜辑，吴顺东、谭属春、陈爱平点校。岳麓书社 1992 年 7 月出版。

古乐府 元左克明编。十卷。明嘉靖刻本。

古乐府 元左克明辑。北京图书馆出版社 2005 年 10 月据中国国家图书馆藏元刻本影印。

古乐苑 明梅鼎祚编。五十二卷。原刻本。

九代乐章 明刘濂撰。二十三卷。《四库全书总目·集部·总集类》存目。

乐府原 明徐献忠撰。十五卷。原刻本。

汉铙歌发 明董说编。一卷。《四库全书总目·集部·总集类》存目。

乐府广序 清朱嘉徵撰。三十卷。原刻本。

乐府英华 清顾有孝编。十卷。上海图书馆藏吴江柳氏钞本。

乐府正义 清朱乾编。十五卷。原刻本。

乐府津逮 清曾廷枚编。三卷。清嘉庆刊《芗屿裘书》本。

汉短箫铙歌曲句解 清庄述祖撰。一卷。《珍執宧遗书》本。清道光十四年(1834)刊。

汉乐府三歌笺注 清陈本礼编。三卷。江都陈氏丛书本。清嘉庆十八年(1813)裛露轩刊。

汉铙歌十八曲集解 清谭仪集解。一卷。《灵鹣阁丛书》本。清光绪中元和江氏湖南使院刊。

汉铙歌释文笺正 清王先谦笺。一卷。清同治壬申(1872)虚受堂刊本。

汉魏乐府风笺 黄节笺释、陈伯君校订。人民文学出版社1958年3月出版。

汉短箫铙歌注 夏敬观注。民国商务印书馆印行。

汉代乐府笺注 曲滢生笺注。四卷。我辈语丛刊社铅字排印本。

古乐府选 曹效曾选。十二卷。原刻本。

乐府诗选 朱建新编注。民国正中书局出版。

诗选与校笺 闻一多著。《闻一多全集》选刊之四。中华书局1957年9月出版。

乐府诗选 余冠英选注。人民文学出版社1958年12月出版。

乐府古诗 徐澄宇选注。春明出版社1955年出版。

六朝乐府诗选 张亚新选注。中州古籍出版社1986年8月出版。

全汉三国晋南北朝诗 丁福保编。中华书局1959年5月断句重排印行。

先秦汉魏晋南北朝诗 逯钦立辑校。中华书局1983年9月出版。

汉魏六朝名家集初刻 丁福保辑。内收曹植、阮籍、潘岳、陆机等四十家集。清宣统三年(1911)无锡丁氏排印本。

全上古三代秦汉三国六朝文 清严可均辑。中华书局2000年12月出版。

全上古三代秦汉三国六朝文 清严可均辑。上海古籍出版社2009年6月出版。

两汉文学史参考资料 北京大学中国文学史教研室选注。高等教育出版社1959年10月出版。

两汉诗选 曹道衡选编。中华书局2005年1月出版。

魏晋南北朝文学史参考资料 北京大学中国文学史教研室选注。中华书局1962年8月出版。

层冰草堂丛书 古直撰。收《东林游草》一卷、《陶靖节年岁考证》一卷、《曹子建诗笺》二卷、《曹子建年谱》一卷、《汪容甫文笺》三卷、《诸葛忠武侯年谱》一卷、《汉诗辨证》三卷、《隅楼杂记》三卷。附《钟季子文录》一卷。民国中华书局排印本。

层冰堂五种 古直撰。收《曹子建诗笺定本》四卷、《阮嗣宗咏怀诗笺定本》一卷、《陶靖节诗笺定本》四卷、《陶靖节年谱》一卷、《层冰文略》六卷。中华书局1935年排印本。

汉魏六朝诗选 余冠英选注。人民文学出版社1958年9月出版。

汉魏六朝民歌选 人民文学出版社编辑部编。人民文学出版社1959年6月出版。

汉魏六朝文学作品选讲 寒梅等编。辽宁人民出版社1957年11月出版。

魏晋南北朝文学作品选 林俊荣编。吉林人民出版社1980年7月出版。

汉魏南北朝诗选注 辛志贤等选注。北京出版社1981年2月出版。

汉魏六朝诗一百首 王守华、赵山、吴进仁选注。上海古籍出版社1981年3月出版。

汉魏六朝诗译释 王景霓、汤擎民、郑孟彤译释。黑龙江人民出版社1983年5月出版。

魏晋南北朝文学作品译注讲析 甫之、涂光社主编。辽宁人民出版社1987年2月出版。

魏晋南北朝诗选 陈昌渠选注。四川教育出版社1987年7月出版。

古诗别解 徐仁甫著。上海古籍出版社1984年1月出版。

汉诗选笺 郑文笺注。上海古籍出版社1986年2月出版。

古情诗 王缁尘选。与《古诗源》合刊。世界书局1936年3月出版。

魏武帝魏文帝诗注 黄节注。收曹操诗24首、曹丕诗28首。附曹睿诗13首。人民文学出版社1958年2月出版。

评注魏三祖诗选 陈柱选注。商务印书馆1934年出版。

三曹诗选 余冠英选注。作家出版社1956年9月出版。人民文学出版社1979年10月修订重版。

三曹诗译释 邱英生、高爽著。黑龙江人民出版社1982年1月出版。

曹氏父子诗选 赵福坛注。广东人民出版社1984年2月出版。

傅玄阴铿诗注 蹇长春、王令绍、余贤杰注。甘肃人民出版社1987年7月出版。

何逊集阴铿集注 刘畅、刘国珺注。天津古籍出版社1988年出版。

别 集

司马文园集 汉司马相如撰。一卷。辑入明张溥《汉魏六朝百三名家集》。

又,二卷本。辑入丁福保《汉魏六朝名家集初刻》。

司马文园集选 清吴汝纶评选。一卷。辑入吴汝纶《汉魏六朝百三家集选》。

司马相如集校注 汉司马相如撰,金国永校注。上海古籍出版社1993年1月出版。

司马相如集校注 汉司马相如撰,朱一清、孙以昭校注。人民文学出版社1996年2月出版。

枚叔集 汉枚乘撰,清丁晏辑。一卷。《汉魏六朝名家集初刻》本。

东方大中集 汉东方朔撰。一卷。《汉魏六朝百三名家集》本。

东方朔作品辑注 傅春明辑注。齐鲁书社1988年出版。

刘子政集 汉刘向撰。与《贾长沙集》《董胶西集》合为一卷。辑入明叶绍泰《增定汉魏六朝别解》。

班兰台集 汉班固撰。一卷。《汉魏六朝百三名家集》本。

又,三卷本。辑入《汉魏六朝名家集初刻》。

班兰台集校注 汉班固撰,清张溥辑,白静生校注。中州古籍出版社1991年9月出版。

傅司马集 汉傅毅撰、张鹏一辑。一卷。辑入张鹏一《关陇丛书》,民国十一年(1922)排印本。

东汉崔亭伯集 汉崔骃撰。一卷。《汉魏六朝百三名家集》本。

汉兰台令李伯仁集 汉李尤撰。一卷。《汉魏六朝百三名家集》本。

张河间集 汉张衡撰。二卷。《汉魏六朝百三名家集》本。

张衡诗文集校注 张震泽校注。上海古籍出版社1986年6月出版。

蔡中郎集 汉蔡邕撰。八卷。辑入明汪士贤辑《汉魏诸名家集》。

又,二卷本。辑入《汉魏六朝百三名家集》。

又,六卷本。辑入《四库全书·集部别集类》。

又,十卷本。中华书局1936年据《海源阁丛书》本排印,辑入《四部备要·集部汉魏六朝别集》。

又,十卷本。商务印书馆1919年影印《十万卷楼丛书二编》本,辑入《四部丛刊·集部》。

又,十二卷本。辑入《汉魏六朝名家集初刻》。

蔡中郎集选 汉蔡邕撰,清吴汝纶评选。一卷。《汉魏六朝百三家集选》本。

赵计吏集 汉赵壹撰。一卷。辑入张鹏一《关陇丛书》(1922年排印本)。

古诗十九首集释 隋树森编著。中华书局1955年出版。

古诗十九首初探 马茂元著。陕西人民出版社1981年出版。

胡笳十八拍 汉蔡琰撰。辑入明秦淮寓客《绿窗女史·著撰部·辞咏》(明刊本)。

胡笳十八拍 李廉注。中华书局1959年出版。

孔少府集 汉孔融撰。一卷。《汉魏六朝百三名家集》本。

孔北海集评注 孙至诚评注。商务印书馆1935年出版。

刘公干集 汉刘桢撰。一卷。《汉魏六朝名家集初刻》本。

又,二卷本。辑入明杨德周辑、清陈朝辅增《汇刻建安七子集》。

陈孔璋集 汉陈琳撰。一卷。《汉魏六朝名家集初刻》本。

应德琏集 汉应玚撰。一卷。《汉魏六朝名家集初刻》本。

又,二卷本。《汇刻建安七子集》本。

阮元瑜集 汉阮瑀撰。一卷。《汉魏六朝名家集初刻》本。

王仲宣集　汉王粲撰。三卷。《汉魏六朝名家集初刻》本。

又，一卷本。《汉魏六朝百三名家集》本。

又，四卷本。《汇刻建安七子集》本。

王粲集　俞绍初校点。中华书局1980年5月出版。

王粲集注　吴云、唐绍忠注。中州书画社1984年3月出版。

徐伟长集　汉徐幹撰。一卷。《汉魏六朝名家集初刻》本。

又，六卷本。《汇刻建安七子集》本。

魏武帝集　魏武帝撰。四卷。《汉魏六朝名家集初刻》本。

又，一卷本。《汉魏六朝百三名家集》本。

曹操集　中华书局编。中华书局1959年7月出版。

曹操集译注　安徽亳县《曹操集》译注小组译注。中华书局1979年11月出版。

曹操集注　夏传才注。中州古籍出版社1986年5月出版。

魏文帝集　魏文帝撰。六卷。《汉魏六朝名家集初刻》本。

又，二卷本。《汉魏六朝百三名家集》本。

曹丕集校注　魏曹丕撰，夏传才、唐绍忠校注。中州古籍出版社1992年10月出版。

曹子建集　魏曹植撰、清丁晏铨评。十卷、逸文一卷。《汉魏六朝名家集初刻》本。又，叶菊生校订本。文学古籍刊行社1957年6月出版。

又，十卷本。辑入《四部丛刊·集部》、《四部备要·集部·汉魏六朝别集》。

又，四卷本。辑入明薛应旂《六朝诗集》。

又，二卷本。《汉魏六朝百三名家集》本。

曹集考异　清朱绪曾撰。十二卷。上元蒋氏慎修书屋1914—1916年《金陵丛书》排印本。

陈思王集选　清吴汝纶评选。一卷。《汉魏六朝百三家集选》本。

曹子建诗注　黄节注、叶菊生校订。人民文学出版社1957年6月出版。

曹子建诗笺定本　古直笺。四卷。辑入古直《层冰堂五种》。

曹植集校注　赵幼文校注。人民文学出版社1984年6月出版。

阮嗣宗集　魏阮籍撰。三卷。辑入明薛应旂《六朝诗集》。

又，二卷本。《汉魏诸名家集》本。

又，一卷本。《汉魏六朝百三名家集》本。

又，四卷本。《汉魏六朝名家集初刻》本。

阮步兵集选　清吴汝纶评选。一卷。《汉魏六朝百三家集选》本。

阮嗣宗咏怀诗注　清蒋师爚撰。四卷，叙录一卷。嘉庆四年（1799）敦艮堂刊。

阮嗣宗咏怀诗笺定本　古直撰。一卷。辑入古直《层冰堂五种》。

阮嗣宗咏怀诗注　黄节注。人民文学出版社1984年3月出版。

阮籍集 李志钧等校点。上海古籍出版社 1978 年 5 月出版。

阮籍集校注 陈伯君校注。中华书局 1987 年 10 月出版。

嵇中散集 魏嵇康撰。一卷。《汉魏六朝百三名家集》本。

又，十卷本。辑入《四部丛刊·集部》、《四部备要·集部·汉魏六朝别集》。

又，九卷本。辑入清姚莹、顾沅、潘锡恩《乾坤正气集》。

又，七卷本。《汉魏六朝名家集初刻》本。

嵇中散集佚文 清王仁俊辑。一卷。辑入王仁俊《经籍佚文》(稿本)。

嵇中散集选 清吴汝纶评选。一卷。《汉魏六朝百三家集选》本。

嵇康集 鲁迅辑校。文学古籍刊行社 1956 年 9 月影印鲁迅手抄本。

嵇康集校注 戴明扬校注。人民文学出版社 1962 年 7 月出版。

嵇康集注 殷翔、郭全芝注。黄山书社 1986 年 12 月出版。

魏应休琏集 魏应璩撰。《汉魏六朝百三名家集》本。

傅鹑觚集 晋傅玄撰。一卷。《汉魏六朝百三名家集》本。

又，二卷本。辑入张鹏一《关陇丛书》。

又，三卷本。辑入叶德辉《观古堂所著书》第二集。

又，四卷本。辑入清傅以礼《傅氏家书》。

傅鹑觚集选 清吴汝纶评选。一卷。《汉魏六朝百三家集选》本。

晋成公子安集 晋成公绥撰。一卷。《汉魏六朝百三名家集》本。

成公子安集选 清吴汝纶评选。一卷。《汉魏六朝百三家集选》本。

魏荀公曾集 晋荀勗撰。一卷。《汉魏六朝百三名家集》本。

荀公曾集选 清吴汝纶评选。一卷。《汉魏六朝百三家集》本。

晋张司空集 晋张华撰。一卷。《汉魏六朝百三名家集》本。

傅中丞集 晋傅咸撰。一卷。《汉魏六朝百三名家集》本。

傅中丞集选 清吴汝纶评选。一卷。《汉魏六朝百三家集选》本。

孙冯翊集 晋孙楚撰。一卷。《汉魏六朝百三名家集》本。

夏侯常侍集 晋夏侯湛撰。一卷。《汉魏六朝百三名家集》本。

晋挚太常集 晋挚虞撰。一卷。《汉魏六朝百三名家集》本。

左太冲集 晋左思撰。一卷。《汉魏六朝名家集初刻》本。

晋张孟阳集 晋张载撰。一卷。《汉魏六朝百三名家集》本。

张孟阳集选 清吴汝纶评选。一卷。《汉魏六朝百三家集选》本。

晋张景阳集 晋张协撰。一卷。《汉魏六朝百三名家集》本。

张景阳集选 清吴汝纶评选。一卷。《汉魏六朝百三家集选》本。

晋束广微集 晋束皙撰。一卷。《汉魏六朝百三名家集》本。

潘黄门集 晋潘岳撰。一卷。《汉魏六朝百三名家集》本。

又，六卷本。《汉魏诸名家集》本。

又，五卷本。《汉魏六朝名家集初刻》本。

潘黄门集校注　晋潘岳撰，王增文校注。中州古籍出版社2002年1月出版。

潘岳集校注　晋潘岳撰，董志广校注。天津古籍出版社2005年3月出版。

潘太常集　晋潘尼撰。一卷。《汉魏六朝百三名家集》本。

潘太常集选　清吴汝纶评选。一卷。《汉魏六朝百三家集选》本。

陆士衡集　晋陆机撰。十卷。《四部丛刊》据明正德翻宋本景印本。

又，七卷本。辑入明薛应旂《六朝诗集》。

又，二卷本。《汉魏六朝百三名家集》本。

陆士衡集佚文　清王仁俊辑。一卷。辑入王仁俊《经籍佚文》(稿本)。

陆平原集选　清吴汝纶评选。一卷。《汉魏六朝百三家集选》本。

陆士衡集校　清陆心源撰。与《陆士龙集校》合为一卷。辑入陆心源《潜园总集》。

陆士衡诗注　郝立权注。人民文学出版社1958年5月出版。

陆机集　金涛声点校。中华书局1982年1月出版。

陆士衡文集校注　晋陆机撰，刘运好校注。凤凰出版社2007年12月出版。

陆士龙文集　晋陆云撰。十卷。《四部丛刊》据明正德翻宋本景印本。

又，四卷本。辑入明薛应旂《六朝诗集》。

又，二卷本。《汉魏六朝百三名家集》本。

陆清河集选　清吴汝纶评选。一卷。《汉魏六朝百三家集选》本。

陆云集　黄葵点校。中华书局1988年出版。

晋刘越石集　晋刘琨撰。一卷。《汉魏六朝百三名家集》本。

刘越石集选　清吴汝纶评选。一卷。《汉魏六朝百三家集选》本。

郭弘农集　晋郭璞撰。二卷。《汉魏六朝百三名家集》本。

郭弘农集选　清吴汝纶评选。一卷。《汉魏六朝百三家集选》本。

支遁集　晋释支遁撰。二卷。补遗，清蒋清翊辑。邵武徐氏丛书初刻本。

晋王右军集　晋王羲之撰。二卷。《汉魏六朝百三名家集》本。

王右军集选　清吴汝纶评选。一卷。《汉魏六朝百三家集选》本。

晋王大令集　晋王献之撰。一卷。《汉魏六朝百三名家集》本。

王大令集　清吴汝纶评选。一卷。《汉魏六朝百三家集选》本。

孙廷尉集　晋孙绰撰。一卷。《汉魏六朝百三名家集》本。

孙廷尉集选　清吴汝纶评选。一卷。《汉魏六朝百三家集选》本。

陶彭泽集　晋陶潜撰。十卷。《汉魏六朝百三名家集》本。

又，四卷本。辑入清姚培谦《陶谢诗集》。

又，六卷本。辑入清胡凤丹《六朝四

家全集》。

又,八卷本。辑入《四库全书·集部》。

陶靖节先生诗 宋汤汉注。四卷。补注一卷,附录一卷。《丛书集成初编》本。

笺注陶渊明集 宋李公焕撰。十卷。辑入《四部丛刊·集部》。

李卓吾批选陶渊明集 明李贽评。二卷。辑入《李卓吾先生合选陶王集》。

陶诗汇注 清吴瞻泰注。四卷。清康熙拜经堂刊本。

靖节先生集 清陶澍注。十卷,首一卷,末一卷。辑入《四部备要·集部》。

陶诗析义 明黄文焕撰。四卷。明崇祯刊本。

陶靖节集 明何孟春注。十卷。明正德十三年戊寅(1518)何孟春撰刊。

陶诗真诠 清方宗诚撰。一卷。《柏堂遗书》本。

陶渊明述酒诗解 清张谐之撰。一卷。《为己精舍藏书》本。

陶诗附考 清方东树撰。一卷。《方植之全集》本。

陶彭泽集选 清吴汝纶评选。一卷。《汉魏六朝百三家集选》本。

陶靖节集 清方熊评。六卷。清侑静斋刊本。

陶渊明诗集 清蒋薰撰。四卷。清乾隆最乐堂刊本。

陶公诗评注初学读本 清孙人龙纂辑。二卷。汲古阁本。

陶诗汇评 清温汝能撰。四卷。嘉庆十二年(1807)听松阁本。

陶诗本义 清马璞撰。四卷。清与善堂刊本。

渊明闲适诗选 周学熙辑。一卷。辑入《周氏师古堂所编书·八家闲适诗选》。

陶渊明诗笺注 丁福保笺注。四卷。上海医学书局1929年排印本。

陶诗程传 清程穆衡撰。二卷,附录二卷。稿本。

陶靖节诗笺定本 古直撰。四卷。辑入古直《层冰堂五种》。

陶集发微 顾皞撰。十卷。1918年石印本。

陶渊明诗 傅东华选注。上海商务印书馆1931年出版。

陶渊明集 王瑶编注。作家出版社1957年1月出版。

陶渊明集 逯钦立校注。中华书局1979年5月出版。

陶渊明诗文选注 唐满先选注。上海古籍出版社1981年11月出版。

陶渊明诗文选 李华选注。人民文学出版社1981年出版。

陶渊明诗文选译 方重著。上海外语教育出版社1984年出版。

陶渊明诗选 徐巍选注。广东人民出版社1984年出版。

陶渊明集笺注 唐满先注。江西人民出版社1985年出版。

陶渊明诗文校笺 王孟白校笺。黑龙江人民出版社1985年出版。

陶渊明集校注 孙均锡校注。中州古籍出版社1986年出版。

陶渊明诗文译释 刘继才、闵振贵编著。黑龙江人民出版社1987年7月出版。

陶渊明集校笺　晋陶潜撰，龚斌校笺。上海古籍出版社1996年12月出版。

宋傅光禄集　刘宋傅亮撰。一卷。《汉魏六朝百三名家集》本。

傅光禄集选　清吴汝纶评选。一卷。《汉魏六朝百三家集选》本。

宋何衡阳集　刘宋何承天撰。一卷。《汉魏六朝百三名家集》本。

何衡阳集　刘宋何承天撰。与《谢康乐集》、《颜光禄集》、《鲍参军集》合为一卷。辑入明叶绍泰《增定汉魏六朝别解》。

颜光禄集　刘宋颜延之撰。一卷。《汉魏六朝百三名家集》本。

又，四卷本。《汉魏六朝名家集初刻》本。

颜光禄集选　清吴汝纶评选。一卷。《汉魏六朝百三家集选》本。

谢康乐集　刘宋谢灵运撰。一卷。辑入明薛应旂《六朝诗集》。

又，四卷本。辑入明汪士贤《汉魏诸名家集》。

又，二卷本。《汉魏六朝百三名家集》本。

又，三卷本。辑入清姚培谦《陶谢诗集》。

又，五卷本。《汉魏六朝名家集初刻》本。

谢康乐集拾遗　冒广生辑。一卷，附校勘记一卷。辑入冒广生《如皋冒氏丛书》。

谢康乐集选　清吴汝纶评选。一卷。《汉魏六朝百三家集选》本。

谢康乐诗注　黄节注。人民文学出版社1958年3月出版。

谢灵运诗　殷石臞选注。商务印书馆1936年出版。

谢灵运诗选　叶笑雪选注。古典文学出版社1957年12月出版。

谢灵运集校注　顾绍柏校注。中州古籍出版社1988年出版。

谢法曹集　刘宋谢惠连撰。一卷。《汉魏六朝百三名家集》本。

又，二卷本。《汉魏六朝名家集初刻》本。

谢法曹集选　清吴汝纶评选。一卷。《汉魏六朝百三家集选》本。

宋袁阳源集　刘宋袁淑撰。一卷。《汉魏六朝百三名家集》本。

袁阳源集选　清吴汝纶评选。一卷。《汉魏六朝百三家集选》本。

鲍氏集　刘宋鲍照撰。八卷。辑入明薛应旂《六朝诗集》。

又，十卷本。辑入《四部丛刊·集部》。

又，二卷本。《汉魏六朝百三名家集》本。

又，三卷本。《汉魏六朝名家集初刻》本。

鲍参军集选　清吴汝纶评选。一卷。《汉魏六朝百三家集选》本。

鲍照集校补　清卢文弨撰。一卷。《丛书集成初编》本。

鲍参军诗注　黄节注。人民文学出版社1957年6月出版。

鲍参军集注　钱振伦注、黄节补注诗集并集说、钱仲联增补集说校。中华书局上海编辑所1959年11月出版。

鲍照集校注　刘宋鲍照撰，丁福林、丛玲玲校注。中华书局2012年5月出版。

谢光禄集　刘宋谢庄撰。一卷。《汉魏六朝百三名家集》本。

又，三卷本。《汉魏六朝名家集初刻》本。

谢光禄集选　清吴汝纶评选。一卷。《汉魏六朝百三家集选》本。

齐张长史集　南齐张融撰。一卷。《汉魏六朝百三名家集》本。

张长史集选　清吴汝纶评选。一卷。《汉魏六朝百三家集选》本。

南齐孔詹事集　南齐孔稚圭撰。一卷。《汉魏六朝百三名家集》本。

孔詹事集选　清吴汝纶评选。一卷。《汉魏六朝百三家集选》本。

王文宪集　南齐王俭撰。一卷。《汉魏六朝百三名家集》本。

王文宪集选　清吴汝纶评选。一卷。《汉魏六朝百三家集选》本。

南齐竟陵王集　南齐萧子良撰。二卷。《汉魏六朝百三名家集》本。

竟陵王集选　清吴汝纶评选。一卷。《汉魏六朝百三家集选》本。

谢宣城集　南齐谢朓撰。五卷。《汉魏六朝名家集初刻》本。

又，一卷本。《汉魏六朝百三名家集》本。

谢宣城集选　清吴汝纶评选。一卷。《汉魏六朝百三家集选》本。

谢宣城诗集　谢朓撰。五卷。辑入《四部丛刊·集部》。

谢宣城诗注　郝立权注。四卷。附集说考证。1936年盐城郝氏铅印本。

谢宣城集校注　南齐谢朓撰，曹融南校注。上海古籍出版社1991年11月出版。

王宁朔集　南齐王融撰。一卷。《汉魏六朝百三家集》本。

王宁朔集选　清吴汝纶评选。一卷。《汉魏六朝百三家集选》本。

梁沈约集　梁沈约撰。一卷。辑入明薛应旂《六朝诗集》。

又，二卷本。《汉魏六朝百三名家集》本。

又，十六卷本，附录一卷。辑入明阮元声《刘沈合集》。

又，九卷本。《汉魏六朝名家集初刻》本。

沈隐侯集选　清吴汝纶评选。一卷。《汉魏六朝百三家集选》本。

沈约集校笺　梁沈约撰，陈庆元校笺。浙江古籍出版社1995年1月出版。

江醴陵集　梁江淹撰。二卷。《汉魏六朝百三名家集》本。

又，四卷本。辑入《四部备要·集部》。

又，十卷本。附校补一卷。辑入《四部丛刊·集部》。

又，八卷本。《汉魏六朝名家集初刻》本。

江醴陵集选　清吴汝纶评选。一卷。《汉魏六朝百三家集选》本。

江文通集汇注　明胡之骥注。中华书局1984年4月出版。

陶隐居集　梁陶弘景撰。一卷。《汉魏六朝百三名家集》本。

又，二卷本。辑入明汪士贤《汉魏诸名家集》。

陶隐居集选　清吴汝纶评选。一卷。《汉魏六朝百三家集选》本。

任中丞集　梁任昉撰。一卷。《汉魏六朝百三名家集》本。

又，六卷本。辑入明汪士贤《汉魏诸名家集》。

刘户曹集　梁刘峻撰。一卷。《汉魏六朝百三名家集》本。

又，二卷本，附录一卷。辑入明阮元声《刘沈合集》。

刘户曹集选　清吴汝纶评选。一卷。《汉魏六朝百三家集选》本。

刘孝标集校注　罗国威校注。上海古籍出版社1988年2月出版。

梁武帝集　梁萧衍撰。一卷。《汉魏六朝百三名家集》本。

又，八卷本。《汉魏六朝名家集初刻》本。

梁武帝集选　清吴汝纶评选。一卷。《汉魏六朝百三家集选》本。

王左丞集　梁王僧孺撰。一卷。《汉魏六朝百三名家集》本。

王左丞集选　清吴汝纶评选。一卷。《汉魏六朝百三家集选》本。

梁丘司空集　梁丘迟撰。一卷。《汉魏六朝百三名家集》本。

丘司空集选　清吴汝纶评选。一卷。《汉魏六朝百三家集选》本。

吴朝清集　梁吴均撰。一卷。《汉魏六朝百三名家集》本。

吴朝清集选　清吴汝纶评选。一卷。《汉魏六朝百三家集选》本。

陆太常集　梁陆倕撰。一卷。《汉魏六朝百三名家集》本。

陆太常集选　清吴汝纶评选。一卷。《汉魏六朝百三家集选》本。

何水部集　梁何逊撰。一卷。辑入《四部备要·集部》。

又，二卷本。辑入明薛应旂《六朝诗集》。

何记室集选　清吴汝纶评选。一卷。《汉魏六朝百三家集选》本。

何水部诗注　何融注。1947年石印本。

何逊集　梁何逊著。中华书局1980年9月出版。

何水部诗注　何融注。1947年石印本。

梁刘秘书集　梁刘孝绰撰。一卷。《汉魏六朝百三名家集》本。

刘秘书集选　清吴汝纶评选。一卷。《汉魏六朝百三家集选》本。

王詹事集　梁王筠撰。一卷。《汉魏六朝百三名家集》本。

王詹事集选　清吴汝纶评选。一卷。《汉魏六朝百三家集选》本。

刘豫章集　梁刘潜撰。一卷。《汉魏六朝百三名家集》本。

刘豫章集选　清吴汝纶评选。一卷。《汉魏六朝百三家集选》本。

刘庶子集　梁刘孝威撰。一卷。《汉魏六朝百三名家集》本。

刘庶子集选　清吴汝纶评选。一卷。《汉魏六朝百三家集选》本。

庾度支集　梁庾肩吾撰。一卷。《汉魏六朝百三名家集》本。

庾度支集选　清吴汝纶评选。一卷。

吴汝纶《汉魏六朝百三家集选》本。

梁昭明太子集　梁萧统撰。一卷。《汉魏六朝百三名家集》本。

又,六卷本。辑入《四库全书·集部》。

又,四卷本。《汉魏六朝名家集初刻》本。

又,五卷本。辑入《四部丛刊·集部》。

梁昭明集选　清吴汝纶评选。一卷。《汉魏六朝百三家集选》本。

昭明太子集校注　梁萧统撰,俞绍初校注。中州古籍出版社 2001 年 1 月出版。

梁简文帝集　梁萧纲撰。二卷。《汉魏六朝百三名家集》本。

又,八卷本。《汉魏六朝名家集初刻》本。

梁简文帝集选　清吴汝纶评选。一卷。《汉魏六朝百三家集选》本。

梁简文帝集校注　梁萧纲撰,肖占鹏、董志广校注。南开大学出版社 2012 年 4 月出版。

梁元帝集　梁萧绎撰。一卷。《汉魏六朝百三名家集》本。

又,八卷本。辑入明阎光世《文选遗集》。

又,五卷本。《汉魏六朝名家集初刻》本。

梁元帝集选　清吴汝纶评选。一卷。《汉魏六朝百三家集选》本。

梁宣帝集　梁萧詧撰。一卷。辑入明薛应旂《六朝诗集》。

沈侍中集　陈沈炯撰。一卷。《汉魏六朝百三名家集》本。

沈侍中集选　清吴汝纶撰。一卷。《汉魏六朝百三家集选》本。

阴常侍集　陈阴铿撰。一卷。辑入明薛应旂《六朝诗集》。

阴常侍诗集　陈阴铿撰。一卷。《丛书集成初编》本。

徐仆射集　陈徐陵撰。一卷。《汉魏六朝百三名家集》本。

又,十卷本。辑入《四部丛刊·集部》。

徐孝穆全集　陈徐陵撰、清吴兆宜注、备考清徐文炳撰。六卷,备考一卷。辑入《四部备要·集部》。

徐仆射集选　清吴汝纶评选。一卷。《汉魏六朝百三家集选》本。

陈张散骑集　陈张正见撰。一卷。《汉魏六朝百三名家集》本。

江令君集　陈江总撰。一卷。《汉魏六朝百三名家集》本。

江令君集选　清吴汝纶评选。一卷。《汉魏六朝百三家集选》本。

陈后主集　陈陈叔宝撰。一卷。《汉魏六朝百三名家集》本。

又,二卷本。《汉魏六朝名家集初刻》本。

陈后主集选　清吴汝纶评选。一卷。《汉魏六朝百三家集选》本。

高令公集　北魏高允撰。一卷。《汉魏六朝百三名家集》本。

高令公集选　清吴汝纶评选。一卷。《汉魏六朝百三家集选》本。

温侍读集　北魏温子昇撰。一卷。《汉魏六朝百三名家集》本。

温侍读集选 清吴汝纶评选。一卷。《汉魏六朝百三家集选》本。

邢特进集 北齐邢邵撰。一卷。《汉魏六朝百三名家集》本。

邢特进集选 清吴汝纶评选。一卷。《汉魏六朝百三家集选》本。

魏特进集 北齐魏收撰。一卷。《汉魏六朝百三名家集》本。

魏特进集选 清吴汝纶评选。一卷。《汉魏六朝百三家集选》本。

王司空集 北周王褒撰。一卷。《汉魏六朝百三名家集》本。

王司空集 北周王褒撰。与《庾开府集》、《卢武阳集》、《薛司隶集》合为一卷，辑入明叶绍泰《增定汉魏六朝别解》。

庾开府集 北周庾信撰。二卷。《汉魏六朝百三名家集》本。

又，十二卷本。辑入明汪士贤《汉魏诸名家集》。

又，十六卷本。辑入《四部丛刊·集部》。

又，四卷本。辑入清胡凤丹《六朝四家全集》。

庾开府集笺注 清吴兆宜笺注。十卷。辑入《四库全书·集部》。

庾子山集注 清倪璠注、许逸民校点。十六卷，总释一卷，附录庾信集佚文辑存。中华书局1980年10月出版。

庾开府集选 清吴汝纶评选。一卷。《汉魏六朝百三家集选》本。

庾信诗赋选 谭正璧、纪馥华选注。古典文学出版社1958年2月出版。

庾信选集 舒宝章选注。中州书画社1983年5月出版。

后周明帝集 北周宇文毓撰。一卷。辑入明薛应旂《六朝诗集》。

李怀州集 隋李德林撰。一卷。《汉魏六朝百三名家集》本。

卢武阳集 隋卢思道撰。一卷。《汉魏六朝百三名家集》本。

卢武阳集选 清吴汝纶评选。一卷。《汉魏六朝百三家集选》本。

薛司隶集 隋薛道衡撰。一卷。《汉魏六朝百三名家集》本。

薛司隶集选 清吴汝纶评选。一卷。《汉魏六朝百三家集选》本。

牛奇章集 隋牛弘撰。一卷。《汉魏六朝百三名家集》本。

牛奇章集选 清吴汝纶评选。一卷。《汉魏六朝百三家集选》本。

隋炀帝集 隋杨广撰。一卷。《汉魏六朝百三名家集》本。

又，五卷本。《汉魏六朝名家集初刻》本。

隋炀帝集选 清吴汝纶评选。一卷。《汉魏六朝百三家集选》本。

十索 隋丁六娘撰。辑入明秦淮寓客《绿窗女史·著撰部·辞咏》。

评论及资料

世说新语 南朝宋刘义庆撰、南朝梁刘孝标注。三卷。上海古籍出版社1982年11月据清光绪十七年思贤讲舍刻本影印出版。

世说新语笺疏 余嘉锡笺疏。中华书局1983年8月出版。

世说新语校笺 徐震堮校笺。中华书局1984年4月出版。

世说新语译注 张万起、刘尚慈译注。中华书局1998年8月出版。

世说新语研究 蒋凡著。学林出版社1998年4月出版。

世说新语精读 骆玉明著。复旦大学出版社2007年7月出版。

文心雕龙 南朝梁刘勰撰。十卷。元至正十五年(1355)嘉兴郡学刊本。

文心雕龙辑注 南朝梁刘勰撰、清黄叔琳注、清纪昀评。中华书局1957年据《四部备要》本重印出版。

文心雕龙注 南朝梁刘勰撰、范文澜注。人民文学出版社1958年9月出版。

文心雕龙校证 王利器校笺。上海古籍出版社1980年8月出版。

文心雕龙校注拾遗 杨明照著。上海古籍出版社1982年12月出版。

文心雕龙札记 黄侃著。中华书局上海编辑所1962年9月出版。

文心雕龙校释 刘永济著。中华书局上海编辑所1962年7月出版。

文心雕龙注释 周振甫注。人民文学出版社1981年11月出版。

增订文心雕龙校注 黄叔琳注,李祥补注,杨明照校注拾遗。中华书局1999年3月出版。

文心雕龙校注拾遗补正 杨明照著。江苏古籍出版社2001年6月出版。

诗品 南朝梁钟嵘撰。三卷。宋章如愚辑《山堂先生群书考索》本,元延祐庚申(1320)圆沙书院刊。

诗品注 陈延杰注。人民文学出版社1961年10月出版。

钟嵘诗品校释 吕德申著。北京大学出版社1986年4月出版。

钟嵘和诗品 梅运生著。上海古籍出版社1982年12月出版。

诗品集注 南朝梁钟嵘撰,曹旭集注。上海古籍出版社1994年10月出版。

金楼子 南朝梁萧绎撰。六卷。《丛书集成初编》本。

金楼子校笺 梁萧绎撰,许逸民校笺。中华书局2011年3月出版。

金楼子疏证校注 梁萧绎撰,陈志平、熊清元疏证。上海古籍出版社2014年11月出版。

金楼子研究 钟仕伦著。中华书局2004年12月出版。

颜氏家训集解 北齐颜之推撰。王利器集解。上海古籍出版社1980年7月出版。

汉书艺文志 汉班固著、唐颜师古注。附清姚振宗撰《汉书艺文志拾补》。商务印书馆1955年10月标点排印出版。

汉书艺文志讲疏 顾实讲疏。上海古籍出版社1987年2月出版。

汉书艺文志注释汇编 陈国庆编。中华书局1983年6月出版。

隋书经籍志 唐长孙无忌等撰。商务印书馆1955年11月校点排印出版。

四库全书总目 清永瑢等撰。附录有《四库撤毁书提要》、《四库未收书目提要》、《四库全书总目校记》、《四库全书总目书名及著者姓名索引》。中华书局1965年6月影印断句出版。

文选理学权舆 清汪师韩撰。八卷。清嘉庆四年(1799)桐川顾氏《读画斋丛书》刊本。

文选理学权舆补 清孙志祖撰。一卷。《读画斋丛书》本。

文选考异 清孙志祖撰。四卷。《读画斋丛书》本。

文选纪闻 清余萧客撰。三十卷。清光绪十年方功惠《碧琳琅馆丛书》刊本。

文选古字通疏证 清薛传均撰。六卷。清光绪间华阳傅世洵刻《益雅堂丛书》本。

文选古字通补训 清吕锦文撰。四卷。附补遗。清光绪辛丑(1901)传砚斋刻本。

选学胶言 清张云璈撰。二十卷。三影阁刻本。

文选类诂 丁福保编。上海医学书局印本。

文选学 骆鸿凯著。中华书局1937年6月出版。

昭明太子年谱 胡宗楙编。一卷。附录一卷。胡氏梦选楼1932年刊本。

昭明文选研究 穆克宏著。人民文学出版社1998年12月出版。

昭明文选研究 傅刚著。中国社会科学出版社2000年1月出版。

文选之研究 (日)冈村繁著,陆晓光译。上海古籍出版社2009年5月出版。

玉台新咏考异 清纪容舒撰。十卷。《丛书集成初编》本。

玉台新咏研究 刘跃进著。中华书局2000年7月出版。

玉台新咏论稿 张蕾著。人民出版社2007年12月出版。

玉台新咏新论 谈蓓芳、吴冠文、章培恒著。上海古籍出版社2012年6月出版。

诗纪匡谬 清冯舒撰。一卷。清乾隆道光间长塘鲍氏《知不足斋丛书》本。

历代诗话 清何文焕辑。五十八卷。辑录钟嵘《诗品》和唐、宋、元、明诗话二十七种。附《历代诗话考索》。中华书局1981年4月标点出版。

历代诗话续编 丁福保编。七十六卷。辑录唐孟棨《本事诗》等唐、宋、元、明诗话二十九种。中华书局1983年8月点校出版。

诗法萃编 清许印芳撰辑。十五卷。辑录《毛诗序》等历代论诗著作二十八种,各附跋语。清光绪二十一年(1895)朴学斋刻本。

清诗话 丁福保编。五十一卷。辑录王夫之《薑斋诗话》等清人诗话四十三种。上海古籍出版社1978年9月校点出版。

清诗话续编 郭绍虞辑、富寿荪校点。辑录毛先舒《诗辩坻》等清人诗话三十四种。上海古籍出版社1983年12月出版。

宋诗话辑佚 郭绍虞辑。辑录《王直方诗话》等宋人散佚诗话三十六种。中华书局1980年9月出版。

诗式 唐释皎然撰。《历代诗话》本。

诗式校注 李壮鹰校注。五卷。齐鲁书社1986年3月出版。

本事诗 唐孟棨撰。一卷。《历代诗话续编》本。

诗话总龟 宋阮阅辑。前集四十八卷、后集五十卷。辑录近二百种诗话、笔记中的资料，分类编排。人民文学出版社1987年8月据《四部丛刊》影印明嘉靖刻本校点出版。

苕溪渔隐丛话 宋胡仔撰辑。前集六十卷、后集四十卷。辑录北宋多种诗话、笔记资料，按人汇编。人民文学出版社1981年5月据清乾隆耘经楼本校点出版。

诗人玉屑 宋魏庆之编。王仲闻校勘。二十一卷。附校勘记。辑录南宋多种诗话、笔记资料，分类汇编。古典文学出版社1958年3月出版。

诗林广记 宋蔡正孙撰，常振国、绛云点校。前集十卷、后集十卷。是一部晋、唐、宋的诗选，各诗之后附有关诗话。中华书局1982年8月出版。

竹庄诗话 宋何汶撰，常振国、绛云点校。二十四卷。是诗话和诗歌选集的合编。中华书局1984年5月出版。

临汉隐居诗话 宋魏泰撰。《历代诗话》本。

后山诗话 宋陈师道撰。《历代诗话》本。

冷斋夜话 宋惠洪撰，陈新点校。十卷。与《风月堂诗话》、《环溪诗话》合刊。中华书局1988年7月出版。

西清诗话 宋蔡絛撰。辑入《宋诗话辑佚》。

优古堂诗话 宋吴幵撰。一卷。《历代诗话续编》本。

岁寒堂诗话 宋张戒撰。《历代诗话续编》本。

石林诗话 宋叶梦得撰。三卷。《历代诗话》本。

石林诗话校注 宋叶梦得撰，逯铭昕校注。人民文学出版社2012年12月出版。

珊瑚钩诗话 宋张表臣撰。三卷。《历代诗话》本。

艇斋诗话 宋曾季貍撰。一卷。《历代诗话续编》本。

韵语阳秋 宋葛立方撰。二十卷。《历代诗话》本。上海古籍出版社1979年11月出版点校本。

庚溪诗话 宋陈岩肖撰。二卷。《历代诗话续编》本。

碧溪诗话 宋黄彻撰。十卷。《历代诗话续编》本。

碧溪诗话 汤新祥校注。人民文学出版社1986年9月出版。

观林诗话 宋吴聿撰。二卷。《历代诗话续编》本。

二老堂诗话 宋周必大撰。《历代诗话》本。

后村诗话 宋刘克庄撰，王秀梅点校。前集二卷、后集二卷、续集四卷、新集六卷。中华书局1983年12月出版。

唐子西文录 宋唐庚撰。《历代诗话》本。

竹坡诗话 宋周紫芝撰。《历代诗话》本。

彦周诗话 宋许顗撰。《历代诗话》本。

对床夜语 宋范晞文撰。五卷。《历代诗话续编》本。

沧浪诗话校释 宋严羽撰，郭绍虞校释。人民文学出版社1983年5月出版。

王直方诗话 宋王直方撰。辑入《宋诗话辑佚》。

蔡宽夫诗话 宋蔡启撰。辑入《宋诗话辑佚》。

漫叟诗话 宋佚名撰。辑入《宋诗话辑佚》。

潜溪诗眼 宋范温撰。辑入《宋诗话辑佚》。

艺苑雌黄 宋严有翼撰。《宋诗话辑佚》本。

诗评 宋敖陶孙撰。一卷。《丛书集成初编》本。

休斋诗话 宋陈知柔撰。《宋诗话辑佚》本。

童蒙诗训 宋吕本中撰。《宋诗话辑佚》本。

吴氏诗话 宋吴子良撰。二卷。《丛书集成初编》本。

坦斋通编 宋邢凯撰。一卷。《丛书集成初编》本。

鹤林玉露 宋罗大经撰。十六卷、补遗一卷。明万历十年(1582)莆田林肃友重校本。

又,中华书局1983年排印本。

容斋随笔 宋洪迈撰。十六卷、续笔十六卷、三笔十六卷、四笔十六卷、五笔十卷。上海古籍出版社1978年7月据清光绪元年重校同治年间洪氏刊本校点出版。

能改斋漫录 宋吴曾撰。二十卷。上海古籍出版社1979年11月据清武英殿聚珍版书本校点出版。

朱子语类 宋朱熹撰,宋黎靖德辑。一百四十卷。明成化九年(1473)陈炜刊本。又,中华书局1986年3月校点排印本。

元好问论诗三十首小笺 金元好问撰、郭绍虞笺释。与《杜甫戏为六绝句集解》合刊。人民文学出版社1978年2月出版。

诗法家数 元杨载撰。《历代诗话》本。

东坡诗话录 元陈秀明辑。一卷。清道光十一年(1831)六安晁氏木活字排印《学海类编》本。

吴礼部诗话 元吴师道撰。一卷。《历代诗话续编》本。

诗谱 元陈绎曾撰。《历代诗话续编》本。

升庵诗话 明杨慎撰。十四卷。《历代诗话续编》本。

升庵诗话笺证 明杨慎撰,王仲镛笺证。上海古籍出版社1987年出版。

怀麓堂诗话 明李东阳撰。一卷。《历代诗话续编》本。

南濠诗话 明都穆撰。一卷。《历代诗话续编》本。

谈艺录 明徐祯卿撰。《历代诗话》本。

四溟诗话 明谢榛撰。四卷。《四溟诗话》原名《诗家直说》。《历代诗话续编》本。又,人民文学出版社1961年6月出版宛平点校本。

诗家直说笺注 李庆立、孙慎之笺注。齐鲁书社1987年出版。

艺苑卮言 明王世贞撰。八卷。《历代诗话续编》本。

艺圃撷余 明王世懋撰。《历代诗话》本。

诗薮 明胡应麟撰。内编六卷、外编六卷、杂编六卷、续编二卷。上海古籍出版社1979年11月出版。

诗源辩体 明许学夷撰、杜维沫校点。三十八卷。人民文学出版社1987年10月出版。

逸老堂诗话　明俞弁撰。二卷。《历代诗话续编》本。

诗镜总论　明陆时雍撰。一卷。《历代诗话续编》本。

骚坛秘语　明周履靖撰。三卷。《丛书集成初编》本。

梦蕉诗话　明游潜撰。二卷。《学海类编》本。

豫章诗话　明郭子章撰。六卷，附民国胡思敬《校勘记》一卷。民国南昌豫章丛书编刻局1919年刊本。

榆溪诗话　明徐世溥撰。一卷。清光绪中新建陶氏刊清陶福履辑《豫章丛书》本。

汉魏六朝百三家集题辞注　明张溥著，殷孟伦注。人民文学出版社1960年2月出版。

薑斋诗话　清王夫之撰。二卷。《清诗话》本。

薑斋诗话笺注　戴鸿森笺注。三卷。卷一《诗译》、卷二《夕堂永日绪论内编》、卷三《南窗漫记》。附录《夕堂永日绪论外编》。人民文学出版社1981年9月出版。

钝吟杂录　清冯班撰。《清诗话》本。

围炉诗话　清吴乔撰。六卷。《清诗话续编》本。

答万季野诗问　清吴乔撰。《清诗话》本。

历代诗话　清吴景旭撰。八十卷。中华书局上海编辑所1958年10月据吴兴刘氏嘉业堂刊本断句排印。

蠖斋诗话　清施闰章撰。一卷。《清诗话》本。

原诗　清叶燮撰。四卷。《清诗话》本。

原诗　霍松林校注。与《一瓢诗话》、《说诗晬语》合刊。人民文学出版社1979年9月出版。

茗香诗论　清宋大樽撰。《清诗话》本。

带经堂诗话　清王士禛撰，张宗柟纂集，戴鸿森校点。人民文学出版社1982年11月出版。

师友诗传录　郎廷槐编。一卷。《清诗话》本。

柳亭诗话　清宋长白撰。三十卷。民国二十四年至二十五年(1935—1936)上海贝叶山房排印《中国文学珍本丛书》本。

然镫纪闻　王士禛口授、何世璂述。一卷。《清诗话》本。

义门读书记　清何焯著、崔高维点校。五十八卷。中华书局1987年6月出版。

而庵诗话　清徐增撰。一卷。《清诗话》本。

说诗晬语　清沈德潜撰。二卷。《清诗话》本。

说诗晬语　霍松林校注。与《原诗》、《一瓢诗话》合刊。人民文学出版社1979年9月出版。

拜经楼诗话　清吴骞撰。四卷。《清诗话》本。

初白庵诗评　清查慎行撰、张载华辑。三卷。一名《查初白十二种诗评》。清乾隆四十二年(1777)涉园观乐堂刊本。

梦痕馆诗话　清胡薇元撰。四卷。民国四年(1915)《玉津阁丛书》本。

北江诗话　清洪亮吉撰、陈迩冬校点。六卷。人民文学出版社1983年7月出版。

昭昧詹言　清方东树撰、方绍楹校点。二十一卷。人民文学出版社1961年10月出版。

月山诗话　清恒仁撰。一卷。《丛书集成初编》本。

随园诗话　清袁枚撰、顾学颉校点。十六卷。补遗十卷。人民文学出版社1982年9月出版。

诗学纂闻　清汪师韩撰。一卷。《清诗话》本。

一瓢诗话　清薛雪撰。一卷。《清诗话》本。

一瓢诗话　杜维沫校注。与《原诗》、《说诗晬语》合刊。人民文学出版社1979年9月出版。

汉诗总说　清费锡璜撰。一卷。《清诗话》本。

贞一斋诗话　清李重华撰。一卷。《清诗话》本。

秋窗随笔　清马位撰。一卷。《清诗话》本。

秋星阁诗话　清李沂撰。一卷。《清诗话》本。

野鸿诗话　清黄子云撰。一卷。《清诗话》本。

履园谭诗　清钱泳撰。一卷。《清诗话》本。

岘傭说诗　清施补华撰。一卷。《清诗话》本。

诗辩坻　清毛先舒撰。四卷。《清诗话续编》本。

援鹑堂笔记　清姚范撰。清刻本。

通斋诗话　清蒋伯超撰。宜秋馆刊本。

抱真堂诗话　清宋徵璧撰。一卷。《清诗话续编》本。

诗筏　清贺贻孙撰。一卷。《清诗话续编》本。

古欢堂杂著　清田雯撰。四卷。《清诗话续编》本。

诗义固说　清庞垲撰。二卷。《清诗话续编》本。

緹斋诗谈　清张谦宜撰。八卷。《清诗话续编》本。

小澥草堂杂论诗　清牟愿相撰。一卷。《清诗话续编》本。

龙性堂诗话　清叶矫然撰。初集、续集。《清诗话续编》本。

剑溪说诗　清乔亿撰。二卷、又编。《清诗话续编》本。

诗学源流考　清鲁九皋撰。一卷。《清诗话续编》本。

雨村诗话　清李调元撰。二卷。《清诗话续编》本。

雨村诗话校正　清李调元撰，詹杭伦、沈时蓉校正。巴蜀书社2006年12月出版。

石洲诗话　清翁方纲撰。八卷。《清诗话续编》本。又，人民文学出版社1981年1月出版陈迩冬校点本，与《谈龙录》合刊。

葚原说诗　清冒春荣撰。四卷。《清诗话续编》本。

静居绪言　清阙名撰。一卷。《清诗话续编》本。

老生常谈　清延君寿撰。一卷。《清诗话续编》本。

小清华园诗谈 清王寿昌撰。二卷。《清诗话续编》本。

退庵随笔 清梁章钜撰。一卷。《清诗话续编》本。

养一斋诗话 清潘德舆撰。十卷、李杜诗话三卷。《清诗话续编》本。

竹林答问 清陈僅撰。一卷。《清诗话续编》本。

白华山人诗说 清厉志撰。二卷。《清诗话续编》本。

筱园诗话 清朱庭珍撰。四卷。《清诗话续编》本。

艺概 清刘熙载撰。六卷。其中卷二为《诗概》。上海古籍出版社1978年12月出版标点本。

周秦两汉文学批评史 罗根泽著。商务印书馆1944年1月出版。又见于古典文学出版社1957年出版之《中国文学批评史》(一)。

魏晋南北朝文学批评史 罗根泽著。商务印书馆1943年8月出版。又见于古典文学出版社1957年出版之《中国文学批评史》(一)。

魏晋六朝文学批评史 万迪鹤著。独立出版社1941年出版。

魏晋南北朝文学批评史 王运熙、杨明著。上海古籍出版社1989年6月出版。

中国文学批评通史·魏晋南北朝卷 王运熙著。上海古籍出版社1997年7月出版。

魏晋文学史 徐公持著。人民文学出版社1999年9月出版。

魏晋南北朝文学思想史 罗宗强著。中华书局2006年6月出版。

魏晋南北朝文学史研究入门 戴燕著。复旦大学出版社2009年5月出版。

魏晋南北朝诗话 萧华荣著。齐鲁书社1986年6月出版。

先秦汉魏南北朝诗作者篇目索引 常振国、降云编。中华书局1988年出版。

先秦八代诗赋鉴赏 周啸天著。四川人民出版社2003年4月出版。

先秦两汉文学史料学 曹道衡、刘跃进著。中华书局2005年2月出版。

八代诗史 葛晓音著。中华书局2007年4月出版。

中国文学家大辞典(先秦汉魏晋南北朝卷) 曹道衡、沈玉成编撰。中华书局1996年8月出版。

汉魏南北朝墓志汇编 赵超编。天津古籍出版社1992年1月出版。

汉魏南北朝墓志集释 赵万里编。广西师范大学出版社2008年8月出版。

新出魏晋南北朝墓志疏证 罗新、叶炜著。中华书局2005年1月出版。

魏晋南北朝文体学 李士彪著。上海古籍出版社2004年1月出版。

魏晋诗歌艺术原论 钱志熙著。北京大学出版社1993年1月出版。

魏晋南北朝诗歌史述 钱志熙著。北京大学出版社2005年6月出版。

文镜秘府论汇校汇考 (日)遍照金刚编撰,卢盛江校考。中华书局2006年4月出版。

十四朝文学要略 刘永济著。中华书局2007年10月出版。

琴操　汉蔡邕撰、清孙星衍校并辑补遗。二卷、附补遗一卷。清嘉庆十一年(1806)刊《平津馆丛书》本。

古今乐录　陈释智匠撰。一卷。清光绪九年(1883)长沙嫏嬛馆刊马国翰辑《玉函山房辑佚书》本。

乐府解题　唐刘悚撰。一卷。清顺治三年(1646)两浙督学周南李际期宛委山堂刊元陶宗仪辑、明陶珽重校《说郛一百二十卷》本。

乐府古题要解　唐吴兢撰。二卷。《历代诗话续编》本。

乐府遗声　清汪汲撰。一卷。清乾隆嘉庆间古愚山房刊《古愚老人消夏录》本。

乐府标源　清汪汲撰。二卷。清乾隆嘉庆间古愚山房刊《古愚老人消夏录》本。

乐府古辞考　陆侃如著。商务印书馆1926年2月出版。

乐府通论　王易著。神州国光社1933年4月出版。

乐府文学史　罗根泽著。北平文化学社1931年1月出版。

汉魏六朝乐府文学史　萧涤非著。人民文学出版社1984年3月修订重印。

乐府诗史　杨生枝著。青海人民出版社1985年1月出版。

汉魏六朝乐府诗　王运熙、王国安著。上海古籍出版社1986年9月出版。

六朝乐府与民歌　王运熙著。古典文学出版社1957年1月出版。

乐府诗研究论文集　作家出版社编辑部编。作家出版社1957年4月出版。

乐府诗论丛　王运熙著。古典文学出版社1958年4月出版。

乐府诗述论　王运熙著。上海古籍出版社2006年7月出版。

乐府散论　王汝弼著。陕西人民出版社1984年11月出版。

汉代乐府民歌赏析　曾德珪选析。广西教育出版社1987年8月出版。

乐府诗名篇赏析　许逸民等著。北京十月文艺出版社1988年2月出版。

古诗十九首与乐府诗选评　曹旭著。上海古籍出版社2002年12月出版。

朱自清《古诗十九首释》手稿　朱自清著。浙江古籍出版社2008年6月出版。

乐府文学文献研究　孙尚勇著。人民文学出版社2007年6月出版。

汉魏乐府风笺　中华书局2008年1月出版。

汉魏六朝乐府诗　王运熙、王国安著。上海古籍出版社2011年7月出版。

中国中古文学史　刘师培著、简夷之校点。与《论文杂记》合刊。人民文学出版社1962年11月出版。

魏晋南北朝文学史　胡国瑞著。上海文艺出版社1980年10月出版。

中国中古诗歌史　王钟陵著。江苏教育出版社1988年5月出版。

中国之美文及其历史　梁启超著。中华书局1936年3月出版。

汉魏六朝文学　陈钟凡著。商务印书馆1931年8月出版。

中古文学史论　王瑶著。北京大学出版社1986年1月出版。棠棣出版社1951年曾分为《中古文学思想》、《中古文人生活》、《中古文学风貌》三书分别出版。

中古文学史论文集 曹道衡著。中华书局1986年7月出版。

中古文学概论 徐嘉瑞著。上海亚东图书馆1924年4月初版。

中古文学系年 陆侃如著。上起公元前53年,下迄公元340年。人民文学出版社1985年6月出版。

中古文学史料丛考 曹道衡、沈玉成编撰。中华书局2003年10月出版。

汉魏六朝文学论集 逯钦立遗著、吴云整理。陕西人民出版社1984年11月出版。

汉魏六朝诗论丛 余冠英著。棠棣出版社1952年8月出版。

汉魏六朝诗歌鉴赏集 人民文学出版社编辑部编。人民文学出版社1985年7月出版。

汉魏六朝诗歌赏析 李文初编著。广东人民出版社1986年4月出版。

汉魏六朝唐代文学论丛 王运熙著。上海古籍出版社1981年10月出版。

汉魏六朝诗讲录 叶嘉莹著。河北教育出版社2001年5月出版。

叶嘉莹说汉魏六朝诗 叶嘉莹著。中华书局2007年1月出版。

黄节注汉魏六朝诗六种 黄节注。人民文学出版社2008年3月出版。

汉诗研究 古直著。上海启智书局1935年3月出版。

汉诗赏析集 石文英主编。巴蜀书社1988年10月出版。

司马相如资料汇编 踪凡编。中华书局2008年12月出版。

魏晋诗歌概论 郭伯恭著。商务印书馆1948年8月出版。

魏晋风流及其文潮 郭麟阁著。重庆红蓝出版社北平分社1946年4月出版。

本事诗、续本事诗、本事词 唐孟棨等撰,李学颖标点。上海古籍出版社1991年4月出版。

北朝文学史 周建江著。中国社会科学出版社1997年7月出版。

南朝文学与北朝文学研究 曹道衡著。江苏古籍出版社1998年7月出版。

南北朝文学编年史 曹道衡、刘跃进著。人民文学出版社2000年11月出版。

三国两晋十六国诗文纪事 周建江辑校。中州古籍出版社2001年9月出版。

南北朝隋诗文纪事 周建江辑校。中州古籍出版社2001年9月出版。

六朝文学论集 穆克宏著。中华书局2010年7月出版。

世族与六朝文学 程章灿著。黑龙江教育出版社1998年1月出版。

门阀士族与永明文学 刘跃进著。生活·读书·新知三联书店1996年3月出版。

竹林七贤 曹旭、丁功谊著。中华书局2010年2月出版。

兰陵萧氏与南朝文学 曹道衡著。中华书局2004年8月出版。

烽火与流星:萧梁王朝的文学与文化 田晓菲著。中华书局2010年1月出版。

太康文学研究 姜剑云著。中华书局2003年6月出版。

刘宋诗歌研究 陈桥生著。中华书局

2007年3月出版。

齐梁诗歌研究　阎采平著。北京大学出版社1994年10月出版。

建安文学概论　沈达材著。北平朴社1932年1月出版。

建安文学编年史　刘知渐著。重庆出版社1985年3月出版。

建安文学论稿　张可礼著。山东教育出版社1986年9月出版。

建安诗文鉴赏　李文禄、王巍著。吉林大学出版社1987年9月出版。

建安文学研究文集　《艺谭》编辑部编。黄山书社1984年11月出版。

建安文学　《艺谭》杂志社、亳县县委宣传部合编。论文、资料选集之一。《艺谭》杂志社1983年出版。

曹氏父子和建安文学　李宝钧著。中华书局上海编辑所1963年1月出版。

三曹资料汇编　河北师范学院中文系古典文学教研组编。中华书局1980年9月出版。

三曹年谱　张可礼编著。谱主为曹操、曹丕、曹植。齐鲁书社1983年5月出版。

曹子建年谱　古直撰。一卷。《层冰堂丛书》本。

三曹诗文赏析集　李景华主编。赏析曹操、曹丕、曹植诗文。巴蜀书社1988年11月出版。

曹子建诗研究　陈一百著。商务印书馆1935年2月出版。

曹植新探　钟优民著。黄山书社1984年12月出版。

胡笳十八拍讨论集　《文学遗产》编辑部编。中华书局1959年出版。

读诗三札记　萧涤非著。包括读曹子建诗、阮嗣宗诗、谢康乐诗三札记，实是听黄节先生讲课的笔记。作家出版社1957年2月出版。

阮籍与嵇康　徐公持著。上海古籍出版社1986年5月出版。

叶嘉莹说阮籍咏怀诗　叶嘉莹著。中华书局2007年1月出版。

张华年谱　姜亮夫著。古典文学出版社1957年出版。

陆平原年谱　姜亮夫著。古典文学出版社1957年出版。

古典文学研究资料汇编《陶渊明卷》　上编即《陶渊明研究资料汇编》，北京大学中文系教师、同学，北京师范大学中文系教师、同学编；下编即《陶渊明诗文汇评》，北京大学中文系文学史教研室教师、五六级四班同学编。中华书局1962年出版。

陶渊明讨论集　《文学遗产》编辑部编。中华书局1961年5月出版。

陶靖节年岁考证　古直撰。一卷。《层冰堂丛书》本。

陶渊明年谱　宋王质等撰、许逸民校辑。收宋王质《栗里谱》、宋吴仁杰《陶靖节先生年谱》、清顾易《柳村谱陶》、清丁晏《晋陶靖节年谱》、清陶澍《陶靖节年谱考异》、清杨希闵《晋陶征士年谱》、梁启超《陶渊明年谱》、古直《陶靖节年谱》等九种。中华书局1986年4月出版。

陶渊明之思想与清谈之关系　陈寅恪著。中国文化研究丛刊第一种。燕京大学哈佛燕京学社1945年刊。后收入陈寅恪《金明馆丛稿初编》一书。

陶渊明　孙毓修著。上海商务印书馆1926年出版。

陶渊明的生活　胡怀琛著。上海世界书局1930年出版。

陶渊明　梁启超著。上海商务印书馆1929年出版。

陶渊明诗话　朱太忙编。大达图书供应社1934年3月出版。

陶渊明批评　萧望卿撰。开明书店1937年出版。

陶渊明传论　张芝著。上海棠棣出版社1935年出版。

陶渊明　廖仲安著。上海古籍出版社1979年7月出版。

陶渊明论稿　吴云著。陕西人民出版社1981年出版。

陶渊明　谷云义编著。黑龙江人民出版社1983年出版。

陶渊明论略　李文初著。广东人民出版社1986年出版。

陶渊明诗文赏析集　李华主编。巴蜀书社1988年出版。

陶渊明名篇赏析　侯爵良、彭华生著。北京十月文艺出版社1988年2月出版。

叶嘉莹说陶渊明饮酒及拟古诗　叶嘉莹著。中华书局2007年3月出版。

尘几录：陶渊明与手抄本文化研究　田晓菲著。中华书局2007年8月出版。

六朝作家年谱辑要　刘跃进、范子烨编著。黑龙江教育出版社1999年1月出版。

谢灵运论稿　钟优民著。齐鲁书社1985年10月出版。

谢灵运年谱汇编　陈祖美编校。黄山书社2008年3月出版。

鲍照年谱　吴丕绩著。商务印书馆1940年出版。

江淹年谱　吴丕绩著。商务印书馆1938年出版。

鲍照和庾信　刘文忠著。上海古籍出版社1986年5月出版。

望乡诗人庾信　钟优民著。吉林大学出版社1988年3月出版。

庾信传论　鲁同群著。天津人民出版社1997年1月出版。

（穆克宏　北渚）

文学术语

分类词目表

一、体裁·作法

二、派别和并称

三、文学理论批评

一、体裁·作法

【赋】 文体名。起于战国后期。荀况有《赋篇》,一般认为是最早以赋为名的作品。其发展受到《楚辞》和纵横家辩论的影响,至汉代成为最主要的文学样式。汉初贾谊等人所作多言志抒情,体制与《楚辞》颇为相似,后世称为骚赋。经枚乘《七发》至司马相如,形成了篇幅宏大、句式参差、韵散结合、用韵自由的大赋。嗣后代表作家有扬雄、班固、张衡等。多以铺陈夸张的手法,描述园苑、游猎、宫殿、京都等,而寓有讽喻之意。此种大赋为汉赋的典型,但同时也有抒情咏物的小赋并存。汉末魏晋以后,虽仍有大赋产生,但抒情、咏物的小赋有更大的发展。其句式、对偶、声律日趋工整,被称为俳赋或骈赋。至唐宋时,赋成为科举考试的项目,用韵、句数等都有严格规定,形式更为严整,名为律赋。又有一部分作品呈现由骈俪返回散体的倾向,具有散文单行的气势,称为文赋。

【辞赋】 文体名。赋与《楚辞》关系密切。其句式、结构、表现手法以至辞藻意象,均受《楚辞》影响。尤其是汉初以抒情写志为主的骚赋,与《楚辞》的体式难以区别。故汉人每将辞、赋视为一类,连称为辞赋,如《史记·司马相如传》:"会景帝不好辞赋。"又如《汉书·艺文志》"诗赋略"称屈原作品为"屈原赋"。

【七】 又称七体,文体名。西汉枚乘《七发》设吴客以七事说楚太子,其文韵散结合,句式参差,铺陈夸张,描绘细致,为汉代大赋之先声。后人仿其体者颇多,如傅毅《七激》、张衡《七辩》、曹植《七启》、王粲《七释》、张协《七命》、左思《七讽》等。据挚虞《文章流别论》,西晋傅玄曾"集古今七篇品之,署曰'七林'"。《隋书·经籍志》集部总集类著录有《七集》、《七林》。《文选》有"七"类。

【骈文】 文体名。全篇对偶工整,句式整齐,声律谐和,多讲究词藻和用典。东汉文章偶句已多,经三国而至晋代,其体已大致成形,入南北朝而大盛。当时运用范围甚广,除史书、小说外,各种实用性文章,甚至论说文,大多都用骈体。其全篇多以四字、六字句相间而成者,称为四六文,形成于南朝,盛行于唐宋。柳宗元《乞巧文》:"骈四俪六,锦心绣口。"李商隐所作即称为《樊南四六甲乙集》。

【颂赞】 文体名。《文心雕龙》有《颂赞》篇。颂用于称颂功德。自秦汉以来,其体多为四言韵语,风格典雅。但也有用散体者,如西汉王褒《圣主得贤臣颂》。亦有用于称美、描绘草木者,如屈原《橘颂》、江淹《草木颂》。又颂有诵意,谓不歌唱、不配乐而曼声吟哦之,其读法当与"不歌而诵"的赋相似,故有的颂其实是赋体,如东汉马融《广成颂》、《上林颂》。赞的功用、体制与颂相似。常与图画相配合,故东晋李充《翰林论》云:"容像图而赞立"。东汉中央官署和地方郡国办事厅壁上常画以主管官员的像,而附以赞。也有用于称述草木动植者,如郭璞《尔雅图赞》、《山海经图赞》,其褒赞意实不明显。又有史赞,参见史述赞。有的著作于篇末附赞语以总结全篇,如《文心雕龙》每篇后均有赞,当是效法史赞而为。

【铭箴】 文体名。铭刻或书写于器具上，以示戒励，或颂扬功德。也有刻于石上者，如东汉班固《封燕然山铭》刻石树于山上，西晋张载《剑阁铭》刻石于剑门。又刻于墓碑者称墓碑铭，刻石埋于圹中者称墓志铭，用于纪述死者行事、德业。六朝的铭多为四言韵语。箴则纯用于警戒，有的含有规讽之意，也以四言韵语为多。铭、箴用途、体制有相通处，故刘勰《文心雕龙》合而论之，有《铭箴》篇。

【座右铭】 铭的一种，置于座位右边，用以自警，故名。《文选》载东汉崔瑗《座右铭》，为五言韵语。《后汉书·崔瑗传》载崔瑗曾为兄报仇，杀人亡命，遇赦归家，《文选》吕延济注遂称其铭作于遇赦之后。

【哀诔】 文体名。二者皆用于悲悼死者，其体制皆用韵文，或四言，或辞赋句式。所不同者，诔原来用以累列死者生前的德业行事，据以定其谥号，故有"贱不诔贵，幼不诔长"（《礼记·曾子问》）之说，后来乃逐渐增加悲悼成分，也不再有贵贱长幼的限制；哀则专主于痛伤悼惜，初时多用于童幼夭折者。

【连珠】 文体名。今日所见以西汉扬雄所作为最早。东汉至南朝，作者颇多。形式短小，借比喻以见义。西晋傅玄《叙连珠》云："欲使历历如贯珠，易睹而可悦，故谓之连珠也。"南朝沈约《注制旨连珠表》则云："盖谓辞句连续，互相发明，若珠之结排也。"多用以言说事理，亦有寄怀言志者，南朝梁刘孝仪《艳体连珠》则描绘女性。自陆机《演连珠》后，骈偶、用韵都颇为整齐，富有文采。《文选》有"连珠"类。

【史述赞】 文体名。其体为四言韵语。《史记·太史公自序》撮述每篇大意，云"作《五帝本纪》第一"、"作《夏本纪》第二"等，其语或四言，或杂言，多不押韵。班固《汉书·叙传》仿之，而谦不言"作"，改称曰"述"，均为四言韵语。至范晔《后汉书》乃分散于诸篇之末，而名之曰"赞"，亦皆四言韵语。且自诩"赞自是吾文之杰思"（《狱中与甥侄书》）。南朝人颇为重视，《后汉书赞论》曾别出单行。（见《隋书·经籍志》）《文选》有"史述赞"一门，录《汉书·叙传》中的"述"三首、《后汉书》的赞一首。嗣后萧子显《南齐书》、唐初所修《晋书》和李百药《北齐书》，亦仿《后汉书》例而有"赞"。司马贞《史记索隐》又为《史记》的每一篇作"述赞"，均四言韵语。

【史序】 文体名。在史书纪、传等的篇首，性质与缀于篇末的论相近。

【史论】 文体名。在史书的纪、传等篇末，对篇中所述发表议论，或进行品评，或加以补充、说明。其名诸家不同，如《史记》称"太史公曰"，《汉书》称"赞"，（赞，有明、助之意，对正文加以说明、补充，故称为赞。）《三国志》称"评"，《后汉书》称"论"。南朝人甚重此类文字。范晔自称其《后汉书》"杂传论皆有精意深旨"，"至于《循吏》以下及《六夷》诸序论，笔势纵放，实天下之奇作"（《狱中与甥侄书》）。《文选》有《史论》门。（其中《后汉书皇后纪论》在《皇后纪》篇首，一般称为序。）又单行历史论文，如贾谊《过秦论》、陆机《辩亡论》等，亦称史论。

【骚体诗】 诗体名。又称楚辞体、楚歌体。其句中或句末常有"兮"字，节奏亦较特殊，与以《离骚》为代表的《楚辞》相似，故名。项羽、刘邦皆楚人，项羽《垓下歌》、刘邦《大风歌》、《鸿鹄》均为此体。西汉其他帝王、贵族、文士诗歌亦多有用骚体者，汉武帝时用于祭祀的《郊祀歌》中也有此体。后世作者为之，或通篇如此，或夹杂若干句。其句式自由灵活，篇幅长短任意，常被用来表现奔放的情感和气势。

【四言诗】　诗体名。每句四字，故名。《诗经》中作品多为四言。西汉韦孟《讽谏》、《在邹》诗，模仿《诗经》，旧时被推为典范。五言诗兴盛之后，四言诗仍占有一定地位。建安、曹魏时曹操、王粲、曹植所作，均有佳制，为后人所推重。西晋文人颇重此体，多模拟《诗经》，风格典雅。挚虞《文章流别论》称“雅音之韵，四言为正”。自南朝宋齐之后，作者渐少，唯郊庙歌辞等用于庄重典礼之作，仍颇有用此体者。

【五言诗】　诗体名。每句五字，故名。西汉时已有通篇五言的歌谣。后因用于乐府，配乐歌唱，遂广为流传，而亦为文人所采用。今存有主名的文人之作，始于东汉班固的《咏史》等。嗣后张衡、秦嘉、赵壹、蔡邕、郦炎等均有作品传世。旧时所谓苏李诗、古诗十九首，被推为五言诗的典范，据今人考证均为东汉后期作品。至建安、魏、晋，已成为诗坛主流。南朝梁钟嵘《诗品》专门品评历代五言诗，称五言“居文词之要，是众作之有滋味者”。经永明声律论影响，至唐代形成了五言律诗、五言绝句，与五言古诗以及七言诗并为古典诗歌的重要形式。

【六言诗】　诗体名。每句六字，故名，旧说始于西汉谷永（见《文章缘起》），今已不传。现存作品以孔融所作为最早，（见《古文苑》）叙汉末丧乱事，每句押韵。后人续有所作，魏晋作品大多每句押韵，后逐渐演变为隔句押韵。其数量远少于五、七言诗，故明人徐师曾《文体明辨序说》云：“然不过诗人赋咏之余耳。”

【七言诗】　诗体名。每句七字，或以七字句为主，故名。西汉文人颇有作字书、杂占等七言韵语者。相传武帝君臣曾作柏梁台联句，旧时或推为七言诗之始。其体当来源于民间谣谚，或以为源于楚歌。现存文人作品中，东汉张衡《四愁诗》、建安时曹丕《燕歌行》时代较早，成就亦高。《四愁诗》每章首句尚含“兮”字，《燕歌行》则为纯粹七言。晋代《白纻舞歌》亦为早期佳制。上述诸作均每句押韵。至南朝宋时鲍照等人，隔句押韵的七言诗方才成形；梁陈作者萧纲、萧绎、徐陵、江总等均热心写作，其体遂告完成。至唐代大为发展，有七言古诗、七言律诗、七言绝句等。与五言诗并为古典诗歌的主要形式。

【柏梁体】　七言诗体的一种。每句押韵，全篇不换韵。相传汉武帝在柏梁台上与群臣作七言诗，每人一句，故名。共事见《世说新语·排调》注引《东方朔别传》，诗见《艺文类聚》卷五十六及《古文苑》。清代有人疑为伪作，但并未能确证。魏、晋七言诗，如曹丕《燕歌行》、《白纻舞歌》等，均此体。

【杂言诗】　诗体名。每句字数长短间杂，短至一字，长至十余字，故名。汉代乐府《铙歌》十八曲皆此体，《相和歌辞》中也有不少。因其句式参差无定，句中有时用虚字，故显得自由活泼。魏晋以来，间有作者。如曹丕《大墙上蒿行》、夏侯湛《春可乐》、《秋可哀》、鲍照《拟行路难》、谢庄《怀园引》、沈约《八咏》等，均为佳作；其篇中有时还杂以骚体句式，对于唐代李白等人奔放跌宕的歌行体诗有所影响。

【绝句】 诗体名。每首四句。起自民间歌谣，汉代已有，晋、宋、齐的吴声、西曲中此体尤多。得名则在南朝。当时数人为连句，习惯于每人作四句。若此四句独立，即称为“绝”，如《南史·吴迈远传》载，宋明帝见吴迈远诗，乃曰：“此人连绝之外，无所复有。”《玉台新咏》卷十有《古绝句》四首，系以后起之名称古诗。或以为“止于四句，而篇足意完，取断绝之义”，因名绝句。（见胡应麟《诗薮》杂编卷三）又有人以为其体系从律诗中截取一半而成，故名绝句，“绝之为言截也”（徐师曾《文体明辨序说》；不确。唐以后通行者为平仄协调的近体，主要有五绝、七绝。

【断句】 即绝句。《南史·刘昶传》载刘昶奔魏，“在道慷慨为断句”。

【古诗】 ① 古体诗的简称，相对于格律严整的近体诗而言。② 汉代文人所作的一批五言诗，流传至后世，既无题目，亦不知其作者，自晋以来统称为古诗。南朝梁萧统编撰《文选》，选录其中的十九首，标为“古诗十九首”。多表现中下层知识分子对人生的感慨、游子思妇之情等，自然浑朴，委婉深沉，被推崇为“五言之冠冕”（《文心雕龙·明诗》），对后世文人诗有深远影响。③ 先秦至隋的诗歌，后人概称为古诗。明代冯惟讷《古诗纪》、张之象《古诗类苑》、钟惺、谭元春《古诗归》、陆时雍《古诗镜》、清代陈祚明《采菽堂古诗选》、沈德潜《古诗源》等，所录皆唐以前诗。

【乐府】 ① 古代音乐官署名。秦朝已有乐府之称。汉武帝时设乐府采集四方歌谣和乐曲，为古代音乐史、诗歌史上的重要事件。② 诗体名。原指由音乐官署配乐演唱的歌诗，包括民歌和文人作品，后亦指魏晋以后文人采用乐府诗旧题或仿效乐府诗内容、风格而自创新题，但未曾入乐的诗作。又宋元以后词、曲，因配合音乐歌唱，有时也称为乐府。

【郊庙歌辞】 宋代郭茂倩《乐府诗集》分类名称。录汉至五代祭祀天地神祇、五方上帝和祖宗神灵的乐府歌辞。汉代歌辞即武帝时所造的《郊祀歌》十九章及高祖时所造的《安世房中歌》十七章。此类乐歌在封建时代极受重视，其歌辞皆贵族文人所撰，多古奥平典，一般缺少文学价值。

【燕射歌辞】 宋代郭茂倩《乐府诗集》分类名称。录晋至五代朝廷举行宴享典礼时所用乐歌，如元旦大会群臣时行礼、祝寿、饮食之歌等。其歌辞皆贵族文人所撰，文学价值一般不高。

【鼓吹曲辞】 宋代郭茂倩《乐府诗集》分类名称。载汉至唐鼓吹曲辞。其用途最初是作为军乐，后用于朝会、道路、给赐等。乐器有鼓、箫、笳等。其中汉代歌辞即《铙歌》十八曲，内当有采自民间的歌谣。其体制皆为杂言，自由奔放。有的曲辞因声辞杂写，已难以索解。《战城南》描绘战场凄凉，《有所思》、《上邪》歌唱爱情，均富于文学价值。魏晋以后歌辞皆文人所作,大抵歌颂武功,风格趋于典雅。

【横吹曲辞】　宋代郭茂倩《乐府诗集》分类名称。汉代横吹曲乃军乐,乐器有鼓、角,系武帝时李延年据西域胡乐所造二十八曲。其辞久亡。(或原本有声无辞。)《乐府诗集》所载系梁、陈至唐代拟旧题之作,又载《梁鼓角横吹曲》六十余首,系十六国和北朝前期北方民歌流传至南方者,反映社会生活面较为广阔,风格粗犷,为文学史研究者所重视,《木兰诗》亦在其中。

【相和歌辞】　宋代郭茂倩《乐府诗集》分类名称。相和原为汉代歌曲,据沈约《宋书·乐志》,系"丝竹更相和,执节者歌",故名。《乐府诗集》所载无名氏古辞,大抵是汉代街陌谣讴被采摭入乐者,为汉代乐府民歌主要部分,在文学史上有重要地位。所载有主名作品,始于建安曹氏父子,迄于唐代诗人,亦颇多佳作。

【清商曲辞】　宋代郭茂倩《乐府诗集》分类名称。所录系流行于东晋南朝的俗曲歌辞。内《吴声歌曲》产生于长江下游,《西曲》产生于长江中游、汉水流域。其歌辞多为民歌,少数是文人模仿民歌风格所作。大多写男女情爱,清丽婉转,文学价值颇高,《神弦歌》亦产生于长江下游,系民间祀神歌曲,又有《上云乐》、《江南弄》,乃梁武帝改《西曲》曲调所制,歌辞亦梁武帝、沈约、萧纲等贵族文人所作。

【舞曲歌辞】　宋代郭茂倩《乐府诗集》分类名称。分雅舞、杂舞。雅舞用于郊庙、朝享,杂舞用于宴会。杂舞歌辞中的晋、宋、梁《白纻舞歌》歌辞,皆七言诗,描绘舞姿生动传神。

【杂曲歌辞】　宋代郭茂倩《乐府诗集》分类名称。著录因年代久远、不明属何曲调的汉魏六朝乐府诗及唐人拟作。有的可能原未入乐,如《焦仲卿妻》,《玉台新咏》题为"古诗"。内亦颇有名篇,如《焦仲卿妻》、《西洲曲》等。

【琴曲歌辞】　宋代郭茂倩《乐府诗集》分类名称。录历代配合琴曲的歌辞。托名蔡琰的《胡笳十八拍》即著录于此。

【杂歌谣辞】　宋代郭茂倩《乐府诗集》分类名称。载历代歌谣、谚语等。虽大抵未曾入乐,但乐府诗本多出自歌谣,故郭氏连类及之。内亦颇有名篇,如《陇上歌》、《河中之水歌》、《巴东三峡歌》、《敕勒歌》等。

【拟古】　模拟古代诗歌以作诗。题中明言拟古的诗作,始见于西晋。其后作者不绝,南朝时成为风气。其题中或说明所拟对象,如陆机《拟古诗》十二首即模拟汉代无名氏古诗,傅玄《拟四愁诗》即模拟张衡《四愁诗》。或仅标"拟古"二字而不明言所拟对象。不过有的今日仍可看出其所拟者为何篇,如南朝梁刘孝威《拟古应教》模拟古《东飞伯劳歌》,王融《拟古》二首模拟古《藁砧诗》。有的作者于立意、结构、用语等均一一仿效,如同摹帖临画,可能有学习写作的用意,如陆机《拟古诗》;有的则拟其大略,模其风格,如江淹《拟古杂体诗》模仿自汉至宋三十位诗人的代表性题材和风格;还有的虽以拟古为题,但多寄托自身感慨,如陶渊明、鲍照之作。又有以学古、效古、绍古为题者,大致与拟古同。《文选》录诗有"杂拟"类。

【拟乐府】 魏晋以后文人采用乐府诗旧题所作的诗歌。其主题、题材常与古辞和前人所作或多或少有所联系。但也有发生较大变化者。如《薤露》、《蒿里》原为丧葬时所用挽歌，曹操乃用以写汉末政治动乱，哀悼国家丧亡，仅以哀伤之意与古辞相通。又如《怨歌行》古辞为妇人忧恐欢情中绝之意，庾信乃用以写少妇望乡悲泣，以寄其乡国之思。唐代拟乐府中此种情况尤多。还有拟作与旧辞内容全无关涉者。如《陌上桑》古辞言罗敷采桑，曹操所作乃游仙之辞，其实只是用其曲调而已。又如《陇西行》古辞叙一妇人善于待客，《雁门太守行》古辞咏地方官之政绩，而萧纲所作则借其题中“陇西”、“雁门”字面加以发挥，写边塞征战之事。

【公宴】 诗歌的一种题材。参与皇帝、太子、公侯等举行的游宴活动时所作的诗歌。《文选》录诗有“公宴”门，录建安至梁诗十四首。此类诗作旧时颇受重视。《文心雕龙·明诗》言建安诗云：“并怜风月，狎池苑，述恩荣，叙酣宴”，即主要指此类诗作。应贞《晋武帝华林园集》，孙盛《晋阳秋》称其诗“最美”(《文选》注引)，《晋书·应贞传》全文录入。又如谢瞻《九日从宋公戏马台集送孔令》、颜延之《应诏宴曲水作》也都盛传一时。

【祖饯】 诗歌的一种题材。系离别送行时所作。祖，祭道路之神，引申为饯别、送别。《文选》录诗有“祖饯”门，录建安至齐诗八首，有送别之作，亦有留别之作。

【咏史】 诗歌的一种题材。东汉班固作有咏汉元帝时缇萦救父的一首诗，钟嵘《诗品》称为“咏史”。其后王粲、张协、左思、袁宏、鲍照等均有以“咏史”为题的诗作。《文选》录诗有“咏史”门，录建安至梁作品凡二十一首，但并不均以“咏史”为题，如曹植《三良》、卢谌《览古》、谢瞻《张子房》、颜延之《秋胡》、《五君咏》、虞羲《咏霍将军北伐》等。后世凡以史事为题材的诗，均泛称咏电诗。亦有径以“咏史”为题者，唐代胡曾乃以“咏史诗”名集。咏史诗常寄托作者的身世之感，或借古讽今，曲折地表达对于现实的态度。

【游仙】 诗歌的一种题材。描绘仙境，抒发企羡神仙之想；有的则寄托作者世路坎坷之悲、鄙视尘俗之意。《楚辞·远游》、汉乐府《王子乔》、《长歌行》(“仙人骑白鹿”)和《陇西行》等已写游仙，但尚未以“游仙”为题。魏晋诗人此类作品颇多，且有直接题为“游仙”者，以郭璞所作最为著名。《文选》录诗有“游仙”门。

【七哀】 诗题名。建安、魏晋诗人阮瑀、曹植、王粲、潘岳、张载等均有以“七哀”为题的诗作，或哀人生短促，或悲世乱流离，或叹夫妇久别，或苦边地荒寒。《文选》录诗有“七哀”门。吕向注云：“七哀，谓痛而哀，义而哀，感而哀，怨而哀，耳目闻见而哀，口叹而哀，鼻酸而哀也。”元人李治《敬斋古今黈》则云人有七情，今哀戚太甚，喜、怒、乐、爱、恶、欲皆无，惟有一哀，故谓之七哀。今人或疑其名为七，意思与《七发》名七相近，可能最初原是七首一组。

【百一】 诗题名。《文选》录诗有“百一”门，载三国魏应璩《百一诗》一首。其诗原有一百数十首，已大多亡佚。据《文章叙录》等所说，系因曹爽秉政，多违法度，故应璩为诗以讽。（见《三国志》本传注、《文选》李善注）南朝陶弘景《肘后百一方序》则说："昔应璩为《百一诗》，以箴规心行。"关于其诗题之义，说法亦不一。李善云："据《百一诗序》云：'时谓曹爽曰：公今闻周公巍巍之称，安知百虑有一失乎？'百一之名，盖兴于此也。"宋人葛立方《韵语阳秋》云："庶几百分有一补于（曹）爽也。"二说较为合理。应璩之子应贞有《百一诗注》（见《隋书·经籍志》），亦佚。后人有拟作者。《隋书·经籍志》载有晋蜀郡太守李彪（《旧唐书·经籍志》、《新唐书·艺文志》作李夔）《百一诗》二卷；又东晋成汉龚壮曾作诗七篇，托名应璩，以讽李寿。（见《晋书·李寿载记》）其诗均不传。南朝梁何逊有《聊作百一体》，今存。

【招隐】 诗题名。《楚辞》有《招隐士》篇，西汉时淮南小山作，为招唤山中隐士归来之意。晋代诗人颇有因之而作《招隐》诗者，有的乃借以抒发企羡隐逸之情。《文选》录诗有"招隐"门，载左思、陆机所作。又载王康琚《反招隐》诗，其意谓隐、显殊途，而皆性分之所适。

【挽歌】 诗歌的一种题材。古代送葬所唱之歌，使挽柩者歌之，故名。汉代有《薤露》、《蒿里》二曲。挽歌的曲调悲怆，情思慷慨，汉晋人士多喜歌之，甚至在宴集酒酣或行路之时歌唱。魏晋南北朝时文人遂也有以"挽歌"为题作诗者，甚或作死者自叹之言。《文选》录诗有"挽歌"门，录三国魏缪袭、晋陆机、陶渊明所作。

【杂诗】 《文选》有"杂诗"门。王粲《杂诗》题下李善注云："杂者，不拘流例，遇物即言，故云杂也。"李周翰注："兴致不一，故云杂诗。"所选宋齐梁诗，绝大多数原有题目，因难于归入"公宴"、"祖饯"、"咏史"等门类，故统列入"杂诗"。所选建安、魏晋诗，不少即以"杂诗"为题，其中有的可能作者原未制题，有的则可能原有题目，后来失传，后人乃以"杂诗"名之。

【应诏】 臣僚奉皇帝之命所作、所和的诗，晋以后诗题中常缀以"应诏"字样，亦称"应制"。常是侍宴、侍游时所作，内容多为歌功颂德，风格典雅。南朝时则颇有咏物、写景之作，如宋代谢庄《七夕咏牛女应制》、沈约《庭雨应诏》、庾信《咏春近余雪应诏》等。唐以后大多为五言六韵或八韵的排律。

【应令】 奉皇太子命所作、所和的诗，晋以后诗题中常缀以"应令"字样。南朝梁太子萧统、萧纲皆爱好文学，招揽文士，故其时应令诗尤多。

【应教】 奉诸王之命所作、所和的诗，齐、梁以来常于诗题中缀以"应教"字样。蔡邕《独断》："诸侯言曰教。"南朝齐竟陵王萧子良、梁晋安王萧纲、湘东王萧绎、北朝后周赵王宇文招、隋晋王杨广等皆好文学、招文士，故应教诗颇多。又奉皇家宗室之命所作，虽其人未封王，偶也称为应教。如梁代王筠有《咏轻利舟应临汝侯教》，临汝侯为武帝萧衍兄萧懿之子；王枢有《古意应萧信武教》，萧信武为萧昌，萧衍叔父之子，为信武将军，未曾封王及侯。

【田园诗】 描绘田家风物和生活的诗歌。《诗经》中已有若干首此类作品，如《豳风·七月》依时序写一年的农村劳动和生活。但此后久无继者。至晋宋之际的陶潜，一生中大都岁月居住农村，始创作大量歌咏田园之趣的诗作，被后人视为我国田园诗的开创者。其诗中也写到农村生活的艰辛和自己不得已而归隐的苦闷矛盾心情。后世作此类诗者大多并无陶潜那样长期村居、躬耕自资的经历和既安于贫贱又嗟伤有志不遂的情感，故其作品大多只是歌咏隐逸闲适生活，如唐代王维、储光羲所作。陶诗质朴浑成，写景并不细腻，重在抒写情趣；唐人所作则写景成分渐多，王维诗笔触尤为细致，色彩鲜明，画面美丽。中唐以后出现不少专写农民艰辛、被压迫剥削痛苦的诗作，但习惯上并不称为田园诗。至南宋范成大《四时田园杂兴》六十首，则既广泛描绘田家景物、风俗和劳动画面，又表现农民遭受剥削之苦；使田园诗不再只是表现隐逸闲适和美丽画面，而是具有泥土气息，显得真实亲切。是田园诗发展中的重要作品。

【山水诗】 表现山水之美，抒发观赏山水时的心境、感受的诗歌，《诗经》、《楚辞》中都有描写山水的成分，尤其《楚辞》中某些篇章，不仅较细致地写出山水形貌，且具有意境。但这些作品均非以表现山水之美为主题。建安、西晋诗中写景成分渐多，开始出现少数全篇写山水的作品，如曹操《观沧海》。东晋士人好山水，但其诗作溺于《庄》、《老》玄言，诗中虽常写及山水，但只作为寄寓玄思之具，并不注意对其形貌作真切细致描绘。至南朝宋谢灵运，有丰富的游览经验，又富于天才，始大量创作模山范水之作，着意描摹山水的各种形态，叙述其游历经过及兴会、感慨，倾动一时，引起仿效，遂被后人推为山水诗的创始者。其后南齐谢朓亦为重要作者。唐代诗人游历名山大川者甚多，创作经验日益丰富，故佳作迭出。雄壮清奇，面貌各异。盛唐王维、孟浩然所作尤多，成就亦高，被认为是唐代山水诗的代表作家。

【杂体诗】 多种诗体的总称，大多具有游戏性质。唐代皮日休、陆龟蒙有《杂体诗》，皮日休《杂体诗序》所举有联句、离合、回文、叠韵、双声、风人、短韵、强韵、郡县名、药名、建除、六甲、十二属、卦名、百姓、鸟名、龟兆、口字、两头纤纤、藁砧、五杂俎等。大多起于汉魏六朝，尤以齐梁人所作为多，唐以后续有发展。吴讷《文章辨体序说》："杂体诗。……今总谓之杂者，以其终非诗体之正也。"

【离合诗】 杂体诗名。旧说以为始于东汉孔融《离合作郡姓名诗》。西晋潘岳亦有一首，南朝作者较多。一般是将诗句内一字拆开，取其一部分与另一句内一字的一部分合成某字，先离后合。如孔融诗"渔父屈节，水潜匿方"中"渔"字去"水"，离出"鱼"字；"与时进止，出寺施张"中"時"字去"寺"，离出"日"字；"鱼"、"日"再合成"鲁"字。尚有其他变格。

【回文诗】 一作迴文诗。杂体诗名。回复循环读之都可成诗。唐代皮日休《杂体诗序》："晋傅咸有回文反覆诗二首云，反覆其文者，以示忧心展转也。'悠悠远迈独茕茕'是也。由是反覆兴焉。晋温峤有回文虚言诗云：'宁神静泊，损有崇亡。'由是回文兴焉。"傅、温诗今皆不存。后人或以为可以倒读者为回文，任举一字为首读之皆成句者为反覆。又有人以为始于十六国前秦苏蕙的回文旋图诗(一名璇玑图诗)。宋桑世昌《回文类聚》说苏蕙始将回文、反覆合而为一。南朝齐时王融有《春游回文诗》;梁时萧绎有《后园回文诗》,萧纲、庾信等人有和作。

【璇玑图】 诗题名。属回文诗。十六国时前秦女诗人苏蕙作。苏蕙,字若兰。《晋书·列女传》云其夫窦滔为秦州刺史,远谪西北,苏蕙乃"织锦为回文旋图诗以赠滔,宛转循环以读之,词甚凄惋"。宋桑世昌《回文类聚》所载武则天《璇玑图序》则云窦滔与苏蕙不和,携宠姬赵阳台往襄阳,苏蕙乃"织锦为回文","纵横反覆,皆为文章","名曰璇玑图",以寄往襄阳,感动窦滔。《回文类聚》又载其诗及读法。

【盘中诗】 杂体诗名。一作盘中体。晋代(一说汉代)苏伯玉妻作,载《玉台新咏》卷九。言其夫在蜀不归,故作此诗以抒相思之情。多三言句,杂有七言。诗末云诗的读法为"当从中央周四角"。严羽《沧浪诗话·诗体》云:"写之盘中,屈曲成文也,故称盘中体。"原诗当是写在盘中,由中央向四方作螺旋形排列。

【建除诗】 杂体诗名。建除,建、除、满、平、定、执、破、危、成、收、开、闭十二神的简称,古代占者用以定日之吉凶。诗凡二十四句,以此十二字依次嵌用于单数句句首。今存南朝鲍照、范云、萧督、沈炯等所作。

【数诗】 杂体诗名。凡二十句,将一至十十个数字依次嵌用于单句句首。今存南朝鲍照、范云、虞羲等所作,又存东晋孙放所作佚句两句。

【四色诗】 杂体诗名。四色,赤、青、黑、白。南朝齐王融《四色咏》:"赤如城霞起,青如松雾澈。黑如幽都云,白如瑶池雪。"每句形容一色。梁范云有《拟古四色诗》,体制与王融同。又有《四色诗》四首,则每首咏一色。如第一首:"折柳青门外,握兰翠疏中。绿蘋骋春日,碧渚澹时风。"系咏青色。

【六甲诗】 杂体诗名。古人以十天干与十二地支相配合,称六十甲子,内有甲子、甲戌、甲申、甲午、甲辰、甲寅"六甲"。六甲诗凡二十句,将十天干甲、乙、丙、丁、戊、己、庚、辛、壬、癸十字依次嵌用于单数句句首。今存南朝陈沈炯所作。

【六府诗】 杂体诗名。六府,水、火、金、木、土、谷。府,藏财之处。古人谓六者为财用之所自出,故名六府。其诗十二句,将此六字依次嵌用于单数句句首。今存南朝陈时沈炯、孔鱼等所作。

【八音诗】 杂体诗名。八音,金、石、丝、竹、匏、土、革、木。其诗十六句,将此八字依次嵌用于单数句句首。今存南朝沈炯所作。

【十二属诗】 杂体诗名。十二属,即鼠、牛、虎、兔、龙、蛇、马、羊、猴、鸡、狗、猪十二生肖。其诗凡十二句,将此十二字依次嵌用于句首。今存南朝陈沈炯所作。

【口字咏】 杂体诗名。其诗每字的字形均含"口"字,故名。如南朝陈沈炯《和蔡黄门口字咏绝句》首句为"嚣嚣宫阁路"。蔡黄门名凝,陈天嘉中为给事黄门侍郎,其《口字咏》诗已佚。

【藁砧诗】 杂体诗名。《古藁砧诗》:

“藁砧今何在？山上复有山。何当大刀头？破镜飞上天。”系隐语诗。藁，通“稾”，禾秆。砧，砧板。古时处死刑，以稾为席，罪人伏于砧上，以铁（大斧）斫之。故言稾、砧即联想到铁。此处即以稾砧隐“铁”字。又铁、夫谐音，故稾砧即指丈夫。山上有山为“出”字。大刀头即刀环。环、还谐音。破镜形如半月，故为“月半”的隐语。全诗意谓丈夫外出，月半时还家。南朝齐王融有拟作二首。

【五杂组】 一作“五杂俎”。杂体诗名。《古五杂俎》：“五杂俎，冈头草。往复还，车马道。不获已，人将老。”南朝王融、范云有拟作，一、三、五句与《古五杂俎》同，唯更改二、四、六句。如王融《代五杂俎》：“五杂组，庆云发。往复还，经天月。不获已，生胡越。”

【两头纤纤】 杂体诗名。《古两头纤纤》：“两头纤纤月初生，半白半黑眼中精，腷腷膊膊鸡初鸣，磊磊落落向曙星。”南朝齐王融有拟作：“两头纤纤绮上文，半白半黑燕翔群，腷腷膊膊鸟迷曛，磊磊落落玉石分。”每句上半截与《古两头纤纤》同，唯更改下半截三字。

【三妇艳】 诗题名。徐师曾《文体明辨》列入杂体诗。艳，曲调名。乐府古辞《相逢行》描写官宦贵人家中情景，结尾云：“大妇织绮罗，中妇织流黄，小妇无所为，挟瑟上高堂。丈人且安坐，调丝未遽央。”《长安有狭斜行》古辞略同。其三妇指三子妇，丈人即大人之意，当指其公婆。（见《颜氏家训·书证》）南朝人自宋代刘铄起，模拟其结尾为《三妇艳》诗。梁、陈人且或以三妇为妻妾，改“丈人”为“佳人”（指男子）、“良人”。陈叔宝作有十一首之多，多有艳冶之语，如“小妇正横陈，含娇情未吐”之类，反映了宫体诗兴盛时的风气。

【大言】 一种诙谐诗。南朝梁萧统有《大言》诗，为夸张语，极力形容其大，如“观修鲲其若辙鲋”等。又有《细言》诗，极力形容其小，如“坐卧邻空尘”等，并令沈约等人同赋。系沿袭宋玉《大言赋》、《小言赋》而作。明人徐师曾《文体明辨》“诙谐诗”中有“诸言体”，即指此类。

【细言】 一种诙谐诗。参见“大言”。

【风人】 ① 诗人，特指《诗经》作者。相传《诗经》中大多诗篇系采诗官采之以观民风者，故称其作者为风人。曹植《求通亲亲表》：“是以雍雍穆穆，风人咏之。”② 诗中的一种谐音双关的修辞手法，来源于民歌。唐人王叡《炙毂子录》“序乐府”：“风人，梁简文帝谓之风人，陈江总谓之吴歌。其文尽帷薄亵情，上句述一语，用下句释之以成云。”如《子夜夏歌》：“乘月采芙蓉，夜夜得莲子。”下句承上句而言；而“莲子”与“怜子（你）”双关，其本意即借此双关语以明。诗中用谐音双关语，早见于《诗经》，至吴声、西曲而大量涌现；至于以下句申明上句，“释之以成”，则始于吴声、西曲。钟嵘《诗品》评谢惠连：“工为绮丽歌谣，风人第一。”评吴迈远：“善于风人答赠。”当即指其模仿此体之作。皮日休《杂体诗序》、严羽《沧浪诗话诗体》均列其体为杂体诗，徐师曾《文体明辨》列为诙谐诗。

【联句】 古代的一种作诗方式。亦作连句。两人或若干人各为诗若干句，合为一篇。汉武帝君臣曾于柏梁台作诗，每人一句，(见《世说新语·排调》注引《东方朔别传》)被认为是联句之始。其诗载《艺文类聚》卷五十六。两晋南北朝人多以五言四句相联成篇，各人所作虽同咏一题，但常并无前后相续的关系，仅同用一韵而已。今《何逊集》中所载最多。唐代或人作一联，或一人出上句，续者对成一联，再出上句，如此轮流相继，往往语意相续，首尾完整。韩愈与孟郊等人联句甚多，争奇斗巧，有长达三百余句者。

【集句】 旧时的一种作诗方式。截取前人一家和数家的诗句(也有用文句的)，拼集而成一诗。一般推西晋傅咸的《七经诗》为集句之始。元陈绎曾《诗谱》："晋傅咸作《七经》诗，其《毛诗》一篇略曰：……此乃集句诗之始。或谓集句起于王安石，非也。"但王安石尤工于此，所作颇多。

【次韵】 作旧体诗的一种方式。亦称步韵。和诗时依照所和诗中的韵脚和用韵次序作诗。《洛阳伽蓝记》卷三载，南齐王肃奔于北魏，尚公主，后其江南故妻谢氏亦来奔，作诗赠肃："本为箔上蚕，今作机上丝。得路逐胜去，颇忆缠绵时？"公主代王肃答："针是贯线物，目中恒任丝。得帛缝新去，何能纳故时！"已用此体。唐代白居易、元稹次韵之作颇多，有长达千字者。

【赋韵】 古代的一种作诗方式。诸人一起作诗，规定以某字为韵，则所作诗的诸韵脚须与此字押韵，且包括此字。如庾肩吾有《暮游山水赋韵得碛应令》诗，其韵脚为历、鹞、碛、壁四字。有时更规定若干字为韵脚，依其字作诗。如《南史·曹景宗传》载，景宗凯旋，梁武帝"于华光殿宴饮连句，令左仆射沈约赋韵，景宗不得韵，意色不平，启求赋诗。……诏令约赋韵。时韵已尽，唯余'竞'、'病'二字，景宗便操笔，斯须而成。"但赋韵并不限于连句。赋，有分或授与之意。

【分韵】 即赋韵。白居易《花楼望雪命宴赋诗》："素壁联题分韵句，红炉巡饮暖寒杯。"《沧浪诗话·诗体》："有分韵。"

【赋得】 凡出题赋诗，题前常冠以"赋得"二字。南朝梁萧纲、萧绎及其周围文人庾肩吾、徐摛、刘孝绰、刘孝威等人诗已有此种题目，当与他们集会赋咏有关。陈、隋人作者亦多。其题目常用前人诗句，如《赋得谒帝承明庐》用曹植《赠白马王彪》诗句，《赋得白云抱幽石》用谢灵运《过始宁墅》诗句等；也有用乐府曲调名、前人诗题或古人名字者，如《赋得有所思》、《赋得芳树》、《赋得招隐》、《赋得韩信》等；还有以某事物、某一情景为题者，如《赋得山》、《赋得入阶雨》、《赋得雪映夜舟》等。后来科举考试的试帖诗，常取古人诗句为题，故题前均冠以"赋得"二字，如王维京兆府试题为《赋得清如玉壶冰》，系用鲍照《白头吟》诗句为题。

二、派别和并称

【屈宋】 战国时楚国辞家屈原、宋玉的并称。《文心雕龙·才略》："屈宋以楚辞发彩。"

【屈贾】 战国屈原、西汉贾谊的并称。屈原为《楚辞》中最重要作家；贾谊为汉初骚赋代表作家。二人都公忠体国，具有政治才能，而均遭遇贬谪。贾谊被贬为长沙王太傅时渡湘水而作《吊屈原赋》。《史记》已将二人合传。《文心雕龙·程器》："屈贾之忠贞。"杜甫《壮游》："气劘屈贾垒，目短曹刘墙。"

【枚贾】 西汉早期辞赋家枚乘、贾谊的并称。《文心雕龙·辨骚》："枚贾追风以入丽。"言二人继承了《楚辞》的华丽风格。

【枚马】 西汉辞赋家枚乘、司马相如的并称。《文心雕龙·诠赋》："汉初词人，顺流而作。陆贾扣其端，贾谊振其绪，枚马播其风，王扬骋其势。"枚乘《七发》始开汉世赋家铺张夸饰、极意体物之风，为骚赋发展到大赋的过渡。司马相如沿其绪，为汉代前期大赋代表作家。

【扬马】 西汉赋家扬雄、司马相如的并称。二人为西汉大赋代表作家，又皆蜀人。扬雄早年羡司马相如赋，常加以模拟。《文心雕龙·练字》："故陈思（曹植）称扬马之作，趣幽旨深。"

【王扬】 西汉后期赋家王褒、扬雄的并称。二人皆蜀人。《文心雕龙·诠赋》："王扬骋其势。"钟嵘《诗品序》："自王扬枚马之徒，辞赋竞爽，而吟咏靡闻。"

【渊云】 西汉赋家王褒、扬雄的并称。王褒字子渊，扬雄字子云。潘岳《西征赋》："长卿、渊、云之文。"

【班马】 亦称"马班"。汉代史学家、文学家司马迁、班固的并称。司马迁著《史记》，为纪传体通史的开创者；班固著《汉书》，为纪传体断代史的首创者。又均长于辞赋，司马迁有《悲士不遇赋》，班固有《两都赋》、《幽通赋》等。《文心雕龙·程器》："班马之贱职。"《唐大诏令集》卷八一贞观二十年《修晋书诏》："班马腾其茂实。"宋代倪思有《班马异同》。

【班张】 东汉文学家班固、张衡的并称。二人为东汉大赋代表作家，班固有《两都赋》，张衡有《二京赋》。又班固《幽通赋》、张衡《思玄赋》、《归田赋》等，均为东汉言志抒情赋中的著名作品。《晋书·文苑传》载，张华见左思《三都赋》，叹曰："班、张之流也。"

【张蔡】 东汉文学家张衡、蔡邕的并称。二人均长于辞赋。曹丕《典论·论文》称赞王粲、徐干的辞赋作品，"虽张、蔡不过也。"三国吴孙皓《答华覈书》："当飞翰骋藻，光赞时事，以越扬、班、张、蔡之畴。"

【苏李】 西汉苏武、李陵的并称。有一批五言古诗，自南朝以来，相传为苏武、李陵所作，其内容多为友朋赠别、夫妇分离、游子思乡自伤等，情调凄怆婉转，与《古诗十九首》相近，被视为五言诗的典范之作。但南朝时也已有人对其作者表示怀疑，今人多以为系东汉末年佚名文士所作。南朝梁裴子野云："其五言为诗家，则苏、李自出。"（《通典》卷十六引）

【建安体】 汉魏之际曹氏父子、建安七子等人的诗歌风格。建安为汉献帝年号（196—219），文学史上的建安时期，还包括魏初一段时间。当时诸家诗作，虽风貌各异，或偏于古质，或注重藻采，但总的说来，都具有风骨健举的特点。不论是反映社会动乱，倾吐建功立业壮志，还是叙游宴之乐，抒恩荣之感，都往往直抒胸臆，情思慷慨。虽已开始注重文采，但并不过分，不显得小巧纤密，而具有明朗爽健、气扬采飞之概。后人对此种风格评价甚高。南朝梁刘勰《文心雕龙》、钟嵘《诗品》均加以推崇，《诗品》并提出“建安风力”一语予以概括。唐代前期作者更自觉进行学习，故皮日休《郢州孟亭记》云：“明皇世章句大得建安体。”严羽《沧浪诗话·诗体》有建安体。

【三曹】 指汉魏间文学家曹操与子曹丕、曹植。三人均长于诗；以其政治地位，招揽文士，对当时文坛颇有影响。明代胡应麟《诗薮·内编》卷二：“三曹，魏武太质；子桓乐府、《杂诗》十余篇佳，余皆非陈思比。”

【二祖】 指魏武帝曹操、魏文帝曹丕父子。曹操庙号为太祖，曹丕为高祖。二人均长于写作乐府诗歌。沈约《宋书·谢灵运传论》：“至于建安，曹氏基命。二祖、陈王(曹植)，咸蓄盛藻。”

【三祖】 指曹操、曹丕和魏明帝曹叡。曹叡庙号为烈祖。祖孙三人皆好学能诗，多乐府诗作。南朝齐王僧虔《乐表》：“又今之清商，实由铜雀。魏氏三祖，风流可怀。京洛相高，江左弥重。”钟嵘《诗品》下：“叡不如丕，亦称三祖。”参见“二祖”。

【曹刘】 建安诗人曹植、刘桢的并称。二人诗均富于风骨，长于豪逸。南朝齐裴子野云：“曹、刘伟其风力。”(《通典》卷十六引)钟嵘《诗品序》：“昔曹、刘殆文章之圣。”后人常举以为建安诗歌的代表作家。严羽《沧浪诗话·诗体》有曹刘体。

【曹王】 建安诗人曹植、王粲的并称。二人均兼长四言、五言诗，其作品情致绵邈，又都较注重辞采。后人或举以为建安诗歌的代表作者。沈约《宋书·谢灵运传论》：“(潘岳、陆机)体变曹王。”言西晋诗风较之建安又有所变化。

【徐陈】 又称“陈徐”。建安文学家徐干、陈琳的并称。二人皆为曹操所招致，与曹丕、曹植游处。曹丕《与吴质书》：“徐、陈、应(玚)、刘(桢)，一时俱逝，痛可言邪！”南朝梁萧纲《玄圃园讲颂序》：“并命陈、徐之士。”以之为聚集于太子周围文士的代称。

【应刘】 建安文学家应玚、刘桢的并称。南朝宋谢庄《月赋》：“陈王(曹植)初丧应、刘。”唐代王维《送熊九赴任安阳》：“魏国应刘后，寂寥文雅空。”

【建安七子】 指汉末建安时期文学家孔融、陈琳、王粲、徐干、阮瑀、应玚、刘桢。曹丕《典论·论文》将七人并提，云：“斯七子者，于学无所遗，于辞无所假。”故称。也有人以为“七子”中应有曹植而无孔融。(见明许学夷《诗源辨体》卷四)

【正始体】 三国曹魏后期诗歌的一种风貌。因其始现于齐王芳正始年间，故名。其时统治集团内部斗争剧烈，文人多忧生畏祸之嗟，而《老》《庄》哲学风行，玄学开始形成。影响及于诗歌，常表现宅心玄远、鄙视尘俗、高蹈风尘之外的意向，所谓“诗杂仙心”(《文心雕龙·明诗》)；又运用《老》《庄》语入诗，于是形成“篇体轻淡”(同上《时序》)的风貌。但当时表现此种风格的典型作品已大多失传，诸家所作也有所不同。《文心雕龙·明诗》云：“何晏之徒，率多浮浅。唯嵇志清峻，阮旨遥深，故能标焉。”何晏诗多已不存。嵇康、阮籍之作，则仍有情思慷慨的一面，流露对现实的不满，阮诗尤被后人誉为有建安风骨。不过从他们的诗中，确也可见出受玄风影响的一面，严羽《沧浪诗话·诗体》有正始体。

【竹林七贤】 三国魏阮籍、嵇康、山涛、刘伶、阮咸、向秀、王戎七人曾共居河内山阳(今河南焦作东南)，相与友善，世称竹林七贤。见《三国志·魏书·嵇康传》注引《魏氏春秋》、《世说新语·任诞》。七人中阮籍、嵇康文学成就最高，其诗为正始诗歌代表；嵇康又长于写作论说文。

【大小阮】 指三国魏后期文学家阮籍与侄阮咸。两人均为"竹林七贤"中人物。世称阮籍为大阮，阮咸为小阮。后人且以大小阮为叔侄关系之代称。李白《陪侍郎叔游洞庭醉后》之一："今日竹林宴，我家贤侍郎。三杯容小阮，醉后发清狂。"

【太康体】 出现于西晋武帝太康时期的一种诗歌风格。当时著名诗人有潘岳、陆机、张协、张华、傅玄、左思等。其体总的倾向为注重语言华美，多用对偶，辞藻富丽，而慷慨淋漓的情感力量则稍逊。故《文心雕龙·明诗》云："晋世群才，稍入轻绮。张、潘、左、陆，比肩诗衢。采缛于正始，力柔于建安。"汉代乐府、古诗自然浑成，建安诗渐重文采而不离闾里歌谣之质，太康体则渐失浑厚，尤重雕琢。而锤炼或欠工稳，乃失之板拙冗漫。但诸家风貌亦不尽同，左思即较质朴而多气，近于建安风格。严羽《沧浪诗话·诗体》有太康体。

【潘陆】 西晋文学家潘岳、陆机的并称。两人都是太康体代表作家。檀道鸾《续晋阳秋》："潘、陆之徒虽时有质文，而宗归不异也。"(《世说新语·文学》注引)沈约《宋书·谢灵运传论》："降及元康，潘、陆特秀。"钟嵘《诗品》有"陆才如海，潘才如江"之誉。

【两潘】 指西晋文学家潘岳、潘尼。潘岳为潘尼叔父。钟嵘《诗品序》："太康中，三张、二陆、两潘、一左，勃尔复兴，踵武前王，风流未沫，亦文章之中兴也。"

【二陆】 指西晋文学家陆机、陆云。陆机为陆云之兄。《世说新语·赏誉》注引《褚氏家传》："司空张华与(褚)陶书曰：二陆龙跃于江汉。"亦称二俊。《世说新语·言语》注引《晋阳秋》："机与弟云并有俊才，司空张华见而说之，曰：平吴之利，在获二俊。"后人刻二人文集，即题"晋二俊文集"。

【三张】 指晋代文学家张载、张协、张亢。三人为兄弟。《晋书·张载传》："亢字季阳，才藻不逮二昆，亦有属缀。……时人谓载、协、亢、陆机、云二陆、三张。"又云："及乎二陆入洛，三张减价。"

【玄言诗】 一种多用《老》、《庄》语、发挥玄理的诗歌。三国魏正始年间，玄学兴起，已对诗歌有所影响。西晋永嘉时，士人好清谈，王济、孙楚等人诗颇多道家之言。至东晋时，玄风大炽，文人清谈成习，其思想感情深受玄学熏染，玄言诗遂笼罩诗坛达百年之久，著名作者有许询、孙绰等。当时佛学亦盛，且与《老》、《庄》相融合，文人思想亦受其影响，并与僧徒交往，故玄言诗中亦杂有佛家语。至东晋末年，谢混、殷仲文等人诗体渐变。刘宋时山水诗兴，乃取代玄言诗的地位。玄言诗恬淡寡情，缺少形象，语言质直，南朝人多鄙弃之，其作品流传至今者甚少。

【孙许】 东晋诗人孙绰、许询的并称。两人为玄言诗代表作家。沈约《宋书·谢灵运传论》：“(殷)仲文始革孙、许之风。”钟嵘《诗品》下：“世称孙、许，弥善恬淡之词。”

【陶谢】 晋宋之际诗人陶潜和谢灵运的并称。陶诗歌咏田园，谢诗描绘山水，都有脱略世事、放逸高蹈的一面。杜甫《江上值水如海势聊短述》：“焉得思如陶谢手，令渠述作与同游。”

【元嘉体】 出现于南朝宋文帝元嘉年间的一种诗歌风貌。当时著名诗人有颜延之、鲍照、谢灵运等。三人诗实有差异：谢灵运多山水之作，以自然明丽的语言模山范水，抒写游览时的意兴、感会则融入玄言理趣。其诗当日有“芙蓉出水”之誉。颜延之长于庙堂之制，用典繁密，典雅凝重，被称为“错采镂金”，“是经纶文雅才”(钟嵘《诗品》中)。鲍照诗藻采浓艳，意象耸动，情感激越。但亦有共同点：均善于描摹物象，贵尚巧似；又都重词采藻绘，语言锤炼而尚不免于生涩滞拙，有别于永明之后的圆美流转。他们的创作结束了玄言之风笼罩诗坛的局面。严羽《沧浪诗话·诗体》有元嘉体。

【颜谢】 南朝宋诗人颜延之、谢灵运的并称。二人诗风格有异，而当日齐名。《宋书·颜延之传》：“延之与陈郡谢灵运，俱以词采齐名，……江左称颜谢焉。”至南朝后期，颜诗地位乃逊于谢。钟嵘《诗品》列谢于上品，颜居中品。

【鲍谢】 南朝宋文学家鲍照、谢灵运的并称。唐代以后，人们将二人视为刘宋诗坛的代表。杜甫《遣兴》之五：“赋诗何必多，往往凌鲍谢。”韩愈《荐士》：“中间数鲍谢，比近最清奥。”

【二谢】 指南朝宋诗人谢灵运、齐诗人谢朓。二人都长于写景，为南朝山水诗代表作家。杜甫《解闷》：“孰知二谢将能事。”又指谢灵运及族弟惠连。

【三谢】 南朝宋诗人谢灵运、谢惠连、齐诗人谢朓。三人同族，皆陈郡阳夏(今河南太康)人，为晋室南渡后的大姓。宋朝唐庚辑有《三谢诗》。

【大小谢】 指南朝宋诗人谢灵运和族弟惠连。钟嵘《诗品》中：“小谢才思富捷，恨其兰玉夙凋，故长辔未骋。”小谢指惠连。又指谢灵运和南朝齐诗人谢朓。李白《陪侍御叔华登楼歌》：“蓬莱文章建安骨，中间小谢又清发。”小谢指谢朓。

【休鲍】 南朝宋诗人汤惠休、鲍照的并称。两人诗均有受当时民歌影响、风格绮艳的一面。钟嵘《诗品》下引钟宪语：“大明、泰始中，鲍、休美文，殊已动俗。”又引羊曜璠语：“是颜公忌鲍之文，故立休鲍之论。”颜延之鄙薄汤惠休诗为“委巷中歌谣”(《南史·颜延之传》)。《南齐书·文学传论》：“颜谢并起，乃各擅奇；休鲍后出，咸亦标世。”

【江鲍】 南朝文学家江淹、鲍照的并称。其作品都有情感强烈、意象耸动、有时造语生新的特点。唐卢照邻《南阳公集序》：“精博爽丽，颜延之急病于江鲍之间。”李白《经乱离后天恩流夜郎忆旧游书怀赠韦太守良宰》：“江鲍堪动色。”

【永明体】 形成于南朝齐武帝永明

年间的一种诗体。《南齐书·陆厥传》："永明末，盛为文章。吴兴沈约、陈郡谢朓、琅邪王融以气类相推毂，汝南周颙善识声韵。约等文皆用宫商，以平、上、去、入为四声，以此制韵，不可增减，世呼为永明体。"其体要求诗歌语言声音和谐，避免单调；具体规定有平头、上尾等八病之说。虽其规定过于繁琐，难于全部遵循，但当时诗歌语言的声音确趋于谐婉流利，对近体诗的形成有重大影响。永明体的风格特征，还在于追求圆美流转，炼句工稳，语言比较自然明朗，逐渐改变了刘宋诗常有的滞涩冗漫之弊。严羽《沧浪诗话·诗体》有永明体。

【沈谢】 南朝诗人沈约、谢朓的并称。两人为永明体代表作家，都讲究声律谐美，要求诗歌的圆美流转。《中说·天地》："上陈应（玚）、刘（桢），下述沈、谢。"唐代韦庄《又玄集序》："沈谢应刘，犹多累句。"

【任沈】 南朝梁文学家任昉、沈约的并称。沈约长于诗，任昉长于章奏之类公家文书，当时二人齐名，有"沈诗任笔"之说。（见钟嵘《诗品》中）《北齐书·魏收传》："任、沈俱有重名。"

【八友】 即"竟陵八友"。南朝齐高帝次子萧云英，永明中封竟陵郡王。居鸡笼山西邸，招纳文学之士。内萧衍、沈约、谢朓、王融、萧琛、范云、任昉、陆倕号为八友。见《梁书·武帝本纪》。

【齐梁体】 南朝齐梁时的诗歌体式和风貌。严羽《沧浪诗话·诗体》："齐梁体，通两朝而言之。"其意义有二：一、就声律言，与永明体相近。清人冯班《严氏纠谬》："若明辨诗体，当云齐梁体创于沈（约）、谢（朓），南北相仍，以至唐景云、龙纪，始变为律体。"若以成熟后之律体衡之，其诗常是一句内平仄已大体调谐，但句与句间尚有失对、失粘情况，尤以失粘为多；又常用仄声韵，不似律体多用平声韵。唐人有所谓效齐梁体、齐梁格者，即此。二、就风格言，齐梁诗大多清丽秀媚，而缺少高古朴茂、挺拔坚劲之致；虽体物细致入微，而缺少深沉的人生感慨、强烈的情感力量；多小巧而少浑成阔大之气。至梁代萧纲、萧绎等描绘女性，成为风气，便更见艳冶。总之其时代风格柔美有余，刚健不足。清人姚范《援鹑堂笔记》卷四十四："称齐梁体者，以绮艳及咏物之纤丽也。"即此意。

【选体】 诗体名。南朝梁萧统《文选》所录古诗（主要指五言诗）的风格体貌。选，指《文选》。后世学习这些诗歌风格的作品亦称选体。《文选》所录多为五古，故有人即称五言古诗为选体，与唐以后的近体相对称。明钟惺《诗归序》："昭明选古诗，人遂以其所选者为古诗，因而名古诗为选体，唐人之古诗曰唐选。"宋代严羽《沧浪诗话·诗体》："又有所谓选体。《选》诗时代不同，体制随异；今人例谓五言古诗为选体，非也。"对"选体"之称不以为然。

【吴均体】 南朝梁诗人吴均作品的风格。《梁书·吴均传》："均文体清拔有古气，好事者或斅之，谓为吴均体。"又指吴均所创的一种诗歌格式：全诗八句，前四句与后四句押不同的韵，一平一仄；第一句、第五句末都入韵。吴均《诣周承不值因赠此》即此体，柳恽《江南曲》亦用此格，纪少瑜亦有所作，题为《拟吴均体应教》。

【宫体】 诗体名。宫，东宫（太子所居）之意。《梁书·简文帝纪》：“（萧纲）雅好题诗，……然伤于轻艳，当时号曰宫体。”又《徐摛传》载，徐摛作诗“好为新变”，他长期追随于萧纲左右，东宫诸人皆效其诗体，“宫体之号，自斯而起”。此种诗作以宫姬、倡女等为描绘对象，写其容貌、服饰、神态、动作以及梳妆、游乐、歌舞等生活场景，往往笔触细致，细节生动，注重传神。写及男女之情则多直露，有时流于轻佻庸俗，情趣低下。其语言在永明体基础上进一步讲求声律，多能自然清丽，圆转流美。自南朝宋、齐以来，此类诗作已渐渐增多，但至萧纲为太子时乃蔚为风气。其作者主要为萧纲、萧绎兄弟及其周围文人。其后陈、隋以至初唐的同类作品，习惯上也称为宫体。

【徐庾体】 南北朝后期徐摛、徐陵父子和庾肩吾、庾信父子的诗文风格。梁萧纲为太子时，徐摛、庾肩吾皆为东宫官属，徐陵、庾信为抄撰学士，他们的诗歌、小赋多描绘女性，风格绮艳轻倩，声律、对偶比永明时作品更为讲究，世称徐庾体。当时仿效者甚多；梁亡，庾信入周，其体亦为北方文士所爱好模仿。又徐陵、庾信的骈文典故繁密，对仗、声律、句式都比前人更趋严整，亦称徐庾体，为骈文发展中的一个重要阶段。

【玉台体】 诗体名。南朝梁徐陵《玉台新咏》收录梁以前以女性为吟咏对象的诗作，包括梁代轻艳冶丽的宫体诗，后世遂称模仿其内容、风格体制的诗作为玉台体。唐李康成编有《玉台后集》（今佚），专收此类诗作。宋欧阳修、梅尧臣均有《拟玉台体》诗。

【高斋学士】 指南朝梁普通年间萧纲为雍州刺史时招致的文学之士。《南史·庾肩吾传》：“在雍州，被命与刘孝威、江伯摇、孔敬通、申子悦、徐防、徐摛、王囿、孔铄、鲍至等十人抄撰众籍，丰其果馔，号高斋学士。”

【阴何】 南朝梁诗人何逊、陈诗人阴铿的并称。两人都长于写景，注重字句锤炼，声律和谐，风格清丽，为永明体向近体发展过程中的重要作者。杜甫《解闷》：“颇学阴、何苦用心。”明陆时雍《诗镜总论》：“阴、何气韵相邻，而风华自布。”

【狎客】 指南朝陈后主周围的文人集团。其诗作多艳冶巧丽。《陈书·江总传》：“后主之世，总当权宰，不持政务，但与后主游宴后庭，共陈暄、孔范、王瑳等十余人，当时谓之狎客。”又《后妃传》后魏征云：“后主每引宾客对（张）贵妃等游宴，则使诸贵人及女学士与狎客等共赋新诗，互相赠答。……大指所归，皆美张贵妃、孔贵嫔之容色也。”

【温邢】 北朝文士温子昇、邢邵的并称。两人均长于骈文，也都能诗，曾同为侍读。《北齐书·邢邵传》：“与济阴温子昇为文士之冠，世论谓之温邢。”

【邢魏】 北朝文士邢邵、魏收的并称。两人与温子昇齐名，世称三才。魏收于温、邢为后进，“子昇死后，方称邢、魏焉”（《北史·邢邵传》）。魏收《自序》亦云：“先称温、邢，后曰邢、魏。”当时两人各不相让，皆有朋党。邢云魏于南朝任昉"非直模拟，亦大偷窃"，魏亦云邢"常于《沈约集》中作贼"。时人云："见邢、魏之臧否，即是任、沈之优劣。"（《北齐书·魏收传》）

三、文学理论批评

【文章】 ① 广义用法，汉魏六朝所谓"文章"，泛指所有形诸文字、表现作者写作才能的文体。包括诗、赋等抒情性、形象性较强的文体；也包括诏策、章表、对策等实用性文体，如《史记·儒林列传》称诏书、律令等"文章尔雅，训辞深厚"；也包括经、子、史等学术著作。《汉书·扬雄传赞》："其意欲求文章成名于后世，以为经莫大于《易》，故作《太玄》；传莫大于《论语》，作《法言》；史篇莫善于《仓颉》，作《训纂》；箴莫善于《虞箴》，作《州箴》；赋莫深于《离骚》，反而广之；辞莫丽于相如，作四赋。"三国魏刘邵《人物志·流业》："能属文著述，是谓文章，司马迁、班固是也。""文章之才，国史之任也。"西晋傅玄亦称《诗》之雅、颂，《书》之典、谟，"浩浩乎其文章之渊府也"（《太平御览》五九九引《傅子》）。均可见"文章"包括范围之广。故刘勰《文心雕龙》所论囊括各种单篇制作，又有《史传》、《诸子》篇，又称儒家经书为"文章奥府"（《宗经》）。② 亦有狭义用法，只指单篇制作，不包括成部的著述。潘岳《西征赋》："长卿（司马相如）、渊（王褒）、云（扬雄）之文，子长（司马迁）、政（刘向）、骏（刘歆）之史。"文、史对称，文即文章，此处主要指辞赋。《魏书·崔光传》："史才如班、马，文章如张、蔡。"萧统《文选》即不录经、史、子，只收单篇制作。

【文学】 ① 汉代"文学"一语，其义承先秦之旧，泛指学问、学术、文教等。如《史记·太史公自序》："汉兴，萧何次律令，韩信申军法，张苍为章程，叔孙通定礼仪，则文学彬彬稍进，《诗》、《书》往往间出矣。"而因崇尊儒术之故，儒学于诸种学问中最为重要，故"文学"往往偏重于经学之义，如《史纪·孝武本纪》："上乡儒术，招贤良，赵绾、王臧等以文学为公卿。"随着文章在封建政治和社会生活中日益显示其重要作用，写作才能乃与博学并为士人文化修养的重要组成部分，如桓彬被蔡邕等人称为"学优文丽，至通也"（《后汉书·桓彬传》），于是"文学"乃兼具文章、博学之义。如《三国志·魏书·王粲传》："始文帝为五官将，及平原侯植皆好文学。"又《梁书·徐摛传》载，萧衍谓周捨曰："为我求一人，文学俱长兼有行者。"其"文学"都包括文章之义。实际运用时，其意可能或偏于学问，或偏于文章，但基本意义乃兼具二者。《世说新语·文学》前半所载诸事为学，后半为文。《南齐书·文学传》虽于传后发论，专谈文章写作，但就全传所载而言，如祖冲之长于历律，贾渊长于谱学，均以学而不以文著称。传末赞亦曰："学亚生知，多识前仁；文成笔下，芬藻丽春。"《梁书》、《陈书》、《隋书》的《文学传》虽然所载皆以能文之士为主，但同时也叙其勤于学问，其序且明言传中诸人"文兼学"、"学既兼文"、"并学穷书圃，思极人文"。故迄于南朝之末，"文学"之义仍兼具学问、文章。② 南朝宋时诸学之一。宋文帝时立儒、玄、史、文四学，明帝立总明观，有儒、道、文、史、阴阳五部。文学当是教授文章之学。又北周置露门学，萧抝、王褒等为文学博士。③官名。汉代有郡文学，魏晋南朝因之，掌文教。又曹丕有五官将文学多人。晋以后诸王有文学一人，备顾问，共游处。（见《宋书·百官志》、《南齐书·百官志》）

【文质】　文学批评用语。加以文彩涂饰为文，事物未经雕饰之本体为质。《论语·雍也》："质胜文则野，文胜质则史，文质彬彬，然后君子。"系指人物的言谈举止、礼仪节文等方面的修养而言，认为君子应有文雅的风度，但又不宜文饰过分。文学批评中的文质语义，与之有密切关系，多用以称说作品风貌之文华与质朴。如汉代班彪称《史记》"辩而不华，质而不俚，文质相称"（《后汉书·班彪传》），即指其文饰润色恰到好处，无过与不及之弊。魏晋南北朝人论文多以文质彬彬为理想风貌，如《文心雕龙·通变》要求"斟酌乎质文之间"，萧统《答湘东王求文集及〈诗苑英华〉书》要求"丽而不浮，典而不野，文质彬彬，有君子之致"等。沈约《宋书·谢灵运传论》云建安作者始"以文被质"，意谓其时作家始有意对作品加以文饰美化。钟嵘《诗品》称曹植诗"体被文质"，即具有文质彬彬的体貌，最合乎理想。又评王粲云"文秀而质羸，"即文辞秀美，而质直有力则不够，犹如人的体质羸弱，缺少力量。质朴者较易做到疏朗有力，故质与气质、骨气、风骨意义相通；文质兼具的要求与风骨、丹采结合的要求相通。又先秦、汉代儒家以文质概括统治措施、社会生活，以礼法简易、随顺自然为质，礼法繁多、注重文化学术为文；以民风之淳厚质朴为质，注重生活的美化为文。并以质文互变说明统治措施、社会生活的变化。文论中亦常以由质趋文、文质相变概括文学的历史发展。又，有时文、质可理解为比喻作品的形式、内容。扬雄《太玄·玄莹》："文以见乎质，辞以睹乎情，观其施辞则其心之所欲者见矣。"文喻辞，质喻情。《文心雕龙·情采》以质喻情志，文喻藻采，言其间关系为"文附质"、"质待文"；主张"文不灭质"，即不可过重藻采以至妨碍了情志的表达。

【咏吟情性】　关于诗歌性质的表述，认为诗的特质在于抒发作者的情感、性灵。《诗大序》："国史明乎得失之迹，伤人伦之废，哀刑政之苛，吟咏情性，以风其上，达于事变而怀其旧俗者也。故变风发乎情，止于礼义。"言周王室史官作诗抒发其哀伤政教衰颓之情；其诗因个人情感激动而发，又不违越儒家礼义规范。其说强调诗的政教作用。魏晋南北朝时，人们即用"吟咏情性"指称做诗。但所作诗歌大多无关政教，甚至有违背儒家道德规范者。故南朝齐裴子野批评道："闾阎年少，贵游总角，罔不摈落六艺（指经术），吟咏情性。"（《通典》卷一六引）又齐梁诗歌理论认为诗歌不应堆砌典故，不应模拟经书风格。钟嵘《诗品序》云："吟咏情性，亦何贵于用事？"萧纲《与湘东王书》云："未闻吟咏情性，反拟《内则》之篇；操笔写志，更摹《酒诰》之作。"后来宋代严羽《沧浪诗话·诗辨》亦云："诗者，吟咏情性也。"从而提出别材、别趣之说，反对"以文字为诗，以才学为诗，以议论为诗"。均从对于诗歌特质的认识出发，提出诗须有自身的审美特点。

【四始】《诗大序》："是以一国之事，系一人之本，谓之风。言天下之事，形四方之风，谓之雅。雅者，正也，言王政之所由废兴也。政有小大，故有小雅焉，有大雅焉。颂者，美盛德之形容，以其成功告于神明者也。是谓四始，诗之至也。"是以风、小雅、大雅、颂为四始。郑玄《笺》："始者，王道兴衰之所由。"意谓王道兴废始于此。又《史记·孔子世家》："《关雎》之乱，以为风始；《鹿鸣》为小雅始；《文王》为大雅始；《清庙》为颂始。"为"四始"又一说。

【六义】《诗大序》："故诗有六义焉：一曰风，二曰赋，三曰比，四曰兴，五曰雅，六曰颂。"《周礼·春官·大师》则云："教六诗，曰风，曰赋，曰比，曰兴，曰雅，曰颂。"一般认为风、雅、颂是诗歌的类型，赋、比、兴是诗歌的表现方法。孔颖达《毛诗正义》："风、雅、颂者，诗篇之异体；赋、比、兴者，诗文之异词耳。大小不同，而得并为六义者，赋、比、兴，是诗之所用，风、雅、颂，是诗之成形；用彼三事，成此三事，是故同称为义，非别有篇卷也。"也有人认为是六种诗体。

【赋比兴】　文学创作的三种表现手法。《周礼·春官·大师》言六诗，《诗大序》言六义，均有赋、比、兴。赋，铺陈其事而直言之。《周礼·大师》郑玄注则与《诗经》的政教作用相联系："赋之言铺，直铺陈今之政教善恶。"比，譬喻。《周礼·大师》郑玄注引郑众说："比者，比方于物也。"郑玄则云："比，见今之失，不敢斥言，取比类以言之。"兴的解释颇为分歧。郑众云："兴者，托事于物。"郑玄云："兴，见今之美，嫌于媚谀，取善事以喻劝之。"托事于物，盖谓以具体事物、景象寓言人事，寄托深长的意义。汉儒释《诗》，每寄以微言大义，言诗人睹物而兴起某种有关政教的感慨。如听到关雎和鸣，而感后妃能协和众妾；见舟不载物而与众物泛泛然俱流于水中，而兴起仁人不见用、与群小并列之慨。故"托事于物"与兴起、感慨之义相通。东汉王延寿《鲁灵光殿赋序》："诗人之兴，感物而作。"西晋挚虞《文章流别论》："兴者，有感之辞也。"所寄托之深意，若不加以说明，则读者难于了解，故《文心雕龙·比兴》云："比显而兴隐。"又云："兴之托喻，婉而成章，称名也小，取类也大"，"明而未融，故发注而后见。"至钟嵘《诗品序》云："文已尽而意有余，兴也。"似是别出新解，其实仍与旧说相通。所托之深意在所写出的具体物象之外，故云"意有余"。唐宋之后的说法，以下列诸说较有代表性：孔颖达《毛诗正义》："兴者，起也，取譬引类，起发己心。诗人诸举草木鸟兽以见意者，皆兴辞也。"朱熹《诗集传》："兴者，先言他物以引起所咏之词也。"李仲蒙："触物以起情，谓之兴，物动情者也。"（胡寅《致李叔易》引）总之，兴的说法虽多，但亦有其发展脉络可寻，有其相通之处。大致是指由外界具体事物触发某种感慨、情绪，而所感者与具体事物间的联系常较疏远，又不直接点明，故尤需读者加以涵咏体会。宋代郑樵《读诗易法》（《六经奥论》卷首）则云："凡兴者，所见在此，所得在彼，不可以事类推，不可以理义求也。"朱熹《诗集传》释《小星》亦云诗人

"因所见以起兴，其于义无所取"，只取其协韵而已。指出"兴"所写具体事物常与诗的内容毫无内在关联。现代学者颇有赞同其说者。

【诗言志】　中国古代文学批评重要范畴之一。是对诗歌表达作者思想感情这一本质特征的最早理论概括。语出今文《尚书·尧典》，也屡见于其他先秦典籍。"志"指内心所蓄积的思想情感及感觉、记忆、想象各方面。儒家言"志"，强调必须受制于一定的礼法。孔子以"思无邪"统论《诗经》主旨，汉儒更明确要求"发乎情，止乎礼义"(《毛诗大序》)。"诗言志"一直是儒家诗论的核心，后世儒家有突出教化内容而忽视个体正常思想情感的倾向，但并未形成主流。20 世纪 30 年代，周作人《中国新文学的源流》将"言志"说的范围扩大，认为它是"五四"新文学直接的源头，赋予它一定的现代性含义。

【兴观群怨】　中国古代文论术语。最早由孔子提出。《论语·阳货》："子曰：小子何莫学夫诗？诗可以兴，可以观，可以群，可以怨。迩之事父，远之事君，多识于鸟兽草木之名。"所谓兴、观、群、怨，是指诗可以振奋人心，鼓舞士气；能够帮助人们观察民风，了解社会盛衰状况；可以沟通人与人之间的情感交流，起到团结作用；还能抒发人民的哀怨，对社会起到惩恶扬善，匡正时弊的作用。这一观念，集中阐述了儒家对文艺社会功能的认识，对中国历代的文学创作产生深远影响。

【发愤著书】　关于文学作品、学术著作等写作动力的一种表述。愤，情志充盈、郁积。《楚辞·九章·惜诵》："发愤以抒情。"言抒发其烦闷哀怨之情。司马迁遭李陵之祸，下狱受刑，乃决心写成《史记》。其言曰："昔西伯拘羑里，演《周易》；孔子厄陈、蔡，作《春秋》；屈原放逐，著《离骚》；左丘失明，厥有《国语》；孙子膑脚，而论兵法；不韦迁蜀，世传《吕览》；韩非囚秦，《说难》《孤愤》；《诗》三百篇，大抵贤圣发愤之所为作也。此人皆意有所郁结，不得通其道也，故述往事，思来者。"《太史公自序》意谓作者遭遇不幸，心情郁结，反能激发其决心，磨砺其意志，有所作为，写成作品。所举作品中，有的为抒情性，直接表现作者的怨愤，如《离骚》；大多则为子、史著作，作者并不直接用以诉说怨情，而是意在申述见解，求知己于来世，思立言以不朽。《后汉书·陈纪传》："(陈纪)及遭党锢，发愤著书数万言，号曰《陈子》。"也是说不幸的遭遇反成为著书的动力。至于东晋王廙《奏〈中兴赋〉上表》："昔司马相如不得睹封禅之事，慷慨发愤。"言相如悃悃忠诚，因未能见到汉武帝封禅盛典而情志郁结，遂作《封禅文》。该文虽因情有所不通而作，但纯乎歌功颂德，绝无哀怨牢骚之意。后世论者则多从遭遇坎坷、借作品舒泄其怨愤不平的角度加以理解、发挥。如欧阳修《梅圣俞诗集序》言诗人之穷者"内有忧思感愤之郁积，其兴于怨刺，以道羁臣寡妇之所叹"。又李贽《忠义水浒传序》云："《水浒传》者，发愤之所作也。"言作者因宋室苟安衰亡而痛愤，乃借小说以舒泄之。

【丽则】　扬雄《法言·吾子》："诗人之赋丽以则，辞人之赋丽以淫。"诗人之赋，指《诗经》作者之赋(六义之一，意为铺陈);辞人之赋,指宋玉、枚乘以下辞赋家的作品。丽以则,美丽而有法度。认为《诗经》铺陈事实是为了抒情志,明礼义,以情义为主,事类为佐,故铺陈不过度。丽以淫,美丽而铺陈、形容过度。淫,过分。认为后世辞赋家作品意在铺陈夸张,竞于使人不能加,故失法度之正。扬雄早年好辞赋,后来认为其体劝百而讽一,转而采取否定态度。范晔《后汉书·文苑传赞》:"言观丽则,永监淫费。"沈约《报王筠书》:"览所示诗,实为丽则。"

【雕虫篆刻】 扬雄《法言·吾子》:"或问:吾子少而好赋?曰:然。童子雕虫篆刻。俄而曰:壮夫不为也。"雕,雕琢,引申为用心书写。篆,引笔而书。虫,虫书;刻,刻符,皆古代书法之体,极纤巧而难工。扬雄言作赋乃小道,如童子作虫书、刻符,劳力甚多而实用甚少。后世或用为诗文写作的代称。沈约《梁武帝集序》:"至于春风秋月,送别望归,皇王高宴,心期促赏,莫不超挺睿兴,濬发神衷。及登庸历试,辞翰繁蔚,笺记风动,表议云飞。雕虫小艺,无累大道。"

【劝百讽一】 《汉书·司马相如传赞》:"扬雄以为靡丽之赋,劝百而讽一,犹骋郑卫之声,曲终而奏雅。"劝,鼓励。扬雄认为赋家往往对所欲否定的对象极意铺陈夸张,而讽谏之意却表现得非常微弱,或曲折隐晦,故虽欲借赋以讽,却适得其反。

【心声心画】 扬雄《法言·问神》:"故言,心声也;书,心画也。声画形,君子小人见矣。"书,指文字、文章。画,谓画于纸帛而成文字。意谓言语、文章皆作者内心世界的表现,察言观书,可判别其作者为君子、为小人。后世常用以说明诗文品貌、风格与作者为人、气质的一致性。但亦有不一致时,故元好问《论诗绝句》云:"心画心声总失真,文章宁复见为人?高情千古《闲居赋》,争信安仁拜路尘!"

【气】 文学批评用语。先秦哲学中有气的概念。认为万物均由气所构成,由气决定其变化。又用气说明人的生理、精神现象。至汉代,用气解释人的品质、性格、才能等的说法已颇为普遍。汉末三国时盛行人物品评,气亦常被用以称道具体人物。如蔡邕《童幼胡根碑》:"(胡根)应气淑灵,实有令仪,而气如莹。"孔融《荐祢衡表》:"飞辩骋辞,溢气坌涌。"杨戏《季汉辅臣赞》:"(庞士元)雅气晔晔"。曹丕《典论·论文》、《与吴质书》评论作家,遂也运用气的概念:"(徐干)时有齐气","公干有逸气","孔融体气高妙,有过人者"。系指由作品感受到的作家性格、气质,其表现于作品,即形成作品的风貌、风格,乃兼作家、作品而言。刘桢亦称孔融"信含异气,笔墨之性,殆不可胜"(《文心雕龙·风骨》引)。气从此被引入文学批评领域。此后诗文评中常用气指说作品风貌,如奇气、雄健之气、纵横之气、伧气等,而又可归为刚柔两大类型。《文心雕龙·体性》云作家"气有刚柔",作品之"风趣刚柔,宁或改其气?"若单言气字,则常指生气勃勃、气势盛大的风貌,如《文心雕龙·时序》称建安作品"梗概而多气",钟嵘《诗品》称刘桢"仗气"、"气过其文"等。若作品板滞堆砌,给人以萎靡不振之感,则为"乏气"。在这一意义上,"气"与风骨、风力等相通。

又气也被用来解释创作才能与构思。《典论·论文》："气之清浊有体，不可力强而致"，即指创作才能之高下。《文心雕龙·养气》言构思时须"清和其心，调畅其气"，指临文之际须精神健旺，方能思路活跃。唐宋以后的"养气"说，则多指作家道德、品格、审美情趣的修养。

【气质】 文学批评用语。气，指作品劲健有气势；质，指质朴少雕饰。合而言之，指健举有力、较为本色的风貌，与风骨义相通。沈约《宋书·谢灵运传论》："子建、仲宣，以气质为体。"刘良注："气质，谓有力也。"李善《上文选注表》："气质驰建安之体。"皆以气质称许建安作品。《隋书·文学传序》论北朝文章："河朔词义贞刚，重乎气质。气质则理胜其词。"北朝文章较南朝为质实、率直。亦作质气。唐代元兢《古今诗人秀句序》："助之以质气。"《文镜秘府论·地卷》"十体"有质气体。

【气调】 文学批评用语。原用以品评人物，如萧衍《宝亮法师涅槃义疏序》："气调爽拔，神用俊举。"亦用以指称作品的风貌、风格。钟嵘《诗品》中："(郭泰机等人诗)气调警拔。"《颜氏家训·文章》："文章当以理致为心肾，气调为筋骨，事义为皮肤，华丽为冠冕。"认为文章当如生人，有生动鲜明的风貌。又"气韵"义亦与之相近。《南齐书·文学传论》："放言落纸，气韵天成。"

【体】 又称体制。① 体裁。曹丕《典论·论文》："文非一体，鲜能备善。"指奏议、书论、铭诔、诗赋等诸种体裁。② 作品在总体上给读者的感受，即体貌、风格。系由人物品评用语而来，如曹操《请追赠郭嘉表》称郭嘉"体通性达"，言其资质聪慧明达。用于文论，如《典论·论文》："(王粲)体弱，未足起其文。"言其作品风貌较柔弱，其力度尚不足以使斐然之文采具飞动高扬之致。故李善注："气弱谓之体弱。"以体指风貌，可就一作家言，亦可就一流派言，或就一种体裁言、就一时代言，也可就一篇作品以至摘句而言。《文心雕龙》有《体性》篇，专论文章体貌与作者才性的关系。③ 指某种特殊的形式、格律、手法等。《文心雕龙·比兴》有"比体"、"兴体"之语，指比和兴两种不同的表现方法。《文镜秘府论·地卷》"十体"(出于崔融《唐朝新定诗体》)中映带体、宛转体均属修辞手法。皮日休《杂体诗序》、《沧浪诗话·诗体》"论杂体"所举，亦均属此类。

【势】 ① 作品的气势。建安诗人刘桢云："使其辞已尽而势有余，天下一人耳。"(《文心雕龙·定势》引)即指奔逸壮大的气势。西晋陆云《与兄平原书》："尚势而不取悦泽。"(同上引)言重气势而不重文辞润色。② 作品的态势、体势，与体义近，指风貌、风格。《文心雕龙》有《定势》篇，着重论述不同体裁的文章所相应具有的风格。③ 指某些具体的手法、章法、句法而言。《文镜秘府论·地卷》"十七势"有直把入作势、感兴势、含思落句势等。

【物、意、文】 陆机《文赋序》自述其写作体会："恒患意不称物，文不逮意。"认为构思中的"意"，应力求与所欲表现的外物相合；而其文辞又应力求能表达其"意"。而此二者皆属难能。《庄子》中屡次言及精妙深微之理只可意会，难以言传。《周易·系辞》上亦云“言不尽意”。魏晋玄学家反复讨论言意之辨，多数人以为语言难以尽意。陆机所谓意，不仅指道理，还包括许多微妙的审美感受，故尤觉难以用文辞表达完全。《文心雕龙·神思》：“意翻空而易奇，言征实而难巧。”也是说创作中言、意存在矛盾。苏轼《答谢民师书》：“求物之妙如系风捕影；能使是物了然于心者，盖千万人而不一遇也，而况能使了然于口与手者乎！”其感慨与陆机同。

【缘情绮靡】 关于诗歌性质的表述。西晋陆机《文赋》：“诗缘情而绮靡。”认为诗歌因情感激动而发，应具有美好动人的风貌。绮靡，美好，包括情感之动人、语言之美丽等。先秦有“诗言志”之说，已肯定诗是作者内心的表现，但未突出其抒发情感的特性。汉代儒家诗论指出诗人“情动于中而形于言”，“吟咏情性”，明确了诗的抒情性，但所强调者乃在于“以风其上”，“止乎礼义”，即诗应具有政教作用、合乎儒家道德规范。“缘情绮靡”之说则进一步突出了诗的抒情性，而强调其审美作用。其语对后世颇有影响。唐代王维《上党苗公德政碑》称苗晋卿“诗穷绮靡”，引用其语以称道佳作。杜甫《偶题》自称“缘情慰飘荡”，更以其语作为诗的代称。但因它只强调诗的审美性质而未及政教功利作用，故明清时也受到一些论者的抨击。沈德潜《说诗晬语》斥其“先失诗人之旨”，纪昀《云林诗抄序》说其语将诗歌创作“引入歧途，其究乃至于绘画横陈（指作宫体诗等），不诚已甚乎！”

【理】 ① 道理。王充《论衡·超奇》：“论之应理，犹矢之中的。”曹丕《典论·论文》：“书论宜理。”则兼有论说文重在说道理和表达须有条理之意。② 泛指作品内容。陆机《文赋》：“理扶质以立干，文垂条而结繁。”《文心雕龙·情采》：“理定而后辞畅。”“理”均泛指内容，不专指论说文而言。《北史·虞世基传》：“尝为五言诗以见情，文理凄切。”《常得志传》：“为五言诗，辞理悲壮。”均指抒情诗而言。又《颜氏家训·文章》：“文章当以理致为心肾。”理致义与理同。

【警策】 陆机《文赋》：“立片言而居要，乃一篇之警策。虽众辞之有条，必待兹而效绩。”指作品中统领全篇、点明主旨之句。警，警动；策，马鞭。警策犹言挥鞭驱马，喻文章以此片言而其意益明。至于钟嵘《诗品序》：“独观谓为警策，众睹终沦平钝”；又举曹植《赠白马王彪》、王粲《七哀》等诗，称“斯皆五言之警策者也”，则泛称作品之卓绝出众，且不限于诗句而指全诗。其意与陆机有所不同。

【文笔】 南朝至初唐文体分类用语。刘宋初年已用其语。《宋书·颜竣传》载颜延之云：“竣得臣笔，（颜）测得臣文。”《文心雕龙·总术》：“今之常言，有文有笔，以为无韵者笔也，有韵者文也。……别目两名，自近代耳。”文指押脚韵的文体诗、赋、颂、赞、铭、箴等，笔指不押脚韵的文体诏、策、章、奏、书、疏等。但多用于具有明显对称意义的场合，单用“文”、“笔”或连用“文笔”仍可泛指文章制作。梁萧绎《金楼子·立言》云“吟咏风谣，流连哀思者，谓之文”，“至如文者，惟须绮縠纷披，宫徵靡曼，唇吻遒会，情灵摇荡”，认为“文”应具有动人的情感力量和文辞声色之美，系就“文”中最主要的体裁抒情诗赋等而言，并非打破“无韵者笔”“有韵者文”的界线。至于清代阮元将“有韵”、“无韵”释为句中声律是否谐和，以讲究对偶、声律者为文，不讲究者为笔，其说系为争取骈文的正统地位而发，实不符合南朝人文笔之分的事实。

【诗笔】 诗歌和诏策章表奏启等无韵文体的对称。南朝人以文、笔相对，称有韵和无韵的文体，诗为有韵文体中最主要者，故又流行诗笔之语。《南齐书·萧子懋传》：“及文章诗笔，乃是佳事。”《梁书·刘潜传》：“潜字孝仪，秘书监孝绰弟也。……孝绰常曰：三笔六诗。三即孝仪，六即孝威也。”又沈约工诗，任昉工笔，世称“沈诗任笔”。其语唐代仍然流行，如“孟（郊）诗韩（愈）笔”、“杜（甫）诗韩（愈）笔”等。至宋代其义渐湮，另以“诗文”分指诗与散文。

【声律】 关于诗文声音之美的法则。陆机《文赋》已对文学创作注重声音之美的现象作了理论表述：“暨音声之迭代，若五色之相宣。”言诗文用字的声音应有变化，避免单调，且配合和谐。南朝齐永明间，沈约、谢朓、王融等人进而在语音学发展的基础上，总结出讲求声音之美的具体法则，即四声、八病之说，利用汉语多单音词和每个音节具有一定声调的特点，以求朗读时抑扬变化、和谐悦耳。虽然其具体规定过于繁琐，不易一一遵循，但初、盛唐时形成的声韵铿锵的律体诗，即在其基础上演变而成。《文心雕龙》有《声律》篇。

【四声】 汉语音节的声调有平、上、去、入四类，南朝宋、齐之际为学者所发现、总结。《文镜秘府论·天卷·四声论》：“宋末以来，始有四声之目。”周颙著《四声切韵》，沈约著《四声谱》。沈约、谢朓、王融等人又首倡运用于诗文写作，使其声音富有变化，以求错综和谐之美。《南齐书·陆厥传》：“永明末，盛为文章。……（沈）约等文皆用宫商，以平、上、去、入为四声，以此制韵，不可增减，世呼为永明体。”

【八病】 南朝齐永明间沈约等人的诗文声律理论所避忌的八种声病。《中说·天地》：“李百药见子而论诗，……分四声八病。”卢照邻《南阳公集序》：“八病爰起，沈隐侯永作拘囚。”据《文镜秘府论》所载，八病为：一、平头，五言诗一联（两句）之中第一、二字分别与第六、七字同声调。二、上尾，五言诗一联之中，第五字与第十字同声调。（但若首句末字为韵脚，则与第十字同声调，不算病。）三、蜂腰，五言诗一句之中，第二字与第五字同声调。四、鹤膝，五言诗第五字与第十五字同声调。五、大韵，五言诗一联之内，韵脚之外的九字中有与韵脚同韵者。六、小韵，五言诗一联内，韵脚之外的九字中有同韵者。七、正纽，又称小纽，五言诗一联内有不相连的双声字。八、旁纽，又称大纽，五言诗一联内有声母、声调均不同而韵母相同（或相近）的字，如已有“金”字，又用“饮”、“荫”等字。至隋、初唐时对正纽、旁纽的说法有所变化：若一联内有两字（或两字以上）在四声一纽内（如家、嫁），且不相连，为犯正纽；若不在四声一纽内，但声母相同(如居、佳),为犯旁纽。前四病为声调方面之病,后四病为声母、韵母方面之病。依当时声律理论,五言诗应避八病,其他文体也应避忌,但不如诗歌严格。

【风骚】 即诗骚。风,《国风》,为《诗经》中的一部分。骚,《离骚》,为《楚辞》代表作品,亦即用之代指《楚辞》。南朝宋檀道鸾《续晋阳秋》:"自司马相如、王褒、扬雄诸贤,世尚赋颂,皆体则《诗》《骚》,傍综百家之言。"又云东晋作者以玄言为诗赋,"而《诗》《骚》之体尽矣"。南朝人多以《诗经》、《楚辞》为文学创作两大源头和楷模。《宋书·谢灵运传论》:"源其飙流所始,莫不同祖《风》《骚》。"萧纲《与湘东王书》批评时人作品:"既殊比兴,正背《风》《骚》。"

【形似】 描绘外物形象而得其似。沈约《宋书·谢灵运传论》:"相如巧为形似之言。"指出汉赋描绘物象的特点。《文心雕龙·物色》:"自近代以来,文贵形似。窥情风景之上,钻貌草木之中。"指兴起于刘宋的山水诗而言。钟嵘《诗品》评张协、谢灵运,颜延之、鲍照诗,《颜氏家训·文章》评何逊诗,均指出其形似、巧似的特点。表明南朝文论家对于文学形象性的认识较为普遍。南齐张融《海赋序》:"盖言之用也,情矣形乎!"更将文辞功用概括为抒情、绘形二者。当时诗文描绘物象,以自然界事物、景象为主,对人物形象的刻画未占据主要地位。又,当时人物品评和画论中已运用神似概念,但尚未移用于文论。《文镜秘府论·地卷》"十体"有形似体。

【兴会】 亦称兴。指作家观赏外物、阅读作品和进行创作时审美思维十分活跃、敏锐的精神状态。沈约《宋书·谢灵运传论》:"灵运之兴会标举。"指其山水诗中所表现的观赏自然美的淋漓兴致。钟嵘《诗品》上亦称灵运"兴多才高"。《文心雕龙·物色》:"四序纷回,而入兴贵闲。"言须屏除杂乱纷扰的心绪,观赏自然时方能获得充分的审美感受。又云:"情往似赠,兴来如答。"言作者带着情感欣赏自然,从而激起活跃的审美思维和创作冲动。又《颜氏家训·文章》:"文章之体,标举兴会,发引性灵。"系言文学创作能使作者处于兴致勃发、精神世界自由高扬的状态中,获得高度愉悦。又《文镜秘府论·南卷》"论文意":"凡作诗之人,皆自抄古人诗语精妙之处,名为随身卷子。……作文兴若不来,即须看随身卷子,以发兴也。"言欣赏作品以激发、促进审美思维之活跃。

【圆美流转】 《南史·王筠传》载沈约云:"谢朓常见语云:好诗圆美流转如弹丸。"反映了南朝齐永明间对于诗歌的审美要求,要求诗歌风格流美,反对艰涩堆垛、板滞冗长之弊。齐梁诗声韵和谐,裁句工稳,语言自然,结构亦趋于紧凑,均是此种要求的体现。

【三易】 《颜氏家训·文章》:"沈隐侯(沈约)曰:文章当从三易:易见事,一也;易识字,二也;易读诵,三也。"反映了齐梁时要求诗歌等文学作品语言自然流畅的倾向。事,事类,典故。易见事谓虽用典故,但不生涩难解,甚至不使人觉,如同己出。《文章》篇引邢邵语:"沈侯文章,用事不使人觉,若胸臆语也。"

【沉思翰藻】 萧统《文选序》:"若其

(指史书)赞论之综缉辞采,序述之错比文华,事出于沉思,义归乎翰藻,故与夫篇什,杂而集之。”萧统自述《文选》选录范围,为单篇文章,成部的经、史、子著作,均不割裂以入选。但史书中的述、赞、序、论,乃作者精心结撰而成,讲究文辞华采,应与其他注重文辞美丽的文章归为一类,故亦得入选。沉思,深思,精心结撰。翰藻,指讲究辞采。篇什,指单篇诗文。其语反映了当时人重视辞藻华美、将文章写作与经、史、子著作相区别的文学观点。

【神思】 思维活动。古代文论中指创作构思、艺术思维。《文心雕龙》有《神思》篇,论述构思过程、作家思维与外物的关系及其特点等。

【意象】 文学批评用语。《周易·系辞》上:“圣人立象以尽意。”象指卦象,是象征诸种事物的符号;意指卦意,是对于卦象所作的解释。魏晋时玄学发达,象、意关系为人们探讨、清谈的重要题目。《文心雕龙·神思》遂借用其语云:“独照之匠,窥意象而用斤。”意象指作者构思时所欲表现的主观情志、审美感受和浮现于头脑中的物象,二者紧密联系。后人用其语,或指构思时浮现于脑中者,或指作品中所表现者。

【风力】 文学批评用语。与风骨义近。指作品思想感情的表达爽朗有力,给人以富于生气之感。南朝齐裴子野云:“曹(植)、刘(桢)伟其风力。”(《通典》卷一六引)《文心雕龙·风骨》称司马相如《大人赋》:“乃其风力遒也。”指其能给读者以飘若凌云的鲜明感受;《封禅》批评三国魏邯郸淳《受命述》“风末力寡”,“不能奋飞”,指其文风沉滞,无活跃健举之致。钟嵘《诗品》多次使用风力一语。认为理想的作品应“干之以风力,润之以丹采”,即首先注重情感表达的爽朗有力,再加以藻采之美。又有“建安风力”、“左思风力”之语,指称建安诗歌和左思作品慷慨多气的风格。

【风骨】 文学批评用语。与风力义近。原为人物品评用语,形容人物清朗挺拔、富于生气和力量之美。如《世说新语·赏誉》注引《晋安帝纪》:“(王)羲之风骨清举也。”又《轻诋》:“旧目韩康伯将肘无风骨。”后用于画论,又移用于诗文批评。《文心雕龙·风骨》:“结言端直,则文骨成焉;意气骏爽,则文风清焉。”“故练于骨者,析辞必精;深乎风者,述情必显。”风指思想感情表现得爽朗、显豁、充分,骨指文辞精健有力。风、骨合称,则指一种清明骏爽、健举有力的风貌。《文心雕龙·明诗》称誉建安诗歌“不求纤密之巧”,“唯取昭晰之能”,“慷慨以任气”,实即赞其风骨高举。钟嵘《诗品》称誉“建安风力”,又称曹植“骨气奇高”、刘桢诗“贞骨凌霜,高风跨俗”,亦即赞誉建安风骨。初、盛唐时,为反对梁陈诗风之柔靡,人们尤自觉提倡风骨,对于雄浑壮阔的盛唐诗风的形成,具有重要作用。又泛指风格、风貌,亦自人物品藻中来。《宋书·武帝本纪》:“(刘裕)风骨奇特。”用于文学创作,如《魏书·祖莹传》:“文章须自出机杼,成一家风骨。”

【通变】 指文学的发展变化。语出《周易·系辞》下:“变则通,通则久。”《文心雕龙》有《通变》篇,唐代皎然《诗式》有

"复古通变体"。

【情采】 论作品的情、理和文辞藻采的关系。《文心雕龙》有"情采"篇，认为文采附着于情、理，情、理之表达有待于文采，相互依存，不可或缺，而情、理居于主导地位。主张"为情而造文"；反对过分文饰以致淹没内容，更反对"为文而造情"，即一味追求采丽而情志寡少、内容空洞甚至"言与志反"、虚伪做作。对于内容与形式的关系做了正确的说明。

【丽辞】 一作俪辞。对偶的文辞。丽，偶对。《文心雕龙》有《丽辞》篇，认为有意求偶对，起自汉代："自扬(雄)、马(司马相如)、张(衡)、蔡(邕)，崇盛丽辞。……丽句与深采并流，偶意共逸韵俱发。"

【事对】 运用古事、成辞写成的对偶文句。与不用事的言对相对。《文心雕龙·丽辞》："言对者，双比空辞者也。事对者，并举人验者也。"后人又有以征引人事为事对、征引成辞为言对者。

【言对】 参见事对。

【正对】 两句对偶句意义相同或相类似，称正对。《文心雕龙·丽辞》："正对者，事异义同者也。"举例云："孟阳(张载)《七哀》云：汉祖想枌榆，光武思白水。此正对之类也。"

【反对】 两句对偶句意义相反，称反对。《文心雕龙·丽辞》："反对者，理殊趣合者也。"举例云："仲宣(王粲)《登楼》云：钟仪幽而楚奏，庄舄显而越吟。此反对之类也。"

【事义】 诗文引用事实，称为用事；其目的是为了说明义理，故称事义。一般都是引用古事、成辞。《文心雕龙·附会》："必以情志为神明，事义为骨髓，辞采为肌肤，宫商为声气。"《颜氏家训·文章》："文章当以理致为心肾，气调为筋骨，事义为皮肤，华丽为冠冕。"六朝文人十分重视用事，但齐梁时人们也认识到诗歌为抒发性灵之具，不宜堆砌典故。钟嵘《诗品序》："至乎吟咏情性，亦何贵于用事？"讽刺以用事为能事的诗人："词既失高，则宜加事义，虽谢天才，且表学问。"

【事类】 即事义。指引用同类事物的写作手法。西晋挚虞《文章流别论》："古诗之赋，以情义为主，以事类为佐。"一般都是引用古事、成辞，以说明、形容今事、今义。《文心雕龙·事类》："事类者，……据事以类义，援古以证今者也。"又称连类。《韩非子·难言》有"连类比物"语，谓引用同类事物，进行比方。《史记·邹阳列传》："邹阳辞虽不逊，然其比物连类，有足悲者。"指邹阳狱中上书多引古人古事与自己的遭遇连类比方。南朝宋王微云："文好古，贵能连类可悲，一往视之，如似多意。"(《宋书·王微传》)言引用古事以连类，可加强表情达意的效果。

【隐秀】 文学批评用语。《文心雕龙》有《隐秀》篇。隐，指"复意"、"文外之重旨"，可使读者反复品味，"余味曲包"。秀，指"卓绝"、"篇中之独拔"，可产生"动心惊耳"的效果。当时所谓秀句，主要指体物、抒情时不加雕削、自然会妙之句。通行本《文心雕龙·隐秀》有四百余字为元刊本所无，据明代人称，乃据宋本补入。对其真伪问题，学界尚有争论。又宋代张戒《岁寒堂诗话》卷上，"刘勰云：'情在词外曰隐，状溢目前曰秀。'"二句不见于今本《隐秀》篇，可能是张氏体会原文加以檃括之语。

【物色】 指自然景物的形貌、色彩、声音等。物，指景物。《文选》录赋有"物色"门。《文心雕龙》有《物色》篇，专论自然景物与文学创作的关系。

【奇正】 对于作品两种相对审美特点的表述。正，典正，平正；奇，奇特不凡，奇警。《文心雕龙》认为儒家经典文风雅正，《楚辞》则具有"晔烨之奇意"（《时序》），主张写作文章应以雅正为主，而酌取《楚辞》之奇伟，"酌奇而不失其贞（即'正'之意）"，"执正以驭奇"（《定势》）。鉴于当时某些作者在字句上过分追求新奇，甚至颠倒文句，生造语词，由求奇而流于诡僻，刘勰强调不可"逐奇而失正"。他将"观奇正"举为文学批评的"六观"之一。（见《知音》）钟嵘《诗品》欣赏诗人对于外物直接、独特的感受，强调不依傍前人、自出心裁的新鲜表现。他以"奇"概括此种构思、用语"自然英旨"的优点，故以"仗气爱奇"（评刘桢）、"奇章秀句"（评谢朓）等语称誉杰出的诗人，又批评无新鲜感受、只知堆垛典故的诗人"词不贵奇"、"诗不得奇"。唐以后文学批评也常使用奇正概念。一般说来，奇正宜配合得当。一味求奇，易流于怪僻；过分求正，易陷于平钝。

【滋味】 亦称味。指作品给予读者的美感享受。有滋味的作品能使人赏玩不置。西晋夏侯湛《张平子碑》称张衡赋作："英英乎其有味与！"南朝宋王微《与从弟僧绰书》："文辞不怨思抑扬，则流澹无味。"刘勰《文心雕龙》、钟嵘《诗品》均屡屡言味。《诗品序》："五言居文辞之要，是众作之有滋味者也。"认为五言诗最富于审美价值。又云："（玄言诗）理过其辞，淡乎寡味。"颜之推《颜氏家训·文章》论文章作用，亦云："入其滋味，亦乐事也。"肯定其审美作用。唐宋以来以味言诗者颇多，如司空图《与李生论诗书》云："辨于味，而后可以言诗也。"至于作品如何方能具有滋味，诸家所强调者未必一致。如钟嵘重视风力、丹彩，即情感表现之爽朗有力和文辞之美丽；司空图则强调"味外之旨"，要求诗歌能充分调动读者审美观照的能动性，使其获得难以言传、含蓄不尽的美好感受。

【直寻】 指作家审美感受和艺术表现的直接性。钟嵘《诗品序》："观古今胜语，多非补假，皆由直寻。"认为古今佳句如"高台多悲风"、"明月照积雪"、"思君如流水"、"清晨登陇首"等，或写即目所见，或直抒胸臆，都不用典故，不加雕饰，有直率自然之致。其语系针对南朝某些诗人缺乏真切的审美感受而大量搬用典故、以用事为贵的不良倾向而发。

【直置】 又作"直致"。系本来如此、自然而然之意。用于文学批评，指直率自然，不假雕饰。《文心雕龙·才略》："孙楚缀思，每直置以疏通。"谓西晋孙楚的作品直写所见所感，故能疏朗而畅达。钟嵘《诗品》上评陆机云："有伤直致之奇。"谓其诗规行矩步，又重雕采，有损于自然奇警之美。唐以后仍用其语。元兢《古今诗人秀句序》："直置为本"，"绮错为末"。《文镜秘府论·地卷》"十体"有"直置体"。

（杨明编写）

名句索引

一画

二画

〔一〕

〔丿〕

〔乛〕

三画

〔一〕

〔丨〕

〔丿〕

〔丶〕

〔乛〕

四画

〔一〕

〔丨〕

〔丿〕

〔丶〕

〔丿〕

〔丶〕

〔乛〕

六画

〔一〕

〔丨〕

〔丿〕

〔丶〕

〔乛〕

七画

〔一〕

〔丨〕

〔丿〕

〔、〕

〔乛〕

〔乛〕

八画

〔一〕

〔丨〕

〔乛〕

九画

〔一〕

〔丨〕

〔乛〕

十画

〔一〕

〔丿〕

〔丶〕

十三画

十八画

〔一〕

〔丨〕

〔丿〕

廿画

〔丿〕

〔乛〕

廿一画

〔一〕

廿三画

〔丶〕

篇目笔画索引

说明

一、本索引收录本书中的全部篇目,篇目右边的数字表示该篇目所在正文的页码。

二、本索引按篇目第一个字的笔画排列,首字画数相同的,按第一、二笔的笔形及字形结构(左右、上下、包围、整体)排列;同首字的,按词目字数多少排列;同字数的,按第二字的笔画笔顺分先后,第二字相同的,依第三字,余类推。

三、一、丨、丿、丶、乛以外的笔形作如下处理:提(㇀)归入横(一),捺(㇏)归入点(丶),笔形带钩或曲折的(如㇇、𠃌、𠃊、㇈、㇗、𠃋)等都归入折(乛)。

九画

〔一〕

〔丨〕

十三画

图书在版编目(CIP)数据

汉魏六朝诗鉴赏辞典：新一版 / 吴小如等撰写.
—上海：上海辞书出版社，2016.1（2024.10重印）
ISBN 978-7-5326-4454-4

Ⅰ.①汉… Ⅱ.①吴… Ⅲ.①古典诗歌-作品集-中国-汉代~隋代 Ⅳ.①I222.73

中国版本图书馆CIP数据核字（2015）第184977号

汉魏六朝诗鉴赏辞典（新一版）
吴小如等撰写
责任编辑/刘小明 吕荣莉 封面设计/姜 明 技术编辑/顾 晴

上海世纪出版集团
上海辞书出版社出版发行
201101 上海市闵行区号景路159弄B座 www.cishu.com.cn
上海中华印刷有限公司印刷

开本890毫米×1240毫米 1/32 印张56 插页1 字数1 950 000
2016年1月第1版 2024年10月第8次印刷

ISBN 978-7-5326-4454-4/I·280
定价：128.00元